压力管道设计与施工常用标准规范手册

第四篇　工业管道—GC类工艺管道（上册）

中国石油化工集团有限公司配管设计技术中心站　编

中国石化出版社
HTTP://WWW.SINOPEC-PRESS.COM

图书在版编目（CIP）数据

压力管道设计与施工常用标准规范手册．第四篇，工业管道．GC类工艺管道：上、下册 / 中国石油化工集团有限公司配管设计技术中心站编．—北京：中国石化出版社，2022.9
ISBN 978-7-5114-6819-2

Ⅰ．①压… Ⅱ．①中… Ⅲ．①压力管道－管线设计－标准－汇编－中国②压力管道－管道施工－标准－汇编－中国 Ⅳ．①U17-65

中国版本图书馆CIP数据核字（2022）第142959号

中国石化出版社出版发行

地址：北京市东城区安定门外大街58号
邮编：100011 电话：(010) 57512500
发行部电话：(010) 57512575
http://www.sinopec-press.com
E-mail：press@sinopec.com
北京科信印刷有限公司印刷
全国各地新华书店经销

*

880×1230毫米 16开本 84印张 2531千字
2023年6月第1版 2023年6月第1次印刷
上下册定价：496.00元

前　言

为适应压力管道设计新形势的要求，规范压力管道设计、校核和审批人员的培训和考核工作，国家市场监督管理总局委托中国石油化工股份有限公司工程建设管理部负责组织编写了《全国压力管道设计和审批人员培训教材》(以下简称《培训教材》)。《培训教材》出版以来，在石油、石油化工、化工、机械、电力、冶金、市政等行业得到广泛使用，发挥了积极作用，可满足和适应压力管道设计许可(或换证)的设计、校核和审批人员培训、考核的需要。

为深入贯彻《中华人民共和国标准化法》，加强压力管道设计和施工的标准化，并配合《培训教材》的学习和相关设计、校核和审批人员的培训和考核工作，汇集了有关压力管道的法律和法规，以及现行国家标准和行业标准，汇编成《压力管道设计与施工常用标准规范手册》(以下简称《手册》)。

《手册》分为五篇，各篇内容如下：

第一篇　法律法规

第二篇　GA 类长输管道

第三篇　GB 类公用管道

第四篇　工业管道—GC 类工艺管道

第五篇　工业管道—GCD 类动力管道

《手册》汇编收集的标准为现行国家标准和行业标准，仅汇编标准正文，条文说明省略，读者在使用这些标准时，其属性以《手册》标明的年版为准(标准正文“引用标准”中标准的属性请读者查对)。条文说明部分请查阅原标准的“条文说明”。

鉴于《手册》收录的标准发布年代不尽相同，汇编时对标准所用计量单位、符号、格式未做改动；标准发布后的有关“修改单”附在标准正文的后面。

《手册》可供石油、石油化工、化工、机械、电力、冶金、市政等行业的压力管道设计单位的设计人员使用。

《手册》编写人员：丘　平　张德姜　许　丹　陈永亮

中国石油化工集团有限公司配管设计技术中心站

上 册 目 录

下 册 目 录

ICS 23.040
J 74

中华人民共和国国家标准

GB/T 20801.1—2020
代替 GB/T 20801.1—2006

压力管道规范　工业管道
第1部分：总则

Pressure piping code—Industrial piping—Part 1: General

2020-03-06 发布　　　　2020-10-01 实施

国家市场监督管理总局
国家标准化管理委员会　发布

目　次

前 言

GB/T 20801《压力管道规范　工业管道》分为以下6个部分：

——第1部分：总则；

——第2部分：材料；

——第3部分：设计和计算；

——第4部分：制作与安装；

——第5部分：检验与试验；

——第6部分：安全防护。

本部分为GB/T 20801的第1部分。

本部分按照GB/T 1.1—2009给出的规则起草。

本部分代替GB/T 20801.1—2006《压力管道规范　工业管道　第1部分：总则》，与GB/T 20801.1—2006相比，除编辑性修改外主要技术变化如下：

——根据特种设备目录，修改了标准的适用范围［见1.3 a)，2006年版的1.3.1］；

——采用排除法，修改了标准的适用范围［见1.3 b)，2006年版的1.3.2］；

——修改了标准的不适用范围与不包括范围（见1.4、1.5，2006年版的1.4、1.5）；

——修改了本部分用管道组成件的定义（见3.5，2006年版的3.5）；

——修改了介质危险性的有关定义（见3.9、3.10、3.11，2006年版的3.10、3.11）；

——增加了“气体”的有关定义（见3.12）；

——根据有关行政许可，修改了压力管道GC1、GC2、GC3级的划分（见4.1、4.2，2006年版的4.1、4.2、4.3）；

——增加了“压力管道中介质毒性和易燃性分类”（见附录A）。

本部分由全国锅炉压力容器标准化技术委员会（SAC/TC 262）提出并归口。

本部分起草单位：全国化工设备设计技术中心站、国家市场监督管理总局特种设备安全监察局、上海市特种设备监督检验技术研究院。

本部分主要起草人：蔡暖姝、应道宴、徐锋、黄正林、汤晓英。

本部分所代替标准的历次版本发布情况为：

——GB/T 20801.1—2006。

压力管道规范　工业管道
第1部分：总则

1　范围

1.1　GB/T 20801规定了工业金属压力管道设计、制作、安装、检验、试验和安全防护的基本要求。

1.2　GB/T 20801的本部分规定了压力管道的适用范围和管道分级等基本要求。

1.3　本部分所指工业金属压力管道（以下简称“压力管道”）包括了工艺装置、辅助装置以及界区内公用工程所属的压力管道。

本部分适用于下列条件的管道：

a）最高工作压力大于或等于0.1MPa（表压），介质为气体、液化气体、蒸汽或可燃、易爆、有毒、有腐蚀性、最高工作温度高于或等于标准沸点的液体，且公称直径大于或等于50mm的压力管道。公称直径小于150mm，且其最高工作压力小于1.6MPa（表压）的输送无毒、不可燃、无腐蚀性气体的管道和设备本体所属管道除外。

b）除1.5列出以外的压力管道。

1.4　本部分不包括范围如下：

a）在役压力管道改造、检查、检验、试验、维护和修理等方面的专门要求；

b）公称压力为*PN*420以上的管道；

c）非金属管道或其衬里层。

1.5　本部分不适用范围如下：

a）军事装备和核设施的管道；

b）石油、天然气、地热等勘探和采掘装置的管道；

c）移动设备如铁道机车、汽车、船舶、航空航天器等上的压力管道；

d）GA类长输管道；

e）GB类公用管道；

f）GCD类动力管道；

g）锅炉、压力容器以及加热炉的内部管道以及设备的外接管口；

h）设计压力低于0.1MPa（表压）但不低于大气压的输送无毒、不可燃、无腐蚀性流体的管道。

2　规范性引用文件

下列文件对于本文件的应用是必不可少的。凡是注日期的引用文件，仅注日期的版本适用于本文件。凡是不注日期的引用文件，其最新版本（包括所有的修改单）适用于本文件。

GB/T 20801.2　压力管道规范　工业管道　第2部分：材料

GB/T 20801.3　压力管道规范　工业管道　第3部分：设计和计算

GB/T 20801.4　压力管道规范　工业管道　第4部分：制作与安装

GB/T 20801.5　压力管道规范　工业管道　第5部分：检验与试验

GB/T 20801.6　压力管道规范　工业管道　第6部分：安全防护

GB 30000（所有部分）　化学品分类和标签规范

GB 50016—2014　建筑设计防火规范

GB 50160—2008　石油化工企业设计防火标准

危险化学品目录(2015版)

3 术语和定义

GB/T 20801.2、GB/T 20801.3、GB/T 20801.4、GB/T 20801.5和GB/T 20801.6界定的以及下列术语和定义适用于本文件。

3.1

管道 piping

由管道组成件装配而成，用于输送、分配、混合、分离、排放、计量或截止流体流动的系统。

注：除管道组成件外，还包括管道支承件，但不包括支承构筑物，如建筑框架、管架、管廊和底座(管墩或基础)等。

3.2

公称压力 nominal pressure；PN

由字母PN和无因次整数数字组成，代表管道组成件压力等级的参数。

3.3

公称直径 nominal diameter；DN

由字母DN和无因次整数数字组成，代表管道组成件规格的参数。

3.4

管子 pipe；tube

用以输送流体或传递流体压力的密封中空连续体。

3.5

管道组成件 piping component

用于连接或装配成压力密封的管道系统机械元件。

注：包括压力管道元件(管子、管件、阀门、法兰、补偿器、密封元件、特种元件)、安全附件(安全阀、爆破片装置、紧急切断阀)，以及诸如紧固件、阻火器、膨胀节、挠性接头、耐压软管、过滤器、管路中的仪表(如孔板)和分离器等。

3.6

管道支承件 pipe-supporting element

用于将管道荷载，包括管道的自重、输送流体的重量、由于操作压力和温差所造成的荷载以及振动、风力、地震、雪载、冲击和位移应变引起的荷载等传递到管架结构上去的元件。

注1：管道支承件分为固定件和结构附件两类。

注2：固定件包括悬挂式固定件如吊杆、弹簧吊架、斜拉杆、平衡锤、松紧螺栓、支撑杆、链条、导轨和固定架，以及承载式固定件，如鞍座、底座、滚柱、托座和滑动支座等。

注3：结构附件是指用焊接、螺栓连接或夹紧方法附装在管道上的元件，如吊耳、管吊、卡环、管夹、U形夹和夹板等。

3.7

管件 fitting

管道组成件的一个类别，通常包括弯头、三通、四通、弯管、异径管、管帽、翻边短节和活接头等。

3.8

管架 pipe support

用于支承管道的构筑物。

注1：管道通过支承件将荷重和推力传递到管架上。

注2：管架由钢结构或钢筋混凝土结构的立柱、横梁或框架所构成，独立固定在基础上，也可固定在设备上或墙上。

注3：按类型分有独柱式、双柱式和悬臂式等。

3.9

急性毒性　acute toxicity

由一次性接触导致人体死亡的化学品（介质）毒性指标。按其LD_{50}（经口，经皮）或LD_{50}（吸入4h）的半数致死量进行危害程度的分类，详见附录A。

3.10

可燃气体　flammable gas

在20℃及101.3kPa标准压力下，与空气混合有一定爆炸（易燃）范围的气体，详见附录A。

3.11

可燃液体　flammable liquid

具有一定闪点的液体（包括液化烃），按其闪点及沸点高低分类，详见附录A。

3.12

气体　gas

除3.10的定义外，GB/T 20801范围内涉及的“气体”还包括蒸汽、液化气体、最高工作温度高于或等于标准沸点的液体以及包括气相的两相或多相流体介质。

4　压力管道分级

4.1　1.3a）中列出的“压力管道”按其危害程度和安全等级划分为GC1级、GC2级：

a）符合下列条件之一的压力管道应划分为GC1级：

1）输送《危险化学品目录（2015版）》中规定的毒性程度为急性毒性类别1介质、急性毒性类别2气体介质和工作温度高于其标准沸点的急性毒性类别2液体介质的压力管道。

2）输送GB 50160—2008、GB 50016—2014中规定的火灾危险性为甲、乙类可燃气体或甲类可燃液体（包括液化烃），并且设计压力大于或等于4.0MPa的压力管道。

3）输送除前两项介质以外的流体，并且设计压力大于或等于10.0MPa，或设计压力大于或等于4.0MPa且设计温度高于或等于400℃的压力管道。

b）符合下列条件的压力管道（包括制冷管道）应划分为GC2级：

介质毒性或易燃性危险和危害程度、设计压力和设计温度低于4.1a）规定（GC1级）的压力管道。

4.2　1.3b）中列出的并且符合下列条件的压力管道应划分为GC3级：

输送无毒、不可燃、无腐蚀性液体介质，设计压力小于或等于1.0MPa且设计温度高于-20℃但不高于185℃的压力管道。

注：GC3级管道不适用于1.3a）中列出的压力管道。

4.3　输送毒性或易燃性危险和危害程度不同的混合介质时，应按附录A的规定，由业主或设计确定压力管道等级。

5　基本要求

5.1　压力管道的建造材料应符合GB/T 20801.2的规定。

5.2　压力管道的设计和计算应符合GB/T 20801.3的规定。

5.3　压力管道的制作与安装应符合GB/T 20801.4的规定。

5.4　压力管道的检验与试验应符合GB/T 20801.5的规定。

5.5　压力管道的安全防护应符合GB/T 20801.6的规定。

附 录 A
（规范性附录）
压力管道中介质毒性和易燃性分类

A.1 一般规定

A.1.1 压力管道中介质的危害和危险程度、分类原则以及定义是以GB 50160—2008、GB 50016—2014、《危险化学品目录（2015版）》和GB 30000的规定为基础确定的。

A.1.2 介质危害性系指在生产和储存过程中因事故泄漏致使介质与人体接触、发生火灾引起的健康危害和安全危险程度，用介质的毒性及易燃性表示。其危害和危险程度的划分分别按A.2和A.3的规定确定。

A.1.3 一种化学介质可能存在多种危害和危险种类，应分别按照GB 30000.2~GB 30000.29进行评估，确定其危害程度或危险性，以高者为基准。

A.1.4 A.2和A.3列入的危险化学品及其混合物应视为有毒、易燃的危险性介质。

A.2 易燃性

A.2.1 可燃气体

按照GB 50160—2008及GB 50016—2014的规定，压力管道涉及的可燃气体分类见表A.1。

表A.1 可燃气体

名称		类别	判据
GB 50160—2008	可燃气体	甲	与空气混合物的爆炸下限不大于10%（体积分数）
		乙	与空气混合物的爆炸下限大于或等于10%（体积分数）

A.2.2 可燃液体

按照GB 50160—2008及GB 50016—2014的规定，压力管道涉及的可燃液体分类见表A.2。

表A.2 可燃液体

名称		类别	判据
GB 50160—2008	可燃液体	甲A（液化烃）	沸点不高于15℃的烃类液体及其他类似液体
		甲B	甲A类以外闪点低于28℃的液体
		乙A	闪点高于或等于28℃且低于或等于45℃的液体
		乙B	闪点高于28℃且低于60℃的液体
		丙A	闪点高于或等于60℃且低于或等于120℃的液体
		丙B	闪点高于120℃的液体
注：工作温度高于其闪点的乙类可燃液体视为甲B类可燃液体。工作温度高于其闪点的丙类可燃液体视为乙类可燃液体。			

A.2.3 其他可燃介质

《危险化学品目录（2015版）》中列入的下列可燃介质应根据其火灾危险性（易燃性）、闪点和介质的状态（气、液、固）视为表A.1或表A.2规定的甲、乙类可燃气体或甲类可燃液体（包括液化烃）：

a）气溶胶（类别1）、氧化性气体（类别1）、遇水放出易燃气体的物质和混合物（类别1、2、3）；

b）易燃固体（类别1、2）、自燃固体（类别1）、氧化性固体（类别1、2、3）；

c）自燃液体（类别1）、氧化性液体（类别1、2、3）；

d）有机过氧化物（类别A、B、C、D、E、F）、自反应物质和混合物（类别A、B、C、D、E）、自热物质和混合物（类别1、2）。

A.2.4 混合物的易燃性

混合物（介质）的易燃性按相应GB 30000的规定进行评估。

A.3 毒性

A.3.1 有毒介质和急性毒性

按照《危险化学品目录（2015版）》和GB 30000.18的规定，压力管道涉及的有毒介质应根据其急性毒性进行分类，见表A.3。

表A.3 急性毒性类别

接触途径	单位	危害类别1 （剧毒）	危害类别2 （有毒）	危害类别3 （有毒）
经口LD_{50}	mg/kg	≤5	≤50	≤300
经皮LD_{50}	mg/kg	≤50	≤200	≤1000
吸入气体LC_{50}	mL/L	≤0.1	≤0.5	≤2.5
吸入蒸汽LC_{50}	mg/L	≤0.5	≤2.0	≤10
吸入粉尘和烟雾LC_{50}	mg/L	≤0.05	≤0.5	≤1.0

注1：LC_{50}（吸入4h，50%致死浓度）：化学品在空气中或水中造成一组试验动物50%（一半）死亡的浓度。

注2：LD_{50}：一次全部给予造成一组试验动物50%（一半）死亡的化学品数量。

注3：表中的吸入临界值以4h接触试验为基础，根据1h接触产生的现有吸入毒性数据的换算：对于气体和蒸汽，除以因子2，对于粉尘和烟雾，除以因子4。

注4：《危险化学品目录（2015版）》中注明的剧毒介质可视为急性毒性类别1。

A.3.2 混合物的毒性

混合物（介质）的毒性应按GB 30000.18中规定的混合物分类标准进行评估。

ICS 23.040
J 74

中华人民共和国国家标准

GB/T 20801.2—2020
代替 GB/T 20801.2—2006

压力管道规范　工业管道
第2部分：材料

Pressure piping code—Industrial piping—Part 2: Materials

2020-11-19 发布　　　　2021-06-01 实施

国家市场监督管理总局
国家标准化管理委员会　发布

目　次

前　言

GB/T 20801《压力管道规范　工业管道》分为以下6个部分：

——第1部分：总则；

——第2部分：材料；

——第3部分：设计和计算；

——第4部分：制作与安装；

——第5部分：检验与试验；

——第6部分：安全防护。

本部分为GB/T 20801的第2部分。

本部分按照GB/T 1.1—2009给出的规则起草。

本部分代替GB/T 20801.2—2006《压力管道规范　工业管道　第2部分：材料》，与GB/T 20801.2—2006相比，除编辑性修改外主要技术变化如下：

——修改了规范性引用文件（见第2章，2006年版的第2章）；

——增加了低温降应力工况（见3.2、8.1.3.3）；

——修改了剧烈循环工况的定义（见3.7，2006年版的3.6）；

——增加了普通碳素结构钢的定义（见3.8）；

——增加了管线钢及其材料选用规定（见6.3）；

——修改了管子和对焊管件的使用限制（见6.4，2006年版的6.3）；

——增加了板焊管的使用要求（见6.7）；

——增加了高温蠕变工况下材料的使用限制（见7.2.2.1、7.2.3.1、7.2.4.3）；

——修改了"许用应力表"（见附录A，2006年版的附录A）；

——增加了"基于风险的材料设计和选用"（见附录C）；

——增加了"我国与国外材料标准及牌号对照表"（见附录D）。

本部分由全国锅炉压力容器标准化技术委员会（SAC/TC 262）提出并归口。

本部分起草单位：全国化工设备设计技术中心站、中石化上海工程有限公司、国家市场监督管理总局特种设备安全监察局、中石化洛阳工程有限公司、中国寰球工程有限公司北京分公司、江阴市南方管件制造有限公司、江苏武进不锈股份有限公司。

本部分主要起草人：应道宴、尤子涵、徐锋、黄正林、岳进才、姜万军、马学娅、郭顺显、宋建新。

本部分所代替标准的历次版本发布情况为：

——GB/T 20801.2—2006。

压力管道规范　工业管道
第 2 部分：材料

1　范围

GB/T 20801的本部分规定了压力管道元件用材料的基本要求，包括材料的选用、基于材料性能的使用限制、标记和质量证明方面的规定。

本部分适用于GB/T 20801.1范围界定的压力管道元件用材料的选择和使用。

2　规范性引用文件

下列文件对于本文件的应用是必不可少的。凡是注日期的引用文件，仅注日期的版本适用于本文件。凡是不注日期的引用文件，其最新版本（包括所有的修改单）适用于本文件。

GB/T 229　金属材料　夏比摆锤冲击试验方法
GB/T 1220　不锈钢棒
GB/T 1348　球墨铸铁件
GB/T 2882　镍及镍合金管
GB/T 3077　合金结构钢
GB/T 3087　低中压锅炉用无缝钢管
GB/T 3091　低压流体输送用焊接钢管
GB/T 3098.1　紧固件机械性能　螺栓、螺钉和螺柱
GB/T 3098.6　紧固件机械性能　不锈钢螺栓、螺钉和螺柱
GB/T 3624　钛及钛合金无缝管
GB/T 4334　金属和合金的腐蚀　不锈钢晶间腐蚀试验方法
GB/T 4437.1　铝及铝合金热挤压管　第1部分：无缝圆管
GB/T 5310　高压锅炉用无缝钢管
GB/T 6479　高压化肥设备用无缝钢管
GB/T 6614　钛及钛合金铸件
GB/T 6893　铝及铝合金拉（轧）制无缝管
GB/T 8163　输送流体用无缝钢管
GB/T 9439　灰铸铁件
GB/T 9440　可锻铸铁件
GB/T 9711　石油天然气工业　管线输送系统用钢管
GB/T 9948　石油裂化用无缝钢管
GB/T 12228　通用阀门　碳素钢锻件技术条件
GB/T 12229　通用阀门　碳素钢铸件技术条件
GB/T 12230　通用阀门　不锈钢铸件技术条件
GB/T 12771　流体输送用不锈钢焊接钢管
GB/T 12778　金属夏比冲击断口测定方法
GB/T 13295　水及燃气用球墨铸铁管、管件和附件
GB/T 13401　钢制对焊管件　技术规范

GB/T 14976　流体输送用不锈钢无缝钢管
GB/T 16253　承压钢铸件
GB/T 18984　低温管道用无缝钢管
GB/T 20801.1—2020　压力管道规范　工业管道　第1部分：总则
GB/T 20801.3—2020　压力管道规范　工业管道　第3部分：设计和计算
GB/T 20801.4—2020　压力管道规范　工业管道　第4部分：制作与安装
GB/T 20801.5—2020　压力管道规范　工业管道　第5部分：检验与试验
GB/T 20801.6—2020　压力管道规范　工业管道　第6部分：安全防护
GB/T 21832（所有部分）　奥氏体-铁素体型双相不锈钢焊接钢管
GB/T 21833　奥氏体　铁素体型双相不锈钢无缝钢管
GB/T 25137　钛及钛合金锻件
GB/T 26027　铝及铝合金大规格拉制无缝管
GB/T 26030　镍及镍合金锻件
GB/T 26057　钛及钛合金焊接管
GB/T 26058　钛及钛合金挤压管
GB/T 27684　钛及钛合金无缝和焊接管件
GB/T 29168.1　石油天然气工业　管道输送系统用感应加热弯管、管件和法兰　第1部分：感应加热弯管
GB/T 29168.2　石油天然气工业　管道输送系统用感应加热弯管、管件和法兰　第2部分：管件
GB/T 29168.3　石油天然气工业　管道输送系统用感应加热弯管、管件和法兰　第3部分：法兰
GB/T 30059　热交换器用耐蚀合金无缝管
GB/T 31032　钢质管道焊接及验收
GB/T 32964　液化天然气用不锈钢焊接钢管
HG/T 20537.3　化工装置用奥氏体不锈钢焊接钢管技术要求
HG/T 20537.4　化工装置用奥氏体不锈钢大口径焊接钢管技术要求
HG/T 20634　钢制管法兰用紧固件（Class系列）
JB/T 5263　电站阀门铸钢件技术条件
JB/T 7248　阀门用低温钢铸件技术条件
NB/T 47008　承压设备用碳素钢和合金钢锻件
NB/T 47009　低温承压设备用合金钢锻件
NB/T 47010　承压设备用不锈钢和耐热钢锻件
NB/T 47013.2—2015　承压设备无损检测　第2部分：射线检测
NB/T 47013.3—2015　承压设备无损检测　第3部分：超声检测
NB/T 47014　承压设备焊接工艺评定
NB/T 47028　压力容器用镍及镍合金锻件
NB/T 47029　压力容器用铝及铝合金锻件
SY/T 5037　普通流体输送管道用埋弧焊钢管
YB/T 4173　高温用锻造镗孔厚壁无缝钢管
ASTM A333　低温用无缝及焊接钢管（Specification for Seamless and Welded Steel Pipe for Low—Temperature Service）
ASTM A671　常温及低温用电熔焊钢管（Specification for Electric-Fusion—Welded Steel Pipe for Atmospheric and Lower Temperatures）
ASTM A691　高温高压用碳钢及合金钢电熔焊钢管（Specification for Carbon and Alloy Steel Pipe, Electric Fusion Welded for High Pressure Service at High Temperatures）

ASTM B361　铝及铝合金焊接管件（Standard Specification for Factory Made Wrought Aluminum and Aluminum Alloy Welding Fittings）

ASTM B366　镍及镍合金管件（Standard Specification for Factory Made Wrought Nickel and Nickel Alloy Fittings）

ASTM B444　镍铬钼铌合金（UNS N06625 和 UNS N06852）和镍铬钼硅合金（UNS N06219）管［Standard Specification for Nickel-Chromium-Molybdenum-Columbium Alloys（UNS N06625 and UNS N06852）and Nickel-Chromium-Molybdenum-Silicon Alloy（UNS N06219）Pipe and Tube］

ASTM B619　镍及镍钴合金焊接管（Standard Specification for Welded Nickel and Nickel Cobalt Alloy Pipe）

ASTM B622　镍及镍钴合金无缝管（Standard Specification for Seamless Seamless Nickel and Nickel Cobalt Alloy Pipe and Tube）

3　术语和定义

GB/T 20801.1—2020、GB/T 20801.3—2020、GB/T 20801.4—2020、GB/T 20801.5—2020 和 GB/T 20801.6—2020 界定的以及下列术语和定义适用于本文件。

3.1

低温低应力工况　low temperature and low stress service

需同时满足下列各项条件的工况：

a）低温下的最大工作压力不大于常温下最大允许工作压力的 30%；

b）管道由压力、重量及位移产生的轴向拉应力总和（计算位移应力时，不计入应力增大系数）不大于材料常温许用应力值的 30%，且不大于 50MPa。

注：直管和对焊管件类元件的最大允许工作压力按 GB/T 20801.3—2020 公式计算或型式试验确定；法兰、阀门类元件的最大允许工作压力按相应标准规定的常温压力额定值选取。

3.2

低温降应力工况　lower temperature and lower stress service

需同时满足下列各项条件的工况：

a）低温下的最大工作压力不大于常温下最大允许工作压力的 80%；

b）管道由压力、重量及位移产生的轴向拉应力总和（计算位移应力时，不计入应力增大系数）不大于材料常温许用应力值的 80%。

3.3

电阻焊焊管　electric-resistance welded pipe；ERW

以管子（带卷）本身作为电流回路，利用电阻加热、在压力作用下连续对接焊接的管子。

3.4

电熔焊焊管　electric-fusion welded pipe；EFW

采用自动电弧焊或手工电弧焊，在预成型的坯料上纵向对接焊成的管子。

3.5

板焊管　plate welded pipe

以平板板材预成型为管状，带有一条或两条纵向直焊缝的电熔焊焊管。

3.6

质量证明文件　inspection certificate

材料质量证明（检验文件）的一种形式。由制造单位生产部门以外的独立授权部门或人员，按照标准及合同的规定，按批在交货产品上（或取样）进行检验和试验，并注明结果的检验文件。

注：制造单位质量证明书由独立于生产部门的制造厂检验部门签署并批准生效。法律法规有规定的或业主要求的，由法定检验检测机构或第三方检验检测机构出具监督检验证明。

3.7

剧烈循环工况　severe cyclic conditions

发生以下情况之一的工况：

a）管道系统中的管子、管道元件或接头中的位移应力范围S_E［按GB/T 20801.3—2020式（39）计算］超过许用应力范围S_A［按GB/T 20801.3—2020式（34）或式（35）计算］的0.8倍，同时当量循环次数N［按GB/T 20801.3—2020式（37）计算］超过7000；

b）设计人员根据经验判定的其他具有相同效应［位移应力范围S_E接近许用应力范围S_A，且许用应力范围折减系数f［按GB/T 20801.3—2020式（36）计算或通过图12查得接近1.0］的工况。

3.8

普通碳素结构钢　general carbon structural steels

GB/T 700中产品质量等级不高于A级的碳素钢。

3.9

管线钢　pipeline steels

长输管道用高屈强比碳锰钢。

注：包括GB/T 9711、GB/T 29168.1、GB/T 29168.2、GB/T 29168.3中钢级不低于L290/X42的电阻焊焊管、无缝钢管、板焊管、感应弯管、对焊管件、法兰锻件等。

3.10

产品质量等级　product specification level；PSL

表征GB/T 9711等管线钢产品质量的级别，其缩略语后缀数字代表不同的质量等级。

4　一般规定

4.1　材料选用

业主或设计者应根据具体使用条件（包括制造、制作安装、介质、操作情况、工作环境和试验等）以及本部分规定的材料使用要求和限制，考虑材料的损伤风险，选用合适的管道组成件材料。本部分未包括焊接、非金属等的材料要求。

4.2　材料和技术要求

4.2.1　附录A的表A.1和表A.2规定了管道组成件材料的牌号、许用应力和使用范围等要求，用于管道组成件的材料应符合表A.1和表A.2所列材料标准的要求。

材料的物理性能参数参见附录B。常用管道材料的选用、损伤风险以及相应的材料设计要求和工程措施参见附录C。

4.2.2　除表A.1和表A.2所列的材料外，下列材料可用于管道组成件，但应符合本部分对相应材料的要求和使用限制：

a）表A.1和表A.2列入的工业管道适用材料标准的其他牌号材料；

b）材料符合已公布的材料标准，包括化学成分、物理性能、力学性能、制造方法和工艺、热处理和质量控制等，并不低于表A.1和表A.2列入的相应材料标准要求；

c）GB/T 20801.3—2020表13列入的管道组成件标准适用材料；

d）附录D所列与表A.1和表A.2所列材料对应的国外标准材料。

4.2.3　牌号不明的材料不得应用于管道组成件。

4.2.4　回收的材料不得应用于管道组成件。

4.2.5　其他材料的选用应经过具有相应资质的机构技术鉴定及评审认可。

5 材料选用的基本原则

5.1 受压元件（螺栓除外）用材料应有足够的强度、塑性和韧性，在最低使用温度下应具备足够的抗脆断能力。当采用延伸率低于14%的脆性材料时，应采取必要的安全防护措施。

5.2 选用的材料应具有足够的稳定性，包括化学性能、物理性能、耐蚀和耐磨性能、抗疲劳性能和组织稳定性等。

5.3 选用材料时，应考虑材料在可能发生的明火、火灾和灭火条件下的适用性以及由此而带来材料性能变化和次生危害。

5.4 选用的材料应适合相应的制造、制作和安装，包括焊接、冷热加工及热处理等方面的要求。

5.5 当几种不同的材料组合使用时，应考虑可能产生的不利影响。

5.6 材料应具备可获得性和经济性。

6 材料的使用限制

6.1 球墨铸铁、灰铸铁和可锻铸铁

6.1.1 球墨铸铁

6.1.1.1 球墨铸铁用于管道组成件时，其延伸率应不低于15%，使用温度应不高于350℃，但应高于-20℃；GB/T 20801.3—2020表13所列球墨铸铁管道元件的使用限制应符合GB/T 13295的相应规定。

6.1.1.2 除用于GC3级管道外，球墨铸铁应符合GB/T 1348的冲击性能要求，压力额定值应不大于5.0MPa。

6.1.1.3 球墨铸铁不得用于剧烈循环工况。

6.1.1.4 除应符合6.1.1.1、6.1.1.2、6.1.1.3的要求外，球墨铸铁管、管件、附件、管法兰、阀门的适用压力-温度额定值还应符合GB/T 20801.3—2020表13相应标准的规定。

6.1.1.5 制造、制作、安装过程中不得焊接。

6.1.2 灰铸铁和可锻铸铁

6.1.2.1 表A.1所列的灰铸铁和可锻铸铁用于管道组成件时，应符合下列规定：

a）灰铸铁管道组成件的使用温度应不低于-10℃且不高于230℃，压力额定值应不大于2.0MPa；

b）可锻铸铁管道组成件的使用温度应不低于-20℃且不高于300℃，压力额定值应不大于2.0MPa；

c）灰铸铁和可锻铸铁管道组成件不得用于GC1级管道或剧烈循环工况；

d）灰铸铁和可锻铸铁管道组成件用于GC2级管道时，其使用温度应不高于150℃，最高允许工作压力应不大于1.0MPa；

e）应采取防止过热、急冷急热、振动以及误操作等安全防护措施；

f）制造、制作、安装过程中不得焊接。

6.1.2.2 除符合6.1.2.1的要求外，灰铸铁和可锻铸铁管、管件、管法兰、阀门的适用压力-温度额定值还应符合GB/T 20801.3—2020表13相应标准的规定。

6.2 碳素结构钢

碳素结构钢的使用限制应符合下列各项规定：

a）不得用于GC1级管道组成件；

b）选用Q215A、Q235A等A级镇静钢时，设计压力应不大于1.6MPa，设计温度应不高于350℃且不低于图1曲线A（或表1）所示温度，介质限于非可燃及非有毒流体；

c）用于焊接的管道组成件，含碳量不得大于0.30%。选用沸腾钢和半镇静钢时，厚度应不大于12mm；选用A级镇静钢时，厚度应不大于16mm。

表1　碳钢（包括碳锰钢）免除冲击试验的最低使用温度

单位为摄氏度

名义厚度 mm	6	8	10	12	14	15	16	18	20	22	24	26	28	30	32	34	36	38	40
图1曲线A	−10	−10	−10	−3.2	2.1	4.2	5.9	9.7	13.4	16.4	18.5	20.8	23.3	24.9	—	—	—	—	—
图1曲线B	>−20	>−20	>−20	>−20	>−20	>−20	−16.4	−11.7	−7.7	−4.3	−1.4	1.2	3.3	5.4	6.8	8.3	9.2	10.5	11.9

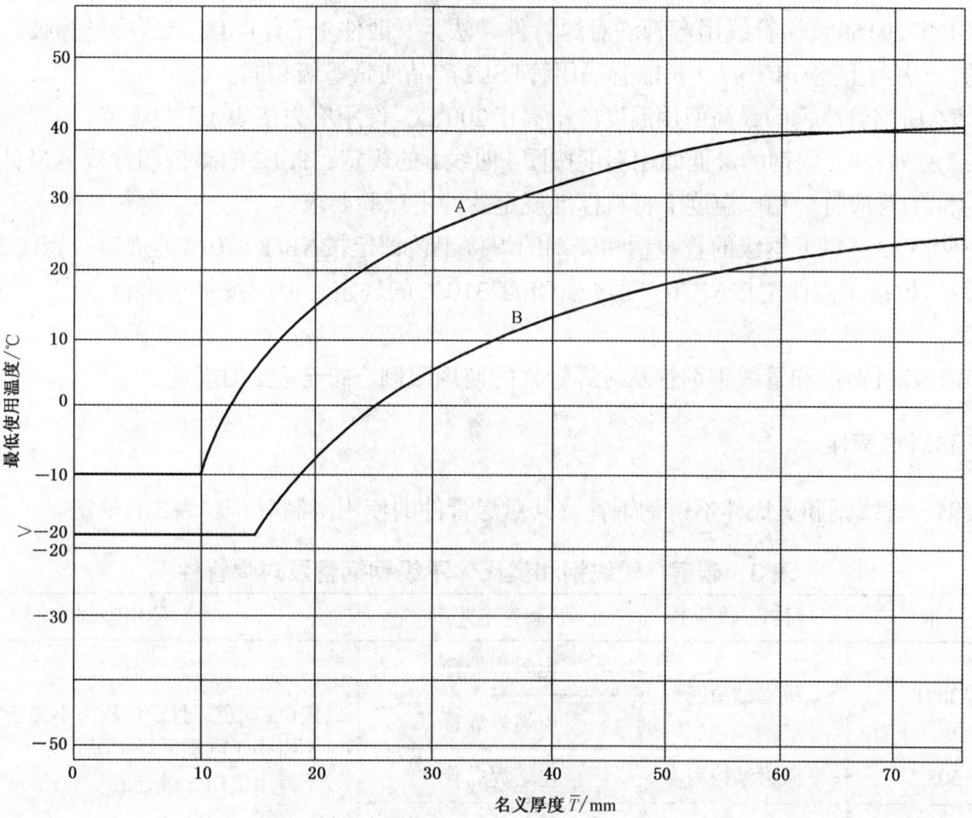

最低使用温度/厚度组合位于相应曲线或以上者，可免除冲击试验，位于曲线以下者，应进行冲击试验（低温低应力工况、低温降应力工况及小截面除外）。

碳钢（包括碳锰钢）使用于GC3级管道时，可免除冲击试验。

注1：A、B类材料的分类见表A.1。

注2：图示名义厚度系指焊接部位的厚度：对接焊按厚度较小侧；支管与主管的角接接头按支管厚度；对焊法兰按锥颈小端厚度；非焊接部位按1/4计。

图1　碳钢（包括碳锰钢）免除冲击试验的最低使用温度

6.3　管线钢

6.3.1　表A.1列入了包括GB/T 9711的长输管道用碳钢和管线钢钢管、对焊管件和法兰锻件，如表2所示。

表2　长输管道用碳钢和管线钢钢管、对焊管件和法兰锻件

材　料		碳　钢	管　线　钢
GB/T 9711 钢管	电阻焊焊管	L210/A（PSL1），L245/B（PSL1）	L290/X42~L450/X65（PSL2）
	无缝钢管	L245/B（PSL1），L245/B（PSL2）	L290/X42~L555/X80（PSL2）
	板焊管	L245/B（PSL1），L245/B（PSL2）	L290/X42~L555/X80（PSL2）
GB/T 29168.2 对焊管件		—	L290/X42~L555/X80（PSL2）
GB/T 29168.3 法兰锻件		—	L290/F42~L555/F80（PSL2）

6.3.2　管线钢的产品质量等级（PSL）应满足如下要求：

a）GB/T 9711长输管线用钢管有PSL1及PSL2两个产品质量等级。

b）PSL2的产品质量等级较高，且有韧性要求。采用PSL2时，用户应根据最低使用温度提出冲击试验温度要求，通常冲击试验温度为-30℃~0℃；低于-50℃~-30℃时，应供需双方协商，用户若未提出冲击试验温度要求，供方按0℃执行。

c）GB/T 29168长输管线用弯管、对焊管件、法兰（锻件）仅有PSL2产品质量等级，其冲击试验要求与上述GB/T 9711长输管线用管PSL2产品质量等级相同。

d）表2所列管线钢的最高使用温度应不高于200℃。许用应力按表A.1的规定。

6.3.3　表2所列PSL1碳钢的最低使用温度按图1曲线B的规定；PSL2的碳钢和管线钢最低使用温度应不低于-30℃且应符合相应温度下材料标准规定的冲击试验要求。

6.3.4　L360/X52及以下钢级的管线钢和碳钢的焊接工艺评定按NB/T 47014的规定；钢级高于L360/X52管线钢的焊接工艺评定按NB/T 47014或GB/T 31032的规定，但应按每个钢材生产厂的每个钢级分别评定。

6.3.5　GB/T 9711产品和管线钢钢管及对焊管件的使用限制应符合表2的规定。

6.4　管子和对焊管件

6.4.1　碳钢、管线钢和奥氏体不锈钢钢管及其对焊管件的使用限制应符合表3的规定。

表3　碳钢、管线钢和奥氏体不锈钢钢管及对焊管件

标　准	材料（牌号）	制管工艺	使用限制
GB/T 3091	碳素结构钢	电阻焊焊管	a）按6.2规定，且设计压力不高于1.6MPa； b）不得用于剧烈循环工况； c）不得用于GC1级管道
		电熔焊焊管	
SY/T 5037	碳素结构钢	电熔焊焊管	
GB/T 13401	CF370	无缝及焊接对焊管件	
GB/T 9711（PSL1）	L210 L245	电阻焊焊管	a）不得用于GC1级管道； b）不得用于剧烈循环工况； c）设计压力不高于4.0MPa
GB/T 9711（PSL2）	L290/X42~ L450/X65	电阻焊焊管	a）不得用于GC1级（毒性）管道或气体管道； b）不得用于剧烈循环工况
GB/T 8163 GB/T 3087 GB/T 9711（PSL1）	碳钢	无缝管	不得用于GC1级管道
GB/T 13401	CF415，CF485	无缝及焊接对焊管件	

表3 碳钢、管线钢和奥氏体不锈钢钢管及对焊管件（续）

标　准	材料（牌号）	制管工艺	使用限制
GB/T 12771 HG/T 20537.3	奥氏体不锈钢	电熔焊焊管（不添加填充金属）及其对焊管件	a）不得用于GC1级管道； b）不得用于剧烈循环工况
HG/T 20537.4		纵缝未作射线检测的电熔焊焊管（添加填充金属）及其对焊管件	

6.4.2 剧烈循环工况下使用的钢管、有色金属管和对焊管件，应符合下列规定：

a） 应采用表A.1所列无缝管或纵向焊接接头系数大于或等于0.90的电熔焊（EFW）焊管和板焊管，不得选用电阻焊（ERW）焊管以及未经射线照相检测的电熔焊焊管；

b） 应采用无缝管件、纵向焊接接头系数不小于0.90的板制对焊管件和铸件质量系数不小于0.90的铸件。

6.5 碳钢和铬钼合金钢

6.5.1 用于焊接的碳钢、铬钼合金钢，含碳量应不大于0.30%。

6.5.2 使用温度高于455℃的$2\frac{1}{4}$Cr-1Mo钢，焊缝金属的含碳量应不小于0.05%。

6.5.3 铬钼合金钢焊管和管件的焊缝应进行100%射线检测或超声检测，且符合NB/T 47013.2—2015规定的Ⅱ级要求（RT）或NB/T 47013.3—2015规定的Ⅰ级要求（UT）。铬钼合金钢焊管和管件焊缝的射线或超声检测应在焊后热处理后进行。

6.6 奥氏体不锈钢

6.6.1 低碳（含碳量≤0.08%）非稳定化不锈钢（如06Cr19Ni10、06Cr17Ni12Mo2）在非固溶状态下（包括固溶后经热加工或焊接）不宜用于可能发生晶间腐蚀的环境，材料要求参见附录C。

6.6.2 超低碳不锈钢在425℃以上长期使用存在晶间腐蚀倾向，材料要求参见附录C。

6.6.3 低碳/超低碳奥氏体不锈钢等双牌号钢，其常温机械性能应满足两个牌号中机械性能的较高值，化学成分应满足超低碳级的要求。使用温度不高于538℃者，许用应力按低碳级选取，使用温度高于538℃者，许用应力按超低碳级选取。

6.6.4 根据设计文件要求，奥氏体不锈钢可按GB/T 4334进行晶间腐蚀试验，也可按相关标准进行应力腐蚀试验或点腐蚀试验，试验方法、试样状态、抽样比例和合格指标应在设计文件中明确。

6.7 板焊管

6.7.1 板焊管应采用钢板纵卷成型，带有1条或2条纵向直焊缝。受钢板宽度限制，更大直径的板焊管可采用钢板横卷成型。除GB/T 3091及SY/T 5037外，板焊管的厚度负偏差应不大于0.3mm，板焊管的尺寸偏差按GB/T 9711等相关标准的规定。

6.7.2 钢管应采用电熔焊工艺制造，除GB/T 3091及SY/T 5037外，板焊管应为全焊透结构。碳钢、管线钢、低温碳钢和镍钢、合金钢应采用双面埋弧焊或气体保护焊；不锈钢应采用包括加丝或不加丝的双面气体保护焊。

6.7.3 焊缝的化学成分应与母材接近或相当，其性能不低于母材的性能。GB/T 9711 PSL2 板焊管应进行不高于最低设计温度，且不低于-30℃的冲击试验。对于要求进行冲击试验的钢管，应包括母材、焊缝及热影响区。

6.7.4 除GB/T 9711 PSL2板焊管外，要求进行低于或等于0℃冲击试验的低温碳钢板焊管应采用正火状态的钢板。厚度大于或等于20mm的碳钢和低温碳钢板焊管，应进行焊后消除应力热处理；所有铬钼合金钢板焊管应进行焊后消除应力热处理；除业主或设计另有规定外，奥氏体不锈钢和双相不锈钢板焊管应进行焊后固溶处理。

6.7.5　除GC3级管道及 GB/T 3091、SY/T 5037板焊管外，应对板焊管焊缝进行局部或100%射线或超声检测，且符合GB/T 20801.5—2020中6.3.2的相应规定。

6.7.6　剧烈循环工况下使用的焊管应采用添加填充金属的焊接工艺，并进行局部或100%射线或超声检测，且符合GB/T 20801.5—2020中6.3.2的相应规定。

6.8　铝及铝合金

6.8.1　铝及铝合金的力学性能与厚度、供货状态有关，表A.1所列性能及许用应力仅适用于相应标准的规定范围。

6.8.2　材料标准未规定抗拉及屈服强度者，本部分要求于采购合同中补充。

6.8.3　加工硬化状态材料的焊接结构，应采用相应牌号退火状态的许用应力；析出硬化状态材料的焊接结构，应采用相应牌号焊接状态的许用应力。

6.8.4　铝及铝合金管件的性能及许用应力与坯料、工艺及热处理状态有关，可参照相同牌号无缝管、焊管、板、棒、锻件的性能及许用应力。表A.1所列性能及许用应力为典型示例。

6.9　镍及镍合金

6.9.1　镍及镍合金的力学性能与加工、热处理状态有关，表A.1所列性能及许用应力仅适用于相应标准的规定范围。

6.9.2　镍及镍合金管件的性能及许用应力与坯料、工艺及热处理状态有关，可参照相同牌号无缝管、焊管、板、棒、锻件的性能及许用应力。表A.1所列性能及许用应力为典型示例。

6.9.3　625镍基合金采用ENiCrMo-3或ERNiCrMo-3焊接的接头抗拉强度应不小于758MPa。

6.9.4　625镍基合金经538℃~760℃热履历可能致使常温韧性的降低和焊接区域的应力松弛裂纹，参见附录C。

6.10　管道支承件材料

6.10.1　表A.1和表A.2所列标准、材料及许用应力也适用于管道支承件。

6.10.2　管道支承件材料的其他要求按GB/T 20801.3—2020第8章的规定。

6.11　低熔点金属

6.11.1　铅、锌等低熔点金属及其合金不得用于输送可燃介质的管道。

6.11.2　应防止铅、锌等低熔点金属在热处理、焊接或高温使用过程对奥氏体不锈钢及镍基合金的液体金属侵蚀，参见附录C。

7　高温条件下的材料使用限制

7.1　材料使用温度上限

7.1.1　表A.1及表A.2规定了一般情况下材料的使用温度上限。

7.1.2　确定材料使用温度上限时应考虑使用介质和环境的影响。

7.2　高温材料的选用原则

7.2.1　一般要求

7.2.1.1　高温条件下长期使用的材料，应考虑组织或性能变化对材料使用可靠性的影响。

7.2.1.2　高温条件下长期使用的材料，应考虑因蠕变引起的过度变形、过大位移、材料组织和性能的劣化以及螺栓的应力松弛；典型金属材料的蠕变阈值温度见GB/T 20801.3—2020表5，其他金属材料可参见附录C。

7.2.1.3 高温条件下使用的材料，应考虑高温及化学腐蚀引起的材料损伤。

7.2.1.4 通过热处理强化的材料，如果长期在接近或高于回火温度下使用，应考虑材料强度降低的因素。

7.2.2 高温条件下碳钢及铬钼合金钢的使用

7.2.2.1 高温蠕变工况焊接接头高温强度降低系数W按GB/T 20801.3—2020中4.2.7的规定。

7.2.2.2 碳钢、碳锰钢、低温用镍钢的高温石墨化倾向以及铬钼合金钢的软化（珠光体球化）倾向参见附录C。

7.2.2.3 铬钼合金钢的回火脆性敏感性参见附录C。

7.2.3 高温条件下不锈钢的使用

7.2.3.1 高温蠕变工况（见GB/T 20801.3—2020的3.2）不锈钢焊接接头高温强度降低系数W按GB/T 20801.3—2020中4.2.7的规定。

7.2.3.2 铁素体不锈钢、马氏体不锈钢和双相不锈钢的475℃脆性敏感性参见附录C。

7.2.3.3 铬镍奥氏体不锈钢的σ相脆化敏感性参见附录C。

7.2.3.4 铝、锑、铋、镉、镓、铅、锰、锡、锌等低熔点金属及其化合物在高温下对奥氏体不锈钢的液体侵蚀（LME）参见附录C。

7.2.3.5 表A.1低碳级（含碳量≤0.08%）奥氏体不锈钢高温使用时，应符合表4的附加要求。

表4 低碳级奥氏体不锈钢高温使用的附加要求

低碳级奥氏体不锈钢代号	使用温度/℃	附加要求		
		母材含碳量	热处理状态	晶粒度
CF8	>425	≥0.04	>1 040℃快冷	—
CF8M、CF8C	>425	≥0.04	>1 095℃快冷	—
06Cr18Ni11Ti 06Cr18Ni11Nb	>538	≥0.04	>1 095℃快冷	平均晶粒度7级或更粗
06Cr19Ni10 06Cr17Ni12Mo2	>538	≥0.04	>1 040℃快冷	平均晶粒度7级或更粗
06Cr23Ni13 06Cr25Ni20	>538	≥0.04	>1 040℃快冷	平均晶粒度6级或更粗

7.2.4 高温条件下其他材料的使用

7.2.4.1 钛及钛合金不宜在316℃以上的温度下使用。

7.2.4.2 镍及镍基合金的使用温度上限按表5的规定。

7.2.4.3 高温蠕变工况（见GB/T 20801.3—2020的3.2）镍基合金焊接接头高温强度降低系数W按GB/T 20801.3—2020中4.2.7的规定。

表5　镍及镍基合金的使用温度上限

单位为摄氏度

材　　料	不含硫的环境			蒸汽	含硫环境	
	氧化	H_2还原	CO还原		氧化	还原
镍 （N4、N6）	1040	1260	1260	425	315	260
镍－铜 （NCu30）	540	1100	815	370	315	260
镍－铬－铁 （NS312）	1100	1150	1150	815	815	540
镍－铁－铬 （NS111、NS112）	1100	1260	1150	980	815	540

8　低温条件下的材料使用限制

8.1　最低使用温度及冲击试验免除

8.1.1　一般规定（铸铁除外）

8.1.1.1　除8.1.1.4、8.1.3、8.1.4、8.1.5和8.1.6免除冲击试验的规定外，材料及其焊接接头应进行冲击试验。

8.1.1.2　材料及其焊接接头的冲击试验应按8.2的规定进行。

8.1.1.3　确定最低设计温度时，应考虑流体节流效应及环境温度的影响。

8.1.1.4　用于GC3级管道的碳钢材料可免除冲击试验。

8.1.2　铸铁

球墨铸铁、灰铸铁和可锻铸铁的最低使用温度应符合6.1的规定。

8.1.3　碳钢、低温钢、铬钼合金钢、铁素体不锈钢和双相不锈钢

8.1.3.1　碳钢、低温钢、铬钼合金钢、铁素体不锈钢和双相不锈钢的最低使用温度及冲击试验免除条件应符合表6和表A.1的规定。

8.1.3.2　材料的焊接工艺评定应符合表8、表11和表12的规定。

8.1.3.3　当碳钢（包括碳锰钢）符合低温低应力或低温降应力工况时，其免于冲击试验的最低使用温度可以比8.1.3.1规定的更低，并应符合下列规定：

a）符合低温降应力工况的碳钢（包括碳锰钢）免于冲击试验的材料最低使用温度降低量为11℃，且最低使用温度应不低于-30℃，但应符合下列规定：

1）管道应经不低于1.5倍设计压力的水压试验；

2）除公称壁厚小于或等于13mm外，管道系统应对外加载荷（如维修载荷、冲击载荷、热冲击载荷等）进行安全防护；

3）低温降应力工况适用于GC2级管道以及环境气温不高于-20℃，但不低于-30℃地区的GC3级管道，且适用的碳钢材料中不包括碳素结构钢和螺栓材料，管道系统中不准许存在铁素体与奥氏体的异种金属焊接接头。

注：最低环境温度取历年来月平均最低气温的最低值。

b）符合低温低应力工况的GC2级管道，最低使用温度应不低于-104℃，且适用的碳钢材料中不包括碳素结构钢和螺栓材料，管道系统中不准许存在铁素体与奥氏体的异种金属焊接接头。

表6　钢（奥氏体不锈钢除外）的最低使用温度和冲击试验

材料类别（按低温性能区分）	最低使用温度/℃	免除冲击试验条件	冲击试验要求	
			材　料	制作、安装中的焊接
图1曲线A[a]	−10	厚度小于或等于10mm。或厚度大于10mm，但设计温度高于或等于图1曲线A所示值	厚度大于10mm，且设计温度低于图1曲线A所示值时，应进行常温或设计温度（取较低者）下的冲击试验	a）焊缝及热影响区的冲击要求同“材料”栏要求。 b）冲击试验要求应包括在相应的焊接工艺评定中
图1曲线B[b]	−104	低温低应力工况	免除	免除
	−46	小截面[c]		
	−30	低温降应力工况： 厚度小于或等于15mm。或厚度大于15mm，且设计温度提高11℃后高于或等于图1曲线B所示值。 非焊接件按厚度的1/4计	厚度大于15mm，且设计温度提高11℃后仍低于图1曲线B所示值时，应进行常温或设计温度提高11℃（取较低者）的冲击试验	a）焊缝及热影响区的冲击要求同“材料”栏要求。 b）冲击试验要求应包括在相应的焊接工艺评定中
	大于−20	厚度小于或等于15mm。或厚度大于15mm，且设计温度高于或等于图1曲线B所示值。非焊接件按厚度的1/4计	厚度大于15mm，且设计温度低于图1曲线B所示值时，应进行常温或设计温度（取较低者）的冲击试验	a）焊缝及热影响区的冲击要求同“材料”栏要求。 b）冲击试验要求应包括在相应的焊接工艺评定中
表A.1的2.3锻件和表A.1的2.4铸件	按表A.1	全部免除	免除	如进行焊接，根据焊缝厚度，焊缝及热影响区按图1曲线B“制作、安装中的焊接”栏要求
	−30	低温降应力工况	免除	如进行焊接，根据焊缝厚度，焊缝及热影响区按图1曲线B“制作、安装中的焊接”栏要求
	−104	低温低应力工况	免除	免除
低温钢（表A.1中3）	按表A.1		a）设计温度低于或等于−20℃时应进行设计温度下的冲击试验（材料、焊缝、热影响区）。 b）材料应符合相应低温钢材料标准的全部要求	
	表A.1或−46℃，取较低值	小截面[c]	免除	免除
	−104	低温低应力工况		
铬钼合金钢	−30	设计温度不低于左列最低使用温度时，可免除冲击试验要求； 低温低应力工况可使用至−104℃		
铁素体不锈钢	−30			
双相不锈钢	−50			

[a] 图1曲线A包括表A.1中下列碳钢：
Q215A、Q235A的板材以及板焊管、CF370焊制管件；
Q215A、Q235A的ERW焊管；
用于GC3级管道时，见8.1.1.4。

[b] 图1曲线B包括除脚注a外的其他表A.1所列碳钢（包括碳锰钢）。

[c] “小截面”系指材料由于厚度及截面形状限制，无法制备2.5mm×10mm×55mm冲击试样的状况。

8.1.4 奥氏体不锈钢

8.1.4.1 奥氏体不锈钢的最低使用温度应符合表A.1的规定。

8.1.4.2 当使用温度低于或等于-20℃时，奥氏体不锈钢应进行低温冲击试验，但同时满足下列规定者，可免除低温冲击试验。

a) 母材最低使用温度不低于-196℃、焊缝金属最低设计温度不低于-104℃和因材料截面尺寸限制无法制备2.5mm×10mm×55mm冲击试样三个条件之一者；

b) 材料含碳量不大于0.10%且为固溶热处理状态；

c) 焊缝填充金属含碳量不大于0.10%。

8.1.5 镍、镍基合金、钛合金和铝合金

镍、钛、铝及其合金的最低使用温度应符合表A.1的规定，其免除冲击试验条件应符合表7的规定。

表7 有色金属（镍和镍基合金、钛和钛合金、铝和铝合金）的最低使用温度

材料类别	最低使用温度/℃	冲击试验要求		更低使用温度
		材料	焊接接头	
镍及镍基合金	-200	全部免除	a）如焊缝金属成分符合母材规定，无额外要求。 b）如焊缝金属成分不符合母材规定，按右侧更低使用温度栏要求	设计应对材料、焊缝金属和热影响区在设计温度下进行相应的试验（包括延伸率、缺口拉伸/常规拉伸比较、冲击试验等）来确定其适用性
钛及钛合金	-60			
铝及铝合金	-270			

8.1.6 螺栓材料

8.1.6.1 螺栓材料的最低使用温度应符合表A.2的规定，符合下列条件者可免除冲击试验：

a) 碳钢、合金结构钢标准紧固件；

b) 奥氏体不锈钢标准紧固件；

c) 0Cr18Ni9、0Cr17Ni12Mo2及其应变硬化不锈钢紧固件（B8-2、B8M-2）；

d) 25Cr2MoV钢紧固件；

e) 配用螺母材料。

8.1.6.2 最低使用温度小于下列a）和b）所示温度，但不低于-104℃的35CrMo螺栓应进行低温冲击试验，但符合下列条件之一的35CrMo螺栓可免除低温冲击试验：

a) 螺纹直径小于或等于M64且最低使用温度高于或等于-46℃者；

b) 螺纹直径大于M64且最低使用温度高于或等于-40℃者。

8.2 冲击试验

8.2.1 母材的冲击试验

除符合8.1规定的免除冲击试验的材料外，母材均应按8.2.3、8.2.4和8.2.5的要求进行冲击试验。对于材料标准中有关冲击试验的规定符合上述要求者，应按材料标准进行冲击试验；对于材料标准未作冲击试验规定或规定不符合上述要求者，应提出冲击试验的附加要求。

8.2.2 焊接接头的冲击试验

焊接接头的冲击试验应符合下列规定：

a) 焊接接头的冲击试验应在焊接工艺评定中进行；

b） 焊接接头冲击试验的试件制备、试样位置及数量应符合表8的规定；

c） 表6所列材料的焊接接头冲击试验应包括焊缝金属和热影响区，但奥氏体不锈钢的焊接接头冲击试验仅包括焊缝金属。

表8 焊接接头冲击试验（制作、安装）

制备冲击试样的试件	试验的覆盖范围	试样位置及数量	冲击试验进行者
每一种焊接工艺、每种焊接材料型号、每种焊剂均要进行一套冲击试验。试样的热处理状态与完工管道相同（包括热处理温度、保温时间、冷却速度）	试件厚度为T，则可覆盖的厚度范围为$T/2$~T+6mm	焊缝金属（三个一组）： a）试样横贯焊缝； b）缺口位于焊缝金属并垂直于接头表面； c）试样的一个表面尽可能接近接头表面。 热影响区（如需要，三个一组）： a）缺口根部及其后的断口尽可能多地位于焊接接头的热影响区； b）其余同上	制作、安装

8.2.3 冲击试验方法

冲击试验方法应符合下列规定：

a） 冲击试验方法应符合GB/T 229和GB/T 12778的规定。

b） 标准冲击试样为10mm×10mm×55mm夏比缺口冲击试样。

c） 若因截面尺寸限制无法制备标准试样时，也可采用厚度为7.5mm、5.0mm、2.5mm的小尺寸试样或尽可能宽的小尺寸试样。小尺寸试样的缺口宽度一般应不小于材料厚度的80%。

d） 试样缺口应沿厚度方向切取，三个试样为一组。

8.2.4 冲击试验温度

冲击试验温度应符合下列规定：

a） 标准试样的冲击试验温度应不高于最低设计温度；

b） 小尺寸试样的冲击试验温度的降低值应符合表9和表10的规定；

c） 降低小尺寸试样的冲击试验温度仅适用于表11中以冲击吸收能量作为合格判据的状况，采用冲击断口侧向膨胀量作为合格判据的冲击试验温度应符合表12的规定。

表9 冲击试验温度降低值

材料厚度t/mm	冲击试样宽度/mm	冲击试验温度降低值ΔT/℃
≥10	≥8	0
	<8	ΔT_2[b]
<10	≥0.8t	0
	<0.8t	$\mid \Delta T_1$[a]$-\Delta T_2 \mid$

[a] ΔT_1为材料厚度小于10mm时的温度降低值（按表10）。

[b] ΔT_2为冲击试样宽度小于10mm时的温度降低值（按表10）。

表10 ΔT_1和ΔT_2

材料厚度或试样缺口宽度/mm	ΔT_1、ΔT_2/℃
10（标准试样）	0
9	0
8	0
7.5（7.5mm试样）	3

表10 ΔT_1 和 ΔT_2（续）

材料厚度或试样缺口宽度/mm	ΔT_1、ΔT_2/℃
7	4
6.67（2/3 宽试样）	5
6	8
5（5mm 试样）	11
4	17
3.33（1/3 宽试样）	19
3	22
2.5（2.5mm 试样）	28
注：可采用内插法。	

表11 冲击试验的冲击吸收能量合格标准（母材、焊缝金属、热影响区）

材料类别	标准规定最小抗拉强度 R_m/MPa	标准试样冲击吸收能量[a]/J	
		三个试样平均值	单个试样最低值
碳钢、合金钢（R_m<655MPa）	≤450	18	14
	>450~515	20	16
	>515~<655	27	20
合金钢螺栓材料（≤M52）	≥655	27	20
[a] 采用小尺寸试样时，冲击吸收能量合格标准按试样宽度的比例降低。			

表12 冲击试验的侧向膨胀量合格标准（母材、焊缝金属）

材料类别	最低使用温度/℃	冲击试验温度/℃	侧向膨胀量[a]/mm
奥氏体不锈钢、铁素体不锈钢、双相不锈钢、>M52 且 R_m ≥ 655MPa 碳钢和合金钢螺栓材料	≥−196	最低设计温度	0.38
	<−196	−196	0.46
[a] 采用小尺寸试样时，侧向膨胀量合格标准与标准试样相同，且三个试样均应合格。			

8.2.5 合格标准

冲击试验的合格标准应按照下列有关要求进行确定：

a）标准规定的材料最小抗拉强度小于655MPa的碳钢、合金钢、低温钢以及螺纹直径小于或等于M52的螺栓材料，其冲击试验应符合表11的规定；

b）螺纹直径大于M52的螺栓材料和奥氏体不锈钢的冲击试样断口侧向膨胀量应符合表12的规定。

9 材料标记和质量证明

9.1 材料标记

9.1.1 材料标记应符合相应标准和合同的规定。

9.1.2 标记内容至少应包括制造厂标记以及材料（代号）名称，下列管道组成件的标记还应包括材料炉批号或代号：

a）GC1级管道用管道组成件；

b）按本部分要求进行冲击试验的管道组成件；

c） 铬钼合金钢（螺栓材料除外）管道组成件；

d） 用于高温条件下的奥氏体不锈钢（H型）管道组成件；

e） 镍及镍合金、钛及钛合金管道组成件。

9.1.3 材料应逐件标记，标记应清晰、牢固，公称直径小于或等于DN40的材料可采用标签或其他替代方法进行标记。

9.2 质量证明

材料的质量证明应符合下列规定：

a） 材料应具有相应的质量证明文件；

b） 质量证明文件应包括标准以及合同规定的检验和试验结果，且具有可追溯性；

c） 未包括检验和试验结果的质量证明文件（合格证）仅限于GC3级管道组成件。

附 录 A
（规范性附录）
材料牌号和许用应力

A.1 许用应力

表A.1给出了符合本部分要求的材料牌号和许用应力。

A.2 螺栓许用应力

表A.2给出了符合本部分要求的螺栓材料牌号和许用应力。

A.3 纵向焊接接头系数

表A.3给出了表A.1所列管子与对焊管件的纵向焊接接头系数Φ_w，管子与对焊管件的纵向焊接接头系数应符合GB/T 20801.3—2020中的4.2.5和表3的规定。

A.4 铸件质量系数

表A.4给出了表A.1所列铸件的铸件质量系数Φ_C，铸件质量系数应符合GB/T 20801.3—2020中4.2.6和表4的规定。

A.5 表A.1许用应力使用说明

表A.1许用应力表的使用应符合下列要求：

a）表A.1中的许用应力未计入管子和对焊管件的纵向焊接接头系数、焊接接头高温强度降低系数以及铸件质量系数；焊接接头高温强度降低系数按GB/T 20801.3—2020中4.2.7的规定；

b）剪切、接触、压缩应力应符合GB/T 20801.3—2020中4.2.4.5和4.2.4.4的规定；

c）表A.1未列温度的许用应力可采用内插法计算；

d）低于40℃的许用应力取40℃的值；

e）表列斜体许用应力值取决于抗拉强度；黑体取决于长期（持久、蠕变）强度；正体取决于屈服强度；正体加下横线取决于90%中温屈服强度；正体加灰底色表示许用应力值高于2/3中温屈服强度；

f）表列正体加下横线以及正体灰底色许用应力值均适用于奥氏体不锈钢和镍基合金的设计计算，但用于非标法兰或按GB/T 20801.3—2020中7.5.4计算时应将该值乘以75%（正体加下横线者）或适当降低（正体灰底色）；

g）材料使用温度上限及对应的许用应力按表列所示（而不是表头所示温度）；

h）材料最低使用温度按表列温度或图1所示曲线，数字表示最低使用温度，英文字母A或B表示图1中的曲线，材料尚应满足第8章以及相应注解的要求。

表 A.1　材料许用应力表

标准	牌号等级	尺寸范围/mm，或状态	最低使用温度/℃或图1的曲线号	标准规定最小强度/MPa		最高使用温度/℃	在下列温度（℃）下的许用应力/MPa																			脚注
				R_m	R_{eL}（或 $R_{p0.2}$）		40	65	100	150	200	250	300	325	350	375	400	425	450	475	500	525	550	575	600	
1 铸铁																										1 铸铁
1.1 灰铸铁																										1.1 灰铸铁
GB/T 94392	HT200		−10	200		230	20	20	20	20	20	20(230℃)														a,c
GB/T 9439	HT250		−10	250		230	25	25	25	25	25	25(230℃)														a,c
GB/T 9439	HT300		−10	300		230	30	30	30	30	30	30(230℃)														a,c
GB/T 9439	HT350		−10	350		230	35	35	35	35	35	35(230℃)														a,c
1.2 球墨铸铁																										1.2 球墨铸铁
GB/T 1348	QT400−18		0	400	250	350	133		124	118	113	106	100	95	91											b,c
GB/T 1348	QT400−18L		−20	400	250	350	133		124	118	113	106	100	95	91											b,c
1.3 可锻铸铁（黑芯）																										1.3 可锻铸铁（黑芯）
GB/T 9440	KTH300−06		−20	300		300	60	60	60	60	60	60	60													a,c
GB/T 9440	KTH350−10		−20	350	200	300	70	70	70	70	70	70	70													a,c
2. 碳钢（包括碳锰钢）																										2. 碳钢（包括碳锰钢）
2.1 无缝管																										2.1 无缝管
GB/T 8163	10	≤16	B	335	205	593	112	112	112	112	112	112	108	105	97.0	84.3	73.3	64.0	55.8	43.9	31.7	21.4	14.2	9.40	6.89(593℃)	d
GB/T 8163	10	>16~30	B	335	195	593	112	112	112	110	106	102	96.9	94.1	91.2	84.3	73.3	64.0	55.8	43.9	31.7	21.4	14.2	9.40	6.89(593℃)	d
GB/T 8163	10	>30	B	335	185	593	112	112	112	110	106	102	96.9	94.1	91.2	84.3	73.3	64.0	55.8	43.9	31.7	21.4	14.2	9.40	6.89(593℃)	d
GB/T 9948	10	全部	B	330	205	593	112	112	112	112	112	112	108	105	97.0	84.3	73.3	64.0	55.8	43.9	31.7	21.4	14.2	9.40	6.89(593℃)	d
GB/T 6479	10	≤16	B	335	205	593	112	112	112	112	112	112	108	105	97.0	84.3	73.3	64.0	55.8	43.9	31.7	21.4	14.2	9.40	6.89(593℃)	d,k
GB/T 6479	10	>16~40	B	335	195	593	112	112	112	110	106	102	96.9	94.1	91.2	84.3	73.3	64.0	55.8	43.9	31.7	21.4	14.2	9.40	6.89(593℃)	d,k
GB/T 6479	10	>40	B	335	185	593	112	112	112	110	106	102	96.9	94.1	91.2	84.3	73.3	64.0	55.8	43.9	31.7	21.4	14.2	9.40	6.89(593℃)	d,k

表 A.1　材料许用应力表（续）

标准	牌号等级	尺寸范围/mm，或状态	最低使用温度/℃或图1的曲线号	标准规定最小强度/MPa		最高使用温度/℃	在下列温度（℃）下的许用应力/MPa																			脚注
				R_m	R_{eL}（或 $R_{p0.2}$）		40	65	100	150	200	250	300	325	350	375	400	425	450	475	500	525	550	575	600	
GB/T 3087	10	≤16	B	335	205	593	112	112	112	112	112	112	108	105	97.0	84.3	73.3	64.0	55.8	43.9	31.7	21.4	14.2	9.40	6.89(593℃)	d
GB/T 3087	10	>16	B	335	195	593	112	112	112	110	106	102	96.9	94.1	91.2	84.3	73.3	64.0	55.8	43.9	31.7	21.4	14.2	9.40	6.89(593℃)	d
GB/T 9711	L245/B (PSL1)	全部	B	415	245	593	138	138	138	138	138	132	126	122	118	113	95.1	79.5	62.6	45.0	31.7	21.4	14.2	9.40	6.89(593℃)	d,g
GB/T 9711	L245/B (PSL2)	全部	−30	415	245	593	138	138	138	138	138	132	126	122	118	113	95.1	79.5	62.6	45.0	31.7	21.4	14.2	9.40	6.89(593℃)	d,g,k
GB/T 8163	20	≤16	B	410	245	593	137	137	137	137	137	132	126	122	118	113	95.1	79.5	62.6	45.0	31.7	21.4	14.2	9.40	6.89(593℃)	d
GB/T 8163	20	>16~30	B	410	235	593	137	137	137	137	137	132	126	122	118	113	95.1	79.5	62.6	45.0	31.7	21.4	14.2	9.40	6.89(593℃)	d
GB/T 8163	20	>30	B	410	225	593	137	137	134	130	126	121	115	111	108	105	95.1	79.5	62.6	45.0	31.7	21.4	14.2	9.40	6.89(593℃)	d
GB/T 3087	20	≤16	B	410	245	593	137	137	137	137	137	132	126	122	118	113	95.1	79.5	62.6	45.0	31.7	21.4	14.2	9.40	6.89(593℃)	d
GB/T 3087	20	>16	B	410	235	593	137	137	137	137	137	132	126	122	118	113	95.1	79.5	62.6	45.0	31.7	21.4	14.2	9.40	6.89(593℃)	d
GB/T 5310	20G	全部	B	410	245	593	137	137	137	137	137	132	126	122	118	113	95.1	79.5	62.6	45.0	31.7	21.4	14.2	9.40	6.89(593℃)	d
GB/T 5310	20MnG	全部	B	415	240	593	138	138	138	138	138	132	126	122	118	113	95.1	79.5	62.6	45.0	31.7	21.4	14.2	9.40	6.89(593℃)	d
YB/T 4173	20G	全部	B	410	245	593	137	137	137	137	137	132	126	122	118	113	95.1	79.5	62.6	45.0	31.7	21.4	14.2	9.40	6.89(593℃)	d
YB/T 4173	20MnG	全部	B	415	240	593	138	138	138	138	138	132	126	122	118	113	95.1	79.5	62.6	45.0	31.7	21.4	14.2	9.40	6.89(593℃)	d
GB/T 6479	20	≤16	B	410	245	593	137	137	137	137	137	132	126	122	118	113	95.1	79.5	62.6	45.0	31.7	21.4	14.2	9.40	6.89(593℃)	d,k
GB/T 6479	20	>16~40	B	410	235	593	137	137	137	137	137	132	126	122	118	113	95.1	79.5	62.6	45.0	31.7	21.4	14.2	9.40	6.89(593℃)	d,k

表 A.1　材料许用应力表（续）

标准	牌号等级	尺寸范围/mm，或状态	最低使用温度/℃或图1的曲线号	标准规定最小强度/MPa		最高使用温度/℃	在下列温度（℃）下的许用应力/MPa																			脚注
				R_m	R_{eL}（或 $R_{p0.2}$）		40	65	100	150	200	250	300	325	350	375	400	425	450	475	500	525	550	575	600	
GB/T 6479	20	>40	B	410	225	593	137	137	134	130	126	121	115	111	108	105	95.1	79.5	62.6	45.0	31.7	21.4	14.2	9.40	6.89(593℃)	d,k
GB/T 9948	20	全部	B	410	245	593	137	137	137	137	137	132	126	122	118	113	95.1	79.5	62.6	45.0	31.7	21.4	14.2	9.40	6.89(593℃)	d
GB/T 8163	Q345A	≤16	B	470	345	427	157	157	157	157	157	157	151	144	139	135	122	101	83.8(427℃)							d
GB/T 8163	Q345A	>16~30	B	470	325	427	157	157	157	157	157	157	151	144	139	135	122	101	83.8(427℃)							d
GB/T 8163	Q345A	>30	B	470	295	427	157	157	157	157	157	157	151	144	139	135	122	101	83.8(427℃)							d
GB/T 5310	25MnG	全部	B	485	275	427	162	162	162	162	158	158	151	144	139	135	122	101	83.8(427℃)							d
YB/T 4173	25MnG	全部	B	485	275	427	162	162	162	162	158	151	144	139	135	122	101	83.8	82.7(427℃)							d
GB/T 6479	Q345B	≤16	B	490	345	427	163	163	163	163	158	151	144	139	135	122	101	83.8	82.7(427℃)							d
GB/T 6479	Q345B	>16~40	B	490	335	427	163	163	163	163	158	151	144	139	135	122	101	83.8	82.7(427℃)							d
GB/T 6479	Q345B	>40	B	490	325	427	163	163	163	163	158	151	144	139	135	122	101	83.8	82.7(427℃)							d
GB/T 6479	Q345D	≤16	−20	490	345	427	163	163	163	163	158	151	144	139	135	122	101	83.8	82.7(427℃)							d
GB/T 6479	Q345D	>16~40	−20	490	335	427	163	163	163	163	158	151	144	139	135	122	101	83.8	82.7(427℃)							d
GB/T 6479	Q345D	>40	−20	490	325	427	163	163	163	163	158	151	144	139	135	122	101	83.8	82.7(427℃)							d
GB/T 9711	L290/X42 (PSL2)	全部	−30	415	290	204	138	138	138	138	138															g,h,i,j
GB/T 9711	L360/X52 (PSL2)	全部	−30	460	360	204	153	153	153	153	153															g,h,i,j
GB/T 9711	L415/X60 (PSL2)	全部	−30	520	415	204	173	173	173	173	173															g,h,i,j
GB/T 9711	L450/X65 (PSL2)	全部	−30	535	450	204	178	178	178	178	178															g,h,i,j

表 A.1 材料许用应力表（续）

标准	牌号等级	尺寸范围/mm，或状态	最低使用温度/℃或图1的曲线号	标准规定最小强度/MPa		最高使用温度/℃	在下列温度（℃）下的许用应力/MPa																			脚注
				R_m	R_{eL}（或 $R_{p0.2}$）		40	65	100	150	200	250	300	325	350	375	400	425	450	475	500	525	550	575	600	
GB/T 9711	L485/X70 (PSL2)	全部	−30	570	485	204	190	190	190	190	190															g,h,i,j
GB/T 9711	L555/X80 (PSL2)	全部	−30	625	555	204	208	208	208	208	208															g,h,i,j
2.2 焊管（ERW）																										2.2 焊管（ERW）
GB/T 3091	Q215A	≤16	A	335	215	350	112	112	112	112	112	112	108	105	97.0											d,e,f
GB/T 3091	Q215A	>16	A	335	205	350	112	112	112	112	112	112	108	105	97.0											d,e,f
GB/T 9711	L210/A (PSL1)	全部	B	335	210	350	112	112	112	112	112	112	108	105	97.0											d,e,g
GB/T 3091	Q235A	≤16	A	370	235	350	123	123	123	123	123	123	118	115	97.0											d,e,f
GB/T 3091	Q235A	>16	A	370	225	350	123	123	123	123	123	123	118	115	97.0											d,e,f
GB/T 9711	L245/B (PSL1)	全部	B	415	245	350	138	138	138	138	138	132	126	122	118											d,e,g
GB/T 9711	L290/X42 (PSL2)	全部	−30	415	290	204	138	138	138	138	138															g,h,i,j
GB/T 9711	L360/X52 (PSL2)	全部	−30	460	360	204	153	153	153	153	153															g,h,i,j
GB/T 9711	L415/X60 (PSL2)	全部	−30	520	415	204	173	173	173	173	173															g,h,i,j
GB/T 9711	L450/X65 (PSL2)	全部	−30	535	450	204	178	178	178	178	178															g,h,i,j
2.3 管件																										2.3 管件
GB/T 13401	CF370	全部	A	370	235	350	123	123	123	123	123	123	118	115	97.0											d,e,f

表 A.1 材料许用应力表（续）

标准	牌号等级	尺寸范围/mm，或状态	最低使用温度/℃或图1的曲线号	标准规定最小强度/MPa R_m	标准规定最小强度/MPa R_{eL}（或 $R_{p0.2}$）	最高使用温度/℃	在下列温度（℃）下的许用应力/MPa 40	65	100	150	200	250	300	325	350	375	400	425	450	475	500	525	550	575	600	脚注
GB/T 13401	CF415	全部	B	415	240	593	138	138	138	138	138	132	126	122	118	113	95.1	79.5	62.6	45.0	31.7	21.4	14.2	9.40	6.89(593℃)	d,e
GB/T 13401	CF415K	全部	B	415	240	593	138	138	138	138	138	132	126	122	118	113	95.1	79.5	62.6	45.0	31.7	21.4	14.2	9.40	6.89(593℃)	d,e
GB/T 13401	CF485	全部	B	485	275	427	162	162	162	162	158	151	144	139	135	122	101	83.8	82.7(427℃)							d,e
GB/T 13401	CF485K	全部	B	485	275	427	162	162	162	162	158	151	144	139	135	122	101	83.8	82.7(427℃)							d,e
GB/T 29168.2	L290/X42 (PSL2)	全部	−30	415	290	204	138	138	138	138	138															g,h,i,j
GB/T 29168.2	L360/X52 (PSL2)	全部	−30	460	360	204	153	153	153	153	153															g,h,i,j
GB/T 29168.2	L415/X60 (PSL2)	全部	−30	520	415	204	173	173	173	173	173															g,h,i,j
GB/T 29168.2	L450/X65 (PSL2)	全部	−30	535	450	204	178	178	178	178	178															g,h,i,j
GB/T 29168.2	L485/X70 (PSL2)	全部	−30	570	485	204	190	190	190	190	190															g,h,i,j
GB/T 29168.2	L555/X80 (PSL2)	全部	−30	625	555	204	208	208	208	208	208															g,h,i,j
2.4 板焊管（EFW/SAW）																									2.4 板焊管（EFW/SAW）	
GB/T 3091	Q215A	≤16	A	335	215	350	112	112	112	112	112	112	108	105	101											d,e,f
GB/T 3091	Q215A	>16	A	335	205	350	112	112	112	112	112	112	108	105	101											d,e,f
GB/T 3091	Q235A	≤16	A	370	235	350	123	123	123	123	123	123	118	115	111											d,e,f
GB/T 3091	Q235A	>16	A	370	225	350	123	123	123	123	123	123	118	115	111											d,e,f
GB/T 9711	L245/B (PSL1)	全部	B	415	245	593	138	138	138	138	138	132	126	122	118	113	95.1	79.5	62.6	45.0	31.7	21.4	14.2	9.40	6.89(593℃)	d,g

表 A.1 材料许用应力表(续)

标准	牌号等级	尺寸范围/mm，或状态	最低使用温度/℃或图1的曲线号	标准规定最小强度/MPa		最高使用温度/℃	在下列温度(℃)下的许用应力/MPa																			脚注
				R_m	R_{eL}(或 $R_{p0.2}$)		40	65	100	150	200	250	300	325	350	375	400	425	450	475	500	525	550	575	600	
GB/T 9711	L245/B (PSL2)	全部	−30	415	245	593	138	138	138	138	138	132	126	122	118	113	95.1	79.5	62.6	45.0	31.7	21.4	14.2	9.40	6.89(593℃)	d,g,k
GB/T 9711	L290/X42 (PSL2)	全部	−30	415	290	204	138	138	138	138	138															g,h,i,j
GB/T 9711	L360/X52 (PSL2)	全部	−30	460	360	204	153	153	153	153	153															g,h,i,j
GB/T 9711	L415/X60 (PSL2)	全部	−30	520	415	204	173	173	173	173	173															g,h,i,j
GB/T 9711	L450/X65 (PSL2)	全部	−30	535	450	204	178	178	178	178	178															g,h,i,j
GB/T 9711	L485/X70 (PSL2)	全部	−30	570	485	204	190	190	190	190	190															g,h,i,j
GB/T 9711	L555/X80 (PSL2)	全部	−30	625	555	204	208	208	208	208	208															g,h,i,j
ASTM A671	CC60	Cl 22	B,−46	414	221	538	138	138	134	130	126	121	115	111	108	105	95.1	79.5	62.6	45.0	31.7	21.4	17.2(538℃)			d,k
ASTM A671	CC70	Cl 22	B,−46	485	260	538	161	161	159	154	150	144	136	132	128	122	101	83.8	66.8	50.3	33.2	21.4	17.2(538℃)			d,k
2.5 锻件																										2.5 锻件
GB/T 12228	25	全部	−20	450	275	427	150	150	150	150	150	150	144	139	135	122	101	83.8	82.7(427℃)							c,d
GB/T 12228	A105	全部	−30	480	250	593	160	156	151	146	142	136	129	125	122	118	101	83.8	66.8	50.3	33.2	21.4	14.2	9.40	6.89(593℃)	c,d
NB/T 47008	20	≤100	−20	410	235	593	137	130	126	122	118	113	108	105	101	98.3	95.1	79.5	62.6	45.0	31.7	21.4	14.2	9.40	6.89(593℃)	c,d
NB/T 47008	16Mn	≤100	−20	480	305	593	160	156	151	146	142	136	129	125	122	118	101	83.8	66.8	50.3	33.2	21.4	14.2	9.40	6.89(593℃)	c,d
NB/T 47008	16Mn	>100~200	−20	470	295	593	157	156	151	146	142	136	129	125	122	118	101	83.8	66.8	50.3	33.2	21.4	14.2	9.40	6.89(593℃)	c,d

表 A.1　材料许用应力表（续）

标准	牌号等级	尺寸范围/mm，或状态	最低使用温度/℃或图1的曲线号	标准规定最小强度/MPa		最高使用温度/℃	在下列温度（℃）下的许用应力/MPa																			脚注
				R_m	R_{eL}（或 $R_{p0.2}$）		40	65	100	150	200	250	300	325	350	375	400	425	450	475	500	525	550	575	600	
GB/T 29168.3	F290	全部	−30	415	290	204	138	138	138	138	138															g,h,i,j
GB/T 29168.3	F360	全部	−30	460	360	204	153	153	153	153	153															g,h,i,j
GB/T 29168.3	F415	全部	−30	520	415	204	173	173	173	173	173															g,h,i,j
GB/T 29168.3	F450	全部	−30	535	450	204	178	178	178	178	178															g,h,i,j
GB/T 29168.3	F485	全部	−30	570	485	204	190	190	190	190	190															g,h,i,j
GB/T 29168.3	F555	全部	−30	625	555	204	208	208	208	208	208															g,h,i,j
2.6 铸件																										2.6 铸件
GB/T 12229	WCA	全部	−30	415	205	593	138	130	126	122	118	113	108	105	101	98.3	95.1	79.5	62.6	45.0	31.7	21.4	14.2	9.40	6.89(593℃)	c,d,e
GB/T 12229	WCB	全部	−30	485	250	593	162	156	151	146	142	136	129	125	122	118	101	83.8	66.8	50.3	33.2	21.4	14.2	9.40	6.89(593℃)	c,d
GB/T 12229	WCC	全部	−30	485	275	538	162	162	162	162	158	151	144	139	135	122	101	83.8	66.8	50.3	33.2	21.4	17.2(538℃)			c,d
3 低温钢																										3 低温钢
3.1 低温无缝管																										3.1 低温无缝管
GB/T 6479	Q345E	≤16	−40	490	345	427	163	163	163	163	158	151	144	139	135	122	101	83.8	82.7(427℃)							d,k
GB/T 6479	Q345E	>16~40	−40	490	335	427	163	163	163	163	158	151	144	139	135	122	101	83.8	82.7(427℃)							d,k
GB/T 6479	Q345E	>40	−40	490	325	427	163	163	163	163	158	151	144	139	135	122	101	83.8	82.7(427℃)							d,k
GB/T 18984	10MnDG	全部	−46	400	240	450	133	133	133	133	133	132	126	122	118	113	95.1	79.5	62.6							d,k
GB/T 18984	16MnDG	≤16	−46	490	325	427	163	163	163	163	158	151	144	139	135	122	101	83.8	82.7(427℃)							d,k
GB/T 18984	16MnDG	>16	−46	490	315	427	163	163	163	163	158	151	144	139	135	122	101	83.8	82.7(427℃)							d,k
GB/T 18984	06Ni3MoDG	全部	−101	455	250	450	152	152	147	142	138	132	124	119	113	107	95.1	79.5	64.4							k,n
ASTM A333	Gr.8	全部	−196	690	515	93	230	230	230(93℃)																	k

表 A.1 材料许用应力表(续)

标准	牌号等级	尺寸范围/mm,或状态	最低使用温度/℃或图1的曲线号	标准规定最小强度/MPa		最高使用温度/℃	在下列温度(℃)下的许用应力/MPa																			脚注
				R_m	R_{eL}(或 $R_{p0.2}$)		40	65	100	150	200	250	300	325	350	375	400	425	450	475	500	525	550	575	600	
3.2 低温管件																										3.2 低温管件
GB/T 13401	LF415K1	全部	−20	415	240	427	138	138	138	138	138	132	126	122	118	113	95.1	79.5	62.6(427℃)							d,k
GB/T 13401	LF415K2	全部	−46	415	240	427	138	138	138	138	138	132	126	122	118	113	95.1	79.5	62.6(427℃)							d,k
GB/T 13401	LF485K2	全部	−46	485	275	427	162	162	162	162	158	151	144	139	135	122	101	83.8	82.7(427℃)							d,k
GB/T 13401	LF450K3	全部	−104	450	240	93	150	150	147(93℃)																	k,n
GB/T 13401	LF680K4	全部	−196	680	515	93	230	230	230(93℃)																	k,l
3.3 低温锻件																										3.3 低温锻件
NB/T 47009	16MnD	≤100	−46	480	305	427	160	156	151	146	142	136	129	125	122	118	101	83.8	66.8(427℃)							c,d,k
NB/T 47009	16MnD	>100~200	−40	470	295	427	157	156	151	146	142	136	129	125	122	118	101	83.8	66.8(427℃)							c,d,k
NB/T 47009	08Ni3D	≤300	−104	460	260	93	153	153	153(93℃)																	c,k,n
NB/T 47009	06Ni9D	≤300	−196	680	550	93	227	227	227(93℃)																	c,k,l
3.4 低温铸件																										3.4 低温铸件
JB/T 7248	LCB	全部	−46	450	240	427	150	150	147	142	138	132	126	122	118	113	95.1	79.5	64.4(427℃)							c,d,k
JB/T 7248	LCC	全部	−46	485	275	371	162	162	161	161	158	151	139	137	136	132(371℃)										c,d,k
JB/T 7248	LC3	全部	−104	485	275	343	162	162	162	162	158	151	142	136	131(343℃)											c,k,n
JB/T 7248	LC9	全部	−196	585	515	93	195	195	195(93℃)																	c,k

表A.1 材料许用应力表（续）

标准	牌号等级	尺寸范围/mm，或状态	最低使用温度/℃或图1的曲线号	标准规定最小强度/MPa		最高使用温度/℃	在下列温度（℃）下的许用应力/MPa																					脚注
				R_m	R_{eL}（或 $R_{p0.2}$）		40	65	100	150	200	250	300	325	350	375	400	425	450	475	500	525	550	575	600	625	650	
4 合金钢																											4 合金钢	
4.1 合金钢无缝管																											4.1 合金钢无缝管	
GB/T 6479	15CrMo	≤16	−30	440	295	649	147	147	147	147	147	145	141	139	138	136	134	132	129	126	92.1	61.1	40.4	26.4	17.4	11.6	7.58(649℃)	o
GB/T 6479	15CrMo	>16~40	−30	440	285	649	147	147	147	147	147	145	141	139	138	136	134	132	129	126	92.1	61.1	40.4	26.4	17.4	11.6	7.58(649℃)	o
GB/T 6479	15CrMo	>40	−30	440	275	649	147	147	147	147	147	145	141	139	138	136	134	132	129	126	92.1	61.1	40.4	26.4	17.4	11.6	7.58(649℃)	o
GB/T 5310	15CrMoG	全部	−30	440	295	649	147	147	147	147	147	145	141	139	138	136	134	132	129	126	92.1	61.1	40.4	26.4	17.4	11.6	7.58(649℃)	o
GB/T 9948	15CrMo	全部	−30	440	295	649	147	147	147	147	147	145	141	139	138	136	134	132	129	126	92.1	61.1	40.4	26.4	17.4	11.6	7.58(649℃)	o
YB/T 4173	15CrMoG	全部	−30	440	295	649	147	147	147	147	147	145	141	139	138	136	134	132	129	126	92.1	61.1	40.4	26.4	17.4	11.6	7.58(649℃)	o
GB/T 9948	12Cr1Mo	全部	−30	415	205	649	138	131	126	121	116	113	109	107	106	104	102	99.6	97.2	94.5	73.7	52.0	36.3	25.2	17.6	12.3	8.27(649℃)	o
YB/T 4173	12Cr2MoG	全部	−30	450	280	649	150	150	150	150	150	150	150	150	150	150	150	150	150	119	88.4	64.0	44.6	30.0	19.7	12.8	8.27(649℃)	o,q
GB/T 5310	12Cr2MoG	全部	−30	450	280	649	150	150	150	150	150	150	150	150	150	150	150	150	150	119	88.4	64.0	44.6	30.0	19.7	12.8	8.27(649℃)	o,q
GB/T 9948	12Cr2Mo	全部	−30	450	280	649	150	150	150	150	150	150	150	150	150	150	150	150	150	119	88.4	64.0	44.6	30.0	19.7	12.8	8.27(649℃)	o,q
GB/T 6479	12Cr2Mo	全部	−30	450	280	649	150	150	150	150	150	150	150	150	150	150	150	150	150	119	88.4	64.0	44.6	30.0	19.7	12.8	8.27(649℃)	o,q
GB/T 5310	12Cr1MoVG	全部	−20	470	255	580	157	157	157	157	157	156	151	147	143	139	135	131	128	124	118	83.5	65.0	49.0	46.0 (580℃)			o
YB/T 4173	12Cr1MoVG	全部	−20	470	255	580	157	157	157	157	157	156	151	147	143	139	135	131	128	124	118	83.5	65.0	49.0	46.0 (580℃)			o
GB/T 9948	12Cr1MoV	全部	−20	470	255	580	157	157	157	157	157	156	151	147	143	139	135	131	128	124	118	83.5	65.0	49.0	46.0 (580℃)			o
GB/T 6479	10MoWVNb	≤16	−20	470	295	500	157	157	157	157	156	153	147	144	141	138	135	130	126	121	97.0							o
GB/T 6479	10MoWVNb	>16~40	−20	470	285	500	157	157	157	156	150	147	141	138	135	132	129	124	119	111	97.0							o

表A.1　材料许用应力表(续)

标准	牌号等级	尺寸范围/mm，或状态	最低使用温度/℃或图1的曲线号	标准规定最小强度/MPa		最高使用温度/℃	在下列温度(℃)下的许用应力/MPa																					脚注
				R_m	R_{eL}(或$R_{p0.2}$)		40	65	100	150	200	250	300	325	350	375	400	425	450	475	500	525	550	575	600	625	650	
GB/T 6479	10MoWVNb	>40	−20	470	275	500	157	157	157	155	147	144	138	135	132	129	126	121	116	106	97.0							o
GB/T 9948	12Cr5MoI	全部	−30	415	205	649	138	129	124	120	119	118	117	116	114	112	110	106	103	80.6	61.7	46.4	34.7	25.5	17.8	11.4	6.89(649℃)	o
GB/T 9948	12Cr5MoNT	全部	−30	480	280	649	160	160	160	156	155	154	153	151	149	146	142	137	131	80.6	61.7	46.4	34.7	25.5	17.8	11.4	6.89(649℃)	o
GB/T 9948	12Cr9MoI	全部	−30	460	210	649	153	129	124	120	119	118	117	116	114	112	110	106	103	98.3	83.2	60.2	42.9	29.9	20.6	14.4	10.3(649℃)	o
GB/T 9948	12Cr9MoNT	全部	−30	590	390	649	197	197	194	189	188	187	186	184	181	177	172	166	159	151	83.2	60.2	42.9	29.9	20.6	14.4	10.3(649℃)	o
GB/T 5310	10Cr9Mo1VNbN	全部	−30	585	415	649	195	195	195	195	195	194	192	190	187	183	178	172	165	156	147	137	115	87.0	64.7	45.1	29.6(649℃)	o
YB/T 4173	10Cr9Mo1VNbN	全部	−30	585	415	649	195	195	195	195	195	194	192	190	187	183	178	172	165	156	147	137	115	87.0	64.7	45.1	29.6(649℃)	o
4.2 合金钢管件																												4.2合金钢管件
GB/T 13401	AF12	全部	−30	415	220	649	138	138	132	125	120	116	113	112	110	109	107	105	103	101	92.1	61.1	40.4	26.4	17.4	11.6	7.58(649℃)	o,p
GB/T 13401	AF12G	全部	−30	485	275	649	162	162	162	162	150	145	141	139	138	136	134	132	129	126	92.1	61.1	40.4	26.4	17.4	11.6	7.58(649℃)	o,p
GB/T 13401	AF11	全部	−30	415	205	649	138	131	126	121	116	113	109	107	106	104	102	99.6	97.2	94.5	73.7	52.0	36.3	25.2	17.6	12.3	8.27(649℃)	o,p
GB/T 13401	AF11G	全部	−30	485	275	649	162	162	162	162	155	150	146	143	141	138	136	133	130	104	73.7	52.0	36.3	25.2	17.6	12.3	8.27(649℃)	o,p
GB/T 13401	AF14	全部	−20	470	255	580	157	157	157	157	157	156	151	147	143	139	135	131	128	124	118	83.5	65.0	49.0	46.0 (580℃)			o,p
GB/T 13401	AF22	全部	−30	450	280	649	150	150	150	150	150	150	150	150	150	150	150	150	150	119	88.4	64.0	44.6	30.0	19.7	12.8	8.27(649℃)	o,p,q
GB/T 13401	AF22G	全部	−30	520	310	649	173	173	171	167	167	167	167	167	167	167	167	167	167	119	88.4	64.0	44.6	30.0	19.7	12.8	8.27(649℃)	o,p,q
GB/T 13401	AF5	全部	−30	415	205	649	138	129	124	120	119	118	117	116	114	112	110	106	103	80.6	61.7	46.4	34.7	25.5	17.8	11.4	6.89(649℃)	o,p
GB/T 13401	AF5G	全部	−30	520	310	649	173	172	171	167	165	165	164	162	159	156	130	126	104	80.6	61.7	46.4	34.7	25.5	17.8	11.4	6.89(649℃)	o,p
GB/T 13401	AF9	全部	−30	460	210	649	153	129	124	120	119	118	117	116	114	112	110	106	103	98.3	87.5	61.2	42.9	29.9	20.6	14.4	10.3(649℃)	o,p

表 A.1　材料许用应力表（续）

标准	牌号等级	尺寸范围/mm，或状态	最低使用温度/℃或图1的曲线号	标准规定最小强度/MPa		最高使用温度/℃	在下列温度（℃）下的许用应力/MPa																					脚注
				R_m	R_{eL}（或 $R_{p0.2}$）		40	65	100	150	200	250	300	325	350	375	400	425	450	475	500	525	550	575	600	625	650	
GB/T 13401	AF9G	全部	−30	520	310	649	173	173	172	168	167	166	165	163	161	157	153	147	141	134	83.2	60.2	42.9	29.9	20.6	14.4	10.3(649℃)	o,p
GB/T 13401	AF91	全部	−30	585	415	649	195	195	195	195	195	194	192	190	187	183	178	172	165	156	147	137	115	87.0	64.7	45.1	29.6(649℃)	o,p
4.3 合金钢板焊管（EFW/SAW）																											4.3 合金钢板焊管（EFW/SAW）	
ASTM A691	A387Gr.12-2	Cl 22	−30	450	275	649	149	149	146	144	144	144	141	139	138	136	134	132	129	126	92.1	61.1	40.4	26.4	17.4	11.6	7.58(649℃)	m,o,p
ASTM A691	A387Gr.11-2	Cl 22	−30	515	310	649	172	172	172	172	172	169	164	161	159	156	153	149	146	104	73.7	52.0	36.3	25.2	17.6	12.3	8.27(649℃)	m,o,p
ASTM A691	A387Gr.22-2	Cl 22	−30	515	310	649	172	172	171	167	167	167	167	167	167	167	167	167	167	119	88.4	64.0	44.6	30.0	19.7	12.8	8.27(649℃)	m,o,p,q
4.4 合金钢锻件																											4.4 合金钢锻件	
NB/T 47008	15CrMo	≤300	−30	480	280	649	160	160	160	160	150	145	141	139	138	136	134	132	129	126	92.1	61.1	40.4	26.4	17.4	11.6	7.58(649℃)	c,o
NB/T 47008	14Cr1Mo	≤300	−30	490	290	649	163	163	163	163	155	150	146	143	141	138	136	133	130	104	73.7	52.0	36.3	25.2	17.6	12.3	8.27(649℃)	c,o
NB/T 47008	12Cr1MoV	≤300	−20	470	280	580	157	157	157	157	157	156	151	147	143	139	135	131	128	124	118	83.5	65.0	49.0	46.0 (580℃)			c,o
NB/T 47008	12Cr2Mo1	≤300	−30	510	310	649	170	170	170	167	167	167	167	167	167	167	167	167	167	119	88.4	64.0	44.6	30.0	19.7	12.8	8.27(649℃)	c,o,q
NB/T 47008	12Cr5Mo	≤300	−30	590	390	649	197	197	195	190	189	188	186	184	181	178	173	167	161	80.6	61.7	46.4	34.7	25.5	17.8	11.4	6.89(649℃)	c,o
NB/T 47008	10Cr9Mo1VNbN	≤300	−30	585	415	649	195	195	195	195	195	194	192	190	187	183	178	172	165	156	147	137	115	87.0	64.7	45.1	29.6(649℃)	c,o
4.5 合金钢铸件																											4.5 合金钢铸件	
JB/T 5263	WC6	全部	−30	485	275	649	161	161	161	161	155	150	146	143	141	138	136	133	130	104	73.7	52.0	36.3	25.2	17.6	12.3	8.27(649℃)	c,o
JB/T 5263	WC9	全部	−30	485	275	649	161	161	160	156	156	156	156	156	156	156	156	156	156	119	88.4	64.0	44.6	30.0	19.7	12.3	8.27(649℃)	c,o
JB/T 5263	C12A	全部	−30	585	415	649	195	195	195	195	195	194	192	190	187	183	178	172	165	156	147	137	115	87.0	64.7	45.1	29.6(649℃)	c,o,q
GB/T 16253	ZG16Cr5MoG	全部	−30	630	420	649	210	210	205	200	199	198	196	194	191	187	182	176	169	80.6	61.7	46.4	34.7	25.5	17.8	11.4	6.89(649℃)	c,o

表 A.1　材料许用应力表(续)

标准	牌号等级	尺寸范围/mm,或状态	最低使用温度/℃或图1的曲线号	标准规定最小强度/MPa R_m	标准规定最小强度/MPa R_{eL}(或 $R_{p0.2}$)	最高使用温度/℃	40	65	100	150	200	250	300	325	350	375	400	425	450	475	500	525	550	575	600	625	650	675	700	725	750	775	800	825	脚注
5 不锈钢																																			5 不锈钢
5.1 不锈钢无缝管																																			5.1 不锈钢无缝管
GB/T 14976	06Cr18Ni11Ti(321)		−255	520	205	816	138	138	138	138	138	135	128	125	123	120	119	117	116	114	113	112	88.7	59.2	44.0	32.9	24.5	18.3	12.5	8.49	6.19	4.28	2.75	2.07(816℃)	s,v,x
GB/T 14976	07Cr19Ni11Ti(321H)		−200	520	205	816	138	138	138	138	138	135	128	125	123	120	119	117	116	114	113	112	100	76.5	58.7	46.0	36.8	28.7	23.0	18.4	14.5	11.5	9.02	7.58(816℃)	v
GB/T 5310	07Cr19Ni11Ti(321H)		−200	520	205	816	138	138	138	138	138	135	128	125	123	120	119	117	116	114	113	112	100	76.5	58.7	46.0	36.8	28.7	23.0	18.4	14.5	11.5	9.02	7.58(816℃)	v
GB/T 9948	07Cr19Ni11Ti(321H)		−200	520	205	816	138	138	138	138	138	135	128	125	123	120	119	117	116	114	113	112	100	76.5	58.7	46.0	36.8	28.7	23.0	18.4	14.5	11.5	9.02	7.58(816℃)	v
GB/T 14976	06Cr18Ni11Nb(347)		−255	520	205	816	138	138	138	138	138	138	135	132	130	128	127	126	126	125	125	125	97.6	75.9	57.2	40.2	30.3	23.2	16.2	11.4	8.97	7.08	5.89	5.52(816℃)	t,v,x
GB/T 14976	07Cr18Ni11Nb(347H)		−200	520	205	816	138	138	138	138	138	138	135	132	130	129	127	126	126	125	125	125	125	112	90.6	69.6	53.8	41.4	31.8	24.0	18.8	14.6	10.9	8.96(816℃)	v
GB/T 5310	07Cr18Ni11Nb(347H)		−200	520	205	816	138	138	138	138	138	138	135	132	130	129	127	126	126	125	125	125	125	112	90.6	69.6	53.8	41.4	31.8	24.0	18.8	14.6	10.9	8.96(816℃)	v
GB/T 9948	07Cr18Ni11Nb(347H)		−200	520	205	816	138	138	138	138	138	138	135	132	130	129	127	126	126	125	125	125	125	112	90.6	69.6	53.8	41.4	31.8	24.0	18.8	14.6	10.9	8.96(816℃)	v
GB/T 14976	022Cr19Ni10(304L)		−255	480	175	816	115	115	115	115	110	103	97.7	95.7	94.1	92.6	91.3	90.0	88.7	87.3	85.6	83.7	81.4	40.4	33.2	26.7	21.9	18.2	15.0	12.4	8.87	7.20	6.58	6.21(816℃)	w
GB/T 14976	06Cr19Ni10(304)		−255	520	205	816	138	138	138	138	129	122	116	113	111	109	107	105	103	101	99.1	97.3	95.5	78.9	63.8	51.6	41.6	32.9	26.5	21.3	17.2	14.1	11.2	9.65(816℃)	v,w,x
GB/T 14976	07Cr19Ni10(304H)		−200	520	205	816	138	138	138	138	129	122	116	113	111	109	107	105	103	101	99.1	97.3	95.5	78.9	63.8	51.6	41.6	32.9	26.5	21.3	17.2	14.1	11.2	9.65(816℃)	v

表 A.1 材料许用应力表（续）

标准	牌号等级	尺寸范围/mm，或状态	最低使用温度/℃或图1的曲线号	标准规定最小强度/MPa R_m	标准规定最小强度/MPa R_{eL}（或 $R_{p0.2}$）	最高使用温度/℃	在下列温度（℃）下的许用应力/MPa 40	65	100	150	200	250	300	325	350	375	400	425	450	475	500	525	550	575	600	625	650	675	700	725	750	775	800	825	脚注
GB/T 5310	07Cr19Ni10（304H）		−200	520	205	816	138	138	138	138	129	122	116	113	111	109	107	105	103	101	99.1	97.3	95.5	78.9	63.8	51.6	41.6	32.9	26.5	21.3	17.2	14.1	11.2	9.65（816℃）	v
GB/T 9948	07Cr19Ni10（304H）		−200	520	205	816	138	138	138	138	129	122	116	113	111	109	107	105	103	101	99.1	97.3	95.5	78.9	63.8	51.6	41.6	32.9	26.5	21.3	17.2	14.1	11.2	9.65（816℃）	v
GB/T 14976	022Cr17Ni12Mo2（316L）		−255	480	175	816	115	115	115	115	109	103	98.1	96.1	94.3	92.6	90.9	89.3	87.6	85.9	84.2	82.5	80.8	79.3	77.9	58.0	43.6	33.0	25.3	18.8	14.0	10.4	7.99	6.89（816℃）	w
GB/T 9948	022Cr17Ni12Mo2（316L）		−255	480	175	816	115	115	115	115	109	103	98.1	96.1	94.3	92.6	90.9	89.3	87.6	85.9	84.2	82.5	80.8	79.3	77.9	58.0	43.6	33.0	25.3	18.8	14.0	10.4	7.99	6.89（816℃）	w
GB/T 14976	06Cr17Ni12Mo2（316）		−255	520	205	816	138	138	138	138	134	125	119	116	114	112	111	110	109	108	107	106	105	97.8	80.8	65.0	50.4	38.6	29.6	23.0	17.4	13.3	10.4	8.96（816℃）	v,w,x
GB/T 14976	07Cr17Ni12Mo2（316H）		−200	515	205	816	138	138	138	138	134	125	119	116	114	112	111	110	109	108	107	106	105	97.8	80.8	65.0	50.4	38.6	29.6	23.0	17.4	13.3	10.4	8.96（816℃）	v
GB/T 14976	06Cr23Ni13（309）		−200	520	205	816	138	138	138	138	138	135	131	129	127	125	124	122	121	119	117	108	83.7	64.0	48.5	36.3	27.3	21.0	15.9	12.5	9.87	7.65	5.97	5.17（816℃）	v,w,x,y,z
GB/T 14976	06Cr25Ni20（310）		−200	520	205	816	138	138	138	138	138	134	129	127	125	123	122	120	119	117	116	108	83.7	64.0	48.5	36.3	27.3	21.0	15.9	12.5	9.87	7.65	5.97	5.17（816℃）	v,w,x,y,z
GB/T 5310	08Cr18Ni11NbFG（347HFG）		−200	550	205	750	138	138	138	138	138	134	132	131	131	130	130	128	127	125	124	123	122	120	107	85.4	67.0	51.7	39.3	29.4	21.7				
GB/T 21833	022Cr22Ni5Mo3N（31803）		−50	620	450	316	207	207	207	199	193	188	186	185（316℃）																					u
GB/T 21833	022Cr23Ni5Mo3N（2205）		−50	655	485	316	218	218	218	210	203	199	196	196（316℃）																					u
GB/T 21833	022Cr25Ni7Mo4N（2507）		−50	800	550	316	267	265	264	251	243	238	237	236（316℃）																					u

表 A.1　材料许用应力表（续）

标准	牌号等级	尺寸范围/mm，或状态	最低使用温度/℃或图1的曲线号	标准规定最小强度/MPa		最高使用温度/℃	在下列温度（℃）下的许用应力/MPa																												脚注
				R_m	R_{eL}（或 $R_{p0.2}$）		40	65	100	150	200	250	300	325	350	375	400	425	450	475	500	525	550	575	600	625	650	675	700	725	750	775	800	825	
5.2 不锈钢焊管（EFW，无填充金属）																																			
GB/T 12771 HG/T 20537.3	022Cr19Ni10 （304L）		−255	480	180	816	115	115	115	115	110	103	97.7	95.7	94.1	92.6	91.3	90.0	88.7	87.3	85.6	83.7	81.4	40.4	33.2	26.7	21.9	18.2	15.0	12.4	8.87	7.20	6.58	6.21 （816℃）	w,aa
GB/T 12771 HG/T 20537.3	06Cr19Ni10 （304）		−255	520	205	816	138	138	138	138	129	122	116	113	111	109	107	105	103	101	99.1	97.3	95.5	78.9	63.8	51.6	41.6	32.9	26.5	21.3	17.2	14.1	11.2	9.65 （816℃）	v,w, x,aa
GB/T 12771 HG/T 20537.3	022Cr17Ni12Mo2 （316L）		−255	480	175	816	115	115	115	115	109	103	98.1	96.1	94.3	92.6	90.9	89.3	87.6	85.9	84.2	82.5	80.8	79.3	77.9	58.0	43.6	33.0	25.3	18.8	14.0	10.4	7.99	6.89 （816℃）	w,aa
GB/T 12771 HG/T 20537.3	06Cr17Ni12Mo2 （316）		−255	520	205	816	138	138	138	138	134	125	119	116	114	112	111	110	109	108	107	106	105	97.8	80.8	65.0	50.4	38.6	29.6	23.0	17.4	13.3	10.4	8.96 （816℃）	v,w, x,aa
GB/T 12771 HG/T 20537.3	06Cr18Ni11Ti （321）		−255	520	205	816	138	138	138	138	138	135	128	125	123	120	119	117	116	114	113	112	88.7	59.2	44.0	32.9	24.5	18.3	12.5	8.49	6.19	4.28	2.75	2.07 （816℃）	s,v, x,aa
GB/T 12771 HG/T 20537.3	06Cr18Ni11Nb （347）		−255	520	205	816	138	138	138	138	138	138	135	132	130	128	127	126	126	125	125	125	97.6	75.9	57.2	40.2	30.3	23.2	16.2	11.4	8.97	7.08	5.89	5.52 （816℃）	t,v, x,aa
GB/T 12771 HG/T 20537.3	06Cr25Ni20 （310）		−200	520	205	816	138	138	138	138	138	134	129	127	125	123	122	120	119	117	116	108	83.7	64.0	48.5	36.3	27.3	21.0	15.9	12.5	9.87	7.65	5.97	5.17 （816℃）	v,w,x, y,z,aa
GB/T 21832 （所有部分）	022Cr22Ni5Mo3N （31803）		−50	620	450	316	207	207	207	199	193	188	186	185 （316℃）																					u,bb
GB/T 21832 （所有部分）	022Cr23Ni5Mo3N （2205）		−50	655	485	316	218	218	218	210	203	199	196	196 （316℃）																					u,bb
GB/T 21832 （所有部分）	022Cr25Ni7Mo4N （2507）		−50	800	550	316	267	265	264	251	243	238	237	236 （316℃）																					u,bb
5.3 不锈钢板焊管（EFW）																																			
HG/T 20537.4	022Cr19Ni10 （304L）		−255	480	180	816	115	115	115	115	110	103	97.7	95.7	94.1	92.6	91.3	90.0	88.7	87.3	85.6	83.7	81.4	40.4	33.2	26.7	21.9	18.2	15.0	12.4	8.87	7.20	6.58	6.21 （816℃）	m,w

表A.1　材料许用应力表(续)

标准	牌号等级	尺寸范围/mm，或状态	最低使用温度/℃或图1的曲线号	标准规定最小强度/MPa R_m	标准规定最小强度/MPa R_{eL}(或 $R_{p0.2}$)	最高使用温度/℃	40	65	100	150	200	250	300	325	350	375	400	425	450	475	500	525	550	575	600	625	650	675	700	725	750	775	800	825	脚注
HG/T 20537.4	06Cr19Ni10 (304)		−255	520	205	816	138	138	138	138	129	122	116	113	111	109	107	105	103	101	99.1	97.3	95.5	78.9	63.8	51.6	41.6	32.9	26.5	21.3	17.2	14.1	11.2	9.65 (816℃)	m,v,w,x
HG/T 20537.4	022Cr17Ni12Mo2 (316L)		−255	480	175	816	115	115	115	115	109	103	98.1	96.1	94.3	92.6	90.9	89.3	87.6	85.9	84.2	82.5	80.8	79.3	77.9	58.0	43.6	33.0	25.3	18.8	14.0	10.4	7.99	6.89 (816℃)	m,w
HG/T 20537.4	06Cr17Ni12Mo2 (316)		−255	520	205	816	138	138	138	138	134	125	119	116	114	112	111	110	109	108	107	106	105	97.8	80.8	65.0	50.4	38.6	29.6	23.0	17.4	13.3	10.4	8.96 (816℃)	m,v,w,x
HG/T 20537.4	06Cr18Ni11Ti (321)		−255	520	205	816	138	138	138	138	138	135	128	125	123	120	119	117	116	114	113	112	88.7	59.2	44.0	32.9	24.5	18.3	12.5	8.49	6.19	4.28	2.75	2.07 (816℃)	m,s,v,x
HG/T 20537.4	06Cr18Ni11Nb (347)		−255	520	205	816	138	138	138	138	138	138	135	132	130	128	127	126	126	125	125	125	97.6	75.9	57.2	40.2	30.3	23.2	16.2	11.4	8.97	7.08	5.89	5.52 (816℃)	m,t,v,x
HG/T 20537.4	06Cr25Ni20 (310)		−200	520	205	816	138	138	138	138	138	134	129	127	125	123	122	120	119	117	116	108	83.7	64.0	48.5	36.3	27.3	21.0	15.9	12.5	9.87	7.65	5.97	5.17 (816℃)	m,v,w,x,y,z
GB/T 32964	022Cr19Ni10 (304L)		−255	490	175	816	115	115	115	115	110	103	97.7	95.7	94.1	92.6	91.3	90.0	88.7	87.3	85.6	83.7	81.4	40.4	33.2	26.7	21.9	18.2	15.0	12.4	8.87	7.20	6.58	6.21 (816℃)	m,r,w
GB/T 32964	06Cr19Ni10 (304)		−255	520	210	816	138	138	138	138	129	122	116	113	111	109	107	105	103	101	99.1	97.3	95.5	78.9	63.8	51.6	41.6	32.9	26.5	21.3	17.2	14.1	11.2	9.65 (816℃)	m,r,v,w,x
GB/T 32964	022Cr17Ni12Mo2 (316L)		−255	490	175	816	115	115	115	115	109	103	98.1	96.1	94.3	92.6	90.9	89.3	87.6	85.9	84.2	82.5	80.8	79.3	77.9	58.0	43.6	33.0	25.3	18.8	14.0	10.4	7.99	6.89 (816℃)	m,r,w
GB/T 32964	06Cr17Ni12Mo2 (316)		−255	520	210	816	138	138	138	138	134	125	119	116	114	112	111	110	109	108	107	106	105	97.8	80.8	65.0	50.4	38.6	29.6	23.0	17.4	13.3	10.4	8.96 (816℃)	m,r,v,w,x
GB/T 32964	06Cr18Ni11Ti (321)		−255	520	210	816	138	138	138	138	138	135	128	125	123	120	119	117	116	114	113	112	88.7	59.2	44.0	32.9	24.5	18.3	12.5	8.49	6.19	4.28	2.75	2.07 (816℃)	m,r,s,v,x
GB/T 32964	06Cr18Ni11Nb (347)		−255	520	210	816	138	138	138	138	138	138	135	132	130	128	127	126	126	125	125	125	97.6	75.9	57.2	40.2	30.3	23.2	16.2	11.4	8.97	7.08	5.89	5.52 (816℃)	m,r,t,v,x

表A.1　材料许用应力表（续）

标准	牌号等级	尺寸范围/mm，或状态	最低使用温度/℃或图1的曲线号	标准规定最小强度/MPa		最高使用温度/℃	在下列温度（℃）下的许用应力/MPa																												脚注
				R_m	R_{eL}（或 $R_{p0.2}$）		40	65	100	150	200	250	300	325	350	375	400	425	450	475	500	525	550	575	600	625	650	675	700	725	750	775	800	825	
5.4不锈钢管件																																			5.4不锈钢管件
GB/T 13401	SF304L		-255	480	170	816	115	115	115	115	110	103	97.7	95.7	94.1	92.6	91.3	90.0	88.7	87.3	85.6	83.7	81.4	40.4	33.2	26.7	21.9	18.2	15.0	12.4	8.87	7.20	6.58	6.21（816℃）	w
GB/T 13401	SF304		-255	515	205	816	138	138	138	138	129	122	116	113	111	109	107	105	103	101	99.1	97.3	95.5	78.9	63.8	51.6	41.6	32.9	26.5	21.3	17.2	14.1	11.2	9.65（816℃）	v,w,x
GB/T 13401	SF304H		-200	515	205	816	138	138	138	138	129	122	116	113	111	109	107	105	103	101	99.1	97.3	95.5	78.9	63.8	51.6	41.6	32.9	26.5	21.3	17.2	14.1	11.2	9.65（816℃）	v
GB/T 13401	SF316L		-255	480	170	816	115	115	115	115	109	103	98.1	96.1	94.3	92.6	90.9	89.3	87.6	85.9	84.2	82.5	80.8	79.3	77.9	58.0	43.6	33.0	25.3	18.8	14.0	10.4	7.99	6.89（816℃）	w
GB/T 13401	SF316		-255	515	205	816	138	138	138	138	134	125	119	116	114	112	111	110	109	108	107	106	105	97.8	80.8	65.0	50.4	38.6	29.6	23.0	17.4	13.3	10.4	8.96（816℃）	v,w,x
GB/T 13401	SF316H		-200	515	205	816	138	138	138	138	134	125	119	116	114	112	111	110	109	108	107	106	105	97.8	80.8	65.0	50.4	38.6	29.6	23.0	17.4	13.3	10.4	8.96（816℃）	v
GB/T 13401	SF321		-255	515	205	816	138	138	138	138	138	135	128	125	123	120	119	117	116	114	113	112	88.7	59.2	44.0	32.9	24.5	18.3	12.5	8.49	6.19	4.28	2.75	2.07（816℃）	s,v,w,x
GB/T 13401	SF321H		-200	515	205	816	138	138	138	138	138	135	128	125	123	120	119	117	116	114	113	112	100	76.5	58.7	46.0	36.8	28.7	23.0	18.4	14.5	11.5	9.02	7.58（816℃）	v
GB/T 13401	SF347		-255	515	205	816	138	138	138	138	138	138	135	132	130	128	127	126	126	125	125	125	97.6	75.9	57.2	40.2	30.3	23.2	16.2	11.4	8.97	7.08	5.89	5.52（816℃）	t,v,x
GB/T 13401	SF347H		-200	515	205	816	138	138	138	138	138	138	135	132	130	129	127	126	126	125	125	125	125	112	90.6	69.6	53.8	41.4	31.8	24.0	18.8	14.6	10.9	8.96（816℃）	v
GB/T 13401	SF310		-200	515	205	816	138	138	138	138	138	134	129	127	125	123	122	120	119	117	116	108	83.7	64.0	48.5	36.3	27.3	21.0	15.9	12.5	9.87	7.65	5.97	5.17（816℃）	v,w,x,y,z
GB/T 13401	SF2225		-50	620	450	316	207	207	207	199	193	188	186	185（316℃）																					u,bb

表 A.1　材料许用应力表（续）

标准	牌号等级	尺寸范围/mm，或状态	最低使用温度/℃或图1的曲线号	标准规定最小强度/MPa R_m	标准规定最小强度/MPa R_{eL}（或$R_{p0.2}$）	最高使用温度/℃	40	65	100	150	200	250	300	325	350	375	400	425	450	475	500	525	550	575	600	625	650	675	700	725	750	775	800	825	脚注
GB/T 13401	SF2205		-50	655	450	316	218	218	218	210	203	199	196	196（316℃）																					u,bb
GB/T 13401	SF2507		-50	800	550	316	267	265	264	251	243	238	237	236（316℃）																					u,bb
5.5 不锈钢锻件																																			
NB/T 47010	022Cr19Ni10（304L）	≤150	-255	480	210	816	115	115	115	115	110	103	97.7	95.7	94.1	92.6	91.3	90.0	88.7	87.3	85.6	83.7	81.4	40.4	33.2	26.7	21.9	18.2	15.0	12.4	8.87	7.20	6.58	6.21（816℃）	w
NB/T 47010	06Cr19Ni10（304）	≤150	-255	520	220	816	138	138	138	138	129	122	116	113	111	109	107	105	103	101	99.1	97.3	95.5	78.9	63.8	51.6	41.6	32.9	26.5	21.3	17.2	14.1	11.2	9.65（816℃）	v,w,x
NB/T 47010	07Cr19Ni10（304H）	≤150	-200	520	220	816	138	138	138	138	129	122	116	113	111	109	107	105	103	101	99.1	97.3	95.5	78.9	63.8	51.6	41.6	32.9	26.5	21.3	17.2	14.1	11.2	9.65（816℃）	v
NB/T 47010	022Cr17Ni12Mo2（316L）	≤150	-255	480	210	816	115	115	115	115	109	103	98.1	96.1	94.3	92.6	90.9	89.3	87.6	85.9	84.2	82.5	80.8	79.3	77.9	58.0	43.6	33.0	25.3	18.8	14.0	10.4	7.99	6.89（816℃）	w
NB/T 47010	06Cr17Ni12Mo2（316）	≤150	-255	520	220	816	138	138	138	138	134	125	119	116	114	112	111	110	109	108	107	106	105	97.8	80.8	65.0	50.4	38.6	29.6	23.0	17.4	13.3	10.4	8.96（816℃）	v,w,x
NB/T 47010	07Cr17Ni12Mo2（316H）	≤150	-200	520	210	816	138	138	138	138	134	125	119	116	114	112	111	110	109	108	107	106	105	97.8	80.8	65.0	50.4	38.6	29.6	23.0	17.4	13.3	10.4	8.96（816℃）	v
NB/T 47010	06Cr18Ni11Ti（321）	≤150	-255	520	205	816	138	138	138	138	138	135	128	125	123	120	119	117	116	114	113	112	88.7	59.2	44.0	32.9	24.5	18.3	12.5	8.49	6.19	4.28	2.75	2.07（816℃）	s,v,x
NB/T 47010	07Cr19Ni11Ti（321H）	≤150	-200	520	205	816	138	138	138	138	138	135	128	125	123	120	119	117	116	114	113	112	100	76.5	58.7	46.0	36.8	28.7	23.0	18.4	14.5	11.5	9.02	7.58（816℃）	v
NB/T 47010	06Cr18Ni11Nb（347）	≤150	-255	520	205	816	138	138	138	138	138	138	135	132	130	128	127	126	126	125	125	125	97.6	75.9	57.2	40.2	30.3	23.2	16.2	11.4	8.97	7.08	5.89	5.52（816℃）	t,v,x

表 A.1　材料许用应力表（续）

标准	牌号等级	尺寸范围/mm，或状态	最低使用温度/℃或图1的曲线号	标准规定最小强度/MPa R_m	标准规定最小强度/MPa R_{eL}（或 $R_{p0.2}$）	最高使用温度/℃	40	65	100	150	200	250	300	325	350	375	400	425	450	475	500	525	550	575	600	625	650	675	700	725	750	775	800	825	脚注
NB/T 47010	07Cr18Ni11Nb（347H）	≤150	−200	520	205	816	138	138	138	138	138	138	135	132	130	129	127	126	126	125	125	125	125	112	90.6	69.6	53.8	41.4	31.8	24.0	18.8	14.6	10.9	8.96（816℃）	v
NB/T 47010	015Cr21Ni26Mo5Cu2（904L）	≤150	−200	490	220	260	143	143	143	141	130	120	116																						w
NB/T 47010	015Cr20Ni18Mo6CuN（6Mo）	≤150	−200	650	330	427	207	207	207	206	198	192	194	179	176	173	170	167	166（427℃）																w
NB/T 47010	022Cr22Ni5Mo3N（31803）	≤150	−50	620	450	316	207	207	207	199	193	188	186	185（316℃）																					u
NB/T 47010	022Cr23Ni5Mo3N（2205）	≤150	−50	620	450	316	218	218	218	210	203	199	196	196（316℃）																					u
NB/T 47010	022Cr25Ni7Mo4N（2507）	≤150	−50	800	550	316	267	265	264	251	243	238	237	236（316℃）																					u
5.6 不锈钢铸件																																			
GB/T 12230	CF3		−255	485	205	427	138	138	138	138	129	122	116	113	111	109	107	105	103（427℃）																w
GB/T 12230	CF8		−255	485	205	816	138	138	138	138	129	122	116	113	111	109	107	105	103	101	99.1	94.4	75.3	60.4	49.0	40.1	32.8	27.2	23.4	19.6	16.8	14.7	12.8	11.7（816℃）	v,w,x
GB/T 12230	CF3M		−255	485	205	454	138	138	138	138	133	125	119	116	114	112	111	109	108	107（454℃）															w
GB/T 12230	CF8M		−200	485	205	816	138	138	138	138	129	122	116	113	111	109	107	105	103	101	99.1	97.3	95.5	75.9	57.2	40.2	30.3	23.2	16.2	11.4	8.97	7.08	5.89	5.52（816℃）	v,w,x
GB/T 12230	CF8C		−200	485	205	816	138	135	131	121	115	111	108	108	108	108	108	108	108	108	107	106	98.3	77.2	57.7	39.9	30.0	23.2	16.3	11.2	8.93	7.08	5.77	5.32（816℃）	t

表 A.1　材料许用应力表(续)

标准	牌号等级	状态	最低使用温度/℃	标准规定最小强度/MPa R_m	标准规定最小强度/MPa R_{eL}(或 $R_{p0.2}$)	最高使用温度/℃	在下列温度(℃)下的许用应力/MPa 40	65	100	150	200	250	300	325	350	375	400	425	450	475	500	525	550	575	600	625	650	675	700	725	750	775	800	825	850	875	900	脚注
6 镍及镍合金																																						6 镍及镍合金
6.1 镍及镍合金管																																						6.1 镍及镍合金管
GB/T 2882	N7(200)	退火	-200	380	105	316	68.9	68.9	68.9	68.9	68.9	68.9	68.9	68.9(316℃)																								
GB/T 2882	N5(201)	退火	-200	345	80	649	55.2	53.8	52.8	51.9	51.6	51.6	51.6	51.6	51.5	51.2	50.7	49.9	41.4	33.1	27.4	22.8	18.7	15.6	12.9	10.0	8.27(649℃)											
GB/T 2882	NCu30(400)	退火	-200	480	170	482	115	106	99.7	93.6	90.9	90.4	90.4	90.4	90.4	89.8	89.0	88.0	79.7	59.9	55.2(482℃)																	
GB/T 2882	NCr15-8(600)	退火	-200	550	240	649	161	161	161	161	161	161	161	161	161	161	161	161	161	161	84.8	58.4	39.7	27.0	19.2	15.0	13.8(649℃)											
GB/T 30059	NS3102(600)	冷作退火	-200	550	205	649	138	138	138	138	138	138	138	138	138	138	138	138	138	138	84.8	58.4	39.7	27.0	19.2	15.0	13.8(649℃)											
GB/T 30059	NS3102(600)	热作退火	-200	550	170	649	115	115	115	115	115	115	115	115	115	115	115	115	115	115	84.8	58.4	39.7	27.0	19.2	15.0	13.8(649℃)											
ASTM B444	NS3306(625)	退火	-200	825	415	649	276	276	276	273	270	267	262	260	257	255	252	251	249	247	245	242	215	194	156	136	91.0(649℃)											ee,ff
GB/T 30059	NS1101(800)	退火	-200	515	205	816	138	138	138	138	138	138	138	138	138	138	138	138	138	138	138	138	136	107	83.8	63.9	44.7	29.8	15.5	11.7	8.68	7.20	6.25	5.11(816℃)				dd
GB/T 30059	NS1101(800H)	退火	-200	450	170	899	115	115	115	115	115	115	115	113	110	108	106	104	102	100	98.6	97.1	95.7	91.8	75.7	62.6	50.6	41.2	33.6	27.7	22.6	18.3	15.0	11.9	9.03	7.35	5.86(899℃)	
GB/T 30059	NS1402(825)	退火	-200	590	240	538	137	137	137	137	137	137	137	137	137	136	136	135	135	134	133	131	129(538℃)															

表A.1 材料许用应力表(续)

标准	牌号等级	状态	最低使用温度/℃	标准规定最小强度/MPa		最高使用温度/℃	在下列温度(℃)下的许用应力/MPa																															脚注
				R_m	R_{eL}(或 $R_{p0.2}$)		40	65	100	150	200	250	300	325	350	375	400	425	450	475	500	525	550	575	600	625	650	675	700	725	750	775	800	825	850	875	900	
ASTM B619 ASTM B622	10276 (C276)	固溶	-200	690	283	677	188	188	188	188	188	187	177	172	168	165	162	159	157	156	155	154	143	119	98.4	81.6	67.0	54.5	53.8 (677℃)									
6.2镍及镍合金管件																																						6.2镍及镍合金管件
ASTM B366	WPN (200)	退火	-200	380	105	316	68.9	68.9	68.9	68.9	68.9	68.9	68.9	68.9 (316℃)																								cc
ASTM B366	WPNL (201)	退火	-200	345	70	649	46.0	44.7	43.9	43.6	43.3	43.2	43.2	43.1	42.9	42.6	42.1	41.5	40.7	33.1	27.4	22.8	18.7	15.6	12.9	10.0	8.27 (649℃)											cc
ASTM B366	WPNC (400)	退火	-200	480	170	482	115	106	99.7	93.6	90.9	90.4	90.4	90.4	90.4	89.8	89.0	88.0	79.7	59.9	55.2 (482℃)																	cc
ASTM B366	WPNCI (600)	退火	-200	550	240	649	161	161	161	161	161	161	161	161	161	161	161	161	161	161	84.8	58.4	39.7	27.0	19.2	15.0	13.8 (649℃)											cc
ASTM B366	WPNCMC (625)	退火	-200	825	415	649	276	276	276	273	270	267	262	260	257	255	252	251	249	247	245	242	215	194	156	136	91.0 (649℃)											ee
ASTM B366	WPNIC (800)	退火	-200	515	205	816	138	138	138	138	138	138	138	138	138	138	138	138	138	138	138	138	136	107	83.8	63.9	44.7	29.8	15.5	11.7	8.68	7.20	6.25	5.11 (816℃)				
ASTM B366	WPNIC10 (800H)	退火	-200	450	170	899	115	115	115	115	115	115	115	113	110	108	106	104	102	100	98.6	97.1	95.7	91.8	75.7	62.6	50.6	41.2	33.6	27.7	22.6	18.3	15.0	11.9	9.03	7.35	5.86 (899℃)	
ASTM B366	WPNIC11 (800HT)	退火	-200	450	170	899	115	115	115	115	115	115	115	113	110	108	105	104	102	100	98.7	97.1	96.1	94.1	85.5	69.3	56.8	46.8	38.6	31.5	25.5	20.6	17.1	13.8	10.2	7.98	6.20 (899℃)	
ASTM B366	WPNICMC (825)	退火	-200	590	240	538	137	137	137	137	137	137	137	137	137	136	136	135	135	134	133	131	129 (538℃)															
ASTM B366	WPNC276 (C276)	固溶	-200	690	283	677	188	188	188	188	188	187	177	172	168	165	162	159	157	156	155	154	143	119	98.4	81.6	67.0	54.5	53.8 (677℃)									

表 A.1 材料许用应力表(续)

标准	牌号等级	状态	最低使用温度/℃	标准规定最小强度/MPa R_m	标准规定最小强度/MPa R_{eL}(或 $R_{p0.2}$)	最高使用温度/℃	在下列温度(℃)下的许用应力/MPa 40	65	100	150	200	250	300	325	350	375	400	425	450	475	500	525	550	575	600	625	650	675	700	725	750	775	800	825	850	875	900	脚注
6.3 镍及镍合金锻件																																						
NB/T 47028	N7(200)	退火	−200	380	105	316	68.9	68.9	68.9	68.9	68.9	68.9	68.9	68.9(316℃)																								c,cc
NB/T 47028	N5(200)	退火	−200	340	65	649	46.0	44.7	43.9	43.6	43.3	43.2	43.2	43.1	42.9	42.6	42.1	41.5	40.7	33.1	27.4	22.8	18.7	15.6	12.9	10.0	8.27(649℃)											c,cc
NB/T 47028	NCu30(400)	退火	−200	480	170	482	115	106	99.7	93.6	90.9	90.4	90.4	90.4	90.4	89.8	89.0	88.0	79.7	59.9	55.2(482℃)																	c
GB/T 26030	NW6600(600)	退火	−200	550	240	649	161	161	161	161	161	161	161	161	161	161	161	161	161	161	84.8	58.4	39.7	27.0	19.2	15.0	13.8(649℃)											c
GB/T 26030	NW6625(625)	退火	−200	760	345	649	230	230	230	251	248	245	241	239	236	234	252	251	249	247	245	242	215	194	156	136	91.0(649℃)											c,ee
NB/T 47028	NS1101(800)	退火	−200	520	205	816	138	138	138	138	138	138	138	138	138	138	138	138	138	138	138	138	136	107	83.8	63.9	44.7	29.8	15.5	11.7	8.68	7.20	6.25	5.11(816℃)				c
GB/T 26030	NW8810(800H)	退火	−200	450	170	899	115	115	115	115	115	115	115	113	110	108	106	104	102	100	98.6	97.1	95.7	91.8	75.7	62.6	50.6	41.2	33.6	27.7	22.6	18.3	15.0	11.9	9.03	7.35	5.86(899℃)	c
GB/T 26030	NW8811(800HT)	退火	−200	450	170	899	115	115	115	115	115	115	115	113	110	108	105	104	102	100	98.7	97.1	96.1	94.1	85.5	69.3	56.8	46.8	38.6	31.5	25.5	20.6	17.1	13.8	10.2	7.98	6.20(899℃)	c
GB/T 26030	NW8825(825)	退火	−200	590	240	538	137	137	137	137	137	137	137	137	137	136	136	135	135	134	133	131	129(538℃)															c
NB/T 47028	NS3304(C276)	固溶	−200	690	280	677	188	188	188	188	188	187	177	172	168	165	162	159	157	156	155	154	143	119	98.4	81.6	67.0	54.5	53.8(677℃)									c

表 A.1 材料许用应力表(续)

标准	牌号等级	状态	最低使用温度/℃	标准规定最小强度/MPa		最高使用温度/℃	在下列温度(℃)下的许用应力/MPa													脚注
				R_m	R_{eL}(或 $R_{p0.2}$)		40	65	75	100	125	150	175	200	225	250	275	300	325	
7 钛及钛合金(无缝管无填充金属 EFW 焊管及挤压管)										7钛及钛合金(无缝管无填充金属EFW焊管及挤压管)										
7.1 钛及钛合金管										7.1 钛及钛合金管										
GB/T 3624	TA1	退火	-60	240	140	316	80.4	74.0	70.7	62.4	55.5	49.2	43.6	38.5	34.0	30.2	27.2	25.2	24.1(316℃)	
GB/T 3624	TA2	退火	-60	400	275	316	133	125	123	113	105	96.3	89.8	83.3	81.3	71.3	63.4	57.8	53.8(316℃)	
GB/T 3624	TA3	退火	-60	500	380	316	149	141	136	124	112	102	92.8	84.5	77.1	70.8	65.5	61.3	58.2(316℃)	
GB/T 3624	TA9	退火	-60	400	275	316	133	125	123	113	105	96.3	89.8	83.3	81.3	71.3	63.4	57.8	53.8(316℃)	
GB/T 3624	TA10	退火	-60	450	300	316	147	140	138	130	122	114	106	98.0	94.0	90.0	86.0	82.0		
GB/T 26057	TA1	退火	-60	240	140	316	80.4	74.0	70.7	62.4	55.5	49.2	43.6	38.5	34.0	30.2	27.2	25.2	24.1(316℃)	
GB/T 26057	TA2	退火	-60	400	275	316	133	125	123	113	105	96.3	89.8	83.3	81.3	71.3	63.4	57.8	53.8(316℃)	
GB/T 26057	TA3	退火	-60	500	380	316	149	141	136	124	112	102	92.8	84.5	77.1	70.8	65.5	61.3	58.2(316℃)	
GB/T 26057	TA9	退火	-60	400	275	316	133	125	123	113	105	96.3	89.8	83.3	81.3	71.3	63.4	57.8	53.8(316℃)	
GB/T 26057	TA10	退火	-60	485	345	316	162	154	151	144	135	126	117	108	106	104	102	100		
GB/T 26058	TA1	退火	-60	240		316	80.4	74.0	70.7	62.4	55.5	49.2	43.6	38.5	34.0	30.2	27.2	25.2	24.1(316℃)	
GB/T 26058	TA2	退火	-60	400		316	133	125	123	113	105	96.3	89.8	83.3	81.3	71.3	63.4	57.8	53.8(316℃)	
GB/T 26058	TA3	退火	-60	500		316	149	141	136	124	112	102	92.8	84.5	77.1	70.8	65.5	61.3	58.2(316℃)	
GB/T 26058	TA9	退火	-60	400		316	133	125	123	113	105	96.3	89.8	83.3	81.3	71.3	63.4	57.8	53.8(316℃)	
GB/T 26058	TA10	退火	-60	485		316	162	154	151	144	135	126	117	108	106	104	102	100		

表 A.1　材料许用应力表（续）

标准	牌号等级	状态	最低使用温度/℃	标准规定最小强度/MPa		最高使用温度/℃	在下列温度（℃）下的许用应力/MPa													脚注
				R_m	R_{eL}（或 $R_{p0.2}$）		40	65	75	100	125	150	175	200	225	250	275	300	325	
7.2 钛及钛合金管件																				7.2 钛及钛合金管件
GB/T 27684	TA1	退火	-60	240	140	316	80.4	74.0	70.7	62.4	55.5	49.2	43.6	38.5	34.0	30.2	27.2	25.2	24.1（316℃）	
GB/T 27684	TA2	退火	-60	400	275	316	133	125	123	113	105	96.3	89.8	83.3	81.3	71.3	63.4	57.8	53.8（316℃）	
GB/T 27684	TA3	退火	-60	500	380	316	149	141	136	124	112	102	92.8	84.5	77.1	70.8	65.5	61.3	58.2（316℃）	
GB/T 27684	TA9	退火	-60	400	275	316	133	125	123	113	105	96.3	89.8	83.3	81.3	71.3	63.4	57.8	53.8（316℃）	
GB/T 27684	TA10	退火	-60	450	300	316	147	140	138	130	122	114	106	98.0	94.0	90.0	86.0	82.0		
7.3 钛及钛合金锻件																				7.3 钛及钛合金锻件
GB/T 25137	F1	退火	-60	240	140	316	80.4	74.0	70.7	62.4	55.5	49.2	43.6	38.5	34.0	30.2	27.2	25.2	24.1（316℃）	
GB/T 25137	F2H	退火	-60	400	275	316	133	125	123	113	105	96.3	89.8	83.3	81.3	71.3	63.4	57.8	53.8（316℃）	
GB/T 25137	F3	退火	-60	500	380	316	149	141	136	124	112	102	92.8	84.5	77.1	70.8	65.5	61.3	58.2（316℃）	
GB/T 25137	F7H	退火	-60	400	275	316	133	125	123	113	105	96.3	89.8	83.3	81.3	71.3	63.4	57.8	53.8（316℃）	
GB/T 25137	F12	退火	-60	450	300	316	162	154	151	144	135	126	117	108	106	104	102	100		
7.4 钛及钛合金铸件																				7.4 钛及钛合金铸件
GB/T 6614	ZTA1	退火	-60	345	275	316	92.0		84.0	74.0	69.0	62.0	58.0	53.0	50.0	46.0				
GB/T 6614	ZTA2	退火	-60	440	370	316	118		106	97.0	89.0	80.0	74.0	66.0	62.0	56.0				

表 A.1　材料许用应力表（续）

标准	牌号等级	状态	最低使用温度/℃	标准规定最小强度/MPa		最高使用温度/℃	在下列温度（℃）下的许用应力/MPa								脚注
				R_m	R_{eL}（或 $R_{p0.2}$）		40	65	100	125	150	175	200	225	
8 铝及铝合金															8 铝及铝合金
8.1 铝及铝合金管															8.1 铝及铝合金管
GB/T 6893	1060	0	−270	60		204	11.5	11.5	10.9	9.8	8.8	7.5	5.8	5.5（204℃）	gg,ii
GB/T 6893	1060	H14	−270	85	70	204	27.6	27.6	27.6	26.6	18.1	12.7	8.4	7.8（204℃）	gg,ii
GB/T 4437.1	1060	0	−270	65		204	11.5	11.5	10.9	9.8	8.8	7.5	5.8	5.5（204℃）	gg,ii
GB/T 4437.1	1060	H112	−270	60		204	11.5	11.5	10.9	9.8	8.8	7.5	5.8	5.5（204℃）	gg,ii
GB/T 6893	3003	0	−270	95	35	204	23.0	22.1	21.4	20.5	18.2	13.6	10.9	10.5（204℃）	gg,ii
GB/T 6893	3003	H14	−270	130	110	204	46.0	46.0	46.0	43.9	29.0	21.1	16.7	16.1（204℃）	gg,ii
GB/T 26027	3003	0	−270	95	35	204	23.0	22.1	21.4	20.5	18.2	13.6	10.9	10.5（204℃）	gg,ii
GB/T 26027	3003	H14	−270	130	110	204	46.0	46.0	46.0	43.9	29.0	21.1	16.7	16.1（204℃）	gg,ii
GB/T 4437.1	3003	0	−270	95		204	23.0	22.1	21.4	20.5	18.2	13.6	10.9	10.5（204℃）	gg,ii
GB/T 4437.1	3003	H112	−270	95		204	23.0	22.1	21.4	20.5	18.2	13.6	10.9	10.5（204℃）	gg,ii
GB/T 6893	5052	0	−270	170	65	204	46.0	46.0	46.0	45.9	41.6	28.8	17.6	16.1（204℃）	gg
GB/T 6893	5052	H14	−270	230	180	204	78.1	78.1	78.1	78.1	41.6	28.8	17.6	16.1（204℃）	gg,ii
GB/T 26027	5052	0	−270	170	65	204	46.0	46.0	46.0	45.9	41.6	28.8	17.6	16.1（204℃）	gg
GB/T 26027	5052	H14	−270	230	180	204	78.1	78.1	78.1	78.1	41.6	28.8	17.6	16.1（204℃）	gg,ii
GB/T 6893	5083	0	−270	270	110	65	73.5	73.5							ii
GB/T 26027	5083	0	−270	270	110	65	73.5	73.5							ii
GB/T 4437.1	5083	0,H112	−270	270	110	65	73.5	73.5							ii
GB/T 6893	6061	T4	−270	205	110	204	68.9	68.9	68.9	67.8	64.8	57.9	40.2	35.9（204℃）	ii
GB/T 6893	6061	T6	−270	290	240	204	96.5	96.5	96.5	92.5	79.9	63.1	40.2	35.9（204℃）	ii
GB/T 26027	6061	T4	−270	205	110	204	68.9	68.9	68.9	67.8	64.8	57.9	40.2	35.9（204℃）	ii
GB/T 26027	6061	T6	−270	290	240	204	96.5	96.5	96.5	92.5	79.9	63.1	40.2	35.9（204℃）	ii
GB/T 4437.1	6061	T4	−270	180	110	204	59.9	59.9	59.9	59.0	56.3	50.3	40.2	35.9（204℃）	ii

表 A.1　材料许用应力表（续）

标准	牌号等级	状态	最低使用温度/℃	标准规定最小强度/MPa		最高使用温度/℃	在下列温度（℃）下的许用应力/MPa								脚注
				R_m	R_{eL}（或 $R_{p0.2}$）		40	65	100	125	150	175	200	225	
GB/T 4437.1	6061	T6	−270	260	240	204	86.5	86.5	86.5	82.9	71.6	56.6	40.2	35.9（204℃）	ii
GB/T 4437.1	6061	T4焊，T6焊	−270	165		204	55.2	55.2	55.2	54.3	52.2	46.3	35.3	34.8（204℃）	ii
GB/T 6893	6063	T6	−270	220	190	204	75.8	75.8	74.8	64.0	49.2	27.5	15.3	13.8（204℃）	ii
GB/T 26027	6063	T4	−270	150	75	204	46.0	45.8	45.8	45.5	45.5	41.5	27.7	12.0（204℃）	ii
GB/T 26027	6063	T6	−270	220	190	204	75.8	75.8	74.8	64.0	49.2	27.5	15.3	13.8（204℃）	ii
GB/T 26027	6063	T4焊，T6焊	−270	117		204	39.1	39.1	37.9	35.9	32.1	25.7	17.6	13.8（204℃）	ii
8.2 铝及铝合金管件															8.2 铝及铝合金管件
ASTM B361	1060		−270	60		204	11.5	11.5	10.9	9.8	8.8	7.5	5.8	5.5（204℃）	cc,gg,hh,ii
ASTM B361	1060	H14	−270	85	70	204	27.6	27.6	27.6	26.6	18.1	12.7	8.4	7.8（204℃）	cc,gg,hh,ii
ASTM B361	3003	0	−270	95	35	204	23.0	22.1	21.4	20.5	18.2	13.6	10.9	10.5（204℃）	cc,gg,hh,ii
ASTM B361	5052	0	−270	170	65	204	46.0	46.0	46.0	45.9	41.6	28.8	17.6	16.1（204℃）	cc,gg,hh,ii
ASTM B361	5052	H34	−270	230	180	204	78.1	78.1	78.1	78.1	41.6	28.8	17.6	16.1（204℃）	cc,gg,hh,ii
ASTM B361	5083	0	−270	270	110	65	73.5	73.5							cc,gg,hh,ii
ASTM B361	6061	T4	−270	180	110	204	59.8	59.8	59.8	59.8	56.3	50.2	38.3	35.9（204℃）	cc,gg,hh,ii
ASTM B361	6061	T6	−270	260	240	204	87.3	87.3	87.3	83.6	72.3	57.2	40.2	35.9（204℃）	cc,gg,hh,ii
ASTM B361	6061	T4焊，T6焊	−270	165		204	55.2	55.2	55.2	54.3	52.2	46.3	35.3	34.8（204℃）	cc,gg,hh,ii
ASTM B361	6063	T4	−270	125	62	204	41.4	41.3	41.3	41.0	41.0	33.9	22.6	9.8（204℃）	cc,gg,hh,ii
ASTM B361	6063	T6	−270	205	170	204	68.9	68.9	67.7	59.0	45.9	27.5	15.3	13.8（204℃）	cc,gg,hh,ii
ASTM B361	6063	T4焊，T6焊	−270	117		204	39.1	39.1	37.9	35.9	32.1	25.7	17.6	13.8（204℃）	cc,gg,hh,ii
8.3 铝及铝合金锻件															8.3 铝及铝合金锻件
NB/T 47029	1050A	0,H112	−270	65	20	204	13.0	13.0	12.0	11.0	10.0	8.0	6.0		ii,jj
NB/T 47029	3003	0,H112	−270	95	35	204	23.0	22.1	21.4	20.5	18.2	13.6	10.9	10.5（204℃）	ii.jj
NB/T 47029	5083	0,H112	−270	270	110	65	73.5	73.5							ii.jj
NB/T 47029	6061	T6	−270	255	230	204	87.3	87.3	87.3	83.6	72.3	57.2	40.2	35.9（204℃）	ii.jj

表 A.1　材料许用应力表（续）

标准	牌号等级	状态	最低使用温度/℃	标准规定最小强度/MPa		最高使用温度/℃	在下列温度（℃）下的许用应力/MPa								脚注
				R_m	R_{eL}（或 $R_{p0.2}$）		40	65	100	125	150	175	200	225	

[a] 应符合6.1.2的规定。表列灰铸铁的最高使用温度应不高于230℃。
[b] 应符合6.1.1的规定。
[c] GB/T 20801.3—2020表13所列管道元件标准的压力额定值按表列标准的规定，表A.1所列锻件和铸件的许用应力值用于表13以外所列管道元件的压力设计或表列管道元件标准的非标压力等级评估。
[d] 长期使用温度高于427℃，有石墨化倾向，详见7.2.2.2。
[e] 使用温度高于482℃，应采用镇静钢。
[f] 普通碳素结构钢的使用应符合6.2的规定。
[g] GB/T 9711长输管线用管有PSL1及PSL2两个质量等级。PSL2的质量等级较高，且有韧性要求。采用PSL2者，用户应根据最低使用温度提出冲击试验温度要求，通常冲击试验温度不低于-30℃；低于-30℃~-50℃，应供需双方协商，用户若未提出冲击试验温度要求，供方按0℃执行。最低使用温度应不低于材料及焊接接头的冲击试验温度。采用PSL1质量等级者，通常不作冲击试验。GB/T 29168长输管线用弯管、对焊管件、法兰（锻件）仅有PSL2质量等级，其冲击试验要求与上述GB/T 9711长输管线用管相同。
[h] 应对每个强度等级（L290/X42~L555/X80）的材料进行单独的焊接工艺评定。
[i] L290/X42~L555/X80管线钢不宜用于200℃以上的高温。
[j] L290/X42~L555/X80管线钢通常采用微合金化及控轧控冷工艺，使用时可在GB/T 9711的基础上附加更详尽的成分、碳当量、状态、低温韧性等要求。最低使用温度应不小于材料及焊接接头的冲击试验温度及其要求。
[k] 材料如附加-20℃（GB/T 6479）低温冲击试验要求，其最低使用温度为-20℃。
[l] 非焊接件的许用应力值可提高至230MPa。
[m] 板焊管应符合6.7的各项规定。
[n] 除进行-101℃冲击试验且符合本部分要求外，厚度大于50mm的3.5%Ni钢最低使用温度应不低于-87℃。
[o] 长期使用温度高于440℃，有软化（珠光体球化）及回火脆性倾向，详见7.2.2.2、7.2.2.3。
[p] 铬钼合金钢的焊缝（焊管、管件及其对焊接头）应于焊后热处理后进行100%的RT或UT，焊接接头高温强度降低系数W按GB/T 20801.3—2020中4.2.7的规定。
[q] 使用温度高于455℃的2.25Cr-1Mo钢焊接材料的含碳量应不小于0.05%。

表A.1 材料许用应力表（续）

标准	牌号等级	状态	最低使用温度/℃	标准规定最小强度/MPa		最高使用温度/℃	在下列温度（℃）下的许用应力/MPa								脚注
				R_m	R_{eL}（或 $R_{p0.2}$）		40	65	100	125	150	175	200	225	

[r] 使用温度高于-101℃者可免除-196℃低温冲击试验及其要求。

[s] 使用温度高于538℃时，热处理温度应不低于1 093℃。

[t] 使用温度高于538℃时，热处理温度应不低于1 038℃。

[u] 使用温度高于316℃时，有475℃脆化及σ相或中间相析出脆化的风险，参见附录C。

[v] 材料适用于高温，但应关注σ相析出而导致常温塑性和韧性的降低，参见附录C。

[w] 含碳量大于0.03%的300系列非稳定性奥氏体不锈钢以及有温度高于425℃长期热履历的超低碳奥氏体不锈钢有晶间腐蚀倾向，见6.6。

[x] 使用温度高于538℃者，含碳量应不低于0.04%。

[y] 使用温度高于538℃者，平均晶粒度应不细于6级。

[z] 使用温度低于-30℃者，含碳量应不大于0.10%。

[aa] 本部分使用的GB/T 12771不锈钢焊管（EFW，无填充金属）应符合下列各项要求：

1）机组带卷机械化连续成型；

2）无填充金属自动或半自动氩弧焊或等离子焊；

3）焊后固溶急冷热处理；

4）焊缝涡流或电磁表面无损检测（纵向焊接接头系数0.85）。

[bb] 焊后应作固溶急冷热处理。

[cc] 管件的性能及许用应力与坯料、工艺及热处理状态有关，可参照相同牌号无缝管、焊管、板、棒、锻件的性能及许用应力。表A.1所列性能及许用应力为典型示例。

[dd] 982℃退火。

[ee] 625镍基合金采用ENiCrMo-3或ERNiCrMo-3焊接接头抗拉强度应不小于758MPa。

[ff] 625镍基合金经538℃~760℃热履历可能致使常温韧性的降低和焊接区域的应力松弛裂纹。

[gg] 材料标准未规定抗拉及屈服强度者，本部分要求于采购合同中补充。

[hh] 力学性能与厚度有关，表列性能及许用应力仅适用于相应标准的规定范围。

[ii] 加工硬化状态材料的焊接结构，应采用退火状态材料的许用应力；析出硬化状态材料的焊接结构，应采用焊接状态材料的许用应力。

[jj] 表列数据限用于模锻件。

表 A.2 螺栓许用应力表

标准	牌号等级	状态	最低使用温度/℃	标准规定最小强度/MPa		最高使用温度/℃	在下列温度（℃）下的许用应力/MPa																															脚注
				R_m	R_{eL}（或 $R_{p0.2}$）		40	65	100	125	150	175	200	225	250	275	300	325	350	375	400	425	450	475	500	525	550	575	600	625	650	675	700	725	750	775	800	
螺栓紧固件																																						螺栓紧固件
标准紧固件																																						标准紧固件
GB/T 3098.1	5.6	≤M39	−20	500	300	300	125	125	125	125	125	125	125	125	125	125	125																					
GB/T 3098.1	8.8	≤M39	−20	800	640	300	160	160	160	160	160	160	160	160	160	160	160																					
GB/T 3098.6	A2−50	≤M39	−255	520	210	800	130		114	109	103	100	96	93	90	88	85	84	82	81	79	77	76	75	74	72	71	69	64	51	41	33	27	21	17	14	11	
GB/T 3098.6	A4−50	≤M39	−200	520	210	800	130		120	11.0	107	103	99	96	93	91	88	86	84	83	82	81	80	79	79	78	78	77	74	65	51	39	30	23	19	14	11	
GB/T 3098.6	A2−70	≤M24	−255	700	450	400	130		114	114	113	113	113	113	113	113	113	113	113	113	113																	
GB/T 3098.6	A4−70	≤M24	−200	700	450	400	130		120	114	113	113	113	113	113	113	113	113	113	113	113																	
专用紧固件																																						专用紧固件
GB/T 3077	35CrMo	≤M22	−50	835	735	525	167	167	167	167	167	167	167	167	167	167	167	167	167	165	162	146	121	94.0	68.0	44.0												
GB/T 3077	35CrMo	>M24 ~M88	−50	805	685	525	161	161	161	161	161	161	161	161	161	161	161	160	159	156	153	139	116	93.0	68.0	44.0												
GB/T 3077	35CrMo	>M88	−50	735	590	525	147	147	147	147	147	147	147	147	147	147	147	144	143	141	138	125	104	83.8	68.0	40.0												
HG/T 20634	42CrMo（B7）	≤M65	−50	860	720	538	172	172	172	172	172	172	172	172	172	172	172	172	172	172	172	172	121	93.4	67.3	41.6		23.5（538℃）										
HG/T 20634	42CrMo（B7）	>M65 ~100	−40	790	660	538	159	159	159	159	159	159	159	159	159	159	159	159	159	159	159	159	116	92.3	67.3	41.6		23.5（538℃）										
HG/T 20634	A193 L7	≤M65	−100	860	725	371	172	172	172	172	172	172	172	172	172	172	172	172	172	172（371℃）																		
GB/T 3077	25Cr2MoV	≤M48	−20	835	735	575	167	167	167	167	167	167	167	167	167	167	167	167	167	167	167	167	164	147	121	92	62	35										

表A.2 螺栓许用应力表(续)

标准	牌号等级	状态	最低使用温度/℃	标准规定最小强度/MPa R_m	标准规定最小强度/MPa R_{eL}(或$R_{p0.2}$)	最高使用温度/℃	40	65	100	125	150	175	200	225	250	275	300	325	350	375	400	425	450	475	500	525	550	575	600	625	650	675	700	725	750	775	800	脚注
							在下列温度(℃)下的许用应力/MPa																															
GB/T 3077	25Cr2MoV	>M48	−20	805	685	575	161	161	161	161	161	161	161	161	161	161	161	161	161	161	161	152	146	132	113	90	62	35										
GB/T 1220	06Cr19Ni10(304)		−255	515	205	800	130		114	109	103	99.5	96.0	93	90	87.5	85	83.5	82	80.5	79	77	76	75	74	72	71	69	64	51	41	33	27	21	17	14	11	
GB/T 1220	06Cr17Ni12Mo2(316)		−255	515	205	800	130		120	114	107	103	99.0	96	93	90.5	88	86	84	83	82	81	80	79	79	78	78	77	74	65	51	39	30	23	19	14	11	
HG/T 20634	A193 B8-2	≤M20	−200	860	690	538	172	172	172	172	172	172	172	172	172	172	172	172	172	172	172	172	172	172	172	168	162(538℃)											a
HG/T 20634	A193 B8-2	>M20~M24	−200	795	550	538	138	138	138	138	138	138	138	138	138	138	138	138	138	138	138	138	138	138	138	138	138(538℃)											a
HG/T 20634	A193 B8-2	>M24~M30	−200	725	450	538	129	123	113	112	112	112	112	112	112	112	112	112	112	112	112	112	112	112	112	112	112(538℃)											a
HG/T 20634	A193 B8-2	>M30~M36	−200	690	345	538	129	123	113	108	103	99.0	95.6	92.7	90.1	87.9	86.2	86.2	86.2	86.2	86.2	86.2	86.2	86.2	86.2	86.2	86.2(538℃)											a
HG/T 20634	A193 B8M-2	≤M20	−200	760	665	538	152	152	152	152	152	152	152	152	152	152	152	152	152	152	152	152	152	152	152	152	152(538℃)											a
HG/T 20634	A193 B8M-2	>M20~M24	−200	690	550	538	138	138	138	138	138	138	138	138	138	138	138	138	138	138	138	138	138	138	138	138	138(538℃)											a
HG/T 20634	A193 B8M-2	>M24~M30	−200	725	450	538	129	126	118	112	112	112	112	112	112	112	112	112	112	112	112	112	112	112	112	112	112(538℃)											a
HG/T 20634	A193 B8M-2	>M30~M36	−200	620	345	538	129	126	118	112	107	103	99.1	95.8	92.8	90.3	88.1	86.2	86.2	86.2	86.2	86.2	86.2	86.2	86.2	86.2	86.2(538℃)											a
HG/T 20634	A453 660		−30	895	585	538	155	155	155	155	155	155	155	154	153	152	150	149	148	147	147	147	147	147	147	147	147(538℃)											b

表列螺栓许用应力仅用于非标法兰设计的螺栓强度要求，而螺栓安装的目标应力可达50%~70%螺栓材料的屈服强度，且应注意控制法兰转角、垫片的蠕变松弛和螺栓的应力松弛而导致螺栓安装应力的衰减。

[a] A193 B8-2和B8M-2的螺纹根部硬度应不大于RC35。硬度测点位于螺纹根径以内3mm处，硬度检查频次同拉伸试验。

[b] A453 660适用于高温，但应关注 σ 相析出而导致常温塑性和韧性的降低，参见附录C。

表A.3　管子与对焊管件的纵向焊接接头系数Φ_w

标准	型式	简述	纵向焊接接头系数Φ_w
碳钢（包括碳锰钢），管线钢			
GB/T 8163 GB/T 6479 GB/T 5310 GB/T 3087 GB/T 9948 GB/T 9711 YB/T 4173	无缝	无缝管	1.00
GB/T 3091 焊管	电阻焊	电阻焊焊管（直缝）ERW	0.85
	电熔焊（埋弧焊）	埋弧焊焊管（直缝）SAW	0.80
GB/T 9711 焊管	电阻焊	电阻焊焊管（直缝）ERW	0.85
SY/T 5037 焊管	埋弧焊	双面埋弧焊焊管（直缝或螺旋缝）SAW	0.85
GB/T 13401 管件 GB/T 29168.2 管件	无缝或电熔焊	无缝或焊接管件 双面电熔焊，100%射线检测	1.00
GB/T 9711 板焊管	电熔焊（埋弧焊）	双面埋弧焊焊管（直缝）SAW	0.95
ASTM A671 板焊管	电熔焊	板制焊管，双面电熔焊，100%射线检测； 板制焊管，双面电熔焊	1.00 0.85
低温碳钢及低温镍钢			
GB/T 6479 GB/T 18984 ASTM A333	无缝	无缝管	1.00
GB/T 13401 管件	无缝或电熔焊	无缝或焊接管件，双面电熔焊，100%射线检测	1.00
ASTM A671 板焊管	电熔焊	板制焊管，双面电熔焊，100%射线检测	1.00
合金钢			
GB/T 6479 GB/T 5310 GB/T 9948 YB/T 4173	无缝	无缝管	1.00
GB/T 13401 管件	无缝或电熔焊	无缝或焊接管件，双面电熔焊，100%射线检测板焊管，双面电熔焊，100%射线检测	1.00
ASTM A691 板焊管	电熔焊		1.00

表A.3 管子与对焊管件的纵向焊接接头系数Φ_w（续）

标准	型式	简述	纵向焊接接头系数Φ_w
不锈钢			
GB/T 14976	无缝	无缝管	1.00
GB/T 5310			
GB/T 9948			
GB/T 21833			
GB/T 12771 焊管	电熔焊	电熔焊焊管(无填充金属)	0.85
HG/T 20537.3 焊管	电熔焊	电熔焊焊管(无填充金属)	0.85
GB/T 21832（所有部分）焊管	电熔焊	电熔焊焊管(无填充金属)	0.85
HG/T 20537.4 板焊管	电熔焊	板焊管，电熔焊，100%射线检测	1.00
		板焊管，电熔焊，按标准局部射线检测	0.90
		板焊管，双面电熔焊	0.85
GB/T 32964 板焊管	电熔焊	板焊管，双面电熔焊，100%射线检测	1.00
GB/T 13401 管件	无缝或电熔焊	无缝或焊接管件，双面电熔焊，100%射线检测	1.00
镍及镍合金			
GB/T 2882	无缝	无缝管	1.00
GB/T 30059	无缝	无缝管	1.00
ASTM B444	无缝	无缝管	1.00
ASTM B622	无缝	无缝管	1.00
ASTM B619	电熔焊	电熔焊焊管(无填充金属)	0.85
ASTM B366	无缝或电熔焊	无缝或焊接管件，双面电熔焊，100%射线检测	1.00
钛及钛合金			
GB/T 3624	无缝	无缝管	1.00
GB/T 26058			
GB/T 26057 焊管	电熔焊	电熔焊焊管(无填充金属)	0.85
GB/T 27684 管件	无缝或电熔焊	无缝或焊接管件，双面电熔焊，100%射线检测	1.00
铝及铝合金			
GB/T 6893	无缝	无缝管	1.00
GB/T 4437.1	无缝	无缝管	1.00
GB/T 26027	无缝	无缝管	1.00
ASTM B361 管件	无缝	无缝管件	1.00
	电熔焊	焊接管件，电熔焊，100%射线检测	1.00
	电熔焊	焊接管件，双面电熔焊	0.85
	电熔焊	焊接管件，单面电熔焊	0.80

表 A.4　铸件质量系数 Φ_C

材料类别	标准	名称	铸件质量系数 Φ_C
铸铁	GB/T 9439	灰铸铁	1.00
	GB/T 1348	球墨铸铁	1.00
	GB/T 9440	黑芯可锻铸铁	1.00
碳钢（包括碳锰钢）	GB/T 12229	碳素钢铸件	0.80
低温碳钢及低温镍钢	JB/T 7248	低温钢铸件	0.80
合金钢	JB/T 5263	合金钢铸件	0.80
	GB/T 16253		
不锈钢	GB/T 12230	不锈钢铸件	0.80
钛及钛合金	GB/T 6614	钛及钛合金铸件	0.80
注：表列非铸铁材料如按GB/T 20801.3—2020表4进行无损检测，Φ_C可适当提高。			

附 录 B
（资料性附录）
材料的物理性能

表B.1和表B.2中的物理性能参数按材料类型划分，设计者也可采用具体牌号材料的物理性能参数。其中，表B.1给出了金属热膨胀系数和金属总热膨胀量，表B.2给出了金属弹性模量。

表B.1 金属热膨胀系数和金属总热膨胀量

材料名称	系数	在下列温度(℃)下的材料热膨胀系数和总热膨胀量																																		
		−200	−100	−50	20	50	75	100	125	150	175	200	225	250	275	300	325	350	375	400	425	450	475	500	525	550	575	600	625	650	675	700	725	750	775	800
组别1：碳钢、低合金钢	*A*	9.9	10.7	11.1	11.5	11.8	11.9	12.1	12.3	12.4	12.6	12.7	12.9	13.0	13.2	13.3	13.4	13.6	13.7	13.8	14.0	14.1	14.2	14.4	14.5	14.6	14.7	14.8	4.9	15.0	15.1	15.1	15.2	15.3	15.3	15.4
	B	−2.2	−1.3	−0.8	0.0	0.4	0.7	1.0	1.3	1.6	2.0	2.3	2.6	3.0	3.4	3.7	4.1	4.5	4.9	5.3	5.7	6.1	6.5	6.9	7.3	7.7	8.2	8.6	9.0	9.4	9.9	10.3	10.7	11.1	11.6	12.0
组别2：低合金钢	*A*	10.8	11.7	12.0	12.6	12.8	13.0	13.1	13.2	13.4	13.5	13.6	13.7	13.8	13.9	14.0	14.1	14.2	14.3	14.4	14.5	14.6	14.6	14.7	14.8	14.8	14.9	15.0	15.0	15.1	15.1	15.2	15.2	15.3	15.3	15.3
	B	−2.4	−1.4	−0.8	0.0	0.4	0.7	1.0	1.4	1.7	2.1	2.4	2.8	3.2	3.6	3.9	4.3	4.7	5.1	5.5	5.9	6.3	6.7	7.1	7.5	7.9	8.3	8.7	9.1	9.5	9.9	10.3	10.7	11.1	11.1	11.5
5Cr−1Mo	*A*	10.1	10.8	11.2	11.5	11.8	12.0	12.1	12.3	12.4	12.5	12.6	12.6	12.7	12.8	12.8	12.9	13.0	13.0	13.1	13.2	13.2	13.3	13.4	13.4	13.5	13.6	13.6	13.7	13.7	13.8	13.9	13.9	14.0	14.0	14.1
	B	−2.2	−1.3	−0.8	0.0	0.4	0.7	1.0	1.3	1.6	1.9	2.3	2.6	2.9	3.3	3.6	3.9	4.3	4.6	5.0	5.3	5.7	6.1	6.4	6.8	7.2	7.5	7.9	8.3	8.7	9.0	9.4	9.8	10.2	10.6	11.0
9Cr−1Mo	*A*	9.0	9.8	10.1	10.5	10.6	10.7	10.9	11.0	11.1	11.2	11.3	11.4	11.5	11.6	11.7	11.8	11.9	11.9	12.0	12.1	12.2	12.3	12.3	12.4	12.5	12.6	12.7	12.7	12.8	12.9	13.0	13.1	13.3	13.4	13.6
	B	−2.0	−1.2	−0.7	0.0	0.3	0.6	0.9	1.2	1.4	1.7	2.0	2.3	2.6	3.0	3.3	3.6	3.9	4.2	4.6	4.9	5.2	5.6	5.9	6.3	6.6	7.0	7.3	7.7	8.1	8.5	8.9	9.3	9.7	10.1	10.6
12Cr~13Cr	*A*	9.1	9.9	10.2	10.6	10.9	11.0	11.1	11.3	11.4	11.4	11.5	11.6	11.6	11.7	11.7	11.8	11.8	11.9	11.9	12.0	12.0	12.1	12.1	12.2	12.2	12.3	12.3	12.4	12.4	12.5	12.5	12.5	12.5	12.6	12.6
	B	−2.0	−1.2	−0.7	0.0	0.3	0.6	0.9	1.2	1.5	1.8	2.1	2.4	2.7	3.0	3.3	3.6	3.9	4.2	4.5	4.9	5.2	5.5	5.8	6.2	6.5	6.8	7.2	7.5	7.8	8.2	8.5	8.8	9.2	9.5	9.8
15Cr~17Cr	*A*	8.1	8.8	9.1	9.6	9.7	9.9	10.0	10.1	10.2	10.3	10.4	10.5	10.6	10.7	10.8	10.8	10.9	11.0	11.0	11.1	11.2	11.2	11.3	11.3	11.4	11.4	11.5	11.5	11.5	11.6	11.6	11.7	11.7	11.8	11.9
	B	−1.8	−1.1	−0.6	0.0	0.3	0.5	0.8	1.1	1.3	1.6	1.9	2.2	2.4	2.7	3.0	3.3	3.6	3.9	4.2	4.5	4.8	5.1	5.4	5.7	6.0	6.3	6.6	7.0	7.3	7.6	7.9	8.2	8.6	8.9	9.3
27Cr	*A*	7.7	8.5	8.7	9.0	9.2	9.2	9.3	9.4	9.4	9.5	9.5	9.6	9.6	9.7	9.7	9.8	9.9	9.9	10.0	10.0	10.1	10.2	10.2	10.3	10.4	10.4	10.5	10.5	10.6	10.6	10.7	10.7	10.8	10.8	10.9
	B	−1.7	−1.0	−0.6	0.0	0.3	0.5	0.7	1.0	1.2	1.5	1.7	2.0	2.2	2.5	2.7	3.0	3.3	3.5	3.8	4.1	4.3	4.6	4.9	5.2	5.5	5.8	6.1	6.4	4.7	7.0	7.2	7.6	7.9	8.2	8.5
奥氏体不锈钢(304,316,321,347等)	*A*	13.5	14.3	14.7	15.3	15.6	15.9	16.2	16.4	16.6	16.8	17.0	17.2	17.4	17.5	17.7	17.8	17.9	18.0	18.1	18.2	18.3	18.4	18.4	18.5	18.6	18.7	18.8	18.9	19.0	19.1	19.2	19.3	19.4	19.4	19.4
	B	−3.0	−1.7	−1.0	0.0	0.5	0.9	1.3	1.7	2.2	2.6	3.1	3.5	4.0	4.5	4.9	5.4	5.9	6.4	6.9	7.4	7.9	8.3	8.9	9.4	9.0	10.4	10.9	11.4	12.0	12.5	13.1	13.6	14.1	14.7	15.2
其他奥氏体不锈钢(309,310等)	*A*	12.8	13.6	14.1	14.7	15.0	15.2	15.4	15.6	15.7	15.9	16.0	16.1	16.3	16.4	16.5	16.6	16.6	16.7	16.8	16.9	17.0	17.1	17.2	17.2	17.3	17.4	17.5	17.6	17.7	17.8	17.9	18.0	18.1	18.2	18.3
	B	−2.8	−1.6	−1.0	0.0	0.4	0.8	1.2	1.6	2.0	2.5	2.9	3.3	3.7	4.2	4.6	5.0	5.5	5.9	6.4	6.8	7.3	7.8	8.2	8.7	9.2	9.7	10.2	10.6	11.1	11.7	12.2	12.7	13.2	13.7	14.3
灰铸铁	*A*				9.8	10.1	10.2	10.4	10.5	10.7	10.8	11.0	11.1	11.2	11.4	11.5	11.7	11.8	12.0	12.1	12.3	12.4	12.6	12.7	12.9	13.0										
	B				0.0	0.3	0.6	0.8	1.1	1.4	1.7	2.0	2.3	2.6	2.9	3.2	3.6	3.9	4.2	4.6	5.0	5.3	5.7	6.1	6.5	6.9										
球墨铸铁	*A*		8.8	9.5	10.3	10.5	10.7	10.9	11.1	11.3	11.6	11.8	12.0	12.2	12.4	12.5	12.6	12.8	12.9	13.0	13.1	13.2	13.2	13.3	13.4	13.5										
	B		−1.1	−0.7	0.0	0.3	0.6	0.9	1.2	1.5	1.8	2.1	2.5	2.8	3.1	3.5	3.9	4.2	4.6	4.9	5.3	5.7	6.0	6.4	6.8	7.2										

表 B.1 金属热膨胀系数和金属总热膨胀量(续)

材料名称	系数	在下列温度(℃)下的材料热膨胀系数和总热膨胀量																																		
		-200	-100	-50	20	50	75	100	125	150	175	200	225	250	275	300	325	350	375	400	425	450	475	500	525	550	575	600	625	650	675	700	725	750	775	800
蒙乃尔合金	*A*	10.4	12.2	13.0	13.8	14.1	14.4	14.6	14.8	15.0	15.1	15.3	15.4	15.5	15.6	15.7	15.8	15.9	16.0	16.0	16.1	16.1	16.2	16.2	16.3	16.3	16.4	16.4	16.5	16.5	16.5	16.6	16.6	16.7	16.7	16.8
(UNSN04400) 67Ni-30Cu	*B*	-2.3	-1.5	-0.9	0.0	0.4	0.8	1.2	1.6	1.9	2.3	2.8	3.2	3.6	4.0	4.4	4.8	5.2	5.7	6.1	6.5	6.9	7.4	7.8	8.2	8.6	9.1	9.5	10.0	10.4	10.8	11.3	11.7	12.2	12.6	13.1
镍合金	*A*	9.6	10.8	11.4	11.9	12.4	12.7	13.0	13.3	13.5	13.7	13.9	14.0	14.2	14.3	14.4	14.5	14.6	14.7	14.8	14.9	15.0	15.1	15.2	15.3	15.4	15.5	15.6	15.6	15.7	15.8	15.9	15.9	16.0	16.1	16.2
(UNSN02200, N02201)	*B*	-2.2	-1.4	-0.3	0.0	0.4	0.7	1.0	1.4	1.8	2.1	2.5	2.9	3.3	3.6	4.0	4.4	4.8	5.2	5.6	6.0	6.5	6.9	7.3	7.7	8.2	8.6	9.0	9.5	9.9	10.3	10.8	11.2	11.7	12.2	12.6
镍合金	*A*	9.9	10.8	11.5	12.3	12.5	12.7	12.8	13.0	13.2	13.3	13.5	13.6	13.7	13.8	14.0	14.1	14.2	14.3	14.4	14.5	14.6	14.7	14.8	14.9	15.0	15.1	15.2	15.3	15.4	15.6	15.7	15.8	15.9	16.1	16.2
(UNSN06600)	*B*	-2.2	-1.3	-0.8	0.0	0.4	0.7	1.0	1.4	1.7	2.1	2.4	2.8	3.2	3.5	3.9	4.3	4.7	5.1	5.5	5.9	6.3	6.7	7.1	7.5	7.9	8.4	8.8	9.3	9.7	10.2	10.7	11.1	11.6	12.1	12.6
镍合金	*A*				12.0	12.4	12.6	12.8	12.9	13.0	13.1	13.2	13.2	13.2	13.3	13.3	13.3	13.4	13.5	13.5	13.6	13.7	13.8	14.0	14.1	14.2	14.3	14.5	14.6	14.8	14.9	15.0	15.1	15.3	15.4	15.6
(UNSN06625)	*B*				0.0	0.4	0.7	1.0	1.4	1.7	2.0	2.4	2.7	3.0	3.4	3.7	4.1	4.4	4.8	5.1	5.5	5.9	6.3	6.7	7.1	7.5	8.0	8.4	8.8	9.3	9.8	10.2	10.7	11.2	11.6	12.1
镍合金	*A*	10.6	12.5	13.3	14.2	14.6	14.9	15.1	15.3	15.5	15.6	15.8	15.9	16.0	16.1	16.2	16.3	16.4	16.5	16.5	16.6	16.7	16.8	16.8	16.9	17.0	17.1	17.2	17.2	17.3	17.4	17.5	17.6	17.7	17.8	17.9
(UNSN08800)	*B*	-2.3	-1.5	-0.9	0.0	0.4	0.8	1.2	1.6	2.0	2.4	2.8	3.3	3.7	4.1	4.5	5.0	5.4	5.8	6.3	6.7	7.2	7.6	8.1	8.5	9.0	9.5	9.9	10.4	10.9	11.4	11.9	12.4	12.9	13.4	14.0
镍合金	*A*			12.9	13.5	13.6	13.7	13.9	14.0	14.2	14.3	14.4	14.4	14.5	14.6	14.7	14.8	14.9	15.0	15.1	15.1	15.2	15.3	15.4	15.5	15.6										
(UNSN08825)	*B*			-0.9	0.0	0.4	0.8	1.1	1.5	1.8	2.2	2.6	3.0	3.3	3.7	4.1	4.5	4.9	5.3	5.7	6.1	6.5	7.0	7.4	7.8	8.3										
镍合金	*A*				10.8	11.0	11.2	11.4	11.6	11.7	11.9	12.0	12.2	12.4	12.5	12.6	12.8	12.9	13.0	13.1	13.2	13.3	13.4	13.5	13.6	13.7	13.8	13.9	14.0	14.1	14.2	14.3	14.3	14.4	14.5	14.6
(UNSN010276)	*B*				0.0	0.3	0.6	0.9	1.2	1.5	1.8	2.2	2.5	2.8	3.2	3.5	3.9	4.3	4.6	5.0	5.4	5.7	6.1	6.5	6.9	7.3	7.7	8.1	8.5	8.9	9.3	9.7	10.1	10.5	10.9	11.4
青铜	*A*	15.1	15.8	16.4	17.2	17.6	17.9	18.0	18.2	18.2	18.3	18.4	18.5	18.5	18.6	18.7	18.8	18.9	19.0	19.0	19.1	19.2	19.3	19.4	19.4	19.5	19.6	19.7	19.7	19.8						
	B	-3.3	-1.9	-1.1	0.0	0.5	1.0	1.4	1.9	2.4	2.8	3.3	3.8	4.3	4.7	5.2	5.7	6.2	6.7	7.2	7.7	8.3	8.8	9.3	9.8	10.3	10.9	11.4	11.9	12.5						
黄铜	*A*	14.7	15.4	16.0	16.7	17.1	17.4	17.6	17.8	18.0	18.2	18.4	18.6	18.8	19.0	19.2	19.3	19.5	19.6	19.8	20.1	20.3	20.5	20.7	20.8	21.0	21.2	21.4	21.6	21.8						
	B	-3.2	-1.9	-1.1	0.0	0.5	1.0	1.4	1.9	2.3	2.8	3.3	3.8	4.3	4.8	5.4	5.9	6.4	7.0	7.5	8.2	8.7	9.3	9.9	10.5	11.1	11.8	12.4	13.1	13.7						
白铜 70Cu-30Ni	*A*	11.9	13.4	14.0	14.5	14.9	15.2	15.3	15.5	15.7	15.8	16.0	16.1	16.3	16.4	16.5	16.5	16.6	16.6	16.7																
	B	-2.6	-1.6	-1.0	0.0	0.4	0.8	1.2	1.6	2.0	2.5	2.9	3.3	3.7	4.2	4.6	5.0	5.5	5.9	6.3																
铝合金	*A*	18.0	19.7	20.8	21.7	22.6	23.1	23.4	23.7	23.9	24.4	24.4	24.7	25.0	25.2	25.5	25.6																			
	B	-4.0	-2.4	-1.5	0.0	0.7	1.3	1.9	2.5	3.1	3.7	4.4	5.1	5.7	6.4	7.1	7.8																			
钛合金	*A*			8.2	8.3	8.4	8.5	8.5	8.6	8.6	8.6	8.7	8.7	8.7	8.8	8.8	8.8	8.9	8.9	9.0	9.2															
(Grade1,2,3,7,12)	*B*			-0.6	0.0	0.3	0.5	0.7	0.9	1.1	1.3	1.6	1.8	2.0	2.2	2.5	2.7	2.9	3.2	3.4	3.7															

表 B.1　金属热膨胀系数和金属总热膨胀量（续）

材料名称	系数	在下列温度（℃）下的材料热膨胀系数和总热膨胀量																															
		−200	−100	−50	20	50	75	100	125	150	175	200	225	250	275	300	325	350	375	400	425	450	475	500	525	550	575	600	625	650	675	700	725	750	775	800

注1：系数A：金属热膨胀系数，10^{-6}/℃。

注2：系数B：金属总热膨胀量，mm/m（从20℃至表列温度时所产生的总的单位长度热膨胀量）。

注3：表列数据仅供参考。

注4：组别1材料包括下列公称成分的钢。

C−½Mo	3Cr−1Mo
½Cr−⅕Mo−V	½Ni−½Mo−V
½Cr−¼Mo−Si	½Ni−½Cr−¼Mo−V
½Cr−½Mo	¾Ni−½Mo−Cr−V
½Cr−½Ni−¼Mo	¾Ni−½Mo−⅓Cr−V
¾Cr−½Ni−Cu	¾Ni−½Cu−Mo
¾Cr−¾Ni−Cu−Al	¾Ni−½Cr−½Mo−V
1Cr−⅕Mo	¾Ni−1Mo−¾Cr
1Cr−⅕Mo−Si	1Ni−½Cr−½Mo
1Cr−½Mo	1¼Ni−1Cr−½Mo
1Cr−½Mo−V	1¾Ni−¾Cr−¼Mo
1¼C−½Mo	2Ni−¾Cr−¼Mo
1¼Cr−½Mo−Si	2Ni−¾Cr−⅓Mo
1¾Cr−½Mo−Cu	2½Ni
2Cr−½Mo	3½Ni
2¼Cr−1Mo	3½Ni−1¾Cr−½Mo−V

注5：组别2材料包括下列公称成分的钢。

Mn−V

Mn−¼Mo

Mn−½Mo

Mn−½Mo−¼Ni

Mn−½Mo−½Ni

Mn−½Mo−¾Ni

表B.2 金属弹性模量

材料名称	在下列温度（℃）下的弹性模量 $E/(10^3\text{N/mm}^2)$																					材料名称
	−254	−198	−150	−100	20	100	150	200	250	300	350	400	450	500	550	600	650	700	750	800	816	
铁基金属																						铁基金属
灰铸铁					92	91	89	87	84	81	77	73										灰铸铁
碳钢，含碳量≤0.3%	220	217	214	210	203	198	195	191	188	185	178	172	162	150	137	123						碳钢，含碳量≤0.3%
碳钢，含碳量>0.3%	219	215	212	209	202	197	193	190	187	183	178	170	160	149	135	122	106					碳钢，含碳量>0.3%
C−Mo钢	219	215	212	208	201	196	193	189	186	183	178	170	160	148	135	121	105					C−Mo钢
Ni钢，Ni2%~9%	208	204	202	198	192	186	184	180	178	175	172	164										Ni钢，Ni2%~9%
Cr−Mo钢，Cr½%~2%	221	218	215	212	205	199	196	192	190	186	183	178	174	169	164	158	150	142	132			Cr−Mo钢，Cr½%~2%
Cr−Mo钢，Cr2¼%~3%	228	225	222	219	211	205	203	199	196	192	188	184	179	175	169	163	155	146	136			Cr−Mo钢，Cr2¼%~3%
Cr−Mo钢，Cr5%~9%	230	227	224	221	213	207	205	200	198	194	190	184	176	166	153	139	126	108	91			Cr−Mo钢，Cr5%~9%
Cr钢，Cr12%，17%，27%	219	215	213	210	201	196	192	188	184	181	178	174	163	152	144	129	114					Cr钢，Cr12%，17%,27%
奥氏体钢（304,310，316,321,347等）	212	209	206	202	195	190	186	183	178	176	173	169	165	161	156	152	146	140	133	127	125	奥氏体钢（304,310，316,321,347等）
铜及铜合金																						铜及铜合金
海军黄铜（C4640）		110	108	107	103	100	99	97	95	93	90											海军黄铜（C4640）
铜（C1100）		117	115	114	111	107	106	104	102	99	96											铜（C1100）
铜，红铜，铝青铜（C1020,C1220，C2300,C6140）		125	123	122	118	114	113	111	108	105	102											铜，红铜，铝青铜（C1020,C1220，C2300,C6140）
90Cu−10Ni（C7060）		131	129	128	125	121	120	117	115	112	108											90Cu−10Ni（C7060）
80Cu−20Ni（C7100）		146	144	143	138	134	132	129	127	124	120											80Cu−20Ni（C7100）
70Cu−30Ni（C7150）		161	159	157	152	148	145	143	140	136	131											70Cu−30Ni（C7150）

表 B.2　金属弹性模量（续）

材料名称	在下列温度（℃）下的弹性模量 E/（10^3N/mm^2）																					材料名称
	−254	−198	−150	−100	20	100	150	200	250	300	350	400	450	500	550	600	650	700	750	800	816	
镍及镍合金																						镍及镍合金
镍200，201，625	225	221	218	215	207	202	199	197	194	192	190	186	182	179	175	173	169					镍200，201，625
蒙乃尔400	195	191	189	186	179	175	173	171	168	167	165	161	158	155	152	149	146					蒙乃尔400
Ni−Cr−Fe 合金 600	233	228	226	223	214	208	206	204	201	198	196	192	188	184	181	178	175					Ni−Cr−Fe合金600
Ni−Fe−Cr 合金 800,800H	214	210	208	204	196	191	189	187	184	182	179	177	174	170	167	164	160					Ni−Fe−Cr合金 800,800H
合金 C276	224	218	217	214	206	200	197	195	193	191	188	184	181	178	174	172	168					合金C276
钛及钛合金																						钛及钛合金
TA0~TA3、TA9					107	103	101	97	92	88	84	79										TA0~TA3、TA9
铝及铝合金																						铝及铝合金
1060,3003,3004,6061,6063	79	76	76	74	69	66	64	60														1060,3003,3004,6061,6063
5052,5454	80	77	76	75	71	67	65	62														5052,5454
5083,5086	81	78	77	76	71	68	66	63														5083,5086

附 录 C
（资料性附录）
基于风险的材料设计和选用

C.1 材料设计和选用准则

C.1.1 通则

C.1.1.1 本部分规定的材料选用要求及限制系基于应对由压力载荷而导致的材料强度失效以及延性金属在低于韧脆转变温度下的低应力脆断。

C.1.1.2 本部分未涉及材料应对使用环境及介质的腐蚀和选材。业主或设计者可参考相关的腐蚀手册、图表和专著，尤其是类似装置的长期使用经验、现场试验和分析以及新工艺开发中的实验数据。

C.1.1.3 本附录所列各项为常用管道材料选用时应注意的，但除C.1.1.1和C.1.1.2以外的损伤风险以及相应的材料设计要求和工程措施。

C.1.2 通用规定

C.1.2.1 应考虑管道暴露明火下的可能性以及管道材料的熔点、软化温度、高温下强度的降低和材料的可燃性。

C.1.2.2 应考虑发生火灾或采取灭火措施时，热冲击导致管道材料脆性断裂或损坏的敏感性以及由此而产生的次生灾害。

C.1.2.3 应考虑火灾时，管道绝热材料对管道的损伤（如稳定性、耐火性能及在火中保持原有位置的能力）。

C.1.2.4 管道系统不可避免存在众多缝隙，如垫片密封面、螺纹或承插接头等，应考虑管道材料对缝隙腐蚀的敏感性。

C.1.2.5 电偶腐蚀是两种腐蚀电位相差较大的金属材料紧密接触，通过电解质构成腐蚀电流回路，致使腐蚀电位低侧的金属成为阳极加速腐蚀，反之腐蚀电位较高侧的金属成为阴极而得到保护。

电位差越大、阳极/阴极面积比越小（即小阳极/大阴极），则电偶腐蚀越严重。

材料表面状态，包括非金属或金属涂层及阴极保护（牺牲阳极）都对减轻电偶腐蚀产生重大影响，可采取如下防护措施：

a）对腐蚀电位较高侧的金属施以非金属涂层；

b）碳钢的热镀锌（水温不高于66℃）；

c）埋地管道采用阴极保护（牺牲阳极）及绝缘法兰。

C.1.2.6 应考虑螺纹润滑剂或密封剂与流体工况的相容性。

C.1.2.7 应考虑衬垫、密封件和“O”形环与流体工况的相容性。

C.1.2.8 应考虑诸如胶黏剂、熔剂等材料与流体工况的相容性。

C.1.2.9 应考虑管道材料，包括密封剂、垫片、润滑剂和绝热材料与强氧化性流体（如氧气或氯气）的相容性。

C.2 低温脆性断裂

C.2.1 碳钢、碳锰钢和合金钢的低温脆性断裂

C.2.1.1 低温脆性断裂是金属材料在低温或韧脆转变温度以下，发生突然破裂的灾难性失效现象。

发生脆性断裂时，构件承受应力水平远低于材料屈服强度，因此构件断裂前无塑性变形，断口呈脆性。

C.2.1.2 基于金属材料的韧脆转变温度、使用经验及断裂力学分析，本部分列出了材料最低允许使用温度（MDMT）及相应冲击试验要求。

C.2.1.3 除本部分的要求外，下列因素应予考虑：

a）降低钢材韧脆转变温度的主要因素并非合金化（-50℃以上），而是纯净化、细晶化及热处理状态。

b）厚度是影响脆性断裂的重要因素，一方面材料的韧性水平随厚度增加而降低；另一方面厚壁构件更易产生三向应力，而诱发脆性断裂。

c）应力水平（包括缺陷处的应力集中和残余应力、组织应力）也有重大影响，50MPa以下的低载荷状态可大大缓解脆性断裂的风险。而焊接残余应力及焊接热影响区的晶粒粗化使焊缝成为压力元件脆性断裂的首发区域，为此，焊后热处理（PWHT）也成为降低脆性断裂风险的重要措施。

d）压力设备高于转变温度的超载“温压力试验”具有缺陷尖端钝化、降低焊接残余应力、过载保护等多重效能，已成为控制脆性断裂风险的重要措施。

C.2.1.4 应考虑下列情况对8.1.3.3所列的免除冲击试验的碳钢和碳锰钢管道系统的脆性断裂风险：

a）冲击载荷（管道内部或外部的冲击载荷、流体的撞击等冲击荷载、泄压或排放产生的反力等）；

b）热加工而导致材料韧性损失；

c）奥氏体和铁素体材料之间的异种钢焊接，由于线膨胀系数的差异而产生的附加应力；

d）管道强行装配和冷紧导致的附加轴向应力，尤其是对低温低应力工况评定的影响；

e）评估上述作用力时，应考虑材料低温下的弹性模量的计算。

C.2.1.5 应考虑由于液态烃、液化气体之类高挥发性流体，由节流、闪蒸、骤冷而导致脆性断裂的风险。

C.2.1.6 应考虑低温（材料产生脆性）或高温（降低材料强度）导致管道支架损坏的可能性。

C.2.2 奥氏体不锈钢的低温脆性断裂

C.2.2.1 奥氏体不锈钢为面心立方晶格的奥氏体组织，其韧脆转变温度低于绝对零度（-273℃），因此300系列奥氏体不锈钢固溶状态下不存在低温脆性断裂的风险。

C.2.2.2 下列情况，有可能导致300系列奥氏体不锈钢的脆性转变温度提高：

a）剧烈冷变形，导致奥氏体组织的马氏体转变而脆性转变温度的提高，为此应重新固溶。

b）奥氏体不锈钢的焊缝可能含有高达10%以上的δ铁素体，由此会影响-100℃及以下的焊缝冲击韧性，为此应控制焊缝铁素体数FN≤8~10。在控制焊缝FN的同时，也要防止FN过低而引起的热裂纹风险，应加强PT检查。

c）降低含碳量，尽量避免使用321、347，提高含镍量都有利于提高奥氏体不锈钢的低温稳定性。

d）316L、316LN是-253℃液氢管道的通用选材，AWS A5.4 E16-8-2（FN≤5）焊条为其标配。

C.3 高温

C.3.1 蠕变断裂

蠕变断裂是金属材料在高温和低于屈服强度的应力的共同作用下，产生随时间延长而不断增加的变形，直至断裂。压力设备典型金属材料的蠕变阈值温度如表C.1所示。

虽然本部分已列入材料高于蠕变阈值温度的使用温度上限和相应的寿命为10^5h的设计许用应力，但工程实践中还存在诸多涉及高温蠕变断裂的工况需作安全评估，常见有如下各项：

a） 高温短时应力的安全评估；

b） 两种以上高温短时应力的累积损伤安全评估；

c） 剩余寿命安全评估；

d） 大于10^5h的材料设计许用应力。

上述a）项可按压力元件在预期工况下的应力水平应不高于按Larson-Miller 法获得的材料在25h~2.5 × 10^5h，温度高于蠕变阈值温度至极限使用温度区间的平均或最小持久断裂应力（应考虑相应安全系数）为准则进行评估。

上述b）项可按压力元件在预期工况下应力水平根据MPC-Ω 法求得材料在25h~2.5 × 10^5h，温度高于蠕变阈值温度至极限使用温度区间的蠕变速率RC（1/h）。蠕变速率RC与该工况的使用时间t（小时）的乘积即为该工况（温度、时间、应力）对材料造成的蠕变损伤DC。根据MPC-Ω 法及API 579-1：2007第10部分的准则，DC≤2.5。压力元件服役期间如将经历多种蠕变温度区间内的工况（温度、时间、应力），都可按上述方法逐个求得每一工况下的DC，其累积值按上述相同准则，不得大于2.5。

上述c）项同样可按a）或b）所述方法进行剩余寿命安全评估。

上述d）项可按 Larson-Miller法或查阅 ASME锅炉压力容器规范第Ⅲ卷核动力装置NH卷取得。

表C.1　典型金属材料的蠕变阈值温度

材　　料	蠕变阈值温度
碳钢（R_m≤414MPa）	343℃（650℉）
碳钢（R_m>414MPa）	371℃（700℉）
0.5Mo 钢	399℃（750℉）
铬钼合金钢 1¼ Cr-1/2Mo（正火 + 回火）	427℃（800℉）
铬钼合金钢 1¼ Cr-1/2Mo（退火）	427℃（800℉）
铬钼合金钢 2¼ Cr-1Mo（正火 + 回火）	427℃（800℉）
铬钼合金钢 2¼ Cr-1Mo（退火）	427℃（800℉）
铬钼合金钢 2¼ Cr-1Mo（调质）	427℃（800℉）
铬钼合金钢 2¼ Cr-1Mo-V	441℃（825℉）
铬钼合金钢 3Cr-1Mo-V	441℃（825℉）
铬钼合金钢 5Cr-1/2Mo	427℃（800℉）
铬钼合金钢 7Cr-1/2Mo	427℃（800℉）
铬钼合金钢 9Cr-1Mo	427℃（800℉）
铬钼合金钢 9Cr-1Mo-V	454℃（850℉）
马氏体不锈钢 12Cr	482℃（900℉）

表C.1 典型金属材料的蠕变阈值温度(续)

材 料	蠕变阈值温度
铬镍奥氏体不锈钢 304，304H	510℃(950℉)
铬镍奥氏体不锈钢 316，316H	538℃(1000℉)
铬镍奥氏体不锈钢 321，321H	538℃(1000℉)
铬镍奥氏体不锈钢 347，347H	538℃(1000℉)
Ni-Cu-Fe 合金 800，800H，800HT	565℃(1050℉)
铬镍奥氏体不锈钢 HK-40	649℃(1200℉)

C.3.2 475℃脆化

C.3.2.1 含铬量≥12%的400系列不锈钢(高铬不锈钢)、铁素体含量较高的锻造或铸造奥氏体不锈钢和双相不锈钢中的铁素体相在316℃~540℃温度范围内停留较长时间后，Cr-P金属中间相析出，材料硬度增加，塑性韧性下降而导致脆化，脆化的最大速率发生在475℃，故常称为475℃脆化。

C.3.2.2 含铬量越高以及不锈钢中的铁素体相比例越高，475℃脆化越严重。但这种脆化主要导致材料常温或较低温度下的塑性韧性下降，而对其高温下的塑性韧性影响甚微，因此在压力设备的开停车及压力试验期间容易产生风险。410型马氏体不锈钢对475℃脆化免疫，而405型铁素体不锈钢却不能幸免。

C.3.2.3 工作温度在上述温度范围或敏感材料在热处理或冷却过程中在此温度范围停留时间过长，都可能产生475℃脆化。

C.4 铸铁

铸铁、可锻铸铁、高硅铸铁以及延伸率小于15%的球墨铸铁均属脆性材料，对冲击载荷及热冲击较敏感，应在有限条件下控制使用，并采取相应的防护措施。

C.5 碳钢、碳锰钢和合金钢

C.5.1 碱脆(Caustic Embrittlement)

C.5.1.1 输送中高浓度NaOH或其他强碱性流体的碳钢管道将产生应力腐蚀破裂(晶间裂纹)，俗称“碱脆”，碱脆随碱液浓度和温度提高而加剧。

C.5.1.2 温度<46℃，一般不会发生碱脆；46℃~82℃，随NaOH质量分数升高而加剧；>82℃时，仅当NaOH浓度≤5%时才不发生碱脆，但易发生碱液蒸发浓缩，故而仍存在碱脆的风险。

C.5.1.3 碱脆经常出现在未作消除应力热处理的焊缝附近，因此620℃以上的PWHT和防止过热可相应扩大碳钢在碱液中的适用范围。

C.5.2 碱性应力腐蚀破裂(Alkaline Stress Corrosion Cracking，ASCC)

C.5.2.1 碳钢除上述在苛性钠中发生的碱脆以及下列酸性介质中的氢致应力开裂外，还存在着在下列介质中发生多种碱性应力腐蚀破裂的风险：

a) 常温或低温无水液氨；

b） 醇胺液（常用于脱硫、脱CO_2）；

c） 碱性碳酸盐-酸水溶液（气体净化系统）。

C.5.2.2 碳钢、低合金高强度钢的ASCC，与残余应力、介质的组成和浓度（包括反应物杂质副反应污染）与特定的温度区间有关。通常裂纹位于焊接热影响区，许多硬度达标的焊接接头还是会发生ASCC。

为此，与酸性介质中发生SCC归因于氢致开裂不同，对于ASCC的机理，目前倾向归因于过高的焊接或冷变形残余拉应力存在，致使材料在特定的弱碱性（含有H_2S、CO_2、NH_4、O_2、氯化物、氰化物）腐蚀环境中形成的钝化膜滑移破裂，而使失去钝化膜保护的裸露金属快速局部腐蚀所致。因此PWHT就成为控制ASCC的关键措施，而控制硬度反成多余。实践表明，对于常用的碳钢、碳锰钢，规范规定的600℃ PWHT温度还不足以把焊接热影响区的残余应力峰值降低到免除ASCC的阈值。应采用更高的620℃~650℃ PWHT。对于如碳酸盐熔液管道系统的局部热处理，还需把PWHT温度提高至650℃~660℃。

C.5.2.3 对策主要为限制使用高强钢（但一般不必控制硬度）、冷变形和采用较高的温度进行PWHT。对于液氨引起的SCC，避免O_2（空气）污染或加入0.2%水也可有效地控制SCC。

C.5.3 石墨化

C.5.3.1 碳钢和0.5Mo钢长期在427℃以上工作，致使稳定性不高的碳化物分解成铁素体和石墨，导致材料常温强度和高温长期强度下降。下降程度对应于石墨化进程。

C.5.3.2 温度和时间是影响石墨化的最重要因素，温度高于538℃时，热影响区发生严重石墨化仅需5年，而温度为454℃时，产生轻微的石墨化也需要30年~40年。

C.5.3.3 冷变形及焊接热影响区，相对更易发生石墨化。

C.5.3.4 曾有硅镇静优于铝镇静的论点，但无确切证明，现已忽略。

C.5.4 软化（珠光体球化）

C.5.4.1 铬钼合金钢，如15CrMo、1-1/4CrMo、2-1/4CrMo、12Cr1MoV、5Cr0.5Mo钢长期在440℃以上工作，珠光体中的碳化物不稳定，由原先的片状或弥散分布聚集成球状或块状碳化物，导致材料常温强度和高温长期强度下降。

C.5.4.2 温度、时间和合金含量是影响珠光体球化的重要因素。退火状态相对优于N+T或QT；硅镇静的粗晶粒钢相对优于铝镇静的细晶粒钢。

C.5.4.3 虽然珠光体球化致使材料高温强度下降，但伴随塑性的提高，即使在应力集中部位也允许有更大的应变。除高应力水平的应力集中区或伴随其他材料失效风险，仅由于珠光体球化而导致压力设备更换维修的案例甚为罕见。

C.5.5 高温氢侵蚀

C.5.5.1 碳钢及铬含量不大于3%的铬钼合金钢使用温度177℃以上，且氢分压不低于0.345MPa时，有可能发生高温高压氢侵蚀，又称为“热氢侵蚀”，以区别于常见的氢脆、氢白点、氢致裂纹等在常温或相对较低温度下产生的氢损伤。

C.5.5.2 随着温度及氢分压的提高，原子氢与钢中的碳反应而生成甲烷，从而在材料表面形成脱碳层；而在钢材内部反应生成的甲烷集聚在晶界或钢材内部的缺陷（如夹杂物）无法扩散逸出而形成很高压力，致使钢材内部脱碳、微裂直至破裂。晶界或夹杂处集聚的高压若接近材料表面则可产生氢鼓泡。

C.5.5.3 表面脱碳层较薄，对材料整体的强度和延性影响甚小，工程上可忽略；但内部脱碳及裂纹将导致临氢压力设备发生灾难性事故。较高温度但较低氢分压，高温氢侵蚀的损伤模式为表面脱碳（见Nelson曲线的虚线）；而较低温度但较高氢分压，高温氢侵蚀的损伤模式为内部脱碳及裂纹（见

Nelson曲线的实线）；高温加高压，则两种损伤模式都可能存在，尤以后者为甚。由此可见影响高温氢侵蚀最重要的因素是温度，其次是氢分压。

C.5.5.4 铬、钼合金元素的加入是工程中应对高温氢侵蚀的常见有效措施，并由此根据长期经验绘制成Nelson曲线，制定了API RP941并不断根据案例剖析进行修订。

a）含铬量大于或等于5%的铬钼合金钢以及不锈钢，从目前工程实例而言，对高温氢侵蚀是免疫的。奥氏体不锈钢常用于内壁堆焊、复合或衬里用于抵御高温硫或其他介质的腐蚀。

b）奥氏体不锈钢的氢溶解度比铁素体钢大一个数量级，氢的扩散速度要低两个数量级，因此可降低复合材料中基层材料的氢分压。

C.5.5.5 根据Nelson曲线进行选材时应注意如下事项：

a）留有20℃以上安全裕量，切不可超温，防止过热；采用内部隔热衬里可降低基层材料温度时，应防止隔热衬里的完整性破损而引起过热热点；

b）Nelson曲线是基于材料良好的热处理状态，以保证其金相组织及碳化物稳定性，而焊接热影响区及5%以上冷变形将改变金相组织及碳化物形态和稳定性，导致其抗氢性能的下降。近年来多次碳钢、0.5Mo钢临氢设备在低于但接近Nelson曲线的安全区域发生高温氢侵蚀的重大事故，究其原因都归于焊后未作PWHT或冷变形。因此碳钢及铬钼合金钢临氢设备，如换热器管子与管板，焊后均应作PWHT，否则还应将Nelson曲线留有50℃以上安全裕量，如图C.1所示。

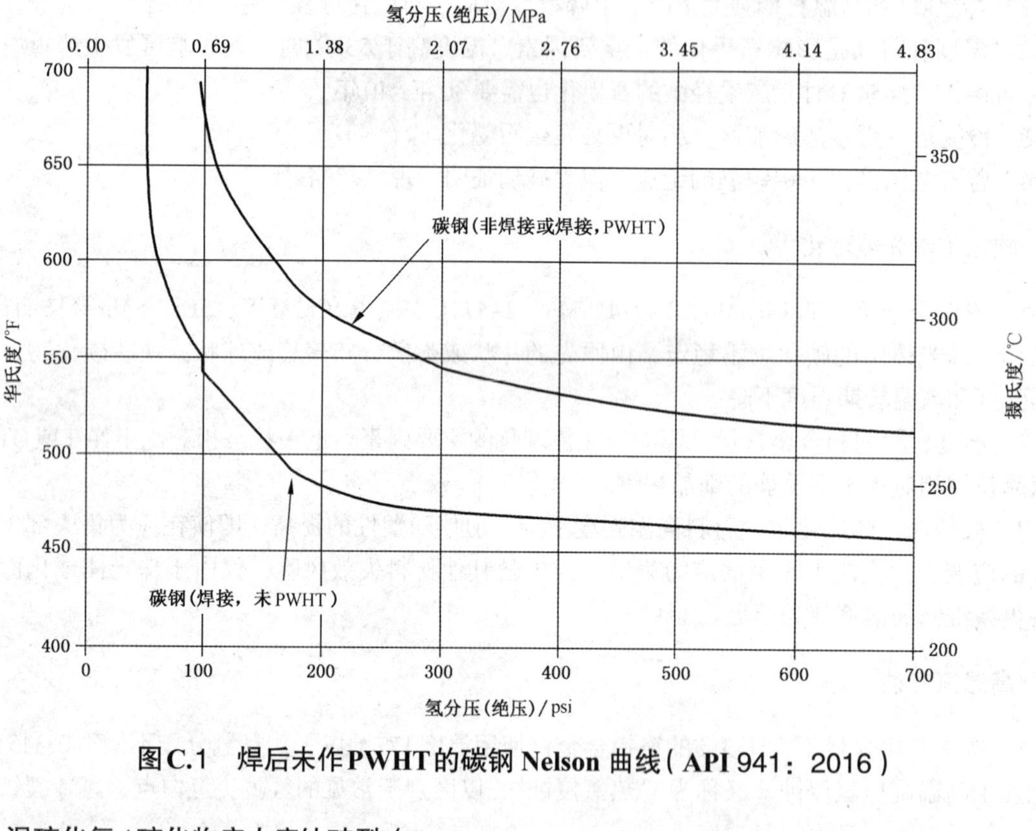

图C.1 焊后未作PWHT的碳钢Nelson曲线（API 941：2016）

C.5.6 湿硫化氢/硫化物应力腐蚀破裂（Sulfate Stress Corrosion Cracking，SSC）

C.5.6.1 湿硫化氢/硫化物应力腐蚀破裂是金属在水（电解质）和硫化氢存在下由拉伸应力和腐蚀共同作用的开裂。硫化物应力破裂（SSC）有多种失效分类，如SSC、SCC、HSC、HIC、SOHIC、SWC等，从开裂的机理而言也可归因为氢致应力开裂，由于都是吸收硫化物在金属表面电化学腐蚀所产生的原子氢而造成的，为此本附录均将其归为SSC。碳钢或低合金钢焊接压力设备是发生SSC的重灾区。为此，仅就此列出选材时应予关注的要点。

C.5.6.2 影响SSC的环境因素有H_2S浓度（H_2S分压0.035MPa绝压以上）、pH（酸性）及温度，氰化物的存在对SSC有催化作用且易诱发HIC。氯化物、CO_2的存在也将产生多种腐蚀形态的共生与加剧。H_2S浓度（分压）越高，pH越低，SSC越敏感，因此工程中常称为酸性介质的SCC。温度提高导致氢的渗透速率提高，SSC发生的概率反而下降，因此SSC通常发生在常温或工作温度65℃以下。

C.5.6.3 防止碳钢或低合金钢焊接压力设备发生SSC的工程措施核心是控制硬度。控制硬度就是控制金相组织、控制组织应力及残余应力。因为这些部位正是氢致裂纹的根源。碳钢、低合金钢防止SSC的硬度上限为RC22或HV_{10}237。由于焊接热影响区的高硬度区很窄，HV_{10}无法用于现场检测，HB压痕较大，其读数代表的是平均硬度而非峰值，因此焊缝检测时的硬度上限为HB200。

控制硬度要落实到工程设备的每一细节、内壁外壁、宏观微观，因此如冷变形、锤击、钢印、坡口外焊接打弧和飞溅都应禁止。低强度钢优于高强钢；原材料正火、正火加回火、退火、调质及PWHT都是有益于防止SSC。

C.5.6.4 产生HIC的材料因素是板材单向轧制过程中形成的片状MnS夹杂，因此控制板材及板焊管母材的含硫量不大于0.002%或加Ca促使MnS夹杂球化成为抗HIC板材生产的附加要求。但该低硫要求没有必要套用到无缝钢管、锻件，更没有必要套用到焊缝，因为MnS夹杂在此类材料中不可能呈片状分布。

C.5.7 层状撕裂

C.5.7.1 碳钢或低合金钢厚板中的片状MnS夹杂也易发生焊接部位的层状撕裂。当夹杂邻近T型焊接接头的板材表面时，在焊接热应力和/或Z向（厚度方向）载荷的作用下而发生撕裂，如安放式接管与主管、凸形封头与裙座、管板、平封头与壳体、管子的焊接；或当夹杂邻近焊接热影响区，由焊接过程的充氢扩散和焊接热应力的共同作用下发生类似硫化氢SCC中的氢致阶梯状开裂HOHIC。

C.5.7.2 层状撕裂的对策：

a） 待焊部位UT探伤，排除可能的夹杂；

b） 改变T型角接为L型角接或对接，如安放式接管改为插入式接管；

c） 降低钢材含硫量，片状MnS夹杂将导致钢板Z向（厚度方向）拉伸性能，尤其是断面收缩率大幅下降。Z向断面收缩率与含硫量的关系大致为Z15（含硫量≤0.010）、Z25（含硫量≤0.007）、Z35（含硫量≤0.005）。因此根据具体工况，选用相应Z向（厚度方向）性能厚板就成为海上平台之类厚板焊接钢结构的惯例。

C.5.8 高温硫化物腐蚀

C.5.8.1 碳钢、合金钢和不锈钢在超过260℃环境下与硫化物发生反应造成腐蚀，氢的存在会加速腐蚀。硫化物腐蚀主要是由H_2S和其他活性硫化物引起的，所谓活性硫化物即在高温下容易分解生成H_2S的硫化物，而非总硫。因此，H_2S和活性硫化物浓度和温度越高，尤其在260℃~425℃，随着温度升高，腐蚀速率呈指数式升高，而在425℃达到峰值。

C.5.8.2 碳钢、合金钢、不锈钢和镍基合金的耐蚀性取决于生成保护性硫化物膜的能力。对碳钢而言，含硅量≥0.1%将比含硅量≤0.1%者大大增加耐硫化的能力。对合金钢而言，含铬量可以明显增加耐硫化的能力，但含铬量低于9%，耐蚀性能提高不多。而加氢与高温硫化物腐蚀共存时，含铬量低于12%对耐蚀性能提高不多。因此应采用不锈钢和镍基合金，其耐蚀性同样取决于含铬量。

C.5.8.3 工程设计时通常按McConomy曲线（无H_2、硫化物、温度、含铬量）或Couper-Gorman曲线（H_2+H_2S）进行初步选材。

C.5.9 铬钼合金钢的回火脆性与再热裂纹

C.5.9.1 碳钢和合金钢在343℃~577℃温度停留将导致材料韧性不同程度地下降，由于该温度范围与钢材的回火温度相近，故称为回火脆性。由于铬钼合金钢的使用温度范围又与其高度重合，因此对其格外关注。产生回火脆性的根源在于钢中磷（P）、砷（As）、锑（Sb）、锡（Sn）等有害元素的晶间析出集聚，而硅、锰对此亦有辅助作用。此外大截面构件的热履历也对其回火脆性的敏感性带来显著的影响。

C.5.9.2 回火脆性导致的韧性下降主要对压力元件开停车阶段以及在转变温度下快速加载或承受冲击载荷构成威胁，尤其是厚壁（≥50mm）及结构不连续构件。因此提高材料的纯净度和原始韧性水平就成为规避回火脆性风险的核心工程措施。

C.5.9.3 铬钼合金钢中对回火脆性最为敏感的是440℃左右长期使用的2.25~3Cr-1Mo钢的≥38mm厚壁临氢压力设备。为此工程中采用控制措施如下：

$$\text{母材的}J=(Si+Mn)(P+Sn)\times 10\,000\leqslant 150\ (wt\%);$$

$$\text{焊缝的}X=(10P+5Sb+4Sn+As)/100\leqslant 15\times 10^{-6};$$

通过控制材料经历PWHT和步冷处理后的转变温度增值来控制厚壁临氢压力设备的回火脆性风险。用户应根据自身情况及使用经验，不必盲目套用上述要求。

C.5.9.4 5%~9%CrMo钢对回火脆性并不敏感。工程界曾担忧1~1.25Cr0.5Mo钢的回火脆性敏感性，研究表明，随着用户对铬钼合金钢韧性要求的提高，1~1.25Cr0.5Mo钢的回火脆性敏感性低于2.25~3Cr-1Mo钢。

C.5.9.5 近年来铬钼合金钢的冶金技术已由粗晶钢转为铝脱氧的细晶钢，如钢中的含磷量≤0.010；含硫量≤0.005，0~-20℃ AKV50J就足以控制1~1.25Cr0.5Mo厚壁压力设备的回火脆性风险。因此，1~1.25Cr0.5Mo厚壁（≥25mm）压力设备通过下列工程措施以控制再热裂纹及回火脆性的风险：

a） 母材及焊缝的X系数≤15×10^{-6}、含碳量≤0.15%；

b） 采用低氢焊材（H8）、焊接区域PWHT后HV_{10}≤235或HB≤225；

c） 水压试验温度不低于15℃。

C.5.9.6 材料的回火脆性可通过620℃的回火热处理来恢复韧性，但并不能对再次发生回火脆性免疫。

C.5.10 氢脆和氢致开裂（Hydrogen Embrittlement，HE）

C.5.10.1 由于碳钢、低合金钢为体心立方晶格，氢在钢中的溶解度比面心立方晶格的奥氏体钢或镍合金要低得多，而且其在相变冷却过程中过饱和的氢大量析出，在晶格畸变、组织应力高或缺陷、空穴处的集聚致使碳钢、低合金钢成为氢脆和氢致开裂的敏感金属。

C.5.10.2 氢的来源有下列三大渠道：

a） 材料冶炼、锻造、焊接过程中进入，而其后快速冷却到常温过程中来不及逸出，而导致脆裂或韧性大幅下降，如氢白点、焊接延迟裂纹（冷裂纹）。

b） 材料电化学腐蚀过程中阴极产生的氢原子渗入金属，而导致的氢致裂纹HSC。除上述H_2S导致的SSC、HIC外，高浓度的氢氟酸与碳钢、低合金钢腐蚀反应生成的原子氢渗入钢中也将产生与酸性H_2S溶液类同的SCC和HIC。此外，钢材的过酸洗和阴极保护中过电位也可能导致阴极充氢而引发的氢脆。

c） 氢对金属材料的渗透率随氢分压的提高而加大，除上述高温高压氢侵蚀外，在常温或较低温度下，随着氢分压的提高也将导致高强钢或钢的淬硬组织处产生氢脆。如气体工业将常温氢分压≥1.0MPa的压力设备列入应考虑采取防范氢脆的工程措施；ASME已制定B31.12氢管道和管线规范，专门应对高压下常温与低温的氢脆。

C.5.10.3 控制氢脆和氢致开裂的对策如下：

a） 采用真空脱气或采用低氢焊材，降低钢中含氢量。由于氢在温度升高时，氢在钢中的渗透率大大提高，因此缓冷、脱氢处理也将大大缓解氢脆风险。总之从氢的供给侧采取釜底抽薪的方式控制氢脆风险。

b） 控制材料强度、硬度、冷变形、PWHT、板材的含硫量（HIC）等从材料及应力（包括内应力、残余应力）侧控制氢脆风险。

C.6 奥氏体不锈钢和镍基合金

C.6.1 奥氏体不锈钢和镍基合金的冶金特征

奥氏体不锈钢是压力设备用材中仅次于碳钢、碳锰钢的第二大户，选择奥氏体不锈钢的理由大致有两个：首先是一钢多用，洁净美观、耐蚀、高温（800℃~1 000℃）、超低温（-253℃），此外良好机械强度、塑性、韧性和加工焊接性能。正确使用奥氏体不锈钢，规避其常见的潜在风险，应了解下列各项基本冶金特征：

a）300系列奥氏体不锈钢的耐蚀性主要来自其铬含量及其表面只有2nm的氧化铬钝化膜完整性、自钝化和修复能力；而Ni的作用主要在于形成奥氏体组织及由此带来的塑性韧性和加工焊接性能。一切有损于钝化膜完整性的因素都将对其耐蚀性带来颠覆性的后果，因此保证钝化膜完整性是应对不锈钢一切腐蚀问题的基础。

b）不锈钢的不锈是相对碳钢而言，在氧化性介质中有良好的耐蚀性，而300系列奥氏体不锈钢对还原性介质、强氧化性介质、氧化还原性介质、卤式盐以及抗SCC的能力十分有限；高性能奥氏体不锈钢、双相不锈钢以及Inco、哈氏等镍基耐蚀合金的选用正好填补这方面的空白。

c）奥氏体不锈钢的组织特征，如铬当量、镍当量、Schaeffler图、Delong图、FN数、PRE点蚀指数、A262晶蚀试验B法、C法、E法、G48A点蚀试验和点蚀临界温度，都对分析和应对不锈钢和镍基耐蚀合金各种失效风险至关重要。

C.6.2 晶间腐蚀（Intergranular Corrosion，IGC）

C.6.2.1 晶间腐蚀是奥氏体不锈钢和镍基耐蚀合金在特定有限的几种无机及有机酸中（通常在高于常温的温度下）发生的沿晶界进行的选择性局部腐蚀（属电化学腐蚀）。

C.6.2.2 发生晶间腐蚀的机理一般均解释为与不良的热履历导致碳化铬在晶界连续析出而产生的敏化贫铬现象有关。此外，σ相、Chi相、焊接金属中的δ铁素体甚至“端晶”也有可能导致类似晶间腐蚀的选择性腐蚀。由于碳在高镍镍基耐蚀合金中的溶解度比低含镍量的奥氏体不锈钢更低，因此因敏化而产生晶间腐蚀的倾向更大。

C.6.2.3 防止晶间腐蚀的对策如下：

a）固溶（即将碳化物重新在高温下溶解到奥氏体晶内）后快冷，防止碳化物在敏化区再次析出。

b）超低碳（300系列奥氏体不锈钢含碳量≤0.030；镍基耐蚀合金及双相不锈钢、高性能奥氏体不锈钢含碳量≤0.020，甚至0.015%）；但超低碳奥氏体合金在敏化区长期停留仍不能防止碳化物析出，见图C.2所示。

c）加入铌、钛等强烈碳化物元素，优先形成铌、钛的碳化物而减少碳化铬在晶界连续析出，或再施以稳定化处理进一步强化稳定化效果。

d）晶间腐蚀试验是研究奥氏体合金及其制作工艺应对晶间腐蚀倾向的重要方法，但各种晶间腐蚀试验方法与不锈钢用户所面临的腐蚀环境缺乏对应性与可比性。因此，晶间腐蚀试验不应成为用户的选材依据。对于腐蚀环境下使用300系列奥氏体不锈钢而言，超低碳、双牌号或稳定化已成惯例，绝大多数潜在的晶间腐蚀风险已被控制，加上常用的硫酸-硫酸铜铜屑法的敏感性不高，因此除极少数的工况外（如尿素、硝酸用途的休氏试验），晶间腐蚀试验在实际工程中很少用作300系列奥氏体不锈钢质量控制要求。

e）而对镍基耐蚀合金及高镍的高性能不锈钢，由于产生晶间腐蚀的倾向更大，同时面临更为严苛的腐蚀环境，因此晶间腐蚀试验经常作为质量控制的保证，但应注意试验方法的对应性。双相不锈钢更应注意敏化处理的适用性。

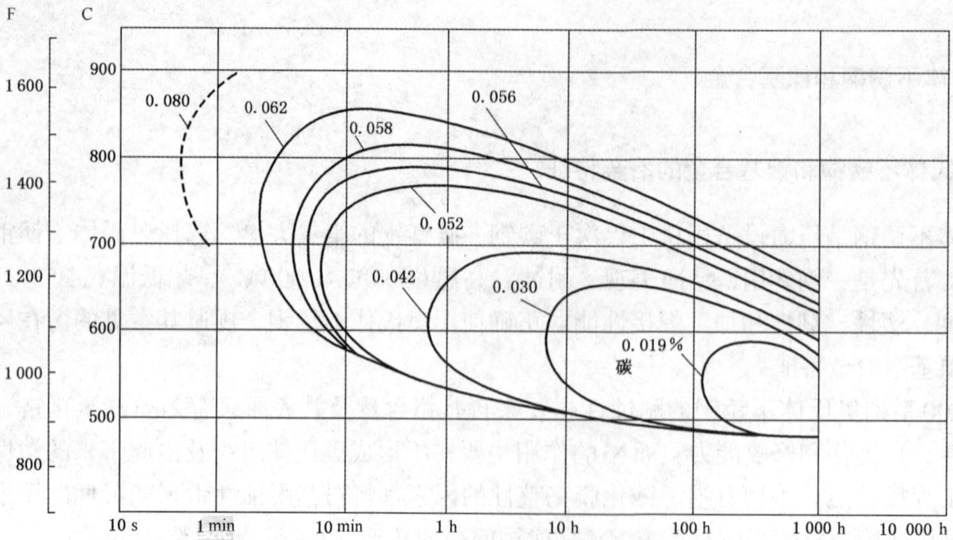

图C.2　304不锈钢的敏化C曲线

C.6.3　点蚀和缝隙腐蚀（Pitting Corrosion and Crevice Corrosion）

C.6.3.1　点蚀是发生在金属表面的局部腐蚀，腐蚀局限于一个点或很小的区域，蚀坑优先沿重力方向向纵深发展直至穿孔，也有可能在蚀坑的前端诱发腐蚀速度更快的应力腐蚀裂纹。通常认为点蚀机理是金属表面钝化膜首先被局部击穿，形成一个电解槽。小孔内小面积的阳极（相对于未被击穿的大面积金属钝化的阴极）迅速腐蚀，而且通过自身或催化过程不断向纵深发展。蚀坑的进展包括金属的溶解以及坑底部溶解的金属离子的水解而维持高酸度这两个过程。点蚀是奥氏体不锈钢和镍基合金在中性或偏酸性的氯化物溶液中最常见的局部腐蚀现象。图C.3所示为使不同含钼量奥氏体钢开始发生点蚀的氯离子浓度与pH的关系（65℃~80℃）。

至于缝隙腐蚀是点蚀发生在缝隙中的特殊形式。缝隙一般在0.1mm~0.01mm（腐蚀介质可进入并滞留）。由于缝隙内缺氧，造成氢离子和氯离子的浓缩、pH下降、腐蚀速度加快等“自催化过程”，缝隙外构成阴极保护、缝隙内成为牺牲阳极。

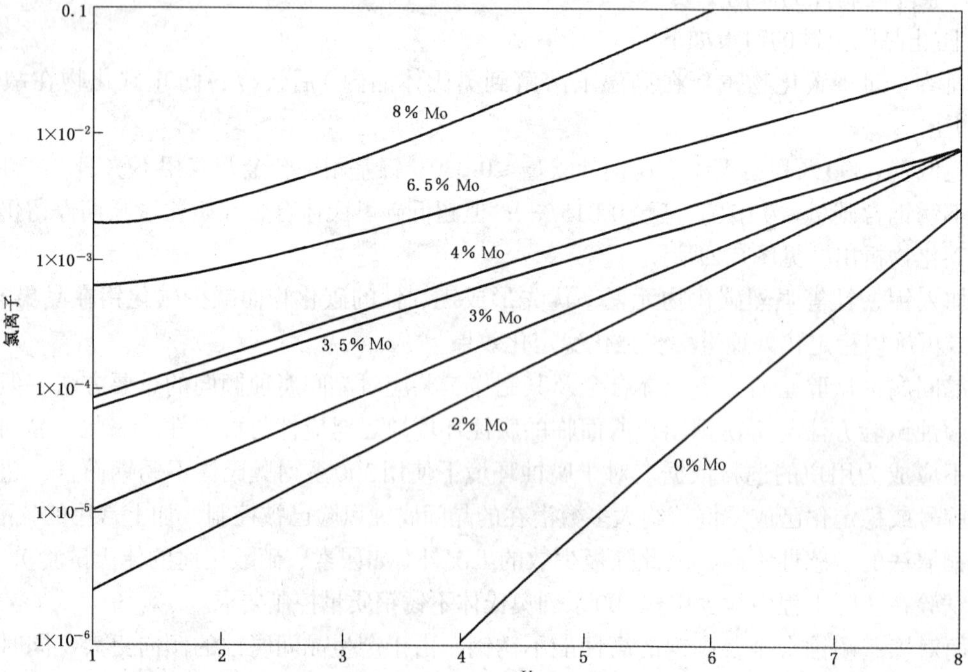

图C.3　使不同含钼量奥氏体钢开始发生点蚀的氯离子质量浓度与pH的关系（65℃~80℃）

C.6.3.2 点蚀和缝隙腐蚀的影响因素如下：

a）依靠钝化膜来抵御电化学腐蚀的材料，其钝化膜的完整性及抵御卤素离子的能力就成为关键，因此，钝化膜的缺陷就是点蚀和缝隙腐蚀的高发区。

b）点蚀和缝隙腐蚀大多与氯化物、溴化物和次氯酸盐有关，尤其是氧化性金属盐，如铜、铁、汞的卤化物，因为这些金属盐本身具有氧化性，即使在缺氧的条件下也具有很强的侵蚀性。Na、Ca、Mg、Al的卤化物在有氧条件下也会发生点蚀和缝隙腐蚀。

c）卤化物浓度增加（或蒸发、浓缩）、低pH、温度升高、充氧，就每一因数而言，在一定范围内都可能对点蚀和缝隙腐蚀有促进作用。但任何因素都有一个度，物极必反，更何况多因素共同作用时的相互制约作用，因此从介质及工况预测点蚀是否发生，在实用中尚有困难。

d）统计表明，点蚀和缝隙腐蚀大多发生在60℃以下。这可能与下列因素有关：

1）温度升高，氧在介质中的溶解度反而下降，降低了NaCl的点蚀倾向；

2）温度升高导致腐蚀速度以及氯离子浓缩概率大大提高，由点蚀诱发CLSCC的概率也随之提高。

e）点蚀通常与介质滞留、蒸发、浓缩有关；反之，提高流速、避免缝隙、结垢、沉积、气液两相交替和滞液区，也可大大降低点蚀风险。

C.6.3.3 通常用点蚀指数PRE来衡量奥氏体不锈钢、双相不锈钢的相对耐点蚀、缝隙腐蚀和SCC的能力：

$$PRE=Cr+3.3Mo+1.65W+16N$$

常用奥氏体不锈钢、双相不锈钢的点蚀指数PRE如表C.2所示。经验表明，耐海水点蚀用奥氏体不锈钢、双相不锈钢的点蚀指数PRE应不低于32。

表C.2　常用奥氏体不锈钢、双相不锈钢和镍基耐蚀合金点蚀指数PRE典型值

300系列ASS	PRE	高性能ASS	PRE	双相钢DSS	PRE	镍基耐蚀合金	PRE
304、304L	18	Alloy 20	30	2304	23	625	51
304LN	19.6	904L	34	3RE60	27	C22	70
316316L	22.6	254SMO	43	31803 （2205）	30.5	C276	75
316LN	24.2	AL-6XN	44	2205	34	Alloy 59	76
317L	27.9	654SMO	56	2507	43	Alloy 686	81

C.6.3.4 不锈钢钢和镍基耐蚀合金的点蚀试验与点蚀临界温度按下列方法确定：

a）工程中采用6%$FeCl_3$溶液来测试各种奥氏体不锈钢、双相不锈钢和镍基耐蚀合金的点蚀临界温度（CPT）和缝隙腐蚀临界温度（CCT）。

b）常用的试验方法有ASTM G48-A法（CPT）、B法（CCT）、C法（CPT）、D法（CCT）和A923 C法（DSS-CPT）。应注意，试验溶液大致相同，但试样处理、pH调节、时间、判据等细节上有差异，对CPT、CCT有影响。图C.4所示为ASTM G48 B法缝隙腐蚀临界温度与点蚀指数PRE对应关系。

c）6%$FeCl_3$，溶液的pH值约1.3，具有很强点蚀倾向，所以由试验而确定的材料CCT和CPT并不代表材料在实际工况中的点蚀临界温度，但基本反映了各种奥氏体不锈钢、双相不锈钢和镍基耐蚀合金的相对耐点蚀和缝隙腐蚀能力和排序。

d）ASTM A923 C法及G48 A法常用于双相不锈钢产品（材料及焊缝）质量检验的依据如下：A923 C法2205，母材25℃、焊缝22℃，无点蚀；2507，母材45℃~50℃、焊缝40℃，无点蚀。

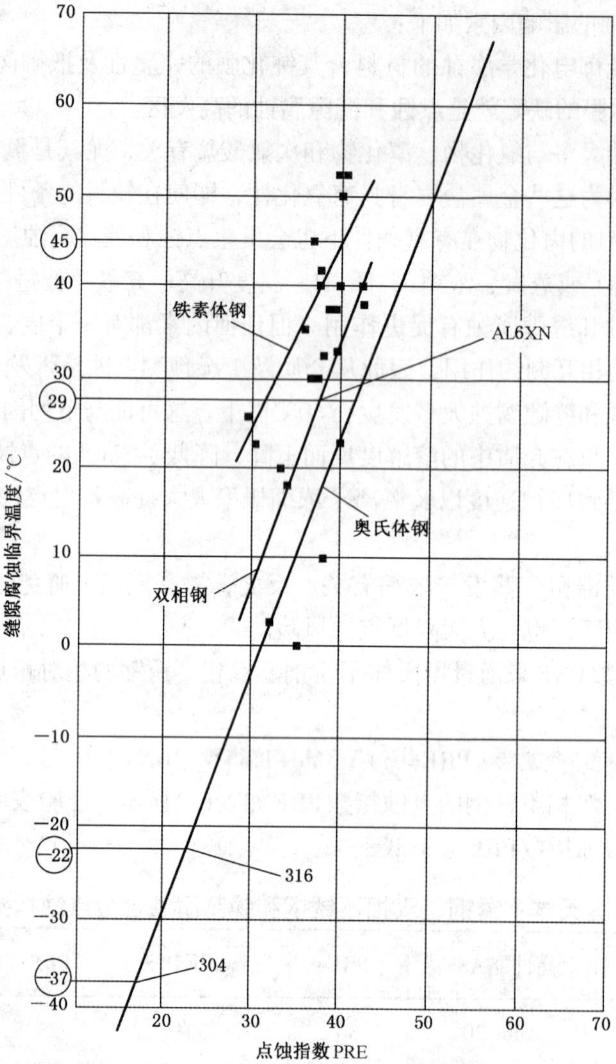

图C.4　缝隙腐蚀临界温度与点蚀指数PRE对应关系（ASTM G48 B法）

C.6.4　氯化物应力腐蚀破裂（Chloride Stress Corrosion Cracking，CLSCC）

C.6.4.1　氯化物应力腐蚀破裂机理和规律如下：

a）氯化物应力腐蚀破裂是奥氏体不锈钢，尤其是常用的304、316最常见的失效模式。发生氯化物应力腐蚀破裂的机理，尤其在其诱发孕育期大都与上述点蚀基本相同，都经历了钝化膜被击穿，随后经"自催化过程"形成蚀坑，其后在应力与温度的作用下，在缺陷（蚀坑或裂纹）尖端"自催化过程"更为加剧、金属快速溶解，形成穿晶带树枝状分枝的裂纹，裂纹间隙的电子探针可见高浓度的氯化物腐蚀产物。奥氏体不锈钢发生CLSCC的应力阈值较低，且一般由冷作应力或焊接残余应力引起，与载荷应力关系不大。

图C.5所示为氯化物应力腐蚀破裂概率与含镍量的关系，可见：

1）300系列奥氏体不锈钢对氯化物应力腐蚀破裂最为敏感。304的CLSCC阈值温度20℃左右，316阈值温度50℃左右。

2）双相钢、铁素体不锈钢及含镍量30%以上的镍基合金对氯化物应力腐蚀破裂几乎是免疫的。

3）提高含钼量可提高CLSCC阈值温度，含6% Mo的AL-6XN的CLSCC阈值温度达240℃左右。

b）从腐蚀环境（介质）来看，氯离子浓度越高、pH越低，CLSCC发生的概率越高；但从含几百万分之一氯离子直至几百分之一、pH从1~10都有发生CLSCC的事例。在破裂断口的腐蚀产物分析可见：氯离子可浓缩数百倍达数百分之一、pH ≈ 0。可见除了自催化过程外，氯离子的沉积、蒸发、干湿交替是诱发点蚀及CLSCC的重要因素。导致发生CLSCC的氯离子质量分数往往取决于整个服役期间（包括水压、使用、维修）的最高质量分数。

c）60℃以上温度越高，CLSCC发生的概率越高；导致发生CLSCC的温度往往取决于整个服役期间（包括水压、使用、维修）的最高温度。以60℃~80℃作为点蚀及CLSCC的分界点，主要归因于：

1）温度越高，SCC的腐蚀速率加快且超过点蚀的腐蚀速率，因此失效模式就表现为CLSCC；

2）温度越高，氯离子的浓缩概率越大。60℃以下CLSCC发生的概率较低，而点蚀的概率较高，但在临界条件也有常温发生CLSCC的案例。

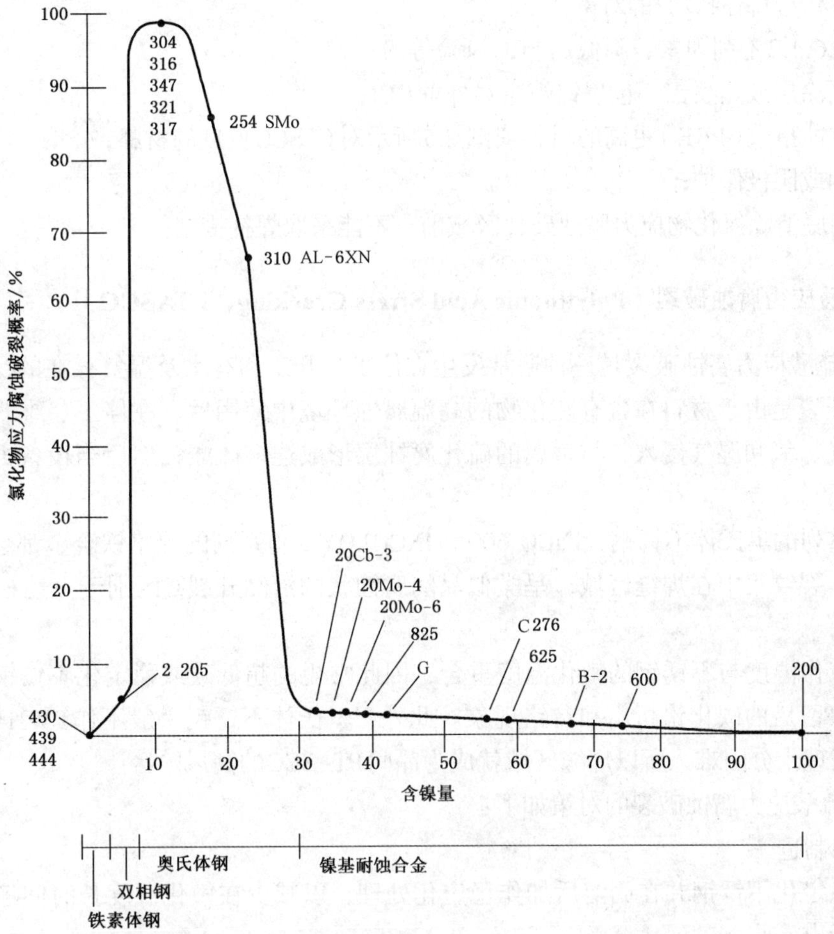

图C.5　氯化物应力腐蚀破裂概率与含镍量的关系

C.6.4.2　氯化物应力腐蚀破裂的影响因素如下：

a）氯离子质量分数、温度的影响如表C.3所示。

表C.3　氯离子质量分数、温度对304L的CLSCC的影响

温度/℃	氯离子质量分数 × 10^{-6}（pH≤10）				存在浓缩、沉积、蒸发
	1~10	11~100	101~1000	>1000	
10~38	低风险	低风险	低风险	中等风险	高风险
>38~66	低风险	中等风险	中等风险	高风险	高风险
>66~93	中等风险	中等风险	高风险	高风险	高风险
>93	中等风险	高风险	高风险	高风险	高风险
注：表列氯离子浓度、pH和温度为整个服役期间（包括水压、使用、维修）可能存在的最高质量分数和温度。					

b）下列情况将提高表C.3的CLSCC风险等级：

1）材料敏化；

2）表面质量差（钝化膜完整性、酸洗钝化、污染、氧化色、机械损伤等）；

3）铁离子污染；

4）材料纯净度差；

5）冷作变形或易切削级不锈钢；

6）已存在点蚀或锈斑；

7）存在缝隙、未焊透之类结构缺陷；

8）频繁开停车或温度波动。

C.6.4.3 氯化物应力腐蚀破裂的对策如下：

a）规避C.6.4.2不利因素，降低CLSCC风险等级；

b）非金属涂层或热喷铝，包裹铝箔应对外壁CUI；

c）采用点蚀指数（PRE）更高的材料或图C.5所示对CLSCC免疫的材料；

d）缓蚀剂或阴极保护；

e）在未彻底清除氯化物应力腐蚀破裂区域前，不能采取焊补措施。

C.6.5 连多硫酸应力腐蚀破裂（Polythionic Acid Stress Cracking，PTASCC）

C.6.5.1 连多硫酸应力腐蚀破裂是一种通常发生在停工、开工和有水及湿气存在的操作过程中的应力腐蚀开裂。开裂是由于材料在含有硫化物的高温腐蚀环境中使用后，在停工、维修期间由于气体的冷凝以及空气、氧和湿气侵入，与金属的硫化腐蚀层形成连多硫酸，然后当设备再次运行后很快就引起的开裂。

C.6.5.2 300系列的奥氏体不锈钢、INCO 600和INCOLOY 800系列的镍铬铁合金都会发生连多硫酸应力腐蚀破裂。裂纹集中在焊缝区域，呈类似晶间腐蚀状的沿晶开裂（区别于上述CLSCC大多为穿晶树枝状开裂）。

由于设备工作温度与不锈钢的敏化温度重合，因此常规的超低碳或稳定化不锈钢不能防止在敏化温度长时间停留后的碳化铬析出和贫铬现象。此外，奥氏体不锈钢一般不作PWHT，而且现场管道要重作固溶处理十分困难，所以焊缝区域就成为晶间PTASCC的高风险区。

C.6.5.3 连多硫酸应力腐蚀破裂的对策如下：

a）材料和制造

1）稳定化不锈钢并在固溶后加作稳定化处理，以减少在敏化温度长时间停留后的碳化铬析出；

2）采用改良型347H；

3）PWHT，温度为稳定化温度，空冷。

b）停车保护

1）充氮（干燥，无氧或加 5×10^{-3} 氨）；

2）碱洗（1% ~5% Na_2CO_3）；

3）充干燥空气（空气的露点温度应低于金属内壁温度至少22℃以上）。

C.6.6 焊接裂纹

C.6.6.1 焊接热裂纹具有如下特征：

a）奥氏体不锈钢和镍基合金的焊接裂纹与碳钢、合金钢的焊接冷裂纹（延迟裂纹或C.5.10的氢致裂纹）不同，它是焊缝凝固结晶的后期，即固液共存温度下产生的裂纹，故称为焊接热裂纹，又称为凝固裂纹；

b） 焊接热裂纹的表现形式有两种：一是位于焊缝中央纵向裂纹或收弧弧坑中的放射性裂纹；另一种位于熔合线及临近的母材部位（包括多层焊时，上层焊道与底层焊道的熔合区）的晶间开裂，又称液化裂纹；

c） 奥氏体不锈钢和镍基合金，与焊接关系密切的、工程中常见的裂纹，还有应力松弛裂纹（C.6.7）和液体金属侵蚀（C.6.8）。

C.6.6.2 焊接热裂纹机理如下：

a） 单相的奥氏体熔池在结晶后期，奥氏体柱状晶、树枝状晶之间富集着低熔点的液态共晶物或化合物在冷却收缩变形而形成的拉应力作用下导致的晶间开裂。奥氏体钢凝固裂纹倾向有如下原因：

1） 导热系数小、线胀系数大、焊接变形和应力大；

2） 铌、硅、硫、磷在首先凝固的γ奥氏体相中溶解度小，而偏析在柱状晶、树枝状晶之间富集形成低熔点的液态共晶物或化合物。而锰、钼、钨、钒、钛有利于防止凝固裂纹。

b） 液化裂纹多与过高焊接热量导致熔合线区域中金属重新液化（尤其是低熔点夹杂较多部位的偏析），后又快速冷却产生应力而造成的开裂。

C.6.6.3 焊接热裂纹对策如下：

a） 当前工程上最有效的措施是：在单相的奥氏体焊接材料中人为地提高铁素体形成元素含量，即铬当量，调整铬镍比，使焊缝金属含有一定量的δ铁素体数，改变熔池的凝固过程，以消除或降低焊接热裂纹风险；通常304、316、321的FN数应不低于3；而347的FN数应不低于5。特殊工况需要控制FN数更低时，可采用16-8-2型低铁素体焊材。

b） 焊接工艺的调整改善措施如下：

1） 避免过高焊接输入热量，多层焊时让底层焊缝充分冷却后再焊下一道；

2） 控制焊道熔深与宽度之比，避免形成既深又窄的熔池（易热裂）；

3） 弧坑要填满、焊缝要饱满或凸起，不要形成凹形焊道；

4） 采用碱性焊条，抗裂性优于酸性焊条。

c） 降低母材和焊接材料中S、P等杂质含量，提高纯净度。

C.6.7 应力松弛裂纹（Stress Relaxation Cracking，SRC）

C.6.7.1 应力松弛裂纹又称为再热裂纹，是含有稳定化元素（如铌、钛）的奥氏体不锈钢和镍基合金，焊后在高温（550℃~750℃）使用或焊后在该温度区间停留后（如热处理或热加工的升温过程），在焊缝残余应力峰值区域发生开裂的现象。裂纹大多位于焊接热影响区的粗晶区，呈晶间开裂状。裂纹有少量也可能位于焊缝金属以及母材的冷变形区。

C.6.7.2 产生SRC的机理常归为下列三个因素共同作用的结果：

a） 稳定化元素（如铌、钛）的碳化物在焊接热影响作用下，在晶界的大量析出导致该部位的蠕变塑性大大降低（可检$HV_{10} \geqslant 200$；蠕变塑性<2%，甚至<0.1%）；

b） 焊接，尤其是厚壁（12mm~25mm以上）、角接（如支管座）焊缝的应力集中区和缺陷区的过高残余应力；

c） 在高温（550℃~750℃）区间，残余应力松弛的过程中，由于该部位的蠕变塑性过低而导致开裂。

C.6.7.3 应力松弛裂纹的敏感因素如下：

a） 奥氏体不锈钢中：347H最高；321H中等；304H较低；316H免疫；

镍基合金中：617、601敏感度高于800HT、625。

b） 粗晶粒敏感度高于细晶粒；固溶后的稳定化热处理可降低应力松弛裂纹的敏感性。

C.6.7.4 应力松弛裂纹的对策如下：

a） 除非必要，少用347H，改用316H；617焊材降级为NiCrFe-3；亦有认为，对347H：降低含碳量≤0.020%；提高铌碳质量比≥15；含氮量为0.05%~0.10%可改善347H的抗SRC能力，免除PWHT。

b） 晶粒度细于或等于3.5级；进行固溶+稳定化处理。

c） 降低焊接线能量（≤2.15kJ/mm）、窄焊道（≤15mm）、控制层间温度≤135℃；改善焊缝表面质量及应力集中（焊缝粗糙、咬边、未焊透、未熔合）；控制支管座焊缝尺寸及成型；如采用焊补，采用16-8-2的316型焊材。

d） 焊后PWHT是消除焊接残余应力的有效措施，免除了其后使用过程中发生SRC的隐患。但PWHT的过程，尤其是高于460℃的升温过程，又是产生SRC的高风险区，应快速通过。PWHT温度一般选择稳定化温度，PWHT后空冷即可。

e） PWHT后应对焊接区域全面PT检查，清除可能产生的SRC。

C.6.8 液体金属侵蚀（Liquid Metal Embrittlement，LME）

C.6.8.1 液体金属侵蚀是金属材料与熔点较低的液体金属接触时引起的晶间脆裂现象。

C.6.8.2 常见的LME现象有下列两种：

a） 不锈钢的热加工或焊接热影响区表面，由于低熔点金属细末的污染，其残留的粉末在热加工或焊接热量下熔化而对不锈钢的晶间侵入所致。典型的低熔点金属有锌、铜、铅、锡、汞；来源于加工环境、机具、切割砂轮、回丝、钎焊料、表面擦痕或标记颜料、墨水等。少量的残留粉末，焊后PT检查热影响区就可检出微裂纹。破裂断口的光谱分析可见低熔点金属痕迹。表面浅层的LME，打磨清除即可。

b） 含铜量较高的不锈钢，如316Cu、904L的大截面锻件的锻造过程中，高温加热致使表面氧化后富集的铜在高温熔化后渗入晶界而产生裂纹，又称为铜脆。

C.6.9 σ相脆化

C.6.9.1 σ相脆化是含铬量超过17%的不锈钢，尤其如铬镍奥氏体不锈钢和双相不锈钢在540℃~900℃温度下停留或使用一段时间，形成一种硬而脆的铁-铬金属间化合物而引起的脆化。σ相脆化（即其数量及其形态）取决于不锈钢中δ铁素体相的比例及其铁素体形成元素铬当量（即铬、硅、钼、铝、钨、钒、钛、铌）的高低。反之，奥氏体形成元素镍当量（即碳、镍、氮、锰）可阻滞σ相脆化。

C.6.9.2 σ相脆化将导致材料韧性的下降（冲击吸收能量及断口纤维率）。随着σ相数量的增加将大大提高不锈钢的脆性转变温度，1%~2%的σ相不锈钢的脆性转变温度尚在-46℃以下，而5%~8%的σ相，不锈钢的脆性转变温度在0℃左右，对压力设备的开停车及压力试验就可能存在风险；如σ相达到10%或以上，脆性转变温度将提高至数百摄氏度，而且显著降低蠕变塑性，降低了压力元件抗热冲击和温度-载荷波动的能力，压力元件在高温下的脆性断裂风险大大增加。

C.6.9.3 奥氏体不锈钢过量的冷变形及其焊缝中的δ铁素体将促使σ相脆化。重新进行1 065℃以上保温较长时间后快冷可溶解σ相，而去σ相脆化。因此控制焊缝中的δ铁素体数FN≤8，过量的冷变形后应重新固溶处理就成为控制奥氏体不锈钢σ相脆化的主要工程措施。

C.7 铜合金的氨裂和脱锌（脱合金）

C.7.1 铜合金的氨裂

黄铜与氨接触会发生严重的应力腐蚀开裂，俗称氨裂。铜合金的氨裂有下列特征：

a） 含锌量大于15%的海军黄铜和铝黄铜为氨裂敏感材料。降低含锌量可降低氨裂敏感性但不足以免疫，而铜-镍合金和镍-铜合金对氨裂是免疫的。

b） pH大于8.5的液氨、氨水、含氨的溶液如胺液，在各种温度下都可产生氨裂；即使在气相时，空气中氧的污染也将促进氨裂；避免敏感材料在上述环境接触是规避风险的主要途径。

c） 拉伸应力可加速氨裂，但材料的残余应力足以导致开裂。

C.7.2 铜合金的脱锌（脱合金）

铜合金的脱锌有如下特征：

a） 表C.4所列的铜合金和环境组合易发生脱合金现象，所谓脱合金就是铜合金中某一合金元素在特定的介质中发生的选择性腐蚀现象，合金中某一合金元素（或组织）优先快速被腐蚀，而残留的合金呈多孔状而失效，其中以黄铜的脱锌最为多见，故又称为脱锌。

b） 铜合金增加某种合金元素可以提高耐脱合金的性能，锡可以提高铜合金的耐脱合金性能；加入非常少量的磷、锑、砷可以提高海军黄铜的耐蚀性能；铝青铜的脱铝可以通过热处理产生α和β微观组织来防护。

表C.4 发生脱合金的铜合金和环境组合

铜合金	环 境	被脱除的合金元素
黄铜（>15% Zn）	水，尤其是静止的凝结水	锌（脱锌）
铝青铜（通常Al质量分数大于8%）	HF酸，含氯化物的酸，海水	铝（脱铝）
硅青铜	高温蒸汽和酸性物质	硅（脱硅）
锡青铜	热盐或蒸汽	锡（脱锡）
铜镍合金（70-30）	高热通量和低流速的水	镍（脱镍）
Monel	HF或其他酸	镍（脱镍）

C.8 微生物腐蚀（Microbiologialy Induced Corrosion，MIC）

C.8.1 微生物腐蚀的机理

微生物腐蚀是由微生物代谢作用而导致在大多数金属材料（包括碳钢、不锈钢、镍基合金）表面产生的类似于点蚀的杯状腐蚀现象。各种未经消毒的水，如给水、冷却水、消防水、海水都含有大量的细菌、藻类和真菌，在滞留及流速缓慢的情况下，获得各种无机物（硫、氨、硫化氢等）、有机物（碳氢化合物和有机酸）包括泄漏的介质、结垢或腐蚀产物的营养而大量繁殖代谢，在其附着的金属表面下产生严重的孔蚀。

C.8.2 微生物腐蚀的防护措施

应结合具体情况选择如下防护措施：

a） 采用加氯、溴、臭氧、紫外线等消毒措施，杀灭微生物；

b） 清除滞留的积水、提高流速、消除滞流死角；

c） 表面涂层、包裹或阴极保护，如埋地管道及储罐底板；

d） 定期冲刷、化学清洗、消毒等方法清除表面附着的各种污垢、结疤等，也可减轻MIC，延长使用寿命。

C.9 绝热层下腐蚀（Corrision Under Insulation，CUI）

C.9.1 绝热层下腐蚀的机理

绝热层下腐蚀（CUI）是压力容器或管道在绝热层下，由于水或蒸气的渗入、结露以及在外表某些局部区域集聚、蒸发及浓缩而造成的局部电化学腐蚀。碳钢、合金钢以及奥氏体不锈钢、双相不锈钢都会发生CUI，但两者的腐蚀机理及其形态不同。前者是相当充气水（饱和氧）对钢的氧化腐蚀，生成氧化铁的锈蚀层；而后者大多与氯离子的浓缩而引起的点蚀和应力腐蚀破裂有关。

C.9.2 影响因素

影响CUI的主要因素有两个：首先是水渗入绝热层及在管道外表面某些部位的集聚。对于不锈钢的点蚀和氯化物应力腐蚀开裂（CL-SCC）还包含着氯离子的溶入。水的来源有多种：雨水、结露、蒸气冷凝、跑冒滴漏、绝热层的吸潮都有可能成为腐蚀介质的来源；而特定部位如绝热层外壳的易渗水或破损处、设备外表面的积液处、热蒸气排放或疏水点、冷却塔或局部酸雨区域都是CUI的敏感区；统计表明，温暖、湿润的东南沿海区域发生CUI的概率要大于寒冷、干燥的内陆区域。

C.9.3 温度

影响绝热层下腐蚀的温度并非一定是正常工作温度或设计温度，还可能是实际影响腐蚀速率的金属温度及其温度波动或温差。因为，温度波动、温差或开停车将促使金属外表的冷凝、蒸发、干湿交替，从而提高腐蚀速率。常用金属材料的绝缘层下腐蚀呈现如下规律：

a）碳钢、合金钢发生CUI的温度范围为-12℃~175℃，由于为氧化性腐蚀，腐蚀速率随温度提高而加速，由于低温端通常不需设置绝热层，而高温端大多因渗入的水快速蒸发而干燥，丧失了电化学腐蚀环境，因此，碳钢、合金钢发生CUI的敏感区为75℃~110℃。

b）奥氏体不锈钢、双相不锈钢发生CUI的温度范围为60℃~205℃，同样腐蚀速率随温度提高而加速，因为温度升高促使水的蒸发和氯离子浓缩，并使腐蚀形态由点蚀转变为腐蚀速率更快的SCC应力腐蚀开裂，高温端也因渗入的水快速蒸发，从而丧失了电化学腐蚀环境，因此，奥氏体不锈钢发生CUI的敏感区为60℃~175℃；双相不锈钢相对300系列的奥氏体不锈钢有较高的PRE点蚀指数和双相抗SCC应力腐蚀开裂组织，所以发生CUI的概率相对要低一些，但在严酷环境下也未能免疫。

C.9.4 对策

解决CUI的途径主要有三个：

a）消除C.9.2所列入的水的来源及结构泄漏破损部位；

b）选择更换吸潮率低、氯离子含量低或有抑制腐蚀功能的绝热层材料；

c）表面涂料、热喷铝或采用铝箔包裹的保护措施。

附　录　D
（资料性附录）
我国与国外材料标准及牌号对照表

我国与国外材料标准及牌号对照表见表D.1。

表D.1　我国与国外材料标准及牌号对照表

我国标准	我国材料牌号	国外标准	国外材料牌号
铸铁			
GB/T 9439	HT200	ASTM A48	200
GB/T 9439	HT250	ASTM A48	250
GB/T 9439	HT300	ASTM A48	300
GB/T 9439	HT350	ASTM A48	350
GB/T 1348	QT400-18	ASTM A395	60-40-18
GB/T 1348	QT400-18L	ASTM A395	60-40-18
GB/T 9440	KTH300-06	ASTM A47	22010
GB/T 9440	KTH350-10	ASTM A47	22010
碳钢（包括碳锰钢）、管线钢无缝管			
GB/T 8163	10	ASTM A53	A[a]
GB/T 9948	10	ASTM A106	A
GB/T 6479	10	ASTM A106	A[a]
GB/T 3087	10	ASTM A53	A[a]
GB/T 9711	L245/B（PSL1）	API5L	B（PSL1）
GB/T 9711	L245/B（PSL2）	API5L	B（PSL2）
GB/T 8163	20	ASTM A53	B[a]
GB/T 3087	20	ASTM A53	B
GB/T 5310	20G	ASTM A106	B
GB/T 5310	20MnG	ASTM A106	B
GB/T 6479	20	ASTM A106	B[a]
GB/T 9948	20	ASTM A106	B
YB/T 4173	20G	ASTM A369	FPB
YB/T 4173	20MnG	ASTM A369	FPB
GB/T 8163	Q345A	ASTM A53	C
YB/T 4173	25MnG	ASTM A369	FPC
GB/T 6479	Q345B	ASTM A106	C
GB/T 6479	Q345D	ASTM A106	C
GB/T 9711	L290/X42~L555/X80（PSL2）	API5L	X42~X80（PSL2）
碳钢（包括碳锰钢）、管线钢焊管（ERW）			
GB/T 3091	Q215A	ASTM A53	A-ERW
GB/T 9711	L210/A（PSL1）	API5L	A（PSL1）ERW
GB/T 3091	Q235A	ASTM A53	B-ERW[a]
GB/T 9711	L245/B（PSL1）	API5L	B（PSL1）ERW
GB/T 9711	L290/X42~L450/X65（PSL2）	API5L	X42~X65（PSL2）ERW

表 D.1　我国与国外材料标准及牌号对照表（续）

我国标准	我国材料牌号	国外标准	国外材料牌号
碳钢（包括碳锰钢）、管线钢管件			
GB/T 13401	CF370	ASTM A234	（WPA）[b]
GB/T 13401	CF415	ASTM A234	WPB
GB/T 13401	CF415K	ASTM A234	WPB
GB/T 13401	CF485	ASTM A234	WPC
GB/T 13401	CF485K	ASTM A234	WPC
GB/T 29168.2	L290/X42~L450/X80	MSS SP75 ISO 15590-2	WPHY42~WPHY80
碳钢（包括碳锰钢）、管线钢板焊管（EFW/SAW）			
GB/T 3091 SY/T 5037	Q215A	ASTM A134	A283-C
GB/T 3091 SY/T 5037	Q235A	ASTM A134	A283-D
GB/T 9711	L245/B（PSL1）	API5L	B（PSL1）
GB/T 9711	L245/B（PSL2）	API5L	B（PSL2）
GB/T 9711	L290/X42~L555/X80（PSL2）	API5L	X42~X80（PSL2）
—	—	ASTM A671	CC60
—	—	ASTM A671	CC70
碳钢（包括碳锰钢）、管线钢锻件			
GB/T 12228	25	ASTM A181	70
GB/T 12228	A105	ASTM A105	
NB/T 47008	20	ASTM A181	60
NB/T 47008	16Mn	ASTM A105	
GB/T 29168.3	F290（F42）~F555（F80）	ASTM A694 ISO 15590-3	F42~F80
碳钢（包括碳锰钢）铸件			
GB/T 12229	WCA	ASTM A216	WCA
GB/T 12229	WCB	ASTM A216	WCB
GB/T 12229	WCC	ASTM A216	WCC
低温碳钢及低温镍钢无缝管			
GB/T 6479	Q345E	ASTM A333	6[b]
GB/T 18984	10MnDG	ASTM A333	6[b]
GB/T 18984	16MnDG	ASTM A333	6[b]
GB/T 18984	06Ni3MoDG	ASTM A333	3
—	—	ASTM A333	8
低温碳钢及低温镍钢板焊管（EFW/SAW）			
—	—	ASTM A671	CC60
—	—	ASTM A671	CC70
低温碳钢及低温镍钢管件			
GB/T 13401	LF415K1	ASTM A234	WPL6
GB/T 13401	LF415K2	ASTM A420	WPL6
GB/T 13401	LF485K2	ASTM A420	WPL6[b]
GB/T 13401	LF450K3	ASTM A420	WPL3
GB/T 13401	LF680K4	ASTM A420	WPL8

表 D.1　我国与国外材料标准及牌号对照表（续）

我国标准	我国材料牌号	国外标准	国外材料牌号
低温碳钢及低温镍钢锻件			
NB/T 47009	16MnD	ASTM A350	LF2
NB/T 47009	08Ni3D	ASTM A350	LF3
NB/T 47009	06Ni9D	ASTM A522	Typel
低温碳钢及低温镍钢铸件			
JB/T 7248	LCB	ASTM A352	LCB
JB/T 7248	LCC	ASTM A352	LCC
JB/T 7248	LC3	ASTM A352	LC3
JB/T 7248	LC9	ASTM A352	LC9
合金钢无缝管			
GB/T 6479	15CrMo	ASTM A335	P12[c]
GB/T 5310	15CrMoG	ASTM A335	P12[c]
GB/T 9948	15CrMo	ASTM A335	P12[c]
YB/T 4173	15CrMoG	ASTM A369	FP12[c]
GB/T 9948	12Cr1Mo	ASTM A335	P11[c]
YB/T 4173	12Cr2MoG	ASTM A369	FP22[c]
GB/T 5310	12Cr2MoG	ASTM A335	P22[c]
GB/T 9948	12Cr2Mo	ASTM A335	P22[c]
GB/T 6479	12Cr2Mo	ASTM A335	P22[c]
GB/T 5310	12Cr1MoVG	—	—
YB/T 4173	12Cr1MoVG	—	—
GB/T 9948	12Cr1MoV	—	—
GB/T 6479	10MoWVNb	—	—
GB/T 6479	10MoWVNb	—	—
GB/T 6479	10MoWVNb	—	—
GB/T 9948	12Cr5MoI	ASTM A335	P5
GB/T 9948	12Cr5MoNT	ASTM A335	P5[c]
GB/T 9948	12Cr9Mo I	ASTM A335	P9
GB/T 9948	12Cr9MoNT	ASTM A335	P9[c]
GB/T 5310	10Cr9Mo1VNbN	ASTM A335	P91
YB/T 4173	10Cr9Mo1VNbN	ASTM A369	FP91
合金钢管件			
GB/T 13401	AF12	ASTM A234	WP12-1
GB/T 13401	AF12G	ASTM A234	WP12-2
GB/T 13401	AF11	ASTM A234	WP11-1
GB/T 13401	AF11G	ASTM A234	WP11-2
GB/T 13401	AF14	—	—
GB/T 13401	AF22	ASTM A234	WP22-2[c]
GB/T 13401	AF22G	ASTM A234	WP22-3
GB/T 13401	AF5	ASTM A234	WP5
GB/T 13401	AF5G	ASTM A234	WP5[c]
GB/T 13401	AF9	ASTM A234	WP9（C1.1）
GB/T 13401	AF9G	ASTM A234	WP9（C1.3）
GB/T 13401	AF91	ASTM A234	WP91

表D.1　我国与国外材料标准及牌号对照表（续）

我国标准	我国材料牌号	国外标准	国外材料牌号
合金钢板焊管（EFW/SAW）			
—	—	ASTM A691 1CR-2	A387 12-2
—	—	ASTM A691 1-1/4CR-2	A387 11-2
—	—	ASTM A691 2-1/4CR-2	A387 22-2
合金钢锻件			
NB/T 47008	15CrMo	ASTM A182	F12-2
NB/T 47008	14Cr1Mo	ASTM A182	F11-2
NB/T 47008	12Cr1MoV	—	—
NB/T 47008	12Cr2Mo1	ASTM A182	F22-3
NB/T 47008	12Cr5Mo	ASTM A182	F5a[d]
NB/T 47008	10Cr9Mo1VNbN	ASTM A182	F91
合金钢铸件			
JB/T 5263	WC6	ASTM A217	WC6
JB/T 5263	WC9	ASTM A217	WC9
JB/T 5263	C12A	ASTM A217	C12A
GB/T 16253	ZG16Cr5MoG	ASTM A217	C5
不锈钢无缝管			
GB/T 14976	06Cr18Ni11Ti	ASTM A312	TP321
GB/T 14976 GB/T 9948 GB/T 5310	07Cr19Ni11Ti	ASTM A312	TP321H
GB/T 14976	06Cr18Ni11Nb	ASTM A312	TP347
GB/T 14976 GB/T 9948 GB/T 5310	07Cr18Ni11Nb	ASTM A312	TP347H
GB/T 14976	022Cr19Ni11	ASTM A312	TP304L
GB/T 14976	06Cr19Ni10	ASTM A312	TP304
GB/T 14976 GB/T 9948 GB/T 5310	07Cr19Ni10	ASTM A312	TP304H
GB/T 14976 GB/T 9948	022Cr17Ni12Mo2	ASTM A312	TP316L
GB/T 14976	06Cr17Ni12Mo2	ASTM A312	TP316
GB/T 14976	07Cr17Ni12Mo2	ASTM A312	TP316H
GB/T 14976	06Cr23Ni13	ASTM A312	TP309
GB/T 14976	06Cr25Ni20	ASTM A312	TP310
GB/T 5310	08Cr18Ni11NbFG	ASTM A213	347HFG
GB/T 21833	022Cr22Ni5Mo3N	ASTM A790	31803
GB/T 21833	022Cr23Ni5Mo3N	ASTM A790	32205
GB/T 21833	022Cr25Ni7Mo4N	ASTM A790	32750

表 D.1　我国与国外材料标准及牌号对照表（续）

我国标准	我国材料牌号	国外标准	国外材料牌号
不锈钢焊管（EFW，无填充金属）			
GB/T 12771 HG/T 20537.3	022Cr19Ni11	ASTM A312	TP304L-W
GB/T 12771 HG/T 20537.3	06Cr19Ni10	ASTM A312	TP304-W
GB/T 12771 HG/T 20537.3	022Cr17Ni12Mo2	ASTM A312	TP316L-W
GB/T 12771 HG/T 20537.3	06Cr17Ni12Mo2	ASTM A312	TP316-W
GB/T 12771 HG/T 20537.3	06Cr18Ni11Ti	ASTM A312	TP321-W
GB/T 12771 HG/T 20537.3	06Cr18Ni11Nb	ASTM A312	TP347-W
GB/T 12771 HG/T 20537.3	06Cr25Ni20	ASTM A312	TP310-W
GB/T 21832（所有部分）	022Cr22Ni5Mo3N	ASTM A790	31803-W
GB/T 21832（所有部分）	022Cr23Ni5Mo3N	ASTM A790	32205-W
GB/T 21832（所有部分）	022Cr25Ni7Mo4N	ASTM A790	32750-W
不锈钢板焊管（EFW）			
HG/T 20537.4 GB/T 32964	022Cr19Ni11	ASTM A358	304L
HG/T 20537.4 GB/T 32964	06Cr19Ni10	ASTM A358	304
HG/T 20537.4 GB/T 32964	022Cr17Ni12Mo2	ASTM A358	316L
HG/T 20537.4 GB/T 32964	06Cr17Ni12Mo2	ASTM A358	316
HG/T 20537.4 GB/T 32964	06Cr18Ni11Ti	ASTM A358	321
HG/T 20537.4 GB/T 32964	06Cr18Ni11Nb	ASTM A358	347
HG/T 20537.4	06Cr25Ni20	ASTM A358	310
不锈钢管件			
GB/T 13401	SF304L	ASTM A403	WP304L
GB/T 13401	SF304	ASTM A403	WP304
GB/T 13401	SF304H	ASTM A403	WP304H
GB/T 13401	SF316L	ASTM A403	WP316L
GB/T 13401	SF316	ASTM A403	WP316
GB/T 13401	SF316H	ASTM A403	WP316H
GB/T 13401	SF321	ASTM A403	WP321
GB/T 13401	SF321H	ASTM A403	WP321H
GB/T 13401	SF347	ASTM A403	WP347

表D.1 我国与国外材料标准及牌号对照表(续)

我国标准	我国材料牌号	国外标准	国外材料牌号
GB/T 13401	SF347H	ASTM A403	WP347H
GB/T 13401	SF310	ASTM A403	WP310
GB/T 13401	SF2225	ASTM A815	WP31803
GB/T 13401	SF2205	ASTM A815	WP32205
GB/T 13401	SF2507	ASTM A815	WP32750
不锈钢锻件			
NB/T 47010	022Cr19Ni10	ASTM A182	F304L
NB/T 47010	06Cr19Ni10	ASTM A182	F304
NB/T 47010	07Cr19Ni10	ASTM A182	F304H
NB/T 47010	022Cr17Ni12Mo2	ASTM A182	F316L
NB/T 47010	06Cr17Ni12Mo2	ASTM A182	F316
NB/T 47010	07Cr17Ni12Mo2	ASTM A182	F316H
NB/T 47010	06Cr18Ni11Ti	ASTM A182	F321
NB/T 47010	07Cr18Ni11Ti	ASTM A182	F321H
NB/T 47010	06Cr18Ni11Nb	ASTM A182	F347
NB/T 47010	07Cr18Ni11Nb	ASTM A182	F347H
NB/T 47010	015Cr21Ni26Mo5Cu2	ASTM A182	F904L
NB/T 47010	015Cr20Ni18Mo6CuN	ASTM A182	F62
NB/T 47010	022Cr22Ni5Mo3N(S22253)	ASTM A182	F51
NB/T 47010	022Cr22Ni5Mo3N(S22053)	ASTM A182	F60
NB/T 47010	022Cr25Ni7Mo4N	ASTM A182	F53
不锈钢铸件			
GB/T 12230	CF3	ASTM A351	CF3
GB/T 12230	CF8	ASTM A351	CF8
GB/T 12230	CF3M	ASTM A351	CF3M
GB/T 12230	CF8M	ASTM A351	CF8M
GB/T 12230	CF8C	ASTM A351	CF8C
镍及镍合金管			
GB/T 2882	N7(200)	ASTM B161	UNS N02200
GB/T 2882	N5(201)	ASTM B161	UNS N02201
GB/T 2882	NCu30(400)	ASTM B165	UNS N04400
GB/T 2882	NCr15-8(600)	ASTM B167	UNS N06600
GB/T 30059	NS3102(600)	ASTM B167	UNS N06600
—	—	ASTM B444	UNS N06625
GB/T 30059	NS1101(800)	ASTM B407	UNS N08800
GB/T 30059	NS1101(800H)	ASTM B407	UNS N08810
GB/T 30059	NS1402(825)	ASTM B705	UNS N08825
—	—	ASTM B622	UNS N10276

表D.1　我国与国外材料标准及牌号对照表（续）

我国标准	我国材料牌号	国外标准	国外材料牌号
镍及镍合金管件			
—	—	ASTM B366	WPN（200）
—	—	ASTM B366	WPNL（201）
—	—	ASTM B366	WPNC（400）
—	—	ASTM B366	WPNCI（600）
—	—	ASTM B366	WPNCMC（625）
—	—	ASTM B366	WPNIC（800）
—	—	ASTM B366	WPNIC10（800H）
—	—	ASTM B366	WPNIC11（800HT）
—	—	ASTM B366	WPNICMC（825）
—	—	ASTM B366	WPNC276（C276）
镍及镍合金锻件			
NB/T 47028	N7（200）	ASTM B564	UNS N02200
NB/T 47028	N5（201）	ASTM B564	UNS N02201
NB/T 47028	NCu30（400）	ASTM B564	UNS N04400
GB/T 26030	NW6600（600）	ASTM B564	UNS N06600
GB/T 26030	NW6625（625）	ASTM B564	UNS N06625
NB/T 47028	NS1101（800）	ASTM B564	UNS N08800
GB/T 26030	NW8810（800H）	ASTM B564	UNS N08810
GB/T 26030	NW8811（800HT）	ASTM B564	UNS N08811
GB/T 26030	NW8825（825）	ASTM B564	UNS N08825
NB/T 47028	NS3304（C276）	ASTM B564	UNS N10276
钛及钛合金管（无缝管及挤压管）			
GB/T 3624 GB/T 26058	TA1	ASTM B861	1
GB/T 3624 GB/T 26058	TA2	ASTM B861	2H
GB/T 3624 GB/T 26058	TA3	ASTM B861	3
GB/T 3624 GB/T 26058	TA9	ASTM B861	7H
GB/T 3624 GB/T 26058	TA10	ASTM B861	12
钛及钛合金管（无填充金属 EFW 焊管）			
GB/T 26057	TA1	ASTM B862	1
GB/T 26057	TA2	ASTM B862	2H
GB/T 26057	TA3	ASTM B862	3
GB/T 26057	TA9	ASTM B862	7H
GB/T 26057	TA10	ASTM B862	12

表 D.1 我国与国外材料标准及牌号对照表（续）

我国标准	我国材料牌号	国外标准	国外材料牌号
钛及钛合金管件			
GB/T 27684	TA1	ASTM B363	WPT1
GB/T 27684	TA2	ASTM B363	WPT2H
GB/T 27684	TA3	ASTM B363	WPT3
GB/T 27684	TA9	ASTM B363	WPT7H
GB/T 27684	TA10	ASTM B363	WPT12
钛及钛合金锻件			
GB/T 25137	F1	ASTM B381	F1
GB/T 25137	F2H	ASTM B381	F2H
GB/T 25137	F3	ASTM B381	F3
GB/T 25137	F7H	ASTM B381	F7H
GB/T 25137	F12	ASTM B381	F12
钛及钛合金铸件			
GB/T 6614	ZTA1	ASTM B367	C2
GB/T 6614	ZTA2	ASTM B367	C3
铝及铝合金管			
GB/T 6893 GB/T 4437.1	1060-O 1060-H14 1060-H112	ASTM B210	1060
GB/T 6893 GB/T 26027 GB/T 4437.1	3003-O 3003-H14 3003-H112	ASTM B210	3003
GB/T 6893 GB/T 26027	5052-O 5052-H14	ASTM B210	5052
GB/T 6893 GB/T 26027 GB/T 4437.1	5083-O 5083-H112	ASTM B210	5083
GB/T 6893 GB/T 26027 GB/T 4437.1	6061-T4 6061-T6	ASTM B210	6061
GB/T 6893 GB/T 26027	6063-T4 6063-T6	ASTM B210	6063
铝及铝合金管件			
—	—	ASTM A361	1060-O 1060-H14
—	—	ASTM A361	3003-O
—	—	ASTM A361	5052-O 5052-H34
—	—	ASTM A361	5083-O
—	—	ASTM A361	6061-T4 6061-T6
—	—	ASTM A361	6063-T4 6063-T6

表D.1 我国与国外材料标准及牌号对照表（续）

我国标准	我国材料牌号	国外标准	国外材料牌号
铝及铝合金锻件			
NB/T 47029	1050A-O；H112		
NB/T 47029	3003-O；H112	ASTM B247	3003
NB/T 47029	5083-O；H112	ASTM B247	5083
NB/T 47029	6063-T6	ASTM B247	6063
标准紧固件			
GB/T 3098.1	5.6	ISO 898-1	5.6
GB/T 3098.1	8.8	ISO 898-1	8.8
GB/T 3098.6	A2-50	ISO 3506	A2-50
GB/T 3098.6	A4-50	ISO 3506	A4-50
GB/T 3098.6	A2-70	ISO 3506	A2-70
GB/T 3098.6	A4-70	ISO 3506	A4-70
专用紧固件			
GB/T 3077	35CrMo	ASTM A193	B7
HG/T 20634	42CrMo（B7）	ASTM A193	B7
HG/T 20634	A320 L7	ASTM A320	L7
GB/T 3077	25Cr2MoV	ASTM A193	B16
GB/T 1220	06Cr19Ni10（304）	ASTM A193	B8
GB/T 1220	06Cr17Ni12Mo2（316）	ASTM A193	B8M
HG/T 20634	A193 B8-2	ASTM A193	B8-2
HG/T 20634	A193 B8M-2	ASTM A193	B8M-2
HG/T 20634	A453-660	ASTM A453	660

[a] 均属碳钢，ASTM材料机械性能（抗拉/屈服）相对略高。
[b] 均属碳钢，ASTM材料机械性能（抗拉/屈服）相对较低。
[c] 化学成分相同，因热处理制度差异，ASTM材料机械性能（抗拉/屈服）相对较低。
[d] 化学成分相同，因热处理制度差异，ASTM材料机械性能（抗拉/屈服）相对略高。

参 考 文 献

［1］ GB/T 700　碳素结构钢

［2］ ASME B31.3:2016 Process Piping

［3］ ASME Boiler and Pressure Vessel Code Ⅱ Materials Part D Properties

［4］ ASME Boiler and Pressure Vessel Code Ⅲ Rules for Construction of Nuclear Facility Components Division 1–Subsection NH

［5］ API 579–1/ASME FFS–1:2007 Fitness For Service

［6］ API RP 571:2011 Damage Mechanisms Affecting Fixed Equipment in The Refining Industry

［7］ API RP583:2014 Corrosion under Insulation and Fireproofing

［8］ API RP 941:2016.Steels for Hydrogen Service at Elevated Temperatures and Pressures in Petroleum Refineries and Petrochemical Plants

［9］ API STD 530:2015 Calculation of Heater–tube Thickness in Petroleum Refineries

［10］ API RP 945:2003.Avoiding Environmental Cracking in Amine Units

［11］ API RP 939C:2009.Guidelines for Avoiding Sulfidation （Sulfidic）Corrosion Failures in Oil Refineries

［12］ ISO 17945/NACE MR0103:2015 Petroleum，Petrochemical and Natural Gas Industries–Metallic Materials Resistant to Sulfide Stress Cracking in Corrosive Petroleum Refining Environments

［13］ API RP934A:2010 Materials and Fabrication of 2 ¼ Cr–1Mo，2 ¼ Cr–1Mo–1/4V，3Cr–1Mo，and 3Cr–1Mo–1/4V Steel Heavy Wall Pressure Vessels for High–temperature，High–pressure Hydrogen Service

［14］ API RP934C:2008 Materials and Fabrication of 1 ¼ Cr–1/2Mo Steel Heavy Wall Pressure Vessels for High–pressure Hydrogen Service Operating at or Below 825℉（441℃）

［15］ API RP934E:2010 Recommended Practice for Materials and Fabrication of 1 ¼ CR–1/2Mo Steel Pressure Vessels for Service Above 825℉（441℃）

［16］ NACE RP0170:2004 Protection of Austenitic Stainless Steels and Other Austenitic Alloys from Polythionic Acid Stress Corrosion Cracking During Shutdown of Refinery Equipment

［17］ NACE SP0403:2008 Avoiding Caustic Stress Corrosion Cracking of Carbon Steel Refinery Equipment and Piping

［18］ API RP582:2010 Welding Guidelines for the Chemical，Oil，and Gas Industries

［19］ HSE RR902:2011 Chloride Stress Corrosion Cracking In Austenitic Stainless Steel

ICS 23.040
J 74

中华人民共和国国家标准

GB/T 20801.3—2020
代替 GB/T 20801.3—2006

压力管道规范　工业管道
第3部分：设计和计算

Pressure piping code—Industrial piping—Part 3: Design and calculation

2020-11-19 发布　　2021-06-01 实施

国家市场监督管理总局
国家标准化管理委员会　发布

目　次

前 言

GB/T 20801《压力管道规范　工业管道》分为以下6个部分：

——第1部分：总则；

——第2部分：材料；

——第3部分：设计和计算；

——第4部分：制作与安装；

——第5部分：检验与试验；

——第6部分：安全防护。

本部分为GB/T 20801的第3部分。

本部分按照GB/T 1.1—2009给出的规则起草。

本部分代替GB/T 20801.3—2006《压力管道规范　工业管道　第3部分：设计和计算》，与GB/T 20801.3—2006相比，除编辑性修改外主要技术变化如下：

——增加了高温蠕变工况的定义及其使用规定（见3.2、4.2.7.1、5.2.2.7、6.7.2.4）；

——修改了剧烈循环工况的定义（见3.4，2006年版的3.4）；

——增加了强韧型铁素体耐热钢的定义（见3.12）；

——增加了用于挥发性有机物系统阀门的密封控制要求（见5.1.11.8）；

——修改了球墨铸铁的许用应力准则（见表1，2006年版的表1）；

——增加了法兰接头最大螺栓安装载荷的确定准则（见5.2.3.5）；

——修改了典型管道组成件型式尺寸标准（见表13，2006年版的表14）；

——增加了表列标准（表13）以外的管道元件标准适用要求（见5.3.3）；

——增加了管法兰承受外载荷能力的评定准则（见6.4）；

——修改了管道应力分析的方法及其适用范围（见7.2，2006年版的7.1.1、7.1.2）；

——修改了持续荷载的应力强度条件（见7.5.2，2006年版的7.3.1）；

——修改了柔性分析方法（见7.5.5.7，2006年版的7.3.3.6）；

——修改了支承反力的确定方法（见7.5.5.8，2006年版的7.3.4）；

——修改了管道支吊架的相应要求（见第8章，2006年版的7.4）；

——修改了“风荷载和地震荷载的计算”（见附录A，2006年版的附录D）；

——增加了“管道布置”（见附录B）；

——修改了“国际通用石油化工阀门标准”（见附录C，2006年版的附录A）；

——增加了“低泄漏阀门阀杆密封通用要求”（见附录D）；

——修改了“柔性系数和应力增大系数”（见附录G，2006年版的附录C）；

——增加了“静设备管口许用荷载”（见附录I）；

——修改了“金属波纹膨胀节”（见附录J，2006年版的附录F）。

本部分由全国锅炉压力容器标准化技术委员会（SAC/TC 262）提出并归口。

本部分起草单位：全国化工设备设计技术中心站、中国寰球工程有限公司北京分公司、国家市场监督管理总局特种设备安全监察局、中石油华东设计院有限公司、中石化宁波工程有限公司、上海华谊工程有限公司、华陆工程科技有限责任公司。

本部分主要起草人：应道宴、张世忱、徐锋、黄正林、岳进才、李中央、刘洪福、李永红、康美琴、郭卫疆、蔡暖姝。

本部分所代替标准的历次版本发布情况为：

——GB/T 20801.3—2006。

压力管道规范　工业管道
第3部分：设计和计算

1　范围

GB/T 20801的本部分规定了压力管道的设计和计算的基本要求，这些基本要求包括设计条件、设计准则、管道组成件及其压力设计、管道应力分析等方面的规定。

本部分适用于GB/T 20801.1范围界定的压力管道的设计和计算。

2　规范性引用文件

下列文件对于本文件的应用是必不可少的。凡是注日期的引用文件，仅注日期的版本适用于本文件。凡是不注日期的引用文件，其最新版本（包括所有的修改单）适用于本文件。

GB/T 150（所有部分）　压力容器
GB/T 196　普通螺纹　基本尺寸
GB/T 197　普通螺纹　公差
GB/T 1031　产品几何技术规范（GPS）　表面结构　轮廓法　表面粗糙度参数及其数值
GB/T 1047　管道元件　公称尺寸的定义和选用
GB/T 1048　管道元件　公称压力的定义和选用
GB/T 3287　可锻铸铁管路连接件
GB/T 3420　灰口铸铁管件
GB/T 3422　连续铸铁管
GB/T 3733　卡套式端直通管接头
GB/T 3734　卡套式锥螺纹直通管接头
GB/T 3735　卡套式端直通长管接头
GB/T 3736　卡套式锥螺纹长管接头
GB/T 3737　卡套式直通管接头
GB/T 3738　卡套式可调向端弯通管接头
GB/T 3739　卡套式锥螺纹弯通管接头
GB/T 3740　卡套式弯通管接头
GB/T 3741　卡套式可调向端三通管接头
GB/T 3742　卡套式锥螺纹三通管接头
GB/T 3743　卡套式可调向端弯通三通管接头
GB/T 3744　卡套式锥螺纹弯通三通管接头
GB/T 3745　卡套式三通管接头
GB/T 3746　卡套式四通管接头
GB/T 3747　卡套式焊接管接头
GB/T 3748　卡套式过板直通管接头
GB/T 3749　卡套式过板弯通管接头
GB/T 3750　卡套式铰接管接头
GB/T 3751　卡套式压力表管接头

GB/T 3752 卡套式组合弯通管接头
GB/T 3753 卡套式组合三通管接头
GB/T 3754 卡套式锥密封组合弯通管接头
GB/T 3755 卡套式锥密封组合三通管接头
GB/T 3756 卡套式锥密封组合直通管接头
GB/T 3757 卡套式过板焊接管接头
GB/T 3758 卡套式管接头用锥密封焊接接管
GB/T 3759 卡套式管接头用连接螺母
GB/T 3760 卡套式管接头用锥密封堵头
GB/T 3763 管接头用六角薄螺母
GB/T 3764 卡套
GB/T 3765 卡套式管接头技术条件
GB/T 5625 扩口式端直通管接头
GB/T 5626 扩口式锥螺纹直通管接头
GB/T 5627 扩口式锥螺纹长管接头
GB/T 5628 扩口式直通管接头
GB/T 5629 扩口式锥螺纹弯通管接头
GB/T 5630 扩口式弯通管接头
GB/T 5631 扩口式可调向端弯通管接头
GB/T 5632 扩口式组合弯通管接头
GB/T 5633 扩口式可调向端三通管接头
GB/T 5634 扩口式组合弯通三通管接头
GB/T 5635 扩口式锥螺纹三通管接头
GB/T 5637 扩口式可调向端弯通三通管接头
GB/T 5638 扩口式组合三通管接头
GB/T 5639 扩口式三通管接头
GB/T 5641 扩口式四通管接头
GB/T 5642 扩口式焊接管接头
GB/T 5643 扩口式过板直通管接头
GB/T 5644 扩口式过板弯通管接头
GB/T 5645 扩口式压力表管接头
GB/T 5646 扩口式管接头管套
GB/T 5647 扩口式管接头用A型螺母
GB/T 5648 扩口式管接头用B型螺母
GB/T 5649 管接头用锁紧螺母和垫圈
GB/T 5650 扩口式管接头用空心螺栓
GB/T 5651 扩口式管接头用密合垫
GB/T 5652 扩口式管接头扩口端尺寸
GB/T 5653 扩口式管接头技术条件
GB/T 5782 六角头螺栓
GB/T 6170 1型六角螺母
GB/T 6175 2型六角螺母
GB/T 7306.1 55° 密封管螺纹 第1部分：圆柱内螺纹与圆锥外螺纹
GB/T 7306.2 55° 密封管螺纹 第2部分：圆锥内螺纹与圆锥外螺纹

GB/T 8464　铁制和铜制螺纹连接阀门
GB/T 9065.1　液压软管接头　第1部分：O形圈端面密封软管接头
GB/T 9065.2　液压软管接头　第2部分：24°锥密封端软管接头
GB/T 9065.5　液压软管接头　第5部分：37°扩口端软管接头
GB/T 9124.1　钢制管法兰　第1部分：PN系列
GB/T 9124.2　钢制管法兰　第2部分：Class系列
GB/T 9711　石油天然气工业　管线输送系统用钢管
GB/T 12220　工业阀门　标志
GB/T 12221　金属阀门　结构长度
GB/T 12224　钢制阀门　一般要求
GB/T 12232　通用阀门　法兰连接铁制闸阀
GB/T 12233　通用阀门　铁制截止阀与升降式止回阀
GB/T 12234　石油、天然气工业用螺柱连接阀盖的钢制闸阀
GB/T 12235　石油、石化及相关工业用钢制截止阀和升降式止回阀
GB/T 12236　石油、化工及相关工业用的钢制旋启式止回阀
GB/T 12237　石油、石化及相关工业用的钢制球阀
GB/T 12238　法兰和对夹连接弹性密封蝶阀
GB/T 12239　工业阀门　金属隔膜阀
GB/T 12240　铁制旋塞阀
GB/T 12241　安全阀　一般要求
GB/T 12243　弹簧直接载荷式安全阀
GB/T 12246　先导式减压阀
GB/T 12459—2017　钢制对焊管件　类型与参数
GB/T 12716　60°密封管螺纹
GB/T 12777　金属波纹管膨胀节通用技术条件
GB/T 13295　水及燃气用球墨铸铁管、管件和附件
GB/T 13402　大直径钢制管法兰
GB/T 13927　工业阀门　压力试验
GB/T 13932　铁制旋启式止回阀
GB/T 14383　锻制承插焊和螺纹管件
GB/T 17116（所有部分）管道支吊架
GB/T 17185　钢制法兰管件
GB/T 17186.1　管法兰连接计算方法　第1部分：基于强度和刚度的计算方法
GB/T 17241　铸铁管法兰
GB/T 17395　无缝钢管尺寸、外形、重量及允许偏差
GB/T 18615　波纹金属软管用非合金钢和不锈钢接头
GB/T 19326　锻制承插焊、螺纹和对焊支管座
GB/T 20801.1—2020　压力管道规范　工业管道　第1部分：总则
GB/T 20801.2—2020　压力管道规范　工业管道　第2部分：材料
GB/T 20801.4—2020　压力管道规范　工业管道　第4部分：制作与安装
GB/T 20801.5—2020　压力管道规范　工业管道　第5部分：检验与试验
GB/T 20801.6—2020　压力管道规范　工业管道　第6部分：安全防护
GB/T 26480　阀门的检验和试验
GB/T 26481　阀门的逸散性试验

GB/T 29168.1 石油天然气工业 管道输送系统用感应加热弯管、管件和法兰 第1部分：感应加热弯管

GB/T 29168.2 石油天然气工业 管道输送系统用感应加热弯管、管件和法兰 第2部分：管件

GB/T 29168.3 石油天然气工业 管道输送系统用感应加热弯管、管件和法兰 第3部分：法兰

GB/T 32294 锻制承插焊和螺纹活接头

GB/T 38343 法兰接头安装技术规定

HG/T 3651 钛制对焊无缝管件

HG/T 20553 化工配管用无缝及焊接钢管尺寸选用系列

HG/T 20592 钢制管法兰（PN系列）

HG/T 20606 钢制管法兰用非金属平垫片（PN系列）

HG/T 20607 钢制管法兰用聚四氟乙烯包覆垫片（PN系列）

HG/T 20609 钢制管法兰用金属包覆垫片（PN系列）

HG/T 20610 钢制管法兰用缠绕式垫片（PN系列）

HG/T 20611 钢制管法兰用具有覆盖层的齿形组合垫（PN系列）

HG/T 20612 钢制管法兰用金属环形垫（PN系列）

HG/T 20613 钢制管法兰用紧固件（PN系列）

HG/T 20614 钢制管法兰、垫片、紧固件选配规定（PN系列）

HG/T 20615 钢制管法兰（Class系列）

HG/T 20623 大直径钢制管法兰（Class系列）

HG/T 20627 钢制管法兰用非金属平垫片（Class系列）

HG/T 20628 钢制管法兰聚四氟乙烯包覆垫片（Class系列）

HG/T 20630 钢制管法兰用金属包覆垫片（Class系列）

HG/T 20631 钢制管法兰缠绕式垫片（Class系列）

HG/T 20632 钢制管法兰用具有覆盖层的齿形组合垫（Class系列）

HG/T 20633 钢制管法兰用金属环形垫（Class系列）

HG/T 20634 钢制管法兰用紧固件（Class系列）

HG/T 20635 钢制管法兰、垫片、紧固件选配规定（Class系列）

HG/T 21547 管道用钢制插板、垫环、8字盲板系列

JB/T 2768 阀门零部件 高压管子、管件和阀门端部尺寸

JB/T 2769 阀门零部件 高压螺纹法兰

JB/T 2772 阀门零部件 高压盲板

JB/T 2776 阀门零部件 高压透镜垫

JB/T 2778 阀门零部件 高压管件和紧固件温度标记

JB 4732 压力容器分析设计标准

JB/T 6439 阀门受压件磁粉探伤检验

JB/T 6440 阀门受压铸钢件射线照相检验

JB/T 6899 阀门的耐火试验

JB/T 6902—2008 阀门液体渗透检测

JB/T 6903—2008 阀门锻钢件超声波检查方法

JB/T 7747 针形截止阀

JB/T 7927—2014 阀门铸钢件外观质量要求

JB/T 8527 金属密封蝶阀

JB/T 8937 对夹式止回阀

NB/T 47014 承压设备焊接工艺评定

SH/T 3419　石油化工钢制异径短节

SH/T 3425　钢制管道用盲板技术标准

ISO 15848-1　工业阀门　散逸性介质泄漏的测量、试验和鉴定程序　第1部分：阀门的分类体系和型式试验鉴定程序（Industrial valves—Measurement，test and qualification procedures for fugitive emissions—Part 1：Classification system and qualification procedures for type testing of valves）

API 600　钢制闸阀　法兰连接端和对焊端、螺栓连接阀盖（Steel Gate—Valves Flanged and Butt-welding Ends，Bolted Bonnets）

ASME BPV Code Ⅷ-2　ASME锅炉及压力容器规范 Ⅷ　第2册　压力容器建造另一规则（ASME BPVC Section Ⅷ—Rules for Construction of Pressure Vessels Division 2 Alternative Rules）

ASME B16.9　工厂制造的轧制对焊管件（Factory Made Wrought Butt-welding Fittings）

ASME B16.11　承插焊和螺纹锻制管件（Forged Fittings，Socket-welding and Threaded）

ASME B36.10M　无缝和焊接钢管（Welded and Seamless Wrought Steel Pipe）

ASME B36.19M　不锈钢钢管（Stainless Steel Pipe）

3　术语和定义

GB/T 20801.1—2020、GB/T 20801.2—2020、GB/T 20801.4—2020、GB/T 20801.5—2020和GB/T 20801.6—2020界定的以及下列术语和定义适用于本文件。

3.1

管道系统　piping system

由同一设计条件确定且相互连接的管道。

3.2

高温蠕变工况　elevated temperature fluid service

材料使用温度处于焊接接头高温强度降低系数W小于1（见4.2.7及表5）的工况，相当于工作温度处于由材料长期强度决定许用应力温度范围的工况。

3.3

流体工况　fluid service

涉及管道系统应用的综合性术语，综合考虑流体性质、操作条件和其他因素，构成管道系统设计的基础。

3.4

剧烈循环工况　severe cyclic conditions

发生以下情况之一的工况：

a）管道系统中的管子、管道元件或接头中的位移应力范围S_E［按式（39）计算］超过许用应力范围S_A［按式（34）或式（35）计算］的0.8倍，同时当量循环次数N［按式（37）计算］超过7 000；

b）设计人员根据经验判定的其他具有相同效应［位移应力范围S_E接近许用应力范围S_A，且许用应力范围折减系数f（按式（36）计算或通过图12查得）接近1.0］的工况。

3.5

支管连接管件　branch connection fitting

通过对焊连接、承插焊连接、螺纹连接，将支管连接于主管的整体补强管件。

注：如支管座、半管接头等。

3.6

额定值　rating value

标准规定的管道组成件压力值。

3.7

管标号 schedule number

管子壁厚系列的数值代号。

3.8

位移应变 displacement strain

在管道组成件中，由管道约束点发生位移、端点附加位移所产生的应变以及因温度变化所产生的应变。

3.9

位移应力 displacement stress

管道组成件中由位移应变引起的应力。

3.10

管部 structural attachments；attachment of support on piping

采用焊接、螺栓连接或卡箍方式与管道或其绝缘层直接连接的支吊架零件的总称。

3.11

最低设计温度 design minimum temperature

预期工况中组件的最低温度，按此温度确定特殊设计要求和材料评定要求。

3.12

强韧型铁素体耐热钢 creep strength enhanced ferritic steels；CSEF

通过析出强化和细晶化提高蠕变断裂强度的铬钼铁素体钢。

注：通常包括91、92、911、122和23铬钼铁素体钢。

3.13

挥发性有机物 volatile organic compounds；VOC

参与大气光化学反应的有机化合物或任何能向大气释放有机化合物的符合以下任一条件的有机液体：

a） 20℃时，挥发性有机液体的真实蒸气压大于0.3kPa；

b） 20℃时，空气与有机化合物的混合物中，真实蒸气压大于0.3kPa的纯有机化合物的总质量分数等于或者高于20%，参见GB 31570和GB 31571。

4 设计条件和设计准则

4.1 设计条件

4.1.1 设计压力

4.1.1.1 一般规定

4.1.1.1.1 管道系统中每个管道组成件的设计压力，应不小于在操作中可能遇到的最苛刻的压力和温度组合工况下的压力，但4.2.3规定的情况除外。

4.1.1.1.2 最苛刻的工况导致管道组成件具有最大厚度和最高压力等级。

4.1.1.1.3 最苛刻的压力和温度组合工况应考虑压力源（如泵、压缩机）、压力脉动、不稳定流体的分解、静压头、控制装置和阀门的失效或操作失误、环境影响等可能产生的运行条件。

4.1.1.2 设计压力的确定原则

4.1.1.2.1 装有安全泄放装置的管道，其设计压力应不小于安全泄放装置的设定压力（或最大标定爆破压力），但GB/T 20801.6—2020中4.1.5 a）2）和4.1.5 c）规定的情况除外。

4.1.1.2.2 未设置压力泄放装置或可能发生与压力泄放装置隔离、堵塞的管道，其设计压力应不小于可能因此而产生的最大压力。

4.1.1.2.3 当管道与设备直接连接作为一个压力系统时，管道的设计压力应不小于设备的设计压力。

4.1.1.2.4 离心泵出口管道的设计压力应不小于泵的关闭压力。

4.1.1.2.5 输送制冷剂、液化烃类低沸点介质的管道，其设计压力应不小于阀门切断时或介质不流动时介质可能达到的最大压力。

4.1.1.2.6 当管道被分隔件（包括夹套管、盲板等）分隔为几个单独的受压段时，该分隔件的设计压力应不小于在操作中两侧受压室可能遇到的最苛刻的压差和温度组合工况的压力。

4.1.1.2.7 装有安全控制装置的真空管道，设计压力取最大压差的1.25倍或0.1MPa中的较小值，并按外压条件进行设计；对于没有安全控制装置的真空管道，设计压力取0.1MPa。

4.1.2 设计温度

4.1.2.1 一般规定

4.1.2.1.1 管道系统中每个管道组成件的设计温度应按操作中可能遇到的最苛刻的压力和温度组合工况的温度确定。

4.1.2.1.2 同一管道中的不同管道组成件的设计温度可以不同。

4.1.2.1.3 确定设计温度时，应考虑流体温度、环境温度、阳光辐射、加热或冷却介质的温度以及管道隔热、传热的影响。

4.1.2.2 设计温度的确定原则

4.1.2.2.1 对无外隔热层的管道，介质温度低于65℃时，管道组成件的设计温度与介质温度相同，但应考虑阳光辐射或其他可能导致介质温度升高的因素；介质温度高于或等于65℃时，管道组成件的设计温度确定应符合以下规定：

a） 对于阀门、管子、翻边端部和焊接管件，取介质温度的95%；

b） 对于松套法兰以外的法兰，取介质温度的90%；

c） 对于松套法兰，取介质温度的85%；

d） 对于螺栓，取介质温度的80%；

e） 也可以取实测的平均壁温或根据传热计算得到的平均壁温。

4.1.2.2.2 外部隔热管道的设计温度一般取介质温度，但也可以取实测的平均壁温或根据传热计算得到的平均壁温，采用伴管或夹套结构的管道应考虑加热或冷却对设计温度的影响。

4.1.2.2.3 内部隔热管道的管道组成件，设计温度应按传热计算或试验确定。

4.1.2.3 最低设计温度

管道设计时应考虑最低设计温度对管道设计、材料选用和7.5.5应力分析的影响。

4.1.3 荷载条件

4.1.3.1 持久荷载

持久荷载系指作用于管道的载荷，包括：

a） 介质压力：管道内压、外压或最大压差（设计压力应与对应的设计温度一起作为荷载条件）。

b） 重力荷载：管道设计应计入的重力荷载包括：

  1） 静荷载：管道组成件、隔热材料重量以及施加在管道上由管道支承的其他永久性荷载；

  2） 活荷载：输送介质的重量或液压试验介质的重量以及由于环境和操作条件造成的冰、雪的重量。

4.1.3.2 偶然性荷载

偶然性荷载系指短时间作用于管道的载荷，包括：

a） 风荷载：设计室外管道时，应计算风荷载，其计算方法可参见附录A；

b） 地震荷载：设计管道时，应计算由地震引起的水平力，其计算方法可参见附录A；

c） 流体排放反力：由于流体的减速或排放而产生的反作用力，管道的设计、布置、支承应能承受此反作用力。

4.1.3.3 温度及位移荷载

温度及位移载荷系指管道系统由温度及位移而引起的荷载，包括：

a） 因约束产生的荷载：温度变化时，因管道受约束使管道不能自由热胀冷缩而产生的轴向力和力矩；

b） 端点位移引起的荷载：管道支吊架或管道连接的设备发生位移引起的荷载；

c） 由于膨胀特性不同产生的荷载：材料热胀系数差异导致热膨胀的不同而产生的荷载，如双金属管道、夹套管道、非金属衬里管道等；

d） 温度梯度形成的荷载：因温度剧变或分布不均匀而在管壁中产生的应力所形成的荷载，如高温流体通过厚壁管或流体分层流动而产生的管道弯曲。

4.1.3.4 循环荷载

循环荷载系指管道系统由压力循环、热循环以及其他循环引起的疲劳的荷载。

4.1.3.5 冲击

冲击系指外部或内部条件引起的冲击力，包括介质流动导致的冲击、介质流速的变化、压力波动、液体闪蒸、水击、液体或固体的猛击、暴涨和喷发。

4.1.3.6 振动

振动系指由冲击、压力脉动、紊流涡流、压缩机共振以及风荷载引起的振动。管道设计、布置、支承应能消除过度和有害的振动影响。

4.1.4 厚度附加量

4.1.4.1 腐蚀裕量

管道设计应有足够的腐蚀裕量，腐蚀裕量应根据预期的使用寿命和介质对材料的腐蚀速率来确定，还应考虑冲蚀和局部腐蚀等因素。

4.1.4.2 其他附加量

确定管道组成件最小厚度时，应包括腐蚀、冲蚀、螺纹深度或沟槽深度所需的裕量。为防止因支承、结冰、回填、运输和装卸等引起的超载应力和变形，从而可能产生的损坏、垮塌或失稳等现象，应考虑增加管壁厚度。

4.1.5 环境影响

4.1.5.1 压力

对于被隔断管道中的流体，应考虑因受环境加热产生膨胀所导致的压力升高或因受环境冷却而导致管道的压力下降甚至真空。

4.1.5.2 温度

当管道系统的设计温度低于0℃时，应考虑因表面冷凝、冰冻而引起的阀门、泄压装置或排放管道故障以及低温对柔性分析和材料选用等的影响。

4.1.6 管道布置和特定管道系统的设计要求

管道布置和特定管道系统，如泄放管道、埋地管道、可燃介质和有毒介质管道、蒸汽管道、低温管道、管道的隔热和静电接地设计要求等参见附录B。

4.2 设计准则

4.2.1 管道组成件压力-温度设计准则

管道组成件的压力–温度设计应采用4.2.1.1~4.2.1.4规定的方法之一。

4.2.1.1　压力-温度额定值方法

管道组成件的压力-温度额定值的确定应符合下列规定：

a）除本部分另有规定外，表13中已规定压力-温度额定值的管道组成件，其设计温度下的最大允许工作压力按相关标准规定的压力-温度额定值；

b）如设计温度高于表13中相关标准给出的温度额定值，但不高于GB/T 20801.2规定的材料使用温度上限者，设计者可根据相关温度下的材料许用应力折算；

c）对于表13中仅标明公称压力的管道组成件，设计温度下的最大允许工作压力可根据设计温度和常温下的材料许用应力折算；

d）表13中未列入的管道组成件，其适用的压力-温度值应符合5.3.3的规定。

4.2.1.2　压力设计方法

管道组成件的压力设计应符合下列规定：

a）直管、斜接弯头、弯管、盲板、非标法兰和非标对焊管件等管道组成件应按第6章设计；

b）对于按壁厚系列规定的承插焊管件和螺纹管件，其设计温度下的最大允许工作压力应不大于具有相同壁厚系列和相同许用应力的无缝直管按有效厚度确定的最大允许工作压力；

c）支管与主管直接连接的压力设计应符合6.7、6.8的规定。

4.2.1.3　验证性压力试验方法

管道组成件的验证性压力试验应符合下列规定：

a）对于表13中的对焊管件，如未按4.2.1.2 a）进行压力设计，可进行验证性压力试验并在验证性压力试验的覆盖范围内按4.2.1.2 b）确定其设计温度下的最大允许工作压力；

b）其他管道组成件也可根据验证性压力试验确定其最大允许工作压力。

4.2.1.4　其他方法

除4.2.1.1、4.2.1.2和4.2.1.3规定的方法外，管道组成件的最大允许工作压力也可以采用对比经验分析、应力分析或实验应力分析方法确定。

4.2.2　管道系统压力-温度设计准则

管道系统的压力-温度设计应符合下列规定：

a）除4.2.3的规定外，管道的设计压力应不大于该管道系统中所有管道组成件按4.2.1确定的设计温度下的最大允许工作压力的最小值；

b）不同流体工况的管道连接时，分隔阀门的额定值应按苛刻工况确定。但位于阀门任一侧的管道均应按相应的工况条件进行设计。

4.2.3　压力和温度的允许变动范围

4.2.3.1　确定设计压力和设计温度时，应考虑管道系统运行时发生的压力和温度的变动。

4.2.3.2　GC1级管道压力和温度不得超出设计范围。

4.2.3.3　除符合下列各项条件以及4.2.3.4的要求外，GC2级和GC3级管道应按压力和温度变动中的最苛刻组合确定设计条件：

a）管道系统中没有铸铁或其他脆性金属材料的管道组成件；

b）由压力产生的管道名义应力不超过材料在相应温度下的屈服强度；

c）总应力符合7.5.5的规定；

d）管道系统预期寿命内，超过设计条件的压力-温度变化的总次数不大于1 000次；

e）压力变动的上限值不大于管道系统的试验压力；

f）持续和周期性变动不改变管道系统中所有管道组成件的操作安全性能；

g）温度变动的下限值不小于GB/T 20801.2规定的材料最低使用温度；

h）阀门闭合元件的压力差不超过阀门制造商规定的最大额定压力差。

4.2.3.4 超过设计条件的压力偶然变动应限制在下列任一范围内：

a）压力超过相应温度下的压力额定值或由压力产生的管道名义应力超过材料许用应力值的幅度和频率应满足下列条件之一：

1）变动幅度不大于33%，每次变动时间不超过10h，且每年累计变动时间不超过100h；

2）变动幅度不大于20%，每次变动时间不超过50h，且每年累计变动时间不超过500h。

b）当波动为自限（例如压力泄放）时，在每次变动时间不超过50h且每年累计变动时间不超过500h条件下，压力额定值变动幅度不大于20%，或管道名义应力超过材料许用应力值的幅度不大于20%。

4.2.4 许用应力

4.2.4.1 金属材料许用应力和螺栓材料许用应力应符合GB/T 20801.2—2020表A.1和表A.2的规定。

注：表中许用应力值未包括材料的纵向焊接接头系数Φ_w、焊接接头高温强度降低系数W和铸件质量系数Φ_C（见表4）。

4.2.4.2 GB/T 20801.2—2020表A.1和表A.2以外的金属材料和螺栓材料应按表1和表2规定的准则确定各自的许用应力。

4.2.4.3 拉伸许用应力按4.2.4.1和4.2.4.2取值。

4.2.4.4 压缩许用应力应符合结构稳定性的要求，且不大于拉伸许用应力。

4.2.4.5 剪切许用应力取拉伸许用应力的80%，接触许用应力取拉伸许用应力的160%。

4.2.5 纵向焊接接头系数Φ_w

管子和对焊管件的纵向焊接接头系数Φ_w应按表3规定的准则或GB/T 20801.2—2020表A.3确定。

表1 金属材料许用应力准则

材料	许用应力应不大于下列各值中的最小值				
	抗拉强度下限值 R_m/MPa	屈服强度下限值 R_{eL}（$R_{p0.2}$）/MPa	设计温度下屈服强度 R_{eL}^t（$R_{p0.2}^t$）/MPa	持久强度平均值或持久强度最低值R_D^t或R_{Dmin}^t/MPa	蠕变极限平均值 R_n^t/MPa
灰铸铁	$\frac{R_m}{10}$	—	—	—	—
可锻铸铁	$\frac{R_m}{5}$	—	—	—	—
球墨铸铁，碳钢、合金钢、铁素体不锈钢、延伸率小于35%的奥氏体不锈钢、双相不锈钢、钛和钛合金、铝和铝合金	$\frac{R_m}{3}$	$\frac{R_{eL}(R_{p0.2})}{1.5}$	$\frac{R_{eL}^t(R_{p0.2}^t)}{1.5}$	$\frac{R_D^t}{1.5},\frac{R_{Dmin}^t}{1.25}$	$\frac{R_n^t}{1.0}$
延伸率大于或等于35%的奥氏体不锈钢和镍基合金	$\frac{R_m}{3}$	$\frac{R_{eL}(R_{p0.2})}{1.5}$	$0.90R_{eL}^t(R_{p0.2}^t)$[a]	$\frac{R_D^t}{1.5},\frac{R_{Dmin}^t}{1.25}$	$\frac{R_n^t}{1.0}$

[a] 对于法兰或其他有微量永久变形就引起泄漏或故障的场合不能采用。

表2 螺栓材料许用应力准则

材料	许用应力应不大于下列各值中的最小值				
	抗拉强度下限值 R_m/MPa	屈服强度下限值 R_{eL}（$R_{p0.2}$）/MPa	设计温度下屈服强度 R^t_{eL}（$R^t_{p0.2}$）/MPa	持久强度平均值或持久强度最低值 R^t_D 或 R^t_{Dmin}/MPa	蠕变极限平均值 R^t_n/MPa
非热处理或应变强化的螺栓材料	$\frac{R_m}{4}$	$\frac{R_{eL}(R_{p0.2})}{1.5}$	$\frac{R^t_{eL}(R^t_{p0.2})}{1.5}$	$\frac{R^t_D}{1.5}, \frac{R^t_{Dmin}}{1.25}$	$\frac{R^t_n}{1.0}$
热处理或应变强化的螺栓材料	$\frac{R_m}{5}$	$\frac{R_{eL}(R_{p0.2})}{4}$	$\frac{R^t_{eL}(R^t_{p0.2})}{1.5}$	$\frac{R^t_D}{1.5}, \frac{R^t_{Dmin}}{1.25}$	$\frac{R^t_n}{1.0}$

注1：对于热处理或应变强化处理的螺栓材料，许用应力取表中最小值。若该许用应力小于材料退火状态下的许用应力，取非热处理或应变强化（即退火状态）螺栓材料的许用应力。

注2：表列螺栓许用应力准则仅用于非标准法兰设计的螺栓强度要求，而螺栓安装的目标应力可达50%~70%螺栓材料的屈服强度。

表3 纵向焊接接头系数Φ_w

序号	焊接型式		焊缝类型	检查	Φ_w
1	连续炉焊[a]		直缝	按材料标准规定	0.60
2	电阻焊（ERW）[a]		直缝或螺旋缝	按材料标准规定	0.85
3	电熔焊（EFW）	单面对接焊（带或不带填充金属）	直缝或螺旋缝	按材料标准或本部分规定不作RT	0.80
				局部（10%）RT	0.90
				100%RT	1.00
		双面对接焊（带或不带填充金属）	直缝或螺旋缝（除序号4外）	按材料标准或本部分规定不作RT	0.85
				局部（10%）RT	0.90
				100%RT	1.00
4	GB/T 9711电熔焊（EFW），双面对接焊		直缝（一条或两条）或螺旋缝	按GB/T 9711规定	0.95
				附加100%RT	1.00

[a] 不得通过附加无损检测来提高电阻焊（ERW）的纵向焊接接头系数。

表4 铸件质量系数Φ_C及附加无损检测要求

序号	附加无损检测要求	铸件质量系数Φ_C
1	铸件表面加工至*Ra*6.3，提高目视检查的清晰度，并满足JB/T 7927—2014中B级的要求	0.85
2	铸件表面按JB/T 6902—2008（PT）中的4级或JB/T 6439（MT）进行着色渗透检测或磁粉检测	0.85
3	铸件按JB/T 6440（RT）或JB/T 6903—2008（UT）中的2级进行射线照相或超声检测	0.95
4	同序号1和序号2	0.90
5	同序号1和序号3	1.00
6	同序号2和序号3	1.00

4.2.6 铸件质量系数 Φ_C

4.2.6.1 铸铁件(灰铸铁、球墨铸铁、可锻铸铁)的铸件质量系数 Φ_C 取1.0。

4.2.6.2 除铸铁外，GB/T 20801.2—2020表A.1中金属静态铸件应按JB/T 7927进行外观检查，且不低于B级要求，铸件质量系数取0.8。

4.2.6.3 对需要进行附加无损检测的铸件可取表4中的铸件质量系数，但铸件质量系数 Φ_C 的改变并不影响管道组成件的压力-温度额定值。

4.2.7 焊接接头高温强度降低系数 *W*

4.2.7.1 使用表5所列高温蠕变工况的铬钼合金钢、强韧型铁素体耐热钢、300系奥氏体不锈钢、800和600镍基合金焊接接头的长期工作强度可能低于母材。

按第6章设计承受内压的焊接直管和弯管、弯头、斜接弯头、异径管等对焊管件壁厚时，许用应力与纵向焊接接头系数的乘积 $S\Phi_w$ 还应乘以焊接接头高温强度降低系数 W；计算由持续性荷载产生的轴向应力时，环焊缝的许用应力 S_h 也应乘以 W。

4.2.7.2 符合下列条件之一者，可不计焊缝接头高温强度降低系数 W：

a) 评价临时荷载(如风荷载、地震荷载)时；

b) 按4.2.3评价的压力和温度允许变动范围时；

c) 按a)或b)条件的额定压力或许用应力；

d) 按7.5.5.3计算柔性分析的许用应力范围 S_A 时。

4.2.7.3 对于表5以外的材料，除4.2.7.4以外，温度不高于510℃时，W 取1.0；温度为815℃时，W 取0.5，中间数值采用线性内插法计算；温度高于815℃时，由设计者确定 W。

4.2.7.4 允许通过焊接接头蠕变断裂试验确定大于表5或4.2.7.3的 W 值，但应符合下列规定：

a) 应采用全厚度包括母材、焊缝及热影响区的横向焊接接头试样；

b) 持久断裂时间不低于1 000h。

表5 焊接接头高温强度降低系数 W[g]

材料	温度/℃														
	427	454	482	510	538	566	593	621	649	677	704	732	760	788	816
CrMo钢[a~c]	1	0.95	0.91	0.86	0.82	0.77	0.73	0.68	0.64	—	—	—	—	—	—
CSEF(N+T)[c~e]	—	—	—	1	0.95	0.91	0.86	0.82	0.77	—	—	—	—	—	—
CSEF[c, d](PWHT)	—	—	1	0.5	0.5	0.5	0.5	0.5	0.5	—	—	—	—	—	—
无填充金属的300系奥氏体不锈钢及800和600镍基合金自熔焊[f]	—	—	—	1	1	1	1	1	1	1	1	1	1	1	1
带填充金属的300系奥氏体不锈钢及800镍基合金	—	—	—	1	0.95	0.91	0.86	0.82	0.77	0.73	0.68	0.64	0.59	0.55	0.5

[a] CrMo钢包括0.5Cr-0.5Mo、1Cr-0.5Mo、1.25Cr-0.5Mo、2.25Cr-1Mo、3Cr-1Mo、5Cr-0.5Mo、9Cr-1Mo。直缝及螺旋缝应是正火、正火加回火或适当的亚临界焊后热处理(PWHT)状态。

[b] 直缝及螺旋缝电熔焊结构不准许用于454℃以上的C-0.5Mo钢。

[c] 焊缝填充金属的碳含量应≥0.05%。埋弧焊焊剂的碱度应≥1.0。

[d] CSEF(强韧型铁素体耐热钢)钢包括：91、92、911、122和23。

[e] N+T：焊后正火+回火。

[f] 无填充金属的自熔焊。焊后应进行固溶退火处理。

[g] 表列温度仅用于相应材料焊接接头高温强度降低系数 W，材料的使用温度上限按GB/T 20801.2的相应规定。

5 管道组成件

5.1 管道组成件的选用

5.1.1 一般规定

应根据流体的性质、各种可能出现的操作工况以及外部环境的要求和经济合理性选用管道组成件。

5.1.2 管子和对焊管件

5.1.2.1 按GB/T 20801.2—2020表A.1和表13选用的管子和对焊管件，其壁厚计算应符合本部分第6章的相关规定。

5.1.2.2 按GB/T 20801.2—2020表A.1和表13选用的管子，还应考虑设计条件和各种可能出现的操作工况。

5.1.2.3 管子和对焊管件材料的使用限制应符合GB/T 20801.2的相关规定。

5.1.2.4 用于GC1级管道和剧烈循环工况的对焊管件应符合下列规定：

a） 符合GB/T 12459—2017附录B的最小壁厚要求；

b） 采用带折边异径管，且半锥角不大于30°。

5.1.2.5 采用GB/T 9711中L290（X42）~L555（X80）的管道系统，对焊管件应符合GB/T 29168.2的相关要求。

5.1.3 弯管

5.1.3.1 弯管的制作应符合GB/T 20801.4的相关规定。

5.1.3.2 弯管最小壁厚应符合6.2的规定。

5.1.3.3 带褶皱和波浪的弯管（见GB/T 20801.4—2020的图1）不得用于GC1级管道和剧烈循环工况。

5.1.3.4 采用GB/T 9711中L290（X42）~L555（X80）的管道系统，弯管应符合GB/T 29168.1的相关要求。

5.1.4 斜接弯头（虾米弯）

5.1.4.1 斜接弯头的使用应符合以下规定：

a） 设计压力$P \leqslant 2.0$MPa，且设计温度低于材料的蠕变温度；

b） 斜接弯头的变方向角α大于45°者，仅适用于GC3级管道；

c） 斜接弯头的变方向角α大于22.5°者，不得用于GC1级管道和剧烈循环工况；

d） 斜接弯头的变方向角α小于或等于3°者，可作为直管而不作为斜接弯头。

5.1.4.2 除满足5.1.4.1的规定外，非标准斜接弯头应按第6章进行压力设计，其焊接和制作还应符合GB/T 20801.4的相关规定。

5.1.5 短半径弯头

短半径弯头和短半径回弯头（R=1.0D）应符合GB/T 12459的规定。

弯头中心线所在平面的内弧侧壁厚不小于管件公称壁厚的1.25倍者，其最大允许工作压力与4.2.1.3 a）确定的最大允许工作压力相同。

内弧侧壁厚小于管件公称壁厚的1.25倍者，其最大允许工作压力应不大于按4.2.1.3 a)确定的最大允许工作压力的80%。

5.1.6 翻边接头

5.1.6.1 翻边接头的选用应符合表13所列相应标准的规定。

5.1.6.2 现场制作的焊制翻边接头应符合下列规定：

a) 应采用图1规定的焊制翻边接头的基本型式，但对于剧烈循环工况，则应采用图1 d)、图1 e)所示的圆角结构；

b) 外径应符合GB/T 12459的相关要求，翻边接头的密封面应按相应管法兰密封面的要求加工；

c) 厚度应不小于与其连接管子的公称壁厚；

d) 材料的许用应力应不小于与其连接的管子在GB/T 20801.2—2020表A.1中规定的许用应力；

e) 制作和检验应符合GB/T 20801.4和GB/T 20801.5的有关规定。

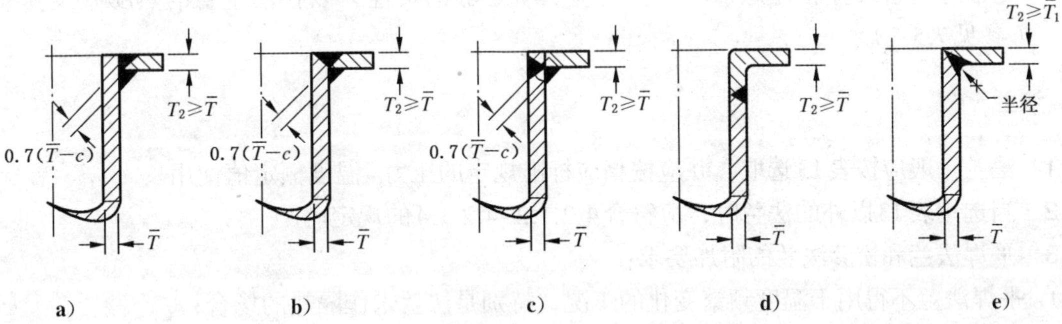

图1 焊制翻边接头的基本型式

5.1.6.3 现场制作的扩口翻边接头应符合以下规定：

a) 不得用于剧烈循环工况；

b) 扩口翻边用管子应符合GB/T 20801.2—2020表A.1相应材料标准以及相应的扩口翻边加工工艺要求；

c) 翻边接头的密封面外径应符合GB/T 12459的相关要求，密封面应按相应管法兰密封面的要求加工；

d) 内圆角半径应不大于3mm；

e) 最小厚度应不小于管子最小壁厚的95%；

f) 压力设计应符合4.2.1.2的规定。

5.1.6.4 现场制作的扩口翻边接头用于GC1级管道时，除符合5.1.6.3的规定以外，还应满足以下要求：

a) 公称直径应不大于DN100，且扩口翻边前管子壁厚应大于Sch10；

b) 最高允许工作压力应不大于PN20法兰规定的相应额定值；

c) 工作温度应不高于200℃。

5.1.6.5 满足以下任一要求的翻边接头可用于剧烈循环工况下：

a) 符合GB/T 12459的翻边接头；

b) 在管端整体锻制翻边接头；

c) 符合5.1.6.2并且采用图1 d)、图1 e)所示的圆角结构。

5.1.7 支管连接及其管件

5.1.7.1 支管连接包括支管直接与主管的焊接连接和通过支管连接管件与主管的连接两种形式，支管连接管件包括支管座、半管接头和三通等。用于GC1级管道的支管连接管件应符合5.1.7.2的规定。支管直接与主管的焊接连接应符合5.1.7.3的规定。

5.1.7.2 用于GC1级管道的支管连接管件应符合下列规定：

a）GC1级管道用支管连接管件宜采用整体补强的支管连接管件或三通；

b）承插或螺纹支管座和半管接头的公称直径应不大于DN80；

c）螺纹管件的选用应符合5.2.5的有关规定。

5.1.7.3 支管直接与主管的焊接连接应符合下列规定：

a）应按6.7、6.8的规定进行压力设计，焊接应符合5.2.2.1的规定。

b）用于剧烈循环工况时，除应符合5.1.7.3 a）的规定外，还应采用GB/T 20801.4—2020图10 b）、图10 d）、图10 f）的结构。

c）支管直接与主管的焊接连接不宜在以下场合使用：

1）支管尺寸与主管相近；

2）连接部位存在振动、脉动、温度循环等荷载引起的循环应力。

d）支管与主管尺寸相差悬殊时，支管应具有足够的柔性，以补偿主管的热膨胀及其他位移（参见7.5.5）。

5.1.8 法兰

5.1.8.1 法兰一般应按表13选取，并应按相应标准规定的压力－温度额定值使用。

5.1.8.2 当选用表13以外的法兰时，应符合4.2.1.2~4.2.1.4的规定。

5.1.8.3 平焊法兰和松套法兰的附加要求：

a）平焊法兰不得用于温度频繁变化的工况，特别是法兰未作隔热的场合；

b）带颈平焊法兰与翻边短节配合的使用范围应符合表6的规定；

表6 与翻边短节配合的带颈平焊法兰的使用范围

压力等级	最大法兰公称直径
Class 150	DN300
Class 300	DN200

c）松套法兰或带颈平焊法兰与翻边接头（包括现场制作的焊制翻边、扩口翻边等）配合使用时，应考虑法兰内孔与翻边转角的配合。

5.1.8.4 承插焊法兰的焊接应符合5.2.2.3的规定。

5.1.8.5 螺纹法兰（采用锥管螺纹连接的法兰）附加要求：

a）螺纹法兰的连接应符合5.2.5规定；

b）选用DN65、DN125和DN150螺纹法兰时，其钢管外径还应符合表7的规定。

表7 螺纹法兰的钢管外径

公称尺寸	钢管外径/mm	
	GB/T 7306（55°锥管螺纹）	GB/T 12716（60°锥管螺纹）
DN65	76.1	73
DN125	139.7	141.3
DN150	165.1	168.3

5.1.8.6 法兰型式的选用应考虑法兰的刚度对法兰接头密封性能的影响。

5.1.8.7 剧烈循环工况下，应选用整体法兰或带颈对焊法兰。

5.1.8.8 确定法兰密封面型式及表面粗糙度时，应考虑流体性质和垫片性能。

5.1.8.9 有毒、可燃介质管道不得采用板式平焊法兰。

5.1.8.10 胀接法兰和螺纹法兰（不包括高压用螺纹法兰－透镜垫密封型式）不得用于GC1级管道。

5.1.9 垫片

5.1.9.1 垫片的选用应考虑流体性质、工作温度、压力以及法兰密封面等因素。垫片的密封荷载应与法兰的压力等级、密封面型式、表面粗糙度和紧固件相匹配。

5.1.9.2 有冷流倾向的垫片，其密封面型式宜采用全平面、凹凸面或榫槽面。

5.1.9.3 选用缠绕式垫片、金属包覆垫等半金属垫或金属环垫的公称压力小于或等于PN20的标准管法兰，应采用带颈对焊等刚性较大的结构型式。

5.1.9.4 可燃材料（如橡胶）制成的垫片，不得用于输送强氧化性介质的管道。

5.1.10 紧固件

5.1.10.1 紧固件包括六角头螺栓、等长双头螺柱、全螺纹螺柱、螺母，紧固件强度按表8分类。

表8 紧固件强度分类

螺栓材料（HG/T 20613，HG/T 20634）		
高强度	中强度	低强度
8.8 35CrMo 25Cr2MoV 42CrMo（B7） A320 L7	A2-70 A4-70 A193 B8-2 A193 B8M-2 A453 660	5.6 A4-50 A2-50 06Cr17Ni12Mo2 06Cr18Ni10
除设计计算保证具有足够强度外，低强度紧固件不应用于Class 600及以上等级法兰接头和金属垫片密封的法兰接头。 5.2.3.5所列工况，应采用中强度或高强度紧固件。		

5.1.10.2 紧固件应符合预紧及操作条件下垫片的密封要求。

5.1.10.3 较高强度等级的紧固件可代用较低强度等级的紧固件。高温条件下使用的紧固件应与法兰材料具有相近的热膨胀系数。螺栓的工作温度宜不高于其蠕变阈值温度。

5.1.10.4 配对法兰中一侧为铸铁法兰或铜合金法兰时，应采用低强度紧固件。但以下情况除外：

a）两侧法兰的密封面均为全平面且采用全平面垫片的场合；

b）规定了螺栓拧紧力矩和拧紧程序的场合。

5.1.10.5 低强度紧固件不得用于剧烈循环工况下的法兰接头。

5.1.11 阀门

5.1.11.1 应根据管道的设计温度、设计压力、介质性质和阀门用途来选用阀门，并应考虑外部荷载对阀门操作性能和密封性能的影响。

5.1.11.2 阀门应按表13选取，也可参见附录C选取，并应按相应标准规定的压力－温度额定值使用。阀门内件采用非金属材料时，应根据非金属材料所能承受的压力－温度额定值确定阀门的压力－温度额定值。

5.1.11.3 阀盖与阀体的连接应满足以下要求：

a）采用螺纹阀盖的阀门应设有防止阀盖松动的安全装置，如锁紧装置等；

b）阀盖与阀体的连接螺栓个数少于4或采用U形螺栓连接的阀门，仅适用于GC3级管道。

5.1.11.4 对于内部可能滞留流体介质的阀门（如双密封阀座阀门），应采取适当的安全措施防止因温度升高导致的压力增加。

5.1.11.5 对于阀杆填料和管道内流体介质温差较大的工况以及阀门设计温度低于-46℃的低温工况，应采用加长阀盖的结构形式。

5.1.11.6 对于GC1级管道和剧烈循环工况，其阀门的选用应符合以下规定：

a） 除本部分另有规定外，宜选用重载（GB/T 12234、GB/T 12235或API 600）阀门。

b） 阀帽或阀盖的密封结构应采用下列型式之一：

1） 法兰连接，螺栓数量大于或等于4，且法兰接头及其螺栓上紧应符合5.2.3.5的相应规定；

2） 压力密封阀盖；

3） 全焊透焊接结构。

c） 不得采用螺纹连接的阀盖密封结构。

d） 用于剧烈循环工况的阀门铸件质量系数Φ_C应大于或等于0.90。

5.1.11.7 采用非金属密封材料内件，且用于可燃流体的阀门，应符合耐火试验要求，并应根据非金属材料所能承受的压力-温度额定值确定阀门的压力-温度额定值。

5.1.11.8 用于GC1级（毒性、易燃性）以及挥发性有机物（VOC）的阀门应采用低逸散结构，控制阀杆填料处的泄漏，且符合ISO 15848-1（型式试验）和GB/T 26481（阀门检验）的相应要求，参见附录D表D.3所列要求。

5.1.11.9 对于5.1.11.1~5.1.11.8的规定同样适用于管道过滤器、疏水器及分离器等与阀门类似的管道组成件。

5.2 管道组成件连接形式的选用

5.2.1 一般规定

管道组成件连接形式的选用应与管道材料和流体工况相适应，并应考虑在预期的使用和试验工况下，压力、温度和外荷载对连接接头密封性能和机械强度的影响。

5.2.2 焊接接头

5.2.2.1 管道组成件的连接形式宜优先选用焊接接头。管道组成件在制作和安装过程中的焊接、预热和热处理应符合GB/T 20801.4的有关规定，其检查及检验应符合GB/T 20801.5的有关规定。

5.2.2.2 衬环和熔化性嵌条应符合以下规定：

a） 对于腐蚀、振动或剧烈循环工况，焊接时应尽量避免使用衬环；如需采用衬环，应在焊后去除衬环并打磨接头内表面；在不可能去除衬环时，应考虑使用不带衬环的焊接，或使用可熔化性嵌条替代衬环，或焊后能去除的非金属衬环。

b） 对于剧烈循环工况或GC1级管道，不应使用不连续的开口衬环。

5.2.2.3 采用承插焊的焊接接头应符合以下规定：

a） 一般用于公称直径小于或等于DN50的管道。

b） 承口尺寸应符合相应法兰或管件标准的规定，承插焊焊缝尺寸应不小于GB/T 20801.4—2020图8、图9所示尺寸。

c） 以下场合不得采用承插焊焊接：

1） 可能产生缝隙腐蚀或严重冲蚀的场合；

2） 要求焊接部位及管道内壁光滑过渡的场合；

3） 剧烈循环工况、GC1级管道且公称直径大于DN50的场合。

d） 管道组成件上开设的旁通管和排放孔可采用承插焊连接，其承口尺寸应符合图2a）以及表9的规定。

e） 开设旁通管和排放孔的管道组成件的壁厚如不能满足表9的尺寸要求或需要开孔补强时，应增加凸缘［如图2b）所示］，凸缘的尺寸应符合表10的规定。

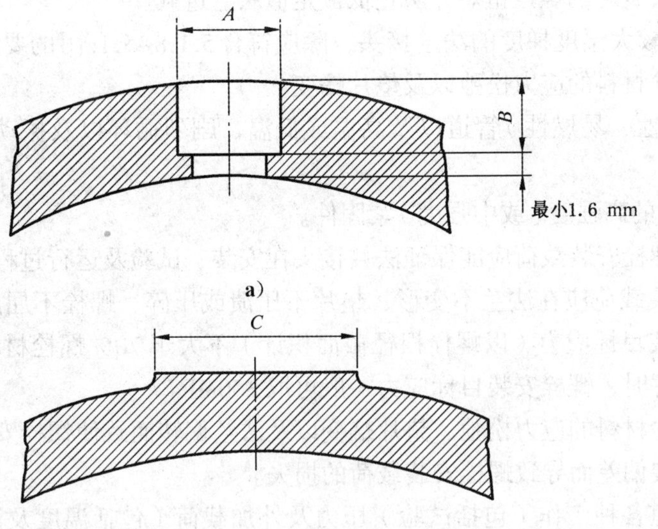

图2　承口和凸缘

表9　承口尺寸

连接尺寸		DN10	DN15	DN20	DN25	DN32	DN40	DN50
最小直径 A/mm	国际通用系列钢管	17.7	21.8	27.4	34.2	42.9	48.8	61.1
	国内沿用系列钢管	14.5	18.5	25.5	32.5	38.5	45.5	57.8
最小深度 B/mm		5	5	6.5	6.5	6.5	6.5	8

表10　凸缘尺寸

连接尺寸	DN10	DN15	DN20	DN25	DN32	DN40	DN50
最小直径 C/mm	32	38	44.5	54	63.5	70	86

5.2.2.4　角焊缝应符合以下规定：

a） 符合GB/T 20801.4—2020图7、图8和图9的角焊缝，可用于连接承插焊元件和平焊法兰的主要焊缝；

b） 角焊缝也可用于连接补强元件和结构附件，以增加强度或降低应力集中。

5.2.2.5　密封焊焊缝仅用于防止螺纹连接接头的泄漏，而不应考虑其对连接强度的影响。

5.2.2.6　用于剧烈循环工况的焊接接头除应符合5.2.2.1~5.2.2.4的要求外，其焊接接头的检查还应符合GB/T 20801.5—2020第6章的相关要求。

5.2.2.7　用于高温蠕变工况的焊接接头除应符合4.2.7、5.2.2.1~5.2.2.4的要求外，其焊接接头的检查还应符合 GB/T 20801.5—2020第6章的相关要求。

5.2.3　法兰连接

5.2.3.1　法兰连接的选用应根据设计条件、荷载、流体特性、泄漏率等因素来考虑，同时还应综合考虑法兰、垫片和紧固件的选用和配合。

5.2.3.2　金属法兰与非金属或铸铁法兰连接时，法兰的密封面应采用全平面型式，且一般配以全平面型式垫片。如果采用全平面型式以外的垫片，应控制螺栓拧紧力矩，防止非金属或铸铁法兰过载。

5.2.3.3 配对的两个法兰如具有不同的压力额定值，该连接接头的最高无冲击工作压力应按较低额定值确定，并应控制安装时的螺栓扭矩，防止低额定值法兰过载。

5.2.3.4 高温或承受较大温度梯度的法兰接头，除应符合5.1.8~5.1.10的要求外，还应考虑法兰的高温变形、温差和螺栓材料的应力松弛以及垫片蠕变。

5.2.3.5 GC1级（毒性、易燃性）管道以及高温或低温、剧烈循环以及振动、疲劳等工况条件下，应满足下列各项要求：

a）采用表8所示的高强度（或中强度）紧固件。

b）法兰接头的螺栓安装载荷应能保证法兰接头在安装、试验及运行过程中满足下列各项要求：

1）螺栓安装载荷应在法兰不变形、垫片不压溃或压碎、螺栓不屈服的条件下取最大值。螺栓安装目标应力（以螺栓根径截面积计）不大于70%螺栓材料屈服强度。采用高强度紧固件时，螺栓安装目标应力一般可取350MPa。

2）考虑螺栓材料的应力松弛、垫片蠕变以及法兰偏转而致使螺栓安装载荷的衰减。

3）考虑安装偏差而导致螺栓安装载荷的损失。

4）考虑管道各种工作（包括试验）压力及外加载荷（包括温度及温差）而导致垫片密封应力的降低。

5）运行条件下维持足够的垫片密封应力，满足设计要求的连接紧密性。

c）采用GB/T 38343规定的最大螺栓安装载荷控制技术，法兰接头装配、紧固方法和紧固程序的要求符合GB/T 20801.4—2020中10.2的相关规定。

5.2.4 胀接接头

5.2.4.1 胀接接头不得用于剧烈循环工况或GC1级管道。

5.2.4.2 应采取适当措施以防止胀接接头的松动、分离。

5.2.4.3 用于输送有毒介质的胀接接头，应采取安全防护措施。

5.2.4.4 对承受温度循环、振动、不均匀（或局部）膨胀或收缩以及外部机械荷载的管道，当采用胀接接头连接时，应保证胀接接头的密封性能，并采取安全防护措施。

5.2.5 螺纹密封的管螺纹连接

5.2.5.1 螺纹密封的管螺纹型式应符合表11的规定。

表11 螺纹牙型角

外螺纹	内螺纹	牙型角	标准
锥形 NPT	锥形NPT	60°	GB/T 12716
锥形 R	锥形RC	55°	GB/T 7306.2
	平行RP	55°	GB/T 7306.1

5.2.5.2 锥管螺纹（NPT和R/RC）应符合以下规定：

a）对于可能发生应力腐蚀、缝隙腐蚀、冲蚀或由于振动、压力脉动及温度变化等可能产生交变荷载的部位，不宜采用螺纹连接；

b）除温度计套管外，急性毒性类别1和类别2介质的管道和剧烈循环工况管道不应采用螺纹连接；

c）采用螺纹接头的管道系统，应考虑减小螺纹接头上的应力，特别是由热膨胀和阀门（尤其是端部阀门）操作产生的应力，以防止螺纹接头松动；

d）除GC3级管道外，不得采用管端伸出螺纹法兰作为密封面的结构型式，如图3所示（不包括高压用螺纹法兰透镜垫密封型式）；

e） 圆锥外螺纹元件的公称直径和最小壁厚应符合表12的规定；

f） 圆锥内螺纹元件与外螺纹元件应具有同等的强度和韧性，且符合流体工况的要求；

g） 未承受外部弯矩作用的螺纹元件（如温度计套管），可用于剧烈循环工况。

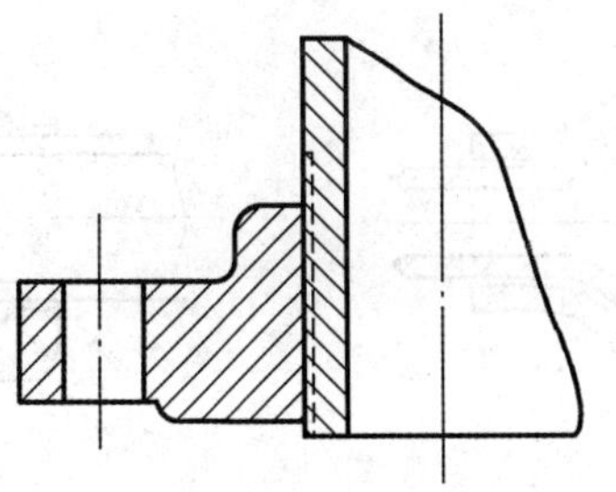

图3 管端伸出螺纹法兰作为密封面的结构

表12 圆锥外螺纹元件的最小壁厚

管道级别	材 料	钢管公称直径	最小壁厚（管标号或壁厚）
GC1	碳钢、合金钢	DN8~DN25	Sch80
	不锈钢		Sch40s
GC2	碳钢、合金钢	≤DN40	Sch80
		DN50~DN150	Sch40
	不锈钢	≤DN150	Sch40s
GC3	碳钢、合金钢、不锈钢	≤DN300	按6.1规定
用于输送可燃、有毒介质且大于DN50的螺纹连接接头，应采取安全防护措施。			

5.2.5.3 锥/平管螺纹（R/RP）应符合以下规定：

a） 圆锥外螺纹与圆柱内螺纹的配合（R/RP），仅适用于GC3级管道；

b） 用于水、低压蒸汽和空气系统管道时，可采用密封剂或密封带；

c） 还应符合5.2.5.1的规定。

5.2.6 直螺纹连接

直螺纹连接接头可采用图4所示的靠一对接触表面密封（非螺纹密封）结构，且仅适用于GC3级管道。

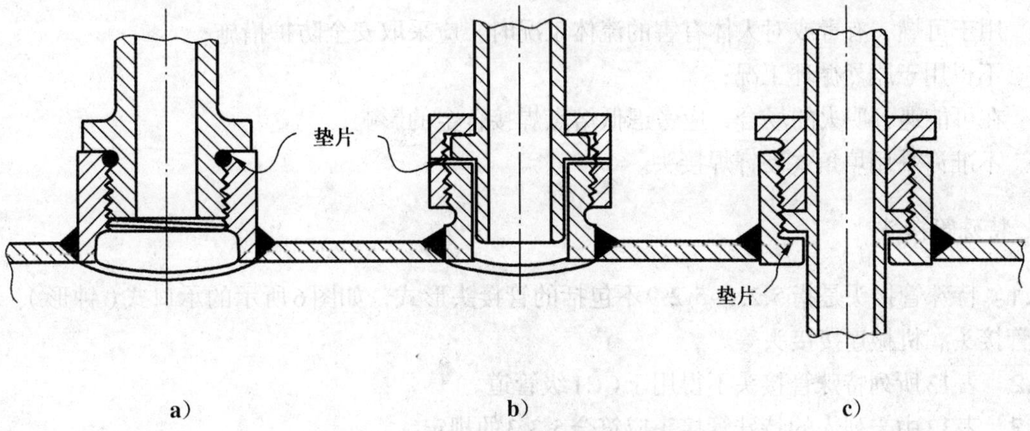

图4 典型的非螺纹密封直螺纹接头

5.2.7 扩口、非扩口压合型管件的连接

5.2.7.1 扩口、非扩口压合型管件(如图5所示)连接型式的选用，应考虑装拆、循环荷载、振动、冲击、热膨胀和收缩等因素可能产生的不利影响。

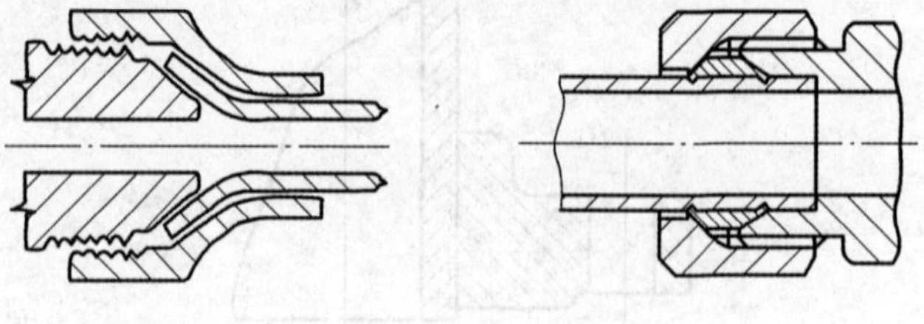

a)　　b)

图5 扩口、非扩口压合型管件连接结构

5.2.7.2 表13所列扩口、非扩口压合型管件的连接应满足以下要求：

a) 管件的最大及最小壁厚应满足相连管子的连接要求，且符合相应管件标准的规定；

b) 扩口压合型管件仅适用于GC3级管道，当用于剧烈循环工况选用非扩口压合型管件时，应采取安全防护措施。

5.2.7.3 表13中未列入的扩口、非扩口压合型管件，如能满足压力和其他荷载要求，可按5.2.7.2的规定使用，且应符合5.3.3的相关规定。

5.2.8 填函接头

填函接头应符合以下规定：

a) 在承口和插口的环形空间之间注入或压入填充物的填函接头，仅适用于GC3级管道；

b) 使用温度应不高于93℃；

c) 应采取预防措施，以防止接头松动和管道变形，并能承受由于支管连接等原因引起的横向作用力。

5.2.9 钎焊

5.2.9.1 软钎焊接头应符合以下规定：

a) 软钎焊接头仅限用于GC3级管道；

b) 不准许采用填角式软钎焊接头；

c) 在可能遇到明火或高温的场合，应考虑软钎料熔点的适应性。

5.2.9.2 硬钎焊和钎接焊接头应符合以下规定：

a) 用于可燃、有毒或对人体有害的流体工况时，应采取安全防护措施；

b) 不得用于剧烈循环工况；

c) 在可能遇到明火的场合，应考虑低熔点焊接合金的影响；

d) 不准许采用填角式硬钎焊接头。

5.2.10 特殊管接头

5.2.10.1 特殊管接头是指5.2.1~5.2.9不包括的管接头形式，如图6所示的承口式(钟形)、填函式等特殊管接头、机械连接接头等。

5.2.10.2 表13所列特殊管接头不得用于GC1级管道。

5.2.10.3 表13中未列入的特殊管接头应符合5.3.3的规定。

5.2.10.4 连接结构应具有足够的强度，并在预期的使用工况下，保证连接的完整性，以防止接头松动。

5.2.10.5　用于吸收热膨胀的填料接头，在承接口底部应留有适当的间隙以供膨胀时移动。

5.2.10.6　机械连接接头、承口–填料式连接接头不得用于剧烈循环工况。

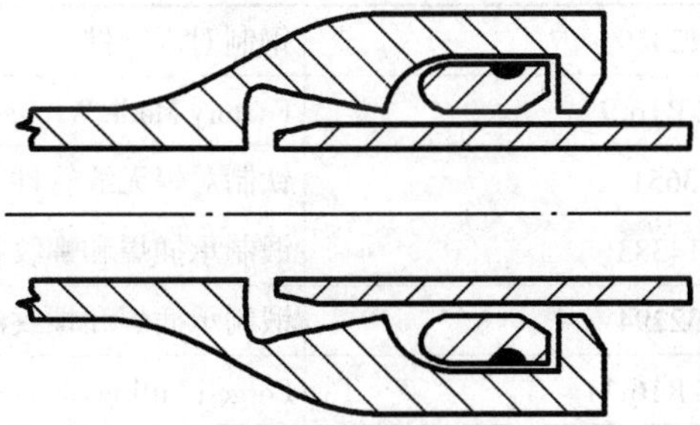

图6　承口式管件连接结构示意图

5.3　管道组成件的型式和尺寸标准

5.3.1　表13给出了符合GB/T 20801要求的管道组成件的型式和尺寸常用（典型）标准，表14给出了符合GB/T 20801要求的管道组成件的常用（典型）基础标准及检验、试验标准。

5.3.2　表13所列标准规定的压力–温度额定值、公称压力、壁厚等级均符合4.2.1的规定，可作为管道组成件的压力–温度设计准则。

5.3.3　表13中未列入的管道组成件标准的选用应符合下列和本部分的其他相应要求：

a）非表13所列管道组成件标准包括下列两类：

1）其他管道组成件国家标准与行业标准；

2）制造商标准、工程标准及设计规定。

b）非表13所列其他管道组成件国家标准与行业标准的选用前，设计或业主应确认该标准的设计、材料、制造、检验和质量保证符合本部分的相应要求。

c）由制造商标准或工程设计标准规定的其他管道组成件标准选用，应符合下列各项要求：

1）设计。采用本部分第6章或应力分析的方法进行压力设计，或采用与表13所列标准对比的方法来确定最大允许工作压力–温度值，对比时应注意型式、壁厚及通径的可比性。

2）材料。采用本部分适用的材料，应关注材料在设计温度上限或下限时以及苛刻工况下对特定管道组成件的适用性和可能出现的失效风险。

3）制造。管道元件的制造工艺应符合本部分的要求以及类似表13所列管道组成件标准的要求。

4）检验和质量保证。管道元件的检验和质量保证应符合本部分的要求以及类似表13所列管道组成件标准的要求。

5）应经设计或业主审核和同意。

表13　典型管道组成件型式尺寸标准

分 类	标准号	标准名称
钢管	HG/T 20553	化工配管用无缝及焊接钢管尺寸选用系列
	GB/T 17395	无缝钢管尺寸、外形、重量及允许偏差
	ASME B36.10M	Welded and Seamless Wrought Steel Pipe
	ASME B36.19M	Stainless Steel Pipe

表13　典型管道组成件型式尺寸标准（续）

分类		标准号	标准名称
管件	对焊	GB/T 12459	钢制对焊管件
		ASME B16.9	Factory Made Wrought Butt-welding Fittings
		HG/T 3651	钛制对焊无缝管件
	承插和螺纹	GB/T 14383	锻制承插焊和螺纹管件
		GB/T 32294	锻制承插焊和螺纹活接头
		ASME B16.11	Forged Fittings，Socket-welding and Threaded
		SH/T 3419	石油化工钢制异径短节
		GB/T 19326	锻制承插焊、螺纹和对焊支管座
	法兰	GB/T 17185	钢制法兰管件
	其他	HG/T 21547	管道用钢制插板、垫环、8字盲板系列
		SH/T 3425	钢制管道用盲板技术标准
		GB/T 29168.1~GB/T 29168.3	石油天然气工业　管道输送系统用感应加热弯管、管件和法兰
		GB/T 9065.1、GB/T 9065.2、GB/T 9065.5	液压软管接头
		GB/T 3733~GB/T 3760 GB/T 3763~GB/T 3765	卡套式管接头
		GB/T 5625~GB/T 5653	扩口式管接头
钢制法兰		GB/T 9124.1、GB/T 9124.2	钢制管法兰
		GB/T 13402	大直径钢制管法兰
		HG/T 20592	钢制管法兰（PN系列）
		HG/T 20615	钢制管法兰（Class系列）
		HG/T 20623	大直径钢制管法兰（Class系列）
		HG/T 20614	钢制管法兰、垫片、紧固件选配规定（PN系列）
		HG/T 20635	钢制管法兰、垫片、紧固件选配规定（Class系列）
		JB/T 2768、JB/T 2769、JB/T 2772 JB/T 2776、JB/T 2778	阀门零部件　高压管子、管件和阀门端部尺寸
螺栓/螺母		GB/T 5782	六角头螺栓
		GB/T 6170	1型六角螺母
		GB/T 6175	2型六角螺母
		HG/T 20613	钢制管法兰用紧固件（PN系列）
		HG/T 20634	钢制管法兰用紧固件（Class系列）
垫片		HG/T 20606、HG/T 20607、HG/T 20609~HG/T 20612	钢制管法兰用垫片（PN系列）
		HG/T 20627~HG/T 20628、HG/T 20630~HG/T 20633	钢制管法兰用垫片（Class系列）
波纹管膨胀节		GB/T 12777	金属波纹管膨胀节通用技术条件
支吊架		GB/T 17116	管道支吊架
消防软管连接件		GB/T 18615	波纹金属软管用非合金钢和不锈钢接头

表13　典型管道组成件型式尺寸标准（续）

分类		标准号	标准名称
铸铁管		GB/T 3422	连续铸铁管
		GB/T 13295	水及燃气用球墨铸铁管、管件和附件
铸铁管件	法兰、承插	GB/T 3420	灰口铸铁管件
	螺纹	GB/T 3287	可锻铸铁管路连接件
铸铁法兰		GB/T 17241	铸铁管法兰
阀门	通用标准	GB/T 12224	钢制阀门　一般要求
	闸阀	GB/T 12234	石油、天然气工业用螺柱连接阀盖的钢制闸阀
		GB/T 12232	通用阀门　法兰连接铁制闸阀
	安全阀	GB/T 12241	安全阀　一般要求
		GB/T 12243	弹簧直接载荷式安全阀
		GB/T 12246	先导式减压阀
	止回阀	GB/T 12236	石油、化工及相关工业用的钢制旋启式止回阀
		JB/T 8937	对夹式止回阀
		GB/T 13932	铁制旋启式止回阀
	旋塞阀	GB/T 12240	铁制旋塞阀
	球阀	GB/T 12237	石油、石化及相关工业用的钢制球阀
		GB/T 8464	铁制和铜制螺纹连接阀门
	蝶阀	GB/T 12238	法兰和对夹连接弹性密封蝶阀
		JB/T 8527	金属密封蝶阀
	截止阀	GB/T 12235	石油、石化及相关工业用钢制截止阀和升降式止回阀
		JB/T 7747	针形截止阀
		GB/T 12233	通用阀门　铁制截止阀和升降式止回阀
	隔膜阀	GB/T 12239	工业阀门　金属隔膜阀

表14　典型基础标准及检验、试验标准

标准号	标准名称
GB/T 196	普通螺纹　基本尺寸
GB/T 197	普通螺纹　公差
GB/T 7306.1	55°密封管螺纹　第1部分：圆柱内螺纹与圆锥外螺纹
GB/T 7306.2	55°密封管螺纹　第2部分：圆锥内螺纹与圆锥外螺纹
GB/T 12716	60°密封管螺纹
GB/T 1047	管道元件　公称尺寸的定义和选用
GB/T 1048	管道元件　公称压力的定义和选用
GB/T 12220	工业阀门　标志
GB/T 12221	金属阀门　结构长度
GB/T 13927	工业阀门　压力试验
GB/T 1031	产品几何技术规范（GPS）　表面结构　轮廓法　表面粗糙度参数及其数值
GB/T 26480	阀门的检验和试验
JB/T 6899	阀门的耐火试验

6 管道组成件的压力设计

6.1 直管

6.1.1 符号

A ——与几何参数有关的外压（或真空）设计系数；

A_s ——加强圈横截面积，单位为平方毫米（mm^2）；

B ——与材料有关的外压（或真空）设计系数，单位为兆帕（MPa）；

C ——厚度附加量，为腐蚀、冲蚀裕量和机械加工深度的总和，即$C=C_2+C_3$，见图7，单位为毫米（mm）；

C_1 ——材料厚度负偏差，按材料标准规定，见图7，单位为毫米（mm）；

C_2 ——腐蚀、冲蚀裕量，见图7，单位为毫米（mm）；

C_3 ——机械加工深度，见图7，单位为毫米（mm）；
对带螺纹的管道组成件，取公称螺纹深度；
对未规定公差的机械加工表面或槽，取规定切削深度加0.5mm；

D ——管外径，取管子外径的名义值，或由实测所得，单位为毫米（mm）；

d ——管内径，用于压力计算时，应是材料标准允许的最大值，单位为毫米（mm）；

E ——设计温度下材料的弹性模量，由GB/T 20801.2—2020的表B.3确定，单位为兆帕（MPa）；

L ——外压（或真空）管道的计算长度，单位为毫米（mm）；
1）对于直管，取两相邻支撑线之间的距离，按GB/T 150.3的规定确定；
2）当直管带有焊接相连的（即相接处不作为支撑线）弯头或弯管、斜接弯头时，取直管包括弯头、弯管或斜接弯头的轴线在内的两相邻支撑线之间的距离；
3）当直管带有异径管时，一般取包括异径管轴向长度在内，大端直管支撑线到小端直管支撑线之间的距离（见GB/T 150.3—2011图4-1）；

L_s ——一个加强圈对直管的加强长度，取加强圈中心线到相邻两侧加强圈中心线距离之和的一半，若直管与凸形封头相邻，则应计入封头曲面深度的1/3，单位为毫米（mm）；

P ——设计压力，单位为兆帕（MPa）；

$[P]$ ——许用外压，单位为兆帕（MPa）；

S ——设计温度下管道组成件金属材料的许用应力，由GB/T 20801.2—2020中表A.1查取，单位为兆帕（MPa）；

T ——最小厚度，为实测所得或取名义厚度减去材料厚度负偏差C_1，见图7，单位为毫米（mm）；

$\overline{T}$ ——名义厚度，材料标准规定的厚度，单位为毫米（mm）；

T_e ——有效厚度，为名义厚度减去厚度附加量和材料厚度负偏差以后的厚度，见图7，单位为毫米（mm）；

t ——计算厚度，按内压或外压（或真空），分别由公式计算而得的厚度，见图7，单位为毫米（mm）；

t_d ——设计厚度，为计算厚度与厚度附加量之和（必要时可用T值替代），见图7，单位为毫米（mm）；

Y ——计算系数，当$t<D/6$时，按表15查取；当$t\geqslant D/6$时，$Y=\dfrac{d+2C}{D+d+2C}$；

W ——焊接接头高温强度降低系数，见4.2.7；

Δ ——厚度圆整值，见图7，单位为毫米（mm）；

Φ（Φ_w、Φ_C）——焊件的纵向焊接接头系数或铸件质量系数，按GB/T 20801.2—2020中表A.3、表A.4或本部分表3、表4查取。

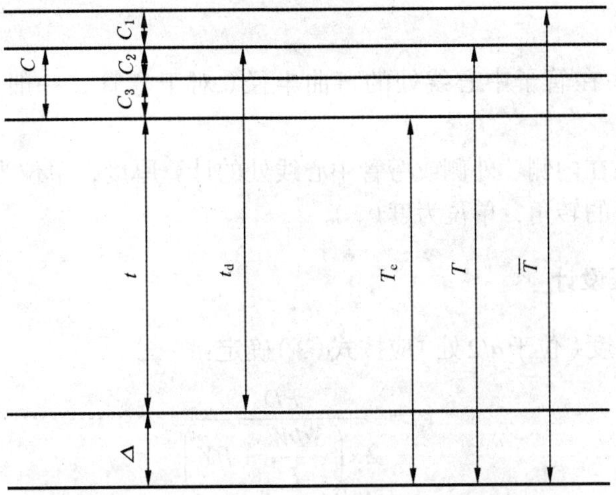

图7 厚度、附加量和负偏差及其相互关系

表15 $T<D/6$时的Y值

材料	温度/℃							
	≤482	510	538	566	593	621	649	≥677
铁素体钢	0.4	0.5	0.7	0.7	0.7	0.7	0.7	0.7
奥氏体钢	0.4	0.4	0.4	0.4	0.5	0.7	0.7	0.7
镍基合金	0.4	0.4	0.4	0.4	0.4	0.4	0.5	0.7
其他延性材料	0.4	0.4	0.4	0.4	0.4	0.4	0.4	0.4
铸铁	0.0	—	—	—	—	—	—	—

6.1.2 直管的内压设计

直管的内压设计应符合下列规定：

a） 当$t<D/6$时，直管的计算厚度t按式（1）计算：

$$t=\frac{PD}{2\times(S\Phi W+PY)} \qquad (1)$$

b） 当$t\geqslant D/6$或$P/S\Phi>0.385$时，计算时还应考虑失效机理、疲劳影响和温差应力等因素。

6.1.3 直管的外压（或真空）设计

直管的外压（或真空）设计应符合下列规定：

a） 应根据D、L、T_e值以及所用材料，按GB/T 150.3等有关标准，并按$P\leqslant[P]$的准则确定计算厚度；

b） 对于$L/D\geqslant 25$且$D/T_e\geqslant 65$的碳钢、低合金钢、奥氏体不锈钢以及铸铁直管，当设计温度不超过300℃时，可按式（2）计算许用外压$[P]$：

$$[P]=\frac{2.2}{3}E\left(\frac{T_e}{D}\right)^3 \quad\cdots\cdots(2)$$

c） 加强圈的设置和设计应符合GB/T 150.3的规定。

6.2 弯管或弯头

6.2.1 符号

I ——计算系数；

R ——弯管或弯头在管子中心线处的弯曲半径（对于弯管，一般取$R\geqslant 3D$），单位为毫米（mm）；

t_w ——弯管或弯头在内侧、外侧或弯管中心线处的计算厚度，单位为毫米（mm）；

α ——弯管或弯头的转角，单位为度（°）。

6.2.2 弯管或弯头的内压设计

弯管或弯头的计算厚度（位于$\alpha/2$处）应按式（3）确定：

$$t_w=\frac{PD}{2\times\left(\frac{S\Phi W}{I}+PY\right)} \quad\cdots\cdots(3)$$

a） 当计算弯管或弯头的内侧厚度时：

$$I=\frac{4\times\left(\frac{R}{D}\right)-1}{4\times\left(\frac{R}{D}\right)-2} \quad\cdots\cdots(4)$$

b） 当计算弯管或弯头的外侧厚度时：

$$I=\frac{4\times\left(\frac{R}{D}\right)+1}{4\times\left(\frac{R}{D}\right)+2} \quad\cdots\cdots(5)$$

c） 当计算弯管中心线侧壁处厚度时：

$$I=1.0 \quad\cdots\cdots(6)$$

d） 弯管在弯制成型后的端部最小厚度应不小于直管设计厚度t_d。

6.2.3 弯管或弯头的外压（或真空）设计

弯管或弯头的外压（或真空）设计应按6.1.3的规定进行，其计算长度L取直管上包括沿弯管或弯头轴线在内的两相邻支撑线之间的距离。

6.3 斜接弯头

6.3.1 符号

P_m ——斜接弯头的最大许用内压，单位为兆帕（MPa）；

R_1 ——斜接弯头的有效半径（见图8），即斜接弯头弯曲中心到斜接管中心线的垂直距离，其值应不小于$\frac{A}{\tan\theta}+\frac{D}{2}$，$A$值按表16确定，单位为毫米（mm）；

r_2 ——管子的平均半径（中径），单位为毫米（mm）；

α ——斜接弯头的变方向角（见图8），$\alpha=2\theta$，单位为度（°）；

θ ——斜接处的切割角（见图8），单位为度（°）。

表16　系数A值

单位为毫米

T_e	A
≤13	25
$13<T_e<22$	$2T_e$
≥ 22	$[2T_e/3]+30$

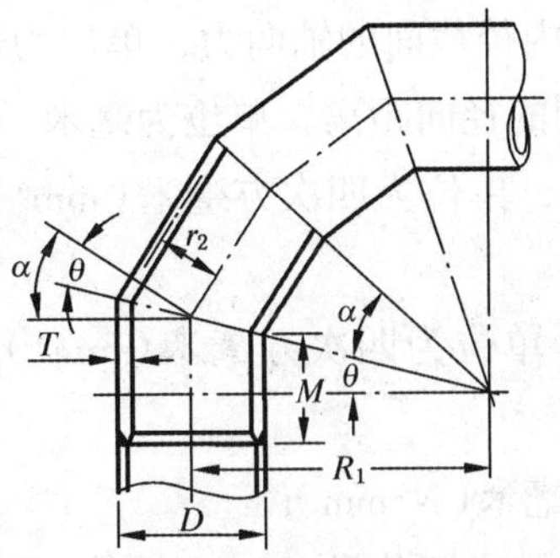

图8　斜接弯头

6.3.2　斜接弯头的内压设计

斜接弯头的内压设计应符合下列规定：

a）变方向角α不超过3°的斜接弯头，按直管计算；

b）单弯斜接弯头的最大许用内压P_m应分别按式（7）和式（8）计算：

1）当$\theta \leqslant 22.5°$时：

$$P_m=\frac{S\Phi WT_e}{r_2}\left[\frac{T_e}{T_e+0.643\tan\theta\sqrt{r_2T_e}}\right] \quad \cdots\cdots(7)$$

2）当$\theta>22.5°$时：

$$P_m=\frac{S\Phi WT_e}{r_2}\left[\frac{T_e}{T_e+1.25\tan\theta\sqrt{r_2T_e}}\right] \quad \cdots\cdots(8)$$

c）θ角不大于22.5°的多弯斜接弯头的最大许用内压P_m，应取按式（7）和式（9）计算值的较小者：

$$P_m=\frac{S\Phi WT_e}{r_2}\left[\frac{R_1-r_2}{R_1-0.5r_2}\right] \quad \cdots\cdots(9)$$

d）斜接弯头两端的直边段长度M（见图8），应不小于下列两式中的较大值：

$$M=2.5\ (r_2T)^{0.5} \quad \cdots\cdots(10)$$

$$M=(R_1-r_2)\tan\theta \quad \cdots\cdots(11)$$

其中，直边段的厚度应不小于有效厚度和厚度附加量之和，直管段末端的削薄长度可计入M值。

6.3.3　斜接弯头的外压（或真空）设计

斜接弯头的外压（或真空）设计应按6.1.3的规定进行，但计算长度L应取直管包括斜接弯头各段斜接管轴线在内的两相邻支撑线之间的距离。

6.4 管法兰和法兰盖的压力设计与承受外载荷评估

6.4.1 符号

C ——螺栓中心圆直径，单位为毫米（mm）；

D_G ——垫片中心圆直径，单位为毫米（mm）；

F ——外加轴向力（拉伸时计入，压缩时不计），单位为牛顿（N）；

F_E ——按式（13）计算，由外加轴向力与外加弯矩产生的当量力，单位为牛顿（N）；

H_D ——内压引起的作用于法兰内径截面的轴向力，单位为毫米（mm）；

h_D ——螺栓中心圆至H_D作用圆的径向距离，单位为毫米（mm）；

I ——法兰横截面弯曲惯性矩，单位为四次方毫米（mm^4），详见 ASME BPV Code Ⅷ-2中表4.16.7；

I_F ——法兰横截面极惯性矩，单位为四次方毫米（mm^4），详见 ASME BPV Code Ⅷ-2中表4.16.7；

M ——外加弯矩，单位为牛顿毫米（N·mm）；

M_D ——按泰勒方法，由H_D产生的力矩分量，$M_D=H_Dh_D$，单位为牛顿毫米（N·mm）；

P ——设计压力，单位为兆帕（MPa）；

P_e ——由外加轴向力与外加弯矩产生的当量压力，单位为兆帕（MPa）。

6.4.2 标准管法兰的压力-温度额定值

表13所列的标准管法兰和法兰盖按标准规定的压力-温度额定值选用。

6.4.3 标准管法兰的压力设计核算

经设计者同意，也可按6.4.4所列非标法兰的设计方法［泰勒（Taylor Forge）方法］确定标准管法兰的许用压力-温度值（最大允许工作压力）。

6.4.4 非标法兰的压力设计

非标法兰和法兰盖的压力设计（最大允许工作压力）应符合GB/T 17186.1规定的泰勒方法，但法兰及螺栓材料的许用应力应符合GB/T 20801的相关规定。当采用控制螺栓安装载荷的法兰上紧措施时，螺栓设计载荷和予紧状态的法兰力矩按需要的螺栓面积A_m计算，而不考虑实际螺栓面积A_b。

6.4.5 管法兰的外载荷评估

当管法兰承受外加轴向力或外加弯矩时，可按下列方法之一评估：

a） 法兰压力-温度额定值-当量压力方法

按式（12）计算其外加轴向力或外加弯矩的当量压力P_e，设计压力与当量压力之和应不大于法兰的压力-温度额定值。

注：经设计者同意，设计压力也可采用相应工况下的最大工作压力。

$$P_e=\frac{16M}{\pi D_G^3}+\frac{4F}{\pi D_G^2} \qquad (12)$$

b） 泰勒方法-当量压力方法

按式（12）计算其外加轴向力或外加弯矩的当量压力P_e，设计压力与当量压力之和应不大于按6.4.4方法所得的最大允许工作压力。

c） 泰勒方法－当量力方法

在按6.4.4方法进行法兰设计应力校核时：

1） 由内压引起的作用于法兰内径截面的轴向力 H_D 应叠加由外加轴向力 F 以及外加弯矩 M 产生的当量力 F_E，即（H_D+F_E）；

$$F_E = F + \left(\frac{4M}{C-2h_D}\right) \quad (13)$$

2） 计算法兰力矩 M_D 时，以 M_D=（H_D+F_E）h_D 代替 $H_D h_D$；

3） 而 H_T 和 H_G 及相应的法兰力矩计算仅计入设计压力，而不考虑外加轴向力或外加弯矩；

4） 按上述方法所得的法兰设计应力校核应符合 GB/T 17186.1 和 6.4.4 的规定。

d）泰勒方法－修正当量力方法

在按c）泰勒方法－当量力方法时，按ASME BPV Code Ⅷ－2中式（4.16.14）和式（4.16.16），引入外加弯矩M的修正系数［I/（0.384 6I_p+I）］，以M［I/（0.384 6I_p+I）］代替外加弯矩M。

6.4.6 法兰刚度

必要时，还可按GB/T 17186.1的规定校核法兰刚度。

6.5 盲板

6.5.1 符号

d_g——对于突面、凹凸面或平面法兰，为垫片内径；对于环连接面和榫槽面法兰，为垫片的平均直径，见图9，单位为毫米（mm）；

t_m——盲板计算厚度，单位为毫米（mm）。

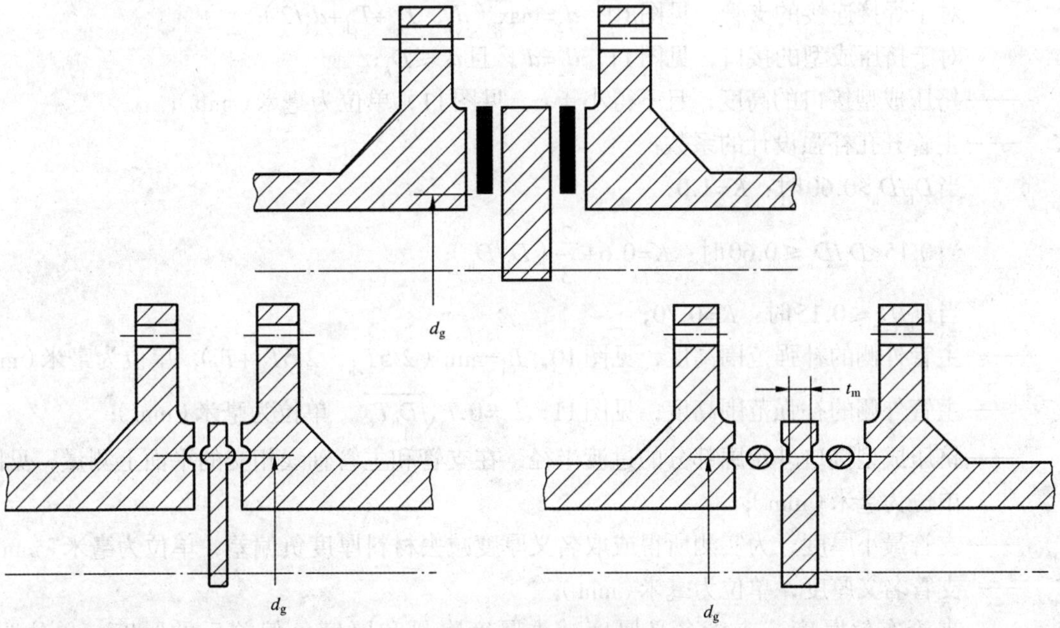

图9 盲板结构图

6.5.2 盲板计算厚度

盲板计算厚度应按式（14）计算：

$$t_m = d_g\sqrt{\frac{3P}{16SW\Phi}} \quad (14)$$

6.6 其他管道组成件

其他管道组成件如异径管、凸形封头和平封头等的压力设计，应按相关标准进行。

6.7 支管连接的等面积补强法

6.7.1 符号

A_1 ——因开孔削弱而要求补强的截面积，见图10，单位为平方毫米（mm^2）；

A_2 ——补强范围内主管上除承受压力所需面积之外的多余截面积，见图10和图11，单位为平方毫米（mm^2）；

A_3 ——补强范围内支管上除承受压力所需面积之外的多余截面积，见图10和图11，单位为平方毫米（mm^2）；

A_4 ——补强范围内的补强圈截面积，或挤压成型接口端部除承受压力所需之外的多余截面积，见图10和图11，单位为平方毫米（mm^2）；

A_5 ——补强范围内的焊缝截面积，见图10，单位为平方毫米（mm^2）；

D_b ——支管外直径，见图10和图11，单位为毫米（mm）；

D_h ——主管外直径，见图10和图11，单位为毫米（mm）；

D_r ——补强圈外直径，单位为毫米（mm）；

d_b ——支管内直径，见图11，单位为毫米（mm）；

d_x ——挤压成型接口的设计内直径，取支管内直径与两倍的厚度附加量之和，见图11，单位为毫米（mm）；

d_1 ——见图10，$d_1\sin\beta=D_b-2(T_b-C)$，单位为毫米（mm）；

d_2 ——补强范围宽度的一半，单位为毫米（mm）；
对于焊接连接的支管，见图10，$d_2=\max(d_1, T_{eb}+T_{eh}+d_1/2)$；
对于挤压成型的接口，见图11，$d_2=d_x$，且$d_2\leqslant D_h$；

h_x ——挤压成型接口的高度，且不得小于r_x，见图11，单位为毫米（mm）；

K ——主管开孔补强设计的系数：
当$D_b/D_h>0.60$时：$K=1.0$；
当$0.15<D_b/D_h\leqslant 0.60$时：$K=0.6+\frac{2}{3}(D_b/D_h)$；
当$D_b/D_h\leqslant 0.15$时：$K=0.70$；

L_4 ——主管外侧的补强范围高度，见图10，$L_4=\min(2.5T_{eh}, 2.5T_{eb}+T_r)$，单位为毫米（mm）；

L_5 ——主管外侧的补强范围高度，见图11，$L_5=0.7\sqrt{D_bT_x}$，单位为毫米（mm）；

r_x ——挤压成型接口外轮廓部分的过渡半径，在支管和主管轴线相交的平面上测量，见图11，单位为毫米（mm）；

T_b ——支管最小厚度，为实测所得或取名义厚度减去材料厚度负偏差，单位为毫米（mm）；

$\overline{T}_b$ ——支管名义厚度，单位为毫米（mm）；

T_{eb} ——支管有效厚度，支管名义厚度减去厚度附量和厚度负偏差后的厚度，单位为毫米（mm）；

T_{eh} ——主管有效厚度，主管名义厚度减去厚度附加量和厚度负偏差后的厚度，单位为毫米（mm）；

T_h ——主管最小厚度，为实测所得或取名义厚度减去材料厚度负偏差，单位为毫米（mm）；

$\overline{T}_h$ ——主管名义厚度，单位为毫米（mm）；

T_r ——补强圈或补强鞍板的名义厚度，由管切制时，则为最小厚度，单位为毫米（mm）；

T_x ——挤压成型接口的厚度，从主管以上高度为r_x处测量，不包括腐蚀、冲蚀裕量，见图11，单位为毫米(mm)；

t_b ——支管计算厚度，应计入支管Φ_w值，当只管为外压(或真空)时，t_b应将外压(或真空)作为内压，且Φ_w=1.0，单位为毫米(mm)；

t_h ——主管计算厚度，应计入支管Φ_w值，当支管未和主管纵焊缝相遇或当为外压(或真空)时，t_h应将外压(或真空)作为内压，且Φ_w=1.0，单位为毫米(mm)；

β ——支管轴线和主管轴线间的夹角，应不大于90°，单位为度(°)。

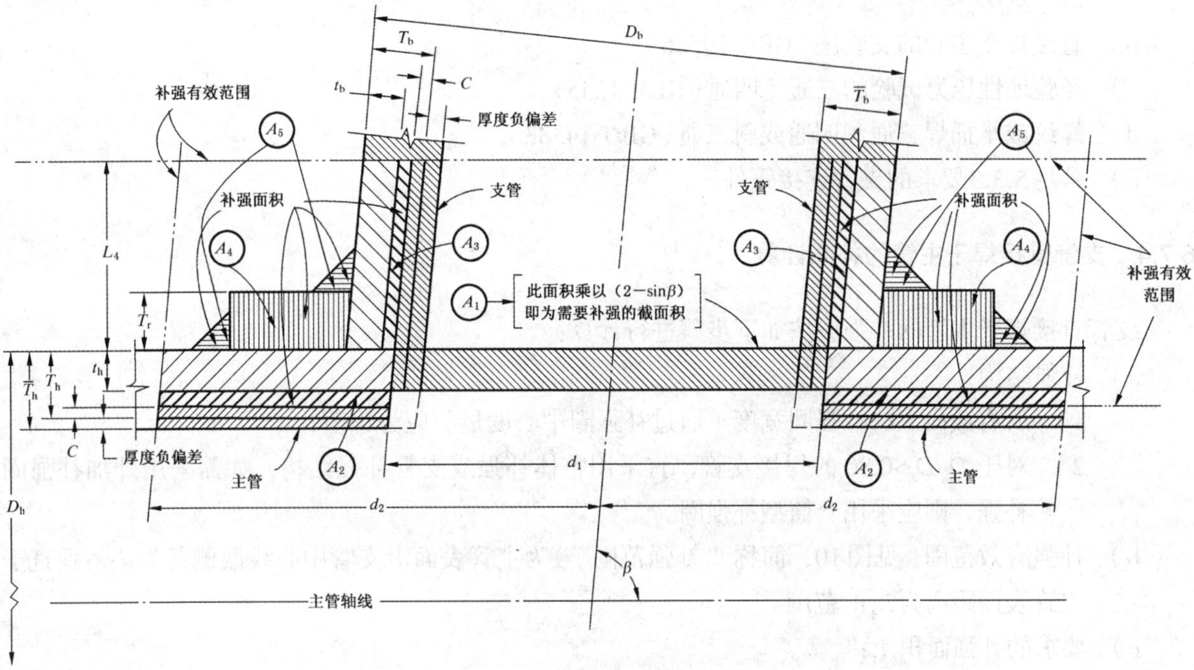

图10 直主管上的支管连接

6.7.2 等面积补强法的适用范围

6.7.2.1 等面积补强法计算是支管连接的最低要求，6.7.3~6.7.5规定的等面积补强法计算适用于以下支管连接结构：

a) GB/T 20801.4—2020图10 a)~f)所示的焊接支管；

b) 与a)结构类似的焊接或锻造三通、四通、斜三通；

c) 未列入表13的其他直接焊接于主管的支管连接管件。

6.7.2.2 等面积补强法的结构尺寸应符合以下规定：

a) D_h/T_h<100时，D_b/D_h≤1.0；D_h/T_h≥100时，D_b/D_h<0.5；

b) β≥45°；

c) 支管轴线和主管轴线相交。

6.7.2.3 外加补强材料应符合以下规定：

a) 外加补强材料可不同于主管材料，但应和主管、支管材料具有相近的焊接性能、热处理要求、电位差和热膨胀系数等；

b) 如外加补强材料的许用应力低于主管的许用应力，则用于补强的截面积A_4应乘以二者许用应力的比值后再行校核；如补强材料的许用应力高于主管的许用应力，则其影响可不予考虑。

6.7.2.4 对于剧烈循环工况和高温蠕变工况的管道及设计压力大于或等于10.0MPa的高压管道不宜采用补强圈作为补强措施。

6.7.3 不需要补强的条件

符合下列情况之一者，不需要进行补强计算，也不需要采取其他补强措施：

a） 直接焊于主管的螺纹、承插焊半管接头（GB/T 14383），且符合下列各项要求：

1） 支管公称直径不大于DN50；

2） $D_b/D_h \leqslant 1/4$。

b） 直接焊于主管的支管座（GB/T 19326）。

c） 经验证性压力试验的三通、四通（GB/T 12459）。

d） 螺纹或承插焊三通、四通或斜三通（GB/T 14383）。

e） 满足5.3.3要求的支管连接管件。

6.7.4 支管直接焊于主管的补强计算

支管直接焊于主管的补强应按如下步骤进行计算：

a） 补强结构：

1） 所有截面上的补强圈宽度（通过补强圈中心度量）应为恒值；

2） 对于 D_b/D_h>0.80 的焊接支管，宜采用整体补强或支管补强结构，如需采用外加补强圈补强，则应采用套筒型补强圈。

b） 补强有效范围（见图10，简称“补强范围”）为主管表面沿支管中心线两侧各为d_2、垂直于主管表面距离为L_4的范围。

c） 要求的补强面积A_1：

1） 对于承受内压的支管连接件，A_1 应按式（15）计算：

$$A_1=t_h d_1(2-\sin\beta) \quad \cdots\cdots (15)$$

2） 对于承受外压（或真空）的支管连接件，A_1 应将外压（或真空）作为内压按式（16）计算：

$$A_1=t_h d_1(2-\sin\beta) \quad \cdots\cdots (16)$$

d） 补强范围内的补强面积：

1） 除承受压力荷载所需计算厚度 t_h 之外，主管上多余厚度构成的面积 A_2 应按式（17）计算，但内压或外压（或真空）的计算厚度 t_h 应予以区别：

$$A_2=(2d_2-d_1)(T_{eh}-t_h) \quad \cdots\cdots (17)$$

2） 除承受压力荷载所需计算厚度 t_b 之外，支管上多余厚度所构成的面积 A_3 应按式（18）计算，但内压或外压（或真空）的计算厚度 t_b 应予以区别：

$$A_3=2L_4(T_{eb}-t_b)/\sin\beta \quad \cdots\cdots (18)$$

3） 补强圈面积 A_4 应取式（19）和式（20）中的较小值：

$$A_4=\left(D_r-\frac{D_b}{\sin\beta}\right)T_r \quad \cdots\cdots (19)$$

$$A_4=\left(2d_2-\frac{D_b}{\sin\beta}\right)T_r \quad \cdots\cdots (20)$$

4） 焊缝面积 A_5 应按实际焊缝尺寸计算，焊缝的最小尺寸应符合 GB/T 20801.4—2020 图10的规定。

e） 补强面积应满足式（21）的校核要求：

$$A_2+A_3+A_4+A_5 \geqslant A_1 \quad (21)$$

支管直接焊于主管的补强计算实例参见附录E。

f） 多个支管连接的补强设计：

1） 如任意两相邻支管的中心距大于或等于该两支管平均直径的2倍，则每个支管应分别符合上述b）~e）的规定。

2） 如任意两相邻支管的中心距小于该两支管平均直径的2倍，则两支管的补强设计应按以下规定进行：

——任意两相邻支管的中心距不宜小于该两支管平均直径的1.5倍；

——两支管补强范围内相互重叠的面积不能重复计入，且两支管之间的补强面积应不小于该两支管所需补强面积总和的50%；

——相邻两支管应分别符合上述b）~e）规定的补强计算要求。

6.7.5 带挤压成型接口的支管连接补强计算

带挤压成型接口的支管连接补强计算应按如下步骤进行计算：

a） 补强结构：

1） 接口（包括支管）轴线和主管轴线相交，且垂直于主管轴线。

2） 挤压成型接口在主管表面的凸出高度 h_x 应大于或等于接口外侧的过渡半径 r_x［见图11a)］。

3） 最小过渡半径 r_x 应取 $0.05D_b$ 或 38mm 中小者。

4） 最大过渡半径 r_x 应满足以下要求：

当 D_b<DN200时，r_x=32mm；

当 $D_b \geqslant$ DN200时，$r_x \leqslant 0.1D_b+13$mm。

5） 接口外轮廓由多个过渡半径组成时，应取超过45°弧线的最佳拟合半径为最大半径 r_x 值，且应满足上述3）和4）的规定。

6） 当 r_x 不满足上述要求时，不得采用机加工的方法。

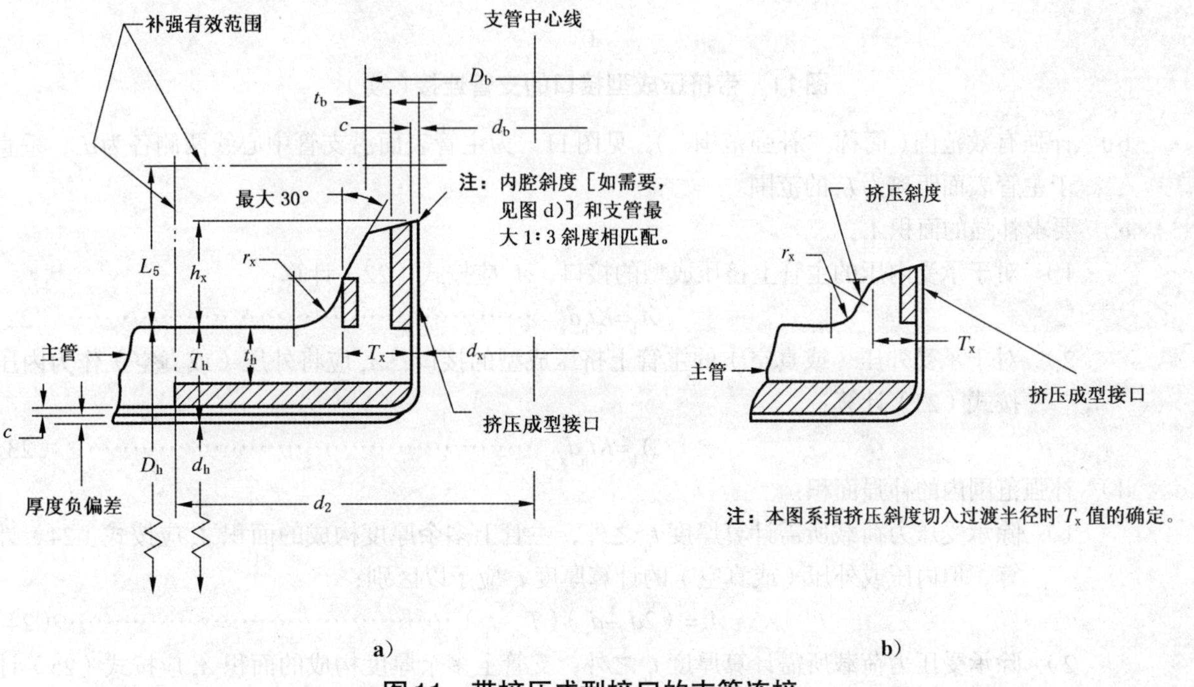

图11 带挤压成型接口的支管连接

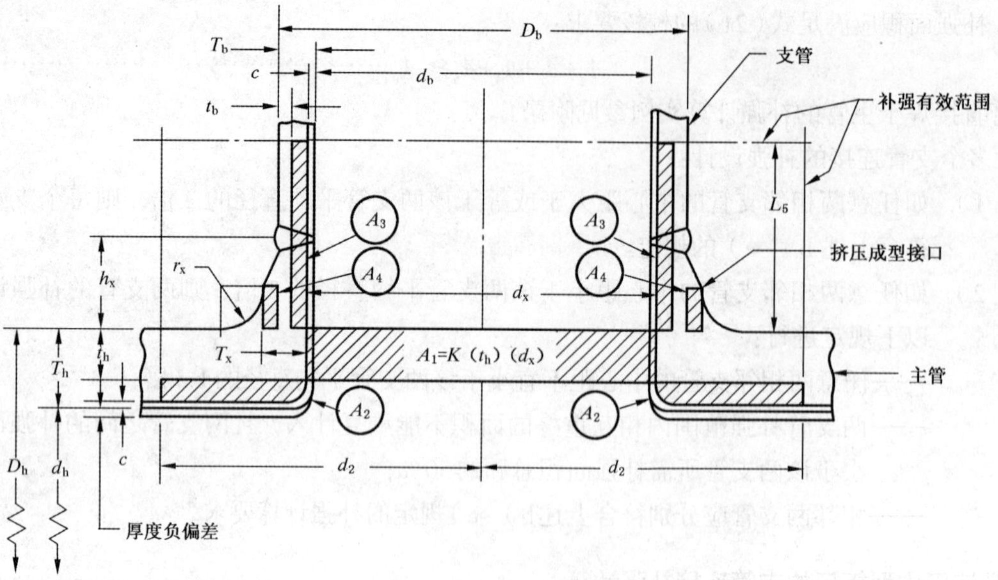

注：本图系指 K=1.0 时。

c）

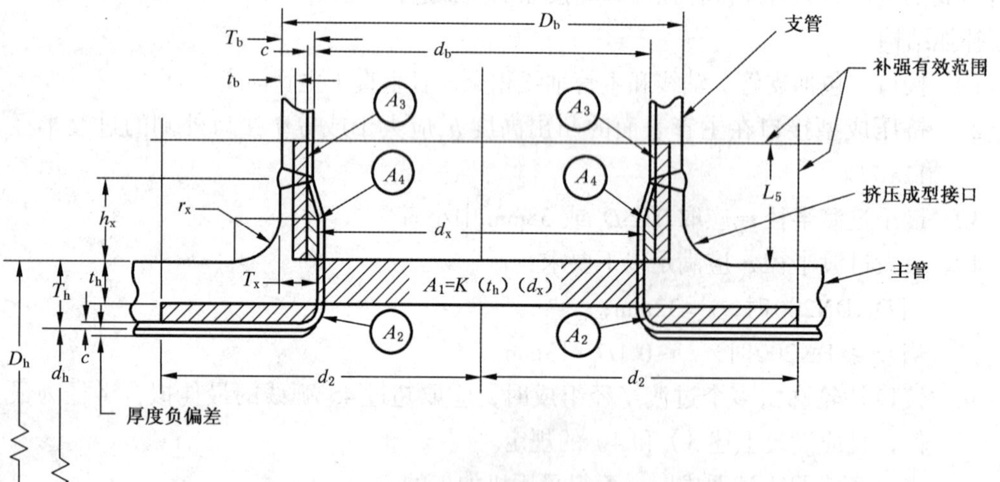

注：本图系指 K=1.00 和 $d_x<d_b$ 时。

d）

图11 带挤压成型接口的支管连接（续）

b） 补强有效范围（简称“补强范围”），见图11，为主管表面沿支管中心线两侧各为 d_2、垂直于主管表面距离为 L_5 的范围。

c） 要求补强的面积 A_1：

1） 对于承受内压的主管上挤压成型的接口，A_1 应按式（22）计算：

$$A_1=Kt_hd_x \quad\quad (22)$$

2） 对于承受外压（或真空）的主管上挤压成型的接口：A_1 应将外压（或真空）作为内压按式（23）计算：

$$A_1=Kt_hd_x \quad\quad (23)$$

d） 补强范围内的补强面积：

1） 除承受压力荷载所需计算厚度 t_h 之外，主管上多余厚度构成的面积 A_2 应按式（24）计算，但内压或外压（或真空）的计算厚度 t_h 应予以区别；

$$A_2=（2d_2-d_x）（T_{eh}-t_h） \quad\quad (24)$$

2） 除承受压力荷载所需计算厚度 t_b 之外，支管上多余厚度构成的面积 A_3 应按式（25）计算，但内压或外压（或真空）的计算厚度 t_b 应予以区别；

$$A_3=2L_5(T_{eb}-t_b) \quad (25)$$

3）对于挤压成型接口端部的多余厚度构成的面积 A_4 应按式（26）计算：

$$A_4=2r_x(T_x-T_{eb}) \quad (26)$$

e）补强面积应满足式（27）的校核要求：

$$A_2+A_3+A_4 \geqslant A_1 \quad (27)$$

f）多个支管连接的补强设计按6.7.4 f）的规定进行。其中，要求的补强面积及补强范围内的补强面积应按上述c）和d）计算。

6.7.6 封头上支管连接的补强设计

封头上支管连接的补强设计应符合以下规定：

a）补强结构：

1）开孔直径应不大于封头内径的二分之一，如超过此值，则宜采用异径管；

2）在通过开孔中心轴垂直于封头表面的任意截面上，开孔每一侧的补强面积至少应等于该截面上所需补强总面积的一半。

b）补强有效范围：

1）焊接连接的支管或挤压成型的接口，其补强有效范围应分别按6.7.4 b）或6.7.5 b）的要求确定；

2）凸形封头的补强有效范围应在封头轮廓线之内。

c）要求补强的面积 A_1 按GB/T 150等相关标准的规定计算。

d）焊接连接的支管连接或挤压成型的接口，其补强面积应分别按6.7.4 d）或6.7.5 d）的要求确定。

e）焊接连接的支管连接或挤压成型的接口，其补强面积的校核应分别符合6.7.4 e）或6.7.5 e）的要求。

f）对于多个支管连接的补强设计，其焊接连接的支管连接或挤压成型接口应分别按6.7.4 f）或6.7.5 f）的规定进行计算。

6.8 整体成型三通及支管连接的压力面积法计算

6.8.1 表13所列整体成型对焊三通可按验证性压力试验或GB/T 12459—2017附录B的最小壁厚确定其最大允许工作压力。

6.8.2 支管座、Y形管等需作开孔补强强度设计的异形管道元件以及6.7.2.2以外的支管直接连接的补强计算也可采用附录F的压力面积法。

6.8.3 根据设计的要求，GB/T 12459中整体成型三通也可采用附录F的压力面积法进行压力设计。

7 管道应力分析

7.1 一般规定

7.1.1 本章对各种可能存在的荷载，在管道元件中产生的应力给出分析方法和评定准则。

如需考虑压力波动对管道元件产生的疲劳效应，可按照JB 4732给出的分析方法和评定准则，并在7.5.5的柔性分析中，对式（34）、式（35）中许用应力范围的折减系数 f 取1.0。

7.1.2 本章所述的柔性分析方法不适用于铸铁等脆性材料。

7.1.3 在进行管道系统应力分析时，应考虑膨胀节和其他管道元件的刚度。各种管道元件的柔性系数和应力增大系数可按附录G中表G.1所列出的公式计算，设计者亦可采用由实验或其他方法得到的更为精确的值。

7.1.4　管道系统中支吊架的个数、位置和型式对管道系统的应力分布有很大影响。设计中，应慎重对待支吊架的布置，以减小管道的应力。管道系统设计应保证每个支吊架具有足够的强度和适当的刚度。

7.2　管道应力分析的范围及方法

7.2.1　所有管线均应做应力分析，工程设计中宜根据管道的温度、压力、口径及连接的设备类型确定分析方法和详细程度。

7.2.2　符合下列条件之一的管道系统，可使用目测或简化分析方法：

a）口径小于DN50；

b）设计温度高于−46℃低于150℃；

c）设计温度高于或等于150℃，低于200℃，口径大于或等于DN50，小于或等于DN400；

d）设计温度高于或等于200℃，低于350℃，口径大于或等于DN50，小于或等于DN200；

e）符合7.5.5.6 a）、7.5.5.6 b）规定的管道。

7.2.3　符合以下条件之一的管道系统应按本章要求进行详细应力分析：

a）设备管口有特殊的荷载要求；

b）预期寿命内温度循环次数超过7 000的管道；

c）设计温度高于或等于350℃，或低于或等于−46℃的管道；

d）利用简化分析方法后，表明需要进行详细分析的管道。

7.3　符号

如未特别注明，本章符号与第6章相同。

7.4　荷载及其组合工况

7.4.1　荷载分类

管道应力分析的荷载分类应符合下列规定：

a）管道应力分析应计入4.1.3.1、4.1.3.2、4.1.3.3等所列的管道荷载；

b）持久性荷载：永久作用于管道系统的荷载，如压力和重力荷载，但不包括冰荷载和雪荷载；

c）偶然性荷载：短时间作用于管道系统的荷载，如风、地震、冰雪、阀门开、关时的反冲力和压力升高等荷载；

d）交变性荷载：大小和方向随时间发生变的荷载，如温差、风力引起的端点位移（如高塔在风载作用下的摆动）、摩擦力等荷载。

7.4.2　荷载组合工况

管道应力分析的荷载组合工况应符合下列规定：

a）4.1.3.1所述压力、重力（包括绝热层、管道组成件和管道中流体的重量）等持久性荷载同时作用。

b）以上a）所述持续性荷载与4.1.3.2 a）风荷载或4.1.3.2 b）地震荷载等偶然性荷载同时作用（当考虑地震荷载时，仅需计入地震所产生的水平力）。必要时，还需考虑4.1.3.1 b）冰雪荷载、阀门关闭引起的压力短时升高、泄放阀打开时对管道的反冲力等荷载的作用。

c）因温度引起4.1.3.3 a）、4.1.3.3 c）、4.1.3.3 d）的荷载及其他交变荷载。

d）必要时，需计入4.1.3.3 b）所述端点或支吊架永久性位移引起的荷载，但在结构设计时应尽可能消除该荷载的影响。

7.4.3 偶然性荷载的条件和要求

7.4.3.1 同时满足以下条件时，应考虑4.1.3.2b）地震荷载：

a） GC1级管道以及介质为有毒或可燃的GC2类管道；

b） 地震设防烈度大于或等于6度，且设计基本地震加速度大于或等于0.10g。

7.4.3.2 如需考虑4.1.3.2a）风荷载，则风荷载和地震荷载无需同时与其他偶然性荷载构成组合工况。

7.4.3.3 如需考虑因阀门开、关产生的荷载，则该荷载与其他偶然性荷载（如地震荷载等）不耦合作用，即无需构成组合工况。

7.5 静态应力分析和强度条件

7.5.1 一般规定

以下应力计算方法和评定准则按7.4.2所列荷载组合工况给出。7.5.2~7.5.4规定的强度条件应同时满足。

7.5.2 持续荷载的应力强度条件

对于7.4.2 a）所述的持续荷载组合工况，管道和管道元件的应力S_L应不大于S_h，即满足式（28）和式（29）的强度条件：

$$S_L \leqslant S_h \quad \cdots\cdots (28)$$

$$S_L = \sqrt{(|S_a| + S_b)^2 + 4S_t^2} \quad \cdots\cdots (29)$$

式（29）中的S_b、S_a、S_t、应分别按式（30）、式（31）和式（32）计算：

$$S_b = \frac{\sqrt{(I_i M_i)^2 + (I_o M_o)^2}}{Z} \quad \cdots\cdots (30)$$

$$S_a = \frac{I_a F_a}{A_p} \quad \cdots\cdots (31)$$

$$S_t = \frac{I_t M_t}{2Z} \quad \cdots\cdots (32)$$

式中：

S_a ——由持续纵向力产生的应力，单位为兆帕（MPa）；

S_b ——由持续弯矩产生的应力，单位为兆帕（MPa）；

S_t ——由持续扭矩产生的应力，单位为兆帕（MPa）；

Z ——名义壁厚减去壁厚裕量的管道截面模量，单位为立方毫米（mm^3）；

M_i ——由持续载荷如压力和重力产生的平面内弯矩，单位为牛顿毫米（N·mm）；

M_o ——由持续载荷如压力和重力产生的平面外弯矩，单位为牛顿毫米（N·mm）；

I_i ——平面内持续弯矩系数，在缺少更多可用数据时，取$0.75i_i$或1.00的较大值；

I_o ——平面外持续弯矩系数，在缺少更多可用数据时，取$0.75i_o$或1.00的较大值；

I_a ——持续纵向力系数，在缺少更多可用数据时，取1.00；

F_a ——由持续荷载如压力和重力产生的纵向力，单位为牛顿（N）；

A_p ——名义壁厚减去壁厚裕量的管道横截面积，单位为平方毫米（mm^2）；

I_t ——扭矩系数，在缺少更多可用数据时，取1.00；

M_t ——由持续荷载如压力和重力产生的扭矩，单位为牛顿毫米（N·mm）；

注：持续纵向力包括由压力产生的持续力$P_j A_f$，P_j为内压力，$A_f = \pi d^2/4$，d为管道厚度减去裕度后的内径。如果管系中安装有膨胀节，由设计确定内压力产生的持续纵向力。

S_h ——GB/T 20801.2—2020表A.1中与计算条件相应的温度所对应的许用应力值，单位为兆帕（MPa）；对于高温下工作的材料，还应满足4.2.7的规定；用于式（34）、式（35）时，对铸件应乘以相应的铸件质量系数Φ_C，对焊接件可不乘以纵向焊接接头系数Φ_w，且最大取138MPa；

i_i ——平面内应力增大系数，见附录G；

i_o ——平面外应力增大系数，见附录G。

7.5.3 厚度

计算S_L所用管壁厚度应为名义厚度减去加工、腐蚀和冲蚀等裕量后的厚度，用于计算应力的面积亦为名义尺寸减去其裕度计算出的面积。而计算重量引起的荷载宜基于整个系统组件的名义厚度，除非有经过更严格分析证明的其他方法。

管道系统中，有一些工况，支架会脱空，应考虑所有工况的支撑条件，式（28）和式（35）的S_L应采用各工况计算出的最大值。

7.5.4 持续荷载与偶然性荷载组合工况的应力限制条件

7.5.4.1 对于7.4.2 b）规定的荷载组合工况，管道和管道元件的应力应满足式（33）限制条件：

$$S_{L2} \leqslant 1.33 S_h \qquad (33)$$

式中：

S_{L2}——7.5.2的S_L与风或地震等偶然荷载所产生的应力之和。

7.5.4.2 风荷载和地震荷载均属偶然性荷载，设计时可不同时考虑，并满足下列要求：

a） 如需考虑阀门关闭引起的压力短时升高，应将该升高值计入压力P中。如需考虑泄放阀打开时的反冲力，应将其产生的应力计入偶然荷载产生的应力。阀门开、关对管道产生的反冲力和压力升高可参见附录H规定的方法进行计算，或采用更精确的方法进行计算。

b） 奥氏体不锈钢和镍基合金的最高工作温度下的材料许用应力S_h应符合GB/T 20801.2—2020的A.5f）的规定。

注：压力试验工况不考虑如风载、地震等偶然荷载。

7.5.5 柔性分析

7.5.5.1 在7.4.2c）所述的荷载组合工况的作用下，所有管道系统都应具有足够的柔性以避免出现如下情况：

a） 由于应力超限或疲劳原因导致的管道或支吊架失效；

b） 管道连接部位发生泄漏；

c） 因存在过大的推力或弯矩，而导致管道支吊架、管道元件或与管道连接的其他设备产生过大应力或荷载超限。

7.5.5.2 管道系统设计应满足以下基本要求：

a） 管道系统中任何一处由位移引起的应力范围不应超过7.5.5.3规定的许用应力范围；

b） 支座反力或端点反力不应使管道系统中的支吊架或与管道系统连接的设备失效。

7.5.5.3 柔性分析的许用应力范围应按照下列要求确定：

a） 许用位移应力范围S_A一般应按式（34）计算：

$$S_A = f(1.25 S_c + 0.25 S_h) \qquad (34)$$

b） 如果在7.4.2 a）规定的载荷组合工况下计算得到的管道元件的应力S_L小于材料在最高工作温度下的许用应力S_h，则许用位移应力范围S_A可按式（35）计算：

$$S_A = f[1.25(S_c + S_h) - S_L] \qquad (35)$$

式中：

S_c ——循环荷载作用下管道元件或管道材料在最低金属温度下的许用应力，最大取138MPa，单位为兆帕（MPa）；

f ——许用应力范围系数，按式（36）计算或通过图12查得：

$$f=6.0(N)^{-0.2}\leqslant f_m \quad (36)$$

N ——预期工作寿命内，以最大应力范围为基准的当量循环次数，按式（37）计算：

$$N=N_E+\Sigma(r_i^5 N_i),\ i=1,\ 2,\ \cdots,\ n \quad (37)$$

f_m ——应力范围系数的最大值，对于规定最小抗拉强度小于或等于517MPa且循环条件下最高金属温度低于或等于371℃时，铁基材料应力范围系数的最大值为1.2；其他情况应力范围系数的最大值为1.0；

N_E ——最大应力范围S_E的循环次数；

S_E ——最大的计算位移应力范围，单位为兆帕（MPa）；

r_i ——应力范围的比值，$r_i=S_i/S_E$；

S_i ——小于最大位移应力范围S_E的某一个第i次计算位移应力范围值，单位为兆帕（MPa）；

N_i ——位移应力范围S_i的循环次数。

注：式（36）或图12不适用于膨胀节。

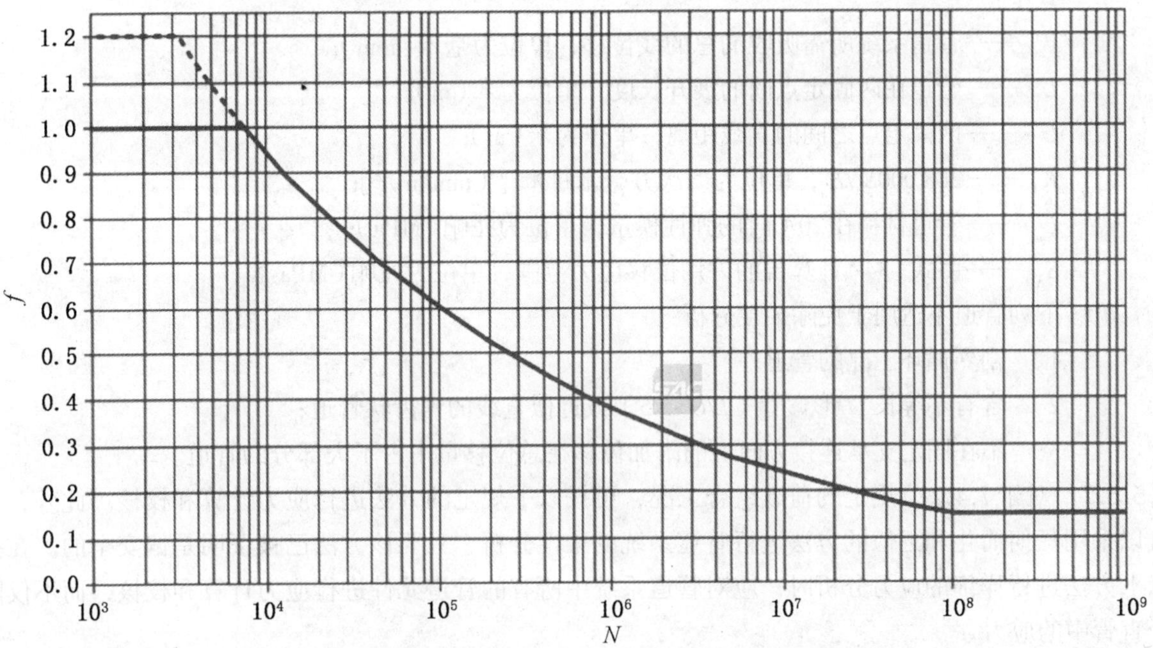

图12 应力范围系数f与位移循环当量数N之间的关系

7.5.5.4 材料的物理性能包括参数：

a）线膨胀系数：

1）计算应力范围时，应根据材料在温度循环中最高和最低工作温度下从GB/T 20801.2—2020的表B.1查取相应的线膨胀系数；

2）计算支承反力时，应根据材料在最高（或最低）工作温度和环境温度下从GB/T 20801.2—2020的表B.1查取相应的线膨胀系数。

b）弹性模量：

1）计算应力范围时，材料的弹性模量可按温度为20℃时取值。当管道系统中的各管道元件的弹性模量对管道系统中的应力分布会产生很大影响时，则应按材料在温度循环中的最高和最低工作温度从GB/T 20801.2—2020的表B.2查取相对应的弹性模量E_m。

2） 计算支承反力时，应根据材料在最高（或最低）工作温度和环境温度下从GB/T 20801.2—2020的表B.2查取最高或最低温度下材料的弹性模量E_m以及环境温度下的弹性模量E_a。

3） 当弹性模量无法在GB/T 20801.2—2020的表B.2中查到时，也可使用其他可靠资料或文献中的数据，但应经过国家认可的机构审查。

c） 泊桑比一般取0.3，但也可取更为精确的值。

d） 柔性分析时应采用管道或管道元件的名义厚度和外径值。

7.5.5.5 可采用附录G所给出的柔性系数k和应力增大系数值i进行柔性分析。对于附录G未列入的管道组成件，其应力增大系数和柔性系数可近似取附录G中结构形状相似的管道组成件的值。

7.5.5.6 符合以下条件之一时，管道系统可免除柔性分析：

a） 设计的管道系统与一已成功运行的管道系统的结构和布置一致，或在结构和布置上仅有很少且不影响管道系统柔性要求的差异。

b） 可以容易地判定，所设计的管道系统的柔性不低于一已经过柔性分析的管道系统。

c） 设计的管道系统中，管子尺寸相同、固定点不超过两个、不存在中间约束，且满足式（38）：

$$\frac{D \cdot y}{(L-U)^2} \leqslant K_1 \quad \cdots\cdots (38)$$

式中：

y ——管道系统所需吸收的总的线位移，单位为毫米（mm）；

L ——管道在两固定点间的展开长度，单位为米（m）；

U ——两固定点之间的直线距离，单位为米（m）；

K_1 ——$208\,000 S_A / E_a$，单位为二次方毫米每米［（mm/m）^{2}］；

E_a ——管道材料在20℃时的弹性模量，单位为兆帕（MPa）；

S_A ——由式（34）计算出的许用位移应力范围，单位为兆帕（MPa）。

d） 下列管道不适用于免除柔性分析：

1） 剧烈循环工况的管道；

2） 含有不等长U形弯管（L/U>2.5）或近似直线的锯齿状管道；

3） 不在固定支承连接方向上的附加位移在总位移量中占了大部分的管道。

7.5.5.7 对于7.4.2c）规定的荷载组合工况，可按以下规定的方法进行应力计算和校核。此外，也可以采用任何简化和近似的方法进行管道系统的柔性分析，只要该方法已被证明是偏安全的。在按以下方法进行详细的应力分析时，应对管道系统中所有的管道元件进行应力计算和校核，而不仅限于直管中的应力。

a） 假定和要求：

在进行管道系统柔性分析时，应将管道系统作为一个整体，并应计算管道系统在各可能工况下的所有危险部位及其受力，包括管子和管道组成件中的应力、支吊架处所产生的摩擦力和所受的反力。管道系统柔性分析前，应首先确定所有管道支吊架及其他约束的位置和类型，并且假定支吊架和约束具有足够的强度和刚度，以承受管道或管道组成件对其施加的力和力矩。在分析中所采用的材料性能参数按7.5.5.4的规定。

b） 应力范围的计算及其限制条件：

应首先按可能的工况，分别对管道系统中可能的危险部位计算其所受的轴向应力、弯曲应力和扭矩引起的剪应力，然后按式（39）计算组合应力范围：

$$S_E = \sqrt{(|S_a| + S_b)^2 + 4S_t^2} \quad \cdots\cdots (39)$$

计算得到的组合应力范围S_E应小于或等于7.5.5.3规定的许用应力范围，即：

$$S_E \leqslant S_A \qquad (40)$$

$$S_t = \frac{i_t M_t}{2Z} \qquad (41)$$

$$S_a = \frac{i_a F_a}{A_p} \qquad (42)$$

式中：

S_E——最大的计算位移应力范围，单位为兆帕（MPa）；

S_a——由位移应变产生的轴向应力范围，单位为兆帕（MPa）；

S_b——由位移应变产生的弯曲应力范围，单位为兆帕（MPa）；

S_t——由位移应变产生的扭转应力范围，单位为兆帕（MPa）；

M_t——要评估的两种工况之间，由位移应变产生的扭矩范围，单位为牛顿毫米（N·mm）；

Z——管道截面模量，单位为三次方毫米（mm^3），见7.5.5.4 d)；

F_a——要评估的两种工况间，由位移应变产生的轴向力范围，单位为牛顿（N）；

A_p——管道横截面积，单位为平方毫米（mm^2），见7.5.5.4 d)；

i_a——轴向应力增大系数，缺少更多可用数据时，对弯管、弯头、斜接弯头（单斜接、宽间距、窄间距斜接弯头），i_a取1，附录G中的其他管道组件，$i_a=i_o$，见7.5.5.5；

i_t——扭转应力增大系数，缺少更多可用数据时，i_t取1，见7.5.5.5。

c) 对弯头、斜接弯头、等径三通，如图13所示，式(39)中由位移应变产生的弯曲应力范围S_b按式(43)计算：

$$S_b = \frac{\sqrt{(i_i M_i)^2 + (i_o M_o)^2}}{Z} \qquad (43)$$

式中：

i_i——平面内应力增大系数，见附录G；

i_o——平面外应力增大系数，见附录G；

M_i——要评估的两个工况间的平面内弯矩范围，单位为牛顿毫米（N·mm）；

M_o——要评估的两个工况间的平面外弯矩范围，单位为牛顿毫米（N·mm）。

d) 对异径三通，式(39)中由位移应变引起的弯曲应力范围S_b按式(44)和式(45)计算，如图13所示。

主管端：

$$S_b = \frac{\sqrt{(i_i M_i)^2 + (i_o M_o)^2}}{Z} \qquad (44)$$

支管端：

$$S_b = \frac{\sqrt{(i_i M_i)^2 + (i_o M_o)^2}}{Z_e} \qquad (45)$$

式中：

Z_e——$Z_e=\pi r_2 2T_s$，支管有效截面模量，单位为三次方毫米（mm^3），见7.5.5.5；

T_s——三通支管有效厚度，取$\bar{T}_h$和(i_i)($\bar{T}_b$)中的小者，单位为毫米（mm）；

$\bar{T}_b$——支管厚度，单位为毫米（mm）；

$\bar{T}_h$——三通主管厚度，不包括主管补强厚度，单位为毫米（mm）；

r_2——支管横截面的平均半径，单位为毫米（mm）。

e) 图13所示的弯矩方向为该弯矩的矢量方向。在计算应力范围时，弯矩或扭矩都是指所需计算部位处的值。同时，抗弯截面模数也是指该计算部位处的对应值。

如果在焊缝处，交变应力范围值超过$0.8S_A$，且荷载当量循环次数大于7000，则该焊缝应按

GB/T 20801.5—2020中6.1.1规定的检查等级I级要求进行检查。

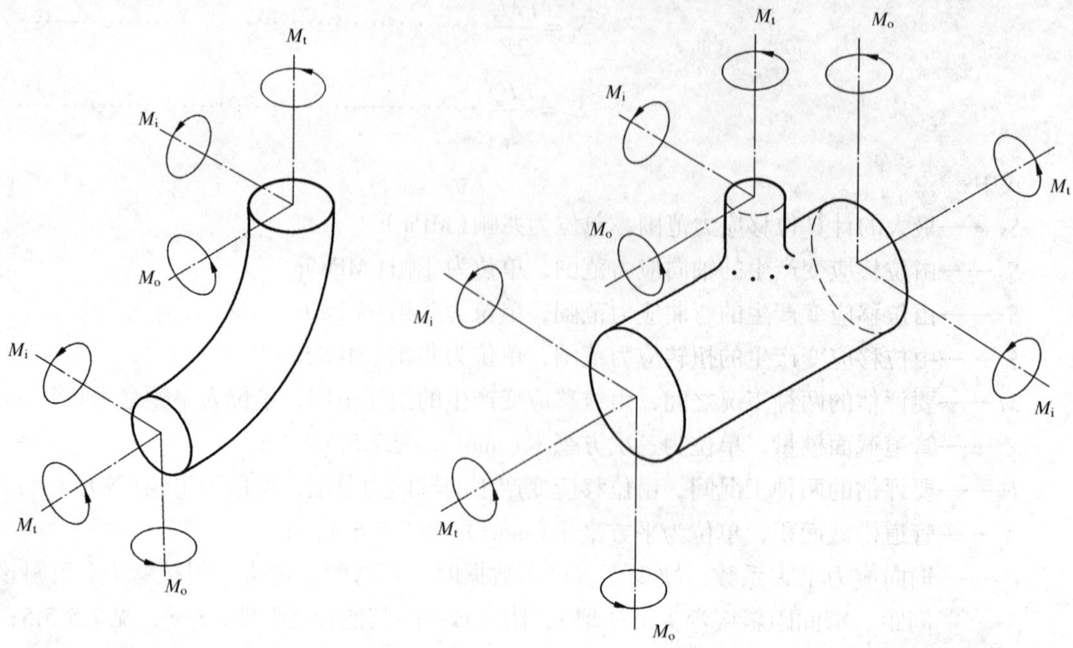

图13　平面内和平面外弯矩和扭矩

7.5.5.8　确定管道支吊架或与管道连接的设备所受到的最大支承反力时，宜按7.4.2 b)、c)和d)同时作用下的荷载工况进行计算，静设备管口许用荷载可参照附录I。

7.5.6　自补偿的管道

采用自补偿的管道，其柔性不能满足要求时，可采用下列措施改善管道的柔性：

a）调整支吊架的型式和位置；

b）改变管道走向；

c）当条件受限，可根据管道设计参数和类别选用补偿装置，对特殊管道，如口径大于或等于DN400的可燃气体排放总管宜选用金属波纹膨胀节进行补偿。排放总管选用的金属波纹膨胀节应满足7.5.7及附录J的要求。

7.5.7　管道用金属波纹膨胀节

管道用金属波纹膨胀节应符合下列规定：

a）膨胀节应按附录J的要求设计；

b）膨胀节的型式及安装位置应经过管道应力分析后予以确定；

c）膨胀节的额定补偿量宜是管道各种工况计算位移最大值的1.15倍~1.2倍；

d）膨胀节波纹管的材料应按照设计温度、设计压力、管道介质属性以及外界环境等条件进行选用；

e）膨胀节中的端管、中间管、法兰接管等的材质应不低于安装膨胀节管道的管道材料；

f）膨胀节用的波纹管应采用液压成型；

g）宜给出波纹管的单层最小厚度；

h）整体膨胀节的压力试验宜与其所在的管道压力试验相匹配。

7.5.8　管道的动力分析

有冲击、压力脉动等引起振动的管道宜用动力分析方法进行管道应力分析。

8 管道支吊架

8.1 一般规定

8.1.1 管道支吊架布置和型式，应与管道布置、管道柔性、防振设计、支吊架承载大小和生根条件相适应，并应防止以下情况发生：

a） 管道应力超过本部分规定的许用应力；

b） 管道连接处产生泄漏；

c） 作用在设备管嘴（如泵、汽轮机等）上的推力和力矩过大；

d） 支吊架的应力过大；

e） 管道受迫或流体自激产生共振；

f） 热胀冷缩受约束致使管道柔性不足；

g） 管道支吊架产生非预期脱空；

h） 需通过一定坡度排净的管道挠度过大；

i） 在反复热循环作用下产生蠕变的管道出现过量变形或松弛；

j） 支吊架承受过度热传导，超出材料的设计温度。

8.1.2 管道支吊架结构和连接应具有足够的强度和适宜的刚度。

8.1.3 管道支吊架及其生根结构的设计应考虑同时作用在支吊架上的荷载，包括管道自重以及由介质压力和温度的偶合、振动、风、雪、地震、冲击和位移应变引起的载荷。此外，除非采取防止液体介质进入管道的措施，并且管道在现场安装期间或以后的检验不需进行水压试验，否则，对于输送气体或蒸汽的管道，还应考虑水压试验时的充水重量。

8.1.4 管道支吊架的位置和设计通常可采用简单计算或工程经验来确定。当需要精确分析时，应采用计算得到的应力、力矩和作用力设计管道支吊架。

8.1.5 操作中管道受振动和/或冲击可能产生共振时，应设置适宜的阻尼器、限位架或固定架等设施予以消除。

8.2 材料要求

8.2.1 管道支吊架元件的许用应力（弹簧除外）可按GB/T 17116或GB/T 20801.2—2020中表A.1选取。管道支吊架元件采用焊接制作时，其许用应力可不计纵向焊缝系数。

8.2.2 管道支吊架用材料应与其使用条件相匹配，选用时应考虑支吊架零部件的使用条件、材料的工艺性能和经济合理性。与管道直接接触的支吊架零部件，其材料应按管道设计温度选取。与管道直接焊接的零部件，其材料宜与管道材料相匹配。

8.2.3 采用金属制作的管道支吊架，其材料应符合GB/T 17116或GB/T 20801.2的规定。当采用木材或其他非金属材料制作管道支吊架时，支吊架结构应设计合理，并应考虑温度、强度和寿命的影响。

8.2.4 铸铁、球墨铸铁和可锻铸铁可用作滚柱、滚柱底板、固定架底板及其他承受压缩荷载的支吊架元件，但其使用温度不得高于230℃。对于存在因振动或脉动引起冲击荷载的场合，不得使用铸铁等脆性材料。球墨铸铁和可锻铸铁可用于制作管卡、吊挂法兰、托架和吊环等。用于承受动荷载的支吊架零部件不得采用沸腾钢，也不得采用常温冲击功小于20 J的钢材。

8.2.5 技术要求明确且与承压管道组成件有相容性的管道支吊架材料可直接与压力管道焊接。技术要求不确定的钢材，可用作不直接与承压管道焊接的管道支吊架元件，该钢材的容许拉伸或压缩应力不得超过材料最低拉伸强度的25％或82 MPa的较小值，使用温度应在-29℃~343℃范围内。

8.2.6 剪切许用应力应取GB/T 20801.2—2020中表A.1规定的材料基本许用应力的0.8倍，挤压许用应力应取GB/T 20801.2—2020附录A规定的材料基本许用应力的1.6倍。

8.2.7 螺纹连接件、支吊架组成件的焊缝以及与管道的连接件，其许用应力应降低25％。管道组成件和管部材料的许用应力值不同时，相连焊缝的许用应力应取两者的较小值。

8.2.8 支吊架用钢材冷成型后的弯曲半径小于其壁厚的2倍时，应进行成型后的退火或正火处理。

8.3 设计要求

8.3.1 一般规定

8.3.1.1 管道支吊架的设计应符合GB/T 17116的规定，应优先选用标准的及通用的管道支吊架；非标管道支吊架应采用可靠的方法进行强度或刚度校核。

8.3.1.2 管道支吊架的设计应保证其与管道连接处不会产生过大的局部弯曲应力，且不会使管子压扁或产生有害的热拱。有循环荷载的场合，应尽可能减小连接处的应力集中。

8.3.1.3 管道支吊架应具备一定的生根条件，宜利用建构筑物梁柱、平台、设备本体、钢结构、地面等设置支吊架的生根构件；也可以生根在可承受荷载且不会产生不良影响的其他管道上，但不得借助高温管道、低温管道和有振动的管道作为支吊架的生根点。

8.3.1.4 管道支吊架的设计应不妨碍管道预期热位移。

8.3.1.5 与管道焊接连接的管部材料应具有良好的可焊性。预热、焊接和热处理应符合GB/T 20801.4的规定。设计时应考虑管部与管道焊接处的局部应力以及它们之间温差对管道造成的影响。

8.3.1.6 支吊架用螺栓、螺纹吊杆及其他螺纹连接件的最大安全荷载应基于螺纹根径进行计算。

8.3.2 结构

8.3.2.1 下列管道不宜在施工现场与管道支吊架零部件直接焊接：

a） 管壁温度等于或高于400℃的高温管道；

b） 低温管道；

c） 需要热处理的管道；

d） 生产中经常需要拆卸的管道；

e） 现场焊接施工不便的管道；

f） 其他不准许现场焊接的管道（如非金属衬里管道、镀锌管道等）。

8.3.2.2 用于DN80及以上管道的吊架，在承重状态下应可进行调节。螺纹应符合相应标准的规定。与松紧螺母和调节螺母配合的螺杆应为全通丝结构。除非采取其他锁紧措施，否则采用螺纹调节时应配备防松螺母。

8.3.2.3 如果垂直管道的重量借助管卡支撑，为防止管道下滑，管卡宜布置在法兰、管件或直接焊接在管道上的支耳等部件的下方。

8.3.2.4 对于合金钢管道，可采用整体补强、全封闭补强或者采用适当的合金材料作为中间垫板，以避免或降低合金管道受到侵蚀或产生非预期的热影响。

8.3.2.5 当管道和管架之间存在相对运动可使管道磨损且使管道壁厚减薄时，可在支撑点处使用垫板或采取其他防护措施。

8.3.3 荷载

8.3.3.1 管道支吊架设计时，应考虑下列荷载：

a） 管道组成件及绝热层的重量；

b） 支吊架零部件的重量；

c） 管道输送介质的重量；

d） 水压试验或管道清洗时的介质重量；

e） 管道柔性元件在内压下产生的内压推力（俗称盲板力）；

f） 支吊架约束管道位移所承受的约束反力和力矩；

g） 管道或管道绝热层外表面温度小于20℃的室外管道受到的雪荷载；

h） 室外管道受到的风荷载；

i） 管内流体动量瞬时突变引起的瞬态作用力；

j） 流体排放产生的反力；

k） 地震引起的荷载。

8.3.3.2 蠕变温度下操作的管道，可根据与管道相连设备或设施的特点适当考虑应变自均衡后的位移约束反力。

8.3.3.3 带有变力弹簧支吊架的管道，应考虑在冷态和热态下变力弹簧支吊架荷载变化引起邻近管道支吊架的荷载转移。

8.3.3.4 水平方向限位的管道支吊架，在其约束方向的荷载还应考虑管道中滑动支吊架因摩擦力约束管道位移引起的荷载传递。

8.3.3.5 对于设置无约束型波纹管膨胀节或伸缩节的管道，固定架或限位架应能承受内压推力、滑动摩擦力、膨胀节弹性反力等载荷。

8.3.4 强度和刚度

8.3.4.1 管道支吊架结构和连接应能承受管道和相关设备在可能出现的各种荷载组合工况下所施加的静荷载和动荷载。

8.3.4.2 与土建结构、基础或设备相连接的管道支吊架的钢结构的设计，应满足最大荷载时的强度要求，并应满足下列刚度条件：

a） 用于固定、限位和阻尼作用时，梁的最大挠度不应大于0.002倍梁的计算长度；

b） 用于其他支架时，梁的最大挠度不应大于0.004倍梁的计算长度；

c） 采用悬臂梁时，悬臂长度不宜大于800mm。

8.3.5 限位架

限位架的设计应符合下列规定：

a） 固定架应在任何工况下保证其初始安装位置，即保证其与管道、支承或设备的固定连接；

b） 为保护设备或管道系统的薄弱部分，可设置固定架、限位架或导向架控制位移或将热膨胀引导到管道系统中可吸收热膨胀的管段；

c） 设置膨胀节的管道，固定支吊架的布置应符合J.2.3的规定，其他支吊架的布置应避免膨胀节产生非预期的受力和变形；

d） 除了要考虑其他热态受力和力矩外，在设计固定架和导向架时还应考虑系统中其他支架的摩擦力影响；

e） 限位架用于抑制、导向或吸收管道位移时，应考虑内压和热膨胀在支吊架处产生的力和力矩。

8.3.6 弹簧支吊架

8.3.6.1 弹簧支吊架承受的垂直荷载应为弹簧支吊架与管道连接点处通过力的平衡计算确定的荷载。设计弹簧支吊架时，应尽量避免使弹簧受到偏心荷载或其他可能导致支吊架失稳的荷载，并应防止支撑处意外脱载。一般应使用限位装置以防止弹性支吊架失稳，并应防止在外力作用下弹簧发生过量的变形而导致失效。弹簧的设计还应保证其能够承受外力作用下可能出现的最大变形。

8.3.6.2 在垂直位移较大的地方宜采用恒力弹簧支吊架。选择恒力弹簧支吊架时，其行程范围应大于预期的位移量。

8.3.6.3 应采取适当措施防止因过度位移引起弹簧支吊架应力过大。弹簧支吊架应配备位移指示器。

8.3.6.4 可变弹簧支吊架和恒定支吊架的荷载计算，应基于管道的操作条件，该荷载不包括液压试验时的介质重量。但支吊架应能承受液压试验时的总荷载，否则还应额外设置支吊架。

8.3.7 其他支吊架

8.3.7.1 滑动支架（或管托）除应承受垂直荷载外，还应能承受摩擦力的作用。支架底板尺寸应考虑所支撑管道的预期位移量。

8.3.7.2 导向架和滑动支架应保证管道仅沿设定的方向自由移动。

8.3.7.3 平衡锤型式的管架应设置位移限位装置。用于将配重荷载连接到管道上的链条、缆绳、挂件、悬臂杆等应符合8.2的规定。

8.3.7.4 液压支架可提供恒定的支承力，设计时应配备安全设施和限位设施以便在液压支架故障时承担荷载。

8.4 管道支吊架设置和选用

8.4.1 一般规定

8.4.1.1 管道支吊架的布置和结构不应妨碍操作人员的通行、设备和管道的安装或检修。

8.4.1.2 支撑点水平位移较大时，可选用加长管托或采取偏装。

8.4.2 管道的跨距

8.4.2.1 对于水平管道，支吊架与相邻设备或与支吊架之间的最大间距应符合GB/T 17116等相关标准的规定。确定水平管道支吊架间距时应保证管道不产生过大的挠度、弯曲应力和剪切应力，确定管道跨距时还应考虑管道上的阀门、法兰等集中荷载的作用。

8.4.2.2 水平直管道的支吊架间距应按强度条件、刚度条件进行计算，取其中较小值；对于可能产生振动或有抗震要求的管道，应进行固有频率计算；对于大直径薄壁管道，还应进行局部应力校核，并应满足下列规定：

a）强度条件：应控制管道自重产生的弯曲应力，使管道的持续外载当量应力在允许范围内。一般管道的自重应力不宜大于16MPa。

b）刚度条件：应控制管道自重产生的弯曲挠度，使管道在安全范围内使用。管道的相对挠度应小于管道疏放水时实际坡度的1/4。

c）固有频率条件：对于可能产生振动或有抗震要求的管道，还应控制管道的挠度，使管道的固有频率被限制在适当的范围内；一般管道的挠度不宜大于2.5mm。

d）局部应力条件：对于大直径薄壁管道，应考虑局部应力的影响，按式（46）进行局部应力核算，如不能满足要求，可设置加强板或采取其他加强措施，否则应减小管道的跨距。

$$\sigma = 1.17\sqrt{R/t} \times \frac{f}{t} \leqslant 0.5[\sigma] \quad \cdots\cdots (46)$$

式中：

σ ——支撑点的局部应力，单位为兆帕（MPa）；

R ——管子外半径，单位为毫米（mm）；

t ——管子扣除腐蚀裕量后的壁厚，单位为毫米（mm）；

f ——支撑反力作用于管壁的线荷载，单位为牛顿每毫米（N/mm）；

$[\sigma]$——管材在设计温度下的许用应力，单位为兆帕（MPa）。

8.4.3 承重架

承重架的位置可按下列原则设置：

a）宜靠近设备管口；

b） 宜靠近集中荷载；

c） 宜靠近弯管和大直径三通式分支管；

d） 支承点处无垂直方向位移或位移较小时可采用刚性支吊架，有垂直位移时可采用变力弹簧支吊架，位移量较大时可采用恒力弹簧支吊架；

e） 对于竖直管道，宜在靠近上端部位设置承重支吊架；

f） 对于需要检修拆卸的管道组成件或相连设备需要拆卸移走时，应考虑相连管道的稳定性，必要时设置承重支吊架。

8.4.4 固定支架

固定支架可按下列原则设置：

a） 对于复杂管道，可利用固定支架将其划分为几个形状较为简单的管段进行分析计算；

b） 确定管道固定支架位置时，应使两固定点之间的管段能够自然补偿；

c） 选用π型补偿器时，宜将其设置在两固定点的中部；

d） 为减少主管对与其相连支管的影响，固定支架宜靠近分支管附近设置；

e） 进出装置的工艺管道和公用工程管道，宜在装置分界处设置固定支架；

f） 调节阀组的一侧宜设置固定支架或限位架。

8.4.5 导向架

导向架可按下列原则设置：

a） 竖直管道较长时，应在中部设置若干个导向架，防止管道产生横向不稳定；

b） 管道在拐弯处有较大位移，可能影响邻近管道或其他设施时，应在适当位置设置导向架；

c） 在允许管道轴向位移，而不允许横向位移的位置应设置导向架；

d） π型补偿器两侧应设置导向架；

e） 自由型波纹管膨胀节两侧应设置导向架，第1组导向架距离膨胀节中心位置不应大于4DN，第2组导向架距离第1组导向架不应大于14DN；

f） 不宜在靠近弯头和支管的连接处设置导向架。

8.4.6 防振支架

防振支架可按下列原则设置：

a） 管道支吊架的布置应避免由于压缩机、泵等的运转而使管道发生共振；

b） 对于有抗震要求的管道，支吊架布置时应使管道系统的固有频率控制在设计规定的范围内，以避免管道受到较大的地震力作用；

c） 有机械振动的管道和可能存在两相流的管道，应在适当位置设置防振管卡；

d） 防振支架应具有足够的刚度，宜沿地面设置独立基础，避免生根在厂房的梁柱上。

8.4.7 限位架

为控制管道热胀冷缩的位移量或减轻管道对约束点（如设备管口、固定点等）的推力或力矩，可在适当位置设置限位架。

8.4.8 其他

带有膨胀节的管道，其布置、固定支架、限位架的设计应符合附录J的规定，其他类型管道支吊架的布置还应满足膨胀节产品说明的要求。

附 录 A
（资料性附录）
风荷载和地震荷载的计算

A.1 水平风力的计算

作用于管道上的水平风力可看成为作用于管道上的均布荷载，对于不等直径的管道，应按直径分段进行均布荷载的计算。单位长度上的水平风力可按式（A.1）计算：

$$p=K_1K_2q_o\mu_zD\times10^{-6} \quad \cdots\cdots\cdots\cdots(A.1)$$

式中：

p ——单位长度上管道所受的水平风力，单位为牛顿每毫米（N/mm）。

q_o ——基本风压值，单位为牛顿每平方米（N/m^2），按表A.8查取。

μ_z ——风压高度变化系数，按表A.4查取。

D ——所计算的管道外径，如有保温层，应考虑保温层的厚度，单位为毫米（mm）。

K_1 ——空气动力系数，按以下取值。

a） 上下双管（见图A.1），K_1按表A.1取值。

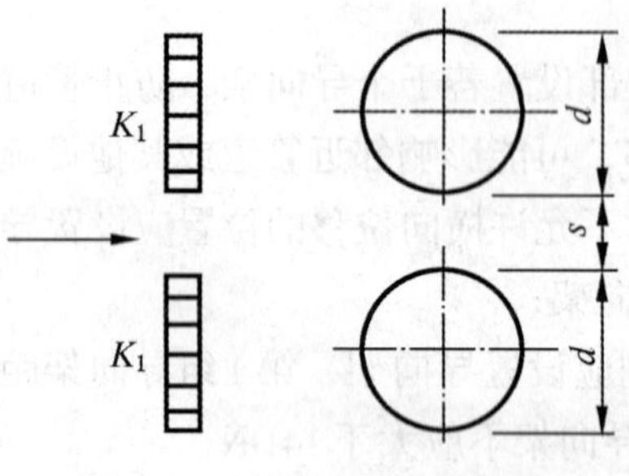

图A.1 上下双管示意图

表A.1 上下双管系数K_1

s/d	≤0.25	0.5	0.75	1.0	1.5	2.0	≥3.0
K_1	1.2	0.9	0.75	0.7	0.65	0.63	0.6

b） 前后双管（见图A.2），K_1按表A.2取值。

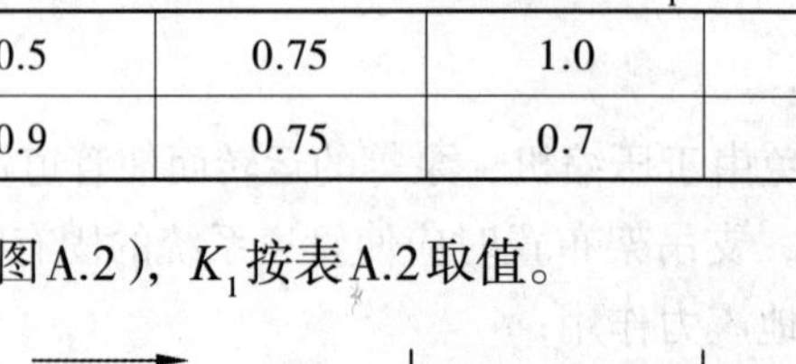

图A.2 前后双管示意图

表A.2 前后双管系数K_1

s/d	≤0.25	0.5	1.5	3.0	4.0	6.0	8.0	≥10.0
K_1	0.68	0.86	0.94	0.99	1.08	1.11	1.14	1.20

表列K_1值为前后两管之和，其中前管为0.6。

c） 密排多管（见图A.3），K_1=1.4。

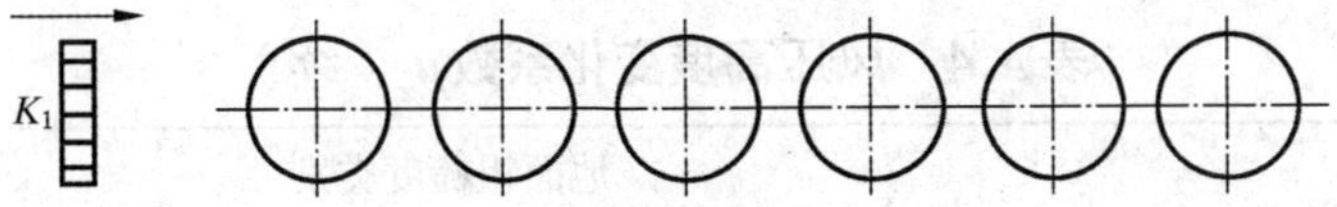

图A.3 密排多管示意图

K_1值为各管之总和。

K_2——风振系数，按式（A.2）计算：

$$K_2 = 1 + 5I_{10}B_z\sqrt{1+R_2} \quad \cdots\cdots (A.2)$$

式中：

I_{10}——10m高度名义湍流强度，对应A、B、C和D类地面粗糙度，可分别取0.12、0.14、0.23和0.39；

R ——脉动风荷载的共振分量因子，按式（A.3）、式（A.4）计算：

$$R = \sqrt{\frac{\pi}{0.06}\cdot\frac{X_1^2}{(1+X_1^2)^{4/3}}} \quad \cdots\cdots (A.3)$$

$$X_1 = \frac{30f_1}{\sqrt{k_w\omega_o}}\text{，}X_1>5 \quad \cdots\cdots (A.4)$$

式中：

f_1——管道系统第1阶自振频率，单位为赫兹（Hz）；

注：计算管道系统的自振频率时，可在固定支架处将管段分开计算。对于非等直径、作用有集中荷载或多支承管道系统，其自振频率可用合适的数值方法求得，如矩阵传递法、矩阵迭代或有限元法等。

k_w——地面粗糙度修正系数，对A、B、C和D类地面粗糙度分别取1.28、1.00、0.54和0.26；

B_z——脉动风荷载的背景分量因子，按式（A.5）计算：

$$B_z = kH^{\alpha_1}\rho_z\frac{\phi_1(z)}{\mu_z} \quad \cdots\cdots (A.5)$$

式中：

$\phi_1(z)$——管道系统第1阶振型系数，振型系数是指在某一振型下一点的水平相对位移，当水平风力按均布荷载计算时，可保守地取1.0；

H ——管道系统总高度，单位为米（m）；

ρ_z ——脉动风荷载竖直方向相关系数，按式（A.6）计算：

$$\rho_z = \frac{10\sqrt{H+60e^{-H/60}-60}}{H} \quad \cdots\cdots (A.6)$$

k、α_1——系数，按表A.3取值。

表A.3 系数k和α_1

粗糙度类别	A	B	C	D
k	1.276	0.910	0.404	0.155
α_1	0.186	0.218	0.292	0.376

表A.4 风压高度变化系数μ_z

计算截面距地面高度[a]/m	地面粗糙度类别[b]			
	A	B	C	D
5	1.09	1.00	0.65	0.51
10	1.28	1.00	0.65	0.51
15	1.42	1.13	0.65	0.51

表A.4 风压高度变化系数μ_z（续）

计算截面距地面高度[a]/m	地面粗糙度类别[b]			
	A	B	C	D
20	1.52	1.23	0.74	0.51
30	1.67	1.39	0.88	0.51
40	1.79	1.52	1.00	0.60
50	1.89	1.62	1.10	0.69
60	1.97	1.71	1.20	0.77
70	2.05	1.79	1.28	0.84
80	2.12	1.87	1.36	0.91
90	2.18	1.93	1.43	0.98
100	2.23	2.00	1.50	1.04
150	2.46	2.25	1.79	1.33
200	2.64	2.46	2.03	1.58

[a] 可按一根管道的最高点查取，但当将μ_z值用于计算K_2时，应按一根管道的最低点查取。

[b] A类系指近海海面及海岛、海岸、湖岸及沙漠地区；
B类系指田野、乡村、丛林、丘陵以及房屋比较稀疏的乡镇和城市郊区；
C类系指有密集建筑群的城市市区；
D类系指有密集建筑群且房屋较高的城市市区。

对于远海海面和海岛的管道系统，风压高度变化系数除按A类粗糙度类别由表A.4确定外，还应用表A.5给出的修正系数进行修正。

表A.5 远海海面和海岛的修正系数η

距海岸距离/km	η
<40	1.0
40~60	1.0~1.1
60~100	1.1~1.2

A.2 水平地震力和地震弯矩的计算

地震将对管系产生与地面平行和垂直两个方向上的作用力，本部分仅考虑地震引起的水平惯性力对管系的影响。与地面平行的地震作用力方向应选择使管系中应力水平最大的方向。本附录仅给出地震作用时，管道所受惯性力的一般计算方法，设计也可用更精确的方法进行计算。当求得管道上的分布惯性力后，应按照7.4.2和7.5.4对管道和管道元件进行强度校核，并应按算得的支承反力保证支吊架有足够的强度。

当发生地震时，作用于管道上，对应于管道基本自振周期的水平分布力可按式(A.7)计算：

$$Q_k=\alpha_1 \cdot \eta_{1k} \cdot \Delta m_k \cdot g \qquad \text{(A.7)}$$

式中：

Q_k——管道质量作为离散分布，在k处的集中力，单位为牛顿(N)。

α_1——对应于管道基本自振周期的地震影响系数α，地震影响系数α按图A.4确定，但不小于$0.2\alpha_{max}$。

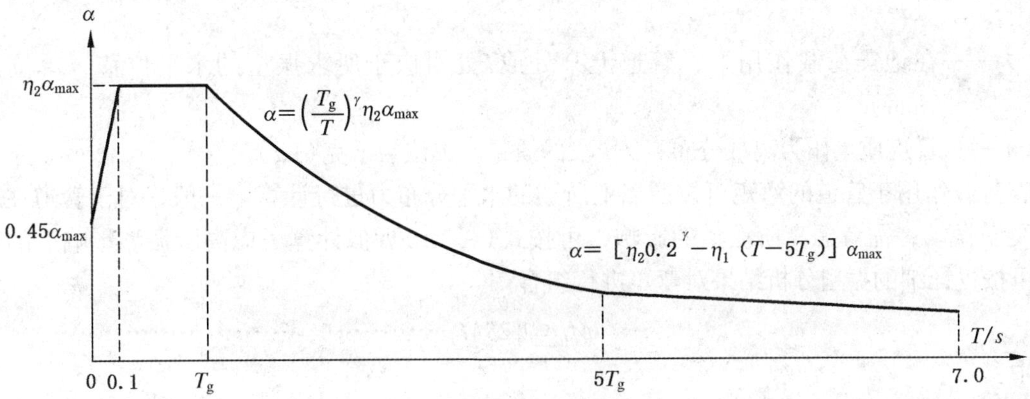

图A.4　地震影响系数曲线

α_{max}——地震影响系数的最大值，见表A.6。

表A.6　对应于设防烈度的α_{max}

设防烈度	6	7	8	9
α_{max}	0.04	0.08（0.12）	0.16（0.24）	0.32
注： 括号中数值分别用于设计基础地震加速度为0.15g和0.3g的地区。				

T_g——各类场地土的特征周期，见表A.7。

表A.7　各类场地土的特征周期T_g

设计地震分组	场地土类别				
	I_o	I	II	III	IV
第一组	0.20	0.25	0.35	0.45	0.65
第二组	0.25	0.30	0.40	0.55	0.75
第三组	0.30	0.35	0.45	0.65	0.90

γ——曲线下降段的衰减指数，按式（A.8）计算：

$$\gamma = 0.9 + \frac{0.05-\xi}{0.3+6\xi} \quad \text{（A.8）}$$

式中：

ξ——阻尼比。

η_1——直线下降段斜率的调整系数，按式（A.9）计算，当η_1小于0时，取0：

$$\eta_1 = 0.02 + \frac{0.05-\xi}{4+32\xi} \quad \text{（A.9）}$$

式中：

ξ——阻尼比。

η_2——阻尼调整系数，按式（A.10）计算，当η_2小于0.55时，取0.55：

$$\eta_2 = 1 + \frac{0.05-\xi}{0.08+1.6\xi} \quad \text{（A.10）}$$

式中：

ξ——阻尼比。

η_{1k}——管道上k处的基本振型参与系数，按式（A.11）计算：

$$\eta_{1k} = \frac{\chi_k \sum_{i=1}^{n} \Delta m_i \chi_i}{\sum_{i=1}^{n} \Delta m_i \chi_i^2} \quad \text{（A.11）}$$

式中：

χ、χ_k——在地震荷载作用下，管道上某处或k处对应于所求振型的水平位移，单位为毫米（mm）；

Δm_k——管道质量作为离散分布，第k段的质量，单位为千克（kg）。

地震荷载作用于管道的弯矩可按照以上所述的水平分布力进行计算。一般，对于管道在地震作用下的受激振动，需考虑高阶振型的影响，可按式（A.12）近似计算考虑高阶振型影响后的地震弯矩，也可按更详细的振型分析结果对弯矩进行组合：

$$M_h = 1.25M_b \quad \cdots\cdots \quad (A.12)$$

式中：

M_h——考虑高阶振型影响后的地震弯矩，单位为牛顿毫米（N·mm）；

M_b——对应于基本振型的地震弯矩，单位为牛顿毫米（N·mm）。

表A.8　全国主要城市的风压数据q_o

单位为千牛每平方米

城市名	北京市	天津市	塘沽市	上海市	重庆市	石家庄市	邢台市	张家口市
风压	0.45	0.50	0.55	0.55	0.40	0.35	0.30	0.55
城市名	承德市	秦皇岛市	唐山市	保定市	沧州市	太原市	大同市	阳泉市
风压	0.40	0.45	0.40	0.40	0.40	0.40	0.55	0.40
城市名	临汾市	长治市	呼和浩特市	满洲里市	海拉尔区	乌兰浩特市	包头市	集宁区
风压	0.40	0.50	0.55	0.65	0.65	0.55	0.55	0.60
城市名	通辽市	赤峰市	沈阳市	阜新市	锦州市	鞍山市	本溪市	抚顺市
风压	0.55	0.55	0.55	0.60	0.60	0.50	0.45	0.45
城市名	营口市	丹东市	大连市	长春市	四平市	吉林市	通化市	哈尔滨市
风压	0.65	0.55	0.65	0.65	0.55	0.50	0.50	0.55
城市名	齐齐哈尔市	绥化市	安达市	牡丹江市	济南市	德州市	烟台市	威海市
风压	0.45	0.55	0.55	0.50	0.45	0.45	0.55	0.65
城市名	淄博市张店	青岛市	兖州区	南京市	徐州市	镇江市	无锡市	泰州市
风压	0.40	0.60	0.40	0.40	0.35	0.40	0.45	0.40
城市名	连云港市	常州市	杭州市	金华市	宁波市	衢州市	温州市	合肥市
风压	0.55	0.40	0.45	0.35	0.50	0.35	0.60	0.35
城市名	西安市	榆林市	宝鸡市	兰州市	酒泉市	张掖市	武威市	天水市
风压	0.35	0.40	0.35	0.30	0.55	0.50	0.55	0.35
城市名	银川市	中卫	西宁市	格尔木市	乌鲁木齐市	克拉玛依市	库尔勒	喀什
风压	0.65	0.45	0.35	0.40	0.60	0.90	0.45	0.55
城市名	哈密	郑州市	新乡市	洛阳市	许昌市	开封市	武汉市	宜昌市
风压	0.60	0.45	0.40	0.40	0.40	0.45	0.35	0.30
城市名	黄石市	长沙市	岳阳市	邵阳市	衡阳市	广州市	汕头市	深圳市
风压	0.35	0.35	0.40	0.30	0.40	0.50	0.80	0.75
城市名	湛江市	南宁市	桂林市	柳州市	梧州市	北海市	海口市	三亚市
风压	0.80	0.35	0.30	0.30	0.30	0.75	0.75	0.85
城市名	成都市	宜宾市	西昌市	内江市	泸州市	贵阳市	遵义市	昆明市
风压	0.30	0.30	0.30	0.40	0.30	0.30	0.30	0.30

附 录 B
（资料性附录）
管道布置

B.1 管道布置基本原则

管道布置设计是将工艺管道及附属公用管道按一定的规则进行空间定位的过程。本附录仅从安全角度对管道布置设计给出一些规定及指导性的实践经验。管道布置应符合下列基本原则：

a） 符合管道及仪表控制流程设计的要求；

b） 应符合有关的规范、标准的要求；

c） 管道布置应统筹规划，做到安全可靠、经济合理、整齐美观；

d） 满足施工、操作和维修等方面的要求；

e） 在确定进、出装置的管道方位与敷设方式时，应做到内外协调；

f） 厂区内的全厂性管道的敷设，应与厂区内的装置（单元）、道路、建筑物、构筑物等协调，避免管道包围装置（单元），减少管道与铁路、道路的交叉；

g） 永久性的地上、地下管道不得穿越或跨越与其无关的工艺装置、系统单元或储罐组，在跨越罐区泵房的可燃气体、液化烃和可燃液体的管道上不应设置阀门及易发生泄漏的管道附件；

h） 管道布置应满足管道柔性及设备、机泵管口允许的作用力和力矩要求，且应使管道短，弯头数量少；

i） 管道布置宜做到“步步高”或“步步低”，减少“气袋”或“液袋”，否则应根据操作检修要求设置放空或放净，管道布置应减少死区；

j） 管道布置中应能承受各种动力荷载，控制管道的振动，如风荷载、地震引起的水平力、压力脉动、机器共振等，在地震区设计的管道应符合国家现行抗震标准规定；

k） 管道布置和支承点设置应同时考虑所能承受外部或内部的动力荷载，支承应可靠，不应发生管道与其支承件脱离、管道扭曲、下垂或立管不垂直等现象；

l） 管道的净空高度、净距及埋设深度应符合现行有关标准；

m） 阀门应布置在容易接近、便于操作和检修的地方，成排管道上的阀门应集中布置，并设置操作平台及梯子，应尽量减少阀门延伸杆或链轮操作，如要采用，不能阻挡操作通道；

n） 管道布置不应妨碍设备、机泵及其内部构件的安装、检修；

o） 安全喷淋洗眼器应根据腐蚀性介质或有毒介质的性质、操作特点和防护要求等设置，其服务半径范围不应大于15m；

p） 软管站应根据需要设置，站内可包括蒸汽、新鲜水、装置空气和氮气等，其服务半径的范围宜为15m~20m；

q） 金属管道除与阀门、仪表、设备等需要用法兰或螺纹连接者外，应尽量采用焊接连接。

B.2 可燃介质和有毒介质管道的设计原则

可燃介质和有毒介质管道的设计应按下列原则确定：

a） 管道不得穿越与其无关的建（构）筑物；

b） 管道应尽量架空或沿地面敷设，必须采用管沟敷设时，应采取有效的安全措施防止气体或液体的积聚；

c） 在急性毒性类别1和类别2介质的生产区和使用区内，应设置安全喷淋洗眼器；

d） 设置在安全隔墙或隔板内急性毒性类别1和类别2介质管道上的手动阀门应采用阀门延伸

杆，且引至隔墙或隔板外操作；

e） 急性毒性类别1和类别2、GB 50160中定义的甲类易燃气体及液化烃介质应采取密闭循环取样，取样口不得设在有振动的设备或管道上，否则应采取减振措施，采样管道不得引入化验室；

f） 可燃介质管道不得安装在通风不良的厂房内、室内的吊顶内及建（构）筑物封闭的夹层内；

g） 有毒介质、有腐蚀性介质管道，若布置在人行通道或机泵上方时，不应设置阀门及易发生泄漏的管道附件，如不可避免，则应设置保护罩防止泄漏；

h） 氧气管道与可燃介质管道共架敷设时，应布置在一侧，且平行布置时，净距不应小于500mm，交叉布置时，净距不应小于250mm，当管道采用焊接连接结构，并无阀门时，其平行净距可取上述净距的50%；

i） 除管道和仪表流程图上指定的要求外，对于紧急处理及防火需要开或关的阀门，应位于安全和方便操作的地方；

j） 进出装置的可燃介质的管道，在装置边界处应设隔断阀和8字盲板，在隔断阀处应设平台，长度等于或大于8m的平台应在两个方向设梯子；

k） 隔断设备用的阀门与急性毒性类别1和类别2介质的设备相连接时，管道上的阀门应与设备管口直接相连，且该阀门不得使用链轮操作；

l） 特殊可燃介质管道如氢气、氧气、乙炔气等的管道布置应符合现行有关标准的要求。

B.3 蒸汽管道的设计原则

装置的蒸汽管道宜架空敷设，不宜管沟敷设，更不应埋地敷设。由工厂系统进入装置的主蒸汽管道，一般布置在管廊的上层。蒸汽管道应按下列要求布置：

a） 蒸汽支管应从主管的顶部引出，支管上的切断阀应安装在靠近主管的水平管段上，以避免存液。

b） 蒸汽主管进入装置界区的切断阀上游和主管末端应设排液设施。排液设施应根据不同情况设放净阀、分液包及疏水阀。

c） 水平敷设的蒸汽主管上的排液设施的间隔宜符合下列要求：

  1） 在装置内，饱和蒸汽不宜大于80m，过热蒸汽不宜大于160m；

  2） 在装置外，顺坡时不宜大于300m，逆坡时不宜大于200m。

d） 不得从用气要求很严格的蒸汽管道上接出支管作其他用途。

e） 蒸汽支管的低点，应根据不同情况设排液阀或（和）疏水阀。

f） 在蒸汽管道的π型补偿器上，不得引出支管。在靠近π型补偿器两侧的直管上引出支管时，支管不应妨碍主管的位移。因主管热胀而产生的支管引出点的位移，不应使支管承受过大的应力。

g） 凡饱和蒸汽主管进入装置，在装置侧的边界附近应设蒸汽分水器，在分水器下部设经常疏水措施。过热蒸汽主管进入装置一般可不设分水器。

h） 多根蒸汽伴热管应成组布置并设分配管，分配管的蒸汽宜就近从主管引出。

i） 直接排至大气的蒸汽放空管，应在该管下端的弯头附近开一个ϕ6mm~ϕ10mm的排液孔，并引至安全位置。

j） 连续排放或经常排放的乏汽管道，排放口应远离操作区布置。

B.4 低温管道的设计原则

低温管道的设计应按下列原则确定：

a） 低温介质管道的布置在满足管道柔性下应使管道短、弯头数量少，且应减少液袋；

b）低温介质管道要考虑整个管道有足够的柔性，应充分利用管道自然补偿，当无法自然补偿时，应设置补偿器；

c）布置低温管道时，应避免管道振动，若有机械的振源，应采取消振措施，在接近振源处的管道应设置弹性元件，以隔断振源；

d）低温管道应采用保冷管道支吊架，支吊架应有防止产生“冷桥”的措施；

e）低温介质管道上的阀门宜安装在水平管道上，阀杆方向宜垂直向上；

f）低温管道的间距应根据保冷后的法兰、阀门、测量元件的厚度以及管道的位移确定；

g）低温介质管道上的法兰不宜与弯头或三通直接焊接。

B.5 泄放管道的设计原则

B.5.1 放净与放空管道设计原则

B.5.1.1 管道系统中的高点或低点应根据操作、检修的要求，设置放空或放净。

B.5.1.2 为了尽量减少滞留在管道内介质的危害程度，如水锤、真空破裂、腐蚀及不能控制的化学反应，应在管道低点设置放净，高点设置放空。

B.5.1.3 管道需要完全放净时，管道需设置坡度，并设置放净点。下列介质管道，需要考虑完全放净：

a）多功能的管线；

b）管道拆除时，会产生有害及危险介质；

c）管道中的液体会产生聚合或固体沉淀；

d）由于间歇生产，液体存在于管道内将影响液体的纯度；

e）可能会产生气体冷凝液的管道；

f）有可能增加液体残留量的两相流介质。

B.5.1.4 管道系统进行水压试验、吹扫、清洗时，需在管道高点设置放空。水压试验后或停工检修可在残存液体处设置放净。

B.5.1.5 全厂性管道的放净设置宜符合下列规定：

a）管廊上公用工程管道的末端及蒸汽管道的低点应设置放净；

b）自燃点高出操作温度不足10℃的可燃液体管道的低点不得设置放净；

c）急性毒性类别1和类别2介质管道的低点不得设置放净；

d）腐蚀性介质的低点不得设置放净；

e）不产生凝结液的气体管道的低点不得设置放净。

B.5.1.6 急性毒性类别1和类别2介质管道的放空或放净应设置双阀，并应排入密闭回收系统。

B.5.1.7 除急性毒性类别1和类别2介质外，有毒气体的排放口应符合环保的要求，有毒液体不应排入下水道。

B.5.1.8 急性毒性类别1和类别2介质的管道的放空或放净宜设置双阀，当设置单阀时，应加盲板或法兰盖。

B.5.1.9 高压管道的放空或放净宜设置双阀，当设置单阀时，应加盲板或法兰盖。

B.5.1.10 连续操作的可燃气体管道低点的放净应设置双阀，排出的液体应排放至密闭系统。可燃气体管道仅在开停工时使用的放净，可只设一道阀门并加丝堵、管帽或法兰盖。

B.5.1.11 管道放空或放净上的阀门应靠近主管，对易自聚、易冻结、易凝固或含固体介质的管道上的放净不应有拐弯。

B.5.1.12 振动管道上公称直径小于或等于40mm的放空、放净根部接口处应采取加强措施。

B.5.2 泄压排放和火炬系统管道设计

B.5.2.1 直接向大气排放的非可燃气体放空管的高度应符合下列规定：

a） 设备或管道上的放空管口应高出临近操作平台2.2m以上；

b） 紧靠建筑物、构筑物或其内部布置的设备或管道的放空口，应高出建筑物或构筑物顶2.2m以上。

B.5.2.2 易燃性气体排放管道的设计应符合SH 3009—2013中7.2的规定。

B.5.2.3 受工艺条件或介质特性所限，无法排入火炬或装置处理系统的可燃气体，当通过排气筒、放空管直接向大气排放时，排气筒、放空管的高度应符合GB 50160—2008中5.5.11的规定。

B.5.2.4 有毒气体放空口的位置应符合GB/T 3840的规定。

B.5.2.5 设备和管道上可燃气体安全泄压装置允许向大气排放时，应符合下列要求：

a） 排放管口不得朝向邻近设备或有人通过的地区；

b） 排放管口的高度应高出以安全泄压装置为中心，半径为8m的范围内的操作平台或建筑物顶3m以上。

B.5.2.6 安全泄压装置出口管道的布置，应考虑由于泄压排放引起的反作用力，并合理设置支架。

B.5.2.7 严禁排入火炬的可燃气体携带可燃液体。火炬的辐射热不应影响人身及设备的安全。距火炬筒30m范围内，不应设置可燃气体放空。

B.5.2.8 可燃气体放空管道内的凝结液应密闭回收，不得随地排放。

B.5.2.9 严禁将混合后可能发生化学反应，并形成爆炸性混合物的几种气体混合排放。

B.5.2.10 火炬排放总管的热补偿应采用自然补偿，如因工艺和空间条件的限制，全厂火炬总管公称直径大于或等于DN400时，宜采用金属波纹膨胀节进行热补偿，且在管道的适当位置应采取轴向限位和导向措施。

B.5.2.11 排放管道凝结液的凝固点等于或高于该地区最冷月平均温度时，应有防止凝结液在波纹膨胀节处聚集的措施。

B.5.2.12 金属波纹膨胀节的补偿量至少应是热补偿管段的全温度范围位移量的1.15倍，其他应符合附录J的要求。

B.6 埋地管道的设计原则

B.6.1 一般规定

B.6.1.1 本章节是指工厂界区内埋地管道布置的设计原则。埋地管道分为直埋敷设和管沟敷设。

B.6.1.2 工厂界区内埋地敷设的管道对人员和设备存在潜在的危险和不安全因素，埋地管道布置应妥善解决防冻、防凝结、吹扫、排液、防外腐蚀及承受外荷载等问题，并应遵守有关国家及当地的规定。

B.6.1.3 管道只有在不可能在地上架空敷设时，才采用埋地敷设，并符合下列要求：

a） 输送介质无腐蚀性、无毒和无爆炸危险的液体、气体管道可直埋敷设；

b） 无法在地上架空敷设，而又不宜直埋敷设的管道可在管沟内敷设；

c） 因工艺要求无法架空的可燃介质、有毒介质、有腐蚀性介质的管道，需要埋地敷设时，应采取一定的保护措施；

d） 除特殊需要外，急性毒性类别1和类别2介质管道不宜埋地敷设。当工艺要求埋地敷设时，应有监测泄漏、防止腐蚀、收集有害流体等的安全措施。

B.6.2 埋地管道设计原则

埋地管道的设计应按如下原则确定：

a） 埋地管道的走向、敷设，埋地管道与连接系统的相互影响；

b） 材料、施工规范和质量控制；

c） 运行程序和控制；

d） 防腐蚀；

e） 外部影响的减轻及管道的防护。

B.6.3 埋地管道的走向规划

所有埋地管道的走向应进行详细规划，并应经业主确定同意。在规划图纸中应包括：

a） 埋地管道的走向、定位尺寸及埋设标高；

b） 埋地部分的其他设施，如电缆沟等，也应包括将来计划实施的埋地设施；

c） 划定埋地管道建设区域内地上部分所有道路及其他地上设施。

B.6.4 直埋管道的设计要求

B.6.4.1 工厂界区内直埋管道的埋设深度应根据最大冻土深度、地下水位和管道不受损坏等原则确定，管道埋设深度宜符合下列规定：

a） 无混凝土铺砌的区域，管道的管顶距地面不宜小于0.5m；

b） 室内或室外有混凝土铺砌的区域，管道的管顶距地面不宜小于0.3m；

c） 机械车辆的通行区域，管道的管顶距地面不宜小于0.7m；

d） 可燃、有毒等介质管道埋设深度应按有关规范执行。

B.6.4.2 直埋管道的外护套管（简称套管）设置应符合下列规定：

a） 直埋管道穿越车行道路时，应加设套管，套管顶面到路面应不小于0.3m；

b） 穿越厂区铁路的管道应设套管，套管顶面至铁轨底的距离不应小于1.2m；

c） 输送可燃介质的直埋管道不宜穿越埋地敷设的电缆沟，否则应设套管，当管道介质温度超过60℃时，在套管内应充填隔热材料，使套管外壁温度不超过60℃；

d） 套管应具备一定的刚度，应能承受所有外表面的荷载；

e） 带有套管的直埋管道，布置时应有足够的柔性，内管应有热胀冷缩的余地；

f） 套管与输送管道最小净距为100mm，套管两端应进行密封，防止水及其他外来物的侵入。

B.6.4.3 大直径薄壁管道深埋时，应满足在土壤压力下的稳定性及刚度要求。

B.6.4.4 管道埋深应在冰冻线以下。当无法实现时，应有可靠的防冻措施。

B.6.5 管沟内管道布置

B.6.5.1 无法架空而又不宜直埋敷设的管道可在不通行管沟内布置。不通行管沟分为全封闭式管沟和敞开式管沟。

B.6.5.2 全封闭式管沟适用于不需经常检查和检修的管道，敞开式管沟适用于需要经常检查和检修的管道，在无可靠的通风条件及无安全措施时，不得在通行管沟内布置窒息性及可燃介质管道，并符合下列要求：

a） 可燃介质的管道不宜布置在全封闭式管沟内，若必须布置在管沟内，应采取防止可燃介质在管沟内积聚的措施，并在进出装置及厂房处设密封隔断；

b） 在敞开式管沟内，不宜敷设密度比环境空气大的可燃气体管道，当不可避免时，应在管沟内填满细砂，并应定期检查管道使用情况。

B.6.5.3 距散发比空气重的可燃气体设备30m以内的管沟，应采取防止可燃气体窜入和积聚的措施。

B.6.5.4 埋地管道布置设计应考虑管道内介质能全部排净，管道应有一定的坡度，并在低点及高点设置放净及放空。

B.6.6 埋地管道标记及记录

B.6.6.1 竣工后的埋地管道应采用业主认可的方法进行地上识别标记。标记内容一般应包括介质名称、公称直径、业主名称、日期等。

B.6.6.2 埋地管道在管道安装工程竣工后，应向业主提交安装质量文件及埋地管道安装竣工图，图纸上要正确表示出管道的走向、坐标、标高等。

B.6.7 直埋管道防腐蚀及阴极保护

B.6.7.1 外表面防腐蚀处理应符合下列规定：

a） 为了避免土壤中水和地下污染物对直埋管道的外表面腐蚀，外表面应进行防腐绝缘层处理；

b） 外表面绝缘防腐蚀等级应根据土壤的腐蚀性程度确定。直埋管道穿越道路、铁路以及改变埋设深度时的弯管处，防腐蚀等级应为特加强级。

B.6.7.2 直埋管道的阴极保护应符合下列规定：

a） 长距离直埋钢质管道除采用绝缘涂层保护外，一般需同时采用阴极保护来降低管道涂层薄弱处产生局部腐蚀的风险；

b） 依据土壤不同的腐蚀环境条件，被保护直埋管道具体状况和技术要求，一般由阴极保护系统设计制造商确定选择牺牲阳极保护或强制电流阴极保护方式；

c） 在工厂较为复杂的地下环境，为防止地下直流杂散电流的腐蚀，可采用排流保护法，使管道上的杂散电流不经土壤而经过导线单向地流向电源负极，从而保护管道表面不受腐蚀；

d） 直埋管道应采用绝缘法兰、螺栓、垫片和地上管道绝缘隔断。当局部采用钢套管时，套管间应设绝缘支撑进行电绝缘，套管两端应采用牢固的非导电材料密封。

B.7 地上管道的防腐要求

B.7.1 一般规定

对于地上管道，除奥氏体不锈钢、镀锌、塑料管道外，均应考虑通过喷涂防腐涂料进行防腐。

B.7.2 防腐涂料的选用

防腐涂料的选用要求如下：

a） 与被涂物的使用条件相适应；

b） 与被涂物表面的材质相适应；

c） 底漆与面漆正确配套；

d） 经济合理；

e） 具备施工条件。

B.8 管道的隔热要求

B.8.1 管道保温

下列情况下应考虑对管道进行保温：

a） 管道外表面温度高于50℃，为减少管道在操作中的热量损失；

b） 工艺生产有要求，以避免、限制或延迟管道内介质的凝固、冻结，维持正常生产；

c） 寒冷或严寒地区，为了减少管道内介质的冻结而带来的不利影响；

d） 表面温度等于或高于60℃的不保温管道，需要经常维护又无法采用其他措施防止烫伤的部位，应设防烫保温。

B.8.2 管道保温伴热

下列管道应采用伴管或夹套管保温伴热：

a） 需从外部补偿管内介质热损失，以维持被输送介质温度的管道；

b） 在输送过程中，由于热损失而产生凝液，并可能导致腐蚀或影响正常操作的气体管道；

c） 在操作过程中，由于介质压力突然下降而自冷，可能冻结导致堵塞的管道；

d） 在切换操作或停运期间，管内介质由于热损失造成温度下降，介质不能放净、吹扫而可能凝固的管道；

e） 在输送过程中，由于热损失可能引起管内介质析出结晶的管道；

f) 由于热损失可能导致输送介质黏度增高，系统阻力增加，输送量下降，达不到工艺最小允许量的管道；

g) 输送介质的凝固点等于或高于环境温度的管道。

B.8.3 管道的保冷

下列情况下应考虑对管道进行保冷：

a) 需减少冷介质在生产或输送过程中的温升或气化(包括突然减压而气化产生结冰)；

b) 需减少冷介质在生产或输送过程中的冷量损失，或规定允许冷损失量；

c) 需防止在环境温度下，管道外表面凝露。

B.9 管道静电接地要求

B.9.1 对爆炸、火灾危险场所内可能产生静电危险的设备和管道，均应采取静电接地措施。

B.9.2 在聚烯烃树脂处理系统、输送系统和料仓区应设置静电接地系统，不得出现不接地的孤立导体。

B.9.3 可燃气体、可燃液体、可燃固体的管道应设静电接地。接地连接点应符合下列要求：

a) 装置区中各个相对独立的建(构)筑物内的管道，可通过与工艺设备金属外壳的连接，进行静电接地；

b) 在进出装置或设施处，爆炸危险场所的边界应设静电接地设施，管道泵及泵入口永久过滤器、缓冲器等处应设置接地连接点；

c) 可燃液体、液化烃的装卸站台和码头的管道应设置接地连接点；

d) 管网在进出装置区处、不同爆炸危险环境的边界、管道分岔处的管道应进行接地，对于长距离的无分支管道，应在始端、末端以及每隔100m与接地体可靠连接；

e) 平行管道净距小于100mm时，应每隔20m加跨接线，当管道交叉且净距小于100mm时，应加跨接线；

f) 当工艺管道与伴热管之间有隔离块时(防止局部过热和接触腐蚀)，加热伴管应利用金属丝捆扎连接外，尚应使伴热管进汽口及回水口与工艺管道等电位连接，见图B.1；

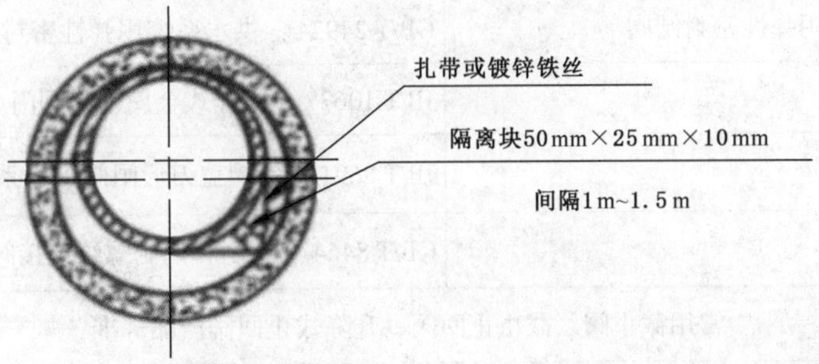

图B.1 工艺管道与伴热管之间有隔热垫的伴管结构示意图

g) 对金属管道中间的非导体管段(如聚氯乙烯管)，除需做特殊防静电处理外，两端的金属管应分别与接地干线相连，或用6mm²多股铜芯软绞线跨接后接地；

h) 非导体管段上的所有金属件均应接地。

B.9.4 除非另有规定，当金属法兰采用金属的螺栓或卡子紧固时，一般可不必另装静电连接线，但应保证至少有两个螺栓或卡子间具有良好的导电接触面。

B.9.5 每组专设的静电接地体，其对地电阻值，一般情况应小于100Ω。在山区等土壤电阻率较高的场所，其对地电阻值也应不大于1000Ω。

B.9.6 管道静电接地的设计，除符合上述规定外，尚应符合项目的特殊要求及现行有关标准规范的规定。

附 录 C
（资料性附录）
常用工业阀门标准与国外通用石油化工阀门标准对照

表C.1所示为常用工业阀门标准与国外通用石油化工阀门标准对照表。表中左列是以ASME/API/MSS/AWWA为代表的Class系列的国外阀门标准。表中右列为对应的国内阀门标准，其中标明Class+PN系列者，即为以Class系列阀门为依据，添加了PN系列。

表中左右两侧无对应者，即为各自依据相应通用标准（ASME B16.34，GB/T 12224）制定的阀门标准，无对应关系。

表C.1 常用工业阀门标准与国外通用石油化工阀门标准对照表

阀门通用标准——基本参数类标准	
国外系列阀门标准	国内系列阀门标准
ASME B16.34 法兰、焊接、螺纹端阀门	GB/T 12224 钢制阀门 一般要求（Class+PN系列）
常用闸阀产品标准	
国外系列阀门标准	国内系列阀门标准
ASME B16.34 法兰、焊接、螺纹端阀门（闸阀）	GB/T 12224 钢制阀门 一般要求（Class+PN系列闸阀）
API 600 法兰端和对焊端螺栓连接阀盖钢制闸阀（重型）	GB/T 12234 石油、天然气工业用螺栓连接阀盖的钢制闸阀（Class+PN系列）（重型）
API 603 法兰端和对焊端螺栓连接阀盖的耐腐蚀闸阀	GB/T 12224 钢制阀门 一般要求（Class+PN系列闸阀）
API 6D 管线阀门（闸阀）	GB/T 19672 管线阀门 技术条件（Class+PN系列，闸阀） GB/T 20173 石油天然气工业 管道输送系统 管道阀门（Class+PN系列，闸阀）
	GB/T 12232 通用阀门 法兰连接铁制闸阀（PN系列）
AWWA C209 供水系统用弹性密封闸阀	GB/T 24924 供水系统用弹性密封闸阀（PN系列）
	JB/T 10637 撑开式金属密封阀门（Class+PN系列闸阀）
	JB/T 8691 无阀盖刀形闸阀（PN系列）
	GB/T 8464 铁制和铜制螺纹连接阀门（PN系列闸阀）
常用截止阀、截止止回阀、升降式止回阀产品标准	
国外系列阀门标准	国内系列阀门标准
ASME B16.34 法兰、焊接、螺纹端阀门（截止阀，截止止回阀，升降式止回阀）	GB/T 12224 钢制阀门一般要求（Class+PN系列截止阀，截止止回阀，升降式止回阀，柱塞阀）
API 600 法兰端和对焊端螺栓连接阀盖钢制闸阀（截止阀，截止止回阀，升降式止回阀）（重型）	GB/T 12235 石油、石化及相关工业用钢制截止阀和升降式止回阀（Class+PN系列）（重型）
BS 1873 石油、石化及相关工业用法兰和对焊连接钢制截止阀，升降式止回阀（Class+PN 系列）（重型）	
	GB/T 12233 通用阀门 铁制截止阀与升降式止回阀（PN系列）

表C.1 常用工业阀门标准与国外通用石油化工阀门标准对照表(续)

常用旋启式止回阀、对夹式止回阀、轴流式止回阀产品标准	
国外系列阀门标准	国内系列阀门标准
ASME B16.34 法兰、焊接、螺纹端阀门(旋启式止回阀)	GB/T 12224 钢制阀门 一般要求(Class+PN系列旋启式止回阀,柱塞阀)
API 600 法兰端和对焊端螺栓连接阀盖钢制闸阀(旋启式止回阀)(重型)	GB/T 12236 石油、化工及相关工业用钢制旋启式止回阀(Class+PN系列旋启式止回阀)(重型)
BS 1868 石油、石化及相关工业用法兰和对焊连接钢制止回阀(Class+PN 系列)(重型)	
	GB/T 13932 铁制旋启式止回阀(PN系列)
API 594 法兰、凸耳对夹、对夹及对焊连接止回阀(重型)	GB/T 12236 石油、化工及相关工业用钢制旋启式止回阀(Class+PN系列旋启式止回阀)(重型)
	JB/T 8937 对夹式止回阀(Class+PN系列)
	GB/T 21387 轴流式止回阀(Class+PN系列)
常用球阀产品标准	
国外系列阀门标准	国内系列阀门标准
API 608 法兰、螺纹和焊接连接的金属球阀	GB/T 12237 石油、石化及相关工业用的钢制球阀(Class+PN系列)
BS 5351 石油、石化及相关工业用的钢制球阀(Class+PN 系列)	
API 6D 管线阀门(球阀)	GB/T 19672 管线阀门 技术条件(球阀,Class+PN系列)
	GB/T 21385 金属密封球阀(Class+PN系列)
	GB/T 26146 偏心半球阀(Class+PN系列)
常用蝶阀产品标准	
国外系列阀门标准	国内系列阀门标准
API 609 双法兰式、对夹式及凸耳式蝶阀	
AWWA C504 橡胶密封蝶阀	GB/T 12238 法兰和对夹连接弹性密封蝶阀(PN系列)
	GB/T 26144 法兰和对夹连接钢制衬氟塑料蝶阀(PN系列)
	JB/T 8527 金属密封蝶阀(Class+PN系列)
常用旋塞阀产品标准	
国外系列阀门标准	国内系列阀门标准
API 599 法兰端、螺纹端和焊接端金属旋塞阀	GB/T 22130 钢制旋塞阀(Class+PN系列)(重型)
API 593 法兰连接球墨铸铁旋塞阀	GB/T 12240 铁制旋塞阀(Class+PN系列)
	JB/T 11152 金属密封提升式旋塞阀(Class+PN系列)
常用低温阀产品标准	
国外系列阀门标准	国内系列阀门标准
BS 6364 低温阀门	GB/T 24925 低温阀门 技术条件

表C.1　常用工业阀门标准与国外通用石油化工阀门标准对照表（续）

常用小口径、螺纹、承插端阀门产品标准	
国外系列阀门标准	国内系列阀门标准
API 602　石油和天然气工业用公称尺寸小于和等于DN100的钢制闸阀、截止阀和止回阀	JB/T 7746 紧凑型钢制阀门（Class系列钢制闸阀、截止阀和止回阀）
	GB/T 28776　石油和天然气工业用钢制闸阀、截止阀和止回阀（≤DN100）（Class系列钢制闸阀、截止阀和止回阀）
	GB/T 8464　铁制和铜制螺纹连接阀门（PN系列闸阀、截止阀和止回阀）
常用阀门检验、试验标准	
国外系列阀门标准	国内系列阀门标准
API 598　阀门的检验和试验	GB/T 26480　阀门的检验和试验 JB/T 9092　阀门的检验与试验
	GB/T 13927　工业阀门　压力试验
ASME　B16.104（FCI70-2-98）调节阀阀座泄漏检验	
API 607　部分回转阀门弹性密封耐火试验	GB/T 26479　弹性密封部分回转阀门　耐火试验
API 6FA　阀门耐火试验规范	
API 6FB　端部耐火试验	
API 6FC　阀门倒密封耐火试验	SY/T 6746　倒密封阀耐火试验规范
API 6FD　止回阀耐火试验	GB/T 26482　止回阀　耐火试验
ISO 15848-1　阀门的逸散性型式试验和评定	
ISO 15848-2　阀门的逸散性试验	GB/T 26481　阀门的逸散性试验
API 622　阀门填料试验规范	
常用阀门材料检验、试验标准	
国外系列阀门标准	国内系列阀门标准
MSS SP55　阀门铸钢件外观检测	JB/T 7927　阀门铸钢件外观质量要求
MSS SP54（ASME　B16.34 附录 I）阀门铸钢件射线检测	JB/T 6440　阀门受压铸钢件射线照相检验
ASTM E709（ASME B16.34 附录 II）阀门铸钢件磁粉检测	JB/T 6439　阀门受压件磁粉探伤检验
ASTM E165（ASME B16.34 附录 III）阀门液体渗透检测	JB/T 6902　阀门液体渗透检测
ASTM A388，A609（ASME B16.34 附录 IV）阀门锻钢件，铸钢件超声波检测	JB/T 6903　阀门锻钢件超声波检查方法
NACE MR0175　油田耐硫化氢腐蚀金属材料	GB/T 20972　石油天然气工业　油气开采中用于含硫化氢环境的材料

附 录 D
（资料性附录）
低泄漏阀门阀杆密封通用要求

表D.1和表D.2分别列出了ISO 15848-1、GB/T 26481、API 622、API 624、API 641低泄漏阀杆型式试验及产品检验技术要求，用户或设计者可参照表D.3提出低泄漏阀门的阀杆密封通用要求。

表D.1　ISO 15848-1低泄漏阀杆型式试验及产品检验技术参数一览表

<table>
<tr><th rowspan="2">阀门类别</th><th colspan="4">ISO 15848-1 低泄漏阀杆型式试验</th><th rowspan="2">GB/T 26481
低泄漏阀门
产品检验</th></tr>
<tr><th>试验气体及检漏方法</th><th>密封等级及泄漏率</th><th>试验压力</th><th>试验条件（机械循环/温度循环次数，温度循环等级）</th></tr>
<tr><td rowspan="6">切断阀</td><td rowspan="3">氦He
真空压力法或正压累积法（定量）</td><td>AH，10^{-5}mg/（s·m），真空压力法</td><td rowspan="12">阀门公称压力及相应温度的压力额定值</td><td rowspan="6">CO1，机械循环205次/温度循环2次；
CO2，机械循环1 500次/温度循环3次；
CO3，机械循环2 500次/温度循环4次；
温度循环可选择下列5个等级：
常温（-29~+40℃）；
常温~+200℃；
常温~+400℃；
常温~-196℃；
常温~-46℃</td><td rowspan="12">试验压力：0.6MPa；
试验气体：氦气；
检漏方法：吸气法。
常温，机械循环5次。
密封等级及泄漏率：
A级：≤50 × 10^{-6}；
B级：≤100 × 10^{-6}；
C级：≤200 × 10^{-6}</td></tr>
<tr><td>BH，10^{-4}mg/（s·m），真空压力法或正压累积法</td></tr>
<tr><td>CH，10^{-2}mg/（s·m）真空压力法或正压累积法</td></tr>
<tr><td rowspan="3">甲烷CH_4
吸气法（半定量）</td><td>AM，≤50 × 10^{-6}</td></tr>
<tr><td>BM，≤100 × 10^{-6}</td></tr>
<tr><td>CM，≤500 × 10^{-6}</td></tr>
<tr><td rowspan="6">调节阀</td><td rowspan="3">氦He
真空压力法或正压累积法（定量）</td><td>AH，10^{-5}mg/（s·m），真空压力法</td><td rowspan="6">CC1，机械循环20 000次/温度循环2次；
CC2，机械循环60 000次/温度循环3次；
CC3，机械循环100 000次/温度循环4次；
温度循环可选择下列5个等级：
常温（-29~+40℃）；
常温~+200℃；
常温~+400℃；
常温~-196℃；
常温~-46℃</td></tr>
<tr><td>BH，10^{-4}mg/（s·m），真空压力法或正压累积法</td></tr>
<tr><td>CH，10^{-2}mg/（s·m），真空压力法或正压累积法</td></tr>
<tr><td rowspan="3">甲烷CH_4
吸气法（半定量）</td><td>AM，≤50 × 10^{-6}</td></tr>
<tr><td>BM，≤100 × 10^{-6}</td></tr>
<tr><td>CM，≤500 × 10^{-6}</td></tr>
</table>

表D.2　API低泄漏阀杆型式试验技术参数一览表

标准号	名称	试验气体、检漏方法	泄漏率	试验条件（机械循环/温度循环次数，温度循环等级）	相当ISO 15848-1
API 622	切断阀低泄漏填料型式试验	甲烷CH_4 试验压力：4.0MPa； 吸气法（半定量）	≤500 × 10^{-6}	机械循环1 510次/温度循环常温~+260℃，5次	CO2-CM

表D.2　API低泄漏阀杆型式试验技术参数一览表（续）

标准号	名称	试验气体、检漏方法	泄漏率	试验条件（机械循环/温度循环次数，温度循环等级）	相当ISO 15848-1
API 624	升杆切断阀低泄漏填料型式试验	甲烷CH_4 试验压力： 4.0MPa； 吸气法（半定量）	≤100×10^{-6}	机械循环310次/温度循环常温~+260℃，3次	CO1-BM
API 641	1/4旋转切断阀低泄漏填料型式试验			机械循环610次/温度循环常温~+260℃，3次	CO2-BM
注：API 622低泄漏阀门填料型式试验，API 624升杆阀低泄漏石墨填料型式试验，API 6411/4旋转阀低泄漏填料型式试验。					

表D.3　低泄漏阀门阀杆密封通用要求

阀门类别	阀杆密封类别	低泄漏阀杆型式试验通用要求		低泄漏阀门产品检验 GB/T 26481
		ISO 15848-1	API	
切断阀	填料，升杆	CO1-CM，或CH	API 622或API 624	C级
	填料，1/4旋转	CO1-BM，或BH	API 622或API 641	B级
	波纹管	CO1-AM，或AH		A级
调节阀	填料，升杆	CC1-CM，或CH		C级
	填料，1/4旋转	CC1-BM，或BH		B级
	波纹管	CC1-AM，或AH		A级

注1：试验气体采用氦气与甲烷，两者无对比换算关系，检漏方法采用真空压力法或正压累积法（定量）与吸气法（半定量），两者也无对比换算关系。前者为稀有气体、定量检漏、灵敏度高，但与工作介质及环保法规无直接对应关系；后者为可燃气体，与工作介质及环保法规对应度较好，但对检验测试机构的安全防护要求较高，不宜用于产品检测要求。

注2：表D.3所列为低泄漏阀杆型式试验通用要求，用户可根据实际用途选择低泄漏阀杆型式试验的试验条件，包括机械循环/温度循环次数，温度循环等级。通用的温度循环等级为常温~200℃或常温~260℃。

注3：低泄漏阀杆型式试验及低泄漏阀门产品检验的组批分组可参照API的相应规定。

附 录 E
（资料性附录）
计算实例

例1 在真空下操作的某管道，外径D=508mm，壁厚T=6.3mm，两连接法兰之间的距离L=15 000mm，材料为20号无缝钢管，取腐蚀裕量C_2=1mm，在常温下操作。试问所选壁厚是否合适？

解：因$L/D=\dfrac{15\,000}{508}=29.5$，$D/T_e=\dfrac{508}{6.3-1}=95.8$，故可由式（2）直接计算许用外压：

$$[P]=\frac{2.2}{3}E\left(\frac{T_e}{D}\right)^3=\frac{2.2}{3}\times 2.03\times 10^5\left(\frac{6.3-1}{508}\right)^3=0.169(\text{MPa})$$

其中，由GB/T 20801.2—2020中表B.3查得，$E=2.03\times 10^5$MPa。

故所选壁厚合适。

例2 在真空下操作的某管道，从连接法兰到异径管连接线的大端直管外径为D=508mm，壁厚T=6.3mm，大端直管长6 000mm；从异径管小端连接线到小端直管连接法兰的长度为6 000mm，小端直管外径D=324mm，壁厚T=4mm，与大、小直管焊接相连的异径管壁厚T=6.3mm，异径管的轴向长度为508mm，直管材料都为20号无缝钢管，异径管系由Q235-B钢板卷制，取腐蚀裕量C_2=1mm，在常温下操作。试问大端直管、小端直管、异径管的所选壁厚是否合适？

解：据6.1.1、6.1.3，包括异径管在内的真空管道计算长度：

$$L=6\,000+508+6\,000=12\,508\ (\text{mm})$$

对于大端直管，$L/D=\dfrac{12\,508}{508}=24.6$，$D/T_e=\dfrac{508}{6.3-1}=95.8$

对于小端直管，$L/D=\dfrac{12\,508}{324}=38.6$，$D/T_e=\dfrac{324}{4-1}=108$

对于大端直管，据GB/T 150.3—2011中图6-2，可由L/D=24.6，D/T_e=95.8而得A=0.000 12，并据GB/T 20801.2—2020中表B.3，t=20℃时得$E=2.03\times 10^5$MPa，因此，大端直管的许用外压：

$$[P]=\frac{2AE}{3(D/T_e)}=\frac{2\times 0.000\,14\times 2.03\times 10^5}{3\times 95.8}=0.170(\text{MPa})$$

对于小端直管，和大端直管相同，可由L/D=38.6，D/T_e=108而得A=0.000 1，并由$E=2.03\times 10^5$MPa，故小端直管的许用外压：

$$[P]=\frac{2AE}{3(D/T_e)}=\frac{2\times 0.000\,10\times 2.03\times 10^5}{3\times 108}=0.125(\text{MPa})$$

因异径管等于大端直管厚度，故可得和大端直管相同的许用外压。

由上面计算可知，大端、小端直管以及异径管在所选厚度时都能满足所受真空要求。

例3 外径D_h=219mm、壁厚$\overline{T}_h$=8mm的油品主管上有一垂直支管，支管外径D_b=114mm，壁厚$\overline{T}_b$=6.3mm，主管和支管材料都是15CrMo无缝钢管，见图E.1，设计压力P=2MPa，设计温度t=200℃，接管处填角焊缝符合GB/T 20801.4—2020中7.8和图10a）规定的最小尺寸要求，取腐蚀裕量C_2=2.5mm。试问该管件是否需要另加补强？

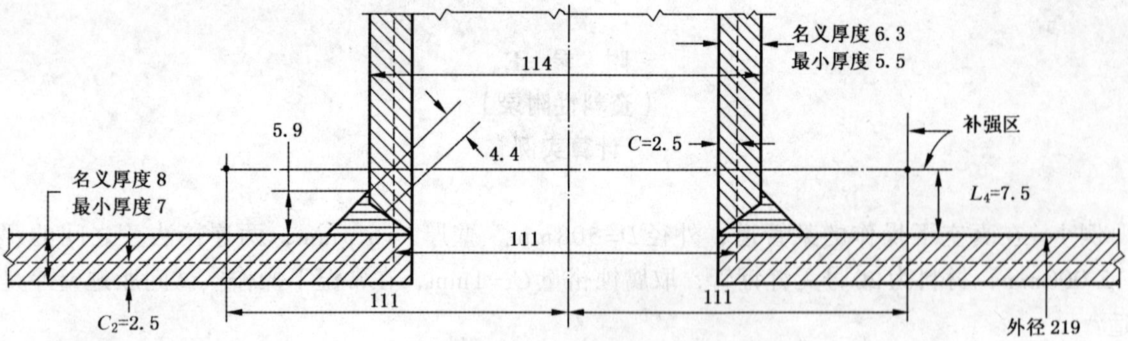

图E.1 例3的附图

解：由GB/T 20801.2—2020中表A.1，S=121MPa，由GB/T 20801.2—2020中表A.3，Φ=1.0

$T_h=0.875\overline{T}_h=0.875\times8=7$（mm）

$T_b=0.875\overline{T}_b=0.875\times6.3=5.5$（mm）

$$t_h=\frac{PD_h}{2(S\Phi+PY)}=\frac{2\times219}{2(121\times1+2\times0.4)}=1.8(\text{mm})$$

$$t_b=\frac{PD_b}{2(S\Phi+PY)}=\frac{2\times114}{2(121\times1+2\times0.4)}=0.94(\text{mm})$$

t_h、t_b式中的Y值据表15，Y=0.4。

由6.7.1：

$d_1=(D_b-2T_{eb})/\sin\beta=[114-(5.5-2.5)]/\sin90°=111$（mm）

d_2取下列两式中的大值：

$d_2=d_1=111$（mm）

$d_2=T_{eh}+T_{eh}+\frac{d_1}{2}=(5.5-2.5)+(7-2.5)+\frac{111}{2}=63$（mm）

故d_2=111mm。

L_4取下列两式中的较小值：

$L_4=2.5T_{eh}=2.5(7-2.5)=11.25$（mm）

$L_4=2.5T_{eb}=2.5(5.5-2.5)=7.5$（mm）

故L_4=7.5mm。

由图E.1，焊缝厚度t_c取下列两式中的较小值：

$t_c=0.7\overline{T}_b=0.7\times6.3=4.4$（mm）

t_c=6.4mm

故t_c=4.4mm。

由式（15），所需补强面积：

$A_1=t_hd_1(2-\sin\beta)=1.8\times111(2-\sin90°)=199.8$（mm^2）

由式（17），主管的多余截面积：

$A_2=(2d_2-d_1)(T_{eh}-t_h)=111(7-2.5-1.8)=300$（mm^2）

由式（18），支管的多余截面积：

$$A_3=2L_4(T_{eb}-t_b)/\sin\beta=2\times7.5(5.5-2.5-0.94)/\sin90°=31\ (\text{mm}^2)$$

焊缝截面积：

$$A_5=2\times0.5\left(\frac{t_c}{0.707}\right)^2=2\times0.5\left(\frac{4.4}{0.707}\right)^2=38.7\ (\text{mm}^2)$$

由式（21），总的补强面积$A_2+A_3+A_5=300+31+38.7=369.7\text{mm}^2>199.8\text{mm}^2=A_1$

因此，该接管开孔已满足补强要求，不需另加补强。

例4 外径D_h=324mm、壁厚$\overline{T}_h$=17.5mm的主管上有一垂直支管，支管外径D_b=219mm，壁厚$\overline{T}_b$=12.5mm，主管和支管材料都是ASTM B 241 6061-T6无缝铝合金管，在连接处用从ASTM B241 6063-T6无缝铝管上切取的D_r=350mm、T_r=17.5mm的补强圈，见图E.2。设计温度t=-196℃，填角焊缝符合GB/T 20801.4—2020中图10c）的最小尺寸要求，规定取腐蚀裕量C_2=0。试问该管件的最大允许设计内压为多少？

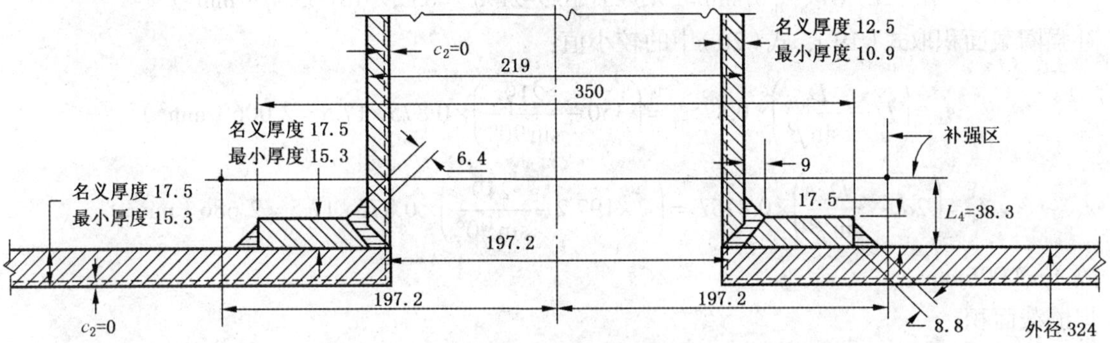

图E.2 例4的附图

解：由GB/T 20801.2—2020中表A.1，对于主管和支管，S=55MPa，对补强圈，S=55MPa；由GB/T 20801.2—2020中表A.3，Φ=1.0。

$T_h=0.875\overline{T}_h=0.875\times17.5=15.3$（mm）

$T_b=0.875\overline{T}_b=0.875\times12.5=10.9$（mm）

$$t_h=\frac{PD_h}{2(S\Phi+PY)}=\frac{324P}{2(55\times1+0.4P)}$$

$$t_b=\frac{PD_b}{2(S\Phi+PY)}=\frac{219P}{2(55\times1+0.4P)}$$

t_h、t_b式中的Y值据表15，Y=0.4。

采用符号$q=\dfrac{P}{110+0.8P}$，则可得：

$t_h=324q$

$t_b=219q$

由6.7.1：

$d_1=(D_b-2T_{eb})/\sin\beta=(219-2\times10.9)/\sin90°=197.2$（mm）

d_2取下列两式中的较大值：

$d_2=d_1=197.2$mm

$$d_2=T_{eb}+T_{eh}+\frac{d_1}{2}=10.9+15.3+\frac{197.2}{2}=124.8\text{（mm）}$$

故d_2=197.2mm。

L_4取下列两式中的较小值：

$L_4=2.5T_{eh}=2.5\times15.3=38.3$（mm）

$L_4=2.5T_{eb}+T=2.5\times10.9+15.3=42.6$（mm）

故L_4=38.3mm。

由图E.2，支管对主管的焊缝厚度t_c取下列两式中的较小值：

$t_c=0.7\overline{T}_b=0.7\times12.5=8.8$（mm）

t_c=6.4mm

故t_c=6.4mm。

补强圈对主管的焊缝厚度$t_c=0.5T_r=0.5\times17.5=8.8$（mm）。

由式(15)，所需补强面积：

$A_1=t_h d_1(2-\sin\beta)=324q\times197.2(2-\sin90°)=63\,892.8q\ (\text{mm}^2)$

由式(17)，主管的多余截面积：

$$A_2=(2d_2-d_1)(T_{eh}-t_h)=197.2(15.3-324q)=3\,017.2-63\,892.8q\ (\text{mm}^2)$$

由式(18)，支管的多余截面积：

$$A_3=2L_4(T_{eb}-t_b)/\sin\beta=2\times38.3(10.9-219q)=833.9-16\,753.5q\ (\text{mm}^2)$$

补强圈截面积取式(19)、式(20)中的较小值：

$$A_4=\left(D_r-\frac{D_b}{\sin\beta}\right)\times0.875T_r=\left(350-\frac{219}{\sin90°}\right)\times0.875\times17.5=2\,006\ (\text{mm}^2)$$

$$A_4=\left(2d_2-\frac{D_b}{\sin\beta}\right)\times0.875T_r=\left(2\times197.2-\frac{219}{\sin90°}\right)\times0.875\times17.5=2\,686\ (\text{mm}^2)$$

故 A_4=2 006mm²。

焊缝截面积

$$A_5=2\times0.5\left(\frac{t_c}{0.707}\right)^2+2\times0.5\left(\frac{t_c}{0.707}\right)^2=\left(\frac{6.4}{0.707}\right)^2+\left(\frac{8.8}{0.707}\right)^2=236.9\ (\text{mm}^2)$$

由式(21)，$A_2+A_3+A_4+A_5=A_1$ 可得：

$$(3\,017.2-63\,892.8q)+(833.9-16\,753.5q)+236.9+2\,006=63\,892.8q$$

可解得 q=0.042，以此代入符号 q 的表示式，可解得：

最大允许设计内压 P=4.78MPa。

例5　外径 D_h=406mm、壁厚 $\overline{T}_h$=12.5mm的油品主管上有一沿主管60°轴向倾斜的支管，支管外径 D_b=168mm、壁厚 $\overline{T}_b$=7.1mm，材料都为15CrMo无缝管，在连接处用16MnR板材所制的 D_r=300mm、T_r=12mm的补强圈，见图E.3。设计温度 t=370℃，设计压力 P=3.5MPa，支管对主管、补强圈对主管的填角焊缝焊脚尺寸都是9mm，规定取腐蚀裕量 C_2=2.5mm，试问该管件是否满足补强设计？

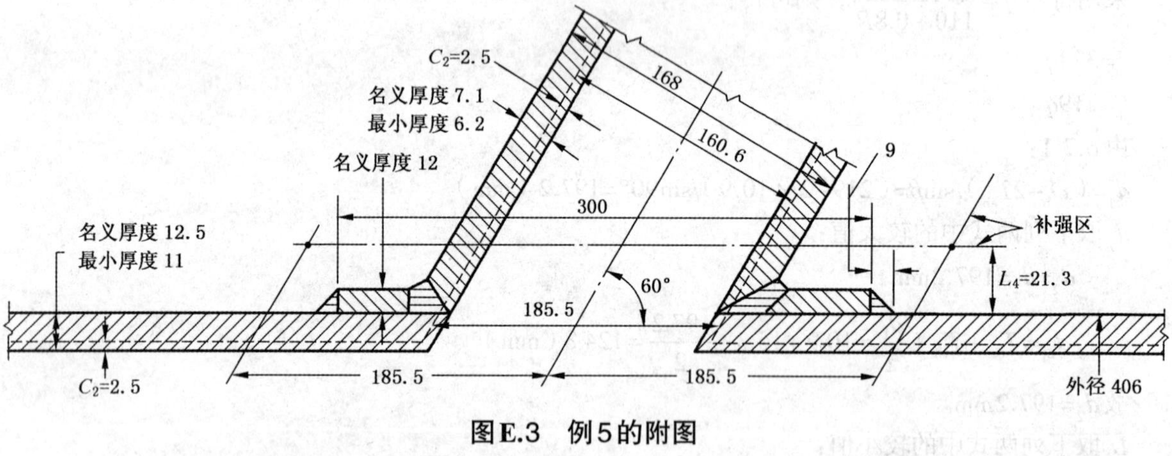

图E.3　例5的附图

解：由GB/T 20801.2—2020中表A.1，对主管和支管，S=109MPa，对补强圈，S=117MPa，据本部分6.7.2.3b)的规定，在计算补强圈面积 A_4 值时可不予关注。

由GB/T 20801.2—2020中表A.3查得，Φ=1.0

$T_h=0.875\overline{T}_h=0.875\times12.5=11\ (\text{mm})$

$T_b=0.875\overline{T}_b=0.875\times7.1=6.2\ (\text{mm})$

$$t_h=\frac{PD_h}{2(S\Phi+PY)}=\frac{3.5\times406}{2(109\times1+3.5\times0.4)}=6.4(\text{mm})$$

$$t_b = \frac{PD_b}{2(S\Phi + PY)} = \frac{3.5\times168}{2(109\times1+3.5\times0.4)} = 2.7(\text{mm})$$

t_h、t_b式中的Y值据表15，Y=0.4。

由6.7.1：

$$d_1 = (D_b - 2T_{eb})/\sin\beta = [168-2(6.2-2.5)]/\sin60° = 185.5(\text{mm})$$

d_2取下列两式中的较大值：

d_2=d_1=185.5mm

d_2=T_{eb}+T_{eh}+$\frac{d_1}{2}$=（6.2−2.5）+（11−2.5）+185.5/2=105（mm）

故d_2=185.5mm。

L_4取下列两式中的较小值：

L_4=2.5T_{eh}=2.5（11−2.5）=21.3（mm）

L_4=2.5T_{eb}+T_r=2.5（6.2−2.5）+12=21.3（mm）

故L_4=21.3mm。

由式（15），所需补强面积$A_1 = t_h d_1(2-\sin\beta) = 6.4\times185.5(2-\sin60°) = 1346.8(\text{mm}^2)$。

由式（17），主管的多余截面积$A_2 = (2d_2 - d_1)(T_{eh} - t_h) = 185.5(8.6-6.4) = 408.1(\text{mm}^2)$。

由式（18），支管的多余截面积：

$$A_3 = 2L_4(T_{eb} - t_b)/\sin\beta = 2\times21.3(3.7-2.7)/\sin60° = 49.3(\text{mm}^2)$$

补强圈截面积取式（19）、式（20）中的较小值：

$$A_4 = \left(D_r - \frac{D_b}{\sin\beta}\right)T_r = \left(300 - \frac{168}{\sin60°}\right)\times12 = 1272.1(\text{mm}^2)$$

$$A_4 = \left(2d_2 - \frac{D_b}{\sin\beta}\right)T_r = \left(2\times185.5 - \frac{168}{\sin60°}\right)\times12 = 2124.1(\text{mm}^2)$$

故A_4=1 272.1mm^2。

焊缝截面积A_5=4 × 0.5 × 9^2=162mm。

由式（21），总的补强面积：

$$A_2+A_3+A_4+A_5=408.1+49.3+1272.1+162=1891.8（\text{mm}^2）>1346.8\text{mm}^2=A_1$$

因此，该管件满足补强设计。

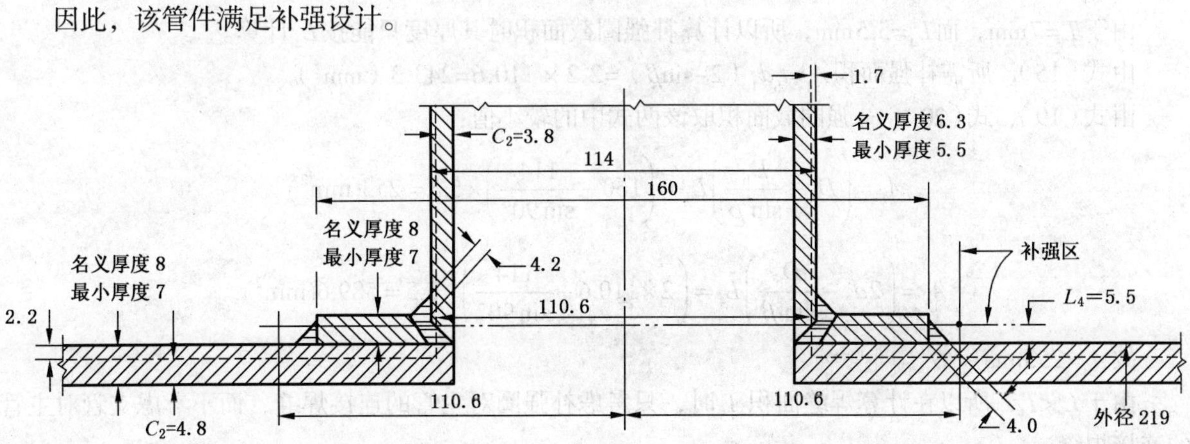

图E.4　例6的附图

例6　外径D_h=219mm、壁厚$\overline{T}_h$=8mm的主管上有一垂直支管，支管外径D_b=114mm、壁厚$\overline{T}_b$=6.3mm，主管和支管都是15CrMo无缝管，见图E.4。设计压力P=2.5MPa，t=200℃，假设包括主管和支管在内的管系在服役寿命期内所有除承受压力所需之外的多余厚度全部腐蚀殆尽（其中对主管取C_2=4.8mm，对支管取C_2=3.8mm），即按式（19）、式（20）算得的A_2=A_3=0。试问该管件要求多厚的补强圈？

解：由GB/T 20801.2—2020中表A.1查得，S=121MPa，由GB/T 20801.2—2020中表A.3，查得Φ=1.0。

$T_h=0.875\overline{T}_h=0.875\times8=7$（mm）

$T_b=0.875\overline{T}_b=0.875\times6.3=5.5$（mm）

$$t_h=\frac{PD_h}{2(S\Phi+PY)}=\frac{2.5\times219}{2\times(121\times1+2.5\times0.4)}=2.2(\mathrm{mm})$$

$$t_b=\frac{PD_b}{2(S\Phi+PY)}=\frac{2.5\times114}{2\times(121\times1+2.5\times0.4)}=1.2(\mathrm{mm})$$

t_h、t_b式中的Y值据表15，Y=0.4。

由6.7.1：

$$d_1=(D_b-2T_{eb})/\sin\beta=\left[114-2(5.5-3.8)\right]/\sin90^\circ=110.6(\mathrm{mm})$$

d_2取下列两式中的较大值：

$d_2=d_1=110.6$mm

$d_2=T_{eb}+T_{eh}+\dfrac{d_1}{2}=(5.5-3.8)+(7-4.8)+\dfrac{110.6}{2}=59.2$（mm）

故d_2=110.6mm。

L_4取下列两式中的较小值：

$L_4=2.5T_{eh}=2.5\times(7-4.8)=5.5$（mm）

$L_4=2.5T_{eb}=2.5\times(5.5-3.8)=4.3$（mm）

故L_4=4.3mm。

初定L_4值时，暂未考虑设置补强圈。

试取补强圈直径D_r=160mm，并假设该补强圈是由主管材料切割制成。

故$T_r=T_h=0.875\overline{T}_h=0.875\times8=7$（mm）。

由于考虑了设置补强圈，故重新确定补强区高度L_4，L_4取下列两式中的较小值：

$L_4=2.5T_{eh}=2.5\times(7-4.8)=5.5$（mm）

$L_4=2.5T_{eb}+T_r=2.5\times(5.5-3.8)+7=11.3$（mm）

故L_4=5.5mm。

由于T_r=7mm，而L_4=5.5mm，所以计算补强圈截面积时其厚度只能按L_4计算。

由式（15），所需补强面积$A_1=t_hd_1(2-\sin\beta)=2.2\times110.6=243.3$（mm²）。

由式（19）、式（20），补强圈截面积取该两式中的较小值：

$$A_4=\left(D_r-\frac{D_b}{\sin\beta}\right)L_4=\left(160-\frac{114}{\sin90^\circ}\right)\times5.5=253(\mathrm{mm}^2)$$

$$A_4=\left(2d_2-\frac{D_b}{\sin\beta}\right)L_4=\left(2\times110.6-\frac{114}{\sin90^\circ}\right)\times5.5=589.6(\mathrm{mm}^2)$$

故A_4=253mm²。

由于$L_4<T_r$，所以在计算焊缝面积A_5时，只考虑补强圈对主管的连接焊缝，而不考虑支管对主管的连接焊缝。

焊脚尺寸为：

$$\frac{0.5T_r}{0.707}=\frac{0.5\times8}{0.707}=5.7(\mathrm{mm})$$

焊缝截面积：

$A_5=2\times0.5\times5.7^2=32.5$（mm²）

$A_4+A_5=253+32.5=285.5$（mm^2）$>243.3mm^2=A_1$

由此，设置由D_b=219mm、$\overline{T}_h$=8mm无缝主管上切割制成的补强圈是能够满足本管件的补强要求的。

例7 外径D_h=219mm、壁厚$\overline{T}_h$=8mm的油品主管上有一垂直锻制承插焊管接头，D_b=38mm，Sch80，支管的焊缝都符合GB/T 20801.4—2020中图10的焊缝尺寸要求，主管材料为20号无缝钢管，设计压力P=2.8MPa，t=230℃，规定取腐蚀裕量C_2=2.5mm。

试问此管件是否需要附加补强？

解：在主管和支管按内压计算能满足强度的前提下，对此承插焊管接头，按照6.7.3不需补强的条件a)，不必进行补强计算，也不必采用补强措施。

附 录 F
（资料性附录）
压力面积法补强计算

F.1 符号

A_s ——补强范围内三通纵断面上的承载面积，单位为平方毫米（mm^2）；
A_p ——补强范围内三通纵断面上的承压面积，单位为平方毫米（mm^2）；
D_b ——三通支管外直径，单位为毫米（mm）；
D_h ——三通主管外直径，单位为毫米（mm）；
L_4 ——三通主管外侧补强范围高度，$L_4=\sqrt{(D_b-T_{eb})T_{eb}}$，单位为毫米（mm）；
L_6 ——三通主管外侧补强范围宽度，$L_6=\sqrt{(D_h-T_{eh})T_{eh}}$，单位为毫米（mm）；
P ——设计压力，单位为兆帕（MPa）；
S ——设计温度下三通材料的许用应力，单位为兆帕（MPa）；
T_{eb} ——支管有效厚度，单位为毫米（mm）；
T_{eh} ——主管有效厚度，单位为毫米（mm）。

F.2 补强计算

整体成型三通的补强计算应按如下步骤进行，其他异形元件的开孔补强计算也可参照压力面积法进行补强计算，可参见EN 13480.3：

a） 应参照图F.1画出三通纵断面图，求出承压面积A_p和承载面积A_s。

b） 强度条件应符合式（F.1）的要求：

$$S \geqslant P\left(\frac{A_p}{A_s}+\frac{1}{2}\right) \qquad \text{(F.1)}$$

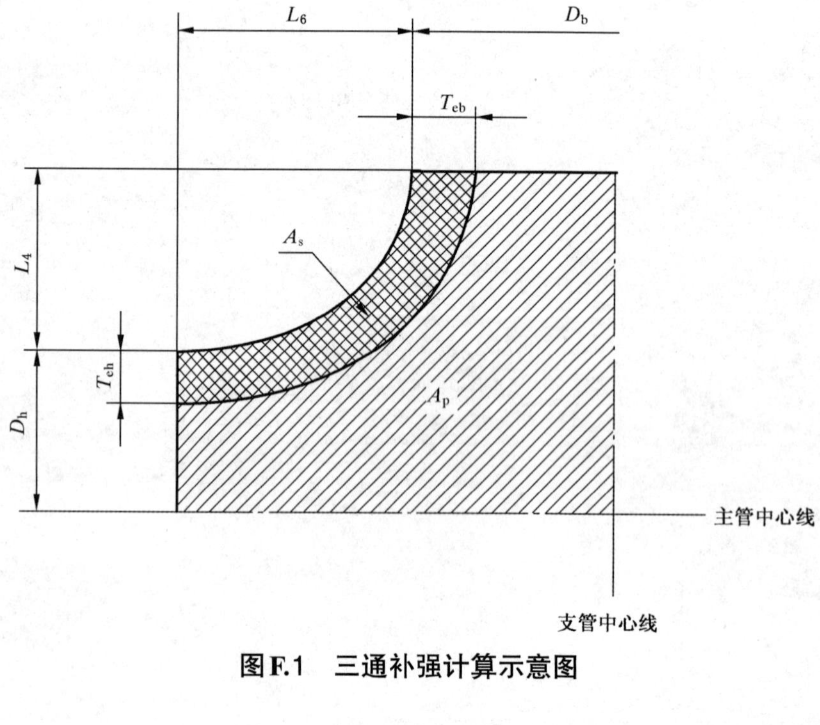

图F.1 三通补强计算示意图

附　录　G
（规范性附录）
柔性系数和应力增大系数

表G.1和表G.2分别列出了管道元件及其连接接头的柔性系数和应力增大系数。

表G.1　柔性系数和应力增大系数（一）[a]

名　称	脚注	柔性系数k	应力增大系数[b,c]		尺寸系数h	简　图
			平面外i_o	平面内i_i		
对焊弯头或弯管	b, d, e, f, g	$\frac{1.65}{h}$	$\frac{0.75}{h^{2/3}}$	$\frac{0.9}{h^{2/3}}$	$\frac{\overline{T}R_1}{r_2^{\,2}}$	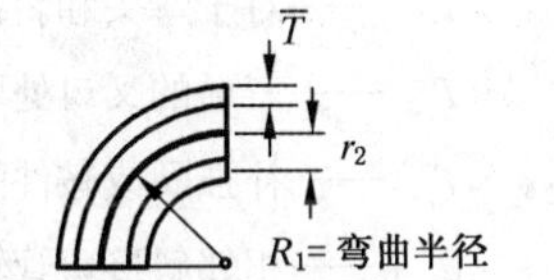
窄间距斜接弯头 $S<r_2$（$1+\tan\theta$）	b, d, e, g	$\frac{1.52}{h^{5/6}}$	$\frac{0.9}{h^{2/3}}$	$\frac{0.9}{h^{2/3}}$	$\frac{\cot\theta}{2}\left(\frac{s\overline{T}}{r_2^{\,2}}\right)$	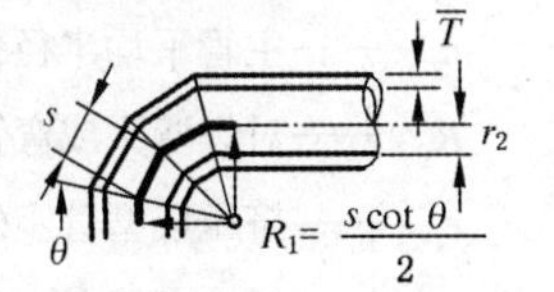
单斜弯头或 宽间距斜接弯头 $S>r_2$（$1+\tan\theta$）	b, d, g	$\frac{1.52}{h^{5/6}}$	$\frac{0.9}{h^{2/3}}$	$\frac{0.9}{h^{2/3}}$	$\frac{1+\cot\theta}{2}\left(\frac{\overline{T}}{r_2}\right)$	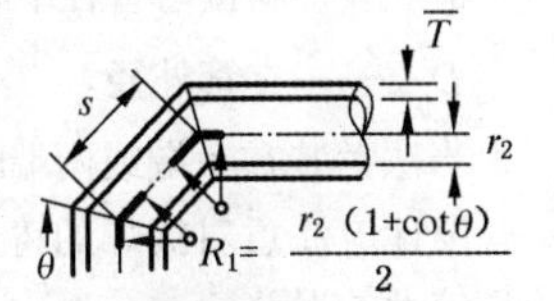
标准对焊三通 （GB/T 12459-B）	b, d, f, h, i	1	$\frac{0.9}{h^{2/3}}$	$3/4i_o+1/4$	$3.1\left(\frac{\overline{T}}{r_2}\right)$	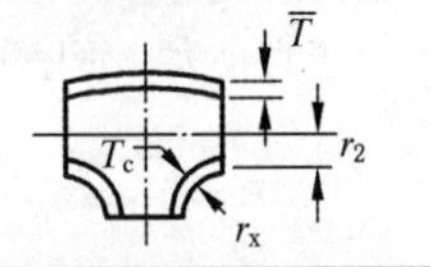
带补强焊制三通	b, d, i, j, k	1	$\frac{0.9}{h^{2/3}}$	$3/4i_o+1/4$	$\frac{(\overline{T}+1/2\overline{T}_r)^{2.5}}{\overline{T}^{1.5}r_2}$	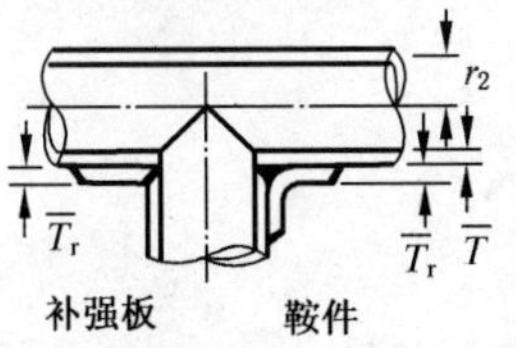
不带补强焊制三通	b, d, i, k	1	$\frac{0.9}{h^{2/3}}$	$3/4i_o+1/4$	$\frac{\overline{T}}{r_2}$	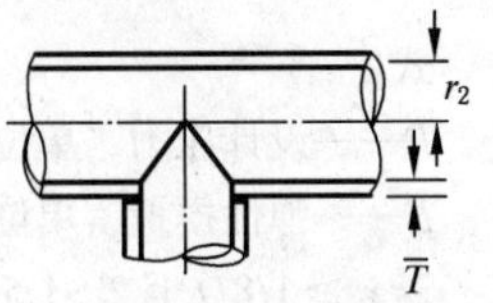
挤压成型对焊三通 $r_x\geqslant 0.05D_b$ $T_c<1.5\overline{T}$	b, d, i	1	$\frac{0.9}{h^{2/3}}$	$3/4i_o+1/4$	$\left(1+\frac{r_x}{r_2}\right)\frac{\overline{T}}{r_2}$	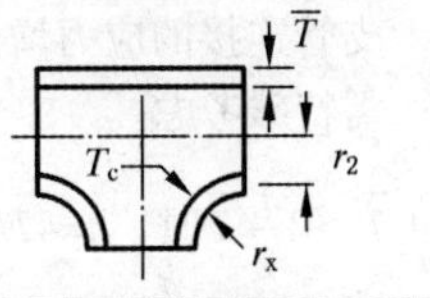
嵌入式支管	b, d, h, i	1	$\frac{0.9}{h^{2/3}}$	$3/4i_o+1/4$	$3.1\frac{\overline{T}}{r_2}$	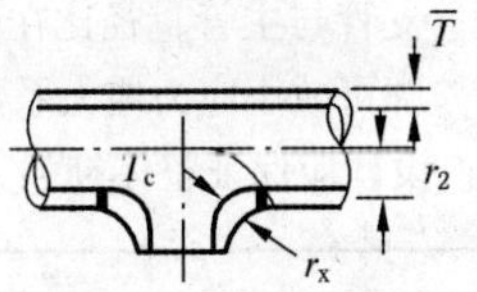
整体补强支管座	b, d, k, l	1	$\frac{0.9}{h^{2/3}}$	$\frac{0.9}{h^{2/3}}$	$3.3\frac{\overline{T}}{r_2}$	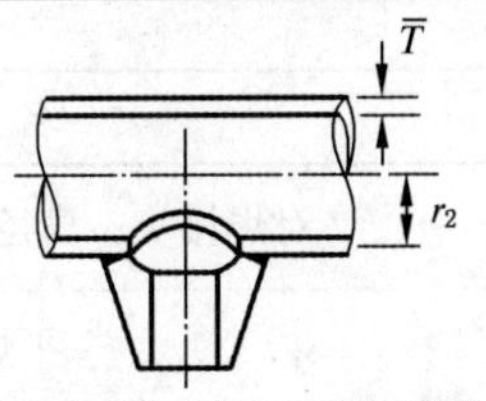

表G.1　柔性系数和应力增大系数(一)[a](续)

名　称	脚注	柔性系数k	应力增大系数[b,c]		尺寸系数h	简　图
			平面外i_o	平面内i_i		

[a] 应力增大系数和柔性系数是用于缺少更直接的应用数据的情况。对于$D/T\leqslant 100$，已证实表中值是有效的。

[b] 柔性系数k适用于任何平面内的弯曲。柔性系数k和应力增大系数i均不应小于1。这两个系数应用于弯头和斜接弯头的有效弧长(图表中粗中心线表示)上以及三通的交叉点处。

[c] 需要时，对于i_i和i_o都可使用单一的应力增大系数$0.9/h^{2/3}$。

[d] k值和i值可由表列公式计算h值，再从图G.1上直接读出。

表中符号如下：

$\overline{T}$ ——对于弯头和斜接弯头，为管件的名义厚度；对于三通，为主管名义厚度；

T_c ——三通的叉口处厚度；

T_r ——补强圈或鞍件的厚度；

θ ——相邻斜接弯管轴线夹角之半；

r_2 ——主管平均半径；

R_1 ——对焊弯头或弯管弯曲半径；

r_x ——挤压成型管座外轮廓部分的过渡半径，见图11；

s ——斜接弯管在中心线上的间距；

D_b ——支管外径。

[e] 当法兰装在一端或两端时，表中k和i值应按系数C_1来修正。系数C_1可用计算得到的h值由图G.2查得。

[f] 设计应注意对接焊的铸造弯头的壁厚可能比连接管子的壁厚大得多，如不考虑这些较大壁厚的影响，可能出现较大的误差。

[g] 对于直径大、管壁薄的弯头和弯管，压力会明显地影响其k和i的数值。因此，将表中的值修正如下：

$$\frac{k}{\left[1+6\left(\frac{P}{E}\right)\left(\frac{r_2}{\overline{T}}\right)^{\frac{7}{3}}\left(\frac{R_1}{r_2}\right)^{\frac{1}{3}}\right]}$$

$$\frac{i}{\left[1+3.25\left(\frac{P}{E}\right)\left(\frac{r_2}{\overline{T}}\right)^{\frac{5}{2}}\left(\frac{R_1}{r_2}\right)^{\frac{2}{3}}\right]}$$

式中：

P——设计压力，单位为兆帕(MPa)；

E——弹性模量，单位为兆帕(MPa)。

[h] 若$r_x\geqslant 1/8D_b$且$T_c>1.5\overline{T}$，可使用的柔度特性为$h=4.4\overline{T}/r_2$。

[i] 支管连接的应力增大系数是基于支管中心线两侧长度至少为2倍直径的验证性压力试验而得，间距更小的支管需特殊考虑。

[j] $\overline{T}_r>1\frac{1}{2}\overline{T}$时，$h=4\overline{T}/r_2$。

[k] 支管与主管直径比在$0.5\leqslant d/D<1.0$时，其平面外的应力增大系数可能是不保守的，有内凹且平滑过渡的焊缝轮廓可减小应力增大系数。选择适当的应力增大系数是设计的责任。

[j] 设计应保证整体补强支管座与直管具有相同的压力额定值。

表G.2　柔性系数和应力增大系数(二)

名　称	注	柔性系数k	应力增大系数i
对焊接头，异径管或带颈对焊法兰	—	1	1.0
平焊法兰	—	1	1.2

表G.2 柔性系数和应力增大系数(二)(续)

名　称	注	柔性系数k	应力增大系数i
填角焊接头，承插焊法兰或承插管件	1	1	1.3
松套法兰	—	1	1.6
螺纹管接头或螺纹法兰	—	1	2.3
褶皱和波浪形直管或褶皱和波浪形弯头	2	5	2.5

注1：承插管件的填角焊接头的应力增大系数是基于承插管件和管子符合GB/T 12459，填角焊符合GB/T 20801.4—2020中图9的要求；承插焊法兰的填角焊接头的应力增大系数是基于填角焊符合GB/T 20801.4—2020中图8c)的要求；填角焊缝应平缓过渡至管子，GB/T 20801.4—2020中图7b)、d)所示凹形焊缝有利改善焊缝的抗疲劳性能。

注2：所示系数适用于弯曲，对于扭曲，其柔性系数为0.9。

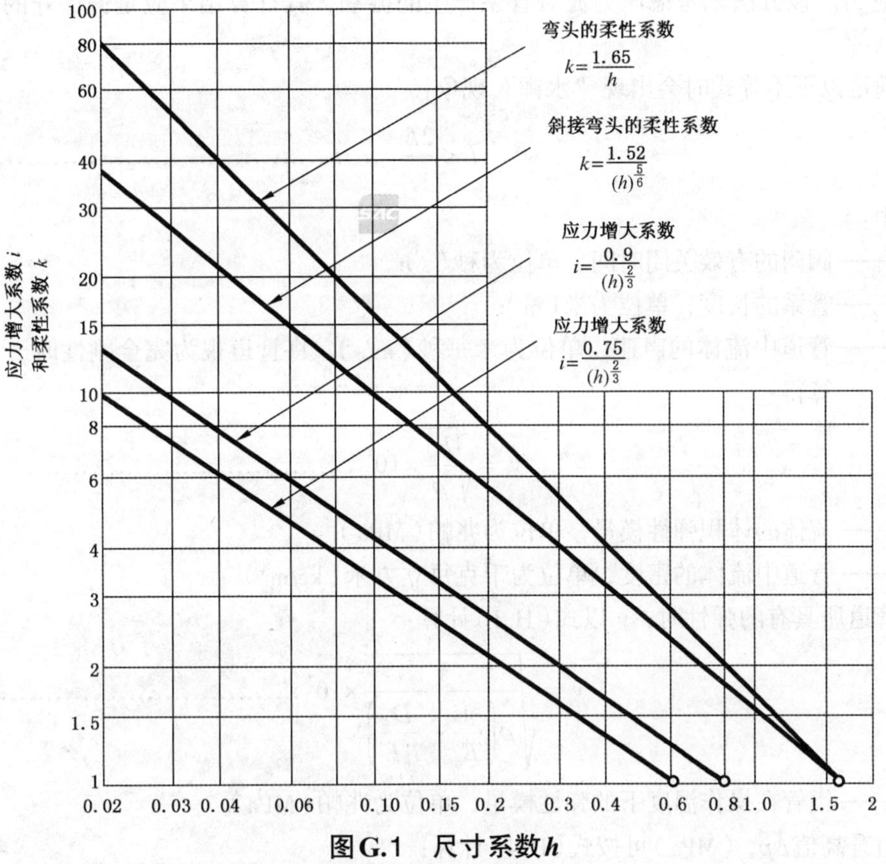

图G.1 尺寸系数h

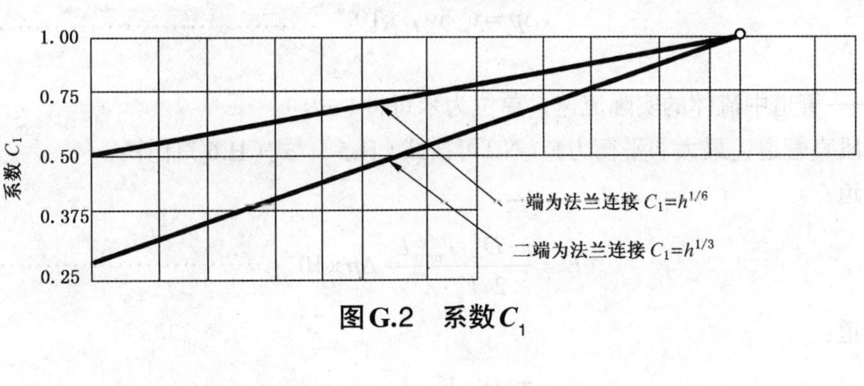

图G.2 系数C_1

附 录 H
（资料性附录）
管系中阀门开、关时的动载分析

H.1 阀门快速关闭

H.1.1 如管系有“水锤”现象存在，则应保证该管系中的管道和管道元件能安全地承受正常操作压力加上短时压力的升高值。同时应保证管道具有足够的强度以抵御非平衡力的作用。对压力波造成的管道振动，设计人员也应在管道结构布置时适当加以考虑。

H.1.2 下列方法仅考虑阀门刚关闭时管系中的压力升高，并假定由此产生的管系中的应力是管系所经历的最大应力。该方法未考虑压力波对管系产生的振动，其计算结果应是偏保守的。按式（H.1）计算：

a） 当满足以下不等式时会出现“水锤”现象：

$$T < \frac{2L}{v_s} \quad \cdots\cdots(H.1)$$

式中：

T ——阀门的有效关闭时间，单位为秒（s）；

L ——管系的长度，单位为米（m）；

v_s ——管道中流体的声速，单位为米每秒（m/s），将管道视为完全刚性时，可按式（H.2）算得：

$$v_s = \sqrt{\frac{E_o}{\rho}} \times 10^3 \quad \cdots\cdots(H.2)$$

E_o ——流体的体积弹性模量，单位为兆帕（MPa）；

ρ ——管道中流体的密度，单位为千克每立方米（kg/m^3）。

当考虑管道所具有的弹性时，v_s 以式（H.3）计算：

$$v_s = \sqrt{\frac{1}{\rho\left(\frac{1}{E_o} + \frac{D}{T_e E}\right)}} \times 10^3 \quad \cdots\cdots(H.3)$$

E ——钢管在操作温度下的弹性模量，单位为兆帕（MPa）。

b） 压力升高值Δp，（MPa）可按式（H.4）计算：

$$\Delta p = v_s \cdot v \cdot \rho \times 10^{-6} \quad \cdots\cdots(H.4)$$

式中：

v ——管道中流体的实际流速，单位为米每秒（m/s）。

c） 对一段直管道，最大非平衡力F（N）可按式（H.5）、式（H.6）计算：

对刚性管道：

$$F = \frac{\pi \cdot D^2 \cdot V_m \cdot L}{2 \cdot V_a \cdot \lambda} \cdot \Delta p \times 10^{-3} \quad \cdots\cdots(H.5)$$

对柔性管道：

$$F = \frac{\pi \cdot D^2 \cdot V_m \cdot L}{V_a \cdot \lambda} \cdot \Delta p \times 10^{-3} \quad \cdots\cdots(H.6)$$

式中：

V_m——阀门关闭过程中的最高速率，单位为平方米每秒（m^2/s）；

V_a——阀门关闭过程中的平均速率，用总关闭时间除阀门面积而得，单位为平方米每秒（m^2/s）；

λ——压力波的波长［见式（H.7）］，单位为米（m）。

$$\lambda = v_s \cdot T \quad \text{（H.7）}$$

H.2 泄放阀的打开

当安全泄放阀开启时，气体的排放会对与阀门相连的管道产生一反作用力，该反作用力将对管道的强度有很大的影响。

泄放阀开启的影响可看作是与阀门连接的接管对管道产生的一个局部作用力，设计者应在管道设计和支吊架的布置时考虑这个因素。如在管道或封头上安装有多个泄放阀，则应考虑多个泄放阀开启时的联合影响。

在设计中，考虑泄放阀开启的影响时，可认为管道中的物料向大气中排放，从而采用较简单的静态分析方法，再以一动态荷载系数来考虑其动态效应。

向通风管或大气中排放物料时的持续反作用力（N）按式（H.8）计算：

$$F_r = Mv_e(p_e - p_a)A \quad \text{（H.8）}$$

式中：

M——物料排放时的质量流速，单位为千克每秒（kg/s）；

v_e——物料在泄放阀的出口速率，单位为米每秒（m/s）；

p_e——泄放阀出口处的压力，单位为兆帕（MPa）；

p_a——大气压力，单位为兆帕（MPa）；

A——泄放阀出口处的物料流动面积，单位为平方毫米（mm^2）。

为了考虑泄放阀开启瞬间所具有的动态效应，首先按式（H.9）计算泄放阀的固有周期 T（s）：

$$T = \frac{2\pi}{\sqrt{3}}\sqrt{\frac{m_v \cdot h^3}{1000 \times EJ}} \quad \text{（H.9）}$$

式中：

m_v——泄放阀组件（包括法兰等）的质量，单位为千克（kg）；

h——主管表面至出口管中心线的距离（见图H.1），单位为毫米（mm）；

J——泄放阀进口管的惯性矩，单位为毫米四次方（mm^4）。

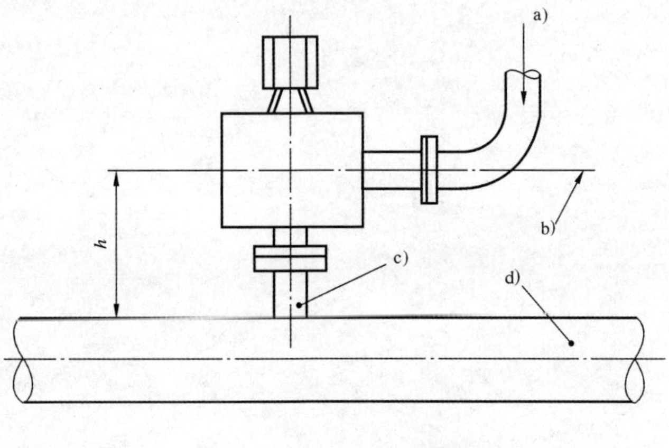

说明：

a）——反作用力；　　c）—阀门的进口管；

b）——阀门出口管的中心线；　　d）—主管。

图H.1　泄放阀的典型布置

然后，用泄放阀实际开启时间t（从阀门完全关闭到完全打开所用的时间）与泄放阀固有周期T之比，从图H.2中查得动态荷载系数Z_{dlf}。

泄放阀开启瞬间的动态力（N），可以按式（H.10）计算：

$$F_{\mathrm{d}}=F_{\mathrm{r}}Z_{\mathrm{dlf}} \quad\quad (\text{H.10})$$

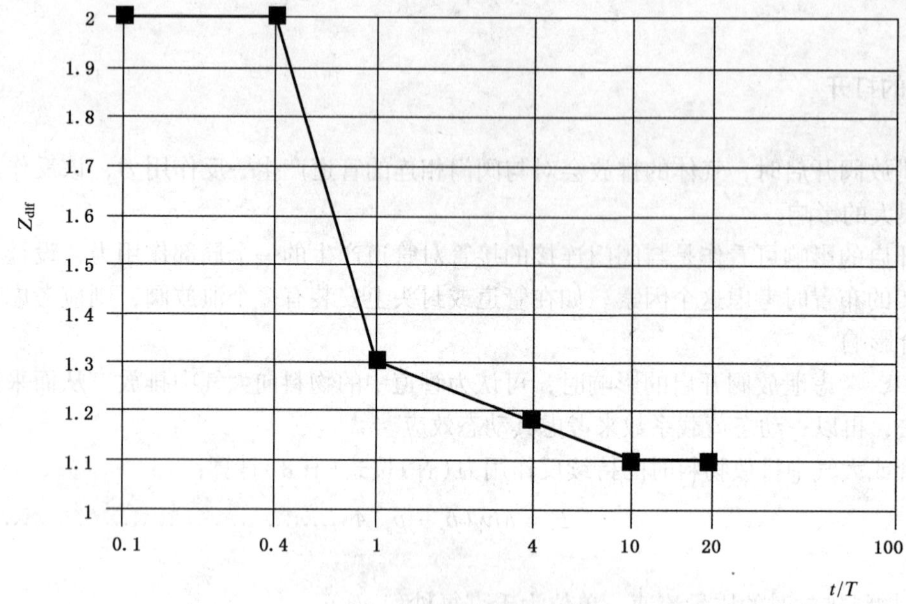

图H.2 动态荷载系数Z_{dlf}

附 录 I
（资料性附录）
静设备管口许用荷载

I.1 范围

本附录给出了静设备接管及其补强板、接管所在处的壳体应能承受的除压力外的力和弯矩。

本附录适用于设计压力大于0.1MPa，小于35MPa的一般钢制压力容器及管壳式换热器（以下简称一般设备）。

本附录不适用于固定顶罐、浮顶罐、储气罐、料仓、箱形容器等。

本附录不适用于非法线接管和非圆形接管。

I.2 设计压力大于0.1MPa，小于10MPa的一般设备

I.2.1 对于半径R=1 000mm，壳体有效厚度t=10mm的一般设备，所有接管（与管道相连）及其补强板、接管所在处的壳体都应能够承受表I.1所列的力和弯矩（方向见图I.1）。

表I.1 设计压力大于0.1MPa，小于10MPa的设备许用管口荷载

NPS	P/N	T_L/N	T_C/N	M_L/（N·m）	M_C/（N·m）	M_T/（N·m）
3″	1500	1500	1500	600	600	600
4″	2100	2100	2100	1100	1100	1100
6″	4600	4600	4600	3400	3400	3400
8″	6000	6000	6000	5700	5700	5700
10″	7600	7600	7600	6900	6900	6900
12″	9200	9200	9200	8000	8000	8000
14″	10800	10800	10800	9200	9200	9200
16″	14600	14600	14600	11300	11300	11300
18″	18500	18500	18500	13500	13500	13500
20″	22300	22300	22300	15600	15600	15600
24″	30000	30000	30000	20000	20000	20000

I.2.2 对于材料为不锈钢的一般设备，表I.1所列数值应降至75%。

I.2.3 对于不同直径和壁厚的一般设备，应对表I.1所列数值乘以系数k进行修正，k按式（I.1）计算：

$$k = t^{1.5} / \sqrt{R} \qquad \text{（I.1）}$$

式中：

k——修正系数；

t——接管所在处设备壳体有效厚度，单位为毫米（mm）；

R——接管所在处设备壳体内半径，单位为毫米（mm）。

I.3 设计压力大于或等于10MPa，小于35MPa的一般设备

此类设备的所有接管（与管道相连）及其补强板、接管所在处的壳体都应能够承受表I.2所列的

力和弯矩（方向见图I.1）。

表I.2　设计压力大于或等于10MPa，小于35MPa的设备许用管口荷载

NPS	P/N	T_L/N	T_C/N	M_L/（N·m）	M_C/（N·m）	M_T/（N·m）
2″	2260	1040	1040	1060	1060	1060
12-1/2″	3130	1440	1440	1470	1470	1470
3″	3980	1840	1840	1870	1870	1870
4″	6100	2820	2820	2860	2860	2860
6″	12460	5730	5730	5820	5820	5820
8″	22070	10200	10200	10400	10400	10400
10″	35810	16480	16480	16780	16780	16780
12″	54250	25020	25020	25410	25410	25410
14″	71020	32770	32770	33350	33350	33350
16″	99080	45810	45810	46500	46500	46500
18″	134400	61800	61800	62780	62780	62780
20″	175600	81230	81230	82500	82500	82500
24″	284490	131450	131450	133420	133420	133420
24″以上	$882.5\times10^{-6}D^3$	$407.3\times10^{-6}D^3$	$407.3\times10^{-6}D^3$	$413.8\times10^{-6}D^3$	$413.8\times10^{-6}D^3$	$413.8\times10^{-6}D^3$

表I.2中的D按式（I.2）进行计算：

$$D=D_o+76.2 \qquad \text{(I.2)}$$

式中：

D_o——接管外径，单位为毫米（mm）。

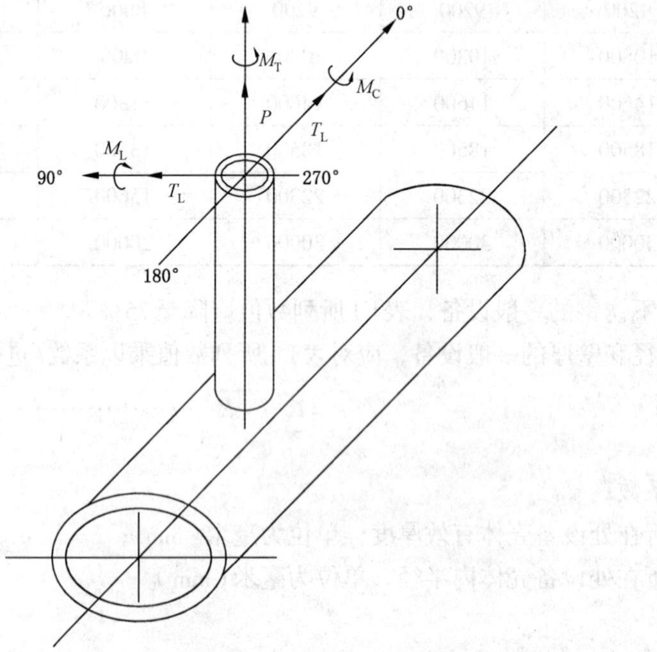

图I.1　设备管口承受的力和力矩方向

附　录　J
（规范性附录）
金属波纹膨胀节

J.1　基本要求

本附录规定了压力管道中的膨胀节设计、制造和安装的一般要求和设计计算的标准。膨胀节所有元件的详细设计应由制造商负责。

J.2　对管道设计者的要求

J.2.1　总则

管道设计者应提供膨胀节详细设计的设计工况以及对设置膨胀节的管道设计要求。设计者应结合合金元素的含量、制造方法和最终热处理条件来确定材料产生应力腐蚀裂纹的敏感性。

除膨胀节中流动介质的性能外，设计者还应确定其外部环境和由于波纹管在低温下操作，可能在其外壁产生冷凝或结冰。

宜给出波纹管的单层最小厚度。

应确认膨胀节检修维护的可达性。

需要从膨胀节制造商处获得的数据至少包括：

a）有效的承受轴向内压的面积；

b）横向、轴向和扭转刚度；

c）特定设计条件下的设计疲劳寿命；

d）安装长度和质量；

e）在管道上附加支撑或约束的要求；

f）材料合格证明；

g）最大实验压力；

h）设计计算书；

i）总装配图。

J.2.2　膨胀节设计条件

管道设计提出的膨胀节设计条件应包括：

a）静态设计条件

本条件应包括正常操作状态下的压力、温度以及可能出现的压力、温度的波动上、下限。如果所给出的膨胀节组件设计温度不是介质温度，则该温度应通过适当的换热计算方法或试验的方法来核实，或通过对在同样条件下服役的相同设备的测量来获得。

b）循环设计条件

本条件应包括操作期内同时作用的压力、温度、所施加的端点位移、膨胀节本身的热膨胀所对应的循环数。

由短时工况引起的循环数（如开车、停车和非正常操作）应单独说明，并应叠加累积疲劳效应。

c）其他荷载

除以上条件之外的其他荷载也需说明，包括动力荷载（如风荷载、地震荷载、热冲击、振动等）和重力荷载（如绝热材料、雪、冰等产生的重力荷载）。

d） 流体特性

同设计要求相关的流体介质特性应在设计条件中指定，如业主指定的介质类型、流体速率和方向、内部衬里等。

e） 其他设计条件

影响膨胀节设计的其他条件应在设计条件中说明，如保护套的使用，内、外隔热层，限位装置，其他约束，膨胀节上的外加接管（如排气和排液管）等。

J.2.3 管道设计要求

在进行管道布置、固定点位置和约束、导向件、支承件设计时，应避免在膨胀节上施加非预定的位移和力，例如，膨胀节通常不能抵抗扭矩。如膨胀节无自约束装置，管道上的固定和导向支承应能承受膨胀节的内压推力及柱失稳（由于管内流体压力）产生的荷载。

固定支吊架设计要求如下：

a） 主固定架

主固定架应能承受J.2.2 b）所列的力和力矩以及压力所产生的推力，该推力等于膨胀节上承受轴向压力的有效面积乘以最大工作压力。对于在压力试验时无附加约束的膨胀节，应考虑试验期间由试验压力所产生的推力比正常操作时的推力大，主固定架应能承受该推力。

膨胀节上承受轴向压力的有效面积应由制造商推荐。当无资料时，该面积可根据波纹的中径计算而得。

b） 中间固定架

中间固定架应能承受以下的力和力矩：

1） 约束膨胀节发生压缩、伸长、偏移或转动（由计算得到的位移、转角产生）时所需要的力或力矩；

2） 管道在最大伸缩位置间移动时，其支承上所产生的静摩擦力（计算位移是基于固定架和膨胀节之间的管道长度）；

3） 流动介质所产生的操作荷载和瞬时动态荷载；

4） 其他的管道力和力矩。

J.3 对膨胀节制造商的要求

J.3.1 制造总则

膨胀节制造商应根据本部分及工程设计要求进行膨胀节的详细设计以及整个膨胀节部件的制造和检验等，包括：

a） 膨胀节装配件所包括的管子、法兰、管件、连接件、波纹管、管道的支承件或约束件等；

b） 对膨胀节装配件以外需外加的支承件和约束件及其设计数据；

c） 对那些与膨胀节一起提供，而与操作介质不接触的零部件确定其设计条件；

d） 向管道设计者提供膨胀节的性能参数，如膨胀节的刚度、质量等；

e） 随产品附安装说明书。

J.3.2 膨胀节设计

膨胀节的设计应符合下列规定：

a） 膨胀节的设计计算应符合GB/T 12777的规定。

b） 在失稳压力下的安全系数不小于2.25，在极限断裂压力下的安全系数不小于3.00。

c） 按GB/T 12777计算波形膨胀节的应力时，应采用GB/T 20801.3—2020中4.2.4规定的材料许用应力值来判定所设计的膨胀节的强度。同时，应采用GB/T 20801.2所规定的弹性模量值计算膨胀节的刚度和补偿量。

d） 约束压力推力的结构件材料亦应符合GB/T 20801.2的相关规定。

e） 由设计压力在波纹管、波纹管直边段和加强环中产生的环向膜应力及在波纹管中产生的子午向膜应力（包括紧固件中的拉应力）应不超过GB/T 20801.2—2020中表A.1给出的许用应力。非表列材料的许用应力值按GB/T 20801.3—2020中4.2.4的规定来确定。

f） 成型后退火的非加强型波纹管，在波纹管的子午向膜应力与弯曲应力之和应不超过GB/T 20801.2—2020中表A.1许用应力的1.5倍。

g） 自约束型膨胀节的约束件（如拉杆、铰链、销轴等）和约束于管子或法兰的连接件中的应力应计算，其拉伸应力、压缩应力、挤压应力和剪切应力应不超过GB/T 20801.3—2020中4.2.4所述的许用应力极限。约束件附着在管道上的情况，局部应力可使用JB 4732的准则进行评定。

h） 管段、管件和法兰的压力设计应符合GB/T 20801.3—2020中第5章和第6章的要求。

i） 疲劳分析应考虑所有的设计循环工况，并应给出设计疲劳寿命的计算报告。

j） 波纹管元件的操作温度在蠕变范围内时，应考虑蠕变-疲劳相互作用的有害影响。

k） 设计温度低于425℃的成型态奥氏体不锈钢波纹管设计疲劳寿命按GB/T 12777的方法计算。

J.3.3　膨胀节的制造、检验和压力试验

J.3.3.1　制造技术方案

在管道系统中设置膨胀节时，应确保管道系统中安装的膨胀节具有足够的静载强度和疲劳强度。膨胀节的制造商应制定合适的制造技术方案，这些技术方案应包括J.3.3.2~J.3.3.4所述的内容。

J.3.3.2　制造

为使膨胀节能满足相连管道的位移补偿要求，可考虑采用与管道不同的材料来制造膨胀节，但应保证膨胀节与管道的焊接质量。膨胀节的焊接应满足以下要求：

a） 应由取得资格的合格焊工或焊机操作工使用已评定的焊接工艺进行焊接操作。焊接工艺评定应符合NB/T 47014的要求。

b） 波纹管上的纵向焊缝应全焊透。在波纹管成型前，焊缝厚度应不小于波纹管材料名义厚度的1.0倍，且不大于1.1倍。

c） 全角焊缝可用作波纹管元件与相邻管道组件的主焊缝。

d） 制造波纹管的管坯不得使用搭接焊。

e） 当波纹管与管道组件直接焊接，且管道组件材料组别是Fe-4、Fe-5A、Fe-5B（见NB/T 47014）时，该焊缝应按GB/T 20801.4—2020中第9章的规定进行热处理，不准许使用其免除热处理的规定。恒温时间由管道组件的厚度确定。焊缝的检测应在热处理后进行。热处理可能影响波纹管的承压能力、力学性能和耐腐蚀性能，如果确认热处理对波纹管的性能有害，波纹管就不应直接与管道组件焊接，在这种情况下，管道组件的焊缝坡口边应使用适当的填充金属进行隔离层堆焊，并按GB/T 20801.4—2020中第9章进行热处理，然后再与波纹管焊接。

J.3.3.3　检验

以下是控制焊接质量的最低检验要求：

a） 焊缝检验应符合GB/T 20801.5—2020中第4章~第8章的要求。

b） 在波纹管成型前，纵焊缝应进行100%射线探伤。如波纹管名义厚度小于或等于2.4mm，可采用单面焊，且应在内、外表面进行渗透探伤代替。波纹管的纵向焊接接头质量系数取1.0。

c） 波纹管成型后，可及的内、外表面焊缝均应进行渗透探伤。波纹管与管道连接的环焊缝等也应进行100%渗透探伤。

d） 射线探伤的评判应符合GB/T 20801.5—2020中6.3.1.2对纵缝的要求。渗透探伤的评判标准是不准许有裂纹、咬边和未焊透。

J.3.3.4 压力试验

膨胀节的压力试验应符合下列规定：

a） 制造商应按GB/T 20801.5—2020中第9章的规定对每一个膨胀节进行压力试验，试验压力应按GB/T 20801.5—2020中9.1.3和9.1.4确定，式（1）中的S_1、S_2宜按膨胀节所在管道的管道材料选取，试验压力至少应保持10min。

b） 能抵抗压力推力的膨胀节，在压力试验时，不应提供外加的轴向约束。如有必要，可施加模拟管道刚度的暂时约束。

c） 在压力试验时，除要检查泄漏和结构总体强度外，还应在压力试验前、压力试验时和压力试验后确认无波纹管屈曲现象。在进行内压的压力试验时，初始状态为对称的波纹管会发生变形，该变形可导致波纹管之间不平行或波纹管波距不一致，这时就认为屈曲已经产生。不准许出现以下情形的变形：

1） 对于无加强的膨胀节，最大的波距与受压前的波距之比大于1.15；

2） 对于有加强的膨胀节，最大的波距与受压前的波距之比大于1.20。

对泄漏和变形的检测应在100%试验压力达到后、不低于2/3试验压力下进行。

d） 对于屈曲的检查应在最大试验压力时进行。为了安全，可在临时安装有参考尺寸的隔间通过远距离观察（通过望远镜或录像等）进行检查。泄漏检查应在100%试验压力到达之后且不低于2/3试验压力下进行。气压试验应遵照GB/T 20801.5—2020中9.1.4的规定。

J.4 安装

膨胀节的安装应符合下列规定：

a） 膨胀节安装时应使导流标志方向与介质流向一致；

b） 不得利用膨胀节的变形来调整或弥补管道的安装偏差；

c） 安装时应避免波纹管产生划痕、焊弧、焊接飞溅或凹陷等缺陷；

d） 膨胀节吊装时，不得将任何提升装置直接作用在波纹管或波纹管的外保护罩上，在吊装过程中，应避免波纹管和法兰密封面受到机械损伤；

e） 在所有导向支架和固定支架被正确安装完毕前，不应进行压力试验或对其抽真空；

f） 管道的固定支架安装完毕，并且管道得到正确的支承和导向，膨胀节上的运输固定装置应拆除，使膨胀节在以后的过程中随环境温度的变化进行补偿；

g） 膨胀节安装除上述要求外，还应满足制造商的安装说明书的要求。

参 考 文 献

［1］ GB/T 3840 制定地方大气污染物排放标准的技术方法

［2］ GB 31570 石油炼制工业污染物排放标准

［3］ GB 31571 石油化学工业污染物排放标准

［4］ GB 50160—2008 石油化工企业设计防火规范

［5］ EN 13480.3 Metallic industrial piping-Part 3: Design and calculation

［6］ API 622 Type Testing of Process Valve Packing for Fugitive Emissions

［7］ API 624 Type Testing of Rising Stem Valves Equipped for Graphite Packing for Fugitive Emissions

［8］ API 641 Type Testing of Quarter-turn Valves for Fugitive Emissions

ICS 23.040
J 74

中华人民共和国国家标准

GB/T 20801.4—2020
代替 GB/T 20801.4—2006

压力管道规范 工业管道 第 4 部分：制作与安装

Pressure piping code—Industrial piping—Part 4: Fabrication and assembly

2020-11-19 发布 2021-06-01 实施

国家市场监督管理总局
国家标准化管理委员会 发布

目　次

前　言

GB/T 20801《压力管道规范　工业管道》分为以下6个部分：

——第1部分：总则；

——第2部分：材料；

——第3部分：设计和计算；

——第4部分：制作与安装；

——第5部分：检验与试验；

——第6部分：安全防护。

本部分为GB/T 20801的第4部分。

本部分按照GB/T 1.1—2009给出的规则起草。

本部分代替GB/T 20801.4—2006《压力管道规范　工业管道　第4部分：制作与安装》，与GB/T 20801.4—2006相比，除编辑性修改外主要技术变化如下：

——修改了管道元件及材料的检查与验收要求（见第5章，2006年版的第5章）；

——修改了板焊管的制作要求（见6.4，2006年版的6.4）；

——修改了焊接工艺评定要求，补充了焊接材料的相关要求（见7.1、7.2，2006年版的7.1、7.2）；

——增加了合金钢和有色金属管道焊接方法和施焊程序规定（见7.5.2）；

——增加了管道单面底层焊的气体保护要求（见7.5.8）；

——修改了承插焊接头的最小焊缝尺寸（见图9，2006年版的图9）；

——增加了支管座与主管的焊接接头形式和要求［见图10 g）、7.8.7］；

——修改了材料的预热及道间温度要求（见第8章，2006年版的第8章）；

——修改了焊后热处理要求（见9.3，2006年版的9.2）；

——增加了管道预制（装配）相关要求（见第10章）；

——增加了“管道封闭口装配错口偏差评估方法”（见附录A）；

——增加了“法兰接头螺栓拧紧方法和安装目标荷载”（见附录B）。

本部分由全国锅炉压力容器标准化技术委员会（SAC/TC 262）提出并归口。

本部分起草单位：中国化学工程第三建设有限公司、国家市场监督管理总局特种设备安全监察局、全国化工设备设计技术中心站、杜拉巴尔流体装置（苏州）有限公司。

本部分主要起草人：夏节文、程国华、徐锋、黄正林、蔡暖姝、张胜清、应道宴。

本部分所代替标准的历次版本发布情况为：

——GB/T 20801.4—2006。

压力管道规范　工业管道
第4部分：制作与安装

1　范围

GB/T 20801的本部分规定了压力管道制作与安装的基本要求。这些基本要求包括制作、焊接、预热、热处理、装配和安装以及管道清理等方面的规定。

本部分适用于GB/T 20801.1范围界定的压力管道元件的制作与安装。

2　规范性引用文件

下列文件对于本文件的应用是必不可少的。凡是注日期的引用文件，仅注日期的版本适用于本文件。凡是不注日期的引用文件，其最新版本（包括所有的修改单）适用于本文件。

GB/T 985.1　气焊、焊条电弧焊、气体保护焊和高能束焊的推荐坡口

GB/T 985.2　埋弧焊的推荐坡口

GB/T 985.3　铝及铝合金气体保护焊的推荐坡口

GB/T 985.4　复合钢的推荐坡口

GB/T 13927　工业阀门　压力试验

GB/T 20801.1—2020　压力管道规范　工业管道　第1部分：总则

GB/T 20801.2—2020　压力管道规范　工业管道　第2部分：材料

GB/T 20801.3—2020　压力管道规范　工业管道　第3部分：设计和计算

GB/T 20801.5—2020　压力管道规范　工业管道　第5部分：检验与试验

GB/T 20801.6—2020　压力管道规范　工业管道　第6部分：安全防护

GB 50236　现场设备、工业管道焊接工程施工规范

NB/T 47014　承压设备焊接工艺评定

TSG ZF001　安全阀安全技术监察规程

TSG Z6002　特种设备焊接操作人员考核细则

3　术语和定义

GB/T 20801.1—2020、GB/T 20801.2—2020、GB/T 20801.3—2020、GB/T 20801.5—2020和GB/T 20801.6—2020界定的以及下列术语和定义适用于本文件。

3.1

制造　manufacture

管子、管道组成件或管道支承件等产品的生产过程。

3.2

制作　fabrication

管道安装前的准备工作。

注：包括切割、加工螺纹、开坡口、成型、弯曲、焊接和将组件装配成部件，可在车间或现场进行。

3.3

装配　assembly

按照设计文件的规定，用螺栓、焊接、粘结、螺纹、硬钎焊、软钎焊或使用密封元件将两个或

两个以上管道组成件连接在一起（包括管道预制）的过程。

3.4

安装　erection

根据设计文件的规定，将一个管道系统完整地固定在指定位置和支架上的过程。

注：包括按规范要求对该系统所做的所有现场制作、装配、检查和试验等工作。

3.5

轴测图　isometric diagram

按照轴测投影的绘制方法将每条管道画成以单线表示的管道空视图。

3.6

热弯　hot bending

在温度高于金属临界点 A_{C1} 时制作弯管的工艺。

3.7

冷弯　cold bending

在温度低于金属临界点 A_{C1} 时制作弯管的工艺。

3.8

自由管段　pipe-segments to be prefabricated

在管道制作加工前，按照轴测图选择确定的、可以先行加工的管段。

3.9

封闭管段　pipe-segments for dimension adjustment

在管道制作加工前，按照轴测图选择确定的、经实测安装尺寸后再行加工的管段。

3.10

定位焊缝　tack weld

在完成最终焊缝以前，用以保持焊接件定位的焊缝。

3.11

焊件　weldment

以焊接方法将构件各部件焊接成的组件。

注：焊件包括母材和焊接接头两部分。

3.12

焊接工艺评定　welding procedure qualification

为验证所拟定的焊件焊接工艺的正确性，按照预焊接工艺规程的规定，制备试件和试样，并进行试验及结果评价的过程。

3.13

焊接工艺评定报告　welding procedure qualification report

记录焊接工艺评定过程中有关试验数据及结果的文件。

3.14

焊接工艺规程　welding procedure specification

根据焊接工艺评定报告，并结合实践经验而制定的直接指导焊接生产的技术细则文件。

注：包括对焊接头、母材、焊接材料、焊接位置、预热、电特性、操作技术等内容进行详细的规定，以保证焊接质量的再现性。

3.15

焊接技能评定　welding performance qualification

对焊接作业人员的操作技能进行评估考核的过程。

3.16

预热　preheating

在成型、焊接或切割过程之前或之间对母材进行加热的过程。

3.17

道间温度　interpass temperature

多道焊缝及相邻母材在施焊下一焊道之前的瞬时温度。

3.18

焊后热处理　post weld heat treatment

能改变焊接接头的组织和性能或焊接残余应力的热过程。

3.19

管道元件　pipework components

连接或装配成管道系统的各种零部件的总称，包括管道组成件和管道支承件。

3.20

最终封闭口　final closure point

在管道系统中两个固定位置之间进行装配的最后一个连接口。

注：管道最终封闭口的连接方式可为焊接（对接接头、承插焊接头）或法兰连接。

3.21

最终封闭口错口偏差　misalignment at the final closure point

管道最终封闭口在不受外力状态下装配时的偏差，可分解为横向（X、Y轴）和轴向（Z轴）三个方向的错口偏差值。横向（X、Y轴）偏差值表示两个被连接管段的端面中心线的偏离程度；轴向（Z轴）偏差值表示两个被连接管段端部平行截面之间的间隙量。

3.22

装配管道长度　length of assembly pipe

某方向（X、Y或Z轴）上的装配管段长度，即管道系统中从封闭点向两端延伸到最近的两个固定位置之间的其他两个方向（横向或轴向）上的管段累积长度之和。

4　一般规定

4.1　管道的制造、制作和安装单位应具有符合压力管道安全监察有关法规要求的行政许可证。管道制作和安装单位应建立相应的质量保证体系，并符合下列规定：

a）具有健全的质量管理制度以及制作、安装工艺文件，工艺文件（如施工组织设计、施工方案等）应经业主（或其委托方）批准后方可用于管道制作或安装工作；

b）参加管道制作或安装的人员应具备相应的能力并履行各自的职责；

c）使用的计量器具应检定合格并在有效期内。

4.2　管道的制作和安装应按设计文件及本部分的规定进行。当需要修改设计文件及工程材料代用时，应经原设计单位同意，并出具书面文件。

4.3　管道的制作和安装单位宜采用管道焊接信息化管理系统，及时输入并保存管道元件、焊接、热处理、检查与试验等相关数据。

4.4　管道的制作和安装单位应建立并妥善保存必要的施工记录及证明文件。管道安装工程竣工后，制作和安装单位应向业主至少提交以下技术文件和资料：

a）管道安装竣工图（含管道轴测图、设计修改文件和材料代用单）。设计修改和材料代用等变更内容应在竣工图上直接标注。管道轴测图应至少包括管道组成件的材质、规格和炉批号、管段的实际尺寸、焊缝位置、焊缝编号、焊工代号、无损检测方法、局部或抽样无损检测焊缝的位置、焊缝补焊位置、热处理焊缝位置等。

b）管道组成件、支承件和焊接材料的产品合格证、质量证明书或复验、试验报告。

c）管道制作、安装检查记录和检验、试验报告。管道制作、安装检查记录应包含管道焊接检查记录、焊缝返修检查记录、管道隐蔽记录、管道热处理曲线记录及报告等内容。

d） 管道安装质量证明书。如果现场制作管道组成件或管道支承件，还应提交管道组成件和管道支承件的质量证明书。

5 管道元件及材料的检查与验收

5.1 材料标记和质量证明文件的验收

管道元件及材料的标记和质量证明文件除应按设计文件以及GB/T 20801.2—2020中9.1和9.2的规定进行验收外，还应满足以下要求：

a） 供货方（制造商）应按设计文件和供货合同的规定提供各项性能数据或检验结果，且应符合设计文件和产品标准的规定；

b） 质量证明文件提供的性能数据或检验结果如不符合产品标准和设计文件的规定，或者接受方对其性能数据或检验结果有异议时，应进行必要的验证性试验或补充试验；

c） 管道元件及材料的标记应清晰完整，并能够追溯到产品质量证明文件。

5.2 外观检查

管道元件及材料应按设计文件和产品标准的规定核对其材质、规格、型号和数量，并逐个进行外观质量和几何尺寸的检查验收，其结果应符合设计文件和相应产品标准的规定。

5.3 材质检查

对于铬钼合金钢、含镍低温钢、不锈钢以及镍及镍合金、钛及钛合金材料的管道组成件，在使用前应采用光谱分析（PMI）或其他方法对主要合金元素含量进行检查，其数量应满足以下要求：

a） 对于GC1级管道，检查数量应按每个检验批的10%且不少于1个管道组成件进行抽查；

b） 其他管道为每个检验批抽查5%，且不少于1个管道组成件。

注：每个检验批表示同炉批号、同型号规格、同时到货的一批管道元件或材料。

5.4 阀门压力试验

5.4.1 阀门应进行压力试验，其数量应满足以下要求：

a） 用于GC1级管道的阀门，应逐个进行壳体压力试验和密封试验；

b） 用于GC2级管道的阀门，应按每个检验批抽查10%进行壳体压力试验和密封试验，且不得少于1个；

c） 用于GC3级管道的阀门，应按每个检验批抽查5%进行壳体压力试验和密封试验，且不得少于1个；

d） 经设计者或业主同意，到制造厂逐件见证压力试验并有见证试验记录的阀门，可免除压力试验。

5.4.2 阀门的压力试验方法、程序与试验结果应符合设计文件和供货合同的规定。当无规定时，应符合GB/T 13927的规定。

5.4.3 经设计者或业主同意，对于公称压力小于或等于PN100且公称直径大于或等于DN600的闸阀，可随管道系统进行压力试验，密封试验可采用色印方法。

5.4.4 安全阀的校验应按TSG ZF001和设计文件的规定进行。

5.4.5 带夹套的阀门进行夹套压力试验时，其试验压力应为1.5倍的夹套设计压力。

5.5 其他检查

当设计文件对管道元件和材料提出其他检查与验收要求（如无损检测、硬度检查等）时，应予以满足。检查方法、数量及检查结果应符合设计文件和相关标准的规定。

5.6 不合格品的处置

5.6.1 管道元件及材料进行抽样检查、检测或试验时，若有1件不合格，则该抽样检查、检测或试验所代表的这一检验批应视为不合格，该批管道元件及材料不得使用，或对该批管道元件及材料逐个进行检查、检测或试验，其中的合格者仍可使用。

5.6.2 管道元件及材料进行抽样检查、检测或试验时，应做好记录和材料识别标记，并对不合格品进行隔离处理。

5.7 材料保管

管道元件及材料在制作、安装过程中应妥善保管，不得混淆或损坏。不锈钢和有色金属的管道元件及材料在储存期间不得与碳钢、低合金钢接触。暂不安装的管子、阀门和管件，应封闭管口。

6 管道制作

6.1 切割与坡口加工

6.1.1 管道元件及材料的切割加工可采用冷切割或热切割方法。如采用热切割方法，切割后应采用机械加工或打磨方法清除表面熔渣和影响管道焊接质量的表面层。

6.1.2 碳钢、碳锰钢可采用机械加工方法或火焰切割方法切割和制备坡口。低温镍钢和合金钢宜采用机械加工方法切割和制备坡口。

6.1.3 不锈钢、有色金属应采用机械加工或等离子切割方法切割和制备坡口。不锈钢、镍及镍合金、钛及钛合金、锆及锆合金采用砂轮切割或修磨时，应使用专用砂轮片。

6.1.4 管道元件及材料在加工制作、安装过程中应避免材料表面的机械损伤。对有严重伤痕的部位应进行补焊或修磨，修磨处的壁厚应不小于设计壁厚。

6.2 标记移植

6.2.1 管道组成件在制作过程中，应核对并尽量保存材料的原始标记。当无法保存原始标记时，应采用移植方法重新进行材料标识，材料标识也可采用管道组成件的工程统一编码或色标。

6.2.2 标记方法的采用应以对材料不构成损害或污染为原则，低温用钢、不锈钢及有色金属不得使用硬印标记。当奥氏体不锈钢和有色金属材料采用色码标记时，印色不应含有对材料构成损害的物质，如硫、铅和氯等。

6.2.3 如采用硬印或雕刻之外的其他标记方法，制作者应保证不同材料之间不会产生混淆，如采用分别处理（时间、地点）或区分色带等方法。

6.3 弯管

6.3.1 制作弯管时，应根据管子材料性能、输送流体工况和管子弯曲半径，采用适当的弯曲工艺和装备。

6.3.2 制作弯管可采用热弯和冷弯两种方法。

6.3.3 当采用焊管制作弯管时，焊缝应避开受拉（压）区。

6.3.4 弯管的不圆度、褶皱和减薄应满足以下要求：

a）不圆度应满足以下要求：

1）弯管的不圆度 u（%）应按式（1）计算：

$$u = \frac{2(D_{max} - D_{min})}{D_{max} + D_{min}} \times 100 \quad (1)$$

式中：

u ——弯管的不圆度；

D_{max}——同一截面的最大实测外径，单位为毫米（mm）；

D_{min}——同一截面的最小实测外径，单位为毫米（mm）。

2）对于承受内压的弯管，其不圆度应不大于8%；对于承受外压的弯管，其不圆度应不大于3%。

b）弯管内侧褶皱高度h_m应不大于管子外径D_1的3%，且波浪间距α应不小于$12h_m$。其中，h_m为相邻两个褶皱的平均高度，并按图1和式（2）计算：

$$h_m = \frac{D_2 + D_4}{2} - D_3 \quad (2)$$

式中：

h_m——褶皱高度，单位为毫米（mm）；

D_2——褶皱凸出处外径，单位为毫米（mm）；

D_3——褶皱凹进处外径，单位为毫米（mm）；

D_4——相邻褶皱凸出处外径，单位为毫米（mm）。

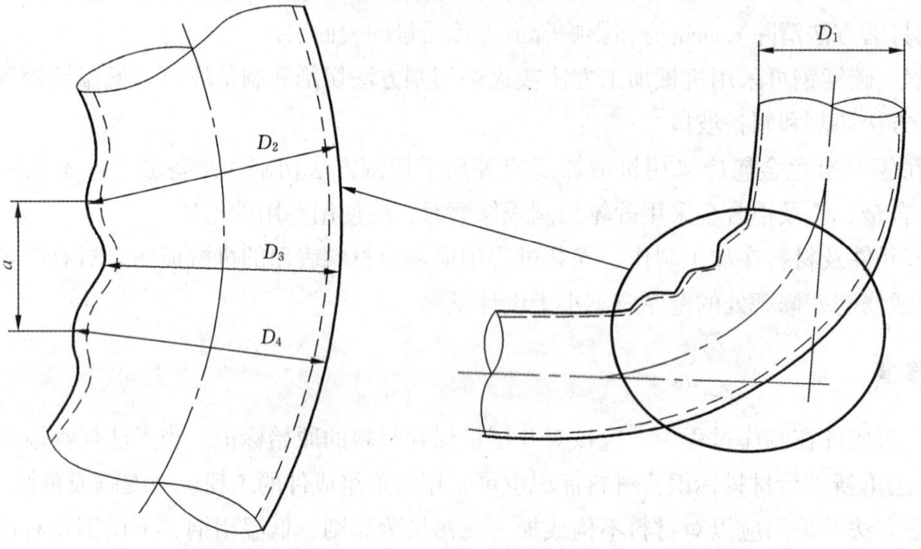

图1　弯管的褶皱和波浪间距

c）弯管制作前的管子壁厚宜符合表1的规定。弯管制作后的最小厚度不得小于直管的设计厚度。

表1　弯管制作前的管子壁厚　　单位为毫米

弯曲半径R	弯管制作前壁厚
$R \geqslant 6D$	$1.06t_d$
$5D \leqslant R < 6D$	$1.08t_d$
$4D \leqslant R < 5D$	$1.14t_d$
$3D \leqslant R < 4D$	$1.25t_d$
注：D为管子外径，t_d为直管的设计厚度。	

6.3.5　GC1级管道的弯管弯制后，应逐件对弯曲部位进行磁粉检测或渗透检测，且应符合GB/T 20801.5—2020的规定。发现的线性缺陷应予以修磨，修磨后的壁厚不得小于直管的设计厚度。

6.4 板焊管

6.4.1 板焊管的制作应符合设计文件和产品标准的规定。

6.4.2 制作和安装公称直径不小于400mm的板焊管时，应符合以下规定：

a）单个筒节的长度应不小于300mm，相邻筒节纵缝应错开100mm以上。支管外壁距焊缝不宜小于50mm。

b）同一筒节上的纵向焊缝应不大于两条，纵缝间距应不小于200mm。

c）对于有加固环的板焊管，加固环的对接焊缝应与管子纵向焊缝错开，其间距应不小于100mm，加固环距管子的环焊缝应不小于50mm。

d）板焊管的周长及管端直径应符合表2的规定。

表2 板焊管的周长允差及直径允差

单位为毫米

公称直径	≤800	>800~1200	>1200~1600	>1600~2400	>2400~3000	>3000
周长允差	± 5	± 7	± 9	± 11	± 13	± 15
直径允差	4	4	6	8	9	10
注：直径允差为管端（100mm以内）最大外径与最小外径之差。						

e）纵向焊缝处的棱角度［图2a）］（用弦长等于$1/6D_i$且不小于300mm的样板分别在管内壁和外壁测量）和环向焊缝处的棱角度［图2b）］（在管内壁和外壁用直尺检查），其E值应不大于壁厚的10%加2mm，且不大于5mm。

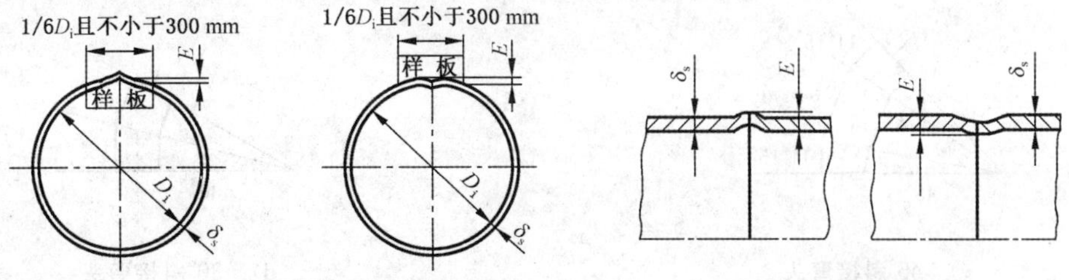

a） 纵向焊缝　　b） 环向焊缝

图2 纵向与环向焊缝处的棱角度检查

f）对接焊缝的错边量应符合表3及下列规定：

1）只能从单面焊接的纵向和环向焊缝，其内壁错边量不应大于壁厚的25%，且不应超过2mm；

2）复合钢板组对时，应以复层表面为基准，错边量不应大于钢板复层厚度的50%，且不大于1mm。

表3 板焊管对接焊缝的错边量

单位为毫米

母材厚度T	错边量	
	纵向焊缝	环向焊缝
T≤12	≤T/4	≤T/4
12<T≤20	≤3	≤T/4
20<T≤40	≤3	≤5
40<T≤50	≤3	≤T/8
T>50	≤T/16，且≤10	≤T/8，且≤20

g）板焊管的直度允差应不大于其单根长度的0.2%。

h）板焊管的焊接、焊后热处理和检查、检验应符合本部分相应章条及GB/T 20801.5—2020的相关规定。

i） 板焊管应逐根进行压力试验，试验压力应符合GB/T 20801.5—2020的相应规定。经业主或设计者同意，可采用GB/T 20801.5—2020规定的用纵向焊缝、环向焊缝100%射线照相或100%超声检测代替板焊管的压力试验的方法。

6.5 斜接弯头

6.5.1 除设计另有规定外，斜接弯头的制作应符合6.5.2~6.5.4的规定。斜接弯头的焊接应符合第7章的规定，斜接弯头的检查和检验还应符合GB/T 20801.5—2020的相关规定。

6.5.2 可按图3所示的组成形式配制斜接弯头。对于公称直径大于400mm的斜接弯头，可适当增加中节数量，但其内侧的最小宽度应不小于50mm。

6.5.3 斜接弯头的焊接接头应采用全焊透形式。公称直径大于或等于600mm的斜接弯头宜进行双面焊。

6.5.4 公称直径大于1 000mm时，斜接弯头的周长允许偏差应为±6mm；公称直径小于或等于1 000mm时，斜接弯头的周长允许偏差应为±4mm。

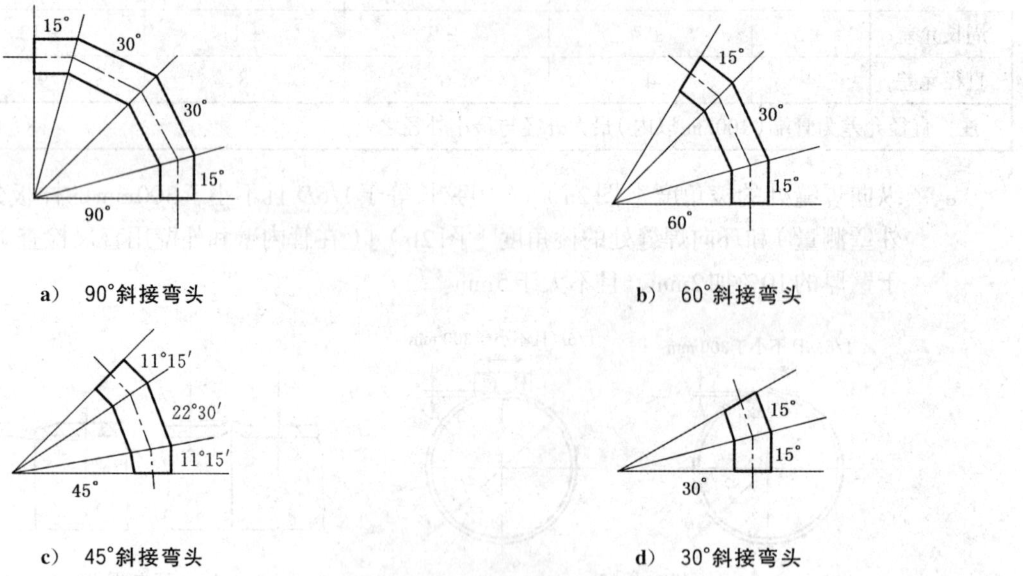

图3 斜接弯头的组成形式

6.6 翻边接头

6.6.1 翻边接头宜采用符合相关标准的管件制造产品。翻边接头的制作应符合GB/T 20801.3—2020中5.1.6和本部分6.6.2、6.6.3的规定。

6.6.2 焊制翻边接头的基本形式应符合图4的规定。焊接后应对翻边部位进行机械加工或整形。密封面的表面粗糙度应符合法兰标准的规定。外侧焊缝应进行修磨，以不影响松套法兰内缘与翻边的装配为原则。

6.6.3 扩口翻边后的外径及转角半径应能保证螺栓及法兰的装配。翻边端面与管子中心线应垂直，垂直度允差应不大于1mm。

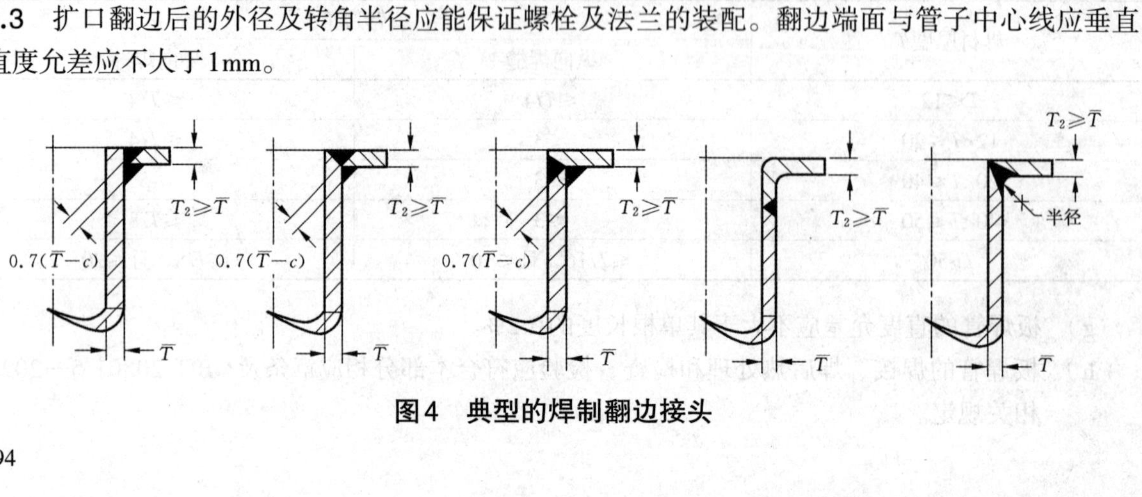

图4 典型的焊制翻边接头

6.7 夹套管

6.7.1 夹套管及其部件的结构形式与制作应符合设计文件和相关标准的规定。

6.7.2 夹套管制作过程中应确保内管的焊缝裸露可见，在内管检验合格前不得进行外管封闭焊接。

6.7.3 夹套弯管的外管组焊，应在内管制作完毕并经检验合格后进行。夹套弯管的外管和内管的同轴度偏差不得大于3mm。

6.7.4 外管与内管间的间隙应均匀，并应按设计文件的规定安装定位板。定位板的安装应不妨碍夹套内介质流动和内管与外管的胀缩，其材质应与内管相同。定位板的几何尺寸、安装位置、间距等应符合设计文件和相关标准的规定。

6.7.5 夹套管的焊接、热处理、检查、检验与试验应符合本部分相应章条及GB/T 20801.5—2020的相关规定。

6.8 支吊架

6.8.1 管道支吊架的形式、材质、加工尺寸及精度应符合设计文件、相关标准和产品技术文件的规定。

6.8.2 管道支吊架的组装尺寸与焊接方式应符合设计文件的规定。制作后应对焊缝进行目视检查，焊接变形应予以矫正。所有螺纹连接均应按设计要求予以锁紧。

6.8.3 支吊架中要求全焊透的焊缝应进行射线检测或超声检测，且应符合GB/T 20801.5—2020的相关规定。检测数量不少于20%，且焊缝长度不小于200mm。

6.8.4 制作合格的支吊架应进行防锈处理并应妥善分类保管。合金钢支吊架应有材质标记。

7 焊接

7.1 焊接工艺评定和焊工技能评定

7.1.1 管道承压件与承压件的焊接，承压件与非承压件的焊接，均应采用经评定合格的焊接工艺，并由合格焊工施焊。

7.1.2 焊接工艺评定应符合NB/T 47014的规定。冲击试验要求应符合GB/T 20801.2—2020中8.2的规定。

7.1.3 当焊接工艺评定要求使用的材料无法满足7.1.2的规定时，经设计者和业主同意，允许采用对预焊接工艺规程进行技术评审的方式代替焊接工艺评定，但应同时符合下列条件：

a）施焊单位已掌握该金属材料的特性（化学成分、力学性能和焊接性能）；

b）施焊单位能够提供同类别（同组别）其他母材的焊接工艺评定，且具有其施焊经验（业绩）；

c）施焊的焊工已取得相应的技能评定合格资格；

d）能够提供其他单位完成的符合7.1.2要求的该材料焊接工艺评定。

7.1.4 管道施焊前，应根据焊接工艺评定报告（或已通过技术评审的预焊接工艺规程）编制焊接工艺规程，用于指导焊工施焊和焊后热处理工作。焊接工艺规程应至少包括下列内容：

a）焊接方法及操作类型（手工、自动、半自动）；

b）焊接接头的坡口形式、尺寸及加工要求；

c）焊接接头母材的标准号、型号、规格尺寸及相关要求；

d）焊接材料的标准号、型号、牌号、规格、烘烤要求；

e）焊接位置及焊接方向；

f）预热及道间温度控制要求（预热温度、道间温度范围、加热方式及范围、测量方法等），必要时的后热要求（后热温度、时间、加热及缓冷方式等）；

g） 焊后热处理要求（热处理温度、保温时间、升温速度、降温速度、加热及测量方式等）；

h） 保护气体的种类（成分）、混合配比（纯度）、流量等要求；

i） 焊接电特性及焊接工艺参数；

j） 焊接操作要领与技术措施；

k） 其他相关要求。

7.1.5 焊工技能评定应符合TSG Z6002的规定。

7.2 焊接材料

7.2.1 焊接材料应符合设计文件和相关标准的规定，且通过焊接工艺评定验证。当设计无规定时，焊接材料的选用应按照母材的化学成分、力学性能、焊接性能、焊前预热、焊后热处理、使用条件及现场施工条件等因素综合确定，且符合下列规定：

a） 焊缝金属的抗拉强度应不小于母材规定抗拉强度的下限值。对于两种不同强度的母材相互焊接，焊缝金属的抗拉强度应不低于规定抗拉强度较低母材的下限值。

b） 焊缝金属的化学成分应与母材相近。对于两种不同化学成分的母材相互焊接，除奥氏体钢与铁素体钢相互焊接外，焊缝金属的化学成分应与其中任何一个母材一致或介于两者之间。

c） 当奥氏体钢与铁素体钢相互焊接时，焊缝金属应有显著的奥氏体晶体结构，可选用25Cr-13Ni型或含镍量更高的焊接材料。当设计温度高于425℃时，宜选用镍基焊接材料。

d） 焊接材料的焊接工艺性能应良好。

7.2.2 焊接材料（包括焊条、焊丝、焊剂及焊接用气体）使用前应按设计文件和相关标准的规定进行检查和验收，且应具有质量证明文件和包装标记。

7.2.3 焊接材料（包括焊条、焊丝及焊剂）的储存应保持适宜的温度及湿度，相对湿度应不超过60%。焊接材料库应保持干燥、清洁。

7.2.4 库存期超过规定期限的焊条、焊剂及药芯焊丝，应经复验合格后方可使用。焊接材料库存的规定期限应在焊接材料质量证明书或说明书上注明。

7.2.5 应按焊接材料说明书的要求对焊条、焊剂和药芯焊丝进行烘干，焊丝使用前应按规定进行除油、除锈及清洗处理。

7.2.6 使用过程中应注意保持焊接材料的识别标记，以免错用。

7.3 焊接环境

7.3.1 焊接环境温度应能保证焊件的焊接温度和焊工技能不受影响。环境温度低于0℃时，应符合8.2.1的规定。

7.3.2 应采取防风措施保证焊接时的风速不大于以下规定值：

a） 对于焊条电弧焊、自保护药芯焊丝电弧焊和气焊，规定风速为8m/s；

b） 对于钨极惰性气体保护电弧焊和熔化极气体保护焊，规定风速为2m/s。

7.3.3 焊接电弧周围1m范围内的相对湿度应符合以下规定：

a） 铝及铝合金的焊接，相对湿度应不大于80%；

b） 其他材料的焊接，相对湿度应不大于90%。

7.3.4 在雨雪天气施焊时，应采取有效防护措施，否则禁止施焊。

7.4 焊前准备

7.4.1 坡口制备

7.4.1.1 坡口加工应符合6.1的规定。坡口表面应光滑并呈金属光泽，热切割产生的熔渣和影响焊接质量的表面层应清除干净。

7.4.1.2 坡口形式和尺寸应符合设计文件的规定。无规定时，可按照GB/T 985.1、GB/T 985.2、GB/T

985.3、GB/T 985.4、GB 50236或相关标准，并结合现场实际情况确定坡口形式和尺寸。

7.4.1.3 当设计文件和相关标准对坡口表面提出无损检测的要求时，无损检测及缺陷处理应在施焊前完成。

7.4.2 清理

7.4.2.1 对于焊件坡口及内外表面，应在焊接前去除油漆、油污、锈斑、熔渣、氧化皮以及有害的其他物质。

7.4.2.2 焊件坡口及内外表面的清理应满足表4的要求。

表4 焊件坡口及其内外表面的清理

材 料	清理范围/mm	清理对象	清理方法
碳素钢、低温钢、合金钢、不锈钢	≥20	油、漆、锈、毛刺等污物，裂纹，夹层	手工或机械等方法
铝及铝合金、钛及钛合金、镍及镍合金、锆及锆合金	≥50	油污、氧化膜等	有机溶剂除油污，化学或机械方法除氧化膜
铜及铜合金	≥20		

7.4.3 组对

7.4.3.1 对接接头的组对应符合以下规定：

a) 对接接头的组对应内壁齐平，内壁错边量应符合设计文件和表5的规定；

表5 管道组对内壁错边量

材 料		内壁错边量
碳素钢、低温钢、合金钢、不锈钢		不大于壁厚的10%，且小于或等于2mm
铝及铝合金	壁厚小于或等于5mm	≤0.5mm
	壁厚大于5mm	不大于壁厚的10%，且小于或等于2mm
铜及铜合金、钛及钛合金、镍及镍合金、锆及锆合金		不大于壁厚的10%，且小于或等于1mm

b) 不等壁厚的工件组对时，薄件端面的内侧和外侧应位于厚件端面范围之内。当内壁错边量不符合表5的规定或外壁错边量大于3mm时，焊件端部应按图5的规定进行削薄修整。端部削薄修整后的壁厚应不小于设计厚度t_d。

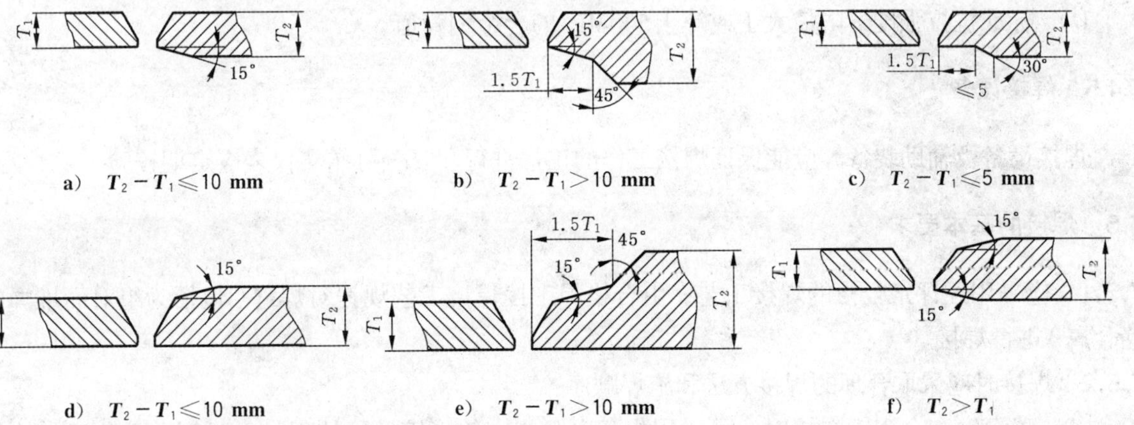

a) $T_2-T_1 \leqslant 10$ mm　b) $T_2-T_1>10$ mm　c) $T_2-T_1 \leqslant 5$ mm

d) $T_2-T_1 \leqslant 10$ mm　e) $T_2-T_1>10$ mm　f) $T_2>T_1$

注1：用于管件时，如受长度限制，图5a)、图5d)、图5f)中的15°可改为30°。

注2：图5a)、图5b)和图5c)为外侧齐平，图5d)和图5e)为内侧齐平，图5f)为内外侧均不齐平。

图5 不等壁厚对接焊件的端部加工

7.4.3.2 支管连接接头的组对应符合以下规定：

a） 安放式支管的端部制备及组对应符合图6a）、图6b）的规定；

b） 插入式支管的主管端部制备及组对应符合图6c）的规定；

c） 主管开孔与支管组对时的错边量应不大于m值［见图6a）、图6b）］，必要时可进行堆焊修正。

7.4.3.3 组对间隙应控制在焊接工艺规程允许的范围内。

7.4.3.4 除设计文件规定的管道预拉伸或预压缩焊口外，不得强行组对。需预拉伸或预压缩的焊接接头，组对时所使用的工卡具应在整个焊接及热处理完毕并经检验合格后拆除。

7.4.3.5 组对时应垫置牢固，并应采取措施防止在焊接和热处理过程中产生附加应力和变形。

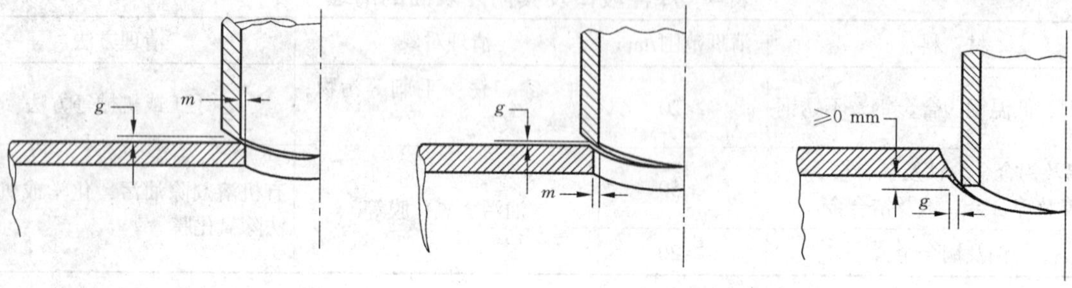

a） 安放式支管（支管内径大于主管开孔直径）　b） 安放式支管（支管内径小于主管开孔直径）　c） 插入式支管

注1：g为根部间隙。

注2：m为错边量，其值不大于3.2mm或$0.5\overline{T}_b$（取较小者），其中$\overline{T}_b$为支管名义厚度。

图6 支管连接接头的组对

7.4.4 定位焊缝

7.4.4.1 定位焊缝的焊接应采用与根部焊道相同的焊接材料和焊接工艺，并应由评定合格的焊工施焊。

7.4.4.2 定位焊缝应具有足够的长度、厚度和间距，以保证该焊缝在焊接过程中不致开裂。

7.4.4.3 根部焊接前，应对定位焊缝进行检查。如发现缺陷，处理后方可施焊。

7.4.4.4 焊接的工卡具材质宜与母材相同或为NB/T 47014规定的同一类别号。拆除工卡具时不应损伤母材，拆除后应确认无裂纹并将残留焊疤打磨修整至与母材表面齐平。对于下列管道，应对工卡具拆除部位进行表面无损检测：

a） 铬钼合金钢管道；

b） 标准抗拉强度下限值大于或等于540MPa的合金钢管道。

7.4.5 焊接设备

焊接设备及辅助装备等应能保证焊接工作的正常进行和安全可靠，仪表应定期校验。

7.5 焊接的基本要求

7.5.1 应采用经评定合格的焊接工艺，由合格焊工按焊接工艺规程对焊缝（包括为组对而堆焊的焊缝金属）进行焊接。

7.5.2 焊接时应采取合理的焊接方法和施焊顺序：

a） 碳素钢和合金钢焊接时，可采用焊条电弧焊、钨极惰性气体保护电弧焊、熔化极气体保护电弧焊、自保护药芯焊丝电弧焊、埋弧焊或气焊方法；

b） 铝及铝合金焊接时，可采用钨极惰性气体保护电弧焊或熔化极惰性气体保护电弧焊方法；

c） 铜及铜合金、钛及钛合金、锆及锆合金可采用钨极惰性气体保护电弧焊方法，黄铜也可采用氧乙炔焊（气焊）方法；

d） 镍及镍合金可采用焊条电弧焊、钨极惰性气体保护电弧焊、熔化极惰性气体保护电弧焊或埋弧焊方法。

7.5.3 对含铬量大于或等于3%或合金元素总含量大于5%的管道焊缝，采用钨极惰性气体保护电弧焊或熔化极气体保护电弧焊进行根部焊道单面焊接时，焊缝背面应充氩气或其他保护气体，或应采取其他防止背面焊缝金属被氧化的措施。

7.5.4 除因工艺或检验要求需要分次焊接外，每条焊缝一般应一次连续焊接完成，当因故中断焊接时，应根据工艺要求采取保温缓冷或后热等措施以防止裂纹的产生。再次焊接前应检查焊层表面，确认无裂纹后，按原工艺要求继续施焊。

7.5.5 在根部焊道和盖面焊道上不宜采用锤击消除残余应力。

7.5.6 对焊接连接的阀门施焊时，所采用的焊接顺序、工艺以及焊后热处理，均应保证阀座的密封性能不受影响。

7.5.7 不得在焊件表面引弧或试验电流。对于设计温度不高于-20℃的管道、淬硬倾向较大的合金钢管道、不锈钢及有色金属管道，其表面均不得有电弧擦伤等缺陷。

7.5.8 当有下列情况之一时，管道的单面焊焊缝根部应采用钨极惰性气体保护电弧焊或能保证根部焊接质量的其他焊接工艺方法：

a） GC1级管道；

b） 公称直径小于500mm，且设计温度低于-20℃的管道；

c） 内部清洁要求较高且焊接后不易清理的管道；

d） 机器入口管道；

e） 设计规定的其他管道。

7.5.9 公称直径大于或等于500mm的管道，宜在内侧进行根部双面焊。

7.5.10 多道焊每道焊完后，应立即进行清理和目视检查。如发现缺陷，应消除后方可进行下一层施焊。

7.5.11 规定进行层间无损检测的焊缝，无损检测应在目视检查合格后进行，表面无损检测应在射线照相检测及超声波检测前进行，经检测的焊缝在评定合格后方可继续进行焊接。

7.5.12 焊接完毕后，应及时将焊缝表面的熔渣及附近的飞溅物清理干净。

7.5.13 每个焊工均应有指定的识别代号。除工程另有规定外，管道承压焊缝应标有焊工识别标记，标记方法应符合6.2.2的规定。如无法直接在管道承压件上作焊工标记，则应在管道轴测图上或用简图记录焊工识别代号，并将简图列入交工技术文件。

7.6 焊缝设置

管道（夹套管除外）焊缝的设置应避开应力集中区，且应符合以下规定：

a） 当公称直径大于或等于150mm时，直管段上两对接环焊缝中心面之间的距离应不小于150mm；当公称直径小于150mm时，该距离应不小于管子外径，且不小于50mm。

b） 管道环焊缝距离弯管（不包括弯头）起弯点的距离应不小于100mm。

c） 管道环焊缝与支吊架的净距离应不小于50mm。需要热处理的焊缝与支吊架的距离应不小于焊缝宽度的5倍，且应不小于100mm。

d） 不宜在焊缝及其边缘上开孔。当无法避免在焊缝上开孔或开孔补强时，应对以开孔中心为中心、在1.5倍开孔直径或补强板直径范围内的焊缝进行无损检测，检测合格后方可进行开孔。补强板覆盖的焊缝应磨平。管孔边缘不应存在焊接缺陷。

e） 管道环焊缝距离支管或管接头的开孔边缘应不小于50mm，且应不小于孔径。

f） 焊接管及焊接管件组对时，应尽量避免十字焊缝。当无法避免十字焊缝或焊缝的错开距离小于100mm时，该部位焊缝应经射线检测或超声检测合格。

7.7 角焊缝

7.7.1 角焊缝（包括承插焊缝）可采用凹形和凸形，其焊缝尺寸应符合图7的规定。

7.7.2 平焊法兰或承插焊法兰的角焊缝应符合图8的规定，其他承插焊接头的最小焊缝尺寸应符合图9的规定。

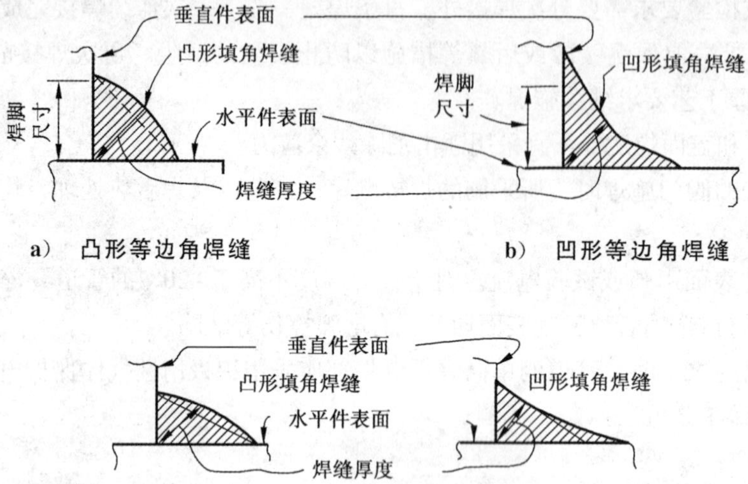

a） 凸形等边角焊缝　　b） 凹形等边角焊缝

c） 凸形不等边角焊缝　　d） 凹形不等边角焊缝

注1：等边角焊缝的焊脚尺寸为焊缝最大内切等腰直角三角形的股长，焊缝厚度为0.7倍焊脚尺寸。

注2：不等边角焊缝的焊脚尺寸为内切于焊缝截面的最大直角三角形的股长。

图7　角焊缝的形式和尺寸

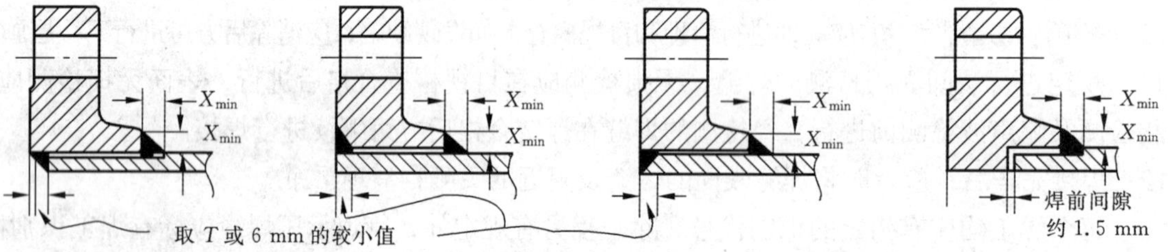

a） 双面角焊　　b） 法兰面角接及背面角焊　　c） 承插焊法兰

注：X_{mim}取直管名义厚度的1.4倍或法兰颈部厚度两者中的较小者。

图8　平焊法兰和承插焊法兰的角焊缝

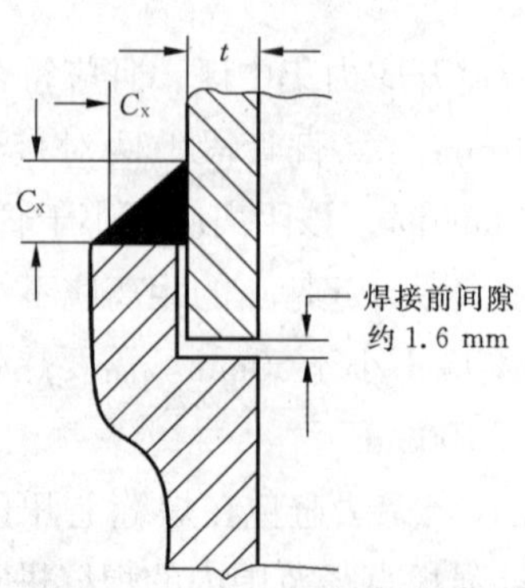

注1：t为名义厚度。

注2：C_x取1.09t或承插件端部厚度两者中的较小值。

图9　除法兰外的其他承插焊接头的最小焊缝尺寸

7.8 支管的焊接连接

7.8.1 支管与主管的焊接连接应符合图10所示的支管连接焊缝形式和焊缝尺寸的规定。

7.8.2 安放式焊接支管或插入式焊接支管的接头，包括整体补强的支管座，应全焊透，盖面的角焊缝厚度应不小于填角焊缝有效厚度［见图10a）和图10b）］。

7.8.3 补强圈或鞍形补强件的焊接应符合以下规定：

a） 补强圈与支管应全焊透，盖面的角焊缝厚度应不小于填角焊缝有效厚度［见图10c）和图10d）］。

b） 鞍形补强件与支管连接的角焊缝厚度应不小于$0.7t_{min}$［见图10e）］。

7.8.4 补强圈或鞍形补强件外缘与主管连接的角焊缝厚度应大于或等于$0.5\overline{T}_r$［见图10c）、图10d）和图10e）］。

7.8.5 补强圈和鞍形补强件应与主管和支管贴合良好。应在补强圈或鞍形补强件的高位（不在主管轴线处）开设一个焊缝焊接和检漏时使用的通气孔。补强圈或鞍形补强件可采用多块拼接组成，但拼接接头应与母材等的强度相同，且每块拼板均应开设通气孔。

7.8.6 应在支管与主管连接焊缝的检查和修补合格后，再进行补强圈或鞍形补强件的焊接。

7.8.7 支管座与主管应全焊透，盖面的填角焊缝厚度应不小于填角焊缝有效厚度t_c［见图10g）］。盖面的填角焊缝应平滑过渡到主管。

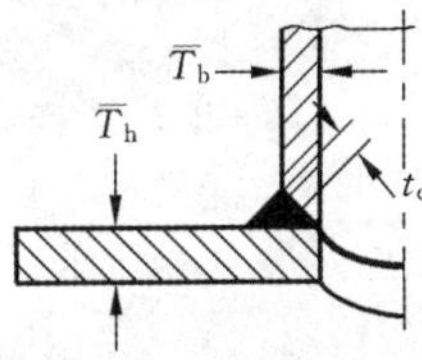

a） 安放式

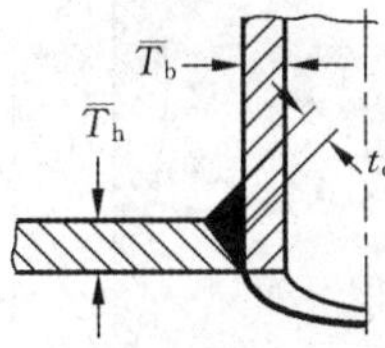

b） 插入式

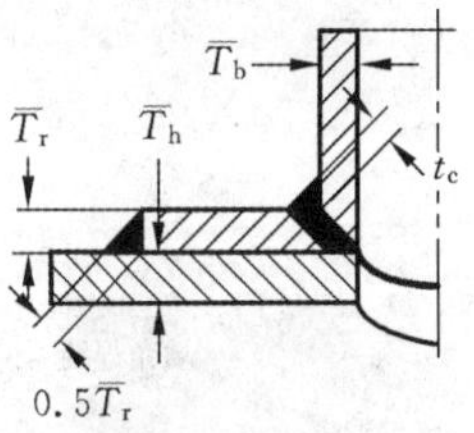

c） 安放式（带补强圈）

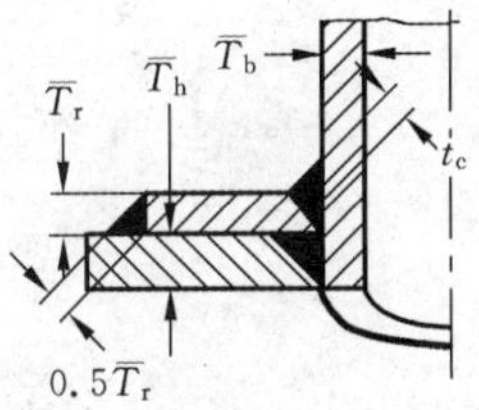

d） 插入式（带补强圈）

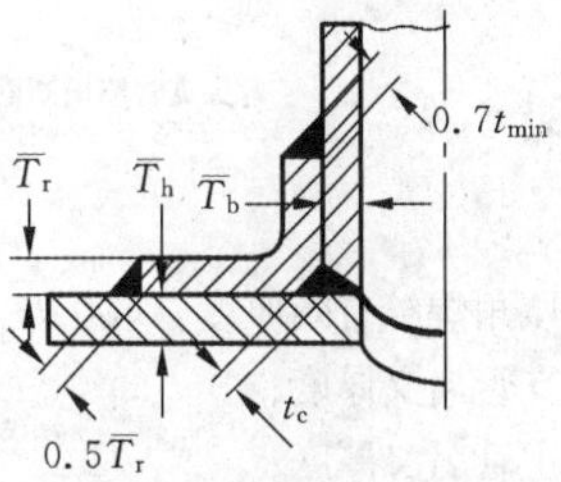

e） 鞍形补强件

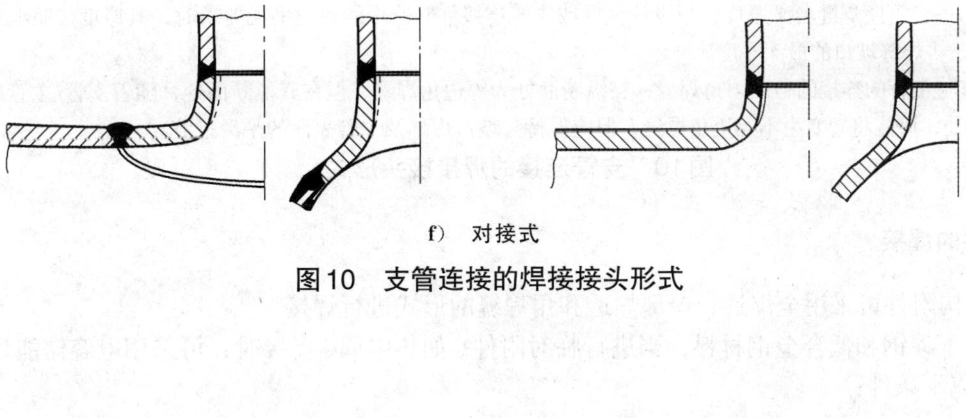

f） 对接式

图10 支管连接的焊接接头形式

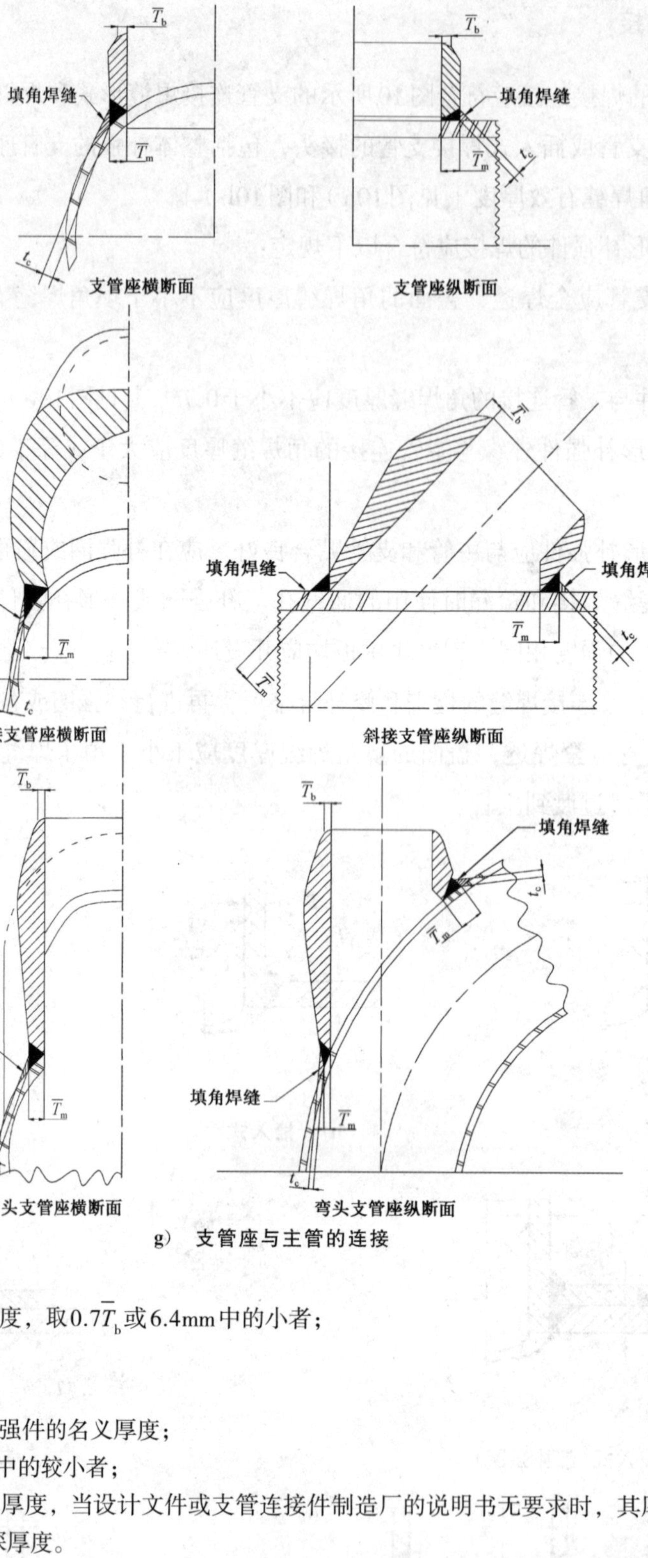

g） 支管座与主管的连接

说明：

t_c ——填角焊缝有效厚度，取$0.7\overline{T}_b$或6.4mm中的小者；

$\overline{T}_b$ ——支管名义厚度；

$\overline{T}_h$ ——主管名义厚度；

$\overline{T}_r$ ——补强圈或鞍形补强件的名义厚度；

t_{min} ——$\overline{T}_b$或$\overline{T}_r$，取两者中的较小者；

$\overline{T}_m$ ——支管座焊缝名义厚度，当设计文件或支管连接件制造厂的说明书无要求时，其厚度按照组对后的组合焊缝坡口的最深厚度。

支管座与主管的连接的盖面填角焊缝，在纵断面处为等边角焊缝，但在其他断面处，随着支管/主管口径比，尤其在横断面处，可能将转变为不等边角焊缝，但应保持与坡口焊缝及主管表面的平滑过渡。

图10 支管连接的焊接接头形式（续）

7.9 附件的焊接

7.9.1 结构附件可采用全焊透、局部焊透和角焊缝的形式进行焊接。

7.9.2 对于碳钢和低合金钢材料，当进行临时附件（如热电偶）焊接时，可采用电容储能焊接方法，但应满足以下条件：

a）不要求进行焊接工艺评定和焊接技能评定，但应编制焊接工艺规程，焊工应有成熟的技能经验；

b）焊接线能量应不超过125 W·s；

c）点焊接头可不进行预热和焊后热处理；

d）临时附件拆除后，应检查焊点区域是否存在缺陷。必要时应进行表面无损检测。

7.10 密封焊

密封焊缝应由评定合格的焊工施焊。密封焊缝应覆盖全部露出的螺纹。

7.11 焊缝返修

7.11.1 返修前应对缺陷产生的原因进行分析，提出相应的返修措施。应将缺陷消除干净，必要时可采用无损检测方法确认。

7.11.2 返修需要补焊时，应采用经评定合格的焊接工艺，并由合格的焊工施焊。补焊部位的坡口形状和尺寸应防止产生焊接缺陷并便于焊接操作。

7.11.3 同一部位（指焊补的填充金属重叠的部位）的返修次数超过两次时，应重新制定返修措施，经施焊单位技术负责人批准后方可进行返修。

7.11.4 返修后应按原方法重新检验，并连同返修及检验记录（明确返修次数、部位、返修后的无损检测结果）一并记入交工技术文件。

7.11.5 要求进行焊后热处理的管道，如在热处理后进行焊接修补，修补后应重新进行热处理。

8 预热

8.1 一般规定

8.1.1 本章规定的预热要求适用于管道所有类型的焊接，包括定位焊、补焊和螺纹接头的密封焊。

8.1.2 预热温度等要求应在焊接工艺规程或设计文件中规定，并经焊接工艺评定验证。

8.1.3 当用热加工法切割、开坡口、清根、开槽或施焊临时焊缝时，也应考虑预热要求。

8.2 预热温度

8.2.1 预热温度应符合设计文件的要求。当设计文件无规定时，各种材料的最低预热温度应符合表6的规定。

表6 预热温度

母材类别	较厚件的名义壁厚/mm	附加限制条件	要求的最低预热温度/℃
碳钢、碳锰钢	≤25	母材最小抗拉强度≤490MPa	10
	>25	母材最小抗拉强度≤490MPa	95
	全部	母材最小抗拉强度>490MPa	95
合金钢 Cr≤0.5%	≤13	母材最小抗拉强度≤450MPa	10
	>13	母材最小抗拉强度≤450MPa	95
	全部	母材最小抗拉强度>450MPa	95
合金钢 0.5%<Cr≤2%	全部	无	120
合金钢 2.25%≤Cr≤10%	全部	母材最小抗拉强度≤415MPa	150
	全部	母材最小抗拉强度>415MPa	200
	≤13	Cr>6%	200
马氏体不锈钢	全部	无	200
低温镍钢（Ni≤2.5%）	全部	无	120

表6　预热温度(续)

母材类别	较厚件的名义壁厚/mm	附加限制条件	要求的最低预热温度/℃
3.5Ni 钢	全部	无	150
5Ni 钢	全部	无	10
8Ni、9Ni 钢	全部	无	10
27Cr 钢	全部	无	150
9Cr-1Mo-V 钢	全部	无	200
所有其他材料	全部	无	10

8.2.2　对于预热温度要求不同的材料焊接时，应选用表6中较高的预热温度。

8.2.3　对于需要预热的多层(道)焊焊件，其道间温度应不低于预热温度，但应符合如下要求：

a)　碳钢和低合金钢的道间温度不宜高于315℃；

b)　奥氏体不锈钢和镍及镍合金的道间温度不宜高于150℃；

c)　钛及钛合金的道间温度不宜高于150℃；

d)　27Cr钢的道间温度应保持在150℃~230℃；

e)　马氏体不锈钢的道间温度应不高于315℃；

f)　双相不锈钢的道间温度应不高于50℃(≤3mm)，70℃(≤6mm)，100℃(≤10mm)，120℃(>10mm)。

8.2.4　定位焊缝的母材温度应不低于表6规定的最低预热温度，预热范围应为距离定位焊缝两端不小于25mm。

8.2.5　对于返修补焊，其预热温度应比原焊缝适当提高。

8.3　预热温度的测量

8.3.1　应采用测温笔、热电偶或其他合适的方法测量预热温度并记录，以保证在焊前及焊接过程中达到和保持焊接工艺规程中规定的温度。采用的测量仪表应经计量检定合格。热电偶焊接应符合7.9.2的规定。

8.3.2　预热区域应以焊缝中心为基准，每侧距离应不小于焊件厚度的3倍，且不小于100mm。

8.4　中断焊接

8.4.1　焊接中断时，应控制冷却速度或采取其他措施防止其对管道产生有害影响。

8.4.2　恢复焊接前，应对中断焊缝进行清理、检查确认，并按焊接工艺规程的规定重新进行预热。

8.4.3　铬钼合金钢、9Cr-1Mo-V钢以及马氏体不锈钢施焊全过程，应始终保持焊缝区域不低于表6规定的预热温度。焊接中断时，如不能维持预热温度，应采取下列工艺措施：

a)　焊缝已焊厚度应不小于20%或10mm(取小者)，且焊道冷却前应打磨光滑，无尖锐缺口。焊件应良好支承，缓慢移动，防止承载、碰撞。

b)　Cr≤2%铬钼合金钢，焊缝应保温缓冷。

c)　2%≤Cr≤10%铬钼合金钢、9Cr-1Mo-V钢以及马氏体不锈钢应按9.3.1i)的规定立即进行后热处理并保温缓冷，否则应进行中间热处理并控制冷却速度，或采用最大扩散氢含量为4mL/100g的低氢焊接材料，防止氢致焊接裂纹。

d)　焊缝冷却后和恢复焊接前，应目视检查确认无焊接裂纹。

e)　恢复焊接前，应重新进行预热。

9　热处理

9.1　一般规定

9.1.1　本章规定了压力管道焊接、弯曲和成型后热处理的基本要求。

9.1.2 本部分给出的热处理要求是基于材料本身的性能、冷热加工以及焊接性能而提出的，并未考虑介质和工况条件的适应性。设计者可以根据具体的工况条件，如提高材料及其焊接接头的抗应力腐蚀破裂、抗应力松弛裂纹以及抗脆断能力、抗高温氢腐蚀能力或者高温长期强度，提出更高的或附加热处理要求。

9.1.3 本部分并不限制采用较低的甚至免除热处理要求，但应符合9.7的要求。

9.2 弯曲和成型后的热处理

9.2.1 所有厚度的铬钼合金钢、马氏体不锈钢材料在热弯和热成型后，应按表7的规定进行热处理。

9.2.2 管道制作采用冷弯和冷成型时，符合下列情况之一者应按表7的规定进行热处理：

a) 对碳钢、碳锰钢、铬钼合金钢、马氏体不锈钢材料，冷弯和冷成型后，成型应变率（在最大变形方向）超过该材料标准所规定的最小延伸率的50%时，应进行热处理。但如能证明所选用的管子和弯曲或成型的方法能保证在冷弯和冷成型后，应变最大的材料仍保持有至少为10%的延伸率，则可不进行热处理。

b) 任何要求进行低于0℃低温冲击试验的材料，弯曲或成型后其成型应变率超过5%。

c) 设计文件规定时。

表7 焊后热处理和弯曲、成型后的热处理基本要求

母材类别	名义厚度/mm	母材最小规定抗拉强度/MPa	金属热处理温度/℃	保温时间		布氏硬度[b]≤
				≤50mm	>50mm	
碳钢、碳锰钢	≤20	全部	不要求	1h/25mm，最少60min	2h+（15min/增加25mm）	200[b]
	>20		595~650			
合金钢 Cr≤0.5%	≤20	≤490	不要求			225
	>20	全部	595~650			
	全部	>490				
合金钢 0.5%<Cr≤2%	≤13	≤490	不要求	1h/25mm，最少2h		225
	>13	全部	650~705			
	全部	>490				
合金钢 2%≤Cr≤3% 和 C≤0.15%	≤13	全部	不要求			241
	>13	全部	675~760			
合金钢 3%<Cr≤10% 或 C>0.15%	全部	全部	675~760			241
9Cr-1Mo-V 钢	全部	全部	705~775[d]		≤125mm，1h/25mm；>125mm，5h+（15min/增加25mm）	250
马氏体不锈钢	全部	全部	760~800		2h+（15min/增加25mm）	241
铁素体不锈钢	全部	全部	不要求	—		—
奥氏体不锈钢和镍基合金[e]	全部	全部	不要求			187[b]
低温镍钢（Ni≤4%）[f]	≤20	全部	不要求	—		—
	>20		595~650	0.5 h/25mm，最少60min		
5Ni 钢[c]	>51	全部	550~585	1h/25mm，最少60min		—
8Ni、9Ni 钢[c]	≤51	全部	不要求			—
	>51		550~585			

表7　焊后热处理和弯曲、成型后的热处理基本要求（续）

母材类别	名义厚度/mm	母材最小规定抗拉强度/MPa	金属热处理温度/℃	保温时间		布氏硬度[b]≤
				≤50mm	>50mm	
双相不锈钢[a]	全部	全部	不要求	0.5 h/25mm，最少30min	2h+（15min/每增加25mm）	—

[a] 双相不锈钢是否应进行焊后热处理不做具体规定，如需热处理，应为固溶快冷。

[b] 硬度要求应符合9.6的规定。碳钢、碳锰钢、奥氏体不锈钢和镍基合金的硬度检查仅适用于特定工况，设计有规定时，可按本表取值。

[c] 对于5Ni、8Ni、9Ni钢材料，热处理保温后应以大于170℃/h的冷却速度冷至300℃。

[d] 除设计有规定外，填充金属Ni+Mn应不大于1.20%，最高热处理温度应≤800℃。如果热处理温度高于800℃，或者热处理温度虽不高于800℃，但高于填充金属的A_1（转变温度下限或临界温度下限），则应去除焊缝金属及热影响区重焊及重新进行焊后热处理。壁厚≤13mm的9Cr-1Mo-V钢最低热处理温度可为675℃。采用Cr≤3.0%或镍基、奥氏体不锈钢焊接材料进行异种钢焊接时，最低热处理温度可为720℃。

[e] 奥氏体不锈钢和镍基合金是否应进行焊后热处理不做具体规定。为防止应力松弛裂纹，壁厚大于13mm且使用温度高于540℃的含Nb、Ti、Al奥氏体不锈钢和镍基合金，可根据具体情况，选择固溶、稳定化或不完全退火等焊后热处理工艺。

[f] 按9.3.1d)，焊后热处理的温度下限可不低于550℃。

9.2.3　高温及超低温使用的奥氏体不锈钢或镍基合金材料，在冷、热弯曲或成型后，应按表8的规定进行热处理。

表8　高温及超低温使用的材料弯曲、成型后的热处理要求

材料类别及使用条件	成型应变率/%[a]	热处理与否
设计温度高于540℃，但低于675℃的奥氏体不锈钢及镍合金（600、617、800、800H、800HT）	>15	固溶处理
设计温度高于或等于675℃的奥氏体不锈钢（H级）及镍合金（600、617、800、800H、800HT）	>10	固溶处理[b]
设计温度低于或等于-100℃的奥氏体不锈钢	>10	固溶处理[b]

[a] 采用管子扩口、缩口、引伸、墩粗时，成型应变率为本表规定值的一半。

[b] 固溶处理的保温时间为20min/25mm或10min，且取其中的较大者。

9.2.4　成型应变率的计算应符合下列规定：

a）管子弯曲，按式(3)、式(4)计算，取应变率(%)中的较大者：

$$应变率=\frac{50D}{R} \quad\cdots\cdots(3)$$

$$应变率=\left(\frac{T_1-T_2}{T_1}\right)\times100 \quad\cdots\cdots(4)$$

b）以板成型的圆筒、锥体或管子的应变率(%)按式(5)计算：

$$应变率=\frac{T}{R_f}\times50 \quad\cdots\cdots(5)$$

c）以板成型的凸型封头、折边等双向变形的元件的应变率(%)按式(6)计算：

$$应变率=\frac{75T}{R_f} \quad\cdots\cdots(6)$$

d）管子扩口、缩口或引伸、镦粗，其应变率(%)取下列绝对值中的最大者：

1）环向应变

$$应变率=\left(\frac{D-D_e}{D}\right)\times100 \quad\cdots\cdots(7)$$

2） 轴向应变

$$应变率=\left(\frac{L-L_e}{L}\right)\times 100 \quad\cdots\cdots(8)$$

3） 径向应变

$$应变率=\left(\frac{T_1-T_2}{T_1}\right)\times 100 \quad\cdots\cdots(9)$$

式中：

D ——管子外径，单位为毫米（mm）；

R ——管子中心线弯曲半径，单位为毫米（mm）；

T ——板材名义厚度，单位为毫米（mm）；

T_1 ——管子初始平均厚度，单位为毫米（mm）；

T_2 ——成型后管子最小厚度，单位为毫米（mm）；

D_e ——成型后圆筒或管子的外径，单位为毫米（mm）；

R_f ——成型后最小曲率半径（厚度中心处），单位为毫米（mm）；

L ——管子变形区初始长度，单位为毫米（mm）；

L_e ——成型后管子变形区的长度，单位为毫米（mm）。

9.2.5 对于有应力腐蚀倾向或对消除应力有较高要求的管道，在弯曲或成型加工后，应按设计文件的规定进行热处理。

9.3 焊后热处理

9.3.1 焊后热处理的基本要求

焊后热处理应符合下列基本要求：

a） 应按设计文件的规定进行焊后热处理，当设计文件无规定时，焊后热处理应符合表7的规定；

b） 表7所列焊后热处理的温度范围较宽，业主或设计者可根据具体工况，规定指定的焊后热处理温度，但不能超出表7、表9及9.3.1规定的限值；

c） 除下列d）的规定外，碳钢、碳锰钢、低温镍钢（Ni≤4%）可按表9所示降低焊后热处理温度，但应相应延长保温时间；

d） 为改善焊接接头强度和低温韧性，并经业主或设计者同意以及相应焊接工艺评定证实，最小抗拉强度大于或等于535MPa的碳锰钢、低温碳钢以及低温镍钢（Ni≤4%）的焊后热处理的温度下限可不低于550℃，而无需延长保温时间；

e） 正火加回火或调质钢的焊后热处理温度应比材料的回火温度降低至少10℃；

f） 表7所列铬钼合金钢可采用比材料回火温度或表列温度更高的焊后热处理温度，但应考虑由此而引起的高温强度下降；

g） 铁素体钢之间的异种钢焊接接头的焊后热处理，应按表7两者之中的较高热处理温度进行，但 不应超过另一侧钢材的临界点A_{c1}；

h） 焊后热处理工艺应在焊接工艺规程中规定，并经焊接工艺评定验证，任何焊后热处理的温度控制都应满足焊接工艺评定的要求；

i） 当管道焊缝焊后不立即进行热处理时，应控制焊接冷却速度，或采用其他措施防止对管道的有害影响。对2%<Cr≤10%的铬钼合金钢、9Cr-1Mo-V钢以及马氏体不锈钢管道，焊后应及时进行热处理。当不能及时进行焊后热处理时，应在焊后立即均匀加热至200℃~350℃的后热处理，并保温缓冷。保温时间应根据后热温度和焊缝金属的厚度确定，一般不少于30min。后热保温范围应与焊后热处理要求相同。

表9 碳钢、碳锰钢、低温镍钢（Ni≤4%）焊后热处理降温延时要求

降低焊后热处理温度/℃	保温时间	
	≤25mm	>25mm
30	2h	增加15min/增加25mm
55	4h	
注：9.3.1.d）的规定除外。		

9.3.2 焊后热处理厚度

按表7及表9进行焊后热处理时，热处理厚度应为焊缝厚度与焊接接头处焊件厚度（当受压元件与非受压元件焊接时则为受压元件的厚度）中的较小者。焊缝厚度应为下列厚度：

a） 坡口对接焊缝——焊缝厚度。

b） 填角焊缝——腰高（见图7）。

c） 部分焊透焊缝——焊缝坡口深度。

d） 焊补焊缝——补焊处开槽深度。

e） 支管连接时，热处理厚度应是主管或支管的焊缝厚度，而不考虑支管连接件（包括整体补强或非整体补强件）的厚度。支管连接的焊缝厚度计算应符合表10的规定。

表10 支管连接结构的焊缝厚度

支管连接结构形式	焊缝厚度
焊接支管（安放式），见图 10a）	$\overline{T}_b+t_c$
焊接支管（插入式），见图 10b）	$\overline{T}_h+t_c$
补强圈补强的焊接支管（安放式），见图 10c）	$\overline{T}_b+t_c$或$\overline{T}_r+t_c$，取较大者
补强圈补强的焊接支管（插入式），见图 10d）	$\overline{T}_h+\overline{T}_r+t_c$
鞍形补强件补强的焊接支管，见图 10e）	$\overline{T}_b+t_c$
支管座，见图 10g）	$\overline{T}_m+t_c$

f） 对用于平焊法兰、承插焊法兰、公称直径小于或等于50mm的管子连接角焊缝和螺纹接头的密封焊缝以及管道支吊架与管道的连接焊缝，下述情况可不要求焊后热处理：

1） 碳钢材料，当焊缝厚度小于或等于 16mm 时，任意厚度的母材都不需要进行焊后热处理；

2） 铬钼合金钢材料（Cr≤10%），当焊缝厚度小于或等于 13mm 时，如果预热温度不低于表 6 的规定值，且母材规定的最小抗拉强度小于 490MPa，则任意厚度的母材都不需要进行焊后热处理；

3） 对于铁素体钢材料，当焊缝采用奥氏体或镍基填充金属时，不需要进行焊后热处理。但应保证操作条件（如高温下不同线膨胀系数或腐蚀等）对焊缝不产生有害影响。

9.4 加热和冷却

9.4.1 热处理时，应保证温度的均匀性和对温度的控制，可采用炉内加热、局部火焰加热、电阻或电感应等加热方法，也可采用炉冷、空冷、局部加热、隔热或其他合适的方法来控制冷却速度。

9.4.2 除设计文件或其他标准另有规定外，热处理的加热和冷却速度应符合以下规定：

a） 当温度升至400℃以上时，加热速度应不大于205（25/T）℃/h，且应不大于205℃/h；

b） 保温后的冷却速度应不大于260（25/T）℃/h，且应不大于260℃/h，400℃以下可自然冷却。

注：T为热处理部位的最大厚度。

9.5 热处理温度的测量

9.5.1 热处理温度应采用热电偶或其他合适的方法进行测量，热电偶焊接应符合7.9.2的规定。

9.5.2 宜采用自动测温记录仪在整个热处理过程中连续测量并记录热处理温度。测温记录仪在使用前应经校验合格。

9.6 硬度检查

9.6.1 要求焊后热处理的焊接接头、弯曲和成型加工的管道元件，热处理后应测量硬度值。焊接接头的硬度测定区域应包括焊缝和热影响区，热影响区的测定区域应紧邻熔合线。

9.6.2 炉内热处理的每一热处理炉次应至少抽查10%进行硬度值测定，局部热处理者应100%进行硬度值测定。

9.6.3 除设计另有规定外，焊接接头以及弯曲和成型加工的管道元件在热处理后的硬度值应符合下列规定：

a） 硬度值应符合表7的规定；

b） 表7中未注明硬度值要求的材料，焊缝和热影响区的硬度值不应大于母材硬度值的125%；

c） 异种金属材料焊接时，两侧母材和焊接接头均应符合表7规定的各自硬度值。

9.7 替代热处理

经设计者同意，正火、正火加回火或退火可代替焊接、弯曲或成型后的消除应力热处理，但焊接接头和母材的力学性能应符合相应标准的规定。

9.8 热处理基本要求的变更

9.8.1 设计者可根据具体工况条件，变更或调整消除应力热处理的基本要求，包括规定更为严格的要求（如对厚度较薄材料的热处理和硬度限制），也可放宽或取消热处理和硬度试验要求。但应在设计文件中指明。

9.8.2 当放宽消除应力热处理和硬度试验要求时，应具备可供类比的成功使用经验，并考虑工作温度及其影响、热循环频率及其强度、柔性分析的应力水平、脆性破坏及其他有关因素。此外，还应进行包括焊接工艺评定在内的有关试验。

9.9 分段热处理

对于不能进行整体热处理的管道，允许分段热处理。分段处应有宽度大于或等于300mm的搭接带。分段热处理时，炉外的部分应适当保温，并应防止产生较大的温度梯度。

9.10 局部热处理

9.10.1 局部热处理时，加热范围应包括主管或支管的整个环形带，并均应达到规定的热处理温度，管内应隔断，防止空气流动散热。

9.10.2 环形加热带应有足够的宽度，保证其均温带宽度（达到规定温度范围的加热带宽度）不小于3倍的环缝焊接处的最大壁厚。对于支管或附件连接焊缝，均温带的宽度应从焊缝边缘各向外延伸不小于2倍的主管厚度，环形加热带要完全包含主管及支管的整周。弯管局部热处理的加热范围应包括弯曲或成型部分及其两侧至少25mm的宽度。加热带以外部分应在100mm~150mm的范围内保温，测温热电偶的设置应位于均温带的边缘。

9.10.3 当焊缝与阀门、连接件或变径临近时，设置热电偶应特别考虑散热因素。

9.10.4 除9.7的规定外，不准许材料的任何部分承受超过下临界温度的热源。

9.11 重新热处理

热处理后如进行焊接返修、弯曲、成型加工，或硬度检查超过规定要求的焊缝，应重新进行热处理。

10 装配和安装

10.1 一般规定

10.1.1 管道装配（包括管道预制）和安装应按管道轴测图进行，可在工厂（车间）或现场分别完成。管道轴测图应至少包括下列内容：

a） 管道编号；

b） 管段端点坐标、标高或尺寸、接续号等表示管段整体的范围；

c） 管子、管件、法兰、阀门、特殊件等各管道组成件的名称、规格、型号、材质、端部形式、压力等级、标准、数量；

d） 管子、管件、法兰、阀门、特殊件等各管道组成件、支吊架、支管连接以及在线仪表的位置和连接形式；

e） 管段的操作参数、设计参数及绝热厚度；

f） 需要冷紧的冷紧口位置及冷紧值；

g） 管道等级分界点。

可用管道布置图、局部详图或立面图和管道材料等级表代替管道轴测图，但这些代替文件的内容应包含上述内容。

10.1.2 管道制作前，应按照轴测图选择确定自由管段和封闭管段，并在管道轴测图上注明下列内容：

a） 焊缝位置、焊缝编号，并区别现场安装的固定焊缝和预制焊缝、管支架与管道直接焊接的焊缝；

b） 弯管弯曲半径；

c） 预制管段的加工长度和尺寸偏差；

d） 水平管道的坡度和坡向。

10.1.3 自由管段和封闭管段的加工制作尺寸允许偏差应符合表11的规定。

表11 自由管段和封闭管段的加工尺寸允许偏差

单位为毫米

项目		允许偏差	
		自由管段	封闭管段
长度		± 10	± 1.5
凸台、支管座相对于管道中心线偏差		± 1.0	± 1.0
相邻支管中心距 S	$S \leqslant 250$	± 1.5	± 1.5
	$250<S \leqslant 500$	± 2.0	± 2.0
	$500<S \leqslant 1000$	± 2.5	± 2.5
	$S>1000$	± 3.0	± 3.0
法兰密封面与管子中心线垂直度	DN<100	0.5	0.5
	100≤DN≤300	1.0	1.0
	DN>300	2.0	2.0
法兰螺栓孔对称水平度		± 1.6	± 1.6

10.1.4 装配管段应具有足够的刚性，必要时可进行加固，以保证在存放、运输过程中不变形。装配完毕的管段，应将内部清理干净，及时封闭管口。

10.1.5 除设计有预拉伸或预压缩的要求外，管道装配和安装时，不得强力对接、加热管子、加偏垫或加多层垫等方法来消除接头端面间的空隙、偏斜、错口或不同心等缺陷。也禁止采用任何导致设备或管道组成件产生有害残余应变的扭曲方法进行组对。管道封闭口装配时的错口偏差可参照附录A进行评估。

10.1.6 管道穿越墙、道路或铁路时应设套管加以保护，套管内的管段不宜有环焊缝存在。如有环焊缝，应进行100%无损检测。

10.1.7 管道装配和安装过程中的焊接、热处理、检验、检查和试验应符合本部分相关章条及GB/T 20801.5—2020的规定。

10.1.8 管道安装后，不得承受设计以外的附加荷载。

10.1.9 对于铬钼合金钢、含镍低温钢、不锈钢以及镍及镍合金、钛及钛合金材料的管道组成件，在安装完毕后应检查其材质标记。当发现无标记或标记不清晰时，应采用光谱分析（PMI）或其他方法对无标记或标记不清晰的管道、管道元件的材质进行复查。对上述材料的管道焊缝也应进行材质复查，复查数量：每条管道（按管道编号）不应少于2道焊口。若出现1个焊口不合格，则该材质的所有焊缝均进行复查。

10.2 法兰连接

10.2.1 法兰连接前应检查、清理法兰密封面和垫片密封面，不得有影响密封性能的划痕、斑点、裂纹、磕伤等缺陷，否则应予修理或更换。通过焊接修补的法兰面应进行表面处理达到密封要求。垫片密封面应检查其平整度是否符合要求。螺母和垫圈支撑面不得有涂层、毛刺。

10.2.2 法兰接头装配时，垫片的尺寸应与法兰的尺寸相一致。1对法兰密封面间只允许使用1个垫片。垫片安装应保持与法兰同轴，防止垫片阻挡介质流道。

10.2.3 法兰接头装配应与管道同心，并应保证法兰螺栓孔跨中布置，法兰螺栓自由穿入。设计文件无规定时，法兰接头应按下列要求对中：

a）在上紧螺栓前，垫片的接触面在任何直径方向测量，两个法兰的平行度（偏转）偏差应不大于1mm/200mm。封闭管段或两个固定支点间法兰连接时的允许错口偏差和偏转间隙参见表A.1~表A.3所示。表中列出的法兰密封面间的安装偏差将导致20%左右螺栓安装荷载的损耗。

b）不得用强紧螺栓的方法消除法兰接头的偏转。

c）法兰接头上紧后，垫片接触表面的荷载应均匀分布。

d）法兰螺栓孔应对准，孔与孔之间的偏移不大于3mm

10.2.4 法兰接头装配应使用同一规格螺栓，安装方向应一致。螺栓应对称紧固。螺栓紧固后应与法兰紧贴，不得有楔缝。需加垫圈时，每个螺栓不应超过1个。所有螺母应全部拧入螺栓。任何情况下，螺母上未完全啮合的螺纹应不大于1个螺距。

10.2.5 除业主或设计另有规定，GC1级（毒性、易燃性）管道或设计指定要求的法兰接头，应根据设计提出的螺栓安装载荷、紧固方法和紧固程序的要求，编制书面的安装程序文件，并经安装单位技术负责人批准后方可进行装配操作。常用的安装程序和推荐的螺栓安装目标荷载参见附录B。

10.2.6 法兰接头装配时，如两个法兰的压力等级或力学性能有较大差别，应考虑压力等级较低或抗拉强度较低时法兰的承受能力。宜将螺栓拧紧至预定的扭矩。

10.3 螺纹连接

10.3.1 用于螺纹的保护剂或润滑剂应适用于工况条件，并对输送的流体或管道材料均应不产生不良影响。

10.3.2 进行密封焊的螺纹接头不得使用螺纹保护剂和密封材料。

10.3.3 采用垫片密封而非螺纹密封的直螺纹接头应符合GB/T 20801.3—2020的规定。直螺纹接头与主管焊接时，应防止密封面变形。

10.3.4 螺纹接头采用密封焊时，外露螺纹应在整个周长密封焊接，且应符合7.5的规定。

10.3.5 应采取措施防止螺纹接头因热膨胀导致的螺纹松动。

10.4 其他形式的连接

10.4.1 管接头

管接头的装配和安装应符合下列规定：

a） 管接头成套部件应为配套厂家生产，材质应与管道材质一致；

b） 管接头连接处的管道表面应无皱褶、扁平、凹陷、凸起、划痕等缺陷，端部应保证断面的水平，毛刺应清理干净；

c） 管接头在拧紧前应与管道保证对中；

d） 扩口管接头装配前，对扩口的密封面应进行检查，有缺陷的扩口应予修理或报废；

e） 对于非扩口压合型管接头，如管接头制造厂的说明书中规定螺母拧紧圈数，应从用手将螺母拧紧后开始计算。

10.4.2 填料函接头

用于吸收热膨胀的填料函接头，在承口底部应留有适当的膨胀间隙。

10.4.3 其他形式接头

其他形式的接头连接，诸如铸铁管承插接头、卡箍式连接接头、钎焊接头、粘接接头、胀接接头等的装配和安装应按相关标准、设计文件和制造厂的说明书要求进行。

10.5 管道预拉伸或预压缩

管道预拉伸或预压缩应符合设计文件规定。进行预拉伸或预压缩前应满足下列要求：

a） 预拉伸或预压缩区域内固定支架间所有焊缝（预拉伸或预压缩口除外）应焊接完毕并经检验合格。需热处理的焊缝应完成热处理工作。

b） 预拉伸或预压缩区域支、吊架应安装完毕，管子与固定支架应安装牢固。预拉伸或预压缩口附近的支、吊架应预留足够的调整裕量，支、吊架弹簧应按设计值进行调整，并临时固定，不使弹簧承受管道载荷。

c） 预拉伸或预压缩区域内的所有连接螺栓应拧紧。

10.6 连接设备的管道

10.6.1 管道与设备的连接应在设备安装定位并紧固地脚螺栓后进行。

10.6.2 对不准许承受附加外荷载的动设备，管道与动设备连接应符合下列规定：

a） 管道与动设备连接前，应在自由状态下检验法兰的平行度和同心度，当设计文件或产品技术文件无规定时，其允许偏差应符合表12的规定；

表12 法兰平行度、同心度允许偏差

机器转速/（r/min）	平行度/mm	同心度/mm
<3000	≤0.40	≤0.80
3000~6000	≤0.15	≤0.50
>6000	≤0.10	≤0.20

b） 管道系统与动设备最终连接时，应在联轴器上架设百分表监视动设备位移。当动设备额定转速大于6 000r/min时，其位移值应小于0.02mm；当额定转速小于或等于6 000r/min时，其位移值应小于0.05mm。

10.6.3 大型储罐的管道与泵或其他有独立基础的设备连接，或储罐底部管道沿地面敷设在支架上时，应注意储罐基础沉降的影响。此类管道应在储罐液压或充水试验后安装；或将储罐接口处法兰在液压试验且基础初阶段沉降后再连接。

10.6.4 管道试压、吹扫与清洗合格后，应对管道与动设备的接口进行复位检查，其偏差值应符合表12的规定。

10.7 埋地管道

10.7.1 埋地管道的防腐层应按设计要求在安装前完成。运输和安装时应采取保护措施防止防腐层损坏。埋地前应进行检查，被损坏的防腐层应及时进行修补。焊缝部位未经检验合格不得作防腐层处理。

10.7.2 埋地管道安装应在支承地基或基础检验合格后进行。支承地基和基础的施工应符合设计文件和国家现行有关标准的规定。当有地下水或积水时，应采取排水措施。

10.7.3 必要时，应根据设计文件要求采取阴极保护措施。

10.7.4 埋地管道应经防腐层检测和严密性试验，并按隐蔽工程验收，合格后方可回填土。

10.8 夹套管

10.8.1 内管焊缝应经检验及试压合格后，方可装配外管。

10.8.2 夹套管焊缝布置应符合下列规定：

a） 直管段环向焊缝的间距，内管应不小于200mm，外管应不小于100mm；

b） 环向焊缝距管架的净距应不小于100mm，且不得留在过墙或楼板处；

c） 水平管段外管剖切的纵向焊缝，应置于易检修的部位；

d） 内管焊缝上不得开孔或连接支管段。外管焊缝上应尽量避免开孔或连接支管，否则应符合7.6d）的规定。

10.8.3 夹套管的连通管安装应符合设计文件的规定。连通管应排放流畅，防止存液，避免堵塞通路。

10.9 阀门

10.9.1 当阀门与管道以法兰或螺纹方式连接时，阀门应在关闭状态下安装。当阀门与管道以焊接方式连接时，阀门应在开启状态下安装。坡口对接焊缝的底层应采用钨极惰性气体保护电弧焊，且应对阀门采取防变形措施。

10.9.2 阀门不得强行组对连接或承受外加重力负荷，以防止由于附加应力而损坏阀门。

10.9.3 阀门安装前应按介质流向确定安装方向，手轮位置应易于操作、检查和维修。

10.9.4 安全阀的安装应符合下列规定：

a） 安全阀应垂直安装；

b） 安全阀的出口管道应接向安全地点；

c） 当进出管道上设置切断阀时，应加铅封，且应锁定在全开启状态。

10.9.5 管道试运行前，应及时调校安全阀。安全阀的调校应符合TSG ZF001的要求，安全阀最终调校合格后应铅封，并做好调校记录。

10.10 管道补偿装置

管道补偿装置的安装应符合设计文件、产品技术文件和相关标准的规定。

10.11 支吊架

10.11.1 管道支吊架的安装除应符合10.11.2~10.11.8的规定外，还应符合设计文件和产品技术文件的规定。

10.11.2 管道安装时，应及时进行支吊架的固定和调整工作。支吊架位置应正确，管子和支承面接触应良好。

10.11.3 无热位移的管道吊架其吊杆应垂直安装；有热位移的管道吊架，其吊杆应偏置安装。当设计文件无规定时，吊点应设在位移的相反方向，并按位移值的1/2偏位安装。两根有热位移的管道不得同时使用同一吊杆。

10.11.4 固定支架应按设计文件的规定安装，并应在补偿装置预拉伸或预压缩前固定。没有补偿装置的冷、热管道直管段上，不得同时安置两个或两个以上的固定支架。

10.11.5 弹簧支吊架的弹簧安装高度应按设计文件规定进行调整。弹簧支架的临时固定件应待系统安装、试压、隔热完毕后方可拆除。

10.11.6 支吊架的焊接应由合格焊工施焊，并不得有漏焊、欠焊或焊接裂纹等缺陷。管道与支架焊接时，管道不得有咬边、烧穿等现象。

10.11.7 从有热位移的主管引出小直径的支管时，支管的支架类型和结构应符合设计要求，并不应限制主管的位移。

10.11.8 导向支架或滑动支架的滑动面应洁净平整，不得有歪斜和卡涩现象。不得在滑动支架底板处临时点焊定位。仪表及电气的支撑件不得焊在滑动支架上。

10.12 静电接地

10.12.1 设计有静电接地要求的管道，当每对法兰接头、螺纹接头或其他接头间电阻值大于0.03 Ω时，应设导线跨接。

10.12.2 管道系统的接地电阻值、接地位置及连接方式应符合设计文件的规定。接地引线宜采用焊接形式。

10.12.3 设计有静电接地要求的不锈钢管或有色金属管道，导线跨接或接地引线不得与管道直接连接，应采用同材质连接板过渡。

10.12.4 静电接地安装完毕后，应进行测试，电阻值超过规定时应进行调整。

11 不锈钢和有色金属管道

11.1 防护基本要求

11.1.1 不锈钢和有色金属管道组成件的制作和装配应有专门的场地和专用工装，不得与黑色金属制品或其他产品混杂。工作场所应保持清洁、干燥，严格控制灰尘。

11.1.2 管道吊装用的钢丝绳、卡扣不得与管道直接接触，应用木板或合适的非金属制品等进行隔离。制作、安装过程中应避免不锈钢和有色金属管材表面划伤与机械损伤。

11.1.3 现场交叉安装不锈钢和有色金属管道时，应采取可靠的遮挡防护措施控制不锈钢和有色金属管道表面的机械损伤以及其他管道切割、焊接时的飞溅物对其造成的污染。

11.2 不锈钢管道

11.2.1 安装不锈钢管道时，不得使用可能造成铁离子污染的铁质工具。

11.2.2 不锈钢焊件坡口两侧各100mm范围内，在施焊前应采取防止焊接飞溅物沾污焊件表面的措施。

11.2.3 不锈钢管道焊缝或管道组成件应按设计文件要求进行酸洗、钝化处理。酸洗后的不锈钢表面不得有残留酸洗液，不得有颜色不均匀的斑痕。钝化后应用水冲洗，呈中性后擦干水迹。

11.3 铝及铝合金管道

11.3.1 可根据接头形式、焊接位置及工况条件，在焊缝背面加临时垫环或永久性垫环。加垫环的焊接接头应内壁齐平。

11.3.2 永久性垫环的材质应符合设计规定，垫环表面应清洁且无划伤、碰伤，装配时应避免表面机械损伤。临时垫环应采用对焊缝质量无不良影响的材质。

11.4 铜及铜合金管道

11.4.1 扩口翻边连接的铜管应保持同轴，当公称直径小于或等于50mm时，其允许偏差应不大于1mm；当公称直径大于50mm时，其允许偏差应不大于2mm。

11.4.2 螺纹连接的管子，螺纹部分应涂刷石墨甘油。

11.5 镍及镍合金管道

11.5.1 管道制作、安装时，不得使用可能造成铁离子污染的铁质工具，应使用不锈钢制工具和专用砂轮片。焊接时坡口两侧的防护应符合11.2.2的规定。

11.5.2 管道连接使用的卡具不宜直接焊在管道上，否则卡具材质应与管道成分相近。卡具的拆除应用砂轮磨削，不得采用敲打、掰扭等方法。

11.5.3 焊接时应严格控制焊接热输入和层间温度，防止接头过热。对于小直径的管子，焊接中宜采取在焊缝两侧加装冷却铜块或用湿布擦拭焊缝两侧等措施，减少焊缝在高温的停留时间，增加焊缝的冷却速度。

11.6 钛及钛合金管道

11.6.1 扩口翻边应尽量加热到300℃~400℃时进行，翻边不应出现裂口、拉痕、划伤、缩颈等缺陷。

11.6.2 管道与支吊架、支座或钢结构之间应垫入合适的非金属制品或其他对钛无害的材料。

11.6.3 施焊前和焊接过程中应防止坡口污染。每焊完一道焊缝都应进行焊道表面颜色检查。表面颜色不合格者，应立即除去，然后重焊。表面颜色检查参照相关标准执行。

12 管道清理、吹扫和清洗

12.1 一般规定

12.1.1 管道清理、吹扫和清洗（以下简称“吹洗”）应考虑管道制作、装配、存放、安装和检验、检查、试验期间造成的污染和腐蚀产物对管道使用的影响。

12.1.2 对于强氧化性流体（如氧或氟）管道，应在管道装配后、安装前分段或单件进行脱脂，包括所有组成件与流体接触的表面均应脱脂。应避免残存的脱脂介质与氧气形成危险的混合物。

12.1.3 低温使用的管道应吹扫清除系统中的油、脂、水气，避免阀门的冻结、管道或小孔的堵塞。

12.1.4 带控制点的工艺流程图和设计施工图上应标明吹扫、清洗管道的预留位置。吹扫、清洗方案应在管道安装之前提出。

12.1.5 吹洗方法应根据管道的使用要求、工作介质及管道内表面的脏污程度确定，并应符合下列规定：

a）公称直径大于或等于600mm的液体或气体管道宜采用人工清理；

b）公称直径小于600mm的液体管道宜采用水冲洗；

c）公称直径小于600mm的气体管道宜采用空气吹扫；

d）蒸汽管道应采用蒸汽吹扫，非热力管道不得采用蒸汽吹扫；

e）有特殊要求的管道应按设计文件规定采用相应的吹洗方法。

12.1.6 管道吹洗前，不应安装孔板以及法兰或螺纹连接的调节阀、重要阀门、节流阀、安全阀、仪表等。焊接连接阀门和仪表应采取流经旁路或卸掉阀芯，并对阀座加保护套等保护措施。

12.1.7 不准许吹洗的设备及管道应与吹洗系统隔离。

12.1.8 管道系统的吹洗应确保安全，业主方和设计方应提供吹洗工作所需要的安全环境和安全操作技术要求。清理、冲洗或吹扫所用的介质不宜采用易燃、有毒的流体，当不可避免时，应制定专门的预防措施，且符合下列要求：

a）液体应排放到安全的收集点，气体排放应选择安全的露天地点；

b）易燃气体、液体的排放应远离火源和人员；

c）应对吹洗工作区域进行隔离，并在其四周设置警戒标识，对进入人员进行管控。

12.1.9 已清理、吹扫或清洗干净的管道组成件、装配管段或整个管道系统应及时采取封闭管口或充氮保护等措施防止再污染。

12.1.10 管道清理、吹扫和清洗的质量检验和验收应符合相关标准及设计文件的规定。

12.2 水冲洗

管道水冲洗时应使用洁净水。冲洗奥氏体不锈钢管道时，水中氯离子含量不得超过50mg/L。

12.3 空气吹扫

空气吹扫时的吹扫压力不得超过容器和管道的设计压力。

12.4 蒸汽吹扫

12.4.1 蒸汽吹扫前，应先行暖管、及时排水，并应检查管道热位移。蒸汽吹扫应按加热—冷却—再加热的顺序循环进行。吹扫时管道附近不得放置易燃物。

12.4.2 蒸汽吹扫用的临时管道应按蒸汽管道的技术要求安装，吹扫时应设置禁区。

12.5 化学清洗

12.5.1 操作人员应穿专用防护服装，并应根据不同清洗液对人体的危害，佩戴护目镜、防毒面具等防护用具。

12.5.2 清洗液的配方应经过鉴定，并曾在生产装置中使用过，经实践证明是有效可靠的。

12.5.3 化学清洗后的废液处理和排放应符合环境保护的规定。

附 录 A
（资料性附录）
管道封闭口装配错口偏差评估方法

A.1 范围

本附录提出了对管道封闭口装配的错口偏差进行定量评估的基本方法，适用于管道系统的首次安装，也适用于管道的常规维护。

本附录基于封闭口两端管道的柔度，对管道封闭口错口偏差进行评估。

A.2 管道错口偏差评估方法

A.2.1 应变敏感性管道最终封闭口的装配要求见表A.1，适用于与泵机、小型透平机、压缩机等传动机械，以及与需要进行管道应力分析的容器和储罐的接管相连接的管道系统。非应变敏感性管道最终封闭口的装配要求见表A.2。

A.2.2 管道封闭点安装时，如果横向和轴向的自由管段长度大于表A.1或表A.2规定的最小装配管道长度，则允许通过冷拉调整的方法进行对口。否则，该管道应重新装配或进行技术评估。

表A.1 应变敏感管道的允许错口值

公称直径/mm	管道组对时的允许错口值/mm														
	2.5	5	7.5	10	12.5	15	17.5	20	22.5	25	30	35	40	45	50
	应变敏感管道的最小管道总长/m														
15	1.7	2.4	2.9	3.4	3.7	4.1	4.4	4.8	5.0	5.3	5.8	6.3	6.7	7.1	7.5
20	1.9	2.7	3.2	3.7	4.2	4.6	5.0	5.3	5.6	5.9	6.5	7.0	7.5	8.0	8.4
25	2.1	3.0	3.6	4.2	4.7	5.2	5.5	5.9	6.3	6.6	7.3	7.8	8.4	8.9	9.4
40	2.5	3.6	4.4	5.0	5.6	6.2	6.7	7.1	7.6	8.0	8.7	9.4	10.1	10.7	11.3
50	2.8	3.1	4.9	5.6	6.3	6.9	7.5	8.0	8.4	8.9	9.8	10.5	11.3	11.9	12.6
65	3.1	4.4	5.4	6.2	6.9	7.6	8.2	8.8	9.3	9.8	10.7	11.6	12.4	13.2	13.9
75	3.4	4.8	5.9	7.1	7.7	8.4	9.1	9.7	10.3	10.8	11.9	12.8	13.7	14.5	15.3
100	3.9	5.5	6.7	7.8	8.7	9.5	10.3	11.0	11.6	12.3	13.4	14.5	15.5	16.5	17.3
150	4.7	6.6	8.1	9.4	10.5	11.5	12.5	13.3	14.1	14.9	16.3	17.6	18.8	20.0	21.1
200	5.4	7.6	9.3	10.7	12.1	13.2	14.2	15.2	16.1	17.0	18.6	20.1	21.5	22.8	24.0
250	6.0	8.5	10.4	12.0	13.4	14.7	15.8	16.9	18.0	19.0	20.8	22.4	24.0	25.5	26.8
300	6.5	9.2	11.3	13.0	14.6	16.0	17.3	18.5	19.6	20.6	22.6	24.4	26.1	27.7	29.2
350	6.8	9.7	11.9	13.7	15.3	16.8	18.1	19.4	20.5	21.6	23.7	25.6	27.4	29.0	30.5
400	7.3	10.3	12.7	14.6	16.4	17.9	19.4	20.7	21.9	23.1	25.3	27.4	29.3	31.1	32.6
450	7.8	11.0	13.4	15.5	17.3	19.0	20.5	21.9	23.3	24.5	26.9	29.0	31.1	32.9	34.7
500	8.2	11.6	14.2	16.4	18.3	20.0	21.6	23.1	24.5	25.9	28.3	30.5	32.6	34.7	36.6

表A.1 应变敏感管道的允许错口值(续)

公称直径/mm	管道组对时的允许错口值/mm														
	2.5	5	7.5	10	12.5	15	17.5	20	22.5	25	30	35	40	45	50
	应变敏感管道的最小管道总长/m														
550	8.6	12.1	14.8	17.2	19.2	21.0	22.7	24.3	25.7	27.1	29.7	32.0	34.4	36.3	38.4
600	9.0	12.7	15.5	17.9	20.0	21.9	23.7	25.3	26.9	28.3	31.1	33.5	36.0	38.1	39.9
650	9.3	13.2	16.2	18.7	20.8	22.8	24.7	26.4	28.0	29.5	32.3	34.7	37.2	39.6	41.8
700	9.7	13.7	16.8	19.4	21.6	23.7	25.6	27.4	29.0	30.5	33.5	36.3	38.7	41.1	43.3
750	10.0	14.2	17.3	20.0	22.4	24.5	26.5	28.3	30.1	31.7	34.7	37.5	39.9	42.4	44.8
注：表中所示错口偏差值和最小装配管道长度可用内插法求得。															

表A.2 非应变敏感管道的允许错口值

公称直径/mm	管道组对时的允许错口值/mm														
	2.5	5	7.5	10	12.5	15	17.5	20	22.5	25	30	35	40	45	50
	应变敏感管道的最小管道总长/m														
15	1.2	1.7	2.0	2.4	2.7	2.9	3.1	3.4	3.6	3.7	4.1	4.4	4.8	5.0	5.3
20	1.3	1.9	2.3	2.7	3.0	3.2	3.5	3.7	4.0	4.2	4.6	5.0	5.3	5.6	5.9
25	1.5	2.1	2.6	3.0	3.3	3.6	3.9	4.2	4.5	4.7	5.2	5.5	5.9	6.3	6.6
40	1.8	2.4	3.1	3.6	4.0	4.3	4.7	5.0	5.3	5.6	6.1	6.7	7.1	7.6	7.9
50	2.0	2.8	3.4	4.0	4.5	4.9	5.3	5.6	6.0	6.3	6.9	7.5	8.0	8.4	8.9
65	2.2	3.1	3.8	4.4	4.9	5.4	5.8	6.2	6.6	6.9	7.6	8.2	8.8	9.3	9.8
75	2.4	3.4	4.2	4.8	5.4	5.9	6.4	6.8	7.3	7.7	8.4	9.1	9.7	10.3	10.8
100	2.7	3.9	4.8	5.5	6.1	6.7	7.3	7.8	8.2	8.7	9.5	10.3	11.0	11.6	12.3
150	3.3	4.7	5.8	6.6	7.4	8.1	8.8	9.4	10.0	10.5	11.3	12.5	13.3	14.0	14.9
200	3.8	5.4	6.6	7.6	8.5	9.3	10.1	10.7	11.4	12.0	13.2	14.2	15.2	16.1	17.0
250	4.2	6.0	7.3	8.5	9.5	10.4	11.2	11.9	12.7	13.4	14.7	15.8	16.9	18.0	19.0
300	4.6	6.5	8.0	9.2	10.3	11.3	12.2	13.0	13.8	14.6	16.0	17.3	18.5	19.5	20.6
350	4.8	6.9	8.4	9.7	10.8	11.9	12.8	13.7	14.5	15.3	16.8	18.1	19.4	20.4	21.6
400	5.2	7.3	9.0	10.3	11.6	12.7	13.7	14.6	15.5	16.4	17.9	19.4	20.7	21.9	23.1
450	5.5	7.8	9.5	11.0	12.3	13.4	14.5	15.5	16.5	17.3	19.0	20.5	21.9	23.3	24.5
500	5.8	8.2	10.0	11.6	12.9	14.2	15.3	16.4	17.3	18.3	20.0	21.6	23.1	24.5	25.9
550	6.1	8.6	10.5	12.1	13.6	14.8	16.0	17.2	18.2	19.2	21.0	23.3	24.3	25.7	27.1
600	6.3	9.0	11.0	12.7	14.1	15.5	16.8	17.9	19.0	20.0	21.9	23.7	25.3	26.9	28.3
650	6.6	9.3	11.4	13.2	14.8	16.2	17.4	18.7	19.8	20.8	22.8	24.7	26.4	28.0	29.5
700	6.8	9.7	11.9	13.7	15.3	16.8	18.2	18.7	20.5	21.6	23.7	25.6	27.4	29.0	30.5
750	7.1	10.0	12.3	14.2	15.8	17.3	18.7	20.0	21.2	22.4	24.5	26.5	28.3	30.1	31.7
注：表中所示错口偏差值和最小装配管道长度可用内插法求得。															

A.3 示例

图A.1所示为一条两个设备之间的管道系统，在最终封闭口处有X、Y、Z三个方向的错口偏差值，分别为12.5mm、20mm、10mm。在两设备之间的管道共有8个管段：

X方向的管段：2个，总长度=7+10=17（m）。

Y方向的管段：2个，总长度=2+3=5（m）。

Z方向的管段：4个，总长度=1+12+1.5+3=17.5（m）。

垂直于错口ΔX方向的管段为Y、Z方向的管段6个（4+2），总长度=17.5+5=22.5（m）。

垂直于错口ΔY方向的管段为X、Z方向的管段6个（2+4），总长度=17+17.5=34.5（m）。

垂直于错口ΔZ方向的管段为X、Y方向的管段4个（2+2），总长度=17+5=22（m）。

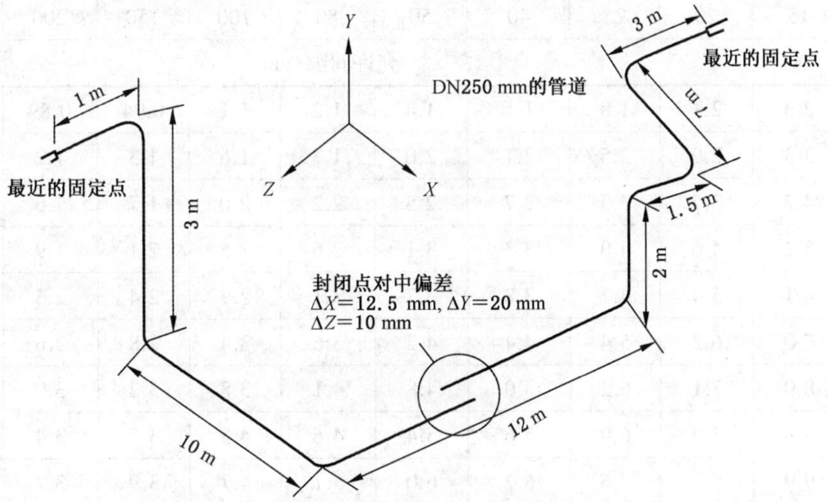

图A.1　示例图

该最终封闭口的错口偏差值分别按如下方法进行评估：

a）对于12.5mm的ΔX错口：

垂直于错口ΔX方向的有6个管段，它们的总长度是22.5m（6个管段的总长）；在表A.1中查到DN250管道ΔX方向错口偏差值为12.5mm时，要求的最小装配管道长度是13.4m。由于实际装配管道总长度大于此值，故ΔX方向错口偏差值12.5mm是可以接受的。

b）对于20mm的ΔY错口：

垂直于错口ΔY方向的有4个管段，它们的总长度是34.5m（6个管段的总长）；在表A.1中查到DN250管道ΔY方向错口偏差值为20mm时，要求的最小装配管道长度是16.9mm。由于实际装配管道总长度大于此值，故ΔY方向错口偏差值20mm是可以接受的。

c）对于10mm的ΔZ错口：

垂直于错口ΔZ方向的有4个管段，它们的总长度是22m（4个管段的总长）；在表A.1中查到DN250管道ΔZ方向错口偏差值为10mm时，要求的最小装配管道长度是12m。由于实际装配管道总长度大于此值，故ΔZ方向错口偏差值10mm是可以接受的。

通过计算和比对，由于所有方向的错口偏差值都在允差范围之内，故这条管道可以通过冷拉对正。

A.4 法兰接头偏转偏差评估方法

A.4.1 管道最终封闭口采用法兰连接装配时，除A.2所列的错口偏差外，还可能存在法兰接头偏转偏差，即由于两个法兰之间的不平行度而产生的外缘间隙，如图A.2所示。该偏转偏差将消耗部分螺栓的预紧载荷，降低垫片的预紧载荷。

A.4.2 管道最终封闭口采用法兰连接的装配要求见表A.3。

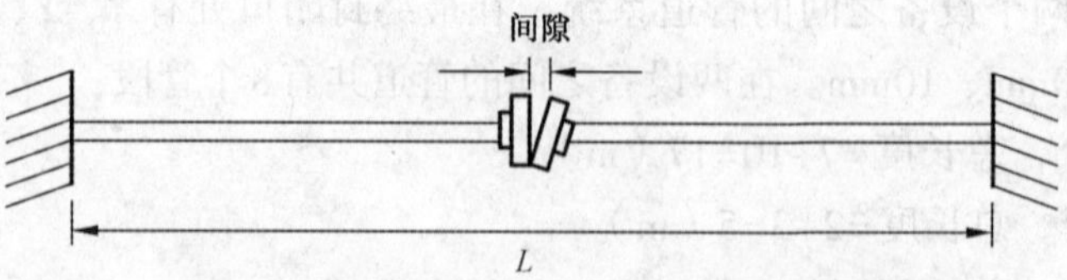

图A.2 法兰接头组对时的允许间隙

表A.3 法兰接头组对时的允许间隙

最小轴向间距 L/mm	DN										
	15	20	25	40	50	80	100	150	200	250	300
	允许间隙/mm										
250	2.3	2.1	1.8	1.5	1.4	1.2	1.1	0.94	0.89	0.84	0.84
350	3.3	2.9	2.5	2.1	2.0	1.7	1.6	1.3	1.2	1.2	1.2
450	4.2	3.7	3.3	2.7	2.5	2.2	2.0	1.7	1.6	1.5	1.5
550	5.2	4.6	4.0	3.3	3.1	2.6	2.5	2.1	1.9	1.8	1.8
650	6.1	5.4	4.7	3.8	3.7	3.1	2.9	2.4	2.3	2.2	2.2
750	7.0	6.2	5.4	4.4	4.2	3.6	3.4	2.8	2.6	2.5	2.5
850	8.0	7.1	6.2	5.0	4.8	4.1	3.8	3.2	3.0	2.8	2.8
950	8.9	7.9	6.9	5.6	5.4	4.6	4.3	3.5	3.4	3.2	3.2
1050	9.9	8.7	7.6	6.2	6.0	5.1	4.7	3.9	3.7	3.5	3.5
1150	10.8	9.6	8.4	6.8	6.5	5.5	5.2	4.3	4.0	3.8	3.8
1250	11.8	10.4	9.1	7.4	7.1	6.0	5.6	4.6	4.4	4.2	4.2
1350	12.7	11.3	9.8	8.0	7.7	6.5	5.9	5.0	4.8	4.5	4.5
1450	13.7	12.1	10.5	8.6	8.2	7.0	6.5	5.4	5.1	4.9	4.9
1550	14.6	12.9	11.3	9.2	8.8	7.5	7.0	5.8	5.4	5.2	5.2
1650	15.6	13.8	12.0	9.8	9.4	8.0	7.4	6.1	5.8	5.5	5.5
1750	16.6	14.6	12.8	10.4	9.9	8.4	7.8	6.5	6.1	5.8	5.8
1850	17.5	15.5	13.5	10.9	10.5	8.9	8.3	6.9	6.5	6.2	6.2
1950	18.5	16.3	14.2	11.6	11.1	9.4	8.8	7.3	6.9	6.5	6.5
2050	19.5	17.2	15.0	12.1	11.6	9.9	9.2	7.6	7.2	6.9	6.8
2150	20.4	18.0	15.7	12.8	12.2	10.3	9.7	8.0	7.5	7.2	7.2
2250	21.4	18.9	16.4	13.3	12.8	10.8	10.1	8.4	7.9	7.5	7.5
2350	22.4	19.7	17.2	13.9	13.4	11.3	10.6	8.7	8.3	7.8	7.8
2450	23.4	20.6	17.9	14.5	13.9	11.8	11.0	9.0	8.6	8.2	8.2
2550	24.4	21.4	18.7	15.1	14.5	12.3	11.5	9.5	9.0	8.5	8.5
2650	25.5	22.4	19.4	15.7	15.1	12.8	11.9	9.9	9.3	8.9	8.9
2750	26.4	23.2	20.1	16.3	15.6	13.2	12.3	10.3	9.7	9.2	9.2
注：表中所示允许间隙值为扣除法兰凸台高度及密封垫厚度后，由两个法兰之间的不平行度而产生的外缘间隙。											

附 录 B
（资料性附录）
法兰接头螺栓拧紧方法和安装目标载荷

B.1 总则

本附录规定了法兰连接的拧紧方法，以获得均布的螺栓预紧载荷，减小法兰偏转变形。

B.2 螺栓（扭矩控制）拧紧方法

B.2.1 十字交叉法

B.2.1.1 在法兰上对预紧螺栓进行编号。可按图B.1a）时针顺序编号体系（传统方法）或按图B.1b）对称交叉编号体系进行编号。螺栓拧紧顺序按照对称交叉进行。具体操作如下：

a） 按时针顺序编号体系（传统方法）对螺栓位置进行编号，则拧紧顺序按照1-7-4-10；2-8-5-11；3-9-6-12；

b） 按对称交叉方法对螺栓位置进行编号，则拧紧顺序按照螺栓编号进行，如1-2-3-4；5-6-7-8；9-10-11-12。

B.2.1.2 用短扳手或人工转动螺母与法兰表面接触，每个螺栓端部伸出螺母的螺纹个数相等。检查沿法兰圆周的间隙应均匀。

B.2.1.3 按十字交叉拧紧的方法，拧紧螺栓至30%的安装目标载荷。检查沿法兰圆周的间隙应均匀。

B.2.1.4 重复B.2.1.3，拧紧螺栓至70%的安装目标载荷。检查沿法兰圆周的间隙应均匀。

B.2.1.5 重复B.2.1.3，拧紧螺栓至100%的安装目标载荷。检查沿法兰圆周的间隙应均匀。

B.2.1.6 按时针顺序，用100%的安装目标载荷依次拧紧螺栓。检查所有螺母无松动。

B.2.2 修正方法

B.2.2.1 按B.2.1.1进行编号。十字交叉位置4个螺栓为一组。

B.2.2.2 按十字交叉顺序，拧紧第一组螺栓至30%的安装目标载荷。检查沿法兰圆周的间隙应均匀。

B.2.2.3 按十字交叉顺序，拧紧第二组螺栓至70%的安装目标载荷。检查沿法兰圆周的间隙应均匀。

B.2.2.4 按十字交叉顺序，拧紧剩余组螺栓至100%的安装目标载荷。检查沿法兰圆周的间隙应均匀。

B.2.2.5 按十字交叉顺序，拧紧所有螺栓至100%的安装目标载荷。检查沿法兰圆周的间隙应均匀。

B.2.2.6 按时针顺序，用100%的安装目标载荷依次拧紧螺栓。检查所有螺母无松动。

B.2.3 其他

大直径法兰应考虑增加拧紧的次数。

B.3 螺栓（拉伸控制）拧紧方法

B.3.1 拉伸装置的数量宜为4的倍数。

B.3.2 图B.2所示为50%~50%紧固方法，其中载荷A大于载荷B。加载分三次进行：

a） 第1次加载，拉伸拧紧50%的螺栓（如1、2、3、4）至规定载荷A；

b） 第2次加载，拉伸拧紧剩余50%的螺栓（如5、6、7、8）至规定载荷B；

c） 第3次加载确认，拉伸拧紧第1次加载的50%的螺栓（如1、2、3、4）至规定载荷B。

B.4 螺栓安装目标载荷

B.4.1 安装扭矩

螺栓安装扭矩应符合下列规定：

a） 螺栓的目标安装扭矩可按式（B.1）计算：

$$M = K \times D \times F \qquad \text{(B.1)}$$

式中：

M ——目标安装扭矩，单位为牛顿米（N·m）；

K ——螺母系数，是由实验确定的无量纲系数，常用低合金钢螺栓，如42CrMo（B7），初次拧紧的常温螺母系数为0.16~0.23；

D ——螺栓名义直径，单位为米（m）；

F ——螺栓的安装目标载荷/力，单位为牛顿（N）。

b） 螺栓的目标拉伸载荷（力）可参照表B.1确定或采用经实践证明可靠的设计方法进行计算。

B.4.2 螺栓的目标预紧力

螺栓的目标预紧力应符合下列规定：

a） 表B.1为基于螺栓根径截面积，以常用低合金钢螺栓42CrMoA（B7）为基准，设定螺栓安装应力为350MPa时单个螺栓的安装目标力的参考值；

b） 当采用其他材料的螺栓时，可按材料的屈服强度或设定螺栓安装应力进行换算，增加或减少；

c） 螺栓的安装目标应力一般不超过螺栓材料屈服强度的70%，特殊情况下超过此范围时，需经过安全评估合格；

d） 表B.1值应用于低压小直径法兰接头以及大直径法兰接头等，应确认垫片具有足够的强度，法兰变形不超过标准规定，否则应安全评估合格。

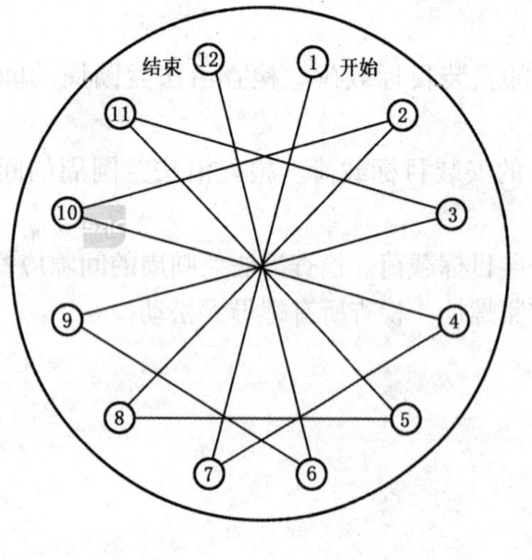

a） 时针顺序编号

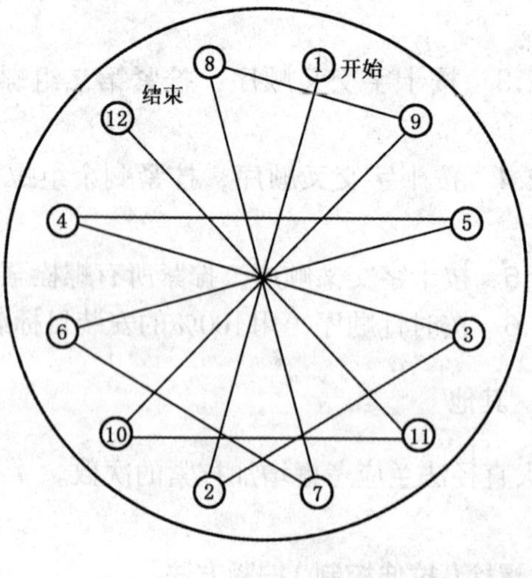

b） 对称交叉编号

图B.1 十字交叉顺序拧紧

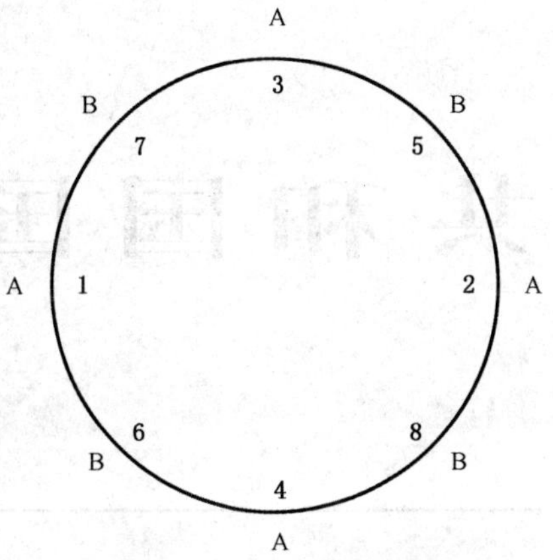

图B.2　拉伸控制拧紧

表B.1　螺栓的安装目标力(螺栓安装应力350MPa)

螺栓尺寸	根径面积/mm²	螺栓安装力/(N/个)
M14×2	102.1	35735
M16×2	141	49350
M20×2.5	220.4	77140
M24×3	317.3	111055
M27×3	419.1	146685
M30×3	535	187250
M33×3	665.1	232785
M36×3	809.3	283255
M39×3	976.6	341810
M42×3	1140	399000
M45×3	1327	464450
M48×3	1527	534450
M52×3	1817	635950
M56×3	2132	746200
M64×3	2837	992950
M70×3	3432	1201200
M76×3	4083	1429050
M82×3	4791	1676850
M90×3	5822	2037700
M95×3	6518	2281300
M100×3	7253	2538550

ICS 23.040
J 74

中华人民共和国国家标准

GB/T 20801.5—2020
代替 GB/T 20801.5—2006

压力管道规范　工业管道 第5部分：检验与试验

Pressure piping code—Industrial piping—Part 5: Inspection and testing

2020-11-19 发布　　2021-06-01 实施

国家市场监督管理总局
国家标准化管理委员会　发布

目　次

前　言

GB/T 20801《压力管道规范　工业管道》分为以下6个部分：

——第1部分：总则；

——第2部分：材料；

——第3部分：设计和计算；

——第4部分：制作与安装；

——第5部分：检验与试验；

——第6部分：安全防护。

本部分为GB/T 20801的第5部分。

本部分按照GB/T 1.1—2009给出的规则起草。

本部分代替 GB/T 20801.5—2006《压力管道规范　工业管道　第5部分：检验与试验》，与GB/T 20801.5—2006相比，除编辑性修改外主要技术变化如下：

——修改了无损检测等规范性引用文件（见第2章，2006年版的第2章）；

——增加了累进检查的相应要求［见4.4 f）］；

——修改了抽样检查的组批原则（见5.1.2注1，2006年版的5.1.2）；

——修改了管道检查等级的分级规定/要求（见6.1，2006年版的6.1）；

——修改了焊接接头目视检查质量验收标准（见6.2，2006年版的6.2）；

——修改了焊接接头无损检测方法的相应规定（见6.3，2006年版的6.3）；

——修改了硬度检查的相应规定（见6.4，2006年版的6.4）；

——增加了仪表接头免除压力试验、GC3级管道压力试验时可以包覆隔热层、真空管道采用真空度试验代替内压压力试验的相关规定［见9.1.1.4 d）、9.1.1.5 b）］；

——修改了液压试验压力的相关规定（见9.1.3，2006年版的9.1.3）；

——修改了气压试验压力的相关规定（见9.1.4，2006年版的9.1.4）；

——增加了气压试验风险控制的要求［见9.1.4 a）］；

——增加了敏感性泄漏试验的方法和要求（见9.2.1）。

本部分由全国锅炉压力容器标准化技术委员会（SAC/TC 262）提出并归口。

本部分起草单位：上海市特种设备监督检验技术研究院、全国化工设备设计技术中心站、国家市场监督管理总局特种设备安全监察局、上海石化设备检验检测有限公司。

本部分主要起草人：汤晓英、应道宴、徐锋、黄正林、邢丽。

本部分所代替标准的历次版本发布情况为：

——GB/T 20801.5—2006。

压力管道规范　工业管道
第5部分：检验与试验

1　范围

GB/T 20801的本部分规定了压力管道检验、检查和试验的基本安全要求。

本部分适用于GB/T 20801.1范围界定的压力管道的检验、检查和试验。

2　规范性引用文件

下列文件对于本文件的应用是必不可少的。凡是注日期的引用文件，仅注日期的版本适用于本文件。凡是不注日期的引用文件，其最新版本（包括所有的修改单）适用于本文件。

GB/T 20801.1—2020　压力管道规范　工业管道　第1部分：总则

GB/T 20801.2—2020　压力管道规范　工业管道　第2部分：材料

GB/T 20801.3—2020　压力管道规范　工业管道　第3部分：设计和计算

GB/T 20801.4—2020　压力管道规范　工业管道　第4部分：制作与安装

GB/T 20801.6—2020　压力管道规范　工业管道　第6部分：安全防护

NB/T 47013.1　承压设备无损检测　第1部分：通用要求

NB/T 47013.2　承压设备无损检测　第2部分：射线检测

NB/T 47013.3　承压设备无损检测　第3部分：超声检测

NB/T 47013.4　承压设备无损检测　第4部分：磁粉检测

NB/T 47013.5　承压设备无损检测　第5部分：渗透检测

NB/T 47013.7　承压设备无损检测　第7部分：目视检测

NB/T 47013.8—2012　承压设备无损检测　第8部分：泄漏检测

NB/T 47013.10　承压设备无损检测　第10部分：衍射时差法超声检测

NB/T 47013.11　承压设备无损检测　第11部分：X射线数字成像检测

3　术语和定义

GB/T 20801.1—2020、GB/T 20801.2—2020、GB/T 20801.3—2020、GB/T 20801.4—2020和GB/T 20801.6—2020界定的以及下列术语和定义适用于本文件。

3.1

检验　inspection

由业主或独立于管道建造方的检验机构为证实产品或管道建造是否满足规范和工程设计要求而进行的符合性评审过程。

3.2

检验人员　inspector

业主方或检验机构从事检验工作的专职人员。

3.3

检查　examination

由制造厂、制作、施工、安装单位对材料、组成件以及加工、制作、安装等过程进行必需的检测和试验，证实产品或管道建造是否满足相关标准和工程设计要求而履行质量控制职责的过程。

3.4

检查人员 examination personnel

制造厂、制作、施工、安装单位从事检查工作的专职人员，由独立于制造、制作和安装部门的人员担任。

4 检查要求

4.1 一般规定

4.1.1 本章对管道安装进行了规定，包括每个组成件及其制作加工工艺进行检查的要求，任何工程设计要求的附加检查以及验收标准，GB/T 20801.2—2020的表A.1中铬钼合金钢管道的检查应在全部热处理结束后进行，对于支管的焊接以及承压焊接接头的返修都应在补强圈或鞍形补强件焊接之前完成。

4.1.2 由工厂加工的管道组成件(或其组件)的检查试验应符合相关产品标准和设计文件的要求。

4.2 验收准则

本部分给出的检查试验要求为基本安全要求，当设计文件有特殊检查试验要求时，应按设计文件的要求进行检查试验和验收。

4.3 超标缺陷的处理

当发现受检件有超过本部分验收准则的缺陷时，应予返修或更换。新件应按原件的要求用相同的方法，在相同的范围用相同的验收准则检查。

4.4 累进检查

当局部或抽样检查发现有超标缺陷时，应按以下要求处理：

a) 另取两个相同件(如为焊接接头，应为同一焊工所焊的同一批焊接接头)进行相同的检查；

b) 如a)要求的两个被检件检查合格，则附加检查所代表的批应视为合格，但有缺陷件应予返修或更换并重新进行检查；

c) 如a)要求的两个被检件中任何一件发现有超标缺陷，则针对每个缺陷项应增加两个相同件进行检查；

d) 如c)要求的两个被检件检查合格，则附加检查所代表的批应视为合格，但有缺陷件应予返修或更换并进行重新检查；

e) 如c)要求的两个被检件中任何一件发现有超标缺陷，则该批应全部进行检查，不合格者应进行返修或更换并进行重新检查；

f) 如缺陷件经过返修或更换后进行重新检查时再次发现有超标缺陷，则针对在修复中发现的缺陷，不需按照a)、c)、e)继续进行累进检查，但是有超标缺陷件应进行返修或更换并进行复查，直到满足本部分的可接受准则。如果可能的话，也可以对其他未检查的焊接接头进行局部或抽样检查。

4.5 检查人员

对于现场制作、焊接的检查试验，如果没有特殊指明，应由施工单位负责实施，检查人员应符合3.4的定义。

5 检查方法

5.1 一般规定

5.1.1 本章规定了符合本部分、工程设计或检验人员要求的主要检查方法，如使用本章规定以外的方法，则应在工程设计中规定其验收标准。

5.1.2 检查的比例包括100%检查、抽样检查和局部检查，定义如下：

a） 在指定的一批管道中，对某一具体项目进行全部检查，称作100%检查；

b） 在指定的一批管道中，对某一具体项目的某一百分数进行全部检查，称作抽样检查；

c） 在指定的一批管道中，对某一具体项目的每一件进行规定的部分检查，称作局部检查。

注1：指定批是本部分中用于检查要求考虑的管道数量。指定批数量和程度宜由合同双方在工作开始前协议规定。指定批的确定原则是：

——“批”的数量不宜过大；

——相同管道级别、相同材质或者相同检测比例的被检件可组成同一“批”；

——对于焊接接头焊接时间宜控制在2周以内；

——对不同种类的管道制作、安装工作，可以规定不同的“批”。

注2：抽样或局部检查将不保证制造产品质量水平。在被代表检查的一批管道中，未检查部分可能在进一步检查中会暴露缺陷。如果要对某一批管道，要求不存在射线检测规定的超标焊接缺陷时，则规定100%的射线检测检查。

5.2 目视检查

目视检查是指对易于观察或能做外观检查的组成件、连接接头及其他管道元件的部分在其制造、制作、装配、安装、检查或试验之前、进行中或之后进行的观察。目视检查应包括核实材料、组件、尺寸、接头的制备、组对、焊接、粘接、钎焊、法兰连接、螺纹或其他连接方法、支承件、装配以及安装等的质量是否达到相关标准和工程设计的要求。目视检查应按NB/T 47013.7的规定进行。

5.3 无损检测

焊接接头的无损检测分为射线检测，超声检测、磁粉检测、渗透检测、衍射时差法超声检测、X射线数字成像检测，检测方法应按NB/T 47013.1、NB/T 47013.2、NB/T 47013.3、NB/T 47013.4、NB/T 47013.5、NB/T 47013.10、NB/T 47013.11的规定进行。

5.4 硬度检查

对焊接接头、热弯以及热成型组件应进行硬度检查，以检查热处理工艺的可靠性。硬度检查的数量和要求应符合GB/T 20801.4—2020的有关规定。

6 检查范围和验收准则

6.1 检查等级

6.1.1 压力管道按管道级别、材料类别和公称压力等划分为Ⅰ、Ⅱ、Ⅲ、Ⅳ、Ⅴ五个检查等级，当压力管道按6.1.2～6.1.6划分为不同的检查等级时，应按较高的检查等级确定其检查等级。当设计文件有特殊要求时，还应符合相关设计文件的要求。

6.1.2 符合下列条件之一的压力管道的检查等级为Ⅰ级：

a） 设计文件注明为剧烈循环工况的管道；

b） GC1级管道；

c） 高温蠕变工况使用的管道（GB/T 20801.3—2020的3.2所示）；

d） 钛及钛合金、镍及镍基合金、高铬镍钼奥氏体不锈钢、锆及锆基合金管道；

e） 公称压力大于PN160的管道；

f） 夹套管的内管；

g） 按9.1.7的规定可以免除压力试验的管道；

h） 设计要求进行焊接接头100%无损检测的管道。

6.1.3 符合下列条件之一的压力管道的检查等级为Ⅱ级：

a） 公称压力大于PN50的碳钢（本部分要求冲击试验）管道；

b） 公称压力大于PN110的奥氏体不锈钢管道；

c） 低温含镍钢、铬钼合金钢、双相不锈钢、铝及铝合金管道；

d） 设计要求进行焊接接头20%无损检测的管道。

6.1.4 符合下列条件之一的压力管道的检查等级为Ⅲ级：

a） 毒性程度为有毒介质的GC2级管道；

b） 除GC3级管道外，公称压力不大于PN50的碳钢（本部分要求冲击试验）管道；

c） 除GC3级管道外，公称压力不大于PN110的奥氏体不锈钢管道；

d） 设计要求进行焊接接头10%无损检测的管道。

6.1.5 符合下列条件之一的压力管道的检查等级为Ⅳ级：

a） 除6.1.4 a）以外的GC2级管道；

b） 除GC3级管道外，公称压力不大于PN50的碳钢管道（本部分无冲击试验要求）；

c） 设计要求进行焊接接头5%无损检测的管道。

6.1.6 GC3级压力管道的检查等级为Ⅴ级。

6.2 目视检查

6.2.1 目视检查的内容应符合下列规定：

a） 对于GC2、GC3级管道，应符合5.2的规定，目视检查的项目为：

1） 随机选择足够数量的材料和管道组成件，使检查人员满意地认为它们都符合技术要求且无缺陷；

2） 100%的纵向焊接接头，但按GB/T 20801.2—2020中表A.1和GB/T 20801.3—2020表13中管道组成件所含的纵向焊接接头除外；

3） 抽样检查螺纹、螺栓连接和其他接头的组件，当需进行气压试验时，对所有的螺纹、螺栓连接及其他接头均应进行检查；

4） 管道安装时的抽样检查，包括组对、支撑件和冷紧的检查；

5） 检查已安装管道，找出需返修或者更换的缺陷以及不符合设计要求的明显偏差。

b） 除应符合a）的规定外，GC1级管道的目视检查还应符合以下规定：

1） 除a）的规定外，对所有制作和安装的焊接接头均应进行100%目视检查；

2） 对所有螺纹、螺栓以及其他连接接头均应进行100%目视检查。

c） 剧烈循环工况管道以及GB/T 20801.3—2020的3.2所示高温蠕变工况的管道，其目视检查除符合b）的规定外，还应校核所有安装管道的尺寸和偏差。支架、导向件和冷紧点都应检查以保证管道的位移能适应开车、操作和停车等所有的工况，而不能发生卡住和意外约束的现象。

d） 焊接接头目视检查的比例应符合表1的要求，应对每一焊工或焊接操作工的焊接接头进行目视检查。

6.2.2 目视检查验收准则应符合下列规定：

a） 焊接接头目视检查应按照NB/T 47013.7的规定执行，检查内容和合格指标不低于表2的规定；

b） 其他要求应符合相关产品标准和工程设计规定。

6.3 焊接接头的无损检测

6.3.1 无损检测方法

无损检测方法应符合下列规定：

a） 压力管道焊接接头的无损检测应采用NB/T 47013.2、NB/T 47013.3、NB/T 47013.4、NB/T 47013.5、NB/T 47013.10、NB/T 47013.11规定的方法，当采用不可记录的脉冲反射法超声检测时，应采用射线检测或者衍射时差法超声检测作为附加局部或抽样检测。

b） 管道的名义厚度小于或等于30mm的对接接头，应优先采用射线检测，采用超声检测代替射线检测应经设计者和业主同意；名义厚度大于30mm的对接接头可采用超声检测代替射线检测。

c） 有色金属制压力管道对接接头应优先采用X射线检测。

d） 焊接接头的表面裂纹应优先采用表面无损检测。

e） 铁磁性材料制压力管道焊接接头的表面检测应优先采用磁粉检测。

6.3.2 焊接接头的射线检测和超声检测

6.3.2.1 除设计文件另有规定外，现场焊接的管道及管道组成件的对接接头、支管连接接头应进行射线检测或超声检测。检查数量应符合以下规定：

a） 管道的公称直径小于500mm时，可根据环向对接接头数，按表1的检查比例进行抽样检测，且不得少于1个环向对接接头。凡进行检测的环向对接接头，应包括其整个圆周长度。固定焊的环向对接接头抽样检测比例应不少于检测数量的40%；

b） 管道的公称直径大于或等于500mm时，对每条环向对接接头应按表1的检查比例进行局部检测，检查长度不得小于150mm；

c） 纵向对接接头应按表3的检查比例进行检测，局部检测检查长度不得小于150mm；

d） 对高温蠕变工况使用的铬钼合金钢管子和管件的焊接接头应进行100%射线检测或超声检测；

e） 选择被检焊接接头时应包括每个参加产品焊接的焊工或焊接操作工所焊的焊接接头，同时应在最大范围内包括与纵向焊接接头的交叉点，当环向焊接接头与纵向焊接接头相交时，应包括检查长度不小于38mm的相邻纵向焊接接头。

6.3.2.2 射线检测应按照NB/T 47013.2、NB/T 47013.11的规定执行，质量要求和合格级别如下：

a）进行全部无损检测的焊接接头，射线检测技术等级不低于AB级，合格级别不低于Ⅱ级；

b） 进行局部或抽样的焊接接头，射线检测技术等级不低于AB级，合格级别不低于Ⅲ级。

6.3.2.3 超声检测应按照NB/T 47013.3、NB/T 47013.10的规定执行，质量要求和合格级别如下：

a） 进行全部无损检测的焊接接头，脉冲反射法超声检测技术等级不低于B级，合格级别为Ⅰ级；

b） 进行局部或抽样的焊接接头，脉冲反射法超声检测技术等级不低于B级，合格级别不低于Ⅱ级；

c） 采用衍射时差法超声检测的焊接接头，检测技术等级原则上不低于B级，合格级别不低于Ⅱ级。

6.3.2.4 当采用射线、超声等方法进行组合无损检测时，质量要求和合格级别按照各自执行的标准确定，并且均应合格。

6.3.3 焊接接头的表面无损检测

6.3.3.1 除设计文件另有规定外，现场焊接的管道及管道组成件的对接接头、支管连接接头和角接接头应进行磁粉检测或渗透检测，检测比例应不低于表1的规定。

6.3.3.2 焊接接头的表面无损检测均应按照NB/T 47013.4、NB/T 47013.5的规定执行，合格级别为Ⅰ级。

6.3.3.3 有延迟裂纹倾向的材料焊接接头应在焊接完成24h后进行无损检测。

6.3.3.4 具有再热裂纹倾向的材料焊接接头应在焊接及热处理后各进行一次表面无损检测。

6.3.4 检测不合格

当焊接接头抽样检测或局部检测发现有不合格时，应按4.4的要求进行累进检查，不合格的焊接接头经返修后，应采用原规定的检测方法重新检查。

6.3.5 其他

局部无损检测的焊接接头位置及检查点应由检查人员确定，并经建设单位或检验机构的检验人员批准。

6.4 制作过程中的检查

6.4.1 制作过程中的检查应包括以下内容：

a） 焊接接头的制备和清洗；

b） 预热；

c） 连接前的装配、连接间隙以及内侧对准；

d） 焊接工艺规定的技术参数，包括填充材料、焊接位置等；

e） 煤接清理后的根部焊道（包括外侧和可及内侧）状况，必要时，可辅之以磁粉检测或渗透检测；

f） 焊渣的清除和焊道间的焊接情况；

g） 完工后焊接接头的外观；

h） 设计文件规定的其他要求。

6.4.2 检查要求和验收准则，除设计文件另有规定外，应按6.2进行目视检查。

6.5 硬度检查

6.5.1 除设计文件另有规定外，压力管道硬度检查的数量和验收准则应符合GB/T 20801.4—2020中9.6的规定。

6.5.2 焊接接头的硬度检查范围应包括焊缝及热影响区，热影响区的硬度检查应尽可能紧邻熔合线。对基体材料的硬度检查应尽可能在变形量较大的部位。

6.5.3 当管道组成件和焊接接头重新进行热处理时，应采用原规定的检查方法重新进行硬度检查。

6.5.4 对抽样检查的管道组成件和焊接接头，当发现硬度值有不合格时，应按4.4的要求进行累进检查。

表1 焊接接头检查方法和比例[a]

检查等级	检查方法	焊接接头类型及检查比例/%		
		环向对接接头	角接接头[b]	支管连接[c]
Ⅰ	目视检查	100	100	100
	磁粉/渗透检测	100[d]	100	100
	射线检测/超声检测	100	—	100[e]
Ⅱ	目视检查	100	100	100
	磁粉/渗透检测	20[d]	20	20
	射线检测/超声检测	20	—	20[e]

表1 焊接接头检查方法和比例(续)

检查等级	检查方法	焊接接头类型及检查比例/%		
		环向对接接头	角接接头[b]	支管连接[c]
Ⅲ	目视检查	100	100	100
	磁粉/渗透检测	10[d]	—	10
	射线检测/超声检测	10	—	—
Ⅳ	目视检查	100	100	100
	射线检测/超声检测	5	—	—
Ⅴ	目视检查	10	100	100

[a] 根据业主或工程设计要求,可采用较表1更严格检查等级代替较低检查等级。

[b] 表中角接接头包括承插焊和密封焊以及平焊法兰、支管补强和支架的连接焊接接头。

[c] 表中支管连接焊接接头包括支管和翻边接头的承压焊接接头。

[d] 对碳钢、不锈钢及铝合金无此要求。

[e] 适用于大于或等于DN100的管道。

表2 焊接接头目视检查质量验收标准[a]

检查等级	Ⅰ			Ⅱ			Ⅲ			Ⅳ			Ⅴ		
缺陷类型	环向、斜接坡口和支管连接[b]	纵向坡口[c]	角接[d]	环向、斜接坡口和支管连接	纵向坡口	角接	环向、斜接坡口和支管连接	纵向坡口	角接	环向、斜接坡口和支管连接	纵向坡口	角接	环向、斜接坡口和支管连接	纵向坡口	角接
表面裂纹、未熔合	A	A	A	A	A	A	A	A	A	A	A	A	A	A	A
表面未焊透	A	A	N/A	A	A	N/A	B	A	N/A	B	A	N/A	C	A	N/A
表面气孔或暴露的夹渣[e]	A	A	A	A	A	A	A	A	A	A	A	A	A	A	A
咬边	A	A	A	A	A	A	D	A	D	D	A	D	E	A	D
根部表面凹陷	F	F	N/A	F	F	N/A	F	F	N/A	F	F	N/A	F	F	N/A
余高或根部凸出	G	G	G	G	G	G	G	G	G	G	G	G	H	H	H

表中符号说明:

A:缺陷范围:无明显缺陷;

B:未焊透累计长度[f]:每150mm长度范围内≤15mm和10%焊缝总长度;

C:未焊透累计长度:每150mm长度范围内≤20mm和20%焊缝总长度;

D:咬边深度:≤1mm和$T/4$[g];

E:咬边深度:≤1.5mm和($T/4$或1mm);

F:根部表面凹陷深度:接头总厚,包括焊缝补强:≥T[h];

G:焊缝余高或内凸起的高度:

T(mm)	H(mm)
≤6	≤1.5
>6,≤13	≤3.0
>13,≤25	≤4.0
>25	≤5.0

表2 焊接接头目视检查质量验收标准(续)

检查等级	Ⅰ			Ⅱ			Ⅲ			Ⅳ			Ⅴ		
缺陷类型	环向、斜接坡口和支管连接[b]	纵向坡口[c]	角接[d]	环向、斜接坡口和支管连接	纵向坡口	角接	环向、斜接坡口和支管连接	纵向坡口	角接	环向、斜接坡口和支管连接	纵向坡口	角接	环向、斜接坡口和支管连接	纵向坡口	角接

H:焊缝余高或内凸起的高度:范围为上述G相应值的2倍;

N/A:表示对于这种类型的缺陷,本部分未规定验收准则或不要求评价。

[a] 本表是针对所要求的检查,工程设计也可规定更严格的要求。

[b] 支管连接焊接接头包括支管和翻边接口的承压焊接接头。

[c] 纵向接头包括直缝接头和螺旋缝接头,但GB/T 20801.2—2020中表A.1和GB/T 20801.3—2020表13所列管道组成件材料和型式尺寸标准制造的产品中所含纵向接头除外。

[d] 角接接头包括承插焊和密封焊以及平焊法兰、支管补强和支承件的连接焊接接头。

[e] 仅评价公称壁厚≤5mm焊接接头的缺陷。

[f] 两个极限数值用"和"分开时,其中较小者为合格值,两组数值用"或"分开时,则较大者为合格值。

[g] T是对焊接头中两个连接件厚度较薄者的名义厚度。

[h] 对没有额外填充金属的坡口环向接头,其外部凹陷深度不得小于1mm或10%接头名义厚度,焊缝金属应平滑过渡到组件表面,焊缝总厚度(包括焊缝补强)不得小于最小名义厚度。

表3 制作过程中纵向焊接接头检查方法和检查比例

纵向焊接接头系数Φ_w	目视检查比例/%	射线检测/超声检测比例/%
≤0.85	100	—
0.90	100	10
1.00	100	100

注:GB/T 20801.2—2020中表A.1和GB/T 20801.3—2020表13中所含的纵向焊接接头除外。

7 检查工艺

检查应按第5章中规定的某一方法进行,检验人员应审定检查工艺的评定结果、日期和记录。

8 检查合格证和记录

检查人员应通过审阅合格证、质量证明书、标记和其他证明文件,确信材料和组成件均为规定等级并已经过要求的热处理、检查和试验。检查人员应向检验人员提交一份说明规范和工程设计规定的全部质量控制要求已经执行的证明文件。

9 试验

9.1 压力试验

9.1.1 一般要求

在初次运行前以及按第6章的要求完成有关的检查后,每个管道系统应进行压力试验以保证其承压强度和密封性。除9.1.1.1压力试验可代替的情况外,应按9.1.3的规定进行液压试验。

9.1.1.1　压力试验的替代

压力试验的替代应符合下列规定：

a）对GC3级管道，经业主或设计者同意，可按9.1.6规定的初始运行压力试验代替液压试验。

b）当业主或设计者认为液压试验不切实际时，可用9.1.4规定的气压试验来代替；如考虑到气压试验的危险性，也可用9.1.5规定的液压–气压试验来代替。

c）当业主或设计者认为液压和气压试验都不切实际时，如果下列两种情况都存在，则可采用9.1.7规定的免除（或替代）办法：

1）液压试验会损害衬里或内部隔热层，或会污染生产过程（该过程会由于有湿气而变为危险的、腐蚀的或无法工作），或由于试验载荷而导致管道支撑结构过载，或在试验中由于低温而出现脆性断裂的危险；

2）气压试验具有比液压试验更大的风险，或在试验中由于低温而出现脆性断裂的危险。

d）排放且连通大气中的管线，如最后一个切断阀后的放空管线或排污管线，除非设计有特殊规定，否则不需要做压力试验。

9.1.1.2　压力的限制

试验压力的限制应符合下列规定：

a）如果试验压力会产生的管道周向应力或轴向应力超过试验温度下的屈服强度，试验压力可减至在该温度下不会超过屈服强度的最大压力；

b）如果试验压力需要保持一段时间，且管道系统中的试验流体会受到热膨胀，则应注意避免超压；

c）在液压试验前，可先用压力不大于170kPa的空气进行试验以找出泄漏点。

9.1.1.3　其他试验要求

其他试验要求应符合下列规定：

a）压力试验保压时间不少于10min，保压后可降压至设计压力，并应检查所有接头和连接处有无泄漏和其他异常；

b）压力试验应在全部热处理完成后进行；

c）当压力试验在接近金属延性–脆性转变温度下进行时，应考虑脆性破坏的可能性。

9.1.1.4　压力试验的特殊规定

压力试验的特殊（免除）规定如下：

a）管道组成件或管道预制件可以单独进行试验，也可以装配在管道上与管道一起进行试验；

b）管道系统装配之前已经做过试验的法兰接头和压力试验时为隔离容器或其他管道而插入盲板的法兰接头，均不需要重新进行压力试验；

c）如果连接管道系统或组成件的最后一条焊接接头已按6.4的规定进行了制作过程中的检查，且经100%射线检测或100%超声检测合格，同时该管道系统或组成件已按本章的规定通过了压力试验，则此焊接接头不需要再进行压力试验；

d）管道系统压力试验后的仪表接头（螺纹和/或其他管接头）不需要再进行压力试验。

9.1.1.5　真空或外压管道

真空或外压管道的压力试验应符合下列规定；

a）真空或外压管道应以内外压力差的1.5倍，但不小于105kPa进行内压压力试验；

b）经业主或设计者同意，真空管道可采用真空度试验来代替a）所列内压压力试验，但应制定相应试验规程。

9.1.1.6　夹套管

夹套管的压力试验应符合下列规定：

a）内管试验压力应按内部或外部设计压力中的较大值确定，如果需要按照9.1.2.1的规定对内管接头作目视检查，此压力试验应在夹套管完成之前进行；

b） 除设计另有规定外，外管应按9.1的规定进行压力试验。

9.1.1.7 压力试验后的修补或增添物件

如果压力试验后进行修补或增添物件，则受影响的管道应重新进行压力试验。经检验人员同意，对采取了预防措施并能保证结构完好的一些小修补或增添物件，不需重新进行压力试验。

9.1.1.8 试验记录

应对每一管道系统做好试验记录，记录内容至少应包括以下主要内容：

a） 试验日期；

b） 试验流体；

c） 试验压力；

d） 检查人员出具的检查结果合格证。

9.1.2 准备工作

9.1.2.1 接头外露

压力试验时的接头外露应符合下列规定：

a） 除按本部分预先进行过试验的接头可以包覆隔热层或覆盖层外，所有接头均不得包覆隔热层，以便在压力试验时进行检查；

b） 按9.1.7 c）的规定进行泄漏试验时，所有接头均不应上底漆和油漆；

c） 对GC3级管道，经业主或设计者同意，进行液压试验或初始运行压力试验时，接头可以包覆隔热层或覆盖层，但应延长保压时间以观察有无泄漏和其他异常。

9.1.2.2 临时支承件

输送蒸汽或气体的管道，必要时应加装临时支承件，以支承试验流体的重量。

9.1.2.3 膨胀节

压力试验时，膨胀节应符合下列规定：

a） 对于金属波纹膨胀节，如果按照本章的要求确定的试验压力大于制造厂（符合GB/T 20801.3—2020附录F的要求）的试验压力时，应按照制造厂的试验压力来进行；

b） 除a）的情况外，依靠外部主固定架来约束端部压力荷载的非约束膨胀节，应在没有临时约束的情况下，以1.5倍膨胀节设计压力在管道系统现场进行试验。如果系统要求的试验压力大于1.5倍的膨胀节设计压力，且主固定架无法承受此压力试验载荷，那么膨胀节应从管道系统移开，或应采用临时约束以承受压力试验载荷；

c） 除a）的情况外，带有约束构件来承受压力载荷的自约束金属波纹膨胀节（即复式、铰链式和压力平衡式等）及其管道系统应按照本章的要求进行压力试验。如已由制造厂进行过压力试验，则压力试验时可与系统隔离（但不包括敏感性泄漏试验）。所有类型膨胀节的约束构件均应在设计上保证其能够承受试验压力下的载荷。

9.1.2.4 管道压力试验的隔断

不拟进行试验的容器在管道系统压力试验进行期间应与管道分离，或用盲板或其他方法将它与管道隔开，也可采用适合试验压力的阀门（包括其闭合机构）予以切断。

9.1.2.5 压力表

试验用压力表应经过校验，在校验有效期内，压力表的精度不得低于1.6级。压力表的满刻度值应为最大试验压力的1.5倍～2.0倍。试验时使用的压力表不得少于2块，其中至少1块压力表安装于液位最高点，且以安装于液位最高点的压力表读数为准。

9.1.3 液压试验

液压试验应符合下列规定：

a） 试验流体一般应使用洁净水，当对奥氏体不锈钢管道或对连有奥氏体不锈钢组成件或容器的管道进行试验时，水中氯离子含量不得超过50 mg/L。如果水对管道或工艺有不良影响并有可能损坏管道时，可使用其他合适的无毒液体。当采用可燃液体进行试验时，其闪点不得低于49℃，且应考虑到试验周围的环境。试验时流体的温度应不低于5℃。

b）内压管道除9.1.3e）规定外，系统中任何一点的液压试验压力均应按下述规定：

1）不得低于1.5倍设计压力；

2）设计温度高于试验温度时，试验压力应不小于式（1）的计算值：

$$p_T=1.5pS_1/S_2 \quad \cdots\cdots(1)$$

式中：

p_T——试验压力，单位为兆帕（MPa）；

p——设计压力，单位为兆帕（MPa）；

S_1——试验温度下，管子许用应力，单位为兆帕（MPa）；

S_2——设计温度下，管子许用应力，单位为兆帕（MPa）。

c）如果管道系统中未包含管子，则可根据其他管道组成件（不包括管道支承件和连接螺栓）的许用应力来确定S_1/S_2的值。如果管道系统由多种材料组成，则可根据多种材料的S_1/S_2最小值来确定。

d）如果上述规定试验压力，在试验温度下的周向应力或纵向应力（基于最小管壁厚度）会超过材料屈服强度，或在试验温度下的试验压力大于1.5倍组成件的额定值，则可将试验压力降低到试验温度下不致超过材料屈服强度或1.5倍组成件额定值的最大压力。

e）管道与容器作为一个系统时，液压试验应符合以下规定：

1）当管道试验压力不大于容器的试验压力时，应按管道的试验压力进行试验；

2）当管道试验压力大于容器的试验压力，且无法将管道与容器隔开，且容器的试验压力不小于77%按式（1）计算所得的管道试验压力时，经业主或设计者同意，可按容器的试验压力进行试验。

9.1.4 气压试验

气压试验应符合下列规定：

a）如果采用气压试验，应对管道系统的完整性进行风险评估和危害辨识，气压试验的安全操作程序应经过审核。

气压试验时，应将脆性破坏的可能性减少至最低程度，应考虑试验温度的影响。气压试验温度至少要比管道系统材料的最低允许金属温度高17℃。材料的最低允许金属温度不明时，试验温度不得低于17℃。试验系统中不得包括铸铁等脆性材料。

注：气压试验的储存能量比液压试验增加2 500余倍。

b）试验时应装有压力泄放装置，其设定压力不得高于1.1倍的试验压力。

c）用作试验的介质应是干燥洁净的空气、氮气或其他不易燃和无毒的气体。

d）承受内压的金属管道，气压试验压力应不低于1.1倍设计压力，同时不超过下列压力的较小者：

1）1.33倍设计压力；

2）试验温度下产生超过90%屈服强度周向应力或纵向应力（基于最小管壁厚度）时的试验压力。

e）应按以下步骤进行气压试验：

1）试验前应进行预试验，预试验的压力宜为0.2MPa；

2）试验时，应逐级缓慢增加压力，当压力升至试验压力的50%时，应进行初始检查，如未发现异常或泄漏，继续按试验压力的10%逐级升压（每级应有足够的保压时间以平衡管道的应变），每级稳压3min直至达到规定的试验压力。再将压力降至设计压力，应用发泡剂检查有无泄漏，保压时间应根据查漏工作需要确定。

9.1.5 液压-气压试验

如果使用液压-气压结合试验，则应满足9.1.4的要求，且被液体充填部分管道的压力应不大于9.1.3的规定。

9.1.6 初始运行压力试验

初始运行压力试验应符合下列规定：

a） 对GC3级管道，经业主或设计者同意，可结合试车，用管道输送的流体进行压力试验。在管道初始运行时或运行前，压力应分级逐渐增加至操作压力，每级应有足够的保压时间以平衡管道应变。如果输送的流体是气体或蒸汽，则按9.1.4 e）1）的要求进行预试验。

b） 在运行压力下，需按照9.1.1.3 a）的要求进行泄漏检查。对之前按照本部分进行过试验的接头和连接处可不再进行泄漏检查。

9.1.7 压力试验的免除

同时满足下列要求时，可免除压力试验：

a） 按下述规定进行检查的焊接接头：

 1） 环向、纵向以及螺旋焊焊接接头均应进行100%的射线检测或100%超声波检测；

 2） 所有未包括在上述1）中的焊接接头，包括附件的连接焊接接头，应进行100%的磁粉或渗透检测。

b） 按GB/T 20801.3—2020的有关规定，已通过柔性分析的管道系统。

c） 已按9.2.1 a）的要求进行敏感性泄漏试验的管道系统。

9.2 泄漏试验

对于GC1级（毒性）、GC1和GC2级（易燃性）的管道，应按9.2.1进行敏感性泄漏试验。

泄漏试验应在压力试验合格后进行。泄漏试验时，应重点检查阀门填料函、法兰或螺纹连接处、放空阀、排气阀和排水阀等部位。除另有规定外，敏感性泄漏试验应符合相应检漏方法的试验灵敏度要求。

经9.1.4气压试验合格，且在试验后未经拆卸过的管道系统可不进行泄漏试验。

经业主、设计者以及安装、检验者同意，可采用9.2.2气密性试验代替9.2.1进行泄漏试验，以无可察泄漏为合格。

9.2.1 敏感性泄漏试验

敏感性泄漏试验应符合下列规定：

a） 除业主或设计者另有规定外，本部分规定的敏感性泄漏试验为符合NB/T 47013.8—2012附录A规定的气泡泄漏检测——直接加压技术。试验介质可采用空气，试验灵敏度相当于10^{-4}（$Pa·m^3$）/s。

泄漏试验应能满足以下要求：

 1） 根据业主或设计者的要求，试验压力应不小于105kPa或25%设计压力（取较小值）；

 2） 应将试验压力逐渐增加至0.5倍规定的试验压力或170kPa（取较小值），然后进行初检，再分级逐渐增加至试验压力，每级应有足够的保压时间以平衡管道的应变；

 3） 无重复或连续的气泡出现。

b） 根据业主或设计的要求，可采用下列检测灵敏度更高的检漏方法：

1）按 NB/T 47013.8—2012 附录 C 的要求，采用漏率型检漏仪进行的卤素泄漏试验，试验压力按本部分的 9.2.1 a）的规定，试验灵敏度不应低于 10^{-5}（Pa·m^3）/s；

2）按 NB/T 47013.8—2012 附录 D 的要求，采用氦质谱仪泄漏检测——吸枪技术进行的氦检漏，试验压力按本部分的 9.2.1a）的规定，试验气体为氦气或含 1% 或 10% 氦的混合气体，试验灵敏度不应低于 10^{-5}（Pa·m^3）/s（如采用混合气体，应按氦的比例相应提高灵敏度）；

3）按 NB/T 47013.8—2012 附录 E 的要求，采用氦质谱仪泄漏检测——示踪探头技术进行的氦检漏，待检管道或元件内抽真空，在待检部位外用氦气或含 1% 或 10% 氦的混合气体吹扫，试验灵敏度不应低于 10^{-6}（Pa·m^3）/s（如采用混合气体，应按氦的比例相应提高灵敏度）；

4）按 NB/T 47013.8—2012 附录 G 的要求，充入 10% ~ 30% 或 1% 氨气进行氨泄漏检测，试验压力及试验方法按 NB/T 47013.8—2012 附录 G 的要求。

9.2.2 气密性试验

气密性试验压力应为设计压力，真空管道试验压力应为内压 0.1 MPa，试验介质可采用空气。除试验压力外，气密性试验按 9.1.4 气压试验的相关要求进行。经业主或设计者同意，气密性试验可按最高工作压力或结合试车一并进行。

9.3 真空度试验

除 9.1.1.5 b）的情况外，真空管道系统在压力试验合格后，还应按设计文件的规定进行 24h 的真空度试验，增压率应不大于 5%。增压率应按式（2）计算：

$$\Delta p=\frac{p_2-p_1}{p_1}\times 100\% \qquad (2)$$

式中：

Δp——24h 的增压率，%；

p_1——试验初始压力，单位为兆帕（MPa）；

p_2——试验最终压力，单位为兆帕（MPa）。

10 记录

按本部分和工程设计要求的记录，应由管道的设计者、制造厂以及制作和安装单位分别负责准备和保存，保存年限应按政府的有关规定执行。

ICS 23.040
J 74

中华人民共和国国家标准

GB/T 20801.6—2020
代替 GB/T 20801.6—2006

压力管道规范　工业管道
第6部分：安全防护

Pressure piping code—Industrial piping—Part 6:Safeguarding

2020-11-19 发布　　2021-06-01 实施

国家市场监督管理总局
国家标准化管理委员会　发布

目　次

前　言

GB/T 20801《压力管道规范　工业管道》分为以下6个部分：

——第1部分：总则；

——第2部分：材料；

——第3部分：设计和计算；

——第4部分：制作与安装；

——第5部分：检验与试验；

——第6部分：安全防护。

本部分为GB/T 20801的第6部分。

本部分按照GB/T 1.1—2009给出的规则起草。

本部分代替GB/T 20801.6—2006《压力管道规范　工业管道　第6部分：安全防护》，与GB/T 20801.6—2006相比，除编辑性修改外主要技术变化如下：

——增加了安全保护装置的定义（见3.1）；

——修改了安全泄放装置的设定压力和最大泄放压力限制（见4.1.5、2006年版的4.1.6）；

——增加了背压对安全泄放装置性能和泄放量的影响（见4.1.6）；

——增加了确定安全泄放量的确定准则（见表2）；

——增加了防“水锤”和“汽锤”措施以及防雷措施（见表2、7.4.3、C.1.6）；

——增加了安全泄放装置的选用方法（见4.4、附录C）；

——修改了MESG的分级（见表3，2006年版的表1）；

——增加了火灾紧急切断阀和机械联锁装置（见第6章）；

——增加了气液二相最小泄放面积的计算方法（见附录B的B.3.4）；

——增加了阻火器的类别和选用（见附录D）；

——增加了典型可燃气体和蒸气的MESG测试值（见表E.1）。

本部分由全国锅炉压力容器标准化技术委员会（SAC/TC 262）提出并归口。

本部分起草单位：上海凯赢达化工设计工程咨询有限公司、全国化工设备设计技术中心站、国家市场监督管理总局特种设备安全监察局、华东理工大学。

本部分主要起草人：俞庆生、蔡暖姝、徐锋、黄正林、惠虎、应道宴。

本部分所代替标准的历次版本发布情况为：

——GB/T 20801.6—2006。

压力管道规范　工业管道
第6部分：安全防护

1　范围

GB/T 20801的本部分规定了压力管道系统的安全泄放装置、阻火器、火灾紧急切断阀和机械联锁装置等安全保护装置和安全防护的基本要求。

本部分未规定的其他安全防护要求参见GB/T 20801其他部分以及国家现行有关规程、标准和规范的规定。

本部分适用于GB/T 20801.1范围界定的压力管道系统的安全防护。

2　规范性引用文件

下列文件对于本文件的应用是必不可少的。凡是注日期的引用文件，仅注日期的版本适用于本文件。凡是不注日期的引用文件，其最新版本（包括所有的修改单）适用于本文件。

GB 12158　防止静电事故通用导则

GB/T 12242　压力释放装置　性能试验规范

GB/T 15605　粉尘爆炸泄压指南

GB/T 15706　机械安全　设计通则　风险评估与风险减小

GB/T 20801.1—2020　压力管道规范　工业管道　第1部分：总则

GB/T 20801.2—2020　压力管道规范　工业管道　第2部分：材料

GB/T 20801.3—2020　压力管道规范　工业管道　第3部分：设计和计算

GB/T 20801.4—2020　压力管道规范　工业管道　第4部分：制造与安装

GB/T 20801.5—2020　压力管道规范　工业管道　第5部分：检验与试验

GB 31571　石油化学工业污染物排放标准

GB 50016　建筑设计防火规范

GB 50057　建筑物防雷设计规范

GB 50160　石油化工企业设计防火规范

GB 50984　石油化工工厂布置设计规范

TSG ZF001　安全阀安全技术监察规程

TSG ZF003　爆破片装置安全技术监察规程

ISO 16852　阻火器　性能要求、试验方法和应用限制（Flame arresters—Performance requirements, test methods and limits for use）

ISO 23251　石油、石油化工和天然气工业　泄压和减压系统（Petroleum, petrochemical and natural gas industries—Pressure-relieving and depressuring systcms）

NFPA 68　爆燃泄放防爆标准（Standard on explosion protection by deflagration venting）

PD CEN/TR 16793　阻火器选用导则（Guide for the selection, application and use of flame arresters）

3　术语和定义

GB/T 20801.1—2020、GB/T 20801.2—2020、GB/T 20801.3—2020、GB/T 20801.4—2020和GB/T

20801.5—2020界定的以及下列术语和定义适用于本文件。

3.1

安全保护装置　**safety protection device**

按照安全保护层分析（参见附录A），在自控仪表和人工干预失效情况下起作用的机械（物理）保护装置。

注：安全保护装置是防止事故发生或减轻事故损失的最后一道屏障，包括安全泄放装置、阻火器、火灾紧急切断阀和机械联锁装置等。

3.2

安全泄放装置　**safety relief device**

在非火灾或火灾事故情况下，由进口静压力或进出口静压差的作用开启，泄放流体，以防止系统内压力超过预定安全值的装置。

注：包括安全阀、爆破片装置及爆破针阀等。

3.3

安全阀　**safety valve**

由弹簧作用或导阀控制的阀门。当入口处的静压力（对于普通型阀门为进出口静压差）超过设定压力时，阀门开启，泄放流体，以防止系统内压力超过预定的安全值。当压力降至回座压力时，阀门可自动关闭。

注：安全阀类型有普通型、平衡型和先导型。

3.4

爆破片装置　**rupture disk device**

由爆破片和夹持器组成的一种不重新闭合的安全泄放装置。当爆破片两侧的压力差达到预定温度下的预定值时，爆破片发生破裂或脱落。

注：爆破片类型有正拱型、反拱型、平板型和石墨等，形式有普通型、开缝型、带刀（槽）型、鳄齿型和脱落型等。

3.5

爆破针阀　**buckling pin relief valve**

由阀门和在阀体外装有爆破针的机盒组成的一种不重新闭合的安全泄放装置。爆破针通过机械传动机构承载阀盘上的载荷。当阀门进口静压力达到弯折压力时，爆破针失稳弯曲，阀盘全开，泄放流体。

注：爆破针阀有角型和直线型。

3.6

基本安全泄放装置　**first safety relief device**

当并联设置分级设定多个安全泄放装置时，设定压力最低，且首先开启的一个安全泄放装置。

3.7

附加安全泄放装置　**additional safety relief device**

当并联设置分级设定多个安全泄放装置时，对于非火灾工况，除了基本安全泄放装置以外的一个或几个安全泄放装置。

3.8

辅助安全泄放装置　**supplemental safety relief device**

当并联设置分级设定多个安全泄放装置时，对于火灾工况，除了基本安全泄放装置和附加安全泄放装置以外的一个或几个安全泄放装置。

3.9

独立压力系统　**independent pressure system**

由一个或多个设备采用管道连接，且中间无阀门隔断的或不会产生阻塞的压力系统，其两端设有可与其他系统隔断的阀门。

3.10

系统设计压力　design pressure of system

受保护的独立压力系统的设计压力，不大于系统内全部设备、管道和仪表的设计压力。

3.11

安全泄放装置设定压力　set pressure of the safety relief device

使安全泄放装置开始泄放的压力。

注：包括安全阀的开启压力、爆破片装置的最大标定爆破压力及爆破针装置的弯折压力。

3.12

最大泄放压力　maximum relieving pressure

在安全泄放装置泄压过程中，独立压力系统所承受的最大系统压力。

3.13

背压　back pressure

排放系统内压力导致安全泄放装置出口处的压力。

注1：为附加背压和积聚背压之和。

注2：安全泄放装置开启后，介质流动导致出口处的压力增加，称为积聚背压。积聚背压是变动的。

注3：安全泄放装置开启前，在出口处由排放系统中其他压力源导致的静压称为附加背压。附加背压可以是恒定的或是变动的。

3.14

安全泄放量　required relief capacity

为了防止系统超压，安全泄放装置泄放的流量。

3.15

最小泄放面积　minimum relief area

安全泄放装置全开启时的净流通面积。

3.16

切断阀　block valve or stop valve

用于隔断或连通管内流体的阀门。

注：包括闸阀、球阀、旋塞阀、蝶阀、隔膜阀等。

3.17

阻火器　flame arrester

允许介质流动，且能够阻止火焰和爆炸传播、蔓延的安全保护装置。

3.18

爆燃　deflagration

以亚音速传播的爆炸。

3.19

爆轰　detonation

以超音速传播的爆炸，冲击波是其特征。

3.20

最大试验安全间隙　maximum experimental safe gap

MESG

在规定试验条件下［（1.013 ± 0.02）kPa、（20 ± 2）℃］，内腔体内试验气体或蒸气与空气混合成的各种浓度混合物被点燃时，阻止火焰通过25mm长的通道点燃外部气体混合物的内腔体两个部件之间最大间隙。

3.21

爆炸级别　explosion group

根据最大试验安全间隙（MESG）划分的可燃气体和蒸气的爆炸危险性级别。

3.22

火灾紧急切断阀　fire emergency block valve

FEBV

在火灾工况下，没有人工干预和外部动力(电、气、液)供应，能自动关断的切断阀，具有耐火、防静电、高密封性和耐冲击等性能。

4　安全泄放装置

4.1　一般规定

4.1.1　安全泄放装置应防止独立压力系统中的任一部分发生超压事故。设计人员宜采用各种过程危险源评价(PHA)方法，研究具体工艺过程所有可能的超压工况。识别各种超压工况时，应遵循下列准则：

a) 任何单个事件是可信的；

b) 两个顺序发生的相关事件是可信的；

c) 同时发生的两个或两个以上不相关的独立事件是不可信的。

4.1.2　自动控制仪表和报警联锁装置不得替代安全泄放装置作为系统的超压保护设施。当不允许排放或不能安装安全泄放装置时，可通过过程危险源评价及分析所有的超压工况，采用系统设计方法，即本质安全设计或高完整性保护系统(HIPS)，消除系统的超压原因或者进行系统超压保护。

4.1.3　符合下列情况的设备或管道系统，应设置安全泄放装置：

a) 设计压力小于外部压力源的压力，出口可能被关断或堵塞的设备和管道系统；

b) 出口可能被关断的容积式泵和容积式压缩机出口管道系统；

c) 冷却水或回流中断、再沸器输入热量过多而引起超压的蒸馏塔顶气相管道系统；

d) 不凝气体积聚产生超压的设备和管道系统；

e) 加热炉出口管道中，切断阀或调节阀的上游管道系统；

f) 两端切断阀关闭后，受环境温度、阳光辐射或伴热影响，产生热膨胀或气化的管道系统；

g) 冷却或搅拌失效、有催化作用的杂质进入、反应抑制剂中断，导致放热反应失控的反应器出口处切断阀上游的管道系统；

h) 凝汽式汽轮机的蒸汽出口管道系统；

i) 蒸气发生器等产气设备的出口管道系统；

j) 低沸点液体(液化气等)容器的出口管道系统；

k) 管程破裂或泄漏可能导致超压的热交换器低压侧的出口管道系统；

l) 风扇故障导致冷却负荷下降的空冷器管程的出口管道系统；

m) 可能暴露于外部火灾的设备和容器的出口管道系统。

4.1.4　独立压力系统应在适当的位置设置一个或多个并联的安全泄放装置。

4.1.5　安全泄放装置相关压力的确定应符合下列规定：

a) 独立压力系统中，设备或管道的安全泄放装置相关压力的确定应以系统设计压力或最大允许工作压力(MAWP)为基准，且应符合下列规定：

1) 安装一个安全泄放装置时，设定压力应不大于系统设计压力或MAWP。非火灾工况的最大泄放压力应不大于系统设计压力或MAWP的110%和系统设计压力或MAWP加20kPa中的较大者，火灾工况的最大泄放压力应不大于系统设计压力或MAWP的121%。

2) 当并联设置分级设定的多个安全泄放装置时，除一个基本安全泄放装置的设定压力应不大于系统设计压力或MAWP外，还应符合下列要求(表1)：

——非火灾工况下，附加安全泄放装置设定压力应不大于系统设计压力或MAWP的105%，且基本安全泄放装置和附加安全泄放装置最大泄放压力应不大于系统设计压力或MAWP的116%和系统设计压力或MAWP加30kPa中的较大值；

——火灾工况下，辅助安全泄放装置设定压力应不大于系统设计压力或MAWP的110%，且基本安全泄放装置、附加安全泄放装置和辅助安全泄放装置最大泄放压力应不大于系统设计压力或MAWP的121%。

表1　在非火灾和火灾工况下单个或多个并联设置的安全泄放装置设定压力和最大泄放压力的限制[a]

事故类型		单个装置		多个并联装置	
		设定压力	最大泄放压力	设定压力	最大泄放压力
非火灾工况	单个装置或基本装置	100	110[b]	100	116[c]
	一个或多个附加装置	—	—	105	116[c]
火灾工况	单个装置或基本装置	100	121	100	121
	一个或多个附加装置	—	—	105	121
	一个或多个辅助装置	—	—	110	121

[a] 表中所有数值是系统设计压力或最大允许工作压力（MAWP）的百分数。

[b] 取100%系统设计压力或MAWP和系统设计压力或MAWP加20kPa中的较大者。

[c] 取116%系统设计压力或MAWP和系统设计压力或MAWP加30kPa中的较大者。

b）单纯管道系统的超压保护，除c）的规定外，设定压力和最大泄放压力应符合a）的规定。

c）GC2级和GC3级的单纯管道系统超压保护应符合下列规定：

1）防止两端关闭的液体管道系统受热膨胀的超压工况，设定压力允许超过系统设计压力，但应不大于系统设计压力的120%和系统试验压力中的较小值。

2）在符合GB/T 20801.3—2020中4.2.3.3要求的条件下，压力泄放导致的压力变动按GB/T 20801.3—2020中4.2.3.4规定：

——每次不超过10h，且每年累计不超过100h，最大泄放压力不超过系统设计压力的133%；

——每次不超过50h，且每年累计不超过500h，最大泄放压力不超过系统设计压力的120%。

4.1.6　背压限制应符合下列规定：

a）安全泄放装置的背压限制如下：

1）普通型安全阀积聚背压超过10%设定压力时，泄放量快速下降，并发生颤振或频跳。平衡型安全阀总背压不超过约50%设定压力，可稳定操作，泄放量有所降低。先导型安全阀的操作和泄放量不受背压影响。

2）爆破片装置没有积聚背压的问题，变动附加背压可能导致爆破片提前或滞后破裂，需要增设背压或真空支架，或者在其下游串联爆破片装置或平衡型安全阀。

3）爆破针阀没有积聚背压的问题，且设计成不受背压影响的平衡型结构。背压不影响其操作性能。

b）安全泄放装置的背压都会提高泄放压力，应防止背压超过最大泄放压力造成超压事故。

4.2　安全泄放量和最小泄放面积的确定

4.2.1　典型超压工况下，安全泄放量按表2准则确定：

a）系统的某个部位有几种超压工况时，应分别计算每种超压工况的安全泄放量，并取其中的最大值为该部位的安全泄放量；

b）安全泄放量的计算可参见附录B规定。附录B中未规定的其他超压工况的安全泄放量计算，可参照ISO 23251的相应规定。

表2 典型超压工况下确定安全泄放量准则

序号	超压工况	液体泄放[a]	蒸气泄放[a]
1	设备出口关闭	最大液体泵入流量	水蒸气和蒸气总进入量，加上泄放条件下产生的水蒸气和蒸气
2	冷却器冷却水故障	—	在泄放条件下进入冷凝器的蒸气总量
3	塔顶回流故障	—	水蒸气和蒸气总进入量，加上泄放条件下产生的水蒸气和蒸气减去被侧线回流冷凝的蒸气
4	侧线回流故障	—	泄放条件下进入蒸气和排出蒸气之差额
5	至吸收塔的贫油故障	—	通常没有
6	不凝气体的积聚	—	在塔中产生的结果与第2项相同，在其他设备中产生的结果与第1项相同
7	高挥发物的进入： a）水进入热油 b）轻烃进入热油	—	采用替代防护方法避免这种情况。见本表第15项a）
8	储罐或缓冲罐装料过满	最大液体泵入流量	—
9	自动控制故障	—	逐个分析各种情况（如进口和出口控制装置、旁路、故障保持阀位的阀门或节流阀故障）
10	异常工艺热量或蒸气进入： a）异常工艺热量进入 b）阀门误操作开启 c）节流阀故障	—	估计因过热产生的最大的蒸气量和不凝气体量
11	内部爆炸或瞬变压力冲击（如水锤、汽锤或冷凝液锤击）	常规泄压装置不适用	常规泄压装置不适用。可燃气体或粉尘爆燃（不包括爆轰）泄放量计算按NFPA 68和GB/T 15605的规定
12	化学反应	—	从正常和失控两种条件来估算蒸气产生量，需考虑两相的影响
13	液体膨胀： a）冷液体关闭在里面 b）工艺装置区域外部管线液体关闭在里面	按被关闭的冷液体受热膨胀确定要求的泄放量	—
14	外部火灾	—	按暴露于外部池火中设备内液体浸润面积吸收的热量产生蒸气和气体量（按ISO 23251）
15	传热设备故障： a）换热器管子破裂 b）套管 c）板和框	穿过破裂处的液体流量等于1根管子内横截面积2倍的流量	穿过破裂处的水蒸气或蒸气流量等于1根管子内横截面积2倍的流量
16	动力故障（水蒸气、电或其他）：	—	分析装置情况，以确定动力故障的影响，按可能出现的最坏情况来确定安全泄放量
	a）蒸馏塔	—	所有的泵失效，导致回流和冷却水故障
	b）反应器	—	考虑搅拌或搅动、淬冷或抑制物流故障，按失控反应产生的蒸气确定安全泄放量
	c）空冷器	—	风扇故障，按正常和紧急事故的负荷差额确定安全泄放量
	d）缓冲罐	最大液体进入流量	—

[a] 需考虑泄放压力高于操作压力而引起泄放量的减少。

4.2.2 最小泄放面积应符合下列要求：

a）安全泄放装置最小泄放面积应根据安全泄放量、最大泄放压力、泄放流体温度、安全泄放装置有效泄放系数和校正系数以及流体物理性质确定；

b）最小泄放面积可参见附录B的规定计算；

c）选用安全泄放装置产品的额定泄放量应不小于安全泄放量。

4.3 安全泄放装置进、出口阀门和管道的设置

4.3.1 安全泄放装置的进、出口不宜安装切断阀。确因安全泄放装置检测、维修需要安装时，应符合下列要求：

a）切断阀应采用全通径的，或压力降不影响安全泄放装置的正常工作和安全泄放量；

b）安全泄放装置正常工作时，切断阀应锁定或铅封在全开位置。

4.3.2 安全泄放装置入口管道应符合下列要求：

a）管径应不小于安全泄放装置的进口尺寸，管道长度尽可能短。管道不可回收的总压力降不宜超过安全阀的3%设定压力；

b）在容积式压缩机排出口管道上安装安全泄放装置时，阻尼器或孔板至安全泄放装置的直管段距离应不小于10倍管径。

4.3.3 安全泄放装置的出口管道应符合下列要求：

a）泄放至大气的管道出口应位于安全地点，安全泄放装置、泄放管道及其支承应有足够的强度承受泄放反力；

b）排放至密闭系统（排气筒、火炬系统、收集容器或其他处理系统）的出口管道和泄放总管背压应不超过安全泄放装置允许的最大背压；

c）应考虑液化气等低沸点液体降压闪蒸时产生骤冷对管道材料的低温脆裂影响。

4.4 安全泄放装置的选用

4.4.1 安全泄放装置应考虑泄放介质、过程超压工况以及安全泄放装置的性能，选用合适的安全泄放装置形式，参见附录C。安全泄放装置的选用应符合相关标准的规定。

4.4.2 安全泄放装置产品应符合TSG ZF001和TSG ZF003以及GB/T 12242等相关标准的规定。

5 阻火器

5.1 阻火器的应用

5.1.1 阻火器产品和应用应符合ISO 16852和PD CEN/TR 16793等相关标准的规定。

5.1.2 在工艺装置中，有大量潜在爆炸性环境的非电气设备以及管道系统。阻火器是非电气设备防爆的主要安全防护装置，具有防止爆炸、阻止爆炸通过管道蔓延以及防止爆燃发展成爆轰的作用。阻火器的类别和选用参见附录D。

5.2 阻火器设置

下列设备和管道系统应设置阻火器：

a）可燃液体常压储罐，以及液态烃、LNG等低温储罐的通气口和呼吸阀进、出口及其气相连通管；

b）火炬、焚烧炉、氧化炉等燃烧设备入口；

c）有持续点燃源和0区的风机、真空泵、压缩机等机械设备进、出口；

d）装卸可燃液体或气体终端站、槽船和槽罐车的呼吸阀，以及气体置换和平衡管线；

e）沼气系统、污水处理和垃圾填埋气系统中间气体储罐的呼吸阀以及气体总管；

f）加工可燃化学品的并联设备系统（如反应器）、可燃溶剂回收系统、可燃气体和蒸气回收系

统、可燃尾气处理系统的单台设备或系统的气体和蒸气出口，以及集合总管进入火炬、焚烧炉、氧化炉、活性炭吸附槽等处理设备进口；

g）可能发生失控放热反应、自燃、自分解的反应器或容器至大气或不耐爆炸压力的容器的出口；

h）输送可能发生爆燃或爆轰的爆炸性气体和蒸气的管道系统；

i）可燃气体在线分析设备的放空总管；

j）进入爆炸性气体环境危险区域的内燃发动机的排气总管。

5.3 可燃气体和蒸气的MESG和爆炸级别

按MESG将可燃气体和蒸气分为7个爆炸级别，如表3所示。阻火器的间隙应小于可燃气体和蒸气的MESG。

纯组分与多组分可燃气体与蒸气的MESG和爆炸级别参见附录E。

表3 爆炸级别和相对应的MESG及试验气体

爆炸级别	MESG/mm	空气中试验气体体积分数/%
Ⅱ A1	≥1.14	甲烷8.4 ± 0.2
Ⅱ A	>0.90	丙烷4.2 ± 0.2
Ⅱ B1	≥0.85	乙烯5.2 ± 0.2
Ⅱ B2	≥0.75	乙烯5.7 ± 0.2
Ⅱ B3	≥0.65	乙烯6.6 ± 0.3
Ⅱ B	≥0.5	氢45.0 ± 0.5
Ⅱ C	<0.5	氢28.5 ± 2.0

6 其他安全保护装置

6.1 火灾紧急切断阀

6.1.1 大型、液化气体及急性毒性类别1和类别2化学品等重点储罐出口端宜设置火灾紧急切断阀。

6.1.2 大量储存各种危险化学品的港口码头、车站和物流公司等仓储区的大型危险化学品储罐，宜设置机械紧急切断阀等火灾紧急切断阀（FEBV）。

6.2 机械联锁装置

6.2.1 机械联锁是防范因人为失误造成重大事故的高完整性安全保护装置。产品应符合GB/T 15706等相关标准的规定。

6.2.2 运行和维修的操作失误可能导致重大事故时，宜设置机械联锁装置：

a）安全泄放装置进、出口切断阀运行和维修操作；

b）火炬系统气体排放和气体回收切换阀及放空阀运行与维修操作；

c）聚乙烯装置脱气仓与高压氮气罐之间切断阀运行和维修操作；

d）醋酸乙烯-乙烯共聚乳液（VAE）充氮阀运行和维护操作；

e）间歇和半间歇反应釜多种物料加料阀和分段程序加料阀操作。

7 安全防护

7.1 一般规定

采取安全防护措施时，应考虑以下因素：

a）由流体性质以及操作压力和操作温度确定的流体危险性；

b）由管道材料、结构、连接形式及其安全运行经验确定的管道安全性；

c）管道一旦发生损坏或泄漏，导致流体的泄漏量及其对周围环境、设备造成的危害程度；

d）管道事故对操作人员、维修人员和一切可能接触人员的危害程度。

7.2 工厂布置中的安全防护

7.2.1 露天化的设备布置应符合以下规定：

a）生产区和居民区之间、装置之间，建、构筑物之间以及设备之间应保持一定的安全距离；

b）装置内的主要行车道、消防通道以及安全疏散通道的设置应符合 GB 50984、GB 50160 和GB 50016的规定；

c）应对接近生产装置的人员予以控制；

d）应设置必要的坡度、排放沟、防火堤和隔堤。

7.2.2 可燃、有毒流体应排入封闭系统内，不得直接排入下水道及大气。

7.2.3 密度比环境空气大的可燃气体应排入火炬系统，密度比环境空气小的可燃气体，在不允许设置火炬及符合卫生标准的情况下，可排入大气。

7.2.4 可燃气体管道的放空管管口及安全泄放装置的排放位置应符合GB 50160、GB 50984 及GB 31571的规定。

7.2.5 架空管道穿过道路、铁路及人行道等的净空高度，以及外管廊的管架边缘至建筑物或其他设施的水平距离应符合GB 50160、GB 50016及GB 50984的规定，管道与高压电力线路间交叉净距应符合架空线路相关标准的规定。

7.2.6 位于通道、道路和铁路上方的管道不应安装阀门、法兰、螺纹接头以及带有填料的补偿器等可能发生泄漏的管道组成件。

7.2.7 在可通行管沟内不得布置GC1级管道。

7.3 生产管理中的安全防护

7.3.1 应建立各项安全生产管理制度，包括生产责任制，安全生产和维修人员教育和培训制度，有危险性工作的操作许可制度（如动火规程等），安全生产检查制度，事故调查、报告和责任制度以及安全监察制度等。

7.3.2 应制定安全可靠的开、停车和正常操作的规程，以及停水、停电等情况下事故停车的程序，以尽可能减少对管道的损害和减少操作人员、维修人员及其他人员接触危险性管道的可能性。

7.3.3 建立管道管理系统数据库，包括管道目录库、管道故障记录库、管道检测报告库以及管道检修报告库等。

7.4 安全防护设施和措施

7.4.1 灭火消防系统和喷淋设施应包括建构筑物的防火墙、防爆墙等防火结构，去除有毒、腐蚀性或可燃性蒸气的通风装置、遥测和遥控装置以及储存或回收装置、火炬或焚烧炉等紧急处理有害物质的设施。

7.4.2 在脆性材料管道系统或法兰、接头、阀盖、仪表或视镜处应设置保护罩，以限制和减小泄漏的危害程度。

7.4.3 当充满液体的管道可能发生“水锤”现象，或在存有可压缩性流体的管道中可能发生“汽锤”的情况下，宜根据流体力学分析结果，采取适当的防护措施。

7.4.4 应采用自动或遥控的紧急切断、过流量阀、附加的切断阀、限流孔板或自动关闭压力源等方法限制流体泄漏的数量和速度。

7.4.5 处理事故用的紧急放空、事故隔离、消防蒸汽、消防栓等阀门，应布置在安全、明显、方便操作的地方。

7.4.6 进出装置的可燃、有毒物料管道，应在界区边界处设置切断阀，并在装置侧设“8”字盲板，以防止发生火灾时相互影响。

7.4.7 应设置必要的防护面罩、防毒面具、应急呼吸系统、专用药剂、便携式可燃和有毒气体检测报警系统等卫生安全设备，在可能造成人体意外伤害的排放点或泄漏点附近应设置紧急淋浴和洗眼器。

7.4.8 有辐射性的流体管道，应设置屏蔽保护和自动报警系统，并配置专用的面具、手套和防护服等。

7.4.9 对爆炸、火灾危险场所内可能产生静电危险的管道系统，均应采取静电接地措施。如可通过设备、管道及土建结构的接地网接地，法兰跨接。其他防静电要求应符合GB 12158的规定。

7.4.10 盲板设置应符合下列规定：

a） 当装置停运维修时，对装置外可能继续运行的管道，在装置边界处除设置切断阀外，还应在阀门靠装置一侧的法兰处设置盲板；

b） 当运行中的设备需切断检修时，应在阀门与设备之间法兰接头处设置盲板。当有毒、可燃流体管道、阀门与盲板之间装有放空阀时，对于放空阀后的管道，应保证其出口位于安全范围之内。

7.4.11 蒸气、空气、氮气等公用工程管道与GC1级、GC2级管道连接时，应符合下列规定：

a） 连续使用的公用工程管道上应设止回阀，并在其根部设切断阀；

b） 间歇使用的公用工程管道上应设两道切断阀，并在两阀间设检查阀。

7.4.12 生产装置内的建、构筑物防雷措施应符合GB 50057的规定。露天布置的塔器、容器，或可燃气体、液体和粉尘的储罐与料仓，可能泄放或泄漏可燃气体或粉尘的储罐和料仓，防雷措施和/或防雷接地设施应符合GB 50057的规定。

附 录 A
（资料性附录）
安全保护层分析

A.1 工业压力管道系统的安全运行，需多层次的安全防护。典型的安全保护层图如图A.1所示。每个安全保护层应是独立的，由里层至外层，事故后果逐层升高。

A.2 图A.1中第6层是本部分定义为安全保护装置的物理(机械)保护装置。该层在自控仪表和人工干预失效时起防护作用，是防止事故发生或减轻事故损失的最后一道屏障。

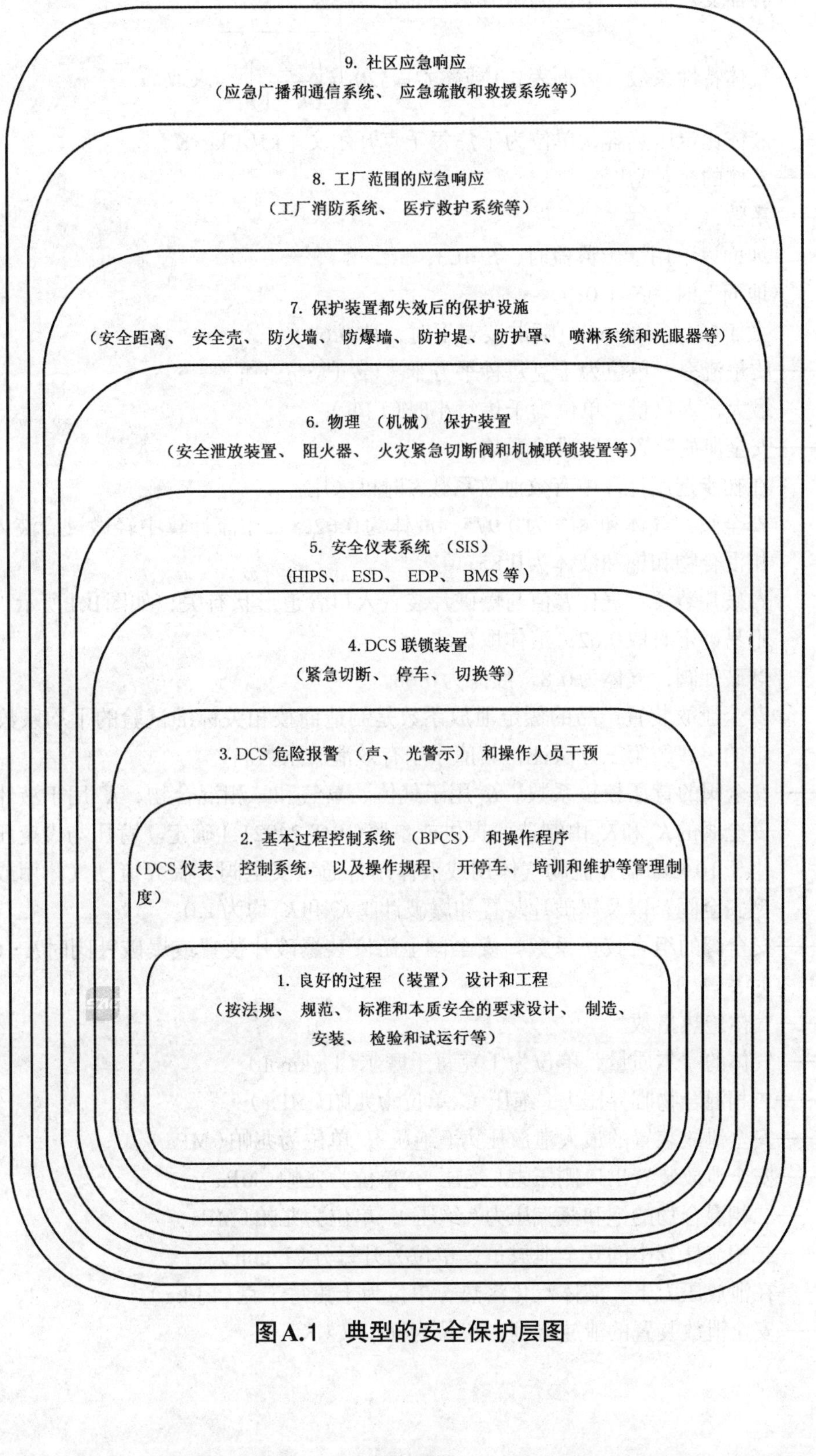

图A.1 典型的安全保护层图

附 录 B
（资料性附录）
安全泄放装置的计算

B.1 符号

A ——安全泄放装置的最小泄放面积，单位为平方毫米（mm^2）。

A_r ——容器受热面积，单位为平方米（m^2）。

C ——气体特性系数，可查表B.1或按 $C=520\sqrt{k\left(\frac{2}{k+1}\right)^{\frac{k+1}{k-1}}}$ 求取。

C_{pl} ——液体比定压热容，单位为千焦每千克开尔文［kJ/（kg·K）］。

d ——液体的相对密度。

F ——系数；

地面以下用沙土覆盖时，F=0.3；

地面上时，F=1.0；

大于10L/（m^2·min）喷淋装置下时，F=0.6。

G ——质量流率，单位为千克每秒平方米［kg/（s·m^2）］；

H ——最大输入热量，单位为千焦每小时（kJ/h）；

K ——安全泄放装置有效泄放系数；

在初步选用计算中有效泄放系数K时可采用：

安全阀：气体和蒸气为0.975，液体为0.62，二相流计算中轻微过冷液体为0.65，二相混合物和饱和液体为0.85；

爆破片装置：气体K值与爆破片装置入口管道形状有关，如图B.1所示，当管道形状不易确定时取0.62；液体取0.62；

爆破针阀：气体为0.8，液体为0.68。

安全泄放装置产品的额定泄放系数是制造商按相关标准试验的平均系数乘以0.90确定的，并经第三方认证，其值小于有效泄放系数。

K_b，K_w——安全阀的背压校正系数。K_b用于气体、蒸气和二相混合物，K_w用于液体。波纹管型安全阀的K_b和K_w由制造商提供或参照GB/T 24921.1确定。背压与设定压力的表压比小于10%的临界流动气体用或液体用普通型安全阀、临界流动气体用或液体用先导型安全阀，以及爆破片装置和爆破针阀K_b和K_w均为1.0。

K_c ——安全阀的组合校正系数。安全阀上游安装爆破片装置或爆破针阀时K_c=0.9，不安装时K_c=1.0。

k ——气体绝热指数。

M ——气体的摩尔质量，单位为千克每千摩尔（kg/kmol）。

p_c ——二相混合物临界压力（绝压），单位为兆帕（MPa）。

p_d ——安全泄放装置的最大泄放压力（绝压），单位为兆帕（MPa）。

p_o ——安全泄放装置出口侧压力（绝压），单位为兆帕（MPa）。

p_s ——二相混合物的饱和蒸汽压力（绝压），单位为兆帕（MPa）。

Q_s ——二相流计算中的安全泄放量，单位为升每分（L/min）。

q ——在泄放压力下，液体汽化潜热，单位为千焦每千克（kJ/kg）。

T ——安全泄放装置的泄放温度，单位为开尔文（K）。

t ——最大泄放压力下介质的饱和温度，单位为摄氏度（℃）。

V_s ——液体安全泄放量，单位为立方米每小时（m^3/h）。

v ——进口管最大气体流速，单位为米每秒（m/s）。

W_s ——安全泄放量，单位为千克每小时（kg/h）。

Z ——在最大泄放压力及温度下，气体的压缩系数。

α ——液体的体积膨胀系数，单位为每摄氏度（1/℃），可查表B.2。

δ ——保温层厚度，单位为米（m）。

λ ——常温下绝热材料的导热系数，单位为千焦每米小时开尔文［kJ/（m·h·K）］。

μ ——液体的动力黏度，单位为千克每米秒［kg/（m·s）］。

ξ ——安全泄放装置的液体动力黏度校正系数，根据雷诺数 $Re=\dfrac{0.3134W_s}{\mu\sqrt{A}}$ 由图B.2查取；当液体黏度等于或小于水的黏度时，取ξ=1。

v_0 ——安全泄放装置入口状态下二相混合物比容，单位为立方米每千克（m^3/kg）。

v_9 ——安全泄放装置90%入口压力下二相混合物比容，单位为立方米每千克（m^3/kg）。

ρ_s ——安全泄放装置入口状态下气体密度，单位为千克每立方米（kg/m^3）。

ρ_1 ——安全泄放装置入口状态下液体密度，单位为千克每立方米（kg/m^3）。

ρ_9 ——对应安全泄放装置入口温度下，90%入口液体饱和蒸汽压p_s时的二相混合物密度，单位为千克每立方米（kg/m^3）。

η_0 ——背压比，$\eta_0=p_o/p_d$。

η_c ——临界压力比，$\eta_c=p_c/p_d$。

η_s ——饱和蒸汽压力比，$\eta_s=p_s/p_d$。

η_{st} ——转变饱和压力比，见式（B.19）。

ω ——欧米伽参数，见式（B.12）。

ω_s ——饱和欧米伽参数，见式（B.18）。

B.2 独立压力系统的安全泄放量计算

B.2.1 安全泄放量计算的确定原则

当中间无阀门关断的管道系统与相连接的几个设备（容器）一起作为一个独立的被保护压力系统，用一个或几个设置在容器上或管道上的安全泄放装置保护时，其安全泄放量采用压力容器安全泄放量的计算方法，但应将管道系统和相连接的容器都包括在内。

单纯的管道系统的超压主要发生在充满液体的封闭管道系统中，液体受热膨胀可能发生超压。若安全泄放装置设定压力大于液体蒸气压，则安全泄放量按液体热膨胀计算，反之按液体汽化计算。

B.2.2 压缩气体和蒸气的安全泄放量

B.2.2.1 蒸气发生器等产生蒸气换热设备的系统安全泄放量按式（B.1）计算：

$$W_s=H/q \quad\cdots\cdots\cdots\cdots（B.1）$$

B.2.2.2 压缩气体系统的安全泄放量，按式（B.2）计算：

$$W_s=2.83\times10^{-3}\rho_s v d^3 \quad\cdots\cdots\cdots\cdots（B.2）$$

B.2.3 液化气体的容器和管道系统安全泄放量

B.2.3.1 易爆液化气体及有可能发生火灾环境下的非易爆液化气体，安全泄放量按式（B.3）或式

(B.4)计算。

无绝热保温层时，安全泄放量按式(B.3)计算：

$$W_s = \frac{2.55\times10^5 F A_r^{0.82}}{q} \quad \cdots\cdots(B.3)$$

有完善的绝热保温层时，安全泄放量按式(B.4)计算：

$$W_s = \frac{2.61(650-t)\lambda A_r^{0.82}}{\delta q} \quad \cdots\cdots(B.4)$$

B.2.3.2 非易爆液化气体在无火灾危险的环境下工作时，安全泄放量根据有、无保温层计算，不小于式(B.3)或式(B.4)计算值的30%。

B.2.4 化学反应导致超压的安全泄放量

因化学反应而导致超压者，安全泄放量按化学反应可能生成的最大气量和反应时间来确定。

B.2.5 充满液体的封闭管道系统中液体受热膨胀的安全泄放量

在受热后，液体的饱和蒸气压小于安全泄放装置设定压力(或最大标定爆破压力)时，按式(B.5)计算：

$$V_s = 0.001\frac{\alpha H}{d\cdot c_{p1}} \quad \cdots\cdots(B.5)$$

B.2.6 充满液体封闭管道系统中液体受热汽化的安全泄放量

受热后，液体饱和蒸气压大于安全泄放装置设定压力(或最大标定爆破压力)时，按式(B.6)计算：

$$W_s = H/q \quad \cdots\cdots(B.6)$$

B.3 安全泄放装置的最小泄放面积计算

B.3.1 气体

B.3.1.1 临界流动：$\frac{p_o}{p_d} \leqslant \left(\frac{2}{k+1}\right)^{\frac{k}{k-1}}$ 时，最小泄放面积按式(B.7)计算：

$$A = 13.16\frac{W_s}{CKK_bK_c\xi p_d}\sqrt{\frac{ZT}{M}} \quad \cdots\cdots(B.7)$$

B.3.1.2 亚临界流动：$\frac{p_o}{p_d} > \left(\frac{2}{k+1}\right)^{\frac{k}{k-1}}$ 时，最小泄放面积按式(B.8)计算：

$$A = 1.79\times10^{-2}\frac{W_s}{KK_c\xi p_d\sqrt{\frac{k}{k-1}\left[\left(\frac{p_o}{p_d}\right)^{\frac{2}{k}} - \left(\frac{p_o}{p_d}\right)^{\frac{k+1}{k}}\right]}}\sqrt{\frac{ZT}{M}} \quad \cdots\cdots(B.8)$$

亚临界流动的波纹管型安全阀应按式(B.7)计算。

B.3.2 饱和蒸气

B.3.2.1 饱和蒸气中蒸气含量不小于98%，最大过热度为10℃。

B.3.2.2 当p_d≤10MPa时，最小泄放面积按式(B.9)计算：

$$A = 0.19\frac{W_s}{KK_bK_c\xi p_d} \quad (B.9)$$

B.3.2.3 当10MPa<p_d≤22MPa时，最小泄放面积按式（B.10）计算：

$$A = 0.19\frac{W_s}{KK_bK_c\xi p_d}\left(\frac{33.2p_d - 1\ 061}{27.6p_d - 1\ 000}\right) \quad (B.10)$$

B.3.3 液体

$$A = 0.196\frac{W_s}{KK_wK_c\xi\sqrt{\rho_l(p_d - p_o)}} \quad (B.11)$$

对于黏性流体的泄放面积计算程序如下：

a） 假设为非黏性流体，取ξ=1.0，按式（B.11）计算出初始的泄放面积与相应的直径，并向上圆整到产品系列化规格相近的公称直径及相对应的泄放面积；

b） 根据a）计算出的圆整后泄放面积按式（B.11）及ξ=1.0计算泄放量W；

c） 根据b）计算出的W及a）计算出的圆整后泄放面积按式$Re=0.313\frac{W}{\mu\sqrt{A}}$计算雷诺数，由图B.2查得$\xi$值按式（B.11）重新计算泄放量$W$。

若$W \geqslant W_s$，则该直径（面积）即为所求的泄放面积；若$W<W_s$，则采用大一挡的产品公称直径相对应的泄放面积代替a）计算出的圆整后泄放面积，重复b）~c）的计算，直至$W \geqslant W_s$。

B.3.4 气液二相

B.3.4.1 气液二相流工况安全阀最小泄放面积计算宜采用API STD 520-1的方法。气液二相流泄放工况可分为下述四种类型：

a） 不含不凝气的饱和液相或二相流通过安全阀，阀后有闪蒸；

b） 含有不凝气或饱和气体的高度过冷液体通过安全阀，阀后无闪蒸；

c） 含有不凝气的过冷或饱和液体通过安全阀，阀后有闪蒸；

d） 不含不凝气的过冷或饱和液体通过安全阀，阀后有闪蒸。

B.3.4.2 B.3.4.1 a）、b）和c）类型的气液二相流的计算步骤如下：

a） 计算欧米伽参数ω，按式（B.12）：

$$\omega = 9\left(\frac{v_9}{v_0} - 1\right) \quad (B.12)$$

b） 临界压力比η_c，按式（B.13）计算：

$$\eta_c = \left[1 + (1.044\ 6 - 0.009\ 343\ 1\omega^{0.5})\omega^{-0.562\ 61}\right]^{(-0.703\ 56 + 0.014\ 6851\text{n}\omega)} \quad (B.13)$$

c） 确定临界压力p_c，按式（B.14）计算：

$$p_c = \eta_c \cdot p_d \quad (B.14)$$

d） 计算质量流率G：

当$p_c \geqslant p_0$，为临界流动时，按式（B.15）计算：

$$G = \eta_c\sqrt{\frac{p_d \times 10^{-3}}{\omega v_0}} \quad (B.15)$$

当$p_c<p_0$，为亚临界流动时，按式（B.16）计算：

$$G = \frac{\{-2[\omega\ln\eta_0 + (\omega - 1)(1 - \eta_0)]\}^{0.5}}{\omega\left(\frac{1}{\eta_0} - 1\right) + 1}\sqrt{\frac{p_d \times 10^{-3}}{v_0}} \quad (B.16)$$

e）计算最小泄放面积，按式（B.17）：

$$A = 277.8\frac{W_s}{KK_bK_c\xi G} \qquad \text{（B.17）}$$

B.3.4.3 B.3.4.1d）类型的气液二相流的计算步骤如下：

a）计算饱和欧米伽参数ω_s，按式（B.18）：

$$\omega_s = 9\left(\frac{\rho_1}{\rho_9}-1\right) \qquad \text{（B.18）}$$

b）确定过冷区

$p_s \geqslant \eta_{st}p_d$，为低过冷区（在喉管上游开始闪蒸）；

$p_s < \eta_{st}p_d$，为高过冷区（在喉管中开始闪蒸）。

转变的饱和压力比按式（B.19）计算：

$$\eta_{st} = \frac{2\omega_s}{1+2\omega_s} \qquad \text{（B.19）}$$

c）对于低过冷区：

饱和蒸气压力比按式（B.20）计算：

$$\eta_s = \frac{p_s}{p_d} \qquad \text{（B.20）}$$

若$\eta_s \leqslant \eta_{st}$，则临界压力比$\eta_c = \eta_s$；

若$\eta_s > \eta_{st}$，则临界压力比按式（B.21）计算：

$$\eta_c = \eta_s\left(\frac{2\omega}{2\omega-1}\right)\left[1-\sqrt{1-\frac{1}{\eta_s}\left(\frac{2\omega-1}{2\omega}\right)}\right] \qquad \text{（B.21）}$$

$$p_c = \eta_c p_d$$

当$p_c \geqslant p_o$，为临界流动时，按式（B.22）计算：

$$G = \frac{\left\{2(1-\eta_s)+2\left[\omega_s\eta_s\ln\frac{\eta_s}{\eta_c}-(\omega_s-1)(\eta_s-\eta_c)\right]\right\}^{0.5}}{\omega_s\left(\frac{\eta_s}{\eta_c}-1\right)+1}\sqrt{p_o\rho_1\times10^{-3}} \qquad \text{（B.22）}$$

当$p_c < p_o$，为亚临界流动时，按式（B.23）计算：

$$G = \frac{\left\{2(1-\eta_s)+2\left[\omega_s\eta_s\ln\frac{\eta_s}{\eta_0}-(\omega_s-1)(\eta_s-\eta_0)\right]\right\}^{0.5}}{\omega_s\left(\frac{\eta_s}{\eta_0}-1\right)+1}\sqrt{p_o\rho_1\times10^{-3}} \qquad \text{（B.23）}$$

d）对于高过冷区：

当$p_c \geqslant p_o$，为临界流动时，按式（B.24）计算：

$$G = 1.414\left[\rho_1(p_d-p_s)\times10^{-3}\right]^{0.5} \qquad \text{（B.24）}$$

当$p_c < p_o$，为亚临界流动时，按式（B.25）计算：

$$G = 1.414\left[\rho_1(p_d-p_o)\times10^{-3}\right]^{0.5} \qquad \text{（B.25）}$$

e）计算最小泄放面积，按式（B.26）：

$$A = 16.67\frac{Q_s\rho_1}{KK_bK_c\xi G} \qquad \text{（B.26）}$$

B.4 额定泄放量的验证

上述计算方法仅适用于初步选用计算。在选定产品后，制造商应提供经第三方认证的额定泄放系数和实际最小泄放面积。用额定泄放系数和实际最小泄放面积验证，额定泄放量应达到或超过安全泄放量。

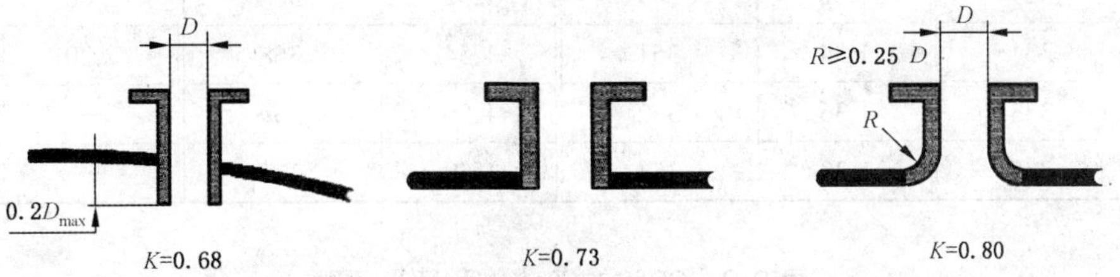

说明：

D ——接管内径；

R ——接管圆角半径。

图 B.1 爆破片装置入口管道形状与用于气体的爆破片有效泄放系数 *K*

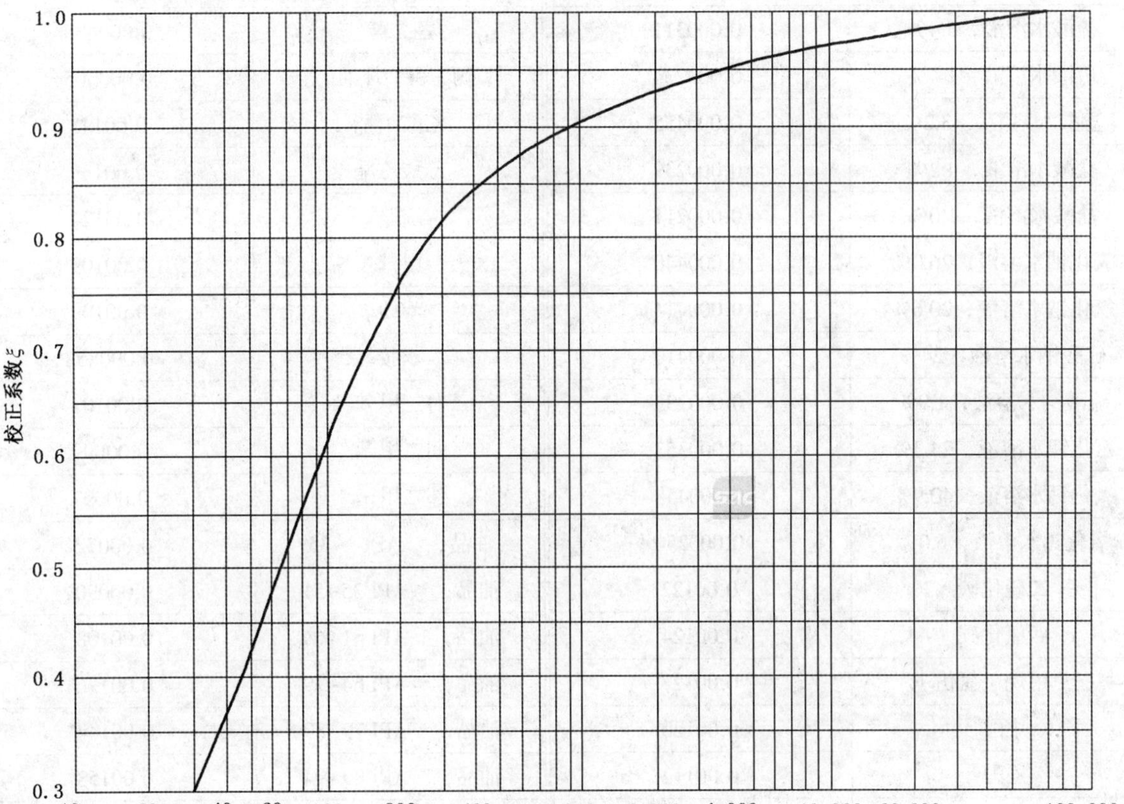

图 B.2 液体动力黏度校正系数ξ

表 B.1 不同 *K* 值气体特性系数 *C* 值

K	*C*	*K*	*C*	*K*	*C*	*K*	*C*
1.00	315	1.20	337	1.40	356	1.60	372
1.02	318	1.22	339	1.42	358	1.62	374
1.04	320	1.24	341	1.44	359	1.64	376

表B.1　不同*K*值气体特性系数*C*值（续）

K	*C*	*K*	*C*	*K*	*C*	*K*	*C*
1.06	322	1.26	343	1.46	361	1.66	377
1.08	324	1.28	345	1.48	363	1.68	379
1.10	327	1.30	347	1.50	364	1.70	380
1.12	329	1.32	349	1.52	366	2.00	400
1.14	331	1.34	351	1.54	368	2.20	412
1.16	333	1.36	352	1.56	369	—	—
1.18	335	1.38	354	1.58	371	—	—

表B.2　20℃的液体体积膨胀系数

液体	体积膨胀系数/（1/℃）	液体	体积膨胀系数/（1/℃）
水	0.00207	乙酸	0.00107
硫酸水溶液，100%	0.000558	乙醚	0.00166
硫酸水溶液，10.9%	0.000387	丙酮	0.00149
硫酸水溶液，5.4%	0.000311	乙二醇	0.000638
硫酸水溶液，1.4%	0.000234	丙三醇（甘油）	0.000505
盐酸水溶液，33.2%	0.000455	乙酸甲酯	0.00143
盐酸水溶液，4.2%	0.000239	乙酸乙酯	0.00139
盐酸水溶液，1.0%	0.000211	苯	0.00124
氯化钠水溶液，26.0%	0.000440	甲苯	0.00109
氯化钠水溶液，20.6%	0.000414	苯酚	0.00109
硫酸钠水溶液，24%	0.000410	苯胺	0.000858
硫酸钠水溶液，1.9%	0.000235	对二甲苯	0.00101
氯化钾水溶液，24.3%	0.000353	间二甲苯	0.00099
氯化钙水溶液，40.9%	0.000458	邻二甲苯	0.00097
氯化钙水溶液，6.0%	0.000250	油品，° API 3~35	0.00072[a]
二硫化碳	0.00122	油品，° API 35~51	0.00090[a]
四氯化碳	0.00124	油品，° API 51~64	0.00108[a]
三氯甲烷（氯仿）	0.00127	油品，° API 64~79	0.00126[a]
甲醇	0.00120	油品，° API 79~89	0.00144[a]
乙醇	0.00112	油品，° API 89~94	0.00153[a]
甲酸	0.00103	油品，° API ≥ 94~100	0.00162[a]

[a] 15.6℃的体积膨胀系数。

附 录 C
（资料性附录）
安全泄放装置选用

C.1 安全阀选用

C.1.1 适用于清洁、无颗粒、无聚合物和低黏度的介质。
C.1.2 按介质的相态（气、液和气液二相流）选用阀门形式和阀门内件结构。对于二相流，在不能确定泄放量和/或二相的比例时，宜选用调节式先导型阀门。
C.1.3 用于变动背压工况，应按背压选用阀门形式。
C.1.4 液化天然气等低温工况宜选用密封性良好的先导型阀门。
C.1.5 用于容积式压缩机出口管道的阀门宜选用在导压管上设置阻尼器的先导型阀门。
C.1.6 不适用于失控放热反应的超压、内部爆燃、水锤或汽锤等压力急剧上升的工况。

C.2 爆破片装置选用

C.2.1 适用于失控放热反应等压力迅速上升的工况。
C.2.2 适用于含固体颗粒、易沉淀结晶、易聚合和高黏度介质。
C.2.3 适用于急性毒性类别1和类别2、可燃气体和液体等不准许泄漏介质。
C.2.4 适用于使用哈氏合金、锆和钽等特种材料的强腐蚀性介质。
C.2.5 适用于泄放量大、压力和/或温度过高或过低等不宜用安全阀的场合。
C.2.6 不宜用于泄放大量有害物质造成重大安全和环境后果的场合。
C.2.7 不宜用于系统压力和/或温度循环工况导致爆破片拉伸疲劳破坏的场合。
C.2.8 不宜用于有变动附加背压的场合。
C.2.9 爆破片装置形式应根据泄放介质和超压工况特征选用：
a） 用于爆炸性环境时，应确保爆破时不产生火花、静电；
b） 用于安全阀上游时，爆破不应产生碎片；
c） 用于全液相的液体工况；
d） 用于高黏度、易聚合、易结垢工况时，宜选用能横向冲刷表面的正拱形爆破片。

C.3 爆破针阀选用

C.3.1 适用于爆破片装置的工况皆可用爆破针阀，且性能更稳定，精度更高。爆破针阀开启后可迅速复位。可在外部更换爆破针，不要求定期检验和更换。
C.3.2 适用于存在变动背压的工况。
C.3.3 适用于压力和/或温度循环工况。
C.3.4 适用于高达95%操作比（即最大系统操作压力对爆破压力或弯折压力之比）的工况。
C.3.5 适用于单相流和多相流工况。
C.3.6 适用于火炬系统和气体回收系统调节阀或阻火器的旁路。

C.4 爆破片装置或爆破针阀与安全阀的组合使用

C.4.1 串联使用时，爆破片装置或爆破针阀设置在安全阀入口：

a） 保护安全阀不受工艺介质腐蚀、堵塞或背压影响；

b） 防止安全阀泄漏；

c） 减少爆破片破裂后泄放损失；

d） 安全阀的在线检测。

C.4.2 串联使用时，爆破片装置在安全阀出口，保护安全阀不受泄放总管中气体腐蚀。

C.4.3 并联使用时，作为备用装置持续超压保护。分级设定几个安全泄放装置适用于泄放量大、可能有多种超压工况等场合。

附　录　D
（资料性附录）
阻火器类别和选用

D.1　阻火器类别

阻火器类别如图D.1所示。

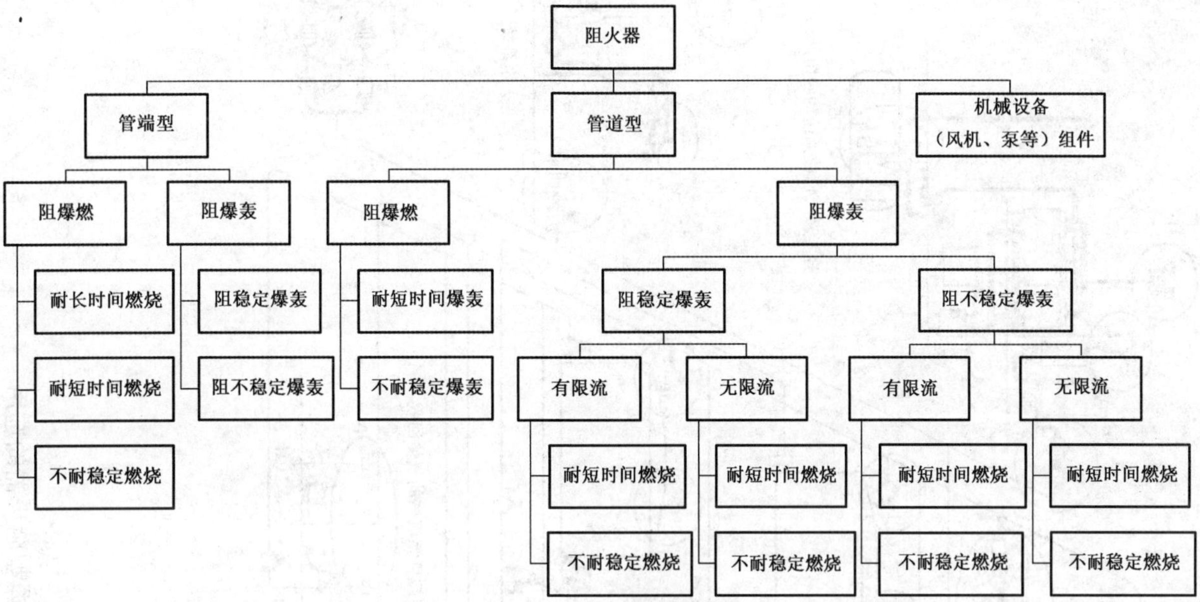

图D.1　阻火器的类别

D.2　阻火器选用

D.2.1　应根据可燃气体和蒸气MESG、阻火器安装位置、燃烧过程时间、爆炸过程特征、保护端管道特征以及工艺过程要求（设计温度和压力、最大流量、允许压力降和管道布置等）确定阻火器的类别和规格。典型阻火器的选用见图D.2所示。

D.2.2　阻火器选用的注意事项：

a）管端型阻火器不能作为管道型阻火器使用；

b）管道型阻火器不耐长时间燃烧；

c）管道型阻稳定爆轰阻火器的安装应避开不稳定爆轰位置；

d）阻火器产品测试包括阻爆燃/轰性能、耐燃烧时间、流量和压力降等。

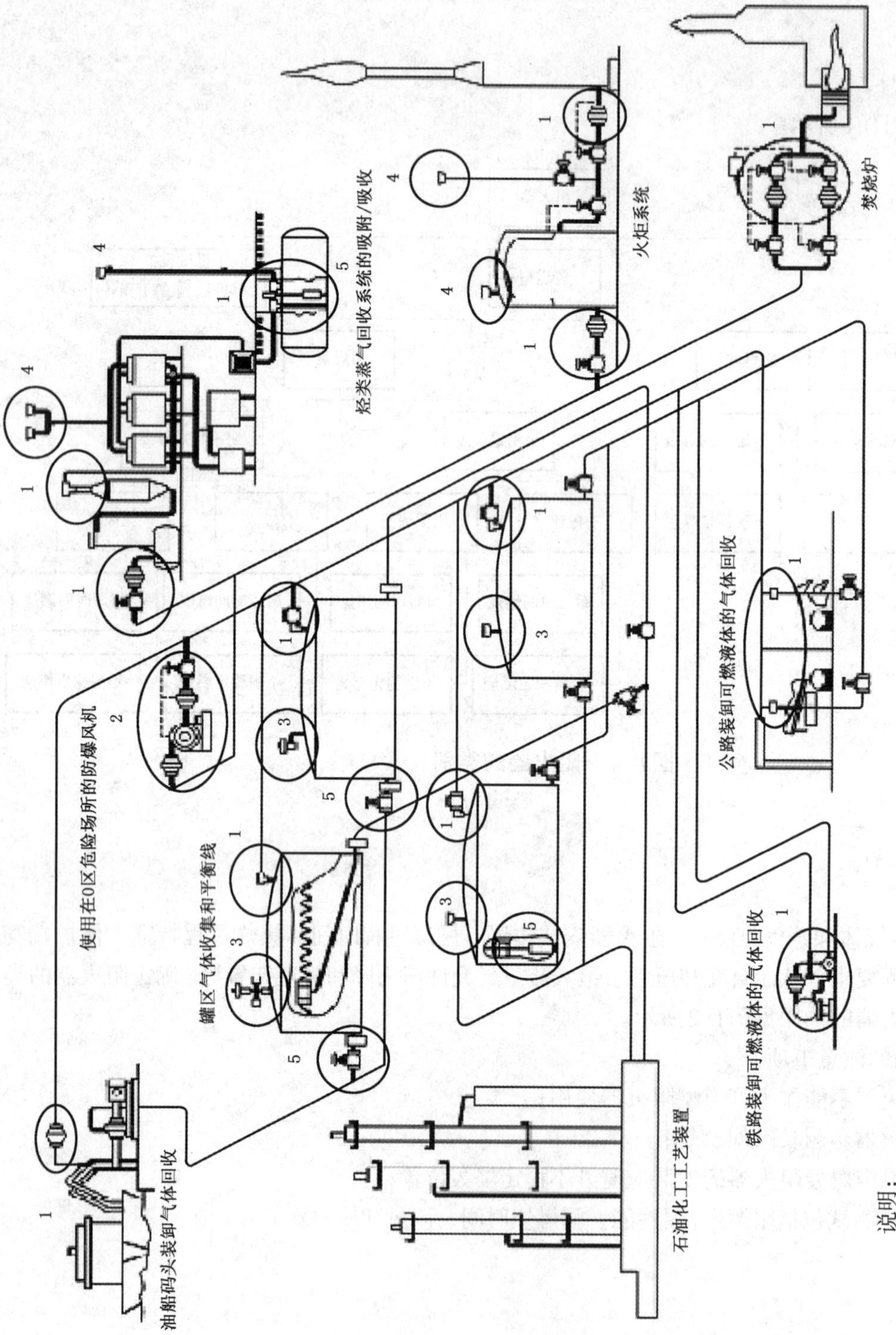

说明：

1——管道阻爆轰阻火器；

2——管道阻爆燃阻火器；

3——全天候阻火呼吸阀；

4——管端阻爆燃或耐烧阻火器；

5——液体阻火器。

图 D.2 典型阻火器的选用

附 录 E
（资料性附录）
可燃气体和蒸气的MESG和爆炸级别

E.1 典型的纯组分可燃气体和蒸气MESG和爆炸级别按IEC 60079-20-1的规定，如表E.1所示。

E.2 多组分可燃气体和蒸气MESG的确定：

a）采用标准方法进行测试，或咨询有关部门。

b）采用最小MESG作为混合气体的MESG。

c）采用加和法，按式（E.1）计算混合物MESG：

$$MESG_{min}=\frac{1}{\sum_{i}\left(\frac{X_i}{MESG_i}\right)} \qquad (E.1)$$

式中：

$MESG_{min}$——混合物最大试验安全间隙，单位为毫米（mm）；

$MESG_i$——混合物中i组分的最大试验安全间隙，单位为毫米（mm）；

X_i——混合物中组分i的体积分数。

其中可燃组分从表E.1查得。对于氮气等惰性组分，当其最大体积分数小于0.05时，MESG值取无穷大；当其最大体积分数大于或等于0.05时，取2。

d）含有催化作用组分的混合气体危险性可能比MESG最小组分更大。

E.3 温度升高或压力增加，都会使MESG减小。

表E.1 典型的可燃气体和蒸气MESG及爆炸级别

序号	CAS号	名称和分子式			MESG/mm	爆炸级别
		中文名	英文名	分子式		
1	67-56-1	甲醇	Methanol	CH_4O	0.92	ⅡA
2	64-17-5	乙醇	Ethanol	C_2H_6O	0.89	ⅡB3
3	71-36-3	正丁醇	n-butyl alcohol	$CH_3(CH_2)_3OH$	0.87	ⅡB1
4	71-36-3	异丁醇	iso-butyl alcohol	$CH_3(CH_2)_3OH$	0.87	ⅡB1
5	71-41-0	正戊醇	n-amyl alcohol	$C_5H_{12}O$	0.99	ⅡA
6	107-18-6	烯丙醇	Allyl alcohol	$CHCH_2OH$	0.84	ⅡB2
7	75-07-0	乙醛	Acetaldehyde	CH_3CHO	0.92	ⅡA
8	123-72-8	正丁醛	n-butyraldehyde	$CH_3(CH_2)_2CHO$	0.92	ⅡA
9	107-02-8	丙烯醛	Acrolein	C_3H_4O	0.72	ⅡB3
10	4170-30-3	巴豆醛	Crotonaldehyde	C_4H_6O	0.81	ⅡB1
11	74-82-8	甲烷	Methane	CH_4	1.14	ⅡA1
12	74-84-0	乙烷	Ethane	C_2H_6	0.91	ⅡA
13	74-98-6	丙烷	Propane	C_3H_8	0.92	ⅡA
14	106-97-8	丁烷	Butane	C_4H_{10}	0.98	ⅡA
15	109-66-0	正戊烷	n-pentane	C_5H_{12}	0.93	ⅡA
16	110-54-3	正己烷	n-hexane	C_6H_{14}	0.93	ⅡA
17	142-82-5	正庚烷	n-heptane	C_7H_{16}	0.91	ⅡA
18	111-65-9	辛烷	Octanes	C_8H_{18}	0.94	ⅡA

表E.1 典型的可燃气体和蒸气MESG及爆炸级别(续)

序号	CAS号	名称和分子式			MESG/mm	爆炸级别
		中文名	英文名	分子式		
19	110-82-7	环己烷	Cyclohexane	C_6H_{12}	0.94	ⅡA
20	109-89-7	二乙胺	Diethylamine	$C_4H_{11}N$	1.15	ⅡA1
21	75-50-3	三甲胺	Trimethylamine	C_3H_9N	1.05	ⅡA
22	107-15-3	乙二胺	Ethylenediamine	$C_2H_8N_2$	1.25	ⅡA1
23	71-43-2	苯	Benzene	C_6H_6	0.99	ⅡA
24	106-42-3	对二甲苯	p-xylene	C_8H_{10}	1.09	ⅡA
25	79-20-9	醋酸甲酯	Methyl acetate	$C_3H_6O_2$	0.97	ⅡA
26	141-78-6	乙酸乙酯	Ethyl acetate	$C_4H_8O_2$	0.95	ⅡA
27	109-60-4	醋酸正丙酯	n-propyl acetate	$C_5H_{10}O_2$	1.04	ⅡA
28	123-86-4	醋酸正丁酯	n-butyl acetate	$C_6H_{12}O_2$	1.02	ⅡA
29	108-05-4	醋酸乙烯酯	Vinyl acetate	$C_4H_6O_2$	0.93	ⅡA
30	140-88-5	丙烯酸乙酯	Ethyl acrylate	$C_5H_8O_2$	0.86	ⅡB1
31	60-29-7	二乙醚	Diethylether	$C_4H_{10}O$	0.87	ⅡB1
32	108-20-3	二异丙基醚	di-isopropyl ether	$C_6H_{14}O$	0.94	ⅡA
33	75-21-8	环氧乙烷	Ethylene oxide	C_2H_4O	0.59	ⅡB
34	75-56-9	环氧丙烷	Propylene oxide	C_3H_6O	0.7	ⅡB
35	109-99-9	四氢呋喃	Tetrahydrofuran	C_4H_8O	0.87	ⅡB1
36	110-91-8	吗啉	Morpholine	C_4H_9NO	0.92	ⅡA
37	106-89-8	环氧氯丙烷	Epichlorohydrin	C_3H_5ClO	0.74	ⅡB3
38	75-01-4	氯乙烯	Vinyl chloride	C_2H_3Cl	0.96	ⅡA
39	67-64-1	丙酮	Acetone	CH_3COCH_3	1.04	ⅡA
40	78-93-3	丁酮	Methyl ethyl ketone	$CH_3COCH_2CH_3$	0.85	ⅡB1
41	141-79-7	亚异丙基丙酮	Mesityl oxide	$C_6H_{10}O$	0.93	ⅡA
42	107-13-1	丙烯腈	Acrylonitrile	C_3H_3N	0.87	ⅡB1
43	74-85-1	乙烯	Ethylene	C_2H_4	0.65	ⅡB3
44	115-07-1	丙烯	Propylene	C_3H_6	0.95	ⅡA
45	106-99-0	1，3-丁二烯	1，3-butadiene	C_4H_6	0.79	ⅡB3
46	78-79-5	异戊二烯	Isoprene	C_5H_8	0.81	ⅡB2
47	74-86-2	乙炔	Acetylene	C_2H_2	0.37	ⅡC
48	7664-41-7	氨	Ammonia	NH_3	3.18	ⅡA1
49	75-15-0	二硫化碳	Carbon disulfide	CS_2	0.34	ⅡC
50	630-08-0	一氧化碳	Carbon monoxide	CO	0.94	ⅡA
51	1333-74-0	氢	Hydrogen	H_2	0.29	ⅡC
52	7783-06-4	硫化氢	Hydrogen sulfide	H_2S	0.83	ⅡB2
53	50-00-0	甲醛	Formaldehyde	HCHO	0.57	ⅡB
54	57-14-7	偏二甲肼	Dimethylhydrazine	$C_2H_8N_2$	0.85	ⅡB1
55	71-23-8	正丙醇	n-propanol	$CH_3CH_2CH_2OH$	0.89	ⅡB1

表E.1 典型的可燃气体和蒸气MESG及爆炸级别(续)

序号	CAS号	名称和分子式			MESG/mm	爆炸级别
		中文名	英文名	分子式		
56	74-90-8	氰化氢	Hydrogen cyanide	HCN	0.8	ⅡB2
57	79-09-4	丙酸	Propionic acid	CH_3CH_2COOH	1.1	ⅡA
58	79-10-7	丙烯酸	Acrylic acid	$C_3H_4O_2$	0.86	ⅡB1
59	79-24-3	硝基乙烷	Nitroethane	$C_2H_5NO_2$	0.87	ⅡB1
60	96-33-3	丙烯酸甲酯	Methyl acrylate	$C_4H_6O_2$	0.85	ⅡB1
61	98-00-0	糠醇	Furfuryl alcohol	$C_5H_6O_2$	0.8	ⅡB2
62	98-83-9	α-甲基苯乙烯	Alpha-Methylstyrene	C_9H_{10}	0.88	ⅡB1
63	103-09-3	2-乙基己醇乙酸酯	2-Ethylhexyl acetate	$C_{10}H_{20}O_2$	0.88	ⅡB1
64	105-45-3	乙酰乙酸甲酯	Methyl acetoacetate	$C_5H_8O_3$	0.85	ⅡB1
65	105-58-8	碳酸二乙酯	Diethyl carbonate	$C_5H_{10}O_3$	0.83	ⅡB2
66	106-89-8	环氧氯丙烷	Epichlorohydrin	C_3H_5ClO	0.74	ⅡB3
67	106-92-3	烯丙基缩水甘油醚	Allyl glycidyl ether	$C_6H_{10}O_2$	0.7	ⅡB3
68	107-00-6	丁炔	1-butyne	C_4H_6	0.71	ⅡB3
69	107-19-7	炔丙醇	Propargyl alcohol	C_3H_4O	0.58	ⅡB
70	108-03-2	1-硝基丙烷	1-nitropropane	$CH_3CH_2CH_2NO_2$	0.84	ⅡB2
71	109-86-4	乙二醇甲醚	2-methoxyethanol	$HOCH_2CH_2OCH_3$	0.85	ⅡB1
72	109-87-5	二甲氧基甲烷	Dimethoxymethane	$C_3H_8O_2$	0.86	ⅡB1
73	110-00-9	呋喃	Oxole	CH=CHCH=CHO	0.68	ⅡB3
74	110-05-4	过氧化二叔丁基	Di-tert-butyl peroxide	$C_8H_{18}O_2$	0.84	ⅡB2

参 考 文 献

[1] GB/T 24921.1 石化工业用压力释放阀的尺寸确定、选型和安装 第1部分：尺寸的确定和选型

[2] IEC 60079-20-1 Explosive atmospheres—Part 20-1：Material characteristics for gas and vapour classification-test methods and data

[3] API STD 520-1 Sizing，selection and installation of pressure-relieving devices in refineries-Part 1：Sizing and selection

[4] 美国化工过程安全中心.保护层分析：简化的过程风险评估.白永忠，党文义，于安峰译.北京：中国石化出版社，2010.

[5] 布赖恩·内斯比特(Brian Nesbitt).阀门和驱动装置技术手册.张双清，尹玉杰，李树勋，等译.北京：化学工业出版社，2010：197-216.

[6] Michael Beyer (Germany，PTB).防爆非电气设备的点燃危险评估方法.2003国际工业防爆技术论坛，中国上海，2003.

[7] AIChE Center for Chemical Process Safety (CCPS). Guidelines for Pressure Relief and Effluent Handling Systems，1998.

[8] Michael Davies，Thomas Heidermann. Protect your Process with the Proper Flame Arresters. Chemical Engineering Progress，Dec. 2013：16~22.

UDC

中华人民共和国国家标准

P

GB 50016—2014

建筑设计防火规范

Code for fire protection design of buildings

（2018 年版）

2014-08-27 发布　　2015-05-01 实施

中华人民共和国住房和城乡建设部
中华人民共和国国家质量监督检验检疫总局　联合发布

中华人民共和国住房和城乡建设部公告

2018 第 35 号

住房城乡建设部关于发布国家标准
《建筑设计防火规范》局部修订的公告

现批准国家标准《建筑设计防火规范》GB 50016—2014局部修订的条文，自2018年10月1日起实施。其中，第5.1.3A、5.4.4（1、2、3、4）、5.4.4B、5.5.8、5.5.13、5.5.15、5.5.17、6.2.2、6.7.4A、7.3.1、7.3.5（2、3、4）、8.2.1、8.3.4、8.4.1、10.1.5、10.3.2、11.0.4、11.0.7（2、3、4）条（款）为强制性条文，必须严格执行。经此次修改的原条文同时废止。

局部修订条文及具体内容在住房城乡建设部门户网站（www.mohurd.gov.cn）公开，并将刊登在近期出版的《工程建设标准化》刊物上。

中华人民共和国住房和城乡建设部

2018年3月30日

局部修订说明

本规范此次局部修订工作是依据住房城乡建设部《关于印发2018年工程建设规范和标准编制及相关工作计划的通知》（建标函〔2017〕306号），由公安部天津消防研究所会同有关单位共同完成。

此次局部修订工作，按照住房城乡建设部有关标准编写规定及国家有关消防法规规定的原则修订完善了老年人照料设施建筑设计的基本防火技术要求，主要内容包括：

1.明确了老年人照料设施的范围。

2.明确了老年人照料设施的允许建筑高度或层数及组合建造时的分隔要求。

3.明确了老年人生活用房、公共活动用房等的设置要求。

4.适当强化了老年人照料设施的安全疏散、避难与消防设施设置要求。

此次局部修订共27条，分别为第5.1.1、5.1.3A、5.1.8、5.3.1A、5.4.4、5.4.4A、5.4.4B、5.5.8、5.5.13、5.5.13A、5.5.14、5.5.15、5.5.17、5.5.24A、6.2.2、6.7.4A、7.3.1、7.3.5、8.2.1、8.2.4、8.3.4、8.4.1、10.1.5、10.2.7、10.3.2、11.0.4、11.0.7条。其中新增7条。

本规范条文下划线部分为修订的内容，以黑体字标志的条文为强制性条文，必须严格执行。

本次局部修订的主编单位、参编单位、主要起草人和主要审查人：

主 编 单 位： 公安部天津消防研究所

参 编 单 位： 公安部四川消防研究所
中国建筑标准设计研究院有限公司
哈尔滨工业大学
广东省公安消防总队
福建省公安消防总队
湖北省公安消防总队

主要起草人： 倪照鹏　刘激扬　王宗存　沈　纹　吴和俊　张　磊　胡　锐　张梅红
黄　韬　张敏洁　郭　景　黄德祥　卫大可

主要审查人： 周　畅　王　栋　李树丛　江　刚　朱显泽　车学娅　邸　威　刘文利
徐宏庆　庄孙毅　赵良羚

中华人民共和国住房和城乡建设部公告

第517号

住房城乡建设部关于发布国家标准《建筑设计防火规范》的公告

现批准《建筑设计防火规范》为国家标准，编号为GB 50016—2014，自2015年5月1日起实施。其中，第3.2.2、3.2.3、3.2.4、3.2.7、3.2.9、3.2.15、3.3.1、3.3.2、3.3.4、3.3.5、3.3.6（2）、3.3.8、3.3.9、3.4.1、3.4.2、3.4.4、3.4.9、3.5.1、3.5.2、3.6.2、3.6.6、3.6.8、3.6.11、3.6.12、3.7.2、3.7.3、3.7.6、3.8.2、3.8.3、3.8.7、4.1.2、4.1.3、4.2.1、4.2.2、4.2.3、4.2.5（3、4、5、6）、4.3.1、4.3.2、4.3.3、4.3.8、4.4.1、4.4.2、4.4.5、5.1.3、5.1.4、5.2.2、5.2.6、5.3.1、5.3.2、5.3.4、5.3.5、5.4.2、5.4.3、5.4.4（1、2、3、4）、5.4.5、5.4.6、5.4.9（1、4、5、6）、5.4.10（1、2）、5.4.11、5.4.12、5.4.13（2、3、4、5、6）、5.4.15（1、2）、5.4.17（1、2、3、4、5）、5.5.8、5.5.12、5.5.13、5.5.15、5.5.16（1）、5.5.17、5.5.18、5.5.21（1、2、3、4）、5.5.23、5.5.24、5.5.25、5.5.26、5.5.29、5.5.30、5.5.31、6.1.1、6.1.2、6.1.5、6.1.7、6.2.2、6.2.4、6.2.5、6.2.6、6.2.7、6.2.9（1、2、3）、6.3.5、6.4.1（2、3、4、5、6）、6.4.2、6.4.3（1、3、4、5、6）、6.4.4、6.4.5、6.4.10、6.4.11、6.6.2、6.7.2、6.7.4、6.7.5、6.7.6、7.1.2、7.1.3、7.1.8（1、2、3）、7.2.1、7.2.2（1、2、3）、7.2.3、7.2.4、7.3.1、7.3.2、7.3.5（2、3、4）、7.3.6、8.1.2、8.1.3、8.1.6、8.1.7（1、3、4）、8.1.8、8.2.1、8.3.1、8.3.2、8.3.3、8.3.4、8.3.5、8.3.7、8.3.8、8.3.9、8.3.10、8.4.1、8.4.3、8.5.1、8.5.2、8.5.3、8.5.4、9.1.2、9.1.3、9.1.4、9.2.2、9.2.3、9.3.2、9.3.5、9.3.8、9.3.9、9.3.11、9.3.16、10.1.1、10.1.2、10.1.5、10.1.6、10.1.8、10.1.10（1、2）、10.2.1、10.2.4、10.3.1、10.3.2、10.3.3、11.0.3、11.0.4、11.0.7（2、3、4）、11.0.9、11.0.10、12.1.3、12.1.4、12.3.1、12.5.1、12.5.4条（款）为强制性条文，必须严格执行。原《建筑设计防火规范》GB 50016—2006和《高层民用建筑设计防火规范》GB 50045—95同时废止。

本规范由我部标准定额研究所组织中国计划出版社出版发行。

中华人民共和国住房和城乡建设部

2014年8月27日

前　言

本规范是根据住房城乡建设部《关于印发〈2007年工程建设标准规范制订、修订计划（第一批）〉的通知》（建标〔2007〕125号）和《关于调整〈建筑设计防火规范〉、〈高层民用建筑设计防火规范〉修订项目计划的函》（建标〔2009〕94号），由公安部天津消防研究所、四川消防研究所会同有关单位，在《建筑设计防火规范》GB 50016—2006和《高层民用建筑设计防火规范》GB 50045—95（2005年版）的基础上，经整合修订而成。

本规范在修订过程中，遵循国家有关基本建设的方针政策，贯彻“预防为主，防消结合”的消防工作方针，深刻吸取近年来我国重特大火灾事故教训，认真总结国内外建筑防火设计实践经验和消防科技成果，深入调研工程建设发展中出现的新情况、新问题和规范执行过程中遇到的疑难问题，认真研究借鉴发达国家经验，开展了大量课题研究、技术研讨和必要的试验，广泛征求了有关设计、生产、建设、科研、教学和消防监督等单位意见，最后经审查定稿。

本规范共分12章和3个附录，主要内容有：生产和储存的火灾危险性分类、高层建筑的分类要求，厂房、仓库、住宅建筑和公共建筑等工业与民用建筑的建筑耐火等级分级及其建筑构件的耐火极限、平面布置、防火分区、防火分隔、建筑防火构造、防火间距和消防设施设置的基本要求，工业建筑防爆的基本措施与要求；工业与民用建筑的疏散距离、疏散宽度、疏散楼梯设置形式、应急照明和疏散指示标志以及安全出口和疏散门设置的基本要求；甲、乙、丙类液体、气体储罐（区）和可燃材料堆场的防火间距、成组布置和储量的基本要求；木结构建筑和城市交通隧道工程防火设计的基本要求；满足灭火救援要求设置的救援场地、消防车道、消防电梯等设施的基本要求；建筑供暖、通风、空气调节和电气等方面的防火要求以及消防用电设备的电源与配电线路等基本要求。

与《建筑设计防火规范》GB 50016—2006和《高层民用建筑设计防火规范》GB 50045—95（2005年版）相比，本规范主要有以下变化：

1.合并了《建筑设计防火规范》和《高层民用建筑设计防火规范》，调整了两项标准间不协调的要求。将住宅建筑统一按照建筑高度进行分类。

2.增加了灭火救援设施和木结构建筑两章，完善了有关灭火救援的要求，系统规定了木结构建筑的防火要求。

3.补充了建筑保温系统的防火要求。

4.对消防设施的设置作出明确规定并完善了有关内容；有关消防给水系统、室内外消火栓系统和防烟排烟系统设计的要求分别由相应的国家标准作出规定。

5.适当提高了高层住宅建筑和建筑高度大于100m的高层民用建筑的防火要求。

6.补充了有顶商业步行街两侧的建筑利用该步行街进行安全疏散时的防火要求；调整、补充了建材、家具、灯饰商店营业厅和展览厅的设计疏散人员密度。

7.补充了地下仓库、物流建筑、大型可燃气体储罐（区）、液氨储罐、液化天然气储罐的防火要求，调整了液氧储罐等的防火间距。

8.完善了防止建筑火灾竖向或水平蔓延的相关要求。

本规范中以黑体字标志的条文为强制性条文，必须严格执行。

本规范由住房城乡建设部负责管理和对强制性条文的解释，公安部负责日常管理，公安部消防局组织天津消防研究所、四川消防研究所负责具体技术内容的解释。

鉴于本规范是一项综合性的防火技术标准，政策性和技术性强，涉及面广，希望各单位结合工程实践和科学研究认真总结经验，注意积累资料，在执行过程中如有意见、建议和问题，请径寄公安部消防局（地址：北京市西城区广安门南街70号，邮政编码：100054），以便今后修订时参考和组织公安部天津消防研究所、四川消防研究所作出解释。

本规范主编单位、参编单位、主要起草人和主要审查人：

主 编 单 位： 公安部天津消防研究所
公安部四川消防研究所

参 编 单 位： 中国建筑科学研究院
中国建筑东北设计研究院有限公司
中国中元国际工程有限公司
中国市政工程华北设计研究院
中国中轻国际工程有限公司
中国寰球化学工程公司
中国建筑设计研究院
公安部沈阳消防研究所
北京市建筑设计研究院
天津市建筑设计院
清华大学建筑设计研究院
东北电力设计院
华东建筑设计研究院有限公司
上海隧道工程轨道交通设计研究院
北京市公安消防总队
上海市公安消防总队
天津市公安消防总队
四川省公安消防总队
陕西省公安消防总队
辽宁省公安消防总队
福建省公安消防总队

主要起草人： 杜兰萍 马 恒 倪照鹏 卢国建 沈 纹 王宗存 黄德祥 邱培芳
张 磊 王 炯 杜 霞 王金元 高建民 郑晋丽 周 详 宋晓勇
赵克伟 晁海鸥 李引擎 曾 杰 刘祖玲 郭树林 丁宏军 沈友弟
陈云玉 谢树俊 郑 实 刘建华 黄晓家 李向东 张凤新 宋孝春
寇九贵 郑铁一

主要审查人： 方汝清 张耀泽 赵 锂 刘跃红 张树平 张福麟 何任飞 金鸿祥
王庆生 吴 华 潘一平 苏 丹 夏卫平 江 刚 党 杰 郭 景
范 珑 杨西伟 胡小媛 朱冬青 龙卫国 黄小坤

目　次

Contents

1 总 则

1.0.1 为了预防建筑火灾，减少火灾危害，保护人身和财产安全，制定本规范。

1.0.2 本规范适用于下列新建、扩建和改建的建筑：

1 厂房；

2 仓库；

3 民用建筑；

4 甲、乙、丙类液体储罐（区）；

5 可燃、助燃气体储罐（区）；

6 可燃材料堆场；

7 城市交通隧道。

人民防空工程、石油和天然气工程、石油化工工程和火力发电厂与变电站等的建筑防火设计，当有专门的国家标准时，宜从其规定。

1.0.3 本规范不适用于火药、炸药及其制品厂房（仓库）、花炮厂房（仓库）的建筑防火设计。

1.0.4 同一建筑内设置多种使用功能场所时，不同使用功能场所之间应进行防火分隔，该建筑及其各功能场所的防火设计应根据本规范的相关规定确定。

1.0.5 建筑防火设计应遵循国家的有关方针政策，针对建筑及其火灾特点，从全局出发，统筹兼顾，做到安全适用、技术先进、经济合理。

1.0.6 建筑高度大于250m的建筑，除应符合本规范的要求外，尚应结合实际情况采取更加严格的防火措施，其防火设计应提交国家消防主管部门组织专题研究、论证。

1.0.7 建筑防火设计除应符合本规范的规定外，尚应符合国家现行有关标准的规定。

2 术语、符号

2.1 术 语

2.1.1 高层建筑 high-rise building

建筑高度大于27m的住宅建筑和建筑高度大于24m的非单层厂房、仓库和其他民用建筑。

注：建筑高度的计算应符合本规范附录A的规定。

2.1.2 裙房 podium

在高层建筑主体投影范围外，与建筑主体相连且建筑高度不大于24m的附属建筑。

2.1.3 重要公共建筑 important public building

发生火灾可能造成重大人员伤亡、财产损失和严重社会影响的公共建筑。

2.1.4 商业服务网点 commercial facilities

设置在住宅建筑的首层或首层及二层，每个分隔单元建筑面积不大于300m²的商店、邮政所、储蓄所、理发店等小型营业性用房。

2.1.5 高架仓库 high rack storage

货架高度大于7m且采用机械化操作或自动化控制的货架仓库。

2.1.6 半地下室 semi-basement

房间地面低于室外设计地面的平均高度大于该房间平均净高1/3，且不大于1/2者。

2.1.7 地下室 basement

房间地面低于室外设计地面的平均高度大于该房间平均净高1/2者。

2.1.8 明火地点 open flame location

室内外有外露火焰或赤热表面的固定地点（民用建筑内的灶具、电磁炉等除外）。

2.1.9 散发火花地点 sparking site

有飞火的烟囱或进行室外砂轮、电焊、气焊、气割等作业的固定地点。

2.1.10 耐火极限 fire resistance rating

在标准耐火试验条件下，建筑构件、配件或结构从受到火的作用时起，至失去承载能力、完整性或隔热性时止所用时间，用小时表示。

2.1.11 防火隔墙 fire partition wall

建筑内防止火灾蔓延至相邻区域且耐火极限不低于规定要求的不燃性墙体。

2.1.12 防火墙 fire wall

防止火灾蔓延至相邻建筑或相邻水平防火分区且耐火极限不低于3.00h的不燃性墙体。

2.1.13 避难层（间） refuge floor（room）

建筑内用于人员暂时躲避火灾及其烟气危害的楼层（房间）。

2.1.14 安全出口 safety exit

供人员安全疏散用的楼梯间和室外楼梯的出入口或直通室内外安全区域的出口。

2.1.15 封闭楼梯间 enclosed staircase

在楼梯间入口处设置门，以防止火灾的烟和热气进入的楼梯间。

2.1.16 防烟楼梯间 smoke-proof staircase

在楼梯间入口处设置防烟的前室、开敞式阳台或凹廊（统称前室）等设施，且通向前室和楼梯间的门均为防火门，以防止火灾的烟和热气进入的楼梯间。

2.1.17 避难走道 exit passageway

采取防烟措施且两侧设置耐火极限不低于3.00h的防火隔墙，用于人员安全通行至室外的走道。

2.1.18 闪点 flash point

在规定的试验条件下，可燃性液体或固体表面产生的蒸气与空气形成的混合物，遇火源能够闪燃的液体或固体的最低温度（采用闭杯法测定）。

2.1.19 爆炸下限 lower explosion limit

可燃的蒸气、气体或粉尘与空气组成的混合物，遇火源即能发生爆炸的最低浓度。

2.1.20 沸溢性油品 boil-over oil

含水并在燃烧时可产生热波作用的油品。

2.1.21 防火间距 fire separation distance

防止着火建筑在一定时间内引燃相邻建筑，便于消防扑救的间隔距离。

注：防火间距的计算方法应符合本规范附录B的规定。

2.1.22 防火分区 fire compartment

在建筑内部采用防火墙、楼板及其他防火分隔设施分隔而成，能在一定时间内防止火灾向同一建筑的其余部分蔓延的局部空间。

2.1.23 充实水柱 full water spout

从水枪喷嘴起至射流90%的水柱水量穿过直径380mm圆孔处的一段射流长度。

2.2 符 号

A——泄压面积；

C——泄压比；

D——储罐的直径；

DN——管道的公称直径；

ΔH——建筑高差；

L——隧道的封闭段长度；

N——人数；

n——座位数；

K——爆炸特征指数；

V——建筑物、堆场的体积，储罐、瓶组的容积或容量；

W——可燃材料堆场或粮食筒仓、席穴囤、土圆仓的储量。

3 厂房和仓库

3.1 火灾危险性分类

3.1.1 生产的火灾危险性应根据生产中使用或产生的物质性质及其数量等因素划分，可分为甲、乙、丙、丁、戊类，并应符合表3.1.1的规定。

表3.1.1 生产的火灾危险性分类

生产的火灾危险性类别	使用或产生下列物质生产的火灾危险性特征
甲	1.闪点小于28℃的液体； 2.爆炸下限小于10%的气体； 3.常温下能自行分解或在空气中氧化能导致迅速自燃或爆炸的物质； 4.常温下受到水或空气中水蒸气的作用，能产生可燃气体并引起燃烧或爆炸的物质； 5.遇酸、受热、撞击、摩擦、催化以及遇有机物或硫黄等易燃的无机物，极易引起燃烧或爆炸的强氧化剂； 6.受撞击、摩擦或与氧化剂、有机物接触时能引起燃烧或爆炸的物质； 7.在密闭设备内操作温度不小于物质本身自燃点的生产
乙	1.闪点不小于28℃，但小于60℃的液体； 2.爆炸下限不小于10%的气体； 3.不属于甲类的氧化剂； 4.不属于甲类的易燃固体； 5.助燃气体； 6.能与空气形成爆炸性混合物的浮游状态的粉尘、纤维、闪点不小于60℃的液体雾滴
丙	1.闪点不小于60℃的液体； 2.可燃固体
丁	1.对不燃烧物质进行加工，并在高温或熔化状态下经常产生强辐射热、火花或火焰的生产； 2.利用气体、液体、固体作为燃料或将气体、液体进行燃烧作其他用的各种生产； 3.常温下使用或加工难燃烧物质的生产
戊	常温下使用或加工不燃烧物质的生产

3.1.2 同一座厂房或厂房的任一防火分区内有不同火灾危险性生产时，厂房或防火分区内的生产火灾危险性类别应按火灾危险性较大的部分确定；当生产过程中使用或产生易燃、可燃物的量较少，不足以构成爆炸或火灾危险时，可按实际情况确定；当符合下述条件之一时，可按火灾危险性较小的部分确定：

1 火灾危险性较大的生产部分占本层或本防火分区建筑面积的比例小于5%或丁、戊类厂房内的油漆工段小于10%，且发生火灾事故时不足以蔓延至其他部位或火灾危险性较大的生产部分采取了有效的防火措施；

2 丁、戊类厂房内的油漆工段，当采用封闭喷漆工艺，封闭喷漆空间内保持负压、油漆工段设置可燃气体探测报警系统或自动抑爆系统，且油漆工段占所在防火分区建筑面积的比例不大于20%。

3.1.3 储存物品的火灾危险性应根据储存物品的性质和储存物品中的可燃物数量等因素划分，可分为甲，乙、丙、丁、戊类，并应符合表3.1.3的规定。

表 3.1.3 储存物品的火灾危险性分类

储存物品的火灾危险性类别	储存物品的火灾危险性特征
甲	1.闪点小于28℃的液体； 2.爆炸下限小于10%的气体，受到水或空气中水蒸气的作用能产生爆炸下限小于10%气体的固体物质； 3.常温下能自行分解或在空气中氧化能导致迅速自燃或爆炸的物质； 4.常温下受到水或空气中水蒸气的作用，能产生可燃气体并引起燃烧或爆炸的物质； 5.遇酸、受热、撞击、摩擦以及遇有机物或硫黄等易燃的无机物，极易引起燃烧或爆炸的强氧化剂； 6.受撞击、摩擦或与氧化剂、有机物接触时能引起燃烧或爆炸的物质
乙	1.闪点不小于28℃，但小于60℃的液体； 2.爆炸下限不小于10%的气体； 3.不属于甲类的氧化剂； 4.不属于甲类的易燃固体； 5.助燃气体； 6.常温下与空气接触能缓慢氧化，积热不散引起自燃的物品
丙	1.闪点不小于60℃的液体； 2.可燃固体
丁	难燃烧物品
戊	不燃烧物品

3.1.4 同一座仓库或仓库的任一防火分区内储存不同火灾危险性物品时，仓库或防火分区的火灾危险性应按火灾危险性最大的物品确定。

3.1.5 丁、戊类储存物品仓库的火灾危险性，当可燃包装重量大于物品本身重量1/4或可燃包装体积大于物品本身体积的1/2时，应按丙类确定。

3.2 厂房和仓库的耐火等级

3.2.1 厂房和仓库的耐火等级可分为一、二、三、四级，相应建筑构件的燃烧性能和耐火极限，除本规范另有规定外，不应低于表3.2.1的规定。

表 3.2.1 不同耐火等级厂房和仓库建筑构件的燃烧性能和耐火极限（h）

构件名称		耐火等级			
		一级	二级	三级	四级
墙	防火墙	不燃性 3.00	不燃性 3.00	不燃性 3.00	不燃性 3.00
	承重墙	不燃性 3.00	不燃性 2.50	不燃性 2.00	难燃性 0.50
	楼梯间和前室的墙电梯井的墙	不燃性 2.00	不燃性 2.00	不燃性 1.50	难燃性 0.50
	疏散走道两侧的隔墙	不燃性 1.00	不燃性 1.00	不燃性 0.50	难燃性 0.25
	非承重外墙房间隔墙	不燃性 0.75	不燃性 0.50	难燃性 0.50	难燃性 0.25
柱		不燃性 3.00	不燃性 2.50	不燃性 2.00	难燃性 0.50
梁		不燃性 2.00	不燃性 1.50	不燃性 1.00	难燃性 0.50

表3.2.1 不同耐火等级厂房和仓库建筑构件的燃烧性能和耐火极限（h）（续）

构件名称	耐火等级			
	一级	二级	三级	四级
楼板	不燃性 1.50	不燃性 1.00	不燃性 0.75	难燃性 0.50
屋顶承重构件	不燃性 1.50	不燃性 1.00	难燃性 0.50	可燃性
疏散楼梯	不燃性 1.50	不燃性 1.00	不燃性 0.75	可燃性
吊顶（包括吊顶搁栅）	不燃性 0.25	难燃性 0.25	难燃性 0.15	可燃性

注：二级耐火等级建筑内采用不燃材料的吊顶，其耐火极限不限。

3.2.2 高层厂房，甲、乙类厂房的耐火等级不应低于二级，建筑面积不大于300m²的独立甲、乙类单层厂房可采用三级耐火等级的建筑。

3.2.3 单、多层丙类厂房和多层丁、戊类厂房的耐火等级不应低于三级。

使用或产生丙类液体的厂房和有火花、赤热表面、明火的丁类厂房，其耐火等级均不应低于二级，当为建筑面积不大于500m²的单层丙类厂房或建筑面积不大于1000m²的单层丁类厂房时，可采用三级耐火等级的建筑。

3.2.4 使用或储存特殊贵重的机器、仪表、仪器等设备或物品的建筑，其耐火等级不应低于二级。

3.2.5 锅炉房的耐火等级不应低于二级，当为燃煤锅炉房且锅炉的总蒸发量不大于4t/h时，可采用三级耐火等级的建筑。

3.2.6 油浸变压器室、高压配电装置室的耐火等级不应低于二级，其他防火设计应符合现行国家标准《火力发电厂与变电站设计防火规范》GB 50229等标准的规定。

3.2.7 高架仓库、高层仓库、甲类仓库、多层乙类仓库和储存可燃液体的多层丙类仓库，其耐火等级不应低于二级。

单层乙类仓库，单层丙类仓库，储存可燃固体的多层丙类仓库和多层丁、戊类仓库，其耐火等级不应低于三级。

3.2.8 粮食筒仓的耐火等级不应低于二级；二级耐火等级的粮食筒仓可采用钢板仓。

粮食平房仓的耐火等级不应低于三级；二级耐火等级的散装粮食平房仓可采用无防火保护的金属承重构件。

3.2.9 甲、乙类厂房和甲、乙、丙类仓库内的防火墙，其耐火极限不应低于4.00h。

3.2.10 一、二级耐火等级单层厂房（仓库）的柱，其耐火极限分别不应低于2.50h和2.00h。

3.2.11 采用自动喷水灭火系统全保护的一级耐火等级单、多层厂房（仓库）的屋顶承重构件，其耐火极限不应低于1.00h。

3.2.12 除甲、乙类仓库和高层仓库外，一、二级耐火等级建筑的非承重外墙，当采用不燃性墙体时，其耐火极限不应低于0.25h；当采用难燃性墙体时，不应低于0.50h。

4层及4层以下的一、二级耐火等级丁、戊类地上厂房（仓库）的非承重外墙，当采用不燃性墙体时，其耐火极限不限。

3.2.13 二级耐火等级厂房（仓库）内的房间隔墙，当采用难燃性墙体时，其耐火极限应提高0.25h。

3.2.14 二级耐火等级多层厂房和多层仓库内采用预应力钢筋混凝土的楼板，其耐火极限不应低于0.75h。

3.2.15 一、二级耐火等级厂房（仓库）的上人平屋顶，其屋面板的耐火极限分别不应低于1.50h和1.00h。

3.2.16 一、二级耐火等级厂房（仓库）的屋面板应采用不燃材料。

屋面防水层宜采用不燃、难燃材料，当采用可燃防水材料且铺设在可燃、难燃保温材料上时，防水材料或可燃、难燃保温材料应采用不燃材料作防护层。

3.2.17 建筑中的非承重外墙、房间隔墙和屋面板，当确需采用金属夹芯板材时，其芯材应为不燃材料，且耐火极限应符合本规范有关规定。

3.2.18 除本规范另有规定外，以木柱承重且墙体采用不燃材料的厂房（仓库），其耐火等级可按四级确定。

3.2.19 预制钢筋混凝土构件的节点外露部位，应采取防火保护措施，且节点的耐火极限不应低于相应构件的耐火极限。

3.3 厂房和仓库的层数、面积和平面布置

3.3.1 除本规范另有规定外，厂房的层数和每个防火分区的最大允许建筑面积应符合表3.3.1的规定。

表3.3.1 厂房的层数和每个防火分区的最大允许建筑面积

生产的火灾危险性类别	厂房的耐火等级	最多允许层数	每个防火分区的最大允许建筑面积（m^2）			
			单层厂房	多层厂房	高层厂房	地下或半地下厂房（包括地下或半地下室）
甲	一级	宜采用单层	4000	3000	—	—
	二级		3000	2000	—	—
乙	一级	不限	5000	4000	2000	—
	二级	6	4000	3000	1500	—
丙	一级	不限	不限	6000	3000	500
	二级	不限	8000	4000	2000	500
	三级	2	3000	2000	—	—
丁	一、二级	不限	不限	不限	4000	1000
	三级	3	4000	2000	—	—
	四级	1	1000	—	—	—
戊	一、二级	不限	不限	不限	6000	1000
	三级	3	5000	3000	—	—
	四级	1	1500	—	—	—

注：1 防火分区之间应采用防火墙分隔。除甲类厂房外的一、二级耐火等级厂房，当其防火分区的建筑面积大于本表规定，且设置防火墙确有困难时，可采用防火卷帘或防火分隔水幕分隔。采用防火卷帘时，应符合本规范第6.5.3条的规定；采用防火分隔水幕时，应符合现行国家标准《自动喷水灭火系统设计规范》GB 50084的规定。

2 除麻纺厂房外，一级耐火等级的多层纺织厂房和二级耐火等级的单、多层纺织厂房，其每个防火分区的最大允许建筑面积可按本表的规定增加0.5倍，但厂房内的原棉开包、清花车间与厂房内其他部位之间均应采用耐火极限不低于2.50h的防火隔墙分隔，需要开设门、窗、洞口时，应设置甲级防火门、窗。

3 一、二级耐火等级的单、多层造纸生产联合厂房，其每个防火分区的最大允许建筑面积可按本表的规定增加1.5倍。一、二级耐火等级的湿式造纸联合厂房，当纸机烘缸罩内设置自动灭火系统，完成工段设置有效灭火设施保护时，其每个防火分区的最大允许建筑面积可按工艺要求确定。

4 一、二级耐火等级的谷物筒仓工作塔，当每层工作人数不超过2人时，其层数不限。

5 一、二级耐火等级卷烟生产联合厂房内的原料、备料及成组配方、制丝、储丝和卷接包、辅料周转、成品暂存、二氧化碳膨胀烟丝等生产用房应划分独立的防火分隔单元，当工艺条件许可时，应采用防火墙进行分隔。其中制丝、储丝和卷接包车间可划分为一个防火分区，且每个防火分区的最大允许建筑面积可按工艺要求确定，但制丝、储丝及卷接包车间之间应采用耐火极限不低于2.00h的防火隔墙和1.00h的楼板进行分隔。厂房内各水平和竖向防火分隔之间的开口应采取防止火灾蔓延的措施。

6 厂房内的操作平台、检修平台，当使用人数少于10人时，平台的面积可不计入所在防火分区的建筑面积内。

7 “—”表示不允许。

3.3.2 除本规范另有规定外，仓库的层数和面积应符合表3.3.2的规定。

表3.3.2 仓库的层数和面积

储存物品的火灾危险性类别		仓库的耐火等级	最多允许层数	每座仓库的最大允许占地面积和每个防火分区的最大允许建筑面积（m^2）						
				单层仓库		多层仓库		高层仓库		地下或半地下仓库（包括地下或半地下室）
				每座仓库	防火分区	每座仓库	防火分区	每座仓库	防火分区	防火分区
甲	3、4项	一级	1	180	60	—	—	—	—	—
	1、2、5、6项	一、二级	1	750	250	—	—	—	—	—
乙	1、3、4项	一、二级	3	2000	500	900	300	—	—	—
		三级	1	500	250	—	—	—	—	—
	2、5、6项	一、二级	5	2800	700	1500	500	—	—	—
		三级	1	900	300	—	—	—	—	—
丙	1项	一、二级	5	4000	1000	2800	700	—	—	150
		三级	1	1200	400	—	—	—	—	—
	2项	一、二级	不限	6000	1500	4800	1200	4000	1000	300
		三级	3	2100	700	1200	400	—	—	—
丁		一、二级	不限	不限	3000	不限	1500	4800	1200	500
		三级	3	3000	1000	1500	500	—	—	—
		四级	1	2100	700	—	—	—	—	—
戊		一、二级	不限	不限	不限	不限	2000	6000	1500	1000
		三级	3	3000	1000	2100	700	—	—	—
		四级	1	2100	700	—	—	—	—	—

注：1 仓库内的防火分区之间必须采用防火墙分隔，甲、乙类仓库内防火分区之间的防火墙不应开设门、窗、洞口；地下或半地下仓库（包括地下或半地下室）的最大允许占地面积，不应大于相应类别地上仓库的最大允许占地面积。

2 石油库区内的桶装油品仓库应符合现行国家标准《石油库设计规范》GB 50074的规定。

3 一、二级耐火等级的煤均化库，每个防火分区的最大允许建筑面积不应大于12000m^2。

4 独立建造的硝酸铵仓库、电石仓库、聚乙烯等高分子制品仓库、尿素仓库、配煤仓库、造纸厂的独立成品仓库，当建筑的耐火等级不低于二级时，每座仓库的最大允许占地面积和每个防火分区的最大允许建筑面积可按本表的规定增加1.0倍。

5 一、二级耐火等级粮食平房仓的最大允许占地面积不应大于12000m^2。每个防火分区的最大允许建筑面积不应大于3000m^2；三级耐火等级粮食平房仓的最大允许占地面积不应大于3000m^2，每个防火分区的最大允许建筑面积不应大于1000m^2。

6 一、二级耐火等级且占地面积不大于2000m^2的单层棉花库房，其防火分区的最大允许建筑面积不应大于2000m^2。

7 一、二级耐火等级冷库的最大允许占地面积和防火分区的最大允许建筑面积，应符合现行国家标准《冷库设计规范》GB 50072的规定。

8 "—"表示不允许。

3.3.3 厂房内设置自动灭火系统时，每个防火分区的最大允许建筑面积可按本规范第3.3.1条的规定增加1.0倍。当丁、戊类的地上厂房内设置自动灭火系统时，每个防火分区的最大允许建筑面积不限。厂房内局部设置自动灭火系统时，其防火分区的增加面积可按该局部面积的1.0倍计算。

仓库内设置自动灭火系统时，除冷库的防火分区外，每座仓库的最大允许占地面积和每个防火分区的最大允许建筑面积可按本规范第3.3.2条的规定增加1.0倍。

3.3.4 甲、乙类生产场所（仓库）不应设置在地下或半地下。

3.3.5 员工宿舍严禁设置在厂房内。

办公室、休息室等不应设置在甲、乙类厂房内，确需贴邻本厂房时，其耐火等级不应低于二级，并应采用耐火极限不低于3.00h的防爆墙与厂房分隔。且应设置独立的安全出口。

办公室、休息室设置在丙类厂房内时，应采用耐火极限不低于2.50h的防火隔墙和1.00h的楼板与其他部位分隔，并应至少设置1个独立的安全出口。如隔墙上需开设相互连通的门时，应采用乙级防火门。

3.3.6 厂房内设置中间仓库时，应符合下列规定：

1 甲、乙类中间仓库应靠外墙布置，其储量不宜超过1昼夜的需要量；

2 甲、乙、丙类中间仓库应采用防火墙和耐火极限不低于1.50h的不燃性楼板与其他部位分隔；

3 丁、戊类中间仓库应采用耐火极限不低于2.00h的防火隔墙和1.00h的楼板与其他部位分隔；

4 仓库的耐火等级和面积应符合本规范第3.3.2条和第3.3.3条的规定。

3.3.7 厂房内的丙类液体中间储罐应设置在单独房间内，其容量不应大于5m³。设置中间储罐的房间，应采用耐火极限不低于3.00h的防火隔墙和1.50h的楼板与其他部位分隔，房间门应采用甲级防火门。

3.3.8 变、配电站不应设置在甲、乙类厂房内或贴邻，且不应设置在爆炸性气体、粉尘环境的危险区域内。供甲、乙类厂房专用的10kV及以下的变、配电站，当采用无门、窗、洞口的防火墙分隔时，可一面贴邻，并应符合现行国家标准《爆炸危险环境电力装置设计规范》GB 50058等标准的规定。

乙类厂房的配电站确需在防火墙上开窗时，应采用甲级防火窗。

3.3.9 员工宿舍严禁设置在仓库内。

办公室、休息室等严禁设置在甲、乙类仓库内，也不应贴邻。

办公室、休息室设置在丙、丁类仓库内时，应采用耐火极限不低于2.50h的防火隔墙和1.00h的楼板与其他部位分隔，并应设置独立的安全出口。隔墙上需开设相互连通的门时，应采用乙级防火门。

3.3.10 物流建筑的防火设计应符合下列规定：

1 当建筑功能以分拣、加工等作业为主时，应按本规范有关厂房的规定确定，其中仓储部分应按中间仓库确定。

2 当建筑功能以仓储为主或建筑难以区分主要功能时，应按本规范有关仓库的规定确定，但当分拣等作业区采用防火墙与储存区完全分隔时，作业区和储存区的防火要求可分别按本规范有关厂房和仓库的规定确定。其中，当分拣等作业区采用防火墙与储存区完全分隔且符合下列条件时，除自动化控制的丙类高架仓库外，储存区的防火分区最大允许建筑面积和储存区部分建筑的最大允许占地面积，可按本规范表3.3.2（不含注）的规定增加3.0倍：

1）储存除可燃液体、棉、麻、丝、毛及其他纺织品、泡沫塑料等物品外的丙类物品且建筑的耐火等级不低于一级；

2）储存丁、戊类物品且建筑的耐火等级不低于二级；

3）建筑内全部设置自动水灭火系统和火灾自动报警系统。

3.3.11 甲、乙类厂房（仓库）内不应设置铁路线。

需要出入蒸汽机车和内燃机车的丙、丁、戊类厂房（仓库），其屋顶应采用不燃材料或采取其他防火措施。

3.4 厂房的防火间距

3.4.1 除本规范另有规定外，厂房之间及与乙、丙、丁、戊类仓库、民用建筑等的防火间距不应小于表3.4.1的规定，与甲类仓库的防火间距应符合本规范第3.5.1条的规定。

表3.4.1　厂房之间及与乙、丙、丁、戊类仓库、民用建筑等的防火间距（m）

<table>
<tr><th colspan="3" rowspan="3">名　称</th><th>甲类厂房</th><th colspan="3">乙类厂房（仓库）</th><th colspan="4">丙、丁、戊类厂房（仓库）</th><th colspan="5">民用建筑</th></tr>
<tr><th>单、多层</th><th colspan="2">单、多层</th><th>高层</th><th colspan="3">单、多层</th><th>高层</th><th colspan="3">裙房，单、多层</th><th colspan="2">高层</th></tr>
<tr><th>一、二级</th><th>一、二级</th><th>三级</th><th>一、二级</th><th>一、二级</th><th>三级</th><th>四级</th><th>一、二级</th><th>一、二级</th><th>三级</th><th>四级</th><th>一类</th><th>二类</th></tr>
<tr><td>甲类厂房</td><td>单、多层</td><td>一、二级</td><td>12</td><td>12</td><td>14</td><td>13</td><td>12</td><td>14</td><td>16</td><td>13</td><td colspan="3" rowspan="4">25</td><td colspan="2" rowspan="4">50</td></tr>
<tr><td rowspan="3">乙类厂房</td><td rowspan="2">单、多层</td><td>一、二级</td><td>12</td><td>10</td><td>12</td><td>13</td><td>10</td><td>12</td><td>14</td><td>13</td></tr>
<tr><td>三级</td><td>14</td><td>12</td><td>14</td><td>15</td><td>12</td><td>14</td><td>16</td><td>15</td></tr>
<tr><td>高层</td><td>一、二级</td><td>13</td><td>13</td><td>15</td><td>13</td><td>13</td><td>15</td><td>17</td><td>13</td></tr>
<tr><td rowspan="4">丙类厂房</td><td rowspan="3">单、多层</td><td>一、二级</td><td>12</td><td>10</td><td>12</td><td>13</td><td>10</td><td>12</td><td>14</td><td>13</td><td>10</td><td>12</td><td>14</td><td>20</td><td>15</td></tr>
<tr><td>三级</td><td>14</td><td>12</td><td>14</td><td>15</td><td>12</td><td>14</td><td>16</td><td>15</td><td>12</td><td>14</td><td>16</td><td rowspan="2">25</td><td rowspan="2">20</td></tr>
<tr><td>四级</td><td>16</td><td>14</td><td>16</td><td>17</td><td>14</td><td>16</td><td>18</td><td>17</td><td>14</td><td>16</td><td>18</td></tr>
<tr><td>高层</td><td>一、二级</td><td>13</td><td>13</td><td>15</td><td>13</td><td>13</td><td>15</td><td>17</td><td>13</td><td>13</td><td>15</td><td>17</td><td>20</td><td>15</td></tr>
<tr><td rowspan="4">丁、戊类厂房</td><td rowspan="3">单、多层</td><td>一、二级</td><td>12</td><td>10</td><td>12</td><td>13</td><td>10</td><td>12</td><td>14</td><td>13</td><td>10</td><td>12</td><td>14</td><td>15</td><td>13</td></tr>
<tr><td>三级</td><td>14</td><td>12</td><td>14</td><td>15</td><td>12</td><td>14</td><td>16</td><td>15</td><td>12</td><td>14</td><td>16</td><td rowspan="2">18</td><td rowspan="2">15</td></tr>
<tr><td>四级</td><td>16</td><td>14</td><td>16</td><td>17</td><td>14</td><td>16</td><td>18</td><td>17</td><td>14</td><td>16</td><td>18</td></tr>
<tr><td>高层</td><td>一、二级</td><td>13</td><td>13</td><td>15</td><td>13</td><td>13</td><td>15</td><td>17</td><td>13</td><td>13</td><td>15</td><td>17</td><td>15</td><td>13</td></tr>
<tr><td rowspan="3">室外变、配电站</td><td rowspan="3">变压器总油量（t）</td><td>≥5，≤10</td><td rowspan="3">25</td><td rowspan="3">25</td><td rowspan="3">25</td><td rowspan="3">25</td><td>12</td><td>15</td><td>20</td><td>12</td><td>15</td><td>20</td><td>25</td><td colspan="2">20</td></tr>
<tr><td>>10，≤50</td><td>15</td><td>20</td><td>25</td><td>15</td><td>20</td><td>25</td><td>30</td><td colspan="2">25</td></tr>
<tr><td>>50</td><td>20</td><td>25</td><td>30</td><td>20</td><td>25</td><td>30</td><td>35</td><td colspan="2">30</td></tr>
</table>

注：1　乙类厂房与重要公共建筑的防火间距不宜小于50m；与明火或散发火花地点，不宜小于30m。单、多层戊类厂房之间及与戊类仓库的防火间距可按本表的规定减少2m，与民用建筑的防火间距可将戊类厂房等同民用建筑按本规范第5.2.2条的规定执行。为丙、丁、戊类厂房服务而单独设置的生活用房应按民用建筑确定，与所属厂房的防火间距不应小于6m。确需相邻布置时，应符合本表注2、3的规定。

2　两座厂房相邻较高一面外墙为防火墙，或相邻两座高度相同的一、二级耐火等级建筑中相邻任一侧外墙为防火墙且屋顶的耐火极限不低于1.00h时，其防火间距不限，但甲类厂房之间不应小于4m。两座丙、丁、戊类厂房相邻两面外墙均为不燃性墙体，当无外露的可燃性屋檐，每面外墙上的门、窗、洞口面积之和各不大于外墙面积的5%，且门、窗、洞口不正对开设时，其防火间距可按本表的规定减少25%。甲、乙类厂房（仓库）不应与本规范第3.3.5条规定外的其他建筑贴邻。

3　两座一、二级耐火等级的厂房，当相邻较低一面外墙为防火墙且较低一座厂房的屋顶无天窗，屋顶的耐火极限不低于1.00h，或相邻较高一面外墙的门、窗等开口部位设置甲级防火门、窗或防火分隔水幕或按本规范第6.5.3条的规定设置防火卷帘时，甲、乙类厂房之间的防火间距不应小于6m；丙、丁、戊类厂房之间的防火间距不应小于4m。

4　发电厂内的主变压器，其油量可按单台确定。

5　耐火等级低于四级的既有厂房，其耐火等级可按四级确定。

6　当丙、丁、戊类厂房与丙、丁、戊类仓库相邻时，应符合本表注2、3的规定。

3.4.2　甲类厂房与重要公共建筑的防火间距不应小于50m，与明火或散发火花地点的防火间距不应小于30m。

3.4.3　散发可燃气体、可燃蒸气的甲类厂房与铁路、道路等的防火间距不应小于表3.4.3的规定，但甲类厂房所属厂内铁路装卸线当有安全措施时，防火间距不受表3.4.3规定的限制。

表3.4.3　散发可燃气体、可燃蒸气的甲类厂房与铁路、道路等的防火间距（m）

名称	厂外铁路线中心线	厂内铁路线中心线	厂外道路路边	厂内道路路边	
				主要	次要
甲类厂房	30	20	15	10	5

3.4.4　高层厂房与甲、乙、丙类液体储罐，可燃、助燃气体储罐，液化石油气储罐，可燃材料堆场（除煤和焦炭场外）的防火间距，应符合本规范第4章的规定，且不应小于13m。

3.4.5　丙、丁、戊类厂房与民用建筑的耐火等级均为一、二级时，丙、丁、戊类厂房与民用建筑的防火间距可适当减小，但应符合下列规定：

1　当较高一面外墙为无门、窗、洞口的防火墙，或比相邻较低一座建筑屋面高15m及以下范围内的外墙为无门、窗、洞口的防火墙时，其防火间距不限；

2　相邻较低一面外墙为防火墙，且屋顶无天窗或洞口、屋顶的耐火极限不低于1.00h，或相邻较高一面外墙为防火墙，且墙上开口部位采取了防火措施，其防火间距可适当减小，但不应小于4m。

3.4.6　厂房外附设化学易燃物品的设备，其外壁与相邻厂房室外附设设备的外壁或相邻厂房外墙的防火间距，不应小于本规范第3.4.1条的规定。用不燃材料制作的室外设备，可按一、二级耐火等级建筑确定。

总容量不大于15m^3的丙类液体储罐，当直埋于厂房外墙外，且面向储罐一面4.0m范围内的外墙为防火墙时，其防火间距不限。

3.4.7　同一座“U”形或“山”形厂房中相邻两翼之间的防火间距，不宜小于本规范第3.4.1条的规定，但当厂房的占地面积小于本规范第3.3.1条规定的每个防火分区最大允许建筑面积时，其防火间距可为6m。

3.4.8　除高层厂房和甲类厂房外，其他类别的数座厂房占地面积之和小于本规范第3.3.1条规定的防火分区最大允许建筑面积（按其中较小者确定，但防火分区的最大允许建筑面积不限者，不应大于10000m^2）时，可成组布置。当厂房建筑高度不大于7m时，组内厂房之间的防火间距不应小于4m；当厂房建筑高度大于7m时，组内厂房之间的防火间距不应小于6m。

组与组或组与相邻建筑的防火间距，应根据相邻两座中耐火等级较低的建筑，按本规范第3.4.1条的规定确定。

3.4.9　一级汽车加油站、一级汽车加气站和一级汽车加油加气合建站不应布置在城市建成区内。

3.4.10　汽车加油、加气站和加油加气合建站的分级，汽车加油、加气站和加油加气合建站及其加油（气）机、储油（气）罐等与站外明火或散发火花地点、建筑、铁路、道路的防火间距以及站内各建筑或设施之间的防火间距，应符合现行国家标准《汽车加油加气站设计与施工规范》GB 50156的规定。

3.4.11　电力系统电压为35kV~500kV且每台变压器容量不小于10MV·A的室外变、配电站以及工业企业的变压器总油量大于5t的室外降压变电站，与其他建筑的防火间距不应小于本规范第3.4.1条和第3.5.1条的规定。

3.4.12　厂区围墙与厂区内建筑的间距不宜小于5m，围墙两侧建筑的间距应满足相应建筑的防火间距要求。

3.5　仓库的防火间距

3.5.1　甲类仓库之间及与其他建筑、明火或散发火花地点、铁路、道路等的防火间距不应小于表3.5.1的规定。

表3.5.1　甲类仓库之间及与其他建筑、明火或散发火花地点、铁路、道路等的防火间距（m）

名称		甲类仓库（储量，t）			
		甲类储存物品第3、4项		甲类储存物品第1、2、5、6项	
		≤5	>5	≤10	>10
高层民用建筑、重要公共建筑		50			
裙房、其他民用建筑、明火或散发火花地点		30	40	25	30
甲类仓库		20	20	20	20
厂房和乙、丙、丁、戊类仓库	一、二级	15	20	12	15
	三级	20	25	15	20
	四级	25	30	20	25
电力系统电压为35kV~500kV且每台变压器容量不小于10MV·A的室外变、配电站，工业企业的变压器总油量大于5t的室外降压变电站		30	40	25	30
厂外铁路线中心线		40			
厂内铁路线中心线		30			
厂外道路路边		20			
厂内道路路边	主要	10			
	次要	5			

注：甲类仓库之间的防火间距，当第3、4项物品储量不大于2t，第1、2、5、6项物品储量不大于5t时，不应小于12m。甲类仓库与高层仓库的防火间距不应小于13m。

3.5.2　除本规范另有规定外，乙、丙、丁、戊类仓库之间及与民用建筑的防火间距，不应小于表3.5.2的规定。

表3.5.2　乙、丙、丁、戊类仓库之间及与民用建筑的防火间距（m）

名称			乙类仓库			丙类仓库				丁、戊类仓库			
			单、多层		高层	单、多层			高层	单、多层			高层
			一、二级	三级	一、二级	一、二级	三级	四级	一、二级	一、二级	三级	四级	一、二级
乙、丙、丁、戊类仓库	单、多层	一、二级	10	12	13	10	12	14	13	10	12	14	13
		三级	12	14	15	12	14	16	15	12	14	16	15
		四级	14	16	17	14	16	18	17	14	16	18	17
	高层	一、二级	13	15	13	13	15	17	13	13	15	17	13
民用建筑	裙房单、多层	一、二级	25			10	12	14	13	10	12	14	13
		三级				12	14	16	15	12	14	16	15
		四级				14	16	18	17	14	16	18	17
	高层	一类	50			20	25	25	20	15	18	18	15
		二类				15	20	20	15	13	15	15	13

注：1　单、多层戊类仓库之间的防火间距，可按本表的规定减少2m。

2　两座仓库的相邻外墙均为防火墙时，防火间距可以减小，但丙类仓库，不应小于6m；丁、戊类仓库，不应小于4m。两座仓库相邻较高一面外墙为防火墙，或相邻两座高度相同的一、二级耐火等级建筑中相邻任一侧外墙为防火墙且屋顶的耐火极限不低于1.00h，且总占地面积不大于本规范第3.3.2条一座仓库的最大允许占地面积规定时，其防火间距不限。

3　除乙类第6项物品外的乙类仓库，与民用建筑的防火间距不宜小于25m，与重要公共建筑的防火间距不应小于50m，与铁路、道路等的防火间距不宜小于表3.5.1中甲类仓库与铁路、道路等的防火间距。

3.5.3 丁、戊类仓库与民用建筑的耐火等级均为一、二级时，仓库与民用建筑的防火间距可适当减小，但应符合下列规定：

1 当较高一面外墙为无门、窗、洞口的防火墙，或比相邻较低一座建筑屋面高15m及以下范围内的外墙为无门、窗、洞口的防火墙时，其防火间距不限；

2 相邻较低一面外墙为防火墙，且屋顶无天窗或洞口、屋顶耐火极限不低于1.00h，或相邻较高一面外墙为防火墙，且墙上开口部位采取了防火措施，其防火间距可适当减小，但不应小于4m。

3.5.4 粮食筒仓与其他建筑、粮食筒仓组之间的防火间距，不应小于表3.5.4的规定。

表3.5.4 粮食筒仓与其他建筑、粮食筒仓组之间的防火间距（m）

<table>
<tr><th rowspan="2">名称</th><th rowspan="2">粮食总储量
W（t）</th><th colspan="3">粮食立筒仓</th><th colspan="2">粮食浅圆仓</th><th colspan="3">其他建筑</th></tr>
<tr><th>W≤40000</th><th>40000<W
≤50000</th><th>W>50000</th><th>W≤50000</th><th>W>50000</th><th>一、
二级</th><th>三级</th><th>四级</th></tr>
<tr><td rowspan="4">粮食
立筒仓</td><td>500<W
≤10000</td><td rowspan="2">15</td><td rowspan="3">20</td><td rowspan="3">25</td><td rowspan="3">20</td><td rowspan="3">25</td><td>10</td><td>15</td><td>20</td></tr>
<tr><td>10000<W
≤40000</td><td>15</td><td>20</td><td>25</td></tr>
<tr><td>40000<W
≤50000</td><td>20</td><td>20</td><td>25</td><td>30</td></tr>
<tr><td>W>50000</td><td colspan="5">25</td><td>25</td><td>30</td><td>—</td></tr>
<tr><td rowspan="2">粮食
浅圆仓</td><td>W≤50000</td><td>20</td><td>20</td><td>25</td><td>20</td><td>25</td><td>20</td><td>25</td><td>—</td></tr>
<tr><td>W>50000</td><td colspan="5">25</td><td>25</td><td>30</td><td>—</td></tr>
</table>

注：1 当粮食立筒仓、粮食浅圆仓与工作塔、接收塔、发放站为一个完整工艺单元的组群时，组内各建筑之间的防火间距不受本表限制。

2 粮食浅圆仓组内每个独立仓的储量不应大于10000t。

3.5.5 库区围墙与库区内建筑的间距不宜小于5m，围墙两侧建筑的间距应满足相应建筑的防火间距要求。

3.6 厂房和仓库的防爆

3.6.1 有爆炸危险的甲、乙类厂房宜独立设置，并宜采用敞开或半敞开式。其承重结构宜采用钢筋混凝土或钢框架、排架结构。

3.6.2 有爆炸危险的厂房或厂房内有爆炸危险的部位应设置泄压设施。

3.6.3 泄压设施宜采用轻质屋面板、轻质墙体和易于泄压的门、窗等，应采用安全玻璃等在爆炸时不产生尖锐碎片的材料。

泄压设施的设置应避开人员密集场所和主要交通道路，并宜靠近有爆炸危险的部位。

作为泄压设施的轻质屋面板和墙体的质量不宜大于60kg/m²。

屋顶上的泄压设施应采取防冰雪积聚措施。

3.6.4 厂房的泄压面积宜按下式计算，但当厂房的长径比大于3时，宜将建筑划分为长径比不大于3的多个计算段，各计算段中的公共截面不得作为泄压面积：

$$A = 10CV^{\frac{2}{3}} \qquad (3.6.4)$$

式中：A——泄压面积（m^2）；

V——厂房的容积（m^3）；

C——泄压比，可按表3.6.4选取（m^2/m^3）。

表3.6.4 厂房内爆炸性危险物质的类别与泄压比规定值（m^2/m^3）

厂房内爆炸性危险物质的类别	C值
氨、粮食、纸、皮革、铅、铬、铜等 $K_{尘}$<10MPa·m·s^{-1}的粉尘	≥0.030
木屑、炭屑、煤粉、锑、锡等10MPa·m·s^{-1}≤$K_{尘}$≤30MPa·m·s^{-1}的粉尘	≥0.055
丙酮、汽油、甲醇、液化石油气、甲烷、喷漆间或干燥室，苯酚树脂、铝、镁、锆等 $K_{尘}$>30MPa·m·s^{-1}的粉尘	≥0.110
乙烯	≥0.160
乙炔	≥0.200
氢	≥0.250

注：1 长径比为建筑平面几何外形尺寸中的最长尺寸与其横截面周长的积和4.0倍的建筑横截面积之比。

2 $K_{尘}$是指粉尘爆炸指数。

3.6.5 散发较空气轻的可燃气体、可燃蒸气的甲类厂房，宜采用轻质屋面板作为泄压面积。顶棚应尽量平整、无死角，厂房上部空间应通风良好。

3.6.6 散发较空气重的可燃气体、可燃蒸气的甲类厂房和有粉尘、纤维爆炸危险的乙类厂房，应符合下列规定：

1 应采用不发火花的地面。采用绝缘材料作整体面层时，应采取防静电措施。

2 散发可燃粉尘、纤维的厂房，其内表面应平整、光滑，并易于清扫。

3 厂房内不宜设置地沟，确需设置时，其盖板应严密，地沟应采取防止可燃气体、可燃蒸气和粉尘、纤维在地沟积聚的有效措施，且应在与相邻厂房连通处采用防火材料密封。

3.6.7 有爆炸危险的甲、乙类生产部位，宜布置在单层厂房靠外墙的泄压设施或多层厂房顶层靠外墙的泄压设施附近。

有爆炸危险的设备宜避开厂房的梁、柱等主要承重构件布置。

3.6.8 有爆炸危险的甲、乙类厂房的总控制室应独立设置。

3.6.9 有爆炸危险的甲、乙类厂房的分控制室宜独立设置，当贴邻外墙设置时，应采用耐火极限不低于3.00h的防火隔墙与其他部位分隔。

3.6.10 有爆炸危险区域内的楼梯间、室外楼梯或有爆炸危险的区域与相邻区域连通处，应设置门斗等防护措施。门斗的隔墙应为耐火极限不应低于2.00h的防火隔墙，门应采用甲级防火门并应与楼梯间的门错位设置。

3.6.11 使用和生产甲、乙、丙类液体的厂房，其管、沟不应与相邻厂房的管、沟相通，下水道应设置隔油设施。

3.6.12 甲、乙、丙类液体仓库应设置防止液体流散的设施。遇湿会发生燃烧爆炸的物品仓库应采取防止水浸渍的措施。

3.6.13 有粉尘爆炸危险的筒仓，其顶部盖板应设置必要的泄压设施。

粮食筒仓工作塔和上通廊的泄压面积应按本规范第3.6.4条的规定计算确定。有粉尘爆炸危险的其他粮食储存设施应采取防爆措施。

3.6.14 有爆炸危险的仓库或仓库内有爆炸危险的部位，宜按本节规定采取防爆措施、设置泄压设施。

3.7 厂房的安全疏散

3.7.1 厂房的安全出口应分散布置。每个防火分区或一个防火分区的每个楼层，其相邻2个安全出口最近边缘之间的水平距离不应小于5m。

3.7.2 厂房内每个防火分区或一个防火分区内的每个楼层，其安全出口的数量应经计算确定，且不应少于2个；当符合下列条件时，可设置1个安全出口：

1　甲类厂房，每层建筑面积不大于100m²，且同一时间的作业人数不超过5人；

2　乙类厂房，每层建筑面积不大于150m²，且同一时间的作业人数不超过10人；

3　丙类厂房，每层建筑面积不大于250m²，且同一时间的作业人数不超过20人；

4　丁、戊类厂房，每层建筑面积不大于400m²，且同一时间的作业人数不超过30人；

5　地下或半地下厂房（包括地下或半地下室），每层建筑面积不大于50m²，且同一时间的作业人数不超过15人。

3.7.3　地下或半地下厂房（包括地下或半地下室），当有多个防火分区相邻布置，并采用防火墙分隔时，每个防火分区可利用防火墙上通向相邻防火分区的甲级防火门作为第二安全出口，但每个防火分区必须至少有1个直通室外的独立安全出口。

3.7.4　厂房内任一点至最近安全出口的直线距离不应大于表3.7.4的规定。

表3.7.4　厂房内任一点至最近安全出口的直线距离（m）

生产的火灾危险性类别	耐火等级	单层厂房	多层厂房	高层厂房	地下或半地下厂房（包括地下或半地下室）
甲	一、二级	30	25	—	—
乙	一、二级	75	50	30	—
丙	一、二级 三级	80 60	60 40	40 —	30 —
丁	一、二级 三级 四级	不限 60 50	不限 50 —	50 — —	45 — —
戊	一、二级 三级 四级	不限 100 60	不限 75 —	75 — —	60 — —

3.7.5　厂房内疏散楼梯、走道、门的各自总净宽度，应根据疏散人数按每100人的最小疏散净宽度不小于表3.7.5的规定计算确定。但疏散楼梯的最小净宽度不宜小于1.10m，疏散走道的最小净宽度不宜小于1.40m，门的最小净宽度不宜小于0.90m。当每层疏散人数不相等时，疏散楼梯的总净宽度应分层计算，下层楼梯总净宽度应按该层及以上疏散人数最多一层的疏散人数计算。

表3.7.5　厂房内疏散楼梯、走道和门的每100人最小疏散净宽度

厂房层数（层）	1~2	3	≥4
最小疏散净宽度（m/百人）	0.60	0.80	1.00

首层外门的总净宽度应按该层及以上疏散人数最多一层的疏散人数计算，且该门的最小净宽度不应小于1.20m。

3.7.6　高层厂房和甲、乙、丙类多层厂房的疏散楼梯应采用封闭楼梯间或室外楼梯。建筑高度大于32m且任一层人数超过10人的厂房，应采用防烟楼梯间或室外楼梯。

3.8　仓库的安全疏散

3.8.1　仓库的安全出口应分散布置。每个防火分区或一个防火分区的每个楼层，其相邻2个安全出口最近边缘之间的水平距离不应小于5m。

3.8.2　每座仓库的安全出口不应少于2个，当一座仓库的占地面积不大于300m²时，可设置1个安全出口。仓库内每个防火分区通向疏散走道、楼梯或室外的出口不宜少于2个，当防火分区的建筑面积不大于100m²时，可设置1个出口。通向疏散走道或楼梯的门应为乙级防火门。

3.8.3　地下或半地下仓库（包括地下或半地下室）的安全出口不应少于2个；当建筑面积不大于

100m² 时，可设置1个安全出口。

地下或半地下仓库（包括地下或半地下室），当有多个防火分区相邻布置并采用防火墙分隔时，每个防火分区可利用防火墙上通向相邻防火分区的甲级防火门作为第二安全出口，但每个防火分区必须至少有1个直通室外的安全出口。

3.8.4 冷库、粮食筒仓、金库的安全疏散设计应分别符合现行国家标准《冷库设计规范》GB 50072和《粮食钢板筒仓设计规范》GB 50322等标准的规定。

3.8.5 粮食筒仓上层面积小于1000m²，且作业人数不超过2人时，可设置1个安全出口。

3.8.6 仓库、筒仓中符合本规范第6.4.5条规定的室外金属梯，可作为疏散楼梯，但筒仓室外楼梯平台的耐火极限不应低于0.25h。

3.8.7 高层仓库的疏散楼梯应采用封闭楼梯间。

3.8.8 除一、二级耐火等级的多层戊类仓库外，其他仓库内供垂直运输物品的提升设施宜设置在仓库外，确需设置在仓库内时，应设置在井壁的耐火极限不低于2.00h的井筒内。室内外提升设施通向仓库的入口应设置乙级防火门或符合本规范第6.5.3条规定的防火卷帘。

4 甲、乙、丙类液体、气体储罐（区）和可燃材料堆场

4.1 一 般 规 定

4.1.1 甲、乙、丙类液体储罐区，液化石油气储罐区，可燃、助燃气体储罐区和可燃材料堆场等，应布置在城市（区域）的边缘或相对独立的安全地带，并宜布置在城市（区域）全年最小频率风向的上风侧。

甲、乙、丙类液体储罐（区）宜布置在地势较低的地带。当布置在地势较高的地带时，应采取安全防护设施。

液化石油气储罐（区）宜布置在地势平坦、开阔等不易积存液化石油气的地带。

4.1.2 桶装、瓶装甲类液体不应露天存放。

4.1.3 液化石油气储罐组或储罐区的四周应设置高度不小于1.0m的不燃性实体防护墙。

4.1.4 甲、乙、丙类液体储罐区，液化石油气储罐区，可燃、助燃气体储罐区和可燃材料堆场，应与装卸区、辅助生产区及办公区分开布置。

4.1.5 甲、乙、丙类液体储罐，液化石油气储罐，可燃、助燃气体储罐和可燃材料堆垛，与架空电力线的最近水平距离应符合本规范第10.2.1条的规定。

4.2 甲、乙、丙类液体储罐（区）的防火间距

4.2.1 甲、乙、丙类液体储罐（区）和乙、丙类液体桶装堆场与其他建筑的防火间距，不应小于表4.2.1的规定。

表4.2.1 甲、乙、丙类液体储罐（区）和乙、丙类液体桶装堆场与其他建筑的防火间距（m）

类别	一个罐区或堆场的总容量 V（m³）	建筑物				室外变、配电站
		一、二级		三级	四级	
		高层民用建筑	裙房，其他建筑			
甲、乙类液体储罐（区）	$1 \leqslant V<50$	40	12	15	20	30
	$50 \leqslant V<200$	50	15	20	25	35
	$200 \leqslant V<1000$	60	20	25	30	40
	$1000 \leqslant V<5000$	70	25	30	40	50

表4.2.1 甲、乙、丙类液体储罐（区）和乙、丙类液体桶装堆场与其他建筑的防火间距（m）（续）

<table>
<tr><th rowspan="3">类别</th><th rowspan="3">一个罐区或堆场的总容量V（m^3）</th><th colspan="4">建筑物</th><th rowspan="3">室外变、配电站</th></tr>
<tr><th colspan="2">一、二级</th><th rowspan="2">三级</th><th rowspan="2">四级</th></tr>
<tr><th>高层民用建筑</th><th>裙房，其他建筑</th></tr>
<tr><td rowspan="4">丙类液体储罐（区）</td><td>$5 \leqslant V<250$</td><td>40</td><td>12</td><td>15</td><td>20</td><td>24</td></tr>
<tr><td>$250 \leqslant V<1000$</td><td>50</td><td>15</td><td>20</td><td>25</td><td>28</td></tr>
<tr><td>$1000 \leqslant V<5000$</td><td>60</td><td>20</td><td>25</td><td>30</td><td>32</td></tr>
<tr><td>$5000 \leqslant V<25000$</td><td>70</td><td>25</td><td>30</td><td>40</td><td>40</td></tr>
</table>

注：1 当甲、乙类液体储罐和丙类液体储罐布置在同一储罐区时，罐区的总容量可按$1m^3$甲、乙类液体相当于$5m^3$丙类液体折算。

2 储罐防火堤外侧基脚线至相邻建筑的距离不应小于10m。

3 甲、乙、丙类液体的固定顶储罐区或半露天堆场，乙、丙类液体桶装堆场与甲类厂房（仓库）、民用建筑的防火间距，应按本表的规定增加25%，且甲、乙类液体的固定顶储罐区或半露天堆场，乙、丙类液体桶装堆场与甲类厂房（仓库）、裙房、单、多层民用建筑的防火间距不应小于25m，与明火或散发火花地点的防火间距应按本表有关四级耐火等级建筑物的规定增加25%。

4 浮顶储罐区或闪点大于120℃的液体储罐区与其他建筑的防火间距，可按本表的规定减少25%。

5 当数个储罐区布置在同一库区内时，储罐区之间的防火间距不应小于本表相应容量的储罐区与四级耐火等级建筑物防火间距的较大值。

6 直埋地下的甲、乙、丙类液体卧式罐，当单罐容量不大于$50m^3$，总容量不大于$200m^3$时，与建筑物的防火间距可按本表规定减少50%。

7 室外变、配电站指电力系统电压为35kV~500kV且每台变压器容量不小于10MV·A的室外变、配电站和工业企业的变压器总油量大于5t的室外降压变电站。

4.2.2 甲、乙、丙类液体储罐之间的防火间距不应小于表4.2.2的规定。

表4.2.2 甲、乙、丙类液体储罐之间的防火间距（m）

<table>
<tr><th colspan="3" rowspan="2">类　别</th><th colspan="3">固定顶储罐</th><th rowspan="2">浮顶储罐或设置充氮保护设备的储罐</th><th rowspan="2">卧式储罐</th></tr>
<tr><th>地上式</th><th>半地下式</th><th>地下式</th></tr>
<tr><td rowspan="2">甲、乙类液体储罐</td><td rowspan="3">单罐容量V（m^3）</td><td>$V \leqslant 1000$</td><td>$0.75D$</td><td rowspan="2">$0.5D$</td><td rowspan="2">$0.4D$</td><td rowspan="2">$0.4D$</td><td rowspan="3">$\geqslant 0.8m$</td></tr>
<tr><td>$V>1000$</td><td>$0.6D$</td></tr>
<tr><td>丙类液体储罐</td><td>不限</td><td>$0.4D$</td><td>不限</td><td>不限</td><td>—</td></tr>
</table>

注：1 D为相邻较大立式储罐的直径（m），矩形储罐的直径为长边与短边之和的一半。

2 不同液体、不同形式储罐之间的防火间距不应小于本表规定的较大值。

3 两排卧式储罐之间的防火间距不应小于3m。

4 当单罐容量不大于$1000m^3$且采用固定冷却系统时，甲、乙类液体的地上式固定顶储罐之间的防火间距不应小于$0.6D$。

5 地上式储罐同时设置液下喷射泡沫灭火系统、固定冷却水系统和扑救防火堤内液体火灾的泡沫灭火设施时，储罐之间的防火间距可适当减小，但不宜小于$0.4D$。

6 闪点大于120℃的液体，当单罐容量大于$1000m^3$时，储罐之间的防火间距不应小于5m；当单罐容量不大于$1000m^3$时，储罐之间的防火间距不应小于2m。

4.2.3 甲、乙、丙类液体储罐成组布置时，应符合下列规定：

1 组内储罐的单罐容量和总容量不应大于表4.2.3的规定。

表4.2.3 甲、乙、丙类液体储罐分组布置的最大容量

类　别	单罐最大容量（m^3）	一组罐最大容量（m^3）
甲、乙类液体	200	1000
丙类液体	500	3000

2 组内储罐的布置不应超过两排。甲、乙类液体立式储罐之间的防火间距不应小于2m，卧式储罐之间的防火间距不应小于0.8m；丙类液体储罐之间的防火间距不限。

3 储罐组之间的防火间距应根据组内储罐的形式和总容量折算为相同类别的标准单罐，按本规范第4.2.2条的规定确定。

4.2.4 甲、乙、丙类液体的地上式、半地下式储罐区，其每个防火堤内宜布置火灾危险性类别相同或相近的储罐。沸溢性油品储罐不应与非沸溢性油品储罐布置在同一防火堤内。地上式、半地下式储罐不应与地下式储罐布置在同一防火堤内。

4.2.5 甲、乙、丙类液体的地上式、半地下式储罐或储罐组，其四周应设置不燃性防火堤。防火堤的设置应符合下列规定：

1 防火堤内的储罐布置不宜超过2排，单罐容量不大于1000m³且闪点大于120℃的液体储罐不宜超过4排。

2 防火堤的有效容量不应小于其中最大储罐的容量。对于浮顶罐，防火堤的有效容量可为其中最大储罐容量的一半。

3 防火堤内侧基脚线至立式储罐外壁的水平距离不应小于罐壁高度的一半。防火堤内侧基脚线至卧式储罐的水平距离不应小于3m。

4 防火堤的设计高度应比计算高度高出0.2m，且应为1.0m~2.2m，在防火堤的适当位置应设置便于灭火救援人员进出防火堤的踏步。

5 沸溢性油品的地上式、半地下式储罐，每个储罐均应设置一个防火堤或防火隔堤。

6 含油污水排水管应在防火堤的出口处设置水封设施，雨水排水管应设置阀门等封闭、隔离装置。

4.2.6 甲类液体半露天堆场，乙、丙类液体桶装堆场和闪点大于120℃的液体储罐（区），当采取了防止液体流散的设施时，可不设置防火堤。

4.2.7 甲、乙、丙类液体储罐与其泵房、装卸鹤管的防火间距不应小于表4.2.7的规定。

表4.2.7 甲、乙、丙类液体储罐与其泵房、装卸鹤管的防火间距（m）

液体类别和储罐形式		泵房	铁路或汽车装卸鹤管
甲、乙类液体储罐	拱顶罐	15	20
	浮顶罐	12	15
丙类液体储罐		10	12

注：1 总容量不大于1000m³的甲、乙类液体储罐和总容量不大于5000m³的丙类液体储罐，其防火间距可按本表的规定减少25%。

2 泵房、装卸鹤管与储罐防火堤外侧基脚线的距离不应小于5m。

4.2.8 甲、乙、丙类液体装卸鹤管与建筑物、厂内铁路线的防火间距不应小于表4.2.8的规定。

表4.2.8 甲、乙、丙类液体装卸鹤管与建筑物、厂内铁路线的防火间距（m）

名　　称	建筑物			厂内铁路线	泵房
	一、二级	三级	四级		
甲、乙类液体装卸鹤管	14	16	18	20	8
丙类液体装卸鹤管	10	12	14	10	

注：装卸鹤管与其直接装卸用的甲、乙、丙类液体装卸铁路线的防火间距不限。

4.2.9 甲、乙、丙类液体储罐与铁路、道路的防火间距不应小于表4.2.9的规定。

表4.2.9 甲、乙、丙类液体储罐与铁路、道路的防火间距(m)

名称	厂外铁路线中心线	厂内铁路线中心线	厂外道路路边	厂内道路路边	
				主要	次要
甲、乙类液体储罐	35	25	20	15	10
丙类液体储罐	30	20	15	10	5

4.2.10 零位罐与所属铁路装卸线的距离不应小于6m。

4.2.11 石油库的储罐(区)与建筑的防火间距，石油库内的储罐布置和防火间距以及储罐与泵房、装卸鹤管等库内建筑的防火间距，应符合现行国家标准《石油库设计规范》GB 50074的规定。

4.3 可燃、助燃气体储罐(区)的防火间距

4.3.1 可燃气体储罐与建筑物、储罐、堆场等的防火间距应符合下列规定：

1 湿式可燃气体储罐与建筑物、储罐、堆场等的防火间距不应小于表4.3.1的规定。

表4.3.1 湿式可燃气体储罐与建筑物、储罐、堆场等的防火间距(m)

名称		湿式可燃气体储罐(总容积V，m^3)				
		$V<1000$	$1000\leq V<10000$	$10000\leq V<50000$	$50000\leq V<100000$	$100000\leq V<300000$
甲类仓库 甲、乙、丙类液体储罐 可燃材料堆场 室外变、配电站 明火或散发火花的地点		20	25	30	35	40
高层民用建筑		25	30	35	40	45
裙房，单、多层民用建筑		18	20	25	30	35
其他建筑	一、二级	12	15	20	25	30
	三级	15	20	25	30	35
	四级	20	25	30	35	40

注：固定容积可燃气体储罐的总容积按储罐几何容积(m^3)和设计储存压力(绝对压力，10^5Pa)的乘积计算。

2 固定容积的可燃气体储罐与建筑物、储罐、堆场等的防火间距不应小于表4.3.1的规定。

3 干式可燃气体储罐与建筑物、储罐、堆场等的防火间距：当可燃气体的密度比空气大时，应按表4.3.1的规定增加25%；当可燃气体的密度比空气小时，可按表4.3.1的规定确定。

4 湿式或干式可燃气体储罐的水封井、油泵房和电梯间等附属设施与该储罐的防火间距，可按工艺要求布置。

5 容积不大于20m^3的可燃气体储罐与其使用厂房的防火间距不限。

4.3.2 可燃气体储罐(区)之间的防火间距应符合下列规定：

1 湿式可燃气体储罐或干式可燃气体储罐之间及湿式与干式可燃气体储罐的防火间距，不应小于相邻较大罐直径的1/2。

2 固定容积的可燃气体储罐之间的防火间距不应小于相邻较大罐直径的2/3。

3 固定容积的可燃气体储罐与湿式或干式可燃气体储罐的防火间距，不应小于相邻较大罐直径的1/2。

4 数个固定容积的可燃气体储罐的总容积大于200000m^3时，应分组布置。卧式储罐组之间的防火间距不应小于相邻较大罐长度的一半；球形储罐组之间的防火间距不应小于相邻较大罐直径，且不应小于20m。

4.3.3 **氧气储罐与建筑物、储罐、堆场等的防火间距应符合下列规定：**

1 **湿式氧气储罐与建筑物、储罐、堆场等的防火间距不应小于表4.3.3的规定。**

表4.3.3 湿式氧气储罐与建筑物、储罐、堆场等的防火间距（m）

名称		湿式氧气储罐（总容积V，m^3）		
		$V \leq 1000$	$1000<V \leq 50000$	$V>50000$
明火或散发火花地点		25	30	35
甲、乙、丙类液体储罐，可燃材料堆场，甲类仓库，室外变、配电站		20	25	30
民用建筑		18	20	25
其他建筑	一、二级	10	12	14
	三级	12	14	16
	四级	14	16	18

注：固定容积氧气储罐的总容积按储罐几何容积（m^3）和设计储存压力（绝对压力，10^5Pa）的乘积计算。

2 **氧气储罐之间的防火间距不应小于相邻较大罐直径的1/2。**

3 **氧气储罐与可燃气体储罐的防火间距不应小于相邻较大罐的直径。**

4 **固定容积的氧气储罐与建筑物、储罐、堆场等的防火间距不应小于表4.3.3的规定。**

5 **氧气储罐与其制氧厂房的防火间距可按工艺布置要求确定。**

6 **容积不大于50m^3的氧气储罐与其使用厂房的防火间距不限。**

注：1m^3液氧折合标准状态下800m^3气态氧。

4.3.4 液氧储罐与建筑物、储罐、堆场等的防火间距应符合本规范第4.3.3条相应容积湿式氧气储罐防火间距的规定。液氧储罐与其泵房的间距不宜小于3m。总容积小于或等于3m^3的液氧储罐与其使用建筑的防火间距应符合下列规定：

1 当设置在独立的一、二级耐火等级的专用建筑物内时，其防火间距不应小于10m；

2 当设置在独立的一、二级耐火等级的专用建筑物内，且面向使用建筑物一侧采用无门窗洞口的防火墙隔开时，其防火间距不限；

3 当低温储存的液氧储罐采取了防火措施时，其防火间距不应小于5m。

医疗卫生机构中的医用液氧储罐气源站的液氧储罐应符合下列规定：

1 单罐容积不应大于5m^3，总容积不宜大于20m^3；

2 相邻储罐之间的距离不应小于最大储罐直径的0.75倍；

3 医用液氧储罐与医疗卫生机构外建筑的防火间距应符合本规范第4.3.3条的规定，与医疗卫生机构内建筑的防火间距应符合现行国家标准《医用气体工程技术规范》GB 50751的规定。

4.3.5 液氧储罐周围5m范围内不应有可燃物和沥青路面。

4.3.6 可燃、助燃气体储罐与铁路、道路的防火间距不应小于表4.3.6的规定。

表4.3.6 可燃、助燃气体储罐与铁路、道路的防火间距（m）

名称	厂外铁路线中心线	厂内铁路线中心线	厂外道路路边	厂内道路路边	
				主要	次要
可燃、助燃气体储罐	25	20	15	10	5

4.3.7 液氢、液氨储罐与建筑物、储罐、堆场等的防火间距可按本规范第4.4.1条相应容积液化石油气储罐防火间距的规定减少25%确定。

4.3.8 **液化天然气气化站的液化天然气储罐（区）与站外建筑等的防火间距不应小于表4.3.8的规定，与表4.3.8未规定的其他建筑的防火间距，应符合现行国家标准《城镇燃气设计规范》GB 50028的规定。**

表4.3.8　液化天然气气化站的液化天然气储罐（区）与站外建筑等的防火间距（m）

名　　称		液化天然气储罐（区）（总容积V，m^3）							集中放散装置的天然气放散总管
		$V\leqslant10$	$10<V\leqslant30$	$30<V\leqslant50$	$50<V\leqslant200$	$200<V\leqslant500$	$500<V\leqslant1000$	$1000<V\leqslant2000$	
单罐容积V（m^3）		$V\leqslant10$	$V\leqslant30$	$V\leqslant50$	$V\leqslant200$	$V\leqslant500$	$V\leqslant1000$	$V\leqslant2000$	
居住区、村镇和重要公共建筑（最外侧建筑物的外墙）		30	35	45	50	70	90	110	45
工业企业（最外侧建筑物的外墙）		22	25	27	30	35	40	50	20
明火或散发火花地点，室外变、配电站		30	35	45	50	55	60	70	30
其他民用建筑，甲、乙类液体储罐，甲、乙类仓库，甲、乙类厂房，秸秆、芦苇、打包废纸等材料堆场		27	32	40	45	50	55	65	25
丙类液体储罐，可燃气体储罐，丙、丁类厂房，丙、丁类仓库		25	27	32	35	40	45	55	20
公路（路边）	高速，Ⅰ、Ⅱ级，城市快速	20			25				15
	其他	15			20				10
架空电力线（中心线）		1.5倍杆高					1.5倍杆高，但35kV及以上架空电力线不应小于40m		2.0倍杆高
架空通信线（中心线）	Ⅰ、Ⅱ级	1.5倍杆高		30		40			1.5倍杆高
	其他	1.5倍杆高							
铁路（中心线）	国家线	40	50	60	70		80		40
	企业专用线	25			30		35		30

注：居住区、村镇指1000人或300户及以上者；当少于1000人或300户时，相应防火间距应按本表有关其他民用建筑的要求确定。

4.4　液化石油气储罐（区）的防火间距

4.4.1　液化石油气供应基地的全压式和半冷冻式储罐（区），与明火或散发火花地点和基地外建筑等的防火间距不应小于表4.4.1的规定，与表4.4.1未规定的其他建筑的防火间距应符合现行国家标准《城镇燃气设计规范》GB 50028的规定。

表4.4.1　液化石油气供应基地的全压式和半冷冻式储罐（区）与明火或散发火花地点和基地外建筑等的防火间距（m）

名　　称	液化石油气储罐（区）（总容积V，m^3）						
	$30<V\leqslant50$	$50<V\leqslant200$	$200\leqslant V\leqslant500$	$500<V\leqslant1000$	$1000<V\leqslant2500$	$2500<V\leqslant5000$	$5000<V\leqslant10000$
单罐容积V（m^3）	$V\leqslant20$	$V\leqslant50$	$V\leqslant100$	$V\leqslant200$	$V\leqslant400$	$V\leqslant1000$	$V>1000$
居住区、村镇和重要公共建筑（最外侧建筑物的外墙）	45	50	70	90	110	130	150
工业企业（最外侧建筑物的外墙）	27	30	35	40	50	60	75

表4.4.1 液化石油气供应基地的全压式和半冷冻式储罐（区）与明火或散发火花地点和基地外建筑等的防火间距（m）（续）

名称		液化石油气储罐（区）（总容积V，m^3）						
		30<V≤50	50<V≤200	200<V≤500	500<V≤1000	1000<V≤2500	2500<V≤5000	5000<V≤10000
明火或散发火花地点，室外变、配电站		45	50	55	60	70	80	120
其他民用建筑，甲、乙类液体储罐，甲、乙类仓库，甲、乙类厂房，秸秆、芦苇、打包废纸等材料堆场		40	45	50	55	65	75	100
丙类液体储罐，可燃气体储罐，丙、丁类厂房，丙、丁类仓库		32	35	40	45	55	65	80
助燃气体储罐，木材等材料堆场		27	30	35	40	50	60	75
其他建筑	一、二级	18	20	22	25	30	40	50
	三级	22	25	27	30	40	50	60
	四级	27	30	35	40	50	60	75
公路（路边）	高速，Ⅰ、Ⅱ级	20	25					30
	Ⅲ、Ⅳ级	15	20					25
架空电力线（中心线）		应符合本规范第10.2.1条的规定						
架空通信线（中心线）	Ⅰ、Ⅱ级	30		40				
	Ⅲ、Ⅳ级	1.5倍杆高						
铁路（中心线）	国家线	60	70		80		100	
	企业专用线	25	30		35		40	

注：1 防火间距应按本表储罐区的总容积或单罐容积的较大者确定。
2 当地下液化石油气储罐的单罐容积不大于$50m^3$，总容积不大于$400m^3$时，其防火间距可按本表的规定减少50%。
3 居住区、村镇指1000人或300户及以上者；当少于1000人或300户时，相应防火间距应按本表有关其他民用建筑的要求确定。

4.4.2 液化石油气储罐之间的防火间距不应小于相邻较大罐的直径。

数个储罐的总容积大于$3000m^3$时，应分组布置，组内储罐宜采用单排布置。组与组相邻储罐之间的防火间距不应小于20m。

4.4.3 液化石油气储罐与所属泵房的防火间距不应小于15m。当泵房面向储罐一侧的外墙采用无门、窗、洞口的防火墙时，防火间距可减至6m。液化石油气泵露天设置在储罐区内时，储罐与泵的防火间距不限。

4.4.4 全冷冻式液化石油气储罐、液化石油气气化站、混气站的储罐与周围建筑的防火间距，应符合现行国家标准《城镇燃气设计规范》GB 50028的规定。

工业企业内总容积不大于$10m^3$的液化石油气气化站、混气站的储罐，当设置在专用的独立建筑内时，建筑外墙与相邻厂房及其附属设备的防火间距可按甲类厂房有关防火间距的规定确定。当露天设置时，与建筑物、储罐、堆场等的防火间距应符合现行国家标准《城镇燃气设计规范》GB 50028的规定。

4.4.5 Ⅰ、Ⅱ级瓶装液化石油气供应站瓶库与站外建筑等的防火间距不应小于表4.4.5的规定。瓶装液化石油气供应站的分级及总存瓶容积不大于$1m^3$的瓶装供应站瓶库的设置，应符合现行国家标准《城镇燃气设计规范》GB 50028的规定。

表4.4.5 Ⅰ、Ⅱ级瓶装液化石油气供应站瓶库与站外建筑等的防火间距（m）

名　称	Ⅰ级		Ⅱ级	
瓶库的总存瓶容积V（m^3）	$6<V\leqslant10$	$10<V\leqslant20$	$1<V\leqslant3$	$3<V\leqslant6$
明火或散发火花地点	30	35	20	25
重要公共建筑	20	25	12	15
其他民用建筑	10	15	6	8
主要道路路边	10	10	8	8
次要道路路边	5	5	5	5

注：总存瓶容积应按实瓶个数与单瓶几何容积的乘积计算。

4.4.6 Ⅰ级瓶装液化石油气供应站的四周宜设置不燃性实体围墙，但面向出入口一侧可设置不燃性非实体围墙。

Ⅱ级瓶装液化石油气供应站的四周宜设置不燃性实体围墙，或下部实体部分高度不低于0.6m的围墙。

4.5 可燃材料堆场的防火间距

4.5.1 露天、半露天可燃材料堆场与建筑物的防火间距不应小于表4.5.1的规定。

表4.5.1 露天、半露天可燃材料堆场与建筑物的防火间距（m）

名　称	一个堆场的总储量	建筑物		
		一、二级	三级	四级
粮食席穴囤W（t）	$10\leqslant W<5000$	15	20	25
	$5000\leqslant W<20000$	20	25	30
粮食土圆仓W（t）	$500\leqslant W<10000$	10	15	20
	$10000\leqslant W<20000$	15	20	25
棉、麻、毛、化纤、百货W（t）	$10\leqslant W<500$	10	15	20
	$500\leqslant W<1000$	15	20	25
	$1000\leqslant W<5000$	20	25	30
秸秆、芦苇、打包废纸等W（t）	$10\leqslant W<5000$	15	20	25
	$5000\leqslant W<10000$	20	25	30
	$W\geqslant10000$	25	30	40
木材等V（m^3）	$50\leqslant V<1000$	10	15	20
	$1000\leqslant V<10000$	15	20	25
	$V\geqslant10000$	20	25	30
煤和焦炭W（t）	$100\leqslant W<5000$	6	8	10
	$W\geqslant5000$	8	10	12

注：露天、半露天秸秆、芦苇、打包废纸等材料堆场，与甲类厂房（仓库）、民用建筑的防火间距应根据建筑物的耐火等级分别按本表的规定增加25%且不应小于25m，与室外变、配电站的防火间距不应小于50m，与明火或散发火花地点的防火间距应按本表四级耐火等级建筑物的相应规定增加25%。

当一个木材堆场的总储量大于25000m^3或一个秸秆、芦苇、打包废纸等材料堆场的总储量大于20000t时，宜分设堆场。各堆场之间的防火间距不应小于相邻较大堆场与四级耐火等级建筑物的防火间距。

不同性质物品堆场之间的防火间距，不应小于本表相应储量堆场与四级耐火等级建筑物防火间距的较大值。

4.5.2 露天、半露天可燃材料堆场与甲、乙、丙类液体储罐的防火间距，不应小于本规范表4.2.1和表4.5.1中相应储量堆场与四级耐火等级建筑物防火间距的较大值。

4.5.3 露天、半露天秸秆、芦苇、打包废纸等材料堆场与铁路、道路的防火间距不应小于表4.5.3的规定，其他可燃材料堆场与铁路、道路的防火间距可根据材料的火灾危险性按类比原则确定。

表4.5.3 露天、半露天可燃材料堆场与铁路、道路的防火间距（m）

名　称	厂外铁路线中心线	厂内铁路线中心线	厂外道路路边	厂内道路路边	
				主要	次要
秸秆、芦苇、打包废纸等材料堆场	30	20	15	10	5

6 建筑构造

6.1 防火墙

6.1.1 防火墙应直接设置在建筑的基础或框架、梁等承重结构上，框架、梁等承重结构的耐火极限不应低于防火墙的耐火极限。

防火墙应从楼地面基层隔断至梁、楼板或屋面板的底面基层。当高层厂房（仓库）屋顶承重结构和屋面板的耐火极限低于1.00h，其他建筑屋顶承重结构和屋面板的耐火极限低于0.50h时，防火墙应高出屋面0.5m以上。

6.1.2 防火墙横截面中心线水平距离天窗端面小于4.0m，且天窗端面为可燃性墙体时，应采取防止火势蔓延的措施。

6.1.3 建筑外墙为难燃性或可燃性墙体时，防火墙应凸出墙的外表面0.4m以上，且防火墙两侧的外墙均应为宽度均不小于2.0m的不燃性墙体，其耐火极限不应低于外墙的耐火极限。

建筑外墙为不燃性墙体时，防火墙可不凸出墙的外表面，紧靠防火墙两侧的门、窗、洞口之间最近边缘的水平距离不应小于2.0m；采取设置乙级防火窗等防止火灾水平蔓延的措施时，该距离不限。

6.1.4 建筑内的防火墙不宜设置在转角处，确需设置时，内转角两侧墙上的门、窗、洞口之间最近边缘的水平距离不应小于4.0m；采取设置乙级防火窗等防止火灾水平蔓延的措施时，该距离不限。

6.1.5 防火墙上不应开设门、窗、洞口，确需开设时，应设置不可开启或火灾时能自动关闭的甲级防火门、窗。

可燃气体和甲、乙、丙类液体的管道严禁穿过防火墙。防火墙内不应设置排气道。

6.1.6 除本规范第6.1.5条规定外的其他管道不宜穿过防火墙，确需穿过时，应采用防火封堵材料将墙与管道之间的空隙紧密填实，穿过防火墙处的管道保温材料，应采用不燃材料；当管道为难燃及可燃材料时，应在防火墙两侧的管道上采取防火措施。

6.1.7 防火墙的构造应能在防火墙任意一侧的屋架、梁、楼板等受到火灾的影响而破坏时，不会导致防火墙倒塌。

6.2 建筑构件和管道井

6.2.1 剧场等建筑的舞台与观众厅之间的隔墙应采用耐火极限不低于3.00h的防火隔墙。

舞台上部与观众厅闷顶之间的隔墙可采用耐火极限不低于1.50h的防火隔墙，隔墙上的门应采用乙级防火门。

舞台下部的灯光操作室和可燃物储藏室应采用耐火极限不低于2.00h的防火隔墙与其他部位分隔。

电影放映室、卷片室应采用耐火极限不低于1.50h的防火隔墙与其他部位分隔，观察孔和放映孔应采取防火分隔措施。

6.2.2 医疗建筑内的手术室或手术部、产房、重症监护室、贵重精密医疗装备用房、储藏间、实验室、胶片室等，附设在建筑内的托儿所、幼儿园的儿童用房和儿童游乐厅等儿童活动场所、老年人照料设施，应采用耐火极限不低于2.00h的防火隔墙和1.00h的楼板与其他场所或部位分隔，墙上必须设置的门、窗应采用乙级防火门、窗。

6.2.3 建筑内的下列部位应采用耐火极限不低于2.00h的防火隔墙与其他部位分隔，墙上的门、窗应采用乙级防火门、窗，确有困难时，可采用防火卷帘，但应符合本规范第6.5.3条的规定：

1 甲、乙类生产部位和建筑内使用丙类液体的部位；

2 厂房内有明火和高温的部位；

3 甲、乙、丙类厂房(仓库)内布置有不同火灾危险性类别的房间；

4 民用建筑内的附属库房，剧场后台的辅助用房；

5 除居住建筑中套内的厨房外，宿舍、公寓建筑中的公共厨房和其他建筑内的厨房；

6 附设在住宅建筑内的机动车库。

6.2.4 建筑内的防火隔墙应从楼地面基层隔断至梁、楼板或屋面板的底面基层。住宅分户墙和单元之间的墙应隔断至梁、楼板或屋面板的底面基层，屋面板的耐火极限不应低于0.50h。

6.2.5 除本规范另有规定外，建筑外墙上、下层开口之间应设置高度不小于1.2m的实体墙或挑出宽度不小于1.0m、长度不小于开口宽度的防火挑檐；当室内设置自动喷水灭火系统时，上、下层开口之间的实体墙高度不应小于0.8m。当上、下层开口之间设置实体墙确有困难时，可设置防火玻璃墙，但高层建筑的防火玻璃墙的耐火完整性不应低于1.00h，多层建筑的防火玻璃墙的耐火完整性不应低于0.50h。外窗的耐火完整性不应低于防火玻璃墙的耐火完整性要求。

住宅建筑外墙上相邻户开口之间的墙体宽度不应小于1.0m；小于1.0m时，应在开口之间设置突出外墙不小于0.6m的隔板。

实体墙、防火挑檐和隔板的耐火极限和燃烧性能，均不应低于相应耐火等级建筑外墙的要求。

6.2.6 建筑幕墙应在每层楼板外沿处采取符合本规范第6.2.5条规定的防火措施，幕墙与每层楼板、隔墙处的缝隙应采用防火封堵材料封堵。

6.2.7 附设在建筑内的消防控制室、灭火设备室、消防水泵房和通风空气调节机房、变配电室等，应采用耐火极限不低于2.00h的防火隔墙和1.50h的楼板与其他部位分隔。

设置在丁、戊类厂房内的通风机房，应采用耐火极限不低于1.00h的防火隔墙和0.50h的楼板与其他部位分隔。

通风、空气调节机房和变配电室开向建筑内的门应采用甲级防火门，消防控制室和其他设备房开向建筑内的门应采用乙级防火门。

6.2.8 冷库、低温环境生产场所采用泡沫塑料等可燃材料作墙体内的绝热层时，宜采用不燃绝热材料在每层楼板处做水平防火分隔。防火分隔部位的耐火极限不应低于楼板的耐火极限。冷库阁楼层和墙体的可燃绝热层宜采用不燃性墙体分隔。

冷库、低温环境生产场所采用泡沫塑料作内绝热层时，绝热层的燃烧性能不应低于B_1级，且绝热层的表面应采用不燃材料做防护层。

冷库的库房与加工车间贴邻建造时，应采用防火墙分隔，当确需开设相互连通的开口时，应采取防火隔间等措施进行分隔，隔间两侧的门应为甲级防火门。当冷库的氨压缩机房与加工车间贴邻时，应采用不开门窗洞口的防火墙分隔。

6.2.9 建筑内的电梯井等竖井应符合下列规定：

1 电梯井应独立设置，井内严禁敷设可燃气体和甲、乙、丙类液体管道，不应敷设与电梯无关

的电缆、电线等。电梯井的井壁除设置电梯门、安全逃生门和通气孔洞外，不应设置其他开口。

2　电缆井、管道井、排烟道、排气道、垃圾道等竖向井道，应分别独立设置。井壁的耐火极限不应低于1.00h，井壁上的检查门应采用丙级防火门。

3　建筑内的电缆井、管道井应在每层楼板处采用不低于楼板耐火极限的不燃材料或防火封堵材料封堵。

建筑内的电缆井、管道井与房间、走道等相连通的孔隙应采用防火封堵材料封堵。

4　建筑内的垃圾道宜靠外墙设置，垃圾道的排气口应直接开向室外，垃圾斗应采用不燃材料制作，并应能自行关闭。

5　电梯层门的耐火极限不应低于1.00h，并应符合现行国家标准《电梯层门耐火试验　完整性、隔热性和热通量测定法》GB/T 27903规定的完整性和隔热性要求。

6.2.10　户外电致发光广告牌不应直接设置在有可燃、难燃材料的墙体上。

户外广告牌的设置不应遮挡建筑的外窗，不应影响外部灭火救援行动。

6.3　屋顶、闷顶和建筑缝隙

6.3.1　在三、四级耐火等级建筑的闷顶内采用可燃材料作绝热层时，屋顶不应采用冷摊瓦。

闷顶内的非金属烟囱周围0.5m、金属烟囱0.7m范围内，应采用不燃材料作绝热层。

6.3.2　层数超过2层的三级耐火等级建筑内的闷顶，应在每个防火隔断范围内设置老虎窗，且老虎窗的间距不宜大于50m。

6.3.3　内有可燃物的闷顶，应在每个防火隔断范围内设置净宽度和净高度均不小于0.7m的闷顶入口；对于公共建筑，每个防火隔断范围内的闷顶入口不宜少于2个。闷顶入口宜布置在走廊中靠近楼梯间的部位。

6.3.4　变形缝内的填充材料和变形缝的构造基层应采用不燃材料。

电线、电缆、可燃气体和甲、乙、丙类液体的管道不宜穿过建筑内的变形缝，确需穿过时，应在穿过处加设不燃材料制作的套管或采取其他防变形措施，并应采用防火封堵材料封堵。

6.3.5　防烟、排烟、供暖、通风和空气调节系统中的管道及建筑内的其他管道，在穿越防火隔墙、楼板和防火墙处的孔隙应采用防火封堵材料封堵。

风管穿过防火隔墙、楼板和防火墙时，穿越处风管上的防火阀、排烟防火阀两侧各2.0m范围内的风管应采用耐火风管或风管外壁应采取防火保护措施，且耐火极限不应低于该防火分隔体的耐火极限。

6.3.6　建筑内受高温或火焰作用易变形的管道，在贯穿楼板部位和穿越防火隔墙的两侧宜采取阻火措施。

6.3.7　建筑屋顶上的开口与邻近建筑或设施之间，应采取防止火灾蔓延的措施。

6.4　疏散楼梯间和疏散楼梯等

6.4.1　疏散楼梯间应符合下列规定：

1　楼梯间应能天然采光和自然通风，并宜靠外墙设置。靠外墙设置时，楼梯间、前室及合用前室外墙上的窗口与两侧门、窗、洞口最近边缘的水平距离不应小于1.0m。

2　楼梯间内不应设置烧水间、可燃材料储藏室、垃圾道。

3　楼梯间内不应有影响疏散的凸出物或其他障碍物。

4　封闭楼梯间、防烟楼梯间及其前室，不应设置卷帘。

5　楼梯间内不应设置甲、乙、丙类液体管道。

6　封闭楼梯间、防烟楼梯间及其前室内禁止穿过或设置可燃气体管道。敞开楼梯间内不应设置可燃气体管道，当住宅建筑的敞开楼梯间内确需设置可燃气体管道和可燃气体计量表时，应采用金属管和设置切断气源的阀门。

6.4.2 封闭楼梯间除应符合本规范第6.4.1条的规定外，尚应符合下列规定：

1 不能自然通风或自然通风不能满足要求时，应设置机械加压送风系统或采用防烟楼梯间。

2 除楼梯间的出入口和外窗外，楼梯间的墙上不应开设其他门、窗、洞口。

3 高层建筑、人员密集的公共建筑、人员密集的多层丙类厂房、甲、乙类厂房，其封闭楼梯间的门应采用乙级防火门，并应向疏散方向开启；其他建筑，可采用双向弹簧门。

4 楼梯间的首层可将走道和门厅等包括在楼梯间内形成扩大的封闭楼梯间，但应采用乙级防火门等与其他走道和房间分隔。

6.4.3 防烟楼梯间除应符合本规范第6.4.1条的规定外，尚应符合下列规定：

1 应设置防烟设施。

2 前室可与消防电梯间前室合用。

3 前室的使用面积：公共建筑、高层厂房（仓库），不应小于$6.0m^2$；住宅建筑，不应小于$4.5m^2$。

与消防电梯间前室合用时，合用前室的使用面积：公共建筑、高层厂房（仓库），不应小于$10.0m^2$；住宅建筑，不应小于$6.0m^2$。

4 疏散走道通向前室以及前室通向楼梯间的门应采用乙级防火门。

5 除住宅建筑的楼梯间前室外，防烟楼梯间和前室内的墙上不应开设除疏散门和送风口外的其他门、窗、洞口。

6 楼梯间的首层可将走道和门厅等包括在楼梯间前室内形成扩大的前室，但应采用乙级防火门等与其他走道和房间分隔。

6.4.4 除通向避难层错位的疏散楼梯外，建筑内的疏散楼梯间在各层的平面位置不应改变。

除住宅建筑套内的自用楼梯外，地下或半地下建筑（室）的疏散楼梯间，应符合下列规定：

1 室内地面与室外出入口地坪高差大于10m或3层及以上的地下、半地下建筑（室），其疏散楼梯应采用防烟楼梯间；其他地下或半地下建筑（室），其疏散楼梯应采用封闭楼梯间。

2 应在首层采用耐火极限不低于2.00h的防火隔墙与其他部位分隔并应直通室外，确需在隔墙上开门时，应采用乙级防火门。

3 建筑的地下或半地下部分与地上部分不应共用楼梯间，确需共用楼梯间时，应在首层采用耐火极限不低于2.00h的防火隔墙和乙级防火门将地下或半地下部分与地上部分的连通部位完全分隔，并应设置明显的标志。

6.4.5 室外疏散楼梯应符合下列规定：

1 栏杆扶手的高度不应小于1.10m，楼梯的净宽度不应小于0.90m。

2 倾斜角度不应大于45°。

3 梯段和平台均应采用不燃材料制作。平台的耐火极限不应低于1.00h，梯段的耐火极限不应低于0.25h。

4 通向室外楼梯的门应采用乙级防火门，并应向外开启。

5 除疏散门外，楼梯周围2m内的墙面上不应设置门、窗、洞口。疏散门不应正对梯段。

6.4.6 用作丁、戊类厂房内第二安全出口的楼梯可采用金属梯，但其净宽度不应小于0.90m，倾斜角度不应大于45°。

丁、戊类高层厂房，当每层工作平台上的人数不超过2人且各层工作平台上同时工作的人数总和不超过10人时，其疏散楼梯可采用敞开楼梯或利用净宽度不小于0.90m、倾斜角度不大于60°的金属梯。

6.4.7 疏散用楼梯和疏散通道上的阶梯不宜采用螺旋楼梯和扇形踏步；确需采用时，踏步上、下两级所形成的平面角度不应大于10°，且每级离扶手250mm处的踏步深度不应小于220mm。

6.4.8 建筑内的公共疏散楼梯，其两梯段及扶手间的水平净距不宜小于150mm。

6.4.9 高度大于10m的三级耐火等级建筑应设置通至屋顶的室外消防梯。室外消防梯不应面对老虎窗，宽度不应小于0.6m，且宜从离地面3.0m高处设置。

6.4.10 疏散走道在防火分区处应设置常开甲级防火门。

6.4.11 建筑内的疏散门应符合下列规定：

1 民用建筑和厂房的疏散门，应采用向疏散方向开启的平开门，不应采用推拉门、卷帘门、吊门、转门和折叠门。除甲、乙类生产车间外，人数不超过60人且每樘门的平均疏散人数不超过30人的房间，其疏散门的开启方向不限。

2 仓库的疏散门应采用向疏散方向开启的平开门，但丙、丁、戊类仓库首层靠墙的外侧可采用推拉门或卷帘门。

3 开向疏散楼梯或疏散楼梯间的门，当其完全开启时，不应减少楼梯平台的有效宽度。

4 人员密集场所内平时需要控制人员随意出入的疏散门和设置门禁系统的住宅、宿舍、公寓建筑的外门，应保证火灾时不需使用钥匙等任何工具即能从内部易于打开，并应在显著位置设置具有使用提示的标识。

6.4.12 用于防火分隔的下沉式广场等室外开敞空间，应符合下列规定：

1 分隔后的不同区域通向下沉式广场等室外开敞空间的开口最近边缘之间的水平距离不应小于13m。室外开敞空间除用于人员疏散外不得用于其他商业或可能导致火灾蔓延的用途，其中用于疏散的净面积不应小于169m²。

2 下沉式广场等室外开敞空间内应设置不少于1部直通地面的疏散楼梯。当连接下沉广场的防火分区需利用下沉广场进行疏散时，疏散楼梯的总净宽度不应小于任一防火分区通向室外开敞空间的设计疏散总净宽度。

3 确需设置防风雨篷时，防风雨篷不应完全封闭，四周开口部位应均匀布置，开口的面积不应小于该空间地面面积的25%，开口高度不应小于1.0m；开口设置百叶时，百叶的有效排烟面积可按百叶通风口面积的60%计算。

6.4.13 防火隔间的设置应符合下列规定：

1 防火隔间的建筑面积不应小于6.0m²；

2 防火隔间的门应采用甲级防火门；

3 不同防火分区通向防火隔间的门不应计入安全出口，门的最小间距不应小于4m；

4 防火隔间内部装修材料的燃烧性能应为A级；

5 不应用于除人员通行外的其他用途。

6.4.14 避难走道的设置应符合下列规定：

1 避难走道防火隔墙的耐火极限不应低于3.00h，楼板的耐火极限不应低于1.50h。

2 避难走道直通地面的出口不应少于2个，并应设置在不同方向；当避难走道仅与一个防火分区相通且该防火分区至少有1个直通室外的安全出口时，可设置1个直通地面的出口。任一防火分区通向避难走道的门至该避难走道最近直通地面的出口的距离不应大于60m。

3 避难走道的净宽度不应小于任一防火分区通向该避难走道的设计疏散总净宽度。

4 避难走道内部装修材料的燃烧性能应为A级。

5 防火分区至避难走道入口处应设置防烟前室，前室的使用面积不应小于6.0m²，开向前室的门应采用甲级防火门，前室开向避难走道的门应采用乙级防火门。

6 避难走道内应设置消火栓、消防应急照明、应急广播和消防专线电话。

6.5 防火门、窗和防火卷帘

6.5.1 防火门的设置应符合下列规定：

1 设置在建筑内经常有人通行处的防火门宜采用常开防火门。常开防火门应能在火灾时自行关闭，并应具有信号反馈的功能。

2 除允许设置常开防火门的位置外，其他位置的防火门均应采用常闭防火门。常闭防火门应在其明显位置设置“保持防火门关闭”等提示标识。

3 除管井检修门和住宅的户门外，防火门应具有自行关闭功能。双扇防火门应具有按顺序自行关闭的功能。

4 除本规范第6.4.11条第4款的规定外，防火门应能在其内外两侧手动开启。

5 设置在建筑变形缝附近时，防火门应设置在楼层较多的一侧，并应保证防火门开启时门扇不跨越变形缝。

6 防火门关闭后应具有防烟性能。

7 甲、乙、丙级防火门应符合现行国家标准《防火门》GB 12955的规定。

6.5.2 设置在防火墙、防火隔墙上的防火窗，应采用不可开启的窗扇或具有火灾时能自行关闭的功能。

防火窗应符合现行国家标准《防火窗》GB 16809的有关规定。

6.5.3 防火分隔部位设置防火卷帘时，应符合下列规定：

1 除中庭外，当防火分隔部位的宽度不大于30m时，防火卷帘的宽度不应大于10m；当防火分隔部位的宽度大于30m时，防火卷帘的宽度不应大于该部位宽度的1/3，且不应大于20m。

2 防火卷帘应具有火灾时靠自重自动关闭功能。

3 除本规范另有规定外，防火卷帘的耐火极限不应低于本规范对所设置部位墙体的耐火极限要求。

当防火卷帘的耐火极限符合现行国家标准《门和卷帘的耐火试验方法》GB/T 7633有关耐火完整性和耐火隔热性的判定条件时，可不设置自动喷水灭火系统保护。

当防火卷帘的耐火极限仅符合现行国家标准《门和卷帘的耐火试验方法》GB/T 7633有关耐火完整性的判定条件时，应设置自动喷水灭火系统保护。自动喷水灭火系统的设计应符合现行国家标准《自动喷水灭火系统设计规范》GB 50084的规定，但火灾延续时间不应小于该防火卷帘的耐火极限。

4 防火卷帘应具有防烟性能，与楼板、梁、墙、柱之间的空隙应采用防火封堵材料封堵。

5 需在火灾时自动降落的防火卷帘，应具有信号反馈的功能。

6 其他要求，应符合现行国家标准《防火卷帘》GB 14102的规定。

6.6 天桥、栈桥和管沟

6.6.1 天桥、跨越房屋的栈桥以及供输送可燃材料、可燃气体和甲、乙、丙类液体的栈桥，均应采用不燃材料。

6.6.2 输送有火灾、爆炸危险物质的栈桥不应兼作疏散通道。

6.6.3 封闭天桥、栈桥与建筑物连接处的门洞以及敷设甲、乙、丙类液体管道的封闭管沟（廊），均宜采取防止火灾蔓延的措施。

6.6.4 连接两座建筑物的天桥、连廊，应采取防止火灾在两座建筑间蔓延的措施。当仅供通行的天桥、连廊采用不燃材料，且建筑物通向天桥、连廊的出口符合安全出口的要求时，该出口可作为安全出口。

6.7 建筑保温和外墙装饰

6.7.1 建筑的内、外保温系统，宜采用燃烧性能为A级的保温材料，不宜采用B_2级保温材料，严禁采用B_3级保温材料；设置保温系统的基层墙体或屋面板的耐火极限应符合本规范的有关规定。

6.7.2 建筑外墙采用内保温系统时，保温系统应符合下列规定：

1 对于人员密集场所，用火、燃油、燃气等具有火灾危险性的场所以及各类建筑内的疏散楼梯间、避难走道、避难间、避难层等场所或部位，应采用燃烧性能为A级的保温材料。

2 对于其他场所，应采用低烟、低毒且燃烧性能不低于B_1级的保温材料。

3 保温系统应采用不燃材料做防护层。采用燃烧性能为B_1级的保温材料时，防护层的厚度不应

小于10mm。

6.7.3 建筑外墙采用保温材料与两侧墙体构成无空腔复合保温结构体时，该结构体的耐火极限应符合本规范的有关规定；当保温材料的燃烧性能为B_1、B_2级时，保温材料两侧的墙体应采用不燃材料且厚度均不应小于50mm。

6.7.4 **设置人员密集场所的建筑，其外墙外保温材料的燃烧性能应为A级。**

6.7.4A **除本规范第6.7.3条规定的情况外，下列老年人照料设施的内、外墙体和屋面保温材料应采用燃烧性能为A级的保温材料：**

1 独立建造的老年人照料设施；

2 与其他建筑组合建造且老年人照料设施部分的总建筑面积大于500m²的老年人照料设施。

6.7.5 **与基层墙体、装饰层之间无空腔的建筑外墙外保温系统，其保温材料应符合下列规定：**

1 住宅建筑：

1）建筑高度大于100m时，保温材料的燃烧性能应为A级；

2）建筑高度大于27m，但不大于100m时，保温材料的燃烧性能不应低于B_1级；

3）建筑高度不大于27m时，保温材料的燃烧性能不应低于B_2级。

2 除住宅建筑和设置人员密集场所的建筑外，其他建筑：

1）建筑高度大于50m时，保温材料的燃烧性能应为A级；

2）建筑高度大于24m，但不大于50m时，保温材料的燃烧性能不应低于B_1级；

3）建筑高度不大于24m时，保温材料的燃烧性能不应低于B_2级。

6.7.6 **除设置人员密集场所的建筑外，与基层墙体、装饰层之间有空腔的建筑外墙外保温系统，其保温材料应符合下列规定：**

1 建筑高度大于24m时，保温材料的燃烧性能应为A级；

2 建筑高度不大于24m时，保温材料的燃烧性能不应低于B_1级。

6.7.7 除本规范第6.7.3条规定的情况外，当建筑的外墙外保温系统按本节规定采用燃烧性能为B_1、B_2级的保温材料时，应符合下列规定：

1 除采用B_1级保温材料且建筑高度不大于24m的公共建筑或采用B_1级保温材料且建筑高度不大于27m的住宅建筑外，建筑外墙上门、窗的耐火完整性不应低于0.50h。

2 应在保温系统中每层设置水平防火隔离带。防火隔离带应采用燃烧性能为A级的材料，防火隔离带的高度不应小于300mm。

6.7.8 建筑的外墙外保温系统应采用不燃材料在其表面设置防护层，防护层应将保温材料完全包覆。除本规范第6.7.3条规定的情况外，当按本节规定采用B_1、B_2级保温材料时，防护层厚度首层不应小于15mm，其他层不应小于5mm。

6.7.9 建筑外墙外保温系统与基层墙体、装饰层之间的空腔，应在每层楼板处采用防火封堵材料封堵。

6.7.10 建筑的屋面外保温系统，当屋面板的耐火极限不低于1.00h时，保温材料的燃烧性能不应低于B_2级；当屋面板的耐火极限低于1.00h时，不应低于B_1级。采用B_1、B_2级保温材料的外保温系统应采用不燃材料作防护层，防护层的厚度不应小于10mm。

当建筑的屋面和外墙外保温系统均采用B_1、B_2级保温材料时，屋面与外墙之间应采用宽度不小于500mm的不燃材料设置防火隔离带进行分隔。

6.7.11 电气线路不应穿越或敷设在燃烧性能为B_1或B_2级的保温材料中；确需穿越或敷设时，应采取穿金属管并在金属管周围采用不燃隔热材料进行防火隔离等防火保护措施。设置开关、插座等电器配件的部位周围应采取不燃隔热材料进行防火隔离等防火保护措施。

6.7.12 建筑外墙的装饰层应采用燃烧性能为A级的材料，但建筑高度不大于50m时，可采用B_1级材料。

附录 A　建筑高度和建筑层数的计算方法

A.0.1　建筑高度的计算应符合下列规定：

1　建筑屋面为坡屋面时，建筑高度应为建筑室外设计地面至其檐口与屋脊的平均高度。

2　建筑屋面为平屋面（包括有女儿墙的平屋面）时，建筑高度应为建筑室外设计地面至其屋面面层的高度。

3　同一座建筑有多种形式的屋面时，建筑高度应按上述方法分别计算后，取其中最大值。

4　对于台阶式地坪，当位于不同高程地坪上的同一建筑之间有防火墙分隔，各自有符合规范规定的安全出口，且可沿建筑的两个长边设置贯通式或尽头式消防车道时，可分别计算各自的建筑高度。否则，应按其中建筑高度最大者确定该建筑的建筑高度。

5　局部突出屋顶的瞭望塔、冷却塔、水箱间、微波天线间或设施、电梯机房、排风和排烟机房以及楼梯出口小间等辅助用房占屋面面积不大于1/4者，可不计入建筑高度。

6　对于住宅建筑，设置在底部且室内高度不大于2.2m的自行车库、储藏室、敞开空间，室内外高差或建筑的地下或半地下室的顶板面高出室外设计地面的高度不大于1.5m的部分，可不计入建筑高度。

A.0.2　建筑层数应按建筑的自然层数计算，下列空间可不计入建筑层数：

1　室内顶板面高出室外设计地面的高度不大于1.5m的地下或半地下室；

2　设置在建筑底部且室内高度不大于2.2m的自行车库、储藏室、敞开空间；

3　建筑屋顶上突出的局部设备用房、出屋面的楼梯间等。

附录 B 防火间距的计算方法

B.0.1 建筑物之间的防火间距应按相邻建筑外墙的最近水平距离计算，当外墙有凸出的可燃或难燃构件时，应从其凸出部分外缘算起。

建筑物与储罐、堆场的防火间距，应为建筑外墙至储罐外壁或堆场中相邻堆垛外缘的最近水平距离。

B.0.2 储罐之间的防火间距应为相邻两储罐外壁的最近水平距离。

储罐与堆场的防火间距应为储罐外壁至堆场中相邻堆垛外缘的最近水平距离。

B.0.3 堆场之间的防火间距应为两堆场中相邻堆垛外缘的最近水平距离。

B.0.4 变压器之间的防火间距应为相邻变压器外壁的最近水平距离。

变压器与建筑物、储罐或堆场的防火间距，应为变压器外壁至建筑外墙、储罐外壁或相邻堆垛外缘的最近水平距离。

B.0.5 建筑物、储罐或堆场与道路、铁路的防火间距，应为建筑外墙、储罐外壁或相邻堆垛外缘距道路最近一侧路边或铁路中心线的最小水平距离。

附录C　隧道内承重结构体的耐火极限试验升温曲线和相应的判定标准

C.0.1　RABT和HC标准升温曲线应符合现行国家标准《建筑构件耐火试验可供选择和附加的试验程序》GB/T 26784的规定。

C.0.2　耐火极限判定标准应符合下列规定：

1　当采用HC标准升温曲线测试时，耐火极限的判定标准为：受火后，当距离混凝土底表面25mm处钢筋的温度超过250℃，或者混凝土表面的温度超过380℃时，则判定为达到耐火极限。

2　当采用RABT标准升温曲线测试时，耐火极限的判定标准为：受火后，当距离混凝土底表面25mm处钢筋的温度超过300℃，或者混凝土表面的温度超过380℃时，则判定为达到耐火极限。

引用标准名录

《木结构设计规范》GB 50005
《城镇燃气设计规范》GB 50028
《锅炉房设计规范》GB 50041
《供配电系统设计规范》GB 50052
《爆炸危险环境电力装置设计规范》GB 50058
《冷库设计规范》GB 50072
《石油库设计规范》GB 50074
《自动喷水灭火系统设计规范》GB 50084
《火灾自动报警系统设计规范》GB 50116
《汽车加油加气站设计与施工规范》GB 50156
《火力发电厂与变电站设计防火规范》GB 50229
《粮食钢板筒仓设计规范》GB 50322
《木骨架组合墙体技术规范》GB/T 50361
《住宅建筑规范》GB 50368
《医用气体工程技术规范》GB 50751
《消防给水及消火栓系统技术规范》GB 50974
《门和卷帘的耐火试验方法》GB/T 7633
《建筑构件耐火试验方法　第1部分：通用要求》GB/T 9978.1
《防火门》GB 12955
《消防安全标志》GB 13495
《防火卷帘》GB 14102
《建筑通风和排烟系统用防火阀门》GB 15930
《防火窗》GB 16809
《消防应急照明和疏散指示系统》GB 17945
《消防控制室通用技术要求》GB 25506
《建筑构件耐火试验可供选择和附加的试验程序》GB/T 26784
《电梯层门耐火试验　完整性、隔热性和热通量测定法》GB/T 27903

附录　各类建筑构件的燃烧性能和耐火极限

附表1　各类非木结构构件的燃烧性能和耐火极限

<table>
<tr><th>序号</th><th colspan="2">构 件 名 称</th><th>构件厚度或截面最小尺寸（mm）</th><th>耐火极限（h）</th><th>燃烧性能</th></tr>
<tr><td>一</td><td colspan="5">承重墙</td></tr>
<tr><td>1</td><td colspan="2">普通黏土砖、硅酸盐砖，混凝土、钢筋混凝土实体墙</td><td>120
180
240
370</td><td>2.50
3.50
5.50
10.50</td><td>不燃性
不燃性
不燃性
不燃性</td></tr>
<tr><td>2</td><td colspan="2">加气混凝土砌块墙</td><td>100</td><td>2.00</td><td>不燃性</td></tr>
<tr><td>3</td><td colspan="2">轻质混凝土砌块、天然石料的墙</td><td>120
240
370</td><td>1.50
3.50
5.50</td><td>不燃性
不燃性
不燃性</td></tr>
<tr><td>二</td><td colspan="5">非承重墙</td></tr>
<tr><td rowspan="2">1</td><td rowspan="2">普通黏土砖墙</td><td>1.不包括双面抹灰</td><td>60
120</td><td>1.50
3.00</td><td>不燃性
不燃性</td></tr>
<tr><td>2.包括双面抹灰（15mm厚）</td><td>150
180
240</td><td>4.50
5.00
8.00</td><td>不燃性
不燃性
不燃性</td></tr>
<tr><td rowspan="2">2</td><td rowspan="2">七孔黏土砖墙（不包括墙中空120mm）</td><td>1.不包括双面抹灰</td><td>120</td><td>8.00</td><td>不燃性</td></tr>
<tr><td>2.包括双面抹灰</td><td>140</td><td>9.00</td><td>不燃性</td></tr>
<tr><td>3</td><td colspan="2">粉煤灰硅酸盐砌块墙</td><td>200</td><td>4.00</td><td>不燃性</td></tr>
<tr><td rowspan="4">4</td><td rowspan="4">轻质混凝土墙</td><td>1.加气混凝土砌块墙</td><td>75
100
200</td><td>2.50
6.00
8.00</td><td>不燃性
不燃性
不燃性</td></tr>
<tr><td>2.钢筋加气混凝土垂直墙板墙</td><td>150</td><td>3.00</td><td>不燃性</td></tr>
<tr><td>3.粉煤灰加气混凝土砌块墙</td><td>100</td><td>3.40</td><td>不燃性</td></tr>
<tr><td>4.充气混凝土砌块墙</td><td>150</td><td>7.50</td><td>不燃性</td></tr>
<tr><td rowspan="2">5</td><td rowspan="2">空心条板隔墙</td><td>1.菱苦土珍珠岩圆孔</td><td>80</td><td>1.30</td><td>不燃性</td></tr>
<tr><td>2.炭化石灰圆孔</td><td>90</td><td>1.75</td><td>不燃性</td></tr>
<tr><td>6</td><td colspan="2">钢筋混凝土大板墙（C20）</td><td>60
120</td><td>1.00
2.60</td><td>不燃性
不燃性</td></tr>
<tr><td rowspan="4">7</td><td rowspan="4">轻质复合隔墙</td><td>1.菱苦土板夹纸蜂窝隔墙，构造（mm）：2.5+50（纸蜂窝）+25</td><td>77.5</td><td>0.33</td><td>难燃性</td></tr>
<tr><td>2.水泥刨花复合板隔墙（内空层60mm）</td><td>80</td><td>0.75</td><td>难燃性</td></tr>
<tr><td>3.水泥刨花板龙骨水泥板隔墙，构造（mm）：12+86（空）+12</td><td>110</td><td>0.50</td><td>难燃性</td></tr>
<tr><td>4.石棉水泥龙骨石棉水泥板隔墙，构造（mm）：5+80（空）+60</td><td>145</td><td>0.45</td><td>不燃性</td></tr>
</table>

附表1　各类非木结构构件的燃烧性能和耐火极限（续）

序号	构件名称		构件厚度或截面最小尺寸（mm）	耐火极限（h）	燃烧性能
8	石膏空心条板隔墙	1.石膏珍珠岩空心条板，膨胀珍珠岩的容重为（50~80）kg/m³	60	1.50	不燃性
		2.石膏珍珠岩空心条板，膨胀珍珠岩的容重为（60~120）kg/m³	60	1.20	不燃性
		3.石膏珍珠岩塑料网空心条板，膨胀珍珠岩的容重为（60~120）kg/m³	60	1.30	不燃性
		4.石膏珍珠岩双层空心条板，构造（mm）：60+50（空）+60 膨胀珍珠岩的容重为（50~80）kg/m³ 膨胀珍珠岩的容重为（60~120）kg/m³	170 170 60	3.75 3.75 1.50	不燃性 不燃性 不燃性
		5.石膏硅酸盐空心条板	90	2.25	不燃性
		6.石膏粉煤灰空心条板	60	1.28	不燃性
		7.增强石膏空心墙板	90	2.50	不燃性
9	石膏龙骨两面钉表右侧材料的隔墙	1.纤维石膏板，构造（mm）： 10+64（空）+10 8.5+103（填矿棉，容重为100kg/m³）+8.5 10+90（填矿棉，容重为100kg/m³）+10	 84 120 110	 1.35 1.00 1.00	 不燃性 不燃性 不燃性
		2.纸面石膏板，构造（mm）： 11+68（填矿棉，容重为100kg/m³）+11 12+80（空）+12 11+28（空）+11+65（空）+11+28（空）+11 9+12+128（空）+12+9 25+134（空）+12+9 12+80（空）+12+12+80（空）+12	 90 104 165 170 180 208	 0.75 0.33 1.50 1.20 1.50 1.00	 不燃性 不燃性 不燃性 不燃性 不燃性 不燃性
10	木龙骨两面钉表右侧材料的隔墙	1.石膏板，构造（mm）：12+50（空）+12	74	0.30	难燃性
		2.纸面玻璃纤维石膏板，构造（mm）：10+55（空）+10	75	0.60	难燃性
		3.纸面纤维石膏板，构造（mm）：10+55（空）+10	75	0.60	难燃性
		4.钢丝网（板）抹灰，构造（mm）：15+50（空）+15	80	0.85	难燃性
		5.板条抹灰，构造（mm）：15+50（空）+15	80	0.85	难燃性
		6.水泥刨花板，构造（mm）：15+50（空）+15	80	0.30	难燃性
		7.板条抹1：4石棉水泥隔热灰浆，构造（mm）：20+50（空）+20	90	1.25	难燃性
		8.苇箔抹灰，构造（mm）：15+70+15	100	0.85	难燃性

附表1　各类非木结构构件的燃烧性能和耐火极限（续）

序号	构件名称		构件厚度或截面最小尺寸（mm）	耐火极限（h）	燃烧性能
11	钢龙骨两面钉表右侧材料的隔墙	1.纸面石膏板，构造：			
		20mm+46mm（空）+12mm	78	0.33	不燃性
		2×12mm+70mm（空）+2×12mm	118	1.20	不燃性
		2×12mm+70mm（空）+3×12mm	130	1.25	不燃性
		2×12mm+75mm（填岩棉，容重为100kg/m³）+2×12mm	123	1.50	不燃性
		12mm+75mm（填50mm玻璃棉）+12mm	99	0.50	不燃性
		2×12mm+75mm（填50mm玻璃棉）+2×12mm	123	1.00	不燃性
		3×12mm+75mm（填50mm玻璃棉）+3×12mm	147	1.50	不燃性
		12mm+75mm（空）+12mm	99	0.52	不燃性
		12mm+75mm（其中5.0%厚岩棉）+12mm	99	0.90	不燃性
		15mm + 9.5mm+ 75mm +15mm	123	1.50	不燃性
		2.复合纸面石膏板，构造（mm）：			
		10+55（空）+10	75	0.60	不燃性
		15+75（空）+1.5+9.5（双层板受火）	101	1.10	不燃性
		3.耐火纸面石膏板，构造：			
		12mm+75mm（其中5.0%厚岩棉）+12mm	99	1.05	不燃性
		2×12mm+75mm+2×12mm	123	1.10	不燃性
		2×15mm+ 100mm（其中8.0%厚岩棉）+15mm	145	1.50	不燃性
		4.双层石膏板，板内掺纸纤维，构造： 2×12mm+75mm（空）+2×12mm	123	1.10	不燃性
		5.单层石膏板，构造（mm）：			
		12+75（空）+12	99	0.50	不燃性
		12+75（填50mm厚岩棉，容重100kg/m³）+12	99	1.20	不燃性
		6.双层石膏板，构造：			
		18mm+70mm（空）+18mm	106	1.35	不燃性
		2×12mm+75mm（空）+2×12mm	123	1.35	不燃性
		2×12mm+75mm（填岩棉，容重100kg/m³）+2×12mm	123	2.10	不燃性
		7.防火石膏板，板内掺玻璃纤维，岩棉容重为60kg/m³，构造：			
		2×12mm+75mm（空）+2×12mm	123	1.35	不燃性
		2×12mm+75mm（填40mm岩棉）+2×12mm	123	1.60	不燃性
		12mm+75mm（填50mm岩棉）+12mm	99	1.20	不燃性
		3×12mm+75mm（填50mm岩棉）+3×12mm	147	2.00	不燃性
		4×12mm+75mm（填50mm岩棉）+4×12mm	171	3.00	不燃性
		8.单层玻镁砂光防火板，硅酸铝纤维棉容重为180kg/m³，构造：			
		8mm+75mm（填硅酸铝纤维）+8mm	91	1.50	不燃性
		10mm+75mm（填硅酸铝纤维）+10mm	95	2.00	不燃性
		9.布面石膏板，构造：			
		12mm+75mm（空）+12mm	99	0.40	难燃性
		12mm+75mm（填玻璃棉）+12mm	99	0.50	难燃性
		2×12mm+75mm（空）+2×12mm	123	1.00	难燃性
		2×12mm+75mm（填玻璃棉）+2×12mm	123	1.20	难燃性
		10.矽酸钙板（氧化镁板）填岩棉，岩棉容重为180 kg/m³，构造：			
		8mm+75mm+8mm	91	1.50	不燃性
		10mm+75mm+10mm	95	2.00	不燃性

附表1　各类非木结构构件的燃烧性能和耐火极限（续）

序号	构件名称		构件厚度或截面最小尺寸（mm）	耐火极限（h）	燃烧性能
11	钢龙骨两面钉表右侧材料的隔墙	11.硅酸钙板填岩棉，岩棉容重为100 kg/m³，构造： 8mm+75mm+8mm 2×8mm+75mm+2×8mm 9mm+100mm+9mm 10mm+100mm+10mm	91 107 118 120	1.00 2.00 1.75 2.00	不燃性 不燃性 不燃性 不燃性
12	轻钢龙骨两面钉表右侧材料的隔墙	1.耐火纸面石膏板，构造： 3×12mm+100mm（岩棉）+2×12mm 3×15mm+100mm（50mm厚岩棉）+2×12mm 3×15mm+100mm（80mm厚岩棉）+2×15mm 3×15mm+150mm（100mm厚岩棉）+3×15mm 9.5mm+3×12mm+100mm（空）+100mm（80mm厚岩棉）+2×12mm+9.5mm+12mm	160 169 175 240 291	2.00 2.95 2.82 4.00 3.00	不燃性 不燃性 不燃性 不燃性 不燃性
		2.水泥纤维复合硅酸钙板，构造（mm）： 4（水泥纤维板）+52（水泥聚苯乙烯粒）+4（水泥纤维板） 20（水泥纤维板）+60（岩棉）+20（水泥纤维板） 4（水泥纤维板）+92（岩棉）+4（水泥纤维板）	60 100 100	1.20 2.10 2.00	不燃性 不燃性 不燃性
		3.单层双面夹矿棉硅酸钙板	100 90 140	1.50 1.00 2.00	不燃性 不燃性 不燃性
		4.双层双面夹矿棉硅酸钙板 钢龙骨水泥刨花板，构造（mm）：12+76（空）+12 钢龙骨石棉水泥板，构造（mm）：12+75（空）+6	100 93	0.45 0.30	难燃性 难燃性
13	两面用强度等级32.5#硅酸盐水泥，1∶3水泥砂浆的抹面的隔墙	1.钢丝网架矿棉或聚苯乙烯夹芯板隔墙，构造（mm）： 25（砂浆）+50（矿棉）+25（砂浆） 25（砂浆）+50（聚苯乙烯）+25（砂浆）	100 100	2.00 1.07	不燃性 难燃性
		2.钢丝网聚苯乙烯泡沫塑料复合板隔墙，构造（mm）： 23（砂浆）+54（聚苯乙烯）+23（砂浆）	100	1.30	难燃性
		3.钢丝网塑夹芯板（内填自熄性聚苯乙烯泡沫）隔墙	76	1.20	难燃性
		4.钢丝网架石膏复合墙板，构造（mm）： 15（石膏板）+50（硅酸盐水泥）+50（岩棉）+50（硅酸盐水泥）+15（石膏板）	180	4.00	不燃性
		5.钢丝网岩棉夹芯复合板	110	2.00	不燃性
		6.钢丝网架水泥聚苯乙烯夹芯板隔墙，构造（mm）： 35（砂浆）+50（聚苯乙烯）+35（砂浆）	120	1.00	难燃性
14	增强石膏轻质板墙 增强石膏轻质内墙板（带孔）		60 90	1.28 2.50	不燃性 不燃性

附表1　各类非木结构构件的燃烧性能和耐火极限（续）

序号	构件名称		构件厚度或截面最小尺寸（mm）	耐火极限（h）	燃烧性能
15	空心轻质板墙	1.孔径38，表面为10mm水泥砂浆	100	2.00	不燃性
		2.62mm孔空心板拼装，两侧抹灰19mm（砂：碳：水泥比为5：1：1）	100	2.00	不燃性
16	混凝土砌块墙	1.轻集料小型空心砌块	330×140 330×190	1.98 1.25	不燃性 不燃性
		2.轻集料（陶粒）混凝土砌块	330×240 330×290	2.92 4.00	不燃性 不燃性
		3.轻集料小型空心砌块（实体墙体）	330×190	4.00	不燃性
		4.普通混凝土承重空心砌块	330×140 330×190 330×290	1.65 1.93 4.00	不燃性 不燃性 不燃性
17	纤维增强硅酸钙板轻质复合隔墙		50~100	2.00	不燃性
18	纤维增强水泥加压平板墙		50~100	2.00	不燃性
19	1.水泥聚苯乙烯粒子复合板（纤维复合）墙		60	1.20	不燃性
	2.水泥纤维加压板墙		100	2.00	不燃性
20	采用纤维水泥加轻质粗细填充骨料混合浇注，振动滚压成型玻璃纤维增强水泥空心板隔墙		60	1.50	不燃性
21	金属岩棉夹芯板隔墙，构造： 双面单层彩钢板，中间填充岩棉（容重为100kg/m³）		50 80 100 120 150 200	0.30 0.50 0.80 1.00 1.50 2.00	不燃性 不燃性 不燃性 不燃性 不燃性 不燃性
22	轻质条板隔墙，构造： 双面单层4mm硅钙板，中间填充聚苯混凝土		90 100 120	1.00 1.20 1.50	不燃性 不燃性 不燃性
23	轻集料混凝土条板隔墙		90 120	1.50 2.00	不燃性 不燃性
24	灌浆水泥板隔墙，构造（mm）	6+75（中灌聚苯混凝土）+6 9+75（中灌聚苯混凝土）+9 9+100（中灌聚苯混凝土）+9 12+150（中灌聚苯混凝土）+12	87 93 118 174	2.00 2.50 3.00 4.00	不燃性 不燃性 不燃性 不燃性
25	双面单层彩钢面玻镁夹芯板隔墙	1.内衬一层5mm玻镁板，中空	50	0.30	不燃性
		2.内衬一层10mm玻镁板，中空	50	0.50	不燃性
		3.内衬一层12mm玻镁板，中空	50	0.60	不燃性
		4.内衬一层5mm玻镁板，中填容重为100kg/m³的岩棉	50	0.90	不燃性
		5.内衬一层10mm玻镁板，中填铝蜂窝	50	0.60	不燃性
		6.内衬一层12mm玻镁板，中填铝蜂窝	50	0.70	不燃性

附表1　各类非木结构构件的燃烧性能和耐火极限（续）

序号	构件名称		构件厚度或截面最小尺寸（mm）	耐火极限（h）	燃烧性能
26	双面单层彩钢面石膏复合板隔墙	1.内衬一层12mm石膏板，中填纸蜂窝	50	0.70	难燃性
		2.内衬一层12mm石膏板，中填岩棉（120kg/m³）	50 100	1.00 1.50	不燃性 不燃性
		3.内衬一层12mm石膏板，中空	75 100	0.70 0.90	不燃性 不燃性
27	钢框架间填充墙、混凝土墙，当钢框架为	1.用金属网抹灰保护，其厚度为：25mm	—	0.75	不燃性
		2.用砖砌面或混凝土保护，其厚度为：60mm 120mm	— —	2.00 4.00	不燃性 不燃性
三	柱				
1	钢筋混凝土柱		180×240 200×200 200×300 240×240 300×300 200×400 200×500 300×500 370×370	1.20 1.40 2.50 2.00 3.00 2.70 3.00 3.50 5.00	不燃性 不燃性 不燃性 不燃性 不燃性 不燃性 不燃性 不燃性 不燃性
2	普通黏土砖柱		370×370	5.00	不燃性
3	钢筋混凝土圆柱		直径300 直径450	3.00 4.00	不燃性 不燃性
4	有保护层的钢柱，保护层	1.金属网抹M5砂浆，厚度（mm）：25 50	— —	0.80 1.30	不燃性 不燃性
		2.加气混凝土，厚度（mm）：40 50 70 80	— — — —	1.00 1.40 2.00 2.33	不燃性 不燃性 不燃性 不燃性
		3.C20混凝土，厚度（mm）：25 50 100	— — —	0.80 2.00 2.85	不燃性 不燃性 不燃性
		4.普通黏土砖，厚度（mm）：120	—	2.85	不燃性
		5.陶粒混凝土，厚度（mm）：80	—	3.00	不燃性
		6.薄涂型钢结构防火涂料，厚度（mm）：5.5 7.0	— —	1.00 1.50	不燃性 不燃性
		7.厚涂型钢结构防火涂料，厚度（mm）：15 20 30 40 50	— — — — —	1.00 1.50 2.00 2.50 3.00	不燃性 不燃性 不燃性 不燃性 不燃性

附表1　各类非木结构构件的燃烧性能和耐火极限（续）

序号	构件名称		构件厚度或截面最小尺寸（mm）	耐火极限（h）	燃烧性能
5	有保护层的钢管混凝土圆柱（λ≤60），保护层	金属网抹M5砂浆，厚度（mm）：25 35 45 60 70	D=200	1.00 1.50 2.00 2.50 3.00	不燃性 不燃性 不燃性 不燃性 不燃性
		金属网抹M5砂浆，厚度（mm）：20 30 35 45 50	D=600	1.00 1.50 2.00 2.50 3.00	不燃性 不燃性 不燃性 不燃性 不燃性
		金属网抹M5砂浆，厚度（mm）：18 26 32 40 45	D=1000	1.00 1.50 2.00 2.50 3.00	不燃性 不燃性 不燃性 不燃性 不燃性
		金属网抹M5砂浆，厚度（mm）：15 25 30 36 40	D≥1400	1.00 1.50 2.00 2.50 3.00	不燃性 不燃性 不燃性 不燃性 不燃性
		厚涂型钢结构防火涂料，厚度（mm）：8 10 14 16 20	D=200	1.00 1.50 2.00 2.50 3.00	不燃性 不燃性 不燃性 不燃性 不燃性
		厚涂型钢结构防火涂料，厚度（mm）：7 9 12 14 16	D=600	1.00 1.50 2.00 2.50 3.00	不燃性 不燃性 不燃性 不燃性 不燃性
		厚涂型钢结构防火涂料，厚度（mm）：6 8 10 12 14	D=1000	1.00 1.50 2.00 2.50 3.00	不燃性 不燃性 不燃性 不燃性 不燃性
		厚涂型钢结构防火涂料，厚度（mm）：5 7 9 10 12	D≥1400	1.00 1.50 2.00 2.50 3.00	不燃性 不燃性 不燃性 不燃性 不燃性

附表1　各类非木结构构件的燃烧性能和耐火极限（续）

序号	构件名称		构件厚度或截面最小尺寸（mm）	耐火极限（h）	燃烧性能
6	有保护层的钢管混凝土方柱、矩形柱（λ≤60），保护层	金属网抹M5砂浆，厚度（mm）：40	B=200	1.00	不燃性
		55		1.50	不燃性
		70		2.00	不燃性
		80		2.50	不燃性
		90		3.00	不燃性
		金属网抹M5砂浆，厚度（mm）：30	B=600	1.00	不燃性
		40		1.50	不燃性
		55		2.00	不燃性
		65		2.50	不燃性
		70		3.00	不燃性
		金属网抹M5砂浆，厚度（mm）：25	B=1000	1.00	不燃性
		35		1.50	不燃性
		45		2.00	不燃性
		55		2.50	不燃性
		65		3.00	不燃性
		金属网抹M5砂浆，厚度（mm）：20	B≥1400	1.00	不燃性
		30		1.50	不燃性
		40		2.00	不燃性
		45		2.50	不燃性
		55		3.00	不燃性
		厚涂型钢结构防火涂料，厚度（mm）：8	B=200	1.00	不燃性
		10		1.50	不燃性
		14		2.00	不燃性
		18		2.50	不燃性
		25		3.00	不燃性
		厚涂型钢结构防火涂料，厚度（mm）：6	B=600	1.00	不燃性
		8		1.50	不燃性
		10		2.00	不燃性
		12		2.50	不燃性
		15		3.00	不燃性
		厚涂型钢结构防火涂料，厚度（mm）：5	B=1000	1.00	不燃性
		6		1.50	不燃性
		8		2.00	不燃性
		10		2.50	不燃性
		12		3.00	不燃性
		厚涂型钢结构防火涂料，厚度（mm）：4	B=1400	1.00	不燃性
		5		1.50	不燃性
		6		2.00	不燃性
		8		2.50	不燃性
		10		3.00	不燃性

附表1　各类非木结构构件的燃烧性能和耐火极限(续)

序号	构件名称		构件厚度或截面最小尺寸(mm)	耐火极限(h)	燃烧性能
四	梁				
	简支的钢筋混凝土梁	1.非预应力钢筋,保护层厚度(mm):10	—	1.20	不燃性
		20	—	1.75	不燃性
		25	—	2.00	不燃性
		30	—	2.30	不燃性
		40	—	2.90	不燃性
		50	—	3.50	不燃性
		2.预应力钢筋或高强度钢丝,保护层厚度(mm):25	—	1.00	不燃性
		30	—	1.20	不燃性
		40	—	1.50	不燃性
		50	—	2.00	不燃性
		3.有保护层的钢梁:15mm厚LG防火隔热涂料保护层	—	1.50	不燃性
		20mm厚LY防火隔热涂料保护层	—	2.30	不燃性
五	楼板和屋顶承重构件				
1	非预应力简支钢筋混凝土圆孔空心楼板,保护层厚度(mm):10		—	0.90	不燃性
	20		—	1.25	不燃性
	30		—	1.50	不燃性
2	预应力简支钢筋混凝土圆孔空心楼板,保护层厚度(mm):10		—	0.40	不燃性
	20		—	0.70	不燃性
	30		—	0.85	不燃性
3	四边简支的钢筋混凝土楼板,保护层厚度(mm):10		70	1.40	不燃性
	15		80	1.45	不燃性
	20		80	1.50	不燃性
	30		90	1.85	不燃性
4	现浇的整体式梁板,保护层厚度(mm):10		80	1.40	不燃性
	15		80	1.45	不燃性
	20		80	1.50	不燃性
	现浇的整体式梁板,保护层厚度(mm):10		90	1.75	不燃性
	20		90	1.85	不燃性
	现浇的整体式梁板,保护层厚度(mm):10		100	2.00	不燃性
	15		100	2.00	不燃性
	20		100	2.10	不燃性
	30		100	2.15	不燃性
	现浇的整体式梁板,保护层厚度(mm):10		110	2.25	不燃性
	15		110	2.30	不燃性
	20		110	2.30	不燃性
	30		110	2.40	不燃性
	现浇的整体式梁板,保护层厚度(mm):10		120	2.50	不燃性
	20		120	2.65	不燃性

附表1 各类非木结构构件的燃烧性能和耐火极限（续）

序号	构件名称		构件厚度或截面最小尺寸（mm）	耐火极限（h）	燃烧性能
5	钢丝网抹灰粉刷的钢梁，保护层厚度（mm）：10		—	0.50	不燃性
	20		—	1.00	不燃性
	30		—	1.25	不燃性
6	屋面板	1.钢筋加气混凝土屋面板，保护层厚度10mm	—	1.25	不燃性
		2.钢筋充气混凝土屋面板，保护层厚度10mm	—	1.60	不燃性
		3.钢筋混凝土方孔屋面板，保护层厚度10mm	—	1.20	不燃性
		4.预应力钢筋混凝土槽形屋面板，保护层厚度10mm	—	0.50	不燃性
		5.预应力钢筋混凝土槽瓦，保护层厚度10mm	—	0.50	不燃性
		6.轻型纤维石膏板屋面板	—	0.60	不燃性
六	吊顶				
1	木吊顶搁栅	1.钢丝网抹灰	15	0.25	难燃性
		2.板条抹灰	15	0.25	难燃性
		3.1：4水泥石棉浆钢丝网抹灰	20	0.50	难燃性
		4.1：4水泥石棉浆板条抹灰	20	0.50	难燃性
		5.钉氧化镁锯末复合板	13	0.25	难燃性
		6.钉石膏装饰板	10	0.25	难燃性
		7.钉平面石膏板	12	0.30	难燃性
		8.钉纸面石膏板	9.5	0.25	难燃性
		9.钉双层石膏板（各厚8mm）	16	0.45	难燃性
		10.钉珍珠岩复合石膏板（穿孔板和吸音板各厚15mm）	30	0.30	难燃性
		11.钉矿棉吸音板	—	0.15	难燃性
		12.钉硬质木屑板	10	0.20	难燃性
2	钢吊顶搁栅	1.钢丝网（板）抹灰	15	0.25	不燃性
		2.钉石棉板	10	0.85	不燃性
		3.钉双层石膏板	10	0.30	不燃性
		4.挂石棉型硅酸钙板	10	0.30	不燃性
		5.两侧挂0.5mm厚薄钢板，内填容重为100kg/m^3的陶瓷棉复合板	40	0.40	不燃性

附表1 各类非木结构构件的燃烧性能和耐火极限(续)

序号	构件名称		构件厚度或截面最小尺寸(mm)	耐火极限(h)	燃烧性能
3	双面单层彩钢面岩棉夹芯板吊顶,中间填容重为120kg/m³的岩棉		50 100	0.30 0.50	不燃性 不燃性
4	钢龙骨单面钉表右侧材料	1.防火板,填容重为100kg/m³的岩棉,构造: 9mm+75mm(岩棉) 12mm+100mm(岩棉) 2×9mm+100mm(岩棉)	84 112 118	0.50 0.75 0.90	不燃性 不燃性 不燃性
		2.纸面石膏板,构造: 12mm+2mm 填缝料+60mm(空) 12mm+1mm 填缝料+12mm+1mm 填缝料+60mm(空)	74 86	0.10 0.40	不燃性 不燃性
		3.防火纸面石膏板,构造: 12mm+50mm(填60kg/m³的岩棉) 15mm+1mm 填缝料+15mm+1mm 填缝料+60mm(空)	62 92	0.20 0.50	不燃性 不燃性
七	防火门				
1	木质防火门:木质面板或木质面板内设防火板	1.门扇内填充珍珠岩 2.门扇内填充氯化镁、氧化镁 丙级 乙级 甲级	40~50 45~50 50~90	0.50 1.00 1.50	难燃性 难燃性 难燃性
2	钢木质防火门	1.木质面板 1)钢质或钢木质复合门框、木质骨架,迎/背火面一面或两面设防火板,或不设防火板。门扇内填充珍珠岩,或氯化镁、氧化镁 2)木质门框、木质骨架,迎/背火面一面或两面设防火板或钢板。门扇内填充珍珠岩,或氯化镁、氧化镁 2.钢质面板 钢质或钢木质复合门框、钢质或木质骨架,迎/背火面一面或两面设防火板,或不设防火板。门扇内填充珍珠岩,或氯化镁、氧化镁 丙级 乙级 甲级	40~50 45~50 50~90	0.50 1.00 1.50	难燃性 难燃性 难燃性
3	钢质防火门	钢质门框、钢质面板、钢质骨架。迎/背火面一面或两面设防火板,或不设防火板。门扇内填充珍珠岩,或氯化镁、氧化镁 丙级 乙级 甲级	40~50 45~70 50~90	0.50 1.00 1.50	不燃性 不燃性 不燃性

附表1 各类非木结构构件的燃烧性能和耐火极限(续)

序号	构件名称		构件厚度或截面最小尺寸(mm)	耐火极限(h)	燃烧性能
八	防火窗				
1	钢质防火窗	窗框钢质，窗扇钢质，窗框填充水泥砂浆，窗扇内填充珍珠岩，或氧化镁、氯化镁，或防火板。复合防火玻璃	25~30 30~38	1.00 1.50	不燃性 不燃性
2	木质防火窗	窗框、窗扇均为木质，或均为防火板和木质复合。窗框无填充材料，窗扇迎/背火面外设防火板和木质面板，或为阻燃实木。复合防火玻璃	25~30 30~38	1.00 1.50	难燃性 难燃性
3	钢木复合防火窗	窗框钢质，窗扇木质，窗框填充采用水泥砂浆、窗扇迎背火面外设防火板和木质面板，或为阻燃实木。复合防火玻璃	25~30 30~38	1.00 1.50	难燃性 难燃性
九	防火卷帘				
	1.钢质普通型防火卷帘(帘板为单层)			1.50~3.00	不燃性
	2.钢质复合型防火卷帘(帘板为双层)			2.00~4.00	不燃性
	3.无机复合防火卷帘(采用多种无机材料复合而成)			3.00~4.00	不燃性
	4.无机复合轻质防火卷帘(双层，不需水幕保护)			4.00	不燃性

注：1 λ为钢管混凝土构件长细比，对于圆钢管混凝土，$\lambda=4L/D$；对于方、矩形钢管混凝土，$\lambda=2\sqrt{3}\,L/B$；L为构件的计算长度。

2 对于矩形钢管混凝土柱，B为截面短边边长。

3 钢管混凝土柱的耐火极限为根据福州大学土木建筑工程学院提供的理论计算值，未经逐个试验验证。

4 确定墙的耐火极限不考虑墙上有无洞孔。

5 墙的总厚度包括抹灰粉刷层。

6 中间尺寸的构件，其耐火极限建议经试验确定，亦可按插入法计算。

7 计算保护层时，应包括抹灰粉刷层在内。

8 现浇的无梁楼板按简支板的数据采用。

9 无防火保护层的钢梁、钢柱、钢楼板和钢屋架，其耐火极限可按0.25h确定。

10 人孔盖板的耐火极限可参照防火门确定。

11 防火门和防火窗中的“木质”均为经阻燃处理。

附表2 各类木结构构件的燃烧性能和耐火极限

构件名称			截面图和结构厚度或截面最小尺寸(mm)	耐火极限(h)	燃烧性能
承重墙	木龙骨两侧钉石膏板的承重内墙	1. 15mm 耐火石膏板 2.木龙骨：截面尺寸40mm×90mm 3.填充岩棉或玻璃棉 4. 15mm 耐火石膏板 木龙骨的间距为400mm或600mm	厚度 120 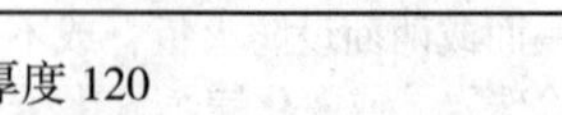	1.00	难燃性
		1. 15mm 耐火石膏板 2.木龙骨：截面尺寸40mm×140mm 3.填充岩棉或玻璃棉 4. 15mm 耐火石膏板 木龙骨的间距为400mm或600mm	厚度 170 	1.00	难燃性

附表2　各类木结构构件的燃烧性能和耐火极限（续）

		构件名称	截面图和结构厚度或截面最小尺寸（mm）	耐火极限（h）	燃烧性能
承重墙	木龙骨两侧钉石膏板+定向刨花板的承重外墙	1. 15mm 耐火石膏板 2.木龙骨：截面尺寸40mm×90mm 3.填充岩棉或玻璃棉 4. 15mm定向刨花板 木龙骨的间距为400mm或600mm	厚度120 	1.00	难燃性
		1. 15mm 耐火石膏板 2.木龙骨：截面尺寸40mm×140mm 3.填充岩棉或玻璃棉 4. 15mm 定向刨花板 木龙骨的间距为400mm 或 600mm	厚度170 	1.00	难燃性
非承重墙	木龙骨两侧钉石膏板的非承重内墙	1.双层15mm耐火石膏板 2.双排木龙骨，木龙骨截面尺寸40mm×90mm 3.填充岩棉或玻璃棉 4.双层 15mm耐火石膏板 木龙骨的间距为400mm或600mm	厚度245 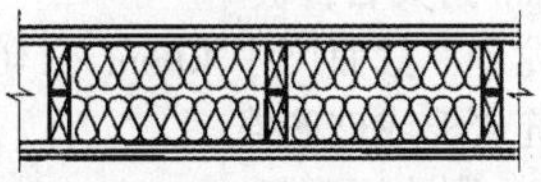	2.00	难燃性
		1.双层15mm 耐火石膏板 2.双排木龙骨交错放置在40mm×140mm的底梁板上，木龙骨截面尺寸40mm×90mm 3.填充岩棉或玻璃棉 4.双层 15mm 耐火石膏板 木龙骨的间距为400mm 或 600mm	厚度200 	2.00	难燃性
		1.双层 12mm 耐火石膏板 2.木龙骨：截面尺寸 40mm×90mm 3.填充岩棉或玻璃棉 4.双层 12mm 耐火石膏板 木龙骨的间距为400mm或600mm	厚度138 	1.00	难燃性
		1.12mm 耐火石膏板 2.木龙骨：截面尺寸40mm×90mm 3.填充岩棉或玻璃棉 4.12mm 耐火石膏板 木龙骨的间距为400mm 或 600mm	厚度114 	0.75	难燃性
		1.15mm 普通石膏板 2.木龙骨：截面尺寸 40mm×90mm 3.填充岩棉或玻璃棉 4.15mm 普通石膏板 木龙骨的间距为400mm或600mm	厚度120 	0.50	难燃性
	木龙骨两侧钉石膏板或定向刨花板的非承重外墙	1.12mm 耐火石膏板 2.木龙骨：截面尺寸 40mm×90mm 3.填充岩棉或玻璃棉 4.12mm 定向刨花板 木龙骨的间距为400mm或600mm	厚度114 	0.75	难燃性

附表2　各类木结构构件的燃烧性能和耐火极限（续）

构件名称			截面图和结构厚度或截面最小尺寸（mm）	耐火极限（h）	燃烧性能
非承重墙	木龙骨两侧钉石膏板或定向刨花板的非承重外墙	1. 15mm 耐火石膏板 2.木龙骨：截面尺寸40mm×90mm 3.填充岩棉或玻璃棉 4.15mm 耐火石膏板 木龙骨的间距为400mm或600mm	厚度 120 	1.25	难燃性
		1.12mm 耐火石膏板 2.木龙骨：截面尺寸 40mm×140mm 3.填充岩棉或玻璃棉 4.12mm定向刨花板 木龙骨的间距为400mm或600mm	厚度 164 	0.75	难燃性
		1.15mm 耐火石膏板 2.木龙骨：截面尺寸 40mm×140mm 3.填充岩棉或玻璃棉 4.15mm 耐火石膏板 木龙骨的间距为400mm 或 600mm	厚度 170 	1.25	难燃性
柱	支持屋顶和楼板的胶合木柱（四面曝火）： 1.横截面尺寸：200mm×280mm		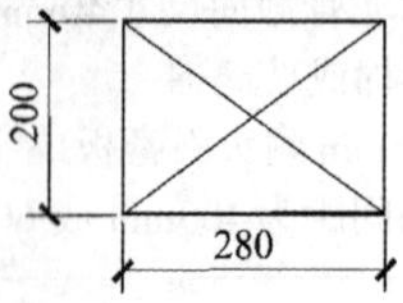	1.00	可燃性
	支持屋顶和楼板的胶合木柱（四面曝火）： 2.横截面尺寸：272mm×352mm 横截面尺寸在200mm×280mm 的基础上每个曝火面厚度各增加 36mm		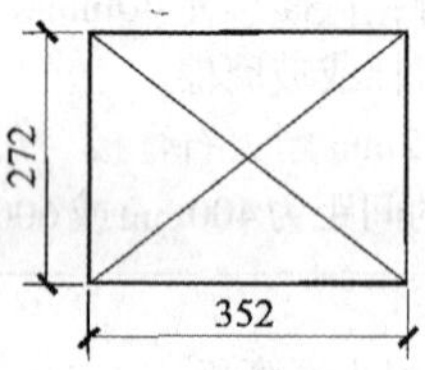	1.00	可燃性
梁	支持屋顶和楼板的胶合木梁（三面曝火）： 1.横截面尺寸：200mm×400mm		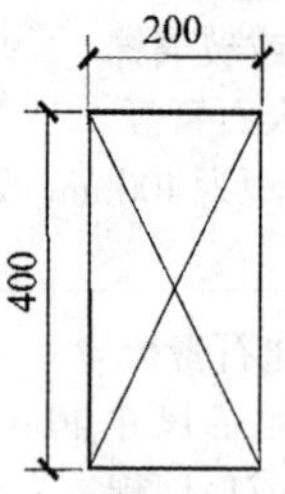	1.00	可燃性
	支持屋顶和楼板的胶合木梁（三面曝火）： 2.横截面尺寸：272mm×436mm 截面尺寸在200mm×400mm的基础上每个曝火面厚度各增加 36mm		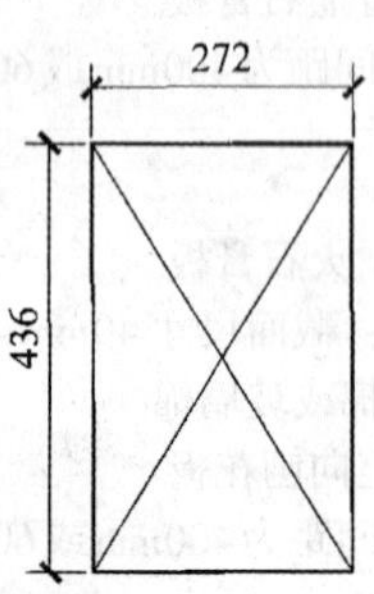	1.00	可燃性

附表2　各类木结构构件的燃烧性能和耐火极限(续)

	构件名称	截面图和结构厚度或截面最小尺寸(mm)	耐火极限(h)	燃烧性能
楼板	1.楼面板为18mm定向刨花板或胶合板 2.楼板搁栅40mm×235mm 3.填充岩棉或玻璃棉 4.顶棚为双层12mm耐火石膏板 采用实木搁栅或工字木搁栅,间距400mm或600mm	厚度277 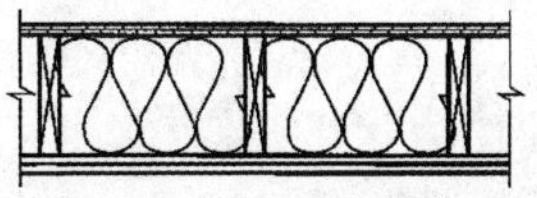 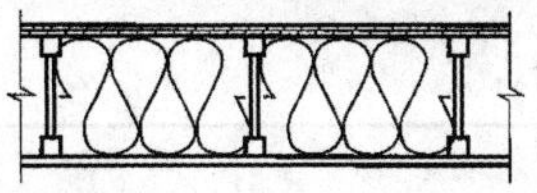	1.00	难燃性
屋顶承重构件	1.屋顶椽条或轻型木桁架 2.填充保温材料 3.顶棚为12mm耐火石膏板 木桁架的间距为400mm或600mm	椽檩屋顶截面 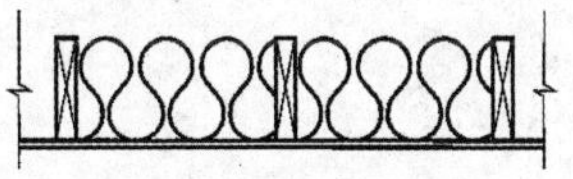 轻型木桁架屋顶截面 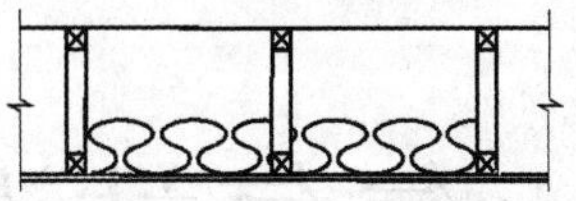	0.50	难燃性
吊顶	1.实木楼盖结构40mm×235mm 2.木板条30mm×50mm(间距为400mm) 3.顶棚为12mm耐火石膏板	独立吊顶,厚度42mm。总厚度277mm 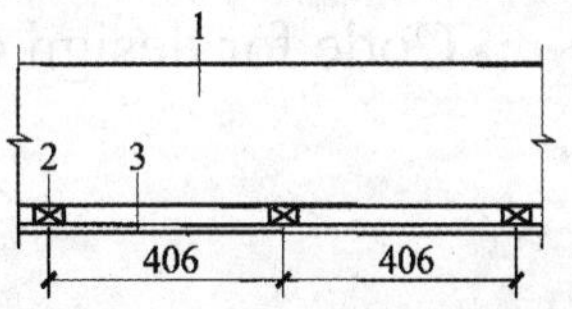	0.25	难燃性

UDC

中华人民共和国国家标准

P

GB 50030—2013

氧气站设计规范

Code for design of oxygen station

2013-12-19 发布　　2014-07-01 实施

中华人民共和国住房和城乡建设部
中华人民共和国国家质量监督检验检疫总局　联合发布

前　言

本规范是根据原建设部《关于印发〈2005年工程建设标准规范制订、修订计划（第二批）〉的通知》（建标〔2005〕124号）的要求，由中国中元国际工程有限公司和中国电子工程设计院会同有关单位共同修订而成。

本规范修订过程中进行了深入调查研究，认真总结了实践经验，（参考了有关国际标准和国外先进标准）并广泛征求有关方面的意见，经审查定稿。

本规范共分11章和4个附录，主要内容包括总则，术语，氧气站的布置，工艺系统，工艺设备，工艺布置，建筑和结构，电气和仪表，给水、排水和消防，采暖和通风，氧气管道等。

本规范的修订，将适用范围从单机产氧量不大于300m³/h、采用低温法生产氧、氮等空气分离产品的氧气站设计，扩大为采用低温法和常温法生产氧、氮等空气分离产品的各种规模的氧气站。据此对各章节的内容进行了相应的调整、修改。

本规范中以黑体字标志的条文为强制性条文，必须严格执行。

本规范由住房和城乡建设部负责管理和对强制性条文的解释，由中国机械工业联合会负责日常管理，由中国中元国际工程公司负责具体技术内容的解释。在执行过程中，请各单位结合工程实践，认真总结经验，并将意见和建议寄至中国中元国际工程有限公司（地址：北京市西三环北路5号，邮政编码：100089，传真：010-68732907），以供今后修订时参考。

本规范组织单位、主编单位、参编单位、参加单位、主要起草人和主要审查人：

组织单位： 中国机械工业勘察设计协会

主编单位： 中国中元国际工程有限公司
中国电子工程设计院

参编单位： 中冶南方工程公司
中国船舶第九设计研究院工程有限公司
世源科技工程有限公司

参加单位： 杭州制氧机集团有限公司
四川空分设备集团有限责任公司
开封空分集团有限公司
上海华西化工科技有限公司
启东海鹰机电集团公司

主要起草人： 舒世安　陈霖新　杨涌源　王天龙　丁伟同　邓　文　徐　辉　江绍辉
刘建虎　董益波　邵浔峰　廖国期　王　娟

主要审查人： 付鑫泉　田国庆　张洪雁　朱朔元　王宗存　曹培忠　弓国志　曹　本
张志义　濮春干　张　磊　杨　斌

目　次

1 总 则

1.0.1 为使氧气站的工程设计做到技术先进，经济合理，综合利用，节约能源，保护环境，确保安全生产，制定本规范。

1.0.2 本规范适用于下列新建、改建、扩建的氧气站及其管道工程设计：

1 采用低温空气分离法生产氧、氮、氩等气态、液态产品的氧气站设计；

2 采用常温空气分离法生产氧、氮、氩等气态产品的氧气站的设计；

3 氧、氮、氩等空气分离液态产品气化站房的设计；

4 氧、氮、氩等空气分离气态产品的汇流排间设计。

1.0.3 氧气站内各类房间的火灾危险性类别及最低耐火等级，应符合本规范附录A的规定。

1.0.4 氧气站设计除应符合本规范外，尚应符合国家现行有关标准的规定。

2 术 语

2.0.1 氧气站 oxygen station

采用低温法或常温法制取和供应氧、氮、氩等空气分离产品，按工艺要求设置的制氧站房、灌氧站房或压氧站房、室外工艺设备以及其他有关建筑物和构筑物的统称。

2.0.2 制氧站房 oxygen produce station

布置制取氧气和其他空气分离产品工艺设备的主要及辅助生产间的建筑物。

2.0.3 灌氧站房 oxygen pouring station

布置压缩、充灌并贮存输送氧气、氮气、氩气和其他空气分离产品工艺设备的主要及辅助生产间的建筑物。

2.0.4 氧气压缩机间 oxygen compression station

布置压缩、输送氧气和其他空气分离产品工艺设备的主要及辅助生产间的建筑物。

2.0.5 稀有气体间 rare gas room

布置稀有气体净化、提纯工艺设备的主要及辅助生产间的建筑物。

2.0.6 气化站房 gasification station

布置空气分离液态产品的储罐、气化设备为主的建筑物。

2.0.7 汇流排间 manifold room

布置输送氧、氮、氩等气体，供给用户的汇流排或气瓶集装格，并可存放一定气瓶的建筑物。

2.0.8 实瓶 full cylinder

在一定充灌压力下的气瓶，一般指水容积为40L、工作压力为12MPa~15MPa的气体钢瓶。

2.0.9 空瓶 cmpty cylinder

无内压或有一定残余压力的气体钢瓶。

2.0.10 钢瓶集装格 the bundle of gas cylinders

以专用框架固定，采用集气管将多只气体钢瓶接口并联组合的气体钢瓶组单元。

2.0.11 厂区管道 production area pipeline

氧气站各主要生产建筑物之间以及氧气站接至各用户之间的管道。

2.0.12 车间管道 workshop pipeline

氧气站主要生产间建筑物内部以及气体用户车间建筑物内部的管道。

2.0.13 含湿气体 wet gas

在管路输送压力、温度下，水含量达饱和或未达饱和状态的气体。

2.0.14 压力调节阀组 valve group for pressure regulating

根据工艺或使用要求，用于调节输送气体压力的调节阀及其前后、旁通切断阀、过滤器、仪表和控制系统的组合。

2.0.15 低温法空气分离装置（低温法空气分离系统） cryogenic air separation unit

采用深冷技术进行空气分离，制取氧、氮、氩等空气分离产品的装置，集精馏塔、换热器、吸附器、低温液体泵等设备，并包括系统中的各类阀门、仪表等的总称。

2.0.16 常温法空气分离装置（常温法空气分离系统） normal temperature air separation unit

在常温状态，采用变压吸附法或膜法进行空气分离制取氧气或氮气的装置，一般由吸附器组或膜组件、控制阀、仪表等组成。

2.0.17 空气净化装置 air purification equipment

去除空气中的机械杂质、水分、二氧化碳、乙炔等碳氢化合物的过滤器、吸附器、洗涤器、可逆换热器等的总称。

3 氧气站的布置

3.0.1 氧气站的布置，应按下列要求经技术经济综合比较后择优确定：

1 宜远离易产生空气污染的生产车间，布置在空气洁净的地区，并在有害气体和固体尘粒散发源的全年最小频率风向的下风侧，空气质量应符合本规范第3.0.2条的规定；

2 宜靠近最大用户处；

3 宜有扩建的可能性；

4 宜有较好的自然通风和采光；

5 有噪声和振动机组的氧气站的有关建筑，与对有噪声和振动防护要求的其他建筑之间的防护间距应符合现行国家标准《工业企业总平面设计规范》GB 50187的有关规定。

3.0.2 低温法空气分离设备的原料空气吸风口与散发乙炔、碳氢化合物等有害气体发生源之间的距离应符合下列规定：

1 空气分离设备吸风口与乙炔、碳氢化合物等发生源之间的最小水平间距应符合表3.0.2–1的规定；

表3.0.2-1 吸风口与乙炔、碳氢化合物等发生源之间的最小水平间距

乙炔、碳氢化合物等发生源		水平间距（m）	
乙炔发生器型式	乙炔站（厂）安装容量（m^3/h）	空气分离塔内设有液空吸附器	空气分离塔前设有分子筛吸附净化装置
水入电石式	≤10	100	50
	10~30	200	
	≥30	300	
电石入水式	≤30	100	50
	30~90	200	
	≥90	300	
电石、炼焦、炼油、聚乙烯及其衍生物、液化石油气生产		500	100
乙烯、合成氨、硝酸、煤气、硫化物生产		300	300
炼钢（高炉、平炉、电炉、转炉）、轧钢、型钢浇铸生产		200	50
大批量金属切割、焊接生产（如金属结构车间）		200	50

注：水平间距应按吸风口与乙炔、碳氢化合物等发生源相邻面外壁或边缘的最近距离计算。

2 当空气分离设备吸风口的原料空气吸风口与乙炔、碳氢化合物等发生源之间的最小水平间距不能满足表3.0.2-1的规定时，吸风口处空气中乙炔、碳氢化合物等杂质的允许含量不得大于表

3.0.2-2的规定。

表3.0.2-2　吸风口处空气中乙炔、碳氢化合物等杂质的允许含量

序号	炔类名称	允许极限含量（mg/m^3）	
		空气分离塔内设有液空吸附器	空气分离塔前设置分子筛吸附净化装置
1	乙炔	0.25	2.5
2	炔衍生物	0.01	0.5
3	C_5、C_6饱和和不饱和炔类杂质总计	0.05	2
4	C_3、C_4饱和和不饱和炔类杂质总计	0.3	2
5	C_2饱和和不饱和炔类杂质及丙烷总计	10	10
6	硫化碳CS_2	0.03	
7	氧化亚氮N_2O	0.7	
8	二氧化碳	700	
9	甲烷	8	
10	粉尘	30	

注：序号1~5的“允许极限含量（mg/m^3）”指的是“允许极限碳含量（mg/m^3）”。

3.0.3　低温法空气分离设备吸风口的高度，宜高出制氧站房或其毗连的较高建筑的屋檐，且不宜小于1m。

3.0.4　氧气站火灾危险性为乙类的建筑物及氧气贮罐与其他各类建筑物、构筑物之间的防火间距不应小于表3.0.4的规定。

表3.0.4　氧气站火灾危险性为乙类的建筑物及氧气贮罐与其他各类建筑物、构筑物之间的防火间距

建筑物、构筑物		氧气站的火灾危险性为乙类的建筑物	氧气贮罐总容积（m^3）		
			≤1000	1000~50000	>50000
其他各类建筑物耐火等级	一、二级	10	10	12	14
	三级	12	12	14	16
	四级	14	14	16	18
民用建筑		25	18	20	25
明火或散发火花地点		25	25	30	35
重要公共建筑		50	50		
室外变、配电站（35kV~500kV且每台变压器为10000kV·A以上）以及总油量超过5t的总降压站		25	20	25	30
厂外铁路线中心线		25	25		
厂内铁路线中心线（氧气站专用线除外）		20	20		
厂外道路（路边）		15	15		
厂内道路（路边）	主要	10	10		
	次要	5	5		
电力架空线		1.5倍电杆高度	1.5倍电杆高度		

注：固定容积氧气贮罐的总容积按几何容量（m^3）和设计压力（绝对压力为10^5Pa）的乘积计算。液氧贮罐以1m^3液氧折合800m^3标准状态气氧计算，按本表氧气贮罐相应贮量的规定确定防火间距。

3.0.5　氧气站的火灾危险性为乙类的建筑物，与火灾危险性为甲类的建筑物之间的最小防火间距，

应按本规范表3.0.4对其他各类建筑物之间规定的间距增加2m。

3.0.6 湿式氧气贮罐与可燃液体贮罐（液化石油气储罐除外）、可燃材料堆场之间的最小防火间距，应符合表3.0.4对室外变、配电站之间规定的间距。氧气站和氧气贮罐与液化石油气储罐之间的防火间距，应符合现行国家标准《城镇燃气设计规范》GB 50028的有关规定。

3.0.7 氧气站火灾危险性为乙类的建筑物与相邻建筑物或构筑物的防火间距，应按其与相邻建筑物或构筑物的外墙、外壁、外缘的最近距离计算。两座生产建筑物相邻较高一面的外墙为无门、窗、洞的防火墙时，其防火间距不限。

3.0.8 氧气贮罐、氮气、惰性气体贮罐、室外布置的工艺设备与其制氧站房等火灾危险性为乙类的建筑物的间距，可按工艺布置要求确定。容积小于或等于50m³的氧气贮罐与其使用厂房的防火间距不限。

3.0.9 氧气贮罐之间的防火间距不应小于相邻较大罐的半径。氧气贮罐与可燃气体贮罐之间的防火间距不应小于相邻较大罐的直径。

3.0.10 制氧站房、灌氧站房、氧气压缩机间宜布置成独立建筑物，但可与不低于其耐火等级的除火灾危险性属甲、乙类的生产车间，以及无明火或散发火花作业的其他生产车间毗连建造，其毗连的墙应为无门、窗、洞的防火墙，并应设不少于一个直通室外的安全出口。

3.0.11 输氧量不超过60m³/h的氧气汇流排间、氧气压力调节阀组的阀门室可设在不低于三级耐火等级的用户厂房内靠外墙处，并应采用耐火极限不低于2.0h的不燃烧体隔墙和丙级防火门，与厂房的其他部分隔开。

3.0.12 输氧量超过60m³/h的氧气汇流排间、氧气压力调节阀组的阀门室宜布置成独立建筑物，当与用户厂房毗连时，其毗连的厂房的耐火等级不应低于二级，并应采用耐火极限不低于2.0h的不燃烧体无门、窗、洞的隔墙与该厂房隔开。

3.0.13 氧气汇流排间可与同一使用目的的可燃气体供气装置或供气站毗连建造在耐火等级不低于二级的同一建筑物中，但应以无门、窗、洞的防火墙相互隔开。

3.0.14 液氧贮罐和输送设备的液体接口下方周围5m范围内不应有可燃物，不应铺设沥青路面，在机动输送液氧设备下方的不燃材料地面不应小于车辆的全长。

3.0.15 氧气站的乙类生产场所不得设置在地下室或半地下室。

3.0.16 液氧贮罐、低温液体贮槽宜室外布置，它与各类建筑物、构筑物的防火间距应符合表3.0.4的规定，当液氧贮罐的容积不超过3m³时，与所有使用建筑的防火间距可减为10m。当液氧贮罐、低温液体贮槽确需室内布置时，宜设置在单独的房间内，且液氧贮罐的总几何容积不得超过10m³，并应符合下列规定：

1 当设置在独立的一、二级耐火等级的专用建筑物内，且与使用建筑一侧为无门、窗、洞的防火墙时，其防火间距不应小于6m；

2 当设置在一、二级耐火等级的贮罐间内，且一面贴邻使用建筑物外墙时，应采用无门、窗、洞的耐火极限不低于2.0h的不燃烧体墙分隔，并应设直通室外的出口。

3.0.17 液氧贮罐和汽化器的周围宜设围墙或栅栏，并应设明显的禁火标志。

3.0.18 低温液体的贮运及使用安全应符合现行行业标准《低温液体贮运设备 使用安全规则》JB 6898的有关规定。

4 工艺系统

4.0.1 氧气站设计时，应充分调查研究所在地区的气体供应状况，经综合分析比较后，宜采用能量消耗低和经济适用的区域集中供气方式和气体供应系统。应按下列因素进行综合分析比较：

1 供应系统的设备与建造费用；

2 气体制造及输送过程的能量消耗；

3 气体生产成本；

4 运输及其他费用。

4.0.2 氧气站工艺系统选择时，应经技术经济比较后，择优采用空气分离系统和配置节能型设备。

4.0.3 氧气站工艺系统的类型应根据下列因素选择：

1 氧气站的规模；

2 用户对气体产品纯度、压力、杂质含量的要求；

3 用户对气体、液体产品品种的要求；

4 电力和其他能源供应条件；

5 用户对投资、能耗控制的要求；

6 用户对建设进度、占地、操作、维护、管理的要求。

4.0.4 低温法空气分离系统的设备配置应符合下列规定：

1 原料空气过滤器的过滤精度应按空气压缩机类型确定。当采用离心式压缩机时，其原料空气过滤器的过滤精度当悬浮粒子的粒径小于0.5μm时，应大于或等于99%；粒径小于2μm时，应大于或等于99.8%。

2 根据工艺流程和冷箱出口氧、氮产品的压力要求，全低压空气分离设备的原料空气压力不宜大于1.0MPa。

3 除空气压缩机设有后冷却器或纯化器采用变压吸附工艺可不设空气预冷装置外，宜设置空气预冷装置。

4 空气纯化装置应采用分子筛吸附器，其纯化后的原料空气中的二氧化碳含量宜小于1.0×10^{-6}，水分含量宜小于2.6×10^{-6}，氧化亚氮脱除率宜大于80%。

5 空气分离装置内采用膜式主冷凝蒸发器时，宜设置液空或液氧吸附器。

4.0.5 低温法空气分离系统采用内压缩流程时，宜设置空气增压机或循环氮气压缩机。

4.0.6 利用大、中型低温法空气分离设备制取氩气宜采用全精馏制氩方法。

4.0.7 大型低温法空气分离设备氖、氦、氪、氙等稀有气体提取装置的设置应符合下列规定：

1 应根据用户需求；

2 稀有气体提取及其提纯宜集中进行；

3 提取的品种、纯度应依据技术经济比较确定。

4.0.8 离心式空气压缩机应设下列保护系统：

1 防喘振保护系统；

2 安全放散系统；

3 轴承温度、轴振动和轴位移测量、报警与停车系统；

4 入口导叶可调系统。

4.0.9 单一氧或氮气的制取，其氧气纯度低于95%或氮气纯度低于99.99%时，宜采用常温变压吸附空气分离系统；吸附剂的再生解吸宜采用常压解吸或真空解吸。

4.0.10 单一富氧或氮气的制取，其氮气产量不超过3000m³/h且低于99.0%时，宜采用常温空气膜法制取氧、氮系统；膜法空气分离系统应由原料空气压缩机、缓冲罐、膜分离组件和产品增压设备等组成。

4.0.11 低温法空气分离系统的流程，用氧压力大丁4MPa或液体产品需求大的用户应采用内压缩流程；用氧压力小于或等于4MPa或液体产品需求量小的用户宜采用外压缩流程。

4.0.12 氧气和氮气压缩机应按气体流量和排气压力选用活塞式或离心式压缩机。单台压缩机能力大于6000m³/h时，宜采用离心式压缩机。

4.0.13 活塞式氧气压缩机应采用气缸无油润滑压缩机；当采用气缸水润滑压缩机时，应设置软水供给系统，并应设置断水报警、停车装置。

4.0.14 活塞式氧气和氮气压缩机前应设缓冲罐。活塞式氧气、氮气压缩机后，应根据用户气体用量变化情况设置压力贮罐。

4.0.15 离心式氮气压缩机的保护系统的设置应符合本规范第4.0.8条的规定。

4.0.16 **离心式氧气压缩机的设置应符合下列规定：**

1 应设置符合本规范第4.0.8条规定的保护系统；

2 应设置氮气或干燥空气试车系统、氮气轴封系统；

3 应设置自动快速充氮灭火系统。

4.0.17 氧气站内各类压缩机进出口管道应采取隔声、消声措施；若压缩机的噪声超标时，应设隔声罩。低温法空气分离设备的纯化装置和常温空气分离设备的吸附器的放散管均应设置消声器。

4.0.18 低温液体加压用的低温液体泵应设置入口过滤器、轴封气和加温气体入口，以及低温液体泵出口设压力报警装置、轴承温度过高报警装置。

4.0.19 低温液体产品采用水浴式汽化器时，应设置水温调节装置和出口气体温度过低报警装置。

4.0.20 常温法空气分离设备和小型低温法空气分离设备生产的空气分离产品宜采用压力气体贮罐贮存；大、中型低温法空气分离设备生产的空气分离产品，以及贮存量较大的空气分离产品宜采用低温液体贮罐贮存，亦可根据用户自身的需求，采用压力气体贮罐贮存。

4.0.21 氧气、氮气、氩气钢瓶的灌装应符合下列规定：

1 气态气体的灌装宜采用高压气体压缩机和充装台或钢瓶集装格灌装；

2 液态气体的灌装宜采用低温液体泵—汽化器—充装台灌装；

3 充装台前的气体管道上应设有紧急切断阀、安全阀、放空阀。

4.0.22 氧气站内的气体充装台和钢瓶集装格除可灌装气体外，亦可在增设气体压力调节装置后作为气体汇流排输送氧气、氮气到用户点使用。

4.0.23 氧气、氮气、氩气充装台的设置应符合下列规定：

1 氧气、氮气、氩气充装台应设有超压泄放用安全阀；

2 氧气、氮气、氩气充装台应设有吹扫放空阀，放空管应接至室外安全处；

3 应设有分组切断阀、防错装接头等；

4 应设有灌装气体压力和钢瓶内余气压力的测试仪表。

4.0.24 氧气站中氧气、氮气设备和管道中有冷凝水时，应经各自的专用疏水装置排至室外。

4.0.25 医院医用氧供应应符合下列规定：

1 医用氧气品质应符合现行国家标准《医用及航空呼吸用氧》GB 8982的有关规定；

2 应根据医用氧气数量和所在地的氧气供应状况，经综合比较选择氧气汇流排、液态氧或自设常温变压吸附制氧装置生产氧气；当采用常温变压吸附制氧装置制取氧气时，应符合现行行业标准《医用分子筛制氧设备通用技术规范》YY/T 0298的有关规定；

3 医用氧供应系统的总管应设可遥控的紧急切断阀。

5 工艺设备

5.0.1 氧气站的设计容量应根据用户的用气特点以及气体用量平衡表的昼夜小时平均用量，或工作班的小时平均用量之和，经技术经济比较后确定。氧气站空气分离设备的设计容量应计入当地海拔高度的影响。

5.0.2 氧气站空气分离设备的型号、台数、备用机组的选用应根据用户对空气分离气体产品的要求，经技术经济比较后确定，并应符合下列规定：

1 空气分离设备台数宜按大容量、少机组、统一型号的原则确定。

2 产品气体压缩机的设计压力应满足用户气体产品的使用压力，并应与产品气体压力贮罐的设计压力一致。

3 氧气站可不设置备用空气分离设备，当供气中断会造成用户较大损失时，宜设置备用空气压缩机、氧气压缩机，亦可采用其他方法调节供气。

5.0.3 氧气站气态产品贮罐容量的选择应符合下列规定：

1 调节产气量和用气量之间的不平衡宜采用气体压力贮罐。压力贮罐的设计贮气量应按空气分离设备小时产气量和用户的气体用量曲线以及设计压力和释放压力确定。

2 小型氧气站常压气态产品量和用气量之间的不平衡宜采用贮气囊，其贮气量应按产气量与用气量之间的不平衡性确定。

5.0.4 氧气站低温液体贮罐容量的选择应根据下列要求经技术经济比较后确定：

1 液体产品的用途及需求量；

2 液体产品槽车运输费用、运输距离和液体贮罐性能；

3 当液体产品仅用于空气分离设备检修时的备用气源时，其容量应按空气分离设备检修所需时间内的用气量确定。

5.0.5 氧气站的原料空气压缩机的排气压力应按空气分离设备要求确定。当所在企业压缩空气站的空气压缩机的排气压力与空气分离设备的原料空气压缩机排气压力一致时，空气压缩机可互为备用。

5.0.6 各类气体输送用压缩机的设置应符合下列规定：

1 压缩机型号、台数应按进气、排气参数和平均小时用气量选择；

2 压缩机后的气体压力贮罐容量应根据用气量变化情况确定；

3 同一品种气体、同一排气压力的压缩机宜采用同一型号，并能调节压缩机能力；

4 当采用的活塞式压缩机需要连续运行时应设备用。

5.0.7 灌装用气体压缩机的型号、排气量、台数应根据灌装介质，瓶装气体用量，充装容器的规格、数量、充装时间等条件确定，可不设备用。

5.0.8 高纯氧气、氮气、氩气的灌瓶压缩机宜采用膜式压缩机或无润滑压缩机。高纯气体灌装站房宜设有钢瓶气体置换、加热干燥和抽真空等钢瓶处理装置。

5.0.9 灌装用充装台不应少于两组，其中一组充装时，另一组倒换钢瓶。每组钢瓶的数量应按充装用气体压缩机的排气量和充装时间确定。

5.0.10 供气用汇流排的设置不应少于两组，其中一组供气时，另一组为倒换钢瓶用。每组钢瓶的数量应按用户最大小时用气量和供气时间确定。

5.0.11 各种气体钢瓶的数量应按钢瓶周转情况确定，当确定有困难时，宜按用户一昼夜用气瓶数的3倍确定。

5.0.12 制氧站房应设检修起重设备，其起吊能力应按检修设备最重部件确定。手动或电动方式按起吊重量大小和检修频率确定。

钢瓶集装格的气体灌装厂房宜采用起重设备或电瓶车运输。

5.0.13 氧气站应按安全生产以及对空气分离产品质量的要求，设置在线分析和离线分析仪器。

5.0.14 氧气站宜设置废液收集装置。

6 工艺布置

6.0.1 常温法空气分离系统和氧产量大于1500m³/h的低温法空气分离系统，除压缩机外宜采用室外布置。室外布置的装置、控制阀组等应采取防雨、防冻措施。

6.0.2 设有低温法空气分离装置的氧气站宜将原料空气压缩机和离心式氧气压缩机等集中布置在主厂房内。主厂房宜采用独立建筑，其层数、层高应按压缩机及其辅助设备特点、起重设施等确定。

6.0.3 氧气站内原料空气压缩机的布置应符合下列规定：

1 应按站房规模、压缩机及其辅助设备特点进行布置，宜采用单层布置；

2 离心式空气压缩机吸气过滤器的布置应方便定期清扫、更换；

3 当氧气站的原料空气压缩机与压缩空气站的空气压缩机互为备用时，宜布置在同一压缩机间内。

6.0.4 氧气压缩机的布置应符合下列规定：

1 活塞式氧气压缩机超过2台时，宜布置在单独的氧气压缩机间内；

2 当采用离心式氧气压缩机时，宜设防护墙或罩；宜与其他压缩机布置在同一压缩机间内；

3 氧气压缩机间应设有直接通向室外的安全出口。

6.0.5 灌氧站房的布置应符合下列规定：

1 氧气实瓶的贮量，每个防火分区不得超过1700瓶，防火分区的设置应符合现行国家标准《建筑设计防火规范》GB 50016的有关规定。

2 当氧气实瓶的贮量超过3400瓶时，宜将制氧站房或液氧气化站与灌氧站房分别设置在独立的建筑物内。

3 每个灌瓶间、实瓶间、空瓶间均应设有直接通向室外的安全出口。

6.0.6 独立氧气瓶库的气瓶贮量应根据氧气灌装量、气瓶周转量和运输条件等因素确定。独立氧气瓶库的最大贮量不应超过表6.0.6的规定。

表6.0.6 独立氧气瓶库的最大贮量(个)

建筑物的耐火等级	每座库房	每个防火分区
一、二级	13600	3400
三级	4500	1500

6.0.7 在使用氧气的建筑或厂房内，氧气汇流排间的氧气实瓶贮量不宜超过24h的用氧量。

6.0.8 氧气站生产的多种空气分离产品需灌瓶和贮存时，应分别设置每种产品的灌瓶间、实瓶间和空瓶间。

6.0.9 氧气贮气囊宜布置在单独的房间内。当贮气囊总容量小于或等于100m³时，可布置在制氧间内，但贮气囊不得设置在氧气压缩机的顶部。贮气囊与设备的水平距离不应小于3m，并应设有安全和防火围护措施。

6.0.10 氧气站内的设备布置应紧凑合理、便于安装维修和操作，并应符合下列规定：

1 设备之间的净距不宜小于1.5m；设备与墙之间的净距不宜小于1m，且净距满足设备的零部件抽出检修的要求；其净距不宜小于抽出零部件的最大尺寸加0.5m；

2 设备与其附属设备之间的净距以及水泵等小型设备的布置间距可根据工艺需要适当减小；

3 设备双排布置时，两排之间的净距不宜小于2m。

6.0.11 气体灌装设施的布置应符合下列规定：

1 灌瓶间、空瓶间和实瓶间的通道净宽度应根据气瓶运输方式确定，但不宜小于1.5m；采用集装格钢瓶组时，不宜小于2.0m；

2 空瓶间、实瓶间应设置钢瓶装卸平台。平台宽度宜为2m，高度应按气瓶运输工具确定，宜高出室外地坪0.4m~1.1m；

3 灌瓶间、空瓶间和实瓶间均应设有防止瓶倒的措施。

6.0.12 采用氢气进行空气分离产品纯化时，应符合下列规定：

1 加氢催化反应炉应布置在靠外墙的单独房间内，并不得与其他房间直接相通；

2 氢气实瓶应存放在靠外墙的单独房间内，不得与其他房间直接相通。并应符合现行国家标准《氢气站设计规范》GB 50177的有关规定；

3 氢气瓶的贮放量不得超过60瓶。

6.0.13 氧气站的氧气、氮气等放散管和液氧、液氮等排放管均应引至室外安全处，放散管口距地面不得低于4.5m。

6.0.14 氧气压力调节阀组宜单独设置在专用调压阀室内。

6.0.15 氧气站内同时设有氮气压缩机和氧气压缩机时，可共同设置在同一房间内。

6.0.16 压缩机和电动机之间当采用联轴器或皮带传动时，应采取安全防护措施。

6.0.17 输送液氧的多级离心液氧泵宜单独设置在专用液氧泵间内，亦可设置防护墙或罩进行隔离。

6.0.18 氧气站内的各种气体压缩机应根据其振动特性、允许振幅等要求，除合理进行设备及管道布置外，应采取防振、隔振措施。

6.0.19 氧气站内设有各种气体压缩机的房间或作业场所应根据压缩机类型、规格或制造厂家提供的噪声声压等级，并应符合现行国家标准《工业企业噪声控制设计规范》GB 50087的有关规定确定采取相应的噪声控制措施。

7 建筑和结构

7.0.1 氧气站的生产性站房宜为单层建筑物。

7.0.2 氧气站的主要生产间的屋架下弦高度，应按设备的高度和设备检修时的起吊高度以及起重吊钩的极限高度确定，但不宜小于4.0m，灌瓶间、汇流排间等的屋架下弦高度不宜小于3.5m。

7.0.3 当制氧站房或液氧系统设施和灌氧站房布置在同一建筑物内时，应采用耐火极限不低于2.0h的不燃烧体隔墙和乙级防火门进行分隔，并应通过走廊相通。

7.0.4 氧气贮气囊间、氧气压缩机间、氧气灌瓶间、氧气实瓶间、氧气贮罐间、液氧贮罐间、氧气汇流排间、氧气调压阀间等房间相互之间应采用耐火极限不低于2.0h的不燃烧体隔墙和乙级防火门窗进行分隔。

7.0.5 氧气压缩机间、氧气灌瓶间、氧气贮气囊间、氧气实瓶间、氧气贮罐间、液氧贮罐间、氧气汇流排间、氧气调压阀间等与其他毗连房间之间应采用耐火极限不低于2.0h的不燃烧体隔墙和乙级防火门窗进行分隔。

7.0.6 氧气站的主要生产间，其围护结构上的门窗应向外开启，并不得采用木质等可燃材料制作。

7.0.7 灌瓶间、实瓶间、汇流排间和贮气囊间的窗玻璃宜采用磨砂玻璃或涂白漆等措施，防止阳光直接照射。

7.0.8 灌瓶间的充灌台应设置高度不小于2m、厚度大于或等于200mm的钢筋混凝土防护墙。气瓶装卸平台应设置大于平台宽度的雨篷，雨篷和支撑应采用不燃烧体。

7.0.9 灌瓶间、汇流排间、空瓶间、实瓶间的地坪应平整、耐磨和防滑。

7.0.10 低温法空气分离设备的冷箱基础应采取防冻措施。

大型平底圆柱形液态气体贮槽采用珠光砂绝热时，应采用高架式基础，其基础顶部应采用泡沫玻璃隔热，厚度宜为1000mm。

7.0.11 氧气站内的氢气瓶间应设置在靠外墙，且有直接通向室外的安全出口的专用房间内，氢气瓶间与相邻的房间应采用不低于2.0h耐火极限的无门、窗、洞的不燃烧体墙体分隔；氢气瓶间设计应符合现行国家标准《氢气站设计规范》GB 50177的有关规定。

8 电气和仪表

8.0.1 氧气站的供电负荷分级应符合现行国家标准《供配电系统设计规范》GB 50052的有关规定，除中断供气将造成较大损失者外，宜为三级负荷。

8.0.2 有爆炸危险、火灾危险的房间或区域内的电气设施应符合现行国家标准《爆炸和火灾危险环境电力装置设计规范》GB 50058的有关规定。催化反应炉部分和氢气瓶间应为1区爆炸危险区，离心式氧气压缩机间、液氧系统设施、氧气调压阀组间应为21区火灾危险区，氧气灌瓶间、氧气贮罐间、氧气贮气囊间等应为22区火灾危险区。

8.0.3 氧气站的照明除中断供气将造成较大损失者外，可不设继续工作用的事故照明，仪表集中处宜设局部照明。

8.0.4 设有高压油开关的房间内，其贮油量不应大于25kg。

8.0.5 空气分离产品压缩机间与灌瓶间、贮气囊或气体贮罐间之间宜设置联系信号。灌瓶间应设置压缩机紧急停车按钮。

8.0.6 氧气站应设置成本核算所需的用电、用水等计量仪表，以及输出空气分离产品的计量、遥测、记录仪表。

8.0.7 与氧气接触的仪表必须无油脂。

8.0.8 积聚液氧、液体空气的各类设备、氧气压缩机、氧气灌充台和氧气管道应设导除静电的接地装置，接地电阻不应大于10Ω。

8.0.9 氧气站和露天布置的氧气贮罐、液氧贮罐等的防雷设计应符合现行国家标准《建筑物防雷设计规范》GB 50057的有关规定。

8.0.10 氧气站应根据气体生产、储存、输送和灌装的需要设置下列分析仪器：

1 原料空气纯化装置出口二氧化碳含量连续在线分析；

2 空气分离装置主冷凝蒸发器液氧中乙炔、碳氢化合物含量连续在线分析；

3 空气分离装置出口空气分离产品的纯度分析；

4 高纯空气分离产品中杂质含量分析；

5 制氧间、氧气压缩机间、氧气贮罐间、氧气灌瓶间等的空气中氧含量定期检测；

6 制氮间、氮气压缩机间、氮气贮罐间、氮气灌瓶间等的空气中氧含量定期检测。

8.0.11 氧气站内，除各类设备配备的各种测量和控制装置外，尚应装设下列参数测量和控制装置：

1 站房出口各种空气分离产品的压力测试和调节；

2 输送用气体压缩机的进气、排气压力测量和纯度检测、流量调节装置；

3 气体贮罐压力遥测、记录；

4 制气设备出口压力、温度遥测、记录；

5 各单体设备运行状态显示、记录。

8.0.12 氧气站内宜设置下列报警连锁控制装置：

1 原料空气纯化装置出口二氧化碳超标报警；

2 空气分离装置主冷凝蒸发器液氧中乙炔、碳氢化合物超标报警；

3 空气分离装置出口产品纯度不合格报警；

4 压缩机润滑油系统，设置油压过高、过低与油温过高的报警和连锁控制；

5 灌瓶压缩机间与灌瓶间应设置联系信号报警和连锁控制装置。

9 给水、排水和消防

9.0.1 氧气站的生产用水，除不能中断生产用气外，宜采用一路供水。

9.0.2 压缩机等设备用冷却水应循环使用，其水压宜为0.15MPa~0.50MPa；循环冷却水水质应符合现行国家标准《工业循环冷却水处理设计规范》GB 50050的有关规定。

9.0.3 氧气站设备的给水和排水系统应能放尽存水。

压缩机的循环冷却水的管道上应装设水流观察装置或排水漏斗，并宜装设断水报警装置。

9.0.4 氧气站的消防用水设施应符合现行国家标准《建筑设计防火规范》GB 50016的有关规定。

9.0.5 制氧间、氧气贮罐间、液氧储罐间、氢气瓶间等有火灾危险、爆炸危险的房间，其灭火器的配置类型、规格、数量及其位置应符合现行国家标准《建筑灭火器配置设计规范》GB 50140的有关规定。

10 采暖和通风

10.0.1 制氧站房、灌氧站房、氧气压缩机间、氧气储罐间、液氧储罐间、氢气瓶间、液氧系统和氧气汇流排间等严禁采用明火或电加热散热器采暖。

10.0.2 采用集中采暖时，室内采暖计算温度应符合下列规定：

1 气体贮罐间、低温液体贮罐间等不宜低于5℃；

2 空瓶间、实瓶间不宜低于10℃；

3 办公室、生活间等生产辅助房间应符合现行国家标准《采暖通风与空气调节设计规范》GB 50019的有关规定；

4 除上述各房间外的生产房间不宜低于15℃。

10.0.3 气体贮罐间、贮气囊间、低温液体贮罐间、实瓶间、空瓶间、灌瓶间的散热器应采取局部隔热措施。

10.0.4 催化反应炉部分、氢气瓶间、氮气压缩机间、氮气压力调节阀间、惰性气体贮气罐间和液体贮罐间等的自然通风换气次数，每小时不应少于3次；事故换气应采用机械通风，其换气次数不应少于12次。排风中有氢气的氢气瓶间等的事故排风机的选型应符合现行国家标准《氢气站设计规范》GB 50177的有关规定。

10.0.5 氧气站的集中控制室宜采用分体式空调机组降温。

11 氧 气 管 道

11.0.1 氧气管道宜采用架空敷设。当架空敷设有困难时，可采用不通行地沟敷设或直接埋地敷设。

11.0.2 厂区管道架空敷设时，应符合下列规定：

1 氧气管道应敷设在不燃烧体的支架上；

2 除氧气管道专用的导电线路外，其他导电线路不得与氧气管道敷设在同一支架上；

3 当沿建筑物的外墙或屋顶上敷设时，该建筑物应为一、二级耐火等级，并应是与氧气生产或使用有关的车间建筑物；

4 氧气管道、管架与建筑物、构筑物、铁路、道路等之间的最小净距应符合本规范附录B的规定；

5 氧气管道与其他气体、液体管道共架敷设时，宜布置在其他管道外侧，并宜布置在燃油管道的上面。各种管线之间的最小净距应符合本规范附录C的规定；

6 氧气管道上设有阀门时，应设置操作平台；

7 寒冷地区的含湿气体管道应采取防护措施。

11.0.3 厂区管道直接埋地敷设或采用不通行地沟敷设时，应符合下列规定：

1 氧气管道严禁埋设在不使用氧气的建筑物、构筑物或露天堆场下面或穿过烟道；

2 氧气管道采用不通行地沟敷设时，沟上应设防止可燃物料、火花和雨水侵入的不燃烧体盖板；严禁氧气管道与油品管道、腐蚀性介质管道和各种导电线路敷设在同一地沟内，并不得与该类管线地沟相通；

3 直接埋地或不通行地沟敷设的氧气管道上不应装设阀门或法兰连接点，当必须设阀门时，应设独立阀门井；

4 氧气管道不应与燃气管道同沟敷设，当氧气管道与同一使用目的燃气管道同沟敷设时，沟内应填满沙子，并严禁与其他地沟直接相通；

5 埋地深度应根据地面上的荷载决定。管顶距地面不宜小于0.7m；含湿气体管道应敷设在冻土层以下，并应在最低点设排水装置。管道穿过铁路和道路时应设套管，其交叉角不宜小于45°；

6 氧气管道与建筑物、构筑物及其他埋地管线之间的最小净距应符合本规范附录D的规定；

7 直接埋地管道应根据埋设地带土壤的腐蚀等级采取相应的防腐蚀措施。

8 当氧气管道与其他不燃气体或水管同沟敷设时，氧气管道应布置在上面，地沟应能排除积水。

11.0.4 车间内氧气管道的敷设应符合下列规定：

1 氧气管道不得穿过生活间、办公室；

2 车间内氧气管道宜沿墙、柱或专设的支架架空敷设，其高度应不妨碍交通和便于检修；

3 氧气管道与其他管线共架敷设时，应符合本规范第11.0.2条第5款的规定；

4 当不能架空敷设时，可采用不通行地沟敷设，但应符合本规范第11.0.3条第2款~第4款和第8款的规定；

5 进入用户车间的氧气主管应在车间入口处装设切断阀、压力表，并宜在适当位置设放散管；

6 氧气管道的放散管应引至室外，并应高出附近操作面4m以上的无明火场所；

7 氧气管道不得穿过高温作业及火焰区域。当必须穿过时，应在该管段增设隔热措施，其管壁温度不应超过70℃；

8 穿过墙壁、楼板的氧气管道应敷设在套管内；套管内不得有焊缝，管子与套管间的间隙应采用不燃烧的软质材料填实；

9 氧气管道不应穿过不使用氧气的房间。当必须通过不使用氧气的房间时，其在房间内的管段上不得设有阀门、法兰和螺纹连接，并应采取防止氧气泄漏的措施；

10 供切割、焊接用氧的管道与切割、焊接工具或设备用软管连接时，供氧嘴头及切断阀应设置在用不燃烧材料制作的保护箱内。

11.0.5 通往氧气压缩机的氧气管道以及装有压力、流量调节阀的氧气管道上，应在靠近机器入口处或压力、流量调节阀的上游侧装设过滤器，过滤器的材料应为不锈钢、镍铜合金、铜、铜基合金。

11.0.6 氮气和氩气与各类其他管道、建筑物、构筑物等之间的间距宜符合现行国家标准《压缩空气站设计规范》GB 50029的有关规定。

11.0.7 氧气、氮气、氩气管道敷设在通行地沟或半通行地沟时，必须设有可靠的通风安全措施。

11.0.8 氧气管道的管径应按下列条件计算确定：

1 计算流量应采用该管系最低工作压力、最高工作温度时的实际流量；

2 流速应为工作压力下的管内氧气实际流速，氧气管道内的最高流速不得超过表11.0.8的规定。

表11.0.8 氧气管道内的最高流速

设计压力（MPa）	管材	最高允许流速（m/s）
≤0.1		按管道系统允许压力降确定
>0.1，且≤1.0	碳钢	20
	不锈钢	30
>1.0，且≤3.0	碳钢	15
	不锈钢	25
>3.0，且≤10.0	不锈钢	4.5
>10.0，且≤20.0	不锈钢	4.5
	铜基合金	6

11.0.9 氧气管道材质选用应符合表11.0.9的规定。

表 11.0.9　氧气管道材质选用

管材	设计压力（MPa）								液态氧气管道	执行标准
	≤0.6		0.6~3.0		3.0~10.0		>10.0			
	使用场所									
	一般场所	分配主管上阀门频繁操作区域后，放散阀后	一般场所	阀后5倍外径（并不小于1.5m）范围，压力调节阀组前、后各5倍外径（各不小于1.5m）范围内，氧压车间内部，放散阀后，湿氧输送	一般场所	阀后5倍外径（并不小于1.5m）范围，压力调节阀组前、后各5倍外径（各不小于1.5m）范围内，氧压车间内部，放散阀后，湿氧输送	一般场所	氧气充装台、汇流排		
焊接钢管	√	×	×	×	×	×	×	×	奥氏体不锈钢无缝钢管	现行国家标准《低压流体输送用焊接钢管》GB 3091
不锈钢焊接钢管	√	√	√	√	×	×	×	×		现行国家标准《输送流体用不锈钢焊接钢管》GB 12771
钢板卷焊管	√	×	×	×	×	×	×	×		现行国家标准《输送流体用无缝钢管》GB/T 8163，现行国家标准《高压锅炉用无缝钢管》GB 5310，现行国家标准《低中压锅炉用无缝钢管》GB 3087
无缝钢管	√	×	√	×	×	×	×	×		
不锈钢板卷焊管	√	√	√	√	×	×	×	×		现行行业标准《石油化工钢管尺寸系列》SH 3405
不锈钢无缝钢管	√	√	√	√	√	√	√	×		现行国家标准《输送流体用不锈钢无缝钢管》GB/T 14976
铜及铜合金拉制管	√	√	√	√	√	√	√	√	√	现行国家标准《铜及铜合金拉制管》GB/T 1527

表 11.0.9 氧气管道材质选用(续)

管材	设计压力(MPa)								液态氧气管道	执行标准
	≤0.6		0.6~3.0		3.0~10.0		>10.0			
	使用场所									
	一般场所	分配主管上阀门频繁操作区域后,放散阀后	一般场所	阀后5倍外径(并不小于1.5m)范围,压力调节阀组前、后各5倍外径(各不小于1.5m)范围内,氧压车间内部,放散阀后,湿氧输送	一般场所	阀后5倍外径(并不小于1.5m)范围,压力调节阀组前、后各5倍外径(各不小于1.5m)范围内,氧压车间内部,放散阀后,湿氧输送	一般场所	氧气充装台、汇流排		
铜及铜合金拉制管	√	√	√	√	√	√	√	√	√	现行行业标准《铜及铜合金拉制管》YS/T 662
镍及镍基合金	√	√	√	√	√	√	√	√	√	—

注:1 "√"表示允许采用,"×"表示不允许采用。

2 碳钢钢板卷焊管只宜用于工作压力小于0.1MPa,且管径超过现有焊接钢管、无缝钢管产品管径的情况下。

3 表中阀指干管阀门、供一个系统的支管阀门、车间入口阀门。

4 不锈钢板卷焊管,内壁焊缝磨光条件下,允许使用在压力不高于5MPa的一般场所。

5 工作压力大于3.0MPa的铜合金管不包括铝铜合金。

6 铜基合金:铜的含量超过55%(重量)的紫铜、黄铜(含锌铜合金)、青铜(含铝、硅、镁、锡、铅等的铜合金)、白铜(含镍铜合金)的总称。青铜类合金中铝含量不超过2.5%(重量)。

7 镍基合金:通常镍的含量不少于50%(重量)的镍200、镍铜(蒙乃尔-400和蒙乃尔-500)、镍铬(因科镍合金600和因科镍合金X-750)、镍铬钼(哈司特镍合金C-275和因科镍合金625)等的总称。

11.0.10 氧气管道的阀门应符合下列规定:

1 设计压力大于0.1MPa的氧气管道上,不得采用闸阀;

2 设计压力大于或等于1.0MPa且公称直径大于或等于150mm的氧气管道上的手动阀门,宜设旁通阀;

3 设计压力大于1.0MPa,公称直径大于或等于150mm的氧气管道上经常操作的阀门,宜采用气动阀门;

4 阀门材料选用应符合表11.0.10的规定。

表 11.0.10 阀门材料选用

设计压力 P(MPa)	材 料
<0.6	阀体、阀盖采用可锻铸铁、球墨铸铁或铸钢,阀杆采用碳钢或不锈钢,阀瓣采用不锈钢
0.6~10	采用全不锈钢、铜基合金或不锈钢与铜基合金组合、镍及镍基合金
>10	采用铜基合金、镍及镍基合金

注:1 设计压力大于或等于0.1MPa管道上的压力或流量调节阀的材料,应采用不锈钢或铜基合金或以上两种材料的组合。

2 阀门的密封填料宜采用聚四氟乙烯或柔性石墨材料。

11.0.11 氧气管道上的法兰、紧固件应按国家现行标准选用，氧气管道法兰用垫片应符合表11.0.11的规定。

表11.0.11 氧气管道法兰用垫片

设计压力P（MPa）	垫 片
<0.6	聚四氟乙烯垫片、柔性石墨复合垫片
0.6~3.0	缠绕式垫片、聚四氟乙烯垫片、柔性石墨复合垫片
3.0~10	缠绕式垫片、退火软化铜垫片、镍及镍基合金片
>10.0	退火软化铜垫片、镍及镍基合金片

11.0.12 氧气管道上的弯头应符合下列规定：

1 **氧气管道严禁采用折皱弯头；**

2 采用冷弯或热弯弯制碳钢弯头时，弯曲半径不应小于公称直径的5倍；

3 采用标准的对焊无缝碳钢弯头时，应采用长半径弯头；

4 采用铜镍合金、铜或铜基合金无缝弯头时，可采用短半径弯头；

5 设计压力小于或等于0.1MPa的卷焊钢管可采用斜接弯头，斜接弯头制作和使用应符合现行国家标准《工业金属管道设计规范》GB 50316的有关规定。

11.0.13 氧气管道的异径接头、分岔头应符合下列规定：

1 异径接头宜采用标准的钢制对焊无缝异径接头。当焊接制作时，变径部分长度不应小于两端管外径差值的3倍，其内壁应平滑，无锐边、毛刺及焊瘤；

2 分岔头宜采用标准的钢制对焊无缝三通。当焊接制作时，应按设计图纸预制，并加工到无锐边、突出部及焊瘤。不得在安装时开孔插接。

11.0.14 输送含湿气体或需做水压试验的管道应设不小于0.003的坡度，并在管道最低点设排水装置。

11.0.15 氧气管道因温度变化产生的应力宜采用自然补偿。

11.0.16 氧气管道的连接应采用焊接，但与设备、阀门连接处可采用法兰或螺纹连接。螺纹连接处应采用聚四氟乙烯带作为填料，不得采用涂铅红的麻或棉丝，或其他含油脂的材料。

11.0.17 **氧气管道应设置导除静电的接地装置，并应符合下列规定：**

1 **厂区架空或地沟敷设管道，在分岔处或无分支管道每隔80m~100m处，以及与架空电力电缆交叉处应设接地装置；**

2 **进、出车间或用户建筑物处应设接地装置；**

3 **直接埋地敷设管道应在埋地之前及出地后各接地一次；**

4 **车间或用户建筑物内部管道应与建筑物的静电接地干线相连接；**

5 **每对法兰或螺纹接头间应设跨接导线，电阻值应小于0.03Ω。**

11.0.18 氧气管道的弯头、分岔头不得紧接安装在阀门的出口侧，其间宜设长度不小于5倍管道公称直径且不应小于1.5m的直管段。

11.0.19 氧气管道施工验收应符合下列规定：

1 氧气管道、阀门及管件应无裂缝、鳞皮、夹渣等。接触氧气的表面必须彻底去除毛刺、焊瘤、焊渣、粘砂、铁锈和其他可燃物等，保持内壁光滑清洁。管道内、外表面除锈应进行到出现本色为止；

2 管道、阀门、管件、仪表、垫片及与氧气直接接触的其他附件的脱脂应符合现行行业标准《脱脂工程施工及验收规范》HG 20202或施工设计文件的规定。脱脂合格后的氧气管道应封闭管口，并宜充入干燥氮气；

3 碳钢材质的氧气管道的焊接应采用氩弧焊打底。不锈钢管道的焊接应采用氩弧焊；

4 氧气管道焊缝质量应采用射线照相检验。对液氧管道及氧气管道设计压力大于4.0MPa时，应进行100%的射线照相检验，其质量等级不得低于Ⅱ级；氧气管道设计压力1.0MPa~4.0MPa时，可抽样检验。抽检比例固定焊口宜为40%，转动焊口宜为15%，其质量等级不得低于Ⅱ级；氧气管道设计压力小于1.0MPa时，抽检比例不得低于5%，其质量等级不得低于Ⅲ级；

5 氧气管道的试验介质及试验压力应符合表11.0.19的规定；

表11.0.19　氧气管道的试验介质及试验压力

管道设计压力P	强度试验		严密性试验	
	试验介质	试验压力（MPa）	试验介质	试验压力（MPa）
<0.1	空气或氮气	0.1	空气或氮气	1.0P
0.1~4.0		1.15P		1.0P
>4.0	水	1.5P		1.0P

注： 1　空气或氮气必须是无油脂和干燥的。

2　水应为无油和干净的。对于奥氏体不锈钢管，试验水中的氯离子含量不得超过25×10^{-6}。

3　以气体介质做强度试验时，应制订有效的安全措施，并经有关安全部门批准后进行。

4　P为管道设计压力。

6 强度及严密性试验的检验应符合下列规定：

1）用空气或氮气做强度试验时，当达到试验压力且稳压5min后，应无变形，无泄漏。用水做强度试验时，当达到试验压力且稳压10min后，应无变形，无泄漏。

2）严密性试验达到试验压力后持续24h，室内及地沟管道的平均小时泄漏率不应超过0.25%；室外管道的平均小时泄漏率不应超过0.5%。平均小时泄漏率应按下列公式计算：

当管道公称直径小于300mm时：

$$A=\left[1-\frac{(273+t_1)P_2}{(273+t_2)P_1}\right]\times\frac{100}{24} \quad \cdots\cdots（11.0.19\text{-}1）$$

当管道公称直径大于或等于300mm时：

$$A=\left[1-\frac{(273+t_1)P_2}{(273+t_2)P_1}\right]\times\frac{100}{24}\times\frac{D_N}{300} \quad \cdots\cdots（11.0.19\text{-}2）$$

式中：A——平均小时泄漏率；

P_1、P_2——试验开始、终了时的绝对压力（MPa）；

t_1、t_2——试验开始、终了时的温度（℃）；

D_N——管道公称直径（mm）。

11.0.20 严密性试验合格的管道应采用无油、干燥的空气或氮气以不小于20m/s，且不低于氧气设计流速的速度吹扫，直至出口无铁锈、焊渣及其他杂物为止。

11.0.21 输送高纯氧气的管道，其管材、阀门、附件等的选择应按现行国家标准《洁净厂房设计规范》GB 50073的有关规定执行。

附录A　氧气站内各类房间的火灾危险性类别及最低耐火等级

表A　氧气站内各类房间的火灾危险性类别及最低耐火等级

站房/房间名称	火灾危险性类别	最低耐火等级
制氧站房、制氧间、气化站房	乙类	二级
液氧系统设施	乙类	二级
液氮、液氩系统设施	戊类	四级
氧气调节阀组的调压阀室	乙类	二级
氧气灌瓶站房	乙类	二级
氧气压缩机间	乙类	二级
氮气、氩气灌瓶间	戊类	四级
氮气、氩气压缩机间	戊类	四级
氩气净化间等(加氢催化)	甲类	二级
氧气汇流排间、氧气贮罐间	乙类	二级
氮气、氩气汇流排间、氮气贮罐间	戊类	三、四级
水泵间、水处理间、维修间	戊类	三、四级
润滑油间	丙类	二级
氧气站专用变配电站	丙类	二级
油浸变压器室	丙类	二级

注：1　液氧系统设施包括液氧贮罐、液氧泵、汽化器和阀门室；

2　氧气灌瓶站房包括氧气灌瓶间，氧气空、实瓶间以及相应辅助生产间；

3　氮气、氩气灌瓶间包括氮气和氩气空、实瓶间以及相应辅助生产间；

4　氧气贮罐间包括气态氧压力贮罐或液氧贮罐；

5　氮气贮罐间包括气态氮压力贮罐或液氮贮罐。

附录B　厂区架空氧气管道、管架与建筑物、构筑物、铁路、道路等之间的最小净距

表B　厂区架空氧气管道、管架与建筑物、构筑物、铁路、道路等之间的最小净距（m）

名　　称	水平净距	垂点净距
建筑物有门窗的墙壁外边或突出部分外边	3.0	—
建筑物无门窗的墙壁外边或突出部分外边	1.5	—
非电气化铁路钢轨	3.0	5.5
电气化铁路钢轨	3.0	6.6
道路	1.0	5.0
人行道	0.5	2.5
厂区围墙（中心线）	1.0	—
照明、电信杆柱中心	1.0	—
熔化金属地点和明火地点	10.0	—

注：1　表中水平距离：管架从最外边线算起；道路为城市型时，自路面边缘算起；道路为公路型时，自路肩边缘算起；铁路自轨外侧或按建筑界限算起；人行道自外沿算起。

2　表中垂直距离：管线自防护设施的外缘算起，管架自最低部分算起，铁路自轨面算起，道路自路拱算起，人行道自路面算起。

3　当有大件运输要求或在检修期间有大型起吊设施通过的道路，其最小垂直净距应根据需要确定。

4　表中与建筑物的最小水平净距的规定，不适用于沿氧气生产车间或氧气用户车间建筑物外墙敷设的管道。

5　与架空电力线路的距离应符合现行国家标准《66kV及以下架空电力线路设计规范》GB 50061的有关规定。

附录C　厂区及车间架空氧气管道与其他架空管线之间的最小净距

表C　厂区及车间架空氧气管道与其他架空管线之间的最小净距（m）

名　　称	平行净距	交叉净距
给水管、排水管	0.25	0.10
热力管	0.25	0.10
不燃气体管	0.25	0.10
燃气管、燃油管	0.50	0.25
滑触线	1.50	0.50
裸导线	1.00	0.50
绝缘导线或电缆	0.50	0.30
穿有导线的电缆管	0.50	0.10
插接式母线、悬挂式干线	1.50	0.50
非防爆开关、插座、配电箱	1.50	1.50

注：1　氧气管道与同一使用目的的燃气管道平行敷设时，最小平行净距可减小到0.25m。

2　氧气管道的阀门及管件接头与燃气、燃油管道上的阀门及管件接头，应沿管道轴线方向错开一定距离；当必须设置在一处时，则应适当扩大管道之间的净距。

3　电气设备与氧气的引出口不能满足上述距离要求时，可将两者安装在同一柱子的相对侧面；当为空腹柱子时，应在柱子上装设不燃烧体隔板局部隔开。

4　公称直径小于或等于80mm的氧气管道，与不燃介质管道的最小平行净距可小于0.25m，但不得小于0.15m。

5　与滑触线的净距系指氧气管在其下方时的要求，此时在氧气管及滑触线之间宜设隔离网。

附录D 厂区地下氧气管道与建筑物、构筑物及其他地下管线之间的最小净距

表D 厂区地下氧气管道与建筑物、构筑物等及其他地下管线之间的最小净距（m）

<table>
<tr><th colspan="3">名 称</th><th>水平净距</th><th>垂直净距</th></tr>
<tr><td rowspan="2">有地下室的建筑物基础或通行沟道的外沿</td><td rowspan="4">氧气压力（MPa）</td><td>≤1.6</td><td>3.00</td><td>—</td></tr>
<tr><td>>1.6</td><td>5.00</td><td>—</td></tr>
<tr><td rowspan="2">无地下室的建筑物基础外沿</td><td>≤1.6</td><td>2.50</td><td>—</td></tr>
<tr><td>>1.6</td><td>3.00</td><td>—</td></tr>
<tr><td colspan="3">铁路钢轨</td><td>2.50</td><td>1.20</td></tr>
<tr><td colspan="3">排水沟外沿（开口型号）</td><td>0.80</td><td>—</td></tr>
<tr><td colspan="3">道路</td><td>0.80</td><td>0.50</td></tr>
<tr><td rowspan="3">照明电线、电力、电信杆柱</td><td colspan="2">照明电线</td><td>0.80</td><td>—</td></tr>
<tr><td colspan="2">电力（220V、380V）、电信</td><td>1.50</td><td>—</td></tr>
<tr><td colspan="2">高压电力、电信</td><td>2.00</td><td>—</td></tr>
<tr><td colspan="3">管架基础外沿</td><td>0.80</td><td>—</td></tr>
<tr><td colspan="3">围墙基础外沿</td><td>1.00</td><td>—</td></tr>
<tr><td colspan="3">乔木中心</td><td>1.50</td><td>—</td></tr>
<tr><td colspan="3">灌木中心</td><td>1.00</td><td>—</td></tr>
<tr><td rowspan="4">给水管</td><td rowspan="7">公称直径（mm）</td><td><75</td><td>0.8</td><td>0.15</td></tr>
<tr><td>75~150</td><td>1.00</td><td>0.15</td></tr>
<tr><td>200~400</td><td>1.20</td><td>0.15</td></tr>
<tr><td>>400</td><td>1.50</td><td>0.15</td></tr>
<tr><td rowspan="3">排水管</td><td>≤800</td><td>0.80</td><td>0.15</td></tr>
<tr><td>>800，且≤1500</td><td>1.00</td><td>0.15</td></tr>
<tr><td>>1500</td><td>1.20</td><td>0.15</td></tr>
<tr><td colspan="3">热力管或不通行地沟外沿</td><td>1.50</td><td>0.25</td></tr>
<tr><td colspan="3">燃气管（乙炔等）</td><td>1.50</td><td>0.25</td></tr>
<tr><td rowspan="4">煤气管</td><td rowspan="4">煤气压力（MPa）</td><td>≤0.005</td><td>1.00</td><td>0.25</td></tr>
<tr><td>0.005~0.15</td><td>1.20</td><td>0.25</td></tr>
<tr><td>0.15~0.3</td><td>1.50</td><td>0.25</td></tr>
<tr><td>0.3~0.8</td><td>2.00</td><td>0.25</td></tr>
<tr><td colspan="3">不燃气体管（压缩空气等）</td><td>1.50</td><td>0.15</td></tr>
</table>

表D　厂区地下氧气管道与建筑物、构筑物等及其他地下管线之间的最小净距(m)(续)

名称			水平净距	垂直净距
电力电缆	电压(kV)	<1	0.80	0.50
		1~10	0.80	0.50
		>10，且≤35	1.00	0.50
电信电缆	直埋电缆		0.8	0.50
	电缆管道		1.00	0.15
	电缆沟		1.50	0.25

注：1　氧气管道与同一使用目的的燃气管道在同一水平敷设时，管道间水平净距可减少到0.25m，但在从沟底起直至管顶以上300mm高的范围内，应用松散的土或砂填实后再回填上。

2　氧气管道与穿管的电缆交叉时，交叉净距可减少到0.25m。

3　本表建筑物基础的最小水平净距是指埋地管道与同一标高或其上的基础最外侧的最小水平净距。

4　敷设在铁路及不便开挖的道路下面的管段，其加设的套管两端伸出铁路路基或道路路边不应小于1m；路基或路边有排水沟时，应延伸出水沟沟边1m。套管内的管道应无焊缝。

5　表中水平净距：管线均自管壁、沟壁或防护设施的外沿或最外一根电缆算起；道路为城市型时，自路面边缘算起；道路为公路型时，自路肩边缘算起；铁路自轨外侧算起。

6　表中管道、电缆和电缆沟最小垂直净距的规定，均指下面管道或管沟外顶与上面管道管底或管沟基础底之间的净距。铁路钢轨和道路垂直净距的规定，铁路自轨底算至管顶，道路自路面结构层底算至管顶。

引用标准名录

《建筑设计防火规范》GB 50016
《采暖通风与空气调节设计规范》GB 50019
《城镇燃气设计规范》GB 50028
《压缩空气站设计规范》GB 50029
《工业循环冷却水处理设计规范》GB 50050
《供配电系统设计规范》GB 50052
《建筑物防雷设计规范》GB 50057
《爆炸和火灾危险环境电力装置设计规范》GB 50058
《66kV及以下架空电力线路设计规范》GB 50061
《洁净厂房设计规范》GB 50073
《工业企业噪声控制设计规范》GB 50087
《建筑灭火器配置设计规范》GB 50140
《氢气站设计规范》GB 50177
《工业企业总平面设计规范》GB 50187
《工业金属管道设计规范》GB 50316
《低中压锅炉用无缝钢管》GB 3087
《低压流体输送用焊接钢管》GB 3091
《高压锅炉用无缝钢管》GB 5310
《医用及航空呼吸用氧》GB 8982
《输送流体用不锈钢焊接钢管》GB 12771
《铜及铜合金拉制管》GB/T 1527
《输送流体用无缝钢管》GB/T 8163
《输送流体用不锈钢无缝钢管》GB/T 14976
《低温液体贮运设备　使用安全规则》JB 6898
《脱脂工程施工及验收规范》HG 20202
《石油化工钢管尺寸系列》SH 3405
《铜及铜合金拉制管》YS/T 662
《医用分子筛制氧设备通用技术规范》YY/T 0298

UDC

中华人民共和国国家标准

P

GB 50058—2014

爆炸危险环境电力装置设计规范

Code for design of electrical installations in explosive atmospheres

2014-01-29 发布

2014-10-01 实施

中华人民共和国住房和城乡建设部

中华人民共和国国家质量监督检验检疫总局

联合发布

前　言

本规范是根据原建设部《关于印发〈2004年工程建设国家标准制订、修订计划〉的通知》（建标〔2004〕67号）的要求，由中国寰球工程公司会同有关单位共同修订而成。

本规范修订的主要内容有：总则、爆炸性气体环境、爆炸性粉尘环境、危险区域的划分，设备的选择等。主要修订下列内容：

1.规范名称的修订，即将《爆炸和火灾危险环境电力装置设计规范》改为《爆炸危险环境电力装置设计规范》；

2.将“名词解释”改为“术语”，作了部分修订并放入正文；

3.将原第四章“火灾危险环境”删除；

4.将例图从原规范正文中删除，改为附录并增加了部分内容；

5.增加了增安型设备在1区中使用的规定；

6.爆炸性粉尘危险场所的划分由原来的两种区域“10区、11区”改为三种区域“20区、21区、22区”；

7.增加了爆炸性粉尘的分组：ⅢA、ⅢB和ⅢC组；

8.将原规范正文中“爆炸性气体环境的电力装置”和“爆炸性粉尘环境的电力装置”合并为第5章“爆炸性环境的电力装置设计”；

9.增加了设备保护级别（EPL）的概念；

10.增加了光辐射式设备和传输系统防爆结构类型。

在修订过程中，规范组进行了广泛的调查研究，认真总结了规范执行以来的经验，吸取了部分科研成果，借鉴了相关的国际标准及发达工业国家的相关标准，广泛征求了全国有关单位的意见，对其中主要问题进行了多次讨论、协调，最后经审查定稿。本规范删除了原规范中关于火灾危险环境的内容，对于火灾危险环境的电气设计，执行国家其他专门的设计规范。

本规范共分5章和5个附录，主要内容包括总则，术语，爆炸性气体环境，爆炸性粉尘环境，爆炸性环境的电力装置设计等。

本规范以黑体字标志的条文为强制性条文，必须严格执行。

本规范由住房和城乡建设部负责管理和对强制性条文的解释，由中国工程建设标准化协会化工分会负责日常管理，由中国寰球工程公司负责具体技术内容的解释。本规范在执行过程中如发现需要修改或补充之处，请将意见、建议和有关资料寄送中国寰球工程公司（地址：北京市朝阳区樱花园东街7号，邮政编码：100029），以便今后修订时参考。

本规范主编单位、参编单位、主要起草人和主要审查人：

主 编 单 位： 中国寰球工程公司

参 编 单 位： 五洲工程设计研究院
南阳防爆电气研究所
中国石化工程建设公司
中国昆仑工程公司
华荣科技股份有限公司

主要起草人： 周　伟　熊　延　刘汉云　弓普站　郭建军　王财勇　王素英　张　刚
李　江　李道本　于立键

主要审查人： 王宗景　曹建勇　杨光义　周　勇　罗志刚　徐　刚　甘家福　范景昌
薛丁法　刘植生

目　次

1 总 则

1.0.1 为了规范爆炸危险环境电力装置的设计，使爆炸危险环境电力装置设计贯彻预防为主的方针，保障人身和财产的安全，因地制宜地采取防范措施，制定本规范。

1.0.2 本规范适用于在生产、加工、处理、转运或贮存过程中出现或可能出现爆炸危险环境的新建、扩建和改建工程的爆炸危险区域划分及电力装置设计。

本规范不适用于下列环境：

1 矿井井下；

2 制造、使用或贮存火药、炸药和起爆药、引信及火工品生产等的环境；

3 利用电能进行生产并与生产工艺过程直接关联的电解、电镀等电力装置区域；

4 使用强氧化剂以及不用外来点火源就能自行起火的物质的环境；

5 水、陆、空交通运输工具及海上和陆地油井平台；

6 以加味天然气作燃料进行采暖、空调、烹饪、洗衣以及类似的管线系统；

7 医疗室内；

8 灾难性事故。

1.0.3 本规范不考虑间接危害对于爆炸危险区域划分及相关电力装置设计的影响。

1.0.4 爆炸危险区域的划分应由负责生产工艺加工介质性能、设备和工艺性能的专业人员和安全、电气专业的工程技术人员共同商议完成。

1.0.5 爆炸危险环境的电力装置设计除应符合本规范外，尚应符合国家现行有关标准的规定。

2 术 语

2.0.1 闪点 flash point

在标准条件下，使液体变成蒸气的数量能够形成可燃性气体或空气混合物的最低液体温度。

2.0.2 引燃温度 ignition temperature

可燃性气体或蒸气与空气形成的混合物，在规定条件下被热表面引燃的最低温度。

2.0.3 环境温度 ambient temperature

指所划区域内历年最热月平均最高温度。

2.0.4 可燃性物质 flammable material

指物质本身是可燃性的，能够产生可燃性气体、蒸气或薄雾。

2.0.5 可燃性气体或蒸气 flammable gas or vapor

以一定比例与空气混合后，将会形成爆炸性气体环境的气体或蒸气。

2.0.6 可燃液体 flammable liquid

在可预见的使用条件下能产生可燃蒸气或薄雾的液体。

2.0.7 可燃薄雾 flammable mist

在空气中挥发能形成爆炸性环境的可燃性液体微滴。

2.0.8 爆炸性气体混合物 explosive gas mixture

在大气条件下，气体、蒸气、薄雾状的可燃物质与空气的混合物，引燃后燃烧将在全范围内传播。

2.0.9 高挥发性液体 highly volatile liquid

高挥发性液体是指在37.8℃的条件下，蒸气绝压超过276kPa的液体，这些液体包括丁烷、乙烷、乙烯、丙烷、丙烯等液体，液化天然气，天然气凝液及它们的混合物。

2.0.10 爆炸性气体环境 explosive gas atmosphere

在大气条件下，气体或蒸气可燃物质与空气的混合物引燃后，能够保持燃烧自行传播的环境。

2.0.11 爆炸极限 explosive limit

1 爆炸下限（LEL） lower explosive limit

可燃气体、蒸气或薄雾在空气中形成爆炸性气体混合物的最低浓度。空气中的可燃性气体或蒸气的浓度低于该浓度，则气体环境就不能形成爆炸。

2 爆炸上限（UEL） upper explosive limit

可燃气体、蒸气或薄雾在空气中形成爆炸性气体混合物的最高浓度。空气中的可燃性气体或蒸气的浓度高于该浓度，则气体环境就不能形成爆炸。

2.0.12 爆炸危险区域 hazardous area

爆炸性混合物出现的或预期可能出现的数量达到足以要求对电气设备的结构、安装和使用采取预防措施的区域。

2.0.13 非爆炸危险区域 non-hazardous area

爆炸性混合物出现的数量不足以要求对电气设备的结构、安装和使用采取预防措施的区域。

2.0.14 区 zone

爆炸危险区域的全部或一部分。按照爆炸性混合物出现的频率和持续时间可分为不同危险程度的若干区。

2.0.15 释放源 source of release

可释放出能形成爆炸性混合物的物质所在的部位或地点。

2.0.16 自然通风环境 natural ventilation atmosphere

由于天然风力或温差的作用能使新鲜空气置换原有混合物的区域。

2.0.17 机械通风环境 artificial ventilation atmosphere

用风扇、排风机等装置使新鲜空气置换原有混合物的区域。

2.0.18 正常运行 normal operation

指设备在其设计参数范围内的运行状况。

2.0.19 粉尘 dust

在大气中依其自身重量可沉淀下来，但也可持续悬浮在空气中一段时间的固体微小颗粒，包括纤维和飞絮及现行国家标准《袋式除尘器技术要求》GB/T 6719中定义的粉尘和细颗粒。

2.0.20 可燃性粉尘 combustible dust

在空气中能燃烧或无焰燃烧并在大气压和正常温度下能与空气形成爆炸性混合物的粉尘、纤维或飞絮。

2.0.21 可燃性飞絮 conductive flyings

标称尺寸大于500μm，可悬浮在空气中，也可依靠自身重量沉淀下来的包括纤维在内的固体颗粒。

2.0.22 导电性粉尘 conductive dust

电阻率等于或小于$1\times10^3\,\Omega\cdot m$的粉尘。

2.0.23 非导电性粉尘 non-conductive dust

电阻率大于$1\times10^3\,\Omega\cdot m$的粉尘。

2.0.24 爆炸性粉尘环境 explosive dust atmosphere

在大气环境条件下，可燃性粉尘与空气形成的混合物被点燃后，能够保持燃烧自行传播的环境。

2.0.25 重于空气的气体或蒸气 heavier-than-air gases or vapors

相对密度大于1.2的气体或蒸气。

2.0.26 轻于空气的气体或蒸气 lighter-than-air gases or va-pors

相对密度小于0.8的气体或蒸气。

2.0.27 粉尘层的引燃温度 ignition temperature of dust layer

规定厚度的粉尘层在热表面上发生引燃的热表面的最低温度。

2.0.28 粉尘云的引燃温度 ignition temperature of dust cloud

炉内空气中所含粉尘云发生点燃时炉子内壁的最低温度。

2.0.29 爆炸性环境 explosive atmospheres

在大气条件下，气体、蒸气、粉尘、薄雾、纤维或飞絮的形式与空气形成的混合物引燃后，能够保持燃烧自行传播的环境。

2.0.30 设备保护级别（EPL） equipment protection level

根据设备成为引燃源的可能性和爆炸性气体环境及爆炸性粉尘环境所具有的不同特征而对设备规定的保护级别。

3 爆炸性气体环境

3.1 一 般 规 定

3.1.1 在生产、加工、处理、转运或贮存过程中出现或可能出现下列爆炸性气体混合物环境之一时，应进行爆炸性气体环境的电力装置设计：

1 在大气条件下，可燃气体与空气混合形成爆炸性气体混合物；

2 闪点低于或等于环境温度的可燃液体的蒸气或薄雾与空气混合形成爆炸性气体混合物；

3 在物料操作温度高于可燃液体闪点的情况下，当可燃液体有可能泄漏时，可燃液体的蒸气或薄雾与空气混合形成爆炸性气体混合物。

3.1.2 在爆炸性气体环境中发生爆炸应符合下列条件：

1 存在可燃气体、可燃液体的蒸气或薄雾，浓度在爆炸极限以内；

2 存在足以点燃爆炸性气体混合物的火花、电弧或高温。

3.1.3 在爆炸性气体环境中应采取下列防止爆炸的措施：

1 产生爆炸的条件同时出现的可能性应减到最小程度。

2 工艺设计中应采取下列消除或减少可燃物质的释放及积聚的措施：

1）工艺流程中宜采取较低的压力和温度，将可燃物质限制在密闭容器内；

2）工艺布置应限制和缩小爆炸危险区域的范围，并宜将不同等级的爆炸危险区或爆炸危险区与非爆炸危险区分隔在各自的厂房或界区内；

3）在设备内可采用以氮气或其他惰性气体覆盖的措施；

4）宜采取安全连锁或发生事故时加入聚合反应阻聚剂等化学药品的措施。

3 防止爆炸性气体混合物的形成或缩短爆炸性气体混合物的滞留时间可采取下列措施：

1）工艺装置宜采取露天或开敞式布置；

2）设置机械通风装置；

3）在爆炸危险环境内设置正压室；

4）对区域内易形成和积聚爆炸性气体混合物的地点应设置自动测量仪器装置，当气体或蒸气浓度接近爆炸下限值的50%时，应能可靠地发出信号或切断电源。

4 在区域内应采取消除或控制设备线路产生火花、电弧或高温的措施。

3.2 爆炸性气体环境危险区域划分

3.2.1 爆炸性气体环境应根据爆炸性气体混合物出现的频繁程度和持续时间分为0区、1区、2区，分区应符合下列规定：

1 0区应为连续出现或长期出现爆炸性气体混合物的环境；

2　1区应为在正常运行时可能出现爆炸性气体混合物的环境；

3　2区应为在正常运行时不太可能出现爆炸性气体混合物的环境，或即使出现也仅是短时存在的爆炸性气体混合物的环境。

3.2.2　符合下列条件之一时，可划为非爆炸危险区域：

1　没有释放源且不可能有可燃物质侵入的区域；

2　可燃物质可能出现的最高浓度不超过爆炸下限值的10%；

3　在生产过程中使用明火的设备附近，或炽热部件的表面温度超过区域内可燃物质引燃温度的设备附近；

4　在生产装置区外，露天或开敞设置的输送可燃物质的架空管道地带，但其阀门处按具体情况确定。

3.2.3　释放源应按可燃物质的释放频繁程度和持续时间长短分为连续级释放源、一级释放源、二级释放源，释放源分级应符合下列规定：

1　连续级释放源应为连续释放或预计长期释放的释放源。下列情况可划为连续级释放源：

1）没有用惰性气体覆盖的固定顶盖贮罐中的可燃液体的表面；

2）油、水分离器等直接与空间接触的可燃液体的表面；

3）经常或长期向空间释放可燃气体或可燃液体的蒸气的排气孔和其他孔口。

2　一级释放源应为在正常运行时，预计可能周期性或偶尔释放的释放源。下列情况可划为一级释放源：

1）在正常运行时，会释放可燃物质的泵、压缩机和阀门等的密封处；

2）贮有可燃液体的容器上的排水口处，在正常运行中，当水排掉时，该处可能会向空间释放可燃物质；

3）正常运行时，会向空间释放可燃物质的取样点；

4）正常运行时，会向空间释放可燃物质的泄压阀、排气口和其他孔口。

3　二级释放源应为在正常运行时，预计不可能释放，当出现释放时，仅是偶尔和短期释放的释放源。下列情况可划为二级释放源：

1）正常运行时，不能出现释放可燃物质的泵、压缩机和阀门的密封处；

2）正常运行时，不能释放可燃物质的法兰、连接件和管道接头；

3）正常运行时，不能向空间释放可燃物质的安全阀、排气孔和其他孔口处；

4）正常运行时，不能向空间释放可燃物质的取样点。

3.2.4　当爆炸危险区域内通风的空气流量能使可燃物质很快稀释到爆炸下限值的25%以下时，可定为通风良好，并应符合下列规定：

1　下列场所可定为通风良好场所：

1）露天场所；

2）敞开式建筑物，在建筑物的壁、屋顶开口，其尺寸和位置保证建筑物内部通风效果等效于露天场所；

3）非敞开建筑物，建有永久性的开口，使其具有自然通风的条件；

4）对于封闭区域，每平方米地板面积每分钟至少提供0.3m^3的空气或至少1h换气6次。

2　当采用机械通风时，下列情况可不计机械通风故障的影响：

1）封闭式或半封闭式的建筑物设置备用的独立通风系统；

2）当通风设备发生故障时，设置自动报警或停止工艺流程等确保能阻止可燃物质释放的预防措施，或使设备断电的预防措施。

3.2.5　爆炸危险区域的划分应按释放源级别和通风条件确定，存在连续级释放源的区域可划为0区，存在一级释放源的区域可划为1区，存在二级释放源的区域可划为2区，并应根据通风条件按下列规定调整区域划分：

1 当通风良好时，可降低爆炸危险区域等级；当通风不良时，应提高爆炸危险区域等级。

2 局部机械通风在降低爆炸性气体混合物浓度方面比自然通风和一般机械通风更为有效时，可采用局部机械通风降低爆炸危险区域等级。

3 在障碍物、凹坑和死角处，应局部提高爆炸危险区域等级。

4 利用堤或墙等障碍物，限制比空气重的爆炸性气体混合物的扩散，可缩小爆炸危险区域的范围。

3.2.6 使用于特殊环境中的设备和系统可不按照爆炸危险性环境考虑，但应符合下列相应的条件之一：

1 采取措施确保不形成爆炸危险性环境。

2 确保设备在出现爆炸性危险环境时断电，此时应防止热元件引起点燃。

3 采取措施确保人和环境不受试验燃烧或爆炸带来的危害。

4 应由具备下述条件的人员书面写出所采取的措施：

1）熟悉所采取措施的要求和国家现行有关标准以及危险环境用电气设备和系统的使用要求；

2）熟悉进行评估所需的资料。

3.3 爆炸性气体环境危险区域范围

3.3.1 爆炸性气体环境危险区域范围应按下列要求确定：

1 爆炸危险区域的范围应根据释放源的级别和位置、可燃物质的性质、通风条件、障碍物及生产条件、运行经验，经技术经济比较综合确定。

2 建筑物内部宜以厂房为单位划定爆炸危险区域的范围。当厂房内空间大时，应根据生产的具体情况划分，释放源释放的可燃物质量少时，可将厂房内部按空间划定爆炸危险的区域范围，并应符合下列规定：

1）当厂房内具有比空气重的可燃物质时，厂房内通风换气次数不应少于每小时两次，且换气不受阻碍，厂房地面上高度1m以内容积的空气与释放至厂房内的可燃物质所形成的爆炸性气体混合浓度应小于爆炸下限；

2）当厂房内具有比空气轻的可燃物质时，厂房平屋顶平面以下1m高度内，或圆顶、斜顶的最高点以下2m高度内的容积的空气与释放至厂房内的可燃物质所形成的爆炸性气体混合物的浓度应小于爆炸下限；

3）释放至厂房内的可燃物质的最大量应按一小时释放量的三倍计算，但不包括由于灾难性事故引起破裂时的释放量。

3 当高挥发性液体可能大量释放并扩散到15m以外时，爆炸危险区域的范围应划分为附加2区。

4 当可燃液体闪点高于或等于60℃时，在物料操作温度高于可燃液体闪点的情况下，可燃液体可能泄漏时，其爆炸危险区域的范围宜适当缩小，但不宜小于4.5m。

3.3.2 爆炸危险区域的等级和范围可按本规范附录A的规定，并根据可燃物质的释放量、释放速率、沸点、温度、闪点、相对密度、爆炸下限、障碍等条件，结合实践经验确定。

3.3.3 爆炸性气体环境内的车间采用正压或连续通风稀释措施后，不能形成爆炸性气体环境时，车间可降为非爆炸危险环境。通风引入的气源应安全可靠，且无可燃物质、腐蚀介质及机械杂质，进气口应设在高出所划爆炸性危险区域范围的1.5m以上处。

3.3.4 爆炸性气体环境电力装置设计应有爆炸危险区域划分图，对于简单或小型厂房，可采用文字说明表达。

爆炸性气体环境危险区域范围典型示例图应符合本规范附录B的规定。

3.4 爆炸性气体混合物的分级、分组

3.4.1 爆炸性气体混合物应按其最大试验安全间隙（*MESG*）或最小点燃电流比（*MICR*）分级。爆炸性气体混合物分级应符合表3.4.1的规定。

表 3.4.1 爆炸性气体混合物分级

级别	最大试验安全间隙（*MESG*）（mm）	最小点燃电流比（*MICR*）
ⅡA	≥0.9	>0.8
ⅡB	0.5<*MESG*<0.9	0.45≤*MICR*≤0.8
ⅡC	≤0.5	<0.45

注：1 分级的级别应符合现行国家标准《爆炸性环境 第12部分：气体或蒸气混合物按照其最大试验安全间隙和最小点燃电流的分级》GB 3836.12的有关规定。

2 最小点燃电流比（*MICR*）为各种可燃物质的最小点燃电流值与实验室甲烷的最小点燃电流值之比。

3.4.2 爆炸性气体混合物应按引燃温度分组，引燃温度分组应符合表3.4.2的规定。

表 3.4.2 引燃温度分组

组　别	引燃温度：t（℃）
T1	$450<t$
T2	$300<t\leq450$
T3	$200<t\leq300$
T4	$135<t\leq200$
T5	$100<t\leq135$
T6	$85<t\leq100$

注：可燃性气体或蒸气爆炸性混合物分级、分组可按本规范附录C采用。

4 爆炸性粉尘环境

4.1 一般规定

4.1.1 当在生产、加工、处理、转运或贮存过程中出现或可能出现可燃性粉尘与空气形成的爆炸性粉尘混合物环境时，应进行爆炸性粉尘环境的电力装置设计。

4.1.2 在爆炸性粉尘环境中粉尘可分为下列三级：

1 ⅢA级为可燃性飞絮；

2 ⅢB级为非导电性粉尘；

3 ⅢC级为导电性粉尘。

4.1.3 在爆炸性粉尘环境中，产生爆炸应符合下列条件：

1 存在爆炸性粉尘混合物，其浓度在爆炸极限以内；

2 存在足以点燃爆炸性粉尘混合物的火花、电弧、高温、静电放电或能量辐射。

4.1.4 在爆炸性粉尘环境中应采取下列防止爆炸的措施：

1 防止产生爆炸的基本措施，应是使产生爆炸的条件同时出现的可能性减小到最小程度。

2 防止爆炸危险，应按照爆炸性粉尘混合物的特征采取相应的措施。

3 在工程设计中应先采取下列消除或减少爆炸性粉尘混合物产生和积聚的措施：

1）工艺设备宜将危险物料密封在防止粉尘泄漏的容器内。

2）宜采用露天或开敞式布置，或采用机械除尘措施。

3）宜限制和缩小爆炸危险区域的范围，并将可能释放爆炸性粉尘的设备单独集中布置。

4）提高自动化水平，可采用必要的安全联锁。

5）爆炸危险区域应设有两个以上出入口，其中至少有一个通向非爆炸危险区域，其出入口的门应向爆炸危险性较小的区域侧开启。

6）应对沉积的粉尘进行有效的清除。

7）应限制产生危险温度及火花，特别是由电气设备或线路产生的过热及火花。应防止粉尘进入产生电火花或高温部件的外壳内。应选用粉尘防爆类型的电气设备及线路。

8）可适当增加物料的湿度，降低空气中粉尘的悬浮量。

4.2 爆炸性粉尘环境危险区域划分

4.2.1 粉尘释放源应按爆炸性粉尘释放频繁程度和持续时间长短分为连续级释放源、一级释放源、二级释放源，释放源应符合下列规定：

1 连续级释放源应为粉尘云持续存在或预计长期或短期经常出现的部位。

2 一级释放源应为在正常运行时预计可能周期性的或偶尔释放的释放源。

3 二级释放源应为在正常运行时，预计不可能释放，如果释放也仅是不经常地并且是短期地释放。

4 下列三项不应被视为释放源：

1）压力容器外壳主体结构及其封闭的管口和人孔；

2）全部焊接的输送管和溜槽；

3）在设计和结构方面对防粉尘泄露进行了适当考虑的阀门压盖和法兰接合面。

4.2.2 爆炸危险区域应根据爆炸性粉尘环境出现的频繁程度和持续时间分为20区、21区、22区，分区应符合下列规定：

1 20区应为空气中的可燃性粉尘云持续地或长期地或频繁地出现于爆炸性环境中的区域；

2 21区应为在正常运行时，空气中的可燃性粉尘云很可能偶尔出现于爆炸性环境中的区域；

3 22区应为在正常运行时，空气中的可燃粉尘云一般不可能出现于爆炸性粉尘环境中的区域，即使出现，持续时间也是短暂的。

4.2.3 爆炸危险区域的划分应按爆炸性粉尘的量、爆炸极限和通风条件确定。

4.2.4 符合下列条件之一时，可划为非爆炸危险区域：

1 装有良好除尘效果的除尘装置，当该除尘装置停车时，工艺机组能联锁停车；

2 设有为爆炸性粉尘环境服务，并用墙隔绝的送风机室，其通向爆炸性粉尘环境的风道设有能防止爆炸性粉尘混合物侵入的安全装置。

3 区域内使用爆炸性粉尘的量不大，且在排风柜内或风罩下进行操作。

4.2.5 为爆炸性粉尘环境服务的排风机室，应与被排风区域的爆炸危险区域等级相同。

4.3 爆炸性粉尘环境危险区域范围

4.3.1 一般情况下，区域的范围应通过评价涉及该环境的释放源的级别引起爆炸性粉尘环境的可能来规定。

4.3.2 20区范围主要包括粉尘云连续生成的管道、生产和处理设备的内部区域。当粉尘容器外部持续存在爆炸性粉尘环境时，可划分为20区。

4.3.3 21区的范围应与一级释放源相关联，并应按下列规定确定：

1 含有一级释放源的粉尘处理设备的内部可划分为21区。

2 由一级释放源形成的设备外部场所，其区域的范围应受到粉尘量、释放速率、颗粒大小和物料湿度等粉尘参数的限制，并应考虑引起释放的条件。对于受气候影响的建筑物外部场所可减小21区范围。21区的范围应按照释放源周围1m的距离确定。

3 当粉尘的扩散受到实体结构的限制时，实体结构的表面可作为该区域的边界。

4 一个位于内部不受实体结构限制的21区应被一个22区包围。

5 可结合同类企业相似厂房的实践经验和实际因素将整个厂房划为21区。

4.3.4 22区的范围应按下列规定确定：

1 由二级释放源形成的场所，其区域的范围应受到粉尘量、释放速率、颗粒大小和物料湿度等粉尘参数的限制，并应考虑引起释放的条件。对于受气候影响的建筑物外部场所可减小22区范围。22区的范围应按超出21区3m及二级释放源周围3m的距离确定。

2 当粉尘的扩散受到实体结构的限制时，实体结构的表面可作为该区域的边界。

3 可结合同类企业相似厂房的实践经验和实际的因素将整个厂房划为22区。

4.3.5 爆炸性粉尘环境危险区域范围典型示例图应符合本规范附录D的规定。

4.3.6 可燃性粉尘举例应符合本规范附录E的规定。

5 爆炸性环境的电力装置设计

5.1 一 般 规 定

5.1.1 爆炸性环境的电力装置设计应符合下列规定：

1 爆炸性环境的电力装置设计宜将设备和线路，特别是正常运行时能发生火花的设备布置在爆炸性环境以外。当需设在爆炸性环境内时，应布置在爆炸危险性较小的地点。

2 在满足工艺生产及安全的前提下，应减少防爆电气设备的数量。

3 爆炸性环境内的电气设备和线路应符合周围环境内化学、机械、热、霉菌以及风沙等不同环境条件对电气设备的要求。

4 在爆炸性粉尘环境内，不宜采用携带式电气设备。

5 爆炸性粉尘环境内的事故排风用电动机应在生产发生事故的情况下，在便于操作的地方设置事故启动按钮等控制设备。

6 在爆炸性粉尘环境内，应尽量减少插座和局部照明灯具的数量。如需采用时，插座宜布置在爆炸性粉尘不易积聚的地点，局部照明灯宜布置在事故时气流不易冲击的位置。

粉尘环境中安装的插座开口的一面应朝下，且与垂直面的角度不应大于60°。

7 爆炸性环境内设置的防爆电气设备应符合现行国家标准《爆炸性环境 第1部分：设备 通用要求》GB 3836.1的有关规定。

5.2 爆炸性环境电气设备的选择

5.2.1 在爆炸性环境内，电气设备应根据下列因素进行选择：

1 爆炸危险区域的分区；

2 可燃性物质和可燃性粉尘的分级；

3 可燃性物质的引燃温度；

4 可燃性粉尘云、可燃性粉尘层的最低引燃温度。

5.2.2 危险区域划分与电气设备保护级别的关系应符合下列规定：

1 爆炸性环境内电气设备保护级别的选择应符合表5.2.2-1的规定。

表5.2.2-1 爆炸性环境内电气设备保护级别的选择

危险区域	设备保护级别（EPL）
0区	Ga
1区	Ga或Gb
2区	Ga、Gb或Gc
20区	Da
21区	Da或Db
22区	Da、Db或Dc

2 电气设备保护级别（EPL）与电气设备防爆结构的关系应符合表5.2.2-2的规定。

表5.2.2-2 电气设备保护级别（EPL）与电气设备防爆结构的关系

设备保护级别（EPL）	电气设备防爆结构	防爆形式
Ga	本质安全型	“ia”
	浇封型	“ma”
	由两种独立的防爆类型组成的设备，每一种类型达到保护级别“Gb”的要求	—
	光辐射式设备和传输系统的保护	“op is”
Gb	隔爆型	“d”
	增安型	“e” ①
	本质安全型	“ib”
Gb	浇封型	“mb”
	油浸型	“o”
	正压型	“px” “py”
	充砂型	“q”
	本质安全现场总线概念（FISCO）	—
	光辐射式设备和传输系统的保护	“op pr”
Gc	本质安全型	“ic”
	浇封型	“mc”
	无火花	“n” “nA”
	限制呼吸	“nR”
	限能	“nL”
	火花保护	“nC”
	正压型	“pz”
	非可燃现场总线概念（FNICO）	—
	光辐射式设备和传输系统的保护	“op sh”
Da	本质安全型	“iD”
	浇封型	“mD”
	外壳保护型	“tD”
Db	本质安全型	“iD”
	浇封型	“mD”
	外壳保护型	“tD”
	正压型	“pD”
Dc	本质安全型	“iD”
	浇封型	“mD”
	外壳保护型	“tD”
	正压型	“pD”

注：①在1区中使用的增安型“e”电气设备仅限于下列电气设备：在正常运行中不产生火花、电弧或危险温度的接线盒和接线箱，包括主体为“d”或“m”型，接线部分为“e”型的电气产品；按现行国家标准《爆炸性环境 第3部分：由增安型“e”保护的设备》GB 3836.3—2010附录D配置的合适热保护装置的“e”型低压异步电动机，启动频繁和环境条件恶劣者除外；“e”型荧光灯；“e”型测量仪表和仪表用电流互感器。

5.2.3 防爆电气设备的级别和组别不应低于该爆炸性气体环境内爆炸性气体混合物的级别和组别，并应符合下列规定：

1 气体、蒸气或粉尘分级与电气设备类别的关系应符合表5.2.3-1的规定。当存在有两种以上可燃性物质形成的爆炸性混合物时，应按照混合后的爆炸性混合物的级别和组别选用防爆设备，无据可查又不可能进行试验时，可按危险程度较高的级别和组别选用防爆电气设备。

对于标有适用于特定的气体、蒸气的环境的防爆设备，没有经过鉴定，不得使用于其他的气体环境内。

表5.2.3-1 气体、蒸气或粉尘分级与电气设备类别的关系

气体、蒸气或粉尘分级	设备类别
ⅡA	ⅡA、ⅡB或ⅡC
ⅡB	ⅡB或ⅡC
ⅡC	ⅡC
ⅢA	ⅢA、ⅢB或ⅢC
ⅢB	ⅢB或ⅢC
ⅢC	ⅢC

2 Ⅱ类电气设备的温度组别、最高表面温度和气体、蒸气引燃温度之间的关系符合表5.2.3-2的规定。

表5.2.3-2 Ⅱ类电气设备的温度组别、最高表面温度和气体、蒸气引燃温度之间的关系

电气设备温度组别	电气设备允许最高表面温度（℃）	气体/蒸气的引燃温度（℃）	适用的设备温度级别
T1	450	>450	T1~T6
T2	300	>300	T2~T6
T3	200	>200	T3~T6
T4	135	>135	T4~T6
T5	100	>100	T5~T6
T6	85	>85	T6

3 安装在爆炸性粉尘环境中的电气设备应采取措施防止热表面点可燃性粉尘层引起的火灾危险。Ⅲ类电气设备的最高表面温度应按国家现行有关标准的规定进行选择。电气设备结构应满足电气设备在规定的运行条件下不降低防爆性能的要求。

5.2.4 当选用正压型电气设备及通风系统时，应符合下列规定：

1 通风系统应采用非燃性材料制成，其结构应坚固，连接应严密，并不得有产生气体滞留的死角。

2 电气设备应与通风系统联锁。运行前应先通风，并应在通风量大于电气设备及其通风系统管道容积的5倍时，接通设备的主电源。

3 在运行中，进入电气设备及其通风系统内的气体不应含有可燃物质或其他有害物质。

4 在电气设备及其通风系统运行中，对于px、py或pD型设备，其风压不应低于50Pa；对于pz型设备，其风压不应低于25Pa。当风压低于上述值时，应自动断开设备的主电源或发出信号。

5 通风过程排出的气体不宜排入爆炸危险环境；当采取有效地防止火花和炽热颗粒从设备及其通风系统吹出的措施时，可排入2区空间。

6 对闭路通风的正压型设备及其通风系统应供给清洁气体。

7 电气设备外壳及通风系统的门或盖子应采取联锁装置或加警告标志等安全措施。

5.3 爆炸性环境电气设备的安装

5.3.1 油浸型设备应在没有振动、不倾斜和固定安装的条件下采用。

5.3.2 在采用非防爆型设备作隔墙机械传动时，应符合下列规定：

1 安装电气设备的房间应用非燃烧体的实体墙与爆炸危险区域隔开；

2 传动轴传动通过隔墙处，应采用填料函密封或有同等效果的密封措施；

3 安装电气设备房间的出口应通向非爆炸危险区域的环境；当安装设备的房间必须与爆炸性环境相通时，应对爆炸性环境保持相对的正压。

5.3.3 除本质安全电路外，爆炸性环境的电气线路和设备应装设过载、短路和接地保护，不可能产生过载的电气设备可不装设过载保护。爆炸性环境的电动机除按国家现行有关标准的要求装设必要的保护之外，均应装设断相保护。如果电气设备的自动断电可能引起比引燃危险造成的危险更大时，应采用报警装置代替自动断电装置。

5.3.4 紧急情况下，在危险场所外合适的地点或位置应采取一种或多种措施对危险场所设备断电。连续运行的设备不应包括在紧急断电回路中，而应安装在单独的回路上，防止附加危险产生。

5.3.5 变电所、配电所和控制室的设计应符合下列规定：

1 变电所、配电所（包括配电室，下同）和控制室应布置在爆炸性环境以外，当为正压室时，可布置在1区、2区内。

2 对于可燃物质比空气重的爆炸性气体环境，位于爆炸危险区附加2区的变电所、配电所和控制室的电气和仪表的设备层地面应高出室外地面0.6m。

5.4 爆炸性环境电气线路的设计

5.4.1 爆炸性环境电缆和导线的选择应符合下列规定：

1 在爆炸性环境内，低压电力、照明线路采用的绝缘导线和电缆的额定电压应高于或等于工作电压，且U_0/U不应低于工作电压。中性线的额定电压应与相线电压相等，并应在同一护套或保护管内敷设。

2 在爆炸危险区内，除在配电盘、接线箱或采用金属导管配线系统内，无护套的电线不应作为供配电线路。

3 在1区内应采用铜芯电缆；除本质安全电路外，在2区内宜采用铜芯电缆，当采用铝芯电缆时，其截面不得小于16mm^2，且与电气设备的连接应采用铜-铝过渡接头。敷设在爆炸性粉尘环境20区、21区以及在22区内有剧烈振动区域的回路，均应采用铜芯绝缘导线或电缆。

4 除本质安全系统的电路外，爆炸性环境电缆配线的技术要求应符合表5.4.1-1的规定。

表5.4.1-1 爆炸性环境电缆配线的技术要求

项目 技术要求 / 爆炸危险区域	电缆明设或在沟内敷设时的最小截面			移动电缆
	电力	照明	控制	
1区、20区、21区	铜芯2.5mm^{2}及以上	铜芯2.5mm^{2}及以上	铜芯1.0mm^{2}及以上	重型
2区、22区	铜芯1.5mm^{2}及以上，铝芯16mm^{2}及以上	铜芯1.5mm^{2}及以上	铜芯1.0mm^{2}及以上	中型

5 除本质安全系统的电路外，在爆炸性环境内电压为1000V以下的钢管配线的技术要求应符合表5.4.1-2的规定。

表5.4.1-2　爆炸性环境内电压为1000V以下的钢管配线的技术要求

项目/技术要求/爆炸危险区域	钢管配线用绝缘导线的最小截面			管子连接要求
	电力	照明	控制	
1区、20区、21区	铜芯2.5mm^2及以上	铜芯2.5mm^2及以上	铜芯2.5mm^2及以上	钢管螺纹旋合不应少于5扣
2区、22区	铜芯2.5mm^2及以上	铜芯1.5mm^2及以上	铜芯1.5mm^2及以上	钢管螺纹旋合不应少于5扣

6　在爆炸性环境内，绝缘导线和电缆截面的选择除应满足表5.4.1-1和表5.4.1-2的规定外，还应符合下列规定：

1）导体允许载流量不应小于熔断器熔体额定电流的1.25倍及断路器长延时过电流脱扣器整定电流的1.25倍，本款第2项的情况除外；

2）引向电压为1000V以下鼠笼型感应电动机支线的长期允许载流量不应小于电动机额定电流的1.25倍。

7　在架空、桥架敷设时电缆宜采用阻燃电缆。当敷设方式采用能防止机械损伤的桥架方式时，塑料护套电缆可采用非铠装电缆。当不存在会受鼠、虫等损害情形时，在2区、22区电缆沟内敷设的电缆可采用非铠装电缆。

5.4.2　爆炸性环境线路的保护应符合下列规定：

1　在1区内单相网络中的相线及中性线均应装设短路保护，并采取适当开关同时断开相线和中性线。

2　对3kV~10kV电缆线路宜装设零序电流保护，在1区、21区内保护装置宜动作于跳闸。

5.4.3　爆炸性环境电气线路的安装应符合下列规定：

1　电气线路宜在爆炸危险性较小的环境或远离释放源的地方敷设，并应符合下列规定：

1）当可燃物质比空气重时，电气线路宜在较高处敷设或直接埋地；架空敷设时宜采用电缆桥架；电缆沟敷设时沟内应充砂，并宜设置排水措施。

2）电气线路宜在有爆炸危险的建筑物、构筑物的墙外敷设。

3）在爆炸粉尘环境，电缆应沿粉尘不易堆积并且易于粉尘清除的位置敷设。

2　敷设电气线路的沟道、电缆桥架或导管，所穿过的不同区域之间墙或楼板处的孔洞应采用非燃性材料严密堵塞。

3　敷设电气线路时宜避开可能受到机械损伤、振动、腐蚀、紫外线照射以及可能受热的地方，不能避开时，应采取预防措施。

4　钢管配线可采用无护套的绝缘单芯或多芯导线。当钢管中含有三根或多根导线时，导线包括绝缘层的总截面不宜超过钢管截面的40%。钢管应采用低压流体输送用镀锌焊接钢管。钢管连接的螺纹部分应涂以铅油或磷化膏。在可能凝结冷凝水的地方，管线上应装设排除冷凝水的密封接头。

5　在爆炸性气体环境内钢管配线的电气线路应做好隔离密封，且应符合下列规定：

1）在正常运行时，所有点燃源外壳的450mm范围内应做隔离密封。

2）直径50mm以上钢管距引入的接线箱450mm以内处应做隔离密封。

3）相邻的爆炸性环境之间以及爆炸性环境与相邻的其他危险环境或非危险环境之间应进行隔离密封。进行密封时，密封内部应用纤维作填充层的底层或隔层，填充层的有效厚度不应小于钢管的内径，且不得小于16mm。

4）供隔离密封用的连接部件，不应作为导线的连接或分线用。

6　在1区内电缆线路严禁有中间接头，在2区、20区、21区内不应有中间接头。

7　当电缆或导线的终端连接时，电缆内部的导线如果为绞线，其终端应采用定型端子或接线鼻子进行连接。

铝芯绝缘导线或电缆的连接与封端应采用压接、熔焊或钎焊，当与设备（照明灯具除外）连接时，应采用铜–铝过渡接头。

8 架空电力线路不得跨越爆炸性气体环境，架空线路与爆炸性气体环境的水平距离不应小于杆塔高度的1.5倍。在特殊情况下，采取有效措施后，可适当减少距离。

5.5 爆炸性环境接地设计

5.5.1 当爆炸性环境电力系统接地设计时，1000V交流/1500V直流以下的电源系统的接地应符合下列规定：

1 爆炸性环境中的TN系统应采用TN-S型；

2 危险区中的TT型电源系统应采用剩余电流动作的保护电器；

3 爆炸性环境中的IT型电源系统应设置绝缘监测装置。

5.5.2 爆炸性气体环境中应设置等电位联结，所有裸露的装置外部可导电部件应接入等电位系统。本质安全型设备的金属外壳可不与等电位系统连接，制造厂有特殊要求的除外。具有阴极保护的设备不应与等电位系统连接，专门为阴极保护设计的接地系统除外。

5.5.3 爆炸性环境内设备的保护接地应符合下列规定：

1 按照现行国家标准《交流电气装置的接地设计规范》GB/T 50065的有关规定，下列不需要接地的部分，在爆炸性环境内仍应进行接地：

1）在不良导电地面处，交流额定电压为1000V以下和直流额定电压为1500V及以下的设备正常不带电的金属外壳；

2）在干燥环境，交流额定电压为127V及以下，直流电压为110V及以下的设备正常不带电的金属外壳；

3）安装在已接地的金属结构上的设备。

2 在爆炸危险环境内，设备的外露可导电部分应可靠接地。爆炸性环境1区、20区、21区内的所有设备以及爆炸性环境2区、22区内除照明灯具以外的其他设备应采用专用的接地线。该接地线若与相线敷设在同一保护管内时，应具有与相线相等的绝缘。爆炸性环境2区、22区内的照明灯具，可利用有可靠电气连接的金属管线系统作为接地线，但不得利用输送可燃物质的管道。

3 在爆炸危险区域不同方向，接地干线应不少于两处与接地体连接。

5.5.4 设备的接地装置与防止直接雷击的独立避雷针的接地装置应分开设置，与装设在建筑物上防止直接雷击的避雷针的接地装置可合并设置，与防雷电感应的接地装置亦可合并设置。接地电阻值应取其中最低值。

5.5.5 0区、20区场所的金属部件不宜采用阴极保护，当采用阴极保护时，应采取特殊的设计。阴极保护所要求的绝缘元件应安装在爆炸性环境之外。

附录A　爆炸危险区域划分示例图及爆炸危险区域划分条件

A.0.1　爆炸危险区域划分应按图A.0.1划分。

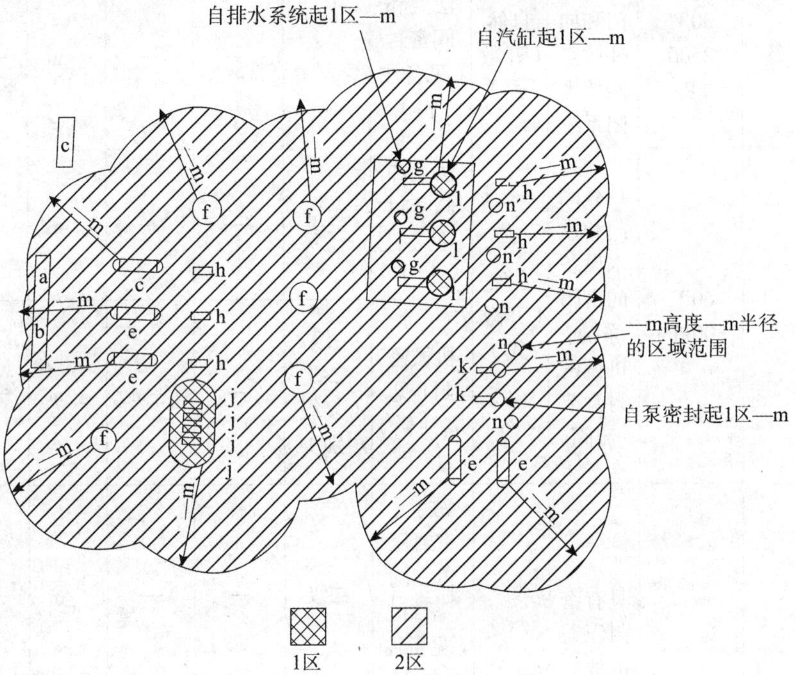

(a)平面图

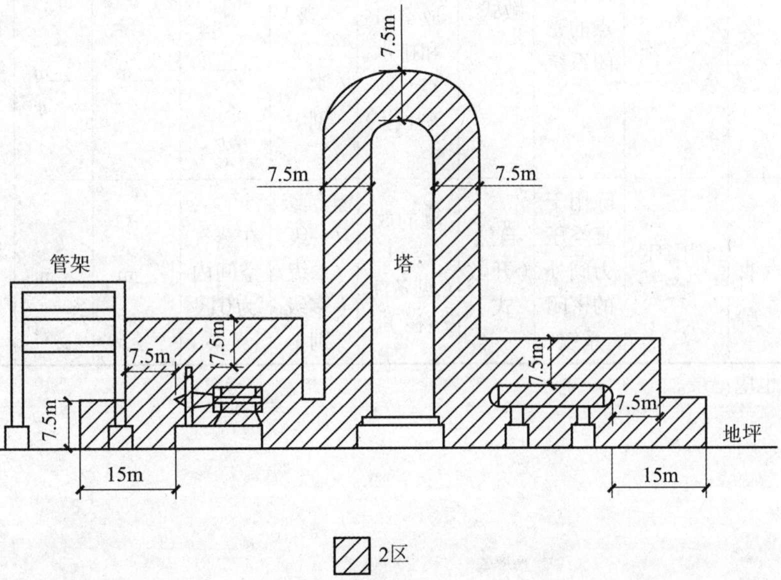

(b)立面图

图A.0.1　爆炸危险区域划分示例图

a—正压控制室；b—正压配电室；c—车间；e—容器；f—蒸馏塔；
g—分析室（正压或吹净）；h—泵（正常运行时不可能释放的密封）；
j—泵（正常运行时有可能释放的密封）；k—泵（正常运行时有可能释放的密封）；
l—往复式压缩机；m—压缩机房（开敞式建筑）；n—放空口（高处或低处）

A.0.2 爆炸危险区域划分条件应符合表A.0.2的规定。

表A.0.2 爆炸危险区域划分条件

<table>
<tr><th colspan="3">工艺设备项目</th><th rowspan="2">易燃物质</th><th rowspan="2">工艺温度和压力</th><th rowspan="2">易燃物质容器的说明</th><th rowspan="2">通风</th><th colspan="2">释放源</th><th colspan="3">水平距离从释放源至*</th><th rowspan="2">根据</th><th rowspan="2">备注</th></tr>
<tr><th>编号</th><th>种类</th><th>地点</th><th>说明</th><th>级别</th><th>0区的界限</th><th>1区的界限</th><th>2区的界限</th></tr>
<tr><td>E52</td><td>氢容器</td><td>户外</td><td>氢</td><td>30℃ 2500 kPa</td><td>具有阀门和向外放空阀的密闭系统</td><td>自然（开敞式）</td><td>法兰和阀密封（见备注栏）</td><td>二级</td><td>—</td><td>—</td><td>__m</td><td>—</td><td>由于法兰密封垫或阀门密封故障引起的释收（不正常）</td></tr>
<tr><td rowspan="2">J29</td><td rowspan="2">二甲苯泵</td><td rowspan="2">户外</td><td rowspan="2">二甲苯</td><td rowspan="2">60℃ 300kPa</td><td rowspan="2">具有阀门和排水设备的密闭系统，机械密封盒节流阀</td><td rowspan="2">自然（开敞式）</td><td>法兰和阀密封（见备注栏）</td><td>二级</td><td>—</td><td>—</td><td>__m</td><td>—</td><td>由于法兰密封垫或阀门密封故障引起的释收（不正常）</td></tr>
<tr><td>机械密封（见备注栏）</td><td>一级/二级（多级别）</td><td>—</td><td>__m</td><td>__m</td><td>—</td><td>正常运行时少量的释放，密封故障造成较大的释放（不正常）</td></tr>
<tr><td rowspan="2">J94</td><td rowspan="2">乙烯压缩机（往复式）</td><td rowspan="2">开敞式建筑物</td><td rowspan="2">乙烯</td><td rowspan="2">70℃ 2000kPa</td><td rowspan="2">具有密封压盖的放空口和冷却排水点的密闭系统</td><td rowspan="2">自然（相当于开敞式）</td><td>法兰、密封压盖和阀密封（见备注栏）</td><td>二级</td><td>—</td><td>—</td><td>__m</td><td rowspan="3">××规定第×条</td><td>由于法兰密封垫、密封压盖或阀门密封故障造成的释放（不正常）</td></tr>
<tr><td>放空口和排水点（见备注栏）</td><td>一级/二级（多级别）</td><td>—</td><td>__m</td><td>__m</td><td>正常运行时少量的释放，由于不正确操作可能出现的大量释放（不正常）</td></tr>
<tr><td>132</td><td>固定顶盖罐</td><td>户外</td><td>汽油</td><td>周围环境</td><td>除用于真空压力阀外的密闭系统</td><td>自然（开敞式）</td><td>罐的放空口（见备注栏）</td><td>连续级/一级/二级（多级别）</td><td>在蒸气空间内为0区</td><td>__m</td><td>__m</td><td>正常加料时放空的蒸气，可能在不正常情况下加过物料</td></tr>
</table>

注：*指垂直距离也应记录。

附录B 爆炸性气体环境危险区域范围典型示例图

B.0.1 在结合具体情况，充分分析影响区域的等级和范围的各项因素包括可燃物质的释放量、释放速度、沸点、温度、闪点、相对密度、爆炸下限、障碍等及生产条件，运用实践经验加以分析判断时，可使用下列示例来确定范围，图中释放源除注明外均为第二级释放源。

1 可燃物质重于空气、通风良好且为第二级释放源的主要生产装置区（图B.0.1-1和图B.0.1-2），爆炸危险区域的范围划分宜符合下列规定：

1）在爆炸危险区域内，地坪下的坑、沟可划为1区；

2）与释放源的距离为7.5m的范围内可划为2区；

3）以释放源为中心，总半径为30m，地坪上的高度为0.6m，且在2区以外的范围内可划为附加2区。

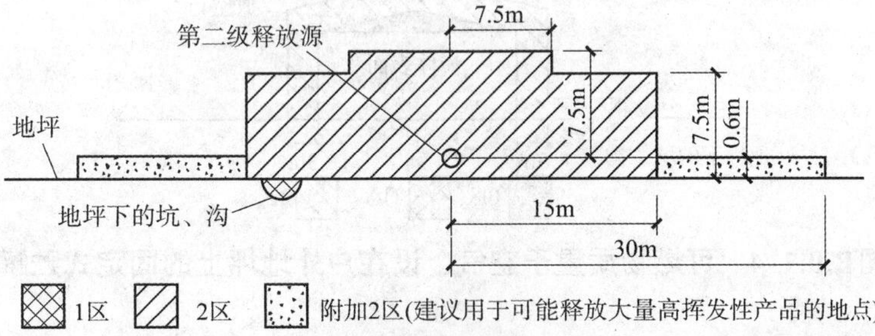

图B.0.1-1 释放源接近地坪时可燃物质重于空气、通风良好的生产装置区

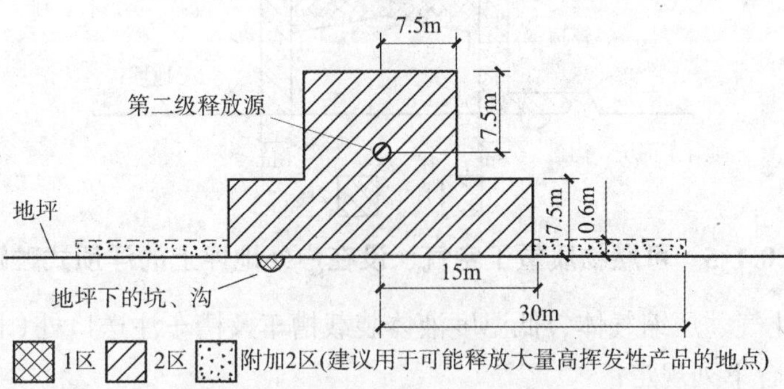

图B.0.1-2 释放源在地坪以上时可燃物质重于空气、通风良好的生产装置区

2 可燃物质重于空气，释放源在封闭建筑物内，通风不良且为第二级释放源的主要生产装置区（图B.0.1-3），爆炸危险区域的范围划分宜符合下列规定：

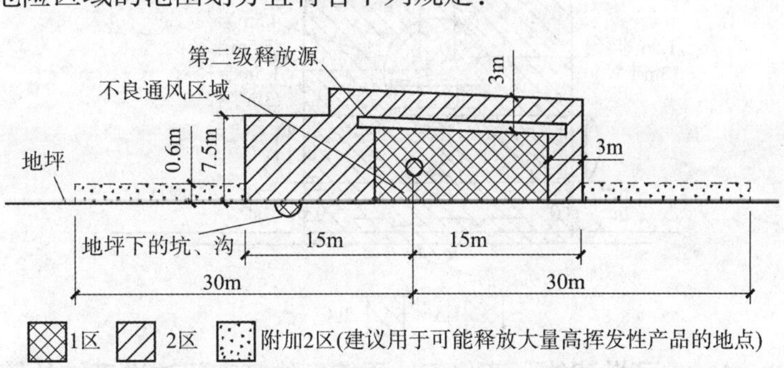

图B.0.1-3 可燃物质重于空气、释放源在封闭建筑物内通风不良的生产装置区

注：用于距释放源在水平方向15m的距离，或在建筑物周边3m范围，取两者中较大者。

1）封闭建筑物内和在爆炸危险区域内地坪下的坑、沟可划为1区；

2）以释放源为中心，半径为15m，高度为7.5m的范围内可划为2区，但封闭建筑物的外墙和顶部距2区的界限不得小于3m，如为无孔洞实体墙，则墙外为非危险区；

3）以释放源为中心，总半径为30m，地坪上的高度为0.6m，且在2区以外的范围内可划为附加2区。

3 对于可燃物质重于空气的贮罐（图B.0.1–4和图B.0.1–5），爆炸危险区域的范围划分宜符合下列规定：

1）固定式贮罐，在罐体内部未充惰性气体的液体表面以上的空间可划为0区，浮顶式贮罐在浮顶移动范围内的空间可划为1区；

2）以放空口为中心，半径为1.5m的空间和爆炸危险区域内地坪下的坑、沟可划为1区；

3）距离贮罐的外壁和顶部3m的范围内可划为2区；

4）当贮罐周围设围堤时，贮罐外壁至围堤，其高度为堤顶高度的范围内可划为2区。

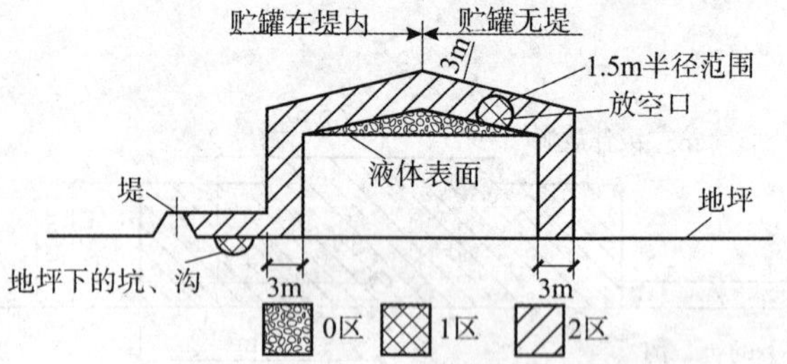

图B.0.1-4 可燃物质重于空气、设在户外地坪上的固定式贮罐

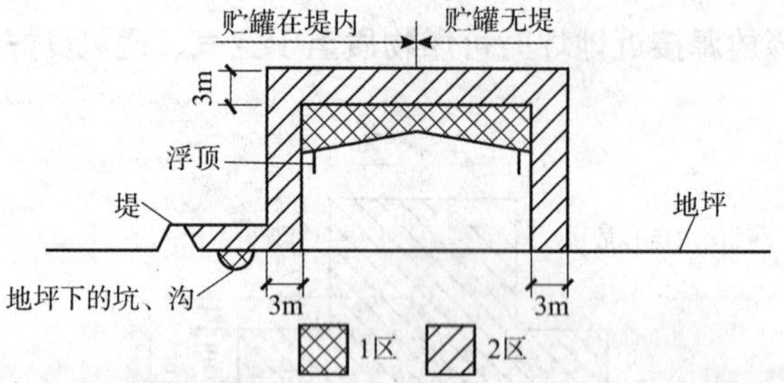

图B.0.1-5 可燃物质重于空气、设在户外地坪上的浮顶式贮罐

4 可燃液体、液化气、压缩气体、低温度液体装载槽车及槽车注送口处（图B.0.1–6），爆炸危险区域的范围划分宜符合下列规定：

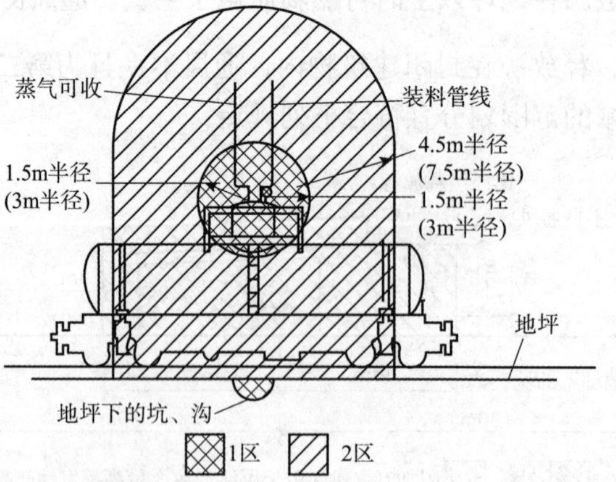

图B.0.1-6 可燃液体、液化气、压缩气体等密闭注送系统的槽车

注：可燃液体为非密闭注送时采用括号内数值。

1）以槽车密闭式注送口为中心，半径为 1.5m 的空间或以非密闭式注送口为中心，半径为 3m 的空间和爆炸危险区域内地坪下的坑、沟可划为 1 区；

2）以槽车密闭式注送口为中心，半径为 4.5m 的空间或以非密闭式注送口为中心，半径为 7.5m 的空间以及至地坪以上的范围内可划为 2 区。

5 对于可燃物质轻于空气，通风良好且为第二级释放源的主要生产装置区（图B.0.1-7），当释放源距地坪的高度不超过4.5m时，以释放源为中心，半径为4.5m，顶部与释放源的距离为4.5m，及释放源至地坪以上的范围内可划为2区。

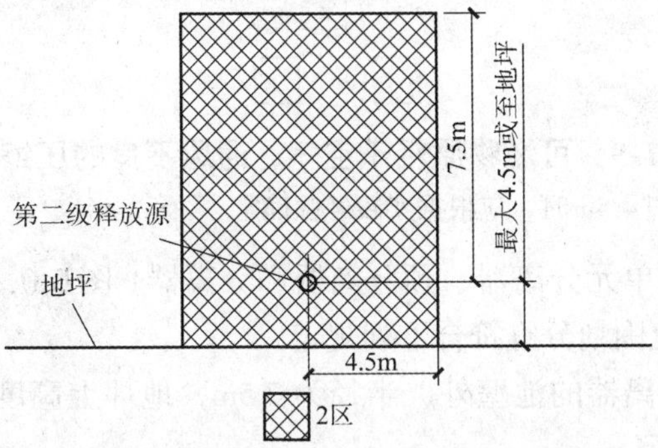

图B.0.1-7 可燃物质轻于空气、通风良好的生产装置区

注：释放源距地坪的高度超过4.5m时，应根据实践经验确定。

6 对于可燃物质轻于空气，下部无侧墙，通风良好且为第二级释放源的压缩机厂房（图B.0.1-8），爆炸危险区域的范围划分宜符合下列规定：

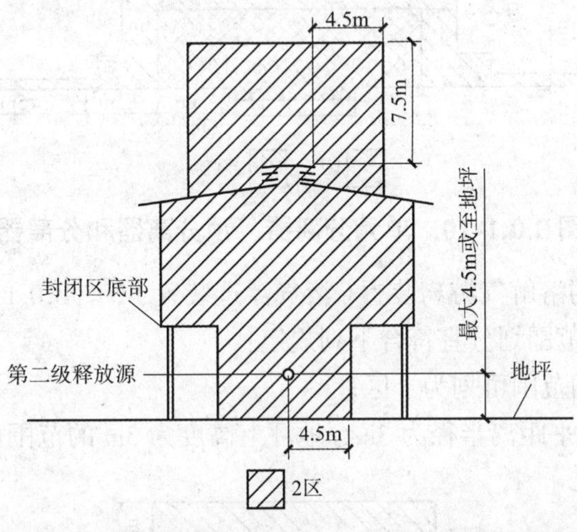

图B.0.1-8 可燃物质轻于空气、通风良好的压缩机厂房

注：释放源距地坪的高度超过4.5m时，应根据实践经验确定。

1）当释放源距地坪的高度不超过 4.5m 时，以释放源为中心，半径为 4.5m，地坪以上至封闭区底部的空间和封闭区内部的范围内可划为 2 区；

2）屋顶上方百叶窗边外，半径为 4.5m，百叶窗顶部以上高度为 7.5m 的范围内可划为 2 区。

7 对于可燃物质轻于空气，通风不良且为第二级释放源的压缩机厂房（图B.0.1-9），爆炸危险区域的范围划分宜符合下列规定：

1）封闭区内部可划为 1 区；

2）以释放源为中心，半径为 4.5m，地坪以上至封闭区底部的空间和距离封闭区外壁 3m，顶部的垂直高度为 4.5m 的范围内可划为 2 区。

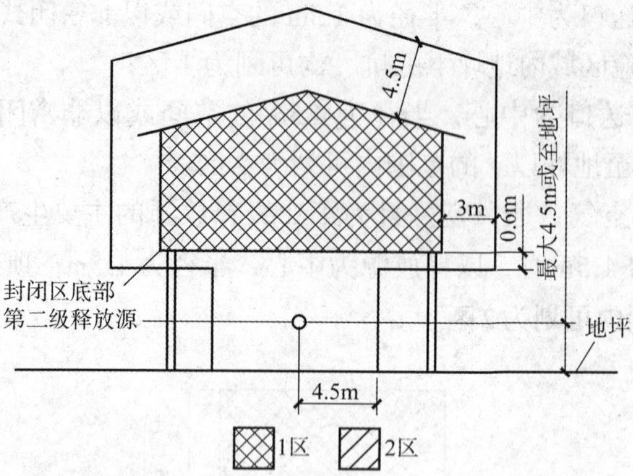

图B.0.1-9　可燃物质轻于空气、通风不良的压缩机厂房

注：释放源距地坪的高度超过4.5m时，应根据实践经验确定。

8　对于开顶贮罐或池的单元分离器、预分离器和分离器（图B.0.1-10），当液体表面为连续级释放源时，爆炸危险区域的范围划分宜符合下列规定：

1）单元分离器和预分离器的池壁外，半径为7.5m，地坪上高度为7.5m，及至液体表面以上的范围内可划为1区；

2）分离器的池壁外，半径为3m，地坪上高度为3m，及至液体表面以上的范围内可划为1区；

3）1区外水平距离半径为3m，垂直上方3m，水平距离半径为7.5m，地坪上高度为3m以及1区外水平距离半径为22.5m，地坪上高度为0.6m的范围内可划为2区。

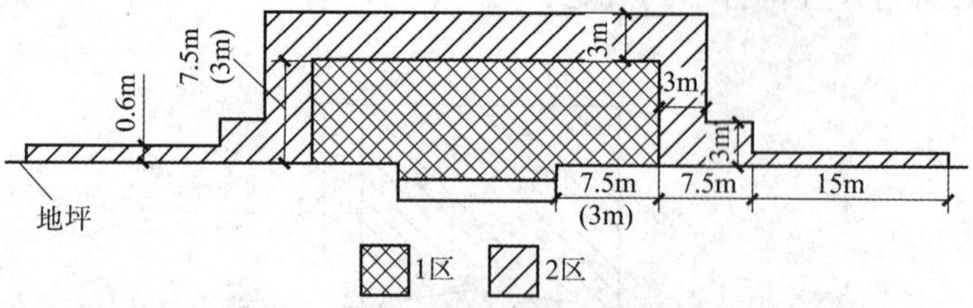

图B.0.1-10　单元分离器、预分离器和分离器

9　对于开顶贮罐或池的溶解气游离装置（溶气浮选装置）（图B.0.1-11），当液体表面处为连续级释源时，爆炸危险区域的范围划分宜符合下列规定：

1）液体表面至地坪的范围可划为1区；

2）1区外及池壁外水平距离半径为3m，地坪上高度为3m的范围内可划为2区。

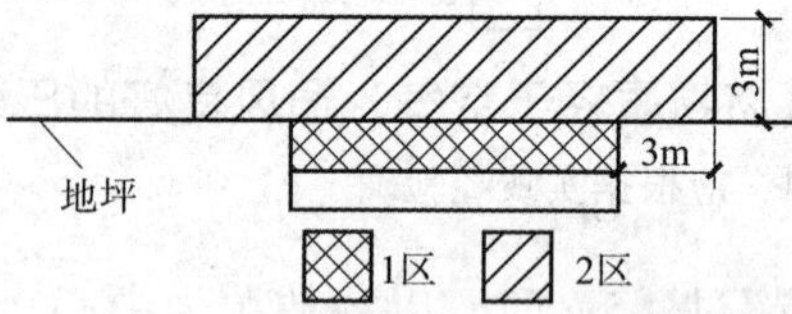

图B.0.1-11　溶解气游离装置（溶气浮选装置）（DAF）

10　对于开顶贮罐或池的生物氧化装置（图B.0.1-12），当液体表面处为连续级释放源时，开顶贮罐或池壁外水平距离半径为3m，液体表面上方至地坪上高度为3m的范围内宜划为2区。

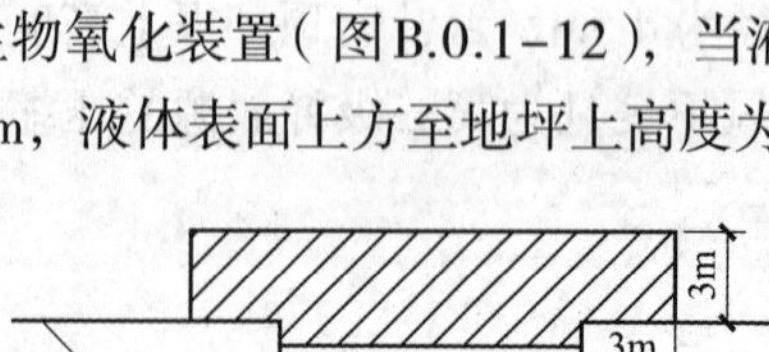

图B.0.1-12　生物氧化装置（BIOX）

11 对于在通风良好区域内的带有通风管的盖封地下油槽或油水分离器（图B.0.1-13），当液体表面为连续释放源时，爆炸危险区域范围划分宜符合下列规定：

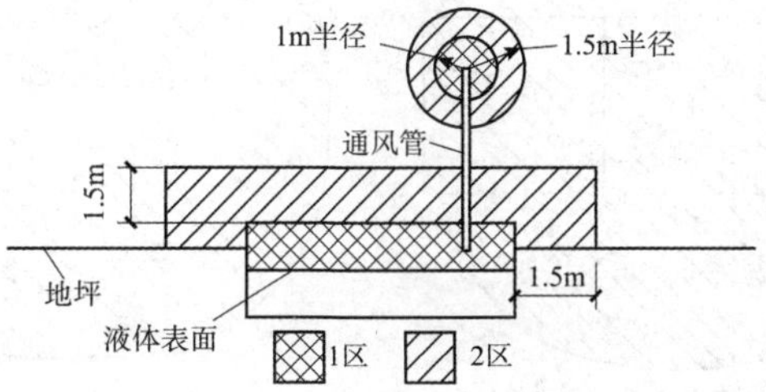

图B.0.1-13 在通风良好区域内的带有通风管的盖封地下油槽或油水分离器

1）液体表面至盖底及以通风管管口为中心，半径为1m的范围可划为1区；

2）槽壁外水平距离1.5m，盖子上部高度为1.5m，及以通风管管口为中心，半径为1.5m的范围可划为2区。

12 对于处理生产装置用冷却水的机械通风冷却塔（图B.0.1-14），当划分为爆炸危险区域时，以回水管顶部烃放空管管口为中心，半径为1.5m和冷却塔及其上方高度为3m的范围可划分为2区，地坪下的泵坑的范围宜为1区。

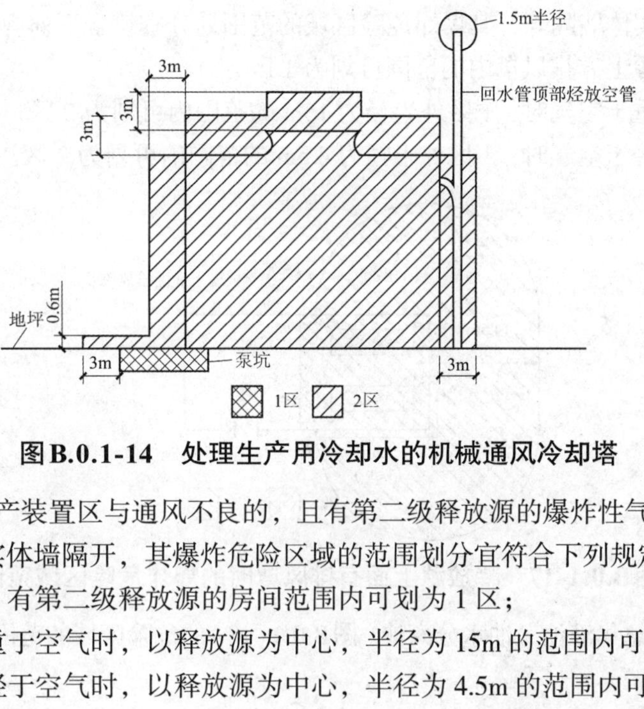

图B.0.1-14 处理生产用冷却水的机械通风冷却塔

13 无释放源的生产装置区与通风不良的，且有第二级释放源的爆炸性气体环境相邻（图B.0.1-15），并用非燃烧体的实体墙隔开，其爆炸危险区域的范围划分宜符合下列规定：

1）通风不良的，有第二级释放源的房间范围内可划为1区；

2）当可燃物质重于空气时，以释放源为中心，半径为15m的范围内可划为2区；

3）当可燃物质轻于空气时，以释放源为中心，半径为4.5m的范围内可划为2区。

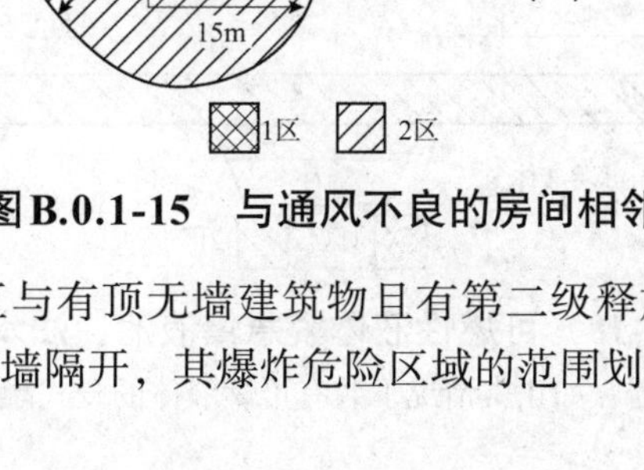

图B.0.1-15 与通风不良的房间相邻

14 无释放源的生产装置区与有顶无墙建筑物且有第二级释放源的爆炸性气体环境相邻（图B.0.1-16），并用非燃烧体的实体墙隔开，其爆炸危险区域的范围划分宜符合下列规定：

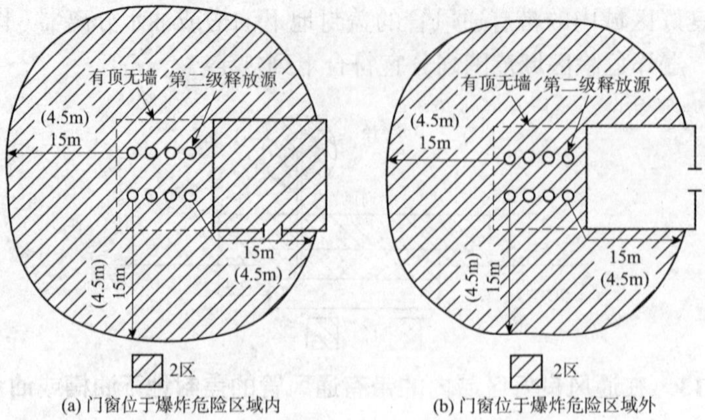

图B.0.1-16　与有顶无墙建筑物相邻

1）当可燃物质重于空气时，以释放源为中心，半径为15m的范围内可划为2区；

2）当可燃物质轻于空气时，以释放源为中心，半径为4.5m的范围内可划为2区；

3）与爆炸危险区域相邻，用非燃烧体的实体墙隔开的无释放源的生产装置区，门窗位于爆炸危险区域内时可划为2区，门窗位于爆炸危险区域外时可划为非危险区。

15　无释放源的生产装置区与通风不良的且有第一级释放源的爆炸性气体环境相邻（图B.0.1-17），并用非燃烧体的实体墙隔开，其爆炸危险区域的范围划分宜符合下列规定：

1）第一级释放源上方排风罩内的范围可划为1区；

2）当可燃物质重于空气时，1区外半径为15m的范围内可划为2区；

3）当可燃物质轻于空气时，1区外半径为4.5m的范围内可划为2区。

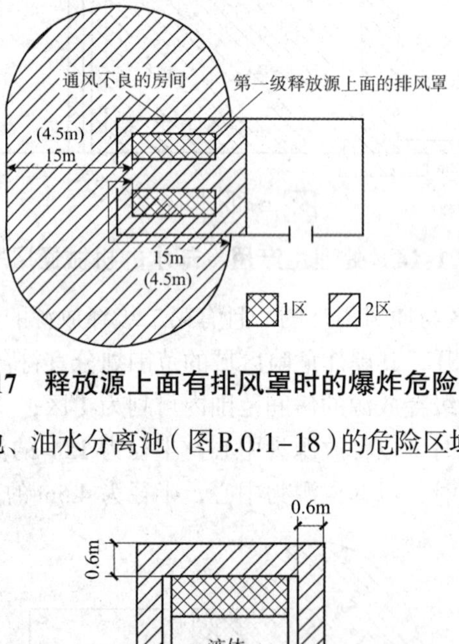

图B.0.1-17　释放源上面有排风罩时的爆炸危险区域范围

16　可燃性液体紧急集液池、油水分离池（图B.0.1-18）的危险区域的范围划分宜符合下列规定：

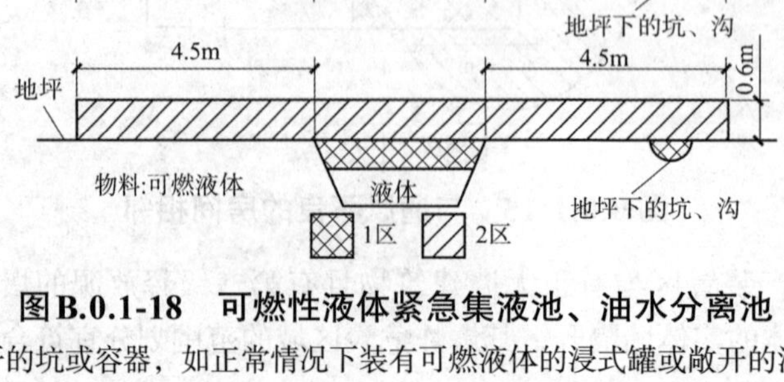

图B.0.1-18　可燃性液体紧急集液池、油水分离池

注：本图不适用于敞开的坑或容器，如正常情况下装有可燃液体的浸式罐或敞开的混合罐。

1）集液池或分离池内液面至池顶部或地坪部分的区域可划为 1 区；

2）池壁水平方向半径为 4.5m 的范围内可划为 2 区。

17 液氢储存装置位于通风良好的户内或户外（图B.0.1–19）的危险区域划分宜符合下列规定：

1）释放源高于地面 7.5m 以上时以释放源为中心，半径为 1m 的范围内可划为 1 区，以释放源为中心，半径为 7.5m 的范围内可划为 2 区；

2）释放源与地坪的距离小于 7.5m 时，以释放源为中心，半径为 7.5m 的范围内可划为 2 区。

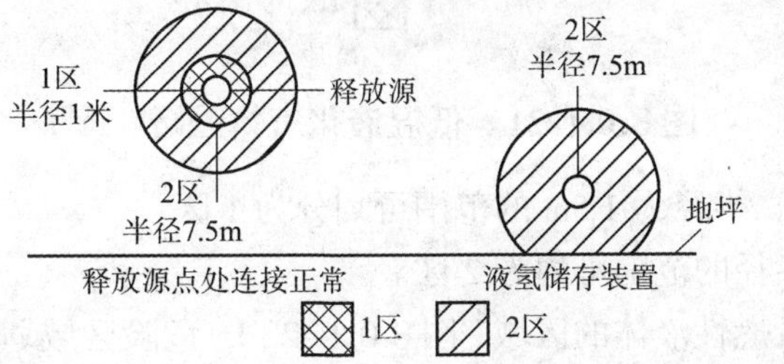

图B.0.1-19 通风良好的户内或户外液氢储存装置

18 气态氢气储存装置位于通风良好的户内或户外（图B.0.1–20）的危险区域划分宜符合下列规定：

1）户外情况时，以释放源为中心，半径为 7.5m 的范围内可划为 2 区。

2）户内情况时，以释放源为中心，半径为 1.5m 的范围内可划为 2 区。

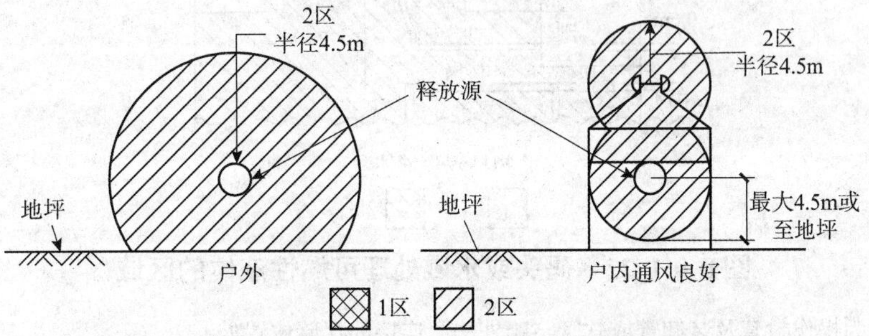

图B.0.1-20 通风良好的户内或户外气态氢储存装置

19 低温液化气体贮罐的危险区域划分宜符合下列规定（图B.0.1–21）：

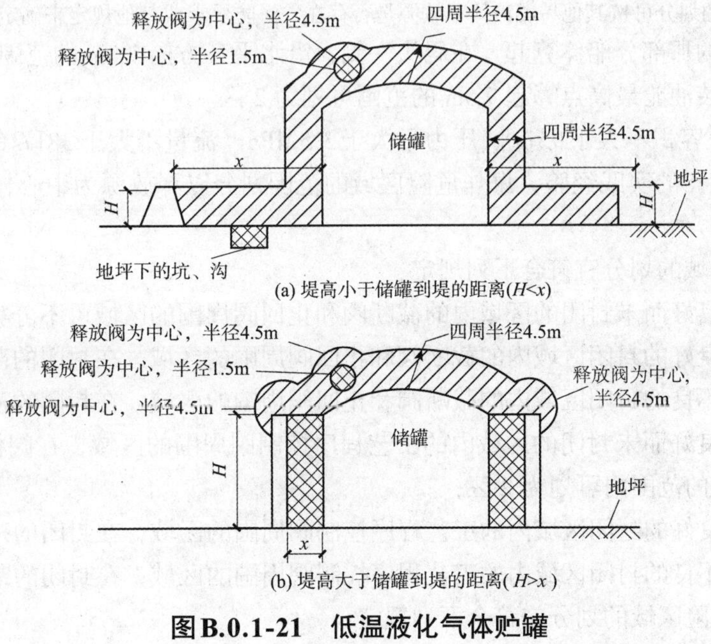

图B.0.1-21 低温液化气体贮罐

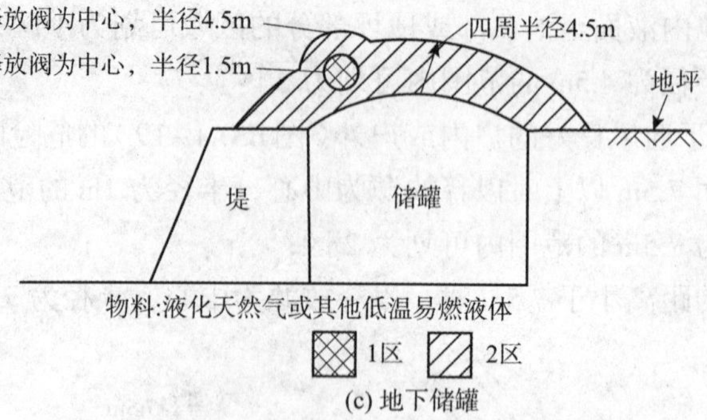

图B.0.1-21　低温液化气体贮罐（续）

1）以释放阀为中心，半径为 1.5m 的范围可划分为 1 区；

2）储罐外壁 4.5m 半径的范围可划为 2 区。

20　码头或水域处理可燃性液体的区域（图B.0.1–22），危险区域划分宜符合下列规定：

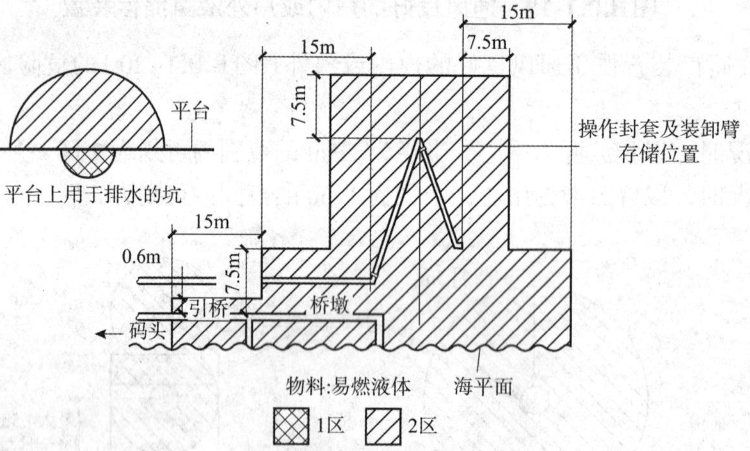

图B.0.1-22　码头或水域处理可燃性液体的区域

注：1　释放源为操作封套及装卸臂或软管与船外法兰连接的存储位置处。

2　油船及载油仓的交界区域按如下可划为2区：

1）从载油仓的船体部分到桥墩上垂直7.5m内范围；

2）从海平面到载油仓最高点7.5m内的范围。

3　其余位置的划分可按其他易燃液体释放源是否存在、海防要求或其他规定来确定。

1）从载油舱的那部分船体算起，在码头一侧，沿水平各方向 7.5m 的范围可划为 2 区；

2）从水面至装油舱最高点算起 7.5m 的范围可划为 2 区。

21　对工艺设备容积不大于95m³、压力不大于3.5MPa、流量不大于38L/s的生产装置，且为第二级释放源，按照生产的实践经验，爆炸危险区域的范围划分以释放源为中心，半径为4.5m的范围内可划为2区。

22　阀门危险区域的划分宜符合下列规定：

1）位于通风良好而未封闭的区域内的截断阀和止回阀周围的区域可不分类；

2）位于通风良好的封闭区域内的截断阀和止回阀周围的区域，在封闭的范围内可划为 2 区；

3）位于通风不良的封闭区域内的截断阀和止回阀周围的区域，在封闭的范围内可划为 1 区；

4）位于通风良好而未封闭的区域内的工艺程序控制阀周围的区域，在阀杆密封或类似密封周围的 0.5m 的范围内可划为 2 区；

5）位于通风良好的封闭区域内的工艺程序控制阀周围的区域，在封闭的范围内可划为 2 区；

6）位于通风不良的封闭区域内的工艺程序控制阀周围的区域，在封闭的范围内可划为 2 区。

23　蓄电池的危险区域的划分应符合下列规定：

1）蓄电池应属于ⅡC 级的分类。

2）当含有可充电镍－镉或镍－氢蓄电池的封闭区域具备蓄电池无通气口，其总体积小于该封闭区域容积的1%，并在1小时放电率下蓄电池的容量小于1.5A·h等条件时，可按照非危险区域考虑；

3）当含有除本款第2项之外的其他蓄电池的封闭区域具备蓄电池无通气口，其总体积小于该封闭区域容积的1%或蓄电池的充电系统的额定输出小于或等于200W并采取了防止不适当过充电的措施等条件时，可按照非危险区域考虑；

4）含有可充电蓄电池的非封闭区域，通风良好，该区域可划为非危险区域；

5）当所有的蓄电池都能直接或者间接地向封闭区域的外部排气，该区域可划为非危险区域考虑；

6）当配有蓄电池、通风较差的封闭区域具备至少能保证该区域的通风情况不低于满足通风良好条件的25%及蓄电池的充电系统有防止过充电的设计时，可划为2区；当不满足此条件时，可划为1区。

附录C　可燃性气体或蒸气爆炸性混合物分级、分组

表C　可燃性气体或蒸气爆炸性混合物分级、分组

序号	物质名称	分子式	级别	引燃温度组别	引燃温度（℃）	闪点（℃）	爆炸极限V%		相对密度
							下限	上限	
ⅡA级　一、烃类									
	链烷类								
1	甲烷	CH_4	ⅡA	T1	537	气态	5.00	15.00	0.60
2	乙烷	C_2H_6	ⅡA	T1	472	气态	3.00	12.50	1.00
3	丙烷	C_3H_8	ⅡA	T2	432	气态	2.00	11.10	1.50
4	丁烷	C_4H_{10}	ⅡA	T2	365	−60	1.90	8.50	2.00
5	戊烷	C_5H_{12}	ⅡA	T3	260	<−40	1.50	7.80	2.50
6	己烷	C_6H_{14}	ⅡA	T3	225	−22	1.10	7.50	3.00
7	庚烷	C_7H_{16}	ⅡA	T3	204	−4	1.05	6.70	3.50
8	辛烷	C_8H_{18}	ⅡA	T3	206	13	1.00	6.50	3.90
9	壬烷	C_9H_{20}	ⅡA	T3	205	31	0.80	2.90	4.40
10	癸烷	$C_{10}H_{22}$	ⅡA	T3	210	46	0.80	5.40	4.90
11	环丁烷	$\underbrace{CH_2(CH_2)_2CH_2}$	ⅡA	—	—	气态	1.80	—	1.90
12	环戊烷	$\underbrace{CH_2(CH_2)_3CH_2}$	ⅡA	T2	380	<−7	1.50	—	2.40
13	环己烷	$\underbrace{CH_2(CH_2)_4CH_2}$	ⅡA	T3	245	−20	1.30	8.00	2.90
14	环庚烷	$\underbrace{CH_2(CH_2)_5CH_2}$	ⅡA	—	—	<21	1.10	6.70	3.39
15	甲基环丁烷	$CH_3\underbrace{CH(CH_2)_2CH_2}$	ⅡA	—	—	—	—	—	—
16	甲基环戊烷	$CH_3\underbrace{CH(CH_2)_3CH_2}$	ⅡA	T3	258	<−10	1.00	8.35	2.90
17	甲基环己烷	$CH_3\underbrace{CH(CH_2)_4CH_2}$	ⅡA	T3	250	−4	1.80	6.70	3.40
18	乙基环丁烷	$C_2H_5\underbrace{CH(CH_2)_2CH_2}$	ⅡA	T3	210	<−16	1.20	7.70	2.90
19	乙基环戊烷	$C_2H_5\underbrace{CH(CH_2)_3CH_2}$	ⅡA	T3	260	<−21	1.10	6.70	3.40
20	乙基环己烷	$C_2H_5\underbrace{CH(CH_2)_4CH_2}$	ⅡA	T3	238	35	0.90	6.60	3.90
21	萘烷（十氢化萘）	$\underbrace{CH_2(CH_2)_3CHCH(CH_2)_3CH_2}$	ⅡA	T3	250	54	0.70	4.90	4.80
	链烯类								
22	丙烯	$CH_2{=}CHCH_3$	ⅡA	T2	455	气态	2.00	11.10	1.50
	芳烃类								
23	苯乙烯	$C_6H_5CH{=}CH_2$	ⅡA	T1	490	31	0.90	6.80	3.60
24	异丙烯基苯（甲基苯乙烯）	$C_6H_5C(CH_3){=}CH_2$	ⅡA	T2	424	36	0.90	6.50	4.10
	苯类								
25	苯	C_6H_6	ⅡA	T1	498	−11	1.20	7.80	2.80
26	甲苯	$C_6H_5CH_3$	ⅡA	T1	480	4	1.10	7.10	3.10

表C　可燃性气体或蒸气爆炸性混合物分级、分组（续）

序号	物质名称	分子式	级别	引燃温度组别	引燃温度（℃）	闪点（℃）	爆炸极限V%		相对密度
							下限	上限	
27	二甲苯	$C_6H_4(CH_3)_2$	ⅡA	T1	464	30	1.10	6.40	3.66
28	乙苯	$C_6H_5C_2H_5$	ⅡA	T2	432	21	0.80	6.70	3.70
29	三甲苯	$C_6H_3(CH_3)_3$	ⅡA	T1	—	—	—	—	—
30	萘	$C_{10}H_8$	ⅡA	T1	526	79	0.90	5.90	4.40
31	异丙苯（异丙基苯）	$C_6H_5CH(CH_3)_2$	ⅡA	T2	424	36	0.90	6.50	4.10
32	异丙基甲苯	$(CH_3)_2CHC_6H_4CH_3$	ⅡA	T2	436	47	0.70	5.60	4.60
	混合烃类								
33	甲烷（工业用）	CH_4	ⅡA	T1	537	—	5.00	15.00	0.55
34	松节油		ⅡA	T3	253	35	0.80	—	<1
35	石脑油		ⅡA	T3	288	<-18	1.10	5.90	2.50
36	煤焦油石脑油		ⅡA	T3	272	—	—	—	—
37	石油（包括车用汽油）		ⅡA	T3	288	<-18	1.10	5.90	2.50
38	洗涤汽油		ⅡA	T3	288	<-18	1.10	5.90	2.50
39	燃料油		ⅡA	T3	220~300	>55	0.70	50.00	<1.00
40	煤油		ⅡA	T3	210	38	0.60	6.50	4.50
41	柴油		ⅡA	T3	220	43~87	0.60	6.50	7.00
42	动力苯		ⅡA	T1	>450	<0	1.50	80.00	3.00
二、含氧化合物									
	醇类和酚类								
43	甲醇	CH_3OH	ⅡA	T2	385	11	6.00	36.00	1.10
44	乙醇	C_2H_5OH	ⅡA	T2	363	13	3.30	19.00	1.60
45	丙醇	C_3H_7OH	ⅡA	T2	412	23	2.20	13.70	2.10
46	丁醇	C_4H_9OH	ⅡA	T2	343	37	1.40	11.20	2.6
47	戊醇	$C_5H_{11}OH$	ⅡA	T3	300	34	1.10	10.50	3.04
48	己醇	$C_6H_{13}OH$	ⅡA	T3	293	63	1.20	—	3.50
49	庚醇	$C_7H_{15}OH$	ⅡA	—	—	60	—	—	4.03
50	辛醇	$C_8H_{17}OH$	ⅡA	—	270	81	1.10	7.40	4.50
51	壬醇	$C_9H_{19}OH$	ⅡA	—	—	75	0.80	6.10	4.97
52	环己醇	$CH_2(CH_2)_4CHOH$	ⅡA	T3	300	68	1.20	—	3.50
53	甲基环己醇	$C_7H_{13}OH$	ⅡA	T3	295	68	—	—	3.93
54	苯酚	C_6H_5OH	ⅡA	T1	715	79	1.80	8.6	3.2
55	甲酚	$CH_3C_6H_4OH$	ⅡA	T1	599	81	1.40	—	3.70
56	4-羟基-4-甲基戊酮（双丙酮醇）	$(CH_3)_2C(OH)CH_2COCH_3$	ⅡA	T1	603	64	1.80	6.90	4.00
	醛类		ⅡA						

表C　可燃性气体或蒸气爆炸性混合物分级、分组（续）

序号	物质名称	分子式	级别	引燃温度组别	引燃温度（℃）	闪点（℃）	爆炸极限V%		相对密度
							下限	上限	
57	乙醛	CH_3CHO	ⅡA	T4	175	−39	1.00	60.00	1.50
58	聚乙醛	$(CH_3CHO)_3$	ⅡA	—	—	36	—	—	6.10
	酮类		ⅡA						
59	丙酮	$(CH_3)_2CO$	ⅡA	T1	465	−20	2.50	12.80	2.00
60	2-丁酮（乙基甲基酮）	$C_2H_5COCH_3$	ⅡA	T2	404	−9	1.90	10.00	2.50
61	2-戊酮（甲基·丙基甲酮）	$C_3H_7COCH_3$	ⅡA	T1	452	7	1.50	8.20	3.00
62	2-己酮（甲基·丁基甲酮）	$C_4H_9COCH_3$	ⅡA	T1	457	16	1.20	8.00	3.45
63	戊基甲基甲酮	$C_5H_{11}COCH_3$	ⅡA	—	—	—	—	—	—
64	戊间二酮（乙酰丙酮）	$CH_3COCH_3COCH_3$	ⅡA	T2	340	31	1.80	6.90	4.00
65	环已酮	$\underbrace{CH_2(CH_2)_4CO}$	ⅡA	T2	419	43	1.10	9.40	3.38
	酯类								
66	甲酸甲酯	$HCOOCH_3$	ⅡA	T2	449	−19	4.50	23.00	2.10
67	甲酸乙酯	$HCOOC_2H_5$	ⅡA	T2	455	−20	2.80	16.00	2.60
68	醋酸甲酯	CH_3COOCH_3	ⅡA	T1	454	−10	3.10	16.00	2.80
69	醋酸乙酯	$CH_3COOC_2H_5$	ⅡA	T2	426	−4	2.00	11.50	3.00
70	醋酸丙酯	$CH_3COOC_3H_7$	ⅡA	T2	450	13	1.70	8.00	3.50
71	醋酸丁酯	$CH_3COOC_4H_9$	ⅡA	T2	—	31	1.70	9.80	4.00
72	醋酸戊酯	$CH_3COOC_5H_{11}$	ⅡA	T2	360	25	1.00	7.10	4.48
73	甲基丙烯酸甲酯（异丁烯酸甲酯）	$CH_3{=}CCH_3COOCH_3$	ⅡA	T2	421	10	1.70	8.20	3.45
74	甲基丙烯酸乙酯（异丁烯酸乙酯）	$CH_3{=}CCH_3COOC_2H_5$	ⅡA	—	—	20	1.80	—	3.9
75	醋酸乙烯酯	$CH_3COOCH{=}CH_2$	ⅡA	T2	402	−8	2.60	13.40	3.00
76	乙酰基醋酸乙酯	$CH_3COCH_2COOC_2H_5$	ⅡA	T3	295	57	1.40	9.50	4.60
	酸类								
77	醋酸	CH_3COOH	ⅡA	T1	464	40	5.40	17.00	2.07
三、含卤化合物									
	无氧化合物								
78	氯甲烷	CH_3Cl	ⅡA	T1	632	−50	8.10	17.40	1.80
79	氯乙烷	C_2H_5Cl	ⅡA	T1	519	−50	3.80	15.40	2.20
80	溴乙烷	C_2H_5Br	ⅡA	T1	511	—	6.80	8.00	3.80
81	氯丙烷	C_3H_7Cl	ⅡA	T1	520	−32	2.40	11.10	2.70

表C 可燃性气体或蒸气爆炸性混合物分级、分组(续)

序号	物质名称	分子式	级别	引燃温度组别	引燃温度(℃)	闪点(℃)	爆炸极限V%		相对密度
							下限	上限	
82	氯丁烷	C_4H_9Cl	ⅡA	T1	250	−9	1.80	10.00	3.20
83	溴丁烷	C_4H_9Br	ⅡA	T1	265	18	2.50	6.60	4.72
84	二氯乙烷	$C_2H_4Cl_2$	ⅡA	T2	412	−6	5.60	15.00	3.42
85	二氯丙烷	$C_3H_6Cl_2$	ⅡA	T1	557	15	3.40	14.5	3.9
86	氯苯	C_6H_5Cl	ⅡA	T1	593	28	1.30	9.60	3.90
87	苄基苯	$C_6H_5CH_2Cl$	ⅡA	T1	585	60	1.20	—	4.36
88	二氯苯	$C_6H_4Cl_2$	ⅡA	T1	648	66	2.20	9.20	5.07
89	烯丙基氯	$CH_2{=}CHCH_2Cl$	ⅡA	T1	485	−32	2.90	11.10	2.60
90	二氯乙烯	$CHCl{=}CHCl$	ⅡA	T1	460	−10	9.70	12.80	3.34
91	氯乙烯	$CH_2{=}CHCl$	ⅡA	T2	413	−78	3.60	33.00	2.20
92	三氟甲苯	$C_6H_5CF_3$	ⅡA	T1	620	12	—	—	5.00
	含氧化合物								
93	二氯甲烷(甲叉二氯)	CH_2Cl_2	ⅡA	T1	556	—	13.00	23.00	2.90
94	乙酰氯	CH_3COCl	ⅡA	T2	390	4	—	—	2.70
95	氯乙醇	CH_2ClCH_2OH	ⅡA	T2	425	60	4.90	15.90	2.80
		四、含硫化合物							
96	乙硫醇	C_2H_5SH	ⅡA	T3	300	<−18	2.80	18.00	2.10
97	丙硫醇-1	—	ⅡA	—	—	—	—	—	—
98	噻吩	$\underbrace{CH{=}CHCH{=}CHS}$	ⅡA	T2	395	−1	1.50	12.50	2.90
99	四氢噻吩	$\underbrace{CH_2(CH_2)_2CH_2S}$	ⅡA	T3	—	—	—	—	—
		五、含氮化合物							
100	氨	NH_3	ⅡA	T1	651	气态	15.00	28.00	0.60
101	乙腈	CH_3CN	ⅡA	T1	524	6	3.00	16.00	1.40
102	亚硝酸乙酯	CH_3CH_2ONO	ⅡA	T6	90	−35	4.00	50.00	2.60
103	硝基甲烷	CH_3NO_2	ⅡA	T2	418	35	7.30	—	2.10
104	硝基乙烷	$C_2H_5NO_2$	ⅡA	T2	414	28	3.40	—	2.60
	胺类								
105	甲胺	CH_3NH_2	ⅡA	T2	430	气态	4.90	20.70	1.00
106	二甲胺	$(CH_3)_2NH$	ⅡA	T2	400	气态	2.80	14.40	1.60
107	三甲胺	$(CH_3)_3N$	ⅡA	T4	190	气态	2.00	11.60	2.00
108	二乙胺	$(C_2H_5)_2NH$	ⅡA	T2	312	−23	1.80	10.10	2.50
109	三乙胺	$(C_2H_5)_3N$	ⅡA	T3	249	−7	1.20	8.00	3.50
110	正丙胺	$C_3H_7NH_2$	ⅡA	T2	318	−37	2.00	10.40	2.04
111	正丁胺	$C_4H_9NH_2$	ⅡA	T2	312	−12	1.70	9.80	2.50
112	环己胺	$\underbrace{CH_2(CH_2)_4CH}NH_2$	ⅡA	T3	293	32	1.60	9.40	3.42
113	2-乙醇胺	$NH_2CH_2CH_2OH$	ⅡA	T2	410	90	—	—	2.10

表C 可燃性气体或蒸气爆炸性混合物分级、分组(续)

序号	物质名称	分子式	级别	引燃温度组别	引燃温度(℃)	闪点(℃)	爆炸极限V%		相对密度
							下限	上限	
114	2-二甲氨基乙醇	$(CH_3)_2NC_2H_4OH$	ⅡA	T3	220	39	—	—	3.03
115	二氨基乙烷	$NH_2CH_2CH_2NH_2$	ⅡA	T2	385	34	2.70	16.50	2.07
116	苯胺	$C_6H_5NH_2$	ⅡA	T1	615	75	1.20	8.30	3.22
117	NN-二甲基苯胺	$C_6H_5N(CH_3)_2$	ⅡA	T2	370	96	1.20	7.00	4.17
118	苯胺基丙烷	$C_6H_5CH_2CH(NH_2)CH_2$	ⅡA	—	—	<100	—	—	4.67
119	甲苯胺	$CH_3C_6H_4NH_2$	ⅡA	T1	482	85	—	—	3.70
120	吡啶	C_5H_5N	ⅡA	T1	482	20	1.80	12.40	2.70
ⅡB级 一、烃类									
121	丙炔	$CH_3C{=}CH$	ⅡB	T1	—	气态	1.70	—	1.40
122	乙烯	C_2H_4	ⅡB	T2	450	气态	2.70	36.00	1.00
123	环丙烷	$CH_2CH_2CH_2$	ⅡB	T1	498	气态	2.40	10.40	1.50
124	1，3-丁二烯	$CH_2{=}CHCH{=}CH_2$	ⅡB	T2	420	气态	2.00	12.00	1.90
二、含氮化合物									
125	丙烯腈	$CH_2{=}CHCN$	ⅡB	T1	481	0	3.00	17.00	1.80
126	异硝酸丙酯	$(CH_3)_2CHONO_2$	ⅡB	T4	175	11	2.00	100.00	—
127	氰化氢	HCN	ⅡB	T1	538	-18	5.60	40.00	0.90
三、含氧化合物									
128	一氧化碳**	CO	ⅡA	T1	—	气态	12.50	74.00	1.00
129	二甲醚	$(CH_3)_2O$	ⅡB	T3	240	气态	3.40	27.00	1.60
130	乙基甲基醚	$CH_3OC_2H_5$	ⅡB	T4	190	—	2.00	10.10	2.10
131	二乙醚	$(C_2H_3)_2O$	ⅡB	T4	180	-45	1.90	36.00	2.60
132	二丙醚	$(C_3H_7)_2O$	ⅡA	T4	188	21	1.30	7.00	3.53
133	二丁醚	$(C_4H_9)_2O$	ⅡB	T4	194	25	1.50	7.60	4.50
134	环氧乙烷	CH_2CH_2O	ⅡB	T2	429	<-18	3.50	100.00	1.52
135	1，2-环氧丙烷	CH_3CHCH_2O	ⅡB	T2	430	-37	2.80	37.00	2.00
136	1，3-二恶戊烷	$CH_2CH_2OCH_2O$	ⅡB	—	—	2.0	—	—	2.55
137	1.4-二恶烷	$CH_2CH_2OCH_2CH_2O$	ⅡB	T2	379	11	2.00	22.00	3.03
138	1，3，5-三恶烷	$CH_2OCH_2OCH_2O$	ⅡB	T2	410	45	3.20	29.00	3.11
139	羧基醋酸丁酯	$HOCH_2COOC_4H_9$	ⅡB	—	—	61	—	—	3.52
140	四氢糠醇	$CH_2CH_2CH_2OCHCH_2OH$	ⅡB	T3	218	70	1.50	9.70	3.52
141	丙烯酸甲酯	$CH_2{=}CHCOOCH_3$	ⅡB	T1	468	-3	2.80	25.00	3.00
142	丙烯酸乙酯	$CH_2{=}CHCOOC_2H_5$	ⅡB	T2	372	10	1.40	14.00	3.50
143	呋喃	$CH{=}CHCH{=}CHO$	ⅡB	T2	390	<-20	2.30	14.30	2.30

表C 可燃性气体或蒸气爆炸性混合物分级、分组（续）

序号	物质名称	分子式	级别	引燃温度组别	引燃温度（℃）	闪点（℃）	爆炸极限V%		相对密度
							下限	上限	
144	丁烯醛（巴豆醛）	$CH_3CH=CHCHO$	ⅡB	T3	280	13	2.10	16.00	2.41
145	丙烯醛	$CH_2=CHCHO$	ⅡB	T3	220	−26	2.80	31.00	1.90
146	四氢呋喃	$\underline{CH_2(CH_2)_2CH_2O}$	ⅡB	T3	321	−14	2.00	11.80	2.50
四、混合气									
147	焦炉煤气		ⅡB	T1	560	—	4.00	40.00	0.40~0.50
五、含卤化合物									
148	四氟乙烯	C_2F_4	ⅡB	T4	200	气态	10.00	50.00	3.87
149	1氯-2，3-环氧丙烷	$\underline{OCH_2CH}CH_2Cl$	ⅡB	T2	411	32	3.80	21.00	3.30
150	硫化氢	H_2S	ⅡB	T3	260	气态	4.00	44.00	1.20
ⅡC级									
151	氢	H_2	ⅡC	T1	500	气态	4.00	75.00	0.10
152	乙炔	C_2H_2	ⅡC	T2	305	气态	2.50	100.00	0.90
153	二硫化碳	CS_2	ⅡC	T5	102	−30	1.30	50.00	2.64
154	硝酸乙酯	$C_2H_5ONO_2$	ⅡC	T6	85	10	4.00	—	3.14
155	水煤气	—	ⅡC	T1	—	1	—	—	—
其他物质									
156	醋酸酐	$(CH_3CO)_2O$	ⅡA	T2	334	49	2.70	10.00	3.52
157	苯甲醛	C_6H_5CHO	ⅡA	T4	192	64	1.40	—	3.66
158	异丁醇	$(CH_3)_2CHCH_2OH$	ⅡA	T2	—	28	1.70	9.80	2.55
159	丁烯-1	$CH_2=CHCH_2CH_3$	ⅡA	T2	385	−80	1.60	10.00	1.95
160	丁醛	$CH_3CH_2CH_2CHO$	ⅡA	T3	230	<−5	2.50	12.50	2.48
161	异氯丙烷	$(CH_3)_2CHCl$	ⅡA	T1	529	−18	2.80	10.70	2.70
162	枯烯	$C_6H_5CH(CH_3)_2$	ⅡA	T2	424	36	0.88	6.50	4.13
163	环已烯	$\underline{CH_2(CH_2)_3CH}=CH$	ⅡA	T3	244	<−20	1.20	—	2.83
164	二乙酰醇	$CH_3COCH_2C(CH_3)_2OH$	ⅡA	T1	680	58	1.80	6.90	4.00
165	二戊醚	$(C_5H_{11})_2O$	ⅡA	T4	171	57	—	—	5.45
166	二异丙醚	$[(CH_3)_2CH]_2O$	ⅡA	T2	443	−28	1.40	7.90	3.25
167	二异丁烯	$C_2H_5CHCH_3CHCH_3C_2H_5$	ⅡA	T2	420	−5	0.80	4.80	3.87
168	二戊烯	$C_{10}H_{16}$	ⅡA	T3	237	42	0.75	6.10	4.66
169	乙氧基乙酸乙醚	$CH_3COCCH_2CH_2OC_2H_5$	ⅡA	T2	380	47	1.70	12.70	4.60
170	二甲基甲酰胺	$HCON(CH_3)_2$	ⅡA	T2	440	58	1.80	14.00	2.51
171	甲酸	HCOOH	ⅡA	T1	540	68	18.00	57.00	1.60
172	甲基戊基醚	$CH_3CO(CH_2)_4CH_3$	ⅡA	T1	533	39	1.10	7.90	3.94
173	甲基戊基甲酮	$CH_3CO(CH_2)_3CH_3$	ⅡA	T1	533	23	1.20	8.00	3.46

表C 可燃性气体或蒸气爆炸性混合物分级、分组（续）

序号	物质名称	分子式	级别	引燃温度组别	引燃温度（℃）	闪点（℃）	爆炸极限V%		相对密度
							下限	上限	
174	吗啉	$OCH_2CH_2NHCH_2CH_2$	ⅡA	T2	310	38	2.00	11.20	3.00
175	硝基苯	$C_6H_5NO_2$	ⅡA	T1	480	88	1.80	40.00	4.25
176	异辛烷	$(CH_3)_2CHCH_2(CH_3)$	ⅡA	T2	411	4	1.00	6.00	3.90
177	仲（乙）醛	$(CH_3CHO)_3$	ⅡA	T3	235	36	1.30	—	4.56
178	异戊烷	$(CH_3)_2CHCH_2CH_3$	ⅡA	T2	420	<-51	1.40	8.00	2.50
179	异丙醇	$(CH_3)_2CHOH$	ⅡA	T2	399	12	2.00	12.70	2.07
180	三乙苯	$C_6H_3(CH_3)_3$	ⅡA	T1	550	—	—	—	4.15
181	二乙醇胺	$(HOCH_2CH_2)_2NH$	ⅡA	T1	622	146	—	—	3.62
182	三乙醇胺	$(HOCH_2CH_2)_3N$	ⅡA	T1	—	190	—	—	5.14
183	25#变压器油	—	ⅡA	T2	350	135	—	—	—
184	重柴油	—	ⅡA	T3	300	>120	0.50	5.00	—
185	溶剂油	—	ⅡA	T2	383	33	1.10	7.20	—
186	1-硝基丙烷	$C_3H_7NO_2$	ⅡB	T2	420	36	2.20	—	3.10
187	甲氧基乙醇	$CH_3OCH_2CH_2OH$	ⅡB	T3	285	39	2.50	19.80	2.63
188	石蜡	poly (CH_2O)	ⅡB	T3	300	70	7.00	73.00	—
189	甲醛	$HCHO$	ⅡB	T2	425	—	7.00	73.00	1.03
190	2-乙氧基乙醇	$C_2H_5OCH_2CH_2OH$	ⅡB	T3	135	43	1.80	15.70	3.10
191	二叔丁过氧化物	$(CH_3)_3COOC(CH_3)_3$	ⅡB	T4	170	18	—	—	5.00
192	二丙醚	$(C_3H_7)_2O$	ⅡB	T3	215	21	—	—	3.53
193	烯丙醚	$CH_2{=}CHCH_2OH$	ⅡB	T2	378	21	2.50	18.00	2.00
194	甲基叔丁基醚（MTBE）	$C_5H_{12}O$	ⅡB	T1	460	-28	—	—	3.04
195	糠醛	C_4H_3OCHO	ⅡB	T2	392	60	2.10	19.30	3.31
196	*N*-甲基二乙醇胺（MDEA）	$CH_3N(CH_2CH_2OH)_2$或$C_5H_{13}NO_2$	ⅡB	T3	—	260	—	—	4.10
197	乙二醇	$HOCH_2CH_2OH$	ⅡB	T2	413	116	32.00	53.00	3.10
198	二甲基二硫醚（DMDS）	CH_3SSCH_3	ⅡB	T3	—	7	1.10	16.10	—
199	环丁砜	$C_4H_8SO_2$	—	—	—	166	—	—	4.14

注：* 指包括含15%以下（按体积计）氢气的甲烷混合气。

** 指一氧化碳在异常环境温度下可以含有使它与空气混合物饱和的水分。

附录D　爆炸性粉尘环境危险区域范围典型示例图

D.0.1　分区示例：

1　20区：

可能产生20区的场所示例：

粉尘容器内部场所；

贮料槽、筒仓等，旋风集尘器和过滤器；

粉料传送系统等，但不包括皮带和链式输送机的某些部分；

搅拌机，研磨机，干燥机和包装设备等。

2　21区：

可能产生21区的场所示例：

当粉尘容器内部出现爆炸性粉尘环境，为了操作而需频繁移出或打开盖/隔膜阀时，粉尘容器外部靠近盖/隔膜阀周围的场所；

当未采取防止爆炸性粉尘环境形成的措施时，在粉尘容器装料和卸料点附近的外部场所、送料皮带、取样点、卡车卸载站、皮带卸载点等场所；

如果粉尘堆积且由于工艺操作，粉尘层可能被扰动而形成爆炸性粉尘环境时，粉尘容器外部场所；

可能出现爆炸性粉尘云，但既非持续，也不长期，又不经常时，粉尘容器的内部场所，如自清扫间隔长的料仓（如果仅偶尔装料和/或出料）和过滤器污秽的一侧。

3　22区：

可能产生22区的场所示例：

袋式过滤器通风孔的排气口，一旦出现故障，可能逸散出爆炸性混合物；

非频繁打开的设备附近，或凭经验粉尘被吹出而易形成泄漏的设备附近，如气动设备或可能被损坏的挠性连接等；

袋装粉料的存储间。在操作期间，包装袋可能破损，引起粉尘扩散；

通常被划分为21区的场所，当采取措施时，包括排气通风，防止爆炸性粉尘环境形成时，可以降为22区场所。这些措施应该在下列点附近执行：装袋料和倒空点、送料皮带、取样点、卡车卸载站、皮带卸载点等；

能形成可控的粉尘层且很可能被扰动而产生爆炸性粉尘环境的场所。仅当危险粉尘环境形成之前，粉尘层被清理的时候，该区域才可被定为非危险场所。这是良好现场清理的主要目的。

D.0.2　建筑物内无抽气通风设施的倒袋站（图D.0.2）：

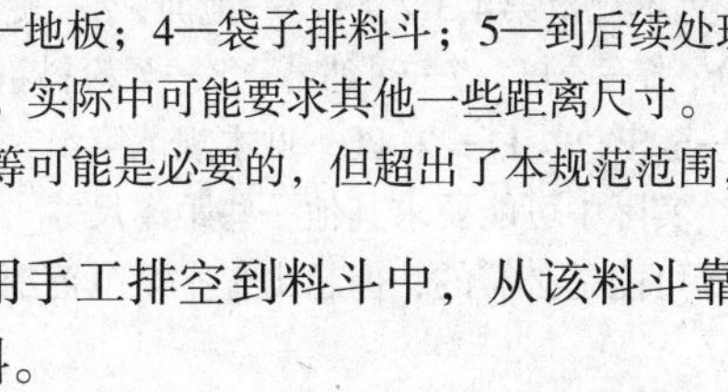

图D.0.2　建筑物内无抽气通风设施的倒袋站

1—21区，通常为1m半径，见正文4.3.3条；2—20区，见正文4.3.2条；

3—地板；4—袋子排料斗；5—到后续处理

注： 1　相关尺寸只用于图例说明。实际中可能要求其他一些距离尺寸。

2　附加措施，像泄爆或隔爆等可能是必要的，但超出了本规范范围，因此未列出。

在本示例中，袋子经常性地用手工排空到料斗中，从该料斗靠气动把排出的物料输送到工厂的其他部分。料斗部分总是装满物料。

20区：料斗内部，因为爆炸性粉尘/空气混合物经常性地存在乃至持续存在。

21区：敞开的入孔是一级释放源。因此，在入孔周围规定为21区，范围从入孔边缘延伸一段距离并且向下延伸到地板上。

注：如果粉尘层堆积，则考虑了粉尘层的范围以及扰动该粉尘层产生粉尘云的情况和现场的清理水平（见附录D）后，可以要求更进一步的细分类。如果在粉尘袋子放空期间因空气的流动可能偶尔携带粉尘云超出了21区范围，则划为22区。

D.0.3 建筑物内配置抽气通风设施的倒袋站（图D.0.3）：

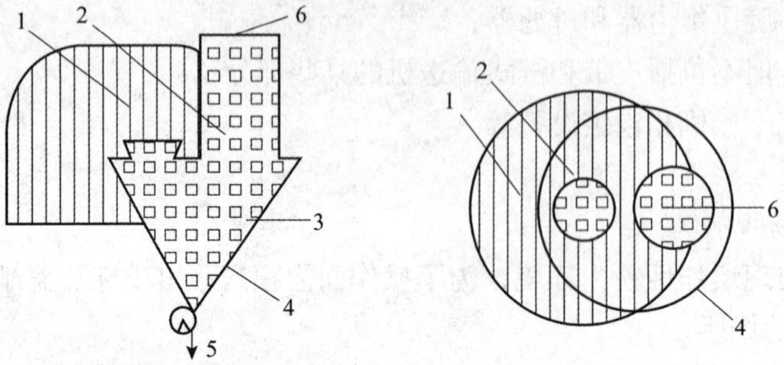

图D.0.3 建筑物内配置抽气通风设施的倒袋站

1—22区，通常为3m半径，见本规范第4.3.4条；2—20区，见本规范第4.3.2条；
3—地板；4—袋子排料斗；5—到后续处理；6—在容器内抽吸

注：1 相关尺寸只用于图例说明。实际中可能要求其他一些距离尺寸。
2 附加措施，像泄爆或隔爆等可能是必需的，但超出了本规范范围，因此未列出。

本条给出了与第D.0.2条相似的示例，但是在这种情况下，该系统有抽气通风。用这种方法粉尘尽可能被限制在该系统内。

20区：料斗内，因为爆炸性粉尘/空气混合物经常性地存在乃至持续存在。

22区：敞口人孔是2级释放源。在正常情况下，因为抽吸系统的作用没有粉尘泄漏。在设计良好的抽吸系统中，释放的任何粉尘将被吸入内部。因此，在该人孔周围仅规定为22区，范围从人孔的边缘延伸一段距离并且延伸到地板上。准确的22区范围需要以工艺和粉尘特性为基础来确定。

D.0.4 建筑物外的旋风分离器和过滤器（图D.0.4）：

本例中的旋风分离器和过滤器是抽吸系统的一部分，被抽吸的产品通过连续运行的旋转阀门落入密封料箱内，粉料量很小，因此自清理的时间间隔很长。鉴于这个理由，在正常运行时，内部仅偶尔有一些可燃性粉尘云。位于过滤器单元上的抽风机将抽吸的空气吹到外面。

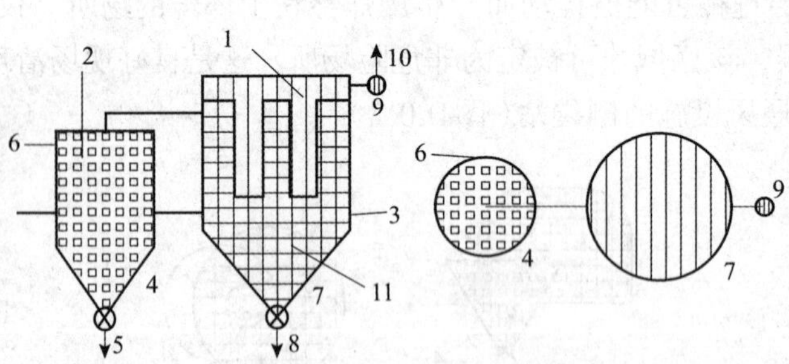

图D.0.4 建筑物外的旋风分离器和过滤器

1—22区，通常为3m半径，见本规范第4.3.4条；
2—20区，见本规范第4.3.2条；3—地面；4—旋风分离器；
5—到产品筒仓；6—入口；7—过滤器；8—至粉料箱；9—排风扇；
10—至出口；11—21区，见本规范第4.3.3条

注：1 相关尺寸只用于图例说明。实际中可能要求其他一些距离尺寸。
2 附加措施，像泄爆或隔爆等可能是必需的，但超出了本规范范围，因此未列出。

20区：旋风分离器内部，因爆炸性粉尘环境频繁甚至连续地出现。

21区：如果只有少量粉尘在旋风分离器正常工作时未被收集起来时，在过滤器的污秽侧为21区，否则为20区。

22区：如果过滤器元件出现故障，过滤器的洁净侧可以含有可燃性粉尘云，这适用于过滤器的内部、过滤件和抽吸管的下游及抽吸管出口周围。22区的范围自导管出口延伸一段距离，并向下延伸至地面（图D.0.4中未表示）。准确的22区范围需要以工艺和粉尘特性为基础来确定。

注：如果粉尘聚集在工厂设备外面，在考虑了粉尘层的范围和粉尘层受扰产生粉尘云的情况后，可要求进一步的分类。此外，还要考虑外部条件的影响，如风、雨或潮湿可能阻止可燃性粉尘层的堆积。

D.0.5 建筑物内的无抽气排风设施的圆筒翻斗装置（图D.0.5）：

在本例中，200L圆筒内粉料被倒入料斗并通过螺旋输送机运至相邻车间。一个装满粉料的圆筒被置于平台上，打开筒盖，并用液压气缸将圆筒与一个关闭的隔膜阀夹紧。打开料斗盖，圆筒搬运器将圆筒翻转使隔膜阀位于料斗顶部。然后打开隔膜阀，螺旋输送机将粉料运走，经过一段时间后，直至圆筒排空。

当又一圆筒要卸料时，关闭隔膜阀，圆筒搬运器将其翻转至原来位置，关闭料斗盖，液压气缸放下原来的圆筒，更换圆筒盖后移走原圆筒。

20区：圆筒内部，料斗和螺旋形传送装置经常性地含有粉尘云，并且时间很长，因此划为20区。

21区：当筒盖和料斗盖被打开，并且当隔膜阀被放在料斗顶部或从料斗顶部移开时，将发生以粉尘云的形式释放粉尘。因此，该圆筒顶部、料斗顶部和隔膜阀等周围一段距离的区域被定为21区。准确的21区范围需要以工艺和粉尘特性为基础来确定。

22区：因可能偶尔泄漏和扰动大量粉尘，整个房间的其余部分划为22区。

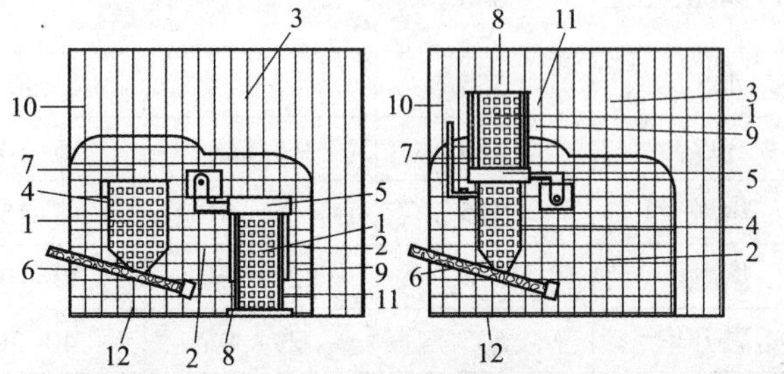

图D.0.5 建筑物内的无抽气排风设施的圆筒翻斗装置

1—20区，见本规范第4.3.2条；2—21区，通常为1m半径，见本规范第4.3.3条；
3—22区，通常为3m半径，见本规范第4.3.4条；4—料斗；5—隔膜阀；6—螺旋输送装置；7—料斗盖；
8—圆筒平台；9—液压汽缸；10—墙壁；11—圆筒；12—地面

注：1 相关尺寸只用于图例说明。实际中可能要求其他一些距离尺寸。

2 附加措施，像泄爆或隔爆等可能是必需的，但超出了本规范范围，因此未列出。

附录 E　可燃性粉尘特性举例

表 E　可燃性粉尘特性举例

粉尘种类	粉尘名称	高温表面堆积粉尘层（5mm）的引燃温度（℃）	粉尘云的引燃温度（℃）	爆炸下限浓度（g/m^3）	粉尘平均粒径（μm）	危险性质	粉尘分级
金属	铝（表面处理）	320	590	37~50	10~15	导	ⅢC
	铝（含脂）	230	400	37~50	10~20	导	ⅢC
	铁	240	430	153~204	100~150	导	ⅢC
	镁	340	470	44~59	5~10	导	ⅢC
	红磷	305	360	48~64	30~50	非	ⅢB
	炭黑	535	>600	36~45	10~20	导	ⅢC
	钛	290	375	—	—	导	ⅢC
	锌	430	530	212~284	10~15	导	ⅢC
	电石	325	555	—	<200	非	ⅢB
	钙硅铝合金（8%钙，30%硅，55%铝）	290	465	—	—	导	ⅢC
	硅铁合金（45%硅）	>450	640	—	—	导	ⅢC
	黄铁矿	445	555	—	<90	导	ⅢC
	锆石	305	360	92~123	5~10	导	ⅢC
化学药品	硬脂酸锌	熔融	315	—	8~15	非	ⅢB
	萘	熔融	575	28~38	30~100	非	ⅢB
	蒽	熔融升华	505	29~39	40~50	非	ⅢB
	己二酸	熔融	580	65~90	—	非	ⅢB
	苯二（甲）酸	熔融	650	61~83	80~100	非	ⅢB
	无水苯二（甲）酸（粗制品）	熔融	605	52~71	—	非	ⅢB
	苯二甲酸腈	熔融	>700	37~50	—	非	ⅢB
	无水马来酸（粗制品）	熔融	500	82~113	—	非	ⅢB
	醋酸钠酯	熔融	520	51~70	5~8	非	ⅢB
	结晶紫	熔融	475	46~70	15~30	非	ⅢB
	四硝基咔唑	熔融	395	92~123	—	非	ⅢB
	二硝基甲酚	熔融	340	—	40~60	非	ⅢB
	阿司匹林	熔融	405	31~41	60	非	ⅢB
	肥皂粉	熔融	575	—	80~100	非	ⅢB
	青色燃料	350	465	—	300~500	非	ⅢB
	萘酚燃料	395	415	133~184	—	非	ⅢB

表E　可燃性粉尘特性举例（续）

粉尘种类	粉尘名称	高温表面堆积粉尘层（5mm）的引燃温度（℃）	粉尘云的引燃温度（℃）	爆炸下限浓度（g/m^3）	粉尘平均粒径（μm）	危险性质	粉尘分级
合成树脂	聚乙烯	熔融	410	26~35	30~50	非	ⅢB
	聚丙烯	熔融	430	25~35	—	非	ⅢB
	聚苯乙烯	熔融	475	27~37	40~60	非	ⅢB
	苯乙烯（70%）与丁二烯（30%）粉状聚合物	熔融	420	27~37	—	非	ⅢB
	聚乙烯醇	熔融	450	42~55	5~10	非	ⅢB
	聚丙烯腈	熔融炭化	505	35~55	5~7	非	ⅢB
	聚氨酯（类）	熔融	425	46~63	50~100	非	ⅢB
	聚乙烯四肽	熔融	480	52~71	<200	非	ⅢB
	聚乙烯氮戊环酮	熔融	465	42~58	10~15	非	ⅢB
	聚氯乙烯	熔融炭化	595	63~86	4~5	非	ⅢB
	氯乙烯（70%）与苯乙烯（30%）粉状聚合物	熔融炭化	520	44~60	30~40	非	ⅢB
	酚醛树脂（酚醛清漆）	熔融炭化	520	36~40	10~20	非	ⅢB
	有机玻璃粉	熔融炭化	485	—	—	非	ⅢB
天然树脂	骨胶（虫胶）	沸腾	475	—	20~50	非	ⅢB
	硬质橡胶	沸腾	360	36~49	20~30	非	ⅢB
	软质橡胶	沸腾	425		80~100	非	ⅢB
	天然树脂	熔融	370	38~52	20~30	非	ⅢB
	蛄钯树脂	熔融	330	30~41	20~50	非	ⅢB
	松香	熔融	325	—	50~80	非	ⅢB
沥青蜡类	硬蜡	熔融	400	26~36	80~50	非	ⅢB
	绕组沥青	熔融	620	—	50~80	非	ⅢB
	硬沥青	熔融	620	—	50~150	非	ⅢB
	煤焦油沥青	熔融	580	—	—	非	ⅢB
农产品	裸麦粉	325	415	67~93	30~50	非	ⅢB
	裸麦谷物粉（未处理）	305	430	—	50~100	非	ⅢB
	裸麦筛落粉（粉碎品）	305	415	—	30~40	非	ⅢB
	小麦粉	炭化	410	—	20~40	非	ⅢB
	小麦谷物粉	290	420	—	15~30	非	ⅢB
	小麦筛落粉（粉碎品）	290	410	—	3~5	非	ⅢB
	乌麦、大麦谷物粉	270	410	—	50~150	非	ⅢB
	筛米糠	270	420	—	50~100	非	ⅢB
	玉米淀粉	炭化	410	—	2~30	非	ⅢB
	马铃薯淀粉	炭化	430	—	60~80	非	ⅢB
	布丁粉	炭化	395	—	10~20	非	ⅢB

表E 可燃性粉尘特性举例(续)

粉尘种类	粉尘名称	高温表面堆积粉尘层(5mm)的引燃温度(℃)	粉尘云的引燃温度(℃)	爆炸下限浓度(g/m^3)	粉尘平均粒径(μm)	危险性质	粉尘分级
农产品	糊精粉		400	71~99	20~30	非	ⅢB
	砂糖粉	熔融	360	77~107	20~40	非	ⅢB
	乳糖	熔融	450	83~115	—	非	ⅢB
纤维鱼粉	可可子粉(脱脂品)	245	460	—	30~40	非	ⅢB
	咖啡粉(精制品)	收缩	600	—	40~80	非	ⅢB
	啤酒麦芽粉	285	405	—	100~500	非	ⅢB
	紫芷蓿	280	480	—	200~500	非	ⅢB
	亚麻粕粉	285	470	—	—	非	ⅢB
	菜种渣粉	炭化	465	—	400~600	非	ⅢB
	鱼粉	炭化	485	—	80~100	非	ⅢB
	烟草纤维	290	485	—	50~100	非	ⅢA
	木棉纤维	385	—	—	—	非	ⅢA
	人造短纤维	305	—	—	—	非	ⅢA
	亚硫酸盐纤维	380	—	—	—	非	ⅢA
	木质纤维	250	445	—	40~80	非	ⅢA
	纸纤维	360	—	—	—	非	ⅢA
	椰子粉	280	450	—	100~200	非	ⅢB
	软木粉	325	460	44~59	30~40	非	ⅢB
	针叶树(松)粉	325	440	—	70~150	非	ⅢB
	硬木(丁钠橡胶)粉	315	420	—	70~100	非	ⅢB
燃料	泥煤粉(堆积)	260	450	—	60~90	导	ⅢC
	褐煤粉(生褐煤)	260	450	49~68	2~3	非	ⅢB
	褐煤粉	230	185	—	3~7	导	ⅢC
	有烟煤粉	235	595	41~57	5~11	导	ⅢC
	瓦斯煤粉	225	580	35~48	5~10	导	ⅢC
	焦炭用煤粉	280	610	33~45	5~10	导	ⅢC
	贫煤粉	285	680	34~45	5~7	导	ⅢC
	无烟煤粉	>430	>600	—	100~130	导	ⅢC
	木炭粉(硬质)	340	595	39~52	1~2	导	ⅢC
	泥煤焦炭粉	360	615	40~54	1~2	导	ⅢC
	褐煤焦炭粉	235	—	—	4~5	导	ⅢC
	煤焦炭粉	430	>750	37~50	4~5	导	ⅢC

注:危险性质栏中,用“导”表示导电性粉尘,用“非”表示非导电性粉尘。

引用标准名录

《交流电气装置的接地设计规范》GB 50065

《爆炸性环境　第12部分：气体或蒸气混合物按照其最大试验安全间隙和最小点燃电流的分级》GB 3836.12

《爆炸性环境　第1部分：设备　通用要求》GB 3836.1

《爆炸性环境　第3部分：由增安型“e”保护的设备》GB 3836.3

《袋式除尘器技术要求》GB/T 6719

UDC

中华人民共和国国家标准

P　　GB 50074—2014

石油库设计规范

Code for design of oil depot

2014-07-13 发布　　2015-05-01 实施

中华人民共和国住房和城乡建设部
中华人民共和国国家质量监督检验检疫总局　联合发布

前　言

本规范是根据原建设部《关于印发〈2007年工程建设标准制订、修订计划（第二批）〉的通知》（建标〔2007〕126号）的要求，对原国家标准《石油库设计规范》GB 50074—2002进行修订而成。

本规范在修订过程中，规范编制组进行了广泛的调查研究，总结了我国石油库几十年来的设计、建设、管理经验，借鉴了发达工业国家的相关标准，广泛征求了有关设计、施工、科研、管理等方面的意见，对其中主要问题进行了多次讨论、反复修改，最后经审查定稿。

本规范修订后共有16章和2个附录，主要内容包括：总则、术语、基本规定、库址选择、库区布置、储罐区、易燃和可燃液体泵站、易燃和可燃液体装卸设施、工艺及热力管道、易燃和可燃液体灌桶设施、车间供油站、消防设施、给水排水及污水处理、电气、自动控制和电信、采暖通风等。

与原国家标准《石油库设计规范》GB 50074—2002相比，本次修订主要内容是：

1.扩大了适用范围，将液体化工品纳入本规范适用范围之中，解决了以往液体化工品库没有适用规范的问题。

2.在石油库的等级划分上，对石油库的储罐总容量，按储存不同火灾危险性的液体给出了相应的计算系数。

3.限制一级石油库储罐计算总容量，增加了特级石油库的内容。

4.增加了有关库外管道的规定。

5.增加了有关自动控制和电信系统的规定。

6.取消了有关人工洞库的内容。

7.提高了石油库安全防护标准。

本规范以黑体字标志的条文为强制性条文，必须严格执行。

本规范由住房城乡建设部负责管理和对强制性条文的解释，由中国石油化工集团公司负责日常管理，由中国石化工程建设有限公司负责具体技术内容的解释。请各单位在本规范实施过程中，结合工程实践，认真总结经验，注意积累资料，如发现需要修改或补充之处，请将意见寄交中国石化工程建设有限公司（地址：北京市朝阳区安慧北里安园21号；邮政编码：100101），以供今后修订时参考。

本规范主编单位、参编单位、参加单位、主要起草人和主要审查人：

主 编 单 位：中国石化工程建设有限公司

参 编 单 位：解放军总后勤部建筑工程规划设计研究院
铁道第三勘察设计院
解放军总装备部工程设计研究总院
中国石油天然气管道工程有限公司

参 加 单 位：中国航空油料集团公司

主要起草人：韩　钧　周家祥　马庚宇　吴文革　张建民　武铜柱　许文忠　杨进峰
江　建　陈世清　张东明　于晓颖　王道庆　周东兴　余晓花

主要审查人：何龙辉　路世昌　张　唐　潘海涛　葛春玉　张晓鹏　王铭坤　赵广明
叶向东　段　瑞　张晋武　徐斌华　何跃生　张付卿　张海山　周红儿
杨莉娜　王军防　许淳涛

目　次

Contents

1 总 则

1.0.1 为在石油库设计中贯彻执行国家有关方针政策，统一技术要求，做到安全适用、技术先进、经济合理，制定本规范。

1.0.2 本规范适用于新建、扩建和改建石油库的设计。本规范不适用于下列易燃和可燃液体储运设施：

1 石油化工企业厂区内的易燃和可燃液体储运设施；

2 油气田的油品站场（库）；

3 附属于输油管道的输油站场；

4 地下水封石洞油库、地下盐穴石油库、自然洞石油库、人工开挖的储油洞库；

5 独立的液化烃储存库（包括常温液化石油气储存库、低温液化烃储存库）；

6 液化天然气储存库；

7 储罐总容量大于或等于1200000m^3，仅储存原油的石油储备库。

1.0.3 石油库设计除应执行本规范外，尚应符合国家现行有关标准的规定。

2 术 语

2.0.1 石油库 oil depot

收发、储存原油、成品油及其他易燃和可燃液体化学品的独立设施。

2.0.2 特级石油库 super oil depot

既储存原油，也储存非原油类易燃和可燃液体，且储罐计算总容量大于或等于1200000m^3的石油库。

2.0.3 企业附属石油库 oil depot attached to an enterprise

设置在非石油化工企业界区内并为本企业生产或运行服务的石油库。

2.0.4 储罐 tank

储存易燃和可燃液体的设备。

2.0.5 固定顶储罐 fixed roof tank

罐顶周边与罐壁顶部固定连接的储罐。

2.0.6 外浮顶储罐 external floating roof tank

顶盖漂浮在液面上的储罐。

2.0.7 内浮顶储罐 internal floating roof tank

在固定顶储罐内装有浮盘的储罐。

2.0.8 立式储罐 vertical tank

固定顶储罐、外浮顶储罐和内浮顶储罐的统称。

2.0.9 地上储罐 above ground tank

在地面以上，露天建设的立式储罐和卧式储罐的统称。

2.0.10 埋地卧式储罐 underground storage oil tank

采用直接覆土或罐池充沙（细土）方式埋设在地下，且罐内最高液面低于罐外4m范围内地面的最低标高0.2m的卧式储罐。

2.0.11 覆土立式油罐 buried vertical oil tank

独立设置在用土掩埋的罐室或护体内的立式油品储罐。

2.0.12 覆土卧式油罐 buried horizontal oil tank

采用直接覆土或埋地方式设置的卧式油罐，包括埋地卧式油罐。

2.0.13 覆土油罐 buried oil tank

覆土立式油罐和覆土卧式油罐的统称。

2.0.14 浅盘式内浮顶储罐 pan internal floating roof tank

浮顶无隔舱、浮筒或其他浮子，仅靠盆形浮顶直接与液体接触的内浮顶储罐。

2.0.15 敞口隔舱式内浮顶 open-top bulk-headed internal floating roof

浮顶周圈设置环形敞口隔舱，中间仅为单层盘板的内浮顶。

2.0.16 压力储罐 pressurized tank

设计压力大于或等于0.1MPa（罐顶表压）的储罐。

2.0.17 低压储罐 low-pressure tank

设计压力大于6.0kPa且小于0.1MPa（罐顶表压）的储罐。

2.0.18 单盘式浮顶 single-deck floating roof

浮顶周圈设环形密封舱，中间仅为单层盘板的浮顶。

2.0.19 双盘式浮顶 double-deck floating roof

整个浮顶均由隔舱构成的浮顶。

2.0.20 罐组 a group of tanks

布置在同一个防火堤内的一组地上储罐。

2.0.21 储罐区 tank farm

由一个或多个罐组或覆土储罐构成的区域。

2.0.22 防火堤 dike

用于储罐发生泄漏时，防止易燃、可燃液体漫流和火灾蔓延的构筑物。

2.0.23 隔堤 dividing dike

用于防火堤内储罐发生少量泄漏事故时，为了减少易燃、可燃液体漫流的影响范围，而将一个储罐组分隔成多个区域的构筑物。

2.0.24 储罐容量 nominal volume of tank

经计算并圆整后的储罐公称容量。

2.0.25 储罐计算总容量 calculate nominal volume of tank

按照储存液体火灾危险性的不同，将储罐容量乘以一定系数折算后的储罐总容量。

2.0.26 储罐操作间 operating room for tank

覆土油罐进出口阀门经常操作的地点。

2.0.27 易燃液体 flammable liquid

闪点低于45℃的液体。

2.0.28 可燃液体 combustible liquid

闪点高于或等于45℃的液体。

2.0.29 液化烃 liquefied hydrocarbon

在15℃时，蒸气压大于0.1MPa的烃类液体及其他类似的液体，包括液化石油气。

2.0.30 沸溢性液体 boil-over liquid

因具有热波特性，在燃烧时会发生沸溢现象的含水黏性油品（如原油、重油、渣油等）。

2.0.31 工艺管道 process pipeline

输送易燃液体、可燃液体、可燃气体和液化烃的管道。

2.0.32 操作温度 operating temperature

易燃和可燃液体在正常储存或输送时的温度。

2.0.33 铁路罐车装卸线 railway for oil loading and unloading

用于易燃和可燃液体装卸作业的铁路线段。

2.0.34 油气回收装置 vapor recovery device

通过吸附、吸收、冷凝、膜分离、焚烧等方法，将收集来的可燃气体进行回收处理至达标浓度排放的装置。

2.0.35 明火地点 open flame site

室内外有外露火焰或赤热表面的固定地点（民用建筑内的灶具、电磁炉等除外）。

2.0.36 散发火花地点 sparking site

有飞火的烟囱或室外的砂轮、电焊、气焊（割）等的固定地点。

2.0.37 库外管道 external pipeline

敷设在石油库围墙外，在同一个石油库的不同区域的储罐区之间、储罐区与易燃和可燃液体装卸区之间的管道，以及两个毗邻石油库之间的管道。

2.0.38 有毒液体 toxic liquid

按现行国家标准《职业性接触毒物危害程度分级》GBZ 230的规定，毒性程度划分为极度危害（Ⅰ级）、高度危害（Ⅱ级）、中度危害（Ⅲ级）和轻度危害（Ⅳ级）的液体。

3 基本规定

3.0.1 石油库的等级划分应符合表3.0.1的规定。

表3.0.1 石油库的等级划分

等级	石油库储罐计算总容量TV（m^3）
特级	$1200000 \leq TV \leq 3600000$
一级	$100000 \leq TV < 1200000$
二级	$30000 \leq TV < 100000$
三级	$10000 \leq TV < 30000$
四级	$1000 \leq TV < 10000$
五级	$TV < 1000$

注：1 表中TV不包括零位罐、中继罐和放空罐的容量。

2 甲A类液体储罐容量、Ⅰ级和Ⅱ级毒性液体储罐容量应乘以系数2计入储罐计算总容量，丙A类液体储罐容量可乘以系数0.5计入储罐计算总容量，丙B类液体储罐容量可乘以系数0.25计入储罐计算总容量。

3.0.2 特级石油库的设计应符合下列规定：

1 非原油类易燃和可燃液体的储罐计算总容量应小于1200000m^3，其设施的设计应符合本规范一级石油库的有关规定。非原油类易燃和可燃液体设施与库外居住区、公共建筑物、工矿企业、交通线的安全距离，应符合本规范第4.0.10条注5的规定。

2 原油设施的设计应符合现行国家标准《石油储备库设计规范》GB 50737的有关规定。

3 原油与非原油类易燃和可燃液体共用设施或其他共用部分的设计，应执行本规范与现行国家标准《石油储备库设计规范》GB 50737要求较高者的规定。

4 特级石油库的储罐计算总容量大于或等于2400000m^3时，应按消防设置要求最高的一个原油储罐和消防设置要求最高的一个非原油储罐同时发生火灾的情况进行消防系统设计。

3.0.3 石油库储存液化烃、易燃和可燃液体的火灾危险性分类，应符合表3.0.3的规定。

表3.0.3 石油库储存液化烃、易燃和可燃液体的火灾危险性分类

类别		特征或液体闪点F_t（℃）
甲	A	15℃时的蒸气压力大于0.1MPa的烃类液体及其他类似的液体
	B	甲A类以外，$F_t < 28$
乙	A	$28 \leq F_t < 45$
	B	$45 \leq F_t < 60$
丙	A	$60 \leq F_t \leq 120$
	B	$F_t > 120$

3.0.4 石油库储存易燃和可燃液体的火灾危险性分类除应符合本规范表3.0.3的规定外，尚应符合下列规定：

1 操作温度超过其闪点的乙类液体应视为甲B类液体；

2 操作温度超过其闪点的丙A类液体应视为乙A类液体；

3 操作温度超过其沸点的丙B类液体应视为乙A类液体；

4 操作温度超过其闪点的丙B类液体应视为乙B类液体；

5 闪点低于60℃但不低于55℃的轻柴油，其储运设施的操作温度低于或等于40℃时，可视为丙A类液体。

3.0.5 石油库内生产性建（构）筑物的最低耐火等级应符合表3.0.5的规定。建（构）筑物构件的燃烧性能和耐火极限应符合现行国家标准《建筑设计防火规范》GB 50016的有关规定；三级耐火等级建（构）筑物的构件不得采用可燃材料；敞棚顶承重构件及顶面的耐火极限可不限，但不得采用可燃材料。

表3.0.5 石油库内生产性建(构)筑物的最低耐火等级

序号	建（构）筑物	液体类别	耐火等级
1	易燃和可燃液体泵房、阀门室、灌油间（亭）、铁路液体装卸暖库、消防泵房	—	二级
2	桶装液体库房及敞棚	甲、乙	二级
		丙	三级
3	化验室、计量间、控制室、机柜间、锅炉房、变配电间、修洗桶间、润滑油再生间、柴油发电机间、空气压缩机间、储罐支座（架）	—	二级
4	机修间、器材库、水泵房、铁路罐车装卸栈桥及罩棚、汽车罐车装卸站台及罩棚、液体码头栈桥、泵棚、阀门棚	—	三级

3.0.6 石油库内液化烃等甲A类易燃液体设施的防火设计，应按现行国家标准《石油化工企业设计防火规范》GB 50160的有关规定执行。

3.0.7 除本规范条文中另有规定外，建（构）筑物、设备、设施计算间距的起讫点，应符合本规范附录A的规定。

3.0.8 石油库易燃液体设备、设施的爆炸危险区域划分，应符合本规范附录B的规定。

4 库址选择

4.0.1 石油库的库址选择应根据建设规模、地域环境、油库各区的功能及作业性质、重要程度，以及可能与邻近建（构）筑物、设施之间的相互影响等，综合考虑库址的具体位置，并应符合城镇规划、环境保护、防火安全和职业卫生的要求，且交通运输应方便。

4.0.2 企业附属石油库的库址，应结合该企业主体建（构）筑物及设备、设施统一考虑，并应符合城镇或工业区规划、环境保护和防火安全的要求。

4.0.3 石油库的库址应具备良好的地质条件，不得选择在有土崩、断层、滑坡、沼泽、流沙及泥石流的地区和地下矿藏开采后有可能塌陷的地区。

4.0.4 一、二、三级石油库的库址，不得选在抗震设防烈度为9度及以上的地区。

4.0.5 一级石油库不宜建在抗震设防烈度为8度的Ⅳ类场地地区。

4.0.6 覆土立式油罐区宜在山区或建成后能与周围地形环境相协调的地带选址。

4.0.7 石油库应选在不受洪水、潮水或内涝威胁的地带；当不可避免时，应采取可靠的防洪、排涝措施。

4.0.8 一级石油库防洪标准应按重现期不小于100年设计；二、三级石油库防洪标准应按重现期不小于50年设计；四、五级石油库防洪标准应按重现期不小于25年设计。

4.0.9 石油库的库址应具备满足生产、消防、生活所需的水源和电源的条件，还应具备污水排放的条件。

4.0.10 石油库与库外居住区、公共建筑物、工矿企业、交通线的安全距离，不得小于表4.0.10的规定。

表4.0.10 石油库与库外居住区、公共建筑物、工矿企业、交通线的安全距离（m）

序号	石油库设施名称	石油库等级	库外建（构）筑物和设施名称				
			居住区和公共建筑物	工矿企业	国家铁路线	工业企业铁路线	道路
1	甲B、乙类液体地上罐组；甲B、乙类覆土立式油罐；无油气回收设施的甲B、乙A类液体装卸码头	一	100（75）	60	60	35	25
		二	90（45）	50	55	30	20
		三	80（40）	40	50	25	15
		四	70（35）	35	50	25	15
		五	50（35）	30	50	25	15
2	丙类液体地上罐组；丙类覆土立式油罐；乙B、丙类和采用油气回收设施的甲B、乙A类液体装卸码头；无油气回收设施的甲B、乙A类液体铁路或公路罐车装车设施；其他甲B、乙类液体设施	一	75（50）	45	45	26	20
		二	68（45）	38	40	23	15
		三	60（40）	30	38	20	15
		四	53（35）	26	38	20	15
		五	38（35）	23	38	20	15
3	覆土卧式油罐；乙B、丙类和采用油气回收设施的甲B、乙A类液体铁路或公路罐车装车设施；仅有卸车作业的铁路或公路罐车卸车设施；其他丙类液体设施	一	50（50）	30	30	18	18
		二	45（45）	25	28	15	15
		三	40（40）	20	25	15	15
		四	35（35）	18	25	15	15
		五	25（25）	15	25	15	15

注：1 表中的工矿企业指除石油化工企业、石油库、油气田的油品站场和长距离输油管道的站场以外的企业。其他设施指油气回收设施、泵站、灌桶设施等设置有易燃和可燃液体、气体设备的设施。

2 表中的安全距离，库内设施有防火堤的储罐区应从防火堤中心线算起，无防火堤的覆土立式油罐应从罐室出入口等孔口算起，无防火堤的覆土卧式油罐应从储罐外壁算起；装卸设施应从装卸车（船）时鹤管口的位置算起；其他设备布置在房间内的，应从房间外墙轴线算起；设备露天布置的（包括设在棚内），应从设备外缘算起。

3 表中括号内数字为石油库与少于100人或30户居住区的安全距离。居住区包括石油库的生活区。

4 Ⅰ、Ⅱ级毒性液体的储罐等设施与库外居住区、公共建筑物、工矿企业、交通线的最小安全距离，应按相应火灾危险性类别和所在石油库的等级在本表规定的基础上增加30%。

5 特级石油库中，非原油类易燃和可燃液体的储罐等设施与库外居住区、公共建筑物、工矿企业、交通线的最小安全距离，应在本表规定的基础上增加20%。

6 铁路附属石油库与国家铁路线及工业企业铁路线的距离，应按本规范表5.1.3铁路机车走行线的规定执行。

4.0.11 石油库的储罐区、水运装卸码头与架空通信线路（或通信发射塔）、架空电力线路的安全距离，不应小于1.5倍杆（塔）高；石油库的铁路罐车和汽车罐车装卸设施、其他易燃可燃液体设施与架空通信线路（或通信发射塔）、架空电力线路的安全距离，不应小于1.0倍杆（塔）高；以上各设施与电压不小于35kV的架空电力线路的安全距离不应小于30m。

注：以上石油库各设施的起算点与本规范表4.0.10注2相同。

4.0.12 石油库的围墙与爆破作业场地（如采石场）的安全距离，不应小于300m。

4.0.13 非石油库用的库外埋地电缆与石油库围墙的距离不应小于3m。

4.0.14 石油库与石油化工企业之间的距离，应符合现行国家标准《石油化工企业设计防火规范》GB 50160的有关规定；石油库与石油储备库之间的距离，应符合现行国家标准《石油储备库设计规范》GB 50737的有关规定；石油库与石油天然气站场、长距离输油管道站场之间的距离，应符合现行国家标准《石油天然气工程设计防火规范》GB 50183的有关规定。

4.0.15 相邻两个石油库之间的安全距离应符合下列规定：

1 当两个石油库的相邻储罐中较大罐直径大于53m时，两个石油库的相邻储罐之间的安全距离不应小于相邻储罐中较大罐直径，且不应小于80m。

2 当两个石油库的相邻储罐直径小于或等于53m时，两个石油库的任意两个储罐之间的安全距离不应小于其中较大罐直径的1.5倍，对覆土罐且不应小于60m，对储存Ⅰ、Ⅱ级毒性液体的储罐且不应小于50m，对储存其他易燃和可燃液体的储罐且不应小于30m。

3 两个石油库除储罐之外的建(构)筑物、设施之间的安全距离应按本规范表5.1.3的规定增加50%。

4.0.16 企业附属石油库与本企业建(构)筑物、交通线等的安全距离，不得小于表4.0.16的规定。

表4.0.16 企业附属石油库与本企业建(构)筑物、交通线等的安全距离(m)

库内建(构)筑物和设施		液体类别	企业建(构)筑物等								
			甲类生产厂房	甲类物品库房	乙、丙、丁、戊类生产厂房及物品库房耐火等级			明火或散发火花的地点	厂内铁路	厂内道路	
					一、二	三	四			主要	次要
储罐（TV为罐区总容量，m^3）	$TV\leqslant 50$	甲B、乙	25	25	12	15	20	25	25	15	10
	$50<TV\leqslant 200$		25	25	15	20	25	30	25	15	10
	$200<TV\leqslant 1000$		25	25	20	25	30	35	25	15	10
	$1000<TV\leqslant 5000$		30	30	25	30	40	40	25	15	10
	$TV\leqslant 250$	丙	15	15	12	15	20	20	20	10	5
	$250<TV\leqslant 1000$		20	20	15	20	25	25	20	10	5
	$1000<TV\leqslant 5000$		25	25	20	25	30	30	20	15	10
	$5000<TV\leqslant 25000$		30	30	25	30	40	40	25	15	10
油泵房、灌油间		甲B、乙	12	15	12	14	16	30	20	10	5
		丙	12	12	10	12	14	15	12	8	5
桶装液体库房		甲B、乙	15	20	15	20	25	30	30	10	5
		丙	12	15	10	12	14	20	15	8	5
汽车罐车装卸设施		甲B、乙	14	14	15	16	18	30	20	15	15
		丙	10	10	10	12	14	20	10	8	5
其他生产性建筑物		甲B、乙	12	12	10	12	14	25	10	3	3
		丙	9	9	8	9	10	15	8	3	3

注：1 当甲B、乙类易燃和可燃液体与丙类可燃液体混存时，丙A类可燃液体可按其容量的50%折算计入储罐区总容量，丙B类可燃液体可按其容量的25%折算计入储罐区总容量。

2 对于埋地卧式储罐和储存丙B类可燃液体的储罐，本表距离（与厂内次要道路的距离除外）可减少50%，但不得小于10m。

3 表中未注明的企业建（构）筑物与库内建（构）筑物的安全距离，应按现行国家标准《建筑设计防火规范》GB 50016规定的防火距离执行。

4 企业附属石油库的甲B、乙类易燃和可燃液体储罐总容量大于5000m³，丙A类可燃液体储罐总容量大于25000m³时，企业附属石油库与本企业建（构）筑物、交通线等的安全距离，应符合本规范第4.0.10条的规定。

5 企业附属石油库仅储存丙B类可燃液体时，可不受本表限制。

4.0.17 当重要物品仓库（或堆场）、军事设施、飞机场等，对与石油库的安全距离有特殊要求时，应按有关规定执行或协商解决。

5 库区布置

5.1 总平面布置

5.1.1 石油库的总平面布置，宜按储罐区、易燃和可燃液体装卸区、辅助作业区和行政管理区分区布置。石油库各区内的主要建（构）筑物或设施，宜按表5.1.1的规定布置。

表5.1.1 石油库各区内的主要建（构）筑物或设施

序号	分区		区内主要建（构）筑物或设施
1	储罐区		储罐组、易燃和可燃液体泵站、变配电间、现场机柜间等
2	易燃和可燃液体装卸区	铁路装卸区	铁路罐车装卸栈桥、易燃和可燃液体泵站、桶装易燃和可燃液体库房、零位罐、变配电间、油气回收处理装置等
		水运装卸区	易燃和可燃液体装卸码头、易燃和可燃液体泵站、灌桶间、桶装液体库房、变配电间、油气回收处理装置等
		公路装卸区	灌桶间、易燃和可燃液体泵站、变配电间、汽车罐车装卸设施、桶装液体库房、控制室、油气回收处理装置等
3	辅助作业区		修洗桶间、消防泵房、消防车库、变配电间、机修间、器材库、锅炉房、化验室、污水处理设施、计量室、柴油发电机间、空气压缩机间、车库等
4	行政管理区		办公用房、控制室、传达室、汽车库、警卫及消防人员宿舍、倒班宿舍、浴室、食堂等

注：企业附属石油库的分区，尚宜结合该企业的总体布置统一考虑。

5.1.2 行政管理区和辅助作业区内，使用性质相近的建（构）筑物，在符合生产使用和安全防火要求的前提下，可合并建设。

5.1.3 石油库内建（构）筑物、设施之间的防火距离（储罐与储罐之间的距离除外），不应小于表5.1.3的规定。

表5.1.3 石油库内建(构)筑物、设施之间的防火距离(m)

序号	建(构)筑物和设施名称		易燃和可燃液体泵房		灌桶间		汽车罐车装卸设施		铁路罐车装卸设施		液体装卸码头		桶装液体库房		隔油池		消防车库、消防泵房	露天变配电所变压器、柴油发电机间		独立变配电间	办公用房、中心控制室、宿舍、食堂等人员集中场所	铁路机车走行线	有明火及散发火花的建(构)筑物及地点	油罐车库	库区围墙	其他建(构)筑物	河(海)岸边
			甲B、乙类液体	丙类液体	甲B、乙类液体	丙类液体	甲B、乙类液体	丙类液体	甲B、乙类液体	丙类液体	甲B、乙类液体	丙类液体	甲B、乙类液体	丙类液体	$150m^3$及以下	$150m^3$以上		10kV及以下	10kV以上								
			10	11	12	13	14	15	16	17	18	19	20	21	22	23	24	25	26	27	28	29	30	31	32	33	34
1	外浮顶储罐、内浮顶储罐、覆土立式油罐、储存丙类液体的立式固定顶储罐	V≥50000	20	15	30	25	30/23	23	30/23	23	50	35	30	25	25	30	40	40	50	40	60	35	35	28	25	25	30
2		5000<V<50000	15	11	19	15	20/15	15	20/15	15	35	25	20	15	19	23	26	25	30	25	38	19	26	23	11	19	30
3		1000<V≤5000	11	9	15	11	15/11	11	15/11	11	30	23	15	11	15	19	23	19	23	19	30	19	26	19	7.5	15	30
4		V≤1000	9	7.5	11	9	11/9	9	11	11	26	23	11	9	11	15	19	15	23	11	23	19	26	15	6	11	20
5	储存甲B、乙类液体的立式固定顶储罐	V>5000	20	15	25	20	25/20	20	25/20	20	50	35	25	20	25	30	35	32	39	32	50	25	35	30	15	25	30
6		1000<V≤5000	15	11	20	15	20/15	15	20/15	15	40	30	20	15	20	25	30	25	30	25	40	25	35	25	10	20	30
7		V≤1000	12	10	15	11	15/11	11	15/11	11	35	30	15	11	15	20	25	20	30	15	30	25	35	20	8	15	20
8	甲B、乙类液体地上卧式储罐		9	7.5	11	8	11/8	8	11/8	8	25	20	11	8	11	15	19	15	23	11	23	19	25	15	6	11	20
9	覆土卧式油罐，丙类液体地上卧式储罐		7	6	8	6	8/6	6	8/6	6	20	15	8	6	8	11	15	11	15	8	18	15	20	11	4.5	8	20
10	易燃和可燃液体泵房	甲B、乙类液体	12	12	12	12	15/15	11	8/8	6	15	15	12	12	15/7.5	20/10	30	15	20	15	30	15	20	15	10	12	10
11		丙类液体	12	9	12	9	15/11	8	8/6	6	15	11	12	9	10/5	15/7.5	15	10	15	10	20	12	15	12	5	10	10
12	灌桶间	甲B、乙类液体	12	12	12	12	15/11	11	15/11	11	15	15	12	12	20/10	25/12.5	12	20	30	15	40	20	30	15	10	12	10
13		丙类液体	12	9	12	9	15/11	8	15/11	11	15	11	12	9	15/7.5	20/10	10	10	20	10	25	15	20	12	5	10	10
14	汽车罐车装卸设施	甲B、乙类液体	15/15	15/11	15/11	15/11	—	—	15/11	15/11	15	15	15/11	15/11	20/15	25/19	15/15	20/15	30/23	15/11	30/23	20/15	30/23	20	15/11	15/11	10
15		丙类液体	11	8	11	8	—	—	15/11	11	15	11	11	8	15/7.5	20/10	12	10	20	10	20	15	20	15	5	11	10

表5.1.3 石油库内建（构）筑物、设施之间的防火距离（m）（续）

序号	建（构）筑物和设施名称		易燃和可燃液体泵房		灌桶间		汽车罐车装卸设施		铁路罐车装卸设施		液体装卸码头		桶装液体库房		隔油池		消防车库、消防泵房	露天变配电所变压器、柴油发电机间		独立变配电间	办公用房、中心控制室、宿舍、食堂等人员集中场所	铁路机车走行线	有明火及散发火花的建（构）筑物及地点	油罐车库	库区围墙	其他建（构）筑物	河（海）岸边
			甲B、乙类液体	丙类液体	甲B、乙类液体	丙类液体	甲B、乙类液体	丙类液体	甲B、乙类液体	丙类液体	甲B、乙类液体	丙类液体	甲B、乙类液体	丙类液体	$150m^3$及以下	$150m^3$以上		10kV及以下	10kV以上								
			10	11	12	13	14	15	16	17	18	19	20	21	22	23	24	25	26	27	28	29	30	31	32	33	34
16	铁路罐车装卸设施	甲B、乙类液体	8/8	8/6	15/11	15/11	15/11	15/11	见本规范第8.1节		20/20	20/15	8/8	8/8	25/19	30/23	15/15	20/15	30/23	15/11	30/23	20/15	30/23	20	15/11	15/11	10
17		丙类液体	6	6	11	11	15/11	11			20	15	8	8	20/10	25/12.5	12	10	20	10	20	15	20	15	5	10	10
18	液体装卸码头	甲B、乙类液体	15	15	15	15	15	15	20/20	20	见本规范第8.3节		15	15	25/19	30/23	25	20	30	15	45	20	40	20	—	15	—
19		丙类液体	15.	11	15	11	15	11	20/15	15			15	11	20/10	25/12.5	20	10	20	10	30	15	30	15	—	12	—
20	桶装液体库房	甲B、乙类液体	12	12	12	12	15/11	11	8/8	8	15	15	12	12	15/7.5	20/10	20	15	20	12	40	15	30	15	5	12	10
21		丙类液体	12	9	12	10	15/11	8	8/8	8	15	11	12	10	10/5	15/7.5	15	10	10	10	25	10	20	10	5	10	10
22	隔油池	$150m^3$及以下	15/7.5	10/5	20/10	15/7.5	20/15	15/7.5	25/19	20/10	25/19	20/10	15/7.5	10/5	—	—	20/15	15/11	20/15	15/11	30/23	15/7.5	30/23	15/11	10/5	15/7.5	10
23		$150m^3$以上	20/10	15/7.5	25/12.5	20/10	25/19	20/10	30/23	25/12.5	30/23	25/12.5	20/10	15/7.5	—	—	25/19	20/15	30/23	20/15	40/30	20/10	40/30	20/15	10/5	15/7.5	10

注：1 表中V指储罐单罐容量，单位为m^3。

2 序号14中，分子数字为未采用油气回收设施的汽车罐车装卸设施与建（构）筑物或设施的防火距离，分母数字为采用油气回收设施的汽车罐车装卸设施与建（构）筑物或设施的防火距离。

3 序号16中，分子数字为用于装车作业的铁路线与建（构）筑物或设施的防火距离，分母数字为采用油气回收设施的铁路罐车装卸设施或仅用于卸车作业的铁路线与建（构）筑物的防火距离。

4 序号14与序号16相交数字的分母，仅适用于相邻装车设施均采用油气回收设施的情况。

5 序号22、23中的隔油池，系指设置在罐组防火堤外的隔油池。其中分母数字为有盖板的密闭式隔油池与建（构）筑物或设施的防火距离，分子数字为无盖板的隔油池与建（构）筑物或设施的防火距离。

6 罐组专用变配电间和机柜间与石油库内各建（构）筑物或设施的防火距离，应与易燃和可燃液体泵房相同，但变配电间和机柜间的门窗应位于易燃液体设备的爆炸危险区域之外。

7 焚烧式可燃气体回收装置应按有明火及散发火花的建（构）筑物及地点执行，其他形式的可燃气体回收处理装置应按甲、乙类液体泵房执行。

8 Ⅰ、Ⅱ级毒性液体的储罐、设备和设施与石油库内其他建（构）筑物、设施之间的防火距离，应按相应火灾危险性类别在本表规定的基础上增加30%。

9 “—”表示没有防火距离要求。

5.1.4 储罐应集中布置。当储罐区地面高于邻近居民点、工业企业或铁路线时，应加强防止事故状态下库内易燃和可燃液体外流的安全防护措施。

5.1.5 石油库的储罐应地上露天设置。山区和丘陵地区或有特殊要求的可采用覆土等非露天方式设置，但储存甲B类和乙类液体的卧式储罐不得采用罐室方式设置。地上储罐、覆土储罐应分别设置储罐区。

5.1.6 储存Ⅰ、Ⅱ级毒性液体的储罐应单独设置储罐区。储罐计算总容量大于600000m³的石油库，应设置两个或多个储罐区，每个储罐区的储罐计算总容量不应大于600000m³。特级石油库中，原油储罐与非原油储罐应分别集中设在不同的储罐区内。

5.1.7 相邻储罐区储罐之间的防火距离，应符合下列规定：

1 地上储罐区与覆土立式油罐相邻储罐之间的防火距离不应小于60m；

2 储存Ⅰ、Ⅱ级毒性液体的储罐与其他储罐区相邻储罐之间的防火距离，不应小于相邻储罐中较大罐直径的1.5倍，且不应小于50m；

3 其他易燃、可燃液体储罐区相邻储罐之间的防火距离，不应小于相邻储罐中较大罐直径的1.0倍，且不应小于30m。

5.1.8 同一个地上储罐区内，相邻罐组储罐之间的防火距离，应符合下列规定：

1 储存甲B、乙类液体的固定顶储罐和浮顶采用易熔材料制作的内浮顶储罐与其他罐组相邻储罐之间的防火距离，不应小于相邻储罐中较大罐直径的1.0倍；

2 外浮顶储罐、采用钢制浮顶的内浮顶储罐、储存丙类液体的固定顶储罐与其他罐组储罐之间的防火距离，不应小于相邻储罐中较大罐直径的0.8倍。

注：储存不同液体的储罐、不同型式的储罐之间的防火距离，应采用上述计算值的较大值。

5.1.9 同一储罐区内，火灾危险性类别相同或相近的储罐宜相对集中布置。储存Ⅰ、Ⅱ级毒性液体的储罐罐组宜远离人员集中的场所布置。

5.1.10 铁路装卸区宜布置在石油库的边缘地带，铁路线不宜与石油库出入口的道路相交叉。

5.1.11 公路装卸区应布置在石油库临近库外道路的一侧，并宜设围墙与其他各区隔开。

5.1.12 消防车库、办公室、控制室等场所，宜布置在储罐区全年最小频率风向的下风侧。

5.1.13 储罐区泡沫站应布置在罐组防火堤外的非防爆区，与储罐的防火间距不应小于20m。

5.1.14 储罐区易燃和可燃液体泵站的布置，应符合下列规定：

1 甲、乙、丙A类液体泵站应布置在地上立式储罐的防火堤外；

2 丙B类液体泵、抽底油泵、卧式储罐输送泵和储罐油品检测用泵，可与储罐露天布置在同一防火堤内；

3 当易燃和可燃液体泵站采用棚式或露天式时，其与储罐的间距可不受限制，与其他建（构）筑物或设施的间距，应以泵外缘按本规范表5.1.3中易燃和可燃液体泵房与其他建（构）筑物、设施的间距确定。

5.1.15 与储罐区无关的管道、埋地输电线不得穿越防火堤。

5.2 库 区 道 路

5.2.1 石油库储罐区应设环行消防车道。位于山区或丘陵地带设置环形消防车道有困难的下列罐区或罐组，可设尽头式消防车道：

1 覆土油罐区；

2 储罐单排布置，且储罐单罐容量不大于5000m³的地上罐组；

3 四、五级石油库储罐区。

5.2.2 地上储罐组消防车道的设置，应符合下列规定：

1 储罐总容量大于或等于120000m³的单个罐组应设环行消防车道。

2 多个罐组共用1个环行消防车道时，环行消防车道内的罐组储罐总容量不应大于120000m³。

3　同一个环行消防车道内相邻罐组防火堤外堤脚线之间应留有宽度不小于7m的消防空地。

4　总容量大于或等于120000m³的罐组，至少应有2个路口能使消防车辆进入环形消防车道，并宜设在不同的方位上。

5.2.3　除丙B类液体储罐和单罐容量小于或等于100m³的储罐外，储罐至少应与1条消防车道相邻。储罐中心至少与2条消防车道的距离均不应大于120m；条件受限时，储罐中心与最近一条消防车道之间的距离不应大于80m。

5.2.4　铁路装卸区应设消防车道，并应平行于铁路装卸线，且宜与库内道路构成环行道路。消防车道与铁路罐车装卸线的距离不应大于80m。

5.2.5　汽车罐车装卸设施和灌桶设施，应设置能保证消防车辆顺利接近火灾场地的消防车道。

5.2.6　储罐组周边的消防车道路面标高，宜高于防火堤外侧地面的设计标高0.5m及以上。位于地势较高处的消防车道的路堤高度可适当降低，但不宜小于0.3m。

5.2.7　消防车道与防火堤外堤脚线之间的距离，不应小于3m。

5.2.8　一级石油库的储罐区和装卸区消防车道的宽度不应小于9m，其中路面宽度不应小于7m；覆土立式油罐和其他级别石油库的储罐区、装卸区消防车道的宽度不应小于6m，其中路面宽度不应小于4m；单罐容积大于或等于100000m³的储罐区消防车道的宽度应按现行国家标准《石油储备库设计规范》GB 50737的有关规定执行。

5.2.9　消防车道的净空高度不应小于5.0m，转弯半径不宜小于12m。

5.2.10　尽头式消防车道应设置回车场。两个路口间的消防车道长度大于300m时，应在该消防车道的中段设置回车场。

5.2.11　石油库通向公路的库外道路和车辆出入口的设计，应符合下列规定：

1　石油库应设与公路连接的库外道路，其路面宽度不应小于相应级别石油库储罐区的消防车道。

2　石油库通向库外道路的车辆出入口不应少于2处，且宜位于不同的方位。受地域、地形等条件限制时，覆土油罐区和四、五级石油库可只设1处车辆出入口。

3　储罐区的车辆出入口不应少于2处，且应位于不同的方位。受地域、地形等条件限制时，覆土油罐区和四、五级石油库的储罐区可只设1处车辆出入口。储罐区的车辆出入口宜直接通向库外道路，也可通向行政管理区或公路装卸区。

4　行政管理区、公路装卸区应设直接通往库外道路的车辆出入口。

5.2.12　运输易燃、可燃液体等危险品的道路，其纵坡不应大于6%。其他道路纵坡设计应符合现行国家标准《厂矿道路设计规范》GBJ 22的有关规定。

5.3　竖向布置及其他

5.3.1　石油库场地设计标高，应符合下列规定：

1　库区场地应避免洪水、潮水及内涝水的淹没。

2　对于受洪水、潮水及内涝水威胁的场地，当靠近江河、湖泊等地段时，库区场地的最低设计标高，应比设计频率计算水位高0.5m及以上；当在海岛、沿海地段或潮汐作用明显的河口段时，库区场地的最低设计标高，应比设计频率计算水位高1m及以上。当有波浪侵袭或壅水现象时，尚应加上最大波浪或壅水高度。

3　当有可靠的防洪排涝措施，且技术经济合理时，库区场地也可低于计算水位。

5.3.2　行政管理区、消防泵房、专用消防站、总变电所宜位于地势相对较高的场地处，或有防止事故状况下流淌火流向该场地的措施。

5.3.3　石油库的围墙设置，应符合下列规定：

1　石油库四周应设高度不低于2.5m的实体围墙。企业附属石油库与本企业毗邻一侧的围墙高度可不低于1.8m。

2　山区或丘陵地带的石油库，当四周均设实体围墙有困难时，可只在漏油可能流经的低洼处设实体围墙，在地势较高处可设置镀锌铁丝网等非实体围墙。

3 石油库临海、邻水侧的围墙，其1m高度以上可为铁栅栏围墙。

4 行政管理区与储罐区、易燃和可燃液体装卸区之间应设围墙。当采用非实体围墙时，围墙下部0.5m高度以下范围内应为实体墙。

5 围墙不得采用燃烧材料建造。围墙实体部分的下部不应留有孔洞(集中排水口除外)。

5.3.4 石油库的绿化应符合下列规定：

1 防火堤内不应植树；

2 消防车道与防火堤之间不宜植树；

3 绿化不应妨碍消防作业。

6 储 罐 区

6.1 地 上 储 罐

6.1.1 地上储罐应采用钢制储罐。

6.1.2 储存沸点低于45℃或37.8℃的饱和蒸气压大于88kPa的甲B类液体，应采用压力储罐、低压储罐或低温常压储罐，并应符合下列规定：

1 选用压力储罐或低压储罐时，应采取防止空气进入罐内的措施，并应密闭回收处理罐内排出的气体。

2 选用低温常压储罐时，应采取下列措施之一：

1）选用内浮顶储罐，应设置氮气密封保护系统，并应控制储存温度使液体蒸气压不大于88kPa；

2）选用固定顶储罐，应设置氮气密封保护系统，并应控制储存温度低于液体闪点5℃及以下。

6.1.3 储存沸点不低于45℃或在37.8℃时的饱和蒸气压不大于88kPa的甲B、乙A类液体化工品和轻石脑油，应采用外浮顶储罐或内浮顶储罐。有特殊储存需要时，可采用容量小于或等于10000m^3的固定顶储罐、低压储罐或容量不大于100m^3的卧式储罐，但应采取下列措施之一：

1 应设置氮气密封保护系统，并应密闭回收处理罐内排出的气体；

2 应设置氮气密封保护系统，并应控制储存温度低于液体闪点5℃及以下。

6.1.4 储存甲B、乙A类原油和成品油，应采用外浮顶储罐、内浮顶储罐和卧式储罐。3号喷气燃料的最高储存温度低于油品闪点5℃及以下时，可采用容量小于或等于10000m^3的固定顶储罐。当采用卧式储罐储存甲B、乙A类油品时，储存甲B类油品卧式储罐的单罐容量不应大于100m^3，储存乙A类油品卧式储罐的单罐容量不应大于200m^3。

6.1.5 储存乙B类和丙类液体，可采用固定顶储罐和卧式储罐。

6.1.6 外浮顶储罐应采用钢制单盘式或钢制双盘式浮顶。

6.1.7 内浮顶储罐的内浮顶选用，应符合下列规定：

1 内浮顶应采用金属内浮顶，且不得采用浅盘式或敞口隔舱式内浮顶。

2 储存Ⅰ、Ⅱ级毒性液体的内浮顶储罐和直径大于40m的储存甲B、乙A类液体的内浮顶储罐，不得采用易熔材料制作的内浮顶。

3 直径大于48m的内浮顶储罐，应选用钢制单盘式或双盘式内浮顶。

4 新结构内浮顶的采用应通过安全性评估。

6.1.8 储存Ⅰ、Ⅱ级毒性的甲B、乙A类液体储罐的单罐容量不应大于5000m^3，且应设置氮封保护系统。

6.1.9 固定顶储罐的直径不应大于48m。

6.1.10 地上储罐应按下列规定成组布置：

1 甲B、乙和丙A类液体储罐可布置在同一罐组内；丙B类液体储罐宜独立设置罐组。

2 沸溢性液体储罐不应与非沸溢性液体储罐同组布置。

3 立式储罐不宜与卧式储罐布置在同一个储罐组内。

4 储存Ⅰ、Ⅱ级毒性液体的储罐不应与其他易燃和可燃液体储罐布置在同一个罐组内。

6.1.11 同一个罐组内储罐的总容量应符合下列规定：

1 固定顶储罐组及固定顶储罐和外浮顶、内浮顶储罐的混合罐组的容量不应大于120000m³，其中浮顶用钢质材料制作的外浮顶储罐、内浮顶储罐的容量可按50%计入混合罐组的总容量。

2 浮顶用钢质材料制作的内浮顶储罐组的容量不应大于360000m³；浮顶用易熔材料制作的内浮顶储罐组的容量不应大于240000m³。

3 外浮顶储罐组的容量不应大于600000m³。

6.1.12 同一个罐组内的储罐数量应符合下列规定：

1 当最大单罐容量大于或等于10000m³时，储罐数量不应多于12座。

2 当最大单罐容量大于或等于1000m³时，储罐数量不应多于16座。

3 单罐容量小于1000m³或仅储存丙B类液体的罐组，可不限储罐数量。

6.1.13 地上储罐组内，单罐容量小于1000m³的储存丙B类液体的储罐不应超过4排；其他储罐不应超过2排。

6.1.14 地上立式储罐的基础面标高，应高于储罐周围设计地坪0.5m及以上。

6.1.15 地上储罐组内相邻储罐之间的防火距离不应小于表6.1.15的规定。

表6.1.15 地上储罐组内相邻储罐之间的防火距离

储存液体类别	单罐容量不大于300m³，且总容量不大于1500m³的立式储罐组	固定顶储罐（单罐容量）			外浮顶、内浮顶储罐	卧式储罐
		≤1000m³	>1000m³	≥5000m³		
甲B、乙类	2m	0.75D	0.6D		0.4D	0.8m
丙A类	2m	0.4D			0.4D	0.8m
丙B类	2m	2m	5m	0.4D	0.4D与15m的较小值	0.8m

注：1 表中D为相邻储罐中较大储罐的直径。

2 储存不同类别液体的储罐、不同型式的储罐之间的防火距离，应采用较大值。

6.2 覆土立式油罐

6.2.1 覆土立式油罐应采用固定顶储罐，其设计应根据储罐的容量及地形条件等合理地确定其直径和高度，使覆土立式油罐建成后与周围地形和环境相协调。

6.2.2 覆土立式油罐应采用独立的罐室及出入通道。与管沟连接处必须设置防火、防渗密闭隔离墙。

6.2.3 覆土立式油罐之间的防火距离，应符合下列规定：

1 甲B、乙、丙A类油品覆土立式油罐之间的防火距离，不应小于相邻两罐罐室直径之和的1/2。当按相邻两罐罐室直径之和的1/2计算超过30m时，可取30m。

2 丙B类油品覆土立式油罐之间的防火距离，不应小于相邻较大罐室直径的0.4倍。

3 当丙B类油品覆土立式油罐与甲B、乙、丙A类油品覆土立式油罐相邻时，两者之间的防火距离应按本条第1款执行。

6.2.4 覆土立式油罐的基础应设在稳定的岩石层或满足地基承载力的均匀土层上。

6.2.5 覆土立式油罐的罐室设计应符合下列规定：

1 罐室应采用圆筒形直墙与钢筋混凝土球壳顶的结构形式。罐室及出入通道的墙体，应采用密实性材料构筑，并应保证在油罐出现泄漏事故时不泄漏。

2 罐室球壳顶内表面与金属油罐顶的距离不应小于1.2m，罐室壁与金属罐壁之间的环形走道宽度不应小于0.8m。

3 罐室顶部周边应均布设置采光通风孔。直径小于或等于12m的罐室，采光通风孔不应少于2个；直径大于12m的罐室，至少应设4个采光通风孔。采光通风孔的直径或任意边长不应小于0.6m，其口部高出覆土面层不宜小于0.3m，并应装设带锁的孔盖。

4 罐室出入通道宽度不宜小于1.5m，高度不宜小于2.2m。

5 储存甲B、乙、丙A类油品的覆土立式油罐，其罐室通道出入口高于罐室地坪不应小于2.0m。

6 罐室的出入通道口，应设向外开启的并满足口部紧急时刻封堵强度要求的防火密闭门，其耐火极限不得低于1.5h。通道口部的设计，应有利于在紧急时刻采取封堵措施。

7 罐室及出入通道应有防水措施。阀门操作间应设积水坑。

6.2.6 覆土立式油罐应按下列要求设置事故外输管道：

1 事故外输管道的公称直径，宜与油罐进出油管道一致，且不得小于100mm。

2 事故外输管道应由罐室阀门操作间处的积水坑处引出罐室外，并宜满足在事故时能与输油干管相连通。

3 事故外输管道应设控制阀门和隔离装置。控制阀门和隔离装置不应设在罐室内和事故时容易危及的部位。

6.2.7 覆土立式油罐的基本附件和通气管的设置，应符合本规范第6.4节的有关规定。

6.2.8 罐室顶部的覆土厚度不应小于0.5m，周围覆土坡度应满足回填土的稳固要求。

6.2.9 储存甲B类、乙类和丙A类液体的覆土立式油罐区，应按不小于区内储罐可能发生油品泄漏事故时，油品漫出罐室部分最多一个油罐的泄漏油品设置区域导流沟及事故存油坑（池）。

6.2.10 覆土立式油罐与罐区主管道连接的支管道敷设深度大于2.5m时，可采用非充沙封闭管沟方式敷设。

6.3 覆土卧式油罐

6.3.1 覆土卧式油罐的设计应满足其设置条件下的强度要求，当采用钢制油罐时，其罐壁所用钢板的公称厚度应满足下列要求：

1 直径小于或等于2500mm的油罐，其壁厚不得小于6mm。

2 直径为2501mm~3000mm的油罐，其壁厚不得小于7mm。

3 直径大于3000mm的油罐，其壁厚不得小于8mm。

6.3.2 储存对水和土壤有污染的液体的覆土卧式油罐，应按国家有关环境保护标准或政府有关环境保护法令、法规要求采取防渗漏措施，并应具备检漏功能。

6.3.3 有防渗漏要求的覆土卧式油罐，油罐应采用双层油罐或单层钢油罐设置防渗罐池的方式；单罐容量大于100m³的覆土卧式油罐和既有单层覆土卧式油罐的防渗，可采用油罐内衬防渗层的方式。

6.3.4 采用双层油罐时，双层油罐的结构及检漏要求，应符合现行国家标准《汽车加油加气站设计与施工规范》GB 50156的有关规定。

6.3.5 采用单层油罐设置防渗罐池时，应符合下列规定：

1 防渗罐池应采用防渗钢筋混凝土整体浇注，池底表面及低于储罐直径2/3以下的内墙面应做防渗处理。

2 埋地油罐的防渗罐池设计，应符合现行国家标准《汽车加油加气站设计与施工规范》GB 50156有关规定。

3 罐顶高于周围地坪的油罐，防渗罐池的池顶应高于周围地坪0.2m以上。

4 罐底低于周围地坪的油罐，应按现行国家标准《汽车加油加气站设计与施工规范》GB 50156的有关规定设置检漏立管。检漏立管宜沿油罐纵向合理布置，每罐至少应设2根检漏立管。相邻油罐可共用检漏立管。

5 罐底高于周围地坪的油罐可设检漏横管。检漏横管的直径不得小于50mm，每罐至少应设1根检漏横管，且防渗罐池的池底或油罐基础应有不小于5‰的坡度坡向检漏横管。

6 油罐基础和罐体周围的回填料，应保证储罐任何部位的渗漏均能在检漏管处被发现。

7 防渗罐池以上的覆土，应有防止雨水、地表水渗入池内的措施。

6.3.6 采用单层钢罐内衬防渗层时，内衬层应采用短纤维喷射技术做玻璃纤维增强塑料防渗层，其厚度不应小于0.8mm，并应通过相应电压等级的电火花检测合格。

6.3.7 卧式油罐应设带有高液位报警功能的液位监测系统。单层油罐的液位检测系统尚应具备渗漏检测功能。

6.3.8 覆土卧式油罐的间距不应小于0.5m，覆土厚度不应小于0.5m。

6.3.9 当埋地油罐受地下水或雨水作用有上浮的可能时，应对油罐采取抗浮措施。

6.3.10 与土壤接触的钢制油罐外表面，其防腐设计应符合现行行业标准《石油化工设备和管道涂料防腐蚀设计规范》SH/T 3022的有关规定，且防腐等级不应低于加强级。覆土不应损坏防腐层。

6.4 储 罐 附 件

6.4.1 立式储罐应设上罐的梯子、平台和栏杆。高度大于5m的立式储罐，应采用盘梯。覆土立式油罐高于罐室环形通道地面2.2m以下的高度应采用活动斜梯，并应有防止磕碰发生火花的措施。

6.4.2 储罐罐顶上经常走人的地方，应设防滑踏步和护栏；测量孔处应设测量平台。

6.4.3 立式储罐的量油孔、罐壁人孔、排污孔（或清扫孔）及放水管等的设置，宜按现行行业标准《石油化工储运系统罐区设计规范》SH/T 3007的有关规定执行。覆土立式油罐应有一个罐壁人孔朝向阀门操作间。

6.4.4 下列储罐通向大气的通气管管口应装设呼吸阀：

1 储存甲B、乙类液体的固定顶储罐和地上卧式储罐；

2 储存甲B类液体的覆土卧式油罐；

3 采用氮气密封保护系统的储罐。

6.4.5 呼吸阀的排气压力应小于储罐的设计正压力，呼吸阀的进气压力应大于储罐的设计负压力。当呼吸阀所处的环境温度可能小于或等于0℃时，应选用全天候式呼吸阀。

6.4.6 采用氮气密封保护系统的储罐应设事故泄压设备，并应符合下列规定：

1 事故泄压设备的开启压力应大于呼吸阀的排气压力，并应小于或等于储罐的设计正压力。

2 事故泄压设备的吸气压力应小于呼吸阀的进气压力，并应大于或等于储罐的设计负压力。

3 事故泄压设备应满足氮气管道系统和呼吸阀出现故障时保障储罐安全通气的需要。

4 事故泄压设备可直接通向大气。

5 事故泄压设备宜选用公称直径不小于500mm的呼吸人孔。如储罐设置有备用呼吸阀，事故泄压设备也可选用公称直径不小于500mm的紧急放空人孔盖。

6.4.7 下列储罐的通气管上必须装设阻火器：

1 储存甲B类、乙类、丙A类液体的固定顶储罐和地上卧式储罐；

2 储存甲B类和乙类液体的覆土卧式油罐；

3 储存甲B类、乙类、丙A类液体并采用氮气密封保护系统的内浮顶储罐。

6.4.8 覆土立式油罐的通气管管口应引出罐室外，管口宜高出覆土面1.0m~1.5m。

6.4.9 储罐进液不得采用喷溅方式。甲B、乙、丙A类液体储罐的进液管从储罐上部接入时，进液管应延伸到储罐的底部。

6.4.10 有脱水操作要求的储罐宜装设自动脱水器。

6.4.11 储存Ⅰ、Ⅱ级毒性液体的储罐，应采用密闭采样器。储罐的凝液或残液应密闭排入专用收集系统或设备。

6.4.12 常压卧式储罐的基本附件设置，应符合下列规定：

1 卧式储罐的人孔公称直径不应小于600mm。筒体长度大于6m的卧式储罐，至少应设2个人孔。

2 卧式储罐的接合管及人孔盖应采用钢质材料。

3 液位测量装置和测量孔的检尺槽，应位于储罐正顶部的纵向轴线上，并宜设在人孔盖上。

4 储罐排水管的公称直径不应小于40mm。排水管上的阀门应采用钢制闸阀或球阀。

6.4.13 常压卧式储罐的通气管设置，应符合下列规定：

1 卧式储罐通气管的公称直径应按储罐的最大进出流量确定，但不应小于50mm；当同种液体的多个储罐共用一根通气干管时，其通气干管的公称直径不应小于80mm。

2 通气管横管应坡向储罐，坡度应大于或等于5‰。

3 通气管管口的最小设置高度，应符合表6.4.13的规定。

表6.4.13 卧式储罐通气管管口的最小设置高度

储罐设置形式	通气管管口最小设置高度	
	甲、乙类液体	丙类液体
地上露天式	高于储罐周围地面4m，且高于罐顶1.5m	高于罐顶0.5m
覆土式	高于储罐周围地面4m，且高于覆土面层1.5m	高于覆土面层1.5m

6.5 防 火 堤

6.5.1 地上储罐组应设防火堤。防火堤内的有效容量，不应小于罐组内一个最大储罐的容量。

6.5.2 地上立式储罐的罐壁至防火堤内堤脚线的距离，不应小于罐壁高度的一半。卧式储罐的罐壁至防火堤内堤脚线的距离，不应小于3m。依山建设的储罐，可利用山体兼作防火堤，储罐的罐壁至山体的距离最小可为1.5m。

6.5.3 地上储罐组的防火堤实高应高于计算高度0.2m，防火堤高于堤内设计地坪不应小于1.0m，高于堤外设计地坪或消防车道路面（按较低者计）不应大于3.2m。地上卧式储罐的防火堤应高于堤内设计地坪不小于0.5m。

6.5.4 防火堤宜采用土筑防火堤，其堤顶宽度不应小于0.5m。不具备采用土筑防火堤条件的地区，可选用其他结构形式的防火堤。

6.5.5 防火堤应能承受在计算高度范围内所容纳液体的静压力且不应泄漏；防火堤的耐火极限不应低于5.5h。

6.5.6 管道穿越防火堤处应采用不燃烧材料严密填实。在雨水沟（管）穿越防火堤处，应采取排水控制措施。

6.5.7 防火堤每一个隔堤区域内均应设置对外人行台阶或坡道，相邻台阶或坡道之间的距离不宜大于60m。

6.5.8 立式储罐罐组内应按下列规定设置隔堤：

1 多品种的罐组内下列储罐之间应设置隔堤：

1） 甲B、乙A类液体储罐与其他类可燃液体储罐之间；

2） 水溶性可燃液体储罐与非水溶性可燃液体储罐之间；

3） 相互接触能引起化学反应的可燃液体储罐之间；

4） 助燃剂、强氧化剂及具有腐蚀性液体储罐与可燃液体储罐之间。

2 非沸溢性甲B、乙、丙A类储罐组隔堤内的储罐数量，不应超过表6.5.8的规定。

表6.5.8 非沸溢性甲B、乙、丙A类储罐组隔堤内的储罐数量

单罐公称容量V（m^3）	一个隔堤内的储罐数量（座）
$V<5000$	6
$5000 \leqslant V<20000$	4
$20000 \leqslant V<50000$	2
$V \geqslant 50000$	1

注： 当隔堤内的储罐公称容量不等时，隔堤内的储罐数量按其中一个较大储罐公称容量计。

3 隔堤内沸溢性液体储罐的数量不应多于2座。

4 非沸溢性的丙B类液体储罐之间，可不设置隔堤。

5 隔堤应是采用不燃烧材料建造的实体墙，隔堤高度宜为0.5m~0.8m。

7 易燃和可燃液体泵站

7.0.1 易燃和可燃液体泵站宜采用地上式。其建筑形式应根据输送介质的特点、运行工况及当地气象条件等综合考虑确定，可采用房间式（泵房）、棚式（泵棚）或露天式。

7.0.2 易燃和可燃液体泵站的建筑设计，应符合下列规定：

1 泵房或泵棚的净空应满足设备安装、检修和操作的要求，且不应低于3.5m。

2 泵房的门应向外开，且不应少于2个，其中一个应能满足泵房内最大设备的进出需要。建筑面积小于100m²时可只设1个外开门。

3 泵房（间）的门、窗采光面积，不宜小于其建筑面积的15%。

4 泵棚或露天泵站的设备平台，应高于其周围地坪不少于0.15m。

5 与甲B、乙类液体泵房（间）相毗邻建设的变配电间的设置，应符合本规范第14.1.4条的规定。

6 腐蚀性介质泵站的地面、泵基础等其他可能接触到腐蚀性液体的部位，应采取防腐措施。

7 输送液化石油气等甲A类液体的泵站，应采用不发生火花的地面。

7.0.3 输送Ⅰ、Ⅱ级毒性液体的泵，宜独立设置泵站。

7.0.4 输送加热液体的泵，不应与输送闪点低于45℃液体的泵设在同一个房间内。

7.0.5 输送液化烃等甲A类液体的泵，不应与输送其他易燃和可燃液体的泵设在同一个房间内。

7.0.6 Ⅰ、Ⅱ级毒性液体的输送泵应采用屏蔽泵或磁力泵。

7.0.7 易燃和可燃液体输送泵的设置，应符合下列规定：

1 输送有特殊要求的液体，应设专用泵和备用泵。

2 连续输送同一种液体的泵，当同时操作的泵不多于3台时，宜设1台备用泵；当同时操作的泵多于3台时，备用泵不宜多于2台。

3 经常操作但不连续运转的泵不宜单独设置备用泵，可与输送性质相近液体的泵互为备用或共设一台备用泵。

4 不经常操作的泵，不宜设置备用油泵。

7.0.8 泵的布置应满足操作、安装及检修的要求，并应排列有序。

7.0.9 离心泵水平进口管需要变径时，应采用异径偏心接头。异径偏心接头应靠近泵入口安装，当泵的进口管道内的液体从下向上或水平进泵时，应采用顶平安装；当泵的进口管道内的液体从上向下进泵时，应采用底平安装。

7.0.10 输送在操作温度下容易处于泡点（或平衡）状态下的液体，泵的进口管道宜步步低的坡向机泵。

7.0.11 泵的进口管道上应设过滤器。磁力泵进口管道应设磁性复合过滤器。过滤器的选用应符合现行行业标准《石油化工泵用过滤器选用、检验及验收》SH/T 3411的规定。过滤器应安装在泵进口管道的阀门与泵入口法兰之间的管段上。

7.0.12 泵的出口管道宜设止回阀，止回阀应安装在泵出口管道的阀门与泵出口法兰之间的管段上。

7.0.13 液化石油气进泵管道宜采用隔热措施。

7.0.14 在泵进出口之间的管道上宜设高点排气阀。当输送液化烃、液氨、有毒液体时，排气阀出口应接至密闭放空系统。

7.0.15 易燃和可燃气体排放管口的设置，应符合下列规定：

1 排放管口应设在泵房（棚）外，并应高出周围地坪4m及以上。

2 排放管口设在泵房（棚）顶面上方时，应高出泵房（棚）顶面1.5m及以上。

3 排放管口与泵房门、窗等孔洞的水平路径不应小于3.5m；与配电间门、窗及非防爆电气设备的水平路径不应小于5m。

4 排放管口应装设阻火器。

7.0.16 当选用容积泵作为离心泵灌泵和抽吸油罐车底油的泵时，该泵的排出口应就近接至相应的管道放空设施。

7.0.17 无内置安全阀的容积泵的出口管道上应设安全阀。

7.0.18 易燃和可燃液体装卸区不设集中泵站时，泵可设置于铁路罐车装卸栈桥或汽车罐车装卸站台之下，但应满足自然通风条件，且泵基础顶面应高于周围地坪和可能出现的最大积水高度。

8 易燃和可燃液体装卸设施

8.1 铁路罐车装卸设施

8.1.1 铁路罐车装卸线设置，应符合下列规定：

1 铁路罐车装卸线的车位数，应按液体运输量确定。

2 铁路罐车装卸线应为尽头式。

3 铁路罐车装卸线应为平直线，股道直线段的始端至装卸栈桥第一鹤管的距离，不应小于进库罐车长度的1/2。装卸线设在平直线上确有困难时，可设在半径不小于600m的曲线上。

4 装卸线上罐车车列的始端车位车钩中心线至前方铁路道岔警冲标的安全距离，不应小于31m；终端车位车钩中心线至装卸线车挡的安全距离不应小于20m。

8.1.2 罐车装卸线中心线至石油库内非罐车铁路装卸线中心线的安全距离，应符合下列规定：

1 装甲B、乙类液体的不应小于20m。

2 卸甲B、乙类液体的不应小于15m。

3 装卸丙类液体的不应小于10m。

8.1.3 下列易燃和可燃液体宜单独设置铁路罐车装卸线：

1 甲A类液体；

2 甲B类液体、乙类液体、丙A类液体；

3 丙B类液体。

当以上液体合用一条装卸线，且同时作业时，两类液体鹤管之间的距离，不应小于24m；不同时作业时，鹤管间距可不限制。

8.1.4 桶装液体装卸车与罐车装卸车合用一条装卸线时，桶装液体车位至相邻罐车车位的净距，不应小于10m。不同时作业时可不限制。

8.1.5 罐车装卸线中心线与无装卸栈桥一侧其他建（构）筑物的距离，在露天场所不应小于3.5m，在非露天场所不应小于2.44m。

8.1.6 铁路中心线至石油库铁路大门边缘的距离，有附挂调车作业时，不应小于3.2m；无附挂调车作业时不应小于2.44m。

8.1.7 铁路中心线至装卸暖库大门边缘的距离，不应小于2m。暖库大门的净空高度（自轨面算起）不应小于5m。

8.1.8 桶装液体装卸站台的顶面应高于轨面，其高差不应小于1.1m。站台边缘至装卸线中心线的距离应符合下列规定：

1 当装卸站台的顶面距轨面高差等于1.1m时，不应小于1.75m；

2 当装卸站台的顶面距轨面高差大于1.1m时，不应小于1.85m。

8.1.9 从下部接卸铁路罐车的卸油系统。应采用密闭管道系统。从上部向铁路罐车灌装甲B、乙、丙A类液体时，应采用插到罐车底部的鹤管。鹤管内的液体流速，在鹤管浸没于液体之前不应大于1m/s，浸没于液体之后不应大于4.5m/s。

8.1.10 不应在同一装卸线的两侧同时设置罐车装卸栈桥。铁路装卸线为单股道时，装卸栈桥宜与装卸泵站同侧布置。

8.1.11 罐车装卸栈桥的桥面，宜高于轨面3.5m。栈桥上应设安全栏杆。在栈桥的两端和沿栈桥每60m~80m处，应设上下栈桥的梯子。

8.1.12 罐车装卸栈桥边缘与罐车装卸线中心线的距离，应符合下列规定：

1 自轨面算起3m及以下，其距离不应小于2m；

2 自轨面算起3m以上，其距离不应小于1.85m。

8.1.13 罐车装卸鹤管至石油库围墙的铁路大门的距离，不应小于20m。

8.1.14 相邻两座罐车装卸栈桥的相邻两条罐车装卸线中心线的距离，应符合下列规定：

1 当二者或其中之一用于装卸甲B、乙类液体时，其距离不应小于10m。

2 当二者都用于装卸丙类液体时，其距离不应小于6m。

8.1.15 在保证装卸液体质量的情况下，性质相近的液体可共享鹤管，但航空油料的鹤管应专管专用。

8.1.16 向铁路罐车灌装甲B、乙A类液体和Ⅰ、Ⅱ级毒性液体应采用密闭装车方式，并应按现行国家标准《油品装卸系统油气回收设施设计规范》GB 50759的有关规定设置油气回收设施。

8.2 汽车罐车装卸设施

8.2.1 向汽车罐车灌装甲B、乙、丙A类液体宜在装车棚（亭）内进行。甲B、乙、丙A类液体可共用一个装车棚（亭）。

8.2.2 汽车灌装棚的建筑设计，应符合下列规定：

1 灌装棚应为单层建筑，并宜采用通过式。

2 灌装棚的耐火等级，应符合本规范第3.0.5条的规定。

3 灌装棚罩棚至地面的净空高度，应满足罐车灌装作业要求，且不得低于5.0m。

4 灌装棚内的灌装通道宽度，应满足灌装作业要求，其地面应高于周围地面。

5 当灌装设备设置在灌装台下时，台下的空间不得封闭。

8.2.3 汽车罐车的液体灌装宜采用泵送装车方式。有地形高差可供利用时，宜采用储罐直接自流装车方式。采用泵送灌装时，灌装泵可设置在灌装台下，并宜按一泵供一鹤位设置。

8.2.4 汽车罐车的液体装卸应有计量措施，计量精度应符合国家有关规定。

8.2.5 汽车罐车的液体灌装宜采用定量装车控制方式。

8.2.6 汽车罐车向卧式储罐卸甲B、乙、丙A类液体时，应采用密闭管道系统。

8.2.7 灌装汽车罐车宜采用底部装车方式。

8.2.8 当采用上装鹤管向汽车罐车灌装甲B、乙、丙A类液体时，应采用能插到罐车底部的装车鹤管。鹤管内的液体流速，在鹤管口浸没于液体之前不应大于1m/s，浸没于液体之后不应大于4.5m/s。

8.2.9 向汽车罐车灌装甲B、乙A类液体和Ⅰ、Ⅱ级毒性液体应采用密闭装车方式，并应按现行国家标准《油品装卸系统油气回收设施设计规范》GB 50759的有关规定设置油气回收设施。

8.3 易燃和可燃液体装卸码头

8.3.1 易燃和可燃液体装卸码头宜布置在港口的边缘地区和下游。

8.3.2 易燃和可燃液体装卸码头宜独立设置。

8.3.3 易燃和可燃液体装卸码头与公路桥梁、铁路桥梁等的安全距离，不应小于表8.3.3的规定。

表 8.3.3　易燃和可燃液体装卸码头与公路桥梁、铁路桥梁等的安全距离

易燃和可燃液体装卸码头位置	液体类别	安全距离（m）
公路桥梁、铁路桥梁的下游	甲B、乙	150（75）
	丙	100（50）
公路桥梁、铁路桥梁的上游	甲B、乙	300（150）
	丙	200（100）
内河大型船队锚地、固定停泊所、城市水源取水口的上游	甲B、乙、丙	1000（500）

注：表中括号内数字为停靠小于500t船舶码头的安全距离。

8.3.4　易燃和可燃液体装卸码头之间或易燃和可燃液体码头相邻两泊位的船舶安全距离，不应小于表8.3.4的规定。

表 8.3.4　易燃和可燃液体装卸码头之间或易燃和可燃液体码头相邻两泊位的船舶安全距离

停靠船舶吨级	船长L（m）	安全距离（m）
>1000t 级	$L \leqslant 110$	25
	$110 < L \leqslant 150$	35
	$150 < L \leqslant 182$	40
	$182 < L \leqslant 235$	50
	$L > 235$	55
≤1000t 级	L	$0.3L$

注：1　船舶安全距离系指相邻液体泊位设计船型首尾间的净距。
　　2　当相邻泊位设计船型不同时，其间距应按吨级较大者计算。
　　3　当突堤或栈桥码头两侧靠船时，对于装卸甲类液体泊位，船舷之间的安全距离不应小于25m。

8.3.5　易燃和可燃液体装卸码头与相邻货运码头的安全距离，不应小于表8.3.5的规定。

表 8.3.5　易燃和可燃液体装卸码头与相邻货运码头的安全距离

液体装卸码头位置	液体类别	安全距离（m）
内河货运码头下游	甲B、乙	75
	丙	50
沿海、河口 内河货运码头上游	甲B、乙	150
	丙	100

注：表中安全距离系指相邻两码头所停靠设计船型首尾间的净距。

8.3.6　易燃和可燃液体装卸码头与相邻港口客运站码头的安全距离不应小于表8.3.6的规定。

表 8.3.6　易燃和可燃液体装卸码头与相邻港口客运站码头的安全距离

液体装卸码头位置	客运站级别	液体类别	安全距离（m）
沿海	一、二、三、四	甲B、乙	300（150）
		丙	200（100）
内河客运站码头的下游	一、二	甲B、乙	300（150）
		丙	200（100）

表8.3.6 易燃和可燃液体装卸码头与相邻港口客运站码头的安全距离（续）

液体装卸码头位置	客运站级别	液体类别	安全距离（m）
内河客运站码头的下游	三、四	甲B、乙	150（75）
		丙	100（50）
内河客运站码头的上游	一	甲B、乙	3000（1500）
		丙	2000（1000）
	二	甲B、乙	2000（1000）
		丙	1500（750）
	三、四	甲B、乙	1000（500）
		丙	700（350）

注：1 易燃和可燃液体装卸码头与相邻客运站码头的安全距离，系指相邻两码头所停靠设计船型首尾间的净距。
2 括号内数据为停靠小于500t级船舶码头的安全距离。
3 客运站级别划分见现行国家标准《河港工程设计规范》GB 50192。

8.3.7 装卸甲B、乙、丙A类液体和Ⅰ、Ⅱ级毒性液体的船舶应采用密闭接口形式。

8.3.8 停靠需要排放压舱水或洗舱水船舶的码头，应设置接受压舱水或洗舱水的设施。

8.3.9 易燃和可燃液体装卸码头的建造材料，应采用不燃材料（护舷设施除外）。

8.3.10 在易燃和可燃液体管道位于岸边的适当位置，应设用于紧急状况下的切断阀。

8.3.11 易燃液体码头敷设管道的引桥宜独立设置。

8.3.12 向船舶灌装甲B、乙A类液体和Ⅰ、Ⅱ级毒性液体，宜按现行国家标准《油品装卸系统油气回收设施设计规范》GB 50759的有关规定设置油气回收设施。

9 工艺及热力管道

9.1 库内管道

9.1.1 石油库内工艺及热力管道宜地上敷设或采用敞口管沟敷设；根据需要局部地段可埋地敷设或采用充沙封闭管沟敷设。

9.1.2 地上管道不应环绕罐组布置，且不应妨碍消防车的通行。设置在防火堤与消防车道之间的管道不应妨碍消防人员通行及作业。

9.1.3 Ⅰ、Ⅱ级毒性液体管道不应埋地敷设，并应有明显区别于其他管道的标志；必须埋地敷设时应设防护套管，并应具备检漏条件。

9.1.4 地上工艺管道不宜靠近消防泵房、专用消防站、变电所和独立变配电间、办公室、控制室以及宿舍、食堂等人员集中场所敷设。当地上工艺管道与这些建筑物之间的距离小于15m时，朝向工艺管道一侧的外墙应采用无门窗的不燃烧体实体墙。

9.1.5 管道穿越铁路和道路时，应符合下列规定：

1 管道穿越铁路和道路的交角不宜小于60°，穿越管段应敷设在涵洞或套管内，或采取其他防护措施。管道桥涵应充沙（土）填实。

2 套管端部应超出坡脚或路基至少0.6m；穿越排水沟的，应超出排水沟边缘至少0.9m。

3 液化烃管道套管顶低于铁路轨面不应小于1.4m，低于道路路面不应小于1.0m；其他管道套管顶低于铁路轨面不应小于0.8m，低于道路路面不应小于0.6m。套管应满足承压强度要求。

9.1.6 管道跨越道路和铁路时，应符合下列规定：

1 管道跨越电气化铁路时，轨面以上的净空高度不应小于6.6m；

2 管道跨越非电气化铁路时，轨面以上的净空高度不应小于5.5m；

3 管道跨越消防车道时，路面以上的净空高度不应小于5m；

4 管道跨越其他车行道路时，路面以上的净空高度不应小于4.5m；

5 管架立柱边缘距铁路不应小于3.5m，距道路不应小于1m；

6 管道在跨越铁路、道路上方的管段上不得装设阀门、法兰、螺纹接头、波纹管及带有填料的补偿器等可能出现渗漏的组成件。

9.1.7 地上管道与铁路平行布置时，其与铁路的距离不应小于3.8m（铁路罐车装卸栈桥下面的管道除外）。

9.1.8 地上管道沿道路平行布置时，与路边的距离不应小于1m。埋地管道沿道路平行布置时，不得敷设在路面之下。

9.1.9 金属工艺管道连接应符合下列规定：

1 管道之间及管道与管件之间应采用焊接连接。

2 管道与设备、阀门、仪表之间宜采用法兰连接，采用螺纹连接时应确保连接强度和严密性。

9.1.10 与储罐等设备连接的管道，应使其管系具有足够的柔性，并应满足设备管口的允许受力要求。

9.1.11 在输送腐蚀性液体和Ⅰ、Ⅱ级毒性液体管道上，不宜设放空和排空装置。如必须设放空和排空装置时，应有密闭收集凝液的措施。

9.1.12 工艺管道上的阀门，应选用钢制阀门。选用的电动阀门或气动阀门应具有手动操作功能。公称直径小于或等于600mm的阀门，手动关闭阀门的时间不宜超过15min；公称直径大于600mm的阀门，手动关闭阀门的时间不宜超过20min。

9.1.13 管道的防护应符合下列规定：

1 钢管及其附件的外表面，应涂刷防腐涂层，埋地钢管尚应采取防腐绝缘或其他防护措施。

2 管道内液体压力有超过管道设计压力可能的工艺管道，应在适当位置设置泄压装置。

3 输送易凝液体或易自聚液体的管道，应分别采取防凝或防自聚措施。

9.1.14 输送有特殊要求的液体，应设专用管道。

9.1.15 热力管道不得与甲、乙、丙A类液体管道敷设在同一条管沟内。

9.1.16 埋地敷设的热力管道与埋地敷设的甲、乙类工艺管道平行敷设时，两者之间的净距不应小于1m；与埋地敷设的甲、乙类工艺管道交叉敷设时，两者之间的净距不应小于0.25m，且工艺管道宜在其他管道和沟渠的下方。

9.1.17 管道宜沿库区道路布置。工艺管道不得穿越或跨越与其无关的易燃和可燃液体的储罐组、装卸设施及泵站等建（构）筑物。

9.1.18 自采样及管道低点排出的有毒液体应密闭排入专用收集系统或其他收集设施，不得就地排放或直接排入排水系统。

9.1.19 有毒液体管道上的阀门，其阀杆方向不应朝下或向下倾斜。

9.1.20 酚或其他少量与皮肤接触即会产生严重生理反应或致命危险的液体，其管道和设备的法兰垫片周围宜设置安全防护罩。

9.1.21 对储存和输送酚等腐蚀性液体和有毒液体的设备和阀门，在人工操作区域内，应在人员容易接近的地方设置淋浴喷头和洗眼器等急救设施。

9.1.22 当管道采用管沟方式敷设时，管沟与泵房、灌桶间、罐组防火堤、覆土油罐室的结合处，应设置密闭隔离墙。

9.1.23 当管道采用充沙封闭管沟或非充沙封闭管沟方式敷设时，除应符合本规范第9.1.22条规定外，尚应符合下列规定：

1 热力管道、加温输送的工艺管道，不得与输送甲、乙类液体的工艺管道敷设在同一条管沟内。

2 管沟内的管道布置应方便检修及更换管道组成件。

3　非充沙封闭管沟的净空高度不宜小于1.8m。沟内检修通道净宽不宜小于0.7m。

4　非充沙封闭管沟应设安全出入口，每隔100m宜设满足人员进出的人孔或通风口。

9.1.24　当管道采用埋地方式敷设时，应符合下列规定：

1　管道的埋设深度宜位于最大冻土深度以下。埋设在冻土层时，应有防冻胀措施。

2　管顶距地面不应小于0.5m；在室内或室外有混凝土地面的区域，管顶埋深应低于混凝土结构层不小于0.3m；穿越铁路和道路时，应符合本规范第9.1.5条的规定。

3　输送易燃和可燃介质的埋地管道不宜穿越电缆沟，如不可避免时应设防护套管；当管道液体温度超过60℃时，在套管内应充填隔热材料，使套管外壁温度不超过60℃。

4　埋地管道不得平行重叠敷设。

5　埋地管道不应布置在邻近建（构）筑物的基础压力影响范围内，并应避免其施工和检修开挖影响邻近设备及建（构）筑物基础的稳固性。

9.2　库外管道

9.2.1　库外管道宜沿库外道路敷设。库外工艺管道不应穿过村庄、居民区、公共设施，并宜远离人员集中的建筑物和明火设施。

9.2.2　库外管道应避开滑坡、崩塌、沉陷、泥石流等不良的工程地质区。当受条件限制必须通过时，应选择合适的位置，缩小通过距离，并应加强防护措施。

9.2.3　库外管道与相邻建（构）筑物或设施之间的距离不应小于表9.2.3的规定。

表9.2.3　库外管道与相邻建（构）筑物或设施之间的距离（m）

序号	相邻建（构）筑物		液化烃等甲A类液体管道		其他易燃和可燃液体管道	
			埋地敷设	地上架空	埋地敷设	地上架空
1	城镇居民点或独立的人群密集的房屋、工矿企业人员集中场所		30	40	15	25
2	工矿企业厂内生产设施		20	30	10	15
3	库外铁路线	国家铁路线	15	25	10	15
		企业铁路线	10	15	10	10
4	库外公路	高速公路、一级公路	7.5	12	5	7.5
		其他公路	5	7.5	5	7.5
5	工业园区内道路	主要道路	5	5	5	5
		一般道路	3	3	3	3
6	架空电力、通信线路		5	1倍杆高，且不小于5m	5	1倍杆高，且不小于5m

注：1　对于城镇居民点或独立的人群密集的房屋、工矿企业人员集中场所，由边缘建（构）筑物的外墙算起；对于学校、医院、工矿企业厂内生产设施等，由区域边界线算起。

2　表中库外管道与库外铁路线、库外公路、工业园区内道路之间的距离系指两者平行敷设时的间距。

3　当情况特殊或受地形及其他条件限制时，在采取加强安全保护措施后，序号1和2的距离可减少50%。对处于地形特殊困难地段与公路平行的局部管段，在采取加强安全保护措施后，可埋设在公路路肩边线以外的公路用地范围以内。

4　库外管道尚应位于铁路用地范围边线和公路用地范围边线外。

5　库外管道尚不应穿越与其无关的工矿企业，确有困难需要穿越时，应进行安全评估。

9.2.4　库外管道采用埋地敷设方式时，在地面上应设置明显的永久标志，管道的敷设设计应符合现行国家标准《输油管道工程设计规范》GB 50253的有关规定。

9.2.5　易燃、可燃、有毒液体库外管道沿江、河、湖、海敷设时，应有预防管道泄漏污染水域的措施。

9.2.6 架空敷设的库外管道经过人员密集区域时，宜设防止人员进入的防护栏。

9.2.7 沿库外公路架空敷设的厂际管道距库外公路路边的距离小于10m时，宜沿库外公路边设防撞设施。

9.2.8 埋地敷设的库外工艺管道不宜与市政管道、暗沟（渠）交叉或相邻布置，如确需交叉或相邻布置，应符合下列规定：

1 与市政管道、暗沟（渠）交叉时，库外工艺管道应位于市政管道、暗沟（渠）的下方，库外工艺管道的管顶与市政管道的管底、暗沟（渠）的沟底的垂直净距不应小于0.5m。

2 沿道路布置时，不宜与市政管道、暗沟（渠）相邻布置在道路的相同侧。

3 工艺管道与市政管道、暗沟（渠）平行敷设时，两者之间的净距不应小于1m，且工艺管道应位于市政热力管道热力影响范围外。

4 应进行安全风险分析，根据具体情况，采取有效可行措施，防止泄漏的易燃和可燃液体、气体进入市政管道、暗沟（渠）。

9.2.9 库外管道穿越工程的设计，应符合现行国家标准《油气输送管道穿越工程设计规范》GB 50423的有关规定。

9.2.10 库外管道跨越工程的设计，应符合现行国家标准《油气输送管道跨越工程设计规范》GB 50459的有关规定。

9.2.11 库外管道应在进出储罐区和库外装卸区的便于操作处设置截断阀门。

9.2.12 库外埋地管道与电气化铁路平行敷设时，应采取防止交流电干扰的措施。

9.2.13 当重要物品仓库（或堆场）、军事设施、飞机场等，对与库外管道的安全距离有特殊要求时，应按有关规定执行或协商解决。

9.2.14 库外管道的设计除应符合本节上述规定外，尚应符合本规范第9.1.3条、第9.1.9条和第9.1.11条~第9.1.13条的规定。

10 易燃和可燃液体灌桶设施

10.1 灌桶设施组成和平面布置

10.1.1 灌桶设施可由灌装储罐、灌装泵房、灌桶间、计量室、空桶堆放场、重桶库房（棚）、装卸车站台以及必要的辅助生产设施和行政、生活设施组成，设计可根据需要设置。

10.1.2 灌桶设施的平面布置，应符合下列规定：

1 空桶堆放场、重桶库房（棚）的布置，应避免运桶作业交叉进行和往返运输。

2 灌装储罐、灌桶场地、收发桶场地等应分区布置，且应方便操作、互不干扰。

10.1.3 灌装泵房、灌桶间、重桶库房可合并设在同一建筑物内。

10.1.4 甲B、乙类液体的灌桶泵与灌桶栓之间应设防火墙。甲B、乙类液体的灌桶间与重桶库房合建时，两者之间应设无门、窗、孔洞的防火墙。

10.1.5 灌桶设施的辅助生产和行政、生活设施，可与邻近车间联合设置。

10.2 灌 桶 场 所

10.2.1 灌桶宜采用泵送灌装方式。有地形高差可供利用时，宜采用储罐直接自流灌装方式。

10.2.2 灌桶场所的设计，应符合下列规定：

1 甲B、乙、丙A类液体宜在棚（亭）内灌装，并可在同一座棚（亭）内灌装。

2 润滑油等丙B类液体宜在室内灌装，其灌桶间宜单独设置。

10.2.3 灌油枪出口流速不得大于4.5m/s。

10.2.4 有毒液体灌桶应采用密闭灌装方式。

10.3 桶装液体库房

10.3.1 空、重桶的堆放，应满足灌装作业及空、重桶收发作业的要求。空桶的堆放量宜为1d的灌装量，重桶的堆放量宜为3d的灌装量。

10.3.2 空桶可露天堆放。

10.3.3 重桶应堆放在库房（棚）内。桶装液体库房（棚）的设计，应符合下列规定：

1 甲B、乙类液体重桶与丙类液体重桶储存在同一栋库房内时，两者之间宜设防火墙。

2 Ⅰ、Ⅱ级毒性液体重桶与其他液体重桶储存在同一栋库房内时，两者之间应设防火墙。

3 甲B、乙类液体的桶装液体库房，不得建地下或半地下式。

4 桶装液体库房应为单层建筑。当丙类液体的桶装液体库房采用一、二级耐火等级时，可为两层建筑。

5 桶装液体库房应设外开门。丙类液体桶装液体库房，可在墙外侧设推拉门。建筑面积大于或等于100m²的重桶堆放间，门的数量不应少于2个，门宽不应小于2m。桶装液体库房应设置斜坡式门槛，门槛应选用非燃烧材料，且应高出室内地坪0.15m。

6 桶装液体库房的单栋建筑面积不应大于表10.3.3的规定。

表10.3.3 桶装液体库房的单栋建筑面积

液体类别	耐火等级	建筑面积（m²）	防火墙隔间面积（m²）
甲B	一、二级	750	250
乙	一、二级	2000	500
丙	一、二级	4000	1000
	三级	1200	400

10.3.4 桶的堆码应符合下列规定：

1 空桶宜卧式堆码。堆码层数宜为3层，但不得超过6层。

2 重桶应立式堆码。机械堆码时，甲B类液体和有毒液体不得超过2层，乙类和丙A类液体不得超过3层，丙B类液体不得超过4层。人工堆码时，各类液体的重桶均不得超过2层。

3 运输桶的主要通道宽度，不应小于1.8m。桶垛之间的辅助通道宽度，不应小于1.0m。桶垛与墙柱之间的距离不宜小于0.25m。

4 单层的桶装液体库房净空高度不得小于3.5m。桶多层堆码时，最上层桶与屋顶构件的净距不得小于1m。

11 车间供油站

11.0.1 设置在企业厂房内的车间供油站，应符合下列规定：

1 甲B、乙类油品的储存量，不应大于车间两昼夜的需用量，且不应大于2m³。

2 丙类油品的储存量不宜大于10m³。

3 车间供油站应靠厂房外墙布置，并应设耐火极限不低于3h的非燃烧体墙和耐火极限不低于1.5h的非燃烧体屋顶。

4 储存甲B、乙类油品的车间供油站，应为单层建筑，并应设有直接向外的出入口和防止液体流散的设施。

5 存油量不大于5m³的丙类油品储罐（箱），可直接设置在丁、戊类生产厂房内。

6 储罐（箱）的通气管管口应设在室外，甲B、乙类油品储罐（箱）的通气管管口，应高出屋面1.5m，与厂房门、窗之间的距离不应小于4m。

7 储罐（箱）与油泵的距离可不受限制。

11.0.2 设置在企业厂房外的车间供油站，应符合下列规定：

1 车间供油站与本企业建（构）筑物、交通线等的安全距离，应符合本规范第4.0.16条的规定；站内布置应符合本规范第5.1.3条的规定。

2 甲B、乙类油品储罐的总容量不大于20m³且储罐为埋地卧式储罐或丙类油品储罐的总容量不大于100m³时，站内储罐、油泵站与本车间厂房、厂内道路等的防火距离以及站内储罐、油泵站之间的防火距离可适当减小，但应符合下列规定：

1）站内储罐、油泵站与本车间厂房、厂内道路等的防火距离，不应小于表11.0.2的规定；

表11.0.2 站内储罐、油泵站与本车间厂房、厂内道路等的防火距离（m）

<table>
<tr><th colspan="2">名　　称</th><th>液体类别</th><th>一、二级耐火等级的厂房</th><th>厂房内明火或散发火花地点</th><th>站区围墙</th><th>厂内道路</th></tr>
<tr><td rowspan="3">储罐</td><td rowspan="2">埋地卧式</td><td>甲B、乙</td><td>3</td><td>18.5</td><td rowspan="5">3</td><td rowspan="5">5</td></tr>
<tr><td>丙</td><td>3</td><td>8</td></tr>
<tr><td>地上式</td><td>丙</td><td>6</td><td>17.5</td></tr>
<tr><td colspan="2" rowspan="2">油泵站</td><td>甲B、乙</td><td>3</td><td>15</td></tr>
<tr><td>丙</td><td>3</td><td>8</td></tr>
</table>

2）油泵房与地上储罐的防火距离不应小于5m；

3）油泵房与埋地卧式储罐的防火距离不应小于3m；

4）布置在露天或棚内的油泵与储罐的距离可不受限制。

3 车间供油站应设高度不低于1.6m的站区围墙。当厂房外墙兼作站区围墙时，厂房外墙地坪以上6m高度范围内，不应有门、窗、孔洞。工厂围墙兼作站区围墙时，储罐、油泵站与工厂围墙的距离应符合本规范第5.1.3条的规定。

4 当油泵房与厂房毗邻建设时，油泵房应采用耐火极限不低于3h的非燃烧体墙和不低于1.5h非燃烧体屋顶。对于甲B、乙类油品的泵房，尚应设有直接向外的出入口。

5 埋地卧式储罐的设置，应符合本规范第6.3节和第6.4节的有关规定。

12 消 防 设 施

12.1 一 般 规 定

12.1.1 石油库应设消防设施。石油库的消防设施设置，应根据石油库等级、储罐型式、液体火灾危险性及与邻近单位的消防协作条件等因素综合考虑确定。

12.1.2 石油库的易燃和可燃液体储罐灭火设施的设置，应符合下列规定：

1 覆土卧式油罐和储存丙B类油品的覆土立式油罐，可不设泡沫灭火系统，但应按本规范第12.4.2条的规定配置灭火器材。

2 设置泡沫灭火系统有困难，且无消防协作条件的四、五级石油库，当立式储罐不多于5座，甲B类和乙A类液体储罐单罐容量不大于700m³，乙B和丙类液体储罐单罐容量不大于2000m³时，可采用烟雾灭火方式；当甲B类和乙A类液体储罐单罐容量不大于500m³，乙B类和丙类液体储罐单罐容量不大于1000m³时，也可采用超细干粉等灭火方式。

3 其他易燃和可燃液体储罐应设置泡沫灭火系统。

12.1.3 储罐泡沫灭火系统的设置类型，应符合下列规定：

1 地上固定顶储罐、内浮顶储罐和地上卧式储罐应设低倍数泡沫灭火系统或中倍数泡沫灭火系统。

2 外浮顶储罐、储存甲B、乙和丙A类油品的覆土立式油罐，应设低倍数泡沫灭火系统。

12.1.4 储罐的泡沫灭火系统设置方式，应符合下列规定：

1 容量大于500m³的水溶性液体地上立式储罐和容量大于1000m³的其他甲B、乙、丙A类易燃、可燃液体地上立式储罐，应采用固定式泡沫灭火系统。

2 容量小于或等于500m³的水溶性液体地上立式储罐和容量小于或等于1000m³的其他易燃、可燃液体地上立式储罐，可采用半固定式泡沫灭火系统。

3 地上卧式储罐、覆土立式油罐、丙B类液体立式储罐和容量不大于200m³的地上储罐，可采用移动式泡沫灭火系统。

12.1.5 储罐应设消防冷却水系统。消防冷却水系统的设置应符合下列规定：

1 容量大于或等于3000m³或罐壁高度大于或等于15m的地上立式储罐，应设固定式消防冷却水系统。

2 容量小于3000m³且罐壁高度小于15m的地上立式储罐以及其他储罐，可设移动式消防冷却水系统。

3 五级石油库的立式储罐采用烟雾灭火或超细干粉等灭火设施时，可不设消防给水系统。

12.1.6 火灾时需要操作的消防阀门不应设在防火堤内。消防阀门与对应的着火储罐罐壁的距离不应小于15m，如果有可靠的接近消防阀门的保护措施，可不受此限制。

12.2 消 防 给 水

12.2.1 一、二、三、四级石油库应设独立消防给水系统。

12.2.2 五级石油库的消防给水可与生产、生活给水系统合并设置。

12.2.3 当石油库采用高压消防给水系统时，给水压力不应小于在达到设计消防水量时最不利点灭火所需要的压力；当石油库采用低压消防给水系统时，应保证每个消火栓出口处在达到设计消防水量时，给水压力不应小于0.15MPa。

12.2.4 消防给水系统应保持充水状态。严寒地区的消防给水管道，冬季可不充水。

12.2.5 一、二、三级石油库地上储罐区的消防给水管道应环状敷设；覆土油罐区和四、五级石油库储罐区的消防给水管道可枝状敷设；山区石油库的单罐容量小于或等于5000m³且储罐单排布置的储罐区，其消防给水管道可枝状敷设。一、二、三级石油库地上储罐区的消防水环形管道的进水管道不应少于2条，每条管道应能通过全部消防用水量。

12.2.6 特级石油库的储罐计算总容量大于或等于2400000m³时，其消防用水量应为同时扑救消防设置要求最高的一个原油储罐和扑救消防设置要求最高的一个非原油储罐火灾所需配置泡沫用水量和冷却储罐最大用水量的总和。其他级别石油库储罐区的消防用水量，应为扑救消防设置要求最高的一个储罐火灾配置泡沫用水量和冷却储罐所需最大用水量的总和。

12.2.7 储罐的消防冷却水供应范围，应符合下列规定：

1 着火的地上固定顶储罐以及距该储罐罐壁不大于1.5*D*（*D*为着火储罐直径）范围内相邻的地上储罐，均应冷却。当相邻的地上储罐超过3座时，可按其中较大的3座相邻储罐计算冷却水量。

2 着火的外浮顶、内浮顶储罐应冷却，其相邻储罐可不冷却。当着火的内浮顶储罐浮盘用易熔材料制作时，其相邻储罐也应冷却。

3 着火的地上卧式储罐应冷却，距着火罐直径与长度之和1/2范围内的相邻罐也应冷却。

4 着火的覆土储罐及其相邻的覆土储罐可不冷却，但应考虑灭火时的保护用水量（指人身掩护和冷却地面及储罐附件的水量）。

12.2.8 储罐的消防冷却水供水范围和供给强度应符合下列规定：

1 地上立式储罐消防冷却水供水范围和供给强度，不应小于表12.2.8的规定。

表12.2.8 地上立式储罐消防冷却水供水范围和供给强度

<table>
<tr><th colspan="3">储罐及消防冷却型式</th><th>供水范围</th><th>供给强度</th><th>附 注</th></tr>
<tr><td rowspan="4">移动式水枪冷却</td><td rowspan="2">着火罐</td><td>固定顶罐</td><td>罐周全长</td><td>0.6（0.8）L/（s·m）</td><td>—</td></tr>
<tr><td>外浮顶罐
内浮顶罐</td><td>罐周全长</td><td>0.45（0.6）L/（s·m）</td><td>浮顶用易熔材料制作的内浮顶罐按固定顶罐计算</td></tr>
<tr><td rowspan="2">相邻罐</td><td>不保温</td><td rowspan="2">罐周半长</td><td>0.35（0.5）L/（s·m）</td><td rowspan="2">—</td></tr>
<tr><td>保温</td><td>0.2L/（s·m）</td></tr>
<tr><td rowspan="3">固定式冷却</td><td rowspan="2">着火罐</td><td>固定顶罐</td><td>罐壁外表面积</td><td>2.5L/（min·m^2）</td><td>—</td></tr>
<tr><td>外浮顶罐
内浮顶罐</td><td>罐壁外表面积</td><td>2.0L/（min·m^2）</td><td>浮顶用易熔材料制作的内浮顶罐按固定顶罐计算</td></tr>
<tr><td colspan="2">相邻罐</td><td>罐壁外表面积的1/2</td><td>2.0L/（min·m^2）</td><td>按实际冷却面积计算，但不得小于罐壁表面积的1/2</td></tr>
</table>

注：1 移动式水枪冷却栏中，供给强度是按使用ϕ16mm口径水枪确定的，括号内数据为使用ϕ19mm口径水枪时的数据。

2 着火罐单支水枪保护范围：ϕ16mm口径为8m~10m，ϕ19mm口径为9m~11m；邻近罐单支水枪保护范围：ϕ16mm口径为14m~20m，ϕ19mm口径为15m~25m。

2 覆土立式油罐的保护用水供给强度不应小于0.3L/（s·m^2），用水量计算长度应为最大储罐的周长。当计算用水量小于15L/s时，应按不小于15L/s计。

3 着火的地上卧式储罐的消防冷却水供给强度不应小于6L/（min·m^2），其相邻储罐的消防冷却水供给强度不应小于3L/（min·m^2）。冷却面积应按储罐投影面积计算。

4 覆土卧式油罐的保护用水供给强度，应按同时使用不少于2支移动水枪计，且不应小于15L/s。

5 储罐的消防冷却水供给强度应根据设计所选用的设备进行校核。

12.2.9 单股道铁路罐车装卸设施的消防水量不应小于30L/s；双股道铁路罐车装卸设施的消防水量不应小于60L/s。汽车罐车装卸设施的消防水量不应小于30L/s；当汽车装卸车位不超过2个时，消防水量可按15L/s设计。

12.2.10 地上立式储罐采用固定消防冷却方式时，其冷却水管的安装应符合下列规定：

1 储罐抗风圈或加强圈不具备冷却水导流功能时，其下面应设冷却喷水环管。

2 冷却喷水环管上应设置水幕式喷头，喷头布置间距不宜大于2m，喷头的出水压力不应小于0.1MPa。

3 储罐冷却水的进水立管下端应设清扫口。清扫口下端应高于储罐基础顶面不小于0.3m。

4 消防冷却水管道上应设控制阀和放空阀。消防冷却水以地面水为水源时，消防冷却水管道上宜设置过滤器。

12.2.11 消防冷却水最小供给时间应符合下列规定：

1 直径大于20m的地上固定顶储罐和直径大于20m的浮盘用易熔材料制作的内浮顶储罐不应少于9h，其他地上立式储罐不应少于6h。

2 覆土立式油罐不应少于4h。

3 卧式储罐、铁路罐车和汽车罐车装卸设施不应少于2h。

12.2.12 石油库消防水泵的设置，应符合下列规定：

1 一级石油库的消防冷却水泵和泡沫消防水泵应至少各设置1台备用泵。二、三级石油库的消防冷却水泵和泡沫消防水泵应设置备用泵，当两者的压力、流量接近时，可共用1台备用泵。四、五级石油库的消防冷却水泵和泡沫消防水泵可不设备用泵。备用泵的流量、扬程不应小于最大主泵的工作能力。

2 当一、二、三级石油库的消防水泵有2个独立电源供电时，主泵应采用电动泵，备用泵可采用电动泵，也可采用柴油机泵；只有1个电源供电时，消防水泵应采用下列方式之一：

1）主泵和备用泵全部采用柴油机泵；

2）主泵采用电动泵，配备规格（流量、扬程）和数量不小于主泵的柴油机泵作备用泵；

3）主泵采用柴油机泵，备用泵采用电动泵。

3 消防水泵应采用正压启动或自吸启动。当采用自吸启动时，自吸时间不宜大于45s。

12.2.13 当多台消防水泵的吸水管共用1根泵前主管道时，该管道应有2条支管道接入消防水池（罐），且每条支管道应能通过全部用水量。

12.2.14 石油库设有消防水池（罐）时，其补水时间不应超过96h。需要储存的消防总水量大于1000m³时，应设2个消防水池（罐），2个消防水池（罐）应用带阀门的连通管连通。消防水池（罐）应设供消防车取水用的取水口。

12.2.15 消防冷却水系统应设置消火栓，消火栓的设置应符合下列规定：

1 移动式消防冷却水系统的消火栓设置数量，应按储罐冷却灭火所需消防水量及消火栓保护半径确定。消火栓的保护半径不应大于120m，且距着火罐罐壁15m内的消火栓不应计算在内。

2 储罐固定式消防冷却水系统所设置的消火栓间距不应大于60m。

3 寒冷地区消防水管道上设置的消火栓应有防冻、放空措施。

12.2.16 石油库的消防给水主管道宜与临近同类企业的消防给水主管道连通。

12.3 储罐泡沫灭火系统

12.3.1 储罐的泡沫灭火系统设计，除应执行本规范规定外，尚应符合现行国家标准《泡沫灭火系统设计规范》GB 50151的有关规定。

12.3.2 泡沫混合装置宜采用平衡比例泡沫混合或压力比例泡沫混合等流程。

12.3.3 容量大于或等于50000m³的外浮顶储罐的泡沫灭火系统，应采用自动控制方式。

12.3.4 储存甲B、乙和丙A类油品的覆土立式油罐，应配备带泡沫枪的泡沫灭火系统，并应符合下列规定：

1 油罐直径小于或等于20m的覆土立式油罐，同时使用的泡沫枪数不应少于3支。

2 油罐直径大于20m的覆土立式油罐，同时使用的泡沫枪数不应少于4支。

3 每支泡沫枪的泡沫混合液流量不应小于240L/min，连续供给时间不应小于1h。

12.3.5 固定式泡沫灭火系统泡沫液的选择、泡沫混合液流量、压力应满足泡沫站服务范围内所有储罐的灭火要求。

12.3.6 当储罐采用固定式泡沫灭火系统时，尚应配置泡沫钩管、泡沫枪和消防水带等移动泡沫灭火用具。

12.3.7 泡沫液储备量应在计算的基础上增加不少于100%的富余量。

12.4 灭火器材配置

12.4.1 石油库应配置灭火器材。

12.4.2 灭火器材配置应符合现行国家标准《建筑灭火器配置设计规范》GB 50140的有关规定，并应符合下列规定：

1 储罐组按防火堤内面积每400m²应配置1具8kg手提式干粉灭火器，当计算数量超过6具时，可按6具配置。

2 铁路装车台每间隔12m应配置2具8kg干粉灭火器；每个公路装车台应配置2具8kg干粉灭火器。

3 石油库主要场所灭火毯、灭火沙配置数量不应少于表12.4.2的规定。

表 12.4.2　石油库主要场所灭火毯、灭火沙配置数量

场　所	灭火毯（块）		灭火沙（m^3）
	四级及以上石油库	五级石油库	
罐组	4~6	2	2
覆土储罐出入口	2~4	2~4	1
桶装液体库房	4~6	2	1
易燃和可燃液体泵站	—	—	2
灌油间	4~6	3	1
铁路罐车易燃和可燃液体装卸栈桥	4~6	2	—
汽车罐车易燃和可燃液体装卸场地	4~6	2	1
易燃和可燃液体装卸码头	4~6	—	2
消防泵房	—	—	2
变配电间	—	—	2
管道桥涵	—	—	2
雨水支沟接主沟处	—	—	2

注：埋地卧式储罐可不配置灭火沙。

12.5　消防车配备

12.5.1　当采用水罐消防车对储罐进行冷却时，水罐消防车的台数应按储罐最大需要水量进行配备。

12.5.2　当采用泡沫消防车对储罐进行灭火时，泡沫消防车的台数应按一个最大着火储罐所需的泡沫液量进行配备。

12.5.3　设有固定式消防系统的石油库，其消防车配备应符合下列规定：

1　特级石油库应配备3辆泡沫消防车；当特级石油库中储罐单罐容量大于或等于100000m^3时，还应配备1辆举高喷射消防车。

2　一级石油库中，当固定顶罐、浮盘用易熔材料制作的内浮顶储罐单罐容量不小于10000m^3或外浮顶储罐、浮盘用钢质材料制作的内浮顶储罐单罐容量不小于20000m^3时，应配备2辆泡沫消防车；当一级石油库中储罐单罐容量大于或等于100000m^3时，还应配备1辆举高喷射消防车。

3　储罐总容量大于或等于50000m^3的二级石油库，当固定顶罐、浮盘用易熔材料制作的内浮顶储罐单罐容量不小于10000m^3或外浮顶储罐、浮盘用钢质材料制作的内浮顶储罐单罐容量不小于20000m^3时，应配备1辆泡沫消防车。

12.5.4　石油库应与邻近企业或城镇消防站协商组成联防。联防企业或城镇消防站的消防车辆符合下列要求时，可作为油库的消防车辆：

1　在接到火灾报警后5min内能对着火罐进行冷却的消防车辆；

2　在接到火灾报警后10min内能对相邻储罐进行冷却的消防车辆；

3　在接到火灾报警后20min内能对着火储罐提供泡沫的消防车辆。

12.5.5　消防车库的位置，应满足接到火灾报警后，消防车到达最远着火的地上储罐的时间不超过5min；到达最远着火覆土油罐的时间不宜超过10min。

12.6　其　他

12.6.1　石油库内应设消防值班室。消防值班室内应设专用受警录音电话。

12.6.2　一、二、三级石油库的消防值班室应与消防泵房控制室或消防车库合并设置，四、五级石油库的消防值班室可与油库值班室合并设置。消防值班室与油库值班调度室、城镇消防站之间应设直通电话。储罐总容量大于或等于50000m^3的石油库的报警信号应在消防值班室显示。

12.6.3 储罐区、装卸区和辅助作业区的值班室内，应设火灾报警电话。

12.6.4 储罐区和装卸区内，宜在四周道路设置户外手动报警设施，其间距不宜大于100m。容量大于或等于50000m^{3}的外浮顶储罐应设置火灾自动报警系统。

12.6.5 储存甲B类和乙A类液体且容量大于或等于50000m^{3}的外浮顶罐，应在储罐上设置火灾自动探测装置，并应根据消防灭火系统联动控制要求划分火灾探测器的探测区域。当采用光纤型感温探测器时，探测器应设置在储罐浮盘二次密封圈的上面。当采用光纤光栅感温探测器时，光栅探测器的间距不应大于3m。

12.6.6 石油库火灾自动报警系统设计，应符合现行国家标准《火灾自动报警系统设计规范》GB 50116的规定。

12.6.7 采用烟雾或超细干粉灭火设施的四、五级石油库，其烟雾或超细干粉灭火设施的设置应符合下列规定：

1 当1座储罐安装多个发烟器或超细干粉喷射口时，发烟器、超细干粉喷射口应联动，且宜对称布置。

2 烟雾灭火的药剂强度及安装方式，应符合有关产品的使用要求和规定。

3 药剂及超细干粉的损失系数宜为1.1~1.2。

12.6.8 石油库内的集中控制室、变配电间、电缆夹层等场所采用气溶胶灭火装置时，气溶胶喷放出口温度不得大于80℃。

13 给排水及污水处理

13.1 给　　水

13.1.1 石油库的水源应就近选用地下水、地表水或城镇自来水。水源的水质应分别符合生活用水、生产用水和消防用水的水质标准。企业附属石油库的给水，应由该企业统一考虑。石油库选用城镇自来水做水源时，水管进入石油库处的压力不应低于0.12MPa。

13.1.2 石油库的生产和生活用水水源，宜合并建设。合并建设在技术经济上不合理时，亦可分别设置。

13.1.3 石油库水源工程供水量的确定，应符合下列规定：

1 石油库的生产用水量和生活用水量应按最大小时用水量计算。

2 石油库的生产用水量应根据生产过程和用水设备确定。

3 石油库的生活用水宜按25L/人·班~35L/人·班、用水时间为8h、时间变化系数为2.5~3.0计算。洗浴用水宜按40L/人·班~60L/人·班、用水时间为1h计算。由石油库供水的附属居民区的生活用水量，宜按当地用水定额计算。

4 消防、生产及生活用水采用同一水源时，水源工程的供水量应按最大消防用水量的1.2倍计算确定。当采用消防水池（罐）时，应按消防水池（罐）的补充水量、生产用水量及生活用水量总和的1.2倍计算确定。

5 当消防与生产采用同一水源，生活用水采用另一水源时，消防与生产用水的水源工程的供水量应按最大消防用水量的1.2倍计算确定。采用消防水池（罐）时，应按消防水池（罐）的补充水量与生产用水量总和的1.2倍计算确定。生活用水水源工程的供水量应按生活用水量的1.2倍计算确定。

6 当消防用水采用单独水源、生产与生活用水合用另一水源时，消防用水水源工程的供水量，应按最大消防用水量的1.2倍计算确定。设消防水池（罐）时，应按消防水池补充水量的1.2倍计算确定。生产与生活用水水源工程的供水量，应按生产用水量与生活用水量之和的1.2倍计算确定。

13.1.4 石油库附近有江、河、湖、海等合适的地面水源时，地面水源宜设置为石油库的应急消防水源。

13.2 排 水

13.2.1 石油库的含油与不含油污水，应采用分流制排放。含油污水应采用管道排放。未被易燃和可燃液体污染的地面雨水和生产废水可采用明沟排放，并宜在石油库围墙处集中设置排放口。

13.2.2 储罐区防火堤内的含油污水管道引出防火堤时，应在堤外采取防止泄漏的易燃和可燃液体流出罐区的切断措施。

13.2.3 含油污水管道应在储罐组防火堤处、其他建（构）筑物的排水管出口处、支管与干管连接处、干管每隔300m处设置水封井。

13.2.4 石油库通向库外的排水管道和明沟，应在石油库围墙里侧设置水封井和截断装置。水封井与围墙之间的排水通道应采用暗沟或暗管。

13.2.5 水封井的水封高度不应小于0.25m。水封井应设沉泥段，沉泥段自最低的管底算起，其深度不应小于0.25m。

13.3 污 水 处 理

13.3.1 石油库的含油污水和化工污水（包括接受油船上的压舱水和洗舱水），应经过处理，达到现行的国家排放标准后才能排放。

13.3.2 处理含油污水和化工污水的构筑物或设备，宜采用密闭式或加设盖板。

13.3.3 含油污水和化工污水处理，应根据污水的水质和水量，选用相应的调节、隔油过滤等设施。对于间断排放的含油污水和化工污水，宜设调节池。调节、隔油等设施宜结合总平面及地形条件集中布置。

13.3.4 有毒液体设备和管道排放的有毒化工污水，应设置专用收集设施。

13.3.5 含Ⅰ、Ⅱ级毒性液体的污水处理宜依托有相应处理能力的污水处理厂进行处理。

13.3.6 石油库需自建有毒污水处理设施时，应符合现行国家标准《石油化工污水处理设计规范》GB 50747的有关规定。

13.3.7 在石油库污水排放处，应设置取样点或检测水质和测量水量的设施。

13.3.8 某个罐组的专用隔油池需要布置在该罐组防火堤内，其容量不应大于150m³，与储罐的距离可不受限制。

13.4 漏油及事故污水收集

13.4.1 库区内应设置漏油及事故污水收集系统。收集系统可由罐组防火堤、罐组周围路堤式消防车道与防火堤之间的低洼地带、雨水收集系统、漏油及事故污水收集池组成。

13.4.2 一、二、三、四级石油库的漏油及事故污水收集池容量，分别不应小于1000m³、750m³、500m³、300m³；五级石油库可不设漏油及事故污水收集池。漏油及事故污水收集池宜布置在库区地势较低处。漏油及事故污水收集池应采取隔油措施。

13.4.3 在防火堤外有易燃和可燃液体管道的地方，地面应就近坡向雨水收集系统。当雨水收集系统干道采用暗管时，暗管宜采用金属管道。

13.4.4 雨水暗管或雨水沟支线进入雨水主管或主沟处，应设水封井。

14 电 气

14.1 供 配 电

14.1.1 石油库生产作业的供电负荷等级宜为三级，不能中断生产作业的石油库供电负荷等级应为二级。一、二、三级石油库应设置供信息系统使用的应急电源。设置有电动阀门（易燃和可燃液体定量装车控制阀除外）的一、二级石油库宜配置可移动式应急动力电源装置。应急动力电源装置的专用切换电源装置宜设置在配电间处或罐组防火堤外。

14.1.2 石油库的供电宜采用外接电源。当采用外接电源有困难或不经济时，可采用自备电源。

14.1.3 一、二、三级石油库的消防泵站和泡沫站应设应急照明，应急照明可采用蓄电池作为备用电源，其连续供电时间不应少于6h。

14.1.4 10kV以上的变配电装置应独立设置。10kV及以下的变配电装置的变配电间与易燃液体泵房（棚）相毗邻时，应符合下列规定：

1 隔墙应为不燃材料建造的实体墙。与变配电间无关的管道，不得穿过隔墙。所有穿墙的孔洞，应用不燃材料严密填实。

2 变配电间的门窗应向外开，其门应设在泵房的爆炸危险区域以外。变配电间的窗宜设在泵房的爆炸危险区域以外；如窗设在爆炸危险区以内，应设密闭固定窗和警示标志。

3 变配电间的地坪应高于油泵房室外地坪至少0.6m。

14.1.5 石油库主要生产作业场所的配电电缆应采用铜芯电缆，并应采用直埋或电缆沟充砂敷设，局部地段确需在地面敷设的电缆应采用阻燃电缆。

14.1.6 电缆不得与易燃和可燃液体管道、热力管道同沟敷设。

14.1.7 石油库内易燃液体设备、设施爆炸危险区域的等级及电气设备选型，应按现行国家标准《爆炸和火灾危险环境电力装置设计规范》GB 50058执行，其爆炸危险区域划分应符合本规范附录B的规定。

14.1.8 石油库的低压配电系统接地型式应采用TN-S系统，道路照明可采用TT系统。

14.2 防　雷

14.2.1 钢储罐必须做防雷接地，接地点不应少于2处。

14.2.2 钢储罐接地点沿储罐周长的间距，不宜大于30m，接地电阻不宜大于10Ω。

14.2.3 储存易燃液体的储罐防雷设计，应符合下列规定：

1 装有阻火器的地上卧式储罐的壁厚和地上固定顶钢储罐的顶板厚度大于或等于4mm时，不应装设接闪杆（网）。铝顶储罐和顶板厚度小于4mm的钢储罐，应装设接闪杆（网），接闪杆（网）应保护整个储罐。

2 外浮顶储罐或内浮顶储罐不应装设接闪杆（网），但应采用两根导线将浮顶与罐体做电气连接。外浮顶储罐的连接导线应选用截面积不小于$50mm^2$的扁平镀锡软铜复绞线或绝缘阻燃护套软铜复绞线；内浮顶储罐的连接导线应选用直径不小于5mm的不锈钢钢丝绳。

3 外浮顶储罐应利用浮顶排水管将罐体与浮顶做电气连接，每条排水管的跨接导线应采用一根横截面不小于$50mm^2$扁平镀锡软铜复绞线。

4 外浮顶储罐的转动浮梯两侧，应分别与罐体和浮顶各做两处电气连接。

5 覆土储罐的呼吸阀、量油孔等法兰连接处，应做电气连接并接地，接地电阻不宜大于10Ω。

14.2.4 储存可燃液体的钢储罐，不应装设接闪杆（网），但应做防雷接地。

14.2.5 装于地上钢储罐上的仪表及控制系统的配线电缆应采用屏蔽电缆，并应穿镀锌钢管保护管，保护管两端应与罐体做电气连接。

14.2.6 石油库内的信号电缆宜埋地敷设，并宜采用屏蔽电缆。当采用铠装电缆时，电缆的首末端铠装金属应接地。当电缆采用穿钢管敷设时，钢管在进入建筑物处应接地。

14.2.7 储罐上安装的信号远传仪表，其金属外壳应与储罐体做电气连接。

14.2.8 电气和信息系统的防雷击电磁脉冲应符合现行国家标准《建筑物防雷设计规范》GB 50057的相关规定。

14.2.9 易燃液体泵房（棚）的防雷应按第二类防雷建筑物设防。

14.2.10 在平均雷暴日大于40d/a的地区，可燃液体泵房（棚）的防雷应按第三类防雷建筑物设防。

14.2.11 装卸易燃液体的鹤管和液体装卸栈桥（站台）的防雷，应符合下列规定：

1 露天进行装卸易燃液体作业的，可不装设接闪杆（网）。

2 在棚内进行装卸易燃液体作业的，应采用接闪网保护。棚顶的接闪网不能有效保护爆炸危险1区时，应加装接闪杆。当罩棚采用双层金属屋面，且其顶面金属层厚度大于0.5mm、搭接长度大于100mm时，宜利用金属屋面作为接闪器，可不采用接闪网保护。

3 进入液体装卸区的易燃液体输送管道在进入点应接地，接地电阻不应大于20Ω。

14.2.12 在爆炸危险区域内的工艺管道，应采取下列防雷措施：

1 工艺管道的金属法兰连接处应跨接。当不少于5根螺栓连接时，在非腐蚀环境下可不跨接。

2 平行敷设于地上或非充沙管沟内的金属管道，其净距小于100mm时，应用金属线跨接，跨接点的间距不应大于30m。管道交叉点净距小于100mm时，其交叉点应用金属线跨接。

14.2.13 接闪杆（网、带）的接地电阻，不宜大于10Ω。

14.3 防 静 电

14.3.1 储存甲、乙和丙A类液体的钢储罐，应采取防静电措施。

14.3.2 钢储罐的防雷接地装置可兼作防静电接地装置。

14.3.3 外浮顶储罐应按下列规定采取防静电措施：

1 外浮顶储罐的自动通气阀、呼吸阀、阻火器和浮顶量油口应与浮顶做电气连接。

2 外浮顶储罐采用钢滑板式机械密封时，钢滑板与浮顶之间应做电气连接，沿圆周的间距不宜大于3m。

3 二次密封采用Ⅰ型橡胶刮板时，每个导电片均应与浮顶做电气连接。

4 电气连接的导线应选用横截面不小于10mm²镀锡软铜复绞线。

5 外浮顶储罐浮顶上取样口的两侧1.5m之外应各设一组消除人体静电的装置，并应与罐体做电气连接。该消除人体静电的装置可兼作人工检尺时取样绳索、检测尺等工具的电气连接体。

14.3.4 铁路罐车装卸栈桥的首、末端及中间处，应与钢轨、工艺管道、鹤管等相互做电气连接并接地。

14.3.5 石油库专用铁路线与电气化铁路接轨时，电气化铁路高压电接触网不宜进入石油库装卸区。

14.3.6 当石油库专用铁路线与电气化铁路接轨，铁路高压接触网不进入石油库专用铁路线时，应符合下列规定：

1 在石油库专用铁路线上，应设置2组绝缘轨缝。第一组应设在专用铁路线起始点15m以内，第二组应设在进入装卸区前。2组绝缘轨缝的距离，应大于取送车列的总长度。

2 在每组绝缘轨缝的电气化铁路侧，应设1组向电气化铁路所在方向延伸的接地装置，接地电阻不应大于10Ω。

3 铁路罐车装卸设施的钢轨、工艺管道、鹤管、钢栈桥等应做等电位跨接并接地，两组跨接点间距不应大于20m，每组接地电阻不应大于10Ω。

14.3.7 当石油库专用铁路与电气化铁路接轨，且铁路高压接触网进入石油库专用铁路线时，应符合下列规定：

1 进入石油库的专用电气化铁路线高压电接触网应设2组隔离开关。第一组应设在与专用铁路线起始点15m以内，第二组应设在专用铁路线进入铁路罐车装卸线前，且与第一个鹤管的距离不应小于30m。隔离开关的入库端应装设避雷器保护。专用线的高压接触网终端距第一个装卸油鹤管，不应小于15m。

2 在石油库专用铁路线上，应设置2组绝缘轨缝及相应的回流开关装置。第一组应设在专用铁路线起始点15m以内，第二组应设在进入铁路罐车装卸线前。

3 在每组绝缘轨缝的电气化铁路侧，应设1组向电气化铁路所在方向延伸的接地装置，接地电阻不应大于10Ω。

4 专用电气化铁路线第二组隔离开关后的高压接触网，应设置供搭接的接地装置。

5 铁路罐车装卸设施的钢轨、工艺管道、鹤管、钢栈桥等应做等电位跨接并接地，两组跨接点的间距不应大于20m，每组接地电阻不应大于10Ω。

14.3.8 甲、乙和丙A类液体的汽车罐车或灌桶设施，应设置与罐车或桶跨接的防静电接地装置。

14.3.9 易燃和可燃液体装卸码头，应设与船舶跨接的防静电接地装置。此接地装置应与码头上的液体装卸设备的静电接地装置合用。

14.3.10 地上或非充沙管沟敷设的工艺管道的始端、末端、分支处以及直线段每隔200m~300m处，应设置防静电和防雷击电磁脉冲的接地装置。

14.3.11 地上或非充沙管沟敷设的工艺管道的防静电接地装置可与防雷击电磁脉冲接地装置合用，接地电阻不宜大于30Ω，接地点宜设在固定管墩（架）处。

14.3.12 用于易燃和可燃液体装卸场所跨接的防静电接地装置，宜采用能检测接地状况的防静电接地仪器。

14.3.13 移动式的接地连接线，宜采用带绝缘护套的软导线，通过防爆开关，将接地装置与液体装卸设施相连。

14.3.14 下列甲、乙和丙A类液体作业场所应设消除人体静电装置：

1 泵房的门外；

2 储罐的上罐扶梯入口处；

3 装卸作业区内操作平台的扶梯入口处；

4 码头上下船的出入口处。

14.3.15 当输送甲、乙类液体的管道上装有精密过滤器时，液体自过滤器出口流至装料容器入口应有30s的缓和时间。

14.3.16 防静电接地装置的接地电阻，不宜大于100Ω。

14.3.17 石油库内防雷接地、防静电接地、电气设备的工作接地、保护接地及信息系统的接地等，宜共用接地装置，其接地电阻应按其中要求最小的接地电阻值确定。当石油库设有阴极保护时，共用接地装置的接地材料不应使用腐蚀电位比钢材正的材料。

14.3.18 防雷防静电接地电阻检测断接接头、消除人体静电装置，以及汽车罐车装卸场地的固定接地装置，不得设在爆炸危险1区。

15 自动控制和电信

15.1 自动控制系统及仪表

15.1.1 容量大于100m³的储罐应设液位测量远传仪表，并应符合下列规定：

1 液位连续测量信号应采用模拟信号或通信方式接入自动控制系统。

2 应在自动控制系统中设高、低液位报警。

3 储罐高液位报警的设定高度应符合现行行业标准《石油化工储运系统罐区设计规范》SH/T 3007的有关规定。

4 储罐低液位报警的设定高度应满足泵不发生汽蚀的要求，外浮顶储罐和内浮顶储罐的低液位报警设定高度（距罐底板）宜高于浮顶落底高度0.2m及以上。

15.1.2 下列储罐应设高高液位报警及联锁，高高液位报警应能同时联锁关闭储罐进口管道控制阀：

1 年周转次数大于6次，且容量大于或等于10000m³的甲B、乙类液体储罐；

2 年周转次数小于或等于6次，且容量大于20000m³的甲B、乙类液体储罐；

3 储存Ⅰ、Ⅱ级毒性液体的储罐。

15.1.3 容量大于或等于50000m³的外浮顶储罐和内浮顶储罐应设低低液位报警。低低液位报警设定高度（距罐底板）不应低于浮顶落底高度，低低液位报警应能同时联锁停泵。

15.1.4 用于储罐高高、低低液位报警信号的液位测量仪表应采用单独的液位连续测量仪表或液位开关，并应在自动控制系统中设置报警及联锁。

15.1.5 需要控制和监测储存温度的储罐应设温度测量仪表，并应将温度测量信号远传到控制室。

15.1.6 容量大于或等于50000m^{3}的外浮顶储罐，其泡沫灭火系统应采用由人工确认的自动控制方式。

15.1.7 一级石油库的重要工艺机泵、消防泵、储罐搅拌器等电动设备和控制阀门除应能在现场操作外，尚应能在控制室进行控制和显示状态。二级石油库的重要工艺机泵、消防泵、储罐搅拌器等电动设备和控制阀门除应能在现场操作外，尚宜能在控制室进行控制和显示状态。

15.1.8 易燃和可燃液体输送泵出口管道应设压力测量仪表，压力测量仪表应能就地显示，一级石油库尚应将压力测量信号远传至控制室。

15.1.9 有毒气体和可燃气体检测器设置，应符合下列规定：

1 有毒液体的泵站、装卸车站、计量站、储罐的阀门集中处和排水井处等可能发生有毒气体泄漏和积聚的区域，应设置有毒气体检测器。

2 设有甲、乙A类易燃液体设备的房间内，应设置可燃气体浓度自动检测报警装置。

3 一级石油库的甲、乙A类液体的泵站、装卸车站、计量站、地上储罐的阀门集中处和排水井处等可能发生可燃气体泄漏、积聚的露天场所，应设置可燃气体检测器；覆土罐组和其他级别石油库的露天场所可配置便携式可燃气体检测器。

4 一级石油库的可燃气体和有毒气体检测报警系统设计，应符合现行国家标准《石油化工可燃气体和有毒气体检测报警设计规范》GB 50493的有关规定。

15.1.10 一级石油库消防部分的监测、顺序控制等操作应采用以下两种方式之一：

1 采用专用监控系统，并经通信接口与石油库的自动控制系统通信；

2 在石油库的自动控制系统中设置单独的I/O卡件和单独的显示操作站。

15.1.11 一级石油库消防泵的启停、消防水管道及泡沫液管道上控制阀的开关均应在消防控制室实现远程启停控制，总控制台应显示泵运行状态和控制阀的阀位信号。

15.1.12 仪表及计算机监控管理系统应采用UPS不间断电源供电，UPS的后备电池组应在外部电源中断后提供不少于30min的交流供电时间。

15.1.13 自动控制系统的室外仪表电缆敷设，应符合下列规定：

1 在生产区敷设的仪表电缆宜采用电缆沟、电缆保护管、直埋等地下敷设方式。采用电缆沟时，电缆沟应充沙填实。

2 生产区局部地段确需在地面敷设的电缆，应采用镀锌钢保护管或带盖板的全封闭金属电缆槽等方式敷设。

3 非生产区的仪表电缆可采用带盖板的全封闭金属电缆槽在地面以上敷设。

15.2 电　信

15.2.1 石油库应设置火灾报警电话、行政电话系统、无线电通信系统、电视监视系统。一级石油库尚应设置计算机局域网络、入侵报警系统和出入口控制系统。根据需要可设置调度电话系统、巡更系统。

15.2.2 电信设备供电应采用220VAC/380VAC作为主电源，当采用直流供电方式时，应配备直流备用电源；当采用交流供电方式时，应采用UPS电源。小容量交流用电设备，也可采用直流逆变器作为保障供电的措施。

15.2.3 室内电信线路，非防爆场所宜暗敷设，防爆场所应明敷设。

15.2.4 室外电信线路敷设应符合下列规定：

1 在生产区敷设的电信线路宜采用电缆沟、电缆管道埋地、直埋等地下敷设方式。采用电缆沟时，电缆沟应充沙填实。

2 生产区局部地段确需在地面以上敷设的电缆，应采用保护管或带盖板的电缆桥架等方式敷设。

15.2.5 石油库流动作业的岗位，应配置无线电通信设备，并宜采用无线对讲系统或集群通信系统。无线通信手持机应采用防爆型。

15.2.6 电视监视系统的监视范围应覆盖储罐区、易燃和可燃液体泵站、易燃和可燃液体装卸设施、易燃和可燃液体灌桶设施和主要设施出入口等处。电视监控操作站宜分别设在生产控制室、消防控制室、消防站值班室和保卫值班室等地点。当设置火灾自动报警系统时，宜与电视监视系统联动控制。

15.2.7 入侵报警系统宜沿石油库围墙布设，报警主机宜设在门卫值班室或保卫办公室内。入侵报警系统宜与电视监视系统联动形成安防报警平台。

15.2.8 计算机局域网络应满足石油库数据通信和信息管理系统建设的要求。信息插座宜设在石油库办公楼、控制室、化验室等场所。

16 采暖通风

16.1 采 暖

16.1.1 集中采暖的热媒，宜采用热水。采用热水不便时，可采用低压蒸汽。

16.1.2 石油库设计集中采暖时，房间的采暖室内计算温度，宜符合表16.1.2的规定。

表16.1.2 房间的采暖室内计算温度

序号	房间名称	采暖室内计算温度（℃）
1	易燃和可燃液体泵房、水泵房、消防泵房、柴油发电机间、汽车库、空气压缩机间	5
2	铁路罐车装卸暖库	12
3	灌桶间、修洗桶间、机修间	14
4	计量室、仪表间、化验室、办公室、值班室、休息室	18
5	盥洗室	14
5	厕所	12
6	浴室、更衣间	25
7	更衣室	23

注：易凝、易燃和可燃液体泵房，可根据实际需要确定采暖室内计算温度。

16.2 通 风

16.2.1 易燃和有毒液体泵房、灌桶间及其他有易燃和有毒液体设备的房间，应设置机械通风系统和事故排风装置。机械通风系统换气次数宜为5次/h~6次/h，事故排风换气次数不应小于12次/h。

16.2.2 在集中散发有害物质的操作地点（如修洗桶间、化验室通风柜等），宜采取局部机械通风措施。

16.2.3 通风口的设置应避免在通风区域内产生空气流动死角。

16.2.4 在爆炸危险区域内，风机、电机等所有活动部件应选择防爆型，其构造应能防止产生电火花。机械通风系统应采用不燃烧材料制作。风机应采用直接传动或联轴器传动。风管、风机及其安装方式均应采取防静电措施。

16.2.5 在布置有甲、乙A类易燃液体设备的房间内，所设置的机械通风设备应与可燃气体浓度自动检测报警系统联动，并应设有就地和远程手动开启装置。

16.2.6 石油库生产性建筑物的通风设计除应执行本节的规定外，尚应符合现行行业标准《石油化工采暖通风与空气调节设计规范》SH/T 3004的有关规定。

附录A 计算间距的起讫点

表A 计算间距的起讫点

序号	建(构)筑物、设施和设备	计算间距的起讫点
1	道路	路边
2	铁路	铁路中心线
3	管道	管子中心(指明者除外)
4	地上立式储罐、地上和覆土卧式油罐	罐外壁
5	覆土立式油罐	罐室内墙壁及其出入口
6	设在露天(包括棚下)的各种设备	最突出的外缘
7	架空电力和通信线路	线路中心
8	埋地电力和通信电缆	电缆中心
9	建筑物或构筑物	外墙轴线
10	铁路罐车装卸设施	铁路罐车装卸线中心线，端部罐车的装卸口中心
11	汽车罐车装卸设施	汽车罐车装卸作业时鹤管或软管管口中心
12	液体装卸码头	前沿线(靠船的边缘)
13	工矿企业、居住区	建筑物或构筑物外墙轴线
14	医院、学校、养老院等公共设施	围墙轴线；无围墙者为建(构)筑物外墙轴线
15	架空电力线杆(塔)高、通信线杆(塔)高	电线杆(塔)和通信线杆(塔)所在地面至杆(塔)顶的高度

注：本规范中的安全距离和防火距离未特殊说明的，均指平面投影距离。

附录B 石油库内易燃液体设备、设施的爆炸危险区域划分

B.0.1 爆炸危险区域的等级定义应符合现行国家标准《爆炸和火灾危险环境电力装置设计规范》GB 50058的规定。

B.0.2 易燃液体设施的爆炸危险区域内地坪以下的坑和沟应划为1区。

B.0.3 储存易燃液体的地上固定顶储罐爆炸危险区域划分(图B.0.3),应符合下列规定:

1 罐内未充惰性气体的液体表面以上空间应划为0区。

2 以通气口为中心、半径为1.5m的球形空间应划为1区。

3 距储罐外壁和顶部3m范围内及防火堤至罐外壁,其高度为堤顶高的范围应划为2区。

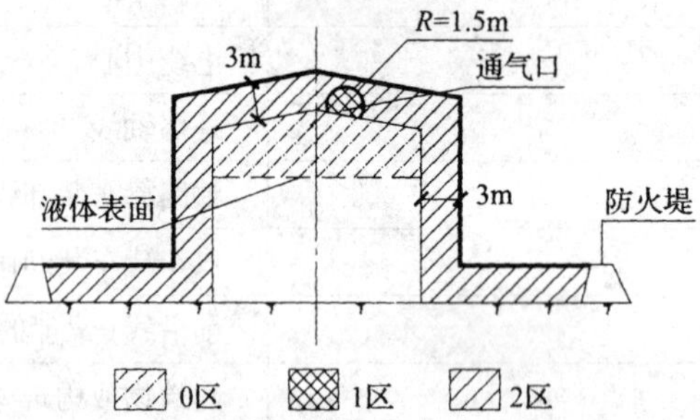

图B.0.3 储存易燃液体的地上固定顶储罐爆炸危险区域划分

B.0.4 储存易燃液体的内浮顶储罐爆炸危险区域划分(图B.0.4),应符合下列规定:

1 浮盘上部空间及以通气口为中心、半径为1.5m范围内的球形空间应划为1区。

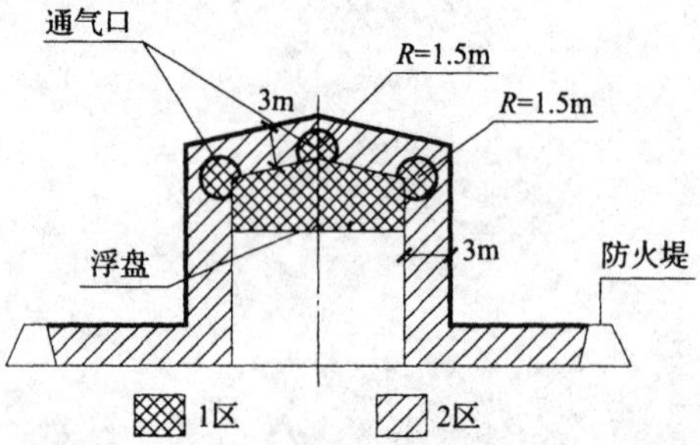

图B.0.4 储存易燃液体的内浮顶储罐爆炸危险区域划分

2 距储罐外壁和顶部3m范围内及防火堤至储罐外壁,其高度为堤顶高的范围应划为2区。

B.0.5 储存易燃液体的外浮顶储罐爆炸危险区域划分(图B.0.5),应符合下列规定:

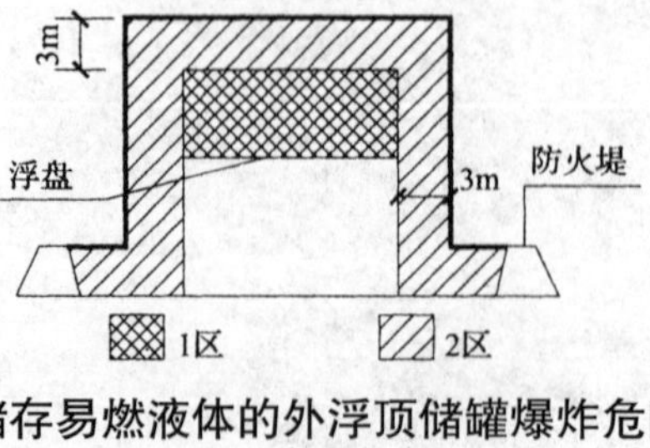

图B.0.5 储存易燃液体的外浮顶储罐爆炸危险区域划分

1 浮盘上部至罐壁顶部空间应划为1区。

2 距储罐外壁和顶部3m范围内及防火堤至罐外壁,其高度为堤顶高的范围内划为2区。

B.0.6 储存易燃液体的地上卧式储罐爆炸危险区域划分(图B.0.6),应符合下列规定:

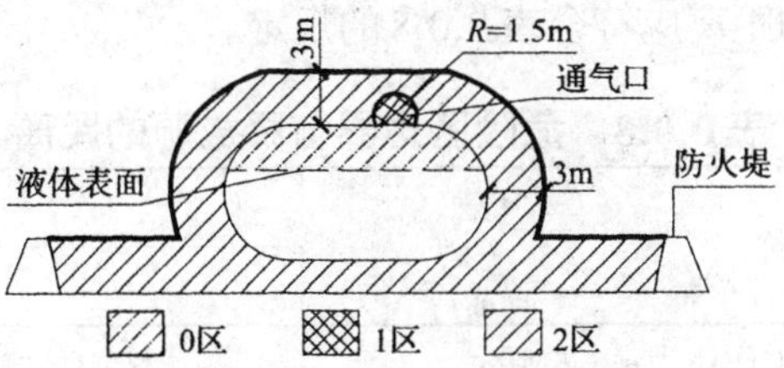

图B.0.6 储存易燃液体的地上卧式储罐爆炸危险区域划分

1 罐内未充惰性气体的液体表面以上的空间应划为0区。

2 以通气口为中心、半径为1.5m的球形空间应划为1区。

3 距罐外壁和顶部3m范围内及罐外壁至防火堤，其高度为堤顶高的范围应划为2区。

B.0.7 储存易燃液体的覆土卧式油罐爆炸危险区域划分（图B.0.7），应符合下列规定：

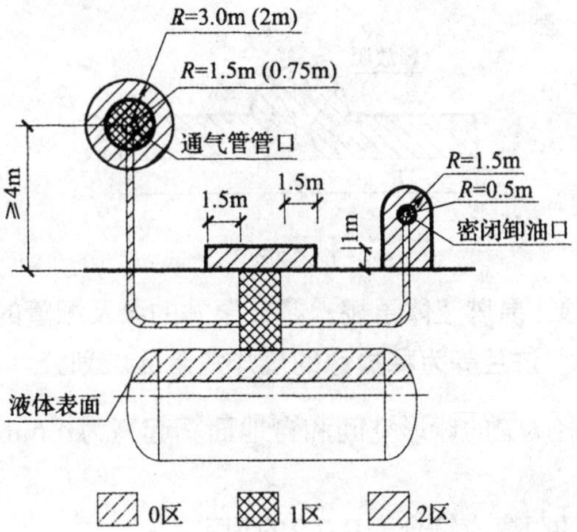

图B.0.7 储存易燃液体的覆土卧式油罐爆炸危险区域划分

1 罐内部液体表面以上的空间应划分为0区。

2 人孔（阀）井内部空间，以通气管管口为中心、半径为1.5m（0.75m）的球形空间和以密闭卸油口为中心、半径为0.5m的球形空间，应划分为1区。

3 距人孔（阀）井外边缘1.5m以内、自地面算起1m高的圆柱形空间，以通气管管口为中心、半径为3m（2m）的球形空间和以密闭卸油口为中心、半径为1.5m的球形并延至地面的空间，应划分为2区。

注：采用油气回收系统的储罐通气管管口爆炸危险区域用括号内数字。

B.0.8 易燃液体泵房、阀室的爆炸危险区域划分（图B.0.8），应符合下列规定：

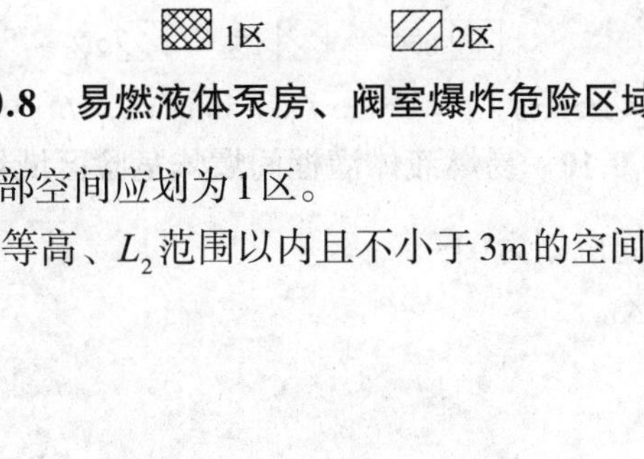

图B.0.8 易燃液体泵房、阀室爆炸危险区域划分

1 易燃液体泵房和阀室内部空间应划为1区。

2 有孔墙或开式墙外与墙等高、L_2范围以内且不小于3m的空间及距地坪0.6m高、L_1范围以内的空间应划为2区。

3 危险区边界与释放源的距离应符合表B.0.8的规定。

表B.0.8 危险区边界与释放源的距离

释放源名称		距 离(m)	
		L_1	L_2
易燃液体输送泵	工作压力≤1.6MPa	L+3	L+3
	工作压力>1.6MPa	15	L+3，且不小于7.5
易燃液体法兰、阀门		L+3	L+3

注：L表示释放源至泵房外墙的距离。

B.0.9 易燃液体泵棚、露天泵站的泵和配管的阀门、法兰等为释放源的爆炸危险区域划分(图B.0.9)，应符合下列规定：

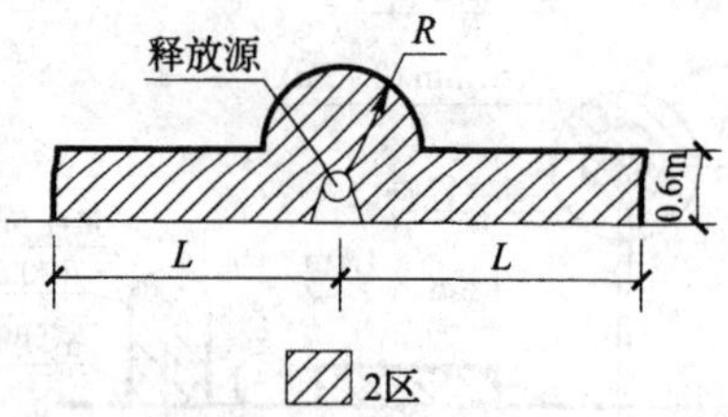

图B.0.9 易燃液体泵棚、露天泵站的泵及配管的阀门、法兰等为释放源的爆炸危险区域划分

1 以释放源为中心、半径为R的球形空间和自地面算起高为0.6m、半径为L的圆柱体的范围应划为2区。

2 危险区边界与释放源的距离应符合表B.0.9的规定。

表B.0.9 危险区边界与释放源的距离

释放源名称		距 离(m)	
		L	R
易燃液体输送泵	工作压力≤1.6MPa	3	1
	工作压力>1.6MPa	15	7.5
易燃液体法兰、阀门		3	1

B.0.10 易燃液体灌桶间爆炸危险区域划分(图B.0.10)，应符合下列规定：

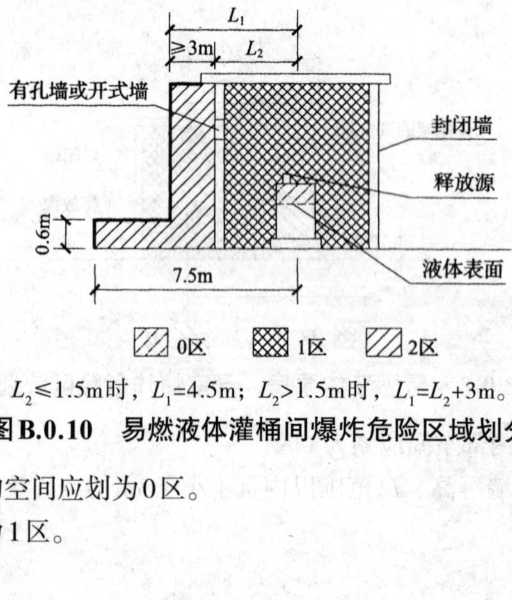

L_2≤1.5m时，L_1=4.5m；L_2>1.5m时，L_1=L_2+3m。

图B.0.10 易燃液体灌桶间爆炸危险区域划分

1 桶内液体表面以上的空间应划为0区。

2 灌桶间内空间应划为1区。

3 有孔墙或开式墙外距释放源L_1距离以内、与墙等高的室外空间和自地面算起0.6m高、距释放源7.5m以内的室外空间应划为2区。

B.0.11 易燃液体灌桶棚或露天灌桶场所的爆炸危险区域划分（图B.0.11），应符合下列规定：

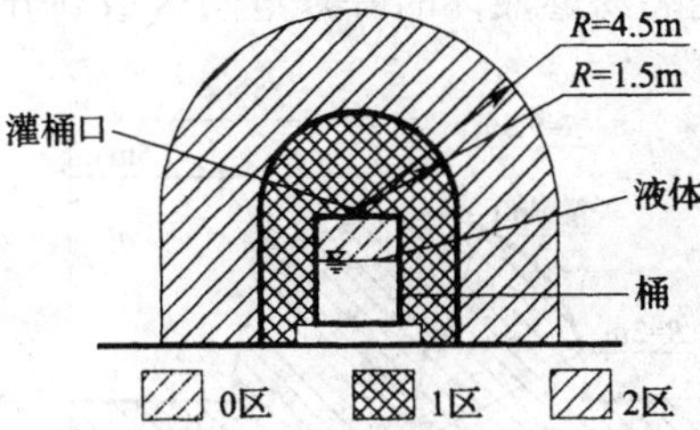

图B.0.11 易燃液体灌桶棚或露天灌桶场所爆炸危险区域划分

1 桶内液体表面以上空间应划为0区。

2 以灌桶口为中心、半径为1.5m的球形并延至地面的空间应划为1区。

3 以灌桶口为中心、半径为4.5m的球形并延至地面的空间应划为2区。

B.0.12 易燃液体重桶库房的爆炸危险区域划分（图B.0.12），其建筑物内空间及有孔或开式墙外1m与建筑物等高的范围内的空间，应划为2区。

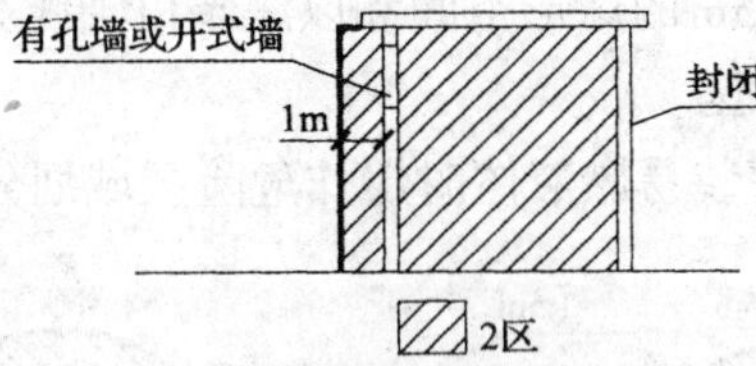

图B.0.12 易燃液体重桶库房爆炸危险区域划分

B.0.13 易燃液体汽车罐车棚、易燃液体重桶堆放棚的爆炸危险区域划分（图B.0.13），其棚的内部空间应划为2区。

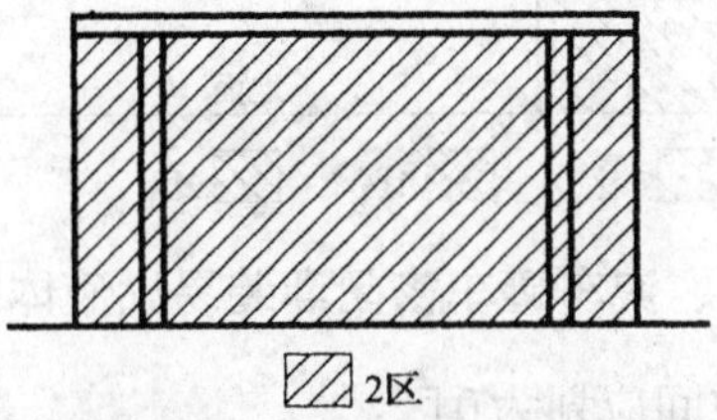

图B.0.13 易燃液体汽车罐车棚、易燃液体重桶堆放棚爆炸危险区域划分

B.0.14 铁路罐车、汽车罐车卸易燃液体时爆炸危险区域划分（图B.0.14），应符合下列规定：

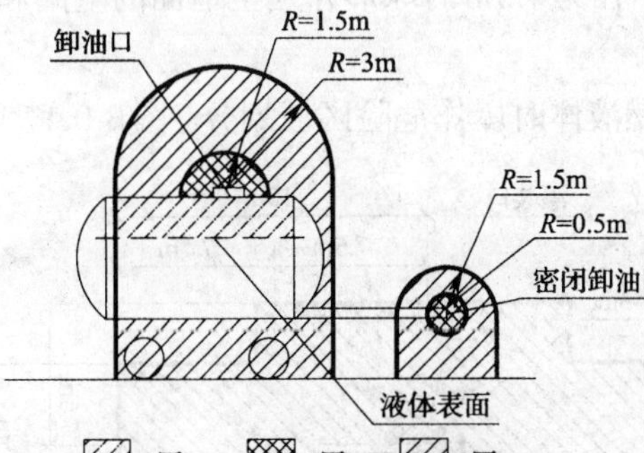

图B.0.14 铁路罐车、汽车罐车卸易燃液体时爆炸危险区域划分

1 罐车内的液体表面以上空间应划为0区。

2 以卸油口为中心、半径为1.5m的球形空间和以密闭卸油口为中心、半径为0.5m的球形空间，应划为1区。

3 以卸油口为中心、半径为3m的球形并延至地面的空间，以密闭卸油口为中心、半径为1.5m的球形并延至地面的空间，应划为2区。

B.0.15 铁路罐车、汽车罐车敞口灌装易燃液体时爆炸危险区域划分（图B.0.15），应符合下列规定：

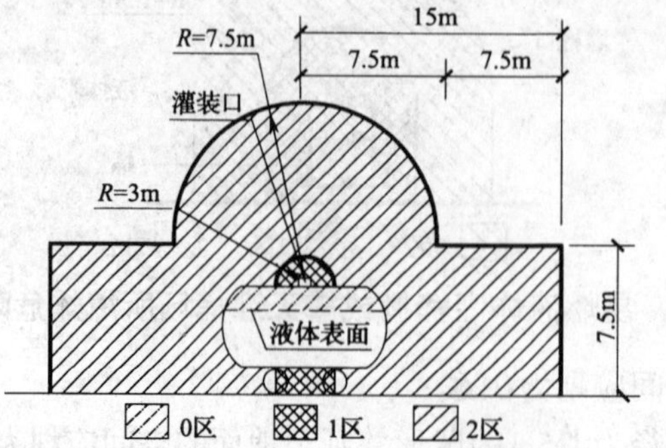

图B.0.15 铁路罐车、汽车罐车敞口灌装易燃液体时爆炸危险区域划分

1 罐车内部的液体表面以上空间应划为0区。

2 以罐车灌装口为中心、半径为3m的球形并延至地面的空间应划为1区。

3 以灌装口为中心、半径为7.5m的球形空间和以灌装口轴线为中心线、自地面算起高为7.5m、半径为15m的圆柱形空间，应划为2区。

B.0.16 铁路罐车、汽车罐车密闭灌装易燃液体时爆炸危险区域划分（图B.0.16），应符合下列规定：

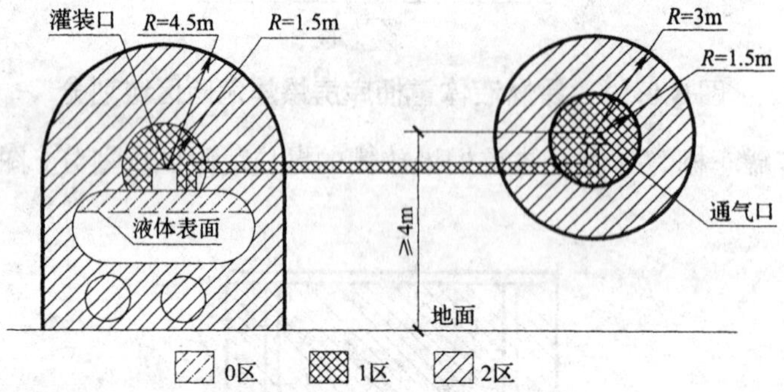

图B.0.16 铁路罐车、汽车罐车密闭灌装易燃液体时爆炸危险区域划分

1 罐车内部的液体表面以上空间应划为0区。

2 以罐车灌装口为中心、半径为1.5m的球形空间和以通气口为中心、半径为1.5m的球形空间，应划为1区。

3 以罐车灌装口为中心、半径为4.5m的球形并延至地面的空间和以通气口为中心、半径为3m的球形空间，应划为2区。

B.0.17 油船、油驳敞口灌装易燃液体时爆炸危险区域划分（图B.0.17），应符合下列规定：

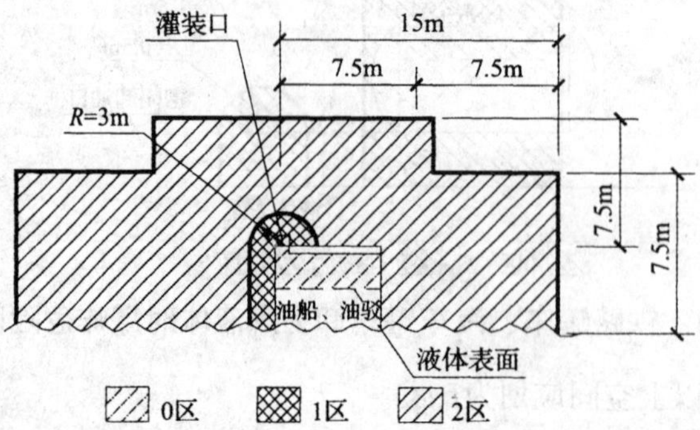

图B.0.17 油船、油驳敞口灌装易燃液体时爆炸危险区域划分

1 油船、油驳内的液体表面以上空间应划为0区。

2 以油船、油驳的灌装口为中心、半径为3m的球形并延至水面的空间应划为1区。

3 以油船、油驳的灌装口为中心，半径为7.5m并高于灌装口7.5m的圆柱形空间和自水面算起7.5m高，以灌装口轴线为中心线，半径为15m的圆柱形空间应划为2区。

B.0.18 油船、油驳密闭灌装易燃液体时爆炸危险区域划分（图B.0.18），应符合下列规定：

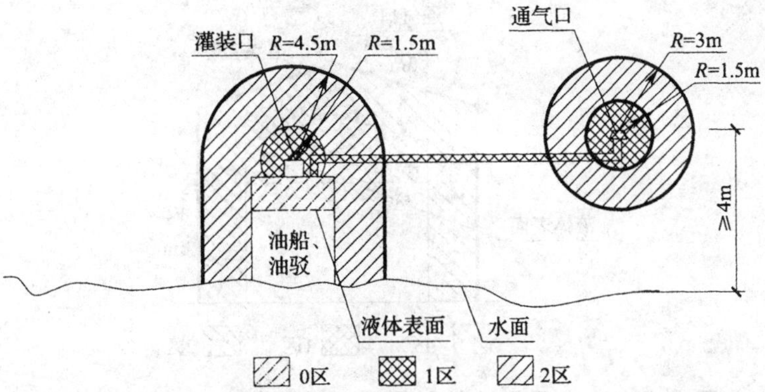

图B.0.18 油船、油驳密闭灌装易燃液体时爆炸危险区域划分

1 油船、油驳内的液体表面以上空间应划为0区。

2 以灌装口为中心、半径为1.5m的球形空间及以通气口为中心半径为1.5m球形空间应划为1区。

3 以灌装口为中心、半径为4.5m的球形并延至水面的空间和以通气口为中心、半径为3m的球形空间，应划为2区。

B.0.19 油船、油驳卸易燃液体时爆炸危险区域划分（图B.0.19），应符合下列规定：

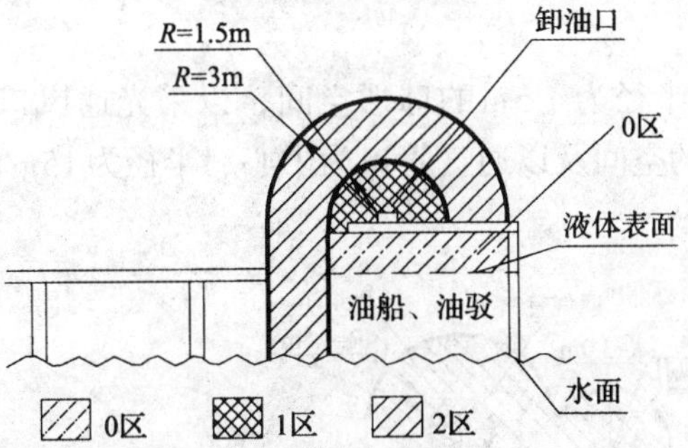

图B.0.19 油船、油驳卸易燃液体时爆炸危险区域划分

1 油船、油驳内部的液体表面以上空间应划为0区。

2 以卸油口为中心、半径为1.5m的球形空间应划为1区。

3 以卸油口为中心、半径为3m的球形并延至水面的空间应划为2区。

B.0.20 易燃液体的隔油池、漏油及事故污水收集池爆炸危险区域划分（图B.0.20），应符合下列规定：

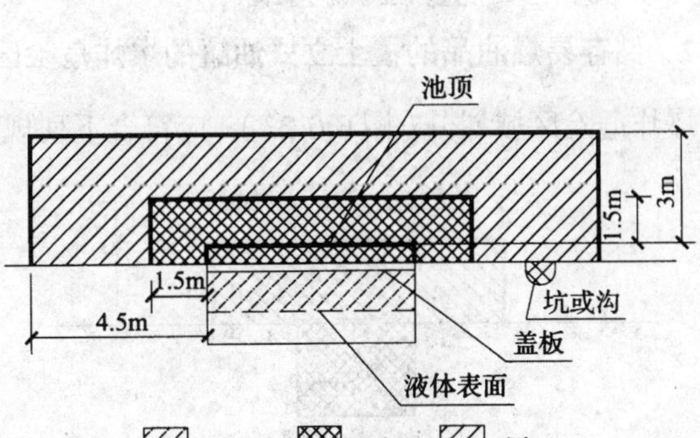

图B.0.20 易燃液体的隔油池、漏油及事故污水收集池爆炸危险区域划分

1 有盖板的，池内液体表面以上的空间应划为0区。

2 无盖板的，池内液体表面以上空间和距隔油池内壁1.5m、高出池顶1.5m至地坪范围内的空间应划为1区。

3 距池内壁4.5m、高出池顶3m至地坪范围内的空间应划为2区。

B.0.21 含易燃液体的污水浮选罐爆炸危险区域划分（图B.0.21），应符合下列规定：

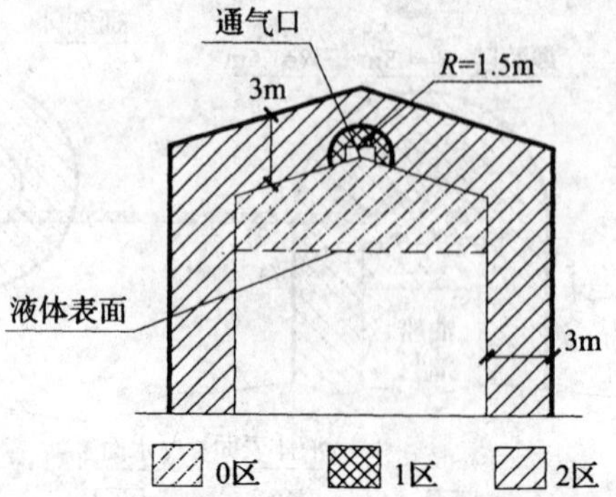

图B.0.21 含易燃液体的污水浮选罐爆炸危险区域划分

1 罐内液体表面以上空间应划为0区。

2 以通气口为中心、半径为1.5m的球形空间应划为1区。

3 距罐外壁和顶部3m以内范围应划为2区。

B.0.22 储存易燃油品的覆土立式油罐的爆炸危险区域划分（图B.0.22），应符合下列规定：

1 油罐内液体表面以上空间应划为0区。

2 以通气管口为中心、半径为1.5m的球形空间，油罐外壁与罐室护体之间的空间，通道口门以内的空间，应划为1区。

3 以通气管口为中心、半径为4.5m的球形空间，以采光通风口为中心、半径为3m的球形空间，通道口周围3m范围以内的空间及以通气管口为中心、半径为15m、高0.6m的圆柱形空间，应划为2区。

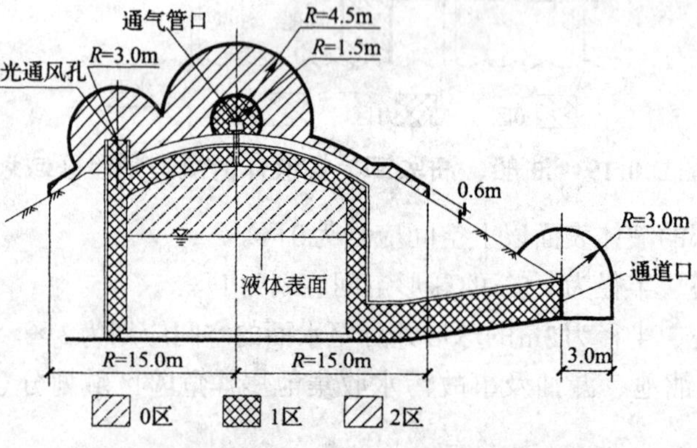

图B.0.22 储存易燃油品的覆土立式油罐的爆炸危险区域划分

B.0.23 易燃液体阀门井的爆炸危险区域划分（图B.0.23），应符合下列规定：

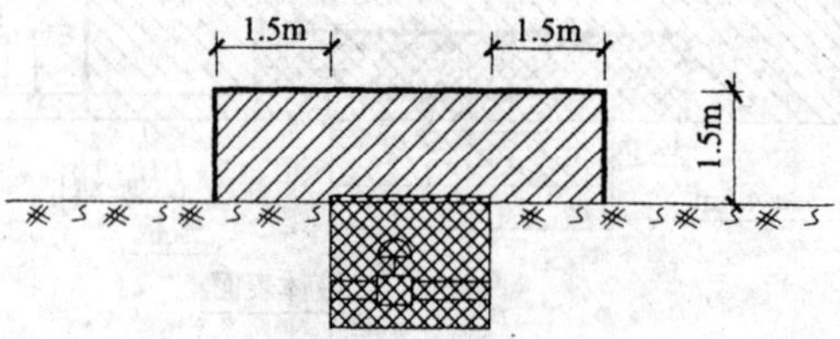

图B.0.23 易燃液体阀门井爆炸危险区域划分

1 阀门井内部空间应划为1区。

2 距阀门井内壁1.5m、高1.5m的柱形空间应划为2区。

B.0.24 易燃液体管沟爆炸危险区域划分（图B.0.24），应符合下列规定：

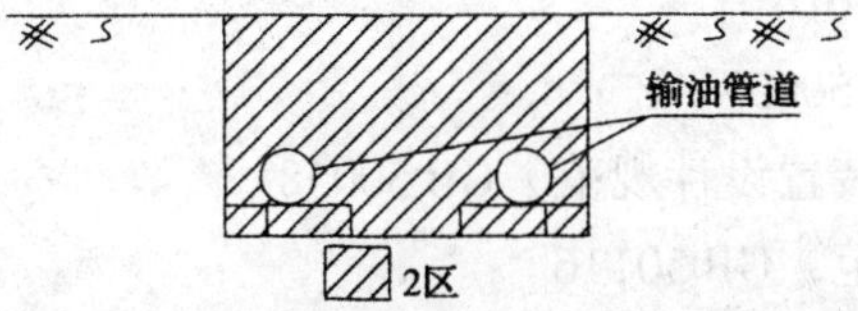

图B.0.24 易燃液体管沟爆炸危险区域划分

1 有盖板的管沟内部空间应划为1区。

2 无盖板的管沟内部空间应划为2区。

引用标准名录

《建筑设计防火规范》GB 50016
《建筑物防雷设计规范》GB 50057
《爆炸和火灾危险环境电力装置设计规范》GB 50058
《火灾自动报警系统设计规范》GB 50116
《建筑灭火器配置设计规范》GB 50140
《泡沫灭火系统设计规范》GB 50151
《汽车加油加气站设计与施工规范》GB 50156
《石油化工企业设计防火规范》GB 50160
《石油天然气工程设计防火规范》GB 50183
《河港工程设计规范》GB 50192
《输油管道工程设计规范》GB 50253
《油气输送管道穿越工程设计规范》GB 50423
《油气输送管道跨越工程设计规范》GB 50459
《石油化工可燃气体和有毒气体检测报警设计规范》GB 50493
《石油储备库设计规范》GB 50737
《石油化工污水处理设计规范》GB 50747
《油品装卸系统油气回收设施设计规范》GB 50759
《厂矿道路设计规范》GBJ 22
《职业性接触毒物危害程度分级》GBZ 230
《石油化工采暖通风与空气调节设计规范》SH/T 3004
《石油化工储运系统罐区设计规范》SH/T 3007
《石油化工设备和管道涂料防腐蚀设计规范》SH/T 3022
《石油化工泵用过滤器选用、检验及验收》SH/T 3411

UDC

中华人民共和国国家标准

P

GB/T 50087—2013

工业企业噪声控制设计规范

Code for design of noise control of industrial enterprises

2013-11-29 发布

2014-06-01 实施

中华人民共和国住房和城乡建设部
中华人民共和国国家质量监督检验检疫总局
联合发布

前　言

本规范是根据住房和城乡建设部《关于印发〈2009年工程建设标准规范制订、修订计划〉的通知》（建标〔2009〕88号）的要求，由北京市劳动保护科学研究所会同有关单位在原国家标准《工业企业噪声控制设计规范》GBJ 87—85的基础上修订而成。

在修订过程中编制组进行了广泛深入的调查研究，认真总结实践经验，参考有关国际标准和国外先进标准，并在广泛征求意见的基础上修改完善，最后经审查定稿。

本规范共分8章，主要技术内容是：总则、术语、工业企业噪声控制设计限值、工业企业总体设计中的噪声控制、隔声设计、消声设计、吸声设计、隔振降噪设计等。

本规范修订的主要技术内容是：1.增加了脉冲噪声限值内容；2.对各类工作场所的噪声限值作了适当修改；3.对噪声与振动控制措施有关条文进行了修改。

本规范由住房和城乡建设部负责管理，由北京市劳动保护科学研究所负责日常管理和具体技术内容的解释。执行过程中如有意见或建议，请寄送北京市劳动保护科学研究所（地址：北京市西城区陶然亭路55号，邮政编码：100054）。

本规范主编单位：北京市劳动保护科学研究所
本规范参编单位：中国科学院声学研究所
中国建筑科学研究院
中国建筑设计研究院
中国环境科学研究院
国家建筑材料工业标准定额总站
北京市疾病预防控制中心
北京城建科技促进会
华北科技学院
北京绿创声学工程股份有限公司
中材装备集团有限公司
天津水泥工业设计研究院有限公司
本规范主要起草人员：张　斌　魏志勇　徐　民　王蓓蓓　秦　勤　邵　斌　户文成
李贤徽　宋瑞祥　佟小朋　刘碧龙　张　翔　张付奎　张国宁
施敬林　吕　琳　王建明　程根银　耿晓音　郭宇春　吴　涛
岳润清
本规范主要审查人员：程明昆　林　杰　陈克安　方庆川　李志远　黄　莹　刘达德
陆凤华　宋运学　肖建民　叶　宏

目 次

Contents

1 总　　则

1.0.1 为防止工业企业噪声的危害，保障职工的身体健康，保证安全生产与正常工作，保护环境，制定本规范。

1.0.2 本规范适用于工业企业的新建、改建、扩建与技术改造工程的噪声控制设计。

1.0.3 工业企业的新建、改建和扩建工程的噪声控制设计应与工程设计同时进行。

1.0.4 工业企业噪声控制设计，应对生产工艺、操作维修、降噪效果、技术经济性进行综合分析。

1.0.5 对于生产过程和设备产生的噪声，应首先从声源上进行控制，以低噪声的工艺和设备代替高噪声的工艺和设备；如仍达不到要求，则应采用隔声、消声、吸声、隔振以及综合控制等噪声控制措施。

1.0.6 对于采取相应噪声控制措施后其噪声级仍不能达到噪声控制设计限值的车间及作业场所，应采取个人防护措施。

1.0.7 工业企业噪声控制设计除应符合本规范外，尚应符合国家现行有关标准的规定。

2 术　　语

2.0.1 工作场所　workplace

劳动者进行职业活动并由用人单位直接或间接控制的所有工作地点。

2.0.2 脉冲噪声　impulsive noise

具有声压猝增特征的噪声，持续时间不大于1s。

2.0.3 A声级　A-weighted sound pressure level

用A计权网络测得的声压级。

2.0.4 C声级　C-weighted sound pressure level

用C计权网络测得的声压级。

2.0.5 倍频带声压级　octave band sound pressure level

频带宽度为1倍频程时的声压级，基准声压为 2×10^{-5}Pa。

2.0.6 噪声敏感建筑物　noise-sensitive buildings

指医院、学校、机关、科研单位、住宅等需要保持安静的建筑物。

2.0.7 对噪声敏感的企业　noise-sensitive enterprise

内部工作性质或使用状况要求安静的企业。

2.0.8 噪声控制专用设备　equipment specified for noise control

专门为控制噪声而设计、生产或制造的设备。

2.0.9 高噪声设备　high noise equipment

辐射噪声对工作环境或生活环境产生明显影响的设备。

2.0.10 隔声　sound insulation

利用隔声材料和隔声结构阻挡声能的传播，把声源产生的噪声限制在局部范围内，或在噪声的环境中隔离出相对安静的场所。

2.0.11 透射系数　transmission coefficient

在给定频率的条件下，通过材料后透射的声能量与入射的声能量之比。

2.0.12 扩散声场　diffuse sound field

能量密度均匀、在各个传播方向作无规分布的声场。

2.0.13 声桥　sound bridge

在双层或多层隔声结构中两层间的刚性连接物、声能以振动的方式通过它在两层中传播。

2.0.14 声阱 sound lock

具有大量声能吸收的小室或走廊，其用途是使室内两边可以相通但声耦合很小，从而提高两个分隔室的隔声能力。

2.0.15 消声器 muffler

具有吸声衬里或特殊形状的气流管道，可有效地降低气流中的噪声。

2.0.16 吸声 sound absorption

声波通过某种介质或射到某介质表面时，声能减少或转换为其他能量的过程。

2.0.17 隔振 vibration isolation

利用弹性支撑降低系统对外加激励起响应的能力。在稳定状态时，隔振用传递比的倒数表示。

2.0.18 插入损失 insertion loss

在插入噪声控制设备前后，某一测点位置的声压级差。

3 工业企业噪声控制设计限值

3.0.1 工业企业内各类工作场所噪声限值应符合表3.0.1的规定。

表3.0.1 各类工作场所噪声限值

工 作 场 所	噪声限值［dB（A）］
生产车间	85
车间内值班室、观察室、休息室、办公室、实验室、设计室室内背景噪声级	70
正常工作状态下精密装配线、精密加工车间、计算机房	70
主控室、集中控制室、通信室、电话总机室、消防值班室，一般办公室、会议室、设计室、实验室室内背景噪声级	60
医务室、教室、值班宿舍室内背景噪声级	55

注：1 生产车间噪声限值为每周工作5d，每天工作8h等效声级；对于每周工作5d，每天工作时间不是8h，需计算8h等效声级；对于每周工作日不是5d，需计算40h等效声级；

2 室内背景噪声级指室外传入室内的噪声级。

3.0.2 工业企业脉冲噪声C声级峰值不得超过140dB。

3.0.3 工业企业厂界噪声限值应符合现行国家标准《工业企业厂界环境噪声排放标准》GB 12348的有关规定。

4 工业企业总体设计中的噪声控制

4.1 一 般 规 定

4.1.1 工业企业总体设计中的噪声控制应包括厂址选择、总平面设计、工艺、管线设计与设备选择以及车间布置中的噪声控制。

4.1.2 工业企业噪声控制设计应包括可行性研究报告中噪声控制部分的编写、初步设计说明书中噪声控制部分的编写、施工图设计中各种噪声控制设施的设计以及建设项目竣工后，对于未能满足噪声控制设计目标要求的部分修改与补充设计。

4.2 厂 址 选 择

4.2.1 产生高噪声的工业企业，其厂址选择应符合所在区域总体城乡规划和工业布局的要求，且不宜在噪声敏感建筑物集中区域选择厂址。

4.2.2 产生高噪声的工业企业的厂址，应位于城镇居民集中区的当地常年夏季最小频率风向的上风侧；对噪声敏感的工业企业的厂址，应位于周围主要噪声源的当地常年夏季最小频率风向的下风侧。

4.2.3 对噪声敏感的企业，厂址不宜选择在高噪声环境区域中，并应远离交通干线、飞机场及主要航线。

4.2.4 工业企业的厂址选择，应利用天然缓冲地域。

4.3 总平面设计

4.3.1 工业企业的总平面布置，在满足工艺流程要求的前提下，应符合下列规定：

1 结合功能分区与工艺分区，应将生活区、行政办公区与生产区分开布置，高噪声厂房与低噪声厂房分开布置。工业企业内的主要噪声源宜相对集中，并宜远离厂内外要求安静的区域。

2 主要噪声源及生产车间周围，宜布置对噪声不敏感的、高大的、朝向有利于隔声的建筑物、构筑物。在高噪声区与低噪声区之间，宜布置仓库、料场等。

3 对于室内要求安静的建筑物，其朝向布置与高度应有利于隔声。

4.3.2 工业企业的立面布置，应利用地形、地物隔挡噪声；主要噪声源宜低位布置，对噪声敏感的建筑宜布置在自然屏障的声影区中。

4.3.3 工业企业厂区内交通运输设计，在满足各种使用功能要求的前提下，应符合下列规定：

1 厂区内主要交通运输线路不宜穿过噪声敏感区；

2 在厂区内交通运输线路两侧布置生活、行政设施等建筑物，应与其保持适当距离；

3 在噪声敏感区布置道路，宜采用尽端式布置。

4.3.4 当工业企业总平面设计中采用本规范第4.3.1~4.3.3条措施后，仍不能达到噪声设计标准时，应采取噪声控制措施或在各厂房、建筑物之间设置必要的防护距离。

4.4 工艺、管线设计与设备选型

4.4.1 工业企业的工艺设计，在满足生产要求的前提下，应符合下列规定：

1 应减少冲击性工艺；

2 块状物料输送应降低落差；

3 应采用减少向空中排放高压气体的工艺；

4 采用操作机械化和运行自动化的设备工艺，宜远距离监视操作。

4.4.2 工业企业的管线设计，在满足工艺要求的前提下，应符合下列规定：

1 应降低管道内的流速，管道截面不宜突变，管道连接宜采用顺流走向；

2 管线上阀门宜选用低噪声产品；

3 管道与振动强烈的设备连接，应采用柔性连接；

4 振动强烈的管道的支撑，不宜采用刚性连接；

5 辐射强噪声的管道，宜布置在地下或采取隔声、消声处理措施。

4.4.3 工业企业设计中的设备选型，宜选用噪声较低、振动较小的设备。主要噪声源设备的选择，应收集和比较同类型设备的噪声指标后综合确定。

4.4.4 工业企业设计中的设备选型应包括噪声控制专用设备。

4.5 车间布置

4.5.1 在满足工艺流程要求的前提下，高噪声设备宜相对集中，并宜布置在车间的一隅。当对车间环境仍有明显影响时，则应采取隔声等控制措施。

4.5.2 振动强烈的设备不宜设置在楼板或平台上。

4.5.3 设备布置时，应预留配套的噪声控制专用设备的安装和维修所需的空间。

5 隔声设计

5.1 一般规定

5.1.1 将噪声控制在局部空间范围内的场合应进行隔声设计。

5.1.2 对声源进行的隔声设计，可采用隔声罩或声源所在车间采取隔声围护的结构形式；对噪声传播途径进行的隔声设计，可采用隔声屏障的结构形式；对接收者进行的隔声设计，可采用隔声间的结构形式。必要时也可同时采用上述几种结构形式。

5.1.3 对车间内独立的强噪声源，在满足操作、维修及通风冷却等要求的情况下，根据隔声罩的插入损失，采用相应形式的隔声罩。隔声罩插入损失可按表5.1.3的规定选取。

表5.1.3 隔声罩的插入损失

隔声罩结构形式	插入损失［dB（A）］
固定密封型	30~40
活动密封型	15~30
局部开敞型	10~20
带有通风散热消声器的隔声罩	15~25

5.1.4 声源所在车间采取的隔声围护结构可根据隔声量要求，按本规范第5.1.7条的规定进行设计。

5.1.5 对人员多、强噪声源分散的大车间，可设置隔声屏障或带有生产工艺孔洞的隔墙，将车间在平面上划分为几个不同强度的噪声区域。隔声屏障的设计插入损失可在10dB（A）~20dB（A）范围内选取；对高频声源，隔声屏障的设计插入损失可选取较高值。

5.1.6 当不宜对声源作隔声处理，且操作管理人员不定期停留在设备附近时，应在设备附近设置控制、监督、观察、休息用的隔声间。隔声间的设计插入损失，可在20dB（A）~50dB（A）的范围内选取。

5.1.7 组合隔声构件的隔声量设计宜符合下式规定：

$$S_{G1}\tau_1 = S_{G2}\tau_2 = \cdots\cdots = S_{Gi}\tau_i \quad (5.1.7)$$

式中：S_{Gi}——某一构件的面积（m^2）；

τ_i——与构件S_{Gi}对应的透射系数。

5.1.8 隔声设计应防止孔洞与缝隙的漏声。对于构件的拼装节点、电缆孔、管道的通过部位等声通道，应进行密封或消声处理设计。

5.2 隔声设计程序和方法

5.2.1 隔声设计应按下列步骤进行：

1 由声源特性和受声点的声学环境估算受声点的各倍频带声压级和A声级；

2 确定受声点各倍频带的允许声压级和允许A声级；

3 计算各倍频带和A声级所需隔声量；

4 选择适当的隔声结构与构件。

5.2.2 受声点各倍频带的声压级估算应符合下列规定：

1 当室内只有一个声源时，估算受声点各倍频带的声压级，应首先查找、估算或测量声源中心频率为125Hz~4000Hz的6个倍频带的声功率级，然后根据声源特性和声学环境，按下列公式计算：

$$L_P = L_W + 10 \cdot \lg\left(\frac{Q}{4\pi r^2} + \frac{4}{R}\right) \quad (5.2.2\text{-}1)$$

$$R = \frac{S_{\bar{\alpha}}}{1-\bar{\alpha}} = \frac{A}{1-\bar{\alpha}} \quad (5.2.2\text{-}2)$$

$$\bar{\alpha} = \frac{\Sigma S_i \alpha_i}{\Sigma S_i} \quad (5.2.2\text{-}3)$$

式中：L_P——受声点各倍频带声压级（dB）；

L_W——声源各倍频带声功率级（dB）；

Q——声源指向性因素；当声源位于室内几何中心时，Q=1；当声源位于室内地面中心或某一墙面中心时，Q=2；当声源位于室内某一边线中点时，Q=4；当声源位于室内某一角落时，Q=8；

r——声源至受声点的距离（m）；

R——房间常数（m²）；

S——房间内总表面积（m²）；

$\bar{\alpha}$——房间内某个倍频带的平均吸声系数；

S_i——房间内某一表面积（m²）；

α_i——房间内与S_i对应的吸声系数；

A——房间内某个倍频带的总吸声量（m²）。

2 当有多个声源时，可分别求出各声源在受声点产生的声压级，然后按声压级的合成法则计算受声点各倍频带的声压级。

5.2.3 受声点各倍频带的允许声压级应根据本规范第3.0.1条规定的噪声限值计算或按表5.2.3-1取值。倍频带允许声压级应按下列公式计算：

$$L_{Pa}=a+bNR \quad (5.2.3\text{-}1)$$

$$NR=L_A-5 \quad (5.2.3\text{-}2)$$

式中：L_{Pa}——各倍频带允许声压级（dB）；

NR——噪声评价数；

a、b——与各倍频带声压级有关的常数，按表5.2.3-2的规定确定；

L_A——噪声限值。

表5.2.3-1 倍频带允许声压级

噪声限值［dB（A）］	倍频带允许声压级（dB）							
	63	125	250	500	1000	2000	4000	8000
85	99	92	86	83	80	78	76	74
80	95	87	82	78	75	73	71	69
75	91	83	77	73	70	68	66	64
70	87	79	72	68	65	62	61	59
65	83	74	68	63	60	57	55	54
60	79	70	63	58	55	52	50	49
55	75	66	59	54	50	47	45	44
50	71	61	54	49	45	42	40	38

表5.2.3-2 与各倍频带声压级有关的常数

倍频程中心频率（Hz）	a（dB）	b（dB）
63	35.5	0.790
125	22.0	0.870
250	12.0	0.930
500	4.8	0.974
1000	0	1.000
2000	−3.5	1.015
4000	−6.1	1.025
8000	−8.0	1.030

5.2.4 受声点各倍频带所需隔声量应按下式计算：

$$TL_a=L_P-L_{Pa}+5 \quad (5.2.4)$$

式中：TL_a——各倍频带所需隔声量（dB）。

5.2.5 隔声结构与隔声构件的设计应满足各倍频带所需隔声量的要求。

5.2.6 隔声罩的结构设计应有足够的吸声衬面，各倍频带的插入损失应满足所需隔声量的要求，可按下式计算：

$$IL=TL_0+10\cdot\lg\frac{A}{S_Z} \quad (5.2.6)$$

式中：IL——各倍频带的插入损失（dB）；

TL_0——隔声构件各倍频带的固有隔声量（dB）；

A——隔声罩内各倍频带的总吸声量（m^2）；

S_Z——隔声构件的透声面积（m^2）。

5.2.7 对声源所处车间为近似扩散声场的情况，隔墙或窗户各倍频带所需隔声量，可按下式计算：

$$TL_a=L_{P1}-L_{P2}-1 \quad (5.2.7)$$

式中：L_{P1}——车间内部各倍频带的声压级（dB）；

L_{P2}——车间外部各倍频带的允许声压级（dB）。

5.3 隔声结构的选择与设计

5.3.1 设计隔声结构应收集隔声构件固有隔声量的实测数据。

5.3.2 单层隔声结构的设计应符合下列规定：

1 应使被控制噪声源的峰值频率处于结构的共振频率和吻合频率之间；

2 可选用复合隔声结构。

5.3.3 双层隔声结构的设计应符合下列规定：

1 隔声结构的共振频率应低于被控制噪声源的峰值频率；空气层的厚度不宜小于50mm；

2 隔声结构的吻合频率不宜出现在中频段；双层结构各层的厚度不宜相同，或采用不同刚度，或加阻尼；

3 双层结构间的连接应减少出现声桥；

4 双层结构间宜填充多孔吸声材料。

5.3.4 隔声门窗的设计与选用应符合下列规定：

1 在满足隔声要求的前提下应选用定型产品；

2 应防止缝隙漏声，同时门扇和窗扇的隔声性能应与缝隙处理的严密性相适应；

3 对采用单层隔声门不能满足隔声要求的情况，可设计有两道隔声门的声闸；声闸的内壁面，应具有较高的吸声性能；两道门宜错开布置；

4 对采用单层隔声窗不能满足隔声要求的情况，可设计双层或多层隔声窗；

5 特殊情况可设计专用的隔声门窗。

5.3.5 隔声间的设计应符合下列规定：

1 对隔声要求高的隔声间，宜采用以实心砖等建筑材料为主的隔声结构；必要时，墙体与屋盖可采用双层结构，门窗等隔声构件宜采用有两道隔声门的声闸与多层隔声窗。

2 隔声间的组合隔声量可按下列公式计算：

$$TL = 10 \cdot \lg \frac{1}{\overline{\tau}} \quad (5.3.5\text{–}1)$$

$$\overline{\tau} = \frac{\Sigma S_{Gi}\tau_i}{\Sigma S_{Gi}} \quad (5.3.5\text{–}2)$$

式中：TL——隔声间的组合隔声量（dB）；

$\overline{\tau}$——隔声间的平均透射系数。

3 所有的散热通风以及工艺孔洞，均应设有消声器，其消声量应与隔声间的隔声量相当。

5.3.6 隔声罩的设计应符合下列规定：

1 隔声罩宜采用带有阻尼层的钢板制作，阻尼层厚度宜为金属板厚的1倍~3倍；

2 隔声罩内壁面与机械设备间应留有一定的空间，各内壁面与设备的空间距离宜大于100mm；

3 隔声罩的内侧面应设吸声层；

4 隔声罩所有的散热通风、排烟以及生产工艺孔洞，均应设有消声器，其消声量应与隔声罩的隔声量相当；

5 应防止隔声罩振动向外辐射噪声。

5.3.7 隔声屏障的设置应靠近声源或接收者。室内设置隔声屏障时，应在室内安装吸声体。

6 消 声 设 计

6.1 一 般 规 定

6.1.1 降低空气动力机械辐射的空气动力性噪声或噪声源隔声围护结构散热通风口、工艺孔洞等辐射出的噪声应进行消声设计。

6.1.2 在空间允许的情况下，消声器装设位置应符合下列规定：

1 空气动力机械进（排）气口敞开的，应在靠近进（排）气口处装设进（排）口消声器；

2 空气动力机械进（排）气口均不敞开的，但管道隔声差，且管道经过空间的噪声不能满足要求时，应装设消声器；

3 噪声源隔声围护结构孔洞辐射噪声的，应在孔洞处装设消声器。

6.1.3 消声器的插入损失，应根据消声设计要求确定。

6.1.4 消声器引起的压力损失应控制在设备正常运行许可的范围内。

6.1.5 消声器产生的气流再生噪声对环境的影响不得超过该环境允许的噪声级。

6.1.6 消声器中气流速度应符合下列规定：

1 空调系统主管道消声器内气流速度不宜大于10m/s；

2 鼓风机、压缩机、燃气轮机的进、排气消声器内气流速度不宜大于30m/s；

3 内燃机进、排气消声器内气流速度不宜大于50m/s；

4 高压排气放空消声器内气流速度不宜大于60m/s。

6.1.7 消声器应坚固耐用，并应满足防潮、防火、防腐、耐高温、耐油污等要求。

6.2 消声设计程序和方法

6.2.1 消声设计应按下列步骤进行：

1 确定噪声源的各倍频带声功率级；

2 根据噪声源位置、噪声控制点（1个或若干个）位置，两者间的噪声传播路径特性以及控制点所在位置的房间特性（或室外环境特性），预测噪声控制点的各倍频带声压级和A声级；

3 根据噪声控制点允许的倍频带声压级（或A声级）限值，得到控制点的各倍频带声压级（或A声级）超标量；

4 根据超标量确定消声器各倍频带所需的插入损失，并选定满足要求的消声器；

5 根据选定消声器的插入损失和气流再生噪声数值，重新进行步骤2的计算，检查控制点的声压级，控制点的声压级应满足限值的要求；

6 当所选消声器不能满足要求，再根据超标量调整消声器的选型，重复进行步骤2的计算，直至满足要求。

6.2.2 噪声源中心频率为63Hz~8000Hz的8个倍频带的声功率级，应由噪声源设备制造商提供，当设备制造商不能提供，可通过测量、估算或查找资料等方法确定。

6.2.3 消声器的装设位置应根据辐射噪声的部位和传播噪声的途径，按本规范第6.1.2条的规定选定。

6.2.4 噪声控制点各倍频带的允许声压级应根据本规范第3.0.1条规定的噪声限值，按本规范公式（5.2.3）计算或按表5.2.3-1取值。

6.2.5 噪声控制点的预测声压级，可按本规范公式（5.2.2）计算，传播路径上各部件的插入损失和气流再生噪声，应根据各部件制造商提供的资料以及国家现行有关标准进行计算。

6.2.6 消声器的类型应根据噪声频谱特性、所需插入损失、气流再生噪声、空气动力性能以及防潮、防火、防腐蚀等特殊使用要求确定。

6.2.7 消声器的型号选择应根据定型消声器的性能参数确定，也可自行设计符合要求的消声器。

6.2.8 消声器产生的气流再生噪声有影响时，应降低气流速度或简化消声器结构。

6.3 消声器的选择与设计

6.3.1 当噪声呈中高频宽带特性时，消声器的类型可采用阻性形式。阻性消声器的静态消声量，可按下式计算：

$$M=\frac{\varphi(\alpha_0)Pl}{S_X} \quad (6.3.1)$$

式中：M——消声器内无气流情况下的消声量（dB）；

$\varphi(\alpha_0)$——消声系数，由法向吸声系数α_0决定，可按表6.3.1的规定确定；

P——消声器通道内吸声材料的饰面周长（m）；

l——消声器的有效长度（m）；

S_X——消声器通道截面积（m^2）。

表6.3.1 消声系数

α_0	0.10	0.20	0.30	0.40	0.50	0.60	0.70	0.80	0.90~1.00
$\varphi(\alpha_0)$	0.10	0.20	0.40	0.55	0.70	0.90	1.00	1.20	1.50

6.3.2 设计阻性消声器应防止高频失效的影响，其上限截止频率可按下式计算：

$$f=1.85\frac{c}{D} \quad (6.3.2)$$

式中：f——上限截止频率；

c——声速，常温常压下可取340m/s；

D——消声器通道截面的当量直径（m）。

6.3.3 阻性消声器结构形式的选择应符合下列规定：

1 当量直径不大于300mm时，可选用直管式消声器；

2 当量直径大于300mm时，可选用片式或折板式消声器，片间距宜取100mm~200mm，折板式消声器消声片的弯折应满足视线不能透过的要求，折角角度不宜大于20°；

3 消声通道可采用正弦波形、流线形或菱形的结构形式，其弯折角度应满足视线不能透过的要求；

4 气流流速较低的通风管道系统，可采用迷宫式消声器，消声器的小室宜为3个~5个，消声器内的气流速度宜小于5m/s；

5 对风量不大、风速不高的通风空调系统，可选用消声弯头，消声弯头内的气流速度宜小于8m/s。

6.3.4 当噪声呈明显低中频脉动特性时，或气流通道内不宜使用阻性吸声材料时，消声器的类型可选用扩张室式。扩张室式消声器的设计应符合下列规定：

1 扩张室式消声器的消声量，可用增加扩张比的方法提高，其消声频率特性，可用改变室长的方法来调节；

2 将几个扩张室串联使用来增大消声量时，各室长度不应相等；

3 应在室内插入长度分别等于室长的1/2与1/4的内接管，内接管宜采用穿孔率不小于30%的穿孔管连接起来；

4 扩张室式消声器的内管管道直径超过400mm时，宜采用多管式。

6.3.5 当噪声呈低中频特性时，消声器的类型可采用共振式，共振式消声器的设计应符合下列规定：

1 单通道共振式消声器，其通道直径不宜超过250mm，对大流量系统可采用多通道，每个通道的宽度可取100mm~200mm；

2 共振式消声器的腔长、宽、深尺寸均宜小于共振频率波长的1/3，穿孔应集中在共振腔中部均匀分布，穿孔部分长度不宜超过共振频率波长的1/12。

6.3.6 对于下列情形，消声器的类型可选择微穿孔或微缝金属板式：

1 消声器不宜使用多孔吸声材料而又需要在宽频带范围内具有比较高的消声量；

2 消声器需在温度高、湿度大和流速高介质条件下使用。

6.3.7 高压排气放空噪声的消声设计，宜采用节流减压、小孔喷注及节流减压小孔喷注复合等排气放空消声器，排气放空消声器的设计应符合下列规定：

1 节流减压消声器的节流级数，应根据驻压比确定，宜取2级~5级，对超高压的情况，也可多至8级；

2 小孔喷注消声器的孔径宜为1mm~3mm，孔中心距应大于孔径的5倍，总开孔面积应大于原排气口面积的1.5倍~2倍；

3 节流减压小孔喷注复合消声器可由1级~2级节流减压加1级小孔喷注组成。

7 吸声设计

7.1 一般规定

7.1.1 当原有吸声较少、混响声较强的各类车间厂房进行降噪处理时，应进行吸声设计。

7.1.2 吸声处理的降噪量可按表7.1.2的规定估算。

表 7.1.2　吸声处理的降噪量

车间厂房类型	一般车间厂房	混响很严重的车间厂房	几何形状特殊（声聚焦）混响极严重的车间厂房
降噪量［dB（A）］	3~5	6~10	11~12

7.1.3　吸声设计中应合理地确定吸声处理面积。

7.1.4　吸声设计应满足防火、防潮、防腐、防尘等工艺与安全卫生要求；同时还应满足通风、采光、照明及装修要求，为吸声材料设置的埋件，应满足施工方便、坚固耐用的要求。

7.2　吸声设计程序和方法

7.2.1　吸声设计应按下列步骤进行：

1　确定吸声处理前室内的各倍频带的声压级和总的A声级；

2　确定降噪地点的各倍频带允许声压级和允许总的A声级，计算所需吸声降噪量；

3　确定吸声处理前的室内平均吸声系数；

4　计算吸声处理后应有的室内平均吸声系数；

5　确定吸声材料的类型、数量与安装方式。

7.2.2　车间厂房吸声处理前中心频率为125Hz~4000Hz的6个倍频带的声压级和A声级，可实测或按本规范公式（5.2.2）计算。

7.2.3　降噪地点各倍频带的允许声压级应根据本规范第3.0.1条规定的噪声限值，按本规范公式（5.2.3）计算或按表5.2.3-1取值。所需吸声降噪量可将室内吸声处理前的声压级减去允许声压级得出。

7.2.4　吸声处理前的室内平均吸声系数，可通过测量房间混响时间或计算求得。

7.2.5　吸声处理后应有的室内平均吸声系数，可根据所需降噪量和吸声处理前的室内平均吸声系数，按下式计算：

$$\overline{\alpha}_2=\overline{\alpha}_1\cdot 10^{\frac{\Delta L_P}{10}} \tag{7.2.5}$$

式中：ΔL_P——吸声降噪量（dB）；

$\overline{\alpha}_1$——吸声处理前的室内平均无规入射吸声系数；

$\overline{\alpha}_2$——吸声处理后应有的室内平均无规入射吸声系数。

注：公式（7.2.5）适用于$\overline{\alpha}_2\leqslant 0.5$的场合。

7.2.6　吸声构件的种类、数量与安装方式，应根据吸声处理后所需的室内平均吸声系数的要求，按本规范第7.3节的规定确定。

7.2.7　吸声设计的效果，可采用吸声降噪量及室内工作人员的主观感觉效果来评价。吸声降噪量应通过实测吸声处理前后室内相应位置的噪声水平来求得，也可通过测量混响时间求得。

7.3　吸声构件的选择与设计

7.3.1　吸声构件的设计与选择应符合下列规定：

1　吸声材料的吸声系数可由制造商提供，当制造商不能提供，可通过测量、估算或查找资料等方法确定；

2　中高频噪声的吸声降噪设计，可采用常规成型吸声板，密度较小或薄的玻璃棉板等多孔吸声材料，需要时可设置穿孔板等护面材料；

3　宽频带噪声的吸声降噪设计，可在材料背后设置空气层或增加多孔吸声材料的厚度、面密度；

4　低频噪声的吸声降噪设计，可采用穿孔板共振吸声结构，为增加吸声频带宽度，可在共振腔内填充适量的多孔吸声材料；

5 室内湿度较高或有清洁要求的吸声降噪设计，可采用薄膜覆面的多孔吸声材料或单、双层微穿孔板等吸声结构。

7.3.2 吸声处理方式的选择应符合下列规定：

1 所需吸声降噪量较高、房间面积较小的吸声设计，宜对屋顶、墙面同时进行吸声处理；

2 所需吸声降噪量较高、车间面积较大时，车间吸声体面积宜取房间屋顶面积的40%或室内总表面积的15%，对于扁平状大面积车间的吸声设计，可只对屋顶吸声处理；

3 声源集中在车间局部区域而噪声影响整个车间的吸声设计，应在声源所在区域的屋顶及墙面作局部吸声处理，且宜同时设置隔声屏障；

4 吸声降噪设计宜采用空间吸声体的方式；空间吸声体宜靠近声源。

8 隔振降噪设计

8.0.1 当对产生较强振动或冲击，引起固体传声及振动辐射噪声的动力设备进行噪声控制时，应进行隔振降噪设计。

8.0.2 隔振降噪设计的目标值应根据本规范第3.0.1条规定的噪声限值确定。

8.0.3 对于楼板上的隔振系统，其楼下房间内的降噪量可按下式估算：

$$\Delta L_P \approx \Delta L_V \approx 20 \cdot \lg \frac{1}{T} \qquad (8.0.3)$$

式中：ΔL_P——隔振前、后楼下房间内声压级的改变量（dB）；

ΔL_V——隔振前、后楼板振动速度级的改变量（dB）；

T——隔振系统的传递率。

8.0.4 隔振降噪设计应按现行国家标准《隔振设计规范》GB 50463的有关规定执行。

引用标准名录

1 《隔振设计规范》GB 50463

2 《工业企业厂界环境噪声排放标准》GB 12348

UDC

中华人民共和国国家标准

P　　GB 50156—2021

汽车加油加气加氢站技术标准

Technical standard of fuelling station

2021-06-28 发布　　2021-10-01 实施

中华人民共和国住房和城乡建设部
国家市场监督管理总局　联合发布

前 言

本标准是根据住房和城乡建设部《关于印发〈2020年工程建设规范标准编制及相关工作计划〉的通知》（建标函〔2020〕9号）的要求，由中国石化工程建设有限公司会同有关单位共同编制完成的。

本标准在修订过程中，修订组进行了比较广泛的调查研究，组织了多次国内、国外考察，总结了我国汽车加油加气加氢站多年的设计、施工、建设、运营和管理等实践经验，借鉴了国内已有的行业标准和国外发达国家的相关标准，广泛征求了有关设计、施工、科研和管理等方面的意见，最后经审查定稿。

本标准的主要技术内容是：总则，术语和缩略语，基本规定，站址选择，站内平面布置，加油工艺及设施，LPG加气工艺及设施，CNG加气工艺及设施，LNG和L-CNG加气工艺及设施，高压储氢加氢工艺及设施，液氢储存工艺及设施，消防设施及给排水，电气、报警和紧急切断系统，采暖通风、建（构）筑物、绿化，工程施工等。

本标准修订的主要技术内容是：

1.增加了加氢合建站的内容。

2.调整了CNG加气站储气设施压力限值规定。

3.提高了加油站环境保护要求。

本标准中以黑体字标志的条文为强制性条文，必须严格执行。

本标准由住房和城乡建设部负责管理和对强制性条文的解释，由中国石油化工集团有限公司负责日常管理，由中国石化工程建设有限公司负责具体技术内容的解释。执行过程中如有意见或建议，请寄送中国石化工程建设有限公司（地址：北京市朝阳区安慧北里安园21号，邮编：100101）。

本标准起草单位：中国石化工程建设有限公司
中国市政工程华北设计研究总院有限公司
中国石油天然气股份有限公司规划总院
军事科学院国防工程研究院
中国石油工程建设有限公司西南分公司
中国石化销售股份有限公司
石油化工工程质量监督总站
中石化第四建设有限公司
中国石油天然气股份有限公司销售分公司
陕西省燃气设计院有限公司
四川川油天然气科技股份有限公司
中海石油气电集团有限责任公司
中石化广州工程有限公司
北京航天试验技术研究所
中国电子工程设计院有限公司
北京低碳清洁能源研究院

本标准参加单位：北京三盈氢能源装备有限公司
江苏国富氢能技术装备股份有限公司
正星科技股份有限公司
江苏安普特能源装备股份有限公司

本标准主要起草人员： 韩　钧　吴洪松　许文忠　江　宁　葛春玉　院振刚　蒲黎明
曹宏章　王全占　张　凯　陈立峰　蒋荣兴　戴文松　杨志华
吴文革　张建民　朱晓明　曾小军　刘汉宝　柯松林　付连科
黄　萍　刘　园　刘玉涛　王惠颖　王银锋　刘　栋　叶鑫午
王素华　陶　辉　姜　兵　许灯凯　蒋荣华　陈　静　王秀林
徐兴文　李功洲　何广利　黄　龙　顾建辉　况开锋　李明昕
马国良

本标准主要审查人员： 周家祥　倪照鹏　王维民　李　毅　何龙辉　马庚宇　谢　添
王铭坤　尹　强　宋玉银　陈嘉宾　王红霞　黎健强　赵吉诗
陈丽娟　薄　柯　韩武林　田小玲　曲　光　孙凤焕

目次

Contents

1 总 则

1.0.1 为了在汽车加油加气加氢站设计和施工中贯彻国家有关方针政策，统一技术要求，做到安全适用、技术先进、经济合理，制定本标准。

1.0.2 本标准适用于新建、扩建和改建的汽车加油站、加气站、加油加气合建站、加油加氢合建站、加气加氢合建站、加油加气加氢合建站工程的设计和施工。

1.0.3 汽车加油加气加氢站的设计和施工，除应符合本标准外，尚应符合国家现行有关标准的规定。

2 术语和缩略语

2.1 术 语

2.1.1 汽车加油加气加氢站 fuelling station

为机动车加注车用燃料，包括汽油、柴油、LPG、CNG、LNG、氢气和液氢的场所，是加油站、加气站、加油加气合建站、加油加氢合建站、加气加氢合建站、加油加气加氢合建站的统称。

2.1.2 加油站 oil fuelling station

具有储油设施，使用加油机为机动车加注汽油（含甲醇汽油、乙醇汽油）、柴油等车用燃油的场所。

2.1.3 加气站 gas fuelling station

具有储气设施，使用加气机为机动车加注车用LPG、CNG或LNG等车用燃气的场所。

2.1.4 LPG加气站 LPG fuelling station

为LPG汽车储气瓶充装车用LPG，并可提供其他便利性服务的场所。

2.1.5 CNG加气站 CNG fuelling station

各类CNG加气站的统称。

2.1.6 CNG常规加气站 conventional CNG fuelling station

从站外天然气管道取气，经过工艺处理并增压后，通过加气机给汽车CNG储气瓶充装车用CNG的场所。

2.1.7 CNG加气母站 primary CNG fuelling station

从站外天然气管道取气，经过工艺处理并增压后，通过加气柱给服务于CNG加气子站的CNG长管拖车或管束式集装箱充装CNG的场所。

2.1.8 CNG加气子站 secondary CNG fuelling station

用CNG长管拖车或管束式集装箱运进CNG，通过加气机为汽车CNG储气瓶充装CNG的场所。

2.1.9 LNG加气站 LNG fuelling station

具有LNG储存设施，使用LNG加气机为LNG汽车储气瓶充装车用LNG的场所。

2.1.10 L-CNG加气站 L-CNG fuelling station

能将LNG转化为CNG，并为CNG汽车储气瓶充装车用CNG的场所。

2.1.11 加氢设施 hydrogen fuelling facilities

加氢工艺设备与管道等系统的统称，包括高压储氢加氢设施、液氢储氢加氢设施、氢燃料储运设施等。

2.1.12 加油加气合建站 oil and gas combined fuelling station

具有储油（气）设施，既能为机动车加注车用燃油，又能加注车用燃气的场所。

2.1.13 加油加氢合建站 oil and hydrogen combined fuelling station

既为汽车的油箱充装汽油或柴油，又为氢燃料汽车的储氢瓶充装氢气或液氢的场所。

2.1.14 加气加氢合建站　gas and hydrogen combined fuelling station

既为天然气汽车的储气瓶充装压缩天然气或液化天然气，又为氢燃料汽车的储氢瓶充装氢气或液氢的场所。

2.1.15 加油加气加氢合建站　oil and gas and hydrogen combined fuelling station

为汽车油箱充装汽油或柴油，为天然气汽车的储气瓶充装压缩天然气或液化天然气，为氢能汽车储氢设备充装车用氢气或液氢的场所。

2.1.16 加氢合建站　combined fuelling station

加油加氢合建站、加气加氢合建站、加油加气加氢合建站的统称。

2.1.17 站房　station house

用于汽车加油加气加氢站管理、经营和提供其他便利性服务的建筑物。

2.1.18 作业区　operation area

汽车加油加气加氢站内布置工艺设备的区域。该区域的边界线为设备爆炸危险区域边界线加3m，对柴油设备为设备外缘加3m。

2.1.19 辅助服务区　auxiliary service area

汽车加油加气加氢站用地红线范围内作业区以外的区域。

2.1.20 安全拉断阀　safe-break valve

在一定外力作用下自动断开，断开后的两节均具有自密封功能的装置。该装置安装在加油机、加气机、加氢机、加(卸)气柱的软管上，是防止软管被拉断而发生泄漏事故的专用保护装置。

2.1.21 管道组成件　piping components

用于连接或装配管道的元件，包括管子、管件、阀门、法兰、垫片、紧固件、接头、耐压软管、过滤器、阻火器等。

2.1.22 工艺设备　process equipment

设置在汽车加油加气加氢站内的液体燃料卸车接口、油罐、LPG储罐、LNG储罐、CNG储气瓶、储气井、储氢容器、液氢储罐、加油机、加气(氢)机、加(卸)气(氢)柱、通气管(放空管)、CNG和氢气长管拖车、LPG泵、LNG泵、CNG压缩机、LPG压缩机、LNG气化器、氢气压缩机、液氢增压泵、液氢气化器等的统称。

2.1.23 电动汽车充电设施　EV charging facilities

为电动汽车提供充电服务的相关电气设备，如低压开关柜、直流充电桩、交流充电桩和电池更换装置等。

2.1.24 卸车点　unloading point

接卸汽车罐车所载油品、LPG、LNG、液氢的固定地点。

2.1.25 埋地油罐　buried oil tank

罐顶低于周围4m范围内的地面，并采用覆土或罐池充沙方式埋设在地下的卧式油品储罐。

2.1.26 加油岛　oil fuelling island

用于安装加油机的平台。

2.1.27 汽油设备　gasoline-fuelling equipment

为机动车加注汽油而设置的汽油罐(含其通气管)、汽油加油机等固定设备。

2.1.28 柴油设备　dicscl fuclling equipment

为机动车加注柴油而设置的柴油罐(含其通气管)、柴油加油机等固定设备。

2.1.29 卸油油气回收系统　vapor recovery system for gasoline unloading process

将油罐车向汽油罐卸油时产生的油气密闭回收至油罐车内的系统。

2.1.30 加油油气回收系统　vapor recovery system for fuelling process

将汽油车辆加油时产生的油气密闭回收至汽油罐的系统。

2.1.31 橇装式加油装置 portable oil device

将防火防爆油罐、加油机、自动灭火装置等设备及其配件整体装配于一个钢制橇体的地面加油装置。

2.1.32 自助加油站（区） self-service oil fuelling station（area）

具备相应的安全防护设施，可由顾客自行完成车辆加注燃油作业的加油站（区）。

2.1.33 埋地LPG罐 buried LPG tank

罐顶低于周围4m范围内的地面，并采用直接覆土或罐池充沙方式埋设在地下的卧式LPG储罐。

2.1.34 加气（氢）岛 gas fuelling island

用于安装加气（氢）机的平台。

2.1.35 CNG加（卸）气设备 CNG fuelling（unloading）facility

CNG加气机、加气柱、卸气柱的统称。

2.1.36 加气机 gas dispenser

用于向燃气汽车储气瓶充装LPG、CNG或LNG，并带有计量、计价装置的专用设备。

2.1.37 CNG（氢气）加（卸）气柱 CNG（H_2）dispensing（bleeding）pole

用于向长管拖车或管束式集装箱储气瓶充装（卸出）CNG（氢气），并带有计量装置的专用设备。

2.1.38 储气井 CNG（H_2）storage well

竖向埋设于地下，用于储存CNG或氢气的管状设施，由井底装置、井筒、内置排液管、井口装置等构成。

2.1.39 CNG储气瓶组 CNG storage cylinder group

将若干个瓶式压力容器组装在一个橇体上并配置相应的连接管道、阀门、安全附件，用于储存CNG的装置。

2.1.40 CNG固定储气设施 CNG fixed storage facility

安装在固定位置的地上或地下储气瓶（组）和储气井的统称。

2.1.41 CNG储气设施 CNG storage facility

储存CNG的储气瓶（组）、储气井和车载储气瓶组的统称。

2.1.42 CNG储气设施的总容积 total volume of CNG storage facility

CNG固定储气设施与所有处于满载或作业状态的车载CNG储气瓶（组）的几何容积之和。

2.1.43 地下LNG储罐 underground LNG tank

罐顶低于周围4m范围内的地面，标高不小于0.2m，并设置在罐池中的LNG储罐。

2.1.44 半地下LNG储罐 semi-underground LNG tank

罐体一半以上安装在周围4m范围内地面以下，并设置在罐池中的LNG储罐。

2.1.45 防护堤 safety dike

用于拦蓄LPG、LNG储罐事故时溢出的易燃和可燃液体的构筑物。

2.1.46 LNG橇装设备 LNG portable equipments

将LNG储罐、加气机、放空管、泵、气化器等LNG设备全部或部分装配于一个橇体（即刚性底架，可带箱体）上的设备组合体。

2.1.47 储氢容器 gaseous hydrogen storage vessel

储存氢气的压力容器，包括罐式储氢压力容器和瓶式储氢压力容器。

2.1.48 储氢瓶组 cylinder assemblies storage for gaseous hydrogen

将若干个瓶式压力容器组装在一个橇体上并配置相应的连接管道、阀门、安全附件，用于储存氢气的装置。

2.1.49 氢气储存设施 gaseous hydrogen storage facility

储氢容器和氢气储气井的统称。

2.1.50 液氢储罐 liquefied hydrogen storage tank

储存液化氢气的罐式压力容器。

2.1.51 加氢机 hydrogen dispenser

用于向氢能汽车的储氢设备充装氢气或液氢，并带有控制、计量、计价装置的专用设备。

2.1.52 橇装工艺设备 portable process equipments

由制造厂整体制造，将工艺设备及其配件装配于一个钢制橇体上，具有一定功能的设备组合体。

2.1.53 未爆先漏 leak-before burst

容器的裂纹在厚度范围内稳定扩展，在发生失稳爆破前穿透壁厚导致内部介质泄漏的情况。

2.2 缩 略 语

LPG liquefied petroleum gas 液化石油气

CNG compressed natural gas 压缩天然气

LNG liquefied natural gas 液化天然气

L-CNG transform LNG to CNG 由LNG转化为CNG

3 基 本 规 定

3.0.1 向汽车加油加气加氢站供应汽油、柴油、LPG、LNG、液氢，可采取罐车或罐式集装箱运输或管道输送的方式，供应CNG、氢气可采取长管拖车、管束式集装箱运输或管道输送的方式。

3.0.2 汽车加油加气加氢站的规模应根据资源条件、市场需求、周边环境等因素统筹确定。加油站、加气站、加氢站可按本标准第3.0.12条~第3.0.23条的规定联合建站。

3.0.3 橇装式加油装置不得用于企业自用、临时或特定场所之外的场所，并应单独建站。采用橇装式加油装置的加油站，其设计与安装应符合现行行业标准《采用橇装式加油装置的汽车加油站技术规范》SH/T 3134和本标准第6.4节的有关规定。

3.0.4 加油站内乙醇汽油设施的设计，除应符合本标准的规定外，尚应符合现行国家标准《车用乙醇汽油储运设计规范》GB/T 50610的有关规定。

3.0.5 汽车加油加气加氢站内可设置电动汽车充电设施。电动汽车充电设施的设计，除应符合本标准的规定外，尚应符合现行国家标准《电动汽车充电站设计规范》GB 50966的有关规定。

3.0.6 CNG加气站、LNG加气站与城镇天然气门站和储配站、LNG气化站的合建站，以及CNG加气站、LNG加气站与城镇天然气接收门站的合建站，设计与施工除应符合本标准的规定外，尚应符合现行国家标准《城镇燃气设计规范》GB 50028的有关规定。

3.0.7 CNG加气站与天然气输气管道场站合建站的设计与施工，除应符合本标准的规定外，尚应符合现行国家标准《石油天然气工程设计防火规范》GB 50183的有关规定。

3.0.8 汽车加油加气加氢站可按国家有关规定设置经营非油品业务的设施。

3.0.9 加油站的等级划分应符合表3.0.9的规定。

表3.0.9 加油站的等级划分

加油站等级	加油站油罐容积（m^3）	
	总容积V	单罐容积
一级	$150<V\leqslant210$	≤50
二级	$90<V\leqslant150$	≤50
二级	$V\leqslant90$	汽油罐≤30，柴油罐≤50

注： V为油罐总容积。柴油罐容积可折半计入油罐总容积。

3.0.10 LPG加气站的等级划分应符合表3.0.10的规定。

表3.0.10 LPG加气站的等级划分

LPG加气站等级	LPG罐容积（m^3）	
	总容积V	单罐容积
一级	$45<V\leq60$	≤30
二级	$30<V\leq45$	≤30
三级	$V\leq30$	≤30

3.0.11 CNG加气站储气设施的总容积，应根据设计加气汽车数量、每辆汽车加气时间、母站服务的子站个数、规模和服务半径等因素综合确定。在城市建成区内，CNG加气站储气设施的总容积应符合下列规定：

1 CNG加气母站储气设施的总容积不应超过120m^3。

2 CNG常规加气站储气设施总容积不应超过30m^3。

3 CNG加气子站内设置有固定储气时，站内停放的CNG长管拖车不应多于1辆。固定储气设施采用储气瓶时，总容积不应超过18m^3；固定储气设施采用储气井时，总容积不应超过24m^3。

4 CNG加气子站内无固定储气设施时，站内停放的CNG长管拖车不应多于2辆。

5 CNG常规加气站可采用LNG储罐作补充气源，但LNG储罐容积、CNG储气设施的总容积和加气站的等级划分，应符合本标准第3.0.12条的规定。

3.0.12 LNG加气站、L-CNG加气站、LNG和L-CNG加气合建站的等级划分，应符合表3.0.12的规定。

表3.0.12 LNG加气站、L-CNG加气站、LNG和L-CNG加气合建站的等级划分

LNG加气站及合建站等级	LNG加气站		L-CNG加气站、LNG和L-CNG加气合建站		
	LNG储罐总容积V（m^3）	LNG储罐单罐容积（m^3）	LNG储罐总容积V（m^3）	LNG储罐单罐容积（m^3）	CNG储气设施总容积（m^3）
一级	$120<V\leq180$	≤60	$120<V\leq180$	≤60	≤12
一级*	—	—	$60<V\leq120$	≤60	≤24
二级	$60<V\leq120$	≤60	$60<V\leq120$	≤60	≤9
二级*	—	—	$V\leq60$	≤60	≤18
三级	$V\leq60$	≤60	$V\leq60$	≤60	≤9
三级*	—	—	$V\leq30$	≤30	≤18

注：带“*”的加气站专指CNG常规加气站以LNG储罐作补充气源的建站形式。

3.0.13 LNG加气站与CNG常规加气站或CNG加气子站的合建站的等级划分，应符合表3.0.13的规定。

表3.0.13 LNG加气站与CNG常规加气站或CNG加气子站的合建站的等级划分

合建站等级	LNG储罐总容积V（m^3）	LNG储罐单罐容积（m^3）	CNG储气设施总容积（m^3）
一级	$60<V\leq120$	≤60	≤24（30）
二级	$V\leq60$	≤60	≤18（30）
三级	$V\leq30$	≤30	≤18（25）

注：1 V为LNG储罐总容积。

2 括号内数字为CNG储气井和CNG加气子站的储气设施总容积。

3.0.14 加油与LPG加气合建站的等级划分，应符合表3.0.14的规定。

表 3.0.14　加油与 LPG 加气合建站的等级划分

合建站等级	油罐与LPG储罐总容积计算公式
一级	$V_{01}/240+V_{LPG1}/60 \leqslant 1$
二级	$V_{02}/180+V_{LPG2}/45 \leqslant 1$
三级	$V_{03}/120+V_{LPG3}/30 \leqslant 1$

注：1　V_{01}、V_{02}、V_{03}分别为一、二、三级合建站中油品储罐总容积（m^3）；V_{LPG1}、V_{LPG2}、V_{LPG3}分别为一、二、三级合建站中LPG储罐总容积（m^3）。"/"为除号。

2　柴油罐容积可折半计入油罐总容积。

3　当油罐总容积大于$90m^3$时，油罐单罐容积不应大于$50m^3$；当油罐总容积小于或等于$90m^3$时，汽油罐单罐容积不应大于$30m^3$，柴油罐单罐容积不应大于$50m^3$。

4　LPG储罐单罐容积不应大于$30m^3$。

3.0.15　加油与CNG加气合建站的等级划分应符合表3.0.15的规定。

表 3.0.15　加油与 CNG 加气合建站的等级划分

合建站等级	油品储罐总容积V（m^3）	常规CNG加气站储气设施总容积V（m^3）	加气子站储气设施（m^3）
一级	$120<V \leqslant 150$	$V \leqslant 24$	固定储气设施总容积≤12（18），可停放1辆CNG长管拖车；当无固定储气设施时，可停放2辆CNG长管拖车
二级	$V \leqslant 120$		
三级	$V \leqslant 90$	$V \leqslant 12$	固定储气设施总容积≤9（18），可停放1辆CNG长管拖车

注：1　柴油罐容积可折半计入油罐总容积。

2　当油罐总容积大于$90m^3$时，油罐单罐容积不应大于$50m^3$；当油罐总容积小于或等于$90m^3$时，汽油罐单罐容积不应大于$30m^3$，柴油罐单罐容积不应大于$50m^3$。

3　表中括号内数字为CNG储气设施采用储气井的总容积。

3.0.16　加油与LNG加气合建站的等级划分应符合表3.0.16的规定。

表 3.0.16　加油与 LNG 加气合建站的等级划分

合建站等级	油罐与LNG储罐总容积计算公式
一级	$V_{01}/240+V_{LNG1}/180 \leqslant 1$
二级	$V_{02}/180+V_{LNG2}/120 \leqslant 1$
三级	$V_{03}/120+V_{LNG3}/60 \leqslant 1$

注：1　V_{01}、V_{02}、V_{03}分别为一、二、三级合建站中油品储罐总容积（m^3）；V_{LNG1}、V_{LNG2}、V_{LNG3}分别为一、二、三级合建站中LNG储罐的总容积（m^3）。"/"为除号。

2　柴油罐容积可折半计入油罐总容积。

3　当油罐总容积大于$90m^3$时，油罐单罐容积不应大于$50m^3$；当油罐总容积小于或等于$90m^3$时，汽油罐单罐容积不应大于$30m^3$，柴油罐单罐容积不应大于$50m^3$。

4　LNG储罐的单罐容积不应大于$60m^3$。

3.0.17　加油与L-CNG加气、LNG/L-CNG加气以及加油与LNG加气和CNG加气合建站的等级划分，应符合表3.0.17的规定。

表 3.0.17　加油与 L-CNG 加气、LNG/L-CNG 加气以及加油与 LNG 加气和 CNG 加气合建站的等级划分

合建站等级	油罐与LNG储罐总容积计算公式	CNG储气设施总容积（m^3）
一级	$V_{01}/240+V_{LNG1}/180 \leqslant 0.8$	≤12
	$V_{01}/240+V_{LNG1}/180 \leqslant 0.7$	≤24

表3.0.17 加油与L-CNG加气、LNG/L-CNG加气以及加油与LNG加气和CNG加气合建站的等级划分（续）

合建站等级	油罐与LNG储罐总容积计算公式	CNG储气设施总容积（m^3）
二级	$V_{02}/180+V_{LNG2}/120 \leq 0.8$	≤9
	$V_{02}/180+V_{LNG2}/120 \leq 0.7$	≤24
三级	$V_{03}/120+V_{LNG3}/60 \leq 0.8$	≤9
	$V_{03}/120+V_{LNG3}/60 \leq 0.7$	≤24

注：1 V_{01}、V_{02}、V_{03}分别为一、二、三级合建站中油品储罐总容积（m^3）；V_{LNG1}、V_{LNG2}、V_{LNG3}分别为一、二、三级合建站中LNG储罐的总容积（m^3）。“/”为除号。

2 柴油罐容积可折半计入油罐总容积。

3 当油罐总容积大于90m^3时，油罐单罐容积不应大于50m^3；当油罐总容积小于或等于90m^3时，汽油罐单罐容积不应大于30m^3，柴油罐单罐容积不应大于50m^3。

4 LNG储罐的单罐容积不应大于60m^3。

3.0.18 加油与高压储氢加氢合建站的等级划分应符合表3.0.18的规定。

表3.0.18 加油与高压储氢加氢合建站的等级划分

合建站等级	油罐总容积与氢气总储量计算公式	油品储罐单罐容积（m^3）
一级	$V_{01}/240+G_{H1}/8000 \leq 1$	≤50
二级	$V_{02}/180+G_{H2}/4000 \leq 1$	汽油罐≤30，柴油罐≤50
三级	$V_{03}/120+G_{H3}/2000 \leq 1$	≤30

注：1 V_{01}、V_{02}、V_{03}分别为一、二、三级合建站中油品储罐总容积（m^3）；G_{H1}，G_{H2}、G_{H3}分别为一、二、三级合建站中氢气的总储量（kg）。“/”为除号。

2 柴油罐容积可折半计入油罐总容积。

3 储氢总量包含作为站内储氢容器使用的氢气长管拖车或管束式集装箱储氢量。

4 氢气储量计算基于20℃温度和储氢容器的额定工作压力。

3.0.19 加油与液氢储氢加氢合建站的等级划分应符合表3.0.19的规定。

表3.0.19 加油与液氢储氢加氢合建站的等级划分

合建站等级	油罐与液氢储氢总容积计算公式	配套储氢容器、氢气储气井总容积（m^3）	油品储罐单罐容积（m^3）
一级	$V_{01}/240+V_{H1}/180 \leq 1$	≤15	≤50
二级	$V_{02}/180+V_{H2}/120 \leq 1$	≤12	汽油罐≤30，柴油罐≤50
三级	$V_{03}/120+V_{H3}/60 \leq 1$	≤9	≤30

注：1 V_{01}、V_{02}、V_{03}分别为一、二、三级合建站中油品储罐总容积（m^3）；V_{H1}、V_{H2}、V_{H3}分别为一、二、三级合建站中液氢储氢总容积（m^3）。“/”为除号。

2 柴油罐容积可折半计入油罐总容积。

3.0.20 CNG加气与高压储氢或液氢储氢加氢合建站的等级划分，应符合表3.0.20的规定。

表3.0.20 CNG加气与高压储氢或液氢储氢加氢合建站的等级划分

合建站等级	高压储氢加氢设施	液氢储氢加氢设施		常规CNG加气站储气设施总容积（m^3）	CNG加气子站储气设施总容积（m^3）
	储氢总量G（kg）	液氢储罐总容积V（m^3）	配套储氢容器、氢气储气井总容积（m^3）		
一级	$2000<G \leq 4000$	$60<V \leq 120$	≤15	≤24	固定储气设施总容积≤12（18），可停放1辆CNG长管拖车；当无固定储气设施时，可停放2辆CNG长管拖车
二级	$1000<G \leq 2000$	$30<V \leq 60$	≤12	≤24	

表3.0.20 CNG加气与高压储氢或液氢储氢加氢合建站的等级划分（续）

合建站等级	高压储氢加氢设施	液氢储氢加氢设施		常规CNG加气站储气设施总容积（m^3）	CNG加气子站储气设施总容积（m^3）
	储氢总量G（kg）	液氢储罐总容积V（m^3）	配套储氢容器、氢气储气井总容积（m^3）		
三级	$G \leqslant 1000$	$V \leqslant 30$	≤9	≤12	固定储气设施总容积≤9（18），可停放1辆CNG长管拖车

注：1 表中括号内数字为CNG储气设施采用储气井的总容积。
2 储氢总量包含作为站内储氢容器使用的氢气长管拖车或管束式集装箱储氢量。
3 氢气储量计算基于20℃温度和储氢容器的额定工作压力。
4 V为液氢储罐总容积。

3.0.21 LNG加气与高压储氢或液氢储氢加氢合建站的等级划分，应符合表3.0.21的规定。

表3.0.21 LNG加气与高压储氢或液氢储氢加氢合建站的等级划分

合建站等级	LNG加气与高压储氢加氢合建站	LNG加气与液氢储氢加合建站	
	LNG储罐总容积与气总储量计算公式	LNG储罐与液氢储罐总容积计算公式	配套储氢容器、氢储气井总容积（m^3）
一级	$V_{LNG1}/180+G_{H1}/8000 \leqslant 1$	$V_{LNG1}/180+V_{H1}/180 \leqslant 1$	≤15
二级	$V_{LNG2}/120+G_{H2}/4000 \leqslant 1$	$V_{LNG2}/120+V_{H2}/120 \leqslant 1$	≤12
三级	$V_{LNG3}/60+G_{H3}/2000 \leqslant 1$	$V_{LNG3}/60+V_{H3}/60 \leqslant 1$	≤9

注：1 V_{LNG1}、V_{LNG2}、V_{LNG3}分别为一、二、三级合建站中LNG储罐的总容积（m^3）；G_{H1}、G_{H2}、G_{H3}分别为一、二、三级合建站中氢气的总储量（kg）；V_{H1}、V_{H2}、V_{H3}分别为一、二、三级合建站中液氢储罐总容积（m）。"/"为除号。
2 表中LNG 加气站包括L-CNG加气站、LNG/L-CNG加气站，LNG储罐和液氢储罐单罐容积应小于或等于60m^3。
3 储氢总量包含作为站内储氢容器使用的氢气长管拖车或管束式集装箱储氢量。

3.0.22 加油、CNG加气与高压储氢或液氢储氢加氢合建站的等级划分，应符合表3.0.22的规定。

表3.0.22 加油、CNG加气与高压储氢或液氢储氢加氢合建站的等级划分

合建站等级	油罐总容积与氢气总储量计算公式	油罐与液储罐总容积计算公式	CNG加气站储气容器总容积（m^3）	
			常规加气站	加气子站
一级	$V_{O1}/240+G_{H1}/8000 \leqslant 0.67$	$V_{O2}/240+V_{H1}/180 \leqslant 0.67$	≤24	固定储气容器总容积≤12（18），可停放1辆长管拖车；当无固定储气容器时，可停放2辆长管拖车
二级	$V_{O2}/180+G_{H2}/4000 \leqslant 0.67$	$V_{O2}/180+V_{H2}/120 \leqslant 0.67$	≤12	固定储气容器总容积≤9（18），可停放1辆长管拖车

注：1 V_{O1}、V_{O2}分别为一、二级合建站中油品储罐总容积（m^3）；G_{H1}、G_{H2}分别为一、二级合建站中氢气的总储量（kg）；V_{H1}、V_{H2}分别为一、二级合建站中氢储罐总容积（m^3）。"/"为除号。
2 柴油罐容积可折半计入油罐总容积。汽油罐单罐容积应小于或等于30m^3，柴油罐单罐容积应小于或等于50m^3。
3 括号内数字为CNG储气设施采用储气井的总容积。
4 液氢储罐配套储氢容器、氢气储气井总容积应小于或等于12m^3。
5 储氢总量包含作为站内储氢容器使用的氢气长管拖车或管束式集装箱储氢量。

3.0.23 加油、LNG加气与高压储氢或液氢储氢加氢合建站的等级划分，应符合表3.0.23的规定。

表3.0.23 加油、LNG加气与高压储氢或液氢储氢加氢合建站的等级划分

合建站等级	油罐和LNG储罐总容积、氢气总储量计算公式	油罐、LNG储罐和液氢储罐总容积计算公式
一级	$V_{O1}/240+V_{LNG1}180+G_{H1}/8000\leqslant 1$	$V_{O1}/240+V_{LNG1}/180+V_{H1}/180\leqslant 1$
二级	$V_{O2}/180+V_{LNG2}/120+G_{H2}/4000\leqslant 1$	$V_{O2}/180+V_{LNG2}/120+V_{H2}/120\leqslant 1$

注：1 V_{O1}、V_{O2}分别为一、二级合建站中油品储罐总容积（m^3）；V_{LNG1}、V_{LNG2}分别为一、二级合建站中LNG储罐的总容积（m^3）；G_{H1}、G_{H2}分别为一、二级合建站中氢气的总储量（kg）；V_{H1}、V_{H2}分别为一、二级合建站中液氢储罐总容积（m^3）。"/" 为除号。

2 柴油罐容积可折半计入油罐总容积。汽油罐单罐容积应小于或等于30m^3，柴油罐单罐容积应小于或等于50m^3，LNG储罐和液氢储罐单罐容积应小于或等于60m^3。

3 LNG加气站包括L-CNG加气站、LNG/L-CNG加气站。

4 配套储氢容器、氢气储气井总容积，CNG储气设施总容积应小于或等于12m^3。

5 储氢总量包含作为站内储氢容器使用的氢气长管拖车或管束式集装箱储氢量。

3.0.24 储存CNG、LNG、氢气和液氢的设备，应经试验或实际应用证明技术成熟，并应符合国家特种设备的相关规定。

3.0.25 汽车加油加气加氢站内不应设置存放甲、乙类火灾危险性物品的封闭式房间。

3.0.26 除埋地油罐外，各类工艺设备可单独或组合安装于一个钢制橇体上，设备间距应符合本标准第5.0.13条和第5.0.14条的规定。

3.0.27 汽车加油加气加氢站应设置电视监视系统，监视范围应覆盖作业区。

4 站址选择

4.0.1 汽车加油加气加氢站的站址选择应符合有关规划、环境保护和防火安全的要求，并应选在交通便利、用户使用方便的地点。

4.0.2 在城市中心区不应建一级汽车加油加气加氢站、CNG加气母站。

4.0.3 城市建成区内的汽车加油加气加氢站宜靠近城市道路，但不宜选在城市干道的交叉路口附近。

4.0.4 加油站、各类合建站中的汽油、柴油工艺设备与站外建（构）筑物的安全间距，不应小于表4.0.4的规定。

表4.0.4 汽油（柴油）工艺设备与站外建（构）筑物的安全间距（m）

站外建（构）筑物		站内汽油（柴油）工艺设备			
		埋地油罐			加油机、油罐通气管口、油气回收处理装置
		一级站	二级站	三级站	
重要公共建筑物		35（25）	35（25）	35（25）	35（25）
明火地点或散发火花地点		21（12.5）	17.5（12.5）	12.5（10）	12.5（10）
民用建筑物保护类别	一类保护物	17.5（6）	14（6）	11（6）	11（6）
	二类保护物	14（6）	11（6）	8.5（6）	8.5（6）
	三类保护物	11（6）	8.5（6）	7（6）	7（6）
甲、乙类物品生产厂房、库房和甲、乙类液体储罐		17.5（12.5）	15.5（11）	12.5（9）	12.5（9）
丙、丁、戊类物品生产厂房、库房和丙类液体储罐以及单罐容积不大于50m^3的埋地甲、乙类液体储罐		12.5（9）	11（9）	10.5（9）	10.5（9）
室外变配电站		17.5（15）	15.5（12.5）	12.5（12.5）	12.5（12.5）
铁路、地上城市轨道线路		15.5（15）	15.5（15）	15.5（15）	15.5（15）

表4.0.4　汽油（柴油）工艺设备与站外建（构）筑物的安全间距（m）（续）

站外建（构）筑物		站内汽油（柴油）工艺设备			
		埋地油罐			加油机、油罐通气管口、油气回收处理装置
		一级站	二级站	三级站	
城市快速路、主干路和高速公路、一级公路、二级公路		7（3）	5.5（3）	5.5（3）	5（3）
城市次干路、支路和三级公路、四级公路		5.5（3）	5（3）	5（3）	5（3）
架空通信线路		1.0（0.75）H，且≥5m	5（5）	5（5）	5（5）
架空电力线路	无绝缘层	1.5（0.75）H，且≥6.5m	1.0（0.75）H，且≥6.5m	6.5（6.5）	6.5（6.5）
	有绝缘层	1.0（0.5）H，且≥5m	0.75（0.5）H，且≥5m	5（5）	5（5）

注：1　表中括号内数字为柴油设备与站外建（构）筑物的安全间距。站内汽油工艺设备是指设置有卸油和加油油气回收系统的工艺设备。

2　室外变配电站指电力系统电压为35kV~500kV，且每台变压器容量在10MV·A以上的室外变配电站，以及工业企业的变压器总油量大于5t的室外降压变电站。其他规格的室外变配电站或变压器应按丙类物品生产厂房确定。

3　汽油设备与重要公共建筑物的主要出入口（包括铁路、地铁和二级及以上公路的隧道出入口）的安全间距尚不应小于50m。

4　一、二级耐火等级民用建筑物面向加油站一侧的墙为无门窗洞口的实体墙时，油罐、加油机和通气管管口与该民用建筑物的距离，不应低于本表规定的安全间距的70%，且不应小于6m。

5　表中一级站、二级站、三级站包括合建站的级别。

6　H为架空通信线路和架空电力线路的杆高或塔高。

4.0.5　LPG加气站、加油加气合建站中的LPG设备与站外建（构）筑物的安全间距，不应小于表4.0.5的规定。

表4.0.5　LPG设备与站外建（构）筑物的安全间距（m）

站外建（构）筑物		地上（埋地）LPG储罐			LPG卸车点	LPG放空管管口	LPG加气机、LPG泵（房）、LPG压缩机（间）
		一级站	二级站	三级站			
重要公共建筑物		100（100）	100（100）	100（100）	100	100	100
明火地点或散发火花地点		45（30）	38（25）	33（18）	25	18	18
民用建筑物保护类别	一类保护物						
	二类保护物	35（20）	28（16）	22（14）	16	14	14
	三类保护物	25（15）	22（13）	18（11）	13	11	11
甲、乙类物品生产厂房、库房和甲、乙类液体储罐		45（25）	45（22）	40（18）	22	20	20
丙、丁、戊类物品生产厂房、库房和丙类液体储罐，以及单罐容积不大于50m^3的埋地甲、乙类液体储罐		32（18）	32（16）	28（15）	16	14	14

表4.0.5 LPG设备与站外建（构）筑物的安全间距（m）（续）

<table>
<tr><th colspan="2" rowspan="2">站外建（构）筑物</th><th colspan="3">地上（埋地）LPG储罐</th><th rowspan="2">LPG卸车点</th><th rowspan="2">LPG放空管管口</th><th rowspan="2">LPG加气机、LPG泵（房）、LPG压缩机（间）</th></tr>
<tr><th>一级站</th><th>二级站</th><th>三级站</th></tr>
<tr><td colspan="2">室外变配电站</td><td>45
（25）</td><td>45
（22）</td><td>40
（18）</td><td>22</td><td>20</td><td>20</td></tr>
<tr><td colspan="2">铁路、地上城市轨道线路</td><td>45
（22）</td><td>45
（22）</td><td>45
（22）</td><td>22</td><td>22</td><td>22</td></tr>
<tr><td colspan="2">城市快速路、主干路和高速公路、一级公路、二级公路</td><td>15
（10）</td><td>13
（8）</td><td>11
（8）</td><td>8</td><td>8</td><td>6</td></tr>
<tr><td colspan="2">城市次干路、支路和三级公路、四级公路</td><td>12
（8）</td><td>11
（6）</td><td>10
（6）</td><td>6</td><td>6</td><td>5</td></tr>
<tr><td colspan="2">架空通信线路</td><td>1.5
（1.0）H</td><td>1.0
（0.75）H</td><td>1.0
（0.75）H</td><td colspan="3">0.75H</td></tr>
<tr><td rowspan="2">架空电力线路</td><td>无绝缘层</td><td>1.5
（1.5）H</td><td>1.5
（1.0）H</td><td>1.5
（1.0）H</td><td colspan="3">1.0H</td></tr>
<tr><td>有绝缘层</td><td>1.5
（1.0）H</td><td>1.0
（0.75）H</td><td>1.0
（0.75）H</td><td colspan="3">0.75H</td></tr>
</table>

注：1 表中括号内数字为埋地LPG储罐与站外建（构）筑物的安全间距。

2 室外变配电站指电力系统电压为35kV~500kV，且每台变压器容量在10MV·A以上的室外变配电站，以及工业企业的变压器总油量大于5t的室外降压变电站。其他规格的室外变配电站或变压器应按丙类物品生产厂房确定。

3 液化石油气设备与站外一、二、三类保护物地下室的出入口、门窗的距离，应按本表一、二、三类保护物的安全间距增加不低于50%。

4 一、二级耐火等级民用建筑物面向加气站一侧的墙为无门窗洞口实体墙时，LPG设备与该民用建筑物的距离不应低于本表规定的安全间距的70%。

5 容量小于或等于10m^{3}的地上LPG储罐整体装配式的加气站，其罐与站外建（构）筑物的距离不应低于本表三级站的地上罐安全间距的80%，且不应小于11m。

6 LPG储罐与站外建筑面积不超过200m^{2}的独立民用建筑物的距离，不应低于本表三类保护物安全间距的80%，且不应小于三级站的安全间距。

7 表中一级站、二级站、三级站包括合建站的级别。

8 *H*为架空通信线路和架空电力线路的杆高或塔高。

4.0.6 CNG加气站、各类合建站中的CNG工艺设备与站外建（构）筑物的安全间距，不应小于表4.0.6的规定。

表4.0.6 CNG工艺设备与站外建（构）筑物的安全间距（m）

<table>
<tr><th colspan="2" rowspan="2">站外建（构）筑物</th><th colspan="3">站内CNG工艺设备</th></tr>
<tr><th>储气瓶</th><th>集中放空管管口</th><th>储气井、加（卸）气设备、脱硫脱水设备、压缩机（间）</th></tr>
<tr><td colspan="2">重要公共建筑物</td><td>50</td><td>30</td><td>30</td></tr>
<tr><td colspan="2">明火地点或散发火花地点</td><td rowspan="2">30</td><td rowspan="2">25</td><td rowspan="2">20</td></tr>
<tr><td rowspan="3">民用建筑物保护类别</td><td>一类保护物</td></tr>
<tr><td>二类保护物</td><td>20</td><td>20</td><td>14</td></tr>
<tr><td>三类保护物</td><td>18</td><td>15</td><td>12</td></tr>
<tr><td colspan="2">甲、乙类物品生产厂房、库房和甲、乙类液体储罐</td><td>25</td><td>25</td><td>18</td></tr>
</table>

表4.0.6 CNG工艺设备与站外建（构）筑物的安全间距（m）（续）

<table>
<tr><th rowspan="2" colspan="2">站外建（构）筑物</th><th colspan="3">站内CNG工艺设备</th></tr>
<tr><th>储气瓶</th><th>集中放空管管口</th><th>储气井、加（卸）气设备、脱硫脱水设备、压缩机（间）</th></tr>
<tr><td colspan="2">丙、丁、戊类物品生产厂房、库房和丙类液体储罐以及单罐容积不大于50m³的埋地甲、乙类液体储罐</td><td>18</td><td>18</td><td>13</td></tr>
<tr><td colspan="2">室外变配电站</td><td>25</td><td>25</td><td>18</td></tr>
<tr><td colspan="2">铁路、地上城市轨道线路</td><td>30</td><td>30</td><td>22</td></tr>
<tr><td colspan="2">城市快速路、主干路和高速公路、一级公路、二级公路</td><td>12</td><td>10</td><td>6</td></tr>
<tr><td colspan="2">城市次干路、支路和三级公路、四级公路</td><td>10</td><td>8</td><td>5</td></tr>
<tr><td colspan="2">架空通信线路</td><td>1.0H</td><td>0.75H</td><td>0.75H</td></tr>
<tr><td rowspan="2">架空电力线路</td><td>无绝缘层</td><td>1.5H</td><td>1.5H</td><td rowspan="2">1.0H</td></tr>
<tr><td>有绝缘层</td><td>1.0H</td><td>1.0H</td></tr>
</table>

注：1 室外变配电站指电力系统电压为35kV~500kV，且每台变压器容量在10MV·A以上的室外变配电站，以及工业企业的变压器总油量大于5t的室外降压变电站。其他规格的室外变配电站或变压器应按丙类物品生产厂房确定。

2 与重要公共建筑物的主要出入口（包括铁路、地铁和二级及以上公路的隧道出入口）的安全间距尚不应小于50m。

3 长管拖车固定停车位与站外建（构）筑物的防火间距，应按本表储气瓶的安全间距确定。

4 一、二级耐火等级民用建筑物面向加气站一侧的墙为无门窗洞口实体墙时，站内CNG工艺设备与该民用建筑物的距离，不应低于本表规定的安全间距的70%。

5 *H*为架空通值线路和架空电力线路的杆高或塔高。

4.0.7 LNG加气站、各类合建站中的LNG工艺设备与站外建（构）筑物的安全间距，不应小于表4.0.7的规定。

表4.0.7 LNG工艺设备与站外建（构）筑物的安全间距（m）

<table>
<tr><th rowspan="3" colspan="2">站外建（构）筑物</th><th colspan="4">站内LNG 工艺设备</th></tr>
<tr><th colspan="3">地上LNG 储罐</th><th rowspan="2">放空管管口、LNG加气机、LNG卸车点</th></tr>
<tr><th>一级站</th><th>二级站</th><th>三级站</th></tr>
<tr><td colspan="2">重要公共建筑物</td><td>80</td><td>80</td><td>80</td><td>50</td></tr>
<tr><td colspan="2">明火地点或散发火花地点</td><td rowspan="2">35</td><td rowspan="2">30</td><td rowspan="2">25</td><td rowspan="2">25</td></tr>
<tr><td rowspan="3">民用建筑保护物类别</td><td>一类保护物</td></tr>
<tr><td>二类保护物</td><td>25</td><td>20</td><td>16</td><td>16</td></tr>
<tr><td>三类保护物</td><td>18</td><td>16</td><td>14</td><td>14</td></tr>
<tr><td colspan="2">甲、乙类生产厂房、库房和甲、乙类液体储罐</td><td>35</td><td>30</td><td>25</td><td>25</td></tr>
<tr><td colspan="2">丙、丁、戊类物品生产厂房、库房和丙类液体储罐，以及单罐容积不大于50m³的埋地甲、乙类液体储罐</td><td>25</td><td>22</td><td>20</td><td>20</td></tr>
<tr><td colspan="2">室外变配电站</td><td>40</td><td>35</td><td>30</td><td>30</td></tr>
<tr><td colspan="2">铁路、地上城市轨道线路</td><td>80</td><td>60</td><td>50</td><td>50</td></tr>
</table>

表4.0.7 LNG工艺设备与站外建(构)筑物的安全间距(m)(续)

站外建(构)筑物		站内LNG工艺设备：地上LNG储罐 一级站	二级站	三级站	放空管管口、LNG加气机、LNG卸车点
城市快速路、主干路和高速公路、一级公路、二级公路		12	10	8	8
城市次干路、支路和三级公路、四级公路		10	8	8	6
架空通信线路		1.0*H*	0.75*H*		0.75*H*
架空电力线路	无绝缘层	1.5*H*	1.5*H*		1.0*H*
	有绝缘层		1.0*H*		0.75*H*

注：1 室外变配电站指电力系统电压为35kV~500kV，且每台变压器容量在10MV·A以上的室外变配电站，以及工业企业的变压器总油量大于5t的室外降压变电站。其他规格的室外变配电站或变压器应按丙类物品生产厂房确定。

2 地下LNG储罐和半地下LNG储罐与站外建(构)筑物的距离，分别不应低于本表地上LNG储罐的安全间距的70%和80%，且不应小于6m。

3 一、二级耐火等级民用建筑物面向加气站一侧的墙为无门窗洞口实体墙时，站内LNG设备与该民用建筑物的距离，不应低于本表规定的安全间距的70%。

4 LNG储罐、放空管管口、加气机、LNG卸车点与站外建筑面积不超过200m²的独立民用建筑物的距离，不应低于本表的三类保护物的安全间距的80%。

5 表中一级站、二级站、三级站包括合建站的级别。

6 *H*为架空通信线路和架空电力线路的杆高或塔高。

4.0.8 加氢合建站中的氢气工艺设备与站外建(构)筑物的安全间距，不应小于表4.0.8的规定。

表4.0.8 加氢合建站中的氢气工艺设备与站外建(构)筑物的安全间距(m)

项目名称		储氢容器(液氢储罐) 一级站	二级站	三级站	放空管管口	氢气储气井、氢气压缩机、加氢机、氢气卸气柱、氢气冷却器、液氢卸车点
重要公共建筑物		50(50)	50(50)	50(50)	35	35
明火或散发火花地点		40(35)	35(30)	30(25)	30	20
民用建筑物保护类别	一类保护物	35(30)	30(25)	25(20)	25	20
	二类保护物	30(25)	25(20)	20(16)	20	14
	三类保护物	30(18)	25(16)	20(14)	20	12
甲、乙类物品生产厂、库房和甲、乙类液体储罐		35(35)	30(30)	25(25)	25	18
丙、丁、戊类物品生产厂房、库房和丙类液体储罐以及单罐容积不大50m³的埋地甲、乙类液体储罐		25(25)	20(20)	15(15)	15	12
室外变配电站		35(35)	30(30)	25(25)	25	18
铁路、地上城市轨道线路		25(25)	25(25)	25(25)	25	22
城市快速路、主干路和高速公路、一级公路、二级公路		15(12)	15(10)	15(8)	15	6
城市次干路、支路和三级公路、四级公路		10(10)	10(8)	10(8)	10	5
架空通信线路		1.0*H*			0.75*H*	

表4.0.8 加氢合建站中的氢气工艺设备与站外建（构）筑物的安全间距（m）（续）

项目名称		储氢容器（液氢储罐）			放空管管口	氢气储气井、氢气压缩机、加氢机、氢气卸气柱、氢气冷却器、液氢卸车点
		一级站	二级站	三级站		
架空电力线路	无绝缘层	1.5*H*			1.0*H*	
	有绝缘层	1.0*H*			1.0*H*	

注：1 加氢设施的橇装工艺设备与站外建（构）筑物的防火距离，应按本表相应设备的防火间距确定。

2 氢气长管拖车、管束式集装箱与站外建（构）筑物的防火距离，应按本表储氢容器的防火距离确定。

3 表中一级站、二级站、三级站包括合建站的级别。

4 当表中的氢气工艺设备与站外建（构）筑物之间设置有符合本标准第10.7.15条规定的实体防护墙时，相应安全间距（对重要公共建筑物除外）不应低于本表规定的安全间距的50%，且不应小于8m，氢气储气井、氢气压缩机间（箱）、加氢机、液氢卸车点与城市道路的安全间距不应小于5m。

5 表中氢气设备工作压力大于45MPa时，氢气设备与站外建（构）筑物（不含架空通信线路和架空电力线路）的安全间距应按本表安全间距增加不低于20%。

6 液氢工艺设备与明火或散发火花地点的距离小于35m时，两者之间应设置高度不低于2.2m的实体墙。

7 表中括号内数字为液氢储罐与站外建（构）筑物的安全间距。

8 *H*为架空通信线路和架空电力线路的杆高或塔高。

4.0.9 本标准表4.0.4~表4.0.8中，设备或建（构）筑物的计算间距起止点应符合本标准附录A的规定。

4.0.10 本标准表4.0.4~表4.0.8中，重要公共建筑物及民用建筑物保护类别划分应符合本标准附录B的规定。

4.0.11 本标准表4.0.4~表4.0.8中，“明火地点”和“散发火花地点”的定义及“甲、乙、丙、丁、戊类物品”和“甲、乙、丙类液体”的划分应符合现行国家标准《建筑设计防火规范》GB 50016的有关规定。

4.0.12 架空电力线路不应跨越汽车加油加气加氢站的作业区。架空通信线路不应跨越加气站、加氢合建站中加氢设施的作业区。

4.0.13 与汽车加油加气加氢站无关的可燃介质管道不应穿越汽车加油加气加氢站用地范围。

5 站内平面布置

5.0.1 车辆入口和出口应分开设置。

5.0.2 站区内停车位和道路应符合下列规定：

1 站内车道或停车位宽度应按车辆类型确定。CNG加气母站内单车道或单车停车位宽度不应小于4.5m，双车道或双车停车位宽度不应小于9m；其他类型汽车加油加气加氢站的车道或停车位，单车道或单车停车位宽度不应小于4m，双车道或双车停车位宽度不应小于6m。

2 站内的道路转弯半径应按行驶车型确定，且不宜小于9m。

3 站内停车位应为平坡，道路坡度不应大于8%，且宜坡向站外。

4 作业区内的停车场和道路路面不应采用沥青路面。

5.0.3 作业区与辅助服务区之间应有界线标识。

5.0.4 在加油加气、加油加氢合建站内，宜将柴油罐布置在储气设施或储氢设施与汽油罐之间。

5.0.5 加油加气加氢站作业区内，不得有“明火地点”或“散发火花地点”。

5.0.6 柴油尾气处理液加注设施的布置应符合下列规定：

1 不符合防爆要求的设备应布置在爆炸危险区域之外，且与爆炸危险区域边界线的距离不应小于3m；

2 符合防爆要求的设备，在进行平面布置时可按柴油加油机对待；

3 当柴油尾气处理液的储液箱（罐）或橇装设备布置在加油岛上时，容量不得超过1.2m³，且储液箱（罐）或橇装设备应在岛的两侧边缘100mm和岛端1.2m以内布置。

5.0.7 电动汽车充电设施应布置在辅助服务区内。

5.0.8 加油加气加氢站的变配电间或室外变压器应布置在作业区之外。变配电间的起算点应为门窗等洞口。

5.0.9 站房不应布置在爆炸危险区域。站房部分位于作业区内时，建筑面积等应符合本标准第14.2.10条的规定。

5.0.10 当汽车加油加气加氢站内设置非油品业务建筑物或设施时，不应布置在作业区内，与站内可燃液体或可燃气体设备的防火间距，应符合本标准第4.0.4条~第4.0.8条有关三类保护物的规定。当站内经营性餐饮、汽车服务、司机休息室等设施内设置明火设备时，应等同于“明火地点”或“散发火花地点”。

5.0.11 汽车加油加气加氢站内的爆炸危险区域，不应超出站区围墙和可用地界线。

5.0.12 汽车加油加气加氢站的工艺设备与站外建（构）筑物之间，宜设置不燃烧体实体围墙，围墙高度相对于站内和站外地坪均不宜低于2.2m。当汽车加油加气加氢站的工艺设备与站外建（构）筑物之间的距离大于本标准表4.0.4~表4.0.8中安全间距的1.5倍，且大于25m时，可设置非实体围墙。面向车辆入口和出口道路的一侧可设非实体围墙或不设围墙。与站区限毗邻的一、二级耐火等级的站外建（构）筑物，其面向加油加气加氢站侧无门、窗、孔洞的外墙，可视为站区实体围墙的一部分，但站内工艺设备与其的安全距离应符合本标准表4.0.4~表4.0.8的相关规定。

5.0.13 加油加气站站内设施的防火间距不应小于表5.0.13-1和表5.0.13-2的规定。

表5.0.13-1 加油站、LPG加气站、加油与LPG加气合建站站内设施的防火间距（m）

<table>
<tr><th colspan="2" rowspan="2">设施名称</th><th rowspan="2">汽油罐</th><th rowspan="2">柴油罐</th><th rowspan="2">汽油通气管管口</th><th rowspan="2">柴油通气管管口</th><th rowspan="2">加油机</th><th rowspan="2">油品卸车点</th><th colspan="2">LPG 地上罐</th><th rowspan="2">LPG埋地罐</th><th rowspan="2">LPG卸车点</th><th rowspan="2">LPG泵（房）、压缩机（间）</th><th rowspan="2">LPG加气机</th><th rowspan="2">消防泵房和取水口</th></tr>
<tr><th>无固定喷淋装置</th><th>有固定喷淋装置</th></tr>
<tr><td colspan="2">汽油罐</td><td>0.5</td><td>0.5</td><td>—</td><td>—</td><td>—</td><td>—</td><td rowspan="6">不应合建</td><td rowspan="6">不应合建</td><td>3</td><td>5</td><td>5</td><td>4</td><td>10</td></tr>
<tr><td colspan="2">柴油罐</td><td>0.5</td><td>0.5</td><td>—</td><td>—</td><td>—</td><td>—</td><td>3</td><td>3.5</td><td>3.5</td><td>3</td><td>7</td></tr>
<tr><td colspan="2">汽油通气管管口</td><td>—</td><td>—</td><td>—</td><td>—</td><td>—</td><td>3</td><td>6</td><td>8</td><td>6</td><td>8</td><td>10</td></tr>
<tr><td colspan="2">柴油通气管管口</td><td>—</td><td>—</td><td>—</td><td>—</td><td>—</td><td>2</td><td>4</td><td>6</td><td>4</td><td>6</td><td>7</td></tr>
<tr><td colspan="2">加油机</td><td>—</td><td>—</td><td>—</td><td>—</td><td>—</td><td>—</td><td>4</td><td>6</td><td>4</td><td>4</td><td>6</td></tr>
<tr><td colspan="2">油品卸车点</td><td>—</td><td>—</td><td>3</td><td>2</td><td>—</td><td>—</td><td>3</td><td>4</td><td>4</td><td>4</td><td>10</td></tr>
<tr><td rowspan="2">LPG地上罐</td><td>无固定喷淋装置</td><td colspan="6">不应合建</td><td>D</td><td>D</td><td>×</td><td>8</td><td>8</td><td>8</td><td>30</td></tr>
<tr><td>有固定喷淋装置</td><td colspan="6">不应合建</td><td>D</td><td>D</td><td>×</td><td>6</td><td>6</td><td>6</td><td>20</td></tr>
<tr><td colspan="2">LPG埋地罐</td><td>3</td><td>3</td><td>6</td><td>4</td><td>4</td><td>3</td><td>×</td><td>×</td><td>2</td><td>3</td><td>4</td><td>4</td><td>12</td></tr>
<tr><td colspan="2">LPG卸车点</td><td>5</td><td>3.5</td><td>8</td><td>6</td><td>6</td><td>4</td><td>8</td><td>6</td><td>3</td><td>—</td><td>5</td><td>5</td><td>8</td></tr>
</table>

表5.0.13-1　加油站、LPG加气站、加油与LPG加气合建站站内设施的防火间距（m）（续）

设施名称	汽油罐	柴油罐	汽油通气管管口	柴油通气管管口	加油机	油品卸车点	LPG地上罐		LPG埋地罐	LPG卸车点	LPG泵（房）、压缩机（间）	LPG加气机	消防泵房和取水口
							无固定喷淋装置	有固定喷淋装置					
LPG泵（房）、压缩机（间）	5	3.5	6	4	4	4	8	6	4	5	—	4	8
LPG加气机	4	3	8	6	4	4	8	6	4	5	4	—	6
消防泵和取水口	10	7	10	7	6	10	30	20	12	8	8	6	—
站房	4	3	4	3.5	5（4）	5	8	8	6	6	6	5.5	—
自用燃煤锅炉房和燃煤厨房	12.5	10	12.5	10	12.5（10）	15	33	33	18	25	25	18	12
自用有燃气（油）设备的房间	8	6	8	6	8（6）	8	16	12	8	12	12	12	—
站区围墙	2	2	2	2	—	—	5	5	3	3	2	—	—

注：1　*D*为LPG地上罐相邻较大罐的直径。

2　括号内数值为对应于柴油加油机的相关间距。

3　橇装式加油装置的油罐与站内设施的防火间距应按本表汽油罐、柴油罐增加不低于30%。

4　LPG储罐放空管管口与LPG储罐距离不限，与站内其他设施的防火间距应按LPG埋地储罐确定。

5　LPG泵和压缩机露天布置或布置在开敞的建筑物内时，起算点应为设备外缘；LPG泵和压缩机设置在非开敞的室内时，起算点应为该类设备所在建筑物的门窗等洞口。

6　容量小于或等于10m³的地上LPG储罐的整体装配式加气站，其储罐与站内其他设施的防火间距不应低于本表地上储罐防火间距的80%。

7　站房、有燃煤或燃气（油）等明火设备的房间的起算点应为门窗等洞口。站房内设置有变配电间时，变配电间的布置应符合本标准第5.0.8条的规定。

8　表中“—”表示无防火间距要求“×”表示该类设施不应合建。

表5.0.13-2　CNG加气站、LNG加气站、加油与CNG加气和LNG加气合建站站内设施的防火间距（m）

设施名称	CNG储气设施	CNG放空管管口	CNG加气机、加（卸）气柱	天然气压缩机（间）	天然气调压器（间）	天然气脱硫和脱水设备	LNG储罐	LNG放空管管口	LNG卸车点	LNG加气机	LNG潜液泵池	LNG柱塞泵	LNG高压气化器
汽油罐	6	6	4	6	6	5	10	6	6	4	6	6	5
柴油罐	4	4	3	4	4	3.5	8	6	6	4	6	6	5
汽油通气管管口	8	6	8	6	6	5	8	6	8	8	8	8	5
柴油通气管管口	6	4	6	4	4	3.5	8	6	6	6	6	6	5
油品卸车点	6	6	4	6	6	5	8	6	6	6	6	6	5
加油机	6	6	4	4	6	5	6	6	6	2	6	6	6
CNG储气设施	1.5（1）	—	—	—	—	—	4	3	6	6	6	6	3

表5.0.13-2　CNG加气站、LNG加气站、加油与CNG加气和LNG加气合建站站内设施的防火间距（m）（续）

设施名称	CNG储气设施	CNG放空管管口	CNG加气机、加（卸）气柱	天然气压缩机（间）	天然气调压器（间）	天然气脱硫和脱水设备	LNG储罐	LNG放空管管口	LNG卸车点	LNG加气机	LNG潜液泵池	LNG柱塞泵	LNG高压气化器
CNG放空管管口	—	—	—	—	—	—	4	—	4	6	4	4	—
CNG加气机、加（卸）气柱	—	—	—	—	—	—	4	8	6	2	6	6	5
LNG储罐	4	4	4	4	4	4	2	—	2	2	—	—	3
LNG放空管管口	3	—	8	—	3	4	—	—	3	—	—	—	—
LNG卸车点	6	4	6	3	3	3	2	3	—	—	—	2	4
LNG加气机	6	6	2	6	6	6	2	—	—	—	—	—	5
LNG潜液泵池	6	4	6	6	6	6	—	—	—	—	—	—	5
LNG柱塞泵	6	4	6	6	6	6	2	—	2	—	—	—	2
LNG高压气化器	3	—	5	6	6	6	3	—	4	5	5	2	—
站房	5	5	5	5	5	5	6	8	6	6	6	6	8
消防泵房和消防水池取水口	6	6	6	8	8	15	15	12	15	15	15	15	15
自用燃煤锅炉房和燃煤厨房	25	15	18	25	25	25	25	15	25	18	25	25	25
自用有燃气（油）设备的房间	14	14	12	12	12	12	12	12	12	8	8	8	8
站区围墙	3	3	—	2	2	—	4	3	2	—	2	2	2

注：1　天然气压缩机（间）、天然气调压器（间）、天然气脱硫和脱水设备之间无防火间距要求。
2　加油设备之间及加油设备与站房等建（构）筑物的防火间距应符合本标准表5.0.13-1的规定。
3　CNG加气站的橇装设备、LNG加气站的橇装设备与站内其他设施的防火间距，应按本表相应设备的防火间距确定。
4　括号内数值为储气井与储气井的间距。
5　天然气压缩机、天然气调压器、天然气脱硫和脱水设备露天布置或布置在开敞的建筑物内时，起算点应为设备外缘；天然气压缩机、天然气调压器设置在非开敞的室内时，起算点应为该类设备所在建筑物的门窗等洞口。
6　站房、有燃煤或燃气（油）等明火设备的房间的起算点应为门窗等洞口。站房内设置有变配电间时，变配电间的布置应符合本标准第5.0.8条的规定。
7　站房、自用燃煤锅炉房和燃煤厨房、自用有燃气（油）设备的房间、站区围墙之间无防火间距要求。
8　表中"—"表示无防火间距要求。

5.0.14　加氢合建站站内设施的防火间距不应小于表5.0.14的规定。

表5.0.14　加氢合建站站内设施的防火间距

设施名称	储氢容器	氢气储气井	液氢储罐	氢气放空管管口	氢气压缩机	加氢机	氢气冷却器	液氢柱塞泵	液氢汽化器	液氢卸车点	氢气卸气柱	消防泵和取水口
储氢容器	—	2	4	—	—	6	—	6	3	6	—	10
氢气储气井	2	1	4	—	—	4	—	4	3	4	—	10
液氢储罐	4	4	2	—	4	4	—	—	3	2	—	15

表5.0.14　加氢合建站站内设施的防火间距（续）

设施名称	储氢容器	氢气储气井	液氢储罐	氢气放空管管口	氢气压缩机	加氢机	氢气冷却器	液氢柱塞泵	液氢汽化器	液氢卸车点	氢气卸气柱	消防泵和取水口
氢气放空管管口	—	—	—	—	—	6	—	—	—	3	6	15
氢气压缩机	—	—	4	—	—	4	—	6	6	3	—	15
氢气卸气柱	—	—	—	6	—	—	—	—	—	—	—	6
加氢机	6	4	4	6	4	—	—	6	5	6	—	6
氢气冷却器	—	—	—	—	—	—	—	—	—	—	—	6
埋地汽油罐	3	3	10	6	9	6	6	6	5	6	6	10
埋地柴油罐	3	3	5	3	5	3	3	3	3	3	3	5
油罐通气管管口	6	4	8	6	9	6	6	8	5	8	6	10
加油机	6	4	6	6	9	4	4	6	6	6	4	10
油品卸车点	8	6	8	6	6	4	4	6	5	6	4	10
CNG储气设施	5	4	8	—	3	6	6	6	3	6	6	15
CNG压缩机	9	6	6	6	9	4	4	6	6	3	4	15
CNG、LNG加气机	8	6	8	6	4	4	4	6	5	6	4	6
LNG储罐、泵	8	6	8	—	9	10	10	8	6	8	10	15
LNG卸车点	8	6	8	6	6	6	6	8	6	8	4	15
CNG、LNG放空管	8	6	8	—	9	8	8	8	6	8	8	15
站房	8	6	6	5	5	5	5	6	8	8	5	—
自用燃煤锅炉房和燃煤厨房	25	25	35	15	25	18	18	25	25	25	18	12
自用有燃气（油）设备的房间	14	14	20	14	12	12	12	8	8	12	12	6
站区围墙	4.5	4.5	7.5	4.5	4.5	4.5	4.5	7.5	7.5	7.5	4.5	—

注：1　消防水储水罐埋地设置和消防泵设置在地下时，其与站内其他设施的防火间距不应低于本表中相应防火间距的50%。

2　表中柴油加油机与其他设施的防火间距不应低于本表中相应防火间距的70%，且不应小于4m。

3　作为站内储氢设施使用的氢气长管拖车或管束式集装箱应按本表储氢容器确定防火间距。

4　压缩机冷却水机组、加氢机冷冻液机组等设备的非防爆电器设备，应布置在爆炸危险区域之外。

5　表中设备露天布置或布置在开敞的建筑物内时，起算点应为设备外缘；表中设备设置在非开敞的室内或箱柜内时，起算点应为该类设备所在建筑物的门窗等洞口。

6　表中“—”表示无防火间距要求

5.0.15　本标准表5.0.13-1、表5.0.13-2和表5.0.14中，工艺设备与站区围墙的防火间距还应符合本标准第5.0.11条的规定。设备或建（构）筑物的计算间距起止点应符合本标准附录A的规定。

5.0.16　加油加气加氢站内爆炸危险区域的等级和范围划分应符合本标准附录C的规定。

6 加油工艺及设施

6.1 油 罐

6.1.1 除橇装式加油装置所配置的防火防爆油罐外，加油站的汽油罐和柴油罐应埋地设置，严禁设在室内或地下室内。

6.1.2 汽车加油站的储油罐应采用卧式油罐。

6.1.3 埋地油罐需要采用双层油罐时，可采用双层钢制油罐、双层玻璃纤维增强塑料油罐、内钢外玻璃纤维增强塑料双层油罐。既有加油站的埋地单层钢制油罐改造为双层油罐时，可采用玻璃纤维增强塑料等满足强度和防渗要求的材料进行衬里改造。

6.1.4 单层钢制油罐、双层钢制油罐和内钢外玻璃纤维增强塑料双层油罐的内层罐的罐体结构设计，可按现行行业标准《钢制常压储罐 第一部分：储存对水有污染的易燃和不易燃液体的埋地卧式圆筒形单层和双层储罐》AQ 3020的有关规定执行，并应符合下列规定：

1 钢制油罐的罐体和封头所用钢板的公称厚度，不应小于表6.1.4的规定。

表6.1.4 钢制油罐的罐体和封头所用钢板的公称厚度（mm）

油罐公称直径	单层油罐、双层油罐内层罐罐体和封头公称厚度		双层钢制油罐外层罐罐体和封头公称厚度	
	罐体	封头	罐体	封头
800~1600	5	6	4	5
1601~2500	6	7	5	6
2501~3000	7	8	5	6

2 钢制油罐的设计内压不应低于0.08MPa。

6.1.5 选用的双层玻璃纤维增强塑料油罐应符合现行行业标准《加油站用埋地玻璃纤维增强塑料双层油罐工程技术规范》SH/T 3177的有关规定；选用的钢-玻璃纤维增强塑料双层油罐应符合现行行业标准《加油站用埋地钢-玻璃纤维增强塑料双层油罐工程技术规范》SH/T 3178的有关规定。

6.1.6 加油站在役油罐进行加内衬防渗漏改造时，应符合现行国家标准《加油站在役油罐防渗漏改造工程技术标准》GB/T 51344的有关规定。

6.1.7 与罐内油品直接接触的玻璃纤维增强塑料等非金属层，应满足消除油品静电荷的要求，其表面电阻率应小于$10^9\,\Omega$；当表面电阻率无法满足小于$10^9\,\Omega$的要求时，应在罐内安装能够消除油品静电电荷的物体。消除油品静电电荷的物体可为浸入油品中的钢板，也可为钢制的进油立管、出油管等金属物，表面积之和不应小于下式的计算值。

$$A=0.04V_t \qquad (6.1.7)$$

式中：A——浸入油品中的金属物表面积之和（m^2）；

V_t——储罐容积（m^3）。

6.1.8 安装在罐内的静电消除物体应接地，接地电阻应符合本标准第11.2节的有关规定。

6.1.9 双层油罐内壁与外壁之间应有满足渗漏检测要求的贯通间隙。

6.1.10 双层钢制油罐、内钢外玻璃纤维增强塑料双层油罐和玻璃纤维增强塑料等非金属防渗衬里的双层油罐，应设渗漏检测立管，并应符合下列规定：

1 检测立管应采用钢管，直径宜为80mm，壁厚不宜小于4mm；

2 检测立管应位于油罐顶部的纵向中心线上；

3 检测立管的底部管口应与油罐内、外壁间隙相连通，顶部管口应装防尘盖；

4 检测立管应满足人工检测和在线监测的要求，并应保证油罐内、外壁任何部位出现渗漏均能被发现。

6.1.11 油罐应采用钢制人孔盖。

6.1.12 油罐设在非车行道下面时，罐顶的覆土厚度不应小于0.5m；设在车行道下面时，罐顶低于混凝土路面不宜小于0.9m。钢制油罐的周围应回填中性沙或细土，其厚度不应小于0.3m；外层为玻璃纤维增强塑料材料的油罐，回填料应符合产品说明书的要求。

6.1.13 当埋地油罐受地下水或雨水作用有上浮的可能时，应采取防止油罐上浮的措施。

6.1.14 埋地油罐的人孔应设操作井。设在行车道下面的人孔井应采用加油站车行道下专用的密闭井盖和井座。

6.1.15 油罐卸油应采取防满溢措施。油料达到油罐容量的90%时，应能触动高液位报警装置；油料达到油罐容量的95%时，应能自动停止油料继续进罐。高液位报警装置应位于工作人员便于觉察的地点。

6.1.16 设有油气回收系统的加油站，站内油罐应设带有高液位报警功能的液位监测系统。单层油罐的液位监测系统尚应具备渗漏检测功能，渗漏检测分辨率不宜大于0.8L/h。

6.1.17 与土壤接触的钢制油罐外表面，防腐设计应符合现行行业标准《石油化工设备和管道涂料防腐蚀设计标准》SH/T 3022的有关规定，且防腐等级不应低于加强级。

6.2 加 油 机

6.2.1 加油机不得设置在室内。

6.2.2 加油枪应采用自封式加油枪，汽油加油枪的流量不应大于50L/min。

6.2.3 加油软管上宜设安全拉断阀。

6.2.4 以正压（潜油泵）供油的加油机，底部的供油管道上应设剪切阀，当加油机被撞或起火时，剪切阀应能自动关闭。

6.2.5 采用一机多油品的加油机时，加油机上的放枪位应有各油品的文字标识，加油枪应有颜色标识。

6.3 工艺管道系统

6.3.1 汽油和柴油油罐车卸油必须采用密闭卸油方式。汽油油罐车应具有卸油油气回收系统。

6.3.2 每个油罐应各自设置卸油管道和卸油接口。各卸油接口及油气回收接口应有明显的标识。

6.3.3 卸油接口应装设快速接头及密封盖。

6.3.4 加油站卸油油气回收系统的设计应符合下列规定：

1 汽油罐车向站内油罐卸油应采用平衡式密闭油气回收系统；

2 各汽油罐可共用一根卸油油气回收主管，回收主管的公称直径不宜小于100mm；

3 卸油油气回收管道的接口宜采用自闭式快速接头和盖帽，采用非自闭式快速接头时，应在靠近快速接头的连接管道上装设阀门和盖帽。

6.3.5 加油站宜采用油罐装设潜油泵的一泵供多机（枪）的加油工艺。采用自吸式加油机时，每台加油机应按加油品种单独设置进油管和罐内底阀。

6.3.6 加油站应采用加油油气回收系统。

6.3.7 加油油气回收系统的设计应符合下列规定：

1 应采用真空辅助式油气回收系统；

2 汽油加油机与油罐之间应设油气回收管道，多台汽油加油机可共用一根油气回收主管，油气回收主管的公称直径不应小于50mm；

3 加油油气回收系统应采取防止油气反向流至加油枪的措施；

4 加油机应具备回收油气功能，其气液比宜设定为1.0~1.2；

5 在加油机底部与油气回收立管的连接处，应安装一个用于检测液阻和系统密闭性的丝接三通，其旁通短管上应设公称直径为25mm的球阀及丝堵。

6.3.8 油罐的接合管设置应符合下列规定：

1 接合管应为金属材质；

2 接合管应设在油罐的顶部，其中进油接合管、出油接合管或潜油泵安装口应设在人孔盖上；

3 进油管应伸至罐内距罐底50mm~100mm处，进油立管的底端应为45°斜管口或T形管口，进油管管壁上不得有与油罐气相空间相通的开口；

4 罐内潜油泵的入油口或通往自吸式加油机管道的罐内底阀，应高于罐底150mm~200mm；

5 油罐的量油孔应设带锁的量油帽，量油孔下部的接合管宜向下伸至罐内距罐底200mm处，并应有检尺时使接合管内液位与罐内液位相一致的技术措施；

6 油罐人孔井内的管道及设备应保证油罐人孔盖的可拆装性；

7 人孔盖上的接合管与引出井外管道的连接，宜采用金属软管过渡连接。

6.3.9 汽油罐与柴油罐的通气管应分开设置。通气管管口高出地面的高度不应小于4m。沿建（构）筑物的墙（柱）向上敷设的通气管，管口应高出建筑物的顶面2m及以上。通气管管口应设置阻火器。

6.3.10 通气管的公称直径不应小于50mm。

6.3.11 当加油站采用油气回收系统时，汽油罐的通气管管口除应装设阻火器外，尚应装设呼吸阀。呼吸阀的工作正压宜为2kPa~3kPa，工作负压宜为1.5kPa~2kPa。

6.3.12 加油站工艺管道的选用应符合下列规定：

1 地面敷设的工艺管道应采用符合现行国家标准《输送流体用无缝钢管》GB/T 8163的无缝钢管；

2 其他管道应采用输送流体用无缝钢管或适于输送油品的热塑性塑料管道，所采用的热塑性塑料管道应有质量证明文件，非烃类车用燃料不得采用不导静电的热塑性塑料管道；

3 无缝钢管的公称壁厚不应小于4mm，埋地钢管的连接应采用焊接；

4 热塑性塑料管道的主体结构层应为无孔隙聚乙烯材料，壁厚不应小于4mm，埋地部分的热塑性塑料管道应采用配套的专用连接管件电熔连接；

5 导静电热塑性塑料管道导静电衬层的体电阻率应小于$10^8\,\Omega\cdot m$，表面电阻率应小于$10^{10}\,\Omega$；

6 不导静电热塑性塑料管道主体结构层的介电击穿强度应大于100kV；

7 柴油尾气处理液加注设备的管道，应采用奥氏体不锈钢管道或能满足输送柴油尾气处理液的其他管道。

6.3.13 油罐车卸油时用的卸油连通软管、油气回收连通软管，应采用导静电耐油软管，其体电阻率应小于$10^8\,\Omega\cdot m$，表面电阻率应小于$10^{10}\,\Omega$，或采用内附金属丝（网）的橡胶软管。

6.3.14 加油站内的工艺管道除必须露出地面的以外，均应埋地敷设。当采用管沟敷设时，管沟必须用中性沙子或细土填满、填实。

6.3.15 卸油管道、卸油油气回收管道、加油油气回收管道和油罐通气管横管，应坡向埋地油罐。卸油管道的坡度不应小于2‰，卸油油气回收管道、加油油气回收管道和油罐通气管横管的坡度，不应小于1%。

6.3.16 受地形限制，加油油气回收管道坡向油罐的坡度无法满足本标准第6.3.14条的要求时，可在管道靠近油罐的位置设置集液器，且管道坡向集液器的坡度不应小于1%。

6.3.17 埋地工艺管道的埋设深度不得小于0.4m。敷设在混凝土场地或道路下面的管道，管顶低于混凝土层下表面不得小于0.2m。管道周围应回填不小于100mm厚的中性沙子或细土。

6.3.18 工艺管道不应穿过或跨越站房等与其无直接关系的建（构）筑物；与管沟、电缆沟和排水沟相交叉时，应采取相应的防护措施。

6.3.19 不导静电热塑性塑料管道的设计和安装，除应符合本标准第6.3.12条的有关规定外，尚应符合下列规定：

1 管道内油品的流速应小于2.8m/s；

2 管道在人孔井内、加油机底槽和卸油口等处未完全埋地的部分，应在满足管道连接要求的前提下，采用最短的安装长度和最少的接头。

6.3.20 埋地钢质管道外表面的防腐设计，应符合现行国家标准《钢质管道外腐蚀控制规范》GB/T 21447的有关规定。

6.4 橇装式加油装置

6.4.1 橇装式加油装置应采用双壁钢制油罐，两层罐壁之间的空间应设漏油检测装置，并应保证内罐与外罐任何部位出现渗漏时均能被发现。

6.4.2 橇装式加油装置的汽油罐内罐应安装防爆装置或材料。防爆装置或材料的燃爆增压值不应大于0.05MPa。采用金属阻隔防爆装置时，阻隔防爆装置的选用和安装应按现行行业标准《阻隔防爆橇装式汽车加油（气）装置技术要求》AQ 3002的有关规定执行；采用非金属防爆材料时，应按现行行业标准《道路运输车辆油箱及液体燃料运输罐体阻隔防爆安全技术要求》JT/T 1046的有关规定执行。

6.4.3 橇装式加油装置储罐的内罐设计压力不应小于0.8MPa，建造应符合《固定式压力容器安全技术监察规程》TSG 21、国家现行标准《压力容器》GB 150.1~GB 150.4、《卧式容器》NB/T 47042和《石油化工钢制压力容器》SH/T 3074的有关规定。

6.4.4 双壁钢制油罐的外罐，设计压力可为常压，建造应符合现行行业标准《钢制焊接常压容器》NB/T 47003.1的有关规定。

6.4.5 油罐附件设置应符合下列规定：

1 油罐应设紧急泄压装置、防溢流阀、液位计，液位计应在油罐内的液位上升到油罐容量的90%时发出报警信号，防溢流阀应在油罐内的液位上升到油罐容量的95%时自动停止油料进罐；

2 油罐出油管道应设置高温自动断油保护阀；

3 油罐进油口应设置在油罐上部，进油管的高点应高于油罐的最高液位，进油管应伸至罐内距罐底50mm~100mm处，进油管应采取防虹吸措施；

4 卸油软管接头应采用自闭式快速接头；

5 油罐出油管管口距罐底宜为0.15m，油罐出油管的高点应高于油罐的最高液位；

6 油罐的最高液位以下有连接法兰和快速接头的区域应设置收集漏油的容器；

7 油罐通气管管口应高于油罐周围地面4m，且应高于罐顶1.5m，管口应设阻火器和呼吸阀，呼吸阀的工作正压宜为2kPa~3kPa，工作负压宜为1.5kPa~2kPa。

6.4.6 油罐应设防晒罩棚或采取隔热措施。

6.4.7 加油机设置应符合下列规定：

1 加油机安装在箱体内时，箱体应采取良好的通风措施；

2 加油机上方应设自动灭火器，自动灭火器的启动温度不应高于95℃；

3 加油枪应采用自封式加油枪，汽油加油枪的流量不应大于50L/min；

4 加油软管上应设安全拉断阀。

6.4.8 橇装式加油装置不得设在室内或其他有气相空间的封闭箱体内。

6.4.9 橇装式加油装置的汽油设备应采用卸油和加油油气回收系统。

6.4.10 橇装式加油装置四周应设防护围堰或漏油收集池，防护围堰内或漏油收集池的有效容量不应小于储罐总容量的50%。防护围堰或漏油收集池应采用不燃烧实体材料建造，且不应渗漏。

6.4.11 橇装式加油装置邻近行车道一侧应设防撞设施。

6.5 防渗措施

6.5.1 加油站埋地油罐应采用下列之一的防渗方式：

1 采用双层油罐；

2 单层油罐设置防渗罐池。

6.5.2 防渗罐池的设计应符合下列规定：

1 防渗罐池应采用防渗钢筋混凝土整体浇筑，并应符合现行国家标准《地下工程防水技术规范》GB 50108的有关规定；

2 防渗罐池应根据油罐的数量设置隔池，一个隔池内的油罐不应多于两座；

3 防渗罐池的池壁顶应高于池内罐顶标高，池底宜低于罐底设计标高200mm，墙面与罐壁之间的间距不应小于500mm；

4 防渗罐池的内表面应衬玻璃钢或其他材料防渗层；

5 防渗罐池内的空间应采用中性沙回填；

6 防渗罐池的上部应采取防止雨水、地表水和外部泄漏油品渗入池内的措施。

6.5.3 防渗罐池的各隔池内应设检测立管，检测立管的设置应符合下列规定：

1 检测立管应采用耐油、耐腐蚀的管材制作，直径宜为100mm，壁厚不应小于4mm；

2 检测立管的下端应置于防渗罐池的最低处，除设置在车道下的油罐外，检测立管的上部管口应高出罐区设计地面200mm；

3 检测立管与池内罐顶标高以下范围应为过滤管段，过滤管段应能允许池内任何层面的渗漏液体进入检测管，并应能阻止泥沙侵入；

4 检测立管周围应回填粒径为10mm~30mm的砾石；

5 检测口应有防止雨水、油污、杂物侵入的保护盖和标识。

6.5.4 装有潜油泵的油罐人孔操作井、卸油口井、加油机底槽等可能发生油品渗漏的部位，也应采取相应的防渗措施。

6.5.5 加油站埋地加油管道应采用双层管道。双层管道的设计应符合下列规定：

1 双层管道的内层管应符合本标准第6.3节的有关规定；

2 采用双层非金属管道时，外层管应满足耐油、耐腐蚀、耐老化和系统试验压力的要求；

3 采用双层钢质管道时，外层管的壁厚不应小于5mm；

4 双层管道系统的内层管与外层管之间的缝隙应贯通；

5 双层管道系统的最低点应设检漏点；

6 双层管道坡向检漏点的坡度不应小于5‰，并应保证内层管和外层管任何部位出现渗漏均能在检漏点处被发现；

7 管道系统的渗漏检测宜采用在线监测系统。

6.5.6 双层油罐、防渗罐池的渗漏检测宜采用在线监测系统。采用液体传感器监测时，传感器的检测精度不应大于3.5mm。

6.5.7 既有加油站油罐和管道需要更新改造时，应符合本标准第6.5.1条~第6.5.6条的规定。

6.6 自助加油站（区）

6.6.1 自助加油站（区）应明显标示加油车辆引导线，并应在加油站车辆入口和加油岛处设置醒目的“自助”标识。

6.6.2 在加油岛和加油机附近的明显位置，应标示油品类别、标号以及安全警示。

6.6.3 不宜在同一加油车位上同时设置汽油、柴油两种加油功能。

6.6.4 自助加油机除应符合本标准第6.2节的规定外，尚应符合下列规定：

1 应采用防静电加油枪、键盘，或专设消除人体静电装置并有显著标识；

2 应标示自助加油操作说明；

3 应具备音频提示系统，在提起加油枪后可提示油品品种、标号并进行操作指导；

4 加油枪应设置跌落时即自动停止加油作业的功能，并应具有无压自封功能；

5 应设置紧急停机开关。

6.6.5 自助加油站应设置视频监视系统，该系统应能覆盖加油区、卸油区、人孔井、收银区、便利店等区域。视频设备不应因车辆遮挡而影响监视。

6.6.6 自助加油站的营业室内应设监控系统，该系统应具备下列监控功能：

1 营业员可通过监控系统确认每台自助加油机的使用情况；

2 可分别控制每台自助加油机的加油和停止状态；

3 发生紧急情况时可启动紧急切断开关停止所有加油机运行；

4 可与顾客进行单独对话，指导其操作；

5 可对整个加油场地进行广播。

7 LPG加气工艺及设施

7.1 LPG储罐

7.1.1 加气站内液化石油气储罐的设计，应符合下列规定：

1 储罐设计应符合《固定式压力容器安全技术监察规程》TSG 21、国家现行标准《压力容器》GB 150.1~GB 150.4、《卧式容器》NB/T 47042的有关规定；

2 储罐的设计压力不应小于1.78MPa；

3 储罐的出液管道端口接管高度应按选择的充装泵要求确定，进液管道和液相回流管道宜接入储罐内的气相空间。

7.1.2 储罐根部关闭阀门的设置应符合下列规定：

1 储罐的进液管、液相回流管和气相回流管上应设置止回阀；

2 出液管和卸车用的气相平衡管上宜设过流阀。

7.1.3 储罐的管路系统和附属设备的设置应符合下列规定：

1 储罐应设置全启封闭式弹簧安全阀。安全阀与储罐之间的管道上应装设切断阀，切断阀在正常操作时应处于铅封开状态。地上储罐放空管管口应高出储罐操作平台2m及以上，且应高出地面5m及以上。地下储罐的放空管管口应高出地面5.0m及以上。放空管管口应垂直向上，底部应设排污管。

2 管路系统的设计压力不应小于2.5MPa。

3 在储罐外的排污管上应设两道切断阀，阀间宜设排污箱。在寒冷和严寒地区，从储罐底部引出的排污管的根部管道应加装伴热或保温装置。

4 对储罐内未设置控制阀门的出液管道和排污管道，应在储罐的第一道法兰处配备堵漏装置。

5 储罐应设置检修用的放空管，其公称直径不应小于40mm，并宜与安全阀接管共用一个开孔。

6 过流阀的关闭流量宜为最大工作流量的1.6倍~1.8倍。

7.1.4 LPG储罐测量仪表的设置应符合下列规定：

1 储罐必须设置就地指示的液位计、压力表和温度计，以及液位上、下限报警装置；

2 储罐应设置液位上限限位控制和压力上限报警装置；

3 在一、二级LPG加气站或合建站内，储罐液位和压力的测量宜设远程监控系统。

7.1.5 LPG储罐严禁设置在室内或地下室内。在加油加气合建站和城市建成区内的加气站，LPG储罐应埋地设置，且不应布置在车行道下。

7.1.6 地上LPG储罐的设置应符合下列规定：

1 储罐应集中单排布置，储罐与储罐之间的净距不应小于相邻较大罐的直径；

2 罐组四周应设置高度为1m的防护堤，防护堤内堤脚线至罐壁净距不应小于2m；

3 储罐的支座应采用钢筋混凝土支座，耐火极限不应低于5h。

7.1.7 埋地LPG储罐的设置应符合下列规定：

1 储罐之间的距离不应小于2m，且应采用防渗混凝土墙隔开；

2 直接覆土埋设在地下的LPG储罐罐顶的覆土厚度不应小于0.5m，罐周围应回填中性细沙，厚度不应小于0.5m；

3 LPG储罐应采取抗浮措施。

7.1.8 埋地LPG储罐采用地下罐池时，应符合下列规定：

1 罐池内壁与罐壁之间的净距不应小于1m；

2 罐池底和侧壁应采取防渗漏措施，池内应用中性细沙或沙包填实；

3 罐顶的覆盖厚度不应小于0.5m，周边填充厚度不应小于0.9m；

4 池底一侧应设排水沟，池底面坡度宜为3‰，抽水井内的电气设备应符合防爆要求。

7.1.9 储罐应坡向排污端，坡度应为3‰~5‰。

7.1.10 埋地LPG储罐外表面的防腐设计，应符合现行行业标准《石油化工设备和管道涂料防腐蚀设计标准》SH/T 3022的有关规定，并应采用最高级别防腐绝缘保护层，同时应采取阴极保护措施。在LPG储罐根部阀门后应安装绝缘法兰。

7.2 泵和压缩机

7.2.1 LPG卸车宜选用卸车泵；LPG储罐总容积大于30m³时，卸车可选用LPG压缩机；LPG储罐总容积小于或等于45m³时，可由LPG槽车上的卸车泵卸车，槽车上的卸车泵宜由站内供电。

7.2.2 向燃气汽车加气应选用充装泵。充装泵的计算流量应依据其所供应的加气枪数量确定。

7.2.3 加气站内所设的卸车泵流量不宜小于300L/min。

7.2.4 设置在地面上的泵和压缩机，应设置防晒罩棚或泵房（压缩机间）。

7.2.5 LPG储罐的出液管设置在罐体底部时，充装泵的管路系统设计应符合下列规定：

1 泵的进、出口宜安装长度不小于0.3m的挠性管或采取其他防振措施；

2 从储罐引至泵进口的液相管道，应坡向泵的进口，且不得有窝存气体的位置；

3 在泵的出口管路上应安装回流阀、止回阀和压力表。

7.2.6 LPG储罐的出液管设在罐体顶部时，抽吸泵的管路系统设计应符合本标准第7.2.5条第1款、第3款的规定。

7.2.7 潜液泵的管路系统设计除应符合本标准第7.2.5条第3款的规定外，尚宜在安装潜液泵的筒体下部设置切断阀和过流阀。切断阀应能在罐顶操作。

7.2.8 潜液泵宜设超温自动停泵保护装置。电机运行温度至45℃时，应自动切断电源。

7.2.9 LPG压缩机进、出口管道阀门及附件的设置，应符合下列规定：

1 进口管道应设过滤器；

2 出口管道应设止回阀和安全阀；

3 进口管道和储罐的气相之间应设旁通阀。

7.3 LPG加气机

7.3.1 加气机不得设置在室内。

7.3.2 加气机数量应根据加气汽车数量确定。每辆汽车加气时间可按3min~5min计算。

7.3.3 加气机应具有充装和计量功能，技术要求应符合下列规定：

1 加气系统的设计压力不应小于2.5MPa；

2 加气枪的流量不应大于60L/min；

3 加气软管上应设安全拉断阀，分离拉力宜为400N~600N；

4 加气机的计量精度不应低于1.0级；

5 加气枪的加气嘴应与汽车车载LPG储液瓶受气口配套，加气嘴应配置自密封阀，卸开连接后的液体泄漏量不应大于5mL。

7.3.4 加气机的液相管道上宜设事故切断阀或过流阀。事故切断阀和过流阀应符合下列规定：

1 当加气机被撞时，设置的事故切断阀应能自行关闭；

2 过流阀关闭流量宜为最大工作流量的1.6倍~1.8倍；

3 事故切断阀或过流阀与充装泵连接的管道应牢固，当加气机被撞时，该管道系统不得受损坏。

7.3.5 加气机附近应设置防撞柱（栏），高度不应低于0.5m。

7.4 LPG管道系统

7.4.1 LPG管道应选用10号、20号钢或具有同等性能材料的无缝钢管，技术性能应符合现行国家标准《输送流体用无缝钢管》GB/T 8163的有关规定。管件应与管子材质相同。

7.4.2 管道上的阀门及其他金属配件的材质宜为碳素钢。

7.4.3 LPG管道组成件的设计压力不应小于2.5MPa。

7.4.4 管子与管子、管子与管件的连接应采用焊接。

7.4.5 管道与储罐、容器、设备及阀门的连接宜采用法兰连接。

7.4.6 管道系统上的胶管应采用耐LPG腐蚀的钢丝缠绕高压胶管，压力等级不应小于6.4MPa。

7.4.7 LPG管道宜埋地敷设。当需要管沟敷设时，管沟应采用中性沙子填实。

7.4.8 埋地管道应埋设在土壤冰冻线以下，且覆土厚度不得小于0.8m。穿越车行道处宜加设套管。

7.4.9 埋地管道防腐设计，应符合现行国家标准《钢质管道外腐蚀控制规范》GB/T 21447的有关规定。

7.4.10 液态LPG在管道中的流速，泵前不宜大于1.2m/s，泵后不应大于3m/s；气态LPG在管道中的流速不宜大于12m/s。

7.4.11 液化石油气罐的出液管道和连接槽车的液相管道上，应设置紧急切断阀。

7.5 槽车卸车点

7.5.1 连接LPG槽车的液相管道和气相管道上应设置安全拉断阀。

7.5.2 安全拉断阀的分离拉力宜为400N~600N，关断阀与接头的距离不应大于0.2m。

7.5.3 在LPG储罐或卸车泵的进口管道上应设过滤器。过滤器滤网的流通面积不应小于管道截面积的5倍，并应能阻止粒度大于0.2mm的固体杂质通过。

7.5.4 LPG卸车应采用具备自动锁定、脱落和拉断能自封闭的专用接头。

8 CNG加气工艺及设施

8.1 CNG常规加气站和加气母站工艺设施

8.1.1 天然气进站管道宜采取调压或限压措施。天然气进站管道设置调压器时，调压器应设置在天然气进站管道上的紧急关断阀之后。

8.1.2 天然气进站管道上应设计量装置，计量准确度不应低于1.0级。体积流量计量的基准状态，压力应为101.325kPa，温度应为20℃。

8.1.3 进站天然气硫化氢含量不符合现行国家标准《车用压缩天然气》GB 18047的有关规定时，应在站内进行脱硫处理。脱硫系统的设计应符合下列规定：

1 脱硫应在天然气增压前进行；

2 脱硫设备应设在室外；

3 脱硫系统宜设置备用脱硫塔；

4 脱硫设备宜采用固体脱硫剂；

5 脱硫塔前后的工艺管道上应设置硫化氢含量检测取样口，也可设置硫化氢含量在线检测分析仪。

8.1.4 进站天然气含水量不符合现行国家标准《车用压缩天然气》GB 18047的有关规定时，应在站内进行脱水处理。脱水系统的设计应符合下列规定：

1 脱水系统宜设置备用脱水设备；

2 脱水设备宜采用固体吸附剂；

3 脱水设备的出口管道上应设置露点检测取样接口，站内应设置露点检测仪。

8.1.5 进入压缩机的天然气不应含游离水，含尘量和微尘直径等质量指标应符合所选用的压缩机的有关规定。

8.1.6 压缩机排气压力不应大于CNG储存容器的最大工作压力。

8.1.7 压缩机组进口前应设分离缓冲罐，机组出口后宜设排气缓冲罐。缓冲罐的设置应符合下列规定：

1 分离缓冲罐应设在进气总管上或每台机组的进口位置处；

2 分离缓冲罐内应有凝液捕集分离结构；

3 机组排气缓冲罐宜设置在机组排气除油过滤器之后；

4 天然气在缓冲罐内的停留时间不宜小于10s；

5 分离缓冲罐及容积大于$0.3m^3$的排气缓冲罐，应设压力指示仪表，并应有超压安全泄放措施。

8.1.8 设置压缩机组的吸气、排气管道时，应避免振动对管道系统、压缩机和建（构）筑物造成有害影响。

8.1.9 天然气压缩机宜单排布置，压缩机房的主要通道宽度不宜小于2m。

8.1.10 压缩机组宜配置专用的可编程逻辑控制器（PLC系统）进行运行管理，PLC系统应与加气站自动化过程控制系统进行通信。

8.1.11 压缩机的卸载排气不应对外放空，宜回收至压缩机缓冲罐或废气回收罐。

8.1.12 压缩机组排出的冷凝液应集中处理。

8.1.13 固定储气设施的最大工作压力不应大于40MPa，且不应超过相对应加气设备额定工作压力5MPa及以上。

8.1.14 CNG加气站内所设置的固定储气设施应选用瓶式容器或储气井。

8.1.15 瓶式容器的设计和制造应符合现行行业标准《钢制压力容器——分析设计标准》JB 4732的有关规定，并应符合相关产品技术要求。

8.1.16 储气瓶（组）应固定在独立支架上，地上储气瓶（组）宜卧式放置。

8.1.17 固定储气设施应有积液收集处理措施。

8.1.18 储气井不宜建在地质滑坡带及溶洞等地质构造上。

8.1.19 储气井本体的设计疲劳次数不应小于2.5×10^4次。

8.1.20 储气井的工程设计和建造，应符合现行行业标准《储气井工程技术规范》SH/T 3216的有关规定。储气井口应便于开启检测。

8.1.21 储气井应分段设计，埋地部分井筒应符合现行行业标准《套管柱结构与强度设计》SY/T 5724的有关规定，地上部分应符合现行行业标准《钢制压力容器——分析设计标准》JB 4732的有关规定。

8.1.22 CNG加（卸）气设备设置应符合下列规定：

1 加（卸）气设施不得设置在室内；

2 加气设备额定工作压力不应大于35MPa；

3 加气机流量不应大于$0.25m^3/min$（工作状态）；

4 加（卸）气柱流量不应大于$0.5m^3/min$（工作状态）；

5 加（卸）气枪软管上应设安全拉断阀，加气机安全拉断阀的分离拉力宜为400N~600N，加（卸）气柱安全拉断阀的分离拉力宜为600N~900N，软管的长度不应大于6m；

6 向车用储气瓶加注CNG时，应控制车用储气瓶内的气体温度不超过65℃；

7 额定工作压力不同的加气机，其加气枪的加注口应采用不同的结构形式。

8.1.23 储气瓶（组）的管道接口端不宜朝向办公区、加气岛和邻近的站外建筑物。不可避免时，储气瓶（组）的管道接口端与办公区、加气岛和邻近的站外建筑物之间应设厚度不小于200mm的钢筋混凝土实体墙隔墙，并应符合下列规定：

1 固定储气瓶（组）的管道接口端与办公区、加气岛和邻近的站外建筑物之间设置的隔墙，其高度应高于储气瓶（组）顶部1m及以上，隔墙长度应为储气瓶（组）宽度两端各加2m及以上；

2 长管拖车和管束式集装箱的管道接口端与办公区、加气岛和邻近的站外建筑物之间设置的隔墙，围墙高度应高于储气瓶组拖车的高度1m及以上，围墙长度不应小于车宽两端各加1m及以上；

3 储气瓶（组）管道接口端与站外建筑物之间设置的隔墙，可作为站区围墙的一部分。

8.1.24 加气设施的计量准确度不应低于1.0级。

8.1.25 用于天然气氢气混合燃料汽车的氢气质量，应符合现行国家标准《氢气　第1部分：工业氢》GB/T 3634.1的有关规定。

8.1.26 在CNG加气站内设置的用于调配天然气氢气混合燃料的储氢设施，应符合本标准有关储氢设施的规定。

8.2 CNG加气子站工艺设施

8.2.1 CNG加气子站可采用压缩机增压或液压设备增压的加气工艺，也可采用储气瓶直接通过加气机给CNG汽车加气的工艺。当采用液压设备增压的加气工艺时，液压油不得影响CNG的质量。

8.2.2 采用液压设备增压工艺的CNG加气子站，液压设备不应使用甲类或乙类可燃液体，液体的操作温度应低于液体的闪点至少5℃。

8.2.3 CNG加气子站的液压设施应采用防爆电气设备，液压设施与站内其他设施的间距可不限。

8.2.4 CNG加气子站储气设施、压缩机、加气机、卸气柱的设置，应符合本标准第8.1节的有关规定。

8.2.5 储气瓶（组）的管道接口端不宜朝向办公区、加气岛和邻近的站外建筑物。不可避免时，应符合本标准第8.1.23条的规定。

8.3 CNG工艺设施的安全保护

8.3.1 天然气进站管道上应设置紧急切断阀。可手动操作的紧急切断阀的位置应便于发生事故时能及时切断气源。

8.3.2 站内天然气调压计量、增压、储存、加气各工段，应分段设置切断气源的切断阀。

8.3.3 储气瓶（组）、储气井与加气机或加气柱之间的总管上应设主切断阀。每个储气瓶（井）出口应设切断阀。

8.3.4 储气瓶（组）、储气井进气总管上应设安全阀及紧急放空管、压力表及超压报警器。车载储气瓶组应有与站内工艺安全设施相匹配的安全保护措施，但可不设超压报警器。

8.3.5 加气站内设备和各级管道应设置安全阀。安全阀的设置应符合《固定式压力容器安全技术监察规程》TSG 21的有关规定，安全阀的整定压力P_0尚应符合下列公式的规定：

1 当$P_w \leqslant 1.8$MPa时：

$$P_0=P_w+0.18 \qquad (8.3.5\text{-}1)$$

式中：P_w——设备最大工作压力（MPa）；

P_0——安全阀的整定压力（MPa）。

2 当1.8MPa<$P_w \leqslant 4.0$MPa时：

$$P_0=1.1P_w \qquad (8.3.5\text{-}2)$$

3 当4.0MPa<$P_w \leqslant 8.0$MPa时：

$$P_0=P_w+0.4 \quad (8.3.5\text{-}3)$$

4 当$8.0\text{MPa}<P_w\leqslant35.0\text{MPa}$时：

$$P_0=1.05P_w \quad (8.3.5\text{-}4)$$

8.3.6 加气站内的所有设备和管道组成件的设计压力，应高于最大工作压力10%及以上，且不应低于安全阀的整定压力。

8.3.7 加气站内的天然气管道和储气瓶（组）应设置泄压放空设施，泄压放空设施应采取防堵塞和防冻措施。泄放气体应符合下列规定：

1 一次泄放量大于500m^3（基准状态）的高压气体，应通过放空管迅速排放；

2 一次泄放量大于2m^3（基准状态），泄放次数平均每小时大于或等于2次的操作排放，应设置专用回收罐；

3 一次泄放量小于2m^3（基准状态）的气体可排入大气。

8.3.8 加气站的天然气放空管设置应符合下列规定：

1 不同压力级别系统的放空管宜分别设置；

2 放空管管口应高出设备平台及以管口为中心半径12m范围内的建（构）筑物2m及以上，且应高出所在地面5m及以上；

3 放空管应垂直向上。

8.3.9 压缩机组运行的安全保护应符合下列规定：

1 压缩机排气口与第一个截断阀之间应设安全阀，安全阀的泄放能力不应小于压缩机的安全泄放量；

2 压缩机进气口、排气口应设高、低压报警和高压越限停机装置；

3 压缩机组控制系统应设置进气压力偏低报警、进气压力超高报警和高压越限停机、排气压力超高报警和高压越限停机装置；

4 压缩机组控制系统应设置排气温度超高报警和高温越限停机装置；

5 压缩机组控制系统应设置润滑油系统低压报警和停机装置。

8.3.10 CNG加气站内的设备及管道，凡经增压、输送、储存、缓冲或有较大阻力损失需显示压力的位置，均应设压力测点，并应设供压力表拆卸时高压气体泄压的安全泄气孔。压力表量程范围宜为工作压力的1.5倍~2.0倍。

8.3.11 CNG加气站内下列位置应设高度不小于0.5m的防撞柱（栏）：

1 固定储气瓶（组）或储气井与站内汽车通道相邻一侧；

2 加气机、加气柱和卸气柱的车辆通过侧。

8.3.12 CNG加气机、加气柱的进气管道上，宜设置防撞事故自动切断阀。

8.4 CNG管道及其组成件

8.4.1 天然气管道应选用无缝钢管。设计压力低于4.0MPa的天然气管道，应符合现行国家标准《输送流体用无缝钢管》GB/T 8163的有关规定；设计压力大于或等于4.0MPa的天然气管道，应符合现行国家标准《流体输送用不锈钢无缝钢管》GB/T 14976或《高压锅炉用无缝钢管》GB/T 5310的有关规定。

8.4.2 加气站内与天然气接触的所有设备和管道组成件的材质，应与天然气介质相适应。

8.4.3 站内高压天然气管道宜采用焊接连接，管道与设备、阀门可采用法兰、卡套、锥管螺纹连接。

8.4.4 室外天然气管道宜埋地或管沟敷设。埋地敷设时其管顶距地面不应小于0.5m，冰冻地区宜敷设在冰冻线以下；采用管沟敷设时，应采取防止天然气泄漏积聚的措施。室内管道宜采用管沟敷设，管沟应用中性沙填充。

8.4.5 埋地管道防腐设计应符合现行国家标准《钢质管道外腐蚀控制规范》GB/T 21447的有关规定。

9 LNG和L-CNG加气工艺及设施

9.1 LNG储罐、泵和气化器

9.1.1 LNG储罐的建造应符合下列规定：

1 储罐的建造应符合《固定式压力容器安全技术监察规程》TSG 21、现行国家标准《压力容器》GB 150.1~GB 150.4和《固定式真空绝热深冷压力容器》GB/T 18442.1~GB/T 18442.7的有关规定。

2 储罐内筒的设计温度不应高于−196℃，设计压力应满足下列公式的要求：

1）当P_w<0.9MPa时：

$$P_d \geqslant P_w + 0.18\text{MPa} \qquad (9.1.1\text{-}1)$$

2）当$P_w \geqslant 0.9$MPa时：

$$P_d \geqslant 1.2P_w \qquad (9.1.1\text{-}2)$$

式中：P_w——设备最大工作压力（MPa）；

P_d——设计压力（MPa）。

3 内罐与外罐之间应设绝热层，绝热层应与LNG和天然气相适应，并应为不燃材料。外罐外部着火时，绝热层的绝热性能不应明显降低。

9.1.2 在城市中心区内，各类LNG加气站及加油加气合建站，应采用地下LNG储罐或半地下LNG储罐。

9.1.3 地上LNG储罐等设备和非箱式LNG橇装设备的设置，应符合下列规定：

1 LNG储罐之间的净距不应小于相邻较大罐的直径的1/2，且不应小于2m。

2 LNG储罐组四周应设防护堤，堤内的有效容量不应小于其中一个最大LNG储罐的容量。防护堤内地面应至少低于周边地面0.1m，防护堤顶面应至少高出堤内地面0.8m，且应至少高出堤外地面0.4m。防护堤内堤脚线至LNG储罐外壁的净距不应小于2m。防护堤应采用不燃烧实体材料建造，应能承受所容纳液体的静压及温度变化的影响，且不应渗漏。防护堤的雨水排放口应有封堵措施。

3 防护堤内不应设置其他可燃液体储罐、CNG储气瓶（组）或储气井。非明火气化器和LNG泵可设置在防护堤内。

9.1.4 箱式LNG橇装设备的设置应符合下列规定：

1 LNG橇装设备的主箱体内侧应设拦蓄池，拦蓄池内的有效容量不应小于LNG储罐的容量，且拦蓄池侧板的高度不应小于1.2m，LNG储罐外壁至拦蓄池侧板的净距不应小于0.3m；

2 拦蓄池的底板和侧板应采用耐低温不锈钢材料，并应保证拦蓄池的强度和刚度能满足容纳泄漏的LNG的需要；

3 LNG橇装设备主箱体应能容纳橇体上的储罐、潜液泵池、加注系统、管路系统、计量与防爆控制系统等设备，主箱体侧板高出拦蓄池侧板以上的部位和箱顶应设置百叶窗，百叶窗应能有效防止雨水淋入箱体内部；

4 LNG橇装设备的主箱体应采取通风措施，并应符合本标准第14.1.4条的规定；

5 箱体材料应为金属材料，不得采用可燃材料。

9.1.5 地下或半地下LNG储罐的设置应符合下列规定：

1 储罐宜采用卧式储罐；

2 储罐应安装在罐池中，罐池应为不燃烧实体防护结构，应能承受所容纳液体的静压及温度变化的影响，且不应渗漏；

3 储罐的外壁距罐池内壁的距离不应小于1m，同池内储罐的间距不应小于1.5m；

4 罐池深度大于或等于2m时，池壁顶应至少高出罐池外地面1m，当池壁顶高出罐池外地面1.5m及以上时，池壁可设置用不燃烧材料制作的实体门；

5 半地下LNG储罐的池壁顶应至少高出罐顶0.2m；

6 储罐应采取抗浮措施；

7 罐池上方可设置开敞式的罩棚。

9.1.6 储罐基础的耐火极限不应低于3.00h。

9.1.7 LNG储罐阀门的设置应符合下列规定：

1 储罐应设置全启封闭式安全阀，且不应少于2个，其中1个应为备用，安全阀的设置应符合《固定式压力容器安全技术监察规程》TSG 21的有关规定；

2 安全阀与储罐之间应设切断阀，切断阀在正常操作时应处于铅封开启状态；

3 与LNG储罐连接的LNG管道应设置可远程操作的紧急切断阀；

4 LNG储罐液相管道根部阀门与储罐的连接应采用焊接，阀体材质应与管子材质相适应。

9.1.8 LNG储罐的仪表设置应符合下列规定：

1 LNG储罐应设置液位计和高液位报警器，高液位报警器应与进液管道紧急切断阀联锁；

2 LNG储罐最高液位以上部位应设置压力表；

3 在内罐与外罐之间应设置检测环形空间绝对压力的仪器或检测接口；

4 液位计、压力表应能就地指示，并应将检测信号传送至控制室集中显示。

9.1.9 充装LNG汽车系统使用的潜液泵宜安装在泵池内。潜液泵罐的设计应符合本标准第9.1.1条的规定。LNG潜液泵罐的管路系统和附属设备的设置应符合下列规定：

1 LNG储罐的底部（外壁）与潜液泵罐的顶部（外壁）的高差，应满足LNG潜液泵的性能要求；

2 潜液泵罐的回气管道宜与LNG储罐的气相管道接通，且不应有袋形；

3 潜液泵罐应设置温度和压力检测仪表，温度和压力检测仪表应能就地指示，并应将检测信号传送至控制室集中显示；

4 在泵的出口管道上应设置全启封闭式安全阀和紧急切断阀，泵出口宜设置止回阀。

9.1.10 L-CNG系统采用柱塞泵输送LNG时，柱塞泵的设置应符合下列规定：

1 柱塞泵的设置应满足泵吸入压头要求；

2 泵的进、出口管道应设置防振装置；

3 在泵的出口管道上应设置止回阀和全启封闭式安全阀；

4 在泵的出口管道上应设置压力检测仪表，压力检测仪表应能就地指示，并应将检测信号传送至控制室集中显示；

5 应采取防噪声措施。

9.1.11 气化器的设置应符合下列规定：

1 气化器的选用应符合当地冬季气温条件下的使用要求；

2 气化器的设计压力不应小于最大工作压力的1.2倍；

3 高压气化器出口气体温度不应低于5℃；

4 高压气化器出口应设置温度和压力检测仪表，并应与柱塞泵联锁，温度和压力检测仪表应能就地指示，并应将检测信号传送至控制室集中显示。

9.2 LNG卸车

9.2.1 连接槽车的卸液管道上应设置切断阀和止回阀，气相管道上应设置切断阀。

9.2.2 LNG卸车软管应采用奥氏体不锈钢波纹软管，其公称压力不得小于装卸系统工作压力的2倍，其最小爆破压力不应小于公称压力的4倍。

9.3 LNG加气区

9.3.1 加气机不得设置在室内。

9.3.2 LNG加气机应符合下列规定：

1 加气系统的充装压力不应大于汽车车载瓶的最大工作压力；

2 气机计量误差不宜大于1.5%；

3 加气机加气软管应设安全拉断阀，安全拉断阀的脱离拉力宜为400N~600N；

4 加气机配置的软管应符合本标准第9.2.2条的规定，软管的长度不应大于6m。

9.3.3 在LNG加气岛上宜配置氮气或压缩空气管吹扫接头，其最小爆破压力不应小于公称压力的4倍。

9.4 LNG管道系统

9.4.1 LNG管道和低温气相管道的设计应符合下列规定：

1 管道系统的设计压力不应小于最大工作压力的1.2倍，且不应小于所连接设备或容器的设计压力与静压头之和；

2 管道的设计温度不应高于-196℃；

3 管道和管件材质应采用耐低温不锈钢，管道应符合现行国家标准《液化天然气用不锈钢无缝钢管》GB/T 38810的有关规定，管件应符合现行国家标准《钢制对焊管件　类型与参数》GB/T 12459的有关规定。

9.4.2 阀门的选用应符合现行国家标准《低温阀门　技术条件》GB/T 24925的有关规定。紧急切断阀的选用应符合现行国家标准《低温介质用紧急切断阀》GB/T 24918的有关规定。

9.4.3 远程控制的阀门均应具有手动操作功能。

9.4.4 低温管道所采用的绝热保冷材料应为防潮性能良好的不燃材料或外层为不燃材料、里层为难燃材料的复合绝热保冷材料。低温管道绝热工程应符合现行国家标准《工业设备及管道绝热工程设计规范》GB 50264的有关规定。

9.4.5 LNG管道的两个切断阀之间应设置安全阀或其他泄压装置，泄压排放的气体应接入放空管。

9.4.6 LNG设备和管道的天然气放空应符合下列规定：

1 加气站内应设集中放空管，LNG储罐的放空管应接入集中放空管，其他设备和管道的放空管宜接入集中放空管；

2 放空管管口应高出以管口为中心半径12m范围内的建筑物顶或设备平台2m及以上，且距地面不应小于5m；

3 低温天然气系统的放空应经加热器加热后放空，放空天然气的温度不宜低于-107℃。

9.4.7 当LNG管道需要采用封闭管沟敷设时，管沟应采用中性沙子填实。

10 高压储氢加氢工艺及设施

10.1 一 般 规 定

10.1.1 用于氢燃料电池汽车的氢气，质量应满足现行国家标准《质子交换膜燃料电池汽车用燃料　氢气》GB/T 37244的要求。

10.1.2 进站氢气的计量应符合现行国家标准《加氢站技术规范》GB 50516的有关规定。

10.1.3 加氢合建站需要设置制氢装置或氢气纯化装置时，应符合现行国家标准《加氢站技术规范》GB 50516的有关规定。

10.2 氢气卸车设施

10.2.1 当采用运输车辆卸气时，站内应设有固定的卸气作业车位并应有明确标识。停车位数量不宜超过2个，停车位应配备限位装置。

10.2.2 卸气柱与氢气运输车辆相连的管道上应设置拉断阀并宜设置防甩脱装置，拉断阀应满足下列要求：

1 拉断阀分离拉力为600N~900N；

2 拉断阀在超过限值的外力作用下可断开为两部分，各部分端口应能自动封闭；

3 拉断阀在外力作用下自动分成的两部分可重新连接并能正常使用。

10.2.3 卸气管道上应设置能阻止粒度大于10μm的固体杂质通过的过滤器。

10.2.4 卸气柱应设置泄放阀、紧急切断阀、就地和远传压力测量仪表。

10.3 氢气增压设施

10.3.1 加氢设施进站氢气管道或氢气长管拖车供应氢气的压力不能满足站内储存压力需要时，站内应设增压用氢气压缩机。氢气压缩机不应影响氢气质量。

10.3.2 氢气压缩机安全保护装置的设置应符合下列规定：

1 压缩机进、出口与第一个切断阀之间应设安全阀，安全阀应选用全启式安全阀；

2 压缩机进口应设置压力高、低限报警系统，出口应设置压力高高限、温度高高限停机联锁系统；

3 润滑油系统应设油压高、低或油温高的报警装置，以及油压过低的停机联锁系统；

4 压缩机的冷却水系统应设温度、压力或流量的报警和停机联锁系统；

5 压缩机进、出口管路应设置置换吹扫口；

6 采用膜式压缩机时，应设膜片破裂报警和停机联锁系统；

7 压缩机内自动控制阀门应设置阀位状态故障报警。

10.3.3 氢气压缩机卸载排气宜回流至压缩机前的管路或缓冲罐。

10.3.4 增压设施用管道、阀门、仪表等，在设计选用时应考虑氢脆的影响。

10.3.5 氢气压缩机的布置应符合下列规定：

1 设在压缩机间的氢气压缩机宜单排布置，且与墙壁之间的距离不应小于1.0m，主要通道宽度不应小于1.5m；

2 当氢气压缩机安装在非敞开的箱柜内时，应设置排气设施、氢气浓度报警、火焰报警、事故排风及其联锁装置等安全设施。

10.4 氢气储存设施

10.4.1 氢气储存设施可选用储氢容器或储气井。单个储氢容器的水容积不应大于5m²。

10.4.2 加氢设施内的高压氢气储存系统的工作压力应根据氢燃料汽车车载储氢气瓶的充氢压力确定。当充氢压力为35MPa时，固定氢气储存系统的工作压力不宜大于45MPa；当充氢压力为70MPa时，固定氢气储存系统的工作压力不宜大于90MPa。

10.4.3 固定式储氢容器和储气井的设计、制造应符合《固定式压力容器安全技术监察规程》TSG 21和相关标准的规定。工作压力大于25MPa的储氢井，或工作压力大于41MPa且没有设计制造国家标准的其他储氢容器，应经工程试验或其他实际应用证明技术成熟，并应经设计单位书面确认。

10.4.4 储氢容器的工作温度不应低于-40℃且不应高于85℃。

10.4.5 储氢容器应满足未爆先漏的要求。

10.4.6 氢气储存设施的选材应根据材料的化学成分、力学性能、微观组织，使用条件的压力、温度、氢气品质，应力水平和制造工艺的旋压、热处理、焊接等因素综合确定对氢脆的影响。

10.4.7 氢气储存设施设计中应对容器各种可能的失效模式进行判断，材料选择和结构设计应满足避免发生脆性断裂失效模式的要求。应对氢气储存设施的塑性垮塌、局部过度应变、泄漏和疲劳断裂等失效模式进行评定。

10.4.8 氢气储存设施的设计单位应出具风险评估报告，风险评估报告至少应包括下列内容：

1 氢气储存设施在运输、安装和使用过程中可能出现的所有失效模式，针对这些失效模式，在设计和制造过程中已经采取的控制措施以及用户在使用、维修、改造过程中应采取的控制措施；

2 氢气储存设施失效可能带来的危害性后果，提出现场使用时有效监测储氢容器的措施，如定期超声检测、在线监测、设置氢气泄漏报警装置等；

3 提出一旦氢气储存设施发生介质泄漏、燃烧和爆炸时应该采取的措施，便于用户制订合适的应急预案；

4 提出氢气储存设施定期检验计划及检验内容。

10.4.9 加氢设施应结合服务车辆和储氢系统的取气效率，对高压储氢系统工作压力按2级~3级设置，各级储氢设备容量应按各级储气压力、充氢压力和充装氢气量等因素确定。

10.4.10 固定式储氢容器应设置下列安全附件：

1 应设置安全阀和放空管道，安全阀前后应分别设1个全通径切断阀，并应设置为铅封开或锁开；当拆卸安全阀时，有不影响其他储氢容器和管道放空的措施，则安全阀前后可不设切断阀。安全阀应设安全阀副线，副线上应设置可现场手动和远程控制操作的紧急放空阀门。安全阀的排放能力不应小于相应压缩机的最大排气量。

2 应设置压力测量仪表，并应分别在控制室和现场指示压力。应在控制室设置超压报警和低压报警装置。

3 应设置氮气吹扫置换接口。

10.4.11 储氢容器、氢气储气井的控制系统应自动记录压力波动范围超过20%设计压力的工作压力波动次数。

10.5 氢气加注设施

10.5.1 加氢机应设置在室外或通风良好的箱柜内。

10.5.2 加氢机应具有充装、计量和控制功能，并应符合下列规定：

1 加氢机额定或公称工作压力应为35MPa或70MPa，最大工作压力应为1.25倍的额定工作压力；

2 氢气加注流量应符合现行国家标准《汽车用压缩氢气加气机》GB/T 31138的有关规定；

3 加氢机应设置安全泄压装置，安全阀应选用全启式安全阀，安全阀的整定压力不应大于车载储氢瓶的最大允许工作压力或设计压力；

4 加氢机计量宜采用质量流量计，计量精度不宜低于1.5级，最小分度值宜为10g；

5 加氢机应设置能实现控制及联锁保护功能的自动控制系统，当单独设置可编程逻辑控制器（PLC）时，则信号应通过通信方式与位于控制室的加氢设施控制系统进行信号往来，联锁信号应通过硬线与加氢设施控制系统进行信号往来；

6 加氢机进气管道上应设置自动切断阀，当达到车载储氢容器的充装压力高限值时，自动切断阀联锁关闭；

7 加氢机在现场及控制室或值班室均应设施紧急停车按钮，当出现紧急情况时，可按下该按钮，关闭进气阀门；

8 加氢机的箱柜内部氢气易积聚处应设置氢气检测器，当氢气含量（体积比）达到0.4%时，应在氢气报警系统内高报警；当氢气含量（体积比）达到1%时，应在氢气报警系统内高高报警，同时向加氢设施控制系统发出联锁停机信号，由加氢设施控制系统发出停加氢机及关闭进气管道自动切断阀的联锁信号；

9 额定工作压力不同的加氢机，其加氢枪的加注口应采用不同的结构形式；

10 加氢机应设置脱枪保护装置，发生脱枪事故时应能阻止氢气泄漏；

11 额定工作压力为70MPa的加氢机应设置可与车载储氢瓶组相连接的符合相应标准的通信接口，在加注过程中应将车载储氢瓶的温度、压力信号输入到加氢机，当通信中断或者有超温或超压情况发生，加氢机应能自动停止加注氢气作业。

10.5.3 加氢机的加气软管应设置拉断阀。拉断阀应能够在400N~600N的轴向载荷作用下断开连接，分离后两端应自行密闭。

10.5.4 加气软管及软管接头应选用具有抗腐蚀性能的材料。

10.5.5 向氢燃料汽车车载储氢瓶加注氢气时，应对输送至储氢瓶的氢气进行冷却，但加注温度不应低于-40℃。冷却设备的冷媒管道应设置压力检测及安全泄放装置，并应能在管道发生泄漏事故，高压氢气进入冷媒管道时，立即自动停止加氢作业和系统运行。

10.5.6 向氢燃料汽车车载储氢瓶加注氢气时，车载储氢瓶内氢气温度不应超过85℃，充装率不应超过100%，且不宜小于95%。

10.5.7 测量加氢机压力变送器，压力取源应位于加氢机拉断阀的上游，并宜靠近加氢机软管拉断阀，压力取源与分离装置之间的长度不应大于1m。当测量的初始压力小于2MPa或大于相应压力等级的额定工作压力时，加氢设施应能在5秒内终止燃料加注作业。

10.6 管道及其组成件

10.6.1 氢气管道材质应具有与氢良好相容的特性。设计压力大于或等于20MPa的氢气管道应采用316/316L双牌号钢或经实验验证的具有良好的氢相容性的材料。316/316L双牌号钢常温机械性能应满足两个牌号中机械性能的较高值，化学成分应满足L级的要求，且镍（Ni）含量不应小于12%，许用应力应按316号钢选取。

10.6.2 加氢设施内所有氢气管道、阀门、管件的设计压力不应小于最大工作压力的1.1倍，且不得低于安全阀的整定压力。

10.6.3 氢气管道的连接应符合下列规定：

1 外径小于或等于25.4mm，且设计压力大于或等于20MPa的高压氢气管道应采用卡套连接；

2 氢气管道与设备的连接，根据需要宜采用卡套连接或螺纹连接，螺纹连接处应采用聚四氟乙烯薄膜作为填料；

3 由于振动、压力脉动及温度变化等可能产生交变荷载的部位，不宜采用螺纹连接；

4 设计压力小于20MPa的氢气管道的连接可采用焊接或法兰连接；

5 除非经过泄漏试验验证，螺纹连接不宜用于设计压力大于48MPa的系统；

6 外螺纹组成件的壁厚不应小于Sch160，对小于*DN*15的外螺纹组成件，螺纹部分的最小壁厚应满足其受到的应力小于管道屈服应力50%的要求。

10.6.4 设计压力大于或等于20MPa的氢气管道及其组成件的技术要求应符合本标准附录D的规定。

10.6.5 氢气放空管的设置应符合下列规定：

1 不同压力级别系统的放空管宜分别引至放空总管，并宜以向上45℃角接入放空总管，放空总管公称直径不宜小于*DN*80；

2 放空总管应垂直向上，管口应高出设备平台及以管口为中心半径12m范围内的建筑物顶或平台2m及以上，且应高出所在地面5m及以上；

3 自放空设备至放空总管出口，放空管道的压力降不宜大于0.1MPa；

4 氢气放空排气装置的设置应保证氢气安全排放，放空管道的设计压力不应小于1.6MPa；

5 放空总管应采取防止雨水积聚和杂物堵塞的措施，宜在放空总管底部设置排水管及阀门。

10.6.6 氢气管道宜地上布置在管墩或管架上。氢气管道不应敷设在未充沙的封闭管沟内。在与加油站共同作业的作业区内，氢气管道不应采用明沟敷设。氢气管道埋地敷设时，管顶距地面不应小于0.7m。冰冻地区宜敷设在冰冻线以下。

10.6.7 站内氢气管道明沟敷设时，应符合下列规定：

1 明沟顶部宜设置格栅板或通气盖板；

2 管道支架、格栅板应采用不燃材料制作；

3 当明沟设置盖板时，应保持沟内通风良好，并不得有积聚氢气的空间。

10.6.8 氢气管道布置应满足柔性要求，管道宜采用自然补偿。

10.6.9 氢气管道宜在流量计、调节阀等易产生振动的设备附近设置固定点。

10.6.10 氢气管道的设计除应符合本节的规定外，尚应符合现行国家标准《工业金属管道设计规范》GB 50316和《压力管道规范工业管道》GB/T 20801的有关规定。

10.7 工艺系统的安全防护

10.7.1 以管道输送供应氢气的进站管道上，应设置可手动操作的紧急切断阀，位置应便于发生事故时及时切断气源。

10.7.2 储氢容器、氢气储气井与加氢机之间的总管上应设主切断阀和通过加氢设施控制系统操作的紧急切断阀、吹扫放空装置。每个储氢容器、氢气储气井出口应设切断阀。

10.7.3 储氢容器、氢气储气井进气总管上应设安全阀及紧急放空管、就地和远传压力测量仪表。远传压力仪表应有超压报警功能。

10.7.4 储氢容器、氢气储气井应设置可现场手动和远程开启的紧急放空阀门及放空管道。

10.7.5 储氢容器、氢气储气井和各级管道应设置安全阀。安全阀的设置应符合《固定式压力容器安全技术监察规程》TSG 21的有关规定。安全阀的整定压力不应大于管道和设备的设计压力。

10.7.6 氢气系统和设备均应设置氮气吹扫装置，所有氮气吹扫口前应配置切断阀、止回阀。吹扫氮气的纯度不得低于99.5%。

10.7.7 储氢区、长管拖车或管束式集装箱卸载区、氢气增压区应设置火灾报警探测器。探测器宜选用热成像类型，火灾场景的设备表面覆盖率不应小于85%。

10.7.8 氢气压缩机应按本标准第10.3.2条的规定设置报警系统。

10.7.9 加氢设施内易积聚泄漏氢气的房间或箱柜顶部应设置氢气检测器。当空气中氢气含量（体积比）达到0.4%时应报警，达到1%时自动控制系统应能联锁启动相应的事故排风风机，达到1.6%时应启动紧急切断系统。可燃气体检测器的设置、选用和安装，应符合现行国家标准《石油化工可燃气体和有毒气体检测报警设计标准》GB/T 50493的有关规定。

10.7.10 加氢设施应设置手动（人工）启动的紧急切断系统，在事故状态下，可手动关停压缩机、液氢增压泵和加氢机，同时紧急关闭氢气管道上的紧急切断阀。紧急切断系统设置应符合本标准第13.5节的规定。

10.7.11 加氢设施邻近行车道的地上氢气设备应设防撞柱（栏）。

10.7.12 储氢容器、氢气储气井的出口管道上宜设置过流防止阀或采取其他防过流措施。

10.7.13 氢气长管拖车或管束式集装箱卸气端不宜朝向办公区、加氢岛和邻近的站外建筑物。不可避免时，氢气长管拖车或管束式集装箱卸气端与办公区、加氢岛、邻近的站外建筑物之间应设厚度不小于0.2m的钢筋混凝土实体墙隔墙，高度应高于氢气长管拖车或管束式集装箱的高度1m及以上，长度不应小于车宽两端各加1m及以上。该实体墙隔墙可作为站区围墙的一部分。

10.7.14 设置有储氢容器、氢气储气井、氢气压缩机、液氢储罐、液氢气化器的区域应设实体墙或栅栏与公众可进入区域隔离。实体墙或栅栏与加氢设施设备之间的距离不应小于0.8m。应使用不燃材料制作实体墙或栅栏，高度不应小于2m。

10.7.15 站内固定储氢容器、氢气储气井、氢气压缩机与加氢区、加油站地上工艺设备区、加气站工艺设备区、站房、辅助设施之间应设置不小于0.2m厚的钢筋混凝土实体防护墙或厚度不小于6mm且支持牢固的钢板，高度应高于储氢容器顶部和氢气压缩机顶部0.5m及以上，且不应低于2.2m；宽度不应小于储氢容器、氢气储气井、氢气压缩机长度或宽度方向两侧各延伸1m。

10.7.16 氢气压缩机间或箱柜应有泄压结构，并应符合现行国家标准《建筑设计防火规范》GB 50016的有关规定。

10.7.17 工艺管道不应穿过或跨越站房等与其无直接关系的建（构）筑物；与管沟、电缆沟和排水沟相交叉时，应采取相应的防护措施。

10.7.18 氢气管道系统应设置防止高压管道系统的气体窜入低压管道系统造成超压的止回阀或控制阀。止回阀或控制阀的设置位置如下：

1 卸气柱与压缩机之间；

2 压缩机出口；

3 储氢容器、氢气储气井进气管和出气管；

4 氢气预冷器与加氢机之间；

5 氮气集气格出口；

6 各氮气吹扫管线与工艺管线连接处；

7 其他有高压管道系统的气体窜入低压管道系统危险的位置。

11 液氢储存工艺及设施

11.1 液氢储存设施

11.1.1 液氢储罐应符合下列规定：

1 储罐内容器的最低设计金属温度不应高于-253℃；

2 储罐内容器的工作压力范围宜为0.10MPa~0.98MPa，设计压力不应小于安全阀的整定压力P_0；

3 液氢储罐应采用高真空多层或其他高性能真空的绝热形式，绝热材料应符合现行国家标准《深冷容器用高真空多层绝热材料》GB/T 31480的规定，且应满足液氢条件下的使用要求，可能与氧气或富氧环境接触的材料应与氧相容，相容性试验方法与试验结果判定应符合现行国家标准《深冷容器用材料与气体的相容性判定导则》GB/T 31481的规定，内外容器间的支撑件宜选用导热率低、具备真空下放气率低、有良好低温韧性等性能的材料；

4 应根据力学性能、物理性能和工艺性能，以及与液氢的相容性选择液氢储罐的材料；

5 液氢储罐的内外容器间的夹层中不得有法兰连接接头、螺纹连接接头和膨胀节。

11.1.2 液氢储罐的内容器应设置全启式安全阀，外容器应设置超压泄放装置，并应符合下列规定：

1 内容器安全阀不应少于2个（组），其中1个（组）应为备用，每个（组）安全阀的排放能力应满足储罐过度充装、环境影响、火灾时热量输入等工况产生的氢气排放需要；

2 内容器安全阀的整定压力P_0不应大于1.08MPa，安全阀的最大泄放压力不应大于1.1P_0；

3 安全阀的设置尚应符合《固定式压力容器安全技术监察规程》TSG 21的有关规定；

4 安全阀的性能和质量应符合现行国家标准《安全阀　一般要求》GB/T 12241和《弹簧直接载荷式安全阀》GB/T 12243的规定；

5 外容器超压泄放装置的开启压力不应大于外容器的设计压力；

6 爆破片安全装置爆破时不允许有碎片，当爆破片安全装置与安全阀串联时，两者之间的腔体应设置压力表、排气口及报警指示器等。

11.1.3 液氢储罐其他阀门的设置应符合下列规定：

1 安全阀与储罐之间应设切断阀，切断阀在正常操作时应处于铅封开启状态或在连接使用安全阀与备用安全阀的管道上设置三通切换阀，保证至少有50%的安全阀始终处于使用状态；

2 液氢储罐液相管道靠近储罐应设置一道可远程控制操作的紧急切断阀，该阀与液氢储罐之间所有管道的连接应采用焊接；

3 液氢储罐内容器应设置泄压管道，管道上应设可远程控制操作的阀门。

11.1.4 液氢储罐应设置可在控制室和就地分别指示的压力和液位测量仪表，并应符合下列规定：

1 当压力达到0.95P_0时，应在控制室发出超压报警信号；

2 在控制室设置液位高报警、高高报警和液位低报警系统，液位高高报警时，应联锁关闭进液管道紧急切断阀。

11.1.5 液氢储罐额定充装率不应大于内容器几何容积的90%。

11.1.6 采用液氢增压泵输送液氢时，液氢增压泵的设置应符合下列规定：

1 液氢增压泵的设置应满足泵吸入压头要求；

2 泵的进、出口管道应设置防振装置；

3 在泵出口管道上应设置止回阀和全启封闭式安全阀；

4 在泵出口管道上应设置压力检测仪表，并应在控制室和就地分别指示，达到压力高限值时应联锁停泵；

5 液氢增压泵应设温度检测仪表，并应在控制室和就地分别指示，超限时应报警；

6 应采取防噪声措施。

11.1.7 气化器的设置应符合下列规定：

1 气化器的选用应符合当地冬季气温条件下的使用要求；

2 气化器的设计压力不应小于最大工作压力的1.2倍；

3 气化器出口气体温度应满足高压储氢设施使用温度要求；

4 气化器出口应设置温度和压力检测仪表，并应分别在现场及控制室指示温度和压力，同时参与液氢增压泵的联锁逻辑。

11.1.8 箱式液氢橇装设备箱体的设置应符合下列规定：

1 液氢橇装设备主箱体内应能容纳液氢储罐、液氢增压泵、管路系统、计量与防爆控制系统等设备，主箱体侧板和箱顶应设置有利于氢气扩散的结构；

2 液氢橇装设备的主箱体应采取通风措施，并应符合本标准第14.1.4条的规定；

3 箱体不得采用可燃材料，且主体材料应为金属材料；

4 箱体内设备之间的防火间距应符合本标准第5.0.14条的规定。

11.1.9 储罐基础的耐火极限不应低于3.00h，储罐支座的耐火极限不应低于2.00h。

11.1.10 液氢储罐的设计单位应针对储罐制造阶段和使用阶段预期可能出现的所有工况编写风险评估报告。风险评估报告至少应包括下列内容：

1 液氢储罐的基本设计参数，包括工作条件、液氢危害特性、结构、材料、制造工艺；

2 描述所有可能出现的工况条件，主要包括内容器冷冲击试验、夹套抽空、运输、吊装、首次充液、正常充液、增压、对外供液等工况；

3 设计时，通过分析所有工况下可能发生的失效模式制定技术措施；

4 提出液氢少量泄漏、大量涌出、爆炸状况下的处置措施；

5 告知用户可能出现的破坏形式及破坏可能带来的危害性后果，提出防止容器出现破坏的措施；

6 提出一旦容器发生破坏时操作人员的防护装置、应该采取的措施，便于用户制订合适的应急预案。

11.2 液氢卸车和增压设施

11.2.1 液氢罐车或罐箱宜采用压差输送的卸车工艺或采用泵卸车工艺。卸车应尽量减少氢气排放。

11.2.2 连接液氢罐车的卸液管道上应设置切断阀和止回阀，气相管道上应设置切断阀。输送液氢的装卸阀门、软管和快速装卸接头应采用真空绝热或其他保温结构。

11.2.3 卸车软管应采用与液氢介质相容的材料，公称压力不得小于装卸系统工作压力的2倍，最小爆破压力不应小于公称压力的4倍。快速装卸接头应有良好的密封结构，装卸接头应带有防尘盖。

11.2.4 液氢管道应设置吹扫置换系统。液氢的装卸软管和快速装卸接头在装配前后均应进行充分的吹扫置换。

11.2.5 采用液氢储氢方式的加氢设施，宜采用液氢增压泵和高压气化器增压方式。

11.2.6 液氢增压系统的设置尚应符合现行国家标准《加氢站技术规范》GB 50516的有关规定。

11.3 液氢管道和低温氢气管道及其组成件

11.3.1 液氢管道和低温氢气管道的设计除应符合现行国家标准《液氢车辆燃料加注系统接口》GB/T 30719的有关规定外，尚应符合下列规定：

1 管道系统的设计压力不应小于最大工作压力的1.1倍，且不应小于所连接设备（或容器）的设计压力与静压头之和；

2 管道的设计温度不应高于−253℃；

3 管道及其组成件应采用奥氏体不锈钢，并应进行低温冲击试验，低温冲击试验应符合本标准附录D的有关规定；

4 液氢管道之间的连接宜采用焊接连接、卡套连接或真空法兰连接，焊接接头应采用不带垫板的全焊透对接焊接接头，低温气相管道的连接应符合本标准第10.6.3条的规定，增压泵后宜采用卡套连接；

5 两端关闭且有可能存留液氢或低温氢气的管道，应设置安全阀或其他泄压装置，整定压力应大于内容器安全泄放装置的整定压力，但不应高于管道的设计压力，泄压排放的气体应接入放空管；

6 在操作过程中可能变冷结霜的管道应与常温构件保持300mm及以上的间距，对于低温介质的出口和排放方向，周边及可能产生液化空气滴落的下方应设置滴液盘。

11.3.2 阀门的选用和安装应符合下列规定：

1 液氢阀门与管道的连接宜采用焊接连接、卡套连接或真空法兰连接，其中焊接接头应采用不带垫板的全焊透对接焊接接头。真空绝热阀门及与之相连的真空绝热管道应具有独立的真空腔，且不得与罐体的真空腔连通。增压泵后宜采用卡套连接。

2 远程控制的阀门均应具有手动操作功能。

11.3.3 液氢管道和低温氢气管道应采用真空绝热或其他保温措施。低温管道所采用的绝热保冷材料应为防潮性能良好的不燃材料或外层为不燃材料，里层为阻燃材料的复合绝热保冷材料。低温管道绝热工程应符合现行国家标准《工业设备及管道绝热工程设计规范》GB 50264和《设备及管道绝热设计导则》GB/T 8175的有关规定。

11.3.4 液氢设备和管道的放空应符合下列规定：

1 液氢储罐和管道的放空管应与高压氢气放空管分开设置；

2 放空管管口应高出液氢储罐及以管口为中心半径12m范围内的建筑物顶或设备平台2m及以上，且距地面不应小于5m；

3 自放空设备至放空总管出口，放空管道的压力降不宜大于0.1MPa；

4 氢气放空排气装置的设置应保证氢气安全排放，放空管道的设计压力不应小于1.6MPa。

12 消防设施及给排水

12.1 灭火器材配置

12.1.1 加油加气加氢站工艺设备应配置灭火器材，并应符合下列规定：

1 每2台加气（氢）机应配置不少于2具5kg手提式干粉灭火器，加气（氢）机不足2台应按2台配置；

2 每2台加油机应配置不少于2具5kg手提式干粉灭火器，或1具5kg手提式干粉灭火器和1具6L泡沫灭火器，加油机不足2台应按2台配置；

3 地上LPG储罐、地上LNG储罐、地下和半地下LNG储罐、地上液氢储罐、CNG储气设施，应配置2台不小于35kg推车式干粉灭火器，当两种介质储罐之间的距离超过15m时，应分别配置；

4 地下储罐应配置1台不小于35kg推车式干粉灭火器，当两种介质储罐之间的距离超过15m时，应分别配置；

5 LPG泵、LNG泵、液氢增压泵、压缩机操作间（棚、箱），应按建筑面积每$50m^2$配置不少于2具5kg手提式干粉灭火器；

6 一、二级加油站应配置灭火毯5块、沙子$2m^3$；三级加油站应配置灭火毯不少于2块、沙子$2m^3$。加油加气合建站应按同级别的加油站配置灭火毯和沙子。

12.1.2 其余建筑的灭火器配置，应符合现行国家标准《建筑灭火器配置设计规范》GB 50140的有关规定。

12.2 消 防 给 水

12.2.1 加油加气站的LPG设施和加氢合建站中的储氢容器应设置消防给水系统。

12.2.2 设置有地上LNG储罐的一、二级LNG加气站和地上LNG储罐总容积大于$60m^3$的合建站应设消防给水系统，但符合下列条件之一时可不设消防给水系统：

1 LNG加气站位于市政消火栓保护半径150m以内，且能满足一级站供水量不小于20L/s或二级站供水量不小于15L/s时；

2 LNG储罐之间的净距不小于4m，且在LNG储罐之间设置耐火极限不低于3.00h的钢筋混凝土防火隔墙，防火隔墙顶部高于LNG储罐顶部，长度至两侧防护堤，厚度不小于200mm；

3 LNG加气站位于城市建成区以外，且为严重缺水地区；LNG储罐、放空管、储气瓶（组）、卸车点与站外建（构）筑物的安全间距不小于本标准表4.0.7规定的安全间距的2倍；LNG储罐之间的净距不小于4m；灭火器材的配置数量在本标准第12.1节规定的基础上增加1倍。

12.2.3 加油站、CNG加气站、三级LNG加气站和采用埋地、地下、半地下LNG储罐的各级LNG加气站及合建站，可不设消防给水系统。合建站中地上LNG储罐总容积不大于$60m^3$时，可不设消防给水系统。

12.2.4 消防给水宜利用城市或企业已建的消防给水系统。当无消防给水系统可依托时，应自建消防给水系统。

12.2.5 LPG、LNG设施的消防给水管道可与站内的生产、生活给水管道合并设置，消防水量应按固定式冷却水量和移动水量之和计算。

12.2.6 LPG设施的消防给水设计应符合下列规定：

1 LPG储罐采用地上设置的加气站，消火栓消防用水量不应小于20L/s；总容积大于$50m^3$的地上LPG储罐还应设置固定式消防冷却水系统，冷却水供给强度不应小于0.15L/（$m^2·s$），着火罐的供水范围应按全部表面积计算，距着火罐直径与长度之和0.75倍范围内的相邻储罐的供水范围，可按相邻储罐表面积的一半计算；

2 采用埋地LPG储罐的加气站，一级站消火栓消防用水量不应小于15L/s；二级站和三级站消火栓消防用水量不应小于10L/s；

3 LPG储罐地上布置时，连续给水时间不应少于3h；LPG储罐埋地敷设时，连续给水时间不应少于1h。

12.2.7 按本标准第10.2.2条规定应设消防给水系统的LNG加气站及加油加气合建站，消防给水设计应符合下列规定：

1 一级站消火栓消防用水量不应小于20L/s，二级站消火栓消防用水量不应小于15L/s；

2 连续给水时间不应少于2h。

12.2.8 为储氢容器设置的消防给水系统应符合下列规定：

1 加氢合建站内用于储氢容器的消火栓消防用水量不应小于15L/s，消火栓供水压力应保证移动式水枪出口处水压不小于0.2MPa；

2 当没有可依托的城市或邻近企业已建消火栓时，加氢合建站应设置消防水泵和消防储水罐

（池），容积不宜小于30m³，消防水宜回收循环使用。

12.2.9 消防水泵宜设2台。当设2台消防水泵时，可不设备用泵。当计算消防用水量超过35L/s时，消防水泵应设双动力源。

12.2.10 LPG设施或储氢容器的消防给水系统利用城市消防给水管道时，室外消火栓与LPG储罐或储氢容器的距离宜为30m~50m。三级LPG加气站的LPG储罐、加氢设施的储氢容器距市政消火栓不大于80m，且市政消火栓给水压力在移动式水枪出口处不小于0.2MPa时，站内可不设消火栓。

12.2.11 设置固定式消防喷淋冷却水系统时，固定式消防喷淋冷却水的喷头出口处给水压力不应小于0.2MPa。移动式消防水枪出口处给水压力不应小于0.2MPa，并应采用多功能水枪。

12.3 给排水系统

12.3.1 汽车加油加气加氢站设置的水冷式压缩机系统的压缩机冷却水供给，应满足压缩机的水量、水质要求，且宜循环使用。

12.3.2 汽车加油加气加氢站的排水应符合下列规定：

1 站内地面雨水可散流排出站外，当加油站、LPG加气站或加油与LPG加气合建站的雨水由明沟排到站外时，应在围墙内设置水封装置；

2 加油站、LPG加气站或加油与LPG加气合建站排出建筑物或围墙的污水，在建筑物墙外或围墙内应分别设水封井，水封井的水封高度不应小于0.25m，水封井应设沉泥段，沉泥段高度不应小于0.25m；

3 清洗油罐的污水应集中收集处理，不应直接进入排水管道，LPG储罐的排污（排水）应采用活动式回收桶集中收集处理，不应直接接入排水管道；

4 排出站外的污水应符合国家现行有关污水排放标准的规定；

5 加油站、LPG加气站不应采用暗沟排水。

12.3.3 排水井、雨水口和化粪池不应设在作业区和可燃液体出现泄漏事故时可能流经的部位。

13 电气、报警和紧急切断系统

13.1 供 配 电

13.1.1 汽车加油加气加氢站的供电负荷等级可分为三级，信息系统应设不间断供电电源。

13.1.2 加油站、LPG加气站宜采用电压为380/220V的外接电源，CNG加气站、LNG加气站、加氢合建站宜采用电压为10kV的外接电源。

13.1.3 汽车加油加气加氢站的消防泵房、罩棚、营业室、LPG泵房、压缩机间等处均应设应急照明，连续供电时间不应少于90min。

13.1.4 当引用外电源有困难时，汽车加油加气加氢站可设置小型内燃发电机组。内燃机的排烟管口应安装阻火器。排烟管口至各爆炸危险区域边界的水平距离，应符合下列规定：

1 排烟口高出地面4.5m以下时，不应小于5m；

2 排烟口高出地面4.5m及以上时，不应小于3m。

13.1.5 汽车加油加气加氢站的电缆宜采用直埋或电缆穿管敷设。电缆穿越行车道部分应穿钢管保护。

13.1.6 当采用电缆沟敷设电缆时，作业区内的电缆沟内必须充沙填实。电缆不得与氢气、油品、LPG、LNG和CNG管道以及热力管道敷设在同一沟内。

13.1.7 爆炸危险区域内的电气设备选型、安装、电力线路敷设应符合现行国家标准《爆炸危险环境电力装置设计规范》GB 50058的有关规定。

13.1.8 汽车加油加气加氢站内爆炸危险区域以外的照明灯具可选用非防爆型。罩棚下处于非爆炸危险区域的灯具应选用防护等级不低于IP44级的照明灯具。

13.2 防雷、防静电

13.2.1 钢制油罐、LPG储罐、LNG储罐、CNG储气瓶（组）、储氢容器和液氢储罐必须进行防雷接地，接地点不应少于两处。CNG和氢气的长管拖车或管束式集装箱停放场地、卸车点车辆停放场地应设两处临时用固定防雷接地装置。

13.2.2 汽车加油加气加氢站的防雷接地、防静电接地、电气设备的工作接地、保护接地及信息系统的接地等宜共用接地装置，接地电阻不应大于4Ω。

13.2.3 当LPG储罐的阴极防腐符合下列规定时，可不另设防雷和防静电接地装置：

1 LPG储罐采用牺牲阳极法进行阴极防护时，牺牲阳极的接地电阻不应大于10Ω，阳极与储罐的铜芯连线横截面不应小于$16mm^2$；

2 LPG储罐采用强制电流法进行阴极防护时，接地电极应采用锌棒或镁锌复合棒，其接地电阻不应大于10Ω，接地电极与储罐的铜芯连线横截面不应小于$16mm^2$。

13.2.4 埋地钢制油罐、埋地LPG储罐以及非金属油罐顶部的金属部件和罐内的各金属部件，必须与非埋地部分的工艺金属管道相互做电气连接并接地。

13.2.5 汽车加油加气加氢站内油气放空管在接入全站共用接地装置后，可不单独做防雷接地。

13.2.6 当汽车加油加气加氢站内的站房和罩棚等建筑物需要防直击雷时，应采用接闪带（网）保护。当罩棚采用金属屋面时，宜利用屋面作为接闪器，但应符合下列规定：

1 板间的连接应是持久的电气贯通，可采用铜锌合金焊、熔焊、卷边压接、缝接、螺钉或螺栓连接；

2 金属板下面不应有易燃物品，热镀锌钢板的厚度不应小于0.5mm，铝板的厚度不应小于0.65mm，锌板的厚度不应小于0.7mm；

3 金属板应无绝缘被覆层。

13.2.7 汽车加油加气加氢站的信息系统应采用铠装电缆或导线穿钢管配线。配线电缆铠装金属层两端、保护钢管两端均应接地。

13.2.8 汽车加油加气加氢站信息系统的配电线路首、末端与电子器件连接时，应装设与电子器件耐压水平相适应的过电压（电涌）保护器。

13.2.9 380/220V供配电系统宜采用TN-S系统，当外供电源为380V时，可采用TN-C-S系统。供电系统的电缆金属外皮或电缆金属保护管两端均应接地，在供配电系统的电源端应安装与设备耐压水平相适应的过电压（电涌）保护器。

13.2.10 地上或管沟敷设的油品管道、LPG管道、LNG管道、CNG管道、氢气管道和液氢管道应设防静电和防感应雷的共用接地装置，接地电阻不应大于30Ω。

13.2.11 加油加气加氢站的油罐车、LPG罐车、LNG罐车和液氢罐车卸车场地应设卸车或卸气临时用的防静电接地装置，并应设置能检测跨接线及监视接地装置状态的静电接地仪。

13.2.12 在爆炸危险区域内工艺管道上的法兰、胶管两端等连接处应用金属线跨接。当法兰的连接螺栓不少于5根时，在非腐蚀环境下可不跨接。

13.2.13 油罐车卸油用的卸油软管、油气回收软管与两端接头，应保证可靠的电气连接。

13.2.14 采用导静电的热塑性塑料管道时，导电内衬应接地；采用不导静电的热塑性塑料管道时，不埋地部分的热熔连接件应保证长期可靠的接地，也可采用专用的密封帽将连接管件的电熔插孔密封，管道或接头的其他导电部件也应接地。

13.2.15 防静电接地装置的接地电阻不应大于100Ω。

13.2.16 油罐车、LPG罐车、LNG罐车和液氢罐车卸车场地内用于防静电跨接的固定接地装置不应设置在爆炸危险1区。

13.3 充电设施

13.3.1 户外安装的充电设备的基础应高于所在地坪200mm及以上。

13.3.2 户外安装的直流充电桩和交流充电桩的防护等级不应低于IP54。

13.3.3 直流充电桩或交流充电桩与站内汽车通道或充电车位相邻一侧应设置车挡或防撞（柱）栏，防撞（柱）栏的高度不应小于0.5m。

13.4 报警系统

13.4.1 加气站、加油加气合建站、加油加氢合建站内设置有LPG设备、LNG设备的露天场所和设置有CNG设备、氢气设备与液氢设备的房间内、箱柜内、罩棚下，应设置可燃气体检测器。

13.4.2 可燃气体检测器一级报警设定值应小于或等于可燃气体爆炸下限的25%。

13.4.3 LPG储罐和LNG储罐应设置液位上限、下限报警装置和压力上限报警装置。

13.4.4 报警器宜集中设置在控制室或值班室内。

13.4.5 报警系统应配有不间断电源，供电时间不宜少于60min。

13.4.6 可燃气体检测器和报警器的选用和安装应符合现行国家标准《石油化工可燃气体和有毒气体检测报警设计标准》GB/T 50493的有关规定。

13.4.7 LNG泵应设超温、超压自动停泵保护装置。

13.5 紧急切断系统

13.5.1 汽车加油加气加氢站应设置紧急切断系统，该系统应能在事故状态下实现紧急停车和关闭紧急切断阀的保护功能。

13.5.2 紧急切断系统应至少在下列位置设置紧急切断开关：

1 在汽车加油加气加氢站现场工作人员容易接近且较为安全的位置；

2 在控制室、值班室内或站房收银台等有人员值守的位置。

13.5.3 工艺设备的电源和工艺管道上的紧急切断阀应能由手动启动的远程控制切断系统操纵关闭。

13.5.4 紧急切断系统应只能手动复位。

14 采暖通风、建（构）筑物、绿化

14.1 采暖通风

14.1.1 汽车加油加气加氢站内的各类房间应根据站场环境、生产工艺特点和运行管理需要进行采暖设计。采暖房间的室内计算温度不宜低于表14.1.1的规定。

表14.1.1 采暖房间的室内计算温度

房间名称	采暖室内计算温度（℃）
营业室、仪表控制室、办公室、值班休息室	18
浴室、更衣室	25
卫生间	12
压缩机间、调压器间、可燃液体泵房、发电间	12
消防器材间	5

14.1.2 汽车加油加气加氢站的采暖宜利用城市、小区或邻近单位的热源。无利用条件时，可在汽车加油加气加氢站内设置锅炉房。

14.1.3 设置在站房内的热水锅炉房（间）应符合下列规定：

1 锅炉宜选用额定供热量不大于140kW的小型锅炉。

2 当采用燃煤锅炉时，宜选用具有除尘功能的自然通风型锅炉。锅炉烟囱出口应高出屋顶2m及以上，并应采取防止火星外逸的有效措施。

3 当采用燃气热水器采暖时，热水器应设有排烟系统和熄火保护等安全装置。

14.1.4 汽车加油加气加氢站内爆炸危险区域中的房间或箱体应采取通风措施，并应符合下列规定：

1 采用强制通风时，通风设备的通风能力在工艺设备工作期间应按每小时换气12次计算，在工艺设备非工作期间应按每小时换气5次计算。通风设备应防爆，并应与可燃气体浓度报警器联锁。

2 采用自然通风时，通风口总面积不应小于300cm²/m²（地面），通风口不应少于2个，且应靠近可燃气体积聚的部位设置。

14.1.5 汽车加油加气加氢站室内外采暖管道宜直埋敷设，当采用管沟敷设时，管沟应充沙填实，进、出建筑物处应采取隔断措施。

14.2 建(构)筑物

14.2.1 作业区内的站房及其他附属建筑物的耐火等级不应低于二级。罩棚顶棚可采用无防火保护的钢结构。

14.2.2 汽车加油加气加氢场地宜设罩棚，罩棚的设计应符合下列规定：

1 罩棚应采用不燃烧材料建造；

2 进站口无限高措施时，罩棚的净空高度不应小于4.5m；进站口有限高措施时，罩棚的净空高度不应小于限高高度；

3 罩棚遮盖加油机、加气机的平面投影距离不宜小于2m；

4 罩棚的安全等级和可靠度设计应按现行国家标准《建筑结构可靠度设计统一标准》GB 50068的有关规定执行；

5 罩棚设计应计及活荷载、雪荷载、风荷载，其设计标准值应符合现行国家标准《建筑结构荷载规范》GB 50009的有关规定；

6 罩棚的抗震设计应按现行国家标准《建筑抗震设计规范》GB 50011的有关规定执行；

7 设置于CNG设备、LNG设备和氢气设备上方的罩棚应采用避免天然气和氢气积聚的结构形式；

8 罩棚柱应有防止车辆碰撞的技术措施。

14.2.3 加油岛、加气岛、加氢岛的设计应符合下列规定：

1 加油岛、加气岛、加氢岛应高出停车位的地坪0.15m~0.20m；

2 加油岛、加气岛、加氢岛两端的宽度不应小于1.2m；

3 加油岛、加气岛、加氢岛上的罩棚立柱边缘距岛端部不应小于0.6m；

4 靠近岛端部的加油机、加气机、加氢机等岛上的工艺设备应有防止车辆误碰撞的措施和警示标识。采用钢管防撞柱（栏）时，其钢管的直径不应小于100mm，高度不应小于0.5m，并应设置牢固。

14.2.4 布置有可燃液体或可燃气体设备的建筑物的门、窗应向外开启，并应按现行国家标准《建筑设计防火规范》GB 50016的有关规定采取泄压措施。

14.2.5 布置有LPG或LNG设备的房间的地坪应采用不发生火花地面。

14.2.6 加气站的CNG储气瓶（组）间宜采用开敞式或半开敞式钢筋混凝土结构或钢结构。屋面应采用不燃烧轻质材料建造。储气瓶（组）管道接口端朝向的墙应为厚度不小于200mm的钢筋混凝土实体墙。

14.2.7 汽车加油加气加氢站内的工艺设备不宜布置在封闭的房间或箱体内；工艺设备需要布置在封闭的房间或箱体内时，房间或箱体内应设置可燃气体检测报警器和强制通风设备，并应符合本标准第14.1.4条的规定。

14.2.8 当压缩机间与值班室、仪表间相邻时，值班室、仪表间的门窗应位于爆炸危险区范围之外，且与压缩机间的中间隔墙应为无门窗洞口的防火墙。

14.2.9 站房可由办公室、值班室、营业室、控制室、变配电间、卫生间和便利店等组成，站房内可设非明火餐厨设备。

14.2.10 站房的一部分位于作业区内时，该站房的建筑面积不宜超过300m²，且该站房内不得有明火设备。

14.2.11 辅助服务区内建筑物的面积不应超过本标准附录B中三类保护物标准，消防设计应符合现行国家标准《建筑设计防火规范》GB 50016的有关规定。

14.2.12 站房可与设置在辅助服务区内的餐厅、汽车服务、锅炉房、厨房、员工宿舍、司机休息室等设施合建，但站房与餐厅、汽车服务、锅炉房、厨房、员工宿舍、司机休息室等设施之间应设置无门窗洞口，且耐火极限不低于3.00h的实体墙。

14.2.13 站房可设在站外民用建筑物内或与站外民用建筑物合建，并应符合下列规定：

1 站房与民用建筑物之间不得有连接通道；

2 站房应单独开设通向汽车加油加气加氢站的出入口；

3 民用建筑物不得有直接通向汽车加油加气加氢站的出入口。

14.2.14 站内的锅炉房、厨房等有明火设备的房间与工艺设备之间的距离符合表5.0.13的规定，但小于或等于25m时，朝向作业区的外墙应为无门窗洞口且耐火极限不低于3.00h的实体墙。

14.2.15 加油站、LPG加气站、LNG加气站和L-CNG加气站内不应建地下和半地下室，消防水池应具有通风条件。

14.2.16 埋地油罐和埋地LPG储罐的操作井、位于作业区的排水井应采取防渗漏措施，位于爆炸危险区域内的操作井和排水井应有防止产生火花的措施。

14.3 绿　　化

14.3.1 汽车加油加气加氢站作业区内不得种植油性植物。

14.3.2 LPG加气站作业区内不应种植树木和易造成可燃气体积聚的其他植物。

15 工 程 施 工

15.1 一 般 规 定

15.1.1 汽车加油加气加氢站工程施工应按工程设计文件及工艺设备、电气仪表的产品使用说明书进行，当需修改设计或材料代用时，应有原设计单位变更设计的书面文件或经原设计单位同意的设计变更书面文件。

15.1.2 施工开工前建设单位应组织或委托监理单位组织设计单位、施工单位进行设计交底、图纸会审。

15.1.3 施工单位应组织施工图纸核查、参加设计交底、编制施工方案，报监理单位或建设单位代表审批。施工方案应包括下列内容：

1 工程概况；

2 施工部署；

3 施工进度计划；

4 资源配置计划；

5 主要施工方法和质量标准；

6 质量保证措施和安全保证措施；

7 施工平面布置；

8 施工记录。

15.1.4 施工用设备、检测设备性能应可靠，计量器具应经过检定或校准，处于合格状态，并应在有效期内使用。

15.1.5 汽车加油加气加氢站施工应做好施工记录，其中隐蔽工程施工记录应有相关单位代表参加现场验收并书面确认签字。

15.1.6 当在敷设有地下管道、线缆的地段进行土石方作业时，应采取能保证现有地下管道、线缆安全的施工措施，并应制定相应的应急措施。

15.1.7 施工中的安全技术和劳动保护应按现行国家标准《石油化工建设工程施工安全技术标准》GB/T 50484的有关规定执行。

15.2 材料和设备检验

15.2.1 材料和设备的规格、型号、材质等应符合设计文件的要求。

15.2.2 材料和设备应具有质量证明文件和批号，并应符合下列规定：

1 材料质量证明文件的特性数据应符合相应产品标准的规定；

2 “压力容器产品质量证明书”应符合《固定式压力容器安全技术监察规程》TSG 21的有关规定，且应有“锅炉压力容器产品安全性能监督检验证书”；

3 气瓶应具有“产品合格证和批量检验质量证明书”，且应有“锅炉压力容器产品安全性能监督检验证书”；

4 压力容器应按现行国家标准《压力容器　第4部分：制造、检验和验收》GB/T 150.4的有关规定进行检验与验收，LNG储罐还应按现行国家标准《固定式真空绝热深冷压力容器　第5部分：检验与试验》GB/T 18442.5的有关规定进行检验与验收；

5 油罐等常压容器应按设计文件要求和现行行业标准《钢制焊接常压容器》NB/T 47003.1的有关规定进行检验与验收；

6 储气井应取得“压力容器（储气井）产品安全性能监督检验证书”后投入使用；

7 可燃介质阀门应按现行国家标准《石油化工金属管道工程施工质量验收规范》GB 50517的有关规定进行检验与验收；

8 进口设备尚应有进口设备商检合格证。

15.2.3 低温钢质量证明文件应包含低温夏比冲击试验值，合格标准应符合相应的产品标准。

15.2.4 焊接材料熔敷金属的化学成分和力学性能应与母材相近，低温冲击韧性值不低于母材标准值。

15.2.5 设计压力大于或等于10MPa的管子和管件，外表面应逐件进行表面无损检测，且不得有线性缺陷。

15.2.6 设计压力大于或等于10MPa的管子和管件，外表面应逐件进行磁粉或渗透检测，检测结果应符合现行行业标准《承压设备无损检测　第4部分：磁粉检测》NB/T 47013.4—2015中的Ⅰ级和《承压设备无损检测　第5部分：渗透检测》NB/T 47013.5—2015中的Ⅰ级的规定，且不得有线性缺陷。经磁粉或渗透检测发现的表面缺陷应进行修磨，修磨后的实际壁厚不得小于管子名义厚度的90%，且不得小于设计壁厚。

15.2.7 计量仪器应经过检定处于合格状态，并应在有效检定期内。

15.2.8 设备的开箱检验应由采购单位组织，供货单位、施工单位、建设单位等有关人员参加，并应按装箱清单进行下列检查：

1 应核对设备的名称、型号、规格、包装箱号、箱数，并应检查包装状况；

2 应检查随机技术资料及专用工具；

3 应对主机、附属设备及零部件进行外观检查，并应核实零部件的品种、规格、数量等；

4 检验后应提交有参与各方签字的检验记录。

15.2.9 可燃介质管道的组成件应有产品标识，并应按现行国家标准《石油化工金属管道工程施工质量验收规范》GB 50517的有关规定进行检验。

15.2.10 油罐在安装前应进行下列检查：

1 钢制油罐应进行压力试验，试验用压力表精度不应低于2.5级，试验介质应为温度不低于5℃的洁净水，试验压力应为0.1MPa。升压至0.1MPa后，应停压10min，然后降至0.08MPa，再停压30min，应以不降压、无泄漏和无变形为合格。压力试验后，应及时清除罐内的积水及焊渣等污物。

2 双层油罐内层与外层之间的间隙应以35kPa空气静压进行正压或真空度渗漏检测，持压30min，不降压、无泄漏为合格。

3 油罐在制造厂已进行压力试验并有压力试验合格报告，经现场外观检查罐体无损伤，且双层油罐内外层之间的间隙持压符合本条第2款的要求时，施工现场可不进行压力试验。

4 橇装式加油装置油罐的内罐的耐压试验应符合国家现行标准《压力容器　第4部分：制造、检验和验收》GB/T 150.4和《石油化工钢制压力容器》SH/T 3074的有关规定；外罐压力试验应符合本条第1款~第3款的规定。

15.2.11 LPG储罐、LNG储罐和CNG储气瓶安装前，应检查确认内部无水、油和焊渣等污物。

15.2.12 当材料和设备有下列情况之一时，不得使用：

1 质量证明文件特性数据不全或对其数据有异议的；

2 实物标识与质量证明文件标识不符的；

3 要求复验的材料未进行复验或复验后不合格的；

4 不满足设计或国家现行有关产品标准和本标准要求的。

15.2.13 属下列情况之一的油罐应根据国家现行有关标准和本标准第6.1节的规定，进行技术鉴定合格后再使用：

1 旧罐复用及出厂存放时间超过2年的；

2 有明显变形、锈蚀或其他缺陷的；

3 对质量有异议的。

15.2.14 埋地油罐的罐体质量检验应在油罐就位前进行，并应有记录，质量检验应包括下列内容：

1 油罐直径、壁厚、公称容量；

2 出厂日期和使用记录；

3 腐蚀情况及技术鉴定合格报告；

4 压力试验合格报告。

15.3 土 建 工 程

15.3.1 工程测量应按现行国家标准《工程测量标准》GB 50026的有关规定进行。施工过程中应对平面控制桩、水准点等测量成果进行检查和复测，并应对水准点和标桩采取保护措施。

15.3.2 进行场地平整和土方开挖回填作业时，应采取防止地表水或地下水流入作业区的措施。排水出口应设置在远离建筑物的低洼地点，并应保证排水畅通。排水暗沟的出水口处应采取防止冻结的措施。临时排水设施应待地下工程土方回填完毕后再拆除。

15.3.3 在地下水位以下开挖土方时，应采取防止周围建（构）筑物产生附加沉降的措施。

15.3.4 当设计文件无要求时，场地平整应以不小于2‰的坡度坡向排水沟。

15.3.5 土方工程应按现行国家标准《建筑地基基础工程施工质量验收标准》GB 50202的有关规定进行验收。

15.3.6 混凝土设备基础模板、钢筋和混凝土工程施工除应符合现行行业标准《石油化工设备混凝土基础工程施工质量验收规范》SH/T 3510的有关规定外，尚应符合下列规定：

1 拆除模板时基础混凝土达到的强度不应低于设计强度的40%。

2 钢筋的混凝土保护层厚度允许偏差应为±10mm。

3 设备基础的工程质量应符合下列规定：

1）基础混凝土不得有裂缝、蜂窝、露筋等缺陷；

2）基础周围土方应夯实、整平；

3）螺栓应无损坏、腐蚀，螺栓预留孔和预留洞中的积水、杂物应清理干净；

4）设备基础应标出轴线和标高，基础的允许偏差应符合表15.3.6的规定；

5）由多个独立基础组成的设备基础，各个基础间的轴线、标高等的允许偏差应按表15.3.6的规定检查。

表15.3.6 块体式设备基础的允许偏差（mm）

项次	项目		允许偏差
1	轴线位置		20
2	不同平面的标高（不计表面灌浆层厚度）		0 −20
3	平面外形尺寸		±20
4	凸台上平面外形尺寸		0 −20
5	凹穴平面尺寸		+20 0
6	平面度（包括地坪上需安装设备部分）	每米	5
		全长	10
7	侧面垂直度	每米	5
		全高	10
8	预埋地脚螺栓	标高（顶端）	−10 0
		螺栓中心圆直径	±5
		中心距（在根部和顶部两处测量）	±2
9	地脚螺栓预留孔	中心线位置	10
		深度	+20 0
		孔中心线铅垂度	10
10	预埋件	标高（平面）	+5 0
		中心线位置	10
		水平度	10

4 基础交付设备安装时，混凝土强度不应低于设计强度的75%。

5 当对设备基础有沉降量要求时，应在找正、找平及底座二次灌浆完成并达到规定强度后，按下列程序进行沉降观测，应以基础均匀沉降且6d内累计沉降量不大于12mm为合格：

1）应设置观测基准点和液位观测标识；

2）按设备容积的1/3分期注水，每期稳定时间不得少于12h；

3）设备充满水后，观测时间不得少于6d。

15.3.7 站房及其他附属建筑物的基础、构造柱、圈梁、模板、钢筋、混凝土，以及砖石工程等的施工应符合现行国家标准《建筑地基基础工程施工质量验收标准》GB 50202、《砌体结构工程施工质量验收规范》GB 50203和《混凝土结构工程施工质量验收规范》GB 50204的有关规定。

15.3.8 防渗混凝土的施工应符合现行国家标准《地下工程防水技术规范》GB 50108的有关规定。防渗罐池施工应符合现行行业标准《石油化工混凝土水池工程施工及验收规范》SH/T 3535的有关规定。

15.3.9 站房及其他附属建筑物的屋面工程、地面工程和建筑装饰工程的施工应符合现行国家标准《屋面工程质量验收规范》GB 50207、《建筑地面工程施工质量验收规范》GB 50209和《建筑装饰装修工程质量验收标准》GB 50210的有关规定。

15.3.10 钢结构的制作、安装应符合现行国家标准《钢结构工程施工质量验收标准》GB 50205的有关规定。建筑物和钢结构的防火涂层的施工应符合设计文件与产品使用说明书的要求。

15.3.11 站区建筑物的采暖和给排水施工应按现行国家标准《建筑给水排水及采暖工程施工质量验收规范》GB 50242的有关规定进行验收。

15.3.12 站区混凝土地面施工应符合国家现行标准《公路路基施工技术规范》JTG F10、《公路路面基层施工技术细则》JTG/T F20和《水泥混凝土路面施工及验收规范》GBJ 97的有关规定，并应按地基土回填夯实、垫层铺设、面层施工的工序进行控制，上道工序未经检查验收合格，下道工序不得施工。

15.4 设备安装工程

15.4.1 汽车加油加气加氢站工程所用的静设备宜在制造厂整体制造。

15.4.2 静设备的安装应符合现行国家标准《石油化工静设备安装工程施工质量验收规范》GB 50461的有关规定。设备安装允许偏差应符合表15.4.2的规定。

表15.4.2 设备安装允许偏差（mm）

检查项目		偏差值
中心线位置		5
标高		± 5
储罐水平度	轴向	$L/1000$
	径向	$2D/1000$
塔器垂直度		$H/1000$
塔器方位（沿底座环圆周测量）		10

注：D为静设备外径，L为卧式储罐长度，H为立式塔器高度。

15.4.3 油罐安装就位后，应按本标准第15.3.6条第5款的规定进行注水沉降。

15.4.4 静设备封孔前应清除内部的泥沙和杂物，并应经建设或监理单位代表检查确认后再封闭。

15.4.5 CNG储气瓶（组）和氢气储氢瓶（组）的安装应符合设计文件的要求。

15.4.6 CNG储气井和氢气储气井的建造除应符合现行行业标准《储气井工程技术规范》SH/T 3216的有关规定外，尚应符合下列规定：

1 储气井井筒与地层之间的环形空隙应用硅酸盐水泥全井段填充，固井水泥浆应返出地面，且填充水泥浆的体积不应小于空隙的理论计算体积，密度不应小于1650kg/m³；

2 储气井应根据所处环境条件进行防腐蚀设计及处理；

3 储气井组宜在井口装置下端面至地下埋深不小于1.5m，以井口中心点为中心且半径不小于1.0m的范围内采用C30钢筋混凝土进行加强固定；

4 储气井的钻井和固井施工应由工程监理单位进行过程监理，并应取得“工程质量评估报告”；

5 储气井地上部分的建造、检验和验收尚应符合现行行业标准《钢制压力容器——分析设计标准》JB 4732的有关规定。

15.4.7 在预冷前，LNG储罐、液氢储罐内应进行干燥处理，干燥后储罐内气体的露点不应高于-20℃。

15.4.8 加油机、加气机、加氢机安装应按产品使用说明书的要求进行，并应符合下列规定：

1 安装完毕，应按产品使用说明书的规定预通电，并应进行整机的试机工作。在初次上电前应再次检查确认下列事项符合要求：

1）电源线已连接好；

2）管道上各接口已按设计文件要求连接完毕；

3）管道内污物已清除。

2 加气枪应进行加气充装泄漏测试，测试压力应按设计压力进行。测试不得少于3次。

3 试机时不得以水代油（气）试验整机。

15.4.9 机械设备安装应符合现行国家标准《机械设备安装工程施工及验收通用规范》GB 50231的有关规定。

15.4.10 压缩机与泵的安装应符合现行国家标准《风机、压缩机、泵安装工程施工及验收规范》GB 50275的有关规定。

15.4.11 压缩机在负荷试运转中应进行下列各项检查和记录：

1 润滑油的压力、温度和各部位的供油情况；

2 各级吸、排气的温度和压力；

3 各级进、排水的温度、压力和冷却水的供应情况；

4 各级吸、排气阀的工作应无异常现象；

5 运动部件无异常响声；

6 连接部位无漏气、漏油或漏水现象；

7 连接部位无松动现象；

8 气量调节装置灵敏；

9 主轴承、滑道、填函等主要摩擦部位的温度；

10 电动机的电流、电压、温升；

11 自动控制装置应灵敏、可靠。

15.4.12 压缩机进行模拟负荷试运转后，应采用惰性气体对工艺系统进行整体置换。

15.5 油品、CNG和LNG管道工程

15.5.1 与储罐连接的管道应在储罐安装就位并经注水或承重沉降试验稳定后进行安装。

15.5.2 热塑性塑料管道安装完后，埋地部分的管道应将管件上电熔连接的通电插孔用专用密封帽或绝缘材料密封。非埋地部分的管道应按本标准第13.2.14条的规定执行。

15.5.3 在安装带导静电内衬的热塑性塑料管道时，应确保各连接部位电气连通，并应在管道安装完后或覆土前对非金属管道做电气连通测试。

15.5.4 可燃介质管道焊缝外观应成型良好，与母材圆滑过渡，宽度宜为每侧盖过坡口2mm，焊接接头表面质量应符合下列规定：

1 不得有裂纹、未熔合、夹渣、飞溅、气孔存在；

2 CNG和LNG管道焊缝不得有咬边，其他管道焊缝咬肉深度不应大于0.5mm，连续咬肉长度不应大于100mm，且焊缝两侧咬肉总长不应大于焊缝全长的10%；

3 焊缝表面不得低于管道表面。管道壁厚小于或等于6mm时，焊缝余高不应大于1.5mm；管道壁厚大于6mm时，焊缝余高不应大于2mm。

15.5.5 可燃介质管道焊接接头无损检测方法应符合设计文件的要求，缺陷等级评定应符合现行行业

标准《承压设备无损检测》NB/T 47013.1~NB/T 47013.15的有关规定，并应符合下列规定：

1 射线检测时，射线检测技术等级不得低于AB级，管道焊接接头的合格标准应符合下列规定：

1）LPG、LNG和CNG管道Ⅱ级应判为合格；

2）油品和油气管道Ⅲ级应判为合格。

2 超声检测时，管道焊接接头的合格标准应符合下列规定：

1）LPG、LNG和CNG管道Ⅰ级应判为合格；

2）油品和油气管道Ⅱ级应判为合格。

3 当射线检测改用超声检测时，应征得设计单位同意并取得证明文件。

15.5.6 每名焊工施焊焊接接头射线或超声检测百分率应符合下列规定：

1 油品管道焊接接头不得低于10%；

2 LPG管道焊接接头不得低于20%；

3 CNG和LNG管道焊接接头应为100%；

4 固定焊的焊接接头不得少于检测数量的40%，且不应少于1个。

15.5.7 可燃介质管道焊接接头抽样检验有不合格时，应按该焊工的不合格数加倍检验，仍有不合格时应全部检验。同一个不合格焊缝返修次数，碳钢管道不得超过3次，其他金属管道不得超过2次。

15.5.8 可燃介质管道上流量计孔板上游、下游直管的长度应符合设计文件要求，且设计文件要求的直管长度范围内的焊缝内表面应与管道内表面平齐。

15.5.9 加油站工艺管道系统安装完成后应进行压力试验，并应符合下列规定：

1 压力试验宜以洁净水进行；

2 压力试验的环境温度不得低于5℃；

3 除设计另有规定外，加油站工艺管道系统的工作压力和试验压力可按表15.5.9取值。

表15.5.9　加油站工艺管道系统的工作压力和试验压力

管道	材质	工作压力（kPa）	试验压力（kPa）	
			真空	正压
正压加油管道（采用潜油泵加压）	钢管	350	—	600 ± 50
	热塑性塑料管道	350	—	500 ± 10
负压加油管道（采用自吸式加油机）	钢管	−60	−90 ± 5	600 ± 50
	热塑性塑料管道	−60	−90 ± 5	500 ± 10
通气管横管、油气回收管道	钢管	130	−90 ± 5	600 ± 50
	热塑性塑料管道	100	−90 ± 5	500 ± 10
卸油管道	钢管	100	—	600 ± 50
	热塑性塑料管道	100	—	500 ± 10
双层外层管道	钢管	−50~450	−90 ± 5	600 ± 50
	热塑性塑料管道	−50~450	−60 ± 5	500 ± 10

注：表中压力值为表压。

15.5.10 LPG、CNG、LNG管道系统安装完成后应进行压力试验，并应符合下列规定：

1 钢制管道系统的压力试验应以洁净水进行，试验压力应为设计压力的1.5倍。奥氏体不锈钢管道以水作试验介质时，水中的氯离子含量不得超过50mg/L。

2 LNG管道系统宜采用气压试验。当采用液压试验时，应有将试验液体完全排出管道系统并进行干燥处理的措施。

3 管道系统采用气压试验时，应有经施工单位技术总负责人批准的安全措施，试验压力应为设计压力的1.15倍。

4 压力试验的环境温度不得低于5℃。

15.5.11 压力试验过程中有泄漏时，不得带压处理。缺陷消除后应重新试压。

15.5.12 可燃介质管道系统试压完毕应及时拆除临时盲板，并应恢复原状。

15.5.13 可燃介质管道系统试压合格后应用洁净水进行冲洗或用干燥、洁净的空气、氮气或其他惰性气体进行吹扫，并应符合下列规定：

1 不应安装法兰连接的安全阀、仪表件等，对已焊在管道上的阀门和仪表应采取保护措施。

2 不参与冲洗或吹扫的设备应隔离。

3 CNG、LNG、氢气和液氢管道宜采用干燥、洁净的空气、氮气或其他惰性气体吹扫。吹扫压力不得超过设备和管道系统的设计压力。CNG、氢气管道应以无游离水为合格，LNG、液氢管道应以露点测试达-20℃以下为合格。

4 水冲洗流速不得小于1.5m/s。

15.5.14 可燃介质管道系统采用水冲洗时，应目测排出口的水色和透明度，应以出入口水色和透明度一致为合格。采用空气吹扫时，应在排出口设白色油漆靶检查，应以5min内靶上无铁锈及其他杂物颗粒为合格。经冲洗或吹扫合格的管道应及时恢复原状。

15.5.15 可燃介质管道系统应以设计压力进行严密性试验，试验介质应为压缩空气或氮气。

15.5.16 LNG管道系统在预冷前应进行干燥处理，干燥处理后管道系统内气体的露点不应高于-20℃。

15.5.17 油气回收管道系统安装、试压、吹扫完毕之后和覆土之前应按现行国家标准《加油站大气污染物排放标准》GB 20952的有关规定，对管路密闭性和液阻进行自检。

15.5.18 可燃介质管道工程的施工除应符合本节的规定外，尚应符合国家现行标准《石油化工金属管道工程施工质量验收规范》GB 50517和《石油化工有毒、可燃介质钢制管道工程施工及验收规范》SH 3501的有关规定。

15.6 氢气和液氢管道工程

15.6.1 不锈钢管和其他有色金属管宜采用机械或等离子方法加工。

15.6.2 非焊接管件连接的氢气管道应采用机械加工进行切割，管子端口加工应符合下列规定：

1 切口表面应平整，无裂纹、重皮、毛刺、凸凹、缩口、熔渣、氧化物、铁屑等缺陷；

2 端口加工尺寸应满足与之连接的高压锥面螺纹接头的要求。

15.6.3 卡套管弯管制作应采用专用的弯管器冷弯。当设计文件无规定时，卡套管最小弯曲半径应符合表15.6.3的规定。

表15.6.3 卡套管最小弯曲半径（mm）

管子外径	光亮退火卡套管最小弯曲半径	高压冷拔卡套管最小弯曲半径
1/4″	14.3	35.6
3/8″	23.9	44.5
1/2″	38.1	66.7
3/4″	55.9	88.9
1″	82.1	117.5

15.6.4 接触氢气的表面应彻底去除毛刺、焊渣、铁锈和污垢。

15.6.5 碳钢管的焊接宜采用氩弧焊作底焊，不锈钢管的焊接应采用氩弧焊。

15.6.6 氢气管道焊接接头应按照现行行业标准《承压设备无损检测 第2部分：射线检测》NB/T 47013.2或《承压设备无损检测 第11部分：X射线数字成像检测》NB/T 47013.11或《承压设备无损检测 第14部分：X射线计算机辅助成像检测》NB/T 47013.14进行100%射线检测，射线检测技术等级不得低于AB级，质量等级不应低于Ⅱ级。

15.6.7 机械抓紧双卡套接头安装应符合下列规定：

1 应垂直于管子长度方向切割管道，切割后应保持管端平齐，并应去除管端毛刺；

2 应将卡套管完全插入双卡套接头的底部，用手拧紧螺母，固定接头本体，按照制造厂家规定的拧紧圈数拧紧螺母或按照制造厂家要求的安装力矩拧紧螺母；

3 初次安装后应用检测工具检测安装是否正确。

15.6.8 高压锥面螺纹接头安装应符合下列规定：

1 管子加工锥面角度应按制造厂家的规定，螺纹为左旋螺纹；

2 锥面螺纹接头加工完成后应去除毛刺和碎屑，锥面不应有划痕和损伤，管子内壁的切削油应清洗干净；

3 安装前接管和螺纹应涂上润滑油，先将压紧螺母套到管子，套环拧到管子上，再将接管、套环和管子一同插入到接头本体中，用手拧紧后，用力矩扳手拧到要求的力矩值。

15.6.9 管道接头安装完成后应根据卡套接头生产厂家的技术规定对接头进行检验。

15.6.10 在初次运行前，氢气管道系统应进行强度压力试验、气体泄漏性试验和泄漏量试验。

15.6.11 除设计文件规定进行气压试验的管道外，管道系统的压力试验应以液体介质进行。当液压试验确有困难时，经设计单位和建设单位同意，且满足现行国家标准《石油化工金属管道工程施工质量验收规范》GB 50517规定的条件时，可用气压试验代替。

15.6.12 液压试验和气压试验均应符合现行国家标准《石油化工金属管道工程施工质量验收规范》GB 50517的有关规定。

15.6.13 压力试验合格后应采用空气或氮气进行气体泄漏性试验，试验压力应为管道系统设计压力的1.05倍和设备试验压力两者的较小者。气体泄漏性试验达到规定试验压力后，应保压10min，用涂刷高性能发泡剂的方法检查所有密封点，然后降至设计压力，对焊缝及连接部位进行泄漏检查，应以无泄漏为合格。

15.6.14 管道系统的气体泄漏量试验应符合下列规定：

1 泄漏量试验应在压力试验合格后进行，试验介质宜采用氮气或氦气；

2 泄漏量试验压力应为设计压力；

3 当使用氮气进行泄漏量试验时，应保压24h，平均每小时泄漏率不应超过0.5%；当使用氦气进行泄漏量试验时，应保压1h以上，平均每小时泄漏率不应超过0.5%；

4 平均每小时泄漏率可按下式计算：

$$A=\left[1-\frac{(273+t_1)P_2}{(273+t_2)P_1}\right]\times\frac{100}{24} \qquad (15.6.14)$$

式中：A——泄漏率（%/h）；

P_1、P_2——试验开始、结束时的绝对压力（MPa）；

t_1、t_2——试验开始、结束时的温度（℃）。

15.7 电气仪表安装工程

15.7.1 盘、柜及二次回路接线的安装除应符合现行国家标准《电气装置安装工程　盘、柜及二次回路接线施工及验收规范》GB 50171的有关规定外，尚应符合下列规定：

1 母线搭接面应处理后搪锡，并应均匀涂抹电力复合脂；

2 二次回路接线应紧密、无松动，采用多股软铜线时，线端应采用相应规格的接线耳与接线端子相连。

15.7.2 电缆施工除应符合现行国家标准《电气装置安装工程　电缆线路施工及验收标准》GB 50168的有关规定外，尚应符合下列规定：

1　电缆进入电缆沟和建筑物时应穿管保护；保护管出入电缆沟和建筑物处的空洞应封闭，保护管管口应密封；

2　作业区内的电缆沟应充沙填实；

3　有防火要求时，在电缆穿过墙壁、楼板或进入电气盘、柜的孔洞处应进行防火和阻燃处理，并应采取隔离密封措施。

15.7.3　照明施工应按现行国家标准《建筑电气工程施工质量验收规范》GB 50303的有关规定进行验收。

15.7.4　接地装置的施工除应符合现行国家标准《电气装置安装工程　接地装置施工及验收规范》GB 50169的有关规定外，尚应符合下列规定：

1　接地体顶面埋设深度设计文件无规定时，不宜小于0.6m。角钢及钢管接地体应垂直敷设，除接地体外，接地装置焊接部位应做防腐处理。

2　电气装置的接地应以单独的接地线与接地干线相连接，不得采用串接方式。

15.7.5　设备和管道的静电接地应符合设计文件的规定。

15.7.6　所有导电体在安装完成后应进行接地检查，接地电阻值应符合设计要求。

15.7.7　爆炸及火灾危险环境电气装置的施工除应符合现行国家标准《电气装置安装工程　爆炸和火灾危险环境电气装置施工及验收规范》GB 50257的有关规定外，尚应符合下列规定：

1　接线盒、接线箱等的隔爆面上不应有砂眼、机械伤痕；

2　电缆线路穿过不同危险区域时，在交界处的电缆沟内应充沙、填阻火堵料或加设防火隔墙，保护管两端的管口处应将电缆周围用非燃性纤维堵塞严密，再填塞密封胶泥；

3　钢管与钢管、钢管与电气设备、钢管与钢管附件之间的连接应满足防爆要求。

15.7.8　仪表的安装调试除应符合现行行业标准《石油化工仪表工程施工技术规程》SH/T 3521的有关规定外，尚应符合下列规定：

1　仪表安装前应进行外观检查，并应经调试校验合格；

2　仪表电缆电线敷设及接线前应进行导通检查与绝缘试验；

3　内浮筒液面计及浮球液面计采用导向管或其他导向装置时，导向管或导向装置应垂直安装，并应保证导向管内液流畅通；

4　安装浮球液位报警器用的法兰与工艺设备之间连接管的长度应保证浮球能在全量程范围内自由活动；

5　仪表设备外壳、仪表盘（箱）、接线箱等当有可能接触到危险电压的裸露金属部件时，应做保护接地；

6　计量仪器安装前应确认在计量鉴定合格有效期内，如计量有效期满，应及时与建设单位或监理单位代表联系；

7　仪表管路工作介质为油品、油气、LPG、LNG、CNG等可燃介质时，其施工应符合现行国家标准《石油化工金属管道工程施工质量验收规范》GB 50517的有关规定；

8　仪表安装完成后，应按设计文件规定进行各项性能试验，并应做书面记录；

9　电缆的屏蔽单端接地宜在控制室一侧接地，电缆现场端的屏蔽层不得露出保护层外，应与相邻金属体保持绝缘，同一线路屏蔽层应有可靠的电气连续性。

15.7.9　信息系统的通信线和电源线在室内敷设时宜采用暗铺方式；当无法暗铺时，应使用护套管或线槽沿墙明铺。

15.7.10　信息系统的电源线和通信线不应敷设在同一镀锌钢护套管内，通信线管与电源线管出口间隔不宜小于300mm。

15.8　防腐绝热工程

15.8.1　汽车加油加气加氢站设备和管道的防腐蚀要求应符合设计文件的规定。

15.8.2 汽车加油加气加氢站设备的防腐蚀施工应符合现行行业标准《石油化工设备和管道涂料防腐蚀设计标准》SH/T 3022的有关规定。

15.8.3 汽车加油加气加氢站管道的防腐蚀施工应符合现行国家标准《钢质管道外腐蚀控制规范》GB/T 21447的有关规定。

15.8.4 当环境温度低于5℃、相对湿度大于80%或在雨、雪环境中，未采取可靠措施，不得进行防腐作业。

15.8.5 进行防腐蚀施工时，严禁在站内距作业点18.5m范围内进行有明火或电火花的作业。

15.8.6 已在车间进行防腐蚀处理的埋地金属设备和管道应在现场对其防腐层进行电火花检测，不合格时，应重新进行防腐蚀处理。

15.8.7 设备和管道的绝热应符合现行国家标准《工业设备及管道绝热工程施工规范》GB 50126的有关规定。

15.9 交 工 文 件

15.9.1 施工单位按合同规定范围内的工程全部完成后，应及时进行工程交工验收。

15.9.2 工程交工验收时，施工单位应提交下列资料：

1 综合部分应包括下列内容：

1）交工技术文件说明；

2）开工报告；

3）工程交工证书；

4）设计变更一览表；

5）材料和设备质量证明文件及材料复验报告。

2 建筑工程应包括下列内容：

1）工程定位测量记录；

2）地基验槽记录；

3）钢筋检验记录；

4）混凝土工程施工记录；

5）混凝土/砂浆试件试验报告；

6）设备基础允许偏差项目检验记录；

7）设备基础沉降记录；

8）钢结构安装记录；

9）钢结构防火层施工记录；

10）防水工程试水记录；

11）填方土料及填土压实试验记录；

12）合格焊工登记表；

13）隐蔽工程记录；

14）防腐工程施工检查记录。

3 安装工程应包括下列内容：

1）合格焊工登记表；

2）隐蔽工程记录；

3）防腐工程施工检查记录；

4）防腐绝缘层电火花检测报告；

5）设备开箱检验记录；

6）设备安装记录；

7）设备清理、检查、封孔记录；

8）机器安装记录；

9）机器单机运行记录；

10）阀门试压记录；

11）安全阀调试记录；

12）管道系统安装检查记录；

13）管道系统压力试验和严密性试验记录；

14）管道系统吹扫 / 冲洗记录；

15）管道系统静电接地记录；

16）电缆敷设和绝缘检查记录；

17）报警系统安装检查记录；

18）接地极、接地电阻、防雷接地安装测定记录；

19）电气照明安装检查记录；

20）防爆电气设备安装检查记录；

21）仪表调试与回路试验记录；

22）隔热工程质量验收记录；

23）综合控制系统基本功能检测记录；

24）仪表管道耐压 / 严密性试验记录；

25）仪表管道泄漏性 / 真空度试验条件确认与试验记录；

26）控制系统机柜 / 仪表盘 / 操作台安装检验记录。

4 竣工图。

附录 A 计算间距的起止点

A.0.1 站址选择、站内平面布置的安全间距和防火间距起止点应为以下所示：

1 道路——机动车道路面边缘；

2 铁路——铁路中心线；

3 管道——管子中心线；

4 储罐——罐外壁；

5 储气瓶——瓶外壁；

6 储气井——井管中心；

7 加油机、加气机——中心线；

8 设备——外缘；

9 架空电力线、通信线路——线路中心线；

10 埋地电力、通信电缆——电缆中心线；

11 建（构）筑物——外墙轴线；

12 地下建（构）筑物——出入口、通气口、采光窗等对外开口；

13 卸车点——接卸油、LPG、LNG、液氢罐车的固定接头；

14 架空电力线杆高、通信线杆高和通信发射塔塔高——电线杆和通信发射塔所在地面至杆顶或塔顶的高度；

15 地铁——车辆和人员出入口、通风口。

A.0.2 本标准中的安全间距和防火间距未特殊说明时，均应为平面投影距离。

附录B 民用建筑物保护类别划分

B.0.1 重要公共建筑物应包括下列内容：

1 地市级及以上的党政机关办公楼。

2 设计使用人数或座位数超过1500人（座）的体育馆、会堂、影剧院、娱乐场所、车站、证券交易所等人员密集的公共室内场所。

3 藏书量超过50万册的图书馆，地市级及以上的文物古迹、博物馆、展览馆、档案馆等建筑物。

4 省级及以上的银行等金融机构办公楼，省级及以上的广播电视建筑。

5 设计使用人数超过5000人的露天体育场、露天游泳场和其他露天公众聚会娱乐场所。

6 使用人数超过500人的中小学校及其他未成年人学校；使用人数超过200人的幼儿园、托儿所、残障人员康复设施；150张床位及以上的养老院、医院的门诊楼和住院楼；这些设施有围墙者，从围墙中心线算起；无围墙者，从最近的建筑物算起。

7 总建筑面积超过20000m^2的商店（商场）建筑，商业营业场所的建筑面积超过15000m^2的综合楼。

8 地铁的车辆出入口和经常性的人员出入口、隧道出入口。

B.0.2 除重要公共建筑物以外的下列建筑物应划分为一类保护物：

1 县级党政机关办公楼。

2 设计使用人数或座位数超过800人（座）的体育馆、会堂、会议中心、电影院、剧场、室内娱乐场所、车站和客运站等公共室内场所。

3 文物古迹、博物馆、展览馆、档案馆和藏书量超过10万册的图书馆等建筑物。

4 分行级的银行等金融机构办公楼。

5 设计使用人数超过2000人的露天体育场、露天游泳场和其他露天公众聚会娱乐场所。

6 中小学校、幼儿园、托儿所、残障人员康复设施、养老院、医院的门诊楼和住院楼等建筑物。这些设施有围墙者，从围墙中心线算起；无围墙者，从最近的建筑物算起。

7 总建筑面积超过6000m^2的商店（商场）、商业营业场所的建筑面积超过4000m^2的综合楼、证券交易所；总建筑面积超过2000m^2的地下商店（商业街）以及总建筑面积超过10000m^2的菜市场等商业营业场所。

8 总建筑面积超过10000m^2的办公楼、写字楼等办公建筑。

9 总建筑面积超过10000m^2的居住建筑。

10 总建筑面积超过15000m^2的其他建筑。

11 地铁的临时性人员出入口和通风口。

B.0.3 除重要公共建筑物和一类保护物以外的下列建筑物应为二类保护物：

1 体育馆、会堂、电影院、剧场、室内娱乐场所、车站、客运站、体育场、露天游泳场和其他露天娱乐场所等室内外公众聚会场所；

2 地下商店（商业街），总建筑面积超过3000m^2的商店（商场）、商业营业场所的建筑面积超过2000m^2的综合楼，总建筑面积超过3000m^2的菜市场等商业营业场所；

3 支行级的银行等金融机构办公楼；

4 总建筑面积超过5000m^2的办公楼、写字楼等办公类建筑物；

5 总建筑面积超过5000m^2的居住建筑；

6 总建筑面积超过7500m^2的其他建筑物；

7 车位超过100个的汽车库和车位超过200个的停车场；

8 城市主干道的桥梁、高架路等。

B.0.4 除重要公共建筑物、一类和二类保护物以外的建筑物（包括通信发射塔）应为三类保护物。

附录C　加油加气加氢站内爆炸危险区域的等级和范围划分

C.0.1　爆炸危险区域的等级定义应符合现行国家标准《爆炸危险环境电力装置设计规范》GB 50058的有关规定。

C.0.2　汽油、LPG和LNG设施的爆炸危险区域内地坪以下的坑或沟应划为1区。

C.0.3　汽油埋地卧式油罐的爆炸危险区域划分（图C.0.3）应符合下列规定：

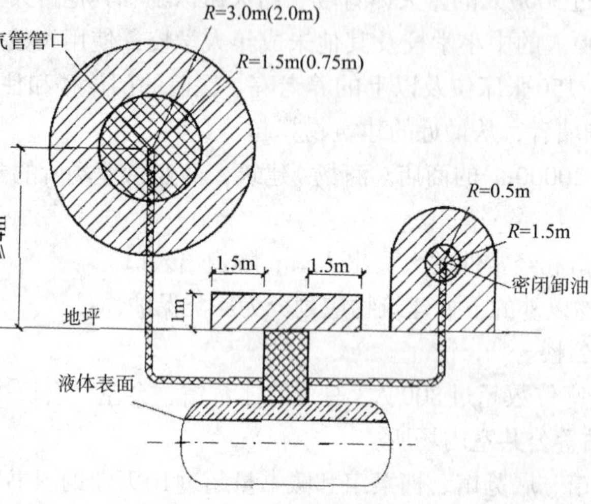

图C.0.3　汽油埋地卧式油罐的爆炸危险区域划分

0区；1区；2区

1　罐内部油品表面以上的空间应划分为0区；

2　人孔（阀）井内部空间，以通气管管口为中心、半径为1.5m（0.75m）的球形空间和以密闭卸油口为中心、半径为0.5m的球形空间，应划分为1区；

3　距人孔（阀）井外边缘1.5m以内，自地面算起1m高的圆柱形空间，以通气管管口为中心、半径为3.0m（2.0m）的球形空间和以密闭卸油口为中心、半径为1.5m的球形并延至地面的空间，应划分为2区；

4　当地上密闭卸油口设在箱内时，箱体内部的空间应划分为1区，箱体外部四周1m和箱体顶部以上1.5m范围内的空间应划分为2区；当密闭卸油口设在卸油坑内时，坑内的空间应划分为1区，坑口外1.5m范围内的空间应划分为2区。

C.0.4　汽油油罐车的爆炸危险区域划分（图C.0.4）应符合下列规定：

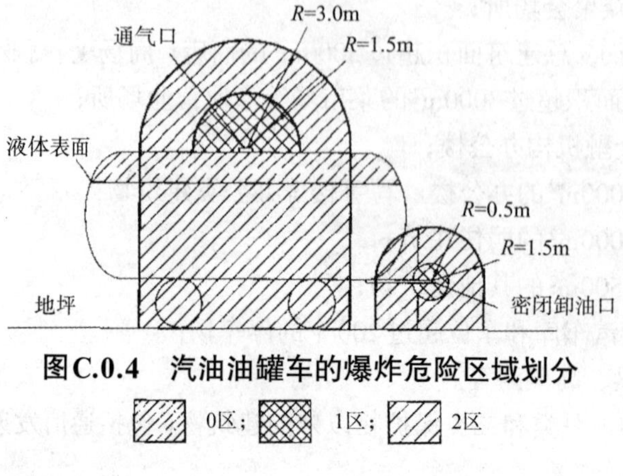

图C.0.4　汽油油罐车的爆炸危险区域划分

0区；1区；2区

1　油罐车内部的油品表面以上空间应划分为0区；

2　以罐车通气口为中心、半径为1.5m的球形空间和以罐车密闭卸油口为中心、半径为0.5m的球形空间，应划分为1区；

3　以罐车通气口为中心、半径为3.0m的球形并延至地面的空间和以罐车密闭卸油口为中心、半径为1.5m的球形并延至地面的空间，应划分为2区。

C.0.5　汽油加油机的爆炸危险区域划分（图C.0.5）应符合下列规定：

1　加油机下箱体内部空间应划分为1区；

2　以加油机中心线为中心线、以半径为4.5m（3.0m）的地面区域为底面和以加油机下箱体顶部以上0.15m、半径为3.0m（1.5m）的平面为顶面的圆台形空间，应划分为2区。

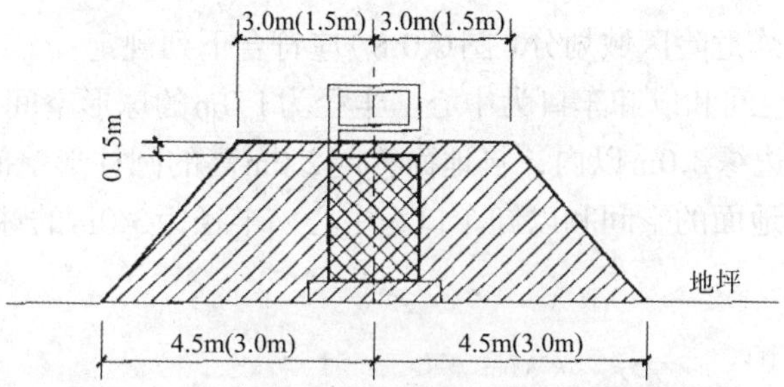

图C.0.5　汽油加油机的爆炸危险区域划分

1区；2区

C.0.6　汽油橇装式加油装置的爆炸危险区域划分（图C.0.6）应符合下列规定：

1　罐内部油品表面以上的空间应划分为0区；

2　以通气管管口为中心、半径为0.75m的球形空间和以密闭卸油口为中心、半径为0.5m的球形空间，以及加油机下箱体内部空间，应划分为1区；

3　以通气管管口为中心、半径为2.0m的球形空间和以密闭卸油口为中心、半径为1.5m的球形空间，以及以加油机中心线为中心线、以半径为3.0m的地面区域为底面和以加油机下箱体顶部以上0.15m、半径为1.5m的平面为顶面的圆台形空间，应划分为2区。

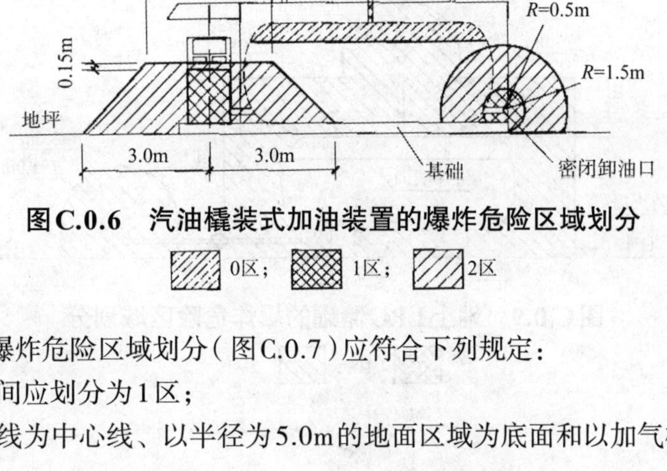

图C.0.6　汽油橇装式加油装置的爆炸危险区域划分

0区；1区；2区

C.0.7　LPG加气机的爆炸危险区域划分（图C.0.7）应符合下列规定：

1　加气机内部空间应划分为1区；

2　以加气机中心线为中心线、以半径为5.0m的地面区域为底面和以加气机顶部以上0.15m、半径为3.0m的平面为顶面的圆台形空间，应划分为2区。

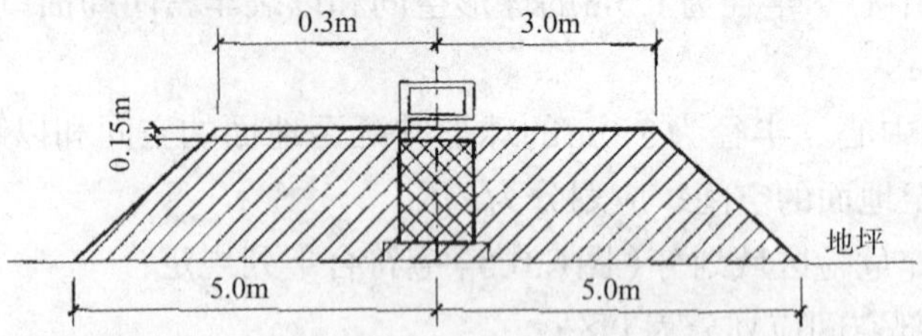

图C.0.7　LPG加气机的爆炸危险区域划分

1区；　2区

C.0.8　埋地LPG储罐的爆炸危险区域划分（图C.0.8）应符合下列规定：

1　人孔（阀）井内部空间和以卸车口为中心、半径为1.0m的球形空间，应划分为1区；

2　距人孔（阀）井外边缘3.0m以内，自地面算起2.0m高的圆柱形空间，以放空管管口为中心、半径为3.0m的球形并延至地面的空间和以卸车口为中心、半径为3.0m的球形并延至地面的空间，应划分为2区。

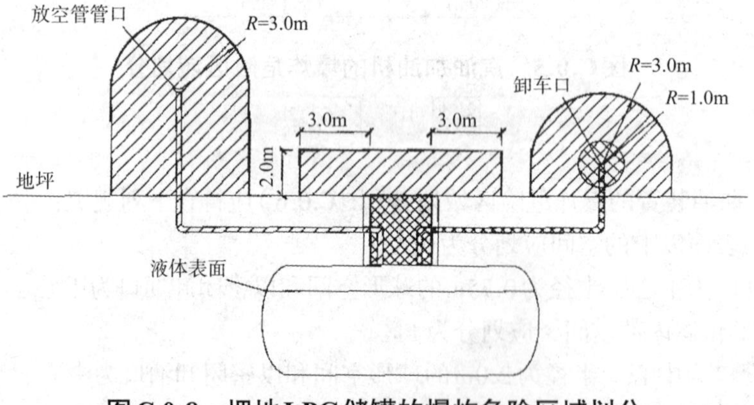

图C.0.8　埋地LPG储罐的爆炸危险区域划分

1区；　2区

C.0.9　地上LPG储罐的爆炸危险区域划分（图C.0.9）应符合下列规定：

1　以卸车口为中心、半径为1.0m的球形空间，应划分为1区；

2　以放空管管口为中心、半径为3.0m的球形空间，距储罐外壁3.0m范围内并延至地面的空间，防护堤内与防护堤等高的空间和以卸车口为中心、半径为3.0m的球形并延至地面的空间，应划分为2区。

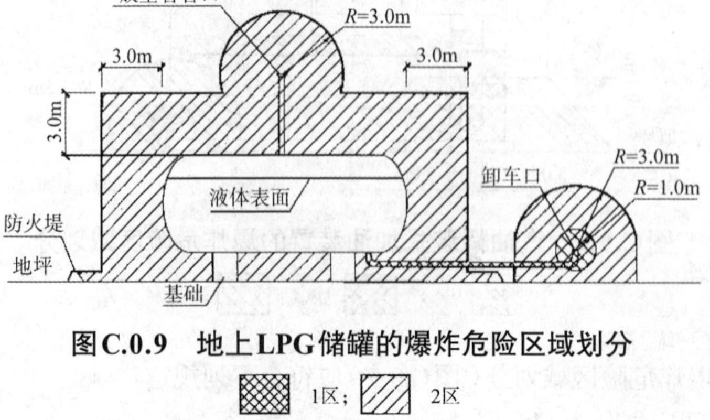

图C.0.9　地上LPG储罐的爆炸危险区域划分

1区；　2区

C.0.10 露天或棚内设置的LPG泵、压缩机、阀门、法兰或类似附件的爆炸危险区域划分（图C.0.10），距释放源壳体外缘半径为3.0m范围内的空间和距释放源壳体外缘6.0m范围内，自地面算起0.6m高的空间，应划分为2区。

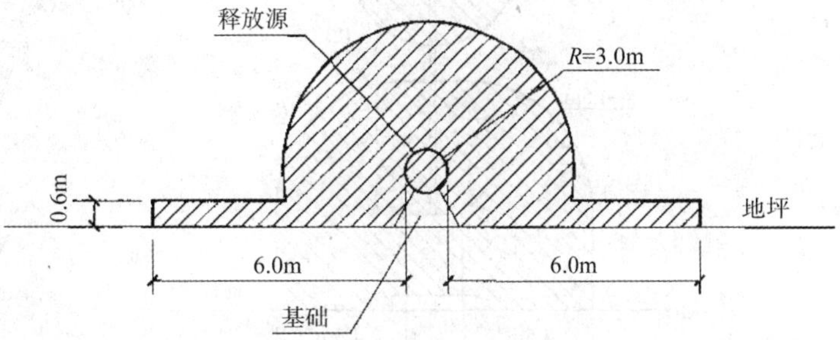

图C.0.10 露天或棚内设置的LPG泵、压缩机、阀门、法兰或类似附件的爆炸危险区域划分

C.0.11 LPG压缩机、泵、法兰、阀门或类似附件的房间爆炸危险区域划分（图C.0.11）应符合下列规定：

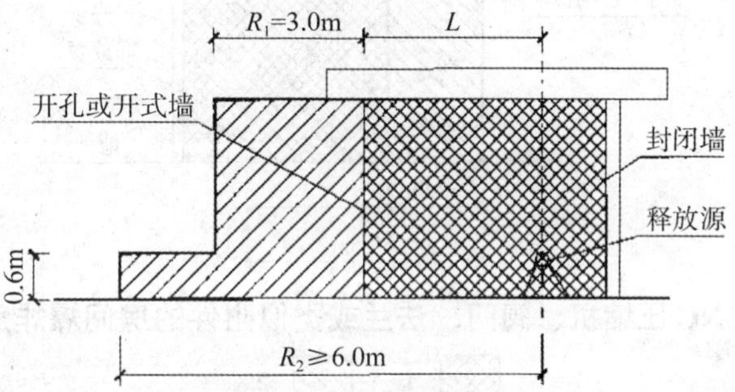

图C.0.11 LPG压缩机、泵、法兰、阀门或类似附件的房间爆炸危险区域划分

1 压缩机、泵、法兰、阀门或类似附件的房间内部空间，应划分为1区；

2 房间有孔、洞或开式外墙，距孔、洞或墙体开口边缘3.0m范围内与房间等高的空间，应划分为2区；

3 在1区范围之外，距释放源距离为R_2，自地面算起0.6m高的空间，应划分为2区。当1区边缘距释放源的距离L大于3.0m时，R_2取值应为L外加3.0m；当1区边缘距释放源的距离L小于或等于3.0m时，R_2取值应为6.0m。

C.0.12 室外或棚内CNG储气瓶（组）、储气井、车载储气瓶的爆炸危险区域划分（图C.0.12），以放空管管口为中心、半径为3.0m的球形空间和距储气瓶（组）壳体（储气井）4.5m以内并延至地面的空间，应划分为2区。

C.0.13 CNG压缩机、阀门、法兰或类似附件的房间爆炸危险区域划分（图C.0.13）应符合下列规定：

1 压缩机、阀门、法兰或类似附件的房间的内部空间，应划分为1区；

2 房间有孔、洞或开式外墙，距孔、洞或墙体开口边缘为R的范围并延至地面的空间，应划分为2区。当1区边缘距释放源的距离L大于或等于4.5m时，R应取值为3.0m；当1区边缘距释放源的距离L小于4.5m时，R应取值为（$7.5-L$）m。

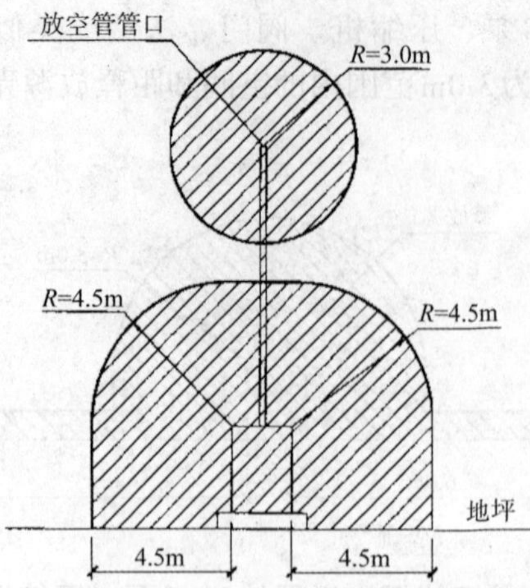

图C.0.12　室外或棚内CNG储气瓶（组）、储气井、车载储气瓶的爆炸危险区域划分

2区

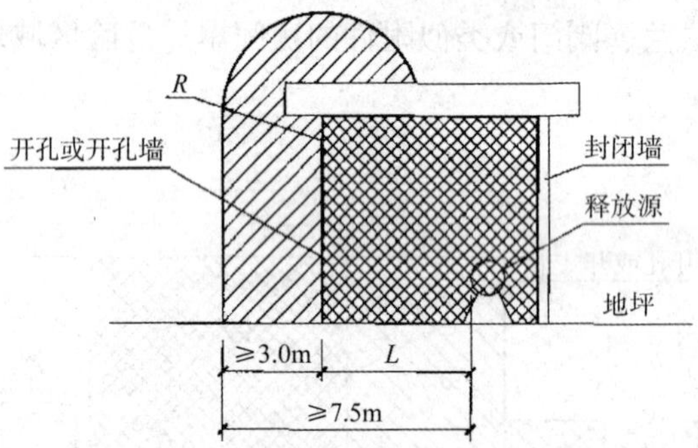

图C.0.13　CNG压缩机、阀门、法兰或类似附件的房间爆炸危险区域划分

1区；2区

C.0.14　露天（棚）设置的CNG压缩机、阀门、法兰或类似附件的爆炸危险区域划分（图C.0.14），距压缩机、阀门、法兰或类似附件壳体水平方向4.5m以内并延至地面的空间，距压缩机、阀门、法兰或类似附件壳体顶部以上7.5m的空间，应划分为2区。

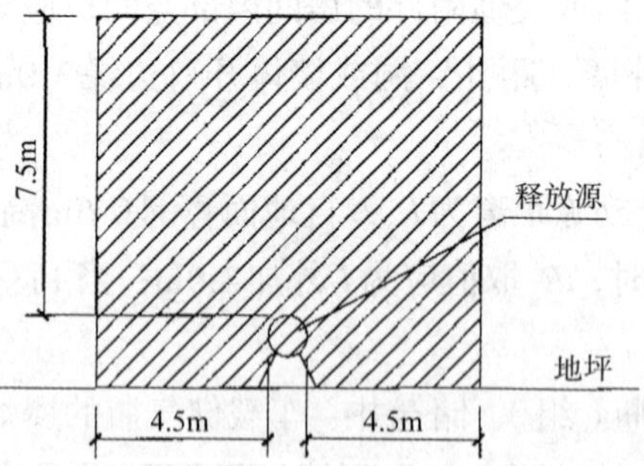

图C.0.14　露天（棚）设置的CNG压缩机、阀门、法兰或类似附件的爆炸危险区域划分

2区

C.0.15　存放CNG储气瓶（组）房间的爆炸危险区域划分（图C.0.15）应符合下列规定：

1　房间内部空间应划分为1区；

2　房间有孔、洞或开式外墙，距孔、洞或外墙开口边缘R的范围并延至地面的空间，应划分为2区。当1区边缘距释放源的距离L大于或等于1.5m时，R应取值为3.0m；当1区边缘距释放源的距离L小于1.5m时，R应取值为（4.5–L）m。

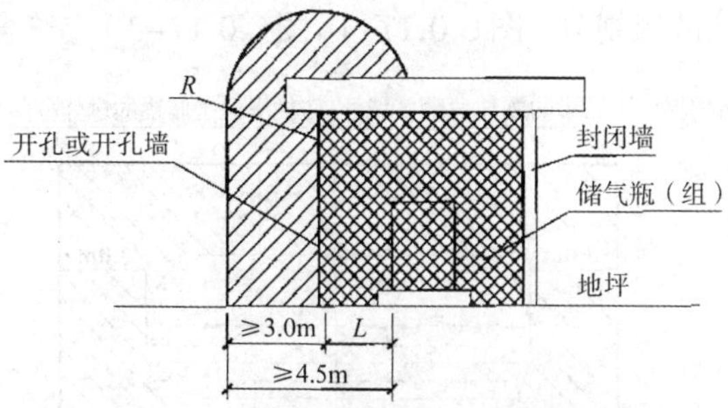

图C.0.15　存放CNG储气瓶（组）房间的爆炸危险区域划分

1区；　2区

C.0.16　CNG加气机、加气柱、卸气柱和LNG加气机的爆炸危险区域的等级和范围划分应符合下列规定：

1　CNG加气机、加气柱、卸气柱和LNG加气机的内部空间应划分为1区。

2　距CNG加气机、加气柱、卸气柱和LNG加气机的外壁四周4.5m，自地面高度为5.5m的范围内空间应划分为2区（图C.0.16-1）。当罩棚底部至地面距离L小于5.5m时，罩棚上部空间应为非防爆区（图C.0.16-2）。

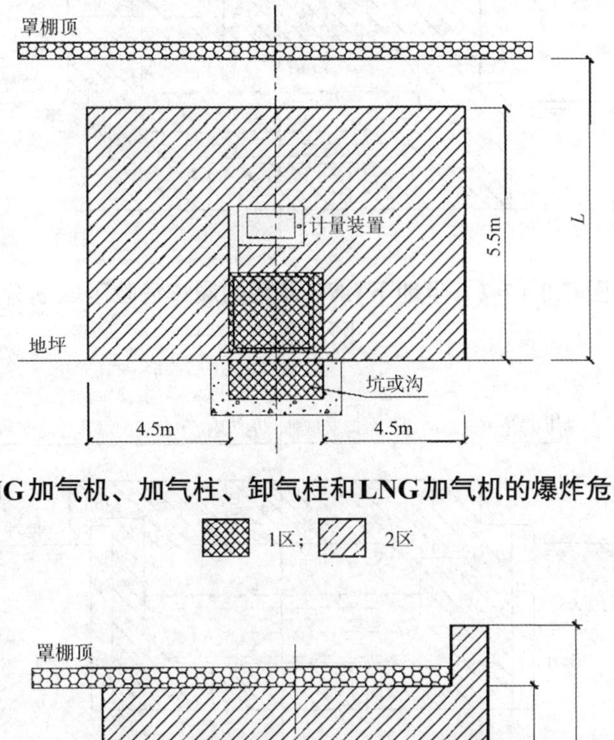

图C.0.16-1　CNG加气机、加气柱、卸气柱和LNG加气机的爆炸危险区域划分（一）

1区；　2区

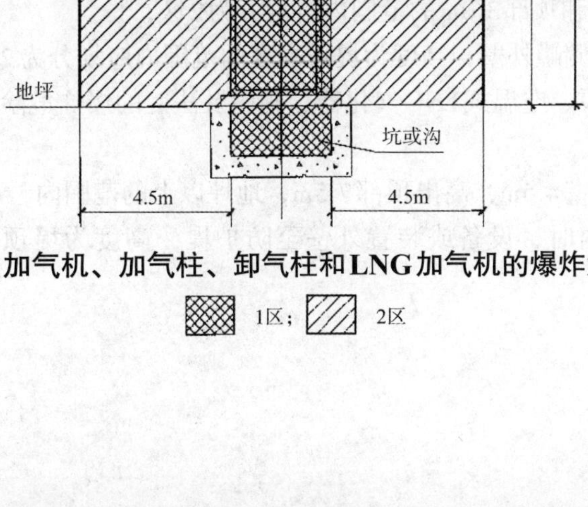

图C.0.16-2　CNG加气机、加气柱、卸气柱和LNG加气机的爆炸危险区域划分（二）

1区；　2区

C.0.17 LNG储罐的爆炸危险区域划分（图C.0.17-1~图C.0.17-3）应符合下列规定：

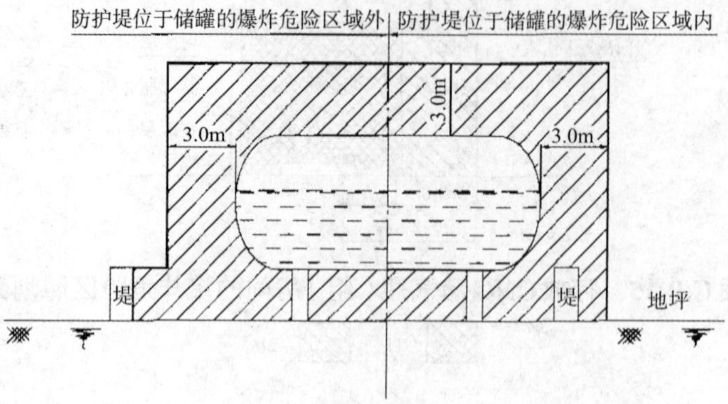

图C.0.17-1　地上LNG储罐的爆炸危险区域划分

2区

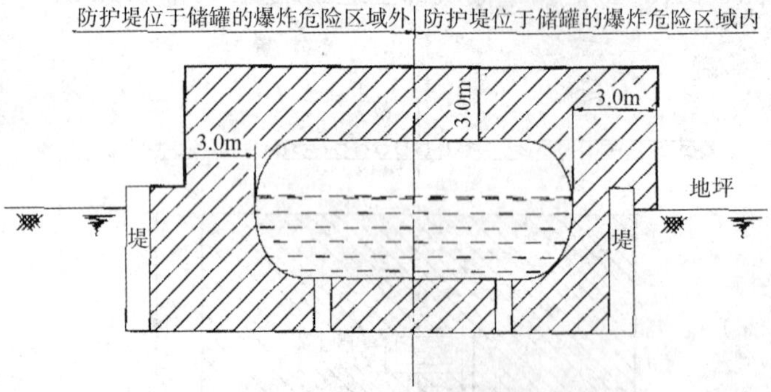

图C.0.17-2　半地下LNG储罐的爆炸危险区域划分

2区

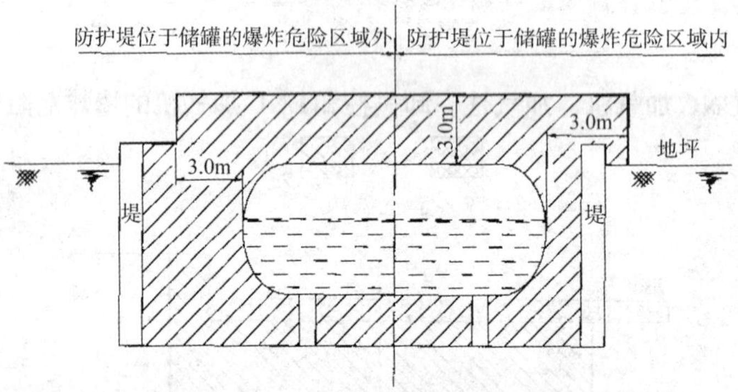

图C.0.17-3　地下LNG储罐的爆炸危险区域划分

2区

1 距LNG储罐的外壁和顶部3.0m的范围内应划分为2区；

2 储罐区的防护堤至储罐外壁，高度为堤顶高度的范围内应划分为2区。

C.0.18 露天设置的LNG泵、空温式LNG气化器、阀门及法兰的爆炸危险区域划分（图C.0.18）应符合下列规定：

1 距设备或装置的外壁4.5m，高出顶部7.5m，地坪以上的范围内，应划分为2区；

2 当设置于防护堤内时，设备或装置外壁至防护堤，高度为堤顶高度的范围内，应划分为2区。

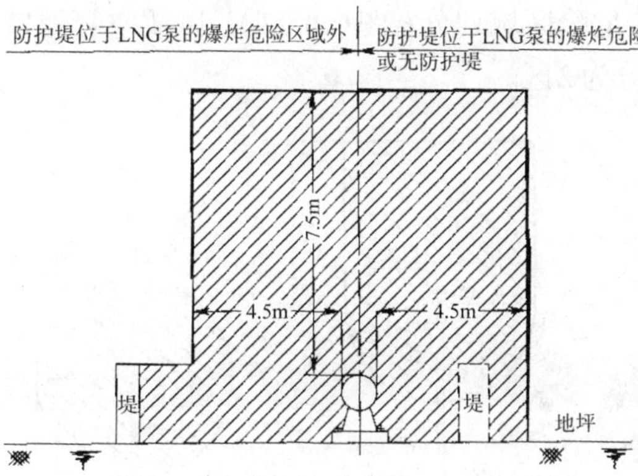

图C.0.18 露天设置的LNG泵、空温式LNG气化器、阀门及法兰的爆炸危险区域划分

2区

C.0.19 露天设置的水浴式LNG气化器的爆炸危险区域划分应符合下列规定：

1 距水浴式LNG气化器的外壁和顶部3.0m的范围内，应划分为2区；

2 当设置于防护堤内时，设备外壁至防护堤，高度为堤顶高度的范围内，应划分为2区。

C.0.20 LNG卸车点的爆炸危险区域划分应符合下列规定：

1 以密闭式注送口为中心、半径为1.5m的空间，应划分为1区；

2 以密闭式注送口为中心、半径为4.5m的空间以及至地坪以上的范围内，应划分为2区。

C.0.21 加氢机、氢气卸气柱的爆炸危险区域的划分应符合下列规定（图C.0.21）：

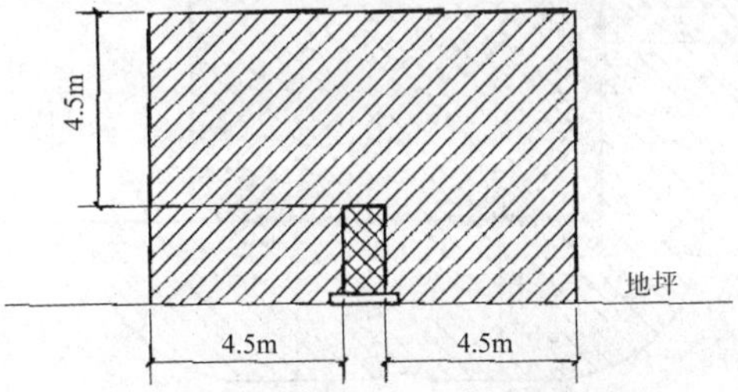

图C.0.21 加氢机、氢气卸气柱的爆炸危险区域划分

1区；2区

1 加氢机、氢气卸气柱内部空间，应划分为1区；

2 距加氢机、卸气柱外轮廓4.5m，并延至顶部以上4.5m的空间，应划分为2区。

C.0.22 室外储氢容器的爆炸危险区域划分（图C.0.22），距设备外缘4.5m，并延至顶部以上4.5m的空间，应划分为2区。

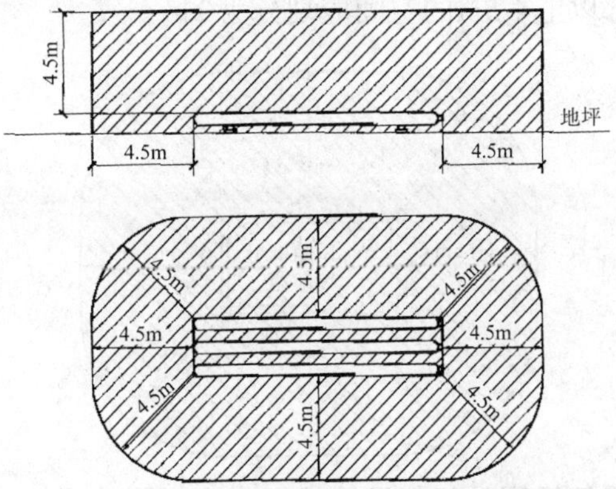

图C.0.22 室外储氢容器的爆炸危险区域划分

2区

C.0.23 氢气设备放空管的爆炸危险区域划分（图C.0.23），以放空管管口为中心、半径为4.5m并延至顶部以上7.5m的空间，应划分为2区。

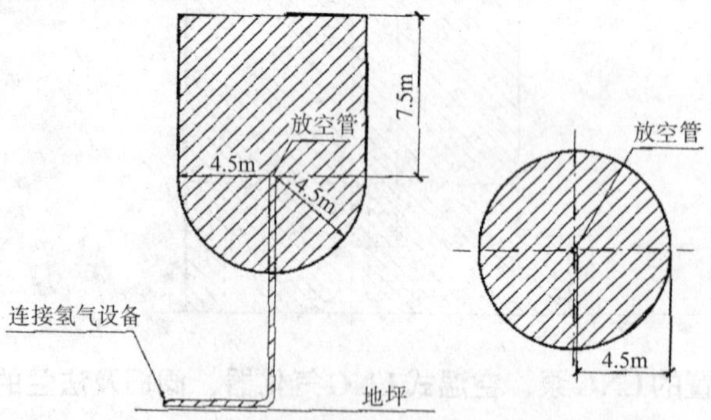

图C.0.23 氢气设备放空管的爆炸危险区域划分

C.0.24 氢气压缩机间（箱）的爆炸危险区域划分应符合下列规定（图C.0.24）：

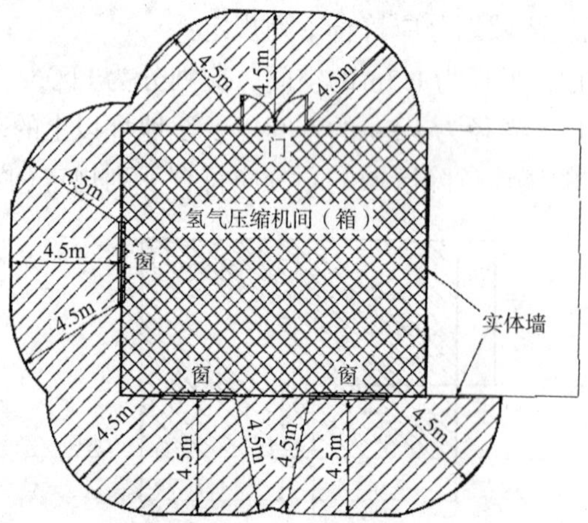

图C.0.24 氢气压缩机间（箱）的爆炸危险区域划分

1 房间（箱）内部空间应划分为1区；

2 以房间（箱）的门、窗边沿或孔计算，半径为4.5m，并延至地坪的空间，应划分为2区；

3 与氢气压缩机间相邻的无释放源房间位于爆炸危险区域内时，应用非燃烧体的实体墙隔开。

C.0.25 露天设置的氢气压缩机组、冷却器的爆炸危险区域划分（图C.0.25），距氢气压缩机组、冷却器外轮廓4.5m，并延至顶部以上4.5m的空间应划分为2区。

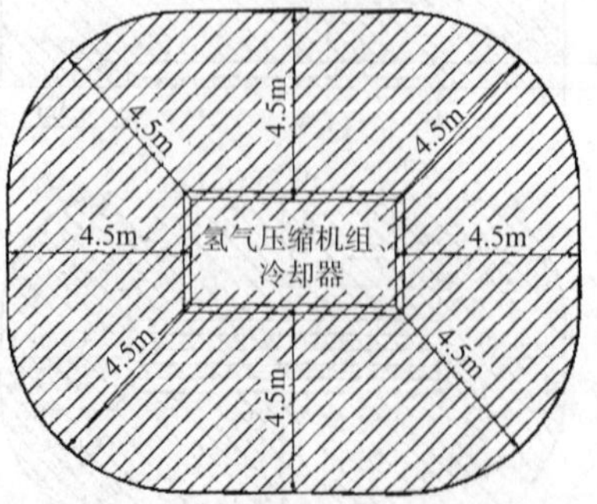

图C.0.25 露天设置的氢气压缩机组、冷却器的爆炸危险区域划分

C.0.26 氢气长管拖车停车位的爆炸危险区域划分（图C.0.26），停车位区域和以停车位短边为中心、半径4.5m范围内，并延至氢气长管拖车顶部以上4.5m的空间，应划分为2区。

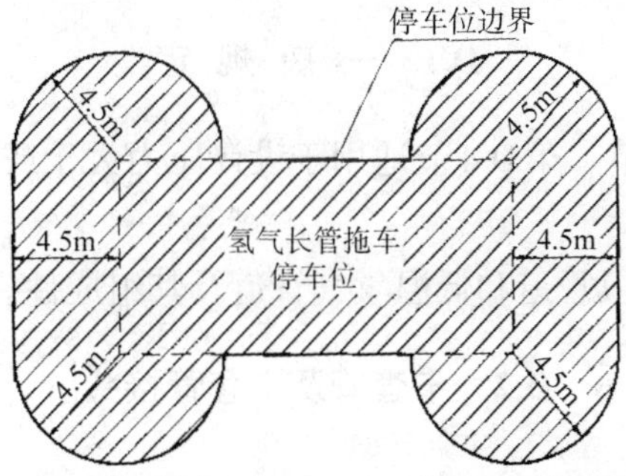

图C.0.26 氢气长管拖车停车位的爆炸危险区域划分

C.0.27 液氢储存设备位于户外或通风良好的户内（图C.0.27）的爆炸危险区域划分宜符合下列规定：

1 释放源高于地面7.5m以上时，以释放源为中心、半径为7.5m的范围内，可划分为2区；

2 释放源与地坪的距离小于7.5m时，以释放源为中心、半径为7.5m并延至地坪的空间，可划分为2区。

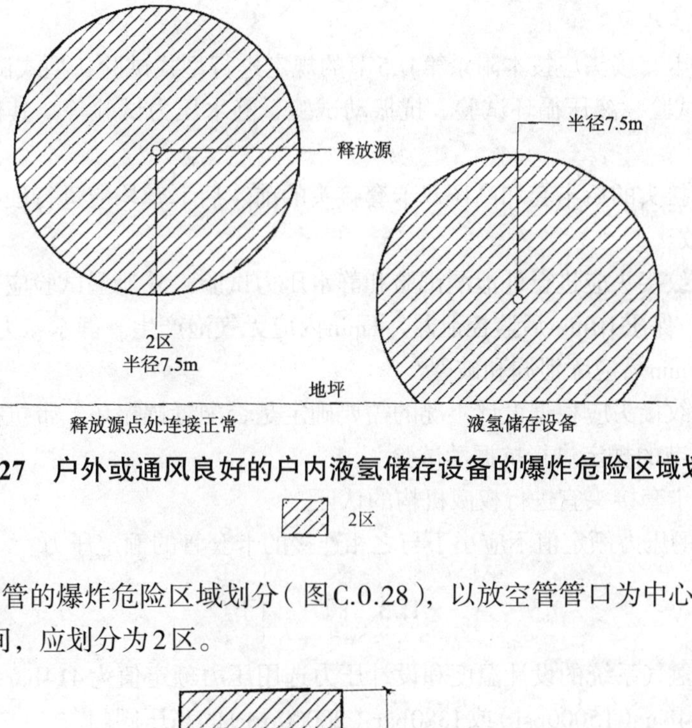

图C.0.27 户外或通风良好的户内液氢储存设备的爆炸危险区域划分

C.0.28 液氢设备放空管的爆炸危险区域划分（图C.0.28），以放空管管口为中心、半径为4.5m并延至顶部以上7.5m的空间，应划分为2区。

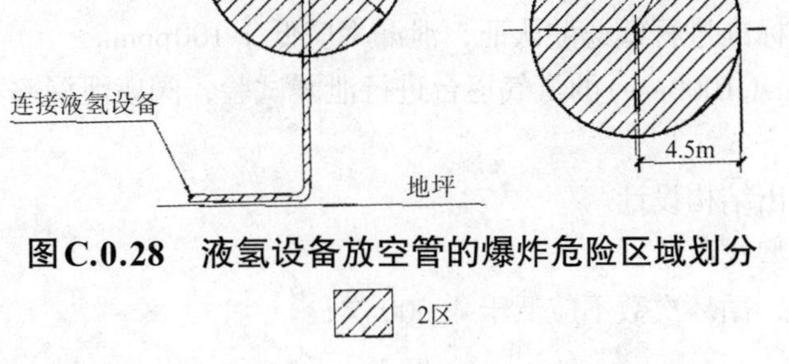

图C.0.28 液氢设备放空管的爆炸危险区域划分

附录D 高压氢气管道、低温不锈钢管道及其组成件技术要求

D.1 一般规定

D.1.1 本附录第D.1节、第D.2节、第D.4节适用于设计压力大于或等于20MPa的高压氢气管道及其组成件。

D.1.2 本附录第D.3节适用于液氢管道和低温氢气管道及其组成件。

D.2 卡套管及卡套管接头

D.2.1 卡套管应符合下列规定：

1 卡套管应采用316L/316无缝钢管，且Ni含量不应小于12%；

2 光亮退火卡套管硬度不应大于HRB 80，高压冷拔管硬度不应大于HRC26。

D.2.2 卡套管接头应符合下列规定：

1 卡套管接头应采用机械抓紧双卡套接头或高压锥面螺纹接头。

2 机械抓紧双卡套接头和高压锥面螺纹接头均应采用316或316L/316棒材或锻材加工制造，且Ni含量不应小于12%。

3 机械抓紧双卡套接头的设计安全系数不应小于4，高压锥面螺纹接头设计安全系数不应小于2。

4 机械抓紧双卡套接头应按本附录第D.5节的规定进行型式试验，型式试验应包括外泄漏试验、耐腐蚀试验、疲劳试验、液压循环试验、抗振动试验、静水压力试验等，其他型式试验还应按有关标准的规定进行。

5 通用双卡套接头的后卡套和高压双卡套接头的前、后卡套均应进行硬化处理，且延展性应与硬化处理前保持一致。

6 高压锥面螺纹接头应进行外泄漏试验和静水压力试验。外泄漏试验应采用氮气，试验压力应为1.25倍设计压力，保压10min后监控泄漏，1min内应无气泡产生。静水压力试验的试验压力应为2倍设计压力，保压1min后应无泄漏和破裂。

7 高压锥面螺纹接头应根据设计工况的需要确定是否配置抗振环。带抗振环的高压锥面螺纹接头应按本附录第D.5节的规定进行抗振动试验。

8 机械抓紧双卡套接头宜进行权威机构的认证。

D.2.3 卡套管接头的压力额定值不应小于与之相连接的卡套管的额定压力。

D.3 阀　　门

D.3.1 应根据高压氢气系统的设计温度和设计压力选用压力额定值为414bar（6000psi）的低压阀门和压力额定值为1034bar（15000psi）或1380bar（20000psi）的高压阀门。

D.3.2 阀体材料应采用316或316L/316材料制造，且Ni含量不应小于12%。

D.3.3 阀门压力-温度额定值应满足设计条件，且设计安全系数不应小于3。

D.3.4 球阀应满足下列要求：

1 球阀应依据有关标准进行低逸散认证，泄漏率应低于100ppm。

2 球阀应采用69bar（1000psi）的氮气逐台进行泄漏试验，阀座泄漏率不应大于0.1cm^3/min（标准状态下）。

3 阀杆应采用防冲出结构设计。

4 球阀应进行下列型式试验：

1）循环寿命试验，循环次数不应低于40000次；

2）在额定压力下采用氦气测试阀门内漏和外漏，泄漏率应小于10cm³/min（标准状态下）；

3）静水压力试验，试验压力应为1.5倍额定压力，应保压30min后无泄漏。

D.3.5 压力额定值414bar（6000psi）的针阀应依据有关标准进行低逸散认证，泄漏率应低于100ppm。压力额定值1034bar（15000psi）和1380bar（20000psi）的针阀低逸散试验应由设计确定。

D.3.6 压力额定值414bar（6000psi）的针阀和止回阀应进行静水压力型式试验，压力额定值1034bar（15000psi）和1380bar（20000psi）的针阀和止回阀应逐台进行静水压力试验。试验压力为最大工作压力。

D.3.7 止回阀应进行检测开启和关闭性能的型式试验。循环动作6次后采用检漏液检测其开启和关闭性能，且应在5s内反向关闭密封。

D.3.8 软质密封阀门应有防火、防静电结构。

D.4 液氢管道和低温氢气管道及其组成件的低温冲击试验

D.4.1 冲击试验方法应符合现行国家标准《金属材料　夏比摆锤冲击试验方法》GB/T 229和《金属夏比冲击断口测定方法》GB/T 12778的规定。

D.4.2 标准冲击试样应为10mm×10mm×55mm夏比缺口冲击试样。

D.4.3 若因截面尺寸限制无法制备标准试样时，也可采用厚度为7.5mm、5.0mm、2.5mm的小尺寸试样或尽可能宽的小尺寸试样。小尺寸试样的缺口宽度不宜小于材料厚度的80%。

D.4.4 试样缺口应沿厚度方向切取，三个试样为一组。

D.4.5 冲击试验的吸收能量和侧向膨胀量应符合表D.4.5的规定。

表D.4.5　冲击试验的吸收能量和侧向膨胀量合格标准（母材、焊缝金属）

试样规格（mm）	最低使用温度（℃）	冲击试验温度（℃）	冲击吸收能量（J）	侧向膨胀量（mm）
标准试样尺寸	<-196	-196	≥70	≥0.76
7.5×10×55	<-196	-196	≥52.5	≥0.76
5×10×55	<-196	-196	≥35	≥0.76
2.5×10×55	<-196	-196	≥17.5	≥0.76

注：1　采用小尺寸试样时，侧向膨胀量合格标准与标准试样相同，且三个试样均应合格；

2　对于无法加工小试样的管材，可以免除低温冲击试验。

D.4.6 焊接接头的冲击试验应在焊接工艺评定中进行。

D.4.7 焊接接头冲击试验的试件制备、试样位置及数量应符合表D.4.7的规定。

表D.4.7　焊接接头冲击试验（制作、安装）

制备冲击试样的试件	试验的覆盖范围	试样位置及数量	冲击试验进行者
每一种焊接工艺（WPQ）、每种焊接材料型号、每种焊剂均要进行一套冲击试验。试样的热处理状态与完工管道相同（包括热处理温度、保温时间、冷却速度）	试件厚度为T，则可覆盖的厚度范围为$T/2$至T+6mm	焊缝金属（三个一组）： 试样横贯焊缝；缺口位于焊缝金属并垂直于接头表面；试样的一个表面尽可能接近接头表面。 热影响区（如需要，三个一组）： 缺口根部及其后的断口尽可能多地位于焊接接头的热影响区	制作、安装

注：奥氏体不锈钢的焊接接头冲击试验仅包括焊缝金属。

D.5 机械抓紧双卡套接头的型式试验

D.5.1 外泄漏试验应符合下列规定：

1 试验介质应为氦气或氢气，每次试验应持续3min，应以泄漏率小于或等于10cm³/h（标准状态下）为合格。

2 外泄漏试验应分别在下列三种试验条件下进行：

1）在室温20℃下，试验压力分别为2%和100%设计压力；

2）在低温-40℃下，试验压力分别为2%和100%设计压力；

3）在高温85℃下，试验压力分别为2%和125%设计压力。

D.5.2 进行耐腐蚀试验时，试验样品应在连接状态下，经过144h盐雾试验后，按照本附录第D.5.1条外泄漏试验的方法检测是否发生外漏。

D.5.3 进行疲劳试验时，应将所有试验接头重复拆装25次后，按照本附录第D.5.1条外泄漏试验的方法检测是否发生外漏。

D.5.4 液压循环试验应在20bar到设计压力的1.25倍之间进行，循环试验150000次后应无永久变形，并按照本附录第D.5.1条外泄漏试验的方法检测是否发生外漏。

D.5.5 应从下列两种试验方法中任选一种进行抗振动试验：

1 按有关标准的规定进行共振试验来验证抗振性能。振动组装件加压至工作压力，并在两端密封，以1.5倍重力加速度及10Hz到500Hz的正弦频率扫描10min来确定最剧烈的共振频率，沿着三个正交轴且每个轴上分别施加最剧烈共振频率30min后，组装件不应显示任何疲劳或部件损坏。再按照本附录第D.5.1条外泄漏试验的方法检测是否发生外漏。

2 按有关标准的规定进行偏心电机驱动的旋转挠曲试验来验证抗振性能。在给定弯曲应力下，达到应力增强系数i=1.3的预期循环次数为合格。应力增强系数i按有关标准的规定确定。

D.5.6 进行静水压力试验时，试验压力应为4倍设计压力，试验压力下保持1min后应无泄漏和破裂。

引用标准名录

《建筑结构荷载规范》GB 50009
《建筑抗震设计规范》GB 50011
《建筑设计防火规范》GB 50016
《工程测量标准》GB 50026
《城镇燃气设计规范》GB 50028
《爆炸危险环境电力装置设计规范》GB 50058
《建筑结构可靠度设计统一标准》GB 50068
《水泥混凝土路面施工及验收规范》GBJ 97
《地下工程防水技术规范》GB 50108
《工业设备及管道绝热工程施工规范》GB 50126
《建筑灭火器配置设计规范》GB 50140
《电气装置安装工程　电缆线路施工及验收标准》GB 50168
《电气装置安装工程　接地装置施工及验收规范》GB 50169
《电气装置安装工程　盘、柜及二次回路接线施工及验收规范》GB 50171
《石油天然气工程设计防火规范》GB 50183
《建筑地基基础工程施工质量验收标准》GB 50202
《砌体结构工程施工质量验收规范》GB 50203
《混凝土结构工程施工质量验收规范》GB 50204
《钢结构工程施工质量验收标准》GB 50205
《屋面工程质量验收规范》GB 50207
《建筑地面工程施工质量验收规范》GB 50209
《建筑装饰装修工程质量验收标准》GB 50210
《机械设备安装工程施工及验收通用规范》GB 50231
《建筑给水排水及采暖工程施工质量验收规范》GB 50242
《电气装置安装工程　爆炸和火灾危险环境电气装置施工及验收规范》GB 50257
《工业设备及管道绝热工程设计规范》GB 50264
《风机、压缩机、泵安装工程施工及验收规范》GB 50275
《建筑电气工程施工质量验收规范》GB 50303
《工业金属管道设计规范》GB 50316
《石油化工静设备安装工程施工质量验收规范》GB 50461
《石油化工建设工程施工安全技术标准》GB/T 50484
《石油化工可燃气体和有毒气体检测报警设计标准》GB/T 50493
《加氢站技术规范》GB 50516
《石油化工金属管道工程施工质量验收规范》GB 50517
《车用乙醇汽油储运设计规范》GB/T 50610
《电动汽车充电站设计规范》GB 50966
《加油站在役油罐防渗漏改造工程技术标准》GB/T 51344
《压力容器》GB 150.1~GB 150.4
《金属材料　夏比摆锤冲击试验方法》GB/T 229
《氢气　第1部分：工业氢》GB/T 3634.1
《高压锅炉用无缝钢管》GB/T 5310
《输送流体用无缝钢管》GB/T 8163

《设备及管道绝热设计导则》GB/T 8175
《安全阀　一般要求》GB/T 12241
《弹簧直接载荷式安全阀》GB/T 12243
《钢制对焊管件　类型与参数》GB/T 12459
《金属夏比冲击断口测定方法》GB/T 12778
《流体输送用不锈钢无缝钢管》GB/T 14976
《车用压缩天然气》GB 18047
《固定式真空绝热深冷压力容器》GB/T 18442.1~GB/T 18442.7
《压力管道规范　工业管道》GB/T 20801.1~GB/T 20801.6
《加油站大气污染物排放标准》GB 20952
《钢质管道外腐蚀控制规范》GB/T 21447
《低温介质用紧急切断阀》GB/T 24918
《低温阀门　技术条件》GB/T 24925
《液氢车辆燃料加注系统接口》GB/T 30719
《汽车用压缩氢气加气机》GB/T 31138
《深冷容器用高真空多层绝热材料》GB/T 31480
《深冷容器用材料与气体的相容性判定导则》GB/T 31481
《质子交换膜燃料电池汽车用燃料　氢气》GB/T 37244
《液化天然气用不锈钢无缝钢管》GB/T 38810
《阻隔防爆橇装式汽车加油(气)装置技术要求》AQ 3002
《钢制常压储罐　第一部分：储存对水有污染的易燃和不易燃液体的埋地卧式圆筒形单层和双层储罐》AQ 3020
《承压设备无损检测　第4部分：磁粉检测》JB/T 4730.4
《承压设备无损检测　第5部分：渗透检测》JB/T 4730.5
《钢制压力容器——分析设计标准》JB 4732
《公路路基施工技术规范》JTG F10
《公路路面基层施工技术细则》JTG/T F20
《道路运输车辆油箱及液体燃料运输罐体阻隔防爆安全技术要求》JT/T 1046
《钢制焊接常压容器》NB/T 47003.1
《承压设备无损检测》NB/T 47013.1~NB/T 47013.15
《卧式容器》NB/T 47042
《石油化工设备和管道涂料防腐蚀设计标准》SH/T 3022
《石油化工钢制压力容器》SH/T 3074
《采用橇装式加油装置的汽车加油站技术规范》SH/T 3134
《加油站用埋地玻璃纤维增强塑料双层油罐工程技术规范》SH/T 3177
《加油站用埋地钢-玻璃纤维增强塑料双层油罐工程技术规范》SH/T 3178
《储气井工程技术规范》SH/T 3216
《石油有毒、可燃介质钢制管道工程施工及验收规范》SH 3501
《石油化工设备混凝土基础工程施工质量验收规范》SH/T 3510
《石油化工仪表工程施工技术规程》SH/T 3521
《石油化工混凝土水池工程施工及验收规范》SH/T 3535
《套管柱结构与强度设计》SY/T 5724
《固定式压力容器安全技术监察规程》TSG 21

UDC

中华人民共和国国家标准

P　　　　GB 50160—2008

石油化工企业设计防火标准

Standard for fire prevention design of petrochemical enterprises

（2018 年版）

2008-12-30 发布　　　　2009-07-01 实施

中华人民共和国住房和城乡建设部
国家市场监督管理总局　联合发布

中华人民共和国住房和城乡建设部公告

2018 年　第 325 号

住房城乡建设部关于发布国家标准《石油化工企业设计防火标准》局部修订的公告

现批准《石油化工企业设计防火标准》（GB 50160—2008）局部修订的条文，自2019年4月1日起实施。其中，第4.1.9、4.2.12、5.3.4、5.6.1、6.2.6（1、2、3、4）、6.3.2（1、2、4）、6.4.1（2、3）、6.4.2（6）、8.3.8、8.7.2（1、2）条（款）为强制性条文，必须严格执行。经此次修改的原条文同时废止。

本标准在住房城乡建设部门户网站（www.mohurd.gov.cn）公开，并由住房城乡建设部标准定额研究所组织中国计划出版社出版发行。

中华人民共和国住房和城乡建设部

2018年12月18日

局部修订说明

本标准是根据住房和城乡建设部《关于印发〈2011年工程建设标准制订、修订计划〉的通知》（建标〔2011〕17号）的要求，由中石化洛阳工程有限公司和中国石化工程建设有限公司负责对《石油化工企业设计防火标准》GB 50160—2008的局部修订。

局部修订的主要内容包括：

1.厂际管道规划、敷设的相关内容；

2.石油化工企业与石油化工园区的公用设施的防火间距；

3.高架火炬不同辐射热强度范围内设施的布置要求；

4.一套联合装置的占地大于80000m²时的布置要求；

5.每座尿素仓库占地面积及防火分区建筑面积的规定；

6.厂区面积超过2000000m²时消防供水系统的设置规定；

7.取消第6.3.2条第5款的强制要求。

局部修订的主要依据：

中国石油化工集团有限公司工程部组织有关专家对局部修订的内容、局部修订的原则的审查意见；

石油化工行业的生产企业、设计单位及安全主管部门对局部修订征求意见稿的反馈意见；

中国石油化工集团有限公司工程部组织有关专家对局部修订送审稿、报批稿的审查意见；

石油化工企业、厂际管道及石油化工园区的调研报告；

相关的现行国家标准、行业标准；

《石油石化行业国家标准协调会会议纪要》建标标函〔2016〕237号；

《石油石化行业国家标准技术协调会会议纪要》建标标函〔2018〕149号；

国外先进标准的借鉴。

本标准条文下划线部分为修订的内容，用黑体字标志的条文为强制性条文，必须严格执行。

本次局部修订的主编单位、参编单位、主要起草人和主要审查人：

主 编 单 位： 中石化洛阳工程有限公司
中国石化工程建设有限公司

参 编 单 位： 中国成达工程公司
公安部天津消防研究所
公安部沈阳消防研究所
海湾安全技术有限公司

主要起草人： 董继军 李苏秦 何龙辉 张晋武 张晋峰 胡 晨 周家祥 张晓鹏
王惠勤 韩艳萍 张 建 王延宗 文科武 杜 霞 王宗存 葛春玉
张发有 陈永亮 邹喜权 袁 强

主要审查人： 蔡 炜 刘 建 韩 钧 蒙晓非 邱正华 张广智 朱 红 汪建羽
马庚宇 张淑玲 王松生 金知微 花春林 施军明 郁 健 杨莉娜
司利旋 王金良 杨晓红 唐 洁 顾 铭 张守峰 高斌海 陈 京
叶忠辉 方忠清 刘劲涛 张 力 韩宇丽 李法海 张 俊 苗志伟
余齐杰 李出和

中华人民共和国住房和城乡建设部公告

第214号

关于发布国家标准《石油化工企业设计防火规范》的公告

现批准《石油化工企业设计防火规范》为国家标准，编号为GB 50160—2008，自2009年7月1日起实施。其中，第4.1.6、4.1.8、4.1.9、4.2.12、4.4.6、5.1.3、5.2.1、5.2.7、5.2.16、5.2.18（2、3、5）、5.3.3（1、2）、5.3.4、5.5.1、5.5.2、5.5.12、5.5.13、5.5.14、5.5.17、5.5.21（1、2）、5.6.1、6.2.6、6.2.8、6.3.2（1、2、4、5）、6.3.3、6.4.1（2、3）、6.4.2（6）、6.4.3（1、2）、6.4.4（1）、6.5.1（2）、6.6.3、6.6.5、7.1.4、7.2.2、7.2.16、7.3.3、8.3.1、8.3.8、8.4.5（1）、8.7.2（1、2）、8.10.1、8.10.4（1、2、3）、8.12.1、8.12.2（1）、9.1.4、9.2.3（1）、9.3.1条（款）为强制性条文，必须严格执行。原《石油化工企业设计防火规范》GB 50160—92（1999年版）同时废止。

本规范由我部标准定额研究所组织中国计划出版社出版发行。

中华人民共和国住房和城乡建设部

二〇〇八年十二月三十日

前　言

本规范是根据原建设部《关于印发“二〇〇二年至二〇〇三年度工程建设国家标准制订、修订计划”的通知》(建标〔2003〕102号)的要求，由中国石化集团洛阳石油化工工程公司、中国石化工程建设公司会同有关单位在对《石油化工企业设计防火规范》GB 50160—92(1999年版)进行全面修订的基础上编制而成。

在编制过程中，规范编制组对国内部分石油化工厂进行了调研，总结了我国石油化工工程建设的防火设计经验，并在此基础上进行了国外调研，积极吸收国内外有关规范的成果，开展了必要的专题研究和技术研讨，广泛征求有关设计、生产、安全消防监督等部门和单位的意见，对主要问题进行反复修改，最后经审查定稿。

本规范共分9章和1个附录，其主要内容有：总则、术语、火灾危险性分类、区域规划与工厂总平面布置、工艺装置和系统单元、储运设施、管道布置、消防、电气等。

与原国家标准《石油化工企业设计防火规范》GB 50160—92(1999年版)相比，本规范主要有下列变化：

1.增加了“术语”一章，并对其他章节进行调整，取消了“含可燃液体的生产污水管道、污水处理场与循环水场”一章，将其主要内容分散至相关章节，将各章节中有关管道设计的内容集中，新增一章“管道布置”。

2.增加了石油化工企业与同类企业的防火间距，“火灾报警系统”增加了相关内容。

3.章节更合理，内容更全面，减少不必要的重复。

本规范以黑体字标志的条文为强制性条文，必须严格执行。

本规范由住房和城乡建设部负责管理和对强制性条文的解释，由中国石油化工集团公司负责日常管理，由中国石化集团洛阳石油化工工程公司负责具体技术内容的解释。

鉴于本规范是石油化工工程综合性的防火技术规范，政策性和技术性强，涉及面广，希望各单位在本规范执行过程中，结合工程实践，认真总结经验，注意积累资料，如发现需要修改和补充之处，请将意见和资料寄往中国石化集团洛阳石油化工工程公司(地址：河南省洛阳市中州西路27号，邮政编码：471003)。

本规范主编单位、参编单位和主要起草人：

主编单位： 中国石化集团洛阳石油化工工程公司
中国石化工程建设公司

参编单位： 中国成达工程公司
公安部天津消防研究所
公安部沈阳消防研究所
海湾安全技术有限公司

主要起草人： 李苏秦　胡　晨　董继军　秦新才　周家祥　吴绍平　张晓鹏　葛春玉
范慰颉　王秀云　张晋峰　文科武　王延宗　张发有　陈永亮　何龙辉
王惠勤　张晋武　李　生　汤晓林　林　融　吴如璧　郭昊豫　朱晓明
何跃华　钱徐根　李　佳　邹喜权　秘义行　杜　霞　王宗存　王文清
曹　榆

目　次

Contents

1 总 则

1.0.1 为了防止和减少石油化工企业火灾危害，保护人身和财产的安全，制定本标准。

1.0.2 本标准适用于石油化工企业新建、扩建或改建工程的防火设计。

1.0.3 石油化工企业的防火设计除应执行本标准外，尚应符合国家现行有关标准的规定。

2 术 语

2.0.1 石油化工企业 petrochemical enterprise

以石油、天然气及其产品为原料，生产、储运各种石油化工产品的炼油厂、石油化工厂、石油化纤厂或其联合组成的工厂。

2.0.2 厂区 plant area

工厂围墙或边界内由生产区、公用和辅助生产设施区及生产管理区组成的区域。

2.0.3 生产区 production area

由使用、产生可燃物质和可能散发可燃气体的工艺装置或设施组成的区域。

2.0.4 公用和辅助生产设施 utility and auxiliary facility

不直接参加石油化工生产过程，在石油化工生产过程中对生产起辅助作用的必要设施。

2.0.5 全厂性重要设施 overall major facility

发生火灾时，影响全厂生产或可能造成重大人身伤亡的设施。全厂性重要设施可分为以下两类：

第一类：发生火灾时可能造成重大人身伤亡的设施。

第二类：发生火灾时影响全厂生产的设施。

2.0.6 区域性重要设施 regional major facility

发生火灾时影响部分装置生产或可能造成局部区域人身伤亡的设施。

2.0.7 明火地点 fired site

室内外有外露火焰、赤热表面的固定地点。

2.0.8 明火设备 fired equipment

燃烧室与大气连通，非正常情况下有火焰外露的加热设备和废气焚烧设备。

2.0.9 散发火花地点 sparking site

有飞火的烟囱、室外的砂轮、电焊、气焊（割）、室外非防爆的电气开关等固定地点。

2.0.10 装置区 process plant area

由一个或一个以上的独立石油化工装置或联合装置组成的区域。

2.0.11 联合装置 multiple process plants

由两个或两个以上独立装置集中紧凑布置，且装置间直接进料，无供大修设置的中间原料储罐，其开工或停工检修等均同步进行，视为一套装置。

2.0.12 装置 process plant

一个或一个以上相互关联的工艺单元的组合。

2.0.13 装置内单元 process unit

按生产流程完成一个工艺操作过程的设备、管道及仪表等的组合体。

2.0.14 工艺设备 process equipment

为实现工艺过程所需的反应器、塔、换热器、容器、加热炉、机泵等。

2.0.15 封闭式厂房（仓库） enclosed industrial building（warehouse）

设有屋顶，建筑外围护结构全部采用封闭式墙体（含门、窗）构造的生产性（储存性）建筑物。

2.0.16 半敞开式厂房 semi-enclosed industrial building

设有屋顶，建筑外围护结构局部采用封闭式墙体，所占面积不超过该建筑外围护体表面面积的1/2（不含屋顶的面积）的生产性建筑物。

2.0.17 敞开式厂房 opened industrial building

设有屋顶，不设建筑外围护结构的生产性建筑物。

2.0.18 装置储罐（组） storage tanks within process plant

在装置正常生产过程中，不直接参加工艺过程，但工艺要求，为了平衡生产、产品质量检测或一次投入等需要在装置内布置的储罐（组）。

2.0.19 液化烃 liquefied hydrocarbon

在15℃时，蒸气压大于0.1MPa的烃类液体及其他类似的液体。

2.0.20 液化石油气 liquefied petroleum gas（LPG）

在常温常压下为气态，经压缩或冷却后为液态的C_3、C_4及其混合物。

2.0.21 沸溢性液体 boil-over liquid

当罐内储存介质温度升高时，由于热传递作用，使罐底水层急速汽化，而会发生沸溢现象的黏性烃类混合物。

2.0.22 防火堤 dike

可燃液态物料储罐发生泄漏事故时，防止液体外流和火灾蔓延的构筑物。

2.0.23 隔堤 intermediate dike

用于减少防火堤内储罐发生少量泄漏事故时的影响范围，而将一个储罐组分隔成多个分区的构筑物。

2.0.24 罐组 a group of storage tanks

布置在一个防火堤内的一个或多个储罐。

2.0.25 罐区 tank farm

一个或多个罐组构成的区域。

2.0.26 浮顶罐 floating roof tank（external floating roof tank）

在敞开的储罐内安装浮舱顶的储罐，又称为外浮顶罐。

2.0.27 常压储罐 atmospheric storage tank

设计压力小于或等于6.9kPa（罐顶表压）的储罐。

2.0.28 低压储罐 low-pressure storage tank

设计压力大于6.9kPa且小于0.1MPa（罐顶表压）的储罐。

2.0.29 压力储罐 pressurized storage tank

设计压力大于或等于0.1MPa（罐顶表压）的储罐。

2.0.30 单防罐 single containment storage tank

带隔热层的单壁储罐或由内罐和外罐组成的储罐。其内罐能适应储存低温冷冻液体的要求，外罐主要是支撑和保护隔热层，并能承受气体吹扫的压力，但不能储存内罐泄漏出的低温冷冻液体。

2.0.31 双防罐 double containment storage tank

由内罐和外罐组成的储罐。其内罐和外罐都能适应储存低温冷冻液体，在正常操作条件下，内罐储存低温冷冻液体，外罐能够储存内罐泄漏出来的冷冻液体，但不能限制内罐泄漏的冷冻液体所产生的气体排放。

2.0.32 全防罐 full containment storage tank

由内罐和外罐组成的储罐。其内罐和外罐都能适应储存低温冷冻液体，内外罐之间的距离为1m~2m，罐顶由外罐支撑，在正常操作条件下内罐储存低温冷冻液体，外罐既能储存冷冻液体，又能限制内罐泄漏液体所产生的气体排放。

2.0.33 火炬系统 flare system

通过燃烧方式处理排放可燃气体的一种设施，分高架火炬、地面火炬等。由排放管道、分液设备、阻火设备、火炬燃烧器、点火系统、火炬筒及其他部件等组成。

2.0.34 稳高压消防水系统 stabilized high pressure fire water system

采用稳压泵维持管网的消防水压力大于或等于0.7MPa的消防水系统。

2.0.35 厂际管道 Pipelines between the site boundary and off-site

石油化工企业、油库、油气码头等相互之间输送可燃气体、液化烃和可燃液体物料的管道（石油化工园区除外）。其特征是管道敷设在石油化工企业、油库、油气码头等围墙或用地边界线之间且通过公共区域、长度小于或等于30km。

3 火灾危险性分类

3.0.1 可燃气体的火灾危险性分类应按表3.0.1分类。

表3.0.1 可燃气体的火灾危险性分类

类别	可燃气体与空气混合物的爆炸下限
甲	<10%（体积）
乙	≥10%（体积）

3.0.2 液化烃、可燃液体的火灾危险性分类应按表3.0.2分类，并应符合下列规定：

1 操作温度超过其闪点的乙类液体应视为$甲_B$类液体；

2 操作温度超过其闪点的$丙_A$类液体应视为$乙_A$类液体；

3 操作温度超过其闪点的$丙_B$类液体应视为$乙_B$类液体；操作温度超过其沸点的$丙_B$类液体应视为$乙_A$类液体。

表3.0.2 液化烃、可燃液体的火灾危险性分类

名称	类别		特征
液化烃	甲	A	15℃时的蒸汽压力>0.1MPa的烃类液体及其他类似的液体
可燃液体	甲	B	甲A类以外，闪点<28℃
可燃液体	乙	A	28℃≤闪点≤45℃
可燃液体	乙	B	45℃<闪点<60℃
可燃液体	丙	A	60℃≤闪点≤120℃
可燃液体	丙	B	闪点>120℃

3.0.3 固体的火灾危险性分类应按现行国家标准《建筑设计防火规范》GB 50016的有关规定执行。

3.0.4 设备的火灾危险类别应按其处理、储存或输送介质的火灾危险性类别确定。

3.0.5 房间的火灾危险性类别应按房间内设备的火灾危险性类别确定。当同一房间内布置有不同火灾危险性类别设备时，房间的火灾危险性类别应按其中火灾危险性类别最高的设备确定。但当火灾危险类别最高的设备所占面积比例小于5%，且发生事故时，不足以蔓延到其他部位或采取防火措施能防止火灾蔓延时，可按火灾危险性类别较低的设备确定。

4 区域规划与工厂总平面布置

4.1 区 域 规 划

4.1.1 在进行区域规划时，应根据石油化工企业及其相邻工厂或设施的特点和火灾危险性，结合地形、风向等条件，合理布置。

4.1.2 石油化工企业应远离人口密集区、饮用水源地、重要交通枢纽等区域，并宜位于邻近城镇或居民区全年最小频率风向的上风侧。

4.1.3 在山区或丘陵地区，石油化工企业的生产区应避免布置在窝风地带。

4.1.4 石油化工企业的生产区沿江河岸布置时，宜位于邻近江河的城镇、重要桥梁、大型锚地、船厂等重要建筑物或构筑物的下游。

4.1.5 石油化工企业应采取防止泄漏的可燃液体和受污染的消防水排出厂外的措施。

4.1.6 公路和地区架空电力线路严禁穿越生产区。

4.1.7 当区域排洪沟通过厂区时：

1 不宜通过生产区；

2 应采取防止泄漏的可燃液体和受污染的消防水流入区域排洪沟的措施。

4.1.8 地区输油（输气）管道不应穿越厂区。

4.1.9 石油化工企业与相邻工厂或设施的防火间距不应小于表4.1.9的规定。

高架火炬的防火间距应根据人或设备允许的辐射热强度计算确定，对可能携带可燃液体的高架火炬的防火间距不应小于表4.1.9的规定。

表4.1.9 石油化工企业与相邻工厂或设施的防火间距

相邻工厂或设施		防火间距（m）				
		液化烃罐组（罐外壁）	甲、乙类液体罐组（罐外壁）	可能携带可燃液体的高架火炬（火炬筒中心）	甲、乙类工艺装置或设施（最外侧设备外缘或建筑物的最外侧轴线）	全厂性或区域性重要设施（最外侧设备外缘或建筑物的最外侧轴线）
居民区、公共福利设施、村庄		300	100	120	100	25
相邻工厂（围墙或用地边界线）		120	70	120	50	70
厂外铁路	国家铁路线（中心线）	55	45	80	35	—
	厂外企业铁路线（中心线）	45	35	80	30	—
国家或工业区铁路编组站（铁路中心线或建筑物）		55	45	80	35	25
厂外公路	高速公路、一级公路（路边）	35	30	80	30	—
	其他公路（路边）	25	20	60	20	—
变配电站（围墙）		80	50	120	40	25

表4.1.9　石油化工企业与相邻工厂或设施的防火间距（续）

相邻工厂或设施	防火间距（m）				
	液化烃罐组（罐外壁）	甲、乙类液体罐组（罐外壁）	可能携带可燃液体的高架火炬（火炬筒中心）	甲、乙类工艺装置或设施（最外侧设备外缘或建筑物的最外侧轴线）	全厂性或区域性重要设施（最外侧设备外缘或建筑物的最外侧轴线）
架空电力线路（中心线）	1.5倍塔杆高度且不小于40m	1.5倍塔杆高度	80	1.5倍塔杆高度	—
Ⅰ、Ⅱ级国家架空通信线路（中心线）	50	40	80	40	—
通航江、河、海岸边	25	25	80	20	—
地区埋地输油管道 原油及成品油（管道中心）	30	30	60	30	30
地区埋地输油管道 液化烃（管道中心）	60	60	80	60	60
地区埋地输气管道（管道中心）	30	30	60	30	30
装卸油品码头（码头前沿）	70	60	120	60	60

注：1　本表中相邻工厂指除石油化工企业和油库以外的工厂；
2　括号内指防火间距起止点；
3　当相邻设施为港区陆域、重要物品仓库和堆场、军事设施、机场等，对石油化工企业的安全距离有特殊要求时，应按有关规定执行；
3A　液化烃罐组与电压等级330kV~1000kV的架空电力线路的防火间距不应小于100m；
3B　单罐容积大于等于50000m³的甲、乙类液体储罐与居民区、公共福利设施、村庄的防火间距不应小于120m；
4　丙类可燃液体罐组的防火间距，可按甲、乙类可燃液体罐组的规定减少25%；
5　丙类工艺装置或设施的防火间距，可按甲、乙类工艺装置或设施的规定减少25%；
6　地面敷设的地区输油（输气）管道的防火间距，可按地区埋地输油（输气）管道的规定增加50%；
7　当相邻工厂围墙内为非火灾危险性设施时，其与全厂性或区域性重要设施防火间距最小可为25m；
8　表中“—”表示无防火间距要求或执行相关规范。

4.1.9A　高架火炬不同辐射热强度范围内允许布置的设施或区域宜符合表4.1.9A-1和表4.1.9A-2的规定。

表4.1.9A-1　工厂界区内设施或区域允许的辐射热强度（不包括太阳辐射热）

工厂界区内设施或区域	辐射热强度允许的最大值（kW/m^2）	
	正常情况下	事故情况下
一类重要设施	1.58	3.20
生产区、公用和辅助生产设施区	1.58	4.73

表4.1.9A-2　工厂界区外设施或区域允许的辐射热强度（不包括太阳辐射热）

工厂界区外设施或区域	辐射热强度允许的最大值（kW/m^2）	
	正常情况下	事故情况下
居民区、公共福利设施、村庄	1.58	1.58
工厂、公路、铁路等其他区域	1.58	3.20
人员稀少的区域（荒野、农田等）	3.20	4.73

4.1.10　石油化工企业与同类企业及油库的防火间距不应小于表4.1.10的规定。

高架火炬的防火间距应根据人或设备允许的辐射热强度计算确定，对可能携带可燃液体的高架火炬的防火间距不应小于表4.1.10的规定。

表4.1.10　石油化工企业与同类企业及油库的防火间距

项　目	防火间距（m）				
	液化烃罐组（罐外壁）	可燃液体罐组（罐外壁）	可能携带可燃液体的高架火炬（火炬筒中心）	甲、乙类工艺装置或设施（最外侧设备外缘或建筑物的最外侧轴线）	全厂性或第一类区域性重要设施（最外侧设备外缘或建筑物的最外侧轴线）
液化烃罐组（罐外壁）	60	60	90	70	90
可燃液体罐组（罐外壁）	60	1.5*D*（见注2）	90	50	60
可能携带可燃液体的高架火炬（火炬筒中心）	90	90	（见注4）	90	90
甲、乙类工艺装置或设施（最外侧设备外缘或建筑物的最外侧轴线）	70	50	90	40	40
全厂性或第一类区域性重要设施（最外侧设备外缘或建筑物的最外侧轴线）	90	60	90	40	20
明火地点	70	40	60	40	20

注：1　括号内指防火间距起止点；

2　表中D为较大罐的直径。当$1.5D$小于30m时，取30m；当$1.5D$大于60m时，可取60m；当丙类可燃液体罐相邻布置时，防火间距可取30m；

3　与散发火花地点的防火间距，可按与明火地点的防火间距减少50%，但不应小于20m；散发火花地点应布置在火灾爆炸危险区域之外；

4　辐射热不应影响相邻火炬的检修和运行；

5　丙类工艺装置或设施的防火间距，可按甲、乙类工艺装置或设施的规定减少10m（火炬除外），但不应小于30m；

6　第二类区域性重要设施的防火间距，可按全厂性或第一类区域性重要设施的规定减少25%（火炬除外），但不应小于20m。

4.1.11 石油化工企业与石油化工园区的公用设施、铁路走行线的防火间距不应小于表4.1.11的规定。

高架火炬的防火间距应根据人或设备允许的辐射热强度计算确定，对可能携带可燃液体的高架火炬的防火间距不应小于表4.1.11的规定。

表4.1.11 石油化工企业与石油化工园区的公用设施、铁路走行线的防火间距

项　目	防火间距（m）				
	液化烃罐组（罐外壁）	可燃液体罐组（罐外壁）	可能携带可燃液体的高架火炬（火炬筒中心）	甲、乙类工艺装置或设施（最外侧设备外缘或建筑物的最外侧轴线）	全厂性或区域性重要设施（最外侧设备外缘或建筑物的最外侧轴线）
园区管理中心、消防站等人员集中的公用设施（最外侧设备外缘或建筑物的最外侧轴线）	110	80	90	80	25
变电所、热电厂、空分站、空压站等重要的公用设施（最外侧设备外缘或建筑物的最外侧轴线）	100	70	90	60	25
净水厂（最外侧设备外缘或建筑物的最外侧轴线）	60	40	90	35	25
铁路走行线（中心线）	30	25	60	20	10

注：1 括号内指防火间距起止点；

2 单罐容积大于等于50000m^3的可燃液体储罐与人员集中的公用设施的防火间距不应小于100m；

3 丙类工艺装置或设施的防火间距，可按甲、乙类工艺装置或设施的规定减少10m，但不应小于20m；

4 铁路走行线应布置在火灾爆炸危险区域之外。

4.1.12 石油化工园区内的公用管道应布置在石油化工企业的围墙或用地边界线外，且输送可燃气体、液化烃和可燃液体的公用管道（中心）与石油化工企业内的生产区及重要设施的防火间距不应小于10m。

4.2 工厂总平面布置

4.2.1 工厂总平面应根据工厂的生产流程及各组成部分的生产特点和火灾危险性，结合地形、风向等条件，按功能分区集中布置。

4.2.2 可能散发可燃气体的工艺装置、罐组、装卸区或全厂性污水处理场等设施宜布置在人员集中场所及明火或散发火花地点的全年最小频率风向的上风侧。

4.2.3 全厂性办公楼、中央控制室、中央化验室、总变电所等重要设施应布置在相对高处。液化烃罐组或可燃液体罐组不应毗邻布置在高于工艺装置、全厂性重要设施或人员集中场所的阶梯上。但受条件限制或有工艺要求时，可燃液体原料储罐可毗邻布置在高于工艺装置的阶梯上，但应采取防止泄漏的可燃液体流入工艺装置、全厂性重要设施或人员集中场所的措施。

4.2.4 液化烃罐组或可燃液体罐组不宜紧靠排洪沟布置。

4.2.5 空分站应布置在空气清洁地段，并宜位于散发乙炔及其他可燃气体、粉尘等场所的全年最小频率风向的下风侧。

4.2.5A 中央控制室宜布置在行政管理区。

4.2.6 全厂性的高架火炬宜位于生产区全年最小频率风向的上风侧。

4.2.6A 2座及2座以上的高架火炬宜集中布置在同一个区域。火炬高度和火炬之间的防火间距应确保事故放空时辐射热不影响相邻火炬的检修和运行。

4.2.7 汽车装卸设施、液化烃灌装站及各类物品仓库等机动车辆频繁进出的设施应布置在厂区边缘或厂区外，并宜设围墙独立成区。

4.2.8 罐区泡沫站应布置在罐组防火堤外的非防爆区，与可燃液体罐的防火间距不宜小于20m。

4.2.8A 事故水池和雨水监测池宜布置在厂区边缘的较低处，可与污水处理场集中布置。事故水池距明火地点的防火间距不应小于25m，距可能携带可燃液体的高架火炬的防火间距不应小于60m。

4.2.8B 区域性含油污水提升设施应布置在装置及单元外，距离明火地点、重要设施及工艺装置内的变配电、机柜间等的防火间距不应小于15m，距可能携带可燃液体的高架火炬的防火间距不应小于60m。

4.2.9 采用架空电力线路进出厂区的总变电所应布置在厂区边缘。

4.2.10 消防站的位置应符合下列规定：

1 消防站的服务范围应按行车路程计，行车路程不宜大于2.5km，并且接火警后消防车到达火场的时间不宜超过5min；对丁、戊类的局部场所，消防站的服务范围可加大到4km；

2 应便于消防车迅速通往工艺装置区和罐区；

3 宜避开工厂主要人流道路；

4 宜远离噪声场所；

5 宜位于生产区全年最小频率风向的下风侧。

4.2.11 厂区的绿化应符合下列规定：

1 生产区不应种植含油脂较多的树木，宜选择含水分较多的树种；

2 工艺装置或可燃气体、液化烃、可燃液体的罐组与周围消防车道之间不宜种植绿篱或茂密的灌木丛；

3 在可燃液体罐组防火堤内可种植生长高度不超过15cm、含水分多的四季常青的草皮；

4 液化烃罐组防火堤内严禁绿化；

5 厂区的绿化不应妨碍消防操作。

4.2.12 石油化工企业总平面布置的防火间距除本标准另有规定外，不应小于表4.2.12的规定。工艺装置或设施（罐组除外）之间的防火间距应按相邻最近的设备、建筑物确定，其防火间距起止点应符合本标准附录A的规定。高架火炬的防火间距应根据人或设备允许的安全辐射热强度计算确定，对可能携带可燃液体的高架火炬的防火间距不应小于表4.2.12的规定。

表4.2.12 石油化工厂总平面布置的防火间距（m）

项目			工艺装置（单元）			全厂重要设施		明火地点	地上可燃液体储罐									沸点低于45℃的甲$_B$类液体全压力储罐	液化烃储罐					可燃气体储罐	液化烃及甲$_B$、乙类液体			灌装站		甲类物品仓库（库棚）或堆场	罐区甲、乙类泵（房）、全冷冻式液化烃储存的压缩机（包括添加剂设施及其专用变配电室、控制室）	污水处理场（隔油池、污油罐）	铁路走行线（中心线）、原料及产品运输道路（路面边）	备注
									甲$_B$、乙类固定顶				浮顶、内浮顶或丙$_A$类固定顶						全压力式和半冷冻式储存			全冷冻式储存												
			甲	乙	丙	一类	二类		>5000m^3	>1000m^3~5000m^3	>500m^3~1000m^3	≤500m^{3}或卧式	>20000m^3	>5000m^3~20000m^3	>1000m^3~5000m^3	>500m^3~1000m^3	≤500m^{3}或卧式		>1000m^3	>100m^3~1000m^3	≤100m^3	>10000m^3	≤10000m^3	>1000m^3~50000m^3	码头装卸区	汽车装卸站	铁路装卸设施、槽车洗罐站	液化烃	甲$_B$、乙类液体及可燃与助燃气体					
工艺装置（单元）		甲	30/25	25/20	20/15	40	35	30	50	40	30	25	40	35	30	25	20	40	60	50	40	70	60	25	35	25	30	30	25	30	20	25	15	注1、2
		乙	25/20	20/15	15/10	35	30	25	40	35	25	20	35	30	25	20	15	35	55	45	35	65	55	20	30	20	25	25	20	25	15	20	10	
		丙	20/15	15/10	10	30	25	20	35	30	20	15	30	25	20	15	10	30	50	40	30	60	50	15	25	15	20	20	15	20	10	15	10	
全厂重要设施		一类	40	35	30	—	—	—	60	50	45	40	50	45	40	35	30	50	80	70	55	90	80	40	50	40	45	45	40	45	30	35	—	注3
		二类	35	30	25	—	—	—	50	40	35	30	40	35	30	25	20	40	70	60	45	80	70	30	40	30	35	35	30	35	20	25	—	
明火地点			30	25	20	—	—	—	40	35	30	25	35	30	25	20	15	35	60	50	40	70	60	30	35	25	30	30	25	30	15	25	—	注4
地上可燃液体储罐	甲$_B$、乙类固定顶	>5000m^3	50	40	35	60	50	40	见表6.2.8									40	50	45	40	40	30	30	50	25	25	35	30	35	20	25	20	注5、2
		>1000m^3~5000m^3	40	35	30	50	40	35										30	40	35	30	40	30	25	40	20	20	30	25	30	15	20	15	
		>500m^3~1000m^3	30	25	20	45	35	30										25	35	30	25	40	30	20	35	15	15	25	20	25	12	15	12	
		≤500m^{3}或卧式罐	25	20	15	40	30	25										20	30	25	20	40	30	15	30	10	10	20	15	20	10	15	10	
	浮顶、内浮顶或丙$_A$类固定顶	>20000m^3	40	35	30	50	40	35										35	45	40	35	40	30	25	45	25	25	30	25	30	20	25	20	
		>5000m^3~20000m^3	35	30	25	45	35	30										30	40	35	30	40	30	20	40	20	20	25	20	25	15	20	15	
		>1000m^3~5000m^3	30	25	20	40	30	25										25	35	25	20	40	30	15	35	15	15	20	15	20	12	15	12	
		>500m^3~1000m^3	25	20	15	35	25	20										20	30	20	15	40	30	10	30	12	12	17	12	15	10	15	10	
		≤500m^{3}或卧式罐	20	15	10	30	20	15										15	25	15	10	40	30	8	25	10	10	15	10	10	8	15	10	
沸点低于45℃的甲$_B$类液体全压力储罐			40	35	30	50	40	35	40	30	25	20	35	30	25	20	15	见表6.3.3				40	30	25	40	20	20	30	25	30	20	20	20	
液化烃储罐	全压力和半冷冻式储存	>1000m^3	60	55	50	80	70	60	50	40	35	30	45	40	35	30	25					40	30	40	55	45	50	45	40	60	35	30	25	
		>100m^3~1000m^3	50	45	40	70	60	50	45	35	30	25	40	35	25	20	15					40	30	30	45	35	40	40	35	50	30	25	20	
		≤100m^3	40	35	30	55	45	40	40	30	25	20	35	30	20	15	10					40	30	25	10	30	35	35	30	40	25	25	15	
	全冷冻式储存	>10000m^3	70	65	60	90	80	70	40	40	40	40	40	40	40	40	40	40	40	40	40	见表6.3.3		50	65	55	60	55	50	70	45	40	25	
		≤10000m^3	60	55	50	80	70	60	30	30	30	30	30	30	30	30	30	30	30	30	30			40	55	45	50	45	40	60	35	30	25	
可燃气体储罐		>1000m^3~50000m^3	25	20	15	40	30	30	30	25	20	15	25	20	15	10	8	25	40	30	25	50	40	见表6.3.3	25	15	20	20	15	20	15	20	10	注6、2
液化烃及甲$_B$、乙类液体		码头装卸区	35	30	25	50	40	35	50	40	35	30	45	40	35	30	25	40	55	45	40	65	55	25	—	20	25	30	25	35	15	30	10	注7、2
		汽车装卸站	25	20	15	40	30	25	25	20	15	10	25	20	15	12	10	20	45	35	30	55	45	15	20	—	15	20	15	25	10	20	10	
		铁路装卸设施、槽车洗罐站	30	25	20	45	35	30	25	20	15	10	25	20	15	12	10	20	50	40	35	60	50	20	25	15	10	25	20	30	12	25	15（10）	
灌装站		液化烃	30	25	20	45	35	30	35	30	25	20	30	25	20	17	15	30	45	40	35	55	45	20	30	20	25	—	—	30	25	25	10	
		甲$_B$、乙类液体及可燃与助燃气体	25	20	15	40	30	25	30	25	20	15	25	20	15	12	10	25	40	35	30	50	40	15	25	15	20	—	—	25	20	20	10	
甲类物品仓库（库棚）或堆场			30	25	20	45	35	30	35	30	25	20	30	25	20	15	10	30	60	50	40	70	60	20	35	25	30	30	25	—	20	25	10	注8、2
罐区甲、乙类泵（房）、全冷冻式液化烃储存的压缩机（包括添加剂设施及其专用变配电室、控制室）			20	15	10	30	20	15	20	15	12	10	20	15	12	10	8	20	35	30	25	45	35	15	15	10	12	25	20	20	—	15	10	注9、2
污水处理场（隔油池、污油罐）			25	20	15	35	25	25	25	20	15	15	25	20	15	15	15	20	30	25	25	40	30	20	30	20	25	25	20	25	15	—	10	注10、2
铁路走行线（中心线）、原料及产品运输道路（路面边）			15	10	10	—	—	—	20	15	12	10	20	15	12	10	10	20	25	20	15	25	25	10	10	10	15（10）	10	10	10	10	10	—	注11
可能携带可燃液体的高架火炬			90	90	90	90	90	60	90	90	90	90	90	90	90	90	90	90	90	90	90	90	90	90	90	90	90	90	90	90	60	90	50	—
厂区围墙（中心线）或用地边界线			25	25	20	—	—	—	35	35	25	25	35	30	25	20	20	30	30	30	30	40	40	30	—	25	30	30	25	15	15	15	—	—

注：1 分子适用于石油化工装置，分母适用于炼油装置；
2 工艺装置或可能散发可燃气体的设施与工艺装置明火加热炉的防火间距应按明火地点的防火间距确定；
3 全厂性消防站、全厂性消防水泵房与甲类工艺装置的防火间距不应小于50m。区域性重要设施与相邻设施的防火间距，可减少25%（火炬除外）；
4 与散发火花地点的防火间距，可按与明火地点的防火间距减少50%（火炬除外），但散发火花地点应布置在火灾爆炸危险区域之外；
5 罐组与其他设施的防火间距按相邻最大罐容积确定；埋地储罐与其他设施的防火间距可减少50%（火炬除外）。当固定顶可燃液体罐采用氮气密封时，其与相邻设施的防火间距可按浮顶、内浮顶罐处理；丙$_B$类固定顶罐与其他设施的防火间距可按丙$_A$类固定顶罐减少25%（火炬除外）；
6 单罐容积等于或小于1000m^3，防火间距可减少25%（火炬除外）；大于50000m^3，应增加25%（火炬除外）；
7 丙类液体，防火间距可减少25%（火炬除外）。当甲$_B$、乙类液体铁路装卸采用全密闭装卸时，装卸设施的防火间距可减少25%，但不应小于10m（火炬除外）；
8 本项包括可燃气体、助燃气体的实瓶库。乙、丙类物品库（棚）和堆场防火间距可减少25%（火炬除外）；丙类可燃固体堆场可减少50%（火炬除外）；
9 丙类泵（房），防火间距可减少25%（火炬除外），但当地上可燃液体储罐单罐容积大于500m^{3}时，不应小于10m；地上可燃液体储罐单罐容积小于或等于500m^{3}时，不应小于8m；
10 污油泵的防火间距可按隔油池的防火间距减少25%（火炬除外）；其他设备或构筑物防火间距不限；
11 铁路走行线和原料产品运输道路应布置在火灾爆炸危险区域之外。括号内的数字用于原料及产品运输道路；
12 表中"—"表示无防火间距要求或执行相关规范。

4.3 厂 内 道 路

4.3.1 工厂主要出入口不应少于2个，并宜位于不同方位。

4.3.2 2条或2条以上的工厂主要出入口的道路应避免与同一条铁路线平交；确需平交时，其中至少有2条道路的间距不应小于所通过的最长列车的长度；若小于所通过的最长列车的长度，应另设消防车道。

4.3.3 厂内主干道宜避免与调车频繁的厂内铁路线平交。

4.3.4 装置或联合装置、液化烃罐组、总容积大于或等于120000m^3的可燃液体罐组、总容积大于或等于120000m^3的2个或2个以上可燃液体罐组应设环形消防车道。可燃液体的储罐区、可燃气体储罐区、装卸区及化学危险品仓库区应设环形消防车道，当受地形条件限制时，也可设有回车场的尽头式消防车道。消防车道的路面宽度不应小于6m，路面内缘转弯半径不宜小于12m，路面上净空高度不应低于5m；占地大于80000m^2的装置或联合装置及含有单罐容积大于50000m^3的可燃液体罐组，其周边消防车道的路面宽度不应小于9m，路面内缘转弯半径不宜小于15m。

4.3.4A 装置区及储罐区的消防道路，两个路口间长度大于300m时，该消防道路中段应设置供火灾施救时用的回车场地，回车场不宜小于18m×18m（含道路）。

4.3.5 液化烃、可燃液体、可燃气体的罐区内，任何储罐的中心距至少2条消防车道的距离均不应大于120m；当不能满足此要求时，任何储罐中心与最近的消防车道之间的距离不应大于80m，且最近消防车道的路面宽度不应小于9m。

4.3.6 在液化烃、可燃液体的铁路装卸区应设与铁路线平行的消防车道，并符合下列规定：

1 若一侧设消防车道，车道至最远的铁路线的距离不应大于80m；

2 若两侧设消防车道，车道之间的距离不应大于200m，超过200m时，其间尚应增设消防车道。

4.3.7 当道路路面高出附近地面2.5m以上、且在距道路边缘15m范围内，有工艺装置或可燃气体、液化烃、可燃液体的储罐及管道时，应在该段道路的边缘设护墩、矮墙等防护设施。

4.3.8 管架支柱（边缘）、照明电杆、行道树或标志杆等距道路路面边缘不应小于0.5m。

4.4 厂 内 铁 路

4.4.1 厂内铁路宜集中布置在厂区边缘。

4.4.2 工艺装置的固体产品铁路装卸线可布置在该装置的仓库或储存场（池）的边缘。建筑限界应按现行国家标准《标准轨距铁路建筑限界》GB 146.2的有关规定执行。

4.4.3 当液化烃装卸栈台与可燃液体装卸栈台布置在同一装卸区时，液化烃栈台宜布置在装卸区的一侧。

4.4.4 在液化烃、可燃液体的铁路装卸区内，内燃机车至另一栈台鹤管的距离应符合下列规定：

1 甲、乙类液体鹤管不应小于12m；甲$_B$、乙类液体采用密闭装卸时，其防火间距可减少25%；

2 丙类液体鹤管不应小于8m。

4.4.5 当液化烃、可燃液体或甲、乙类固体的铁路装卸线为尽头线时，其车挡至最后车位的距离不应小于20m。

4.4.6 液化烃、可燃液体的铁路装卸线不得兼作走行线。

4.4.7 液化烃、可燃液体或甲、乙类固体的铁路装卸线停放车辆的线段应为平直段。当受地形条件限制时，可设在半径不小于500m的平坡曲线上。

4.4.8 在液化烃、可燃液体的铁路装卸区内，两相邻栈台鹤管之间的距离应符合下列规定：

1 甲、乙类液体的栈台鹤管与相邻栈台鹤管之间的距离不应小于10m；甲$_B$、乙类液体采用密闭装卸时，其防火间距可减少25%；

2 丙类液体的两相邻栈台鹤管之间的距离不应小于7m。

4.4.9 当固体铁路装卸线与液化烃、可燃液体装卸栈台布置在同一装卸区时，固体铁路装卸线宜布置在装卸区的一侧，并应符合下列规定：

1 甲类固体铁路装卸线与相邻的甲、乙类液体的栈台鹤管之间的距离不应小于20m，与相邻的丙类液体的栈台鹤管之间的距离不应小于15m；甲$_B$、乙类液体采用密闭装卸时，其防火间距可减少25%；

2 其他固体铁路装卸线与相邻的甲、乙类液体的栈台鹤管之间的距离不应小于15m，与相邻的丙类液体的栈台鹤管之间的距离不应小于10m；甲$_B$、乙类液体采用密闭装卸时，其防火间距可减少25%。

4.5 厂际管道规划

4.5.1 厂际管道应根据项目的总体规划，结合沿线的居民区、村庄、公共福利设施、工厂、交通、电力、水利等建设的现状与规划，以及沿线地区的地形、地貌、地质、地震等自然条件，通过综合分析和技术经济比较，确定线路走向。

4.5.2 厂际管道不应穿越村庄、居民区、公共福利设施，并应远离人员集中的建筑物和明火设施。

4.5.3 厂际管道不宜穿越与其无关的工厂。

4.5.4 厂际管道与公路、铁路、市政重力流管道和暗沟（渠）交叉或相邻布置时应符合下列规定：

1 厂际管道应减少与公路、铁路、市政重力流管道和暗沟（渠）的交叉；

2 埋地厂际管道与市政重力流管道、暗沟（渠）交叉敷设时，厂际管道应布置在市政重力流管道、暗沟（渠）的下方，厂际管道与市政重力流管道、暗沟（渠）的垂直净距不应小于0.5m；埋地敷厂际管道与市政重力流管道、暗沟（渠）平行敷设时，厂际管道与市政重力流管道、暗沟（渠）的净距不应小于5m；

3 架空厂际管道与市政重力流管道、暗沟（渠）平行敷设时，厂际管道与市政重力流管道、暗沟（渠）的净距不应小于8m；

4 厂际管道与市政重力流管道、暗沟（渠）沿道路敷设时，宜分别布置在道路两侧；

5 应采取防止泄漏的可燃介质流入市政重力流管道、暗沟（渠）的措施。

4.5.5 厂际管道沿江、河、湖、海岸边敷设时，应采取防止泄漏的可燃液体流入水域的措施。

4.5.6 厂际管道应避开滑坡、崩塌、沉陷、泥石流等不良的工程地质区。当受条件限制必需通过时，应采取防护措施并选择合适的位置，缩短通过距离。

4.5.7 厂际管道宜沿厂外公路敷设，可依托厂外公路进行巡检，不能依托时，宜沿架空敷设的厂际管道设置巡检道路。

4.5.8 厂际管道与相邻工厂或设施的防火间距不应小于表4.5.8的规定。

表4.5.8　厂际管道与相邻工厂或设施的防火间距

相邻设施		防火间距（m）			
		可燃气体、可燃液体管道（管道中心）		液化烃管道（管道中心）	
		埋地敷设	地上架空	埋地敷设	地上架空
居民区、村庄、公共福利设施		15	25	30	40
相邻工厂（围墙或用地边界）		10	20	20	30
厂外铁路线	国家铁路线	25	50	25	50
	企业铁路线	15	25	15	25
厂外公路	高速公路、一级公路	10	20	10	20
	其他公路	7	10	7	10
架空电力、通信线路（中心线）		5	1倍杆高	5	1倍杆高
通航江、河、海岸边		10	15	10	15

注：1　厂际管道与桥梁的安全距离应按现行国家标准《油气输送管道穿越工程设计规范》GB 50423、《油气输送管道跨越工程设计标准》GB 50459的有关规定执行；

2　厂际管道与机场、军事设施、重点文物等的安全距离应按国家现行相关标准执行。

5　工艺装置和系统单元

5.1　一 般 规 定

5.1.1　工艺设备（以下简称设备）、管道和构件的材料应符合下列规定：

1　设备本体（不含衬里）及其基础，管道（不含衬里）及其支、吊架和基础应采用不燃烧材料，但储罐底板垫层可采用沥青砂；

2　设备和管道的保温层应采用不燃烧材料，当设备和管道的保冷层采用阻燃型泡沫塑料制品时，其氧指数不应小于30；

3　建筑物的构件耐火极限应符合现行国家标准《建筑设计防火规范》GB 50016的有关规定。

5.1.2　设备和管道应根据其内部物料的火灾危险性和操作条件，设置相应的仪表、自动联锁保护系统或紧急停车措施。

5.1.3　在使用或产生甲类气体或甲、乙$_A$类液体的工艺装置、系统单元和储运设施区内，应按区域控制和重点控制相结合的原则，设置可燃气体报警系统。

5.2　装置内布置

5.2.1　设备、建筑物平面布置的防火间距，除本标准另有规定外，不应小于表5.2.1的规定。

表 5.2.1 设备、建筑物平面布置的防火间距（m）

项目		控制室、机柜间、变配电所、化验室、办公室	明火设备	操作温度低于自燃点的工艺设备：可燃气体压缩机或压缩机房 甲	可燃气体压缩机或压缩机房 乙	装置储罐（总容积）可燃气体 200m³~1000m³ 甲	可燃气体 200m³~1000m³ 乙	液化烃 50m³~100m³ 甲$_A$	可燃液体 100m³~1000m³ 甲$_B$、乙$_A$	可燃液体 100m³~1000m³ 乙$_B$、丙$_A$	其他工艺设备或房间 可燃气体 甲	可燃气体 乙	液化烃 甲$_A$	可燃液体 甲$_B$、乙$_A$	可燃液体 乙$_B$、丙$_A$	操作温度等于或高于自燃点的工艺设备	含可燃液体的污水池、隔油池、酸性污水罐、含油污水罐	丙类物品仓库、乙类物品储存间	备注
控制室、机柜间、变配电所、化验室、办公室		—	15	15	9	15	9	22.5	15	9	15	9	15	15	9	15	15	15	—
明火设备		15	—	22.5	9	15	9	22.5	15	9	15	9	22.5	15	9	4.5	15	15	—
操作温度低于自燃点的工艺设备 可燃气体压缩机或压缩机房	甲	15	22.5	—	—	9	7.5	15	9	7.5	9	7.5	9	9	7.5	9	9	15	注1
	乙	9	9	—	—	7.5	7.5	9	7.5	7.5	—	—	7.5	—	—	4.5	—	9	
装置储罐（总容积） 可燃气体 200m³~1000m³	甲	15	15	9	7.5	—	—	—	—	—	9	7.5	9	9	7.5	9	9	15	
	乙	9	9	7.5	7.5	—	—	—	—	—	7.5	—	7.5	7.5	—	9	7.5	9	
液化烃 50m³~100m³	甲$_A$	22.5	22.5	15	9	—	—	—	—	—	9	7.5	9	9	7.5	15	9	15	注2
可燃液体 100m³~1000m³	甲$_B$、乙$_A$	15	15	9	7.5	—	—	—	—	—	9	7.5	9	9	7.5	9	9	15	
	乙$_B$、丙$_A$	9	9	7.5	7.5	—	—	—	—	—	7.5	—	7.5	7.5	—	9	7.5	9	
操作温度低于自燃点的工艺设备 其他工艺设备或房间 可燃气体	甲	15	15	9	—	9	7.5	9	9	7.5	—	—	—	—	—	4.5	—	9	—
	乙	9	9	7.5	—	7.5	—	7.5	7.5	—	—	—	—	—	—	—	—	9	
液化烃	甲$_A$	15	22.5	9	7.5	9	7.5	9	9	7.5	—	—	—	—	—	7.5	—	15	
可燃液体	甲$_B$、乙$_A$	15	15	9	—	9	7.5	9	9	7.5	—	—	—	—	—	4.5	—	9	
	乙$_B$、丙$_A$	9	9	7.5	—	7.5	—	7.5	7.5	—	—	—	—	—	—	—	—	9	
操作温度等于或高于自燃点的工艺设备		15	4.5	9	4.5	9	9	15	9	9	4.5	—	7.5	4.5	—	—	4.5	15	注3
含可燃液体的污水池、隔油池、酸性污水罐、含油污水罐		15	15	9	—	9	7.5	9	9	7.5	—	—	—	—	—	4.5	—	9	—
丙类物品仓库、乙类物品储存间		15	15	15	9	15	9	15	15	9	9	9	15	9	9	15	9	—	—
装置储罐组（总容积） 可燃气体 >1000m³~5000m³	甲、乙	20	20	15	15	*	*	20	15	15	15	15	20	15	15	15	15	15	注4
液化烃 >100m³~500m³	甲$_A$	30	30	30	25	25	20	*	25	20	25	20	30	25	20	30	25	25	
可燃液体 >1000m³~5000m³	甲$_B$、乙$_A$	25	25	25	20	20	15	25	*	*	20	15	25	20	15	25	20	20	
	乙$_B$、丙$_A$	20	20	20	15	15	15	20	*	*	15	15	20	15	15	20	15	15	

注：1 单机驱动功率小于150kW的可燃气体压缩机，可按操作温度低于自燃点的“其他工艺设备”确定其防火间距；

2 装置储罐（组）的总容积应符合本标准第5.2.22条的规定。当装置储罐的总容积：液化烃储罐小于50m³、可燃液体储罐小于100m³、可燃气体储罐小于200m³时，可按操作温度低于自燃点的“其他工艺设备”确定其防火间距；

3 查不到自燃点时，可取250℃；

4 装置储罐组的防火设计应符合本标准第6章的有关规定；

5 丙$_B$类液体设备的防火间距不限；

6 散发火花地点与其他设备防火间距同明火设备；

7 表中“—”表示无防火间距要求或执行相关规范，“*”表示装置储罐集中成组布置。

5.2.2 为防止结焦、堵塞，控制温降、压降，避免发生副反应等有工艺要求的相关设备，可靠近布置。

5.2.3 分馏塔顶冷凝器、塔底重沸器与分馏塔，压缩机的分液罐、缓冲罐、中间冷却器等与压缩机，以及其他与主体设备密切相关的设备，可直接连接或靠近布置。

5.2.4 明火加热炉附属的燃料气分液罐、燃料气加热器等与炉体的防火间距不应小于6m。

5.2.5 以甲$_B$、乙$_A$类液体为溶剂的溶液法聚合液所用的总容积大于800m^{3}的掺和储罐与相邻的设备、建筑物的防火间距不宜小于7.5m；总容积小于或等于800m^{3}时，其防火间距不限。

5.2.6 可燃气体、液化烃和可燃液体的在线分析仪表间与工艺设备的防火间距不限。

5.2.7 布置在爆炸危险区的在线分析仪表间内设备为非防爆型时，在线分析仪表间应正压通风。

5.2.8 设备宜露天或半露天布置，并宜缩小爆炸危险区域的范围。爆炸危险区域的范围应按现行国家标准《爆炸危险环境电力装置设计规范》GB 50058的规定执行。受工艺特点或自然条件限制的设备可布置在建筑物内。

5.2.9 联合装置视同一个装置，其设备、建筑物的防火间距应按相邻设备、建筑物的防火间距确定，其防火间距应符合表5.2.1的规定。

5.2.10 装置内消防道路的设置应符合下列规定：

1 装置内应设贯通式道路，道路应有不少于2个出入口，且2个出入口宜位于不同方位。当装置外两侧消防道路间距不大于120m时，装置内可不设贯通式道路；

2 道路的路面宽度不应小于6m，路面上的净空高度不应小于4.5m；路面内缘转弯半径不宜小于6m。

5.2.10A 应在乙烯裂解炉及高度超过24m且长度超过50m的可燃气体、液化烃和可燃液体设备的构架附近适当位置设置不小于15m×10m（含道路）的消防扑救场地。

5.2.11 在甲、乙类装置内部的设备、建筑物区的设置应符合下列规定：

1 应用道路将装置分割成为占地面积不大于10000m^{2}的设备、建筑物区；

2 当大型石油化工装置的设备、建筑物区占地面积大于10000m^{2}小于20000m^{2}时，在设备、建筑物区四周应设环形道路，道路路面宽度不应小于6m，设备、建筑物区的宽度不应大于120m，相邻两设备、建筑物区的防火间距不应小于15m，并应加强安全措施。

5.2.11A 当一套联合装置的占地大于80000m^{2}时，应用装置内道路分隔，分隔的每一区块面积不应大于80000m^2，相邻两区块的设备、建筑物之间的防火间距不应小于25m。分隔道路应与周边道路连通形成环形道路，分隔道路路面宽度不应小于7m。

5.2.12 设备、建筑物、构筑物宜布置在同一地平面上；当受地形限制采取阶梯式布置时，应将控制室、机柜间、变配电所、化验室等布置在较高的阶梯上；工艺设备、装置储罐等宜布置在较低的阶梯上。

5.2.13 明火加热炉宜集中布置在装置的边缘，且宜位于可燃气体、液化烃和甲$_B$、乙$_A$类设备的全年最小频率风向的下风侧。

5.2.14 当在明火加热炉与露天布置的液化烃设备或甲类气体压缩机之间设置不燃烧材料实体墙时，其防火间距可小于表5.2.1的规定，但不得小于15m。实体墙的高度不宜小于3m，距加热炉不宜大于5m，实体墙的长度应满足由露天布置的液化烃设备或甲类气体压缩机经实体墙至加热炉的折线距离不小于22.5m。

当封闭式液化烃设备的厂房或甲类气体压缩机房面向明火加热炉一面为无门窗洞口的不燃烧材料实体墙时，加热炉与厂房的防火间距可小于表5.2.1的规定，但不得小于15m。

5.2.15 当同一建筑物内分隔为不同火灾危险性类别的房间时，中间隔墙应为防火墙。人员集中的房间应布置在火灾危险性较小的建筑物一端。

5.2.16 装置的控制室、机柜间、变配电所、化验室、办公室等不得与设有甲、乙$_A$类设备的房间布置在同一建筑物内。装置的控制室与其他建筑物合建时，应设置独立的防火分区。

5.2.17 装置的控制室、化验室、办公室等宜布置在装置外，并宜全厂性或区域性统一设置。当装置的控制室、机柜间、变配电所、化验室、办公室等布置在装置内时，应布置在装置的一侧，位于爆炸危险区范围以外，并宜位于可燃气体、液化烃和甲$_B$、乙$_A$类设备全年最小频率风向的下风侧。

5.2.18 布置在装置内的控制室、机柜间、变配电所、化验室、办公室等的布置应符合下列规定：

1 控制室宜设在建筑物的底层；

2 平面布置位于附加2区的办公室、化验室室内地面及控制室、机柜间、变配电所的设备层地面应高于室外地面，且高差不应小于0.6m；

3 控制室、机柜间面向有火灾危险性设备侧的外墙应为无门窗洞口、耐火极限不低于3h的不燃烧材料实体墙；

4 化验室、办公室等面向有火灾危险性设备侧的外墙宜为无门窗洞口不燃烧材料实体墙。当确需设置门窗时，应采用防火门窗；

5 控制室或化验室的室内不得安装可燃气体、液化烃和可燃液体的在线分析仪器。

5.2.19 高压和超高压的压力设备宜布置在装置的一端或一侧；有爆炸危险的超高压反应设备宜布置在防爆构筑物内。

5.2.20 装置的可燃气体、液化烃和可燃液体设备采用多层构架布置时，除工艺要求外，其构架不宜超过四层。

介质操作温度等于或高于自燃点的设备上方，不宜布置操作温度低于自燃点的甲、乙、丙类可燃液体设备；若在其上方布置，应用不燃烧材料的封闭式楼板隔离保护，且封闭式楼板应为无泄漏楼板。

5.2.21 空气冷却器不宜布置在操作温度等于或高于自燃点的可燃液体设备上方；若布置在其上方，应用不燃烧材料的封闭式楼板隔离保护。

5.2.22 装置储罐（组）的布置应符合下列规定：

1 当装置储罐总容积：液化烃罐小于或等于100m³、可燃气体或可燃液体罐小于或等于1000m³时，可布置在装置内，装置储罐与设备、建筑物的防火间距不应小于表5.2.1的规定；

2 当装置储罐组总容积：液化烃罐大于100m³小于或等于500m³、可燃液体罐或可燃气体罐大于1000m³小于或等于5000m³时，应成组集中布置在装置边缘；但液化烃单罐容积不应大于300m³，可燃液体单罐容积不应大于3000m³。装置储罐组的防火设计应符合本标准第6章的有关规定，与储罐相关的机泵应布置在防火堤外。装置储罐组与装置内其他设备、建筑物的防火间距不应小于表5.2.1的规定。

5.2.23 甲、乙类物品仓库不应布置在装置内。若工艺需要，储量不大于5t的乙类物品储存间和丙类物品仓库可布置在装置内，并位于装置边缘。丙类物品仓库的总储量应符合本标准第6章的有关规定。

5.2.24 可燃气体和助燃气体的钢瓶（含实瓶和空瓶），应分别存放在位于装置边缘的敞棚内。可燃气体的钢瓶距明火或操作温度等于或高于自燃点的设备防火间距不应小于15m。分析专用的钢瓶储存间可靠近分析室布置，钢瓶储存间的建筑设计应满足泄压要求。

5.2.25 建筑物的安全疏散门应向外开启。甲、乙、丙类房间的安全疏散门，不应少于2个；面积小于等于100m²的房间可只设1个。

5.2.26 设备的构架或平台的安全疏散通道应符合下列规定：

1 可燃气体、液化烃和可燃液体设备的联合平台或其他设备的构架平台应设置不少于2个通往地面的梯子，作为安全疏散通道。下列情况可设1个通往地面的梯子：

1）甲类气体和甲、乙$_A$类液体设备构架平台的长度小于或等于8m；

2）乙类气体和乙$_B$、丙类液体设备构架平台的长度小于或等于15m；

3）甲类气体和甲、乙$_A$类液体设备联合平台的长度小于或等于15m；

4）乙类气体和乙$_B$、丙类液体设备联合平台的长度小于或等于25m。

2 相邻的构架、平台宜用走桥连通，与相邻平台连通的走桥可作为一个安全疏散通道。

3 相邻安全疏散通道之间的距离不应大于50m。

5.2.27 装置内地坪竖向和排污系统的设计应减少可能泄漏的可燃液体在工艺设备附近的滞留时间和扩散范围。火灾事故状态下，受污染的消防水应有效收集和排放。

5.2.28 凡在开停工、检修过程中，可能有可燃液体泄漏、漫流的设备区周围应设置不低于150mm的围堰和导液设施。

5.3 泵和压缩机

5.3.1 可燃气体压缩机的布置及其厂房的设计应符合下列规定：

1 可燃气体压缩机宜露天或半露天布置；

2 单机驱动功率等于或大于150kW的甲类气体压缩机厂房不宜与其他甲、乙和丙类房间共用一座建筑物；

3 压缩机的上方不得布置甲、乙和丙类工艺设备，但自用的高位润滑油箱不受此限；

4 比空气轻的可燃气体压缩机半敞开式或封闭式厂房的顶部应采取通风措施；

5 除检修承重区外，可燃气体压缩机厂房的楼板宜采用透空钢格板，该透空钢格板的面积可不计入所在防火分区的建筑面积内；

6 比空气重的可燃气体压缩机厂房的地面不宜设地坑或地沟；厂房内应有防止可燃气体积聚的措施。

5.3.2 液化烃泵、可燃液体泵宜露天或半露天布置。液化烃、操作温度等于或高于自燃点的可燃液体的泵上方，不宜布置甲、乙、丙类工艺设备；若在其上方布置甲、乙、丙类工艺设备，应用不燃烧材料的封闭式楼板隔离保护。

若操作温度等于或高于自燃点的可燃液体泵上方，布置操作温度低于自燃点的甲、乙、丙类可燃液体设备时，封闭式楼板应为不燃烧材料的无泄漏楼板。

液化烃、操作温度等于或高于自燃点的可燃液体的泵不宜布置在管架下方。

5.3.3 液化烃泵、可燃液体泵在泵房内布置时，应符合下列规定：

1 液化烃泵、操作温度等于或高于自燃点的可燃液体泵、操作温度低于自燃点的可燃液体泵应分别布置在不同房间内，各房间之间的隔墙应为防火墙；

2 操作温度等于或高于自燃点的可燃液体泵房的门窗与操作温度低于自燃点的甲$_B$、乙$_A$类液体泵房的门窗或液化烃泵房的门窗的距离不应小于4.5m；

3 甲、乙$_A$类液体泵房的地面不宜设地坑或地沟，泵房内应有防止可燃气体积聚的措施；

4 在液化烃、操作温度等于或高于自燃点的可燃液体泵房的上方，不宜布置甲、乙、丙类工艺设备；

5 液化烃泵不超过2台时，可与操作温度低于自燃点的可燃液体泵同房间布置。

5.3.4 气柜、半冷冻或全冷冻式液化烃储存设施的工艺设备之间的防火间距应按本标准表5.2.1执行；机泵区与储罐的防火间距不应小于15m；半冷冻或全冷冻式液化烃储存设施的附属工艺设备应布置在防火堤外。

5.3.5 罐组的专用泵区应布置在防火堤外，与储罐的防火间距应符合下列规定：

1 距甲$_A$类储罐不应小于15m；

2 距甲$_B$、乙类固定顶储罐不应小于12m，距小于或等于500m^{3}的甲$_B$、乙类固定顶储罐不应小于10m；

3 距浮顶及内浮顶储罐、丙$_A$类固定顶储罐不应小于10m，距小于或等于500m^{3}的内浮顶储罐、丙$_A$类固定顶储罐不应小于8m。

5.3.6 除甲$_A$类以外的可燃液体储罐的专用泵单独布置时，应布置在防火堤外，与可燃液体储罐的防火间距不限。

5.3.7 压缩机或泵等的专用控制室或不大于10kV的专用变配电所，可与该压缩机房或泵房等共用一座建筑物，但专用控制室或变配电所的门窗应位于爆炸危险区范围之外，且专用控制室或变配电所与压缩机房或泵房等的中间隔墙应为无门窗洞口的防火墙。

5.4 污水处理场和循环水场

5.4.1 隔油池的保护高度不应小于400mm。隔油池应设难燃烧材料的盖板。

5.4.2 隔油池的进出水管道应设水封。距隔油池池壁5m以内的水封井、检查井的井盖与盖座接缝处应密封，且井盖不得有孔洞。

5.4.3 污水处理场内的设备、建（构）筑物平面布置防火间距不应小于表5.4.3的规定。

表5.4.3 污水处理场内的设备、建（构）筑物平面布置的防火间距（m）

类别	变配电所、化验室、办公室等	含可燃液体的隔油池、污水池等	集中布置的水泵房	污油罐、含油污水调节罐	焚烧炉	污油泵房、含油污水泵（房）、污泥脱水间
变配电所、化验室、办公室等	—	15	—	15	15	15
含可燃液体的隔油池、污水池等	15	—	15	—	15	—
集中布置的水泵房	—	15	—	15	—	—
污油罐、含油污水调节罐	15	—	15	—	15	—
焚烧炉	15	15	—	15	—	15
污油泵房、含油污水泵（房）、污泥脱水间	15	—	—	—	15	—

注：表中"—"表示无防火间距要求或执行相关规范。

5.4.4 循环水场冷却塔应采用阻燃型的填料、收水器和风筒，其氧指数不应小于30。

5.5 泄压排放和火炬系统

5.5.1 在非正常条件下，可能超压的下列设备应设安全阀：

1 顶部最高操作压力大于等于0.1MPa的压力容器；

2 顶部最高操作压力大于0.03MPa的蒸馏塔、蒸发塔和汽提塔（汽提塔顶蒸汽通入另一蒸馏塔者除外）；

3 往复式压缩机各段出口或电动往复泵、齿轮泵、螺杆泵等容积式泵的出口（设备本身已有安全阀者除外）；

4 凡与鼓风机、离心式压缩机、离心泵或蒸汽往复泵出口连接的设备不能承受其最高压力时，鼓风机、离心式压缩机、离心泵或蒸汽往复泵的出口；

5 可燃气体或液体受热膨胀，可能超过设计压力的设备；

6 顶部最高操作压力为0.03MPa~0.1MPa的设备应根据工艺要求设置。

5.5.2 单个安全阀的开启压力（定压），不应大于设备的设计压力。当一台设备安装多个安全阀时，其中一个安全阀的开启压力（定压）不应大于设备的设计压力；其他安全阀的开启压力可以提高，但不应大于设备设计压力的1.05倍。

5.5.3 下列的工艺设备不宜设安全阀：

1 加热炉炉管；

2 在同一压力系统中，压力来源处已有安全阀，则其余设备可不设安全阀；

3 对扫线蒸汽不宜作为压力来源。

5.5.4 可燃气体、可燃液体设备的安全阀出口连接应符合下列规定：

1 可燃液体设备的安全阀出口泄放管应接入储罐或其他容器，泵的安全阀出口泄放管宜接至泵的入口管道、塔或其他容器；

2 可燃气体设备的安全阀出口泄放管应接至火炬系统或其他安全泄放设施；

3 泄放后可能立即燃烧的可燃气体或可燃液体应经冷却后接至放空设施；

4 泄放可能携带液滴的可燃气体应经分液罐后接至火炬系统。

5.5.5 有可能被物料堵塞或腐蚀的安全阀，在安全阀前应设爆破片或在其出入口管道上采取吹扫、加热或保温等防堵措施。

5.5.6 两端阀门关闭且因外界影响可能造成介质压力升高的液化烃、甲$_B$、乙$_A$类液体管道应采取泄压安全措施。

5.5.7 甲、乙、丙类的设备应有事故紧急排放设施，并应符合下列规定：

1 对液化烃或可燃液体设备，应能将设备内的液化烃或可燃液体排放至安全地点，剩余的液化烃应排入火炬；

2 对可燃气体设备，应能将设备内的可燃气体排入火炬或安全放空系统。

5.5.8 常减压蒸馏装置的初馏塔顶、常压塔顶、减压塔顶的不凝气不应直接排入大气。

5.5.9 较高浓度环氧乙烷设备的安全阀前应设爆破片。爆破片入口管道应设氮封，且安全阀的出口管道应充氮。

5.5.10 氨的安全阀排放气应经处理后放空。

5.5.11 受工艺条件或介质特性所限，无法排入火炬或装置处理排放系统的可燃气体，当通过排气筒、放空管直接向大气排放时，排气筒、放空管的高度应符合下列规定：

1 连续排放的排气筒顶或放空管口应高出20m范围内的平台或建筑物顶3.5m以上，位于排放口水平20m以外斜上45°的范围内不宜布置平台或建筑物（图5.5.11）；

2 间歇排放的排气筒顶或放空管口应高出10m范围内的平台或建筑物顶3.5m以上，位于排放口水平10m以外斜上45°的范围内不宜布置平台或建筑物（图5.5.11）；

3 安全阀排放管口不得朝向邻近设备或有人通过的地方，排放管口应高出8m范围内的平台或建筑物顶3m以上。

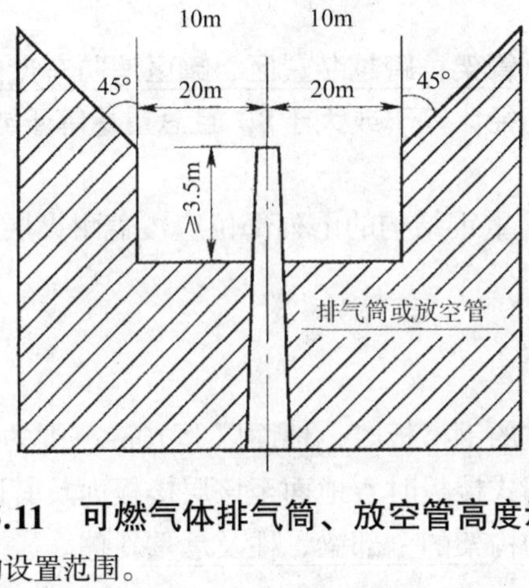

图5.5.11 可燃气体排气筒、放空管高度示意图

注：阴影部分为平台或建筑物的设置范围。

5.5.12 有突然超压或发生瞬时分解爆炸危险物料的反应设备，如设安全阀不能满足要求时，应装爆破片或爆破片和导爆管，导爆管口必须朝向无火源的安全方向；必要时应采取防止二次爆炸、火灾的措施。

5.5.13 因物料爆聚、分解造成超温、超压，可能引起火灾、爆炸的反应设备应设报警信号和泄压排放设施，以及自动或手动遥控的紧急切断进料设施。

5.5.14 严禁将混合后可能发生化学反应并形成爆炸性混合气体的几种气体混合排放。

5.5.15 液体、低热值可燃气体、含氧气或卤元素及其化合物的可燃气体、毒性为极度和高度危害的可燃气体、惰性气体、酸性气体及其他腐蚀性气体不得排入全厂性火炬系统，应设独立的排放系统或处理排放系统。

5.5.16 可燃气体放空管道在接入火炬前，应设置分液和阻火等设备。

5.5.17 可燃气体放空管道内的凝结液应密闭回收，不得随地排放。

5.5.17A 可燃气体排放系统中的分液罐或凝缩液罐距离明火地点、重要设施及工艺装置内的变配电、机柜间等的防火间距不应小于15m。

5.5.18 携带可燃液体的低温可燃气体排放系统应设置气化器，低温火炬管道选材应考虑事故排放时可能出现的最低温度。

5.5.19 装置的主要泄压排放设备宜采用适当的措施，以降低事故工况下可燃气体瞬间排放负荷。

5.5.20 火炬应设长明灯和可靠的点火系统。

5.5.21 装置内高架火炬的设置应符合下列规定：

1 严禁排入火炬的可燃气体携带可燃液体；

2 火炬的辐射热不应影响人身及设备的安全；

3 距火炬筒30m范围内，不应设置可燃气体放空。

5.5.22 封闭式地面火炬的设置除按明火设备考虑外，还应符合下列规定：

1 排入火炬的可燃气体不应携带可燃液体；

2 火炬的辐射热不应影响人身及设备的安全；

3 火炬应采取有效的消烟措施。

5.5.23 火炬设施的附属设备可靠近火炬布置。

5.6 钢结构耐火保护

5.6.1 下列承重钢结构，应采取耐火保护措施：

1 单个容积等于或大于5m³的甲、乙$_A$类液体设备的承重钢构架、支架、裙座；

2 在爆炸危险区范围内，且毒性为极度和高度危害的物料设备的承重钢构架、支架、裙座；

3 操作温度等于或高于自燃点的单个容积等于或大于5m³的乙$_B$、丙类液体设备承重钢构架、支架、裙座；

4 加热炉炉底钢支架；

5 在爆炸危险区范围内的钢管架；跨越装置区、罐区消防车道的钢管架；

6 在爆炸危险区范围内的高径比等于或大于8，且总重量等于或大于25t的非可燃介质设备的承重钢构架、支架和裙座。

5.6.2 本标准第5.6.1条所述的承重钢结构的下列部位应覆盖耐火层，覆盖耐火层的钢构件，其耐火极限不应低于2h：

1 支承设备钢构架：

1）单层构架的梁、柱；

2）多层构架的楼板为透空的钢格板时，地面以上10m范围的梁、柱；

3）多层构架的楼板为封闭式楼板时，地面至该层楼板面及其以上10m范围的梁、柱；

4）上部设有空气冷却器的构架的全部梁、柱及承重斜撑。

2 支承设备钢支架。

3 钢裙座外侧未保温部分及直径大于1.2m的裙座内侧。

4 钢管架：

1）底层支撑管道的梁、柱；当底层低于4.5m时，地面以上4.5m内的支撑管道的梁、柱；

2）上部设有空气冷却器的管架，其全部梁、柱及承重斜撑；

3）下部设有液化烃或可燃液体泵的管架，地面以上10m范围的梁、柱；

5 加热炉从钢柱柱脚板到炉底板下表面50mm范围内的主要支承构件应覆盖耐火层，与炉底板连续接触的横梁不覆盖耐火层。

6 液化烃球罐支腿从地面到支腿与球体交叉处以下0.2m的部位。

5.7 其他要求

5.7.1 甲、乙、丙类设备或有爆炸危险性粉尘、可燃纤维的封闭式厂房和控制室等其他建筑物的耐火等级、内部装修及空调系统等设计均应按现行国家标准《建筑设计防火规范》GB 50016、《建筑内部装修设计防火规范》GB 50222和《采暖通风与空气调节设计规范》GB 50019中的有关规定执行。

5.7.1A 中央控制室应根据爆炸风险评估确定是否需要抗爆设计。布置在装置区的控制室、有人值守的机柜间宜进行抗爆设计，抗爆设计应按现行国家标准《石油化工控制室抗爆设计规范》GB 50779的规定执行。

5.7.2 散发爆炸危险性粉尘或可燃纤维的场所，其火灾危险性类别和爆炸危险区范围的划分应按现行国家标准《建筑设计防火规范》GB 50016和《爆炸危险环境电力装置设计规范》GB 50058的规定执行。

5.7.3 散发爆炸危险性粉尘或可燃纤维的场所应采取防止粉尘、纤维扩散、飞扬和积聚的措施。

5.7.4 散发比空气重的甲类气体、有爆炸危险性粉尘或可燃纤维的封闭厂房应采用不发生火花的地面。

5.7.5 有可燃液体设备的多层建筑物或构筑物的楼板应采取措施防止可燃液体泄漏至下层，且应有效收集和排放泄漏的可燃液体。

5.7.6 生产或储存不稳定的烯烃、二烯烃等物质时应采取防止生成过氧化物、自聚物的措施。

5.7.7 可燃气体压缩机、液化烃、可燃液体泵不得使用皮带传动；在爆炸危险区范围内的其他转动设备若必须使用皮带传动时，应采用防静电皮带。

5.7.8 烧燃料气的加热炉应设长明灯，并宜设置火焰监测器。

5.7.9 除加热炉以外的有隔热衬里设备，其外壁应涂刷超温显示剂或设置测温点。

5.7.10 可燃气体的电除尘、电除雾等电滤器系统，应有防止产生负压和控制含氧量超过规定指标的设施。

5.7.11 正压通风设施的取风口宜位于可燃气体、液化烃和甲$_B$、乙$_A$类设备的全年最小频率风向的下风侧，且取风口高度应高出地面9m以上或爆炸危险区1.5m以上，两者中取较大值。取风质量应按现行国家标准《采暖通风与空气调节设计规范》GB 50019的有关规定执行。

6 储运设施

6.1 一般规定

6.1.1 可燃气体、助燃气体、液化烃和可燃液体的储罐基础、防火堤、隔堤及管架（墩）等，均应采用不燃烧材料。防火堤的耐火极限不得小于3h。

6.1.2 液化烃、可燃液体储罐的保温层应采用不燃烧材料。当保冷层采用阻燃型泡沫塑料制品时，其氧指数不应小于30。

6.1.3 储运设施内储罐与其他设备及建构筑物之间的防火间距应按本标准第5章的有关规定执行。

6.2 可燃液体的地上储罐

6.2.1 储罐应采用钢罐，并应符合下列规定：

1 浮顶储罐单罐容积不应大于150000m^3；

2 固定顶和储存甲$_B$、乙$_A$类可燃液体内浮顶储罐直径不应大于48m；

3 储罐罐壁高度不应超过24m；

4 容积大于或等于50000m^{3}的浮顶储罐应设置两个盘梯，并应在罐顶设置两个平台。

6.2.2 储存甲$_B$、乙$_A$类的液体应选用金属浮舱式的浮顶或内浮顶罐。对于有特殊要求的物料或储罐容积小于或等于200m^{3}的储罐，在采取相应安全措施后可选用其他型式的储罐。浮盘应根据可燃液体物性和材质强度进行选用，并应符合下列规定：

1 当单罐容积小于或等于5000m³的内浮顶储罐采用易熔材料制作的浮盘时，应设置氮气保护等安全措施；

2 单罐容积大于5000m³的内浮顶储罐应采用钢制单盘或双盘式浮顶；

3 单罐容积大于或等于50000m³的浮顶储罐应采用钢制双盘式浮顶。

6.2.3 储存沸点低于45℃的甲$_B$类液体宜选用压力或低压储罐。

6.2.4 甲$_B$类液体固定顶罐或低压储罐应采取减少日晒升温的措施。

6.2.4A 储存温度超过120℃的重油固定顶罐应设置氮气保护，多雷区单罐容积大于或等于50000m³的浮顶储罐应采取减少一、二次密封之间空间的措施。

6.2.5 储罐应成组布置，并应符合下列规定：

1 在同一罐组内，宜布置火灾危险性类别相同或相近的储罐；当单罐容积小于或等于1000m³时，火灾危险性类别不同的储罐也可同组布置；

2 沸溢性液体的储罐不应与非沸溢性液体储罐同组布置；

3 可燃液体的压力储罐可与液化烃的全压力储罐同组布置；

4 可燃液体的低压储罐可与常压储罐同组布置。

5 轻、重污油储罐宜同组独立布置。

6.2.6 罐组的总容积应符合下列规定：

1 浮顶罐组的总容积不应大于600000m³；

2 内浮顶罐组的总容积：采用钢制单盘或双盘时不应大于360000m³采用易熔材料制作的内浮顶及其与采用钢制单盘或双盘内浮顶的混合罐组不应大于240000m³；

3 固定顶罐组的总容积不应大于120000m³；

4 固定顶罐和浮顶、内浮顶罐的混合罐组的总容积不应大于120000m³；

5 固定顶罐和浮顶、内浮顶罐的混合罐组中浮顶、内浮顶罐的容积可折半计算。

6.2.7 罐组内储罐的个数应符合下列规定：

1 当含有单罐容积大于50000m³的储罐时，储罐的个数不应多于4个；

2 当含有单罐容积大于或等于10000m³且小于或等于50000m³的储罐时，储罐的个数不应多于12个；

3 当含有单罐容积大于或等于1000m³且小于10000m³的储罐时，储罐的个数不应多于16个；

4 单罐容积小于1000m³储罐的个数不受限制。

6.2.8 罐组内相邻可燃液体地上储罐的防火间距不应小于表6.2.8的规定。

表6.2.8 罐组内相邻可燃液体地上储罐的防火间距

液体类别	储罐型式			
	固定顶罐		浮顶、内浮顶罐	卧罐
	≤1000m³	>1000m³		
甲$_B$、乙类	0.75*D*	0.6*D*	0.4*D*	0.8m
丙$_A$类	0.4*D*			
丙$_B$类	2m	5m		

注：1 表中*D*为相邻较大罐的直径，单罐容积大于1000m³的储罐取直径或高度的较大值；

2 储存不同类别液体的或不同型式的相邻储罐的防火间距应采用本表规定的较大值；

3 现有浅盘式内浮顶罐的防火间距同固定顶罐；

4 可燃液体的低压储罐，其防火间距按固定顶罐考虑；

5 储存丙$_B$类可燃液体的浮顶、内浮顶罐，其防火间距大于15m时，可取15m。

6.2.9 罐组内的储罐不应超过2排；但单罐容积小于或等于1000m³的丙$_B$类的储罐不应超过4排，其中润滑油罐的单罐容积和排数不限。

6.2.10 两排立式储罐的间距应符合表6.2.8的规定，且不应小于5m；两排直径小于5m的立式储罐及卧式储罐的间距不应小于3m。

6.2.11 罐组应设防火堤。

6.2.12 防火堤及隔堤内的有效容积应符合下列规定：

1 防火堤内的有效容积不应小于罐组内1个最大储罐的容积，当浮顶、内浮顶罐组不能满足此要求时，应设置事故存液池储存剩余部分，但罐组防火堤内的有效容积不应小于罐组内1个最大储罐容积的一半；

2 隔堤内有效容积不应小于隔堤内1个最大储罐容积的10%。

6.2.13 立式储罐至防火堤内堤脚线的距离不应小于罐壁高度的一半，卧式储罐至防火堤内堤脚线的距离不应小于3m。

6.2.14 相邻罐组防火堤的外堤脚线之间应留有宽度不小于7m的消防空地。

6.2.15 设有防火堤的罐组内应按下列要求设置隔堤：

1 单罐容积大于20000m^3时，应每个储罐一隔；

2 单罐容积大于5000m^3且小于或等于20000m^3时，隔堤内的储罐不应超过4个；对于甲$_B$、乙$_A$类可燃液体储罐，储罐之间还应设置高度不低于300mm的围堰；

3 单罐容积小于或等于5000m^3时，隔堤所分隔的储罐容积之和不应大于20000m^3；

4 隔堤所分隔的沸溢性液体储罐不应超过2个。

6.2.16 多品种的液体罐组内应按下列要求设置隔堤：

1 甲$_B$、乙$_A$类液体与其他类可燃液体储罐之间；

2 水溶性与非水溶性可燃液体储罐之间；

3 相互接触能引起化学反应的可燃液体储罐之间；

4 助燃剂、强氧化剂及具有腐蚀性液体储罐与可燃液体储罐之间。

6.2.17 防火堤及隔堤应符合下列规定：

1 防火堤及隔堤应能承受所容纳液体的静压，且不应渗漏；

2 立式储罐防火堤的高度应为计算高度加0.2m，但不应低于1.0m（以堤内设计地坪标高为准），且不宜高于2.2m（以堤外3m范围内设计地坪标高为准）；卧式储罐防火堤的高度不应低于0.5m（以堤内设计地坪标高为准）；

3 立式储罐组内隔堤的高度不应低于0.5m；卧式储罐组内隔堤的高度不应低于0.3m；

4 管道穿堤处应采用不燃烧材料严密封闭；

5 在防火堤内雨水沟穿堤处应采取防止可燃液体流出堤外的措施；

6 在防火堤的不同方位上应设置人行台阶或坡道，同一方位上两相邻人行台阶或坡道之间距离不宜大于60m；隔堤应设置人行台阶。

6.2.18 事故存液池的设置应符合下列规定：

1 设有事故存液池的罐组应设导液管（沟），使溢漏液体能顺利地流出罐组并自流入存液池内；

2 事故存液池距防火堤的距离不应小于7m；

3 事故存液池和导液沟距明火地点不应小于30m；

4 事故存液池应有排水设施。

6.2.19 甲$_B$、乙类液体的固定顶罐应设阻火器和呼吸阀；对于采用氮气或其他气体气封的甲$_B$、乙类液体的储罐还应设置事故泄压设备。

6.2.20 常压固定顶罐的罐顶应采用弱顶结构或采取其他泄压措施。

6.2.21 储存温度高于100℃的丙$_B$类液体储罐应设专用扫线罐。

6.2.22 设有蒸汽加热器的储罐应采取防止液体超温的措施。

6.2.23 可燃液体的储罐应设液位计和高液位报警器，必要时可设自动联锁切断进料设施；并宜设自动脱水器。

6.2.24 储罐的进料管应从罐体下部接入；若必须从上部接入，宜延伸至距罐底200mm处。

6.2.25 储罐的进出口管道应采用柔性连接。

6.3 液化烃、可燃气体、助燃气体的地上储罐

6.3.1 液化烃储罐、可燃气体储罐和助燃气体储罐应分别成组布置。

6.3.1A 全压力式或半冷冻式液化烃储罐的单罐容积不应大于4000m^3。

6.3.2 液化烃储罐成组布置时应符合下列规定：

1 液化烃罐组内的储罐不应超过2排；

2 每组全压力式或半冷冻式储罐的个数不应多于12个；

3 全冷冻式储罐的个数不宜多于2个；

4 全冷冻式储罐应单独成组布置；

5 储罐不能适应罐组内任一介质泄漏所产生的最低温度时，不应布置在同一罐组内。

6.3.3 液化烃、可燃气体、助燃气体的罐组内，储罐的防火间距不应小于表6.3.3的规定。

表6.3.3 液化烃、可燃气体、助燃气体的罐组内储罐的防火间距

介质	储存方式或储罐型式		球罐	卧(立)罐	全冷冻式储罐		水槽式气柜	干式气柜
					≤100m^3	>100m^3		
液化烃	全压力式或半冷冻式储罐	有事故排放至火炬的措施	0.5D	1.0D	*	*	*	*
		无事故排放至火炬的措施	1.0D		*	*	*	*
	全冷冻式储罐	≤100m^3	*	*	1.5m	0.5D	*	*
		>100m^3	*	*	0.5D	0.5D	—	—
助燃气体	球罐		0.5D	0.65D	*	*	*	*
	卧(立)罐		0.65D	0.65D	*	*	*	*
可燃气体	水槽式气柜		*	*	*	*	0.5D	0.65D
	干式气柜		*	*	*	*	0.65D	0.65D
	球罐		0.5D	*	*	*	0.65D	0.65D

注：1 D为相邻较大储罐的直径；

2 液氨储罐间的防火间距要求应与液化烃储罐相同；液氧储罐间的防火间距应按现行国家标准《建筑设计防火规范》GB 50016的要求执行；

3 沸点低于45℃的甲$_B$类液体压力储罐，按全压力式液化烃储罐的防火间距执行；

4 液化烃单罐容积≤200m^3的卧(立)罐之间的防火间距超过1.5m时，可取1.5m；

5 助燃气体卧(立)罐之间的防火间距超过1.5m时，可取1.5m；

6 "*"表示不应同组布置。

6.3.4 两排卧罐的间距不应小于3m。

6.3.5 防火堤及隔堤的设置应符合下列规定：

1 液化烃全压力式或半冷冻式储罐组宜设高度为0.6m的防火堤，防火堤内堤脚线距储罐不应小于3m，堤内应采用现浇混凝土地面，并应坡向外侧，防火堤内的隔堤不宜高于0.3m。

2 全压力式或半冷冻式储罐组的总容积不应大于40000m^3，隔堤内各储罐容积之和不宜大于8000m^3。

3 全冷冻式储罐组的总容积不应大于200000m^3，单防罐应每1个罐一隔，隔堤应低于防火堤0.2m。

4 沸点低于45℃甲$_B$类液体压力储罐组的总容积不宜大于60000m^3；隔堤内各储罐容积之和不宜大于8000m^3。

5 沸点低于45℃的甲$_B$类液体的压力储罐，防火堤内有效容积不应小于1个最大储罐的容积。当其与液化烃压力储罐同组布置时，防火堤及隔堤的高度尚应满足液化烃压力储罐组的要求，且二者之间应设隔堤；当其独立成组时，防火堤距储罐不应小于3m，防火堤及隔堤的高度设置尚应符合本标准第6.2.17条的要求。

6 全压力式、半冷冻式液氨储罐的防火堤和隔堤的设置同液化烃储罐的要求。

6.3.6 液化烃全冷冻式单防罐罐组应设防火堤，并应符合下列规定：

1 防火堤内的有效容积不应小于1个最大储罐的容积；

2 单防罐至防火堤内顶角线的距离X不应小于最高液位与防火堤堤顶的高度之差Y加上液面上气相当量压头的和（图6.3.6）；当防火堤的高度等于或大于最高液位时，单防罐至防火堤内顶角线的距离不限；

3 应在防火堤的不同方位上设置不少于2个人行台阶或梯子；

4 防火堤及隔堤应为不燃烧实体防护结构，能承受所容纳液体的静压及温度变化的影响，且不渗漏。

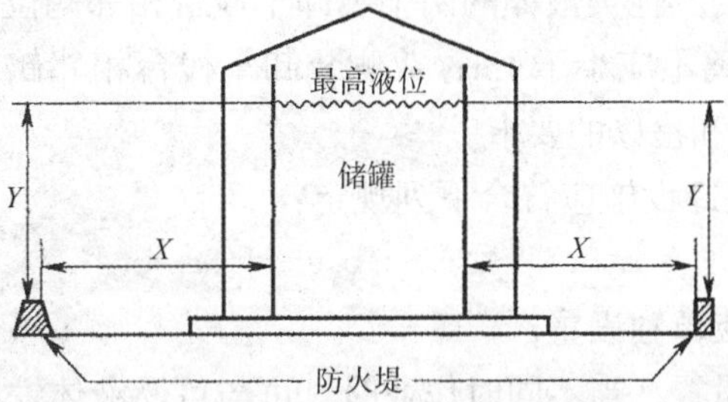

图6.3.6 单防罐至防火堤内顶角线的距离

6.3.7 液化烃和液氨的全冷冻式双防或全防罐罐组可不设防火堤。

6.3.8 全冷冻式液氨单防储罐应设防火堤，堤内有效容积不应小于1个最大储罐容积的60%。

6.3.9 液化烃、液氨等储罐的储存系数不应大于0.9。

6.3.10 液氨的储罐应设液位计、压力表和安全阀；低温液氨储罐尚应设温度指示仪。

6.3.11 液化烃储罐应设液位计、温度计、压力表、安全阀，以及高液位报警和高高液位自动联锁切断进料措施。对于全冷冻式液化烃储罐还应设真空泄放设施和高、低温度检测，并应与自动控制系统相联。

6.3.12 气柜应设上、下限位报警装置，并宜设进出管道自动联锁切断装置。

6.3.13 液化烃储罐的安全阀出口管应接至火炬系统。确有困难时，可就地放空，但其排气管口应高出8m范围内储罐罐顶平台3m以上。

6.3.14 全压力式液化烃储罐宜采用有防冻措施的二次脱水系统，储罐根部宜设紧急切断阀。

6.3.15 液化烃蒸发器的气相部分应设压力表和安全阀。

6.3.16 全压力式储罐应采取防止液化烃泄漏的注水措施。

6.3.17 全冷冻卧式液化烃储罐不应多层布置。

6.4 可燃液体、液化烃的装卸设施

6.4.1 可燃液体的铁路装卸设施应符合下列规定：

1 装卸栈台两端和沿栈台每隔60m左右应设梯子；

2 甲$_B$、乙、丙$_A$类的液体严禁采用沟槽卸车系统；

3 顶部敞口装车的甲$_B$、乙、丙$_A$类的液体应采用液下装车鹤管；

4 在距装车栈台边缘10m以外的可燃液体（润滑油除外）输入管道上应设便于操作的紧急切

断阀；

5 丙$_B$类液体装卸栈台宜单独设置；

6 零位罐至罐车装卸线不应小于6m；

7 甲$_B$、乙$_A$类液体装卸鹤管与集中布置的泵的防火间距不应小于8m，甲$_B$、乙$_A$类液体装卸鹤管及集中布置的泵与油气回收设备的防火间距不应小于4.5m；

8 同一铁路装卸线一侧的两个装卸栈台相邻鹤位之间的距离不应小于24m。

6.4.2 可燃液体的汽车装卸站应符合下列规定：

1 装卸站的进、出口宜分开设置；当进、出口合用时，站内应设回车场；

2 装卸车场应采用现浇混凝土地面；

3 装卸车鹤位与缓冲罐之间的距离不应小于5m，高架罐之间的距离不应小于0.6m；

4 甲$_B$、乙$_A$类液体装卸鹤位与集中布置的泵的防火间距不应小于8m；甲$_B$、乙$_A$类液体装卸鹤位及集中布置的泵与油气回收设备的防火间距不应小于4.5m；

5 站内无缓冲罐时，在距装卸车鹤位10m以外的装卸管道上应设便于操作的紧急切断阀；

6 甲$_B$、乙、丙$_A$类液体的装卸车应采用液下装卸车鹤管；

7 甲$_B$、乙、丙$_A$类液体与其他类液体的两个装卸车栈台相邻鹤位之间的距离不应小于8m；

8 装卸车鹤位之间的距离不应小于4m；双侧装卸车栈台相邻鹤位之间或同一鹤位相邻鹤管之间的距离应满足鹤管正常操作和检修的要求。

6.4.3 液化烃铁路和汽车的装卸设施应符合下列规定：

1 液化烃严禁就地排放；

2 低温液化烃装卸鹤位应单独设置；

3 铁路装卸栈台宜单独设置，当不同时作业时，可与可燃液体铁路装卸同台设置；

4 同一铁路装卸线一侧的两个装卸栈台相邻鹤位之间的距离不应小于24m；

5 铁路装卸栈台两端和沿栈台每隔60m左右应设梯子；

6 汽车装卸车鹤位之间的距离不应小于4m；双侧装卸车栈台相邻鹤位之间或同一鹤位相邻鹤管之间的距离应满足鹤管正常操作和检修的要求，液化烃汽车装卸栈台与可燃液体汽车装卸栈台相邻鹤位之间的距离不应小于8m；

7 在距装卸车鹤位10m以外的装卸管道上应设便于操作的紧急切断阀；

8 汽车装卸车场应采用现浇混凝土地面；

9 装卸车鹤位与集中布置的泵的距离不应小于10m。

6.4.4 可燃液体码头、液化烃码头应符合下列规定：

1 除船舶在码头泊位内外档停靠外，码头相邻泊位船舶间的防火间距不应小于表6.4.4的规定：

表6.4.4 码头相邻泊位船舶间的防火间距（m）

船长（m）	279~236	235~183	182~151	150~110	<110
防火间距	55	50	40	35	25

2 液化烃泊位宜单独设置，当不同时作业时，可与其他可燃液体共用一个泊位；

3 可燃液体和液化烃的码头与其他码头或建筑物、构筑物的安全距离应按有关规定执行；

4 在距泊位20m以外或岸边处的装卸船管道上应设便于操作的紧急切断阀；

5 液化烃的装卸应采用装卸臂或金属软管，并应采取安全放空措施。

6.5 灌 装 站

6.5.1 液化石油气的灌装站应符合下列规定：

1 液化石油气的灌瓶间和储瓶库宜为敞开式或半敞开式建筑物，半敞开式建筑物下部应采取防止油气积聚的措施；

2 液化石油气的残液应密闭回收，严禁就地排放；

3 灌装站应设不燃烧材料隔离墙。如采用实体围墙，其下部应设通风口；

4 灌瓶间和储瓶库的室内应采用不发生火花的地面，室内地面应高于室外地坪，其高差不应小于0.6m；

5 液化石油气缓冲罐与灌瓶间的距离不应小于10m；

6 灌装站内应设有宽度不小于4m的环形消防车道，车道内缘转弯半径不宜小于6m。

6.5.2 氢气灌瓶间的顶部应采取通风措施。

6.5.3 液氨和液氯等的灌装间宜为敞开式建筑物。

6.5.4 实瓶（桶）库与灌装间可设在同一建筑物内，但宜用实体墙隔开，并各设出入口。

6.5.5 液化石油气、液氨或液氯等的实瓶不应露天堆放。

6.6 厂内仓库

6.6.1 石油化工企业应设置独立的化学品和危险品库区。甲、乙、丙类物品仓库，距其他设施的防火间距见表4.2.12，并应符合下列规定：

1 甲类物品仓库宜单独设置；当其储量小于5t时，可与乙、丙类物品仓库共用一座建筑物，但应设独立的防火分区；

2 乙、丙类产品的储量宜按装置2d~15d的产量计算确定；

3 化学品应按其化学物理特性分类储存，当物料性质不允许相互接触时，应用实体墙隔开，并各设出入口；

4 仓库应通风良好；

5 可能产生爆炸性混合气体或在空气中能形成粉尘、纤维等爆炸性混合物的仓库，应采用不发生火花的地面，需要时应设防水层。

6.6.2 单层丙类仓库跨度不应大于150m。每座尿素单层仓库的占地面积不应大于12000m²；每座合成纤维、合成橡胶、合成树脂及塑料单层仓库的占地面积不应大于24000m²。当企业设有消防站和专职消防队且仓库设有工业电视监视系统时，每座尿素单层仓库的占地面积可扩大至24000m²；每座合成树脂及塑料单层仓库的占地面积可扩大至48000m²。单层仓库的每个防火分区的建筑面积应符合下列规定：

1 合成纤维、合成橡胶、合成树脂及塑料仓库不应大于6000m²；

2 尿素散装仓库不应大于12000m²，尿素袋装仓库不应大于6000m²。

6.6.3 合成纤维、合成树脂及塑料等产品的高架仓库应符合下列规定：

1 仓库的耐火等级不应低于二级；

2 货架应采用不燃烧材料。

6.6.4 占地面积大于1000m²的丙类仓库应设置排烟设施，占地面积大于6000m²的丙类仓库宜采用自然排烟，排烟口净面积宜为仓库建筑面积的5%。

6.6.5 袋装硝酸铵仓库的耐火等级不应低于二级。仓库内严禁存放其他物品。

6.6.6 盛装甲、乙类液体的容器存放在室外时应设防晒降温设施。

6.6.7 二硫化碳的存放应符合下列规定：

1 库房温度宜保持在5℃~20℃之间；

2 空桶及实桶均不得露天堆放；

3 实桶应单层立放；

4 桶装库房下部应通风良好；

5 当库房采暖介质的设计温度高于100℃时，应对采暖管道、暖气片采取隔离措施；

6 二硫化碳的储罐不应露天布置，罐内应设水封，并应采取防冻措施。

7 管道布置

7.1 厂内管线综合

7.1.1 全厂性工艺及热力管道宜地上敷设；沿地面或低支架敷设的管道不应环绕工艺装置或罐组布置，并不应妨碍消防车的通行。

7.1.2 管道及其桁架跨越厂内铁路线的净空高度不应小于5.5m；跨越厂内道路的净空高度不应小于5m。在跨越铁路或道路的可燃气体、液化烃和可燃液体管道上不应设置阀门及易发生泄漏的管道附件。

7.1.3 可燃气体、液化烃、可燃液体的管道穿越铁路线或道路时应敷设在管涵或套管内，并采取防止可燃气体窜入和积聚在管涵或套管内的措施。

7.1.4 永久性的地上、地下管道不得穿越或跨越与其无关的工艺装置、系统单元或储罐组；在跨越罐区泵房的可燃气体、液化烃和可燃液体的管道上不应设置阀门及易发生泄漏的管道附件。

7.1.5 距散发比空气重的可燃气体设备30m以内的管沟应采取防止可燃气体窜入和积聚的措施。

7.1.6 各种工艺管道及含可燃液体的污水管道不应沿道路敷设在路面下或路肩上下。

7.2 工艺及公用物料管道

7.2.1 可燃气体、液化烃和可燃液体的金属管道除需要采用法兰连接外，均应采用焊接连接。公称直径等于或小于25mm的可燃气体、液化烃和可燃液体的金属管道和阀门采用锥管螺纹连接时，除能产生缝隙腐蚀的介质管道外，应在螺纹处采用密封焊。

7.2.2 可燃气体、液化烃和可燃液体的管道不得穿过与其无关的建筑物。

7.2.3 可燃气体、液化烃和可燃液体的采样管道不应引入化验室。

7.2.4 可燃气体、液化烃和可燃液体的管道应架空或沿地敷设。必须采用管沟敷设时，应采取防止可燃气体、液化烃和可燃液体在管沟内积聚的措施，并在进、出装置及厂房处密封隔断；管沟内的污水应经水封井排入生产污水管道。

7.2.5 工艺和公用工程管道共架多层敷设时宜将介质操作温度等于或高于250℃的管道布置在上层，液化烃及腐蚀性介质管道布置在下层；必须布置在下层的介质操作温度等于或高于250℃的管道可布置在外侧，但不应与液化烃管道相邻。

7.2.6 氧气管道与可燃气体、液化烃和可燃液体的管道共架敷设时应布置在一侧，且平行布置时净距不应小于500mm，交叉布置时净距不应小于250mm。氧气管道与可燃气体、液化烃和可燃液体管道之间宜用公用工程管道隔开。

7.2.7 公用工程管道与可燃气体、液化烃和可燃液体的管道或设备连接时应符合下列规定：

1 连续使用的公用工程管道上应设止回阀，并在其根部设切断阀；

2 间歇使用的公用工程管道上应设止回阀和一道切断阀或设两道切断阀，并在两切断阀间设检查阀；

3 仅在设备停用时使用的公用工程管道应设盲板或断开。

7.2.8 连续操作的可燃气体管道的低点应设两道排液阀，排出的液体应排放至密闭系统；仅在开停工时使用的排液阀，可设一道阀门，并加丝堵、管帽、盲板或法兰盖。

7.2.9 甲、$乙_A$类设备和管道应有惰性气体置换设施。

7.2.10 可燃气体压缩机的吸入管道应有防止产生负压的措施。

7.2.11 离心式可燃气体压缩机和可燃液体泵应在其出口管道上安装止回阀。

7.2.12 加热炉燃料气调节阀前的管道压力等于或小于0.4MPa（表），且无低压自动保护仪表时，应在每个燃料气调节阀与加热炉之间设置阻火器。

7.2.13 加热炉燃料气管道上的分液罐的凝液不应敞开排放。

7.2.14 当可燃液体容器内可能存在空气时，其入口管应从容器下部接入；若必须从上部接入，宜延伸至距容器底200mm处。

7.2.15 液化烃及操作温度等于或高于自燃点的可燃液体设备至泵的入口管道应在靠近设备根部设置切断阀，当设备容积超过40m^3且与泵的间距小于15m时，该切断阀应为带手动功能的遥控阀，遥控阀就地操作按钮距泵的间距不应小于15m。

7.2.16 进、出装置的可燃气体、液化烃和可燃液体的管道，在装置的边界处应设隔断阀和8字盲板，在隔断阀处应设平台，长度等于或大于8m的平台应在两个方向设梯子。

7.2.17 输送可燃气体、液化烃和可燃液体的管道在进、出石油化工企业时，应在围墙内设紧急切断阀。紧急切断阀应具有自动和手动切断功能。

7.2.18 液化烃、液氯、液氨管道不得采用软管连接，可燃液体管道不得采用非金属软管连接。

7.3 含可燃液体的生产污水管道

7.3.1 含可燃液体的污水及被严重污染的雨水应排入生产污水管道，但可燃气体的凝结液和下列水不得直接排入生产污水管道：

1 与排水点管道中的污水混合后，温度超过40℃的水；

2 混合时产生化学反应能引起火灾或爆炸的污水。

7.3.2 生产污水排放应采用暗管或覆土厚度不小于200mm的暗沟。设施内部若必须采用明沟排水时，应分段设置，每段长度不宜超过30m，相邻两段之间的距离不宜小于2m。

7.3.3 生产污水管道的下列部位应设水封，水封高度不得小于250mm：

1 工艺装置内的塔、加热炉、泵、冷换设备等区围堰的排水出口；

2 工艺装置、罐组或其他设施及建筑物、构筑物、管沟等的排水出口；

3 全厂性的支干管与干管交汇处的支干管上；

4 全厂性支干管、干管的管段长度超过300m时，应用水封井隔开。

7.3.4 重力流循环回水管道在工艺装置总出口处应设水封。

7.3.5 当建筑物用防火墙分隔成多个防火分区时，每个防火分区的生产污水管道应有独立的排出口并设水封。

7.3.6 罐组内的生产污水管道应有独立的排出口，且应在防火堤外设置水封；在防火堤与水封之间的管道上应设置易开关的隔断阀。

7.3.7 甲、乙类工艺装置内生产污水管道的支干管、干管的最高处检查井宜设排气管。排气管的设置应符合下列规定：

1 管径不宜小于100mm；

2 排气管的出口应高出地面2.5m以上，并应高出距排气管3m范围内的操作平台、空气冷却器2.5m以上；

3 距明火、散发火花地点15m半径范围内不应设排气管。

7.3.8 甲、乙类工艺装置内，生产污水管道的检查井井盖与盖座接缝处应密封，且井盖不得有孔洞。

7.3.9 工艺装置内生产污水系统的隔油池应符合本标准第5.4.1条、5.4.2条的规定。

7.3.10 接纳消防废水的排水系统应按最大消防水量校核排水系统能力，并应设有防止受污染的消防水排出厂外的措施。

7.4 厂际管道敷设

7.4.1 厂际管道不宜采用管墩或管沟敷设。当采用管沟敷设时，管沟内应充砂填实。

7.4.2 毒性为极度、高度危害的介质管道不应埋地敷设；氢气管道不宜埋地敷设。

7.4.3 可燃液体厂际管道的壁厚计算，应按现行国家标准《输油管道工程设计规范》GB 50253的有关规定执行；天然气和氢气厂际管道的壁厚计算，应按现行国家标准《输气管道工程设计规范》GB

50251的有关规定执行。当厂际管道经过本标准表4.5.8中的相邻设施时，管道的设计壁厚不应小于计算厚度的1.2倍。

7.4.4 架空敷设的厂际管道经过人员集中的区域时，应设防止人员侵入的防护栏。

7.4.5 沿厂外公路架空敷设的和跨越厂外公路的厂际管道的管廊柱子，距厂外公路路边的距离小于10m时，宜设防撞设施。

7.4.6 厂际管道穿越工程的设计应符合现行国家标准《油气输送管道穿越工程设计规范》GB 50423的有关规定；厂际管道跨越工程的设计应符合现行国家标准《油气输送管道跨越工程设计标准》GB 50459的有关规定。

7.4.7 当厂际管道长度大于5km时，其上、下游企业围墙或用地边界线内的管道上均应设置紧急切断阀、流量和压力监测设施。

7.4.8 厂际管道除需要采用法兰连接外，均应采用焊接连接；管道补偿应采用自然补偿。

7.4.9 厂际管道在其分支管道靠近主管道根部宜设切断阀；除特殊要求外，厂际管道其他位置不应设置切断阀。

7.4.10 架空敷设的厂际管道不宜设置永久性排凝或排气措施。

8 消 防

8.1 一 般 规 定

8.1.1 石油化工企业应设置与生产、储存、运输的物料和操作条件相适应的消防设施，供专职消防人员和岗位操作人员使用。

8.1.2 当大型石油化工装置的设备、建筑物区占地面积大于10000m^2小于20000m^2时，应加强消防设施的设置。

8.2 消 防 站

8.2.1 大中型石油化工企业应设消防站。消防站的规模应根据石油化工企业的规模、火灾危险性、固定消防设施的设置情况，以及邻近单位消防协作条件等因素确定。

8.2.2 石油化工企业消防车辆的车型应根据被保护对象选择，以大型泡沫消防车为主，且应配备干粉或干粉-泡沫联用车；大型石油化工企业尚宜配备高喷车和通信指挥车。

8.2.3 消防站宜设置向消防车快速灌装泡沫液的设施，并宜设置泡沫液运输车，车上应配备向消防车输送泡沫液的设施。

8.2.3A 消防站应配置不少于2门遥控移动消防炮，遥控移动消防炮的流量不应小于30L/s。

8.2.4 消防站应由车库、通信室、办公室、值勤宿舍、药剂库、器材库、干燥室（寒冷或多雨地区）、培训学习室及训练场、训练塔及其他必要的生活设施等组成。

8.2.5 消防车库的耐火等级不应低于二级；车库室内温度不宜低于12℃，并宜设机械排风设施。

8.2.6 车库、值勤宿舍必须设置警铃，并应在车库前场地一侧安装车辆出动的警灯和警铃。通信室、车库、值勤宿舍及公共通道等处应设事故照明。

8.2.7 车库大门应面向道路，距道路边不应小于15m。车库前场地应采用混凝土或沥青地面，并应有不小于2%的坡度坡向道路。

8.3 消防水源及泵房

8.3.1 当消防用水由工厂水源直接供给时，工厂给水管网的进水管不应少于2条。当其中1条发生事故时，另1条应能满足100%的消防用水和70%的生产、生活用水总量的要求。消防用水由消防水池（罐）供给时，工厂给水管网的进水管，应能满足消防水池（罐）的补充水和100%的生产、生活

用水总量的要求。

8.3.1A 当厂区面积超过2000000m²时，消防供水系统的设置应符合下列规定：

1 宜按面积分区设置独立的消防供水系统，每套供水系统保护面积不宜超过2000000m²；

2 每套消防供水系统的最大保护半径不宜超过1200m；

3 每套消防供水系统应根据其保护范围，按本标准第8.4节的规定确定消防用水量；

4 分区独立设置的相邻消防供水系统管网之间应设不少于2根带切断阀的连通管，并应满足当其中一个分区发生故障时，相邻分区能够提供100%消防供水量。

8.3.2 当工厂水源直接供给不能满足消防用水量、水压和火灾延续时间内消防用水总量要求时，应建消防水池（罐），并应符合下列规定：

1 水池（罐）的容量，应满足火灾延续时间内消防用水总量的要求。当发生火灾能保证向水池（罐）连续补水时，其容量可减去火灾延续时间内的补充水量；

2 水池（罐）的总容量大于1000m³时，应分隔成2个，并设带切断阀的连通管；

3 水池（罐）的补水时间，不宜超过48h；

4 当消防水池（罐）与生活或生产水池（罐）合建时，应有消防用水不作他用的措施；

5 寒冷地区应设防冻措施；

6 消防水池（罐）应设液位检测、高低液位报警及自动补水设施。

8.3.3 消防水泵房宜与生活或生产水泵房合建，其耐火等级不应低于二级。

8.3.4 消防水泵应采用自灌式引水系统。当消防水池处于低液位不能保证消防水泵再次自灌启动时，应设辅助引水系统。

8.3.5 消防水泵的吸水管、出水管应符合下列规定：

1 每台消防水泵宜有独立的吸水管；2台以上成组布置时，其吸水管不应少于2条，当其中1条检修时，其余吸水管应能确保吸取全部消防用水量；

2 成组布置的水泵，至少应有2条出水管与环状消防水管道连接，两连接点间应设阀门。当1条出水管检修时，其余出水管应能输送全部消防用水量；

3 泵的出水管道应设防止超压的安全设施；

4 直径大于300mm的出水管道上阀门不应选用手动阀门，阀门的启闭应有明显标志。

8.3.6 消防水泵、稳压泵应分别设置备用泵；备用泵的能力不得小于最大一台泵的能力。

8.3.7 消防水泵应在接到报警后2min以内投入运行。稳高压消防给水系统的消防水泵应能依靠管网压降信号自动启动。

8.3.8 消防水泵的主泵应采用电动泵，备用泵应采用柴油机泵，且应按100%备用能力设置，柴油机的油料储备量应能满足机组连续运转6h的要求；柴油机的安装、布置、通风、散热等条件应满足柴油机组的要求。

8.4 消防用水量

8.4.1 厂区的消防用水量应按同一时间内的火灾处数和相应处的一次灭火用水量确定。

8.4.2 厂区同一时间内的火灾处数应按表8.4.2确定。

表8.4.2 厂区同一时间内的火灾处数

厂区占地面积（m²）	同一时间内火灾处数
≤1000000	1处：厂区消防用水量最大处
>1000000	2处：一处为厂区消防用水量最大处，另一处为厂区辅助生产设施

8.4.3 工艺装置、辅助生产设施及建筑物的消防用水量计算应符合下列规定：

1 工艺装置的消防用水量应根据其规模、火灾危险类别及消防设施的设置情况等综合考虑确定。当确定有困难时，可按表8.4.3选定；火灾延续供水时间不应小于3h；

2 辅助生产设施的消防用水量可按50L/s计算；火灾延续供水时间不宜小于2h；

3 建筑物的消防用水量应根据相关国家标准规范的要求进行计算；

4 可燃液体、液化烃的装卸栈台应设置消防给水系统，消防用水量不应小于60L/s；空分站的消防用水量宜为90L/s~120L/s，火灾延续供水时间不宜小于3h。

表8.4.3 工艺装置消防用水量表（L/s）

装置类型	装置规模	
	中型	大型
石油化工	150~300	300~600
炼油	150~230	230~450
合成氨及氨加工	90~120	120~200

8.4.4 可燃液体罐区的消防用水量计算应符合下列规定：

1 应按火灾时消防用水量最大的罐组计算，其水量应为配置泡沫混合液用水及着火罐和邻近罐的冷却用水量之和；

2 当着火罐为立式储罐时，距着火罐罐壁1.5倍着火罐直径范围内的邻近罐应进行冷却；当着火罐为卧式储罐时，着火罐直径与长度之和的一半范围内的邻近地上罐应进行冷却；

3 当邻近立式储罐超过3个时，冷却水量可按3个罐的消防用水量计算；当着火罐为浮顶、内浮顶罐（浮盘用易熔材料制作的储罐除外）时，其邻近罐可不考虑冷却。

8.4.5 可燃液体地上立式储罐应设固定或移动式消防冷却水系统，其供水范围、供水强度和设置方式应符合下列规定：

1 供水范围、供水强度不应小于表8.4.5的规定；

表8.4.5 消防冷却水的供水范围和供水强度

项目	储罐型式		供水范围	供水强度	附注
移动式水枪冷却	着火罐	固定顶罐	罐周全长	0.8L/s·m	—
		浮顶罐、内浮顶罐	罐周全长	0.6L/s·m	注1、2
	邻近罐		罐周半长	0.7L/s·m	—
固定式冷却	着火罐	固定顶罐	罐壁表面积	$2.5L/min·m^2$	—
		浮顶罐、内浮顶罐	罐壁表面积	$2.0L/min·m^2$	注1、2
	邻近罐		罐壁表面积的1/2	$2.5L/min·m^2$	注3

注：1 浮盘用易熔材料制作的内浮顶罐按固定顶罐计算；

2 浅盘式内浮顶罐按固定顶罐计算；

3 按实际冷却面积计算，但不得小于罐壁表面积的1/2。

2 罐壁高于17m储罐、容积等于或大于$10000m^3$储罐、容积等于或大于$2000m^3$低压储罐应设置固定式消防冷却水系统；

3 润滑油罐可采用移动式消防冷却水系统；

4 储罐固定式冷却水系统应有确保达到冷却水强度的调节设施；

5 控制阀应设在防火堤外，并距被保护罐壁不宜小于15m。控制阀后及储罐上设置的消防冷却水管道应采用镀锌钢管。

8.4.6 可燃液体地上卧式罐宜采用移动式水枪冷却。冷却面积应按罐表面积计算。供水强度：着火罐不应小于$6L/min·m^2$；邻近罐不应小于$3L/min·m^2$。

8.4.7 可燃液体储罐消防冷却用水的延续时间：直径大于20m的固定顶罐和直径大于20m浮盘用易熔材料制作的内浮顶罐应为6h；其他储罐可为4h。

8.4.8 大中型石化企业的消防用水量，应在本标准规定的基础上另外增加不小于10000m³的储存量，当企业临近天然水源或与相邻企业具有互通的消防管网时，可减去相应的有效供水量。

8.5 消防给水管道及消火栓

8.5.1 大型石油化工企业的工艺装置区、罐区等，应设独立的稳高压消防给水系统，其压力宜为0.7MPa~1.2MPa。其他场所采用低压消防给水系统时，其压力应确保灭火时最不利点消火栓的水压不低于0.15MPa（自地面算起）。消防给水系统不应与循环冷却水系统合并，且不应用于其他用途。

8.5.2 消防给水管道应环状布置，并应符合下列规定：

1 环状管道的进水管不应少于2条；

2 环状管道应用阀门分成若干独立管段，每段消火栓的数量不宜超过5个；

3 当某个环段发生事故时，独立的消防给水管道的其余环段应能满足100%的消防用水量的要求；与生产、生活合用的消防给水管道应能满足100%的消防用水和70%的生产、生活用水的总量要求；

4 生产、生活用水量应按70%最大小时用水量计算；消防用水量应按最大秒流量计算。

8.5.3 消防给水管道应保持充水状态。地下独立的消防给水管道应埋设在冰冻线以下，管顶距冰冻线不应小于150mm。

8.5.4 工艺装置区或罐区的消防给水干管的管径应经计算确定。独立的消防给水管道的流速不宜大于3.5m/s。

8.5.5 消火栓的设置应符合下列规定：

1 宜选用地上式消火栓；

2 消火栓宜沿道路敷设；

3 消火栓距路面边不宜大于5m；距建筑物外墙不宜小于5m；

4 地上式消火栓距城市型道路路边不宜小于1m；距公路型双车道路肩边不宜小于1m；

5 地上式消火栓的大口径出水口应面向道路。当其设置场所有可能受到车辆冲撞时，应在其周围设置防护设施；

6 地下式消火栓应有明显标志。

8.5.6 消火栓的数量及位置，应按其保护半径及被保护对象的消防用水量等综合计算确定，并应符合下列规定：

1 消火栓的保护半径不应超过120m；

2 高压消防给水管道上消火栓的出水量应根据管道内的水压及消火栓出口要求的水压计算确定，低压消防给水管道上公称直径为100mm、150mm消火栓的出水量可分别取15L/s、30L/s；

3 大型石化企业的主要装置区、罐区，宜增设大流量消火栓。

8.5.7 罐区及工艺装置区的消火栓应在其四周道路边设置，消火栓的间距不宜超过60m。当装置内设有消防道路时，应在道路边设置消火栓。距被保护对象15m以内的消火栓不应计算在该保护对象可使用的数量之内。

8.5.8 与生产或生活合用的消防给水管道上的消火栓应设切断阀。

8.6 消防水炮、水喷淋和水喷雾

8.6.1 甲、乙类可燃气体、可燃液体设备的高大构架和设备群应设置水炮保护。

8.6.2 固定式水炮的布置应根据水炮的设计流量和有效射程确定其保护范围。消防水炮距被保护对象不宜小于15m。消防水炮的出水量宜为30L/s~50L/s，水炮应具有直流和水雾两种喷射方式。

8.6.3 工艺装置内固定水炮不能有效保护的特殊危险设备及场所宜设水喷淋或水喷雾系统，其设计应符合下列规定：

1　系统供水的持续时间、响应时间及控制方式等应根据被保护对象的性质、操作需要确定；

2　系统的控制阀可露天设置，距被保护对象不宜小于15m；

3　系统的报警信号及工作状态应在控制室控制盘上显示；

4　本标准未作规定者，应按现行国家标准《水喷雾灭火系统设计规范》GB 50219的有关规定执行。

8.6.4　工艺装置内加热炉、甲类气体压缩机、介质温度超过自燃点的泵及换热设备、长度小于30m的油泵房附近等宜设消防软管卷盘，其保护半径宜为20m。

8.6.5　工艺装置内的甲、乙类设备的构架平台高出其所处地面15m时，宜沿梯子敷设半固定式消防给水竖管，并应符合下列规定：

1　按各层需要设置带阀门的管牙接口；

2　平台面积小于或等于$50m^2$时，管径不宜小于80mm；大于$50m^2$时，管径不宜小于100mm；

3　构架平台长度大于25m时，宜在另一侧梯子处增设消防给水竖管，且消防给水竖管的间距不宜大于50m。

4　若构架平台采用不燃烧材料封闭楼板时，该层应设置带消防软管卷盘的消火栓箱。

8.6.6　液化烃及操作温度等于或高于自燃点的可燃液体泵，应设置水喷雾（水喷淋）系统或固定消防水炮进行雾状冷却保护，喷淋强度不宜低于$9L/m^2 \cdot min$。

8.6.7　在寒冷地区设置的消防软管卷盘、消防水炮、水喷淋或水喷雾等消防设施应采取防冻措施。

8.7　低倍数泡沫灭火系统

8.7.1　可能发生可燃液体火灾的场所宜采用低倍数泡沫灭火系统。

8.7.2　下列场所应采用固定式泡沫灭火系统：

1　甲、乙类和闪点等于或小于90℃的丙类可燃液体的固定顶罐及浮盘为易熔材料的内浮顶罐：

1）单罐容积等于或大于$10000m^3$的非水溶性可燃液体储罐；

2）单罐容积等于或大于$500m^3$的水溶性可燃液体储罐。

2　甲、乙类和闪点等于或小于90℃的丙类可燃液体的浮顶罐及浮盘为非易熔材料的内浮顶罐：

1）单罐容积等于或大于$50000m^3$的非水溶性可燃液体储罐；

2）单罐容积等于或大于$1000m^3$的水溶性可燃液体储罐。

3　移动消防设施不能进行有效保护的可燃液体储罐。

8.7.3　下列场所可采用移动式泡沫灭火系统：

1　罐壁高度小于7m或容积等于或小于$200m^3$的非水溶性可燃液体储罐；

2　润滑油储罐；

3　可燃液体地面流淌火灾、油池火灾。

8.7.4　除本标准第8.7.2条及第8.7.3条规定外的可燃液体罐宜采用半固定式泡沫灭火系统。

8.7.5　泡沫灭火系统控制方式应符合下列规定：

1　单罐容积等于或大于$20000m^3$的固定顶罐及浮盘为易熔材料的内浮顶罐应采用远程手动启动的程序控制；

2　单罐容积等于或大于$100000m^3$的浮顶罐及内浮顶罐应采用远程手动启动的程序控制；

3　单罐容积等于或大于$50000m^3$并小于$100000m^3$的浮顶罐及内浮顶罐宜采用远程手动启动的程序控制。

8.7.6　大中型石化企业泡沫液储存量应经计算确定，且不应少于$100m^3$。当该区域有依托条件时，企业内的泡沫液储存量与可依托的泡沫液量之和不应小于$100m^3$。

8.8　蒸汽灭火系统

8.8.1　工艺装置有蒸汽供给系统时，宜设固定式或半固定式蒸汽灭火系统，但在使用蒸汽可能造成事故的部位不得采用蒸汽灭火。

8.8.2 灭火蒸汽管应从主管上方引出，蒸汽压力不宜大于1MPa。

8.8.3 半固定式灭火蒸汽快速接头（简称半固定式接头）的公称直径应为20mm；与其连接的耐热胶管长度宜为15m~20m。

8.8.4 灭火蒸汽管道的布置应符合下列规定：

1 炼油装置加热炉的炉膛及输送腐蚀性可燃介质或带堵头的回弯头箱内应设灭火蒸汽管道接口。灭火蒸汽管道应从蒸汽分配管引出，蒸汽分配管距加热炉不宜小于7.5m，并至少应预留2个半固定式接头；

2 室内空间小于500m^{3}的封闭式甲、乙、丙类泵房或甲类气体压缩机房内应沿一侧墙高出地面150mm~200mm处设固定式筛孔管，固定式筛孔管蒸汽供给强度不宜小于0.003kg/s·m^3，并应沿另一侧墙壁适当设置半固定式接头，在其他甲、乙、丙类泵房或可燃气体压缩机房内应设半固定式接头；

3 在甲、乙、丙类设备区附近宜设半固定式接头，在操作温度等于或高于自燃点的气体或液体设备附近宜设固定式蒸汽筛孔管，固定式筛孔管蒸汽供给强度不宜小于0.003kg/s·m^3，其阀门距被保护设备不宜小于7.5m；

4 在甲、乙、丙类设备的多层构架或塔类联合平台的每层或隔一层宜设半固定式接头；

5 甲、乙、丙类设备附近设置软管站时，可不另设半固定式灭火蒸汽快速接头；

6 固定式筛孔管或半固定式接头的阀门应安装在明显、安全和开启方便的地点。

8.9 灭火器设置

8.9.1 生产区内应设置灭火器。生产区内配置的灭火器宜选用干粉或泡沫灭火器，控制室、机柜间、计算机室、电信站、化验室等宜设置气体型灭火器。

8.9.2 生产区内设置的单个灭火器的规格宜按表8.9.2选用。

表8.9.2 灭火器的规格

灭火器类型		干粉型（碳酸氢钠）		泡沫型		二氧化碳	
		手提式	推车式	手提式	推车式	手提式	推车式
灭火剂充装量	容量（L）	—	—	9	60	—	—
	重量（kg）	6或8	20或50	—	—	5或7	30

8.9.3 工艺装置内手提式干粉型灭火器的选型及配置应符合下列规定：

1 扑救可燃气体、可燃液体火灾宜选用钠盐干粉灭火剂，扑救可燃固体表面火灾应采用磷酸铵盐干粉灭火剂，扑救烷基铝类火灾宜采用D类干粉灭火剂；

2 甲类装置灭火器的最大保护距离不宜超过9m，乙、丙类装置不宜超过12m；

3 每一配置点的灭火器数量不应少于2个，多层构架应分层配置；

4 危险的重要场所宜增设推车式灭火器。

8.9.4 可燃气体、液化烃和可燃液体的铁路装卸栈台应沿栈台每12m处上下各分别设置2个手提式干粉型灭火器。

8.9.5 可燃气体、液化烃和可燃液体的地上罐组宜按防火堤内面积每400m^{2}配置1个手提式灭火器，但每个储罐配置的数量不宜超过3个。

8.9.6 灭火器的配置，本标准未作规定者，应按现行国家标准《建筑灭火器配置设计规范》GB 50140的有关规定执行。

8.10 液化烃罐区消防

8.10.1 液化烃罐区应设置消防冷却水系统，并应配置移动式干粉等灭火设施。

8.10.2 全压力式及半冷冻式液化烃储罐采用的消防设施应符合下列规定：

1 当单罐容积等于或大于1000m^3时，应采用固定式水喷雾（水喷淋）系统及移动消防冷却水系统；

2 当单罐容积大于100m^3，且小于1000m^3时，应采用固定式水喷雾（水喷淋）系统和移动式消防冷却系统或固定式水炮和移动式消防冷却系统；当采用固定式水炮作为固定消防冷却设施时，其冷却用水量不宜小于水量计算值的1.3倍，消防水炮保护范围应覆盖每个液化烃罐；

3 当单罐容积小于或等于100m^3时，可采用移动式消防冷却水系统，其罐区消防冷却用水量不得低于100L/s。

8.10.3 液化烃罐区的消防冷却总用水量应按储罐固定式消防冷却用水量与移动消防冷却用水量之和计算。

8.10.4 全压力式及半冷冻式液化烃储罐固定式消防冷却水系统的用水量计算应符合下列规定：

1 着火罐冷却水供给强度不应小于9L/min·m²；

2 距着火罐罐壁1.5倍着火罐直径范围内的邻近罐冷却水供给强度不应小于9L/min·m²；

3 着火罐冷却面积应按其罐体表面积计算；邻近罐冷却面积应按其半个罐体表面积计算；

4 距着火罐罐壁1.5倍着火罐直径范围的邻近罐超过3个时，冷却水量可按3个罐的用水量计算。

8.10.5 移动消防冷却用水量应按罐组内最大一个储罐用水量确定，并应符合下列规定：

1 储罐容积小于400m^3时，不应小于30L/s，大于或等于400m^3小于1000m^3时，不应小于45L/s；大于或等于1000m^3时，不应小于80L/s；

2 当罐组只有一个储罐时，计算用水量可减半。

8.10.6 全冷冻式液化烃储罐的固定消防冷却供水系统的设置应符合下列规定：

1 当单防罐外壁为钢制时，其消防用水量按着火罐和距着火罐1.5倍直径范围内邻近罐的固定消防冷却用水量及移动消防用水量之和计算。罐壁冷却水供给强度不小于2.5L/min·m²，邻近罐冷却面积按半个罐壁考虑，罐顶冷却水强度不小于4L/min·m²；

2 当双防罐、全防罐外壁为钢筋混凝土结构时，管道进出口等局部危险处应设置水喷雾系统，冷却水供给强度为20L/min·m²，罐顶和罐壁可不考虑冷却；

3 储罐四周应设固定水炮及消火栓。

8.10.7 液化烃罐区的消防用水延续时间按6h计算。

8.10.8 全压力式、半冷冻式液化烃储罐固定式消防冷却水系统可采用水喷雾或水喷淋系统等型式；但当储罐储存的物料燃烧，在罐壁可能生成碳沉积时，应设水喷雾系统。

8.10.9 当储罐采用固定式消防冷却水系统时，对储罐的阀门、液位计、安全阀等宜设水喷雾或水喷淋喷头保护。

8.10.10 全压力式、半冷冻式液化烃储罐固定式消防冷却水管道的设置应符合下列规定：

1 储罐容积大于400m^3时，供水竖管应采用2条，并对称布置；采用固定水喷雾系统时，罐体管道设置宜分为上半球和下半球2个独立供水系统；

2 消防冷却水系统可采用手动或遥控控制阀，当储罐容积等于或大于1000m^3时，应采用遥控控制阀；

3 控制阀应设在防火堤外，距被保护罐壁不宜小于15m；

4 控制阀前应设置带旁通阀的过滤器，控制阀后及储罐上设置的管道，应采用镀锌管。

8.10.11 移动式消防冷却水系统可采用水枪或移动式消防水炮。

8.10.12 沸点低于45℃甲$_B$类液体压力球罐的消防冷却应按液化烃全压力式储罐要求设置，并应有灭火措施。

8.10.13 全压力式及半冷冻式液氨储罐宜采用固定式水喷雾系统和移动式消防冷却水系统，冷却水供给强度不宜小于6L/min·m²，其他消防要求与全压力式及半冷冻式液化烃储罐相同。

全冷冻式液氨储罐的消防冷却水系统按照全冷冻式液化烃储罐外壁为钢制单防罐的要求设置。

8.11 建筑物内消防

8.11.1 建筑物内消防系统的设置应根据其火灾危险性、操作条件、建筑物特点和外部消防设施等情况，综合考虑确定。

8.11.2 室内消火栓的设置应符合下列要求：

1 甲、乙、丙类厂房（仓库）、高层厂房及高架仓库应在各层设置室内消火栓，当单层厂房长度小于30m时可不设；

2 甲、乙类厂房（仓库）、高层厂房及高架仓库的室内消火栓间距不应超过30m，其他建筑物的室内消火栓间距不应超过50m；

3 多层甲、乙类厂房和高层厂房应在楼梯间设置半固定式消防竖管，各层设置消防水带接口；消防竖管的管径不小于100mm，其接口应设在室外便于操作的地点；

4 室内消火栓给水管网与自动喷水灭火系统的管网可引自同一消防给水系统，但应在报警阀前分开设置；

5 消火栓配置的水枪应为直流-水雾两用枪，当室内消火栓栓口处的出水压力大于0.50MPa时，应设置减压设施。

8.11.3 控制室、机柜间、变配电所的消防设施应符合下列规定：

1 建筑物的耐火等级、防火分区、内部装修及空调系统设计等应符合国家相关规范的有关规定；

2 设置火灾自动报警系统，且报警信号盘应设在24h有人值班场所；

3 当电缆沟进口处有可能形成可燃气体积聚时，应设可燃气体报警器；

4 应按现行国家标准《建筑灭火器配置设计规范》GB 50140的要求设置手提式和推车式气体灭火器。

8.11.4 单层丙类仓库的消防设计应符合下列规定：

1 下列单层仓库应设自动喷水灭火系统，自动喷水灭火系统应由厂区稳高压消防给水系统供水：

1）占地面积超过6000m² 的合成橡胶、合成树脂及塑料的产品仓库；

2）合成橡胶、合成树脂及塑料的产品仓库内，建筑面积超过3000m² 的防火分区；

3）占地面积超过1000m² 的合成纤维仓库。

2 高架仓库的货架间运输通道宜设置遥控式高架水炮。

3 应设置火灾自动报警系统，当每座仓库占地面积超过12000m²时尚应设置工业电视监控系统。

4 设有自动喷水灭火系统的仓库宜设置消防排水设施。

5 应按现行国家标准《建筑灭火器配置设计规范》GB 50140的要求设置手提式和推车式灭火器。

8.11.5 挤压造粒厂房的消防设计应满足下列要求：

1 各层应设置室内消火栓，并应配置消防软管卷盘或轻便消防水龙；

2 在楼梯间应设置室内消火栓系统，并在室外设置水泵结合器；

3 应设置火灾自动报警系统；

4 应按现行国家标准《建筑灭火器配置设计规范》GB 50140的要求设置手提式和推车式干粉灭火器。

8.11.6 烷基铝类催化剂配制区的消防设计应符合下列规定：

1 储罐应设置在有钢筋混凝土隔墙的独立半敞开式建筑物内，并宜设有烷基铝泄漏的收集设施；

2 应设置火灾自动报警系统；

3 配制区宜设置局部喷射式D类干粉灭火系统，其控制方式应采用手动遥控启动；

4 应配置干砂等灭火设施。

8.11.7 烷基铝类储存仓库应设置火灾自动报警系统，并配置干砂、蛭石、D类干粉灭火器等灭火设施。

8.11.8 建筑物内消防设计，本标准未作规定者，应按现行国家标准《建筑设计防火规范》GB 50016的有关规定执行。

8.11.9 当控制室和有人值守的机柜间两个相邻安全出口的间距大于40m或疏散走道最远点距最近安全出口的距离大于20m时，疏散走道应设置排烟设施。

8.12 火灾报警系统

8.12.1 石油化工企业的生产区、公用及辅助生产设施、全厂性重要设施和区域性重要设施的火灾危险场所应设置火灾自动报警系统和火灾电话报警。

8.12.2 火灾电话报警的设计应符合下列规定：

1 消防站应设置可受理不少于2处同时报警的火灾受警录音电话，且应设置无线通信设备；

2 在生产调度中心、消防水泵站、中央控制室、总变配电所等重要场所应设置与消防站直通的专用电话。

8.12.3 火灾自动报警系统的设计应符合下列规定：

1 生产区、公用及辅助生产设施、全厂性重要设施和区域性重要设施等火灾危险性场所应设置区域性火灾自动报警系统；

2 2套及2套以上的区域性火灾自动报警系统宜通过网络集成为全厂性火灾自动报警系统；

3 火灾自动报警系统应设置警报装置。当生产区有扩音对讲系统时，可兼作为警报装置；当生产区无扩音对讲系统时，应设置声光警报器；

4 区域性火灾报警控制器应设置在该区域的控制室内；当该区域无控制室时，应设置在24h有人值班的场所，其全部信息应通过网络传输到中央控制室；

5 火灾自动报警系统可接收电视监视系统（CCTV）的报警信息，重要的火灾报警点应同时设置电视监视系统；

6 重要的火灾危险场所应设置消防应急广播。当使用扩音对讲系统作为消防应急广播时，应能切换至消防应急广播状态；

7 全厂性消防控制中心宜设置在中央控制室或生产调度中心，宜配置可显示全厂消防报警平面图的终端。

8.12.4 甲、乙类装置区周围和罐组四周道路边应设置手动火灾报警按钮，其间距不宜大于100m。

8.12.5 单罐容积大于或等于30000m^3的浮顶罐密封圈处应设置火灾自动报警系统；单罐容积大于或等于10000m^3并小于30000m^3的浮顶罐密封圈处宜设置火灾自动报警系统。

8.12.6 火灾自动报警系统的220V AC主电源应优先选择不间断电源（UPS）供电。直流备用电源应采用火灾报警控制器的专用蓄电池，应保证在主电源事故时持续供电时间不少于8h。

8.12.7 火灾报警系统的设计，本标准未作规定者，应按现行国家标准《火灾自动报警系统设计规范》GB 50116的有关规定执行。

9 电 气

9.1 消防电源、配电及一般要求

9.1.1 大中型石油化工企业消防水泵房用电负荷应为一级负荷。

9.1.2 消防水泵房及其配电室应设消防应急照明，照明可采用蓄电池作备用电源，其连续供电时间不应少于3h。

9.1.3 重要消防低压用电设备的供电应在最末一级配电装置或配电箱处实现自动切换。

9.1.3A 消防配电线路应满足火灾事故时连续供电的需要，其敷设应符合下列规定：

1 不应穿越与其无关的工艺装置、系统单元和储罐组；

2 宜直埋或充砂电缆沟敷设；确需地上敷设时，应采用耐火电缆敷设在专用的电缆桥架内，且不应与可燃液体、气体管道同架敷设。

9.1.4 装置内的电缆沟应有防止可燃气体积聚或含有可燃液体的污水进入沟内的措施。电缆沟通入变配电所、控制室的墙洞处应填实、密封。

9.1.5 距散发比空气重的可燃气体设备30m以内的电缆沟、电缆隧道应采取防止可燃气体窜入和积聚的措施。

9.1.6 在可能散发比空气重的甲类气体装置内的电缆应采用阻燃型，并宜架空敷设。

9.2 防 雷

9.2.1 工艺装置内建筑物、构筑物的防雷分类及防雷措施应按现行国际标准《建筑物防雷设计规范》GB 50057的有关规定执行。

9.2.2 工艺装置内露天布置的塔、容器等，当顶板厚度等于或大于4mm时，可不设避雷针、线保护，但必须设防雷接地。

9.2.3 可燃气体、液化烃、可燃液体的钢罐必须设防雷接地，并应符合下列规定：

1 甲$_B$、乙类可燃液体地上固定顶罐，当顶板厚度小于4mm时，应装设避雷针、线，其保护范围应包括整个储罐；

2 丙类液体储罐可不设避雷针、线，但应设防感应雷接地；

3 浮顶罐及内浮顶罐可不设避雷针、线，但应将浮顶与罐体用两根截面不小于25mm^{2}的软铜线作电气连接；

4 压力储罐不设避雷针、线，但应做接地。

9.2.4 可燃液体储罐的温度、液位等测量装置应采用铠装电缆或钢管配线，电缆外皮或配线钢管与罐体应做电气连接。

9.2.5 防雷接地装置的电阻要求应按现行国际标准《石油库设计规范》GB 50074、《建筑物防雷设计规范》GB 50057的有关规定执行。

9.3 静 电 接 地

9.3.1 对爆炸、火灾危险场所内可能产生静电危险的设备和管道，均应采取静电接地措施。

9.3.2 在聚烯烃树脂处理系统、输送系统和料仓区应设置静电接地系统，不得出现不接地的孤立导体。

9.3.3 可燃气体、液化烃、可燃液体、可燃固体的管道在下列部位应设静电接地设施：

1 进出装置或设施处；

2 爆炸危险场所的边界；

3 管道泵及泵入口永久过滤器、缓冲器等。

9.3.4 可燃液体、液化烃的装卸栈台和码头的管道、设备、建筑物、构筑物的金属构件和铁路钢轨等（作阴极保护者除外），均应做电气连接并接地。

9.3.5 汽车罐车、铁路罐车和装卸栈台应设静电专用接地线。

9.3.6 每组专设的静电接地体的接地电阻值宜小于100Ω。

9.3.7 除第一类防雷系统的独立避雷针装置的接地体外，其他用途的接地体，均可用于静电接地。

9.3.8 静电接地的设计，本标准未作规定者，尚应符合现行有关标准、规范的规定。

附录 A 防火间距起止点

A.0.1 区域规划、工厂总平面布置以及工艺装置或设施内平面布置的防火间距起止点为：

设备——设备外缘；

建筑物（敞开或半敞开式厂房除外）——最外侧轴线；

敞开式厂房——设备外缘；

半敞开式厂房——根据物料特性和厂房结构型式确定；

铁路——中心线；

道路——路边；

码头——输油臂中心及泊位；

铁路装卸鹤管——铁路中心线；

汽车装卸鹤位——鹤管立管中心线；

储罐或罐组——罐外壁；

高架火炬——火炬筒中心；

架空通信、电力线——线路中心线；

工艺装置——最外侧的设备外缘或建筑物的最外侧轴线。

引用标准名录

《建筑设计防火规范》GB 50016
《采暖通风与空气调节设计规范》GB 50019
《建筑物防雷设计规范》GB 50057
《爆炸危险环境电力装置设计规范》GB 50058
《石油库设计规范》GB 50074
《火灾自动报警系统设计规范》GB 50116
《建筑灭火器配置设计规范》GB 50140
《水喷雾灭火系统设计规范》GB 50219
《建筑内部装修设计防火规范》GB 50222
《输气管道工程设计规范》GB 50251
《输油管道工程设计规范》GB 50253
《油气输送管道穿越工程设计规范》GB 50423
《油气输送管道跨越工程设计标准》GB 50459
《石油化工控制室抗爆设计规范》GB 50779
《标准轨距铁路建筑限界》GB 146.2

GB 50160—2008 石油化工企业设计防火标准（2018年版）勘误表

序号	书稿页码	具体位置	问题	更正
1	19	4.5.4　2自然段第三行	“埋地敷”	“埋地”
2	29	表5.4.3	表中四处“泵房”	“泵（房）”
3	34	5.6.1　5	“钢管架，”	“钢管架；”
4	35	5.7.5	“或构筑物”	删除
5	42	表6.3.3	表中两处“—”字线	“*”
6	46	6.4.2　6	两处“装卸车”	“装车”
7	57	8.3.6	“备用泵的能力不得小于最大一台泵的能力”	删除
8	64	8.8.4　1	“或带堵头”	删除
9	86	2.0.5	第二行“电信站”	“电信站、”
			第四行“消防水泵房（站）”	删除
10	90	表2丙B	“环丁石风”	“环丁砜”
11	105	4.2.12（3）8）	“火炬之间的防火间距要保证辐射热不影响相邻火炬的检修和运行，同时考虑风向、火焰长度等因素，”	删除
12	105	4.2.12（3）12）	“消防站内24h有人值班”	删除
13	117	5.2.1（9）	“（有盖）”	删除
14	121	5.2.11A	“当一套装置占地面积超过80000m^{2}也应执行本条的规定”	最后一段后另起一行增加
15	128	5.3.7、5.4.3	本页中两处“爆炸和火灾危险场所电力装置设计规范”	“爆炸危险环境电力装置设计规范”
16	175	8.2.4	“建标〔2006〕42号文”	“建标〔2017〕75号文”
17	180	8.4.5　1	“规定为2L/min·m^2”	“规定为2.5L/min·m^2”
18	184	8.6.4	“当消防软管卷盘布置于室内时，还应按现行国家标准《建筑设计防火规范》GB 50016的规定设置室内消火栓，也可统一设置带消防软管卷盘的消火栓”	删除

UDC

中华人民共和国国家标准

P

GB 50177—2005

氢气站设计规范

Design code for hydrogen station

2005-04-15 发布 2005-10-01 实施

中华人民共和国建设部
中华人民共和国国家质量监督检验检疫总局 联合发布

前　言

本规范是根据建设部建标〔2002〕85号文的要求，具体由中国电子工程设计院会同有关单位共同对《氢氧站设计规范》GB 50177—93修订编制而成。

在修订编制过程中，修订组结合我国氢气站、供氢站设计、建造和运行的实际情况，进行了大量的调查研究，并广泛向全国有关单位或个人征求意见，最后由我部会同有关部门审查定稿。

本规范共12章和5个附录。其主要内容有：总则、术语、总平面布置、工艺系统、设备选择、工艺布置、建筑结构、电气及仪表控制、防雷及接地、给水排水及消防、采暖通风、氢气管道等。

本规范中以黑体字标志的条文为强制性条文，必须严格执行。本规范由建设部负责管理和对强制性条文的解释，中国电子工程设计院《氢气站设计规范》管理组负责具体技术内容的解释。在执行过程中，请各单位结合工程实践，认真总结经验，如发现需要修改或补充之处，请将意见和建议寄至中国电子工程设计院《氢气站设计规范》管理组（地址：北京市海淀区万寿路27号，邮编：100840，传真：010-68217842，E-mail：ceedi@ceedi.com.cn），以供今后修订时参考。

本规范主编单位、参编单位和主要起草人：

主 编 单 位：中国电子工程设计院

参 编 单 位：西南化工研究设计院
武汉钢铁设计研究总院
西南电力设计院

主要起草人：陈霖新　章光护　姚震生　郜豫川　李承蓉　袁柏燕　孟培勤　吴炳成
牛光宏　孙美君

目　次

1 总 则

1.0.1 为在氢气站、供氢站的设计中正确贯彻国家基本建设的方针政策，确保安全生产，节约能源，保护环境，满足生产要求，做到技术先进，经济合理，制定本规范。

1.0.2 本规范适用于新建、改建、扩建的氢气站、供氢站及厂区和车间的氢气管道设计。

1.0.3 氢气站、供氢站的生产火灾危险性类别，应为“甲”类。

氢气站、供氢站内有爆炸危险房间或区域的爆炸危险等级应划分为1区或2区，并应符合本规范附录A的规定。

1.0.4 氢气站、供氢站和氢气管道的设计，除执行本规范外，尚应符合国家现行有关标准的规定。

2 术 语

2.0.1 氢气站 hydrogen station

采用相关的工艺（如水电解，天然气转化气、甲醇转化气、焦炉煤气、水煤气等为原料气的变压吸附等）制取氢气所需的工艺设施、灌充设施、压缩和储存设施、辅助设施及其建筑物、构筑物或场所的统称。

2.0.2 供氢站 hydrogen supply station

不含氢气发生设备，以瓶装或/和管道供应氢气的建筑物、构筑物、氢气罐或场所的统称。

2.0.3 氢气罐 hydrogen gas receiver

用于储存氢气的定压变容积（湿式储气柜）及变压定容积的容器的统称。

2.0.4 明火地点 open flame site

室内外有外露的火焰或赤热表面的固定地点。

2.0.5 散发火花地点 sparking site

有飞火的烟囱或室外的砂轮、电焊、气焊（割）等固定地点。

2.0.6 氢气灌装站 filling hydrogen gas station

设有灌充氢气用氢气压缩、灌充设施及其必要的辅助设施的建筑物、构筑物或场所的统称。

2.0.7 水电解制氢装置 the installation of hydrogen gas produced by electrolysising water

以水为原料，由水电解槽、氢（氧）气液分离器、氢（氧）气冷却器、氢（氧）气洗涤器等设备组合的统称。

2.0.8 水电解制氢系统 the system of hydrogen gas produced by electrolysising water

以水电解工艺制取氢气，由水电解制氢装置及氢气加压、储存、纯化、灌充等操作单元组成的工艺系统的统称。

2.0.9 变压吸附提纯氢装置 the installation of hydrogen purification by pressure swing adsorption

以各类含氢气体为原料，经多个吸附塔，采用变压吸附法，从原料气中提取氢气的工艺设备组合的统称。

2.0.10 变压吸附提纯氢系统 hydrogen purification system by pressure swing adsorption

以变压吸附法从各类含氢气体中提纯制取氢气，由变压吸附装置及氢气加压、储存、纯化、灌充等操作单元组成的工艺系统的统称。

2.0.11 甲醇蒸气转化制氢装置 the installation of hydrogen gas produced by the methanol transforming

以甲醇和水为原料，采用催化转化工艺，在一定温度下将甲醇裂解转化制取氢气的生产设备组合的统称。

2.0.12 低压氢气压缩机 the low pressure compressor for the hydrogen gas

输出压力小于1.6MPa的氢气压缩机。

2.0.13 中压氢气压缩机 the middle pressure compressor for the hydrogen gas

输出压力大于或等于1.6MPa，小于10.0MPa的氢气压缩机。

2.0.14 高压氢气压缩机 the high pressure compressor for the hydrogen gas

输出压力大于或等于10.0MPa的氢气压缩机。

2.0.15 钢瓶集装格 the bundle of hydrogen gas cylinders

由专用框架固定，采用集气管将多只气体钢瓶接口并连组合的气体钢瓶组单元。

2.0.16 氢气汇流排间 the hydrogen gas manifolds room

设有采用氢气钢瓶供应氢气用的汇流排组等设施的房间。

2.0.17 氢气灌装间 the hydrogen gas filling room

设有供灌充氢气钢瓶用的氢气灌充台或钢瓶集装格等设施的房间。

2.0.18 实瓶 solid cylinder

存有气体灌充压力气体的气瓶，一般水容积为40L、设计压力为12.0~20.0MPa的气体钢瓶。

2.0.19 空瓶 empty cylinder

无内压或留有残余压力的气体钢瓶。

2.0.20 湿氢 wet hydrogen

在所处温度、压力下，水含量达饱和或过饱和状态的氢气。

2.0.21 倒气用氢气压缩机 the hydrogen gas compressor for turning system over

在制氢或供氢系统中，氢气增压、储存或灌充用的氢气压缩机。

3 总平面布置

3.0.1 氢气站、供氢站、氢气罐的布置，应按下列要求经综合比较确定：

1 宜布置在工厂常年最小频率风向的下风侧，并应远离有明火或散发火花的地点；

2 宜布置为独立建筑物、构筑物；

3 不得布置在人员密集地段和主要交通要道邻近处；

4 氢气站、供氢站、氢气罐区，宜设置不燃烧体的实体围墙，其高度不应小于2.5m；

5 宜留有扩建的余地。

3.0.2 氢气站、供氢站、氢气罐与建筑物、构筑物的防火间距，不应小于表3.0.2的规定。

表3.0.2 氢气站、供氢站、氢气罐与建筑物、构筑物的防火间距（m）

建筑物、构筑物		氢气站或供氢站	氢气罐总容积（m^3）			
			≤1000	1001~10000	10001~50000	>50000
其他建筑物耐火等级	一、二级	12	12	15	20	25
	三级	14	15	20	25	30
	四级	16	20	25	30	35
民用建筑		25	25	30	35	40
重要公共建筑		50	50			
35~500kV且每台变压器为10000kV•A以上室外变配电站以及总油量超过5t的总降压站		25	25	30	35	40
明火或散发火花的地点		30	25	30	35	40
架空电力线		≥1.5倍电杆高度	≥1.5倍 电杆高度			

注：1 防火间距应按相邻建筑物、构筑物的外墙、凸出部分外缘、储罐外壁的最近距离计算。

2 固定容积的氢气罐，总容积按其水容量（m^3）和工作压力（绝对压力）的乘积计算。

3 总容积不超过20m^3的氢气罐与所属厂房的防火间距不限。

4 与高层厂房之间的防火间距，应按本表相应增加3m。

5 氢气罐与氢气罐之间的防火间距，不应小于相邻较大罐直径。

3.0.3 氢气站、供氢站、氢气罐与铁路、道路的防火间距，不应小于表3.0.3的规定。

表3.0.3 氢气站、供氢站、氢气罐与铁路、道路的防火间距(m)

铁路、道路		氢气站、供氢站	氢气罐
厂外铁路线(中心线)	非电力牵引机车	30	25
	电力牵引机车	20	20
厂内铁路线(中心线)	非电力牵引机车	20	20
	电力牵引机车		15
厂外道路(相邻侧路边)		15	15
厂内道路(相邻侧路边)	主要道路	10	10
	次要道路	5	5
围墙		5	5

注：防火间距应从氢气站、供氢站建筑物、构筑物的外墙、凸出部分外缘及氢气罐外壁计算。

3.0.4 氢气罐或罐区之间的防火间距，应符合下列规定：

1 湿式氢气罐之间的防火间距，不应小于相邻较大罐(罐径较大者，下同)的半径；

2 卧式氢气罐之间的防火间距，不应小于相邻较大罐直径的2/3；立式罐之间、球形罐之间的防火间距，不应小于相邻较大罐的直径；

3 卧式、立式、球形氢气罐与湿式氢气罐之间的防火间距，应按其中较大者确定；

4 一组卧式或立式或球形氢气罐的总容积，不应超过30000m³。组与组的防火间距，卧式氢气罐不应小于相邻较大罐长度的一半；立式、球形罐不应小于相邻较大罐的直径，并不应小于10m。

3.0.5 氢气站需与其他车间呈L形、Π形或Ш形毗连布置时，应符合下列规定：

1 站房面积不得超过1000m²；

2 毗连的墙应为无门、窗、洞的防火墙；

3 不得同热处理、锻压、焊接等有明火作业的车间相连；

4 宜布置在厂房的端部，与之相连的建筑物耐火等级不应低于二级。

3.0.6 供氢站内氢气实瓶数不超过60瓶或占地面积不超过500m²时，可与耐火等级不低于二级的用氢车间或其他非明火作业的丁、戊类车间毗连，其毗连的墙应为无门、窗、洞的防爆防护墙，并宜布置在靠厂房的外墙或端部。

3.0.7 氢气站内的氢气灌瓶间、实瓶间、空瓶间，宜布置在厂房的边缘部分。

4 工艺系统

4.0.1 氢气站制氢系统的类型应按下列因素确定：

1 氢气站的规模；

2 当地氢源状况，制氢用原料及电力的供应状况；

3 用户对氢气纯度及其杂质含量、压力的要求；

4 用户使用氢气的特性，如负荷变化情况、连续性要求等；

5 制氢系统的技术经济参数、特性。

4.0.2 水电解制氢系统应设有下列装置：

1 设置压力调节装置，以维持水电解槽出口氢气与氧气之间一定的压力差值，宜小于0.5kPa；

2 每套水电解制氢装置的氢出气管与氢气总管之间、氧出气管与氧气总管之间，应设放空管、切断阀和取样分析阀；

3 设有原料水制备装置，包括原料水箱、原料水泵等。原料水泵出口压力应与制氢系统工作压力相适应。

4 设有碱液配制、回收装置。水电解槽入口应设碱液过滤器。

4.0.3 水电解制氢系统制取的氧气，可根据需要进行回收或直接排入大气，并应符合下列规定：

1　当回收电解氧气时，必须设置氧中氢自动分析仪和手工分析装置，并设有氧中氢超浓度报警装置；

2　电解氧气回收或直接排入大气时，均应采取措施保持氧气与氢气压力的平衡。

4.0.4　变压吸附提纯氢系统的设置，应根据下列因素确定：

1　拟用的原料气的压力、组成和杂质含量；

2　产品氢气的压力、纯度和杂质含量；

3　氢气使用的连续性、负荷变化状况；

4　技术经济参数。

4.0.5　变压吸附提纯氢系统，应设有下列装置：

1　原料气的预处理设施（视原料气中的杂质含量确定）；

2　吸附器组及程序控制阀；

3　氢气的精制（视用户对氢气纯度及杂质含量等要求确定）；

4　氢气和解吸气的缓冲设施；

5　解吸气回收利用设施；

6　根据需要设置原料气、产品氢气、解吸气的增压设施。

4.0.6　甲醇转化制氢系统，应设有下列装置：

1　原料甲醇及脱盐水的储存、输送装置；

2　甲醇转化反应器及其辅助装置，如加热炉或加热器、热回收设备等；

3　变压吸附提纯氢装置。

4.0.7　氢气压缩机前应设氢气缓冲罐。数台氢气压缩机可并联从同一氢气管道吸气，但应采取措施确保吸气侧氢气为正压。

输送氢气用压缩机后应设氢气罐，并应在氢气压缩机的进气管与排气管之间设旁通管。

4.0.8　氢气压缩机安全保护装置的设置，应符合下列规定：

1　压缩机出口与第1个切断阀之间应设安全阀；

2　压缩机进、出口应设高低压报警和超限停机装置；

3　润滑油系统应设油压过低或油温过高的报警装置；

4　压缩机的冷却水系统应设温度或压力报警和停机装置；

5　压缩机进、出口管路应设有置换吹扫口。

4.0.9　氢气站、供氢站一般采用气态储存氢气，主要有高、中、低压氢气罐，金属氢化物储氢装置等，通常应符合下列要求：

1　储氢量应满足制氢或供氢系统的供氢能力与用户用氢压力、流量均衡连续的要求；

2　采用金属氢化物储氢装置时，应设有氢气纯化装置、换热装置及相应的控制阀门等；

3　供氢站采用高压氢气罐储存时，应设有倒气用氢气压缩机。

4.0.10　氢气站、供氢站的氢气罐安全设施设置，应符合下列规定：

1　应设有安全泄压装置，如安全阀等；

2　氢气罐顶部最高点，应设氢气放空管；

3　应设压力测量仪表；

4　应设氮气吹扫置换接口。

4.0.11　各类制氢系统中，设备及其管道内的冷凝水，均应经各自的专用疏水装置或排水水封排至室外。水封上的气体放空管，应分别接至室外安全处。

4.0.12　各类制氢系统中的氢气纯化设备，应根据纯化前后的氢气压力、纯度及杂质含量和纯化用材料的品种、活化与再生方法等确定。

4.0.13　氢气站应按外销氢气量选择氢气灌装方式。氢气灌装系统的设置应符合下列规定：

1　应设有超压泄放用安全阀；

2　应设有氢气回流阀，氢气回流至氢气压缩机前管路或氢气缓冲罐；

3 应设有分组切断阀、压力显示仪表；

4 应设有吹扫放空阀，放空管应接至室外安全处；

5 应设有气瓶内余气及含氧量测试仪表。

4.0.14 当氢气用气设备对氢气含尘量有要求时，应在送氢管道上设置相应精度的气体过滤器。

4.0.15 各类制氢系统、供氢系统，均应设有含氧量小于0.5%的氮气置换吹扫设施。

5 设备选择

5.0.1 氢气站的设计容量，应根据氢气的用途、使用特点，宜按下列因素确定：

1 各类用氢设备的昼夜平均小时耗量或班平均小时耗量；

2 连续用氢设备的最大小时耗量与其余用氢设备的昼夜平均小时耗量或班平均小时耗量之和；

3 外销氢气的氢气站，应根据外供氢气量或市场需求状况和商业的经济规模确定。

5.0.2 水电解制氢装置的型号、容量和台数，应根据下列因素经技术经济比较后确定：

1 根据氢气耗量、使用特点等合理选用电耗小、电解小室电压低、价格合理、性能可靠的水电解制氢装置；

2 新建氢气站设置2台及以上水电解制氢装置时，其型号宜相同；

3 水电解制氢装置宜设备用，当采取储气等措施确保不中断供气或与用气设备同步检修时，可不设备用。

5.0.3 水电解制氢装置所需的原料水制备、碱液制备等辅助设备，宜按下列要求选用：

1 原料水制取装置的容量，不应小于4h原料水耗量；原料水储水箱容积不应小于8h原料水耗量；原料水泵供水压力，应大于制氢装置工作压力。

2 原料水制取装置、储水箱及其水泵的材质，应采用不污染原料水水质和耐腐蚀的材料制作。

3 碱液箱容积，应大于每套水电解制氢装置及碱液管道的全部体积之和；碱液泵的流量，可按每套水电解制氢装置所需碱液量和灌注时间确定。

5.0.4 变压吸附提纯氢系统的吸附器组的容量和吸附器数量，应根据下列因素经技术经济比较后确定：

1 原料气的压力、组成和产品氢气的纯度、杂质含量、压力；

2 产品氢气的耗量和用氢特点；

3 氢气回收率。

5.0.5 甲醇转化制氢系统的容量，应按下列因素确定：

1 产品氢气的耗量和用氢特点；

2 产品氢气的纯度、杂质含量和压力；

3 氢气回收率；

4 甲醇的储存、输送应符合相关国家标准的规定；

5 现场工作条件。

5.0.6 氢气储存方式，应根据下列因素经技术经济比较后确定：

1 氢气站规模、用氢设备耗量和使用特性；

2 储氢系统输入压力、供氢压力；

3 现场工作条件。

5.0.7 氢气罐的形式，应根据所需储存的氢气容量、压力状况确定。当氢气压力小于6kPa时，应选用湿式储气罐；当氢气压力为中、低压，单罐容量大于或等于5000Nm³时，宜采用球形储罐；当氢气压力为中、低压，单罐容量小于5000Nm³时，宜采用筒形储罐；氢气压力为高压时，宜采用长管钢瓶式储罐等。

5.0.8 氢气压缩机的选型、台数，应根据进气压力、排气压力、氢气纯度和用户最大小时氢气耗量或用户使用特性等确定。氢气压缩机台数不宜少于2台。连续运行的往复式氢气压缩机应设备用。

5.0.9 氢气灌装用压缩机的型号、排气量，应根据充灌台或充装容器的规格、数量，充装时间和进气压力、排气压力等确定。灌装用氢气压缩机，可不设备用。

5.0.10 当纯化后的氢气灌瓶时，应采用膜式压缩机，并宜设置空钢瓶处理系统，包括钢瓶抽真空设备和钢瓶加热装置。

5.0.11 氢气灌装用充灌台应设两组或两组以上，一组灌装、一组倒换钢瓶。每组钢瓶的数量，应以外销氢气量或灌装用氢气压缩机的排气量、氢气充装时间确定。

氢气灌装用钢瓶集装格通常设两组以上，钢瓶集装格的数量和每格的钢瓶数量，应根据外销氢气量和方便运输或吊装等因素确定。

氢气长管钢瓶拖车的钢瓶规格、数量，应按用户的氢气用量、供应周期等确定。

5.0.12 氢气汇流排应设两组或两组以上，一组供气、一组倒换钢瓶。每组钢瓶的数量，应按用户最大小时耗量和供气时间确定。

5.0.13 氢气站、供氢站内具有下列情况之一时，宜设起吊设施：

1 站内设备需要吊装时；

2 氢气的灌装、储运采用钢瓶集装格。

起吊设施的起吊重量，应按吊装件的最大荷重确定。

6 工艺布置

6.0.1 当氢气站内的制氢装置、储氢装置等设备为室外布置时，可将氢气站内的建筑物、构筑物和室外设备视为一套工艺装置。在装置内部，根据氢气生产工艺需要将其分隔为设备区、建筑物区等。

6.0.2 氢气站工艺装置内的设备、建筑物平面布置的防火间距，不应小于表6.0.2的规定。

表 6.0.2 设备、建筑物平面布置的防火间距（m）

项　目	控制室、变配电室、生活辅助间	氢气压缩机或氢气压缩机间	装置内氢气罐	氢灌瓶间、氢实（空）瓶间
控制室、变配电室、生活辅助间	—	15	15	15
氢气压缩机或氢气压缩机间	15	—	9	9
装置内氢气罐	15	9	—	9
氢灌瓶间、氢实（空）瓶间	15	9	9	—

注：氢气站内的氢气罐总容积小于5000m^3时，可按上表装置内氢气罐的规定进行布置。

6.0.3 氢气站工艺装置内兼作消防车道的道路，应符合下列规定：

1 道路应相互贯通。当装置宽度小于或等于60m，且装置外两侧设有消防车道时，可不设贯通式道路；

2 道路的宽度不应小于4m，路面上的净空高度不应小于4.5m。

6.0.4 当同一建筑物内，布置有不同火灾危险性类别的房间时，其间的隔墙应为防火墙。

同一建筑物内，宜将人员集中的房间布置在火灾危险性较小的一端。

6.0.5 氢气站内应将有爆炸危险的房间集中布置。有爆炸危险房间不应与无爆炸危险房间直接相通。必须相通时，应以走廊相连或设置双门斗。

6.0.6 制氢间、氢气纯化间、氢气压缩机间的电气控制盘、仪表控制盘的布置，应符合下列规定：

1 宜布置在相邻的控制室内；

2 控制室应以防火墙与上述房间隔开。

6.0.7 当氢气站内同时灌充氢气和氧气时，灌瓶间等的布置应符合下列规定：

1 应分别设置氢气灌瓶间、实瓶间、空瓶间及氧气灌瓶间、实瓶间、空瓶间；

2 灌瓶间可通过门洞与空瓶间和实瓶间相通，并均应设独立的出入口。

6.0.8 当氢气实瓶数量不超过60瓶时，实瓶、空瓶和氢气灌充器或氢气汇流排，可布置在同一房间内，但实瓶、空瓶必须分开存放。

6.0.9 在同一房间内，可设置制氢装置、氢气纯化装置或各种型号的氢气压缩机。

6.0.10 当氢气站内同时设有氢气压缩机和氧气压缩机时，不得将氧气压缩机与氢气压缩机设置在同一房间内。

6.0.11 水电解制氢间内的主要通道不宜小于2.5m；水电解槽之间的净距不宜小于2.0m；水电解槽与墙之间的净距不宜小于1.5m。水电解槽与其辅助设备及辅助设备之间的净距，应按技术功能确定。

常压型水电解制氢装置的平面布置间距，应视规格、尺寸和检修要求确定。

6.0.12 氢气压缩机之间的净距不宜小于1.5m，与墙之间的净距不宜小于1.0m。当规定的净距不能满足零部件抽出时，则净距应比抽出零部件的长度大0.5m。

氢气压缩机与其附属设备之间的净距，可按工艺要求确定。

6.0.13 氢气纯化间主要通道净宽度不宜小于1.5m。纯化设备之间及其与墙之间的净距均不宜小于1.0m。

6.0.14 氢气灌瓶间、实瓶间、空瓶间和汇流排间的通道净宽度，应根据气瓶运输方式确定，但不宜小于1.5m，并应有防止瓶倒的措施。

6.0.15 氢气压缩机和电动机之间联轴器或皮带传动部位，应采取安全防护措施。当采用皮带传动时，应采取导除静电的措施。

6.0.16 氢气罐不应设在厂房内。在寒冷地区，湿式氢气罐和固定容积含湿氢气罐底部，应采取防冻措施。

7 建筑结构

7.0.1 氢气站、供氢站的耐火等级不应低于二级，并宜为单层建筑。

7.0.2 有爆炸危险房间，宜采用钢筋混凝土柱承重的框架或排架结构。当采用钢柱承重时，钢柱应设防火保护，其耐火极限不得低于2.0h。

7.0.3 氢气站、供氢站内有爆炸危险房间应按现行国家标准《建筑设计防火规范》GBJ 16的规定，设置泄压设施。

7.0.4 氢气站、供氢站有爆炸危险房间的泄压设施的设置，应符合下列规定：

1 泄压设施宜采用非燃烧体轻质屋盖作为泄压面积，易于泄压的门、窗、轻质墙体也可作为泄压面积；

2 泄压面积的计算应符合现行国家标准《建筑设计防火规范》GBJ 16的要求；

3 泄压设施的设置应避开人员密集场所和主要交通道路，并宜靠近有爆炸危险的部位；

4 氢气压缩机间宜采用半敞开或敞开式的建筑物。

7.0.5 有爆炸危险房间的安全出入口，不应少于2个，其中1个应直通室外。但面积不超过100m²的房间，可只设1个直通室外出入口。

7.0.6 有爆炸危险房间与无爆炸危险房间之间，应采用耐火极限不低于3.0h的不燃烧体防爆防护墙隔开。当设置双门斗相通时，门的耐火极限不应低于1.2h。

有爆炸危险房间与无爆炸危险房间之间，当必须穿过管线时，应采用不燃烧体材料填塞空隙。

7.0.7 有爆炸危险房间的门窗均应向外开启，并宜采用撞击时不产生火花的材料制作。

7.0.8 氢气灌瓶间、空瓶间、实瓶间和氢气汇流排间，应设置气瓶装卸平台，其宽度不宜小于2m，高度应按气瓶运输工具高度确定，宜高出室外地坪0.6~1.2m，气瓶装卸平台，应设置大于平台宽度的雨篷，雨篷及其支撑材料应为不燃烧体。

7.0.9 氢气灌瓶间内，应设置高度不低于2m的防护墙。

氢气灌瓶间、氢气汇流排间和实瓶间，应采取防止阳光直射气瓶的措施。

7.0.10 有爆炸危险房间的上部空间，应通风良好。顶棚内表面应平整，避免死角。

7.0.11 制氢间、氢气压缩机间、氢气纯化间、氢气灌瓶间等的厂房跨度大于9.0m时，宜设天窗。天窗、排气孔应设在最高处。

7.0.12 制氢间的屋架下弦的高度，应满足设备安装和排热的要求，并不得低于5.0m。

氢气压缩机间、氢气纯化间屋架下弦的高度，应满足设备安装和维修的要求，并不得低于4.5m。

氢气灌瓶间、氢气汇流排间屋架下弦的高度，不宜低于4.5m。氢气集装瓶间屋架下弦的高度，应按起吊设备确定，并不宜低于6m。

8 电气及仪表控制

8.0.1 氢气站、供氢站的供电，按现行国家标准《供配电系统设计规范》GB 50052规定的负荷分级，除中断供氢将造成较大损失者外，宜为三级负荷。

8.0.2 有爆炸危险房间或区域内的电气设施，应符合现行国家标准《爆炸和火灾危险环境电力装置设计规范》GB 50058的规定。

8.0.3 有爆炸危险环境的电气设施选型，不应低于氢气爆炸混合物的级别、组别（ⅡCT1）。有爆炸危险环境的电气设计和电气设备、线路接地，应按现行国家标准《爆炸和火灾危险环境电力装置设计规范》GB 50058的规定执行。

8.0.4 有爆炸危险房间的照明应采用防爆灯具，其光源宜采用荧光灯等高效光源。灯具宜装在较低处，并不得装在氢气释放源的正上方。

氢气站内宜设置应急照明。

8.0.5 在有爆炸危险环境内的电缆及导线敷设，应符合现行国家标准《电力工程电缆设计规范》GB 50217的规定。敷设导线或电缆用的保护钢管，必须在下列各处做隔离密封：

1 导线或电缆引向电气设备接头部件前；

2 相邻的环境之间。

8.0.6 有爆炸危险房间内，应设氢气检漏报警装置，并应与相应的事故排风机联锁。当空气中氢气浓度达到0.4%（体积比）时，事故排风机应能自动开启。

8.0.7 氢气站应根据氢气生产系统的需要设置下列分析仪器：

1 氢气纯度分析仪（连续）；

2 纯氢、高纯氢气中杂质含量分析；

3 原料气纯度或组分分析；

4 对水电解制氢装置，应设置氧中氢含量和氢中氧含量在线分析仪；当回收氧气时，应设氧中氢含量超量报警装置。

5 根据需要设制氢过程分段气体浓度分析仪。

8.0.8 氢气站、供氢站应根据需要设置下列计量仪器：

1 原料气体流量计；

2 产品氢气或对外供氢的氢气流量计。

8.0.9 氢气站采用水电解制氢装置时，水电解槽的直流电源的配置，应符合下列规定：

1 每台水电解槽，应采用单独的晶闸管整流器或硅整流器供电。整流器应有调压功能，并宜具备自动稳流功能；

2 整流器应配有专用整流变压器。三相整流变压器绕组的一侧，应按三角形（△）接线；

3 整流装置对电网的谐波干扰，应按国家限制谐波的有关规定执行。

8.0.10 水电解制氢系统的直流电源的设置，应符合下列规定：

1 高压整流变压器和饱和电抗器，应设在单独的变压器室内。变压器室的设计，应符合现行国家标准《10kV及以下变电所设计规范》GB 50053的规定；

2 整流变压器室远离高压配电室时，高压进线侧宜设负荷开关或隔离开关；

3 整流器或成套低压整流装置，应设在与电解间相邻的电源室内。电源室的设计，应符合现行国家标准《低压配电设计规范》GB 50054的规定；

4 直流线路应采用铜导体，宜敷设在较低处或地沟内。当必须采用裸母线时，应有防止产生火花的措施；

5 电解间应设置直流电源的紧急断电按钮，按钮宜设在便于操作处。

8.0.11 氢气灌瓶间与氢气压缩机间之间，应设联系信号。

8.0.12 氢气站、供氢站，应设下列主要压力检测项目：

1 站房出口氢气压力；

2 氢气罐压力；

3 制氢装置出口压力显示、调节；

4 水电解制氢装置的氢侧、氧侧压力和压差控制、调节；

5 变压吸附提纯氢系统的每个吸附器的压力显示、吸附压力调节；

6 氢气压缩机进气、排气压力。

根据氢气生产工艺要求，尚需设置压力调节装置。

8.0.13 氢气站、供氢站，应设下列主要温度检测项目：

1 制氢装置出口气体温度显示；

2 水电解槽（分离器）温度显示、调节；

3 变压吸附器入口气体温度显示；

4 氢气压缩机出口氢气温度显示。

8.0.14 氢气站、供氢站应设自动控制系统；需要时可按无人值守要求配置。

9 防雷及接地

9.0.1 氢气站、供氢站的防雷，应按现行国家标准《建筑物防雷设计规范》GB 50057、《爆炸和火灾危险环境电力装置设计规范》GB 50058的要求设置防雷、接地设施。

9.0.2 氢气站、供氢站的防雷分类不应低于第二类防雷建筑。其防雷设施应防直击雷、防雷电感应和防雷电波侵入。防直击雷的防雷接闪器，应使被保护的氢气站建筑物、构筑物、通风风帽、氢气放空管等突出屋面的物体均处于保护范围内。

9.0.3 氢气站、供氢站内按用途分有电气设备工作（系统）接地、保护接地、雷电保护接地、防静电接地。不同用途接地共用一个总的接地装置时，其接地电阻应符合其中最小值。

9.0.4 氢气站、供氢站内的设备、管道、构架、电缆金属外皮、钢屋架和突出屋面的放空管、风管等应接到防雷电感应接地装置上。管道法兰、阀门等连接处，应采用金属线跨接。

9.0.5 室外架空敷设氢气管道应与防雷电感应的接地装置相连。距建筑100m内管道，每隔25m左右接地一次，其冲击接地电阻不应大于20Ω。埋地氢气管道，在进出建筑物处亦应与防雷电感应的接地装置相连。

9.0.6 有爆炸危险环境内可能产生静电危险的物体应采取防静电措施。在进出氢气站和供氢站处、不同爆炸危险环境边界、管道分岔处及长距离无分支管道每隔50~80m处均应设防静电接地，其接地电阻不应大于10Ω。

9.0.7 氢气罐等有爆炸危险的露天钢质封闭容器，当其壁厚大于4mm时可不装设接闪器，但应有可靠接地，接地点不应小于2处；两接地点间距不宜大于30m，冲击接地电阻不应大于10Ω。氢气放散管的保护应符合现行国家标准《建筑物防雷设计规范》GB 50057的要求。

9.0.8 要求接地的设备、管道等均应设接地端子。接地端子与接地线之间，可采用螺栓紧固连接；

对有振动、位移的设备和管道，其连接处应加挠性连接线过渡。

10 给水排水及消防

10.0.1 氢气站、供氢站内的生产用水，除中断供氢将造成较大损失者外，可采用一路供水。

10.0.2 氢气站、供氢站内的冷却水系统，应符合下列规定：

1 冷却水系统，宜采用闭式循环水；

2 冷却水供水压力宜为0.15~0.35MPa。水质及排水温度，应符合现行国家标准《压缩空气站设计规范》GB 50029的要求；

3 应装设断水保护装置。

10.0.3 氢气站的冷却水排水，应设水流观察装置或排水漏斗。

10.0.4 氢气站排出的废液，应符合现行国家标准《污水综合排放标准》GB 8978的规定。

10.0.5 有爆炸危险房间、电器设备间，可根据建筑物大小和具体情况配备二氧化碳、“干粉”等灭火器材。

10.0.6 氢气站、供氢站的室内外消防设计，应符合现行国家标准《建筑设计防火规范》GBJ 16的规定。

11 采 暖 通 风

11.0.1 氢气站、供氢站严禁使用明火取暖。当设集中采暖时，应采用易于消除灰尘的散热器。

11.0.2 集中采暖时，室内计算温度应符合下列规定：

1 生产房间不应低于15℃；

2 空瓶、实瓶间不应低于10℃；

3 氢气罐阀门室不应低于5℃；

4 值班室、生活间等应按现行国家标准《工业企业设计卫生标准》GBZ 1的规定执行。

11.0.3 在计算采暖、通风热量时，应计入制氢装置散发的热量。

11.0.4 氢气灌瓶间、氢气汇流排间和空瓶、实瓶间内的散热器，应采取隔热措施。

11.0.5 有爆炸危险房间的自然通风换气次数，每小时不得少于3次；事故排风装置换气次数每小时不得少于12次，并与氢气检漏装置联锁。

11.0.6 自然通风帽应设有风量调节装置和防止凝结水滴落的措施。

11.0.7 有爆炸危险房间，事故排风机的选型，应符合现行国家标准《爆炸和火灾危险环境电力装置设计规范》GB 50058的规定，并不应低于氢气爆炸混合物的级别、组别（ⅡCT1）。

12 氢 气 管 道

12.0.1 碳素钢管中氢气最大流速，应符合表12.0.1的规定。

表12.0.1 碳素钢管中氢气最大流速

设计压力（MPa）	最大流速（m/s）
>3.0	10
0.1~3.0	15
<0.1	按允许压力降确定

注：氢气设计压力为0.1~3.0MPa，在不锈钢管中最大流速可为25m/s。

12.0.2 氢气管道的管材应采用无缝钢管。对氢气纯度有严格要求时，其管材、阀门、附件和敷设，应按现行国家标准《洁净厂房设计规范》GB 50073中有关规定执行。

12.0.3 氢气管道阀门的采用，应符合下列规定：

1 氢气管道的阀门，宜采用球阀、截止阀；

2 阀门的材料，应符合表12.0.3的规定。

表12.0.3 氢气阀门的材料

设计压力（MPa）	材 料
<0.1	阀体采用铸钢 密封面采用合金钢或与阀体一致
0.1~2.5	阀杆采用碳钢 阀体采用铸钢 密封面采用合金或与阀体一致
>2.5	阀体、阀杆、密封面均采用不锈钢

注：1 当密封面与阀体直接连接时，密封面材料可以与阀体一致。

2 阀门的密封填料，应采用聚四氟乙烯等材料。

12.0.4 氢气管道法兰、垫片的选择，宜符合表12.0.4的规定。

表12.0.4 氢气管道法兰、垫片

设计压力（MPa）	法兰密封面型式	垫 片
<2.5	突面式	聚四氟乙烯板
2.5~10.0	凹凸式或榫槽式	金属缠绕式垫片
>10.0	凹凸式或梯形槽	二号硬钢纸板、退火紫铜板

12.0.5 氢气管道的连接，应采用焊接。但与设备、阀门的连接，可采用法兰或锥管螺纹连接。螺纹连接处，应采用聚四氟乙烯薄膜作为填料。

12.0.6 氢气管道穿过墙壁或楼板时，应敷设在套管内，套管内的管段不应有焊缝。管道与套管间，应采用不燃材料填塞。

12.0.7 氢气管道与其他管道共架敷设或分层布置时，氢气管道宜布置在外侧并在上层。

12.0.8 输送湿氢或需做水压试验的管道，应有不小于3‰的坡度，在管道最低点处应设排水装置。

12.0.9 氢气放空管，应设阻火器。阻火器应设在管口处。放空管的设置，应符合下列规定：

1 应引至室外，放空管管口应高出屋脊1m；

2 应有防雨雪侵入和杂物堵塞的措施；

3 压力大于0.1MPa时，阻火器后的管材，应采用不锈钢管。

12.0.10 氢气站、供氢站和车间内氢气管道敷设时，应符合下列规定：

1 宜沿墙、柱架空敷设，其高度不应妨碍交通并便于检修。与其他管道共架敷设时，应符合本规范附录B的要求；

2 严禁穿过生活间、办公室，并不得穿过不使用氢气的房间；

3 车间入口处应设切断阀，并宜设流量记录累计仪表；

4 车间内管道末端宜设放空管；

5 接至用氢设备的支管，应设切断阀，有明火的用氢设备还应设阻火器。

12.0.11 厂区内氢气管道架空敷设时；应符合下列规定：

1 应敷设在不燃烧体的支架上；

2 寒冷地区，湿氢管道应采取防冻设施；

3 与其他架空管线之间的最小净距，宜按本规范附录B的规定执行；与建筑物、构筑物、铁路和道路等之间的最小净距，宜按本规范附录C的规定执行。

12.0.12 厂区内氢气管道直接埋地敷设时，应符合下列规定：

1 埋地敷设深度，应根据地面荷载、土壤冻结深度等条件确定，管顶距地面不宜小于0.7m。湿氢管道应敷设在冻土层以下；当敷设在冻土层内时，应采取防冻措施；

2 应根据埋设地带的土壤腐蚀性等级，采取相应的防腐蚀措施；

3 与建筑物、构筑物、道路及其他埋地敷设管线之间的最小净距，宜按本规范附录D、附录E的规定执行；

4 不得敷设在露天堆场下面或穿过热力沟。当必须穿过热力沟时，应设套管。套管和套管内的管段不应有焊缝；

5 敷设在铁路或不便开挖的道路下面时，应加设套管。套管的两端伸出铁路路基、道路路肩或延伸至排水沟沟边均为1m。套管内的管段不应有焊缝；套管的端部应设检漏管；

6 回填土前，应从沟底起直至管顶以上300mm范围内，用松散的土填平夯实或用砂填满再回填土。

12.0.13 厂区内氢气管道明沟敷设时，应符合下列规定：

1 管道支架应采用不燃烧体；

2 在寒冷地区，湿氢管道应采取防冻措施；

3 不应与其他管道共沟敷设。

12.0.14 氢气管道设计对施工及验收的要求，应符合下列规定：

1 接触氢气的表面，应彻底去除毛刺、焊渣、铁锈和污垢等，管道内壁的除锈应达到出现本色为止；

2 碳钢管的焊接，宜采用氩弧焊作底焊；不锈钢管应采用氩弧焊；

3 管道、阀门、管件等在安装过程中及安装后，应采用严格措施防止焊渣、铁锈及可燃物等进入或遗留在管内；

4 管道的试验介质和试验压力，应符合表12.0.14的规定；

5 泄漏量试验合格后，必须用不含油的空气或氮气，以不小于20m/s的流速进行吹扫，直至出口无铁锈、无尘土及其他脏物为合格。

表 12.0.14 氢气管道的试验介质和试验压力

管道设计压力（MPa）	强度试验		气密性试验		泄漏量试验	
	试验介质	试验压力（MPa）	试验介质	试验压力（MPa）	试验介质	试验压力（MPa）
<0.1	空气或氮气	0.1	空气或氮气	1.05P	空气或氮气	1.0P
0.1~3.0		1.15P		1.05P		1.0P
>3.0	水	1.5P		1.05P		1.0P

注：1 表中P指氢气管道设计压力。

2 试验介质不应含油。

3 以空气或氮气做强度试验时，应制定安全措施。

4 以空气或氮气做强度试验时，应在达到试验压力后保压5min，以无变形、无泄漏为合格。以水做强度试验时，应在试验压力下保持10min，以无变形、无泄漏为合格。

5 气密性试验达到规定试验压力后，保压10min，然后降至设计压力，对焊缝及连接部位进行泄漏检查，以无泄漏为合格。

6 泄漏量试验时间为24h，泄漏率以平均每小时小于0.5%为合格。

附录A　氢气站爆炸危险区域的等级范围划分

A.0.1　爆炸危险区域的等级定义应符合现行国家标准《爆炸和火灾危险环境电力装置设计规范》GB 50058的规定。

A.0.2　氢气站厂房内爆炸危险区域的划分，应符合下列规定(图A.0.2)：

1　制氢间、氢气纯化间、氢气压缩机间、氢气灌瓶间等爆炸危险房间为1区；

2　从上述各类房间的门窗边沿计算，半径为4.5m的地面、空间区域为2区；

3　从氢气排放口计算，半径为4.5m的空间和顶部距离为7.5m的区域为2区。

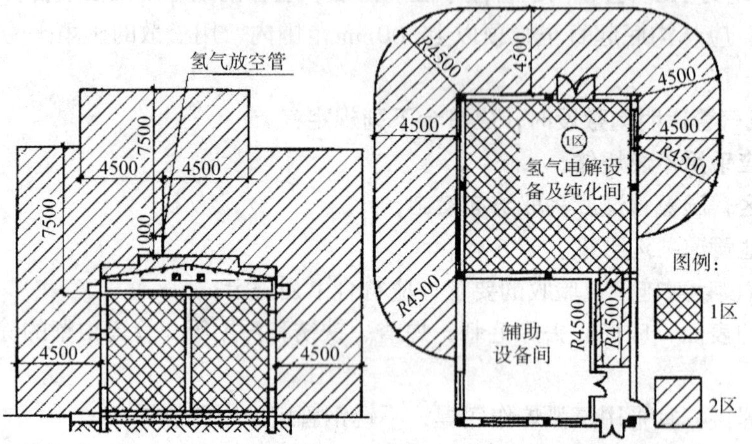

图A.0.2　氢气站厂房内爆炸危险区域划分

A.0.3　氢气站内的室外制氢设备、氢气罐爆炸危险区域划分，应符合下列规定(图A.0.3)：

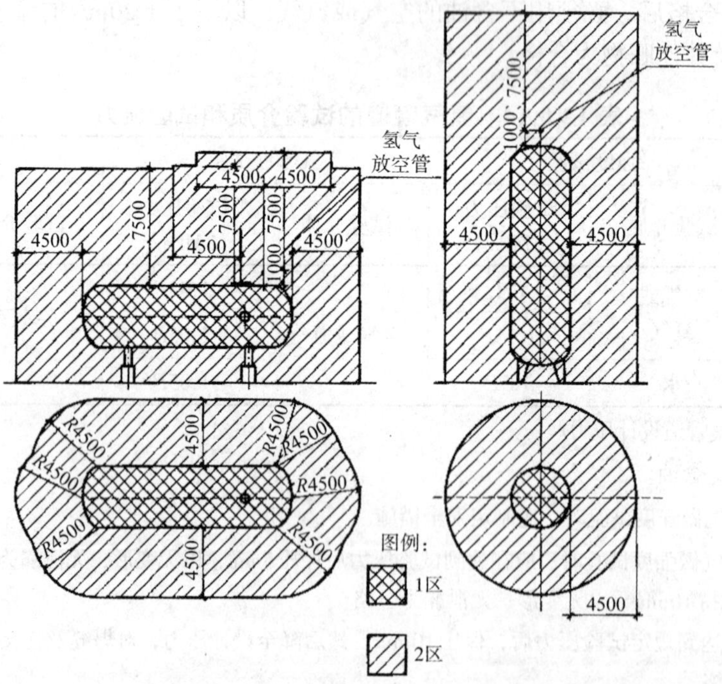

图A.0.3　氢气站内的室外制氢设备、氢气罐爆炸危险区域划分

1　从室外制氢设备、氢气罐的边沿计算，距离为4.5m，顶部距离为7.5m的空间区域为2区；

2　从氢气排放口计算，半径为4.5m的空间和顶部距离为7.5m的区域为2区。

附录B 厂区、氢气站及车间架空氢气管道与其他架空管线之间的最小净距

表B 厂区、氢气站及车间架空氢气管道与其他架空管线之间的最小净距（m）

名　　称	平行净距	交叉净距
给水管、排水管	0.25	0.25
热力管（蒸气压力不超过1.3MPa）	0.25	0.25
不燃气体管	0.25	0.25
燃气管、燃油管和氧气管	0.50	0.25
滑触线	3.00	0.50
裸导线	2.00	0.50
绝缘导线和电气线路	1.00	0.50
穿有导线的电线管	1.00	0.25
插接式母线，悬挂干线	3.00	1.00

注： 1　氢气管道与氧气管道上的阀门、法兰及其他机械接头（如焊接点等），在错开一定距离的条件下，其最小平行净距可减少到0.25m。

2　同一使用目的的氢气管道与氧气管道并行敷设时，最小并行净距可减少到0.25m。

附录C　厂区架空氢气管道与建筑物、构筑物之间的最小净距

表C　厂区架空氢气管道与建筑物、构筑物之间的最小净距（m）

名　　称	平行净距	交叉净距
建筑物有门窗的墙壁外边或突出部分外边	3.0	—
建筑物无门窗的墙壁外边或突出部分外边	1.5	—
非电气化铁路钢轨	3.0（距轨外侧）	6.0（距轨面）
电气化铁路钢轨	3.0（距轨外侧）	6.55（距轨面）
道路	1.0	4.5（距轨面）
人行道	1.5（距相邻侧路边）	2.5（距轨面）
厂区围墙（中心线）	1.0	—
照明、电信杆、柱中心	1.0	—
散发火花及明火地点	10.0	

注：1　氢气管道沿氢气站、供氢站或使用氢气的建筑物外墙敷设时，平行净距不受本表限制。但氢气管道不得采用法兰、螺纹连接。

2　与架空电力线路的距离，应符合现行国家标准《66kV及以下架空电力线路设计规范》GBJ 61的规定。

3　有大件运输要求或在检修期间有大型起吊设施通过的道路，其交叉净距应根据需要确定。

4　当氢气管道在管架上敷设时，平行净距应从管架最近外侧算起。

附录D　厂区直接埋地氢气管道与其他埋地管线之间的最小净距

表D　厂区直接埋地氢气管道与其他埋地管线之间的最小净距（m）

名　　称	平行净距	交叉净距
给水管直径：		
<75mm	0.8	0.25
75~150mm	1.0	0.25
200~400mm	1.2	0.25
>400mm	1.5	0.25
排水管直径：		
<800mm	0.8	0.25
800~1500mm	1.0	0.25
>1500mm	1.2	0.25
热力管（沟）	1.5	0.25
氧气管	1.5	0.25
煤气管煤气压力：		
<0.15MPa	1.0	0.25
0.15~0.3MPa	1.2	0.25
>0.3MPa	1.5	0.25
压缩空气等不燃气体管道	1.5	0.15
电力电缆	1.0	0.50
直埋电信电缆	0.8	0.50
电缆管	1.0	0.25
电线沟	1.5	0.25
排水暗渠	0.8	0.50

附录E 厂区直接埋地氢气管道与建筑物、构筑物之间的最小净距

表E 厂区直接埋地氢气管道与建筑物、构筑物之间最小净距（m）

名　称	平行净距	交叉净距
有地下室的建筑物基础和通行沟道的边缘	3.0	—
无地下室的建筑物基础边缘	2.0	—
铁路	2.5（距轨外侧）	1.2
排水沟边缘	0.8	—
道路	0.8（距路或路肩边缘）	0.5
照明电线杆中心	0.8	—
电力（220V、380V）电线杆中心	1.5	—
高压电杆中心	2.0	—
架空管架基础外缘	0.8	—
围墙、篱栅基础外缘	1.0	—
乔木中心	1.5	—
灌木中心	1.0	—

注：1 本表中前两项平行净距是指埋地管道与同标高或其以上的基础最外侧的最小净距。

2 氢气管道与铁路或道路交叉净距，是指管顶距轨底或路面，并且交叉角不宜小于45°。

压力管道设计与施工常用标准规范手册

第四篇　工业管道—GC类工艺管道（下册）

中国石油化工集团有限公司配管设计技术中心站　编

中国石化出版社
HTTP://WWW.SINOPEC-PRESS.COM

图书在版编目（CIP）数据

压力管道设计与施工常用标准规范手册．第四篇，工业管道．GC 类工艺管道：上、下册 / 中国石油化工集团有限公司配管设计技术中心站编．—北京：中国石化出版社，2022.9
ISBN 978－7－5114－6819－2

Ⅰ．①压…　Ⅱ．①中…　Ⅲ．①压力管道－管线设计－标准－汇编－中国②压力管道－管道施工－标准－汇编－中国
Ⅳ．① U17－65

中国版本图书馆 CIP 数据核字（2022）第 142959 号

中国石化出版社出版发行
地址：北京市东城区安定门外大街 58 号
邮编：100011　电话：(010) 57512500
发行部电话：(010) 57512575
http: //www.sinopec-press.com
E-mail : press@sinopec.com
北京科信印刷有限公司印刷
全国各地新华书店经销
*
880×1230 毫米 16 开本 84 印张 2531 千字
2023 年 6 月第 1 版　2023 年 6 月第 1 次印刷
上下册定价：496.00 元

下 册 目 录

UDC

中华人民共和国国家标准

P

GB 50184—2011

工业金属管道工程施工质量验收规范

Code for acceptance of construction quality of industrial metallic piping

2010-12-24 发布　　2011-12-01 实施

中华人民共和国住房和城乡建设部
中华人民共和国国家质量监督检验检疫总局　联合发布

前　言

本规范是根据原建设部《关于印发〈一九九九年工程建设国家标准制订、修订计划〉的通知》（建标〔1999〕308号）的要求，由中国石油和化工勘察设计协会和中国化学工程第三建设有限公司会同有关单位，在《工业金属管道工程质量检验评定标准》GB 50184—93的基础上修订完成的。

本规范在修订过程中，编制组经广泛的调查研究，认真总结实践经验，参考有关国际标准和国外先进标准，并在广泛征求意见的基础上，最后经审查定稿。

本规范共分9章和4个附录。主要内容包括：总则，术语，基本规定，管道元件和材料的检验、管道加工，焊接和焊后热处理，管道安装，管道检查、检验和试验，管道吹扫与清洗等。

本规范本次修订的主要技术内容是：

1.删除了不适用范围。

2.增加了术语一章。

3.删除了对工程“优良”等级的评定规定，将检验项目修改为主控项目和一般项目。

4.删除了分项工程中对允许偏差抽检点实测值的量值规定。

5.增加了斜接弯头、焊制翻边接头、支吊架制作的通用质量验收规定。

6.增加了支管与主管的焊接连接、法兰角焊缝的有关质量验收的规定。

7.增加了锆材有色金属管道、加套管和阀门安装通用的质量验收规定。

8.增加了管道焊缝的检查等级划分的规定及焊缝表面无损检测、焊缝射线和超声波检测技术等级的质量验收规定。

9.补充了液压试验和气压试验的相关质量验收要求。

本规范中以黑体字标志的条文为强制性条文，必须严格执行。

本规范由住房和城乡建设部负责管理和对强制性条文的解释，由中国工程建设标准化协会化工分会负责日常管理，由全国化工施工标准化管理中心站负责具体技术内容的解释。本规范在执行过程中如有意见或建议，请寄送全国化工施工标准化管理中心站（地址：河北省石家庄市桥东区槐安东路28号仁和商务1-1-1107室，邮政编码：050020），以供今后修订时参考。

本规范主编单位、参编单位、主要起草人和主要审查人：

主 编 单 位： 中国石油和化工勘察设计协会
中国化学工程第三建设有限公司

参 编 单 位： 全国化工施工标准化管理中心站
中国石化集团第五建设公司
中油吉林化建工程股份有限公司
中国机械工业建设工程总公司
中国二冶集团有限公司管道铁路工程公司
吉林化工学院
山东电力建设第一工程公司
中国核工业二三建设有限公司
惠生工程（中国）有限公司
阿美科工程咨询（上海）有限公司

主要起草人： 夏节文　张永明　杨　惠　胡忆沩　朱　宇　李功福　张永光　孔　会
单承家　赵红梅　芦　天　颜祖清

主要审查人： 李柏年　戈兆文　徐明才　谭梦君　李天光　李信浩　王新建　吉章红
王建生　李洪波　武振平　孙　韵　张西民　汤志强　蒋桂英　余月英
陈鸿章

目　次

1 总 则

1.0.1 为统一工业金属管道工程施工质量的验收方法，加强技术管理，确保工程质量，制订本规范。

1.0.2 本规范适用于设计压力不大于42MPa、设计温度不超过材料允许使用温度的工业金属管道工程施工质量的验收。

1.0.3 本规范应与现行国家标准《工业安装工程施工质量验收统一标准》GB 50252和《工业金属管道工程施工规范》GB 50235配合使用。

1.0.4 工业金属管道工程施工质量的验收，除应符合本规范外，尚应符合国家现行有关标准的规定。

2 术 语

2.0.1 检验批 inspection lot

按同一的生产条件或按规定的方式汇总起来供检验用的，由一定数量样本组成的检验体。

2.0.2 观察检查 visual inspection

以目测结合实践经验，判断被检查物体是否符合规范规定的检查。

2.0.3 100%检验 100% examination

在指定的一个检验批中，对某一具体项目进行全部检查。

2.0.4 抽样检验 random sampling examination

在指定的一个检验批中，对某一具体项目的某一百分数进行检查。

2.0.5 局部检验 local sampling examination

在指定的一个检验批中，对某一具体项目的每一件进行规定的部分检查。

3 基本规定

3.1 施工质量验收的划分

3.1.1 工业金属管道工程的质量验收，可按分项工程、分部（子分部）工程、单位（子单位）工程进行划分。

3.1.2 分项工程应按管道级别和材质进行划分。

3.1.3 同一单位工程中的工业金属管道工程可划分为一个或几个分部（子分部）工程。

3.1.4 当工业金属管道工程具有独立施工条件或使用功能时，一个或几个管道分部（子分部）工程亦可构成一个单位（子单位）工程。

3.2 施工质量验收

3.2.1 分项工程质量验收应符合下列规定：

1 主控项目应符合本规范的规定。

2 一般项目每项抽检点数的实测值应在本规范规定的允许偏差范围内。

3 除本规范第8章规定以外的主控项目和一般项目中，当抽样检验（或局部检验）发现有不合格时，该抽样检验（或局部检验）所代表的这一检验批应视为不合格。可对该检验批进行全部检查，其中的合格者仍可验收。

3.2.2 分部（子分部）工程质量验收应符合下列规定：

1 分部（子分部）工程所含分项工程的质量均应验收合格。

2 分部（子分部）工程所含分项工程的质量应保证资料齐全。

3.2.3 单位（子单位）工程质量验收应符合下列规定：

1 单位（子单位）工程所含分部工程的质量均应验收合格。

2 单位（子单位）工程所含分部工程的质量应保证资料齐全。

3.2.4 工业金属管道工程质量验收文件和记录应包括下列内容：

1 管道工程施工技术文件、施工记录和报告，应符合现行国家标准《工业金属管道工程施工规范》GB 50235的有关规定。

2 分项工程质量验收记录应采用本规范附录A的格式。

3 分部（子分部）工程质量验收记录应采用本规范附录B的格式。

4 单位（子单位）工程质量验收记录应采用本规范附录C的格式。

5 质量保证资料核查记录应采用本规范附录D的格式。

3.2.5 当工业金属管道工程质量不符合本规范时，应按下列规定进行处理：

1 经返工或返修的分项工程，应重新验收。

2 经有资质的检测单位检测鉴定能够达到设计要求的分项工程，应予以验收。

3 经有资质的检测单位检测鉴定达不到设计要求，但经原设计单位核算认可，能够满足结构安全和使用功能的分项工程，可予以验收。

4 经过返修仍不能满足安全使用要求的工程，严禁验收。

3.2.6 压力管道安装工程应经监督检验单位监督检验，并应提供“压力管道安装安全质量监督检验报告”后，再进行竣工验收。

3.2.7 工业金属管道工程施工应在质量验收合格后再投入使用。

3.3 施工质量验收的程序及组织

3.3.1 工业金属管道工程的质量验收，应在施工单位自检合格的基础上，按分项工程、分部（子分部）工程、单位（子单位）工程依次进行，并应做好验收记录。

3.3.2 分项工程的质量验收应由专业监理工程师（或建设单位项目专业技术负责人）组织施工单位项目专业技术负责人和质量检查人员进行。

3.3.3 分部（子分部）工程的质量验收应由建设单位项目专业负责人（或总监理工程师）组织施工单位、监理、设计等有关单位项目负责人及技术负责人进行。

3.3.4 单位（子单位）工程完工后，施工单位应向建设单位提交单位（子单位）工程验收报告。建设单位收到工程验收报告后，应由建设单位项目负责人组织施工（含分包单位）、设计、监理等单位的项目负责人和相关专业人员进行验收。

3.3.5 当工业金属管道工程由分包单位施工时，总包单位应对工程质量全面负责。分包单位应对所承包的工程按本规范规定的程序进行检查验收。分包工程完成后，应将工程文件和记录提交总包单位。

4 管道元件和材料的检验

I 主 控 项 目

4.0.1 管道元件和材料应具有制造厂的质量证明文件，其特性数据应符合国家现行有关标准和设计文件的规定。

检验数量：全部检查。

检验方法：检查质量证明文件。

4.0.2 对于铬钼合金钢、含镍低温钢、不锈钢、镍及镍合金、钛及钛合金材料的管道组成件，应对材质进行抽样检验，并应做好标识。检验结果应符合国家现行有关标准和设计文件的规定。

检验数量：每个检验批（同炉批号、同型号规格、同时到货）抽查5%，且不少于1件。

检验方法：采用光谱分析或其他材质复验方法，检查光谱分析或材质复验报告。

4.0.3 阀门应进行壳体压力试验和密封试验，具有上密封结构的阀门还应进行上密封试验，并应符合下列规定：

1 阀门试验应以洁净水为介质。不锈钢阀门试验时，水中的氯离子含量不得超过25×10^{-6}（25ppm）。试验合格后应立即将水渍清除干净。当有特殊要求时，试验介质应符合设计文件的规定。

2 阀门的壳体试验压力应为阀门在20℃时最大允许工作压力的1.5倍；密封试验压力应为阀门在20℃时最大允许工作压力的1.1倍；当阀门铭牌标示对最大工作压差或阀门配带的操作机构不适宜进行高压密封试验时，试验压力应为阀门铭牌标示的最大工作压差的1.1倍；阀门的上密封试验压力应为阀门在20℃时最大允许工作压力的1.1倍；夹套阀门的夹套部分试验压力应为设计压力的1.5倍。

3 在试验压力下的持续时间不得少于5min。

4 阀门壳体压力试验应以壳体填料无渗漏为合格。阀门密封试验和上密封试验应以密封面不漏为合格。

5 检验数量应符合下列规定：

1）用于GC1级管道和设计压力大于或等于10MPa的C类流体管道的阀门，应进行100%检验。

2）用于GC2级管道和设计压力小于10MPa的所有C类流体管道的阀门，应每个检验批抽查10%，且不得少于1个。

3）用于GC3级管道和D类流体管道的阀门，应每个检验批抽查5%，且不得少于1个。

6 检验方法：观察检查，检查阀门试验记录，检查水质分析报告。

4.0.4 安全阀在安装前应进行整定压力调整和密封试验，有特殊要求时还应进行其他性能试验。试验结果应符合现行行业标准《安全阀安全技术监察规程》TSG ZF001和设计文件的规定。

检验数量：全部检查。

检验方法：检查安全阀校验报告。

4.0.5 GC1级管道和C类流体管道中，输送毒性程度为极度危害介质或设计压力大于或等于10MPa的管子、管件，应进行外表面磁粉检测或渗透检测，检测结果不应低于现行行业标准《承压设备无损检测　第4部分　磁粉检测》JB/T 4730.4和《承压设备无损检测　第5部分　渗透检测》JB/T 4730.5规定的Ⅰ级。对检测发现的表面缺陷经修磨清除后的实际壁厚不得小于管子公称壁厚的90%，且不得小于设计壁厚。

检验数量：每个检验批抽查5%，且不少于1个。

检验方法：检查磁粉或渗透检测报告，检查测厚报告。

4.0.6 当规定对管道元件和材料进行低温冲击韧性、晶间腐蚀等其他特性数据检验时，检验结果应符合国家现行有关标准和设计文件的规定。

检验数量：每个检验批抽查1件。

检验方法：按规定的检验方法进行，并检查检验报告。

4.0.7 合金钢螺栓、螺母应进行材质抽样检验。GC1级管道和C类流体管道中，设计压力大于或等于10MPa的管道用螺栓、螺母，应进行硬度抽样检验。检验结果应符合国家现行有关产品标准和设计文件的规定。

检验数量：每个检验批（同制造厂、同型号规格、同时到货）抽取2套。

检验方法：检查光谱分析或材质复验报告，检查硬度检验报告。

Ⅱ　一般项目

4.0.8 管道元件和材料的材质、规格、型号、数量和标识应符合国家现行有关标准和设计文件的规定。其外观质量和几何尺寸应符合国家现行有关产品标准和设计文件的规定。材料标识应清晰完整，并应追溯到产品质量证明文件。

检验数量：全部检查。

检验方法：检查质量证明文件、管道元件检查记录；外观和几何尺寸检查。

5 管道加工

5.1 弯管制作

Ⅰ 主控项目

5.1.1 弯管制作后的最小厚度不得小于直管的设计壁厚。

检验数量：全部检查。每个弯管的减薄部位测厚不应少于3处。

检验方法：检查测厚报告。

5.1.2 GC1级管道和C类流体管道中，输送毒性程度为极度危害介质或设计压力大于或等于10MPa的弯管制作后，应进行表面无损检测，合格标准不应低于现行行业标准《承压设备无损检测 第4部分 磁粉检测》JB/T 4730.4和《承压设备无损检测 第5部分 渗透检测》JB/T 4730.5规定的Ⅰ级。缺陷修磨后的弯管壁厚不得小于管子名义厚度的90%，且不得小于设计壁厚。

检验数量：100%检验。

检验方法：检查磁粉或渗透检测报告；检查测厚报告。

Ⅱ 一般项目

5.1.3 制作的弯管质量应符合下列规定：

1 不得有裂纹、过烧、分层等缺陷。

2 弯管内侧褶皱高度不应大于管子外径的3%，且波浪间距不应小于褶皱高度的12倍。

3 对于承受内压的弯管，其圆度不应大于8%；对于承受外压的弯管，其圆度不应大于3%。

4 弯管的管端中心偏差值应符合下列规定：

1) GC1级管道和C类流体管道中，输送毒性程度为极度危害介质或设计压力大于或等于10MPa的弯管，每米管端中心偏差值不得超过1.5mm。当直管段长度大于3m时，最大偏差不得超过5mm。

2) 其他管道的弯管，每米管端中心偏差值不得超过3mm。当直管段长度大于3m时，最大偏差不得超过10mm。

检验数量：全部检查。

检验方法：观察检查，几何尺寸检查，检查弯管加工记录。

5.1.4 Π形弯管平面度的允许偏差应符合表5.1.4的规定。

检验数量：全部检查。

检验方法：几何尺寸检查，检查弯管加工记录。

表5.1.4 Π形弯管平面度的允许偏差（mm）

直管段长度	≤500	>500~1000	>1000~1500	>1500
平面度	≤3	≤4	≤6	≤10

5.2 卷管制作

一般项目

5.2.1 卷管焊缝的位置应符合下列规定：

1 卷管的同一筒节上的两纵焊缝间距不应小于200mm。

2 卷管组对时，相邻筒节两纵缝间距应大于100mm。支管外壁距焊缝不宜小于50mm。

3 有加固环、板的卷管，加固环、板的对接焊缝应与管子纵向焊缝错开，其间距不应小于100mm。加固环、板距卷管的环焊缝不应小于50mm。

检验数量：全部检查。

检验方法：采用卷尺和直尺检查。

5.2.2 卷管的周长允许偏差及圆度允许偏差应符合表5.2.2的规定。

检验数量：每5m卷管段检查2处。

检验方法：采用卷尺、直尺或样板检查。

表5.2.2 周长允许偏差及圆度允许偏差（mm）

公称尺寸	周长允许偏差	圆度允许偏差
<800	±5	外径的1%且不应大于4
800~1200	±7	4
1300~1600	±9	6
1700~2400	±11	8
2600~3000	±13	9
>3000	±15	10

5.2.3 卷管的校圆样板与卷管内壁的不贴合间隙，应符合下列规定：

1 对接纵缝处不得大于壁厚的10%加2mm，且不得大于3mm。

2 离管端200mm的对接纵缝处不得大于2mm。

3 其他部位不得大于1mm。

检验数量：每5m卷管段检查2处。

检验方法：采用样板和直尺检查。校圆样板的弧长应为管子周长的1/6~1/4。

5.2.4 卷管端面与中心线的垂直允许偏差不得大于管子外径的1%，且不得大于3mm。每米直管的平直度偏差不得大于1mm。

检验数量：全部检查。

检验方法：采用直尺和样板检查。

5.3 管口翻边

一般项目

5.3.1 扩口翻边应符合设计文件的规定，并应符合下列规定：

1 与垫片配合的翻边接头的表面质量应符合管法兰密封面的标准要求，且应符合相配套法兰标准的规定。

2 扩口翻边后的外径及转角半径应能保证螺栓及法兰自由装卸，法兰与翻边平面的接触应均匀、良好。

3 翻边端面与管子中心线应垂直，垂直度允许偏差为1mm。

4 翻边接头的最小厚度不应小于管子最小壁厚的95%。

5 翻边接头不得有裂纹、豁口及褶皱等缺陷。

检验数量：全部检查。

检验方法：观察检查、采用直尺和卡尺测量。

5.3.2 焊制翻边应符合设计文件的规定，并应符合下列规定：

1 焊制翻边的厚度不应小于与其连接管子的名义壁厚。

2　与垫片配合的翻边接头的表面质量应符合相配套法兰标准的规定。

3　外侧焊缝应进行修磨。

检验数量：全部检查。

检验方法：观察检查和采用直尺检查。

5.4　夹套管制作

Ⅰ　主 控 项 目

5.4.1　夹套管的内管有焊缝时，该焊缝应进行射线检测，并应经试压合格后，再封入外管。焊缝质量合格标准不应低于现行行业标准《承压设备无损检测　第2部分　射线检测》JB/T 4730.2规定的Ⅱ级。

检验数量：100%检验。

检验方法：检查射线检测报告。

5.4.2　夹套管的内管和外管应分别进行压力试验，试验介质、试验压力、试验过程及结果，应符合本规范第8.5节的有关规定。

检验数量：全部检查。

检验方法：观察检查，检查压力试验记录。

Ⅱ　一 般 项 目

5.4.3　夹套管的加工尺寸和外观质量应符合设计文件的规定，并应符合下列规定：

1　外管与内管间隙应均匀，支承块不得妨碍内管与外管的热胀冷缩，支承块的材质应与内管相同。

2　夹套弯管的外管和内管，其同轴度偏差不得大于3mm。

3　输送熔融介质管道的内表面焊缝应平整、光滑。

检验数量：全部检查。

检验方法：观察检查，采用直尺检查，检查材质证明书。

5.5　斜接弯头制作

一 般 项 目

5.5.1　斜接弯头的焊接接头应采用全焊透焊缝，其型式和尺寸应符合国家现行有关标准和设计文件的规定。

检验数量：全部检查。

检验方法：观察检查和采用检测尺检查。

5.5.2　斜接弯头的周长允许偏差应符合下列规定：

1　当公称尺寸大于1000mm时，允许偏差为±6mm。

2　当公称尺寸小于或等于1000mm时，允许偏差为±4mm。

检验数量：全部检查，每个不少于3处。

检验方法：观察检查和采用直尺检查。

5.6　支、吊架制作

Ⅰ　主 控 项 目

5.6.1　管道支、吊架组件中主要承载构件的焊缝，应按国家现行有关标准和设计文件的规定进行无损检测。焊缝质量应符合国家现行有关标准和设计文件的规定。

检验数量：应符合国家现行有关标准和设计文件的规定。

检验方法：检查无损检测报告。

Ⅱ 一 般 项 目

5.6.2 管道支、吊架的型式、材质、加工尺寸及精度应符合国家现行有关标准和设计文件的规定。

检验数量：全部检查。

检验方法：观察检查，采用直尺、卡尺检查。

5.6.3 管道支、吊架焊接完毕应进行外观检查。焊缝外观质量应符合国家现行有关标准和设计文件的规定。

检验数量：全部检查。

检验方法：观察检查，采用检查尺检查。

6 焊接和焊后热处理

Ⅰ 主 控 项 目

6.0.1 管道及管道组成件的焊接和焊后热处理的质量应符合国家现行标准《现场设备、工业管道焊接工程施工质量验收规范》GB 50683—2011的规定。

检验数量：应符合国家现行有关标准和设计文件的规定。

检验方法：观察检查、检查焊接检查记录或无损检测报告。

6.0.2 当在焊缝上开孔或开孔补强时，应对开孔直径1.5倍或开孔补强板直径范围内的焊缝进行射线或超声波检测。射线检测的焊缝质量合格标准不应低于现行行业标准《承压设备无损检测 第2部分 射线检测》JB/T 4730.2规定的Ⅱ级，超声检测的焊缝质量合格标准不应低于现行行业标准《承压设备无损检测 第3部分 超声检测》JB/T 4730.3规定的Ⅰ级。被补强板覆盖的焊缝应磨平。管孔边缘不应存在焊缝缺陷。

检验数量：100%检验。

检验方法：观察检查，检查射线或超声检测报告。

6.0.3 平焊法兰、承插焊法兰或承插焊管件与管子角焊缝的焊脚尺寸，应符合设计文件的规定，并应符合下列规定：

1 平焊法兰与管子焊接时，其法兰内侧角焊缝的焊脚尺寸应为直管名义厚度与6mm两者中的较小值；法兰外侧角焊缝的最小焊脚尺寸应为直管名义厚度的1.4倍与法兰颈部厚度两者中的较小值。

2 承插焊法兰与管子焊接时，角焊缝的最小焊脚尺寸应为直管名义厚度的1.4倍与法兰颈部厚度两者中的较小值。

3 承插焊管件与管子焊接时，角焊缝的最小焊脚尺寸应为直管名义厚度的1.25倍，且不应小于3mm。

检验数量：全部检查，每个法兰(管件)不少于3处。

检验方法：采用检查尺检查。

6.0.4 支管连接角焊缝的形式和厚度应符合下列规定：

1 安放式焊接支管或插入式焊接支管的接头、整体补强的支管座，应全焊透，角焊缝厚度不应小于填角焊缝有效厚度。

2 补强圈或鞍形补强件的焊接质量应符合下列规定：

1) 补强圈与支管应全焊透，角焊缝厚度不应小于填角焊缝有效厚度。

2) 鞍形补强件与支管连接的角焊缝厚度，不应小于支管名义厚度与鞍形补强件名义厚度两者中较小值的0.7倍。

3）补强圈或鞍形补强件外缘与主管连接的角焊缝厚度应大于等于补强圈或鞍形补强件名义厚度的0.5倍。

4）补强圈和鞍形补强件应与主管和支管贴合良好。

检验数量：全部检查。

检验方法：观察检查，采用检查尺检查，检查管道焊接检查记录。

Ⅱ 一般项目

6.0.5 管道焊缝的位置应符合下列规定：

1 直管段上两对接焊口中心面间的距离，当公称尺寸大于或等于150mm时，不应小于150mm；当公称尺寸小于150mm时，不应小于管子外径，且不应小于100mm。

2 除采用定型弯头外，管道焊缝的中心与弯管起弯点的距离不应小于管子外径，且不应小于100mm。

3 管道焊缝距离支管或管接头的开孔边缘不应小于50mm，且不应小于孔径。

4 管道环焊缝距支、吊架净距不得小于50mm。需热处理的焊缝距支、吊架不得小于焊缝宽度的5倍，且不得小于100mm。

检验数量：全部检查。

检验方法：观察检查，采用直尺检查。

7 管道安装

7.1 一般规定

Ⅰ 主控项目

7.1.1 要求清洗、脱脂或内部防腐的管道组成件，应在清洗、脱脂或内部防腐工作完成后进行检查，其质量应符合国家现行有关标准和设计文件的规定。

检验数量：全部检查。

检验方法：观察检查，检查清洗、脱脂施工记录，或内部防腐施工及检测记录。

7.1.2 埋地管道的外防腐层质量应符合国家现行有关标准和设计文件的规定。

检验数量：全部检查。

检验方法：观察检查，测厚仪测量，电火花检漏，检查施工记录和防腐层检测记录。

7.1.3 埋地管道安装前，应对支承地基或基础进行检查验收，支承地基和基础的施工质量应符合国家现行有关标准和设计文件的规定。

检验数量：全部检查。

检验方法：观察检查，检查地基和基础施工记录，检查地基处理或承载力检验报告。

7.1.4 埋地管道试压、防腐合格后，应进行隐蔽工程检查验收，质量应符合国家现行有关标准、设计文件和本规范的规定。

检验数量：全部检查。

检验方法：观察检查，检查施工记录、压力试验报告、防腐层检测记录和隐蔽工程记录。

Ⅱ 一般项目

7.1.5 管道法兰、焊缝及其他连接件的设置应便于检修，并不得紧贴墙壁、楼板或管架。当管道穿越道路、墙体、楼板或构筑物时，应加设套管或砌筑涵洞进行保护，并应符合国家现行有关标准和设计文件的规定。

检验数量：全部检查。

检验方法：观察检查，尺量检查，检查施工记录。

7.1.6 管道的坡度、坡向及管道组成件的安装方向应符合设计文件的规定。

检验数量：全部检查。

检验方法：检查安装记录，采用水准仪或水平尺检查。

7.2 管道预制

一般项目

7.2.1 预制完毕的管段，应按轴测图标注管线号和焊缝编号。内部应清理干净，并应封闭管口。

检验数量：全部检查。

检验方法：按轴测图检查。

7.2.2 自由管段和封闭管段的加工尺寸允许偏差应符合表7.2.2的规定。

检验数量：全部检查。

检验方法：采用直尺检查。

表7.2.2 自由管段和封闭管段的加工尺寸允许偏差（mm）

项目		允许偏差	
		自由管段	封闭管段
长度		±10	±1.5
法兰密封面与管子中心线垂直度	*DN*<100	0.5	0.5
	100≤*DN*≤300	1.0	1.0
	DN>300	2.0	2.0
法兰螺栓孔对称水平度		±1.6	±1.6

7.3 钢制管道安装

I 主控项目

7.3.1 高温或低温管道法兰的螺栓，在试运行时应按下列规定进行热态紧固或冷态紧固：

1 管道热态紧固、冷态紧固温度应符合表7.3.1的规定。

表7.3.1 管道热态紧固、冷态紧固温度（℃）

管道工作温度	一次热、冷态紧固温度	二次热、冷态紧固温度
250~350	工作温度	—
>350	350	工作温度
−20~−70	工作温度	—
<−70	−70	工作温度

2 热态紧固或冷态紧固应在达到工作温度2h后进行。

3 紧固螺栓时，管道最大内压应根据设计压力确定。当设计压力小于或等于6MPa时，热态紧固最大内压应为0.3MPa；当设计压力大于6MPa时，热态紧固最大内压应为0.5MPa。冷态紧固应卸压后进行。

检验数量：全部检查。

检验方法：检查施工记录。

7.3.2 管道预拉伸或压缩应检查下列内容，预拉伸或压缩量应符合设计文件的规定：

1 预拉伸区域内固定支架间所有焊缝（预拉口除外）已焊接完毕，需热处理的焊缝已做热处理，并经检验合格。

2 预拉伸区域支、吊架已安装完毕，管子与固定支架已牢固。预拉口附近的支、吊架应预留足够的调整裕量，支、吊架弹簧已按设计值进行调整，并临时固定，不使弹簧承受管道载荷。

3 预拉伸区域内的所有连接螺栓已拧紧。

检验数量：全部检查。

检验方法：观察检查，检查焊接记录、热处理记录和预拉伸或预压缩施工记录。

7.3.3 管道膨胀指示器的安装应符合设计文件的规定，并应指示正确。

检验数量：全部检查。

检验方法：观察检查，检查施工记录。

7.3.4 蠕胀测点和监察管段的安装应符合国家现行有关标准和设计文件的规定。

检验数量：全部检查。

检验方法：观察检查，尺量检查，检查施工记录。

7.3.5 合金钢管道系统安装完毕后，应检查材质标记。

检验数量：全部检查。

检验方法：观察检查，必要时采用光谱分析或其他材质复查方法。

Ⅱ 一 般 项 目

7.3.6 当管道安装时，应检查法兰密封面及密封垫片，不得有影响密封性能的划痕、斑点等缺陷。

检验数量：全部检查。

检验方法：观察检查。

7.3.7 法兰连接应与管道同心，螺栓应自由穿入。法兰螺栓孔应跨中布置。法兰间应保持平行，其偏差不得大于法兰外径的0.15%，且不得大于2mm。

检验数量：全部检查。

检验方法：观察检查和卡尺检查。

7.3.8 法兰连接应使用同一规格螺栓，安装方向应一致。螺栓紧固后应与法兰紧贴，不得有楔缝。当需加垫圈时，每个螺栓不应超过1个。所有螺母应全部拧入螺栓。

检验数量：全部检查。

检验方法：观察检查。

7.3.9 当管道安装遇到下列情况之一时，螺栓、螺母应涂刷二硫化钼油脂、石墨机油或石墨粉等：

1 不锈钢、合金钢螺栓和螺母。

2 管道设计温度高于100℃或低于0℃。

3 露天装置。

4 处于大气腐蚀环境或输送腐蚀介质。

检验数量：全部检查。

检验方法：观察检查。

7.3.10 其他型式的管道接头连接和安装质量应符合国家现行有关标准、设计文件和产品技术文件的规定。

检验数量：全部检查。

检验方法：观察检查。

7.3.11 管道安装的允许偏差应符合表7.3.11的规定。

检验数量：按每条管线号抽查不少于3处。

检验方法：采用水平仪、经纬仪、直尺、水平尺、拉线或吊线检查。

表 7.3.11 管道安装的允许偏差（mm）

项目			允许偏差
坐标	架空及地沟	室外	25
		室内	15
	埋地		60
标高	架空及地沟	室外	± 20
		室内	± 15
	埋地		± 25
水平管道平直度		*DN*≤100	2*l*‰，最大50
		DN>100	3*l*‰，最大80
立管铅垂度			5*l*‰，最大30
成排管道间距			15
交叉管的外壁或绝热层间距			20

7.4 连接设备的管道安装

主 控 项 目

7.4.1 管道与设备的连接应在设备安装定位并紧固地脚螺栓后进行，管道安装前应将内部清理干净。

检验数量：全部检查。

检验方法：观察检查，检查设备安装记录或中间交接记录。

7.4.2 对不得承受附加外荷载的动设备，管道与动设备连接质量应符合下列规定：

1 管道与动设备连接前，应在自由状态下，检验法兰的平行度和同心度，当设计文件或产品技术文件无规定时，法兰平行度和同心度允许偏差应符合表7.4.2的规定。

检验数量：全部检查。

检验方法：采用塞尺、卡尺、直尺等检查。

表 7.4.2 法兰平行度和同心度允许偏差

机器转速（r/min）	平行度（mm）	同心度（mm）
<3000	≤ 0.40	≤ 0.80
3000~6000	≤ 0.15	≤ 0.50
>6000	≤ 0.10	≤ 0.20

2 管道系统与动设备最终连接时，动设备额定转速大于6000r/min时的位移值应小于0.02mm；额定转速小于或等于6000r/min时的位移值应小于0.05mm。

检验数量：全部检查。

检验方法：在联轴器上架设百分表监视动设备位移。

7.4.3 管道试压、吹扫与清洗合格后，应对管道与动设备的接口进行复位检查，其偏差值应符合本规范表7.4.2的规定。

检验数量：全部检查。

检验方法：采用塞尺、卡尺、直尺等检查。

7.5 铸铁管道安装

一 般 项 目

7.5.1 铸铁管道安装的坐标、标高允许偏差应符合表7.5.1的规定。管道安装后各管节间应平顺，接口应无突起、突弯、轴向位移现象。

检验数量：全部检查。

检验方法：采用经纬仪和尺量检查。

表7.5.1 铸铁管道安装轴线位置、标高允许偏差（mm）

项目	允许偏差（mm）	
	无压力的管道	有压力的管道
轴线位置	15	30
标高	±10	±20

7.5.2 管道沿直线安装时，承插接口的环向间隙应均匀，承插口间的轴向间隙应不小于3mm。

检验数量：全部检查。

检验方法：尺量检查。

7.5.3 管道沿曲线安装时，接口的允许借转角应符合表7.5.3的规定。

表7.5.3 管道沿曲线安装时接口的允许借转角

接口种类	公称尺寸（mm）	允许转角（°）
刚性接口	75~150	2
	500~1200	1
滑入式T型、梯唇型橡胶圈接口及柔性机械式接口	75~600	3
	700~800	2
	≥900	1

检验数量：全部检查。

检验方法：尺量检查。

7.5.4 管道柔性接口连接应符合下列规定：

1 承插接口连接时，承口的内工作面、插口的外工作面应修整光滑，不得有影响接口密封性的缺陷，插口推入深度应符合设计或产品技术文件要求。

2 法兰接口连接时，插口与承口法兰压盖的纵向轴线应重合。连接螺栓终拧扭矩应符合设计或产品技术文件要求。接口连接后，连接部位及连接件应无变形、破损现象。螺栓安装方向应一致。采用钢制螺栓和螺母时，防腐处理应符合设计要求。

3 橡胶圈安装位置应准确，不得扭曲、外露；沿圆周各点应与承口端面等距，其允许偏差为±3m。

检验数量：全部检查。

检验方法：观察检查，扭矩扳手检查，尺量检查，检查施工记录。

7.5.5 管道刚性接口连接应符合下列规定：

1 油麻填料的打入深度应为承口总深度的1/3，且不应超过承口三角凹槽的内边；橡胶圈装填应平展、压实，不得有松动、扭曲、断裂等缺陷。

2 接口水泥应密实饱满，其接口水泥面凹入承口边缘的深度不得大于2mm，水泥强度应符合设计文件的规定。

检验数量：全部检查。

检验方法：观察检查，尺量检查。

7.6 不锈钢和有色金属管道安装

7.6.1 不锈钢和有色金属管道的安装质量除应符合本节的规定外，尚应符合本规范第7.3节的有关规定。

Ⅰ 主控项目

7.6.2 有色金属管道组成件与黑色金属管道支承件之间不得直接接触，应采用同材质或对管道组成件无害的非金属隔离垫进行隔离。对于不锈钢、镍及镍合金管道组成件，非金属隔离垫的氯离子含量不得超过50×10^{-6}（50ppm）。

检验数量：全部检查。

检验方法：观察检查，检查隔离垫的材质证明书。

7.6.3 不锈钢、镍及镍合金管道法兰用非金属垫片的氯离子含量不得超过50×10^{-6}（50ppm）。

检验数量：全部检查。

检验方法：观察检查，检查垫片的材质证明书。

7.6.4 用钢管保护的铅、铝及铝合金管，在装入钢管前应经试压合格。

检验数量：全部检查。

检验方法：观察检查，检查试压记录。

Ⅱ 一般项目

7.6.5 不锈钢和有色金属管道安装完毕后，应检查其表面质量，其表面应平整、光洁，不得有超过壁厚允许偏差的机械划伤、凹瘪、异物嵌入以及飞溅物造成的污染等伤害。

检验数量：全部检查。

检验方法：观察检查和测厚检查。

7.6.6 铜及铜合金管道连接时，应符合下列规定：

1 翻边连接的管子，应保持同轴，当公称尺寸小于或等于50mm时，其偏差不应大于1mm；当公称尺寸大于50mm时，其偏差不应大于2mm。

2 螺纹连接的管子，其螺纹部分应涂以石墨甘油。

3 安装铜波纹膨胀节时，其直管长度不得小于100mm。

检验数量：全部检查。

检验方法：观察检查和尺量检查。

7.7 伴热管安装

Ⅰ 主控项目

7.7.1 当不允许伴热管与主管直接接触时，应在伴热管与主管之间加装隔离垫。当主管为不锈钢、伴热管为碳钢管时，隔离垫的氯离子含量不得超过50×10^{-6}（50ppm），绑扎应采用不锈钢丝或不引起渗碳的绑扎带。

检验数量：全部检查。

检验方法：观察检查，检查隔离垫的材质证明书。

Ⅱ 一般项目

7.7.2 伴热管应与主管平行，位置、间距应正确，并应自行排液。不得将伴热管直接点焊在主管上。弯头部位的伴热管绑扎带不得少于3道，直管段伴热管绑扎点间距应符合表7.7.2的规定。

检验数量：全部检查。

检验方法：观察检查和尺量检查。

表7.7.2 直管段伴热管绑扎点间距(mm)

伴热管公称尺寸	绑扎点间距
10	800
15	1000
20	1500
>20	2000

7.8 夹套管安装

7.8.1 夹套管的安装质量除应符合本节的规定外，尚应符合本规范第5.4节和第7章的有关规定。

一般项目

7.8.2 夹套管的连通管安装，应符合设计文件的规定。当设计无规定时，连通管不得存液。

检验数量：全部检查。

检验方法：观察检查。

7.8.3 夹套管的支承块在同一位置处应设置3块，管道水平安装时，其中2块支承块应对地面跨中布置，夹角应为110°~120°；管道垂直安装时，3块支承块应按120°夹角均匀布置。

检验数量：全部检查。

检验方法：观察检查。

7.9 防腐蚀衬里管道安装

7.9.1 防腐蚀衬里管道的安装质量除应符合本节的规定外，尚应符合本规范第7.3节的有关规定。

一般项目

7.9.2 衬里管道安装前，应检查衬里层的质量，衬里层结构应完好和保持内部清洁。

检验数量：全部检查。

检验方法：观察检查，电火花检测或其他检测方法。

7.10 阀门安装

Ⅰ 主控项目

7.10.1 安全阀的安装应符合下列规定：

1 安全阀应垂直安装。

2 安全阀的出口管道应接向安全地点。

3 当进出口管道上设置截止阀时，截止阀应加铅封，且应锁定在全开启状态。

检验数量：全部检查。

检验方法：观察检查。

7.10.2 在管道投入试运行时，应按现行行业标准《安全阀安全技术监察规程》TSG ZF001和设计文件的规定对安全阀进行最终整定压力调整，并应铅封。

检验数量：全部检查。

检验方法：观察检查，检查安全阀调整记录。

Ⅱ 一 般 项 目

7.10.3 阀门的型号、安装位置和方向应符合设计文件的规定。安装位置、进出口方向应正确，连接应牢固、紧密，启闭应灵活，阀杆、手轮等朝向应合理。

检验数量：全部检查。

检验方法：观察检查和启闭检查。

7.11 补偿装置安装

主 控 项 目

7.11.1 补偿装置的规格、安装位置和方向应符合国家现行有关标准和设计文件的规定。

检验数量：全部检查。

检验方法：对照设计文件、产品技术文件检查。

7.11.2 “Π”形或“Ω”形膨胀弯管安装质量应符合设计文件的规定，并应符合下列规定：

1 安装前应按设计文件的规定进行预拉伸或预压缩，允许偏差为10mm。

2 预拉伸或预压缩的焊口位置与膨胀弯管起弯点的距离应大于2m。

3 水平安装时，其平行臂应与管线坡度相同，两垂直臂应相互平行。

4 铅垂安装时，应有排气及疏水装置。

检验数量：全部检查。

检验方法：观察检查和尺量检查，检查管道补偿器安装记录。

7.11.3 波纹管膨胀节的安装质量应符合设计文件的规定，并应符合下列规定：

1 波纹膨胀节安装前应按设计文件的规定进行预拉伸或预压缩，受力应均匀。

2 波纹管膨胀节内套有焊缝的一端，在水平管道上应位于介质的流入端，在铅垂管道上应置于上部。

3 波纹管膨胀节应与管道保持同心，不得偏斜和周向扭转。

检验数量：全部检查。

检验方法：观察检查，检查管道补偿器安装记录。

7.11.4 填料式补偿器的安装质量应符合设计文件的规定，并应符合下列规定：

1 填料式补偿器应与管道保持同心，不得歪斜。

2 两侧的导向支座应保证运行时自由伸缩，不得偏离中心。

3 应按设计文件规定的安装长度及温度变化，留有剩余的收缩量。剩余收缩量的允许偏差为5mm。

检验数量：全部检查。

检验方法：观察检查和尺量检查，检查管道补偿器安装记录。

7.11.5 球型补偿器的安装质量应符合设计文件的规定。

检验数量：全部检查。

检验方法：观察检查，检查管道补偿器安装记录。

7.12 支、吊架安装

Ⅰ 主 控 项 目

7.12.1 管道固定支架的形式、安装位置和质量应符合国家现行有关标准和设计文件的规定。不得在没有补偿装置的热管道直管段上同时安置2个及2个以上的固定支架。

检验数量：全部检查。

检验方法：观察检查和测量检查，检查管道支、吊架安装记录。

7.12.2 弹簧支、吊架的形式应符合设计文件的规定，安装位置应正确，弹簧的调整值应符合设计文件的规定。

检验数量：全部检查。

检验方法：观察检查和测量检查，检查管道支、吊架安装记录。

Ⅱ 一般项目

7.12.3 无热位移的管道，吊杆应垂直安装。有热位移的管道，其吊杆应偏置安装，当设计文件无规定时，吊点应设置在位移的相反方向，并应按位移值的1/2偏位安装。两根有热位移的管道不得使用同一吊杆。

检验数量：全部检查。

检验方法：观察检查和测量检查，检查管道支、吊架安装记录。

7.12.4 导向支架或滑动支架的滑动面应洁净、平整，不得有歪斜和卡涩现象。有热位移的管道，当设计文件无规定时，支架安装位置应从支承面中心向位移反方向偏移，偏移量应为位移值的1/2，绝热层不得妨碍其位移。

检验数量：全部检查。

检验方法：观察检查和测量检查，检查管道支、吊架安装记录。

7.12.5 管道安装完毕后，应逐个核对支、吊架的形式和位置。

检验数量：全部检查。

检验方法：观察检查和测量检查，检查设计图纸和管道支、吊架安装记录。

7.13 静电接地安装

主控项目

7.13.1 有静电接地要求的管道，每对法兰或其他接头间的电阻值应小于或等于0.03Ω。

检验数量：全部检查。

检验方法：电阻值测量，检查管道静电接地测试记录。

7.13.2 有静电接地要求的管道系统，其对地电阻值及接地位置应符合设计文件的规定。

检验数量：全部检查。

检验方法：电阻值测量，检查管道静电接地测试记录。

7.13.3 有静电接地要求的不锈钢和有色金属管道，其跨接线或接地引线不得与管道直接连接，应采用同材质连接板过渡。

检验数量：全部检查。

检验方法：观察检查，检查管道静电接地测试记录。

8 管道检查、检验和试验

8.1 焊缝外观检查

Ⅰ 主控项目

8.1.1 管道焊缝的检查等级划分应符合表8.1.1的规定。

检验数量：全部检查。

检验方法：观察检查和检查尺检查，检查焊接检查记录。

表8.1.1 管道焊缝的检查等级划分

焊缝检查等级	管道类别
Ⅰ	(1)毒性程度为极度危害的流体管道； (2)设计压力大于或等于10MPa的可燃流体、有毒流体的管道； (3)设计压力大于或等于4MPa、小于10MPa，且设计温度大于等于400℃的可燃流体、有毒流体的管道； (4)设计压力大于或等于10MPa，且设计温度大于或等于400℃的非可燃流体、无毒流体的管道； (5)设计文件注明为剧烈循环工况的管道； (6)设计温度低于-20℃的所有流体管道； (7)夹套管的内管； (8)按本规范第8.5.6条的规定做替代性试验的管道； (9)设计文件要求进行焊缝100%无损检测的其他管道
Ⅱ	(1)设计压力大于或等于4MPa、小于10MPa，设计温度低于400℃，毒性程度为高度危害的流体管道； (2)设计压力小于4MPa，毒性程度为高度危害的流体管道； (3)设计压力大于或等于4MPa、小于10MPa，设计温度低于400℃的甲、乙类可燃气体和甲类可燃液体的管道； (4)设计压力大于或等于10MPa，且设计温度小于400℃的非可燃流体、无毒流体的管道； (5)设计压力大于或等于4MPa、小于10MPa，且设计温度大于等于400℃的非可燃流体、无毒流体的管道； (6)设计文件要求进行焊缝20%无损检测的其他管道
Ⅲ	(1)设计压力大于或等于4MPa、小于10MPa，设计温度低于400℃，毒性程度为中毒和轻度危害的流体管道； (2)设计压力小于4MPa的甲、乙类可燃气体和甲类可燃液体管道； (3)设计压力大于或等于4MPa、小于10MPa，设计温度低于400℃的乙、丙类可燃液体管道； (4)设计压力大于或等于4MPa、小于10MPa，设计温度低于400℃的非可燃流体、无毒流体的管道； (5)设计压力大于1MPa小于4MPa，设计温度高于或等于400℃的非可燃流体、无毒流体的管道； (6)设计文件要求进行焊缝10%无损检测的其他管道
Ⅳ	(1)设计压力小于4MPa，毒性程度为中毒和轻度危害的流体管道； (2)设计压力小于4MPa的乙、丙类可燃液体管道； (3)设计压力大于1MPa小于4MPa，设计温度低于400℃的非可燃流体、无毒流体的管道； (4)设计压力小于或等于1MPa，且设计温度大于185℃的非可燃流体、无毒流体的管道； (5)设计文件要求进行焊缝5%无损检测的其他管道
Ⅴ	设计压力小于或等于1.0MPa，且设计温度高于-20℃但不高于185℃的非可燃流体、无毒流体的管道

8.1.2 钛及钛合金、锆及锆合金的焊缝表面除应进行外观质量检查外，还应在焊后清理前进行色泽检查。钛及钛合金焊缝的色泽检查结果应符合表8.1.2的规定。锆及锆合金的焊缝表面应为银白色，可有淡黄色存在，但应清除。

检验数量：全部检查。

检验方法：观察检查和检查焊接检查记录。

表8.1.2 钛及钛合金焊缝的色泽检查

焊缝表面颜色	保护效果	质 量
银白色（金属光泽）	优	合格
金黄色（金属光泽）	良	合格
紫色（金属光泽） 蓝色（金属光泽）	低温氧化，焊缝表面有污染	合格
	高温氧化，焊缝表面污染严重，性能下降	不合格
灰色（金属光泽）	保护不好，污染严重	不合格
暗灰色	保护不好，污染严重	不合格
灰白色	保护不好，污染严重	不合格
黄白色	保护不好，污染严重	不合格

Ⅱ 一般项目

8.1.3 所有焊缝的观感质量应外形均匀，成型应较好，焊道与焊道、焊道与母材之间应平滑过渡，焊渣和飞溅物应清除干净。

检验数量：全部检查。

检验方法：观察检查。

8.2 焊缝射线检测和超声波检测

主控项目

8.2.1 除设计文件另有规定外，现场焊接的管道及管道组成件的对接纵缝和环缝、对接式支管连接焊缝应进行射线检测或超声检测。对射线检测或超声检测发现有不合格的焊缝，经返修后，应采用原规定的检验方法重新进行检验。焊缝质量应符合下列规定：

1 100%射线检测的焊缝质量合格标准不应低于现行行业标准《承压设备无损检测 第2部分 射线检测》JB/T 4730.2规定的Ⅱ级；抽样或局部射线检测的焊缝质量合格标准不应低于现行行业标准《承压设备无损检测 第2部分 射线检测》JB/T 4730.2规定的Ⅲ级。

2 100%超声检测的焊缝质量合格标准不应低于现行行业标准《承压设备无损检测 第3部分 超声检测》JB/T 4730.3规定的Ⅰ级；抽样或局部超声检测的焊缝质量合格标准不应低于现行行业标准《承压设备无损检测 第3部分 超声检测》JB/T 4730.3规定的Ⅱ级。

3 检验数量应符合设计文件和下列规定：

1) 管道焊缝无损检测的检验比例应符合表8.2.1的规定。

表8.2.1 管道焊缝无损检测的检验比例

焊缝检查等级	Ⅰ	Ⅱ	Ⅲ	Ⅳ	Ⅴ
无损检测比例（%）	100	≥20	≥10	≥5	

2) 管道公称尺寸小于500mm时，应根据环缝数量按规定的检验比例进行抽样检验，且不得少于1个环缝。环缝检验应包括整个圆周长度。固定焊的环缝抽样检验比例不应少于40%。

3) 管道公称尺寸大于或等于500mm时，应对每条环缝按规定的检验数量进行局部检验，并不得少于150mm的焊缝长度。

4) 纵缝应按规定的检验数量进行局部检验，且不得少于150mm的焊缝长度。

5) 抽样或局部检验时，应对每一焊工所焊的焊缝按规定的比例进行抽查。当环缝与纵缝相交时，应在最大范围内包括与纵缝的交叉点，其中纵缝的检查长度不应少于38mm。

6) 抽样或局部检验应按检验批进行。检验批和抽样或局部检验的位置应由质量检查人员确定。

4 检验方法：检查射线或超声检测报告和管道轴测图。

8.2.2 当焊缝局部检验或抽样检验发现有不合格时，应在该焊工所焊的同一检验批中采用原规定的检验方法做扩大检验，焊缝质量合格标准应符合本规范第8.2.1条的规定。

检验数量应符合下列规定：

1 当出现1个不合格焊缝时，应再检验该焊工所焊的同一检验批的2个焊缝；

2 当2个焊缝中任何1个又出现不合格时，每个不合格焊缝应再检验该焊工所焊的同一检验批的2个焊缝。

3 当再次检验又出现不合格时，应对该焊工所焊的同一检验批的焊缝进行100%检验。

检验方法：检查射线或超声检测报告和管道轴测图。

8.3 焊缝表面无损检测

主 控 项 目

8.3.1 除设计文件另有规定外，现场焊接的管道和管道组成件的承插焊焊缝、支管连接焊缝（对接式支管连接除外）和补强圈焊缝、密封焊缝、支吊架与管道的连接焊缝，以及管道上的其他角焊缝，其表面应进行磁粉检测或渗透检测。磁粉检测或渗透检测发现的不合格焊缝，经返修后，返修部位应采用原规定的检验方法重新进行检验。焊缝质量合格标准不应低于现行行业标准《承压设备无损检测 第4部分 磁粉检测》JB/T 4730.4和《承压设备无损检测 第5部分 渗透检测》JB/T 4730.5规定的Ⅰ级。

检验数量：应符合设计文件和本规范第8.2.1条的规定。

检验方法：检查磁粉或渗透检测报告和管道轴测图。

8.3.2 当焊缝局部检验或抽样检验发现有不合格时，应在该焊工所焊的同一检验批中采用原规定的检验方法做扩大检验，焊缝质量合格标准应符合本规范第8.3.1条的规定。

检验数量：应符合本规范第8.2.2条的规定。

检验方法：检查磁粉或渗透检测报告和管道轴测图。

8.4 硬度检验及其他检验

主 控 项 目

8.4.1 要求热处理的焊缝和管道组成件，热处理后应进行硬度检验。当管道组成件和焊缝重新进行热处理时，应重新进行硬度检验。除设计文件另有规定外，热处理后的硬度值应符合表8.4.1的规定。表8.4.1中未列入的材料，其焊接接头的焊缝和热影响区硬度值，碳素钢不应大于母材硬度值的120%；合金钢不应大于母材硬度值的125%。

检验数量应符合设计文件和下列规定的检查范围：

1 炉内热处理的每一热处理炉次应抽查10%；局部热处理时应进行100%检验。

2 焊缝的硬度检验区域应包括焊缝和热影响区。对于异种金属的焊缝，两侧母材热影响区均应进行硬度检验。

检验方法：检查硬度检验报告和管道轴测图。

表8.4.1 热处理焊缝和管道组成件的硬度合格标准

母 材 类 别	布氏硬度HB
碳钼钢（C–Mo）、锰钼钢（Mn–Mo）、铬钼钢（Cr–Mo）：Cr≤0.5%	225
铬钼钢（Cr–Mo）：0.5<Cr≤2%	225
铬钼钢（Cr–Mo）：2<Cr≤10%	241
马氏体不锈钢	241

8.4.2 对于硬度抽样检验的管道组成件和焊接接头，当发现硬度值有不合格时，应做扩大检验。硬度值应符合本规范第8.4.1条的规定。

检验数量：应符合本规范第8.2.2条的规定。

检验方法：检查硬度检验报告和管道轴侧图。

8.4.3 当规定进行管道焊缝金属的化学成分分析、焊缝铁素体含量测定、焊接接头金相检验、产品试件力学性能等检验时，检验结果应符合国家现行有关标准和设计文件的规定。

检验数量：应符合国家现行有关标准和设计文件的规定。

检验方法：按规定的检验方法进行，并检查检验报告。

8.5 压力试验

主控项目

8.5.1 管道安装完毕、热处理和无损检测合格后，应进行压力试验。压力试验前，应检查压力试验范围内的管道系统，除涂漆、绝热外应已按设计图纸全部完成，安装质量应符合设计文件和本规范的有关规定，且试压前的各项准备工作应已完成。

检验数量：压力试验范围内的全部管道和全部安装资料。

检验方法：观察检查，检查相关资料。

8.5.2 液压试验应符合下列规定：

1 液压试验应使用洁净水。当水对管道或工艺有不良影响并有可能损坏管道时，可使用其他合适的无毒液体。当采用可燃液体介质进行试验时，其闪点不得低于50℃。

2 液压试验温度严禁接近金属材料的脆性转变温度。

3 试验压力应符合下列规定：

1）承受内压的地上钢管道及有色金属管道试验压力应为设计压力的1.5倍。埋地钢管道的试验压力应为设计压力的1.5倍，且不得低于0.4MPa。

2）当管道的设计温度高于试验温度时，试验压力应按下式计算，并应校核管道在试验压力（P_T）条件下的应力。当试验压力在试验温度下产生超过屈服强度的应力时，应将试验压力降至不超过屈服强度时的最大压力。

$$P_T = 1.5P[\sigma]_T / [\sigma]^t \qquad (8.5.2)$$

式中：P_T——试验压力（表压）（MPa）；

P——设计压力（表压）（MPa）；

$[\sigma]_T$——试验温度下，管材的许用应力（MPa）；

$[\sigma]^t$——设计温度下，管材的许用应力（MPa）。

当$[\sigma]_T/[\sigma]^t$大于6.5时，取6.5。

3）当管道与设备作为一个系统进行试验，且管道的试验压力等于或小于设备的试验压力时，应按管道的试验压力进行试验。当管道试验压力大于设备的试验压力，且无法将管道与设备隔开，以及设备的试验压力不小于按本规范公式（8.5.2）计算的管道试验压力的77%时，经设计或建设单位同意，可按设备的试验压力进行试验。

4）承受内压的埋地铸铁管道的试验压力，当设计压力小于或等于0.5MPa时，应为设计压力的2倍；当设计压力大于0.5MPa时，应为设计压力加0.5MPa。

5）对位差较大的管道，应将试验介质的静压计入试验压力中。液体管道的试验压力应以最高点的压力为准，其最低点的压力不得超过管道组成件的承受力。

6）对承受外压的管道，其试验压力应为设计内、外压力之差的1.5倍，且不得低于0.2MPa。

7）夹套管内管的试验压力应按内部或外部设计压力的较大者确定。夹套管外管的试验压力除设计文件另有规定外，应按本规范第8.5.2条第1款的规定进行。

4 液压试验时，应缓慢升压，待达到试验压力后，稳压10min，再将试验压力降至设计压力，稳压30min，以压力表压力不降、管道所有部位无渗漏为合格。

检验数量：全部检查。

检验方法：观察检查，检查压力试验记录。

8.5.3 不锈钢、镍及镍合金管道，或连有不锈钢、镍及镍合金管道组成件或设备的管道，在进行水压试验时，水中氯离子含量不得超过25×10^{-6}（25ppm）。

检验数量：全部检查。

检验方法：检查水质分析报告。

8.5.4 气压试验应符合下列规定：

1 试验介质应采用干燥洁净的空气、氮气或其他不易燃和无毒的气体。

2 气压试验温度严禁接近金属材料的脆性转变温度。

3 承受内压钢管及有色金属管的试验压力应为设计压力的1.15倍。真空管道的试验压力应为0.2MPa。

4 气压试验时应装有压力泄放装置，其设定压力不得高于试验压力的1.1倍。

5 气压试验前，应用空气进行预试验，试验压力宜为0.2MPa。

6 气压试验时，应逐步缓慢增加压力，当压力升至试验压力的50%时，如未发现异状或泄漏，应继续按试验压力的10%逐级升压，每级稳压3min，直至试验压力。应在试验压力下保持10min，再将压力降至设计压力，应以发泡剂检验无泄漏为合格。

检验数量：全部检查。

检验方法：观察检查，检查压力试验记录。

8.5.5 液压–气压试验应符合本规范第8.5.4条的规定，且被液体充填部分管道的压力不应大于本规范第8.5.2条第3款第1)项、第2)项的规定。

检验数量：全部检查。

检验方法：观察检查和检查压力试验记录。

8.5.6 现场条件不允许进行管道液压和气压试验时，经建设单位和设计单位同意，可采用无损检测、管道系统柔性分析和泄漏试验代替压力试验，并应符合下列规定：

1 所有环向、纵向对接焊缝和螺旋焊焊缝应进行100%射线检测或100%超声检测；其他未包括的焊缝（支吊架与管道的连接焊缝）应进行100%的渗透检测或100%的磁粉检测。焊缝无损检测合格标准应符合本规范第8.2.1和8.3.1条的规定。

2 管道系统的柔性分析方法和结果应符合国家现行有关标准的规定。

3 管道系统应采用敏感气体或浸入液体的方法进行泄漏试验，当设计文件无规定时，泄漏试验应符合下列规定：

1）试验压力不应小于105kPa或25%设计压力两者中的较小值。

2）应将试验压力逐渐增加至0.5倍试验压力或170kPa两者中的较小值，然后进行初检，再分级逐渐增加至试验压力，每级应有足够的时间以平衡管道的应变。

3）试验结果应符合本规范第8.5.7条的规定。

检验数量：全部检查。

检验方法：观察检查，检查柔性分析结果、无损检测报告和泄漏性试验记录。

8.5.7 泄漏性试验应按设计文件的规定进行，并应符合下列规定：

1 输送极度和高度危害介质以及可燃介质的管道，必须进行泄漏性试验。

2 泄漏性试验应在压力试验合格后进行。试验介质宜采用空气。

3 泄漏性试验压力应为设计压力。

4 泄漏性试验应逐级缓慢升压，当达到试验压力，并停压10min后，应巡回检查阀门填料函、法兰或螺纹连接处、放空阀、排气阀、排净阀等所有密封点，应以无泄漏为合格。

检验数量：全部检查。

检验方法：采用发泡剂观察检查，检查泄漏性试验记录。

8.5.8 真空系统在压力试验合格后，应按设计文件规定进行24h的真空度试验，增压率不应大于5%。

检验数量：全部检查。

检验方法：观察检查，检查真空度试验记录。

8.5.9 当设计文件规定以卤素、氦气、氨气或其他方法进行泄漏性试验时，应符合国家现行有关标准和设计文件的规定。

检验数量：全部检查。

检验方法：观察检查，检查泄漏性试验记录。

9 管道吹扫与清洗

9.1 水冲洗

主控项目

9.1.1 冲洗管道应使用洁净水。冲洗不锈钢、镍及镍合金管道时，水中氯离子含量不得超过 25×10^{-6}（25ppm）。

检验数量：全部检查。

检验方法：检查水质分析报告。

9.1.2 管道水冲洗的技术要求和质量应符合国家现行有关标准和设计文件的规定。当设计文件无规定时，应以冲洗排出口的水色和透明度与入口处的水色和透明度目测一致为合格。

检验数量：全部检查。

检验方法：观察检查，检查系统吹洗记录。

9.1.3 管道冲洗合格后，应及时将管内积水排净，并应及时吹干。

检验数量：全部检查。

检验方法：观察检查，检查系统封闭记录。

9.2 空气吹扫

主控项目

9.2.1 空气吹扫的技术要求和质量应符合国家现行有关标准和设计文件的规定。应在排气口设置贴有白布或涂刷白色涂料的木制靶板进行检验，吹扫5min后靶板上应无铁锈、尘土、水分及其他杂物。

检验数量：全部检查。

检验方法：检查靶板，检查系统吹洗记录。

9.2.2 空气吹扫合格的管道在投入使用前，应按设计文件的规定进行封闭。

检验数量：全部检查。

检验方法：观察检查，检查系统封闭记录。

9.3 蒸汽吹扫

主控项目

9.3.1 蒸汽吹扫的技术要求应符合国家现行有关标准和设计文件的规定。通往汽轮机或设计文件有规定的蒸汽管道，蒸汽吹扫后应检查靶板，吹扫质量应符合设计文件的规定，最终验收的靶板应做好标识，并应妥善保管。当设计文件无规定时，蒸汽吹扫质量应符合表9.3.1的规定。

检验数量：全部检查。

检验方法：检查靶板，检查系统吹洗记录。

表9.3.1 蒸汽吹扫质量验收标准

序号	检验项目	质量标准
1	打靶次数	不少于3次
2	打靶持续时间	每次吹扫15min（两次吹扫均应合格）
3	靶板上痕迹大小	ϕ0.6mm以下
4	靶板上痕迹深度	小于0.5mm
5	痕迹点数	1个/cm^2

9.3.2 除本规范第9.3.1条规定以外的蒸汽管道吹扫时，可用刨光涂刷白色涂料的木制靶板置于排汽口进行检验。吹扫15min后靶板上应无铁锈、污物等杂质。

检验数量：全部检查。

检验方法：检查靶板，检查系统吹洗记录。

9.3.3 蒸汽吹扫合格的管道在投入运行前，应按设计文件的规定进行系统封闭。

检验数量：全部检查。

检验方法：观察检查，检查系统封闭记录。

9.4 管道脱脂

主控项目

9.4.1 管道脱脂的技术要求和质量标准应符合国家现行有关标准、设计文件和下列规定：

1 采用有机溶剂脱脂的脱脂件，脱脂后应将残存的溶剂用无油压缩空气吹除干净，直至无溶剂气味为止。

2 采用碱液脱脂的脱脂件，应用无油清水冲洗干净直至中性，然后用无油压缩空气吹干。用于冲洗不锈钢管的清洁水，水中氯离子含量不得超过25×10^{-6}（25ppm）。

3 采用65%以上浓硝酸作脱脂溶剂时，酸中所含有机物总量不应大于0.03%。

4 直接与氧、富氧、浓硝酸等强氧化性介质接触的管子、管件及阀门，可采用下列任意一种方法进行检验：

1）采用清洁干燥的白色滤纸擦拭脱脂件表面，纸上无油脂痕迹为合格。

2）采用无油蒸汽吹洗脱脂件，取少量蒸汽冷凝液盛于器皿中，放入一小粒直径不大于1mm的纯樟脑丸，以樟脑丸不停旋转为合格。

3）使用波长为3200~3800的紫外光源照射脱脂件表面，无紫蓝荧光为合格。

4）取样检查合格后的脱脂液，以其油脂含量不大于350mg/L为合格。

检验数量：全部检查。

检验方法：观察检查，检查脱脂记录、水质报告等。

9.4.2 脱脂合格的管道在投入使用前，应按国家现行有关标准和设计文件的规定进行系统封闭。

检验数量：全部检查。

检验方法：观察检查，检查系统封闭记录。

9.5 化学清洗

主控项目

9.5.1 管道化学清洗的技术要求和质量应符合国家现行有关标准和设计文件的规定。

检验数量：全部检查。

检验方法：检查化学清洗记录。

9.5.2 化学清洗合格的管道在投入使用前，应按设计文件的规定进行封闭或充氮保护。

检验数量：全部检查。

检验方法：观察检查，检查系统封闭记录。

9.6 油清洗

主控项目

9.6.1 润滑、密封及控制系统的油管道，应在机械设备和管道酸洗合格后、系统试运行前进行油清洗。油清洗的技术要求和合格标准应符合国家现行有关标准、设计文件或产品技术文件的规定。当设计文件或产品技术文件无规定时，管道油清洗后应采用滤网进行检验，合格标准应符合表9.6.1的规定。

检验数量：全部检查。

检验方法：观察检查，检查油清洗合格后的油质报告。

表9.6.1 油清洗合格标准

机械转速（r/min）	滤网规格（目）	合格标准
≥6000	200	1）目视滤网上无硬的颗粒及黏稠物； 2）软杂物不多于3个$/cm^2$
<6000	100	

9.6.2 经油清洗合格的管道，应按设计文件的规定进行封闭或充氮保护。

检验数量：全部检查。

检验方法：观察检查，检查系统封闭记录或充氮保护记录。

附录A　分项工程质量验收记录

表A　分项工程质量验收记录

<table>
<tr><td>分项工程名称</td><td colspan="5"></td></tr>
<tr><td>施工单位</td><td></td><td>项目经理</td><td></td><td>项目技术负责人</td><td></td></tr>
<tr><td>分包单位</td><td></td><td>分包单位负责人</td><td></td><td>分包单位技术负责人</td><td></td></tr>
<tr><td>序号</td><td>检验项目</td><td colspan="2">施工单位检验结果</td><td colspan="2">建设（监理）单位验收结论</td></tr>
<tr><td>1</td><td></td><td colspan="2"></td><td colspan="2">□合格　□不合格</td></tr>
<tr><td>2</td><td></td><td colspan="2"></td><td colspan="2">□合格　□不合格</td></tr>
<tr><td>3</td><td></td><td colspan="2"></td><td colspan="2">□合格　□不合格</td></tr>
<tr><td>4</td><td></td><td colspan="2"></td><td colspan="2">□合格　□不合格</td></tr>
<tr><td>5</td><td></td><td colspan="2"></td><td colspan="2">□合格　□不合格</td></tr>
<tr><td>6</td><td></td><td colspan="2"></td><td colspan="2">□合格　□不合格</td></tr>
<tr><td>7</td><td></td><td colspan="2"></td><td colspan="2">□合格　□不合格</td></tr>
<tr><td>8</td><td></td><td colspan="2"></td><td colspan="2">□合格　□不合格</td></tr>
<tr><td>9</td><td></td><td colspan="2"></td><td colspan="2">□合格　□不合格</td></tr>
<tr><td>10</td><td></td><td colspan="2"></td><td colspan="2">□合格　□不合格</td></tr>
<tr><td colspan="2">质量控制资料</td><td colspan="2"></td><td colspan="2">□符合　□不符合</td></tr>
<tr><td colspan="2">施工单位质量检查员：

施工单位专业技术负责人：

年　月　日</td><td colspan="4">建设（监理）单位验收结论：

建设单位专业技术负责人：
（监理工程师）

年　月　日</td></tr>
</table>

附录B　分部（子分部）工程质量验收记录

表B　分部（子分部）工程质量验收记录

<table>
<tr><td>工程名称</td><td colspan="4"></td><td>分项工程数量</td><td></td></tr>
<tr><td>施工单位</td><td colspan="2"></td><td>项目经理</td><td></td><td>项目技术负责人</td><td></td></tr>
<tr><td>分包单位</td><td colspan="2"></td><td>分包单位负责人</td><td></td><td>分包单位技术负责人</td><td></td></tr>
<tr><td>序号</td><td>分项工程名称</td><td>检验项目数</td><td colspan="2">施工单位检查评定结论</td><td colspan="2">建设（监理）单位验收结论</td></tr>
<tr><td>1</td><td></td><td></td><td>□合格</td><td>□不合格</td><td>□合格</td><td>□不合格</td></tr>
<tr><td>2</td><td></td><td></td><td>□合格</td><td>□不合格</td><td>□合格</td><td>□不合格</td></tr>
<tr><td>3</td><td></td><td></td><td>□合格</td><td>□不合格</td><td>□合格</td><td>□不合格</td></tr>
<tr><td>4</td><td></td><td></td><td>□合格</td><td>□不合格</td><td>□合格</td><td>□不合格</td></tr>
<tr><td>5</td><td></td><td></td><td>□合格</td><td>□不合格</td><td>□合格</td><td>□不合格</td></tr>
<tr><td>6</td><td></td><td></td><td>□合格</td><td>□不合格</td><td>□合格</td><td>□不合格</td></tr>
<tr><td>7</td><td></td><td></td><td>□合格</td><td>□不合格</td><td>□合格</td><td>□不合格</td></tr>
<tr><td>8</td><td></td><td></td><td>□合格</td><td>□不合格</td><td>□合格</td><td>□不合格</td></tr>
<tr><td>9</td><td></td><td></td><td>□合格</td><td>□不合格</td><td>□合格</td><td>□不合格</td></tr>
<tr><td>10</td><td></td><td></td><td>□合格</td><td>□不合格</td><td>□合格</td><td>□不合格</td></tr>
<tr><td colspan="3">质量控制资料</td><td>□符合</td><td>□不符合</td><td>□符合</td><td>□不符合</td></tr>
<tr><td rowspan="2">参加
验收
单位</td><td colspan="2">建设单位</td><td>监理单位</td><td colspan="2">施工单位</td><td>设计单位</td></tr>
<tr><td colspan="2">（公章）
项目负责人：
项目技术负责人：
年　月　日</td><td>（公章）
总监理工程师：
年　月　日</td><td colspan="2">（公章）
项目负责人：
项目技术负责人：
年　月　日</td><td>（公章）
项目负责人：
年　月　日</td></tr>
</table>

附录C 单位（子单位）工程质量验收记录

表C 单位（子单位）工程质量验收记录

<table>
<tr><td>工程名称</td><td colspan="7"></td></tr>
<tr><td>施工单位</td><td colspan="4"></td><td>开工日期</td><td colspan="2"></td></tr>
<tr><td>项目经理</td><td colspan="2"></td><td>项目技术负责人</td><td></td><td>竣工日期</td><td colspan="2"></td></tr>
<tr><td>序号</td><td>项目</td><td colspan="4">验收记录</td><td colspan="2">结论</td></tr>
<tr><td>1</td><td>分部工程</td><td colspan="4">共　　分部，经检查　　分部，符合标准及设计要求　　分部</td><td colspan="2"></td></tr>
<tr><td>2</td><td>质量控制资料</td><td colspan="4">共　　项，经检查符合要求项</td><td colspan="2"></td></tr>
<tr><td>3</td><td>综合验收结论</td><td colspan="4"></td><td colspan="2"></td></tr>
<tr><td rowspan="2">参加验收单位</td><td colspan="2">建设单位</td><td colspan="2">监理单位</td><td colspan="2">施工单位</td><td>设计单位</td></tr>
<tr><td colspan="2">（公章）
项目负责人：
年　月　日</td><td colspan="2">（公章）
总监理工程师：
年　月　日</td><td colspan="2">（公章）
项目负责人：
年　月　日</td><td>（公章）
项目负责人：
年　月　日</td></tr>
</table>

注： 表中分部工程和质量控制资料的检查记录应由施工单位填写，验收结论应由建设（监理）单位填写。综合验收结论由参加验收各方共同商定，建设单位填写，应对工程质量是否符合设计和规范要求及总体质量水平作出评价。

附录D　工程质量保证资料检查记录

表D　工程质量保证资料检查记录

工程名称			施工单位		
分类	序号	资料名称	份数	检查意见	检查人
质量管理	1	现场质量管理制度及质量责任制		□符合□不符合	
	2	施工单位、检验单位资质审查		□符合□不符合	
	3	施工图审查		□符合□不符合	
	4	施工技术标准		□符合□不符合	
	5	施工组织设计、施工方案及审批		□符合□不符合	
	6	技术和安全交底		□符合□不符合	
	7	主要专业操作上岗证		□符合□不符合	
	8	监视及测量设备检定		□符合□不符合	
	9	现场材料、设备存放与管理		□符合□不符合	
质量控制	1	图纸会审、设计变更、材料代用单、协商记录		□符合□不符合	
	2	工程开工文件		□符合□不符合	
	3	材料质量证明文件及检验试验报告		□符合□不符合	
	4	施工记录		□符合□不符合	
	5	施工检测、检验试验报告		□符合□不符合	
	6	隐蔽工程（封闭）验收记录		□符合□不符合	
	7	中间交接记录		□符合□不符合	
	8	单位、分部、分项工程质量验收记录		□符合□不符合	
	9	压力管道安装监督检验报告		□符合□不符合	
	10	质量事故处理记录		□符合□不符合	
	11	竣工图		□符合□不符合	
结论：					
施工单位项目负责人： 年　月　日			建设单位项目负责人： （总监理工程师） 年　月　日		

注： 表中资料名称和份数应由施工单位填写，检查意见和检查人应由建设（监理）单位填写。结论应由参加双方共同商定，建设单位填写。

引用标准名录

《工业金属管道工程施工规范》GB 50235
《工业安装工程施工质量验收统一标准》GB 50252
《现场设备、工业管道焊接工程施工质量验收规范》GB 50683—2011
《安全阀安全技术监察规程》TSG ZF001
《承压设备无损检测　第2部分：射线检测》JB/T 4730.2
《承压设备无损检测　第3部分：超声检测》JB/T 4730.3
《承压设备无损检测　第4部分：磁粉检测》JB/T 4730.4
《承压设备无损检测　第5部分：渗透检测》JB/T 4730.5

UDC

中华人民共和国国家标准

P

GB 50235—2010

工业金属管道工程施工规范

Code for construction of industrial metallic piping engineering

2010-08-18 发布　　　　2011-06-01 实施

中华人民共和国住房和城乡建设部
中华人民共和国国家质量监督检验检疫总局
联合发布

前　言

本规范是根据原建设部《关于印发〈二○○六年工程建设标准规范制订、修订计划（第二批）〉的通知》（建标〔2006〕136号）的要求，由中国石油和化工勘察设计协会和中国化学工程第三建设有限公司会同有关单位在《工业金属管道工程施工及验收规范》GB 50235—1997的基础上修订完成的。

本规范在修订过程中，规范编制组经广泛的调查研究，认真总结实践经验，参考有关国际标准和国外先进标准，并在广泛征求意见的基础上，修订本规范，最后经审查定稿。

本规范共分10章和1个附录，主要技术内容是：总则，术语和符号，管道安装的基本规定，管道元件和材料的检验，管道加工，管道焊接和焊后热处理，管道安装，管道检查、检验和试验，管道吹扫与清洗，工程交接验收等。

本规范修订的主要技术内容是：

1.在不适用范围中增加了石油、天然气、地热等勘探和采掘装置的管道，采暖通风与空气调节的管道及非圆形截面的管道等。

2.增加了“符号”一节。

3.增加了管道分级的规定。

4.增加了管道组成件光谱分析的材质范围。

5.增加了安全阀应进行整定压力调整和密封试验的规定。

6.增补了斜接弯头、焊制翻边接头、支吊架制作的通用技术要求。

7.删除了部分“焊接”的通用技术要求。增补了法兰连接、支管连接的焊接要求。

8.增加了锆材有色金属管道、加套管和阀门安装的通用技术要求。

9.增加了焊缝射线和超声波检测的技术等级要求。

10.增加了“脱脂”一节。

本规范中以黑体字标志的条文为强制性条文，必须严格执行。

本规范由住房和城乡建设部负责管理和对强制性条文的解释，由中国工程建设标准化协会化工分会负责日常管理，由全国化工施工标准化管理中心站负责具体技术内容的解释。本规范执行过程中如有意见或建议，请寄送全国化工施工标准化管理中心站（地址：河北省石家庄市桥东区槐安东路28号仁和商务1-1-1107室，邮编：050020），以便今后修订时参考。

本规范主编单位、参编单位、主要起草人和主要审查人：

主 编 单 位：中国石油和化工勘察设计协会
中国化学工程第三建设有限公司

参 编 单 位：全国化工施工标准化管理中心站
中国石化集团第五建设公司
中油吉林化建工程股份有限公司
中国机械工业建设总公司
中国二冶集团有限公司管道铁路工程公司
吉林化工学院

山东电力建设第一工程公司

中国核工业二三建设有限公司

惠生工程(中国)有限公司

阿美科工程咨询(上海)有限公司

主要起草人: 夏节文 张永明 杨 惠 胡忆沩 朱 宇 李功福 张永光 于大江 单承家 赵红梅 芦 天 颜祖清

主要审查人: 李柏年 戈兆文 徐明才 谭梦君 李天光 李信浩 王新建 吉章红 王建生 李洪波 武振平 孙 韵 汤志强 张西民 蒋桂英 余月英 陈鸿章

目　次

1 总 则

1.0.1 为提高工业金属管道工程的施工水平，加强工业金属管道工程施工过程的质量控制，保证施工质量，制定本规范。

1.0.2 本规范适用于设计压力不大于42MPa，设计温度不超过材料允许使用温度的工业金属管道工程的施工。

1.0.3 本规范不适用于下列工业金属管道的施工：

1 石油、天然气、地热等勘探和采掘装置的管道；

2 长输管道；

3 核能装置的专用管道；

4 海上设施和矿井的管道；

5 采暖通风与空气调节的管道及非圆形截面的管道。

1.0.4 工业金属管道的施工，应按设计文件及本规范的规定进行。

1.0.5 当需要修改设计文件及材料代用时，必须经原设计单位同意，并应出具书面文件。

1.0.6 现场组装的设备所属管道的施工，应按制造厂的产品技术文件进行，且不得低于本规范的规定。

1.0.7 本规范应与现行国家标准《工业金属管道工程施工质量验收规范》GB 50184配合使用。

1.0.8 工业金属管道防腐蚀工程的施工，应符合国家现行有关标准和设计文件的规定。

1.0.9 工业金属管道绝热工程的施工，应符合现行国家标准《工业设备及管道绝热工程施工规范》GB 50126和设计文件的规定。

1.0.10 工业金属管道的施工，除应符合本规范外，尚应符合国家现行有关标准的规定。

2 术语和符号

2.1 术 语

2.1.1 管道元件公称压力（PN） nominal pressure for pipework components

由字母PN和无因次数字组合而成，表示管道元件名义压力等级的一种标记方法。

2.1.2 管道元件公称尺寸（DN） nominal size for pipework components

由字母DN和无因次整数数字组合而成，表示管道元件规格名义尺寸的一种标记方法。

2.1.3 工业金属管道 industrial metallic piping

由金属管道元件连接或装配而成，在生产装置中用于输送工艺介质的工艺管道、公用工程管道及其他辅助管道。

2.1.4 压力管道 pressure piping

指最高工作压力大于或等于0.1MPa（表压），且公称尺寸大于25mm，用于输送气体、液化气体、蒸汽介质或可燃、易爆、有毒、有腐蚀性、最高工作温度高于或等于标准沸点的液体介质的管道。

2.1.5 D类流体管道 D-type fluid piping

指不可燃、无毒或毒性为轻度危害程度、设计压力小于或等于1.0MPa和设计温度高于-20℃但不高于185℃的流体管道。

2.1.6 C类流体管道， C-type fluid piping

不包括D类流体的不可燃、无毒或毒性为轻度危害程度的流体管道。

2.1.7 管道元件 pipework components

指连接或装配成管道系统的各种零部件的总称。包括管道组成件和管道支承件。

2.1.8 管道组成件 piping components

用于连接或装配管道的管道元件。包括管子、管件、法兰、密封件、紧固件、阀门、安全保护装置以及诸如膨胀节、挠性接头、耐压软管、疏水器、过滤器、管路中的节流装置和分离器等。

2.1.9 管道支承件 pipe-supporting elements

将管道的自重、输送流体的重量、由于操作压力和温差所造成的荷载以及振动、风力、地震、雪载、冲击和位移应变引起的荷载等传递到管架结构上去的管道元件。包括吊杆、弹簧支吊架、恒力支吊架、斜拉杆、平衡锤、松紧螺栓、支撑杆、链条、导轨、锚固件、鞍座、垫板、滚柱、托座、滑动支座、管吊、吊耳、卡环、管夹、U形夹和夹板等。

2.1.10 管件 fittings

与管子一起构成管道系统本身的零部件的总称。包括弯头、弯管、三通、异径管、活接头、翻边短节、支管座、堵头、封头等。

2.1.11 斜接弯头 mitre bends

由梯形管段或钢板制成的焊接弯头，具有与管子纵轴线不相垂直的斜接焊缝的管段拼接而成。

2.1.12 热弯 hot bending

温度高于金属临界点AC_1时的弯管操作。

2.1.13 冷弯 cold bending

温度低于金属临界点AC_1时的弯管操作。

2.1.14 热态紧固 tightening in hot condition

防止管道在工作温度下，因受热膨胀导致可拆连接处泄漏而进行的紧固操作。

2.1.15 冷态紧固 tightening in cold condition

防止管道在工作温度下，因冷缩导致可拆连接处泄漏而进行的紧固操作。

2.1.16 压力试验 pressure test

以液体或气体为介质，对管道逐步进行加压，达到规定的压力，以检验管道强度和严密性的试验。

2.1.17 泄漏性试验 leak test

以气体为介质，在设计压力下，采用发泡剂、显色剂、气体分子感测仪或其他手段等检查管道系统中泄漏点的试验。

2.1.18 复位 recovering the original state

已安装合格的管道，拆开后重新恢复原有状态的过程。

2.1.19 轴测图 isometric diagram

将每条管道按照轴测投影的方法，绘制成以单线表示的管道空视图。

2.1.20 自由管段 pipe-segments to be prefabricated

在管道预制过程中，按照轴测图选择确定的可以先行加工的管段。

2.1.21 封闭管段 pipe-segments for dimension adjustment

在管道预制过程中，按照轴测图选择确定的、经实测安装尺寸后再行加工的管段。

2.2 符 号

a——弯管的波浪间距；

c——承口与插口的轴向间隙；

e——管子对口时的平直度；

DN——管子或管道元件的公称尺寸；

D_o——管子外径；

D_{o1}——弯管褶皱凸出处外径；

D_{o2}——弯管褶皱凹进处外径；

D_{o3}——弯管相邻褶皱凸出处外径；
D_{max}——弯管截面最大实测外径；
D_{min}——弯管截面最小实测外径；
h_m——弯管褶皱高度；
L——弯管的直管段长度；
l——球形补偿器的球心距；
l_0——管道的有效长度；
P——设计压力；
ΔP——24h的增压率；
P_1——试验初始压力；
P_2——试验最终压力；
PN——公称压力；
P_T——试验压力；
S——插管与外壳挡圈间的安装剩余收缩量；
S_0——补偿器的最大行程；
t——管道组成件的名义壁厚；
t_0——室外最低设计温度；
t_1——补偿器安装时的环境温度；
t_2——管道内介质的最高设计温度；
t_c——角焊缝有效厚度；
t_d——直管设计壁厚；
t_{min}——支管名义厚度或鞍形补强件名义厚度两者中的较小值；
t_r——补强圈或鞍形补强件的名义厚度；
t_{sn}——直管名义厚度；
t_{tn}——支管名义厚度；
T——设计温度；
T_{tn}——主管名义厚度；
u——弯管的圆度；
X——角焊缝焊脚尺寸；
X_{min}——角焊缝最小焊脚尺寸；
Δ——管子切口端面倾斜偏差；
Δ_1——弯管的管端中心偏差；
Δ_2——Π形弯管的平面度；
$[\sigma]_T$——试验温度下管材的许用应力；
$[\sigma]^t$——设计温度下管材的许用应力。

3 基本规定

3.1 一般规定

3.1.1 承担工业金属管道工程的施工单位应取得相应的施工资质，并应在资质许可范围内从事相应的管道施工。检验单位应取得相应的检验资质，且应在资质许可范围内从事相应的管道工程检验工作。

3.1.2 施工单位应建立管道施工现场的质量管理体系，并应具有健全的质量管理制度和相应的施工技术标准。

3.1.3 参加工业金属管道施工的人员和施工质量检查、检验的人员应具备相应的资格。

3.1.4 工业金属管道施工前应具备下列条件：

1 工程设计图纸和相关技术文件应齐全，并已按规定程序进行设计交底和图纸会审。

2 施工组织设计或施工方案已经批准，并已进行技术和安全交底。

3 施工人员已按有关规定考核合格。

4 已办理工程开工文件。

5 用于管道施工的机械、工器具应安全可靠；计量器具应检定合格并在有效期内。

6 已制定相应的职业健康安全与环境保护应急预案。

3.1.5 压力管道施工前，施工单位应向管道安装工程所在地的质量技术监督部门办理书面告知，并应接受监督检验单位的监督检验。

3.1.6 工业金属管道施工应符合国家现行有关环境保护、安全技术和劳动保护等标准的规定。

3.2 分 级

3.2.1 工业金属压力管道应按国家现行标准《压力管道安全技术监察规程——工业管道》TSG D0001的有关规定划分为GC1、GC2和GC3。

3.2.2 除压力管道以外的其他管道，应按C类流体管道和D类流体管道分类。

3.2.3 当输送毒性危害程度或火灾危险性不同的混合介质时，应按其危害程度及其含量，并应由设计文件确定管道级别。

4 管道元件和材料的检验

4.1 一 般 规 定

4.1.1 管道元件和材料应具有制造厂的产品质量证明文件，并应符合国家现行有关标准和设计文件的规定。

4.1.2 管道元件和材料在使用前应按国家现行有关标准和设计文件的规定核对其材质、规格、型号、数量和标识，并应进行外观质量和几何尺寸的检查验收，其结果应符合设计文件和相应产品标准的规定。管道元件和材料标识应清晰完整，并应能够追溯到产品质量证明文件。

4.1.3 当对管道元件或材料的性能数据或检验结果有异议时，在异议未解决前，该批管道元件或材料不得使用。

4.1.4 铬钼合金钢、含镍低温钢、不锈钢、镍及镍合金、钛及钛合金材料的管道组成件，应采用光谱分析或其他方法对材质进行复查，并应做好标识。

4.1.5 设计文件规定进行低温冲击韧性试验的管道元件或材料，供货方应提供低温冲击韧性试验结果的文件，且试验结果不得低于设计文件的规定。

4.1.6 设计文件规定进行晶间腐蚀试验的不锈钢、镍及镍合金管道元件或材料，供货方应提供晶间腐蚀试验结果的文件，且试验结果不得低于设计文件的规定。

4.1.7 防腐蚀衬里管道的衬里质量应按国家现行有关标准的规定进行检查验收。

4.1.8 检查不合格的管道元件或材料不得使用，并应做好标识和隔离。

4.1.9 管道元件和材料在施工过程中应妥善保管，不得混淆或损坏，其标记应明显清晰。材质为不锈钢、有色金属的管道元件和材料，在运输和储存期间不得与碳素钢、低合金钢接触。

4.1.10 对管道元件的外观质量和几何尺寸检查验收结果，应填写“管道元件检查记录”，其格式宜符合本规范表A.0.1的规定。

4.2 阀门检验

4.2.1 阀门安装前应进行外观质量检查，阀体应完好，开启机构应灵活，阀杆应无歪斜、变形、卡涩现象，标牌应齐全。

4.2.2 阀门应进行壳体压力试验和密封试验，具有上密封结构的阀门还应进行上密封试验，不合格者不得使用。

4.2.3 阀门的壳体压力试验和密封试验应以洁净水为介质。不锈钢阀门试验时，水中的氯离子含量不得超过25×10^{-6}（25ppm）。试验合格后应立即将水渍清除干净。当有特殊要求时，试验介质应符合设计文件的规定。

4.2.4 阀门的壳体试验压力应为阀门在20℃时最大允许工作压力的1.5倍，密封试验压力应为阀门在20℃时最大允许工作压力的1.1倍。当阀门铭牌标示对最大工作压差或阀门配带的操作机构不适宜进行高压密封试验时，试验压力应为阀门铭牌标示的最大工作压差的1.1倍。

4.2.5 阀门的上密封试验压力应为阀门在20℃时最大允许工作压力的1.1倍。试验时应关闭上密封面，并应松开填料压盖。

4.2.6 阀门在试验压力下的持续时间不得少于5min。无特殊规定时，试验介质温度应为5℃~40℃，当低于5℃时，应采取升温措施。

4.2.7 公称压力小于1.0MPa，且公称尺寸大于或等于600mm的闸阀，可不单独进行壳体压力试验和闸板密封试验。壳体压力试验宜在系统试压时按管道系统的试验压力进行试验。闸板密封试验可用色印等方法对闸板密封面进行检查，接合面上的色印应连续。

4.2.8 夹套阀门的夹套部分应采用设计压力的1.5倍进行压力试验。

4.2.9 试验合格的阀门，应及时排尽内部积水，并应吹干。除需要脱脂的阀门外，密封面与阀杆上应涂防锈油，阀门应关闭，出入口应封闭，并应作出明显的标记。

4.2.10 阀门试验合格后，应填写“阀门试验记录”，其格式宜符合本规范表A.0.2的规定。

4.2.11 安全阀的校验，应按国家现行标准《安全阀安全技术监察规程》TSG ZF001和设计文件的规定进行整定压力调整和密封试验，当有特殊要求时，还应进行其他性能试验。安全阀校验应做好记录、铅封，并应出具校验报告。

4.3 其他管道元件检验

4.3.1 GC1级管道和C类流体管道中，输送毒性程度为极度危害介质或设计压力大于或等于10MPa的管子、管件，应进行外表面磁粉或渗透检测，检测方法和缺陷评定应符合国家现行标准《承压设备无损检测》JB/T 4730的有关规定。经磁粉或渗透检测发现的表面缺陷应进行修磨，修磨后的实际壁厚不得小于管子名义壁厚的90%，且不得小于设计壁厚。

4.3.2 合金钢螺栓、螺母应采用光谱分析或其他方法对材质进行复验，并应作好标识。设计压力大于或等于10MPa的GC1级管道和C类流体管道用螺栓、螺母，应进行硬度检验。

5 管道加工

5.1 一般规定

5.1.1 管道元件的加工制作除应符合本规范的有关规定外，尚应符合设计文件和有关产品标准的规定。

5.1.2 管道元件在加工过程中，应及时进行标记移植。低温用钢、不锈钢及有色金属不得使用硬印标记。当不锈钢和有色金属材料采用色码标记时，印色不应含有对材料产生损害的物质。

5.1.3 管道组成件在加工制作过程中的焊接和焊后热处理应符合本规范第6章的有关规定，检验和试验应符合本规范第8章的有关规定。

5.2 下料切割

5.2.1 碳素钢、合金钢宜采用机械方法切割，也可采用火焰或等离子弧方法切割。

5.2.2 不锈钢、有色金属应采用机械或等离子弧方法切割。当采用砂轮切割或修磨不锈钢、镍及镍合金、钛及钛合金、锆及锆合金时，应使用专用砂轮片。

5.2.3 镀锌钢管宜采用钢锯或机械方法切割。

5.2.4 切割质量应符合下列规定：

1 切口表面应平整，尺寸应正确，并应无裂纹、重皮、毛刺、凸凹、缩口、熔渣、氧化物、铁屑等现象。

2 管子切口端面倾斜偏差（图5.2.4）不应大于管子外径的1%，且不得大于3mm。

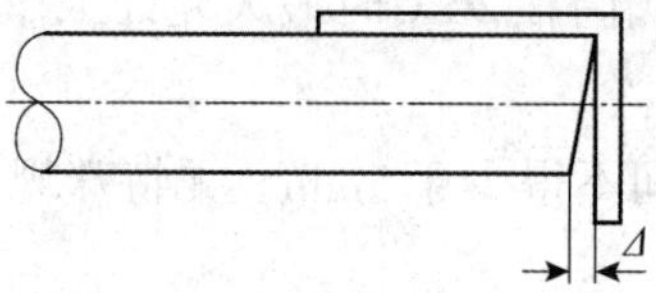

图5.2.4 管子切口端面倾斜偏差

Δ——管子切口端面倾斜偏差

5.3 弯管制作

5.3.1 弯管宜采用壁厚为正公差的管子制作。弯曲半径与直管壁厚的关系宜符合表5.3.1的规定。

表5.3.1 弯曲半径与直管壁厚的关系

弯曲半径 R	制作弯管用管子的壁厚
$R \geqslant 6D_o$	$1.06t_d$
$6D_o > R \geqslant 5D_o$	$1.08t_d$
$5D_o > R \geqslant 4D_o$	$1.14t_d$
$4D_o > R \geqslant 3D_o$	$1.25t_d$

5.3.2 弯管弯曲半径应符合设计文件和国家现行有关标准的规定。当无规定时，高压钢管的弯曲半径宜大于管子外径的5倍，其他管子的弯曲半径宜大于管子外径的3.5倍。

5.3.3 有缝管制作弯管时，焊缝应避开受拉（压）区。

5.3.4 金属管应在其材料特性允许范围内进行冷弯或热弯。

5.3.5 采用高合金钢管或有色金属管制作弯管时，宜采用机械方法；当充砂制作弯管时，不得用铁锤敲击。铅管加热制作弯管时，不得充砂。

5.3.6 金属管热弯或冷弯后，应按设计文件的规定进行热处理。

当设计文件无规定时，应符合下列规定：

1 除制作弯管温度自始至终保持在900℃以上的情况外，名义厚度大于19mm的碳素钢管制作弯管后，应按本规范表6.0.10-1和第6.0.11条的规定进行热处理。

2 公称尺寸大于或等于100mm，或名义厚度大于或等于13mm的碳钢、碳锰钢、铬钼合金钢、低温镍钢管制作弯管后，应按下列规定进行热处理：

1）热弯时，应按设计文件的规定进行完全退火、正火加回火或回火处理。

2）冷弯时，应按本规范表6.0.10-1和第6.0.11条的规定进行热处理。

5.3.7 管子弯制后，应将内外表面清理干净。弯管质量应符合下列规定：

1 不得有裂纹、过烧、分层等缺陷。

2 弯管内侧褶皱高度不应大于管子外径的3%，波浪间距(图5.3.7-1)不应小于褶皱高度的12倍。褶皱高度应按下式计算：

$$h_m = \frac{D_{o1} + D_{o3}}{2} - D_{o2} \quad \cdots\cdots (5.3.7-1)$$

式中：h_m——褶皱高度(mm)；

D_{o1}——褶皱凸出处外径(mm)；

D_{o2}——褶皱凹进处外径(mm)；

D_{o3}——相邻褶皱凸出处外径(mm)。

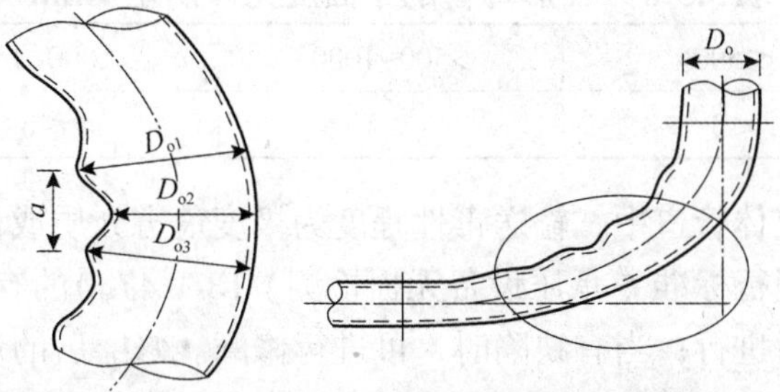

图5.3.7-1 弯管的褶皱和波浪间距

3 弯管的圆度应符合下列规定：

1)弯管的圆度应按下式计算。

$$u = \frac{2(D_{max} - D_{min})}{D_{max} + D_{min}} \times 100 \quad \cdots\cdots (5.3.7-2)$$

式中：u——弯管的圆度(%)；

D_{max}——同一截面的最大实测外径(mm)；

D_{min}——同一截面的最小实测外径(mm)。

2)对于承受内压的弯管，其圆度不应大于8%；对于承受外压的弯管，其圆度不应大于3%。

4 弯管制作后的最小厚度不得小于直管的设计壁厚。

5 弯管的管端中心偏差值应符合下列规定：

1)GC1级管道和C类流体管道中，输送毒性程度为极度危害介质或设计压力大于或等于10MPa的弯管，每米管端中心偏差值(图5.3.7-2)不得超过1.5mm。当直管段长度大于3m时，其偏差不得超过5mm。

2)其他管道的弯管，每米管端中心偏差值(图5.3.7-2)不得超过3mm。当直管段长度大于3m时，其偏差不得超过10mm。

图5.3.7-2 弯管的管端中心偏差

1—要求中心；2—实际中心；L—弯管的直管段长度；Δ_1—管端中心偏差

5.3.8 Π形弯管的平面度允许偏差(图5.3.8)应符合表5.3.8的规定。

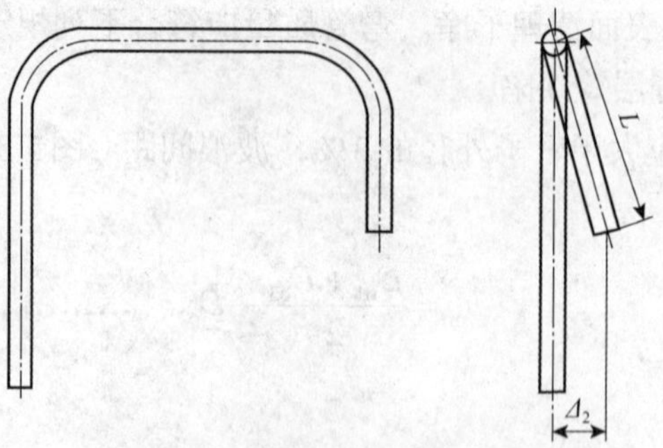

图5.3.8 Π形弯管平面度

L—弯管的直管段长度；Δ_2—平面度

表5.3.8 Π形弯管的平面度允许偏差（mm）

直管段长度 L	≤500	>500~1000	>1000~1500	>1500
平面度 Δ_2	≤3	≤4	≤6	≤10

5.3.9 GC1级管道和C类流体管道中，输送毒性程度为极度危害介质或设计压力大于或等于10MPa的弯管制作后，应按国家现行标准《承压设备无损检测》JB/T 4730的有关规定进行表面无损探伤，需要热处理的应在热处理后进行；当有缺陷时，可进行修磨。修磨后的弯管壁厚不得小于管子名义壁厚的90%，且不得小于设计壁厚。

5.3.10 弯管加工合格后，应分别填写“管道弯管加工记录”和“管道热处理报告”，其格式宜符合本规范表A.0.3和表A.0.4的规定。

5.4 卷管制作

5.4.1 卷管的同一筒节上的两纵焊缝间距不应小于200mm。

5.4.2 卷管组对时，相邻筒节两纵缝间距应大于100mm。支管外壁距焊缝不宜小于50mm。

5.4.3 有加固环、板的卷管，加固环、板的对接焊缝应与管子纵向焊缝错开，其间距不应小于100mm。加固环、板距卷管的环焊缝不应小于50mm。

5.4.4 卷管对接环焊缝和纵焊缝的错边量应符合现行国家标准《现场设备、工业管道焊接工程施工规范》GB 50236的有关规定。

5.4.5 卷管的周长允许偏差及圆度允许偏差应符合表5.4.5的规定。

表5.4.5 周长允许偏差及圆度允许偏差（mm）

公称尺寸	周长允许偏差	圆度允许偏差
≤800	± 5	外径的1%，且不应大于4
800~1200	± 7	4
1200~1600	± 9	6
1600~2400	± 11	8
2400~3000	± 13	9
3000	± 15	10

5.4.6 卷管校圆样板的弧长应为管子周长的1/6~1/4；样板与管内壁的不贴合间隙应符合下列规定：

1 对接纵缝处不得大于壁厚的10%加2mm，且不得大于3mm。

2 离管端200mm的对接纵缝处不得大于2mm。

3 其他部位不得大于1mm。

5.4.7 卷管端面与中心线的垂直允许偏差不得大于管子外径的1%，且不得大于3mm。每米直管的平直度偏差不得大于1mm。

5.4.8 在卷管制作过程中，应防止板材表面损伤。对有严重伤痕的部位应进行补焊修磨，修磨处的壁厚不得小于设计壁厚。

5.5 管口翻边

5.5.1 扩口翻边应符合下列规定：

1 扩口翻边用的管子应符合相应材料标准以及相应的扩口翻边加工工艺的要求。

2 管子在翻边前应进行翻边试验。

3 铝管管口翻边使用胎具时可不加热，当需要加热时，温度应为150℃~200℃；铜管管口翻边加热温度应为300℃~350℃。

4 与垫片配合的翻边接头的表面应按管法兰密封面的要求加工，并应符合法兰标准的规定。

5 扩口翻边后的外径及转角半径应能保证螺栓及法兰自由装卸。法兰与翻边平面的接触应均匀、良好。

6 翻边端面与管子中心线应垂直，允许偏差为1mm。

7 翻边接头的最小厚度不应小于管子最小壁厚的95%。

8 翻边接头不得有裂纹、豁口及褶皱等缺陷。

5.5.2 焊制翻边应符合下列规定：

1 焊制翻边的厚度不应小于与其连接管子的名义壁厚。

2 与垫片配合的翻边接头的表面应按管法兰密封面的要求加工，并应符合法兰标准的规定。

3 焊后应对翻边部位进行机械加工或整形。外侧焊缝应进行修磨。

5.6 夹套管制作

5.6.1 夹套管预制时，应预留调整管段，其调节裕量宜为50mm~100mm。

5.6.2 夹套管的加工，应符合国家现行有关标准和设计文件的规定。当内管有焊缝时，该焊缝应进行100%射线检测，并应经试压合格后再封入外管。

5.6.3 外管与内管间隙应均匀，并应按设计文件规定焊接支承块。支承块的材质应与内管相同。支承块不得妨碍内管与外管的热胀冷缩。

5.6.4 内管加工完毕后，焊接部位应裸露进行压力试验，其压力试验应符合本规范第8章的有关规定。

5.6.5 夹套管加工完毕后，外管部分应进行压力试验，其压力试验应符合本规范第8章的有关规定。

5.6.6 夹套弯管的外管组焊，应在内管制作完毕并经无损检测合格后进行。夹套弯管的外管和内管的同轴度偏差不得大于3mm。

5.6.7 输送熔融介质管道的内表面焊缝，应平整光滑，质量应符合设计文件的规定。

5.6.8 当夹套管组装有困难时，外管可采用剖分组焊的形式进行。

5.7 斜接弯头制作

5.7.1 斜接弯头的组成形式应符合图5.7.1的规定。公称尺寸大于400mm的斜接弯头可增加中节数量，其内侧的最小宽度不得小于50mm。

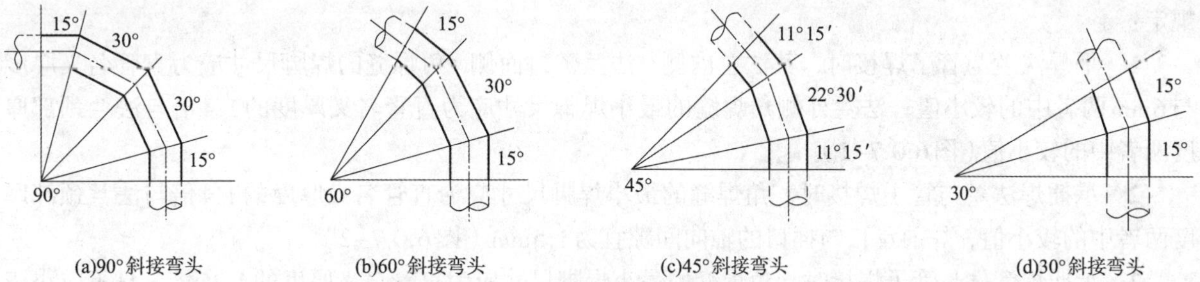

(a)90°斜接弯头 (b)60°斜接弯头 (c)45°斜接弯头 (d)30°斜接弯头

图5.7.1 斜接弯头的组成形式

5.7.2 斜接弯头的焊接接头应采用全焊透焊缝。当公称尺寸大于或等于600mm时，宜在管内进行封底焊。

5.7.3 斜接弯头的周长允许偏差应符合下列规定：

1 当公称尺寸大于1000mm时，允许偏差为±6mm。

2 当公称尺寸小于或等于1000mm时，允许偏差为±4mm。

5.8 支、吊架制作

5.8.1 支、吊架的型式、材质、加工尺寸及精度应符合设计文件和国家现行有关标准的规定。

5.8.2 支、吊架的组装、焊接和检验应符合设计文件和国家现行有关标准的规定。支吊架的焊接应由合格焊工进行，焊接完毕应进行外观检查，焊接变形应予矫正。所有螺纹连接均应按设计规定予以锁紧。

5.8.3 制作合格的支、吊架应进行防锈处理，并应妥善分类保管。合金钢支、吊架应有材质标记。

6 管道焊接和焊后热处理

6.0.1 工业金属管道及管道组成件的焊接与焊后热处理除应符合本章的规定外，尚应符合现行国家标准《现场设备、工业管道焊接工程施工规范》GB 50236的有关规定。

6.0.2 工业金属管道焊缝位置应符合下列规定：

1 直管段上两对接焊口中心面间的距离，当公称尺寸大于或等于150mm时，不应小于150mm；当公称尺寸小于150mm时，不应小于管子外径，且不小于100mm。

2 除采用定型弯头外，管道焊缝与弯管起弯点的距离不应小于管子外径，且不得小于100mm。

3 管道焊缝距离支管或管接头的开孔边缘不应小于50mm，且不应小于孔径。

4 当无法避免在管道焊缝上开孔或开孔补强时，应对开孔直径1.5倍或开孔补强板直径范围内的焊缝进行射线或超声波检测。被补强板覆盖的焊缝应磨平。管孔边缘不应存在焊接缺陷。

5 卷管的纵向焊缝应设置在易检修的位置，不宜设在底部。

6 管道环焊缝距支吊架净距不得小于50mm。需热处理的焊缝距支吊架不得小于焊缝宽度的5倍，且不得小于100mm。

6.0.3 公称尺寸大于或等于600mm的工业金属管道，宜在焊缝内侧进行根部封底焊。下列工业金属管道的焊缝底层应采用氩弧焊或能保证底部焊接质量的其他焊接方法：

1 公称尺寸小于600mm，且设计压力大于或等于10MPa、或设计温度低于-20℃的管道。

2 对内部清洁度要求较高及焊接后不易清理的管道。

6.0.4 当对螺纹接头采用密封焊时，外露螺纹应全部密封焊。

6.0.5 需预拉伸或预压缩的管道焊口，组对时所使用的工具应在焊口焊接及热处理完毕并应经检验合格后再拆除。

6.0.6 端部为焊接连接的阀门，其焊接和热处理措施不得破坏阀门的严密性。

6.0.7 平焊法兰、承插焊法兰或承插焊管件与管子的焊接，应符合设计文件的规定，并应符合下列规定：

1 平焊法兰与管子焊接时，其法兰内侧（法兰密封面侧）角焊缝的焊脚尺寸应为直管名义厚度与6mm两者中的较小值；法兰外侧角焊缝的最小焊脚尺寸应为直管名义厚度的1.4倍与法兰颈部厚度两者中的较小值（图6.0.7-1）。

2 承插焊法兰与管子焊接时，角焊缝的最小焊脚尺寸应为直管名义厚度的1.4倍与法兰颈部厚度两者中的较小值，焊前承口与插口的轴向间隙宜为1.5mm（图6.0.7-2）。

3 承插焊管件与管子焊接时，角焊缝的最小焊脚尺寸应为直管名义厚度的1.25倍，且不应小于3mm。焊前承口与插口的轴向间隙宜为1.5mm（图6.0.7-3）。

4 机组的循环油、控制油、密封油管道，当采用承插焊接头时，承口与插口的轴向不宜留有间隙。

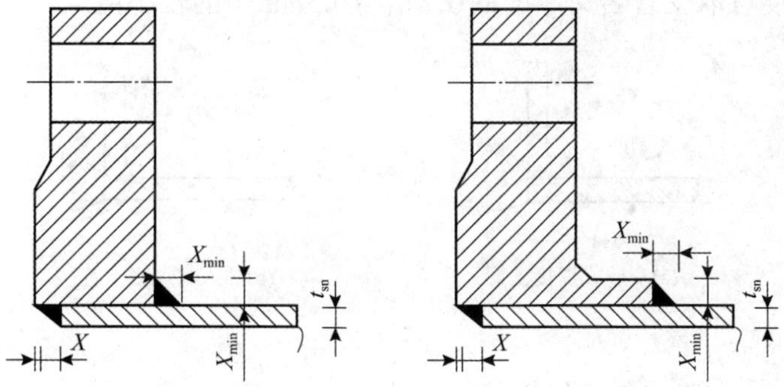

图6.0.7-1 平焊法兰与管子的连接

t_{sn}—直管名义厚度；X—角焊缝焊脚尺寸；X_{min}—角焊缝最小焊脚尺寸

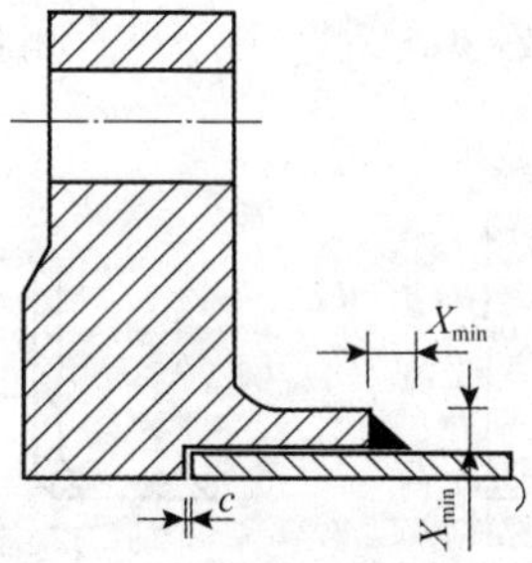

图6.0.7-2 承插焊法兰与管子的连接

t_{sn}—直管名义厚度；X_{min}—角焊缝最小焊脚尺寸；c—承口与插口的轴向间隙

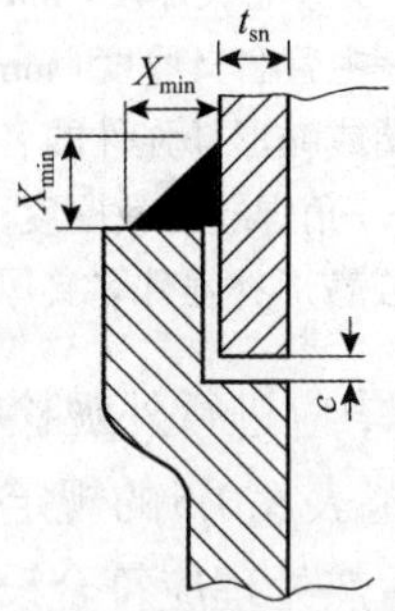

图6.0.7-3 承插焊管件与管子的连接

t_{sn}—直管名义厚度；X_{min}—角焊缝最小焊脚尺寸；c—承口与插口的轴向间隙

6.0.8 支管连接的焊缝形式(图6.0.8)应符合下列规定：

1 安放式焊接支管或插入式焊接支管的接头、整体补强的支管座应全焊透，角焊缝厚度不应小于填角焊缝有效厚度[图6.0.8(a)和(b)]。

2 补强圈或鞍形补强件的焊接应符合下列规定：

1) 补强圈与支管应全焊透，角焊缝厚度不应小于填角焊缝有效厚度[图6.0.8(c)和(d)]。

2) 鞍形补强件与支管连接的角焊缝厚度不应小于支管名义厚度与鞍形补强件名义厚度中较小值的0.7倍[图6.0.8(e)]。

3) 补强圈或鞍形补强件外缘与主管连接的角焊缝厚度应大于或等于鞍形补强件名义厚度的0.5倍[图6.0.8(c)、(d)和(e)]。

4) 补强圈和鞍形补强件应与主管和支管贴合良好。应在补强圈或鞍形补强件的边缘(不在主管轴线处)开设一个焊缝焊接和检漏时使用的通气孔，通气孔的孔径宜为8mm~10mm。补强圈或鞍形补强件可采用多块拼接组成，拼接接头应与母材的强度相同，每块拼板均应开设通气孔。

3 应在支管与主管连接焊缝的检查和修补合格后，再进行补强圈或鞍形补强件的焊接。

4 角焊缝有效厚度可取支管名义厚度的0.7倍与6.5mm中的较小值。

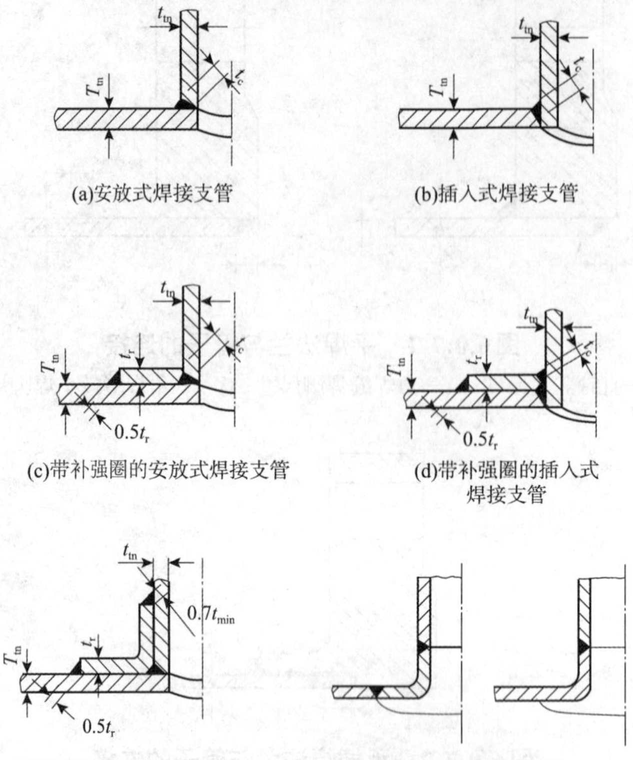

(a)安放式焊接支管　(b)插入式焊接支管　(c)带补强圈的安放式焊接支管　(d)带补强圈的插入式焊接支管　(e)带鞍形补强件的焊接支管　(f)对接式焊接支管

图6.0.8　支管连接的焊缝形式

t_{tn}—支管名义厚度（mm）；

T_{tn}—主管名义厚度（mm）；

t_r—补强圈或鞍形补强件的名义厚度；

t_c—角焊缝有效厚度；

t_{min}—支管名义厚度或鞍形补强件名义厚度两者中的较小值

6.0.9　工业金属管道及管道组成件焊接完毕应进行外观检查和检验。有无损检测要求的管道应填写“管道焊接检查记录”，其格式宜符合本规范表A.0.5的规定。

6.0.10　工业金属管道及管道组成件的焊后热处理应符合设计文件的规定。当设计文件无规定时，应按表6.0.10-1的规定执行。焊后热处理的厚度应为焊接接头处较厚组成件的壁厚，且应符合下列规定：

1　支管连接时，热处理厚度应为主管或支管的厚度，不应计入支管连接件（包括整体补强或非整体补强件）的厚度。当任一截面上支管连接的焊缝厚度大于表6.0.10-1所列厚度的2倍或焊接接头处各组成件的厚度小于表6.0.10-1规定的最小厚度时，仍应进行热处理。支管连接的焊缝厚度应按表6.0.10-2的规定计算。

表6.0.10-1　管道热处理基本要求

母材类别	名义厚度t（mm）	母材最小规定抗拉强度（MPa）	热处理温度（℃）	恒温时间（min/mm）	最短恒温时间（h）
碳钢（C）、碳锰钢（C-Mn）	≤19	全部	不要求	—	—
	>19	全部	600~650	2.4	1
铬钼合金钢（C-Mo、Mn-Mo、Cr-Mo）Cr≤0.5%	≤19	≤490	不要求	—	—
	>19	全部	600~720	2.4	1
	全部	>490	600~720	2.4	1

表 6.0.10-1 管道热处理基本要求（续）

母材类别	名义厚度 t（mm）	母材最小规定抗拉强度（MPa）	热处理温度（℃）	恒温时间（min/mm）	最短恒温时间（h）
铬钼合金钢（Cr-Mo）0.5%<Cr≤2%	≤13	≤490	不要求	—	—
	>13	全部	700~750	2.4	2
	全部	>490	700~750	2.4	2
铬钼合金钢（Cr-Mo）2.25%≤Cr≤3%	≤13	全部	不要求	—	—
	>13	全部	700~760	2.4	2
铬钼合金钢（Cr-Mo）3%<Cr≤10%	全部	全部	700~760	2.4	2
马氏体不锈钢	全部	全部	730~790	2.4	2
铁素体不锈钢	全部	全部	不要求	—	—
奥氏体不锈钢	全部	全部	不要求	—	—
低温镍钢（Ni≤4%）	≤19	全部	不要求	—	—
	>19	全部	600~640	1.2	1

表 6.0.10-2 支管连接的焊缝厚度

支管连接结构形式	焊缝厚度
安放式焊接支管［图 6.0.8（a）］	$t_{tn}+t_c$
插入式焊接支管［图 6.0.8（b）］	$T_{tn}+t_c$
带补强圈的安放式焊接支管［图 6.0.8（c）］	$t_{tn}+t_c$ 或 $T_{tn}+t_r$，取较大值
带补强圈的插入式焊接支管［图 6.0.8（d）］	$T_{tn}+t_c+t_r$
带鞍形补强件的焊接支管［图 6.0.8（e）］	$t_{tn}+t_c$

2 对用于平焊法兰、承插焊法兰、公称直径小于或等于50mm的管子连接角焊缝、螺纹接头的密封焊缝和管道支吊架与管道的连接焊缝，当任一截面的焊缝厚度大于表6.0.10-1所列厚度的2倍，焊接接头处各组成件的厚度小于表6.0.10-1规定的最小厚度时，仍应进行热处理。但下列情况可不进行热处理：

1）对于碳钢材料，当角焊缝厚度不大于 16mm 时。

2）对于铬钼合金钢材料，当角焊缝厚度不大于 13mm，并采用了不低于推荐的最低预热温度，且母材规定的最小抗拉强度小于 490MPa 时。

3）对于铁素体材料，当其焊缝采用奥氏体或镍基填充金属时。

6.0.11 热处理的加热速率和冷却速率应符合下列规定：

1 当加热温度升至400℃时，加热速率不应超过（205 × 25/t）℃/h，且不得大于205℃/h。

2 恒温后的冷却速率不应超过（260 × 25/t）℃/h，且不得大于260℃/h，400℃以下可自然冷却。

6.0.12 焊后热处理应填写“管道热处理报告”，其格式宜符合本规范表A.0.4的规定。

7 管道安装

7.1 一般规定

7.1.1 工业金属管道安装前应具备下列条件：

1 与管道有关的土建工程已检验合格，满足安装要求，并已办理交接手续。

2 与管道连接的设备已找正合格，固定完毕。

3 管道组成件及管道支承件等已检验合格。

4 管子、管件、阀门等内部已清理干净、无杂物。对管内有特殊要求的管道，其质量已符合设计文件的规定。

5 在管道安装前应进行的脱脂、内部防腐或衬里等有关工序已进行完毕。

7.1.2 工业金属管道的坡度、坡向及管道组成件的安装方向应符合设计规定。

7.1.3 法兰、焊缝及其他连接件的设置应便于检修，并不得紧贴墙壁、楼板或管架。

7.1.4 脱脂后的管道组成件，安装前应进行检查，不得有油迹污染。

7.1.5 当工业金属管道穿越道路、墙体、楼板或构筑物时，应加设套管或砌筑涵洞进行保护，应符合设计文件和国家现行有关标准的规定，并应符合下列规定：

1 管道焊缝不应设置在套管内。

2 穿过墙体的套管长度不得小于墙体厚度。

3 穿过楼板的套管应高出楼面50mm。

4 穿过屋面的管道应设置防水肩和防雨帽。

5 管道与套管之间应填塞对管道无害的不燃材料。

7.1.6 当工业金属管道安装工作有间断时，应及时封闭敞开的管口。

7.1.7 工业金属管道连接时，不得采用强力对口。端面的间隙、偏差、错口或不同心等缺陷不得采用加热管子、加偏垫等方法消除。

7.1.8 工业金属管道安装完毕应进行检查，并应填写“管道安装记录”，其格式宜符合本规范表A.0.6的规定。

7.1.9 埋地工业金属管道防腐层的施工应在管道安装前进行，焊缝部位未经试压合格不得防腐，在运输和安装时，不得损坏防腐层。

7.1.10 埋地工业金属管道安装，应在支承地基或基础检验合格后进行。支承地基和基础的施工应符合设计文件和国家现行有关标准的规定。当有地下水或积水时，应采取排水措施。

7.1.11 埋地工业金属管道试压、防腐检验合格后，应及时回填，并应分层夯实，同时应填写“管道隐蔽工程（封闭）记录”，其格式宜符合本规范表A.0.7的规定。

7.2 管段预制

7.2.1 管段预制应按管道轴测图规定的数量、规格、材质选配管道组成件，并应在管段上按轴测图标明管线号和焊缝编号。

7.2.2 自由管段和封闭管段的选择应合理，封闭管段应按现场实测的安装长度加工。

7.2.3 自由管段和封闭管段的加工尺寸允许偏差应符合表7.2.3的规定。

表7.2.3 自由管段和封闭管段的加工尺寸允许偏差（mm）

项目		允许偏差	
		自由管段	封闭管段
长度		±10	±1.5
法兰密封面与管子中心线垂直度	*DN*<100	0.5	0.5
	100≤*DN*≤300	1.0	1.0
	DN>300	2.0	2.0
法兰螺栓孔对称水平度		±1.6	±1.6

7.2.4 预制完毕的管段，应将内部清理干净，并应及时封闭管口。管段在存放和运输过程中不得出现变形现象。

7.3 钢制管道安装

7.3.1 法兰安装时，法兰密封面及密封垫片不得有划痕、斑点等缺陷。

7.3.2 当大直径密封垫片需要拼接时，应采用斜口搭接或迷宫式拼接，不得采用平口对接。

7.3.3 法兰连接应与钢制管道同心，螺栓应能自由穿入。法兰螺栓孔应跨中布置。法兰平面之间应保持平行，其偏差不得大于法兰外径的0.15%，且不得大于2mm。法兰接头的歪斜不得用强紧螺栓的方法消除。

7.3.4 法兰连接应使用同一规格螺栓，安装方向应一致。螺栓应对称紧固。螺栓紧固后应与法兰紧贴，不得有楔缝。当需要添加垫圈时，每个螺栓不应超过一个。所有螺母应全部拧入螺栓，且紧固后的螺栓与螺母宜齐平。

7.3.5 有拧紧力矩要求的螺栓，应按紧固程序完成拧紧工作，其拧紧力矩应符合设计文件的规定。带有测力螺帽的螺栓，应拧紧到螺帽脱落。

7.3.6 当钢制管道安装遇到下列情况之一时，螺栓、螺母应涂刷二硫化钼油脂、石墨机油或石墨粉等：

1 不锈钢、合金钢螺栓和螺母。

2 设计温度高于100℃或低于0℃。

3 露天装置。

4 处于大气腐蚀环境或输送腐蚀介质。

7.3.7 当高温或低温管道法兰连接螺栓在试运行时，热态紧固或冷态紧固应符合下列规定：

1 钢制管道热态紧固、冷态紧固温度应符合表7.3.7的规定。

表7.3.7 钢制管道热态紧固、冷态紧固温度(℃)

工作温度	一次热态、冷态紧固温度	二次热态、冷态紧固温度
250~350	工作温度	—
>350	350	工作温度
−20~−70	工作温度	—
<−70	−70	工作温度

2 热态紧固或冷态紧固应在达到工作温度2h后进行。

3 紧固螺栓时，钢制管道最大内压应根据设计压力确定。当设计压力小于或等于6MPa时，热态紧固最大内压应为0.3MPa；当设计压力大于6MPa时，热态紧固最大内压应为0.5MPa。冷态紧固应在卸压后进行。

4 紧固时，应设有保护操作人员安全的技术措施。

7.3.8 螺纹连接应符合下列规定：

1 用于螺纹的保护剂或润滑剂应适用于工况条件，并不得对输送的流体或钢制管道材料产生影响。

2 进行密封焊的螺纹接头不得使用螺纹保护剂和密封材料。

3 采用垫片密封而非螺纹密封的直螺纹接头，直螺纹上不应缠绕任何填料，在拧紧和安装后，不得产生任何扭矩。直螺纹接头与主管焊接时，不得出现密封面变形现象。

4 工作温度低于200℃的钢制管道，其螺纹接头密封材料宜选用聚四氟乙烯带。拧紧螺纹时，不得将密封材料挤入管内。

7.3.9 其他型式的接头连接和安装应按国家现行有关标准、设计文件和产品技术文件的规定进行。

7.3.10 管子对口时应在距接口中心200mm处测量平直度（图7.3.10），当管子公称尺寸小于100mm时，允许偏差为1mm；当管子公称尺寸大于或等于100mm时，允许偏差为2mm，且全长允许偏差均为10mm。

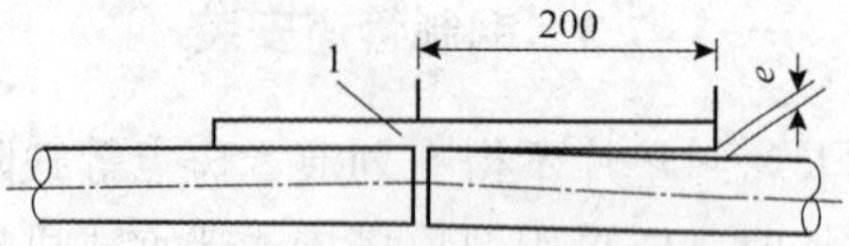

图7.3.10 管道对口平直度

1—钢板尺；*e*—管子对口时的平直度

7.3.11 合金钢管进行局部弯度矫正时，加热温度应为临界温度以下。

7.3.12 在合金钢管道上不应焊接临时支撑物。

7.3.13 钢制管道预拉伸或压缩前应具备下列条件：

1 预拉伸或压缩区域内固定支架间所有焊缝（预拉口除外）已焊接完毕，需热处理的焊缝已做热处理，并应经检验合格。

2 预拉伸或压缩区域支、吊架已安装完毕，管子与固定支架已安装牢固。预拉口附近的支、吊架应预留足够的调整裕量，支、吊架弹簧已按设计值进行调整，并应临时固定，弹簧不得承受管道载荷。

3 预拉伸或压缩区域内的所有连接螺栓已拧紧。

7.3.14 排水管的支管与主管连接时，宜按介质流向稍有倾斜。

7.3.15 管道上仪表取源部件的开孔和焊接应在管道安装前进行。当必须在管道上开孔时，管内因切割产生的杂物应清除干净。

7.3.16 钢制管道膨胀指示器应按设计文件规定装设，并应将指针调至零位。

7.3.17 蠕胀测点和监察管段应按设计文件和国家现行有关标准的规定安装。

7.3.18 合金钢管道系统安装完毕后，应检查材质标记，当发现无标记时，应采用光谱分析或其他方法对材质进行复查。

7.3.19 钢制管道安装的允许偏差应符合表7.3.19的规定。

表7.3.19 钢制管道安装的允许偏差（mm）

项目			允许偏差
坐标	架空及地沟	室外	25
		室内	15
	埋地		60
标高	架空及地沟	室外	±20
		室内	±15
	埋地		±25
水平管道平直度		$DN \leqslant 100$	$2l_0$‰，最大50
		$DN>100$	$3l_0$‰，最大80
立管铅垂度			$5l_0$‰，最大30
成排管道间距			15
交叉管的外壁或绝热层间距			20

7.4 连接设备的管道安装

7.4.1 管道与设备的连接应在设备安装定位并紧固地脚螺栓后进行。安装前应将其内部清理干净。

7.4.2 对不得承受附加外荷载的动设备，管道与动设备的连接应符合下列规定：

1 与动设备连接前，应在自由状态下检验法兰的平行度和同心度，当设计文件或产品技术文件无规定时，法兰平行度和同心度允许偏差应符合表7.4.2的规定。

表7.4.2　法兰平行度和同心度允许偏差

机器转速（r/min）	平行度（mm）	同心度（mm）
<3000	≤0.40	≤0.80
3000~6000	≤0.15	≤0.50
>6000	≤0.10	≤0.20

2　管道系统与动设备最终连接时，应在联轴器上架设百分表监视动设备的位移。当动设备额定转速大于6000r/min时，其位移值应小于0.02mm；当额定转速小于或等于6000r/min时，其位移值应小于0.05mm。

7.4.3　大型储罐的管道与泵或其他有独立基础的设备连接，或储罐底部管道沿地面敷设在支架上时，应在储罐液压（充水）试验合格后安装；也可在液压（充水）试验及基础初阶段沉降后，再进行储罐接口处法兰的连接。

7.4.4　工业金属管道安装合格后，不得承受设计以外的附加荷载。

7.4.5　工业金属管道试压、吹扫与清洗合格后，应对管道与动设备的接口进行复位检查，其偏差值应符合本规范表7.4.2的规定。

7.5　铸铁管道安装

7.5.1　铸铁管及管件安装前，应清除承口内部和插口端部的油污、飞刺、铸砂及铸瘤，并应烤去承插部位的沥青涂层。柔性接口铸铁管及管件承口的内工作面、插口的外工作面应修整光滑，不得有影响接口密封性的缺陷；有裂纹的铸铁管及管件不得使用。

7.5.2　铸铁管道安装轴线位置、标高的允许偏差应符合表7.5.2的规定。

表7.5.2　铸铁管道安装轴线位置、标高的允许偏差（mm）

项目	允许偏差（mm）	
	无压力的管道	有压力的管道
轴线位置	15	30
标高	± 10	± 20

7.5.3　铸铁管道沿直线安装时，宜选用管径公差组合最小的管节组对连接，承插接口的环向间隙应均匀，承插口间的轴向间隙不应小于3mm。

7.5.4　铸铁管道沿曲线安装时接口的允许转角应符合表7.5.4的规定。

表7.5.4　铸铁管道沿曲线安装时接口的允许转角

接口种类	公称尺寸（mm）	允许转角（1°）
刚性接口	75~450	2
	≥500	1
滑入式T型接口	75~600	3
梯唇型橡胶圈接口	700~800	2
柔性机械式接口	≥900	1

7.5.5　在昼夜温差较大或负温下施工时，管子中部两侧应填土夯实，顶部应填土覆盖。

7.5.6　采用滑入式或机械式柔性接口时，橡胶圈的材质、质量、性能、尺寸等应符合设计文件和国家现行有关铸铁管及管件标准的规定，每个橡胶圈的接头不得超过2个。

7.5.7　安装滑入式橡胶圈接口时，推入深度应达到标记环，并应复查与其相邻已安装好的第一至第二个接口推入深度。

7.5.8 安装机械式柔性接口时，应使插口与承口法兰压盖的轴线相重合。紧固法兰螺栓时，螺栓安装方向应一致，并应均匀、对称紧固。

7.5.9 采用刚性接口时，应符合下列规定：

1 油麻填料应清洁，填塞后应捻实，其深度应为承口总深度的1/3，且不应超过承口三角凹槽的内边。

2 橡胶圈装填应平展、压实，不得有松动、扭曲、断裂等现象，橡胶圈应填打到插口小台或距插口端10mm。

3 接口水泥应密实饱满，其接口水泥面凹入承口边缘的深度不得大于2mm，并应及时进行湿养护。水泥强度应符合设计文件的规定。

7.5.10 工作介质为酸、碱的铸铁管道，在泄漏性试验合格后，应及时安装法兰处的安全保护设施。

7.6 不锈钢和有色金属管道安装

7.6.1 不锈钢和有色金属管道安装除应符合本节的要求外，尚应符合本规范第7.3节的有关规定。

7.6.2 不锈钢和有色金属管道安装时，表面不得出现机械损伤。使用钢丝绳、卡扣搬运或吊装时，钢丝绳、卡扣等不得与管道直接接触，应采用对管道无害的橡胶或木板等软材料进行隔离。

7.6.3 安装不锈钢和有色金属管道时，应采取防止管道污染的措施。安装工具应保持清洁，不得使用造成铁污染的黑色金属工具。不锈钢、镍及镍合金、钛及钛合金、锆及锆合金等管道安装后，应防止其他管道切割、焊接时的飞溅物对其造成污染。

7.6.4 有色金属管道组成件与黑色金属管道支承件之间不得直接接触，应采用同材质或对管道组成件无害的非金属隔离垫等材料进行隔离。

7.6.5 铜及铜合金、铝及铝合金、钛及钛合金管的调直，宜在管内充砂，不得用铁锤敲打。调直后，管内应清理干净。

7.6.6 用钢管保护的铅、铝及铝合金管，在装入钢管前应经试压合格。

7.6.7 不锈钢、镍及镍合金管道的安装，应符合下列规定：

1 用于不锈钢、镍及镍合金管道法兰的非金属垫片，其氯离子含量不得超过50×10^{-6}（50ppm）。

2 不锈钢、镍及镍合金管道组成件与碳钢管道支承件之间，应垫入不锈钢或氯离子含量不超过50×10^{-6}（50ppm）的非金属垫片。

3 要求进行酸洗、钝化处理的焊缝或管道组成件，酸洗后的表面不得有残留酸洗液和颜色不均匀的斑痕。钝化后应用洁净水冲洗，呈中性后应擦干水迹。

7.6.8 铜及铜合金管道连接时，应符合下列规定：

1 翻边连接的管子，应保持同轴，当公称尺寸小于或等于50mm时，允许偏差不应大于1mm；当公称尺寸大于50mm时，允许偏差不应大于2mm。

2 螺纹连接的管子，螺纹部分应涂刷石墨甘油。

3 安装铜波纹膨胀节时，其直管长度不得小于100mm。

7.7 伴热管安装

7.7.1 伴热管应与主管平行安装，并应能自行排液。当一根主管需多根伴热管伴热时，伴热管之间的相对位置应固定。

7.7.2 水平伴热管宜安装在主管的下方一侧或两侧，或靠近支架的侧面。铅垂伴热管应均匀分布在主管周围。

7.7.3 伴热管不得直接点焊在主管上。弯头部位的伴热管绑扎带不得少于3道，直管段伴热管绑扎点间距应符合表7.7.3的规定。

表7.7.3 直管段伴热管绑扎点间距(mm)

伴热管公称尺寸	绑扎点间距
10	800
15	1000
20	1500
>20	2000

7.7.4 对不允许与主管直接接触的伴热管，伴热管与主管之间应设置隔离垫。当主管为不锈钢管，伴热管为碳钢管时，隔离垫的氯离子含量不得超过50×10^{-6}（50ppm），并应采用不锈钢丝或不应引起渗碳的材料进行绑扎。

7.7.5 伴热管经过主管法兰、阀门时，伴热管应设置可拆卸的连接件。

7.7.6 从分配站到各被伴热管主管和离开主管到收集站之间的伴热管安装，应排列整齐，不宜相互跨越和就近斜穿。

7.8 夹套管安装

7.8.1 夹套管的安装除应符合本节要求外，尚应符合本规范第5.6节和第7章的有关规定。

7.8.2 夹套管安装前，应对预制的管段按照图纸核对编号，应检查各管段质量及施工记录，再对内管进行清理检查，并应在合格后再进行封闭连接及安装就位。

7.8.3 夹套管安装使用的阀门、夹套法兰、仪表件等，安装前应按国家现行有关标准进行检查、清洗和检验。

7.8.4 当夹套管外管经剖切后安装时，其纵向焊缝应设置在易检修的部位。

7.8.5 夹套管的连通管安装，应符合设计文件的规定。当设计无规定时，连通管不得存液。

7.8.6 夹套管的支承块不得妨碍管内介质的流动。支承块在同一位置处应设置3块，管道水平安装时，其中2块支承块应对地面跨中布置，夹角应为110°~120°；管道垂直安装时，3块支承块应按120℃夹角均匀布置。

7.9 防腐蚀衬里管道安装

7.9.1 防腐蚀衬里管道安装除应符合本节要求外，尚应符合本规范第7.3节的有关规定。

7.9.2 搬运和堆放衬里管段及管件时，应轻搬轻放，不得强烈振动或碰撞。

7.9.3 衬里管道安装前，应全面检查衬里层的完好情况，当有损坏时，应进行修补或更换，并应保持管内清洁。

7.9.4 采用橡胶、塑料、纤维增强塑料、涂料等衬里的管道组成件，应存放在温度为5℃~40℃的室内，并应避免阳光和热源的辐射。

7.9.5 衬里管道的安装应采用软质或半硬质垫片。当需要调整安装长度误差时，宜采用更换同材质垫片厚度的方法进行。

7.9.6 衬里管道安装时，不应进行施焊、加热、碰撞或敲打。

7.10 阀门安装

7.10.1 阀门安装前，应按设计文件核对其型号，并应按介质流向确定其安装方向。

7.10.2 当阀门与管道以法兰或螺纹方式连接时，阀门应在关闭状态下安装。

7.10.3 当阀门与管道以焊接方式连接时，阀门应在开启状态下安装。对接焊缝的底层应采用氩弧焊，且应对阀门采取防变形措施。

7.10.4 阀门安装位置应易于操作、检查和维修。水平管道上的阀门，其阀杆及传动装置应按设计规定进行安装，动作应灵活。

7.10.5 所有阀门应连接自然，不得强力对接或承受外加重力负荷。法兰连接螺栓紧固力应均匀。

7.10.6 安全阀的安装应符合下列规定：

1 安全阀应垂直安装。

2 安全阀的出口管道应接向安全地点。

3 当进出管道上设置截止阀时，应加铅封，且应锁定在全开启状态。

7.10.7 在工业金属管道投入试运行时，应按国家现行标准《安全阀安全技术监察规程》TSG ZF001的有关规定和设计文件的规定对安全阀进行最终整定压力调整，并应做好调整记录和铅封。

7.11 补偿装置安装

7.11.1 补偿装置的安装除应符合本节规定外，尚应符合设计文件、产品技术文件和国家现行有关标准的规定。

7.11.2 “Π”形或“Ω”形膨胀弯管的安装，应符合下列规定：

1 安装前应按设计文件规定进行预拉伸或压缩，允许偏差为10mm。

2 预拉伸或压缩应在两个固定支架之间的管道安装完毕，并应与固定支架连接牢固后进行。

3 预拉伸或压缩的焊口位置与膨胀弯管的起弯点距离应大于2m。

4 水平安装时，平行臂应与管线坡度相同，两垂直臂应相互平行。

5 铅垂安装时，应设置排气及疏水装置。

7.11.3 波纹管膨胀节的安装，应符合下列规定：

1 波纹管膨胀节安装前应按设计文件规定进行预拉伸或预压缩，受力应均匀。

2 安装波纹管膨胀节时，应设临时约束装置，并应待管道安装固定后再拆除临时约束装置。

3 波纹管膨胀节内套有焊缝的一端，在水平管道上应位于介质的流入端［图7.11.3（a）］，在铅垂管道上宜置于上部［图7.11.3（b）］。

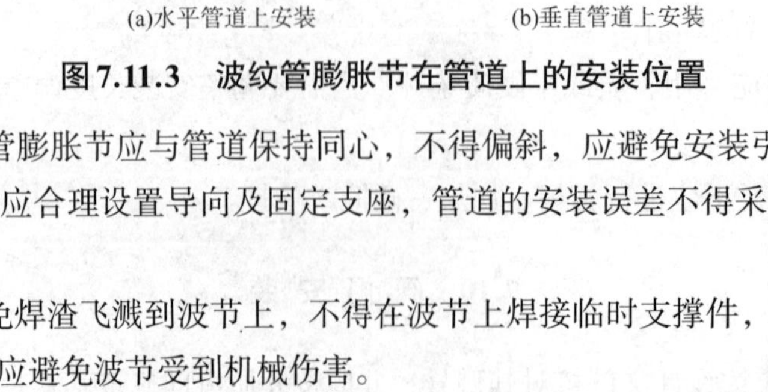

(a)水平管道上安装　　(b)垂直管道上安装

图7.11.3　波纹管膨胀节在管道上的安装位置

4 安装时，波纹管膨胀节应与管道保持同心，不得偏斜，应避免安装引起膨胀节的周向扭转。在波纹管膨胀节的两端应合理设置导向及固定支座，管道的安装误差不得采用使管道变形或膨胀节补偿的方法调整。

5 安装时，应避免焊渣飞溅到波节上，不得在波节上焊接临时支撑件，不得将钢丝绳等吊装索具直接绑扎在波节上，应避免波节受到机械伤害。

7.11.4 填料式补偿器的安装，应符合下列规定：

1 填料式补偿器应与管道保持同心，不得歪斜。

2 两侧的导向支座应保证运行时自由伸缩，不得偏离中心。

3 应按设计文件规定的安装长度及温度变化，留有剩余的收缩量（图7.11.4）。剩余收缩量可按下式计算，允许偏差为5mm。

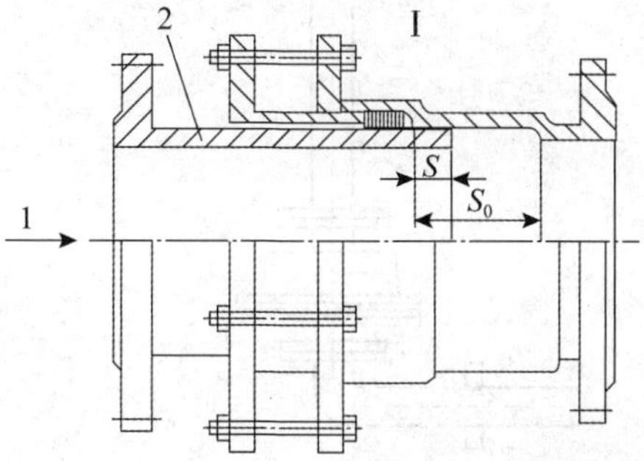

图7.11.4 填料式补偿器安装剩余收缩量

1—介质流向；2—插管

$$S = S_0\left(\frac{t_1 - t_0}{t_2 - t_0}\right) \qquad (7.11.4)$$

式中：S——插管与外壳挡圈间的安装剩余收缩量（mm）；

S_0——补偿器的最大行程（mm）；

t_0——室外最低设计温度（℃）；

t_1——补偿器安装时的环境温度（℃）；

t_2——管道内介质的最高设计温度（℃）。

4 单向填料式补偿器的安装方向，其插管端应安装在介质流入端。

7.11.5 球形补偿器的安装，应符合下列规定：

1 球形补偿器安装前，应将球体调整到所需角度，并应与球心距管段组成一体（图7.11.5-1）。

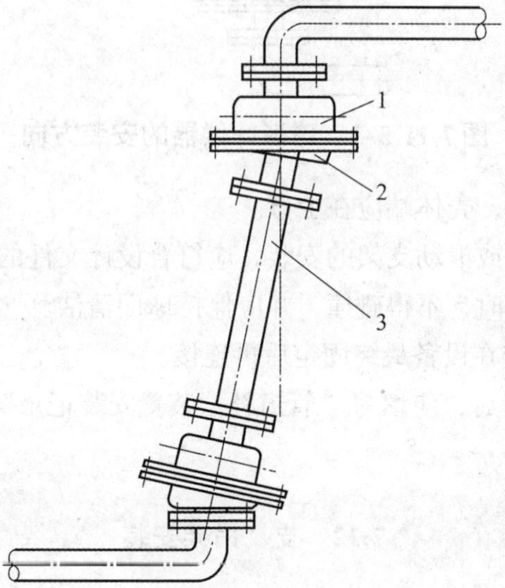

图7.11.5-1 球形补偿器与球心距管段的组合

1—壳体端；2—球体端；3—球心距管段

2 球形补偿器的安装应紧靠弯头，球心距长度应大于计算长度（图7.11.5-2）。

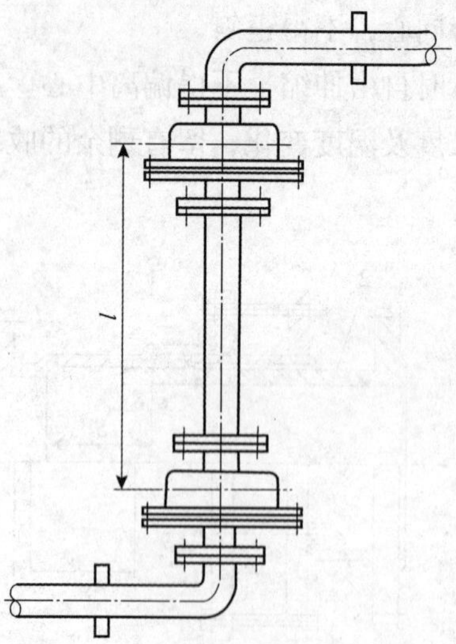

图 7.11.5-2　球形补偿器球心距的安装长度

l—球心距

3　球形补偿器的安装方向，宜按介质由球体端流入、从壳体端流出方向安装（图 7.11.5-3）。

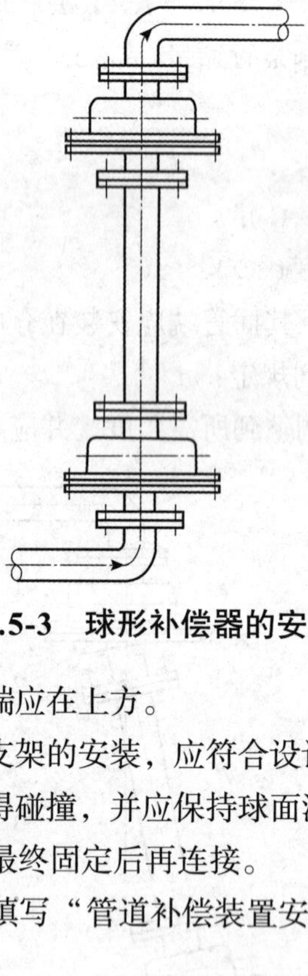

图 7.11.5-3　球形补偿器的安装方向

4　垂直安装球形补偿器时，壳体端应在上方。

5　球形补偿器的固定支架或滑动支架的安装，应符合设计文件的规定。

6　运输、装卸球形补偿器时，不得碰撞，并应保持球面清洁。

7.11.6　与设备相连的补偿器应在设备最终固定后再连接。

7.11.7　管道补偿装置安装完毕后，应填写“管道补偿装置安装记录”，其格式宜符合本规范表 A.0.8 的规定。

7.12　支、吊架安装

7.12.1　支、吊架的安装除应符合本节规定外，尚应符合设计文件、产品技术文件和国家现行有关标准的规定。

7.12.2　当安装管道时，应及时固定和调整支、吊架。支、吊架安装位置应准确，安装应平整牢固，与管子接触应紧密。

7.12.3　无热位移的管道，其吊杆应垂直安装。有热位移的管道，其吊杆应偏置安装。当设计文件无规定时，吊点应设置在位移的相反方向，并应按位移值的1/2偏位安装（图7.12.3）。两根有热位移的管道不得使用同一吊杆。

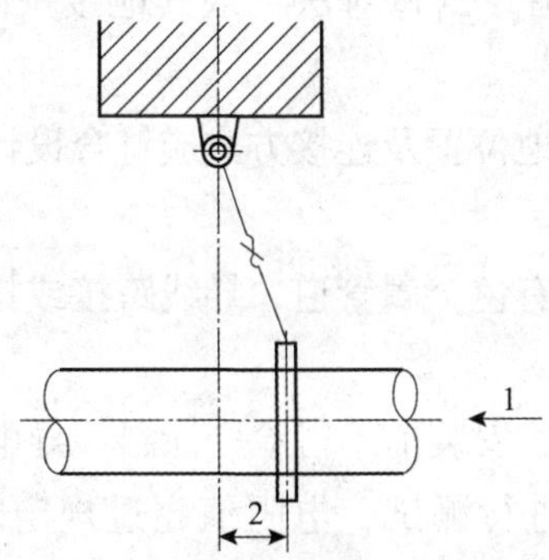

图7.12.3　有热位移管道吊架安装

1—管子膨胀方向；2—1/2位移值

7.12.4　固定支架应按设计文件的规定安装，并应在补偿装置预拉伸或预压缩之前固定。没有补偿装置的冷、热管道直管段上，不得同时安置2个及2个以上的固定支架。

7.12.5　导向支架或滑动支架的滑动面应洁净平整，不得有歪斜和卡涩现象。不得在滑动支架底板处临时点焊定位，仪表及电气构件不得焊在滑动支架上。有热位移的管道，当设计文件无规定时，支架安装位置应从支承面中心向位移反方向偏移，偏移量应为位移值的1/2（图7.12.5），绝热层不得妨碍其位移。

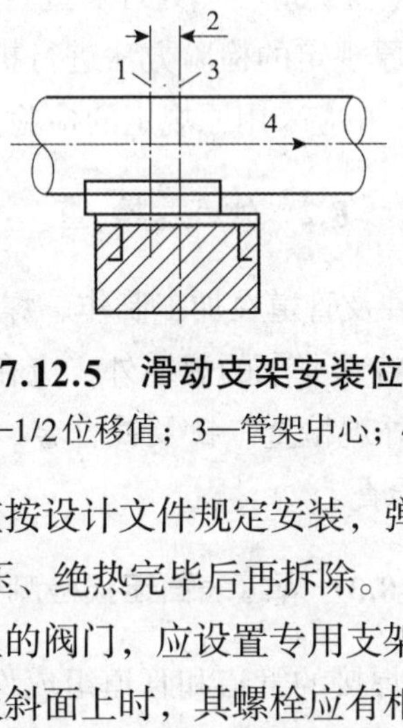

图7.12.5　滑动支架安装位置

1—管托中心；2—1/2位移值；3—管架中心；4—管子膨胀方向

7.12.6　弹簧支、吊架的弹簧高度，应按设计文件规定安装，弹簧应调整至冷态值，并应做记录。弹簧的临时固定件，应待系统安装、试压、绝热完毕后再拆除。

7.12.7　铸铁、铅、铝及大口径管道上的阀门，应设置专用支架，不得以管道承重。

7.12.8　管架紧固在槽钢或工字钢翼板斜面上时，其螺栓应有相应的斜垫片。

7.12.9　管道安装时不宜使用临时支、吊架。当使用临时支、吊架时，不得与正式支、吊架位置冲突，不得直接焊在管子上，并应有明显标记。在管道安装完毕后应予拆除。

7.12.10　管道安装完毕后，应按设计文件规定逐个核对支、吊架的形式和位置，并应填写“管道支、吊架安装记录”，其格式宜符合本规范表A.0.9的规定。

7.12.11　有热位移的管道，在热负荷运行时，应及时对支、吊架进行下列检查与调整：

1　活动支架的位移方向、位移值及导向性能应符合设计文件的规定。

2　管托不得脱落。

3　固定支架应牢固可靠。

4　弹簧支、吊架的安装标高与弹簧工作荷载应符合设计文件的规定。

5　可调支架的位置应调整合适。

7.13 静电接地安装

7.13.1 设计有静电接地要求的管道，当每对法兰或其他接头间电阻值超过0.03Ω时，应设导线跨接。

7.13.2 管道系统的接地电阻值、接地位置及连接方式应符合设计文件的规定。静电接地引线宜采用焊接形式。

7.13.3 有静电接地要求的不锈钢和有色金属管道，导线跨接或接地引线不得与管道直接连接，应采用同材质连接板过渡。

7.13.4 用作静电接地的材料或元件，安装前不得涂刷涂料。导电接触面应除锈并应紧密连接。

7.13.5 静电接地安装完毕后，应进行测试，电阻值超过规定时，应进行检查与调整。并应填写“管道静电接地测试记录”，其格式宜符合本规范表A.0.10的规定。

8 管道检查、检验和试验

8.1 一 般 规 定

8.1.1 除设计文件和焊接工艺规程另有规定外，焊缝无损检测应安排在该焊缝焊接完成并经外观检查合格后进行。

8.1.2 对有延迟裂纹倾向的材料，无损检测应至少在焊接完成24h后进行。

8.1.3 对有再热裂纹倾向的焊缝，无损检测应在热处理后进行。

8.1.4 抽样检验发现不合格时，应按原规定的检验方法进行扩大检验。对检验发现不合格的管道元件、部位或焊缝，应进行返修或更换，并应采用原规定的检验方法重新进行检验。

8.2 外 观 检 查

8.2.1 外观检查应包括对各种管道元件及管道在加工制作、焊接、安装过程中的检查。

8.2.2 除设计文件或焊接工艺规程有特殊要求的焊缝外，应在焊接完成后立即除去熔渣、飞溅，并应将焊缝表面清理干净，同时应进行外观检查。钛及钛合金、锆及锆合金的焊缝表面除应进行外观检查外，还应在焊后清理前进行色泽检查。

8.3 焊缝表面无损检测

8.3.1 除设计文件另有规定外，现场焊接的管道和管道组成件的承插焊焊缝、支管连接焊缝（对接式支管连接焊缝除外）和补强圈焊缝、密封焊缝、支吊架与管道直接焊接的焊缝，以及管道上的其他角焊缝应按现行国家标准《工业金属管道工程施工质量验收规范》GB 50184的有关规定，对其表面进行磁粉检测或渗透检测。

8.3.2 磁粉检测和渗透检测应按国家现行标准《承压设备无损检测》JB/T 4730的有关规定执行。

8.3.3 磁粉检测或渗透检测报告的格式宜符合本规范表A.0.11或表A.0.12的规定。

8.4 焊缝射线检测和超声检测

8.4.1 除设计文件另有规定外，现场焊接的管道及管道组成件的对接纵缝和环缝、对接式支管连接焊缝应按现行国家标准《工业金属管道工程施工质量验收规范》GB 50184的有关规定进行射线检测或超声检测。

8.4.2 管道名义厚度小于或等于30mm的对接焊缝应采用射线检测。管道名义厚度大于30mm的对接焊缝可采用超声检测代替射线检测。当规定采用射线检测但受条件限制需改用超声检测时，应征得设计和建设单位的同意。

8.4.3 焊缝的射线检测和超声检测应符合下列规定：

1 管道焊缝的射线检测和超声检测应符合国家现行标准《承压设备无损检测》JB/T 4730的有关规定。

2 射线检测和超声检测的技术等级应符合设计文件和国家现行有关标准的规定，且射线检测不得低于AB级，超声检测不得低于B级。

3 现场进行射线检测时，应按有关规定划定控制区和监督区，并应设置警告标志。操作人员应按规定进行安全操作防护。

4 应填写射线检测或超声检测报告，并应注明检测的时间。报告的格式宜符合本规范表A.0.13或表A.0.14的规定。

8.5 硬度检验及其他检验

8.5.1 要求热处理的焊缝和管道组成件，热处理后应进行硬度检验。焊缝的硬度检验区域应包括焊缝和热影响区。对于异种金属的焊缝，两侧母材热影响区均应进行硬度检验。并应填写“管道热处理硬度检验报告”，其格式宜符合本规范表A.0.15的规定。

8.5.2 当检查发现热处理后的硬度值超标或热处理工艺存在问题时，可采用其他检测手段进行复查与评估。

8.5.3 当规定进行管道焊缝金属化学成分分析、焊缝铁素体含量测定、焊接接头金相检验、产品试件力学性能等检验时，应符合设计文件和国家现行有关标准的规定。

8.6 压力试验

8.6.1 管道安装完毕、热处理和无损检测合格后，应进行压力试验。压力试验应符合下列规定：

1 压力试验应以液体为试验介质。当管道的设计压力小于或等于0.6MPa时，也可采用气体为试验介质，但应采取有效的安全措施。

2 **脆性材料严禁使用气体进行压力试验。压力试验温度严禁接近金属材料的脆性转变温度。**

3 当进行压力试验时，应划定禁区，无关人员不得进入。

4 试验过程中发现泄漏时，不得带压处理。消除缺陷后应重新进行试验。

5 试验结束后，应及时拆除盲板、膨胀节临时约束装置。试验介质的排放应符合安全、环保要求。

6 压力试验完毕，不得在管道上进行修补或增添物件。当在管道上进行修补或增添物件时，应重新进行压力试验。经设计或建设单位同意，对采取预防措施并能保证结构完好的小修补或增添物件，可不重新进行压力试验。

7 压力试验合格后，应填写“管道系统压力试验和泄漏性试验记录”，其格式宜符合本规范表A.0.16的规定。

8.6.2 压力试验的替代应符合下列规定：

1 对GC3级管道，经设计和建设单位同意，可在试车时用管道输送的流体进行压力试验。输送的流体是气体或蒸汽时，压力试验前应按本规范第8.6.5条第5款的规定进行预试验。

2 当管道的设计压力大于0.6MPa，设计和建设单位认为液压试验不切实际时，可采用本规范第8.6.5条规定的气压试验来代替液压试验。

3 经设计和建设单位同意，也可用液压–气压试验代替气压试验。液压–气压试验应符合本规范第8.6.5条的规定，被液体充填部分管道的压力不应大于本规范第8.6.4条第4、5款的规定。

4 现场条件不允许进行管道液压和气压试验时，可同时采用下列方法代替压力试验，但应经建设单位和设计单位同意：

1）所有环向、纵向对接焊缝和螺旋焊焊缝应进行100%射线检测或100%超声检测。

2）除本规范第8.6.2条第4款第1项规定以外的所有焊缝（包括管道支承件与管道组成件连接的焊缝），应进行100%的渗透检测或100%的磁粉检测。

3）应由设计单位进行管道系统的柔性分析。

4）管道系统应采用敏感气体或浸入液体的方法进行泄漏试验，试验要求应在设计文件中明确规定。

5 未经液压和气压试验的管道焊缝及法兰密封部位，生产车间可配备相应的预保带压密封夹具。

8.6.3 压力试验前应具备下列条件：

1 试验范围内的管道安装工程除防腐、绝热外，已按设计图纸全部完成，安装质量符合有关规定。

2 焊缝及其他待检部位尚未防腐和绝热。

3 管道上的膨胀节已设置临时约束装置。

4 试验用压力表已校验，并在有效期内，其精度不得低于1.6级，表的满刻度值应为被测最大压力的1.5倍~2倍，压力表不得少于2块。

5 符合压力试验要求的液体或气体已备足。

6 管道已按试验的要求进行加固。

7 下列资料已经建设单位和有关部门复查：

1）管道元件的质量证明文件。

2）管道元件的检验或试验记录。

3）管道加工和安装记录。

4）焊接检查记录、检验报告及热处理记录。

5）管道轴测图、设计变更及材料代用文件。

8 待试管道与无关系统已采用盲板或其他措施隔离。

9 待试管道上的安全阀、爆破片及仪表元件等已经拆下或已隔离。

10 试验方案已批准，并已进行技术和安全交底。

8.6.4 液压试验应符合下列规定：

1 液压试验应使用洁净水。当对不锈钢、镍及镍合金管道，或对连有不锈钢、镍及镍合金管道或设备的管道进行试验时，水中氯离子含量不得超过25×10^{-6}（25ppm）。也可采用其他无毒液体进行液压试验。当采用可燃液体介质进行试验时，其闪点不得低于50℃，并应采取安全防护措施。

2 试验前，注入液体时应排尽空气。

3 试验时，环境温度不宜低于5℃。当环境温度低于5℃时，应采取防冻措施。

4 承受内压的地上钢管道及有色金属管道试验压力应为设计压力的1.5倍。埋地钢管道的试验压力应为设计压力的1.5倍，并不得低于0.4MPa。

5 当管道的设计温度高于试验温度时，试验压力应符合下列规定：

1）试验压力应按下式计算：

$$P_T = 1.5P[\sigma]_T / [\sigma]^t \quad (8.6.4)$$

式中：P_T——试验压力（表压）（MPa）；

P——设计压力（表压）（MPa）；

$[\sigma]_T$——试验温度下，管材的许用应力（MPa）；

$[\sigma]^{t}$——设计温度下，管材的许用应力（MPa）。

2）当试验温度下管材的许用应力与设计温度下管材的许用应力的比值大于6.5时，应取6.5。

3）应校核管道在试验压力条件下的应力。当试验压力在试验温度下产生超过屈服强度的应力时，应将试验压力降至不超过屈服强度时的最大压力。

6 当管道与设备作为一个系统进行试验，管道的试验压力等于或小于设备的试验压力时，应按管道的试验压力进行试验；当管道试验压力大于设备的试验压力，并无法将管道与设备隔开，以及设备的试验压力大于按本规范式（8.6.4）计算的管道试验压力的77%时，经设计或建设单位同意，可按设备的试验压力进行试验。

7 承受内压的埋地铸铁管道的试验压力，当设计压力小于或等于0.5MPa时，应为设计压力的2倍；当设计压力大于0.5MPa时，应为设计压力加0.5MPa。

8 对位差较大的管道，应将试验介质的静压计入试验压力中。液体管道的试验压力应以最高点的压力为准，最低点的压力不得超过管道组成件的承受力。

9 对承受外压的管道，试验压力应为设计内、外压力之差的1.5倍，并不得低于0.2MPa。

10 夹套管内管的试验压力应按内部或外部设计压力的最高值确定。夹套管外管的试验压力除设计文件另有规定外，应按本规范第8.6.4条第5款的规定执行。

11 液压试验应缓慢升压，待达到试验压力后，稳压10min，再将试验压力降至设计压力，稳压30min，应检查压力表无压降、管道所有部位无渗漏。

8.6.5 气压试验应符合下列规定：

1 承受内压钢管及有色金属管的试验压力应为设计压力的1.15倍。真空管道的试验压力应为0.2MPa。

2 试验介质应采用干燥洁净的空气、氮气或其他不易燃和无毒的气体。

3 试验时应装有压力泄放装置，其设定压力不得高于试验压力的1.1倍。

4 试验前，应用空气进行预试验，试验压力宜为0.2MPa。

5 试验时，应缓慢升压，当压力升至试验压力的50%时，如未发现异状或泄漏，应继续按试验压力的10%逐级升压，每级稳压3min，直至试验压力。应在试验压力下稳压10min，再将压力降至设计压力，采用发泡剂检验应无泄漏，停压时间应根据查漏工作需要确定。

8.6.6 泄漏性试验应按设计文件的规定进行，并应符合下列规定：

1 输送极度和高度危害介质以及可燃介质的管道，必须进行泄漏性试验。

2 泄漏性试验应在压力试验合格后进行。试验介质宜采用空气。

3 泄漏性试验压力应为设计压力。

4 泄漏性试验可结合试车工作一并进行。

5 泄漏性试验应逐级缓慢升压，当达到试验压力，并停压10min后，应采用涂刷中性发泡剂等方法，巡回检查阀门填料函、法兰或螺纹连接处、放空阀、排气阀、排净阀等所有密封点应无泄漏。

6 经气压试验合格，且在试验后未经拆卸过的管道可不进行泄漏性试验。

7 泄漏性试验合格后，应及时缓慢泄压，并应按本规范第8.6.1条第7款的规定填写试验记录。

8.6.7 真空系统在压力试验合格后，还应按设计文件规定进行24h的真空度试验，增压率不应大于5%。增压率应按下式计算：

$$\Delta P-\left(\frac{P_2-P_1}{P_1}\right)\times 100 \qquad (8.6.7)$$

式中：ΔP——24h的增压率（%）；

P_1——试验初始压力（表压）（MPa）；

P_2——试验最终压力（表压）（MPa）。

8.6.8 当设计文件和国家现行有关标准规定以卤素、氦气、氨气或其他方法进行泄漏性试验时，应按相应的技术规定进行。

9 管道吹扫与清洗

9.1 一般规定

9.1.1 管道在压力试验合格后，应进行吹扫与清洗。并应编制管道吹扫与清洗方案。

9.1.2 管道吹扫与清洗方法，应根据管道的使用要求、工作介质、系统回路、现场条件及管道内表面脏污程度确定，并应符合下列规定：

1 公称尺寸大于或等于600mm的液体或气体管道，宜采用人工清理。

2 公称尺寸小于600mm的液体管道宜采用水冲洗。

3 公称尺寸小于600mm的气体管道宜采用压缩空气吹扫。

4 蒸汽管道应采用蒸汽吹扫，非热力管道不得采用蒸汽吹扫。

5 对有特殊要求的管道，应按设计文件规定采用相应的吹扫与清洗方法。

6 需要时可采取高压水冲洗、空气爆破吹扫或其他吹扫与清洗方法。

9.1.3 管道吹扫与清洗前，应仔细检查管道支吊架的牢固程度，对有异议的部位应进行加固。

9.1.4 对不允许吹扫与清洗的设备及管道，应进行隔离。

9.1.5 管道吹扫与清洗前，应将系统内的仪表、孔板、喷嘴、滤网、节流阀、调节阀、电磁阀、安全阀、止回阀（或止回阀阀芯）等管道组成件暂时拆除，并应以模拟体或临时短管替代，待管道吹洗合格后应重新复位。对以焊接形式连接的上述阀门、仪表等部件，应采取流经旁路或卸掉阀头及阀座加保护套等保护措施后再进行吹扫与清洗。

9.1.6 吹扫与清洗的顺序应按主管、支管、疏排管依次进行。吹洗出的脏物不得进入已吹扫与清洗合格的管道。

9.1.7 为管道吹扫与清洗安装的临时供水、供气管道及排放管道，应预先吹扫与清洗干净后再使用。

9.1.8 管道吹扫与清洗时应设置禁区和警戒线，并应挂警示牌。

9.1.9 空气爆破吹扫和蒸汽吹扫时，应采取在排放口安装消音器等措施。

9.1.10 化学清洗废液、脱脂残液及其他废液、污水的处理和排放，应符合国家现行有关标准的规定，不得随地排放。

9.1.11 管道吹扫与清洗合格后，除规定的检查和恢复工作外，不得再进行其他影响管内清洁的作业。

9.1.12 化学清洗和脱脂作业时，操作人员应按规定穿戴专用防护服装，并应根据不同清洗液对人体的危害程度佩戴防护眼镜、防毒面具等防护用具。

9.1.13 管道吹扫与清洗合格后，施工单位应会同建设单位或监理单位共同检查确认，并应填写“管道系统吹扫与清洗检查记录”及“管道隐蔽工程（封闭）记录”，其格式宜符合本规范表A.0.17和表A.0.7的规定。

9.2 水冲洗

9.2.1 管道冲洗应使用洁净水。冲洗不锈钢、镍及镍合金管道时，水中氯离子含量不得超过25×10^{-6}（25ppm）。

9.2.2 管道水冲洗的流速不应低于1.5m/s，冲洗压力不得超过管道的设计压力。

9.2.3 冲洗排放管的截面积不应小于被冲洗管截面积的60%。排水时，不得形成负压。

9.2.4 管道水冲洗应连续进行，当设计无规定时，排出口的水色和透明度应与入口处的水色和透明度目测一致。

9.2.5 对有严重锈蚀和污染的管道，当使用一般清洗方法未能达到要求时，可采取将管道分段进行高压水冲洗。

9.2.6 管道冲洗合格后，应及时将管内积水排净，并应及时吹干。

9.3 空 气 吹 扫

9.3.1 空气吹扫宜利用工厂生产装置的大型空压机或大型储气罐进行间断性吹扫。吹扫压力不得大于系统容器和管道的设计压力，吹扫流速不宜小于20m/s。

9.3.2 吹扫忌油管道时，应使用无油压缩空气或其他不含油的气体进行吹扫。

9.3.3 空气吹扫时，应在排气口设置贴有白布或涂刷白色涂料的木制靶板进行检验，吹扫5min后靶板上应无铁锈、尘土、水分及其他杂物。

9.3.4 当吹扫的系统容积大、管线长、口径大，并不宜用水冲洗时，可采取“空气爆破法”进行吹扫。爆破吹扫时，向系统充注的气体压力不得超过0.5MPa，并应采取相应的安全措施。

9.4 蒸 汽 吹 扫

9.4.1 蒸汽管道吹扫前，管道系统的绝热工程应已完成。

9.4.2 为蒸汽吹扫安装的临时管道，应按正式蒸汽管道安装技术要求进行施工，安装质量应符合本规范的有关规定。应在临时管道吹扫干净后，再用于正式蒸汽管道的吹扫。

9.4.3 蒸汽管道应以大流量蒸汽进行吹扫，流速不应小于30m/s。

9.4.4 蒸汽吹扫前，应先进行暖管，并应及时疏水。暖管时，应检查管道的热位移，当有异常时，应及时进行处理。

9.4.5 蒸汽吹扫时，管道上及其附近不得放置易燃、易爆物品及其他杂物。

9.4.6 蒸汽吹扫应按加热、冷却、再加热的顺序循环进行。吹扫时宜采取每次吹扫一根和轮流吹扫的方法。

9.4.7 排放管应固定在室外，管口应倾斜朝上。排放管直径不应小于被吹扫管的直径。

9.4.8 通往汽轮机或设计文件有规定的蒸汽管道，经蒸汽吹扫后应对吹扫靶板进行检验。最终验收的靶板应做好标识，并应妥善保管。

9.5 脱 脂

9.5.1 忌油管道系统应按设计文件规定进行脱脂处理。

9.5.2 脱脂液的配方应经试验鉴定后再采用。

9.5.3 对有明显油渍或锈蚀严重的管子进行脱脂时，应先采用蒸汽吹扫、喷砂或其他方法清除油渍和锈蚀后，再进行脱脂。

9.5.4 脱脂剂应按设计规定选用。当设计无规定时，应根据脱脂件的材质、结构、工作介质、脏污程度及现场条件选择相应的脱脂剂和脱脂方法。

9.5.5 脱脂剂或用于配制脱脂液的化学制品应具有产品质量证明文件。脱脂剂在使用前应按产品技术条件对其外观、不挥发物、水分、反应介质及油脂含量进行复验。脱脂剂应按规定进行妥善保管。

9.5.6 脱脂、检验及安装使用的工器具、量具、仪表等，应按脱脂件的要求预先进行脱脂后再使用。

9.5.7 脱脂后应及时将脱脂件内部的残液排净，并应用清洁、无油压缩空气或氮气吹干，不得采用自然蒸发的方法清除残液。当脱脂件允许时，可采用清洁无油的蒸汽将脱脂残液吹除干净。

9.5.8 有防锈要求的脱脂件经脱脂处理后，宜采取充氮封存或采用气相防锈纸、气相防锈塑料薄膜等措施进行密封保护。

9.6 化学清洗

9.6.1 需要化学清洗的管道，其清洗范围和质量要求应符合设计文件的规定。

9.6.2 当进行管道化学清洗时，应与无关设备及管道进行隔离。

9.6.3 化学清洗液的配方应经试验鉴定后再采用。

9.6.4 管道酸洗钝化应按脱脂去油、酸洗、水洗、钝化、水洗、无油压缩空气吹干的顺序进行。当采用循环方式进行酸洗时，管道系统应预先进行空气试漏或液压试漏检验合格。

9.6.5 对不能及时投入运行的化学清洗合格的管道，应采取封闭或充氮保护措施。

9.7 油清洗

9.7.1 润滑、密封及控制系统的油管道，应在机械设备和管道酸洗合格后、系统试运行前进行油清洗。不锈钢油系统管道宜采用蒸汽吹净后再进行油清洗。

9.7.2 经酸洗钝化或蒸汽吹扫合格的油管道，宜在两周内进行油清洗。

9.7.3 当在冬季或环境温度较低的条件下进行油清洗时，应采取在线预热装置或临时加热器等升温措施。

9.7.4 油清洗应采用循环方式进行。油循环过程中，每8h应在40℃~70℃内反复升降油温2次~3次，并应及时清洗或更换滤芯。

9.7.5 当设计文件或产品技术文件无规定时，管道油清洗后应采用滤网检验。

9.7.6 油清洗合格的管道，应采取封闭或充氮保护措施。

9.7.7 油系统试运行时，应采用符合设计文件或产品技术文件的合格油品。

10 工程交接

10.0.1 施工单位按合同规定的范围完成全部工程项目后，应及时与建设单位办理交接验收手续。

10.0.2 工程交接验收前，建设单位应对工业金属管道工程进行检查，并应确认下列内容：

1 施工范围和内容符合合同、设计文件规定。

2 工程质量符合设计文件及本规范的规定。

10.0.3 工程交接验收前，应核查工业金属管道工程施工的下列技术文件、施工记录和报告：

1 管道元件的产品合格证、质量证明文件或复验、试验报告。

2 施工检查记录和试验报告，应包括下列内容：

1）管道元件检查记录。

2）阀门试验记录。

3）安全阀校验报告。

4）管道弯管加工记录。

5）管道焊接检查记录。

6）焊缝返修检查记录。

7）管道安装记录。

8）管道隐蔽工程（封闭）记录。

9）管道补偿装置安装记录。

10）管道支吊架安装记录。

11）管道静电接地测试记录。

12）磁粉检测报告。

13）渗透检测报告。

14）射线检测报告。

15）超声检测报告。

16）管道热处理报告。

17）硬度检测、光谱分析及其他理化试验报告。

18）安全保护装置安装检查记录。

19）管道系统压力试验和泄漏性试验记录。

20）管道系统吹扫与清洗记录。

21）管道防腐、绝热施工检查记录。

3 管道安装竣工图、设计修改文件及材料代用单。

4 无损检测和焊后热处理的管道，应在管道轴测图上准确标明焊缝位置、焊缝编号、焊工代号、无损检测方法、无损检测焊缝位置、焊缝补焊位置、热处理和硬度检验的焊缝位置等。

10.0.4 工程交接时确因客观条件限制未能全部完成的工程量，在不影响安全试车的条件下，经建设单位同意，可办理工程交接手续，但遗留工程量应限期完成。

附录A 施工质量检查记录的内容及格式

A.0.1 管道元件检查记录的格式宜符合表A.0.1的规定。

表A.0.1 管道元件检查记录

工程编号：			工程名称：			分项工程名称/编号：		
管道元件名称	材质	规格/型号	质量证明文件编号	单位	检查数量	几何尺寸检查	外观质量检查	结果
专业工程师：			质量检查员：			检查人：		

A.0.2 阀门试验记录的格式宜符合表A.0.2的规定。

表A.0.2 阀门试验记录

工程编号：				工程名称：					分项工程名称/编号：				
名称	型号/规格	数量	公称压力	压力试验			密封试验			上密封试验			试验结果
				介质	压力	时间	介质	压力	时间	介质	压力	时间	
专业工程师：	质量检查员：	试验人员：											
											年 月 日		

A.0.3 管道弯管加工记录的格式宜符合表A.0.3的规定。

表A.0.3 管道弯管加工记录

工程编号：				工程名称：				分项工程名称/编号：			
管线号	弯管编号	材质	规格	弯曲半径	角度或尺寸偏差	圆度	褶皱高度	弯管厚度	热处理温度	硬度值HB	无损检测结果
简图及说明：											
专业工程师：		质量检查员：		施工人员：						年 月 日	

A.0.4 管道热处理报告的格式宜符合表A.0.4的规定。

表A.0.4 管道热处理报告

工程编号：		工程名称：		分项工程名称/编号：	
管线号			材质		
规格			焊材牌号		
焊缝号（管件号）	升温速率（℃/h）	热处理温度（℃）	恒温时间（h）	降温速率（℃/h）	备注
热电偶布置方式：					
热处理曲线示意图： （附：热处理自动记录曲线）					
专业工程师：		质量检查员：		操作人： 年 月 日	

A.0.5 管道焊接检查记录的格式宜符合表A.0.5的规定。

表A.0.5 管道焊接检查记录

工程编号：					工程名称：					分项工程名称/编号：		
管线号					无损检测方法					无损检测比例		
焊缝编号	接头类型	管道材质	管道规格	固定或转动焊口	焊接方法	焊接材料牌号/规格	预热温度	层间温度	后热温度/时间	焊工姓名/代号	施焊日期	外观质量检查结果	无损检测结果
专业工程师：		质量检查员：			记录人：								
											年 月 日		

A.0.6 管道安装记录的格式宜符合表A.0.6的规定。

表A.0.6 管道安装记录

工程编号：						工程名称：						分项工程名称/编号：			
序号	管线编号	管道材质	管道规格	焊接连接		法兰连接		其他连接形式		最大安装偏差（mm）					
				转动口数	固定口数	压力等级	垫片材质	机械接口		坐标	标高	平直度	铅垂度	坡度	
备注															
专业工程师：		质量检查员：			施工人员：										
												年 月 日			

A.0.7 管道隐蔽工程（封闭）记录的格式宜符合表A.0.7的规定。

表A.0.7 管道隐蔽工程（封闭）记录

<table>
<tr><td colspan="2">工程编号：</td><td colspan="2">工程名称：</td><td colspan="2">分项工程名称/编号：</td></tr>
<tr><td>隐蔽（封闭）管线 / 附件名称</td><td>管线号</td><td>材质</td><td>规格</td><td>管线长度</td><td>防腐等级/检测结果</td></tr>
<tr><td></td><td></td><td></td><td></td><td></td><td></td></tr>
<tr><td></td><td></td><td></td><td></td><td></td><td></td></tr>
<tr><td></td><td></td><td></td><td></td><td></td><td></td></tr>
<tr><td></td><td></td><td></td><td></td><td></td><td></td></tr>
<tr><td></td><td></td><td></td><td></td><td></td><td></td></tr>
<tr><td></td><td></td><td></td><td></td><td></td><td></td></tr>
<tr><td></td><td></td><td></td><td></td><td></td><td></td></tr>
<tr><td></td><td></td><td></td><td></td><td></td><td></td></tr>
<tr><td></td><td></td><td></td><td></td><td></td><td></td></tr>
<tr><td></td><td></td><td></td><td></td><td></td><td></td></tr>
<tr><td></td><td></td><td></td><td></td><td></td><td></td></tr>
<tr><td></td><td></td><td></td><td></td><td></td><td></td></tr>
<tr><td></td><td></td><td></td><td></td><td></td><td></td></tr>
<tr><td></td><td></td><td></td><td></td><td></td><td></td></tr>
<tr><td></td><td></td><td></td><td></td><td></td><td></td></tr>
<tr><td></td><td></td><td></td><td></td><td></td><td></td></tr>
<tr><td></td><td></td><td></td><td></td><td></td><td></td></tr>
<tr><td></td><td></td><td></td><td></td><td></td><td></td></tr>
<tr><td colspan="6">简图（管线布置、隐蔽的方位、标高尺寸等）：</td></tr>
<tr><td colspan="6">隐蔽（封闭）检查结果：</td></tr>
<tr><td>建设单位</td><td colspan="2">监理单位</td><td colspan="2">总承包单位</td><td>施工单位</td></tr>
<tr><td>专业工程师：

年 月 日</td><td colspan="2">监理工程师：

年 月 日</td><td colspan="2">专业工程师：

年 月 日</td><td>技术负责人：
质量检查员：
试验人员：
年 月 日</td></tr>
</table>

A.0.8 管道补偿装置安装记录的格式宜符合表A.0.8的规定。

表A.0.8 管道补偿装置安装记录

工程编号：				工程名称：					分项工程名称/编号：		
管线号	补偿器编号	型式	规格	材质	固定支架间距	设计压力	设计温度	环境温度	预拉（预压）量		备注
									设计值	实测值	
简图：											

建设单位	监理单位	总承包单位	施工单位
专业工程师： 年 月 日	监理工程师： 年 月 日	专业工程师： 年 月 日	责任工程师： 质量检查员： 施工人员： 年 月 日

A.0.9 管道支、吊架安装记录的格式宜符合表A.0.9的规定。

表A.0.9 管道支、吊架安装记录

工程编号：			工程名称：			分项工程名称/编号：		
管线编号	管架编号	结构型式、型号、规格	坐标位置偏差（mm）		管道标高偏差（mm）		弹簧调整值	备注
			允许值	实测值	允许值	实测值		
专业工程师：		质量检查员：		施工人员：				年 月 日

A.0.10 管道静电接地测试记录的格式宜符合表A.0.10的规定。

表A.0.10 管道静电接地测试记录

工程编号:			工程名称:			分项工程名称/编号:	
管线号	法兰或螺纹接头				系统接地		
	接头型式	跨接导线		电阻值	接地线		对地电阻值
		规格	材质		规格	材质	

建设单位	监理单位	总承包单位	施工单位
专业工程师: 年 月 日	监理工程师: 年 月 日	专业工程师: 年 月 日	技术负责人: 质量检查员: 试验人员: 年 月 日

A.0.11 磁粉检测报告的格式宜符合表A.0.11的规定。

表A.0.11 磁粉检测报告

工程编号：		工程名称：		分项工程名称：	
委托单位		报告编号			
管线号/设备号		工件名称		材质	
规格		焊接方法		坡口型式	
表面状态		热处理状态		仪器型号	
仪器编号		灵敏度试片		灵敏度评价	
磁粉种类		磁悬液种类		磁悬液浓度	
磁化通电时间		磁轭/触头间距		磁场强度	
检测方法	□连续法 □干法 □磁轭法 □荧光磁粉法 □剩磁法 □湿法 □交叉磁轭法			磁化电流类型	□交流 □直流
磁化方向		磁粉施加方法		观察照度	
检测比例		检测标准		合格级别	
工件号/焊缝号	探伤部位	缺陷位置	缺陷性质	缺陷长度（mm）	评定等级
专业工程师： 年 月 日		审核： 级别： 年 月 日		检测： 级别： 年 月 日	

A.0.12 渗透检测报告的格式宜符合表A.0.12的规定。

表A.0.12 渗透检测报告

<table>
<tr><td colspan="2">工程编号：</td><td colspan="2">工程名称：</td><td colspan="2">分项工程名称：</td></tr>
<tr><td>委托单位</td><td></td><td>报告编号</td><td colspan="3"></td></tr>
<tr><td>管线号 / 设备号</td><td></td><td>工件名称</td><td></td><td>材质</td><td></td></tr>
<tr><td>规格</td><td></td><td>焊接方法</td><td></td><td>热处理状态</td><td></td></tr>
<tr><td>检测方法</td><td></td><td>检测部位</td><td></td><td>对比试块</td><td></td></tr>
<tr><td>渗透剂型号</td><td></td><td>清洗剂型号</td><td></td><td>显像剂型号</td><td></td></tr>
<tr><td>环境温度</td><td></td><td>渗透剂施加方法</td><td></td><td>渗透时间</td><td></td></tr>
<tr><td>清洗方法</td><td></td><td>干燥方法</td><td></td><td>干燥温度及时间</td><td></td></tr>
<tr><td>显像剂施加方法</td><td></td><td>显像时间</td><td></td><td>观察照度</td><td></td></tr>
<tr><td>观察方法</td><td></td><td>灵敏度评价</td><td></td><td>后处理</td><td></td></tr>
<tr><td>检测比例</td><td></td><td>检测标准</td><td></td><td>合格级别</td><td></td></tr>
</table>

工件号 / 焊缝号	部位编号	缺陷位置	缺陷性质	缺陷长度（mm）	评定等级

专业工程师： 年 月 日	审核： 级别： 年 月 日	检测： 级别： 年 月 日

A.0.13 射线检测报告的格式宜符合表A.0.13的规范。

表A.0.13 射线检测报告

工程编号：		工程名称：		分项工程名称：	
委托单位		报告编号			
工件名称		管线/设备号		材质	
规格		焊接方法		热处理状态	
设备型号		设备编号		焦点尺寸	mm
胶片型号		增感方式		像质计型号	
检测技术等级		透照方式		检测比例	
暗室处理方式		检测标准		合格级别	

显影温度	℃	显影时间	min	水洗时间	min

透照条件	透照焦距	mm	管电压	kV	管电流	mA
	源种类		源强度	Ci	曝光时间	min

焊缝号	探伤部位	像质计丝号	缺陷性质及尺寸	评定等级	焊工号

专业工程师：	审核： 级别：	评片： 级别：	检测： 级别：
年 月 日	年 月 日	年 月 日	年 月 日

A.0.14 超声检测报告的格式宜符合表A.0.14的规定。

表A.0.14 超声检测报告

工程编号：		工程名称：		分项工程名称：	
委托单位		报告编号			
工件名称		工件编号		材质	
规格		焊接方法		坡口型式	
热处理状态		设备型号		设备编号	
探头型号		探头实测K值		试块型号	
检测方法		耦合剂		扫查方式	
检测灵敏度		表面补偿	dB	扫查速度	
检测比例		检测标准		合格级别	

焊缝号	探伤部位	缺陷位置	波幅	缺陷指示长度	缺陷深度	评定结果

专业工程师：	审核： 级别：	检测： 级别：
年 月 日	年 月 日	年 月 日

A.0.15 管道热处理硬度检测报告的格式宜符合表A.0.15的规定。

表A.0.15 管道热处理硬度检测报告

工程编号：	工程名称：		分项工程名称/编号：	
委托单位		检件名称		
检件材质		检件规格		
检测比例				
检件（焊缝）编号	检测部位	测点编号	硬度合格标准（HB）	硬度检测结果（HB）
附注：				
审核： 年 月 日		操作： 年 月 日		

A.0.16 管道系统压力试验和泄漏性试验记录的格式宜符合表A.0.16的规定。

表A.0.16 管道系统压力试验和泄漏性试验记录

<table>
<tr><td colspan="4">工程编号：</td><td colspan="3">工程名称：</td><td colspan="3">分项工程名称/编号：</td></tr>
<tr><td colspan="6">试压前检查内容</td><td colspan="4">检查结果</td></tr>
<tr><td colspan="6">管道组成件安装完毕、正确</td><td colspan="4"></td></tr>
<tr><td colspan="6">阀门、法兰、螺栓、垫片安装正确</td><td colspan="4"></td></tr>
<tr><td colspan="6">支、吊架安装正确</td><td colspan="4"></td></tr>
<tr><td colspan="6">焊缝焊接工作记录齐全</td><td colspan="4"></td></tr>
<tr><td colspan="6">焊缝外观检验合格</td><td colspan="4"></td></tr>
<tr><td colspan="6">无损检测合格</td><td colspan="4"></td></tr>
<tr><td colspan="6">热处理合格</td><td colspan="4"></td></tr>
<tr><td colspan="6">安全阀、爆破片及仪表元件等已拆下或加以隔离</td><td colspan="4"></td></tr>
<tr><td colspan="6">有盲板标识</td><td colspan="4"></td></tr>
<tr><td rowspan="2">管线号</td><td colspan="3">设计参数</td><td colspan="3">压力试验</td><td colspan="3">泄漏性/真空试验</td></tr>
<tr><td>压力</td><td>温度</td><td>介质</td><td>压力</td><td>介质</td><td>结论</td><td>压力</td><td>介质</td><td>结论</td></tr>
<tr><td></td><td></td><td></td><td></td><td></td><td></td><td></td><td></td><td></td><td></td></tr>
<tr><td></td><td></td><td></td><td></td><td></td><td></td><td></td><td></td><td></td><td></td></tr>
<tr><td></td><td></td><td></td><td></td><td></td><td></td><td></td><td></td><td></td><td></td></tr>
<tr><td></td><td></td><td></td><td></td><td></td><td></td><td></td><td></td><td></td><td></td></tr>
<tr><td></td><td></td><td></td><td></td><td></td><td></td><td></td><td></td><td></td><td></td></tr>
<tr><td></td><td></td><td></td><td></td><td></td><td></td><td></td><td></td><td></td><td></td></tr>
<tr><td></td><td></td><td></td><td></td><td></td><td></td><td></td><td></td><td></td><td></td></tr>
<tr><td></td><td></td><td></td><td></td><td></td><td></td><td></td><td></td><td></td><td></td></tr>
<tr><td></td><td></td><td></td><td></td><td></td><td></td><td></td><td></td><td></td><td></td></tr>
<tr><td></td><td></td><td></td><td></td><td></td><td></td><td></td><td></td><td></td><td></td></tr>
<tr><td></td><td></td><td></td><td></td><td></td><td></td><td></td><td></td><td></td><td></td></tr>
<tr><td></td><td></td><td></td><td></td><td></td><td></td><td></td><td></td><td></td><td></td></tr>
<tr><td></td><td></td><td></td><td></td><td></td><td></td><td></td><td></td><td></td><td></td></tr>
<tr><td></td><td></td><td></td><td></td><td></td><td></td><td></td><td></td><td></td><td></td></tr>
<tr><td colspan="2">建设单位</td><td colspan="3">监理单位</td><td colspan="3">总承包单位</td><td colspan="2">施工单位</td></tr>
<tr><td colspan="2">专业工程师：

年 月 日</td><td colspan="3">监理工程师：

年 月 日</td><td colspan="3">专业工程师：

年 月 日</td><td colspan="2">技术负责人：
质量检查员：
试验人员

年 月 日</td></tr>
</table>

A.0.17 管道系统吹扫与清洗检查记录的格式宜符合表A.0.17的规定。

表A.0.17 管道系统吹扫与清洗检查记录

工程编号：			工程名称：				分项工程名称：		
管线号	材质	工作介质	吹 洗				化学清洗（脱脂）		
			压力（MPa）	介质	流速（m/s）	鉴定	介质	方法	鉴定
管线复位（含垫片、盲板等）检查：									

建设单位	监理单位	总承包单位	施工单位
专业工程师： 年 月 日	监理工程师： 年 月 日	专业工程师： 年 月 日	技术负责人： 质量检查员： 试验人员： 年 月 日

引用标准名录

《工业设备及管道绝热工程施工规范》GB 50126
《工业金属管道工程施工质量验收规范》GB 50184
《现场设备、工业管道焊接工程施工规范》GB 50236
《压力管道安全技术监察规程——工业管道》TSG D0001
《安全阀安全技术监察规程》TSG ZF001
《承压设备无损检测》JB/T 4730

UDC

中华人民共和国国家标准

P

GB 50236—2011

现场设备、工业管道焊接工程施工规范

Code for construction of field equipment, industrial pipe welding engineering

2011-02-18 发布

2011-10-01 实施

中华人民共和国住房和城乡建设部
中华人民共和国国家质量监督检验检疫总局
联合发布

前　言

本规范是根据原建设部《关于印发〈2007年工程建设标准规范制订、修订计划（第二批）〉的通知》（建标〔2007〕126号）的要求，由中国石油和化工勘察设计协会、中油吉林化建工程股份有限公司为主编单位，会同有关单位在《现场设备、工业管道焊接工程施工及验收规范》GB 50236—98的基础上进行修编，修订后名称更改为《现场设备、工业管道焊接工程施工规范》。

本规范在修订过程中，规范编制组经广泛的调查研究，认真总结实践经验，参考有关国际标准和国外先进标准，并在广泛征求意见的基础上，修订本规范，最后经审查定稿。

本规范共分13章和4个附录。主要技术内容是：总则、术语、基本规定、材料、焊接工艺评定、焊接技能评定、碳素钢及合金钢的焊接、铝及铝合金的焊接、铜及铜合金的焊接、钛及钛合金的焊接、镍及镍合金的焊接、锆及锆合金的焊接、焊接检验及焊接工程交接等。

本规范修订的主要技术内容是：

1.修改了适用范围，增加了钛合金（低合金钛）、锆及锆合金等金属材料和气电立焊、螺柱焊等焊接方法。

2.删除了不适用范围。

3.增加了术语一章。

4.补充了焊接材料的检验、保管和使用等相关规定。

5.依据现行相关标准，修改和调整了焊接工艺评定和焊接技能评定的内容。

6.增补了碳素钢及合金钢的气电立焊、螺柱焊、双相钢焊接等焊接新技术、新工艺及质量要求。修改了焊前预热及焊后热处理工艺条件的规定。

7.增补了黄铜钨极惰性气体保护电弧焊的工艺要求。

8.增加了钛及钛合金设备的焊接工艺及质量要求。

9.增加了镍及镍合金熔化极气体保护焊及埋弧焊、镍及镍合金设备的焊接工艺和质量要求。

10.增加了锆及锆合金管道的钨极惰性气体保护电弧焊的焊接工艺和质量要求。

本规范中以黑体字标志的条文为强制性条文，必须严格执行。

本规范由住房和城乡建设部负责管理和对强制性条文的解释，由中国工程建设标准化协会化工分会负责日常管理，由全国化工施工标准化管理中心站负责具体技术内容的解释。本规范执行过程中如有意见或建议，请寄送全国化工施工标准化管理中心站（地址：河北省石家庄市桥东区槐安东路28号仁和商务1-1-1107室，邮政编码：050020），以便今后修订时参考。

本规范主编单位、参编单位、主要起草人和主要审查人：

主 编 单 位：中国石油和化工勘察设计协会
中油吉林化建工程股份有限公司

参 编 单 位：中国化学工程第三建设有限公司
中国石化集团第十建设公司
上海宝冶集团有限公司
北京电力建设公司
中国机械工业建设总公司
哈尔滨焊接研究所
中国核工业二三建设有限公司

十一冶建设集团有限责任公司
惠生工程（中国）有限公司
阿美科工程咨询（上海）有限公司
中冶集团建筑研究总院
北京燕华建筑安装工程有限责任公司
全国化工施工标准化管理中心站
主要起草人：夏节文　关一卓　赵喜平　卢立香　任永宁　王丽鹛　朴东光　邵　刚
张　勇　孙忠亮　杨　惠　段　斌　杨　雷　芦　天　颜祖清
主要审查人：吉章红　戈兆文　纪方奇　王明涛　李晓松　袁转东　李志远　郭　军
乔亚霞　石学军　张西民　周武强　蒋桂英　李晓琼

目　次

1 总 则

1.0.1 为提高工程建设施工现场设备和工业金属管道焊接工程的施工水平，加强焊接工程施工过程的质量控制，保证工程质量和安全，制定本规范。

1.0.2 本规范适用于碳素钢、合金钢、铝及铝合金、铜及铜合金、钛及钛合金（低合金钛）、镍及镍合金、锆及锆合金材料的焊接工程的施工。

1.0.3 本规范适用的焊接方法包括气焊、焊条电弧焊、埋弧焊、钨极惰性气体保护电弧焊、熔化极气体保护电弧焊、自保护药芯焊丝电弧焊、气电立焊和螺柱焊。

1.0.4 焊接工程的施工，应按设计文件及本规范的规定执行。

1.0.5 当需要修改设计文件及材料代用时，必须经原设计单位同意，并出具书面文件。

1.0.6 本规范应与现行国家标准《现场设备、工业管道焊接工程施工质量验收规范》GB 50683配合使用。

1.0.7 焊接工程的施工应符合国家现行的节能减排、环境保护、安全技术和劳动保护等有关规定。

1.0.8 现场设备、工业管道焊接工程的施工除应符合本规范外，尚应符合国家现行有关标准的规定。

2 术 语

2.0.1 现场设备 field equipment

在工程建设施工现场制造或安装的设备。

2.0.2 焊接责任人员 welding responsible personnel

通过培训、教育或实践获得一定焊接专业知识，其能力得到认可并被指定对焊接及相关制造活动负有责任的人员。

2.0.3 焊接工艺规程 welding procedure specification

根据焊接工艺评定报告，并结合实践经验而制定的直接指导焊接生产的技术细则文件，它包括对焊接接头、母材、焊接材料、焊接位置、预热、电特性、操作技术等内容进行详细的规定，以保证焊接质量的再现性。

2.0.4 焊接工艺预规程 welding procedure pre-specification

待评定的焊接工艺规程。

2.0.5 焊接工艺评定 welding procedure qualification

按照焊接工艺预规程的规定，制备试件和试样，并进行试验及结果评价的过程。

2.0.6 焊接工艺评定报告 welding procedure qualification report

记录焊接工艺评定过程中有关试验数据及结果的文件。

2.0.7 焊接技能评定 welding skill qualification

对焊接作业人员的操作技能进行评估考核的过程。

2.0.8 道间温度 interpass temperature

多道焊缝及相邻母材在施焊下一焊道之前的瞬时温度。

3 基 本 规 定

3.0.1 设计文件应对焊接技术条件提出要求。

3.0.2 焊接责任人员和作业人员的资格及其职责应符合下列规定：

1 焊接技术人员应由中专及以上专业学历，并有一年以上焊接生产实践的人员担任。焊接技术人员应负责焊接工艺评定，编制焊接工艺规程和焊接技术措施，进行焊接技术和安全交底，指导焊接作业，参与焊接质量管理，处理焊接技术问题，整理焊接技术资料。

2 焊接检查人员应由相当于中专及以上焊接理论知识水平，并有一定的焊接经验的人员担任。焊接检查人员应对现场焊接作业进行全面检查和控制，负责确定焊缝检测部位、评定焊接质量、签发检查文件、参与焊接技术措施的审定。

3 焊接材料管理人员应具备相关焊接材料的基本知识，并应负责焊接材料的入库验收、保管、烘干、发放、回收等工作。

4 无损检测人员应由国家授权的专业考核机构考核合格的人员担任，并应按考核合格项目及权限从事检测和审核工作。无损检测人员应根据焊接质检人员确定的受检部位进行检验、评定焊缝质量、签发检测报告，当焊缝外观不符合检验要求时应拒绝检测。

5 焊工应持有符合本规范第6章规定的相应项目焊接技能评定合格证，且具备相应的能力。焊工应按规定的焊接工艺规程及焊接技术措施进行施焊，当工况条件不符合焊接工艺规程和焊接技术措施的要求时，应拒绝施焊。

6 焊接热处理人员应经专业培训。焊接热处理人员应按标准规范、热处理作业指导书及设计文件中的有关规定进行焊缝热处理工作。

3.0.3 监理单位和总承包单位应配备有焊接责任人员。

3.0.4 施工单位应具备下列条件：

1 施工单位应建立焊接质量管理体系，对焊接活动进行控制，并应有符合本规范第3.0.2条规定的相关人员。

2 施工单位的焊接工装设备、焊接热处理设备和检验试验手段，应满足相应焊接工程项目的技术要求。

3 在焊接技能评定和工程施焊前，施工单位应具有相应项目的焊接工艺评定。

3.0.5 施焊环境应符合下列规定：

1 焊接的环境温度应符合焊件焊接所需的温度，并不得影响焊工的操作技能。

2 焊接时的风速应符合下列规定：

1）焊条电弧焊、自保护药芯焊丝电弧焊和气焊不应大于8m/s。

2）钨极惰性气体保护电弧焊和熔化极气体保护电弧焊不应大于2m/s。

3 焊接电弧1m范围内的相对湿度应符合下列规定：

1）铝及铝合金的焊接不得大于80%。

2）其他材料的焊接不得大于90%。

4 在雨、雪天气施焊时，应采取防护措施。

3.0.6 不合格焊缝的返修应符合下列规定：

1 对需要焊接返修的焊缝，应分析缺陷产生原因，编制焊接返修工艺文件。

2 返修前应将缺陷清除干净，必要时可采用无损检测方法确认。

3 补焊部位的坡口形状和尺寸应防止产生焊接缺陷和便于焊接操作。

4 当需预热时，预热温度应比原焊缝适当提高。

5 焊缝同一部位的返修次数不宜超过两次。

3.0.7 工程施焊前，应对焊接和热处理工装设备进行检查、校准，并确认其工作性能稳定可靠。计量器具和检测试验设备应在检定或校准的有效期内。

3.0.8 不锈钢和有色金属的焊接，应设置专用的场地和专用组焊工装，不得与黑色金属等其他产品混杂。不锈钢和有色金属焊接工作场所应保持洁净、干燥、无污染。

4 材料

4.0.1 焊接工程所采用的母材，应具有制造厂的质量证明文件，并应符合国家现行标准和设计文件的规定。

4.0.2 母材使用前，应按国家现行有关标准和设计文件的规定进行检查和验收，材料标识应清晰完整，并应能够追溯到产品质量证明文件。

4.0.3 焊接材料应符合设计文件和下列规定：

1 焊接材料应具有制造厂的质量证明文件。

2 碳素钢及合金钢焊条、焊丝和焊剂，应分别符合国家现行标准《碳钢焊条》GB/T 5117、《低合金钢焊条》GB/T 5118、《不锈钢焊条》GB/T 983、《焊接用钢盘条》GB/T 3429、《焊接用不锈钢盘条》GB/T 4241、《熔化焊用钢丝》GB/T 14957、《气体保护电弧焊用碳钢、低合金钢焊丝》GB/T 8110、《惰性气体保护焊接用不锈钢棒及钢丝》YB/T 5091、《埋弧焊用碳钢焊丝和焊剂》GB/T 5293。《埋弧焊用低合金钢焊丝和焊剂》GB/T 12470、《埋弧焊用不锈钢焊丝和焊剂》GB/T 17854、《碳钢药芯焊丝》GB/T 10045、《低合金钢药芯焊丝》GB/T 17493、《不锈钢药芯焊丝》GB/T 17853等的规定。

3 铝及铝合金焊丝应符合现行国家标准《铝及铝合金焊丝》GB/T 10858的规定。

4 铜及铜合金焊丝应符合现行国家标准《铜及铜合金焊丝》GB/T 9460的规定。

5 钛及钛合金焊丝应符合国家现行标准《钛及钛合金丝》GB/T 3623和《承压设备用焊接材料订货技术条件第7部分：钛及钛合金焊丝和填充丝》NB/T 47018.7的规定。

6 镍及镍合金焊条、焊丝应分别符合现行国家标准《镍及镍合金焊条》GB/T 13814、《镍及镍合金焊丝》GB/T 15620的规定。

7 栓钉和瓷环应符合现行国家标准《电弧螺柱焊用圆柱头焊钉》GB/T 10433的规定。

8 焊接用气体的使用应符合下列规定：

1）焊接用氩气应符合现行国家标准《氩》GB/T 4842 的规定，锆及锆合金焊接时的氩气纯度不应低于99.998%，其他材料焊接时的氩气纯度不应低于99.99%。当瓶装氩气的压力低于0.5MPa时，应停止使用。焊接铝、铜、钛、镍、锆及其合金时，氩的露点不应高于 –50℃。

2）焊接用二氧化碳气体应符合现行行业标准《焊接用二氧化碳》HG/T 2537 的规定，二氧化碳气体纯度不应低于99.9%，含水量不应大于0.005%，使用前应预热和干燥。当瓶内气体压力低于0.98MPa时，应停止使用。

3）焊接用氧气纯度不应低于99.5%；乙炔气应符合现行国家标准《溶解乙炔》GB/T 6819 的规定，乙炔气的纯度不应低于98%. 气瓶中的剩余压力低于0.05MPa时，应停止使用。

4）焊接用氮气应符合现行国家标准《纯氮、高纯氮和超纯氮》GB/T 8979 的规定，氮气纯度应大于99.99%，含氧量不应大于 50×10^{-6}

5）焊接用氦气应符合现行国家标准《纯氦》GB/T 4844.2 的规定，氦气纯度不应低于99.99%。当瓶装氦气的压力低于0.5MPa时，应停止使用。

9 钨极惰性气体保护电弧焊宜采用铈钨极。

4.0.4 焊接材料使用前应按设计文件和国家现行有关标准的规定进行检查和验收，并应符合下列规定：

1 应检查焊接材料的包装和包装标记。包装应完好，无破损、受潮现象。包装标记应完整、清晰。

2 应核对焊接材料质量证明文件所提供的数据是否齐全并符合要求。

3 应检查焊接材料的外观质量，焊丝使用前应按规定进行除油、除锈及清洗处理。焊接材料表面不应受潮（必要时按说明书的要求进行烘干）、污染、存在药皮破损以及储存过程中产生影响焊接质量的缺陷，焊丝表面应光滑、整洁。焊接材料的识别标志应清晰、牢固，并应与产品实物相符。

4 应根据有关标准或供货协议的要求进行相应的焊接材料试验或复验。

4.0.5 施工现场应建立焊接材料的保管、烘干、清洗、发放、使用和回收制度。焊接材料的储存场所和烘干、去污设施以及焊接材料的库存保管和使用过程中的管理，应符合现行行业标准《焊接材料质量管理规程》JB/T 3223的规定。

5 焊接工艺评定

5.0.1 在掌握材料的焊接性能后，必须在工程焊接前进行焊接工艺评定。

5.0.2 焊接工艺评定应按现行行业标准《承压设备焊接工艺评定》NB/T 47014的规定进行。

5.0.3 焊接工艺评定前，应根据金属材料的焊接性能，按照设计文件和制造安装工艺拟定焊接工艺预规程。

5.0.4 焊接工艺评定使用的材料应符合本规范第4章的规定。

5.0.5 焊接工艺评定试件的坡口加工、组对及清理等工艺措施应符合本规范有关章节的规定。

5.0.6 焊接工艺评定所用设备、仪表的性能应处于正常工作状态，且符合本规范第3.0.7条的规定。

5.0.7 焊接工艺评定应在本单位进行。焊接工艺评定试件应由本单位技能熟练的焊接人员施焊。检测试验工作可委托有相应资质的检测试验单位进行。

5.0.8 焊接工艺评定过程中应做好记录.评定完成后应提出焊接工艺评定报告，焊接工艺评定报告应由焊接技术负责人审核。

5.0.9 焊接工艺预规程、焊接工艺评定报告、检测试验报告、评定试样等应进行归档保存。

5.0.10 工程产品施焊前，应根据焊接工艺评定报告编制焊接工艺规程，用于指导焊工施焊和焊后热处理工作。一个焊接工艺规程可依据一个或多个焊接工艺评定报告编制，一个焊接工艺评定报告可用于编制多个焊接工艺规程。焊接工艺规程宜采用本规范附录A中表A规定的格式。

6 焊接技能评定

6.0.1 焊接技能评定应由企业焊接技能评定委员会组织和实施。不具备成立焊接技能评定委员会的企业，应委托已具备条件的企业焊接技能评定委员会组织考试。

6.0.2 企业焊接技能评定委员会应具备下列条件：

1 焊接技能评定委员会的组成人员中应有焊接工程师、射线检测人员和焊接技师。

2 企业应具有管理不少于50名焊工的能力。

3 应具有相应的焊接设备、场地、试件及试样加工设备、试验及检测手段。

4 应具有适用于不同焊接方法、不同材料种类的理论知识考试题库，有满足焊接技能评定要求的焊接工艺评定。

5 应具有健全的考场纪律、监考考评人员守则、保密制度、考试管理、档案管理、应急预案等各项规章制度。

6.0.3 企业焊接技能评定委员会应负责审查焊工的技能评定资格，编制焊工的技能评定计划，提供焊接工艺规程，监督技能评定，评定考试结果，签发合格证，建立焊工档案，审批焊工免试资格。

6.0.4 申请参加焊接技能评定的焊工应有初中及以上学历，身体状况能够适应所申请考核作业项目的需要，经安全教育和专业培训，能独立担任焊接工作，并经焊接技能评定委员会批准后参加考试。

6.0.5 焊接技能评定应包括基本知识考试和操作技能评定两部分，考试内容应与焊工所从事的焊接工作范围相适应。基本知识考试合格后，方可参加操作技能评定。

6.0.6 基本知识考试应包括下列内容：

1 焊接设备和工具的使用及维护。

2 金属材料、焊接材料的一般知识与使用规则。

3 焊接操作工艺，包括焊接方法及其特点、工艺参数、焊接线能量、熔渣流动性、保护气体的影响、操作方法、焊接顺序、预热、后热等知识。

4 焊接缺陷的种类、避免与消除、焊接变形的预防与处理的一般知识。

5 现场焊接的准备工作，工作范围内的焊接符号及其识别。

6 安全防护技术和安全操作知识。

6.0.7 持证的焊工增考同一焊接方法的项目时，可不再进行基本知识考试。当增考项目的材料类别、焊接方法改变时，应增考相应材料类别、焊接方法的基本知识。参加工艺评定试件焊接的焊工，焊接工艺评定合格后可免予参加相应项目的基本知识考试及操作技能评定。

6.0.8 焊接操作技能评定的焊接工艺应符合焊接工艺规程的要求。

6.0.9 焊接操作技能评定的范围、内容、方法和结果评定应符合国家质检总局特种设备安全技术规范《特种设备焊接操作人员考核细则》TSG Z6002的有关规定，并应符合下列要求：

1 锆及锆合金的焊接操作技能评定应按每个母材牌号分别进行，焊缝表面应为银白色，弯曲检验参数应与国家质检总局特种设备安全技术规范《特种设备焊接操作人员考核细则》TSG Z6002中母材类别代号TiⅡ相同。

2 一名焊工可以在同一个公称尺寸大于或等于200mm管状试件上考核水平固定及垂直固定两个位置的焊接，并应符合图6.0.9的规定，两位置的接头部位应列入技能评定范围。当接头部位检验不合格时，应判定两个位置均不合格。

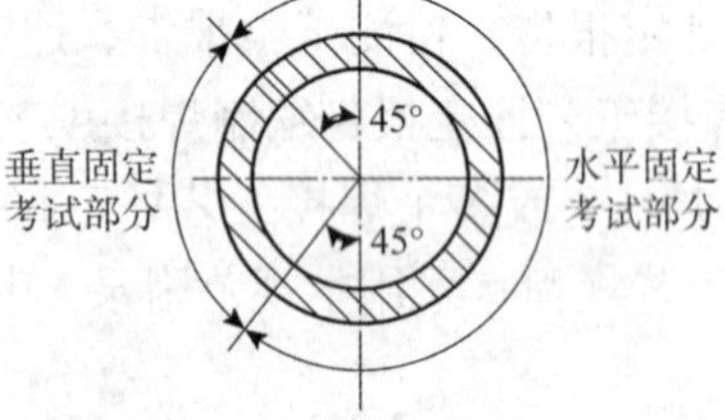

图6.0.9 同一管状试件上考核垂直固定和水平固定两个位置

3 当有下列情况之一时，可不进行国家质检总局特种设备安全技术规范《特种设备焊接操作人员考核细则》TSG Z6002规定的弯曲性能检验：

1）采用焊条电弧焊、钨极惰性气体保护电弧焊、非短路过渡的熔化极气体保护电弧焊、埋弧焊方法或这些方法的组合，焊接除铝及铝合金、钛及钛合金、锆及锆合金以外的母材；

2）采用钨极惰性气体保护电弧焊方法焊接铝及铝合金、钛及钛合金。

4 不进行国家质检总局特种设备安全技术规范《特种设备焊接操作人员考核细则》TSG Z6002规定的弯曲性能检验时，技能评定试件母材的代用可按表6.0.9的规定执行，但其焊接材料应与原规定的技能评定试件母材相匹配。

表6.0.9 考试试件母材的代用

原规定的试件母材	试件代用母材
低合金结构钢	碳素钢
Cr-Mo系列耐热钢	碳素钢、低合金结构钢
奥氏体不锈钢	碳素钢、低合金钢
镍及镍基合金	奥氏体不锈钢

5 当对焊接操作技能评定提出其他力学性能、耐腐蚀性能以及金相组织等试验要求时，应对技能评定试件进行相应项目的试验，其合格指标应符合设计文件的规定。

6 国家质检总局特种设备安全技术规范《特种设备焊接操作人员考核细则》TSG Z6002规定以外的焊接方法、母材、填充材料、特殊焊缝（耐磨层堆焊、端接焊缝和塞焊缝等）和特殊条件的焊接操作技能评定，其内容、方法和评定标准，由企业焊接技能评定委员会按照有关设计文件和焊接技术条件，参照国家现行有关标准制订，并应经建设单位（监理）审查认可。

6.0.10 基本知识考试或操作技能评定结果不合格的焊工，允许在3个月内补考一次。其中弯曲试验，若有一个试样不合格，则不允许复做，本次补考评为不合格。补考仍然不合格者，应经再次培训后方可重新考试。

6.0.11 焊工考试合格项目的有效期限为3年，并应符合下列规定：

1 企业应建立焊工焊接档案，内容应包括焊工焊绩、焊缝质量检验结果、焊接质量事故等，作为对焊工考核的证明资料。

2 连续6个月以上中断焊接作业的焊工，当能满足下列规定之一时，可重新担任原合格项目的焊接作业。

1）重新进行该项目的操作技能评定合格；

2）现场焊接相应项目长度不应小于300mm的板状对接焊缝；或焊接相应项目的管状对接焊缝，且不得少于1个焊口，累计周长不得小于360mm。经射线检测应全部合格。

3 焊工在合格项目的有效期内，焊缝射线检测一次合格率（累计底片张数）应为90%以上；或超声检测一次合格率（累计焊缝延长米）应为99%以上，企业质检部门应提供该焊工的焊绩证明资料，可由焊接技能评定委员会办理延长该合格项目有效期3年。

4 现场焊接质量低劣的焊工，由企业质检部门提出，经企业焊接技能评定委员会核准后，可注销其合格签证。该焊工应经培训后方可重新进行考试。

6.0.12 按其他相关标准进行焊接技能评定合格的焊工，应经建设单位（或监理）的焊接责任工程师认可后，方可从事本规范适用范围的焊接工作，认可项目应符合本章规定。

6.0.13 焊接技能评定记录、焊接技能评定结果登记表及合格证书宜采用本规范附录B规定的格式。焊接操作技能评定项目应采用代号表示，代号的表示方法应符合国家质检总局特种设备安全技术规范《特种设备焊接操作人员考核细则》TSG Z6002的规定。

7 碳素钢及合金钢的焊接

7.1 一般规定

7.1.1 本章适用于含碳量小于或等于0.30%的碳素钢及合金钢现场设备和管道的焊接施工。

7.1.2 本章适用于焊条电弧焊、钨极惰性气体保护电弧焊、熔化极气体保护电弧焊、自保护药芯焊丝电弧焊、埋弧焊、气电立焊、螺柱焊和气焊方法。

7.2 焊前准备

7.2.1 焊件的切割和坡口加工应符合下列规定：

1 碳钢及碳锰钢坡口加工可采用机械方法或火焰切割方法。

2 低温镍钢和合金钢坡口加工宜采用机械加工方法。

3 不锈钢坡口加工应采用机械加工或等离子切割方法。

4 采用等离子弧、氧乙炔焰等热加工方法加工坡口后，应除去坡口表面的氧化皮、熔渣及影响接头质量的表面层，并应将凹凸不平处打磨平整。

5 不锈钢复合钢的切割和坡口加工宜采用机械加工法。若用热加工方法时，宜采用等离子切割方法。热加工切割和加工坡口时的熔渣不得溅落在复层表面上。

7.2.2 焊件组对前及焊接前，应将坡口及内外侧表面不小于20mm范围内的杂质、污物、毛刺和镀锌层等清理干净，并不得有裂纹、夹层等缺陷。

7.2.3 除设计规定需进行冷拉伸或冷压缩的管道外，焊件不得进行强行组对。

7.2.4 管子或管件对接焊缝组对时，内壁错边量不应超过母材厚度的10%，且不应大于2mm。

7.2.5 设备、卷管对接焊缝组对时，错边量应符合表7.2.5及下列规定：

1 只能从单面焊接的纵向和环向焊缝，其内壁错边量不应大于壁厚的25%，且不应超过2mm。

2 当采用气电立焊时，错边量不应大于母材厚度的10%，且不大于3mm。

3 复合钢板组对时，应以复层表面为基准，错边量不应大于钢板复层厚度的50%，且不大于1mm。

表7.2.5 设备、卷管对接焊缝组对时的错边量（mm）

焊件接头的母材厚度T	错边量	
	纵向焊缝	环向焊缝
$T \leqslant 12$	$\leqslant T/4$	$\leqslant T/4$
$12<T \leqslant 20$	$\leqslant 3$	$\leqslant T/4$
$20<T \leqslant 40$	$\leqslant 3$	$\leqslant 5$
$40<T \leqslant 50$	$\leqslant 3$	$\leqslant T/8$
$T>50$	$\leqslant T/16$，且$\leqslant 10$	$\leqslant T/8$，且$\leqslant 20$

7.2.6 焊缝不得设置在应力集中区，应便于焊接和热处理，并应符合下列规定：

1 钢板卷管或设备的筒节与筒节、筒节与封头组对时，相邻两节间纵向焊缝间距应大于壁厚的3倍，且不应小于100mm；同一筒节上两相邻纵缝间的距离不应小于200mm。

2 管道同一直管段上两对接焊缝中心间的距离应符合下列规定：

1）当公称尺寸大于或等于150mm时，不应小于150mm；

2）当公称尺寸小于150mm时，不应小于管子外径，且不应小于100mm。

3 卷管的纵向焊缝应置于易检修的位置，且不宜在底部。

4 有加固环、板的卷管，加固环、板的对接焊缝应与管子纵向焊缝错开，其间距不应小于100mm。加固环、板距卷管的环焊缝不应小于50mm。

5 加热炉受热面管子的焊缝与管子起弯点、联箱外壁及支、吊架边缘的距离不应小于70mm；同一直管段上两对接焊缝中心间的距离不应小于150mm。

6 除采用定型弯头外，管道对接环焊缝中心与弯管起弯点的距离不应小于管子外径，且不应小于100mm。管道对接环焊缝距支、吊架边缘之间的距离不应小于50mm；需进行热处理的焊缝距支、吊架边缘之间的距离不应小于焊缝宽度的5倍，且不应小于100mm。

7 不宜在焊缝及其边缘上开孔。当必须在焊缝上开孔或开孔补强时，应符合本规范第13.3.6条的规定。

7.2.7 坡口形式和尺寸宜符合本规范附录C表C.0.1-1、表C.0.1-2和现行国家标准《气焊、焊条电弧焊、气体保护焊和高能束焊的推荐坡口》GB/T 985.1、《埋弧焊的推荐坡口》GB/T 985.2、《复合钢的推荐坡口》GB/T 985.4的规定。

7.2.8 不等厚对接焊件组对时，薄件端面应位于厚件端面之内。当内壁错边量大于本规范第7.2.4条、第7.2.5条规定或外壁错边量大于3mm时，应按图7.2.8进行加工修整。

7.2.9 当焊件组对的局部间隙过大时，应修整到规定尺寸，并不得在间隙内添加填塞物。

7.2.10 焊件组对时应垫置牢固，并应采取措施防止焊接和热处理过程中产生附加应力和变形。

7.2.11 背面带钢垫板的对接坡口焊缝，垫板与母材之间应贴紧。

7.2.12 纵向对接焊缝两端部宜设置引弧板和引出板，其材质宜与母材相同或为同一类别。

7.2.13 不锈钢焊件坡口两侧各100mm范围内，在施焊前应采取防止焊接飞溅物沾污焊件表面的措施。

7.2.14 螺柱焊的电源应单独设置，工作区应远离磁场或采取措施防止磁场对焊接的影响；施焊构件宜水平放置。

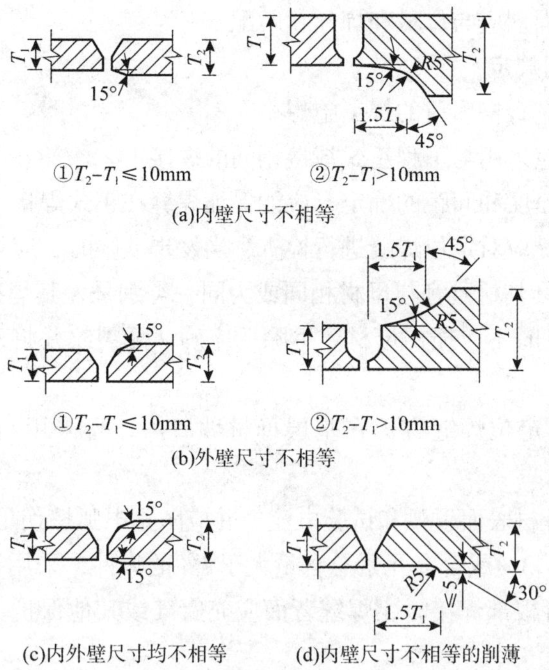

图7.2.8 不等厚对接焊件坡口加工

T_1不等厚焊件接头的薄件母材厚度；T_2不等厚焊件接头的厚件母材厚度

注：用于管件时，如受长度条件限制，图（a）①、图（b）①和图（c）中的15°角可改用30°角。

7.3 焊接工艺要求

7.3.1 焊接材料的选用应按照母材的化学成分、力学性能、焊接性能、焊前预热、焊后热处理、使用条件及施工条件等因素综合确定，并应符合下列规定：

1 焊接材料的焊接工艺性能应良好。

2 焊缝的使用性能应符合国家现行有关标准和设计文件的规定。

3 同种钢焊接时，应符合下列规定：

1）焊缝金属的力学性能应高于或等于相应母材标准规定的下限值。

2）铬、钼耐热钢应选用与母材化学成分相当的焊接材料。焊缝金属的铬、钼含量不应低于相应母材标准规定的下限值。

3）低温钢应选用与母材的使用温度相适应的焊接材料。含镍低温钢焊缝金属的含镍量应与母材相近或稍高。

4）高合金钢宜选用与母材合金系统相同的焊接材料，耐热耐蚀高合金钢可选用镍基焊接材料。

5）用生成奥氏体焊缝金属的焊接材料焊接非奥氏体母材时，应考虑母材与焊缝金属膨胀系数不同而产生的应力作用。

4 异种钢焊接时，应符合下列规定：

1）当两侧母材均为非奥氏体钢或均为奥氏体钢时，可根据强度级别较低或合金含量较低一侧母材或介于两者之间选用焊接材料。

2）当两侧母材之一为奥氏体钢时，应选用25Cr–13Ni型或含镍量更高的焊接材料。当设计温度高于425℃时，宜选用镍基焊接材料。

5 复合钢焊接时，基层和复层应分别按照基层和复层母材选用相应的焊接材料，过渡层应选用25Cr–13Ni型或含镍量更高的焊接材料。

6 常用碳素钢及合金钢焊接材料和异种钢焊接材料可按本规范附录D表D.0.1–1和表D.0.1–2选用。

7 埋弧焊时，选用的焊剂应与母材和焊丝相匹配。

7.3.2 定位焊缝应符合下列规定：

1 定位焊缝应由持相应合格项目的焊工施焊。

2 定位焊缝焊接时，应采用与工程正式焊接相同的焊接工艺。

3 定位焊缝的长度、厚度和间距的确定，应能保证焊缝在正式焊接过程中不开裂。

4 在根部焊道焊接前，应对定位焊缝进行检查，当发现缺陷时，应处理后方可施焊。

5 与母材焊接的工卡具其材质宜与母材相同或为同一类别号，其焊接材料宜采用与母材相同或为同一类别号。拆除工卡具时不应损伤母材。拆除后应确认无裂纹并将残留焊疤打磨修整至与母材表面齐平。

6 复合钢定位焊时，定位焊缝宜焊在基层母材坡口内，且采用与焊接基层金属相同的焊接材料。

7.3.3 不得在坡口之外的母材表面引弧和试验电流，并应防止电弧擦伤母材。

7.3.4 对含铬量大于或等于3%或合金元素总含量大于5%的焊件，采用钨极惰性气体保护电弧焊或熔化极气体保护电弧焊进行根部焊接时，焊缝背面应充氩气或其他保护气体，或应采取其他防止背面焊缝金属被氧化的措施。

7.3.5 焊接时应采取合理的施焊方法和施焊顺序。

7.3.6 焊接过程中应保证起弧和收弧处的质量，收弧时应将弧坑填满。多层多道焊接头应错开。

7.3.7 管子焊接时，管内应防止穿堂风。

7.3.8 除工艺或检验要求需分次焊接外，每条焊缝宜一次连续焊完。当因故中断焊接时，应根据工艺要求采取保温缓冷或后热等防止产生裂纹的措施。再次焊接前应检查焊道表面，确认无裂纹后，方可按原工艺要求继续施焊。

7.3.9 需预拉伸或预压缩的管道焊缝，组对时所使用的工卡具应在整个焊缝焊接及热处理完毕并经检验合格后方可卸载。

7.3.10 第一层焊缝和盖面层焊缝不宜采用锤击消除残余应力。

7.3.11 对进行双面焊的焊件，应清理焊根，并应显露出正面打底的焊缝金属。清根后的坡口形状，应宽窄一致。

7.3.12 低温钢、奥氏体不锈钢、双相不锈钢、耐热耐蚀高合金钢以及奥氏体与非奥氏体异种钢接头焊接时应符合下列规定：

1 应在焊接工艺文件规定的范围内，在保证焊透和熔合良好的条件下，采用小电流、短电弧、快焊速和多层多道焊工艺，并应控制道间温度。

2 对抗腐蚀性能要求高的双面焊焊缝，除双相不锈钢焊缝外，与腐蚀介质接触的焊层应最后施焊。

3 22Cr-5Ni-3Mo、25Cr-7Ni-4Mo型双相不锈钢采用钨极惰性气体保护电弧焊时，宜采用98%Ar+2%N_2的混合保护气体。

7.3.13 奥氏体钢与非奥氏体钢的焊接，当焊件厚度较大时，可采用堆焊隔离层的方法，隔离层的厚度应不小于4mm。

7.3.14 复合钢焊接应符合下列规定：

1 复合钢的焊接宜按基层焊缝、过渡层焊缝、复层焊缝的焊接顺序进行。

2 不得采用碳钢和低合金钢焊接材料在复层母材、过渡层焊缝和复层焊缝上施焊。

3 焊接过渡层时，宜选用小的焊接线能量。

4 在焊接复层前，应将落在复层坡口表面上的飞溅物清理干净。

7.3.15 对奥氏体不锈钢、双相不锈钢焊缝及其附近表面应按设计规定进行酸洗、钝化处理。

7.3.16 螺柱焊的焊接应符合下列规定：

1 焊接工艺参数应根据焊接工艺评定确定，不得任意调节。

2 每个工作日（班）施工作业前，应在厚度和性能与构件相近的试件上先试焊2个焊钉，并应进行外观检验和弯曲试验，合格后再进行正式焊接。

3 螺柱焊施焊完毕，应将焊钉焊缝上的焊渣或剩余瓷环全部清除。

7.3.17 公称尺寸大于或等于600mm的管道和设备，宜在内侧进行根部封底焊。

7.3.18 当有下列情况之一时，管道或设备的焊缝底层应采用钨极惰性气体保护电弧焊或能保证底部焊接质量的其他焊接方法或工艺：

1 公称尺寸小于600mm，且设计压力大于或等于10MPa、或设计温度低于-20℃的管道。

2 对内部清洁度要求较高及焊接后不易清理的管道或设备。

7.4 焊前预热及焊后热处理

7.4.1 焊前预热及焊后热处理应根据钢材的淬硬性、焊件厚度、结构刚性、焊接方法、焊接环境及使用条件等因素综合确定。焊前预热及焊后热处理要求应在焊接工艺文件中规定，并应经焊接工艺评定验证。

7.4.2 焊前预热应符合设计文件的规定。常用钢种的最低预热温度应符合表7.4.2的规定。

表7.4.2 常用钢种的最低预热温度

母材类别（公称成分）	焊件接头母材厚度 T（mm）	母材最小规定抗拉强度（MPa）	最低预热温度（℃）
碳钢（C）、碳锰钢（CMn）	≥25	全部	80
	<25	>190	80
合金钢（CMo、Mn-Mo、Cr-Mo）Cr≤0.5%	≥13	全部	80
	<13	>190	80
合金钢（CrMo）0.5%<Cr≤2%	全部	全部	150
合金钢（CrMo）2.25%≤Cr≤10%	全部	全部	175
马氏体不锈钢	全部	全部	150
低温镍钢（Ni≤4%）	全部	全部	95

7.4.3 当焊件温度低于0℃时，所有钢材的焊缝应在始焊处100mm范围内预热至15℃以上。

7.4.4 焊前预热的加热范围应以焊缝中心为基准，每侧不应小于焊件厚度的3倍，且不应小于100mm。

7.4.5 要求焊前预热的焊件，其道间温度应在规定的预热温度范围内。碳钢和低合金钢的最高预热温度和道间温度不宜大于250℃，奥氏体不锈钢的道间温度不宜大于150℃。

7.4.6 焊后热处理应符合设计文件的规定。当无规定时，管道的焊后热处理应符合现行国家标准《工业金属管道工程施工规范》GB 50235中的有关规定；设备的焊后热处理应符合现行行业标准《压力容器焊接规程》NB/T 47015的有关规定。

7.4.7 对有抗应力腐蚀要求的焊缝，应进行焊后热处理。

7.4.8 非奥氏体异种钢焊接时，应按焊接性较差的一侧钢材选定焊前预热和焊后热处理温度，但焊后热处理温度不应超过另一侧钢材的下临界点。调质钢焊缝的焊后热处理温度应低于其回火温度。

7.4.9 焊后热处理的方式应符合下列规定：

1 现场设备的焊后整体热处理宜采用炉内整体加热、炉内分段加热、炉外整体和分段加热等方法；现场设备分段组焊的环缝、管道焊缝以及焊接返修后的热处理，宜采用局部加热方法。

2 炉内分段加热时，加热各段重叠部分长度不应少于1500mm。炉外部分的设备应采取防止产生有害温度梯度的保温措施。

3 采用局部加热热处理时，加热带应包括焊缝、热影响区及其相邻母材。焊缝每侧加热范围不应小于焊缝宽度的3倍，加热带以外100mm的范围应进行保温。

7.4.10 炉外整体热处理和局部加热热处理的保温材料和保温层厚度应符合设计文件、相关标准和热处理工艺文件的规定。保温层应紧贴焊件表面，接缝应严密。多层保温时，各层接缝应错开。在热处理过程中，保温层不得松动、脱落。

7.4.11 焊前预热及焊后热处理过程中，焊件内外壁温度应均匀。管道后热及焊后热处理宜采用电加热法。

7.4.12 焊前预热及焊后热处理时，应测量和记录其温度，测温点的部位和数量应合理，测温仪表应经检定合格。

7.4.13 热处理温度在整个热处理过程中应连续自动记录，记录图表上应能区分每个测温点的数值。热处理过程中应防止热电偶与焊件接触松动。

7.4.14 对易产生焊接延迟裂纹的钢材，焊后应立即进行焊后热处理。当不能立即进行焊后热处理时，应在焊后立即均匀加热至200℃~350℃，并进行保温缓冷。保温时间应根据后热温度和焊缝金属的厚度确定，不应小于30min。其加热范围不应小于焊前预热的范围。

7.4.15 焊后热处理的加热速度及冷却速度应符合下列规定：

1 当加热温度升至400℃时，加热速度不应大于（$205\times25/t$）℃/h（t为焊件焊后热处理的厚度，下同），且不得大于205℃/h。

2 恒温期间最高与最低温差应小于65℃。

3 恒温后的冷却速度不应超过（$260\times25/t$）℃/h，且不得大于260℃/h，400℃以下可自然冷却。

7.4.16 奥氏体不锈钢复合钢不宜进行焊后热处理。对耐晶间腐蚀要求较高的设备，当基层需要热处理时，宜在热处理后再焊接复层焊缝。

8 铝及铝合金的焊接

8.1 一 般 规 定

8.1.1 本章适用于工业纯铝及铝合金现场设备和管道的焊接施工。

8.1.2 本章适用于钨极惰性气体保护电弧焊和熔化极惰性气体保护电弧焊。

8.2 焊 前 准 备

8.2.1 焊丝的选用应综合考虑母材的化学成分、力学性能和使用条件等因素，并应符合下列规定：

1 焊接工艺性能应良好。

2 焊缝金属的力学性能不应低于相应母材标准规定的下限值，焊缝的使用性能应符合国家现行有关标准和设计文件的规定。

3 纯铝焊接时，应选用纯度不低于母材的焊丝。

4 铝镁合金焊接时，应选用含镁量不低于母材的焊丝。

5 铝锰合金焊接时，应选用与母材成分相近的焊丝或铝硅合金焊丝。

6 异种铝合金焊接时，应按耐蚀较高、强度高的母材选择焊丝。

7 常用铝及铝合金焊丝可按本规范附录D表D.0.2-1和表D.0.2-2选用。

8 保护气体应选用氩气、氦气或氩和氦的混合气。

8.2.2 焊件坡口制备应符合下列规定：

1 坡口形式和尺寸宜符合本规范附录C表C.0.2或现行国家标准《铝及铝合金气体保护焊的推荐坡口》GB/T 985.3的规定。

2 坡口加工应采用机械方法或等离子弧切割。切割后的坡口表面应进行清理，表面应平整光滑并应无毛刺和飞边。

8.2.3 焊前清理应符合下列规定：

1 焊件组对和施焊前应对焊件坡口、垫板及焊丝进行清理。两侧坡口的清理范围不应小于50mm。应先用丙酮等有机溶剂去除表面的油污，再用机械法或化学法清除表面氧化膜。

1） 机械法清理：坡口及两侧表面应采用刮削、锉削或铣削，也可采用不锈钢丝刷（轮）清理，并应露出金属光泽。焊丝表面应用不锈钢丝刷或干净的油砂纸擦洗。钢丝刷应定期进行脱脂处理。

2） 化学法清理：应采用5%~10%的氢氧化钠溶液，在温度为70℃下浸泡30s~60s，然后水洗，再用15%左右的硝酸在常温下浸泡2min，然后用温水洗净，并使其干燥。

2 清理好的焊件和焊丝应保持干燥和加以保护，并及时施焊，不得有水迹、碱迹或被沾污。

3 当焊件和焊丝清理后超过8h未焊时，且无有效的保护措施，则焊接前应重新清理。

8.2.4 焊件组对应符合下列规定：

1 焊接定位焊缝时，应采用与正式焊接相同的焊丝和评定合格的焊接工艺，并应由合格焊工施焊。

2 设备定位焊缝的长度、间距和高度宜符合表8.2.4-1的规定，管道定位焊缝尺寸应符合表8.2.4-2的规定。

表8.2.4-1 设备定位焊缝尺寸（mm）

板厚	间距	焊缝高度	长度	
			纵缝	环缝
1~3	20~60	1~3	5~15	10~20
3~8	60~180	3~4	15~25	20~30
8~14	180~250	3~6	20~30	30~40
>14	250~350	4~6	30~50	40~70

表8.2.4-2 管道定位焊缝尺寸（mm）

公称尺寸	位置与数量	焊缝高度	长度
≤50	对称2点	根据焊件厚度确定	5~10
>50，≤150	均布2点~3点		5~10
>150，≤200	均布3点~4点		10~20

3 正式焊接前应对定位焊缝进行检查，当发现缺陷时，应及时处理。定位焊缝表面的氧化膜应清理干净，并应将其两端修整成缓坡形。

4 拆除定位板时不应损伤母材，拆除后残留的焊疤应打磨至与母材表面齐平。

5 焊件不得强行组对，组对后的接头应经检验合格方可施焊。

8.2.5 当焊缝背面需加设永久性垫板时，垫板材质应符合设计规定；当设计无规定时，垫板材质应与母材相同，垫板上应开有容纳焊缝根部的沟槽。当焊缝背面需加设临时垫板时，垫板应采用对焊缝质量无不良影响的材质。

8.2.6 管道对接焊缝组对时，内壁错边量应符合下列规定：

1 当母材厚度小于或等于5mm时，内壁错边量不应大于0.5mm。

2 当母材厚度大于5mm时，内壁错边量不应大于母材厚度的10%，且不应大于2mm。

8.2.7 设备对接焊缝的错边量应符合下列规定：

1 当母材厚度小于或等于12mm时，纵缝、环缝错边量均不应大于1/5母材厚度。

2 当母材厚度大于12mm时，纵缝错边量不应大于2.5mm，环缝错边量不应大于1/5母材厚度且不应大于5mm。

8.2.8 不等厚对接焊件组对时，薄件端面应位于厚件端面之内。当外壁错边量大于3mm或内壁错边量大于本规范第8.2.6条、第8.2.7条规定时，应按本规范第7.2.8条的规定对焊件进行加工。

8.3 焊接工艺要求

8.3.1 钨极惰性气体保护电弧焊应采用交流电源，熔化极惰性气体保护电弧焊应采用直流电源，焊丝接正极。

8.3.2 焊接前应在试板上试焊，调整好工艺参数并确认无气孔后再进行正式焊接。

8.3.3 当采用钨极惰性气体保护电弧焊方法焊接厚度大于10mm的焊件，以及采用熔化极惰性气体保护电弧焊方法焊接厚度大于15mm的焊件时，焊前宜对焊件进行预热，预热温度宜为100℃~150℃。

8.3.4 当焊件温度低于5℃时，应在施焊处100mm范围内预热至15℃以上。

8.3.5 焊接过程中应清除焊层焊道间的氧化物夹杂等缺陷。双面焊应清理焊根，显露出正面打底的焊缝金属。

8.3.6 宜采用大电流快速施焊法，焊丝的横向摆动不宜超过其直径的3倍。弧坑应填满，接弧处应熔合焊透。

8.3.7 引弧板和熄弧板的材质应与母材相同。

8.3.8 钨极惰性气体保护电弧焊的焊丝端部不应离开氩气保护区，焊丝与焊缝表面的夹角宜为15°，焊枪与焊缝表面的夹角宜为80°~90°。

8.3.9 多层焊时宜减少焊接层数，道间温度不应高于150℃。

8.3.10 对于公称尺寸大于或等于600mm的管道和设备，宜采用两人双面同步氩弧焊工艺。

8.3.11 当钨极惰性气体保护电弧焊的钨极前端出现污染或形状不规则时，应进行修正或更换钨极。当焊缝出现触钨现象时，应将钨极、焊丝、熔池处理干净后再继续施焊。

8.3.12 当熔化极惰性气体保护电弧焊发生导电嘴、喷嘴熔入焊缝时，应将该部位焊缝全部铲除，更换导电嘴和喷嘴后方可继续施焊。

8.3.13 焊件应采用下列防止变形措施：

1 焊接顺序应对称进行，当从中心向外进行焊接时，具有大收缩量的焊缝宜先施焊，整条焊道应连续焊完。

2 不等厚对接焊件焊接时，应采取加强拘束措施，防止对应于焊缝中心线的应力不均匀。

3 焊件宜进行刚性固定或采取反变形方法，并应留有收缩余量。

9 铜及铜合金的焊接

9.1 一般规定

9.1.1 本章适用于纯铜及黄铜设备和管道的焊接施工。

9.1.2 本章适用于纯铜和黄铜的钨极惰性气体保护电弧焊，以及黄铜的氧乙炔焊方法。

9.2 焊 前 准 备

9.2.1 焊接材料的选用应符合下列规定：

1 焊缝金属的力学性能不应低于相应母材退火状态标准规定的下限值，焊接工艺性能应良好，焊缝的使用性能应符合国家现行有关标准和设计文件的规定。

2 纯铜焊接应选用含有脱氧元素、抗裂性好的焊丝。

3 黄铜焊接应选用含锌量少、抗裂性好的焊丝。

4 铜及铜合金焊丝及焊剂可按本规范附录D表D.0.3选用。

5 钨极惰性气体保护电弧焊所采用的保护气体应选用氩气、氦气或氩和氦的混合气。

9.2.2 焊件坡口制备应符合下列规定：

1 坡口形式和尺寸可根据不同焊接方法和焊接工艺参数确定，应采用坡口角度大、根部间隙宽的形式。

2 焊件的坡口形式和尺寸宜符合本规范附录C表C.0.3-1和表C.0.3-2的规定。

3 纯铜及黄铜的切割和坡口加工应采用机械或等离子弧切割方法。

9.2.3 焊件组对和施焊前，坡口及两侧不小于20mm范围内的表面及焊丝，应采用丙酮等有机溶剂除去油污，并应采用机械方法或化学方法清除氧化膜等污物，使之露出金属光泽；当采用化学方法时，可用30%硝酸溶液浸蚀2min~3min，用水洗净并干燥。

9.2.4 管道对接焊缝组对时，内壁错边量不应超过母材厚度的10%，且不大于1mm。不宜在焊缝及其边缘开孔，如必须开孔时，应符合本规范第13.3.6条的规定。

9.2.5 设备对接焊缝错边量应符合本规范第8.2.7条规定。

9.2.6 不等厚对接焊件的组对，当内壁错边量超过本规范第9.2.4条和第9.2.5条规定或外壁错边量大于3mm时，应按本规范第7.2.8条的规定对焊件进行加工。

9.2.7 设备、容器相邻筒体或封头与筒体组对时，纵缝之间的距离不应小于100mm。

9.3 焊接工艺要求

9.3.1 焊接定位焊缝时，应采用与正式焊接要求相同的焊接材料及焊接工艺，并应由合格焊工施焊。当发现定位焊缝有裂纹、气孔等缺陷时应清除重焊。

9.3.2 采用单面焊接接头时，应采取在背面加垫板等措施。

9.3.3 铜管焊接位置宜采用转动焊，铜板焊接位置宜采用平焊。

9.3.4 每条焊缝宜一次连续焊完。

9.3.5 纯铜及黄铜的钨极惰性气体保护电弧焊应符合下列规定：

1 焊接时应采用直流电源，母材接正极。

2 焊接前应检查坡口的质量，不应有裂纹、分层、夹渣等缺陷。当发现缺陷时，应修磨或重新加工。

3 当焊件壁厚大于或等于4mm时，焊前应对坡口两侧150mm范围内进行均匀预热，纯铜预热温度应为300℃~500℃。黄铜预热温度应为100℃~300℃。焊缝道间温度不应低于预热温度。

4 焊接过程中发生触钨时，应将钨极、焊丝和熔池处理干净方可继续施焊。

5 进行预热或多层多道焊时，应及时去除焊件表面及焊道间的氧化层。

9.3.6 黄铜氧乙炔焊应符合下列规定：

1 宜采用微氧化焰和左焊法施焊。

2 施焊前应对坡口两侧150mm范围内进行均匀预热。当板厚为5mm~15mm时，预热温度应为400℃~500℃；当板厚大于15mm时，预热温度应为500℃~550℃。

3　焊前应将焊剂用无水酒精调成糊状涂敷在坡口或焊丝表面；也可在施焊前将焊丝加热后蘸上焊剂。

4　宜采用单层单道焊。当采用多层多道焊时，底层焊道应采用细焊丝，其他各层宜采用较粗焊丝。各层焊道表面熔渣应清除干净，接头应错开。

5　异种黄铜焊接时，火焰应偏向熔点较高的母材侧。

9.3.7　应采取防止焊接变形、降低焊接残余应力的措施。焊后可对焊缝和热影响区进行热态或冷态锤击。

9.3.8　黄铜焊后热处理应符合下列规定：

1　黄铜焊后应进行热处理，热处理前应对焊件采取防变形的措施。热处理加热范围以焊缝中心为基准，每侧不应小于焊缝宽度的3倍。

2　热处理温度应符合设计文件的规定。当设计无规定时，可按下列热处理温度进行：

1）消除焊接应力热处理温度应为400℃ ~450℃；

2）退火热处理温度应为500℃ ~600℃。

3　对热处理后进行返修的焊缝，返修后应重新进行热处理。

10　钛及钛合金的焊接

10.1　一 般 规 定

10.1.1　本章适用于钛及钛合金（低合金钛，下同）设备和管道的焊接施工。

10.1.2　本章适用于钨极惰性气体保护电弧焊方法。

10.2　焊 前 准 备

10.2.1　焊接材料的选用应符合下列规定：

1　焊缝金属的力学性能不应低于相应母材退火状态标准规定的下限值，焊接工艺性能应良好，焊缝的使用性能应符合国家现行有关标准和设计文件的规定。

2　焊丝的化学成分应与母材相当。

3　当对焊缝有较高塑性要求时，应采用纯度比母材高的焊丝。

4　不同牌号的钛材焊接时，应按耐蚀性能较好或强度级别较低的母材选择焊丝。

5　不得从所焊母材上裁条充当焊丝。

6　保护气体应选用氩气、氦气或氩和氦的混合气。

10.2.2　钨极直流氩弧焊时，钨极直径应按所使用的焊接电流大小进行选择，其端部应修磨成圆锥形（图10.2.2）。在焊接过程中，钨极的端部应始终保持圆锥状。

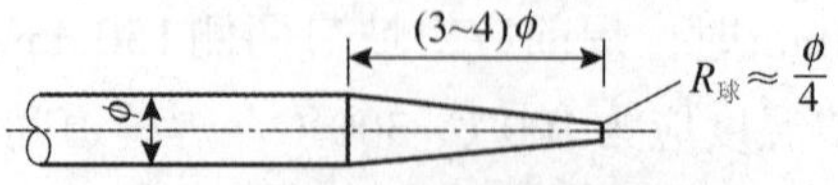

图10.2.2　钨极端部形状和尺寸

10.2.3　坡口形式和尺寸宜符合本规范附录C表C.0.4规定。

10.2.4　坡口加工应采用机械加工的方法。加工后的坡口表面应平整、光滑，不得有裂纹、分层、夹杂、毛刺、飞边和氧化色。坡口表面应呈银白色金属光泽。

10.2.5　焊件组对和施焊前，坡口及焊丝的清洗应符合下列规定：

1　可根据表面污染程度选用脱脂、机械清理或化学清洗法。

2 当进行机械清理时，应清除坡口及其两侧20mm范围内的内外表面及焊丝表面的油污，并应用奥氏体不锈钢细锉、丝刷、硬质合金铰刀等机械方法清除氧化膜、毛刺或表面缺陷。清理工具应专用，并应保持清洁。

经机械清理后的表面，焊接前应使用不含硫的丙酮或乙醇进行脱脂处理，不得使用三氯乙烯、四氯化碳等氯化物溶剂。不得将棉质纤维附于坡口表面。

3 当采用酸洗溶液清除焊接坡口表面的氧化膜时，酸洗后，应用清水冲洗并用丝布擦干；酸洗后的焊接坡口表面应呈现银白色。

4 焊丝应保持清洁、干燥，施焊前应切除端部已被氧化的部分。当焊丝表面出现氧化现象时，应进行化学清洗。

5 清理干净的焊丝和焊件应保持干燥并加以保护，焊前不得沾污，不得用手触摸焊接部位，否则应重新进行清理。

6 坡口及焊丝清理后应及时焊接。当清理后4h仍未焊接时，焊前应重新进行清理。

10.2.6 管道对接焊缝组对时，内壁错边量不应超过母材厚度的10%，且不应大于1mm。

10.2.7 设备对接焊缝的错边量应符合本规范第8.2.7条规定。

10.2.8 不等厚对接焊件组对时，薄件端面应位于厚件端面之内。当内壁错边量大于本规范第10.2.6条、第10.2.7条的规定或外壁错边量大于3mm时，应按本规范第7.2.8条的规定进行加工。

10.2.9 当采用钢质工装器具组对时，应采取防止铁离子对钛材污染的措施。

10.2.10 定位焊缝应采用评定合格的焊接工艺，应由合格焊工施焊，焊缝长度宜为10mm~15mm，高度不应超过壁厚的2/3，定位焊间距应根据焊件尺寸和壁厚确定。定位焊缝不得有裂纹、气孔、夹渣及氧化变色等缺陷，当发现缺陷时应及时消除。

10.3 焊接工艺要求

10.3.1 钛及钛合金钨极惰性气体保护电弧焊应采用直流电源、正接法。

10.3.2 管道焊接位置宜采用水平转动平焊。

10.3.3 钛及钛合金的焊接不宜进行焊前预热。多层焊缝道间温度应低于100℃。必要时可采用铜垫板冷却。

10.3.4 在保证熔透及成形良好的条件下，应选用小线能量焊接。

10.3.5 焊接熔池及焊接接头的内外表面焊接区域，应采取下列保护措施：

1 应采用焊炬喷嘴保护熔池，喷出的氩气应保持稳定的层流状态。

2 应采用焊炬拖罩或全罩保护热态焊缝及其热影响区，焊炬拖罩的形式应根据焊件形状和尺寸确定。公称尺寸小于或等于50mm的管道，宜采用全罩保护。

3 应采用保护气体或铜垫板保护焊缝及近缝区的背面。当采用气体保护时，保护区域应提前充气，排净空气，并应保持微弱的正压和呈流动状态。

10.3.6 焊接时应采用高频引弧，焊炬应提前送气；熄弧时应采用电流衰减装置和气体延时保护装置。弧坑应填满，并应防止大气污染。

10.3.7 焊接过程中，焊丝的加热端应处于保护气体的保护之中，熄弧后焊丝不应立即暴露在大气中，应在焊缝脱离保护时同时取出；当焊丝被污染或氧化变色时，其污染或氧化变色的部分应予切除。

10.3.8 一条焊缝应一次焊完，当中途停焊后重新焊接时，应重叠10mm~20mm。弧坑应填满，接弧处应熔合焊透。

10.3.9 焊接过程中电弧应保持稳定。当多层焊过程中产生的夹钨或超标氧化、裂纹等缺陷时，应按本规范第10.2.5条的要求清理干净后，再继续施焊。

10.3.10 焊接时不得采用对已污染的焊缝重新熔化焊接来改善焊缝外观的方法消除氧化色。

10.3.11 钛及钛合金不宜进行焊后热处理。当设计文件有热处理要求时，应在焊缝检验合格后进行。

10.3.12 焊接时应采用合理的焊接顺序、施焊方法或刚性固定，并应减少焊接变形和应力。

11 镍及镍合金的焊接

11.1 一 般 规 定

11.1.1 本章适用于镍及镍合金现场设备和管道的焊接施工。

11.1.2 本章适用于焊条电弧焊、钨极惰性气体保护电弧焊、熔化极惰性气体保护电弧焊和埋弧焊方法。

11.2 焊 前 准 备

11.2.1 镍及镍合金焊接材料的选用应符合下列规定：

1 焊缝金属的力学性能不应低于相应母材退火状态或固溶状态标准规定的下限值，焊接工艺性能应良好，焊缝的使用性能应符合国家现行有关标准和设计文件的规定。

2 同种镍材的焊接，应选用和母材合金系列相同的焊接材料。

3 异种镍材及镍材与奥氏体钢之间的焊接，应按耐蚀性能较好的母材以及线膨胀系数与母材相近的原则选用焊接材料。

4 镍及镍合金焊接材料宜按本规范附录D表D.0.4-1和表D.0.4-2选用。

5 惰性气体保护电弧焊时，保护气体应选用氩气、氦气或氩和氦的混合气。

11.2.2 坡口加工应符合下列规定：

1 坡口应选用大角度和小钝边的形式，坡口形式和尺寸宜符合本规范附录C表C.0.5的规定。

2 焊件切割及坡口加工宜采用机械方法，当采用等离子切割时，应清理其加工表面。

11.2.3 焊件组对和施焊前，应对坡口两侧各20mm范围内进行清理。油污可用蒸汽脱脂；对不溶于脱脂剂的油漆和其他杂物，可用氯甲烷、碱等清洗剂清洗；标记墨水可用甲醇清除；被压入焊件表面的杂物可用磨削、喷丸或10%盐酸溶液清洗。清理完后，应用水冲净，干燥后方能焊接。

11.2.4 管道对接焊缝组对时，内壁错边量不应大于0.5mm。

11.2.5 设备对接焊缝的错边量应符合本规范第8.2.7条规定。

11.2.6 不等厚对接焊件组对时，薄件端面应位于厚件端面之内。当内壁错边量大于本规范第11.2.4条和第11.2.5条的规定或外壁错边量大于3mm时，应按本规范第7.2.8条的规定进行加工。

11.2.7 定位焊缝应符合下列规定：

1 定位焊应采用经评定合格的焊接工艺，并应由合格焊工施焊。

2 采用钨极惰性气体保护电弧焊进行定位焊时，焊缝背面应进行充氩气或其他气体保护。

3 管道对接定位焊缝的长度宜为10mm~15mm，厚度不应超过壁厚的2/3；设备定位焊缝尺寸应符合表11.2.7的规定。

表11.2.7 设备定位焊缝尺寸(mm)

焊件厚度T	焊缝厚度	焊缝长度	间距
≤20	≤0.70T，且不小于6	>20	≤500
>20	≥8	>30	

4 定位焊缝应焊透及熔合良好，并应无气孔、夹渣等缺陷。

5 定位焊缝应平滑过渡到母材，并应将焊缝两端磨削成斜坡。

6 定位焊缝应均匀分布。正式焊接时，起焊点应在两定位焊缝之间。

11.3 焊接工艺要求

11.3.1 镍及镍合金管的底层焊道焊接时，宜采用钨极惰性气体保护电弧焊方法。当含铬或含钼的镍合金焊接接头要求有良好的耐晶间腐蚀性能时，应采用钨极惰性气体保护电弧焊、熔化极惰性气体保护电弧焊或焊条电弧焊方法。

11.3.2 焊接应采用小线能量、窄焊道和保持电弧电压的稳定，并应采用短弧不摆动或小摆动的操作方法。

11.3.3 焊缝多层焊时，宜采用多道焊。底层焊道完成后，应采用放大镜检查焊道表面。每一焊道完成后均应彻底清除焊道表面的熔渣，并应消除各种表面缺陷。各层焊道的接头应错开。

11.3.4 当焊件温度低于15℃时，应对焊缝两侧各300mm范围内加热至15℃~20℃，并应热透。对拘束度大的厚壁焊件，宜采取预热措施。道间温度应小于100℃。

11.3.5 当采用钨极惰性气体保护电弧焊方法焊接底层焊道时，焊缝背面应采取充氩气或其他气体保护措施。焊接过程中，焊丝的加热端应置于保护气体中。

11.3.6 焊件表面不得有电弧擦伤，并不得在焊件表面引弧和熄弧。当焊接熄弧时应填满弧坑，并应磨去弧坑缺陷。

11.3.7 当焊接小直径管子时，宜采取在焊缝两侧加装冷却铜块或用湿布擦拭焊缝两侧等冷却措施。

11.3.8 双面焊时，背面清根应采用机械方法。

11.3.9 焊接完毕后，应及时将焊缝表面的熔渣及表面飞溅物清理干净。

11.3.10 镍及镍合金不宜进行焊后热处理。当设计文件要求进行焊后热处理时，应在焊缝检验合格后进行。

12 锆及锆合金的焊接

12.1 一 般 规 定

12.1.1 本章适用于锆及锆合金管道的焊接施工。

12.1.2 本章适用于钨极惰性气体保护电弧焊方法。

12.2 焊 前 准 备

12.2.1 焊接材料的选用应符合下列要求：

1 焊缝金属的力学性能不应小于相应母材退火状态标准规定的下限值，焊接工艺性能应良好，焊缝的使用性能应符合国家现行有关标准和设计文件的规定。

2 选用的焊丝其化学成分应与母材相同。常用锆及锆合金的焊丝可按本规范附录D表D.0.5选用。

3 保护气体应选用氩气、氦气或氩和氦的混合气。

12.2.2 焊件坡口制备应符合下列规定：

1 管子和管件的坡口形式和尺寸宜符合本规范附录C表C.0.6的规定。

2 焊件切割及坡口加工应采用机械方法，加工速度应适当，应防止过热氧化。当采用等离子切割管子时，应采取防止管子内外表面被污染的措施，并应采用机械方法去除污染层。

3 对坡口及其边缘20mm范围内的金属表面应进行机械清理，并应使其露出金属光泽。

4 坡口表面及两侧20mm范围内外表面及焊丝表面应采用无水酒精或丙酮等溶剂清除油脂、水分、灰尘等杂物，不得采用含氯的溶剂清洗焊件。

5 清理好的焊件应立即施焊。当清理超过4h未焊时，且无有效的保护措施，则焊接前应重新清理。

12.2.3 管道对接焊缝组对时，内壁错边量不应大于母材厚度的10%，且不应大于1mm。

12.2.4 不等厚对接焊件组对时，薄件端面应位于厚件端面之内。当内壁错边量大于本规范第12.2.3条规定或外壁错边量大于3mm时，应按本规范第7.2.8条的规定进行加工。

12.2.5 定位焊缝应符合下列规定：

1 定位焊缝的焊接工艺应与正式焊接相同，并应由合格焊工施焊。

2 定位焊缝应均匀分布，焊缝高度不得超过管壁厚的2/3。

3 定位焊缝不得有裂纹、气孔或不允许存在的氧化变色等缺陷。

12.3 焊接工艺要求

12.3.1 锆及锆合金焊接应采用直流电源、正接法。焊接位置宜采用转动平焊。

12.3.2 锆及锆合金焊接宜选用偏大的焊接电流和较快的焊接速度，焊接过程中应采取冷却措施，道间温度应低于100℃

12.3.3 锆及锆合金内外表面的焊接区域均应采取有效的气体保护措施，且应符合下列规定：

1 应采用大直径的焊炬喷嘴保护熔池，焊炬喷嘴直径宜为12mm~20mm，喷出的氩气应保持稳定的层流状态。

2 应采用焊炬拖罩或全罩保护热态焊缝和热影响区的外表面，焊炬拖罩的形状和尺寸应根据焊件尺寸和接头型式确定，应采用导热性能较好的材料制作。

3 应采用管内充氩气或其他保护气体保护焊缝及热影响区的内表面，并保持微弱的正压和呈流动状态。

4 应用独立的气路提供各区域的保护气体，输送时应保持均匀，且互不干扰。气路中不允许残留水分和任何泄漏，气路应采用塑料软管，不允许采用橡胶管或其他吸潮材料。

5 喷嘴及正、反面气体保护装置均应提前送气，应排除气路及保护装置内的空气和吸附的潮气。焊接熄弧后应继续送气，直到焊缝和热影响区冷却至300℃为止。

12.3.4 焊接过程中，焊丝应始终处于保护气体的保护区内，当接触到空气时，应立即停止焊接，并应切除焊丝端部25mm，再继续施焊。

12.3.5 当焊接过程中发生钨极碰触焊丝或熔池时，应停止焊接，去除被污染的焊缝，并应进行修磨或更换电极。

12.3.6 当焊道表面出现变色时，应立即停止焊接，查明原因并应采取措施，经检验合格后再进行焊接。

13 焊接检验及焊接工程交接

13.1 焊接前检查

13.1.1 工程使用的母材及焊接材料，使用前应按本规范第4章的规定进行检查和验收。

13.1.2 焊接前应对焊接、热处理和工装设备进行检查、校准，并应符合本规范第3.0.7条的规定。

13.1.3 焊接前应检查焊接工艺文件，并应符合本规范第5章的有关规定。

13.1.4 焊接前应检查焊工资格，并应符合本规范第6章的有关规定。

13.1.5 焊接前应对焊接环境进行监控，并应符合本规范第3.0.5条和第3.0.8条的有关规定。

13.1.6 组对前应对焊件的主要结构尺寸与形状、坡口形式和尺寸、坡口表面进行检查，其质量应符合设计文件、焊接工艺文件及本规范的有关规定。当设计文件、相关规定对坡口表面要求进行无损检测时，检测及对缺陷的处理应在施焊前完成。

13.1.7 组对后应检查组对构件焊缝的形状、位置、错边量、角变形、组对间隙、搭接接头的搭接量和贴合、带垫板对接接头的贴合等，其质量应符合设计文件、焊接工艺文件及本规范的有关规定。

13.1.8 焊接前应检查坡口及坡口两侧的清理质量。清理宽度及清理后的表面质量应符合本规范及焊接工艺文件的规定。

13.1.9 焊接前应检查焊接材料的干燥及清洗质量，其质量应符合本规范第4章及焊接工艺文件的规定。

13.1.10 对有焊前预热规定的焊件，焊接前应检查预热温度并记录，预热温度及预热区域宽度应符合设计文件、焊接工艺文件及本规范的有关规定。

13.1.11 当本规范第13.1节规定的检查结果不符合要求时，不得施焊。

13.2 焊接中间检查

13.2.1 定位焊缝焊完后，应清除渣皮进行检查，其质量应符合本规范及焊接工艺文件的规定。对发现的缺陷清除后，再进行焊接。

13.2.2 对有冲击韧性要求的焊缝，施焊时应测量焊接线能量并记录，焊接线能量应符合设计文件和焊接工艺文件的规定。

13.2.3 多层焊每层焊完后，应立即对层间进行清理，并应进行外观检查，清除缺陷后，再进行下一层的焊接。

13.2.4 对规定进行层间无损检测的焊缝，无损检测应在外观检查合格后进行。表面无损检测应在射线检测及超声检测前进行。经检验的焊缝在评定合格后，再继续进行焊接。

13.2.5 对道间温度有明确规定的焊缝、应检查记录道间温度，道间温度应符合焊接工艺文件的规定。

13.2.6 对中断焊接的焊缝，继续焊接前应进行清理、检查，对发现的缺陷应进行清除，并应符合规定的预热温度后方可施焊。

13.2.7 焊接双面焊件时应清理并检查焊缝根部的背面，清除缺陷后方可施焊背面焊缝。规定清根的焊缝，应在清根后进行外观检查及规定的无损检测，清除缺陷后方可施焊。

13.2.8 对规定进行后热的焊缝，应检查后热温度和后热时间。后热温度、后热时间和加热区域范围应符合本规范有关规定和焊接工艺文件的规定。

13.2.9 设计文件或相关标准规定制作产品焊接检查试件时，产品焊接检查试件的准备、焊接、试样制备和检查方法应符合设计文件和国家现行有关标准的规定。

13.3 焊接后检查

13.3.1 除设计文件和焊接工艺文件有特殊要求的焊缝外，焊缝应在焊完后立即去除渣皮、飞溅物，清理干净焊缝表面，并应进行焊缝外观检查。

13.3.2 除设计文件和焊接工艺文件另有规定外，焊缝无损检测应在该焊缝焊接完成并经外观检查合格后进行。对有延迟裂纹倾向的材料，无损检测应在焊接完成24h后进行。对有再热裂纹倾向的接头，无损检测应在热处理后进行。

13.3.3 应按设计文件和国家现行有关标准的规定对焊缝进行表面无损检测。磁粉检测和渗透检测应按现行行业标准《承压设备无损检测》JB/T 4730的规定进行。

13.3.4 焊缝的内部质量应按设计文件和国家现行有关标准的规定进行射线检测或超声检测，并应符合下列规定：

1 焊缝的射线检测和超声检测应符合现行行业标准《承压设备无损检测》JB/T 4730的规定。

2 射线检测和超声检测的技术等级应符合工程设计文件和国家现行有关标准的规定。射线检测不得低于AB级，超声检测不得低于B级。

3 当现场进行射线检测时，应按有关规定划定控制区和监督区，设置警告标志。操作人员应按规定进行安全操作防护。

4 射线检测或超声检测应在被检验的焊缝覆盖前或影响检验作业的工序前进行。

13.3.5 对焊缝无损检测时发现的不允许缺陷，应消除后进行补焊，并应对补焊处采用原规定的方法进行检验，直至合格。对规定进行抽样或局部无损检验的焊缝，当发现不允许缺陷时，应采用原规定的方法进行扩大检验。

13.3.6 当必须在焊缝上开孔或开孔补强时，应对开孔直径1.5倍或开孔补强板直径范围内的焊缝进行射线或超声检测，确认焊缝合格后，方可进行开孔。被补强板覆盖的焊缝应磨平，管孔边缘不应存在焊接缺陷。

13.3.7 设计文件没有规定进行射线照相检测或超声检测的焊缝，焊接检查人员应对全部焊缝的可见部分进行外观检查，当焊接检查人员对焊缝不可见部分的外观质量有怀疑时，应做进一步检验。

13.3.8 焊缝焊后热处理检查应符合下列规定：

1 对炉内进行整体热处理的焊缝以及炉内分段局部热处理的焊缝，应检查并记录进出炉温度、升温速度、降温速度、恒温温度和恒温时间、有效加热区内最大温差、任意两测温点间的温差等参数。热处理相关参数应符合设计文件、热处理工艺文件和本规范的规定。

2 对炉外进行整体热处理的焊缝，应检查并记录升温速度、降温速度、恒温温度和恒温时间、任意两测温点间的温差等参数、测温点数量和位置。热处理相关参数应符合设计文件、热处理工艺文件和本规范的规定。

3 对进行局部加热热处理的焊缝，应检查和记录升温速度、降温速度、恒温温度和恒温时间、任意两测温点间的温差等参数和加热区域宽度。热处理参数及加热区域宽度应符合设计文件、热处理工艺文件和本规范的有关规定。

4 焊缝热处理效果应根据设计文件或国家现行有关标准规定的检查方法进行检查。炉内整体热处理的焊缝、炉内分段局部热处理的焊缝、炉外整体热处理的焊缝，应通过在相同环境条件下加热的产品焊接检查试件进行检查。局部加热热处理的焊缝应进行硬度检验。

5 当热处理效果检查不合格或热处理记录曲线存在异常时，宜通过其他检测方法进行复查与评估。

13.3.9 当焊缝及附近表面进行酸洗、钝化处理时，其质量应符合设计文件和国家现行有关标准的规定。

13.3.10 当对焊缝进行化学成分分析、焊缝铁素体含量测定、焊接接头金相检验、产品试件力学性能等检验时，其检验结果应符合设计文件和国家现行有关标准的规定。

13.3.11 焊缝的强度试验及严密度试验应在射线检测或超声检测以及焊缝热处理后进行。焊缝的强度试验及严密度试验方法及要求应符合设计文件和国家现行有关标准的规定。

13.3.12 焊缝焊完后应在焊缝附近做焊工标记及其他规定的标记。标记方法不得对材料表面构成损害或污染。低温用钢、不锈钢及有色金属不得使用硬印标记。当不锈钢和有色金属材料采用色码标记时，印色不应含有对材料产生损害的物质。

13.4 焊接工程交接

13.4.1 施工单位按合同规定的范围完成全部焊接工程项目后，应及时与建设单位或总承包单位办理交接手续。

13.4.2 焊接工程交接前，建设单位或总承包单位应对其进行检查和验收，并应确认下列内容：

1 施工范围和内容符合合同规定。

2 工程质量符合设计文件及本规范的规定。

13.4.3 焊接工程交接时，施工单位应向建设单位或总承包单位提交下列文件：

1 母材和焊接材料的质量证明文件或复验、试验报告。

2 焊接施工检查记录和试验报告应包括下列内容，且应符合国家现行有关标准的规定：

1）焊工资格认可记录；

2）焊接检查记录；

3）焊缝返修检查记录；

4）焊缝热处理报告（含热处理记录曲线）；

5）无损检测报告（射线检测、超声波检测、磁粉检测、渗透检测等）；

6）硬度检验、光谱分析或其他试验报告。

3 设备排版图或管道轴测图、设计变更和材料代用单。

13.4.4 要求无损检测和焊后热处理的焊缝，应在设备排版图或管道轴测图上标明焊缝位置、焊缝编号、焊工代号、无损检测方法、无损检测焊缝位置、焊缝补焊位置、热处理和硬度检验的焊缝位置。不要求无损检测的焊缝，可采用焊缝标识图对焊缝进行标识。

附录A　焊接工艺规程的格式

表A　焊接工艺规程的格式

焊接工艺规程编号		页数	

工程名称
工程编号
产品名称（施焊部位）
产品编号（设备编号、管线号或焊缝编号）
焊接工艺评定报告（PQR）编号　　焊接施工执行标准
焊接方法　　操作类型（手工、自动、半自动）

焊接接头：
坡口形式
衬垫（材料及规格）
简图（接头型式、坡口形式和尺寸、焊层/焊道布置及顺序示意图）：

接头制备要求：

母材：
材料标准号
型号或牌号与
材料标准号
型号或牌号相焊厚度范围：坡口焊　　角焊
管道直径范围：坡口焊
角焊
其他

填充金属

焊接材料标准号			
型号			
牌号			
尺寸			
烘干温度（℃）/时间（h）			
焊缝熔敷金属厚度			
其他			

焊接位置：
坡口对接焊缝位置
角焊缝位置
焊接方向（向上、向下）
其他

预热：
预热温度（℃）
层间温度（℃）
后热温度（℃）和时间（h）
加热方式及其他

焊后热处理：
温度（℃）
时间（h）
升温速度
降温速度
其他

气体：

	种类（成分）	混合配比（纯度）	流量（L/min）
保护气体			
尾部气			
背部气			
其他			

表A　焊接工艺规程的格式（续）

焊接工艺规程编号		页数	

电特性：

电流种类__________极性__________电流范围（A）__________电弧电压（V）__________

送丝速度____________________熔滴过渡形式____________________

钨极类型及尺寸____________________

其他____

焊层/焊道	焊接方法	填充金属		焊接电流		电弧电压（V）	焊接速度（cm/min）	线能量（kJ/cm）
		牌号	直径（mm）	类型/极性	安培（A）			

技术措施：

摆动焊或不摆动焊道____________________摆动参数____________________

焊前清理或层间清理____

背面清根____

导电嘴至工件距离____________________钨极伸出长度____________________

焊炬、电极（焊丝、焊条）角度____

喷嘴尺寸__________单道焊或多道焊（每侧）__________单丝焊或多丝焊__________

锤击____

其他：

编制		审核		批准	
日期		日期		日期	

附录B 焊接技能评定记录、焊接技能评定结果登记表及焊接技能评定合格证的格式

B.0.1 焊接技能评定记录的格式宜符合表B.0.1的规定。

表B.0.1 焊接技能评定记录

<table>
<tr><td>试件编号</td><td colspan="2"></td><td>姓名</td><td></td><td>试件位置</td><td></td></tr>
<tr><td>母材牌号</td><td colspan="3"></td><td>焊条牌号及直径</td><td colspan="2"></td></tr>
<tr><td>板材厚度</td><td colspan="3"></td><td>焊丝牌号及直径</td><td colspan="2"></td></tr>
<tr><td>管材外径和壁厚</td><td colspan="3"></td><td>焊剂牌号</td><td colspan="2"></td></tr>
<tr><td>焊接方法</td><td colspan="3"></td><td>钨极牌号及直径</td><td colspan="2"></td></tr>
<tr><td>试件形式</td><td colspan="3"></td><td>保护气体</td><td colspan="2"></td></tr>
<tr><td rowspan="3">外观检查</td><td colspan="6">检查结果：</td></tr>
<tr><td colspan="3">外观检查质量评定</td><td colspan="3"></td></tr>
<tr><td colspan="2">检查人</td><td colspan="2"></td><td>检查日期</td><td></td></tr>
<tr><td rowspan="2">射线检验</td><td colspan="2">照相质量等级</td><td colspan="2">焊缝质量等级</td><td>检验报告编号</td><td>检验日期</td></tr>
<tr><td colspan="2"></td><td colspan="2"></td><td></td><td></td></tr>
<tr><td rowspan="2">断口检验</td><td colspan="4">检验结果</td><td>检验报告编号</td><td>检验日期</td></tr>
<tr><td colspan="4"></td><td></td><td></td></tr>
<tr><td rowspan="2">弯曲性能检验</td><td>面弯</td><td>背弯</td><td colspan="2">侧弯</td><td>检验报告编号</td><td>检验日期</td></tr>
<tr><td></td><td></td><td colspan="2"></td><td></td><td></td></tr>
<tr><td rowspan="2">宏观金相检验</td><td colspan="4">检验结果</td><td>检验报告编号</td><td>检验日期</td></tr>
<tr><td colspan="4"></td><td></td><td></td></tr>
<tr><td rowspan="2"></td><td colspan="4">检验结果</td><td>检验报告编号</td><td>检验日期</td></tr>
<tr><td colspan="4"></td><td></td><td></td></tr>
<tr><td rowspan="2"></td><td colspan="4">检验结果</td><td>检验报告编号</td><td>检验日期</td></tr>
<tr><td colspan="4"></td><td></td><td></td></tr>
<tr><td colspan="7">审核： 记录： 年 月 日</td></tr>
</table>

B.0.2 焊接技能评定结果登记表的格式宜符合表B.0.2的规定。

表B.0.2 焊接技能评定结果登记表

考试编号：

姓名		性别		焊工钢印	
出生年月		文化程度		焊接工龄	
基本知识考试	考试日期	试卷编号	考试成绩	主考人签章	

焊接操作技能评定	考试日期	试件编号	操作技能评定项目（代号）	考试结果	主考人签章

结论	允许担任的焊接项目： 焊接技能评定委员会主任委员　　　　年　　月　　日

B.0.3 焊接技能评定合格证的格式宜符合表B.0.3的规定。

表B.0.3 焊接技能评定合格证

（塑料封面）

现场设备、工业管道焊接工程 焊接技能评定合格证 __________焊接技能评定委员会

（封面里）

姓名__________ 性别__________焊工钢印__________	照片
	（焊接技能评定委员会公章压照片）
	合格证编号__________

（第1~5页）

技能评定合格项目（代号）	主任委员签章	签证日期

（第6~10页）

免试项目（代号）	主任委员签章	签证日期

表B.0.3　焊接技能评定合格证（续）

（第11~12页）

焊接质量事故记录			
日期	质量事故内容	记录单位	质检负责人签字

（封底里）

注　意　事　项

1. 此证应妥善保存，不得转借他人。
2. 此证记载各项，不得私自涂改。
3. 合格项目，自签证之日起有效期三年。

附录C 常用焊接坡口形式和尺寸

C.0.1 碳素钢和合金钢的焊接坡口形式和尺寸宜符合表C.0.1-1和表C.0.1-2的规定。

表C.0.1-1 碳素钢和合金钢焊条电弧焊、气体保护电弧焊、自保护药芯焊丝电弧焊和气焊的坡口形式与尺寸

序号	厚度δ（mm）	坡口名称	坡口形式	坡口尺寸			备注
				间隙c（mm）	钝边p（mm）	坡口角度$\alpha(\beta)$（°）	
1	1~3	I形坡口	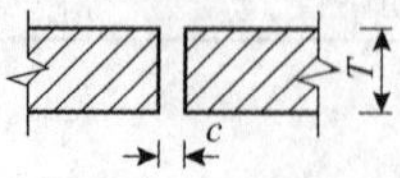	0~1.5	—	—	单面焊
	3~6			0~2.5			双面焊
2	3~9	V形坡口	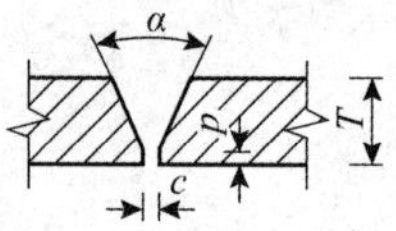	0~2	0~2	60~65	—
	9~26			0~3	0~3	55~60	
3	6~9	带垫板V形坡口	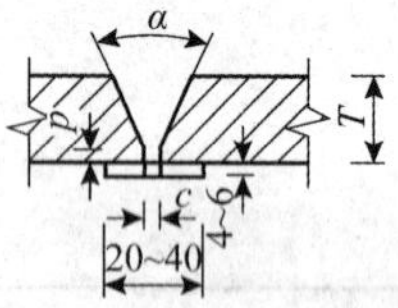	3~5	0~2	40~50	—
	9~26			4~6	0~2		
4	12~60	X形坡口	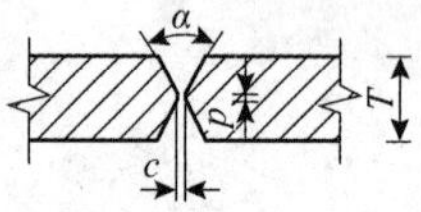	0~3	0~2	55~65	—
5	20~60	双V形坡口	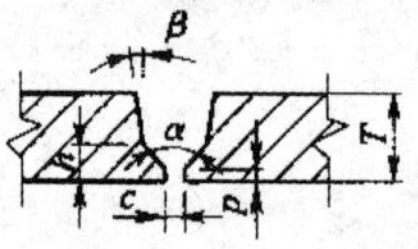	0~3	1~3	65~75（10~15）	h=8~12
6	20~60	U形坡口	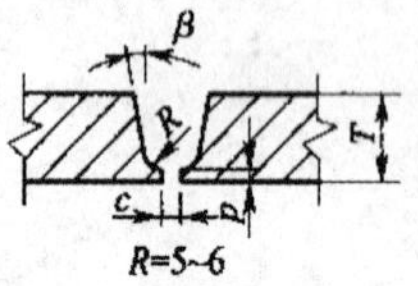	0~3	1~3	（8~12）	R=5~6
7	2~30	T形接头I形坡口	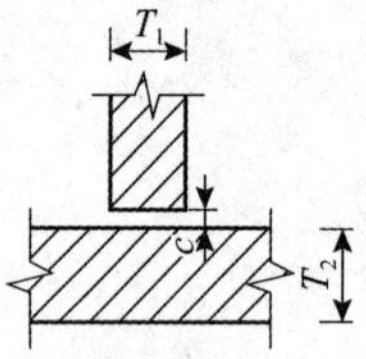	0~2	—	—	—
8	6~10	T形接头单边V形坡口	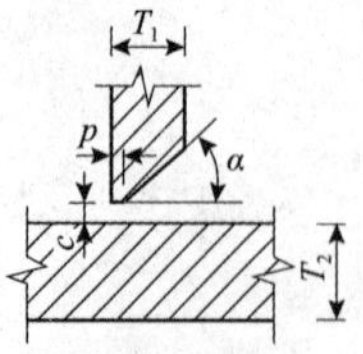	0~2	0~2	40~50	—
	10~17			0~3	0~3		
	17~30			0~4	0~4		
9	20~40	T形接头K形坡口	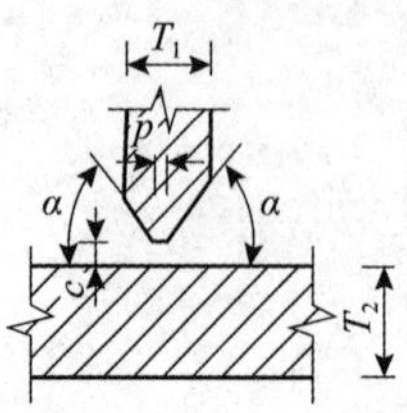	0~3	2~3	40~50	—

表C.0.1-1　碳素钢和合金钢焊条电弧焊、气体保护电弧焊、自保护药芯焊丝电弧焊和气焊的坡口形式与尺寸（续）

序号	厚度δ（mm）	坡口名称	坡口形式	坡口尺寸			备注
				间隙c（mm）	钝边p（mm）	坡口角度α（β）（°）	
10		安放式焊接支管坡口	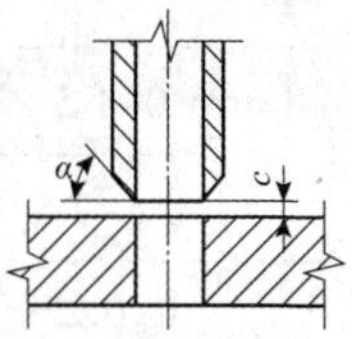	2~3	0~2	45~60	—
11	3~26	插入式焊接支管坡口	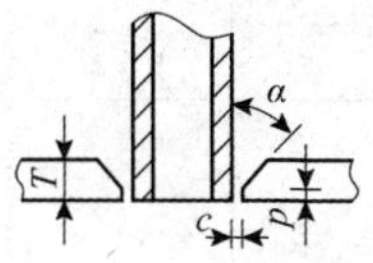	1~3	0~2	45~60	—
12		平焊法兰与管子接头	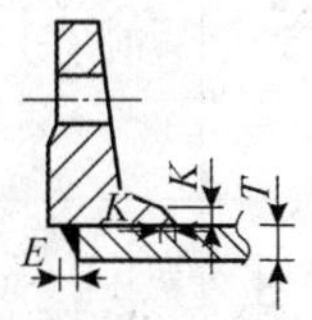	—	—		E=T且不大于6
13		承插焊法兰与管子接头	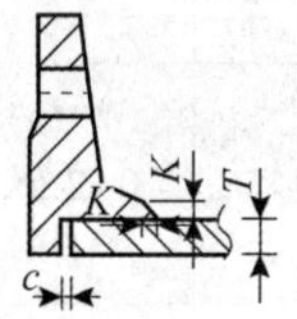	1.5	—	—	—
14		承插焊管件与管子接头	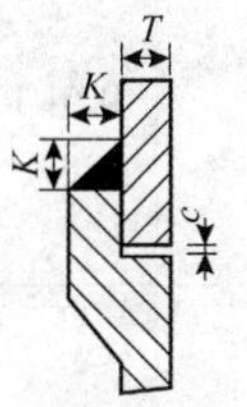	1.5	—	—	

表C.0.1-2　碳素钢和合金钢气电立焊的坡口形式和尺寸

序号	厚度T（mm）	坡口名称	坡口形式	坡口尺寸			备注
				间隙c（mm）	钝边p（mm）	坡口角度α（β）（°）	
1	12~36	V形坡口	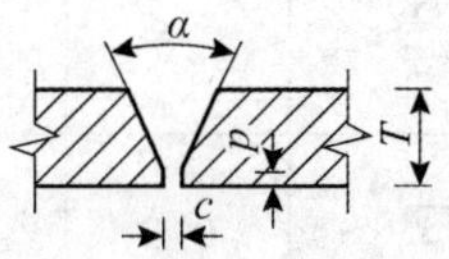	6~8	0~2	20~35	—
2	25~70	X形坡口	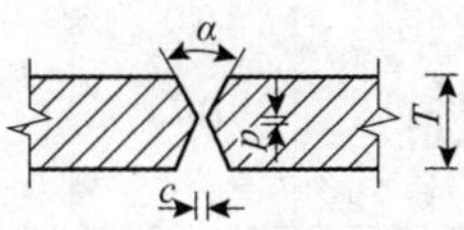	6~8	0~2	20~35	—

C.0.2　铝及铝合金的焊接坡口形式和尺寸宜符合表C.0.2的规定。

表C.0.2　铝和铝合金焊缝的坡口形式和尺寸

焊接方法	项次	厚度T（mm）	坡口名称	坡口形式	坡口尺寸 间隙c（mm）	钝边p（mm）	坡口角度α（β）（°）	备注
钨极惰性气体保护电弧焊	1	1~2	卷边	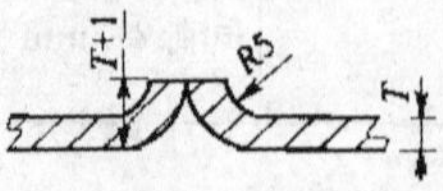				卷边高度T+1 不添加焊丝
	2	<3	I形坡口	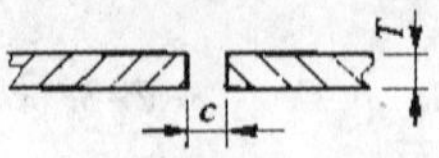	0~1.5			单面焊
		3~5			0.5~2.5			双面焊
	3	3~5	V形坡口	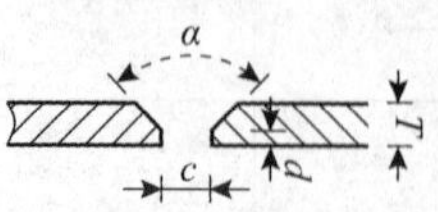	0~0.25	1~1.5	70~80	①横焊位置坡口角度上半边40°~50°，下半边20°~30°； ②单面焊坡口根部内侧最好倒棱； ③U形坡口根部圆角半径为6mm~8mm
		5~12			2~4	1~2	60~70	
	4	1~12	带垫板V形坡口	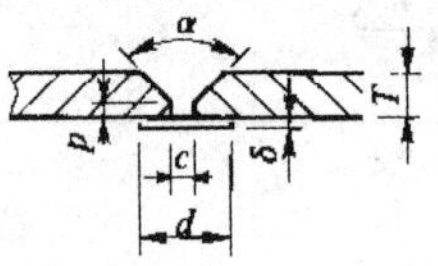	3~6		50~60	
	5	>8	U形坡口	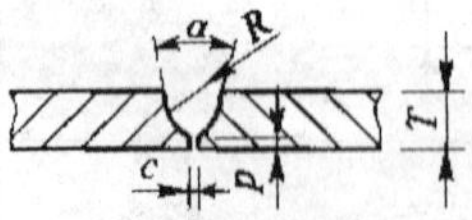	0~2.5	1.5~2.5	55~65	
	6	>12	X形坡口	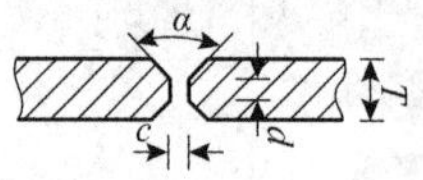	0~2.5	2~3	60~80	—
	7	≤6	不开坡口T形接头	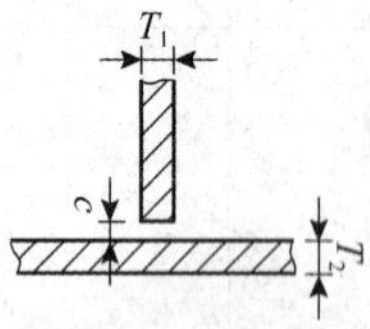	0.5~1.5	—	—	—
	8	6~10	T形接头单边V形坡口	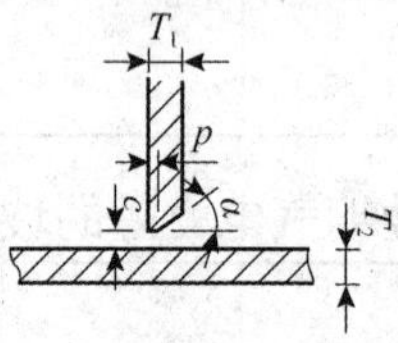	0.5~2	≤2	50~55	—
	9	>8	T形接头K形坡口	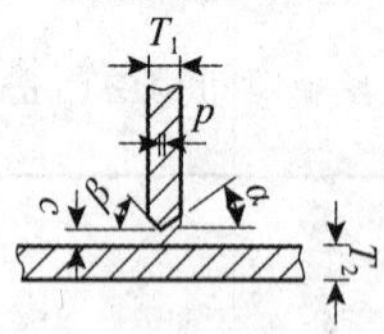	0~2	≤2	50~55	—
熔化极惰性气体保护电弧焊	10	≤6	I形坡口	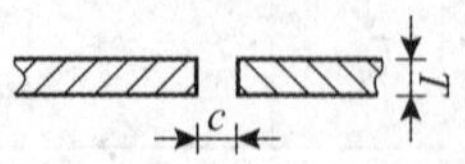	0~3	—	—	—
	11	6~20	V形坡口	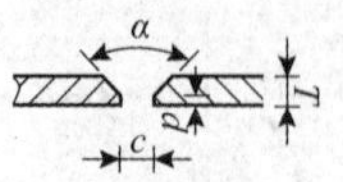	0~3	3~4	60~70	
	12	6~25	带垫板V形坡口	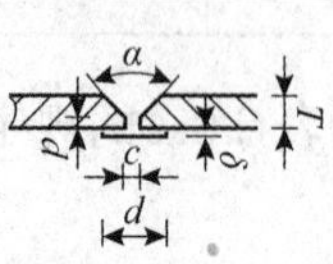	3~6		50~60	

表C.0.2 铝和铝合金焊缝的坡口形式和尺寸(续)

焊接方法	项次	厚度T(mm)	坡口名称	坡口形式	坡口尺寸 间隙c(mm)	坡口尺寸 钝边p(mm)	坡口尺寸 坡口角度α(β)(°)	备注
熔化极惰性气体保护电弧焊	13	>20	U形坡口	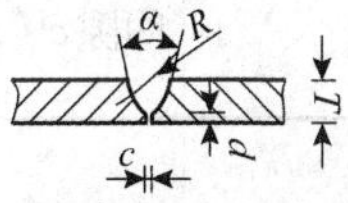	0~3	3~5	40~50	
	14	>8	X形坡口	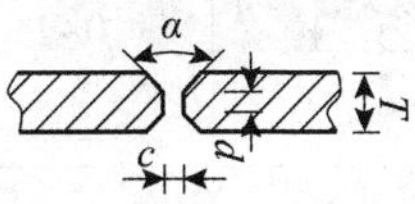	0~3	3~6	70~80	—
		>26				5~8	60~70	—

C.0.3 铜及铜合金的焊接坡口形式及尺寸应分别符合表C.0.3-1及表C.0.3-2的规定。

表C.0.3-1 纯铜和黄铜钨极惰性气体保护电弧焊的坡口形式及尺寸

项次	厚度T(mm)	坡口名称	坡口形式	坡口尺寸 间隙c(mm)	坡口尺寸 钝边p(mm)	坡口尺寸 坡口角度α(β)(°)	备注
1	≤2	I形坡口	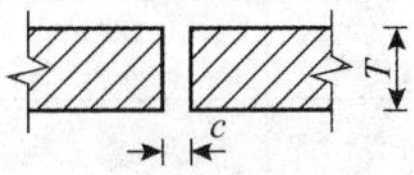	0	—	—	
2	3~4	V形坡口	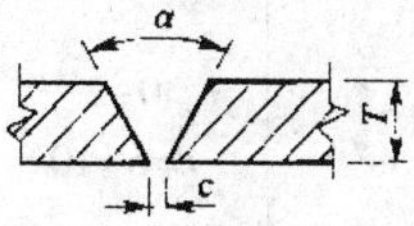	0		60~70	—
3	5~8	V形坡口	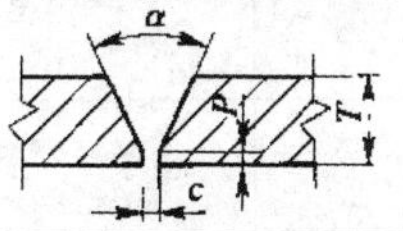	0	1~2	60~70	—
4	10~14	X形坡口	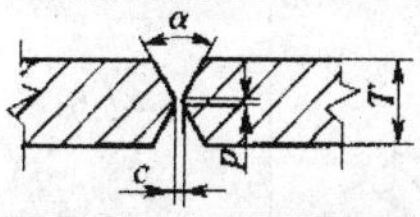	0	—	60~70	—

表C.0.3-2 黄铜氧乙炔焊的坡口形式及尺寸

项次	厚度T(mm)	坡口名称	坡口形式	坡口尺寸 间隙c(mm)	坡口尺寸 钝边p(mm)	坡口尺寸 坡口角度α(β)(°)	备注
1	≤2	卷边	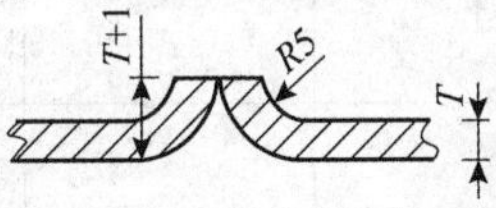	—	—	—	不加填充金属
2	≤3	I形坡口	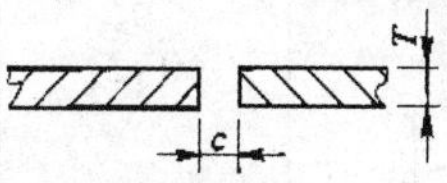	0~4	—	—	单面焊
	3~6			3~5	—	—	双面焊,但不能两侧同时焊
3	3~12	V形坡口	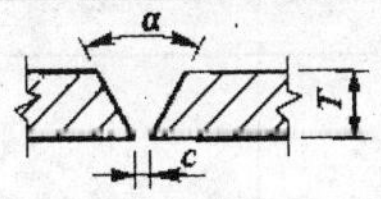	3~6	0	60~70	—
4	>6	V形坡口	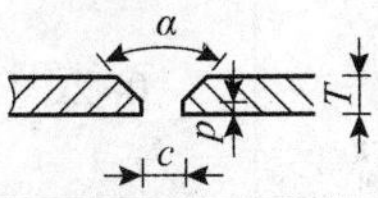	3~6	0~3	60~70	—
5	>8	X形坡口	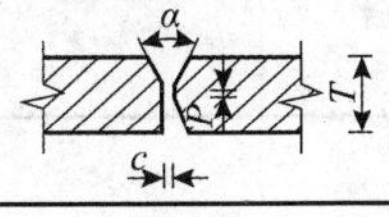	3~6	0~4	60~70	—

C.0.4 钛及钛合金的焊接坡口形式及尺寸宜符合表C.0.4的规定。

表C.0.4 钛及钛合金的焊接坡口形式及尺寸

项次	厚度T（mm）	坡口名称	坡口形式	坡口尺寸			备注
				间隙c（mm）	钝边p（mm）	坡口角度α（°）	
1	1~2	I形坡口	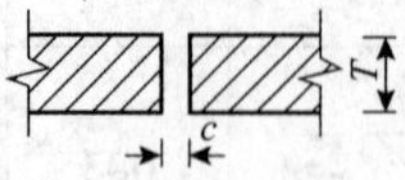	0~1			
2	2~16	V形坡口	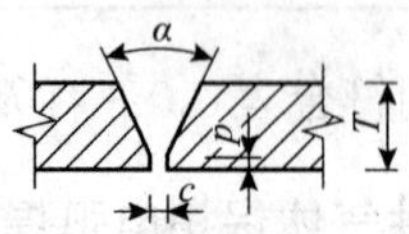	0.5~2	0.5~1.5	55~65	—
3	12~38	X形坡口	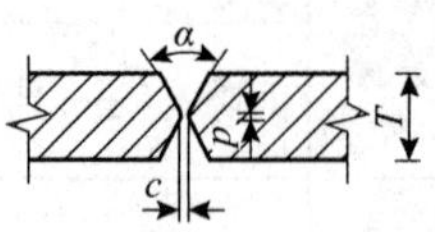	0~2	1~1.5	55~65	—
4	12~38	U形坡口	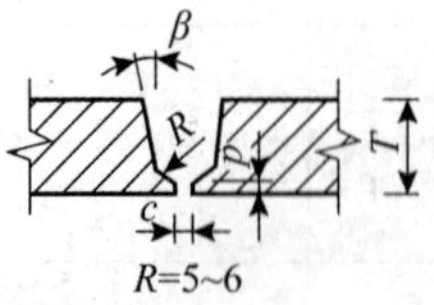	0~2 r=6~10	1~1.5	15~30	—
5		安放式焊接支管坡口	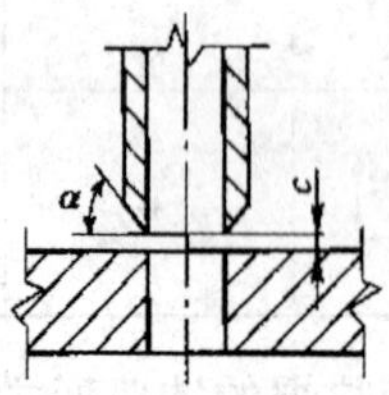	1~2.5	1~1.5	40~50	—
7	2~16	插入式焊接支管坡口	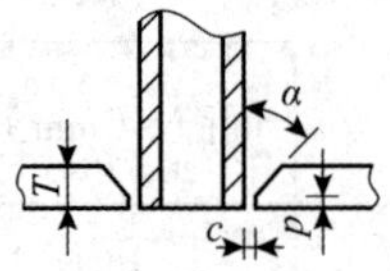	1~2.5	1~1.5	40~50	—
8	1~6	T形接头	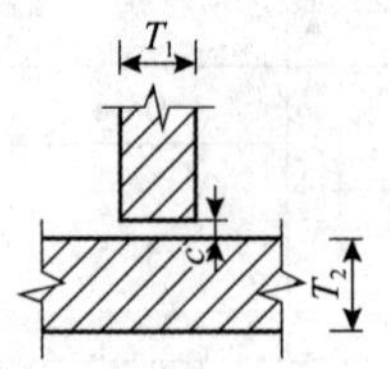	0~2	—	—	—
9	4~12	单边V形坡口	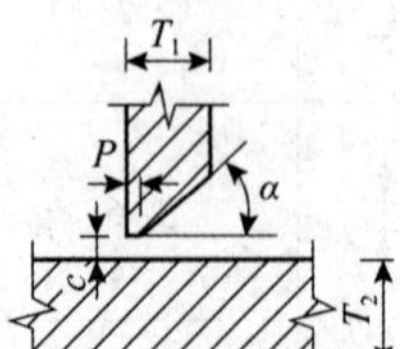	0~2	1~1.5	40~50	—

表C.0.4　钛及钛合金的焊接坡口形式及尺寸（续）

项次	厚度T（mm）	坡口名称	坡口形式	坡口尺寸			备注
				间隙c（mm）	钝边p（mm）	坡口角度α（°）	
10	10~38	K形坡口	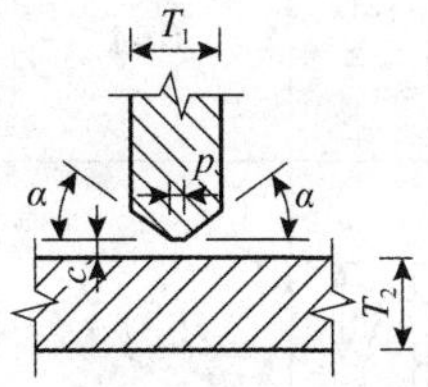	0~2	1~1.5	40~50	—

C.0.5　镍及镍合金的焊条电弧焊和惰性气体保护电弧焊坡口形式及尺寸宜符合表C.0.5的规定。

表C.0.5　镍及镍合金的焊条电弧焊和惰性气体保护电弧焊坡口形式及尺寸

序号	厚度δ（mm）	坡口名称	坡口形式	坡口尺寸			备注
				间隙c（mm）	钝边p（mm）	坡口角度α（β）（°）	
1	1~3	I形坡口	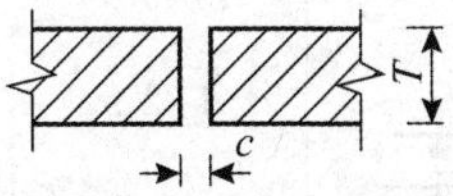	1.0~2.0			单面焊
	3~6			1.0~2.5			双面焊
2	≤8	V形坡口	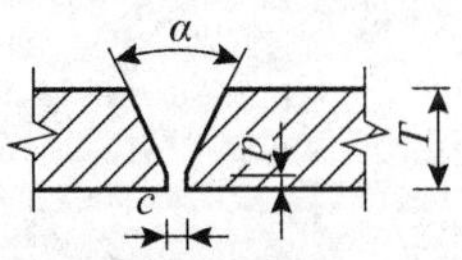	2~3	0.5~1.5	70~80	
	>8			2~3	0.5~1.5	65~75	
3	12~32	X形坡口	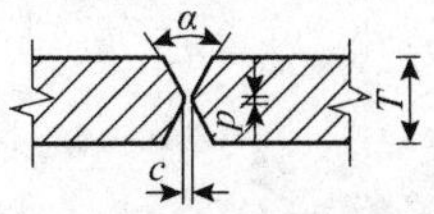	0~3	0~2.5	65~80	—
4	≥17	双V形坡口	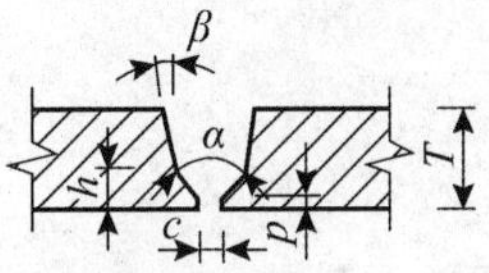	2~3	1~2	70~80（25~27.5）	$h=T/3$
5	≥17	U形坡口	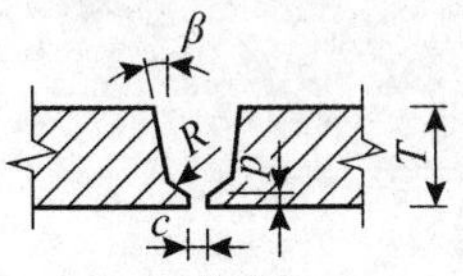 R=5~6	2.5~3.5	1~2	（15~20）	R=5~6
6		安放式焊接支管坡口	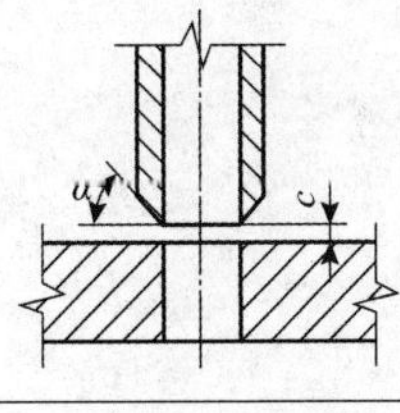	2~3	0~2	55~65	—
7	2~10	插入式焊接支管坡口	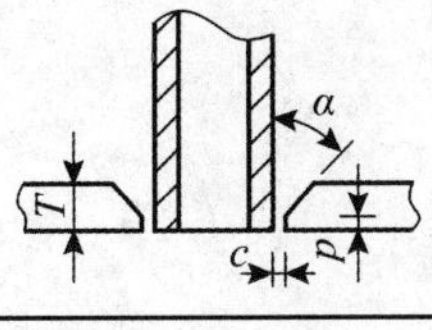	2~3	0~2	50~60	—

C.0.6 锆及锆合金的焊接坡口形式及尺寸宜符合表C.0.6的规定。

表C.0.6 锆及锆合金的焊接坡口形式及尺寸

项次	厚度T（mm）	坡口名称	坡口形式	坡口尺寸			备注
				间隙c（mm）	钝边p（mm）	坡口角度α（°）	
1	1~2	I形坡口	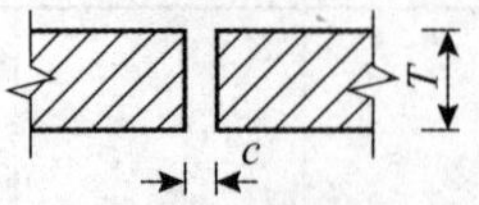	0~1	—	—	—
2	2~10	V形坡口	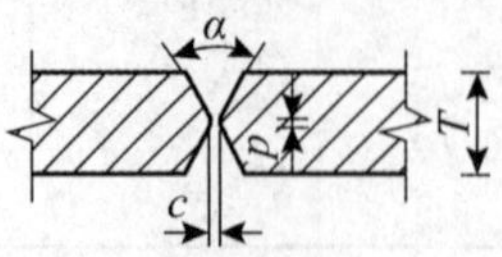	0.5~2	0.5~1.5	55~65	—
3		安放式焊接支管坡口	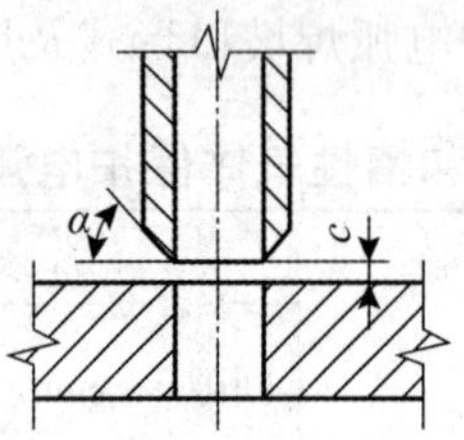	1~2.5	1~1.5	40~50	—
4	2~10	插入式焊接支管坡口	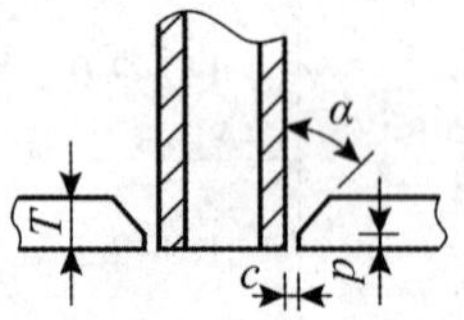	1~2.5	1~1.5	40~50	—

附录 D 焊接材料的选用

D.0.1 常用碳素钢及合金钢焊接材料可按表D.0.1-1和表D.0.1-2选用。

表D.0.1-1 常用碳素钢及合金钢焊接材料的选用

母材牌号		焊条电弧焊		埋弧焊		熔化极气体保护电弧焊（实芯）	惰性气体保护电弧焊（Ar、实芯）
新牌号	旧牌号	焊条 型号	焊条 牌号示例	焊丝型号	焊剂型号	焊丝型号	焊丝型号
Q235A、10、20	—	E4303 E4315	J422 J427	H08A、H08MnA	F4A0-H08A F4A2-H08MnA	ER49-1、ER50-6 H08Mn2SiA	ER49-1 ER50-6 H08Mn2SiA
Q235B、Q235C、Q235D、Q245R	—	E4315 E4316	J427 J426	H08A、H08MnA	F4A0-H08A F4A2-H08MnA	ER50-6 H08Mn2SiA	ER50-6 H08Mn2SiA
Q345A	—	E5003 E5015 E5016	J502 J507 J506	H08MnA、H10Mn2	F5A0-H08MnA F5A0-H10Mn2	ER49-1 ER50-6 H08Mn2Si	ER49-1 H08Mn2Si
Q345B、Q345C、Q345D、Q345R、16Mn	—	E5015 E5016	J507 J506	H08MnA、H10Mn2	F5A2-H08MnA F5A2-H10Mn2	ER50-2、ER50-3 ER50-6、H08Mn2SiA	ER50-2、ER50-3、ER50-6 H08Mn2SiA
16MnDR、Q345E、16MnD	—	E5015-G E5016-G	J507RH J506RH	—	—	—	ER55-Ni1
09MnNiDR、09MnNiD	—	E5515-C1L		—	—	—	ER55-Ni3
18MnMoNbR	—	E6015-D1	J607	H08Mn2MoA	F62A2—H08Mn2MoA	—	—
12CrMo、12CrMoG	—	E5515-B1	R207	H13CrMoA	F48A0—H13CrMoA	—	ER55-B2、H13CrMoA
15CrMo、15CrMoG、15CrMoR	—	E5515-B2	R307	H13CrMoA	F48A0—H13CrMoA	—	ER55-B2、H13CrMoA

表 D.0.1-1 常用碳素钢及合金钢焊接材料的选用（续）

母材牌号		焊条电弧焊		埋弧焊		熔化极气体保护电弧焊（实芯）	惰性气体保护电弧焊（Ar、实芯）
12Cr1MoV、12Cr1MoVG 12Cr1MoVR	—	E5515-B2-V	R317	H08CrMoVA	F48A0—H08CrMoVA	—	ER55-B2-MnV H08CrMoVA
12Cr2Mo、12Cr2MoG、 12Cr2MoR	—	E6015-B3	R407	H05SiCr2MoA	F48A0-H05SiCr2MoA	—	ER62-B3
1Cr5Mo	—	E5MoV-15	R507	—	—	—	H1Cr5Mo
12Cr18Ni9 06Cr19Ni10	1Cr18Ni9 0Cr18Ni9	E308-16 E308-15	A102 A107	H0Cr21Ni10	F308-H0Cr21Ni10	—	H0Cr21Ni10
06Cr18Ni11Ti 07Cr19Ni11Ti	0Cr18Ni10Ti 1Cr18Ni11Ti	E347-16 E347-15	A132 A137	H0Cr20Ni10Nb	F347-H0Cr20Ni10Nb	—	H0Cr20Ni10Nb
022Cr19Ni10	00Cr19Ni10	E308L-16	A002	H00Cr21Ni10	F308L-H00Cr21Ni10	—	H00Cr21Ni10
06Cr17Ni12Mo2	0Cr17Ni12Mo2	E316-16 E316-15	A202 A207	H0Cr19Ni12Mo2	F316-H0Cr19Ni12Mo2	—	H0Cr19Ni12Mo2
06Cr17Ni12Mo2Ti	0Cr18Ni12Mo2Ti	E316L-16 E318-16	A022 A212	H0Cr19Ni12Mo2	F316-H0Cr19Ni12Mo2	—	H0Cr19Ni12Mo2
06Cr19Ni13Mo3	0Cr19Ni13Mo3	E317-16	A242	H0Cr19Ni14Mo3	F317-H0Cr19Ni14Mo3	—	H0Cr19Ni14Mo3
022Cr17Ni14Mo2	00Cr17Ni14Mo2	E316L-16	A022	H0Cr19Ni14Mo3	F316L-H00Cr19Ni12Mo2	—	H00Cr19Ni12Mo2
022Cr19Ni13Mo3	00Cr19Ni13Mo3	E317L-16	A022Mo	—	—	—	—
06Cr23Ni13	0Cr23Ni13	E309-16 E309-15	A302 A307	H1Cr24Ni13	F309-H1Cr24Ni13	—	H1Cr24Ni13
06Cr25Ni20	0Cr25Ni20	E310-16 E310-15	A402 A407	H1Cr26Ni21	F310-H1Cr26Ni21	—	H1Cr26Ni21

表 D.0.1-2 常用异种碳素钢及合金钢焊接材料的选用

被焊钢材种类	母材牌号举例	焊条电弧焊		埋弧焊		熔化极气体保护电弧焊（CO_2、实芯）	惰性气体保护电弧焊（Ar、实芯）
		焊条		焊丝型号	焊剂型号	焊丝型号	焊丝型号
		型号	牌号示例				
碳素钢与强度型低合金钢焊接	20、Q235 Q245R+Q345 Q345R	E4303 E4315 E4316 E5015 E5016	J422 J427 J426 J507 J506	H08A H08MnA H10Mn2	F4A0-H08A F4A2-H08MnA F5A2-H10Mn2	ER49-1 ER50-6 H08Mn2SiA	ER49-1 ER50-6 H08Mn2SiA
碳素钢与耐热型低合金钢焊接	Q235、20+12CrMo、15CrMo、12Cr1MoV、12Cr2Mo、1Cr5Mo	E4315 E4316	J427 J426	H08A H08MnA	F4A0-H08A F4A0-H08MnA	ER49-1 ER50-6 H08Mn2SiA	ER49-1 ER50-6 H08Mn2SiA
强度型低合金钢与耐热型低合金钢焊接	Q345R+12CrMo、15CrMo、12Cr1MoV、12Cr2Mo、1Cr5Mo	E5015 E5016	J507 J506	H08MnA H10Mn2	F5A0-H08MnA F5A0-H10Mn2	ER49-1 ER50-6 H08Mn2SiA	ER49-1 ER50-6 H08Mn2SiA
耐热型低合金钢之间焊接	12CrMo+15CrMo、12Cr1MoV、12Cr2Mo、1Cr5Mo	E5515-B1	R207	H13CrMoA	F48A0-H13CrMoA	—	H13CrMoA
	15CrMo+12Cr1MoV、12Cr2Mo、1Cr5Mo	E5515-B2	R307	H13CrMoA	F48A0-H13CrMoA	—	ER55-B2 H13CrMoA
	12Cr1MoV+12Cr2Mo、1Cr5Mo	E5515-B2-V	R317	H08CrMoVA	F48A0-H08CrMoVA	—	ER55-B2-MnV H08CrMoVA
	12Cr2Mo+1Cr5Mo	E6015-B3	R407	H05SiCr2MoA	F48A0-H05SiCr2MoA	—	ER62-B3
非奥氏体钢与奥氏体钢焊接	20、Q345R、15CrMo等+06Cr19Ni10、06Cr17Ni12Mo2等	E309-15 E309-16 E310-16 E310-15	A307 A302 A402 A407	H1Cr24Ni13 H1Cr26Ni21	F309-H1Cr24Ni13 F310-H1Cr26Ni21	—	H1Cr24Ni13 H1Cr26Ni21

D.0.2 铝及铝合金焊接材料的选用宜符合表D.0.2-1和表D.0.2-2的规定。

表D.0.2-1 同牌号铝及铝合金焊接用焊丝的选用

母材种类	母材牌号	焊丝型号
纯铝	1060、1050A	SAl 1450
	1200	SAl 1200
铝锰合金	3003、3004	SAl 3103
铝镁合金	5052、5A02	SAl 5554
	5A03	SAl 5654
	5083	SAl 5183
	5A05	SAl 5556

表D.0.2-2 异种铝及铝合金焊接用焊丝的选用

异种母材	焊丝型号
纯铝 + 铝锰合金	SAl 3103
纯铝、铝锰合金 +5052、5A02	SAl 5554、SAl 5556
纯铝、铝锰合金 +5A03	SAl 5654
纯铝、铝锰合金 +5083、5086	SAl 5183
纯铝、铝锰合金 +5A06、5A05	SAl 5556

D.0.3 铜及铜合金焊接材料的选用宜符合表D.0.3的规定。

表D.0.3 铜及铜合金焊接材料的选用

母材		焊丝型号	焊剂	备注
类别	牌号			
纯铜	T2、T3、TU2	SCu1898	—	—
黄铜	H62、H68	SCu6560	—	钨极惰性气体保护电弧焊
		SCu6810A	CJ301	氧乙炔焊

D.0.4 镍及镍合金焊条和焊丝的选用宜符合表D.0.4-1和表D.0.4-2的规定。

表 D.0.4-1 常用镍及镍合金焊接材料的选用

母材类别	焊条型号	焊丝型号
Nickel 200	ENi 2061（ENi-1）	SNi 2061（ERNi-1）
Monel 400	ENi 4060（ENiCu-7）	SNi 4060（ERNiCu-7）
Inconel 600	ENi 6062（ENiCrFe-1） ENi 6182（ENiCrFe-3）	SNi 6062（ERNiCrFe-5） SNi 6082（ERNiCr-3）
Inconel 625	ENi 6625（ENiCrMo-3）	SNi 6625（ERNiCrMo-3）
Incoloy 800	ENi 6133（ENiCrFe-2） ENi 6182（ENiCrFe-3）	SNi 6082（ERNiCr-3）
Incoloy 825		SNi 8065（ERNiFeCr-1）
Hastelloy B	ENi 1001（ENiMo-1）	SNi 1001（ERNiMo-1）
Hastelloy B2	ENi 1066（ENiMo-7）	SNi 1066（ERNiMo-7）
Hastelloy C276	ENi 6276（ENiCrMo-4）	SNi 6276（ERNiCrMo-4）
Hastelloy C4	ENi 6455（ENiCrMo-7）	SNi 6455（ERNiCrMo-7）

注：括号内型号为被替代标准《镍及镍合金焊条》GB/T 13814—1992的焊条型号和《镍及镍合金焊丝》GB/T 15620—1995中的焊丝型号。

表D.0.4-2　常用异种镍及镍合金焊接材料的选用

母材类别		焊条型号	焊丝型号
Nickel 200	Monel 400	ENi 2061（ENi-1） ENi 4060（ENiCu-7）	SNi 2061（ERNi-1） SNi 4060（ERNiCu-7）
	Inconel 600 Incoloy 800	ENi 2061（ENNi-1） ENi 6062（ENiCrFe-3） ENi 6133（ENiCrFe-2）	SNi 2061（ERNi-1） SNi 6082（ERNiCr-3）
	Hastelloy B Hastelloy B2 Hastelloy C	ENi 6062（ENiCrFe-3） ENi 6133（ENiCrFe-2）	SNi 6082（ERNiCr-3） SNi 7092（ERNiCrFe-6）
Monel 400	Inconel 600 Incoloy 800	ENi 6062（ENiCrFe-3） ENi 6133（ENiCrFe-2）	SNi 6082（ERNiCr-3） SNi 7092（ERNiCrFe-6）
	Hastelloy B Hastelloy B2	ENi 4060（ENiCu-7）	SNi 4060（ERNiCu-7）
	Hastelloy C	ENi 6133（ENiCrFe-2） ENi 6062（ENiCrFe-3）	SNi 6082（ERNiCr-3） SNi 7092（ERNiCrFe-6）
Inconel 600 Incoloy 800	Hastelloy B Hastelloy B2 Hastelloy C	ENi 6062（ENiCrFe-3） ENi 6133（ENiCrFe-2）	SNi 6082（ERNiCr-3） SNi 7092（ERNiCrFe-6）
	Hastelloy C276 Hastelloy C4	ENi 1004（ENiMo-3）	SNi 1004（ERNiMo-3）
Hastelloy B	Hastelloy C	ENi 1004（ENiMo-3）	SNi 1004（ERNiMo-3）

注：括号内型号为被替代标准《镍及镍合金焊条》GB/T 13814—1992的焊条型号和《镍及镍合金焊丝》GB/T 15620—1995中的焊丝型号。

D.0.5　锆及锆合金焊丝的选用宜符合表D.0.5的规定。

表D.0.5　锆及锆合金焊丝选用表

母材种类	母材牌号举例	焊丝型号（AWSA5.24）
工业纯锆	ASME SB523、SB658 R60702	ERZr2
Zr-1.5Sn 合金	ASME SB523、SB658 R60704	ERZr3
Zr-2.5Nb 合金	ASME SB523、SB658 R60705	ERZr4

引用标准名录

《工业金属管道工程施工规范》GB 50235
《现场设备、工业管道焊接工程施工质量验收规范》GB 50683
《不锈钢焊条》GB/T 983
《气焊、焊条电弧焊、气体保护焊和高能束焊的推荐坡口》GB/T 985.1
《埋弧焊的推荐坡口》GB/T 985.2
《铝及铝合金气体保护焊的推荐坡口》GB/T 985.3
《复合钢的推荐坡口》GB/T 985.4
《焊接用钢盘条》GB/T 3429
《钛及钛合金丝》GB/T 3623
《焊接用不锈钢盘条》GB/T 4241
《氩》GB/T 4842
《纯氦》GB 4844.2
《碳钢焊条》GB/T 5117
《低合金钢焊条》GB/T 5118
《埋弧焊用碳钢焊丝和焊剂》GB/T 5293
《溶解乙炔》GB 6819
《气体保护电弧焊用碳钢、低合金钢焊丝》GB/T 8110
《纯氮、高纯氮和超纯氮》GB/T 8979
《铜及铜合金焊丝》GB/T 9460
《碳钢药芯焊丝》GB/T 10045
《电弧螺柱焊用圆柱头焊钉》GB/T 10433
《铝及铝合金焊丝》GB/T 10858
《埋弧焊用低合金钢焊丝和焊剂》GB/T 12470
《镍及镍合金焊条》GB/T 13814
《熔化焊用钢丝》GB/T 14957
《镍及镍合金焊丝》GB/T 15620
《低合金钢药芯焊丝》GB/T 17493
《不锈钢药芯焊丝》GB/T 17853
《埋弧焊用不锈钢焊丝和焊剂》GB/T 17854
《特种设备焊接操作人员考核细则》TGS Z6002
《焊接用二氧化碳》HG/T 2537
《焊接材料质量管理规程》JB/T 3223
《承压设备无损检测》JB/T 4730
《承压设备焊接工艺评定》NB/T 47014
《压力容器焊接规程》NB/T 47015
《承压设备用焊接材料订货技术条件　第7部分：钛及钛合金焊丝和填充丝》NB/T 47018.7
《惰性气体保护焊接用不锈钢棒及钢丝》YB/T 5091

UDC

中华人民共和国国家标准

P

GB 50316—2000

工业金属管道设计规范

Design code for industrial metallic piping

（2008年版）

2000-09-26 发布　　2001-01-01 实施

国家质量技术监督局
中华人民共和国建设部　联合发布

目　次

1 总　　则

1.0.1 为了提高工业金属管道工程的设计水平，保证设计质量，制定本规范。

1.0.2 本规范适用于公称压力小于或等于42MPa的工业金属管道及非金属衬里的工业金属管道的设计。

1.0.3 本规范不适用于下列管道的设计：

1.0.3.1 制造厂成套设计的设备或机器所属的管道；

1.0.3.2 电力行业的管道；

1.0.3.3 长输管道；

1.0.3.4 矿井的管道；

1.0.3.5 采暖通风与空气调节的管道及非圆形截面的管道；

1.0.3.6 地下或室内给排水及消防给水管道；

1.0.3.7 泡沫、二氧化碳及其他灭火系统的管道；

1.0.3.8 城镇公用管道。

1.0.4 除另有注明外，本规范所述的压力均应为表压。

1.0.5 工业金属管道设计，除应执行本规范外，尚应符合国家现行有关标准的规定。

2 术语和符号

2.1 术　　语

2.1.1 A1类流体　category A1 fluid

在本规范内系指剧毒流体，在输送过程中如有极少量的流体泄漏到环境中，被人吸入或与人体接触时，能造成严重中毒，脱离接触后，不能治愈。相当于现行国家标准《职业性接触毒物危害程度分级》GB 5044中Ⅰ级（极度危害）的毒物。

2.1.2 A2类流体　category A2 fluid

在本规范内系指有毒流体，接触此类流体后，会有不同程度的中毒，脱离接触后可治愈。相当于《职业性接触毒物危害程度分级》GB 5044中Ⅱ级及以下（高度、中度、轻度危害）的毒物。

2.1.3 B类流体　category B fluid

在本规范内系指这些流体在环境或操作条件下是一种气体或可闪蒸产生气体的液体，这些流体能点燃并在空气中连续燃烧。

2.1.4 D类流体　category D fluid

指不可燃、无毒、设计压力小于或等于1.0MPa和设计温度高于-20~186℃之间的流体。

2.1.5 C类流体　category C fluid

系指不包括D类流体的不可燃、无毒的流体。

2.1.6 管道　piping

由管道组成件、管道支吊架等组成，用以输送、分配、混合、分离、排放、计量或控制流体流动。

2.1.7 管道系统　piping system

简称管系，按流体与设计条件划分的多根管道连接成的一组管道。

2.1.8 管道组成件　piping components

用于连接或装配成管道的元件，包括管子、管件、法兰、垫片、紧固件、阀门以及管道特殊件等。

2.1.9 管道特殊件 piping specialties

指非普通标准组成件，系按工程设计条件特殊制造的管道组成件，包括：膨胀节、补偿器、特殊阀门、爆破片、阻火器、过滤器、挠性接头及软管等。

2.1.10 斜接弯管（弯头） miter bends

采用管子或钢板制成的焊接弯管（弯头），具有与管子纵轴线不相垂直的斜接焊缝的管段拼接而成。

2.1.11 支管连接 branch connections

从主管引出支管的结构，包括整体加强的管件及带加强或不带加强的焊接结构的支管连接。

2.1.12 突面 raised face

为法兰密封面的一种形式，突起的平密封面在螺栓孔的内侧，代号为RF。

2.1.13 满平面 full face

也称全平面，为法兰密封面的一种形式，在法兰外径以内均为平密封面，代号为FF。

2.1.14 集液包 liquid collecting pocket（drip leg）

在气体或蒸汽管道的低点设置收集冷凝液的袋形装置。

2.1.15 管道支吊架 pipe supports and hangers

用于支承管道或约束管道位移的各种结构的总称，但不包括土建的结构。

2.1.16 固定支架 anchors

可使管系在支承点处不产生任何线位移和角位移，并可承受管道各方向的各种荷载的支架。

2.1.17 滑动支架 sliding supports

有滑动支承面的支架，可约束管道垂直向下方向的位移，不限制管道热胀或冷缩时的水平位移，承受包括自重在内的垂直方向的荷载。

2.1.18 刚性吊架 rigid hangers

带有铰接吊杆的管架结构，可约束管道垂直向下方向的位移，不限制管道热胀或冷缩时的水平位移，承受包括自重在内的垂直方向的荷载。

2.1.19 导向架 guides

可阻止因力矩和扭矩所产生旋转的支架，可对一个或一个以上方向进行导向，但管道可沿给定轴向位移。当用在水平管道时，支架还承受包括自重力在内的垂直方向荷载。通常导向架的结构兼有对某轴向或两个轴向限位的作用。

2.1.20 限位架 restraints

可限制管道在某点处指定方向的位移（可以是一个或一个以上方向线位移或角位移）的支架。规定位移值的限位架，称为定值限位架。

2.1.21 减振装置 vibrating eliminators

可控制管系高频低幅振动或低频高幅晃动的装置，不限制管系热胀冷缩。

2.1.22 阻尼装置 snubbers（dampers）

可控制管道瞬时冲击荷载或管系高速振动位移的装置，不限制管系热胀冷缩。

2.1.23 剧烈循环条件 severe cyclic condition

指管道计算的最大位移应力范围σ_E超过0.8倍许用的位移应力范围（即$0.8[\sigma]_A$）和当量循环数N大于7000或由设计确定的产生相等效果的条件。

2.1.24 应力增大系数 stress intensification factor

受弯矩的作用，在非直管的组成件中，产生疲劳损坏的最大弯曲应力与承受相同弯矩、相同直径及厚度的直管产生疲劳损坏的最大弯曲应力的比值，称为应力增大系数。因弯矩与管道组成件所在平面不同，有平面内及平面外的应力增大系数。

2.1.25 位移应力范围 displacement stress range

由管道热膨胀产生的位移所计算的应力称为位移应力范围。从最低温度到最高温度的全补偿值进行计算的应力，称为计算的最大位移应力范围。

2.1.26 附加位移 externally imposed displacements

指所计算管系的端点处因设备或其他连接管的热膨胀或其他位移附加给计算管系的位移量。

2.1.27 冷拉 cold spring

在安装管道时预先施加于管道的弹性变形，以产生预期的初始位移和应力，达到降低初始热态下管端的作用力和力矩。

2.1.28 柔性系数 flexibility factor

表示管道元件在承受力矩时，相对于直管而言其柔性增加的程度。即：在管道元件中由给定的力矩产生的每单位长度元件的角变形与相同直径及厚度的直管受同样力矩产生的角变形的比值。

2.1.29 公用工程管道 utility piping

相对于工艺管道而言，公用工程管道系指工厂（装置）的各工序中公用流体的管道。

2.1.30 管道和仪表流程图 piping and instrument diagram

简称P&ID（或PID）。此图上除表示设备外，主要表示连接的管道系统、仪表的符号及管道识别代号等。

2.2 符 号

A——主管开孔削弱所需的补强面积

A_1——补强范围内主管承受内、外压所需计算厚度和厚度附加量两者之外的多余金属面积

A_2——补强范围内支管承受内、外压所需计算厚度和厚度附加量两者之外的多余金属面积

A_3——补强范围内的角焊缝面积

A_4——补强范围内另加补强件的面积

A_5——补强范围内，挤压引出支管上承受内、外压所需厚度和厚度附加量两者之外的多余金属面积

A_k——材料的冲击功

B——补强区有效宽度

C_{1t}——支管厚度减薄（负偏差）的附加量

C_{1m}——主管厚度减薄（负偏差）的附加量

C_{1r}——补强板厚度减薄（负偏差）的附加量

C——厚度附加量之和

C_1——厚度减薄附加量，包括加工、开槽和螺纹深度及材料厚度负偏差

C_2——腐蚀或磨蚀附加量

C_f——修正系数

C_h——管道压力损失的裕度系数

C_p——定压热容

C_s——冷拉比，即冷拉值与全补偿值之比

C_v——定容热容

C.S.C.（L.C.）——关闭状态下锁住（未经批准不得开启）

C.S.O.（L.O.）——开启状态下锁住（未经批准不得关闭）

d——扣除厚度附加量后支管内径

d_o——支管名义外径

d_1——扣除厚度附加量后主管上斜开孔的长径

d_G——凹面或平面法兰垫片的内径或环槽式垫片平均直径
d_X——除去厚度附加量后挤压引出支管的内径
DN——管子或管件的公称直径
D_i——管子或管件内径
D_{iL}——异径管大端内径
D_{iS}——异径管小端内径
D_o——管子或管件外径
D_{OL}——异径管大端外径
D_{OS}——异径管小端外径
D_r——补强板的外径
E_c——铸件的质量系数
E_j——焊接接头系数
E_h——在最高或最低温度下管道材料的弹性模量
E_{20}——在安装温度下的管道材料的弹性模量
F_H——工作荷载
f_r——补强板材料与主管材料许用应力比
f_s——荷载变化系数
f——管道位移应力范围减小系数
g——重力加速度
h——尺寸系数
h_1——主管外侧法向补强的有效高度
h_2——支管有效补强高度
h_3——平盖内凹的深度
h_x——挤压引出支管的高度
i——应力增大系数
i_i——平面内应力增大系数
i_o——平面外应力增大系数
i_s——管道坡度
k——气体的绝热指数
K——柔性系数
K_1——与平盖结构有关的系数
K_2——用于斜接弯管的经验值
K_3——挤压引出支管补强系数
K_R——阻力系数
K_s——弹簧刚度
K_T——许用应力系数
L——管道长度
L_e——阀门和管件的当量长度
L_f——斜接弯管端节短边的长度
L_s——支吊架间距
L_{SL}——与异径管大端连接的直管加强段长度
L_{SS}——与异径管小端连接的直管加强段长度
M——气体分子量
M_A——由于自重和其他持续外载作用在管道横截面上的合成力矩

M_B——安全阀或释放阀的反座推力、管道内流量和压力的瞬时变化、风力或地震等产生的偶然荷载作用于管道横截面上的合成力矩
M_E——热胀当量合成力矩
M'_E——未计入应力增大系数的合成力矩
M_i——平面内热胀弯曲力矩
M_O——平面外热胀弯曲力矩
M_t——热胀扭转力矩
M_X——沿坐标轴X方向的力矩
M_Y——沿坐标轴Y方向的力矩
M_Z——沿坐标轴Z方向的力矩
n——序数
N——管系预计使用寿命下全位移循环当量数
N_E——与计算的最大位移应力范围σ_E相关的循环数
N_j——与按小于全位移计算的位移应力范围σ_j相关的循环数
P——设计压力
P_A——在设计温度下的许用压力
P_m——斜接弯管的最大许用内压力
PN——公称压力
P_T——试验压力
Q_L——异径管大端与直管连接的应力增值系数
Q_S——异径管小端与直管连接的应力增值系数
R——圆弧弯管的弯曲半径
R_1——斜接弯管的弯曲半径
R_c——管道运行初期在安装温度下对设备或端点的作用力和力矩
R_{c1}——管道应变自均衡后在安装温度下对设备或端点的作用力和力矩
R_E——以E_{20}和全补偿值计算的管道对端点的作用力和力矩
R_h——管道运行初期在最高或最低温度下对设备或端点的作用力和力矩
R_m——主管平均半径
r——平盖内圆角半径
r_o——管子或管件的平均半径
r_1、r_2、r_3——支管补强部位过渡半径
r_j——按小于全位移计算的位移应力范围σ_j与计算的最大位移应力范围σ_E之比
r_m——支管平均半径
r_p——支管补强部分外半径
r_x——在主管和支管轴线的平面内，外轮廓转角处的曲率半径
S——斜接弯管斜接段中心线处的间距
T——气体温度
T_1——对焊件较薄一侧的厚度
T_2——对焊件较厚一侧的厚度
T_c——三通圆角部（主支管相交处）厚度
T_t——主管计算厚度
T_{tn}——主管名义厚度
t——半管接头的端部厚度
t_b——支管补强部位有效厚度

t_c—— 角焊缝计算的有效厚度
t_{eb}—— 三通支管的有效厚度
t_{Fn}—— 管件的名义厚度
t_L—— 异径管名义厚度
t_{L1}—— 异径管大端名义厚度
t_{L2}—— 异径管小端名义厚度
t_{LC}—— 异径管锥部计算厚度
t_{LL}—— 异径管大端计算厚度
t_{LS}—— 异径管小端计算厚度
t_m—— 盲板计算厚度
t_p—— 平盖计算厚度
t_{pd}—— 平盖或盲板的设计厚度
t_r—— 补强板名义厚度
t_s—— 直管计算厚度
t_{sd}—— 直管设计厚度
t_{se}—— 直管有效厚度
t_{sn}—— 直管名义厚度
t_t—— 支管计算厚度
t_{tn}—— 支管名义厚度
t_X—— 除去厚度附加量后在主管外表面处挤压引出支管的有效厚度
t_w—— 插入式支管台的尺寸
v—— 平均流速
v_c—— 气体的声速或临界流速
W—— 截面系数
W_B—— 异径三通支管的有效截面系数
W_o—— 质量流量
X—— 法兰内侧角焊缝焊脚尺寸
X_{min}—— 角焊缝最小焊脚尺寸
Y—— 系数
Y_s—— 管道自重弯曲挠度
α—— 斜接弯管一条焊缝方向改变的角度（相邻斜接线夹角）
α_1—— 支管轴线与主管轴线的夹角
α_0—— 金属材料的平均线膨胀系数
β—— 异径管斜边与轴线的夹角
θ—— 斜接弯管一条焊缝方向改变的角度的1/2（相邻斜接线夹角的一半）
θ_n—— 支管补强部位过渡角度
δ—— 最大计算纤维伸长率
δ_{ave}—— 对接焊口错边量的平均值
δ_{max}—— 对接焊口错边量的最大值
δ_1—— 基层金属的名义厚度
δ_2—— 复层金属扣除附加量后的有效厚度
Δ—— 管道垂直热位移
ΔP_f—— 直管的摩擦压力损失
ΔP_k—— 局部的摩擦压力损失

ΔP_t—— 管道总压力损失

η—— 与平盖结构有关的系数

ρ—— 流体密度

λ—— 流体摩擦系数

σ_b—— 材料标准抗拉强度下限值

σ_b^t—— 材料在设计温度下的抗拉强度

σ_D^t—— 材料在设计温度下经10万h断裂的持久强度的平均值

σ_E—— 计算的最大位移应力范围

σ_j—— 按小于全位移计算的位移应力范围

σ_L—— 管道中由于压力、重力和其他持续荷载所产生的纵向应力之和

σ_n^t—— 材料在设计温度下经10万h蠕变率为1%的蠕变极限

σ_s（$\sigma_{0.2}$）—— 材料标准常温屈服点（或0.2%屈服强度）

σ_s^t（$\sigma_{0.2}^t$）—— 材料在设计温度下的屈服点（或0.2%屈服强度）

σ_T—— 在试验条件下组成件的周向应力

$[\sigma]_T$—— 在试验温度下材料的许用应力

$[\sigma]^t$—— 在设计温度下材料的许用应力

$[\sigma]_o$—— 在设计温度下整体复合金属材料的许用应力

$[\sigma]_1$—— 在设计温度下基层金属的许用应力

$[\sigma]_2$—— 在设计温度下复层金属的许用应力

$[\sigma]_A$—— 许用的位移应力范围

$[\sigma]_c$—— 在分析中的位移循环内，金属材料在冷态（预计最低温度）下的许用应力

$[\sigma]_h$—— 在分析中的位移循环内，金属材料在热态（预计最高温度）下的许用应力

$[\sigma]_x$—— 决定组成件厚度时采用的计算温度下材料的许用应力

$[\sigma]_{RP}^t$—— 在设计温度下补强板材料的许用应力

$[\sigma]_M^t$—— 在设计温度下主管材料的许用应力

3 设计条件和设计基准

3.1 设计条件

3.1.1 管道设计应根据压力、温度、流体特性等工艺条件，并结合环境和各种荷载等条件进行。

3.1.2 设计压力的确定应符合下列规定：

3.1.2.1 一条管道及其每个组成件的设计压力，不应小于运行中遇到的内压或外压与温度相偶合时最严重条件下的压力。最严重条件应为强度计算中管道组成件需要最大厚度及最高公称压力时的参数。但上述设计压力不应包括本章中允许的非经常性压力变动值。

3.1.2.2 下列特殊条件的管道，其设计压力应与第3.1.2.1款比较，并应取两者的较大值。

（1）输送制冷剂、液化烃类等气化温度低的流体的管道，设计压力不应小于阀被关闭或流体不流动时在最高环境温度下气化所能达到的最高压力；

（2）离心泵出口管道的设计压力不应小于吸入压力与扬程相应压力之和；

（3）没有压力泄放装置保护或与压力泄放装置隔离的管道，设计压力不应低于流体可达到的最大压力。

3.1.2.3 真空管道应按受外压设计，当装有安全控制装置时，设计压力应取1.25倍最大内外压力差或0.1MPa两者中的低值；无安全控制装置时，设计压力应取0.1MPa。

3.1.2.4 装有泄压装置的管道的设计压力不应小于泄压装置开启的压力。

3.1.3 设计温度的确定应符合下列规定：

3.1.3.1 管道中每个组成件的设计温度，应不低于本规范第3.1.2.1款规定的需要最大厚度或最高公称压力相对应的温度。设计温度的确定，还应包括流体温度、环境温度、阳光辐射、加热或冷却的流体温度等因素的影响。

设计的最低温度应为管道组成件的最低工作温度，此温度不应低于材料的使用温度下限。常用材料的使用温度下限，应符合本规范附录A的规定。

3.1.3.2 管道采用伴管或夹套加热时，应以外加热和管内流体温度中较高的温度为设计温度。

3.1.3.3 无隔热层的管道中，不同的管道组成件可具有不同的设计温度，管道组成件的设计温度应符合以下规定：

（1）流体温度低于65℃时，管道组成件的设计温度可与流体温度相同；

（2）流体温度等于或大于65℃时，除非按传热计算或试验确定有较低的平均壁温，管道组成件的设计温度不应低于以下的值：

阀门、管子、突缘短节、焊接管件和厚度与管子相似的其他管道组成件：为流体温度的95%；

法兰（除松套法兰外），包括在管件和阀门上的法兰：为流体温度的90%；

松套法兰：为流体温度的85%；

法兰的紧固件：为流体温度的80%。

3.1.3.4 外保温管道的设计温度应按第3.1.3.1款和第3.1.3.2款确定。当另有计算、试验或测定的结果时，可取其他温度。

3.1.3.5 内保温管道的设计温度，应根据传热计算或试验确定。

3.1.3.6 对于非金属材料衬里的管道，设计温度应取流体的最高工作温度。当无外隔热层时，外层金属的设计温度可通过传热计算、试验决定，或按第3.1.3.3款确定。

3.1.4 设计中应对以下环境影响采取有效措施：

3.1.4.1 管道中的气体或蒸气被冷却时，应确定压力降低值。当管内产生真空时，管道应能承受在低温下的外部压力，或采取破坏真空的预防措施。

3.1.4.2 管道组成件应能承受或消除因静态流体受热膨胀而增加的压力，或采取预防措施。

3.1.4.3 当管道温度低于0℃时，应防止切断阀、控制阀、泄压装置和其他管道组成件的活动部件外表面结冰。

3.1.5 管道应能承受以下的动力荷载：

3.1.5.1 管道应能承受外部或内部条件引起的水力冲击、液体或固体的撞击等的冲击荷载。

3.1.5.2 位于室外的地上管道应能承受风荷载。

3.1.5.3 在地震区的管道应能承受地震引起的水平力，并应符合有关国家现行抗震标准的规定。

3.1.5.4 管道的布置和支承设计应消除由于冲击、压力脉动、机器共振、风荷载等引起有害的管道振动的影响。

3.1.5.5 在管道布置和支架设计时，应能承受由于流体的减压或排放时所产生的反作用力。

3.1.6 管道承受的静荷载应包括固定荷载及活荷载。活荷载应包括输送流体重力或试验用的流体重力、寒冷地区的冰、雪重力及其他活动的临时荷载等。固定荷载应包括管道组成件、隔热材料以及由管道支承的其他永久性荷载。

3.1.7 设计中应分析以下热膨胀或收缩的影响：

3.1.7.1 管道被约束或固定，因热膨胀或收缩而产生的作用力和力矩。

3.1.7.2 管壁上温度发生急剧的变化，或由于温度分布不均匀而产生的管壁应力及荷载。

3.1.7.3 两种不同材料所组成的复合或衬里管道，因基层或复层热膨胀性能不同而产生的荷载及夹套管因内外管温度差而产生的荷载。

3.1.8 设计中应避免管道受压力循环荷载、温度循环荷载以及其他循环交变荷载所引起的疲劳破坏。

3.1.9 管道支架和连接设备的位移应作为计算的条件，包括设备或支架的热膨胀、地基下沉、潮水流动、风荷载等产生的位移。

3.1.10 对于焊接、热处理、加工成形、弯曲、低温操作以及易挥发性流体突然减压而产生的急冷作用等情况应保证材料韧性降低在允许的范围内。

3.1.11 当流体工作温度低于-191℃时，在选择管道材料包括隔热材料时应按环境空气会出现冷凝和氧气浓缩的因素，确定管外覆盖层，或采取相应的措施。

3.2 设计基准

3.2.1 管道组成件的压力-温度额定值应符合下列规定：

3.2.1.1 除本规范另有规定外，管道组成件的公称压力及对应的工作压力-温度额定值应符合国家现行标准。选用管道组成件时，该组成件标准中所规定的额定值，不应低于管道的设计压力和设计温度。

对于只标明公称压力的组成件，除另有规定外，在设计温度下的许用压力可按下式计算：

$$P_A = PN\frac{[\sigma]^t}{[\sigma]_x} \quad (3.2.1)$$

式中 P_A——在设计温度下的许用压力（MPa）；

PN——公称压力（MPa）；

$[\sigma]^t$——在设计温度下材料的许用应力（MPa）；

$[\sigma]_x$——决定组成件厚度时采用的计算温度下材料的许用应力（MPa）。

3.2.1.2 在国家现行标准中没有规定压力-温度额定值及公称压力的管道组成件，可用设计温度下材料的许用应力及组成件的有效厚度（名义厚度减去所有厚度附加量）通过计算来确定组成件的压力-温度额定值。

3.2.1.3 两种不同压力-温度参数的流体管道连结一起时，分隔两种流体的阀门参数应按较严重的条件决定。位于阀门任一侧的管道，应按其输送条件设计。

3.2.1.4 多条设计压力和设计温度不同的管道，用相同的管道组成件时，应按压力和温度相耦合时最严重条件下的某一条管道的压力和温度条件进行设计。

3.2.2 管道运行中的压力和温度的允许变动范围应符合下列规定：

3.2.2.1 金属管道在运行中其压力、温度或两者同时发生非经常性的变动，且下列所有规定都能满足时，应认为在允许的范围内。否则，必须按照压力-温度变动过程中耦合时最严重工况下的设计条件确定。

（1）没有铸铁或其他非塑性金属的受压组成件。

（2）公称压力产生的应力不应超过在设计温度下的屈服点。

（3）纵向应力不应超过本规范规定的极限。

（4）在管道寿命内，超过设计条件的压力-温度变动的总次数不应超过1000次。

（5）在任何情况下，最高变动压力不应超过管道的试验压力。

（6）超过设计条件的非经常性变动应符合下列限制之一。

允许超过压力值或提高温度的程度相当于允许提高许用应力值，其规定如下：

一次变动持续时间不超过10h，且每年累计不超过100h时，许用应力提高不得超过33%。

一次变动持续时间不超过50h，且每年累计不超过500h时，许用应力提高不得超过20%。

（7）持续的和周期性的变动对系统中所有组成件的工作性能无影响。如压力变动对阀座等部件的密封无影响。

（8）变动后的温度不应低于本规范附录A中规定的最低使用温度。

3.2.2.2 对于非金属衬里管道，压力和温度允许的变动值，应在取得成功的使用经验或经过试验证实可靠时，方可使用。

3.2.3 许用应力应符合下列规定：

3.2.3.1 本规范附录A中金属管道材料的许用应力系指许用拉应力，使用时应符合下列规定：

（1）对于焊接的管道组成件用材料，采用本规范附录A的许用应力时，应另外计入焊接接头系数E_j。

（2）对于铸件，在本规范附录A表A.0.5~表A.0.7中的许用应力已计入铸件的质量系数E_c值0.80。

3.2.3.2 许用剪切应力为本规范附录A许用应力的0.8倍；支承面的许用压应力为许用应力的1.6倍；许用压应力为本规范附录A表中的许用应力。

3.2.3.3 确定许用应力的基准：

（1）螺栓材料的许用应力应按表3.2.3-1确定。

（2）除螺栓及铸铁材料外，对本规范所用的其他材料的许用应力，应按表3.2.3-2确定。

（3）灰铸铁在设计温度下的许用应力值不应超过下列中的较低者：

标准抗拉强度下限值的1/10；

设计温度下抗拉强度的1/10。

（4）可锻铸铁在设计温度下的许用应力值不应超过下列中的较低者：

标准抗拉强度下限值的1/5；

设计温度下抗拉强度的1/5。

表3.2.3-1 螺栓材料的许用应力

材　料	螺栓直径d（mm）	热处理状态	许用应力（MPa）取下列各值中的最小值	
碳素钢	d≤M22 M24≤d≤M48	热轧、正火	$\sigma_s^t/2.7$ $\sigma_s^t/2.5$	$\sigma_D^t/1.5$
低合金钢、马氏体高合金钢	d≤M22 M24≤d≤M48 d≥M52	调质	σ_s^t（$\sigma_{0.2}^t$）/3.5 σ_s^t（$\sigma_{0.2}^t$）/3.0 σ_s^t（$\sigma_{0.2}^t$）/2.7	$\sigma_D^t/1.5$
奥氏体高合金钢	d≤M22 M24≤d≤M48	固溶	σ_s^t（$\sigma_{0.2}^t$）/1.6 σ_s^t（$\sigma_{0.2}^t$）/1.5	

表3.2.3-2 其他材料的许用应力

材　料	许用应力（MPa）取下列各值中的最小值				
碳素钢及低合金钢	$\frac{\sigma_b}{3.0}$	$\frac{\sigma_s}{1.6}$	$\frac{\sigma_s^t}{1.6}$	$\frac{\sigma_D^t}{1.5}$	$\frac{\sigma_n^t}{1.0}$
高合金钢	$\frac{\sigma_b}{3.0}$	$\frac{\sigma_s(\sigma_{0.2})}{1.5}$	$\frac{\sigma_s^t(\sigma_{0.2}^t)}{1.5}$	$\frac{\sigma_D^t}{1.5}$	$\frac{\sigma_n^t}{1.0}$
有色金属	$\frac{\sigma_b}{4.0}$	$\frac{\sigma_s(\sigma_{0.2})}{1.5}$	$\frac{\sigma_s^t(\sigma_{0.2}^t)}{1.5}$	—	—

注： 对于奥氏体高合金钢管道组成件，当设计温度低于蠕变温度范围，且允许有微量的永久变形时，可适当提高许用应力值至σ_s^t（$\sigma_{0.2}^t$）的0.9倍，但不应超过σ_s（$\sigma_{0.2}$）的0.667倍。此规定不适用于法兰或其他有微量永久变形会产生泄漏或故障的场合。

表中符号：

σ_b——材料标准抗拉强度下限值（MPa）；

σ_s（$\sigma_{0.2}$）——材料标准常温屈服点（或0.2%屈服强度）（MPa）；

σ_s^t（$\sigma_{0.2}^t$）——材料在设计温度下的屈服点（或0.2%屈服强度）（MPa）；

σ_D^t——材料在设计温度下经10万h断裂的持久强度的平均值（MPa）；

σ_n^t——材料在设计温度下经10万h蠕变率为1%的蠕变极限（MPa）。

3.2.4 铸件质量系数E_c应符合下列规定：

3.2.4.1 质量系数E_c可用于国家现行标准中未规定压力－温度参数值的铸造组成件。

3.2.4.2 符合材料标准的灰铸铁件和可锻铸铁件质量系数E_c取0.80。

3.2.4.3 其他金属的静态浇铸件，符合材料标准并经肉眼检验的阀门、法兰、管件和其他组成件的钢铸件，质量系数E_c取0.80。

3.2.4.4 离心浇铸件，对只符合规定要求中的化学分析、抗拉试验、液压试验、压扁试验和肉眼检验的铸件，质量系数E_c取0.80。

3.2.4.5 如对铸件进行补充检测，质量系数E_c可提高至表3.2.4的数值，但在任何情况下，质量系数不应超过1.00。

表3.2.4　铸件增加检测后的质量系数E_c

铸件检测方法	E_c
(1)表面机加工后检查	0.85
(2)磁粉或液渗检测	0.85
(3)超声波或射线检测	0.95
上述(1)+(2)项检测	0.90
上述(1)+(3)项或(2)+(3)项检测	1.00

3.2.5 焊接接头系数E_j应根据表3.2.5中焊接接头的型式、焊接方法和焊接接头的检验要求确定。对有色金属管道熔化极氩弧焊100%无损检测时，单面对接接头系数为0.85，双面对接接头系数为0.90；局部无损检测时，对接接头系数同表3.2.5。

表3.2.5　焊接接头系数E_j

焊接方法及检测要求		单面对接焊	双面对接焊
电熔焊	100%无损检测	0.90	1.00
	局部无损检测	0.80	0.85
	不做无损检测	0.60	0.70
电阻焊		0.65(不做无损检测)；0.85(100%涡流检测)	
加热炉焊		0.60	
螺旋缝自动焊		0.80~0.85(无损检测)	

注：无损检测指采用射线或超声波检测。

3.2.6 持续荷载的计算应力应符合下列规定：

3.2.6.1 管道组成件的厚度及补强计算满足本规范的要求，则由于内压所产生的应力应认为是安全的。

3.2.6.2 管道组成件的厚度及稳定性计算满足本规范的要求，则由于外压所产生的应力应认为是安全的。

3.2.6.3 管道中由于压力、重力和其他持续荷载所产生的纵向应力之和σ_L，不应超过材料在预计最高温度下的许用应力$[\sigma]_h$。

3.2.7 计算的最大位移应力范围σ_E应符合下列规定：

3.2.7.1 计算的最大位移应力范围σ_E不应超过按下式确定的许用的位移应力范围$[\sigma]_A$：

$$[\sigma]_A=f(1.25[\sigma]_c+0.25[\sigma]_h) \quad (3.2.7-1)$$

若$[\sigma]_h$大于σ_L，其差值可以加到上式中的$0.25[\sigma]_h$项上，则许用位移应力范围为：

$$[\sigma]_A=f[1.25([\sigma]_c+[\sigma]_h)-\sigma_L] \quad (3.2.7-2)$$

式中　$[\sigma]_c$——在分析中的位移循环内，金属材料在冷态(预计最低温度)下的许用应力(MPa)；

$[\sigma]_h$——在分析中的位移循环内，金属材料在热态（预计最高温度）下的许用应力（MPa）；

σ_L——管道中由于压力、重力和其他持续荷载所产生的纵向应力之和（MPa）；

$[\sigma]_A$——许用的位移应力范围（MPa）；

f——管道位移应力范围减小系数。

（1）f可由表3.2.7确定。

表3.2.7　管道位移应力范围减小系数f

循环当量数N	系数f
$N\leqslant7000$	1.0
$7000<N\leqslant14000$	0.9
$14000<N\leqslant22000$	0.8
$22000<N\leqslant45000$	0.7
$45000<N\leqslant100000$	0.6
$100000<N\leqslant200000$	0.5
$200000<N\leqslant700000$	0.4
$700000<N\leqslant2000000$	0.3

（2）循环当量数N应按式（3.2.7-3）计算：

$$N=N_E+\Sigma\left[r_j^5N_j\right],\ j=1,2,\cdots,n \quad\cdots\cdots（3.2.7-3）$$

式中　N——管系预计使用寿命下全位移循环当量数；

N_E——与计算的最大位移应力范围σ_E相关的循环数；

σ_j——按小于全位移计算的位移应力范围；

r_j——按小于全位移计算的位移应力范围σ_j与计算的最大位移应力范围σ_E之比；

N_j——与按小于全位移计算的位移应力范围σ_j相关的循环数。

3.2.7.2　许用位移应力范围计算应符合下列补充规定：

（1）对于铸件，热态及冷态下的许用应力应计入铸件质量系数E_c。对纵向焊接接头，热态及冷态下的许用应力（$[\sigma]_c$及$[\sigma]_h$）不需乘焊接接头系数E_j；

（2）管道位移应力范围减小系数f主要用于耐蚀性良好的管道，在主应力循环数高的地方，应采用抗腐蚀的材料。

3.2.8　偶然荷载与持续荷载产生的应力应按下列规定：

3.2.8.1　管道在工作状态下，受到内压、自重、其他持续荷载和偶然荷载所产生的纵向应力之和，应符合下式规定，且式中应力增大系数i的0.75倍的值不得小于1。

$$\frac{PD_i^2}{D_o^{\ 2}-D_i^{\ 2}}+0.75i\frac{M_A}{W}+0.75i\frac{M_B}{W}\leqslant K_T[\sigma]_h \quad\cdots\cdots（3.2.8）$$

式中　K_T——许用应力系数，当偶然荷载作用时间每次不超过10h，每年累计不超过100h时，K_T=1.33；当偶然荷载作用时间每次不超过50h，每年累计不超过500h时，K_T=1.2；

M_A——由于自重和其他持续外载作用在管道横截面上的合成力矩（N·mm）；

M_B——安全阀或释放阀的反座推力、管道内流量和压力的瞬时变化、风力或地震等产生的偶然荷载作用于管道横截面上的合成力矩（N·mm）；

W——截面系数（mm^3）；

i——应力增大系数，按附录E计算；

P——设计压力（MPa）；

D_i——管子或管件内径（mm）；

D_o——管子或管件外径（mm）。

3.2.8.2 在试验条件下所产生的应力可不受本规范第3.2.6及3.2.7条的限制，可不计入其他临时性荷载。

3.2.8.3 地震烈度在9度及以上时，应进行地震验算。

3.2.8.4 不需要考虑风和地震荷载同时发生。

4 材 料

4.1 一 般 规 定

4.1.1 管道材料的选用必须依据管道的使用条件（设计压力、设计温度、流体类别）、经济性、耐蚀性、材料的焊接及加工等性能，同时应符合本规范所提出的材料韧性要求及其他规定。

4.1.2 用于管道的材料，其规格与性能应符合国家现行标准的规定。

4.1.3 使用本规范未列出的材料，应符合国家现行的相应材料标准，包括化学成分、物理和力学特性、制造工艺方法、热处理、检验以及本规范其他方面的规定。

4.2 金属材料的使用温度

4.2.1 材料使用温度，除了应符合本规范附录A的规定外，还需依据流体腐蚀的影响及对材料性能的影响等确定。

4.2.2 材料的使用温度上下限应符合下列规定：

4.2.2.1 除了低温低应力工况外，材料的使用温度，不应超出本规范附录A所规定的温度上限和温度下限。

4.2.2.2 未列入本规范附录A中的材料，决定其使用温度时应符合以下规定：

（1）在使用温度条件下应保证材料的适用性和可靠性；

（2）在使用温度下，材料应具有对流体及外界环境影响的抵抗力；

（3）应按本规范第3.2.3条的规定确定材料的许用应力。

4.3 金属材料的低温韧性试验要求

4.3.1 管道设计温度低于或等于-20℃，而高于本规范附录A中使用温度下限的碳素钢、低合金钢、中合金钢和高合金铁素体钢，出厂材料及采用焊接堆积的焊缝金属和热影响区应进行低温冲击试验。

4.3.2 奥氏体不锈钢，含碳量大于0.1%，设计温度低于-20℃而高于本规范附录A中使用温度下限时，出厂的材料及采用焊接堆积的焊缝金属和热影响区应进行低温冲击试验。

4.3.3 奥氏体高合金钢的使用温度等于或高于-196℃时，可免做低温冲击试验。

4.3.4 符合下列条件之一时，管道材料可免做低温冲击试验：

4.3.4.1 使用温度等于或高于-45℃，且不低于本规范附录A中材料使用温度下限，同时，材料的厚度无法制备5mm厚试样时。

4.3.4.2 除了抗拉强度下限值大于540MPa的钢材及螺栓材料外，使用的材料在低温低应力工况下，若设计温度加50℃后，高于-20℃时。

注：低温低应力工况为设计温度低于或等于-20℃的受压的管道组成件，其环向应力小于或等于钢材标准中屈服点的1/6，且不大于50MPa的工况。

4.3.5 需热处理的材料，应在热处理后进行冲击试验。

4.3.6 下列条件的材料用于管道时，母材、焊缝及热影响区应增加冲击试验：

（1）Q235-A、Q235-B及Q235-C材料，使用温度在图4.3.6曲线A以下至附录A表中使用温度下限（-10℃）范围内时。

（2）钢号为10、20、20g、16Mn、20R、16MnR及15MnVR的材料，使用温度在图4.3.6曲线*B*以下至附录A表中使用温度下限范围内时。

（3）使用温度低于0℃至附录A表中使用温度下限范围内的18MnMoNbR、13MnNiMoNbR及Cr-Mo低合金钢（不包括低温钢）的任意厚度的钢板。

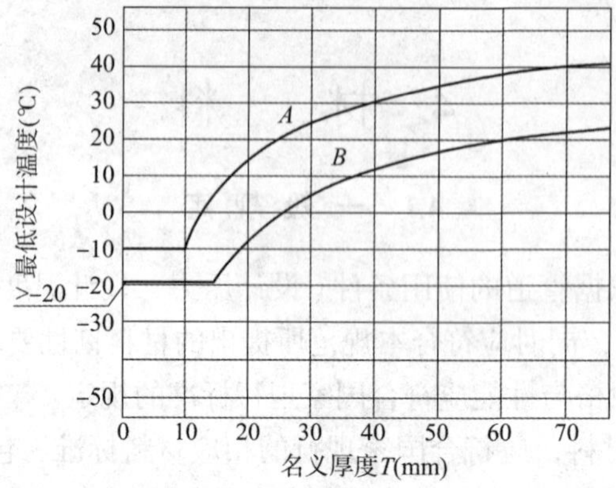

图4.3.6　碳钢、锰钢材料冲击试验的温度

4.3.7　在温度下限以上使用有色金属和它的合金材料时，如填充金属成分与母材成分不同，焊接接头应进行低温拉伸试验，延伸率应符合设计规定。

4.3.8　制造厂已作过冲击试验的材料，但加工后经过热处理时，应进行低温冲击试验。

4.3.9　焊接结构中，对热影响区的低温冲击试验可满足对基体材料的冲击试验。

4.3.10　材料冲击试验的方法应按现行国家标准《金属夏比缺口冲击试验方法》GB/T 229的规定。在低温下的冲击功值应符合低温用材料标准或表4.3.10的规定。当冲击功不相同的基体材料焊接一起时，其冲击试验能量应符合较小抗拉强度的基体材料的要求。

表4.3.10　夏比低温冲击试验的冲击功

材料	材料标准抗拉强度下限值σ_b（MPa）	试样数	冲击功A_k（J）
碳钢和低合金钢	$\sigma_b \leqslant 450$	三个试样平均值 其中最小值	≥18 12.6
碳钢和低合金钢	$450 < \sigma_b \leqslant 515$	三个试样平均值 其中最小值	≥20 14
	$515 < \sigma_b \leqslant 650$	三个试样平均值 其中最小值	≥27 18.9
奥氏体高合金钢		三个试样平均值 其中最小值	≥31 21.7

注：①表中冲击功数值适用于标准试样，如用小型试样时，冲击功A_k应乘以试样的实际宽度与标准宽度（10mm）之比。

②本表碳钢和低合金钢的冲击试验数据适用于镇静钢。

③抗拉强度大于650MPa的钢材，冲击功与650MPa材料相同。

4.3.11　试样应从同批、同规格、同样加工、焊接和热处理条件的材料中制取。

4.4　材料的使用要求

4.4.1　制造管道组成件用钢材应符合下列规定：

4.4.1.1　Q235-A、Q235-B及Q235-C材料宜用于C及D类流体管道，且设计压力不宜大于1.6MPa。Q235-A·F材料仅宜用于输送D类流体的管道及设计温度小于或等于250℃的管道支吊架。

4.4.1.2 奥氏体不锈钢使用温度高于525℃时，钢中含碳量不应小于0.04%。

4.4.1.3 受压管道组成件使用附录A中表A.0.2所列的钢板时，应对以下钢板逐张进行超声波检测：

（1）低温钢厚度大于20mm。

（2）20R及16MnR厚度大于30mm。

（3）其他低合金钢厚度大于25mm。

以上质量不应低于Ⅲ级。

（4）对于调质钢板不论厚度多少，均须检测，质量不应低于Ⅱ级。

4.4.1.4 调质状态供货的钢材，应按设计条件进行常温或低温冲击试验。

4.4.1.5 钢材的使用状态应按本规范附录A的规定。设计指定供货状态与国家现行材料标准的规定不同时，应在设计文件中注明。

4.4.1.6 低温管道用钢应采用镇静钢。

4.4.2 铸铁类材料使用范围应符合下列规定：

4.4.2.1 球墨铸铁用作受压部件时，其设计温度不应超过350℃，设计压力不应超过2.5MPa。在常温下，设计压力不宜超过4.0MPa。

4.4.2.2 （本款删除）

4.4.2.3 下述铸铁不宜在剧烈循环条件下使用。对过热、机械振动及误操作等采取防护措施时，可限制在下列范围内使用：

（1）灰铸铁件不宜使用于输送B类流体的管道上，在特殊情况下必须使用时，其设计温度不应高于150℃，设计压力不应超过1.0MPa；C类流体管道使用灰铸铁件的设计压力不宜超过1.6MPa，设计温度不宜超过230℃；

（2）可锻铸铁用于C类流体管道，设计温度不应高于230℃，设计压力不应大于2.5MPa；或用于设计温度为300℃时，设计压力不应大于2.0MPa；用于B类流体管道，设计温度不应高于150℃，设计压力不应大于2.5MPa；

（3）高硅铸铁不得用于B类流体。

4.4.3 使用其他金属材料应符合下列规定：

4.4.3.1 在火灾危险区内，不宜使用铜、铝材料。

4.4.3.2 **铅、锡及其合金管道不得用于B类流体。**

4.4.3.3 铜、铝与其他金属连接时，有电解液存在情况下，应考虑产生电化腐蚀的可能性。

4.4.4 使用复合金属和衬里材料应符合下列规定：

4.4.4.1 管道组成件由符合有关材料标准要求的整体复合钢板制成时，其基层（外层）金属和复层金属应符合本规范第4.1节的规定。

（1）整体复合材料的管道耐压强度计算，可根据扣除所有厚度附加量后的基层和复层金属的总厚度来计算。

（2）基层和复层金属的许用应力可按本规范附录A的规定。但复层金属的许用应力取值不应大于基层金属的许用应力值。

整体复合材料的许用应力可按式（4.4.4）计算：

$$[\sigma]_o=\frac{[\sigma]_1\delta_1+[\sigma]_2\delta_2}{\delta_1+\delta_2} \qquad (4.4.4)$$

式中 $[\sigma]_o$——在设计温度下整体复合金属材料的许用应力（MPa）；

$[\sigma]_1$——在设计温度下基层金属的许用应力（MPa）；

$[\sigma]_2$——在设计温度下复层金属的许用应力（MPa）；

δ_1——基层金属的名义厚度（mm）；

δ_2——复层金属扣除附加量后的有效厚度（mm）。

4.4.4.2 对于非整体结构的金属复层或衬里的管道组成件，其基层金属材料的厚度应符合耐压强度计算的厚度，计算厚度不应包括复层或衬里的厚度。

4.4.4.3 除本条的要求外，在本规范中对输送不同流体的管道材料所作的各种限制，不适用于管道组成件的复层材料或衬里材料。复层或衬里材料和基层材料以及粘接剂应根据设计条件及流体性质选用。

4.4.4.4 复层为奥氏体不锈钢时，使用温度不宜超过400℃。

4.4.4.5 非金属衬里材料的使用温度范围可按本规范附录C的规定。

4.4.5 选择连接接头和辅助材料诸如胶泥、溶剂、钎焊材料、填料、衬垫及“O”形环、螺纹的润滑剂与密封剂等用以制作或用作密封接头时，对上述材料与所输送流体应有相容性。

5 管道组成件的选用

5.1 一 般 规 定

5.1.1 管道组成件应符合本规范耐压设计规定，并应符合国家现行标准的规定。

5.1.2 管道组成件成型及焊后热处理的要求应符合本规范附录G的规定。

5.1.3 管道组成件的检验应符合本规范附录J的规定。

5.1.4 管道组成件用材料应符合本规范第4章及附录A中材料标准的规定。

5.2 管 子

5.2.1 采用直缝焊接钢管时，应符合本规范附录J及本规范表3.2.5的规定。

5.2.2 剧烈循环操作条件下的管道，宜采用国家现行标准中所列的无缝钢管和铜、铝、钛、镍无缝管，采用直缝电焊钢管时应符合本章第5.2.1条的规定。

5.2.3 （本条删除）

5.2.4 当无缝钢管用于设计压力大于或等于10MPa时，碳钢、合金钢管的出厂检验项目不应低于现行国家标准《高压化肥设备用无缝钢管》GB 6479的规定，不锈钢管的出厂检验项目不应低于现行国家标准《流体输送用不锈钢无缝钢管》GB/T 14976的规定。

5.2.5 钢管厚度应符合本规范附录D的规定。

5.2.6 夹套管的内管宜采用无缝管。

5.2.7 输送氧气用管子应符合本规范有关安全的规定。

5.3 弯管及斜接弯管

5.3.1 采用圆弧弯管应符合下列规定：

5.3.1.1 按照国家现行标准制造、弯曲后的弯管，其外侧减薄处厚度不应小于直管的计算厚度加上腐蚀附加量之和。

5.3.1.2 管道中不应使用折皱弯管。

5.3.1.3 钢管弯曲后截面不圆度应符合下列规定：

（1）受内压时，任一横截面上最大外径与最小外径之差不应超过名义外径的8%；

（2）受外压时，任一横截面上最大外径与最小外径之差不应超过名义外径的3%。

5.3.2 采用斜接弯管应符合下列规定：

5.3.2.1 按本规范规定进行耐压计算、制造、焊接的斜接弯管，可与制造弯管的直管一样用于相同的工作条件。但斜接弯管的设计压力不宜超过2.5MPa。

5.3.2.2 斜接弯管，其一条焊缝方向改变的角度α大于45°者，仅可用于输送D类流体，不得用于输送其他类流体。

5.3.2.3 剧烈循环条件下的管道中采用斜接弯管时，其一条焊缝方向改变的角度不应大于22.5°。

5.3.2.4 夹套管道的内管应采用圆弧弯头或弯管，不应采用斜接弯管。

5.4 管件及支管连接

5.4.1 剧烈循环操作条件下采用的管件应符合下列规定：

5.4.1.1 采用锻造件及轧制无缝管件；

5.4.1.2 轧制焊接件，焊接接头系数应大于或等于0.9；

5.4.1.3 铸钢件，铸件质量系数E_c不应小于0.90，并应符合本规范第3.2.4条的规定。

5.4.1.4 不锈钢对焊管件的厚度应符合附录D第D.0.1条的规定。

5.4.2 普通管件及非标准异径管的选用应符合下列规定：

5.4.2.1 普通管件包括弯头、三通、四通、异径管及管帽等工厂制造的标准管件。

5.4.2.2 选用对焊端的圆弧弯头时应采用长半径（弯曲半径为公称直径的1.5倍）的弯头。短半径弯头仅可在布置特殊需要时使用。

5.4.2.3 采用钢板热压成型及组焊（两半焊接合成）的管件时，应符合本规范附录J第J.1.1条的规定。

5.4.2.4 无特殊要求时，宜优先选用钢制管件。螺纹连接的可锻铸铁定型管件，宜用于D类流体的地上管道中。

5.4.2.5 对焊端的标准管件的外径系列及端部名义厚度应在工程设计中指定。管件内部厚度应根据设计压力、设计温度及腐蚀附加量条件由制造厂决定。管件内部可局部加厚，但各部位均不应小于其端部厚度。

5.4.2.6 钢板卷焊的非标准异径管设计压力不宜超过2.5MPa。并应按本规范进行计算。

5.4.3 预制的突缘短节的选用应符合下列规定：

5.4.3.1 在本条中的要求仅用于单独制造的突缘短节，不适用于特殊管件，也不适用于管端整体锻制的突缘。

5.4.3.2 焊接加工的突缘短节，符合下列条件时，则可与其相接的管子一样，适用于相同的工作条件。

（1）突缘的外径必须符合法兰标准或设计指定法兰标准的突缘短节的尺寸要求。

（2）突缘的厚度不应小于与其相连管子的名义厚度。

（3）突缘短节的材料宜与管子材料相同。

（4）应按焊接加工的突缘短节（图5.4.3）的要求加工。

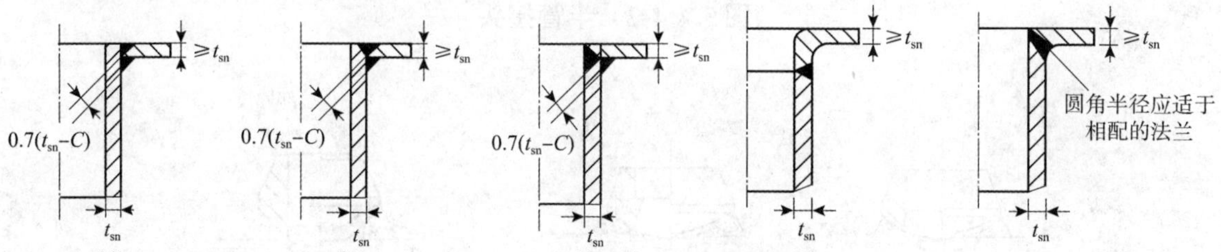

图5.4.3 焊接加工的突缘短节

注：焊接后应对突缘部进行机械加工，密封面的粗糙度应符合法兰标准要求。
焊缝的检测应符合附录J第J.1节的规定。

5.4.3.3 整体扩口翻边的突缘短节，当符合下列条件时，则可与其相接的管子一样，适用于相同的工作条件。

（1）突缘的外径必须符合法兰标准或设计指定法兰标准的突缘短节的尺寸要求。

（2）翻边的圆角半径应与相应的法兰相配。

（3）在任意一点上所测得的突缘厚度，不应小于最小管壁厚度的95%乘以管子的外半径与翻边厚度测量点处半径之比。

5.4.3.4　剧烈循环操作条件下的突缘短节。

（1）焊接加工的突缘短节（图5.4.3），用于剧烈循环操作条件时，应选用该图中（d）或（e）的形式加工，还应满足本条第5.4.3.2款的要求。

（2）整体扩口翻边的突缘短节，不得用于剧烈循环条件下。

5.4.4　焊接支管及预制的支管连接件的选用应符合下列规定：

5.4.4.1　除采用本章第5.4.2条的三通及四通外，可根据本节要求选用下列的支管连接结构：

（1）焊接支管，见图5.4.4-1（a）、（b）、（c）、（d）；

（2）半管接头，见图5.4.4-2；

（3）支管台，见图5.4.4-3；

（4）嵌入式支管，见图5.4.4-1（e）。

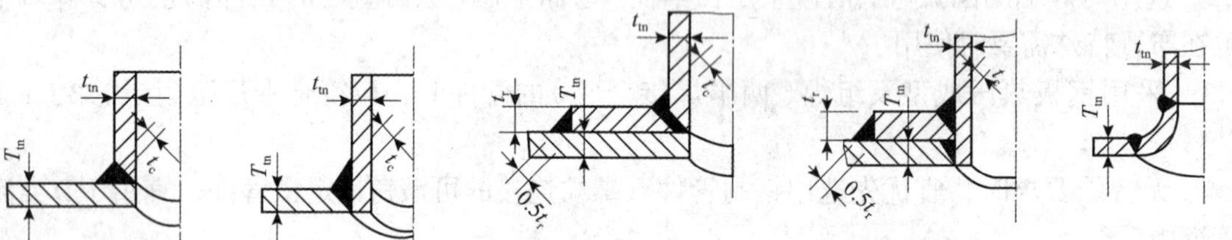

(a)焊接支管　(b)焊接支管　(c)带补强板的焊接支管　(d)带补强板的焊接支管　(e)嵌入式支管

图5.4.4-1　支管连接焊缝的形式

注：①T_{tn}——主管名义厚度（mm）；t_{tn}——支管名义厚度（mm）；t_c——角焊缝计算的有效厚度，可取$0.7t_{tn}$或6.5mm两者中的较小值；t_r——补强板名义厚度（mm）。

②所示尺寸为最小的合格焊缝尺寸。

③采用图5.4.4-1（c）及（d）连接方式时，应在补强板的高位开有ϕ5的排气孔；补强板应与主管和支管很好地贴合。采用图5.4.4-1（a）和（c）时，支管内径和主管开孔直径之间偏差不应大于3mm。

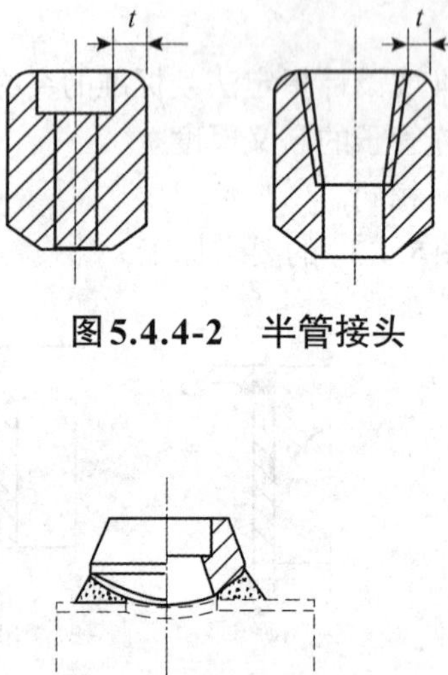

图5.4.4-2　半管接头

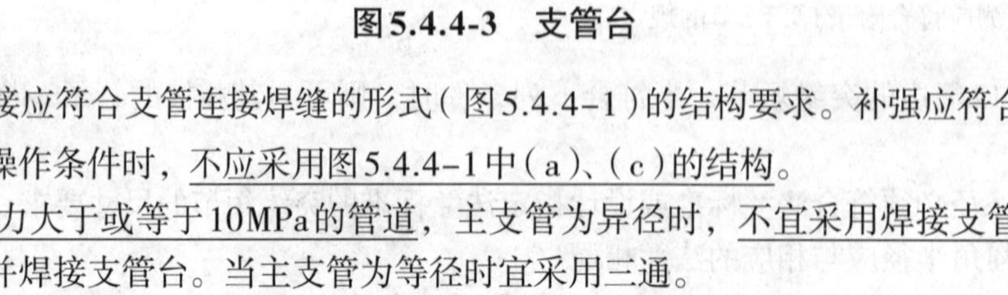

(a)螺纹支管台　(b)承插焊支管台　(c)对焊支管台

图5.4.4-3　支管台

5.4.4.2　支管连接应符合支管连接焊缝的形式（图5.4.4-1）的结构要求。补强应符合本规范的规定。当用于剧烈循环操作条件时，不应采用图5.4.4-1中（a）、（c）的结构。

5.4.4.3　公称压力大于或等于10MPa的管道，主支管为异径时，不宜采用焊接支管，宜采用三通，或在主管上开孔并焊接支管台。当主支管为等径时宜采用三通。

5.4.4.4　选用半管接头作为支管连接时，其公称直径不宜大于50mm。

5.4.4.5 有振动的管道可采用三通或支管台或嵌入式支管。不应采用焊接支管。

5.4.4.6 主管外径与厚度之比$\left(\dfrac{D_o}{T_{tn}-C_{1m}}\right)$大于或等于100时，支管外径应小于主管外径的1/2。

5.5 阀门

5.5.1 用于各类流体的阀门类型、结构及其各部件材料，应根据流体的特性、设计温度、设计压力及本规范第3.2.1条的规定选用。

5.5.2 选用手动阀门，当开启力大于400N时，宜采用齿轮操纵结构。

5.5.3 阀盖与阀体连接的螺栓少于4个的阀门，应仅用于输送D类流体的管道。公称压力超过1.6MPa的蒸汽管道不应使用螺纹连接的阀盖。

5.5.4 用于高温或低温流体的阀门，宜采用改善填料使用条件的阀盖伸长的结构形式。

5.5.5 输送B类流体的管道上使用软密封球阀时，应选用防(耐)火型结构的球阀。

5.5.6 阀门的材料应符合本规范第4章的规定。对于磨蚀性大的流体，阀座及阀芯应选用耐磨损的材料。对于有磨蚀的流体，选用闸阀时，宜为明杆结构形式。

5.5.7 除耐腐蚀的要求外，输送B类流体的管道上宜用钢制阀体的阀门。

5.5.8 端部焊接的小阀，当焊接及热处理过程中阀座会变形时，应选用长阀体型或端部带短管的阀门。

5.5.9 对于氧气管道不应使用快开、快闭型的阀门。阀内垫片及填料不应采用易脱落碎屑、纤维的材料或可燃的材料制成。

5.6 法兰

5.6.1 标准法兰的公称压力的确定，应符合本规范第3.2.1条第3.2.1.1款的规定。

5.6.2 当采用非标准法兰时，必须按本规范的规定进行耐压强度计算。

5.6.3 下列任一种情况的管道，应采用对焊法兰。不应采用平焊(滑套)法兰。

5.6.3.1 预计有频繁的大幅度温度循环条件下的管道；

5.6.3.2 剧烈循环条件下的管道。

5.6.4 在刚性大，不便于拆装或公称直径大于或等于400mm的管道上设盲板时，宜在法兰上设顶开螺栓(顶丝)。

5.6.5 配用非金属垫片的法兰，法兰密封面的粗糙度宜为3.2~6.4μm。对于配用缠绕式垫片的法兰，应为光滑的密封面，粗糙度宜为1.6~3.2μm，并应采用公称压力大于或等于2.0MPa的法兰。

5.6.6 当金属法兰与非金属法兰连接或采用脆性材料的法兰时，两者宜为全平面(FF)型法兰。当必须采用突面(RF)型法兰时，应有防止螺栓过载而损坏法兰的措施。

5.6.7 有频繁大幅度温度循环的情况下，承插焊法兰和螺纹法兰不宜用于高于260℃及低于-45℃。

5.7 垫片

5.7.1 选用的垫片应使所需的密封负荷与法兰的设计压力、密封面、法兰强度及其螺栓连接相适应，垫片的材料应适应流体性质及工作条件。

5.7.2 缠绕式垫片用在凸凹面法兰上时宜带内环，用在突面(RF)型法兰上时宜带外定位环。

5.7.3 用于全平面(FF)型法兰的垫片，应为全平面非金属垫片。

5.7.4 非金属垫片的外径可超过突面(RF)型法兰密封面的外径，制成“自对中”式的垫片。

5.7.5 用于不锈钢法兰的非金属垫片，其氯离子的含量不得超过50×10^{-6}。

5.8 紧固件

5.8.1 管道用紧固件，包括六角头螺栓、双头螺柱、螺母和垫圈等零件。

5.8.2 应选用国家现行标准中的标准紧固件，并在本规范附录A所规定材料的范围内选用。

5.8.3 用于法兰连接的紧固件材料，应符合国家现行的法兰标准的规定，并与垫片类型相适应。

5.8.4 法兰连接用紧固件螺纹的螺距不宜大于3mm。直径M30以上的紧固件可采用细牙螺纹。

5.8.5 碳钢紧固件应符合国家现行法兰标准中规定的使用温度。

5.8.6 用于各种不同法兰的紧固件应符合下列规定：

5.8.6.1 在一对法兰中有一个是铸铁、青铜或其他铸造法兰，则紧固件要使用较低强度的法兰所配的紧固件材料。但符合下列条件时，可按所述任一个法兰配选紧固件材料。

（1）两个法兰均为全平面，并采用全平面的垫片；

（2）考虑到持续载荷、位移应变、临时荷载以及法兰强度各方面的因素，对拧紧螺栓的顺序和扭矩已作了规定。

5.8.6.2 当不同等级的法兰以螺栓紧固在一起时，拧紧螺栓的扭矩应符合低等级法兰的要求。

5.8.7 在剧烈循环条件下，法兰连接用的螺栓或双头螺柱，应采用合金钢的材料。

5.8.8 金属管道组成件上采用直接拧入螺柱的螺纹孔时，应有足够的螺孔深度，对于钢制件其深度至少应等于公称螺纹直径，对于铸铁件不应小于1.5倍的公称螺纹直径。

5.9 管道组成件连接结构选用要求

5.9.1 焊接接头的选用，应符合下列规定：

5.9.1.1 焊缝坡口应符合现行国家标准《气焊、手工电弧焊及气体保护焊焊缝坡口的基本形式与尺寸》GB/T 985及《埋弧焊焊缝坡口的基本形式与尺寸》GB/T 986的规定。

5.9.1.2 承插焊连接接头的选用：

（1）公称直径不宜大于50mm，连接结构应符合本规范附录H第H.1节的规定。

（2）不得用于有缝隙腐蚀的流体工况中。

（3）大于*DN*40的管径不应用于剧烈循环条件下。

5.9.1.3 对焊接头的选用：

（1）在钢管道中除有维修拆卸要求外，应采用对焊接头。

（2）当材料强度相同而不同厚度的管道组成件组对对接，而厚度较厚一端内壁或外壁形成错边量大于2mm或超过设计规定的数值时，应符合本规范附录H第H.2节的规定。

5.9.1.4 平焊（滑套）法兰的焊接应符合本规范附录H第H.1.4条的规定。

5.9.2 螺纹连接（螺纹密封）接头的选用，应符合下列规定：

5.9.2.1 不得用于有缝隙腐蚀的流体工况中。

5.9.2.2 需密封焊的螺纹连接的接头，不得使用密封材料。

5.9.2.3 不应使用于扭矩大的或有振动的管道上。在热膨胀可能使螺纹松开时，应采取预防措施。

5.9.2.4 在剧烈循环条件下，螺纹连接仅限用于温度计套管上（与测温元件的连接）。

5.9.2.5 直螺纹管接头与锥管螺纹相接的结构仅用于D类流体管道。

5.9.2.6 除了《低压流体输送用焊接钢管》GB/T 3091标准中按普通和加厚两种厚度的钢管可用于外螺纹连接外，其他外螺纹的钢管及管件的厚度（最小值）应符合本规范附录D表D.0.2的规定。

5.9.2.7 B类流体的管道用锥管螺纹连接时，公称直径不宜大于20mm，当有严格防泄漏的要求时，应采用密封焊。

5.9.2.8 锥管螺纹密封的接头，设计温度不宜大于200℃，对于C类流体管道，当公称直径为32~50mm时，设计压力不应大于4MPa；公称直径为25mm时，设计压力不应大于8MPa；公称直径小于或等于20mm时，设计压力不应大于10MPa。高于上述压力应采用密封焊。

5.9.3 其他型式连接接头的使用，应符合下列规定：

5.9.3.1 用水泥填充的铸铁管承插接头仅限用于D类流体。这种管道应有防止接头松开的合理支承的措施。

5.9.3.2 在剧烈循环条件下及B类流体管道中不应使用钎焊接头。

5.9.3.3 粘接接头不应使用于金属的压力管道中。

5.9.3.4 除管端用透镜垫密封外，管端作为密封面伸出螺纹法兰面以压紧垫片的结构（图5.9.3-1）仅限用于D类流体的管道。

5.9.3.5 用端面的垫片密封而不是用螺纹密封的直螺纹接头（图5.9.3-2）与主管焊接时，应防止密封面发生变形。图5.9.3-2（a）的结构不得用于B类流体。

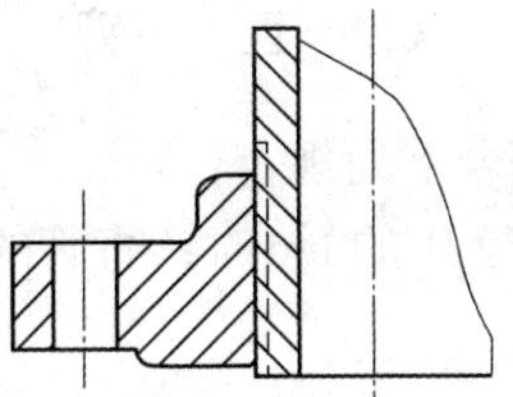

图5.9.3-1　管端作为密封面伸出螺纹法兰面的结构

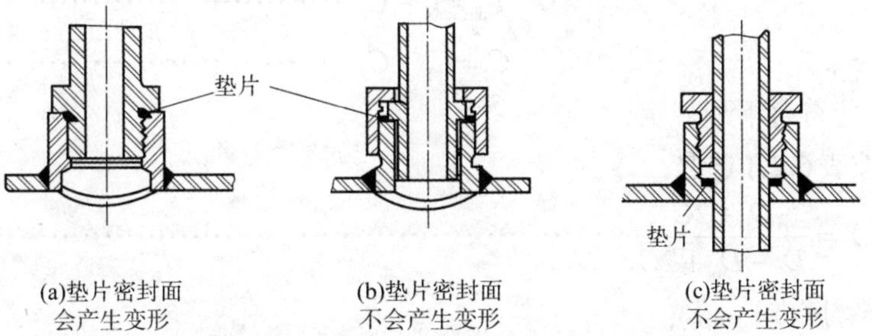

图5.9.3-2　典型的直螺纹接头

5.10　管道特殊件

5.10.1 **在输送B类流体的管道中，不应使用带填料密封的补偿器。**

5.10.2 波纹膨胀节和金属软管不得用于受扭转的场合。

5.10.3 使用波纹膨胀节时，应按其各种形式的性能合理选用。设计中应计算其使用寿命及反力。有冷拉时，应在设计文件中指明。还应考虑环境温度降低时流体可能冷凝及结冰的影响。

5.10.4 仅在开车期间对转动设备进行安全防护时，可在其入口管道内设置临时过滤器。

5.10.5 疏水阀入口、喷头或喷射器入口及制备溶液系统有关的泵入口等管道上应设置永久过滤器。

5.10.6 应根据工艺要求决定过滤器筛网的网目。

5.11　非金属衬里的管道组成件

5.11.1 非金属衬里的管道组成件的材料选用，应符合本规范第4.4.4条的规定。

5.11.2 非金属衬里的管道组成件的端部连接结构，宜采用金属法兰连接，除耐火材料衬里以外，应使衬里延伸覆盖整个法兰密封面上，且应牢固结合、平整。

5.11.3 所有组成件的基层金属部分的选用要求，应符合本章第5.2节至第5.6节及第5.9节的规定。

5.11.4 非耐火材料衬里的管道用于火灾危险区时，应有防护措施。

5.11.5 特制的垫环，可用于非金属衬里管道作为安装长度的调整。

6　金属管道组成件耐压强度计算

6.1　一 般 规 定

6.1.1 本章所列的计算方法适用于工程设计中所需的管道组成件的设计计算。对于已标明公称压力的管道组成件不必再按本章进行计算。

6.1.2 标准的对焊管件的耐压强度要求，应符合本规范第5.4.2条第5.4.2.5款的规定。

6.1.3 本章中组成件耐压强度计算厚度（简称计算厚度）。设计厚度为计算厚度与厚度附加量之和。名义厚度为计算厚度加厚度附加量后圆整至该组成件的材料标准规格的厚度。有效厚度为名义厚度减去附加量的差值。最小厚度为计算厚度与腐蚀或磨蚀附加量之和。

6.2 直　管

6.2.1 承受内压直管的厚度计算，应符合下列规定：

6.2.1.1 当直管计算厚度t_s小于管子外径D_o的1/6时，直管的计算厚度不应小于式（6.2.1-1）计算的值。设计厚度应按式（6.2.1-2）计算。

$$t_s = \frac{PD_o}{2([\sigma]^t E_j + PY)} \quad (6.2.1\text{-}1)$$

$$t_{sd} = t_s + C \quad (6.2.1\text{-}2)$$

$$C = C_1 + C_2 \quad (6.2.1\text{-}3)$$

Y系数的确定，应符合下列规定：

当$t_s<D_o/6$时，按表6.2.1选取：

当$t_s \geqslant D_o/6$时，$Y = \frac{D_i + 2C}{D_i + D_o + 2C}$ ……（6.2.1-4）

式中 t_s——直管计算厚度（mm）；

P——设计压力（MPa）；

D_o——管子外径（mm）；

D_i——管子内径（mm）；

$[\sigma]^t$——在设计温度下材料的许用应力（MPa）；

E_j——焊接接头系数；

t_{sd}——直管设计厚度（mm）；

C——厚度附加量之和（mm）；

C_1——厚度减薄附加量，包括加工、开槽和螺纹深度及材料厚度负偏差（mm）；

C_2——腐蚀或磨蚀附加量（mm）；

Y——系数。

表6.2.1 系数Y值

材料	温度（℃）					
	≤482	510	538	566	593	≥621
铁素体钢	0.4	0.5	0.7	0.7	0.7	0.7
奥氏体钢	0.4	0.4	0.4	0.4	0.5	0.7
其他韧性金属	0.4	0.4	0.4	0.4	0.4	0.4

注：①介于表列的中间温度的Y值可用内插法计算。

②对于铸铁材料Y=0。

6.2.1.2 当直管计算厚度t_s大于或等于管子外径D_o的1/6时，或设计压力P与在设计温度下材料的许用应力$[\sigma]^t$和焊接接头系数E_j乘积之比$\left(\frac{P}{[\sigma]^t E_j}\right)$大于0.385时，直管厚度的计算，需按断裂理论、疲劳和热应力的因素予以特别考虑。

6.2.2 承受外压的直管厚度和加强要求，应符合现行国家标准《钢制压力容器》GB 150的规定。

6.3 斜接弯管

6.3.1 承受内压的斜接弯管（图6.3.1）的耐压强度计算，应符合下列规定：

6.3.1.1 本节适用于由一条焊缝方向改变的角度α大于3°的管段构成的斜接弯管的强度计算。当斜接弯管α角小于或等于3°时，可免做强度计算。

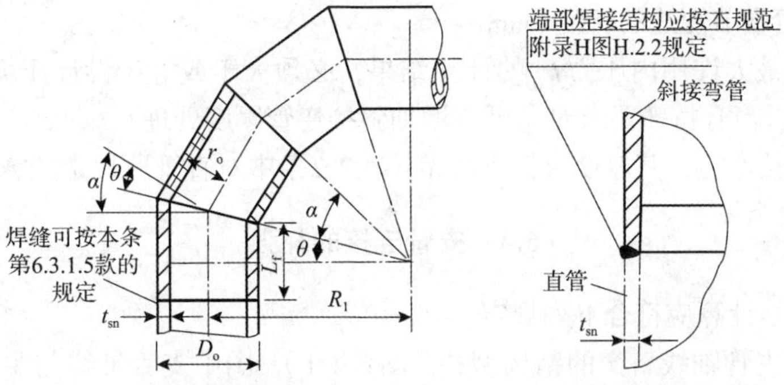

图6.3.1 斜接弯管

6.3.1.2 多接缝斜接弯管的最大许用内压力P_m，应取式（6.3.1-1）和式（6.3.1-2）中计算的较小值。

$$P_m=\frac{[\sigma]^t E_j t_{se}}{r_o}\left[\frac{t_{se}}{t_{se}+0.643\tan\theta(r_o t_{se})^{0.5}}\right] \quad (6.3.1\text{-}1)$$

$$P_m=\frac{[\sigma]^t E_j t_{se}}{r_o}\left(\frac{R_1-r_o}{R_1-0.5r_o}\right) \quad (6.3.1\text{-}2)$$

$$t_{se}=t_{sn}-C \quad (6.3.1\text{-}3)$$

式中 θ——斜接弯管一条焊缝方向改变的角度α的1/2（°）；

r_o——管子的平均半径（mm）；

R_1——斜接弯管的弯曲半径（mm）；

P_m——斜接弯管的最大许用内压力（MPa）；

t_{se}——直管有效厚度（mm）；

t_{sn}——直管名义厚度（mm）。

6.3.1.3 单接缝斜接弯管的最大许用内压力的计算，应符合下列规定：

（1）角度θ小于或等于22.5°的单接缝斜接弯管的最大许用内压力P_m，应按式（6.3.1-1）计算。

（2）角度θ大于22.5°的单接缝斜接弯管的最大许用内压力P_m，应按式（6.3.1-4）计算。

$$P_m=\frac{[\sigma]^t E_j t_{se}}{r_o}\left[\frac{t_{se}}{t_{se}+1.25\tan\theta(r_o t_{se})^{0.5}}\right] \quad (6.3.1\text{-}4)$$

6.3.1.4 斜接弯管的弯曲半径R_1值应符合式（6.3.1-5）的规定。

$$R_1\geqslant\frac{K_2}{\tan\theta}+\frac{D_o}{2} \quad (6.3.1\text{-}5)$$

式中经验值K_2根据直管有效厚度确定，并应符合表6.3.1的规定。

表6.3.1 用于斜接弯管的经验值K_2（mm）

t_{se}	K_2
$t_{se}\leqslant 12.5$	25
$12.5<t_{se}<22$	$2t_{se}$
$t_{se}\geqslant 22$	$[2t_{se}/3]+30$

常用的弯曲半径R_1值宜在1.0至1.5倍公称直径DN之间。公称直径DN不宜小于300mm。

6.3.1.5 图6.3.1中斜接弯管的端部焊缝，仅在其厚度大于与其连接的直管厚度时，或采用制造厂的预制件时需要。斜接弯管端节短边的长度L_f取式（6.3.1–6）和式（6.3.1–7）中计算的较大值。

$$L_f=2.5\left(r_o t_{se}\right)^{0.5} \qquad (6.3.1\text{–}6)$$

$$L_f=\tan\theta\left(R_1-r_o\right) \qquad (6.3.1\text{–}7)$$

式中 L_f——斜接弯管端节短边的长度（mm）。

6.3.1.6 斜接弯管的最大许用内压力P_m的计算结果，必须大于或等于设计压力P。如不符时，应增加焊缝数，重新计算。当有特殊要求时，可按增加斜接弯管厚度处理。

6.3.2 承受外压的斜接弯管，其厚度可按本规范第6.2.2条中对直管所规定的方法确定。

6.4 支管连接的补强

6.4.1 焊接支管的补强计算应符合下列规定：

6.4.1.1 支管轴线与主管轴线斜交的结构型式（图6.4.1），图中支管轴线与主管轴线的夹角α_1用于45°~90°。主管为焊接管时，焊缝应位于主管的斜下方。

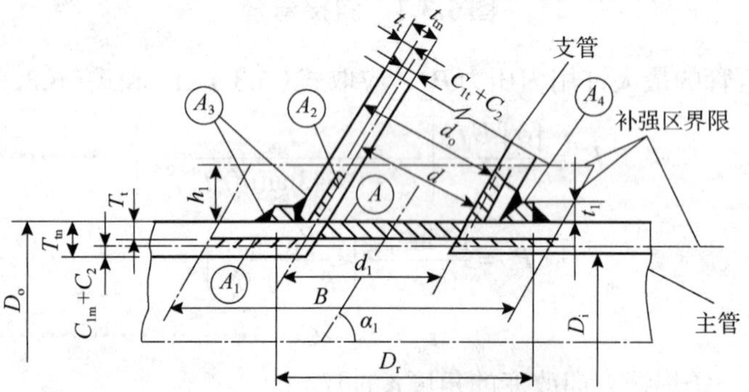

图6.4.1 支管连接的补强

6.4.1.2 主管开孔的补强计算。

（1）主管开孔需补强的面积A，应按式（6.4.1–1）确定：

$$A=T_t d_1\left(2-\sin\alpha_1\right) \qquad (6.4.1\text{–}1)$$

$$d_1=d/\sin\alpha_1 \qquad (6.4.1\text{–}2)$$

$$d=d_o-2t_{tn}+2\left(C_{1t}+C_2\right) \qquad (6.4.1\text{–}3)$$

（2）开孔补强有效范围的计算：

$$B=\begin{cases}2d_1\\ d_1+2(T_{tn}+t_{tn})-2(C_{1m}+C_{1t}+2C_2)\end{cases} \qquad (6.4.1\text{–}4)$$

取以上两者中之大者

$$h_1=\begin{cases}2.5(T_{tn}-C_{1m}-C_2)\\ 2.5(t_{tn}-C_{1t}-C_2)+t_r\end{cases} \qquad (6.4.1\text{–}5)$$

取以上两者中之小者

式中 T_t——主管计算厚度（mm）；

A——主管开孔削弱所需的补强面积（mm²）；

α_1——支管轴线与主管轴线的夹角（°）；

d_o——支管名义外径（mm）；

d_1——扣除厚度附加量后主管上斜开孔的长径（mm）；

d——扣除厚度附加量后支管内径（mm）；

C_{1t}——支管厚度减薄（负偏差）的附加量（mm）；

C_{1m}——主管厚度减薄（负偏差）的附加量（mm）；

C_2——腐蚀或磨蚀附加量(mm);

t_r——补强板名义厚度(mm);

B——补强区有效宽度(mm);

T_{tn}——主管名义厚度(mm);

t_{tn}——支管名义厚度(mm);

h_1——主管外侧法向补强的有效高度(mm)。

(3)各补强面积按下列公式计算，如有加筋板时，不应计入补强面积内。

$$A_1=(B-d_1)(T_{tn}-T_t-C_{1m}-C_2) \quad (6.4.1\text{-}6)$$

$$A_2=2h_1(t_{tn}-t_t-C_{1t}-C_2)/\sin\alpha_1 \quad (6.4.1\text{-}7)$$

A_3应按实际角焊缝截面计算面积。

$$A_4=(D_r-d_o/\sin\alpha_1)(t_r-c_{1r})f_r \quad (6.4.1\text{-}8)$$

$$f_r=[\sigma]^t_{RP}/[\sigma]^t_M \quad (6.4.1\text{-}9)$$

当$[\sigma]^t_{RP}\geqslant[\sigma]^t_M$时，$f_r$=1。

(4)补强面积计算结果应符合下式规定：

$$A_1+A_2+A_3+A_4\geqslant A \quad (6.4.1\text{-}10)$$

式中 A_1——补强范围内主管承受内、外压所需计算厚度和厚度附加量两者之外的多余金属面积(mm^2);

A_2——补强范围内支管承受内、外压所需计算厚度和厚度附加量两者之外的多余金属面积(mm^2);

A_3——补强范围内的角焊缝面积(mm^2);

A_4——补强范围内另加补强件的面积(mm^2);

t_t——支管计算厚度(mm);

C_{1r}——补强板厚度减薄(负偏差)的附加量(mm);

D_r——补强板的外径(mm);

f_r——补强板材料与主管材料的许用应力比;

$[\sigma]^t_{RP}$——在设计温度下补强板材料的许用应力(MPa);

$[\sigma]^t_M$——在设计温度下主管材料的许用应力(MPa)。

6.4.2 主管上多支管的补强应符合下列规定:

6.4.2.1 当主管上任意两个或两个以上相邻开孔的中心距小于相邻两孔平均直径的2倍，其补强范围重叠时(图6.4.2)，此两个或两个以上的开孔必须按本规范第6.4.1条规定进行补强计算，并采用联合补强方式进行补强。

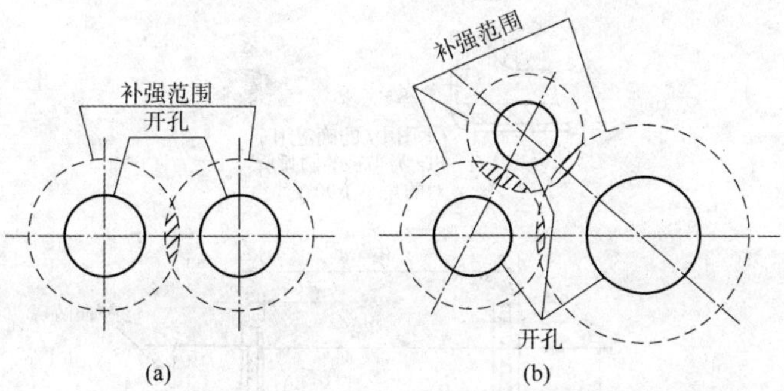

图6.4.2 多个开孔的补强

6.4.2.2 采用联合补强时，总补强面积不应小于各孔单独补强所需补强面积之和。置于两相邻孔之间的补强面积至少应等于各孔所需补强面积之和的50%，且此两相邻孔中心距至少应等于两开孔平均直径的1.5倍。

6.4.2.3 在计算补强面积时，任何部分截面不得重复计入。

6.4.3 挤压引出支管的补强应符合下列规定：

6.4.3.1 挤压引出支管包括曲率半径在内应采用一个或多个压模直接在主管上挤压形成。

6.4.3.2 支管的轴线必须与主管轴线正交，且在主管表面以上的挤压引出支管高度h_x应等于或大于在主管和支管轴线的平面内，外轮廓转角处的曲率半径r_x。

6.4.3.3 在主管和支管轴线的平面内，外轮廓转角处曲率半径r_x与支管名义外径d_o有关，并应符合下列规定：

（1）r_x最小值：r_x取$0.05d_o$或38mm的较小值。

（2）r_x最大值：当$d_o<DN200$时，r_x不应大于32mm；

当$d_o \geqslant DN200$时，r_x不应大于$0.1d_o+13$mm。

（3）当外轮廓由多个半径组成时，上述（1）和（2）的要求适用以一个与45°圆弧过渡连接的最佳配合半径为最大半径。

6.4.3.4 本条不适用于用补强圈、垫板或鞍形板等各种另加补强零件的管口。

6.4.3.5 补强计算应符合图6.4.3及以下规定：

（1）补强有效范围。

$$B = 2d_X$$

$$h_2 = 0.7\sqrt{d_o t_X} \quad \cdots\cdots\cdots\cdots (6.4.3\text{-}1)$$

式中 B——补强区有效宽度（mm）；

h_2——支管有效补强高度（mm）；

d_o——支管名义外径（mm）；

t_X——除去厚度附加量后，在主管外表面处挤压引出支管的有效厚度（mm）；

d_X——除去厚度附加量后挤压引出支管的内径（mm）。

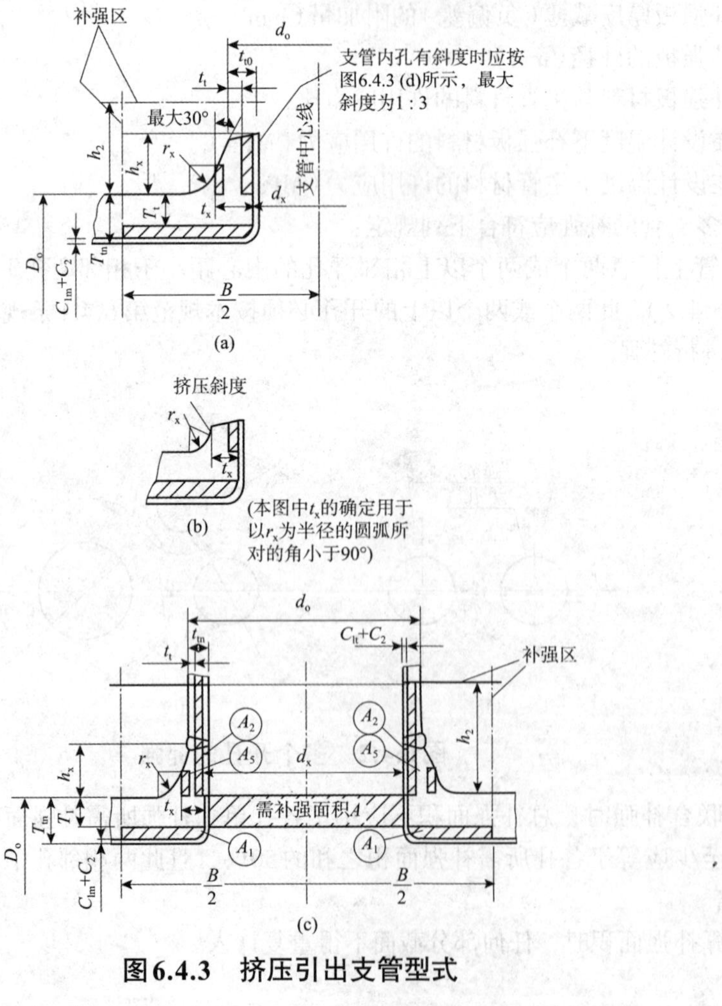

图6.4.3 挤压引出支管型式

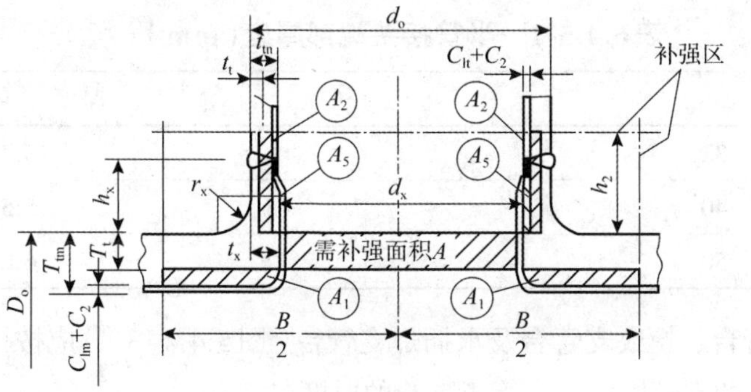

图6.4.3　挤压引出支管型式（续）

注：本图对第6.4.3条中采用的符号作了图示，但不表示完整的详图或可取的结构方案。

（2）需要的补强面积A。

$$A=K_3(T_t)(d_X) \cdots\cdots (6.4.3\text{-}2)$$

式中　K_3——挤压引出支管补强系数；

当$d_o/D_o>0.6$，$K_3=1.0$

当$0.15<d_o/D_o\leqslant 0.6$时，$K_3=0.6+2(d_o/D_o)/3$

当$d_o/D_o\leqslant 0.15$时，$K_3=0.7$。

（3）可利用的补强面积。

$$A_1=(B-d_X)(T_{tn}-T_t-C_{1m}-C_2) \cdots\cdots (6.4.3\text{-}3)$$

$$A_2=2h_2(t_{tn}-t_t-C_{1t}-C_2) \cdots\cdots (6.4.3\text{-}4)$$

$$A_5=2r_x(t_X+C_{1t}+C_2-t_{tn}) \cdots\cdots (6.4.3\text{-}5)$$

式中　A_1——补强范围内，主管承受内、外压所需计算厚度和厚度附加量两者之外的多余金属面积（mm^2）；

A_2——补强范围内，支管承受内、外压所需计算厚度和厚度附加量两者之外的多余金属面积（mm^2）；

A_5——补强范围内，挤压引出支管上承受内、外压所需的厚度和厚度附加量两者之外的多余金属面积（mm^2）；

r_x——在主管和支管轴线的平面内，外轮廓转角处的曲率半径（mm）。

（4）补强面积计算结果应符合下式的规定：

$$A_1+A_2+A_5\geqslant A \cdots\cdots (6.4.3\text{-}6)$$

6.4.4　当多个挤压引出支管中任意两相邻孔的中心距小于该相邻两孔平均直径的2倍时，其补强规定与本规范第6.4.2条规定相同。但补强计算应符合本规范第6.4.3条的规定。

6.4.5　其他支管连接件补强的要求应符合下列规定：

6.4.5.1　半管接头的公称直径小于或等于50mm和主管公称直径的1/4，且设计压力小于或等于10MPa时，在接头端部处厚度大于或等于表6.4.5-1的厚度t，并符合图5.4.4-2的形式时，可免做补强计算。

表6.4.5-1　半管接头端部厚度（mm）

DN	厚度t，最小值
15	4.1
20	4.3
25	5.0

表 6.4.5-1　半管接头端部厚度（mm）（续）

DN	厚度 t，最小值
32	5.3
40	5.5
50	6.0

6.4.5.2　选用对焊支管台、螺纹支管台及承插焊支管台（图5.4.4-3），应按设计压力-温度参数条件整体补强。对焊支管台的端部厚度，应等于支管的厚度。

6.4.5.3　设计温度低于或等于400℃及设计压力小于或等于7.1MPa的工况下，可以使用插入式支管台（图6.4.5），当其公称直径小于或等于50mm及尺寸 t_w 符合表6.4.5-2时，可免做补强计算。

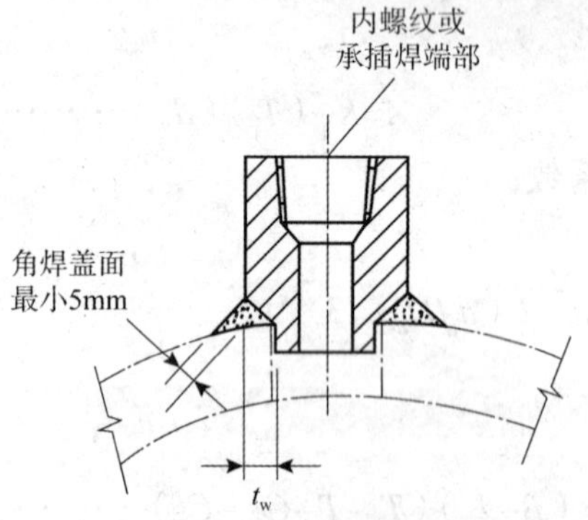

图 6.4.5　插入式支管台

表 6.4.5-2　插入式支管台的尺寸 t_w（mm）

公称直径 DN	尺寸 t_w 最小值
15	4.8
20	5.6
25	6.4
40	7.1
50	8.7

6.5　非标准异径管

6.5.1　无折边的非标准异径管（图6.5.1）的设计，应符合下列规定：

6.5.1.1　无折边的异径管可采用钢板卷焊，对偏心异径管的焊缝宜位于图6.5.1（b）所示的位置。

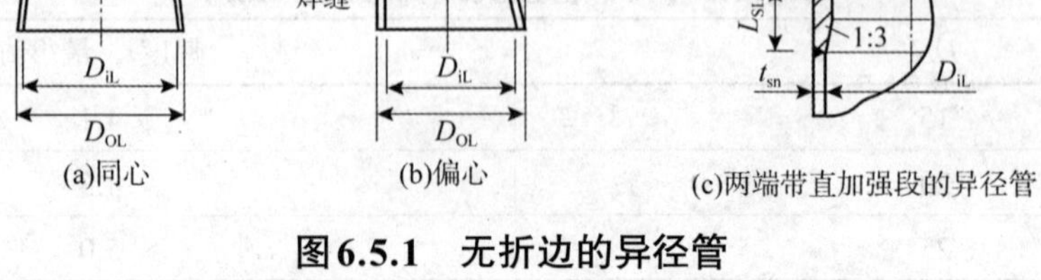

图 6.5.1　无折边的异径管

6.5.1.2 无折边异径管的设计压力，应符合本规范第5.4.2条第5.4.2.6款的规定。

6.5.1.3 同心异径管，斜边与轴线的夹角β不宜大于15°。偏心异径管斜边与端部轴线的夹角β不宜大于30°。

6.5.2 受内压无折边异径管的厚度，应按下列规定确定：

6.5.2.1 应按设定的斜边与轴线的夹角β，以下列三个公式计算异径管各部的厚度，选其厚度最大值。

$$t_{LC}=\frac{PD_{OL}}{2([\sigma]^t E_j+PY)\cos\beta} \quad (6.5.2\text{-}1)$$

$$t_{LL}=\frac{Q_L PD_{iL}}{2[\sigma]^t E_j-P} \text{或} t_{LL}=\frac{Q_L PD_{OL}}{2[\sigma]^t E_j+(2Q_L-1)P} \quad (6.5.2\text{-}2)$$

$$t_{LS}=\frac{Q_S PD_{iS}}{2[\sigma]^t E_j-P} \text{或} t_{LS}=\frac{Q_S PD_{OS}}{2[\sigma]^t E_j+(2Q_S-1)P} \quad (6.5.2\text{-}3)$$

式中 t_{LC}——异径管锥部计算厚度（mm）;

t_{LL}——异径管大端计算厚度（mm）;

t_{LS}——异径管小端计算厚度（mm）;

P——设计压力（MPa）;

D_{OL}——异径管大端外径（mm）;

D_{OS}——异径管小端外径（mm）;

β——异径管斜边与轴线的夹角（°）;

D_{iL}——异径管大端内径（mm）;

D_{iS}——异径管小端内径（mm）;

Q_L——异径管大端与直管连接的应力增值系数，（图6.5.2-1）;

Q_S——异径管小端与直管连接的应力增值系数，（图6.5.2-2）。

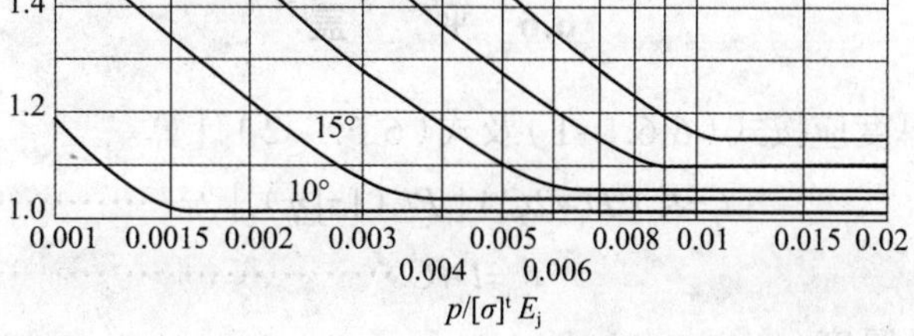

图6.5.2-1 异径管大端与圆筒连接处Q_L值图

注：曲线系按最大应力强度（主要为轴向弯曲应力）绘制，控制值为$3[\sigma]^t$。

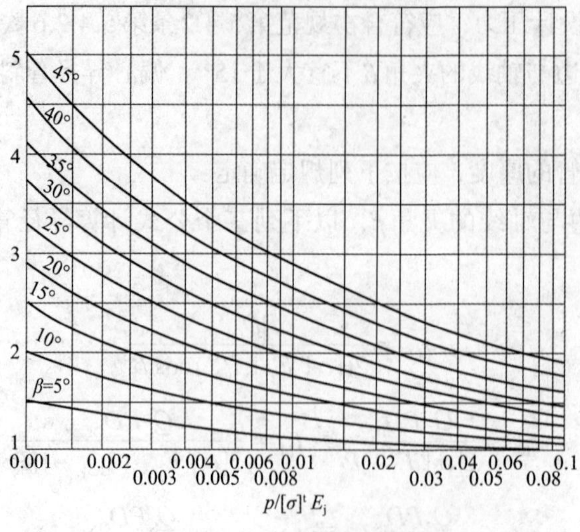

图6.5.2-2 异径管小端与圆筒连接处的Q_S值图

注：曲线系按连接处每侧$0.25\sqrt{0.5D_{iS}t_{LS}}$范围内的薄膜应力强度（由平均环向拉应力和平均径向压应力计算所得）绘制，控制值为$1.1[\sigma]^t$。

6.5.2.2 异径管厚度的选取：

（1）当计算的厚度最大值小于或等于大端连接的直管有效厚度t_{se}时，异径管的名义厚度可取与直管相同的名义厚度。

（2）当计算的厚度最大值大于大端连接的直管有效厚度t_{se}时，应按下述要求处理：

管道布置允许减小斜边与轴线的夹角β时，可重新计算；

不能改小斜边与轴线的夹角β时，可采用本条第6.5.2.1款计算的厚度最大值，并采用本规范第6.5.1条图6.5.1（c）的结构，该异径管应在两端增加直管的加强段。

（3）异径管名义厚度t_L应为计算厚度、厚度附加量C及材料厚度圆整值之和。

6.5.2.3 直管加强段的长度，应按下列计算确定：

$$L_{SL}=2\sqrt{0.5D_{iL}t_{LL}} \qquad (6.5.2\text{-}4)$$

$$L_{SS}=\sqrt{D_{iS}t_{LS}} \qquad (6.5.2\text{-}5)$$

式中 L_{SL}——与异径管大端连接的直管加强段的长度（mm）；

L_{SS}——与异径管小端连接的直管加强段的长度（mm）。

6.5.3 承受外压的异径管厚度及加强要求，应按现行国家标准《钢制压力容器》GB 150的规定。

6.6 平 盖

6.6.1 无拼接焊缝平盖厚度应按式（6.6.1-1）及式（6.6.1-2）计算。

$$t_p=K_1(D_i+2C)[P/([\sigma]^t\eta)]^{0.5} \qquad (6.6.1\text{-}1)$$

$$t_{pd}=t_p+C \qquad (6.6.1\text{-}2)$$

式中 t_{pd}——平盖的设计厚度（mm）；

t_p——平盖计算厚度（mm）；

D_i——管子内径（mm）；

K_1，η——与平盖结构有关的系数，按表6.6.1选用；

P——设计压力（MPa）；

$[\sigma]^t$——设计温度下材料的许用应力（MPa）；

C——厚度附加量之和（mm）。

表6.6.1　平盖结构型式系数

平盖型式	结构要求	系数K_1	系数η		注
			$h_3>2t_{sn}$	$2t_{sn}>h_3>t_{sn}$	
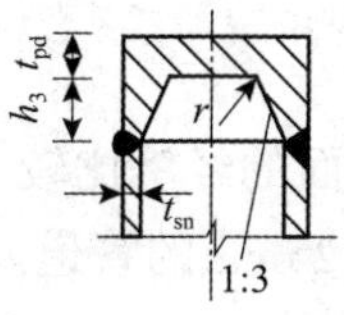	$r\geqslant 2\times\frac{t_{sn}}{t_{pd}}$ $h_3\geqslant t_{sn}$ V型焊口	0.4	1.05	1.00	①
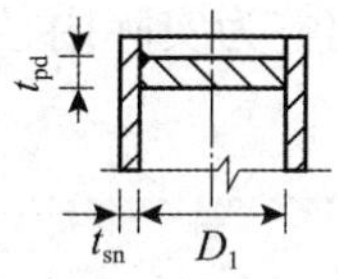	V型焊口 加角焊	0.6	0.85		①②
		0.4	1.05		①③
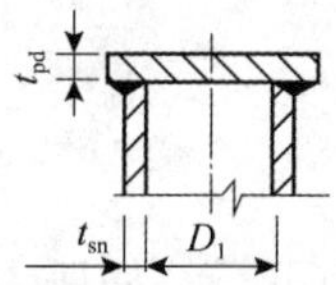	V型焊口 加角焊	0.6	0.85		①④

注：①坡口尺寸应符合本规范第5.9.1条第5.9.1.1款的规定。

②用于公称压力小于或等于2.5MPa和公称直径小于或等于400mm的管道。

③只用于水压试验。公称直径小于或等于400mm的管道。

④用于公称压力小于2.5MPa和公称直径小于40mm的管道。

6.6.2　在平盖中心开孔时，应按现行国家标准《钢制压力容器》GB 150规定进行补强计算。

6.7　特殊法兰和盲板

6.7.1　特殊要求的非标准法兰可按现行国家标准《钢制压力容器》GB 150进行设计。

6.7.2　夹在两法兰之间的盲板(图6.7.2)，其计算厚度可按式(6.7.2-1)确定。用整体钢板制造时，式中焊接接头系数E_j等于1。对于永久性盲板应按式(6.7.2-2)增加厚度附加量。

$$t_m=0.433d_G\left[P/\left([\sigma]^t\cdot E_j\right)\right]^{0.5} \qquad (6.7.2\text{-}1)$$

$$t_{pd}=t_m+2C_2+C_1 \qquad (6.7.2\text{-}2)$$

式中　t_m——盲板计算厚度(mm)；

d_G——凹面或平面法兰垫片的内径或环槽式垫片平均直径(mm)；

P——设计压力(MPa)；

$[\sigma]^t$——在设计温度下材料的许用应力(MPa)；

E_j——焊接接头系数；

t_{pd}——盲板的设计厚度(mm)；

C_2——腐蚀或磨蚀附加量(mm)；

C_1——厚度减薄附加量(mm)。

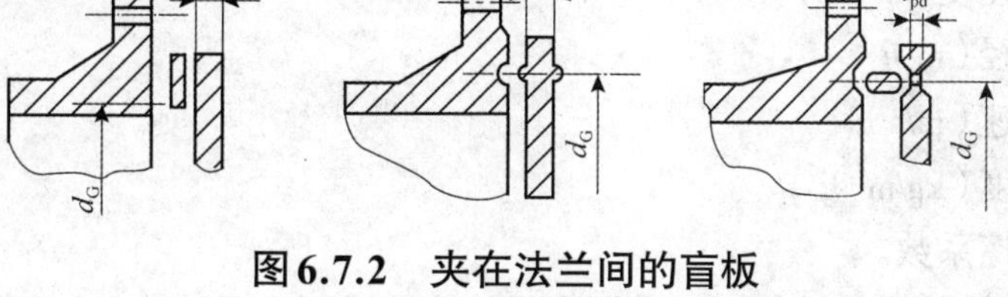

图6.7.2　夹在法兰间的盲板

7 管径确定及压力损失计算

7.1 管径的确定

7.1.1 管径应根据流体的流量、性质、流速及管道允许的压力损失等确定。

7.1.2 对大直径厚壁合金钢等管道管径的确定，应进行建设费用和运行费用方面的经济比较。

7.1.3 除另有规定或采取有效措施外，容易堵塞的液体不宜采用公称直径小于25mm的管道。

7.1.4 除有特殊要求外，可按下述方法确定管径：

7.1.4.1 设定平均流速并按下式初算内径，再根据工程设计规定的管子系列调整为实际内径。最后复核实际平均流速。

$$D_i=0.0188\left[W_o/\upsilon\rho\right]^{0.5} \qquad (7.1.4)$$

式中 D_i——管子内径（m）；

W_o——质量流量（kg/h）；

υ——平均流速（m/s）；

ρ——流体密度（kg/m^3）。

7.1.4.2 以实际的管子内径D_i与平均流速υ核算管道压力损失，确认选用管径为可行。如压力损失不满足要求时，应重新计算。

7.1.5 管道平均流速的选择，应符合下列规定：

7.1.5.1 平均流速应根据流体的性质、状态和管道允许的压力损失选用。

7.1.5.2 放空管道的阀后管道流速，不应大于下式计算的气体声速。

$$\upsilon_c=91.20\,(KT/M)^{0.5} \qquad (7.1.5\text{-}1)$$

$$k=\frac{C_p}{C_v} \qquad (7.1.5\text{-}2)$$

式中 υ_c——气体的声速或临界流速（m/s）；

k——气体的绝热指数；

C_p、C_v——定压热容，定容热容［J/（g·K）］；

T——气体温度（K）；

M——气体分子量。

7.2 单相流管道压力损失

7.2.1 本节内容仅适用于输送牛顿型流体的管道压力损失的计算，包括直管的摩擦压力损失和局部（阀门和管件）的摩擦压力损失计算，不包括加速度损失及静压差等的计算。

7.2.2 液体管道摩擦压力损失的计算，应符合下列规定：

7.2.2.1 圆形直管的摩擦压力损失，应按式（7.2.2-1）计算。

$$\Delta P_f=10^{-5}\frac{\lambda\rho v^2}{2g}\cdot\frac{L}{D_i} \qquad (7.2.2\text{-}1)$$

式中 ΔP_f——直管的摩擦压力损失（MPa）；

L——管道长度（m）；

g——重力加速度（m/s^2）；

D_i——管子内径（m）；

v——平均流速（m/s）；

ρ——流体密度（kg/m^3）；

λ——流体摩擦系数。

7.2.2.2 局部的摩擦压力损失的计算，可采用当量长度法或阻力系数法。

（1）当量长度法：

$$\Delta P_{\mathrm{k}}=10^{-5}\frac{\lambda\rho v^{2}}{2g}\cdot\frac{L_{\mathrm{e}}}{D_{\mathrm{i}}} \quad (7.2.2\text{-}2)$$

（2）阻力系数法：

$$\Delta P_{\mathrm{k}}=10^{-5}K_{\mathrm{R}}\cdot\frac{\rho v^{2}}{2g} \quad (7.2.2\text{-}3)$$

式中　ΔP_{k}——局部的摩擦压力损失（MPa）；

L_{e}——阀门和管件的当量长度（m）；

K_{R}——阻力系数。

7.2.2.3　液体管道总压力损失为直管的摩擦压力损失与局部的摩擦压力损失之和，并应计入适当的裕度。其裕度系数，宜取1.05~1.15。

$$\Delta P_{\mathrm{t}}=C_{\mathrm{h}}(\Delta P_{\mathrm{f}}+\Delta P_{\mathrm{k}}) \quad (7.2.2\text{-}4)$$

式中　ΔP_{t}——管道总压力损失（MPa）；

C_{h}——管道压力损失的裕度系数。

7.2.3　气体管道摩擦压力损失的计算，应符合下列规定：

7.2.3.1　当总压力损失小于起点压力的10%时，可采用本规范第7.2.2条的公式，计算摩擦压力损失。

7.2.3.2　当总压力损失为起点压力的10%~20%时。仍采用本规范第7.2.2条的公式，但应以平均密度计算摩擦压力损失。

7.2.3.3　对于某些系统总压力损失大于起点压力的20%时，应把管道分成足够多的段数，逐段进行计算，最后得到各段压力损失之和。各段管道仍应采用本规范第7.2.2条的公式计算。

7.3　气液两相流管道压力损失

7.3.1　气液混合物中，气相体积（体积含气率）在6%~98%范围内时，宜采用两相流方法计算管道压力损失。

7.3.2　计算气液两相流管道压力损失时，首先应设定管径进行流型的判断；如流型为柱状流或活塞流时，应缩小管径，使流型成为环状流或分散流。

7.3.3　气液两相流管道压力损失的计算，应采用经过验证认为实用的计算方法。总压力损失宜按计算值乘以1.3~3.0的裕度系数。

7.3.4　气液两相流为闪蒸型时，应分析沿管道流动时质量含气率变化对压力损失计算的误差，当管道进出口质量含气率的变化大于5%时，可分段进行计算，计算方法与非闪蒸型两相流管道的压力损失计算方法相同。

8　管道的布置

8.1　地 上 管 道

Ⅰ　一 般 规 定

8.1.1　管道布置应满足工艺及管道和仪表流程图的要求。

8.1.2　管道布置应满足便于生产操作、安装及维修的要求。宜采用架空敷设，规划布局应整齐有序。在车间内或装置内不便维修的区域，不宜将输送强腐蚀性及B类流体的管道敷设在地下。

8.1.3　具有热胀和冷缩的管道，布置中配合进行柔性计算的范围不应小于本规范和工程设计的规定。

8.1.4　管道布置中应按本规范第3.1.5条的要求控制管道的振动。

Ⅱ　管道的净空高度及净距

8.1.5　架空管道穿过道路、铁路及人行道等的净空高度系指管道隔热层或支承构件最低点的高度，净空高度应符合下列规定：

（1）电力机车的铁路，轨顶以上　≥6.6m；

（2）铁路轨顶以上　≥5.5m；

（3）道路　推荐值≥5.0m；最小值4.5m；

（4）装置内管廊横梁的底面　≥4.0m；

（5）装置内管廊下面的管道，在通道上方　≥3.2m；

（6）人行过道，在道路旁　≥2.2m；

（7）人行过道，在装置小区内　≥2.0m。

（8）管道与高压电力线路间交叉净距应符合架空电力线路现行国家标准的规定。

8.1.6　在外管架（廊）上敷设管道时，管架边缘至建筑物或其他设施的水平距离除按以下要求外，还应符合现行国家标准《石油化工企业设计防火规范》GB 50160、《工业企业总平面设计规范》GB 50187及《建筑设计防火规范》GBJ 16的规定。

管架边缘与以下设施的水平距离：

（1）至铁路轨外侧　≥3.0m；

（2）至道路边缘　≥1.0m；

（3）至人行道边缘　≥0.5m；

（4）至厂区围墙中心　≥1.0m；

（5）至有门窗的建筑物外墙　≥3.0m；

（6）至无门窗的建筑物外墙　≥1.5m。

8.1.7　布置管道时应合理规划操作人行通道及维修通道。操作人行通道的宽度不宜小于0.8m。

8.1.8　两根平行布置的管道，任何突出部位至另一管子或突出部位或隔热层外壁的净距，不宜小于25mm。裸管的管壁与管壁间净距不宜小于50mm，在热（冷）位移后隔热层外壁不应相碰。

Ⅲ　一般布置要求

8.1.9　多层管廊的层间距离应满足管道安装要求。腐蚀性的液体管道应布置在管廊下层。高温管道不应布置在对电缆有热影响的下方位置。

8.1.10　沿地面敷设的管道，不可避免穿越人行通道时，应备有跨越桥。

8.1.11　在道路、铁路上方的管道不应安装阀门、法兰、螺纹接头及带有填料的补偿器等可能泄漏的组成件。

8.1.12　沿墙布置的管道，不应影响门窗的开闭。

8.1.13　腐蚀性液体的管道，不宜布置在转动设备的上方。

8.1.14　泵的管道应符合下列要求：

8.1.14.1　泵的入口管布置应满足净正吸入压头（气蚀余量）的要求；

8.1.14.2　双吸离心泵的入口管应避免配管不当造成偏流；

8.1.14.3　离心泵入口处水平的偏心异径管一般采用顶平布置，但在异径管与向上弯的弯头直接连接的情况下，可采用底平布置。异径管应靠近泵入口。

8.1.15　与容器连接的管道布置应符合下列规定：

8.1.15.1　对非定型设备的管口方位，应结合设备内部结构及工艺要求进行布置；

8.1.15.2　对大型贮罐至泵的管道，确定罐的管口标高及第一个支架位置时，该管道应能适应贮罐基础的沉降。

8.1.15.3　卧式容器及换热器的固定侧支座及活动侧支座，应按管道布置要求明确规定，固定支座位置应有利于主要管道的柔性计算。

8.1.16 布置管道应留有转动设备维修、操作和设备内填充物装卸及消防车道等所需空间。

8.1.17 吊装孔范围内不应布置管道。在设备内件抽出区域及设备法兰拆卸区内不应布置管道。

8.1.18 仪表接口的设置应符合下列规定：

8.1.18.1 就地指示仪表接口的位置应设在操作人员看得清的高度；

8.1.18.2 管道上的仪表接口应按仪表专业的要求设置，并应满足元件装卸所需的空间。

8.1.18.3 设计压力不大于6.3MPa或设计温度不大于425℃的蒸汽管道，仪表接口公称直径不应小于15mm。大于上述条件及有振动的管道，仪表接口公称直径不应小于20mm，当主管公称直径小于20mm时，仪表接口不应小于主管径。

8.1.19 管道的结构应符合下列规定：

8.1.19.1 两条对接焊缝间的距离，不应小于3倍焊件的厚度，需焊后热处理时，不宜小于6倍焊件的厚度。且应符合下列要求：

公称直径小于50mm的管道，焊缝间距不宜小于50mm；

公称直径大于或等于50mm的管道，焊缝间距不宜小于100mm。

8.1.19.2 管道的环焊缝不宜在管托的范围内。需热处理的焊缝从外侧距支架边缘的净距宜大于焊缝宽度的5倍，且不应小于100mm。

8.1.19.3 不宜在管道焊缝及边缘上开孔与接管。当不可避免时，应经强度校核。

8.1.19.4 管道在现场弯管的弯曲半径不宜小于3.5倍管外径；焊缝距弯管的起弯点不宜小于100mm，且不应小于管外径。

8.1.19.5 螺纹连接的管道，每个分支应在阀门等维修件附近设置一个活接头。但阀门采用法兰连接时，可不设活接头。

8.1.19.6 除端部带直管的对焊管件外，不应将标准的对焊管件与滑套法兰直连。

8.1.20 蒸汽管道或可凝性气体管道的支管宜从主管的上方相接。蒸汽冷凝液支管应从收回总管的上方接入。

8.1.21 管道布置时应留出试生产、施工、吹扫等所需的临时接口。

8.1.22 管道穿过安全隔离墙时应加套管。在套管内的管段不应有焊缝，管子与套管间的间隙应以不燃烧的软质材料填满。

Ⅳ B类流体管道布置要求

8.1.23 B类流体的管道，不得安装在通风不良的厂房内、室内的吊顶内及建(构)筑物封闭的夹层内。

8.1.24 密度比环境空气大的室外B类气体管道，当有法兰、螺纹连接或有填料结构的管道组成件时，不应紧靠有门窗的建筑物敷设，可按本规范第8.1.6条处理。

8.1.25 B类流体的管道不得穿过与其无关的建筑物。

8.1.26 B类流体的管道不应在高温管道两侧相邻布置，也不应布置在高温管道上方有热影响的位置。

8.1.27 B类流体管道与仪表及电气的电缆相邻敷设时，平行净距不宜小于1m。电缆在下方敷设时，交叉净距不应小于0.5m。当管道采用焊接连接结构并无阀门时，其平行净距可取上述净距的50%。

8.1.28 B类液体排放应符合本规范有关章节的规定。含油的水应先排入油水分离装置。

8.1.29 B类流体管道与氧气管道的平行净距不应小于500mm。交叉净距不应小于250mm。当管道采用焊接连接结构并无阀门时，其平行净距可取上述净距的50%。

Ⅴ 阀门的布置

8.1.30 应按照阀门的结构、工作原理、正确流向及制造厂的要求采用水平或直立或阀杆向上方倾斜等安装方式。

8.1.31 所有安全阀、减压阀及控制阀的位置，应便于调整及维修，并留有抽出阀芯的空间，当位置过高时，应设置平台。所有手动阀门应布置在便于操作的高度范围内。

8.1.32 阀门宜布置在热位移小的位置。

8.1.33 换热器等设备的可拆端盖上，设有管口并需接阀门时，应备有可拆管段，并将切断阀布置在端盖拆卸区的外侧。

8.1.34 除管道和仪表流程图上指定的要求外，对于紧急处理及防火需要开或关的阀门，应位于安全和方便操作的地方。

8.1.35 安全阀的管道布置应考虑开启时反力及其方向，其位置应便于出口管的支架设计。阀的接管承受弯矩时，应有足够的强度。

Ⅵ 高点排气及低点排液的设置

8.1.36 管道的高点与低点均应分别备有排气口与排液口，并位于容易接近的地方。如该处（相同高度）有其他接口可利用时，可不另设排气口或排液口。除管廊上的管道外，对于公称直径小于或等于25mm的管道可省去排气口。对于蒸汽伴热管迂回时出现的低点处，可不设排液口。

8.1.37 高点排气管的公称直径最小应为15mm；低点排液管的公称直径最小应为20mm。当主管公称直径为15mm时，可采用等径的排液口。

8.1.38 气体管道的高点排气口可不设阀门，接管口应采用法兰盖或管帽等加以封闭。

8.1.39 所有排液口最低点与地面或平台的距离不宜小于150mm。

8.1.40 饱和蒸汽管道的低点应设集液包及蒸汽疏水阀组。

Ⅶ 放空口的位置

8.1.41 B类气体的放空管管口及安全阀排放口与平台或建筑物的相对距离应符合现行国家标准《石油化工企业设计防火规范》GB 50160第4.4.9条的规定。

8.1.42 放空口位置除上述要求外，还应符合现行国家标准《制定地方大气污染物排放标准的技术方法》GB/T 13201的规定。

8.2 沟 内 管 道

8.2.1 沟内管道布置应符合以下规定：

8.2.1.1 管道的布置应方便检修及更换管道组成件。为保证安全运行，沟内应有排水措施。对于地下水位高且沟内易积水的地区，地沟及管道又无可靠的防水措施时，不宜将管道布置在管沟内。

8.2.1.2 沟与铁路、道路、建筑物的距离应根据建筑物基础的结构、路基、管道敷设的深度、管径、流体压力及管道井的结构等条件来决定，并应符合附录F的规定。

8.2.1.3 避免将管沟平行布置在主通道的下面。

8.2.1.4 本规范第8.1节中有关管道排列、结构、排气、排液等条款也适用于沟内管道。

8.2.2 可通行管沟的管道布置应符合以下规定：

8.2.2.1 在无可靠的通风条件及无安全措施时，不得在通行管沟内布置窒息性及B类流体的管道。

8.2.2.2 沟内过道净宽不宜小于0.7m，净高不宜小于1.8m。

8.2.2.3 对于长的管沟应设安全出入口，每隔100m应设有人孔及直梯，必要时设安装孔。

8.2.3 不可通行管沟的管道布置应符合下列规定：

8.2.3.1 当沟内布置经常操作的阀门时，阀门应布置在不影响通行的地方，必要时可增设阀门伸长杆，将手轮引伸至靠近活动沟盖背面的高度处。

8.2.3.2 B类流体的管道不宜设在密闭的沟内。在明沟中不宜敷设密度比环境空气大的B类气体管道。当不可避免时，应在沟内填满细砂，并应定期检查管道使用情况。

8.3 埋 地 管 道

8.3.1 埋地管道与铁路、道路及建筑物的最小水平距离应符合本规范附录F表F的规定。

8.3.2 管道与管道及电缆间的最小水平间距应符合现行国家标准《工业企业总平面设计规范》GB 50187的规定。

8.3.3 大直径薄壁管道深埋时，应满足在土壤压力下的稳定性及刚度要求。

8.3.4 从道路下面穿越的管道，其顶部至路面不宜小于0.7m。

8.3.5 从铁路下面穿越的管道应设套管，套管顶至铁轨底的距离不应小于1.2m。

8.3.6 管道与电缆间交叉净距不应小于0.5m。电缆宜敷设在热管道下面，腐蚀性流体管道上面。

8.3.7 B类流体、氧气和热力管道与其他管道的交叉净距不应小于0.25m；C类及D类流体管道间的交叉净距不宜小于0.15m。

8.3.8 **管道埋深应在冰冻线以下。当无法实现时，应有可靠的防冻保护措施。**

8.3.9 设有补偿器、阀门及其他需维修的管道组成件时，应将其布置在符合安全要求的井室中，井内应有宽度大于或等于0.5m的维修空间。

8.3.10 有加热保护的（如伴热）管道不应直接埋地，可设在管沟内。

8.3.11 挖土共沟敷设管道的要求应符合现行国家标准《工业企业总平面设计规范》GB 50187的规定。

8.3.12 带有隔热层及外护套的埋地管道，布置时应有足够柔性，并在外套内有内管热胀的余地。无补偿直埋方法，可用于温度小于或等于120℃的D类流体的管道，并应按国家现行直埋供热管道标准的规定进行设计与施工。

9 金属管道的膨胀和柔性

9.1 一 般 规 定

9.1.1 管道对所连接机器设备的作用力和力矩应符合设备制造厂提出的允许的作用力和力矩的规定。当超过规定值，同时可能协商解决时，应取得制造厂的书面认可。管道对压力容器管口上的作用力和力矩应作为校核容器强度的依据条件。

9.1.2 经柔性计算确认为剧烈循环条件的管道时，应按本规范核对管道组成件选用的规定；当不能满足要求时，应修改设计，降低计算的位移应力范围，使剧烈循环条件变为非剧烈循环条件。

9.2 管道柔性计算的范围及方法

9.2.1 柔性计算的范围应符合下列规定：

9.2.1.1 管道的设计温度小于或等于-50℃或大于或等于100℃，均应为柔性计算的范围。

9.2.1.2 对柔性计算的公称直径范围应按设计温度和管道布置的具体情况在工程设计时确定。

9.2.1.3 第9.2.1.1款所述条件以外的，且符合下列条件之一的管道，应列入柔性计算的范围：

（1）受室外环境温度影响的无隔热层长距离的管道；

（2）管道端点附加位移量大，不能用经验判断其柔性的管道；

（3）小支管与大管连接，且大管有位移并会影响柔性的判断时，小管应与大管同时计算。

9.2.1.4 具备下列条件之一的管道，可不做柔性分析：

（1）该管道与某一运行情况良好的管道完全相同；

（2）该管道与已经过柔性分析合格的管道相比较，几乎没有变化。

9.2.2 柔性计算方法应符合下列规定：

9.2.2.1 对于与敏感机器、设备相连的或高温、高压或循环当量数大于7000等重要的以及工程设计有严格要求的管道，应采用计算机程序进行柔性计算。

9.2.2.2 对简单的L型、Π型、Z型等管道，可采用表格法、图解法等验算，但所采用的表和图必须是经计算验证的。

9.2.2.3 无分支管道或管系的局部作为计算机柔性计算前的初步判断时，可采用简化的分析方法。

9.3 管道柔性计算的基本要求

9.3.1 计算管系的划分应符合下列规定：

9.3.1.1 管系可按设备连接点或固定点划分为若干计算分管系，每一计算分管系中应包括其所有管道组成件和各种支吊架。

9.3.1.2 分叉管道不宜从分叉点处进行分段计算，只有当分叉支管的刚度与主管刚度相差悬殊时（小管对大管的牵制作用很小，可略去不计时）才可分段，但计算支管时应计入主管在分叉点处附加给支管口准确的线位移和角位移。

9.3.2 柔性计算应符合下列规定：

9.3.2.1 管道与设备相连接时，应计入管道端点处的附加位移，包括线位移和角位移；

9.3.2.2 进行分析和计算的管件，应按本规范附录E计入柔性系数和应力增大系数；

9.3.2.3 应计入不同类型的支吊架的作用；

9.3.2.4 管道运行中可能出现各种工况时，应按各工况的条件分别计算；

9.3.2.5 计算中的任何假设与简化，不应对计算结果的作用力、应力等产生不利或不安全的影响；

9.3.2.6 支吊架生根在有位移的设备上时，计算时应计入此项热位移值。

9.4 管道的位移应力

9.4.1 计算管道上各点的力矩时，应采用从安装温度到最高温度或最低温度的全补偿值，并可用本规范附录B表B.0.2中的线膨胀系数和本规范附录B表B.0.1中在安装温度下管道材料的弹性模量。

9.4.2 各点当量合成力矩的计算，应符合下列规定：

9.4.2.1 计算点在弯管和各类弯头上时：

（1）平面内、平面外弯曲，取不同的应力增大系数时，应根据弯管或弯头的力矩（图9.4.2-1），并按式（9.4.2-1）计算其当量合成力矩。

$$M_E=\left[(i_iM_i)^2+(i_oM_O)^2+M_t^2\right]^{0.5} \quad (9.4.2\text{-}1)$$

式中 M_E——热胀当量合成力矩（N·mm）；

M_i——平面内热胀弯曲力矩（N·mm）；

M_O——平面外热胀弯曲力矩（N·mm）；

M_t——热胀扭转力矩（N·mm）；

i_i——平面内应力增大系数，见附录E；

i_o——平面外应力增大系数，见附录E。

（2）当平面内、平面外弯曲均取相同的应力增大系数i，即取平面内、平面外应力增大系数两者中的大值时，应按弯管或弯头的力矩（图9.4.2-2），并按式（9.4.2-2）计算其合成力矩。

$$M'_E=(M_X^2+M_Y^2+M_Z^2)^{0.5} \quad (9.4.2\text{-}2)$$

式中 M'_E——未计入应力增大系数的合成力矩（N·mm）；

M_X——沿坐标轴X方向的力矩（N·mm）；

M_Y——沿坐标轴Y方向的力矩（N·mm）；

M_Z——沿坐标轴Z方向的力矩（N·mm）。

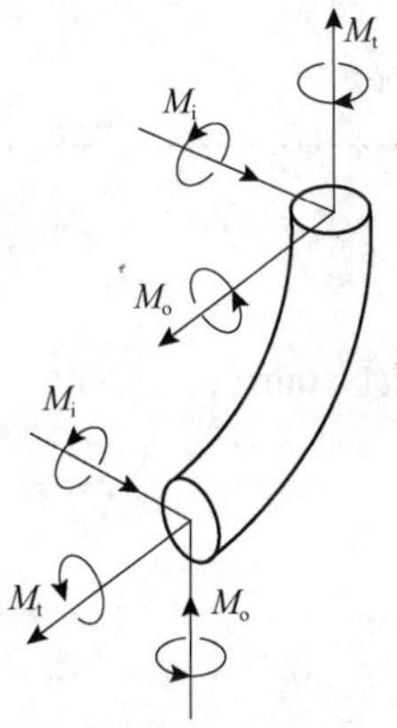

图9.4.2-1　平面内、平面外应力增大系数取不同值时弯管或弯头的力矩

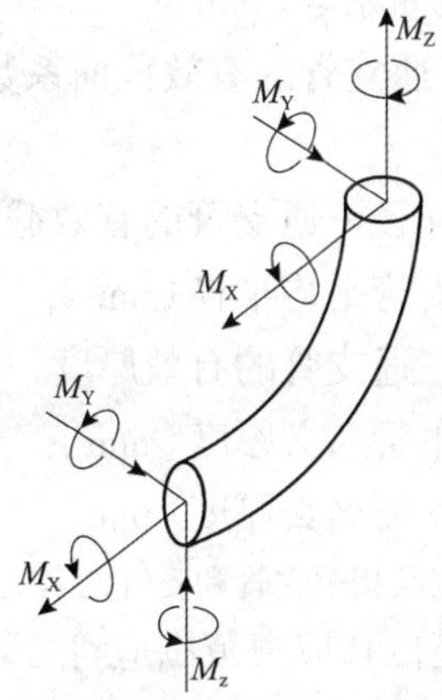

图9.4.2-2　平面内、平面外应力增大系数取两者中大值时弯管或弯头的力矩

9.4.2.2　当计算点在三通的交叉点处时：

（1）平面内、平面外弯曲取不同的应力增大系数时，应按三通的力矩（图9.4.2-3），并按式（9.4.2-1）计算各连接分支作用在三通交叉点的合成力矩。

（2）平面内、平面外弯曲均取相同的应力增大系数i，即取平面内、平面外应力增大系数两者中的大值时，应按三通的力矩（图9.4.2-4），并按式（9.4.2-2）计算各连接分支作用在三通交叉点的合成力矩。

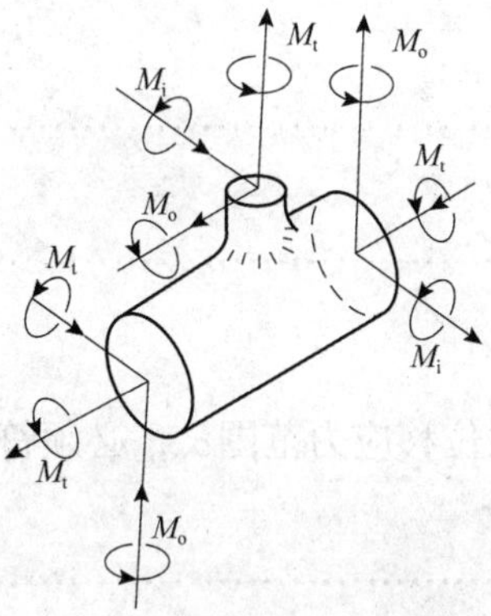

图9.4.2-3　平面内、平面外应力增大系数取不同值时三通的力矩

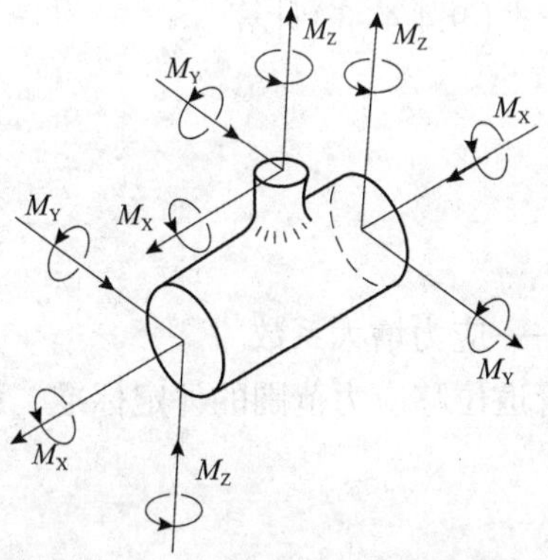

图9.4.2-4　平面内、平面外应力增大系数取两者中大值时三通的力矩

注：①上图中力矩位置仅为示意的，应取作用于三通各分支交叉点的力矩。

②每个三通交叉点处的3个合成力矩，分别用于计算应力。

③上述计算也适用于其他型式的支管连接。

9.4.2.3　当计算点在直管上时，计算当量合成力矩中的应力增大系数应取1，并应按第9.4.2.1款的公式计算。

9.4.3　截面系数的计算应符合下列规定：

9.4.3.1　直管、弯管、弯头、等径三通的主、支管及异径三通的主管的截面系数，应按式（9.4.3-1）计算。

$$W=\frac{\pi}{32D_o}(D_o^4-D_i^4) \quad \cdots\cdots\cdots\cdots（9.4.3-1）$$

式中　D_o——管子外径（mm）；

D_i——管子内径（mm）；

W——截面系数（mm^3）。

9.4.3.2 异径三通支管的有效截面系数，应按式（9.4.3-2）计算。

$$W_B=\pi(r_m)^2 t_{eb} \qquad (9.4.3-2)$$

式中 W_B——异径三通支管的有效截面系数（mm^3）；

r_m——支管平均半径（mm）；

t_{eb}——三通支管的有效厚度，取T_{tn}和$i_i t_{tn}$二者中的较小值（mm）；

T_{tn}——主管名义厚度（mm）；

t_{tn}——支管名义厚度（mm）。

注：T_{tn}和t_{tn}应取相配主管和支管的名义厚度。

9.4.4 计算管道位移应力范围应符合下列规定：

9.4.4.1 当平面内、平面外弯曲采用不同的应力增大系数时，对于异径三通支管或其他组焊型式的异径支管连接点处的位移应力范围，应按式（9.4.4-2）计算，其余管道组成件（部位）处的位移应力范围应按式（9.4.4-1）计算。

$$\sigma_E=\frac{M_E}{W} \qquad (9.4.4-1)$$

$$\sigma_E=\frac{M_E}{W_B} \qquad (9.4.4-2)$$

式中 σ_E——计算的最大位移应力范围（MPa）。

9.4.4.2 当平面内、平面外弯曲采用相同的应力增大系数时，对于异径三通支管或其他组焊型式的异径支管连接点处的位移应力范围，应按式（9.4.4-4）计算，其余管道组成件（部位）处的位移应力范围应按式（9.4.4-3）计算。

$$\sigma_E=\frac{iM'_E}{W} \qquad (9.4.4-3)$$

$$\sigma_E=\frac{iM'_E}{W_B} \qquad (9.4.4-4)$$

式中 i——应力增大系数。

9.4.5 管道位移应力范围的评定标准，为控制管道计算的最大位移应力范围σ_E，必须符合式（9.4.5）的规定。

$$\sigma_E\leqslant[\sigma]_A \qquad (9.4.5)$$

式中许用的位移应力范围$[\sigma]_A$，应符合本规范第3.2.7条的规定。

9.5 管道对设备或端点的作用力

9.5.1 设计管道时，应根据可能出现的各种工况，包括运行初期、运行、停运、松弛后及承受偶然荷载等工况分别计算作用力和力矩。当计算机程序中不包括滑动支架的摩擦力时，应采用手算修正管端的作用力。

9.5.2 当管道无冷拉或各方向采用相同冷拉比时，管道对端点或设备接口处的作用力和力矩的计算可按下列规定，并宜用于无中间约束，只有两个固定端点的简单管道系统。

9.5.2.1 在最高温度或最低温度下，管道对设备或端点的作用力和力矩，应按式（9.5.2-1）计算。

$$R_h=[1-(2/3)C_S]\frac{E_h}{E_{20}}R_E \qquad (9.5.2-1)$$

9.5.2.2 在安装温度下，管道对设备或端点的作用力和力矩，应按式（9.5.2-2）及式（9.5.2-3）计算。

$$R_C = C_S R_E \qquad (9.5.2\text{–}2)$$

或

$$R_{C1} = \left(1 - \frac{[\sigma]_h}{\sigma_E} \times \frac{E_{20}}{E_h}\right) R_E \qquad (9.5.2\text{–}3)$$

当$\frac{[\sigma]_h}{\sigma_E} \times \frac{E_{20}}{E_h} < 1$时，取$R_C$和$R_{C1}$中的大值；

当$\frac{[\sigma]_h}{\sigma_E} \times \frac{E_{20}}{E_h} \geqslant 1$时，取$R_C$为安装温度下对管端和设备接口处的作用力和力矩。

式中 C_S——冷拉比，由设计者根据需要确定，可在0~100%中取用；

E_h——在最高或最低温度下管道材料的弹性模量（MPa）；

E_{20}——在安装温度下的管道材料的弹性模量，一般可取材料在20℃时的弹性模量（MPa）；

R_h——管道运行初期在最高或最低温度下对设备或端点的作用力（N）和力矩（N·mm）；

R_C——管道运行初期在安装温度下对设备或端点的作用力（N）和力矩（N·mm）；

R_E——以E_{20}和全补偿值计算的管道对端点的作用力（N）和力矩（N·mm）；

R_{C1}——管道应变自均衡后在安装温度下对设备或端点的作用力（N）和力矩（N·mm）；

$[\sigma]_h$——在分析中的位移循环内，金属材料在热态（预计最高温度）下的许用应力（MPa）；

σ_E——计算的位移应力范围（MPa）。

9.5.3 当计算的管道为多固定点的复杂管系或沿坐标轴各方向采用不同冷拉比时，应采用管元件的变形系数及各方向的冷拉值等的方程组，计算运行初期在安装温度下，管道对设备或端点的作用力和力矩，并与本规范式（9.5.2–3）计算管道自均衡后在安装温度下对设备或端点的作用力和力矩相比较，取其较大值作为安装温度下管道对设备或端点的作用力和力矩。

管道在最高温度或最低温度下对设备或端点的作用力和力矩，应按下式计算：

$$R_h = \left[R_E - (2/3)R_C\right]\frac{E_h}{E_{20}} \qquad (9.5.3)$$

9.6 改善管道柔性的措施

9.6.1 管道设计中可利用管道自身的弯曲或扭转产生的变位来达到热胀或冷缩时的自补偿，当其柔性不能满足要求时，可采用下列办法改善管道的柔性：

9.6.1.1 调整支吊架的型式与位置；

9.6.1.2 改变管道走向。

9.6.2 当受条件限制，不能采用本规范第9.6.1条的方法改善管道的柔性时，可根据管道设计参数和类别选用补偿装置。

10 管道支吊架

10.1 一 般 规 定

10.1.1 在管道支吊架的布置设计中，管道的纵向应力，应符合本规范第3.2.6及3.2.8条的规定。

10.1.2 应优先选用标准的及通用的支吊架，对主要受力的支吊架结构的零部件应进行强度及刚度计算。

10.2 支吊架的设置及最大间距

10.2.1 支吊架位置和型式，应符合管道布置情况和管道柔性计算的要求。可选用有效的包括特殊型式的支架，控制管道位移和防止管道振动。

10.2.2 装有膨胀节的管道，固定架、导向架和限位架等的设置应符合产品特性及使用要求。

10.2.3 支吊架生根在建（构）筑物的构件上时，该构件应有足够的强度和刚度。

10.2.4 支吊架的设置不应影响设备和管道的运行操作及维修。

10.2.5 管道上有重力大的管道组成件时，应核算支吊架间距，或在管道组成件的附近设置支吊架。

10.2.6 支吊架的设置，应使支管连接点和法兰接头处承受的弯矩值，控制在安全的范围内。

10.2.7 水平管道支吊架最大间距应满足强度和刚度条件。强度条件是控制管道自重弯曲应力不应超过设计温度下材料许用应力的一半。刚度条件是限制管道自重产生的弯曲挠度，一般管道设计挠度不应超过15mm。装置外管道的挠度允许适当放宽，但不应超过38mm。敷设无坡度的蒸汽管道，其挠度不宜超过10mm。

其他有特殊要求的管道需采用更小的挠度值时，可按国家现行标准执行。

10.2.8 对于不允许积液并带有坡度的管道，支吊架间距除满足本规范第10.2.7条要求外，它与挠度及坡度之间的关系还应符合式（10.2.8）的要求。

$$L_S \leqslant \frac{2Y_S i_S}{\sqrt{1+i_S^2}-1} \qquad (10.2.8)$$

式中 Y_S——管道自重弯曲挠度（mm）；

L_S——支吊架间距（mm）；

i_S——管道坡度。

10.2.9 对有压力脉动的管道，决定支架间距时，应核算管道固有频率，防止管道产生共振。

10.3 支吊架荷载

10.3.1 支吊架的设计应承受下述荷载：

10.3.1.1 应承受本规范第3.1.6条所述的各项重力及支吊架零部件的重力。

10.3.1.2 应承受在管道运行期间可能产生变化的下列荷载：

（1）管道热胀冷缩和其他位移产生的作用力和力矩；

（2）弹簧支吊架向刚性支吊架或固定支架的转移荷载；

（3）压力不平衡式的波纹膨胀节或填函式补偿器等的内压作用力及弹性力；

（4）活动支吊架的摩擦力。

10.3.1.3 经柔性计算的管道，支吊架荷载应与柔性计算结果一致。当柔性计算程序中未计及滑动支架摩擦力或其他荷载时，应在支吊架荷载计算中计入。

10.3.1.4 液压试验、清洗或钝化时的液体重力、管内流体突然变化引起的力、流体排放时产生的反力、风力以及地震力等在使用期间瞬时和偶尔发生的荷载应根据工程设计情况计入。

10.3.2 支吊架的荷载组合应按使用过程中的各种工况分别进行计算，并对同时作用在支吊架上的所有荷载加以组合，取其中最不利的组合作为支吊架结构设计的依据。

10.4 材料和许用应力

10.4.1 支吊架用材料应符合下列规定：

10.4.1.1 管道支吊架用材料应符合本规范第4章的规定。

10.4.1.2 与管道组成件直接接触的支吊架零部件材料应按管道的设计温度选用；直接与管道组成件焊接的支吊架零部件材料应与管道组成件材料具有相容性。

10.4.1.3 铸铁材料不宜用在受拉伸荷载处；可锻铸铁不应承受冲击荷载。

10.4.1.4 保冷管道支架加垫的木块，宜采用红松类或不易干裂的硬木并应经防腐处理。

10.4.2 支吊架零部件的抗拉、抗压许用应力按本规范第3.2.3条及本规范附录A选取。其他许用应力应符合下列规定：

10.4.2.1 （本款删除）

10.4.2.2 螺纹拉杆的抗拉许用应力应按该材料许用应力降低不少于25%。

10.5 支吊架结构设计及选用

10.5.1 支吊架的管托及活动部位的结构应符合下列规定：

10.5.1.1 对于无隔热层管道，除大管（液体管公称直径大于或等于500mm，气体管公称直径大于或等于600mm）带有管托或托板外，可将管子直接放置在管廊的梁上。

10.5.1.2 支吊架的滑动面和铰接活动部位应露在隔热层以外。

10.5.1.3 螺旋焊管放在管廊或其他结构的梁上时，应设置管托。

10.5.1.4 设计滑动管托时，应采用该点管道热位移所需的相应管托长度。采用偏置安装时，设计文件中应标明偏置量及偏置方向。

10.5.2 与管道组成件接触的支吊架零部件与管道组成件间在规定的约束方向应无相对位移；该零部件结构的设计应控制管壁应力，防止管道局部塑性变形。

10.5.3 与管道组成件接触的不可拆卸的支吊架零部件应符合下列规定：

10.5.3.1 应控制支吊架零部件与管道组成件连接处的局部应力。

10.5.3.2 直接焊在管道组成件上的管托、吊板、导向板、耳板等材料应适于焊接，宜采用与管道组成件相同的材料，焊接、预热和热处理应符合本规范的规定。

10.5.4 与管道组成件接触的可拆卸的支吊架零部件应符合下列规定：

10.5.4.1 在垂直管道上的承重管夹应防止与管道组成件间产生滑移，可在管道组成件上焊挡块或沿其轴线方向焊肋板。

10.5.4.2 碳钢的支吊架零部件与有色金属或不锈钢管道组成件不应直接接触，在接触面之间可增加非金属材料的隔离垫层或相应措施。

10.5.5 支吊架的连接件的设计应符合下列规定：

10.5.5.1 螺纹拉杆的最大承载力可根据其许用应力和螺纹根部截面计算。吊杆直径不宜小于10mm。

10.5.5.2 当吊架有水平位移时，拉杆两端应为铰接，两铰接点间应有足够长度。对刚性拉杆吊架，可活动的拉杆长度不应小于吊点处水平位移的20倍，吊杆与垂直线夹角不应大于3°；对弹性吊架，可活动的拉杆长度不应小于吊点处水平位移的15倍，吊杆与垂直线夹角不应大于4°。

10.5.5.3 吊架的吊杆应有足够的螺纹长度，并可根据结构需要设置松紧螺母（花篮螺栓），螺纹连接处应设置锁紧螺母。

10.5.6 弹簧支吊架、减振装置和阻尼装置的选用，应符合下列规定：

10.5.6.1 可变（变力）弹簧支吊架可用于管道支吊点有垂直方向位移处，同时承受该方向的自重荷载。弹簧在任何工况下所承受的荷载均不应超过其最大允许荷载。可变弹簧支吊架可根据国家现行标准选用，并应符合下列要求：

（1）由管道垂直方向热位移引起的荷载变化系数按式（10.5.6）计算：

$$f_S = \frac{\Delta \cdot K_S}{F_H} \times 100\% \quad (10.5.6)$$

式中 f_S——荷载变化系数；

Δ——管道垂直热位移（mm）；

K_S——弹簧刚度（N/mm）；

F_H——工作荷载（N）。

荷载变化系数不应大于35%，重要管道及与敏感设备相连接的管道，荷载变化系数不宜大于25%。

（2）可变弹簧支吊架应设有荷载和行程指示器及位置锁定装置，并应在行程指示器的范围内使用。处于锁定位置时应可承受2倍最大工作荷载；对于不带外筒的简易可变弹簧支吊架仅可用在不需准确计算荷载和位移之处。

（3）应设有防止弹簧发生不同心度、弯曲或偏心荷载和意外失效的措施。

10.5.6.2 在管道支吊点处垂直方向有大位移量时，可选用恒力弹簧支吊架，并应符合下列规定：

（1）应设有荷载和行程指示器以及位置锁定装置，在锁定位置时该组件应可承受2倍最大工作荷载；

（2）应设有可在现场调整荷载的结构，加或减荷载的调节量均不应小于设计荷载的10%；

（3）选用恒力弹簧支吊架的名义位移量，除应满足支吊点计算位移量要求外，应根据计算荷载和热位移的精度不同，按标准规定留有裕量。

10.5.6.3 减振装置和阻尼装置的设计和选用，应符合下列规定：

（1）管道用减振装置可选用弹簧减振器，其结构设计宜符合下述规定：

应承受管道振动力而不承受管道的重力，最大防振力不应小于工程设计的要求值，并设有可调结构；

最大行程应根据对其防振力调节量和管道位移等因素确定。

（2）阻尼装置的结构设计宜符合下述规定：

不应约束管道的热胀和冷缩，不承受管道的重力；

应承受管道动力分析所要求的瞬态最大动力荷载，在该工况下具有高阻尼特性；

液压式阻尼装置内的工作介质宜为阻燃油；

有效行程应大于因管道位移引起的阻尼装置的轴向位移值。

10.5.7 与土建结构或基础或设备相连接的管道支吊架的钢结构的设计，应符合下列规定：

10.5.7.1 应满足最大荷载时的强度要求。

10.5.7.2 应满足下列刚度条件：

（1）用于固定支架、限位和阻尼装置时，梁的最大挠度不应大于0.002倍梁的计算长度；

（2）用于其他支架时，梁的最大挠度不应大于0.004倍梁的计算长度；

（3）采用悬臂梁时，悬臂长度不宜大于800mm。

10.5.7.3 采用非对称型钢且承载着力点不通过弯曲中心时，设计时应对偏心受力产生的扭转影响进行核算。

11 设计对组成件制造、管道施工及检验的要求

11.1 一般规定

11.1.1 工程施工及检验的要求，除了应符合本规范的规定外，还应符合现行国家标准《工业金属管道工程施工及验收规范》GB 50235的规定。

11.2 金属的焊接

11.2.1 焊接材料的选用及焊前预热，应符合现行国家标准《现场设备、工业金属管道焊接工程施工及验收规范》GB 50236的规定。

11.2.2 端部为焊接连接的阀门，施焊时所采用的焊接程序以及热处理，应避免阀座的严密性受破坏。

11.2.3 支管焊接应符合本规范第5.4.4条第5.4.4.2款支管连接焊缝的形式（见图5.4.4-1）的规定。

11.2.4 管道的焊接结构应符合本规范附录H的规定。

11.3 金属的热处理

11.3.1 管子弯曲及管件成形后的热处理，除应符合本规范附录G第G.1节的规定外，有应力腐蚀的管道及其他对消除残余应力有严格要求的管道，需热处理时，必须在设计文件中规定。

11.3.2 焊后需要热处理的管道组成件的厚度，应符合本规范附录G第G.2节的规定。

11.4 检 验

11.4.1 设计者应对所设计的管道依据流体类别、设计压力、设计温度参数、是否剧烈循环等条件进行综合归类，列入设计文件，作为检测的依据。

11.4.2 除有特殊要求外，管道无损检测可按本规范附录J的规定。

11.4.3 管子制造的检验应符合本规范第5.2.1及第5.2.4条的规定。

11.5 试 压

11.5.1 承受内压管道的液压及气压试验的压力应符合国家现行标准的规定。采用气压试验的管道应在工程设计文件中指定。

11.5.2 对于气体管道，当整体试水压条件不具备时，可采用安装前的分段液压强度试验及安装后固定口应进行100%无损检测，且检测合格后还应进行气密性试验。

11.5.3 液压或气压试验条件下组成件的内压圆周应力不得超过式（11.5.3-2）及式（11.5.3-3）的规定。如超过时，应降低试验压力。试验条件下组成件的周向应力应按式（11.5.3-1）计算：

$$\sigma_T = \frac{P_T[D_o - (t_{sn} - C)]}{2(t_{sn} - C)} \qquad (11.5.3-1)$$

液压试验时，
$$\sigma_T \leqslant 0.9E_j\sigma_s \qquad (11.5.3-2)$$

气压试验时，
$$\sigma_T \leqslant 0.8E_j\sigma_s \qquad (11.5.3-3)$$

式中 σ_T——在试验条件下组成件的周向应力（MPa）；

D_o——管子外径（mm）；

t_{sn}——直管名义厚度（mm）；

C——所有厚度附加量之和（mm）；

E_j——焊接接头系数；

P_T——试验压力（MPa）；

σ_s——材料标准常温屈服点（MPa）。

11.5.4 承受外压管道的液压试验应符合下列规定：

11.5.4.1 真空管道可按承受内压0.2MPa进行试压。对于需要检查稳定性的大直径管道，应按试验压力通过计算校核承受外压时的稳定性。

11.5.4.2 夹套管的内管应经液压试验及检验合格后，才能施工外套管。外套管应按本规范第11.5.1条的规定试压。

11.5.4.3 夹套管的内管应按内、外部较高一侧的试验压力进行内压试验。但设计者还应校核外压试验压力下内管的稳定性。

11.5.5 不能采用液压及气压试验的管道，可采用替代性试验，并应在工程设计文件中指明。替代性试验的管道，应符合下列规定：

11.5.5.1 对于所有环焊缝应进行100%射线检测；

11.5.5.2 检测后应进行气密试验；

11.5.5.3 管道组成件的无损检测应按本规范附录J的规定。

11.5.6 要求进行气密试验的管道应符合下列规定：

11.5.6.1 对B类流体管道，气密试验压力等于设计压力，在此压力下，用发泡剂检查法兰、螺纹、填料等处，无气泡为合格。输送制冷剂等气化温度低的流体的管道，也应进行气密试验。

11.5.6.2 对真空管道，应在液压试验合格后，进行24h真空度试验，增压率不超过5%为合格。

11.6 其他要求

11.6.1 安装中不得在滑动支架底板处临时点焊定位。仪表及电气任何构件不得焊在滑动支架上。

11.6.2 从有热位移的主管引出小直径的支管时，小管支架的类型和结构应按设计要求，并不应限制主管的位移。采用现场决定任何支架结构的范围，一般限于设计温度为常温的公称直径小于或等于40mm的管道。

11.6.3 大型贮罐（或大水池）的管道与泵或其他独立基础的设备连接，或贮罐底部管道沿地面敷设在支架上时，应注意贮罐基础沉降的影响。对此类管道，要求在贮罐液压试验后安装；或将贮罐接口处法兰在液压试验且基础初阶段沉降后再连接。

11.6.4 除耐火材料衬里管道按设计要求焊接外，对于其他非金属衬里管道不应在现场施焊，焊在管道组成件上的支吊架零部件，应在工厂预制时焊好。

11.6.5 对于非金属衬里的每根管最后封闭短管的长度，应在现场实测长度后提交制造厂，或采用其他设计认可的或本规范第5.11.5条的措施，但不得使用多层软垫片组合填充间隙的方法。

11.6.6 管道布置图中未表示的，由现场施工时决定走向的小管道，包括伴热管和仪表管等，应布置整齐，走向合理，并应在其他管道安装完后，根据工程规定、设计文件的要求进行安装。

12 隔热、隔声、消声及防腐

12.1 隔热

12.1.1 有关管道保温和保冷的计算、材料选择及结构要求等可按现行国家标准《设备及管道保温技术通则》GB/T 4272、《设备及管道保温设计导则》GB/T 8175、《设备及管道保冷技术通则》GB/T 11790及《工业设备及管道绝热工程设计规范》GB 50264进行设计。

12.1.2 严禁镀锌的隔热辅助材料与不锈钢管接触。

12.1.3 有关伴热的隔热结构，应符合下列规定：

12.1.3.1 碳钢的伴热管与不锈钢管子之间应采用非金属材料隔开；

12.1.3.2 当流体或管道材料不允许产生局部过热时，在伴热管与被伴热管之间应采用隔热件隔开。

12.1.4 奥氏体不锈钢管道用的吸水型（毛细作用）外隔热材料，应按本规范附录L规定的要求进行试验，材料中溶于水的Cl^-及（$Na^+ + SiO_3^{2-}$）的分析含量应在图12.1.4曲线右下方区域内。试产的产品试验还应证明隔热材料对不锈钢不产生表面腐蚀及应力腐蚀破裂。

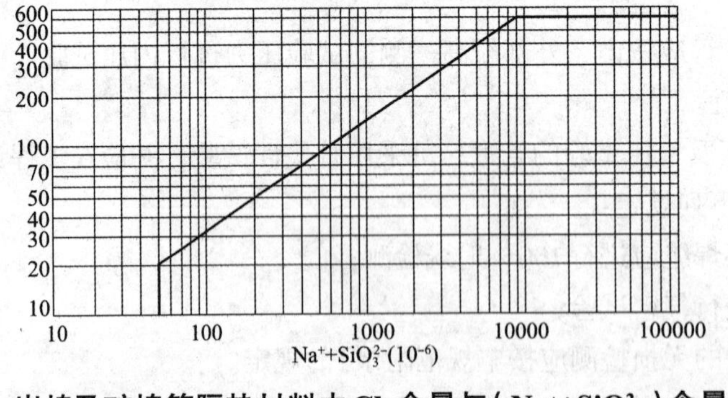

图12.1.4 岩棉及矿棉等隔热材料中Cl^-含量与（$Na^+ + SiO_3^{2-}$）含量的关系

12.1.5 隔热结构的外保护层应能有效地防止雨水进入隔热层内。

12.2 隔声和消声

12.2.1 防噪声要求应按现行国家标准《工业企业噪声控制设计规范》GBJ 87的规定。

12.2.2 对于与离心压缩机、螺杆压缩机或轴流压缩机等连接的管道，以及压差大的减压阀管道等，当噪声超过90dB时，应有隔声措施。

12.2.3 一般采用软质材料做隔声层，外保护层可与隔热结构的外保护层的材料相同。

12.2.4 室外的隔声结构应能防止雨水进入。

12.2.5 不锈钢管道的隔声材料应符合本规范第12.1.4条的规定。

12.2.6 放空管道噪声超过规定值时，应设置消声器。

12.3 防腐及涂漆

12.3.1 埋地钢管道的外表面应制作防腐层，防腐层数应按所设计的管道及土壤情况决定。必要时，对长距离及不便检查维修的区域内的管道，可增加阴极保护措施。

12.3.2 地上管道的外表面防锈，一般采用涂漆，涂层类别应能耐环境大气的腐蚀。

12.3.3 涂层的底漆与面漆应配套使用。外有隔热层的管道，一般只涂底漆。不锈钢、有色金属及镀锌钢管道等，可不涂漆。

12.3.4 涂漆前管道外表面的清理，应符合涂料产品的相应要求。当有特殊的要求时，应在设计文件中规定。

12.3.5 涂漆颜色及标志可按现行国家标准《工业管路的基本识别色和识别符号》GB 7231和有关标准执行，补充要求应在工程设计文件中规定。

13 输送A1类和A2类流体管道的补充规定

13.1 A1类流体管道的补充规定

13.1.1 设计条件应符合下列补充规定：

13.1.1.1 采用流体温度以外的任何温度作为设计温度时，应通过传热计算或实验验证。

13.1.1.2 管道设计中应进行动载分析，使有害的振动及脉冲影响减小到无害的程度。

13.1.1.3 可通过管道布置、组成件选用等方法防止出现剧烈循环条件。

13.1.1.4 不应按本规范第3.2.2条设计。

13.1.1.5 泄压装置的最大泄放压力，不得超过设计压力的1.1倍。

13.1.2 材料的选用应符合下列补充规定：

13.1.2.1 不应使用任何脆性材料。

13.1.2.2 铅、锡及其合金仅用于衬里。

13.1.3 管道组成件的选用，应符合下列补充规定：

13.1.3.1 选用焊接钢管应符合本规范附录J的规定；

13.1.3.2 斜接弯管的一条焊缝方向改变不应大于22.5°。

13.1.3.3 扩口翻边的突缘短节选用要求：

（1）使用温度不应超过200℃，使用的压力不应超过公称压力2.0MPa碳钢标准法兰的许用压力；

（2）管径不应大于公称直径100mm，扩口前的壁厚不应小于下列数值：

公称直径		厚度（最小值）
	15~20mm	2.5mm
	25~50mm	3.0mm
	65~100mm	3.5mm

13.1.3.4 支管连接应优先选用标准三通，其次为支管台或嵌入式支管。

13.1.3.5 阀门的选用要求：

（1）应采用防止阀杆填料处泄漏的阀门，包括波纹管密封的截止阀、旋塞型或其他具有可靠的密封结构型式的阀门；

（2）阀盖应为法兰连接，至少用四根螺栓。采用足够机械强度的直螺纹连接方式，金属对金属接触的密封的结构要进行密封焊。

13.1.3.6 法兰的选用要求：

（1）不应采用平焊（平板式）法兰；

（2）除了采用焊唇垫片外，法兰公称压力的选用宜留有大于或等于25%的裕量，且不应低于公称压力2.0MPa；

（3）采用软垫片时，应选用凹凸面或榫槽面的法兰。

13.1.3.7 承插焊管件应仅限用于公称直径小于或等于40mm。

13.1.3.8 锥管螺纹密封的结构，应限用于公称直径小于或等于20mm，并采用密封焊。

13.1.3.9 采用直螺纹以垫片密封的结构时，应用拧紧时及拧紧后组成件的密封面不会产生相对转动的结构。例如本规范第5.9.3条图5.9.3-2中（b）和（c）的结构。

13.1.3.10 管道接头选用要求：

（1）不应使用钎焊接头；

（2）不应使用粘接接头、胀接接头及填充物堵缝接头；

（3）不应在对焊口内使用分块的衬环。

13.1.3.11 不应使用带填料密封的补偿器。

13.1.3.12 选用不锈钢对焊管件的厚度，应符合本规范附录D第D.0.1条的规定。

13.1.4 管道的布置应符合下列补充规定：

13.1.4.1 除有可靠的安全措施外，不便维修的区域，不宜将管道敷设在地下。当工艺要求必须埋地敷设时，应有监测泄漏、防止腐蚀、收集有害流体等的安全措施。

13.1.4.2 设置在安全隔墙或隔板内的管道，其手动阀门应采用阀门伸长杆引至隔墙（板）外操作。

13.1.4.3 不应在可通行管沟内布置A1类流体管道。

13.1.4.4 A1类流体不应直接排入下水道及大气中，应排入封闭系统内。

13.1.5 柔性计算不应使用简化的分析方法。

13.1.6 管道施工及检验应符合下列补充规定：

13.1.6.1 碳钢管道壁厚大于或等于19mm时应进行焊后热处理。

13.1.6.2 管道应进行气密试验。

13.1.6.3 管道施工的无损检测应符合本规范附录J的规定。

13.2 A2类流体管道的补充规定

13.2.1 高硅铸铁不得用于A2类流体的管道。

13.2.2 应采用防止阀杆填料处泄漏的可靠的密封结构型式的阀门。

13.2.3 除耐腐蚀的要求外，宜采用钢制阀体的阀门。

13.2.4 应对玻璃液位计、视镜等采取安全防护措施。

13.2.5 气体排放口应符合环保的要求，液体不应直接排入下水道。

13.2.6 不宜采用平焊（平板式）法兰。

13.2.7 当采用锥管螺纹密封时，不应大于公称直径20mm。A2类流体的中、高度危害毒物的管道，应采用密封焊。

13.2.8 不应使用带填料密封的补偿器。

13.2.9 本规范第8.1.2条同样适用于A2类流体。

13.2.10 不应在可通行沟内布置A2类流体的管道。

13.2.11 A2类气体管道应进行气密试验。

13.2.12 管道的无损检测，应符合本规范附录J的规定。

13.2.13 对于Ⅱ级（高度）危害的A2类流体的管道，除了应符合本规范第13.2.1条至第13.2.12条的规定外，还应符合本规范第13.1.3条第13.1.3.6款第（3）项、第13.1.3条第13.1.3.9款及第13.1.3条第13.1.3.10款第（2）项的规定。

14 管道系统的安全规定

14.1 一般规定

14.1.1 管道系统中的安全设计要求除按本章的规定外，还应符合国家现行标准中的有关安全规程的规定。

14.2 超压保护

14.2.1 除本规范第3.2.2条规定外，在运行中可能超压的管道系统均应设置泄压装置。泄压装置可采用安全阀、爆破片或二者组合使用。

14.2.2 不宜使用安全阀的场合可用爆破片。爆破片设计爆破压力与正常最大工作压力的差值，应有一定的裕量。此差值根据爆破片的材料和工作压力的脉动情况而定。

14.2.3 安全阀应分别按排放气（汽）体或液体进行选用，并考虑背压的影响。

14.2.4 安全阀的开启压力（整定压力）除工艺有特殊要求外，为正常最大工作压力的1.1倍，最低为1.05倍。但对于本规范第3.1.2条第3.1.2.2款所述管道，安全阀的开启压力应取本规范第3.1.2条的条件和该管道设计压力的较大值。

14.2.5 安全阀入口管道的压力损失宜小于开启压力的3%，安全阀出口管道压力损失不宜超过开启压力的10%。

14.2.6 安全阀的最大泄放压力不宜超过管道设计压力的1.1倍。火灾事故时，其最大泄放压力不应超过设计压力的1.21倍。

14.2.7 安全阀或爆破片的入口管道和出口管道上不宜设置切断阀。但工艺有特殊要求必须设置切断阀时，还应设置旁通阀及就地压力表。正常工作时安全阀或爆破片入口或出口的切断阀应在开启状态下锁住。旁通阀应在关闭状态下锁住。工程设计图中应按下列规定加标注符号：

L.O.或C.S.O=开启状态下锁住（未经批准不得关闭）；

L.C.或C.S.C=关闭状态下锁住（未经批准不得开启）。

14.2.8 双安全阀出入口设置三通式转换阀时，两个转换阀应有可靠的联锁机构。安全阀与转换阀之间的管道，应有排空措施。

14.2.9 当设计选用泄压装置时，宜向制造厂提供详细数据，制造厂应保证产品性能符合数据表的要求。

14.3 阀门

14.3.1 需防止流体倒流的管道上，应设置止回阀。

14.3.2 正常运行中，某些阀门必须严格控制在开或关的位置时，设计中应附加锁定或铅封的要求。并应在设计图中按本规范第14.2.7条标注代号。此类阀门只允许在维修时，严格监督下使用，并经过有关负责人批准。

14.4 盲板

14.4.1 当装置内停运维修时，装置外有可能或要求继续运行的管道，在装置边界处除设置切断阀外，还应在阀门的靠装置一侧的法兰处设置盲板。

14.4.2 运行中，当有的设备需切断检修时，在阀门与设备之间法兰接头处应设置盲板。对于B类流体管道、阀门与盲板之间装有小放空阀时，放空阀后的管道，应引至安全地点。

14.4.3 压力试验及气密试验需隔断的位置，应设置盲板。

14.4.4 流体温度低于-5℃时，或大气腐蚀严重的场合，宜使用分离式盲板，即插板与垫环。不宜使用“8”字盲板。

14.4.5 插板与垫环应有识别标记，标记部位应伸出法兰。

14.5 排 放

14.5.1 各类流体排放，应符合下列规定：

14.5.1.1 B类液体应排入封闭的收集系统，严禁直接排入下水道。

14.5.1.2 密度比环境空气大的B类气体应排入火炬系统，密度比环境空气小的B类气体，在允许不设火炬及符合卫生标准的情况下，可排入大气。

14.5.1.3 C和D类无闪蒸的液体，在符合卫生标准及水道材料使用温度和无腐蚀的情况下，可排入下水道。

14.5.2 工艺要求的放空管应按排放量和工作压力决定管径。排放口流速，应符合本规范第7.1.5条的规定。

14.5.3 不经常使用的常压放空管口，应加设防鸟网。

14.6 其他要求

14.6.1 在寒冷气候条件下，室外管道应有下列的防冻措施：

14.6.1.1 冷却器的进出水管道和冷却水总管的末端，应设置防冻旁通管或其他防冻措施。

14.6.1.2 在寒冷地区的气体管道中有冷凝液生成时，或液体管道有死角区（包括仪表管道）或排液管可能冻结时，宜设置伴热管。

14.6.2 对于安装在室内的输送B类流体管道的薄弱环节的组成件，如玻璃液位计、视镜等，应有安全防护措施。

14.6.3 管道系统所产生的静电，可通过设备及土建结构的接地网接地。其他防静电要求应符合现行国家标准《防止静电事故通用导则》GB 12158的规定。

14.6.4 重要设备在运行中，不允许流体中断时，宜采用双管或设置带有隔断阀门的环状管网等安全措施。

14.6.5 下列情况应设阻火设施：

14.6.5.1 与明火设备连接的B类气体的减压后的管道，包括火炬管道；

14.6.5.2 需隔断易着火的管道（包括放空管）与其连接的设备时。

14.6.6 氧气管道设计应符合下列规定：

14.6.6.1 对于强氧化性流体（氧或氟）管道，应在管道预制后、安装前分段或单件按国家现行标准《脱脂工程施工及验收规范》HG 20202进行脱脂，包括所有组成件与流体接触的表面均应脱脂。脱脂后的管道组成件应采用氮气或空气吹净封闭，防止再污染。并应避免残存的脱脂介质与氧气形成危险的混合物。

14.6.6.2 氧气管道组成件的选用，除按本规范其他章节的规定外，还应符合下列补充规定：

（1）在产品系列范围内，宜选用无缝的管子和管件。

（2）管子管件焊接应采用氩弧焊打底。

（3）设计压力大于3MPa时，宜采用奥氏体不锈钢管。

（4）碳素钢和低合金钢管道上设有调压阀时，调压阀前后1.5m范围内宜采用奥氏体不锈钢管及管件。

（5）阀门选用应符合本规范第5.5.9条的规定。

14.6.6.3 除非工艺流程有特殊设计要求及可靠的安全措施保证，氧气管道与B类流体管道严禁直接连接。

14.6.6.4 氧气管道的流速限制、静电接地及管道布置等设计要求，应符合现行国家标准《氧气站设计规范》GB 50030及有关氧气安全技术规程的规定。

14.6.7 采用夹套管道时，应根据流体凝固点的高低，其他物性改变条件及工艺要求，选择下列结构：

14.6.7.1 全夹套——管子、管件、法兰颈（背）部及阀门均有夹套；

14.6.7.2 部分夹套——除法兰颈（背）部、阀门及支管连接部没有夹套外，其他部分均有夹套；

14.6.7.3 简易夹套——管子（直管）有夹套，环焊缝宜位于夹套外。

附录 A 金属管道材料的许用应力

A.0.1 常用钢管许用应力，见表A.0.1。

表A.0.1 常用钢管许用应力

钢号	标准号	使用状态	厚度（mm）	常温强度指标		在下列温度（℃）下的许用应力（MPa）																使用温度下限（℃）	注
				σ_b（MPa）	σ_s（MPa）	≤20	100	150	200	250	300	350	400	425	450	475	500	525	550	575	600		
碳素钢钢管（焊接管）																							
Q235-A Q235-B	GB/T 13793		≤12	375	235	113	113	113	105	94	86	77	—	—	—	—	—	—	—	—	—	-10	①
20	GB/T 13793		≤12.7	390	（235）	130	130	125	116	104	95	86	—	—	—	—	—	—	—	—	—	-20	⑤ ①
碳素钢钢管（无缝管）																							
10	GB 9948	热轧、正火	≤16	330	205	110	110	106	101	92	83	77	71	69	61	—	—	—	—	—	—	-29正火状态	③
10	GB 6479 GB/T 8163	热轧、正火	≤15	335	205	112	112	108	101	92	83	77	71	69	61	—	—	—	—	—	—		
			16~40	335	195	112	110	104	98	89	79	74	68	66	61	—	—	—	—	—	—		
10	GB 3087	热轧、正火	≤26	333	196	111	110	104	98	89	79	74	68	66	61	—	—	—	—	—	—		
20	GB/T 8163	热轧、正火	≤15	390	245	130	130	130	123	110	101	92	86	83	61	—	—	—	—	—	—	-20	③ ⑤
			16~40	390	235	130	130	125	116	104	95	86	79	78	61	—	—	—	—	—	—		
20	GB 3087	热轧、正火	≤15	392	245	131	130	130	123	110	101	92	86	83	61	—	—	—	—	—	—		
			16~26	392	226	131	130	124	113	101	93	84	77	75	61	—	—	—	—	—	—		
20	GB 9948	热轧、正火	≤16	410	245	137	137	132	123	110	101	92	86	83	61	—	—	—	—	—	—		
20G	GB 6479 GB 5310	正火	≤16	410	245	137	137	132	123	110	101	92	86	83	61	—	—	—	—	—	—		
			17~40	410	235	137	132	126	116	104	95	86	79	78	61	—	—	—	—	—	—		

表A.0.1　常用钢管许用应力(续)

钢号	标准号	使用状态	厚度(mm)	常温强度指标		在下列温度(℃)下的许用应力(MPa)																使用温度下限(℃)	注
				σ_b(MPa)	σ_s(MPa)	≤20	100	150	200	250	300	350	400	425	450	475	500	525	550	575	600		
低合金钢钢管(无缝管)																							
16Mn	GB 6479 GB/T 8163	正火	≤15	490	320	163	163	163	159	147	135	126	119	93	66	43	—	—	—	—	—	-40	
			16~40	490	310	163	163	163	153	141	129	119	116	93	66	43	—	—	—	—	—		
09MnD	—	正火	≤16	400	240	133	133	128	119	106	97	88	—	—	—	—	—	—	—	—	—	-50	④
12CrMo 12CrMoG	GB 6479 GB 5310	正火加回火	≤16	410	205	128	113	108	101	95	89	83	77	75	74	72	71	50	—	—	—	-20	⑤
			17~40	410	195	122	110	104	98	92	86	79	74	72	71	69	68	50	—	—	—		
12CrMo	GB 9948	正火加回火	≤16	410	205	128	113	108	101	95	89	83	77	75	74	72	71	50	—	—	—		
15CrMo	GB 9948	正火加回火	≤16	440	235	147	132	123	116	110	101	95	89	87	86	84	83	58	37	—	—		
15CrMo 15CrMoG	GB 6479 GB 5310	正火加回火	≤16	440	235	147	132	123	116	110	101	95	89	87	86	84	83	58	37	—	—		
			17~40	440	225	141	126	116	110	104	95	89	86	84	83	81	79	58	37	—	—		
12Cr1MoVG	GB 5310	正火加回火	≤16	470	255	147	144	135	126	119	110	104	98	96	95	92	89	82	57	35	—		
12Cr2Mo 12Cr2MoG	GB 6479 GB 5310	正火加回火	≤16	450	280	150	150	150	147	144	141	138	134	131	128	119	89	61	46	37	—		
			17~40	450	270	150	150	147	141	138	134	131	128	126	123	119	89	61	46	37	—		
1Cr5Mo	GB 6479 GB 9948	退火	≤16	390	195	122	110	104	101	98	95	92	89	87	86	83	62	46	35	26	18		
	GB 6479		17~40	390	185	116	104	98	95	92	89	86	83	81	79	78	62	46	35	26	18		
10MoWVNb	GB 6479	正火加回火	≤16	470	295	157	157	157	156	153	147	141	135	130	126	121	97	—	—	—	—		
			17~40	470	285	157	157	156	150	147	141	135	129	121	119	111	97	—	—	—	—		

表A.0.1　常用钢管许用应力（续）

钢号	标准号	使用状态	厚度（mm）	在下列温度（℃）下的许用应力（MPa）																				使用温度下限（℃）	注
				≤20	100	150	200	250	300	350	400	425	450	475	500	525	550	575	600	625	650	675	700		
高合金钢钢管																									
0Cr13	GB/T 14976	退火	≤18	137	126	123	120	119	117	112	109	105	100	89	72	53	38	26	16	—	—	—	—	-20	⑤
0Cr19Ni9	GB/T 12771	固溶	≤14	137	137	137	130	122	114	111	107	105	103	101	100	98	91	79	64	52	42	32	27	-196	②①
0Cr18Ni9	GB/T 14976		≤18	137	114	103	96	90	85	82	79	78	76	75	74	73	71	67	62	52	42	32	27		
0Cr18Ni11Ti	GB/T 12771	固溶或	≤14	137	137	137	130	122	114	111	108	106	105	104	103	101	83	58	44	33	25	18	13		②①
0Cr18Ni10Ti	GB/T 14976	稳定化	≤18	137	114	103	96	90	85	82	80	79	78	77	76	75	74	58	44	33	25	18	13		
0Cr17Ni12Mo2	GB/T 12771	固溶	≤14	137	137	137	134	125	118	113	111	110	109	108	107	106	105	96	81	65	50	38	30		②①
	GB/T 14976		≤18	137	117	107	99	93	87	84	82	81	81	80	79	78	78	76	73	65	50	38	30		
0Cr18Ni12Mo2Ti	GB/T 14976	固溶	≤18	137	137	137	134	125	118	113	111	110	109	108	107	—	—	—	—	—	—	—	—		②
				137	117	107	99	93	87	84	82	81	81	80	79	—	—	—	—	—	—	—	—		
0Cr19Ni13Mo3	GB/T 14976	固溶	≤18	137	137	137	134	125	118	113	111	110	109	108	107	106	105	96	81	65	50	38	30		②
				137	117	107	99	93	87	84	82	81	81	80	79	78	78	76	73	65	50	38	30		
00Cr19Ni11	GB/T 12771	固溶	≤14	118	118	118	110	103	98	94	91	89	—	—	—	—	—	—	—	—	—	—	—		②①
00Cr19Ni10	GB/T 14976		≤18	118	97	87	81	76	73	69	67	66	—	—	—	—	—	—	—	—	—	—	—		
00Cr17Ni14Mo2	GB/T 12771	固溶	≤14	118	118	117	108	100	95	90	86	85	84	—	—	—	—	—	—	—	—	—	—		②①
	GB/T 14976		≤18	118	97	87	80	74	70	67	64	63	62	—	—	—	—	—	—	—	—	—	—		
00Cr19Ni13Mo3	GB/T 14976	固溶	≤18	118	118	118	118	118	118	113	111	110	109	—	—	—	—	—	—	—	—	—	—		②
				118	117	107	99	93	87	84	82	81	81	—	—	—	—	—	—	—	—	—	—		

注：中间温度的许用应力，可按本表的数值用内插法求得。

①GB 12771、GB 13793焊接钢管的许用应力，未计入焊接接头系数，见本规范第3.2.3条规定。

②该行许用应力，仅适用于允许产生微量永久变形之元件。

③使用温度上限不宜超过粗线的界限。粗线以上的数值仅用于特殊条件或短期使用。

④钢管的技术要求应符合《钢制压力容器》GB 150附录A的规定。

⑤使用温度下限为-20℃的材料，根据本规范第4.3.1条的规定，宜在大于-20℃的条件下使用，不需做低温韧性试验。

A.0.2 常用钢板许用应力，见表A.0.2。

表A.0.2 常用钢板许用应力

钢号	标准号	使用状态	厚度（mm）	常温强度指标		在下列温度（℃）下的许用应力（MPa）																使用温度下限（℃）	注
				σ_b（MPa）	σ_s（MPa）	≤20	100	150	200	250	300	350	400	425	450	475	500	525	550	575	600		
碳素钢钢板																							
Q235-A·F	GB/T 912	热轧	3~4	375	235	113	113	113	105	94	—	—	—	—	—	—	—	—	—	—	—	0	①
	GB/T 3274		4.5~16	375	235	113	113	113	105	94	—	—	—	—	—	—	—	—	—	—	—		
Q235-A	GB/T 912	热轧	3~4	375	235	113	113	113	105	94	86	77	—	—	—	—	—	—	—	—	—	-10	①
	GB/T 3274		4.5~16	375	235	113	113	113	105	94	86	77	—	—	—	—	—	—	—	—	—		
			>16~40	375	225	113	113	107	99	91	83	75	—	—	—	—	—	—	—	—	—		
Q235-B	GB/T 912	热轧	3~4	375	235	113	113	113	105	94	86	77	—	—	—	—	—	—	—	—	—	-10	①
	GB/T 3274		4.5~16	375	235	113	113	113	105	94	86	77	—	—	—	—	—	—	—	—	—		
			>16~40	375	225	113	113	107	99	91	83	75	—	—	—	—	—	—	—	—	—		
Q235-C	GB/T 912	热轧	3~4	375	235	125	125	125	116	104	95	86	79	—	—	—	—	—	—	—	—	-10	
	GB/T 3274		4.5~16	375	235	125	125	125	116	104	95	86	79	—	—	—	—	—	—	—	—		
			>16~40	375	225	125	125	119	110	101	92	83	77	—	—	—	—	—	—	—	—		
20R	GB 6654	热轧或正火	6~16	400	245	133	133	132	123	110	101	92	86	83	61	—	—	—	—	—	—	-20	③⑤
			>16~36	400	235	133	132	126	116	104	95	86	79	78	61	—	—	—	—	—	—		
			>36~60	400	225	133	126	119	110	101	92	83	77	75	61	—	—	—	—	—	—		
			>60~100	390	205	128	115	110	103	92	84	77	71	68	61	—	—	—	—	—	—		
低合金钢钢板																							
16MnR	GB 6654	热轧、正火	6~16	510	345	170	170	170	170	156	144	134	125	93	66	43	—	—	—	—	—	-20	⑤
			>16~36	490	325	163	163	163	159	147	134	125	119	93	66	43	—	—	—	—	—		
			>36~60	470	305	157	157	157	150	138	125	116	109	93	66	43	—	—	—	—	—		
			>60~100	460	285	153	153	150	141	128	116	109	103	93	66	43	—	—	—	—	—		
			>100~120	450	275	150	150	147	138	125	113	106	100	93	66	43	—	—	—	—	—		

表A.0.2　常用钢板许用应力（续）

钢号	标准号	使用状态	厚度（mm）	常温强度指标		在下列温度（℃）下的许用应力（MPa）																使用温度下限（℃）	注
				σ_b（MPa）	σ_s（MPa）	≤20	100	150	200	250	300	350	400	425	450	475	500	525	550	575	600		
15MnVR	GB 6654	热轧、正火	6~16	530	390	177	177	177	177	177	172	159	147	—	—	—	—	—	—	—	—	-20	⑤
			>16~36	510	370	170	170	170	170	170	163	150	138	—	—	—	—	—	—	—	—		
			>36~60	490	350	163	163	163	163	163	153	141	131	—	—	—	—	—	—	—	—		
18MnMoNbR	GB 6654	正火加回火	30~60	590	440	197	197	197	197	197	197	197	197	197	177	117	—	—	—	—	—		
			>60~100	570	410	190	190	190	190	190	190	190	190	190	177	117	—	—	—	—	—		
13MnNiMoNbR	GB 6654	正火加回火	30~100	570	390	190	190	190	190	190	190	190	190	—	—	—	—	—	—	—	—		
			>100~120	570	380	190	190	190	190	190	190	190	188	—	—	—	—	—	—	—	—		
07MnCrMoVR	—	调质	16~50	610	490	203	203	203	203	203	203	203	—	—	—	—	—	—	—	—	—	-20	④⑤
07MnNiCrMoVDR	—	调质	16~50	610	490	203	203	203	203	203	203	203	—	—	—	—	—	—	—	—	—	-40	④
16MnDR	GB 3531	正火	6~16	490	315	163	163	163	156	144	131	122	—	—	—	—	—	—	—	—	—	-40	
			>16~36	470	295	157	157	156	147	134	122	113	—	—	—	—	—	—	—	—	—		
			>36~60	450	275	150	150	147	138	125	113	106	—	—	—	—	—	—	—	—	—	-30	
			>60~100	450	255	150	147	138	128	116	106	100	—	—	—	—	—	—	—	—	—		
09MnNiDR	GB 3531	正火或正火加回火	6~16	440	300	147	147	147	147	147	147	138	—	—	—	—	—	—	—	—	—	-70	
			>16~36	430	280	143	143	143	143	143	138	128	—	—	—	—	—	—	—	—	—		
			>36~60	430	260	143	143	143	141	134	128	119	—	—	—	—	—	—	—	—	—		
15MnNiDR	GB 3531	正火或正火加回火	6~16	490	325	163	163	—	—	—	—	—	—	—	—	—	—	—	—	—	—	-45	
			>16~36	470	305	157	157	—	—	—	—	—	—	—	—	—	—	—	—	—	—		
			>36~60	460	290	153	153	—	—	—	—	—	—	—	—	—	—	—	—	—	—		
15CrMoR	GB 6654	正火加回火	6~60	450	295	150	150	150	150	141	131	125	118	115	112	110	88	58	37	—	—	-20	⑤
			>60~100	450	275	150	150	147	138	131	123	116	110	107	104	103	88	58	37	—	—		
14Cr1MoR	—	正火加回火	6~120	515	310	172	172	169	159	153	144	138	131	127	122	116	88	58	37	—	—	-20	④⑤

表A.0.2　常用钢板许用应力（续）

钢号	标准号	使用状态	厚度（mm）	在下列温度（℃）下的许用应力（MPa）																				使用温度下限（℃）	注
				≤20	100	150	200	250	300	350	400	425	450	475	500	525	550	575	600	625	650	675	700		
高合金钢钢板																									
0Cr13	GB 4237	退火	2~60	137	126	123	120	119	117	112	109	105	100	89	72	53	38	26	16	—	—	—	—	-20	⑤
0Cr18Ni9	GB 4237	固溶	2~60	137	137	137	130	122	114	111	107	105	103	101	100	98	91	79	64	52	42	32	27	-196	②
				137	114	103	96	90	85	82	79	78	76	75	74	73	71	67	62	52	42	32	27		
0Cr18Ni10Ti	GB 4237	固溶或稳定化	2~60	137	137	137	130	122	114	111	108	106	105	104	103	101	83	58	44	33	25	18	13		②
				137	114	103	96	90	85	82	80	79	78	77	76	75	74	58	44	33	25	18	13		
0Cr17Ni12Mo2	GB 4237	固溶	2~60	137	137	137	134	125	118	113	111	110	109	108	107	106	105	96	81	65	50	38	30		②
				137	117	107	99	93	87	84	82	81	81	80	79	78	78	76	73	65	50	38	30		
0Cr18Ni12Mo2Ti	GB 4237	固溶	2~60	137	137	137	134	125	118	113	111	110	109	108	107	—	—	—	—	—	—	—	—		②
				137	117	107	99	93	87	84	82	81	81	80	79	—	—	—	—	—	—	—	—		
0Cr19Ni13Mo3	GB 4237	固溶	2~60	137	137	137	134	125	118	113	111	110	109	108	107	106	105	96	81	65	50	38	30		②
				137	117	107	99	93	87	84	82	81	81	80	79	78	78	76	73	65	50	38	30		
00Cr19Ni10	GB 4237	固溶	2~60	118	118	118	110	103	98	94	91	89	—	—	—	—	—	—	—	—	—	—	—		②
				118	97	87	81	76	73	69	67	66	—	—	—	—	—	—	—	—	—	—	—		
00Cr17Ni14Mo2	GB 4237	固溶	2~60	118	118	117	108	100	95	90	86	85	84	—	—	—	—	—	—	—	—	—	—		②
				118	97	87	80	74	70	67	64	63	62	—	—	—	—	—	—	—	—	—	—		
00Cr19Ni13Mo3	GB 4237	固溶	2~60	118	118	118	118	118	118	113	111	110	109	—	—	—	—	—	—	—	—	—	—		②
				118	117	107	99	93	87	84	82	81	81	—	—	—	—	—	—	—	—	—	—		

注：中间温度的许用应力，可按本表的数值用内插法求得。

①所列许用应力，已乘质量系数0.9。

②该行许用应力，仅适用于允许产生微量永久变形之元件。对于法兰或其他有微量永久变形就引起泄漏或故障的场合不能采用。

③使用温度上限不宜超过粗线的界限。

④该钢板技术要求应符合GB 150附录A的规定。

⑤使用温度下限为-20℃的材料，要求同本规范附录A表A.0.1的注⑤。

A.0.3 常用螺栓许用应力，见表A.0.3。

表A.0.3 常用螺栓许用应力

钢号	钢材标准号	钢材使用状态	螺栓规格（mm）	常温强度指标		在下列温度（℃）下的许用应力（MPa）																使用温度下限（℃）	注
				σ_b（MPa）	σ_s（MPa）	≤20	100	150	200	250	300	350	400	425	450	475	500	525	550	575	600		
碳素钢螺栓																							
Q235-A	GB 700	热轧	≤M20	375	235	87	78	74	69	62	56	—	—	—	—	—	—	—	—	—	—	-10	
35	GB 699	正火	≤M22	530	315	117	105	98	91	82	74	69	—	—	—	—	—	—	—	—	—	-20	②
			M24~M27	510	295	118	106	100	92	84	76	70	—	—	—	—	—	—	—	—	—		
低合金钢螺栓																							
40MnB	GB 3077	调质	≤M22	805	685	196	176	171	165	162	154	143	126	—	—	—	—	—	—	—	—	-20	②
			M24~M36	765	635	212	189	183	180	176	167	154	137	—	—	—	—	—	—	—	—		
40MnVB	GB 3077	调质	≤M22	835	735	210	190	185	179	176	168	157	140	—	—	—	—	—	—	—	—		
			M24~M36	805	685	228	206	199	196	193	183	170	154	—	—	—	—	—	—	—	—		
40Cr	GB 3077	调质	≤M22	805	685	196	176	171	165	162	157	148	134	—	—	—	—	—	—	—	—		
			M24~M36	765	635	212	189	183	180	176	170	160	147	—	—	—	—	—	—	—	—		
30CrMoA	GB 3077	调质	≤M22	700	550	157	141	137	134	131	129	124	116	111	107	103	79	—	—	—	—	-100	
			M24~M48	660	500	167	150	145	142	140	137	132	123	118	113	108	79	—	—	—	—		
			M52~M56	660	500	185	167	161	157	156	152	146	137	131	126	111	79	—	—	—	—		
35CrMoA	GB 3077	调质	≤M22	835	735	210	190	185	179	176	174	165	154	147	140	111	79	—	—	—	—	-100	
			M24~M48	805	685	228	206	199	196	193	189	180	170	162	150	111	79	—	—	—	—		
			M52~M80	805	685	254	229	221	218	214	210	200	189	180	150	111	79	—	—	—	—		
			M52~M105	735	590	219	196	189	185	181	178	171	160	153	145	111	79	—	—	—	—		

表A.0.3　常用螺栓许用应力（续）

钢号	钢材标准号	钢材使用状态	螺栓规格（mm）	常温强度指标		在下列温度（℃）下的许用应力（MPa）																使用温度下限（℃）	注
				σ_b（MPa）	σ_s（MPa）	≤20	100	150	200	250	300	350	400	425	450	475	500	525	550	575	600		
35CrMoVA	GB 3077	调质	M52~M105	835	735	272	247	240	232	229	225	218	207	201	—	—	—	—	—	—	—	-20	②
			M110~M140	785	665	246	221	214	210	207	203	196	189	183	—	—	—	—	—	—	—		
25Cr2MoA	GB 3077	调质	≤M22	835	735	210	190	185	179	176	174	168	160	156	151	141	131	72	39	—	—		
			M24~M48	835	735	245	222	216	209	206	203	196	186	181	176	168	131	72	39	—	—		
			M52~M105	805	685	254	229	221	218	214	210	203	196	191	185	176	131	72	39	—	—		
			M110~M140	735	590	219	196	189	185	181	178	174	167	164	160	153	131	72	39	—	—		
40CrNiMoA	GB 3077	调质	M50~M140	930	825	306	291	281	274	267	257	244	—	—	—	—	—	—	—	—	—	-50	①
1Cr5Mo	GB 1221	调质	≤M22	590	390	111	101	97	94	92	91	90	87	84	81	77	62	46	35	26	18	-20	②
			M24~M48	590	390	130	118	113	109	108	106	105	101	98	95	83	62	46	35	26	18		
高合金钢螺栓																							
2Cr13	GB 1220	调质	≤M22	126	117	111	106	103	100	97	91	—	—	—	—	—	—	—	—	—	—	-20	②
			M24~M27	147	137	130	123	120	117	113	107	—	—	—	—	—	—	—	—	—	—		
0Cr18Ni9	GB 1220	固溶	≤M22	129	107	97	90	84	79	77	74	71	69	68	66	63	58	52	42	32	27	-196	
			M24~M48	137	114	103	96	90	85	82	79	76	74	73	71	69	62	52	42	32	27		
0Cr17Ni12Mo2	GB 1220	固溶	≤M22	129	109	101	93	87	82	79	77	76	75	74	73	71	68	65	50	38	30		
			M24~M48	137	117	107	99	93	87	84	82	81	79	78	78	76	73	65	50	38	30		
0Cr18Ni10Ti	GB 1220	固溶	≤M22	129	107	97	90	84	79	77	75	73	71	70	69	58	44	33	25	18	13		
			M24~M48	137	114	103	96	90	85	82	80	78	76	75	74	58	44	33	25	18	13		

注：中间温度的许用应力，可按本表的数值用内插法求得。

①M80及以下使用温度下限为-70℃。

②使用温度下限为-20℃的材料，要求同本规范附录A表A.0.1的注⑤。

A.0.4 常用锻件许用应力，见表A.0.4。

表A.0.4 常用锻件许用应力

钢号	锻件标准号	公称厚度（mm）	常温强度指标 σ_b（MPa）	常温强度指标 σ_s（MPa）	在下列温度（℃）下的许用应力（MPa） ≤20	100	150	200	250	300	350	400	425	450	475	500	525	550	575	600	使用温度下限（℃）	注
碳素钢锻件																						
20	JB 4726	≤200	390	215	130	119	113	104	95	86	79	74	72	61	41	—	—	—	—	—	-20	③④
35	JB 4726	≤100	510	265	166	147	141	129	116	108	98	92	85	61	41	—	—	—	—	—		①③④
		>100~300	490	245	153	141	134	126	113	104	95	89	85	61	41	—	—	—	—	—		
低合金钢锻件																						
16Mn	JB 4726	≤300	450	275	150	150	147	135	129	116	110	104	93	66	43	—	—	—	—	—	-20	④
20MnMo	JB 4726	≤300	530	370	177	177	177	177	177	177	171	163	156	131	84	49	—	—	—	—		
		>300~500	510	350	170	170	170	170	170	169	163	153	147	131	84	49	—	—	—	—		
		>500~700	490	330	163	163	163	163	163	163	156	147	141	131	84	49	—	—	—	—		
20MnMoNb	JB 4726	≤300	620	470	207	207	207	207	207	207	207	207	207	177	117	—	—	—	—	—		
		>300~500	610	460	203	203	203	203	203	203	203	203	203	177	117	—	—	—	—	—		
16MnD	JB 4727	≤300	450	275	150	150	147	135	129	116	110	—	—	—	—	—	—	—	—	—	-40	
09MnNiD	JB 4727	≤300	420	260	140	140	140	140	134	128	119	—	—	—	—	—	—	—	—	—	-70	
20MnMoD	JB 4727	≤300	530	370	177	177	177	177	177	177	171	—	—	—	—	—	—	—	—	—	-30	
		>300~500	510	350	170	170	170	170	170	169	163	—	—	—	—	—	—	—	—	—	-30	
		>500~700	490	330	163	163	163	163	163	163	156	—	—	—	—	—	—	—	—	—	-20	
08MnNiCrMoVD	JB 4727	≤300	600	480	200	200	200	200	200	200	200	—	—	—	—	—	—	—	—	—	-40	
10Ni3MoVD	JB 4727	≤300	600	480	200	200	—	—	—	—	—	—	—	—	—	—	—	—	—	—	-50	
15CrMo	JB 4726	≤300	440	275	147	147	147	138	132	123	116	110	107	104	103	88	58	37	—	—	-20	④
		>300~500	430	255	143	143	135	126	119	110	104	98	96	95	93	88	58	37	—	—		
12Cr1MoV	JB 4726	≤300	440	255	147	144	135	126	119	110	104	98	96	95	92	89	82	57	35	—		
		>300~500	430	245	143	141	131	126	119	110	104	98	96	95	92	89	82	57	35	—		

表 A.0.4　常用锻件许用应力(续)

钢号	锻件标准号	公称厚度(mm)	常温强度指标		在下列温度(℃)下的许用应力(MPa)																使用温度下限(℃)	注
			σ_b(MPa)	σ_s(MPa)	≤20	100	150	200	250	300	350	400	425	450	475	500	525	550	575	600		
12Cr2Mo1	JB 4726	≤300	510	310	170	170	169	163	159	156	153	150	147	144	119	89	61	46	37	—	-20	④
		>300~500	500	300	167	167	166	159	156	153	150	147	144	141	119	89	61	46	37	—		
1Cr5Mo	JB 4726	≤500	590	390	197	197	197	197	197	197	197	190	136	107	83	62	46	35	26	18		
35CrMo	JB 4726	≤300	620	440	207	207	207	207	207	207	207	200	194	150	111	79	50	—	—	—	-20	①④
		>300~500	610	430	203	203	203	203	203	203	203	200	194	150	111	79	50	—	—	—		

钢号	锻件标准号	公称厚度(mm)	在下列温度(℃)下的许用应力(MPa)																				使用温度下限(℃)	注
			≤20	100	150	200	250	300	350	400	425	450	475	500	525	550	575	600	625	650	675	700		
高合金钢锻件																								
0Cr13	JB 4728	≤100	137	126	123	120	119	117	112	109	105	100	89	72	53	38	26	16	—	—	—	—	-20	④
0Cr18Ni9	JB 4728	≤200	137	137	137	130	122	114	111	107	105	103	101	100	98	91	79	64	52	42	32	27	-196	②
			137	114	103	96	90	85	82	79	78	76	75	74	73	71	67	62	52	42	32	27		
0Cr18Ni10Ti	JB 4728	≤200	137	137	137	130	122	114	111	108	106	105	104	103	101	83	58	44	33	25	18	13		②
			137	114	103	96	90	85	82	80	79	78	77	76	75	74	58	44	33	25	18	13		
0Cr17Ni12Mo2	JB 4728	≤200	137	137	137	134	125	118	113	111	110	109	108	107	106	105	96	81	65	50	38	30		②
			137	117	107	99	93	87	84	82	81	81	80	79	78	78	76	73	65	50	38	30		
00Cr19Ni10	JB 4728	≤200	117	117	117	110	103	98	94	91	89	—	—	—	—	—	—	—	—	—	—	—		②
			117	97	87	81	76	73	69	67	66	—	—	—	—	—	—	—	—	—	—	—		
00Cr17Ni14Mo2	JB 4723	≤200	117	117	117	108	100	95	90	86	85	84	—	—	—	—	—	—	—	—	—	—		②
			117	97	87	80	74	70	67	64	63	62	—	—	—	—	—	—	—	—	—	—		

注：中间温度的许用应力，可按本表的数值用内插法求得。

①该锻件不得用于焊接结构。

②该行许用应力，仅适用于允许产生微量永久变形之元件，对于法兰或其他有微量永久变形就引起泄漏或故障的场合不能采用。

③使用温度上限不宜超过粗线的界限。

④使用温度下限为-20℃的材料，要求同本规范附录A表A.0.1的注⑤。

A.0.5 碳素钢铸件的许用应力，见表A.0.5。

表A.0.5 碳素钢铸件的许用应力

牌号	标准号	含碳量（%）	常温强度指标		在下列温度（℃）下的许用应力（MPa）								使用温度下限（℃）	注
			σ_b（MPa）	σ_s（MPa）	≤20	100	150	200	300	350	400	425		
ZG200-400H	GB 7659	0.2	400	200	100	待定	待定	待定	待定	待定	待定	待定	-20	①
ZG230-450H		0.2	450	230	115									
ZG275-485H		0.25	485	275	129									
ZG200-400	GB 11352	0.2	400	200	100									
ZG230-450		0.3	450	230	115									

注：表中许用应力值已乘质量系数0.8。

①使用温度下限要求见本规范附录A表A.0.1的注⑤。

A.0.6 球墨铸铁件的许用应力，见表A.0.6。

表A.0.6 球墨铸铁件的许用应力

牌号	标准号	金相组织	常温强度指标		在下列温度（℃）下的许用应力（MPa）							使用温度下限（℃）
			σ_b（MPa）	$\sigma_{0.2}$（MPa）	≤20	100	150	200	250	300	350	
QT400-18	GB 1348	铁素体	400	250	106	待定	待定	待定	待定	待定	待定	-10
QT400-15		铁素体	400	250	106							
QT450-10		铁素体	450	310	120							
QT500-7		铁素体+珠光体	500	320	133							

注：表中许用应力值已乘质量系数0.8。

A.0.7 铸铁件的许用应力，见表A.0.7。

表A.0.7 铸铁件的许用应力

牌号	标准号	金相组织	壁厚（mm）	常温强度指标		在下列温度（℃）下的许用应力（MPa）						使用温度下限（℃）
				σ_b（MPa）	$\sigma_{0.2}$（MPa）	≤20	100	150	200	250	300	
可锻铸铁												
KTH300-06	GB 9440		—	300	—	48	待定	待定	待定	待定	待定	-10
KTH330-08			—	330	—	52.8						
KTH350-10			—	350	200	56						
KTH370-12			—	370	—	59						
灰铸铁												
HT100	GB 9439	铁素体	2.5~10	130	—	10.4	待定	待定	待定	待定	待定	-10
			10~20	100	—	8.0						
			20~30	90	—	7.2						
			30~50	80	—	6.4						
HT150		珠光体+铁素体20%	2.5~10	175	—	14.0						-10
			10~20	145	—	11.6						
			20~30	130	—	10.4						
			30~50	120	—	9.6						
HT200		珠光体	2.5~10	220	—	17.6						-10
			10~20	195	—	15.6						
			20~30	170	—	13.6						
			30~50	160	—	12.8						
HT250		珠光体	4~10	270	—	21.6						-10
			10~20	240	—	19.2						
			20~30	220	—	17.6						
			30~50	200	—	16.0						
HT300		100%珠光体	10~20	290	—	23.2						-10
			20~30	250	—	20.0						
			30~50	230	—	18.4						
HT350		100%珠光体	10~20	340	—	27.2						-10
			20~30	290	—	23.2						
			30~50	260	—	20.8						

注：表中许用应力值已乘质量系数0.8。

A.0.8 铝及铝合金管的许用应力，见表A.0.8。

表A.0.8 铝及铝合金管的许用应力

牌号			状态代号		$\sigma_b \geqslant$（MPa）	$\sigma_{0.2} \geqslant$（MPa）	设计温度（℃）下的最大许用拉伸应力值（MPa）									使用温度下限（℃）
旧	新		旧	新			−269~20	40	65	75	100	125	150	175	200	
L1		1070A	M	O	（55）	（15）	10	10	—	10	9	8	7	6	5	
			R	H112	（55）	（15）	10	10	—	10	9	8	7	6	5	
L2		1060	M	O	（60）	（15）	10	10	—	10	9	8	7	6	5	
			R	H112	（60）	（15）	10	10	—	10	9	8	7	6	5	
L3		1050A	M	O	（60）	（15）	10	10	—	10	9	8	7	6	5	
			R	H112	（65）	（20）	13	13	—	13	12	11	10	8	6	
L5		1200	M	O	（75）	（20）	13	13	—	13	12	11	10	8	6	
			R	H112	（75）	（20）	13	13	—	13	12	11	10	8	6	−269
LF21	3A21	3003	M	O	（95）	（35）	23	23	—	23	23	20	16	13	10	
			R	H112	（95）	（35）	23	23	—	23	23	20	16	13	10	
LF2	5A02		M	O	（165）	（65）	41	41	—	41	41	41	37	28	17	
LF3	5A03		M	O	175	75	43	43	43	—	—	—	—	—	—	
			R	H112	175	65	43	43	43	—	—	—	—	—	—	
LF5	5A05		M	O	215	85	53	53	53	—	—	—	—	—	—	
			R	H112	255	105	63	63	63	—	—	—	—	—	—	

注：①表中产品标准尺寸：GB 6893拉（轧），制管外径6~120mm，壁厚0.5~5mm；GB 4437.1挤压管，外径25~300mm，壁厚5~32.5mm，外径310~500mm，壁厚15~50mm。

②表中状态代号：0为退火状态，H112为热作状态。

③新牌号见现行国家标准《变形铝及铝合金化学成分》GB/T 3190。

④表中（）内的数值为标准中未规定的推荐合格指标。

附录 B　金属材料物理性质

B.0.1　金属材料的弹性模量，见表B.0.1。

表B.0.1　金属材料的弹性模量

材料	在下列温度（℃）下的弹性模量（10^3MPa）																		
	−196	−150	−100	−20	20	100	150	200	250	300	350	400	450	475	500	550	600	650	700
碳素钢（C≤0.30%）	—	—	—	194	192	191	189	186	183	179	173	165	150	133	—	—	—	—	—
碳素钢 (C>0.30%)、碳锰钢	—	—	—	208	206	203	200	196	190	186	179	170	158	151	—	—	—	—	—
碳钼钢、低铬钼钢（至 Cr3Mo）	—	—	—	208	206	203	200	198	194	190	186	180	174	170	165	153	138	—	—
中铬钼钢（Cr5Mo~Cr9Mo）	—	—	—	191	189	187	185	182	180	176	173	169	165	163	161	156	150	—	—
奥氏体不锈钢（至 Cr25Ni20）	210	207	205	199	195	191	187	184	181	177	173	169	164	162	160	155	151	147	143
高铬钢（Cr13~Cr17）	—	—	—	203	201	198	195	191	187	181	175	165	156	153	—	—	—	—	—
灰铸铁	—	—	—	—	92	91	89	87	84	81	—	—	—	—	—	—	—	—	—
铝及铝合金	76	75	73	71	69	66	63	60	—	—	—	—	—	—	—	—	—	—	—
紫铜	116	115	114	111	110	107	106	104	101	99	96	—	—	—	—	—	—	—	—
蒙乃尔合金（Ni67−Cu30）	192	189	186	182	179	175	172	170	168	167	165	161	158	156	154	152	149	—	—
铜镍合金（Cu70−Ni30）	160	158	157	154	151	148	145	143	140	136	131	—	—	—	—	—	—	—	—

B.0.2 金属材料的平均线膨胀系数值，见表B.0.2。

表B.0.2 金属材料的平均线膨胀系数值

材料	在下列温度与20℃之间的平均线膨胀系数α（10^{-6}/℃）																		
	-196	-150	-100	-50	0	50	100	150	200	250	300	350	400	450	500	550	600	650	700
碳素钢、碳钼钢、低铬钼钢（至Cr3Mo）	—	—	9.89	10.39	10.76	11.12	11.53	11.88	12.25	12.56	12.90	13.24	13.58	13.93	14.22	14.42	14.62	—	—
铬钼钢（Cr5Mo~Cr9Mo）	—	—	—	9.77	10.16	10.52	10.91	11.15	11.39	11.66	11.90	12.15	12.38	12.63	12.86	13.05	13.18	—	—
奥氏体不锈钢（Cr18-Ni9至Cr19Ni14）	14.67	15.08	15.45	15.97	16.28	16.54	16.84	17.06	17.25	17.42	17.61	17.79	17.99	18.19	18.34	18.58	18.71	18.87	18.97
高铬钢（Cr13、Cr17）	—	—	—	8.95	9.29	9.59	9.94	10.20	10.45	10.67	10.96	11.19	11.41	11.61	11.81	11.97	12.11	—	—
Cr25-Ni20	—	—	—	—	—	—	15.84	15.98	16.05	16.06	16.07	16.11	16.13	16.17	16.33	16.56	16.66	16.91	17.14
灰铸铁	—	—	—	—	—	—	10.39	10.68	10.97	11.26	11.55	11.85	—	—	—	—	—	—	—
球墨铸铁	—	—	—	9.48	10.08	10.55	10.89	11.26	11.66	12.20	12.50	12.71	—	—	—	—	—	—	—
蒙乃尔（Monel）Ni67-Cu30	9.99	11.06	12.13	12.81	13.26	13.70	14.16	14.45	14.74	15.06	15.36	15.67	15.98	16.28	16.60	16.90	17.18	—	—
铝	17.86	18.72	19.65	20.78	21.65	22.52	23.38	23.92	24.47	24.93	—	—	—	—	—	—	—	—	—
青铜	15.13	15.43	15.76	16.41	16.97	17.53	18.07	18.22	18.41	18.55	18.73	—	—	—	—	—	—	—	—
黄铜	14.77	15.03	15.32	16.05	16.56	17.10	17.62	18.01	18.41	18.77	19.14	—	—	—	—	—	—	—	—
铜及铜合金	13.99	14.99	15.70	16.07	16.63	16.96	17.24	17.48	17.71	17.87	18.18	—	—	—	—	—	—	—	—
Cu70-Ni30	12.00	12.64	13.33	13.98	14.47	14.94	15.41	15.69	16.02	—	—	—	—	—	—	—	—	—	—

附录C　非金属衬里材料的使用温度范围

表C　非金属衬里材料的使用温度范围

材料		使用温度(℃)	
		最低	最高
硬聚氯乙烯	PVC	−15	60
聚乙烯　低密度	LDPE	−30	60
高密度	HDPE	−30	70
聚丙烯	PP	−10	100
聚四氟乙烯	PTFE	−100	200
天然橡胶		−20	65
硼硅玻璃		—	150

注：①本表的数据仅用于一般情况，设计中尚应根据流体腐蚀性、使用压力及材料成分与性能差异等影响综合考虑。

②按指定衬里材料标准或牌号的非金属衬里的金属管道组成件，使用温度范围应按有关国家现行标准规定，并应符合本规范中基层材料的使用温度上下限及低温韧性试验的规定。

附录D　钢管及钢制管件厚度的规定

D.0.1　剧烈循环条件或A1类流体的管道，采用不锈钢管子及对焊管件时，不应小于表D.0.1所列的厚度。

表D.0.1　剧烈循环条件或A1类流体管道用不锈钢管子及对焊管件的厚度（最小值）（mm）

DN	厚度（最小值）	*DN*	厚度（最小值）
15	2.5	150	3.5
20	2.5	200	4
25	3	250	4.5
（32）	3	300	5
40	3	350	5
50	3	400	5
（65）	3.5	450	5
80	3.5	500	6
100	3.5	（550）	6
（125）	3.5	600	6.5

D.0.2　外螺纹的钢管和外螺纹钢管件的厚度（最小值）应按表D.0.2的规定。

D.0.3　内螺纹管件及承插焊管件的厚度应符合现行国家标准的规定。

D.0.4　（本条删除）

表D.0.2　外螺纹的钢管及钢管件的厚度（最小值）

流　体	材　料	公称直径*DN*	厚度(最小值)(mm)
所有	碳钢	15	3.5
		20	3.9
		25	4.5
		32	4.8
		40	5.0
		50	3.9
		>50	不用
所有	不锈钢	15	2.7
		20	2.8
		25	3.2
		32	3.5
		40	3.6
		50	3.9
		>50	不用
需有安全防护时	碳钢或不锈钢	15	2.7
		20	2.8
		25	3.2
		32	3.5
		40	3.6
		50	3.9
		65	5.0
		80	5.4
		100	6.0
		150	6.0

注：①采用外螺纹钢管的外径应符合《无缝钢管尺寸、外形、重量及允许偏差》GB/T 17395的“标准化”系列。

②如果采用《低压流体输送用镀锌焊接钢管》GB/T 3091中$DN \leq 150$的钢管时，厚度不受本表的限制。

附录 E　柔性系数和应力增大系数

E.0.1　柔性系数和应力增大系数，见表E.0.1。

表E.0.1　柔性系数和应力增大系数

名　称	柔性系数K	应力增大系数①⑦		尺寸系数h	简　图
		平面外i_o	平面内i_i		
弯头或弯管 ①②③⑥⑧	$\frac{1.65}{h}$	$\frac{0.75}{h^{2/3}}$	$\frac{0.9}{h^{2/3}}$	$\frac{t_{Fn}R}{r_o^2}$	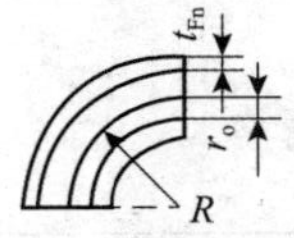
窄间距斜接弯管或弯头 $S<r_o(1+\tan\theta)$ ①②③⑧	$\frac{1.52}{h^{5/6}}$	$\frac{0.9}{h^{2/3}}$	$\frac{0.9}{h^{2/3}}$	$\frac{\cot\theta}{2}\ \frac{t_{sn}\cdot S}{r_o^2}$	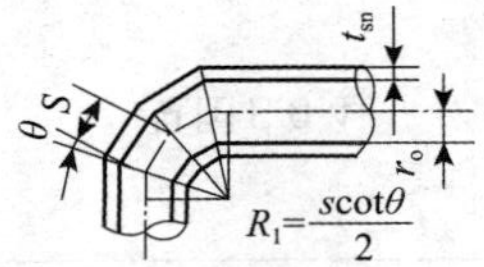
单节斜接弯管或宽间距斜接弯管 $S\geqslant r_o(1+\tan\theta)$，$\theta\leqslant 22.5°$ ①②⑧	$\frac{1.52}{h^{5/6}}$	$\frac{0.9}{h^{2/3}}$	$\frac{0.9}{h^{2/3}}$	$\frac{(1+\cot\theta)}{2}\ \frac{t_{sn}}{r_o}$	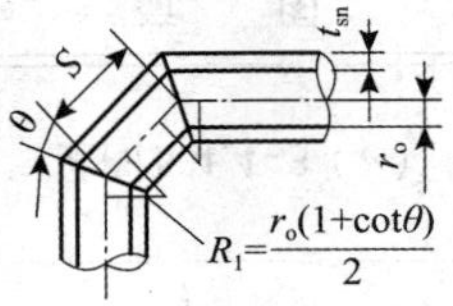
标准对焊三通　$r_x\geqslant\frac{1}{8}d_o$ ①② ⑬　$T_c\geqslant 1.5T_n$	1	$\frac{0.9}{h^{2/3}}$	$\frac{3}{4}i_o+1/4$	$4.4\frac{T_{tn}}{r_o}$	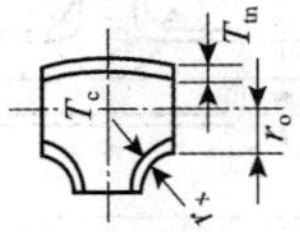
加强焊接支管或焊制三通 ①②⑤ ⑬	1	$\frac{0.9}{h^{2/3}}$	$\frac{3}{4}i_o+1/4$	$\frac{(T_{tn}+1/2t_r)^{2.5}}{T_{tn}^{1.5}r_o}$	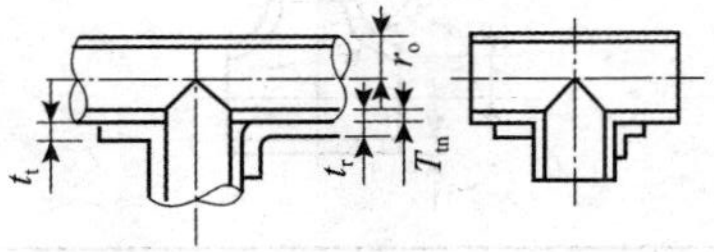
未加强焊接支管或焊制三通 ①② ⑬	1	$\frac{0.9}{h^{2/3}}$	$\frac{3}{4}i_o+1/4$	$\frac{T_{tn}}{r_o}$	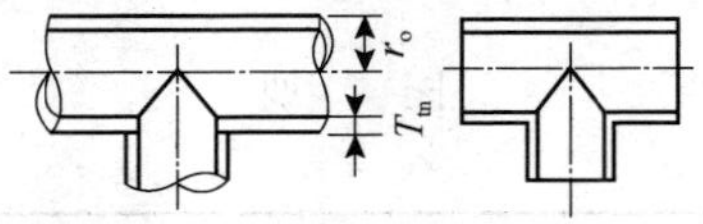

表E.0.1 柔性系数和应力增大系数(续)

名称	柔性系数K	应力增大系数①⑦		尺寸系数h	简图
		平面外i_o	平面内i_i		
挤压成型对焊三通 $r_x \geqslant 0.05d_o$，$T_c < 1.5T_{tn}$ ①②⑬	1	$\frac{0.9}{h^{2/3}}$	$\frac{3}{4}i_o+1/4$	$\left(1+\frac{r_x}{r_o}\right)\frac{T_{tn}}{r_o}$	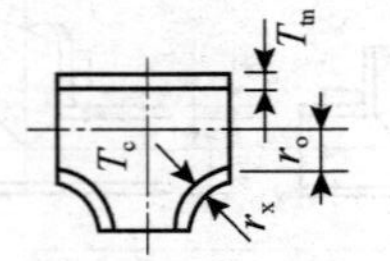
嵌入式支管 $r_x \geqslant \frac{1}{8}d_o$ ①② $T_c \geqslant 1.5T_{tn}$	1	$\frac{0.9}{h^{2/3}}$	$\frac{3}{4}i_o+1/4$	$4.4\frac{T_{tn}}{r_o}$	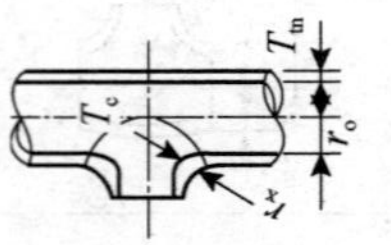
对焊支管台①②	1	$\frac{0.9}{h^{2/3}}$	$\frac{0.9}{h^{2/3}}$	$3.3\frac{T_{tn}}{r_o}$	见图5.4.4-3（c）

名称	柔性系数K	应力增大系数i	简图
支管接头 ②⑫	1	用于校核支管端部 $1.5\left(\frac{R_m}{T_{tn}}\right)^{2/3}\left(\frac{r_m}{R_m}\right)^{1/2}\times\left(\frac{t_{tn}}{T_{tn}}\right)\left(\frac{r_m}{r_p}\right)$	见图E.0.4
对接焊或对焊法兰 $t_{sn} \geqslant 6$mm ②⑩ $\delta_{max} \leqslant 1.6$mm， $\delta_{ave}/t_{sn} \leqslant 0.13$	1	1.0	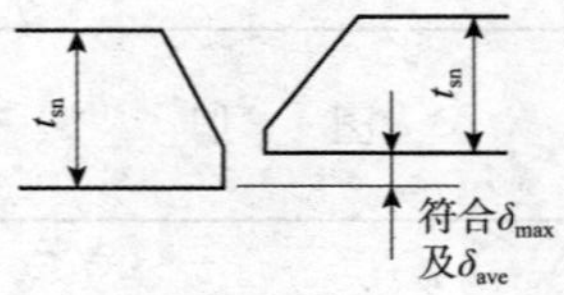
对接焊 $t_{sn} \geqslant 6$mm ②⑩ $\delta_{max} \leqslant 3.2$mm，$\delta_{ave}/t_{sn}$= 任何值	1	最大1.9或 0.9+2.7（δ_{ave}/t_{sn}）， 最小1.0	
对接焊 $t_{sn} < 6$mm ②⑩ $\delta_{max} \leqslant 1.6$mm，$\delta_{ave}/t_{sn} \leqslant 0.33$	1		
角焊⑨	1	2.1或1.3	见图E.0.5

表E.0.1　柔性系数和应力增大系数（续）

名称	柔性系数K	应力增大系数i	简　图
削薄过渡段 ②	1	最大1.9或 $1.3+0.0036\dfrac{D_o}{t_{sn}}+3.6\dfrac{\delta_{max}}{t_{sn}}$	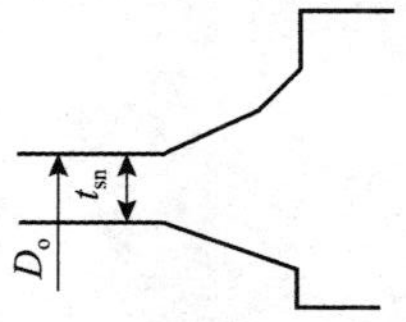
同心异径管 ⑪	1	最大2.0或 $0.5+0.01\beta\left(\dfrac{D_{os}}{t_{L2}}\right)^{1/2}$	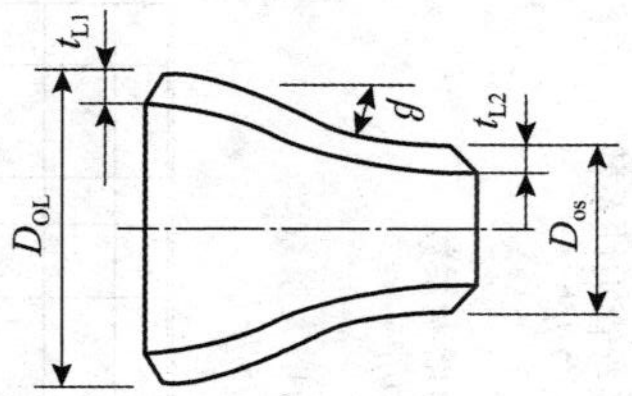
波纹直管或带波纹或皱纹弯管 ④	5	2.5	
螺纹管接头或螺纹法兰	1	2.3	
松套法兰	1	1.6	
内外侧焊的平焊法兰	1	1.2	

E.0.2 尺寸系数h与柔性系数及应力增大系数的关系，见图E.0.2。

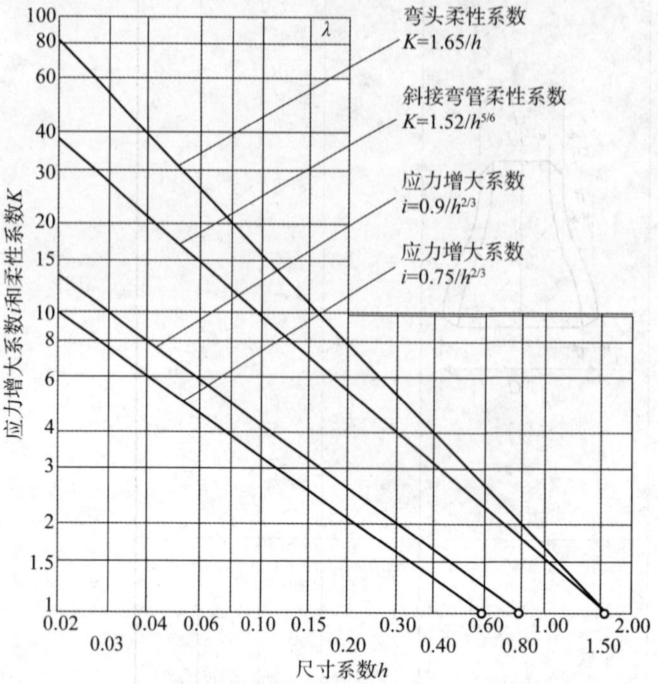

图E.0.2 尺寸系数h与柔性系数及应力增大系数的关系

E.0.3 修正系数C_f，见图E.0.3。

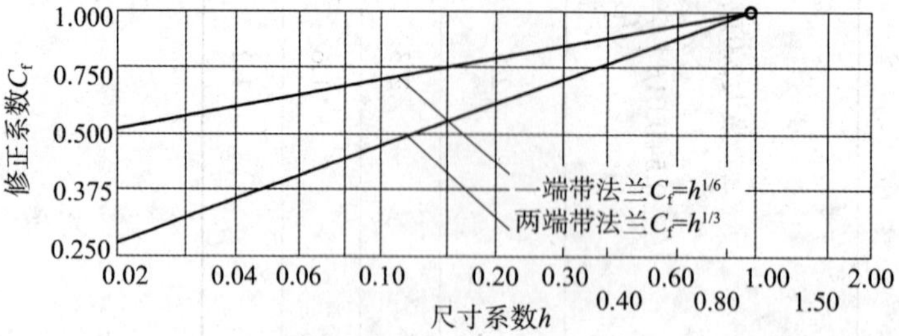

图E.0.3 修正系数C_f

E.0.4 支管接头尺寸，见图E.0.4。

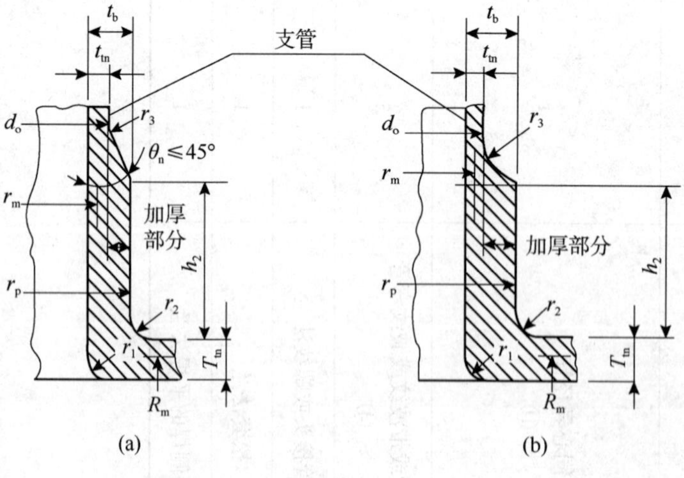

图E.0.4 支管接头尺寸（mm）

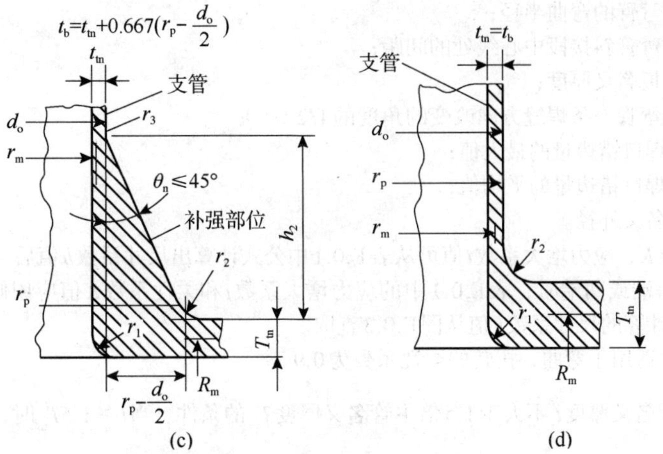

图E.0.4　支管接头尺寸(mm)(续)

d_o——支管名义外径；

h_2——支管有效补强高度；

R_m——主管平均半径；

t_b——支管补强部位有效厚度；

r_m——支管平均半径；

t_{tn}——支管名义厚度；

T_{tn}——主管名义厚度；

θ_n——支管补强部位过渡角度(°)；

r_p——支管补强部分外半径；

r_1、r_2、r_3——支管补强部位过渡半径

E.0.5　角焊尺寸，见图E.0.5。

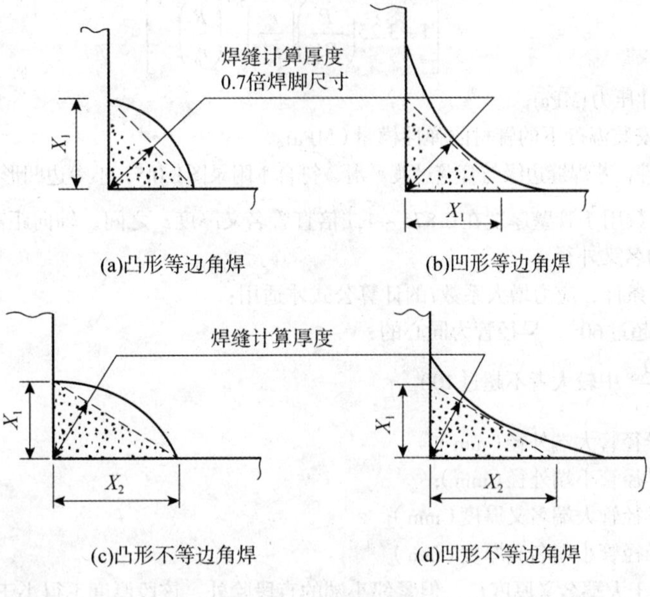

图E.0.5　角焊尺寸

X_1、X_2——焊脚尺寸

注：①表E.0.1中的柔性系数K适用于部件在任何平面的弯曲，但在任何情况下柔性系数K和平面内、平面外应力增大系数i_i、i_o均不得小于1。这两个系数对于弯管和焊接弯头用于有效弧长，即表E.0.1简图中的粗中心线所示；对于三通用于交叉点。

②表E.0.1中各式符号意义(单位：mm)：

t_{Fn} —— 管件名义厚度；

t_{sn} —— 直管名义厚度；

t_{tn} —— 支管名义厚度；

T_c —— 三通圆角部(主支管相交处)厚度；

T_{tn} —— 主管名义厚度，在表E.0.1中应取与三通主管相配的管子名义厚度；

r_x —— 在主管和支管轴线的平面内，外轮廓转角处的曲率半径；

r_o —— 管子的平均半径；

R —— 圆弧弯管的弯曲半径；

R_1 —— 斜接弯管的弯曲半径；

S —— 斜接弯管斜接段中心线处的间距；

t_r —— 补强板名义厚度；

θ —— 斜接弯管一条焊缝方向改变的角度的1/2（°）；

δ_{max} ——对接焊口错边量的最大值；

δ_{ave} ——对接焊口错边量的平均值；

d_o ——支管名义外径。

柔性系数K、应力增大系数i值可从表E.0.1中公式计算出尺寸系数h值后，从图E.0.2直接查取。

③当法兰装在一端或两端时，表E.0.1中的应力增大系数i和柔性系数K值应用修正系数C_f进行校正。C_f值根据表E.0.1计算的尺寸系数h值从图E.0.3查取。

④表中所示系数适用于弯曲，扭转的柔性系数为0.9。

⑤适用于补强板名义厚度t_r不大于1.5倍主管名义厚度T_{tn}的条件。当$t_r \geqslant 1.5T_{tn}$时，$h=4\dfrac{T_{tn}}{r_o}$。

⑥铸造对接焊弯头的厚度要比所连接的管子的厚度大得多，设计者应考虑该增大的厚度造成的影响，否则会产生较大的误差。

⑦若需要时，平面内与平面外的应力增大系数i均可用$0.9/h^{2/3}$进行计算。

⑧对于大直径薄壁弯管和弯头，内压会对柔性系数和应力增大系数有显著影响，应将表E.0.1中的柔性系数K除以下式：

$$\left[1+6\left(\frac{P}{E_{20}}\right)\left(\frac{r_o}{t_{sn}}\right)^{7/3}\left(\frac{R}{r_o}\right)^{1/3}\right]$$

将表E.0.1中的应力增大系数i除以下式：

$$\left[1+3.25\left(\frac{P}{E_{20}}\right)\left(\frac{r_o}{t_{sn}}\right)^{5/2}\left(\frac{R}{r_o}\right)^{2/3}\right]$$

式中 P——设计压力(MPa)；

E_{20}——在安装温度下的管材的弹性模量(MPa)。

⑨对于承插焊管件，若焊缝边缘与管壁过渡平滑，符合本附录图E.0.5，不等边凹形角焊的应力增大系数取1.3。

⑩该应力增大系数用于管壁厚度在0.875～1.1倍直管名义厚度t_{sn}之间，轴向距离为$\sqrt{D_o t_{sn}}$的对接焊口。式中D_o为管子的名义外径。

⑪只有满足以下条件，应力增大系数i的计算公式才适用：

锥角β不超过60°，异径管为同心的；

$\dfrac{D_{oL}}{t_{L1}}$和$\dfrac{D_{oS}}{t_{L2}}$中较大者不超过100。

式中 D_{oL}——异径管大端外径(mm)；

D_{oS}——异径管小端外径(mm)；

t_{L1}——异径管大端名义厚度(mm)；

t_{L2}——异径管小端名义厚度(mm)。

整个异径管厚度不小于大端名义厚度t_{L1}，但紧邻小端的直段除外，该段厚度不得小于小端名义厚度t_{L2}。

⑫只有满足以下条件时，应力增大系数i的计算公式才适用：

接管已满足开孔补强的要求；

支管中心线垂直于主管轴线；

当主管上有几个支管时，相邻两支管间的中心距，沿主管外表面轴向不得小于该两个支管内半径总和的3倍，沿主管外表面周向弧长不得小于该两个支管内半径总和的2倍；

图E.0.4中半径r_1在主管名义厚度T_{tn}的10%和50%之间；

图E.0.4中半径r_2不得小于$t_b/2$或$\left(t_{tn}+r_p-\frac{d_o}{2}\right)/2$和$\dfrac{t_{tn}}{2}$中的较大者；

图E.0.4中半径r_3不小于以下两者的较大值：

$0.002\theta_n d_o$；$2(\sin\theta_n)^3$与图E.0.4(a)、(b)加厚部分的乘积；

$r_m/t_{tn} \leqslant 50$和$r_m/R_m \leqslant 0.5$。

⑬表E.0.1中应力增大系数i值适用于等径的支管连接，对于异径的支管连接未获得足够数据前。可采用等径的数据。

附录 F　室外地下管道与铁路、道路及建筑物间的距离

表 F　室外地下管道与铁路、道路及建筑物等设施的最小水平净距（m）

输送的流体及状态			建、构筑物基础外缘		铁路轨外侧	道路边缘	围墙基础外侧	电杆柱中心		
			有地下室	无地下室				通信	电力	高压电
B 类液体			6	4	4.5	1	1	1.2	1.5	2
B 类气体	$P \leqslant 0.005$		2	1	3	0.6	0.6	0.6	1.5	2
	$0.005 < P \leqslant 0.2$		2.5	1.5	3.5	0.6	0.6	0.6		
	$0.2 < P \leqslant 0.4$		3	2	4	0.8	0.6	0.6		
	$0.4 < P \leqslant 0.8$		5	4	4.5	1	1	1		
	$P > 0.8$		7	6	5	1	1	1.5		
氧气	$P \leqslant 1.6$		3	2.5	2.5	0.8	1	0.8	1.5	2
	$P > 1.6$		5	3						
C、D 类流体	热力管		1.5~3（见注4）		3	0.8~1	1	0.8	1	1.5
	液体		3		3~4	0.8~1	1	0.8~1.2	1	2
	气体	$P \leqslant 0.25$	1.5		2	0.6	0.6	0.6	1	1.5
		$0.25 < P \leqslant 0.6$	1.5		2	0.6	0.6	0.6		
		$0.6 < P \leqslant 1.0$	2		2	0.6	0.6	0.6		
		$1.0 < P \leqslant 1.6$	2.5		2.5	0.8	0.8	1		
		$P > 1.6$	3		2.5	0.8	0.8	1		

注：①除注明者外，表列净距应自管（沟）壁或防护设施的外缘算起。

②管道低于基础时，除满足表列净距外，还应不小于管道埋设深度与基础深度之差，并应根据土壤条件确定净距。

③P为设计压力（MPa）。

④按C、D类气体的设计压力决定净距。

⑤当铁路和道路是路堤或路堑时，其与管线之间的水平净距应由路堤坡脚或路堑坡顶算起；有边沟和天沟时，应从沟的外缘算起。并应符合现行国家标准《工业企业总平面设计规范》GB 50187的规定。

附录G 管道热处理的规定

G.1 管子弯曲后的热处理

G.1.1 钢管弯曲后的热处理除本附录的规定外，还应符合现行国家标准《工业金属管道工程施工及验收规范》GB 50235的规定。

G.1.2 管子冷弯后，存在下述任何一种情况均应进行热处理：

G.1.2.1 碳素钢和含铬、钼的合金钢管但不包括奥氏体不锈钢管的弯制，其最大计算纤维伸长率超过该管子标准所规定的最小延伸率的50%时；

G.1.2.2 需要进行冲击试验的材料，弯管的最大计算纤维伸长率超过5%时。

G.1.3 最大计算纤维伸长率δ应采用式（G.1.3）计算。

$$\delta = \frac{D_o}{2R} \times 100\% \quad \cdots\cdots（G.1.3）$$

式中 D_o——管子外径（mm）;

R——圆弧弯管的弯曲半径（mm）。

G.1.4 黑色金属冷弯系指在低于转变温度范围以下进行；热弯系指在高于转变温度范围以上进行。

G.2 焊后需热处理的管道厚度

G.2.1 管道焊前预热和焊后需要热处理的厚度及要求，除按本规范的规定外，还应符合《现场设备、工业管道焊接工程施工及验收规范》GB 50236的规定及《钢制压力容器》GB 150第10.4节的规定。

G.2.2 当15CrMo材料含碳量高于0.15%时，任何壁厚均宜进行焊后热处理。

G.2.3 当管子或管件采用焊接连接时，推荐的预热和热处理要求所采用的厚度，应是连接接头处的较厚的壁厚，但下列情况除外：

G.2.3.1 对于支管连接的情况，不论支管是整体补强或补强板或鞍座，在确定是否要热处理时，均不应考虑补强用的金属（不含焊缝）。但在通过支管的任意平面内，当穿过焊缝的厚度超过规定需要热处理的最薄的材料厚度的2倍时，即使接头处各组成件的厚度小于此最薄的厚度，仍需进行热处理。本规范第5.4.4条，支管连接焊缝的形式（本规范图5.4.4-1）所示的穿过焊缝的厚度，应按表G.2.3计算：

表G.2.3 支管连接结构的热处理厚度

结构图	穿过焊缝的厚度
本规范图 5.4.4-1（a）	$t_{tn}+t_c$
本规范图 5.4.4-1（b）	$T_{tn}+t_c$
本规范图 5.4.4-1（c）	$t_{tn}+t_c$或t_r+t_c取较大值
本规范图 5.4.4-1（d）	$T_{tn}+t_r+t_c$

注：符号意义见本规范第5.4.4条。

G.2.3.2 对于平焊（滑套）法兰和承插焊法兰以及公称直径小于或等于50mm的管子连接的角焊缝，公称直径小于或等于50mm的螺纹接头的密封焊缝以及装在不论多大管子外表面的非受压件，如吊耳或其他管道支承件等，只要在任一平面内，穿过焊缝的厚度超过规定需要热处理的最薄的材料厚度的2倍时，即使接头处各组成件的厚度小于此最薄的厚度，仍需进行热处理，但下述情况可不需要热处理：

（1）对于碳素钢材料，角焊缝厚度不大于16mm，与母材的厚度无关。

（2）对于含铬、钼的低中合金钢材料，当角焊缝厚度不大于13mm时，如采用了不低于推荐的最低预热温度，且母材规定的最小抗拉强度小于490MPa时，不论母材的厚度是多少。

（3）对于铁素体材料，当其焊缝采用非空冷硬化的填充金属焊成时。

附录H 管道的焊接结构

H.1 角 焊

H.1.1 角焊缝斜边可以是凸形或凹形的，并应符合附录E图E.0.5的规定。

H.1.2 承插焊管件与管子的焊接应符合其连接要求（图H.1.2）的规定。

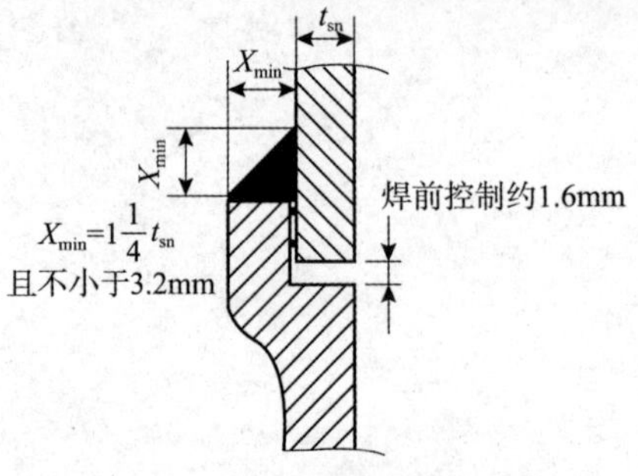

图H.1.2 承插焊管件连接要求

H.1.3 承插焊法兰与管子的连接应符合下列规定：

H.1.3.1 承插焊法兰的焊缝应符合其连接要求（图H.1.3）的规定。

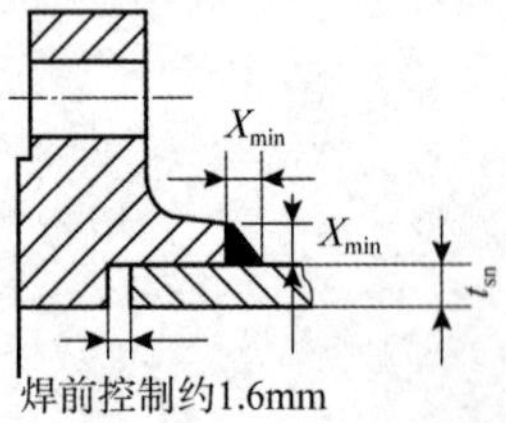

图H.1.3 承插焊法兰的连接要求

H.1.3.2 尺寸X_{min}为直管名义厚度t_{sn}的1.4倍或法兰颈部厚度两者中的较小值。

H.1.4 平焊（滑套）法兰与管子的内外侧焊（图H.1.4）应符合下列规定：

H.1.4.1 尺寸X为直管名义厚度t_{sn}或6.4mm中的较小值。

H.1.4.2 尺寸X_{min}为直管名义厚度t_{sn}的1.4倍或法兰颈部厚度两者中的较小值。

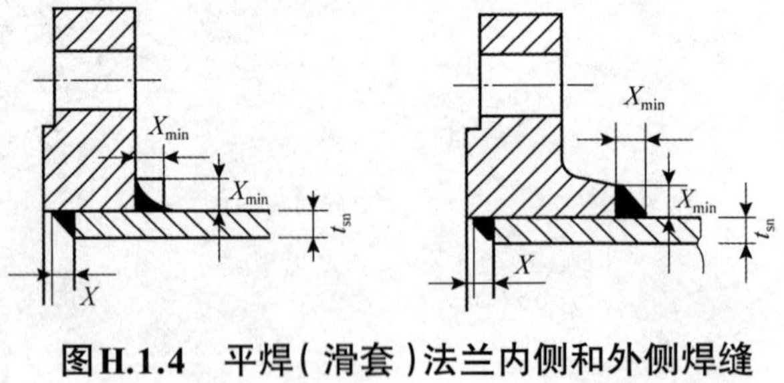

图H.1.4 平焊（滑套）法兰内侧和外侧焊缝

H.2 对 焊

H.2.1 对焊坡口形式及尺寸除了按本规范的规定外，还应符合现行国家标准《现场设备、工业管道焊接工程施工及验收规范》GB 50236的规定。

H.2.2 不同厚度的管道组成件对焊要求应符合下列规定：

H.2.2.1 应符合对焊端部型式（图H.2.2）的规定。

H.2.2.2 用于管件时如受长度条件的限制，图H.2.2中15°角可改为30°角。

H.2.3 热处理温度范围不同的两种材料，不应采用焊接连接。

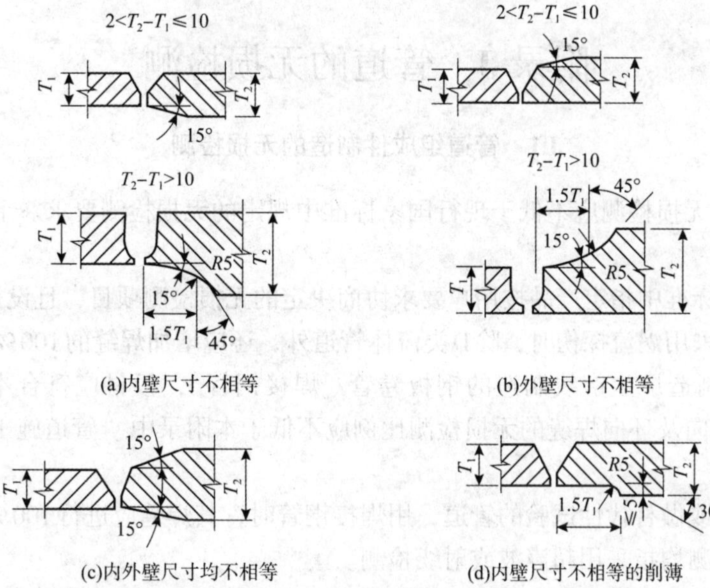

图H.2.2　不同厚度管道组成件的对焊端部型式

注：坡口尺寸应符合本规范附录H第H.2.1条的规定。

附录J　管道的无损检测

J.1　管道组成件制造的无损检测

J.1.1　管道组成件的无损检测应不低于现行国家标准中规定的无损检测要求。下列情况应在设计文件中补充规定：

J.1.1.1　在现行国家标准中指定产品按用户要求协商决定的无损检测项目，且设计需要时；

J.1.1.2　产品标准中采用涡流探伤时，除D类流体管道外，还应增加焊缝的100%超声波检测。

J.1.2　不属于钢管制造厂生产线制造的钢板卷管（焊接钢管），板材应符合本规范第4.4.1条第4.4.1.3款的规定。纵向及环向焊缝的无损检测比例应不低于本附录中“管道施工中的无损检测”的规定。

J.1.3　剧烈循环条件或做替代性试验的管道，用焊接钢管时，其焊缝应进行100%无损检测。

J.1.4　焊缝的无损检测均指采用超声波或射线检测。

J.1.5　检测合格标准应符合现行国家标准《现场设备、工业金属管道焊接工程施工及验收规范》GB 50236及《工业金属管道工程施工及验收规范》GB 50235的规定。

J.2　管道施工中的无损检测

J.2.1　现场管道施工中对于环焊缝、斜接弯管或弯头焊缝及嵌入式支管的对焊缝应按表J.2.1的要求进行无损检测。工程设计另有不同检测的要求时，应按工程设计文件的规定执行。

J.2.2　除注明外，无损检测均指采用射线照相或超声波检测。

表J.2.1　管道施工中的无损检测

无损检测比例	需要检测的管道
100%	（1）做替代性试验的管道
	（2）剧烈循环条件
	（3）A1类流体
	（4）设计压力大于或等于10MPa的B类及A2类流体
	（5）设计压力大于或等于4MPa，设计温度高于或等于400℃的B类及A2类流体
	（6）设计压力大于或等于10M[illegible]设计温度高于或等于400℃的C类流体
	（7）设计温度低于-29℃的所有流体
10%	（8）设计压力大于或等于4MPa，且低于以上（4）~（6）项参数的B类、C类及A2类流体
5%	（9）除上述100%和10%的检测及D类流体以外的管道
不做无损检测	（10）所有D类流体管道

注：①对于D类流体管道，要求进行抽查时，应在设计文件中规定，抽查不合格应修复，但不要求加倍抽查。
②夹套内管的所有焊缝在夹套以内时应经100%无损检测。

J.2.3　检测合格标准应符合有关管道施工及焊接的现行国家规范的规定。

J.2.4　本附录表J.2.1中100%无损检测的管道，其承插焊焊缝及支管连接的焊缝可采用磁粉或液体渗透法检测，或按工程设计文件的规定进行检测。

J.2.5　氧气管道按C类流体的检测要求。

J.2.6　局部无损检测的焊缝选择应保证每一个焊工焊接的焊缝都按比例进行检测。

J.2.7　施工工地制造的管道组成件应符合本附录第J.1.2条的规定。

J.2.8　对制造厂生产的制品，需要现场抽查时，应在工程设计文件中指定。

附录L 用于奥氏体不锈钢的隔热材料产品的试验规定

L.0.1 本附录是奥氏体不锈钢管道用的吸水型（毛细作用）外隔热材料，包括岩棉、矿棉类等产品的试验规定。

L.0.2 当吸水型外隔热材料用于奥氏体不锈钢管道时，应进行下列两种试验并合格：

L.0.2.1 根据隔热材料产品的原料来源，试产的产品应先经对不锈钢滴液腐蚀试验（图L.0.2），以试片不应产生表面腐蚀或应力腐蚀破裂为合格。

试验方法要点：

（1）从隔热试样外表面滴入蒸馏水，通过隔热试样渗到有应力状态的不锈钢试片的热表面上，使溶有氯离子的水蒸发。试验28d后，检查不锈钢试片的腐蚀情况。

（2）试片共4套。

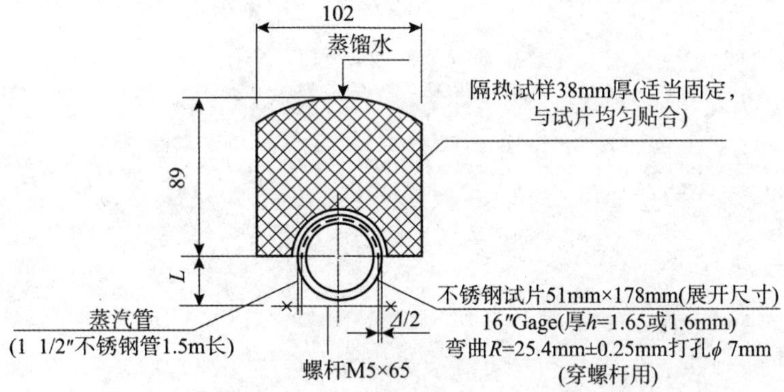

图L.0.2 隔热材料对不锈钢滴液腐蚀试验装置

（3）不锈钢试片安装前，应经敏化处理（加热至650℃，在炉内缓冷），表面应采用湿带磨机磨光、清理油污，弯制后应紧贴于加热管上。

采用螺杆拉紧使试片产生应力，其挠度按下式计算：

$$\Delta=\left[\frac{12\sigma(2R+h)}{(L+R)(8R+h)hE}\right]\times\left[\frac{L^3}{3}+R\left(\frac{\pi}{2}L^2+\frac{\pi}{4}R^2+2LR\right)\right] \qquad (L.0.2)$$

式中 Δ——挠度（cm）；

σ——应力（取试验温度下材料许用应力的80%~90%）（MPa）；

E——不锈钢试片材料的弹性模量（MPa）；

R——弯曲半径（cm）；

h——试片厚度（cm）；

L——试片直段的长度（cm）。

（4）加热管初调到沸点，控制偏差0~+5.6℃。

（5）每个隔热试样（块）滴入水量250mL/d ± 25mL/d，应观察到试片表面变湿。试片温度由加热管上的温度监测器指示，维持试片表面达到沸水温度，偏差 ± 6℃。

（6）试验28d ± 6h结束，试验期内如发生停运，应补加试验时间，使每个试片上的总液量送满28 × 250mL=7000mL。

（7）试片拆下清理并检查弯曲的表面，再用2″外径管子为轴，将试片回弯接近原始状态（展平）进行清理并放大10~30倍检查有无裂纹，如未发现裂纹，应采用液体涂色渗透进一步检查。将检查结果提出报告。

L.0.2.2 原料来源与试产的原料相同的情况下，批量产品质量控制，需经以下水溶解试验及分析并符合本规范第12.1.4条的规定。

(1)溶液提取方法要点：取隔热材料产品（模制品薄片1.6~3.2mm或棉毡小条）20g试样，在炉内100℃±5℃下烘干至恒重（±0.1g），放入400mL蒸馏水中煮沸30min±5min后，冷却至室温，再加蒸馏水至500mL，搅匀，经过滤后得溶液，供分析用。

(2)在25℃时测定溶液的pH值应为7~11.7。

(3)隔热材料中可溶的离子含量计算：

Cl^-（μg/g）=溶液中的浓度（μg/mL）×GCF

Na^+（μg/g）=溶液中的浓度（μg/mL）×GCF

SiO_3^{2-}（μg/g）=溶液中SiO_2浓度（μg/mL）×（76/60）×GCF

式中　GCF——重度换算系数，GCF=液体重（g）/试样重（g）=500/20=25。

UDC

中华人民共和国国家标准

P

GB 50517—2010

石油化工金属管道工程施工质量验收规范

Code for construction quality acceptance of metallic piping in petrochemical engineering

2010-05-31 发布　　2010-12-01 实施

中华人民共和国住房和城乡建设部
中华人民共和国国家质量监督检验检疫总局
联合发布

前　言

本规范是根据原建设部“关于印发《2006年工程建设标准规范制订、修订计划（第二批）》的通知”（建标〔2006〕136号）的要求，由中国石化集团第十建设公司会同中国石化集团第四建设公司、中国石化集团第五建设公司、惠生工程（中国）有限公司等单位共同编制。

本规范在编制过程中，编制组开展了专题研究，进行了比较广泛的调研，总结了近几年来石油化工工程建设的实践经验，坚持了“验评分离、强化验收、完善手段、过程控制”的指导原则，并以多种形式征求了有关设计、施工、监理等方面的意见，对其中主要问题进行了多次讨论，最后经审查定稿。

本规范共分12章和2个附录，主要包括：总则、术语、基本规定、管道分级、管道材料验收、管道预制、管道焊接、管道安装、管道焊接检查和检验、管道试验、管道吹扫和交工技术文件。

本规范中以黑体字标志的条文为强制性条文，必须严格执行。

本规范由住房与城乡建设部负责管理和对强制性条文的解释，由中国石油化工集团公司负责日常管理工作，由中国石化集团第十建设公司负责具体技术内容的解释。本规范在执行过程中，请各单位结合工程实践，认真总结经验，注意积累资料，随时将意见或建议反馈给中国石化集团第十建设公司（地址：山东省淄博市临淄区建设路29号，邮政编码：255438，E-mail：gfz.shij@sinopec.com），以供今后修订时参考。

本规范主编单位、参编单位和主要起草人、主要审查人名单：

主 编 单 位：中国石化集团第十建设公司

参 编 单 位：中国石化集团第四建设公司
中国石化集团第五建设公司
惠生工程（中国）有限公司

主要起草人：徐明才　吴忠宪　张桂红　汪庆华　仲崇彪　张永明　单承家　王明春

主要审查人：张西庚　葛春玉　夏节文　丘　平　陈永亮　胡联伟　吉章红　胡国勇
芦　天　张林青　张　沛　马英霞　王　丽　初长春　王永寿

目　次

1 总 则

1.0.1 为加强石油化工建设工程质量管理，规范石油化工金属管道工程施工质量验收，保证管道施工质量，制定本规范。

1.0.2 本规范适用于设计压力不大于42MPa、设计温度不低于-196℃的石油化工金属管道工程的施工质量验收。

1.0.3 本规范规定了石油化工金属管道工程施工质量验收的基本要求，当本规范与国家法律、行政法规的规定相抵触时，应按国家法律、行政法规的规定执行。

1.0.4 石油化工金属管道工程施工质量验收，除应执行本规范外，尚应符合国家现行有关标准的规定。

2 术 语

2.0.1 工厂化预制 shop fabrication

在具有一定的加工能力和生产工艺相对固定的场所加工制作的过程。

2.0.2 石油化工管道 piping in petrochemical industry

石油化工生产装置及辅助设施中用于输送毒性、可燃与无毒、非可燃性气体/液体介质的管道系统。

2.0.3 管件 fittings

管道组成件的一部分。是管道系统中用于连接、分支、改变方向与直径、端部封闭等直接与管子相连的零部件，包括弯头、弯管、三通、四通、异径管、管箍、螺纹接头和短节、活接头、软管接头、翻边短节、支管座（台）、堵头、管帽等。

2.0.4 管道组成件 piping components

用于连接或装配成压力密封、内含流体的管道系统中的管道元件。包括管子、管件、法兰、垫片、紧固件、阀门以及膨胀接头、挠性接头、耐压软管、疏水器、过滤器和分离器等。

2.0.5 预制口 fabricated joint

可以转动工件进行焊接作业的焊口。

2.0.6 固定口 fixed joint

无法转动工件进行焊接作业的焊口。

3 基 本 规 定

3.0.1 承担石油化工金属管道工程的施工、检测单位应取得相应的资质，并在资质许可范围内从事相应工作。

3.0.2 从事石油化工金属管道施工的焊工应取得相应的合格证书，并在合格证书认可的合格项目范围内作业。无损检测人员应取得相应的资格证书。

3.0.3 石油化工金属管道施工应按设计文件规定进行，修改设计或材料代用，应经原设计单位批准。

3.0.4 金属管道的涂料防腐蚀施工质量应符合现行行业标准《石油化工设备和管道涂料防腐蚀技术规范》SH 3022—1999的规定。

3.0.5 金属管道的隔热施工质量应符合现行行业标准《石油化工设备和管道隔热技术规范》SH 3010的规定。

4 管道分级

4.0.1 石油化工金属管道根据其输送的介质和设计条件可按表4.0.1划分。输送介质中常见的毒性介质、可燃介质可按本规范附录A确定。管道分级编码组成单元及各编码单元所代表的内容应符合本规范附录B的规定。

表4.0.1 石油化工管道分级

序号	管道级别	输送介质	设计条件	
			设计压力P（MPa）	设计温度t（℃）
1	SHA1	（1）极度危害介质（苯除外）、高度危害丙烯腈、光气介质	—	—
		（2）苯介质、高度危害介质（丙烯腈、光气除外），中度危害介质、轻度危害介质	$P \geq 10$	—
			$4 \leq P < 10$	$t \geq 400$
			—	$t < -29$
2	SHA2	（3）苯介质、高度危害介质（丙烯腈、光气除外）	$4 \leq P < 10$	$-29 \leq t < 400$
			$P < 4$	$t \geq -29$
3	SHA3	（4）中度危害介质、轻度危害介质	$4 \leq P < 10$	$-29 \leq t < 400$
		（5）中度危害介质	$P < 4$	$t \geq -29$
		（6）轻度危害介质	$P < 4$	$t \geq 400$
4	SHA4	（7）轻度危害介质	$P < 4$	$-29 \leq t < 400$
5	SHB1	（8）甲类、乙类可燃气体介质和甲类、乙类、丙类可燃液体介质	$P \geq 10$	—
			$4 \leq P < 10$	$t \geq 400$
			—	$t < -29$
6	SHB2	（9）甲类、乙类可燃气体介质和甲$_A$类、甲$_B$类可燃液体介质	$4 \leq P < 10$	$-29 \leq t < 400$
		（10）甲$_A$类可燃液体介质	$P < 4$	$t \geq -29$
7	SHB3	（11）甲类、乙类可燃气体介质，甲$_B$类、乙类可燃液体介质	$P < 4$	$t \geq -29$
		（12）乙类、丙类可燃液体介质	$4 \leq P < 10$	$-29 \leq t < 400$
		（13）丙类可燃液体介质	$P < 4$	$t \geq 400$
8	SHB4	（14）丙类可燃液体介质	$P < 4$	$-29 \leq t < 400$
9	SHC1	（15）无毒、非可燃介质	$P \geq 10$	—
			—	$t < -29$
10	SHC2	（16）无毒、非可燃介质	$4 \leq P < 10$	$t \geq 400$
11	SHC3	（17）无毒、非可燃介质	$4 \leq P < 10$	$-29 \leq t < 400$
			$1 < P < 4$	$t \geq 400$
12	SHC4	（18）无毒、非可燃介质	$1 < P < 4$	$-29 \leq t < 400$
			$P \leq 1$	$t \geq 185$
			$P \leq 1$	$-29 \leq t \leq -20$
13	SHC5	（19）无毒、非可燃介质	$P \leq 1$	$-20 < t < 185$

4.0.2 石油化工管道分级除应符合本规范第4.0.1条的规定外，尚应符合下列规定：

1 输送氧气介质管道级别应根据设计条件按本规范表4.0.1中乙类可燃气体确定；

2 输送毒性或可燃性不同的混合介质管道级别应按其危害程度及含量确定；

3 输送同时具有毒性和可燃性介质管道级别应按本规范表4.0.1中高管道级别确定。

4.0.3 本规范表4.0.1中所列管道的检查等级，除应符合相应管道级别的要求外，尚应符合下列规定：

1 钛及钛合金、锆及锆合金、镍及镍基合金、高铬镍钼奥氏体不锈钢管道，以及设计明确规定为剧烈循环工况管道的检查等级不得低于1级；

2 铬钼合金钢、双相不锈钢、铝及铝合金管道的检查等级不得低于2级；

3 奥氏体不锈钢、设计要求冲击试验的碳钢管道的检查等级不得低于3级。

4.0.4 氧气管道的施工及验收还应符合现行国家标准《深度冷冻法生产氧气及相关气体安全技术规程》GB 16912的有关规定。

5 管道材料验收

5.1 一般规定

5.1.1 管道组成件必须具有质量证明文件并应有批号，质量证明文件的性能数据应符合国家现行标准和设计文件规定。

检查方法：核查质量证明文件。

5.1.2 管道组成件应按相应标准进行表面质量检查和尺寸抽样检查。压力管道组成件上应有批号和TS许可标志。尺寸抽检数量应为每批5%且不少于一件。

检查方法：目视检查、测量检查。

5.1.3 设计文件有低温冲击值要求的材料，质量证明文件应有低温冲击韧性试验值。

检查方法：核查质量证明文件。

5.1.4 设计文件有晶间腐蚀要求的材料，质量证明文件应注明晶间腐蚀试验结果。

检查方法：核查质量证明文件。

5.1.5 用于极度危害介质管子、管件的质量证明文件中应有超声检测结果。设计压力大于或等于10MPa管道的管子、管件、质量证明文件中应有表面无损检测结果。

检查方法：核查质量证明文件。

5.1.6 实物标识应与质量证明文件相符。到货的管道组成件实物标识不清或与质量证明文件不符或对质量证明文件中的特性数据或检验结果有异议时，在问题和异议未解决前不得验收。

检查方法：检查实物，核查质量证明文件。

5.1.7 凡按规定做抽样检查的样品中，若有一件不合格，应按原规定数加倍抽检，若仍有不合格，则该批管道组成件不得验收。

检查方法：核查检查报告。

5.1.8 管道组成件验收后应分区存放。不锈钢、有色金属管道组成件不得直接与碳素钢、低合金钢接触。

检查方法：检查实物存放。

5.1.9 管子及管件经磁粉检测或渗透检测发现的表面缺陷允许修磨，修磨后的实际壁厚不得小于管子公称壁厚的90%，且不小于设计文件规定的负偏差。

检查方法：目视、测量检查，核查检验报告。

5.1.10 衬里管子、管件的衬里层应光滑、质地均匀，不得有裂纹、气泡、分层及影响产品性能的其他缺陷。

检查方法：目视检查，测量检查。

5.2 管子检查验收

5.2.1 管子的质量证明文件应核查下列内容：

1 制造厂名称；

2 需方名称；

3 合同号；

4 产品标准号；

5 钢的牌号；

6 炉号、批号、交货状态、重量、根数（或件数）；

7 品种名称、规格及质量等级；

8 产品标准和订货合同所规定的各项检验结果（包括参考性指标）；

9 技术质量检查部门印章；

10 质量证明文件签发日期或发货日期。

检查方法：核查质量证明文件。

5.2.2 管子应按同炉号、同批号及同交货状态核查其质量证明文件和管子的规格、数量、标志。

检查方法：核对产品质量证明文件，目视检查、测量检查。

5.2.3 管子标志应至少包括下列内容：

1 制造厂名称或商标；

2 产品标准号；

3 钢的牌号；

4 产品规格；

5 可追溯性识别码。

检查方法：目测检查。

5.2.4 当管子成捆供货时，应挂有两个标牌或标签，标牌或标签上应有炉号、批号、重量或根数和制造日期。

检查方法：核查产品标牌或标签。

5.2.5 钢管的表面质量应符合下列规定：

1 钢管内、外表面不得有裂纹、折叠、发纹、轧折、离层、结疤等缺陷；

2 钢管表面的锈蚀、凹陷、划痕、机械损伤及其他不允许缺陷的深度，不应超过相应产品标准允许的壁厚负偏差；

3 钢管端部螺纹、坡口的加工精度应达到设计文件或制造标准的要求；

4 应有符合产品标准规定的标识。

检查方法：目视检查、测量检查。

5.2.6 用于极度危害和设计压力大于或等于10MPa的管子，当外径大于15mm时，应对管子外表面进行验证性检验，导磁性钢管应用磁粉检测，非导磁性钢管应用渗透检测。抽检数量应为每批5%且不少于1根，检测结果应符合现行行业标准《承压设备无损检测　第4部分　磁粉检测》JB/T 1730.4的I级、《承压设备无损检测　第5部分　渗透检测》JB/T 4730.5的Ⅰ级的规定。

检查方法：检查检验报告。

5.2.7 铬钼合金钢、含镍低温钢、含钼奥氏体不锈钢、镍及镍基合金、钛及钛合金、锆及锆合金管子，应采用光谱分析或其他方法进行主要合金金属元素验证性检验，抽检数量应为每批（同炉号、同批号）5%且不少于1件。

检查方法：检查检验报告。

5.3 阀门检查验收

5.3.1 阀门的产品质量证明文件应包括下列内容：

1 制造许可编号；

2 制造单位名称；

3 产品名称；

4 产品型号；

5 产品编号；

6 执行标准；

7 制造日期；

8 公称压力；

9 公称直径；

10 适用温度；

11 适用介质；

12 阀门材料；

13 出厂检验报告；

14 阀门检验、试验文件（需要时应包括阀门监检证书）；

15 检验人员签章以及制造单位检验章；

16 出厂合格证书。

检查方法：核查质量证明文件。

5.3.2 阀体上应有制造厂铭牌，铭牌上应有下列标识，且应符合设计文件的规定：

1 制造厂名称；

2 阀门型号；

3 公称压力；

4 公称直径；

5 产品编号。

检查方法：目视检查。

5.3.3 设计文件要求做低温密封试验的阀门，质量证明文件应有低温密封试验结果。

检查方法：核查质量证明文件。

5.3.4 设计文件要求进行晶间腐蚀试验的阀门，质量证明文件应有晶间腐蚀试验结果。

检查方法：核查质量证明文件。

5.3.5 非金属密封材料用于可燃介质阀门密封面时，质量证明文件应有防火试验的结果。

检查方法：核查质量证明文件。

5.3.6 衬里阀门阀体内表面应平整光滑，衬里层应与基体结合牢固，目视检查应无裂纹、鼓泡等缺陷。衬里阀门质量证明文件应有衬里层检测的结果。

检查方法：目视检查、核查质量证明文件。

5.3.7 阀门不得有损伤、缺件、锈蚀现象。阀体表面应平整光滑、无裂纹、缩孔、粘砂、疏松、夹层、重皮等缺陷。

检查方法：目视检查。

5.3.8 对焊连接阀门的焊接接头坡口，应按下列规定进行磁粉或渗透检测，检测结果应符合现行行业标准《承压设备无损检测　第4部分　磁粉检测》JB/T 4730.4的Ⅰ级、《承压设备无损检测　第5部分　渗透检测》JB/T 4730.5的Ⅰ级的规定。

1 标准抗拉强度下限值大于或等于540MPa钢及铬钼合金钢的坡口应进行100%检测；

2 设计温度低于-29℃的非奥氏体不锈钢坡口抽检数量应为5%且不得少于1个。

检查方法：核查检测报告。

5.3.9 铬钼合金钢、含镍低温钢、含钼奥氏体不锈钢、镍及镍基合金、钛及钛合金、锆及锆合金阀门应采用光谱分析或其他方法，并应逐个对阀体主要合金金属元素进行验证性检验，抽检数量应为每批5%且不少于1件。

检查方法：核查检验报告。

5.3.10 阀门在安装前，应按下列要求对壳体进行压力试验，试验压力应为阀门公称压力的1.5倍。试验结果应符合设计文件规定的相应的阀门标准。

1 用于SHC4、SHC5级别中设计压力小于或等于1MPa的阀门抽检数量应为每批10%且不得少于1个；

2 其他管道的阀门应逐个进行。

检查方法：目视检查、核查检验报告。

5.3.11 阀门的上密封试验、低压密封试验和高压密封试验，应在壳体压力试验合格后进行。密封试验项目应符合设计文件规定的相应的阀门标准，检验数量应符合本规范第5.3.10条的规定。

检查方法：核查试验报告。

5.3.12 夹套阀门的夹套部分应以设计压力的1.5倍进行液压试验。

检查方法：目视检查、核查检验记录。

5.3.13 阀门液压试验介质可选用工业用水、煤油或黏度不高于水的非腐蚀性液体；气体试验介质可选用空气或惰性气体。奥氏体不锈钢阀门用水试验时，水中的氯化物含量不得超过100mg/L，试验合格后应立即将水渍清除干净。

检查方法：目视检查、核查检验记录。

5.3.14 安全阀应按设计文件规定的阀门规格书要求验收，安全阀的铭牌、标志、铅封、出厂资料及质量证明文件应符合国家现行有关规定。

检查方法：目视检查、核查资料文件。

5.3.15 疏水阀可在系统运行时进行检查，疏水后阀门应关闭且无漏气；双金属片式疏水阀应在额定的工作温度范围内动作。

检查方法：目视检查。

5.3.16 检验、试验合格的阀门应做出标识，并填写阀门检验、试验记录，

检查方法：核查检验记录、标识。

5.4 其他管道组成件检查验收

5.4.1 对其他管道组成件的产品质量证明文件应进行下列项目的检查，且应符合产品标准的要求：

1 化学成分及力学性能；

2 热处理、无损检测结果；

3 设计文件和合同规定的其他项目。

检查方法：核查产品质量证明文件。

5.4.2 管件外表面应有制造厂代号（商标）、规格、材料牌号、批号等标识，并与质量证明文件相符。

检查方法：目视检查、核查质量证明文件。

5.4.3 管件的表面应光滑，表面不得有裂纹、氧化皮等缺陷，表面的其他缺陷不得超过产品标准规定的允许深度。坡口、螺纹加工精度应符合产品标准的要求。焊接管件的焊缝应成形良好，且与母材圆滑过渡，不得有裂纹、未融合、未焊透、咬边等缺陷。

检查方法：目视检查、测量检查。

5.4.4 铬钼合金钢、含镍低温钢、含钼奥氏体不锈钢、镍及镍基合金、钛及钛合金、锆及锆合金材料的管件和法兰（盖），应采用光谱分析或其他方法进行主要合金金属元素验证性检验。抽检数量应

为每批5%且不得少于1件。

检查方法：核查检验报告。

5.4.5 用于极度危害和设计压力大于或等于10MPa管道的管件，应对其外表面进行验证性无损检测，抽检数量应为每批5%且不得少于1件。检测结果应符合现行行业标准《承压设备无损检测 第4部分 磁粉检测》JB/T 4730.4的I级、《承压设备无损检测 第5部分 渗透检测》JB/T 4730.5的Ⅰ级的规定。

检查方法：核查检测报告。

5.4.6 弯管的质量应满足下列规定：

1 不得有裂纹；

2 不得存在过烧、分层等缺陷；

3 弯曲处的最小壁厚不得小于设计文件规定的管子公称壁厚的90%，且不小于设计文件规定的负偏差；

4 弯管制作后的几何尺寸应符合设计文件要求，直管段中心线偏差不得大于1.5mm/m，且不得大于5mm（图5.4.6）；

5 弯管任意截面上的压扁度，应符合表5.4.6的规定。

检查方法：目视检查、测量检查。

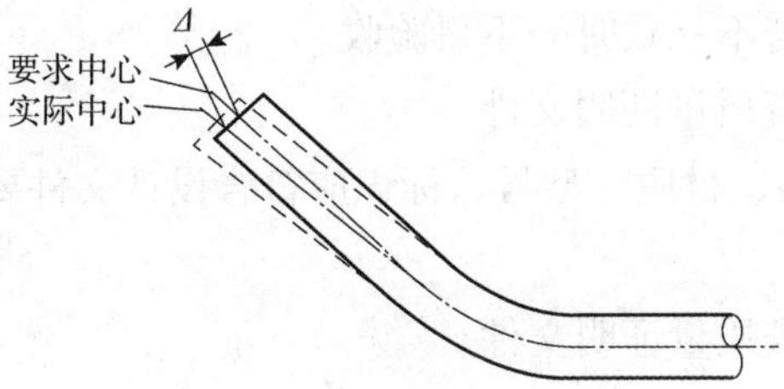

图5.4.6 弯管中心偏差

Δ—直管段中心线偏差

表5.4.6 弯管的压扁度

管道类别	压扁度（%）
承受外压的管道	≤3
SHA1、SHB1、SHC1级管道	≤5
其他管道	≤8

注：压扁度为弯制后管子弯曲处的最大外径与最小外径之差与弯制前管子外径的比值。

5.4.7 螺栓、螺母的螺纹应完整，并应无划痕、毛刺等缺陷，加工精度应符合产品标准的要求。螺栓、螺母应配合良好，应无松动或卡涩现象。

检查方法：目视检查。

5.4.8 设计压力大于或等于10MPa管道用的铬钼合金钢螺栓、螺母，应采用光谱分析进行主要合金金属元素验证性检验，抽检数量应为每批5%且不得少于1件，并每批螺栓、螺母应抽2套进行硬度验证性检验。

检查方法：核查光谱分析报告及硬度检测报告。

5.4.9 设计温度低于−29℃的低温管道的铬钼合金钢螺栓、螺母，应采用光谱分析进行主要合金金属元素验证性检验，抽检数量应为每批5%且不得少于1件，并每批应抽2根螺栓进行低温冲击性能检验。

检查方法：核查光谱分析报告及冲击性能检验报告。

5.4.10 设计温度大于或等于400℃管道的铬钼合金钢螺栓、螺母，应采用光谱分析进行主要合金金属元素验证性检验，抽检数量应为每批5%且不得少于1件。

检查方法：核查光谱分析报告。

5.4.11 密封垫片应进行抽样检查验收，每批不得少于1件，并应符合下列要求：

1 缠绕垫片不得有松散、翘曲现象，其表面不得有影响密封性能的伤痕、空隙、凹凸不平及锈斑等缺陷；

2 金属垫片加工的尺寸、精度、光洁度应符合设计文件要求，表面应无裂纹、毛刺、凹槽、径向划痕及锈蚀等缺陷；

3 非金属垫片的边缘应切割整齐，表面应平整光滑，不得有气泡、分层、折皱、划痕等缺陷，

检查方法：目视检查、测量检查。

5.4.12 法兰应有标准编号、规格、材质、压力等级等标识，并与质量证明文件相符，密封面应平整光洁，不得有径向划痕等缺陷；连接法兰面的衬里层应平整、光滑、色泽均匀。

检查方法：目视检查、核查质量证明文件。

5.4.13 补偿装置的材质、规格、型号应符合设计文件规定，其几何尺寸及公差应符合设计文件规定的标准要求。

检查方法：目视检查、测量检查。

5.4.14 呼吸阀、爆破片等安全附件的规格、材质、标识应符合设计文件要求，其质量证明文件的技术参数值应与设计文件一致，若不一致时，不得验收。

检查方法：目视检查、核查质量证明文件。

5.4.15 其他管道组成件的规格、材质、型号、标识应符合设计文件要求，其验收质量应按相应的产品标准执行。

检查方法：目视检查、核查质量证明文件。

5.5 管道支承件检查验收

5.5.1 管道支承件应具有质量证明文件，其材质、规格、型号应符合设计文件规定。

检查方法：目视检查、核查质量证明文件。

5.5.2 弹簧支、吊架上应附有弹簧的拉伸、压缩标尺，其标尺应注明载荷与位移的对应关系，锁定销应锁在设计冷态值位置上。

检查方法：目视检查。

5.5.3 弹簧支、吊架的弹簧型号和尺寸应符合设计文件规定。

检查方法：目视检查、测量检查。

6 管道预制

6.1 管子加工

6.1.1 管子切割前应进行标识移植。低温用钢管、不锈钢管、有色金属管不得使用钢印作标识。对于钛及钛合金、锆及锆合金且不得使用含有卤素或卤化物材料的记号笔作标识。

检查方法：目视检查。

6.1.2 当采用火焰或等离子切割时，应修磨毛边及清除氧化层。

检查方法：目视检查。

6.1.3 钛及钛合金管、锆及锆合金管、镍及镍合金管和金属复合管应采用机械加工；不锈钢管和其他有色金属管宜采用机械或等离子方法加工。不锈钢管和钛、锆管及其合金用砂轮机切割或修磨时，应使用专用砂轮片。

检查方法：过程检查。

6.1.4 镀锌钢管宜采用钢锯或机械方法切割。

检查方法：过程检查。

6.1.5 管子切口（图6.1.5）质量应符合下列规定，管子坡口加工应符合本规范第7.2.1条规定。

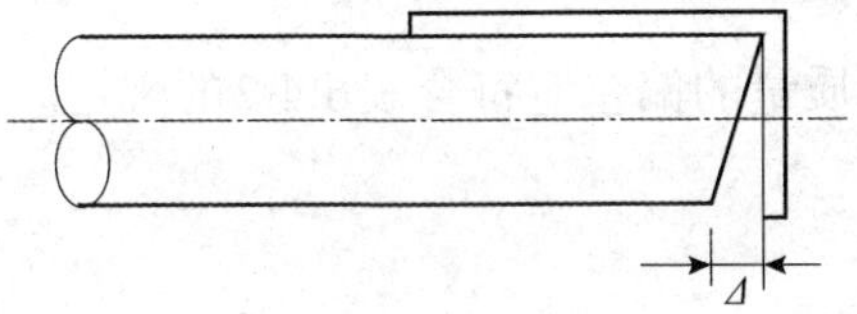

图6.1.5 管子切口端面倾斜偏差

Δ——切口端面倾斜偏差

1 切口表面应平整，无裂纹、重皮、毛刺、凸凹、缩口、熔渣、氧化物、铁屑等缺陷；

2 切口端面倾斜偏差应为管子外径的1%，且不得超过3mm。

检查方法：目视检查、测量检查。

6.2 弯管制作

6.2.1 弯管现场制作宜采用壁厚为正偏差的无缝管。

检查方法：测量检查。

6.2.2 弯管最小弯曲半径当设计文件无规定时，应符合表6.2.2的规定。

表6.2.2 弯管最小弯曲半径

管道设计压力（MPa）	弯管制作方式	最小弯曲半径
<10	热弯	$3.5D_0$
	冷弯	$4.0D_0$
≥10	冷热弯	$5.0D_0$

注：D_0为管子外径。

检查方法：测量检查。

6.2.3 弯管制作应在材料特性允许范围内冷弯或热弯。弯管的热处理设计文件无规定时，应按本规范表7.4.4的规定进行。

检查方法：过程检查、检查热处理文件。

6.2.4 弯管制作质量应符合本规范第5.4.6条的规定。

检查方法：目视检查、测量检查。

6.3 夹套管加工

6.3.1 夹套管应预留调整管段，其调节裕量宜为50mm~100mm。

检查方法：测量检查。

6.3.2 夹套管内管的隐蔽对接焊缝应进行100%射线检测，合格等级应符合本规范第9.3.1条相应管道级别的规定。

检查方法：核查射线检测报告。

6.3.3 夹套管内管与外管间的支承块应按设计文件施工，间隙应均匀，同轴度应为3mm。

检查方法：目视检查、测量检查。

6.3.4 夹套管的内管及支承块等全部加工、焊接完毕，且所有焊缝无损检测合格后，应按本规范第10章规定进行压力试验。压力试验时，内管的所有焊缝应外露。

检查方法：过程检查。

6.4 管 段 预 制

6.4.1 管段预制宜采用工厂化预制施工方法，并应按管道单线图进行，在管道单线图上应标明管道编号、管段编号、焊接接头编号、并标出预制口与固定口。

检查方法：核查管道单线图。

6.4.2 管段预制加工（图6.4.2）质量的偏差应符合表6.4.2的规定。

检查方法：测量检查。

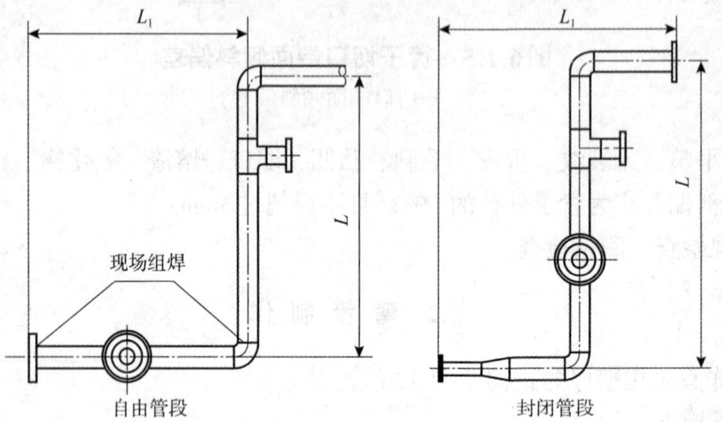

图6.4.2 管段加工

表6.4.2 预制管段加工质量的允许偏差（mm）

项目		允许偏差	
		自由管段	封闭管段
长度 L、L_1		±10	±1.5
法兰面与管子中心垂直度	DN<100	0.5	0.5
	100≤DN≤300	1.0	1.0
	DN>300	2.0	2.0
法兰螺栓孔对称水平度		1.6	1.6

注：DN为管道公称直径。

6.4.3 预制完毕的管段，应将内部清理干净，并及时封闭管口。管段外表面除应有本规范第6.4.1条规定的标识外，焊接接头还应有施焊焊工代号标记、检查标记和无损检测标记。

检查方法：目视检查

7 管 道 焊 接

7.1 一 般 规 定

7.1.1 管道焊接应有焊接工艺评定报告，并应符合国家现行有关标准的规定。

检查方法：检查工艺评定。

7.1.2 焊接材料应具有产品质量证明文件，且标识应与质量证明文件相符。

检查方法：目视检查、核查质量证明文件。

7.1.3 焊条的药皮不得有受潮、脱落或明显裂纹，焊芯不得锈蚀。焊丝表面应洁净，并应无毛刺、无锈蚀等缺陷，钛、锆焊丝应按批号定量分析其化学成分。焊剂应干燥、清洁、无夹杂物。出厂期超过一年的焊条应检查外观并进行工艺性能试验合格后再使用。

检查方法：目视检查、核查报告与记录

7.1.4 焊接环境出现下列任一情况时，未采取防护措施不得施焊：

1 气体保护焊风速大于2m/s，其他焊接方法风速大于8m/s；

2 相对湿度大于90%；

3 雨、雪环境；

4 焊件温度低于-18℃。

检查方法：目视检查、测量检查。

7.1.5 当焊件温度为-18℃~0℃时，无焊前预热要求的材料应在施焊处100mm范围内预热到10℃以上。

检查方法：测量检查。

7.1.6 钨极氩弧焊宜用铈钨棒，焊接锆及锆合金使用的氩气纯度应为99.999%，焊接其余金属使用的氩气纯度应为99.99%。二氧化碳气体保护焊使用的气体纯度不得低于99.5%，含水量不应超过0.005%，使用前应预热和干燥。

检查方法：核查产品质量证明文件。

7.1.7 焊接接头坡口两侧各20mm范围内不得有油污、毛刺、锈斑、氧化皮及其他对焊接过程有害的物质。

检查方法：目视检查。

7.1.8 不锈钢管采用电弧焊时，坡口两侧各100mm范围内应刷防飞溅涂层。

检查方法：目视检查。

7.1.9 奥氏体不锈钢焊接接头焊接后应按设计文件规定进行酸洗与钝化处理。

检查方法：目视检查、检查技术文件。

7.1.10 下列钢材管道的组装工卡具采用氧乙炔焰切割修磨后应做表面无损检测，合格级别应符合现行行业标准《承压设备无损检测　第4部分　磁粉检测》JB/T 4730.4的Ⅰ级、《承压设备无损检测　第5部分　渗透检测》JB/T 4730.5的Ⅰ级。

1 铬钼合金钢；

2 标准抗拉强度下限值大于或等于540MPa。

检查方法：目视检查，核查检测报告。

7.2 坡口加工及接头组对

7.2.1 管子、管件焊接接头的坡口形式、尺寸应符合焊接工艺文件的要求。

检查方法：目视检查。

7.2.2 坡口应按下列方法加工：

1 SHA1、SHB1、SHC1级管道的管子，应采用机械方法加工；

2 不锈钢管、有色金属管道应符合本规范第6.1.3条的要求；

3 除本条第1款、第3款外其他管道的管子，当采用氧乙炔焰或等离子切割时，切割后应除去表面的氧化皮、熔渣及影响焊接质量的表面层。

检查方法：过程检查。

7.2.3 非机械方法加工的管道焊接接头坡口应按下列规定进行渗透检测，合格标准应符合现行行业标准《承压设备无损检测　第5部分　渗透检测》JB/T 4730.5的Ⅰ级。

1 铬钼合金钢管道100%检测；

2 标准抗拉强度下限值大于或等于540MPa管道100%检测；

3 设计温度低于-29℃的非奥氏体不锈钢管道抽检数量应为5%且不得少于1个。

检查方法：核查渗透检测报告。

7.2.4 壁厚相同的管道组成件组对，应使内壁平齐，其错边量应为壁厚的10%，且不应大于2mm。

检查方法：目视检查、测量检查。

7.2.5 壁厚不同的管道组成件组对，管道的内壁差或外壁差大于2.0mm时，应按图7.2.5的要求加工。

检查方法：测量检查。

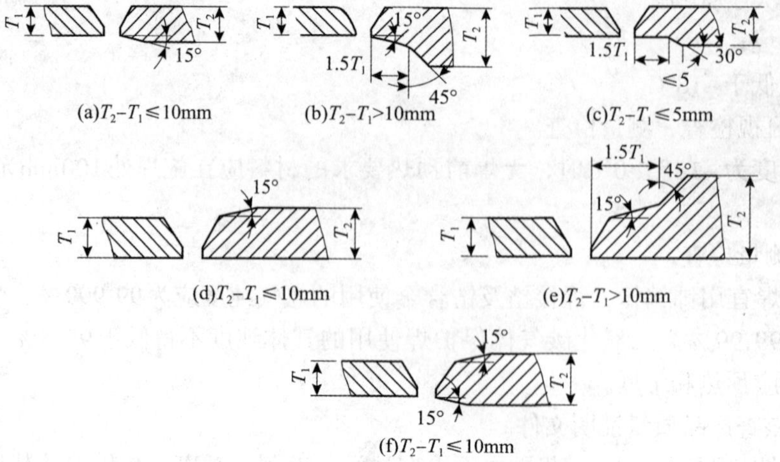

图7.2.5 不同壁厚管子和管件加工

7.2.6 管道组对时应在距焊口中心200mm处测量直线度a（图7.2.6），当管子公称直径小于100mm时，允许偏差为1.0mm，当管子公称直径大于或等于100mm时，允许偏差为2.0mm，管段全长允许偏差不得超过10mm。

检查方法：测量检查。

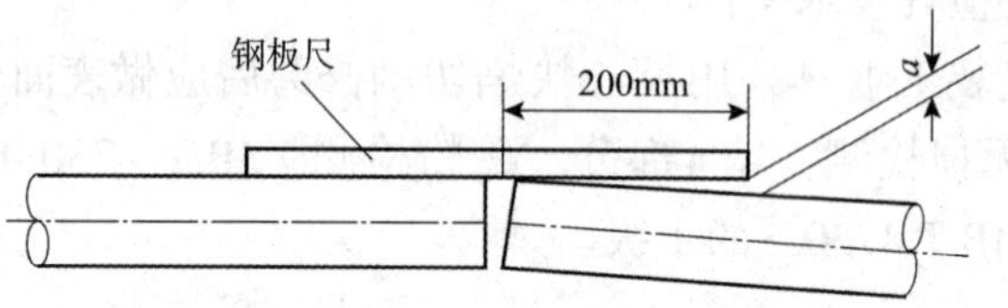

图7.2.6 管道对口直线度测量示意

7.2.7 管道焊缝应按下列规定进行布置：

1 除采用定型弯头外，管道环焊缝距离弯管起弯点不得小于管子外径，且不小于100mm。

2 直管段上两条对接焊缝间的距离，不应小于焊件厚度的3倍，需焊后热处理时，不应小于焊件厚度的6倍，且应符合下列要求：

1）管道公称直径小于150mm时，焊缝间的距离不小于外径，且不小于50mm；

2）管道公称直径大于或等于150mm时，焊缝间的距离不小于150mm。

3 卷管环向焊接接头对口时，两纵向焊缝间距应大于100mm。

4 管道环焊缝不宜在管托的范围内，需要热处理的焊缝外侧距支、吊架边缘的净距离宜大于焊缝宽度的5倍，且不小于100mm。

5 焊缝及距焊缝50mm内不宜开孔，若开孔时，应对以开孔中心为中心1.5倍开孔直径范围内的焊接接头进行100%射线检测，其合格标准应符合相应的管道级别要求。

检查方法：目视检查、测量检查，核查检测记录。

7.2.8 管道上被补强圈或支座垫板覆盖的焊缝应进行100%无损检测，检测方法和合格等级应符合本规范第9.3.1条规定，并应合格后再覆盖。

检查方法：目视检查、核查检测记录。

7.3 焊 接

7.3.1 焊条应按说明书或焊接工艺文件的要求进行烘烤。有色金属填充焊丝应使用不含硫的丙酮或乙醇进行脱脂处理。

检查方法：目视检查、检查焊材发放记录。

7.3.2 施焊时不得在焊件表面引弧或试验电流，含镍低温钢、铬钼合金钢、不锈钢的焊件表面不得有电弧擦伤等缺陷。

检查方法：目视检查。

7.3.3 定位焊应与根部焊道的焊接工艺相同，定位焊的焊缝不得有裂纹及其他缺陷。

检查方法：目视检查。

7.3.4 焊接完毕后，应将焊缝表面的熔渣及附近的飞溅物清理干净。

检查方法：目视检查。

7.4 预热与热处理

7.4.1 管道组成件焊前预热应按表7.4.1的规定进行。中断焊接后需要继续焊接时，应重新预热。

检查方法：目视检查、测量检查。

表7.4.1 管道组成件焊前预热要求

母材类别	名义壁厚(mm)	规定的母材最小抗拉强度(MPa)	预热温度(℃)
碳钢(C) 碳锰钢(C-Mn)	<25	≤490	10
	≥25	全部	80
	全部	>490	80
合金钢(C-Mo、Mn-Mo、Cr-Mo) Cr≤0.5%	<13	≤490	10
	≥13	全部	80
	全部	>490	80
合金钢(Cr-Mo) 0.5%<Cr≤2%	全部	全部	150
合金钢(Cr Mo) 2.25%≤Cr≤10%	全部	全部	175
马氏体不锈钢	全部	全部	150
铁素体不锈钢	全部	全部	10
奥氏体不锈钢	全部	全部	10
低温镍钢 Ni≤4%	全部	全部	95
8Ni、9Ni 钢	全部	全部	10
5Ni 钢	全部	全部	10
铝、铜、镍、钛及其合金	全部	全部	10

注：奥氏体不锈钢的层间温度宜小于150℃，马氏体不锈钢的层间最高温度为315℃。

7.4.2 异种钢焊接预热应按母材要求较高者确定，且不应低于该母材要求预热温度的下限值。当环境温度低于0℃时，其预热温度应取规定预热温度的上限值。

检查方法：过程检查，检查方案。

7.4.3 预热应在坡口两侧均匀进行。预热范围宜为坡口中心两侧各不小于壁厚的5倍，且不小于100mm。加热区以外100mm范围应保温。

检查方法：目视检查，过程检查。

7.4.4 管道焊接接头焊后如不能立即进行热处理时，铬钼合金钢和标准抗拉强度下限值应大于或等于540MPa，焊后应立即后热缓冷。后热温度应为300℃~350℃，保温时间不应少于0.5h。常用材料焊接接头的热处理温度，宜按表7.4.4的规定进行。

检查方法：过程检查。

表7.4.4　常用材料焊接接头热处理

母材类别	名义厚度（mm）	规定的母材最小抗拉强度（MPa）	热处理温度（℃）	保温时间（min/mm）	最短保温时间（h）	布氏硬度≤
碳钢（C）、碳锰钢（C-Mn）	>19	全部	600~650	2.4	1	200
合金钢（C-Mo、Mn Mo、Cr-Mo）Cr≤0.5%	>19	全部	600~720	2.4	1	225
	全部	>490	600~720	2.4	1	225
合金钢（Cr-Mo）0.5%<Cr≤2%	>13	全部	700~750	2.4	2	225
	全部	>490	700~750	2.4	2	225
合金钢（Cr-Mo）2.25%≤Cr≤3%和C≤0.15%	>13	全部	700~760	2.4	2	241
合金钢（Cr-Mo）3%<Cr≤10%或Cr>0.15%	全部	全部	700~760	2.4	2	241
马氏体不锈钢	全部	全部	730~790	2.4	2	241
奥氏体不锈钢	全部	全部	—	—	—	187
低温镍钢（Ni≤4%）	>19	全部	600~640	1.2	1	—
双相不锈钢	全部	全部	—	1.2	0.5	—

注：1　奥氏体不锈钢钢管稳定化处理、固溶处理应按设计文件要求。

2　对于双相不锈钢钢管，是否应进行焊后热处理不作具体规定，但热处理应符合材料标准要求。

7.4.5　热处理的加热范围为焊缝两侧各不少于焊缝宽度的3倍，且不少于50mm。加热区以外100mm范围内应予以保温，且管道端口应封闭。

检查方法：目视检查、测量检查。

7.4.6　热电偶测温计的安置应符合下列要求：

1　当管道的公称直径小于或等于300mm时，每个焊接接头应安置1个热电偶测温计；

2　当管道的公称直径大于300mm时，每个焊接接头应对称安置2个热电偶测温计。

检查方法：目视检查。

7.4.7　热处理的加热速度、恒温时间及冷却速度，宜符合下列规定：

1　加热升温至300℃后，加热速度应按5125/δ℃/h计算，且不大于220℃/h；

2　恒温时间可按碳钢2.5min/mm、合金钢3min/mm计算，最短恒温时间应符合本规范表7.4.4规定；在恒温期间，各测点的温度应在热处理温度规定的范围内，其差值不得大于50℃；

3　恒温后的冷却速度应按6500/δ℃/h计算，且不大于260℃/h，冷却至300℃后可自然冷却。

检查方法：检查热处理工艺文件、热处理曲线。

7.4.8　异种钢焊接接头的焊后热处理温度宜按要求较高一侧材料的热处理温度范围确定，但温度不应超过两者中任一钢号的下临界点。

检查方法：检查热处理工艺文件、热处理曲线。

7.4.9　经焊后热处理合格的管道焊接接头，如再进行焊接作业应重新进行热处理。

检查方法：过程检查。

7.4.10　热处理后应按下列要求进行管道质量的偏差的复查：

1　预制管段质量的偏差应符合本规范表6.4.2要求；

2 已安装管道质量的偏差应符合本规范表8.1.21和表8.2.2要求。

检验方法：目视检查、测量检查。

7.4.11 热处理时，管道上的焊接阀门及不参加热处理的元件等应处于保护状态。

检验方法：过程检查，检查保护措施。

8 管道安装

8.1 一般规定

8.1.1 脱脂或其他化学处理后的预制管段、管道组成件，安装前应检查确认，不得有油迹或其他污染。

检查方法：目视检查。

8.1.2 埋地管道试压防腐后，应及时回填，并办理隐蔽工程验收。

检查方法：过程检查，检查隐蔽工程记录。

8.1.3 管道安装时，应检查法兰密封面及垫片，不得有影响密封性能的划痕、锈斑等缺陷。

检查方法：目视检查。

8.1.4 安装前，法兰环连接面与金属环垫应做接触检查。当金属环垫在密封面上转动45°后，检查接触线不得有间断现象。

检查方法：目视检查、过程检查。

8.1.5 软钢、铜、铝等金属垫片，应为退火状态。

检查方法：核查质量证明文件。

8.1.6 连接法兰的螺栓应能在螺栓孔中顺利通过。法兰密封面间的平行度允许偏差，应符合表8.1.6的规定。

表8.1.6 法兰密封面间的平行度允许偏差

管道级别	允许偏差（mm）	
	DN≤300	*DN*>300
SHA1、SHB1、SHC1、SHA2、SHB2、SHC2	≤0.4	≤0.7
其他	≤0.6	≤1.0

检查方法：过程检查。

8.1.7 有预紧力要求的螺栓应按紧固程序完成拧紧作业，其预紧力应符合设计文件规定。扭剪型螺帽的螺栓，应拧紧到梅花头脱落。

检查方法：目视检查，检查施工记录。

8.1.8 流量取源部件安装应符合下列要求：

1 取源部件上、下游直管的长度应符合设计文件要求；

2 在规定的最小直管段范围内，焊缝内表面应与管道内表面平齐，管段内表面应清洁。

检查方法：目视检查、测量检查。

8.1.9 温度取源部件安装应符合下列要求：

1 与工艺管道垂直安装时，取源部件轴线应与工艺管道轴线垂直相交；

2 在工艺管道的转弯处安装时，宜逆介质流向，取源部件轴线应与工艺管道轴线相重合；

3 与工艺管道倾斜安装时，宜逆介质流向，取源部件轴线应与工艺管道轴线相交。

检查方法：目视检查、测量检查。

8.1.10 法兰连接螺栓安装方向应一致，螺栓紧固后应与法兰紧贴。需加垫圈时，每个螺栓不应超过1个。紧固后的螺栓与螺母宜齐平或露出1个~2个螺距。

检查方法：目视检查。

8.1.11 螺栓、螺母装配时宜涂以二硫化钼油脂、石墨机油或石墨粉。

检查方法：目视检查。

8.1.12 管道系统试运行时，高温或低温管道的连接螺栓，应按下列规定进行热态紧固或冷态紧固：

1 螺栓热态紧固或冷态紧固作业的温度应符合表8.1.12的规定；

表8.1.12 螺栓热态紧固或冷态紧固作业温度（℃）

工作温度	一次热紧、冷紧温度	二次热紧、冷紧温度
250~350	工作温度	
>350	350	工作温度
−70~−29	工作温度	
<−70	−70	工作温度

2 热态紧固或冷态紧固宜在紧固作业温度保持2h后进行；

3 紧固管道连接螺栓时，管道的最大内压力应符合下列规定：

1）当设计压力小于或等于6MPa时，热态紧固的最大内压力应小于0.3MPa；

2）当设计压力大于6MPa时，热态紧固的最大内压力应小于0.5MPa；

3）冷态紧固应在卸压后进行。

4 紧固螺栓应有安全技术措施。

检查方法：目视检查、测量检查，检查技术文件。

8.1.13 管道预拉伸（压缩）前应具备下列条件：

1 预拉伸区域内固定支架间所有焊缝除预拉（压缩）口外已焊接完毕，需热处理的焊缝已做热处理，并经检验合格；

2 预拉伸（压缩）区域支、吊架已安装完毕，管子与固定支架已固定；

3 预拉伸（压缩）区域内的所有连接螺栓已拧紧。

检查方法：目视检查，检查施工文件。

8.1.14 当预拉伸（压缩）的焊缝需热处理时，应在热处理完毕后再拆除在预拉伸（压缩）时安装的临时卡具。

检查方法：目视检查，核查热处理文件。

8.1.15 穿墙及过楼板的管道，应加套管，管道焊缝不应置于套管内，穿墙套管长度不得小于墙厚，穿楼板套管应高出楼面50mm。穿过屋面的管道应有防水肩和防雨帽，管道与套管之间的空隙应采用不燃材料填塞。

检查方法：目视检查、测量检查。

8.1.16 不锈钢管道法兰用的非金属垫片，其氯离子含量不得超过50mg/kg。

检查方法：核查质量证明文件或复验文件。

8.1.17 不锈钢管道与非不锈钢的金属支架之间，应垫入不锈钢薄板或氯离子含量不超过50mg/kg的非金属隔离垫。

检查方法：目视检查，核查质量证明文件或复验报告。

8.1.18 铬钼合金钢、含镍低温钢和含钼奥氏体不锈钢管道系统安装完毕后，应检查材质标识，发现无标识时应采用光谱分析核查材质。

检查方法：目视检查、复验检查。

8.1.19 阀门安装前，应按设计文件核对其型号，并应按介质流向确定其安装方向。特殊要求阀门应按设计文件要求安装。

检查方法：目视检查。

8.1.20 当阀门与管道以焊接方式连接时，根部焊道应采用氩弧焊，焊接过程阀门不得关闭，且应对阀门采取防变形保护措施。

检查方法：过程检查。

8.1.21 管道安装质量的允许偏差应符合表8.1.21的规定。

检查方法：测量检查。

表8.1.21 管道安装质量的允许偏差（mm）

项目			允许偏差
坐标	架空及地沟	室外	25
		室内	15
	埋地		60
标高	架空及地沟	室外	±20
		室内	±15
	埋地		±25
水平管道直线度		*DN*≤100	0.2%*L*，且≤50
		DN>100	0.3%*L*，且≤80
立管垂直度			0.5%*L*，且≤30
成排管道间距			15
交叉管的外壁或绝热层间距			20

注：*L*—管子有效长度；*DN*—管子公称直径。

8.2 与转动机器连接的管道安装

8.2.1 与转动机器连接的管道，安装前应将内部清理干净。管道的水平度或垂直度应为1mm/m。转动机器入口管道因水平偏差造成的坡度，应坡向分液罐一侧。

检查方法：目视检查、测量检查。

8.2.2 与转动机器连接的管道及其支、吊架安装完毕后，应卸下接管上的法兰螺栓，在自由状态下所有螺栓应能在螺栓孔中顺利通过。当设计文件或产品技术文件未规定时，法兰连接质量的允许偏差不应超过表8.2.2的规定。

检查方法：目视检查、测量检查。

表8.2.2 法兰连接质量的允许偏差

机器旋转速度（r/min）	平行度（mm）	同心度（mm）
<3000	≤0.40	≤0.80
3000~6000	≤0.15	≤0.50
>6000	≤0.10	≤0.20

8.2.3 管道与机器的连接法兰应进行最终连接检查。检查时，应在联轴器上架设百分表监视位移，松开和拧紧法兰连接螺栓进行观测，其位移值应符合下列规定：

1 转速大于6000r/min时，位移值应小于0.02mm；

2 转速为3000r/min~6000r/min时，位移值应小于0.05mm。

检查方法：目视检查、测量检查。

8.3 有色金属管道安装

8.3.1 有色金属管道安装时表面不得划伤。

检查方法：目视检查。

8.3.2 铜及铜合金、铝及铝合金管连接时应符合下列规定：

1 翻边连接的管子，应保持同轴度，公称直径小于或等于50mm时，其偏差不应大于1mm；公称直径大于50mm时，其偏差不应大于2mm；

2 螺纹连接的管子，其螺纹部分应涂以石墨机油。

检查方法：目视检查、测量检查。

8.3.3 安装铜及铜合金波纹膨胀节时，其直管长度不得小于100mm。

检查方法：测量检查。

8.3.4 有色金属管应采用尼龙带搬运或吊装。

检查方法：目视检查。

8.3.5 钛及钛合金、锆及锆合金管安装后，应防止其他焊接飞溅物撒落在管上。

检查方法：目视检查。

8.4 伴热管安装

8.4.1 伴热管应与主管平行安装。当一根主管有多根伴热管伴热时，伴热管之间相对位置应固定。

检查方法：目视检查、测量检查。

8.4.2 水平伴热管宜安装在主管下方或靠近支架的侧面，垂直伴热管应均匀分布在主管周围。伴热管应采用绑扎带或镀锌铁丝等固定在主管上。弯头部位的伴热管绑扎带不得少于3道，直伴热管绑扎点间距应符合表8.4.2的规定。

检查方法：目视检查、测量检查。

表8.4.2 直伴热管绑扎点间距（mm）

伴热管公称直径	绑扎点间距
10	800
15	1000
20	1500
>20	2000

8.4.3 设计文件规定不得与主管直接接触的伴热管，在伴热管与主管间应有隔离垫。当主管为不锈钢管，伴热管为碳钢管时，隔离垫宜采用氯离子含量不超过50mg/kg的非金属垫或不锈钢薄板，并应采用不锈钢丝或不引起渗碳的绑扎带绑扎。

检查方法：目视检查，核查质量证明文件。

8.4.4 从分配站到各被伴热主管和离开被伴热主管到收集站之间的伴热管应排列整齐，不应互相跨越。

检查方法：目视检查。

8.5 衬里管道安装

8.5.1 衬里管道安装前，应按本规范第5.1.10条的规定核查衬里层的质量，并保持管内清洁。

检查方法：目视检查。

8.5.2 橡胶、塑料、玻璃钢、涂料等衬里的管道组成件，应存放在温度为5℃~40℃的场所，并应避免阳光和热源的辐射。

检查方法：过程检查。

8.5.3 衬里管道安装需要调整长度误差时，宜采用更换同材质垫片厚度的方法。

检查方法：目视检查、测量检查。

8.5.4 衬里管道安装时，不得施焊、加热、碰撞或敲打。

检查方法：过程检查。

8.6 安全装置安装

8.6.1 安全阀安装前应进行整定压力、密封性能校验、校验合格的安全阀应有铅封、标牌和校验报告，并应符合下列规定：

1 整定压力试验不得少于3次，当整定压力小于或者等于0.5MPa时，实测整定值与要求整定值的允许误差为±0.015MPa；当整定压力大于0.5MPa时，允许误差为±3%的整定压力；

2 整定压力调整合格后，应进行密封试验，当整定压力小于或者等于0.3MPa时，密封试验压力应比整定压力低0.03MPa；当整定压力大于0.3MPa时，密封试验压力应为整定压力的90%；

3 校验合格后的铅封一面应为校验单位的代号标识，另一面应为校验人员的代号标识；铅封处所挂标牌应有校验机构名称及代号、校验编号、安装的设备编号、整定压力和下次校验时间；

4 校验报告应依据校验记录出具，并按校验机构质量管理体系的要求签发。

检查方法：目视检查，核查校验报告。

8.6.2 安装安全阀时应符合下列规定：

1 校验合格的安全阀，在搬运和安装过程中应保护好铅封；

2 安全阀应垂直安装，安全阀出口管道垂直向上排放时，应在出口管道最低处管底开设直径6mm~10mm的泪孔。

检查方法：目视检查、测量检查。

8.6.3 爆破片安装时应符合下列要求：

1 爆破片应安装在相应的夹持器内，并按产品技术文件或铭牌上箭头指示方向安装；

2 爆破片应在投料试车前安装。

检查方法：过程检查。

8.6.4 安全液封应垂直安装，垂直度不应超过1/1000，标高允许偏差为±5mm。

检查方法：测量检查。

8.6.5 阻火器应按产品技术文件或铭牌上箭头指示方向安装。

检查方法：目视检查。

8.7 补偿装置安装

8.7.1 "Π"形补偿器安装，有预拉伸（压缩）要求时，应按设计文件规定进行预拉伸或预压缩，允许偏差为预伸缩量的10%，且不大于10mm。

检查方法：测量检查、过程检查。

8.7.2 填料式补偿器安装应符合下列规定：

1 应与管道保持同心；

2 运行时，导向支座应自由伸缩；

3 应按设计文件规定的安装长度及温度变化，留有剩余的收缩量，剩余收缩量可按下式计算，其允许偏差为±5mm（图8.7.2）；

$$S = S_0 \frac{t_1 - t_0}{t_2 - t_0} \quad (8.7.2)$$

式中：S——插管与外壳挡圈间的安装剩余收缩量（mm）；

S_0——补偿器的最大行程（mm）；

t_0——室外最低设计温度（℃）；

t_1——补偿器安装时的温度（℃）；

t_2——介质的最高设计温度（℃）。

4 插管应安装在介质流入端；

5 填料石棉绳应涂石墨粉，并应逐圈装入，逐圈压紧，各圈接口应相互错开。

检查方法：目视检查、测量检查、过程检查。

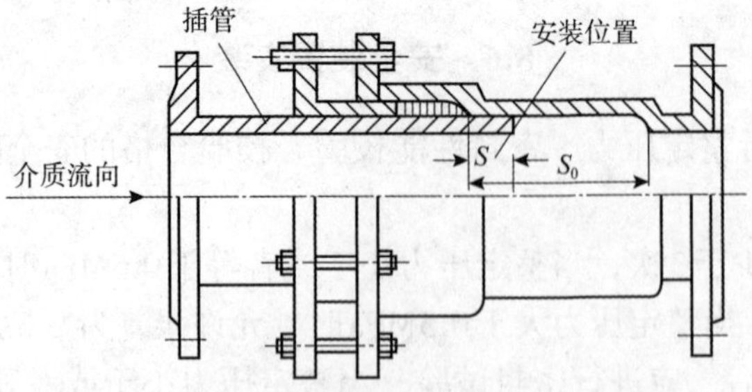

图8.7.2　填料式补偿器安装剩余收缩量

8.7.3　波纹管膨胀节安装应符合下列规定：

1　波纹管膨胀节内套有焊缝的一端，在水平管道上应迎介质流向安装（图8.7.3-1），在垂直管道上应置于上部（图8.7.3-2）；

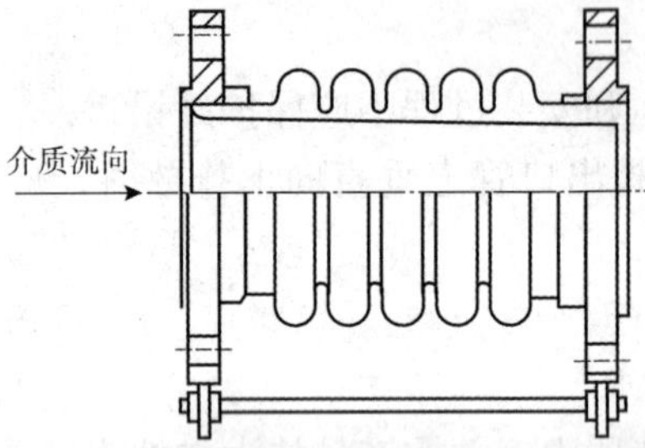

图8.7.3-1　波纹管膨胀节水平管道安装

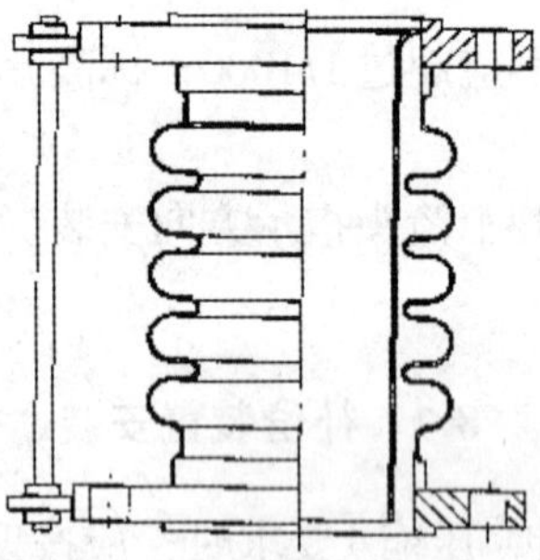

图8.7.3-2　波纹管膨胀节垂直管道安装

2　波纹管膨胀节应与管道保持同轴；

3　波纹管膨胀节应待管道试车运行前拆除临时约束装置。

检查方法：目视检查、测量检查、过程检查。

8.7.4　球形补偿器安装应符合下列规定：

1　球形补偿器安装前，应将球体调整到所需角度，并与球心距管段组成一体（图8.7.4-1）；

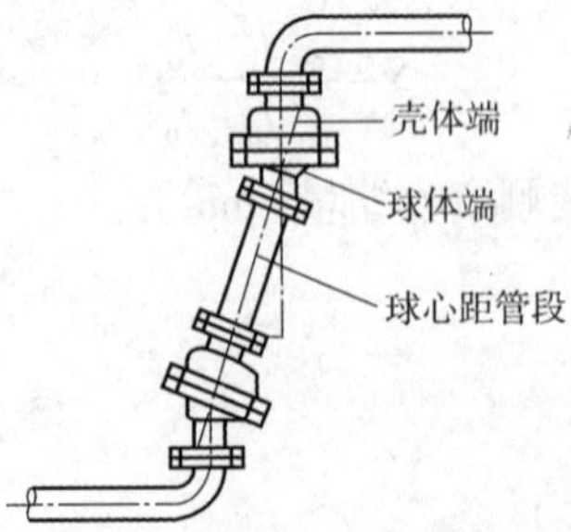

图8.7.4-1　球形补偿器与球心距管段的组合

2　球形补偿器的安装应紧靠弯头，使球心距长度大于计算长度（图8.7.4-2）；

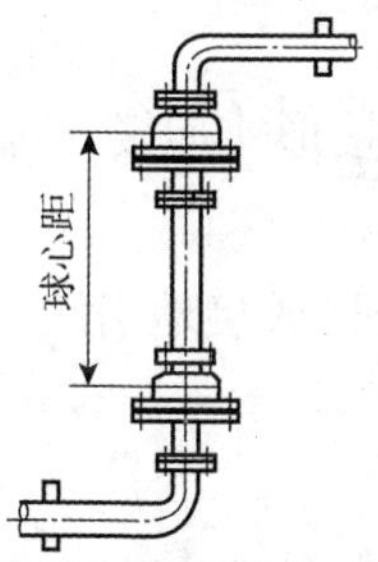

图8.7.4-2　球心距的安装长度

3　球形补偿器的安装方向，宜按介质从球体端进入，由壳体端流出安装（图8.7.4-3）；

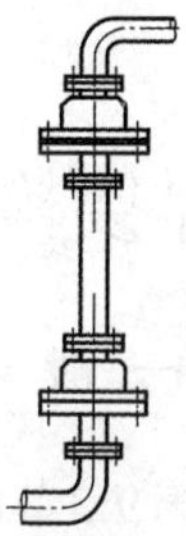

图8.7.4-3　球形补偿器的安装方向

4　垂直安装球形补偿器时，壳体端应在上方；

5　球形补偿器的固定支架或滑动支架，应按设计文件规定执行；

6　运输装卸球形补偿器时，应防止碰撞，并应保持球面清洁。

检查方法：目视检查、测量检查、过程检查。

8.8　支、吊架安装

8.8.1　支架与管道焊接时焊脚高度和焊缝长度应符合设计文件规定，焊缝不得有裂纹，管子表面不得有咬边缺陷。

检查方法：目视检查、测量检查。

8.8.2　支、吊架位置应正确，安装应牢固，管子和支承面接触应良好。

检查方法：目视检查。

8.8.3　吊杆应垂直安装，当设计文件要求偏置安装时，偏置量和偏置方向应满足设计文件的要求。

检查方法：目视检查、测量检查。

8.8.4　固定支架和限位支架应按设计文件要求安装。固定支架应在补偿装置预拉伸或预压缩前固定。

检查方法：目视检查、过程检查。

8.8.5　导向支架或滑动支架的滑动面应洁净平整，不得有歪斜和卡涩现象。当设计文件要求偏置安装时，偏置量和偏置方向应满足设计文件的要求。

检查方法：目视检查、测量检查。

8.8.6　弹簧支、吊架的弹簧安装高度，应按设计文件规定进行调整。弹簧支、吊架的限位装置，应在试车前拆除。恒力弹簧安装方向及有配重要求的弹簧应符合设计文件要求。

检查方法：目视检查、过程检查。

8.8.7　管道安装完毕后，应按设计文件逐个核对，确认支、吊架的形式和位置。

检查方法：过程检查。

8.9　静电接地安装

8.9.1　有静电接地要求的管道，当每对法兰或螺纹接头间电阻值大于0.03Ω时，应有导线跨接。

检查方法：目视检查、测试检查。

8.9.2 管道系统静电接地引线，宜采用焊接形式连接。对地电阻值及接地位置应符合设计文件要求。

检查方法：目视检查、测试检查。

8.9.3 不锈钢、有色金属管道，其导线跨接或接地引线不得与管道直接连接，应采用同材质连接板过渡。

检查方法：目视检查。

8.9.4 用作静电接地的材料或元件，导电接触面应除锈，且安装前不得涂漆。

检查方法：目视检查、过程检查。

8.9.5 管道系统的静电接地安装完毕并测试合格后，应及时填写管道静电接地测试记录。

检查方法：检查技术文件。

9 管道焊接检查和检验

9.1 一般规定

9.1.1 管道完成焊接后应按本规范第9.2节和第9.3节的规定进行焊接接头的外观检查和无损检测。

检查方法：目测检测、核查检测报告。

9.1.2 铬钼合金钢管道的射线检测宜在热处理后进行，并应对焊缝采用光谱分析进行主要合金金属元素验证性检查，每个管道编号的焊缝抽查数量不应少于2条。

检查方法：核查检测报告。

9.2 焊缝的外观验收

9.2.1 除本规范第9.2.2条外，管道焊接接头的外观质量应按表9.2.1进行验收，并应符合下列规定：

1 符号○表示焊缝不允许有表面线性缺陷、表面气孔、外露夹渣和咬边等缺陷存在；

2 符号□表示咬边深度，应为对接焊接接头中薄者厚度的1/4，并小于或等于0.5mm，连续长度不得大于100mm，且不大于焊缝总长的10%；

3 符号△表示焊缝余高，对接焊接接头中薄者厚度小于或等于6mm时，焊缝余高应按下列规定检查：

1） 检查等级1级~4级管道为0~1.5mm；

2） 检查等级5级管道为0~2.5mm；

4 对接焊接接头中薄者厚度大于6mm时，焊缝余高应按下列规定检查：

1） 检查等级1级~4级管道为0~3mm；

2） 检查等级5级管道为0~4.5mm。

检查方法：目视检查、测量检查。

表9.2.1 金属管道现场焊接接头外观质量等级

检查等级	1				2				3				4				5			
缺陷类型	对接环缝	纵缝	角焊缝	支管连接	对接环缝	纵缝	角焊缝	支管连接	对接环缝	纵缝	角焊缝	支管连接	对接环缝	纵缝	角焊缝	支管连接	对接环缝	纵缝	角焊缝	支管连接
表面线性缺陷	○	○	○	○	○	○	○	○	○	○	○	○	○	○	○	○	○	○	○	○
表面气孔	○	○	○	○	○	○	○	○	○	○	○	○	○	○	○	○	○	○	○	○

表 9.2.1　金属管道现场焊接接头外观质量等级（续）

检查等级	1				2				3				4				5			
缺陷类型	对接环缝	纵缝	角焊缝	支管连接	对接环缝	纵缝	角焊缝	支管连接	对接环缝	纵缝	角焊缝	支管连接	对接环缝	纵缝	角焊缝	支管连接	对接环缝	纵缝	角焊缝	支管连接
外露夹渣	○	○	○	○	○	○	○	○	○	○	○	○	○	○	○	○	○	○	○	○
咬边	○	○	○	○	□	○	□	□	□	○	□	□	□	○	□	□	□	○	□	□
余高	△	△	△	△	△	△	△	△	△	△	△	△	△	△	△	△	△	△	△	△

注：1　线性缺陷包括裂纹、未焊透、未熔合。

2　表中纵缝指现场焊接的直缝。

9.2.2　铝及铝合金管道焊缝外观检查前应将焊缝及其附近表面的飞溅物清除，焊缝外观质量应符合表9.2.2要求。

检查方法：目视检查、测量检查。

表 9.2.2　铝及铝合金管道焊接接头表面质量标准

序号	检查项目		质量要求
1	焊缝表面		与母材圆滑过渡，不得有裂纹，未熔合，气孔、氧化物夹渣及过烧等缺陷
2	焊缝余高	$\delta \leqslant 10$mm	≤3mm
		$\delta > 10$mm	1 ' 3δ且≤5mm
3	焊缝咬边深度	$\delta \leqslant 10$mm	≤0.5mm
		$\delta > 10$mm	≤0.8mm
4	咬边总长度	板材	≤10%L
		管材	≤20%L
5	单面仰焊表面凹陷		≤0.2δ且≤2mm
6	其他位置表面凹陷		焊缝表面应不低于基本金属
7	角焊缝的焊脚高度		≥两焊件中较薄焊件母材厚度的70%且≥3mm

注：δ—母材厚度；L—焊缝总长度。

9.2.3　钛及钛合金管道、锆及锆合金管道焊缝除应按本规范第9.2.1条进行外观检查外，尚应在焊后清理前进行色泽检查，色泽检查应符合表9.2.3-1和表9.2.3-2的规定。

检查方法：目视检查。

表 9.2.3-1　钛及钛合金焊道色泽检查合格标准

焊道颜色	保护效果	质量	处理方法
银白色	未被污染	合格	继续施焊
淡黄 / 金黄色	较轻的污染	合格	继续施焊
紫色、蓝色	低温氧化，较轻的污染	合格	继续施焊前打磨掉变色及相邻区域
	高温氧化，污染严重	不合格	继续施焊前切除以前焊道及相邻区域
灰色、灰白色	保护不好，污染严重	不合格	继续施焊前切除以前焊道及相邻区域

注：钛及钛合金管道焊缝经酸洗能除去蓝色或紫色时为低温氧化，不能除去颜色时为高温氧化。

表 9.2.3-2　锆及锆合金焊道色泽检查合格标准

焊道颜色	保护效果	质量	处理方法
银白色	未被污染	合格	继续施焊
淡黄 / 金黄	较轻的污染	合格	继续施焊前用不锈钢丝刷清理
深黄 / 蓝色	较重的污染	不合格	继续施焊前打磨掉变色及相邻区域
黑色 / 灰色 / 白垩色	严重污染	不合格	继续施焊前切除以前焊道及相邻区域

9.3　焊接接头的无损检测

9.3.1　管道焊接接头无损检测除设计文件另有规定外，厚度小于或等于30mm的焊缝应采用射线检测，厚度大于30mm的焊缝可采用超声检测，检测数量与验收标准应按表9.3.1规定进行，并应符合下列规定：

1　射线检测的技术等级应为AB级；

2　超声检测的技术等级应为B级。

检查方法：核查管道单线图和无损检测报告。

表 9.3.1　管道焊接无损检测数量及验收标准

检查等级	管道级别	对焊接头			角焊接头		
		检测数量	验收标准	合格等级	检测数量	验收标准	合格等级
1	SHA1 SHB1 SHC1	100%RT	JB/T 4730.2	Ⅱ级	100%MT	JB/T 4730.4	Ⅰ级
		100%UT	JB/T 4730.3	Ⅰ级	100%PT	JB/T 4730.5	
2	SHA2 SHB2 SHC2	20%RT	JB/T 4730.2	Ⅱ级	20%MT	JB/T 4730.4	Ⅰ级
		20%/UT	JB/T 4730.3	Ⅰ级	20%PT	JB/T 4730.5	
3	SHA3 SHB3 SHC3	10%RT	JB/T 4730.2	Ⅲ级	—		
		10%UT	JB/T 4730.3	Ⅱ级	—		
4	SHA4 SHB4 SHC4	5%RT	JB/T 4730.2	Ⅲ级	—		
		5%UT	JB/T 4730.3	Ⅱ级	—		
5	SHC5						

注：表中检测方法RT与UT、MT与PT的关系为“或”。

9.3.2　设计文件规定射线检测的焊接接头改用超声检测时应征得设计单位和建设单位同意。

检查方法：核查变更文件。

9.3.3　铬钼合金钢和标准抗拉强度下限值大于或等于540MPa等易产生延迟裂纹、再热裂纹倾向材料，应在焊接完成24h后进行无损检测；有再热裂纹倾向材料应在热处理后进行表面无损检测。

检查方法：过程检查，核查无损检测报告。

9.3.4　管道焊接接头的检测比例应按下列规定执行：

1　公称直径小于500mm时宜按焊接接头数量计算，抽查的焊缝受条件限制不能全部进行检测时，经检验人员确认可对该条焊缝按相应的检测比例进行局部检测；

2　公称直径大于或等于500mm时应按每个焊接接头焊缝的长度计算；

3　焊接接头的无损检测比例应按管道编号统计。

检查方法：核查单线图、委托单和无损检测报告。

9.3.5　管道焊接接头按比例抽样检查时，检验批应按下列规定执行：

1　每批执行周期宜控制在2周内；

2 应以同一检测比例完成的焊接接头为计算基数确定该批的检测数量；

3 焊接接头固定口检测不应少于检测数量的40%；

4 应按下列原则选定焊接接头：

1）应覆盖施焊的每名焊工；

2）按比例均衡各管道编号分配检测数量；

3）交叉焊缝部位应包括检查长度不小于38mm的相邻焊缝。

检查方法：核查管道单线图、无损检测报告和委托单。

9.3.6 累进检查应符合下列要求：

1 检验批中抽样检测的焊接接头评定合格，则可对该批焊接接头予以验收；

2 在一个检验批中检测出不合格焊接接头，应在该批中对该焊工按不合格焊接接头数量加倍进行检测，加倍检测接头及返修接头评定合格，则应对该批焊接接头予以验收；

3 若加倍检测的焊接接头中又检测出不合格焊接接头，应按不合格焊接接头数量再加倍进行检测，加倍检测接头及返修接头评定合格，则应对该批焊接接头予以验收；

4 若再次加倍检测仍出现不合格焊接接头，应对该焊工焊接的该批焊接接头全部检测，并对不合格的焊接接头返修，评定合格后可对该批焊接接头予以验收。

检查方法：核查管道单线图和无损检测报告。

9.3.7 同一焊接接头返修次数，碳钢管道不宜超过3次，其他金属管道不得超过2次。

检查方法：过程检查，检查焊接记录。

9.4 硬度检测

9.4.1 要求消除应力热处理的焊接接头，热处理后应检测硬度值。焊接接头的硬度检测区域包括焊缝和热影响区，热影响区的测定区域应紧邻熔合线。

检查方法：目视检查，检查检测报告。

9.4.2 硬度检测的数量应满足下列要求：

1 在炉内热处理的每一热处理炉次应抽查焊接接头的10%进行硬度值测定；

2 进行局部热处理时应100%进行硬度值测定。

检查方法：核查硬度检测报告。

9.4.3 除设计文件另有规定外，焊接接头热处理后的硬度值应符合本规范表7.4.4的规定。表7.4.4中未列入材料或未注明硬度值的材料，应按设计文件执行。

检查方法：核查硬度检测报告。

9.4.4 异种金属材料焊接接头，焊缝和两侧热影响区均应符合本规范第9.4.3条规定。

检查方法：核查硬度检测报告。

9.5 焊缝铁素体检查

9.5.1 设计文件规定进行铁素体检查的焊接接头，应按现行国家标准《铬镍奥氏体不锈钢焊缝铁素体含量测量方法》GB/T 1954测定铁素体含量。

检验方法：检查施工方案。

9.5.2 要求铁素体检查的管道，焊缝和热影响区的铁素体含量应符合表9.5.2的规定。

检验方法：检查试验报告。

表9.5.2 焊缝铁素体含量

序号	材　质	铁素体含量（体积比）	备　注
1	含钼奥氏体不锈钢	≤5%	中、高温工况
2	奥氏体-铁素体双相钢	30%~60%	腐蚀介质工况

10 管道试验

10.1 一般规定

10.1.1 管道系统按本规范第9章检查和检验合格后，在初次运行前，每个管道系统应进行压力试验。

10.1.2 管道系统在压力试验前，应对下列资料进行确认：

1 管道组成件的质量证明文件，包括管道组成件的验证性和补充性检验记录；

2 焊接工作记录；

3 无损检测报告；

4 热处理及硬度检测报告；

5 符合本规范第12.0.5条要求的管道单线图；

6 静电接地测试记录。

检查方法：核查有关记录和报告。

10.1.3 管道系统在压力试验前，应依据设计文件对管道系统按下列要求进行实物核查：

1 管道连接与管道及仪表流程图相符；

2 管道支、吊架形式、位置符合设计要求，弹簧安装高度正确；

3 管道组成件材质正确。

检查方法：现场实地核查。

10.1.4 压力试验除设计另有规定外应采用液压试验，采用其他试验方法应满足下列条件：

1 对SHC5级管道，经建设单位或设计单位同意，可按本规范第10.5节规定的初始运行压力试验代替液压试验；

2 受条件限制不能进行液压试验时，可采用本规范第10.4节规定的气压试验。

检查方法：现场实地核查，检查试压方案。

10.1.5 试验过程中如有泄漏，不得带压修理，缺陷消除后应重新试验。

检查方法：过程检查，检查试压记录。

10.1.6 分段试验合格的管道系统，封闭焊接接头经100%射线检测合格，该焊接接头可不再进行压力试验。

检查方法：核查无损检测报告。

10.1.7 真空管道的试验压力应为0.2MPa。

检查方法：核查试验报告。

10.1.8 参加试验的管道焊接接头不得包覆隔热材料和涂刷防腐层。

检查方法：目视检查。

10.1.9 管道系统试验合格后，应缓慢降压，排净试验介质，并按盲板加置记录拆除所用的临时盲板，同时应填写试验记录。

检查方法：过程检查。

10.2 系统设置

10.2.1 膨胀节参加系统试验时应符合下列规定：

1 自约束装置的膨胀节参加系统试验应符合本规范第10.3.5条规定；

2 外部约束的膨胀节应参加系统试验；

3 泄漏性试验时所有膨胀节应参加系统试验。

检查方法：目视检查。

10.2.2 不参加试验的设备、仪表、安全阀等宜采用盲板或其他措施与系统隔离，也可采用适合试验压力的阀门（包括其闭合机构）予以切断。

检查方法：目视检查，核查阀门试压资料或质量证明文件。

10.2.3 试验用压力表应经过校验且在有效期内，压力表的精度不得低于1.6级。压力表的满刻度值应为最大试验压力的1.5倍~2.0倍。试验时系统内使用的压力表不得少于2块。

检查方法：目视检查，

10.2.4 管道系统压力试验时宜与设备隔离，当管道与设备作为一个系统进行试验时，应征得建设或设计单位同意，并符合下列规定：

1 管道的试验压力小于或等于设备的试验压力，应按管道的试验压力进行试验；

2 管道试验压力大于设备的试验压力，且设备的试验压力不小于管道试验压力的77%时，应按设备的试验压力进行试验。

检查方法：核定设备资料和试压方案。

10.3 液 压 试 验

10.3.1 液压试验宜使用工业用水，奥氏体不锈钢管道系统以水为介质进行试验时，水中的氯离子含量不得超过50mg/L。

检查方法：检查水质报告。

10.3.2 当冰冻或水对管道或工艺有影响时，可采用其他无毒液体。液压试验介质具有可燃性时，其闪点应大于45℃，应采取防护措施。

检查方法：检查试压方案和系统工艺条件要求。

10.3.3 当管道的设计温度高于试验温度时，试验压力应按下式计算：

$$P_s = 1.5P[\sigma]_1 / [\sigma]_2 \qquad (10.3.3)$$

式中：P_s——试验压力（表压）（MPa）；

P——设计压力（表压）（MPa）；

$[\sigma]_1$——试验温度下，管材的许用应力（MPa）；

$[\sigma]_2$——设计温度下，管材的许用应力（MPa）。

当$[\sigma]_1/[\sigma]_2$大于6.5时，取6.5。

当P_s在试验温度下，产生超过屈服强度的应力时，应将试验压力P_s降至不超过屈服强度90%时的最大压力。

检查方法：核查设计文件和试压方案。

10.3.4 夹套管内管的试验压力应按内管和外管二者中设计压力较大值计算试验压力。

检查方法：核查设计文件和试压方案。

10.3.5 带有自约束膨胀节的管道系统，试验压力不得超过膨胀节的试验压力，且小于膨胀节设计压力的1.5倍。膨胀节的试验压力不满足系统试验压力时，应从系统拆除。

检查方法：核查产品技术文件。

10.3.6 液体压力试验时液体的温度，当设计文件未规定时，管道系统液体温度不得低于5℃，且应高于金属材料的脆性转变温度。

检查方法：目视检查、测量检查。

10.3.7 液体压力试验时，应缓慢升压，达到试验压力后停压10min，然后降至设计压力，停压30min，应以不降压、无泄漏、无变形即为强度和严密性试验为合格。

检查方法：过程检查。

10.4 气 压 试 验

10.4.1 当管道系统采用气压试验时、应满足下列条件：

1 脆性材料管道组成件液压强度试验合格，试验温度应高于金属材料的脆性转变温度；

2 试验系统应设置压力泄放装置，其设定压力不得高于试验压力加上0.345MPa和1.1倍试验压力两者中的较小者；

3 试验压力超过1.6MPa时，施工单位应编写专项方案并经设计单位、建设单位确认；

4 应采取安全防护措施。

检查方法：检查现场试验环境、查看系统设置，核查脆性材料管道组成件试验记录、试验方案和防护措施。

10.4.2 气压试验宜采用空气作为试验介质，也可采用无毒、非可燃气体作为试验介质。

检查方法：检查试压方案和系统设定。

10.4.3 系统试验压力设计无规定时，应按设计压力的1.15倍取值。

检查方法：核对试压方案。

10.4.4 气压试验的管道系统宜先进行预试验，预试验的压力宜为0.2MPa、

检查方法：核对试压方案。

10.4.5 气体压力试验时，应逐步缓慢增加压力。当压力升至试验压力的50%时，稳压3min，未发现异常或泄漏，继续按试验压力的10%逐级升压，每级稳压3min，直至试验压力，稳压10min，再将压力降至设计压力，涂刷中性发泡剂对试压系统进行检查，管道无变形、无泄漏即为强度和严密试验合格。

检查方法：目视检查、过程检查。

10.5 初始运行压力试验

10.5.1 对SHC5级管道系统，可结合试车用管道输送的气体或液体介质进行压力试验，并应符合下列规定：

1 初始运行压力试验的试验压力应为流体操作压力；

2 输送的介质是气体时，宜按本规范第10.4.4条要求进行预试验。

检验方法：目视检查、过程检查。

10.5.2 初始运行压力试验时，应在运行压力稳定状态对管道进行检验，应以无变形、无泄漏为合格。

检查方法：目视检查、过程检查。

10.6 泄漏性试验和真空试验

10.6.1 管道系统的气体泄漏性试验应按设计文件要求进行，试验压力应为设计压力。

检查方法：过程检查，核查试验记录。

10.6.2 气体泄漏性试验应符合下列规定：

1 泄漏性试验应在压力试验合格后进行，试验介质宜采用空气；

2 当装置试车时综合气密试验的压力应能满足泄漏性试验的压力，经建设单位同意，泄漏性试验可结合装置试车同时进行；

3 泄漏性试验的检查重点应是阀门填料函、法兰或螺纹连接处、放空阀、排气阀、排水阀等；

4 经气压试验合格，且在试验后未经拆卸的管道，可不进行气体泄漏性试验。

检查方法：过程检查，核查试验方案。

10.6.3 气体泄漏性试验时，试验压力应逐级缓慢上升，当达到试验压力时，停压10min后，用涂刷中性发泡剂的方法，巡回检查所有密封点，无泄漏应为合格。

检查方法：现场逐点检查验收。

10.6.4 管道系统气体泄漏性试验合格后，应及时缓慢泄压，并填写试验记录。

检查方法：检查试验记录。

10.6.5 真空管道系统，压力试验合格后，应以0.1MPa气体进行泄漏性试验，试验应按本规范第10.6.2条和第10.6.3条的要求进行。

检查方法：检查试验记录。

10.6.6 真空管道在气体泄漏性试验合格后，真空系统联动试运转时，还应进行真空度试验。真空度试验应在温度变化较小的环境中进行。当系统内真空度达到设计文件要求时，应停止抽真空，进行系统的增压率考核。考核时间应为24h，增压率应按下式计算，不大于5%应为合格。

$$\Delta P=\frac{P_2-P_1}{P_1}\times 100\% \qquad (10.6.6)$$

式中：P_1——试验初始绝压（MPa）；

P_2——24h时的实际绝压（MPa）；

ΔP——24h的增压率（%）。

检查方法：现场实地检查，

10.6.7 设计文件规定用卤素、氦气、氨气或其他方法进行泄漏性试验时，应按专门技术规定进行。

检查方法：按相应技术规定检查。

11 管 道 吹 洗

11.1 一 般 规 定

11.1.1 管道系统按本规范第9章验收合格后，应按使用要求进行系统吹洗，包括清理、吹扫和冲洗。

11.1.2 吹洗方法应根据管道的使用要求、工作介质及管道内表面的脏污程度确定，应按下列规定执行：

1 输送气体介质管道宜采用空气吹扫；

2 输送液体介质管道宜采用水冲洗；

3 输送汽体介质管道应使用蒸汽吹扫；

4 公称直径大于或等于600mm的管道，可采用人工清理。

检查方法：核查设计文件和吹洗方案。

11.1.3 非热力管道不得用蒸汽吹扫。

检查方法：核查设计文件和吹洗方案。

11.1.4 对有特殊要求的管道，应按设计文件规定采用相应的吹洗方法。

检查方法：核查设计文件和吹洗方案。

11.1.5 清洗排放的废液不得随地排放。

检查方法：现场检查。

11.1.6 吹洗前应检验管道支、吊架的牢固程度，必要时应予以加固。

检查方法：现场检查。

11.1.7 管道吹洗时系统最高压力不得超过设备和管道系统的设计压力。

检查方法：现场核查管道系统，核查吹扫方案。

11.1.8 吹洗管道验收和复位时，应由施工单位会同建设单位共同检查，并应填写“管道吹扫/清洗检验记录”。

检查方法：检查吹扫、清洗检验记录。

11.1.9 吹除物不得污染周围设备和管道，且不得进入已合格的管道。

检查方法：核查管道系统和吹扫方案。

11.2 吹洗系统设置

11.2.1 管道吹洗前，孔板、法兰连接的调节阀、重要阀门、节流阀、安全阀、仪表等应拆除，对于焊接的阀门和仪表应采取保护措施。

检查方法：核查管道系统。

11.2.2 不允许吹洗的设备及管道应与吹洗系统隔离。

检查方法：核查管道系统。

11.3 空 气 吹 扫

11.3.1 管道系统吹扫的空气流速不宜低于20m/s。

检查方法：过程检查，测量检查。

11.3.2 管道系统吹扫的顺序应按主管、支管、疏排管依次进行。

检查方法：检查吹扫流程，现场实地检查。

11.3.3 吹扫忌油管道系统时，气体中不得含油。

检查方法：检查吹扫设备。

11.3.4 验收时在吹除口应放置白布或涂白色油漆的靶板检查，在5min内，靶板上无铁锈及其他杂物为合格。

检查方法：检查靶板。

11.4 蒸 汽 吹 扫

11.4.1 管道系统采用蒸汽吹扫时，管道系统的保温宜基本完成。

检查方法：现场核查。

11.4.2 蒸汽吹扫应先进行暖管，暖管过程中管道的热位移应在设计文件允许范围。

检查方法：巡线检查管道热位移及支、吊架工作情况。

11.4.3 管道系统蒸汽吹扫的汽体流速不应低于30m/s。

检查方法：过程检查，测量检查。

11.4.4 汽轮机动力管道或设计文件有规定的蒸汽管道，蒸汽吹扫应进行打靶验收，最终验收的靶板应做好标识并妥善保管。靶板应由宽度不小于排气管道内径的8%，长度略大于管道内径的抛光铝板制作。当设计文件或产品技术文件无规定时，蒸汽吹扫质量应符合表11.4.4的规定。

检查方法：过程检查，检查靶板。

表11.4.4 蒸汽吹扫质量验收标准

序号	项 目	质量标准
1	打靶次数	不宜少于3次
2	打靶持续时间	15min
3	靶板上痕迹大小	ϕ0.6mm以下
4	痕深	<0.5mm
5	粒数	1个/cm^2

11.4.5 除本规范第11.4.4条规定外的蒸汽管道吹扫可用刨光木板检验，吹扫后，木板上无铁锈及其他杂物应为合格。

检查方法：检查靶板、检查相关资料。

11.5 系 统 冲 洗

11.5.1 管道系统冲洗应使用工业用水，冲洗奥氏体不锈钢管道时，水中的氯离子含量不得超过

50mg/L。

检查方法：核查水质报告。

11.5.2 管道系统冲洗时，水的流速不得低于1.5m/s，宜按主管、支管依次冲洗。

检查方法：检查冲洗方案，过程检查。

11.5.3 管道系统水冲洗应连续进行，应以排出口的水色和透明度与入口水色和透明度目视一致为合格。

检查方法：目视检查。

11.5.4 当管道系统经水冲洗合格后，应将水排净。

检查方法：过程检查。

11.6 化学清洗

11.6.1 管道系统进行化学清洗前应拆除或隔离不能参加清洗的部件。

检查方法：核查系统设定。

11.6.2 管道系统化学清洗后管道内的残液、残渣应清除干净，并应符合相应的标准。

检查方法：过程核查。

11.6.3 管道被清洗表面应无二次浮锈和过洗现象，并应形成完整的钝化膜。

检查方法：过程核查。

11.6.4 化学清洗过程中的废液应处理达标后排放。

检查方法：过程核查。

11.6.5 在化学清洗过程中，凡伴有酸洗工艺过程的应控制管道材料的腐蚀率和腐蚀量，其指标应不大于表11.6.5的规定。

检查方法：过程检查。

表11.6.5 酸洗管道腐蚀率和腐蚀量要求

序号	管道材料	腐蚀指标		备注
		腐蚀率［g/（m·h）］	腐蚀量（g/m^2）	
1	碳钢类	6	72	包括合金钢
2	不锈钢类	2	24	—
3	铝及铝合金	2	10	—
4	铜及铜合金	2	10	—

11.6.6 化学清洗合格的管道，应进行封闭或充氮保护。

检查方法：现场查看，检查记录。

11.6.7 在被清洗管道中有不锈钢时，清洗液中的氯离子含量不得超过50mg/L。

检验方法：目视检查，核查水质分析报告。

11.6.8 管道系统化学清洗钝化后的质量应符合下列要求：

1 清洗后碳素钢、合金钢材质，用酸性硫酸铜点滴液点滴钝化表面，点滴液由蓝色变为红色的时间不小于5s为合格；完成测定后，测定面应采用滤纸吸干，然后用水磨砂纸除去检验点上的红色痕迹，最后用钝化液擦洗干净；

2 奥氏体不锈钢材质，用酸性铁氰化钾点滴液点滴钝化表面，点滴液覆盖的面内10min内出现的蓝色点不多余8个点为合格；完成测定后，可用20％的醋酸对测定点擦除，然后用脱盐水或蒸馏水冲洗，再用钝化液擦洗干净。

检验方法：目视检查，核查检查记录。

11.7 管道脱脂

11.7.1 管道系统的脱脂应在系统泄漏性试验前完成，脱脂范围和质量要求应符合设计文件的规定。

检查方法：目视检查，核查设计文件。

11.7.2 脱脂过程检验与安装所用工具、量具、仪表等，应先经脱脂合格。

检查方法：目视检查。

11.7.3 脱脂剂或用于配制脱脂剂的化学制品应具有质量证明文件。用于奥氏体不锈钢的溶剂、冲洗水氯离子含量不应大于50mg/L。

检查方法：核查质量证明文件。

11.7.4 管道系统脱脂的质量标准设计文件无规定时，应按下列规定执行：

1 直接与氧、富氧、浓硝酸等强氧化性介质接触的管子、管件、阀门等，可采用下列任意一种方法进行检验：

1）用波长3200埃~3800埃的紫外光检查脱脂件表面，无油脂荧光为合格：

2）用清洁干燥的白色滤纸擦抹脱脂件表面，纸上无油脂痕迹为合格；

3）用无油蒸汽吹洗脱脂件，取其冷凝液，放入一小粒（直径1mm以下）纯樟脑，以樟脑料不停旋转为合格；

4）不能用上述方法检验的脱脂件，可取样检查脱脂后的溶剂油脂含量不得超过350mg/L为合格。

2 用浓硝酸清洗的设备和管道应分析其酸中所含有机物总量，应以不超过0.03％为合格：

3 用溶剂脱脂的脱脂件应将残存溶剂彻底吹除直至无溶剂气味为止；

4 用碱液脱脂的应用无油清水冲洗洁净至中性，然后干燥；

5 用蒸汽吹除的应及时将脱脂件干燥；

6 设计规定的检验验收标准。

检查方法：目视检查，核查脱脂记录。

11.7.5 脱脂合格的管道应及时封闭保护。

检查方法：目视检查。

11.8 油清洗

11.8.1 润滑、密封及控制油系统管道应在管道系统试压、酸洗合格后进行油清洗。

检查方法：核查油清洗方案。

11.8.2 油清洗合格标准应符合设计文件或产品技术文件要求，当均无要求时，应采用滤网检验，合格标准应符合表11.8.2的规定。

检查方法：目视检查。

表11.8.2 油清洗合格标准

机械转速（r/min）	滤网规格（目）	合格标准
≥6000	200	目视滤网无硬颗粒及黏稠物；每平方厘米范围内，软杂物不多于3个
<6000	100	

11.8.3 油清洗合格的管道应采用氮封或其他保护措施。试运转时，应加注符合设计文件或产品技术文件的合格油品。

检查方法：目视检查，核查合格证。

12 交工技术文件

12.0.1 管道工程施工应按检验试验文件进行过程质量控制，并应按现行行业标准《石油化工建设工程项目施工过程技术文件规定》SH/T 3543的规定记录；施工过程应及时进行检查确认，并审查相关资料。

检查方法：检查施工过程质量控制记录。

12.0.2 管道施工过程的隐蔽工程未经监理检验确认，不得进行隐蔽施工。

检查方法：过程核查，检查隐蔽工程记录。

12.0.3 工厂化预制管段交付安装时，管段应有符合本规范第6.4.1条和第6.4.3条规定的标识，并应按管道编号提交下列技术文件：

1 合格焊工登记表；

2 管道焊接工作记录；

3 管道对接焊接接头报检/检查记录；

4 管道焊接接头无损检测日委托单；

5 无损检测报告（包括射线、超声、磁粉及渗透检测等）；

6 管道焊接接头热处理报告；

7 硬度检验报告；

8 管道焊接接头射线检测比例确认表。

检查方法：检查实物标识与相关质量控制记录。

12.0.4 管道工程交工时，参建单位应按现行行业标准《石油化工建设工程项目交工技术文件规定》SH/T 3503的规定提交下列技术文件：

1 设备/材料质量证明文件一览表；

2 管道组成件验证性和补充性检验记录；

3 金属材料化学成分分析检验报告；

4 管道材料发放一览表；

5 阀门试验确认表；

6 安全阀调整试验记录；

7 弹簧支/吊架安装检验记录；

8 滑动/固定管托安装检验记录（设计温度超过350℃管道和低温管道）；

9 管道补偿器安装检验记录；

10 管道焊接接头热处理报告；

11 无损检测报告（包括射线、超声、磁粉及渗透检测等）；

12 硬度试验报告；

13 管道焊接接头射线检测比例确认表；

14 管道静电接地测试记录；

15 管道系统耐压试验条件确认与试验记录；

16 管道系统泄漏性/真空试验条件确认与试验记录；

17 管道吹扫/清洗检验记录；

18 给排水压力管道耐压试验条件确认与试验记录；

19 给排水无压力管道闭水试验条件确认与试验记录；

20 防腐蚀工程质量检验记录；

21 隔热工程质量检验记录；

22 竣工图。

检查方法：检查相关质量控制记录。

12.0.5 管道工程交工时，施工单位除应提交本规范第12.0.4条要求的有关技术文件外，尚应提交符合下列要求的管道单线图：

1 标识管道焊接接头布置、编号和固定口；

2 标识施焊焊工代号；

3 标识无损检测的焊接接头及其检测方法；

4 标识应与无损检测报告相对应。

检查方法：检查管道单线图与无损检测报告，

12.0.6 管道工程施工过程形成的交工技术文件应经建设单位、监理单位检查确认。

检查方法：检查文件的签署栏。

12.0.7 管道工程交工技术文件应按合同规定的工程范围和现行行业标准《石油化工建设工程项目交工技术文件规定》SH/T 3503的规定，由责任单位负责编制、审核，并向建设单位移交。

检查方法：检查交工技术文件移交证书。

附录A 常用毒性介质、可燃介质

A.0.1 石油化工常用毒性介质见表A.0.1。

表A.0.1 常用毒性介质

级别	名 称
极度危害	汞及其化合物、砷及其无机化合物、氯乙烯、铬酸盐、重铬酸盐、黄磷、铍及其化合物、对硫磷、羰基镍、八氟异丁烯、锰及其无机化合物、氰化物、苯、氯甲醚
高度危害	三硝基甲苯、铅及其化合物、二硫化碳、氯、丙烯腈、四氯化碳、硫化氢、甲醛、苯胺、氟化氢、五氯酚及其钠盐、镉及其化合物、敌百虫、氯丙烯、钒及其化合物、溴甲烷、硫酸二甲酯、金属镍、甲苯二异氰酸酯、环氧氯丙烷、砷化氢、敌敌畏、光气、氯丁二烯、一氧化碳、硝基苯
中度危害	二甲苯、三氯乙烯、二甲基甲酰胺、六氟丙烯、苯酚、氮氧化物、苯乙烯、甲醇、硝酸、硫酸、盐酸、甲苯
轻度危害	溶剂汽油、丙酮、氢氧化钠、四氟乙烯、氨

A.0.2 石油化工常用可燃气体见表A.0.2。

表A.0.2 常用可燃气体

类别	名 称
甲	乙炔、环氧乙烷、氢气、合成气、硫化氢、乙烯、氰化氢、丙烯、丁烯、丁二烯、顺丁烯、反丁烯、甲烷、乙烷、丙烷、丁烷、丙二烯、环丙烷、甲胺、环丁烷、甲醛、甲醚（二甲醚）、氯甲烷、氯乙烯、异丁烷、异丁烯
乙	一氧化碳、氨、溴甲烷

A.0.3 石油化工常用液化烃、可燃液体介质见表A.0.3。

表A.0.3 常用液化烃、可燃液体

类别		名称
甲	A	液化氯甲烷、液化顺式2-丁烯、液化乙烯、液化乙烷、液化反式2-丁烯、液化环丙烷、液化丙烯、液化丙烷、液化环丁烷、液化新戊烷、液化丁烯、液化丁烷、液化氯乙烯、液化环氧乙烷、液化丁二烯、液化异丁烷、液化异丁烯、液化石油气、液化二甲胺、液化三甲胺、液化二甲基亚硫、液化甲醚（二甲醚）
	B	异戊二烯、异戊烷、汽油、戊烷、二硫化碳、异己烷、己烷、石油醚、异庚烷、环己烷、辛烷、异辛烷、苯、庚烷、石脑油、原油、甲苯、乙苯、邻二甲苯、间二甲苯、对二甲苯、异丁醇、乙醚、乙醛、环氧丙烷、甲酸甲酯、乙胺、二乙胺、丙酮、丁醛、三乙胺、醋酸乙烯、甲乙酮、丙烯腈、醋酸乙酯、醋酸异丙酯、二氯乙烯、甲醇、异丙醇、乙醇、醋酸丙酯、丙醇、醋酸异丁酯、甲酸丁酯、吡啶、二氯乙烷、醋酸丁酯、醋酸异戊酯、甲酸戊酯、丙烯酸甲酯、甲基叔丁基醚、液态有机过氧化物
乙	A	丙苯、环氧氯丙烷、苯乙烯、喷气燃料、煤油、丁醇、氯苯、乙二胺，戊醇、环己酮、冰醋酸、异戊醇、异丙苯、液氨
	B	轻柴油、环戊烷、硅酸乙酯、氯乙醇、氯丙醇、二甲基甲酰胺、二乙基苯
丙	A	重柴油、苯胺、锭子油、酚、甲酚、糠醛、20号重油、苯甲醛、环己醇、甲基丙烯酸、甲酸、乙二醇丁醚、甲醛、糖醇、辛醇、单乙醇胺、丙二醇、乙二醇、二甲基乙酰胺
	B	蜡油、100号重油、渣油、变压器油、润滑油、二乙三醇醚，三乙二醇醚、邻苯二甲酸二丁酯、甘油、联苯-联苯醚混合物、二氯甲烷、二乙醇胺、二乙醇胺、二乙二醇、三乙二醇、液体沥青、液硫

注： 闪点小于60℃且大于或等于55℃的轻柴油，如果储罐操作温度小于或等于10℃时，其火灾危险性可视为丙$_A$类。

附录B 管道分级编码

B.0.1 石油化工管道分级编码可由下列单元组成：

1 编码一单元为汉语拼音字母SH；

2 编码二单元为英文字母A、B、C；

3 编码三单元为阿拉伯数字1、2、3、4、5。

B.0.2 石油化工管道分级各编码单元所代表的内容见表B.0.2。

表B.0.2 石油化工管道分级编码

编码单元	编码符号	编码内容
一单元	SH	石油化工行业标准
二单元	A	输送毒性介质管道
	B	输送可燃介质管道
	C	输送无毒、非可燃介质管道
三单元	1	检查等级1级、焊接接头100%无损检测的管道
	2	检查等级2级、焊接接头20%无损检测的管道
	3	检查等级3级、焊接接头10%无损检测的管道
	4	检查等级4级、焊接接头5%无损检测的管道
	5	检查等级5级、焊接接头可不进行无损检测的管道

引用标准名录

《铬镍奥氏体不锈钢焊缝铁素体含量测量方法》GB/T 1954
《深度冷冻法生产氧气及相关气体安全技术规程》GB 16912
《石油化工设备和管道隔热技术规范》SH 3010
《石油化工设备和管道涂料防腐蚀技术规范》SH 3022—1999
《石油化工建设工程项目交工技术文件规定》SH/T 3503
《石油化工建设工程项目施工过程技术文件规定》SH/T 3543
《承压设备无损检测　第2部分：射线检测》JB/T 4730.2
《承压设备无损检测　第3部分：超声检测》JB/T 4730.3
《承压设备无损检测　第4部分：磁粉检测》JB/T 4730.4
《承压设备无损检测　第5部分：渗透检测》JB/T 4730.5

UDC

中华人民共和国国家标准

P

GB 50683—2011

现场设备、工业管道焊接工程施工质量验收规范

Code for acceptance of field equipment, industrial pipe welding construction quality

2011-02-18 发布

2012-05-01 实施

中华人民共和国住房和城乡建设部
中华人民共和国国家质量监督检验检疫总局
联合发布

前　言

本规范是根据原建设部《关于印发〈2007年工程建设标准规范制订、修订计划（第二批）〉的通知》（建标〔2007〕126号）的要求，由中国石油和化工勘察设计协会、中油吉林化建工程股份有限公司为主编单位，会同各行业有关单位在《现场设备、工业管道焊接工程施工及验收规范》GB 50236—98的基础上重新编制，名称定为《现场设备、工业管道焊接工程施工质量验收规范》。

本规范编制组经广泛的调查研究，认真总结实践经验，参考有关国际标准和国外先进标准，并在广泛征求意见的基础上，编制本规范，最后经审查定稿。

本规范共分8章和1个附录。主要技术内容包括：总则、术语、基本规定、材料、焊前准备、焊接、焊后热处理和焊缝质量检验等。

本规范中以黑体字标志的条文为强制性条文，必须严格执行。

本规范由住房和城乡建设部负责管理和对强制性条文的解释，由中国工程建设标准化协会化工分会负责日常管理，由全国化工施工标准化管理中心站负责具体技术内容的解释。本规范执行过程中如有意见或建议，请寄送全国化工施工标准化管理中心站（地址：河北省石家庄市桥东区槐安东路28号仁和商务1-1-1107室，邮政编码：050020），以便今后修订时参考。

本规范主编单位、参编单位、主要起草人和主要审查人：

主 编 单 位： 中国石油和化工勘察设计协会
中油吉林化建工程股份有限公司

参 编 单 位： 中国化学工程第三建设有限公司
中国石化集团第十建设公司
上海宝冶集团有限公司
北京电力建设公司
中国机械工业建设总公司
哈尔滨焊接研究所
中国核工业二三建设有限公司
十一冶建设集团有限责任公司
惠生工程（中国）有限公司
阿美科工程咨询（上海）有限公司
中冶集团建筑研究总院
北京燕华建筑安装工程有限责任公司
全国化工施工标准化管理中心站

主要起草人： 夏节文　关一卓　赵喜平　卢立香　任永宁　王丽鹃　朴东光　邵　刚
张　勇　孙忠亮　杨　惠　段　斌　杨　雷　芦　天　颜祖清

主要审查人： 吉章红　戈兆文　纪方奇　王明涛　李晓松　袁转东　李志远　郭　军
乔亚霞　石学军　张西民　周武强　蒋桂英　李晓琼

目　次

1 总 则

1.0.1 为统一现场设备、工业管道焊接工程施工质量的验收，加强工程质量管理，制定本规范。

1.0.2 本规范适用于碳素钢、合金钢、铝及铝合金、铜及铜合金、镍及镍合金、钛及钛合金、锆及锆合金金属材料焊接工程施工质量的验收。

1.0.3 本规范应与现行国家标准《现场设备、工业管道焊接工程施工规范》GB 50236配套使用。

1.0.4 焊接工程施工中采用的工程技术文件、承包合同文件对施工质量验收的要求不得低于本规范的规定。

1.0.5 焊接工程施工质量的验收，除应符合本规范外，尚应符合国家现行有关标准的规定。

2 术 语

2.0.1 100%检验 100% examination

在指定的一个检验批中，对某一具体项目进行全部检查。

2.0.2 抽样检验 random sampling examination

在指定的一个检验批中，对某一具体项目按一定比例随机抽取样本进行检查。

2.0.3 局部检验 local sampling examination

在指定的一个检验批中，对某一具体项目的每一件进行规定的部分检查。

3 基本规定

3.1 施工质量验收的划分

3.1.1 现场设备、工业管道焊接工程质量验收应划分为分项工程进行。

3.1.2 现场设备焊接工程的分项工程应按现场设备的台(套)划分，工业管道焊接工程的分项工程应按管道级别和材质划分。

3.2 施工质量验收

3.2.1 分项工程质量验收应符合下列规定：

1 主控项目应符合本规范的规定。

2 一般项目每项抽检实测值应在本规范规定的允许偏差范围内。

3.2.2 焊接工程质量验收文件和记录应包括下列内容：

1 焊接工程的施工技术文件、施工记录和报告，且应符合现行国家标准《现场设备、工业管道焊接工程施工规范》GB 50236的规定。

2 分项工程质量验收记录、内容和格式应符合本规范附录A的规定。

3.2.3 当焊接工程质量不符合本规范规定时，应按下列规定进行处理：

1 经返工或返修的分项工程，应重新进行验收。

2 经有资质的检测单位检测鉴定能够达到设计要求的分项工程，应予以验收。

3 经有资质的检测单位检测鉴定达不到设计要求，但经原设计单位核算认可，能够满足结构安全和使用功能的分项工程，可予以验收。

4 经过返修仍不能满足安全使用要求的工程，严禁验收。

3.2.4 未经验收合格的焊接工程不得投入使用。

3.3 施工质量验收的程序及组织

3.3.1 分项工程的质量验收应在施工单位自检合格的基础上进行，并由施工单位项目专业质量检查员填写分项工程质量验收记录。

3.3.2 分项工程的质量验收应由监理工程师（或建设单位项目专业技术负责人）组织施工单位项目专业技术负责人和质量检查人员进行。

3.3.3 当焊接工程由分包单位施工时，总包单位应对工程质量全面负责。分包单位对所承包的焊接工程应按本规范规定的程序进行检查验收。分包工程完成后，应将工程文件和记录提交总包单位。

4 材料

主控项目

4.0.1 母材使用前，应按设计文件的规定进行检查和验收，其材质、规格和外观质量应符合该母材的产品标准和设计文件的规定。材料标识应清晰完整，并应能追溯到产品质量证明文件。

检查数量：全部检查。

检查方法：检查质量证明文件，观察检查和尺量检查，必要时可进行光谱检查。

4.0.2 焊接材料使用前，应检查其外观质量、质量证明文件、外包装和包装标记。有疑义时应进行相应的试验或复验。其质量应符合设计文件和下列规定：

1 焊材包装应完好、无破损，包装标记应完整、清晰。

2 质量证明文件应符合国家现行有关产品标准和订货技术条件要求。

3 焊材表面不应受潮、污染，不应存在药皮破损或影响焊接质量的缺陷，焊丝表面应光滑、整洁。焊材的识别标志应清晰、牢固，与产品实物应相符。

检查数量：全部检查。

检查方法：检查质量证明文件，观察检查，检查焊材验收记录或复验报告。

4.0.3 焊接材料在使用前应按规定进行烘干，并应在使用过程中保持干燥，烘烤条件应符合焊材说明书和有关技术文件的规定。

焊丝使用前应按规定进行除油、除锈及清洗处理，清洗质量应符合有关技术文件的规定。

检查数量：全部检查。

检查方法：观察检查，检查烘干或清洗记录。

5 焊前准备

Ⅰ 主控项目

5.0.1 当设计文件对坡口表面要求进行无损检测时，应进行磁粉检测或渗透检测。坡口表面质量不应低于现行行业标准《承压设备无损检测》JB/T 4730规定的Ⅰ级。

检验数量：应符合设计文件的规定。

检验方法：检查磁粉检测报告或渗透检测报告。

5.0.2 对有焊前预热规定的焊缝，焊接前应检查焊件预热区域的预热温度，预热温度应符合设计文件和焊接工艺文件的规定。

检查数量：全部检查。

检查方法：测温仪器测量，检查焊接记录。

5.0.3 管道对接焊缝组对时，内壁错边量应符合表5.0.3的规定。

表5.0.3 管道组对内壁错边量（mm）

材料种类		内壁错边量
碳素钢、合金钢		≤壁厚的10%，且不应大于2
铝及铝合金	壁厚≤5	≤0.5
	壁厚>5	≤壁厚的10%，且不应大于2
铜及铜合金		≤壁厚的10%，且不应大于1
钛及钛合金		≤壁厚的10%，且不应大于1
镍及镍合金		≤0.5
锆及锆合金		≤壁厚的10%.且不应大于1

检查数量：全部检查。

检查方法：卡尺、焊缝检查尺检查，检查焊接组对记录。

5.0.4 设备、卷管对接焊缝组对时，对口错边量应符合下列规定：

1 碳素钢、合金钢设备和卷管对接焊缝的组对错边量应符合表5.0.4和下列规定：

1） 只能从单面焊接的纵向和环向焊缝，其内壁错边量不应大于壁厚的25%，且不应超过2mm。

2） 当采用气电立焊时，错边量不应大于壁厚的10%，且不应大于3mm。

3） 复合钢板组对时，应以复层表面为基准，错边量不应大于钢板复层厚度的50%，且不应大于1mm。

表5.0.4 碳素钢、合金钢设备和卷管对接焊缝的组对错边量（mm）

母材厚度T	错边量	
	纵向焊缝	环向焊缝
$T\leqslant12$	$\leqslant T/4$	$\leqslant T/4$
$12<T\leqslant20$	≤3	$\leqslant T/4$
$20<T\leqslant40$	≤3	≤5
$40<T\leqslant50$	≤3	$\leqslant T/8$
$T>50$	$\leqslant T/16$，且≤10	$\leqslant T/8$，且≤20

2 铝及铝合金、铜及铜合金、钛及钛合金、镍及镍合金设备的组对错边量应符合下列规定：

1） 当母材厚度小于或等于12mm时，纵缝、环缝错边量均不应大于1/5母材厚度。

2） 当母材厚度大于12mm时，纵缝错边量不应大于2.5mm；环缝错边量不应大于1/5母材厚度，且不应大于5mm。

检查数量：全部检查。

检查方法：卡尺、焊缝检查尺检查，检查焊接组对记录。

5.0.5 不等厚对接焊件组对时，薄件端面应位于厚件端面之内。当内壁错边量大于本规范第5.0.3条、第5.0.4条规定或外壁错边量大于3mm时，加工修整后的坡口尺寸应符合图5.0.5的规定。当用于管件，并受长度条件限制时，图（a）①、图（b）①和图（c）中的15°角可改用30°角。

检查数量：全部检查。

检查方法：卡尺、焊缝检查尺检查。

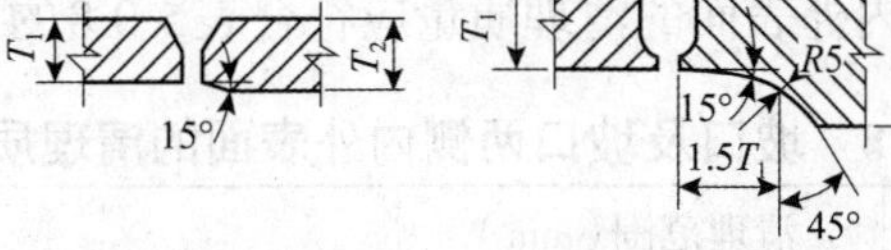

①$T_2-T_1\leqslant10$mm　　②$T_2-T_1>10$mm

(a)内壁尺寸不相等

图5.0.5 不等厚对接焊件坡口加工

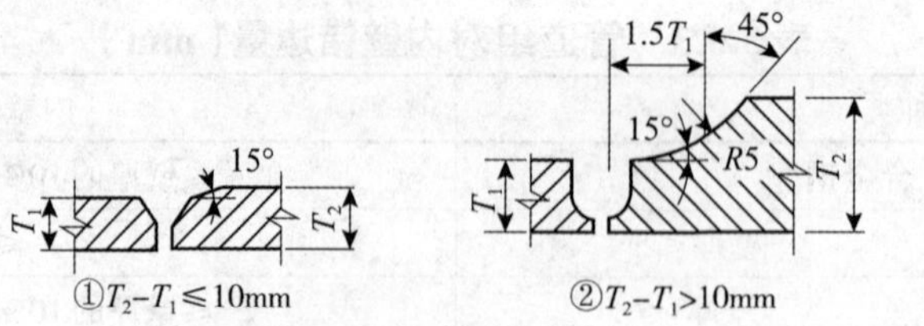

(b)外壁尺寸不相等

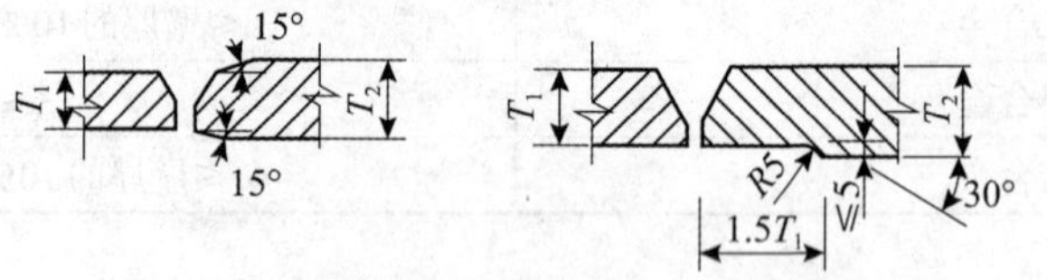

(c)内外壁尺寸均不相等　　(d) 内壁尺寸不相等的削薄

图5.0.5　不等厚对接焊件坡口加工（续）

T_1—不等厚焊件接头的薄件母材厚度；T_2—不等厚焊件接头的厚件母材厚度

Ⅱ　一 般 项 目

5.0.6　焊件焊缝位置应符合设计文件和下列规定：

1　钢板卷管或设备的筒节与筒节、筒节与封头组对时，相邻两节间纵向焊缝间距应大于壁厚的3倍，且不应小于100mm；同一筒节上两相邻纵缝间的距离不应小于200mm。

2　管道同一直管段上两对接焊缝中心面间的距离应符合下列规定：

1）当公称尺寸大于或等于150mm时，不应小于150mm；

2）当公称尺寸小于150mm时，不应小于管子外径，且不小于100mm。

3　卷管的纵向焊缝应置于易检修的位置，且不宜在底部。

4　有加固环、板的卷管，加固环、板的对接焊缝应与卷管的纵向焊缝错开，其间距不应小于100mm。加固环、板距卷管的环焊缝不应小于50mm。

5　受热面管子的焊缝与管子起弯点、联箱外壁及支、吊架边缘的距离不应小于70mm；同一直管段上两对接焊缝中心间的距离不应小于150mm。

6　除采用定型弯头外，管道对接环焊缝中心与弯管起弯点的距离不应小于管子外径，且不应小于100mm。管道对接环焊缝距支、吊架边缘之间的距离不应小于50mm；需热处理的焊缝距支、吊架边缘之间的距离不应小于焊缝宽度的5倍，且不应小于100mm。

检查数量：全部检查。

检查方法：观察检查和采用钢尺等检查。

5.0.7　焊件的主要结构尺寸与形状、坡口形式和尺寸、坡口表面的质量应符合下列规定：

1　结构尺寸应符合设计文件的规定。

2　坡口形式和尺寸、组对间隙应符合焊接工艺文件的规定。

3　坡口表面应平整、光滑，不得有裂纹、夹层、加工损伤、夹渣，毛刺及火焰切割熔渣等缺陷。

检验数量：全部检查。

检验方法：观察检查和采用钢尺、焊缝检查尺等检查。

5.0.8　焊接前，坡口及坡口两侧内外表面的清理质量应符合表5.0.8的规定。

表5.0.8　坡口及坡口两侧内外表面的清理质量

管道材质	清理范围（mm）	清理质量
碳素钢及合金钢	≥20	无杂质、污物、毛刺和镀锌层等，且不得有裂纹、夹层、加工损伤、熔渣等缺陷

表5.0.8 坡口及坡口两侧内外表面的清理质量（续）

管道材质	清理范围（mm）	清理质量
铝及铝合金	≥50	清除油污、毛刺、氧化膜及其他杂物等，使之露出金属光泽，且不得有裂纹、夹层、加工损伤等缺陷
铜及铜合金	≥20	
钛及钛合金	≥20	
镍及镍合金	≥20	
锆及锆合金	≥20	

检查数量：全部检查。

检查方法：观察检查。

5.0.9 搭接接头的搭接量和贴合质量、带垫板的对接接头的贴合质量应符合设计文件的规定。

检查数量：全部检查。

检查方法：观察检查和尺量检查。

6 焊 接

Ⅰ 主控项目

6.0.1 对有冲击韧性要求的焊缝，施焊时应测量焊接线能量，并应作记录。焊接线能量应符合设计文件和焊接工艺文件的规定。

检查数量：全部检查。

检查方法：采用计量仪表、秒表、钢尺测量和检查焊接记录。

6.0.2 对规定进行中间无损检测的焊缝，无损检测应在外观检查合格后进行，焊缝质量应符合本规范第8章的有关规定。

检查数量：符合设计文件的规定。

检查方法：检查无损检测报告。

6.0.3 对道间温度有明确规定的焊缝，道间温度应符合焊接工艺文件的规定。要求焊前预热的焊件，其道间温度应在规定的预热温度范围内。

检查数量：全部检查。

检查方法：采用测温仪器测量和检查焊接记录。

6.0.4 规定背面清根的焊缝，在清根后应进行外观检查，清根后的焊缝应露出金属光泽，坡口形状应规整，满足焊接工艺要求。当设计文件规定进行磁粉检测或渗透检测时，磁粉检测或渗透检测的焊缝质量不应低于现行行业标准《承压设备无损检测》JB/T 4730规定的Ⅰ级。

检查数量：全部检查。

检查方法：观察检查，检查磁粉检测或渗透检测报告。

6.0.5 当规定进行后热时，其后热温度、后热时间应符合现行国家标准《现场设备、工业管道焊接工程施工规范》GB 50236的有关规定和焊接工艺文件的规定。

检查数量：全部检查。

检查方法：采用测温仪器测量和检查焊接记录。

Ⅱ 一般项目

6.0.6 定位焊缝焊完后，应清除熔渣进行检查，定位焊缝的尺寸和质量应符合现行国家标准《现场设备、工业管道焊接工程施工规范》GB 50236的有关规定和焊接工艺文件的规定。

检查数量：全部检查。

检查方法：观察检查和钢尺、焊缝检测尺检查。

6.0.7 对规定进行酸洗、钝化处理后的焊缝及其附近表面的质量应符合设计文件和下列规定：

1 酸洗后的焊缝及其附近表面不得有明显的腐蚀痕迹、颜色不均匀的斑纹和氧化色。

2 酸洗后的焊缝表面应用水冲洗干净，不得残留酸洗液。

3 钝化后的焊缝表面应用水冲洗，呈中性后擦干水迹。

检查数量：全部检查。

检查方法：观察检查和pH值检查，设计文件规定的其他检查方法及检查记录。

7 焊后热处理

Ⅰ 主控项目

7.0.1 现场设备和管道焊后热处理参数应符合设计文件、现行国家标准《现场设备、工业管道焊接工程施工规范》GB 50236、热处理工艺文件和下列规定：

1 对采用炉内整体热处理和炉内分段局部热处理的焊缝，应检查并记录进出炉温度、升温速度、降温速度、恒温温度和恒温时间、有效加热区内最大温差、任意两测温点间的温差等参数。

2 对采用炉外整体热处理和局部加热热处理的焊缝，应检查并记录升温速度、降温速度、恒温温度和恒温时间、任意两测温点间的温差等参数。

检查数量：全部检查。

检查方法：自动测温仪测量，检查热处理曲线和热处理报告。

7.0.2 现场设备和管道焊后热处理效果检查，应符合设计文件、现行国家标准《现场设备、工业管道焊接工程施工规范》GB 50236的规定。当规定制作产品焊接检查试件时，应符合本规范第8.4.1条的规定。当规定进行硬度检验时，应符合下列规定：

1 除设计文件另有规定外，热处理焊缝和热影响区硬度值应符合表7.0.2的规定。表7.0.2中未列入的材料，焊缝和热影响区硬度值为：碳素钢不应大于母材硬度测定值的120%；合金钢不应大于母材硬度测定值的125%。

2 当焊缝重新进行热处理时，应再次进行硬度检验。

3 焊缝的硬度检查区域应包括焊缝和热影响区。对于异种金属的焊缝，两侧母材热影响区均应进行硬度检查。

检查数量：应符合设计文件的规定。

检查方法：检查热处理记录，检查硬度检验报告。

表7.0.2 热处理焊缝和热影响区硬度值

母材类别	布氏硬度HB
碳钼钢（C-Mo）、锰钼钢（Mn-Mo）、铬钼钢（Cr-Mo）：Cr≤0.5%	≤225
铬钼钢（Cr-Mo）；0.5%<Cr≤2%	≤225
铬钼钢（Cr-Mo）；2.25%≤Cr≤10%	≤241
马氏体不锈钢	≤241

Ⅱ 一般项目

7.0.3 热处理测温点的部位和数量应合理，热电偶的安装应保证测温准确可靠。

检查数量：全部检查。

检查方法：观察检查。

7.0.4 焊后热处理的加热区域宽度和保温层应符合设计文件和下列规定：

1 采用局部加热热处理时，加热范围应包括焊缝、热影响区及其相邻母材，焊缝每侧不应小于焊缝宽度的3倍，加热范围以外部分至少100mm范围应进行保温。

2 炉外整体热处理和局部加热热处理的保温材料和保温层厚度应符合热处理工艺文件的规定。

3 炉内分段加热时，加热各段重叠部分长度不应小于1500mm。

检查数量：全部检查。

检查方法：观察检查。

8 焊缝质量检验

8.1 焊缝外部质量检验

Ⅰ 主控项目

8.1.1 现场设备焊缝的检查等级，应按100%无损检测、局部无损检测、不要求进行无损检测的要求，划分为Ⅰ、Ⅱ、Ⅲ三个等级。现场设备焊缝的外观质量应符合本规范表8.1.1-1、表8.1.1-2的规定。

检查数量：全部检查。

检查方法：观察检查、采用焊缝检查尺测量和检查焊接记录。

表8.1.1-1 现场设备焊缝外观质量

<table>
<tr><td colspan="2">检查等级</td><td>Ⅰ</td><td>Ⅱ</td><td>Ⅲ</td></tr>
<tr><td colspan="2">无损检测要求</td><td>100%</td><td>局部检验</td><td>不要求</td></tr>
<tr><td rowspan="11">缺陷名称</td><td>裂纹</td><td>不允许</td><td>不允许</td><td>不允许</td></tr>
<tr><td>未焊透</td><td>不允许</td><td>不允许</td><td>不允许</td></tr>
<tr><td>未熔合</td><td>不允许</td><td>不允许</td><td>不允许</td></tr>
<tr><td>表面气孔</td><td>不允许</td><td>不允许</td><td>不允许</td></tr>
<tr><td>外露夹渣</td><td>不允许</td><td>不允许</td><td>不允许</td></tr>
<tr><td>未焊满</td><td>不允许</td><td>不允许</td><td>不允许</td></tr>
<tr><td>咬边</td><td>不允许</td><td>深度：≤0.05T，且≤0.5mm；连续长度≤100mm，两侧咬边总长度≤10%焊缝全长</td><td>深度：≤0.10T，且≤1mm；长度不限</td></tr>
<tr><td>根部收缩（根部凹隐）</td><td>不允许</td><td>深度≤0.2+0.02T，且≤0.5mm；长度不限</td><td>深度≤0.2+0.02T，且≤1.0mm；长度不限</td></tr>
<tr><td>角焊缝厚度不足</td><td>不允许</td><td>不允许</td><td>≤0.3+0.05T，且≤2.0mm；每100mm焊缝长度内缺陷总长度≤25mm</td></tr>
<tr><td>角焊缝焊脚不对称</td><td>差值≤1+0.1t</td><td>差值≤1+0.15t</td><td>差值≤2+0.2t</td></tr>
</table>

注：1 当咬边经磨削修整并平滑过渡时，可按焊缝一侧较薄母材最小允许厚度值评定。
2 角焊缝焊脚不对称在特定条件下要求平缓过渡时，不受本规定限制。
3 除注明角焊缝缺陷外，其余均为对接、角接焊缝通用。
4 表中T为母材厚度；t为设计焊缝厚度。
5 表中公式的常量单位为mm。

表8.1.1-2 现场设备焊缝外观质量（余高和根部凸出）（mm）

母材厚度T		≤6	>6～13	>13~25	>25
检查等级	Ⅰ	≤1.5	≤1.5	≤3.0	≤3.0
	Ⅱ	≤1.5	≤3.0	≤3.0	≤4.0
	Ⅲ	≤2.0	≤4.0	≤4.0	≤5.0

8.1.2 管道焊缝的检查等级，应按现行国家标准《工业金属管道工程施工质量验收规范》GB 50184

的规定划分为Ⅰ、Ⅱ、Ⅲ、Ⅳ、Ⅴ五个等级。管道焊缝的外观质量应符合本规范表8.1.2-1、表8.1.2-2的规定。

检查数量：全部检查。

检查方法：观察检查、采用焊缝检查尺测量和检查焊接记录。

表8.1.2-1　管道焊缝外观质量

检查等级		Ⅰ	Ⅱ	Ⅲ	Ⅳ	Ⅴ
无损检测要求		100%检验	≥20%检验	≥10%检验	≥5%检验	不要求
缺陷名称	裂纹、未焊透、未熔合	不允许	不允许	不允许	不允许	不允许
	表面气孔	不允许	不允许	不允许	不允许	不允许
	外露夹渣	不允许	不允许	不允许	不允许	不允许
	未焊满	不允许	不允许	不允许	不允许	不允许
	咬边	不允许	深度：纵缝不允许，其他焊缝≤$0.05T$且≤0.5mm；连续长度≤100mm，两侧咬边总长度≤10%焊缝全长	深度：纵缝不允许，其他焊缝≤$0.05T$且≤0.5mm；连续长度≤100mm，两侧咬边总长度≤10%焊缝全长	深度：纵缝不允许，其他焊缝≤$0.05T$且≤0.5mm；连续长度≤100mm，两侧咬边总长度≤10%焊缝全长	深度：纵缝不允许，其他焊缝≤$0.1T$且≤1mm；长度不限
	根部收缩(根部凹陷)	不允许	深度≤$0.2+0.02T$且≤0.5mm；长度不限	深度≤$0.2+0.02T$且≤1.0mm；长度不限	深度≤$0.2+0.02T$且≤1.0mm；长度不限	深度≤$0.2+0.04T$且≤2.0mm；长度不限
	角焊缝厚度不足	不允许	不允许	≤$0.3+0.05T$且≤1.0mm：每100mm焊缝长度内缺陷总长度≤25mm	≤$0.3+0.05T$且≤1.0mm：每100mm焊缝长度内缺陷总长度≤25mm	≤$0.3+0.05T$且≤2.0mm：每100mm焊缝长度内缺陷总长度≤25mm
	角焊缝焊脚不对称	差值≤$1+0.1t$	差值≤$1+0.15t$	差值≤$1+0.15t$	差值≤$1+0.15t$	差值≤$2+0.2t$

表8.1.2-2　管道焊缝外观质量（余高和根部凸出）(mm)

母材厚度T		≤6	>6~13	>13~25	>25~50	>50
检查等级	Ⅰ	≤1.5	≤1.5	≤3.0	≤3.0	≤4.0
	Ⅱ、Ⅲ、Ⅳ	≤1.5	≤3.0	≤4.0	≤5.0	—
	Ⅴ	≤2.0	≤4.0	≤5.0	≤5.0	—

注：对于铝及铝合金的根部凸出，当母材厚度小于或等于2mm时，根部凸出应小于或等于1.5mm；当母材厚度为2mm~6mm时，根部凸出应小于或等于2.5mm。

8.1.3　钛及钛合金、锆及锆合金的焊缝表面应在焊后清理前进行色泽检查。钛及钛合金焊缝的色泽检查结果应符合表8.1.3的规定。锆及锆合金的焊缝表面应为银白色，当出现淡黄色时应予以清除。

检查数量：全部检查。

检查方法：观察检查和检查焊接检查记录。

表8.1.3　钛及钛合金焊缝色泽质量

焊缝表面颜色	保护效果	质量
银白色（金属光泽）	优	合格
金黄色（金属色泽）	良	合格

表8.1.3 钛及钛合金焊缝色泽质量（续）

焊缝表面颜色	保护效果	质量
紫色（金属光泽） 蓝色（金属光泽）	低温氧化，焊缝表面有污染	合格
	高温氧化，焊缝表面污染严重，性能下降	不合格
灰色（金属光泽）	保护不好，污染严重	不合格
暗灰色	保护不好，污染严重	不合格
灰白色	保护不好，污染严重	不合格
黄白色	保护不好，污染严重	不合格

注：区别低温氧化和高温氧化的方法宜采用酸洗法，经酸洗能除去紫色、蓝色者为低温氧化，除不掉者为高温氧化。

Ⅱ 一 般 项 目

8.1.4 焊缝外观应成形良好，不应有电弧擦伤；焊道与焊道、焊道与母材之间应平滑过渡；焊渣和飞溅物应清除干净。

检查数量：全部检查。

检查方法：观察检查。

8.1.5 管道对接焊缝处的角变形（图8.1.5）应符合下列规定：

1 当管子公称尺寸小于100mm时，允许偏差为2mm；

2 当管子公称尺寸大于或等于100mm时，允许偏差为3mm。

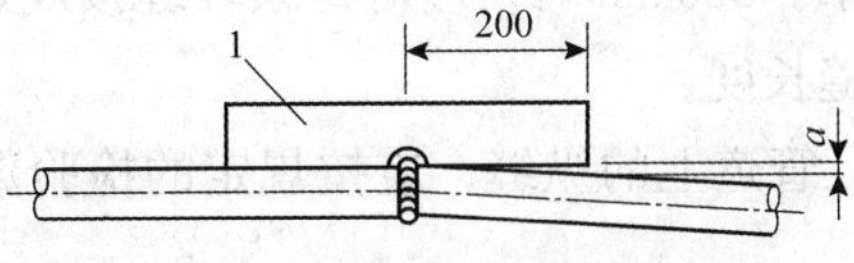

图8.1.5 管道焊接接头的角变形

1—钢板尺；*a*—角变形（平直度）偏差

检查数量：全部检查。

检查方法：观察检查和采用直尺、检查尺在距焊口中心200mm处测量。

8.1.6 设备、卷管的对接焊缝，其环缝和纵缝的角变形（棱角）量不应大于壁厚的10%加2mm，且不应大于5mm。

检查数量：全部检查。

检查方法：纵缝的角变形（焊接接头环向形成的棱角）用弦长等于1/6内径，且不小于300mm的内样板或外样板检查；环缝的角变形（焊接接头轴向形成的棱角）用长度不小于300mm的直尺检查。

8.2 焊缝表面无损检测

Ⅰ 主 控 项 目

8.2.1 焊缝表面应按设计文件规定进行磁粉检测或渗透检测。有再热裂纹倾向的焊缝表面无损检测应在热处理后进行。对磁粉检测或渗透检测发现有不合格的焊缝，经返修后，返修部位应采用原规定的检验方法重新进行检验。焊缝质量不应低于现行行业标准《承压设备无损检测》JB/T 4730规定的Ⅰ级。

检验数量：应符合设计文件的规定。

检验方法：检查磁粉或渗透检测报告，检查设备排版图或管道轴测图。

8.2.2 当焊缝磁粉检测（或渗透检测）的局部检验或抽样检验发现有不合格时，应在该焊工所焊的同一检验批中采用原规定的检验方法做扩大检验。焊缝质量应符合本规范第8.2.1条的规定。

检验数量：应符合国家现行有关标准和设计文件的规定。

检验方法：检查磁粉或渗透检测报告，检查设备排版图或管道轴测图。

8.3 焊缝射线检测和超声检测

Ⅰ 主控项目

8.3.1 焊缝内部质量应按设计文件规定进行射线检测或超声检测。对射线检测或超声检测发现有不合格的焊缝，经返修后，应采用原规定的检验方法重新进行检验。焊缝质量应符合下列规定：

1 100％射线检测的焊缝质量不应低于现行行业标准《承压设备无损检测》JB/T 4730规定的Ⅱ级；抽样或局部射线检测的焊缝质量不应低于现行行业标准《承压设备无损检测》JB/T 4730规定的Ⅲ级。

2 100％超声检测的焊缝质量不应低于现行行业标准《承压设备无损检测》JB/T 4730规定的Ⅰ级；抽样或局部超声检测的焊缝质量不应低于现行行业标准《承压设备无损检测》JB/T 4730规定的Ⅱ级。

检验数量：应符合设计文件和下列规定：

1） 管道公称尺寸小于500mm时，可根据环缝数量按规定的检验数量进行抽样检验，并不得少于1个环缝。环缝检验应包括整个圆周长度。固定焊的环缝抽样检验比例不应少于全部抽样数量的40％。

2） 管道公称尺寸大于或等于500mm时，应对每条环缝按规定的检验数量进行局部检验，且不得少于150mm的焊缝长度。

3） 设备上的纵缝和环缝、管道上的纵缝，应按规定的检验数量进行局部检验，且不得少于150mm的焊缝长度。

4） 抽样或局部检验时，应对每一焊工所焊的焊缝按规定的比例进行抽查。当环缝与纵缝相交时，应在最大范围内包括与纵缝的交叉点处，纵缝的检查长度不应少于38mm。

5） 抽样或局部检验应按检验批进行。检验批和抽样或局部检验的位置应由焊接检查人员确定。

6） 当在焊缝上开孔或开孔补强时，应对开孔直径1.5倍或开孔补强板直径范围内的焊缝进行100％射线检测或超声检测。被补强板覆盖的焊缝应磨平。管孔边缘不应存在焊缝缺陷。

检验方法：观察检查，检查射线或超声检测报告，检查设备排版图或管道轴测图。

8.3.2 当焊缝射线（或超声检测）的局部检验或抽样检验发现不合格时，应在该焊工所焊的同一检验批中采用原规定的检验方法做扩大检验。焊缝质量应符合本规范第8.3.1条的规定。

检验数量：应符合设计文件的规定。

检验方法：检查射线或超声检测报告，检查设备排版图或管道轴测图。

8.4 其他检验

Ⅰ 主控项目

8.4.1 当按设计文件、国家现行有关标准规定制作产品焊接检查试件时，产品焊接检查试件的准备、焊接、试样制备、力学性能检验方法和合格标准应符合设计文件和现行行业标准《承压设备产品焊接试件的力学性能检验》NB/T 47016的规定。

检查数量：符合设计文件的规定。

检查方法：检查试件焊接记录和力学性能等试验报告。

8.4.2 当规定进行焊缝金属的化学成分分析、焊缝铁素体含量测定、焊接接头金相检验时，检验结果应符合设计文件的规定。

检验数量：应符合设计文件的规定。

检验方法：按规定的检验方法进行，并检查检验报告。

8.4.3 焊缝的强度试验及严密度试验，应符合设计文件的规定。

检验数量：全部检查。

检验方法：检查强度及严密性试验报告。

附录A 分项工程质量验收记录

分项工程的质量验收记录的内容和格式见表A。

表A 分项工程质量验收记录

<table>
<tr><td>分项工程名称</td><td colspan="5"></td></tr>
<tr><td>施工单位</td><td></td><td>项目经理</td><td></td><td>项目技术
负责人</td><td></td></tr>
<tr><td>总承包单位</td><td></td><td>总承包单位
负责人</td><td></td><td>总承包单位
技术负责人</td><td></td></tr>
<tr><td>序号</td><td>检验项目</td><td colspan="2">施工单位检验结果</td><td colspan="2">建设（监理）单位验收结论</td></tr>
<tr><td>1</td><td></td><td colspan="2"></td><td>□合格</td><td>□不合格</td></tr>
<tr><td>2</td><td></td><td colspan="2"></td><td>□合格</td><td>□不合格</td></tr>
<tr><td>3</td><td></td><td colspan="2"></td><td>□合格</td><td>□不合格</td></tr>
<tr><td>4</td><td></td><td colspan="2"></td><td>□合格</td><td>□不合格</td></tr>
<tr><td>5</td><td></td><td colspan="2"></td><td>□合格</td><td>□不合格</td></tr>
<tr><td>6</td><td></td><td colspan="2"></td><td>□合格</td><td>□不合格</td></tr>
<tr><td>7</td><td></td><td colspan="2"></td><td>□合格</td><td>□不合格</td></tr>
<tr><td>8</td><td></td><td colspan="2"></td><td>□合格</td><td>□不合格</td></tr>
<tr><td>9</td><td></td><td colspan="2"></td><td>□合格</td><td>□不合格</td></tr>
<tr><td>10</td><td></td><td colspan="2"></td><td>□合格</td><td>□不合格</td></tr>
<tr><td colspan="2">质量控制资料</td><td colspan="2"></td><td>□符合</td><td>□不符合</td></tr>
<tr><td colspan="2">总承包单位专业技术负责人：

施工单位质量检查员：

施工单位专业技术负责人：

年　月　日</td><td colspan="4">建设（监理）单位验收结论：

建设单位专业技术负责人：

（监理工程师）：

年　月　日</td></tr>
</table>

引用标准名录

《工业金属管道工程施工质量验收规范》GB 50184

《现场设备、工业管道焊接工程施工规范》GB 50236

《承压设备无损检测》JB/T 4730

《承压设备产品焊接试件的力学性能检验》NB/T 47016

UDC

中华人民共和国国家标准

P

GB 50690—2011

石油化工非金属管道工程施工质量验收规范

Code for construction quality acceptance of non-metallic piping engineering in petrochemical engineering

2011-07-26 发布

2012-06-01 实施

中华人民共和国住房和城乡建设部
中华人民共和国国家质量监督检验检疫总局
联合发布

前　言

本规范是根据原建设部《关于印发〈2007年工程建设标准制订、修订计划（第二批）〉的通知》（建标〔2007〕126号）的要求，由胜利油田胜利石油化工建设有限责任公司会同有关单位编制完成的。

本规范在编制过程中，编制组开展了专题研究，进行了比较广泛的调研，总结了近几年来石油化工工程建设非金属管道工程的施工经验，坚持了“验评分离、强化验收、完善手段、过程控制”的指导原则，并以多种形式征求了有关设计、施工、监理等方面的意见，对其中主要问题进行了多次讨论，最后经审查定稿。

本规范共分10章，主要技术内容包括：总则，术语，管道组成件验收、存放和搬运，管道加工，管道安装，管道连接，管道连接接头检查，管道系统试验，管道系统吹扫与清洗，交工技术文件。

本规范中以黑体字标志的条文为强制性条文，必须严格执行。

本规范由住房和城乡建设部负责管理和对强制性条文的解释，由中国石油化工集团公司负责日常管理工作，由胜利油田胜利石油化工建设有限责任公司负责具体技术内容的解释。本规范在执行过程中，请各单位结合工程实践，认真总结经验，注意积累资料，随时将意见或建议反馈给胜利油田胜利石油化工建设有限责任公司（地址：山东省东营市东营区西四路324号，邮政编码：257064，E-mail：tangriguang.slyt@sinopec.com），以供今后修订时参考。

本规范主编单位、参编单位、主要起草人及主要审查人：

主 编 单 位：胜利油田胜利石油化工建设有限责任公司

参 编 单 位：中国石化集团第十建设公司

中国石化集团南京工程有限公司

主要起草人：姜俊荣　汤日光　刘　栋　段秀芳　蒋国贤　王广朝　程克忠

主要审查人：束志军　葛春玉　陈永亮　张桂红　王志中　孟德苏　尚亚儒　薛久亮

蔡国雄　李　毅　杜宗岚　姜奎书

目　次

1 总　　则

1.0.1 为了统一石油化工非金属管道工程施工质量验收要求，确保非金属管道工程的施工质量，制定本规范。

1.0.2 本规范适用于石油化工玻璃钢管、塑料管、玻璃钢塑料复合管和钢骨架聚乙烯复合管等非金属管道工程的施工质量验收。

1.0.3 石油化工非金属管道工程应按设计文件要求施工，当需要修改时，应经设计单位确认后方可实施。

1.0.4 石油化工非金属管道工程的施工质量验收，除应符合本规范外，尚应符合国家现行有关标准的规定。

2 术　　语

2.0.1 对接-缠绕连接　butt-and-wrapped joint

接头端面靠紧，并在其上面缠绕多层浸透树脂的加强纤维织物形成接头的方式。

2.0.2 热熔连接　heat fusion joint

用专用加热工具加热连接部位，使其熔融后并加压熔合形成接头的方式。

2.0.3 电熔连接　electrofusion joint

管子或管件的连接部位插入内埋电阻丝的专用电熔管件内，通电加热，使连接部位熔融后形成接头的方式。

2.0.4 热风焊连接　hot gas welded joint

用热空气或热的惰性气体加热被连接的表面，然后将两表面压在一起并添加填充材料达到熔合形成接头的方式。

3 管道组成件验收、存放和搬运

3.1 一 般 规 定

3.1.1 管道组成件应具有质量证明文件，质量证明文件的性能数据应符合国家现行的有关产品标准和设计文件的规定。

3.1.2 当管道组成件有下列情况之一时，在问题和异议未解决前不得使用：

1 质量证明文件的性能数据不符合相应产品标准和订货技术条件；

2 对质量证明文件的性能数据有异议；

3 实物标识与质量证明文件标识不符；

4 要求复验的材料未经复验或复验不合格。

3.1.3 管道组成件在存放和搬运过程中应保持标识的清晰和完整。

3.2 验　　收

3.2.1 实物标识应与产品质量证明文件相符。

3.2.2 管子、管件的质量证明书应包括下列内容：

1 制造厂名称及制造日期；

2 产品名称、标准、规格及材料；

3 产品标准中规定的相关检测试验数据；

4 合同规定的其他检测试验报告；

5 质量检验员的签字及检验日期；

6 制造厂质量检验部门的公章。

3.2.3 管子、管件的标识应包括下列内容：

1 产品名称；

2 规格型号；

3 产品标准号；

4 产品标准中规定的其他内容；

5 制造日期；

6 制造厂名称或商标。

3.2.4 管道组成件应按相应标准逐件进行表面质量检查，管子和管件内外壁应光滑、平整；不得有气泡、裂口、裂纹、凹陷、分层、杂质、颜色不匀、分解变色等影响质量的缺陷。

3.2.5 塑料管和钢骨架聚乙烯复合管表面伤痕深度不应超过管子壁厚的10%，且不大于0.5mm；玻璃钢管和玻璃钢塑料复合管不得有表面伤痕。

3.2.6 钢骨架聚乙烯复合管表面不得有钢丝裸露，端口封口环不得有裂纹或脱落。

3.2.7 玻璃钢制品的纤维应浸透树脂，纤维不得外露，不得有划痕、层间分层、脱层、树脂瘤、异物夹杂、色泽明显不均匀等影响质量的缺陷。

3.2.8 玻璃钢塑料复合管的玻璃钢层应与塑料管粘结成整体，不得有分裂、脱壳现象。

3.2.9 法兰密封面应平整光洁，不得挠曲，不得有径向划痕等缺陷。

3.2.10 管道组成件的几何尺寸应按每批（同厂家、同材料、同规格、同时到货）5%且不少于一件进行抽样检查，几何尺寸及允许偏差应符合国家现行相关产品标准的规定。

3.2.11 抽样检查时，若有不合格，应按原规定数加倍抽检；若仍有不合格，则该批管道组成件不得验收，并应做好标识和隔离。

3.2.12 阀门应逐个进行外观目测检查，阀体表面应无裂纹、气泡、划痕等影响质量的缺陷。

3.2.13 有特殊要求的阀门，尚应符合现行行业标准《阀门检验与管理规程》SH 3518的有关规定。

3.2.14 阀门的压力试验和密封试验应符合下列规定：

1 阀体试验压力应为公称压力的1.5倍，试验时间不得少于5min，以阀体和填料无渗漏为合格；密封试验以阀门公称压力进行，以阀瓣密封面不漏为合格；

2 对于设计压力大于1MPa或者输送有毒、可燃介质管道的阀门，应逐个进行阀体压力试验和密封试验。不合格者，不得使用；

3 对于设计压力等于或者小于1MPa的阀门，应从每批中抽查10%，且不得少于1个，进行阀体压力试验和密封试验，并应符合本规范第3.2.11条的规定；

4 试验合格的阀门，应及时排净内部积水，并吹干，两端封闭后，做出合格标识，并按现行行业标准《石油化工建设工程项目交工技术文件规定》SH/T 3503的有关要求填写阀门试验记录。

3.3 存　　放

3.3.1 管道组成件经检查验收合格后，应做好标识，并按产品种类、材质及规格型号分类存放。

3.3.2 管道组成件应存放在通风良好、温度不宜超过40℃的库房或棚内，且应远离热源。堆放场所不得有可能损伤管道组成件的尖锐硬物，且不得曝晒和雨淋。

3.3.3 管道组成件不得与油类或化学品混合存放。

3.3.4 管子应水平堆放在平整的支撑物或地面上。

3.3.5 当管子采用三角形式堆放或两侧加支撑保护的矩形堆放时，堆放高度不宜超过1.5m，且堆放层数应符合下列规定：

1 直径等于或大于300mm时，不宜超过3层；

2 直径小于300mm时，不宜超过5层。

3.3.6 当管子采用分层货架存放时，每层货架高度不宜超过1m，堆放总高度不宜超过3m。

3.3.7 管件可成箱存放或在货架上存放，当在地面堆放时，堆放高度不宜超过1.5m。

3.3.8 管道组成件应在贮存有效期内使用。

3.4 搬 运

3.4.1 管道组成件在搬运时，应小心轻放，不得抛、摔、滚、拖，不得与尖锐物品碰触。

3.4.2 管道组成件在吊装或搬运时，应采用非金属绳索吊装、捆扎或固定。

3.4.3 管道组成件在搬运时，不得曝晒和雨淋。

4 管道加工

4.0.1 管子切割时，不得采用火焰切割；切割前，应先进行标识移植。

4.0.2 管子坡口加工时，不得采用火焰加工。

4.0.3 管道切口及坡口应符合下列规定：

1 切口及坡口表面应平整，且无裂纹、分层、凸凹或缩口等缺陷；

2 切口端面应与管子轴线垂直，切口端面倾斜偏差Δ（图4.0.3）不应大于管子外径的1%，且不大于5mm。

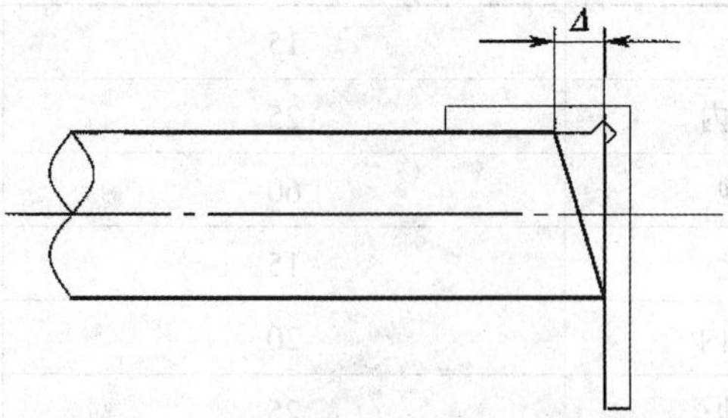

图4.0.3 管道切口端面倾斜偏差

4.0.4 切割后的玻璃钢管及玻璃钢塑料复合管应当天施工，否则，切口应涂树脂保护，树脂应涂刷均匀。

4.0.5 钢骨架聚乙烯复合管加工后的管段宜采用封口机封口，封口处焊缝应平整均匀，外露钢骨架应完全遮盖。

5 管道安装

5.1 一 般 规 定

5.1.1 管道安装时，不得采用强力组对。

5.1.2 管子和管件端口圆度应符合相应国家现行产品标准的规定。

5.1.3 管道连接前，应检查管子和管件内部已清理干净，无杂物，并检查管子和管件表面，对有超标损伤的管子，应进行更换或切除损坏部位。

5.1.4 管道进行吊装作业时，管道捆扎和吊运应符合本规范第3.4.2条的规定。

5.1.5 管道安装用非金属平垫片的周边应整齐，垫片尺寸应与法兰密封面相符，其内、外径偏差应符合下列规定：

1 当管道直径小于125mm时，垫片内径允许偏差应为2.5mm，外径允许偏差应为-2.0mm；

2 当管道直径等于或大于125mm时，垫片内径允许偏差应为3.5mm，外径允许偏差应为-3.5mm。

5.1.6 采用对接的管道，管道安装应符合下列规定：

1 管子连接时，应在距接头中心200mm处测量平直度（图5.1.6），当管子直径小于100mm时，允许偏差*a*应为1mm；当管子直径等于或者大于100mm时，允许偏差*a*应为2mm；

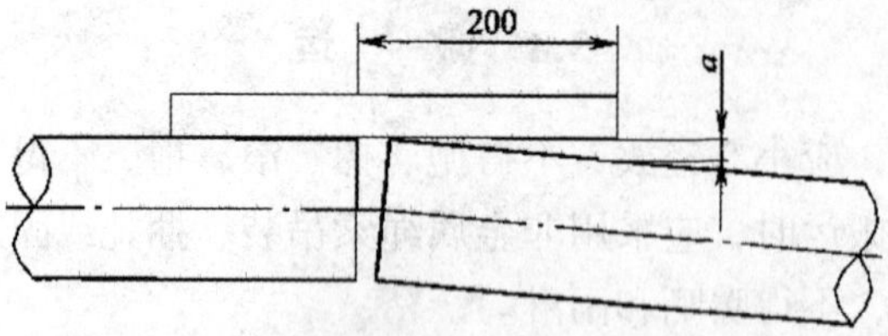

图5.1.6 采用对接的管道组对平直度

2 管子连接时，应做到内壁齐平，内壁错边量不宜超过壁厚的10%；

3 直管段上两接头中心间的距离，当直径等于或者大于150mm时，不应小于150mm；当直径小于150mm时，不应小于管子外径，且不小于50mm。

5.1.7 管道安装的允许偏差应符合表5.1.7的规定。

表5.1.7 管道安装允许偏差（mm）

项目			允许偏差	
			玻璃钢管、玻璃钢塑料复合管	塑料管、钢骨架聚乙烯复合管
坐标	地上		15	20
	管沟内		25	30
	埋地		60	80
标高	地上		15	20
	管沟内		20	25
	埋地		25	25
水平管直线度	地上	$D \leqslant 100$	$2L$‰，最大50	$3L$‰，最大60
		$D > 100$	$3L$‰，最大80	$4L$‰，最大100
立管垂直度	地上		$5L$‰，最大30	$5L$‰，最大40
成排管道间净距	地上		15	15
交叉管道外壁或绝热层间距	地上		20	20

注：*L*—管道有效长度；*D*—管道直径。

5.1.8 管道接头不得置于建（构）筑物等的墙壁或楼板中。

5.1.9 管道安装时，不得踩踏在管道上进行作业，不得撞击或敲打管道。

5.1.10 施工过程中，不得采用机械方法或加热方式弯曲、校正管道。

5.1.11 管道连接完成后，应进行接头标识，并做好记录。标识用材料应对管道组成件无损害。

5.1.12 管道施工过程的隐蔽工程未经监理/建设单位检查确认，不得进行隐蔽施工。

5.1.13 绝热施工质量应符合现行国家标准《工业设备及管道绝热工程施工规范》GB 50126的有关规定。

5.2 地上与管沟内管道安装

5.2.1 管架标高测量复核无误后，方可进行管道安装。

5.2.2 管道组对处应垫置牢固，不得在安装过程中产生错位和变形。

5.2.3 管道上的阀门应设置在易于操作和便于检修的地方，并应有可靠支撑。

5.2.4 管道穿越墙体及楼板等时，应按设计文件的要求在墙或楼板上预埋金属套管。穿墙套管长度不得小于墙厚，穿楼板套管应高出楼面50mm，穿过屋面的管道应有防水肩和防雨帽。套管内径不应小于穿越管段的外径加50mm。套管内不应有接头。套管中心位置的安装允许偏差为10mm。

5.2.5 与转动机器连接的管道，其水平度或垂直度允许偏差应为1mm/m。

5.2.6 与转动机器连接的管道法兰连接质量应符合设计文件或产品技术文件的规定，当设计文件和产品技术文件未规定时，法兰连接的允许偏差不应超过表5.2.6的规定值。

表5.2.6 与转动机器连接的管道法兰连接允许偏差

机器旋转速度（r/min）	平行度（mm）	同心度（mm）
<3000	≤0.40	≤0.80
3000~6000	≤0.15	≤0.50
>6000	≤0.10	≤0.20

5.2.7 与转动机器连接的管道及其支、吊架安装完毕后，卸下设备接口处的法兰螺栓，在自由状态下所有螺栓应能在螺栓孔中顺利通过。

5.3 埋地管道安装

5.3.1 管道沟槽开挖应符合设计文件的要求，沟槽底部应由人工清填平整，且无石块、砖块或铁制品等尖锐硬物。

5.3.2 在硬质土地区或岩石、砾石地段，沟槽应挖至设计标高以下至少150mm，然后铺上砂或其他回填材料作垫层，并平整夯实至设计标高，使管道与垫层形成紧密连续接触。

5.3.3 沟槽沟底宽度应根据现场实际情况和管道敷设方法确定，也可按下列规定确定：

1 单管沟底组装时，可按表5.3.3确定；

表5.3.3 单管沟底组装时沟底宽度尺寸（mm）

外径 D_o	D_o≤500	500<D_o≤1000	1000<D_o≤1500	1500<D_o≤3000
沟底宽度	D_o+800	D_o+1000	D_o+1200	D_o+1600

2 单管沟边组装和多管同沟敷设时，可按下式计算：

$$a=\sum D_o+\sum s+c \qquad (5.3.3)$$

式中：a——沟槽沟底宽度（mm）；

$\sum D_o$——管道外径之和（mm）；

$\sum s$——管道间的设计净距之和（mm）；

c——工作宽度，在沟底组装时取800mm；在沟边组装时取500mm。

3 在管道接头或需要进行人工操作的部位，应开挖满足操作要求的操作坑。

5.3.4 管道安装应在沟槽验收合格后进行。沟槽底部标高允许偏差应为±25mm。

5.3.5 管道安装时，沟槽内不得有积水；管道安装工作间断时，敞口管端应临时封堵。

5.3.6 管道下沟时应防止划伤、扭曲和强力拉伸。

5.3.7 管道应均匀压在坚实稳定的垫层或沟槽底部。不得用永久性的垫块调平管道。

5.3.8 对于塑料管道和钢骨架聚乙烯复合管的敷设，当需要改变平面走向时，应根据设计文件的要求采用弹性弯曲或弯头；当管道平面和竖向同时发生转角时，不宜采用弹性弯曲。

5.3.9 管道穿越车行道路或遇到其他障碍物需要穿越时，应按设计文件的要求设置金属套管，并应符合下列规定：

1 设计文件无规定时，套管两端应各伸出路基路肩外不少于1m；路边有排水沟时，套管两端应各伸出排水沟外不少于1m；套管顶距路面不应小于0.5m；套管内径不应小于穿越管段上直径最大部位的外径加50mm；

2 套管中心位置的安装允许偏差为10mm；

3 套管内穿越管段不宜有接头；

4 对于有接头的穿越管道，应在穿管前对穿越部分进行压力试验，并办理隐蔽工程交接手续。对于塑料管道，套管内管段连接宜采用电熔连接；当采用热熔对接时，应对套管内的所有接头进行翻边切除检查。

5.3.10 管道敷设完成后，沟槽应及时按设计文件的要求进行回填并压实，但接头部位在试压前应外露。

5.3.11 回填前应清除沟槽中的砖块、石块、木块等杂物。回填时沟槽内应无积水。

5.3.12 回填材料的种类应符合设计文件的要求，且不得有砖块、石块、冻土块、有机物及其他杂物，不得用无法压实的淤泥、腐殖土等不稳定土回填；当设计文件无要求时，回填材料应为原土。

5.3.13 回填及压实时，不得使管道位移、损坏管道和接头。回填应在管道两侧逐层、对称进行，每层回填厚度不应大于300mm。当设计文件无规定时，回填与压实应符合下列规定：

1 每层应压实至原土85%及以上的相对压实度；同一沟槽内平行敷设的管道，两管之间回填压实应和管道与沟壁之间的回填压实同时对称进行；

2 管道两侧回填与压实的高度差不应大于300mm；

3 回填时自沟底至管顶以上300mm范围内的管区回填材料应均匀填入沟槽内，不得集中推入或倾倒；不得直接抛在管道上；管顶以上500mm范围内不得采用机械设备回填；

4 管顶覆土厚度小于750mm时，不得采用大、中型机械设备压实，且不得有其他机械设备通行；机械夯实每层虚土厚度不应大于300mm，人工夯实每层虚土厚度不应大于200mm。

5.4 管道支吊架安装

5.4.1 管道应按设计文件的要求设置支吊架，在管道与支吊架之间应设置厚度不小于3mm的非金属软垫。

5.4.2 管道支吊架安装时不得对管道造成损伤。

5.4.3 管道架空敷设时，不宜利用管道自身刚度作为支吊架结构。

5.4.4 在管道上安装阀门和金属法兰等管路附件时，应按设计文件要求设置支吊架并同时安装。

5.4.5 对接连接处距支吊架边缘的净距，宜大于管道的直径，且不小于100mm；承插连接处距支吊架边缘的净距，宜大于管道的直径，且不小于150mm。

5.4.6 管道安装时不宜使用临时支吊架。当使用临时支吊架时，应有明显标记，且不得与正式支吊架位置冲突。临时支吊架在管道安装完毕后应予拆除。

5.4.7 导向支架或滑动支架的滑动面应洁净平整，不得有歪斜和卡涩现象。

5.4.8 弹簧支吊架的安装高度应符合设计文件的要求。弹簧的定位销（块），应待系统安装、试压、绝热完毕后方可拆除。

5.4.9 管道安装完毕后，应按设计文件要求逐个核对支吊架的形式和安装位置。

5.5 阀 门 安 装

5.5.1 阀门安装前，应按设计文件核对其型号，并应按介质流向确定其安装方向。有特殊要求的阀门应按设计文件的要求安装。

5.5.2 当阀门与管道采用法兰或螺纹方式连接时，阀门应处于关闭状态。

5.5.3 当管道采用电熔连接或热熔连接时，接头附近的阀门应处于开启状态。

5.6 静电接地安装

5.6.1 管道系统安装时，应根据设计文件要求安装静电接地装置。

5.6.2 用作静电接地的材料或元件，导电接触面不应有锈蚀。

5.6.3 管道系统的静电接地安装完毕并测试合格后，应及时填写管道静电接地测试记录。

6 管道连接

6.1 一般规定

6.1.1 管道连接前应按本规范的要求和厂家提供的技术文件编制连接作业工艺文件。

6.1.2 管道连接前应按照连接作业工艺文件要求试制连接接头，并按本规范第7章的规定检验合格。

6.1.3 从事连接的作业工人上岗前，应经过培训合格。有要求时，还应取得相应资格证书。

6.1.4 连接作业人员应按连接作业工艺文件的要求施工，并应填写连接作业记录。

6.1.5 接头连接作业的环境应满足非金属管道材料对作业环境的要求。

6.1.6 不同连接形式应采用对应的专用连接机具。连接时，不得使用明火加热。

6.1.7 当管子和管件存放处与施工现场温差较大时，在连接前应将管子和管件在施工现场放置一定的时间，使其温度接近施工现场温度。

6.1.8 连接面及与连接面接触的所有物品应清洁、干燥，连接面不得有损伤、杂质及污垢等。

6.1.9 连接作业过程应连续，热熔连接和电熔连接接头连接完成后应进行充分的自然冷却；冷却过程中不得移动接头、拆卸夹紧工具或对接头施加其他外力。

6.1.10 接头应标识操作人员的代号，标识应用图示或记录的方式。

6.2 法兰连接

6.2.1 法兰密封面和密封垫片不得有影响密封性能的划痕和凹坑等缺陷。

6.2.2 法兰连接用紧固件应配备相应的平垫圈。

6.2.3 法兰应在自然状态下连接，不得强行组装，不得采用加偏垫或加多层垫等方法来消除接头端面的空隙、偏斜、错口或不同心等缺陷。

6.2.4 法兰连接时，应保证螺栓自由穿入。当设计文件无规定时，法兰螺栓孔应跨中安装。法兰间应保持平行，其偏差不得大于法兰外径的1.5‰，且不得大于2mm。

6.2.5 法兰连接螺栓安装方向应一致，螺栓应均匀对称紧固。紧固后的蝇栓与螺母宜齐平或露出1倍~2倍螺距。

6.2.6 用塑料法兰连接的管道，法兰螺栓应间隔24h再次紧固。

6.3 电熔连接

6.3.1 电熔连接前，应清除连接面上的污物。

6.3.2 电熔连接机具与电熔管件应正确连通，电熔连接机具的各项参数应满足相应材料连接要求。

6.3.3 电熔连接机具正常的工作环境温度范围应为-10℃~40℃，超出此范围不得进行电熔连接作业。

6.3.4 电熔套与管子配合间隙不应大于管子外径的1%。

6.3.5 电熔承插连接应符合下列规定：

1 连接前应标出插入深度，连接面应刮削0.1mm~0.2mm表皮，刮削长度应大于插入深度；

2 对应的连接件同心度允许偏差应为2%。

6.3.6 电熔鞍形连接应符合下列规定：

1 应采用机械装置固定主管连接部位的管段；

2 电熔鞍形连接前，主管连接部位外表面应刮削0.1mm~0.2mm表皮，刮削区域应大于鞍体边缘；

3 钢骨架聚乙烯复合管连接前应打毛连接表面，不得刮削，且不得露出钢丝。

6.4 热熔连接

6.4.1 热熔连接前后，应清除连接工具加热面上的污物。

6.4.2 热熔连接机具的各项参数应满足相应材料的连接要求。

6.4.3 热熔连接机具正常的工作温度范围应为-10℃~40℃，超出此范围不得进行热熔连接作业。

6.4.4 热熔连接前，加热板应预热，预热温度应为相应材料的焊接温度。

6.4.5 热熔对接连接应符合下列规定：

1 连接前应铣削连接端面，使其与轴线垂直，并与对应的连接端面吻合，端面间隙应小于0.3mm；重新装夹时必须重新铣削；

2 对应的连接件同心度允许偏差应为2%；

3 连接端面应用对接连接工具同时加热。

6.4.6 热熔承插连接应符合下列规定：

1 承插连接管子的连接端应切割平整，与轴线垂直，并做好定位标记；必要时可刮除连接面表皮，刮削厚度不应超过0.2mm；

2 对应的连接件同心度允许偏差应为2%；

3 插口外表面和承口内表面应用热熔承插连接工具同时加热。

6.4.7 热熔鞍形连接应符合下列规定：

1 应采用机械装置固定主管连接部位的管段；

2 鞍形连接前，应刮削主管连接部位外表面，刮削区域应大于鞍体边缘；重新装夹时应重新刮削；

3 连接面应用鞍形连接加热工具同时加热。

6.5 缠绕连接

6.5.1 缠绕连接前应将承插口内外表面及对接接头部位清理干净，不得有尘土或其他杂物，并应去除表面老化树脂。

6.5.2 缠绕连接时，作业环境温度不宜低于5℃。

6.5.3 缠绕加强层前，应将接头加强部分外表面打磨成毛面，并清除粉末。

6.5.4 对接-缠绕连接宜采用V形坡口，当设计文件无规定时，坡口形式和尺寸可按表6.5.4选取。

表6.5.4 对接-缠绕连接的坡口形式和尺寸

坡口形式	坡口尺寸					管道种类
	b（mm）	B（mm）	P（mm）	α（°）	β（°）	
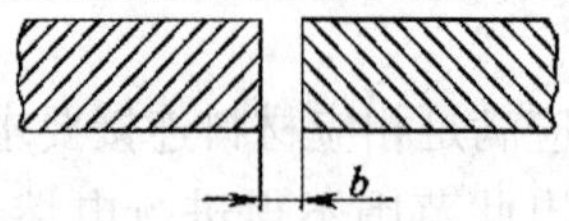	0~2	—	—	—	—	玻璃钢管道
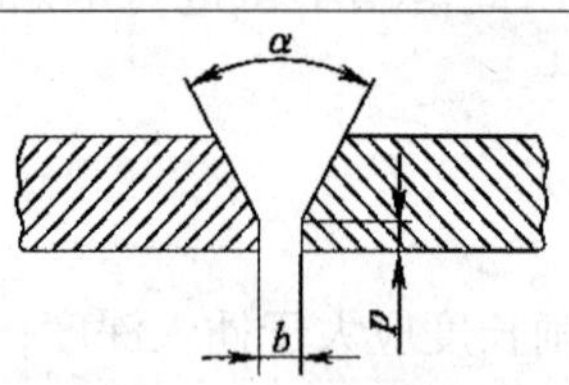	0~2	—	2~3	45~60	—	玻璃钢管道
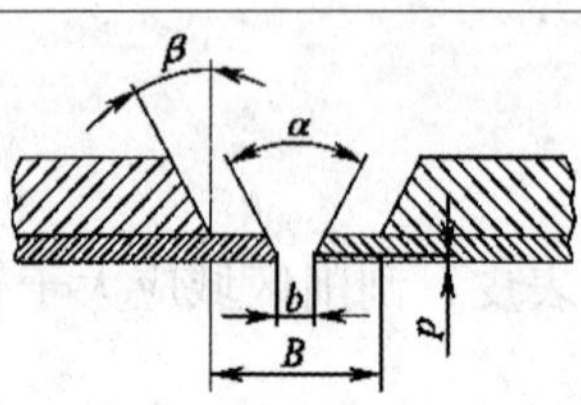	0~2	20~40	0~2	60~75	≥60	玻璃钢塑料复合管道

6.5.5 承插－缠绕连接时，承口与插管之间的间隙应用树脂胶泥密封，树脂胶泥应与玻璃钢管道材料匹配。

6.5.6 缠绕连接填充用玻璃钢树脂及玻璃丝应与玻璃钢管道材料匹配。

6.5.7 缠绕连接加强层用玻璃钢树脂和玻璃丝布应与玻璃钢管道材料匹配。

6.5.8 当玻璃钢塑料复合管道的塑料层连接采用热风焊时，应符合下列规定：

1 连接前应将接头部位清理干净，不得有尘土或其他杂物，并应清除接头表面氧化层和焊条表面氧化层；经风化或化学反应的表面可进行刮削，但不得影响材料性能；

2 热风焊连接用焊接材料应与母材成分一致；

3 作业环境温度不应低于－5℃，风速不应超过10m/s；

4 热风焊接应按照热风焊机说明书控制焊接温度，不得出现过烧或未熔合等缺陷。

6.6 密封圈承插连接

6.6.1 承口内侧和插口外侧应在连接前清理干净，不得有尘土或其他杂物。

6.6.2 密封胶圈安装时不得扭曲，异形胶圈不得装反。

6.6.3 管端插入深度确定后，应在插口端外表面画出一圈标记线，连接时将插口对准承口并保持管道轴线平直，一次插到标线均匀外露在承口端部，并沿管周检查橡胶圈位置，偏差应小于2mm。

6.6.4 如插装时阻力过大，不得强行插入，应将插管拔出，查明原因后重新插装。

6.6.5 当采用润滑剂降低插入阻力时，应采用与管子匹配的润滑剂。

6.6.6 有锁紧装置的，应在承插连接检查合格后，方可安装锁紧装置。

7 管道连接接头检查

7.1 一 般 规 定

7.1.1 管道连接完成后应对接头进行100%外观检查。

7.1.2 外观检查不合格的接头应进行返修处理，并按要求重新检查。

7.2 电熔接头的外观检查

7.2.1 管子和管件应完好无损，无变形及变色。

7.2.2 从电熔管件上观察孔中应能看到有少量熔融物溢出，但溢出熔融物不得呈流淌状，且不应变色。

7.2.3 承插接头的外观质量应符合下列规定：

1 检查插入深度标识，插入深度应满足要求；

2 对于塑料管道，接头处不得有熔融物溢出；对于承插连接钢骨架聚乙烯复合管道，采用钢骨架电熔管件连接时，接头处可允许局部有少量溢料，溢边量（轴向尺寸）不得超过表7.2.3的规定；

表7.2.3 钢骨架电熔管件连接允许溢边量（mm）

直径 D	$50 \leq D \leq 300$	$300 < D \leq 500$
溢边量	10	15

3 电熔管件内电阻丝不应挤出。

7.2.4 鞍形接头的外观质量应符合下列规定：

1 管壁不应塌陷；

2 熔融物不应从鞍形管件周边溢出。

7.3 热熔接头的外观检查

7.3.1 对接接头的外观质量应符合下列规定：

1 翻边应沿整个外圆周平滑对称，尺寸均匀、饱满、圆润，不得有切口或者缺口状缺陷，不得有明显的海绵状浮渣和气孔等；

2 翻边的中心高度K值应大于0（图7.3.1）；

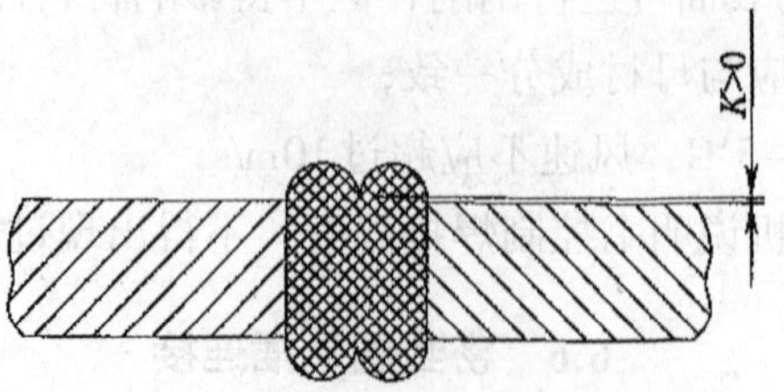

图7.3.1 热熔对接接头示意

3 接头处的错边量不得超过管子壁厚的10%；

4 用于输送有毒、可燃介质的管道，其热熔对接接头应进行10%的翻边切除检查，且不少于1个接头。翻边切除应使用专用工具，切除后的接头高度不得低于母材。翻边切除检查应符合下列规定：

1）翻边应是实心圆滑的，根部较宽；

2）翻边底面不得有污染、孔洞等，若发现杂质、小孔、偏移或者损坏时，则判定为不合格；

3）翻边切除检查不合格时，应加倍抽查，若仍不合格，应对该操作人员的全部连接接头进行翻边切除检查。

7.3.2 承插接头的外观质量应符合下列规定：

1 检查插入深度标识，插入深度应满足要求；

2 从承口件和插口件之间挤出的熔融材料，应在整个外圆周上形成均匀的凸缘；

3 接头处不应出现杂质、缩孔、裂纹等缺陷；

4 不应出现管壁塌陷等损伤。

7.3.3 鞍形接头的外观质量应符合下列规定：

1 管壁不应塌陷；

2 从鞍形管件和管子之间挤出的熔融材料，应形成均匀的凸缘。

7.4 缠绕接头的外观检查

7.4.1 缠绕接头加强层表面应平整、光滑，无气泡、裂纹、层间开裂、贫胶区和烧伤等缺陷。

7.4.2 玻璃钢管道的缠绕接头（图7.4.2）应符合下列规定：

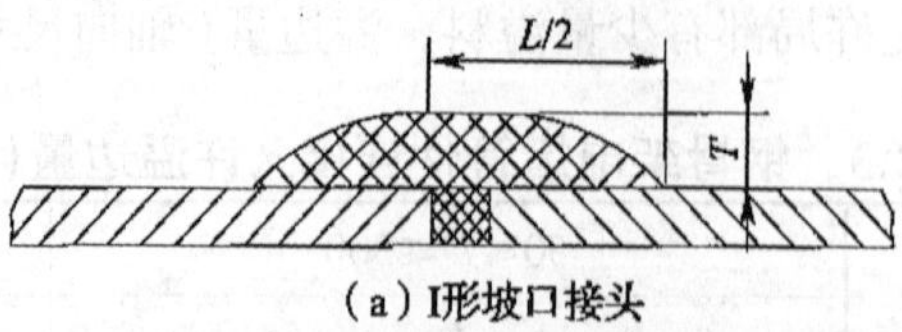

（a）I形坡口接头

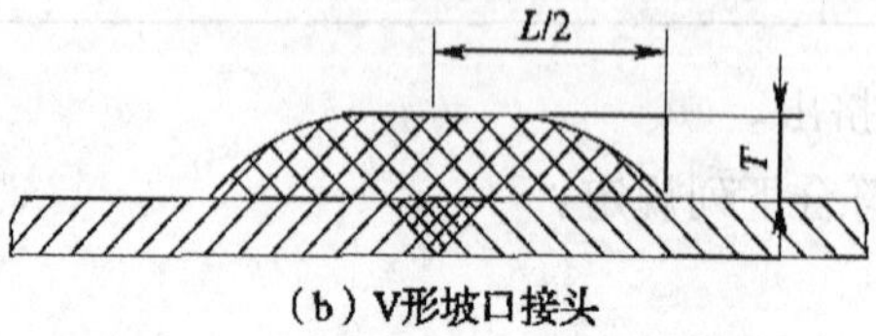

（b）V形坡口接头

图7.4.2 玻璃钢管道缠绕接头

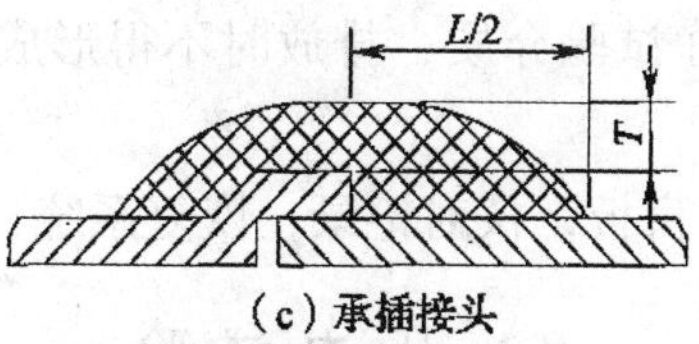

（c）承插接头

图7.4.2　玻璃钢管道缠绕接头（续）

1　接头加强层长度L，应为0.8倍~1.5倍管道直径，且不小于100mm；

2　接头加强层厚度T不应小于管道壁厚的1.5倍。

7.4.3　玻璃钢塑料复合管道的对接-缠绕接头（图7.4.3）应符合下列规定：

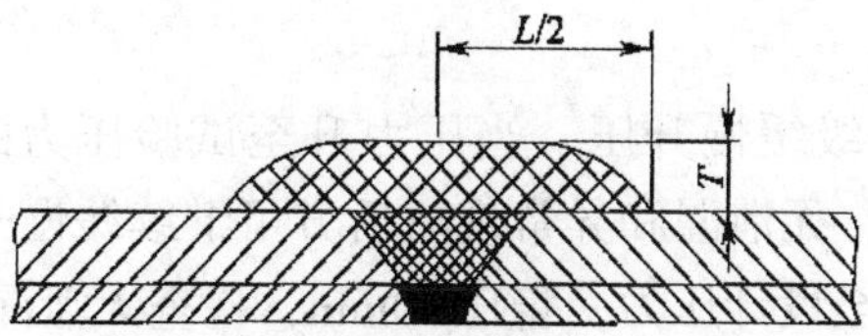

图7.4.3　玻璃钢塑料复合管道对接-缠绕接头

1　内层塑料管连接接头错边量不得超过内层塑料管子壁厚的10%；

2　内层塑料管连接接头表面应用专用工具打磨平整，局部凸起高度不得大于1mm；

3　内层塑料管连接接头表面不得有未熔合、气孔、过烧等缺陷；

4　接头加强层长度L应为管道直径的0.8倍~1.5倍，且不小于110mm；

5　接头加强层厚度T不小于外层玻璃钢壁厚。

7.5　密封圈承插接头的外观检查

7.5.1　检查承插口内的密封胶圈应在密封槽内，且不得扭曲和外露。

7.5.2　检查插入深度标识，插入深度应满足要求。

7.5.3　沿承插口管周检查承插口间隙，允许偏差应为2mm。

8　管道系统试验

8.1　一 般 规 定

8.1.1　管道安装完毕，经检查合格后，应按批准的方案进行管道系统试验。

8.1.2　试验前应检查管道支吊架的牢固程度，必要时应予以加固。

8.1.3　压力试验前，应将不参与试压的设备、仪表和管道附件等加以隔离或拆除。加置盲板的部位应有明显的标识和记录，待试验后复位。

8.1.4　压力试验前应划定工作区，设置标志，无关人员不得进入。

8.1.5　试验用的压力表应经过检定，并在有效期内，精度不应低于1.5级，表的量程应为被测压力（最大值）的1.5倍~2倍，表盘直径不应小于150mm。压力表不应少于两块，分别置于试压系统的高点和低点。

8.1.6　试验过程中不得对管道和接头进行敲打。

8.1.7　试压过程中如有泄漏，严禁带压返修。返修完成并经外观检查合格后，应重新进行试压。

8.1.8　对于缠绕连接，在下列情况下应更换管段，更换管段的长度至少应为管子直径的2倍加150mm：

1　试压时，两处裂纹、渗漏的轴向距离在150mm内；

2　修补处理后再次试压时，仍在原修补处发生泄漏。

8.1.9　法兰连接的管道应在试压后将螺栓再紧固一遍。

8.1.10 压力试验合格后应及时排净试验介质，排放时不得形成负压，排放点应有操作人员控制和监视。

8.1.11 试验完毕，应拆除所有临时盲板，核对记录，恢复系统，并填写管道系统试验记录。

8.2 压力试验

8.2.1 压力试验应以工业用水为试验介质。当设计文件或生产工艺有要求时，也可采用其他介质。

8.2.2 试验介质温度不应低于5℃。

8.2.3 当设计文件无规定时，试验压力应为设计压力的1.5倍。对设计温度高于试验温度的塑料管道系统，试验压力应考虑温度的影响。试验压力应以高点为准，且最低点压力不得超过管道组成件的承受压力。

8.2.4 压力试验时，压力应分级缓慢升压，当压力升至试验压力的50%和75%时，应分别稳压10min，并对试压系统进行检查，无泄漏和异常现象后方可继续缓慢升压，直至试验压力。达到试验压力后，宜稳压10min，然后降至设计压力，稳压30min，检查无泄漏、目视无变形为合格。

8.2.5 压力试验合格后应缓慢降压。

8.2.6 一个管道试压系统长度不宜超过2km。

8.3 泄漏性试验

8.3.1 管道系统的泄漏性试验应按设计文件要求进行，试验压力应为设计压力。

8.3.2 泄漏性试验应在压力试验合格后进行，除硬聚氯乙烯管外，试验介质宜采用空气。

8.3.3 经建设单位同意，泄漏性试验可结合装置试车同时进行。

8.3.4 泄漏性试验时，试验压力应逐级缓慢上升，当达到试验压力时，停压10min后，用涂刷中性发泡剂的方法，巡回检查无泄漏为合格。

8.3.5 泄漏性试验的检查重点应是阀门填料函和法兰连接部位等易泄漏处。

8.3.6 管道系统泄漏性试验合格后，应缓慢泄压，并填写试验记录。

9 管道系统吹扫与清洗

9.1 一般规定

9.1.1 管道系统试验合格后，应按设计文件要求进行系统吹扫或清洗。吹扫和清洗应按批准的方案进行。

9.1.2 吹扫和清洗方法应根据管道的使用要求、工作介质及管道内表面的脏污程度确定。当设计文件无规定时，宜符合下列规定：

1 输送气体介质管道宜采用空气吹扫；

2 输送液体介质管道宜采用水冲洗；

3 直径等于或大于600mm的管道，可采用人工清理。

9.1.3 清洗废液应按环保要求排放至指定地点。

9.1.4 吹扫口应设置在开阔地段，并加固。

9.1.5 吹扫时应设安全警戒区域，吹扫出口处严禁站人。

9.1.6 管道吹扫或清洗时，系统最高压力不得超过设备和管道系统的设计压力。

9.1.7 管道系统吹扫或清洗前，应将不参与吹扫或清洗的设备、仪表和管道附件等加以隔离或拆除。

9.1.8 吹除物不得污染周围设备和管道，且不得进入已合格的管道。

9.1.9 管道系统经吹扫或清洗后，应经施工单位会同监理/建设单位共同检查，验收合格后填写管道系统吹扫/清洗检验记录。

9.2 水 冲 洗

9.2.1 冲洗应采用工业用水。

9.2.2 管道系统冲洗时，水的流速不得低于1.5m/s，宜按主管、支管依次冲洗。

9.2.3 管道系统水冲洗应连续进行，当排出口与入口的水色和透明度目视一致时为合格。

9.2.4 管道系统水冲洗合格后，应将水排净。排水时不得形成负压。

9.3 空 气 吹 扫

9.3.1 空气吹扫压力不得超过容器和管道的设计压力，流速不宜小于20m/s，且不宜大于40m/s。

9.3.2 管道系统吹扫的顺序应按主管、支管依次进行。

9.3.3 在吹除口放置白布或涂白色油漆的靶板检查，应以5min内白布或靶板上无尘土、水分及其他杂物为合格。

9.3.4 对塑料管道或钢骨架聚乙烯复合管道吹扫时，吹扫用气体应干燥，且其温度不得高于40℃。

10 交工技术文件

10.0.1 管道工程施工应按现行行业标准《石油化工建设工程项目施工过程技术文件规定》SH/T 3543和《石油化工建设工程项目交工技术文件规定》SH/T 3503的有关规定进行记录；施工过程应及时进行检查确认，并审查相关资料。

10.0.2 管道工程交工时，参建单位应按合同要求提交技术文件。交工技术文件应满足现行行业标准《石油化工建设工程项目交工技术文件规定》SH/T 3503的有关规定。

引用标准名录

《工业设备及管道绝热工程施工规范》GB 50126
《石油化工建设工程项目交工技术文件规定》SH/T 3503
《阀门检验与管理规程》SH 3518
《石油化工建设工程项目施工过程技术文件规定》SH/T 3543

ICS 91.010
P 72
备案号：J1237-2011

SH

中华人民共和国石油化工行业标准

SH 3011—2011
代替 SH 3011—2000

石油化工工艺装置布置设计规范

Specification for design of process plant layout in petrochemical engineering

2011-05-18 发布　　2011-06-01 实施

中华人民共和国工业和信息化部　发布

目　次

前　言

根据国家发展和改革委员会办公厅《2008年行业标准计划》（发改办工业［2008］1242号）的要求，规范编制组经广泛调查研究，认真总结实践经验，参考有关国际标准和国外先进标准，并在广泛征求意见的基础上，修订本规范。

本规范共分7章。

本规范的主要技术内容是：石油化工工艺装置中常用设备、管廊、建筑物、构筑物及通道的布置设计要求。

本规范是在SH 3011—2000《石油化工工艺装置布置设计通则》的基础上修订而成，修订的主要内容是：

——规范名称更改为《石油化工工艺装置布置设计规范》；

——增加第2章“规范性引用文件”；

——第3章“一般规定”中增加“围堰内排水设施的要求”，并对有关内容进行了局部修改和补充；

——原第3章“主管廊和常用设备的布置”更改为第4章“管廊的布置”和第5章“常用设备的布置”，并对有关内容进行了局部修改和补充；

——原第4章“建筑物、构筑物及通道的布置”更改为第6章“建筑物和构筑物的布置”和第7章“通道的布置”，并对控制室、机柜间、变配电所、化验室、办公室等布置在装置内时，提出了要求和限制；对大型石油化工装置的设备、建筑物区占地面积由10 000m^{2}扩大到20 000m^{2}提出要求，并应采取必要的安全措施。

本规范以黑体字标志的条文为强制性条文，必须严格执行。

本规范由中国石油化工集团公司负责管理，由中国石油化工集团公司配管设计技术中心站负责日常管理，由中国石化工程建设公司负责具体技术内容的解释。执行过程中如有意见和建议，请寄送日常管理单位和主编单位。

本规范日常管理单位：中国石油化工集团公司配管设计技术中心站

通信地址：北京市朝阳区安慧北里安园21号

邮政编码：100101

电　　话：010-84877282

传　　真：010-64949514

本规范主编单位：中国石化工程建设公司

通信地址：北京市朝阳区安慧北里安园21号

邮政编码：100101

本规范参编单位：中国石化集团洛阳石油化工工程公司

中国石化集团第十建设公司

本规范主要起草人员：张德姜　李庆汉　张发有　丘　平　王金富　徐明才

本规范主要审查人员：汪建羽　葛春玉　李永红　刘　建　梁启周　雷云周　杨平辉

袁　灿　康久常　王少华　白殿武　李代玉　张宝江　唐永进

陈永亮　许　丹　蒋国贤　吕松涛　边荣霞　单承家　汤日光

本规范1989年首次发布，2000年第1次修订，本次为第2次修订。

石油化工工艺装置布置设计规范

1 范围

本规范规定了石油化工工艺装置布置设计的要求。

本规范适用于石油化工新建、改扩建工艺装置的布置设计。

2 规范性引用文件

下列文件中的条款通过本规范的引用而成为本规范的条款。凡是注日期的引用文件，其随后所有的修改单（不包括勘误的内容）或修订版均不适用于本规范，然而，鼓励根据本规范达成协议的各方研究是否可使用这些文件的最新版本。凡是不注日期的引用文件，其最新版本适用于本规范。

GB 16297　大气污染物综合排放标准

GB 50058　爆炸和火灾危险环境电力装置设计规范

GB 50160　石油化工企业设计防火规范

SH/T 3055　石油化工管架设计规范

SH/T 3146　石油化工噪声控制设计规范

3 一般规定

3.0.1 装置布置应符合下列要求：

a） 工艺流程；

b） 安全生产；

c） 环境保护；

d） 工厂总体布置；

e） 操作、维护、检修、施工和消防；

f） 合理用地和减少能耗。

3.0.2 装置布置应根据装置在工厂总平面的位置，以及与其相关的装置、罐区、系统管廊、道路等相对位置确定，并与相邻装置的布置协调。

3.0.3 装置内设备、建筑物和构筑物的布置应符合下列原则：

a） 根据全年频率风向条件确定设备、设施与建筑物的相对位置；

b） 受工艺特点或自然条件限制的设备可布置在建筑物内；

c） 根据装置竖向布置，确定装置地面相对标高与绝对标高的关系；

d） 根据地质条件，合理布置荷载大和有振动的设备；

e） 设备、建筑物和构筑物宜布置在同一地平面上。当受地形限制时，应将控制室、机柜间、变配电所、化验室和办公室等布置在较高的地平面上；工艺设备和装置储罐等宜布置在较低的地平面上。

3.0.4 设备应按工艺流程顺序和同类设备适当集中相结合的原则进行布置；设备宜按流程顺序布置在管廊两侧；处理腐蚀性、有毒、黏稠物料的设备宜按物性分别集中布置。

3.0.5 设备、建筑物平面布置的防火间距应符合现行国家标准GB 50160的有关规定。

3.0.6 利用电力驱动的设备和电气设备的布置，应符合现行国家标准GB 50058的有关规定。

3.0.7 产生噪声的设备宜远离人员集中的场所布置，噪声控制应符合国家现行标准SH/T 3146的有关规定。

3.0.8 设备、建筑物、构筑物应按生产特点和火灾危险性类别分区布置。为防止结焦、堵塞，控制温降、压降，避免发生副反应等有工艺要求的相关设备，可靠近布置。

3.0.9 分馏塔顶冷凝器、塔底重沸器与分馏塔，压缩机的分液罐、缓冲罐、中间冷却器等与压缩机，以及其他与主体设备密切相关的设备，可直接连接或靠近布置。

3.0.10 产生有害气体、粉尘、恶臭物料和放射性物质的设备，宜远离人员集中的场所布置，并应符合环境保护的要求。

3.0.11 设备宜露天或半露天布置，并宜缩小爆炸危险区域的范围。爆炸危险区域的范围应符合现行国家标准GB 50058的有关规定。

3.0.12 设备的间距除应符合防火和防爆的要求外，还应符合下列要求：

a） 操作、检修、装卸和吊装所需的场地和通道；

b） 梯子和平台的布置；

c） 设备基础、地下埋设的管道、管沟、电缆沟和排水井的布置；

d） 管道和仪表的安装。

3.0.13 装置如需分期建设或预留发展用地，应根据工厂总体布置的要求、生产过程的性质和设备特点确定预留区的位置。

3.0.14 设备的竖面布置应符合下列要求：

a） 工艺流程不要求架高的设备宜落地布置；

b） 由泵抽吸的塔和容器以及真空、重力流、固体卸料等设备，应按工艺流程的要求，布置在合适的高层位置；

c） 当装置的面积受限制或经济上更为合理时，可将设备布置在构架上。

3.0.15 设备基础标高和地下受液容器的位置及标高，应结合装置的竖向布置和管道布置确定。

3.0.16 在确定设备、建筑物和构筑物的位置时，应使其地下部分的基础不超出装置边界线。

3.0.17 塔区和多层构架等处设备的检修场地应进行铺砌。

3.0.18 在操作或检修过程中有可能被可燃液体、腐蚀性介质或有毒物料污染的区域应设围堰；处理腐蚀性介质的设备区尚应铺设防腐蚀地面。围堰的设置应符合下列要求：

a） 围堰高出堰区地面的高度不应小于150mm；

b） 围堰内应有排水设施；

c） 围堰内地面应坡向排水设施，坡度不宜小于0.003。

3.0.19 围堰内的排水设施应符合下列要求：

a） 对于油品污染区域，可采用地沟或地漏，将污水排入含油污水系统；

b） 对于腐蚀性介质或有毒物料污染的区域，可设置收集池，以便物料的收集和转移。

3.0.20 装置内烟囱的设置应符合下列要求：

a） 可燃气体及有害气体的排放要求和高度，应符合现行国家标准GB 16297的要求；

b） 烟囱宜布置在装置的一端或边缘地区，且位于装置全年最小频率风向的上风侧；

c） 烟囱顶部应高出20m范围内的操作平台或建筑物3.5m以上；位于20m以外的操作平台或建筑物应符合图1的要求。

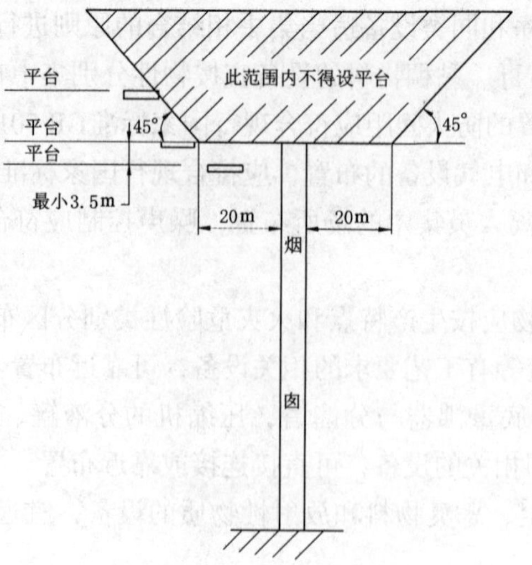

图1　烟囱高度与周围平台关系

3.0.21　输送介质对距离、角度、高差等有特殊要求的管道以及高温、大直径管道的布置，应在设备布置时统筹规划。

4　管廊的布置

4.1　管廊的形式和位置

4.1.1　管廊的形式宜根据设备平面布置的要求，按下列原则确定：

a）设备较少的装置可采用一端式或直通式管廊；

b）设备较多的装置可根据需要采用“L”型、“T”型或“Π”型等形式的管廊；

c）联合装置可采用主管廊与支管廊组合的结构形式。

4.1.2　装置内管廊按结构形式可分为独立式和纵梁式；按材料可分为混凝土管廊、钢管廊和组合管廊。

4.1.3　管廊在装置中应处于能联系主要设备的位置。

4.1.4　管廊应布置在装置的适中位置，宜平行于装置的长边。

4.1.5　管廊的布置应缩短管廊的长度，且有效利用管廊空间。

4.1.6　管廊的布置应满足道路和消防的需要，以及与地下管道、电缆沟、建筑物、构筑物等的间距要求，并应避开设备的检修场地。

4.2　管廊的布置要求

4.2.1　管廊上方可布置空气冷却器（以下简称“空冷器”），下方可布置泵（或泵房）、换热器或其他小型设备，但应符合本规范第5.3.6条、第5.5.3条、第5.9.7条和第5.9.8条的规定。

4.2.2　管廊下作为消防通道时，管廊至地面的最小净高不应小于4.5m。

4.2.3　管廊可以布置成单层或多层，最下一层的净空应按管廊下设备高度、设备连接管道的高度和操作、检修通道要求的高度确定。

4.2.4　当管廊有桁架时，管廊的净高应按桁架底高计算。

4.2.5　管廊的宽度应符合下列要求：

a）管道的数量、管径及其间距；

b）架空敷设的仪表电缆和电气电缆的槽架所需的宽度；

c）预留管道所需的宽度；

d）管廊上布置空冷器时，空冷器构架支柱的尺寸；

e） 管廊下布置泵时，泵底盘尺寸及泵所需要操作和检修通道的宽度。

4.2.6 管廊的柱距应满足大多数管道的跨距要求，宜为6m~9m。

4.2.7 多层管廊的层间距应根据管径大小和管廊结构确定，上下层间距宜为1.2m~2.4m；对于大型装置上下层间距可为2.5m~3.0m。当管廊改变方向或两管廊成直角相交时，管廊宜错层布置，错层的高差宜为0.6m~1.2m；对于大型装置可为1.25m~1.5m。

4.2.8 混凝土管廊的梁顶应设通长预埋件，预埋件的型式应符合国家现行标准SH/T 3055的要求。

5 常用设备的布置

5.1 塔和立式容器的布置

5.1.1 塔与其关联设备如进料加热器、非明火加热的重沸器、塔顶冷凝冷却器、回流罐、塔底抽出泵等，宜按工艺流程顺序靠近布置。

5.1.2 塔和立式容器的布置应符合下列要求：

a） 单排布置的塔和立式容器，宜中心线对齐或切线对齐；

b） 直径较小、本体较高的塔和立式容器，可双排布置或成三角形布置；

c） 直径小于或等于1m的塔和立式容器宜布置在构架内或构架的一侧。

5.1.3 沿管廊布置的塔和立式容器，如管廊上方无设备，宜布置在管廊的两侧；如管廊上方有设备，应在管廊的一侧留出管廊上方设备的检修场地或通道。

5.1.4 塔和立式容器的一侧宜设置检修场地或通道，人孔宜朝向检修侧。

5.1.5 塔（大型立式容器）与管廊的间距应符合下列要求：

a） 在塔与管廊之间布置泵时，应满足泵的操作、检修和管道布置的要求；

b） 塔与管廊之间不布置泵时，塔外壁与管廊立柱中心线之间的距离，不宜小于3m。

5.1.6 塔与塔之间或塔与其他相邻设备之间的距离，除应满足管道、平台、仪表和小型设备等布置和安装的要求外，尚应满足操作、检修等的需要。两塔之间的净距不宜小于2.5m。

5.1.7 塔和立式容器的安装高度应符合下列要求：

a） 当利用内压或流体重力将物料送往其他设备或管道时，应由其内压和被送往设备或管道的压力、高度和输送管道压力降确定；

b） 当用泵抽吸时，安装高度应大于泵的必需汽蚀余量（NPSH）r；

c） 带有非明火加热的重沸器的塔，安装高度应按塔和重沸器之间的相互关系和操作要求确定；

d） 安装高度应满足塔底管道安装和操作所需要的最小净空，且塔的基础面高出地面不应小于200mm；

e） 成组布置的塔采用联合平台时，为取齐平台标高，可适当调整塔的安装高度。

5.1.8 对于布置在构架上的分段塔，当无法使用机动吊装机具时，应在构架上设置检修吊装设施。

5.2 反应器的布置

5.2.1 反应器与提供反应热的加热炉之间的净距不应小于4.5m。

5.2.2 根据生产过程需要，反应器可露天、半露天或厂房布置。

5.2.3 成组的反应器宜中心线对齐，并成排布置。

5.2.4 反应器的布置应符合下列要求：

a） 除采用机动吊装机具的装填催化剂外，构架内布置的反应器的顶部应设置装催化剂和检修用的平台及吊装设施；

b） 厂房内布置的反应器应设置吊装设施，并在楼板上设置吊装孔，吊装孔应靠近厂房大门和通道；

c) 反应器一侧应有运输催化剂所需的场地和通道；

d) 对于内部装有搅拌或输送机械的反应器，应在顶部或侧面留出搅拌或输送机械安装、检修所需的空间和场地。

5.2.5 反应器的安装高度应符合下列要求：

a) 卸料口在反应器正下方时，反应器安装高度应能使催化剂的运输车辆进入反应器下方，且净空高度不宜小于3m；

b) 卸料口伸出反应器底座外，且允许催化剂就地卸出时，卸料口的净空高度不宜低于1.2m；

c) 如废催化剂结块需要处理，安装高度应满足废催化剂的粉碎、过筛和操作的要求。

5.2.6 高压和超高压的压力设备宜布置在装置的一端或一侧；有爆炸危险的超高压反应设备宜布置在防爆构筑物内。

5.3 管壳式换热器的布置

5.3.1 与塔关联的换热器，如塔底重沸器、塔顶冷凝冷却器等，宜按工艺流程顺序布置在塔的附近。

5.3.2 两种物料进行热交换的换热器，宜布置在两种物料进出口管道最近的位置。

5.3.3 一种物料与几种不同物料进行换热的换热器宜成组布置。

5.3.4 构架上布置的换热器宜按一端支座基础中心线对齐；地面布置的换热器可按一端支座基础中心线对齐，或管程进出口中心线对齐。

5.3.5 两台换热器可根据需要重叠布置。壳体直径等于或大于1.6m的换热器不宜重叠布置。

5.3.6 操作温度等于或高于物料自燃点或超过250℃的换热器的上方和下方，如无不燃烧材料的隔板隔离保护，不应布置其他可燃介质设备。

5.3.7 换热器之间、换热器与其他设备之间的净距不宜小于0.8m。

5.3.8 换热器宜布置在地面上，但数量较多时，可布置在构架上。

5.3.9 浮头式换热器在地面上布置时，应符合下列要求：

a) 浮头的两侧宜有宽度不小于0.8m的空地，浮头端前方宜有宽度不小于1.5m的空地；

b) 管箱的两侧宜有宽度不小于0.8m的空地，管箱端前方应有比管束长度长1.5m的空地。

5.3.10 浮头式换热器在构架上布置时，应符合下列要求：

a) 浮头的两侧宜有宽度不小于0.8m的空地，浮头端前方平台净距不宜小于1m；

b) 管箱的两侧宜有宽度不小于0.8m的空地，管箱端前方平台净距不宜小于1m，并应有管束抽出的空间；

c) 构架高度应能满足换热器的管箱和浮头的头盖吊装需要；

d) 立式浮头式换热器布置在构架上时，应有管束抽出的空间。

5.3.11 换热器的安装高度应符合下列要求：

a) 换热器的安装应保证管道距离地面或平台面的净空高度不应小于150mm，放净阀端部距离地面或平台面的净空高度不应小于100mm；

b) 用泵抽出的换热器的安装高度应大于泵的必需汽蚀余量$(NPSH)_r$；

c) 从塔或容器底部经换热器抽液时，换热器应靠近并位于塔或容器的下方；

d) 两台不同换热介质的换热器重叠时，换热器的中心线高差应满足管道布置要求。

5.3.12 与反应器直接相关的立式换热器，可布置在反应器构架内，并应有机动吊装机具抽出管束的空间；当不能采用机动吊装机具抽出管束时，应设置吊装设施。

5.4 重沸器的布置

5.4.1 重沸器的位置和安装高度应满足工艺要求。

5.4.2 用明火加热的重沸器与塔和其他设备的防火间距，应符合现行国家标准GB 50160中加热炉与塔和其他设备的防火间距的要求。

5.4.3 用蒸汽或热载体加热的卧式重沸器应靠近塔布置，二者之间的距离应满足管道布置的要求，重沸器的一端应有管束抽出的空间。

5.4.4 立式重沸器可利用塔体支撑，并布置在塔侧，与塔的高差应满足工艺的要求，其上方和下方应有检修的空间。

5.4.5 一座塔需要多台并联的立式重沸器时，重沸器的位置和安装高度，除保证工艺要求外，尚应满足管道布置的要求，并便于操作和检修。

5.5 空冷器的布置

5.5.1 空冷器宜布置在装置全年最小频率风向的下风侧。

5.5.2 空冷器宜集中布置在管廊的上方或构架的顶层，其一侧地面上应有检修场地和通道。

5.5.3 空冷器下方不宜布置下列工艺设备，否则应采用不燃烧材料的隔板隔离保护：

a） 操作温度等于或高于物料自燃点、操作温度等于或高于250℃的可燃液体设备；

b） 输送或储存液化烃的设备。

5.5.4 多组空冷器布置在一起时，形式应一致，宜成列式布置，也可成排式布置。

5.5.5 空冷器的布置应避免热风循环，可采取下列措施：

a） 同类型空冷器应布置在同一高度；

b） 同一高度的空冷器应靠近布置，当布置在不同高度时，两组空冷器之间的距离不应小于12m；

c） 鼓风式空冷器与引风式空冷器宜分开布置，引风式空冷器宜布置在鼓风式空冷器的全年最小频率风向的下风侧；当引风式空冷器与鼓风式空冷器布置在一起时，应将鼓风式空冷器管束提高。

5.5.6 斜顶式空冷器的通风面不宜朝向夏季的主导风向。斜顶式空冷器宜成列布置，如成排布置时，两排之间的净距不应小于3m。

5.5.7 湿式空冷器或干湿组合空冷器并排布置时，空冷器构架支柱之间的净距不应小于3m。

5.5.8 空冷器管束两端管箱和传动机械处应设置检修平台。

5.5.9 空冷器与等于或高于空冷器管箱的建筑物之间的距离不应小于3m。

5.6 加热炉的布置

5.6.1 明火加热炉宜集中布置在装置的边缘并靠近消防通道，且位于可燃气体、液化烃、甲$_B$、乙$_A$类可燃液体设备的全年最小频率风向的下风侧。

5.6.2 加热炉与其他明火设备宜集中布置。

5.6.3 加热炉可按炉子中心线对齐，并成排布置。两座加热炉之间的净距不宜小于3m。

5.6.4 采用机动吊装机具吊装炉管时，应有机动吊装机具通行的通道和检修场地。对于水平布置炉管的加热炉，加热炉的一侧应有炉管抽出的检修场地，检修场地的长度不应小于炉管长度加2m。

5.6.5 加热炉外壁与检修道路边缘之间的距离不应小于3m。

5.6.6 设有蒸汽发生器的加热炉，汽包宜布置在加热炉的顶部或邻近的构架上。

5.6.7 明火加热炉附属的燃料气分液罐、燃料气加热器等与炉体的防火间距不应小于6m。

5.6.8 当加热炉有空气预热器、鼓风机、引风机等辅助设备时，辅助设备的布置应不妨碍其本身和加热炉的检修。

5.6.9 明火加热炉与露天布置的液化烃设备或甲类气体压缩机间的防火间距不应小于22.5m，当在加热炉与设备之间设置不燃烧材料的实体墙时，其防火间距可减少，但不得小于15m。实体墙的高度不宜小于3m，距加热炉不宜大于5m，实体墙的长度应满足由露天布置的液化烃设备或甲类气体压缩机经实体墙至加热炉的折线距离不小于22.5m。当封闭式液化烃设备的厂房或甲类气体压缩机房面向加热炉一面为无门窗洞口的不燃烧材料实体墙时，加热炉与厂房的防火间距可减少，但不得小于15m。

5.7 卧式容器的布置

5.7.1 卧式容器成组布置时，支座的基础中心线或封头顶端切线宜对齐；卧式容器之间的净距不宜小于0.8m。

5.7.2 卧式容器的安装高度应符合下列要求：

a） 卧式容器的安装高度应大于泵的必需汽蚀余量（NPSH）r；

b） 容器下方有集液包时，应有集液包的操作和检测仪表所需的空间；

c） 容器下方需设操作通道时，通道的净空高度不应小于2.2m；

d） 不同直径的卧式容器设置联合平台时，容器筒体的顶部标高宜取一致；

e） 布置在构架内的容器，其安装高度应考虑操作平台和阀门、仪表等操作需要的空间。

5.7.3 卧式容器平台的设置应便于人孔开启和液面计的观察。当液面计上部接口高度距地面或操作平台超过3m时，液面计应装在直梯附近或设置仪表专用直梯。

5.7.4 卧式容器在地坑内布置时，应妥善处理坑内积水和有毒、易爆、可燃介质的积聚。坑内尺寸应满足对容器的操作和检修要求。

5.8 装置储罐（组）的布置

5.8.1 液化烃储罐的总容积小于或等于100m³、可燃气体或可燃液体储罐的总容积小于或等于1 000m³，可布置在装置内，装置储罐与设备、建筑物的防火间距不应小于现行国家标准GB 50160“设备、建筑物平面布置的防火间距”表中的有关规定。

5.8.2 液化烃储罐组的总容积大于100m³小于或等于500m³，可燃液体罐或可燃气体储罐组的总容积大于1 000m³小于或等于5 000m³时，应成组集中布置在装置边缘；但液化烃单罐容积不应大于300m³，可燃液体单罐容积不应大于3 000m³。装置储罐组的防火设计应符合现行国家标准GB 50160中第6章的有关规定，与储罐相关的机泵应布置在防火堤外，机泵与装置储罐的防火间距不限。

5.8.3 装置储罐组与装置内其他设备、建筑物的防火间距不应小于现行国家标准GB 50160“设备、建筑物平面布置的防火间距”表中的有关规定。

5.9 泵的布置

5.9.1 泵宜露天或半露天布置。在严寒或多风沙地区的泵可布置在室内。

5.9.2 成排布置的泵应按防火要求、操作条件和物料特性分组布置。

5.9.3 泵成排布置时，宜将泵端进出口中心线或泵端基础边对齐。

5.9.4 泵双排布置时，宜将两排泵的动力端相对，在中间留出检修通道。

5.9.5 蒸汽往复泵的动力侧和泵侧应有抽出活塞和拉杆的空间。

5.9.6 液化烃泵、操作温度等于或高于自燃点的可燃液体泵的上方，不宜布置甲、乙、丙类工艺设备；若在其上方布置甲、乙、丙类工艺设备，应用不燃烧材料的隔板隔离，并设置水喷雾（水喷淋）系统或用消防水炮保护。

5.9.7 液化烃泵、操作温度等于或高于自燃点的可燃液体泵不宜布置在管廊的下方，否则应设置水喷雾（水喷淋）系统或用消防水炮保护。

5.9.8 液化烃泵、操作温度等于或高于自燃点的可燃液体泵的泵房不宜布置在管廊或可燃液体设备的下方，否则应对每台泵设置固定式蒸汽灭火系统或水喷雾（水喷淋）系统，并应覆盖到泵体及泵进出口管道上的易泄漏部位。

5.9.9 泵布置在管廊下方或外侧时，泵区通道的净宽和净高应符合本规范第7.1.5条的规定，泵端前面操作通道的宽度不应小于1m。

5.9.10 泵布置在管廊下方或外侧时，泵和驱动机的中心线宜与管廊走向垂直。

5.9.11 泵布置在室内时，两排泵之间的净距不应小于2m。泵端或泵侧与墙之间的净距应满足操作和检修的要求，且不宜小于1m。

5.9.12 除安装在联合基础上的小型泵外，两台泵之间的净距不宜小于0.8m。

5.9.13 液化烃泵、可燃液体泵在泵房内布置时，应符合下列规定：

a）液化烃泵、操作温度等于或高于自燃点的可燃液体泵、操作温度低于自燃点的可燃液体泵应分别布置在不同房间内，各房间之间的隔墙应为防火墙；

b）操作温度等于或高于自燃点的可燃液体泵房的门窗与操作温度低于自燃点的甲$_B$、乙$_A$类液体泵房的门窗或液化烃泵房的门窗的距离不应小于4.5m；

c）甲、乙$_A$类液体泵房的地面不宜设地坑或地沟，泵房内应有防止可燃气体积聚的措施；

d）液化烃泵不超过2台时，可与操作温度低于自燃点的可燃液体泵同房间布置。

5.9.14 操作温度等于或高于自燃点的可燃液体泵宜集中布置，与操作温度低于自燃点的甲$_B$、乙$_A$可燃液体泵之间的防火间距不应小于4.5m；与液化烃泵之间的防火间距不应小于7.5m。

5.9.15 泵的基础面应高出地面100mm。在泵吸入口前安装过滤器时，泵基础高度应满足过滤器滤芯的检修要求。

5.9.16 立式泵布置在管廊或构架下方时，其上方应留出泵体安装和检修所需的空间。

5.9.17 公用备用泵宜布置在相应泵的中间位置。

5.9.18 泵的布置应满足连接管道的柔性设计要求。

5.9.19 用于装卸物料的泵应满足其装卸要求。

5.10 压缩机的布置

5.10.1 压缩机及其附属设备的布置应满足制造厂的要求。

5.10.2 压缩机宜布置在被抽吸的设备附近，其附属设备宜靠近机组布置。

5.10.3 可燃气体压缩机的布置及其厂房的设计应符合下列规定：

a）可燃气体压缩机与其他设备、设施的防火间距，应符合现行国家标准GB 50160的有关规定；

b）可燃气体压缩机宜布置在敞开或半敞开式厂房内。在严寒或多风沙地区的压缩机可布置在封闭式厂房内；

c）单机驱动功率等于或大于150kW的甲类气体压缩机厂房不宜与其他甲、乙和丙类房间共用一幢建筑物；

d）压缩机的上方不得布置甲、乙和丙类液体工艺设备，但自用的高位润滑油箱不受此限；

e）比空气轻的可燃气体压缩机半敞开或封闭式厂房的顶部应采取通风措施；

f）比空气轻的可燃气体压缩机厂房的楼板宜部分采用钢格板；

g）比空气重的可燃气体压缩机厂房的地面不宜设地坑或地沟；厂房内应有防止可燃气体积聚的措施。

5.10.4 单层布置的压缩机，当基础较高时，宜设置操作平台。

5.10.5 压缩机的安装高度应根据其结构特点确定。进出口都在底部的压缩机的安装高度，应符合下列要求：

a）进出口管道距地面的净空要求；

b）进出口管道与管廊上管道的连接高度要求；

c）进口管道上过滤器的安装高度与尺寸的要求。

5.10.6 往复式压缩机的安装高度除满足本规范5.10.5条的规定外，为了减少振动，安装高度应降低。

5.10.7 压缩机的附属设备的布置应符合下列要求：

a）多级压缩机的各级气液分离罐和冷却器宜靠近压缩机布置；

b） 高位油箱宜布置在压缩机厂房的构架上，并应设平台和直梯；

c） 润滑油和密封油系统宜靠近压缩机布置，并应满足管道布置的要求和油冷却器的检修要求。

5.10.8 压缩机的驱动机为汽轮机时，汽轮机的附属设备的布置，应符合下列要求：

a） 凝汽式汽轮机采用空冷器冷却时，空冷器的位置应靠近汽轮机；

b） 凝汽式汽轮机采用冷凝冷却器冷却时，冷凝冷却器应布置在汽轮机的下方。冷凝冷却器的安装高度应大于凝结水泵的必需汽蚀余量（NPSH）r。冷凝冷却器管箱侧应有管束抽出的空间。

5.10.9 压缩机布置在厂房内时，除应考虑压缩机本身的占地要求外，尚应符合下列要求：

a） 机组与厂房墙壁的净距应满足压缩机或驱动机的活塞、曲轴、转子等部件的检修要求，并不应小于2m；

b） 机组一侧应有检修时放置机组部件的场地，其大小应能放置机组最大部件并能进行检修作业，多台机组可考虑合用检修场地；

c） 双层布置的厂房应按机组的最大检修部件设置吊装孔和选用吊装设施；

d） 压缩机和驱动机的一次仪表盘，如制造厂无特殊要求，宜布置在靠近驱动机的侧面或端部，仪表盘与驱动机之间应有检修通道；

e） 厂房应考虑机组最大检修部件的进出。

5.10.10 吊装机具的选用宜符合下列要求：

a） 压缩机组的最大检修部件重量超过1t时，宜设吊装机具：

1）起重量小于1t，宜选用移动式三脚架，配电动葫芦或手拉葫芦；

2）起重量1t~3t，宜选用手动梁式吊车；

3）起重量大于3t~10t，宜选用手动桥式吊车；

4）起重量大于10t，宜选用电动桥式吊车；

b） 按压缩机台数和用途选用吊装机具：

1）压缩机露天布置，可不设固定吊装机具；

2）压缩机布置在单层厂房内数量超过4台或虽然数量小于4台，但基础在2m以上，宜选用手动桥式吊车；

3）压缩机数量超过4台且检修次数频繁、吊运行程较长时，宜选用电动桥式吊车；

c） 吊装机具的起吊高度应满足压缩机制造厂要求，设计时应按吊装机具的死点位置留出空地和确定吊装孔位置。

5.10.11 压缩机的基础应与厂房结构的基础分开。

6 建筑物和构筑物的布置

6.1 建筑物的布置

6.1.1 装置的控制室、化验室、办公室等宜布置在装置外，并宜与全厂性或区域性设施统一设置。当装置的控制室、机柜间、变配电所、化验室、办公室等布置在装置内时，应布置在装置的一侧，位于爆炸危险区范围以外，并宜位于可燃气体、液化烃和甲$_B$、乙$_A$类设备全年最小频率风向的下风侧。

6.1.2 装置的控制室、机柜间、变配电所、化验室、办公室等不得与设有甲、乙$_A$类设备的房间布置在同一建筑物内。装置的控制室与其他建筑物合建时，应设置独立的防火分区。

6.1.3 布置在装置内的控制室、机柜间、变配电所、化验室、办公室等的布置应符合下列规定：

a） 控制室或机柜间可单独设置，也可与办公室、化验室毗邻；

b） 控制室宜设在建筑物的底层；

c）平面布置位于附加2区的办公室、化验室室内地面及控制室、机柜间、变配电所的设备层地面应高于室外地面，且高差不应小于0.6m；

d）控制室、机柜间面向有火灾危险性设备侧的外墙应为无门窗洞口、耐火极限不低于3h的不燃烧材料实体墙；

e）化验室、办公室等面向有火灾危险性设备侧的外墙宜为无门窗洞口不燃烧材料实体墙。当确需设置门窗时，应采用防火门窗；

f）控制室或化验室的室内不得安装可燃气体、液化烃和可燃液体的在线分析仪器。

6.1.4 控制室或机柜间的布置应符合下列规定：

a）控制室或机柜间宜布置在散发粉尘、水雾和有毒介质设备的常年最小频率风向的下风侧；

b）控制室或机柜间应远离产生振动和噪音的设备，否则应采取隔振和防噪音措施；

c）控制室或机柜间应避开电磁干扰的区域，否则应采取防护措施。

6.1.5 变配电所布置应便于引接电源和电缆的敷设。

6.1.6 压缩机或泵等的专用控制室或不大于10kV的专用变配电所，可与该压缩机房或泵房等共用一幢建筑物，但专用控制室或变配电所的门窗应位于爆炸危险区范围之外，且专用控制室或变配电所与压缩机房或泵房等的中间隔墙应为无门窗洞口的防火墙。

6.1.7 在两层或两层以上的生产厂房内布置设备时，厂房结构应考虑设备吊装的要求，并应按设备检修部件的大小和吊装机具行程的死点位置设置吊装孔和通道。吊装孔的位置应设在厂房出入口附近或便于搬运的地方。多层楼面的吊装孔在各楼层的平面位置应相同。

6.1.8 当同一建筑物内分隔为不同火灾危险性类别的房间时，中间隔墙应为防火墙。人员集中的房间应布置在火灾危险性较小的建筑物一端。

6.1.9 建筑物的出入口布置应符合下列要求：

a）便于操作人员通行；

b）至少应有1个门可通过设备的最大部件；

c）有检修车辆进出的厂房出入口，其宽度和高度应能使车辆方便通过；

d）便于事故时安全疏散；

e）建筑物的安全疏散的门应向外开启。甲、乙、丙类房间的安全疏散门，不应少于2个；但面积小于或等于100m²的房间可只设1个。

6.1.10 建筑物室内地面高出室外地面不应小于200mm。

6.2 构筑物的布置

6.2.1 在构架上布置设备时，应结合结构设计布置设备的支座梁，且宜将尺寸相同或相近的设备布置在同一层构架上。

6.2.2 靠近管廊的构架立柱宜与管廊立柱对齐。

6.2.3 构架的层高应符合下列要求：

a）生产过程要求设备布置的高度；

b）设备操作和检修的必要高度；

c）管道布置的高度（包括与管廊相连管道的高度）。

6.2.4 装置的可燃气体、液化烃和可燃液体设备采用多层构架布置时，除工艺要求外，其构架不宜超过4层。

6.3 平台和梯子的布置

6.3.1 在需要操作和经常检修的场所应设置平台和梯子，并按安全和疏散要求设置安全疏散梯，平台和梯子的布置应符合下列规定：

a）在设备和管道上，需要操作、检修、检查、调节和观察的地点应设置平台或梯子；

b） 相邻塔和立式容器的平台标高宜一致，以便布置成联合平台；

c） 设备上的平台不应妨碍设备的检修，否则应做成可拆卸的；

d） 管廊进出装置切断阀处应设置操作平台。

6.3.2 平台的尺寸应符合下列规定：

a） 平台宽度不应小于0.8m，平台上的净空高度不宜小于2.2m；

b） 设备人孔中心线距平台的距离宜为0.8m~1.0m，设备手孔中心线距平台的距离宜为1.0m~1.5m；

c） 设备加料口顶面距平台的距离不宜大于1m；

d） 法兰连接的立式设备的平台与法兰面的距离不宜大于1.5m。

6.3.3 梯子的设置应符合下列规定：

a） 厂房和构架的主要操作平台及操作频繁的平台应采用斜梯；

b） 成组布置的塔的联合平台宜采用斜梯；

c） 除上述场合外，宜采用直梯。

6.3.4 梯子的尺寸应符合下列规定：

a） 斜梯的倾斜角度不应大于45°，经常性双向通行的倾斜角度不宜大于38°。梯高不宜大于5m，大于5m时，应设梯间平台，分段设梯；

b）斜梯净宽宜为0.6m~1.1m；

c） 直梯净宽宜为0.4m~0.6m；

d） 高度超过3m的直梯应设置安全护笼，护笼下端距地面或平台面不应小于2.1m，护笼上端高出平台面，应与栏杆高度一致。

6.3.5 设备上的直梯宜从侧面通向平台。单段梯子的高度不宜大于10m，高度大于10m时，应采用多段梯，梯段水平交错布置。

6.3.6 直梯作为安全疏散梯时，梯段高度不应大于15m。

6.3.7 平台的防护栏杆高度不应小于1.05m，距地面20m以上的平台的防护栏杆高度为不应小于1.2m。防护栏杆为固定式防护设施，影响检修的栏杆应为可拆卸的。

6.3.8 在设置平台有困难而又需要操作和检修的地方可设置直梯或活动平台。

6.3.9 操作平台（包括设备平台）的均布检修荷载不应小于3kN/m²；检修平台或建筑物楼面的均布检修荷载不应小于4kN/m²。大型设备检修平台的均布检修荷载应按其最大检修部件的重量计算。

7 通道的布置

7.1 一般要求

7.1.1 装置内道路的设置，应符合总体布置和总平面布置的要求，且应与竖向布置、铁路设置、管道规划、厂容和绿化相协调。

7.1.2 装置布置应满足施工、检修、操作、消防和人行等的需要，并设置必要的通道和场地。

7.1.3 装置内消防通道应与工厂道路衔接。

7.1.4 装置内的消防通道和检修通道应合并设置。

7.1.5 通道的净宽和净高应根据装置规模、通行机具的规格确定。通道的尺寸应符合表1的规定。

表1 装置内通道的最小净宽和最小净高

单位：m

序号	通道名称	最小净宽	最小净高
1	消防通道	4[a]	4.5[a]
2	检修通道	4[a]	4.5[a]

表1　装置内通道的最小净宽和最小净高（续）

序号	通 道 名 称	最 小 净 宽	最 小 净 高
3	管廊下泵区检修通道	2	3.2
4	操作通道	0.8	2.2
[a] 对于可能有大型消防车或大型通行机具通过的通道，通道的净宽和净高应加大。			

7.2　通道的设置

7.2.1　甲、乙类装置应用道路将装置分隔成占地面积不大于10 000m^2的设备、建筑物区。

7.2.2　当大型石油化工装置的设备、建筑物区占地面积大于10 000m^2小于20 000m^2时，在设备、建筑物区四周应设环形道路，道路路面宽度不应小于6m，设备、建筑物区的宽度不应大于120m，相邻两设备、建筑物区的防火间距不应小于15m，并应加强安全措施。

7.2.3　装置内消防通道的设置应符合下列规定：

a）装置内应设贯通式道路，道路应有不少于2个出入口，且2个出入口宜位于不同方向。当装置外两侧消防道路间距不大于120m时，装置内可不设贯通式道路。装置内的不贯通式道路应设有回车场地；

b）道路的路面宽度不应小于4m，管架与路面边缘的净距不应小于1m，路面内缘转弯半径不宜小于7m，路面上的净空高度不应小于4.5m。对于大型石油化工装置，道路路面宽度、净空高度及路面内缘转弯半径，可根据需要适当增加。

7.2.4　检修通道应满足检修机具对道路的宽度、转弯半径和承受荷载的要求，并能通向设备检修的吊装区。

7.2.5　操作通道应根据生产操作、巡回检查、小型检修等频繁程度和操作点的分布设置。

7.2.6　设备的构架或平台的安全疏散通道，应符合下列规定：

a）可燃气体、液化烃和可燃液体的塔区平台、设备的构架平台或其他操作平台，应设置不少于2个通往地面的梯子，作为安全疏散通道，但长度不大于8m的甲类气体或甲、乙$_A$类液体设备的平台或长度不大于15m的乙$_B$、丙类液体设备的平台，可只设1个梯子；

b）相邻的构架、平台宜用走桥连通，与相邻平台连通的走桥可作为1个安全疏散通道；

c）相邻安全疏散通道之间的距离不应大于50m，且平台上任一点距疏散口的距离不宜大于25m。

ICS 91.010
P 72
备案号：J1238-2011

SH

中华人民共和国石油化工行业标准

SH 3012—2011
代替 SH 3012—2000

石油化工金属管道布置设计规范

Specification for design of metallic piping layout in petrochemical engineering

2011-05-18 发布　　2011-06-01 实施

中华人民共和国工业和信息化部　发布

目　次

前 言

根据国家发展和改革委员会办公厅《2008年行业标准计划》（发改办工业［2008］1242号）的要求，规范编制组经广泛调查研究，认真总结实践经验，参考有关国际标准和国外先进标准，并在广泛征求意见的基础上，修订本规范。

本规范共分13章。

本规范的主要技术内容是：石油化工常用设备管道、管廊管道、取样管道、泄放管道、公用系统管道、阀门、管件、仪表测量元件及管架等的布置设计要求。

本规范是在SH 3012—2000《石油化工管道布置设计通则》的基础上修订而成，修订的主要内容是：

——规范名称更改为《石油化工金属管道布置设计规范》；

——增加第2章“规范性引用文件”；

——增加第4章“管廊的管道布置”；

——增加第5章“常用设备的管道布置”；

——增加第6章“特殊管道的布置”；

——原第3章的第1节“管道的净空高度或埋设深度”及第2节“管道间距”并入第3章，第4节“液化烃管道的布置”并入第6章；

——原第3章的第5、6、7节单独改为第7章“取样管道的布置”、第8章“泄压管道的布置”和第9章“公用系统管道的布置”；

——对有关章节的内容进行了局部修改和补充。

本规范以黑体字标志的条文为强制性条文，必须严格执行。

本规范由中国石油化工集团公司负责管理，由中国石油化工集团公司配管设计技术中心站负责日常管理，由中国石化工程建设公司负责具体技术内容的解释。执行过程中如有意见和建议，请寄送日常管理单位和主编单位。

本规范日常管理单位：中国石油化工集团公司配管设计技术中心站

通信地址：北京市朝阳区安慧北里安园21号

邮政编码：100101

电　　话：010-84877282

传　　真：010-64949514

本规范主编单位：中国石化工程建设公司

通信地址：北京市朝阳区安慧北里安园21号

邮政编码：100101

本规范参编单位：中国石化集团洛阳石油化工工程公司

中国石化集团第四建设公司

本规范主要起草人员：张德姜　陈永亮　丘　平　张发有　王金富　王泽琪

本规范主要审查人员：李永红　葛春玉　汪建羽　刘　建　梁启周　雷云周　杨平辉

袁　灿　康久常　王少华　白殿武　李代玉　张宝江　唐永进

许　丹　徐明才　蒋国贤　吕松涛　边荣霞　单承家　汤日光

本规范1989年首次发布，2000年第1次修订，本次为第2次修订。

石油化工金属管道布置设计规范

1 范围

本规范规定了碳素钢、合金钢和不锈钢等金属管道布置设计的要求。

本规范适用于石油化工新建、改扩建工程的碳素钢、合金钢和不锈钢等金属管道布置设计，不适用于非金属管道及地下给排水管道的布置设计。

2 规范性引用文件

下列文件中的条款通过本规范的引用而成为本规范的条款。凡是注日期的引用文件，其随后所有的修改单(不包括勘误的内容)或修订版均不适用于本规范，然而，鼓励根据本规范达成协议的各方研究是否可使用这些文件的最新版本。凡是不注日期的引用文件，其最新版本适用于本规范。

GB/T 2624　用安装在圆形截面管道中差压装置测量满管流体流量

GB/T 15386　空冷式换热器

GB 50160　石油化工企业设计防火规范

GBZ 125　含密封源仪表的卫生防护标准

SH/T 3039　石油化工非埋地管道抗震设计通则

SH/T 3146　石油化工噪声控制设计规范

API Std 610　Centrifugal Pumps for Petroleum，Petrochemical and Natural Gas Industries

API Std 617　Centrifugal Compressors for Petroleum，Chemical and Gas Service Industries

NEAM SM23　Steam Turbine for Mechanical Driver Service

3 一般规定

3.1 管道布置的一般要求

3.1.1　管道布置设计应符合工艺、管道及仪表流程图(包括P&ID和U&ID)的要求。

3.1.2　管道布置应统筹规划，做到安全可靠、经济合理、整齐美观，满足施工、操作和检修等方面的要求。

3.1.3　对于需要分期施工的工程，管道的布置设计应统一规划，做到施工、生产、检修互不影响。

3.1.4　永久性的地上、地下管道不得穿越或跨越与其无关的工艺装置、系统单元或储罐组；在跨越罐区泵房的可燃气体、液化烃和可燃液体的管道上不应设置阀门及易发生泄漏的管道附件。

3.1.5　进出装置或系统单元的管道方位与敷设方式应做到内外协调。

3.1.6　全厂性管道的敷设，应与厂区内的装置或系统单元、道路、建筑物、构筑物等协调；管道不应包围装置或系统单元，且应减少与铁路或道路的交叉。

3.1.7　管道宜集中成排布置；地上敷设的管道应布置在管廊或管墩上。沿地面敷设的管道，穿越人行通道时，应设置跨越桥。如确有需要，可埋地或敷设在管沟内。

3.1.8　全厂性的管道宜地上敷设；沿地面或架空敷设的管道不应环绕工艺装置、系统单元或储罐组布置，并不应妨碍消防车的通行。

3.1.9 全厂性管道的敷设应有坡度，管道的坡度不宜小于0.002，且宜与地面坡度一致。管道变坡点宜设在管道的转弯处或固定支架附近。

3.1.10 在管廊或管墩上布置管道时，宜使管廊或管墩所受的垂直荷载、水平荷载均衡。

3.1.11 管道布置不应妨碍设备、机泵及其内部构件的安装、检修。

3.1.12 管道布置宜做到“步步高”或“步步低”，减少“气袋”或“液袋”。否则应根据操作、检修要求设置放空或放净。管道布置应减少死区。

3.1.13 气体支管宜从主管的顶部引出。

3.1.14 气液两相流的管道由一路分为两路或多路时，管道宜对称布置。

3.1.15 自流水平管道顺介质流向的坡度不应小于0.003。

3.1.16 固体介质或含固体介质的管道布置时，应使管道短，弯头数量少，并不出现死区。

3.1.17 固体介质支管与主管的连接应顺介质流向斜接，夹角不宜大于45°。

3.1.18 含有固体介质的浆液管道和高黏度液体管道应有坡度。

3.1.19 输送介质对距离、角度、高差等有特殊要求的管道以及高温、大直径管道的布置，应符合设备布置设计的要求。

3.1.20 进、出装置的可燃气体、液化烃和可燃液体的管道，在装置的边界处应设隔断阀和8字盲板，在隔断阀处应设平台，长度等于或大于8m的平台应在两个方向设梯子。

3.1.21 可燃气体、液化烃和可燃液体的管道不得穿过与其无关的建筑物。

3.1.22 腐蚀性介质、有毒介质和高压介质管道的布置应避免由于阀门及易发生泄漏的管道附件造成对人身和设备的危害。易发生泄漏部位不应布置在人行通道或机泵上方，否则应设安全防护。

3.1.23 对于跨越、穿越厂区内铁路和道路的管道，在其跨越段或穿越段上不应设置阀门及易发生泄漏的管道附件。

3.1.24 全厂性的管道不应沿道路敷设在路面下或路肩上下。

3.1.25 管道布置应满足管道柔性及设备、机泵管口允许的作用力和力矩要求，且应使管道短，弯头数量少。

3.1.26 与转动机械设备连接的管道的布置应满足柔性及设备管口允许的作用力和力矩要求。否则可采用以下措施：

a） 改变管道走向，增强自然补偿能力；

b） 设置限位支吊架；

c） 选用弹簧支吊架；

d） 选用金属波纹管补偿器。

3.1.27 往复式压缩机、往复泵等出口易产生振动的管道的转弯处，应采用曲率半径不小于1.5倍公称直径的弯头。

3.1.28 振动管道上的分支管不应从弯矩大的部位引出。

3.1.29 从有可能产生振动的管道上引出公称直径小于或等于40mm的支管时，支管上有无阀门，连接处均应采取加强措施。

3.1.30 管道的抗震设计应符合国家现行标准SH/T 3039的有关规定。

3.1.31 管道布置宜利用管道的自身形状达到自然补偿。

3.1.32 管道布置和支承点设置应同时考虑。支承应可靠，不应发生管道与其支承件脱离、管道扭曲、下垂或立管不垂直等现象。

3.1.33 管道穿过建筑物的楼板、屋顶或墙面时，宜设置套管，套管与管道间的空隙宜密封。套管的直径应大于管道隔热层的外径，并不得影响管道的移动。管道上的焊缝不应布置在套管内，与套管端部的距离不应小于150mm。套管应高出楼板或屋顶面50mm。管道穿过屋顶时应设防雨罩。管道不应穿过防火墙。

3.1.34 安全喷淋洗眼器应根据腐蚀性介质或有毒介质的性质、操作特点和防护要求等设置，其服务半径的范围不应大于15m。

3.1.35 软管站应根据需要设置，站内可包括蒸汽、新鲜水、装置空气和氮气，其服务半径的范围宜为15m~20m。

3.1.36 管道除与阀门、仪表、设备等需要用法兰或螺纹连接者外，应采用焊接连接。但下列场合宜采用法兰、螺纹或其他可拆卸连接：

a） 检修、清洗或吹扫需拆卸的场合；

b） 非金属衬里管道或夹套管道；

c） 管道由两段异种材料组成且不宜用焊接连接者；

d） 公称直径小于或等于80mm的镀锌管道；

e） 设置盲板（包括“8”字盲板、单盲板和单垫环）的位置。

3.1.37 管道在现场弯管的曲率半径应符合表1的要求。

表1 弯管曲率半径

管道设计压力/MPa	弯管制作方式	曲率半径
<10	热弯	$\geqslant 3.5D_0$
	冷弯	$\geqslant 4D_0$
≥10	冷、热弯	$\geqslant 5D_0$

注：D_0为管子外径。

3.1.38 管道焊缝的设置应符合下列规定：

a） 除定型弯管外，管道对接焊口的中心与弯管起弯点的距离不应小于管子外径，且不得小于100mm；

b） 除定型管件外，管道上两条对接焊缝间的距离，不应小于3倍管子的厚度，需焊后热处理时，不应小于6倍管子的厚度，且应符合下列要求：

1） 公称直径小于150mm的管道，焊缝间距不应小于管子外径，且不得小于50mm；

2） 公称直径等于或大于150mm的管道，焊缝间距不宜小于150mm。

3.2 管道的净空高度或埋设深度

3.2.1 管道跨越厂内的铁路和道路时，管道应符合下列规定：

a） 管道跨越厂区和装置区的铁路时，可燃气体、液化烃和可燃液体的管道距轨顶的净空高度不应小于6.0m，其他管道距轨顶的净空高度不应小于5.5m；

b） 管道跨越厂区和装置区的道路时，管道距路面的净空高度不应小于5m；

c） 管道跨越装置内的检修道路和消防道路时，管道距路面的净空高度不应小于4.5m。

3.2.2 管道与铁路或道路平行敷设时，管道的突出部分或管架边缘距铁路轨外侧不应小于3m，距道路边缘不应小于1m 。

3.2.3 管道穿越厂内的铁路和道路时，应符合下列规定：

a） 管道穿越铁路和道路的交角不宜小于60°，穿越的管段应敷设在管涵或套管内；

b） 套管的两端伸出路基边坡不得小于2m；路边有排水沟时，伸出排水沟边不应小于1m；

c） 套管顶距铁路轨底不应小于1.2m，距道路路面不应小于0.7m，否则应核算套管强度；

d） 液化烃管道穿越铁路或道路时应敷设在套管内。套管上方最小覆盖厚度，从套管顶到轨底不应小于1.4m，从套管顶到道路表面不应小于1m。

3.2.4 全厂性地上敷设的管道高度应符合下列规定：

a） 管道距地面的净空高度不应小于0.4m；

b） 管廊下方考虑人员通行时，管道距地面的净空高度不应小于2.2m。

3.2.5 装置内管廊上管道的高度，除应满足设备接管和检修的需要外，应符合下列规定：

a） 管廊下方作为消防通道时，管道距地面的净空高度不得小于4.5m；

b） 管廊下方作为泵区检修通道时，管道距地面的净空高度不应小于3.2m。

3.2.6 装置内的管道距人行通道路面的净空高度不应小于2.2m，操作人行通道的宽度不宜小于0.8m。

3.2.7 装置内管架边缘距人行通道边缘的水平距离不应小于0.5m；距有门窗的建筑物外墙的水平距离不应小于3.0m；距无门窗的建筑物外墙的水平距离不应小于1.5m。

3.2.8 沿地面敷设的管道应满足阀门和管件等的安装高度要求，管道距地面的净空高度不应小于0.15m，并应考虑管道放净、过滤器滤网抽取等的要求。

3.2.9 装置内埋地管道的埋设深度应根据最大冻土深度、地下水位和管道不受损坏等原则确定，管道的埋设深度宜符合下列规定：

a） 无混凝土铺砌的区域，管道的管顶距地面不宜小于0.5m；

b） 室内或室外有混凝土铺砌的区域，管道的管顶距地面不宜小于0.3m；

c） 机械车辆的通行区域，管道的管顶距车行道路路面不宜小于0.7m。

3.2.10 埋地管道上如有阀门应设阀门井。阀门井应有操作与检修的空间，阀门井井壁顶面应高出地面0.1m，且应设盖板，管道距井底的净空高度不应小于0.2m，阀门井应设排水设施。

3.2.11 输送可燃气体、可燃液体的埋地管道不宜穿越电缆沟，否则应设套管。当管道介质温度超过60℃时，在套管内应充填隔热材料，使套管外壁温度不超过60℃。套管伸出电缆沟外壁的距离不应小于0.5m。

3.2.12 管沟内管道布置应符合下列规定：

a） 无法架空敷设而又不宜埋地敷设的管道可在不通行管沟内敷设；

b） 不通行管沟分为全封闭式管沟和敞开式管沟。全封闭式管沟适用于不需经常检查和检修的管道。敞开式管沟适用于需要经常检查和检修的管道，管沟沟壁的顶面应高出地面0.1m，且应有盖板或格栅钢板；

c） 全封闭式管沟中的管道如有阀门应设阀门井，对阀门井的要求与埋地管道相同；

d） 管道距沟底的净空高度不应小于0.2m；

e） 管沟沟底应有不小于0.003的坡度，沟底最低点应有排水设施；

f） 距散发比空气重的可燃气体设备30m以内的管沟应采取防止可燃气体窜入和积聚的措施；

g） 可燃气体、液化烃和可燃液体的管道不宜布置在管沟内，若必须布置在管沟内时，应采取防止可燃气体、液化烃和可燃液体在管沟内积聚的措施，并在进出装置及厂房处应设密封隔断；管沟内污水应经水封井排入生产污水管道。

3.3 管道间距

3.3.1 管墩或管廊上管道的净距不应小于50mm，法兰外缘与相邻管道的净距不得小于25mm。管沟内管道的净距不应小于80mm，法兰外缘与相邻管道的净距不得小于50mm。

3.3.2 管道上装有外形尺寸较大的管件、小型设备、仪表测量元件或有侧向位移的管道应加大管道间的净距。

3.3.3 管道距管廊或构架的立柱、建筑物墙壁或管沟壁的净距不应小于100mm。

4 管廊的管道布置

4.1 一般要求

4.1.1 管廊上进出装置的管道方位和标高应与相邻装置或全厂性管廊协调。

4.1.2　对于分期建设的装置，管道布置应符合分期建设的要求。

4.1.3　全厂性管廊或管墩上（包括穿越管涵）应留有10%~30%的裕量，并考虑其荷载。装置管廊宜留有10%~20%的裕量，并考虑其荷载。

4.2　管道的布置

4.2.1　管廊的管道布置宜符合下列规定：

a）大直径管道宜靠近管廊柱子布置，小直径、气体管道和公用物料管道宜布置在管廊的中间；

b）需要热补偿的管道宜布置在管廊一侧，便于集中设置“Π”型补偿器；

c）介质操作温度等于或高于250℃的管道宜布置在上层；布置在下层的介质操作温度等于或高于250℃的管道可布置在外侧，但不应与液化烃管道相邻；

d）蒸汽、装置空气、氮气、仪表空气等公用物料管道及工艺气体管道宜布置在上层；

e）液化烃和腐蚀性介质管道宜布置在下层，但腐蚀性介质管道不应布置在电动机的正上方；

f）低温介质管道宜布置在下层；

g）低温介质管道、液化烃管道和其他应避免受热的管道不应布置在热介质管道的正上方或与不保温的热介质管道相邻布置；

h）工艺管道应根据两端所连接设备管口的标高可布置在上层或下层，以便做到“步步低”或“步步高”；

i）氢气管道与其他管道共架敷设或分层布置时，氢气管道宜布置在外侧并在上层；

j）电缆槽架和仪表槽架宜布置在上层，槽架的附近或正下方不应布置有热影响的管道。

4.2.2　氧气管道与可燃气体、可燃液体管道共架敷设时应布置在一侧，不宜布置在可燃气体、可燃液体管道的正上方或正下方；平行布置时净距不应小于500mm，交叉布置时净距不应小于250mm。当管道采用焊接连接结构并无阀门时，平行布置时净距可取250mm。两类管道之间宜用公用工程管道隔开。

4.2.3　管道上的阀门、法兰或活接头应靠近管廊梁布置。

4.2.4　管廊上有坡度要求的管道，可采取调整管托高度、管托上加型钢或钢板上加垫枕等措施。

4.2.5　管廊上排放系统总管的布置宜符合下列规定：

a）管道宜布置在管廊的顶层或柱子上方；

b）管道的坡度不宜小于0.003，且坡向分液罐；

c）管道宜采用自然补偿的方式；

d）公称直径等于或大于50mm的支管应顺介质流向45°斜接至排放系统总管的顶部。

5　常用设备的管道布置

5.1　塔的管道布置

5.1.1　塔的周围宜分为配管区和操作区。管道应布置在配管区，仪表、人孔和梯子应布置在操作区。

5.1.2　管道的位置应与人孔、仪表、吊柱、平台及梯子统一布置。

5.1.3　管道布置应从塔的顶部到底部进行规划，并应优先布置塔顶管道、大直径管道和有特殊要求的管道。

5.1.4　塔顶至冷换设备间的管道应布置成“步步低”，不得出现“液袋”。塔顶油气管道至多台并联的冷换设备时，宜采用对称布置。

5.1.5　塔体侧面管道上的阀门宜直接与设备管口连接。

5.1.6 塔底出口管与泵连接时，塔的安装高度应大于泵的必需汽蚀余量的要求；管道在满足柔性的条件下，应使管道短，弯头数量少。

5.2 反应器的管道布置

5.2.1 并联的立式反应器的管道布置应使流体分配均匀，各台的压力降应符合工艺要求。管道布置除应便于催化剂的装卸要求外，还应满足催化剂的再生要求。

5.2.2 卧式反应器的管道布置应满足设备轴向位移的要求，并根据主要管道的柔性计算来确定反应器支座的固定端及滑动端的位置。

5.2.3 立式釜式反应器的管道布置不应影响搅拌器的安装与检修，并应在楼面或平台上留出拆卸反应器封头的空间及放置的位置。

5.2.4 管式反应器的管道布置应满足设备管口附加位移的要求，并应根据管道的柔性计算，选择合理的管架型式。

5.2.5 流化床反应器的催化剂管道布置应避免催化剂堆积和滞留。

5.2.6 带夹套反应器的蒸汽、冷凝水或其他热载体管道可靠近反应器的周围布置。

5.3 管壳式换热器的管道布置

5.3.1 管道布置不应妨碍管束或管壳的抽出、管箱端或封头端的拆卸，并应留出空间，便于操作和检修。

5.3.2 换热器周围管道上的阀门、仪表和调节阀组应靠近换热器的操作通道布置。

5.3.3 换热器并排布置时，冷却介质和阀门宜按相同方式布置；换热器两侧操作通道的宽度不应小于0.8m。

5.3.4 当换热器封头端或管箱端设置拆卸吊柱时，管道布置应避开吊柱的活动范围。

5.3.5 管道不宜布置在换热器轴线的正上方。

5.3.6 换热器周围的管道标高应与管廊或相邻设备的管道相协调。

5.3.7 多台并联操作的两相流换热器，进口管道无控制阀时，管道应对称布置。

5.3.8 与换热器相接的易凝介质管道或含有固体介质管道的旁路，旁路上的切断阀应布置在水平管道上，并减少管道的积液。

5.4 重沸器的管道布置

5.4.1 工艺介质的进出口管道在满足柔性的条件下，应使管道短，弯头数量少。当重沸器有2个返回口时，返回管道应对称布置。

5.4.2 立式重沸器的出口宜与塔的管口直接连接。

5.4.3 管道布置不应影响重沸器的管束抽芯。

5.4.4 并联操作的重沸器的管道应对称布置。

5.5 空冷器的管道布置

5.5.1 空冷器的进口管道不应有“液袋”。当管道无流量调节时，进口管道宜对称布置；当介质为气液两相流流体时，进出口管道应对称布置。

5.5.2 管道对空冷器管口的作用力和力矩应符合制造厂或现行国家标准GB/T 15386的要求。

5.5.3 空冷器的进出口集合管应靠近空冷器管口布置，集合管的截面积宜大于各分支管截面积之和的1.5倍。

5.6 加热炉的管道布置

5.6.1 加热炉的管道布置应根据炉管的排列方式、进出口的方位、炉管的位移方向和大小、炉管的拆卸空间和连接方式等确定。

5.6.2 加热炉的管道布置应与加热炉的炉型相适应，且应对与加热炉相关的所有管道进行统筹规划、集中布置、以达到协调和美观。

5.6.3 加热炉的进口物料管道，应保持各路流量均匀；当进口物料为气液两相时，管道应对称布置。

5.6.4 加热炉出口物料为气液两相时，管道应对称布置。

5.6.5 加热炉燃料总管上的切断阀距加热炉炉体的间距应满足工艺要求，且不应小于7.5m。

5.6.6 加热炉的蒸汽分配管宜布置在地面上，距加热炉炉体的距离不应小于7.5m。

5.7 容器的管道布置

5.7.1 容器的周围宜分为配管区和操作区。管道应布置在配管区，仪表、人孔和梯子应布置在操作区。

5.7.2 管道宜沿着立式容器外壁布置；管道上的阀门宜与设备管口直接连接。

5.7.3 卧式容器下部的管道布置若考虑人员通行时，管道距操作面的净空高度不应小于2.2m。

5.7.4 容器底部的管道沿地面敷设时，管道低点放净口距地面的净距不应小于150mm。

5.8 泵的管道布置

5.8.1 泵的进出口管道对管口的作用力和力矩应符合制造厂或API Std 610的要求。

5.8.2 泵进口管道的压力降应满足工艺要求，且不应存在“气袋”。

5.8.3 对于水平吸入的离心泵，当进口管有变径时，偏心异径管与泵的进口间宜设置一段直管段。当管道从下向上进泵时，应采用顶平安装；当管道从上向下进泵时，宜采用顶平安装，并在低点设置放净；但输送含有固体介质或浆液时，水平管段上偏心异径管应底平安装。

5.8.4 泵进口管道上的过滤器周围应有滤网抽出的空间。若在泵进口设置临时过滤器时，进口管道应设置一段带法兰的短管，并应备一个与临时过滤器同厚的垫环。

5.8.5 泵出口管道上的异径管应靠近泵的出口。

5.8.6 泵进出口管道上的管架布置应满足泵检修时支承的要求。

5.8.7 往复泵的管道布置不应妨碍活塞及拉杆的拆卸和检修。

5.8.8 往复泵出口管道的跨距应减小，并增加管架的刚度。

5.9 压缩机的管道布置

5.9.1 压缩机周围的管道布置不应影响压缩机的吊装及检修，并应留有检修空间。

5.9.2 压缩机进出口管道的布置在满足管道柔性及管口的作用力和力矩的条件下，应使管道短，弯头数量少。

5.9.3 压缩机进口管道上的过滤器宜设置在水平管道上。若设置临时过滤器，在进口管道上应设置一段可拆卸的短管，在此短管上不宜设置仪表管口和分支管。

5.9.4 往复式压缩机进出口管道应进行振动分析，并应使管道的固有频率避开管道的气柱固有频率及机器的激振频率。必要时可采取下列措施：

a） 增设防振支架；

b） 扩大管道直径；

c） 增设脉动衰减器或孔板；

d） 合理设置缓冲器，避开共振管长，并减少弯头数量。

5.9.5 往复式压缩机进口管道宜有坡度，并坡向进口分液罐或进口集合管，管道宜从集合管的顶部引出。压缩机各段间冷却器和分离罐的管道宜设坡度，并坡向分离罐。

5.9.6 往复式压缩机进出口管道宜沿地面敷设，并增加管架的刚度。

5.9.7 离心式压缩机进出口管道对管口的作用力和力矩应符合制造厂或API Std 617的要求。

5.9.8 离心式压缩机进口管道的布置应有利于流体分布均匀，进口管弯头与压缩机管口法兰之间应设置一段直管段，直管段的长度应满足制造厂的要求。

5.9.9 离心式压缩机管口为上进上出或侧进上出时，在压缩机的进出口管道上宜设置一段可拆卸短管。

5.10 蒸汽轮机的管道布置

5.10.1 蒸汽轮机与其相关连设备的管道布置应统筹规划。

5.10.2 蒸汽轮机的进出口管道布置应经柔性计算确定，管道对管口的作用力和力矩应符合制造厂或NEMA SM23的要求。

5.10.3 蒸汽轮机的蒸汽进口管道上根部切断阀宜靠近蒸汽总管布置。

5.10.4 蒸汽轮机的进口管道应有排凝设施，以防止启动时凝结水进入蒸汽轮机造成叶片的损坏。

5.10.5 背压式蒸汽轮机排汽管道上的止回阀应靠近蒸汽轮机出口。

6 特殊管道的布置

6.1 液化烃管道的布置

6.1.1 液化烃管道应地上敷设。当采用管沟敷设时，应采取防止液化烃在管沟内积聚的措施，并在进出装置及厂房处密封隔断。

6.1.2 在两端有可能关闭且因外界影响可能导致升压的液化烃管道上，应采取安全措施。

6.1.3 液化烃管道的热补偿应为自然补偿。

6.2 氢气管道的布置

6.2.1 氢气管道宜地上敷设。

6.2.2 氢气管道的连接应采用焊接，但与设备或阀门等的连接可采用法兰连接。

6.2.3 输送湿氢管道的坡度不应小于0.003，管道的低点应设放净。

6.2.4 氢气放空管上的阻火器应靠近放空口端部布置。

6.3 氧气管道的布置

6.3.1 氧气管道宜架空敷设，并敷设在不燃烧材料组成的支架上。

6.3.2 氧气管道的连接应采用焊接，但与设备或阀门的连接可采用法兰或螺纹连接。

6.3.3 氧气管道每隔80m~100m处及进出厂房处应设置静电接地。

6.3.4 氧气管道的弯头或三通不应与阀门的出口直接相连，阀门出口侧宜有长度不小于5倍管子外径且不小于1.5m的直管段。

6.3.5 氧气管道不应使用异径法兰。

6.4 真空介质管道的布置

6.4.1 真空介质管道的设计应逐段进行压力计算，应使管道短，弯头数量少。

6.4.2 真空泵的止回阀应设在泵进口切断阀的上游。当有备用泵时，总管上可共用一个止回阀。

6.4.3 引入蒸汽喷射泵的蒸汽管道不得与其他用途的蒸汽管道相连，且应单独引至各喷射泵。

6.4.4 多级蒸汽喷射泵的中间冷凝器的冷凝排出管（大气腿）不宜共用，每级喷射泵应有各自的大气腿。大气腿宜垂直插入分水罐中，如不能垂直插入分水罐时，可采用小于45°的弯头改变管道走向。大气腿的高度应根据工作中可能达到的最低绝压来计算，且不得小于10m。大气腿上不应设置阀门。

6.5 低温介质管道的布置

6.5.1 低温介质管道的布置在满足管道柔性下应使管道短，弯头数量少，且应减少“液袋”。

6.5.2 低温介质管道应利用管道自然形状达到自然补偿。

6.5.3 低温介质管道间距应根据保冷后法兰、阀门、测量元件的厚度以及管道的侧向位移确定。

6.5.4 低温介质管道上的法兰不宜与弯头或三通直接焊接。

6.6 极度危害介质管道的布置

6.6.1 除有特殊需要外，极度危害介质的管道应采用焊接连接；管道不宜埋地敷设。当工艺要求埋地敷设时，应有监测泄漏、防止腐蚀、收集有害流体等的安全措施。

6.6.2 设置在安全隔墙或隔板内极度危害介质管道上的手动阀门应采用阀门伸长杆，且引至隔墙或隔板外操作。

6.6.3 极度危害介质的管道不应布置在可通行管沟内。

6.6.4 在极度危害介质的生产区和使用区内，应设置安全喷淋洗眼器。

6.7 气流输送介质管道的布置

6.7.1 气流输送介质管道的布置应使管道短，弯头数量少。水平管段不宜过长，且管道不得有死角和“袋形”出现。

6.7.2 气流输送介质管道的布置应采用大曲率半径的弯管，弯管的曲率半径应根据输送方式、物料的特性、工艺要求和流动方向确定，且应满足P&ID或风送系统制造商的要求。

6.7.3 在供料器后的气流输送介质管道应设置一段直管段，直管段的长度应满足P&ID或风送系统制造商的要求。

6.7.4 气流输送介质管道应有可靠的静电接地设施，管道上的法兰宜跨接。

6.7.5 气流输送介质管道的支架应选用卡箍型，并根据输送方式确定支架的型式和跨距。

7 取样管道的布置

7.1 一般要求

7.1.1 取样口的布置应使采集的样品具有代表性，不应布置在管道的死区。

7.1.2 取样阀应布置在便于操作的地方，设备或管道与取样阀之间的管段长度应最短。

7.1.3 样品出口管端与漏斗、地面或平台之间应有安放取样器皿的空间。

7.2 取样管的布置

7.2.1 气体管道上取样口的布置应符合下列规定：

a） 水平管道上的取样口应设在管道的顶部；

b） 在垂直管道上，当介质自下而上流动时取样口应设在管道的侧面向上倾斜45°，当介质自上而下流动时取样口应设在管道的侧面；

c） 含有固体介质的气体管道上的取样口应设在垂直管道上，并将取样管伸入管道的中心。

7.2.2 液体管道上取样口的布置宜符合下列规定：

a） 压力输送的水平管道上的取样口宜设在管道的顶部或侧面；含有固体介质的液体管道的取样口应设在管道的侧面；自流水平管道上的取样口宜设在管道的底部；

b） 垂直管道上的取样口宜设在介质自下而上流动管道的侧面。介质自上而下流动时，除能保证液体充满取样管外，不宜设置取样点。

7.2.3 下列介质应采取密闭循环取样：

a） 极度危害和高度危害的介质；

b） 甲类可燃气体；

c） 液化烃。

7.2.4 取样口不得设在有振动的设备或管道上，否则应采取减振措施。

7.2.5 可燃气体、液化烃和可燃液体的取样管道不得引入化验室。

8 泄放管道的布置

8.1 放空与放净管道的布置

8.1.1 管道系统中的高点或低点应根据操作、检修的要求，设置放空或放净。水压试验所需设置的放空或放净，可只设丝堵。

8.1.2 管道放空应设在管道的顶部，管道放净应设在管道的低点。

8.1.3 管道放空或放净的大小应符合P&ID或U&ID的要求。当工艺无要求时，放空或放净的公称直径宜符合表2的规定。

表2 放空或放净的公称直径

单位：mm

管道公称直径*DN*	放空公称直径*DN*	放净公称直径*DN*
≤25	—	15
40~350	20	20
400~600	20	25
>600	20	40
注：催化剂颗粒、浆液或高黏度介质管道的排液口公称直径不得小于25mm。		

8.1.4 氢气管道不宜设置放空或放净。浆液管道不宜设置放空。

8.1.5 全厂性管道的放净设置宜符合下列规定：

a） 蒸汽管道的低点应设置放净；

b） 装置空气管道的低点宜设置放净；

c） 自燃点高出操作温度不足10℃的可燃液体管道的低点不得设置放净；

d） 极度危害及高度危害介质管道的低点不得设置放净；

e） 腐蚀性介质管道的低点不得设置放净；

f） 不产生凝结液的气体管道的低点不得设置放净。

8.1.6 全厂性管道的放净如允许直接排放时，可在主管底部设置短管、法兰和法兰盖。

8.1.7 极度危害介质管道的放空或放净应设置双阀，并应排入密闭回收系统。

8.1.8 除极度危害介质外，有毒气体的排放口应符合环保的要求，有毒液体不应排入下水道。

8.1.9 高度危害介质管道的放空或放净宜设置双阀，当设置单阀时，应加盲板和法兰盖。

8.1.10 高压管道的放空或放净应设置双阀，当设置单阀时，应加盲板和法兰盖。

8.1.11 连续操作的可燃气体管道低点的放净应设置双阀，排出的液体应排放至密闭系统；可燃气体管道仅在开停工时使用的放净，可设一道阀门，并加丝堵、管帽或法兰盖。可燃液体及蒸汽管道上的放净设置一个切断阀时，应在端头加丝堵、管帽或法兰盖。

8.1.12 管道放空或放净上的阀门应靠近主管，对易自聚、易冻结、易凝固或含固体介质的管道上的放净不应有拐弯。

8.1.13 振动管道上公称直径小于或等于40mm的放空、放净根部接口处应采取加强措施。

8.1.14 甲、乙类工艺装置分馏塔顶可燃气体的不凝气不应直接排入大气。

8.1.15 可燃气体放空管道内的凝结液应密闭回收，不得随地排放。

8.2 泄压排放管道的布置

8.2.1 直接向大气排放的非可燃气体放空管的高度应符合下列规定：

a） 设备或管道上的放空管口应高出邻近的操作平台2.2m以上；

b） 紧靠建筑物、构筑物或其内部布置的设备或管道的放空口，应高出建筑物或构筑物顶2.2m以上。

8.2.2 受工艺条件或介质特性所限，无法排入火炬或装置处理排放系统的可燃气体，当通过排气筒、放空管直接向大气排放时，排气筒、放空管的高度应符合下列规定：

a） 连续排放的排气筒顶或放空管口应高出20m范围内的操作平台或建筑物顶3.5m以上，位于20m以外的操作平台或建筑物，应符合图1的要求；

b） 间歇排放的排气筒顶或放空管口应高出10m范围内的操作平台或建筑物顶3.5m以上，位于10m以外的操作平台或建筑物，应符合图1的要求。

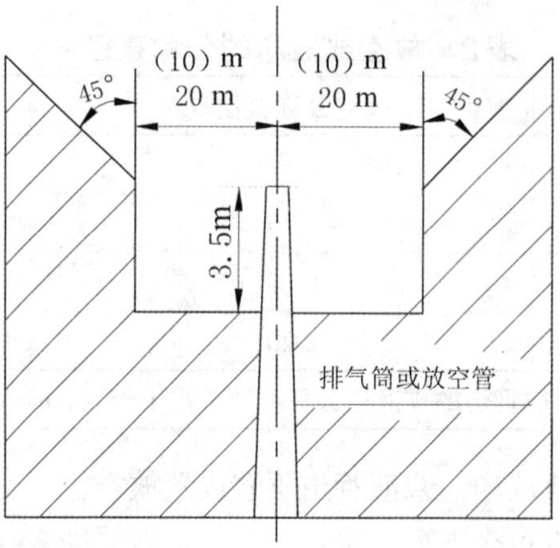

注：阴影部分为平台或建筑物的设置范围。

图1 可燃气体排气筒或放空管高度示意图

8.2.3 设备上开停工用的放空管可就地向大气排放，放空管的高度应高出操作平台2.2m以上。放空口不得朝向邻近设备或有人通过的地方。

8.2.4 设备和管道上的可燃气体安全泄压装置允许向大气排放时，应符合下列要求：

a） 排放管口不得朝向邻近设备或有人通过的地区；

b） 排放管口的高度应高出以安全泄压装置为中心，半径为8m的范围内的操作平台或建筑物顶3m以上。

8.2.5 设备和管道上的蒸汽及其他非可燃介质安全泄压装置向大气排放时，宜符合下列要求：

a） 排放管口不得朝向邻近设备或有人通过的地区；

b） 操作压力大于4.0MPa蒸汽管道的排放管口的高度应高出以安全泄压装置为中心，半径为

8m范围内的操作平台或建筑物顶3m以上；

c） 操作压力为0.6MPa~4.0MPa蒸汽管道的排放管口的高度宜高出以安全泄压装置为中心，半径为4m范围内的操作平台或建筑物顶3m以上；

d） 操作压力小于0.6MPa的蒸汽及其他非可燃介质管道排放管口高度宜高出邻近操作平台或建筑物顶2.2m以上；

e） 工业用水管道上的放空管口宜就地朝下排放。

8.2.6 安全泄压装置出口管道的布置，应考虑由于泄压排放引起的反作用力，并合理设置支架。

8.2.7 装置内高架火炬的设置应符合GB 50160的有关规定，可燃气体放空不应布置在距火炬筒30m的范围内。

9 公用系统管道的布置

9.1 蒸汽管道的布置

9.1.1 蒸汽支管应从主管的顶部引出，当工艺要求支管上设置切断阀时，切断阀应布置在靠近主管的水平管段上。

9.1.2 支管不得从用汽要求很严格的蒸汽管道上引出。

9.1.3 蒸汽主管进入装置界区的切断阀上游和主管末端应设排液设施。

9.1.4 水平敷设的蒸汽主管上的排液设施的间隔宜符合下列要求：

a） 在装置内，饱和蒸汽不宜大于80m，过热蒸汽不宜大于160m；

b） 在装置外，顺坡时不宜大于300m，逆坡时不宜大于200m。

9.1.5 蒸汽管道的低点宜设排液设施。排液设施应根据不同情况设放净阀、分液包或疏水阀。

9.1.6 在蒸汽管道的“Π”形补偿器上，不得引出支管。在靠近“Π”形补偿器两侧的直管上引出支管时，支管不应妨碍主管的位移。因主管热胀而产生的支管引出点的位移，不应使支管承受过大的应力。

9.1.7 多根蒸汽伴热管应成组布置并设分配管，分配管的蒸汽宜就近从主管引出。

9.1.8 直接排至大气的蒸汽放空管，宜在切断阀下游开一个ϕ6mm~ϕ10mm的排液孔，并引至安全位置。

9.1.9 连续排放或经常排放乏汽的管道排放口应远离操作区布置。

9.1.10 工艺装置宜设固定式或半固定式蒸汽灭火系统，但在使用蒸汽可能造成事故的部位不得采用蒸汽灭火。

9.2 凝结水管道的布置

9.2.1 当回收凝结水时，装置内凝结水管道宜架空敷设。

9.2.2 从不同压力等级蒸汽的疏水阀出来的凝结水应分别接至各自的凝结水回收总管。

9.2.3 公称直径等于或大于50mm的支管应顺介质流向45°斜接在凝结水回收总管的顶部。

9.2.4 成组布置的蒸汽伴热管上疏水阀后的凝结水管应集中接至凝结水集合管。

9.3 空气管道的布置

9.3.1 空压机进口管道上的吸气口顶部应设防雨罩，并用金属丝网保护。

9.3.2 空压机进出口管道的支架应单独设置基础。

9.3.3 压缩空气的放空管和空压机吸气系统的噪声控制应符合国家现行标准SH/T 3146的有关规定。

9.3.4 用于吹扫或反吹的装置空气总管应布置在管廊上，支管应由总管上部引出。

9.3.5　塔、反应器及冷换设备的构架，应在人孔和设备本体连接法兰的平台上设置装置空气软管接头。

9.3.6　仪表空气支管宜从主管上部引出并在水平管段上设切断阀。

9.4　氮气管道的布置

9.4.1　当装置中需设半固定式吹扫氮气时，在软管站内应设置氮气接头，并应设置双阀。

9.4.2　催化剂系统需要的高纯度氮气，应从总管单独引出，不应与其他用途的氮气合用一根支管。

9.5　地上水管道的布置

9.5.1　冷却水管道布置应符合工艺的要求，如冷却水的种类、用途、用水设备是否间断操作及停工检修等。

9.5.2　要求室外敷设在管廊上的大直径水管道宜靠近管廊柱子布置。

9.5.3　寒冷地区埋地敷设的水管道引出地面时，管道应根据工艺要求，在冷却水进出口管道上设置切断阀、防冻排水阀、防冻循环阀和防冻长流水阀等措施，型式如图2所示：

a）在寒冷地区，循环水应采用Ⅱ型防冻型式；对于新鲜水附近无回水管道，可采用Ⅰ型或Ⅲ型防冻型式；

b）对于最冷月平均气温等于或低于0℃地区的循环水、新鲜水等管道可采用Ⅳ型防冻型式。

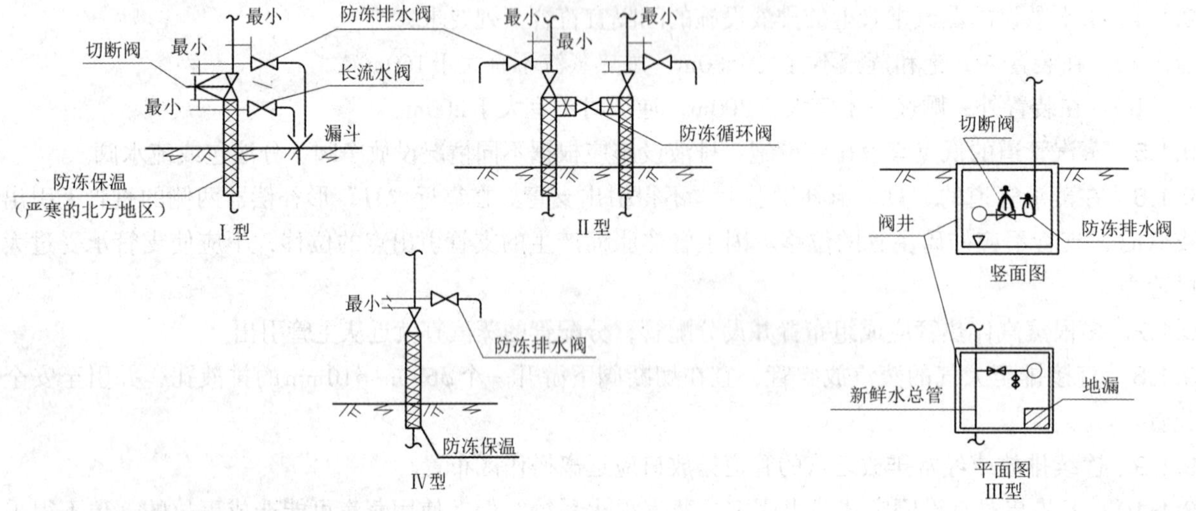

注：防冻保温深度与冻土层深度一致。

图2　防冻型式

9.5.4　寒冷地区架空敷设的水管道应避免产生死区和袋状管段。否则，袋状管段的低点应设置放净；死区管段或设备间断操作的管道，应采取保温、伴热等措施。

9.5.5　寒冷地区的换热器冷却水进出口管道阀门处的防冻循环旁通管及防冻放空阀宜靠近阀门。旁通管和阀门也应保温。

9.5.6　装置内工艺用水和生活用水的管道，宜架空敷设在管廊上。

10　阀门的布置

10.1　一般要求

10.1.1　阀门应布置在容易接近、便于操作和检修的地方。成排管道上的阀门应集中布置，并设置操作平台及梯子。

10.1.2　垂直管道上阀门手轮中心距操作面的距离宜为1.2m，最大距离不应超过2m。

10.1.3　当阀门手轮中心的高度超过操作面2m时，可采取下列措施：

a）不经常操作的阀门可设置梯子、活动平台或链轮等；

b）经常操作的阀门或集中布置的成组阀门应设操作平台。

10.1.4　极度危害介质、强腐蚀性介质的管道和设备上的阀门不应布置在人的头部高度范围。

10.1.5　阀门宜布置在管道位移量小的位置。

10.1.6　布置在操作平台周围的阀门手轮中心距操作平台边缘不宜大于450mm，当阀杆和手轮伸入平台上方且高度小于2m时，不应妨碍操作人员的操作和通行。

10.1.7　阀杆水平安装的明杆式阀门开启时，阀杆不得妨碍通行。

10.1.8　阀门相邻布置时，手轮间的净距不应小于100mm。

10.1.9　水平管道上阀门的阀杆方向不得垂直向下，阀杆方向可按下列顺序确定：

a）垂直向上；

b）水平；

c）向上倾斜45°；

d）向下倾斜45°。

10.1.10　低温介质管道上的阀门宜安装在水平管道上，阀杆方向宜垂直向上。

10.1.11　对于带排气孔的阀门，排气孔宜朝向管道系统的高压侧布置。

10.1.12　除工艺有特殊要求外，塔、反应器或立式容器等设备底部管道上的阀门，不得布置在裙座内。

10.1.13　液化烃设备抽出管道应在靠近设备根部设置切断阀。容积超过50m³的液化烃设备与其抽出泵的间距小于15m时，该切断阀应为带手动功能的遥控阀，遥控阀就地操作按钮距抽出泵的间距不应小于15m。

10.1.14　可燃液体输入管道上的紧急切断阀距铁路装卸栈台边缘不应小于10m。汽车装卸站内无缓冲罐时，装卸管道上的紧急切断阀距装卸鹤位的距离不应小于10m。

10.1.15　隔断设备用的阀门宜与设备管口直接相接或靠近设备。与极度危害介质和高度危害介质的设备相连接时，管道上的阀门应与设备管口直接相接，且该阀门不得使用链轮操作。

10.1.16　从主管上引出的水平支管的切断阀，宜设在靠近主管的水平管段上。

10.1.17　管道布置不宜使阀门承受过大的荷载。

10.1.18　地下管道上的阀门应布置在阀门井或管沟内。若工艺有要求时，可设置阀门延伸杆。

10.1.19　灭火蒸汽管道上的阀门布置宜符合下列要求：

a）蒸汽筛孔管上的阀门距操作温度等于或高于自燃点的气体或液体的被保护设备不宜小于7.5m；

b）灭火蒸汽管道上的阀门应布置在安全和便于操作的地方。

10.2　安全阀的布置

10.2.1　安全阀应直立安装并靠近被保护的设备或管道，如不能靠近布置，则从被保护的设备或管道到安全阀进口的管道总压降，不应超过安全阀定压值的3%。

10.2.2　安全阀应安装在压力比较稳定，且应距振动源有一定距离的地方。

10.2.3　安全阀宜设置检修平台。重量大的安全阀宜设吊杆或其他吊装设施。

10.2.4　安全阀进口管道应采用长半径弯头。

10.2.5　当几个安全阀并联操作时，总管的截面积不应小于各支管截面积之和。

10.2.6　安全阀出口管道的压降应满足工艺要求。

10.2.7　当排入放空总管或去火炬总管的介质带有凝液或可冷凝气体时，安全阀的出口应高于总管。

10.2.8　公称直径等于或大于50mm的安全阀出口管道排入密闭系统时，应顺介质流向45°斜接在排放总管的顶部。

10.2.9　直接向上排至大气的安全阀出口管道，应在该管下端弯头附近开一个ϕ6mm~ϕ10mm的排液孔；对于蒸汽管道上的排液孔应引至安全位置。

10.2.10　当安全阀进出口管道上设有切断阀时，应铅封开或锁开；当切断阀为闸阀时，阀杆应水平安装。当安全阀设有旁路阀时，该阀应铅封关或锁关。

10.3　气动调节阀的布置

10.3.1　调节阀的安装位置应满足P&ID和U&ID的要求，并宜靠近与其有关的一次指示仪表。

10.3.2　调节阀应布置在地面或平台上，且便于操作和检修。

10.3.3　调节阀应正立垂直安装于水平管道上，特殊情况下方可水平或倾斜安装，必要时需要设置支撑。

10.3.4　调节阀组（包括调节阀、旁路阀、切断阀和放净阀）立面安装时，调节阀应安装在旁路的下方。公称直径小于25mm的调节阀，也可安装在旁路的上方。

10.3.5　调节阀底距地面或平台面的净空不应小于250mm。对于反装阀芯的单双座调节阀，宜在阀体下方留出抽阀芯的空间。

10.3.6　调节阀膜头顶部上方的净空不应小于200mm。调节阀与旁路阀上下布置时，应错开位置。

10.3.7　切断阀宜选用闸阀；旁路阀宜选用截止阀，但旁路阀公称直径大于150mm时，可选用闸阀。两个切断阀与调节阀不宜布置成直线。

10.3.8　在调节阀进口侧与调节阀上游的切断阀之间管道的低点应设放净。

10.3.9　介质中含有固体介质的管道上的调节阀应与旁路阀布置在同一个平面，或将旁路阀布置在调节阀的下方。

10.3.10　低温介质或高温介质管道上调节阀组的支架，一个支架宜为固定支架或限位支架，其他支架可为滑动支架。

10.3.11　调节阀应安装在环境温度-40℃~60℃的地方，并应远离振动源。

10.3.12　同一区域内有较多的调节阀组时，调节阀组的布置形式宜一致，并方便操作。

10.4　止回阀的布置

10.4.1　升降式止回阀应安装在水平管道上，立式升降式止回阀可安装在管内介质自下而上流动的垂直管道上。

10.4.2　旋启式止回阀应优先安装在水平管道上，也可安装在管内介质自下而上流动的垂直管道上。

10.4.3　底阀应安装在离心泵吸入管的立管端。

10.4.4　为降低泵出口切断阀的安装高度，可选用蝶形止回阀。泵出口与所连接管道直径不一致时，可选用异径止回阀。

10.5　减压阀的布置

10.5.1　减压阀不应布置在转动设备附近或容易受冲击的地方，且应便于检修。

10.5.2　减压阀宜安装在水平管道上，阀后宜有10*DN*~15*DN*的直管段。

10.5.3　减压阀阀后的管段应合理设置支架。

10.5.4　为避免管道中杂质引起减压阀的磨损，减压阀前应设置过滤器。

10.6　疏水阀的布置

10.6.1 疏水阀的安装位置不宜高于疏水点，且应便于操作和检修。

10.6.2 恒温型疏水阀为得到动作需要的温度差，疏水阀前应有1m长的不保温管段。

10.6.3 当疏水阀本体无过滤器时，疏水阀前应安装过滤器。

10.6.4 布置疏水阀的出口管道时，应采取措施降低疏水阀的背压。

10.6.5 疏水阀的布置宜符合下列要求：

a）浮球式疏水阀应水平安装，布置在室外时，应采取防冻措施；

b）双金属片式疏水阀可水平安装或直立安装；

c）热动力式疏水阀应安装在水平管道上；

d）脉冲式疏水阀宜安装在水平管道上，阀盖朝上；

e）倒吊桶式疏水阀应水平安装。

10.6.6 当凝结水回收总管高于疏水阀时，除热动力式疏水阀外，宜在疏水阀后设止回阀。

10.6.7 多个疏水阀同时使用时应并联安装。

11 管件和管道附件的布置

11.1 管件的布置

11.1.1 弯头宜选用曲率半径等于1.5倍公称直径的长半径弯头；输送气固或液固两相流物料的管道应选用大曲率半径弯管，弯管的曲率半径不宜小于管道公称直径的4倍。

11.1.2 管廊上水平管道变径时，如无特殊要求，应选用底平偏心异径管；垂直管道上宜选用同心异径管。

11.1.3 平焊法兰不应与无直管段的弯头直接连接。

11.1.4 除工艺有特殊要求外，塔、反应器或立式容器等设备裙座内的管道上不得布置法兰和螺纹接头。

11.1.5 机泵润滑油系统的管道应分段设置法兰，每段管道上的弯头数量不宜超过2个。主管的末端应设置法兰盖。

11.1.6 调节阀两侧管道上的异径管宜靠近调节阀布置。

11.1.7 采用异径法兰连接时，输送介质的流向宜自小口径流向大口径。

11.2 阻火器的布置

11.2.1 加热炉燃料气主管上的管道阻火器应靠近加热炉布置，并便于检修，管道阻火器与燃烧器距离不宜大于12m。

11.2.2 储罐用的阻火器应直接安装在储罐顶的管口上。

11.2.3 常压放空排气管道的阻火器宜设布置在排气管道的末端。

11.3 过滤器的布置

11.3.1 过滤器的安装位置应靠近被保护的设备。

11.3.2 过滤器的布置应符合下列要求：

a）角式T型过滤器应安装在管道90°拐弯的场合；

b）直通式T型过滤器应安装在管道的直管上，安装在立管上时，应便于滤网的抽出；安装在水平管时，滤网抽出方向应向下或水平；

c）Y型过滤器安装在水平管道上时，滤网抽出方向应向下。

11.3.3 安装在立管上的泵进口过滤器，为降低泵进口阀门的高度，可采用异径过滤器。

11.3.4 Y型过滤器安装在介质自下向上的垂直管道上时，应选用反流式。

11.3.5 压缩机进口管道上应装过滤器或可拆卸短节，以便开车前安装临时过滤器和清扫管道。

11.4 补偿器的布置

11.4.1 管道系统的补偿能力不能满足柔性要求时，应在适当位置设置补偿器。

11.4.2 补偿器的选用和布置应符合下列要求：

a） “Π”形补偿器结构简单、运行可靠、投资少，应优先选用；

b） “Π”形补偿器宜设置在两固定支架的中部，但不应小于两固定支架间距的三分之一；

c） 管道布置受限制时，在设计条件和输送介质允许情况下可选用金属波纹管补偿器。

11.4.3 无约束金属波纹管补偿器的布置应符合下列要求：

a） 两个固定支架间仅能布置一个补偿器；

b） 固定支架应具有足够的强度，以承受内压推力的作用；

c） 靠近补偿器的部位应设置导向支架，第一个导向支架与补偿器的距离应小于或等于4倍公称直径，第二个导向支架与第一个导向支架的距离应小于或等于14倍公称直径。

11.4.4 带约束的金属波纹管补偿器的布置应符合柔性计算的要求。

11.4.5 可燃介质管道和有毒介质管道不得选用套管式补偿器或球形补偿器。

12 管道上的仪表或测量元件的布置

12.1 一般要求

12.1.1 管道上的仪表或测量元件的布置应符合P&ID和U&ID的要求。

12.1.2 管道上的仪表或测量元件的布置应便于安装、观察、操作和检修，并宜远离振动、强磁场和高温等场所。

12.1.3 仪表管口的长度应根据管道的隔热层厚度确定。

12.2 流量测量仪表的布置

12.2.1 孔板、喷嘴、文丘里管等差压式流量计的上、下游侧最短直管段长度应符合仪表专业或现行国家标准GB/T 2624的有关规定。

12.2.2 转子流量计应垂直安装，介质流向应由下而上。流量计的上游侧应有不小于5倍管子内径的直管段，且不应小于300mm。

12.2.3 靶式流量计可安装在水平或垂直管道上，但对于流体中含有固体介质时，靶式流量计应安装在水平管道上。当靶式流量计安装在垂直管道上时，液体流向宜由下而上；对于充满液体的管道也可由上而下。靶式流量计的上游侧应有不小于5倍管子内径的直管段，下游侧应有不小于3倍管子内径的直管段。

12.2.4 涡轮流量计宜安装在水平管道上，上、下游侧的直管段长度应满足制造厂的要求。

12.2.5 椭圆齿轮、双转子、刮板和腰轮等容积式流量计宜安装在水平管道上，表头的位置应便于观察。靠近容积式流量计的上游侧应安装过滤器，过滤器由流量计厂家提供。

12.2.6 阿纽巴、皮托管等均速管流量计宜安装在水平管道上，当测量气体或蒸汽时，也可安装在垂直管道上。上、下游侧的直管段应满足仪表专业或制造厂的要求。

12.2.7 涡街流量计可安装在水平或垂直管道上，上、下游侧的直管段应满足制造厂的要求。当涡街流量计安装在垂直管道上时，应符合以下要求：

a） 测量气体时，流体可取任意流向；

b） 测量液体时，流体应自下向上流动。

12.2.8 质量流量计宜安装在水平管道上；当在垂直管道上安装时，流体应自下向上流动，且出口侧应留有适当的直管段。对于U、Δ、Ω型管质量流量计在水平管道上安装，应符合下列规定：

a） 测量气体时，U、Δ、Ω型管应置于管道上方；

b） 测量液体时，U、Δ、Ω型管应置于管道下方。

12.2.9 对于插入式流量计，在流量计拔出的方向上应有安装和拆卸空间。

12.3 压力测量仪表的布置

12.3.1 压力取压点应设在直管段上，不宜设在管道弯曲或流束呈旋涡状处。

12.3.2 对于水平或倾斜管道上，压力取压点不应设在管道的底部；对于垂直管道上，压力取压点可设在任何方位。

12.3.3 泵出口的压力表应装在出口阀前并朝向操作侧。

12.3.4 塔和容器上的压力取压点应设在气相区。

12.3.5 同一处测压点上压力表和压力变送器可合用一个取压口，但当同一处测压点上有2台或2台以上压力变送器时，应分别设置取压口及根部阀。

12.3.6 现场指示压力表的安装高度宜为1.2m~2.0m，当超过2.5m时，宜设平台或梯子。

12.4 温度测量仪表的布置

12.4.1 温度测量仪表的安装位置应符合P&ID和U&ID或制造厂的要求。

12.4.2 温度测量元件应设在能灵敏、准确地反映介质温度的位置，不应安装在管道的死区位置。

12.4.3 温度测量元件应布置在容易接近的地方，在温度测量元件拔出的方向上应留有拆卸空间。

12.4.4 温度测量元件安装在弯头处时，弯头处管道的公称直径不应小于80mm，且与管内流体流向成逆流接触。

12.4.5 温度测量元件可垂直安装或倾斜45°安装，倾斜45°安装时，应与管内流体流向成逆流接触。

12.4.6 对于直径较小的管道、温度测量元件应安装在扩大管径后的管道上，仪表专业无要求时，扩大的管道应符合下列规定：

a） 工业水银温度计，公称直径不应小于50mm；

b） 热电偶、热电阻、双金属温度计，公称直径不应小于100mm；

c） 压力式温度计的扩管管径根据计算后的浸没长度决定；

d） 扩大管径部分的长度不应小于250mm。

12.4.7 塔上不同标高的热电偶或热电阻宜布置在同一方位上，且位于液相区，或根据工艺要求确定安装位置；塔顶温度的测温点宜位于气相馏出管道上。

12.4.8 现场指示温度计的安装高度宜为1.2m~2.0m，当超过2.5m时，宜设平台或梯子。为了便于检修，距平台的高度不宜小于300mm。

12.5 物位测量仪表的布置

12.5.1 物位测量仪表的布置应避开进入设备物流的冲击区域。塔上液面计和液面调节器的管口方位取决于受液槽与重沸器返回口之间的关系，且应避开重沸器返回管口正面的60°角范围。否则，管口处应设置挡板。

12.5.2 物位测量仪表的观测面应朝向操作侧，周围应有检修空间。物位测量仪表不应妨碍人员通行，宜布置在平台一端，或加宽平台。

12.5.3 外浮筒液位计的表头上端距地面或平台的高度不宜大于1.8m，当超过2.0m时，应设平台或梯子。

12.5.4 内浮球液位计距平台或地面的高度宜为1.0m~1.5m。

12.5.5 静压式液位测量仪表的布置宜符合以下规定：

a）单法兰式液位计的管口距罐底距离应大于300mm，且处于易于维护的方位；

b）双法兰远传式差压液位计的安装高度不宜高于设备上的下取压法兰口；

c）差压变送器测液位的上下取压管口之间距离应大于所需测量范围。

12.5.6 放射性物位测量仪表的安装应按照制造厂的要求进行，并应符合现行国家标准GBZ 125的有关规定。放射源安装方位不应朝向主要操作通道。

12.5.7 对于内浮球式、音叉式、电容式或振动棒式等插入式物位开关，在拔出的方向上应有安装和拆卸空间。

13 管道支吊架的布置

13.1 一般要求

13.1.1 管道支吊架应在管道的允许跨距内设置，并应符合下列要求：

a）靠近设备；

b）设在集中荷载附近；

c）设在弯管和大直径三通式分支管附近；

d）宜利用建筑物或构筑物的梁、柱等设置支吊架的生根构件；

e）不应妨碍管道与设备的连接和检修。

13.1.2 有隔热层的管道，在管墩或管架处应设管托。无隔热层的管道，如无要求，可不设管托。当隔热层厚度小于或等于80mm时，宜选用高100mm的管托；隔热层厚度大于80mm时，宜选用高150mm的管托；隔热层厚度大于130mm时，宜选用高200mm的管托。保冷管道应选用保冷管托。

13.1.3 管道的支承点在垂直方向无位移时应采用刚性支吊架；有位移时可采用可变弹簧支吊架；位移量大时宜采用恒力弹簧支吊架。

13.1.4 水平敷设在支架上带管托的管道，当管道的位移量等于或大于100mm时，管托应选用加长管托或偏置安装，采用偏置安装时，偏置量及偏置方向应注明。

13.1.5 除下列情况外，管道支吊架应采用焊接型管托或管吊：

a）管内介质温度等于或高于400℃的碳素钢材质的管道；

b）输送冷冻介质的管道；

c）需要进行焊后热处理的管道；

d）合金钢或不锈钢材质的管道；

e）非金属衬里的管道；

f）生产中需要经常拆卸检修的管道；

g）不易焊接施工的管道和不宜与管托、管吊直接焊接的管道。

13.1.6 允许管道有轴向位移，且需限制横向位移时，管道应设置导向支架，导向支架的设置不应影响管道的自然补偿。

13.1.7 导向支架的位置应符合下列规定：

a）安全阀出口的管道和可能产生振动的两相流管道；

b）横向位移过大可能影响邻近管道的场合；

c）管道距离过长，可能产生横向不稳定的场合；

d） 防止法兰和活接头泄漏要求的管道；

e） “Π”型补偿器两侧的管道，导向支架距补偿器的弯头宜为管道公称直径的32倍~40倍；

f） 柔性较大、直管段较长的管道。

13.1.8 导向支架不宜设置在靠近弯头和支管的连接处。

13.1.9 振动管道宜采用卡箍型支架，管道上不得支撑其他管道。

13.1.10 生根于建筑物、构筑物上的支吊架，支吊架的生根点宜设在立柱或主梁等承重构件上。当在钢结构上生根时，生根部位应有足够的强度。

13.1.11 支架生根件焊在钢制设备上时，所用垫板应按设备外形成型。对于整体热处理的设备需焊接支架垫板时，应向设备专业提出垫板的条件。

13.1.12 管道需要限制位移时，应设置限位支架。

13.1.13 管道的支吊架不得生根在高温介质管道、低温介质管道和蒸汽管道上。

13.1.14 低温介质管道的支架应符合下列规定：

a） 水平管道敷设时，管道的底部或支架的底部应垫置木块或硬质隔热材料块，以免管道中冷量损失；

b） 垂直管道敷设时，支架若生根在低温介质设备上时，在设备和管道上均应垫置木块或硬质隔热材料块。

13.1.15 阀门、法兰或活接头的附近宜设置支吊架；直接与设备管口相接或靠近设备管口的公称直径等于或大于150mm的水平安装阀门，应在阀门附近设置支架。

13.1.16 沿直立设备布置的立管应设置承重支架和导向支架。立管导向支架间的最大间距应符合表3的规定。承重支架应设置在靠近设备管口处，如果管道荷载过大，可增设可变弹簧支吊架。

表3 立管支架间的最大间距

立管公称直径，mm	≤50	80	100	150	200	250	300	350	400	600	800
最大间距，m	5	7	8	9	10	11	12	13	14	16	18

13.1.17 支吊架边缘与管道焊缝的间距不应小于50mm，需要热处理的管道焊缝与支吊架的距离应不小于焊缝宽度的5倍，且不得小于100mm。

13.1.18 当支吊架或管托需与合金钢、不锈钢管道直接焊接时，连接构件的材质应与管道材质一致或相当。

13.2 管道支吊架的设置

13.2.1 泵、压缩机等敏感设备的管口附近应设置支吊架。

13.2.2 泵进出口管道的支吊架应符合下列要求：

a） 支吊架的位置应靠近泵进出口处；

b） 泵的水平吸入管段宜布置可调支架或弹簧支架；

c） 往复式泵的出口管道应选用合适的支吊架型式和合理的跨距。第一个支架不应采用吊架。

13.2.3 往复式压缩机的管道支架，宜设在靠近集中荷载（如切断阀、安全阀、法兰等）、管道拐弯、分支以及标高有变化处。

13.2.4 往复式压缩机进出口管道支架的型式和位置宜符合下列要求：

a） 采用卡箍型支架；

b） 支架的间距宜通过计算确定，管道支架的位置和型式应满足柔性计算和/或振动分析的要求；

c） 第一个支架应靠近压缩机，但不得设置在机壳和底座上；

d） 宜设置限位支架，并控制管道位移方向和承受管道热胀时对压缩机管口的推力或力矩。

13.2.5　当离心式压缩机进出管口均向下时，靠近管口的进出口管道上宜设置弹簧支吊架。

13.2.6　大中型压缩机进出口管道支架的基础应与厂房的基础分开。

13.2.7　管道固定支架的位置应符合下列要求：

a）满足管道柔性计算的要求；

b）在能充分利用管道自然补偿处；

c）“Π”形补偿器的两侧管道；

d）靠近需要限制分支管位移处；

e）需要承受管道振动、冲击载荷或需要限制管道多方向位移处。

13.2.8　操作温度等于或大于100℃和需用蒸汽吹扫的进出装置管道，应在装置边界附近设置固定支架。固定支架的位置应与装置外的管道布置协调。

13.2.9　安全泄压装置出口管道宜设刚性支架。

ICS 75.180
P 72
备案号：J2616-2019

SH

中华人民共和国石油化工行业标准

SH/T 3039—2018
代替 SH/T 3039—2003

石油化工非埋地管道抗震设计规范

Specification for seismic design of non-buried pipe in petrochemical industry

2018-07-04 发布　　2019-01-01 实施

中华人民共和国工业和信息化部　发布

目　次

Contents

前　言

根据中华人民共和国工业和信息化部《2015年第三批行业标准制修订计划》（工信厅科函〔2015〕115号）的要求，规范编制组经广泛调查研究，认真总结实践经验，并在广泛征求意见的基础上，修订本规范。

本规范共分6章。

本规范的主要内容是：范围、规范性引用文件、术语和定义、基本规定、地震作用计算和抗震验算、抗震措施等。

本规范是在SH/T 3039—2003《石油化工非埋地管道抗震设计通则》的基础上修订而成，修订的主要技术内容是：

——增加“术语和定义”部分；

——根据标准SH/T 3059对管道分级的定义，更新“管道抗震验算条件”；

——水平地震作用的计算方法变更；

——增加“抗震措施”部分。

本规范修订的主要内容是：解决了与现行国家抗震设计规范的协调问题，包括非埋地管道抗震设计的基本规定、地震作用的计算和措施，修订了地震作用与抗震验算方法；针对石油化工企业的特点，对有关章节和条文作了进一步的修改、补充和完善。

本规范由中国石油化工集团公司负责管理，中国石油化工集团公司工程抗震振动技术中心站负责日常管理，中国石化工程建设有限公司负责具体技术内容的解释。执行过程中如有意见和建议，请寄送日常管理单位和主编单位。

本规范日常管理单位：中国石油化工集团公司工程抗震振动技术中心站

通信地址：北京市朝阳区安慧北里安园21号

邮政编码：100101

电　　话：010-84878008

本规范主编单位：中国石化工程建设有限公司

通信地址：北京市朝阳区安慧北里安园21号

邮政编码：100101

本规范参编单位：中石化洛阳工程有限公司

本规范主要起草人员：唐永进　丘　平　张军文　杨　青

本规范主要审查人员：王金富　葛春玉　张晓鹏　赵　勇　押现中　吴文革　李永红　卢志勇　邢　睿　胡晓应

本规范1991年首次发布，2003年第1次修订，本次为第2次修订。

石油化工非埋地管道抗震设计规范

1 范围

本规范规定了石油化工非埋地管道的地震作用、抗震验算和抗震措施的基本要求。

本规范适用于设计基本地震加速度不大于0.40g，或抗震设防烈度9度及以下的地区、公称压力不大于42MPa的石油化工非埋地金属管道（以下简称管道）的抗震设计。

注：g为重力加速度。

本规范不适用于长输管道的抗震设计。

2 规范性引用文件

下列文件对于本规范的应用是必不可少的。凡是注日期的引用文件，仅注日期的版本适用于本规范。凡是不注日期的引用文件，其最新版本（包括所有修改单）适用于本规范。

GB 18306　中国地震动参数区划图

GB/T 20801.3　压力管道规范　工业管道　第3部分：设计与计算

SH/T 3041　石油化工管道柔性设计规范

SH/T 3059　石油化工管道设计器材选用规范

3 术语和定义

下列术语和定义适用于本规范。

3.1

抗震设计　seismic design

对需要抗震设防的管道进行的一种专业设计，包括抗震验算和抗震措施。

3.2

抗震设防烈度　seismic precautionary intensity

按国家规定的权限批准作为一个地区抗震设防依据的地震烈度。

3.3

抗震措施　seismic fortification measures

除地震作用计算和抗震验算以外的抗震设计内容。

3.4

等效静力法　equivalent static method

以地震动的最大水平加速度与重力加速度的比值作为地震系数，以工程结构的重力和地震系数的乘积作为水平荷载，求出结构地震内力和变形的方法。

3.5

设计基本加速度　design basic acceleration of ground motion

50年设计基准期，超越概率10%的地震加速度的设计取值。

3.6

阻尼器　damper

安装在结构系统上，可以提供运动的阻力并耗减运动能量的装置。

4 基本规定

4.1 按本规范进行抗震设计的管道，当遭受相当于本地区抗震设防烈度的地震影响时，经一般修理后或不经修理应能继续使用。

4.2 对完成地震安全性评价的工程场地，应按批准的设计地震动参数或抗震设防烈度进行抗震设防；对未完成地震安全性评价的工程场地，设计地震动参数或抗震设防烈度可按现行国家标准GB 18306的有关规定确定。

4.3 管道的抗震设计除应满足本规范要求外，尚应符合现行国家标准GB/T 20801.3的相关规定。

4.4 管道所在地区遭受的地震影响，应采用设计基本地震加速度或抗震设防烈度来表征。

4.5 设计基本地震加速度与抗震设防烈度的对应关系见表4.5。

表4.5 设计基本地震加速度与抗震设防烈度的对应关系

<table>
<tr><td>设计基本地震加速度</td><td>0.05g</td><td>0.10g</td><td>0.15g</td><td>0.20g</td><td>0.30g</td><td>0.40g</td></tr>
<tr><td>抗震设防烈度</td><td>6</td><td colspan="2">7</td><td colspan="2">8</td><td>9</td></tr>
</table>

注：*g*为重力加速度。

5 地震作用计算和抗震验算

5.1 一般规定

5.1.1 管道抗震验算宜采用等效静力法。

5.1.2 管道的抗震验算，应仅计及水平方向的地震作用，可不计及竖直方向的地震作用，并分别对水平面内两个主轴方向进行验算。

5.1.3 进行抗震验算时，不应同时计及风荷载和其他偶然荷载的影响。

5.1.4 水平地震作用与压力、重力和其他持续荷载所引起的管道纵向应力之和，不得大于管道在计算温度下许用应力的1.33倍。

5.1.5 管道抗震验算范围应根据管道级别、公称直径、计算温度和抗震设防烈度确定。符合表5.1.5所列管道抗震验算条件的管道应进行抗震验算。

表5.1.5 管道抗震验算条件

<table>
<tr><th>管道级别</th><th>公称直径DN</th><th>计算温度T（℃）</th><th>抗震设防烈度</th></tr>
<tr><td rowspan="2">SHA1级</td><td>80≤DN≤125</td><td rowspan="2"></td><td>9</td></tr>
<tr><td>DN>125</td><td>8、9</td></tr>
<tr><td rowspan="4">SHA2、SHA3、SHA4、SHB1、SHB2、SHB3、SHB4级</td><td>DN200/DN250</td><td>T≥300</td><td rowspan="2">9</td></tr>
<tr><td>DN≥300</td><td>T≥200</td></tr>
<tr><td>DN≥500且DN≥0.8倍相连设备直径</td><td rowspan="2"></td><td rowspan="2">8、9</td></tr>
<tr><td>DN≥800</td></tr>
<tr><td>SHC1、SHC2、SHC3、SHC4、SHC5级</td><td>DN≥300</td><td>T≥370</td><td>9</td></tr>
</table>

注：管道级别按照国家现行标准SH/T 3059进行划分。

5.2 地震作用

5.2.1 管道的水平地震作用，按下式计算：

$$f=Kmg \qquad (5.2.1)$$

式中：

f —— 管道的水平地震作用，N/m；
K —— 地震系数；
m —— 管道每米长度的质量，kg/m；
g —— 重力加速度，m/s^2，取9.81。

5.2.2 地震系数K应按表5.2.2选取。

表5.2.2 地震系数

设计基本地震加速度	0.05g	0.10g	0.15g	0.20g	0.30g	0.40g
地震系数 K	0.05	0.10	0.15	0.20	0.30	0.40

6 抗震措施

6.1 管件、阀门等管道组成件宜采用钢质制品。

6.2 除安装、维护、检修需拆卸处外，管道应采用焊接连接。

6.3 管道的补偿器宜采用非填料函式补偿器；在有毒及可燃介质管道中严禁采用填料函式补偿器。

6.4 管道应具备必要的抗震承载能力、良好的变形能力和消耗地震能量的能力；对管道薄弱部位，应采取措施提高其抗震能力。

6.5 管道与设备的连接应具有足够柔性，管道柔性应符合国家现行标准SH/T 3041的要求。

6.6 管道穿过建、构筑物构件时应加套管，管道与套管之间应填塞软质不可燃材料。管道与套管之间的净间隙除满足管道热膨胀的要求外，不得小于25mm。

6.7 自力跨越道路的拱形管道应有防止倾倒的措施。设防烈度为8度、9度时，不应采用自力跨越道路的拱形管道。

6.8 管架上应设有防止管道侧向滑落的措施。

6.9 沿立式设备布置的竖直管道和采用吊架吊挂的管道应合理设置导向支架。

6.10 根据抗震验算结果可在管道适当位置设置阻尼器。

6.11 管道的支吊架应计及地震作用，具有足够的强度和刚度。

ICS 75.020
P 72
备案号：J1509-2013

SH

中华人民共和国石油化工行业标准

SH/T 3040—2012
代替 SH/T 3040—2002

石油化工管道伴管和夹套管设计规范

Specification for design of tracing piping and jacket piping in petrochemical industry

2012-11-07 发布　　2013-03-01 实施

中华人民共和国工业和信息化部　发布

目　次

前　言

根据中华人民共和国工业和信息化部《2010年第一批行业标准制修订计划》（工信厅科［2010］74号）的要求，规范编制组经广泛调查研究，认真总结实践经验，参考有关国际标准和国外先进标准，并在广泛征求意见的基础上，修订本规范。

本规范共分9章。

本规范的主要技术内容是：石油化工蒸汽和热水外伴热管道、蒸汽夹套管道的设计和安装要求。

本规范是在SH/T 3040－2002《石油化工管道伴管和夹套管设计规范》的基础上修订而成，修订的主要技术内容是：

——增加了部分术语；

——对原规范的部分内容作了修改和补充；

——增加了外伴管和夹套管伴热系统图；

——增加了疏水阀的型式及选用章节；

——调整了个别条款的顺序。

本规范由中国石油化工集团公司负责管理，由中国石油化工集团公司配管设计技术中心站负责日常管理，由中石化上海工程有限公司负责具体技术内容的解释。执行过程中如有意见和建议，请寄送日常管理单位和主编单位。

本规范日常管理单位：中国石油化工集团公司配管设计技术中心站

通信地址：北京市朝阳区安慧北里安园21号

邮政编码：100101

电　　话：010-84877282

传　　真：010-64949514

本规范主编单位：中石化上海工程有限公司

通信地址：上海市浦东新区张杨路769号

邮政编码：200120

本规范参编单位：中国石化工程建设公司

斯派莎克工程（中国）有限公司

本规范主要起草人员：汪建羽　干健菁　张发有　宋徐辉

本规范主要审查人员：陈永亮　邱正华　张德姜　李永红　刘　建　雷云周　杨平辉　袁　灿　王少华　李代玉　张宝江　许　丹　张大船　蒋国贤　白殿武　李洪波　徐明才　王军防　周卫国　单承家

本规范1991年首次发布，2002年第1次修订，本次为第2次修订。

石油化工管道伴管和夹套管设计规范

1 范围

本规范规定了石油化工蒸汽和热水外伴热管道、蒸汽夹套管道的设计和安装要求。

本规范适用于石油化工管道用蒸汽和热水外伴热管道、蒸汽夹套管道的设计和安装。

2 规范性引用文件

下列文件对于本规范的应用是必不可少的。凡是注日期的引用文件，仅注日期的版本适用于本规范。凡是不注日期的引用文件，其最新版本（包括所有的修改单）适用于本规范。

GB 50517 石油化工金属管道工程施工质量验收规范

SH/T 3041 石油化工管道柔性设计规范

SH/T 3059 石油化工管道设计器材选用规范

SH/T 3546 石油化工夹套管施工及验收规范

3 术语和定义

下列术语和定义适用于本规范。

3.1

伴热 tracing

为防止管内流体因温度下降而凝结、产生凝液或黏度升高，以及为保持管内流体温度稳定，在管外或管内采用的间接加热方法。

3.2

外伴热 external tracing

在管道外设置伴热管的伴热。

3.3

伴管 tracing piping

外伴热管。

3.4

夹套管 jacket piping

由套管和内管组成的管子。

3.5

导热胶泥 heat conduction grout

可与蒸汽伴管系统一起使用，改善传热状况的一种既有导热性又有粘结性的膏状物质。

3.6

热静力型疏水阀 thermostatic type steam trap

由凝结水温度变化驱动的蒸汽疏水阀。

3.7

热动力型疏水阀 thermodynamic type steam trap

由凝结水动态特性驱动的蒸汽疏水阀。

3.8

机械型疏水阀　mechanical type steam trap

由凝结水液位变化驱动的蒸汽疏水阀。

4 符号

下列符号适用于本规范。

D_i——保温层内径，m；

D_0——保温层外径，m；

D——伴管计算外径，m；

d_0——伴管外径，m；

f_n——热能价格，元/10^6kJ；

g_1——伴管蒸汽耗量，kg/（m·h）；

g_2——夹套管蒸汽耗量，kg/（m·h）；

H_i——饱和水热焓，kJ/kg；

H_V——饱和蒸汽热焓，kJ/kg；

i——年利率（复利），%；

K——热损失附加系数，取1.15~1.25；

n——伴管根数，根；

n_i——保温层结构投资计息年数；

n_t——伴管投资计息年数；

P_i——保温层结构单位造价，元/ m^3；

P_t——伴管单位造价，元/ kg；

q_1——蒸汽伴管或热水伴管的管道热损失量，W/ m；

q_2——夹套管热损失，W/ m；

q_3——无套管部分热损失，W/ m；

q_4——被伴介质温升所需热量，W/ m；

Q_i——夹套管所需热量总和，W/ m；

R_i——保温层热阻，m·℃/W；

R_s——保温层表面热阻，m·℃/W；

S_i——保温层结构投资贷款年分摊率，

按复利：$S_i = \dfrac{i(1+i)^{n_i}}{(1+i)^{n_i}-1}$；

S_t——伴管投资贷款年分摊率，

按复利：$S_t = \dfrac{i(1+i)^{n_t}}{(1+i)^{n_t}-1}$；

t——被伴介质维持温度，℃；

t_a——环境温度，取历年年平均温度的平均值。对于防冻伴热，取历年最冷月份平均温度的平均值；℃；

T_m——算术平均温度（绝热材料内外表面温度的算术平均值），℃；

t_{st}——伴管介质温度，℃；

V_w——历年年平均风速的平均值，m/s；

α——保温层外表面向大气的放热系数，W/（m^2·K）；

α_i——保温层内加热空间空气向保温层的放热系数，W/（m^2·K），一般取13.95；

α_t——伴管向保温层内加热空间的放热系数，W/（m^2·K）；

δ——保温层厚度，m；

δ_t——伴管壁厚，m；

λ——保温材料制品导热系数，W/（m·K）；

τ——年运行时间，h；

ρ——管材密度，kg/m^3。

5 一般规定

5.1 伴热范围

下列管道应采用伴管或夹套管伴热：

a） 需从外部补偿管内介质热损失，以维持被输送介质温度的管道；

b） 在输送过程中，由于热损失而产生凝液，并可能导致腐蚀或影响正常操作的气体管道；

c） 在操作过程中，由于介质压力突然下降而自冷，可能冻结导致堵塞的管道；

d） 在切换操作或停运期间，管内介质由于热损失造成温度下降，介质不能放净、吹扫而可能凝固的管道；

e） 在输送过程中，由于热损失可能引起管内介质析出结晶的管道；

f） 由于热损失可能导致输送介质黏度增高，系统阻力增加，输送量下降，达不到工艺最小允许量的管道；

g） 输送介质的凝固点等于或高于环境温度的管道。

5.2 伴热方式

5.2.1 输送介质的终端温度、环境温度接近或低于其凝固点的管道应进行伴热，伴热方式的选用宜符合下列规定：

a） 介质凝固点低于50℃时，宜选用伴管伴热；

b） 介质凝固点为50℃至100℃时，宜选用夹套管伴热；

c） 介质凝固点高于100℃时，应选用内管焊缝隐蔽型夹套管（全夹套）伴热。管道上的阀门、法兰、过滤器等应为夹套型。

5.2.2 输送气体介质的露点高于环境温度需伴热的管道，宜选用伴管伴热。

5.2.3 输送介质温度、环境温度接近或低于其凝固点的管道和介质温度要求较低的工艺管道，宜采用热水伴管伴热。

5.2.4 液体介质凝固点低于40℃的管道、气体介质露点高于环境温度且低于40℃的管道及热敏性介质管道，宜采用热水伴管伴热。

5.2.5 输送有毒介质且需夹套管伴热的管道应选用内管焊缝外露型夹套管（半夹套）伴热。

5.2.6 经常处于重力自流或停滞状态的易凝介质管道，宜选用夹套管伴热或带导热胶泥的蒸汽伴管伴热。

5.3 伴热介质温度

伴热介质温度的选取宜符合下列要求：

a） 伴管的介质温度宜高于被伴介质温度30℃以上，当采用导热胶泥时宜高于被伴介质温度10℃以上；

b） 伴热热水温度宜低于100℃，当被伴介质温度较高时，热水温度可高于100℃，但不得高于130℃。当利用高温热水伴热时，被伴介质温度可相应提高。伴热热水回水温度不宜低于70℃；

c） 夹套管的介质温度可等于或高于被伴介质温度，但温差不宜超过50℃；

d） 对于控制温降或最终温度的夹套管伴热管道，伴热介质的温度应根据被伴介质的凝固点或最终温度要求确定。

5.4 热水伴热系统及压力

热水伴热应采用闭式循环系统，热水的供水压力宜为0.30MPa~1.0MPa，回水压力宜控制在0.2MPa~0.3MPa。

5.5 伴热系统的材料选用

5.5.1 伴管和夹套管的材料选用应符合下列规定：

a） 伴管和夹套管的材料应根据设计温度、设计压力和介质特性等设计条件确定，并按SH/T 3059或相关材料标准选用；

b） 伴管和夹套管的内管应采用无缝钢管，套管可采用无缝钢管或焊接钢管；

c） 位于疏水阀（包括疏水阀）上游伴管的管子、管件和阀门等的材料等级应与蒸汽管道相同；位于疏水阀下游伴管的管子、管件和阀门等的材料等级应与凝结水管相同；

d） 对于伴管施工困难的场合，如阀门、过滤器、仪表等不规则形状的表面宜采用$\phi 10$或$\phi 12$管道伴热，伴管材料宜采用紫铜管或不锈钢管；紫铜管适用于设计温度低于或等于200℃、且周围环境条件及工艺物料允许使用的场合；

e） 不锈钢伴管应使用不锈钢丝捆扎；

f） 夹套管中与内管连接的部件应与内管的材料相同；

g） 当套管与内管的材料不同时，应对夹套管进行柔性计算。如两者热胀差异产生的热应力超过许用值时，内管与套管宜采用同种材料或平均线膨胀系数相近的材料。

5.5.2 伴管伴热的管道保温宜选用硬质或半硬质圆形保温材料制品。如选用软质材料时，应在伴管与保温层之间加铁丝网以保证加热空间。

5.6 保温厚度和热损失

5.6.1 保温厚度的计算应符合下列规定：

a） 当工艺无特殊要求时，保温厚度应采用经济厚度法计算。若经济厚度偏小，且散热损失量超过最大允许散热损失量时，应采用最大允许热损失量的厚度公式进行校核；

b） 保温厚度计算宜以硬质或半硬质圆形保温材料制品为依据；

c） 带外伴热管道的保温层经济厚度应按式（5.6.1-1）和式（5.6.1-2）计算：

$$D_0 \ln\frac{D_0}{D_i}+\frac{2\lambda D_0}{\alpha_i D_i}=2\sqrt{\frac{3.6 f_n \tau\lambda(t-t_a)}{10^6 P_i S_i}+\frac{\rho\delta_t S_t P_t \lambda K(t-t_a)}{P_i S_i \alpha_i (t_{st}-t)}}-\frac{2\lambda}{\alpha} \quad\cdots\cdots\cdots\cdots(5.6.1\text{-}1)$$

$$\delta=\frac{D_0-D_i}{2} \quad\cdots\cdots\cdots\cdots(5.6.1\text{-}2)$$

d） 夹套管管道的保温层经济厚度应按式（5.6.1-2）和式（5.6.1-3）计算：

$$D_0 \ln\frac{D_0}{D_i}=3.795\times10^{-3}\sqrt{\frac{f_n \lambda\tau(t-t_a)}{P_i S_i}}-\frac{2\lambda}{\alpha} \quad\cdots\cdots\cdots\cdots(5.6.1\text{-}3)$$

5.6.2 管道热损失的计算应符合下列规定：

a） 蒸汽伴管或热水伴管的管道热损失量应按式（5.6.2-1）计算：

$$q_1=\frac{2\pi K(t-t_a)}{\frac{1}{\lambda}\ln\frac{D_0}{D_i}+\frac{2}{\alpha D_0}+\frac{2}{\alpha_i D_i}} \quad\cdots\cdots\cdots\cdots(5.6.2\text{-}1)$$

b） 夹套管管道的热损失量应按式（5.6.2-2）计算：

$$q_2=\frac{2\pi(t-t_a)}{\frac{1}{\lambda}\ln\frac{D_0}{D_i}+\frac{2}{\alpha D_0}} \quad\cdots\cdots\cdots\cdots(5.6.2\text{-}2)$$

5.7 伴管及夹套管的蒸汽耗量

5.7.1 伴管的蒸汽耗量可按式(5.7.1)计算：

$$g_1 = \frac{3.6Kq_1}{H_V - H_i} \quad (5.7.1)$$

5.7.2 夹套管的蒸汽耗量可按式(5.7.2)计算：

$$g_2 = \frac{3.6KQ_i}{H_V - H_i} \quad (5.7.2)$$

5.8 夹套管所需总热量

夹套管所需热量的总和应按式(5.8)计算。

$$Q_i = q_2 + q_3 + q_4 \quad (5.8)$$

6 伴管设计

6.1 伴管系统

伴管系统的典型示意图见图6.1。

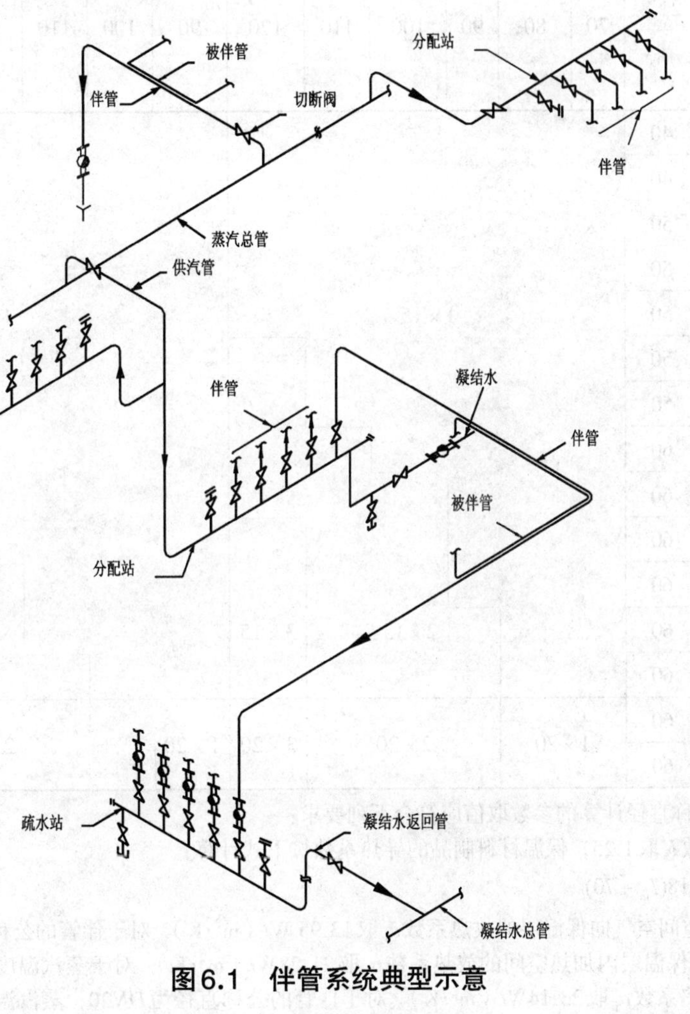

图6.1 伴管系统典型示意

6.2 伴管管径及根数

6.2.1 伴管管径及根数(硬质或半硬质圆形保温材料制品)可按式(6.2.1-1)和式(6.2.1-2)计算：

$$d=\frac{K(t-t_{a})}{\left(\frac{1}{2\lambda}\ln\frac{D_{0}}{D_{i}}+\frac{1}{\alpha D_{0}}+\frac{1}{\alpha_{i}D_{i}}\right)\alpha_{t}(t_{st}-t)} \quad \cdots\cdots\cdots\cdots(6.2.1\text{-}1)$$

$$n\geqslant\frac{d}{d_{0}} \quad \cdots\cdots\cdots\cdots(6.2.1\text{-}2)$$

6.2.2 伴管管径及根数的选用宜符合下列规定：

a）伴管的管径宜为$\phi10$、$\phi12$、*DN*15、*DN*20或*DN*25，伴管根数不宜超过4根；

b）在不同环境温度及工艺操作条件下，蒸汽伴管根数和管径可按表6.2.2-1的规定确定；热水伴管根数和管径可按表6.2.2-2的规定确定；

c）环境温度、伴管介质的操作条件、保温材料制品的导热系数及放热系数等数据与表6.2.2-1或表6.2.2-2不同时，伴管管径及根数应按式（6.2.1-1）和式（6.2.1-2）计算。

表6.2.2-1　蒸汽伴热管根数和管径

被伴热管公称直径 *DN*	被伴热介质维持温度150℃时			伴热管根数及公称直径（$n\times DN$）蒸汽温度151℃时[a]						伴热管根数及公称直径（$n\times DN$）蒸汽温度183℃时[a]						
	环境温度 ℃			被伴热介质维持温度 ℃						被伴热介质维持温度 ℃						
	大庆	北京	广州													
	3.2	11.4	21.8	70	80	90	100	110	120	90	100	110	120	130	140	150
	保温厚度 mm															
15	50	50	40	1×15	1×15	1×15	1×15	1×15	1×15	1×15	1×15	1×15	1×15	1×15	1×15	1×15
20	50	50	40	1×15	1×15	1×15	1×15	1×15	1×15	1×15	1×15	1×15	1×15	1×15	1×15	1×15
25	50	50	50	1×15	1×15	1×15	1×15	1×15	1×15	1×15	1×15	1×15	1×15	1×15	1×15	1×15
40	50	50	50	1×15	1×15	1×15	1×15	1×15	1×15	1×15	1×15	1×15	1×15	1×15	1×15	1×15
50	50	50	50	1×15	1×15	1×15	1×15	1×15	1×15	1×15	1×15	1×15	1×15	1×15	1×15	2×15
80	60	50	50	1×15	1×15	1×15	1×15	1×15	2×15	1×15	1×15	1×15	1×15	1×15	1×15	2×15
100	60	60	50	1×15	1×15	1×15	1×15	1×15	2×15	1×15	1×15	1×15	1×15	1×15	1×15	2×15
150	60	60	60	1×15	1×15	1×15	1×15	2×15	2×15	1×15	1×15	1×15	1×15	1×15	2×15	2×15
200	60	60	60	1×15	1×15	1×15	2×15	2×15	2×15	1×15	1×15	1×15	1×15	2×15	2×15	3×15
250	60	60	60	1×15	1×15	1×15	2×15	2×15	3×15	1×15	1×15	1×15	1×15	2×15	2×15	3×15
300	60	60	60	1×15	1×15	2×15	2×15	2×15	3×15	1×15	1×15	1×15	2×15	2×15	3×15	4×15
350	70	60	60	1×15	1×15	2×15	2×15	2×15	3×15	1×15	1×15	1×15	2×15	2×15	3×15	4×15
400	70	60	60	1×15	1×15	2×15	2×15	2×15	3×15	1×15	1×15	2×15	2×15	2×15	3×15	4×15
450	70	60	60	1×20	1×20	2×20	2×20	2×20	3×20	1×20	1×20	2×20	2×20	2×20	3×20	4×20
500	70	60	60	1×20	1×20	2×20	2×20	2×20	3×20	1×20	2×20	2×20	2×20	2×20	3×20	4×20

[a] 伴热管根数及公称直径计算的参数取值应符合下列要求：

1）热损失附加系数*K*取1.25；保温材料制品的导热系数按下式计算：

$\lambda=0.044+0.00018(T_{m}-70)$；

2）保温层内加热空间空气向保温层的放热系数α_{i}取13.95 W/（$m^{2}\cdot K$）。对于伴管的公称直径为*DN*15，蒸汽温度151℃，伴管向保温层内加热空间的放热系数α_{t}取21.28W/（$m^{2}\cdot K$）；对于蒸汽温度183℃，伴管向保温层内加热空间的放热系数α_{t}取23.14W/（$m^{2}\cdot K$）。对于伴管的公称直径为*DN*20，蒸汽温度151℃，伴管向保温层内加热空间的放热系数α_{t}取20.12W/（$m^{2}\cdot K$）；对于蒸汽温度183℃，伴管向保温层内加热空间的放热系数α_{t}取22.10W/（$m^{2}\cdot K$）。保温层外表面向大气的放热系数α按下式计算：

$a=1.163\times(10+6\sqrt{w})$。

表 6.2.2-2　热水伴热管根数和管径

<table>
<tr><td rowspan="5">被伴热管公称直径 DN</td><td colspan="3">被伴热介质维持温度 100℃时</td><td colspan="4">伴热管根数及公称直径（n×DN）热水温度 90℃时[a]</td><td colspan="5">伴热管根数及公称直径（n×DN）热水温度 100℃时[a]</td></tr>
<tr><td colspan="3">环境温度 ℃</td><td colspan="4">被伴热介质维持温度 ℃</td><td colspan="5">被伴热介质维持温度 ℃</td></tr>
<tr><td>大庆</td><td>北京</td><td>广州</td><td rowspan="3">30</td><td rowspan="3">40</td><td rowspan="3">50</td><td rowspan="3">60</td><td rowspan="3">30</td><td rowspan="3">40</td><td rowspan="3">50</td><td rowspan="3">60</td><td rowspan="3">70</td></tr>
<tr><td>3.2</td><td>11.4</td><td>21.8</td></tr>
<tr><td colspan="3">保温厚度 mm</td></tr>
<tr><td>15</td><td>40</td><td>40</td><td>30</td><td colspan="2" rowspan="13">1×15</td><td rowspan="10">1×15</td><td rowspan="8">1×15</td><td colspan="2" rowspan="13">1×15</td><td rowspan="12">1×15</td><td rowspan="10">1×15</td><td rowspan="7">1×15</td></tr>
<tr><td>20</td><td>40</td><td>40</td><td>30</td></tr>
<tr><td>25</td><td>40</td><td>40</td><td>40</td></tr>
<tr><td>40</td><td>40</td><td>40</td><td>40</td></tr>
<tr><td>50</td><td>40</td><td>40</td><td>40</td></tr>
<tr><td>80</td><td>50</td><td>40</td><td>40</td></tr>
<tr><td>100</td><td>50</td><td>40</td><td>40</td></tr>
<tr><td>150</td><td>50</td><td>50</td><td>40</td><td rowspan="5">2×15</td></tr>
<tr><td>200</td><td>50</td><td>50</td><td>40</td><td rowspan="2">2×15</td></tr>
<tr><td>250</td><td>50</td><td>50</td><td>40</td></tr>
<tr><td>300</td><td>50</td><td>50</td><td>40</td><td colspan="2" rowspan="3">2×15</td><td rowspan="3">2×15</td></tr>
<tr><td>350</td><td>50</td><td>50</td><td>40</td></tr>
<tr><td>400</td><td>50</td><td>50</td><td>40</td><td>2×15</td><td>3×15</td></tr>
<tr><td>450</td><td>50</td><td>50</td><td>40</td><td colspan="2" rowspan="2">1×20</td><td colspan="2" rowspan="2">2×20</td><td colspan="2" rowspan="2">1×20</td><td colspan="2" rowspan="2">2×20</td><td rowspan="2">3×20</td></tr>
<tr><td>500</td><td>50</td><td>50</td><td>40</td></tr>
</table>

[a] 伴热管根数及公称直径计算的参数取值应符合下列要求：

1） 热损失附加系数 K 取 1.25；保温材料制品的导热系数按下式计算：

$\lambda = 0.044 + 0.00018(T_m - 70)$；

2） 保温层内加热空间空气向保温层的放热系数 α_i 取 13.95W/（m^2·K）。对于伴管的公称直径为 DN15，热水温度 90℃，伴管向保温层内加热空间的放热系数 α_t 取 18.35W/（m^2·K）；对于热水温度 100℃，伴管向保温层内加热空间的放热系数 α_t 取 18.81W/（m^2·K）。对于伴管的公称直径为 DN20，热水温度 90℃，伴管向保温层内加热空间的放热系数 α_t 取 17.00W/（m^2·K）；对于热水温度 100℃，伴管向保温层内加热空间的放热系数 α_t 取 17.49W/（m^2·K）。保温层外表面向大气的放热系数 α 按下式计算：

$a = 1.163 \times (10 + 6\sqrt{w})$。

6.3　有效伴热长度

6.3.1　蒸汽伴管最大允许有效伴热长度宜符合下列要求：

a） 伴管沿被伴热管的有效伴热长度（包括垂直管道） 可按表 6.3.1-1 的规定确定；

表6.3.1-1　蒸汽伴管最大允许有效伴热长度

伴管公称直径 mm	蒸汽压力 MPa	
	0.3≤P≤0.6	0.6<P≤1.0
	最大允许有效伴热长度 m	
ϕ10	30	40
ϕ12	40	50
DN 15	50	60
DN 20	60	70
DN 25	70	80

b）当伴热蒸汽的凝结水不回收时，表6.3.1-1中最大允许有效伴热长度可延长20%；

c）采用导热胶泥后伴管的最大允许有效伴热长度宜缩短20%；

d）当伴管在最大允许伴热长度内出现“U”形弯时，累计上升高度不宜大于表6.3.1-2中规定的数值。

表6.3.1-2　蒸汽伴管允许U形弯累计上升高度

蒸汽压力 MPa	累计上升高度 m
0.3≤P≤0.6	4
0.6<P≤1.0	6

6.3.2　热水伴管沿被伴热管的有效伴热长度（包括垂直管道），可按表6.3.2的规定确定：

表6.3.2　热水伴管最大允许有效伴热长度

伴管公称直径 mm	热水压力 MPa		
	0.3≤P≤0.5	0.5<P≤0.7	0.7<P≤1.0
	最大允许有效伴热长度 m		
ϕ10、ϕ12	40	50	60
DN 15	60	70	80
DN 20	60	70	80
DN 25	70	80	90

6.4　伴热系统的管道布置

6.4.1　供汽管应从主蒸汽管顶部引出，并在靠近引出处设切断阀，切断阀宜设置在水平管道上。

6.4.2　伴管蒸汽引入及凝结水排出宜符合下列要求：

a）伴管蒸汽应从高点引入，沿被伴热管道由高向低敷设，凝结水应从低点排出，宜减少“U”形弯，以防止产生气阻和液阻；

b）每根蒸汽伴管应单独设疏水阀；

c）蒸汽疏水阀后不回收的凝结水，宜集中排放；

d）蒸汽疏水阀组不应设置旁路阀；

e） 在密闭凝结水系统中，公称直径等于或大于*DN*50的凝结水返回管宜顺介质流向45°斜接在凝结水回收总管的顶部；

f） 在敞开凝结水系统中，蒸汽疏水阀排出的凝结水应采用汽水分离器经冷却后排至下水系统。

6.4.3 热水管伴热时，宜从被伴热管管道的最低点开始伴至最高点，然后返回至热水系统。每根热水伴管的最高点宜设放空。

6.5 蒸汽分配站和疏水站

6.5.1 在3m半径范围内如有3个或3个以上的伴热点及回收点时，蒸汽伴热系统应设置蒸汽分配站和疏水站。站的设置应统一考虑，布局合理，并方便操作和维修。

6.5.2 蒸汽分配站和疏水站的设置宜符合下列要求：

a） 蒸汽分配站的管径宜按式（6.5.2）计算出“*S*”值，并按表6.5.2-1的规定确定；

$$S=A+2B+3C \quad (6.5.2)$$

式中：

S——蒸汽分配站伴管总根数；

A——*DN*15、ϕ12、ϕ10伴管根数；

B——*DN*20 伴管根数；

C——*DN*25 伴管根数。

表6.5.2-1 蒸汽分配站的管径

根数[a] *S*	蒸汽分配管的公称直径 *DN*	蒸汽引入管的公称直径 *DN*
4~8	50	25
9~12	50	40
13~16	80	50
[a] “*S*” 值超过 16 时，宜设立 2 个或 2 个以上蒸汽分配站。		

b） 疏水站的管径宜按公式（6.5.2）计算出“*S*”值，并按表6.5.2-2的规定确定；

表6.5.2-2 疏水站的管径

根数[a] *S*	疏水站集合管的公称直径 *DN*	凝结水引出管的公称直径 *DN*
4~8	50	25
9~12	50	40
13~16	80	50
[a] “*S*” 值超过 16 时，宜设立 2 个或 2 个以上疏水站。		

c） 蒸汽分配站和疏水站宜预留1个或2个备用接头，“*S*”值应包括备用接头的管径和数量；

d） 在同一个蒸汽分配站的最短蒸汽伴管的当量长度不宜小于最长伴管当量长度的70%；

e） 蒸汽分配站可水平安装或垂直安装；蒸汽引入管可从侧面或顶部接入。水平安装蒸汽分配站的示意图见图6.5.2-1，垂直安装蒸汽分配站的示意图见图6.5.2-2；

f） 疏水站可水平安装或垂直安装，凝结水引出管可从侧面或顶部接出。水平安装疏水站的示意图见图6.5.2-3，垂直安装疏水站的示意图见图6.5.2-4；

g） 蒸汽分配管和疏水站集合管的长度应根据引入或引出伴管的数量确定。为缩短分配管及集合管的长度，其伴管上的阀门可错开布置。

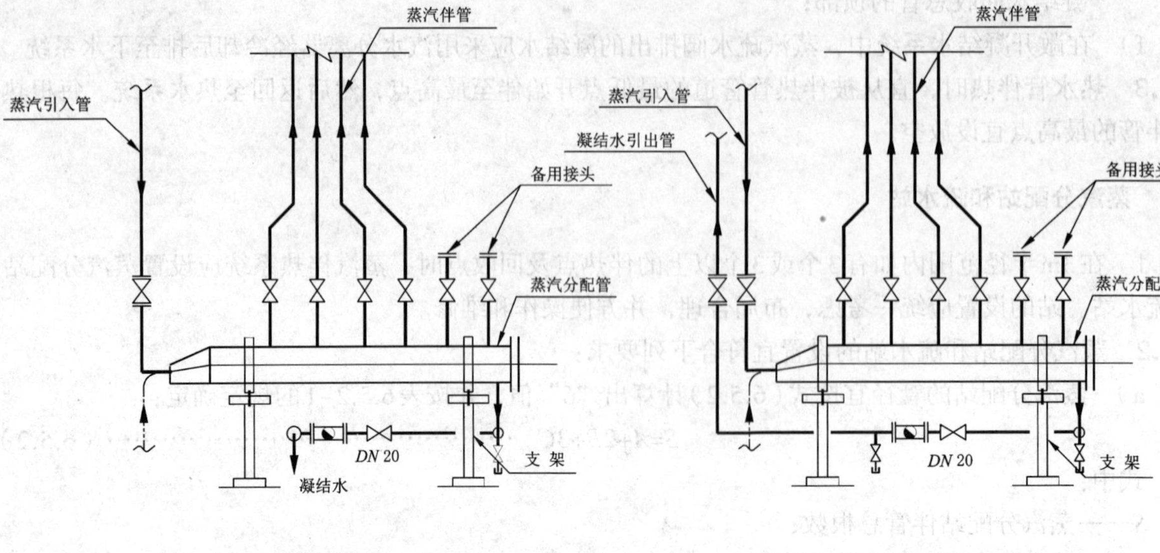

a） 用于凝结水不回收系统　　　　b） 用于凝结水回收系统

图6.5.2-1　蒸汽分配站水平安装示意

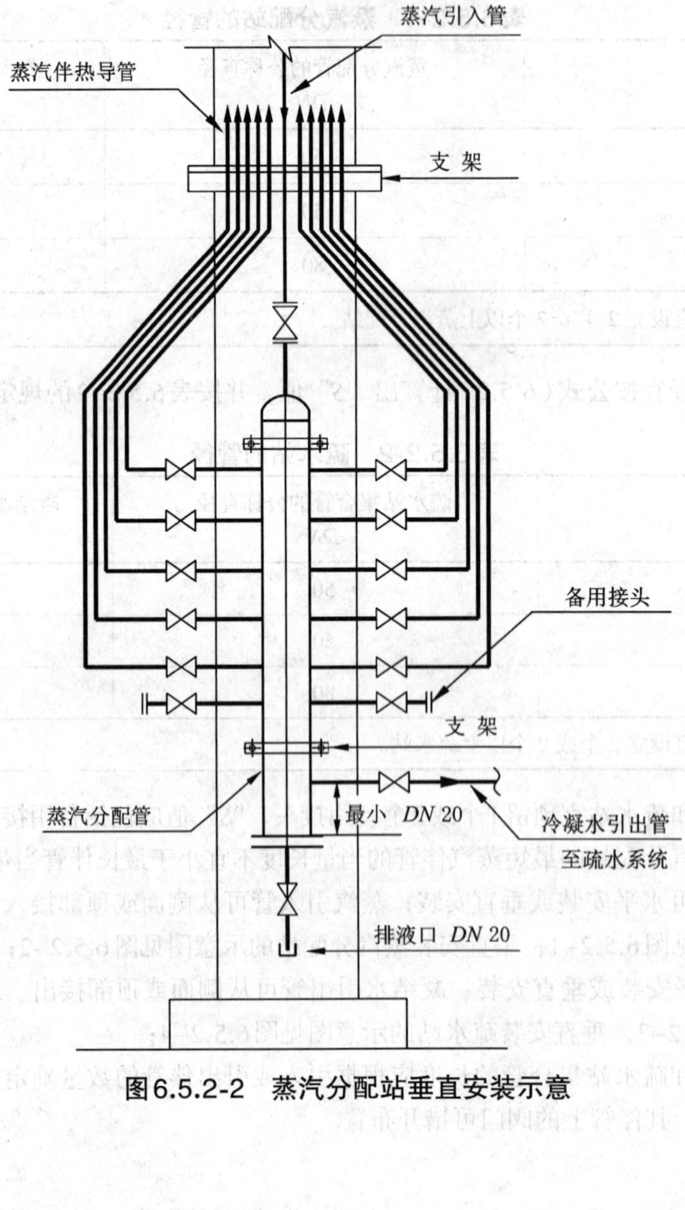

图6.5.2-2　蒸汽分配站垂直安装示意

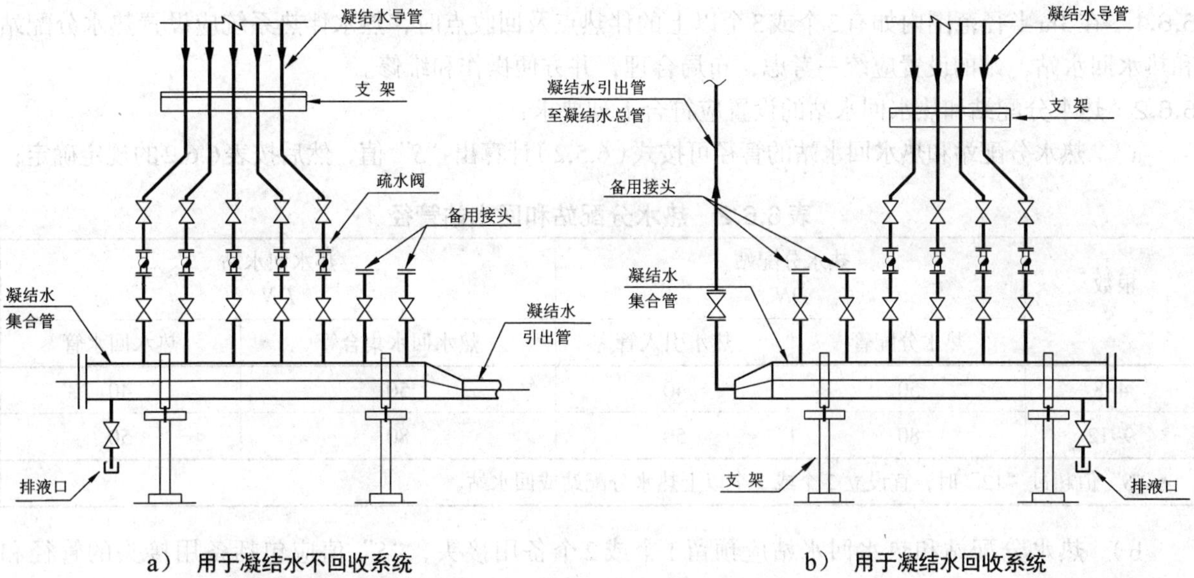

图6.5.2-3 疏水站水平安装示意

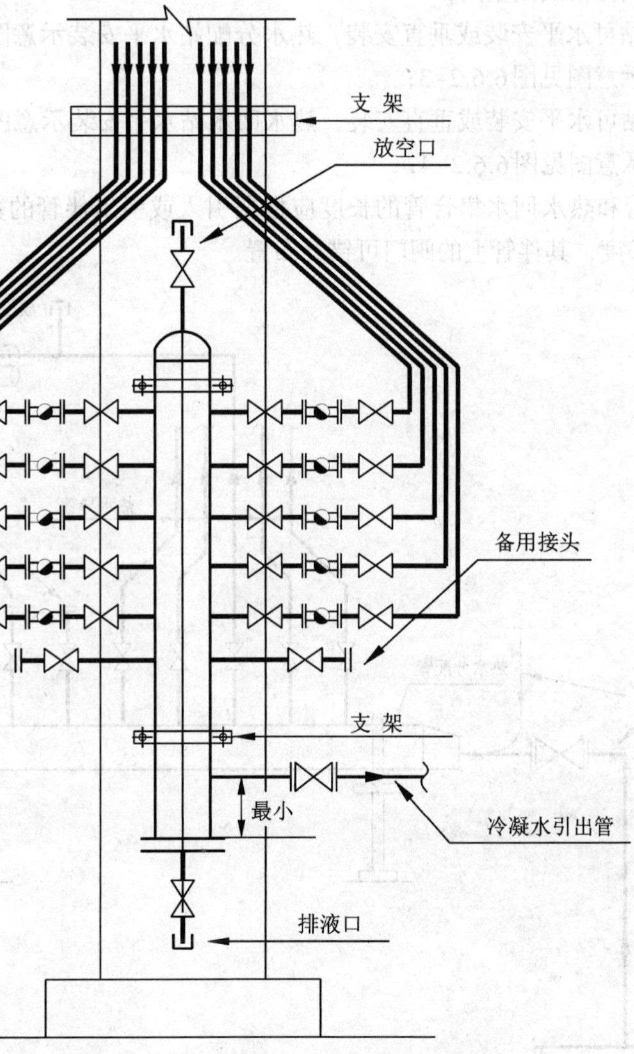

图6.5.2-4 疏水站垂直安装示意

6.6 热水分配站和热水回水站

6.6.1 在3m半径范围内如有3个或3个以上的伴热点及回收点时，热水伴热系统应设置热水分配站和热水回水站。站的设置应统一考虑，布局合理，并方便操作和维修。

6.6.2 热水分配站和热水回水站的设置应符合下列要求：

a） 热水分配站和热水回水站的管径可按式（6.5.2）计算出“*S*”值，然后按表6.6.2的规定确定；

表6.6.2 热水分配站和回水站管径

根数[a] *S*	热水分配站 *DN*		热水回水站 *DN*	
	热水分配管	热水引入管	热水回水集合管	热水回水管
4~8	50	40	50	40
9~12	80	50	80	50

[a] “*S*”值超过“12”时，宜设立2个或2个以上热水分配站或回水站。

b） 热水分配站和热水回水站应预留1个或2个备用接头，“*S*”值应包括备用接头的管径和数量；

c） 在同一个热水分配站上的最短热水伴管当量长度不应小于最长伴管当量长度的70%，否则应设置限流孔板或截止阀；

d） 热水分配站可水平安装或垂直安装，热水分配站水平安装示意图见图6.6.2-1，热水分配站垂直安装示意图见图6.6.2-3；

e） 热水回水站可水平安装或垂直安装，热水回水站水平安装示意图见图6.6.2-2，热水回水站垂直安装示意图见图6.6.2-4；

f） 热水分配管和热水回水集合管的长度应根据引入或引出伴管的数量确定。为缩短分配管及集合管的长度，其伴管上的阀门可错开布置。

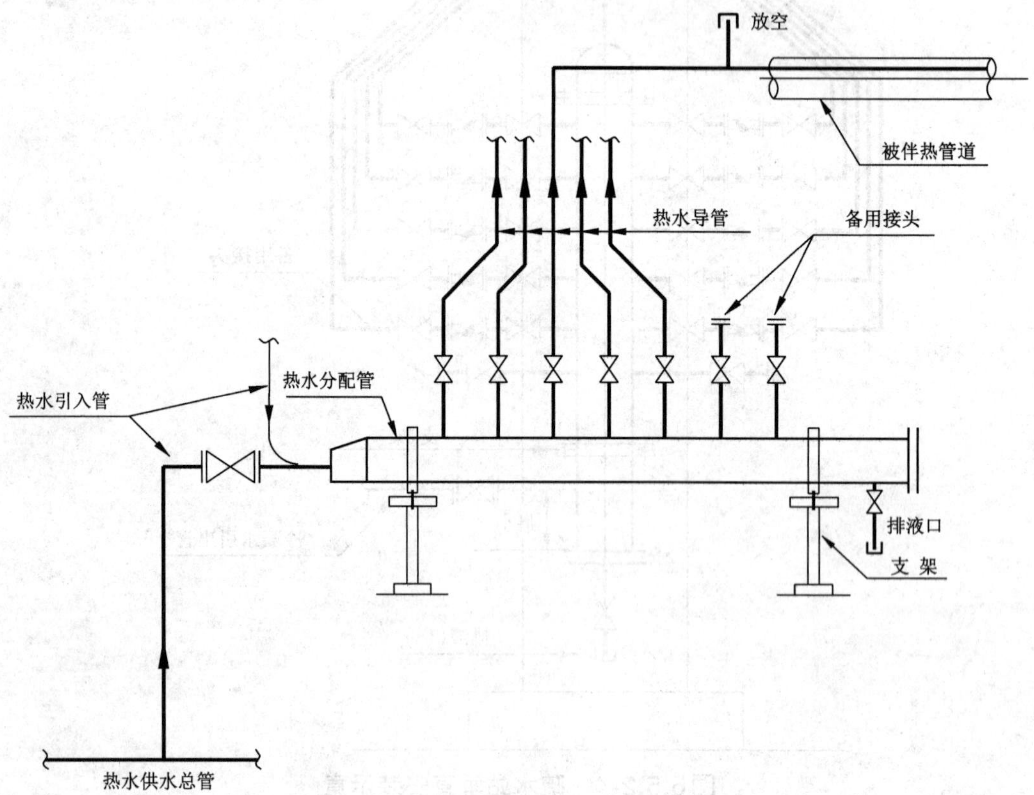

图6.6.2-1 热水分配站水平安装示意

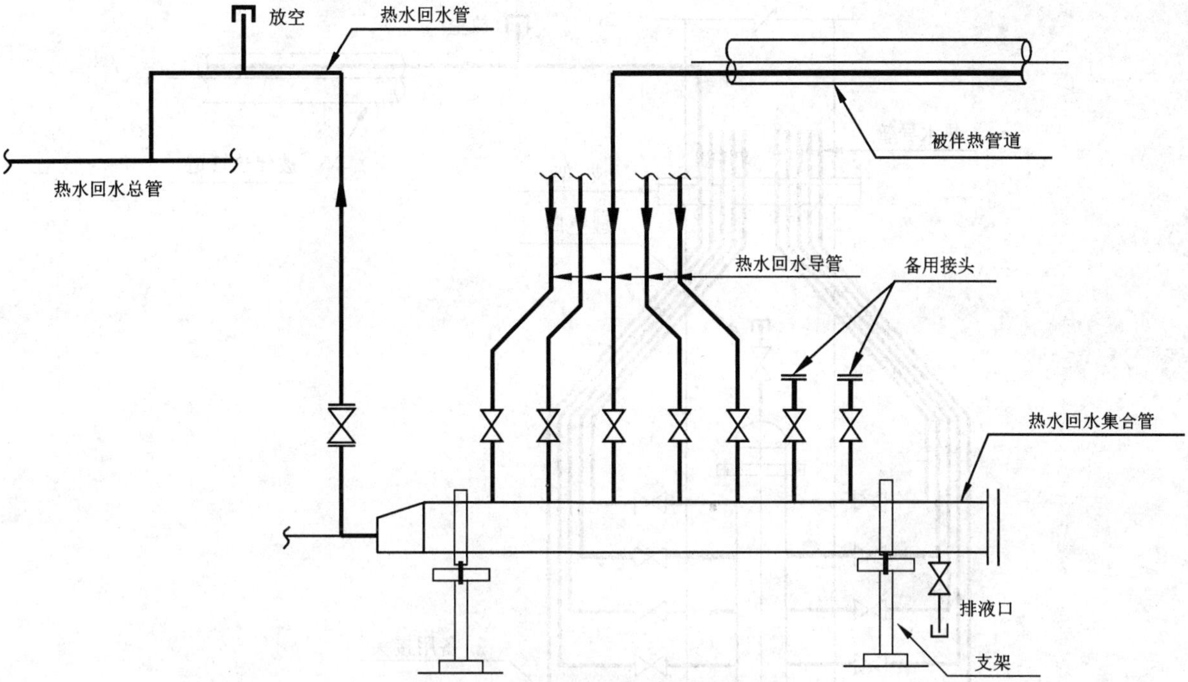

图6.6.2-2　热水回水站水平安装示意

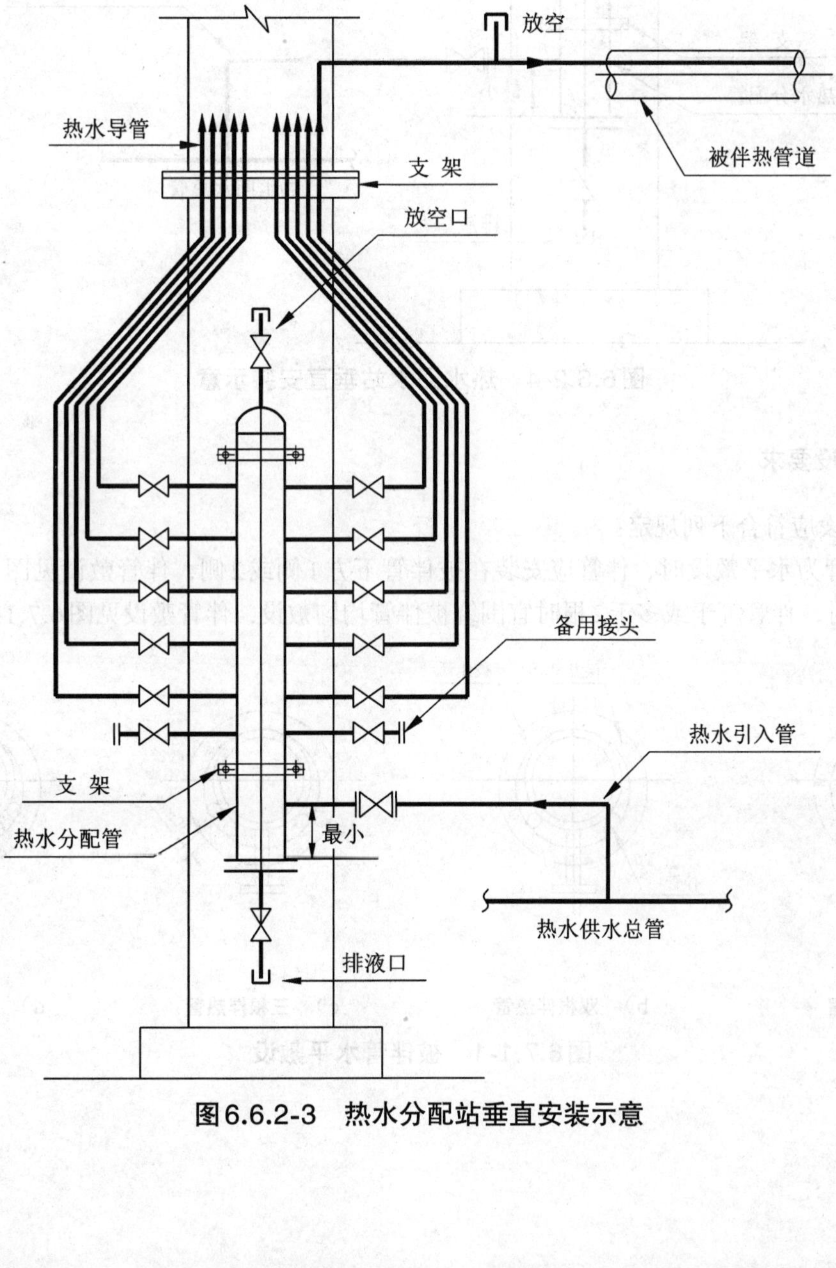

图6.6.2-3　热水分配站垂直安装示意

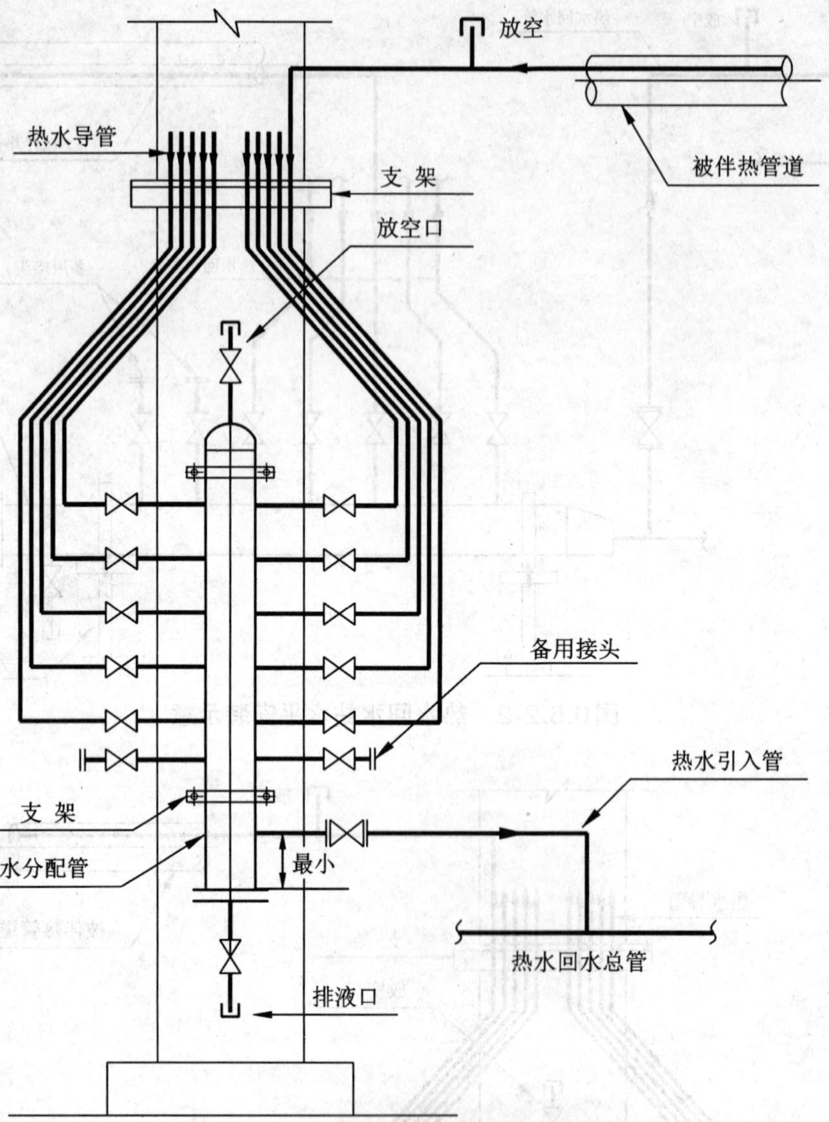

图6.6.2-4 热水回水站垂直安装示意

6.7 伴管的敷设要求

6.7.1 伴管敷设应符合下列规定:

a） 被伴管为水平敷设时，伴管应安装在被伴管下方1侧或2侧，伴管敷设见图6.7.1-1；垂直敷设时，伴管等于或多于2根时宜围绕被伴管均匀敷设，伴管敷设见图6.7.1-2；

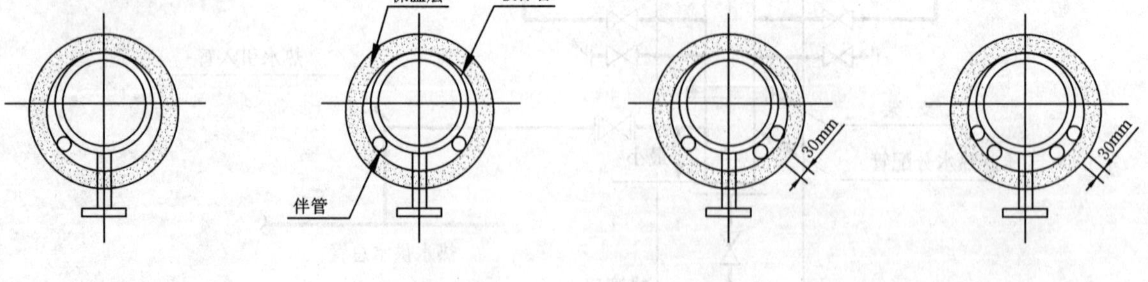

a） 单根伴热管　b） 双根伴热管　c） 三根伴热管　d） 四根伴热管

图6.7.1-1 被伴管水平敷设

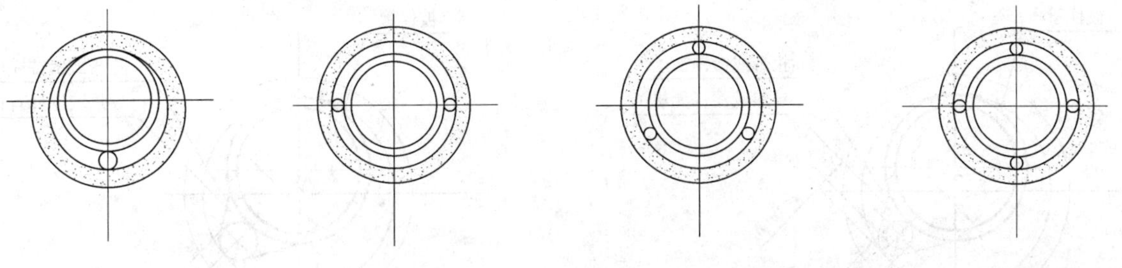

a） 单根伴热管　　b） 双根伴热管　　c） 三根伴热管　　d） 四根伴热管

图6.7.1-2　被伴管垂直敷设

b） 伴管经过阀门或管件时，伴管应沿其外形敷设，且宜避免或减少“U”形弯；

c） 当主管伴热，支管不伴热时，支管上的第一个切断阀应伴热；

d） 被伴热管道上的取样阀、排液阀、放空阀和扫线阀等应伴热；

e） 伴管连接应采用焊接，在经过被伴管的阀门、法兰等处可采用法兰或活接头连接。$\phi10$、$\phi12$紫铜管或不锈钢伴管宜采用卡套式接头连接。

6.7.2 伴管的结构型式应符合下列规定：

a） 伴管的结构见图6.7.2-1；

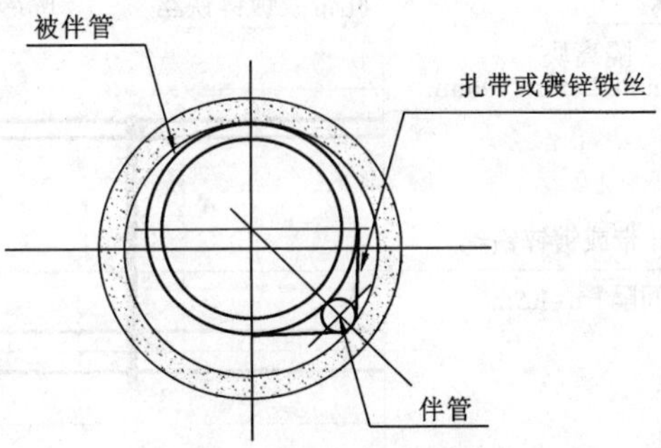

图6.7.2-1　伴管结构

b） 当被伴介质为热敏性物料或被伴管与伴管产生接触腐蚀时，应加隔离块，带隔离块的伴管结构见图6.7.2-2；

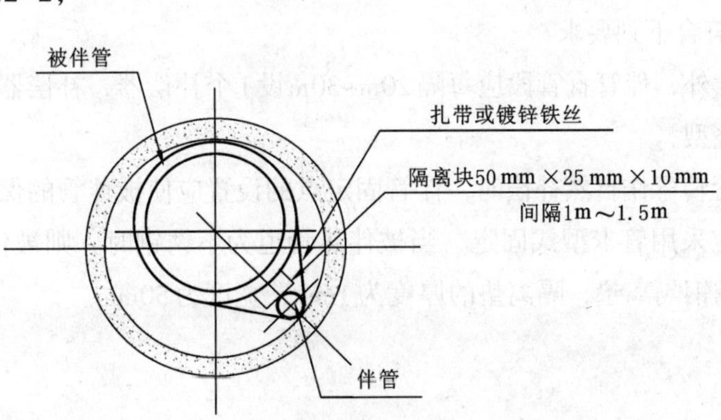

图6.7.2-2　带隔离块的伴管结构

c） 带导热胶泥的伴热结构见图6.7.2-3。

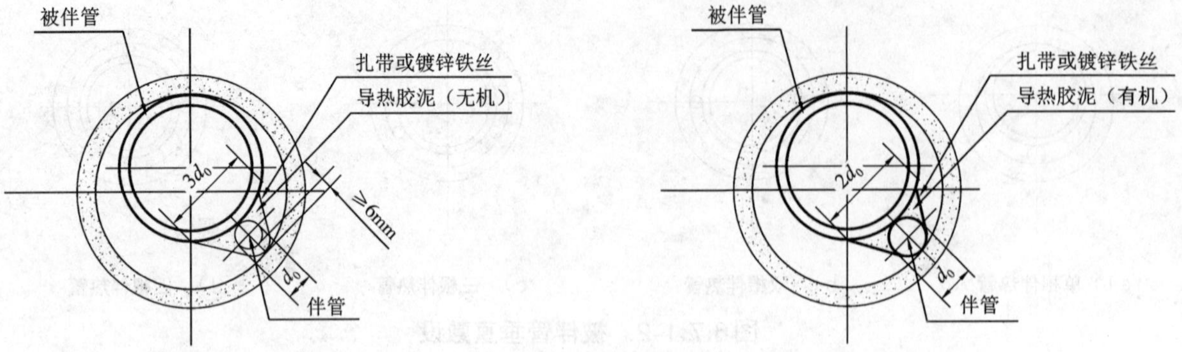

a） 无机导热胶泥的伴管结构　　　　b） 有机导热胶泥的伴管结构

图6.7.2-3 带导热胶泥的伴热结构

6.7.3 伴管的支撑应符合下列要求：

a） 伴管宜用金属扎带或镀锌铁丝捆扎，捆扎间距宜为1.0m~1.5m，有隔离块的伴管应在隔离块处捆扎；当伴管捆扎材料与被伴管有接触腐蚀时，在接触处应加隔离垫，见图6.7.3；

b） 伴管不得直接焊在被伴管上。

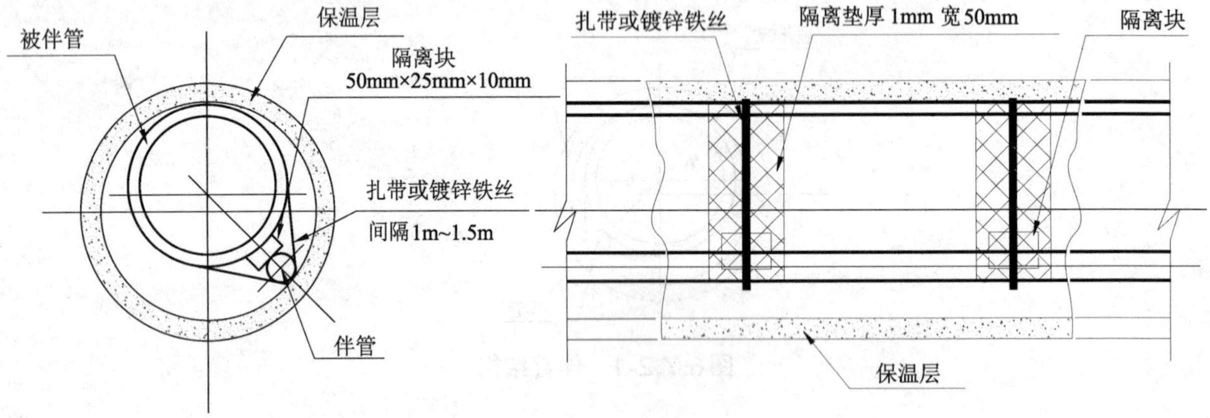

图6.7.3 伴管支撑

6.7.4 伴管热补偿应符合下列要求：

a） 除能自然补偿外，伴管直管段应每隔20m~30m设1个补偿器，补偿器可采用“U”型、“Ω”型或螺旋缠绕型；

b） 伴管随被伴管转弯作自然补偿时，伴管固定点的设置应使被伴管的保温结构不受损坏；

c） 伴管固定点应采用管卡型式固定，当被伴热管道为不锈钢时，则被伴热管道和固定管卡之间应夹入不锈钢隔离垫，隔离垫的厚度为1mm，宽度为50mm。

7 夹套管设计

7.1 夹套管系统

夹套管系统的典型示意图见图7.1。

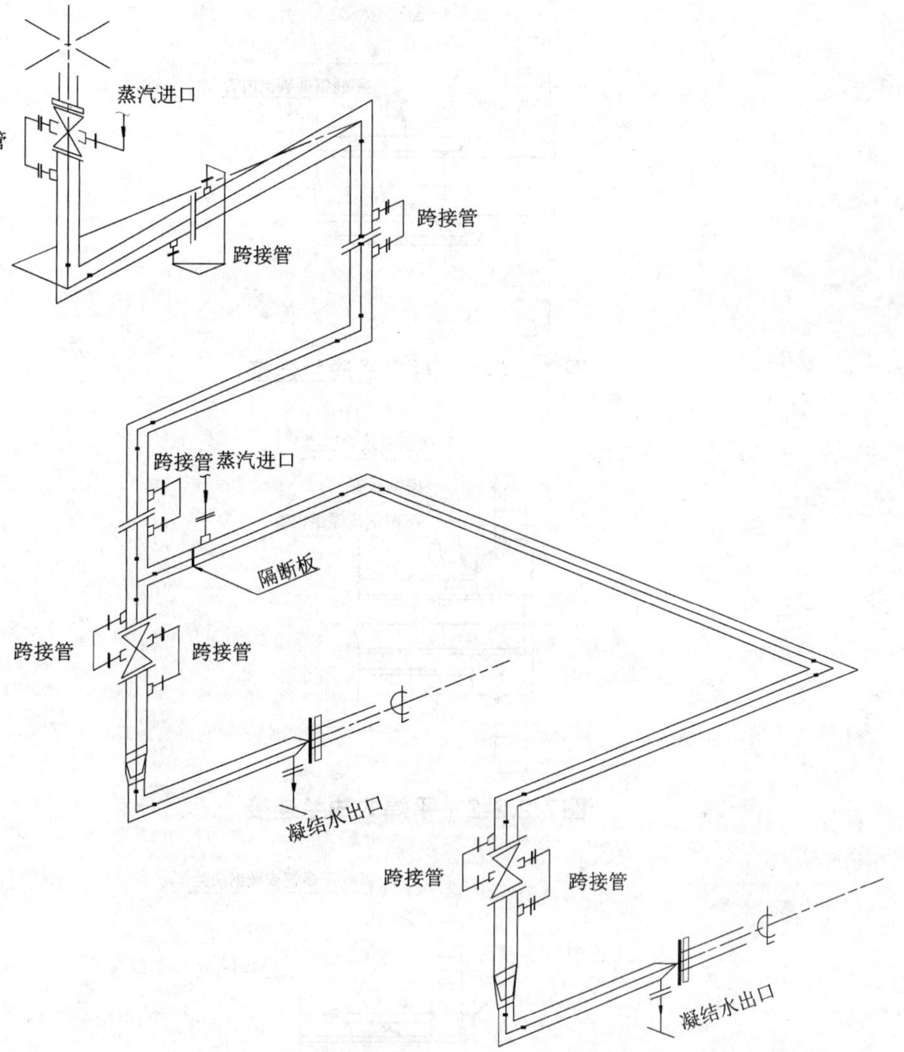

图7.1　夹套管系统的典型示意

7.2　夹套管的组合尺寸及结构

7.2.1　除非另有规定外，夹套管的组合尺寸宜按表7.2.1的规定确定。

表7.2.1　夹套套管组合尺寸

组合尺寸*DN*	内管公称直径 *DN*												
	15	20	25	40	50	80	100	150	200	250	300	350	350
套管公称直径	40	40	50	80	80	150	150	200	250	350	400	400	450
供汽或排液管公称直径	15	15	15	15	15	20	20	20	25	25	40	40	50
跨接管公称直径	15	15	15	15	15	20	20	20	25	25	40	40	50

7.2.2　内管与套管的连接型式分为内管焊缝隐蔽型（全夹套）和内管焊缝外露型（半夹套）。

a）法兰式夹套管用于内管焊缝隐蔽型时，其连接型式见图7.2.2-1~图7.2.2-3；

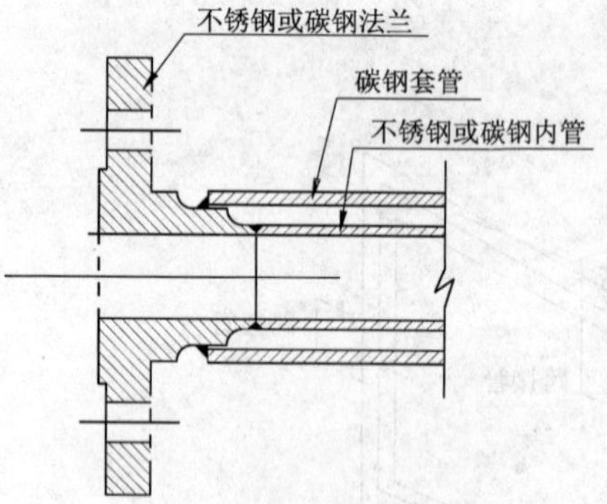

图7.2.2-1 对焊式法兰连接

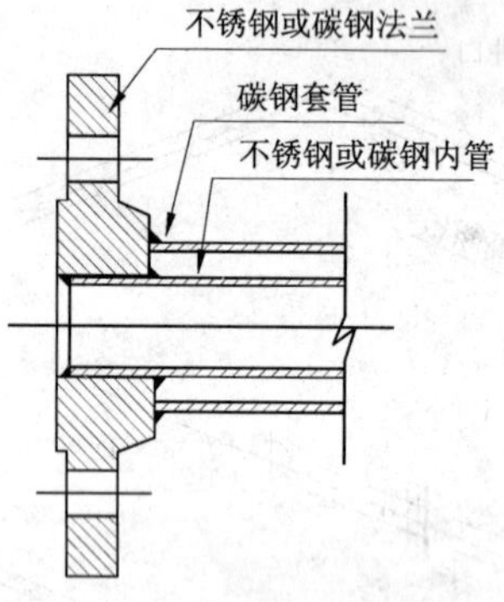

图7.2.2-2 平焊式法兰连接

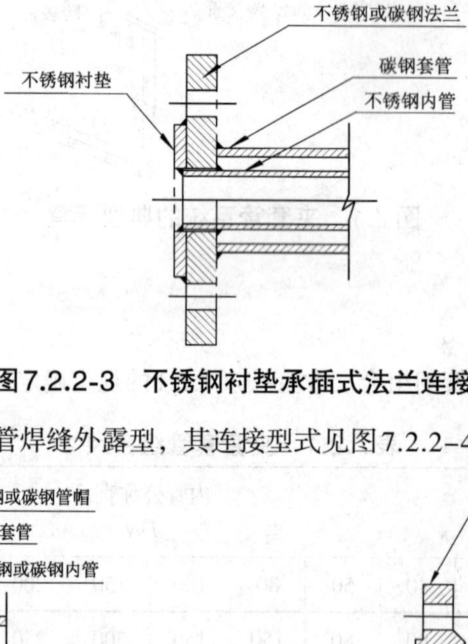

图7.2.2-3 不锈钢衬垫承插式法兰连接

b） 管帽式夹套管用于内管焊缝外露型，其连接型式见图7.2.2-4；

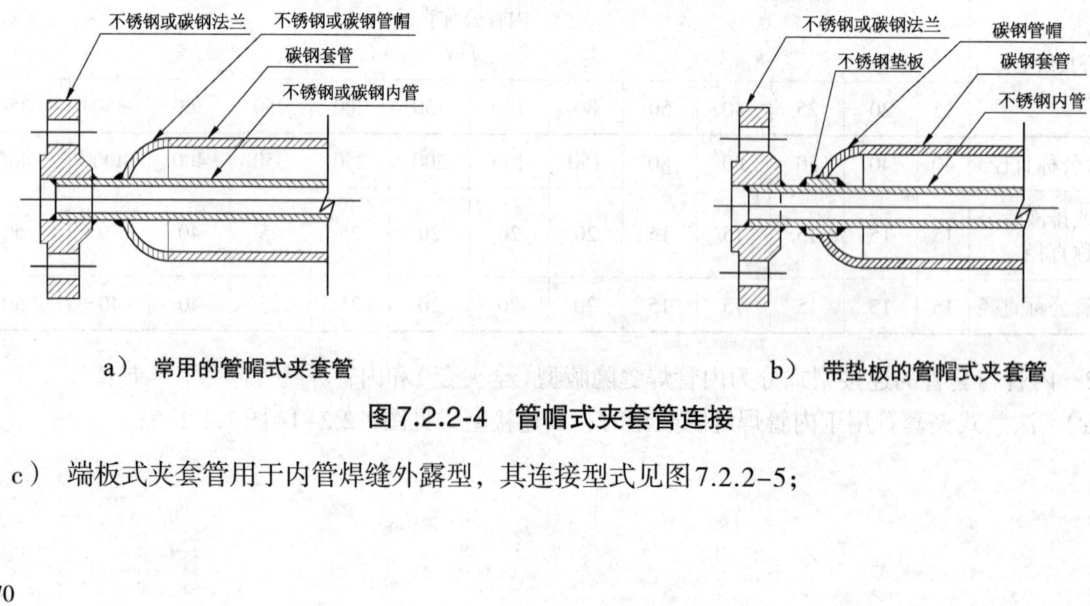

a） 常用的管帽式夹套管　　b） 带垫板的管帽式夹套管

图7.2.2-4 管帽式夹套管连接

c） 端板式夹套管用于内管焊缝外露型，其连接型式见图7.2.2-5；

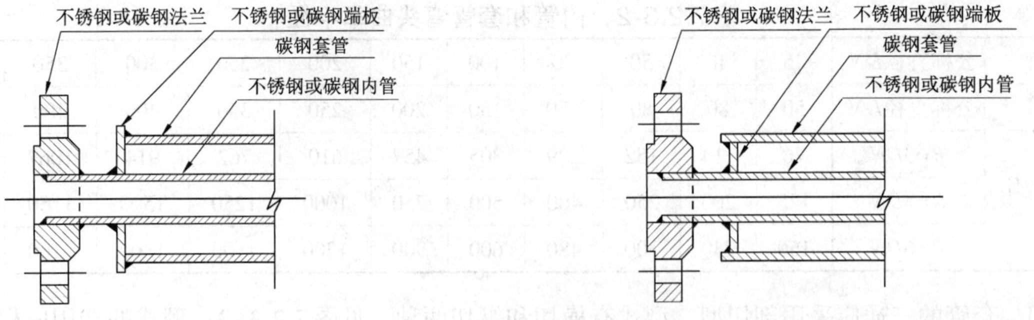

a） 外置端板　　　　b） 内置端板

图7.2.2-5　端板式夹套管连接型式

d） 夹套管专用法兰的密封面及端部连接型式应根据输送介质的特性确定。

7.2.3　夹套管管件结构形式应符合下列要求：

a） 内管弯头曲率半径等于或小于长半径弯头的曲率半径时，夹套管弯头的结构型式见图7.2.3–1。内管和套管弯头曲率半径宜按表7.2.3–1的规定确定；

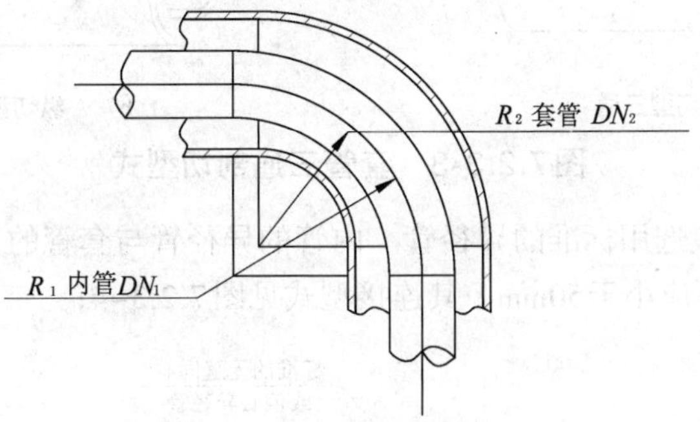

图7.2.3-1　夹套管弯头

表7.2.3-1　内管和套管弯头曲率半径

内管	公称直径 DN_1	25	40	50	80	100	150	200	250	300	350	350
	曲率半径 R_1	38	57	76	114	152	229	305	254	305	356	356
套管	公称直径 DN_2	50	80	80	125	150	200	250	350	400	400	450
	曲率半径 R_2	51	76	76	127	152	203	254	356	406	406	457

b） 内管弯头曲率半径等于或大于3*DN*时，套管弯头应采用剖切型。套管弯头的曲率半径宜与内管的曲率半径相等，见图7.2.3–2。曲率半径*R*宜按表7.2.3–2的规定确定；

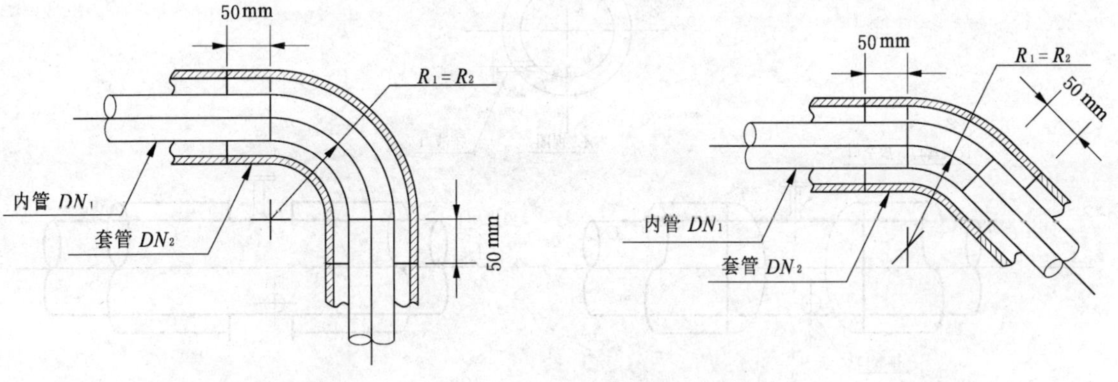

a） 90° 夹套管弯头　　　　b） 45° 夹套管弯头

图7.2.3-2　90°、45° 夹套管弯头

表7.2.3-2　内管和套管弯头曲率半径

内管	公称直径DN_1	25	40	50	80	100	150	200	250	300	350	350
套管	公称直径DN_2	50	80	80	150	150	200	250	350	400	400	450
曲率半径 R	R=3DN	76	114	152	229	305	457	610	762	914	1067	1067
	R=5DN	125	200	250	400	500	750	1000	1250	1500	1750	1750
	R=6DN	150	240	300	480	600	900	1200	1500	1800	2100	2100

c）套管的三通应采用剖切型，型式有横切和纵切两种，见图7.2.3–3；型式的选用应根据实际安装情况确定；

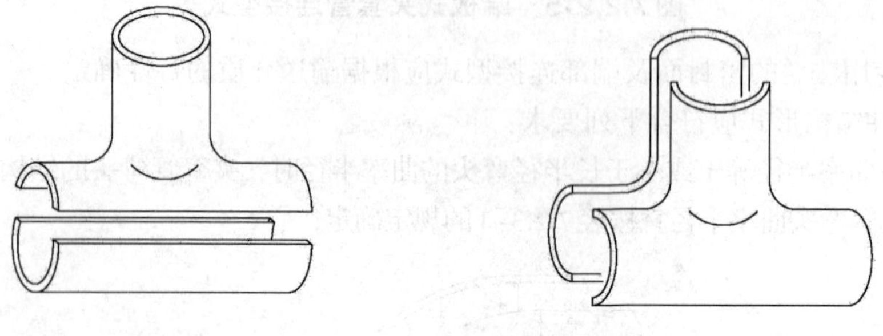

a）　横切型三通　　　　b）　纵切型三通

图7.2.3-3　套管三通剖切型式

d）夹套管变径时，应选用标准的异径管。内管的异径管与套管的异径管的大口端端部应错开布置，相距距离不应小于50mm，其连接型式见图7.2.3–4；

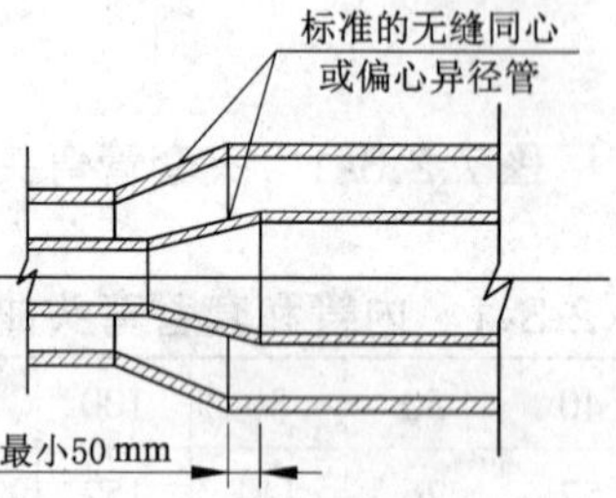

图7.2.3-4　异径管接头

e）夹套管内管的仪表管口、管顶放空口及管底排液口的连接型式见图7.2.3–5或图7.2.3–6。

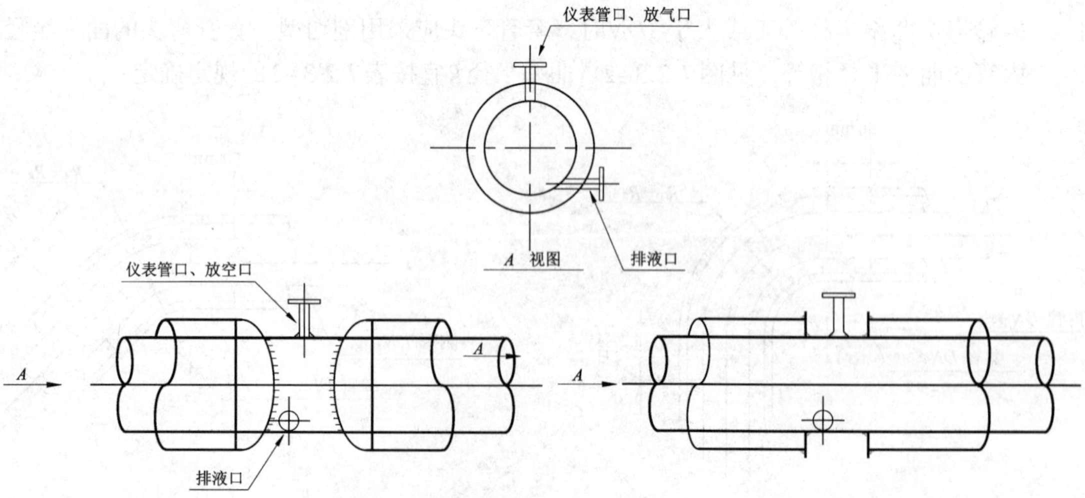

a）　管帽式　　　　b）　端板式

图7.2.3-5　焊缝外露型管口连接

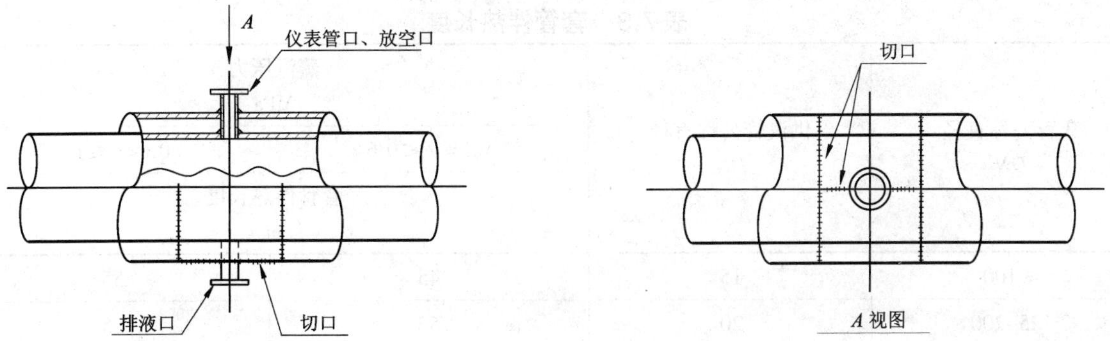

图7.2.3-6 焊缝隐蔽型管口连接

7.2.4 夹套管内管应采用定位板定位，定位板的安装方位不应影响内管的热位移，定位板的布置见图7.2.4。定位板间距宜按表7.2.4的规定取值。

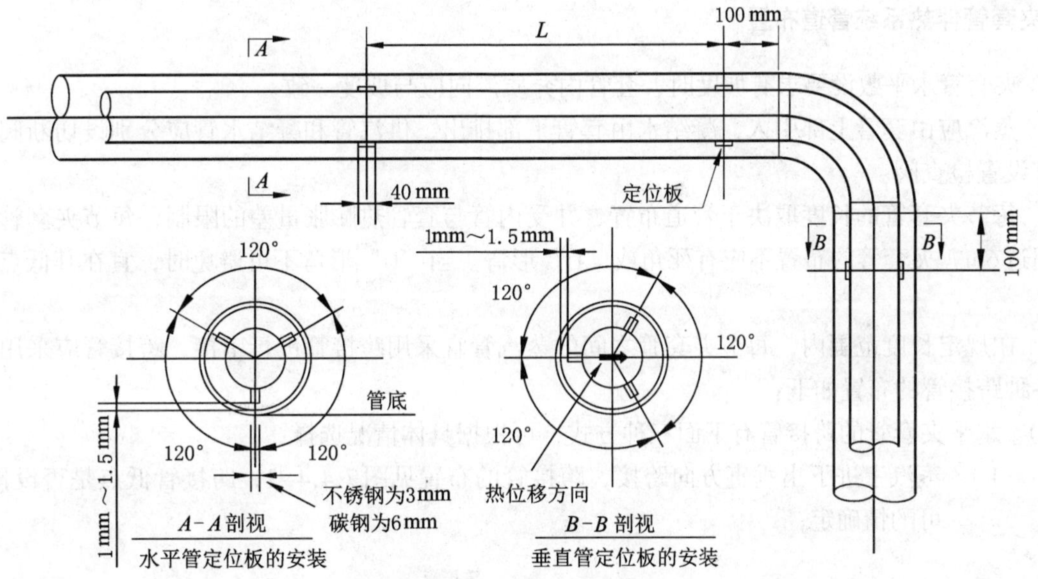

图7.2.4 定位板布置

表7.2.4 定位板间距

内管公称直径 DN	定位板间距L m
≤25	2.0
40	3.0
50~80	4.0
100~300	5.0
350	5.5

7.3 套管伴热长度

除非另有规定外，夹套管蒸汽引入口至凝结水排出口的距离（即套管伴热长度）可按表7.3的规定确定。

表7.3　套管伴热长度

套管公称直径 *DN*	供汽管公称直径 *DN*	蒸汽压力 MPa	
		$0.3\leqslant P\leqslant 0.6$	$0.6<P\leqslant 1.0$
		套管伴热长度 m	
≤100	15	45	55
125~200	20	55	65
250~350	25	55	65
400	40	100	110
450	50	100	110

7.4　夹套管伴热系统管道布置

7.4.1　夹套管水平敷设要求有坡度时，套管内介质流向应与坡度一致。

7.4.2　蒸汽应由套管上部引入，凝结水由套管下部排出，供汽管和凝结水管应分别设切断阀；疏水阀后宜设置检查阀。

7.4.3　每节夹套管的长度取决于管道布置，并受内管与套管热膨胀量差的限制，每节夹套管的长度不宜超过6m。夹套管的布置不应有死角或“U”形弯。当“U”形弯不可避免时，宜在其低点处设排凝口。

7.4.4　在规定长度范围内，每节夹套管之间的蒸汽管宜采用跨接管进行串接，跨接管应采用法兰连接，各种跨接管的布置如下：

a）水平夹套管的跨接管有下面三种方式，可根据具体情况选择：

1）蒸汽上进下出垂直方向跨接，跨接管的布置见图7.4.4-1，跨接管低点是否设排液口，可酌情确定；

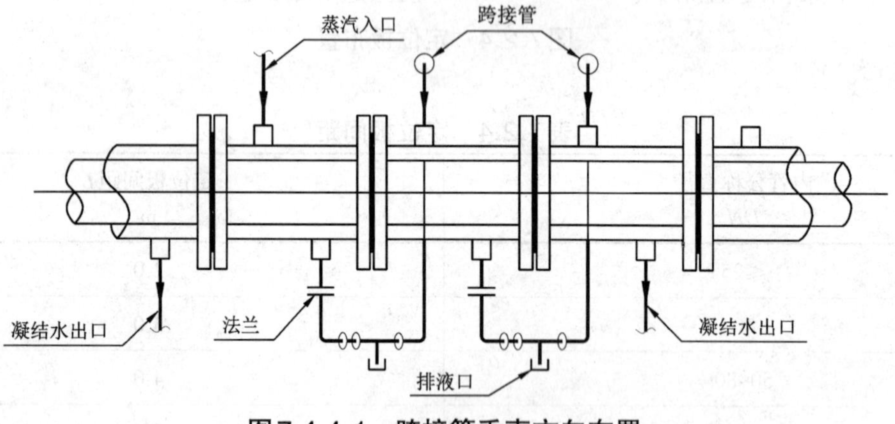

图7.4.4-1　跨接管垂直方向布置

2）在水平夹套管底部切线方向布置跨接管，跨接管的布置见图7.4.4-2；

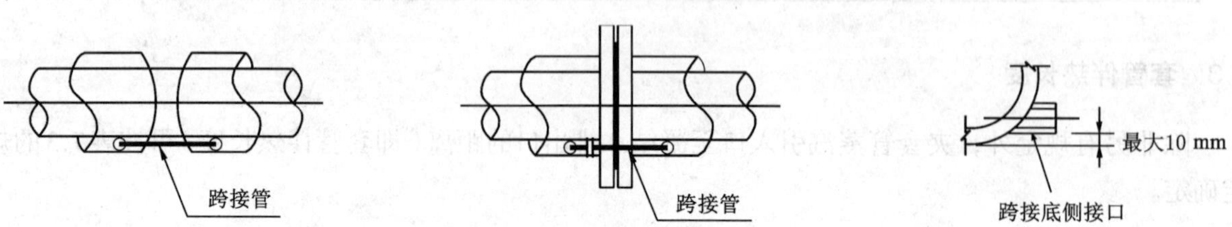

图7.4.4-2　跨接管切线方向布置

3） 在水平夹套管底部布置跨接管，跨接管的布置见图7.7.4-3。

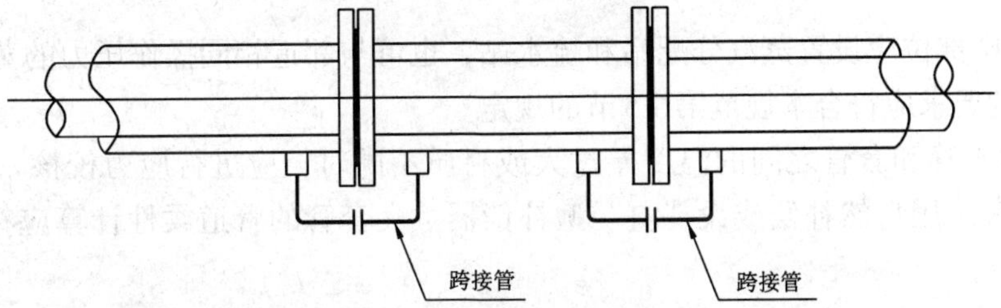

图7.4.4-3 跨接管底部布置

b） 垂直布置夹套管的跨接管见图7.4.4-4；

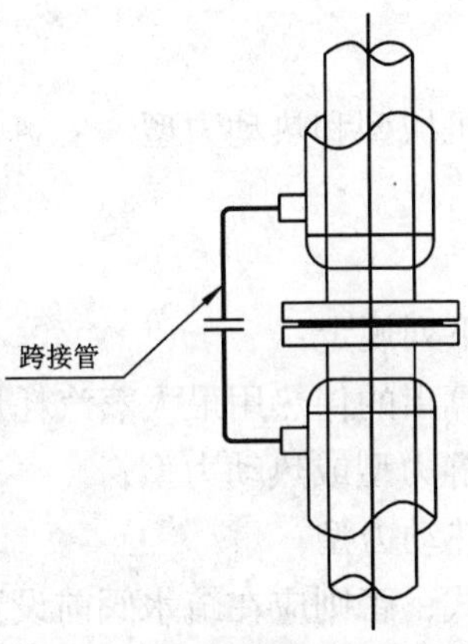

图7.4.4-4 垂直管道跨接管

c） 夹套阀门的跨接管见图7.4.4-5和图7.4.4-6。

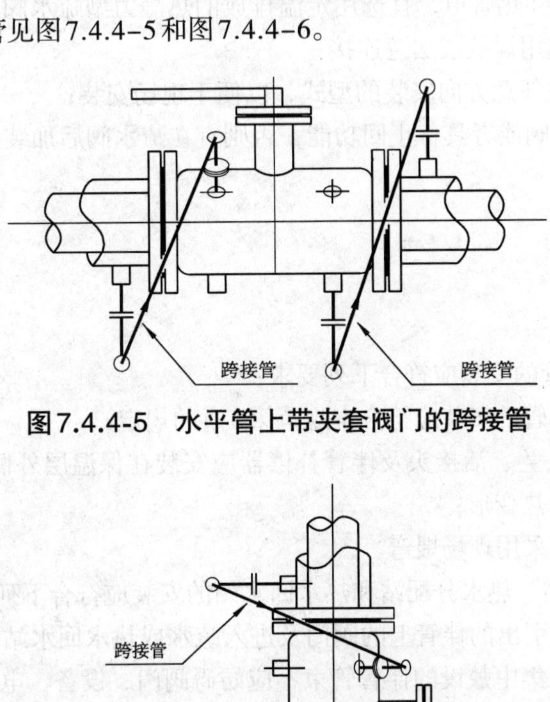

图7.4.4-5 水平管上带夹套阀门的跨接管

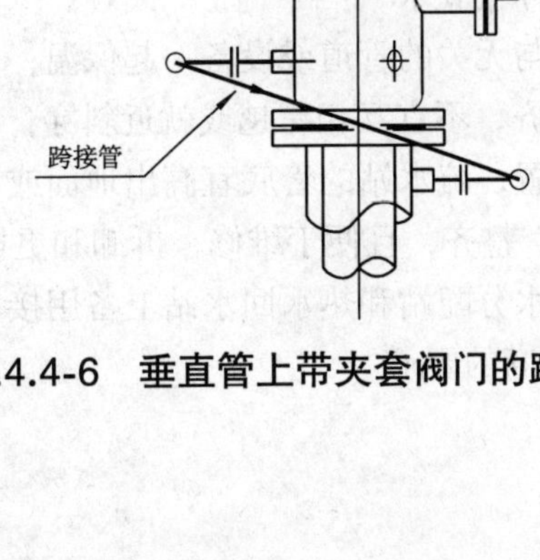

图7.4.4-6 垂直管上带夹套阀门的跨接管

7.4.5 跨接管的连接应防止积液和堵塞，并考虑跨接管的安装空间。跨接管拐弯处宜采用煨弯弯头。

7.4.6 夹套管集中部位应设置蒸汽分配站和疏水站，也可与邻近相同操作压力的蒸汽伴管和凝结水统一考虑。设置的要求应符合本规范第6.5节的规定。

7.4.7 夹套管的内管和套管之间的温度差过大或材质不同时，应进行应力校核。内管产生的热位移需要补偿时，宜采用自然补偿或设“Π”型补偿器。夹套管的管道柔性计算应符合SH/T 3041的规定。

8 疏水阀的型式和选用

8.1 疏水阀的型式

疏水阀的基本型式有热静力型、机械型和热动力型。

8.2 蒸汽疏水阀的选用

伴热用蒸汽疏水阀的选用应符合下列规定：

a） 疏水阀的热水排量应大于计算出的伴热用最大蒸汽耗量；

b） 蒸汽伴管用的疏水阀可用热静力型或热动力型；

c） 蒸汽夹套管的疏水阀宜选用热动力型；

d） 疏水阀宜选用内置过滤网型式，否则应在疏水阀前设置Y型过滤器；

e） 若选用热动力型疏水阀时，冷凝水管道的背压不应超过上游压力的80%；

f） 冷凝水就地排放的伴热管道，宜选用定温排放的热静力型疏水阀；

g） 伴热用疏水阀宜选用焊接或法兰连接；

h） 疏水阀宜选用可在任意方向安装的型式，以便于现场安装；

i） 疏水阀宜内置止回阀或者具备止回功能，否则宜在疏水阀后加装止回阀。

9 安装要求

9.1 伴热系统管道的安装

9.1.1 蒸汽伴管和热水伴管的安装应符合下列要求：

a） 蒸汽伴管和热水伴管的安装应符合本规范第6章的规定；

b） 伴管上可拆卸的法兰、活接头及伴管补偿器应安装在保温层外侧，保温层上开缝尺寸不应影响伴管补偿器的热变形；

c） 伴管改变方向时宜采用现场煨弯。

9.1.2 蒸汽分配站和疏水站、热水分配站和热水回水站的安装应符合下列要求：

a） 蒸汽或热水分配站引出的伴管上的阀门及进入疏水或热水回水站的伴管上阀门应便于操作；

b） 伴管宜集中敷设。集中敷设的伴管管束不应妨碍阀门、设备、电气和仪表等的操作和维修，并满足操作和维修所需的净空要求；

c） 集中敷设的伴管管束不应与无关的管道或设备一起保温；

d） 伴管管束的敷设应排列整齐，不宜互相跨越或就近斜穿；

e） 疏水站宜安装在最低的位置；疏水站的管底宜高出地面或平台500mm；

f） 疏水阀的安装位置应协调、整齐，且便于维修、拆卸和更换；

g） 蒸汽分配站和疏水站、热水分配站和热水回水站上备用接头应用管帽或法兰盖封堵。

9.1.3 导热胶泥的安装应符合制造商的要求。

9.1.4 蒸汽分配站和疏水站、热水分配站和热水回水站以及与其相连的伴管应标志，标志的内容应符合设计文件的要求。标志应采用钢印，字迹应清晰；标志的标牌材料宜采用铝或不锈钢，并拴挂在相应的伴管中。

9.1.5 伴管的施工质量验收应符合GB 50517的有关规定。

9.2 夹套管的安装

9.2.1 夹套管的安装应符合下列要求：

a） 除夹套管的供汽管和疏水管外，夹套管的主体部分应预制；

b） 夹套管预制时，应预留调整管段，管段的调节裕量宜为50mm~100mm，调整管段的接缝位置应避开套管开口处；

c） 内管焊缝隐蔽型夹套管，在内管焊缝处的套管应留150mm长的缺口，待内管焊缝经100%射线检测，试压合格后，方可进行隐蔽作业；

d） 夹套管经剖切后安装时，纵向焊缝应置于易检修部位；

e） 套管与内管间的间隙应均匀，并应按设计文件的要求焊接定位板。定位板不得妨碍内管与套管的热变形。

9.2.2 夹套管的施工及验收应符合SH/T 3546的有关规定。

ICS 75.020
P 72
备案号：J232-2016

SH

中华人民共和国石油化工行业标准

SH/T 3041—2016
代替 SH/T 3041—2002

石油化工管道柔性设计规范

Specification for design of piping flexibility in petrochemical industry

2016-01-15 发布　　2016-07-01 实施

中华人民共和国工业和信息化部　发布

目　次

Contents

前言

根据国家工业和信息化部《2013年第二批行业标准计划》(工信厅科[2013]102号)的要求，规范编制组经广泛调查研究，认真总结实践经验，参考有关国际标准和国外先进标准，并在广泛征求意见的基础上，修订本规范。

本规范共分6章和5个附录。

本规范的主要技术内容是：规定了石油化工非埋地碳素钢、合金钢及不锈钢管道的柔性设计方法、计算参数和评定标准。

本规范是在SH/T 3041—2002《石油化工管道柔性设计规范》的基础上修订而成。修订的主要技术内容是：

——基本规定中增加了动荷载的影响；

——计算参数的确定中删除了三个方向的冷紧比不同时，冷紧值的计算；

——评定标准中增加了一次应力的校核条件，修改了二次应力的校核条件；删除了设备或固定点上的推力和力矩的计算；

——附录A中增加了钢材单位线膨胀量；

——附录D中增加了对焊法兰、平焊法兰、承插焊法兰、松套法兰以及螺纹法兰等管件的柔度系数和应力增强系数。

本规范由中国石油化工集团公司负责管理，由中国石油化工集团公司配管设计技术中心站负责日常管理，由中国石化工程建设有限公司负责具体技术内容的解释。执行过程中如有意见和建议，请寄送管理单位和主编单位。

本规范日常管理单位：中国石油化工集团公司配管设计技术中心站

通信地址：北京市朝阳区安慧北里安园21号

邮政编码：100101

电　　话：010-84877282

传　　真：010-64949514

本规范主编单位：中国石化工程建设有限公司

通信地址：北京市朝阳区安慧北里安园21号

邮政编码：100101

本规范主要起草人员：马金国　唐永进　张发有

本规范主要审查人员：李永红　葛春玉　丘　平　王金富　汪建羽　岳志波　雷云周　杨平辉　丛　林　袁　灿　康久常　张德姜　张宝江　陈永亮　杨　青　安　威　许　丹　张　波　张奉忠　胡晓应　吴英敏　高进中　王晓伟

本规范1991年首次发布，2002年第1次修订，本次为第2次修订。

石油化工管道柔性设计规范

1 范围

本规范规定了石油化工非埋地碳素钢、合金钢及不锈钢管道的柔性设计方法、计算参数和评定标准。

本规范适用于石油化工非埋地碳素钢、合金钢及不锈钢管道的柔性设计。

2 规范性引用文件

下列文件对于本规范的应用是必不可少的。凡是注日期的引用文件，仅注日期的版本适用于本规范。凡是不注日期的引用文件，其最新版本（包括所有的修改单）适用于本规范。

GB 3087 低中压锅炉用无缝钢管

GB/T 3091 低压流体输送用焊接钢管

GB 5310 高压锅炉用无缝钢管

GB 6479 高压化肥设备用无缝钢管

GB/T 8163 输送流体用无缝钢管

GB 9948 石油裂化用无缝钢管

GB/T 12771 流体输送用不锈钢焊接钢管

GB/T 14976 流体输送用不锈钢无缝钢管

SH/T 3039 石油化工非埋地管道抗震设计通则

API Std 610 石油、石油化工和天然气工业用离心泵（Centrifugal Pumps for Petroleum, Petrochemical and Natural Gas Industries）

API Std 617 石油、化工和气体工业用轴流、离心压缩机及膨胀机-压缩机（Axial and Centrifugal Compressors and Expander-compressors for Petroleum, Chemical and Gas Industry Services）

ASME B 16.5 管法兰和管件（Pipe Flanges and Flanged Fittings）

ASME B 16.9 工厂制造的锻钢对焊管件（Factory-Made Wrought Buttwelding Fittings）

ASME B 16.11 承插焊式和螺纹式锻造管件（Forged Fittings, Socket-Welding and Threaded）

ASME B 31.3 工艺管道（Process Piping）

NEMA SM 23 用于机械驱动的汽轮机（Steam Turbines for Mechanical Drive Service）

3 基本规定

3.1 管道系统在各种工况下应具有足够的柔性，不得因热胀冷缩、端点附加位移、管道支承设置不当等造成下列问题：

a） 管道应力过大或金属疲劳引起管道破坏；

b） 管道连接处产生泄漏；

c） 管道推力和/或力矩过大，使与其相连接的设备产生过大的应力或变形，影响设备正常运行；

d） 管道推力和/或力矩过大引起管道支吊架破坏。

3.2 在管道柔性设计中，应计及下列管道端点的附加位移：

a） 静设备热胀冷缩对连接管道施加的附加位移；

b） 转动机器热胀冷缩对连接管道施加的附加位移；

c） 加热炉对连接管道施加的附加位移；

d） 储罐等设备基础沉降对连接管道施加的附加位移；

e） 支管不与主管一起分析时，主管对支管施加的附加位移。

3.3 对于复杂的管道系统可用固定点将其划分成几个形状较为简单的管系，再进行分析计算。

3.4 确定管道固定点位置时，应使两固定点间的管道能够满足柔性要求。

3.5 管道设计宜利用改变管道走向增加柔性。当受条件限制时，可采用补偿器增加柔性。

3.6 有毒介质或可燃介质管道不得采用填料函式补偿器。

3.7 采用Π形补偿器时，Π形补偿器宜设置在管道两固定点中部。

3.8 与转动机器连接的管道不得采用冷紧。

3.9 管道采用冷紧时，冷紧有效系数宜取三分之二。

3.10 在管道柔性设计中，应计及支架摩擦力的影响，摩擦系数应按表3.10的规定选取。

表3.10 摩擦系数

摩擦类型	接触面	摩擦系数μ
滑动摩擦	钢–混凝土	0.6
	钢–钢	0.3
	聚四氟乙烯–不锈钢	0.1
滚动摩擦	钢–钢	0.1

3.11 当采用吊杆或弹簧吊架承受管道荷载时，可不计及摩擦力的影响。

3.12 往复式压缩机和往复泵的进出口管道除应进行柔性设计外，还应进行振动分析。

3.13 管道柔性设计应计及下列动荷载：

a） 水力冲击、流体流速变化和柱塞流等情形产生的冲击力；

b） 露天布置的管道受到的风荷载；

c） 地震荷载；

d） 流体排放产生的反作用力。

4 分析方法和范围

4.1 管道柔性设计包括简化分析方法和计算机分析方法。分析方法应根据管道所连接的设备类型、管道操作温度和公称直径等条件确定。

4.2 下列管道宜采用计算机分析方法进行柔性设计：

a） 操作温度高于等于400℃或低于等于–70℃的管道；

b） 进出加热炉及蒸汽发生器的高温管道；

c） 进出反应器的高温管道；

d） 进出汽轮机的蒸汽管道；

e） 进出离心压缩机、往复式压缩机的工艺管道；

f） 与离心泵连接的管道，可根据设计要求或按图4.2确定柔性设计方法；

g） 设备管口有特殊受力要求的管道；

h） 利用简化分析方法分析后，表明需要进一步详细分析的管道。

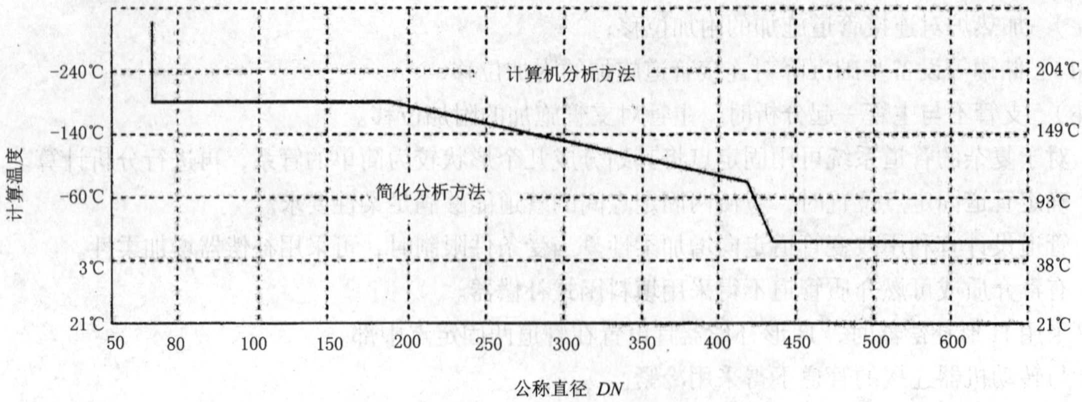

图4.2 离心泵柔性设计方法的选择

4.3 下列管道可不进行柔性计算：

a） 与运行良好的管道柔性相同或基本相当的管道；

b） 和已分析的管道比较，确认有足够柔性的管道；

c） 对具有同一直径、同一壁厚、无支管、不多于两个固定点、无中间约束并能满足公式（4.3-1）~公式（4.3-3）要求的非极度危害和非高度危害介质管道，且不适用于下列管道：

1） 在剧烈循环条件下运行，有疲劳危险的管道；

2） 管件应力增强系数大于或等于5的大直径薄壁管道；

3） 不在连接固定点方向的端点附加位移量占总位移量大部分的管道；

4） 不等腿“U”形弯管，或近似直线的锯齿状管道。

$$\frac{D_o Y}{(L-U)^2} \leqslant K_1 \quad \cdots\cdots (4.3\text{-}1)$$

$$Y=\sqrt{\Delta X^2+\Delta Y^2+\Delta Z^2} \quad \cdots\cdots (4.3\text{-}2)$$

$$K_1 = 208\ 000\frac{S_A}{E_a} \quad \cdots\cdots (4.3\text{-}3)$$

式中：

D_o——管道外径，mm；

Y——管道总线位移全补偿值，mm；

L——管道在两固定点间的展开长度，m；

U——管道两固定点间的直线距离，m；

K_1——判断系数；

ΔX——管道沿坐标轴X方向的线位移全补偿值，mm；

ΔY——管道沿坐标轴Y方向的线位移全补偿值，mm；

ΔZ——管道沿坐标轴Z方向的线位移全补偿值，mm；

S_A——允许位移应力范围，MPa；

E_a——冷态的弹性模量，MPa。

5 计算参数

5.1 管道计算温度应根据工艺条件及下列规定确定：

a） 对于无绝热层管道，介质温度低于65℃时，计算温度应取介质温度；介质温度等于或高于

65℃时，计算温度应取介质温度的95%；

b） 对于有绝热层管道，除另有计算或经验数据外，计算温度应取介质温度；

c） 对于夹套管道，计算温度应取内管或套管介质温度的较高者；

d） 对于外伴热管道，计算温度应根据具体条件确定；

e） 对于衬里管道，计算温度应根据计算或经验数据确定；

f） 对于安全泄压管道，计算温度应取排放时可能出现的最高或最低温度；

g） 进行管道柔性设计时，计算温度的选取应计及正常操作温度，还应计及开车、停车、除焦、再生及蒸汽吹扫等工况的温度。

5.2 除另有规定外，管道安装温度宜取20℃。

5.3 管道计算压力应取计算温度下对应的压力。

5.4 当管道端点无附加角位移时，管道线位移全补偿值应按下列公式计算。

$$\Delta X = \Delta X^{B} - \Delta X^{A} - \Delta X_{t}^{AB} \quad \text{(5.4-1)}$$

$$\Delta Y = \Delta Y^{B} - \Delta Y^{A} - \Delta Y_{t}^{AB} \quad \text{(5.4-2)}$$

$$\Delta Z = \Delta Z^{B} - \Delta Z^{A} - \Delta Z_{t}^{AB} \quad \text{(5.4-3)}$$

$$\Delta X_{t}^{AB} = \alpha_{t}(X_{B} - X_{A})(T - T_{o}) \quad \text{(5.4-4)}$$

$$\Delta Y_{t}^{AB} = \alpha_{t}(Y_{B} - Y_{A})(T - T_{o}) \quad \text{(5.4-5)}$$

$$\Delta Z_{t}^{AB} = \alpha_{t}(Z_{B} - Z_{A})(T - T_{o}) \quad \text{(5.4-6)}$$

式中：

ΔX^{B}——管道的末端B沿坐标轴X方向的附加线位移，mm；

ΔX^{A}——管道的始端A沿坐标轴X方向的附加线位移，mm；

ΔX_{t}^{AB}——管道AB沿坐标轴X方向的热伸长值，mm；

ΔY^{B}——管道的末端B沿坐标轴Y方向的附加线位移，mm；

ΔY^{A}——管道的始端A沿坐标轴Y方向的附加线位移，mm；

ΔY_{t}^{AB}——管道AB沿坐标轴Y方向的热伸长值，mm；

ΔZ^{B}——管道的末端B沿坐标轴Z方向的附加线位移，mm；

ΔZ^{A}——管道的始端A沿坐标轴Z方向的附加线位移，mm；

ΔZ_{t}^{AB}——管道AB沿坐标轴Z方向的热伸长值，mm；

α_{t}——管道材料在安装温度与计算温度间的平均线膨胀系数，mm/mm℃；

X_{B}——管道末端B的X坐标值，mm；

X_{A}——管道始端A的X坐标值，mm；

T——管道计算温度，℃；

T_{o}——管道安装温度，℃。

Y_{B}——管道末端B的Y坐标值，mm；

Y_{A}——管道始端A的Y坐标值，mm；

Z_{B}——管道末端B的Z坐标值，mm；

Z_{A}——管道始端A的Z坐标值，mm；

5.5 钢材平均线膨胀系数和钢材单位线膨胀量参见本规范附录A。

5.6 钢材弹性模量参见本规范附录B。

5.7 计算位移应力范围时，管道材料的弹性模量应取安装温度下钢材的弹性模量。

6 评定标准

6.1 常用钢管材料的许用应力参见本规范附录C。

6.2 持续荷载作用下一次应力应符合下列规定：

a） 管道组成件的壁厚包括补强符合相关要求时，由内压产生的应力是安全的；

b） 管道组成件的壁厚及其刚度符合相关要求时，由外压产生的应力是安全的；

c） 管道系统由于压力、重力等持续荷载产生的应力之和，不应超过材料在对应循环工况最高温度下的许用应力，应力应按下列公式计算和评定。

$$S_L \leqslant S_h \tag{6.2-1}$$

$$S_L = \sqrt{\left(\left|S_a\right| + S_b\right)^2 + \left(2S_t\right)^2} \tag{6.2-2}$$

$$S_a = \frac{I_a F_a}{A_p} \tag{6.2-3}$$

$$S_b = \frac{\sqrt{(I_i M_i)^2 + (I_o M_o)^2}}{Z} \tag{6.2-4}$$

$$S_t = \frac{I_t M_t}{2Z} \tag{6.2-5}$$

式中：

S_L——持续荷载如压力和重力产生的应力，MPa；

S_h——材料在对应循环工况最高金属温度下的许用应力，最大取138MPa，MPa；

S_a——持续纵向力产生的应力，MPa；

S_b——持续弯矩产生的应力，MPa；

S_t——持续扭矩产生的应力，MPa；

F_a——持续载荷如压力和重力产生的纵向力，N；

I_a——持续纵向力指标，在缺少更多应用数据时，取1.0；

A_p——名义壁厚减去壁厚裕量的管子横截面积，mm^2；

I_i——平面内持续力矩指数，在缺少更多应用数据时，取0.75倍平面内应力增大系数i_i和1.0两者中的较大值；

M_i——由持续载荷如压力和重力产生的平面内的弯矩，N·mm；

I_o——平面外持续力矩指数，在缺少更多应用数据时，取0.75倍平面外应力增大系数i_o和1.0两者中的较大值；

M_o——由持续载荷如压力和重力产生的平面外的弯矩，N·mm；

Z——名义壁厚减去壁厚裕量的管子截面模量，mm^3；

I_t——持续扭矩指标，在缺少更多应用数据时，取1.0；

M_t——由持续载荷如压力和重力产生的扭矩，N·mm。

6.3 偶然荷载与持续荷载共同作用下一次应力的校核条件宜符合下列规定：

a） 管道在工作状态下，由内压和自重等持续荷载以及风或地震等偶然载荷所产生的纵向应力之和，当偶然荷载作用时间每次不超过10h，且每年累计不超过100h时，可取材料许用应力的1.33倍，当偶然荷载作用时间每次不超过50h，且每年累计不超过500h时，可取材料许用应力的1.2倍；

b） 管道地震验算应符合SH/T 3039的规定；

c） 风荷载和地震荷载不需同时计及。

6.4 位移应力范围的校核应符合下列规定：

a） 管道由于热胀、冷缩和其他位移受约束而产生的最大的计算位移应力范围S_E不得大于按公式（6.4-6）计算的允许位移应力范围S_A：

$$S_E \leqslant S_A \tag{6.4-1}$$

$$S_E = \sqrt{\left(\left|S_a'\right| + S_b'\right)^2 + \left(2S_t'\right)^2} \tag{6.4-2}$$

$$S_a' = \frac{I_a F_a'}{A_p} \tag{6.4-3}$$

$$S_b' = \frac{\sqrt{(I_i M_i')^2 + (I_o M_o')^2}}{Z} \tag{6.4-4}$$

$$S_t' = \frac{I_t M_t'}{2Z} \tag{6.4-5}$$

$$S_A = f(1.25S_c + 0.25S_h) \tag{6.4-6}$$

式中：

S_E——最大的计算位移应力范围，MPa；

S_A——允许位移应力范围，MPa；

S_a'——由位移应变产生轴向应力的范围，MPa；

F_a'——在任意两种工况之间，由位移应变产生的轴向力的范围，N；

S_b'——合成弯曲应力的范围，MPa；

M_i'——在任意两种工况之间，由位移应变产生的平面内弯矩的范围，N·mm；

M_o'——在任意两种工况之间，由位移应变产生的平面外弯矩的范围，N·mm；

S_t'——扭转应力的范围，MPa；

M_t'——在任意两种工况之间，由位移应变产生的扭矩的范围，N·mm；

f——应力范围系数；

S_c——材料在对应循环工况最低金属温度下的许用应力，最大取138MPa，MPa。

b）当S_h大于S_L时，其差值可以加到公式（6.4-6）中的$0.25S_h$项上，在此情况下，许用应力范围可按公式（6.4-7）计算；

$$S_A = f[1.25(S_c + S_h) - S_L] \tag{6.4-7}$$

c）公式（6.4-6）和公式（6.4-7）中的应力范围系数f可按公式（6.4-8）至公式（6.4-10）计算或通过图6.4查得。

$$f = 6.0[N]^{-0.2} \leqslant f_m \tag{6.4-8}$$

$$N = N_E + \sum_{i=1}^{n}\left(r_i^5 N_i\right) \tag{6.4-9}$$

$$r_i = S_i / S_E \tag{6.4-10}$$

式中：

f_m——应力范围系数的最大值。对于规定最小抗拉强度小于或等于517MPa且循环条件下最高金属温度小于或等于371℃时，铁基材料应力范围系数的最大值为1.2；其他情况应力范围系数的最大值为1.0；

N——管道系统在预期寿命期内全部位移循环当量数；

N_E——最大位移应力范围S_E的循环次数；

N_i——位移应力范围S_i的循环次数；

r_i——应力范围的比值；

S_i——小于最大位移应力范围S_E的第i次计算位移应力范围，MPa。

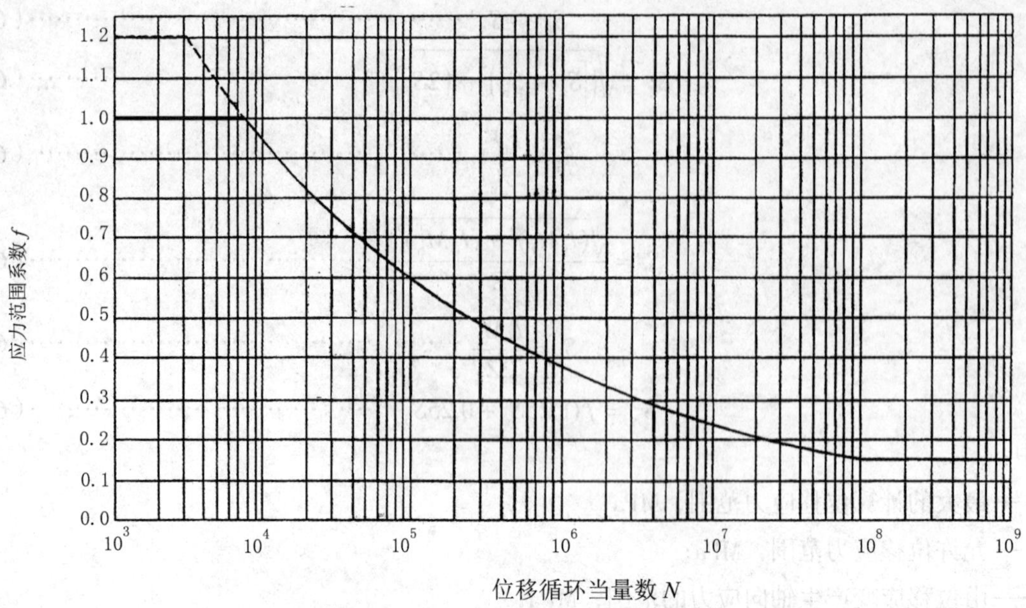

图6.4 应力范围系数f与位移循环当量数N之间的关系

6.5 对弯头、三通等连接处应考虑柔度系数和应力增强系数，柔度系数和应力增强系数的计算应符合本规范附录D的规定。

6.6 对于剧烈循环工况和极度危害介质的管道，当管道法兰连接承受较大附加外荷载时，应校核法兰的承载能力。

6.7 压力容器管口的允许推力和力矩应由压力容器设计单位提出，否则，管道施加在压力容器管口允许推力和力矩应由压力容器设计单位确认。

6.8 加热炉接管的允许推力和力矩应由加热炉设计单位提出，否则，管道施加在加热炉接管允许推力和力矩应由加热炉设计单位确认。

6.9 转动机器管口的允许推力和力矩应由制造厂提出，当制造厂无数据时，可按下列规定进行核算：

a）离心泵管口的允许推力和力矩可符合API Std 610的规定；

b）蒸汽轮机管口的允许推力和力矩可符合NEMA SM23的规定；

c）离心压缩机管口的允许推力和力矩可符合API Std 617的规定。

附　录　A

（资料性附录）

钢材平均线膨胀系数和钢材单位线膨胀量

A.1　钢材平均线膨胀系数可按表A.1的规定选取。

表A.1　钢材平均线膨胀系数

温　度 ℃	在下列温度与20℃之间的平均线膨胀系数 10^{-6}/℃				
	碳素钢 碳钼钢 低铬钼钢 （至Cr3Mo）	中铬钼钢 （Cr5Mo~Cr9Mo）	奥氏体不锈钢 （Cr18Ni9~Cr19Ni14）	高铬钢 （Cr13~Cr17）	Cr25Ni20
−196	—	—	14.67	—	—
−150	—	—	15.08	—	—
−100	9.89	—	15.45	—	—
−50	10.39	9.77	15.97	8.95	—
0	10.76	10.16	16.28	9.29	—
50	11.12	10.52	16.54	9.59	—
100	11.53	10.91	16.84	9.94	15.84
150	11.88	11.15	17.06	10.20	15.98
200	12.25	11.39	17.25	10.45	16.05
250	12.56	11.66	17.42	10.67	16.06
300	12.90	11.90	17.61	10.96	16.07
350	13.24	12.15	17.79	11.19	16.11
400	13.58	12.38	17.99	11.41	16.13
450	13.93	12.63	18.19	11.61	16.17
500	14.22	12.86	18.34	11.81	16.33
550	14.42	13.05	18.58	11.97	16.56
600	14.62	13.18	18.71	12.11	16.66
650	—	—	18.87	—	16.91
700	—	—	18.97	—	17.14

A.2　钢材单位线膨胀量可按表A.2的规定选取。

表A.2　钢材单位线膨胀量

温　度 ℃	在下列温度与20℃之间的线膨胀量 mm/m				
	碳素钢 碳钼钢 低铬钼钢 （至Cr3Mo）	中铬钼钢 （Cr5Mo~Cr9Mo）	奥氏体不锈钢 （Cr18Ni9~Cr19Ni14）	高铬钢 （Cr13~Cr17）	Cr25Ni20
−196	−1.96	−1.84	−3.18	−1.69	—
−150	−1.62	−1.53	−2.58	−1.39	—

表A.2 钢材单位线膨胀量（续）

温 度 ℃	在下列温度与20℃之间的线膨胀量 mm/m				
	碳素钢 碳钼钢 低铬钼钢 （至Cr3Mo）	中铬钼钢 （Cr5Mo~Cr9Mo）	奥氏体不锈钢 （Cr18Ni9~Cr19Ni14）	高铬钢 （Cr13~Cr17）	Cr25Ni20
−100	−1.20	−1.13	−1.88	−1.03	—
−50	−0.74	−0.71	−1.15	−0.64	—
0	−0.23	−0.21	−0.34	−0.20	—
50	0.33	0.31	0.48	0.28	0.46
100	0.91	0.86	1.33	0.78	1.25
150	1.53	1.44	2.20	1.32	2.07
200	2.19	2.04	3.09	1.87	2.87
250	2.88	2.67	3.99	2.45	3.68
300	3.60	3.32	4.91	3.05	4.48
350	4.35	3.99	5.86	3.67	5.30
400	5.15	4.69	6.81	4.32	6.11
450	5.97	5.43	7.80	4.98	6.93
500	6.79	6.15	8.79	5.65	7.81
550	7.62	6.89	9.82	6.34	8.76
600	8.47	7.64	10.84	7.01	9.66
650	9.28	8.39	11.87	7.69	10.64
700	10.11	9.15	12.88	8.36	11.63

附　录　B
（资料性附录）
钢材弹性模量

钢材弹性模量可按表B的规定选取。

表B　钢材弹性模量

温　度 ℃	弹　性　模　量 10^3MPa				
	碳素钢 （C≤0.3%）	碳钼钢 低铬钼钢 （至Cr3Mo）	中铬钼钢 （Cr5Mo~Cr9Mo）	奥氏体不锈钢 （至Cr25Ni20）	高铬钢 （Cr13~Cr17）
−196	—	—	—	210	—
−150	—	—	—	207	—
−100	—	—	—	205	—
−20	194	208	191	199	203
20	192	206	189	195	201
100	191	203	187	191	198
150	189	200	185	187	195
200	186	198	182	184	191
250	183	194	180	181	187
300	179	190	176	177	181
350	173	186	173	173	175
400	165	180	169	169	165
450	150	174	165	164	156
475	133	170	163	162	153
500	—	165	161	160	—
550	—	153	156	155	—
600	—	138	150	151	—
650	—	—	—	147	—
700	—	—	—	143	—

附 录 C
（资料性附录）
常用钢管许用应力

C.1 碳素钢钢管许用应力可按表C.1的规定选取，中间温度的许用应力可按本表中的应力值用内插法求得。

表C.1 碳素钢钢管许用应力

钢 号	钢管标准	使用状态	壁厚 mm	常温强度指标		在下列温度（℃）下的许用应力 MPa																使用温度下限 ℃	备注
				σ_b MPa	σ_s MPa	≤20	100	150	200	250	300	350	400	425	450	475	500	525	550	575	600		
焊接钢管																							
Q235A	GB/T 3091		≤16	375	235	115	115	115	115	115	109	105	—	—	—	—	—	—	—	—	—	-10	—
Q235B	GB/T 3091		≤16	375	235	125	125	125	125	125	119	114	—	—	—	—	—	—	—	—	—	-10	—
无缝钢管																							
10	GB 9948	热轧、正火	≤16	330	205	110	110	110	110	110	104	100	73	65	56	47	—	—	—	—	—	-20	—
10	GB 6479	热轧、正火	≤16	335	205	112	112	112	112	110	104	100	73	65	56	47	—	—	—	—	—		—
			17~40	335	195	112	112	112	112	110	99	95	70	62	53	45	—	—	—	—	—		
10	GB 3087	热轧、正火	全部	335	195	112	112	112	112	110	99	95	70	62	53	45	—	—	—	—	—		—
20	GB/T 8163	热轧、正火	≤16	410	245	137	137	137	137	132	122	116	89	76	62	49	—	—	—	—	—	-20	—
			＞16	410	235	137	137	137	137	129	119	114	87	74	61	48	—	—	—	—	—		
20	GB 3087	热轧、正火	＜15	410	245	137	137	137	137	132	122	116	89	76	62	49	—	—	—	—	—		—
			≥15	410	225	137	137	137	137	124	114	109	83	71	58	46	—	—	—	—	—		
20	GB 9948	热轧、正火	≤16	410	245	137	137	137	137	132	122	116	89	76	62	49	—	—	—	—	—		—
20G	GB 5310	正火	≤16	410	245	137	137	137	137	132	122	116	89	76	62	49	—	—	—	—	—		—
			17~40	410	245	137	137	137	137	132	122	116	89	76	62	49	—	—	—	—	—		

C.2 低合金钢钢管的许用应力可按表C.2的规定选取，中间温度的许用应力可按本表中的应力值用内插法求得。

表C.2 低合金钢钢管许用应力

钢 号	钢管标准	使用状态	壁厚 mm	常温强度指标		在下列温度（℃）下的许用应力 MPa																使用温度下限 ℃	备注
				σ_b MPa	σ_s MPa	≤20	100	150	200	250	300	350	400	425	450	475	500	525	550	575	600		
15CrMo	GB 6479	正火＋回火	≤16	440	235	147	128	124	121	119	116	111	105	104	100	91	82	63	42	—	—	-20	—
15CrMo	GB 6479	正火＋回火	＞16~40	440	225	147	128	124	121	119	116	111	105	104	100	91	82	63	42	—	—	-20	—
15CrMoG	GB 5310	正火＋回火	全部	440	235	147	128	124	121	119	116	111	105	104	100	91	82	63	42	—	—	-20	—
15CrMo	GB 9948	正火＋回火	≤16	440	235	147	128	124	121	119	116	111	105	104	100	91	82	63	42	—	—	-20	—
15CrMo	GB 9948	正火＋回火	＞16~40	440	225	147	128	124	121	119	116	111	105	104	100	91	82	63	42	—	—	-20	—
12Cr2MoG	GB 5310	正火＋回火	≤16	450	280	150	150	150	150	149	148	146	143	140	136	113	92	65	46	31	—	-20	—
12Cr2MoG	GB 5310	正火＋回火	＞16~40	450	270	150	150	147	145	144	143	141	138	135	132	109	92	65	46	31	—	-20	—
12Cr2Mo	GB 6479	正火＋回火	≤16	450	280	150	150	150	150	149	148	146	143	140	136	113	92	65	46	31	—	-20	—
12Cr2Mo	GB 6479	正火＋回火	＞16~40	450	270	150	150	147	145	144	143	141	138	135	132	109	92	65	46	31	—	-20	—
10MoWVNb	GB 6479	正火＋回火	≤16	470	295	157	157	157	156	153	147	141	135	130	126	121	97	—	—	—	—	-20	—
10MoWVNb	GB 6479	正火＋回火	＞16	470	285	157	157	156	150	147	141	135	129	124	119	111	97	—	—	—	—	-20	—

C.3 高合金钢钢管的许用应力可按表C.3的规定选取，中间温度的许用应力可按本表的应力值用内插法求得。

表C.3 高合金钢钢管许用应力

钢号	钢管标准	使用状态	壁厚 mm	在下列温度（℃）下的许用应力 MPa																				使用温度下限 ℃	备注
				≤20	100	150	200	250	300	350	400	425	450	475	500	525	550	575	600	625	650	675	700		
06Cr19Ni10	GB/T 12771	固溶	—	137	137	137	130	122	114	111	107	105	103	101	100	98	91	79	64	52	42	32	27	−253	—
	GB/T 14976		—	138	138	138	130	122	115	111	107	105	103	101	100	97	90	78	63	61	41	33	27		
06Cr18Ni11Ti	GB/T 12771	固溶或稳定化	—	138	138	138	138	134	128	123	119	117	115	115	114	112	92	60	44	33	25	18	13	−253	—
	GB/T 14976		—	138	138	138	138	134	128	123	119	117	115	115	114	112	92	60	44	33	25	18	13		
06Cr17Ni12Mo2	GB/T 12771	固溶	—	138	138	138	133	125	119	114	111	110	108	107	106	106	103	95	81	65	51	39	30	−253	—
	GB/T 14976		—	138	138	138	133	125	119	114	111	110	108	107	106	106	103	95	81	65	51	39	30		
06Cr18Ni11Nb	GB/T 12771	固溶	—	138	138	138	138	137	134	130	128	127	126	125	125	124	107	77	58	40	30	23	16	−253	—
	GB/T 14976		—	138	138	138	138	137	134	130	128	127	126	125	125	124	107	77	58	40	30	23	16		
022Cr19Ni10	GB/T 12771	固溶	—	115	115	115	109	103	98	94	92	90	88	84	73	61	49	41	33	27	22	18	15	−253	—
	GB/T 14976		—	115	115	115	109	103	98	94	92	90	88	84	73	61	49	41	33	27	22	18	15		
022Cr17Ni12Mo2	GB/T 12771	固溶	—	115	115	115	107	101	95	90	87	86	84	82	80	78	76	73	68	58	44	33	25	−253	—
	GB/T 14976		—	115	115	115	107	101	95	90	87	86	84	82	80	78	76	73	68	58	44	33	25		
07Cr18Ni11Nb	GB 5310	固溶	—	138	138	138	138	137	134	130	128	127	126	125	125	124	121	111	92	70	54	42	32	−196	—
	GB 9948		—	138	138	138	138	137	134	130	128	127	126	125	125	124	121	111	92	70	54	42	32		

附　录　D
（规范性附录）
柔度系数和应力增强系数

D.1　柔度系数和应力增强系数的计算应符合表D.1的规定。

表D.1[a]　柔度系数和应力增强系数

类　型	柔度系数 k	应力增强系数[b, c]		柔度特性 h	简　图
		平面外 i_o	平面内 i_i		
焊接弯头或弯管[b, d, e, f, g]	$\frac{1.65}{h}$	$\frac{0.75}{h^{2/3}}$	$\frac{0.9}{h^{2/3}}$	$\frac{\overline{T}R_1}{r_2^2}$	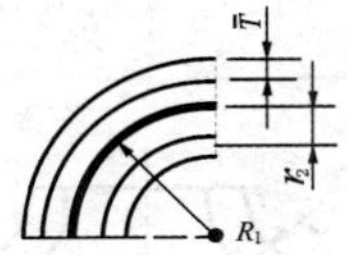
窄间距斜接弯管[b, d, e, g] $s<r_2$（$1+\tan\theta$）	$\frac{1.52}{h^{5/6}}$	$\frac{0.9}{h^{2/3}}$	$\frac{0.9}{h^{2/3}}$	$\frac{\cot\theta}{2}\left(\frac{s\overline{T}}{r_2^2}\right)$	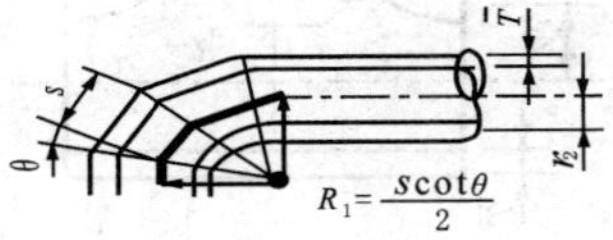
单节斜接弯管或宽间距斜接弯管[b, d, g] $s\geqslant r_2$（$1+\tan\theta$）	$\frac{1.52}{h^{5/6}}$	$\frac{0.9}{h^{2/3}}$	$\frac{0.9}{h^{2/3}}$	$\frac{1+\cot\theta}{2}\left(\frac{\overline{T}}{r_2}\right)$	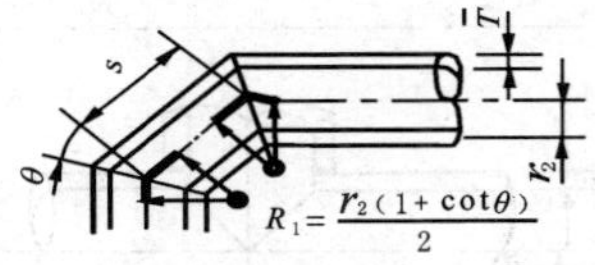
符合ASME B16.9的对焊三通[b, d, f, h, i]	1	$\frac{0.9}{h^{2/3}}$	$\frac{3}{4}i_o+\frac{1}{4}$	$3.1\frac{\overline{T}}{r_2}$	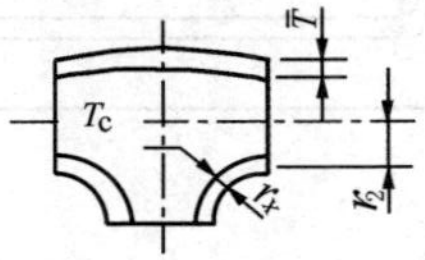
带补强板的焊制三通[b, d, i, j, k]	1	$\frac{0.9}{h^{2/3}}$	$\frac{3}{4}i_o+\frac{1}{4}$	$\frac{\left(\overline{T}+\frac{1}{2}\overline{T}r\right)^{5/2}}{\overline{T}^{3/2}r_2}$	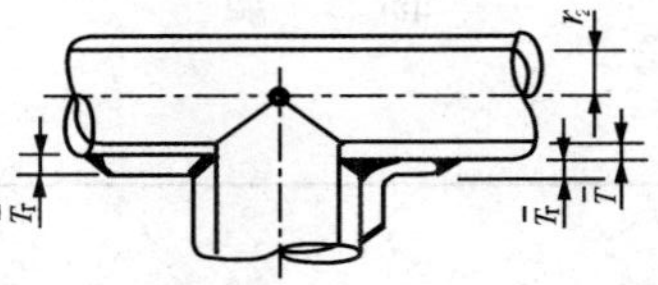

表 D.1[a] 柔度系数和应力增强系数（续）

类型	柔度系数 k	应力增强系数[b, c]		柔度特性 h	简图
		平面外 i_o	平面内 i_i		
不带补强板的焊制三通[b, d, i, k]	1	$\frac{0.9}{h^{2/3}}$	$\frac{3}{4}i_o+\frac{1}{4}$	$\frac{\overline{T}}{r_2}$	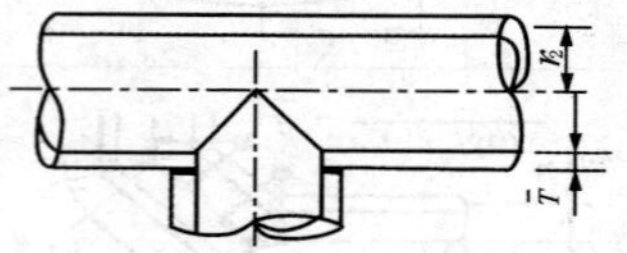
挤压成型的对焊三通[b, d, i] $r_x \geqslant 0.05D_b$ 且 $T_c < 1.5\overline{T}$	1	$\frac{0.9}{h^{2/3}}$	$\frac{3}{4}i_o+\frac{1}{4}$	$\left(1+\frac{r_x}{r_2}\right)\frac{\overline{T}}{r_2}$	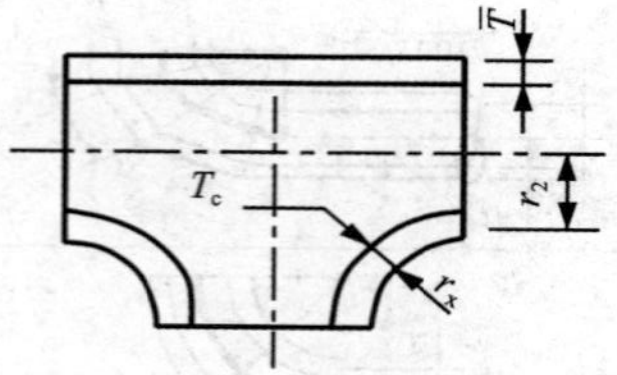
嵌入式焊接管座[b, d, h, i]	1	$\frac{0.9}{h^{2/3}}$	$\frac{3}{4}i_o+\frac{1}{4}$	$3.1\frac{\overline{T}}{r_2}$	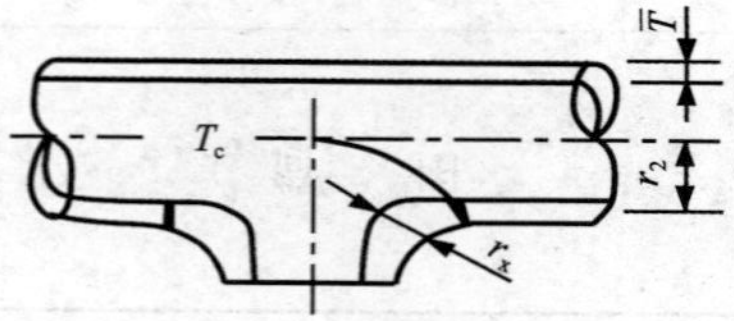
焊接支管座（整体加强）[b, d, k, l]	1	$\frac{0.9}{h^{2/3}}$	$\frac{0.9}{h^{2/3}}$	$3.1\frac{\overline{T}}{r_2}$	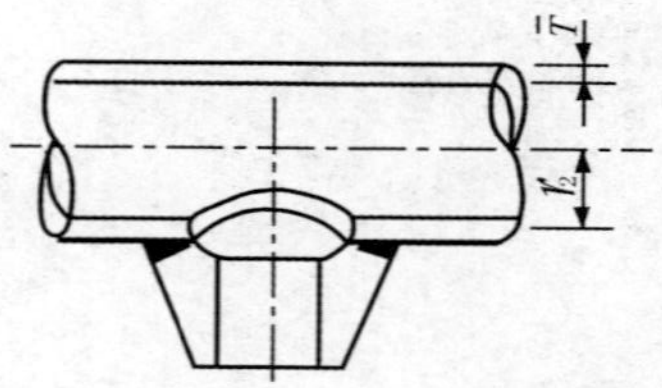

表D.1[a]　柔度系数和应力增强系数（续）

类　型	柔度系数 k	应力增强系数[b, c]		柔度特性 h	简　图
		平面外 i_o	平面内 i_i		
对接焊的接头、异径接头或对焊法兰	1	1.0		—	—
双面焊的平焊法兰	1	1.2		—	—
角焊缝或承插焊缝	1	1.3[m]		—	—
符合ASME B16.5带翻边短节的松套法兰	1	1.6		—	—
螺纹管接头或螺纹法兰	1	2.3		—	—
带波纹的直管或带波纹或折皱的弯头[n]	5	2.5		—	—

[a] 当无直接可使用的数据时，应力增强系数和柔度系数可取表D.1中的数据，该数据仅适用于管道直径D与其壁厚T之比小于或等于100的场合。

[b] 表中的柔度系数k适用于平面内和平面外弯曲。柔度系数k和应力增强系数i在弯头和斜接弯管的有效弧长（图表中粗中心线表示）上以及三通交点上均适用。

[c] 如果需要，平面外应力增强系数i_o和平面内应力增强系数i_i均可取$0.9/h^{2/3}$。

[d] 可从图D.2中按表D.1公式计算得到的柔度特性h值直接查取k值和i值。

表中符号含义如下：

D_b—— 支管外径；

R_1—— 焊制弯头或弯管的弯曲半径；

r_x—— 在主管和支管轴线平面上测得的支管台外缘曲率半径；

r_2—— 主管的平均半径；

s—— 斜接弯管中间短节的中心距；

$\overline{T}$—— 对于弯头和斜接弯管，指管件的名义壁厚；对于三通，指主管的名义壁厚；

T_c—— 图示中在三通交叉处测得的壁厚；

$\overline{T}_r$—— 补强圈或鞍式补强板的厚度；

θ—— 斜接角度的二分之一；

表 D.1[a]　柔度系数和应力增强系数（续）

类　型	柔度系数 k	应力增强系数[b, c]		柔度特性 h	简　图
		平面外 i_o	平面内 i_i		

e　当管件的一端或两端与法兰连接时，表中的 k 值和 i 值应利用系数 C_1 来修正。系数 C_1 可由计算得到的 h 值从图 D.2 上直接查取。

f　需要注意的是铸造成形的对焊管件的壁厚比与其相连管子的壁厚大很多，如不考虑大壁厚带来的影响，柔度系数和应力增强系数可能会有很大的误差。

g　对于直径大、管壁薄的弯头和弯管，内压对 k 值和 i 值会产生显著的影响，因此，对表中的 k 值和 i 值应分别除以下列公式计算的数值进行修正：

对 k 值除以
$$\left[1+6\left(\frac{P_j}{E_j}\right)\left(\frac{r_2}{\overline{T}}\right)^{7/3}\left(\frac{R_1}{r_2}\right)^{1/3}\right]$$

对 i 值除以
$$\left[1+3.25\left(\frac{P_j}{E_j}\right)\left(\frac{r_2}{\overline{T}}\right)^{5/2}\left(\frac{R_1}{r_2}\right)^{2/3}\right]$$

式中：

P_j —— 对应工况下的压力（表压），kPa，$j=1, 2, 3, \cdots$；

E_j —— 对应工况下的弹性模量，MPa，$j=1, 2, 3, \cdots$。

h　如果 $r_x \geqslant 1/8\ D_b$ 并且 $T_c \geqslant 1.5\overline{T}$，柔度特性可取 $4.4\overline{T}/r_2$。

i　三通的应力增强系数是基于在三通两侧连接至少两倍直径长度的直管进行试验得到的。相邻两支管距离较近时（小于两倍直径长度）需特殊考虑。

j　当 $\overline{T}_r > 1.5\overline{T}$ 时，$h=4\overline{T}/r_2$。

k　支管与主管直径比在 0.5 与 1.0 之间时，其平面外应力增强系数也许并非保守。外形为内凹且平滑过渡的焊缝可降低平面外应力增强系数。该情况下，平外应力增强系数的选取由设计人员负责。

l　设计人员须保证这种管件的压力额定值与直管的压力额定值相当。

m　对于与承插焊管件连接的焊缝，应力增强系数是基于假定管子和管件与 ASME B16.11 相匹配，且管子和管件的角焊缝符合 ASME B31.3 图 328.5.2C。对于与承插焊法兰连接的焊缝，应力增强系数的确定是基于其焊缝外形符合 ASME B31.3 图 328.5.2B（3），且已囊括了管子与承插焊管件连接的试验结果中。角焊缝的焊角与管壁圆滑过渡并呈外凹形，如 ASME B31.3 图 328.5.2A 所示，这种结构可以改善焊缝的疲劳性能。

n　所示的柔度系数和应力增强系数适用于弯曲；对于扭曲其柔度系数为 0.9。

D.2 柔度特性h与柔度系数k及应力增强系数i的关系见图D.2。

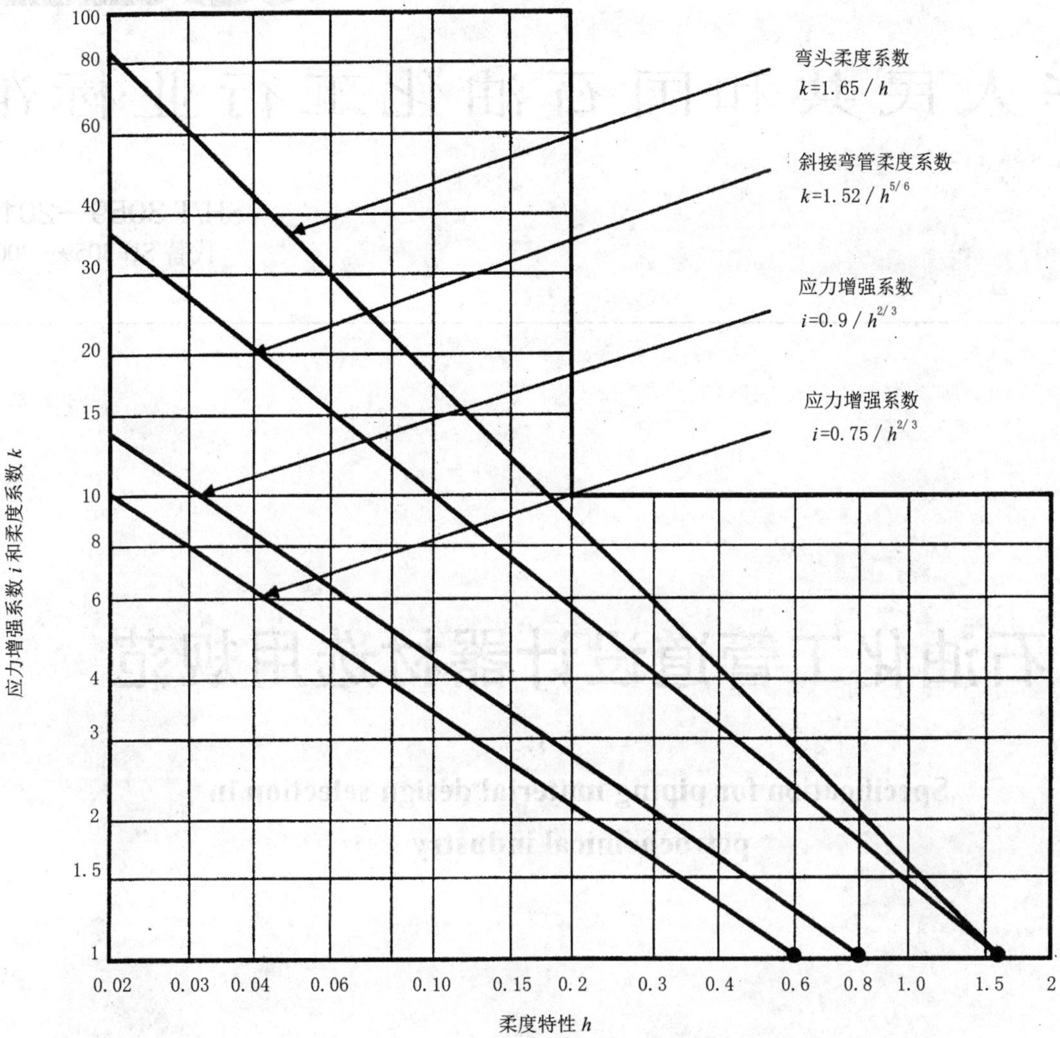

图D.2　柔度特性与柔度系数及应力增强系数的关系

D.3 修正系数c_1见图D.3。

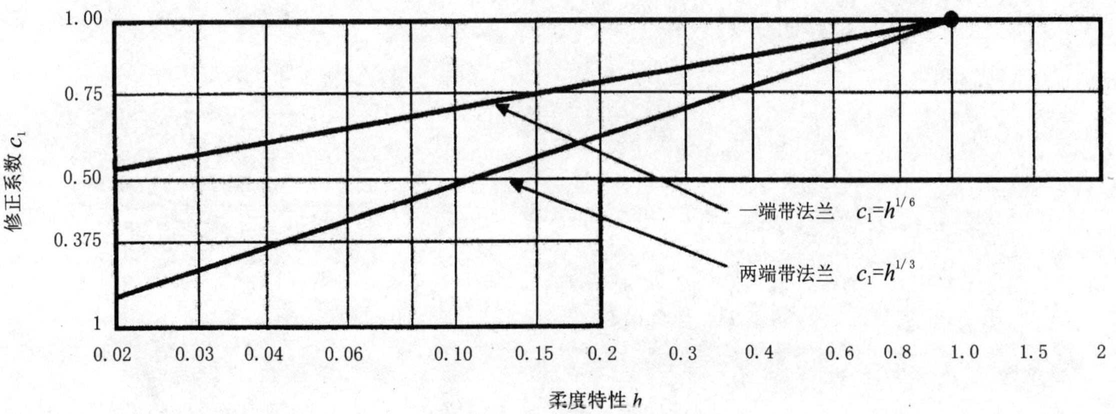

图D.3　修正系数

ICS 23.040
P 72
备案号：J1510-2013

SH

中华人民共和国石油化工行业标准

SH/T 3059—2012
代替 SH 3059—2001

石油化工管道设计器材选用规范

Specification for piping material design selection in petrochemical industry

2012-11-07 发布　　2013-03-01 实施

中华人民共和国工业和信息化部　发布

目　次

Contents

前　言

根据中华人民共和国工业和信息化部《2010年第一批行业标准制修订计划》(工信厅科［2010］74号)的要求，规范编制组经广泛调查研究，认真总结实践经验，参考有关国际标准和国外先进标准，并在广泛征求意见的基础上，修订本规范。

本规范共分8章和5个附录。

本规范的主要技术内容是：石油化工管道的级别、管道设计条件、管道组成件的材料选用要求和计算方法。

本规范是在SH 3059—2001《石油化工企业管道设计器材选用通则》的基础上修订而成。修订的主要技术内容是：

——规范名称更改为《石油化工管道设计器材选用规范》；

——修订了引用标准和附录；

——对原管道级别进行了重新划分；

——增加了高温及腐蚀环境下材料选用的要求；

——增加了异径管壁厚的计算方法。

本规范由中国石油化工集团公司负责管理，由中国石油化工集团公司配管设计技术中心站负责日常管理，由中国石化工程建设有限公司负责具体技术内容的解释。执行过程中如有意见和建议，请寄送管理单位和主编单位。

本规范日常管理单位：中国石油化工集团公司配管设计技术中心站

通信地址：北京市朝阳区安慧北里安园21号

邮政编码：100101

电　　话：010-84877282

传　　真：010-64949514

本规范主编单位：中国石化工程建设有限公司

通信地址：北京市朝阳区安慧北里安园21号

邮政编码：100101

本规范参编单位：中石化洛阳工程有限公司

中石化宁波工程有限公司

中石化上海工程有限公司

本规范主要起草人员：张宝江　杨庆朝　王金富　李永红　汪建羽

本规范主要审查人员：张发有　张德姜　刘　建　雷云周　杨平辉　袁　灿　王少华　李代玉　柯松林　陈永亮　许　丹　张大船　白殿武　李洪波　徐明才　王军防　周卫国　单承家

本规范1994年首次发布，2001年第1次修订，本次为第2次修订。

石油化工管道设计器材选用规范

1 范围

本规范规定了石油化工管道材料的选用、管道组成件的选用要求和计算方法。

本规范适用于石油化工装置中公称压力不大于*PN* 420（CL2500）、设计温度不超过材料允许使用温度范围的管道组成件的选用。本规范不适用于非金属管道。

2 规范性引用文件

下列文件对于本规范的应用是必不可少的。凡是注日期的引用文件，仅注日期的版本适用于本规范。凡是不注日期的引用文件，其最新版本（包括所有的修改单）适用于本规范。

GB 150 钢制压力容器

GB/T 699 优质碳素结构钢

GB/T 710 优质碳素结构钢热轧薄钢板和钢带

GB/T 1220 不锈钢棒

GB/T 2040 铜及铜合金板材

GB/T 2518 连续热镀锌钢板及钢带

GB/T 3280 不锈钢冷轧钢板和钢带

GB/T 3880 一般工业用铝及铝合金板、带材

GB/T 4334 金属和合金的腐蚀 不锈钢晶间腐蚀试验方法

GB 5310 高压锅炉用无缝钢管

GB 6479 高压化肥设备用无缝钢管

GB/T 7306.1 55° 密封管螺纹 第1部分：圆柱内螺纹与圆锥外螺纹

GB/T 7306.2 55° 密封管螺纹 第2部分：圆锥内螺纹与圆锥外螺纹

GB/T 9711 石油天然气工业 管线输送系统用钢管

GB 9948 石油裂化用无缝钢管

GB/T 9971 原料纯铁

GB/T 12232 通用阀门 法兰连接铁制闸阀

GB/T 12233 通用阀门 铁制截止阀与升降式止回阀

GB/T 12234 石油、天然气工业用螺柱连接阀盖的钢制闸阀

GB/T 12235 石油、石化及相关工业用钢制截止阀和升降式止回阀

GB/T 12236 石油、石化及相关工业用钢制旋启式止回阀

GB/T 12237 石油、石化及相关工业用钢制球阀

GB/T 12238 法兰和对夹连接弹性密封蝶阀

GB/T 12239 工业阀门 金属隔膜阀

GB/T 12240 铁制旋塞阀

GB/T 12241 安全阀 一般要求

GB/T 12243 弹簧直接载荷式安全阀

GB/T 12244 减压阀 一般要求

GB/T 12246　先导式减压阀
GB/T 12716　60° 密封管螺纹
GB/T 12771　流体输送用不锈钢焊接钢管
GB/T 14976　流体输送用不锈钢无缝钢管
GB/T 19066.1~3　柔性石墨金属波齿复合垫片
GB/T 19326　钢制承插焊、螺纹和对焊支管座
GB 50517—2010　石油化工金属管道工程施工质量验收规范
HG/T 20630　钢制管法兰用金属包覆垫片（Class 系列）
HG/T 20632　钢制管法兰用具有覆盖层的齿形组合垫（Class 系列）
JB/T 4730.3　承压设备无损检测　第3部分：超声检测
JB/T 9092　阀门的检验与试验
NB/T 47008　承压设备用碳素钢和合金钢锻件
NB/T 47010　承压设备用不锈钢和耐热钢锻件
SH/T 3039　石油化工非埋地管道抗震设计通则
SH/T 3041　石油化工管道柔性设计规范
SH/T 3401　石油化工钢制管法兰用非金属平垫片
SH/T 3402　石油化工钢制管法兰用聚四氟乙烯包覆垫片
SH/T 3403　石油化工钢制管法兰用金属环垫
SH/T 3404　石油化工钢制管法兰用紧固件
SH/T 3405　石油化工钢管尺寸系列
SH/T 3406　石油化工钢制管法兰
SH/T 3407　石油化工钢制管法兰用缠绕式垫片
SH/T 3408　石油化工钢制对焊管件
SH/T 3410　石油化工锻钢制承插焊和螺纹管件
TSG D0001　压力管道安全技术监察规程－工业管道
API 6D　Specification for pipeline valves
API 526　Flanged steel pressure relief valves
API 527　Seat tightness of pressure relief valves
API 593　Ductile iron plug valves
API 594　Check valves：Flanged，lug，wafer and butt-welding
API 598　Valve inspection and testing
API 599　Metal plug valves-flanged，threaded and welding ends
API 600　Steel gate valves-flanged and butt-welding ends，bolted bonnets
API 602　Steel gate，globe and check valves for sizes DN 100 and smaller for the petroleum and natural gas industries
API 603　Corrosion-resistant，bolted bonnet gate valves-flanged and butt-welding ends
API 608　Metal ball valves-flanged，threaded and welding ends
API 609　Butterfly valves：double-flanged，lug and wafer type
API 941　Steel for hydrogen service at elevated temperatures and pressures in petrileum refineries and petrochemical plants
ASME B16.10　Face-to-face and end-to-end dimensions of valves
ASME B16.34　Valves-flanged，threaded，and welding end
ASME B31.3　Process piping
BS 1868　Specification for steel check valves（flanged and butt-welding ends）for the petroleum，

petrochemical and allied industries

BS 1873　Specification for steel globe and globe stop and check valves (flanged and butt-welding ends) for the petroleum, petrochemical and allied industries

BS 5146　Inspection and test of steel valves

BS 5155　Butterfly valves

BS 5352　Specification for steel wedge gate, globe and check valves 50mm and smaller for petroleum, petrochemical and allied industries

BS 6364　Valves for cryogenic service

BS EN ISO17292　Metal ball valves for petroleum, petrochemical and allied industries

3　管道分级

3.1　石油化工管道级别，应根据管道输送介质的危险程度和设计条件划分。输送介质中常用的毒性介质、可燃介质的分类可参见本规范附录A。

3.2　石油化工管道分级应符合表3.2的规定。

3.3　石油化工管道分级除应符合本规范第3.2条的规定外，尚应符合下列规定：

a）输送氧气介质管道级别应根据设计条件按本规范表3.2中乙类可燃气体确定；

b）输送毒性或可燃性不同的混合介质管道级别应按其危害程度及含量确定；

c）输送同时具有毒性和可燃性介质管道级别应按本规范表3.2中高级别管道确定。

表3.2　管道分级

<table>
<tr><th rowspan="2">序号</th><th rowspan="2">管道级别</th><th rowspan="2">输送介质</th><th colspan="2">设计条件</th></tr>
<tr><th>设计压力
MPa</th><th>设计温度
℃</th></tr>
<tr><td rowspan="4">1</td><td rowspan="4">SHA1</td><td>（1）极度危害介质（苯除外）、高度危害丙烯腈、光气介质</td><td>—</td><td>—</td></tr>
<tr><td rowspan="3">（2）苯介质、高度危害介质（丙烯腈、光气除外）、中度危害介质、轻度危害介质</td><td>$P \geq 10$</td><td>—</td></tr>
<tr><td>$4 \leq P < 10$</td><td>$t \geq 400$</td></tr>
<tr><td>—</td><td>$t < -29$</td></tr>
<tr><td rowspan="2">2</td><td rowspan="2">SHA2</td><td rowspan="2">（3）苯介质、高度危害介质（丙烯腈、光气除外）</td><td>$4 \leq P < 10$</td><td>$-29 \leq t < 400$</td></tr>
<tr><td>$P < 4$</td><td>$t \geq -29$</td></tr>
<tr><td rowspan="3">3</td><td rowspan="3">SHA3</td><td>（4）中度危害介质、轻度危害介质</td><td>$4 \leq P < 10$</td><td>$-29 \leq t < 400$</td></tr>
<tr><td>（5）中度危害介质</td><td>$P < 4$</td><td>$t \geq -29$</td></tr>
<tr><td>（6）轻度危害介质</td><td>$P < 4$</td><td>$t \geq 400$</td></tr>
<tr><td>4</td><td>SHA4</td><td>（7）轻度危害介质</td><td>$P < 4$</td><td>$-29 \leq t < 400$</td></tr>
<tr><td rowspan="3">5</td><td rowspan="3">SHB1</td><td rowspan="3">（8）甲类、乙类可燃气体介质和甲类、乙类、丙类可燃液体介质</td><td>$P \geq 10$</td><td>—</td></tr>
<tr><td>$4 \leq P < 10$</td><td>$t \geq 400$</td></tr>
<tr><td>—</td><td>$t < -29$</td></tr>
<tr><td rowspan="2">6</td><td rowspan="2">SHB2</td><td>（9）甲类、乙类可燃气体介质和甲$_A$类、甲$_B$类可燃液体介质</td><td>$4 \leq P < 10$</td><td>$-29 \leq t < 400$</td></tr>
<tr><td>（10）甲$_A$类可燃液体介质</td><td>$P < 4$</td><td>$t \geq -29$</td></tr>
<tr><td rowspan="3">7</td><td rowspan="3">SHB3</td><td>（11）甲类、乙类可燃气体介质，甲$_B$类、乙类可燃液体介质</td><td>$P < 4$</td><td>$t \geq -29$</td></tr>
<tr><td>（12）乙类、丙类可燃液体介质</td><td>$4 \leq P < 10$</td><td>$-29 \leq t < 400$</td></tr>
<tr><td>（13）丙类可燃液体介质</td><td>$P < 4$</td><td>$t \geq 400$</td></tr>
</table>

表3.2 管道分级（续）

序号	管道级别	输送介质	设计条件	
			设计压力 MPa	设计温度 ℃
8	SHB4	（14）丙类可燃液体介质	$P<4$	$-29\leqslant t<400$
9	SHC1	（15）无毒、非可燃介质	$P\geqslant 10$	—
			—	$t<-29$
10	SHC2	（16）无毒、非可燃介质	$4\leqslant P<10$	$t\geqslant 400$
11	SHC3	（17）无毒、非可燃介质	$4\leqslant P<10$	$-29\leqslant t<400$
			$1<P<4$	$t\geqslant 400$
12	SHC4	（18）无毒、非可燃介质	$1<P<4$	$-29\leqslant t<400$
			$P\leqslant 1$	$t\geqslant 185$
			$P\leqslant 1$	$-29\leqslant t\leqslant -20$
13	SHC5	（19）无毒、非可燃介质	$P\leqslant 1$	$-20<t<185$

3.4 本规范表3.2中所列管道的检查等级，除应符合相应管道级别的要求外，尚应符合下列规定：

a） 钛及钛合金、锆及锆合金、镍及镍基合金、高铬镍钼奥氏体不锈钢管道以及设计明确规定为剧烈循环工况管道的检查等级不得低于GB 50517—2010表9.3.1中1级；

b） 铬钼合金钢、双相不锈钢、管道的检查等级不得低于GB 50517—2010表9.3.1中2级；

c） 奥氏体不锈钢、设计要求冲击试验的碳钢管道的检查等级不得低于GB 50517—2010表9.3.1中3级。

3.5 管道级别应在管道表和单管图或相关的技术文件上逐根管道加以注明，作为设计、施工和检验的依据。

4 管道设计条件

4.1 设计压力

4.1.1 管道组成件的设计压力，不应低于操作过程中，由内压或外压与温度构成的最苛刻工况下的压力，但本规范第5.1.2条规定的情况除外。最苛刻工况是指导致管道组成件最大壁厚或最高压力等级的条件。

4.1.2 设计压力的确定应符合下列规定：

a） 装有安全泄压装置的管道，其设计压力不应小于安全泄压装置的设定压力；

b） 未设置安全泄压装置或可能发生与安全泄压装置隔离、堵塞的管道，其设计压力不应小于可能由此产生的最大压力；

c） 离心泵出口管道的设计压力不应小于泵的关闭压力；

d） 管道与设备直接连接成为一个压力系统时，其设计压力不应小于设备的设计压力；

e） 输送制冷剂、液化烃等低沸点介质的管道，其设计压力不应小于阀门关闭时或介质不流动时在最高环境温度下气化所能达到的最高压力；

f） 真空管道应按受外压设计，当装有安全控制装置时，设计压力应取最大内外压差的1.25倍或0.1MPa两者中的较小值；无安全控制装置时，设计压力应取0.1MPa。

4.2 设计温度

4.2.1 管道组成件的设计温度，不应低于操作过程中，由压力与温度构成的最苛刻工况下的温度。同一管道中的不同管道组成件的设计温度可以不同。

4.2.2 设计温度的确定应符合下列规定：

a） 无绝热层的管道，介质温度小于65℃时，管道组成件的设计温度应与介质温度相同，但应考虑阳光辐射或其他可能导致介质温度升高的因素；

b） 无绝热层的管道，介质温度等于或大于65℃时，可按下列原则确定：

1） 阀门、管子、对焊管件和壁厚与管子相近的其他管道组成件，设计温度不应低于介质温度的95%；

2） 除松套法兰外，法兰的设计温度不应低于介质温度的90%；

3） 松套法兰的设计温度不应低于介质温度的85%；

4） 螺栓和螺母等紧固件的设计温度不应低于介质温度的80%；

c） 带外绝热层管道，除经传热计算或实测确定的平均壁温外，宜取介质温度作为设计温度；

d） 带衬里或内隔热层管道的设计温度，应经传热计算或实测确定；

e） 带夹套或外伴热的管道，当工艺介质温度高于伴热介质温度时，应取工艺介质温度作为设计温度；当工艺介质温度低于伴热介质温度时，带夹套管道应取伴热介质温度作为设计温度，带外伴热管道应取伴热介质温度减10℃与工艺介质温度二者中较高值作为设计温度；

f） 安全泄压排放管道，应取排放时可能出现的最高或最低温度作为设计温度；

g） 需吹扫管道的设计温度，应根据具体条件确定。

4.3 环境因素

4.3.1 当环境影响造成管道内气体或蒸气被冷却产生真空时，管道应有耐真空能力或防止产生真空的措施。

4.3.2 管道组成件应能承受或消除因静态流体受热膨胀而导致的压力升高或采取预防措施。

4.3.3 设计温度低于0℃时，应防止阀门、泄压装置和其他管道组成件的活动部件外表面结冰。

4.3.4 金属管道外壁受大气环境影响时，管道设计应考虑最低环境工况。

4.4 动力荷载

4.4.1 管道应能承受外部或内部条件引起的水力冲击、液体或固体物料的撞击等的冲击荷载。

4.4.2 室外架空管道应能承受风荷载。

4.4.3 对于抗震设防烈度为6度到9度的非埋地管道，应符合SH/T 3039的有关规定。

4.4.4 管道应能承受机械振动、压力脉动等振动产生的荷载。

4.4.5 管道应能承受介质泄压或排放产生的反作用力。

4.5 重力荷载

4.5.1 管道应能承受输送介质、试验介质及冰雪等产生的荷载。

4.5.2 管道应能承受管道组成件、绝热材料以及由管道支承的其他永久性荷载。

4.6 温差荷载

4.6.1 管道设计应能承受管道被约束或固定因热膨胀或收缩而产生的作用力和力矩。

4.6.2 管道设计应能承受由于管壁温度急剧变化或温度分布不均匀而产生的管壁应力及荷载。

4.6.3 管道设计应能承受由于管道材料的热膨胀性能不同而产生的荷载，如复合钢管、夹套管、非金属衬里管等。

4.7 支架及管口位移

管道设计应考虑管道支架及与管口相连接的设备的位移，如设备或支架的热膨胀、基础沉降或其他外部因素等产生的位移。

4.8 材料韧性的降低

管道设计应考虑如焊接、热处理、加工成形、弯曲以及低温或高挥发性流体突然减压而产生的急冷所造成的材料韧性降低的因素。

4.9 循环工况

管道设计应考虑由于压力循环、热循环和其他周期性荷载而产生的疲劳。

5 管道设计基准

5.1 管道组成件的压力、温度设计基准

5.1.1 管道组成件的压力–温度额定值应符合下列规定：

a） 除本规范另有规定外，对国家现行标准中已规定了压力–温度额定值及公称压力的管道组成件，选用管道组成件时，该组成件标准中规定的额定值不应低于管道的设计压力和设计温度；

b） 对国家现行标准中未规定压力–温度额定值及公称压力的管道组成件，以钢管壁厚系列（包括壁厚、表号或重量级别）表示的无缝管道组成件的压力–温度额定值应根据与其许用应力相同材料的无缝钢管的有效厚度确定。焊制管道组成件的压力–温度额定值应根据上述方法确定，并考虑焊缝系数及焊缝接头强度降低系数；

c） 不同流体工况的管道连接时，分界处阀门的压力–温度额定值应按最苛刻工况确定。

5.1.2 管道系统中压力和温度的允许变动范围应符合下列规定，否则设计条件应以最苛刻的压力和温度组合来确定：

a） 管道系统中压力、温度或两者可能发生偶然变化，且同时满足下列要求时，其压力和温度允许的变动应符合本条b）款的规定：

1） 没有铸铁或其他非塑性金属材料的受压管道组成件；

2） 公称压力产生的应力不应超过材料在设计温度下的屈服强度；

3） 合成纵向应力不应大于本规范第5.2.4条规定的允许值；

4） 在管道设计寿命内，超过设计条件的压力和温度变化的总次数不应超过1000次；

5） 在任何情况下，管道压力升高值不得超过管道的系统试验压力；

6） 阀门及管道连接点处的密封元件，不得由于压力、温度的变化，降低或失去其应有的密封性能；

7） 持续和周期性的变动不应改变管道系统中所有管道组成件的操作安全性能；

8） 温度变动的下限值不应低于相关国家现行标准规定的材料最低使用温度；

b） 符合本条a）款要求的管道，其超出设计条件的非经常性的压力、温度变动所产生的应力值，应符合下列要求：

1） 当任何一次压力、温度变化持续时间不超过10h，且每年累计不超过100h时，不得超过材料许用应力的33%；

2） 当任何一次压力、温度变化持续时间不超过50h，且每年累计不超过500h时，不得超过材料许用应力的20%；

c） 对于压力泄放等的自限波动情况，一次变动持续时间不超过50h，且每年累计不超过500h时，压力变动不得超过材料许用应力的20%。

5.2 许用应力

5.2.1 金属材料许用应力的确定基准应符合相关国家现行标准的要求。

5.2.2　管道组成件材料的许用应力，中国标准材料应符合现行国家标准的有关规定；美国标准材料应符合ASME B31.3的有关规定。

5.2.3　管道柔性设计的应力限制应符合SH/T 3041的有关规定。

5.2.4　偶然荷载引起的纵向应力之和应符合下列要求：

a）当在操作条件下的压力、重力及其他持续荷载产生的纵向应力与风荷载或地震荷载等临时荷载产生的应力组合时，不应大于现行国家标准规定的材料许用应力1.33倍；进行应力组合时，风荷载和地震荷载不应同时考虑；

b）除另有规定外，在系统压力试验下管道中产生的应力，不应超过管道在该试验温度下许用应力的1.5倍，并不考虑风荷载、地震荷载等临时荷载的影响。

5.3　管道设计寿命

管道设计寿命宜为15年。

6　管道材料

6.1　一般规定

6.1.1　管道材料应根据管道级别、设计温度、设计压力和介质特殊要求等设计条件，以及材料的耐腐蚀性能、加工工艺性能、焊接性能和经济合理性等选用。

6.1.2　受压元件（螺栓除外）用材料应有足够的强度、塑性和韧性，在最低使用温度下应具备足够的抗脆性断裂能力。当采用延伸率低于14%的脆性材料时，应采取必要的安全防护措施。

6.1.3　选用的材料应具有足够的稳定性，包括化学性能、物理性能、耐蚀和耐磨性能、抗疲劳性能和组织稳定性等。

6.1.4　标准管道组成件的压力-温度额定值应符合管道设计温度和设计压力的要求。

6.1.5　在设计条件下，非标准管道组成件的计算应力，不应超过管道设计温度下材料的许用应力。

6.1.6　当管道在操作过程中存在压力和/或温度波动时，管道组成件的压力和/或温度允许变动范围，应符合本规范第5.1.2条的规定。

6.1.7　管道受压元件用钢材的技术要求应符合现行国家标准和有关技术条件的规定。

6.1.8　受压元件以及直接与受压元件焊接的非受压元件用钢材，应有钢厂的质量证明文件。

6.1.9　采用未形成国家或行业标准的新材料时，应经过适当级别的技术鉴定和国家质检总局委托进行的技术评审，并根据设计条件核对材料的各项性能指标。

6.1.10　管道受压元件采用国外材料时，应选用国外规范允许使用的材料，其使用范围应符合相应规范的规定，并有该材料的质量证明文件。

6.1.11　输送极度危害介质、高度危害介质及液化烃的压力管道应采用优质钢制造。

6.1.12　用于焊接的碳钢或低合金钢的含碳量不应大于0.3%。

6.1.13　选择材料时，应考虑不同材料间相互连接或接触，在工艺过程中可能产生的有害影响。

6.1.14　输送腐蚀性介质管道用材料应有耐腐蚀能力。除应力腐蚀和局部腐蚀需按具体情况考虑外，管道用材料可根据介质对金属材料的腐蚀速率选用。

6.1.15　管道金属材料的耐腐蚀能力应根据介质对金属材料的腐蚀速率确定，其分类宜符合下列要求：

a）年腐蚀速率小于或等于0.05mm的材料为充分耐腐蚀材料；

b）年腐蚀速率大于0.05mm且小于或等于0.1mm的材料为耐腐蚀材料；

c）年腐蚀速率大于0.1mm且小于或等于0.5mm的材料为尚耐腐蚀材料；

d）年腐蚀速率大于0.5mm的材料为不耐腐蚀材料。

6.1.16　对于尚耐腐蚀材料可根据技术经济比较确定，按较大腐蚀裕量的条件选用或选用较高级别的耐腐蚀材料。

6.1.17 金属材料的高温氧化年腐蚀率可参见本规范附录B中的表B。

6.1.18 常用钢材使用温度宜符合表6.1.18的规定。

表6.1.18 常用钢材使用温度

材料	材料牌号	使用温度/℃
碳素结构钢	Q235A·F	0~200
	Q235A Q235B	−10~350
	Q235C	−10~400
优质碳素结构钢	10	−29~425
	20	−20~425
	20G	−20~450
	Q245R	−20~450
低合金钢	Q345R	−40~450
	16MnD	−40~350
	09MnD	−50~350
	09Mn2VD	−50~100
	09MnNiD	−70~350
	12CrMo	−20~525
	15CrMo	−20~550
	12Cr1MoVG	−20~575
	12Cr2Mo	−20~575
	12Cr5Mo（1Cr5Mo）	−20~600
高合金钢	06Cr13（0Cr13）	−20~400
	06Cr19Ni10（0Cr18Ni9）	−196~700
	06Cr18Ni11Ti（0Cr18Ni10Ti）	−196~700
	06Cr17Ni12Mo2（0Cr17Ni12Mo2）	−196~700
	0Cr18Ni12Mo2Ti	−196~500
	06Cr19Ni13Mo3（0Cr19Ni13Mo3）	−196~700
	022Cr19Ni10（00Cr19Ni10）	−196~425
	022Cr17Ni12Mo2（00Cr17Ni14Mo2）	−196~450
	022Cr19Ni13Mo3（00Cr19Ni13Mo3）	−196~450

注：括弧内材料为旧牌号。

6.2 材料选用

6.2.1 碳素结构钢及铸铁类材料适用范围应符合TSG D0001的有关规定。

6.2.2 高温条件下材料的选用应符合下列规定：

a） 受压元件的钢材使用温度不应超过现行国家标准的有关规定；

b） 确定材料的使用温度上限时应考虑腐蚀性介质的影响；

c） 非受压元件的钢材使用温度不应超过钢材的极限氧化温度；

d） 在高温条件下长期使用时，碳素钢、碳锰钢、低温用镍钢的使用温度不应高于425℃，碳钼钢的使用温度不应高于470℃；

e） 铁素体不锈钢受压元件的使用温度高于370℃时，应考虑室温下的材料脆性；

f） 奥氏体不锈钢的使用温度高于525℃时，钢中含碳量不应小于0.04%，并且在固溶状态下使用；

g） 双相不锈钢的使用温度不宜高于300℃；

h） 钛及钛合金的使用温度不宜高于300℃；

i） 镍及镍基合金的使用温度应符合表6.2.2的规定。

表6.2.2 镍及镍合金的使用温度

单位为℃

材料	不含硫的环境			蒸汽	含硫环境	
	氧化	H_2还原	CO还原		氧化	还原
镍（N4、N6）	≤1040	≤1260	≤1260	≤425	≤315	≤260
镍－铜（NCu30）	≤540	≤1100	≤815	≤370	≤315	≤260
镍－铬－铁（NS312）	≤1100	≤1150	≤1150	≤815	≤815	≤540
镍铁铬（NS111、NS112）	≤1100	≤1260	≤1150	≤980	≤815	≤540

6.2.3 低温条件下材料的选用应符合下列规定：

a） 碳素钢、低温碳钢、铬钼合金钢、不锈钢的最低使用温度及低温冲击试验免除条件应符合现行国家标准的有关规定；

b） 低温管道用钢应采用镇静钢；

c） 管道设计温度低于或等于－20℃的碳素钢、低温碳钢、低合金钢、中合金钢和铁素体高合金钢，母材及其焊缝金属和热影响区应按现行国家标准的有关规定进行低温冲击试验；

d） 铬镍奥氏体不锈钢母材在设计温度等于或高于－196℃，且满足下列各项要求时，可免做低温冲击试验：

1） 材料含碳量应小于或等于0.10%；

2） 材料应为固溶热处理状态；

e） 铬镍奥氏体不锈钢焊缝金属及热影响区在满足下列各项要求时，可免做低温冲击试验：

1） 含碳量小于或等于0.10%的奥氏体不锈钢母材，不加填充金属焊接，设计温度不应低于－101℃；

2） 焊缝金属含碳量小于或等于0.10%，焊接使用的填充金属符合相应标准，设计温度不应低于－101℃；焊缝金属含碳量大于0.10%，焊接使用的填充金属符合相应标准，设计温度不应低于－48℃。

6.2.4 除抗拉强度下限值大于540MPa的钢材及螺栓材料外，使用的材料在低温低应力工况下，若设计温度加50℃后，高于－20℃时，管道材料可免做低温冲击试验。

6.3 腐蚀环境条件下材料的选用

6.3.1 奥氏体不锈钢使用于可能引起晶间腐蚀的环境时，应按GB/T 4334进行晶间腐蚀倾向性试验。奥氏体不锈钢除下列情况外，应以供货状态的试样进行晶间腐蚀倾向试验：

a） 焊接结构（包括焊缝金属）用钢材应以供货状态经敏化处理的试样进行试验，焊接接头以焊态试样进行试验；

b） 除固溶处理和稳定化热处理外，凡在制造和使用过程中需经历400℃以上温度加热的奥氏体不锈钢，应以供货状态经敏化处理的试样进行试验。敏化处理的制度宜为650℃，保温时间为0.5h~2h；双相不锈钢宜为650℃，保温时间不应小于0.5h。

6.3.2 介质中含有硫和环烷酸的管道材料选用，应根据正常操作条件下原油中的酸值和含硫量为依据，并应考虑最苛刻操作条件下可能达到的最大酸值、酸与硫的组合共同作用以及介质流动状态、介质流速等因素。材料的选用应符合下列规定：

a） 对操作温度等于或高于240℃，介质中含活性硫化物腐蚀介质的管道，应根据管道操作温度和介质中的含硫量，并参见本规范附录C中图C.1的规定选用；

b） 高温硫化物和环烷酸共存管道的材料选用应符合下列要求：

1） 对操作温度低于240℃，材料可用碳钢、15CrMo、12Cr5Mo（1Cr5Mo）或06Cr13（0Cr13）；

2） 对操作温度等于或高于240℃，材料可选用12Cr5Mo（1Cr5Mo）、Cr9Mo、06Cr19Ni10（0Cr18Ni9）或022Cr17Ni12Mo2（00Cr17Ni14Mo2）；

3） 对管道介质流速等于或大于30m/s，材料应选用06Cr17Ni12Mo2（0Cr17Ni12Mo2）、06Cr19Ni13Mo3（0Cr19Ni13Mo3）、022Cr17Ni12Mo2（00Cr17Ni14Mo2）及其金属复合板制品。

6.3.3 对操作温度等于或高于200℃，介质中含有氢气的碳钢及合金钢管道，应根据管道最高操作温度加20℃~40℃的裕量和介质中氢气的分压，参见本规范附录C中图C.2 Nelson曲线选择合适的抗氢钢材。

6.3.4 对操作温度等于或高于250℃，介质中含有H_2S和H_2的管道材料选用，应根据管道操作温度和介质中H_2S的含量，参见本规范附录C中图C.3 Couper曲线确定。

6.3.5 在湿H_2S应力腐蚀环境中，管道选用的材料应符合下列要求：

a） 材料标准规定的屈服强度σ_s小于或等于355MPa；

b） 材料实测的抗拉强度σ_b小于或等于630MPa；

c） 材料适用状态应为正火、正火+回火、退火或调质状态；

d） 对于低碳钢和碳锰钢，碳当量C_E应小于或等于0.40%：对于低合金钢（包括低温镍钢）碳当量C_E应小于或等于0.45%；

e） 管道需经焊后热处理，热处理后焊缝（含热影响区）的硬度不应大于HB200；

f） 厚度大于20mm的钢板应按JB/T 4730.3进行超声检测，质量等级不应低于Ⅱ级；

g） 材料应选用镇静钢，如20、Q245R、Q345R等。

6.3.6 碱应力腐蚀环境（碱脆）下，管道选用的材料应符合下列要求：

a） 管道的材料选用可参见本规范附录D中图D的要求；

b） 碳素钢和低合金钢制管道的操作温度和碱液溶液位于附录D中图D上的B区时，焊后或冷加工后应进行消除应力热处理。热处理温度宜为600℃~650℃，保温时间2.4min/mm，且不应少于1h；

c） 当碱液浓度低但可能产生浓缩时，材料的选用可参见本规范附录D的要求；

d） 当操作温度和碱液浓度位于附录D中图D上的A区时，碳素钢和低合金钢制的管道焊后不需进行消除应力热处理，开停工或检修期间应采取水冲洗，不得进行蒸汽吹扫；

e） 当操作温度和碱液浓度位于附录D中图D上的C区时，材料应选用镍基合金。

6.3.7 液氨应力腐蚀环境下，管道选用的材料应符合下列要求：

a） 对于20、Q345等钢应符合下列项之一：

1） 焊后应进行消除应力热处理；

2） 焊接接头（包括热影响区）的硬度值应小于或等于HB185；

3） 液氨的含水量应大于0.2%（质量分数）；

b） 对于15MnV、18MnMoNb等低合金钢，焊后应进行消除应力热处理。

6.3.8 连多硫酸应力腐蚀环境下，可能产生连多硫酸应力腐蚀开裂，奥氏体不锈钢应选用超低碳或稳定化型不锈钢。

6.3.9 氧气管道材料的选用应符合下列要求：

a） 氧气管道材料的选用应根据管道的压力、温度和流速不同选用碳钢、不锈钢和镍基合金等材料；

b） 管子宜采用无缝钢管；管件宜选用无缝对焊管件；

c） 阀门采用全通径阀门，但其操作状态应为全开或全关状态，不得使其处于半开半关状态；并且切断阀操作过程中两端压差不能过大，阀门宜采用法兰连接；

d） 垫片宜采用带内环的聚四氟乙烯缠绕式垫片；

e） 阀门填料不应采用易脱落碎屑、纤维的材料或可燃的材料制成，宜采用聚四氟乙烯材料；

f） 三通宜采用等径三通；

g） 氧气管子、管件、阀门等应进行脱脂处理。

6.3.10 常用金属材料易产生应力腐蚀破裂的环境组合可参见本规范附录E。

7 管道组成件

7.1 管子

7.1.1 钢管规格宜符合SH/T 3405的有关规定。

7.1.2 管子公称直径宜按下列系列选用：

*DN*15、*DN*20、*DN*25、*DN*40、*DN*50、*DN*80、*DN*100、*DN*150、*DN*200、*DN*250、*DN*300、*DN*350、*DN*400、*DN*450、*DN*500、*DN*600、*DN*700、*DN*750、*DN*800、*DN*900、*DN*1000、*DN*1050、*DN*1200；公称直径大于*DN*1200时，可按200递增。

7.1.3 除仪表连接管、蒸汽伴管和特殊要求者外，管子最小公称直径应为*DN*15，且管子内径不应小于6mm。

7.1.4 管子壁厚不应小于以下三项中的最大值：

a） 按本规范第8.2条规定计算的壁厚；

b） 按D_0/150确定的管子壁厚，D_0为管子外径，单位为mm；

c） 最小选用壁厚应符合表7.1.4的规定。

表7.1.4 管子最小壁厚

单位为mm

材料	不同公称直径管子的最小壁厚			
	≤*DN* 100	*DN* 150~*DN* 200	*DN* 250~*DN* 300	≥*DN* 350
碳素钢、低合金钢	2.4	3.2	4.0	4.8
高合金钢、奥氏体不锈钢	1.5	2.3		

7.1.5 输送极度危害介质、高度危害介质、可燃介质或压力、温度参数较高或承受机械振动、压力脉动及温度剧烈变化的管道，宜选用无缝钢管。

7.1.6 无缝钢管用于设计压力等于或大于10MPa时，制造及检验应符合GB 5310、GB 9948或GB 6479的规定，不锈钢管的检验不应低于GB/T 14976的规定。

7.1.7 夹套管的内管应采用无缝钢管。

7.1.8 除产品标准明确规定，并经设计确认可用于压力、温度参数较高或特定条件外，焊接钢管宜按下列规定选用：

a） 碳钢电阻焊直缝钢管，可用于设计温度低于或等于200℃的无毒介质管道；

b） 碳钢埋弧焊螺旋缝钢管可用于设计温度低于或等于300℃的非极度危害介质和非高度危害介质管道；

c） 碳钢电弧焊直缝钢管的使用温度不宜高于425℃，奥氏体不锈钢电弧焊直缝钢管的使用温度不宜高于600℃；

d） 焊接钢管应符合GB/T 9711和GB/T 12771的有关规定。

7.2 管件

7.2.1 弯头、三通、异径管、管帽等管件的材质、压力等级或壁厚规格应与所连接管子一致或相当，并应符合下列要求：

a） 钢制对焊管件应符合SH/T 3408或与其相当的标准规定；

b） 锻钢制管件应符合SH/T 3410或与其相当的标准规定。

7.2.2 弯头宜选用长半径弯头，当采用短半径弯头时，其最高工作压力不宜超过同规格长半径弯头的0.8倍。

7.2.3 斜接弯头应符合下列规定：

a） 斜接弯头的曲率半径不宜小于同规格长半径弯头的曲率半径；

b） 斜接角度大于45°的斜接弯头，不宜用于极度危害介质、高度危害介质、可燃介质管道或可能承受由于机械振动、压力脉动及温度变化产生交变荷载的部位；

c） 剧烈循环工况下的管道中采用斜接弯管时，其1条焊缝方向改变的角度不应大于22.5°，设计压力应小于或等于2.0MPa。

7.3 法兰

7.3.1 法兰的选用应符合下列规定：

a） 法兰型式、结构尺寸应符合SH/T 3406或与其相当的标准规定；

b） 法兰许用工作压力应根据法兰标准中所列的压力-温度额定值确定；

c） 有毒、可燃介质管道不得采用板式平焊法兰；

d） 承插焊和螺纹法兰不得使用在可能发生缝隙腐蚀或严重腐蚀处；

e） 公称压力小于或等于*PN*20（Class 150）的管法兰采用缠绕式垫片或金属环垫时，宜选用对焊式或松套式法兰；

f） 在剧烈循环工况下，应选用对焊式法兰。

7.3.2 当连接尺寸、压力等级相同而法兰压力-温度额定值不同的法兰相连接时，其使用条件应以较低压力-温度额定值的法兰为准。

7.3.3 当金属法兰与非金属或脆性材料法兰相连时，两者均应选用全平面（FF）法兰。突面法兰与全平面法兰匹配时，应采取防止法兰过载的措施。

7.3.4 对于剧烈循环工况和极度危害介质的管道，当管道法兰连接承受较大附加外荷载时，应校核法兰的承载能力。

7.3.5 以法兰盖作异径法兰时，开孔直径宜符合表7.3.5的规定。

表7.3.5 法兰盖开孔直径

单位为mm

法兰盖公称直径 DN_1	最大开孔公称直径 DN_2
25、40	15
50	25
80、100	40
150、200	80
≥250	100

7.4 垫片

7.4.1 垫片的选用应符合下列规定：

a） 垫片选用应根据垫片的密封性能、设计条件、工作介质特性及密封要求等因素确定；

b） 垫片材料性能应符合下列要求：

1） 具有较好的物理机械性能；

2）耐介质腐蚀，并不污染介质，不腐蚀密封表面；

3） 具有良好的压缩、回弹性能；

4） 具有较小的应力松弛率；

5） 泄漏率低。

7.4.2 非金属平垫片的选用应符合下列规定：

a） 无机纤维非石棉纤维橡胶板的公称压力不应超过*PN*50（Class 300），最高使用温度不应大于290℃，最低使用温度不应低于-40℃；有机纤维非石棉纤维橡胶板的最高公称压力不应超过*PN*50（Class 300），最高使用温度不应大于200℃，最低使用温度不应低于-40℃；

b） 增强柔性石墨垫片的公称压力不应超过*PN*110（Class 600），使用温度的范围取决于金属芯板材料；

c） 垫片应符合SH/T 3401与其相当标准的规定。

7.4.3 聚四氟乙烯包覆垫片的选用应符合下列规定：

a） 适用于耐腐蚀、防粘结和要求清洁度高的管道；

b） 聚四氟乙烯包覆垫片的公称压力不应超过*PN*50（Class 300），最高使用温度不应大于150℃；

c） 垫片应符合SH/T 3402或与其相当标准的规定。

7.4.4 缠绕式垫片的选用应符合下列规定：

a） 缠绕式垫片选用应符合下列要求：

1） 突面法兰应采用带外环型缠绕式垫片；

2） 凹凸面法兰应采用带内环型缠绕式垫片；

3） 榫槽面法兰应采用基本型缠绕式垫片；

4） 公称压力等于或大于*PN*150（Class 900）的突面法兰应采用带内外环型缠绕式垫片；

b） 缠绕式垫片的使用条件应符合表7.4.4的规定；

c） 垫片应符合SH/T 3407或与其相当标准的规定。

表7.4.4 缠绕式垫片的使用条件

垫片材料	法兰公称压力 *PN*	温度范围 ℃
06Cr19Ni10（0Cr18Ni9）/ 特制石棉	≤260	-50~500
06Cr19Ni10（0Cr18Ni9）、 06Cr18Ni11Ti（0Cr18Ni10Ti）、 06Cr17Ni12Mo2（0Cr17Ni12Mo2）/ 柔性石墨		-196~650[a]
022Cr19Ni10（00Cr19Ni10）、 022Cr17Ni12Mo2（00Cr17Ni14Mo2）/ 柔性石墨	≤260	-196~450
06Cr19Ni10（0Cr18Ni9）、 06Cr17Ni12Mo2（0Cr17Ni12Mo2）、 022Cr19Ni10（00Cr19Ni10）、 022Cr17Ni12Mo2（00Cr17Ni14Mo2）/ 聚四氟乙烯	≤110	-196~200

[a] 柔性石墨带用于氧化性介质时，最高使用温度为450℃。

7.4.5 齿形组合垫的选用应符合下列规定：

a） 垫片应符合HG/T 20632或与其相当标准的规定；

b） 垫片的最高使用温度应符合表7.4.5的规定。

7.4.6 柔性石墨金属波齿复合垫片的选用应符合下列规定：

a） 垫片应符合GB/T 19066.1~3或与其相当标准的规定；

b） 垫片的最高使用温度应符合表7.4.6的规定。

表7.4.5 齿形组合垫的最高使用温度

金属齿形环材料	覆盖层材料	最高使用温度℃
10或08	柔性石墨	450
06Cr13（0Cr13）	柔性石墨	540[a]
06Cr19Ni10（0Cr18Ni9）、06Cr17Ni12Mo2（0Cr17Ni12Mo2）	柔性石墨	650[a]
	聚四氟乙烯	200

[a] 柔性石墨带用于氧化性介质时，最高使用温度为450℃。

表7.4.6 柔性石墨金属波齿复合垫片的最高使用温度

金属骨架材料	覆盖层材料	最高使用温度℃
10或08	柔性石墨	450
06Cr13（0Cr13）	柔性石墨	540[a]
06Cr19Ni10（0Cr18Ni9）、06Cr17Ni12Mo2（0Cr17Ni12Mo2）	柔性石墨	650[a]

[a] 柔性石墨带用于氧化性介质时，最高使用温度为450℃。

7.4.7 金属环垫的选用应符合下列规定：

a） 适用于高温、高压管道，垫片的使用条件应符合表7.4.7的规定；

表7.4.7 金属环垫的使用条件

材料		最高使用温度	最大硬度值
钢号	标准	℃	HB
软铁	GB/T 9971	450	90
10	GB/T 699	450	120
12Cr5Mo（1Cr5Mo）	NB/T 47008	650	130
06Cr13（0Cr13）	NB/T 47010 GB/T 1220	540	140
06Cr19Ni10（0Cr18Ni9）		700	160
06Cr18Ni11Ti（0Cr18Ni10Ti）		700	160
06Cr18Ni11Nb（0Cr18Ni11Nb）		700	160
06Cr17Ni12Mo2（0Cr17Ni12Mo2）		700	160
022Cr19Ni10（00Cr19Ni10）		450	150
022Cr17Ni12Mo2（00Cr17Ni14Mo2）		450	150

b） 垫片应符合SH/T 3403或与其相当标准的规定；

c） 金属环垫材料硬度值宜比法兰材料硬度值低HB30~HB40。

7.4.8 金属包覆垫片的选用应符合下列规定：

a） 适用于温度较高的介质及形状复杂的垫片；

b） 垫片的包覆金属材料的使用温度应符合表7.4.8-1的规定，填充材料的使用温度应符合表7.4.8-2的规定；

表7.4.8-1 包覆金属材料的最高使用温度

包覆金属材料		最高使用温度 ℃
名称	标准	
纯铝板 L3	GB/T 3880	200
纯铜板 T3	GB/T 2040	300
镀锌钢板	GB/T 2518	400
08F	GB/T 710	400
06Cr13（0Cr13）	GB/T 3280	500
06Cr19Ni10（0Cr18Ni9） 06Cr18Ni11Ti（0Cr18Ni10Ti） 022Cr17Ni12Mo2（00Cr17Ni14Mo2） 022Cr19Ni13Mo3（00Cr19Ni13Mo3）	GB/T 3280	600

表7.4.8-2 填充材料的最高使用温度

填充材料		最高使用温度 ℃
柔性石墨板		650 [a]
石棉橡胶板		300
非石棉纤维橡胶板	有机纤维	200
	无机纤维	290
[a] 柔性石墨带用于氧化性介质时，最高使用温度为450℃。		

c） 金属包覆垫的最高使用温度应低于包覆金属材料和填充材料的最高使用温度的较低值；

d） 垫片应符合HG/T 20630或与其相当标准的规定。

7.5 紧固件

7.5.1 法兰连接用紧固件，应能保证垫片达到初始密封条件，并在整个操作过程中保持垫片的密封性。

7.5.2 紧固件材料应根据法兰连接的设计条件和选用的垫片种类决定。

7.5.3 六角头螺栓宜用于公称压力小于或等于*PN*20（Class 150）的法兰连接。公称压力大于*PN*20（Class 150）或高温条件下应采用全螺纹螺柱或等长双头螺柱。

7.5.4 屈服强度不超过235MPa的低强度紧固件，仅使用于公称压力小于或等于*PN*20（Class 150）非金属垫片的法兰连接，并不得应用于剧烈循环工况；碳钢低强度紧固件使用温度范围宜为-20℃~200℃。

7.5.5 经变形硬化的奥氏体不锈钢紧固件用于非软质垫片法兰连接时，应校核紧固件的承载能力，且使用温度不得高于500℃。

7.5.6 紧固件应符合SH/T 3404或与其相当标准的规定。

7.6 法兰、垫片和紧固件的选配

7.6.1 在法兰连接中，法兰、垫片和紧固件材料的选配宜按表7.6.1的规定选取，螺母可选用有使用经验的其他材料。

7.6.2 调质状态使用的螺母材料的回火温度应高于配套使用的螺栓材料的回火温度。

7.6.3 铸铁法兰及与其相连接的钢制法兰的密封面应选用全平面（FF）型式，预紧比压y小于或等于31.0MPa的软质垫片，紧固件应采用常温屈服强度不大于235MPa的低强度螺栓。

表7.6.1 法兰、垫片和紧固件选配

公称压力	垫片	温度℃												
		-196~-101	-100~-41	-40~-21	-20~100	101~150	151~200	201~300	301~350	351~400	401~500	501~550	551~650	651~700
		紧固件材料 螺栓/螺母												
*PN*20	石棉橡胶板	—	—	—	Q235A/Q235A			35CrMoA/35		—		—	—	—
	聚四氟乙烯包覆垫片	—	—	35CrMoA/30CrMoA			—			—		—	—	—
	缠绕式垫片	0Cr19Ni9/0Cr19Ni9	35CrMoA/30CrMoA		35CrMoA/35					35CrMoA/30CrMoA		25Cr2MoVA/35CrMoA	0Cr19Ni9/0Cr19Ni9	0Cr15Ni25Ti2MoAlVB/0Cr15Ni25Ti2MoAlVB
	金属环垫													
	柔性石墨复合垫片													—
*PN*50	石棉橡胶板	—	—		35CrMoA/35					—		—	—	—
	聚四氟乙烯包覆垫片	—	—				—							
	缠绕式垫片	0Cr19Ni9/0Cr19Ni9	35CrMoA/30CrMoA		35CrMoA/35					35CrMoA/30CrMoA		25Cr2MoVA/35CrMoA	0Cr19Ni9/0Cr19Ni9	0Cr15Ni25Ti2MoAlVB/0Cr15Ni25Ti2MoAlVB
	金属环垫													
	柔性石墨复合垫片													—
	齿形组合垫													
	金属包覆垫片											—	—	
*PN*68	缠绕式垫片	—	35CrMoA/30CrMoA		35CrMoA/35					35CrMoA/30CrMoA		25Cr2MoVA/35CrMoA	0Cr19Ni9/0Cr19Ni9	0Cr15Ni25Ti2MoAlVB/0Cr15Ni25Ti2MoAlVB
	金属环垫													
	柔性石墨复合垫片													—
	齿形组合垫													
	金属包覆垫片											—	—	
*PN*110	缠绕式垫片	—	35CrMoA/30CrMoA		35CrMoA/35					35CrMoA/30CrMoA		25Cr2MoVA/35CrMoA	0Cr19Ni9/0Cr19Ni9	0Cr15Ni25Ti2MoAlVB/0Cr15Ni25Ti2MoAlVB
	金属环垫													
	柔性石墨复合垫片													—
	齿形组合垫													
	金属包覆垫片											—	—	
*PN*150	缠绕式垫片	—	35CrMoA/30CrMoA		35CrMoA/35					35CrMoA/30CrMoA		25Cr2MoVA/35CrMoA	0Cr19Ni9/0Cr19Ni9	—
	金属环垫													
	齿形组合垫													
	金属包覆垫片											—	—	
*PN*260	缠绕式垫片	—	35CrMoA/30CrMoA		35CrMoA/35					35CrMoA/30CrMoA		25Cr2MoVA/35CrMoA	0Cr19Ni9/0Cr19Ni9	—
	金属环垫													
	齿形组合垫													
*PN*420	金属环垫	—	35CrMoA/30CrMoA		35CrMoA/35					35CrMoA/30CrMoA		25Cr2MoVA/35CrMoA	0Cr19Ni9/0Cr19Ni9	—
	齿形组合垫													

注：斜线上方为螺柱和螺栓材料，下方为螺母材料。

7.7 阀门

7.7.1 除另有规定外，工艺物料及有毒、可燃介质管道用阀门的选用应符合表7.7.1-1或表7.7.1-2的规定。

表7.7.1-1 国家和行业阀门标准

序号	标准号	标准名称
1	GB/T 12232	通用阀门　法兰连接铁制闸阀
2	GB/T 12233	通用阀门　铁制截止阀与升降式止回阀
3	GB/T 12234	石油、天然气工业用螺柱连接阀盖的钢制闸阀
4	GB/T 12235	石油、石化及相关工业用钢制截止阀和升降式止回阀
5	GB/T 12236	石油、石化及相关工业用钢制旋启式止回阀
6	GB/T 12237	石油、石化及相关工业用钢制球阀
7	GB/T 12238	法兰和对夹连接弹性密封蝶阀
8	GB/T 12239	工业阀门　金属隔膜阀
9	GB/T 12240	铁制旋塞阀
10	GB/T 12241	安全阀　一般要求
11	GB/T 12243	弹簧直接载荷式安全阀
12	GB/T 12244	减压阀　一般要求
13	GB/T 12246	先导式减压阀
14	JB/T 9092	阀门的检验与试验

表7.7.1-2 常用国外阀门标准

序号	标准号	标准名称
1	API 6D	Specification for Pipeline Valves
2	API 526	Flanged Steel Pressure Relief Valves
3	API 527	Seat Tightness of Pressure Relief Valves
4	API 593	Ductile Iron Plug Valves
5	API 594	Check Valves: Flanged, Lug, Wafer and Butt-welding
6	API 598	Valve inspection and Testing
7	API 599	Metal Plug Valves-Flanged, Threaded and Welding Ends
8	API 600	Steel Gate Valves-Flanged and Butt-Welding Ends, Bolted Bonnets
9	API 602	Steel Gate, Globe and Check Valves for Sizes DN 100 and Smaller for the Petroleum and Natural Gas Industries
10	API 603	Corrosion-Resistant, Bolted Bonnet Gate Valves-Flanged and Butt-Welding Ends
11	API 608	Metal Ball Valves-Flanged, Threaded and Welding Ends
12	API 609	Butterfly Valves: Double-flanged, Lug and Wafer type
13	API 941	Steel for Hydrogen Service at Elevated Temperatures and Pressures in Petrileum Refineries and Petrochemical Plants
14	ASME B16.10	Face-to-Face and End-to-End Dimensions of Valves
15	ASME B16.34	Valves-Flanged, Threaded, and Welding End

表7.7.1-2　常用国外阀门标准（续）

序号	标准号	标准名称
16	BS 1868	Specification for Steel Check Valves（Flanged and Butt-welding Ends）for the Petroleum，Petrochemical and Allied Industries
17	BS 1873	Specification for Steel Globe and Globe Stop and Check Valves（Flanged and Butt-welding Ends）for the Petroleum，Petrochemical and Allied Industries
18	BS 5146	Inspection and Test of Steel Valves
19	BS 5155	Butterfly Valves
20	BS 5352	Specification for Steel wedge gate，globe and check valves 50mm and smaller for petroleum，petrochemical and allied industries
21	BS EN ISO 17292	Metal Ball Valves for Petroleum，Petrochemical and Allied Industries
22	BS 6364	Valves for Cryogenic Service

7.7.2　用于工艺物料、极度危害介质、高度危害介质、可燃介质管道的软质密封球阀、旋塞阀、蝶阀及其他类似结构的特种阀门，应有防火和防静电结构。

7.7.3　软质密封阀门的密封件的压力-温度额定值应符合管道设计条件的要求。

7.7.4　除止回阀外，设计温度低于-45℃的管道宜选用加长阀盖结构的阀门。

7.7.5　低温系统的弹性闸板闸阀应在高压侧的闸板上开一个泄压孔；低温系统的球阀在高压侧应有泄压结构或泄压孔。

7.7.6　带螺纹阀盖的阀门不应用于极度危害介质、高度危害介质和液化烃管道。

7.8　管道连接

7.8.1　除安装、维护、检修需拆卸处外，管道应采用焊接连接，并应符合下列规定：

a）公称直径小于或等于*DN*40的管道，宜采用承插焊连接，承插焊连接不应用于发生缝隙腐蚀介质的管道；

b）公称直径等于或大于*DN*50的管道宜采用对焊连接。

7.8.2　除镀锌管道外，螺纹连接宜用于公称直径小于或等于*DN*40的管道，并应符合下列规定：

a）管螺纹应符合GB/T 12716或GB/T 7306.1和GB/T 7306.2的规定；

b）螺纹连接的内外管螺纹应采用锥管螺纹，锥管螺纹密封的接头不宜用于设计温度大于200℃的工况。SHB类管道公称直径不应大于*DN*20，且应采用密封焊。SHC类管道，当管道公称直径为*DN*32~*DN*50时，设计压力不应大于4MPa；公称直径为*DN*25时，设计压力不应大于8MPa；公称直径小于或等于*DN*20时，设计压力不应大于10MPa；高于上述压力应采用密封焊；

c）圆锥外螺纹与圆柱内螺纹配合仅适用于SHC5级管道；

d）对水、低压蒸汽和空气系统管道螺纹连接，可采用密封剂或密封带；

e）对工艺介质及介质渗透性较强或对泄漏率控制较严的管道，应采用密封焊；

f）发生缝隙应力腐蚀、冲蚀或由于振动、压力脉动及温度变化等可能产生交变荷载的部位，不宜采用螺纹连接；

g）除温度计套管外，SHA类管道和剧烈循环工况不应采用螺纹连接。

7.8.3　法兰连接应根据管道设计压力、设计温度、介质特性及泄漏率等要求选用。

7.8.4　扩口、卡箍及其他特种管道连接，应按管接头标准规定的压力、温度等使用条件及所连接管子材料、规格要求选用。但当用于极度危害介质、高度危害介质、可燃介质或承受剧烈循环工况的管道时，应经过类似工况条件的性能试验或实际使用证明安全可靠方可采用。

7.8.5　连接不同压力等级管道的阀门、法兰等管道组成件，应按苛刻条件选用。

7.9 管道分支

7.9.1 支管直接焊接在主管上的支管连接，除下列情况外，应进行开孔补强校核，并根据校核结果采取相应的补强措施：

a） 支管通过加强管接头与主管连接；

b） 支管连接处作为一个整体受压元件设计、制造并经检验合格。

7.9.2 直接焊接在主管上的支管连接应符合下列要求：

a） 不应用于有机械振动、压力脉动和温度急剧变化的部位的管道；

b） 不宜用于设计温度超过425℃的管道；

c） 当支管连接处承受由于支管热变形、外荷载及支架位移等引起的应力时，应对附加荷载在支管连接处产生的影响进行分析并采取必要的加强措施。

7.9.3 下列工况的支管连接应采用三通、45° 斜三通或四通：

a） 设计压力等于或大于2.0MPa、设计温度超过250℃以及支管外径与主管外径之比大于0.8；

b） 承受机械振动、压力脉动和温度急剧变化的管道分支。

8 管道受压元件强度设计

8.1 一般规定

8.1.1 管道受压元件的设计应符合本规范的规定。

8.1.2 管道受压元件的壁厚选用应符合下列要求：

a） 管道受压元件的最小壁厚应考虑腐蚀、浸蚀、磨损、负偏差及螺纹或开槽深度裕量；

b） 按强度计算管道受压元件的壁厚时，应考虑由于支撑、结冰、回填土等附加荷载的影响，当由此增加的壁厚产生过大的局部应力和在结构上无法解决时，应通过增设支撑、拉杆等不增加壁厚的措施来保证其强度。

8.2 金属直管

8.2.1 受内压直管的壁厚计算应符合下列规定：

a） 当直管的计算壁厚t小于管子外径D_o的1/6时，直管的计算壁厚应按式（8.2.1-1）计算，管子的名义壁厚应按式（8.2.1-2）计算：

$$t=\frac{PD_o}{2[\sigma]^t\phi W+2PY} \quad\cdots\cdots（8.2.1-1）$$

$$\overline{T}=t+C_1+C_2+C_3+C_4 \quad\cdots\cdots（8.2.1-2）$$

式中：

t——直管的计算壁厚，mm；

P——设计压力，MPa；

D_o——管子外径，mm；

$[\sigma]^t$——设计温度下管子材料的许用应力，MPa；

ϕ——焊缝系数，对无缝钢管取1；

W——焊缝接头强度降低系数；

Y——温度对计算直管壁厚公式的修正系数；

$\overline{T}$——名义厚度，标准规定的厚度，mm；

C_1——材料厚度负偏差，按材料标准规定，mm；

C_2——腐蚀、冲蚀裕量，mm；

C_3—— 机械加工深度。对带螺纹的管道组成件，取公称螺纹深度；对未规定公差的机械加工表面或槽，取规定切削深度加0.5mm，mm；

C_4——厚度圆整值，mm。

b） 焊接钢管的焊缝系数应按表8.2.1-1的规定取值；

表8.2.1-1　焊接钢管的焊缝系数

序号	焊接方法	接头型式	焊缝形式	检验要求	焊缝系数 ϕ
1	锻焊（炉焊）	对焊	直焊缝	按标准要求	0.6
2	电阻焊	对焊	直焊缝或螺旋焊缝	按标准要求	0.85
3	电弧焊	单面对焊	直焊缝或螺旋焊缝	无X射线探伤	0.8
				10% X射线探伤	0.9
				100% X射线探伤	1.0
		双面对焊	直焊缝或螺旋焊缝	无X射线探伤	0.85
				10% X射线探伤	0.90
				100% X射线探伤	1.0

c） 焊缝接头强度降低系数，应按表8.2.1-2的规定取值。当温度高于816℃时，由设计者确定；

表8.2.1-2　焊缝接头强度降低系数

材料	设计温度℃														
	427	454	482	510	538	566	593	621	649	677	704	732	760	788	816
铬钼合金钢	1	0.95	0.91	0.86	0.82	0.77	0.73	0.68	0.64	—	—	—	—	—	—
不带填充金属的奥氏体钢[a]	—	—	—	1	1	1	1	1	1	1	1	1	1	1	1
带填充金属的奥氏体钢	—	—	—	1	0.95	0.91	0.86	0.82	0.77	0.73	0.68	0.64	0.59	0.55	0.5
[a] 成品进行固溶化热处理且焊缝进行100%射线检验。															

d） 温度对计算直管壁厚公式的修正系数应按表8.2.1-3的规定取值；

表8.2.1-3　温度对计算直管壁厚公式的修正系数

材料	温度℃					
	≤482	510	538	566	593	≥621
铁素体钢	0.4	0.5	0.7	0.7	0.7	0.7
奥氏体钢	0.4	0.4	0.4	0.4	0.5	0.7

e） 当直管的计算壁厚t等于或大于管子外径D_o的1/6时，或设计压力P与在设计温度下材料的许用应力$[\sigma]^t$和焊缝系数ϕ乘积之比$\{P/([\sigma]^t\phi)\}$大于0.385时，直管的计算壁厚应根据断裂理论、疲劳、热应力及材料特性等因素综合考虑确定。

8.2.2　受外压直管的壁厚和加强圈计算，应符合GB 150的有关规定。

8.3 弯管和斜接弯头

8.3.1 受内压弯管的壁厚计算应符合下列规定：

a） 弯管的计算壁厚t_w应按式（8.3.1-1）计算；当弯管计算内侧壁厚时，计算系数I按式（8.3.1-2）计算；当弯管计算外侧壁厚时，计算系数I按式（8.3.1-3）计算；当弯管计算中心线处壁厚时，计算系数I取1.0；

$$t_w = \frac{PD_o}{2[\sigma]^t \phi W / I + 2PY} \quad (8.3.1\text{-}1)$$

$$I = \frac{4(R/D_o)-1}{4(R/D_o)-2} \quad (8.3.1\text{-}2)$$

$$I = \frac{4(R/D_o)+1}{4(R/D_o)+2} \quad (8.3.1\text{-}3)$$

式中：

t_w——弯管在内侧、外侧或弯管中心线处的计算壁厚，mm；

I——计算系数；

R——弯管曲率半径，mm；

D_o——管子外径，mm；

b） 弯管弯曲后的最小厚度不应小于相连直管扣除壁厚负偏差后的壁厚值；

c） 当弯管的壁厚无法计算时，也可采用验证性试验决定最大许用工作压力；

d） 采用爆破法验证最大许用工作压力时，爆破压力可按式（8.3.1-4）和式（8.3.1-5）计算：

$$P_2 = P_1 \sigma_b^a / \sigma_b^n \quad (8.3.1\text{-}4)$$

$$P_1 = 2\sigma_b \overline{T} / D_o \quad (8.3.1\text{-}5)$$

式中：

P_2——管件的爆破试验压力，MPa；

P_1——管件的计算爆破压力，MPa；

σ_b——直管材料的规定抗拉强度，MPa；

$\overline{T}$——直管名义壁厚，mm；

σ_b^a——试验管件材料的实际抗拉强度，MPa；

σ_b^n——试验管件材料的规定抗拉强度，MPa。

8.3.2 斜接弯头的外形见图8.3.2，斜接角度α大于3° 且小于或等于45° 斜接弯头的最大许用内压力应符合下列规定：

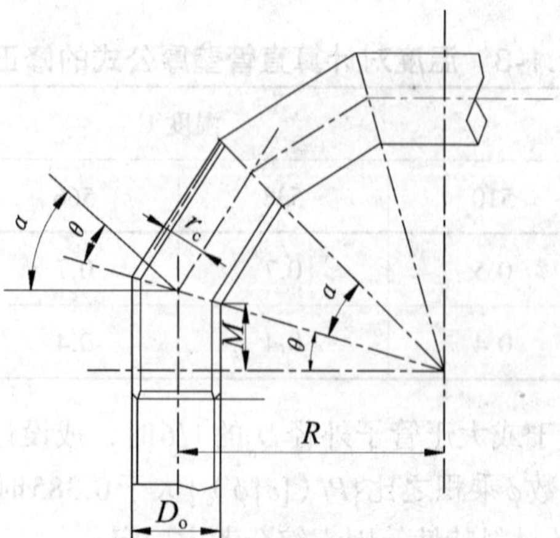

图8.3.2 斜接弯头

a） 斜接角度α小于或等于3° 时按直管计算；

b） 角度θ不大于22.5° 的多接缝斜接弯头，最大许用内压力应按式（8.3.2-1）和式（8.3.2-2）计算，并取两者计算结果的较小值，其中弯头曲率半径R应按式（8.3.2-3）计算；

$$P_m = \frac{[\sigma]^t \phi W T_e}{r_c}\left(\frac{T_e}{T_e + 0.643\text{tg}\theta\sqrt{r_c T_e}}\right) \quad \cdots\cdots（8.3.2-1）$$

$$P_m = \frac{[\sigma]^t \phi W T_e}{r_c}\left(\frac{R - r_c}{R - 0.5 r_c}\right) \quad \cdots\cdots（8.3.2-2）$$

$$R \geqslant \frac{A}{\text{tg}\theta} + \frac{D_o}{2} \quad \cdots\cdots（8.3.2-3）$$

式中：

P_m——斜接弯头最大许用内压力，MPa；

T_e——有效厚度，为名义厚度减去腐蚀、冲蚀裕量和材料厚度负偏差，以及机械加工深度以后的厚度，mm；

R——弯头曲率半径，mm；

r_c——管子平均半径，mm；

A——经验值，按表8.3.2的规定查取。

表8.3.2 经验值A

斜接弯头的有效厚度T_e/mm	经验值A
≤13	25
13<T_e<22	2 T_e
≥22	［2 T_e/3］+30

c） 单接缝斜接弯头的最大许用内压力的计算应符合下列要求：

1） 角度θ小于或等于22.5° 的单接缝斜接弯头的最大许用内压力应按式（8.3.2-1）计算；

2） 角度θ大于22.5° 的单接缝斜接弯头的最大许用内压力应按式（8.3.2-4）计算；

$$P_m = \frac{[\sigma]^t \phi W T_e}{r_c}\left(\frac{T_e}{T_e + 1.25\text{tg}\theta\sqrt{r_c T_e}}\right) \quad \cdots\cdots（8.3.2-4）$$

d） 图中斜接弯头切线段长度M应取下列两式计算结果的较大值；斜接弯头的斜接角α取θ的2倍。

$$M = 2.5\sqrt{r_c \cdot T_w} \quad \cdots\cdots（8.3.2-5）$$

$$M = \tan\theta(R - r_c) \quad \cdots\cdots（8.3.2-6）$$

式中：

M——斜接弯头切线段长度，mm；

T_w——最小厚度，实测厚度或为名义厚度减去材料厚度负偏差以后的厚度，mm。

8.3.3 承受外压的弯管和斜接弯头，壁厚的计算可按本规范第8.2.2条的规定。

8.4 三通

8.4.1 挤压三通的壁厚计算应采用压力面积法，计算时，应控制三通承载截面上的一次应力不超过材料在工作温度下的许用应力，许用应力应按式（8.4.1-1）计算。承受内压的三通外形见图8.4.1，承载区的尺寸应按式（8.4.1-2）和式（8.4.1-3）计算。

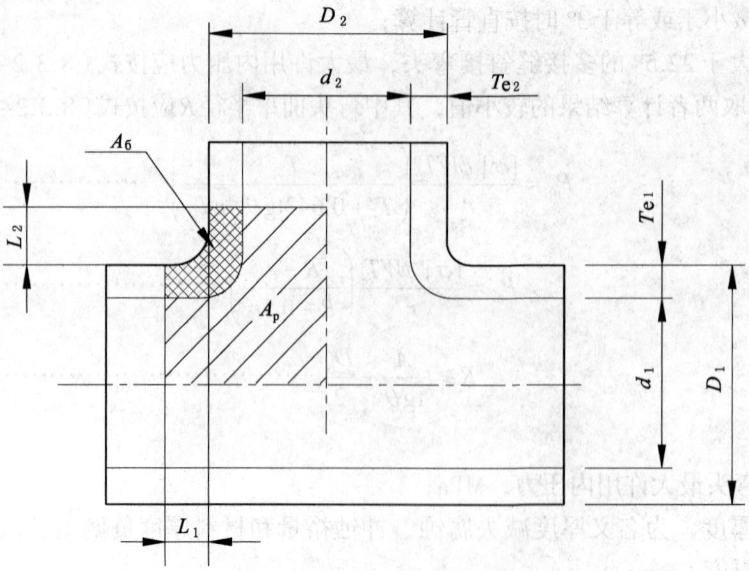

图8.4.1　承受内压三通

$$[\sigma]^t \geqslant P\left(\frac{A_p}{A_\sigma}+\frac{1}{2}\right) \quad (8.4.1-1)$$

$$L_1=\sqrt{(d_1+T_{e1})T_{e1}} \quad (8.4.1-2)$$

$$L_2=\sqrt{(d_2+T_{e2})T_{e2}} \quad (8.4.1-3)$$

式中：

A_p——通过主管、支管中心线的纵向截面在最大承载范围内的承压面积，mm^2；

A_σ——通过主管、支管中心线的纵向截面在最大承载范围内的钢材承载面积，mm^2；

L_1——主管最大承载长度，mm；

L_2——支管最大承载长度，mm；

d_1——主管内径，mm；

d_2——支管内径，mm；

T_{e1}——主管有效厚度，mm；

T_{e2}——支管有效厚度，mm。

8.4.2　挤压三通主管最小壁厚T_t应按式（8.4.2–1）和式（8.4.2–2）计算。

$$T_t=\frac{Pd_1+2[\sigma]^t E_j C_2+2PYC_2}{2[\sigma]^t E_j-2P(1-Y)} \quad (8.4.2-1)$$

$$E_j=\frac{d_1 A_\sigma}{2T_{e1}A_p}\leqslant 1 \quad (8.4.2-2)$$

式中：

T_t——最小厚度，实测厚度或为名义厚度减去材料厚度负偏差以后的厚度，mm；

E_j——三通强度减弱系数。

8.4.3　三通的最大许用工作压力，也可采用验证性试验确定。

8.5　盲板与平盖

8.5.1　夹在法兰间的盲板外形见图8.5.1，盲板的计算厚度应按式（8.5.1–1）计算，盲板的设计厚度应按式（8.5.1–2）计算。

$$t_m = D_g\sqrt{\frac{3P}{16[\sigma]^t W\phi}} \quad \cdots\cdots (8.5.1\text{-}1)$$

$$T_{pd} = t_m + C \quad \cdots\cdots (8.5.1\text{-}2)$$

式中：

t_m——盲板的计算厚度，mm；

D_g——对于突面、凹凸面或平面法兰，为垫片内径；对于环连接面和榫槽面法兰，为垫片的平均直径，mm；

P——设计压力，MPa；

$[\sigma]^t$——在设计温度下材料的许用应力，MPa；

W——焊缝接头强度降低系数；

ϕ——焊缝系数，对整体成型盲板，ϕ取1.0；

T_{pd}——盲板的设计厚度，mm

C——厚度附加量，为腐蚀、冲蚀裕量（C_2）和机械加工深度（C_3）的总和，mm。

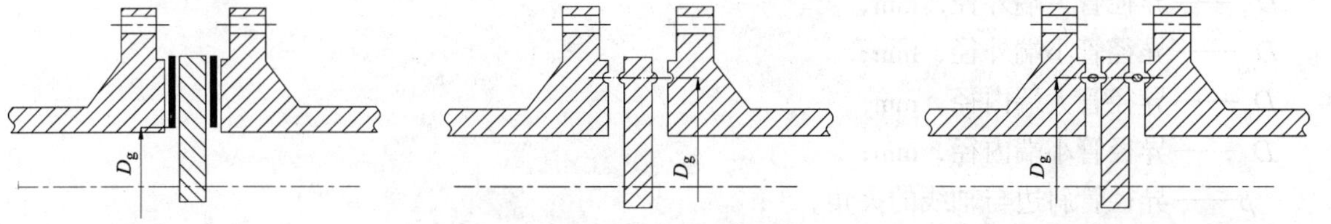

a） 密封面为FF或RF的盲板　　b） 密封面为MRJ的盲板　　c） 密封面为FRJ的盲板

图8.5.1　法兰间的盲板

8.5.2　平盖的厚度计算应符合GB 150的有关规定。

8.6　非标准异径管

8.6.1　无折边的非标准异径管外形见图8.6.1，无折边非标准异径管的设计应符合下列规定：

a）无折边的非标准异径管可采用钢板卷焊，对偏心异径管的焊缝宜位于图8.6.1中b）所示位置；

b）无折边异径管的设计压力不宜超过2.5MPa；

c）同心异径管，斜边与轴线的夹角β不宜大于15°。偏心异径管斜边与端部轴线的夹角β不宜大于30°。

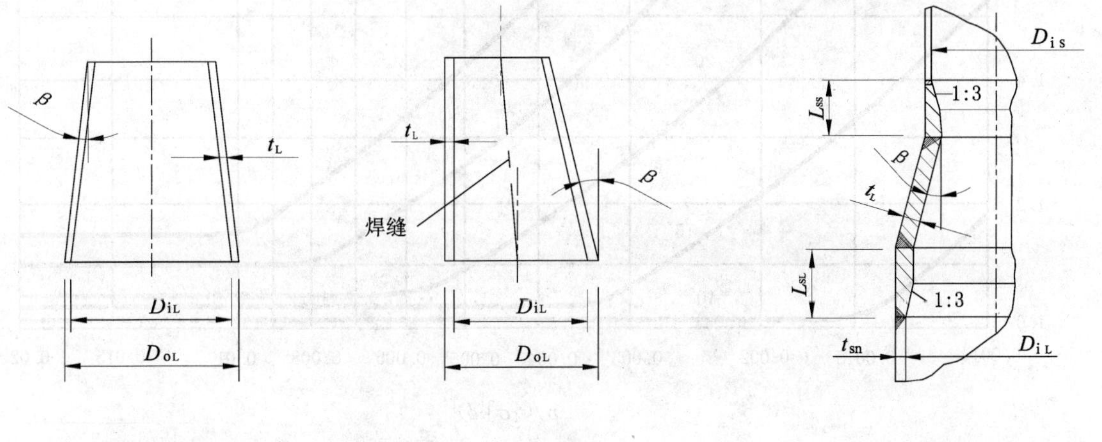

a） 同心异径管　　b） 偏心异径管　　c） 两端带直加强段的异径管

图8.6.1　无折边的异径管

8.6.2 受内压无折边异径管的厚度计算应符合下列要求：

a） 应按设定的斜边与轴线的夹角β，并按式（8.6.2–1）、式（8.6.2–2）和式（8.6.2–3）计算异径管各部的厚度，取三者中的厚度最大值；

$$t_{LC}=\frac{PD_{oL}}{2([\sigma]^t\phi W+PY)\cos\beta} \qquad (8.6.2\text{–}1)$$

$$t_{LL}=\frac{Q_L PD_{iL}}{2[\sigma]^t\phi W-P}\text{或}t_{LL}=\frac{Q_L PD_{oL}}{2[\sigma]^t\phi W-(2Q_L-1)P} \qquad (8.6.2\text{–}2)$$

$$t_{LS}=\frac{Q_S PD_{iS}}{2[\sigma]^t\phi W-P}\text{或}t_{LS}=\frac{Q_S PD_{oS}}{2[\sigma]^t\phi W-(2Q_S-1)P} \qquad (8.6.2\text{–}3)$$

式中：

t_{LC}——异径管锥部计算厚度，mm；

t_{LL}——异径管大端计算厚度，mm；

t_{LS}——异径管小端计算厚度，mm；

D_{oL}——异径管大端外径，mm；

D_{oS}——异径管小端外径，mm；

D_{iL}——异径管大端内径，mm；

D_{iS}——异径管小端内径，mm；

β——异径管斜边与轴线的夹角，°；

Q_L——异径管大端与直管连接的应力增值系数，按图8.6.2–1选取；

Q_S——异径管小端与直管连接的应力增值系数，按图8.6.2–2选取。

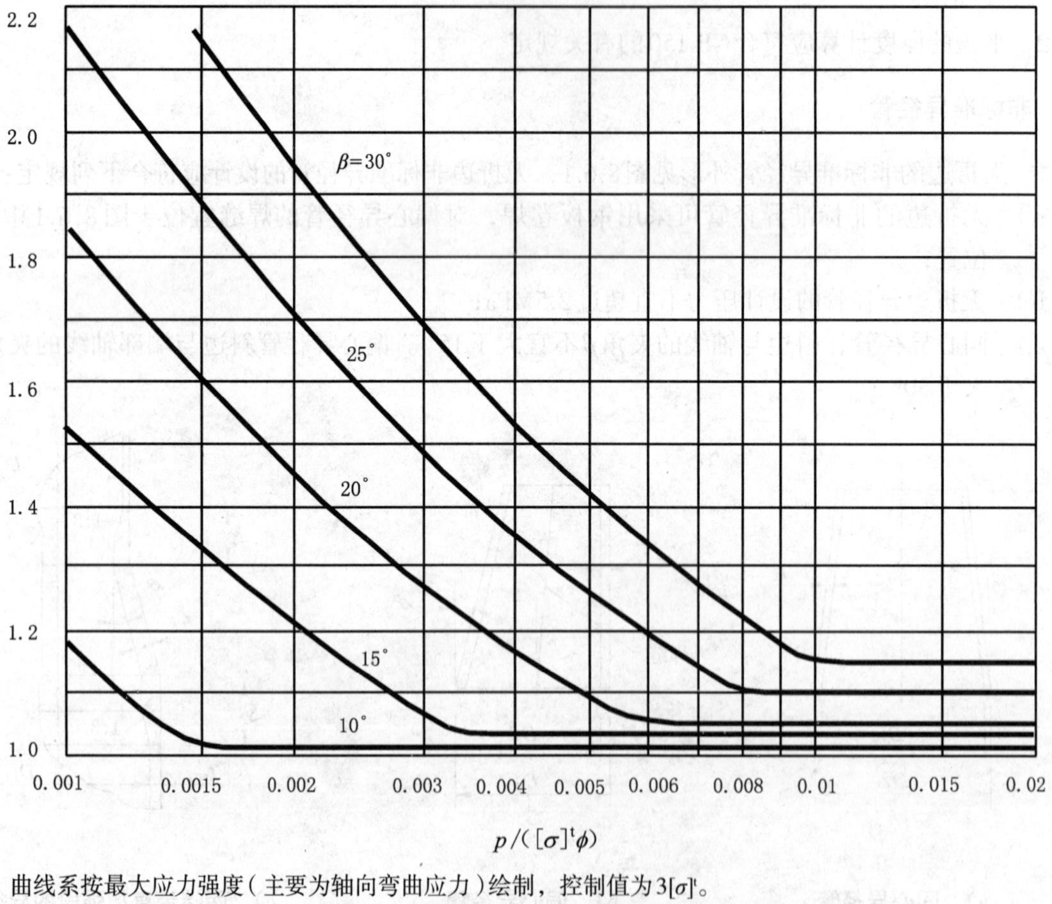

注：曲线系按最大应力强度（主要为轴向弯曲应力）绘制，控制值为3[σ]^t。

图8.6.2-1 异径管大端与直管连接处Q_L值

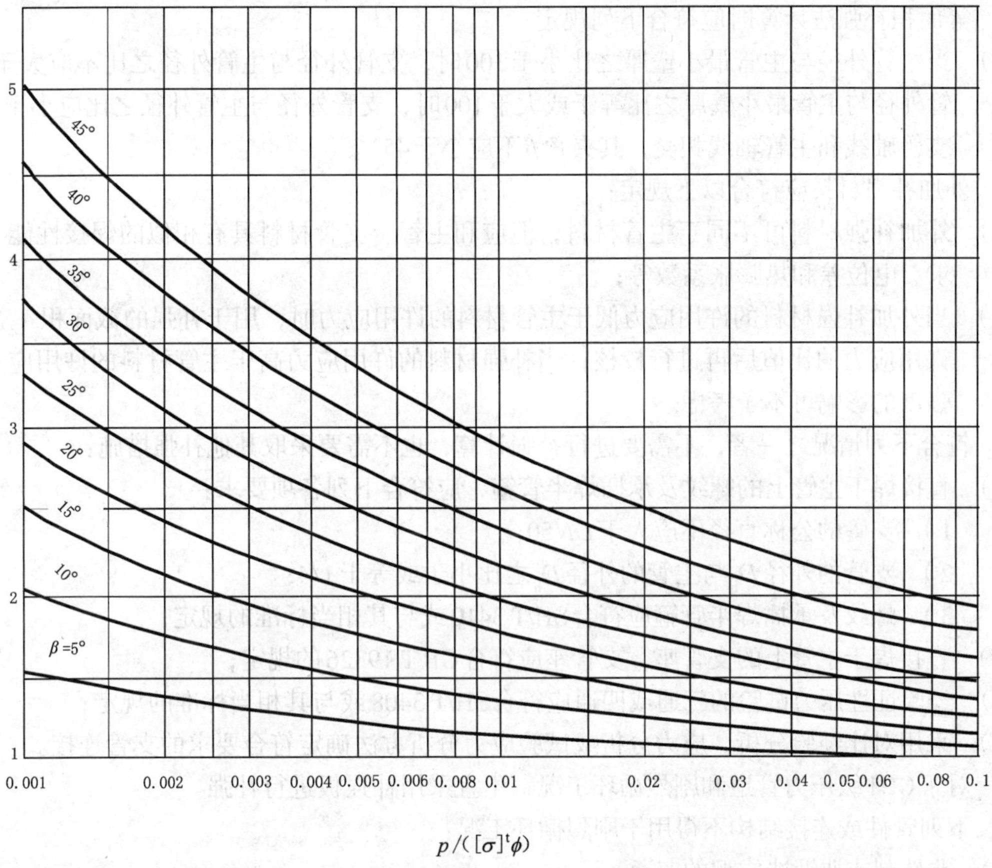

注： 曲线系按连接处每侧 $0.25\sqrt{0.5D_{iS}t_{LS}}$ 范围内的薄膜应力强度（由平均环向拉应力和平均径向压应力计算所得）绘制，控制值为 $1.1[\sigma]^t$。

图8.6.2-2　异径管小端与直管连接处 Q_S 值

b）异径管厚度的选取应符合下列规定：

1）当计算的厚度最大值小于或等于大端连接的直管有效厚度时，异径管的名义厚度可取与直管相同的名义厚度；

2）当计算的厚度最大值大于大端连接的直管有效厚度时，允许减小斜边与轴线夹角时，可重新计算；当不能减小斜边与轴线夹角时，可采用本条中a）项计算的厚度最大值，并采用图8.6.1中c）的结构，该异径管应在两端增加直管的加强段；

3）异径管名义厚度应包括计算厚度、厚度附加量及厚度圆整值；

c）直管加强段的长度应按式（8.6.2-4）和式（8.6.2-5）计算。

$$L_{SL} = 2\sqrt{0.5D_{iL}t_{LL}} \quad \cdots\cdots\cdots\cdots（8.6.2-4）$$

$$L_{SS} = \sqrt{D_{iS}t_{LS}} \quad \cdots\cdots\cdots\cdots（8.6.2-5）$$

式中：

L_{SL}——与异径管大端连接的直管加强段的长度，mm；

L_{SS}——与异径管小端连接的直管加强段的长度，mm。

8.6.3　承受外压的异径管厚度及加强要求，应符合GB 150的有关规定。

8.7　支管连接

8.7.1　支管连接的补强计算可采用等面积补强法，等面积补强法是开孔补强计算的最低要求，适用于以下支管连接结构：

a）本规范图8.7.8所示的焊接支管；

b）非标准的支管连接管件。

8.7.2 等面积补强法计算时应符合下列规定：

a） 当主管外径与主管最小壁厚之比小于100时，支管外径与主管外径之比不应大于1.0；当主管外径与主管最小壁厚之比等于或大于100时，支管外径与主管外径之比应小于0.5；

b） 支管轴线和主管轴线相交，其夹角β不应小于45°。

8.7.3 外加补强材料应符合以下规定：

a） 外加补强材料可不同于主管材料，但应和主管、支管材料具有相似的焊接性能、热处理要求、电位差和热膨胀系数等；

b） 当外加补强材料的许用应力低于主管材料的许用应力时，用于补强的截面积A_4应乘以二者许用应力的比值后再进行校核；当补强材料的许用应力高于主管材料的许用应力时，材料强度的影响可不予考虑。

8.7.4 符合下列情况之一者，不需要进行补强计算，也不需要采取其他补强措施：

a） 直接焊于主管上的螺纹及承插焊半管箍，应符合下列各项要求：

1） 支管的公称直径不应大于DN50；

2） 支管的外径D_b与主管的外径D_h之比小于或等于1/4；

3） 螺纹及承插焊半管箍应符合SH/T 3410或与其相当标准的规定；

b） 直接焊于主管上的支管座，支管座应符合GB/T 19326的规定；

c） 经验证性压力试验的三通或四通应符合SH/T 3408或与其相当标准的规定；

d） 采用对比经验分析、应力分析或试验应力分析方法确定符合要求的支管连接。

8.7.5 对于GC1级压力管道和剧烈循环工况，不宜采用补强板进行补强。

8.7.6 下列管件或连接结构不得用于剧烈循环工况：

a） 非轧制或非锻造成型的三通；

b） 图8.7.8所示a）和c）的支管连接结构；

c） 管表号为Sch10S及以下的管件。

8.7.7 多个支管连接的补强计算应符合下列规定：

a） 如果任意两相邻支管的中心距等于或大于该支管平均直径的2倍，则每个支管应分别符合规定的补强计算要求；

b） 如果任意两相邻支管的中心距小于该支管平均直径的2倍，则两个支管的补强设计应符合下列要求：

1） 任意两相邻支管的中心距不应小于该两支管平均直径的1.5倍；

2） 两支管补强范围内相互重叠的面积不能重复计入，且两支管之间的补强面积不应小于该两支管所需补强面积总和的50%；

3） 相邻两支管应分别符合规定的补强计算要求。

8.7.8 支管与主管的焊接连接结构设计应符合图8.7.8的要求，当用于剧烈循环工况时，应采用图8.7.8中b）或d）的结构；补强圈上应设排气孔。

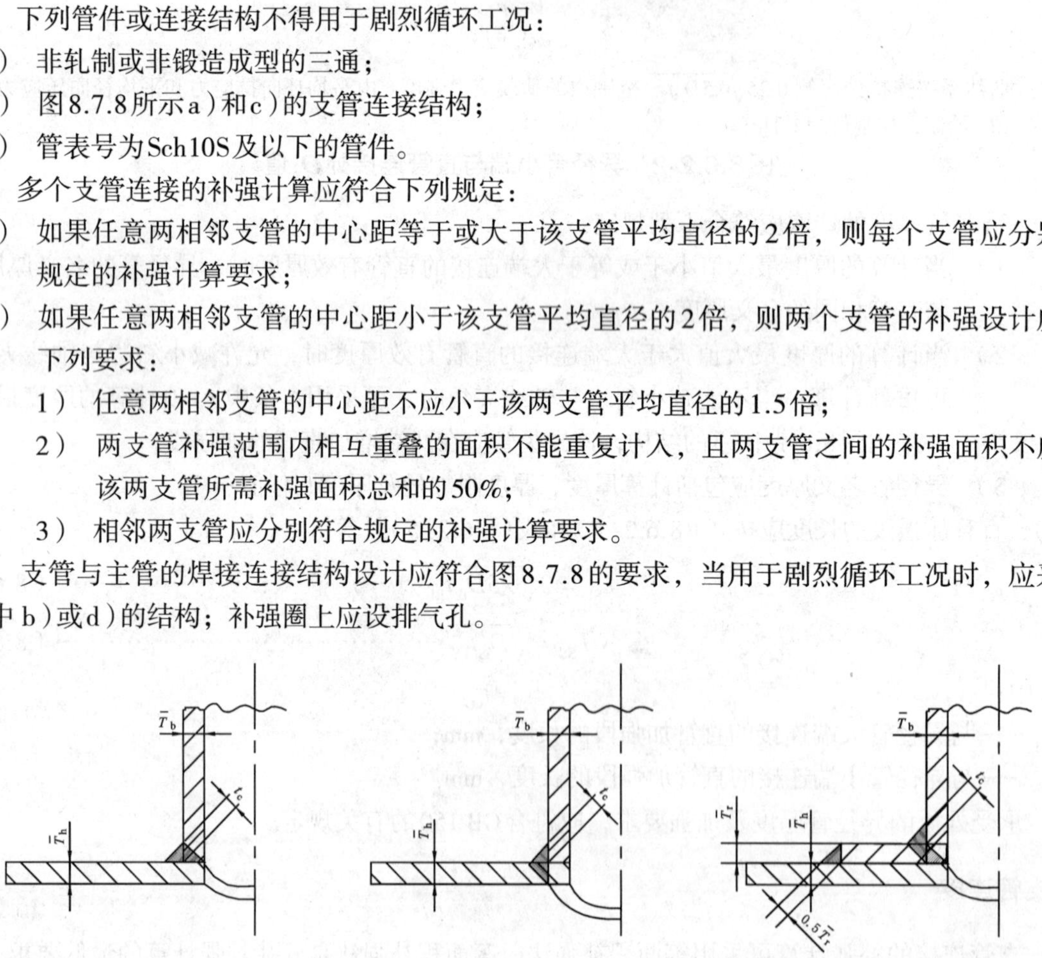

a） 安放式焊接支管　　b） 插入式焊接支管　　c） 带补强圈的安放式焊接支管

图8.7.8　支管连接的焊接接头形式

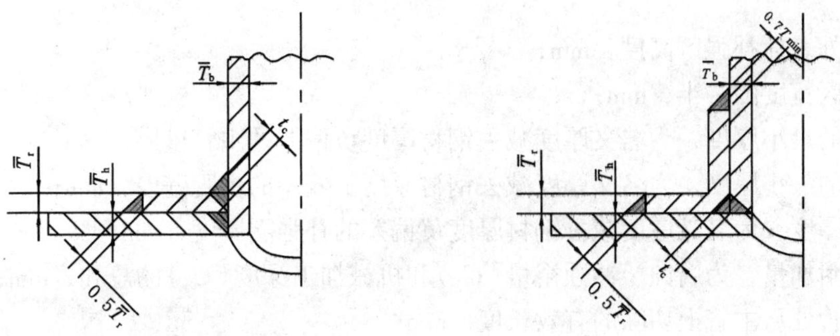

d） **带补强圈的安放式焊接支管**　　　　e） **带鞍形补强件的焊接支管**

注：$\overline{T}_r$——补强圈或鞍形补强件的名义厚度，mm；

$\overline{T}_h$——主管名义壁厚，mm；

$\overline{T}_b$——支管名义壁厚，mm；

t_c——角焊缝有效厚度，取$0.7\overline{T}_b$或6.4mm两者中的较小者；

T_{min}——取$\overline{T}_b$或$\overline{T}_r$两者中的较小者。

图8.7.8　支管连接的焊接接头形式（续）

8.7.9　补强圈的补强计算应符合下列规定：

a）焊接支管补强区范围见图8.7.9；

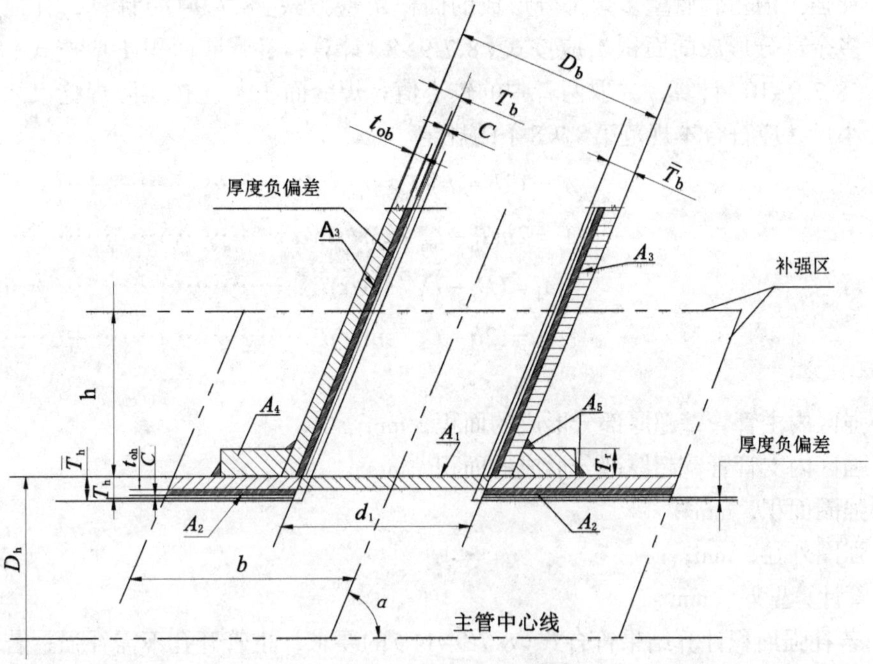

图8.7.9　补强区范围

b）补强计算应符合下列要求：

1）主管外侧补强范围的有效高度应按式（8.7.9-1）和式（8.7.9-2）计算，并取两者中的较小值；补强区有效宽度的一半应按式（8.7.9-3）和式（8.7.9-4）计算，并取两者中的较大值，但不得大于主管外径D_h；

$$h = 2.5(T_h - C) \quad \cdots\cdots\cdots\cdots (8.7.9\text{-}1)$$

$$h = 2.5(T_b - C) + T_r \quad \cdots\cdots\cdots\cdots (8.7.9\text{-}2)$$

$$b = d_1 = [D_b - 2(T_b - C)] / \sin\alpha \quad \cdots\cdots\cdots\cdots (8.7.9\text{-}3)$$

$$b = d_1 / 2 + (T_h - C) + (T_b - C) \quad \cdots\cdots\cdots\cdots (8.7.9\text{-}4)$$

式中：

h——主管外表面补强区高度，mm；

b——补强区宽度的一半，mm；

T_h——主管的最小厚度，为名义厚度减去钢材厚度负偏差的主管壁厚，mm；

T_b——支管的最小厚度，为名义厚度减去钢材厚度负偏差的主管壁厚，mm；

T_r——最小厚度，为名义厚度减去钢材厚度负偏差的补强圈厚度，mm；

C——厚度附加量，为腐蚀、冲蚀裕量（C_2）和机械加工深度（C_3）的总和，mm；

d_1——在支管处从主管上切除的有效长度，mm；

α——支管轴线与主管轴线间夹角；

D_b——支管外径，mm。

2） 承受内压主管开孔需补强的面积A_1应按式（8.7.9-5）计算，承受外压主管开孔需补强的面积A_1应按式（8.7.9-6）计算；

$$A_1 = t_{oh} d_1 (2 - \sin\alpha) \quad (8.7.9\text{-}5)$$

$$A_1 = t_{oh} d_1 (2 - \sin\alpha) / 2 \quad (8.7.9\text{-}6)$$

式中：

A_1——主管开孔而需补强的面积，mm²；

t_{oh}——主管计算壁厚，mm。

3） 补强区内主管管壁多余部分形成的面积A_2应按式（8.7.9-7）计算；补强区内支管管壁多余部分形成的面积A_3应按式（8.7.9-8）计算；补强圈面积A_4应按式（8.7.9-9）和式（8.7.9-10）计算，并取两者中的较小值；焊缝面积A_5应按实际焊缝尺寸计算，焊缝最小尺寸应符合本规范第8.7.8条的规定。

$$A_2 = (2b - d_1)(T_h - t_{oh} - C) \quad (8.7.9\text{-}7)$$

$$A_3 = 2h(T_b - t_{ob} - C) / \sin\alpha \quad (8.7.9\text{-}8)$$

$$A_4 = (D_r - D_b / \sin\alpha) T_r \quad (8.7.9\text{-}9)$$

$$A_4 = (2b - D_b / \sin\alpha) T_r \quad (8.7.9\text{-}10)$$

式中：

A_2——补强区内主管管壁超厚部分形成的面积，mm²；

A_3——补强区内支管管壁超厚部分形成的面积，mm²；

A_4——补强圈面积，mm²；

D_r——补强圈外径，mm；

t_{ob}——支管计算壁厚，mm。

4） 若补强面积计算结果符合式（8.7.9-11）的要求，主管开孔不需补强；若不符合，主管开孔需补强，补强的面积A应按式（8.7.9-12）计算。

$$A_2 + A_3 + A_5 \geqslant A_1 \quad (8.7.9\text{-}11)$$

$$A = A_1 - (A_2 + A_3 + A_5) \quad (8.7.9\text{-}12)$$

式中：

A_3——焊缝面积，mm²；

A——补强面积，mm²。

附 录 A
（资料性附录）
常用毒性介质、可燃介质

A.1 常用毒性介质危害程度的分级

石油化工常用毒性介质危害程度的分级可按表A.1的规定确定。

表A.1 常用毒性介质

级别	名 称
极度危害	汞及其化合物、砷及其无机化合物、氯乙烯、铬酸盐、重铬酸盐、黄磷、铍及其化合物、对硫磷、羰基镍、八氟异丁烯、锰及其无机化合物、氰化物、苯、氯甲醚
高度危害	三硝基甲苯、铅及其化合物、二硫化碳、氯、丙烯腈、四氯化碳、硫化氢、甲醛、苯胺、氟化氢、五氯酚及其钠盐、镉及其化合物、敌百虫、氯丙烯、钒及其化合物、溴甲烷、硫酸二甲酯、金属镍、甲苯二异氰酸酯、环氧氯丙烷、砷化氢、敌敌畏、光气、氯丁二烯、一氧化碳、硝基苯
中度危害	二甲苯、三氯乙烯、二甲基甲酰胺、六氟丙烯、苯酚、氮氧化物、苯乙烯、甲醇、硝酸、硫酸、盐酸、甲苯
轻度危害	溶剂汽油、丙酮、氢氧化钠、四氟乙烯、氨

A.2 常用可燃气体火灾危险性分类

常用可燃气体的火灾危险性分类可按表A.2的规定确定。

表A.2 常用可燃气体的火灾危险性分类

类别	名 称
甲	乙炔，环氧乙烷，氢气，合成气，硫化氢，乙烯，氰化氢，丙烯，丁烯，丁二烯，顺丁烯，反丁烯，甲烷，乙烷，丙烷，丁烷，丙二烯，环丙烷，甲胺，环丁烷，甲醛，甲醚（二甲醚），氯甲烷，氯乙烯，异丁烷，异丁烯
乙	一氧化碳，氨，溴甲烷

A.3 常用液化烃和可燃液体火灾危险性分类

常用液化烃和可燃液体的火灾危险性分类可按表A.3的规定确定。

表A.3 常用液化烃和可燃液体的火灾危险性分类

类别		名 称
甲	A	液化氯甲烷，液化顺式2-丁烯，液化乙烯，液化乙烷，液化反式2-丁烯，液化环丙烷，液化丙烯，液化丙烷，液化环丁烷，液化新戊烷，液化丁烯，液化丁烷，液化氯乙烯，液化环氧乙烷，液化丁二烯，液化异丁烷，液化异丁烯，液化石油气，二甲胺，三甲胺，二甲基亚硫，液化甲醚（二甲醚）
	B	异戊二烯，异戊烷，汽油，戊烷，二硫化碳，异己烷，己烷，石油醚，异庚烷，环己烷，辛烷，异辛烷，苯，庚烷，石脑油，原油，甲苯，乙苯，邻二甲苯，间、对二甲苯，异丁醇，乙醚，乙醛，环氧丙烷，甲酸甲酯，乙胺，二乙胺，丙酮，丁醛，三乙胺，醋酸乙烯，甲乙酮，丙烯腈，醋酸乙酯，醋酸异丙酯、二氯乙烯、甲醇、异丙醇、乙醇、醋酸丙酯、丙醇、醋酸异丁酯，甲酸丁酯，吡啶，二氯乙烷，醋酸丁酯，醋酸异戊酯，甲酸戊酯，丙烯酸甲酯，甲基叔丁基醚，液态有机过氧化物

表A.3 常用液化烃和可燃液体的火灾危险性分类(续)

类别		名　　称
乙	A	丙苯，环氧氯丙烷，苯乙烯，喷气燃料，煤油，丁醇，氯苯，乙二胺，戊醇，环已酮，冰醋酸，异戊醇，异丙苯，液氨
	B	轻柴油，环戊烷，硅酸乙酯，氯乙醇，氯丙醇，二甲基甲酰胺，二乙基苯
丙	A	重柴油，苯胺，锭子油，酚，甲酚，糠醛，20号重油，苯甲醛，环已醇，甲基丙烯酸，甲酸，乙二醇丁醚，甲醛，糠醇，辛醇，单乙醇胺，丙二醇，乙二醇，二甲基乙酰胺
	B	蜡油，100号重油，渣油，变压器油，润滑油，二乙二醇醚，三乙二醇醚，邻苯二甲酸二丁酯，甘油，联苯-联苯醚混合物，二氯甲烷，二乙醇胺，三乙醇胺，二乙二醇，三乙二醇，液体沥青，液硫
注：闪点小于60℃且大于或等于55℃的轻柴油，如果储罐操作温度小于或等于40℃时，其火灾危险性可视为丙$_A$类。		

附　录　B
（资料性附录）
金属材料的高温氧化年腐蚀率

金属材料的高温氧化年腐蚀率可按表B的规定确定。

表B　金属材料的高温氧化年腐蚀率

单位为mm/a

材质	最大金属温度 ℃											
	496	524	552	579	607	635	663	691	718	746	774	802
CS	0.05	0.1	0.15	0.23	0.36	0.56	0.84	1.22	—	—	—	—
1 1/4Cr	0.05	0.08	0.1	0.18	0.3	0.46	0.76	1.17	—	—	—	—
2 1/4Cr	0.03	0.03	0.05	0.1	0.23	0.36	0.61	1.04	—	—	—	—
5Cr	0.03	0.03	0.03	0.05	0.1	0.15	0.38	0.89	1.65	—	—	—
7Cr	0.03	0.03	0.03	0.03	0.03	0.05	0.08	0.15	0.43	0.94	1.52	—
9Cr	0.03	0.03	0.03	0.03	0.03	0.03	0.03	0.05	0.13	0.28	0.58	1.02
12Cr	0.03	0.03	0.03	0.03	0.03	0.03	0.03	0.03	0.08	0.2	0.38	0.76
304SS	0.03	0.03	0.03	0.03	0.03	0.03	0.03	0.03	0.03	0.05	0.08	0.1
309SS	0.03	0.03	0.03	0.03	0.03	0.03	0.03	0.03	0.03	0.03	0.05	0.08
310SS/HK	0.03	0.03	0.03	0.03	0.03	0.03	0.03	0.03	0.03	0.03	0.03	0.05
800H/HP	0.03	0.03	0.03	0.03	0.03	0.03	0.03	0.03	0.03	0.03	0.03	0.05
材质	最大金属温度 ℃											
	829	857	885	913	941	968	996	1024	1052	1079	1107	1135
CS	—	—	—	—	—	—	—	—	—	—	—	—
1 1/4Cr	—	—	—	—	—	—	—	—	—	—	—	—
2 1/4Cr	—	—	—	—	—	—	—	—	—	—	—	—
5Cr	—	—	—	—	—	—	—	—	—	—	—	—
7Cr	—	—	—	—	—	—	—	—	—	—	—	—
9Cr	1.52	—	—	—	—	—	—	—	—	—	—	—
12Cr	1.27	—	—	—	—	—	—	—	—	—	—	—
304SS	0.15	0.23	0.33	0.46	0.64	0.89	1.22	—	—	—	—	—
309SS	0.1	0.15	0.2	0.25	0.33	0.41	0.51	0.76	1.02	1.27	—	—
310SS/HK	0.08	0.1	0.13	0.18	0.2	0.25	0.33	0.38	0.48	0.58	0.69	0.79
800H/HP	0.08	0.1	0.15	0.2	0.25	0.33	0.43	0.53	0.69	0.84	1.04	1.27

附　录　C
（资料性附录）
腐蚀曲线图

C.1　各种钢在高温硫中的腐蚀曲线

各种钢在高温硫中的腐蚀曲线见图C.1。

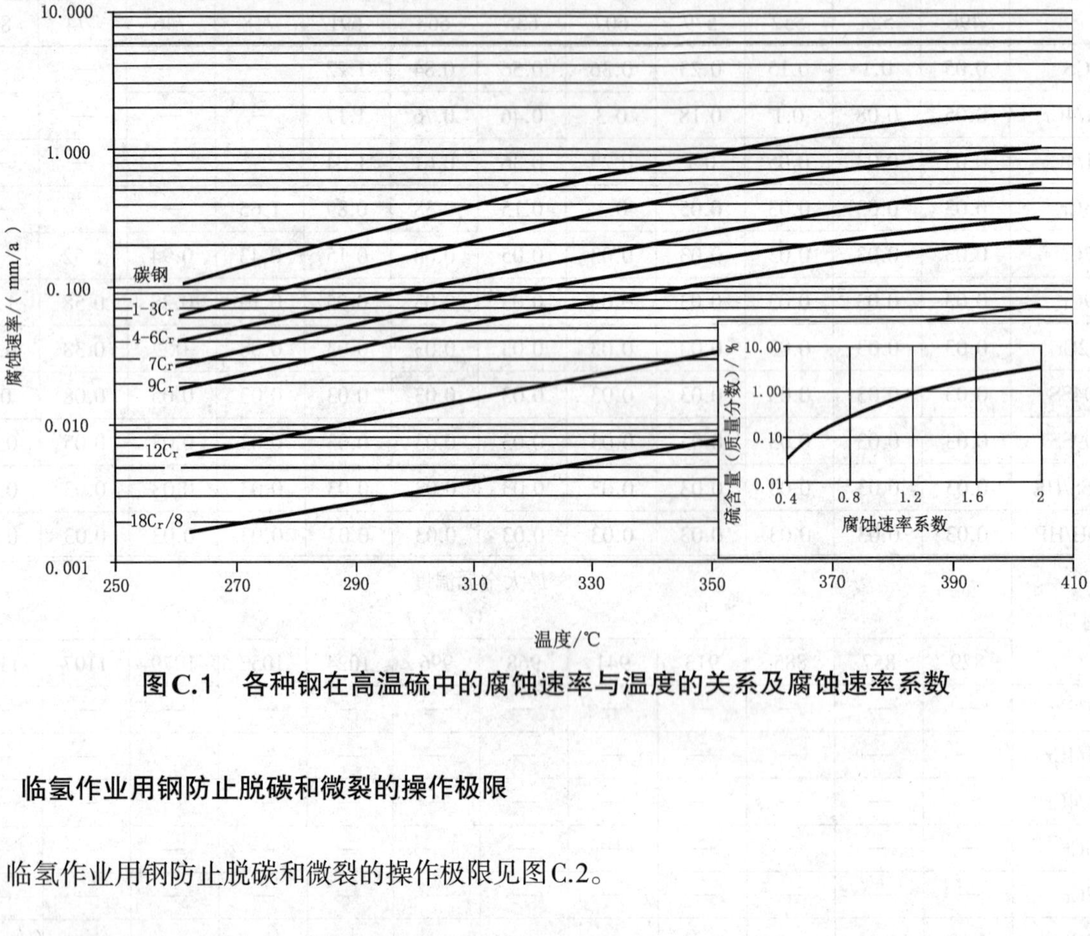

图C.1　各种钢在高温硫中的腐蚀速率与温度的关系及腐蚀速率系数

C.2　临氢作业用钢防止脱碳和微裂的操作极限

临氢作业用钢防止脱碳和微裂的操作极限见图C.2。

C.3　高温氢气和硫化氢共存时油品中各种钢材的腐蚀曲线

高温氢气和硫化氢共存时油品中各种钢材的腐蚀曲线见图C.3。

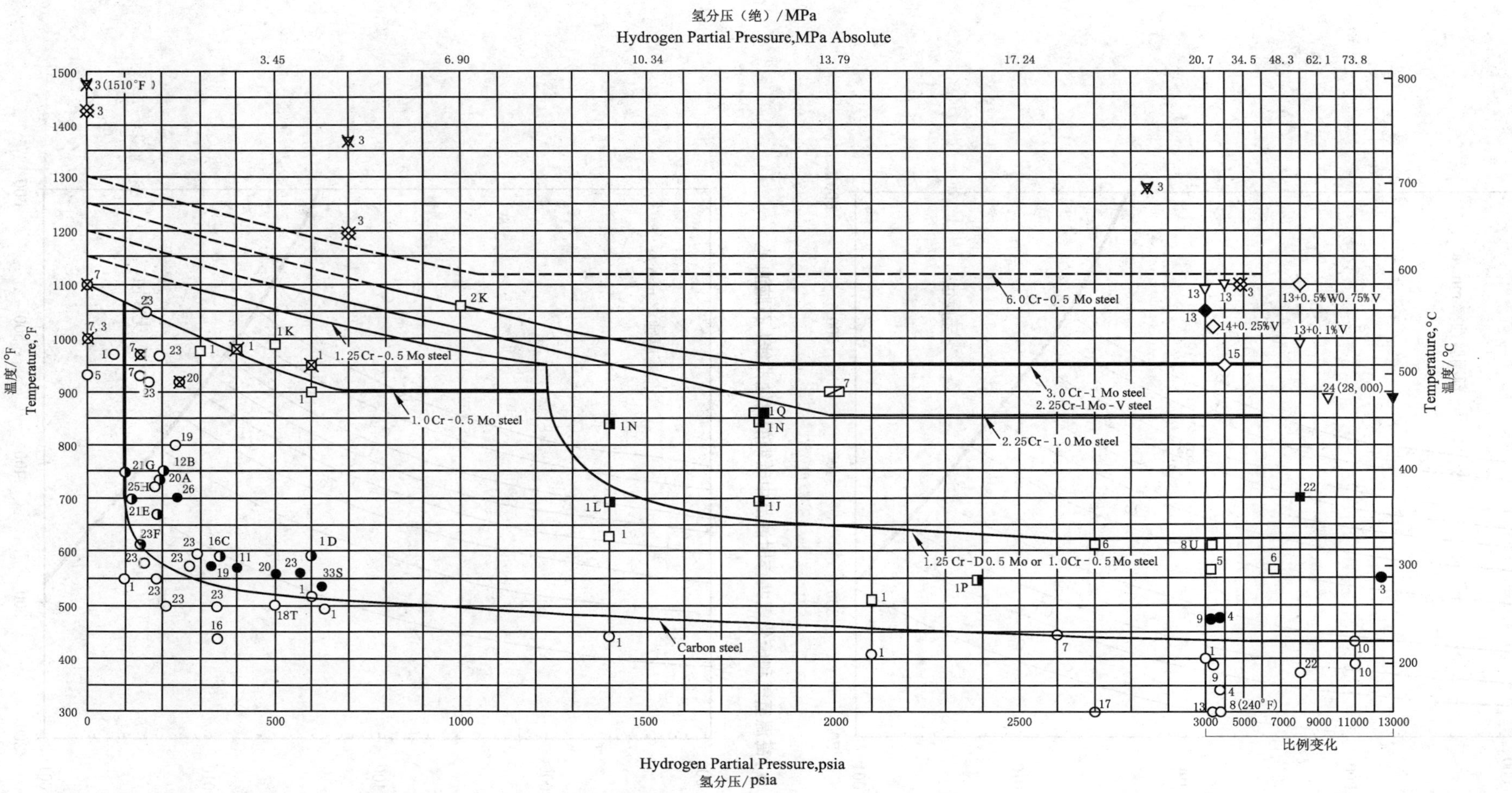

注1：本曲线给出的极限是基于G.A.Nelson最初收集的操作经验和API征集的补充资料。

注2：奥氏体不锈钢在任何温度条件下或氢压下不会脱碳。

注3：本曲线给出的极限是基于铸钢及退火钢和正火钢采用ASME规范第Ⅷ篇第1分篇应力值水平，补充资料见API941-2008第5.3节和第5.4节。

注4：曾报道1.25Cr-1MoV钢在安全范围内发生若干裂纹，详见API941-2008附录B。

注5：包括2.25Cr-1MoV级钢是建立在10000h实验室的试验数据，这些合金至少等于3Cr-1Mo钢性能，详见API941-2008中相关内容。

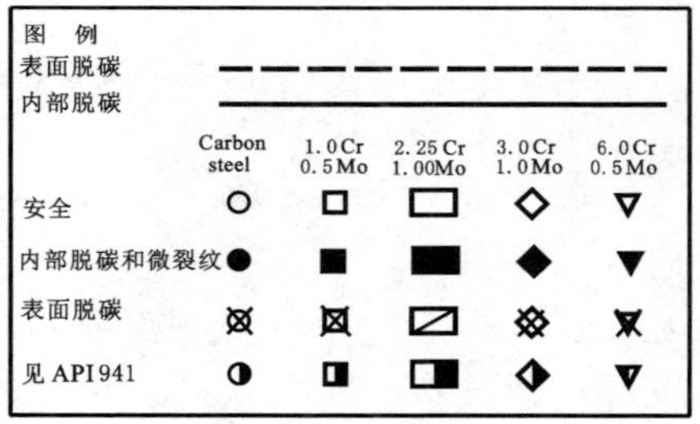

图C.2　临氢作业用钢防止脱碳和微裂的操作极限

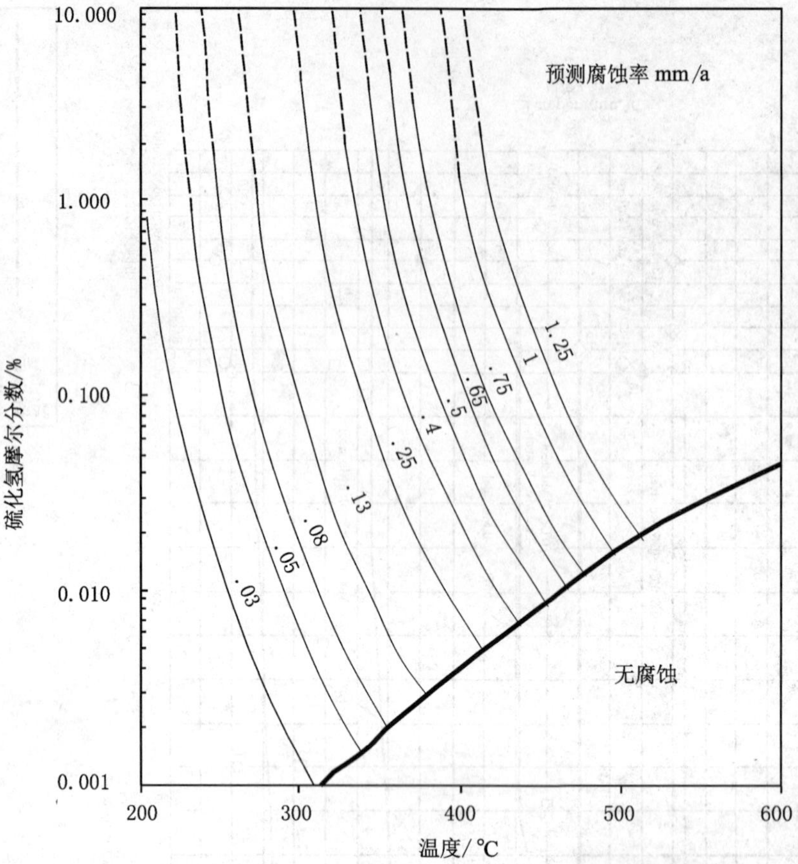

a）高温氢气和硫化氢共存时油品中碳钢的腐蚀曲线（石脑油）

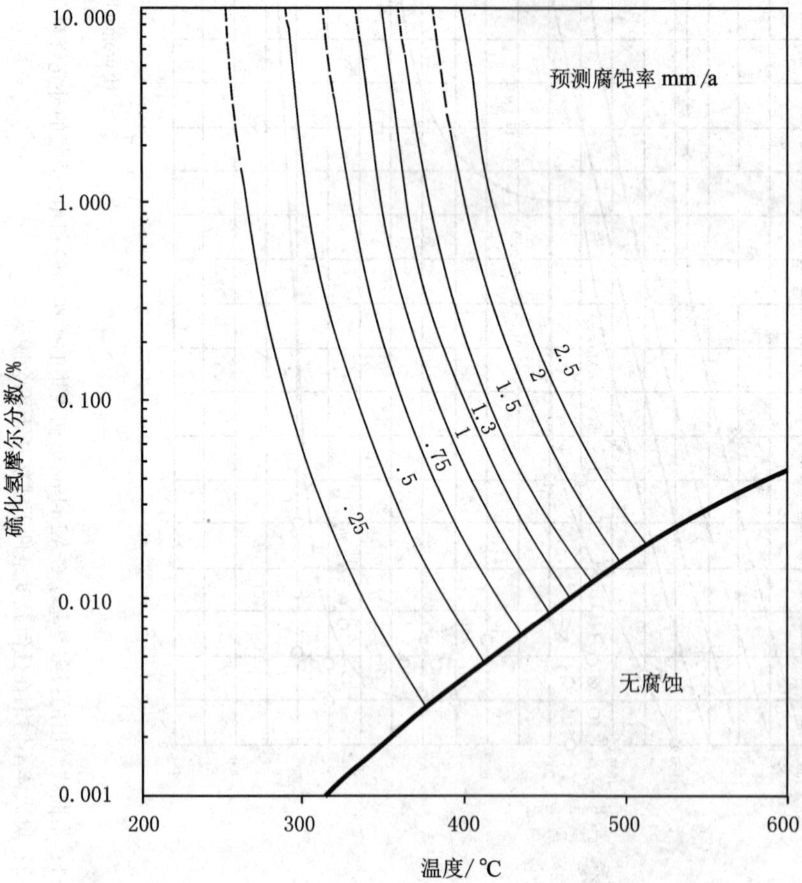

b）高温氢气和硫化氢共存时油品中碳钢的腐蚀曲线（瓦斯油）

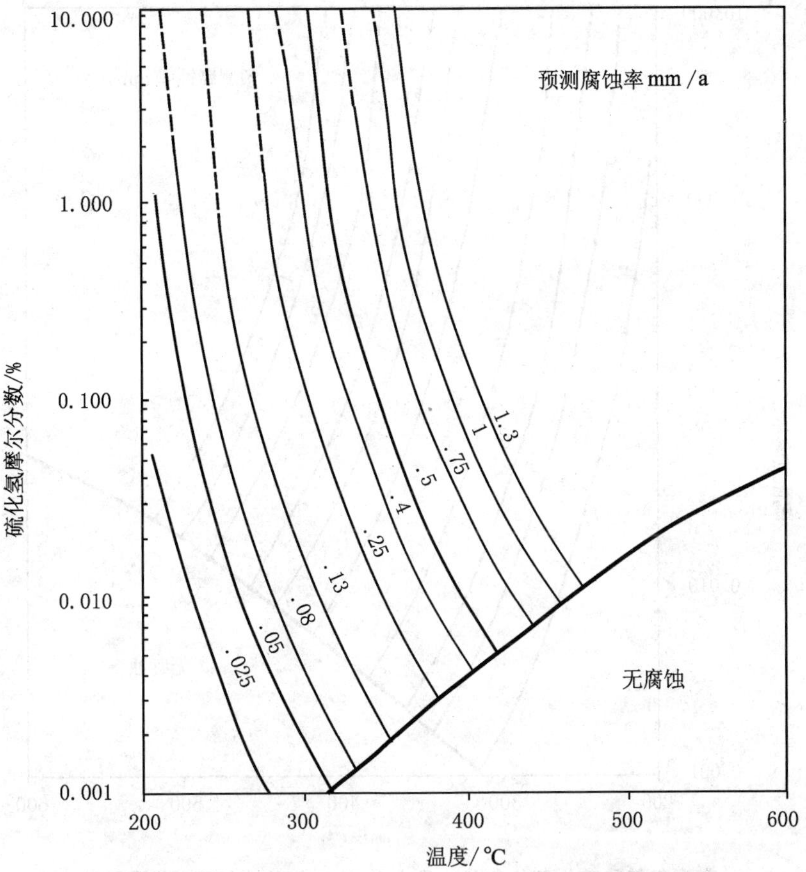

c）高温氢气和硫化氢共存时油品中1.25Cr钢的腐蚀曲线（石脑油）

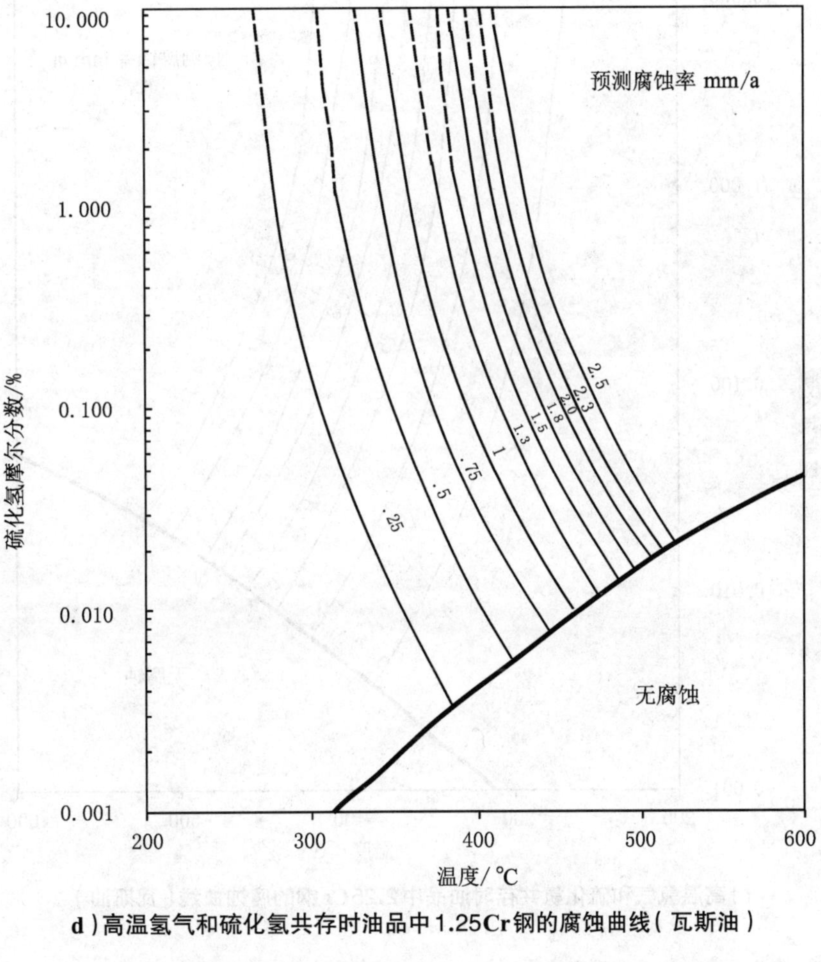

d）高温氢气和硫化氢共存时油品中1.25Cr钢的腐蚀曲线（瓦斯油）

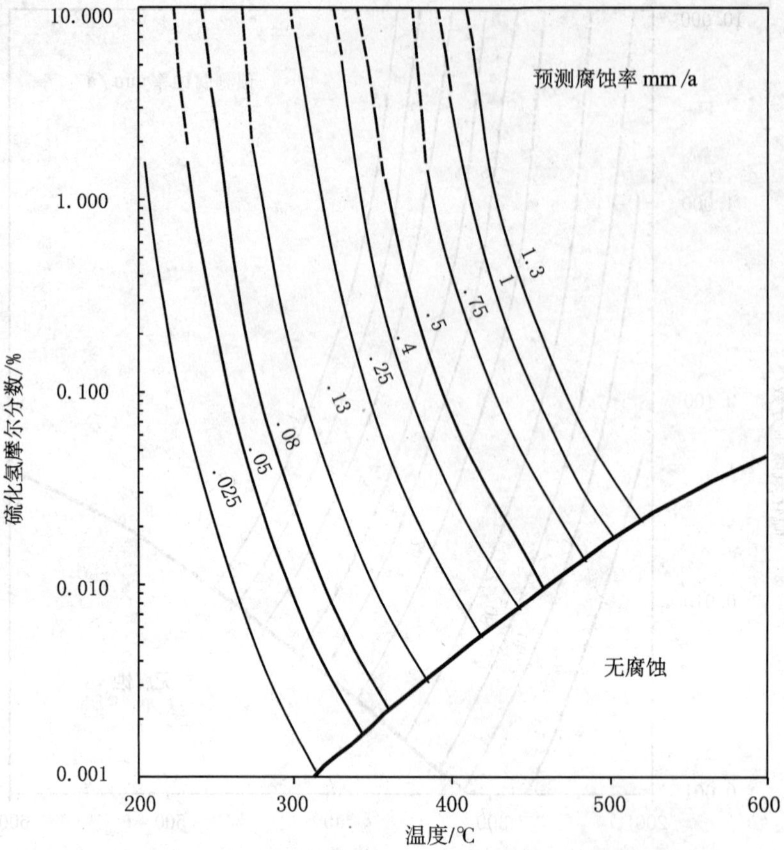

e）高温氢气和硫化氢共存时油品中2.25Cr钢的腐蚀曲线（石脑油）

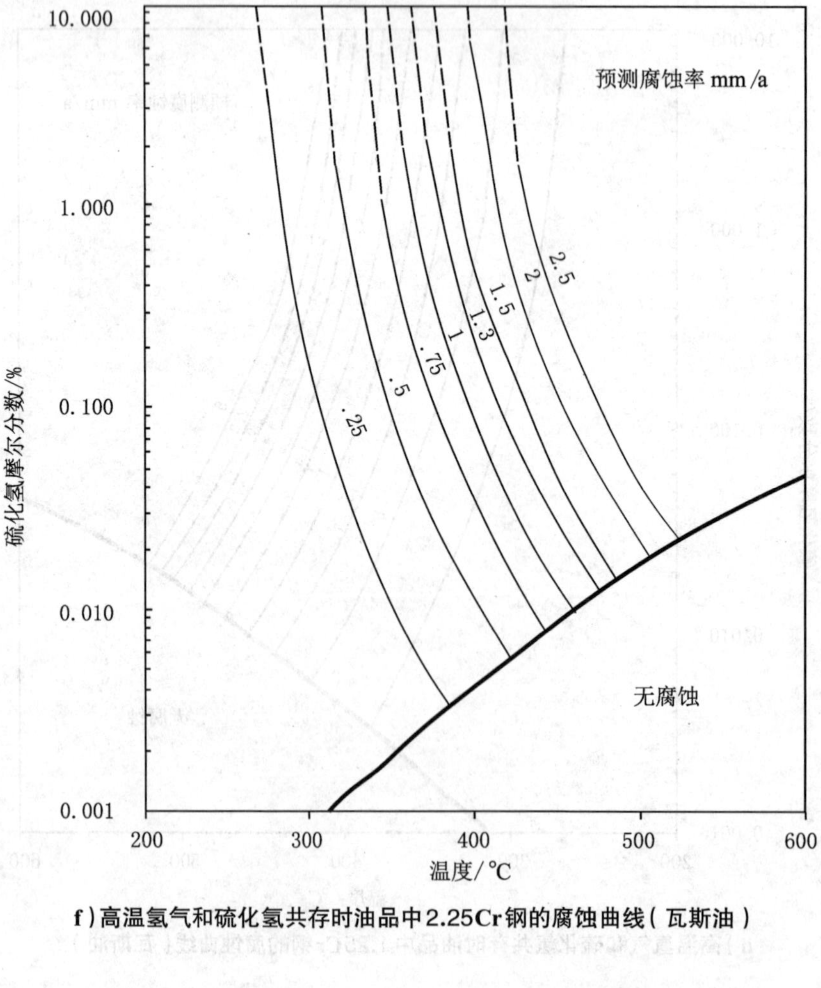

f）高温氢气和硫化氢共存时油品中2.25Cr钢的腐蚀曲线（瓦斯油）

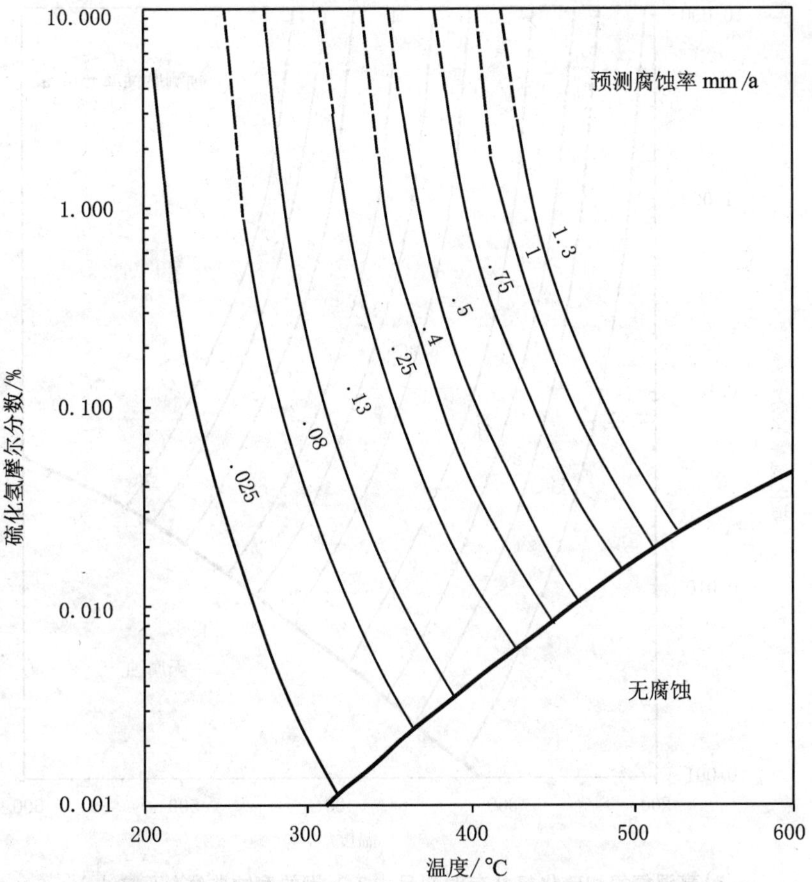

g）高温氢气和硫化氢共存时油品中5Cr钢的腐蚀曲线（石脑油）

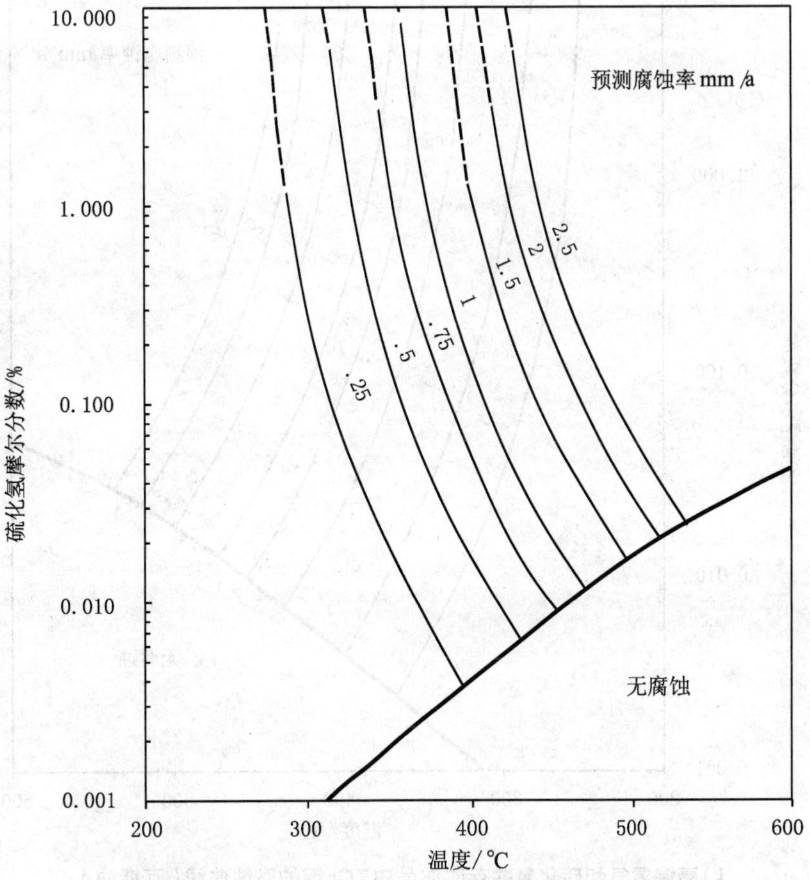

h）高温氢气和硫化氢共存时油品中5Cr钢的腐蚀曲线（瓦斯油）

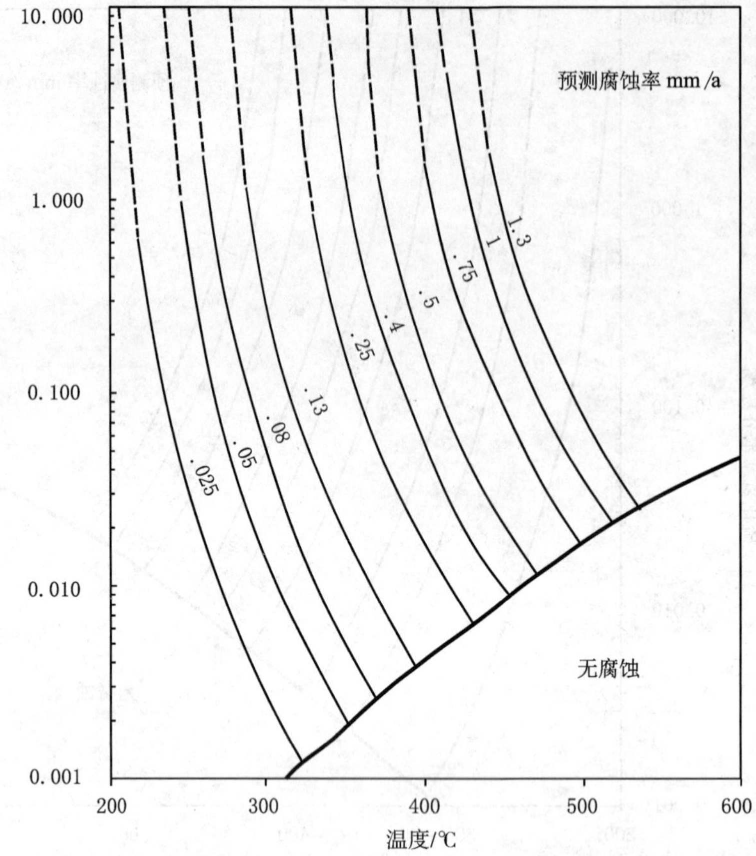

i)高温氢气和硫化氢共存时油品中7Cr钢的腐蚀曲线(石脑油)

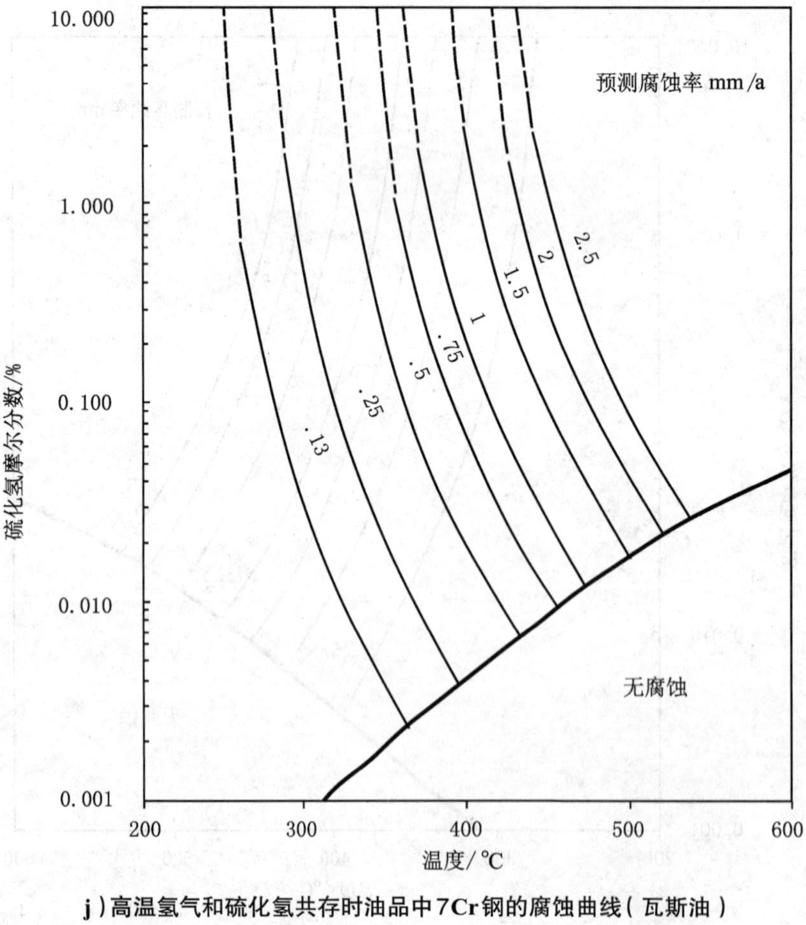

j)高温氢气和硫化氢共存时油品中7Cr钢的腐蚀曲线(瓦斯油)

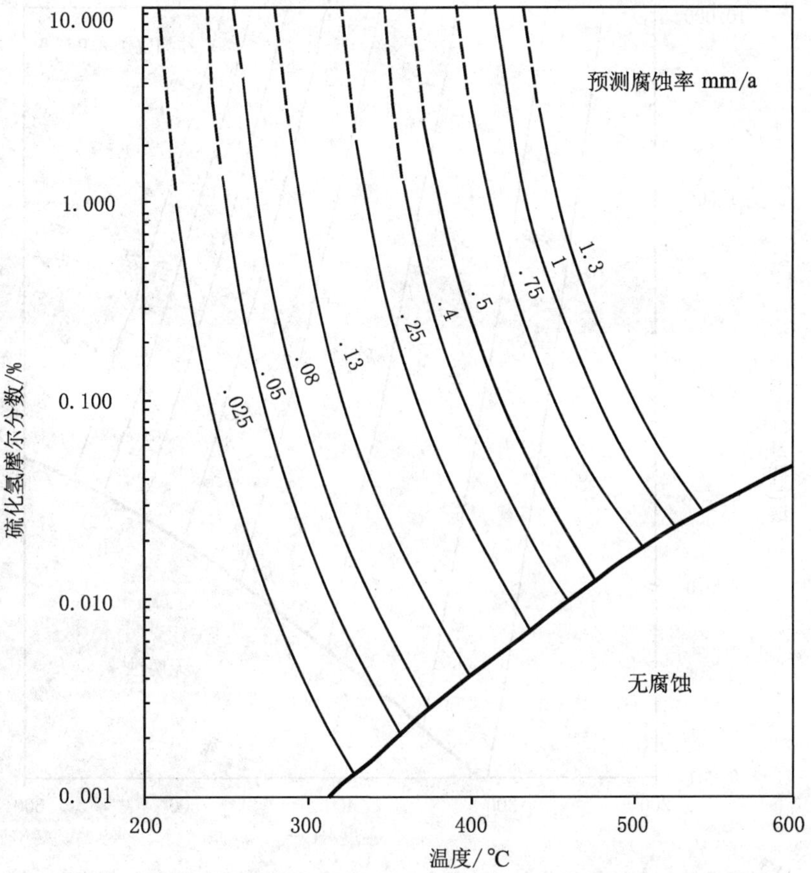

k）高温氢气和硫化氢共存时油品中9Cr钢的腐蚀曲线（石脑油）

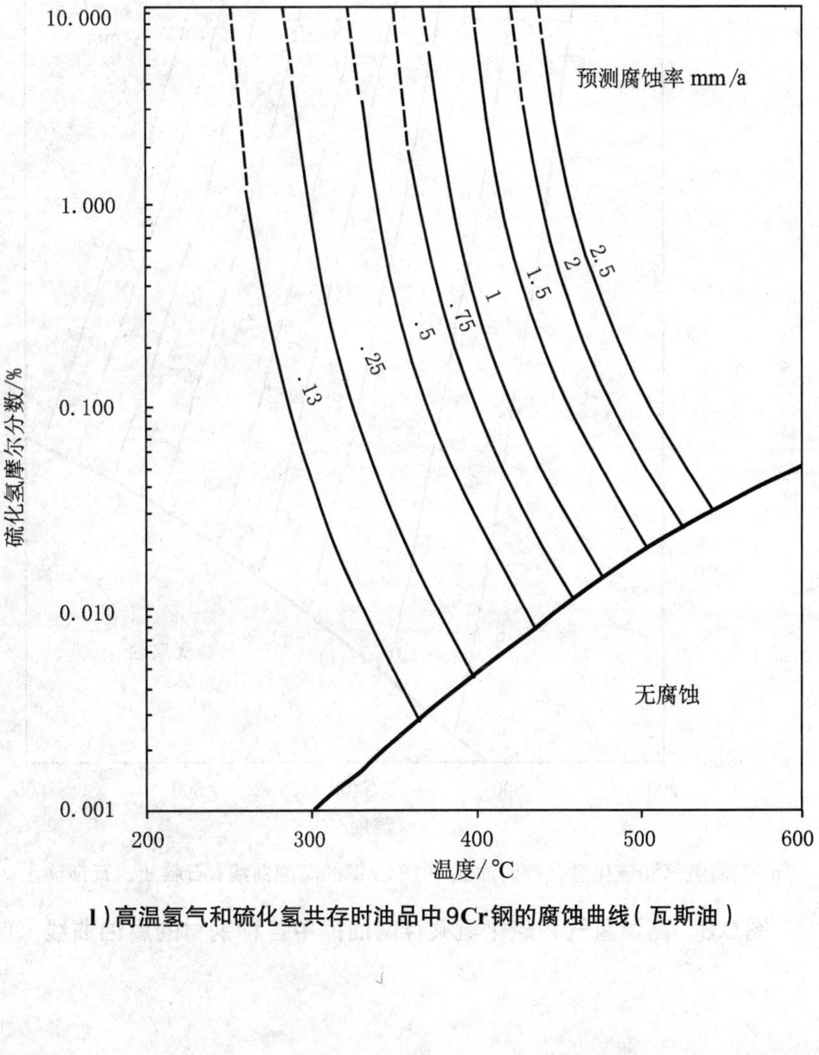

l）高温氢气和硫化氢共存时油品中9Cr钢的腐蚀曲线（瓦斯油）

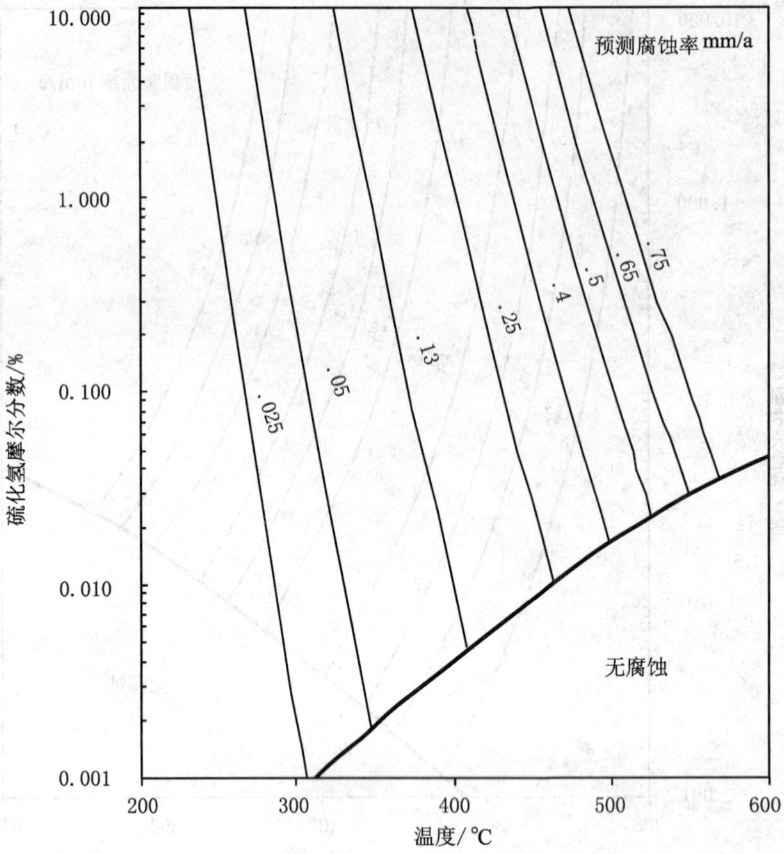

m）高温氢气和硫化氢共存时油品中12Cr钢的腐蚀曲线（石脑油、瓦斯油）

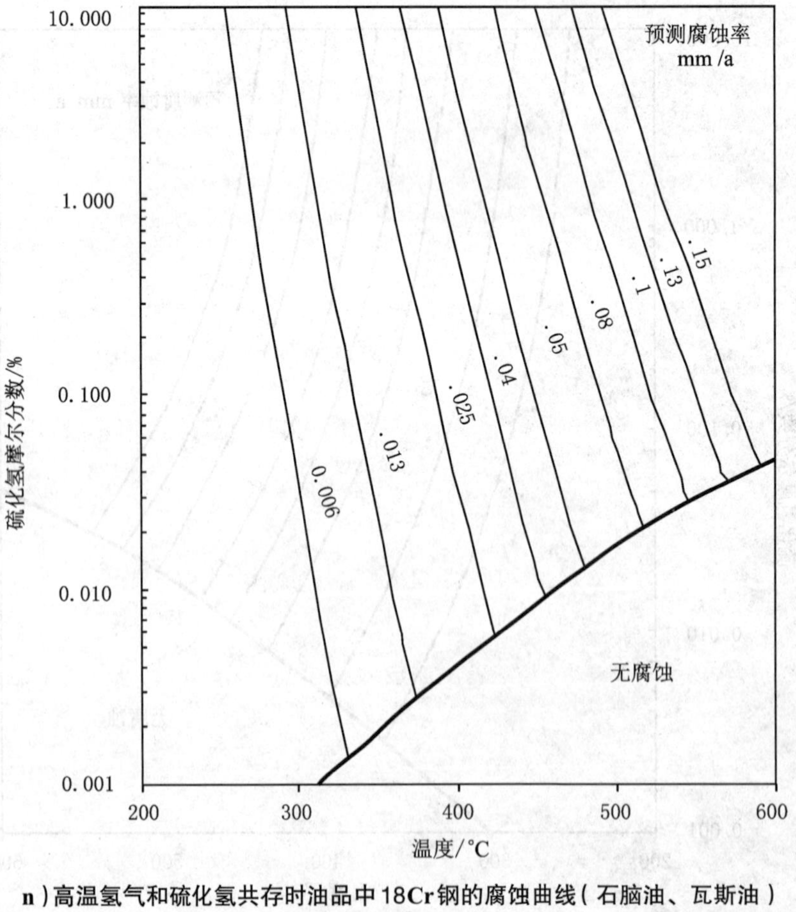

n）高温氢气和硫化氢共存时油品中18Cr钢的腐蚀曲线（石脑油、瓦斯油）

图C.3　高温氢气和硫化氢共存时油品中各种钢材的腐蚀曲线

附　录　D
（资料性附录）
碳素钢和低合金钢在碱液中的使用温度与浓度极限

碳素钢和低合金钢在碱液中的使用温度与浓度极限见图D。

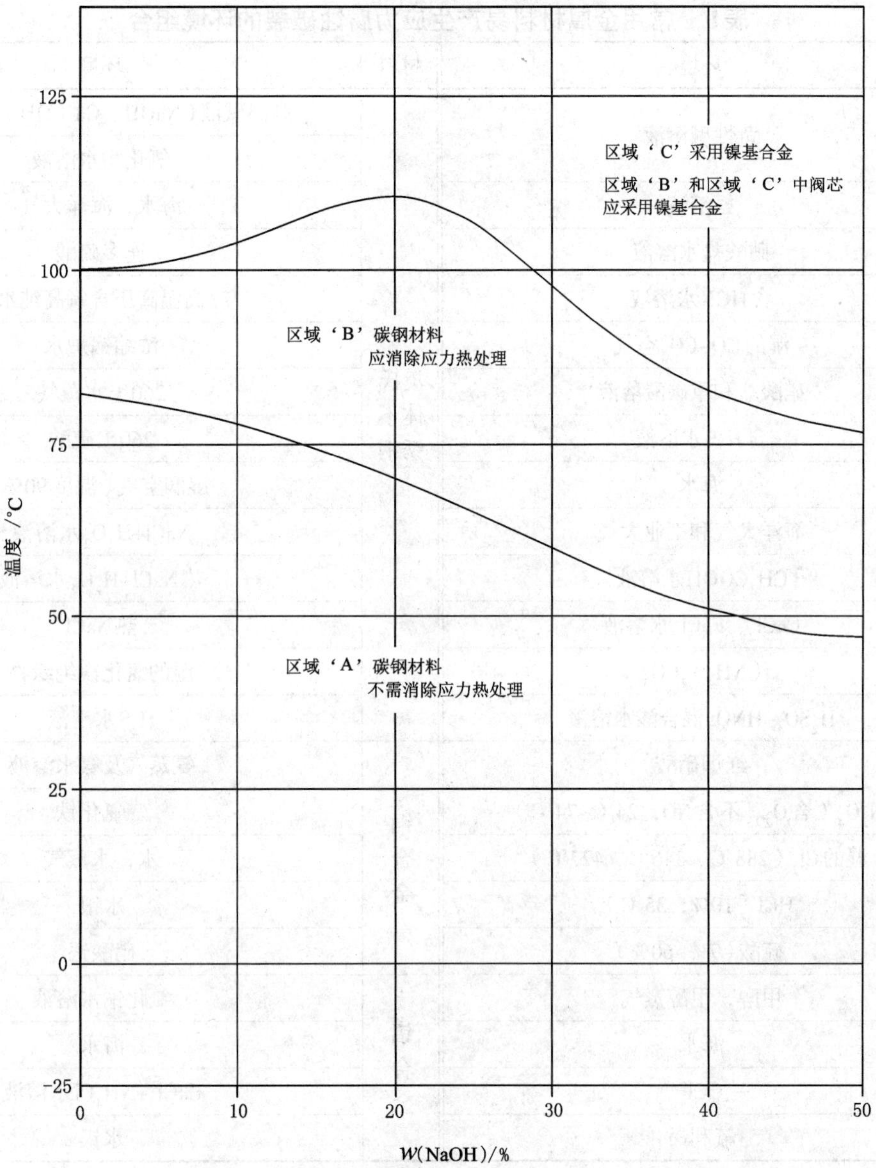

图D　碳素钢和低合金钢在碱液中的使用温度与浓度极限

附 录 E
（资料性附录）
常用金属材料易产生应力腐蚀破裂的环境组合

常用金属材料易产生应力腐蚀破裂的环境组合见表E。

表E 常用金属材料易产生应力腐蚀破裂的环境组合

材料	环境	材料	环境
碳钢及低合金钢	苛性碱溶液	奥氏体不锈钢	高温碱液（NaOH、$Ca(OH)_2$、LiOH）
			氯化物水溶液
	氨溶液		海水、海洋大气
	硝酸盐水溶液		连多硫酸
	含HCN水溶液		高温高压含氧高纯水
	湿的$CO-CO_2$空气		浓缩锅炉水
	硝酸盐和重碳酸溶液		260℃水蒸气
	含H_2S水溶液		260℃硫酸
	海水		湿润空气（湿度90%）
	海洋大气和工业大气		$NaCl+H_2O_2$水溶液
	CH_3COOH水溶液		热$NaCl+H_2O_2$水溶液
	$CaCl_2$、$FeCl_3$水溶液		热NaCl
	$(NH_4)_2CO_3$		湿的氯化镁绝缘物
	$H_2SO_4-HNO_3$混合酸水溶液		H_2S水溶液
钛及钛合金	红烟硝酸	铜合金	氨蒸气及氨水溶液
	N_2O_4（含O_2、不含NO，24℃~74℃）		三氯化铁
	湿的Cl_2（288℃、346℃、427℃）		水，水蒸气
	HCl（10%，35℃）		水银
	硫酸（7%~60%）		硝酸银
	甲醇，甲醇蒸气	铝合金	氯化钠水溶液
	海水		海水
	CCl_4		$CaCl_2+NH_4Cl$水溶液
	氟利昂		水银

ICS 23.040
P 72
备案号：J389-2016

SH

中华人民共和国石油化工行业标准

SH/T 3073—2016
代替 SH/T 3073—2004

石油化工管道支吊架设计规范

Specification for design of piping support in petrochemical industry

2016-01-15 发布　　2016-07-01 实施

中华人民共和国工业和信息化部　发布

目 次

Contents

前　言

根据国家工业和信息化部《2013年第二批行业标准计划》（工信厅科［2013］102号）的要求，规范编制组经广泛调查研究，认真总结实践经验，参考有关国际标准和国外先进标准，并在广泛征求意见的基础上，修订本规范。

本规范共分10章和4个附录。

本规范的主要技术内容是：规定了石油化工管道支吊架的型式、材料、结构、位置及选择原则和计算方法。

本规范是在SH/T 3073—2004《石油化工管道支吊架设计规范》的基础上修订而成，本规范修订的主要技术内容是：

——第二章更新了规范性引用文件；

——第三章增加了术语和符号部分；

——第四章规范和修订了管道支吊架的分类和定义，归纳和补充了管道支吊架的间距、生根等基本要求；

——第七章修订了雪荷载的计算方法，并将支吊架结构荷载组合工况改为表格方式确定；

——第八章修订了材料和许用应力内容；

——第十章补充和完善了支吊架结构设计及选用规定等；

——修订了部分计算公式。

本规范由中国石油化工集团公司负责管理，由中国石油化工集团公司配管设计技术中心站负责日常管理，由中石化洛阳工程有限公司负责具体技术内容的解释。执行过程中如有意见和建议，请寄送管理单位和主编单位。

本规范日常管理单位：中国石油化工集团公司配管设计技术中心站

通信地址：北京市朝阳区安慧北里安园21号

邮政编码：100101

电　　话：010-84877282

传　　真：010-64949514

本规范主编单位：中石化洛阳工程有限公司

通信地址：河南省洛阳市中州西路27号配管室

邮政编码：471003

本规范参编单位：江苏中圣管道工程技术有限公司

本规范主要起草人员：王晓伟　杨　青　王金富　欧阳鹏涛　郭宏新

本规范主要审查人员：张发有　葛春玉　丘　平　汪建羽　李永红　岳志波　雷云周　杨平辉
丛　林　袁　灿　康久常　张德姜　张宝江　陈永亮　唐永进　安　威
许　丹　张　波　张奉忠　胡晓应　吴英敏　高进中　马金国

本规范1995年首次发布，2004年第1次修订，本次为第2次修订。

石油化工管道支吊架设计规范

1 范围

本规范规定了石油化工管道支吊架的型式、材料、结构、位置及选择原则和计算方法。

本规范适用于石油化工钢制管道支吊架的设计。

2 规范性引用文件

下列文件对于本规范的应用是必不可少的。凡是注日期的引用文件，仅注日期的版本适用于本规范。凡是不注日期的引用文件，其最新版本（包括所有的修改单）适用于本规范。

GB/T 17116.1 管道支吊架 第1部分：技术规范

GB 50009 建筑结构荷载规范

GB 50017 钢结构设计规范

SH/T 3039 石油化工非埋地管道抗震设计通则

3 术语和定义及符号

3.1 术语和定义

下列术语和定义适用于本规范。

3.1.1

固定支架 anchor support

使管道在支撑点上无线位移和角变位的支架。

3.1.2

次固定支架 secondary anchor support

承受由管段热变形产生的弹性力、摩擦力及管段自重、风力荷载的支架，其总荷载值为作用在固定点上的这些作用力的矢量和。

3.1.3

主固定支架 main anchor support

除承受次固定支架所承受的各种荷载外，还承受管段和补偿器的不平衡内压推力的支架，其总荷载值为作用在固定点上的所有作用力的矢量和。

3.1.4

滑动支架 sliding support

管道可以在支承平面内自由滑动的支架。

3.1.5

刚性吊架 rigid hanger

带有铰接吊杆的管架结构，可约束管道垂直向下方向的位移，不限制管道热胀和冷缩时的水平位移，承受包括自重在内的垂直方向的荷载。

3.1.6

导向支架　guide support

限制管道径向位移，但允许轴向位移的支架。

3.1.7

限位支架　stop support

可以阻止管道向某一方向位移的支架。

3.1.8

减振装置　vibrating eliminators

可控制管系高频低幅振动或低频高幅晃动的装置，不限制管系热胀冷缩。

3.1.9

阻尼装置　snubber（damper）

可控制管道瞬时冲击荷载或管系高速振动位移的装置，不限制管系热胀冷缩。

3.1.10

永久荷载　permanent load

在结构使用期间，其值不随时间变化，或其变化与平均值相比可以忽略不计，或其变化是单调的并能趋于限值的荷载。

3.1.11

可变荷载　variable load

在结构使用期间，其值随时间变化，且其变化与平均值相比不可以忽略不计的荷载。

3.1.12

偶然荷载　accidental load

在结构使用年限内不一定出现，而一旦出现其量值很大，且持续时间很短的荷载。

3.1.13

静荷载　dead load

管道组成件、绝热材料以及其他加在管道上的永久性荷载。

3.1.14

动荷载　dynamic load

由管道振动等产生的荷载。

3.1.15

牵制系数　tie -up coefficient

在设置多根管道的同一支架上，无热变形或热变形已经稳定的管道阻止变形管道推动管架，使管道的水平推力部分抵消，表示这种牵制作用的系数。

3.2 符号

下列符号适用于本规范。

A_b——横梁截面积，mm^2；

A_e——波纹管补偿器的有效截面积，mm^2；

A_{e1}——大管径波纹管有效截面积，mm^2；

A_{e2}——小管径波纹管有效截面积，mm^2；

A_g——筋板与管道连接处的截面积，mm^2；

A_h——焊缝抗剪截面积，mm^2；

A_L——斜撑的截面积，mm^2；

A_n——放空管出口的截面积，m^2；

A_p——管道的内截面积，m^2；

A_s——螺栓根部截面积，mm^2；
A_t——托架截面面积，mm^2；
a——管段的长度，m；
a_1——焊缝实际长度或焊缝中心距，mm；
b——管段的长度，m；
b_1——焊缝实际长度，mm；
C——焊缝长度，mm；
c——管段的长度，m；
d——管道外径（包括绝热层），m；
e——管段的长度，m；
E——材料弹性模量，MPa；
E_t——管道或支吊架材料在设计温度下的弹性模量，MPa；
F_a——安全阀出口放空管道的反作用力，N；
F_b——螺栓承受的剪力，N；
F_c——套筒式补偿器的有效截面积，mm^2；
F_g——管道支架产生的摩擦力，N；
F_{g1}——右侧管道支架产生的摩擦力，N；
F_{g1}'——大管径管道支架产生的摩擦力，N；
F_{g2}——左侧管道支架产生的摩擦力，N；
F_{g2}'——小管径管道支架产生的摩擦力，N；
F_H——弹簧工作荷载，N；
F_{IA}——管道中间固定支架承受的轴向力，N；
F_m——波纹管膨胀节变形反力，N；
F_{MA}——主固定支架承受的轴向力，N；
F_{MA1}——AC段对C点主固定支架的轴向力，N；
F_{MA2}——BC段对C点主固定支架的轴向力，N；
F_{MA3}——CD段对C点主固定支架的轴向力，N；
F_{m1}——左侧波纹管膨胀节产生的变形反力，N；
F_{m1}'——大管径管道上波纹管产生的变形反力，N；
F_{m2}——右侧波纹管膨胀节产生的变形反力，N；
F_{m2}'——小管径管道上波纹管产生的变形压力，N；
F_s——波纹管的压力推力，N；
F_{s1}——由于变径产生的压力推力，N；
F_t——弯头处介质产生的力，N；
F_w——焊缝计算断面面积，mm^2；
f——由垂直荷载产生的挠度，mm；
f_D——集中荷载P_V产生的挠度，mm；
f_{max}——支吊架梁的最大挠度值，m；
f_s——荷载变化率；
g——重力加速度，m/s^2；
H——固定支架承受的轴向推力，N；
H_x——固定支架沿X轴方向承受的轴向推力，N；

H_y——固定支架承受的侧向推力，N；

h——型钢梁高度，mm；

h_f——焊缝高度，一般取较薄的连接件厚度，mm；

I——型钢截面惯性矩，mm^4；

IA——次固定支架；

I_p——管道截面惯性矩，mm^4；

I_p'——管道扣除腐蚀裕量及负偏差后的截面惯性矩，mm^4；

I_w——焊缝断面极惯性矩，mm^4；

i_s——管道坡度；

K——牵制系数；

K_s——弹簧刚度，N/mm；

K_x——波纹管的轴向刚度，N/mm；

L——两支点间的垂直距离，m；

L_1——不等跨管道的第1跨跨距，m；

L_2——不等跨管道的第2跨跨距，m；

L_3——不等跨管道的第3跨跨距，m；

L_A——$a/2$处距B点的垂直距离，m；

L_B——$b/2$处距B点的垂直距离，m；

L_H——管式托架尺寸，mm；

L_V——管式托架尺寸，mm；

L_b——支架横梁长度，mm；

L_c——支架梁悬臂端长度，mm；

L_f——支架反力与焊缝的距离，mm；

L_m——等跨管道的跨距，m；

L_{max}——其他导向支架间最大间距，m；

L_n——对简支支架为两支承点的间距，对悬臂支架为垂直力与悬臂点间距的两倍，m；

L_r——装置内管道由刚度条件决定的跨距，m；

L_r'——装置外管道由刚度条件决定的跨距，m；

L_s——不考虑内压时，装置内、外管道由强度条件决定的跨距，m；

L_s'——考虑内压时，装置内、外管道由强度条件决定的跨距，m；

L_s''——不允许积液并带有坡度的管道最大跨距，m；

l——管段的长度，m；

l_1——管段的长度，m；

l_2——管段的长度，m；

l_3——管段的长度，m；

l_4——管段的长度，m；

l_b——两螺栓间距，mm；

M——弯矩，N·m；

M_H——水平荷载产生的弯矩，N·m；

M_V——垂直荷载产生的弯矩，N·m；

MA——主固定支架；

N_1——垂直荷载的水平分力（轴向拉力），N；

N_2——斜撑承受的轴向压力，N；

P——管道或支吊架承受的外部荷载，N；

P_A——作用于A点的荷载，N；

P_a——放空管出口环境压力，MPa；

P_c——固定支架左侧套筒式补偿器的摩擦力，N；

P_d——管道的设计压力，MPa；

P_k——左侧Π型补偿器的弹性力，N；

P'_{ko}——补偿器预拉力，N；

P_n——放空管出口压力（当出口为亚临界流动时P_n=P_a），MPa；

P_o——管道介质的工作压力，MPa；

P_R——左侧柔性和半铰接支架的弹性反力的总和，N；

P_{RX}——柔性和半铰接支架在X轴方向的弹性反力，N；

P_{RY}——柔性和半铰接支架在Y轴方向的弹性反力，N；

P_s——滑动支架的水平力，N；

P_H——水平侧向荷载，N；

P_L——水平横向荷载，N；

P_V——垂直荷载，N；

P_x——沿X轴的荷载，N；

P_y——沿Y轴的荷载，N；

P_z——沿Z轴的荷载，N；

P_C'——固定支架右侧套筒式补偿器的摩擦力，N；

P_k'——右侧Π型补偿器的弹性力，N；

P_R'——右侧柔性和半铰接支架的弹性反力的总和，N；

P_x'——固定支架左侧自然补偿管路X轴方向弹性力，N；

P_y'——固定支架左侧自然补偿管路Y轴方向弹性力，N；

P_x''——固定支架右侧自然补偿管路X轴方向弹性力，N；

P_y''——固定支架右侧自然补偿管路Y轴方向弹性力，N；

Q——等跨管道支吊架承受的荷载，N；

Q_a——不等跨管道支吊架承受的荷载，N；

Q_A——支点A承受的荷载，N；

Q_B——支点B承受的荷载，N；

Q_C——支点C承受的荷载，N；

Q_D——支点D承受的荷载，N；

Q_1——a管段的总荷载，N；

Q_2——b管段的总荷载，N；

Q_i——第i根管道对该滑动支架的垂直荷载，N；

Q_j——第j个滑动支架处承受的垂直荷载，N；

q——每米管道的均布荷载，N/m；

q_1——主管每米管道的基本荷载，N/m；

q_2——支管每米管道的基本荷载，N/m；

S_0——基本雪压，kN/m^2；

S_k——作用于水平管道上的雪荷载标准值，kN/m；

V——由弯矩产生的剪力，N；

V'——单面焊缝的承剪力，N；

V_a——介质的出口流速，m/s；

V'_{max}——构件可承受的最大剪力，N；

v——管道介质速度，m/s；

W——抗弯断面系数，mm^3；

W_a——介质出口质量流速，kg /s；

W_H——型钢截面在水平方向的抗弯断面系数，mm^3；

W_p——管子扣除腐蚀裕量及负偏差后的抗弯断面系数，mm^3；

W_y——Y轴焊缝断面系数，mm^3；

W_z——Z轴焊缝断面系数，mm^3；

W_V——型钢截面在垂直方向的抗弯断面系数，mm^3；

X——波纹管的轴向位移，mm；

η——等跨管道荷载计算系数；

η_1——不等跨管道荷载计算系数；

α——夹角，(°)；

β——夹角，(°)；

θ——弯管与管道轴线的夹角，(°)；

μ——摩擦系数；

μ_r——管道积雪分布系数，可取0.7；

ρ——管道介质密度，kg/m^3；

σ——最大组合应力，MPa；

σ_1——横梁截面的最大组合应力，MPa；

σ_2——斜撑截面的应力，MPa；

σ_c——计算组合应力，MPa；

σ_{bm}——由弯矩产生的正应力，MPa；

σ_f——筋板在荷载作用下产生的弯曲应力，MPa；

$[\sigma]^t$——材料在设计温度下的许用应力，MPa；

τ——剪切应力，MPa；

τ_x——X方向剪切应力，MPa；

τ_y——Y方向剪切应力，MPa；

τ_z——Z方向剪切应力，MPa；

τ_f——筋板在荷载作用下产生的剪切应力，MPa；

$[\tau]$——许用剪切应力，MPa；

$[\tau]_b$——螺栓材料许用剪切应力，MPa；

$[\tau]_w$——焊缝许用剪切应力，MPa；

ϕ——压杆稳定系数；

Δ——管道垂直位移绝对值，mm。

4 基本规定

4.1 管道支吊架应能承受管道持续荷载、位移荷载和偶然荷载，并满足管道位移的要求；管道设计及其支吊架的设置不得出现以下情况：

a） 管道应力超过允许的应力；

b） 管道接头处泄漏；

c） 与管道连接的设备上出现过大的推力和力矩；

d） 支承件或约束件中出现过大的应力；

e） 管道系统发生共振；

f） 管道柔性不足；

g） 有坡度要求的管道过度下垂；

h） 管道支吊架发生非预期的脱离；

i） 支承件温度超过材料的允许温度。

4.2 管道支吊架按功能可分为下列类型：

a） 承受管道荷载型式：

1） 恒力弹簧支吊架；

2） 可变弹簧支吊架；

3） 刚性支吊架；

4） 滑动支架；

5） 滚动支架。

b）限制管道位移型式：

1） 导向支架；

2） 限位支架；

3） 固定支架。

c） 控制管道振动型式：

1） 减振装置；

2） 阻尼装置。

4.3 支吊架的结构件应具有足够的强度和刚度，并应简单。除选用的标准支吊架零部件外，支吊架结构的零部件和连接形式应进行强度和/或刚度计算。

4.4 支吊架的间距应满足下列要求：

a） 支吊架的间距应小于或等于管道的允许跨距；

b） 管道上有阀门等集中荷载较大的管道组成件时，应核算支吊架间距；

c） 对有压力脉动的管道，确定支架间距时，应核算管道固有频率，防止管道产生共振。

4.5 支吊架的设置宜符合以下规定：

a） 靠近设备管口宜设置支吊架；

b） 直接与设备管口相接或靠近设备管口的公称直径等于或大于150mm的水平安装阀门，应在阀门附近的管道上设置支架；

c） 在靠近阀门等集中荷载处宜设置支吊架；

d） 弯管和大直径三通分支的附近宜设置支吊架；

e） 阀门、法兰、活接头等拆卸管件的附近宜设置支吊架；

f） 往复式压缩机的进出口管道以及其他有剧烈振动的管道宜单独设置支架；

g） 对于复杂管系，尤其是需要做详细应力计算的管系，应根据计算结果调整其支吊架的位置；

h） 支吊架的设置不应妨碍管道与设备的安装和检修；

i） 支吊架的设置应使支管连接点的应力和法兰接头处所承受的荷载，控制在允许范围内。

4.6 水平敷设在支架上的有绝热层的管道，应设置管托。垂直敷设的有绝热层的管道，在支架处应设置能保护绝热层的筋板或支耳等结构。

4.7 下列管道的支吊架不宜采用焊接型支吊架：

a） 管内介质温度等于或高于400℃的碳素钢材质的管道；

b） 输送冷冻介质的管道；

c） 需要进行焊后热处理的管道；

d） 合金钢或不锈钢材质的管道；

e） 非金属衬里的管道；

f） 生产中需要经常拆卸检修的管道；

g） 不易焊接施工的管道和不宜与管托、管吊直接焊接的管道。

4.8 支吊架的生根点设置宜符合下列规定：

a） 除振动管道外，宜利用建筑物、构筑物的梁柱作为支架的生根点；

b） 在衬里设备或管道上的生根件，应在衬里前完成其焊接工作；

c） 在砖混结构上生根，应采用预埋生根件的方式，较大的荷载宜在主梁或立柱上生根；

d） 支撑在地面上的支架，当荷载较大，特别是弯矩较大或有振动荷载时，应有支架的生根基础；

e） 管道的支吊架不得生根在高温介质管道、高压介质管道、低温介质管道和蒸汽管道上；

f） 在钢制设备上的生根件，应计及生根点的局部应力和允许荷载，所用垫板应按设备外形成形；

g） 对于整体热处理的设备需焊接支架垫板时，应在设备热处理前完成其焊接工作。

4.9 支吊架设计时，应优先选用标准的管卡、管托和管吊等。

4.10 对于设有膨胀节的管道，固定支架、导向支架和限位支架等的设置应符合产品特性及使用要求。

4.11 对管道位移有限制时，应选用导向支架或限位支架。

4.12 可能产生振动的管道应有减振措施。

4.13 安全阀出口放空管宜设置刚性支架。

4.14 往复式压缩机进出口管道的支架基础应与建筑物的基础分开。

4.15 对于执行机构较重的阀门应根据需要对执行机构设置支架。

5 型式选择和位置确定

5.1 刚性支吊架

5.1.1 对于管道无垂直位移或垂直位移很小的部位，宜设置刚性支吊架。

5.1.2 靠近泵进出口的管道支架宜选用可调刚性支架。

5.1.3 刚性支吊架应能承受按本规范第7章计算的荷载。

5.2 弹簧支吊架

5.2.1 对于支吊点处有垂直位移，且支吊架承载力随着管道垂直位移允许一定程度变化的地方，宜设置可变弹簧支吊架。

5.2.2 可变弹簧支吊架的荷载变化率不宜大于25%，荷载变化率应按公式（5.2.2）计算。

$$f_s = \frac{\Delta K_s}{F_H} \times 100\% \quad \cdots\cdots \quad (5.2.2)$$

5.2.3 可变弹簧支吊架的设置应采取防止弹簧发生偏移、偏心荷载或过载的措施。

5.2.4 串联可变弹簧支吊架应选用最大允许荷载相同的弹簧，热位移值应按弹簧的刚度来分配。

5.2.5 当管道荷载超过一个可变弹簧支吊架的最大允许荷载时，可选用两个或两个以上相同型号的可变弹簧并联安装。每个弹簧承受的荷载应按并联弹簧数平均分配。

5.2.6 当管道支吊点处垂直位移较大或有特殊要求的地方，宜选用恒力弹簧支吊架。

5.2.7 选用恒力弹簧支吊架时，其公称位移量应比计算位移量大20%，且应大于20mm。计算位移量应满足由于水平位移引起的吊杆长度的增加；

5.2.8 可变弹簧支吊架和恒力弹簧支吊架应设有荷载和行程指示器及位置锁定装置，并应在行程指示器的范围内使用。处于锁定位置时，弹簧支吊架应可承受2倍最大工作载荷。

5.3 固定支架和限位支架

5.3.1 当管道在支承点处不得有线位移和角变位时，应选用固定支架。

5.3.2 固定支架的设置应满足管道柔性设计的要求，并有利于管道的自然补偿。

5.3.3 对于复杂管系，在需要提高稳定性的场合，可在适当位置设置固定支架。

5.3.4 需要承受管道振动或冲击荷载处宜设置固定支架。

5.3.5 管道在支承点处需要限制管道多方向线位移的地方，应选用限位支架。

5.3.6 介质温度等于或大于100℃或需用蒸汽吹扫的进出装置管道，宜在装置边界的邻近管架上设置固定支架或限位支架，固定支架或限位支架的位置应与装置外的管道布置综合考虑。

5.3.7 Π型补偿器应设在两固定支架或轴向限位支架之间，距固定支架或轴向限位支架的距离不宜小于两固定支架或轴向限位支架间距的三分之一。

5.3.8 设在管系中部的次固定支架承受的水平力为较大一侧水平力减去较小一侧水平力的80%，常用结构固定支架的水平力的计算可参见本规范附录A。

5.4 导向支架

5.4.1 当管道在支承点处需限制径向位移时，应选用导向支架。

5.4.2 导向支架的设置位置宜符合下列规定：

a） 安全阀出口管道；

b） 可能产生振动的两相流管道；

c） 横向位移过大可能影响相邻管道的场合；

d） 管道距离过长，可能产生横向不稳定的场合；

e） Π型补偿器两侧的管道；

f） 自然柔性过大的管道。

5.4.3 导向支架的设置不应影响管道的自然补偿。

5.4.4 补偿器两侧的导向支架设置宜符合下列规定：

a） 水平管道上Π型补偿器与导向支架的间距可按图5.4.4-1确定；

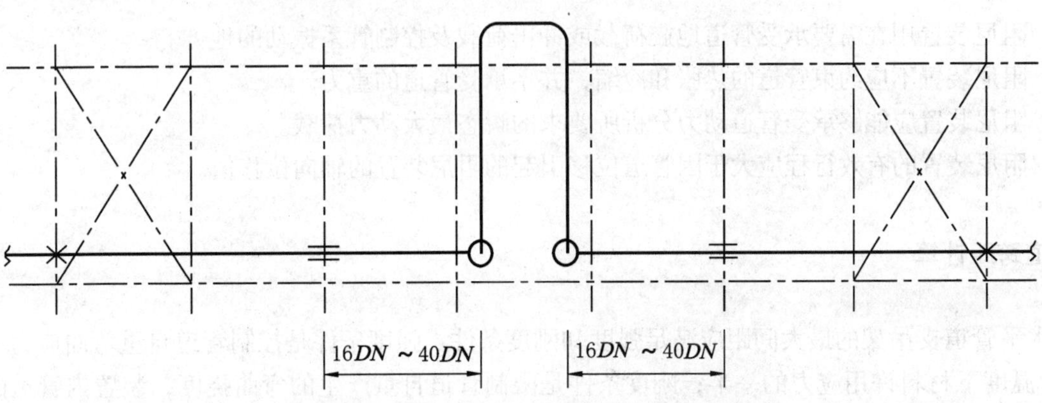

图5.4.4-1 Π型补偿器与导向支架间距

b） 当波纹管膨胀节仅用于吸收轴向位移时，波纹管膨胀节宜靠近一端固定架设置，波纹管端部与第一个导向支架之间以及第二个导向支架与第一个导向架之间的距离应按图5.4.4-2确定；其他导向支架间的最大间距应按公式（5.4.4）计算。操作中波纹管受压时，取$+|K_xX|$；拉伸时，取$-|K_xX|$。

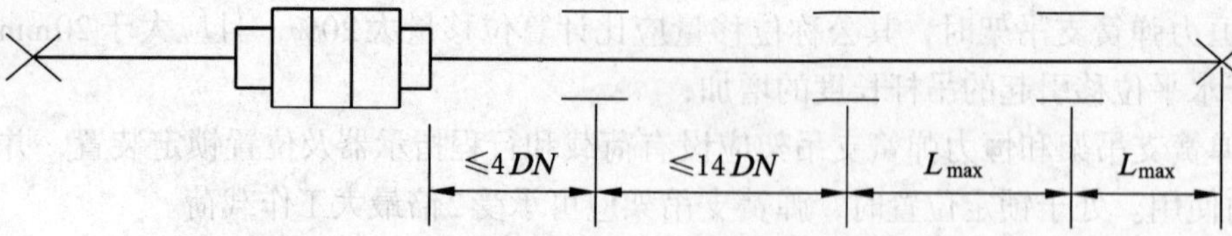

图5.4.4-2　波纹管膨胀节与导向支架的最大间距

$$L_{max}=0.001572\sqrt{\frac{E_t I_p}{P_d A_e \pm |K_x X|}} \quad (5.4.4)$$

5.4.5　沿立式设备敷设的管道宜设导向支架。

5.4.6　导向支架不宜设在弯头和支管连接处。

5.4.7　导向支架的间距应按管道特性、现场自然条件和应力分析结果确定。

5.4.8　导向支架在预定约束方向的冷态间隙不宜超过3mm，对于应力分析中有特殊要求的导向支架的间隙应符合应力分析的要求。对于在管道径向两侧约束的导向支架，其冷态间隙还应满足管道径向热膨胀的要求。

5.5　滑动支架和滚动支架

5.5.1　滑动支架应允许管道在支撑面内自由位移，滚动支架应允许管道在水平方向上沿轴线方向自由位移，其管托或底板的尺寸应满足管道的预期位移。

5.5.2　用于滑动支架或滚动支架的材料和润滑剂不应超过该材料的允许使用温度。

5.5.3　带聚四氟乙烯板的滑动支架，与聚四氟乙烯板接触的底板宜采用镜面不锈钢板或不锈钢复合钢板，且底板的尺寸不应小于聚四氟乙烯板尺寸和预期位移之和。

5.6　减振装置

5.6.1　管道用减振装置可选用弹簧减振器，其结构设计应承受管道振动力而不承受管道的重力，并设有可调结构。

5.6.2　控制管道不同方向的振动，可设置几个不同方向的弹簧减振器。

5.6.3　弹簧减振器应根据控制管道振动所需的防振力和最大行程来选择。

5.6.4　当采用减振器时，在应力分析的各个工况中应计及减振器对管道和设备的影响。

5.7　阻尼装置

5.7.1　阻尼装置用在需要承受管道地震荷载或冲击荷载及控制管系振动的地方。

5.7.2　阻尼装置不应约束管道的热胀和冷缩，并不承受管道的重力。

5.7.3　阻尼装置应能够承受管道动力分析所要求的瞬态最大动力荷载。

5.7.4　阻尼装置的有效行程应大于因管道位移引起的阻尼装置的轴向位移值。

6　管道跨距计算

6.1　水平管道支吊架的最大间距应满足强度和刚度条件。强度条件是控制管道自重弯曲应力不应大于设计温度下材料许用应力的一半；刚度条件是限制管道自重产生的弯曲挠度，装置内管道的挠度不应大于15mm；装置外管道的挠度不应大于38mm；敷设无坡度的蒸汽管道的挠度不宜大于10mm。

6.2　连续水平敷设的管道，其允许跨距应按三跨连续梁承受均布荷载的刚度条件和强度条件计算，并取两者中的较小值。允许跨距的计算应符合下列规定：

a）按刚度条件计算时，装置内的管道跨距应按公式（6.2-1）计算，装置外的管道跨距应按公式（6.2-2）计算；

$$L_r = 0.039\sqrt[4]{\frac{E_t I_p'}{q}} \qquad (6.2\text{-}1)$$

$$L_r' = 0.048\sqrt[4]{\frac{E_t I_p'}{q}} \qquad (6.2\text{-}2)$$

b） 按强度条件计算时，不考虑内压的管道跨距应按公式（6.2–3）计算，考虑内压的管道跨距应按公式（6.2–4）计算。

$$L_s = 0.1\sqrt{\frac{[\sigma]^t W_p}{q}} \qquad (6.2\text{-}3)$$

$$L_s' = 0.071\sqrt{\frac{[\sigma]^t W_p}{q}} \qquad (6.2\text{-}4)$$

6.3 对于不允许积液并带有坡度的管道，管道跨距除满足本规范第6.2条要求外，还应满足公式（6.3）的要求。

$$L_s'' \leqslant 0.0288\sqrt[3]{\frac{E_t I_p' i_s}{q}} \qquad (6.3)$$

6.4 水平管道的弯管部分，其两支架间的管道展开长度，宜为水平直管允许跨距的0.6倍~0.7倍；水平管道末端直管的允许跨距，宜为水平直管允许跨距的0.7倍~0.8倍。

7 荷载计算

7.1 荷载组合准则

7.1.1 支吊架应能承受管道和相关设备在可能出现的各种工况下所施加的静荷载和规定的动荷载。支吊架零部件应按对其结构最不利的组合荷载进行选择和设计。

7.1.2 在管道支吊架设计时，应包括下列荷载：

a） 管道组成件及绝热层的重力；

b） 支吊架零部件的重力；

c） 管道输送介质的重力；

d） 水压试验或管路清洗时的介质重力；

e） 管道中无约束型波纹管膨胀节、套筒式补偿器等柔性元件内部压力产生的作用力；

f） 支吊架约束管道位移所承受的约束反力和力矩；

g） 管道或管道绝热层外表面温度小于20℃的室外管道受到的雪荷载；

h） 露天布置管道受到的风荷载；

i） 正常运行时，由于各种原因引起的管道振动力；

j） 管内流体动量瞬时突变引起的瞬态作用力；

k） 流体排放产生的反力；

l） 地震引起的荷载。

7.1.3 支吊架结构上的荷载可分为以下三类：

a） 永久荷载，包括本规范7.1.2条中的a）项和b）项；

b） 可变荷载，包括本规范7.1.2条中的c）项~i）项，其中d）项仅在水压试验或管路清洗时可能出现；

c） 偶然荷载，包括本规范7.1.2条中的j）项~l）项。

7.1.4 支吊架结构设计应根据本规范第7.1.5条的工况及结构上可能同时出现的荷载，分别进行荷载组合，并取各自最不利的组合进行设计。

7.1.5 支吊架结构荷载组合的工况宜满足表7.1.5的要求。

表7.1.5 支吊架结构荷载组合的工况

序号	支吊架承受的荷载	荷载类型	运行初期冷态工况	运行初期热态工况	管道应变自均衡后冷态工况	管道应变自均衡后热态工况	异常（事故）工况			水压试验或管路清洗时
							管道系统阀门瞬间启闭时	安全阀或释放阀动作时	地震时	
1	管道组成件及绝热层的重力	永久	√	√	√	√	√	√	√	√
2	支吊架零部件的重力	永久	√	√	√	√	√	√	√	√
3	管道输送介质的重力	可变	—	√	—	√	√	√	√	—
4	水压试验或管路清洗时的介质重力	临时	—	—	—	—	—	—	—	√
5	管道中无约束型波纹管膨胀节、套筒式补偿器等柔性元件内部压力产生的作用力	可变	—	√	—	√	√	√	√	√[a]
6	支吊架约束管道位移所承受的约束反力和力矩	可变	√[b]	√[c]	√[d]	√[d]	√[c]	√[c]	√[c]	√
7	管道或管道绝热层外表面温度小于20℃的室外管道受到的雪荷载	可变	√	√	√	√	√	√	√	√
8	露天布置管道受到的风荷载	可变	√	√	√	√	—	—	—	√
9	正常运行时，由于各种原因引起的管道振动力	可变	—	√	—	√	—	—	—	—
10	管内流体动量瞬时突变引起的瞬态作用力	偶然	—	—	—	—	√	—	—	—
11	流体排放产生的反力	偶然	—	—	—	—	—	√	—	—
12	地震引起的荷载	偶然	—	—	—	—	—	—	√	—

注：确定荷载组合时，表中打“√”表示对应工况下应考虑的荷载，打“—”表示对应工况下不必考虑的荷载。

[a] 此工况下，第5项应取水压试验或管路清洗时的介质内压产生的作用力。

[b] 此工况下，第6项仅考虑管道冷紧位移的约束力。

[c] 此工况下，第6项的冷紧位移应乘以冷紧有效系数。

[d] 此工况下，第6项按管道应变自平衡后的位移约束反力组合。

7.1.6 对于装有可变弹簧支吊架的管系，各个支吊架所承受的管系重力荷载应计及可变弹簧支吊架在冷态工况和热态工况下承载力的变化，并由此引起荷载向邻近刚性支吊架的转移。

7.1.7 水平方向限位的支架，在其约束方向的荷载，还应计及管系中各活动支架因摩擦力约束管道位移所引起的荷载传递。

7.1.8 在荷载组合时，当永久荷载对结构有利时，永久荷载取其计算值；当永久荷载对结构不利时，取计算值的1.2倍。

7.1.9 当考虑荷载长期效应组合时，基本雪压的取值应符合GB 50009相关规定。作用于水平管道上的雪荷载标准值，可按公式（7.1.9）计算。

$$S_k = \mu_r S_0 d \qquad (7.1.9)$$

7.1.10 动荷载可按等效静荷载的2倍计算。

7.2 垂直荷载计算

7.2.1 管道支吊架承受的垂直荷载，除按本规范第7.1条进行荷载组合外，计算时尚应满足本规范第7.2.2条~第7.2.4条的要求。

7.2.2 管内输送可凝气体时，其介质重量应按管内冷凝液的实际重量计算。水平管道的冷凝液重量的估算可符合下列规定：

a） 管道公称直径小于100mm时，冷凝液可取满管液重的50%；

b） 管道公称直径为100mm~500mm时，冷凝液可取满管液重的15%；

c） 管道公称直径大于500mm时，冷凝液可取满管液重的10%。

7.2.3 对于等截面连续直管道支吊架承受的荷载，等跨管道应按公式（7.2.3-1）计算，不等跨管道应按公式（7.2.3-2）计算，荷载计算系数应按本规范附录B选用。

$$Q=\eta qL_m \quad (7.2.3-1)$$

$$Q_a=\eta_1 qL_1 \quad (7.2.3-2)$$

7.2.4 管道各点支架承受荷载的近似计算方法可参照本规范附录C。

7.3 水平荷载计算

7.3.1 滑动支架承受的水平荷载应为管道位移时的摩擦力，水平荷载的计算应符合下列规定：

a） 支架上平行敷设直管道时，滑动支架所承受的水平力应按公式（7.3.1-1）计算；当平行敷设1根~2根管道时，牵制系数K应取1；当平行敷设三根管道时，牵制系数应按表7.3.1-1的规定选用；平行敷设四根或四根以上管道时，牵制系数应按图7.3.1-1选用，质量比应按表7.3.1-1的规定计算。摩擦系数应按表7.3.1-2的规定选用；

$$P_s=K\mu\sum Q_i \quad (7.3.1-1)$$

表7.3.1-1 牵制系数

质量比 γ[a]	γ<0.50	0.50≤γ≤0.70	γ>0.7
牵制系数 K	0.50	0.67	1.0
注：当采用计算机程序计算时，若程序中未计及牵制系数，计算中应予以考虑。			
[a] γ为热管道质量与全部管道质量的比值；热管道指管道内介质温度等于或高于100℃且公称管径等于或大于*DN*200的管道。			

表7.3.1-2 摩擦系数

类　型	接触情况	摩擦系数μ
滑动摩擦	钢-钢	0.3
	钢-混凝土	0.6
	聚四氟乙烯-不锈钢	0.1
滚动摩擦	钢-钢	0.1
注：当采用计算机程序计算时，若程序中未计及摩擦系数，计算中应予以考虑。		

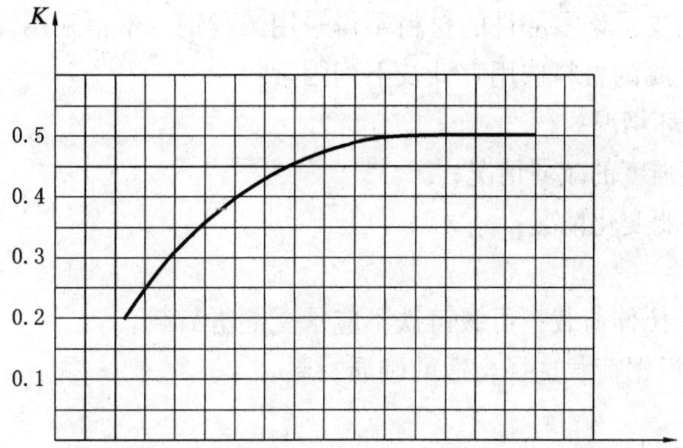

图7.3.1-1 四根或四根以上管道的牵制系数

b） 支架上水平敷设弯管时如图7.3.1-2所示，其滑动支架承受的水平力应按公式（7.3.1-2）和公式（7.3.1-3）计算，牵制系数的取值应符合本条a）项的规定。

$$P_x = K\mu Q_j \cos\beta \quad \cdots\cdots（7.3.1-2）$$

$$P_y = K\mu Q_j \sin\beta \quad \cdots\cdots（7.3.1-3）$$

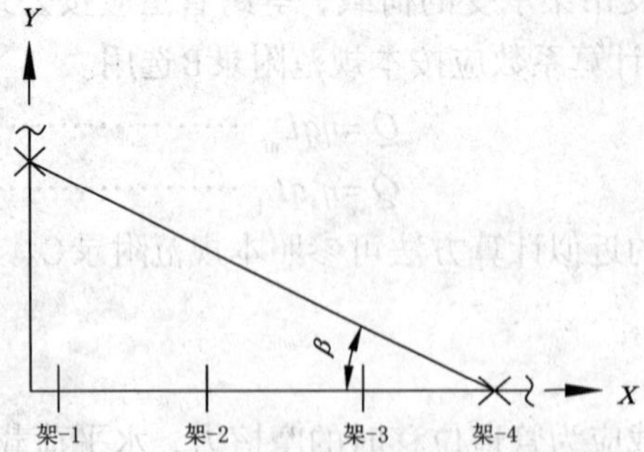

图7.3.1-2　水平敷设弯管的支架

7.3.2　固定支架水平荷载应包括补偿器的弹性力、管道自补偿的弹性力、滑动支架的摩擦力以及由内压产生的管道补偿器不平衡力等。

7.3.3　管道所承受的风荷载的计算应符合GB 50009的规定。

7.3.4　管道所承受的地震荷载计算应符合SH/T 3039的规定。

7.4　安全阀出口管的动荷载计算

7.4.1　安全阀出口放空管支架的动荷载，可取安全阀出口放空管道反作用力的2倍。

7.4.2　安全阀出口放空管道的反作用力可按公式（7.4.2）计算。

$$F_a = \frac{9.8W_a}{g}V_a + (P_n - P_a)A_n \times 10^6 \quad \cdots\cdots（7.4.2）$$

8　材料和许用应力

8.1　材料

8.1.1　管道支吊架的材料选用应符合GB/T 17116.1的规定。

8.1.2　管道支吊架材料应根据支吊架零部件的使用条件、材料的工艺性能以及其经济合理性选用。

8.1.3　与管道直接接触的支吊架零部件的材料应按管道设计温度选用。

8.1.4　与管道直接焊接的支吊架零部件的材料应与管道材料相同或相匹配。

8.1.5　奥氏体不锈钢的使用温度高于525℃时，钢中含碳量不应小于0.04%。

8.1.6　当钢材的使用温度等于或低于 −20℃时，应考虑钢材冲击韧性降低的问题。

8.1.7　用于承受动荷载的支吊架零部件的材料不得采用沸腾钢，不得采用没有冲击功值的钢材。

8.1.8　支吊架零部件非金属的材料选用宜计及下列因素：

a） 发生火灾时的破坏情况；

b） 温度升高对材料强度的减弱情况；

c） 长时间使用时性能变化情况；

d） 毒害性作用。

8.1.9　铸铁材料不应承受拉伸荷载；可锻铸铁不应承受冲击荷载。

8.1.10　保冷管道支架应根据荷载选择合适的硬质材料。

8.2　许用应力

8.2.1　管道支吊架材料的许用拉伸应力应符合GB/T 17116.1的规定。

8.2.2 螺纹拉杆的许用拉伸应力应按该材料的许用拉伸应力的0.75倍计算。

8.2.3 许用剪切应力应按许用拉伸应力的0.6倍计算。

8.2.4 材料为Q235-B、Q235-C、Q235-D或20号优质碳素钢的吊架螺纹吊杆的最大使用荷载应按表8.2.4的规定确定，最大使用荷载应按螺纹的根部截面积计算；公称直径等于或大于72mm的吊杆应采用20号优质碳素钢。

表8.2.4 螺纹吊杆最大使用荷载

吊杆螺纹公称直径	螺距 mm	螺纹根部截面积 mm^2	最大使用荷载[a] kN	吊杆螺纹公称直径	螺距 mm	螺纹根部截面积 mm^2	最大使用荷载[a] kN
M10	1.50	52.99	3.25	M56	5.50	1921.00	118
M12	1.75	77.23	4.75	M64	6.00	2539.00	155
M16	2.00	145.70	9.00	M72	6.00	3304.00	200
M20	2.50	227.60	14.0	M80	6.00	4169.00	258
M24	3.00	327.70	20.0	M90	6.00	5392.00	335
M30	3.50	524.10	32.5	M100	6.00	6772.00	412
M36	4.00	766.30	47.5	M110	6.00	8309.00	515
M42	4.50	1054.00	65.0	M125	6.00	10909.00	670
M48	5.00	1388.00	85.0	—	—	—	—

[a] 螺纹吊杆最大使用荷载按许用应力为62MPa计算。

8.2.5 锻制成形的环眼吊杆和弯曲成形并焊接的环眼吊杆的承载力，应与相同公称直径吊杆的承载力一致。弯曲成形但不焊接的环眼吊杆的承载力不应大于相同公称直径吊杆承载力的35%。

8.2.6 在受拉状态下，U型螺栓的承载力不应大于相同材料和相同公称直径吊杆承载力的2倍。

8.2.7 材料符合下列工况，其许用应力可提高：

a） 在运行期间短时超载，许用应力可提高20%；

b） 在水压试验期间，对于已知物理性能的钢材，其许用应力可提高到室温下最小屈服极限的80%；对于不知物理性能的钢材，其许用应力可提高到由物理试验得出的最小屈服极限的80%，但最大许用应力值不应超过110MPa。

9 焊缝强度计算

9.1 支吊架构件的焊接以及构件与生根结构的焊接的焊缝宜为角焊缝，焊缝强度的校核应按许用剪切应力来判断。

9.2 焊接生根构件的焊缝计算应符合下列规定：

a） 侧向焊接型吊架的生根构件示意见图9.2-1，焊缝剪切应力应按公式（9.2-1）计算和判断；

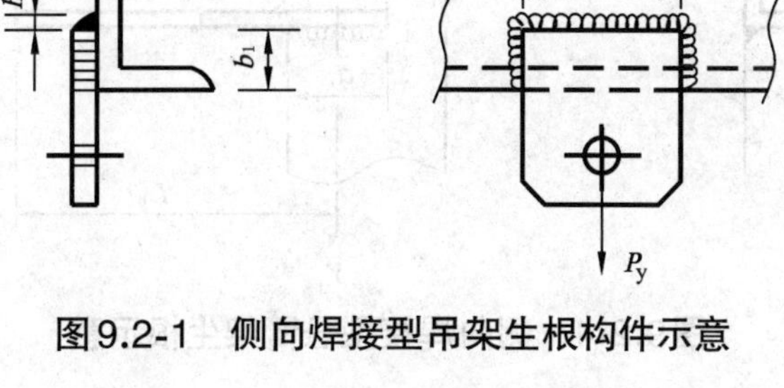

图9.2-1 侧向焊接型吊架生根构件示意

$$\tau = \frac{P_y}{0.7h_f(2b_1 + a_1 - 10)} \leqslant [\tau] \quad \cdots\cdots (9.2\text{-}1)$$

b） 顶部焊接型吊架的生根构件示意见图9.2-2，焊缝剪切应力应按公式（9.2-2）计算和判断；

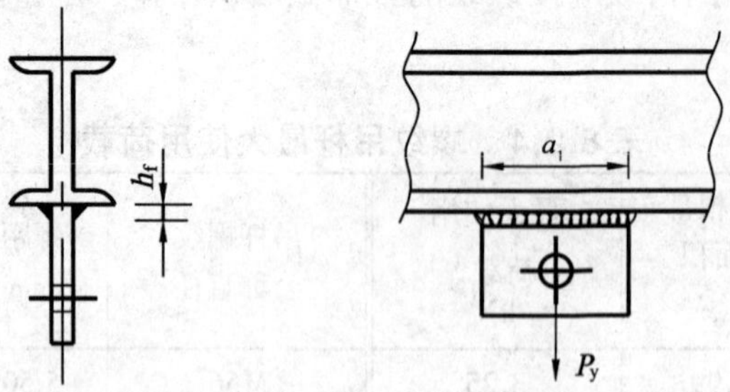

图9.2-2　顶部焊接型吊架生根构件示意

$$\tau = \frac{P_y}{1.4h_f(a_1 - 10)} \leqslant [\tau] \quad \cdots\cdots (9.2\text{-}2)$$

c） 端部焊接型的悬臂架生根示意见图9.2-3，焊缝剪切应力应按下列公式计算和判断；

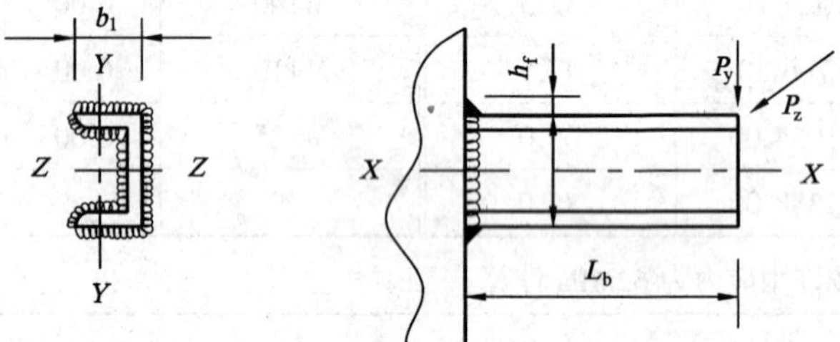

图9.2-3　端部焊接型的悬臂架生根示意

$$\tau = \sqrt{\tau_x^2 + \tau_y^2 + \tau_z^2} \leqslant [\tau] \quad \cdots\cdots (9.2\text{-}3)$$

$$\tau_x = \frac{L_b(P_y / W_z + P_z / W_y)}{0.7} \quad \cdots\cdots (9.2\text{-}4)$$

$$\tau_y = \frac{P_y}{0.7F_w} \quad \cdots\cdots (9.2\text{-}5)$$

$$\tau_z = \frac{P_z}{0.7F_w} \quad \cdots\cdots (9.2\text{-}6)$$

$$F_w = 2h_f(2b_1 + a_1 - 3h_f) \quad \cdots\cdots (9.2\text{-}7)$$

d） 侧向焊接型的悬臂架生根示意见图9.2-4，其焊缝剪切应力应按下列公式计算和判断。

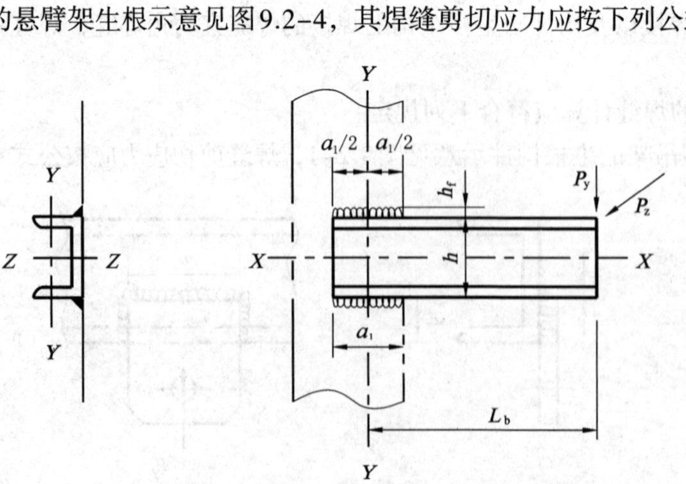

图9.2-4　侧向焊接型悬臂架生根示意

$$\tau=\sqrt{\tau_x^2+\tau_y^2+\tau_z^2}\leqslant[\tau] \qquad (9.2\text{-}8)$$

$$\tau_x=\frac{P_yL_bh}{1.4I_w} \qquad (9.2\text{-}9)$$

$$\tau_y=\frac{P_y}{0.7}\left(\frac{a_1L_b}{2I_w}+\frac{1}{F_w}\right) \qquad (9.2\text{-}10)$$

$$\tau_z=\frac{P_z}{0.7}\left(\frac{L_b}{W_y}+\frac{1}{F_w}\right) \qquad (9.2\text{-}11)$$

$$F_w=2h_f(a_1-10) \qquad (9.2\text{-}12)$$

$$W_y=\frac{h_fa_1^2}{3} \qquad (9.2\text{-}13)$$

$$I_w=\frac{h_fa_1\left(a_1^2+3h^2\right)}{6} \qquad (9.2\text{-}14)$$

10 结构设计

10.1 一般规定

10.1.1 支吊架的设计温度选取宜符合下列规定：

a） 直接与管道、设备焊接连接或焊接于垫板上的构件，设计温度选取宜满足下列要求：

1） 与无内衬里的保温管道或设备相连的构件应取介质温度；

2） 与无内衬里的不保温管道或设备相连的构件宜取介质温度的95%；

3） 与有内衬里的管道或设备相连的构件应取实际壁温；

b） 绝热层外的管卡应取绝热层表面温度。对于保温管道可按60℃计算，对于保冷管道宜取环境的露点温度加2℃；

c） 在建筑物或构筑物上生根的构件宜取环境温度；

d） 用管卡连接或与设备预焊件螺栓连接的支吊架构件，设计温度选取宜满足下列要求：

1） 与无内衬里的保温管道或设备相连的构件应取介质温度；

2） 与无内衬里的不保温管道或设备相连的构件宜取介质温度的80%；

3） 与有内衬里的管道或设备相连的构件宜取壁温的80%。

10.1.2 支吊架梁在垂直方向的最大挠度应符合公式（10.1.2）要求。

$$f_{max}\leqslant0.004L_n \qquad (10.1.2)$$

10.1.3 与钢结构连接的支吊架构件的允许承载力计算应符合GB 50017的相关规定。

10.1.4 对于无绝热层管道，公称直径等于或大于*DN*500的液体管道和公称直径等于或大于*DN*600的气体管道的支架处应设置管托或托板。

10.1.5 与管道组成件接触的支吊架零部件应控制支吊架零部件与管道组成件连接处的局部应力，管道不得有塑性变形。

10.1.6 碳钢的支吊架零部件与有色金属或不锈钢管道组成件不应直接接触，在接触面之间可增加非金属材料的隔离垫层或其他措施。

10.1.7 支吊架连接件的设计宜符合下列规定：

a） 螺纹拉杆的最大承载力可根据其许用应力和螺纹根部截面计算；吊杆直径不宜小于10mm；

b） 当吊架有水平位移时，拉杆两端应为铰接，两铰接点间应有足够长度。对刚性拉杆吊架，可活动的拉杆长度不应小于吊点处水平位移的20倍，吊杆与垂直线夹角不应大于3°，对弹性吊架，可活动的拉杆长度不应小于吊点处水平位移的15倍，吊杆与垂直线夹角不应大于4°；

c） 吊架的吊杆应有足够的螺纹长度，并可根据结构需要设置松紧螺母（花篮螺栓），螺纹连接处应设置锁紧螺母。

10.1.8 有绝热层的管道，在管墩或管架处应设管托。无绝热层的管道，如无要求，可不设管托。当绝热层厚度小于或等于80mm，宜选用高度为100mm的管托；绝热层厚度大于80mm时，宜选用高度为150mm的管托；绝热层厚度大于130mm时，宜选用高度为200mm的管托。保冷管道应选用保冷管托。

10.1.9 设计滑动管托时，管托长度应计及该点管道热位移的影响。当管道的轴向位移量等于或大于100mm时，滑动管托应选用加长管托或偏置安装。

10.1.10 支吊架边缘与管道焊缝的间距不应小于50mm，需要热处理的管道焊缝与支吊架的距离不应小于焊缝宽度的5倍，且不应小于100mm。

10.1.11 低温介质管道的支架设置，应有防止产生“冷桥”的措施，并应符合下列规定：

a） 若管道水平敷设时，管道的底部或支架的底部应设置硬质保冷材料块或木块；

b） 若管道垂直敷设，且支架生根在低温设备上时，在设备和管道上应设置硬质保冷材料块或木块。

10.2 支架计算

10.2.1 支架结构的计算应符合下列规定：

a） 在设计温度下，受拉、受压、受弯和受剪构件的最大组合应力不应大于材料在设计温度下的许用应力；

b） 受压构件的长细比不应大于120。

10.2.2 悬臂支架的计算应符合下列规定：

a） 当悬臂长度与型钢高度之比大于5时，横梁截面的最大组合应力应按下列公式计算和判断；

$$\sigma=\frac{10^3 M_H}{W_H}+\frac{10^3 M_V}{W_V}\leqslant\sigma^t \quad\cdots\cdots\cdots\cdots\cdots\cdots \quad (10.2.2\text{-}1)$$

$$M_H=10^{-3}P_V L_b \quad\cdots\cdots\cdots\cdots\cdots\cdots \quad (10.2.2\text{-}2)$$

$$M_V=10^{-3}P_H L_b \quad\cdots\cdots\cdots\cdots\cdots\cdots \quad (10.2.2\text{-}3)$$

b） 悬臂支架的挠度示意见图10.2.2-1，由垂直荷载产生的挠度应按公式（10.2.2-4）计算和判断；

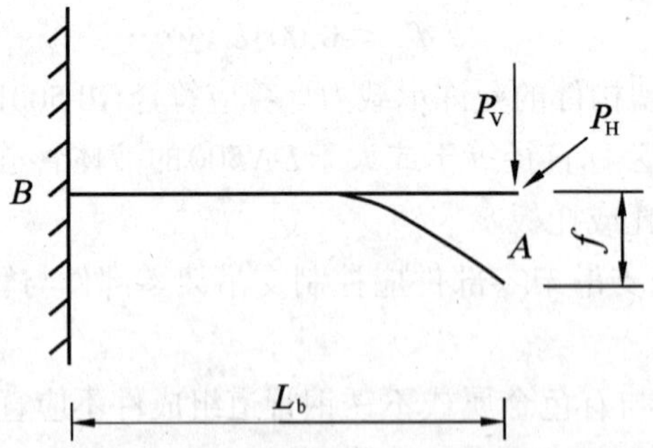

图10.2.2-1 悬臂支架的挠度示意

$$f=\frac{P_V L_b^3}{3E_t I}\leqslant 0.004L_b \quad\cdots\cdots\cdots\cdots\cdots\cdots \quad (10.2.2\text{-}4)$$

c） 若悬臂支架与梁柱采用螺栓连接时，悬臂支架示意见图10.2.2-2，螺栓的承剪力应按公式（10.2.2-5）和公式（10.2.2-6）计算，根部截面积应按公式（10.2.2-7）计算；

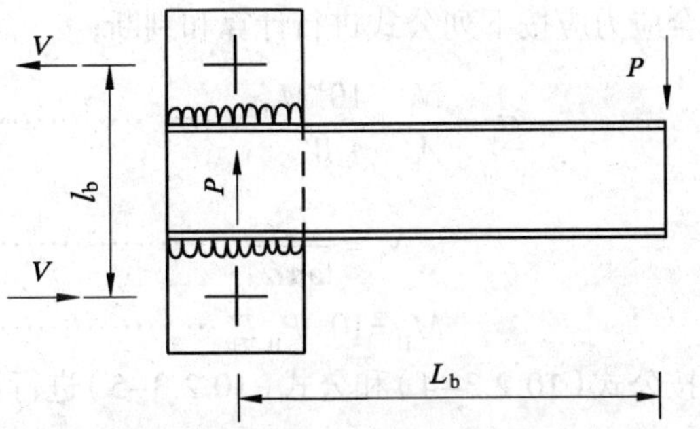

图10.2.2-2　悬臂支架示意

$$F_b = \sqrt{V^2 + P^2 / 4} \quad (10.2.2\text{-}5)$$

$$V \geqslant \frac{PL_b}{l_b} \quad (10.2.2\text{-}6)$$

$$A_s = \frac{F_b}{[\tau]_b} \quad (10.2.2\text{-}7)$$

d）若悬臂支架与梁柱采用焊接时，悬臂支架示意见图10.2.2-3，单面焊缝的承剪力应按公式（10.2.2-8）和公式（10.2.2-9）进行计算。

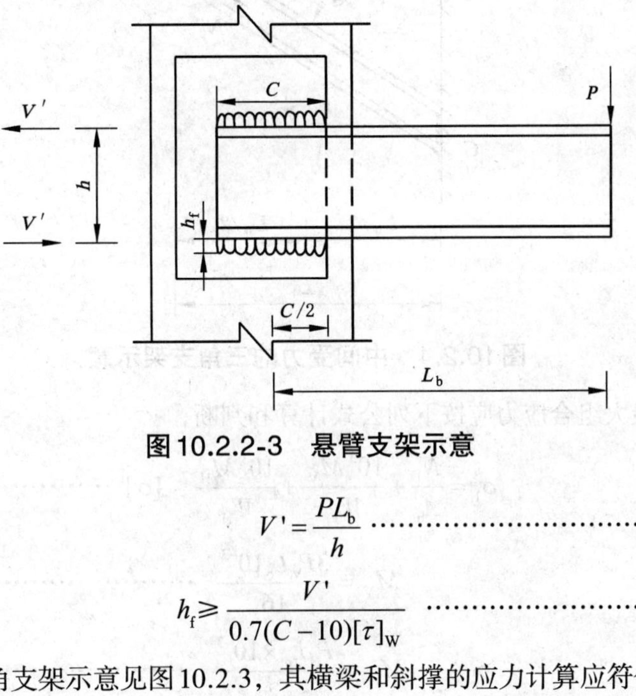

图10.2.2-3　悬臂支架示意

$$V' = \frac{PL_b}{h} \quad (10.2.2\text{-}8)$$

$$h_f \geqslant \frac{V'}{0.7(C-10)[\tau]_W} \quad (10.2.2\text{-}9)$$

10.2.3　端部受力的三角支架示意见图10.2.3，其横梁和斜撑的应力计算应符合下列规定：

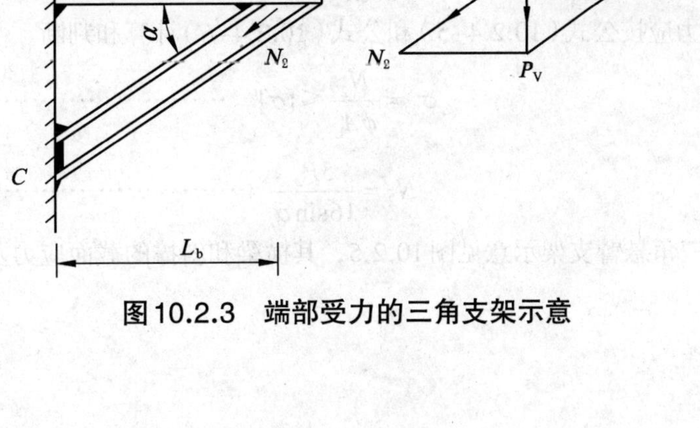

图10.2.3　端部受力的三角支架示意

a） 横梁截面的最大组合应力应按下列公式进行计算和判断；

$$\sigma_1=\frac{N_1}{A_b}+\frac{10^3 M_H}{W_H}\leqslant[\sigma]^t \quad (10.2.3\text{-}1)$$

$$N_1=\frac{P_v}{\tan\alpha} \quad (10.2.3\text{-}2)$$

$$M_H=10^{-3}P_H L_b \quad (10.2.3\text{-}3)$$

b） 斜撑截面的应力应按公式（10.2.3-4）和公式（10.2.3-5）进行计算和判断。

$$\sigma_2=\frac{N_2}{\phi A_L}\leqslant[\sigma]^t \quad (10.2.3\text{-}4)$$

$$N_2=\frac{P_v}{\sin\alpha} \quad (10.2.3\text{-}5)$$

10.2.4 中间受力的三角支架示意见图10.2.4，其横梁和斜撑的截面应力及横梁的挠度计算应符合下列规定：

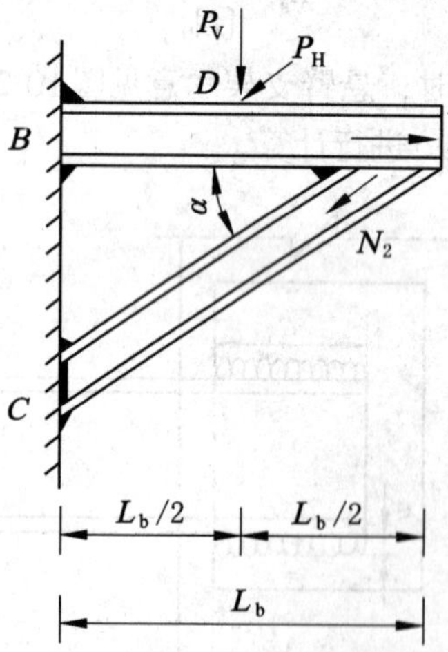

图10.2.4 中间受力的三角支架示意

a） 横梁截面的最大组合应力应按下列公式计算和判断；

$$\sigma_1=\frac{N_1}{A_b}+\frac{10^3 M_V}{W_V}+\frac{10^3 M_H}{W_H}\leqslant[\sigma]^t \quad (10.2.4\text{-}1)$$

$$M_V=\frac{3P_V L_b 10^{-3}}{16} \quad (10.2.4\text{-}2)$$

$$M_H=\frac{P_H L_b\times10^{-3}}{2} \quad (10.2.4\text{-}3)$$

b） 横梁挠度应按公式（10.2.4-4）计算和判断；

$$f_D=\frac{7P_V L_b^3}{768EI}\leqslant0.004L_b \quad (10.2.4\text{-}4)$$

c） 斜撑截面应力应按公式（10.2.4-5）和公式（10.2.4-6）计算和判断。

$$\sigma_2=\frac{N_2}{\phi A_L}\leqslant[\sigma]^t \quad (10.2.4\text{-}5)$$

$$N_2=\frac{5P_V}{16\sin\alpha} \quad (10.2.4\text{-}6)$$

10.2.5 端部受力的三角悬臂支架示意见图10.2.5，其横梁和斜撑的截面应力及横梁的挠度计算应符合下列规定：

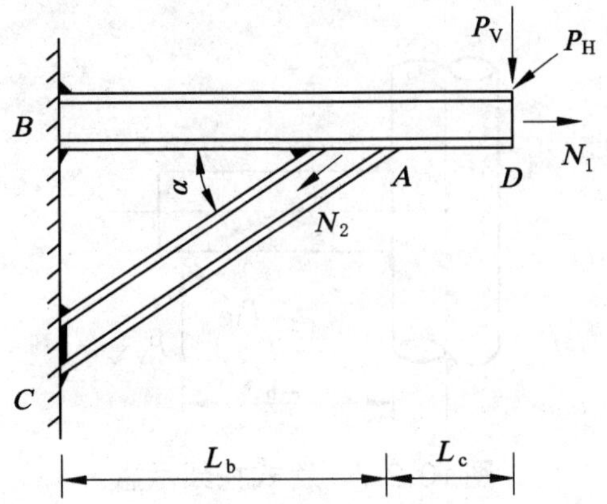

图10.2.5　端面受力的三角悬臂支架示意

a）横梁A点处的截面最大组合应力应按下列公式计算和判断；

$$\sigma_1 = \frac{N_1}{A_b} + \frac{10^3 M_V}{W_V} + \frac{10^3 M_H}{W_H} \leqslant [\sigma]^t \quad (10.2.5\text{–}1)$$

$$N_1 = \frac{P_A}{\tan\alpha} \quad (10.2.5\text{–}2)$$

$$P_A = P_V\left(1 + \frac{3L_c}{2L_b}\right) \quad (10.2.5\text{–}3)$$

$$M_V = L_c P_V \times 10^{-3} \quad (10.2.5\text{–}4)$$

$$M_H = L_c P_H \times 10^{-3} \quad (10.2.5\text{–}5)$$

b）横梁B点处的截面最大组合应力应按a）项公式（10.2.5–1）~公式（10.2.5–3）以及下列公式计算和判断；

$$M_V = \frac{L_c P_V}{2} \times 10^{-3} \quad (10.2.5\text{–}6)$$

$$M_H = P_H\ (L_b + L_c) \times 10^{-3} \quad (10.2.5\text{–}7)$$

c）横梁的端部挠度应按公式（10.2.5–8）计算和判断；

$$f_D = \frac{P_V L_c^2}{12EI}(3L_b + 4L_c) \leqslant 0.004(L_b + L_c) \quad (10.2.5\text{–}8)$$

d）斜撑截面的应力应按公式（10.2.5–9）和公式（10.2.5–10）计算和判断。

$$\sigma_2 = \frac{N_2}{\phi A_L} \leqslant [\sigma]^t \quad (10.2.5\text{–}9)$$

$$N_2 = \frac{P_A}{\sin\alpha} \quad (10.2.5\text{–}10)$$

10.2.6　挡块示意见图10.2.6，其最大承剪力应按公式（10.2.6）计算。

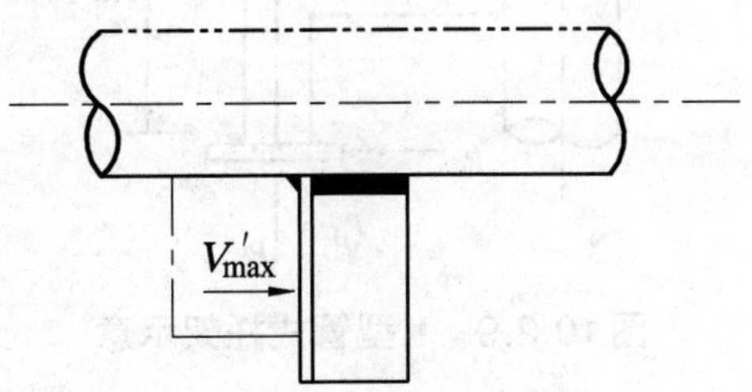

图10.2.6　挡块示意

$$V'_{max} = A_h[\tau]_w \quad (10.2.6)$$

10.2.7　垂直管道的管式托架示意见图10.2.7，其弯矩产生的正应力应按公式（10.2.7）计算和判断。

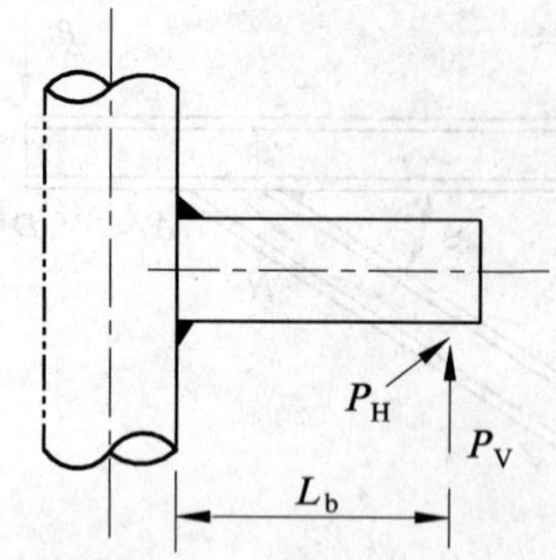

图10.2.7　管式托架示意

$$\sigma_{bm}=\frac{L_b\sqrt{P_V^2+P_H^2}}{W}\leqslant[\sigma]^t \quad\cdots\cdots(10.2.7)$$

10.2.8　管式托架示意见图10.2.8，由弯矩产生的正应力应按公式（10.2.8-1）和公式（10.2.8-2）计算和判断，公式（10.2.8-1）中的压杆稳定系数ϕ应按照附录D选取。

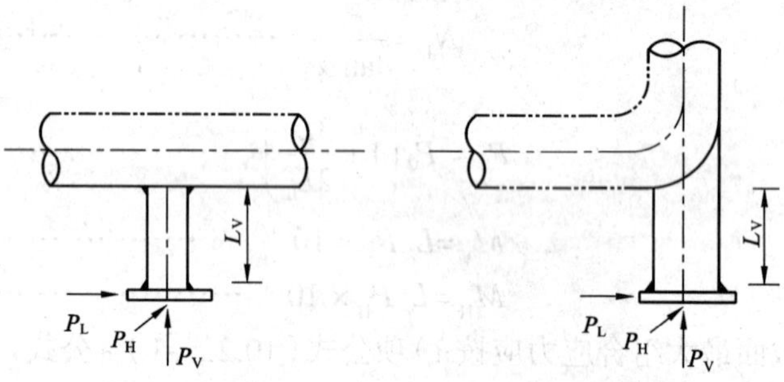

a）水平管道　　　　b）弯头

图10.2.8　管式托架示意

$$\sigma_{bm}+\frac{P_V}{\phi A_t}\leqslant[\sigma]^t \quad\cdots\cdots(10.2.8-1)$$

$$\sigma_{bm}=\frac{L_V\sqrt{P_H^2+P_L^2}}{W} \quad\cdots\cdots(10.2.8-2)$$

10.2.9　L型管式托架示意见图10.2.9，其组合应力应按公式（10.2.9）计算和判断。

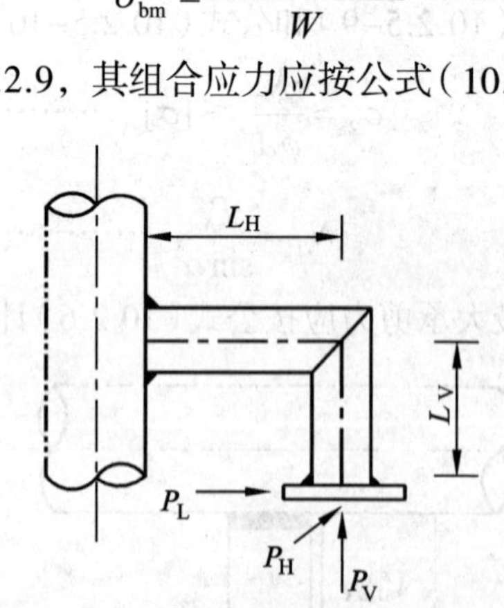

图10.2.9　L型管式托架示意

$$\sigma_c=\frac{\sqrt{(P_LL_V+P_VL_H)^2+(P_HL_V)^2+(P_HL_H)^2}}{W}\leqslant[\sigma]^t \quad\cdots\cdots(10.2.9)$$

10.2.10　焊接板式托架示意见图10.2.10，当筋板的高度与厚度之比小于或等于40，且筋板厚等于或大于10mm时，其组合应力应按下列公式计算和判断。

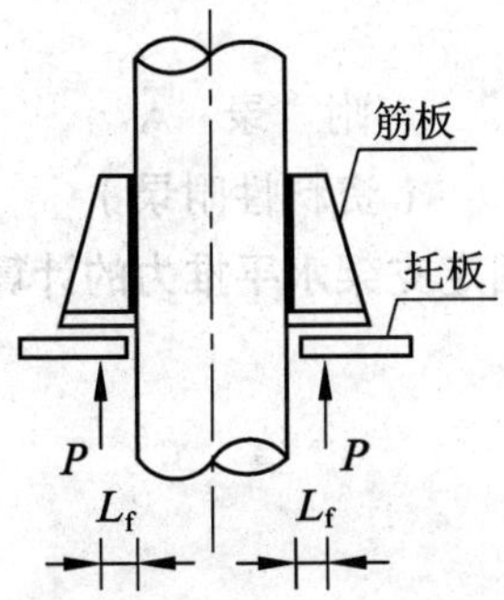

图10.2.10 焊接板式托架示意

$$\sigma_c = \sqrt{\sigma_f^2 + 3\tau_f^2} \leqslant [\sigma]^t \quad (10.2.10-1)$$

$$\sigma_f = \frac{M}{W} \quad (10.2.10-2)$$

$$M = PL_f \quad (10.2.10-3)$$

$$\tau_f = \frac{P}{A_g} \quad (10.2.10-4)$$

附　录　A
（资料性附录）
固定支架水平推力的计算

A.1　固定支架水平推力的计算

带Π形补偿器和自然补偿管道的固定支架水平推力的计算应符合表A.1的规定。

表A.1　带Π形补偿器和自然补偿管道的固定支架水平推力的计算

序号	安装条件图	固定支架水平推力计算式		计算条件
1	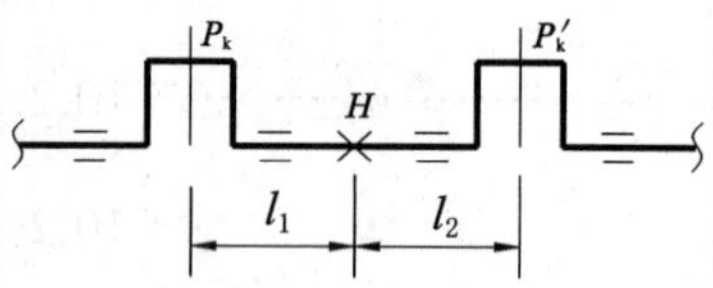	刚性支架	$H=P_k+q\mu l_1-0.8(P_k'+q\mu l_2)$	左侧水平力之和大于右侧水平力之和
		柔性半铰接支架	$H=P_k+P_R-0.8(P_k'+P_R')$	
2	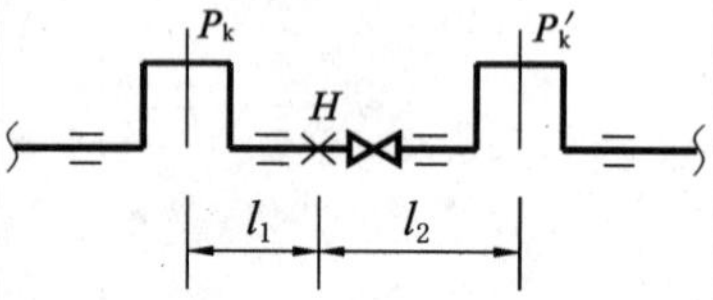	刚性支架	$H=P_k+P'_{k0}+q\mu l_1$	阀门关闭 $l_1>l_2$ $P_k>P_k'$
		柔性半铰接支架	$H=P_k+P'_{k0}+P_R$	
3	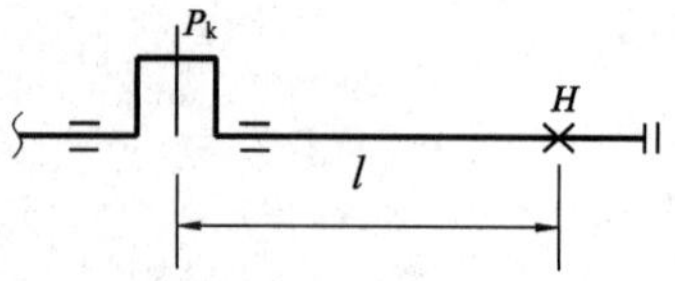	刚性支架	$H=P_k+q\mu l$	—
		柔性半铰接支架	$H=P_k+P_R$	
4	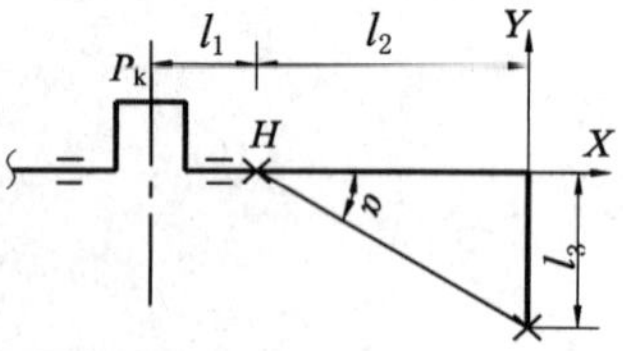	刚性支架	$H=P_k+q\mu l_1-0.8[P_x''+q\mu\cos\alpha(l_2+l_3/2)]$ $H_y=P_y''+q\mu\sin\alpha(l_2/2)$	—
		柔性半铰接支架	$H_x=P_k+P_R-0.8(P_x''+P_{Rx2}+P_{Rx3}/2)$ $H_y=P_y''+P_{RY2}/2$	
5	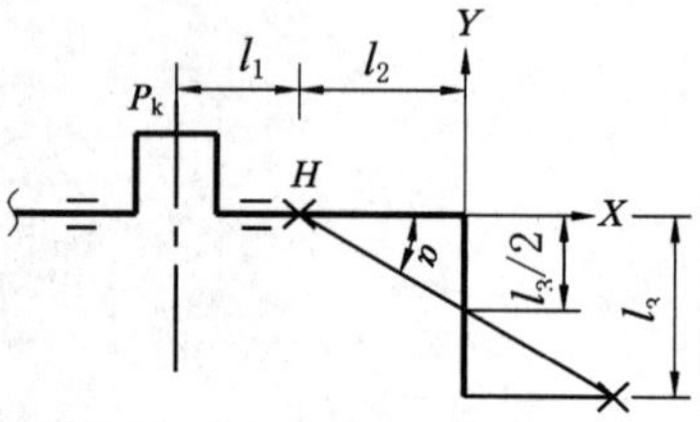	刚性支架	$H_x=P_k+q\mu l_1-0.8[P_x''+q\mu\cos\alpha(l_2+l_3/4)]$ $H_y=P_y''+q\mu\sin\alpha(l_2/2)$	—
		柔性半铰接支架	$H_x=P_k+P_R-0.8(P_x''+P_{RX2}+P_{RX3}/4)$ $H_y=P_y''+P_{RY2}/2$	
6	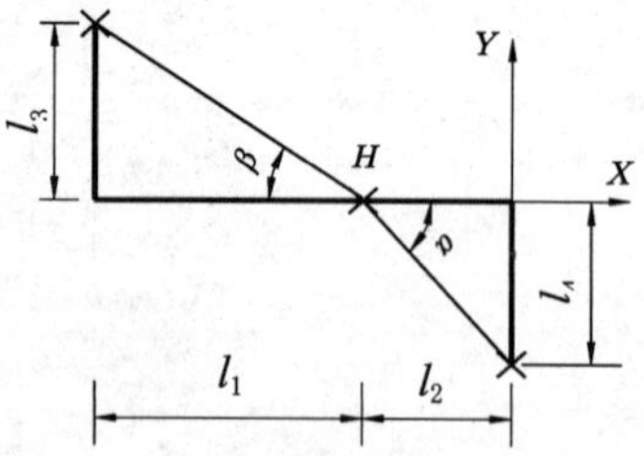	刚性支架	$H_x=P_x'+q\mu\cos\beta(l_1+l_3/2)-0.8[P_x''+q\mu\cos\alpha(l_2+l_4/2)]$ $H_y=P_y'+q\mu\sin\beta(l_1/2)-0.8[P_x''+q\mu\sin\alpha(l_2/2)]$	—
		柔性半铰接支架	$H_x=P_x'+P_{RX1}+P_{RX3}/2-0.8(P_x''+P_{RX2}+P_{RX4}/2)$ $H_y=P_y'+P_{RY1}/2-0.8(P_y''+P_{RY2}/2)$	

注1：对于L形自然补偿，上述公式中滑动管托或滚动管托应按固定支架两侧的摩擦系数相同计算。

注2：表中刚性支架是指中间滑动支架。

注3：表中柔性半铰接支架是指中间滑动支架为柔性半铰接结构。

A.2 固定支架水平推力的计算

带套筒式补偿器管道的固定支架水平推力的计算应符合表A.2的规定。

表A.2 带套筒式补偿器管道固定支架水平推力的计算

序号	安装条件图	刚性支架计算式		计算条件
1	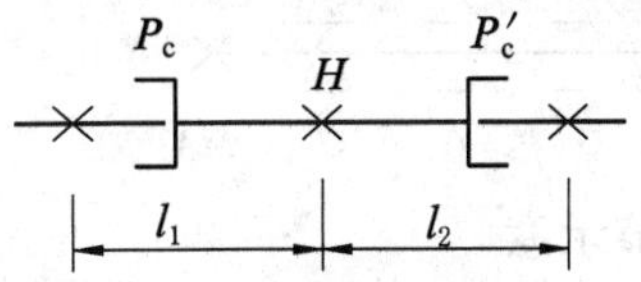	刚性支架	$H = P_c - 0.8P_c'$	$P_c > P_c'$
		柔性半铰接支架	$H = P_c - 0.8P_c'$	
2	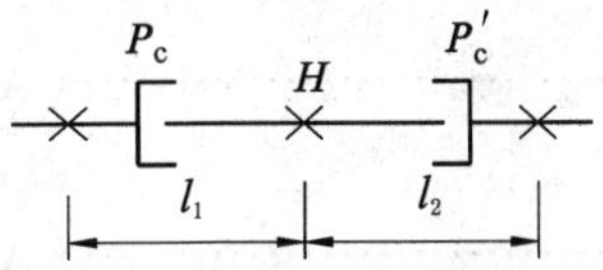	刚性支架	$H = P_c + q\mu l_1 - 0.8(P_c' + q\mu l_2)$	$P_c > P_c'$ $l_1 > l_2$
		柔性半铰接支架	$H = P_c + P_R - 0.8(P_c' + P_R')$	
3	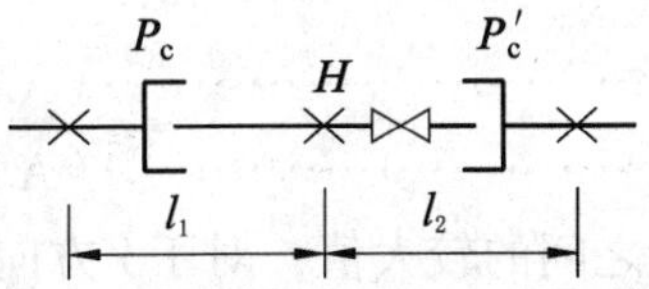	刚性支架	$H = P_c + q\mu l_1 + P_o F_c$	当阀门关闭时
		柔性半铰接支架	$H = P_c + P_o F_c + P_{R1}$	

注1：表中刚性支架是指中间滑动支架。
注2：表中柔性半铰接支架是指中间滑动支架为柔性半铰接结构。

A.3 带波纹管膨胀节管道

A.3.1 直管段上设置同管径的膨胀节示意见图A.3.1，次固定支架的轴向推力应按公式（A.3.1-1）计算。在管道升温过程中，次固定支架的轴向推力应按公式（A.3.1-2）或公式（A.3.1-3）计算，F_{IA}应取首先升温侧的计算值。

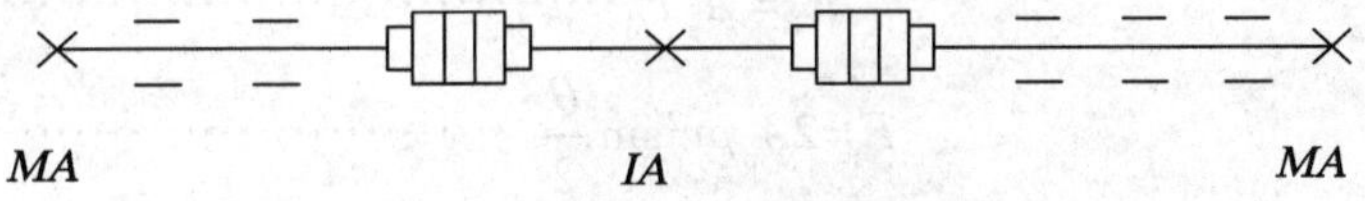

图A.3.1 同管径膨胀节示意

$$F_{IA} = F_{m1} + F_{g1} + F_{m2} + F_{g2} \quad \text{(A.3.1-1)}$$

$$F_{IA} = F_{m1} + F_{g1} \quad \text{(A.3.1-2)}$$

$$F_{IA} = F_{m2} + F_{g2} \quad \text{(A.3.1-3)}$$

A.3.2 直管段上设置不同管径的膨胀节示意见图A.3.2，主固定支架的推力应按下列公式计算。

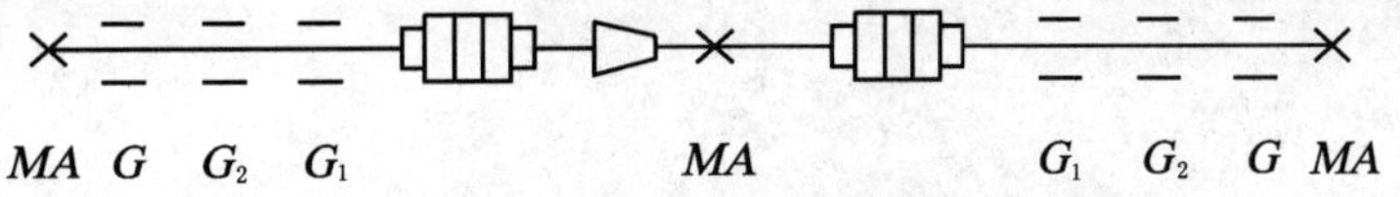

图A.3.2 不同管径的膨胀节示意

$$F_{MA} = F_{s1} + F_{m1}' + F_{g1}' - F_{m2}' - F_{g2}' \quad \text{(A.3.2-1)}$$

$$F_{s1} = (A_{e1} - A_{e2})P_d \quad \text{(A.3.2-2)}$$

A.3.3 带分支的直管段上设置膨胀节示意见图A.3.3，C点分支处主固定支架的轴向力计算应符合下列规定：

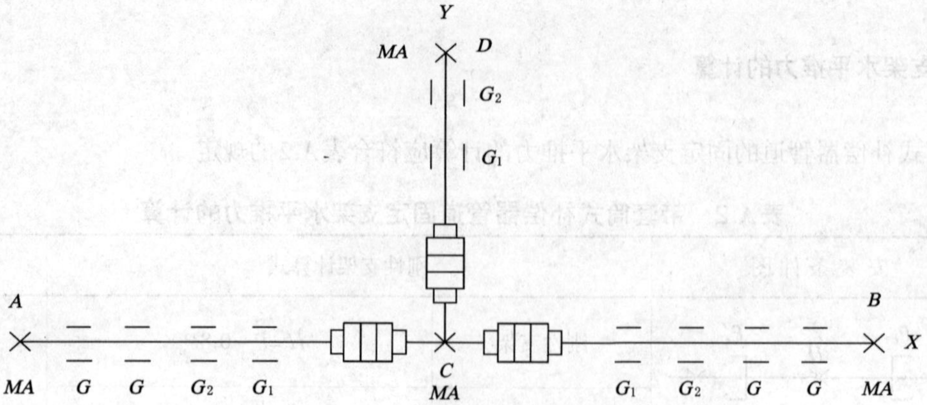

图A.3.3　带分支的直管段上设置膨胀节示意

a）*AC*段对*C*点主固定支架的轴向力应按下式计算：

$$F_{MA1}=F_s+F_m+F_g \quad \text{(A.3.3-1)}$$

b）*BC*段对*C*点主固定支架的轴向力应按下式计算：

$$F_{MA2}=F_s+F_m+F_g \quad \text{(A.3.3-2)}$$

c）*CD*段对*C*点主固定支架的轴向力应按下列公式计算：

$$F_{MA3}=F_s+F_m+F_g \quad \text{(A.3.3-3)}$$

$$F_s=A_eP_d \quad \text{(A.3.3-4)}$$

d）对于*X*方向，*C*点主固定支架的轴向力取F_{MA1}和F_{MA2}两者之间的较大值；对于*Y*方向，*C*点主固定支架的轴向力取F_{MA3}的值。

A.3.4　弯头处主固定支架示意见图A.3.4，主固定支架的推力应按下列公式计算。

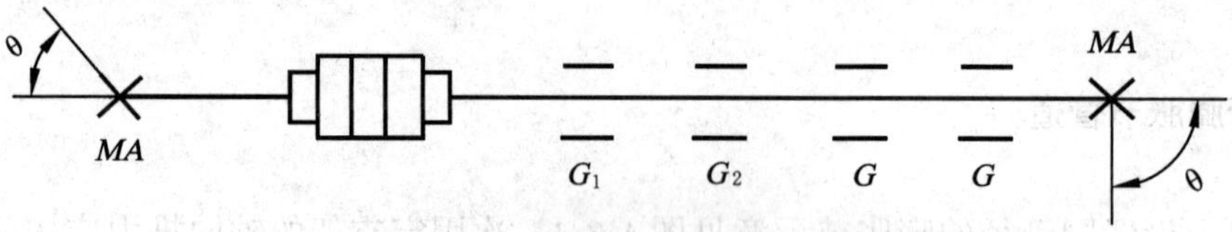

图A.3.4　弯头处主固定支架示意

$$F_{MA}=F_s+F_m+F_g+F_t \quad \text{(A.3.4-1)}$$

$$F_s=A_eP_d \quad \text{(A.3.4-2)}$$

$$F_t=2A_p\rho v^2\sin\frac{\theta}{2} \quad \text{(A.3.4-3)}$$

附 录 B

（规范性附录）

均布荷载作用下等截面连续直管道支点荷载计算系数

B.1 等跨管道

均布荷载作用下等截面连续直管道，等跨管道支点荷载计算系数应符合表B.1的规定。

表B.1 等跨管道支点荷载计算系数

简图		各点荷载计算系数η					
		A	*B*	*C*	*D*	*E*	*F*
二跨	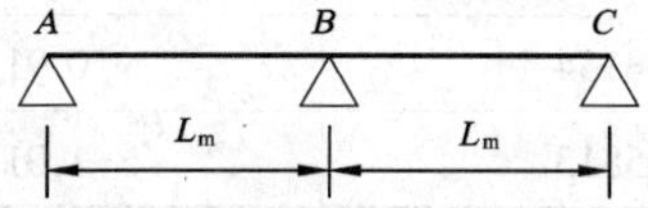	0.375	1.25	0.375	—	—	—
三跨	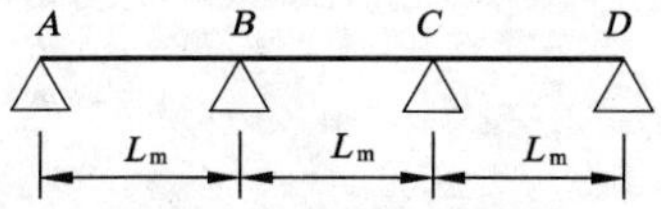	0.400	1.100	1.100	0.400	—	—
四跨	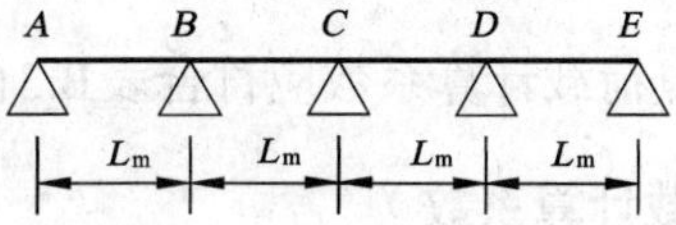	0.393	1.143	0.928	1.143	0.393	—
五跨	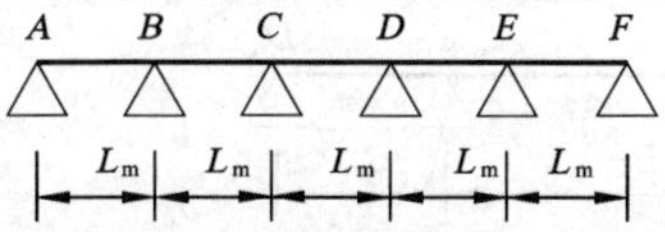	0.394	1.132	0.974	0.974	1.132	0.394
注：五跨以上管道的中间各点计算系数应取 1.0，两端点的计算系数应取 0.5。							

B.2 不等跨二跨管道

均布荷载作用下等截面连续直管道，不等跨二跨管道支点荷载计算系数应符合表B.2的规定。

表B.2 不等跨二跨管道支点荷载计算系数

简图	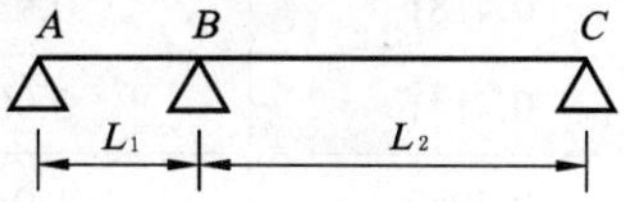 $\delta = L_2/L_1$		
各点荷载计算系数η_1			
δ	*A*	*B*	*C*
1.00	0.3750	1.2500	0.3750
1.10	0.3613	1.3148	0.4239
1.20	0.3450	1.3842	0.4708
1.30	0.3263	1.4573	0.5164
1.40	0.3050	1.5343	0.5607
1.50	0.2813	1.6145	0.6042

表B.2 不等跨二跨管道支点荷载计算系数（续）

简　图	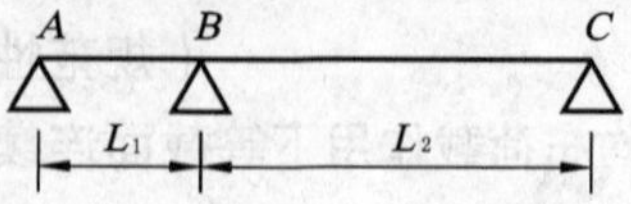 $\delta = L_2/L_1$		
各点荷载计算系数 η_1			
δ	A	B	C
1.60	0.2550	1.6981	0.6469
1.70	0.2263	1.7847	0.6890
1.80	0.1950	1.8744	0.7306
1.90	0.1613	1.9670	0.7717
2.00	0.1250	2.0625	0.8125
2.25	0.0234	2.3134	0.9132
2.50	−0.0938	2.5813	1.0125

B.3　不等跨三跨管道

均布荷载作用下等截面连续直管道，不等跨三跨管道支点荷载计算系数应符合表B.3的规定。

表B.3 不等跨三跨管道支点荷载计算系数

简　图	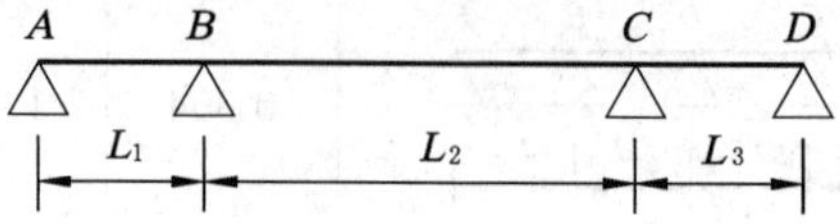 $\delta = L_2/L_1$			
各点荷载计算系数 η_1				
δ	A	B	C	D
0.40	0.4169	0.7831	0.7831	0.4169
0.50	0.4196	0.8304	0.8304	0.4196
0.60	0.4200	0.8800	0.8800	0.4200
0.70	0.4181	0.9319	0.9319	0.4181
0.80	0.4141	0.9059	0.9059	0.4141
0.90	0.4082	1.0418	1.0418	0.4082
1.00	0.4000	0.1000	0.1000	0.4000
1.10	0.3900	1.1600	1.1600	0.3900
1.20	0.3782	1.2218	1.2218	0.3782
1.30	0.3645	1.2855	1.2855	0.3645
1.40	0.3490	1.3510	1.3510	0.3490
1.50	0.3317	1.4183	1.4183	0.3317
1.60	0.3127	1.4873	1.4873	0.3127
1.70	0.2918	1.5582	1.5582	0.2918

表B.3　不等跨三跨管道支点荷载计算系数（续）

简　图	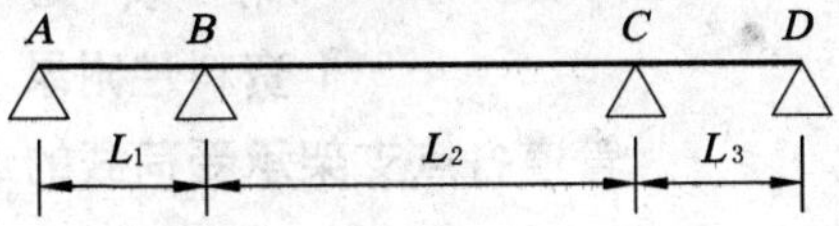 $\delta=L_2/L_1$			
各点荷载计算系数 η_1				
δ	A	B	C	D
1.80	0.2692	1.6308	1.6308	0.2692
1.90	0.2448	1.7052	1.7052	0.2448
2.00	0.2188	1.7812	1.7812	0.2188
2.25	0.1462	1.9788	1.9788	0.1462
2.50	0.0625	2.1875	2.1875	0.0625

附 录 C
（资料性附录）
管道各点支架承受荷载的近似计算方法

C.1 水平直管

C.1.1 不带集中荷载的水平直管示意见图C.1.1，各点支架承受的荷载可按下列公式计算。

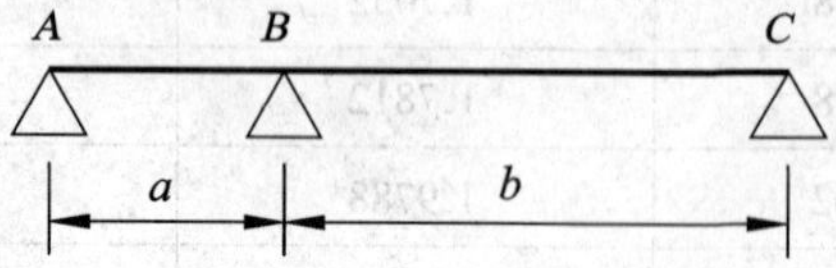

图C.1.1 不带集中荷载的水平直管示意

$$Q_A = \frac{qa}{2} \quad \cdots\cdots (C.1.1-1)$$

$$Q_B = \frac{q(a+b)}{2} \quad \cdots\cdots (C.1.1-2)$$

$$Q_C = \frac{qb}{2} \quad \cdots\cdots (C.1.1-3)$$

C.1.2 带有集中荷载的水平直管示意见图C.1.2，各点支架承受的荷载可按下列公式计算。

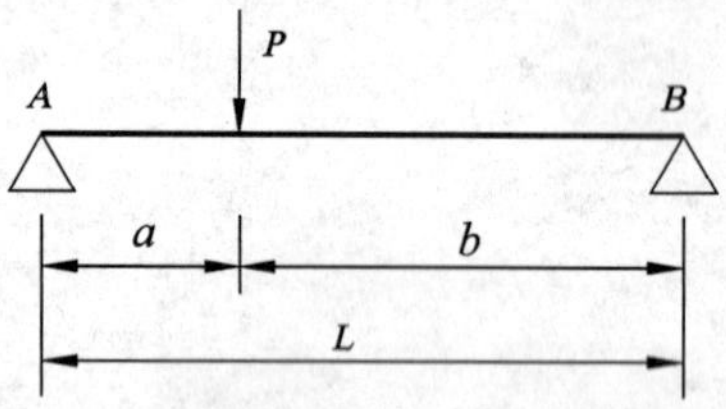

图C.1.2 带有集中荷载的直管示意

$$Q_A = \frac{qL}{2} + \frac{Pb}{L} \quad \cdots\cdots (C.1.2-1)$$

$$Q_C = \frac{qL}{2} + \frac{Pa}{L} \quad \cdots\cdots (C.1.2-2)$$

C.2 水平弯管

C.2.1 水平弯管在弯管两管段接近相等的平面示意见图C.2.1，各点支架承受的荷载可按下式计算。

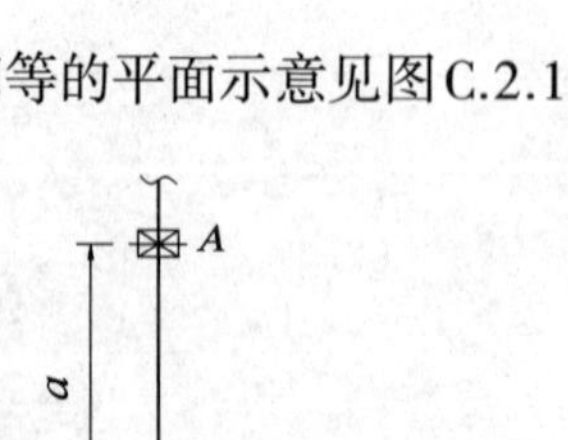

图C.2.1 平面示意

$$Q_A = Q_B = \frac{q(a+b)}{2} \quad \cdots\cdots (C.2.1)$$

C.2.2 水平弯管在弯管两管段不相等的平面示意见图C.2.2，各点支架承受的荷载可按下列公式计算。

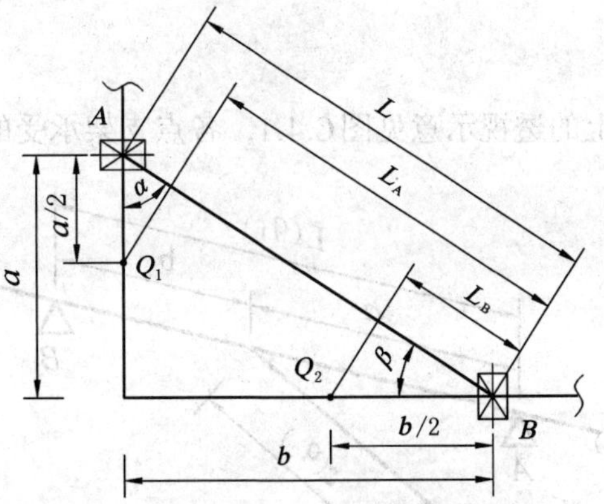

图C.2.2　平面示意

$$Q_A = \frac{Q_1 L_A + Q_2 L_B}{L} \quad \cdots\cdots (C.2.2\text{-}1)$$

$$Q_B = Q_1 + Q_2 - Q_A \quad \cdots\cdots (C.2.2\text{-}2)$$

C.3　垂直弯管

C.3.1　Z型垂直弯管示意见图C.3.1，各点支架承受的荷载可按下列公式计算。

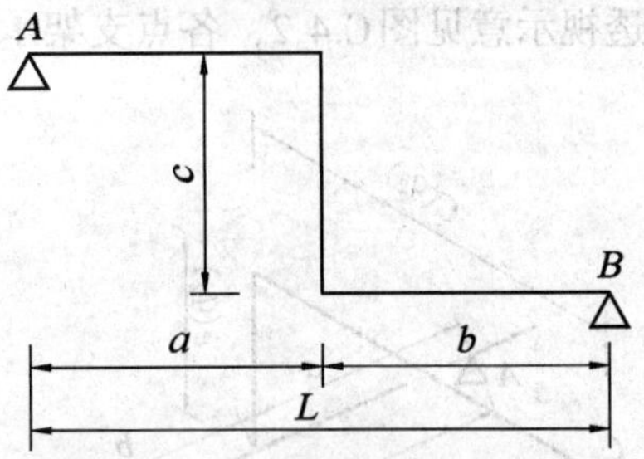

图C.3.1　Z型垂直弯管示意

$$Q_A = q\left(\frac{L}{2} + \frac{bc}{L}\right) \quad \cdots\cdots (C.3.1\text{-}1)$$

$$Q_B = q\left(\frac{L}{2} + \frac{ac}{L}\right) \quad \cdots\cdots (C.3.1\text{-}2)$$

C.3.2　L型垂直弯管示意见图C.3.2，各点支架承受的荷载可按下列公式计算。

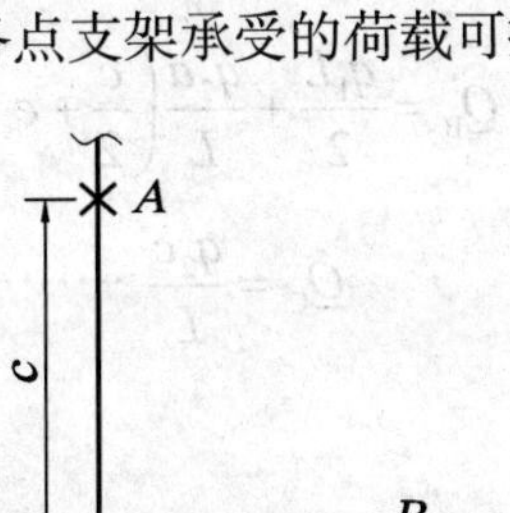

图C.3.2　L型垂直弯管示意

$$Q_A = q\left(c + \frac{b}{2}\right) \quad \cdots\cdots (C.3.2\text{-}1)$$

$$Q_B=\frac{qb}{2} \quad \cdots\cdots (C.3.2-2)$$

C.4 分支管道

C.4.1 分支管道在同一平面上的透视示意见图C.4.1，各点支架承受的荷载可按下列公式计算。

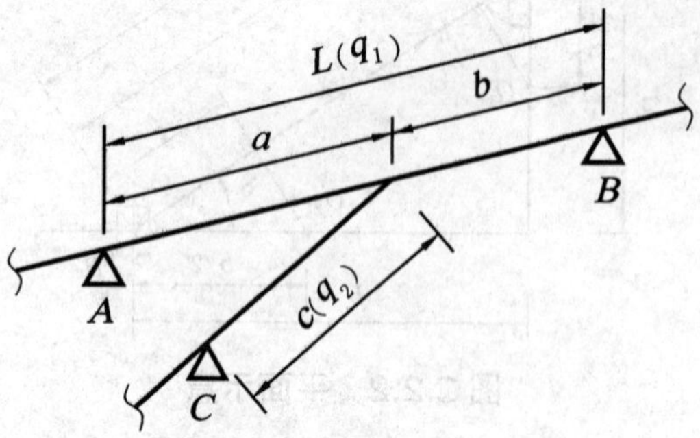

图C.4.1 分支管在同一平面上透视示意

$$Q_A=\frac{q_1L}{2}+\frac{q_2bc}{2L} \quad \cdots\cdots (C.4.1-1)$$

$$Q_B=\frac{q_1L}{2}+\frac{q_2ac}{2L} \quad \cdots\cdots (C.4.1-2)$$

$$Q_C=\frac{q_2C}{2} \quad \cdots\cdots (C.4.1-3)$$

C.4.2 分支管不在同一平面上的透视示意见图C.4.2，各点支架承受的荷载可按下列公式计算。

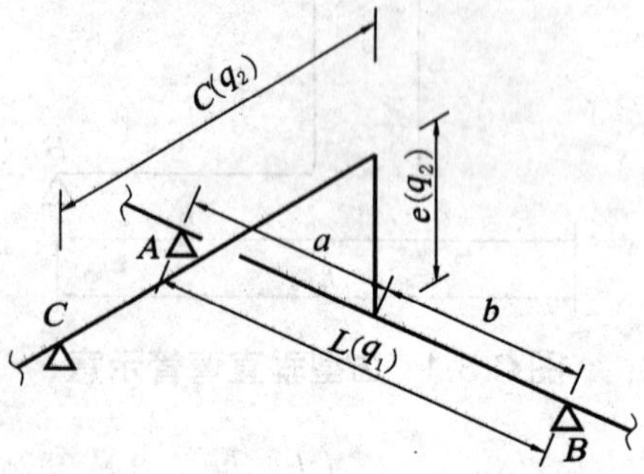

图C.4.2 分支管不在同一平面上示意

$$Q_A=\frac{q_1L}{2}+\frac{q_2b}{L}\left(\frac{c}{2}+e\right) \quad \cdots\cdots (C.4.2-1)$$

$$Q_B=\frac{q_1L}{2}+\frac{q_2a}{L}\left(\frac{c}{2}+e\right) \quad \cdots\cdots (C.4.2-2)$$

$$Q_C=\frac{q_2c}{L} \quad \cdots\cdots (C.4.2-3)$$

C.5 水平Π形管道

C.5.1 水平单支点弯管的示意见图C.5.1，各点支架承受的荷载可按下列公式计算。

$$Q_B=\frac{q(b+c)}{2} \quad \cdots\cdots (C.5.1-1)$$

$$Q_C=\frac{q(a+b)}{2} \quad \cdots\cdots (C.5.1-2)$$

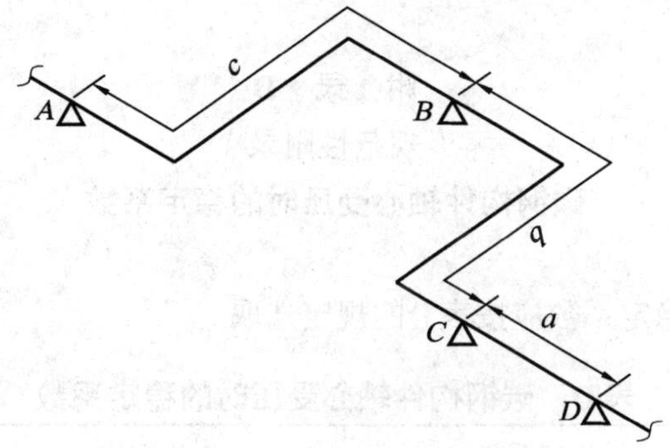

图C.5.1　水平单支点弯管的示意

C.5.2　水平双支点弯管的示意见图C.5.2，各点支架承受的荷载可按下列公式计算。

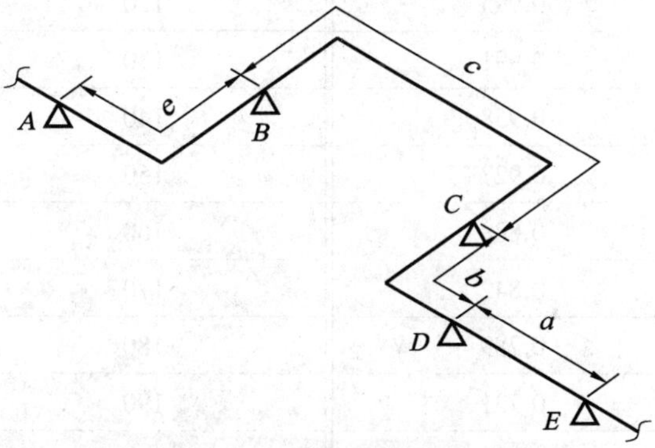

图C.5.2　水平双支点弯管的示意

$$Q_{B}=\frac{q(c+e)}{2} \quad \text{(C.5.2-1)}$$

$$Q_{C}=\frac{q(b+c)}{2} \quad \text{(C.5.2-2)}$$

$$Q_{D}=\frac{q(a+b)}{2} \quad \text{(C.5.2-3)}$$

附 录 D
（规范性附录）
碳钢构件轴心受压时的稳定系数

碳钢构件轴心受压时的稳定系数应按表D的规定选取。

表D 碳钢构件轴心受压时的稳定系数

长细比 λ	稳定系数 ϕ	长细比 λ	稳定系数 ϕ
—	1.000	110	0.536
10	0.995	120	0.466
20	0.991	130	0.400
30	0.958	140	0.349
40	0.927	150	0.306
50	0.888	160	0.272
60	0.842	170	0.243
70	0.789	180	0.218
80	0.731	190	0.197
90	0.669	200	0.180
100	0.604	—	—

注：中间值按插入法计算。

ICS 25.220.99
P 72
备案号：J1031-2020

SH

中华人民共和国石油化工行业标准

SH/T 3154—2019
代替 SH/T 3154—2009

石油化工非金属衬里管道技术标准

Technical standard of lined steel pipe in petrochemical industry

2019-12-24 发布　　2020-07-01 实施

中华人民共和国工业和信息化部　发布

目　次

Contents

前言

根据中华人民共和国工业和信息化部《2017年第三批行业标准制修订计划》(工信厅科〔2017〕106号)的要求，标准编制组经广泛调查研究，认真总结实践经验，参考有关国际标准和国外先进标准，并在广泛征求意见的基础上，修订本标准。

本标准共分9章和1个资料性附录。

本标准的主要技术内容包括：非金属衬里管道的设计原则、材料的选用原则以及制造、安装和施工检验等要求。

本标准是在SH/T 3154—2009《石油化工非金属衬里管道技术规范》的基础上修订而成。修订的主要技术内容是：

——增加了非金属衬里管道器材的选用要求；

——增加了衬里管道元件的尺寸、公差和标志等要求；

——对非金属衬里管道布置、制造、施工及质量验收等要求进行修订和增补；

——增加了衬里弯头、异径管、三通、放净环型式及尺寸的资料性附录。

本标准由中国石油化工集团有限公司负责管理，由中国石油化工集团有限公司配管设计技术中心站负责日常管理，由中石化宁波工程有限公司负责具体技术内容的解释。执行过程中如有意见和建议，请寄送至管理单位和主编单位。

本标准日常管理单位：中国石油化工集团有限公司配管设计技术中心站

通信地址：北京市朝阳区安慧北里安园21号

邮政编码：100101

电　　话：010-84877282

传　　真：010-64949514

电子信箱：xud@sei.com.cn

本标准主编单位：中石化宁波工程有限公司

通信地址：浙江省宁波市国家高新区院士路660号

邮政编码：315103

电　　话：0574-87975066

电子信箱：liyh.snec@sinopec.com

本标准参编单位：江苏双达泵阀集团有限公司

张家港维能泵阀有限公司

有氟密管阀集团有限公司

武汉晓宏超高分子新材料股份有限公司

主要起草人：杨玉才　李文盛　李永红　邹　杰　金文渊　陈洁净　曹立群　吴永贵　吴建国　朱孝有　秦建华

主要审查人：张发有　葛春玉　丘　平　王金富　汪建羽　张奉忠　丛　林　蒋日生　张宝江　陈永亮　岳志波　安　威　李兴林　许　丹　尤克勤　张　波　白殿武　梁启周　文　捷　李代玉　朱留琴　吴英敏　袁　灿　文　哲　周卫国　邱白昌　陈　闽

本标准于2009年首次发布，本次为第1次修订。

石油化工非金属衬里管道技术标准

1 范围

本标准规定了以金属管道为基体，以聚四氟乙烯（PTFE）、聚乙烯（PE）、聚丙烯（PP）、聚烯烃（PO）、聚全氟乙丙烯（FEP）、可溶性聚四氟乙烯（PFA）或超高分子量聚乙烯（PE-UHMW）等为衬里材料的非金属衬里管道的设计原则、材料选用、制造、检验、施工及验收等要求。

本标准适用于石油化工装置（单元）中公称压力不大于*PN*20（Class150）、设计温度不超过衬里材料允许使用温度范围的非金属衬里管道的设计、制造、施工及验收。

2 规范性引用文件

下列文件对于本标准的应用是必不可少的。凡是注日期的引用文件，仅注日期的版本适用于本标准。凡是不注日期的引用文件，其最新版本（包括所有的修改单）适用于本标准。

GB/T 8163　输送流体用无缝钢管

GB/T 8923.1　涂覆涂料前钢材表面处理表面清洁度的目视评定　第1部分：未涂覆过的钢材表面和全面清除原有涂层后的钢材表面的锈蚀等级和处理等级

GB/T 11115　聚乙烯（PE）树脂

GB/T 12221　金属阀门　结构长度

GB/T 12670　聚丙烯（PP）树脂

GB/T 20801　压力管道规范—工业管道

GB/T 32679　超高分子量聚乙烯（PE-UHMW）树脂

GB 50517　石油化工金属管道工程施工质量验收规范

HG/T 2902　模塑用聚四氟乙烯树脂

HG/T 2904　模塑和挤塑用聚全氟乙丙烯树脂

HG/T 4304　耐蚀聚烯烃（PO）塑料衬里技术条件

HG/T 20538　衬塑钢管和管件选用系列

SH/T 3022　石油化工设备和管道涂料防腐蚀设计规范

SH/T 3059　石油化工管道设计器材选用规范

SH/T 3401　石油化工钢制管法兰用非金属平垫片

SH/T 3402　石油化工钢制管法兰用聚四氟乙烯包覆垫片

SH/T 3404　石油化工钢制管法兰用紧固件

SH/T 3405　石油化工钢管尺寸系列

SH/T 3406　石油化工钢制管法兰

SH/T 3408　石油化工钢制对焊管件

SH/T 3517　石油化工钢制管道工程施工技术规程

TSG D0001　压力管道安全技术监察规程—工业管道

TSG D7002　压力管道元件型式试验规则

ASME B16.10　阀门结构长度（Face-to-Face and End-to-End Dimensions of Valves）

ASTM D3307　全氟烷氧基（PFA）树脂成型和挤制材料的标准规范（Standard Specification for Perfluoroalkoxy（PFA）Resin Molding and Extrusion Materials）

3 术语和定义

下列术语和定义适用于本标准。

3.1

基体 base materials

非金属衬里管道中作为受衬的金属管道或管道组成件。

3.2

表观密度 apparent density

材料在自然状态下，单位体积所具有的质量。

3.3

紧衬 tight lining

用机械方法进行复合，衬里层与基体之间无间隙的衬塑方式。

3.4

滚衬 rolling lining

将塑料粉末熔融黏附在基体上，衬里层有一定剥离强度的衬塑方式。

3.5

模压 compression molding

以基体为外模，将塑料粉末均匀填放在基体与模芯之间，施以一定压力将粉末压实后再进行烧结的衬塑方式。

3.6

轴向相对伸长率 axial relative elongation

衬里产品在最高使用温度时的轴向伸长量与室温下轴向长度之比，以百分数（%）表示。

4 基本规定

4.1 管道布置的基本原则

4.1.1 非金属衬里管道布置设计应符合工艺、管道及仪表流程图（P&ID和U&ID）的要求。

4.1.2 非金属衬里管道布置应根据输送介质的设计压力、设计温度、流体特性并结合环境和各种荷载等条件进行设计。

4.1.3 非金属衬里管道布置应统筹规划，做到安全可靠、经济合理，满足施工、操作、维修等方面的要求，并力求整齐美观。

4.2 管道布置的要求

4.2.1 非金属衬里管道宜沿地面、楼面或架空敷设，不宜埋地敷设；如确有需要可敷设在管沟内，管沟沟底应有不小于3‰的坡度且不宜小于管道的坡度，沟底最低点应有排水设施。管沟进出装置和厂房处应设置密封隔断。

4.2.2 非金属衬里管道上的法兰不宜布置在设备、机泵、操作通道或电缆桥架的上方。当不可避免时，应在法兰连接处设置安全防护设施。

4.2.3 非金属衬里管道布置宜做到“步步高”或“步步低”，避免气袋或液袋，否则应根据操作、检修要求设置放空、放净，并设置切断阀或用法兰盖封堵。放空、放净及压力、温度测量点宜采用放净环。对于腐蚀性介质，放空、放净宜设置单阀加法兰盖或双阀。

4.2.4 对于自流的水平非金属衬里管道顺介质流向宜设坡度，坡度应满足P&ID和U&ID的要求，当

P&ID和U&ID无要求时，坡度不应小于3‰。

4.2.5 非金属衬里管道布置应使管系具有必要的柔性。在保证非金属衬里管道柔性及非金属衬里管道对设备、机泵管口作用力和力矩不超过允许值的情况下，应使管道短，组成件少。

4.2.6 非金属衬里管道支承点的间距应满足管道跨距的要求，支承点宜设置在法兰接头和阀门附近。

4.2.7 非金属衬里管道宜采用卡箍型支吊架。当需采用焊接型支吊架时，应在衬里作业前完成焊接；不得在衬里管道元件上施焊。

4.2.8 输送腐蚀性介质的非金属衬里管道在穿过建（构）筑物的楼板或屋顶时，楼面或屋顶的开孔处应设防水肩，并应采取防止腐蚀性介质泄漏至下层楼面的措施。管道穿过屋顶时应设防雨罩。

4.2.9 穿墙、穿楼板的非金属衬里管道，在墙或楼板上应设置预留孔，孔内应预埋金属套管，套管两端端部应高出楼面50mm。套管内径应满足管道安装时的穿管要求；法兰等连接处不得布置在预留孔内，法兰密封面与套管端部的净距不宜小于150mm，且应满足安装要求。

4.2.10 输送腐蚀性介质的非金属衬里管道不宜穿过与其无关的建筑物。

4.2.11 多层管廊上输送腐蚀性介质的非金属衬里管道应布置在下层。

4.2.12 非金属衬里管道不应与高温管道相邻布置，也不应布置在高温管道上方有热影响的位置。非金属衬里管道不得紧靠不保温的热介质管道。

4.2.13 非金属衬里管道法兰与异种材料法兰相接时应采用与两种法兰均能匹配的垫片。

4.2.14 输送可燃介质及布置在爆炸危险区内的非金属衬里管道应有防静电措施。布置在爆炸危险区内的非金属衬里管道连接法兰之间应采用金属线跨接。

4.2.15 非金属衬里管道及管道组成件在加工工艺允许的情况下，应减少连接法兰的数量。

4.2.16 非金属衬里管道不应采用温度高于其适用温度的介质伴热。

4.2.17 非金属衬里管道与温度高于其适用温度的设备或管道相连接时，在高温设备或管道与非金属衬里管道之间应设置金属管道过渡段，并在过渡段上设置止回阀。

4.2.18 非金属衬里管道布置应预留可调整管段。

5 器材选用

5.1 一般规定

5.1.1 基体和衬里层材料应符合相关标准的规定，并应满足管道的使用条件，以及经济合理性、耐蚀性、稳定性、加工工艺等性能要求。

5.1.2 基体及衬里层厚度应按设计条件确定，衬里层的最小厚度应符合国家现行标准HG/T 20538的规定，基体及衬里层厚度允许偏差应符合相关标准的规定。

5.1.3 衬里管道元件的端部应为法兰，衬里层应延伸覆盖至整个法兰密封面，密封面应光滑平整。

5.1.4 在真空或可能形成真空的设计条件下，非金属衬里管道应具有耐真空的能力。

5.2 材料选用

5.2.1 受衬钢管、管件、法兰以及垫片和紧固件的材料选用应符合现行国家标准GB/T 20801、国家现行标准SH/T 3059和TSG D0001的规定。

5.2.2 衬里层材料应符合下列规定：

a）聚四氟乙烯（PTFE）树脂应符合国家现行标准HG/T 2902的规定，指标应满足一等品的要求，相对密度不应低于$2.16g/cm^3$；

b）聚乙烯（PE）树脂应符合现行国家标准GB/T 11115的规定；

c）聚丙烯（PP）树脂应符合现行国家标准GB/T 12670的规定；

d）聚烯烃（PO）应符合国家现行标准HG/T 4304的规定；

e） 聚全氟乙丙烯（FEP）树脂应符合国家现行标准HG/T 2904的规定，并应采用M3型，相对密度不应低于2.14g/cm³；

f） 可溶性聚四氟乙烯（PFA）应符合ASTM D3307的规定；

g） 超高分子量聚乙烯（PE-UHMW）树脂应符合现行国家标准GB/T 32679的规定。

h） 当采用紧衬工艺时，衬里层材料不得有气泡、微孔、裂纹和杂质存在。

5.2.3 衬里层材料的适用范围可根据流体介质的腐蚀性、使用压力及材料成分与性能差异等因素按表5.2.3的规定选用。

表5.2.3 衬里层材料的适用范围

衬里层材料	介质温度，℃	衬里层材料耐蚀性
聚四氟乙烯（PTFE）	−80~180	除熔融金属钠和钾、三氟化氯和气态氟外的任何浓度的硫酸、盐酸、氢氟酸、苯、碱、王水、有机溶剂和还原剂等强腐蚀性介质
聚全氟乙丙烯（FEP）	−80~180	
可溶性聚四氟乙烯（PFA）	−80~250	
聚乙烯（PE）	−25~70	室温下可耐稀硝酸、稀硫酸和任何浓度的盐酸、氢氟酸、磷酸、甲酸、醋酸、氨水、胺类、过氧化氢、氢氧化钠、氢氧化钾等溶液，但不耐强氧化的腐蚀性介质，如发烟硫酸、浓硝酸、铬酸与硫酸的混合液
聚丙烯（PP）	−15~110	除浓硫酸或浓硝酸外的酸、碱介质
聚烯烃（PO）	−20~100	除浓硝酸、发烟硫酸、氯磺酸等强氧化性酸之外的大多数有机和无机酸、碱、盐
超高分子量聚乙烯（PE-UHMW）	−25~80	除强氧化性酸外的无机酸、有机酸、碱、盐和有机溶剂、含固体颗粒介质

5.2.4 当介质为低温时，基体应采用耐低温钢。

5.2.5 受衬钢管和管件宜为无缝钢管和无缝管件；根据设计条件，也可采用焊接钢管和焊接管件。

5.3 管道组成件

5.3.1 钢管的选用应符合下列规定：

a） 钢管的规格应符合国家现行标准SH/T 3405的规定；

b） 管道的公称直径不应小于*DN*20；

c） 衬里钢管的长度和尺寸允许偏差应符合国家现行标准HG/T 20538的规定。

5.3.2 管件的选用应符合下列规定：

a） 管件的制造及验收应符合国家现行标准SH/T 3408的规定；

b） 除曲率半径为3*D*的弯头外，衬里管件的型式、尺寸、形位公差和尺寸允许偏差应符合国家现行标准HG/T 20538的规定，型式和尺寸可参见附录A；

c） 曲率半径为3*D*的弯头尺寸、形位公差和尺寸允许偏差应符合国家现行标准SH/T 3408的规定，型式和尺寸可参见附录A；

d） 支管连接应采用三通或放净环。

5.3.3 法兰的选用宜符合下列规定：

a） 钢管及管件端部法兰应符合国家现行标准SH/T 3406的规定；

b） 钢管及管件端部法兰宜采用平焊法兰或松套法兰，法兰的密封面型式宜采用突面（RF）；

c） 衬里管道元件端部法兰型式可按表5.3.3选取。

表5.3.3 衬里管道元件端部法兰型式

类型	端部连接型式
直管	两端平焊法兰或两端松套法兰
	一端平焊法兰、一端松套法兰
弯头及弯管	两端平焊法兰
	一端平焊法兰、一端松套法兰
三通	主管和支管端部平焊法兰
	主管和支管端部平焊法兰和松套法兰结合
异径管	两端平焊法兰
	一端平焊法兰、一端松套法兰

5.3.4 垫片的选用宜符合下列规定：

a） 管道法兰垫片宜选用非金属平垫片或聚四氟乙烯包覆垫片，非金属平垫片应符合国家现行标准SH/T 3401的规定，聚四氟乙烯包覆垫片应符合国家现行标准SH/T 3402的规定；

b） 当法兰密封面衬里材料能达到垫片的密封性能时，法兰间可不另配垫片。

5.3.5 紧固件的选用应符合下列规定：

a） 紧固件应符合国家现行标准SH/T 3404的规定；

b） 紧固件应采用低强度材料，并应与法兰及垫片相匹配。

5.3.6 非金属衬里阀门的结构长度宜符合现行国家标准GB/T 12221或ASME B16.10的规定。

6 制造

6.1 一般规定

6.1.1 受衬钢管的制造、检验应符合相应钢管标准的规定；受衬管件的制造、检验应符合国家现行标准SH/T 3408的规定。

6.1.2 基体和衬里层材料应按相关标准进行检验，合格后方可进行衬里作业。

6.1.3 基体内壁焊缝处宜打磨光滑，不应影响衬里层质量。

6.1.4 衬里层与基体应结合良好，在使用中不应出现衬里层与基体脱离、变形及法兰翻边处断裂等现象。

6.1.5 基体内表面处理应符合下列规定：

a） 基体内表面应色泽均匀，无毛刺、锈斑、氧化皮或其他突起物，圆弧过渡处应圆滑；采用紧衬或滚衬工艺时，基体的内表面处理应符合现行国家标准GB/T 8923.1中Sa2.5级的规定；

b） 所有受衬的基体转角部位应呈圆弧过渡，转角半径应不小于3mm。

6.1.6 衬里管道元件内表面应光滑、质地均匀，不应有裂纹、气泡、分层及影响产品性能的其他缺陷。衬里层应覆盖至法兰整个密封面，衬里层应色泽均匀，无翘曲和泛白现象。衬里后的法兰密封面应光滑平整，否则应进行机加工。

6.1.7 基体的预制应符合国家现行标准SH/T 3517的有关规定。

6.1.8 根据设计条件可选用紧衬、滚衬或模压等衬里工艺，采用紧衬或滚衬工艺时应符合下列规定：

a） 采用紧衬工艺时，法兰密封面应在衬里层消除应力后方可进行翻边加工；

b） 采用滚衬工艺时，基体应在自动恒温炉中加热，不得采用明火局部加热的方法进行制作。

6.2 其他要求

6.2.1 衬里管道元件外表面除锈及涂覆应符合国家现行标准SH/T 3022的规定。

6.2.2 制造厂应根据管道轴测图绘制工厂预制图。在预制过程中，应计及施工误差，必要时可预留调整段或松套法兰。

7 检验和试验

7.1 原材料检验

基体和衬里材料应符合相应标准的规定，每批材料应有质量证明书。在使用前应进行复检，基体和衬里材料复检要求应符合表7.1的规定，检验结果应符合相应产品标准的规定，不合格品不得使用。

表7.1 基体和衬里材料复检要求

序号	原材料名称	检验项目	检验要求	检验方法
1	钢管、管件或法兰	外观、尺寸、公差	符合相关标准规定，同一批应抽取1%进行检验	—
2	衬里层管材或板材	高频电火花检漏	符合相关标准规定，不得有击穿现象，逐件进行检验	检测电压≥12kV，探头在衬里层内表面以低于100mm/s速度均匀移动

7.2 产品检验

7.2.1 产品应逐个进行外观检验，检验要求应符合下列规定：

a） 外表面不得有分层、裂纹和影响强度的褶皱等缺陷存在；

b） 内表面应光滑平整，不得有裂纹、气泡及显著的波纹及其他影响产品性能的缺陷；

c） 法兰密封面衬里层应光滑平整；

d） 衬里层呈自然色，且色泽均匀。

7.2.2 对于产品尺寸、形位公差和尺寸允许偏差，每批的抽检数量不应低于5%。

7.2.3 产品的压力试验应采用液压试验，试验压力应为公称压力的1.5倍，达到试验压力后，保压10min，不泄漏为合格。

7.2.4 产品应逐件进行高频电火花检验，未发生击穿现象为合格。试验时，检测探棒应沿衬里内壁并垂直于衬里表面以100mm/s的速度均匀移动，检测时的最低检漏电压可按公式（7.2.4）计算。

$$V = 7843.2 \times \sqrt{\delta} \qquad (7.2.4)$$

式中：

V——最低检漏电压，V；

δ——衬里层厚度，mm。

7.3 附加试验

7.3.1 当合同有规定时，可增加下列项目中的1项或多项进行试验，试验应在制造厂完成；试验项目、抽样方法和合格判定标准应在合同中规定：

a） 轴向相对伸长率测量试验；

b） 真空试验；

c） 高温试验；

d） 低温试验。

7.3.2 轴向相对伸长率测量应在最高使用温度下保温20min后进行，轴向相对伸长率应小于0.4%，轴向相对伸长率可按公式（7.3.2）计算。

$$\Delta=\frac{L_1-L}{L}\times 100 \quad \cdots\cdots (7.3.2)$$

式中：

Δ——衬里管道元件轴向相对伸长率，%；

L_1——在最高使用温度下的轴向长度测得值，mm；

L——在室温下轴向长度测得值，mm。

7.3.3 真空试验宜符合下列规定：

a） 真空泵的压力范围宜为0~100kPa，真空压力表的精度不应低于1级；

b） 试验压力应为-0.1MPa；

c） 试样长度不应小于管道公称直径的10倍；

d） 试验时宜将试样一端连接至真空泵，其余端连接带视镜玻璃的法兰，启动真空泵，对试样抽真空，2min内达到所需真空值，保压48h。试验时衬里层不得有变形或凹陷，试验后不应有鼓泡、脱层、吸扁、开裂及破裂泄漏等现象。

7.3.4 高温试验宜符合下列规定：

a） 高温试验应在烘干炉中进行；

b） 试验温度应符合表7.3.4的规定；

c） 保温时间应为3h，保温后应自然冷却至室温；

d） 试样长度宜为500mm~1000mm；

e） 试验应进行3次循环；每次结束后，衬里层均应无明显变形或裂纹。3次结束后，应再经电火花检验无漏点为合格。

表7.3.4 高温试验温度

衬里层材料	PTFE	PEP	PFA	PE	PP	PO	PE-UHMW
试验温度/℃	180 ± 3	180 ± 3	250 ± 3	70 ± 3	110 ± 3	100 ± 3	80 ± 3

7.3.5 低温试验宜符合下列规定：

a） 试验温度应为最低设计温度；

b） 保温时间不应少于48h；

c） 试样长度宜为500mm~1000mm；

d） 试验后加热至室温，衬里层应无明显变形或裂纹，再经电火花检验无漏点为合格。

7.4 型式试验

衬里管道元件的型式试验应符合国家现行标准TSG D7002的规定。

7.5 产品质量证明书

7.5.1 按本标准生产的衬里管道元件，每批应有产品质量证明书。

7.5.2 产品质量证明书应包括下列内容：

a） 制造厂名称及制造日期；

b） 制造厂技术（质量） 检验部门的公章；

c） 质量检查员的签字及检验日期；

d） 产品名称、规格、材料及材料标准；

e） 材料的化学成分及力学性能；

f）合同规定的其他检验报告。

8 标志、包装、运输和贮存

8.1 标志

8.1.1 每件产品应进行标志，标志应包括下列内容：

a） 产品名称；

b） 公称直径、基体壁厚或管表号、衬里层厚度；

c） 公称压力；

d） 基体材料和衬里层材料；

e） 直管长度；

f） 制造批号；

g） 本标准号；

h） 制造厂名称或商标。

示例：

基体材料为20 GB/T 8163，衬里材料为PP，公称直径为*DN*200 × *DN*100，壁厚为SCH30 × SCH40，衬里厚度为3mm，法兰压力等级*PN*20的异径三通标记为：

SH/T 3154 异径三通 *DN*200 × *DN*100 SCH30 × SCH40/3 20 GB/T 8163/PP *PN*20 制造批号制造厂名称或商标

基体材料为20 GB/T 8163，衬里材料为PP，公称尺寸为*DN*200，壁厚为SCH30，衬里厚度为3mm，法兰压力等级*PN*20，长度为3000mm的直管标记为：

SH/T 3154 管子 *DN*200 SCH30/3 20 GB/T 8163/PP *PN*20 L3000 制造批号制造厂名称或商标

8.1.2 标志宜采用喷涂方法，标志应清晰、可见，并应位于产品的外表面；如管件表面无法标出全部标志时，可采用附加标牌的方式。

8.1.3 制造厂应根据管道轴测图及工厂预制图，按照介质流向对整个管道系统进行顺序编号。

8.2 包装

8.2.1 产品应按类别进行包装；直管应采用捆装方式，其余产品宜采用箱装方式。

8.2.2 法兰密封面宜采用人造板或橡胶盖板等软质材料进行保护。

8.2.3 交货时应附有产品质量证明书。

8.3 运输

产品在装卸和运输过程中应避免碰撞，不得进行抛摔。

8.4 贮存

8.4.1 产品宜贮存在干燥、通风良好的地方，并应避免阳光和热源的辐射。

8.4.2 产品在安装前，法兰密封面的保护措施应保持完好，内部应保持清洁。

9 施工要求和质量验收

9.1 施工要求

9.1.1 衬里管道的施工应符合国家现行标准SH/T 3517的规定。

9.1.2 衬里管道元件在搬运、堆放和安装等过程中，应轻搬轻放，避免强烈振动或碰撞。

9.1.3 衬里管道安装前，应全面检查衬里层的完好情况，衬里层应光滑、质地均匀，不得有裂纹、气泡、分层及影响产品性能的其他缺陷，并保持管内清洁。

9.1.4 当需要调整安装长度误差时，少量误差可采用更换同材质垫片厚度的方法；误差较大时，应采用垫环或更换管段调整，垫环宜采用钢衬两端翻边短节，短节密封面尺寸与法兰密封面尺寸一致。垫环的厚度不应大于100mm。两片法兰之间使用的调整垫环数量不应超过1个。

9.1.5 衬里管道安装时不得施焊、加热、碰撞或敲打。

9.1.6 衬里管道的操作温度如高于常温，第一次升温后再冷却到常温，法兰螺栓应再次拧紧。衬里管道处于高温状态时，不得拧紧螺栓及拆卸法兰。

9.1.7 衬里管道安装后应进行系统压力试验，压力试验应符合国家现行标准SH/T 3517的规定。

9.2 质量验收

衬里管道的施工质量验收应符合现行国家标准GB 50517的规定。

附 录 A
（资料性附录）
衬里弯头、异径管、三通、放净环型式及尺寸

A.1 衬里弯头的型式见图A.1，尺寸见表A.1。

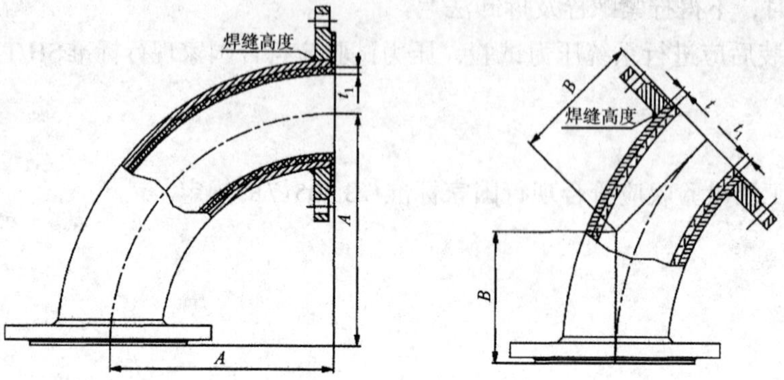

a）90° 弯头　　b）45° 弯头

图A.1 衬里弯头型式

表A.1 衬里弯头尺寸

公称直径，mm	中心至端面尺寸，mm		公称直径，mm	中心至端面尺寸，mm	
	90°弯头A	45°弯头B		90°弯头A	45°弯头B
25	95	44	300	455	186
32	105	51	350	535	217
40	120	57	400	610	249
50	130	64	450	685	280
65	140	76	500	760	311
80	145	76	600	610	372
100	155	102	700	710	430
125	195	115	800	810	488
150	230	120	900	910	548
200	305	124	1000	1010	608
250	380	155	1200	1210	745

A.2 曲率半径为3*D*的衬里弯头的型式见图A.2，尺寸见表A.2。

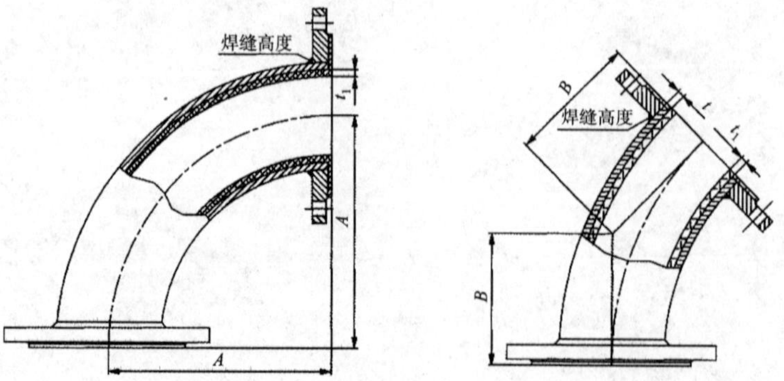

a）90° 3*D* 弯头　　b）45° 3*D* 弯头

图A.2 3*D*衬里弯头型式

表A.2　3*D*衬里弯头尺寸

公称直径，mm	中心至端面尺寸，mm		公称直径，mm	中心至端面尺寸，mm	
	90°3*D*弯头A	45°3*D*弯头B		90°3*D*弯头A	45°3*D*弯头B
25	95	44	300	914	378
32	105	51	350	1067	441
40	120	57	400	1219	505
50	152	63	450	1372	568
65	190	79	500	1524	632
80	229	95	600	1829	757
100	305	127	700	2134	883
125	381	157	800	2438	1010
150	457	189	900	2743	1135
200	610	252	1000	3048	1264
250	762	316	1200	3658	1516

A.3　衬里三通的型式见图A.3，尺寸见表A.3。

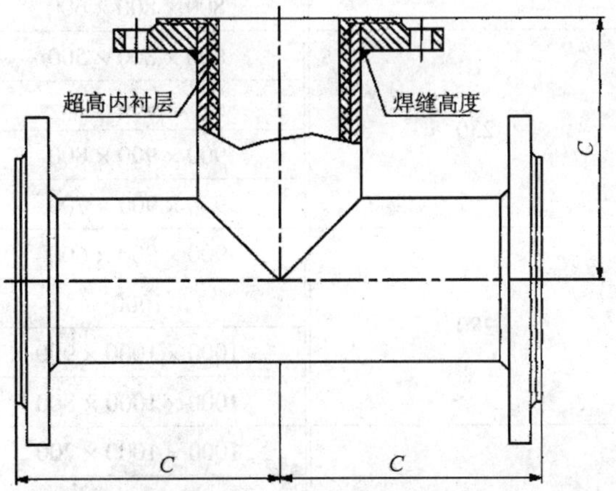

图A.3　衬里三通型式

表A.3　衬里三通尺寸

公称直径，mm	中心至端面尺寸*C*，mm	公称直径，mm	中心至端面尺寸*C*，mm
25	90	350	380
32	95	350 × 350 × 300	
32 × 32 × 25		350 × 350 × 250	
40	100	350 × 350 × 200	
40 × 40 × 32		400	380
40 × 40 × 25		400 × 400 × 350	
50	115	400 × 400 × 300	
50 × 50 × 40		400 × 400 × 250	
50 × 50 × 32		450	430
65	125	450 × 450 × 400	
65 × 65 × 50		450 × 450 × 350	
65 × 65 × 40		450 × 450 × 300	

表A.3 衬里三通尺寸(续)

公称直径，mm	中心至端面尺寸C，mm	公称直径，mm	中心至端面尺寸C，mm
80		500	
80×80×65	140	500×500×450	430
80×80×50		500×500×400	
100		500×500×350	
100×100×80	165	600	
100×100×65		600×600×500	490
100×100×50		600×600×450	
125		600×600×400	
125×125×100	190	700	
125×125×80		700×700×600	550
125×125×65		700×700×500	
150		700×700×450	
150×150×125	205	800	
150×150×100		800×800×700	610
150×150×80		800×800×600	
200		800×800×500	
200×200×150	230	900	
200×200×125		900×900×800	670
200×200×100		900×900×700	
250		900×900×600	
250×250×200	280	1000	
250×250×150		1000×1000×900	740
250×250×125		1000×1000×800	
300		1000×1000×700	
300×300×250	305	1200	
300×300×200		1200×1200×1000	
300×300×150		1200×1200×900	860
—	—	1200×1200×800	
—	—	1200×1200×700	

A.4 衬里异径管型式见图A.4，尺寸见表A.4。

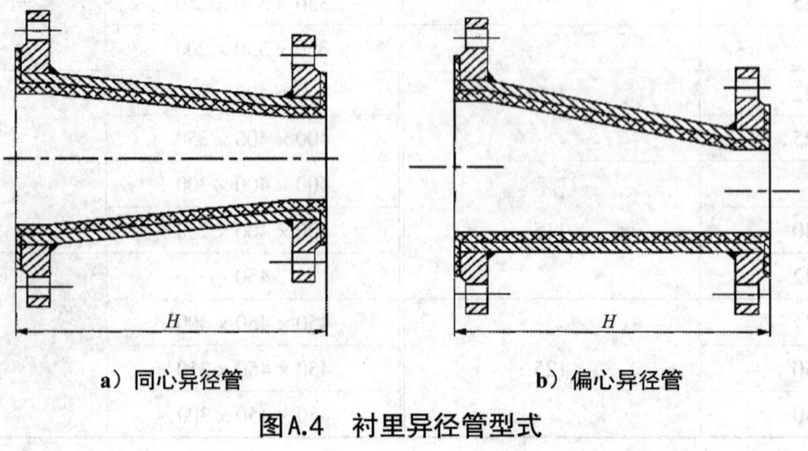

a）同心异径管　　b）偏心异径管

图A.4 衬里异径管型式

表A.4　衬里异径管尺寸

公称直径，mm	端面至端面尺寸H，mm	公称直径，mm	端面至端面尺寸H，mm
32×25	150	400×350	300
40×32	150	400×300	
40×25		400×250	
50×40	150	450×400	350
50×32		450×350	
65×50	150	450×300	
65×40		500×450	400
80×65	150	500×400	
80×50		500×350	
100×80	150	600×500	450
100×65		600×450	
100×50		600×400	
125×100	180	700×600	540
125×80		700×500	
125×65		700×450	
150×125	180	800×700	620
150×100		800×600	
150×80		800×500	
200×150	180	900×800	700
200×125		900×700	
200×100		900×600	
250×200	200	1000×900	770
250×150		1000×800	
250×125		1000×700	
300×250	200	1200×1000	910
300×200		1200×900	
300×150		1200×800	
350×300	250	1200×700	
350×250		—	—
350×200			

A.5　衬里放净环型式见图A.5，尺寸见表A.5。

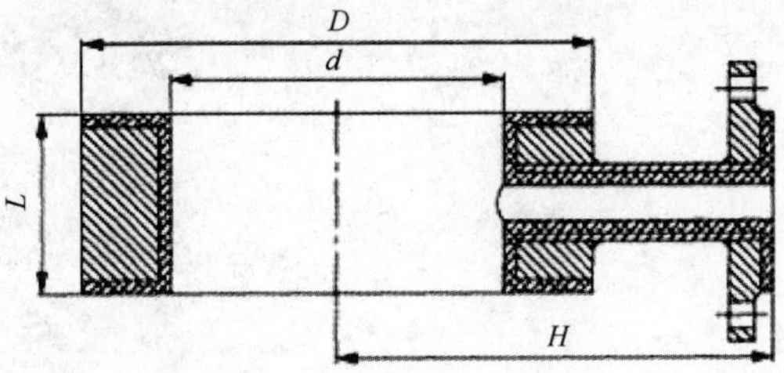

a）类型A

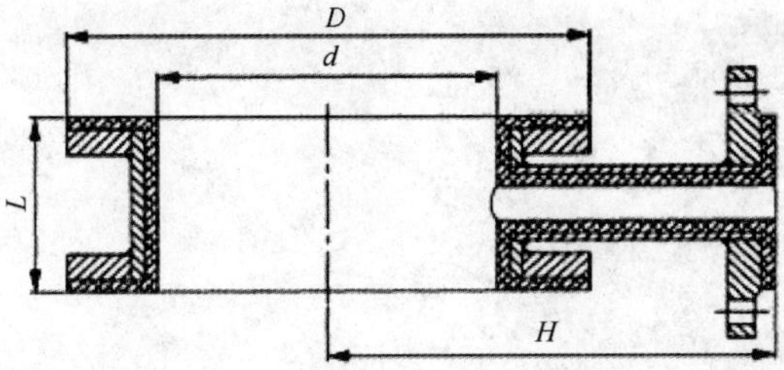

b）类型B

图A.5　衬里放净环型式

表A.5 衬里放净环尺寸

公称直径，mm	类型	外径D，mm	端面至端面尺寸L，mm	中心至端面尺寸H，mm
40×40×25	A	83	80	100
50×50×25		102	80	115
65×25		121	80	125
80×25		133	80	140
100×25		172	80	165
100×32		172	90	165
125×25		194	80	190
125×125×32		194	90	190
125×40		194	100	190
150×25	B	219	80	205
150×32		219	90	205
150×40		219	100	205
200×25		276	80	230
200×32		276	90	230
200×40		276	100	230
250×25		337	80	280
250×32		337	90	280
250×40		337	100	280
300×25		406	80	305
300×32		406	90	305
300×40		406	100	305

ICS 23.040.50
P 72
备案号：J3022-2022

SH

中华人民共和国石油化工行业标准

SH/T 3161—2021
代替 SH/T 3161—2011

石油化工非金属管道技术规范

Technical specification of nonmetallic piping in petrochemical engineering

2021-08-21 发布　　2022-02-01 实施

中华人民共和国工业和信息化部　发布

目　次

Contents

前　言

根据国家工业和信息化部《2018年第四批行业标准制修订计划》（工信厅科〔2018〕73号）的要求，标准编制组经广泛调查研究，认真总结实践经验，参考有关国际标准和国外先进标准，并在广泛征求意见的基础上，修订本规范。

本规范共分9章和9个附录。

本规范的主要技术内容是：非金属管道的管道布置、器材选用、制造与检验、标志、包装、运输和贮存、安装及验收等要求。

本规范是在《石油化工非金属管道技术规范》（SH/T 3161—2011）的基础上修订而成，本规范修订的主要技术内容是：

——删除了丙烯腈-丁二烯-苯乙烯（ABS） 的非金属材料；

——增加了非金属管道柔性、管道防护和静电接地的要求；

——增加了不同非金属管道材料的选用方法；

——增加了非金属管道制造与检验的要求；

——修订了非金属管道布置、器材选用、标志、包装、运输、贮存和安装及验收等要求；

——修改了附录A的内容，并将附录A拆分为附录D和附录E；

——删除了附录B；

——增加了非金属管道线膨胀系数、塑料管道补偿方式、玻璃钢管道补偿方式、增强聚乙烯复合管道的基本跨距、塑料管道最大允许工作压力、塑料管材的耐化学腐蚀性能和玻璃钢管材用树脂的耐化学腐蚀性能等附录。

本规范由中国石油化工集团有限公司负责管理，由中国石油化工集团有限公司配管设计技术中心站负责日常管理，由中石化南京工程有限公司负责具体技术内容的解释。执行过程中如有意见和建议，请寄送日常管理单位和主编单位。

本规范日常管理单位：中国石油化工集团有限公司配管设计技术中心站

通信地址：北京市朝阳区安慧北里安园21号

邮政编码：100101

电　　话：010-84877282

传　　真：010-64949514

本规范主编单位：中石化南京工程有限公司

通信地址：江苏省南京市江宁区科建路1189号

邮政编码：211100

本规范参编单位：道达尔石化（上海）有限责任公司

连云港中复连众复合材料集团有限公司

山东东宏管业股份有限公司

吉林市松江塑料管道设备有限责任公司

浙江伟星新型建材股份有限公司

本规范主要起草人员：尤克勤　蒋国贤　蒋广生　卢志勇　赵启辉　柯锦玲　许华明　孔智勇

于长青　陈　平　翁德斌　商新科　郜余军

本规范主要审查人员：李永红　葛春玉　张发有　丘　平　王金富　汪建羽　张奉忠　梁启周

安　威　孙海兵　蒋日生　曹小健　袁　灿　文　哲　张宝江　陈永亮

许　丹　张德姜　张　波　岳志波　白殿武　李兴林　周卫国

本规范2011年首次发布，本次为第1次修订。

石油化工非金属管道技术规范

1 范围

本规范规定了塑料管、玻璃钢管、玻璃钢/塑料复合管和增强聚乙烯复合管等非金属管道的管道布置、器材选用、制造与检验、标志、包装、运输和贮存、安装及验收等要求。

本规范适用于石油化工非金属管道。

2 规范性引用文件

下列文件对于本规范的应用是必不可少的。凡是注日期的引用文件，仅注日期的版本适用于本规范。凡是不注日期的引用文件，其最新版本（包括所有的修改单）适用于本规范。

GB/T 1033.1　塑料　非泡沫塑料密度的测定　第1部分：浸渍法、液体比重瓶法和滴定法

GB/T 1040.2　塑料　拉伸性能的测定　第2部分：模塑和挤塑塑料的试验条件

GB/T 1043.1　塑料　简支梁冲击性能的测定　第1部分：非仪器化冲击试验

GB/T 1634.2　塑料　负荷变形温度的测定　第2部分：塑料和硬橡胶

GB/T 2567　树脂浇铸体性能试验方法

GB/T 3682.1　塑料　热塑性塑料熔体质量流动速率（MFR）和熔体体积流动速率（MVR）的测定　第1部分：标准方法

GB/T 4219.1　工业用硬聚氯乙烯（PVC-U）管道系统　第1部分：管材

GB/T 4219.2　工业用硬聚氯乙烯（PVC-U）管道系统　第2部分：管件

GB/T 6111　流体输送用热塑性塑料管道系统耐内压性能的测定

GB/T 6671　热塑性塑料管材纵向回缩率的测定（包含修改单1）

GB/T 8237　纤维增强塑料用液体不饱和聚酯树脂

GB 8624　建筑材料及制品燃烧性能分级

GB/T 9345.1　塑料　灰分的测定　第1部分：通用方法

GB/T 10798　热塑性塑料管材通用壁厚表（包含修改单1）

GB/T 13657　双酚A型环氧树脂

GB/T 13663.1　给水用聚乙烯（PE）管道系统　第1部分：总则

GB/T 13663.2　给水用聚乙烯（PE）管道系统　第2部分：管材

GB/T 13663.3　给水用聚乙烯（PE）管道系统　第3部分：管件

GB/T 17470　玻璃纤维短切原丝毡和连续原丝毡

GB/T 18251　聚烯烃管材、管件和混配料中颜料或炭黑分散的测定方法

GB/T 18369　玻璃纤维无捻粗纱

GB/T 18370　玻璃纤维无捻粗纱布

GB/T 18742.2　冷热水用聚丙烯管道系统　第2部分：管材

GB/T 18742.3　冷热水用聚丙烯管道系统　第3部分：管件

GB/T 18476　流体输送用聚烯烃管材　耐裂纹扩展的测定　切口管材裂纹慢速增长的试验方法（切口试验）

GB/T 18743　流体输送用热塑性塑料管材简支梁冲击试验方法

GB/T 18998.1　工业用氯化聚氯乙烯（PVC-C）管道系统　第1部分：总则

GB/T 18998.2　工业用氯化聚氯乙烯（PVC-C）管道系统　第2部分：管材

GB/T 18998.3　工业用氯化聚氯乙烯（PVC-C）管道系统　第3部分：管件

GB/T 19466.6　塑料　差示扫描量热法（DSC）　第6部分：氧化诱导时间（等温OIT）和氧化诱导温度（动态OIT）的测定

GB/T 21238　玻璃纤维增强塑料夹砂管

GB/T 28799.2　冷热水用耐热聚乙烯（PE-RT）管道系统　第2部分：管材

GB/T 28799.3　冷热水用耐热聚乙烯（PE-RT）管道系统　第3部分：管件

GB 50690　石油化工非金属管道工程施工质量验收规范

HG/T 3690　工业用钢骨架聚乙烯塑料复合管

HG/T 3691　工业用钢骨架聚乙烯塑料复合管件

HG/T 3706　工业用孔网钢骨架聚乙烯复合管

HG/T 3707　工业用孔网钢骨架聚乙烯复合管件

HG/T 4372　化工用复合材料管及管件

HG/T 4586　化工用缠绕成型钢丝网骨架聚乙烯复合管

HG 20520　玻璃钢/聚氯乙烯（FRP/PVC）复合管道设计规定

HG 20539　增强聚丙烯（FRPP）管和管件

HG/T 21579　聚丙烯/玻璃钢（PP/FRP）复合管及管件

HG/T 21633　玻璃钢管和管件

HG/T 21636　玻璃钢/聚氯乙烯（FRP/PVC）复合管和管件

JC/T 552　纤维缠绕增强热固性树脂压力管

JGJ/T 141　通风管道技术规程

SH/T 3097　石油化工静电接地设计规范

3　术语和定义

下列术语和定义适用于本规范。

3.1

设计应力　design stress

规定条件下的允许应力，即在塑料管材强度设计中，与设计温度T，设计寿命t对应的应力。

3.2

温度对压力的折减系数　pressure derating coefficient for various temperature

仅改变工作温度时，最大（允许）工作压力与20℃公称压力的比值。

3.3

总体使用（设计）系数　overall service（design）coefficient

一个大于1的数值，它的大小考虑了使用条件和管路其他附件的特性对管道系统的影响，是在置信下限所包含因素之外考虑的管道系统的安全裕度。

3.4

公称外径　nominal outside diameter

管材或管件插口部位外径的名义值。

3.5

公称壁厚　nominal wall thickness

部件壁厚的名义值，等于最小允许壁厚。

3.6

管系列　pipe series

与公称外径和公称壁厚有关的无量纲数。

3.7

标准尺寸比　stand dimension ratio

公称外径与公称壁厚的无量纲比值。

3.8

最大允许工作压力　maximum allowable operating pressure

考虑总体使用（设计）系数*C*后确定的管材的允许使用压力。

3.9

对接-缠绕连接　butt-and-wrapped joint

接头端面靠紧，并在其上面缠绕多层浸透树脂的加强纤维织物形成一体的连接方式。

3.10

热熔连接　heat fusion joint

利用专用加热的加热器具熔化待连接表面，并将其压合或插合熔接为一体的连接方式。

3.11

电熔连接　electrofusion joint

通过向预置于连接面的电加热元件输入电能实现管道部件熔接的连接方式。

4　管道布置

4.1　一般规定

4.1.1　非金属管道布置应符合工艺、管道及仪表流程图的要求。

4.1.2　非金属管道布置应做到安全可靠、经济合理和整齐美观，并满足施工、操作和维修等要求。

4.1.3　非金属管道宜地上敷设。

4.1.4　非金属管道跨距应满足管道强度和刚度条件的要求。

4.1.5　非金属管道布置应有足够的柔性或有效的补偿措施。

4.1.6　非金属管道不得用于有剧烈振动和剧烈循环工况的场合。

4.1.7　非金属管道不宜在爆炸危险区域内的地上布置。

4.1.8　非金属管道不得用于输送可燃、毒性危害程度为极度危害或高度危害的介质。

4.1.9　硬聚氯乙烯（PVC-U）管道不得用于输送气体介质和气固两相流介质。

4.1.10　需减少热损失和防止管内液体凝结、结晶或冻结的非金属管道应进行保温，绝热材料及制品的燃烧性能应符合现行国家标准GB 8624中规定的A级材料的要求。

4.1.11　当主管上引出公称直径小于或等于*DN*40的支管时，支管连接处应采取加强措施。

4.1.12　与阀门、仪表和设备等连接时，非金属管道宜采用法兰、螺纹或专用接头连接。

4.1.13　在多层管廊上布置输送腐蚀性介质的非金属管道宜布置在下层。

4.1.14　非金属管道不宜穿越建筑物的沉降缝或伸缩缝。

4.1.15　非金属管道不应采用温度高于其使用温度的伴管伴热。

4.2　地上管道

4.2.1　非金属管道不应布置在易受到撞击的地方。

4.2.2　阀门应布置在容易操作，便于安装、维修的地方，并应有可靠的支撑。

4.2.3　非金属管道沿建筑物或与其他管道平行、交叉敷设时，其净距不应小于100mm，并应满足非金属管道的安装要求。

4.2.4 非金属管道穿越墙体、楼板或屋顶时，应预埋金属套管；非金属管道穿越屋顶时，套管与管道间的空隙应密封；穿墙套管长度不得小于墙厚，穿楼板套管应高出楼面50mm，穿屋顶管道应设防水肩和防雨罩；套管内径不应小于穿越管段的外径（含绝热层）加100mm；套管内不应布置管道接头，管道接头与套管端部的距离不应小于150mm。

4.2.5 非金属管道不应穿越防火墙或防火堤。

4.2.6 非金属管道在人行道上方或机泵上方不得设置阀门、法兰和伸缩器等可能引起泄漏的组成件，其与地面净高不应小于2.2m。

4.3 管沟内管道

4.3.1 非金属管道的管底距沟底净空不应小于300mm。

4.3.2 管沟沟底应有不小于3‰的坡度，沟底低点应有排水措施。

4.3.3 非金属管道沿管沟壁或与其他管道平行敷设时，其净距不应小于100mm，并应满足管道的施工和检修要求。

4.3.4 不通行敞开式管沟沟壁的顶面距地面的距离不宜小于100mm，且应有阻燃盖板或格栅板。

4.3.5 非金属管道布置在不通行全封闭式管沟内时，如有阀门，阀门应布置在阀门井内。阀门井应有操作与检修的空间，阀门井井壁顶面距地面的距离不宜小于100mm，且应设盖板；管道距井底的净空不应小于300mm，与阀门匹配的法兰密封面距井壁距离不应小于300mm。

4.4 埋地管道

4.4.1 输送介质为无毒、无结晶、腐蚀性弱或黏度较小的非金属管道可直接埋地敷设，其埋设深度应根据土壤性质、冻土层深度、地下水位及荷载条件决定。

4.4.2 非金属管道穿越车行道路时，应设置金属套管，套管的管顶距路面不应小于0.7m，套管两端应伸出道路路肩外1m；路边有排水沟时，套管两端应伸出排水沟外1m。

4.4.3 在人行道下面埋地非金属管道的管顶距路面不应小于0.6m。

4.4.4 非金属管道不得采用法兰连接，管道上的阀门应设在阀门井内。

4.4.5 非金属管道与其他管道交叉敷设时，非金属管道宜从交叉管的下方穿过，管道的净距应大于150mm；若从交叉管的上方穿过时，管道的净距宜大于200mm。

4.5 管道柔性

4.5.1 非金属管道系统的设计应能防止热胀、冷缩、压力膨胀、管架和端点的位移等导致下列问题的发生：

a） 过度应变或疲劳引起的管道或管架的破坏；

b） 接头处泄漏；

c） 过大的推力和力矩导致管道或连接设备受到损坏。

4.5.2 热伸缩量计算可按公式（4.5.2）计算。

$$\Delta L = \Delta t L \alpha \qquad (4.5.2)$$

式中：

ΔL——管道因温度变化引起的伸缩量，mm；

Δt——管道计算温差，℃；

L——管段长度，mm；

α——管材的线膨胀系数，mm/（mm·℃）。

4.5.3 非金属管道材料的线膨胀系数参见本规范附录A。

4.5.4 塑料管道的补偿方式参见本规范附录B。

4.5.5　玻璃钢管道的补偿方式参见本规范附录C。

4.5.6　玻璃钢/聚氯乙烯复合管道（FRP/PVC）的补偿方式应符合HG 20520的规定。

4.5.7　聚丙烯/玻璃钢复合管（PP/FRP）和增强聚乙烯复合管的补偿方式应满足制造商的要求。

4.6　管架设置

4.6.1　管架设置应满足管道跨距的要求。

4.6.2　管架的型式应防止对管道造成损坏，且应在管道与管架之间设置非金属衬垫。

4.6.3　阀门或管道附件等荷载集中处宜设置管架。

4.6.4　管道在架空敷设时不应利用管道自身刚度作为管架结构。

4.6.5　垂直管道宜在分支处和荷载集中处设置管架。

4.6.6　管道上不宜连续使用吊架，必要时应在适当的位置设置刚性支架或导向架。

4.6.7　当吊架有水平位移时，拉杆两端应为铰接，拉杆应有足够长度。

4.6.8　当管道位移有限制时，管道应设置限位支架。

4.6.9　可能产生振动的管道应采取减振措施。

4.6.10　管道连接处与管架边缘的距离应大于管材的外径，且不应小于100mm。

4.6.11　玻璃钢管道固定支架处应设置套管，型式示意见图4.6.11，管夹的宽度应符合表4.6.11的规定；套管的厚度应等于或大于管夹的厚度，套管的长度宜为1倍管子的外径。

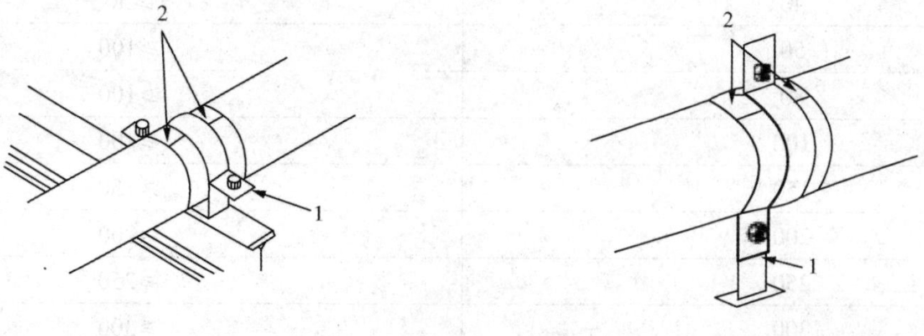

a）生根在梁上　　b）生根在平台或地面

1—管夹；2—管套

图4.6.11　固定支架型式示意

表4.6.11　管夹的宽度

管道公称直径 DN	宽度[a] mm
25	≥25
40	≥25
50	≥25
80	≥40
100	≥40
150	≥40
200	≥50
250	≥70
300	≥80
350	≥100

[a] 管道公称直径大于 DN350 的管夹的宽度不应小于 $\sqrt{30DN}$ 。

4.6.12　公称直径小于或等于 DN300 的玻璃钢管道，滑动支架型式示意见图4.6.12-1，管架宜采用管夹型式，管夹的宽度不应小于表4.6.11的规定；公称直径大于*DN*300的玻璃钢管道，滑动支架型式示意见图4.6.12-2，管架接触位置应设置垫板，垫板与管道的接触角不宜小于150°。垫板宽度宜按表4.6.12的规定确定，垫板可采用玻璃钢或钢板制作。

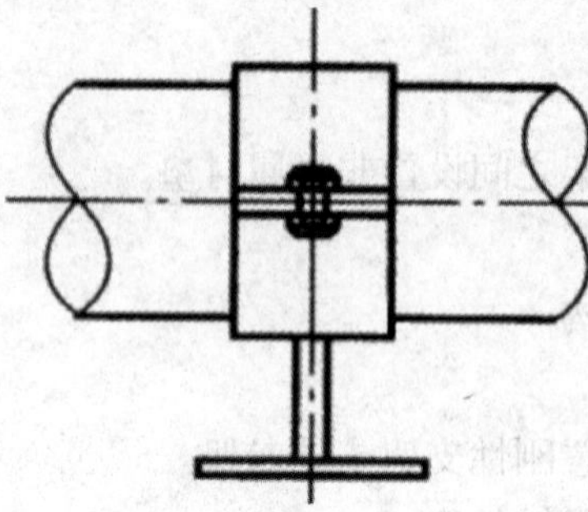

图4.6.12-1　滑动支架型式示意（***DN***≤300）

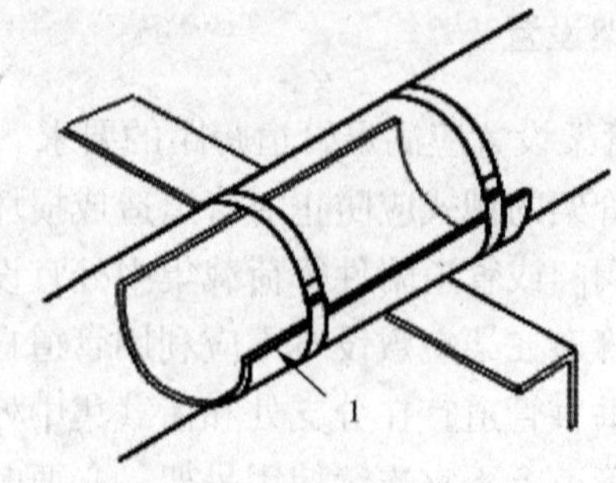

1—垫板

图4.6.12-2　滑动支架型式示意（***DN***>300）

表4.6.12　垫板的宽度

管道公称直径*DN*	宽度[a] mm
25	≥50
40	≥50
50	≥100
80	≥100
100	≥100
150	≥150
200	≥200
250	≥250
300	≥300
350	≥350

[a] 公称直径等于或大于*DN*400的管道，垫板宽度应根据计算确定。

4.6.13　玻璃钢管道导向支架型式示意见图4.6.13。导向支架应在管道下部设置保护垫板，垫板与管道的接触角不应小于180°，垫板宽度应符合表4.6.12的规定，垫板宜采用钢板制作。当选用U形螺栓或U形钢带作为导向支架时，应留有间隙。

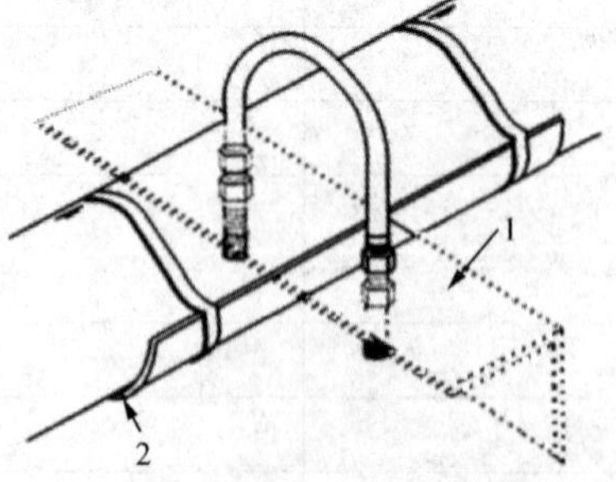

1—支撑件；2—撑垫板

图4.6.13　导向支架型式示意

4.7　管道跨距

4.7.1　连续水平敷设的管道，其基本跨距应按材料力学连续梁承受均布荷载的强度条件和刚度条件计算，并取二者之中的较小值。塑料管道基本跨距的计算应符合下列规定：

a） 按强度条件计算时，管道跨距应按公式（4.7.1-1）计算；

$$L_1 = 0.1\sqrt{\frac{[\sigma]^{t} W_p}{q}} \quad \cdots\cdots\cdots\cdots （4.7.1-1）$$

式中：

L_1——按强度条件计算的基本跨距，m；

$[\sigma]^t$——管材在设计温度下的许用应力（对于塑料管道，相当于设计应力σ_D），MPa；

W_p——管道的抗弯断面系数，mm^3；

q——每米管道的均布荷载（包括管道、介质、保温的荷重），N/m。

b） 按刚度条件计算时，管道跨距应按公式（4.7.1-2）计算。

$$L_2 = 0.0196\sqrt[4]{\frac{E_t I_p \delta}{q}} \quad \cdots\cdots\cdots\cdots （4.7.1-2）$$

式中：

L_2——按刚度条件计算的基本跨距，m；

E_t——管材在设计温度下的弹性模量，MPa；

I_p——管道截面惯性矩，mm^4；

δ——管道的挠度，mm。

4.7.2 玻璃钢管道的基本跨距应按公式（4.7.2）计算，并应考虑支撑变形引起额外的受拉或受压应力的影响；管道的挠度不应大于12.5mm和基本跨距的1/300，并取两者之中的较小值。

$$L_3 = 0.03162\sqrt[4]{\frac{E_b I_p \delta}{\phi q}} \quad \cdots\cdots\cdots\cdots （4.7.2）$$

式中：

L_3——玻璃钢管道的基本跨距，m；

E_b——轴向弯曲弹性模量，MPa；

ϕ——支撑类型系数，单跨简支梁型取13，三跨连续梁型取6.9，四跨连续梁型取6.5，两端固定型取2.6。

4.7.3 塑料管道的基本跨距及导向间距参见本规范附录D。

4.7.4 玻璃钢管道的基本跨距参见本规范附录E。

4.7.5 玻璃钢/聚氯乙烯复合管道（FRP/PVC）的基本跨距应符合HG 20520的规定。

4.7.6 增强聚乙烯复合管道的基本跨距参见本规范附录F。

4.7.7 非金属管道L形弯管、U形弯管及Z形弯管的支架间距参见HG 20520的规定。

4.8 管道防护

4.8.1 室外露天敷设的裸露非金属管道应有防止老化的措施。

4.8.2 管道应远离热源，不可避免时应采取防护措施，管道的外壁温度不应超过其允许的使用温度。

4.8.3 管道所在位置应设置警示标志。

4.9 管道静电接地

4.9.1 静电接地应符合SH/T 3097的规定。

4.9.2 非金属管道上的金属元件应设置静电接地。

4.9.3 金属管道中的非金属管段，除应做特殊防静电处理外，两端的金属管应分别与接地干线相连，或用截面不小于$6mm^2$的铜芯软绞线跨接后接地。

5 器材选用

5.1 一般规定

5.1.1 非金属管道器材应根据管道的设计压力、设计温度和流体介质等设计条件，并结合环境和各种荷载等条件选用。

5.1.2 非金属管道的设计压力不应小于运行中遇到的内压或外压与温度相偶合时最苛刻条件下的压力。最苛刻条件应为强度计算中管道组成件需要最大厚度及最高工作压力时的参数。

5.1.3 非金属管道的设计温度应为管道在运行时，压力和温度相偶合时最苛刻条件下的温度，不得高于材料许用温度范围。在确定设计温度时，应考虑介质温度、环境温度、阳光辐射或其他热源造成的苛刻温度。

5.2 选用原则

5.2.1 非金属材料及其管道组成件的选用宜考虑下列因素：

a） 设计温度下的抗拉强度、抗压强度、抗弯强度、抗剪强度和弹性模量；

b） 设计条件下的蠕变速率；

c） 许用应力；

d） 延展性和塑性；

e） 冲击和热冲击性能；

f） 温度限制；

g） 熔化、气化转变温度；

h） 气孔和渗透性；

i） 试验方法；

j） 连接方法及其有效性；

k） 使用中损坏的可能性。

5.2.2 非金属管材的使用温度宜按表5.2.2的规定选用。

表5.2.2 非金属管材的使用温度

名称	硬聚氯乙烯（PVC–U）	氯化聚氯乙烯（PVC–C）	高密度聚乙烯（PE100）	Ⅱ型耐热聚乙烯（PE–RTⅡ）	无规共聚聚丙烯（PP–R）	玻璃钢（FRP）	增强聚丙烯（FRPP）	玻璃钢/聚氯乙烯（FRP/PVC）	聚丙烯/玻璃钢（PP/FRP）
使用温度 ℃	–5~45	–5~80	–20~40	–20~85	10~70	–40~120	–20~120	–10~80	–15~100
注1：使用温度未考虑介质和设计寿命的影响。 注2：玻璃钢管材的使用温度应根据所选树脂的性能确定。									

5.2.3 塑料管材的设计温度对压力的折减系数应符合表5.2.3–1的规定。其他非金属管材的设计温度对公称压力的折减系数应符合表5.2.3–2的规定。

表5.2.3-1 塑料管材（不含FRPP）的设计温度对压力的折减系数

名称	设计温度 ℃	折减系数[a]	名称	设计温度 ℃	折减系数[a]
硬聚氯乙烯管（PVC–U）	20	1	Ⅱ型耐热聚乙烯管（PE–RTⅡ）	20	1
	30	0.80		30	0.91

表 5.2.3-1　塑料管材（不含 FRPP）的设计温度对压力的折减系数（续）

名称	设计温度 ℃	折减系数[a]	名称	设计温度 ℃	折减系数[a]
硬聚氯乙烯管 （PVC–U）	40	0.60	Ⅱ型耐热聚乙烯管 （PE–RT Ⅱ）	40	0.83
	45	0.51		50	0.74
氯化聚氯乙烯管 （PVC–C）	20	1		60	0.65
	30	0.86		70	0.56
氯化聚氯乙烯管 （PVC–C）	40	0.72		80	0.47
	50	0.58		85	0.43
	60	0.45	无规共聚聚丙烯管 （PP–R）	20	1
	70	0.33		30	0.86
	80	0.22		40	0.73
高密度聚乙烯管 （PE100）	20	1		50	0.61
	30	0.85		60	0.52
	40	0.73		70	0.43

[a] 折减系数按设计寿命 25 年计算。

表 5.2.3-2　其他非金属管材的设计温度对公称压力的折减系数

名称		公称压力 MPa	设计温度 ℃	折减系数
增强聚丙烯管 （FRPP）		0.6、1.0	20	1
			40	0.75
			60	0.65
			80	0.58
			100	0.48
			120	0.30
玻璃钢管（FRP）		0.6、1.0、1.6	≤80	1
玻璃钢 / 聚氯乙烯复合管 （FRP/PVC）		0.6、1.0、1.6	20	1
			40	0.85
			65	0.54
			80	0.48
聚丙烯 / 玻璃钢 复合管 （PP/FRP）	*DN*15~*DN*50	0.6、1.0、1.6	20~100	1
	*DN*65~*DN*150	0.6、1.0、1.6	20	1
			40	0.97
			60	0.81
			80	0.69
			100	0.63

表5.2.3-2　其他非金属管材的设计温度对公称压力的折减系数（续）

名称		公称压力 MPa	设计温度 ℃	折减系数
聚丙烯/玻璃钢复合管（PP/FRP）	*DN*200~*DN*300	0.6、1.0、1.6	20	1
			40	0.94
			60	0.75
			80	0.62
			100	0.56
	*DN*350~*DN*600	0.6、1.0、1.6	20	1
			40	0.63
			60	0.50
			80	0.44
			100	0.38
钢骨架聚乙烯复合管		1.0、1.6、2.0、2.5、4.0	20	1
			30	0.95
			40	0.90
孔网钢骨架聚乙烯复合管		1.6、2.0	20	1
			30	0.95
			40	0.90
缠绕成型钢丝网骨架聚乙烯复合管		0.6、1.0、1.6、2.0、2.5	20	1
			30	0.87
			40	0.74

5.3　塑料管道

5.3.1　塑料管材的耐化学腐蚀性能参见本规范附录G。

5.3.2　塑料管材的总体使用（设计）系数应符合表5.3.2的规定。

表5.3.2　总体使用（设计）系数

非金属材料	硬聚氯乙烯管（PVC-U）	氯化聚氯乙烯管（PVC-C）	高密度聚乙烯管（PE100）	Ⅱ型耐热聚乙烯管（PE-RT Ⅱ）	无规共聚聚丙烯管（PP-R）
总体使用（设计）系数	≥2.5	≥2.5	≥2.0	≥2.0	≥2.0

5.3.3　均质塑料管材的管系列应按公式（5.3.3-1）计算；管系列可按公式（5.3.3-2）和公式（5.3.3-3）计算，计算结果应按一定规则圆整；管材不同公称外径对应的壁厚值可按现行国家标准GB/T 10798选取。

$$S=\frac{\sigma}{p} \quad \cdots\cdots（5.3.3-1）$$

式中：

S——管系列；

σ——环向应力，即在内部静液压作用下管壁产生的沿圆周方向的平均应力，MPa；

p——内压，即管内介质单位面积上受到的力，MPa。

$$S=\frac{SDR-1}{2} \quad \cdots\cdots（5.3.3-2）$$

式中：

SDR——标准尺寸比。

$$SDR = \frac{d_n}{e_n} \quad \cdots\cdots (5.3.3\text{-}3)$$

式中：

d_n——公称外径；

e_n——公称壁厚。

5.3.4 塑料管道最大允许工作压力参见本规范附录H。

5.4 玻璃钢管道

5.4.1 玻璃钢管材用树脂的耐化学腐蚀性能参见本规范附录J。

5.4.2 不饱和聚酯树脂玻璃钢管材的内衬层厚度不应小于1.5mm，玻璃钢管件的内衬层厚度不应小于2mm。

5.4.3 带内衬层的环氧树脂玻璃钢管材和管件，内衬层厚度不应小于0.2mm。

5.4.4 玻璃钢管道的厚度应按公式（5.4.4）计算。

$$t_1 = \frac{Pd_iF}{2\sigma_0} + t_2 \quad \cdots\cdots (5.4.4)$$

式中：

t_1——设计总壁厚，mm；

P——设计压力，MPa；

d_i——管子内径，mm；

F——设计安全系数；

σ_0——内压失效环向应力，MPa；

t_2——内衬层厚度，mm。

5.4.5 邻苯型不饱和聚酯树脂不得作为内衬层材料使用。

5.4.6 玻璃钢管材和管件结构层的增强材料应选用无碱玻璃纤维及其制品，不得选用中碱玻璃纤维。

5.4.7 当介质有特殊要求时，经供需双方协商，结构层的增强材料可选用其他材料。

5.4.8 除设有轴向限位设施且无需承受由内压引起轴向力的玻璃钢管道可选用玻璃纤维增强塑料夹砂管外，其他玻璃钢管道应选用纯玻璃钢管或加筋玻璃钢管。

5.5 玻璃钢/塑料复合管道

5.5.1 玻璃钢/聚氯乙烯复合管（FRP/PVC）耐化学腐蚀性能与聚氯乙烯管材相同，聚氯乙烯管为内衬层，玻璃钢为加强层。

5.5.2 聚丙烯/玻璃钢复合管（PP/FRP）耐化学腐蚀性能与聚丙烯管材相同，聚丙烯管为内衬层，玻璃钢为加强层。

5.6 增强聚乙烯复合管道

5.6.1 增强聚乙烯复合管道的耐化学腐蚀性能与聚乙烯管材的耐蚀性能相同，选用时还应考虑介质渗透性对金属骨架材料的影响。

5.6.2 增强聚乙烯复合管道应根据使用工况选择钢骨架聚乙烯复合管道、缠绕成型钢丝网骨架聚乙烯复合管道或孔网钢骨架聚乙烯复合管道。

5.7 管道连接形式

5.7.1 硬聚氯乙烯（PVC-U）、氯化聚氯乙烯（PVC-C）管道宜采用承插胶黏或弹性密封圈连接，与设备、阀门、测量仪表或金属管道连接宜采用法兰连接。

5.7.2 聚乙烯（PE100）、Ⅱ型耐热聚乙烯（PE-RT Ⅱ）管道宜采用热熔连接或电熔连接，与设备、测量仪表或金属管道连接宜采用法兰连接。

5.7.3 聚丙烯（PP-R）管道与增强聚丙烯（FRPP）管道宜采用热熔连接，与设备、测量仪表或金属管道连接宜采用法兰连接。

5.7.4 玻璃钢（FRP）管道宜采用对接-缠绕连接或承插连接，不宜采用法兰连接。

5.7.5 玻璃钢与塑料复合管道内管的连接方式应与塑料管道相同，外管的连接方式应与玻璃钢管道相同。

5.7.6 增强聚乙烯复合管道宜采用电熔连接，与异种材质管道连接应采用法兰连接。

5.7.7 非金属管道如采用法兰连接，法兰密封面型式应选用全平面；垫片应选用非金属平垫片；螺栓应选用低强度螺栓，并设置平垫圈。

6 制造与检验

6.1 塑料管道

6.1.1 塑料管道原材料的性能和检验要求应符合表6.1.1的规定。

表6.1.1 塑料管道原材料的性能和检验要求

塑料管道名称	原材料性能和检验
硬聚氯乙烯（PVC-U）	符合GB/T 4219.1或GB/T 4219.2的规定
氯化聚氯乙烯（PVC-C）	符合GB/T 18998.1的规定
增强聚丙烯（FRPP）	符合HG 20539的规定
高密度聚乙烯（PE100）	符合GB/T 13663.1的规定

6.1.2 Ⅱ型耐热聚乙烯（PE-RT Ⅱ）管道原材料的性能和检验要求应符合表6.1.2的规定。

表6.1.2 Ⅱ型耐热聚乙烯（PE-RT Ⅱ）管道原材料的性能和检验要求

序号	项目	要求[a]	试验条件		试验方法
			参数	数值	
1	密度	≥945kg/m^3（基础树脂）	试验温度	23℃	执行GB/T 1033.1
2	氧化诱导时间（OIT）	≥30min	试验温度	210℃	执行GB/T 19466.6
			试样质量	15mg±2mg	
3	灰分	≤0.1%（本色料）	煅烧温度	600℃±25℃	执行GB/T 9345.1
		≤0.8%（着色料）			
4	熔体质量流动速率（MFR）	0.45g/10min≤MFR≤0.8g/10min（最大偏差不应超过原料标称值的±20%）	试验温度	190℃	执行GB/T 3682.1
			负荷质量	5kg	
5	颜料分散度	尺寸等级≤3级	—	—	执行GB/T 18251
		表观等级A1、A2、A3或B			
6	拉伸屈服应力[b]	≥20MPa	试样类型	1B	执行GB/T 1040.2
			拉伸速度	50mm/min	
7	拉伸断裂标称应变[b]	≥350%	试样类型	1B	
			拉伸速度	50mm/min	
8	拉伸弹性模量[b]	≥910MPa	试样类型	1B	
			试验速度	1mm/min	

表6.1.2　Ⅱ型耐热聚乙烯（**PE-RT** Ⅱ）管道原材料的性能和检验要求（续）

序号	项目	要求[a]	试验条件		试验方法
			参数	数值	
9	静液压状态下热稳定性[b]	无渗漏无破裂	试验温度	110℃	执行GB/T 6111 A型密封接头 试验类型：水-空气
			环向应力	2.4MPa	
			试验时间	8760h	
			试验速度	50mm/min	
10	耐慢速裂纹增长[b] 管材切口试验（NPT） （d_n 110mm，SDR 11）	无渗漏无破裂	试验温度	80℃	执行GB/T 18476 试验类型：水-水
			试验压力	0.92MPa	
			试验时间	≥500h	

[a] 原料生产商应提供符合这些要求的检验证明文件。
[b] 以管材形式测定。

6.1.3　无规共聚聚丙烯（PP-R）管道原材料的性能和检验要求应符合表6.1.3的规定。

表6.1.3　无规共聚聚丙烯（**PP-R**）管道原材料的性能和检验要求

序号	项目	要求[a]	试验条件		试验方法
			参数	数值	
1	密度	895kg/m³~915kg/m³（基础树脂）	试验温度	23℃	执行GB/T 1033.1
2	氧化诱导时间（OIT）	>20min	试验温度	210℃	执行GB/T 19466.6
			试样质量	15mg±2mg	
3	灰分	≤1.5%	煅烧温度	600℃±25℃	执行GB/T 9345.1
4	熔体质量流动速率（MFR）	≤0.5g/10min	试验温度	230℃	执行GB/T 3682.1
			负荷质量	2.16kg	
5	颜料分散度	尺寸等级≤3级	—	—	执行GB/T 18251
		表观等级A1、A2、A3或B			
6	拉伸屈服应力[b]	≥20MPa	试样类型	1B	执行GB/T 1040.2
			试验速度	50mm/min	
7	拉伸断裂标称应变[b]	>400%	试样类型	1B	
			试验速度	50mm/min	
8	拉伸弹性模量[b]	>650MPa	试样类型	1B	
			试验速度	1mm/min	
9	静液压状态下热稳定性[b]	无渗漏无破裂	试验温度	110℃	执行GB/T 6111
			环向应力	1.9MPa	
			试验时间	≥8760h	
10	简支梁缺口冲击强度[b]	≥40kJ/m²	试验温度	23℃	执行GB/T 1043.1
			试样类型	1型	
		≥1.5kJ/m²	试验温度	-20℃	
			试样类型	1型	

[a] 原料生产商应提供符合这些要求的检验证明文件。
[b] 以管材形式测定。

6.1.4　塑料管道管材和管件的性能和检验要求应符合表6.1.4的规定。

表6.1.4　塑料管道管材和管件的性能和检验要求

塑料管道名称	性能和检验
硬聚氯乙烯（PVC-U）	符合GB/T 4219.1或GB/T 4219.2的规定
氯化聚氯乙烯（PVC-C）	符合GB/T 18998.2或GB/T 18998.3的规定
增强聚丙烯（FRPP）	符合HG 20539的规定
高密度聚乙烯（PE100）	符合GB/T 13663.2或GB/T 13663.3的规定

6.1.5　Ⅱ型耐热聚乙烯（PE-RT Ⅱ）管材和管件的性能和检验要求应符合表6.1.5的规定。

表6.1.5　Ⅱ型耐热聚乙烯（PE-RT Ⅱ）管材和管件的性能和检验要求

序号	项目	要求	试验条件		试样数量	试验方法
			参数	数值		
1	氧化诱导时间（OIT）	≥30min	试验温度	210℃	3	执行GB/T 19466.6
2	95℃/1000h静液压试验后的氧化诱导时间	≥24min	试验温度	210℃	3	执行GB/T 19466.6
3	灰分	≤0.1%（本色） ≤0.8%（着色）	煅烧温度	600℃±25℃	3	执行GB/T 9345.1
4	熔体质量流动速率（MFR）	与对应原料测定值之差不应超过±0.3g/10min且变化率不超过±20%	试验温度	190℃	3	执行GB/T 3682.1
			负荷质量	5kg		
5	颜料分散度[a]	尺寸等级≤3级 表观等级A1、A2、A3或B	—	—	—	执行GB/T 18251
6	纵向回缩率[b]	≤2%	试验温度	110℃±2℃	—	执行GB/T 6671
			试验时间 e≤8mm	1h		
			试验时间 8mm<e≤16mm	2h		
			试验时间 e>16mm	4h		
7	静液压状态下热稳定性	无渗漏无破裂	试验温度	110℃	1	执行GB/T 6111 A型密封接头 试验类型：水-空气
			静液压应力	2.4MPa		
			试验时间	≥8760h		
8	耐慢速裂纹增长[b]切口试验（NPT）	无渗漏无破裂	试验温度	80℃	—	执行GB/T 18476 试验类型：水-水
			试验压力	0.92MPa		
			试验时间	≥500h		

[a] 仅适用于着色管材和管件。
[b] 仅适用于管材。

6.1.6　无规共聚聚丙烯（PP-R）管材的性能和检验要求应符合表6.1.6的规定。

表6.1.6　无规共聚聚丙烯（PP-R）管材的性能和检验要求

序号	项目	要求	试验条件		试样数量	试验方法
			参数	数值		
1	氧化诱导时间（OIT）	≥20min	试验温度	210℃	3	执行GB/T 19466.6
2	95℃/1000h静液压试验后的氧化诱导时间	≥16min	试验温度	210℃	3	执行GB/T 19466.6

表6.1.6 无规共聚聚丙烯（PP-R）管材的性能和检验要求（续）

序号	项目	要求	试验条件		试样数量	试验方法
			参数	数值		
3	灰分	≤1.5%	试验温度	600℃ ± 25℃	3	执行GB/T 9345.1
4	熔体质量流动速率（MFR）	与对应原料测定值之差不应超过 ± 0.3g/10min且变化率不超过 ± 20%	试验温度	230℃	3	执行GB/T 3682.1
			负荷质量	2.16kg		
5	颜料分散度[a]	尺寸等级≤3级	—	—	—	执行GB/T 18251
		表观等级A1、A2、A3或B				
6	简支梁冲击	破坏率不大于试样数量的10%	试验温度	0℃ ± 2℃	—	执行GB/T 18743
7	纵向回缩率[b]	≤2%	试验温度	135℃	—	执行GB/T 6671
			试验时间 e≤8mm	1h		
			试验时间 8mm<e≤16mm	2h		
			试验时间 e>16mm	4h		
8	静液压状态下热稳定性	无渗漏无破裂	试验温度	110℃	1	执行GB/T 6111 A型密封接头 试验类型：水-空气
			静液压应力	1.9MPa		
			试验时间	≥8760h		

[a] 仅适用于着色管材和管件。

[b] 仅适用于管材。

6.1.7 Ⅱ型耐热聚乙烯（PE-RTⅡ）管材和管件静液压强度要求应符合表6.1.7的规定。

表6.1.7 Ⅱ型耐热聚乙烯（PE-RTⅡ）管材和管件静液压强度要求

项目	要求	试验条件			试验数量	试验方法
		静液压环向应力 MPa	试验温度 ℃	试验时间 h		
静液压强度	无渗漏无破裂	11.2	20	≥1	3	执行GB/T 6111 A型密封接头 试验类型：水-水
		4.1	95	≥22		
		4.0	95	≥165		
		3.8	95	≥1000		

6.1.8 无规共聚聚丙烯（PP-R）管材和管件静液压强度要求应符合表6.1.8的规定。

表6.1.8 无规共聚聚丙烯（PP-R）管材和管件静液压强度要求

项目	要求	试验条件			试验数量	试验方法
		静液压环向应力 MPa	试验温度 ℃	试验时间 h		
静液压强度	无渗漏无破裂	16.0	20	≥1	3	执行GB/T 6111 A型密封接头 试验类型：水-水
		4.3	95	≥22		
		3.8	95	≥165		
		3.5	95	≥1000		

6.1.9 塑料管道的管材和管件规格尺寸应符合表6.1.9的规定。

表6.1.9 塑料管道的管材和管件规格尺寸

材料名称	管材规格尺寸	管件规格尺寸
硬聚氯乙烯（PVC–U）	符合GB/T 4219.1的规定	符合GB/T 4219.2的规定
氯化聚氯乙烯（PVC–C）	符合GB/T 18998.2的规定	符合GB/T 18998.3的规定
增强聚丙烯（FRPP）	符合HG 20539的规定	符合HG 20539的规定
高密度聚乙烯（PE100）	符合GB/T 13663.2的规定	符合GB/T 13663.3的规定
Ⅱ型耐热聚乙烯（PE–RT Ⅱ）	符合GB/T 28799.2的规定	符合GB/T 28799.3的规定
无规共聚聚丙烯（PP–R）	符合GB/T 18742.2的规定	符合GB/T 18742.3的规定

6.2 玻璃钢管道

6.2.1 不饱和聚酯树脂的性能和检验要求应符合现行国家标准GB/T 8237的规定。

6.2.2 双酚A型环氧树脂的性能和检验要求应符合现行国家标准GB/T 13657的规定。

6.2.3 内衬层树脂浇铸体的性能应符合表6.2.3的规定。

表6.2.3 内衬层树脂浇铸体的性能

项目	指标	测试方法
拉伸强度，MPa	≥60	执行GB/T 2567
拉伸弹性模量，MPa	≥2500	
断裂伸长率，%	≥3.5	
弯曲强度，MPa	≥120	

6.2.4 结构层树脂浇铸体的性能应符合表6.2.4的规定。

表6.2.4 结构层树脂浇铸体的性能

项目	指标	测试方法
拉伸强度，MPa	≥60	执行GB/T 2567
拉伸弹性模量，MPa	≥3000	
断裂伸长率，%	≥2.5	
弯曲强度，MPa	≥110	
热变形温度，℃	≥70	执行GB/T 1634.2中A法

6.2.5 无碱无捻玻璃纤维纱的性能和检验应符合现行国家标准GB/T 18369的规定。

6.2.6 短切原丝毡的性能和检验应符合现行国家标准GB/T 17470的规定。

6.2.7 无捻玻璃纤维布的性能和检验应符合现行国家标准GB/T 18370的规定。

6.2.8 其他的无碱玻璃纤维制品的性能和检验应符合国家现行有关标准的规定。

6.2.9 玻璃钢管材和管件成品的性能和检验应符合HG/T 4372或JC/T 552的规定，产品尺寸应符合HG/T 4372或HG/T 21633的规定。

6.2.10 玻璃钢夹砂管材和管件成品的性能和检验可按现行国家标准GB/T 21238的规定执行。

6.3 玻璃钢/塑料复合管道

6.3.1 玻璃钢/聚氯乙烯（FRP/PVC）复合管材和管件原材料及成品的性能和检验应符合HG/T 21636的规定。

6.3.2 聚丙烯/玻璃钢（PP/FRP）复合管材和管件的原材料及成品的性能和检验应符合HG/T 21579的规定。

6.4 增强聚乙烯复合管道

6.4.1 钢骨架聚乙烯塑料复合管材原材料及成品的性能和检验应符合HG/T 3690的规定。

6.4.2 钢骨架聚乙烯塑料复合管件原材料及成品的性能和检验应符合HG/T 3691的规定。

6.4.3 孔网钢骨架聚乙烯复合管材原材料及成品的性能和检验应符合HG/T 3706的规定。

6.4.4 孔网钢骨架聚乙烯复合管件原材料及成品的性能和检验应符合HG/T 3707的规定。

6.4.5 缠绕成型钢丝网骨架聚乙烯复合管材原材料及成品的性能和检验应符合HG/T 4586的规定。

7 产品质量证明书

7.1 经检验合格的非金属管道产品，每批应有产品质量证明书。

7.2 产品质量证明书应包括下列内容：

a） 制造厂名称及制造日期；

b） 制造厂质量检验部门的公章；

c） 质量检验员的签字及检验日期；

d） 产品名称、规格、材料及材料标准；

e） 产品的机械性能和化学成分报告；

f） 合同规定的其他检验试验报告。

8 标志、包装、运输和贮存

8.1 标志

8.1.1 非金属管道的产品宜采用激光或喷码的方法进行标志，标志应清晰、可见。

8.1.2 产品应设置标志，标志应包括下列内容：

a） 产品型号和名称；

b） 公称直径；

c） 公称压力或管系列S；

d） 材料名称及牌号；

e） 出厂日期；

f） 生产批号；

g） 产品标准号；

h） 制造厂名称和商标；

i） 产品标准中规定的其他内容。

8.2 包装

8.2.1 管材应按规格分类包装，包装时应用非金属绳索或绑带捆扎，管材不得套装，螺纹或插口等外露部分应设置防护。

8.2.2 管材可采用塑料袋、编织袋或捆扎等方式包装。

8.2.3 法兰密封面应采取保护措施。

8.2.4 对外表面有要求的管件应用软性材料对其外部进行整体包扎。

8.2.5 每捆和每箱产品应有产品装箱单，产品装箱单应包括下列内容：

a） 制造厂名称及制造日期；

b） 该包装箱内的产品名称、规格、数量及净重；

c） 用户名称及合同号；

d） 随箱所附文件的名称及份数；

e） 制造厂检验部门的公章、装箱日期及装箱检验员的签字。

8.3 运输

8.3.1 管材和管件在运输时，不应受到划伤、抛摔、重压和剧烈的撞击，并应避免被油品和化学品污染。

8.3.2 管材采用机械设备吊装搬运时，应用非金属绳索吊装。

8.3.3 管材运输时应采用非金属绳捆扎或固定，管材和管件应有防止曝晒和雨淋的措施。

8.4 贮存

8.4.1 管材和管件宜存放在通风良好的库房或棚内；室外堆放时，堆放场所应有防止阳光曝晒和雨淋的措施。

8.4.2 管材和管件不得与油品或化学品混合存放，并远离热源。

8.4.3 管材和管件存放时，应按不同材料、规格和类型分别存放。

8.4.4 管材应水平堆放在平整的支撑物或地面上，堆放场所不得有可能损伤管材和管件的尖锐硬物。

8.4.5 管件应成箱存放在货架上或地面上。

9 安装及验收

9.1 一般规定

9.1.1 管道在施工前，管材、管件及管道附属设备应按设计文件和质量证明书进行核对，外观和尺寸应检查，并应按产品质量证明书进行验收，符合要求方可使用。

9.1.2 管材和管件在连接前应进行内部清理，确认无杂物后方可进行；管材和管件的表面应检查，对于表面有超过标准规定损伤的管子和管件，管子损伤部位应切除或更换，管件应更换。

9.1.3 管道安装时，管材和管件表面不得与钢丝等坚硬物体直接接触，并不得采用强力扭曲组对。

9.1.4 埋地管道的基础应为夯实的平坦泥土，覆土应为原土或细沙土，不得掺有碎石。

9.2 安装和连接

9.2.1 非金属管道的安装和连接应按施工技术文件进行，并应符合现行国家标准GB 50690的规定。

9.2.2 非金属管道连接时不得使用明火加热。

9.2.3 增强聚乙烯复合管需要现场切割时，其端部应做好封口处理。

9.3 检验与验收

9.3.1 非金属管道的施工质量验收应符合现行国家标准GB 50690的规定。

9.3.2 输送气体介质的非金属管道在进行水压试验时，应设置临时支撑。

9.3.3 输送极度危害介质、高度危害介质和腐蚀性介质的管道系统应进行泄漏性试验，泄漏性试验应在管道系统压力试验合格、管道系统吹扫合格后进行，试验介质宜采用空气，试验压力应为设计压力。硬聚氯乙烯管道和玻璃钢管道不得用气体进行泄漏性试验。

附 录 A
（资料性附录）
非金属管道材料的线膨胀系数

非金属管道材料的线膨胀系数参见表A。

表A 非金属管道材料的线膨胀系数

类别	管材名称	线膨胀系数α mm/（mm·℃）
塑料管	硬聚氯乙烯管（PVC-U）	6×10^{-5}~8×10^{-5}
	氯化聚氯乙烯管（PVC-C）	
	高密度聚乙烯管（PE100）	18×10^{-5}~20×10^{-5}
	Ⅱ型耐热聚乙烯管（PE-RTⅡ）	
	无规共聚聚丙烯管（PP-R）	
	增强聚丙烯（FRPP）	9×10^{-5}~11×10^{-5}
玻璃钢管	不饱和聚酯玻璃钢管	1.6×10^{-5}~2.0×10^{-5}
	环氧树脂玻璃钢管	1.6×10^{-5}~2.35×10^{-5}
玻璃钢/塑料复合管	玻璃钢/聚氯乙烯复合管（FRP/PVC）[a]	—
	聚丙烯/玻璃钢复合管（PP/FRP）	6.9×10^{-5}
增强聚乙烯复合管	钢骨架聚乙烯复合管	3.5×10^{-5}
	孔网钢骨架聚乙烯复合管[b]	—
	缠绕成型钢丝网骨架聚乙烯复合管[b]	—

[a] 玻璃钢/聚氯乙烯复合管的线膨胀系数可按 HG 20520 的规定选用。
[b] 线膨胀系数应由制造商提供。

附 录 B
（资料性附录）
塑料管道补偿方式

B.1 自然补偿

自然补偿的型式包括L型、Z型和Π型，L型补偿示意见图B.1-1，Z型补偿示意见图B.1-2，Π型补偿示意见图B.1-3；外伸臂的长度可按公式（B.1-1）计算，当伸缩量ΔL_1、ΔL_2同时存在时，ΔL应取两者之中较大值；材料比例系数可按公式（B.1-2）计算；估算时，材料比例系数可按表B.1的规定取值。

$$L_a = K_1\sqrt{\Delta L d_0} \qquad \text{（B.1-1）}$$

式中：

L_a——外伸臂的长度，mm；

K_1——材料比例系数；

d_0——管材外径，可按公称外径取值，mm。

$$K_1 = \sqrt{\frac{3E_t}{\sigma_D}} \qquad \text{（B.1-2）}$$

式中：

σ_D——设计应力，MPa。

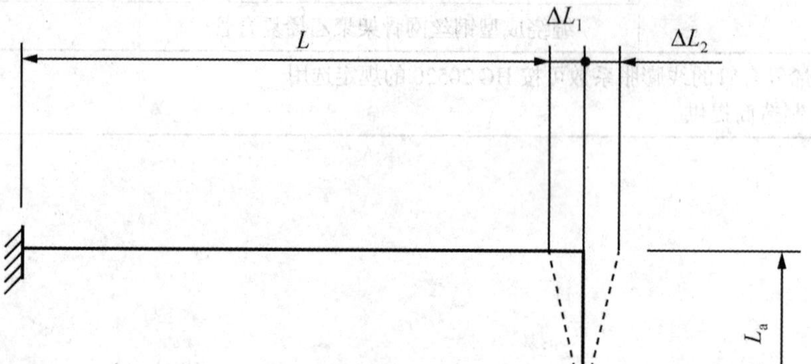

图B.1-1 L型补偿示意

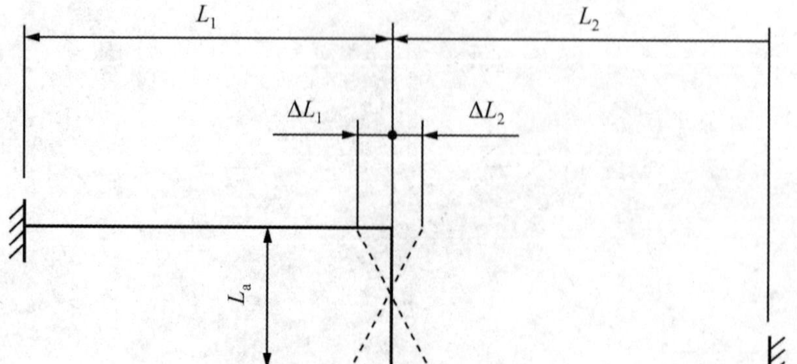

图B.1-2 Z型补偿示意

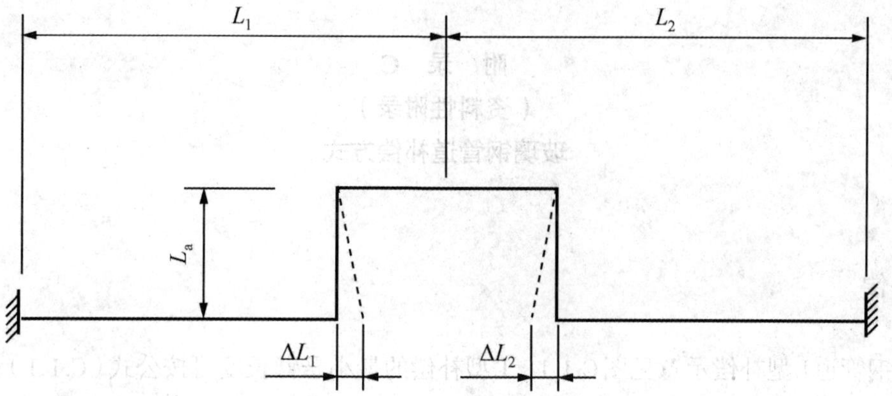

图B.1-3　Π型补偿示意

表B.1　材料比例系数

材料	PVC–U	PVC–C	PE100	PE–RT Ⅱ	PP–R	FRPP
材料比例系数 K_1	25~27	30~34	20~30	20	20	20~30

B.2　补偿器补偿

在管道缺少柔性时，管道布置可采用下列措施增加柔性：

a）设置柔性接头；

b）设置非金属补偿器。

附 录 C
（资料性附录）
玻璃钢管道补偿方式

C.1 自然补偿

C.1.1 玻璃钢管道L型补偿示意见图C.1.1，L型补偿的最小悬臂长度可按公式（C.1.1）计算。

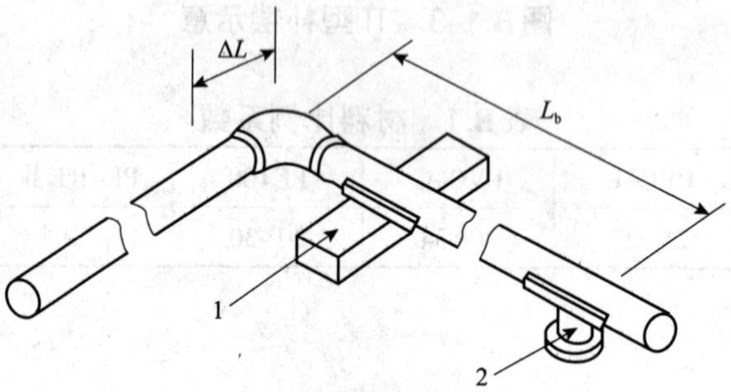

1—滑动支架；2—导向支架或固定支架

图C.1.1 L型补偿示意

$$L_b=\sqrt{\frac{1.5\Delta LE_b d_n F}{\sigma_b}} \quad \text{（C.1.1）}$$

式中：

L_b——最小悬臂长度，mm；

F——设计安全系数，取值不应小于8；

σ_b——管道的轴向极限弯曲强度，MPa。

C.1.2 玻璃钢管道Π型补偿示意见图C.1.2，第一个导向支架距弯头的距离A值可取4倍公称直径，第二个导向支架距弯头的距离C值可取14倍公称直径；Π型补偿器宽度B值可取1/2的臂长L_c；最小悬臂长度可按公式（C.1.2）计算。

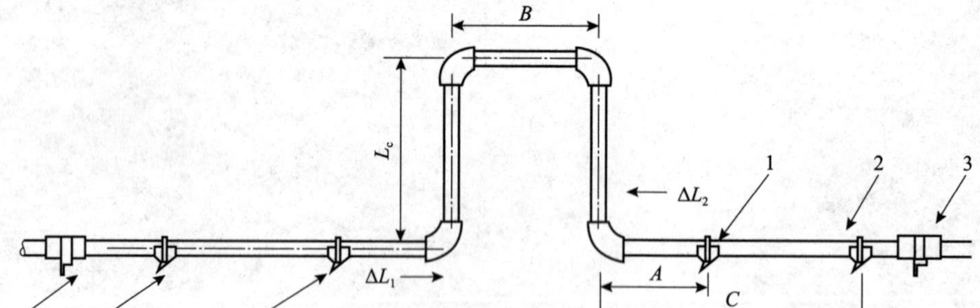

1—相邻第一个导向支架；2—相邻第二个导向支架；3—固定支架

图C.1.2 Π型补偿示意

$$L_c=\sqrt{\frac{K_2\Delta LE_b d_n F}{\sigma_b}} \quad \text{（C.1.2）}$$

式中：

L_c——用于热补偿的最小悬臂长度，mm；

K_2——悬臂梁常数，无量纲。当L_c长度内无导向支架时，K_2可取0.75，否则取3。

C.2 补偿器补偿

补偿器补偿的示意见图C.2。第一个导向支架距补偿器的距离A值可取4倍公称直径；第二个导向支架距补偿器的距离B值可取14倍公称直径。

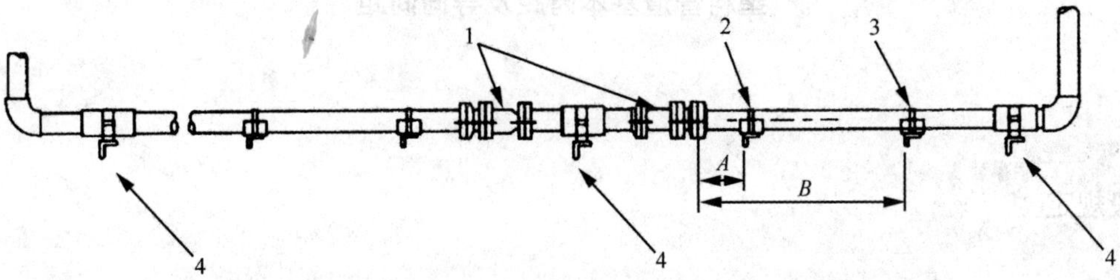

1—补偿器；2—第一个导向支架；3—第二个导向支架；4—固定支架

图C.2 补偿器补偿示意

附 录 D
（资料性附录）
塑料管道基本跨距及导向间距

D.1 一般规定

D.1.1 对于PVC管道，本附录中的基本跨距只适用于操作温度小于或等于40℃；对于PE和PP管道，本附录中的基本跨距只适用于操作温度小于或等于60℃。

D.1.2 液体管道介质密度按1000kg/m³计算。

D.1.3 本附录表中基本跨距和导向间距没有考虑风荷载、雪荷载、地震荷载和振动荷载。

D.2 气体管道

D.2.1 塑料管道水平布置的基本跨距参见表D.2.1。

表D.2.1 水平布置的基本跨距

材料	公称压力 MPa	公称直径DN										
		10	15	20	25	40	50	65	80	100	125	150
		气体管基本跨距 L_0 mm										
PVC-U PVC-C	0.25	—	—	—	—	—	1700	1700	1700	2200	2200	2300
	0.4	—	—	—	—	1600	1600	1900	1900	2400	2400	2900
	0.6	—	—	1300	1300	1700	1700	2000	2000	2400	2400	2900
	1.0	1100	1100	1300	1300	1800	1800	2200	2200	2700	2700	3100
	1.6	1200	1200	1300	1300	2000	2000	2400	2400	2600	—	—
PP-R FRPP	0.25	—	—	—	—	—	1300	1300	1300	1700	1700	1900
	0.4	—	—	—	—	1400	1400	1600	1600	1900	1900	2200
	0.6	—	—	1100	1100	1500	1500	1700	1700	2100	2100	2300
	1.0	900	900	1100	1100	1500	1500	1800	1800	2200	2200	2600
	1.6	900	900	1100	1100	1500	1500	1800	1800	2400	2400	2600
PE100 PE-RT Ⅱ	0.25	—	—	—	—	—	700	700	700	800	800	1000
	0.4	—	—	—	—	650	650	800	800	1000	1000	1100
	0.6	—	—	500	500	700	700	900	900	1000	1000	1200
	1.0	450	450	500	500	700	700	900	900	1100	1100	1300
	1.6	500	500	600	600	900	900	1000	1000	1200	1200	1300

表D.2.1 水平布置的基本跨距（续）

材料	公称压力 MPa	公称直径DN										
		200	250	300	350	400	500	600	700	800	900	1000
		气体管基本跨距L_0 mm										
PVC-U PVC-C	0.25	2900	2900	3400	3400	3900	3900	4600	—	—	—	—
	0.4	3200	3200	3800	3800	4100	—	—	—	—	—	—
	0.6	3500	3500	3900	—	—	—	—	—	—	—	—
	1.0	—	—	—	—	—	—	—	—	—	—	—
	1.6	—	—	—	—	—	—	—	—	—	—	—
PP-R FRPP	0.25	2400	2400	2700	2700	3200	3200	3900	3900	4400	4400	4700
	0.4	2700	2700	3200	3200	3700	3700	4300	4300	5100	5100	5400
	0.6	3000	3000	3400	3400	4000	4000	4800	4800	5100	—	—
	1.0	3100	3100	3600	3600	4300	4300	—	—	—	—	—
	1.6	3200	—	—	—	—	—	—	—	—	—	—
PE100 PE-RT Ⅱ	0.25	1200	1200	1400	1400	1700	1700	2000	2000	2200	2200	2500
	0.4	1400	1400	1600	1600	1900	1900	2200	2200	2500	2500	2900
	0.6	1500	1500	1800	1800	2100	2100	2500	2500	—	—	—
	1.0	1600	1600	1800	1800	2100	—	—	—	—	—	—
	1.6	1700	—	—	—	—	—	—	—	—	—	—

D.2.2 塑料管道立管布置的导向间距参见表D.2.2。

表D.2.2 立管布置的导向间距

材料	公称压力 MPa	公称直径DN										
		10	15	20	25	40	50	65	80	100	125	150
		气体管导向间距 mm										
PVC-U PVC-C	0.25	—	—	—	—	—	2200	2400	2500	3000	4000	4500
	0.4	—	—	—	—	2000	2300	2700	3000	3500	5000	5500
	0.6	—	—	1200	1400	2200	2800	3400	4000	4500	6000	7000
	1.0	950	1100	1300	1700	2700	3400	4000	4500	6000	7500	8500
	1.6	1000	1200	1600	2000	3100	4000	4700	5500	7000	—	—
PP-R FRPP	0.25	—	—	—	—	—	1600	1800	2000	2500	3000	3500
	0.4	—	—	—	—	1400	1800	2200	2500	3500	4000	4500
	0.6	—	—	950	1100	1700	2100	2500	3000	4000	4500	5500
	1.0	700	850	1000	1500	2000	2600	3100	3500	4500	5500	6500
	1.6	750	950	1100	1500	2300	2900	3500	4000	5000	6500	7500
PE100 PE-RT Ⅱ	0.25	—	—	—	—	—	850	950	1200		2000	
	0.4	—	—	—	—	750	950	1100	1500		2200	
	0.6	—	—	500	600	900	1100	1300	2000		2500	
	1.0	350	400	550	700	1000	1300	1600	2000		3000	
	1.6	400	500	600	800	1200	1500	1800	2200		3500	

表D.2.2 立管布置的导向间距（续）

材料	公称压力 MPa	公称直径*DN*										
		200	250	300	350	400	500	600	700	800	900	1000
		气体管导向间距 mm										
PVC-U PVC-C	0.25	6500	8500	9000	10500	12000	15000	19000	—	—	—	—
	0.4	8000	10000	11000	12500	14000	—	—	—	—	—	—
	0.6	10000	12500	14000	—	—	—	—	—	—	—	—
	1.0	—	—	—	—	—	—	—	—	—	—	—
	1.6	—	—	—	—	—	—	—	—	—	—	—
PP-R FRPP	0.25	5000	6500	7000	8000	9000	11000	14000	16500	18500	20000	23000
	0.4	6000	8000	9000	10000	11000	14000	18000	20000	22000	25000	28000
	0.6	7500	9500	10000	12000	13000	16000	21000	22000	—	—	—
	1.0	9000	11000	12000	14000	16000	20000	—	—	—	—	—
	1.6	10500	—	—	—	—	—	—	—	—	—	—
PE100 PE-RT Ⅱ	0.25	2000	3500	4500	6000	7500	8500	9500	11000	12000	—	—
	0.4	3500	4000	4500	5000	6000	7500	9500	10000	12000	13000	15000
	0.6	4000	5000	5500	6000	7000	8500	11000	12500	—	—	—
	1.0	5000	6000	6500	7500	8500	—	—	—	—	—	—
	1.6	5500	—	—	—	—	—	—	—	—	—	—

D.3 液体管道

D.3.1 塑料管道水平布置的基本跨距参见表D.3.1。

表D.3.1 水平布置的基本跨距

材料	公称压力 MPa	公称直径*DN*										
		10	15	20	25	40	50	65	80	100	125	150
		液体管基本跨距L_0 mm										
PVC-U PVC-C	0.25	—	—	—	—	—	1000	1000	1000	1300	1300	1400
	0.4	—	—	—	—	1000	1000	1200	1200	1500	1500	1800
	0.6	—	—	900	900	1200	1200	1400	1400	1700	1700	2000
	1.0	850	850	1000	1000	1400	1400	1700	1700	2100	2100	2400
	1.6	900	900	1100	1100	1700	1700	2000	2000	2200	—	—
PP-R FRPP	0.25	—	—	—	—	—	750	750	750	1000	1000	1100
	0.4	—	—	—	—	850	850	1000	1000	1200	1200	1400
	0.6	—	—	750	750	1000	1000	1100	1100	1400	1400	1500
	1.0	700	700	850	850	1100	1100	1400	1400	1700	1700	2000
	1.6	750	750	900	900	1200	1200	1500	1500	2000	2000	2200
PE100 PE-RT Ⅱ	0.25	—	—	—	—	—	400	400	400	500	500	600
	0.4	—	—	—	—	400	400	500	500	600	600	700
	0.6	—	—	350	350	500	500	650	650	700	700	850
	1.0	350	350	400	400	550	550	700	700	950	950	1000
	1.6	400	400	500	500	750	750	850	850	1000	1000	1100

表D.3.1　水平布置的基本跨距（续）

材料	公称压力 MPa	公称直径DN 200	250	300	350	400	500	600	700	800	900	1000
		液体管基本跨距L_0 mm										
PVC-U PVC-C	0.25	1700	1700	2000	2000	2300	2300	2700	—	—	—	—
	0.4	2000	2000	2400	2400	2600	—	—	—	—	—	—
	0.6	2500	2500	2800	—	—	—	—	—	—	—	—
	1.0	—	—	—	—	—	—	—	—	—	—	—
	1.6	—	—	—	—	—	—	—	—	—	—	—
PP-R FRPP	0.25	1400	1400	1600	1600	1900	1900	2300	2300	2600	2600	2900
	0.4	1700	1700	2000	2000	2300	2300	2700	2700	3200	3200	3400
	0.6	2000	2000	2300	2300	2700	2700	3200	3200	3400	—	—
	1.0	2400	2400	2800	2800	3300	3300	—	—	—	—	—
	1.6	—	2700	—	—	—	—	—	—	—	—	—
PE100 PE-RT Ⅱ	0.25	700	700	850	850	1000	1000	1200	1200	1300	1300	1500
	0.4	900	900	1000	1000	1200	1200	1400	1400	1600	1600	1800
	0.6	1000	1000	1200	1200	1400	1400	1700	1700	—	—	—
	1.0	1200	1200	1400	1400	—	—	—	—	—	—	—
	1.6	1400	—	—	—	—	—	—	—	—	—	—

D.3.2　塑料管道立管布置的导向间距参见表D.3.2。

表D.3.2　立管布置的导向间距

材料	公称压力 MPa	公称直径DN 10	15	20	25	40	50	65	80	100	125	150
		液体管导向间距 mm										
PVC-U PVC-C	0.25	—	—	—	—	—	2200	2400	2500	3000	4000	4500
	0.4	—	—	—	—	2000	2300	2700	3000	3500	5000	5500
	0.6	—	—	1200	1400	2200	2800	3400	4000	4500	6000	7000
	1.0	950	1100	1300	1700	2700	3400	4000	4500	6000	7500	8500
	1.6	1000	1200	1600	2000	3100	4000	4700	5500	7000	—	—
PP-R FRPP	0.25	—	—	—	—	—	1600	1800	2000	2500	3000	3500
	0.4	—	—	—	—	1400	1800	2200	2500	3500	4000	4500
	0.6	—	—	950	1100	1700	2100	2500	3000	4000	45000	5500
	1.0	700	850	1000	1500	2000	2600	3100	3500	4500	5500	6500
	1.6	750	950	1100	1500	2300	2900	3500	4000	5000	6500	7500
PE100 PE-RT Ⅱ	0.25	—	—	—	—	—	850	950	1200		2000	
	0.4	—	—	—	—	750	950	1100	1500		2200	
	0.6	—	—	500	600	900	1100	1300	2000		2500	
	1.0	350	400	550	700	1000	1300	1600	2000		3000	
	1.6	400	500	600	800	1200	1500	1800	2200		3500	

表D.3.2　立管布置的导向间距（续）

<table>
<tr><td rowspan="3">材料</td><td rowspan="3">公称压力
MPa</td><td colspan="11">公称直径DN</td></tr>
<tr><td>200</td><td>250</td><td>300</td><td>350</td><td>400</td><td>500</td><td>600</td><td>700</td><td>800</td><td>900</td><td>1000</td></tr>
<tr><td colspan="11">液体管导向间距
mm</td></tr>
<tr><td rowspan="5">PVC-U
PVC-C</td><td>0.25</td><td>6500</td><td>8500</td><td>9500</td><td>10500</td><td>12000</td><td>15000</td><td>19000</td><td>—</td><td>—</td><td>—</td><td>—</td></tr>
<tr><td>0.4</td><td>8800</td><td>10000</td><td>11000</td><td>12500</td><td>14000</td><td>—</td><td>—</td><td>—</td><td>—</td><td>—</td><td>—</td></tr>
<tr><td>0.6</td><td>10000</td><td>12500</td><td>14000</td><td>—</td><td>—</td><td>—</td><td>—</td><td>—</td><td>—</td><td>—</td><td>—</td></tr>
<tr><td>1.0</td><td>—</td><td>—</td><td>—</td><td>—</td><td>—</td><td>—</td><td>—</td><td>—</td><td>—</td><td>—</td><td>—</td></tr>
<tr><td>1.6</td><td>—</td><td>—</td><td>—</td><td>—</td><td>—</td><td>—</td><td>—</td><td>—</td><td>—</td><td>—</td><td>—</td></tr>
<tr><td rowspan="5">PP-R
FRPP</td><td>0.25</td><td>5000</td><td>6500</td><td>7000</td><td>8000</td><td>9000</td><td>11000</td><td>14000</td><td colspan="4">15000</td></tr>
<tr><td>0.4</td><td>6000</td><td>8000</td><td>9000</td><td>10000</td><td>11000</td><td>14000</td><td>18000</td><td>20000</td><td>22000</td><td colspan="2">23000</td></tr>
<tr><td>0.6</td><td>7500</td><td>9500</td><td>10000</td><td>12000</td><td>13000</td><td>16000</td><td>21000</td><td>22000</td><td>—</td><td>—</td><td>—</td></tr>
<tr><td>1.0</td><td>9000</td><td>11000</td><td>12000</td><td>14000</td><td>16000</td><td>20000</td><td>—</td><td>—</td><td>—</td><td>—</td><td>—</td></tr>
<tr><td>1.6</td><td>10500</td><td>—</td><td>—</td><td>—</td><td>—</td><td>—</td><td>—</td><td>—</td><td>—</td><td>—</td><td>—</td></tr>
<tr><td rowspan="5">PE100
PE-RT Ⅱ</td><td>0.25</td><td>2000</td><td colspan="2">3500</td><td colspan="8">4200</td></tr>
<tr><td>0.4</td><td>3500</td><td>4000</td><td>4500</td><td>5000</td><td>6000</td><td colspan="6">6500</td></tr>
<tr><td>0.6</td><td>4000</td><td>5000</td><td>5500</td><td>6000</td><td>7000</td><td>8500</td><td colspan="2">9500</td><td>—</td><td>—</td><td>—</td></tr>
<tr><td>1.0</td><td>5000</td><td>6000</td><td>6500</td><td>7500</td><td>8500</td><td>—</td><td>—</td><td>—</td><td>—</td><td>—</td><td>—</td></tr>
<tr><td>1.6</td><td>5500</td><td>—</td><td>—</td><td>—</td><td>—</td><td>—</td><td>—</td><td>—</td><td>—</td><td>—</td><td>—</td></tr>
</table>

附 录 E
（资料性附录）
玻璃钢管道基本跨距

E.1　玻璃钢液体管道基本跨距参见表E.1。

表E.1　玻璃钢液体管道基本跨距

公称直径 DN	管道基本跨距 L_0 mm	公称直径 DN	管道基本跨距 L_0 mm
15	1400	175	3100
20	1600	200	3300
25	1800	225	3400
32	2000	250	3700
40	2200	300	4000
50	2200	350	4300
65	2400	400	4700
80	2600	450	5000
100	2600	500	5400
125	2800	550	5700
150	3000	600~4000	6000

注1：表中数据按管道充满水计算，水的密度取1000kg/m^3。
注2：管道的跨距应考虑管材自身的特性、使用寿命、重要性程度、管道的工况、介质情况以及本身的荷载等因素。
注3：表中的数据未考虑风载、雪载、积灰等其他载荷，若存在此类载荷，可将表中的数值进行调整。

E.2　玻璃钢气体管道基本跨距参见表E.2。

表E.2　玻璃钢气体管道基本跨距

公称直径 DN	管道基本跨距 L_0 mm	公称直径 DN	管道基本跨距 L_0 mm
15	1800	50	3600
20	2200	65~400	4000
25	2500	450~1000	3000
32	3000	1100~1600	2500
40	3400	1700~2000	2000

注1：管道的跨距应考虑管材自身的特性、使用寿命、重要性程度、管道的工况、介质情况以及本身的荷载等因素。
注2：表中的数据未考虑风载、雪载、积灰等其他载荷，若存在此类载荷，可将表中的数值进行调整。
注3：气体管道基本跨距取自JGJ/T 141。

附　录　F
（资料性附录）
增强聚乙烯复合管道基本跨距

增强聚乙烯复合管道的基本跨距参见表F。

表F　增强聚乙烯复合管道基本跨距

材料	公称压力 MPa	公称直径 *DN* 40	50	65	80	100	125	150	200	250	300	350	400	450	500	600	700	800
		管道基本跨距 L_0 mm																
钢骨架聚乙烯塑料复合管	1.0	—	—	—	—	—	—	—	—	4000	5000	5000	5000	5000	5000	5000	5000	—
	1.6	—	—	—	—	3000	3500	3500	4000	4000	5000	5000	5000	5000	5000	5000	5000	—
	2.0	—	—	—	—	3000	3500	3500	4000	4000	5000	5000	5000	5000	5000	—	—	—
	2.5	—	2500	2500	3000	3000	3500	3500	4000	4000	—	—	—	—	—	—	—	—
	4.0	—	2500	2500	3000	3000	3500	3500	4000	—	—	—	—	—	—	—	—	—
缠绕成型钢丝网骨架聚乙烯复合管	1.0	—	—	—	1600	1600	1600	1600	1600	2500	2500	2500	2500	2500	2500	2500	2500	2500
	1.6	—	—	—	1600	1600	1600	1600	1600	2500	2500	2500	2500	2500	2500	2500	2500	2500
	2.0	—	—	—	1600	1600	1600	1600	1600	2500	2500	2500	2500	2500	2500	—	—	—
	2.5	—	—	—	1600	1600	1600	1600	1600	2500	2500	—	—	—	—	—	—	—
	3.5	—	—	—	1600	1600	1600	1600	1600	—	—	—	—	—	—	—	—	—
孔网钢骨架聚乙烯复合管	1.0	2500	2500	2500	3000	3000	3500	3500	4000	4000	5000	5000	5000	5000	5000	—	—	—
	1.6	2500	2500	2500	3000	3000	3500	3500	4000	4000	5000	—	—	—	—	—	—	—
	2.0	2500	2500	2500	3000	3000	—	—	—	—	—	—	—	—	—	—	—	—

注1： 表中数据按管道充满水计算，水的密度取1000kg/m³。

注2： 表中的数值未考虑风载、雪载、积灰等其他载荷，若存在此类载荷，可将表中数值进行调整。

附 录 G
（资料性附录）
塑料管材的耐化学腐蚀性能

塑料管材的耐化学腐蚀性能参见表G。

表G 塑料管材的耐化学腐蚀性能

介质	浓度 %	温度 ℃	高密度 聚乙烯管 （PE100）	Ⅱ型 耐热聚乙烯管 （PE-RTⅡ）	无规共聚 聚丙烯管 （PP-R）	硬聚氯乙 烯管 （PVC-U）	氯化 聚氯乙烯管 （PVC-C）
硫酸	30	20	耐	耐	耐	耐	耐
		60	—	耐	耐	耐	耐
		80	—	—	—	—	耐
	50	20	耐	耐	耐	耐	耐
		60	—	耐	尚耐	耐	耐
	98	20	耐	耐	尚耐	不耐	—
		60	—	—	不耐	不耐	—
硝酸	5	20	耐	耐	耐	耐	耐
		60	—	耐	—	—	耐
		80	—	—	—	—	耐
	20	20	耐	耐	耐	耐	耐
		60	—	耐	不耐	—	耐
	50	20	尚耐	—	尚耐	—	耐
		60	—	不耐	不耐	—	耐
盐酸	5	20	耐	耐	耐	耐	耐
		60	—	耐	耐	耐	耐
		80	—	—	—	—	耐
	30	20	耐	耐	耐	耐	耐
		60	—	耐	尚耐	—	耐
铬酸	20	20	耐	耐	—	耐	耐
		60	—	尚耐	—	—	耐
	50	20	耐	耐	—	耐	耐
		60	—	尚耐	—	尚耐	耐
磷酸	30	20	耐	耐	耐	耐	耐
		60	—	耐	耐	—	耐
		80	—	—	—	—	耐
	85	20	耐	耐	耐	耐	耐
		60	—	耐	耐	—	耐
		80	—	—	—	—	耐
草酸	饱和溶液	20	耐	耐	耐	耐	耐
		60	—	耐	尚耐	耐	耐

表G 塑料管材的耐化学腐蚀性能（续）

介质	浓度 %	温度 ℃	高密度 聚乙烯管 （PE100）	Ⅱ型 耐热聚乙烯管 （PE-RTⅡ）	无规共聚 聚丙烯管 （PP-R）	硬聚氯乙 烯管 （PVC-U）	氯化 聚氯乙烯管 （PVC-C）
冰醋酸	—	20	耐	耐	耐	不耐	—
		60	—	尚耐	尚耐	不耐	—
醋酸	5	20	耐	耐	耐	耐	耐
		60	—	耐	耐	耐	耐
	50	20	耐	耐	耐	耐	耐
		60	—	—	耐	尚耐	耐
	80	20	耐	耐	—	—	—
氯化钠	饱和溶液	20	耐	耐	耐	耐	耐
		60	—	耐	耐	耐	耐
		80	—	—	—	—	耐
碳酸钠	饱和溶液	20	耐	耐	耐	耐	耐
		60	—	耐	耐	耐	耐
		80	—	—	—	—	耐
氢氧化钠	不饱和溶液	20	耐	耐	耐	耐	耐
		60	—	耐	耐	耐	耐
		80	—	—	—	—	尚耐
氨水	饱和溶液	20	耐	耐	耐	耐	耐
		60	—	耐	耐	耐	耐
氨气	干态	20	耐	耐	耐	耐	耐
		60	—	耐	—	耐	耐
	湿态	20	耐	耐	耐	尚耐	—
		60	—	耐	—	不耐	—
氯化铵	饱和溶液	20	耐	耐	耐	耐	耐
		60	—	耐	耐	耐	耐

附 录 H
（资料性附录）
塑料管道最大允许工作压力

H.1 塑料管道最大允许工作压力可按公式（H.1-1）计算。

$$P_{PMS}=\frac{2\sigma_D}{SDR-1} \quad \cdots\cdots (H.1-1)$$

式中：

P_{PMS}——最大允许工作压力，MPa。

H.2 工业用塑料管道系统的设计使用寿命宜为25年，总体使用（设计）系数与设计温度20℃时对应的设计应力参见表H.2。

表H.2 设计应力

总体使用（设计）系数C值	设计应力σ_D MPa				
	硬聚氯乙烯（PVC-U）	氯化聚乙烯（PVC-C）	高密度聚乙烯（PE100）	Ⅱ型耐热聚乙烯（PE-RT Ⅱ）	无规共聚聚丙烯（PP-R）
2.0	12.84	12.87	5.05	5.02	4.98
2.5	10.28	10.29	4.06	4.02	3.98

H.3 硬聚氯乙烯（PVC-U）最大允许工作压力参见表H.3。

表H.3 硬聚氯乙烯（PVC-U）最大允许工作压力

温度 ℃	管系列S						
	S5	S6.3	S8	S10	S12.5	S16	S20
	标准尺寸比SDR						
	SDR11	SDR13.6	SDR17	SDR21	SDR26	SDR33	SDR41
	最大允许工作压力 MPa						
20	2.06	1.63	1.28	1.03	0.82	0.64	0.51
30	1.64	1.30	1.03	0.82	0.66	0.51	0.41
40	1.24	0.99	0.78	0.62	0.50	0.39	0.31
45	1.05	0.83	0.65	0.52	0.42	0.33	0.26
注：C值取2.5，设计寿命按25年取值。							

H.4 氯化聚乙烯（PVC-C）最大允许工作压力参见表H.4。

表H.4 氯化聚乙烯（PVC-C）最大允许工作压力

温度 ℃	管系列S			
	S4	S5	S6.3	S10
	标准尺寸比SDR			
	SDR9	SDR11	SDR13.6	SDR21
	最大允许工作压力 MPa			
20	2.57	2.06	1.63	1.03
30	2.20	1.76	1.40	0.88

表 H.4 氯化聚乙烯（PVC-C）最大允许工作压力（续）

温度 ℃	管系列S			
	S4	S5	S6.3	S10
	标准尺寸比SDR			
	SDR9	SDR11	SDR13.6	SDR21
	最大允许工作压力 MPa			
40	1.84	1.47	1.17	0.74
50	1.49	1.19	0.94	0.59
60	1.15	0.92	0.73	0.46
70	0.84	0.67	0.53	0.34
80	0.56	0.45	0.36	0.23
注：*C*值取2.5，设计寿命按25年取值。				

H.5 高密度聚乙烯（PE100）最大允许工作压力参见表H.5。

表 H.5 高密度聚乙烯（PE100）最大允许工作压力

温度 ℃	管系列S			
	S4	S5	S6.3	S8
	标准尺寸比SDR			
	SDR9	SDR11	SDR13.6	SDR17
	最大允许工作压力 MPa			
20	1.27	1.02	0.81	0.63
30	1.08	0.86	0.68	0.54
40	0.93	0.74	0.59	0.46
注：*C*值取2.0，设计寿命按25年取值。				

H.6 Ⅱ型耐热聚乙烯（PE-RT Ⅱ）最大允许工作压力参见表H.6。

表 H.6 Ⅱ型耐热聚乙烯（PE-RT Ⅱ）最大允许工作压力

温度 ℃	管系列S			
	S4	S5	S6.3	S8
	标准尺寸比SDR			
	SDR9	SDR11	SDR13.6	SDR17
	最大允许工作压力 MPa			
20	1.26	1.01	0.80	0.63
30	1.15	0.92	0.73	0.57
40	1.04	0.83	0.66	0.52
50	0.93	0.74	0.59	0.46
60	0.82	0.65	0.52	0.41
70	0.71	0.56	0.45	0.35

表 H.6　Ⅱ型耐热聚乙烯（PE-RT Ⅱ）最大允许工作压力（续）

温度 ℃	管系列S			
	S4	S5	S6.3	S8
	标准尺寸比SDR			
	SDR9	SDR11	SDR13.6	SDR17
	最大允许工作压力 MPa			
80	0.60	0.48	0.38	0.30
85	0.54	0.43	0.35	0.27
注：*C*值取2.0，设计寿命按25年取值。				

H.7　无规共聚聚丙烯（PP–R）最大允许工作压力参见表H.7。

表 H.7　无规共聚聚丙烯（PP-R）最大允许工作压力

温度 ℃	管系列S			
	S4	S5	S6.3	S8
	标准尺寸比SDR			
	SDR9	SDR11	SDR13.6	SDR17
	最大允许工作压力 MPa			
20	1.25	1.00	0.79	0.62
30	1.08	0.86	0.68	0.54
40	0.91	0.73	0.58	0.45
50	0.77	0.61	0.49	0.38
60	0.64	0.51	0.41	0.32
70	0.54	0.43	0.34	0.27
注：*C*值取2.0，设计寿命按25年取值。				

附　录　J
（资料性附录）
玻璃钢管材用树脂的耐化学腐蚀性能

玻璃钢管道材用树脂的耐化学腐蚀性能参见表J。

表J　玻璃钢管材用树脂的耐化学腐蚀性能

介质	浓度 %	温度 ℃	对苯型不饱和聚酯树脂	间苯型不饱和聚酯树脂	双酚A型不饱和聚酯树脂	乙烯基酯树脂	酚醛乙烯基酯树脂
硫酸	10	50	耐	耐	耐	耐	耐
		80	耐	不耐	耐	耐	耐
		100	不耐	不耐	不耐	不耐	耐
	50	25	耐	耐	耐	耐	耐
		70	耐	不耐	耐	耐	耐
		100	不耐	不耐	不耐	不耐	耐
	93	—	不耐	不耐	不耐	不耐	不耐
硝酸	5	25	耐	耐	耐	耐	耐
		65	耐	不耐	耐	耐	耐
		80	不耐	不耐	耐	不耐	耐
	20	50	—	不耐	耐	耐	耐
		65	不耐	不耐	不耐	不耐	耐
	50	25	不耐	不耐	耐	不耐	耐
盐酸	5	25	耐	耐	耐	耐	耐
		70	耐	不耐	耐	耐	耐
		100	不耐	不耐	不耐	不耐	耐
	25	60	耐	不耐	耐	耐	耐
		80	不耐	不耐	不耐	不耐	耐
	37	25	耐	不耐	耐	耐	耐
		45	不耐	不耐	不耐	耐	耐
		65	不耐	不耐	不耐	不耐	耐
铬酸	5	25	耐	耐	耐	耐	耐
		45	不耐	不耐	耐	耐	耐
		65	不耐	不耐	不耐	不耐	耐
	20	50	不耐	不耐	不耐	耐	耐
	30	—	不耐	不耐	不耐	不耐	不耐
磷酸	50	40	耐	耐	耐	耐	耐
		60	耐	耐	耐	耐	耐
		100	不耐	不耐	耐	不耐	耐
	80	45	耐	耐	耐	耐	耐
		60	耐	不耐	耐	耐	耐
		100	不耐	不耐	耐	不耐	耐

表J　玻璃钢管材用树脂的耐化学腐蚀性能（续）

介质	浓度 %	温度 ℃	对苯型不饱和聚酯树脂	间苯型不饱和聚酯树脂	双酚A型不饱和聚酯树脂	乙烯基酯树脂	酚醛乙烯基酯树脂
磷酸	95	25	—	耐	耐	耐	耐
		100	—	不耐	耐	不耐	耐
草酸	20	70	耐	耐	耐	耐	耐
		90	不耐	不耐	耐	耐	耐
		100	不耐	不耐	耐	不耐	耐
	饱和溶液	50	—	不耐	耐	耐	耐
冰醋酸	100	25	不耐	不耐	不耐	不耐	耐
醋酸	10	60	耐	耐	耐	耐	耐
		75	耐	不耐	耐	耐	耐
		100	不耐	不耐	不耐	不耐	耐
	50	25	—	耐	耐	耐	耐
		40	—	耐	耐	耐	耐
		80	—	不耐	不耐	不耐	耐
	85	45	—	不耐	耐	耐	耐
	100	25	不耐	不耐	不耐	不耐	耐
氯化钠	所有浓度	50	耐	耐	耐	耐	耐
		70	不耐	耐	耐	耐	耐
		100	不耐	不耐	耐	不耐	耐
碳酸钠	10	80	不耐	不耐	耐	耐	不耐
	饱和溶液	60	不耐	不耐	耐	耐	耐
氢氧化钠	25	40	不耐	不耐	耐	耐	耐
		50	不耐	不耐	耐	耐	不耐
	50	40	不耐	不耐	耐	耐	耐
		50	不耐	不耐	耐	耐	不耐
氨水	5	65	不耐	不耐	耐	耐	耐
		70	不耐	不耐	耐	耐	不耐
	10	40	不耐	不耐	耐	耐	耐
		60	不耐	不耐	耐	耐	不耐
	50	40	不耐	不耐	耐	耐	耐
氯化铵	所有浓度	40	耐	耐	耐	耐	耐
		75	耐	不耐	耐	耐	耐
		100	不耐	不耐	耐	不耐	耐

ICS 77.120.01
P 72
备案号：J3024-2022

SH

中华人民共和国石油化工行业标准

SH/T 3501—2021
代替 SH 3501—2011

石油化工有毒、可燃介质钢制管道工程施工及验收规范

Construction and acceptance specification for toxic and combustible fluid steel piping engineering in petrochemical industry

2021-08-21 发布　　　　2022-02-01 实施

中华人民共和国工业和信息化部　发布

目　次

Contents

前言

根据中华人民共和国工业和信息化部《2019年第二批行业标准制修订项目计划》（工信厅科函〔2019〕195号）的要求，标准编制组经广泛调查研究，认真总结实践经验，参考有关国际标准和国外先进标准，并在广泛征求意见的基础上，修订本标准。

本标准共分10章和2个附录。

本标准的主要技术内容是：管道组成件和支承件的到货验收、阀门试验、管道预制及安装、管道焊接、管道系统试验。

本标准修订的主要技术内容是：

——调整了管道分级；

——修订了管道组成件和支承件的验收规定；

——增加了阀门试验要求；

——修订了管道组成件焊前预热要求；

——修订了常用钢材焊接接头热处理基本要求；

——增加了支管座焊接要求；

——修订了管道焊接无损检测数量及验收标准；

——修订了泄漏试验要求。

本标准由中国石油化工集团公司负责管理，由中国石油化工集团公司施工技术青岛站负责日常管理，由中石化第十建设有限公司负责具体技术内容的解释。执行过程中如有意见和建议，请寄送日常管理单位和主编单位。

本标准日常管理单位：中国石油化工集团公司施工技术青岛站

通信地址：山东省青岛市黄岛区漓江西路677号

邮政编码：266555

电　　话：0532-55681828

传　　真：0532-58681000

本标准主编单位：中石化第十建设有限公司/中石化第五建设有限公司

通信地址：山东省青岛市黄岛区漓江西路677号/广州市荔湾区中山七路81号

邮政编码：266555/510180

本标准参编单位：中国石化工程建设有限公司

石油化工工程质量监督总站

本标准主要起草人员：宋纯民　杜红斌　牛宗志　张桂红　丘　平　陈永亮　胡联伟

本标准主要审查人员：吉章红　葛春玉　李永红　黄正林　姜万军　张奉忠　余志忻　齐一芳　金锦荣　许建林　李林科　肖　然　杨晓萌　李义成　张贤俊　王明春

本标准1985年首次发布，1997年第1次修订，2001年第2次修订，2002年第3次修订，2011年第4次修订，本次为第5次修订。

石油化工有毒、可燃介质钢制管道工程施工及验收规范

1 范围

本标准规定了石油化工工程中有毒、可燃介质钢制管道工程的施工、检查和检验要求。

本标准适用于石油化工工程中设计压力不大于42MPa，设计温度-196℃~850℃的有毒、可燃介质钢制管道工程的施工及验收，不适用于长输管道和城镇燃气管道工程的施工及验收。

2 规范性引用文件

下列文件对于本标准的应用是必不可少的。凡是注日期的引用文件，仅注日期的版本适用于本标准。凡是不注日期的引用文件，其最新版本（包括所有的修改单）适用于本标准。

GB/T 229 金属材料 夏比摆锤冲击试验方法
GB/T 1954 铬镍奥氏体不锈钢焊缝铁素体含量测量方法
GB/T 4334 金属和合金的腐蚀 不锈钢晶间腐蚀试验方法
GB/T 5777 无缝和焊接（埋弧焊除外）钢管纵向和/或横向缺欠的全圆周自动超声检测
GB/T 12220 工业阀门 标志
GB/T 12241 安全阀一般要求
GB/T 12243 弹簧直接载荷式安全阀
GB/T 12245 减压阀性能试验方法
GB/T 13927 工业阀门 压力试验
GB 16912 深度冷冻法生产氧气及相关气体安全技术规程
GB/T 24925 低温阀门技术条件
GB/T 26479 弹性密封部分回转阀门 耐火试验
GB 30000.18 化学品分类和标签规范 第18部分：急性毒性
GB/T 38343 法兰接头安装技术规定
GB 50016 建筑设计防火规范
GB 50160 石油化工企业设计防火规范
GB/T 50484 石油化工建设工程施工安全技术标准
GB 50517 石油化工金属管道工程施工质量验收规范
GBZ/T 230 职业性接触毒物危害程度分级
JB/T 12955 氧气用阀门 技术条件
NB/T 47013 承压设备无损检测
NB/T 47014 承压设备焊接工艺评定
NB/T 47018 承压设备用焊接材料订货技术条件
SH/T 3097 石油化工静电接地设计规范
SH/T 3503 石油化工建设工程项目交工技术文件规定
SH/T 3520 石油化工铬钼钢焊接规范
SH/T 3523 石油化工铬镍不锈钢、铁镍合金、镍基合金及不锈钢复合钢焊接规范
SH/T 3525 石油化工低温钢焊接规范

SH/T 3526　石油化工异种钢焊接规范
SH/T 3543　石油化工建设工程项目施工过程技术文件规定
SH/T 3547　石油化工设备和管道化学清洗施工及验收规范
SH/T 3551　石油化工仪表工程施工及验收规范
SH/T 3554　石油化工钢制管道焊接热处理规范
SY/T 0599　天然气地面设施抗硫化物应力开裂和应力腐蚀开裂金属材料技术规范
TSG 07　特种设备生产和充装单位许可规则
TSG ZF001　安全阀安全技术监察规程
TSG Z6002　特种设备焊接操作人员考核细则
TSG Z8001　特种设备无损检测人员考核规则

3　术语和定义

下列术语和定义适用于本标准。

3.1

管道组成件　piping components

用于连接或者装配成承载压力且密闭的管道系统元件。

3.2

管道支承件　pipe-supports

将管道荷载传递到管架结构上的元件。

3.3

质量证明书　inspection certificate

由制造厂生产部门以外的独立授权部门或人员，按照标准及合同的规定，按批对交货产品进行检验和试验，并注明结果的检验文件。

3.4

标志　marking

在管道、管道组成件和支承件外表面或标签上所做的标识符。

3.5

检查　examination

施工单位履行质量控制职责的过程，即检查人员按照相关规范和工程设计的要求，对材料、组成件以及加工、制作、安装等过程进行的检测和试验，并做好记录。

3.6

检验　inspection

建设单位或总承包单位履行质量控制职责的过程，由建设单位、总承包单位对产品或管道施工是否满足规范和工程设计要求而进行的验证过程。

3.7

脆性材料　fragile materials

延伸率小于14%的材料。

3.8

有毒介质　toxic fluid

GBZ/T 230定义的危害程度等级为极度危害、高度危害、中度危害和轻度危害流体的总称。

3.9

可燃介质　combustible fluid

GB 50160和GB 50016定义的可燃气体和可燃液体的总称。

3.10

急性毒性　acute toxicity

经口或经皮肤给予物质的单次剂量或在24h内给予的多次剂量，或者4h的吸入接触发生的急性有害影响。

3.11

冷态工作压力　cold working pressure

在−29℃~38℃介质温度时，阀门最大允许工作压力，缩写符号CWP。阀门的温度−压力等级由相关产品标准确定。

4　基本规定

4.1　石油化工有毒、可燃介质钢制管道（以下简称管道）的施工除应符合本标准的规定外，尚应符合设计文件的规定。

4.2　管道施工时，修改设计文件或材料代用应经原设计单位书面同意。

4.3　管道施工的安全技术要求和劳动保护，应符合国家现行的有关法规及GB/T 50484的有关规定。

4.4　管道的施工单位应持有国家相关行政部门颁发的相应级别的压力管道安装许可证。

4.5　管道施工的焊工应按TSG Z6002的规定进行考核，无损检测人员应按TSG Z8001的规定进行考核，并取得相应资格证书。

4.6　管道分级除应符合本标准表4.6的规定外，还应符合下列规定：

a）输送氧气介质管道的级别应根据设计条件按本标准表4.6中乙类可燃气体介质确定；

b）有毒介质急性毒性类别的分类应符合《危险化学品目录》中的规定；有毒介质危害程度等级分级应符合GBZ/T 230的规定，常用介质的急性毒性和有毒介质危害程度等级参见附录A；

c）有毒混合物介质的急性毒性应按GB 30000.18中规定的混合物分类标准进行评估；混合物毒性介质的危害程度等级应结合介质泄漏扩散的毒物浓度、接触途径、接触时间及工程经验等因素确定；

d）可燃介质的火灾危险分类应符合GB 50160的规定；

e）输送同时具有毒性和可燃性的介质管道，应按本标准表4.6中SHA和SHB的规定分别划分管道级别，并按两者质量检查等级较高者确定；若质量检查等级相同时，宜按SHA的管道级别确定。

表4.6　管道分级

序号	管道级别	输送介质	设计条件	
			设计压力P MPa	设计温度t ℃
1	SHA1	（1）《危险化学品目录》中规定的毒性程度为急性毒性类别1的气体或液体、急性毒性类别2的气体和最高工作温度高于其标准沸点的液体	—	—
		（2）除（1）项外的极度危害介质、高度危害介质、中度危害介质和轻度危害介质	$P \geq 10$	—
			$4 \leq P < 10$	$t \geq 400$
			—	$t < -29$
2	SHA2	（3）除（1）项外的极度危害介质、高度危害介质、中度危害介质和轻度危害介质	$4 \leq P < 10$	$-29 \leq t < 400$
		（4）除（1）项外的极度危害介质和高度危害介质	$P < 4$	$t \geq -29$

表4.6　管道分级（续）

序号	管道级别	输送介质	设计条件	
			设计压力 P MPa	设计温度 t ℃
3	SHA3	（5）中度危害介质	$P<4$	$t\geq -29$
		（6）轻度危害介质	$P<4$	$t\geq 400$
4	SHA4	（7）轻度危害介质	$P<4$	$-29\leq t<400$
5	SHB1	（8）甲类可燃气体、乙类可燃气体或甲类可燃液体（包括液化烃）	$P\geq 4$	—
			—	$t<-29$
		（9）乙类可燃液体或丙类可燃液体	$P\geq 10$	—
			$4\leq P<10$	$t\geq 400$
			—	$t<-29$
6	SHB2	（10）甲类可燃气体、乙类可燃气体或甲类可燃液体（包括液化烃）	$P<4$	$t\geq 400$
		（11）甲$_A$类可燃液体	$P<4$	$-29\leq t<400$
		（12）乙类可燃液体或丙类可燃液体	$4\leq P<10$	$-29\leq t<400$
7	SHB3	（13）甲类可燃气体、乙类可燃气体或甲$_B$类可燃液体	$P<4$	$-29\leq t<400$
		（14）乙类可燃液体	$P<4$	$t\geq -29$
		（15）丙类可燃液体	$P<4$	$t\geq 400$
8	SHB4	（16）丙类可燃液体	$P<4$	$-29\leq t<400$
注：管道级别代码的含义为SH代表石油化工行业；A为有毒介质、B为可燃介质；数字为管道的质量检查等级。				

4.7　本标准表4.6中所列管道的质量检查等级，还应符合下列规定：

a）设计文件规定为剧烈循环工况和高温蠕变工况管道的质量检查等级为1级；

b）铬钼合金钢、双相不锈钢管道的质量检查等级不得低于2级；

c）奥氏体不锈钢和设计文件要求低温冲击试验的碳钢管道的质量检查等级不得低于3级。

4.8　输送氧气介质管道的施工及验收除符合本标准的规定外，还应符合GB 16912的有关规定。

4.9　管道施工过程应做好成品保护。

5　管道组成件和支承件的到货验收

5.1　一般规定

5.1.1　TSG 07制造许可范围内的管道元件制造单位，应具有国家相关行政部门颁发的相应类别的压力管道元件制造许可证，产品上还应具有许可标志。有监督检验要求的，尚应有监督检验证明。

5.1.2　管道组成件和支承件应符合设计文件规定及本标准的有关要求。

5.1.3　管道组成件、弹簧支吊架、低摩擦管架、阻尼装置及减振装置等产品应有质量证明书。质量证明书上应有产品标准、设计文件和订货合同中规定的各项内容和检验、试验结果。验收时应对质量证明书进行审查，并与实物标志核对。无质量证明书或与标识不符的产品不得验收。

5.1.4　若对产品质量证明书中的特性数据有异议，或产品不具备可追溯性，供货方应按相应标准做补充试验或追溯到产品制造单位。问题未解决前，该批产品不得验收。

5.1.5　管道组成件和支承件在使用前应逐件进行外观检查和尺寸规格确认，其表面质量除应符合产品标准规定外，尚应符合下列要求：

a）无裂纹、缩孔、夹渣、重皮等缺陷；

b） 锈蚀、凹陷及其他机械损伤的深度，不超过产品标准允许的壁厚负偏差；

c） 螺纹形式、坡口的形式和尺寸、密封面的加工粗糙度应符合设计文件和产品标准要求；

d） 焊缝成形良好，且与母材圆滑过渡，不得有裂纹、未熔合、未焊透等缺陷；

e） 金属波纹管膨胀节、弹簧支吊架等的装运固定件或定位销块齐全完整，无松动现象。

5.1.6 铬钼合金钢、含镍低温钢、不锈钢管道组成件应按本标准规定采用光谱分析或其他方法对主要合金元素含量进行验证性检验，并做好记录和标志。

5.1.7 有抗硫化氢要求的管道组成件质量证明书中应有硬度试验结果，硬度值不应超过标准的要求或设计规定值。若设计文件中要求氢致开裂（HIC）和硫化物应力开裂/应力腐蚀开裂（SSC/SCC）试验时，应提供相关的检验结果。

5.1.8 有硬度要求的管子、管件及法兰应进行硬度检测，每批应抽检1%，且不应少于1件。

5.1.9 设计文件有低温冲击试验要求的材料，产品质量证明书应有低温冲击试验结果，否则应按GB/T 229的规定进行补项试验。

5.1.10 设计文件有晶间腐蚀倾向试验要求的不锈钢材料，产品质量证明书应注明晶间腐蚀试验的结果，否则应按GB/T 4334的有关规定进行补项试验。

5.1.11 设计文件有铁素体检查要求的双相不锈钢材料，产品质量证明书应有铁素体含量测定结果，否则应按GB/T 1954的规定方法进行补项试验。

5.1.12 凡每批（同炉批号、同材质、同规格）按规定做抽样检查、检验的样品中，当有一件不合格时，应按原规定数的两倍抽检；若仍有不合格品，则该批管道组成件和支承件不得验收，或对该批产品进行逐件验收检查。但规定做合金元素验证性检验的管道组成件当第一次抽检不合格时，则该批管道组成件不得验收。验收合格的管道组成件应做好标识。

5.1.13 本标准未明确规定的其他管道组成件的标识及验收标准应符合设计文件及相应的产品标准的要求。由制造厂制作的弯管，验收应符合本标准第7.1条的要求。

5.1.14 管道组成件应分区分类存放。不锈钢与碳钢、低合金钢不得直接接触。

5.2 管子和管件的验收

5.2.1 管子和管件使用前，应核对质量证明书、规格、数量和标志。

5.2.2 管子的质量证明书应包括下列内容：

a） 制造厂名称、合同号；

b） 产品标准号；

c） 钢的牌号；

d） 炉号、批号和订货合同规定的其他标识；

e） 品种名称、规格及质量等级；

f） 交货状态、重量、根数或件数；

g） 产品标准和订货合同规定的各项检验结果；

h） 技术质量监督部门标记；

i） 质量证明书签发日期或发货日期。

5.2.3 管件的质量证明书应包括下列内容：

a） 制造商名称及出厂日期；

b） 制造厂技术（质量）检验部门的公章；

c） 质量检查员的签字及检验日期；

d） 产品名称、规格、材料和材料标准；

e） 化学成分及机械性能；

f） 合同要求做的检验试验报告；

g） 交货状态。

5.2.4　管子和管件应有清晰的标志，其内容包括制造厂代号或商标、许可标志、材料（牌号、规格、炉批号）、产品编号等，并且应当符合安全技术规范及其相应标准的要求。从产品标志应能追溯到产品质量证明书。

5.2.5　本标准第5.1.6条规定的管道组成件中的管子、管件应进行主要合金元素含量验证性检验，每批应抽检10%，且不应少于1件。

5.2.6　SHA1（1）、SHA1（2）中极度危害介质、设计压力等于或大于10MPa管道用的管子质量证明书中应有超声检测结果，否则应按GB/T 5777的规定，逐根进行补项试验。

5.2.7　设计压力等于或大于10MPa的管子和管件，外表面应逐件进行表面无损检测，且不得有线性缺陷。

5.2.8　设计压力小于10MPa的输送SHA1（1）介质、SHA1（2）中极度危害介质的管子和管件，每批应抽检5%且不少于1件，进行表面无损检测，且不得有线性缺陷。抽样检测发现有超标缺陷时，应按本标准第5.1.12条的规定处理。

5.2.9　管子及管件经磁粉检测或渗透检测发现的表面超标缺陷允许修磨，修磨后的实际壁厚不得小于管子名义壁厚的90%，且不应小于相应产品标准和设计文件规定的最小壁厚。

5.3　阀门验收

5.3.1　阀门的质量证明书应包括下列内容：

a）阀门主要承压件材质证明书（材质分析报告）；

b）制造单位名称及制造许可编号；

c）产品名称、型号、规格；

d）产品编号、执行标准及制造时间；

e）适用介质及适用温度；

f）检验结论及检验日期；

g）阀门检验、试验文件（需要时应包括阀门监检证书）；

h）检验人员签章及制造单位检验章；

i）出厂合格证；

j）技术文件中有特殊规定的材料及试验文件。

5.3.2　设计文件要求做晶间腐蚀试验、耐火试验的阀门，质量证明书应有相应的试验结果。耐火试验阀门应符合GB/T 26479的规定。

5.3.3　用于氧气管线的阀门应按JB/T 12955规定检验，并采用专用验收标识。

5.3.4　低温阀门检验除应符合常规阀门的规定外，还应符合GB/T 24925的相关规定。设计要求做低温密封试验、低温冲击韧性试验的阀门，制造单位应提供低温密封试验或低温冲击韧性试验合格证明书。

5.3.5　低温阀门、用于SHA1（1）、SHA1（2）中极度危害介质的阀门以及设计压力等于或大于10MPa的阀门，其焊缝或阀体、阀盖等承压部件，应有相应标准规定的无损检测合格证明。

5.3.6　阀门阀体或铭牌上应有制造商的厂名或商标、阀门型号、公称压力、公称尺寸、阀体材料、阀芯与阀座材料等标志，且应符合GB/T 12220及阀门制造标准的规定和合同中要求标识的内容。有介质流向要求或有压力端要求的，应有明显的标志。

5.3.7　安全阀阀体上应有进口通径、阀体材料代号、制造厂名或商标、指明介质流向的箭头；铭牌上至少应有阀门设计的极限工作温度、整定压力、制造厂的产品型号、基准流体的额定排量系数或额定排量、流道面积或流道直径、最小开启高度以及整定误差百分数，且应符合GB/T 12241、GB/T 12243的规定和合同要求标识的内容。

5.3.8　阀门应按设计文件中的“阀门规格书”，核对阀门产品质量证明书中的阀体主要部件材料、特殊要求的填料及垫片。若不符合要求，该批阀门不得使用。

5.3.9 本标准第5.1.6条规定的管道组成件中的阀门，应对其阀体、阀盖及其连接螺栓的主要合金元素含量进行验证性检验，每批应抽检10%，且不应少于1件。

5.3.10 止回阀的阀瓣或阀芯动作应灵活准确，无偏心或歪斜现象。旋塞阀的开闭标记应与通孔方位一致。弹簧式安全阀应具有防松装置并加铅封，杠杆式安全阀应有重锤的定位装置。阀门到货时的开闭位置应符合下列要求：

a） 闸阀、截止阀等阀门宜处于全关闭状态；

b） 蝶阀的蝶板应打开4°~5°；

c） 旋塞阀、球阀应处于全开启位置；

d） 隔膜阀应处于关闭位置，且不可关得过紧；

e） 止回阀的阀瓣应关闭并予以固定。

5.3.11 阀门不得有损伤、缺件、腐蚀和铭牌脱落等现象，且阀体内不得有异物、脏污。阀门两端应有防护盖保护。阀杆与压盖的间隙应均匀。手柄或手轮操作应灵活轻便，不得有卡涩现象。

5.3.12 阀体为铸件时，其表面应平整光滑，无裂纹、缩孔、砂眼、气孔、毛刺等缺陷；阀体为锻件时，其表面应无裂纹、夹层、重皮、斑疤、缺肩等缺陷。

5.3.13 衬胶、衬搪瓷及衬塑料的阀体内表面应平整光滑，衬层与基层结合牢固，无裂纹、鼓泡等缺陷。用高压电火花发生器逐个检查衬层表面，未发生白色闪光现象，衬层未击穿为合格。

5.3.14 阀门传动装置检查应进行下列检查：

a） 采用齿轮、蜗轮传动的阀门，其传动机构应符合下列要求：

1） 蜗杆和蜗轮应啮合良好，无卡涩现象；

2） 开式机构的齿轮啮合面、轴承等应清洗干净，并加注新润滑油脂；

3） 有闭式机构的阀门每批应抽检10%，且不应少于1个，其润滑油脂应无变质、机构零件齐全、内部清洁无污物、传动件无毛刺，啮合面配合良好；

4） 传动装置或手柄的启闭位置应具有永久性标识，且应与阀芯（板）开关位置一致；

b） 带链轮机构的阀门，链架与链轮的中心面应一致，按工作位置检查链条的工作情况，链条运动应畅顺不脱槽，链条不得有开环、脱焊、锈蚀或链轮与链条节距不符等缺陷；

c） 气压、液压传动的阀门，按执行机构的工作压力进行开闭试验；

d） 电动阀门的检查及调试，应符合下列要求：

1） 电动阀的变速箱应按本条a） 款的规定检查；

2） 在全开或全闭的状态下，检查调整阀门的限位装置；

3） 通电调试反复试验不应少于3次，应动作可靠、指示准确；

e） 电磁阀应接通临时电源，进行开闭试验，且不得少于3次；

f） 具有机械联锁装置的阀门，应在安装位置的模拟架上进行试验和调整，要求阀门启闭动作协调、限位准确。

5.3.15 对下列焊接阀门的焊接接头坡口应进行表面无损检测，检测结果不得有线性缺陷：

a） 标准抗拉强度下限值等于或大于540MPa的钢材及铬钼合金钢的坡口应进行100%检测；

b） 设计温度低于-29℃的非奥氏体不锈钢坡口每批应抽检5%，且不应少于1个。

5.3.16 具有防静电结构的阀门应进行防静电荷聚集试验，当干燥阀门试验的电源电压不超过12V时，阀杆、阀体和阀芯间防静电电路电阻应小于10Ω，每批应抽检10%，且不应少于1台。

5.4 法兰、法兰盖及翻边短节的验收

5.4.1 法兰、法兰盖及翻边短节的质量证明书应包括下列内容：

a） 制造商名称及出厂日期；

b） 制造厂技术（质量）检验部门的公章；

c） 质量检查员的签字及检验日期；

d） 产品名称、规格、材料和材料标准；

e） 化学成分及机械性能；

f） 合同要求做的检验试验报告。

5.4.2 法兰、法兰盖及翻边短节的外观检查应符合下列要求：

a） 密封面应平整，不得有锈蚀和径向划痕；

b） 锻造表面应光滑，不得有锻造伤痕、裂纹等缺陷；

c） 法兰、法兰盖外缘应有标准编号、公称直径、公称压力、法兰连接型式及密封面型式、管子表号或壁厚、材料代号等标志。

5.4.3 本标准第5.1.6条规定的管道组成件中的法兰、法兰盖和翻边短节，应对其主要合金元素含量进行验证性检验，每批应抽检10%，且不应少于1件。

5.5 紧固件的验收

5.5.1 紧固件的质量证明书内容应包括下列内容：

a） 制造商名称及出厂日期；

b） 制造厂技术（质量）检验部门的公章；

c） 质量检查员的签字及检验日期；

d） 产品名称、规格、材料和材料标准；

e） 化学成分及机械性能；

f） 合同要求做的检验试验报告。

5.5.2 紧固件的螺纹应完整，无划痕、无毛刺等缺陷。加工精度应符合产品标准的要求。

5.5.3 紧固件应有标记，内容应包括标准编号、材料牌号、螺纹规格和公称长度、螺母型式代号。

5.5.4 下列管道用的不锈钢、铬钼合金钢螺柱和螺母应采用光谱分析对其主要合金元素含量进行验证性检验，每批应抽检5%，且不应少于10件。

a） 设计压力等于或大于10MPa；

b） 设计温度低于-29℃；

c） 设计温度等于或大于400℃。

5.5.5 设计压力等于或大于10MPa管道用的不锈钢、铬钼合金钢螺柱和螺母应进行硬度检测，每批抽检不应少于2件，硬度值应在设计文件或产品标准规定的范围内。若有不合格，按本标准第5.1.12条的规定处理。

5.5.6 设计温度低于-29℃的低温管道用的铬钼合金钢和不锈钢螺柱应进行低温冲击性能检验，每批抽检不应少于2根。试验结果应符合设计文件或产品标准的要求。若有不合格，应按本标准第5.1.12条的规定处理。

5.6 垫片的验收

5.6.1 垫片的标志应包括标准编号、型式代号、公称压力、公称直径、材料代号、制造厂名称或商标等内容。垫片的质量证明书应包括下列内容：

a） 制造商名称及制造日期；

b） 制造厂技术（质量）检验部门的公章；

c） 质量检查员的签字及检验日期；

d） 产品名称、规格、材料和材料标准；

e） 垫片性能；

f） 合同要求做的检验试验报告。

5.6.2 垫片应按下列要求进行检查，每批抽检不应少于1件：

a） 缠绕垫片不得有松散、翘曲现象，其表面不应有伤痕、空隙、凹凸不平、锈斑等缺陷；表面非金属带应均匀突出金属带；焊点不应有虚焊和过烧等缺陷；

b） 金属环垫和透镜垫的加工尺寸、精度、粗糙度应符合设计文件和产品标准的要求，密封面不得有划痕、磕痕、裂纹、疵点等缺陷；

c） 非金属平垫片的边缘应切割整齐，表面不应有翘曲变形，不应有夹渣、裂缝、气泡、外来杂质及其他影响使用的缺陷。不锈钢管道法兰用的非金属垫片，其氯离子含量不得超过50mg/kg。

5.6.3 金属环垫和透镜垫应逐件进行硬度检测。检验位置应避开密封面，检验结果应符合设计文件或产品标准的规定。

5.7 金属波纹管膨胀节的验收

5.7.1 金属波纹管膨胀节的铭牌应包括下列内容：

a） 膨胀节型式（型号）；

b） 出厂编号；

c） 膨胀节的设计压力和设计温度；

d） 膨胀节的设计位移和设计疲劳寿命；

e） 外形尺寸、总质量；

f） 制造单位名称；

g） 出厂日期。

5.7.2 金属波纹管膨胀节质量证明书应包括下列内容：

a） 膨胀节型式、型号和出厂编号；

b） 膨胀节的设计温度、设计压力、设计疲劳寿命和设计位移；

c） 波纹管和受压筒节、法兰、封头等受压件的材质证明书；

d） 膨胀节的外观检查、尺寸检查、焊接接头检测和耐压试验等项目出厂检验结论及检验员与制造单位的印章；

e） 膨胀节生产所依据的标准。

5.7.3 金属波纹管膨胀节应按下列要求逐件进行外观检查：

a） 波纹管和焊缝表面不得有裂纹、气孔、夹渣、凹坑、焊接飞溅物、划痕和机械损伤等缺陷；

b） 装有导流筒的膨胀节应有醒目的永久性介质流向箭头；

c） 装运固定件应涂有黄色标识。

5.8 爆破片安全装置的验收

5.8.1 爆破片安全装置的标志应包括下列内容：

a） 制造单位名称或商标、特种设备制造许可证编号和许可标识；

b） 爆破片的型号、形式、规格和批次编号；

c） 材料牌号、适用介质和爆破温度；

d） 标定爆破压力或设计爆破压力、泄放侧方向；

e） 泄放口公称直径、最小泄放面积；

f） 夹持器型号、规格、泄放侧方向；

g） 设备位号或管线号；

h） 制造标准；

i） 检验合格标识及监检标识。

5.8.2 爆破片安全装置质量证明书应包括下列内容：

a） 永久性标识的内容；

b） 制造范围和爆破压力允差；

c） 检验报告（包括爆破试验报告）；

d） 质量检验人员签章，监检部门印记（需要时）。

5.8.3 爆破片安全装置的规格、材质及技术参数应符合设计文件的规定，并应逐件进行外观检查。表面不得有裂纹、锈蚀、微孔、气泡、夹渣、凹坑和划伤等缺陷，衬层、涂（镀）层应均匀、致密。

5.9 阻火器的验收

5.9.1 阻火器的铭牌应包括下列内容：

a） 制造厂名称、制造许可证编号和许可标识；

b） 型号、形式和规格；

c） 产品编号；

d） 阻火性能（爆炸等级、安全阻火速度等）；

e） 设计压力、气体流量和压力降；

f） 阻火侧方向（仅对于单向阻火器）；

g） 适用气体名称、温度和公称压力；

h） 检验合格标识及监检标识；

i） 制造日期。

5.9.2 阻火器质量证明书应包括下列内容：

a） 铭牌上的内容；

b） 制造标准；

c） 检验报告；

d） 其他的特殊要求。

5.9.3 阻火器的规格、材质及技术参数应符合设计文件的规定，并应逐件进行外观检查。阻火器各构成部件应无明显加工缺陷或机械损伤，内表面有涂层时防腐涂层应完整均匀；标牌应设置牢固；明显部位应永久性标出介质流动方向；阻火器内部不得有积水、锈蚀、脏污、加工屑及损伤。

5.10 管道支承件的验收

5.10.1 管道支承件的材质、规格、型号、外观及几何尺寸应符合国家现行标准或设计文件规定。

5.10.2 弹簧支吊架上应有铭牌和位移指示板。铭牌内容包括支吊架型号、载荷范围、安装载荷、工作载荷、弹簧刚度、位移量、管线号、管架号、出厂编号及日期等。弹簧支吊架需要设置上、下定位销，定位销或块应在设计冷态值位置上。

5.10.3 减震和阻尼装置应设有铭牌。铭牌内容应包括产品名称、产品型号、制造标准、额定载荷、冷态位置、热态位置、出厂编号、出厂日期、制造单位等。

6 阀门试验

6.1 一般规定

6.1.1 阀门试验包括壳体试验、密封试验和上密封试验。

6.1.2 当设计文件、制造厂的技术文件对阀门的壳体试验、密封试验无特殊要求时，阀门应逐个进行壳体试验和密封试验；具有上密封结构的阀门，应逐个进行上密封试验。到制造厂逐件见证阀门试验并有见证记录的阀门，可以免除阀门试验。

6.1.3 试验介质为液体时，可选择水、煤油或黏度不高于水的非腐蚀性液体；试验介质为气体时，可用空气、氮气或其他惰性气体。

6.1.4 用水做试验介质时，允许添加防锈剂。不锈钢阀门试验用水的氯离子含量不得超过50mg/L。

6.1.5　氧气阀门试验介质不得含油。

6.1.6　无特殊规定时，试验介质的温度宜为5℃~38℃。当环境温度低于5℃时应采取防冻措施。

6.1.7　阀门试验前，应除去密封面上的油渍和污物，不得在密封面上涂抹防渗漏的油脂。

6.1.8　试验用的压力表，应在鉴定合格的有效期内使用，精度等级不应低于1.6级，压力表的量程宜为最大试验压力的1.5倍~2倍。试验系统的压力表不应少于2块。

6.1.9　试验介质为液体时，应排净阀门内的空气。阀门试验完毕，应及时排除阀门内的积液。不锈钢阀门应用空气或氮气吹干。

6.1.10　经过试验合格的阀门，应在阀门明显部位做好试验标识，并填写试验记录。没有试验标识的阀门不得安装和使用。

6.1.11　阀门制造厂有特殊要求时，应按制造厂要求执行。

6.2　壳体试验

6.2.1　壳体试验的试验介质应采用液体，试验压力应为阀门冷态工作压力的1.5倍。试验压力值应加大圆整到邻近0.1MPa。

6.2.2　壳体试验应符合下列要求：

a）封闭阀门的各进出端口，阀门开启1/3~2/3之间，向阀门壳体内充入试验介质，打开排气阀，排净阀门体腔内的空气，加压到试验压力的50%检查，应无泄漏、渗漏现象，然后加压到试验压力，保压时间应符合本标准表6.2.2规定，检查阀体、阀盖连接法兰、填料箱等各连接处的密封情况；

b）对可调阀杆密封结构的阀门，试验期间阀杆密封应能保持阀门的试验压力；对于不可调阀杆密封的阀门，试验期间阀杆密封不应有可见的泄漏；

c）当需使用气体介质试验时，应按GB/T 13927的有关规定执行。

表6.2.2　阀门试验保压时间

阀门公称尺寸		保持试验压力最短持续时间[a] s			
		壳体试验	上密封试验	密封试验	
DN	*NPS*			止回阀	其他阀门
≤50	≤2	15	15	60	15
65~150	2.5~6	60	60	60	60
200~300	8~12	120	60	120	120
≥350	≥14	300	60	120	120
[a] 保持压力最短持续时间是指阀门内试验介质压力升至规定值后，保持该试验压力的最少时间。					

6.2.3　壳体试验不应有结构损伤，不应有可见的液滴或外表面潮湿。

6.2.4　夹套阀门的夹套部分应以夹套设计压力的1.5倍进行液压试验，在试验压力的保压时间内，夹套的外表面不得有滴漏或潮湿。

6.3　密封试验

6.3.1　密封试验应在壳体试验合格后进行。密封试验包括高压密封试验和低压密封试验。

6.3.2　阀门高压密封试验的试验压力应为阀门冷态工作压力的1.1倍，试验介质应使用液体介质。低压密封试验压力应为0.6MPa，试验介质应使用气体介质。

6.3.3　公称尺寸不大于*DN*100且公称压力不大于*PN*250（Class1500）的阀门，公称尺寸大于*DN*100且公称压力不大于*PN*100（Class600）的阀门，密封试验应按本标准表6.3.3的规定进行。

表6.3.3　密封试验

试验名称	阀门型式					
	闸阀	截止阀	旋塞阀	止回阀	浮动式球阀	蝶阀及固定式球阀
低压密封	需要	任选[b]	需要[a]	任选[b]	需要	需要
高压密封[c]	任选[b、e]	需要[d]	任选[a、b、e]	需要	任选[b、e]	任选[b、e]

[a] 油封式旋塞阀，需做高压密封试验，低压密封任选，试验时应保留密封油脂。
[b] 如订货合同规定了“任选”，则除规定试验外还应进行该试验。
[c] 弹性密封阀门经高压密封试验后，可能会降低在低压工况的密封性能。
[d] 对于动力驱动装置和手动装置操作的截止阀，包括止回式截止阀，高压密封试验的试验压力应为确定动力驱动装置尺寸所使用的设计压差的110%。
[e] 对于规定为双截断－排放阀门的所有阀门都要求进行高压密封试验。

6.3.4　公称尺寸不大于*DN* 100且公称压力大于*PN* 250（Class 1500）的阀门，公称尺寸大于*DN* 100且公称压力大于*PN* 100（Class 600）的阀门，密封试验应按本标准表6.3.4的规定进行。

表6.3.4　密封试验

试验名称	阀门型式					
	闸阀	截止阀	旋塞阀	止回阀	浮动式球阀	蝶阀及固定式球阀
低压密封	任选[a]	任选[a]	任选[a]	任选[a]	需要	任选[a]
高压密封[b]	需要	需要[c]	需要	需要	任选[a、d]	需要

[a] 如订货合同规定了“任选”，则除规定试验外还应进行该试验。
[b] 弹性密封阀门经高压密封试验后，可能会降低在低压工况的密封性能。
[c] 对于动力驱动装置和手动装置操作的截止阀，包括止回式截止阀，高压密封试验的试验压力应为确定动力驱动装置尺寸所使用的设计压差的110%。
[d] 对于规定为双截断－排放阀门的所有阀门都要求进行高压密封试验。

6.3.5　高压密封试验应符合下列要求：

a）关闭阀门，向阀门被检查端的另一侧阀腔充满试验介质，并逐渐加压到试验压力，保压时间应符合本标准表6.2.2的规定，检查被检查端密封副的渗漏情况。阀瓣、阀座背面与阀体接触面等处，不得有可见的液滴或外表面潮湿；

b）在试验持续时间内，试验介质通过密封副的最大允许泄漏率应符合本标准表6.3.5的规定。

表6.3.5　密封试验的最大允许泄漏率

阀门规格		所有弹性密封副阀门	除止回阀外的所有金属密封副阀门		金属密封副止回阀	
DN mm	*NPS* in		液体试验[a] 滴/min	气体试验 气泡/min	液体试验 cm^3/min	气体试验 m^3/h
≤50	≤2	0	0[b]	0[b]	6	0.08
65	2.5		5	10	7.5	0.11
80	3		6	12	9	0.13
100	4		8	16	12	0.17
125	5		10	20	15	0.21
150	6		12	24	18	0.25
200	8		16	32	24	0.34
250	10		20	40	30	0.42
300	12		24	48	36	0.50
350	14		28	56	42	0.59

表6.3.5　密封试验的最大允许泄漏率（续）

阀门规格		所有弹性密封副阀门	除止回阀外的所有金属密封副阀门		金属密封副止回阀	
DN mm	NPS in		液体试验[a] 滴/min	气体试验 气泡/min	液体试验 cm³/min	气体试验 m³/h
400	16	0	32	64	48	0.67
450	18		36	72	54	0.76
500	20		40	80	60	0.84
600	24		48	96	72	1.01
650	26		52	104	78	1.09
700	28		56	112	84	1.18
750	30		60	120	90	1.26
800	32		64	128	96	1.34
900	36		72	144	108	1.51
1000	40		80	160	120	1.68
1050	42		84	168	126	1.76
1200	48		96	192	144	2.02

[a] 对于液体试验介质，1mL（cm^3）相当于16滴。

[b] 在规定的最短试验时间内（见表6.2.2）无渗漏，对于液体试验，"0"滴表示在每个规定的最短试验时间内无可见渗漏；对于气体试验，"0"气泡表示在每个规定的最短试验时间内泄漏量小于1个气泡。

6.3.6　低压密封试验应符合下列要求：

a）关闭阀门，向阀门被检查端的另一侧阀腔充满试验介质，并逐渐加压到试验压力，保压时间应符合本标准表6.2.2规定，检查被检查端密封副的渗漏情况，阀瓣、阀座背面与阀体接触面等处应无气泡漏出；

b）在试验持续时间内，试验介质通过密封副的最大允许泄漏率应符合本标准表6.3.5的规定。

6.3.7　公称压力小于*PN*10且公称直径等于或大于*DN*600的闸阀可不单独进行密封试验，宜用色印方法对闸板密封副进行检查，接合面连续为合格。

6.3.8　密封试验引入介质和施加压力的方向应符合下列要求：

a）规定了介质流向的阀门应按介质流向引入介质和施加压力；

b）没有规定介质流向的阀门应分别沿每端引入介质和施加压力；

c）有两个密封副的阀门应向两个密封副之间的体腔内引入介质和施加压力；

d）止回阀应在出口端引入介质和施加压力。

6.4　上密封试验

6.4.1　除波纹管密封阀门外，其他具有上密封性能的阀门应进行上密封试验。上密封试验宜在壳体试验时进行。

6.4.2　阀门上密封试验的试验压力应为阀门冷态工作压力的1.1倍，试验介质应使用液体介质。

6.4.3　上密封试验应符合下列要求：

a）封闭阀门的进出各端口，松开填料压盖，将阀门打开使上密封关闭；

b）向腔内充满试验介质，逐渐加压到试验压力，保压时间应符合表6.2.2的规定；

c）观察阀杆填料处的情况，不得有可见的液滴或外表面潮湿。

6.5　安全阀调整试验

6.5.1　安全阀应进行整定压力、密封性能、回座压力校验，并应符合下列要求：

a）整定压力试验不得少于3次，当整定压力小于或等于0.5MPa时，实测整定值与要求整定值的允许误差为±0.015MPa；当整定压力大于0.5MPa时，允许误差为±3%的整定压力；

b）整定压力调整合格后，进行密封试验。当整定压力小于或等于0.3MPa时，密封试验压力应当比整定压力低0.03MPa；当整定压力大于0.3MPa时，密封试验压力为90%整定压力；

c）回座压力进行校验时，如设计文件无规定，回座压力应不小于工作压力的0.9倍；

d）对于弹簧直接载荷式安全阀应符合GB/T 12243的相应规定。

6.5.2 安全阀调整试验合格后，应重新进行铅封。

6.5.3 铅封处一面为校验单位的代号标识，另一面为校验人员的代号标识；铅封处所挂标牌应有校验机构名称及代号、校验编号，安装的设备编号，整定压力和下次校验时间；校验报告依据校验记录出具，并按校验机构质量管理体系的要求签发。

6.5.4 安全阀调整试验的介质应符合下列要求：

a）当工作介质为气体时，试验介质应采用空气；

b）当工作介质为液体时，试验介质应采用水。

7 管道预制及安装

7.1 管道预制

7.1.1 管道预制加工应按现场审查确认的单线图进行，预制加工单线图上应标注管线号、焊口编号、现场安装焊口位置。

7.1.2 管道预制过程中应核对并保留管道组成件的标志，并做好标志的移植。低温钢管道和不锈钢管道组成件进行标志移植时，不得使用钢印作标志。

7.1.3 碳钢、碳锰钢可采用机械加工或火焰方法切割。含镍低温钢和铬钼合金钢宜采用机械加工方法切割。不锈钢应采用机械加工或等离子方法切割。若采用火焰或等离子切割，切割后应采用机械加工或打磨方法消除熔渣和氧化皮，使表面平整并露出金属光泽。

7.1.4 不锈钢管道组成件采用砂轮切割或修磨时，应使用专用砂轮片。

7.1.5 弯管最小弯曲半径应符合设计文件要求，当设计文件未规定时，应符合本标准表7.1.5的规定。

表7.1.5 弯管最小弯曲半径

管道设计压力 MPa	弯管制作方式	最小弯曲半径
<10	热弯	$3.5D_o$
	冷弯	$4.0D_o$
≥10	冷、热弯	$5.0D_o$
注：D_o为管子外径。		

7.1.6 弯管制作后，表面不得有裂纹、过烧、分层、严重褶皱等缺陷。弯曲部位的最小壁厚不得小于管子名义壁厚的90%，且不应小于相应产品标准和设计文件规定的最小壁厚。弯管处的最大外径与最小外径之差，应符合下列规定：

a）SHA1和SHB1级管道应小于弯制前管子外径的5%；

b）其他等级管道应小于弯制前管子外径的8%；

c）受外压的弯管应小于弯制前管子外径的3%。

7.1.7 弯管制作后，直管段中心线偏差Δ不得大于1.5mm/m，且不得大于5mm，中心线偏差示意见图7.1.7。

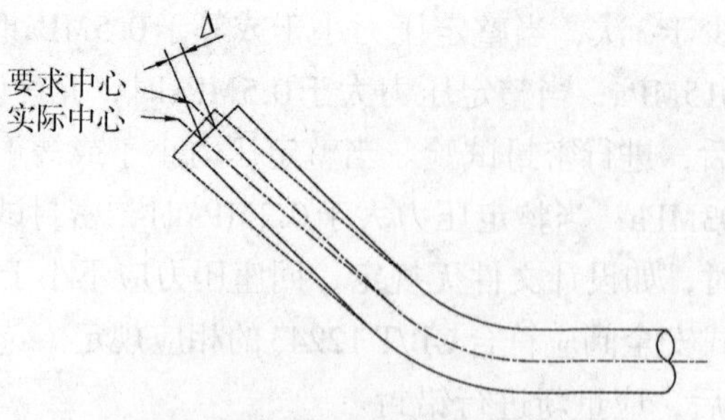

图 7.1.7　中心线偏差示意

7.1.8　钢管热弯或冷弯后的热处理，应符合下列要求：

a）钢管的热弯温度及热处理如设计文件未做规定，应按本标准表 7.1.8-1 的规定进行；

表 7.1.8-1　钢管热弯温度及热处理

母材类别[a]	热弯温度 ℃	热处理要求	布氏硬度 HBW
碳钢	900~1050	900℃~920℃正火	≤156
碳锰钢、Cr≤0.5% 的铬钼合金钢	800~1050	900℃~920℃正火	≤170
0.5%<Cr≤2% 的铬钼合金钢	800~1050	980℃~1020℃正火加 720℃~760℃回火	≤180
2.25%≤Cr≤10% 的铬钼合金钢	800~1050	850℃~875℃完全退火或 725℃~750℃高温回火	≤230
奥氏体不锈钢[b]	900~1200	1050℃~1100℃固溶	≤190

[a] 表中未列入的钢号，应按该材料供货状态的要求进行热处理。
[b] 含铌、钛的奥氏体不锈钢应进行固溶加稳定化处理。

b）符合下列规定的钢管冷弯后，应进行消除应力热处理：

1）壁厚大于 19mm 的碳钢和碳锰钢钢管；

2）公称直径大于 *DN*100 或壁厚大于 13mm 的铬钼合金钢和含镍低温钢钢管；

3）有应力腐蚀的冷弯弯管；

4）要求进行冲击试验的材料冷弯成形应变率大于 5% 时；

c）钢管冷弯后热处理应符合表 7.1.8-2 的规定。

表 7.1.8-2　钢管冷弯后热处理

母材类别	热处理要求	布氏硬度 HBW
碳钢；碳锰钢（C-Mn）	600℃~650℃退火	≤170
Cr≤0.5% 的铬钼合金钢	700℃~720℃退火	≤225
0.5%<Cr≤2% 的铬钼合金钢	700℃~750℃退火	≤225
2.25%≤Cr≤10% 的铬钼合金钢	700℃~760℃退火	≤230
奥氏体不锈钢	按设计文件要求	≤190

d）管子弯曲成形应变率应按式（7.1.8-1）和式（7.1.8-2）计算，计算后取两者中的较大值：

$$应变率(\%)=\frac{50D_o}{R} \qquad (7.1.8\text{-}1)$$

$$应变率(\%)=\left(\frac{T_1-T_2}{T_1}\right)\times 100 \qquad (7.1.8\text{-}2)$$

式中：

D_o——管子外径，mm；

R——管子中心线弯曲半径，mm；

T_1——管子初始平均厚度，mm；

T_2——成形后管子最小厚度，mm。

e）热处理时的加热速度和冷却速度应符合本标准第8.4.8条的规定。

7.1.9 符合下列条件的弯管弯制后，应逐件进行磁粉检测或渗透检测，并填写弯管加工记录，参见附录B。若有线性缺陷应予以修磨，修磨后的实际壁厚不应小于相应产品标准和设计文件规定的最小厚度：

a）设计压力等于或大于10MPa；

b）输送SHA1（1）介质；

c）输送SHA1（2）极度危害介质。

7.1.10 经热处理的弯管应在变形量较大的部位进行硬度检测，硬度值应符合本标准表7.1.8的规定。

7.1.11 除设计另有规定外，斜接弯头的焊接接头应采用全焊透型式。

7.1.12 夹套管制作应符合设计文件和GB 50517的有关规定。

7.1.13 管道采用管端透镜垫密封和螺纹法兰连接时，螺纹和管端密封面的加工、检查应符合设计文件和相关标准的规定，并有相应的检查记录。

7.1.14 检查合格后的管道预制组件应有管线号、焊口号、焊工号、焊接日期、无损检测标识和材料标识等标志，且与单线图一致。其内部不得有砂土、铁屑、熔渣及其他杂物，并封闭。存放时应防止损伤和污染。

7.1.15 现场制作的管道支吊架材料应有质量证明书。

7.2 管道安装

7.2.1 管道安装前，应逐件清除管道组成件内部的杂物。清除合格后，应及时封闭。

7.2.2 管道上的开孔应在管段安装前完成。在已安装的管道上开孔时，管内因切割而产生的异物应清除干净。

7.2.3 采用金属环垫或透镜垫密封的法兰连接装配前，法兰环槽（或管端面）密封面与金属环垫或透镜垫应做接触线检查。当金属环垫或透镜垫在密封面上转动45°后，检查接触线不得有间断现象，否则应进行研磨修理。

7.2.4 法兰连接装配时，应检查法兰密封面及垫片，不得有影响密封性能的划痕、锈斑等缺陷存在。

7.2.5 连接法兰的螺柱应能在螺柱孔中顺利通过。螺柱与螺母装配时宜涂二硫化钼油脂、石墨机油或石墨粉。紧固后的螺柱与螺母宜齐平或露出1个~2个螺距，同侧螺栓露出部分应齐平。

7.2.6 设计文件规定有预紧力或力矩的法兰连接螺柱应拧紧到预定值。法兰螺栓紧固宜按GB/T 38343的要求执行，使用测力扳手时应预先经过校验，允许偏差为±5%。

7.2.7 法兰密封面间的平行度应符合本标准表7.2.7的规定。

表7.2.7 法兰密封面间的平行度

单位：mm

管道等级	平行度	
	DN≤300	DN>300
SHA1、SHA2、SHB1、SHB2	≤0.4	≤0.7
SHA3、SHA4、SHB3、SHB4	≤0.6	≤1.0

7.2.8 与转动机器（以下简称机器）连接的管道，其固定焊口应远离机器。管道安装应符合下列要求：

a） 管道的重量和其他外力不得作用在机器上；

b） 管道的水平度或垂直度应小于1mm/m。气体压缩机入口管道因水平偏差造成的坡度，宜坡向分液罐一侧；

c） 管道与机器连接前，应在自由状态下检查配对法兰的平行度和同轴度，当设计文件或制造厂文件未规定时，与机器连接法兰密封面平行度和同轴度应符合本标准表7.2.8的规定；

d） 配对法兰在自由状态下的间距，宜为顺利插入垫片的最小距离；

e） 与机器连接的管道及其支、吊架安装完毕后，应卸下接管上的法兰螺柱，在自由状态下所有螺柱应能在螺栓孔中顺利通过。

表7.2.8 与机器连接法兰密封面平行度和同轴度

机器旋转速度 r/min	平行度 mm	同轴度 mm
<3000	≤D_o/1000且不大于1	全部螺栓顺利穿入
3000~6000	≤0.15	≤0.50
>6000	≤0.10	≤0.20
注：D_o为法兰外径。		

7.2.9 机器试车前，应对管道与机器的连接法兰进行最终连接检查。检查时，应在联轴器或机器支脚处架设百分表监视其位移，然后松开和拧紧法兰连接螺柱进行观测。当转速大于6000r/min时，其位移值应小于0.02mm；当转速为3000r/min至6000r/min时，其位移值应小于0.05mm。

7.2.10 管道系统试运行时，高温或低温管道的连接螺柱，应按下列规定分别进行热态紧固或冷态紧固：

a） 螺柱热态紧固或冷态紧固作业的温度应符合本标准表7.2.10的规定；

表7.2.10 螺柱热态紧固或冷态紧固作业温度

单位：℃

工作温度	一次热紧、冷紧温度	二次热紧、冷紧温度
250~350	工作温度	—
>350	350	工作温度
−70 ~ −29	工作温度	—
<−70	−70	工作温度

b） 紧固作业应在表7.2.10规定的温度稳定后进行；

c） 紧固管道连接螺柱时，管道的最大内压力应符合下列规定：

1） 当设计压力小于或等于6MPa时，热态紧固的最大内压力应小于0.3MPa；

2） 当设计压力大于6MPa时，热态紧固的最大内压力应小于0.5MPa；

3） 冷态紧固应在卸压后进行；

d） 螺柱紧固应有安全技术措施，保障操作人员的安全；

e） 安装阶段采用力矩扳手紧固至规定力矩值时，当无泄漏时，可不再进行螺栓热态或冷态紧固。

7.2.11 对于孔板、喷嘴、文丘里喷嘴和文丘里管等测量流体流量的差压装置，上、下游直管段的长度应符合设计文件要求，且在此范围内的焊缝内表面应与管道内表面平齐。

7.2.12 管道上仪表取源部件的安装应符合SH/T 3551的有关规定。

7.2.13 设计文件有静电接地要求的管道，应对法兰或螺纹连接接头进行电阻值测定。当法兰或螺纹连接接头间电阻值大于0.03Ω时，应有导线跨接并符合SH/T 3097和设计文件的有关规定。接地电阻值、接地位置及连接方式应符合设计文件要求。

7.2.14　不锈钢管道静电接地专用接地板应采用不锈钢板制作，接地引线不得与不锈钢管直接连接。

7.2.15　管道的静电接地安装完毕测试合格后，应及时填写管道静电接地测试记录。

7.2.16　“Π”形补偿器安装，应按设计文件规定进行预拉伸或预压缩，允许偏差为预伸缩量的10%，且不大于10mm。“Π”形补偿器水平安装时，平行臂和垂直臂的坡度应符合设计文件的规定。

7.2.17　管道预拉伸或预压缩前应具备下列条件：

a）预拉伸或预压缩区域内固定支架间所有焊缝（预拉伸或预压缩口除外）已焊接完毕，需热处理的焊缝已做热处理，并经检验合格；

b）预拉伸或预压缩区域支吊架已安装完毕，管子与固定支架已固定；

c）预拉伸或预压缩区域内的所有连接螺柱已紧固。

7.2.18　管道预拉伸或预压缩时，焊接接头组对所使用的工、卡具，应待该焊接接头的焊接及热处理工作完毕并经检验合格后，方可拆除。

7.2.19　金属波纹管膨胀节安装应按下列要求进行：

a）金属波纹管膨胀节内导流筒焊接固定端，在水平管道上应位于介质流入侧，在垂直管道上应置于上部或按设计文件规定；

b）金属波纹管膨胀节应与管道保持同轴，不得偏斜；

c）管道的安装偏差不得利用金属波纹管膨胀节的变形来调整或弥补；

d）在安装过程中不得拆除或松开金属波纹管膨胀节的装运固定件。但在管道系统运行前，应按产品技术文件的要求拆除或松开金属波纹管膨胀节的装运固定件。

7.2.20　管道补偿装置安装调试合格后，应做好安装记录。

7.2.21　阀门安装前，应按设计文件核对其型号，并应按介质流向确定其安装方向。对安装有特殊要求的阀门应按设计文件要求或产品技术文件安装。

7.2.22　安全阀安装应符合下列规定：

a）调整试验合格的安全阀，在搬运和安装过程中应保护好铅封；

b）安全阀应垂直安装；

c）安全阀入口加设的盲板或安全阀上的压紧装置在系统气密前拆除。

7.2.23　爆破片应安装在相应的夹持器内，并在系统运行前的所有工序完成后安装。安装方向应与产品技术文件或铭牌上箭头指示方向相同。

7.2.24　管道中的阻火器应按产品技术文件或铭牌上箭头指示方向安装。

7.2.25　安全液封应垂直安装，垂直度不应超过1/1000，标高允许偏差应为 ± 5mm。

7.2.26　支吊架位置及型式应符合设计文件的规定。管道安装时，应及时进行支吊架的固定和调整工作。支吊架安装应牢固，管子和支承面应接触良好。固定支架的安装位置应做好记录。

7.2.27　不锈钢管道与支吊架上碳钢材料之间应垫入不锈钢薄板或氯离子含量不超过50mg/kg的非金属材料隔离垫。

7.2.28　吊杆应垂直安装。当设计文件要求支吊架偏置安装时，偏置量和偏置方向应符合设计文件的规定。

7.2.29　导向支架或滑动支架的滑动面应洁净平整，不得有歪斜和卡涩现象。管道绝热层不得妨碍其位移。

7.2.30　弹簧支吊架应按设计文件和产品技术文件的规定进行安装调整。定位销或块应在试车前拆除。

7.2.31　支架与管道焊接时，管子表面不得有咬边现象。

7.2.32　管道安装完毕后，支吊架的型式和位置应按设计文件逐个核对。

7.2.33　管道系统安装完毕后应检查材质标志。铬钼合金钢、含镍低温钢、不锈钢发现无标志时应采用光谱分析验证性检查。

7.2.34　夹套管安装应符合GB 50517的有关规定。

7.2.35 管道穿过建筑物的过墙套管时，套管与管道之间的空隙应采用不燃烧材料密封。管道上的焊缝不应布置在套管内，与套管端部的距离不应小于150mm。套管应高出楼面或屋顶50mm，穿墙的套管长度不得小于墙厚。穿过屋顶的管道应有防水肩和防雨帽。

7.2.36 管道安装的允许偏差应符合本标准表7.2.36的规定。

表7.2.36 管道安装的允许偏差

单位：mm

项目			允许偏差
坐标	架空及地沟	室外	25
		室内	15
	埋地		60
标高	架空及地沟	室外	± 20
		室内	± 15
	埋地		± 25
水平管道直线度		$DN\leqslant100$	0.2% L，且≤50
		$DN>100$	0.3% L，且≤80
立管垂直度			0.5% L，且≤30
成排管道间距			± 10
交叉管的外壁或绝热层间距			± 20
注：L—管子的有效长度；DN—管子的公称直径。			

8 管道焊接

8.1 一般规定

8.1.1 管道施焊前，应按NB/T 47014评定合格的焊接工艺评定报告编制焊接工艺规程。焊工应按焊接工艺规程施焊。

8.1.2 焊工应持有效的资格证书，并在合格项目内从事管道的焊接。

8.1.3 焊材应具有产品质量证明书。焊材应包装完好，无破损、受潮现象，焊材标识应内容完整，清晰可辨。焊条的药皮不得有脱落或明显裂纹。焊丝在使用前应清除其表面的油污、锈蚀等。焊剂应干燥、清洁、无夹杂物。除焊条说明书对库存期另有规定外，库存期不宜超过5年，超过5年的焊条应检查外观并进行工艺性能试验，符合要求后方可使用。焊材质量应符合NB/T 47018的要求。

8.1.4 焊条、焊剂应按说明书的要求进行烘烤，并在使用过程中保持干燥。

8.1.5 管道的施焊环境若出现下列情况之一时，应采取防护措施，否则，应停止焊接工作：

a） 焊条电弧焊焊接时，风速等于或大于8m/s；

b） 气体保护焊焊接时，风速等于或大于2m/s；

c） 相对湿度大于90%；

d） 下雨或下雪时露天作业；

e） 环境温度低于−20℃。

8.1.6 钨极氩弧焊宜用铈钨棒。氩气的纯度应为99.99%。

8.1.7 管道不得使用氧乙炔焰焊接。

8.1.8 每道焊缝应有管线号、焊缝编号、焊工代号，并应在管线单线图中标明。

8.2 焊前准备与接头组对

8.2.1 管道焊缝的设置应便于焊接、热处理及检验，并应符合下列要求：

a） 除采用定型弯头外，管道焊缝的中心与弯管起弯点的距离不应小于管子外径，且不应小于100mm；

b） 管道焊缝不宜在管托的范围内，若焊缝被管托覆盖，则被覆盖的焊缝部位应进行100% 射线检测。需要热处理的焊缝，外侧距支吊架边缘的净距离宜大于焊缝宽度的5倍，且不应小于100mm；

c） 除定型管件外，直管段上两条对接焊缝间的距离不应小于3倍焊件的厚度，需焊后热处理时，不应小于6倍焊件的厚度，且应符合下列要求：

1） 管道公称直径小于*DN*150时，焊缝间的距离不应小于外径，且不应小于50mm；

2） 管道公称直径等于或大于*DN*150时，焊缝间的距离不宜小于150mm；

d） 卷管环向焊接接头对口时，相邻管子的两纵向焊缝应错开，错开的间距不应小于100mm；

e） 焊制管件无法避免十字焊缝或焊缝的错开距离小于100mm时，该部位焊缝应经射线检测合格，检测长度不应小于250mm；

f） 在焊接接头及其边缘上不宜开孔。若开孔，应对开孔中心1.5倍开孔直径范围内的焊接接头进行100% 无损检测，检测方法及合格标准应符合相应的管道级别要求。

8.2.2 焊接接头的坡口形式、尺寸及组对要求，应符合焊接工艺规程的规定。

8.2.3 管子坡口宜用机械方法加工。当采用火焰或等离子方法加工时，加工后应除去影响焊接质量的表面层。

8.2.4 下列管子坡口采用热加工方法时，坡口表面应进行表面无损检测，检测比例应符合下列要求，检测结果不得有线性缺陷：

a） 铬钼合金钢、材料标准抗拉强度下限值等于或大于540MPa钢材的管子坡口检测比例应为100%；

b） 设计温度低于-29℃的非奥氏体不锈钢管子的坡口检测比例应为5%，当有不合格时，应按本标准5.1.12条规定加倍检测。

8.2.5 管道组成件对接环焊缝组对时，应使内壁平齐，其错边量不应超过壁厚的10%，且应符合下列规定：

a） 质量检查等级为1级的管道不应大于1mm，其他级别的管道不应大于2mm；

b） 壁厚不同的管道组对，当管道壁厚的内壁差大于a）款规定或（和）外壁差大于2.0mm时，外壁齐平不同壁厚管道组成件坡口侧加工应按图8.2.5-1的要求加工；内壁齐平不同壁厚管道组成件坡口侧加工应按图8.2.5-2的要求加工；内外壁均不齐平不同壁厚管道组成件坡口侧加工应按图8.2.5-3的要求加工。

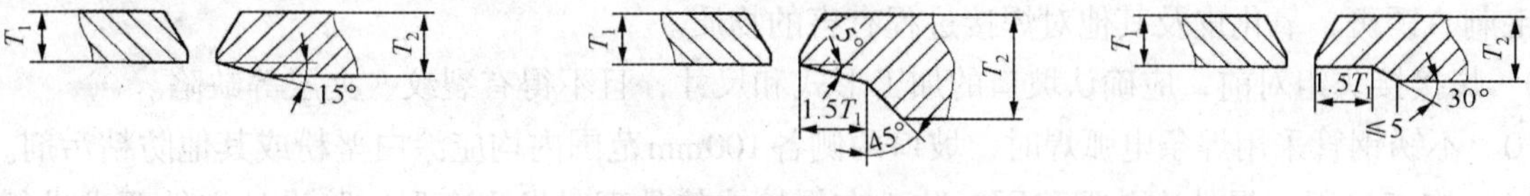

a） $T_2-T_1 \leqslant 10$mm　　b） $T_2-T_1 > 10$mm　　c） $T_2-T_1 \leqslant 5$mm

图8.2.5-1　外壁齐平不同壁厚管道组成件坡口侧加工

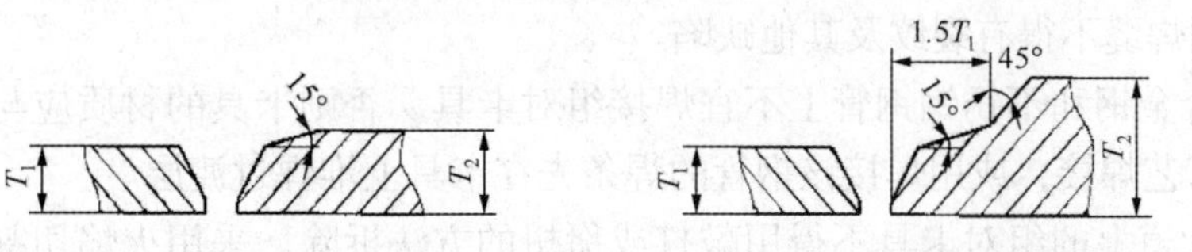

a） $T_2-T_1 \leqslant 10$mm　　b） $T_2-T_1 > 10$mm

图8.2.5-2　内壁齐平不同壁厚管道组成件坡口侧加工

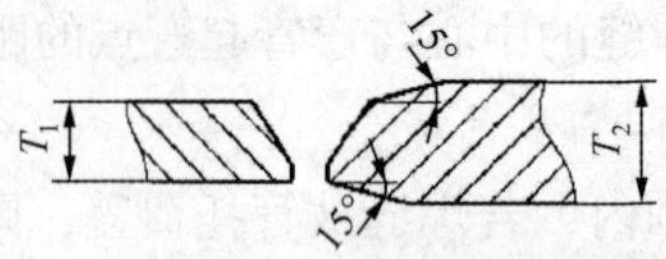

图8.2.5-3 内外壁均不齐平不同壁厚管道组成件坡口侧加工

8.2.6 支管或支管座焊接连接接头的制备和组对应符合下列规定：

a） 根部间隙g应符合焊接工艺卡的要求；

b） 安放式支管的端部制备及组对应符合图8.2.6-1的要求；

c） 插入式支管的主管端部制备及组对应符合图8.2.6-2的要求；

d） 支管座与主管的端部制备及组对应符合图8.2.6-1的要求；

e） 主管开孔与支管组对时的错边量m应取0.5倍的支管名义厚度或3.2mm两者中的较小值，必要时可进行堆焊修正。

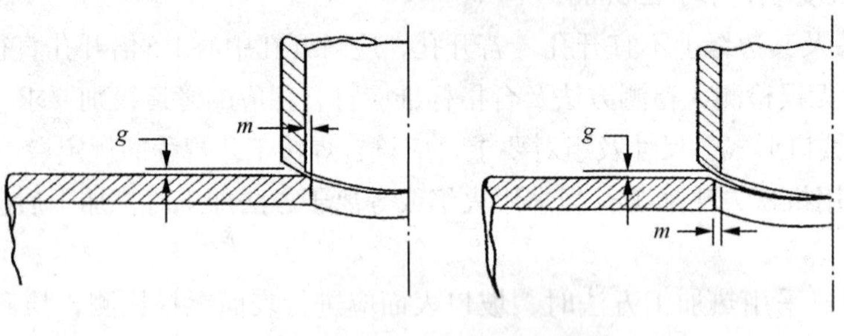

图8.2.6-1 安放式支管连接接头组对

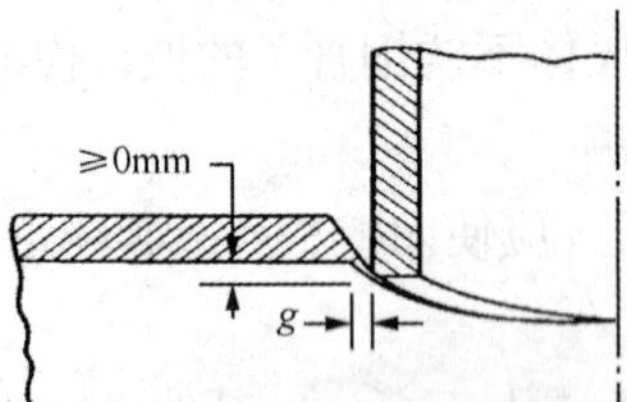

图8.2.6-2 插入式支管连接接头组对

8.2.7 承插焊焊接接头组对时，端面间隙b宜为1mm~3mm，参见图8.5.3。但机组的循环油、控制油、密封油管道承口与插口的轴向不宜留间隙。

8.2.8 焊接接头组对前，应用手工或机械方法清理其内外表面，在坡口两侧20mm范围内不得有油漆、毛刺、锈斑、氧化皮及其他对焊接过程有害的物质。

8.2.9 焊接接头组对前，应确认坡口的加工形式和尺寸，且不得有裂纹、夹层等缺陷。

8.2.10 不锈钢管采用焊条电弧焊时，坡口两侧各100mm范围内均应涂白垩粉或其他防粘污剂。

8.2.11 施工过程中焊件应放置稳固，防止在焊接或热处理时发生变形。除设计文件要求进行冷拉伸或冷压缩外，不得强力组对焊接接头。

8.2.12 定位焊应与根部焊道的正式焊接工艺相同。

8.2.13 定位焊的焊缝不得有裂纹及其他缺陷。

8.2.14 在铬钼合金钢和不锈钢钢管上不宜焊接组对卡具。否则卡具的材质应与管材相近，并采用评定合格的焊接工艺焊接，或用焊接该钢管的焊条先在卡具上堆焊过渡层。

8.2.15 焊接在管道上的组对卡具不得用敲打或掰扭的方法拆除。采用火焰切割时，应在离管道表面2mm~3mm处切割，并进行修磨。下列钢材修磨后还应做表面无损检测，合格等级应符合管道相应等级要求：

a） 铬钼合金钢；

b） 标准抗拉强度下限值等于或大于540MPa的钢材。

8.3 焊接工艺要求

8.3.1 管道组成件焊前预热温度应符合本标准表8.3.1的规定，并通过焊接工艺评定验证。中断焊接后需要继续焊接时，应重新预热。

表8.3.1 管道组成件焊前预热要求

母材类别	名义壁厚 mm	附加限制条件	最低预热温度 ℃
碳钢	>25	—	95
Cr≤0.5% 的铬钼合金钢	≤13	母材最小抗拉强度>450MPa	95
	>13	—	
0.5%<Cr≤2% 的铬钼合金钢	全部	—	120
2.25%≤Cr≤10% 的铬钼合金钢	全部	母材最小抗拉强度≤414MPa	150
	全部	母材最小抗拉强度>414MPa	200
	>13	Cr>6.0%	200
1.5Ni~2.5Ni	全部	—	120
3.5Ni	全部	—	150

8.3.2 预热时应在坡口两侧均匀进行加热，预热范围应为坡口中心两侧各不小于壁厚的5倍，且不小于100mm，并防止局部过热。对于无预热要求的钢种，当焊件温度低于10℃时，应对焊件进行加热，加热温度不应低于10℃。

8.3.3 铬钼钢焊接应按SH/T 3520的规定进行，铬镍不锈钢、不锈钢复合钢焊接应按SH/T 3523的规定进行，低温钢焊接应按SH/T 3525的规定进行，异种钢焊接应按SH/T 3526的规定进行。

8.3.4 施焊时不得在焊件表面引弧或试验电流。含镍低温钢、不锈钢、铬钼合金钢以及材料标准抗拉强度下限值等于或大于540MPa的钢材管道，焊件表面不得有电弧擦伤等缺陷。

8.3.5 公称直径等于或大于*DN*500管道的对接焊缝，宜采用单面焊双面成形的焊接工艺或在焊缝内侧根部进行封底焊；公称直径小于*DN*500的管道对接焊缝的根部焊道应采用氩弧焊。

8.3.6 焊接过程中应保证起弧和收弧处的质量。收弧时应将弧坑填满，多层多道焊接头应相互错开。

8.3.7 除焊接工艺或检验要求需分次焊接外，每条焊缝应一次连续焊完。如因故中断，应采取防裂措施。继续焊接时应进行检查，确认焊缝无裂纹后方可按原工艺继续施焊。

8.3.8 焊接工艺规程中规定焊接线能量的焊缝，施焊过程中焊接线能量应处于焊接工艺规程规定的范围内。

8.3.9 焊接工艺规程中规定道间温度的焊缝，施焊过程中应测量道间温度，并处于焊接工艺规程规定的范围内。

8.3.10 对焊接连接的阀门施焊时，应将阀门适度开启。焊缝根部焊道应采用氩弧焊。所采用的焊接顺序、焊接工艺及热处理，不应影响阀座的密封性能。

8.3.11 支管座与主管连接应全焊透，盖面填角焊缝应平滑过渡到主管。当支管座与主管的连接接头有无损检测要求时，应按本标准表8.5.7的要求检测合格后方可进行支管与支管座的组对。

8.3.12 被补强圈、鞍座等覆盖的焊缝，应经过100%无损检测合格后，方可进行补强圈、鞍座等的焊接。

8.3.13 焊接完毕后，应及时将焊缝表面的熔渣及附近的飞溅物清理干净。奥氏体不锈钢、双相不锈钢焊接接头焊后应按设计文件规定进行酸洗与钝化处理。

8.4 焊后热处理

8.4.1 焊后热处理工艺应在焊接工艺规程中规定，并经焊接工艺评定验证。除设计文件另有规定外，常用钢材焊接接头的热处理温度，宜按本标准表8.4.1的规定确定。奥氏体不锈钢焊接接头稳定化处理、固溶处理应符合设计文件要求。采用感应加热法进行热处理时，应符合相应规范要求。低温钢焊后热处理应符合SH/T 3525的规定。

表8.4.1 常用钢材焊接接头热处理基本要求

母材类别	名义厚度δ mm	碳含量 %	热处理温度 ℃	相应焊后热处理厚度下，最短保温时间 h		布氏硬度 HBW
				≤50mm	>50mm	
碳钢	>20[a]	全部	600~650			不要求[b]
Cr≤0.5%	≤16	>0.25	600~650			≤225
	>16	全部				
0.5%<Cr≤2%	≤13	>0.15	650~700			≤225
	>13	全部				
2.25%≤Cr≤3%	≤13	>0.15	700~760	$\frac{\delta}{25}$，最少0.5	$2+\frac{\delta-50}{100}$	≤241
	>13	全部				
3%<Cr≤10%	全部	全部	700~760			≤241
1.5%~2.5%Ni	≤13	>0.15	600~650			—
	>13	全部				
3.5Ni	>16	全部	600~650			—

[a] 对于特定腐蚀介质的管道，全部厚度应根据设计要求进行热处理。
[b] 设计有硬度要求时执行设计文件。

8.4.2 对接焊缝的热处理名义厚度应为焊接接头处较厚的工件名义厚度。

8.4.3 支管连接时，热处理名义厚度应按主管或支管的厚度确定，而不考虑支管连接件（包括整体补强或非整体补强件）的厚度。但如果任一截面上支管连接的焊缝厚度大于表8.4.1规定需要热处理的材料名义厚度2倍时，应进行焊后热处理。支管连接的焊缝厚度计算应符合下列规定：

a） 安放式焊接支管见图8.4.3a），焊缝厚度应取支管的名义厚度T_b和角焊缝的计算有效厚度t_c的和，t_c应取0.7倍的支管名义厚度或6.4mm两者中的较小值；

b） 插入式焊接支管见图8.4.3b），焊缝厚度应取主管的名义厚度T_h和角焊缝的计算有效厚度t_c的和；

c） 带补强板的安放式焊接支管见图8.4.3c），焊缝厚度应取下列值中的较大值：

1）支管的名义厚度T_b和角焊缝的计算有效厚度t_c的和；

2）补强板的名义厚度T_r和角焊缝的计算有效厚度t_c的和；

d） 带补强板的插入式焊接支管见图8.4.3d），焊缝厚度应取主管的名义厚度T_h、补强板的名义厚度T_r和角焊缝的计算有效厚度t_c的三者之和；

e） 支管座和主管的连接见图8.4.3 e）、f）、g）。支管座的焊缝厚度，应取支管座坡口焊缝厚度T_m和填角焊缝的计算有效厚度t_c的和。

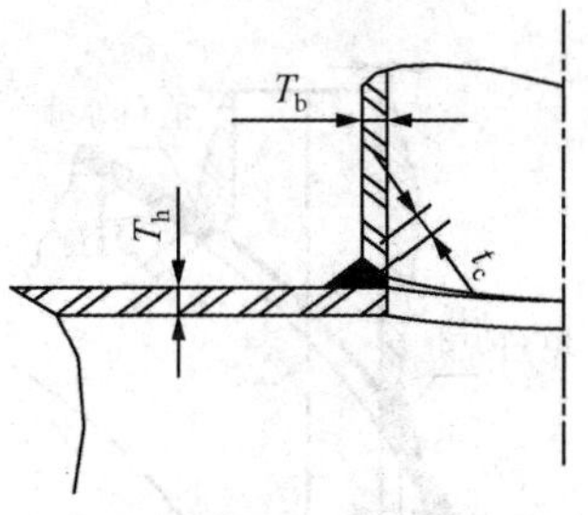

a）安放式焊接支管

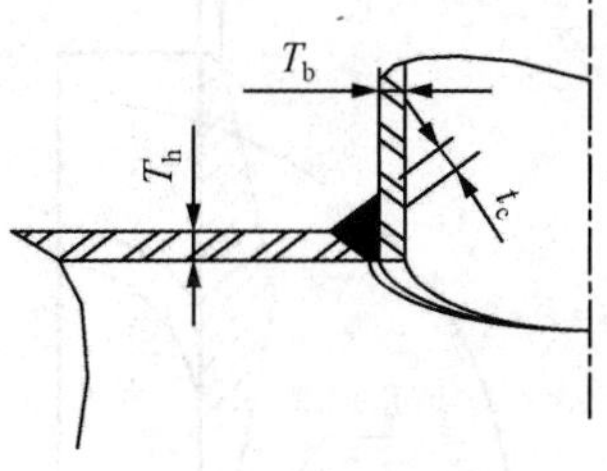

b）插入式焊接支管

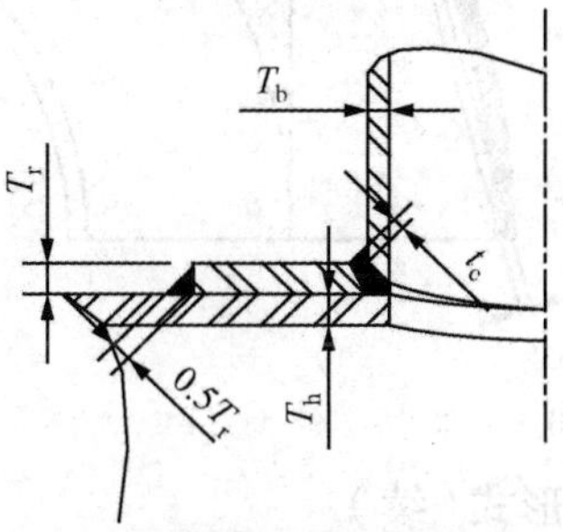

c）带补强板的安放式焊接支管

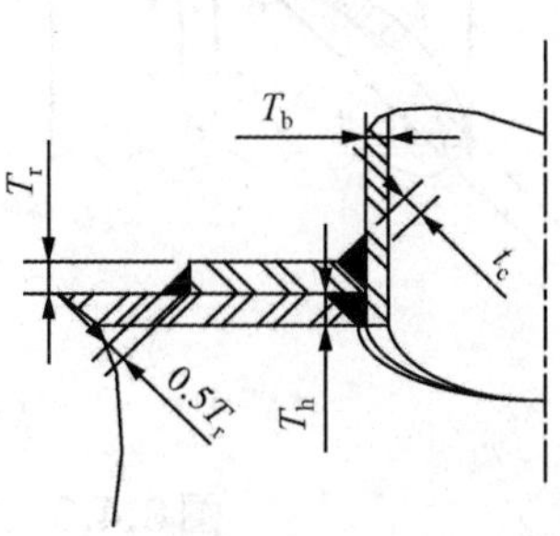

d）带补强板的插入式焊接支管

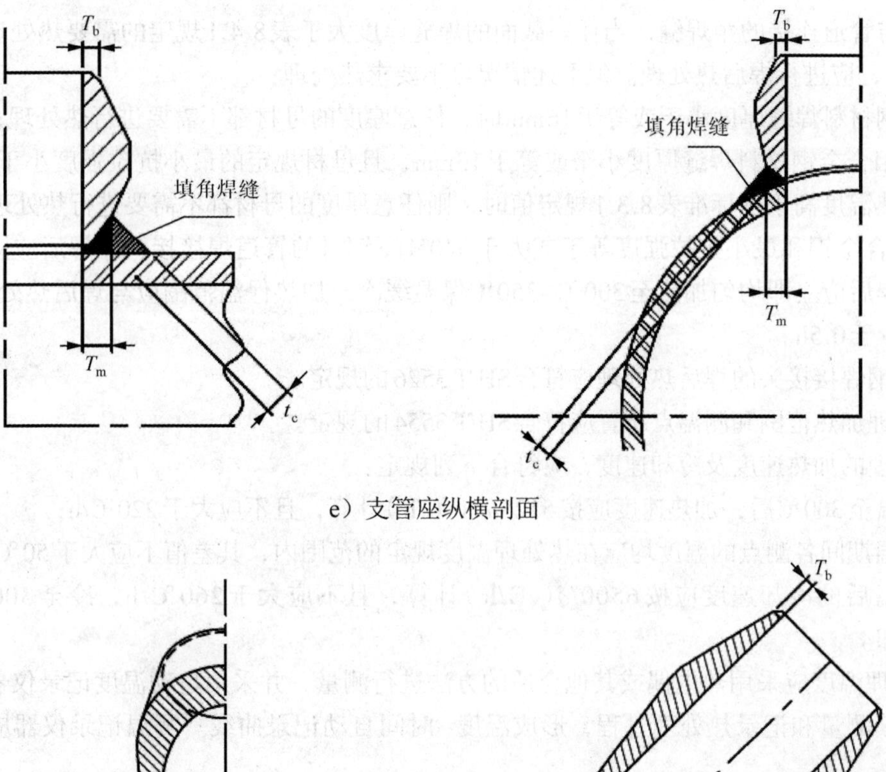

e）支管座纵横剖面

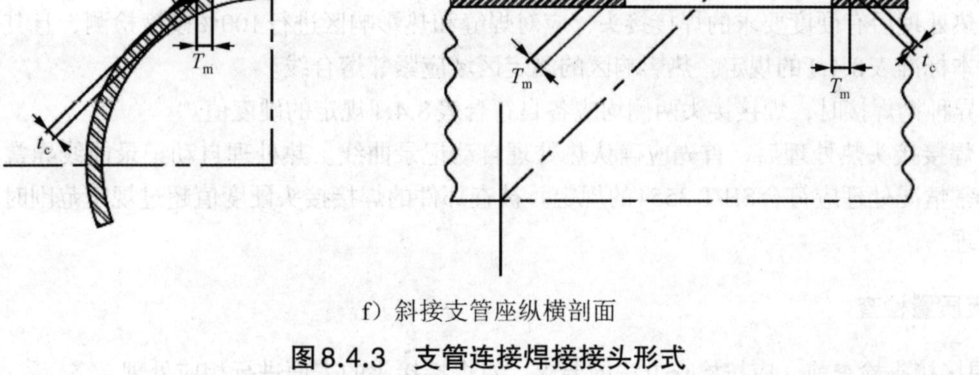

f）斜接支管座纵横剖面

图 8.4.3　支管连接焊接接头形式

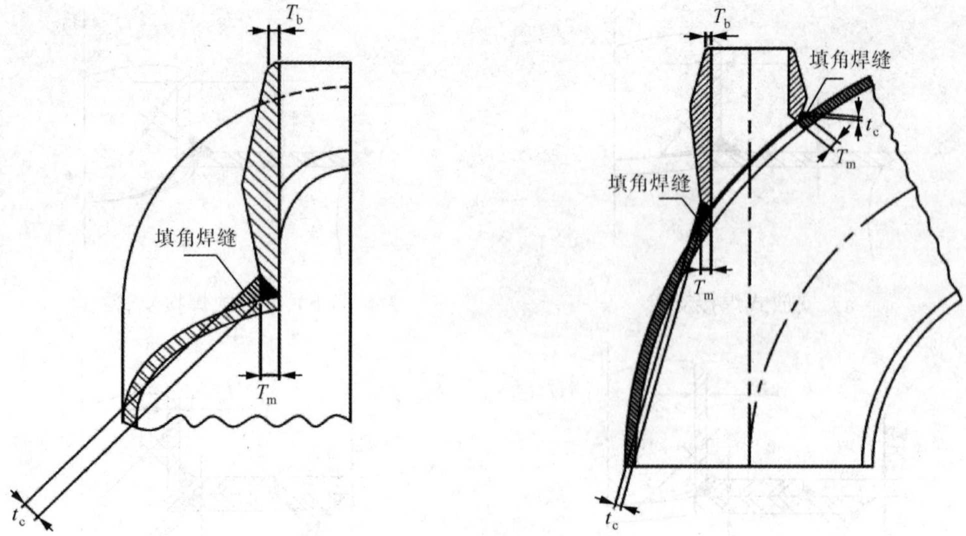

g）弯头支管座纵横剖面

图8.4.3　支管连接焊接接头形式（续）

8.4.4　用于平焊法兰、承插焊法兰和公称直径小于或等于*DN*50管子连接的角焊缝、密封焊缝以及管道支吊架与管道连接的角焊缝，当任一截面的焊缝厚度大于表8.4.1规定的需要热处理的材料名义厚度的2倍时，应进行焊后热处理。但下述情况可不要求热处理：

a）碳钢材料焊缝厚度小于或等于16mm时，任意厚度的母材都不需要进行热处理；

b）铬钼合金钢材料焊缝厚度小于或等于13mm，且母材规定的最小抗拉强度小于490MPa，当预热温度高于本标准表8.3.1规定值时，则任意厚度的母材都不需要进行热处理。

8.4.5　铬钼合金钢和最小抗拉强度等于或大于540MPa钢材的管道焊接接头，焊后应立即进行热处理。否则，焊后应立即均匀加热至300℃~350℃保温缓冷。加热保温范围应与焊后热处理要求相同，保温时间不少于0.5h。

8.4.6　异种钢焊接接头的焊后热处理应符合SH/T 3526的规定。

8.4.7　热处理加热范围和测温点布置应符合SH/T 3554的规定。

8.4.8　热处理的加热速度及冷却速度，应符合下列规定：

a）升温至300℃后，加热速度应按5125/δ（℃/h）计算，且不应大于220℃/h；

b）恒温期间各测点的温度均应在热处理温度规定的范围内，其差值不应大于50℃；

c）恒温后的冷却速度应按6500/δ（℃/h）计算，且不应大于260℃/h，冷至300℃后可自然冷却。

8.4.9　热处理温度应采用热电偶或其他合适的方法进行测量，并采用自动温度记录仪器在整个热处理过程中连续测量和记录热处理过程，形成温度-时间自动记录曲线。测温记录仪器应在校验合格期内。

8.4.10　经焊后热处理合格的部位，不得再进行焊接作业，否则应重新进行热处理。

8.4.11　热处理后有硬度要求的焊接接头，应对焊缝和热影响区进行100%硬度检测，且其硬度值均不得超过本标准表8.4.1的规定。热影响区的测定区域应紧邻熔合线。

8.4.12　异种钢焊接时，焊接接头两侧均应各自符合表8.4.1规定的硬度值。

8.4.13　焊接接头热处理后，首先应确认热处理自动记录曲线。热处理自动记录曲线异常，应查明原因。异常情况处理应符合SH/T 3554的规定。被查部件的焊接接头硬度值超过规定范围时，应重新进行热处理。

8.5　焊接质量检查

8.5.1　焊接接头检查前，应按检查方法的要求，对焊接接头的表面进行相应处理。

8.5.2 焊缝外观应成型良好，对接环焊缝的宽度以每边盖过坡口边缘2mm为宜。

8.5.3 角焊缝（包括承插焊缝）可采用凹形或凸形，外形应平缓过渡。平焊法兰或承插焊法兰的角焊缝应符合图8.5.3-1的规定，焊脚尺寸的最小值X_{min}应取1.4倍的直管名义厚度或法兰颈部厚度两者中的较小值。焊脚尺寸X应取直管名义厚度或6.4mm两者中的较小值。除法兰外，承插焊的角焊缝应符合图8.5.3-2的规定，焊脚尺寸C_x的最小值应取1.09倍直管名义厚度T_w和承插孔壁厚T_s两者中的较小值。图中承插焊组对间隙b宜为1mm~3mm。

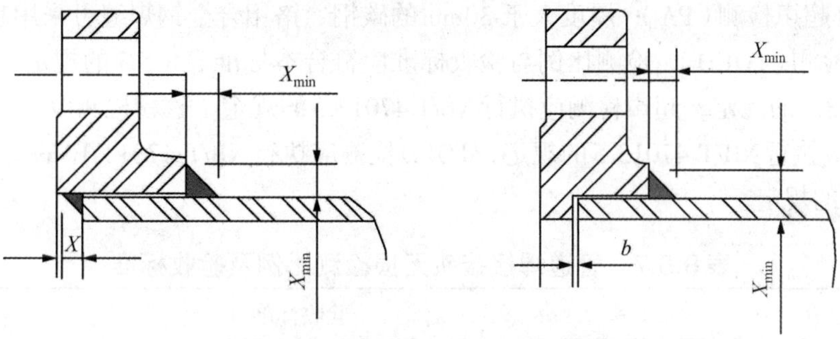

图8.5.3-1 平焊法兰和承插焊法兰的角焊缝

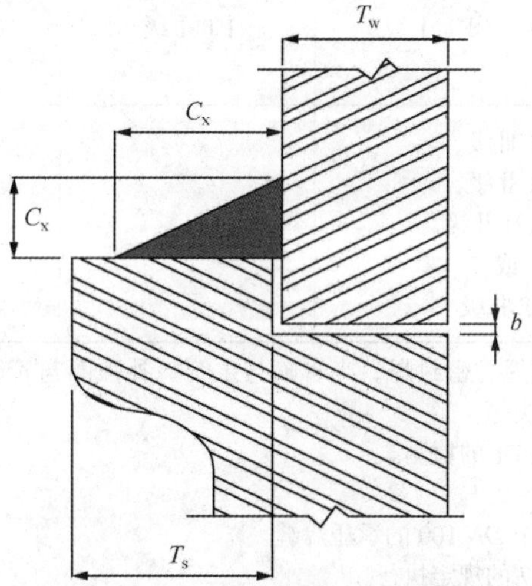

图8.5.3-2 承插焊管件的角焊缝

8.5.4 焊接接头表面的质量应逐件进行外观检查，并应符合下列要求：

a） 焊缝表面不允许有裂纹、未熔合、未焊透、气孔、夹渣、飞溅存在；

b） SHA1和SHB1的管道、不锈钢和最小抗拉强度等于或大于540MPa的合金钢管道焊缝表面，不得有咬边现象。其他管道焊缝咬边深度不应大于0.5mm，连续咬边长度不应大于100mm，且焊缝两侧咬边总长不应大于该焊缝全长的10%；

c） 焊缝表面不得有低于母材的局部凹陷。当接焊接接头中薄者厚度小于或等于6mm时，焊缝余高Δh应不大于1.5mm；当接焊接接头中薄者厚度大于6mm时，焊缝余高Δh应不大于2.5mm。

8.5.5 铬钼合金钢管道焊缝应进行合金元素含量验证性抽样检查，每条管道（按管线号）的焊缝抽查数量不应少于2条。

8.5.6 设计文件规定进行铁素体检查的焊接接头，应按GB/T 1954的规定方法测定铁素体含量，焊缝和热影响区的铁素体含量应符合本标准表8.5.6的要求。

表8.5.6 铁素体含量

序号	材质	铁素体含量
1	含钼奥氏体不锈钢	≤5FN（铁素体数）
2	奥氏体-铁素体双相钢	30%~60%（体积分数）

8.5.7 管道焊接接头无损检测除设计文件另有规定外，厚度小于或等于30mm的焊缝应采用射线检测（RT）或相控阵超声检测（PA）；厚度大于30mm的碳钢、铬钼合金钢焊缝可采用超声检测（UT）或衍射时差法超声检测（TOFD），检测比例与验收标准应符合本标准表8.5.7的规定。其中，射线检测应执行NB/T 47013.2的规定，超声检测应执行NB/T 47013.3的规定，磁粉检测应执行NB/T 47013.4的规定，渗透检测应执行NB/T 47013.5的规定，TOFD检测应执行NB/T 47013.10的规定，PA检测应执行NB/T 47013.15的规定。

表8.5.7 管道焊接接头无损检测比例及验收标准

<table>
<tr><th rowspan="2">管道
级别</th><th rowspan="2">检测
比例</th><th colspan="5">验收标准</th></tr>
<tr><th colspan="2">对接接头</th><th>角接接头[a]</th><th colspan="2">支管连接接头</th></tr>
<tr><td>SHA1
SHB1</td><td>100%</td><td rowspan="2">RT Ⅱ级、
PA Ⅱ级、
TOFD Ⅱ级或
UT Ⅰ级</td><td rowspan="2">MT Ⅰ级[b, c]或
PT Ⅰ级[b, c]</td><td rowspan="2">MT Ⅰ级或
PT Ⅰ级</td><td rowspan="2">RT Ⅱ级[d]、
PA Ⅱ级[d]、
TOFD Ⅱ级[d]或
UT Ⅰ级[d]</td><td rowspan="2">MT Ⅰ级或
PT Ⅰ级</td></tr>
<tr><td>SHA2
SHB2</td><td>20%</td></tr>
<tr><td>SHA3
SHB3</td><td>10%</td><td colspan="2" rowspan="2">RT Ⅲ级、
PA Ⅱ级、
TOFD Ⅱ级
或
UT Ⅱ级</td><td>—</td><td colspan="2">MT Ⅰ级
或
PT Ⅰ级</td></tr>
<tr><td>SHA4
SHB4</td><td>5%</td><td>—</td><td colspan="2">—</td></tr>
<tr><td colspan="7">[a] 角接接头包括平焊法兰、承插焊、密封焊、半管箍与主管、补强圈与管子连接的焊接接头，以及垫板、支（吊）架与承压件连接的焊接接头等。
[b] 对碳钢和不锈钢可不进行MT或PT的检测。
[c] 铁磁性材料宜采用MT。
[d] 适用于图8.4.3中支管等于或大于DN 100的承压焊缝。
[e] 嵌入式支管连接接头按GB 50517的规定执行。</td></tr>
</table>

8.5.8 当采用不可记录的脉冲反射法超声检测时，应对已检焊接接头采取RT、PA或TOFD进行抽样检测，检测比例不应低于10%。

8.5.9 设计文件规定的无损检测方法改用其他检测方法时，应征得设计单位和建设单位同意。

8.5.10 铬钼合金钢管道宜在热处理后进行无损检测，有再热裂纹倾向材料应在热处理后进行表面无损检测。

8.5.11 管道焊接接头的检测比例应按下列规定执行：

a） 公称直径小于*DN* 500时应按焊接接头数量计算，抽检的焊缝受条件限制不能全部进行检测时，经检验人员确认可对该条焊缝按相应检查等级规定的检测比例进行局部检测；

b） 公称直径等于或大于*DN* 500时应按每个焊接接头焊缝的长度计算，检测长度不应小于250mm；

c） 焊接接头的无损检测比例应按检验批统计。

8.5.12 管道焊接接头按比例抽样检测时，检验批应按下列规定执行：

a） 每批执行周期宜控制在2周内；

b） 该批的检测数量应以同一检测比例完成的焊接接头为计算基数确定；

c） 该批中焊接接头固定口检测不应少于标准检测数量的40%；

d） 抽检焊接接头应覆盖施焊的每名焊工/焊工组；

e） 检测数量宜按比例均衡分配到各管线号。

8.5.13 交叉焊缝部位检测应包括相邻焊缝，相邻焊缝的检测长度不宜小于38mm。局部检测时，应优先检测交叉焊缝部位。

8.5.14 抽样检测发现不合格焊接接头时，应按照原检测方法进行累进检测和复检。检验批的验收应符合下列要求：

a） 在一个检验批中检测出不合格焊接接头时，应对同批中该焊工焊接的焊接接头按不合格焊接接头数量加倍进行检测。加倍检测焊接接头全部合格、所有返修部位复检合格或不合格焊接接头已经割除的，则对该批焊接接头予以验收；

b） 若加倍检测的焊接接头中又检测出不合格焊接接头，应对同批焊接接头中该焊工焊接的全部焊接接头进行检测，全部检测焊接接头及返修部位检测合格，或不合格焊接接头已经割除的，可对该批焊接接头予以验收。

8.5.15 局部检测的焊接接头发现不合格缺陷时，应在该缺陷延伸部位增加检测长度，增加的长度应为该焊接接头长度的10%，且不应小于250mm。若增加检测长度范围内仍有不合格的缺陷，则对该焊接接头做全部（100%）检测。

8.5.16 割除重新焊接的焊接接头应按照原设计规定的检测方法和比例要求进行重新检测至合格。

8.5.17 不合格焊缝应进行返修，并应按原规定的检测方法检查合格。焊缝同一部位的返修次数，碳钢管道不得超过3次，其余钢种管道不得超过2次。

8.5.18 焊接工作完成后，应在单线图上标明焊缝编号、施焊焊工代号、固定口位置、检测焊缝位置及无损检测种类、返修标识等可追溯性标识，也可在单线图空白处集中标识或附表。

9 管道系统试验

9.1 管道系统压力试验

9.1.1 管道系统压力试验，应在管道系统安装完毕、热处理和无损检测合格后进行。

9.1.2 管道系统试压前，应由建设/监理单位、施工单位和有关部门对下列资料进行审查确认：

a） 管道组成件、支承件、焊材的制造厂质量证明书；

b） 管道组成件的验证性和补充性检查试验记录；

c） 规定应填写记录的弯管加工记录、管端的螺纹和密封面加工记录；

d） 符合本标准第8.5.18条要求并可追溯管道组成件的单线图；

e） 无损检测结果；

f） 弯管和焊接接头热处理记录及硬度检测报告；

g） 设计变更及材料代用文件；

h） 经批准的试压方案及试压流程图。

9.1.3 管道系统试压前，应由施工单位、建设/监理单位和有关部门联合检查确认下列条件：

a）管道系统全部按设计文件安装完毕；

b） 管道支吊架的型式、材质、安装位置正确，数量齐全，螺栓紧固，焊接质量合格；

c） 金属波纹管膨胀节两端临时固定牢固；

d） 焊接、无损检测及热处理工作已全部完成；

e） 焊缝及其他应检查的部位，除涂刷底漆外不得进行其他防腐和绝热工程施工；

f） 试压用的临时加固措施安全可靠；

g） 管道系统内的阀门开关状态正确；

h） 管道组成件的材质标志明显清楚；

i） 试压用的压力表不应少于2块，压力表的量程应为最大试验压力的1.5倍~2.0倍，精度等级不得低于1.6级，并在有效检定（校准） 期内；

j） 试压方案已经进行技术交底；

k） 根据试压方案应予拆除或隔离的设备、仪表、安全阀、爆破片等均已处理完毕，临时盲板加置正确，标志明显，记录完整。

9.1.4 除计文件规定进行气压试验的管道外，管道系统的压力试验介质应以液体进行。液压试验确有困难时，经设计单位和建设单位同意，可用气压试验代替，但试验压力不宜大于1.6MPa，并应符合下列条件：

a） 管道系统内施工焊接接头已按本标准第8.5条规定检测合格；

b） 脆性材料管道组成件经液压试验合格；

c） 试验系统应设置压力泄放装置，其设定压力不得高于试验压力加上0.345MPa 和1.1倍试验压力两者中的较小者；

d） 试压方案中应有切实的安全措施，经施工单位安全部门和技术部门审核，并经技术负责人批准。

9.1.5 压力试验的压力应符合下列规定：

a） 液体压力试验的压力不应小于设计压力的1.5倍；

b） 气体压力试验的试验压力为设计压力的1.15倍；

c） 承受外压的管道，液压试验压力为设计内外压差的1.5倍，且应不小于0.2MPa。

9.1.6 当管道系统的设计温度高于试验温度时，管道的液压试验压力应按式（9.1.6）计算，计算后的试验压力不得使管道在试验条件下产生的周向应力或轴向应力超过试验温度下材料屈服强度，且不得超过1.5倍管道组成件的额定压力。否则应将试验压力降低，以满足液体压力试验时管道组成件应力值在安全范围内的要求：

$$P_t = 1.5P_0 \frac{[\sigma]_1}{[\sigma]_2} \qquad (9.1.6)$$

式中：

P_t——试验压力，MPa；

P_0——设计压力，MPa；

$[\sigma]_1$——试验温度下管材的许用应力，MPa；

$[\sigma]_2$——设计温度下管材的许用应力，MPa。

当$[\sigma]_1/[\sigma]_2$大于6.5时取6.5。

9.1.7 对于带有金属波纹管膨胀节的管道系统，试验压力应取金属波纹管膨胀节设计压力1.5倍和管道系统试验压力两者中的较小值。但在任何情况下，管道系统试验压力不得超过金属波纹管膨胀节制造厂的试验压力。

9.1.8 当管道与设备作为一个系统进行液压试验时，应征得建设和设计单位同意，并应符合下列规定：

a） 当管道的试验压力小于或等于设备的试验压力时，应按管道的试验压力进行试验；

b） 当管道试验压力大于设备的试验压力，且设备无法隔离，设备的试验压力等于或大于管道试验压力的77%时，可按设备的试验压力进行试验。

9.1.9 管道液压试验时的试验介质温度不得低于5℃。同时，无论液压试验或气压试验，其试验介质温度均应高于相应金属材料的无延性转变温度。

9.1.10 液体压力试验介质应使用洁净水。当生产工艺有要求时，可用其他液体。不锈钢管道（包括含不锈钢设备的试压系统）用水试验时，水中的氯离子含量不得超过50mg/L。

9.1.11 液体压力试验时，向管道系统内注水过程中宜利用各管段高点的法兰、阀门、排气口、排液口等排净管道系统内的空气。必要时可增设临时排气口，但试验合格后应及时将临时排气口封闭。

9.1.12 液压试验应分级缓慢升压，达到试验压力后停压10min且无异常现象。然后降至设计压力，停压30min，不降压、无泄漏和无变形为合格。

9.1.13 气压试验时，应符合下列规定：

a）气体压力试验时，应进行预试验；

b）预试验压力宜为0.2MPa，稳压10min，检查应无泄漏；

c）气体压力试验时，应逐步缓慢增加压力。当压力升至0.35MPa时，稳压3min，未发现异常或泄漏，继续按试验压力的10%逐级升压，每级稳压3min，至试验压力后，稳压10min，再将压力降至设计压力，涂刷中性发泡剂对试压系统进行检查，无泄漏为合格。

9.1.14 试压过程中若有泄漏，不得带压修理。缺陷消除后应重新试验。

9.1.15 管道系统试压合格后，应缓慢降压。液体试验介质应及时排尽，排放时应考虑反冲力作用及安全环保要求。

9.1.16 液压试验合格排液时，应打开放空阀，并根据空气入口流量确定排液量。

9.1.17 管道系统试压完毕，应及时拆除所用的临时盲板，并在核对盲板加置记录后，填写管道系统试压记录。

9.1.18 分段试压合格的管道系统，如连接两段之间的接口焊缝经过100%射线检测合格，则可不再进行整体系统压力试验。

9.1.19 当设计单位和建设单位确认管道系统进行液压试验和气压试验不切实际，且同时满足下列要求时，可按本标准第9.1.20条的规定免除压力试验：

a）采用液压试验损害衬里或内部绝热层、影响工艺安全或需要对管道系统支吊架进行重大修改；

b）采用气压试验，试验压力大于1.6MPa。

9.1.20 免除压力试验应满足下列要求：

a）所有与受压元件连接的焊接接头应进行100%无损检测，检测结果应符合本标准表8.5.7的规定；

b）管道系统应通过敏感性泄漏试验，试验时焊缝及其他应检查的部位不得进行任何隐蔽工程施工。

9.2 管道系统吹扫和清洗

9.2.1 管道系统压力试验合格后，应进行吹扫或清洗，吹扫可采用水冲洗、空气吹扫等方法。

9.2.2 管道系统吹扫前，应编制吹扫方案，经审查批准后，向参与吹扫的人员进行技术交底。

9.2.3 管道系统吹扫前，应具备下列条件：

a）孔板、法兰连接的调节阀、节流阀、安全阀、仪表件等不应安装。对已焊在管道上的阀门和仪表，应采取相应的保护措施；

b）不参与系统吹扫的设备及管道系统，应与吹扫系统隔离；

c）管道支架吊架应符合要求，必要时应予以加固。

9.2.4 冲洗不锈钢管道系统时，水中氯离子含量不得超过50mg/L。

9.2.5 吹扫压力不得超过容器和管道系统的设计压力。

9.2.6 管道系统水冲洗时，宜以最大流量连续进行冲洗，流速不得小于1.5m/s。

9.2.7 水冲洗后的管道系统，以目测排出口的水色和透明度与入口的水色和透明度一致为合格。

9.2.8 管道系统空气吹扫时，空气流速不得小于20m/s。

9.2.9 管道系统在空气吹扫过程中，应在排出口用白布或涂白色油漆的靶板检查，在5min内，靶板上无铁锈及其他杂物为合格。

9.2.10 有化学清洗、油清洗或脱脂要求的管道系统，应按SH/T 3547的规定进行。

9.2.11 吹扫、清洗的顺序应按主管、支管、排放管依次进行。吹出的脏物不得进入已清理合格的设备或管道系统，也不得随地排放污染环境。

9.2.12 经吹扫合格的管道系统，应及时恢复原状，并填写管道系统吹扫记录。

9.3 泄漏试验

9.3.1 泄漏试验应在压力试验合格后进行，泄漏试验包括气密性泄漏试验和敏感性泄漏试验。泄漏试验的检查重点应是阀门填料函、法兰或螺纹连接处、放空阀、排气阀、排水阀等。

9.3.2 经气压试验合格，且在试验后未经拆卸的管道，可不进行泄漏试验。

9.3.3 SHA1级、SHA2级、SHB1级管道以及设计文件规定的管道系统，应进行泄漏试验。

9.3.4 建设单位或设计单位可根据实际情况，选择气密性泄漏试验或敏感性泄漏试验。

9.3.5 气密性泄漏试验应符合下列规定：

a） 试验压力应为设计压力，真空管道试验压力应为内压0.1MPa，试验介质可用空气；

b） 气密性试验的试验压力应逐级缓慢上升，当达到试验压力时，稳压10min后，用涂刷中性发泡剂的方法，检查所有密封点，无泄漏为合格；

c） 管道系统气体泄漏试验合格后，应及时缓慢泄压，并填写试验记录；

d） 经建设单位或设计单位同意，气密性试验可按最高操作压力或结合试车一并进行。

9.3.6 除建设单位或设计文件另有规定外，敏感性泄漏试验应采用气泡泄漏检测－直接加压技术，并应符合NB/T 47013.8—2012附录A的要求。试验介质采用空气，试验灵敏度不应低于10^{-4}（Pa·m³）/s，并应满足下列规定：

a） 试验过程中，管道系统的表面温度应在5℃~50℃范围内；

b） 试验压力应不小于105kPa和25%设计压力两者中的较小值；

c） 试验压力应逐渐增加至50%试验压力和170kPa两者中的较小值，稳压5min进行初检；未发现异常或泄漏，继续按试验压力的10%逐级升压，每级稳压3min检查，至试验压力后，稳压15min，以无重复或连续的气泡出现为合格。

9.3.7 建设单位或设计单位可根据实际情况，采用下列灵敏度更高的敏感性泄漏试验方法：

a） 卤素二极管泄漏检测试验方法，应符合NB/T 47013.8—2012附录C的要求，试验压力应符合本标准第9.3.6条的规定，以检出的漏率不超过1×10^{-5}（Pa·m³）/s为合格；

b） 氦质谱仪泄漏检测——吸枪技术试验方法，应符合NB/T 47013.8—2012附录D的规定，试验压力符合本标准第9.3.6条的规定，以检出的漏率不超过1×10^{-5}（Pa·m³）/s为合格；

c） 氨泄漏检测试验压力和方法，应符合NB/T 47013.8—2012附录G的规定，以涂敷在被检查部位的试纸未发生颜色变化为合格。

9.4 真空度试验

9.4.1 真空管道在泄漏试验合格后，真空系统联动试运转时，还应进行真空度试验。

9.4.2 真空度试验应在温度变化较小的环境中进行。当系统内真空度达到设计文件要求时，应停止抽真空，进行系统的真空度试验。试验时间为24h，增压率不大于5%为合格。增压率按下式计算：

$$\Delta P = \frac{P_2 - P_1}{P_1} \times 100\% \qquad (9.4.2)$$

式中：

ΔP——24h的增压率，%；

P_1——试验初始绝压，MPa；

P_2——24h时的实际绝压，MPa。

10 施工过程技术文件和交工技术文件

10.1 施工单位在施工过程中形成的施工过程技术文件应符合SH/T 3543的规定。

10.2 施工单位按合同规定完成全部工程后，应及时与建设单位办理工程中间交接证书。

10.3 管道工程交工时，施工单位及相关单位应按SH/T 3503的规定向建设单位提交下列交工技术文件：

a） 合格焊工及无损检测人员登记表；

b） 管道组成件验证性和补充性检验记录；

c） 阀门试验确认表；

d） 弹簧支/吊架安装检验记录；

e） 滑动/固定管托安装检验记录

f） 管道补偿器安装检验记录；

g） 管道系统的压力试验、泄漏试验、真空度试验记录；

h） 管道系统的吹扫记录；

i） 管道系统的隐蔽工程记录；

j） 爆破片安全装置、安全液封、阻火器等安装记录，安全阀调整试验记录；

k） 管道焊接接头热处理报告；

l） 管道无损检测结果汇总表；

m） 管道无损检测数量统计表；

n） 管道试压记录一览表；

o） 管道焊接工作记录；

p） 管道静电测试记录；

q） SHA1级管道的弯管加工记录及管端的螺纹、密封面加工记录；

r） 管道绝热、防腐工程质量验收记录；

s） 管道组成件、支承件和焊材的产品质量证明书；

t） 设计变更及材料代用文件一览表；

u） 符合本标准第8.5.18条要求并可追溯管道组成件炉批号的单线图；

v） 管道竣工图。

10.4 管道工程交工技术文件应经建设单位、监理单位检查确认。

10.5 管道工程交工技术文件应按合同规定的工程范围和SH/T 3503的规定，由责任单位负责编制、审核，并向建设单位移交。

附 录 A
（资料性附录）
常用有毒介质、可燃介质

A.1 常用介质的急性毒性分类参见表A.1。

表A.1 常用介质的急性毒性分类

序号	介质名称	危险性类别
1	苯基硫醇	经口，类别2；经皮，类别2；吸入，类别1
2	苯乙腈	经口，类别3；经皮，类别3；吸入，类别1
3	丙腈	经口，类别2；经皮，类别1；吸入，类别2
4	2-丙炔-1-醇	经口，类别2；经皮，类别1；吸入，类别2
5	丙酮氰醇	经口，类别2*；经皮，类别1；吸入，类别2*
6	2-丙烯-1-醇	经口，类别3；经皮，类别1；吸入，类别2
7	丙烯醛	经口，类别2；经皮，类别3；吸入，类别1
8	3-丁烯-2-酮	经口，类别2；经皮，类别1；吸入，类别1
9	3-丁烯腈	经口，类别3；吸入，类别2
10	2-丁烯醛	经口，类别3*；经皮，类别3*；吸入，类别2*
11	二（2-环氧丙基）醚	经皮，类别3；吸入，类别1
12	二碳酸酯（三光气）	经口，类别3；经皮，类别3；吸入，类别2
13	1，4-二氯-2-丁烯	经口，类别3*；经皮，类别3*；吸入，类别2*
14	2，2-二氯二乙醚	经口，类别3；经皮，类别3；吸入，类别1
15	二氧化丁二烯	经口，类别3；经皮，类别2；吸入，类别2
16	氟化氢（无水）	经口，类别2*；经皮，类别1；吸入，类别2*
17	氟乙酸甲酯	经口，类别1；经皮，类别1；吸入，类别1
18	2-环己烯-1-酮	经口，类别3；经皮，类别2；吸入，类别2
19	环戊醇	经口，类别3；经皮，类别2
20	2，3-环氧-1-丙醛	经口，类别3；经皮，类别3；吸入，类别2
21	甲苯二异氰酸酯	吸入，类别2*
22	α-甲基丙烯醛	经口，类别3；经皮，类别3；吸入，类别2
23	甲基异丙烯甲酮	经口，类别3；经皮，类别3；吸入，类别1
24	硫化氢	吸入，类别2*
25	硫酸二甲酯	经口，类别3*；吸入，类别2*
26	氯（液氯，氯气）	吸入，类别2
27	氯化氰	吸入，类别1
28	氯甲基甲醚	经口，类别1
29	氯甲酸-2-乙基己酯	吸入，类别1
30	氯甲酸苯酯	吸入，类别1
31	氯甲酸甲酯	吸入，类别2*
32	氯甲酸氯甲酯	吸入，类别2
33	氯甲酸三氯甲酯	经口，类别2；吸入，类别2
34	氯甲酸乙酯	吸入，类别2*

表A.1 常用介质的急性毒性分类（续）

序号	介质名称	危险性类别
35	氯甲酸异丙酯	吸入，类别1
36	氯乙酸	经口，类别3*；经皮，类别3*；吸入，类别2
37	2-羟基丙腈	经口，类别2；经皮，类别1；吸入，类别1
38	氢氟酸（氟化氢溶液）	经口，类别2*；经皮，类别1；吸入，类别2*
39	氢氰酸（含量≤20%）	经口，类别2*；经皮，类别1；吸入，类别2*
40	氰化氢	吸入，类别2*
41	碳酰氯（光气）	吸入，类别1
42	溴	吸入，类别2*
43	溴乙酸乙酯	经口，类别2*；经皮，类别1；吸入，类别2*
44	乙酸烯丙酯	经口，类别3；吸入，类别2
45	乙酰基乙烯酮［稳定的］	吸入，类别2
46	异氰酸苯酯	吸入，类别1
47	异氰酸叔丁酯	吸入，类别1
48	异氰酸异丙酯	经口，类别3；吸入，类别1
49	异氰酸异丁酯	吸入，类别1
50	异氰酸正丙酯	吸入，类别1
51	异氰酸正丁酯	吸入，类别1
52	正丁腈	经口，类别3*；经皮，类别3*；吸入，类别2
注：*是指在有充分依据的条件下，该化学品可以采用更严格的类别。		

A.2 常用有毒介质危害程度等级见表A.2。

表A.2 常用有毒介质危害程度等级

危害程度等级	名称
极度危害	苯、丙烯醛、二硼烷、光气、环氧乙烷、甲苯二异氰酸酯、2-甲基苯胺、甲醛、发烟硫酸、硫酸二甲酯、氯甲基甲醚、氯甲酸三氯甲酯、氯乙烯、三氯乙烯、溴甲烷、异氰酸甲酯、丁二烯
高度危害	苯胺、苯酚、丙烯醇、丙烯腈、丙腈、丙烯酰胺、臭氧、3-丁烯腈、2-丁烯醛（顺）、2-丁烯醛（反）、二硫化碳、二氯甲烷、二氯乙醚、1，2-二氯乙烷、1，1-二氯乙烯、1，2-二溴乙烷、二氧化氮、二氧化硫、氟化氢、1，2-环氧丙烷、甲酚、硫化氢、氯、氯化氢、氯化氰、氰化氢、氯乙醇、氯乙酸、三氯甲烷、四氯乙烯、一氧化碳、乙苯、正丁醛
中度危害	氨、苯乙腈、苯乙烯、二甲苯（邻）、二甲苯（间）、二甲苯（对）、二甲酚、1，1-二氯乙烷、1，2-二氯乙烯、二硝基苯（邻）、二硝基苯（间）、二硝基苯（对）、二乙醇胺、环己酮、甲胺、甲苯、甲酸、糠醛、3-氯丙烯、氯丁二烯、氯甲烷、三溴甲烷、四氯化碳、硝酸、乙胺、乙醇胺、乙二胺、乙腈、乙炔、乙酸、正丁腈

A.3 常用可燃气体的火灾危险性分类见表A.3。

表A.3 常用可燃气体的火灾危险性分类

类别	名称
甲	乙炔、环氧乙烷、氢气、合成气、硫化氢、乙烯、氰化氢、丙烯、丁烯、丁二烯、顺丁烯、反丁烯、甲烷、乙烷、丙烷、丁烷、丙二烯、环丙烷、甲胺、环丁烷、甲醛、甲醚（二甲醚）、氯甲烷、氯乙烯、异丁烷、异丁烯
乙	一氧化碳、氨、溴甲烷

A.4 常用液化烃、可燃液体介质的火灾危险性分类见表A.4。

表A.4 常用液化烃、可燃液体介质的火灾危险性分类

类别		名称
甲	A	液化氯甲烷、液化顺式-2丁烯、液化乙烯、液化乙烷、液化反式-2丁烯、液化环丙烷、液化丙烯、液化丙烷、液化环丁烷、液化新戊烷、液化丁烯、液化丁烷、液化氯乙烯、液化环氧乙烷、液化丁二烯、液化异丁烷、液化异丁烯、液化石油气、液化二甲胺、液化三甲胺、液化二甲基亚硫、液化甲醚(二甲醚)
	B	异戊二烯、异戊烷、汽油、戊烷、二硫化碳、异己烷、己烷、石油醚、异庚烷、环戊烷、环己烷、辛烷、异辛烷、苯、庚烷、石脑油、原油、甲苯、乙苯、邻二甲苯、间或对二甲苯、异丁醇、乙醚、乙醛、环氧丙烷、甲酸甲酯、乙胺、二乙胺、丙酮、丁醛、三乙胺、醋酸乙烯、甲乙酮、丙烯腈、醋酸乙酯、醋酸异丙酯、二氯乙烯、甲醇、异丙醇、乙醇、醋酸丙酯、丙醇、醋酸异丁酯、甲酸丁酯、吡啶、二氯乙烷、醋酸丁酯、醋酸异戊酯、甲酸戊酯、丙烯酸甲酯、甲基叔丁基醚、液态有机过氧化物、乙腈、二甲基二硫
乙	A	丙苯、环氧氯丙烷、苯乙烯、喷气燃料、煤油、丁醇、氯苯、乙二胺、戊醇、环己酮、冰醋酸、异戊醇、异丙苯、液氨、-35号柴油、-50号柴油
	B	轻柴油、硅酸乙酯、氯乙醇、氯丙醇、二甲基甲酰胺、二乙基苯
丙	A	重柴油、苯胺、锭子油、酚、甲酚、糠醛、20号重油、苯甲醛、环己醇、甲基丙烯酸、甲酸、乙二醇丁醚、甲醛、糖醇、辛醇、单乙醇胺、丙二醇、乙二醇、二甲基乙酰胺
	B	蜡油、100号重油、渣油、变压器油、润滑油、二乙二醇醚、三乙二醇醚、邻苯二甲酸二丁酯、甘油、联苯-联苯醚混合物、二氯甲烷、二乙醇胺、三乙醇胺、二乙二醇、三乙二醇、液体沥青、液硫、环丁砜、矿物油、白油
注：闪点小于60℃且等于或大于55℃的轻柴油，如果储罐操作温度小于或等于40℃，其火灾危险性可视为丙$_A$类。		

附 录 B
（资料性附录）
弯管加工记录

弯管加工记录见表B。

表B　弯管加工记录

管道弯管加工记录				工程名称： 单元名称：	
管道编号：				执行标准：	
弯管编号	弯曲半径	Δ值	圆度	热处理结果	无损检测结果
附简图：					
加工单位负责人：			施工人员：		年　月　日
检查员：			试验员：		年　月　日

ICS 91.200
P 72
备案号：J1801-2014

SH

中华人民共和国石油化工行业标准

SH/T 3613—2013

石油化工非金属管道工程施工技术规程

Technical specification for construction of nonmetallic piping in petrochemical industry

2013-10-17 发布 2014-03-01 实施

中华人民共和国工业和信息化部 发布

目　次

Contents

前 言

根据中华人民共和国工业和信息化部《2009年第一批工业行业标准制修订计划》（工信厅科［2009］104号）的要求，编制组经广泛调查研究，认真总结实践经验，参考有关国际标准和国外先进标准，并在广泛征求意见的基础上，制定本规程。

本规程共分9章。

本规程的主要技术内容是：非金属管道材料验收、管道预制、管道连接、管道安装技术要求等。

本规程由中国石油化工集团公司负责管理，由中国石油化工集团公司施工技术淄博站负责日常管理，由中石化第五建设有限公司负责具体技术内容的解释。执行过程中如有意见和建议，请寄送日常管理单位和主编单位。

本规程日常管理单位：中国石油化工集团公司施工技术淄博站

通信地址：山东省淄博市临淄区建设路29号

邮政编码：255438

电　　话：0533-6295840

传　　真：0533-7501126

本规程主编单位：中石化第五建设有限公司

通信地址：广州市荔湾区中山七路81号

邮政编码：510145

本规程参编单位：中石化南京工程有限公司

胜利油田胜利石油化工建设有限责任公司

本规程主要起草人员：尚亚儒　蒋国贤　束志军　姜俊荣　汤日光

本规程主要审查人员：郭　建　吴忠宪　张桂红　许建林　王志中　谈　萍　应建旭　陈　明　王明春　王广朝　宫新利

本规程为首次发布。

石油化工非金属管道工程施工技术规程

1 范围

本规程规定了石油化工工程中非金属管道的施工程序和技术要求。

本规程适用于石油化工新建、扩建与改建工程中塑料管、钢骨架聚乙烯复合管、玻璃钢管、玻璃钢与塑料复合管等非金属管道的施工。

2 规范性引用文件

下列文件对于本规程的应用是必不可少的。凡是注日期的引用文件，仅注日期的版本适用于本规程。凡是不注日期的引用文件，其最新版本（包括所有的修改单）适用于本规程。

GB 50484 石油化工建设工程施工安全技术规范

GB 50690 石油化工非金属管道工程施工质量验收规范

SH/T 3503 石油化工建设工程项目交工技术文件规定

SH/T 3533 石油化工给水排水管道工程施工及验收规范

SH/T 3543 石油化工建设工程项目施工过程技术文件规定

SH /T 3550 石油化工建设工程项目施工技术文件编制规范

3 施工准备

3.1 技术准备

3.1.1 管道工程施工前，应在熟悉设计文件的基础上组织图纸会审，主要审查下列内容：

a） 设计文件的深度及完整性；

b） 管道单线图与管道平、立面图的符合性；

c） 预埋件、预留孔等在建筑、结构专业图上的数量、位置与管道图的符合性；

d） 管道与其他专业设施的空间布置的符合性；

e） 管道专业与其他专业接口部位、设计间衔接部位的材质、规格、等级以及标高、方位、坡度、流向等内容的符合性。

3.1.2 管道工程施工前，应组织设计人员对各参建单位进行设计交底，设计交底应包括下列内容：

a） 设计总体说明，设计文件体系介绍；

b） 装置工艺流程、规模及关键部位说明；

c） 工程特点、技术要求以及采用的标准规范；

d） 特殊材料或特殊工艺过程的要求；

e） 采用的新材料、新技术、新工艺。

3.1.3 管道工程施工前，应编制施工技术文件。施工技术文件的类别、内容、编制和审批要求、完成时间应符合SH/T 3550的规定。

3.1.4 管道工程施工前，应对施工人员进行技术交底，技术交底应包含以下内容：

a） 工程总体情况说明；

b） 施工工艺及技术要求；

c） 施工过程质量控制点及检验、试验要求；

d） 工序交接及报验程序；

e） HSE管理要求；

f） 施工过程记录及要求。

3.1.5 管道工程施工前，应根据便于运输、便于现场安装和连接接头检验的原则确定管道预制的分段位置，并对管道单线图进行细化设计，确定以下内容：

a） 确定调节管段位置；

b） 对管段及管道接头进行编号；

c） 确定预制接头和现场接头。

3.2 现场准备

3.2.1 施工现场在施工前应达到四通（道路、用水、用电、通讯）一平（场地平整）。

3.2.2 现场办公设施、材料堆场、仓库、预制厂等临时设施已经具备使用条件。

3.2.3 具备用电、动土、动火作业条件。

3.2.4 各项安全防护措施已经落实到位，并检查合格。

3.3 资源准备

3.3.1 现场管理人员已按施工技术文件的要求配备到位。

3.3.2 特种设备作业人员、特殊作业人员资格已经报验合格。

3.3.3 从事非金属管道连接作业的人员已经培训合格，具备上岗资格。

3.3.4 管道组成件及辅助施工材料已到货，检验合格。

3.3.5 非金属管道施工所需的专用机具经调试合格。

3.3.6 施工机具按施工技术文件的要求配置到位，可以满足现场施工需求。

3.3.7 检验试验设备、计量器具可以满足现场施工需求，并在有效检定期内。

4 管道组成件验收

4.1 一般规定

4.1.1 管道组成件应按下列要求进行验收：

a） 核对质量证明文件与产品标识；

b） 核查质量证明文件的各项技术指标；

c） 核对材料的规格、型号、材质和数量，并根据制造日期，确定有效期；

d） 外观及几何尺寸检查。

4.1.2 管道组成件的质量证明文件应包括以下内容：

a） 制造厂名称及生产日期；

b） 产品名称、标准、规格及材质；

c） 产品标准中规定的相关检测试验数据；

d） 合同规定的其他检测试验报告；

e） 质量检验员的签字及检验日期；

f） 制造厂质量检验部门的公章。

4.1.3 管道组成件的标记应包括以下内容：

a） 产品名称；

b） 规格型号；

c） 产品标准号；

d） 产品标准中规定的其他内容；

e） 制造日期；

f） 制造厂名称或商标。

4.1.4 当管道组成件验收出现下列情况之一时，在问题没有解决前不得使用：

a） 质量证明文件的性能数据不符合产品标准或订货技术条件；

b） 对质量证明文件的性能数据有异议；

c） 质量证明文件与实物标识不符；

d） 要求复验的材料未经复验或复验不合格。

4.1.5 管道组成件应逐件进行外观质量检查。

4.1.6 管道组成件的几何尺寸应按每批（同厂家、同材质、同规格、同批号）5%且不少于一件进行抽样检查，几何尺寸及允许偏差应符合国家现行相关产品标准的规定。

4.1.7 抽样检查时，若有不合格，应按原规定数加倍抽检；若仍有不合格，则该批管道组成件不得验收，并应做好标识和隔离。

4.1.8 管道组成件的标记应明显，在存放和搬运过程中应保持标记的清晰和完整。

4.2 管子和管件的验收

4.2.1 管子和管件的外观质量应符合相应产品标准及设计文件的要求。

4.2.2 塑料管子及管件的表面应光滑平整，不应有裂纹、气泡、凹陷、颜色不均及分解变色等缺陷。

4.2.3 钢骨架聚乙烯复合管子及管件表面应光滑、平整，无明显划痕、气泡、杂质或分解变色线，且不得有钢丝裸露。

4.2.4 钢骨架聚乙烯复合管电熔套管内加热丝应均匀排布无松动，接线柱牢固。

4.2.5 塑料管和钢骨架聚乙烯复合管子及管件表面划痕深度不应超过壁厚的10%，且不大于0.5mm。玻璃钢与塑料复合管子和管件表面不得有划痕。

4.2.6 玻璃钢管子及管件的内、外表面的纤维应充分浸透树脂，纤维不得外露，不得有层间分层、脱层、树脂瘤、异物夹杂、色泽明显不均匀等现象。

4.2.7 玻璃钢管子及管件表面应光滑平整，无龟裂，且不得有泛白现象。

4.2.8 玻璃钢与塑料复合管子和管件的基层与复合层应粘结牢固，不得有分层脱壳现象，外层纤维应充分浸透树脂，不得外露。

4.2.9 玻璃钢与塑料复合管子和管件的内、外表面应光滑平整，不得有气泡、树脂凝积、杂质、颜色不均等现象。

4.2.10 玻璃钢与塑料复合管子和管件的切口表面不得有裂痕、崩口等现象。

4.3 其他管道组成件的验收

4.3.1 非金属法兰、翻边短节、密封环的密封面应平整光洁，不得挠曲，不得有径向划痕等缺陷。

4.3.2 活套法兰、法兰盖、金属紧固件等配件应成套供应，且应符合相应的产品标准。

4.3.3 阀门应逐个进行外观目测检查，阀体表面应无裂纹、气泡、划痕等缺陷。

4.3.4 非金属阀门应按照GB 50690的要求进行压力试验和密封试验。

5 管道预制

5.1 一般规定

5.1.1 管道预制应按照本规范3.1.5条细化设计后的管道单线图进行预制及验收。

5.1.2 管道预制包括管子切割、坡口加工、管段连接和支吊架的制作等项工作。

5.1.3 管道预制的每道工序，均应核对组成件的产品标识，并做好标识的移植工作。

5.1.4 管道预制完成后，应清理管道内部，不得留有砂土、碎屑及其他杂物，封闭敞口并妥善存放。

5.1.5 预制完成的管段上应标明管道编号、管段编号、接头编号，并做好检验标识。

5.1.6 管道预制可按图5.1.6的管道预制工作流程进行。

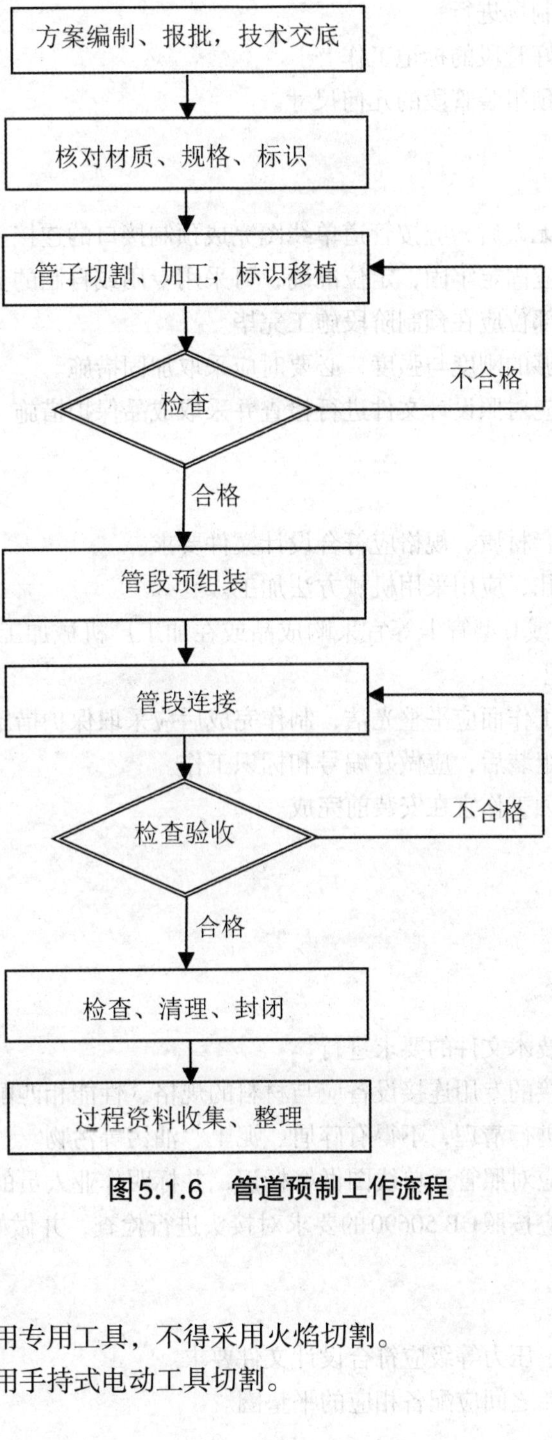

图5.1.6 管道预制工作流程

5.2 管子切割及坡口加工

5.2.1 管子切割时，宜采用专用工具，不得采用火焰切割。

5.2.2 硬质塑料管不宜采用手持式电动工具切割。

5.2.3 管子切口、坡口表面应平整，无裂纹、分层、凸凹、缩口等缺陷。

5.2.4 管子坡口加工可采用专用机具、手持电动机具、手工锉刀或车床加工等。

5.2.5 钢骨架聚乙烯复合管加工后的管段宜进行封口处理，封口处焊缝应平整均匀，外露钢骨架应完全覆盖。

5.2.6 切割后的玻璃钢管及玻璃钢塑料复合管应当天施工，否则，切口应涂树脂保护，树脂应涂刷均匀。

5.2.7 切割完成后应对几何尺寸和外观进行检查，切口端面应与管子轴线垂直，其倾斜偏差不应大于管子外径的1%，且不大于5mm。

5.3 管段预组装

5.3.1 管段切割下料完成后，应按照管道单线图进行分段预组装。

5.3.2 管段预组装宜在预制场进行。

5.3.3 对照管道单线图做好管段的标记工作。

5.3.4 按管道单线图复核预组装管段的几何尺寸。

5.4 管段连接

5.4.1 管段经预组装确认无误后，应按管道单线图完成预制接口的连接。

5.4.2 管段组对连接时，应固定牢固，定位准确，可采用专用或自制的支架进行加固或定位。

5.4.3 管道上需要开孔的部位应在预制阶段施工完毕。

5.4.4 预制的管段应有足够的刚度与强度，必要时应采取加固措施。

5.4.5 管段预制完成后，应对照设计文件进行检查并采取成品保护措施。

5.5 管道支吊架制作

5.5.1 管道支吊架的型式、材质、规格应符合设计文件要求。

5.5.2 管道支吊架的螺柱孔，应用采用机械方法加工。

5.5.3 管道支吊架的管夹或U型管卡等宜采购成品或在加工厂机械加工，圆弧部分应光滑无毛刺，尺寸应与管子的外径相匹配。

5.5.4 管道支吊架的滑动工作面应平整光洁，制作完成后应采取保护措施。

5.5.5 管道支吊架制作、组装后，应做好编号和标识工作。

5.5.6 管道支吊架的防腐蚀工作宜在安装前完成。

6 管道连接

6.1 一般规定

6.1.1 管道连接应按施工技术文件的要求进行。

6.1.2 热熔连接、电熔连接的专用连接设备应与材料的规格、性能相匹配。

6.1.3 连接前应对连接面进行清理，不得有碎屑、泥土、油污等污物。

6.1.4 接头连接完成后，应对照管道单线图做好标识，并标明作业人员的代号。

6.1.5 接头连接完成后，应按照GB 50690的要求对接头进行检查，并做好标识和记录。

6.2 法兰连接

6.2.1 法兰的规格、型号、压力等级应符合设计文件要求。

6.2.2 紧固件与非金属法兰之间应配备相应的平垫圈。

6.2.3 每组法兰使用的螺栓、螺母安装方向宜一致。在直立的管道上当采用单头螺栓时，螺栓宜在法兰的上方，螺母在下方。紧固后的螺栓与螺母宜齐平或露出1个~2个螺距。

6.2.4 不得采用强拧螺栓的方法消除法兰的歪斜或过大间隙。

6.2.5 紧固螺栓时应对称均匀，大于M14的螺母宜按如图6.2.5所示三个步骤拧紧，小于或等于M14的螺母，可省去第二步。

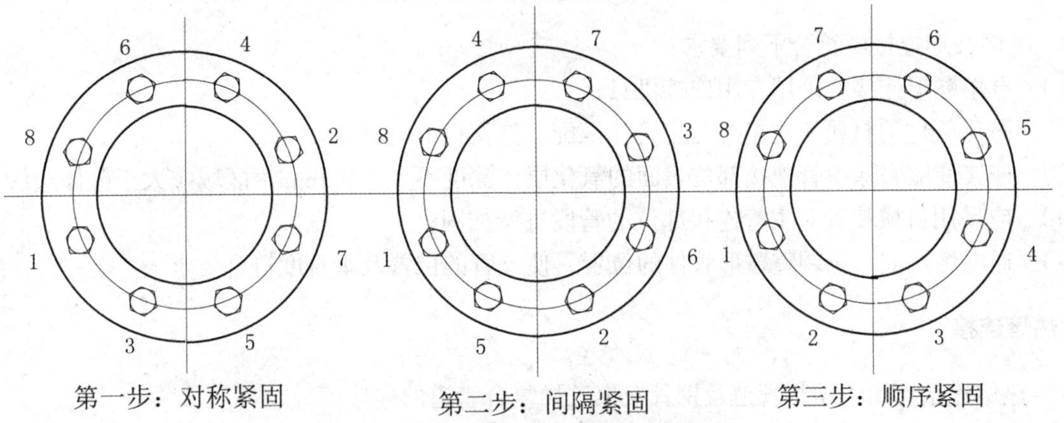

图6.2.5　法兰连接螺栓紧固步骤

6.2.6 用塑料法兰连接的管道，法兰螺栓应间隔24h后再次紧固。

6.3 电熔连接

6.3.1 电熔连接可用于塑料管及钢骨架聚乙烯复合管的连接。

6.3.2 电熔连接应符合下列规定：

a）电熔连接机具正常工作的环境温度范围宜为-10℃~40℃，在严寒气候和大风环境下进行连接作业时，应采取保护措施；

b）电熔管件的材料性能、规格尺寸应与管子匹配；

c）电熔连接接头部位应保持干燥，不得在潮湿环境或雨雪天气下进行作业；

d）连接前用万用表测量电熔套筒接线柱，应无断路或短路现象；

e）对圆度超标的管子及管件端面应进行校正；

f）连接前应采用手工或机械方法去除接头部位表面的氧化层，深度不大于0.2mm；

g）连接完成后，应使接头自然冷却到常温，在此期间不得移动被连接件或对连接件施加外力。

6.3.3 电熔承插连接可按图6.3.3所示流程进行。

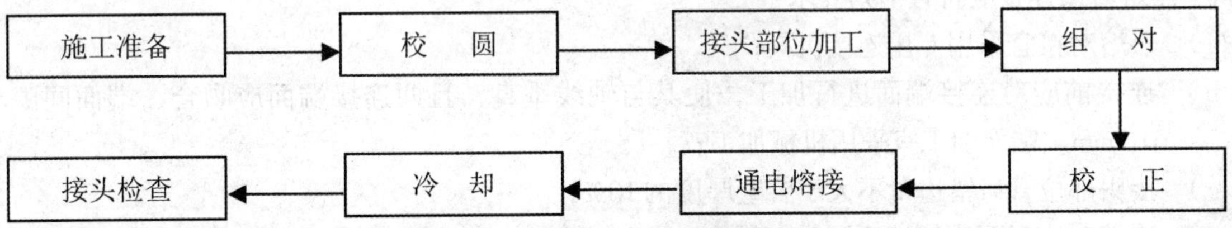

图6.3.3　电熔承插连接施工流程

6.3.4 电熔承插连接应符合下列要求：

a）对于以盘圆形式供货的管子在连接前应进行调直；

b）连接前应在接头部位表面划出插入深度线及圆周方向的定位标志线；

c）接头部位两侧管子或管件应固定牢靠，不得使接头部位受力；

d）熔接各项参数应符合熔接设备及材料性能的要求。

6.3.5 电熔鞍形连接可按图6.3.5所示流程进行。

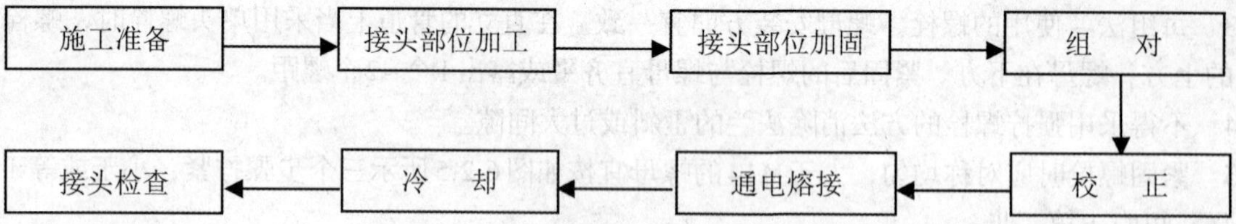

图6.3.5 电熔鞍形连接工作流程

6.3.6 电熔鞍形连接应符合下列要求：

a） 电熔鞍形连接宜采用专用连接机具；

b） 鞍形管件的材质、规格应与主管相匹配，连接面应吻合；

c） 连接前应去除主管连接部位表面的氧化层，深度不大于0.2mm，区域应大于鞍体边缘；

d） 应采用机械装置对主管连接部位的管段进行加固；

e） 通电熔接前，应调整鞍形管件的位置，使支管的位置及垂直度符合要求。

6.4 热熔连接

6.4.1 热熔连接可用于塑料管道及钢骨架聚乙烯复合管道的连接。

6.4.2 热熔连接应符合下列规定：

a） 热熔连接机具正常工作的环境温度范围宜为−10℃~40℃，超出此范围不得进行热熔连接作业；

b） 热熔管件的材料性能、规格尺寸应与管子匹配；

c） 对圆度超标的管子及管件端面应进行校正；

d） 热熔连接前后，应保持加热板、加热模头表面洁净无污物；

e） 热熔连接前，加热板及加热模头应预热，预热温度应为相应材料的焊接温度；

f） 热熔连接完成后，应保持压力至接头完全冷却，在此期间不得移动管道或使接头部位受外力。

6.4.3 热熔对接连接可按图6.4.3所示流程进行。

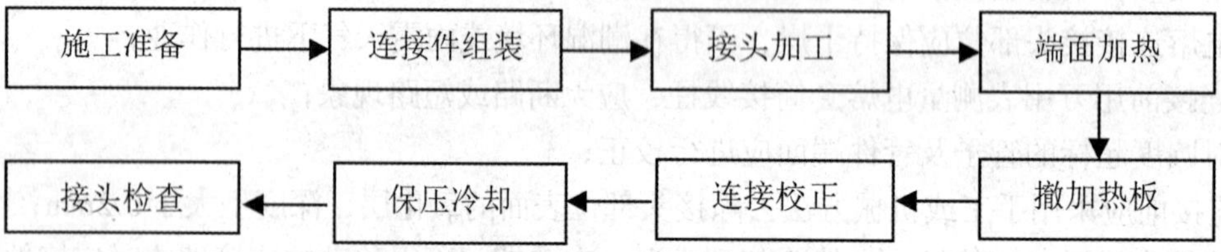

图6.4.3 热熔对接连接工作流程

6.4.4 热熔对接连接应符合下列要求：

a） 热熔对接宜采用专用连接机具；

b） 连接前应对连接端面进行加工，使其与轴线垂直，且两连接端面应吻合，端面间隙小于0.3mm，端面加工宜采用机械加工；

c） 接头部位管口错边量不大于管壁厚度的10%；

d） 连接时应对两连接端面同时加热。

6.4.5 热熔承插连接可按图6.4.5所示流程进行。

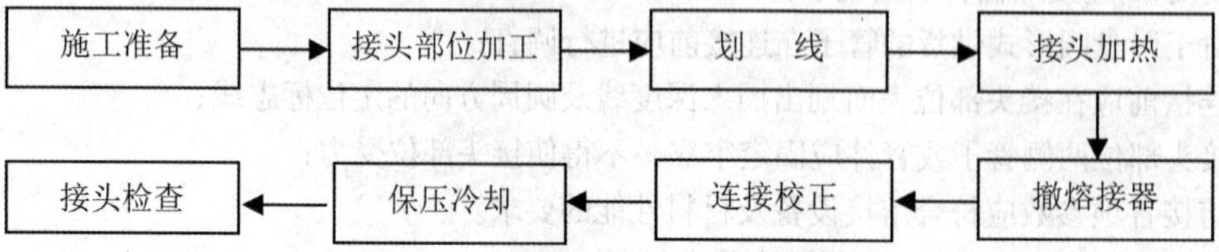

图6.4.5 热熔承插连接工作流程

6.4.6 热熔承插连接应符合下列要求：

a） 加热模头规格应与管子、管件的规格匹配；

b） 连接前应去除接头部位表面的氧化层，深度不大于0.2mm且不得使插管的外径小于承口的内径；

c） 现场切割的管子端面应平整且与轴线垂直；

d） 连接前应在接头部位表面划出插入深度线及圆周方向的定位标志线；

e） 连接时应对插管外表面和承口内表面同时进行加热；

f） 应根据标志线确定插入深度及方位，若发现歪斜应及时校正。

6.4.7 热熔鞍形连接可按图6.4.7所示流程进行。

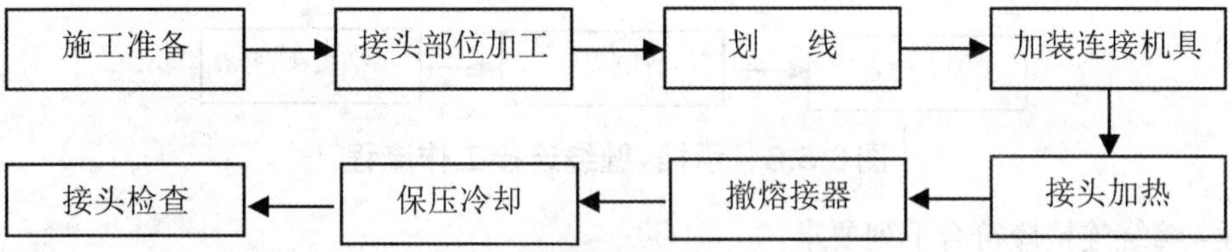

图6.4.7 热熔承插连接工作流程

6.4.8 热熔鞍形连接应符合下列要求：

a） 热熔鞍形连接宜采用专用连接机具；

b） 鞍形管件的材质、规格应与主管相匹配，连接面应吻合；

c） 连接前应去除主管连接部位表面的氧化层，深度不大于0.2mm，区域应大于鞍体边缘；

d） 应采用机械装置对主管连接部位的管段进行加固；

e） 通电熔接前，应调整鞍形管件的位置，使支管的位置及垂直度符合要求；

f） 应使用连接机具对管子的外表面及鞍形连接件的内表面同时进行加热。

6.5 缠绕连接

6.5.1 缠绕连接可用于玻璃钢管、玻璃钢与塑料复合管管道系统的连接。

6.5.2 缠绕连接可采用专用连接设备或现场手工作业。

6.5.3 缠绕连接应符合下列规定：

a） 缠绕连接时，作业环境温度不应低于5℃，否则应采取相应措施；

b） 缠绕连接用玻璃钢树脂、玻璃丝布、树脂胶泥等材料应与玻璃钢管道材料匹配；

c） 缠绕连接接头部位应保持干燥，不得在潮湿环境或雨雪天气下进行作业。

6.5.4 对接－缠绕连接可按图6.5.4所示流程进行，图中的内缝处理工序仅适用于管道大于或等于500mm的连接接头。

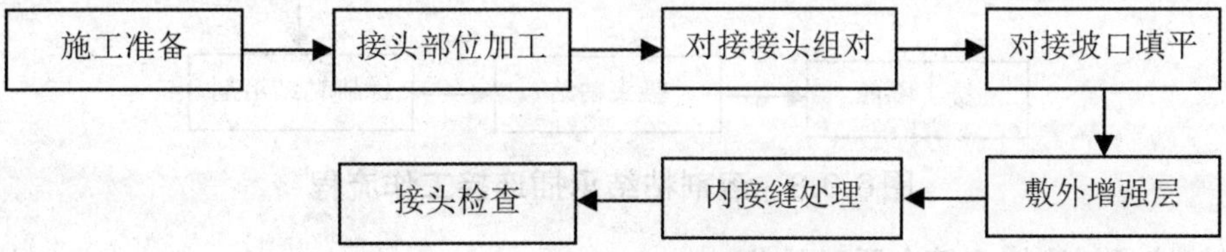

图6.5.4 对接-缠绕连接工作流程

6.5.5 对接－缠绕连接应符合下列要求：

a） 连接前应清除连接部位表面污物及老化树脂，当不易除去时可采用机具打磨，打磨深度至增强层，宽度应满足外增强层宽度的要求；

b） 切割后的管子端面应平整且与轴线垂直，并符合本规程5.2.7条的规定；

c） 对接－缠绕连接接头坡口形式及尺寸设计文件无规定时，可按GB 50690的规定选取；

d） 玻璃钢塑料复合管道的塑料层连接宜采用热风焊，在塑料层连接完成且检查合格后方可进行外增强层的缠绕作业；

e） 玻璃丝布缠绕前应先在接头部位涂抹玻璃树脂，且玻璃丝布也应浸透树脂；

f） 外增强层的厚度、宽度应符合设计文件或产品连接性能要求；

g） 对直径大于或等于500mm的玻璃钢管道应进行内接缝处理，施工工艺与外增强层相同；

h） 在接头部位树脂完全固化前不得移动管子或使接头部位受力。

6.5.6 承插–缠绕连接可按图6.5.6所示流程进行。

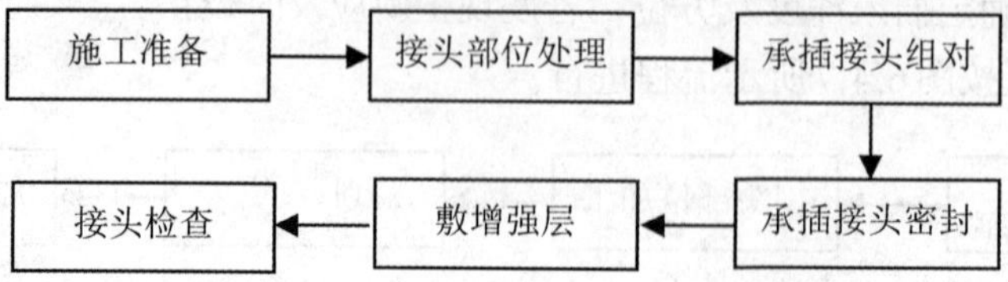

图6.5.6 承插-缠绕连接工作流程

6.5.7 承插–缠绕连接应符合下列要求：

a） 连接前应清除插管部位外表面污物及老化树脂，当不易除去时可采用机具打磨，打磨深度至增强层，长度应不小于插入深度；

b） 插管端面应切割平整且与轴线垂直；

c） 连接前应在接头部位表面划出插入深度线及圆周方向的定位标志线；

d） 承插连接完成后应将承口与插管之间的间隙用树脂胶泥密封，并经检查合格后方可进行增强层的缠绕连接作业；

e） 玻璃丝布缠绕前应先在接头部位涂抹玻璃树脂，且玻璃丝布也应浸透树脂；

f） 外增强层的层数、厚度及宽度应符合设计文件或产品连接性能要求；

g） 在接头部位树脂完全固化前不得移动管子或使接头部位受力。

6.6 溶剂粘接承插连接和密封圈承插连接

6.6.1 承插连接可用于塑料管道、玻璃钢管道系统的连接。

6.6.2 承插连接应符合下列规定：

a） 承插连接用润滑剂、粘接剂等材料应与管子、管件材料性能相匹配；

b） 插管端面应切割平整且与轴线垂直，并符合本规范5.2.7条的规定；

c） 连接前应进行试插，并在接头部位表面划出插入深度线及圆周方向的定位标志线。

6.6.3 溶剂粘接承插连接可按图6.6.3所示流程进行。

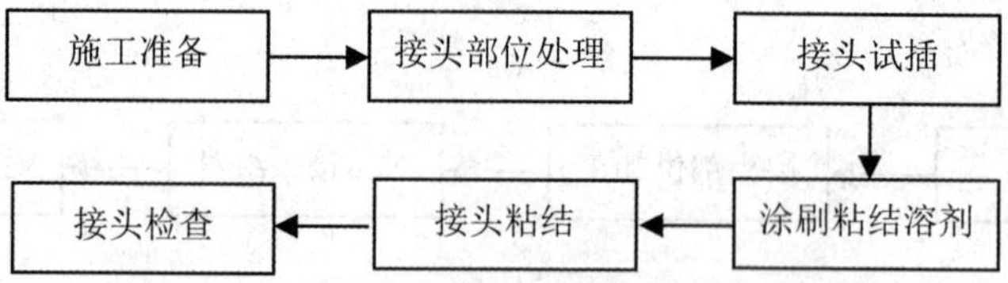

图6.6.3 溶剂粘结承插连接工作流程

6.6.4 溶剂粘接承插连接应符合下列要求：

a） 溶剂粘接承插连接作业环境温度不宜低于5℃，否则应采取相应措施，作业现场不得使用明火，且通风良好；

b） 涂刷粘接溶剂时，应先涂承口内侧，后涂插管外侧。涂刷承口时，应沿轴向由里向外涂刷均匀，不得漏涂或涂抹过厚；

c） 涂刷粘接溶剂后，应立即找正方向，用人工或机具方法将管子插入承口至所划标志线，并保持压力不变；

d） 插接完毕，应及时将挤出的粘接溶剂擦拭干净。

6.6.5 密封圈承插连接可按图6.6.5所示流程进行。

图6.6.5 密封圈承插连接工作流程

6.6.6 密封圈承插连接应符合下列要求：

a） 密封胶圈安装时，应将密封胶圈安装在承口凹槽内，不得扭曲，异形胶圈不得装反；

b） 管端插入深度应符合设计文件或产品连接性能的要求；

c） 小口径管道连接可采用人工方法进行，大口径管道可采用手拉葫芦等机具，但不得对管道造成损伤；

d） 如插装时阻力过大，不得强行插入，应将插管拔出，查明原因后重新插装；

e） 插入完成后应沿圆周方向检查，密封胶圈位置应正确；

f） 采用的润滑剂应与管子材料性能相匹配，且涂刷润滑剂时，应涂刷在插管外表面和胶圈内表面上，不得涂刷在承口内表面上，如管道输送介质为饮用水，润滑剂不得对人体有害；

g） 有锁紧装置的承插连接，应在检查合格后，方可安装锁紧装置。

7 管道安装

7.1 一般规定

7.1.1 管道安装应按照先地下管道后地上管道，先大口径管道后小口径管道的原则进行。

7.1.2 敷设管道的管廊、管道支柱、管墩、预埋件、预留孔等已按设计文件施工完毕，坐标位置、标高、坡度符合要求，并办理工序交接手续。

7.1.3 与管道连接的设备已找正合格、固定完毕，二次灌浆后混凝土强度达到要求，并办理工序交接手续。

7.1.4 预制管段的管道组成件按设计文件进行核对，其材质、规格、型号正确，管道编号、管段编号与单线图相符、标记清晰。

7.1.5 管子和预制管段在安装前应进行内部清理，确认无杂物后方可进行安装。

7.1.6 管道安装的坡向、坡度应符合设计文件规定，若无规定时，应使管道保持水平。

7.1.7 法兰、活接头的位置应便于安装及检修。

7.1.8 管道安装工作若有中断，应及时封闭敞开的管口。

7.1.9 管道吊装用的吊索具应采用吊装带。

7.1.10 管道现场堆放场地应干净平整，并应采取防止曝晒、雨淋的措施，且远离热源。

7.1.11 管道作业周边不得有动火作业，否则应采取防护措施。

7.1.12 管道安装的允许偏差应符合表7.1.12的规定。

表7.1.12 管道安装允许偏差 单位为mm

项目		允许偏差	
		玻璃钢管、 玻璃钢塑料复合管	塑料管、 钢骨架聚乙烯复合管
坐标	地上	15	20
	管沟内	25	30
	埋地	60	80

表7.1.12 管道安装允许偏差(续)

项目			允许偏差	
			玻璃钢管、玻璃钢塑料复合管	塑料管、钢骨架聚乙烯复合管
标高	地上		15	20
	管沟内		20	25
	埋地		25	25
水平管直线度	地上	D≤100	2L‰，最大50	3L‰，最大60
		D>100	3L‰，最大80	4L‰，最大100
立管垂直度	地上		5L‰，最大30	5L‰，最大40
成排管道间净距	地上		15	15
交叉管道外壁或绝热层间距	地上		20	20

注：L—管道长度；D—管道直径。

7.1.13 管道安装的安全技术与作业人员的安全防护应符合GB 50484的规定。

7.2 埋地管道安装

7.2.1 埋地管道安装应按图7.2.1所示程序进行。

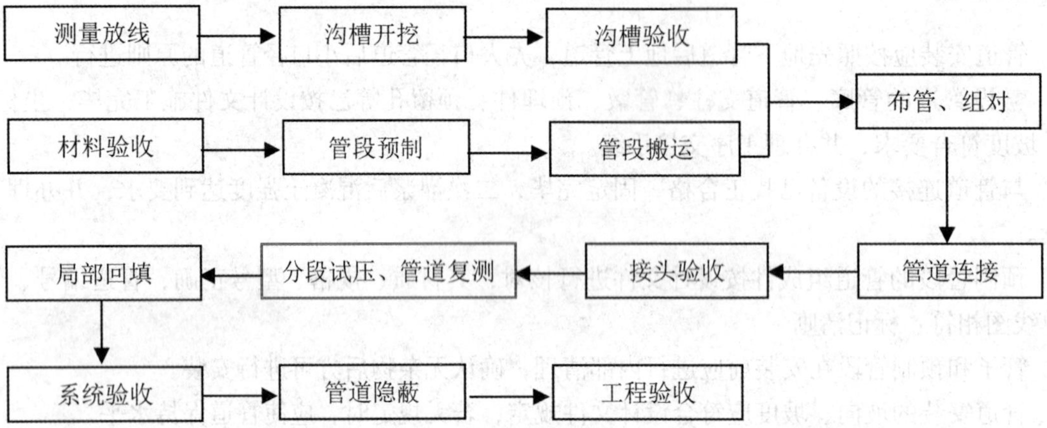

图7.2.1 埋地管道施工程序

7.2.2 埋地管道的土方开挖和回填作业应符合设计文件及SH 3533的要求。

7.2.3 管道沟槽的位置、标高、坡度、沟底宽度、垫层、边坡斜度及加固支撑等均符合设计文件或施工技术文件的要求，并经验收合格后方可进行管道安装。

7.2.4 管道下沟时应轻拿轻放，直径D≤400mm的管道宜采用人工搬运，直径D>400mm的管道可采用机械吊装。

7.2.5 管道敷设完成后所用的临时垫块应及时拆除，如不能及时回填，应采取必要的措施对管道进行固定。

7.2.6 在管沟内进行管道连接时，应设置操作坑并做好周边的安全防护措施。

7.2.7 直管段敷设完后应及时回填，但接头部位不得回填。管道系统试验完成后方可进行全部回填。

7.2.8 回填材料的种类及厚度设计文件无规定时，回填土材料应为无石块的原土，管顶覆土最小厚度应符合下列规定：

a）埋设在车行道下时，不小于1m；

b）埋设在非行车道下时，不小于0.6m；

c）埋设在水田下时，不小于0.8m。

7.2.9 管道回填土方全部完成后，对于非行车区域，应设置明显禁行标志。

7.3 地上与管沟内管道安装

7.3.1 地上与管沟内管道应按图7.3.1所示程序进行。

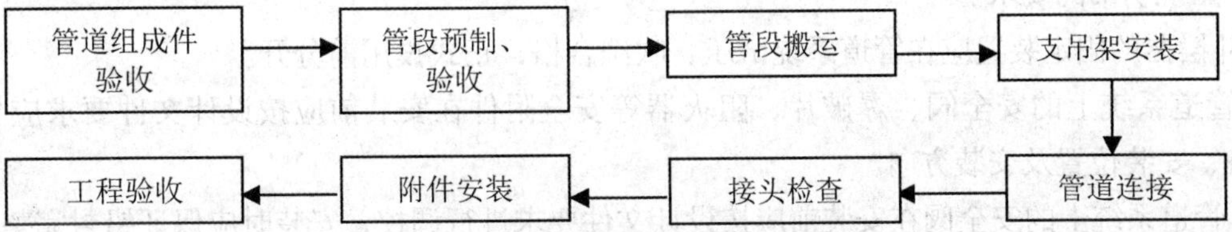

图7.3.1 地上与管沟内管道施工程序

7.3.2 管道安装应在管道支架安装完成后进行。

7.3.3 对于采用热熔或电熔连接的管道，应在接头充分冷却后安装；对于采用粘接连接的管道，应在接头达到强度要求后安装。

7.3.4 管道吊装时宜采用多点吊装。

7.3.5 管道安装过程中不得与沟槽或其他硬物发生碰撞、剐蹭。

7.3.6 管道组对时，应设置牢固的临时支撑，不得使管道产生错位和变形。

7.3.7 管道安装时，与设备连接的法兰处应加设临时盲板隔离，并有记录和明显标识。

7.3.8 与转动机器连接的管道安装后不得对设备管口产生附加应力。

7.3.9 管道安装过程中不得使用非金属管道本身作为吊点或锚点。

7.4 管道支吊架安装

7.4.1 管道支、吊架宜在预制完成后再进行安装，其结构形式、材质、规格、安装位置应符合设计文件的要求。

7.4.2 管道不得与金属支吊架直接接触，接触部位应按设计文件规定设置非金属隔离层。

7.4.3 管道在架空敷设时，不宜利用管道自身刚度作为支吊架结构。

7.4.4 固定支架应在补偿器预拉伸之前按设计文件要求安装就位。

7.4.5 对接连接处距支吊架边缘的净距，宜大于管道的直径，且不小于100mm；承插连接处距支吊架边缘的净距，宜大于管道的直径，且不小于150mm。

7.4.6 管道安装完毕后，应按设计文件规定逐个核对支、吊架的形式和位置。

7.4.7 管道安装过程中使用临时支吊架时，不得与正式支吊架位置冲突，并应有明显标记。临时支吊架在管道安装完毕后应及时拆除。

7.5 阀门及其他管道附件安装

7.5.1 阀门安装前，应按设计文件核对其型号，并按阀门的指示标记及管道介质流向，确定阀门的安装方向。

7.5.2 有传动装置的阀门安装前，应对传动装置进行操作试验，其指示与阀门的启闭一致，且动作可靠、启闭灵活、指示准确。

7.5.3 当阀门与管道以法兰或螺纹方式连接时，阀门应在关闭状态下安装。当阀门与管道以电熔连接、热熔连接、粘接方式连接时，阀门应在开启状态下安装。

7.5.4 阀门安装前，应按照设计文件要求预先安装好承重支架，不得将阀门的重量附加在管道或设备上。

7.5.5 搬运、存放阀门时应注意保护手轮或手柄，防止受到碰撞或冲击。吊装阀门时不得在手轮或手柄上捆绑。

7.5.6 管道系统上的补偿器在安装前，应按设计文件核对其的材质、规格、型号，且固定装置应完好。

7.5.7 补偿器安装过程中不得通过调整固定装置的松紧来保证管道接口间隙，安装方向应符合设计文件和产品说明书的要求。

7.5.8 补偿器的固定装置应在管道系统试压、吹洗合格，正式投用前分开。

7.5.9 管道系统上的安全阀、爆破片、阻火器等安全附件在安装前应按设计文件要求应核对其型号、规格、安装位置及安装方向。

7.5.10 管道系统上的安全阀在安装前应按设计文件要求进行调校，安装时应保证铅封完整无损。

7.6 管道静电接地安装

7.6.1 静电接地装置的安装应符合设计文件要求。

7.6.2 静电接地装置的导电接触面不得有锈蚀，且应按照电气专业的要求涂抹复合导电膏。

7.6.3 静电接地施工完毕后应进行测试，并填写管道静电接地测试记录。

8 管道系统试验

8.1 一般规定

8.1.1 管道安装完毕，经检查合格后，应按批准的管道系统试验方案进行试验。

8.1.2 管道系统试验方案应包括下列内容：

a） 管道系统试验流程图，在图上应标明管道编号、规格及有关设备的位号，同时还应标明注水点、加压点、放空点、阀门的启闭要求，以及临时盲板的加设位置和编号；
b） 试验项目、试验压力、试验介质、加压设备型号；
c） 压力表规格、数量和装设位置；
d） 不参与试验的管道组成件、仪表部件的位置及数量，以及拆卸后的临时连接措施；
e） 不参与试验的工艺设备、管道系统的临时隔离措施；
f） 升压步骤、稳压时间、合格标准及检查方法；
g） 安全、环保技术措施；
h） 记录表格格式。

8.1.3 管道系统试验前，应审查下列资料：

a） 管道组成件的质量证明文件；
b） 管道组成件的检查或试验记录；
c） 管道系统隐蔽工程记录；
d） 管道的施工记录及轴测图；
e） 管道支吊架安装检查记录；
f） 设计变更及材料代用文件。

8.1.4 管道系统试验前，应确认下列条件：

a） 管道系统全部按设计文件安装完毕，管道支吊架的型式、安装位置正确，数量齐全，紧固可靠；

b） 管道的连接作业已全部完成，且检验合格；

c） 试验检查的部位不得隐蔽；

d） 试验用的临时加固措施安全可靠，不参与试验的设备与管道系统隔离的临时盲板加置正确，不参与试验的管道组成件、仪表部件拆除后的临时连接措施加置正确，标志明显，记录完整；

e） 压力表的量程、精度符合要求，检定标记符合要求；

f） 已按照批准的管道系统试验方案进行了技术交底；

g） 试验用介质的排放符合安全环保要求。

8.1.5 试验过程中如有泄漏，不得带压修补。

8.1.6 管道系统试验合格后，应及时排净试验介质，排放时应控制排放速度，不得在管道系统内形成负压。

8.1.7 管道系统试验完毕，应及时拆除所有临时盲板和临时加固措施，恢复管道系统。

8.2 压力试验

8.2.1 试验介质宜采用工业水，当设计或生产工艺有要求时，也可采用其他介质。

8.2.2 当设计文件无规定时，试验压力应为设计压力的1.5倍，试验压力应以高点为准，且最低点压力不得超过管道组成件的承受压力。

8.2.3 向管道系统内注水时，应在最高点将管内空气排净，排气口可利用各管段的法兰、阀门等。

8.2.4 管道系统压力试验时，应分级缓慢升压，并符合下列规定：

a） 当压力升至试验压力的50%和75%时，应分别稳压10min，并对试压系统进行检查，无泄漏和异常现象后方可继续缓慢升压；

b） 达到试验压力后，宜稳压10min，然后降至设计压力，稳压30min进行检查；

c） 管道系统无泄漏、目视无变形为合格，并填写试验记录。

8.2.5 一个管道试压系统的管道长度不宜超过2km。

8.2.6 对于试压不合格的管道接头应按下列原则进行处理，接头整体更换时，管段长度应不小于管道直径的两倍加150mm：

a） 热熔和电熔连接接头应整体更换；

b） 缠绕连接接头可对泄漏部位进行打磨处理，消除缺陷后按照原连接工艺进行补修，同一部位返修不得超过2次，否则应将接头整体切除，更换管段重新连接；

c） 密封圈承插连接接头可脱开接头，采取更换密封圈的方式进行处理；溶剂粘接承插接头应将接头整体更换；

d） 法兰连接接头可将法兰松开查明原因并予以消除。

8.2.7 经过返修处理的管道系统应重新进行压力试验。

8.3 泄漏性试验

8.3.1 管道系统的泄漏性试验应按设计文件要求进行。

8.3.2 泄漏性试验应在管道系统压力试验合格、管道系统吹扫合格后进行。

8.3.3 当装置试车时系统气密试验的压力能满足泄漏性试验的压力，经建设单位同意，泄漏性试验可结合装置试车同时进行。

8.3.4 试验压力应逐级缓慢上升，当达到试验压力10min后，用涂刷中性发泡剂的方法检查所有连接接头，无泄漏为合格。

8.3.5 泄漏性试验的检查重点应是阀门填料函和法兰连接处等静密封面的严密性。

8.3.6 泄漏性试验的停压检查，每一个被检查处的涂刷检查不得少于两次，间隔不小于5min。

8.3.7 管道系统泄漏性试验合格后，应缓慢泄压，并填写试验记录。

9 管道系统吹扫与清洗

9.1 一般规定

9.1.1 管道系统吹扫与清洗应按设计文件要求进行，设计文件无规定时应按批准的管道系统吹扫与清洗方案进行。

9.1.2 管道系统吹扫与清洗方案应包括下列内容：

a） 程序、方法、介质、机具的布置；

b） 压力、流量、流速及其操作控制方法；

c） 检查方法、合格标准；

d） 安全、环保技术措施及记录要求。

9.1.3 管道系统吹扫与清洗方法可根据管道的使用要求、工作介质及管道内表面的脏污程度确定，且符合以下要求：

a） 输送气体介质管道采用空气吹扫；

b） 输送液体介质管道采用水冲洗；

c） 直径大于或等于600mm的管道，可采用人工清理。

9.1.4 管道系统吹扫与清洗作业前应具备下列条件：

a） 不参与吹扫与清洗的管道系统、工艺设备、仪表部件和管道组成件等已拆除或设置临时盲板进行隔离；

b） 管道支吊架固定牢靠；

c） 介质进口管道上已设置控制阀门和校验合格的压力表；

d） 对作业人员已进行了技术交底。

9.1.5 管道系统吹扫与清洗程序应按下列规定分段依次进行：

a） 排放口应设置在设备、阀门、仪表设备前以及难以吹洗干净的管段、急转弯、排空、倒淋前；

b） 按主管—支管—疏排管的顺序进行；

c） 吹洗主管时，应关闭支管阀门；

d） 支管吹洗应先从介质前进方向的第一支管开始依次进行。

9.1.6 管道系统吹扫与清洗介质应满足下列要求：

a） 介质的流量应符合本规范9.2.3条、9.3.1条的要求；

b） 作业过程中的最高压力不得超过管道系统的设计压力。

9.1.7 排放口应设置在开阔地段，并采取加固措施。

9.1.8 作业时应设安全警戒区域，排放口处不得站人。

9.1.9 作业时应采取措施防止管道的污物进入设备或设备的污物进入管道。

9.1.10 排放物应按环保要求排放。

9.1.11 对无法吹洗或吹洗后仍可能留存污物、杂物的管道，应采取其他补充方法进行清理。

9.1.12 作业合格后，除规定的检查外，不得再有影响管内清洁的其他作业。

9.1.13 填写管道系统吹扫/冲洗检验记录，全部验收合格后对管道系统进行最终封闭。

9.2 水冲洗

9.2.1 水冲洗的介质可采用工业水。

9.2.2 水冲洗前应将排放管道接入排水井或排水沟中，并保证安全和畅通。

9.2.3 管道系统冲洗时，应以系统内可能达到的最大流量或不小于1.5m/s的流速连续进行。

9.2.4 当排放口与入口的水色和透明度目视一致且无杂质时为合格。

9.2.5 管道系统水冲洗合格后，应将水排净。

9.3 空气吹扫

9.3.1 空气吹扫的流速不宜小于20m/s，且不宜大于40m/s。

9.3.2 管道系统在空气吹扫过程中，当目测排气无尘烟时，在距排放口100mm处放置白布或涂白色油漆的靶板进行检查，以5min内白布或靶板上无明显尘土、水分及其他杂质为合格。

9.3.3 对塑料管道或钢骨架聚乙烯复合管道吹扫时，气体温度不得高于40℃。

10 施工过程技术文件

10.1 非金属管道施工应按检验试验文件规定进行过程质量控制，并按SH/T 3543的规定进行记录。

10.2 施工过程应进行施工质量的检查确认，审查相关资料，隐蔽工程未经验收不得进行后续施工。

10.3 交工技术文件按合同规定的工程范围和SH/T 3503的规定，由责任单位编制审查，并向建设单位移交。

中华人民共和国化工行业标准

化工装置设备布置设计规定
第 2 部分：设计工程规定

HG/T 20546.2—2009

目　次

1 总　则

1.0.1 为了提高化工装置工程设计质量，规范设备布置设计，制定本规定的本部分。

1.0.2 本部分适用于化工行业新建、扩建或改建的工艺装置的设备布置设计。石油、石化、轻纺、医药等行业可参照执行。

1.0.3 设备布置设计除应符合本部分及本规定的另四个部分（HG/T 20546.1、HG/T 20546.3~HG/T 20546.5）外，尚应符合国家现行的有关标准的规定。

2 布 置 要 点

2.1 工艺及流程的要求

2.1.1 设备布置设计应满足工艺流程的要求。如真空、重力流、固体卸料等，一律按管道及仪表流程图的标高要求布置设备。对处理腐蚀性、有毒、黏稠物料的设备宜按物料性质紧凑布置，必要时还需采取设隔离墙等措施，还应根据地形、全年最小频率风向等情况布置，以免影响工艺的要求。例如空气吸入口及循环水冷却塔等。

2.2 环境保护、防火、防爆、劳动安全卫生及职业安全卫生的要求

2.2.1 设备、建筑物、构筑物等的防火间距应严格执行现行的有关防火的法规、规范，工艺装置内如有配套的公用工程及辅助设施，应单独布置成一个小区，且位于爆炸危险区范围之外，与工艺装置之间留有防火间距。要注意环境保护，对使用、贮存和产生有毒及污染严重的设备宜采取分区布置的方式，对产生噪声的设备宜采取与其他设备隔离布置的方式防止污染及噪声。火灾、爆炸危险性较大和散发有害气体的装置和设备，应尽可能露天或半敞开布置，以相对降低其危险性、毒害性和事故的破坏性。应根据危险程度的划分来分区布置设备。

利用电能或电动机的电气设备的布置，应符合国家现行的《爆炸和火灾危险环境电力装置设计规范》GB 50028的要求。装置的集中控制室、变配电室、化验室、办公室等辅助建筑物，应布置在爆炸危险区范围以外，且靠近装置区边缘。

对于有明火的设备及控制室配电室等的位置要考虑全年最小频率风向的问题。有明火设备的装置宜布置在有可能散发可燃性气体的装置、液化烃和易燃液体储罐区的全年最小频率风向的下风侧。烟囱排出的烟气不应吹向压缩机室或控制室。配电室宜布置在能漏出易燃易爆气体场所的上风侧。

在劳动安全卫生及职业安全卫生方面必须贯彻执行“安全为了生产，生产必须安全”的原则和“预防为主”的卫生工作方针。

2.3 方 便 操 作

2.3.1 装置布置应考虑能给操作者创造一个良好的操作环境，主要包括：必要的操作通道和平台；楼梯与安全出入口要符合规范要求；合理安排设备间距和净空高度等。

控制室的位置要合理，应避开危险区，远离振动设备，以免影响仪表的运行。

2.4 便于安装和维修

2.4.1 设备的安装和维修应尽量采用可移动式起吊设备。在布置设计阶段应满足以下要求：

1 道路的出入口及净空高度要方便移动式吊车的出入；

2 搬运及吊装所需的占地面积和空间；

3 设备内填充物的清理场地；

4 在定期大修时，能对所有设备同时进行大修；

5 对换热器、加热炉等的管束抽芯要考虑有足够的场地，应避免拉出管束时延伸到相邻的通道上。对压缩机驱动机等转动设备部件的检修和更换，也要提供足够的检修区。

2.4.2 下述场合需设固定式维修设备：

1 人孔盖需设置吊柱；

2 塔板及塔内部件需设置吊柱；

3 室内压缩机、透平机等需设置起重机；对于小型压缩机可酌情设置简易起重设施；

4 建筑物内的搅拌器需设置吊梁或起重机。

2.5 经济合理的要求

2.5.1 设备布置在符合工艺要求的前提下应以经济合理为主，并注意整齐美观。除热膨胀有要求的管道外，设备布置时应考虑管道尽量短而直，有的设备为了经济的目的可以不按工序来布置。

2.5.2 为了考虑整齐美观，可采取下列方式布置：

1 成排布置的塔，如可能时可设置联合平台；

2 换热器并排布置时，宜靠管廊侧管程接管中心线取齐；

3 离心泵的排列应以泵出口管中心线取齐；

4 卧式容器宜以靠管廊侧封头切线取齐；加热炉、反应器等宜以中心线取齐。

3 净距、净空及有关标高

3.1 设备间的最小净距

3.1.1 设备间的净距应首先满足防火间距的要求，详见《石油化工企业设计防火规范》GB 50160及《建筑设计防火规范》GB 50016的规定，所参考的标准规范应是现行有效版本。

3.1.2 非防火因素决定的或防火规范中未加规定宜采用的设备间距见表3.1.2。

表3.1.2 设备之间或设备与建、构筑物（或障碍物）间的最小净距

区 域	内 容	最小净距（mm）
	控制室、配电室至加热炉	15000
管廊下或两侧	两塔之间（考虑设置平台，未考虑基础大小）	2500
	塔类设备的外壁至管廊（或构筑物）的柱子	3000
	容器壁或换热器端部至管廊（或构筑物）的柱了	2000
	两排泵之间维修通道	3000
	相邻两台泵之间（考虑基础及管道）	800
建筑物内部	两排泵之间或单排泵至墙的维修通道	2000
	泵的端面或基础至墙或柱子	1000

表3.1.2 设备之间或设备与建、构筑物（或障碍物）间的最小净距（续）

区 域	内 容	最小净距（mm）
任意区	操作、维修及逃生通道	800
	两个卧式换热器之间维修净距	600
	两个卧式换热器之间有操作时净距（考虑阀门、管道）	750
	卧式换热器外壳（侧向）至墙或柱（通行时）	1000
	卧式换热器外壳（侧向）至墙或柱（维修时）	600
	卧式换热器封头前面（轴向）的净距	1000
	卧式换热器法兰边周围的净距	450
	换热器管束抽出净距（L：管束长）	L+1000
	两个卧式容器（平行、无操作）	750
	两个容器之间	1500
	立式容器基础至墙	1000
	立式容器人孔至平台边（侧面）距离	750
	立式换热器法兰至平台边（维修净距）	600
	压缩机周围（维修及操作）	2000
	压缩机	2400
	反应器与提供反应热的加热炉	4500

3.2 宜采用的净空高度或垂直距离

3.2.1 宜采用的净空高度或垂直距离应符合表3.2.1的规定。

表3.2.1 道路、铁路、通道和操作平台上方的净空高度或垂直距离

项 目		说 明	尺寸（mm）
道路		厂内主干道	5000①
		装置内道路，（消防通道）	4500
铁路		铁路轨顶算起	5500
		终端或侧线	5200
通道、走道和检修所需净空高度		操作通道、平台	2200
		管廊下泵区检修通道	3500
		两层管廊之间	1500（最小）
		管廊下检修通道	3000（最小）
		斜梯：一个梯段间休息平台的垂直间距	5100（最大）
		直梯：一个梯段间休息平台的垂直间距	9000（最大）②
		重叠布置的换热器或其他设备法兰之间需要的维修空间	450（最小）
		管墩	300
		卧式换热器下方操作通道	2200
		反应器卸料口下方至地面（运输车进出）	3000
		反应器卸料口下方至地面（人工卸料）	1200
炉子		炉子下面用于维修的净空	750
平台	立式、卧式容器；立式、卧式换热器；塔类	人孔中心线与下面平台之间距离	600~1000
		人孔法兰面与下面平台之间距离	180~1200
		法兰边缘至平台之间的距离	450
		设备或盖的顶法兰面与下面平台之间距离	1500（最大）

注：①对于任何架空的输电线路，净空高度至少应为6500mm。

②梯段高不宜大于9m。超过9m时宜设梯间平台，以分段交错设梯。攀登高度在15m以下时，梯间平台的间距为5m~8m，超过15m时，每5m设一个梯间平台。平台应设安全防护栏杆。

3.3 标　　高

3.3.1 宜采用的标高应符合表3.3.1的规定。

表3.3.1　标高①

<table>
<tr><th colspan="3">项　　目</th><th>距基准点的高度
（mm）</th><th>相对标高
（m）</th></tr>
<tr><td rowspan="2">地面</td><td colspan="2">室内</td><td>0</td><td>EL ± 0.000②③</td></tr>
<tr><td colspan="2">室外</td><td>–300</td><td>EL–0.300⑦</td></tr>
<tr><td colspan="3">柱脚的底板底面（基础顶面）</td><td>150</td><td>EL+0.150</td></tr>
<tr><td rowspan="2">离心泵的底板底面</td><td colspan="2">大泵</td><td>150</td><td>EL+0.150</td></tr>
<tr><td colspan="2">中、小泵</td><td>300</td><td>EL+0.300④</td></tr>
<tr><td>斜梯和直梯基础</td><td colspan="2">顶面</td><td>100</td><td>EL+0.100</td></tr>
<tr><td>卧式容器和换热器⑥</td><td colspan="2">底面</td><td>600（最小）</td><td>EL+0.600（最小）</td></tr>
<tr><td>立式容器和特殊设备</td><td colspan="2">环形底座或支腿底面</td><td>200</td><td>EL+0.200</td></tr>
<tr><td>桩台基础及连接梁</td><td colspan="2">顶面</td><td>300</td><td>EL–0.300⑤</td></tr>
<tr><td>管廊柱子基础和基础梁⑤</td><td colspan="2">顶面</td><td>450</td><td>EL–0.450⑤</td></tr>
<tr><td rowspan="3">炉子底部平台的底面</td><td colspan="2">侧烧或顶烧</td><td>1100</td><td>EL+1.100</td></tr>
<tr><td rowspan="2">底烧</td><td>炉底需要操作通道的</td><td>2300</td><td>EL+2.300</td></tr>
<tr><td>炉底不需要操作通道的</td><td>1100</td><td>EL+1.100</td></tr>
<tr><td colspan="3">鼓风机、往复泵、卧式和立式的压缩机等</td><td>按需要</td><td>按需要</td></tr>
</table>

注：①所有标高均按EL ± 0.000m为基准，与这个标高相对应的绝对标高由总图专业确定。

②与敞开的建筑物周围连接的铺砌面的边缘应同建筑物地面的边缘同一标高，并且有向外的坡度，而且这个地面的坡度应从厂房向外面坡。

③有腐蚀性介质的厂房地面标高定为EL+0.300m。对降雨强度大的地区，室内标高可根据工程情况决定。

④小尺寸的泵，例如比例泵、喷射泵和其他小齿轮泵，基础的顶面标高可高出所在地面300mm。并且几台小泵可以安装在一个公用的基础上。

⑤如有地下管线穿过时，可降低个别基础的标高。

⑥卧式设备的基础标高应按设备底部排液管及出入口配管的具体情况而定，但不得小于EL+0.600m。

⑦对于可能产生重度大于空气的易燃易爆气体的装置，控制室和配电室室内地面应高出室外地面600mm。办公室及辅助生活用室，其室内地面高出室外地面不应小于300mm。如室内为空铺式木板地面，室内外高差不小于450mm。

3.4　宜采用的道路和操作通道宽度

3.4.1 主要车行道路最小宽度为6m，转弯半径为12m。

3.4.2 次要车行道路最小宽度为4m，转弯半径为6m~9m。

3.4.3 道路两边的人行道最小宽度为1m。

3.4.4 装置内的操作通道一般宽度为800mm~1000mm。不常通行的局部地方最小为650mm。

3.4.5 斜梯宽度最小为600mm，斜梯着地前方宽度为900mm~1200mm。

4　操作平台和梯子

4.1　操 作 平 台

4.1.1 在生产中需要操作和经常维修的场所应设置平台和梯子。仅在检修期间操作距地面3m高度范围内的人孔、仪表及阀门可采用带有直梯或斜梯的活动平台。

4.1.2 平台的尺寸应符合下列规定：

1 平台宽度一般不小于800mm，平台上方净空要求按本部分表3.2.1的规定取值，特殊规定的维修平台宽度按本部分表3.1.2的规定取值；

2 设备人孔中心线距平台的最适宜高度为750mm。允许高度范围按本部分表3.2.1的规定取值；

3 为设备加料口设置的平台，距料口顶面不宜大于1m。

4.1.3 平台周围应设栏杆，除平台的入口处外，平台边缘及平台开孔的周围应设踢脚板。

4.1.4 在炉子下列部位可设置平台：

1 烟道鼓风机。

2 地面上难以接近的烧嘴及视孔，设置平台的宽度，管式炉侧面大于或等于750mm，端部大于或等于1000mm。

3 烟灰吹除器。

4 集气管（包括可拆卸部件）只设置平台支架，需检修时临时加设平台板或提供活动的平台。

5 取样点的平台。

4.1.5 为便于操作和经常性检修，地面1.8m以上或在平台上高于1.8m的设施，设备上的仪表距地面1.8m以上，宜按表4.1.5设平台或永久性直梯。并考虑以下两点要求：

1 在容器上的法兰管口、管廊上的切断阀，容器上的就地测温测压点根部阀，集中仪表的一次元件，在管道上的测温、测压点和在管廊最下层管道上的孔板均不设置平台。

2 在装置运行期间或在事故的情况下需要操纵手动阀门时，应按下述进行设计：

1）DN100 及以下的阀门，手轮的底部不能高出平台或地面 1.8m；

2）DN150 及以上的阀门，手轮高度应设置在平台上或地面上便于操作的位置。

假如阀门不能按照上述安装时，则阀门应安装操作链条或伸长杆。

表4.1.5 操作和检修的设施

设 施	序号	部 位
永久性直梯	1	在容器上所有尺寸的止回阀
	2	在容器上小于或等于DN80的手动阀
	3	玻璃液位计和试液位旋塞
永久性直梯	4	人孔
	5	在容器上的压力表
	6	在容器上的温度计
	7	在地面以上1.8m和3.6m之间的液位控制器
	8	深度大于1.8m和长度大于6.0m的地坑
平 台（设在设备下面）	9	各种尺寸的控制阀（调节阀）
	10	换热器
	11	人孔
	12	盲板、视镜、过滤器
	13	大于或等于DN80的安全阀（在立式容器上）
	14	电动阀
	15	清扫点（如本部分第5.2.7条所述）
平 台（设在设备侧面）	16	大于或等于DN100的手动阀（在容器上）
	17	小于或等于DN80的安全阀
	18	大于或等于DN100的安全阀（在卧式容器上）
	19	高出地面3.6m的液位控制器
	20	取样阀

4.2 梯 子

4.2.1 设置直梯的要求。

1 装置的操作和维修人员不需要经常巡视的辅助操作平台和容器的操作平台，可设置直梯。

2 平台的辅助出口应有直梯，该梯子的位置应符合从主要或辅助出口到平台任何两点的水平距离不大于25m，平台的死端长度不应大于6m。若死端大于6m时，需增设出口梯子。

3 对于有易燃易爆危险的设备，其构筑物平台水平距离不足25m，也应在适当的位置增设安全直梯。

4 立式设备上的直梯通常从侧面通向平台。正面进出的直梯用于通向设备顶部以上的平台。

5 除烟囱上的直梯外，每段直梯的高度按本部分表3.2.1的规定取值（如超过该表中的规定，但不超过10m也可不分段）；超过时应增加中间休息平台。宜采用分段错开布置的平台，并结合设备人孔的高度设置。

6 从地面起设直梯，高度大于或等于4m时，应加安全保护圈，从2.5m处向上设置；上方其他各段直梯，每段高度大于或等于2.5m时，需加安全保护圈，从2.2m处向上设置。

7 在直梯的攀登通过的空间内不应有任何障碍物。

不带有安全护圈的直梯，在整个直梯长度的空间内无障碍物的范围必须符合表4.2.1的规定：

8 直梯宽度宜为400mm~700mm。

9 所有平台直梯的出入口处宜设自动或手动隔断安全栏。

表4.2.1 梯子（mm）

梯子坡度	90°	73°	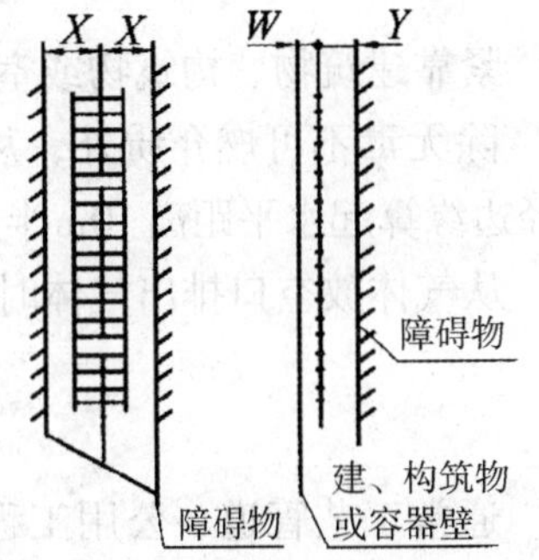
X	760	760	
Y	760	940	
W	大于150	大于150	

表中：X——梯子中心至梯子两侧障碍物的平行距离；

Y——障碍物与梯子面相垂直的距离。

W——踏步外沿至障碍物的距离。

4.2.2 设置斜梯的要求。

1 厂房和框架的主要操作面，操作人员经常巡视（每班至少一次到达该处）的区域应采用斜梯。

2 一段斜梯的最大高度按本部分表3.2.1的规定取值。

3 斜梯的角度为45°~59°，推荐使用小于或等于45°斜梯，斜梯宽度一般为600mm~1100mm。

4 两个平台高差小于或等于300mm时，不需设中间踏步。高差大于300mm时，需增设中间踏步。

5 布置设计的其他要求

5.1 放空口高度

5.1.1 除无毒不可燃介质外，连续排放的放空管从它的外缘水平距离20m半径范围内所设置的平台，必须至少低于放空管顶部3.5m。位于放空管外径边缘水平距离20m半径以外的平台，从水平半径20m的末端垂直引线与放空管顶部标高线的交点以45°引伸线向上引出，引伸线以下的地区可设置平台。如图5.1.1所示。

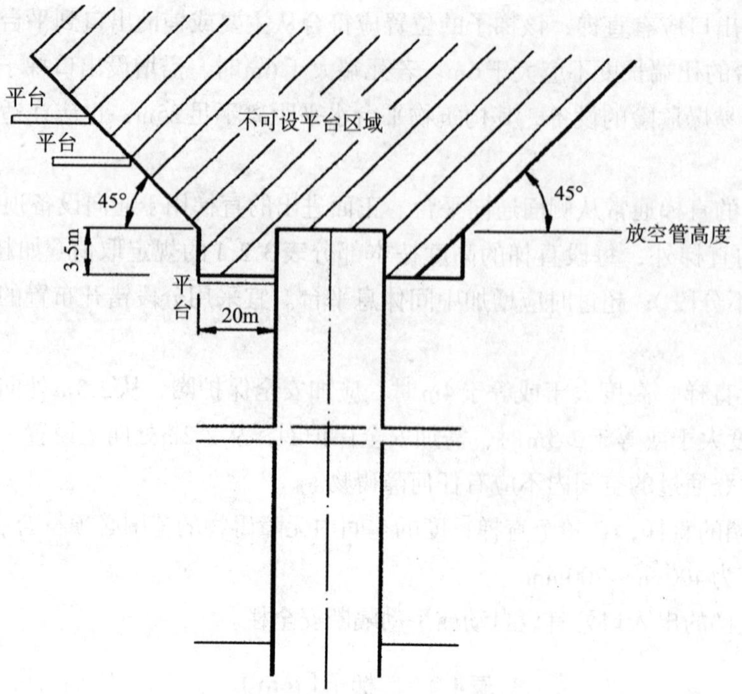

图5.1.1　放空管高度及周围平台示意图

5.1.2　紧靠建筑物、构筑物或室内布置的设备放空管，应高出建筑物、构筑物2m以上。

5.1.3　除无毒不可燃介质外，从释放阀、安全阀出口排放点（非连续放空）的高度至少应比其出口管外径边缘算起水平距离10m半径以内的操作平台或厂房屋顶高出3.5m以上。

5.1.4　从气体放空口排出气体时，要防止地面或平台上的操作、维修人员遭受噪声或烫伤的危害。

5.2　管　　道

5.2.1　通常工艺管道、公用工程总管（下水管除外）和电气、仪表电缆桥架宜架空敷设布置在管廊（管架）上。

5.2.2　短距离管道可敷设在不影响检修或操作通道的地面上，当管道不可避免需穿越通道时，应在管道的上方加设钢结构的跨越过道（桥）。

5.2.3　敷设在地下的水管其管顶不得高于冰冻线，或采取其他防冻措施。

5.2.4　敷设于地面下的需加热保护的管道和需要检查、维修的管道，应布置在管沟内。其他埋于地下的管道应有不少于300mm厚的保护覆盖层。

5.2.5　穿过道路的埋地管道，管顶埋深不应少于700mm。

5.2.6　埋地热管道的热膨胀量应限制在40mm以内，而这种管道所挖的沟必须用松散的砂回填。

5.2.7　装置中要求经常（至少每周两次）机械清扫的管道，弯管处应安装带有法兰的接头或者应有弯曲半径最少为5倍管径的弯管。对于从一端清洗的管道，两对法兰之间的距离应小于12m。而对于从两端清洗的管道，两对法兰之间的距离应不大于24m。

5.2.8　对于需要偶然机械清扫的管道，应装有足够的分段法兰以便拆卸。

5.2.9　从释放压力的设施排放到封闭系统的管道，一般应排放到总管而且管道上不应有袋形。

5.2.10　保温或保冷管道地下穿管敷设时，管道支撑不得破坏管道的保温或保冷结构。

5.3　管沟和污水井

5.3.1　在生产过程中可能产生重度大于空气的易燃易爆气体的装置，原则上不设管沟。如工程特殊需要必须设置管沟时，管沟内要填沙或采取其他防止气体积聚的措施。

5.3.2　管沟一般用平盖板封闭，避免地面水浸入。有特殊要求需敞开时，采用箅子板。沟壁材料采用砖砌或混凝土结构，沟底可用混凝土或碎石铺面，仅在腐蚀性工况的情况下才做耐腐蚀处理。

5.3.3 为便于管沟排水，要求沟底带有坡度，一般坡度为0.5%~1.0%。

5.3.4 管沟的最小宽度为600mm。管道的凸出部分与沟壁之间最小间距为100mm；与沟底最高点之间的最小间距为50mm。

5.3.5 在铺砌地面区域内管沟盖板与地面平齐，在不铺砌地面区域内管沟盖顶应超出地面至少100mm。在室内的沟盖顶应与地面平齐。

5.3.6 污水井一般采用砖砌并加盖ϕ700mm铸铁盖板。在铺砌地面区域内井盖应与地面平齐，在不铺砌地面区域内井盖的顶部应至少高出地面50mm。

5.3.7 穿越交通道路的管沟，其盖板做成承重盖板，以利于车辆通行。

5.4 排液管及下水道

5.4.1 对于石油化工类型的装置，应设地下的油-水污水系统，以收集铺砌地面区域的全部废油、废水、雨水及消防废水，并排到装置边界。经处理的生活污水或化学废水，也可通过此系统排出。

5.4.2 污染雨水与未污染雨水应加以控制，分开排放。

5.4.3 从不同区域（例如完全封闭的工艺厂房、炉子及设备群）排出的污水，应通过具有水封进口的污水井与污水系统相接。如不能将几根排水管分别排到污水井时，此排水管应采用弯管水封。

5.4.4 通常所有单个或成对的容器或换热器应设置*DN*100的油水排放漏斗，作为辅助排液口。但对于清洁的设备如氨或其他类似装置中的设备可以不考虑。

1 在停车期间，从大容器排出水量应加以控制；以防止排水设施满溢。

2 在铺砌地面区域的容器或换热器，如需要把辅助排液中停车排液和仪表排液分开，应分别设排放漏斗。

5.4.5 在铺砌地面区域，泵、压缩机厂房的地面应设排水沟，以收集地表面的污水。

对于下列情况不需设排水沟：

1 半敞开式的压缩机厂房的混凝土地面。

2 控制室和配电室地面。

5.4.6 常压酸、碱贮槽和酸泵等区域应铺砌的地面，设围堰并采取防腐蚀措施。受压的酸、碱贮槽应装有单独的排放点。

5.4.7 当泵没有设置排液设施时，基础顶面应坡向基础边的排水沟或排液管并引至下水道。

5.4.8 当土壤吸收不了正常的降雨量时，在这个地区的周围所有未铺砌的区域应坡向装置边界。在装置界区范围以内的道路、建筑物、构筑物和铺砌区域之间的无铺砌区域应考虑排水，以便在最大降雨量时清净雨水送到装置边界的排水沟中。降雨强度和持续时间见工程设计数据表。

5.4.9 位于易燃和易爆的危险区域内的污水井，例如炉子周围的污水井应当设有密封盖；并且放空管道应当通到安全的地方。污水井排气口通常应高出地面或邻近操作台3m以上，并且与平台的水平距离至少4.5m，与炉壁的水平距离至少为12m。

5.5 铺砌地面和坡度

5.5.1 人行道及下述区域一般用混凝土铺砌。

1 以液体或固体为燃料或原料的炉子及其附属设备的区域，以及焦炭贮槽和装有催化剂的容器支承架下面的区域，铺砌地面应延伸到设备基础或设备支架柱脚的外面。

2 露天布置的泵和压缩机的周围，铺砌地面应延伸到基础以外1.2m处。

3 处理诸如苯酚、糠醛、砷碱液等物料的单元中，围绕泵、塔及换热器的区域内，应提供回收溢出物料的排放设施。

5.5.2 控制室和配电室的地面应是水平的。

5.5.3 除本部分第5.5.2条规定外，其他室内外的铺砌地面应坡向排水点。铺砌地面的最小坡度为

1%。但最大标高差为150mm。

5.5.4 如需要收集溢出的物料时，所做的围堰厚度至少150mm，其容积足以容纳最大的常压贮槽的容量，围堰最小高度不小于450mm。

5.5.5 当工艺装置的贮罐区使用围堤容纳设备及管道溢流出来的液体时，围堤应有足够的容积容纳从被围的区域内“最大贮罐”排放出来的最大液体量（计算容积时，应减去围堤内其他贮罐低于围堤高度所占去的体积）。可燃液体储罐围堤高度应符合《石油化工企业设计防火规范》GB 50160相关条款的规定。

5.5.6 装有烃类贮罐周围的铺砌地面应以最小1%的坡度从贮罐处向外坡向排水系统，该排水点应位于距贮罐最远的围堤旁。

5.5.7 围堤区域内应设有排放系统，并要安装一个切断阀，以便控制排放。还要在此切断阀与围堤之间另外安装支管包括切断阀和标准的消防软管螺纹接口，以便重复利用围堤内排出的消防水，这个切断阀和接口应布置在围堤外侧。

5.5.8 道路的中心应坡向两侧，最大高差为100mm。

中华人民共和国化工行业标准

化工装置设备布置设计规定
第5部分：设计技术规定

HG/T 20546.5—2009

目　次

1 总　　则

1.0.1 为了提高化工装置工程设计质量，规范设备布置设计的技术要求，制定本规定的本部分。

1.0.2 本部分适用于化工行业新建、扩建或改建的工艺装置的设备布置设计。石油、石化、轻纺、医药等行业可参照执行。

1.0.3 设备布置设计除应符合本部分及本规定的另四个部分（HG/T 20546.1~HG/T 20546.4）外，尚应符合国家现行的有关标准的规定。

2 泵的布置

2.1 布 置 原 则

2.1.1 泵的布置方式有三种：露天布置、半露天布置和室内布置。

1 露天布置：通常集中布置在管廊的下方或侧面，也可分散布置在被吸入设备或吸入侧设备的附近。其优点是通风良好，操作和检修方便。

2 半露天布置：半露天布置的泵适用于多雨地区，当泵的操作温度低于自燃点时，一般在管廊下方布置泵，泵的管道上部设雨棚。或将泵布置在构架下的地面上，以构架平台作为雨棚。这些泵可根据与泵有关的设计布置要求，将泵布置成单排、双排或多排。

3 室内布置：在寒冷或多风沙地区可将泵布置在室内。如果工艺过程要求设备布置在室内时，其所属的泵也应在室内布置。

2.1.2 集中或分散布置。

1 集中布置是将泵集中布置在泵房或露天、半露天的管廊下或框架下，呈单排或双排布置形式。对于工艺流程中塔类设备较多时，常将泵集中布置在管廊下面，在寒冷地区则集中在泵房内。

2 分散布置是按工艺流程将泵直接布置在塔或容器附近。泵的数量较少时，从经济上考虑集中不合理，或工艺有特殊要求，或因安全方面等原因，可采用分散布置。

2.1.3 排列方式。

泵的布置首先要考虑方便操作与检修，其次是注意整齐美观。由于泵的型号、特性、外形不一，难以布置得十分整齐。因此泵群在集中布置时，一般采用下列两种布置方式。

1 离心泵的出口取齐，并列布置，使泵的出口管整齐，也便于操作。这是泵的典型布置方式。

2 当泵的出口不能取齐时，可采用泵的一端基础取齐。这种布置方式便于设置排污管或排污沟。

2.1.4 当移动式起动设施无法接近质量较大的泵及其驱动机时，应设置检修用固定式起重设施，如吊梁、单轨吊车或桥式吊车。在建、构筑物内要留有足够的空间。

2.1.5 布置泵时要考虑阀门的安装和操作的位置。

2.1.6 泵前沿基础边应设置带盖板的排水沟。为了防止可燃气体窜入排水沟，也可使用带水封的排水漏斗和埋地管以取代排水沟。

2.1.7 泵房设计应符合防火、防爆、安全、卫生、环保等有关规定，并应考虑采暖、通风、采光、噪声控制等措施。

2.1.8 输送高温介质的热油泵和输送易燃、易爆或有害（如氨等）介质的泵，要求通风的环境，一般宜采用敞开或半敞开布置。

2.2 一 般 要 求

2.2.1 在管廊下泵的布置。

1 管廊上部安装空冷器时，若泵的操作温度小于340℃，则泵出口管中心线在管廊柱中心线外侧600mm~1200mm为宜。若泵的操作温度大于或等于340℃，则泵不应布置在管廊下面。

2 管廊上部不安装空冷器时，泵出口管中心线一般在管廊柱中心线内侧600mm~1200mm为宜。

3 布置在管廊下的泵，其方位为泵头向管廊外侧，驱动机朝管廊下的通道一侧，见本部分图2.3.1。但大型泵底板较长时，可转90°布置（即沿管廊的纵向布置）。

4 对于大的装置管廊的跨度很大时（≥10000mm），泵出口管中心线可不受本条第2款的限制。

5 成排布置的泵应按防火要求、操作条件和物料特性分别布置；露天、半露天布置时，操作温度等于或高于自燃点的可燃液体泵宜集中布置；与操作温度低于自燃点的可燃液体泵之间应有不小于4.5m的防火间距；与液体烃泵之间应有不小于7.5m的防火间距。

2.2.2 泵的维修与操作通道。

1 泵的维修通道的宽度，泵与泵之间和泵至建、构筑的净距，见本规定的第2部分第3章；构筑物内泵的布置净距可参照建筑物内部泵的布置净距进行设计，见本规定的第2部分表3.1.2。

2 泵前方的检修通道可考虑用小型叉车搬运零件时所需宽度，一般不应小于1250mm，对于大泵应适当加大净距。

3 两台相同的小泵可布置在同一基础上，相邻泵的突出部位之间最小间距为400mm。

2.2.3 泵房内泵的布置。

1 如泵房靠管廊时，柱距宜与管廊的柱距相同。一般为6m和9m。跨距一般采用4.5m、6m、9m和12m。可采用单排布置或双排布置。其净距见本规定的第2部分第3章。

2 泵房的层高（梁底标高）应由进出口管线和设备检修用起重设施所需的高度来确定，一般层高为4.0m~5.0m。

3 罐区泵房一般设置在防火堤外，距防火堤外侧的距离不应小于5m。与易燃、易爆液体贮罐的距离应满足《石油化工企业设计防火规范》GB 50160的要求。

2.2.4 泵的标高。

1 泵的基础面宜高出地面300mm。最小不得小于150mm；在泵吸入口前安装过滤器时，泵基础高度应考虑过滤器能方便清洗和拆装。

2 泵的吸入口标高与贮槽或塔类设备的标高的关系应满足NPSH的要求。

3 确定泵吸入口标高时，一般要求吸入管线无袋形。对于可能产生聚合的物料，应在停车时必须完全排放干净。因此，要求吸入管带有坡度，坡度坡向泵的方向，并按照此要求决定泵的标高。

4 地下槽用离心泵，一般应放在与地下槽同层的高度。

2.2.5 对于需设置移动式泵的场合，应考虑同类型泵集中布置，使移动泵处在易通行又不妨碍操作与检修作业的区域。如需要以移动泵替代泵群中某台泵时，此泵应留有切换管道作业的位置。

2.2.6 罐区泵露天布置时，一般应设置在围堰和防火堤外，与易燃、易爆液体贮罐的距离应满足《石油化工企业设计防火规范》GB 50160的要求。

2.3 布置实例

2.3.1 室内泵的布置，见图2.3.1。

2.3.2 室外管廊下泵的布置（管廊上有空冷器），见图2.3.2。

2.3.3 室外管廊下泵的布置（管廊上无空冷器），见图2.3.3。

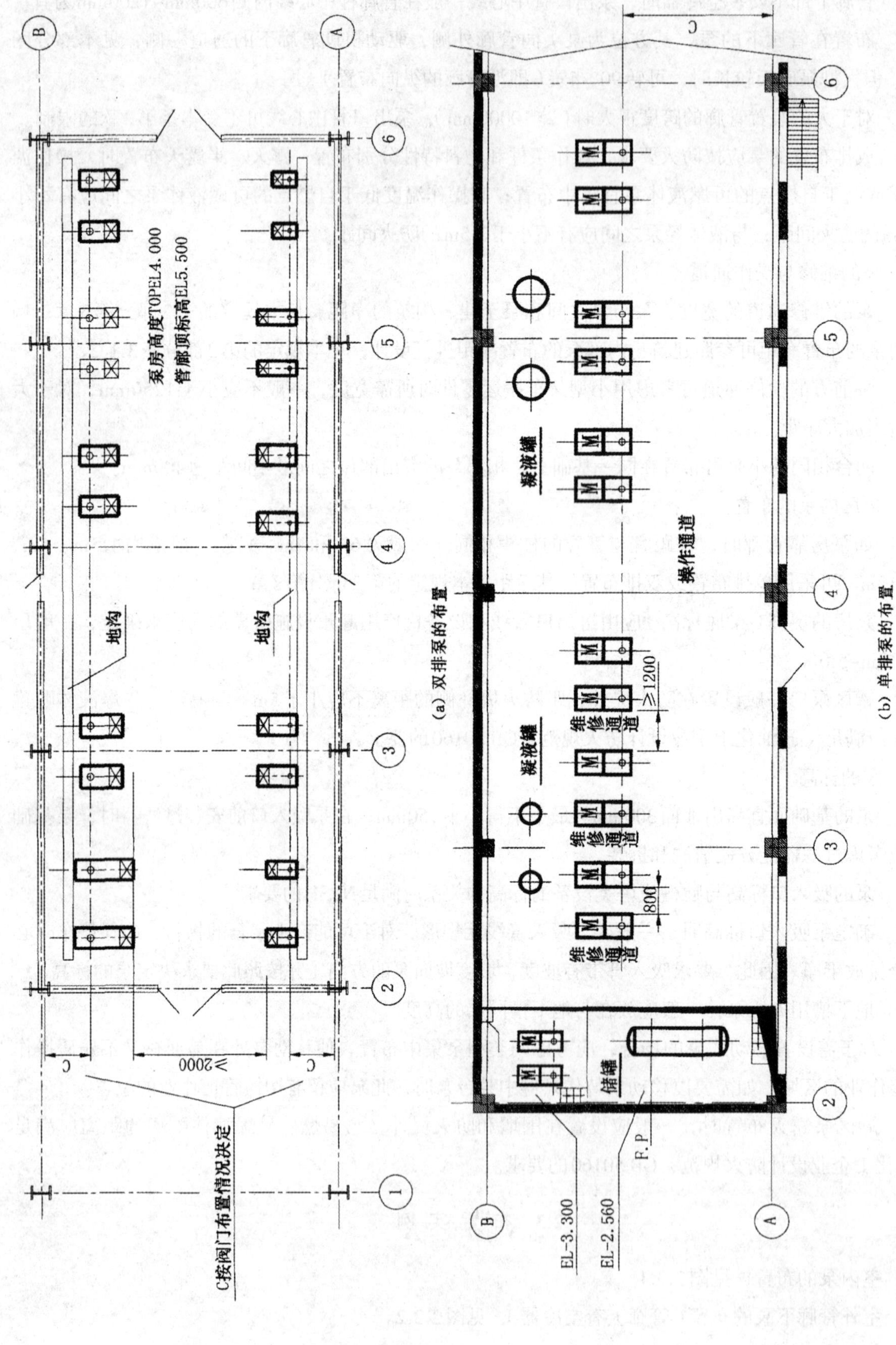
泵房高度TOPEL4.000
管廊顶标高EL5.500
地沟
地沟
C
≥2000
C
C按阀门布置情况决定
(a) 双排泵的布置
凝液罐
凝液罐
维修通道
维修通道
维修通道
≥1200
800
操作通道
储罐
F.P
EL-3.300
EL-2.560
C
(b) 单排泵的布置

图2.3.1 室内泵的布置

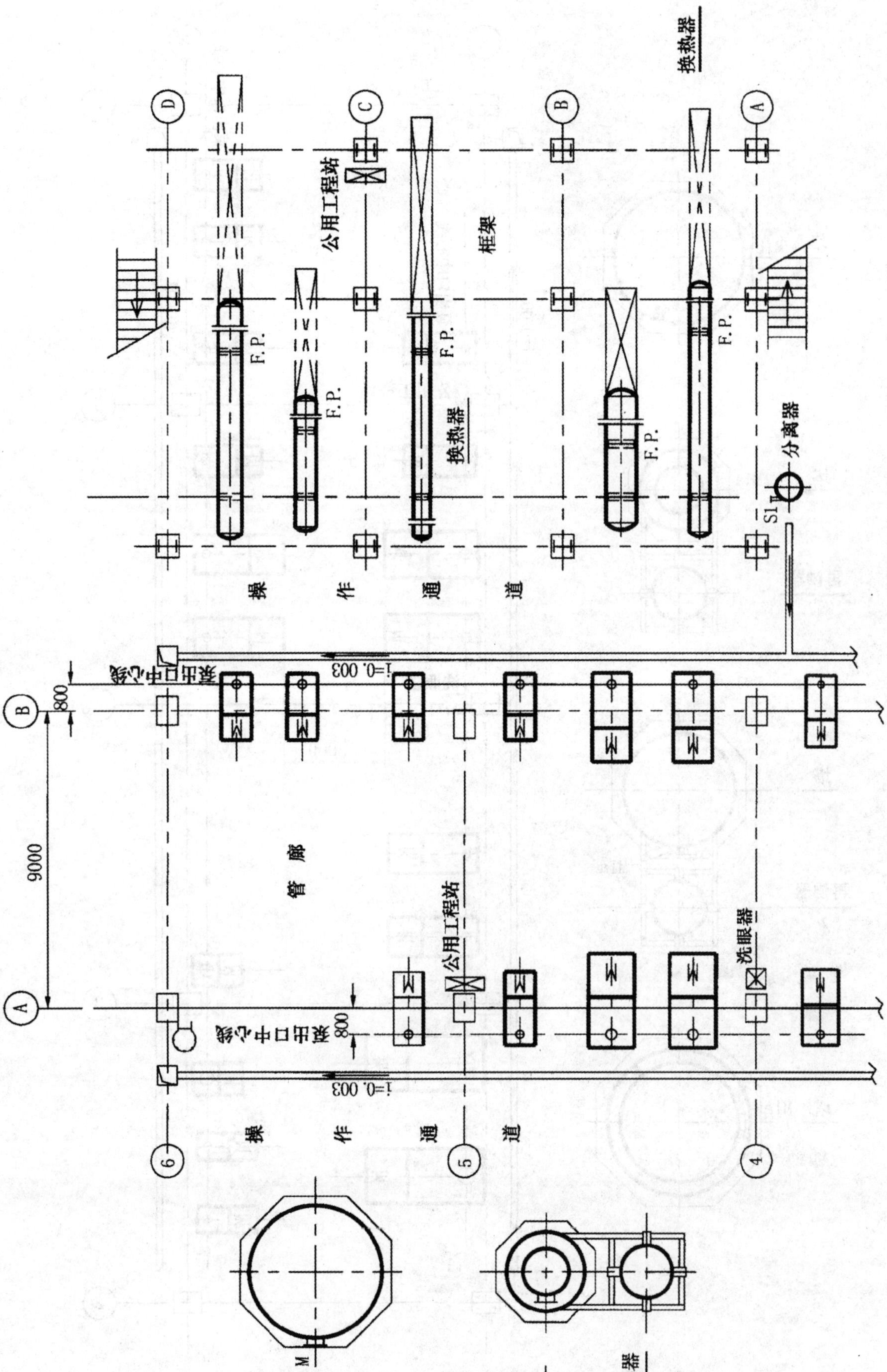

图2.3.2 室外管廊下泵的布置（管廊上有空冷器）

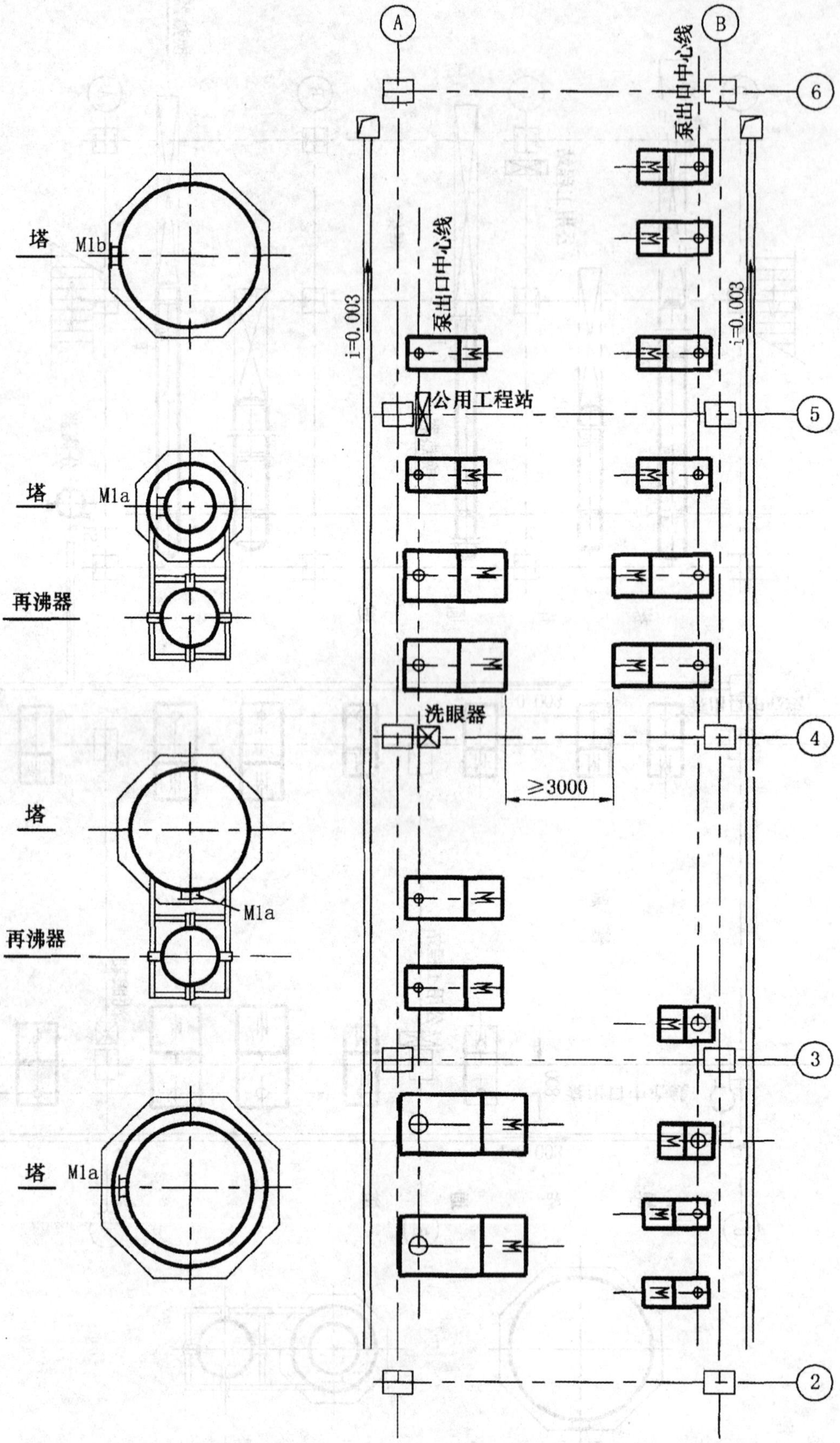

图2.3.3　室外管廊下泵的布置(管廊上无空冷器)

3 塔的布置

3.1 布置原则

3.1.1 布置塔时，应以塔为中心把与塔有关的设备如中间槽、冷凝器、回流泵、进料泵等就近布置，尽量做到流程顺、管线短、占地少、操作维修方便。

3.1.2 根据生产需要，塔有配管侧和维修侧，配管侧应靠近管廊，而维修侧则布置在有人孔并应靠近通道和吊装空地；爬梯宜位于两者之间，常与仪表协调布置，见本部分图3.3.1。

3.2 一般要求

3.2.1 大直径塔宜用裙座式落地安装，用法兰连接的多节组合塔以及直径小于或等于600mm的塔一般安装在框架内，见本部分图3.3.3。

3.2.2 塔和管廊之间应留有宽度不小于1.8m的安装检修通道(净距)。

3.2.3 管廊柱中心与塔设备外壁的距离不应小于3m。塔基础与管廊柱基础间的净距离不应小于300mm。

3.2.4 塔的冷凝器、冷却器、中间槽、回流罐等一般可在框架上与塔在一起联合布置，见本部分图3.3.4和图3.3.5，也可隔一管廊和塔分开布置，见本部分图3.3.6和图3.3.7。

3.2.5 大直径高塔邻近有框架时，应根据框架和塔的既定间距考虑两者的施工顺序。不需要因考虑塔的吊装而加大间距。

3.2.6 成组布置的塔，一般以塔的外壁或中心线成一直线排成行，也可根据地理环境成双排或三角形布置，并设置联合平台，各塔平台的连接走道的结构应能满足各塔不同伸缩量及基础沉降不同的要求。

3.2.7 塔平台和梯子的设置。

1 塔平台应设置在便于检修、操作、监测仪表和出入人孔部位。塔顶装有吊柱、放空阀、安全阀、控制阀时，应设置塔顶平台。

2 对于梯子和平台的具体要求见本规定的第2部分第4章的规定。

3 塔和框架联合布置时，框架和塔平台之间应尽量设置联系通道。

3.2.8 塔底标高由以下因素确定。

1 利用塔的压力和重力卸料时，应满足物料重力流的要求，综合考虑容器高度、物料重度、管线阻力等进行必要的水力计算。

2 采用卸料泵卸料时，应满足净正吸入压头和管道压力降的要求。

3 再沸器的结构形式和操作要求。

4 配管后需要通行的最小净空高度。

5 塔基础高出地面的高度。

3.2.9 在框架上安装的分节塔，应在塔顶框架上设置吊装用吊梁，见本部分图3.3.3。

3.2.10 再沸器应尽量靠近塔布置，通常安装在单独的支架或框架上，若需生根在塔体上时，应与设备专业协商。有关设备、管道热膨胀及支架结构问题应经应力分析后选择最佳布置方案。

3.2.11 成排布置的塔，各塔人孔方位宜一致并位于检修侧，单塔有多个人孔时，尽量使人孔方位一致。

3.3 布置实例

3.3.1 塔维修侧和配管侧，见图3.3.1。

3.3.2 小塔布置在框架中（平面），见图3.3.2。

3.3.3 小塔布置在框架中（立面），见图3.3.3。

3.3.4 成组塔与框架联合布置（平面），见图3.3.4。

3.3.5 成组塔与框架联合布置（立面），见图3.3.5。

3.3.6 成排塔与框架分开布置（平面），见图3.3.6。

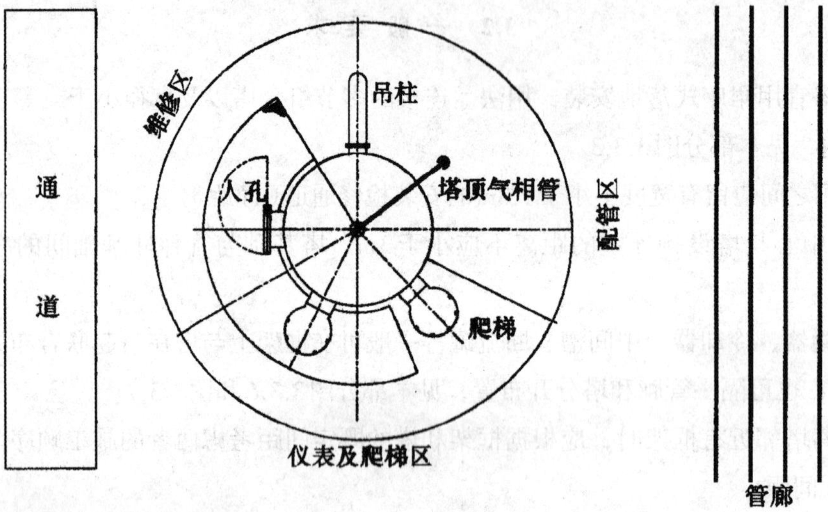

图3.3.1 塔维修侧和配管侧

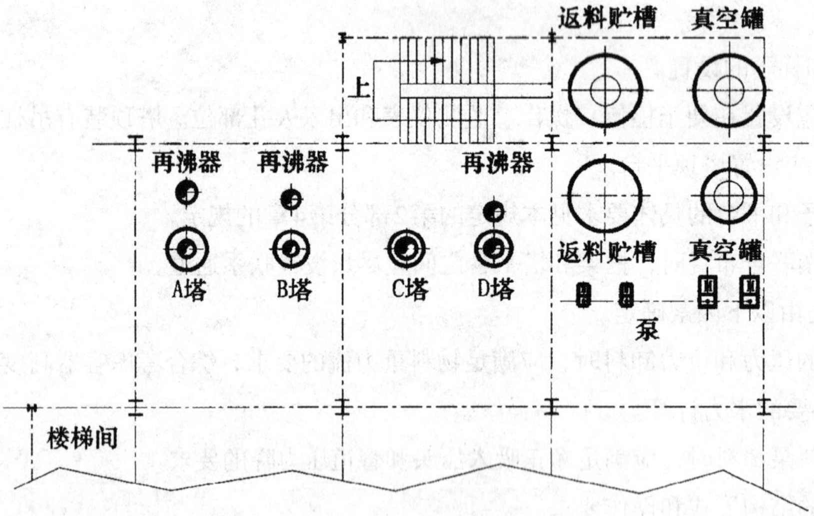

图3.3.2 小塔布置在框架中（平面）

3.3.7 成排塔与框架分开布置（立面），见图3.3.7。

3.3.8 成排塔与框架联合布置（平面），见图3.3.8。

3.3.9 成排塔与框架联合布置（立面），见图3.3.9。

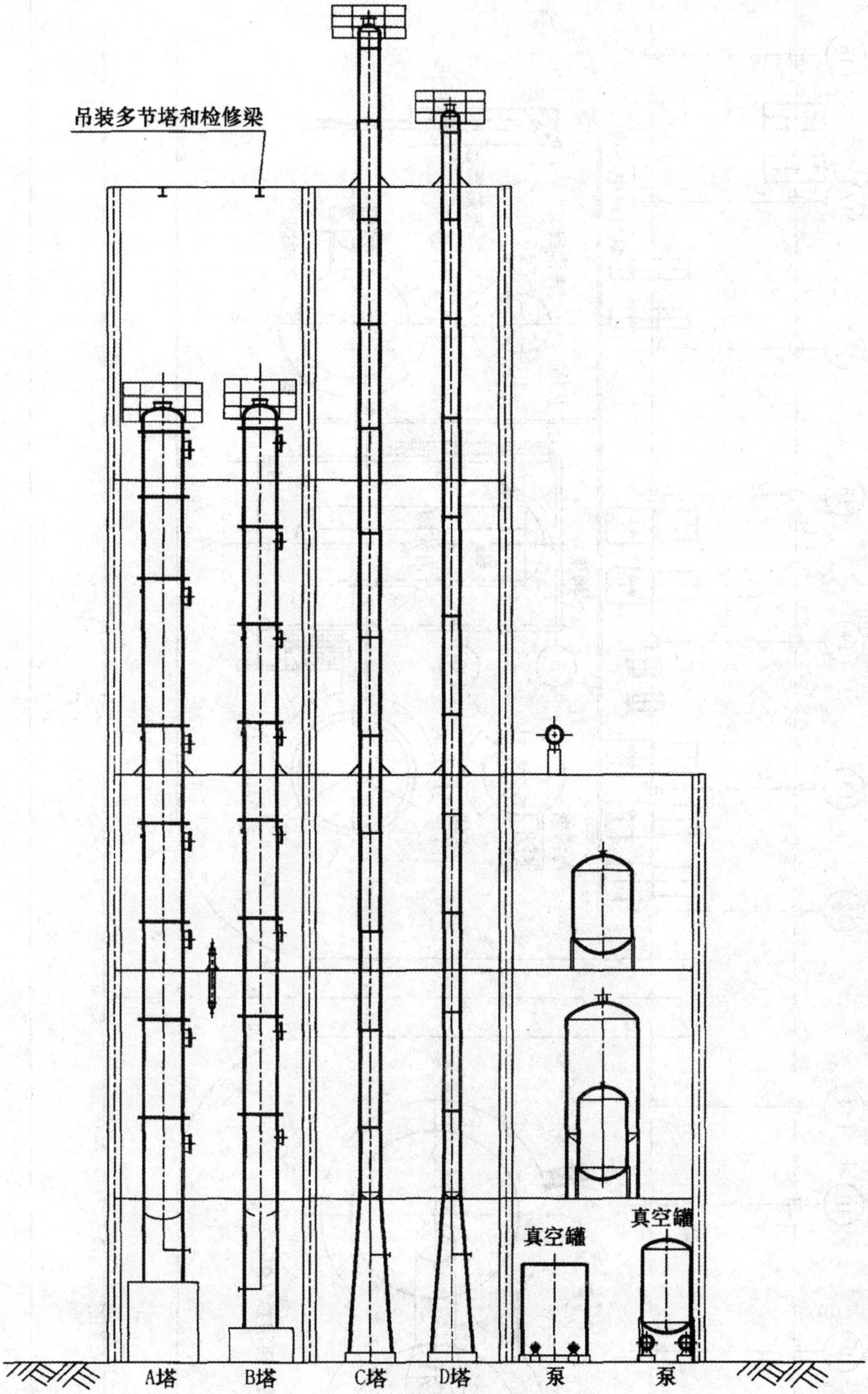

图3.3.3　小塔布置在框架中（立面）

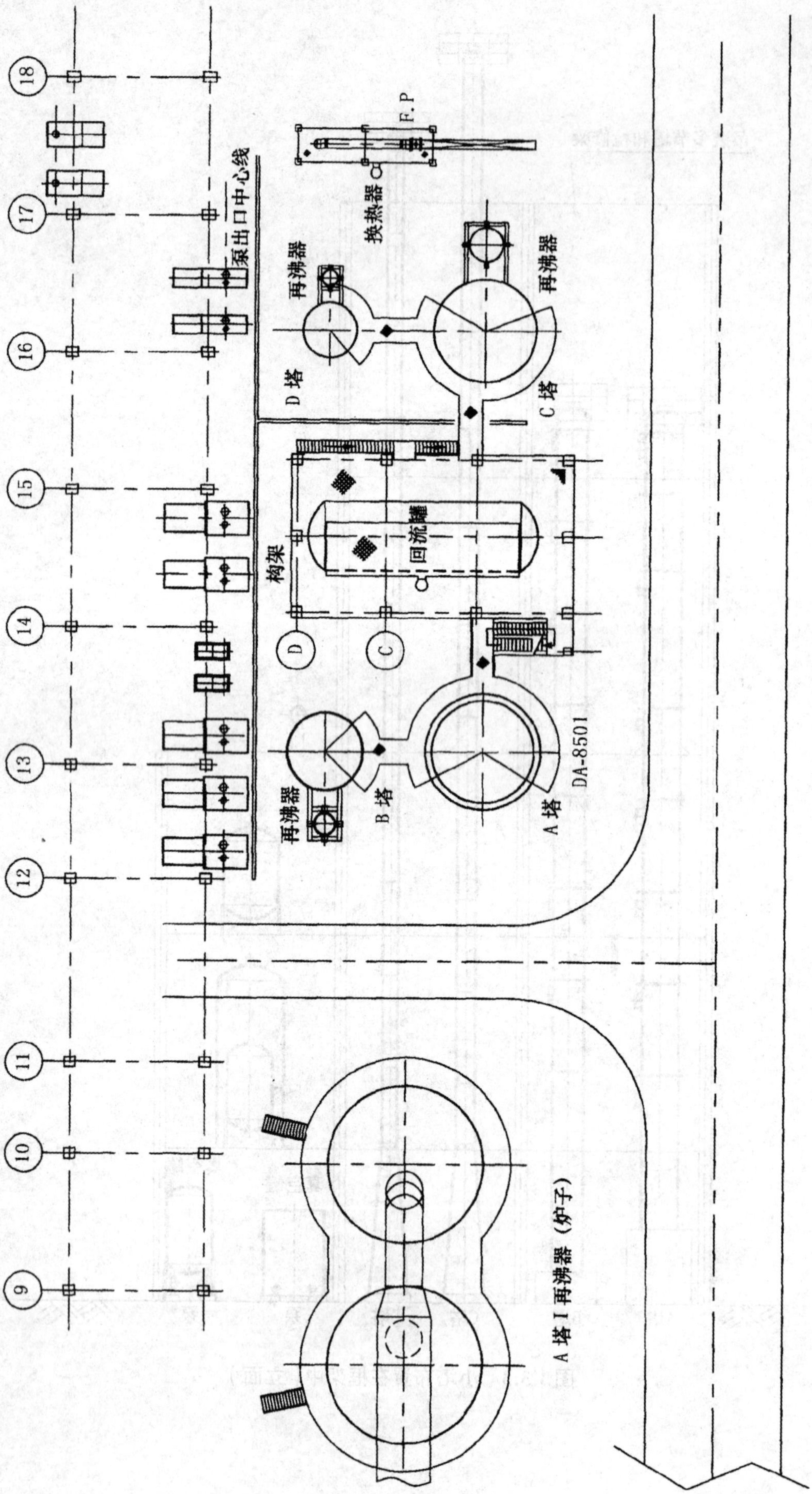

图 3.3.4　成组塔与框架联合布置（平面）

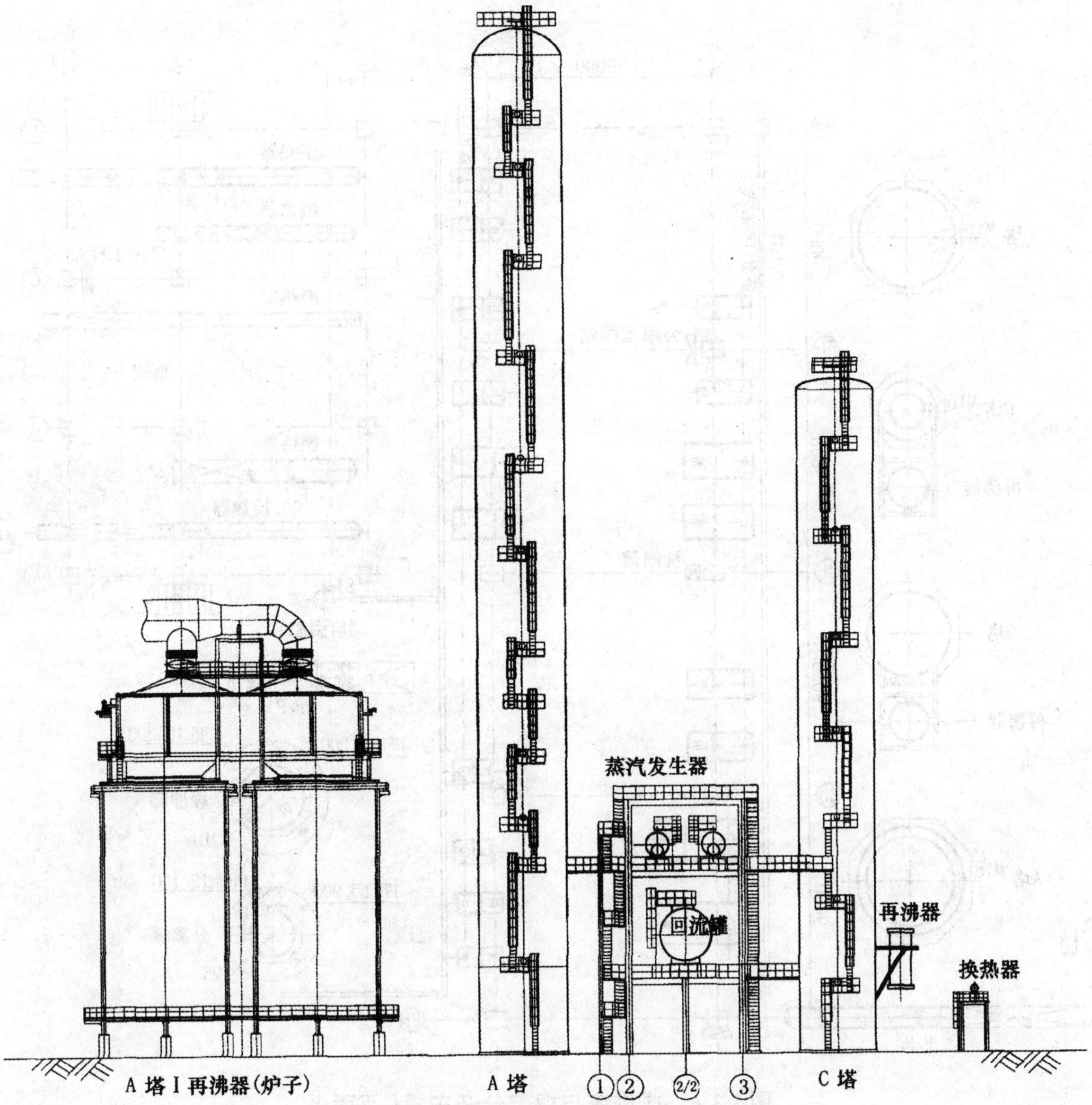

图3.3.5　成组塔与框架联合布置(立面)

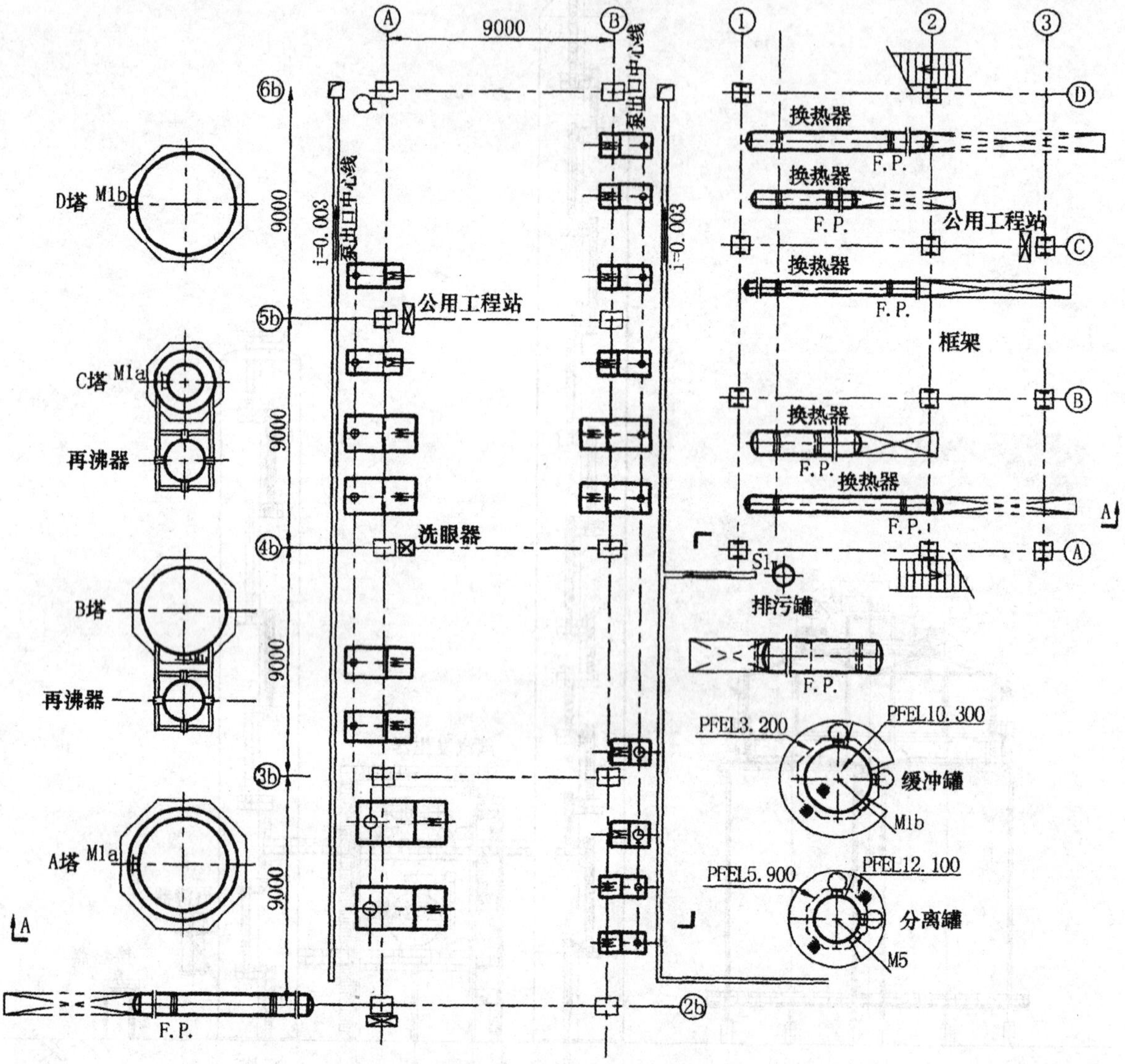

图3.3.6　成排塔与框架分开布置(平面)

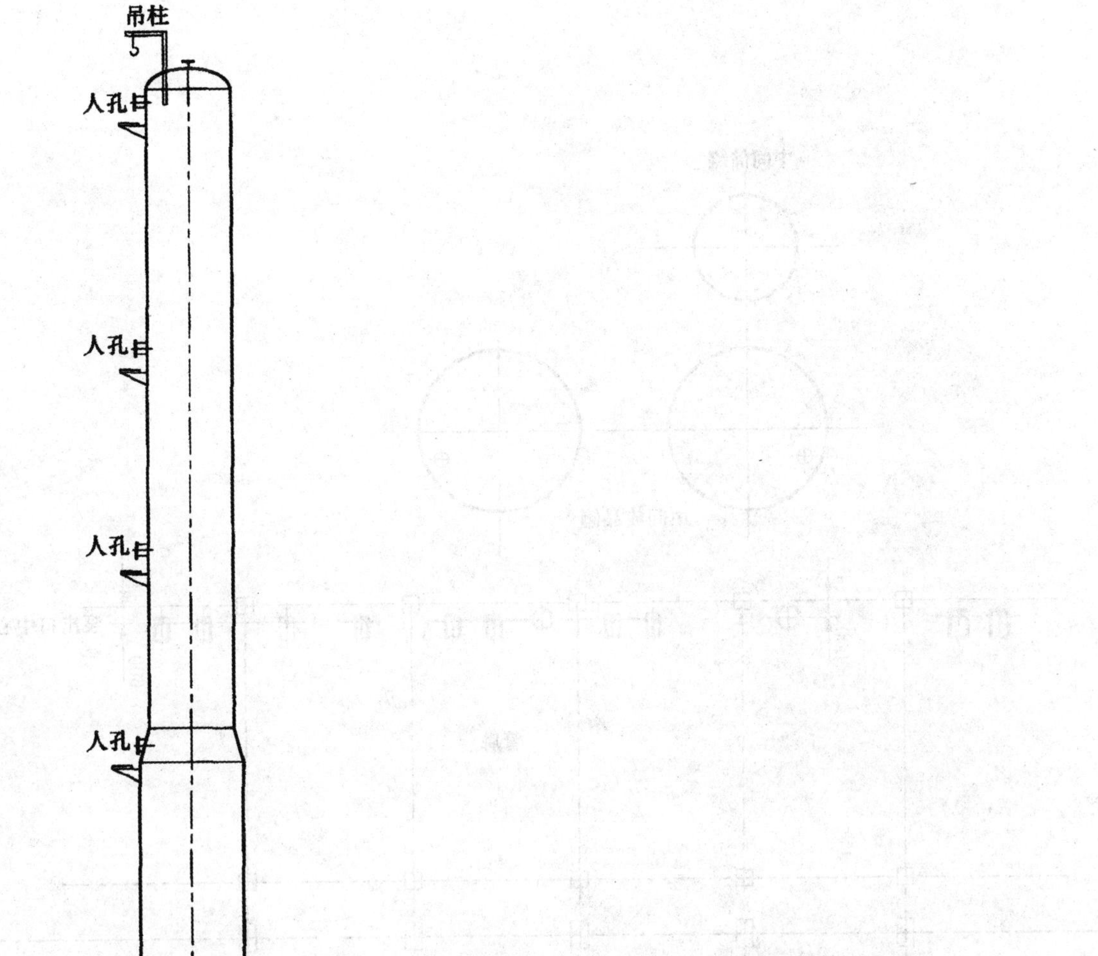

图3.3.7 成排塔与框架分开布置（立面）

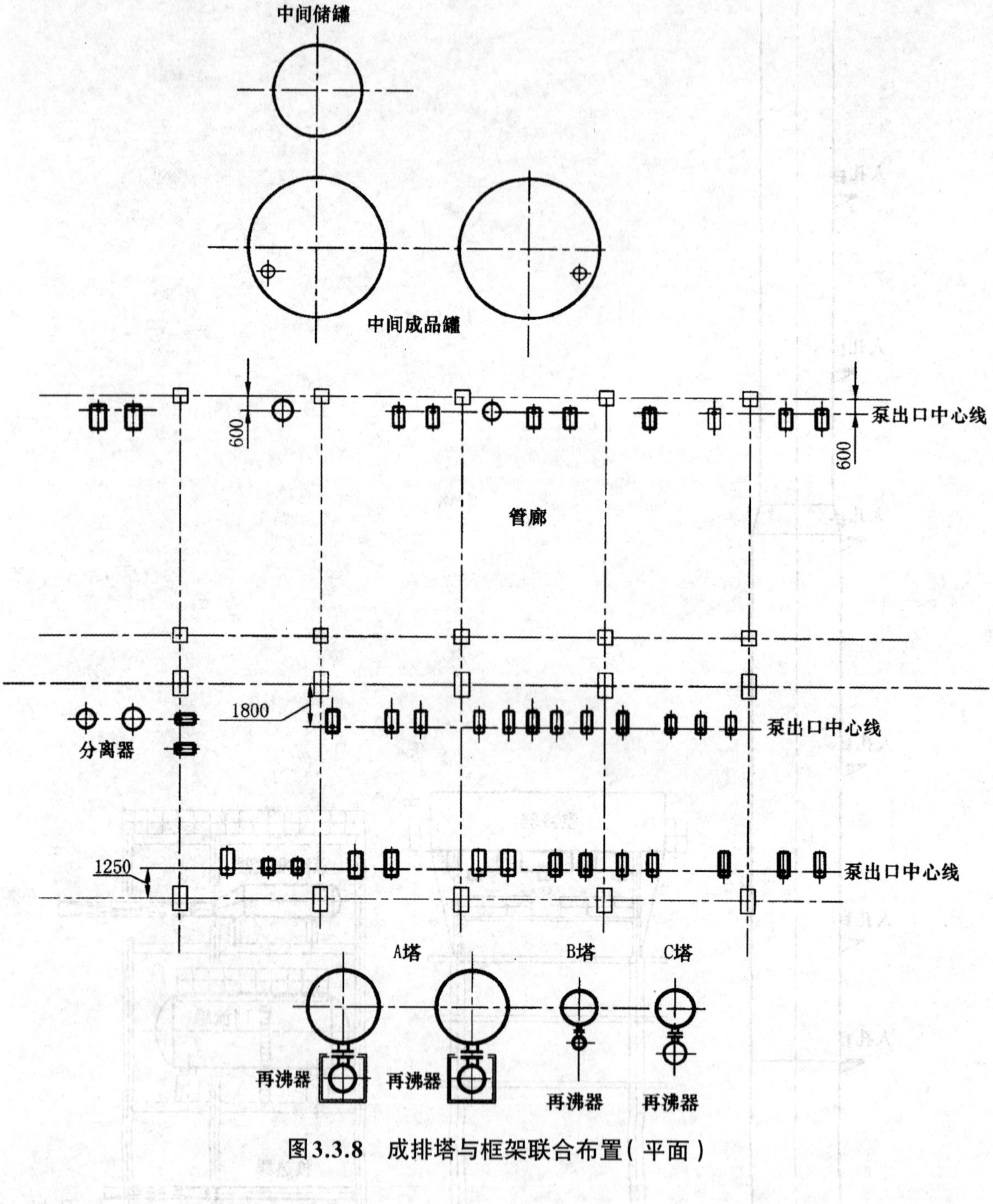

图3.3.8　成排塔与框架联合布置（平面）

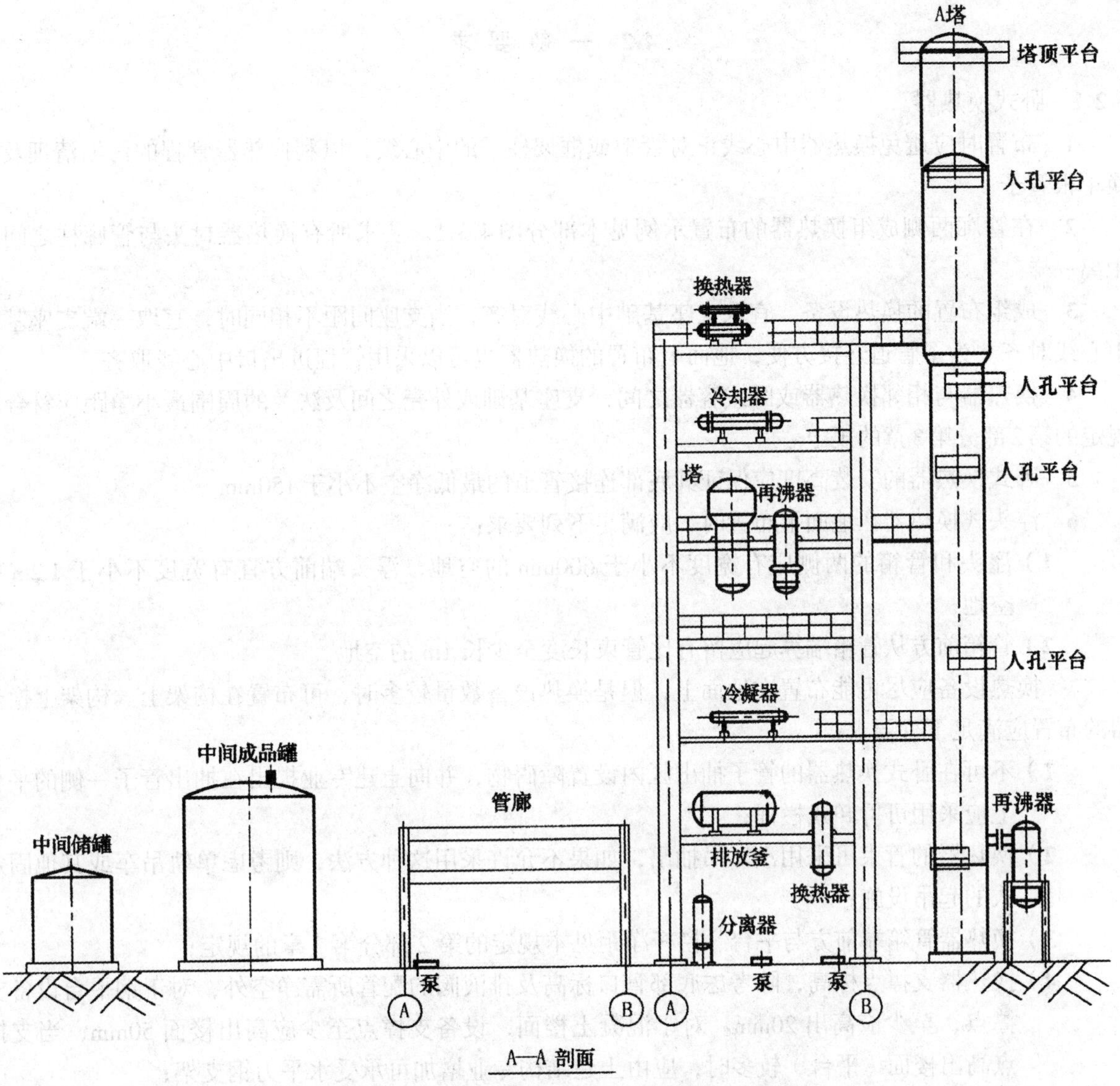

图3.3.9　成排塔与框架联合布置（立面）

4　换热器的布置

4.1　布 置 原 则

4.1.1　与精馏塔关联的管壳式换热设备，如塔底再沸器、塔顶冷凝冷却器等。宜按工艺流程顺序布置在塔的附近。

4.1.2　布置时要考虑换热器抽管束或检修所需的场地（包括空间）和设施。当检修需要起吊设施而汽车吊不能接近换热器时，应设吊车梁、地面轨道或其他检修用设施。

4.1.3　换热器管束抽出端可布置在检修通道侧，如本部分图4.3.1所示。所需净距见本规定的第2部分第3章的规定。

4.1.4　换热器除工艺有特殊要求外，一般不宜重叠布置。

4.1.5　操作温度高于物料自燃点的换热器上方，如无楼板或平台隔开，不应布置其他设备。

4.1.6　重质油品或污染环境的物料的换热设备不宜布置在构架上。

4.1.7　一种物料与几种不同物料进行热交换的管壳式换热器，应成组布置。

4.1.8　用水或冷剂冷却几组不同物料的冷却器，宜成组布置。

4.2 一 般 要 求

4.2.1 卧式换热器。

1 布置时应避免换热器中心线正对管架或框架柱子的中心线，以利换热器管程的污垢清理及更换单根管子。

2 在管廊两侧成组换热器的布置示例见本部分图4.3.1。要求所有换热器封头与管廊柱之间的距离一样。

3 成组布置的换热设备，宜取支座基础中心线对齐，当支座间距不相同时，宜取一端支座基础中心线对齐。为了管道连接方便，地面上布置的换热器也可以采用管程进出口中心线取齐。

4 换热器与相邻换热器或卧式容器之间，支座基础或外壳之间及法兰的周围最小净距应符合本规定的第2部分第3章的规定。

5 卧式换热器的安装高度应保证其底部连接管道的最低净空不小于150mm。

6 浮头式换热器在地面上布置时，应满足下列要求：

1）浮头和管箱的两侧应有宽度不小于600mm的空地，浮头端前方宜有宽度不小于1.2m的空地；

2）管箱前方从管箱端算起应留有比管束长度至少长1m的空地。

7 换热设备应尽可能布置在地面上，但是换热设备数量较多时，可布置在构架上。构架上换热器的布置应满足下列要求：

1）不可在卧式换热器的管子抽出区内设置障碍物，并向土建专业提出在抽出管子一侧的平台上应采用可拆卸式栏杆；

2）换热器的管束可采用汽车吊抽出，如果不允许采用这种方法，则考虑单轨吊车或其他固定式的起吊设施；

3）换热器管箱端前方与平台、栏杆净距见本规定的第2部分第3章的规定；

4）换热器支撑点标高，除考虑底部管口标高及排液阀的配管所需净空外，对于钢平台设备支撑点，至少应高出20mm。对于混凝土楼面，设备支撑点至少应高出楼面50mm，当支撑点高出楼面（平台）较多时，应由土建结构专业增加可承受水平力钢支架；

5）在换热器外壳（侧向）与管廊柱子之间通行或检修的最小间距见本规定的第2部分第3章的规定；

6）浮头式换热器浮头端前方平台净空宜不小于0.8m，浮头式换热器管箱端前方平台净空宜不小于1m，平台采用可拆卸式栏杆，并应考虑管束抽出区所需的空间。

8 换热器支座的固定端及滑动端应按管道柔性计算要求决定。

4.2.2 立式换热器。

1 立式浮头式换热器布置在构架上时，其上方应有抽管束的空间。

2 位于立式设备附近的换热器，其间应有1m的通道。

3 立式换热器、尾气冷凝器的布置可参照容器的布置；再沸器的布置可参照塔的布置。

4 立式换热器顶部如有液相中的小排气阀时，操作人员应能够接近它。如不易接近，则应设直梯或临时梯子。

4.2.3 对于有保温层的换热器，其相关的间距，应是指保温后外壳的净距。

4.2.4 换热器的介质为气体并在操作过程中有冷凝液生成时，换热器的出口管一般应为无袋形管，并使冷凝液自流入受槽内，此时，换热器的标高应与受槽有关，设备布置时应核对。

4.3 布 置 实 例

4.3.1 地面上换热器的布置，见图4.3.1。

4.3.2 地面上成组布置的换热器，见图4.3.2。

4.3.3 框架上卧式换热器、容器的布置（平面），见图4.3.3。

4.3.4 框架上卧式换热器、容器的布置（立面），见图4.3.4。

4.3.5 框架上立式换热器、容器的布置（平面），见图4.3.5。

4.3.6 框架上立式换热器、容器的布置（立面），见图4.3.6。

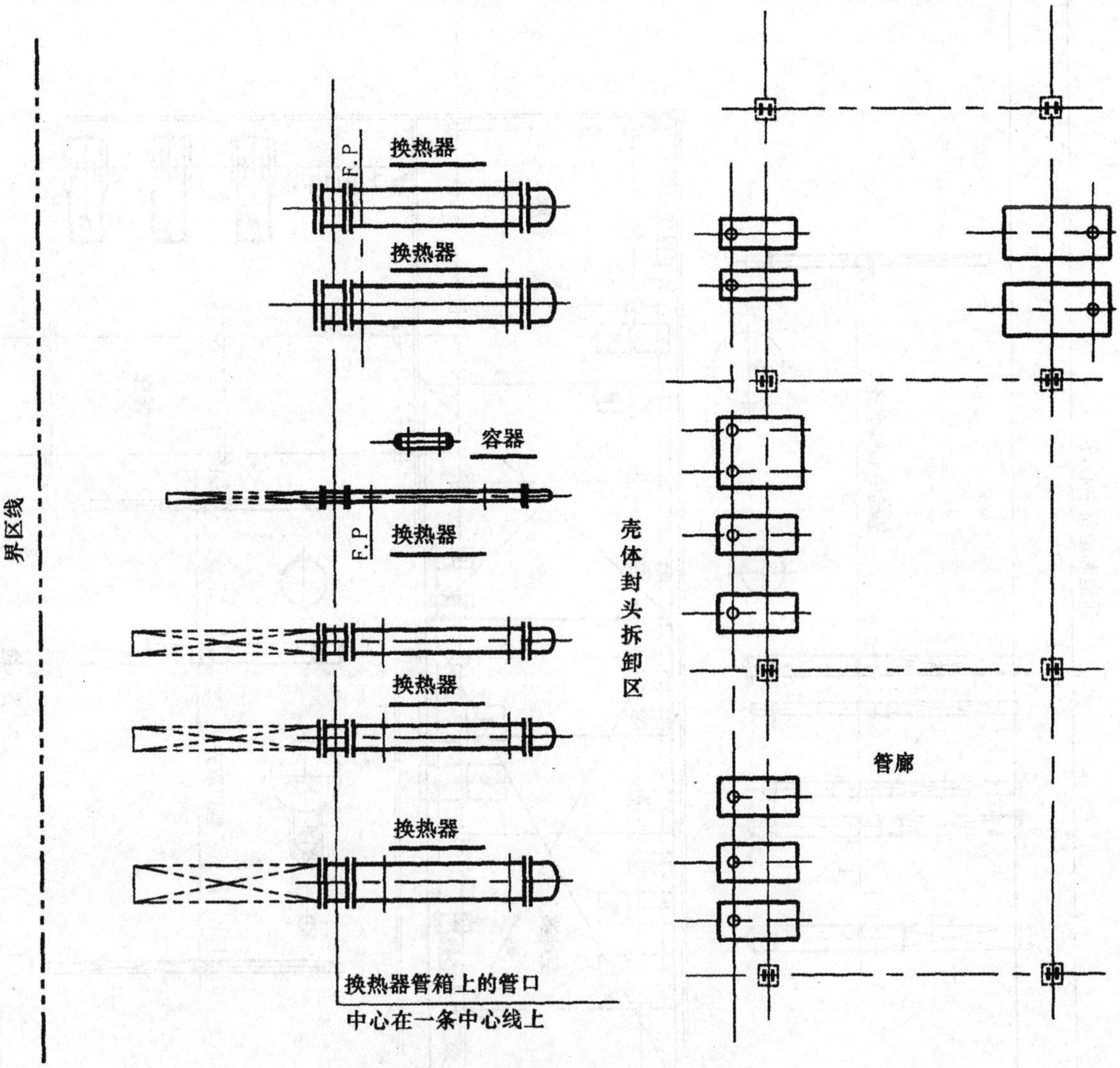

图4.3.1 地面上换热器的布置

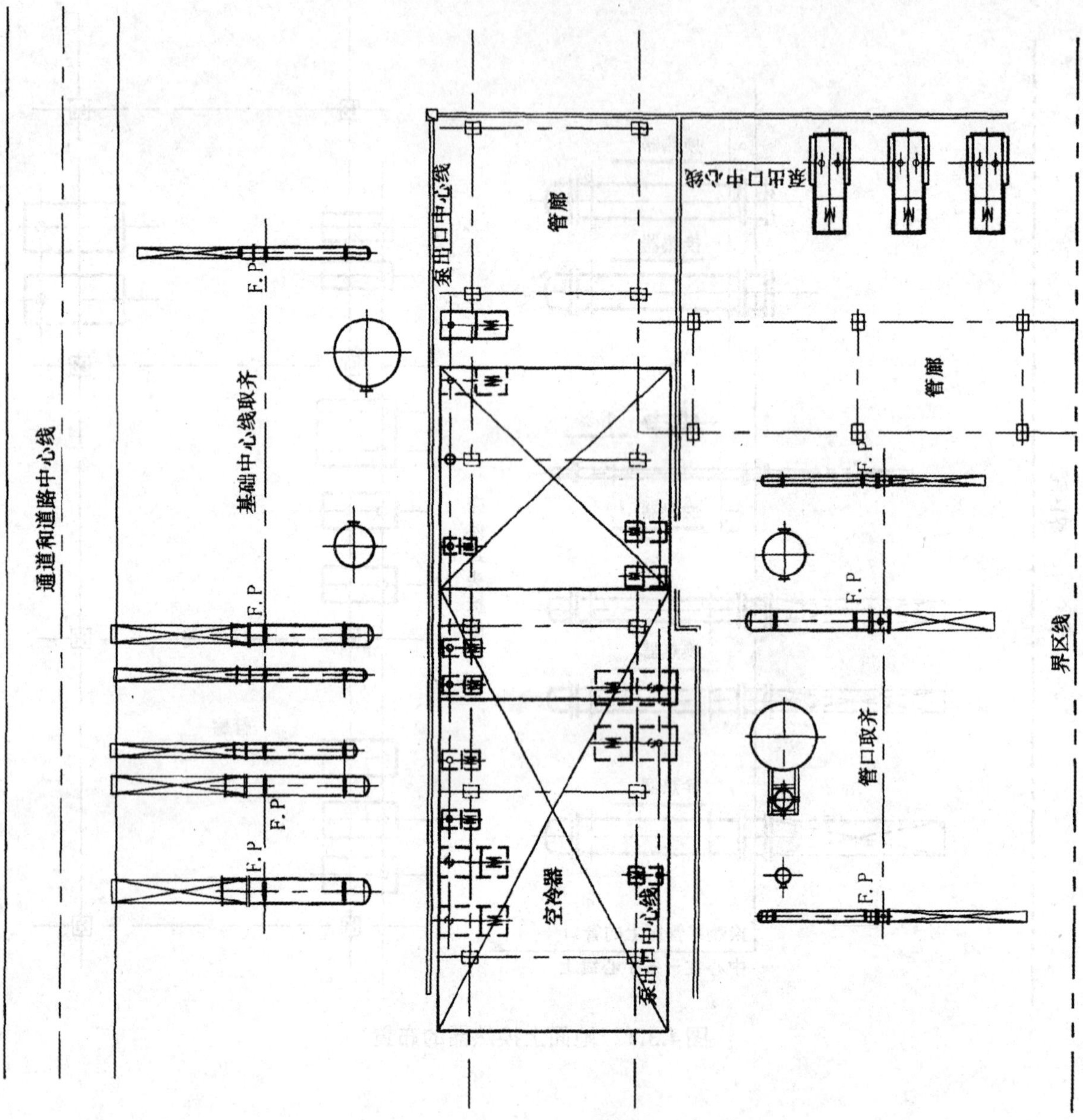

图4.3.2　地面上成组布置的换热器

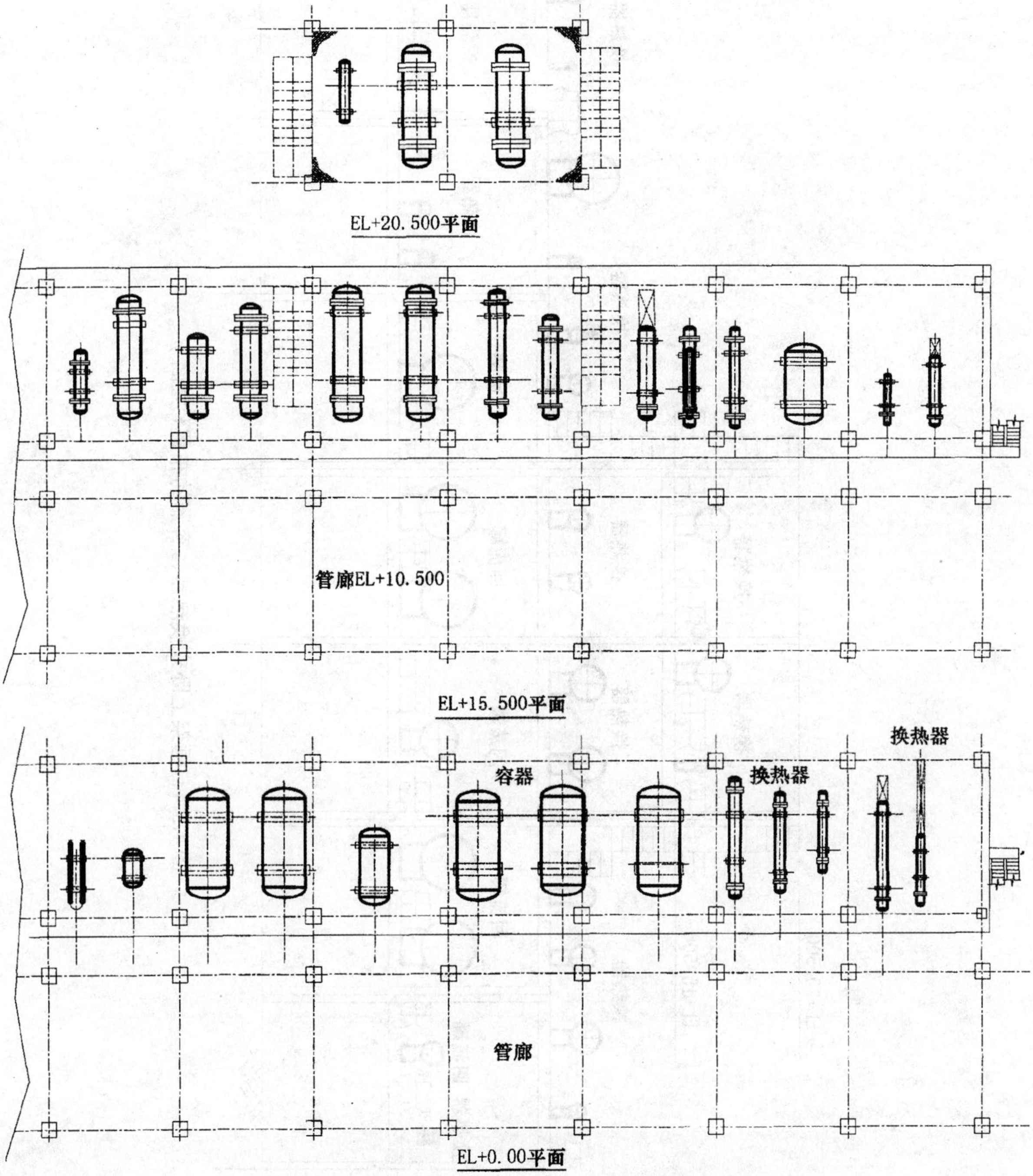

图4.3.3 框架上卧式换热器、容器的布置(平面)

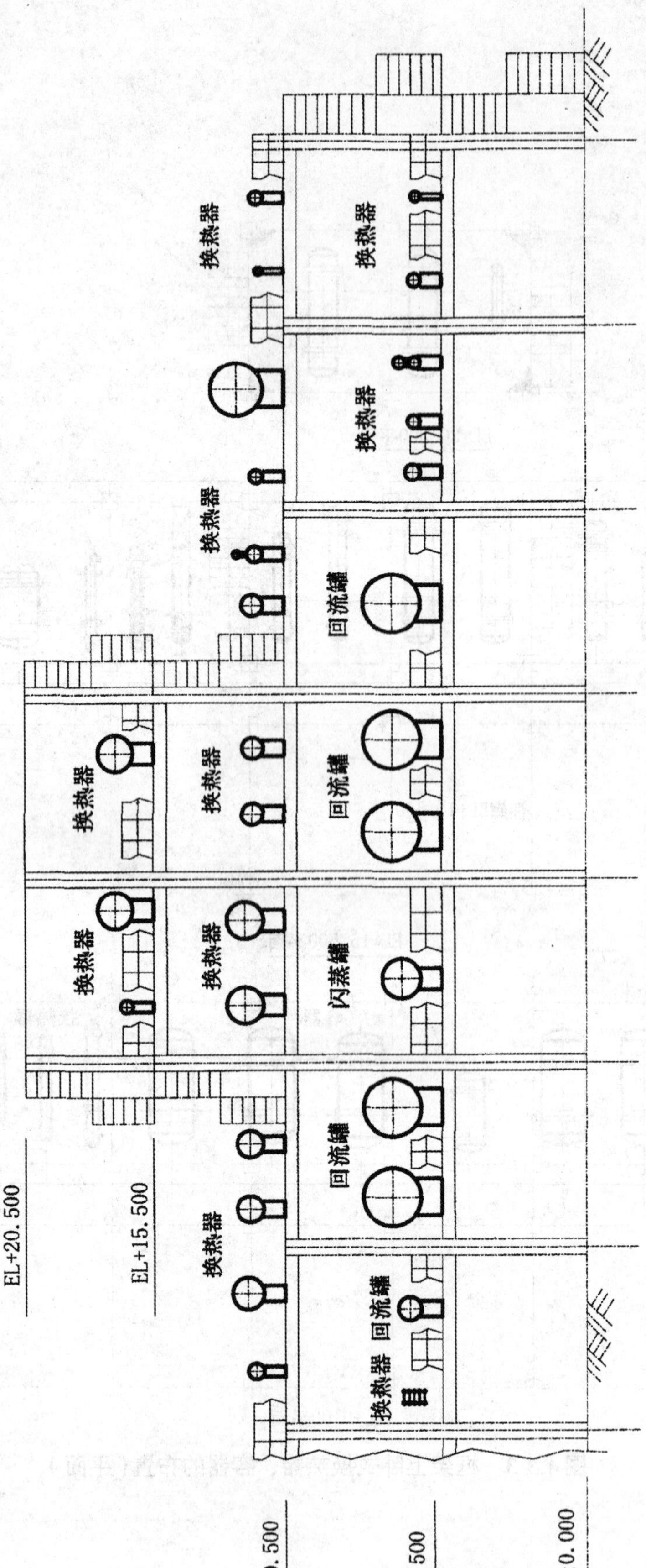

图 4.3.4 框架上卧式换热器、容器的布置（立面）

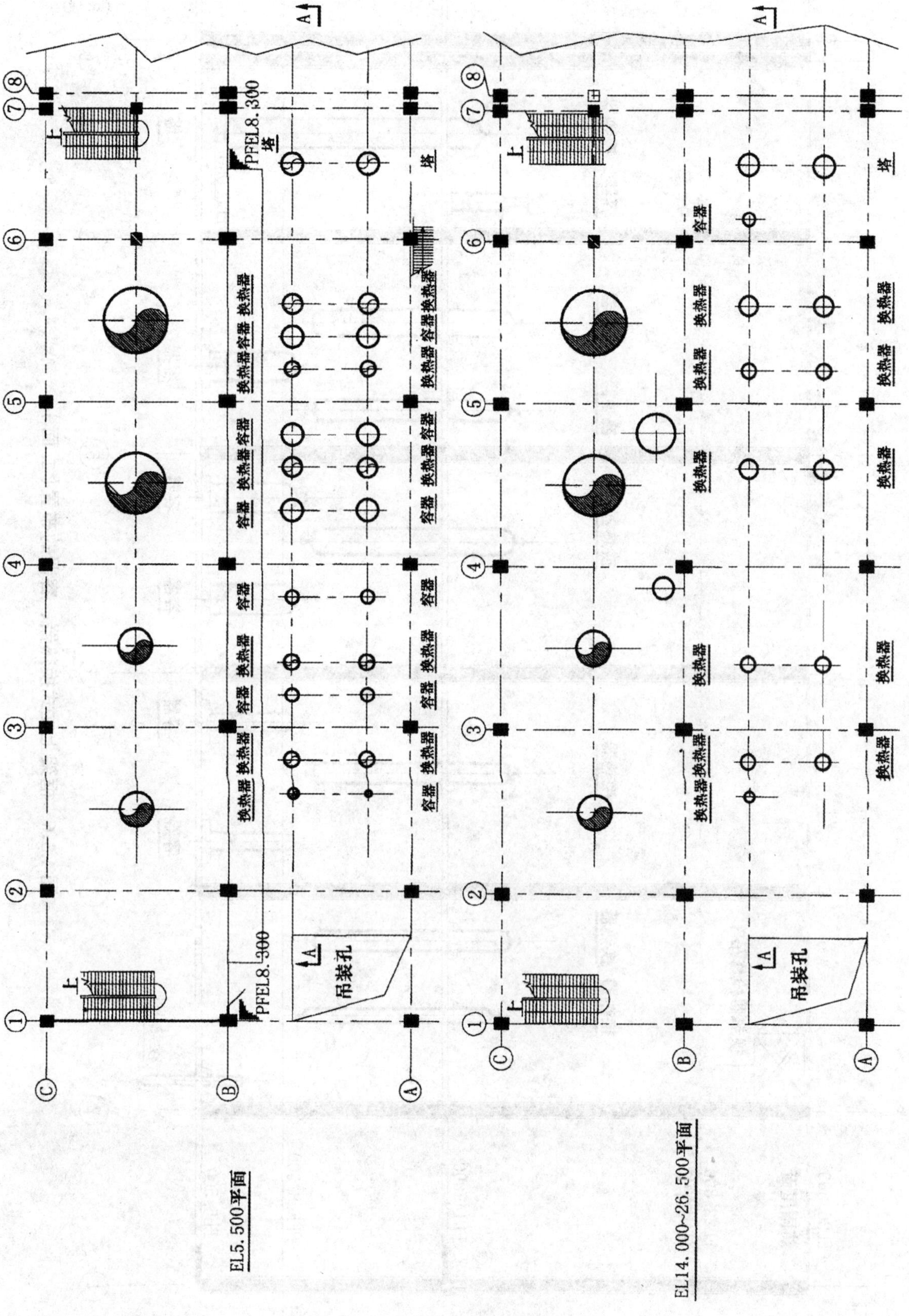

图4.3.5 框架上立式换热器、容器的布置（平面）

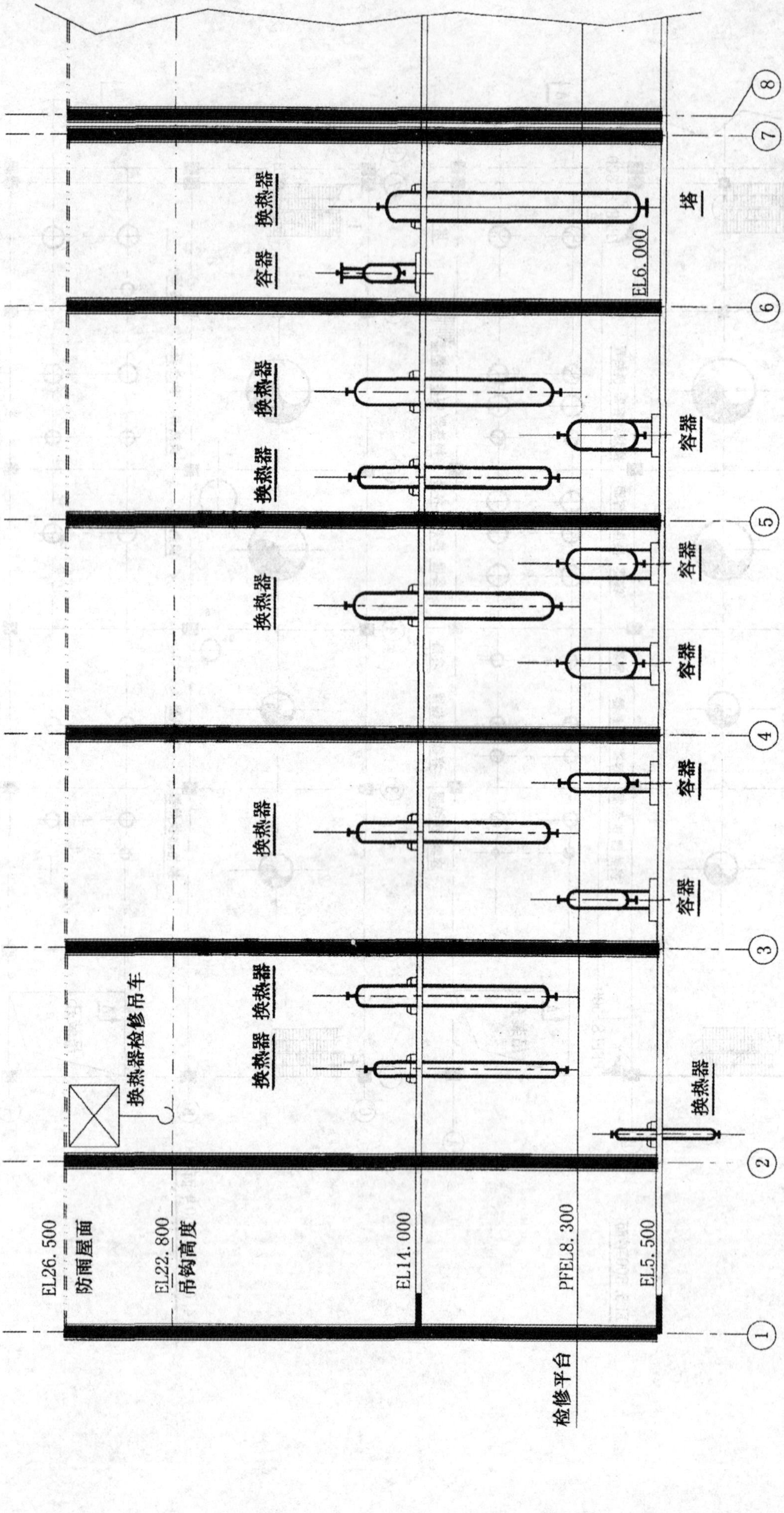

图4.3.6　框架上立式换热器、容器的布置（立面）

5 空冷器的布置

5.1 布置原则

5.1.1 空冷器的布置应避免腐蚀性气体或热风进入管束，从而影响空冷器的冷却效果。

5.1.2 空冷器宜布置在管廊上方或框架顶层。布置在管廊上方时，应与管廊的布置统一考虑。当防爆规范不允许在输送液态或气态烃管道的管廊上方安装某些空冷器时，则应将其安装在单独框架上与管廊分开，详见本部分第5.2.2条。

5.1.3 布置空冷器的框架或管廊的一侧地面上应留有必要的检修空地和通道，以便吊车通行和吊装设备。

5.1.4 空冷器不应布置在下列设备的上方：

1 操作温度等于或高于物料自燃点和输送、储存液化烃设备的上方；否则应采用非燃烧材料的隔板隔离保护。

2 易燃液体泄漏时将产生闪蒸气体的液体输送泵。

3 电气传动设备或其他放热设备。

5.1.5 空冷器的布置应避免自身或相互间的热风循环，空冷器的布置可采取下列措施：

1 同类型的空冷器应布置在同一高度。

2 相邻的两空冷器应靠紧布置，不应留有间距，如本部分图5.3.1-（a）。

3 多组空冷器应互相靠近，否则易造成热风循环，如本部分图5.3.1-（b）。

4 引风式空冷器与鼓风式空冷器布置在一起时，应将引风式空冷器布置在鼓风式空冷器的常年最小频率风向的上风侧，且其管束的安装高度应比鼓风式空冷器低。如本部分图5.3.1-（c）~（e）。

5.1.6 在空冷器的最小频率风向的上风侧不应有锅炉等高温设备，最小频率风向的下风侧20m~25m范围内不应有高于空冷器的建筑物、构筑物或大型设备，如不可避免则应与工艺商量适当提高空冷气的设计温度1.5℃~2℃。

5.1.7 空冷器与加热炉之间的距离不应小于15m。

5.1.8 空冷器管束两端管箱和传动机械处应设置平台。

5.1.9 空冷器布置时，要考虑空冷器运行时产生的噪声对操作人员的影响，噪声应限制在90dB以下，如噪声高于标准规范的要求可由工艺提出降噪的要求。

5.2 一般要求

5.2.1 空冷器布置的基本形式，见本部分图5.3.1~图5.3.4。对于其他特殊型式的空冷器，可参照图中类似形式或按照空冷器制造厂提供的样本要求进行布置。

5.2.2 空冷器支腿的间距和管廊或框架的柱子跨距宜取得一致。

5.2.3 空冷器管束的长度不可小于支柱的跨距，但最大伸出长度应小于1m。

5.2.4 采用延伸空冷器柱子以支撑管道时，应与空冷器制造厂及管道应力分析人员协商。

5.2.5 热位移数据和方向应由管道应力分析人员计算决定后，标注在图上提供给空冷器制造厂考虑设置活动支架。

5.2.6 空冷器管口的柔性需与管道应力分析人员一起进行校核。

5.2.7 若电动机检修平台由空冷器制造厂供货，应校核平台下敷设的管道净空。

5.2.8 管箱宽度推荐的近似尺寸为最大接管直径加200mm。

5.2.9 通往检修平台的直爬梯，周围地面上不得有设备等障碍物。

5.2.10 采用空冷器样本或设备图纸校核空冷器的管程数，以便确定与之相关的设备位置。通常管程为偶数时，进口和出口接管位于空冷器的同一侧，奇数时进出口接管分别位于两侧。

5.2.11 多组空冷器布置在一起时，应布置形式一致，宜采用成列式布置；应避免一部分成列式布置而另一部分成排布置。

5.2.12 斜顶式空冷器不宜把通风面对着夏季的主导风向。斜顶式空冷器宜成列布置。如成排布置时，两排中间应有不小于3m的空间。

5.2.13 并排布置的两台增湿空冷器或干湿联合空冷器的构架立柱之间的距离，不应小于3m。

5.3 布置实例

5.3.1 空冷器的布置，见图5.3.1。

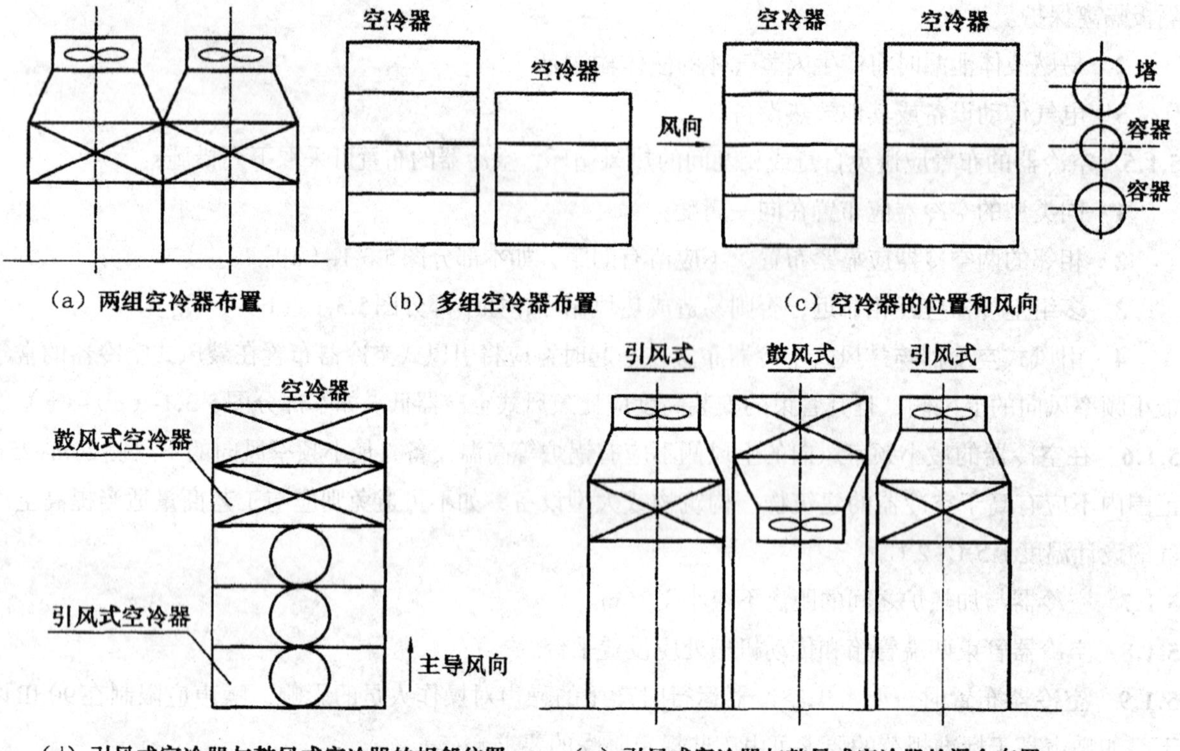

（a）两组空冷器布置　（b）多组空冷器布置　（c）空冷器的位置和风向

（d）引风式空冷器与鼓风式空冷器的相邻位置　（e）引风式空冷器与鼓风式空冷器的混合布置

图5.3.1 空冷器的布置

5.3.2 空冷器典型布置（平面），见图5.3.2。

5.3.3 鼓风式空冷器布置（立面），见图5.3.3。

5.3.4 引风式空冷器布置（立面），见图5.3.4。

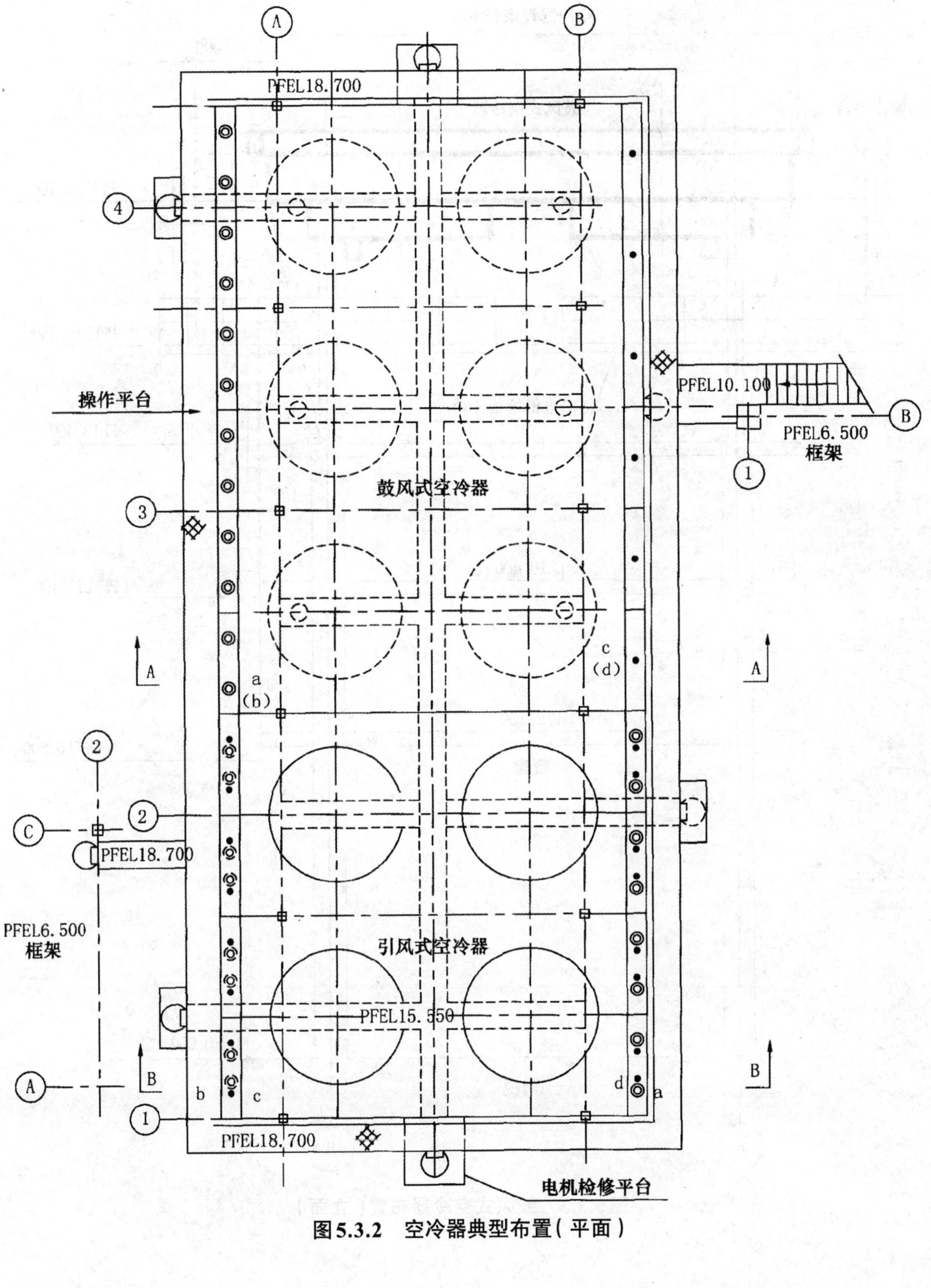

图5.3.2　空冷器典型布置(平面)

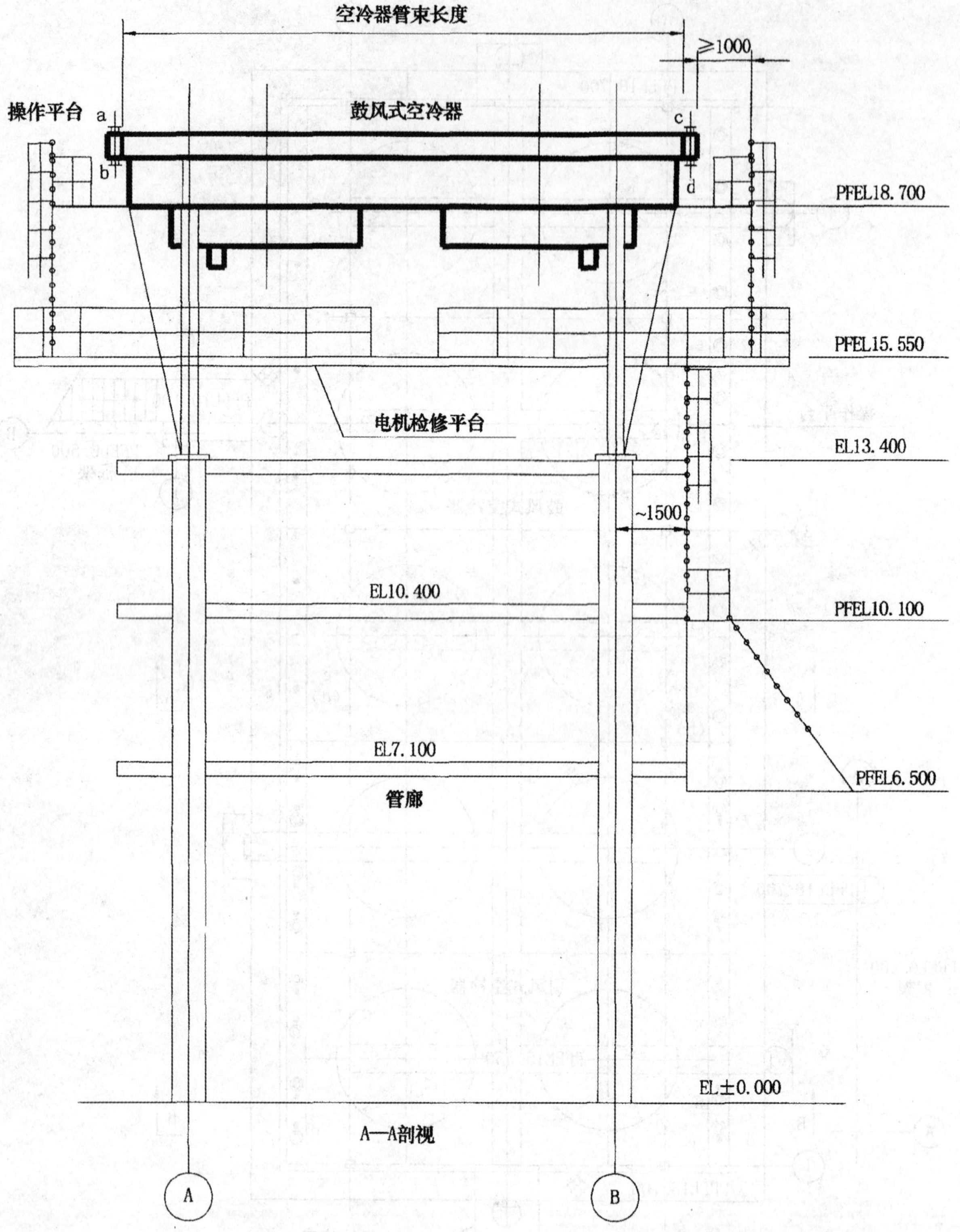

图5.3.3 鼓风式空冷器布置（立面）

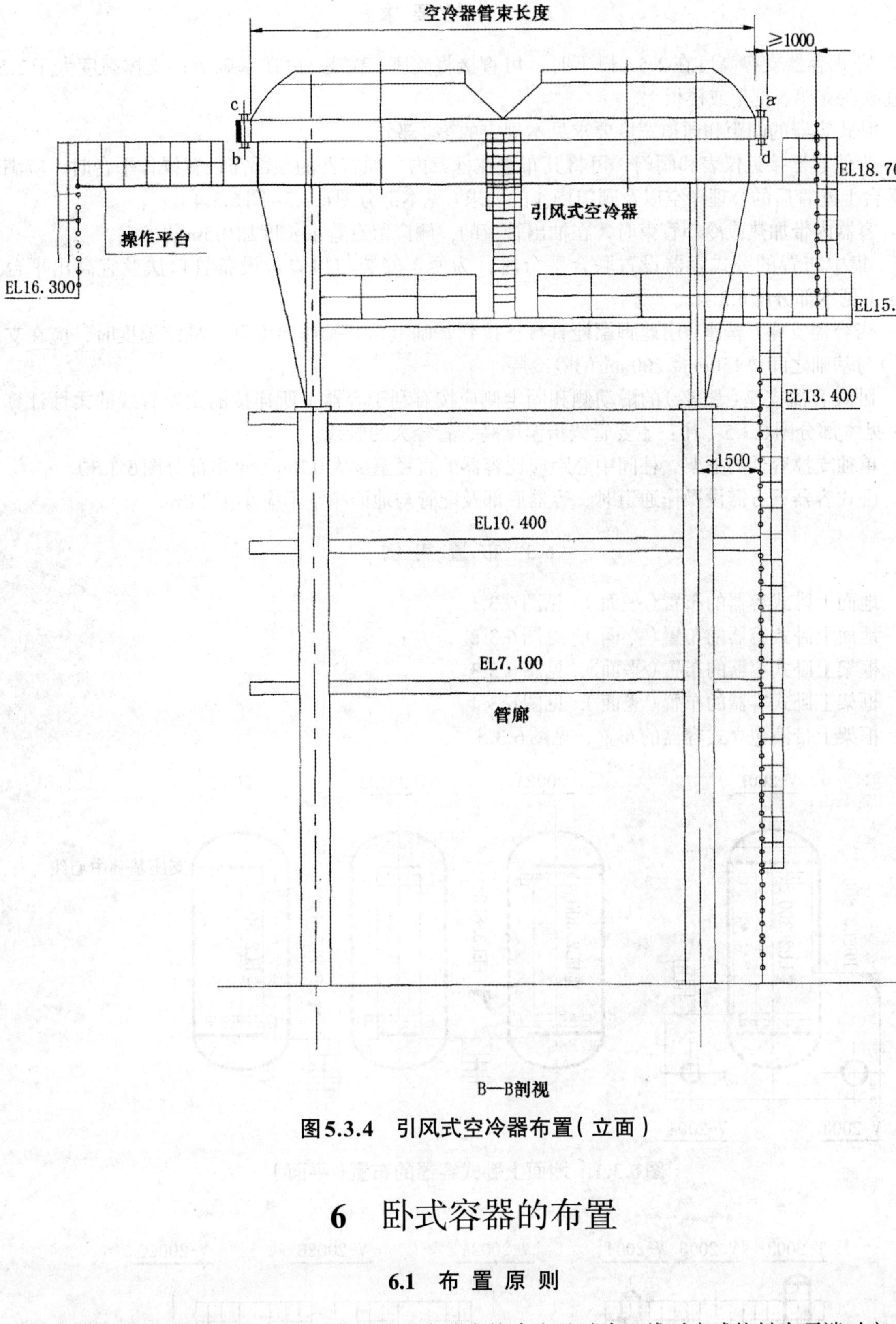

图5.3.4 引风式空冷器布置（立面）

6 卧式容器的布置

6.1 布置原则

6.1.1 卧式容器宜成组布置。成组布置卧式容器宜按支座基础中心线对齐或按封头顶端对齐。地面上的容器以封头顶端对齐的方式布置为宜。

6.1.2 卧式容器的安装高度应根据下列情况之一来决定：

1 流程上该容器位于泵前时，应满足泵的净正吸入压头的要求。

2 底部带集液包的卧式容器，其安装高度应保证操作和检测仪表所需的足够空间，以及底部排液管线最低点与地面或平台的距离不小于150mm。

6.2 一般要求

6.2.1 卧式容器支撑高度在2.5m以下时，可直接将支座（鞍座）放在基础上；支撑高度大于2.5m时，宜放在支架、框架或楼板上。

6.2.2 卧式容器的间距和通道宽度要求见本规定的第2部分。

6.2.3 为使容器接近仪表和阀门，可将其布置在框架内。如容器的顶部需设置操作平台时，应满足操作平台上配管后的合理净空以及阀门操作的要求（见本部分图6.3.3~图6.3.4）。

6.2.4 容器内带加热或冷却管束时，在抽出管束的一侧应留有管束长度加0.5m的净空。

6.2.5 集中布置的卧式容器设置联合平台时，为便于安装与检修，设备管口法兰宜高出平台面150mm（见本部分图6.3.4）。

6.2.6 当容器支座（鞍座）用地脚螺栓直接连接到基础上，其操作温度低于冻结温度时，应在支座（鞍座）与基础之间垫150mm~200mm的隔冷层。

6.2.7 卧式容器支座（鞍座）的滑动侧和固定侧应按有利于容器上所连接的主要管线的柔性计算来决定，见本部分图6.3.5（注：主要管线指温度高、管径大的管线。）

6.2.8 单独支撑容器的框架，柱间中心距应比容器的直径至少大0.8m（见本部分图6.3.5）。

6.2.9 卧式容器下方需设操作通道时，容器底部及配管与地面净空不应小于2.2m。

6.3 布置实例

6.3.1 地面上卧式容器的布置（平面），见图6.3.1。

6.3.2 地面上卧式容器的布置（立面），见图6.3.2。

6.3.3 框架上卧式容器的布置（平面），见图6.3.3。

6.3.4 框架上卧式容器的布置（立面），见图6.3.4。

6.3.5 框架上带液包立式容器的布置，见图6.3.5。

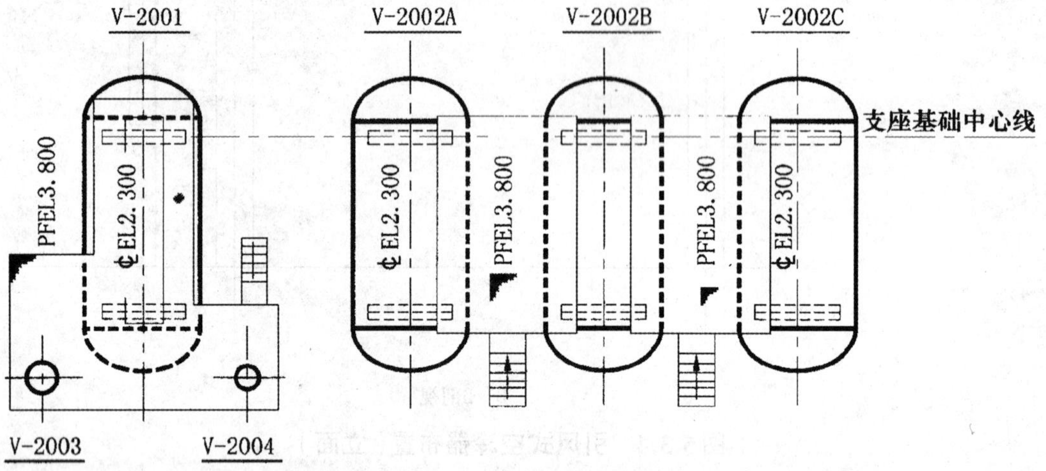

图6.3.1 地面上卧式容器的布置（平面）

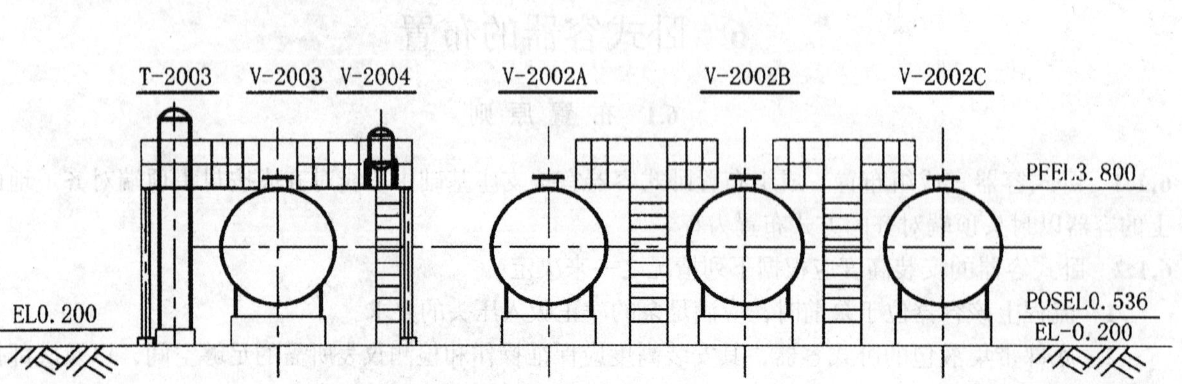

图6.3.2 地面上卧式容器的布置（立面）

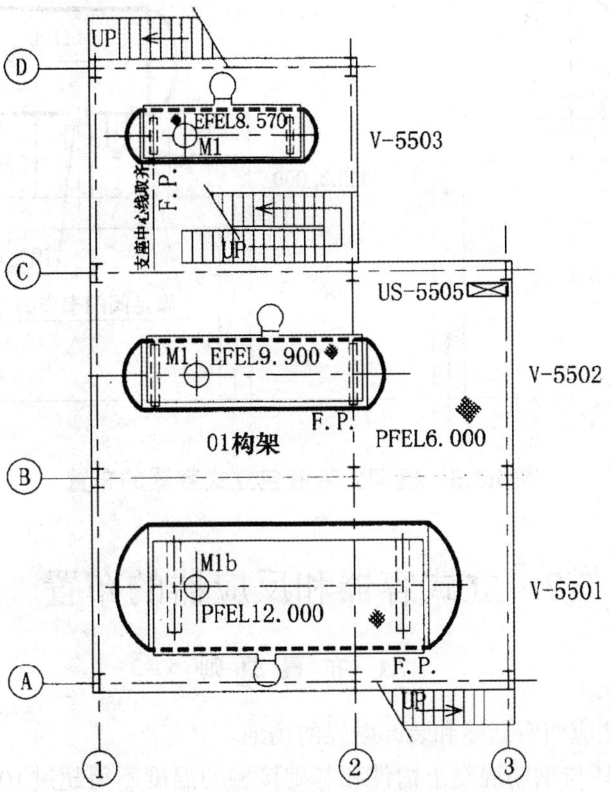

图6.3.3 框架上卧式容器的布置(平面)

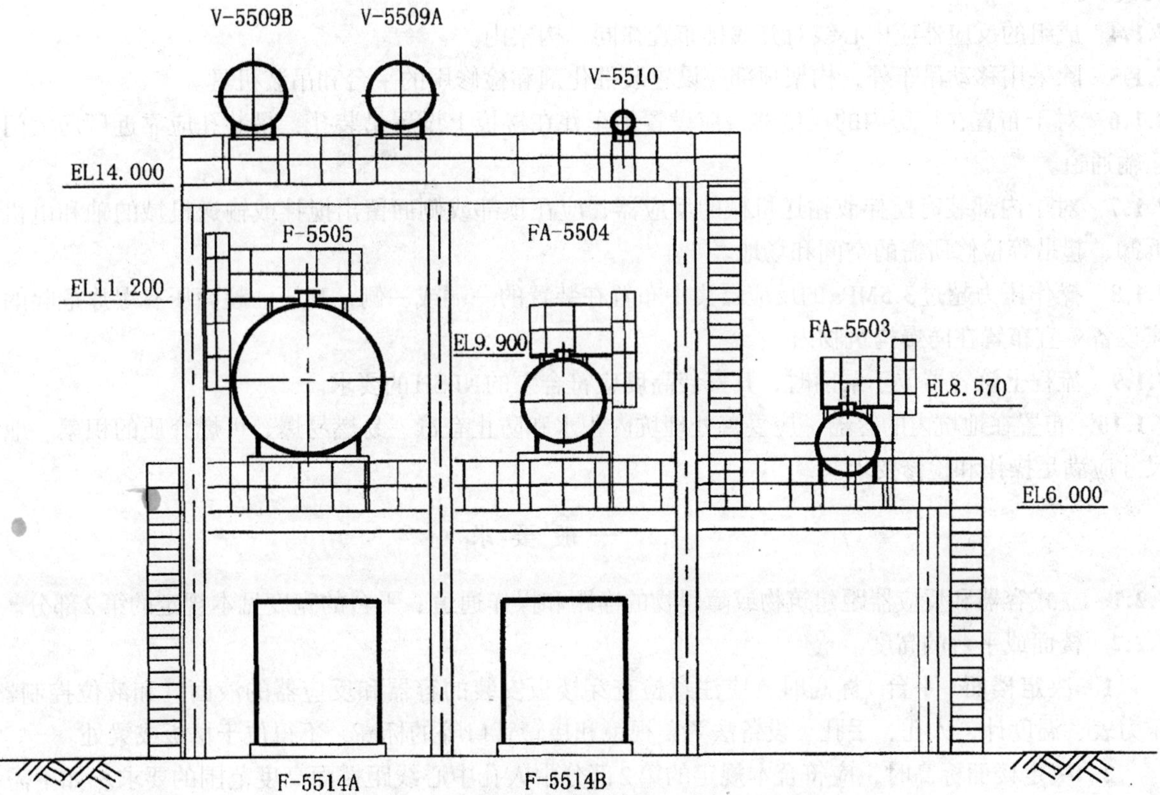

图6.3.4 框架上卧式容器的布置(立面)

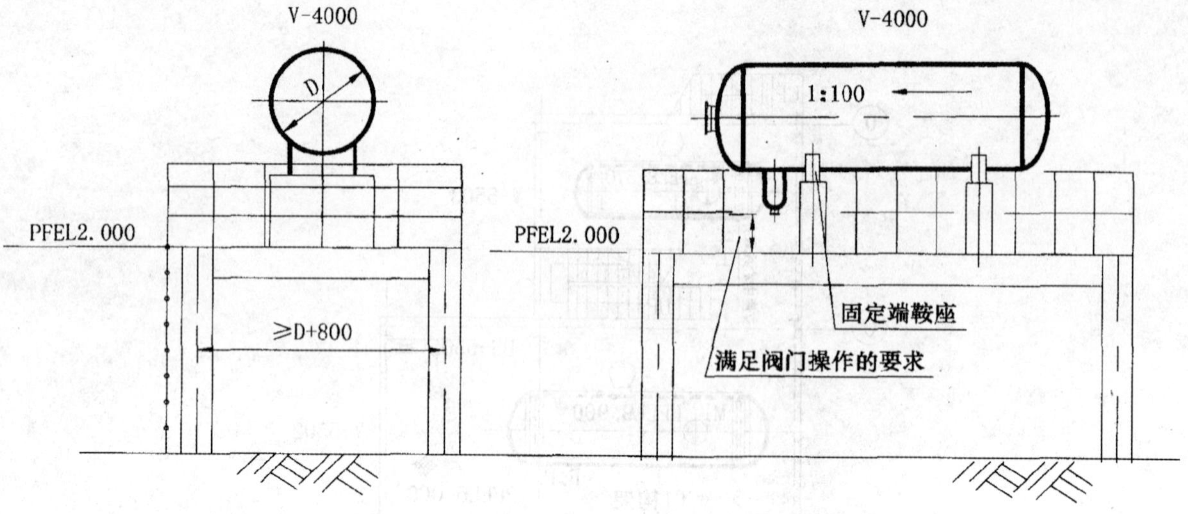

图6.3.5　框架上带液包立式容器的布置

7　立式容器和反应器的布置

7.1　布置原则

7.1.1　大型反应器维修侧应留有运输和装卸触媒的场地。

7.1.2　反应器支座或支耳与钢筋混凝土构件和基础接触的温度不得超过100℃，钢结构上不宜超过150℃，否则应做隔热处理。

7.1.3　反应器与提供反应热的加热炉的净距应尽量缩短，但不宜小于4.5m，并应满足管道应力计算的要求。

7.1.4　成组的反应器应中心线对齐成排布置在同一构架内。

7.1.5　除采用移动吊车外，构架顶部应设置装催化剂和检修用的平台和吊装机具。

7.1.6　对于布置在厂房内的反应器，应设置吊车并在楼板上设置吊装孔，吊装孔应靠近厂房大门和运输通道。

7.1.7　对于内部装有搅拌或输送机械的反应器，应在顶部或侧面留出搅拌或输送机械的轴和电机的拆卸、起吊等检修所需的空间和场地。

7.1.8　操作压力超过3.5MPa的反应器集中布置在装置的一端或一侧；高压、超高压有爆炸危险的反应设备，宜布置在防爆构筑物内。

7.1.9　流程上该容器位于泵前时，其安装高度应符合泵的NPSH的要求。

7.1.10　布置在地坑内的容器，应妥善处理坑内积水和防止有毒、易燃易爆、可燃介质的积累。地坑尺寸应满足操作和检修要求。

7.2　一般要求

7.2.1　立式容器和反应器距建筑物或障碍物的净距和操作通道、平台的宽度见本规定的第2部分。

7.2.2　楼面或平台的高度。

1　决定楼面（平台）标高时，应注意检查穿楼板安装的容器和反应器的液面计和液位控制器、压力表、温度计、人孔、手孔、设备法兰、视镜和接管管口等的标高，不得位于楼板或梁处。

2　决定楼面标高时，应符合本规定的第2部分中人孔中心线距楼面高度范围的要求。如不需考虑其他协调因素时，人孔距平台最适宜的高度为750mm。

3　在容器和反应器顶部人工加料的操作点处应有楼面或平台，加料点不应高出楼面1m。否则，需增设踏步或加料平台，见本部分图7.3.5~图7.3.7。

4 容器顶部有阀门时，应加局部平台或直梯。

7.2.3 在管廊侧两台以上的容器或反应器，一般按中心线对齐成行布置。

7.2.4 触媒的装卸要求。

1 大型釜式反应器底部有固体触媒卸料时，反应器底部需留有不小于3m的净空，以便车辆进入，见本部分图7.3.1~图7.3.4。

2 为便于检修和装填触媒，反应器顶部可设单轨吊车或吊柱，见本部分图7.3.3~图7.3.4。

7.2.5 立式容器为了防止黏稠物料的凝固或固体物料的沉降，其内部带有大负荷的搅拌器时，为了避免振动影响，宜从地面设置支撑，以减少设备的振动和楼面的荷载，见本部分图7.3.8。

7.2.6 带有搅拌装置的容器和反应器，应有足够的空间确保搅拌轴顺利取出。

7.2.7 容器内带加热或冷却管束时，在抽出管束的一侧应留有管束长度加0.5m的净距，并与配管专业协商抽出的方位。

7.2.8 一般设备基础高度应符合本规定的第2部分的要求。当设备底部需设隔冷层时，基础面至少应高于地面100mm，并按此核算设备支撑点标高。

7.3 布置实例

7.3.1 带有装料系统的立式容器的布置（平面），见图7.3.1。

7.3.2 带有装料系统的立式容器的布置（立面），见图7.3.2。

7.3.3 反应器和立式容器的布置（平面），见图7.3.3。

7.3.4 反应器和立式容器的布置（立面），见图7.3.4。

7.3.5 厂房内反应器的布置（一层平面），见图7.3.5。

7.3.6 厂房内反应器的布置（二层平面），见图7.3.6。

7.3.7 厂房内反应器的布置（立面），见图7.3.7。

7.3.8 大负荷搅拌器的布置（立面），见图7.3.8。

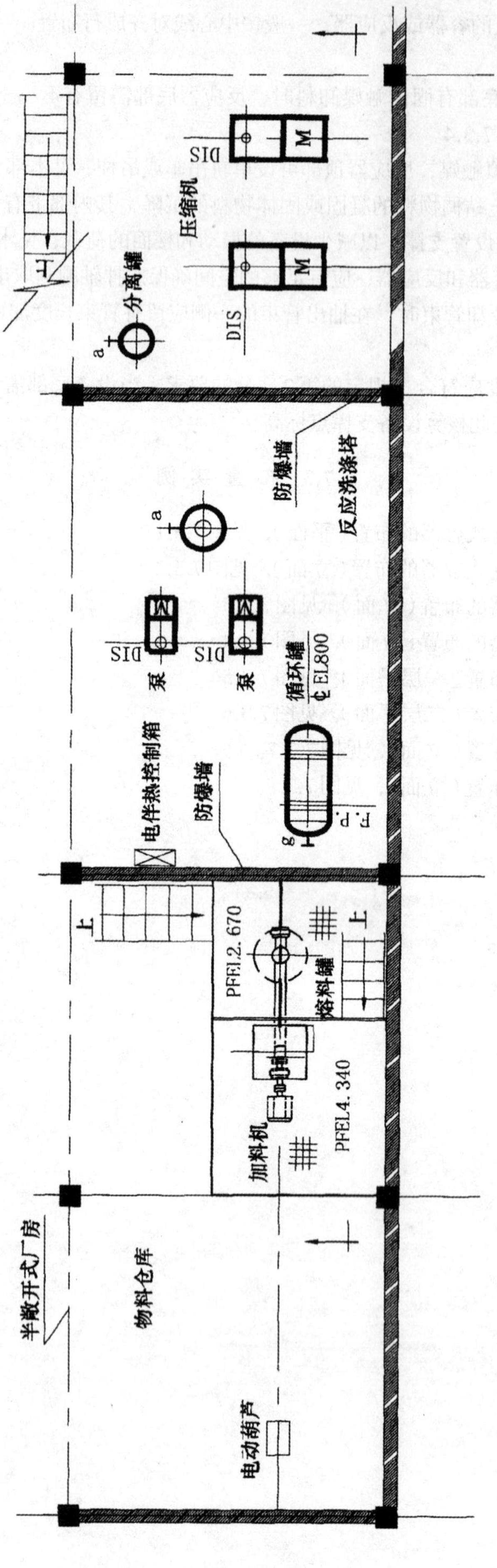

图7.3.1　带有装料系统的立式容器的布置（平面）

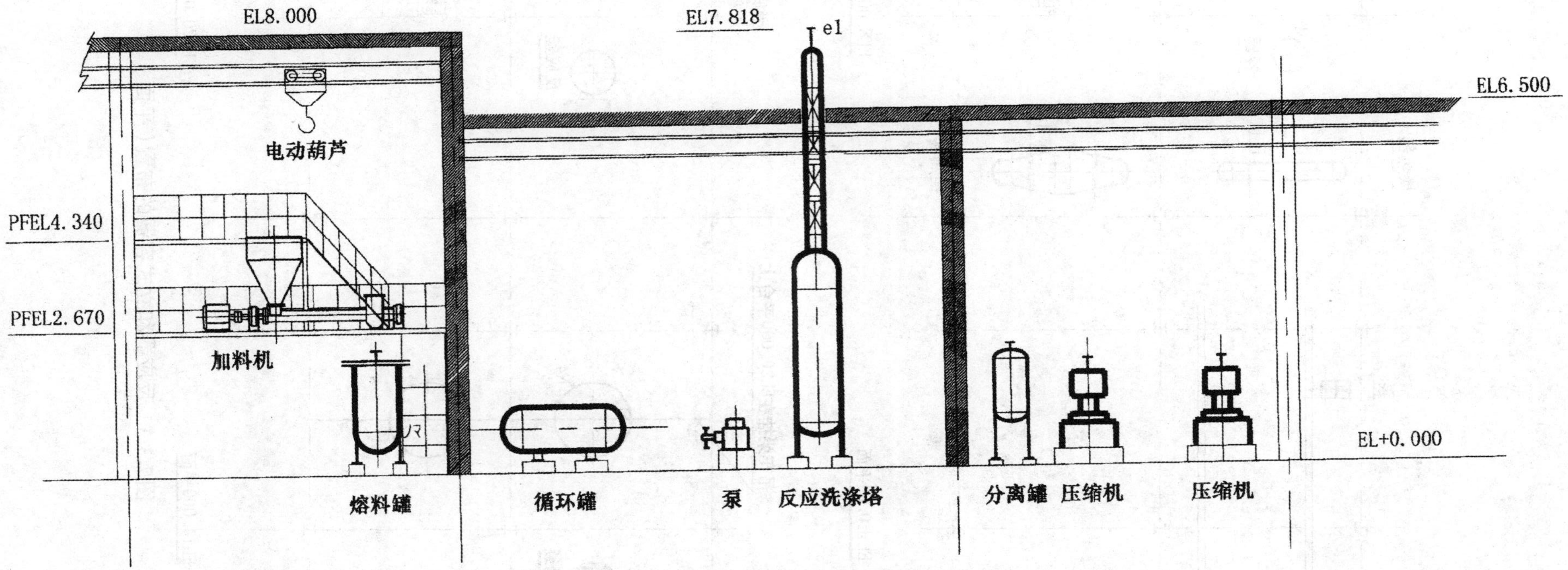

图 7.3.2　带有装料系统的立式容器的布置（立面）

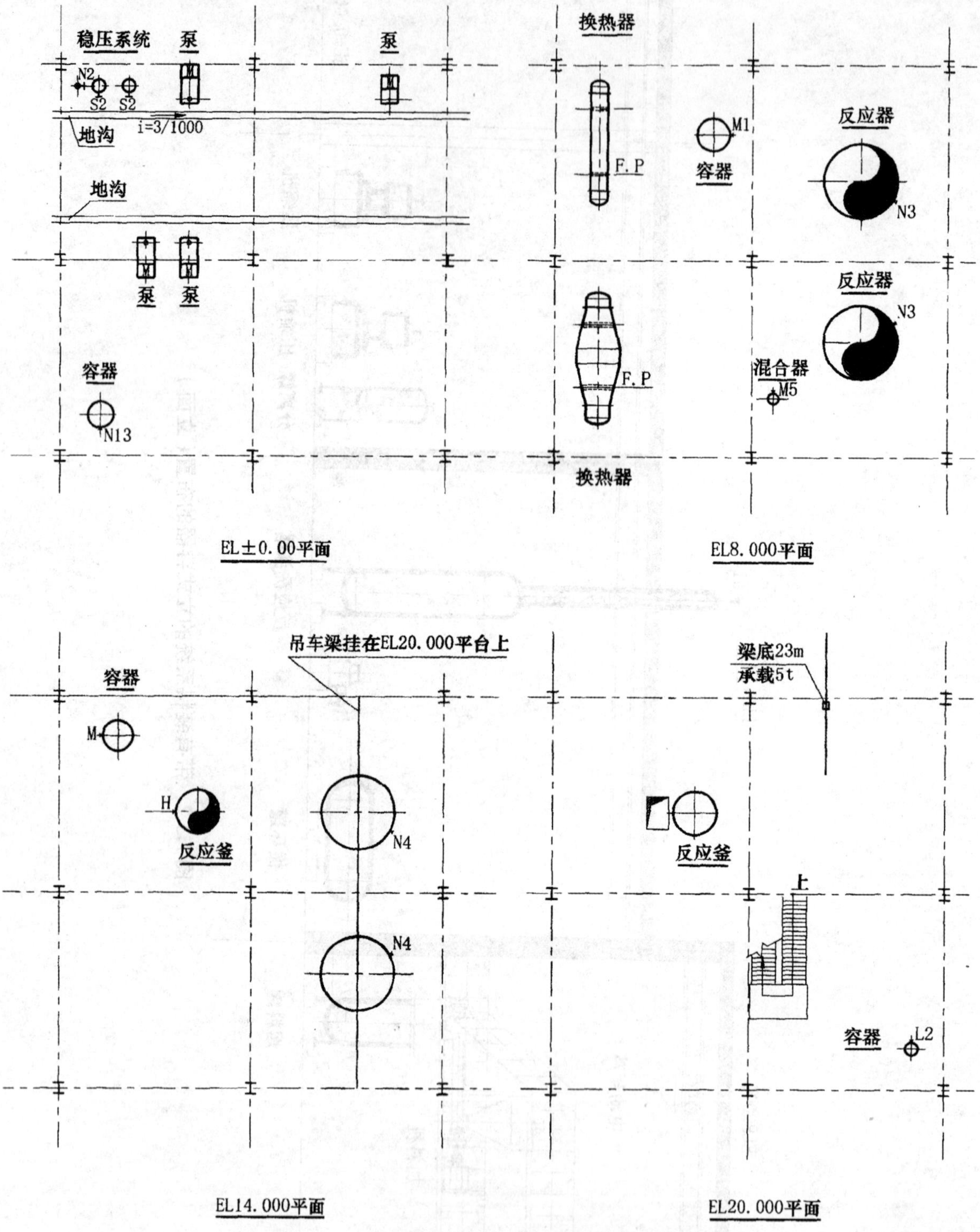

图7.3.3　反应器和立式容器的布置（平面）

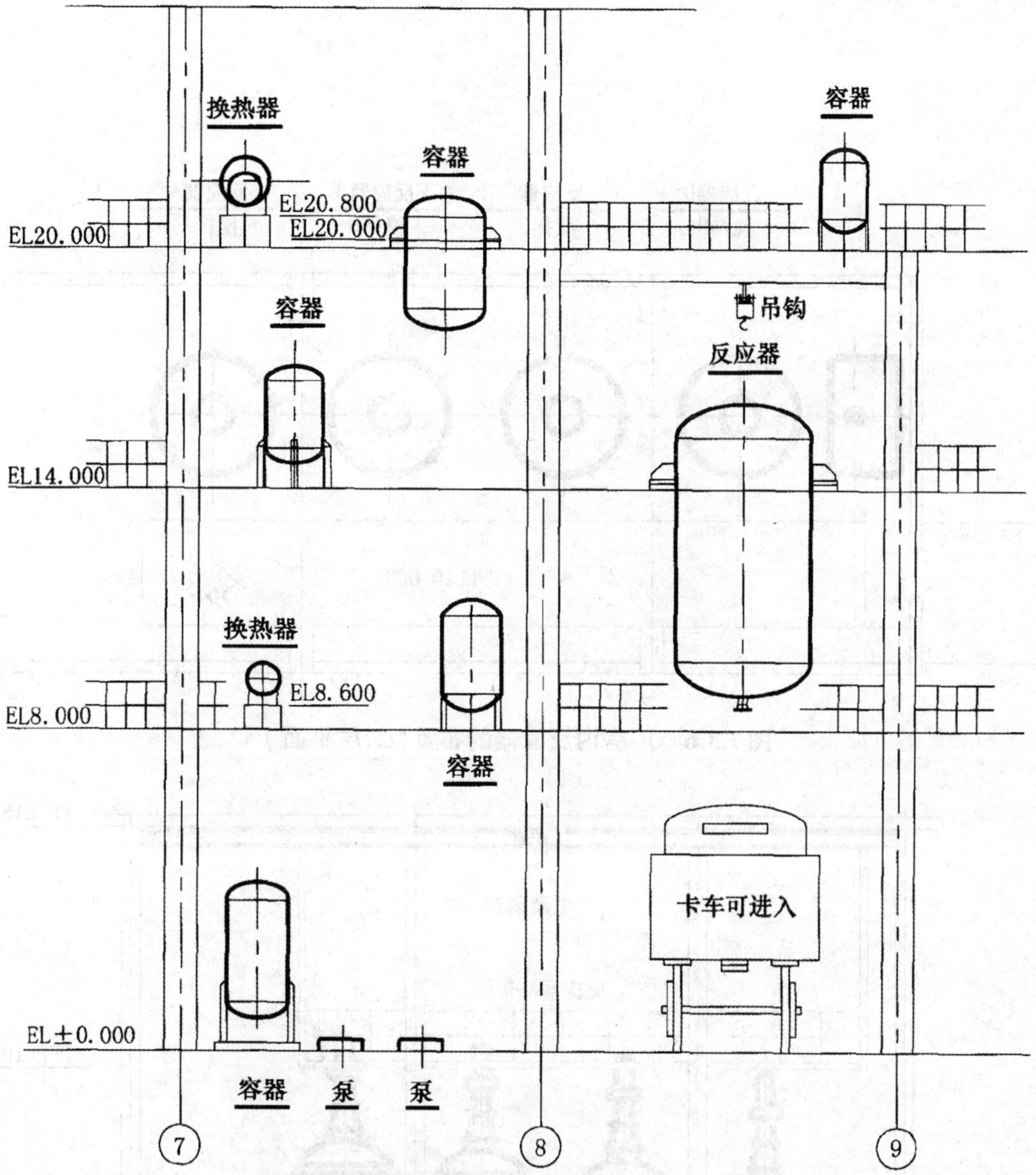

图7.3.4　反应器和立式容器的布置（立面）

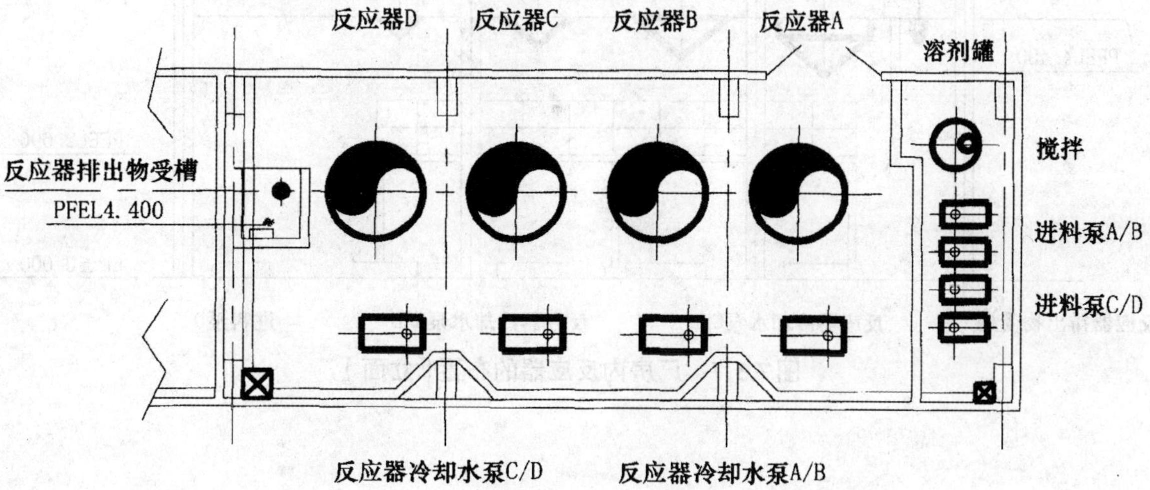

图7.3.5　厂房内反应器的布置（一层平面）

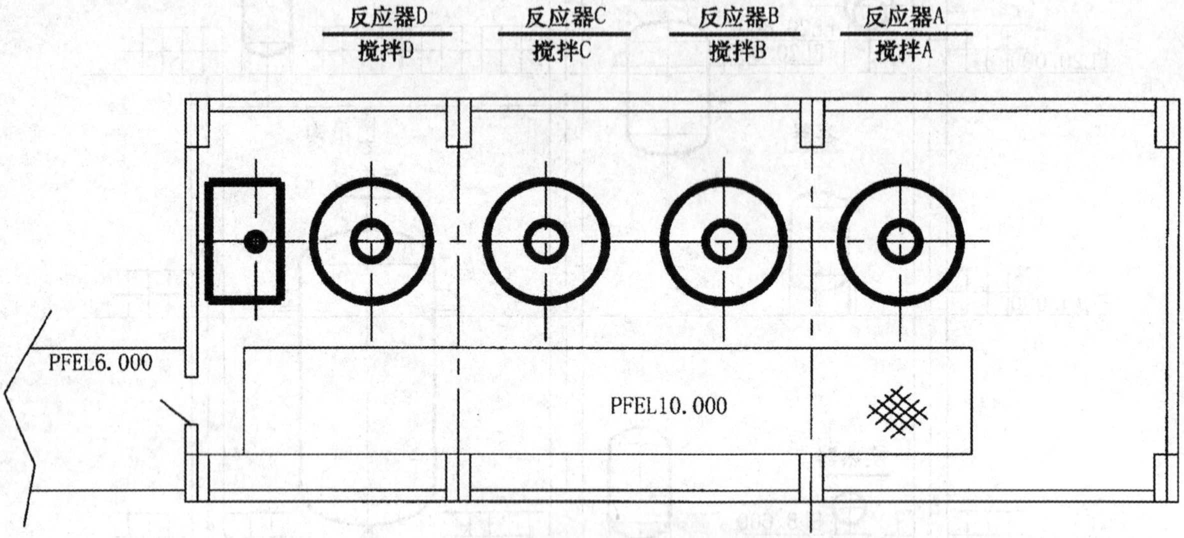

图7.3.6　厂房内反应器的布置（二层平面）

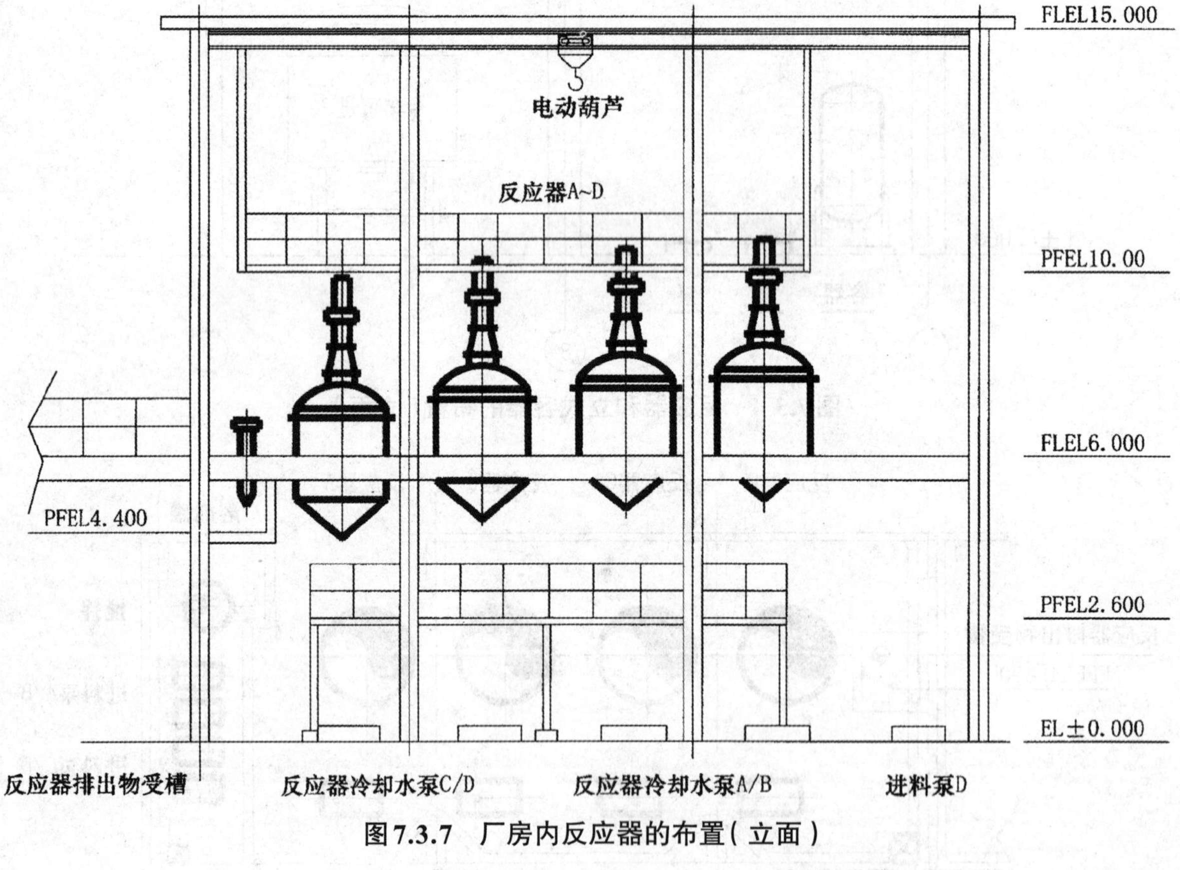

图7.3.7　厂房内反应器的布置（立面）

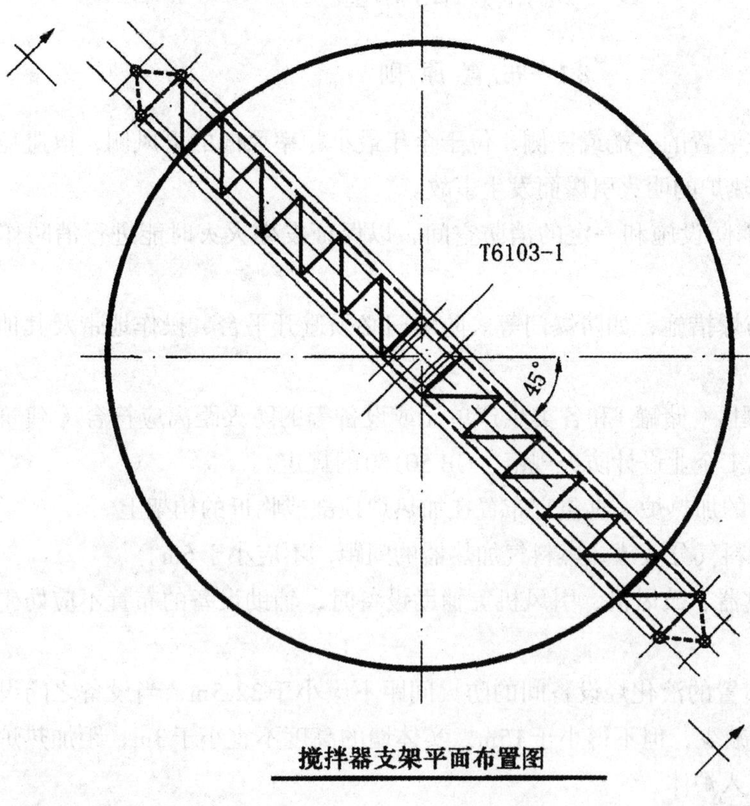

搅拌器支架平面布置图

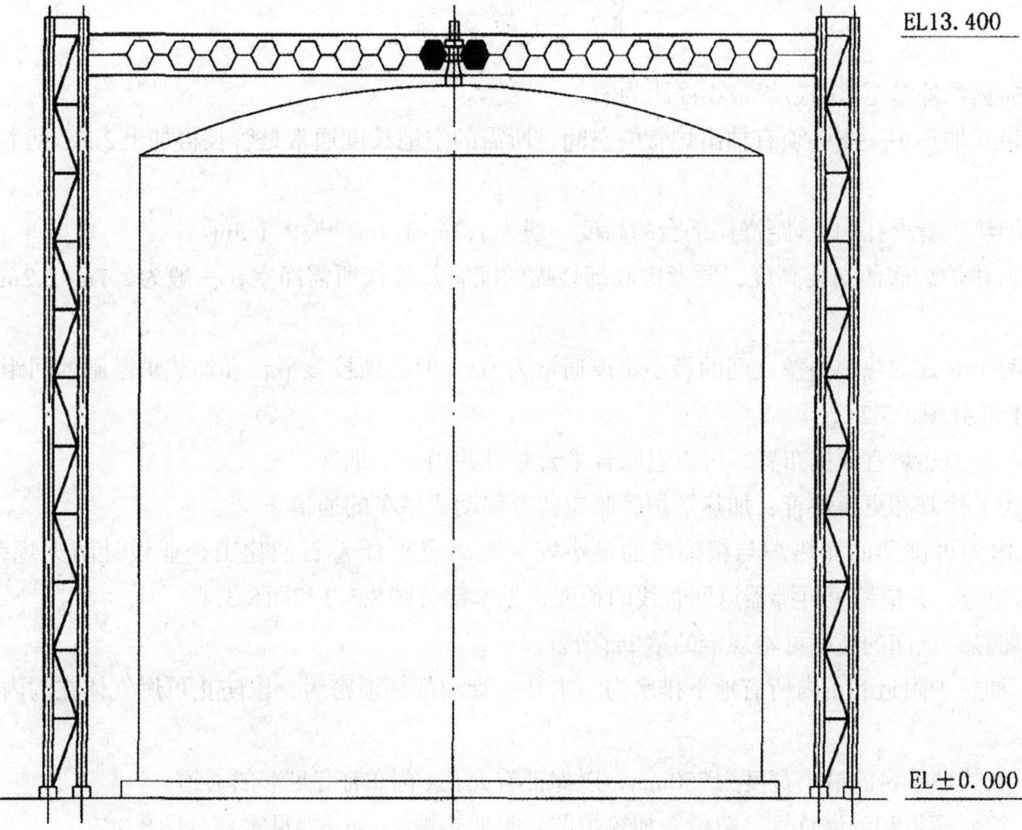

剖视

图7.3.8　大负荷搅拌器的布置(立面)

8 加热炉的布置

8.1 布置原则

8.1.1 加热炉应集中布置在装置的一端或一侧，位于全年最小频率风向的下风侧，以避免装置可能泄漏的可燃气体或蒸汽被加热炉的明火引爆而发生事故。

8.1.2 加热炉周围需要有消防设施和一定的消防空间，以保证发生火灾时能进行消防作业和疏散人员。

8.1.3 加热炉要有适当的防爆措施，如防爆门等。防爆门必须避开平台、操作地带及其他设备，确保人身安全。

8.1.4 加热炉与建筑物、罐区（储罐）和各类生产单元或设备等的防火距离应符合《建筑设计防火规范》GB 50016和《石油化工企业设计防火规范》GB 50160的规定。

8.1.5 对于设有蒸汽发生器的加热炉，汽包宜布置在加热炉顶部或临近的构架上。

8.1.6 加热炉与其附属的燃料气分液罐、燃料气加热器的间距，不应小于6m。

8.1.7 当加热炉有空气预热器、鼓风机、引风机等辅助设备时，辅助设备的布置不应妨碍其本身和加热炉的检修。

8.1.8 明火加热炉与露天布置的液化烃设备间的防火间距不应小于22.5m，当设备之间设置非燃烧材料的实体墙时，其间距可减少，但不得小于15m。实体墙的高度不宜小于3m，距加热炉不宜大于5m，并应能防止可燃气体窜入炉体。

8.2 一般要求

8.2.1 加热炉外壁至道路边缘最小净距为3m。

8.2.2 箱式加热炉一侧必须有抽出炉管的空间，所需的空地长度通常是管长再加上2m，见本部分图8.3.1。

8.2.3 加热炉看火孔（门）距操作平台的高度一般为1.2m~1.4m，最大1.5m。

8.2.4 加热炉炉底的安装高度，要考虑底部烧嘴的配管及检修所需净空，一般为2.1m~2.2m，最小为2m。

8.2.5 两个立式加热炉外壁之间的最小距离通常为3m，但必须校核平台和加热炉基础的间距以免碰撞，见本部分图8.3.2。

8.2.6 多台加热炉宜成排布置，可设置联合平台并可共用一个烟囱。

8.2.7 为了检修和更换炉管，加热炉炉管侧应留有移动式吊车的通道。

8.2.8 作为再沸器的加热炉与精馏塔的最小安全距离应符合《石油化工企业设计防火规范》GB 50160的规定，并应缩短再沸器返回管线的长度，见本部分图8.3.3和图8.3.4。

8.2.9 加热炉烟囱的高度见本规定的第2部分。

8.2.10 加热炉附近12m内所有地下排水沟、水井、管沟都必须密封，以防止可燃气体在沟内聚积而引起火灾。

8.2.11 加热炉平台的最小宽度为750mm，以保证看火孔（门）前有足够的通道。

8.2.12 控制阀组和清焦总管一般位于加热炉前，距加热炉3m~5m，见本部分图8.3.7。

8.2.13 灭火蒸汽总管分汽缸和燃料油切断阀，要设在距加热炉15m以外的安全区。

8.2.14 清焦收集坑（或箱）位于卡车可靠近的地方以便清理。

8.2.15 如果加热炉对流段用于产生蒸汽，则加热炉的有关蒸汽系统的设备如汽包、水泵等均可布置在加热炉周围，见本部分图8.3.5和图8.3.6。

8.3 布置实例

8.3.1 加热炉布置（平面），见图8.3.1。

8.3.2 加热炉布置（立面），见图8.3.2。

8.3.3 加热炉作为再沸器的布置（平面），见图8.3.3。

8.3.4 加热炉作为再沸器的布置（立面），见图8.3.4。

8.3.5 加热炉与汽包的布置（平面），见图8.3.5。

8.3.6 加热炉与汽包的布置（立面），见图8.3.6

8.3.7 加热炉阀组的布置，见图8.3.7。

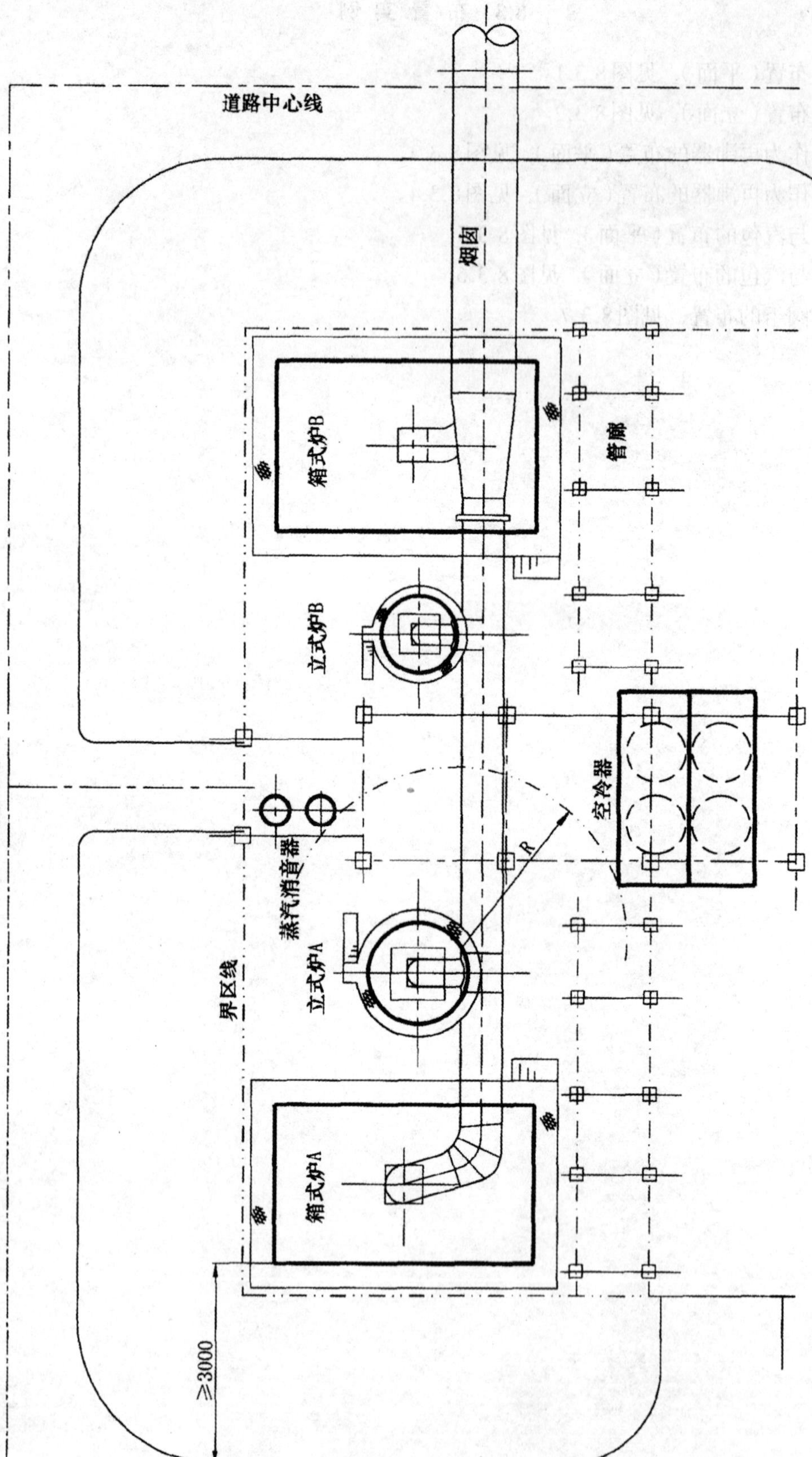

图8.3.1 加热炉布置（平面）

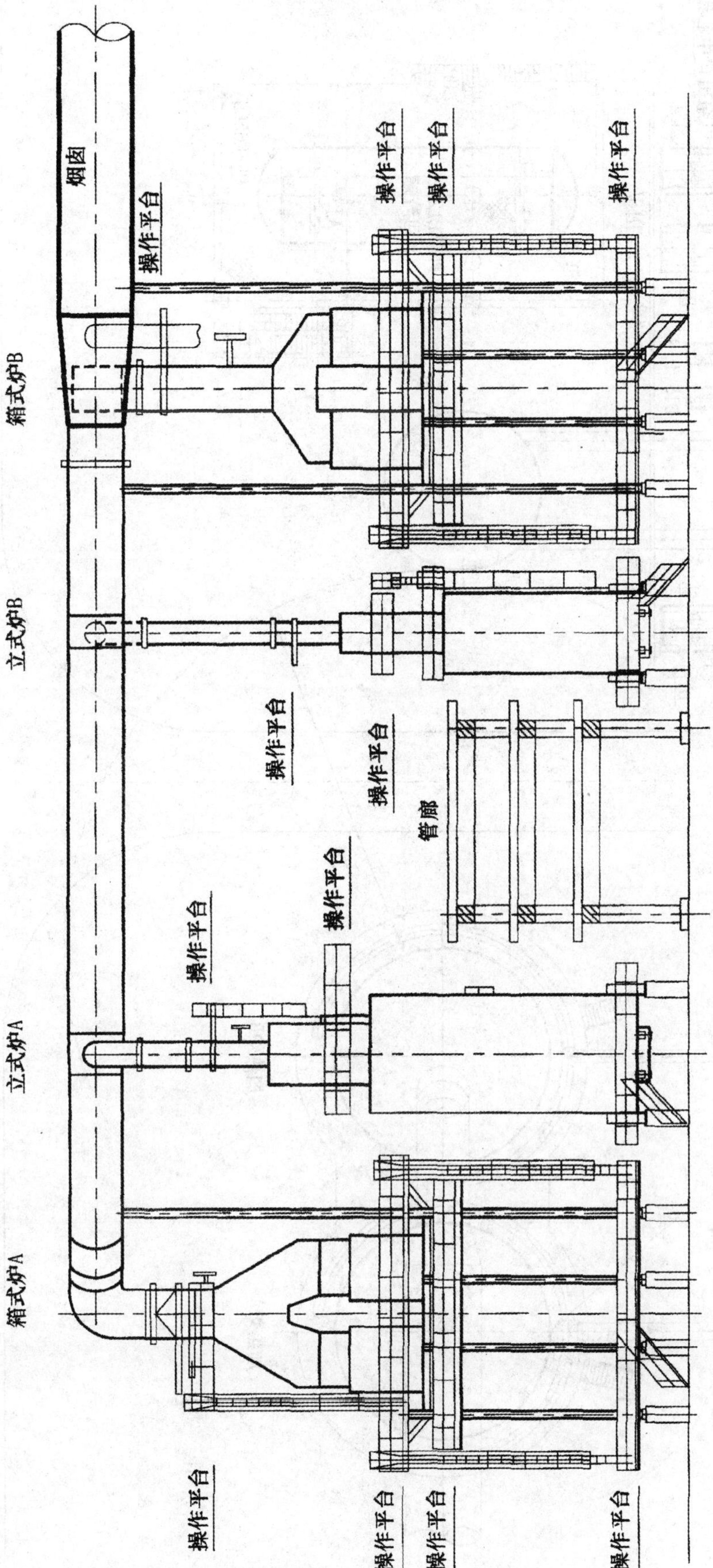

图8.3.2 加热炉布置（立面）

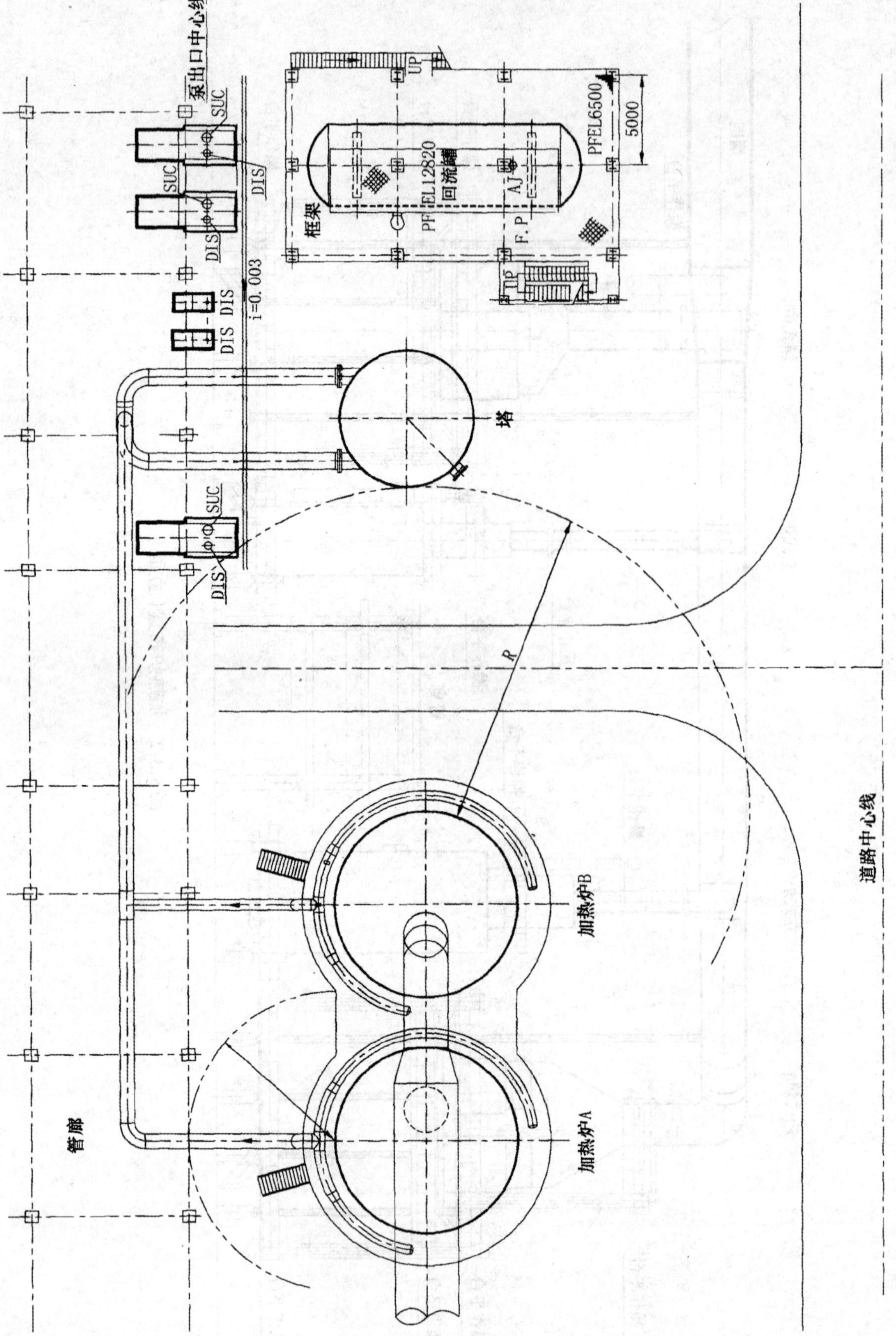

图8.3.3 加热炉作为再沸器的布置（平面）

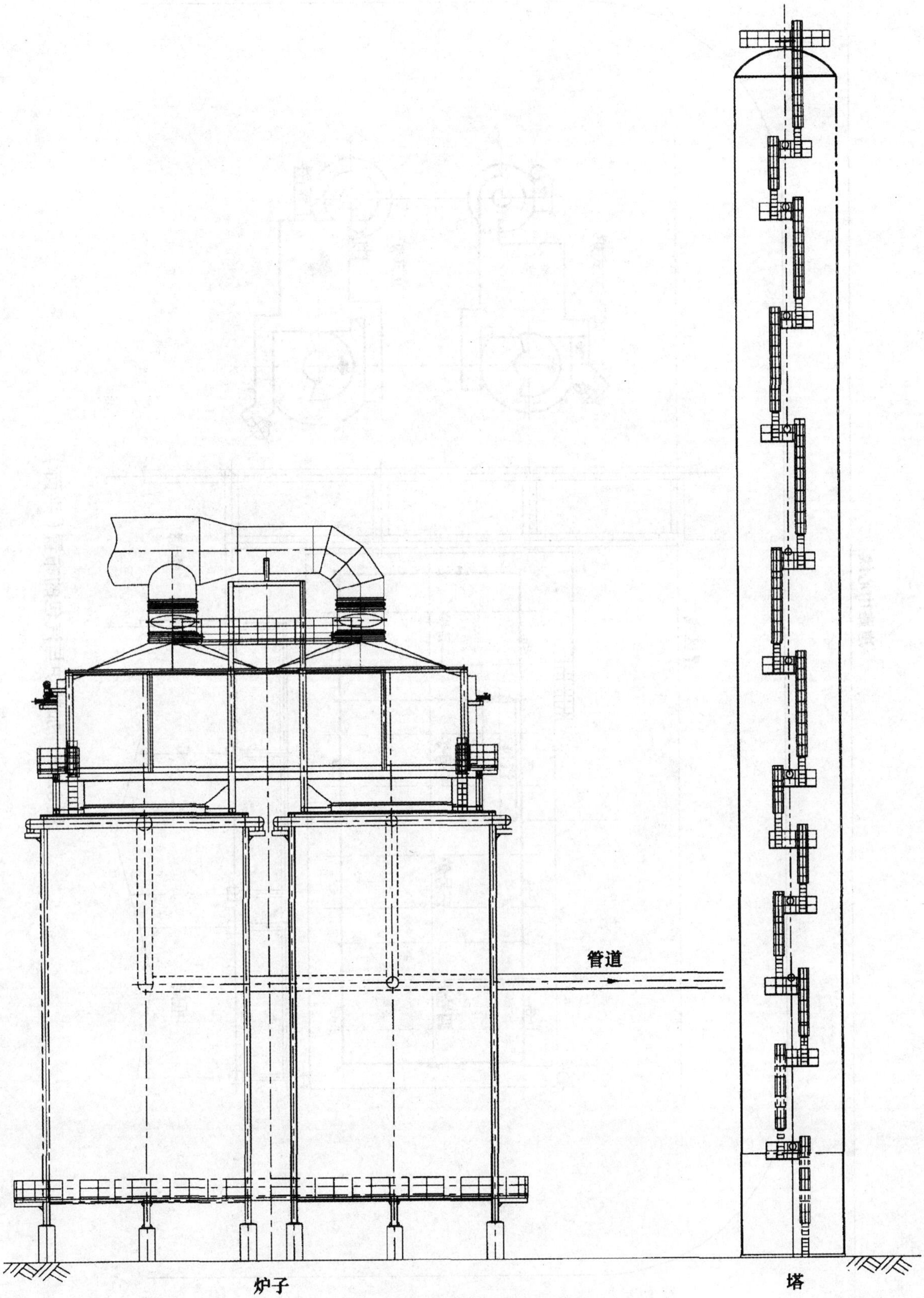

图8.3.4 加热炉作为再沸器的布置(立面)

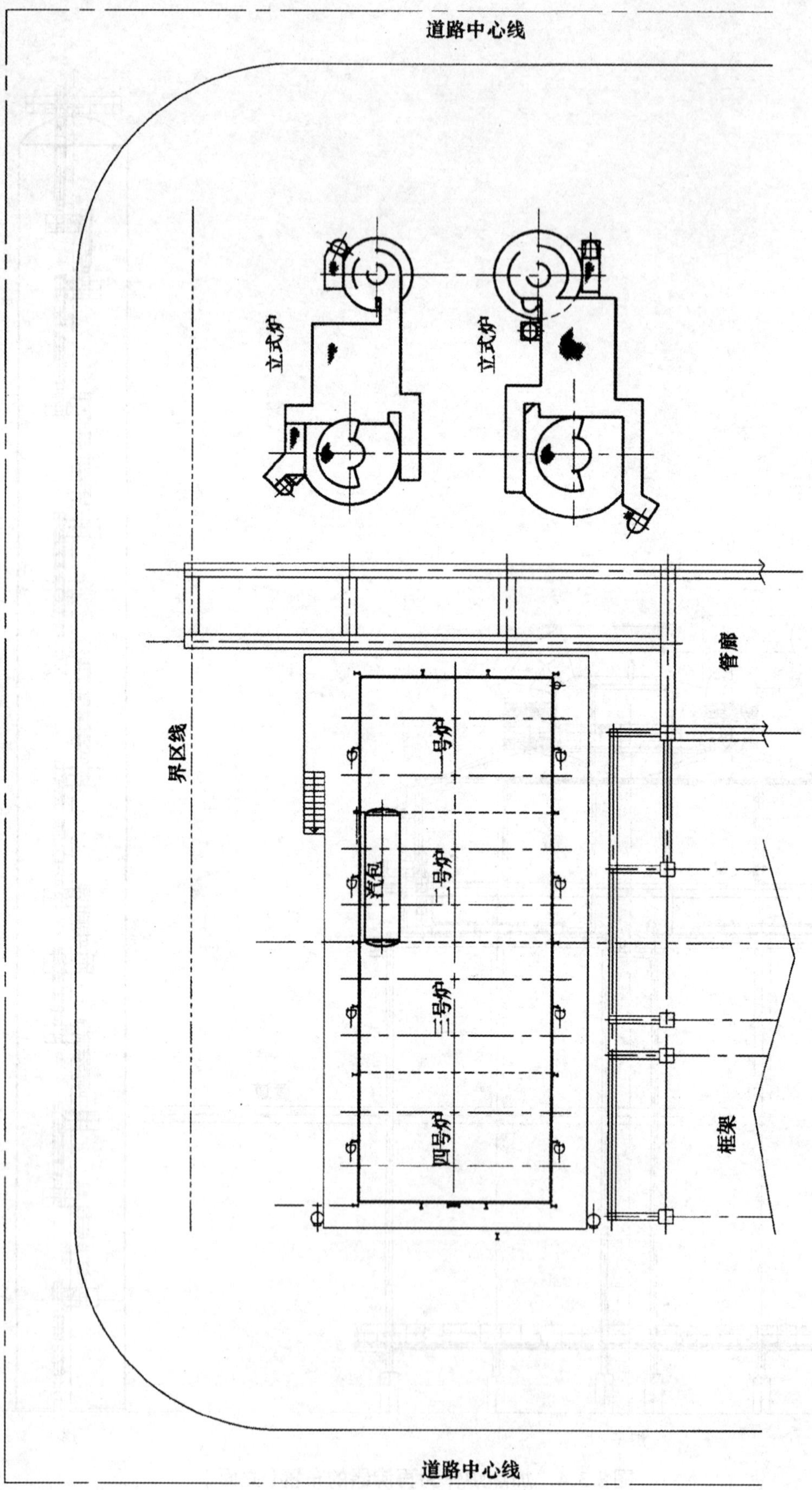

图 8.3.5　加热炉与汽包的布置（平面）

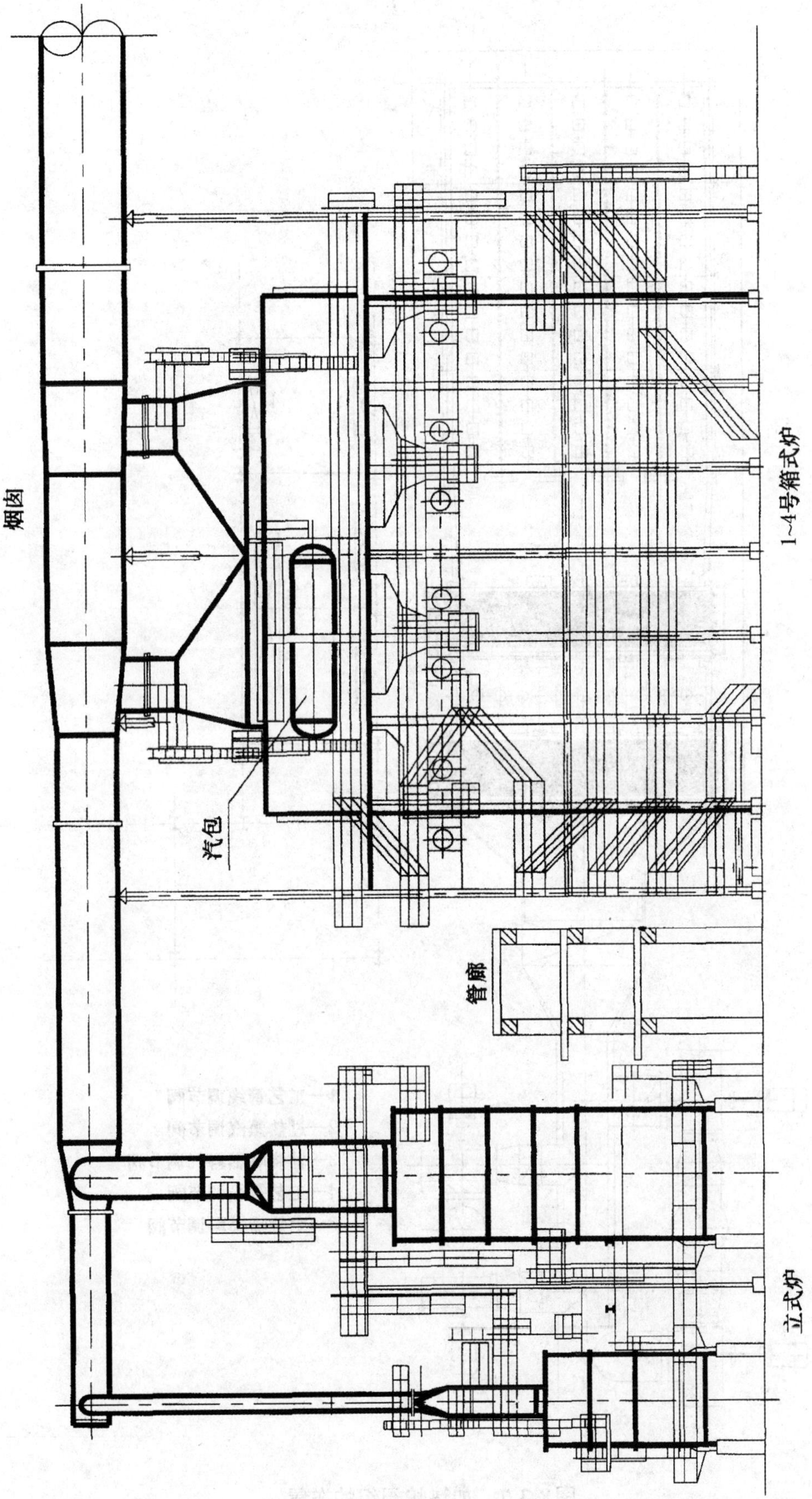

图 8.3.6 加热炉与汽包的布置（立面）

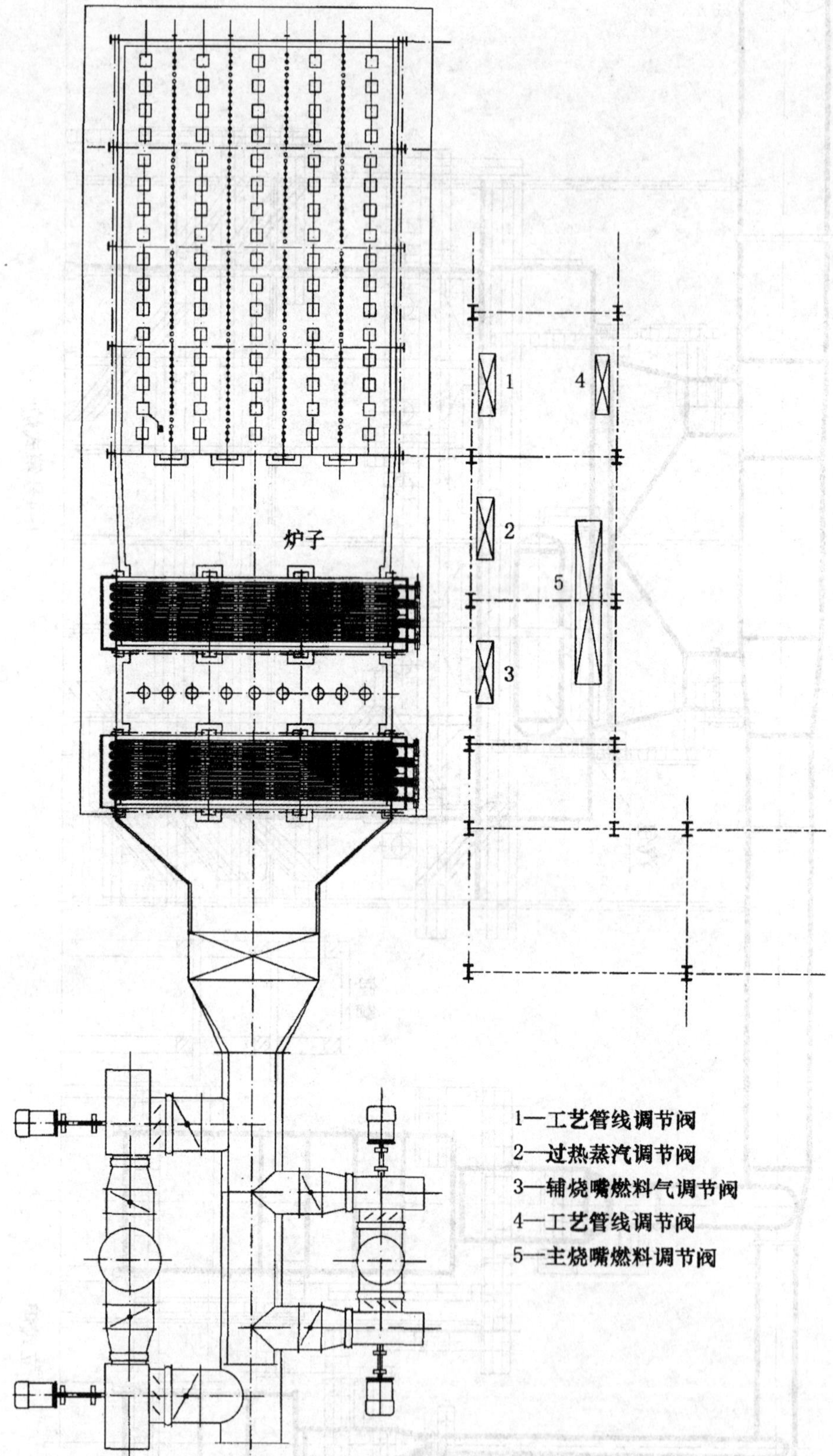

图 8.3.7 加热炉阀组的布置

9 离心式压缩机的布置

9.1 布 置 原 则

9.1.1 厂房的设置。

离心式压缩机一般安装在敞开或半敞开的建筑物内，在严寒地区（冬季气温在-40℃以下）或者风沙大的地区采用封闭式厂房。

9.1.2 离心式压缩机是装置中用电负荷最大的关键设备，布置时应同时考虑变、配电室的位置。

9.1.3 离心式压缩机组及其附属设备的布置应满足制造厂的要求。

9.1.4 离心式压缩机布置在室内时，设置起吊设施的原则：

1 在单层厂房内布置多台离心式压缩机时或最大部件质量超过1t时，宜设置起吊设施。

2 离心式压缩机布置在厂房内二楼时，应设置起吊设施。

9.1.5 离心式压缩机布置在室外时，为了大型组合件的检修和运输，应考虑所需检修通道，并与厂区道路相通。

9.1.6 室内布置的离心式压缩机，其基础应考虑隔振，并与厂房的基础隔开。

9.1.7 为便于出入厂房，楼梯应靠近通道。并设置第二楼梯或直爬梯，便于紧急情况时疏散。

9.1.8 输送可燃气体的离心式压缩机与明火设备、非防爆的电气设备的间距，应符合国家现行的《爆炸和火灾危险环境电力装置设计规范》GB 50058和《石油化工企业设计防火规范》GB 50160的规定。

9.1.9 单机驱动功率等于或大于150kW的甲类气体压缩机厂房，不宜与其他甲、乙、丙类房间共用一幢建筑物，如布置在同一厂房内，需用防爆墙隔开；压缩机的上方，不得布置甲、乙、丙类液体设备，但自用的高位润滑油箱不受此限制。

9.2 一 般 要 求

9.2.1 为了安全，离心式压缩机与分馏设备距离应大于9m，其厂房外缘与道路边缘的距离应大于5m。

9.2.2 在厂房内布置离心式压缩机时，应满足下列要求：

1 机组与厂房墙壁的净距应满足离心式压缩机或者驱动机的活塞、曲轴、转子等的检修要求，并且不应小于2m。

2 机组一侧应有放置最大部件及进行检修作业部件的场地，多台机组可考虑共用检修场地。

3 离心式压缩机布置在厂房内二楼时，应按机组的最大部件设置吊装孔。

4 离心式压缩机和驱动机的全部仪表控制盘应布置在靠近驱动机的端部一侧，并应有检修通道。

5 离心式压缩机两侧应有消防通道。

9.2.3 离心式压缩机基础的最小高度应由以下因素确定：

1 冷凝器的外形尺寸。

2 冷凝液泵的净正吸入压头（NPSH）的要求。

3 冷凝器出口安全阀管道的净空要求。

4 离心式压缩机制造厂的要求。

5 润滑油和密封油管道的坡度要求，从离心式压缩机壳体至润油槽的排油管应能自流。

6 离心式压缩机是单个底座还是整体底座。

9.2.4 厂房内的地面不应有低洼处。

9.2.5 厂房内必须通风良好。

1 如果离心式压缩机处理比空气轻的可燃、易爆气体时，半敞开式的厂房上部要设置风帽或天窗，以排出积聚在厂房上部的危险气体。

2 比空气轻的可燃气体压缩厂房的楼板，宜部分采用箅子板。

3 如果离心式压缩机处理的是比空气重的可燃性气体时，厂房内不宜设置地沟或地坑，以免气体积聚造成爆炸危险，厂房内应有防止气体积聚的措施。

9.2.6 离心式压缩机的附属设备的布置，应满足下列要求：

1 对于多级离心式压缩机，应综合考虑进出口的受力影响，合理确定各级气液分离器和冷却器的相对位置。

2 高位油箱的安装高度，应满足制造厂的要求，并设置平台和直梯。

3 润滑油和密封油系统宜靠近离心式压缩机，并满足油冷却器的检修要求。

9.2.7 离心式压缩机的驱动机为汽轮机时，汽轮机的附属设备的布置应考虑下列因素：

1 汽轮机采用空冷器作为凝汽设备时，空冷器的位置应靠近汽轮机，空冷器的安装高度应能满足凝结水泵的吸入高度的要求。

2 汽轮机采用冷凝冷却器作为凝汽设备时，冷凝冷却器宜布置在汽轮机的下方，也可布置在汽轮机的侧面。冷凝冷却器管箱外应考虑检修场地。凝结水泵的位置应满足其吸入高度的要求。

9.2.8 对于布置在二层的离心式压缩机，二层楼面的荷载（检修荷载）不小于500kg/㎡。

9.2.9 离心式压缩机之间的最突出部分的距离一般不小于2.4m~3m。

9.2.10 对厂房尺寸的考虑。

厂房的跨度及长度与压缩机布置的方位、台数、辅机、安装孔及梯子等有关。压缩机横向的总尺寸，由离心式压缩机的尺寸和通道的净宽而定，通道净宽一般为自底座边缘算起不小于2m。每台压缩机轴向的总尺寸根据离心式压缩机类型而定，离心式压缩机壳体有垂直分开式与水平分开式两种。如为垂直分开式，其水平向抽轴所需的净距大于2m时，则应增加通道宽度。如为水平分开式时，转子向上吊起，不占通道的空间。当驱动机为电机时，抽出电动机转子所需净距大于2m时，则应增加通道宽度。

9.2.11 当离心式压缩机设消声罩时，通道尺寸则相应增加。

9.2.12 根据离心式压缩机制造厂提供的外形尺寸及配管情况确定起重机的起吊高度；根据最大部件质量并加上安全余量（300kg~600kg）确定起重机的能力；根据厂房宽度及起重机的标准跨度（L_R、L_Q）确定起重机轨距。

9.3 布置实例

9.3.1 室内离心式压缩机的平面布置（一层）见图9.3.1。

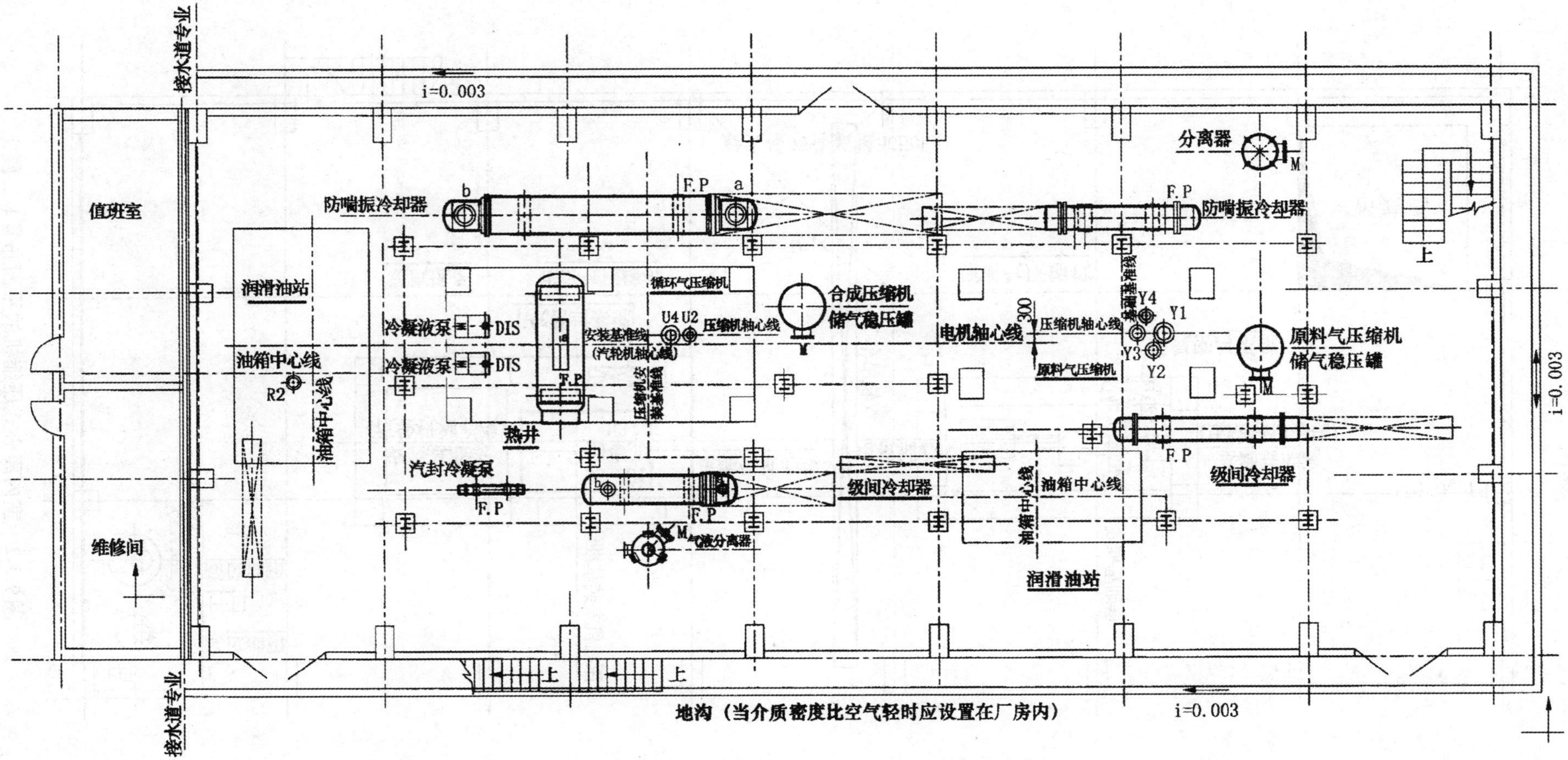

图9.3.1 室内离心式压缩机的平面布置（一层）

9.3.2 室内离心式压缩机的平面布置(二层)见图9.3.2。

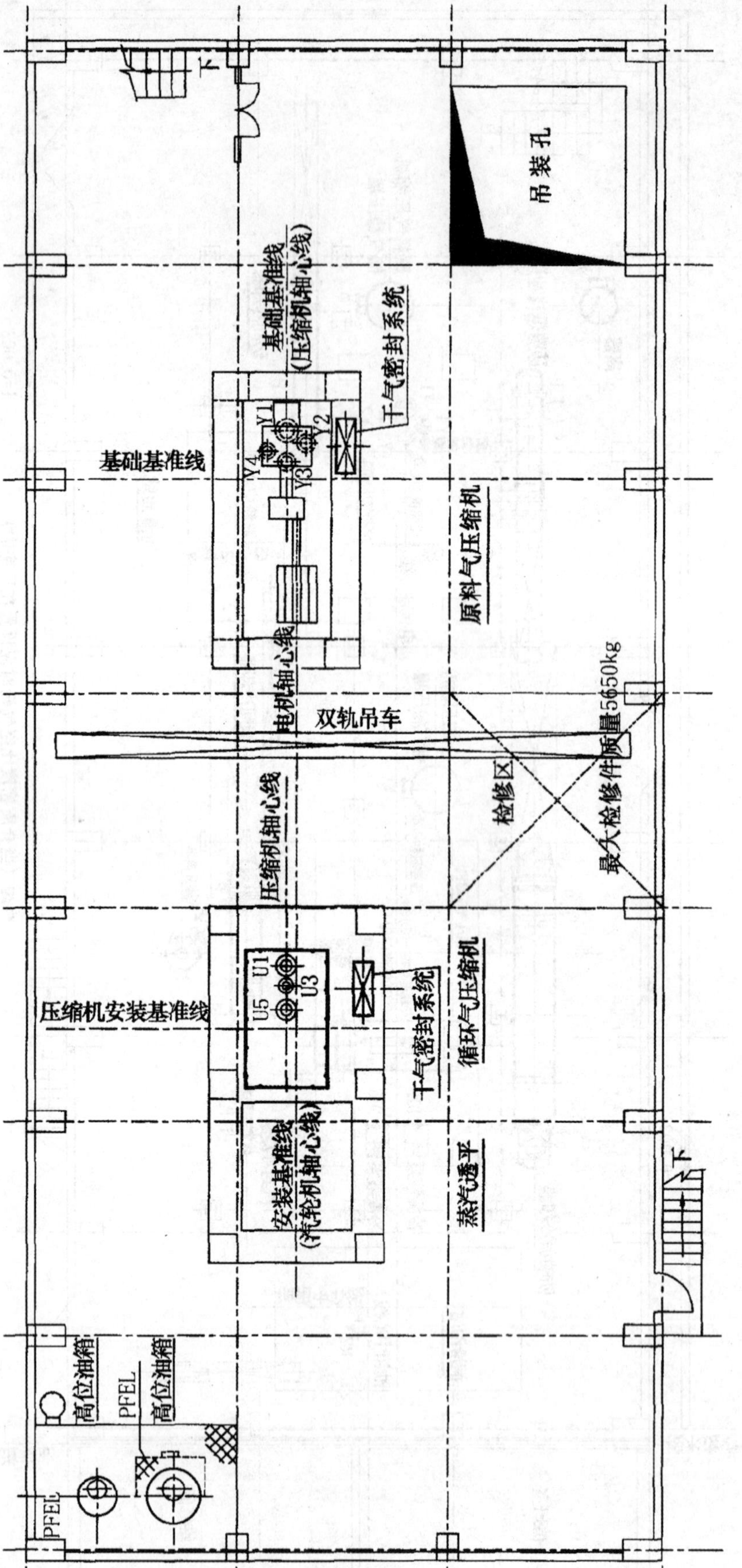

图9.3.2　室内离心式压缩机的平面布置(二层)

9.3.3 室内离心式压缩机的布置（立面）见图9.3.3。

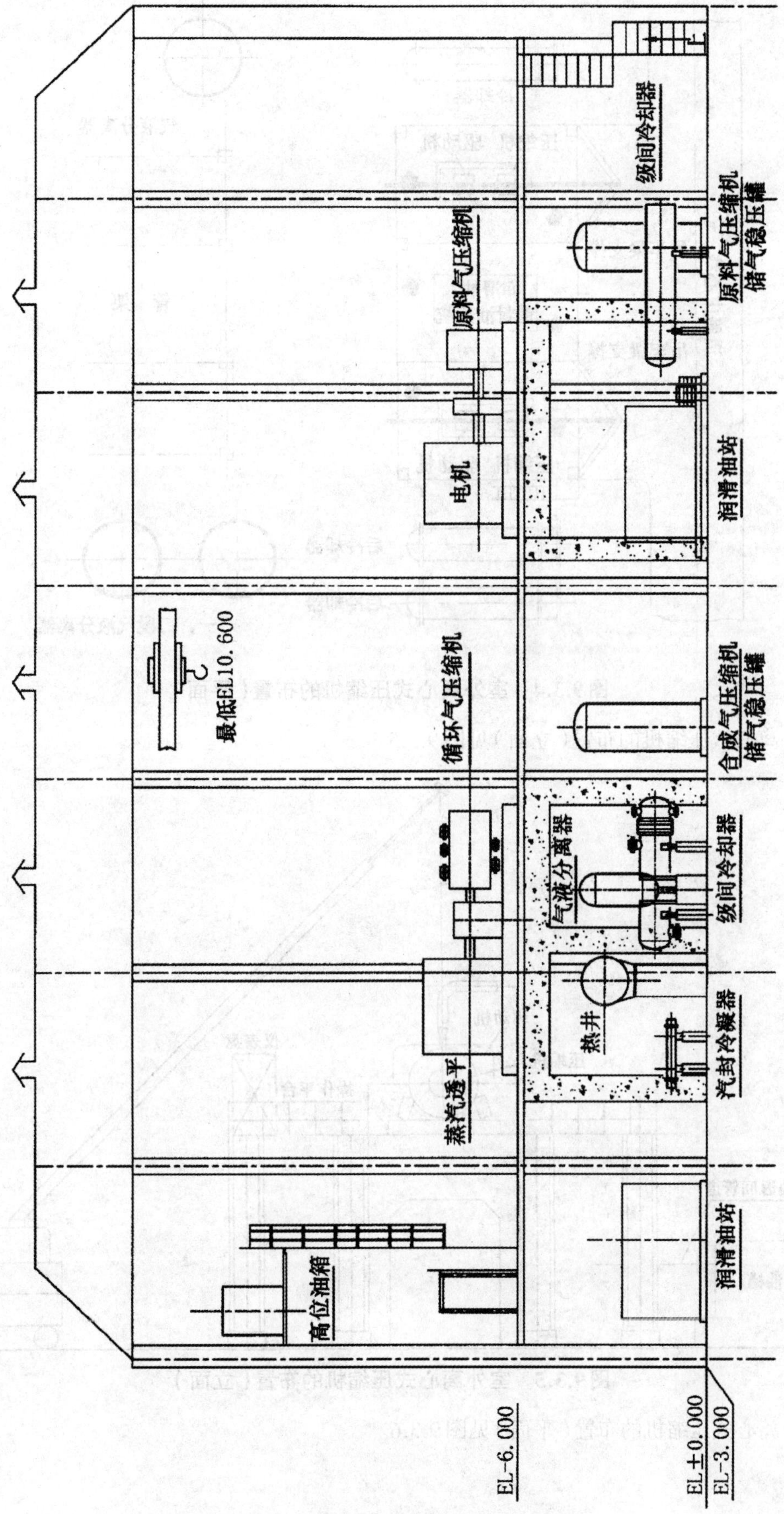

图9.3.3　室内离心式压缩机的布置（立面）

9.3.4 室外离心式压缩机的布置（平面）见图9.3.4。

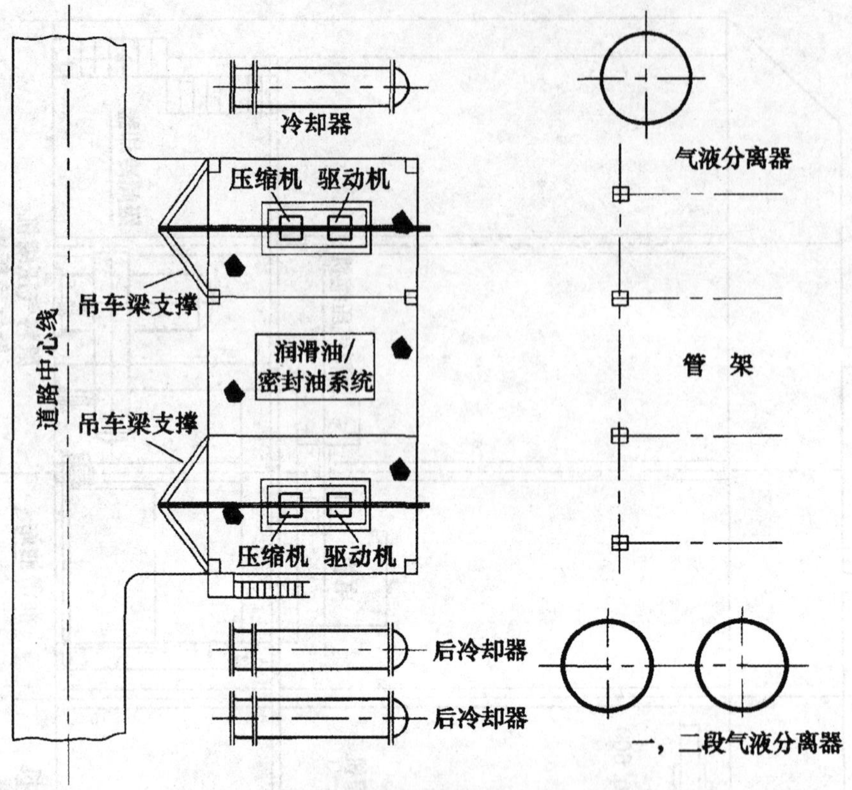

图9.3.4　室外离心式压缩机的布置（平面）

9.3.5 室外离心式压缩机的布置（立面）见图9.3.5。

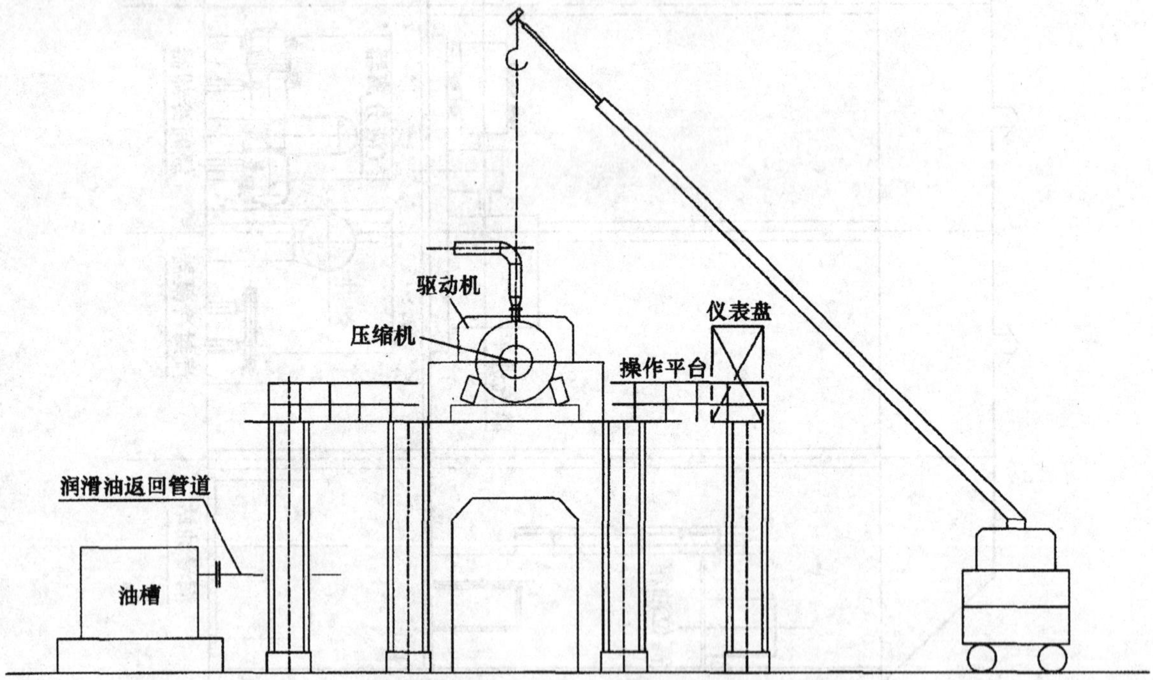

图9.3.5　室外离心式压缩机的布置（立面）

9.3.6 多台离心式压缩机的布置（平面）见图9.3.6。

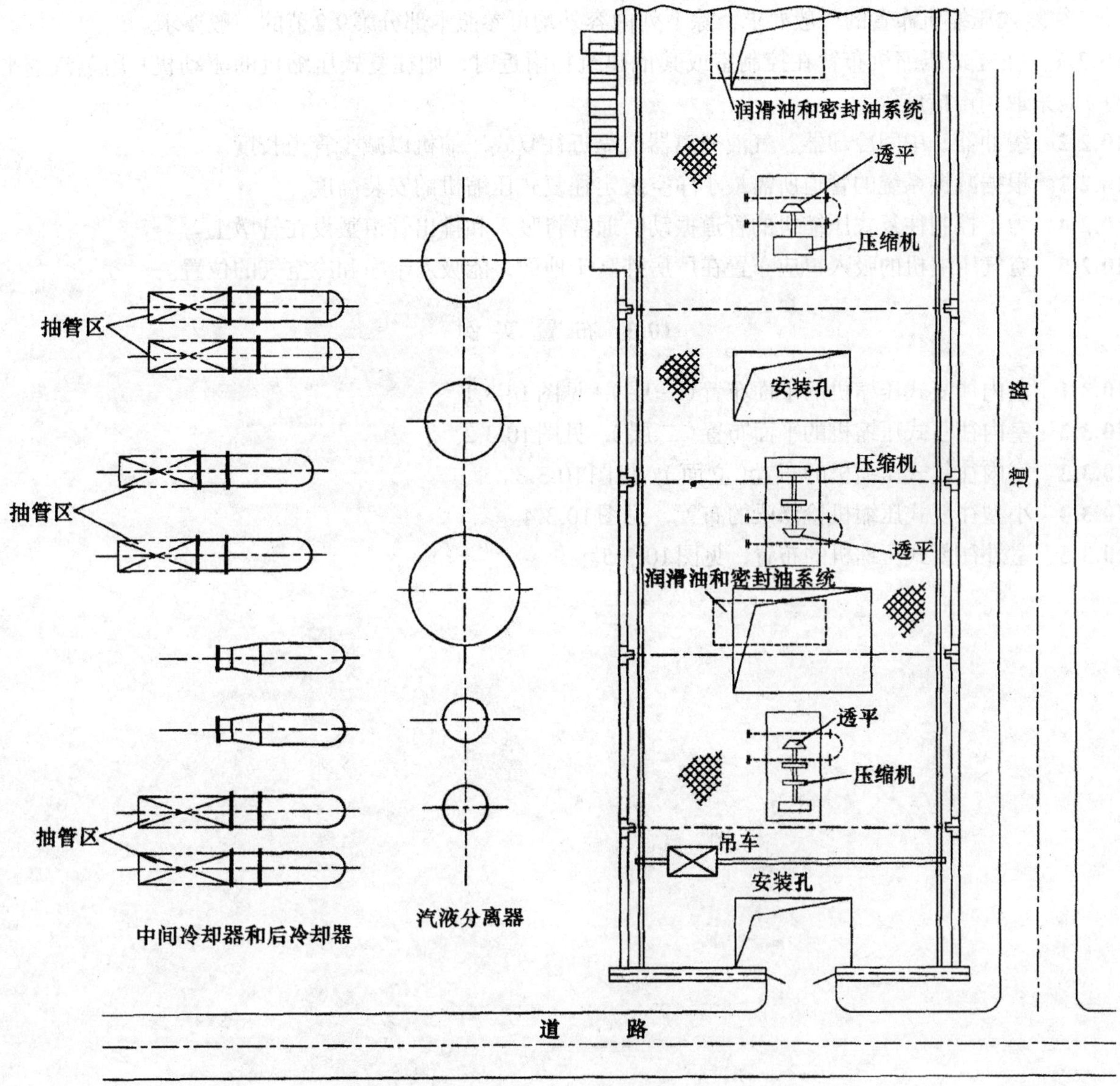

图9.3.6　多台离心式压缩机的布置(平面)

10 往复式压缩机的布置

10.1 布 置 原 则

往复式压缩机的布置原则可参照本部分第9.1节的规定。

10.2 一 般 要 求

往复式压缩机布置的一般要求，除下列内容外均可参照本部分第9.2节的一般要求。

10.2.1 往复式压缩机布置在控制室或其他建筑物附近时，则往复式压缩机的驱动机（用蒸汽透平时）需采取消声措施等。

10.2.2 缓冲器、中间冷却器、气液分离器应靠近往复式压缩机以减少管道长度。

10.2.3 根据减振系统的管道所需最小净空决定往复式压缩机的安装高度。

10.2.4 为了控制往复式压缩机的管道振动，通常将吸入和排出管道敷设在管墩上。

10.2.5 空气压缩机的吸入口应布置在厂房外高于地面，能吸入干净和冷空气的位置。

10.3 布 置 实 例

10.3.1 室内往复式压缩机的平面布置（一层），见图10.3.1。

10.3.2 室内往复式压缩机的平面布置（二层），见图10.3.2。

10.3.3 室内往复式压缩机的布置（立面），见图10.3.3。

10.3.4 小型往复式压缩机检修梁的布置，见图10.3.4。

10.3.5 室外往复式压缩机的布置，见图10.3.5。

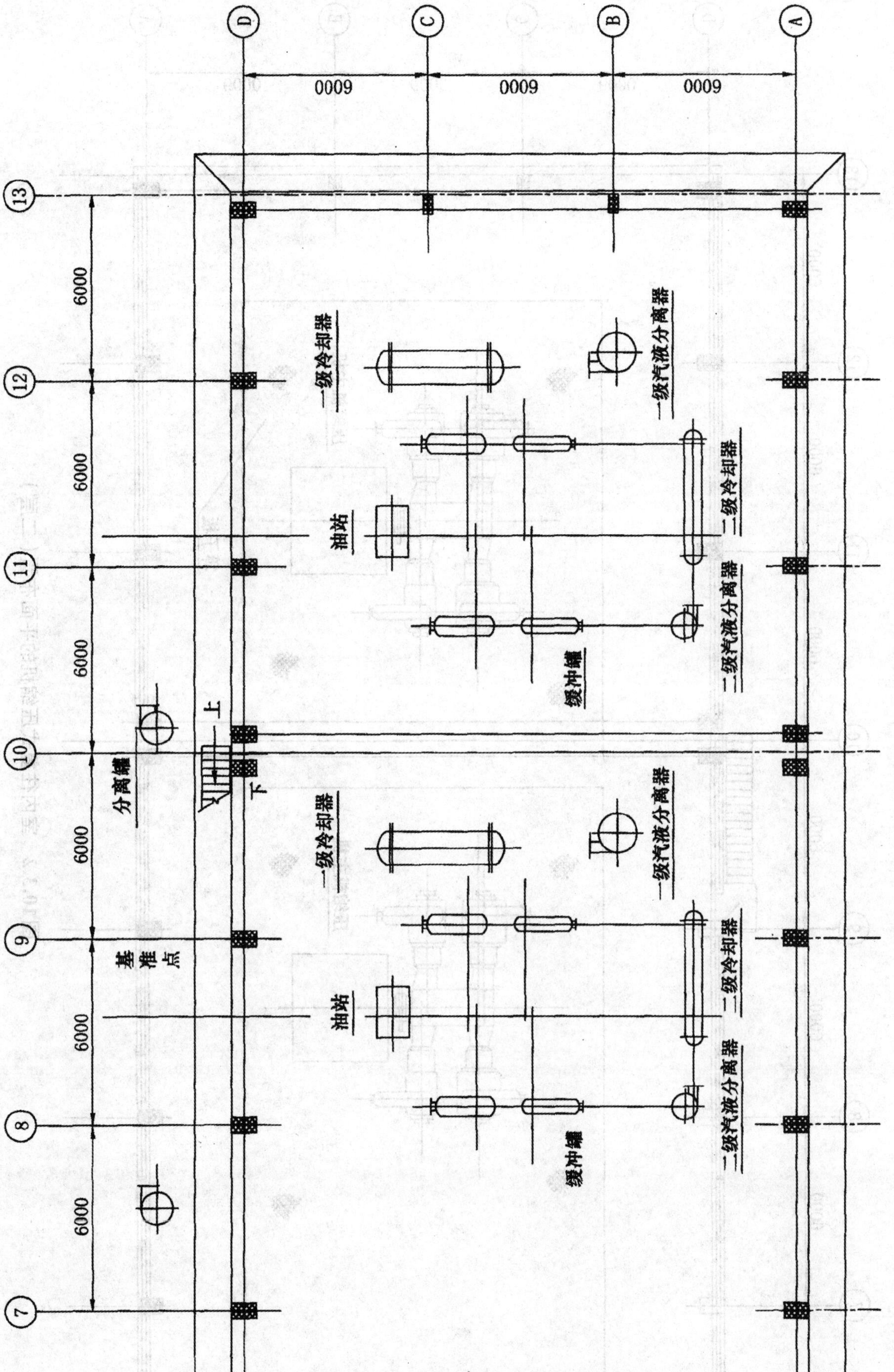

图 10.3.1　室内往复式压缩机的平面布置（一层）

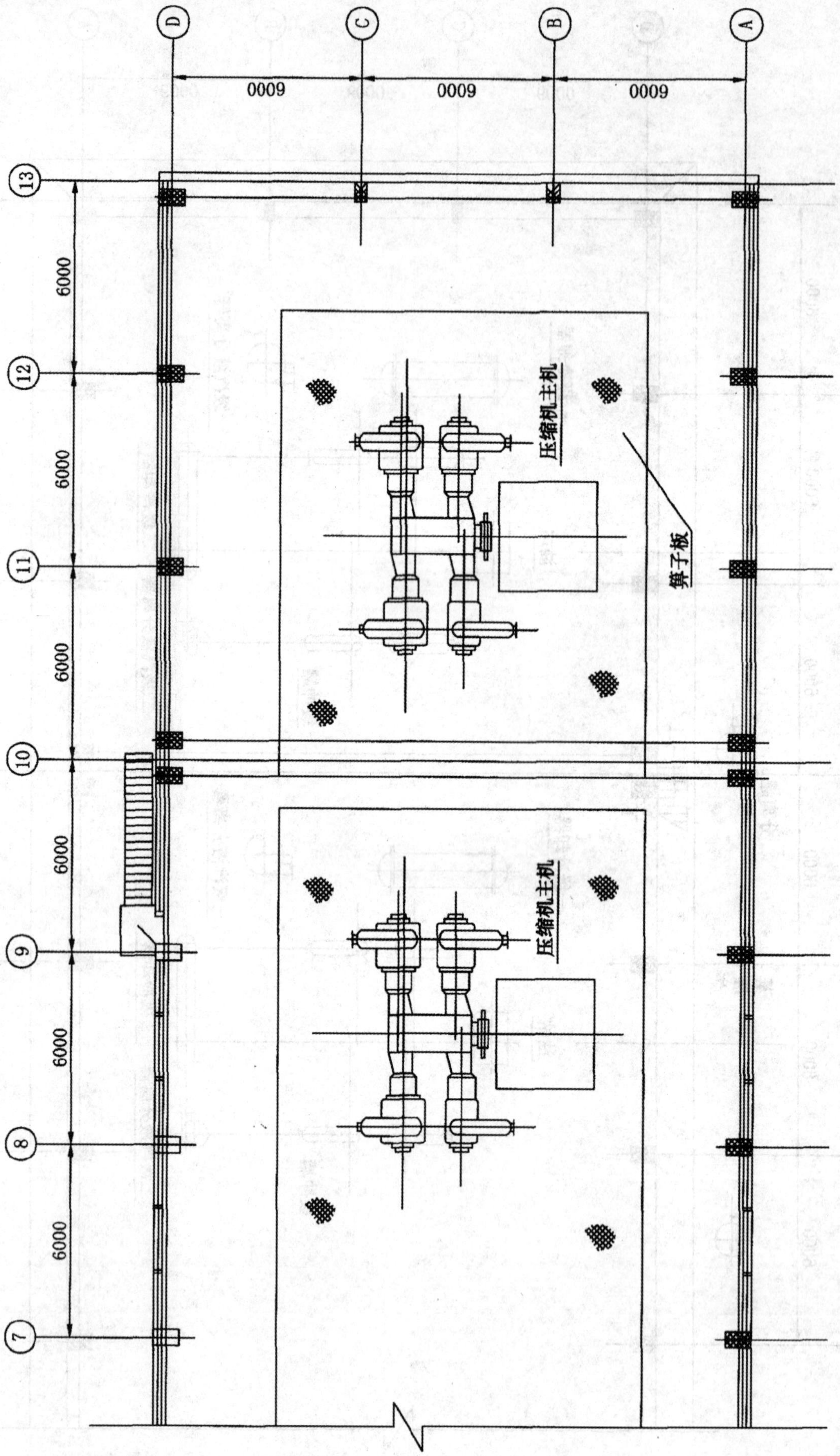

图10.3.2 室内往复式压缩机的平面布置（二层）

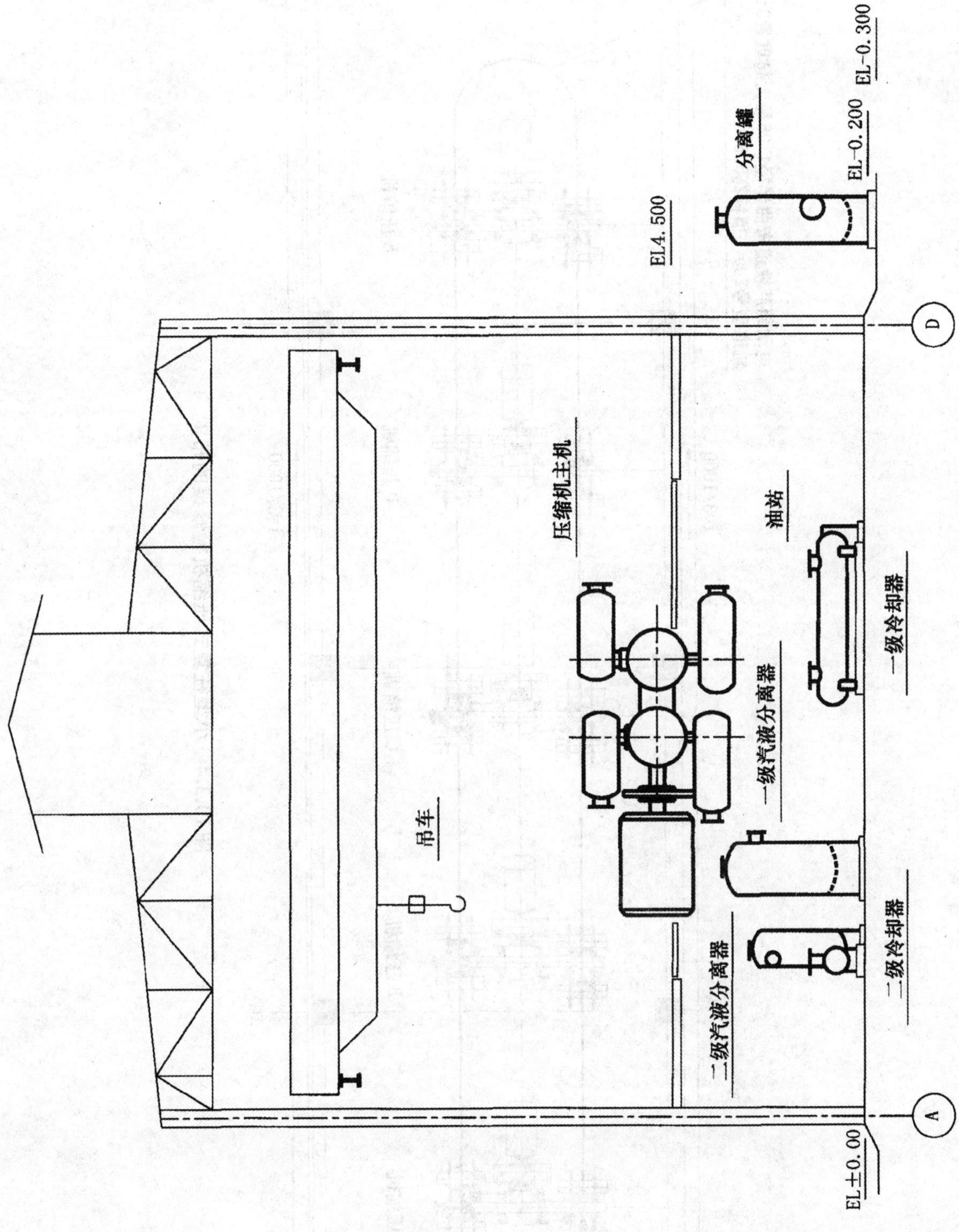

图10.3.3 室内往复式压缩机的布置（立面）

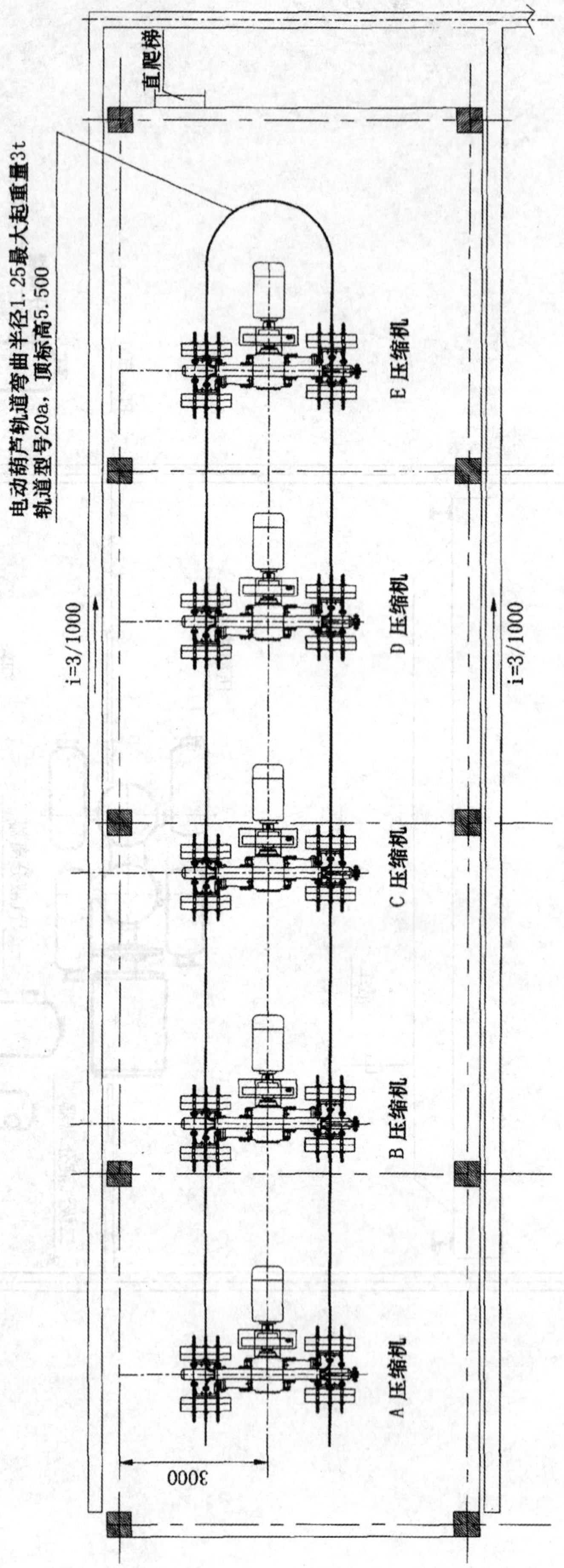

图10.3.4　小型往复式压缩机检修梁的布置

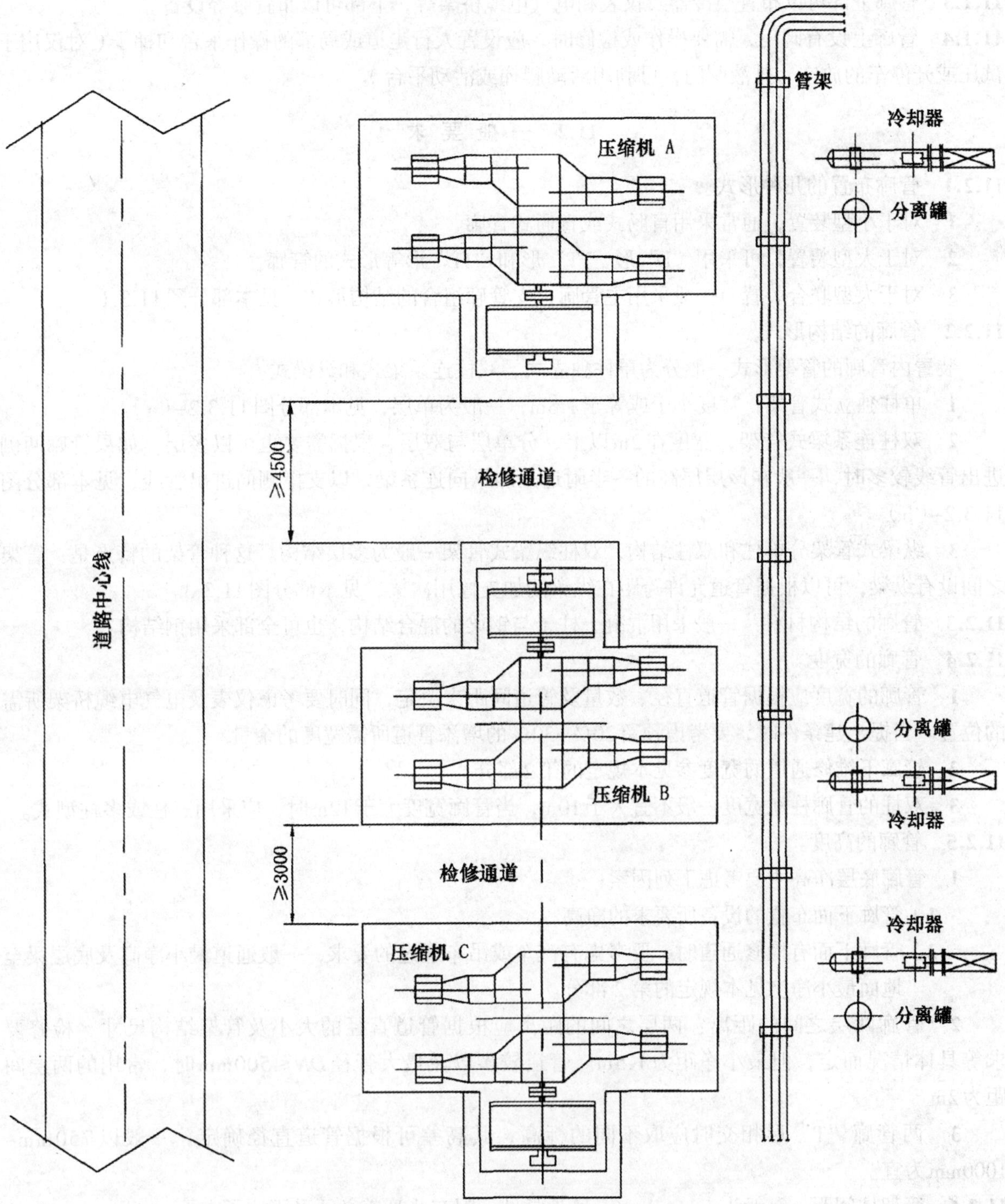

图10.3.5　室外往复式压缩机的布置

11　装置内管廊的布置

11.1　布 置 原 则

11.1.1　装置内管廊应处于易与各类主要设备联系的位置上。要考虑能使多数管线布置合理，少绕行，以减少管线长度。典型的位置是在两排设备的中间或在一排设备的一侧。

11.1.2　布置管廊时要综合考虑道路、消防的需要，以及电线杆、地下管道、电缆布置和临近建、构筑物等情况，并避开大、中型设备的检修场地。

11.1.3 管廊上部可以布置空冷器及仪表和电气电缆桥架等，下部可以布置泵等设备。

11.1.4 管廊上设有阀门，需要操作或检修时，应设置人行走道或局部的操作平台和梯子（对仅用于试压或开停车的放空、排液阀门，可利用活动爬梯或活动平台）。

11.2 一般要求

11.2.1 管廊布置的几种形式。

1 对于小型装置，通常采用盲肠式或直通式管廊。

2 对于大型装置，可采用“L”形、“T”形和“Π”形等形式的管廊。

3 对于大型联合装置，一般采用主管廊、支管廊组合的结构形式、见本部分图11.3.1。

11.2.2 管廊的结构形式。

装置内管廊的管架形式一般分为单柱独立式、双柱连系梁式和纵梁式。

1 单柱独立式管架，宽度小于或等于1.8m，一般为单层，见本部分图11.3.2-(a)。

2 双柱连系梁式管架，宽度在2m以上，分单层与双层，根据需要也可以多层。如果管廊两侧进出管线较多时，一般在该层层高的一半附近处加纵向连系梁，以支撑侧向进出管线，见本部分图11.3.2-(b)。

3 纵梁式管架分单柱和双柱结构，双柱纵梁式管架一般为多层结构。这种管架的特点是：管架之间设有纵梁，可以根据管道允许跨距在纵梁间加支撑用次梁，见本部分图11.3.3。

11.2.3 管廊的结构材料：一般采用混凝土柱子与钢梁的混合结构，也可全部采用钢结构。

11.2.4 管廊的宽度。

1 管廊的宽度应根据管道直径、数量及管道间距来决定，同时要考虑仪表及电气电缆桥架所需的位置。当提土建条件时，要考虑预留20%~30%的增添管道所需宽度的余量。

2 管廊下维修通道的宽度参见本规定的第2部分。

3 双柱的管廊柱间宽度一般不宜大于10m，当管廊宽度大于12m时，应采用三柱或多柱型式。

11.2.5 管廊的高度。

1 管廊底层净高主要考虑下列因素：

1）管廊下面布置的设备所要求的净高；

2）管廊下面有检修通道时，要考虑有汽车或吊车通过的要求，一般通道最小净高及底层梁至地面最小净空见本规定的第2部分。

2 管廊两层之间的距离：两层之间的距离应根据管道直径的大小及管架结构尺寸、检修要求等具体情况而定，但最小净距为1.5m。管道较多以及最大管径$DN \leqslant 500$mm时，常用的两层间距为2m。

3 两管廊“T”形相交时应取不同的标高，其高差可根据管道直径确定，一般以750mm~1000mm为宜。

11.2.6 管架柱间距：一般为4m~6m，6m最为常见，因有些管道必须采用柱子支承。

11.2.7 管廊第一个柱子和最后一个柱子应设在距装置边界线1m处，一般情况为固定管架，以便于装置内、外热力管道的热补偿计算。

11.2.8 直爬梯应紧靠管廊柱子设置。

11.2.9 多层管廊上如需要人行过道，宜设在顶层。

11.3 布置实例

11.3.1 管廊的型式，见图11.3.1。

11.3.2 管廊的结构型式（一），见图11.3.2。

11.3.3 管廊的结构型式（二），见图11.3.3。

11.3.4 管廊断面图，见图11.3.4。

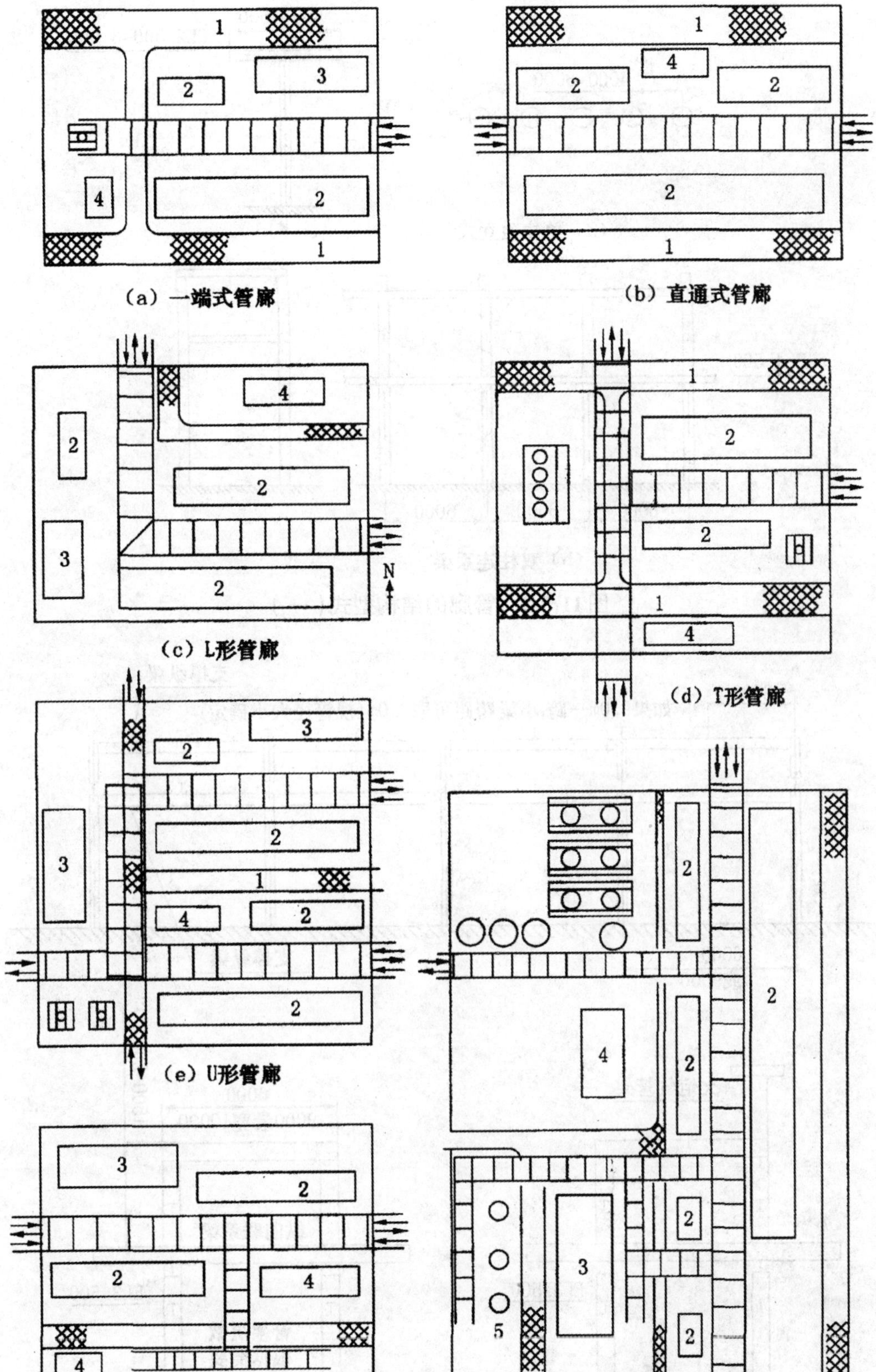

1—道路；2—工艺设备；3—压缩机室；4—控制室；5—加热炉

图11.3.1　管廊的型式

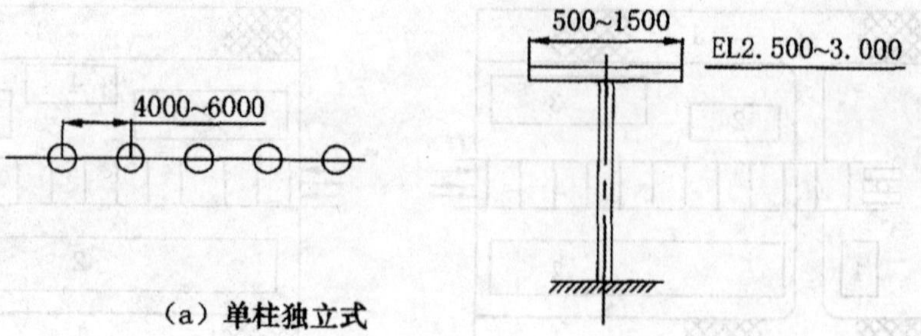

（a）单柱独立式

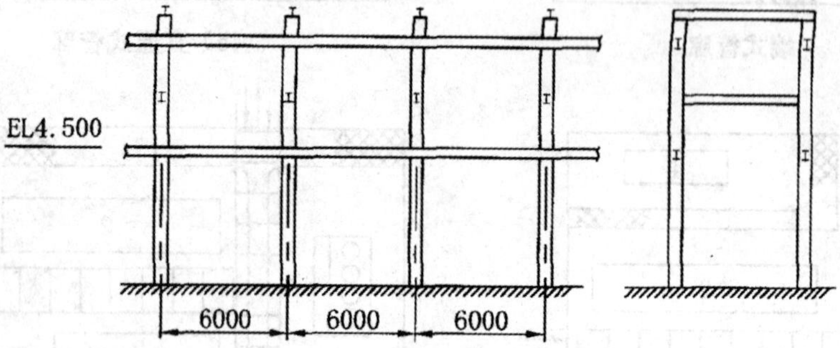

（b）双柱连系梁

图 11.3.2　管廊的结构型式(一)

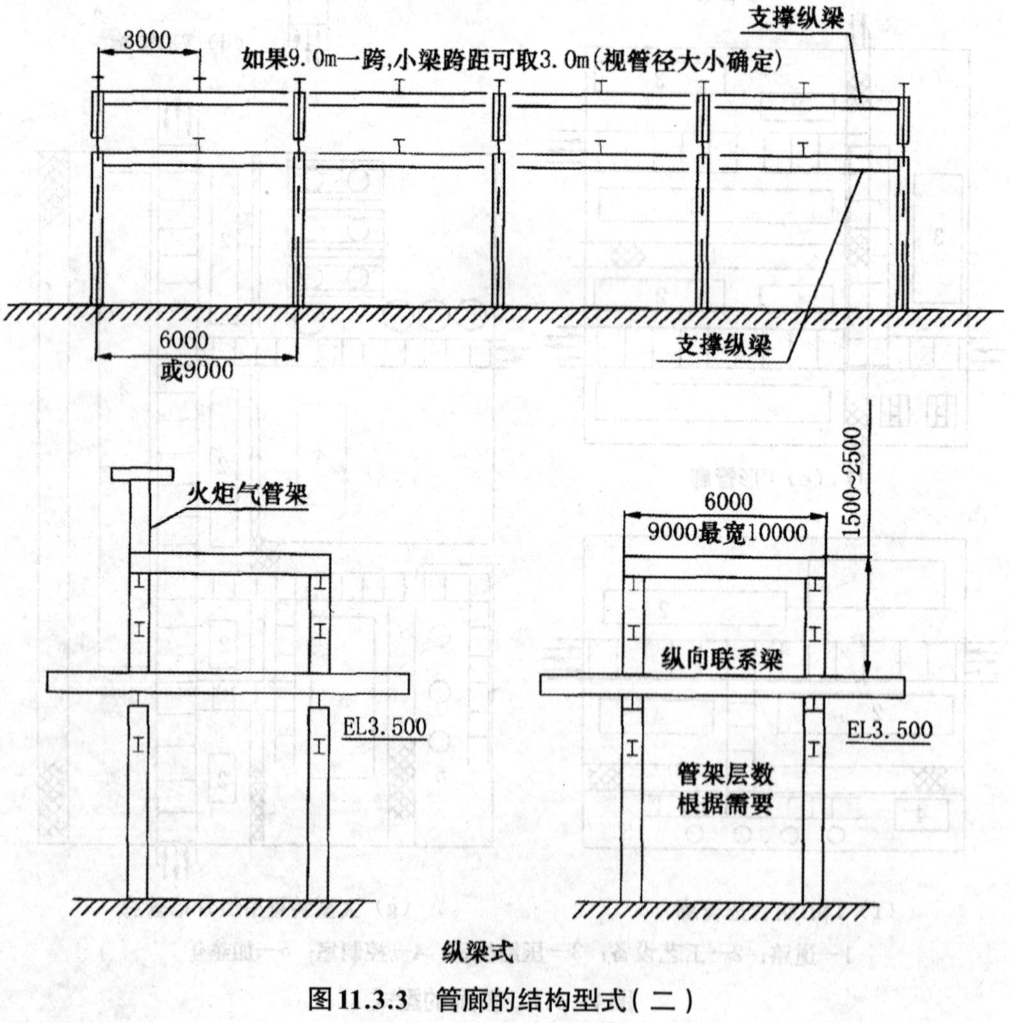

纵梁式

图 11.3.3　管廊的结构型式(二)

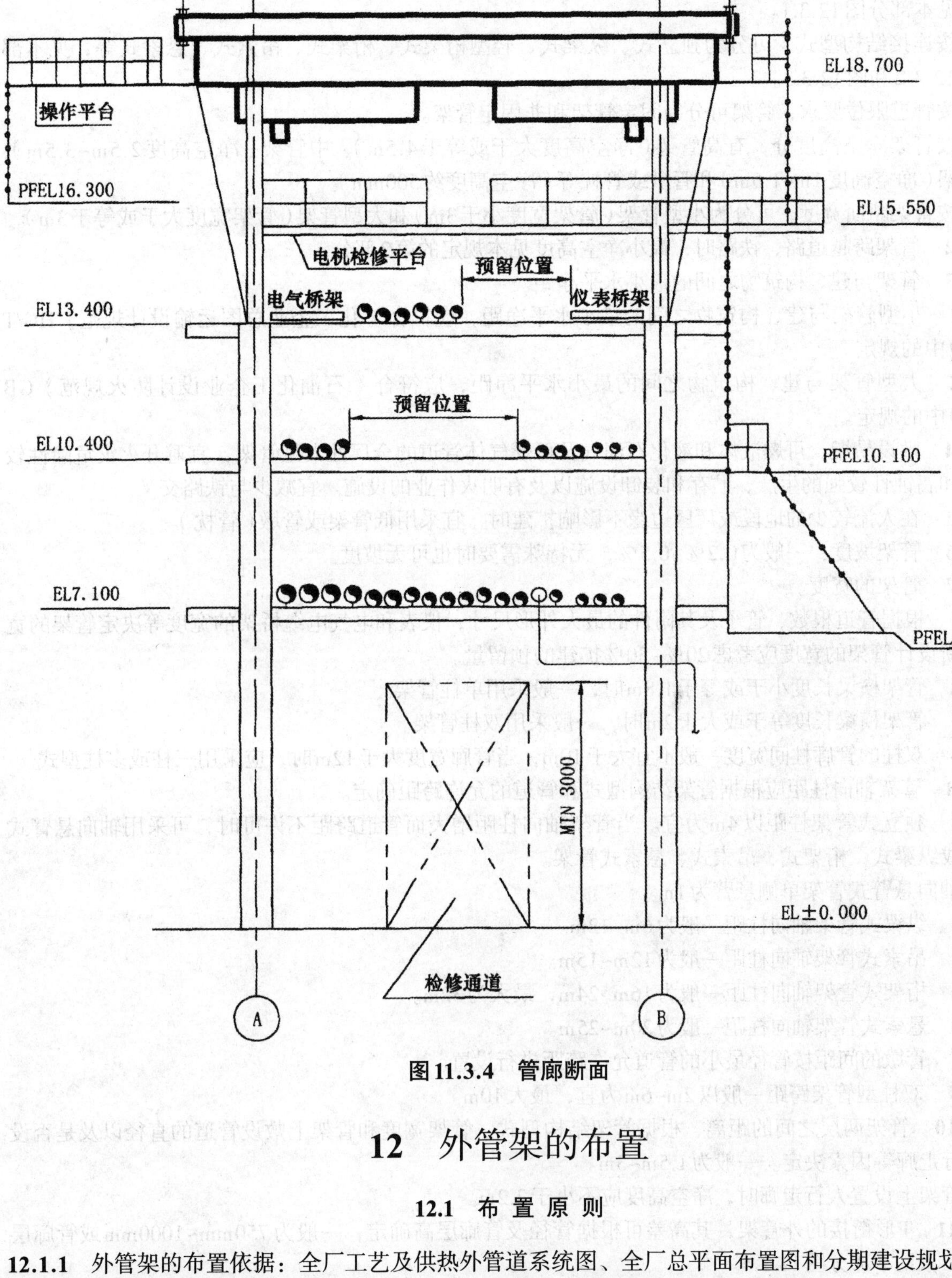

图 11.3.4 管廊断面

12 外管架的布置

12.1 布置原则

12.1.1 外管架的布置依据：全厂工艺及供热外管道系统图、全厂总平面布置图和分期建设规划。

12.1.2 外管架的布置要力求经济合理，管线长度最短，并尽量减少管架改变走向。

12.1.3 外管架布置应尽量避免对装置区或单元装置形成环形包围。

12.1.4 布置外管架时应考虑扩建区的运输，预留出足够空间和通道，根据分期建设规划等要求统筹安排。

12.2 一般要求

12.2.1 外管架的形式。

一般分为单柱（T形）和双柱（Π形）式。

单柱管架一般为单层，必要时也可采用双层。双柱管架可分为单层、双层，必要时也可采用多层，见本部分图12.3.1。

按连接结构型式，可分为独立式、纵梁式、轻型桁架式、桁架式、吊索式、悬索式等，见本部分图12.3.2和图12.3.3。

按管道限位要求，管架可分为固定管架和非固定管架。

按管架净空高度分，有高管架（净空高度大于或等于4.5m）、中管架（净空高度2.5m~3.5m）、低管架（净空高度1m~1.5m）和管墩或管枕等（净空高度约500mm）。

按管架断面宽度，可分为小型管架（管架宽度小于3m）和大型管架（管架宽度大于或等于3m）。

12.2.2 管架跨越道路、铁路时，最小净空高度见本规定的第2部分。

12.2.3 管架与建、构筑物之间的最小水平净距。

1 小型管架与建、构筑物之间的最小水平净距，应符合《化工企业总图运输设计规范》HG/T 20649中的规定。

2 大型管架与建、构筑物之间的最小水平净距，应符合《石油化工企业设计防火规范》GB 50160中的规定。

12.2.4 敷设易燃、可燃液体和液化石油气及可燃气体管道的全厂性大型管架，宜避开火灾危险性较大的和腐蚀性较强的生产、贮存和装卸设施以及有明火作业的设施。宜减少与铁路交叉。

12.2.5 在人流较少的地段或厂区边缘不影响扩建时，宜采用低管架或管墩（管枕）。

12.2.6 管架坡度：一般为0.2%~0.5%，无特殊需要时也可无坡度。

12.2.7 管架的宽度。

1 根据管道根数、管子及其附件的最大外形尺寸，仪表和电气电缆桥架的宽度等决定管架的宽度。新设计管架的宽度应考虑20%~30%扩建的预留量。

2 管架横梁长度小于或等于1.8m时，一般采用单柱管架。

3 管架横梁长度等于或大于2m时，一般采用双柱管架。

4 双柱的管廊柱间宽度一般不宜大于10m，当管廊宽度大于12m时，应采用三柱或多柱型式。

12.2.8 管架轴向柱距应根据管架结构型式和管道的允许跨距确定。

1 独立式管架柱距以4m为宜。当管架轴向柱距增大而管道跨距不许可时，可采用轴向悬臂式管架或纵梁式、桁架式、吊索式、悬索式管架。

轴向悬臂式管架单侧悬臂为1m。

2 纵梁式管架轴向柱距一般为6m~12m。

3 吊索式管架轴向柱距一般为12m~15m。

4 桁架式管架轴向柱距一般为16m~24m，最大为32m。

5 悬索式管架轴向柱距一般为20m~25m。

6 管墩的间距按管径最小的管道允许跨距进行设置。

12.2.9 双柱型管架跨距一般以2m~6m为宜，最大10m。

12.2.10 管架两层之间的距离，根据管架结构型式、管架宽度和管架上敷设管道的直径以及是否设置人行走廊等因素决定。一般为1.5m~3m。

管架上设置人行走廊时，净空高度应不小于2.2m。

12.2.11 T形衔接的外管架，其高差可根据管径及管廊层高确定，一般为750mm~1000mm或管廊层高之半，见本部分图12.3.4。

12.2.12 固定管架的位置，应根据管道热补偿的计算来确定。一般情况下，60m~120m设置一个固定管架。

12.2.13 外管架平面布置图中，标高以绝对标高表示，坐标按“全厂总平面”定的坐标系。

12.3 例图及图例

12.3.1 管架的柱形及断面型式，见图12.3.1。

12.3.2 管架的连系结构型式（一），见图12.3.2。

12.3.3 管架的连系结构型式（二），见图12.3.3。

12.3.4 “T”形衔接管架的高差要求，见图12.3.4。

12.3.5 外管架布置图，见图12.3.5（插页七）。

12.3.6 外管架图例，见图12.3.6。

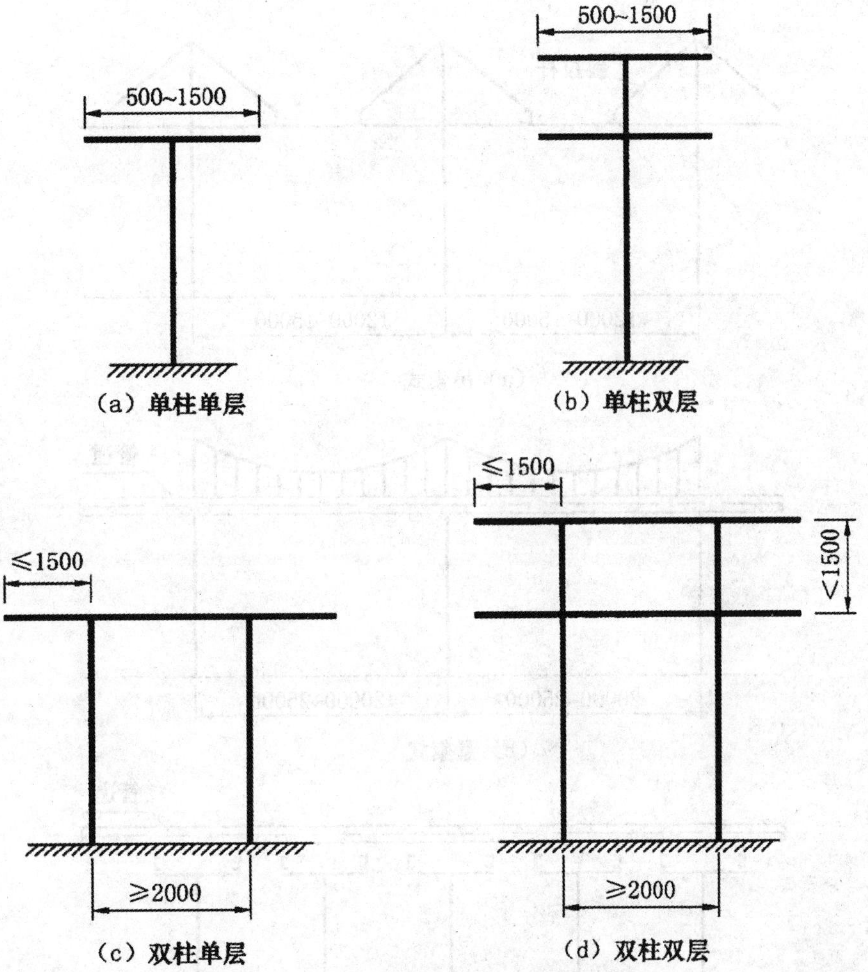

图12.3.1 管架的柱形及断面型式

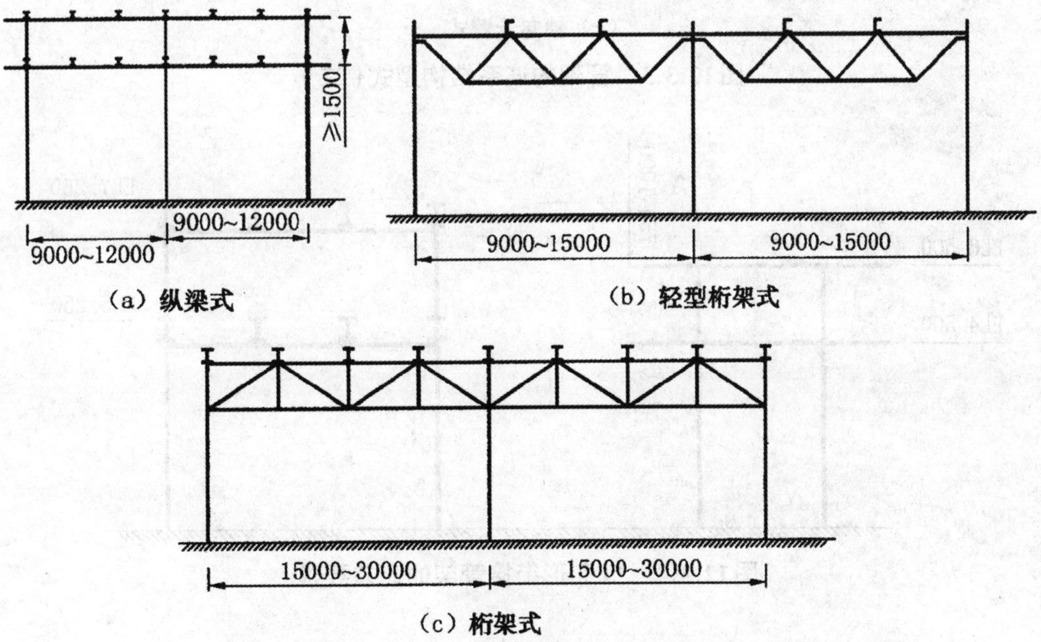

图12.3.2 管架的连系结构型式(一)

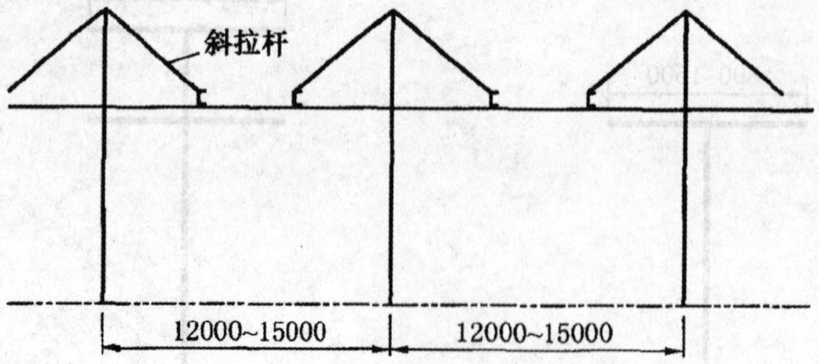

（a）吊索式

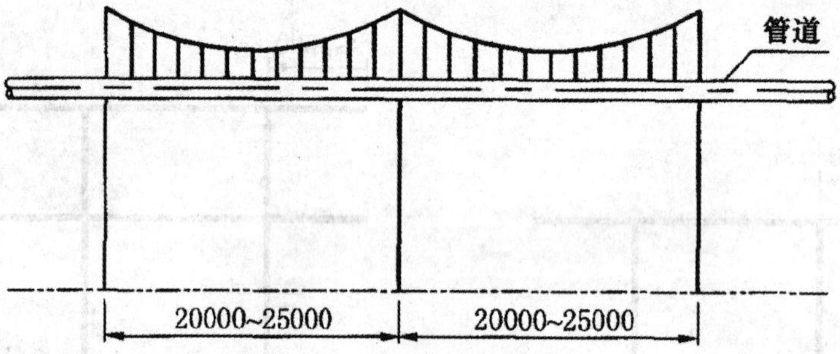

（b）悬索式

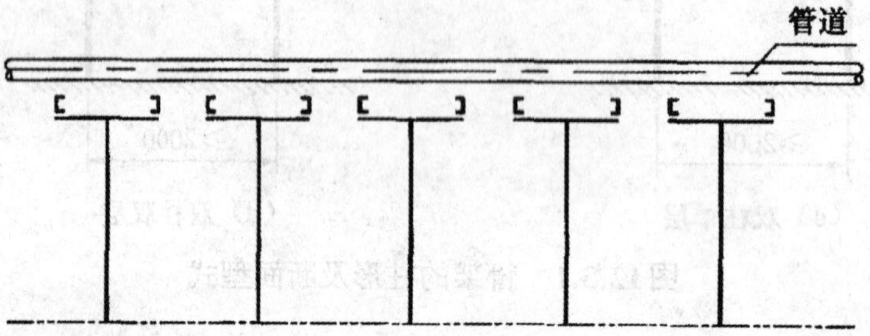

（c）轴向悬臂式

图 12.3.3　管架的连系结构型式（二）

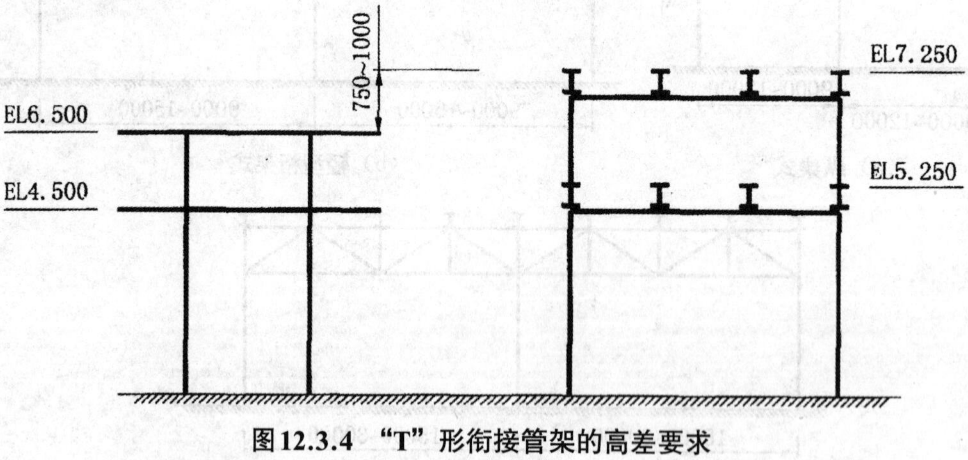

图 12.3.4　“T”形衔接管架的高差要求

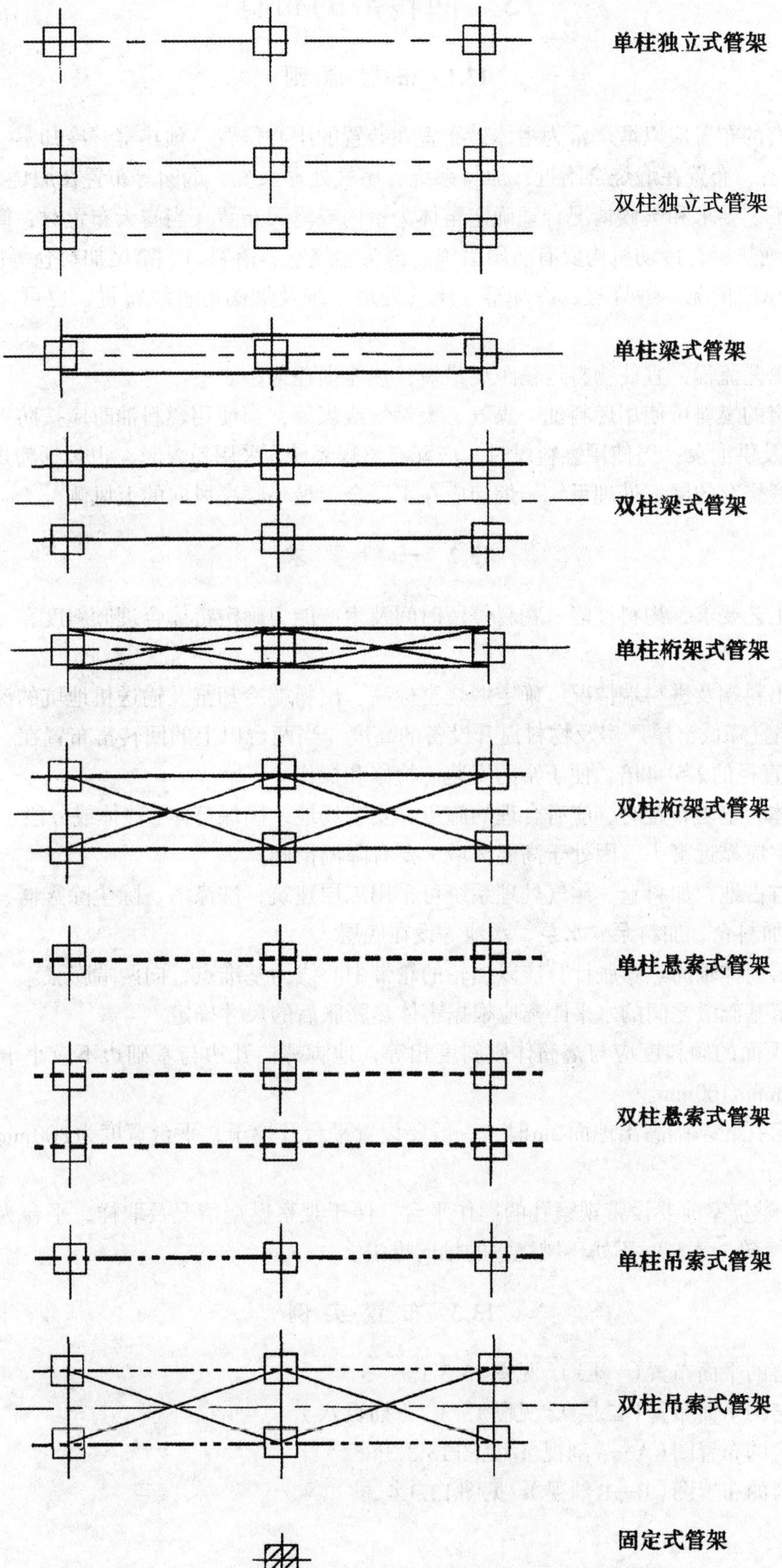
单柱独立式管架
双柱独立式管架
单柱梁式管架
双柱梁式管架
单柱桁架式管架
双柱桁架式管架
单柱悬索式管架
双柱悬索式管架
单柱吊索式管架
双柱吊索式管架
固定式管架

图12.3.6　外管架图例

13 回转窑的布置

13.1 布 置 原 则

13.1.1 回转窑的布置应以煅烧窑为主体，布置在装置的中心位置。预热窑、冷却窑、干燥窑等是煅烧窑配套的设备，布置在煅烧窑附近；加料系统、尾气处理系统、烟囱等布置在煅烧窑尾部。

13.1.2 根据工艺要求和气候情况合理确定窑体为室内或露天布置。当露天布置时，筒体与耐火砖之间应有足够的绝热层，传动机构要有防雨措施。窑头燃烧室、落料口、窑尾加料仓等应在室内布置。

13.1.3 根据总图情况，煅烧窑、冷却窑、尾气处理系统及烟囱可直线布置，也可“L”形或“Π”形布置。

13.1.4 根据工艺流程，宜使物料运输距离最短，热能损耗最小。

13.1.5 煅烧窑的燃料可使用燃料油、煤气、天然气或煤等，当使用燃料油时应按防火规范要求在窑头附近设油罐及供油泵；当使用燃料煤时，应配有给煤系统（采用粉煤时，也包括粉煤设备）。

13.1.6 对于煅烧窑的尾气处理系统，烟囱应在工厂全年最小频率风向的上风侧。

13.2 一 般 要 求

13.2.1 根据工艺要求、物料性能、物料停留时间及生产能力确定窑体合理倾斜度，一般回转窑倾斜度在2%~7%。

13.2.2 综合出料端及进料端情况，确定煅烧窑标高。出料端冷却窑及输送机地坑的深度，一般不超过2m，进料端宜降低窑尾厂房及物料提升设备的高度。当两台以上的回转窑布置在一起时，一般窑中心距取窑筒直径的2.5~4倍，便于窑的安装、检修和操作。

13.2.3 当窑体为室内布置时，应有合理的施工、安装场地，确保窑体（整体或分段）顺利吊装。

13.2.4 控制室应靠近窑头，因处于高温区域，要有降温措施。

13.2.5 为节省占地，加料仓、尾气处理系统可采用二层建筑；洗涤塔、除尘除雾器、引风机等设在二层平台上；加料仓、加料泵、水泵、水池等设在底层。

13.2.6 煅烧窑筒体轴向热膨胀计算应以挡轮的轮带中心线为基准点，向两端膨胀。

13.2.7 煅烧窑基础墩之间的水平距离应根据窑体热膨胀后的尺寸确定。

13.2.8 基础顶面的倾斜度应与窑筒体倾斜度相等，地脚螺栓孔边与基础边不应小于200mm，二次灌浆高度为50mm~100mm。

13.2.9 回转窑托轮基础高出地面2m时，一般要设置平台及梯子，平台宽度为800mm~1000mm，外侧应设安全栏杆。

13.2.10 窑头燃烧室前要设带观察孔的操作平台，便于观察燃烧情况及取样，平台为移动式，便于检修时砌砖、换砖，清窑时不妨碍燃烧室的轴向推出。

13.3 布 置 实 例

13.3.1 回转窑的平面布置（一层），见图13.3.1。

13.3.2 回转窑的平面布置（二层），见图13.3.2（插页八）。

13.3.3 回转窑的布置图（A—A剖视），见图13.3.3。

13.3.4 回转窑的布置图（B—B剖视），见图13.3.4。

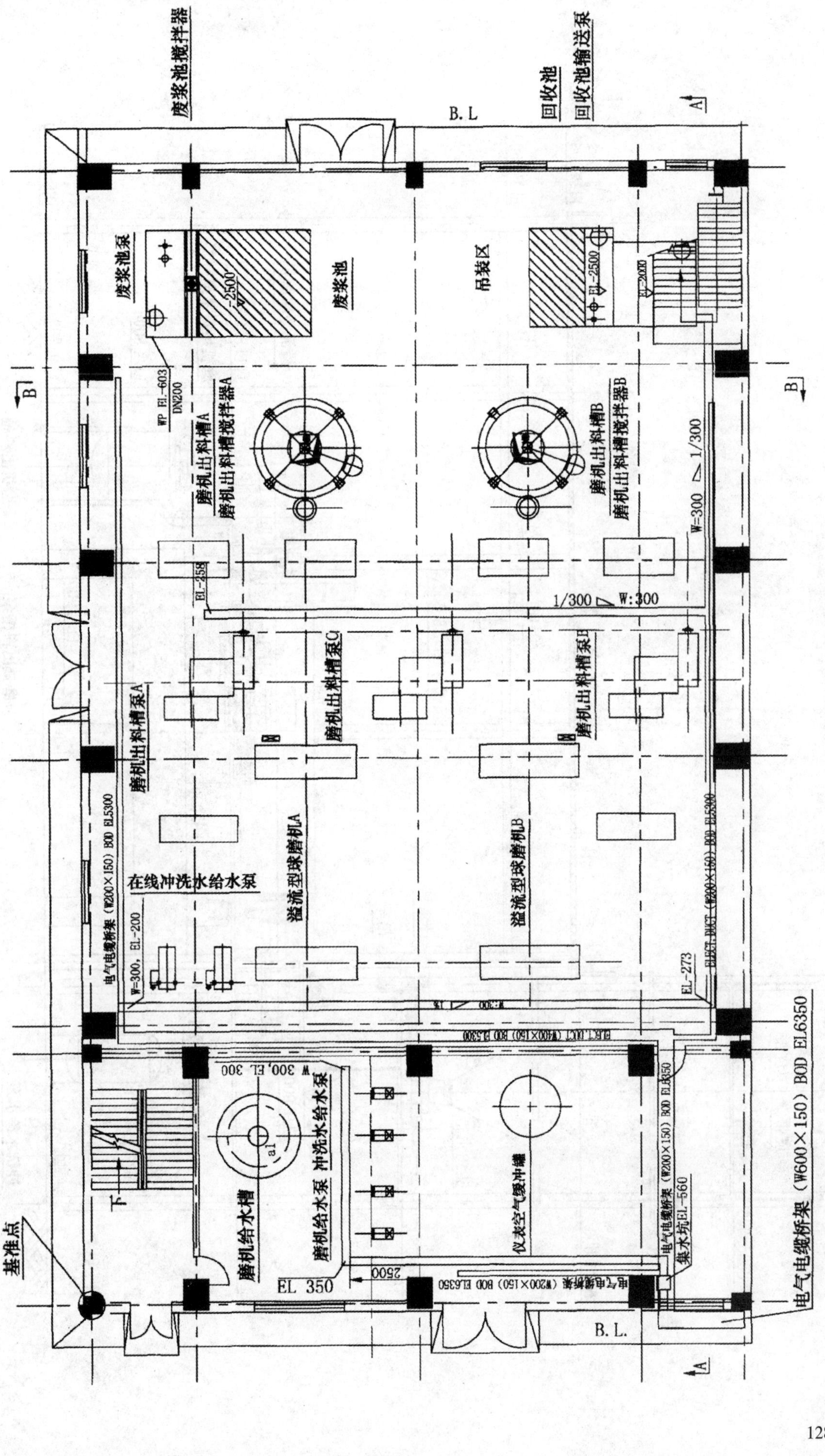

图13.3.1　回转窑的平面布置（一层）

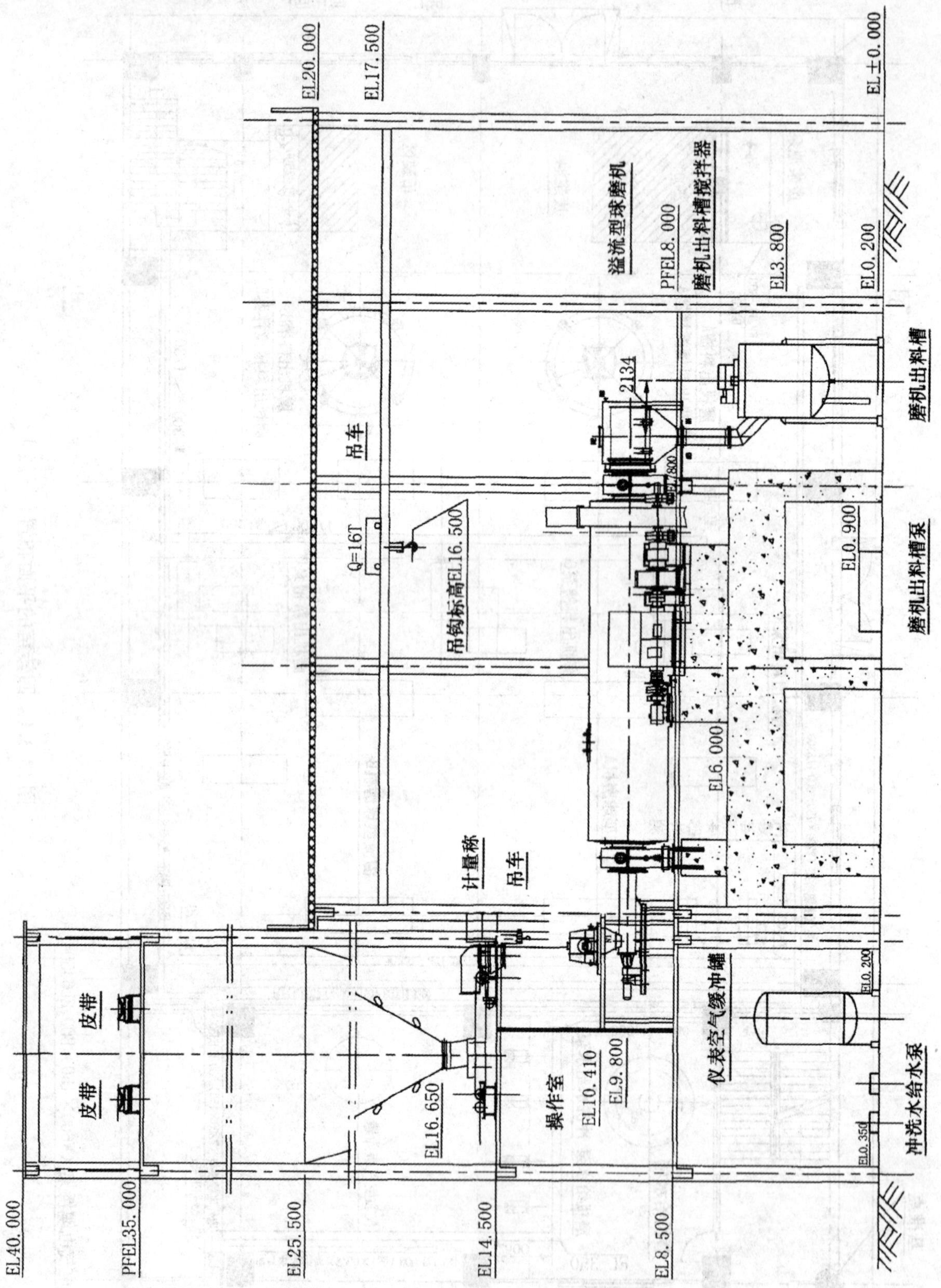

图 13.3.3 回转窑的布置图（A—A剖视）

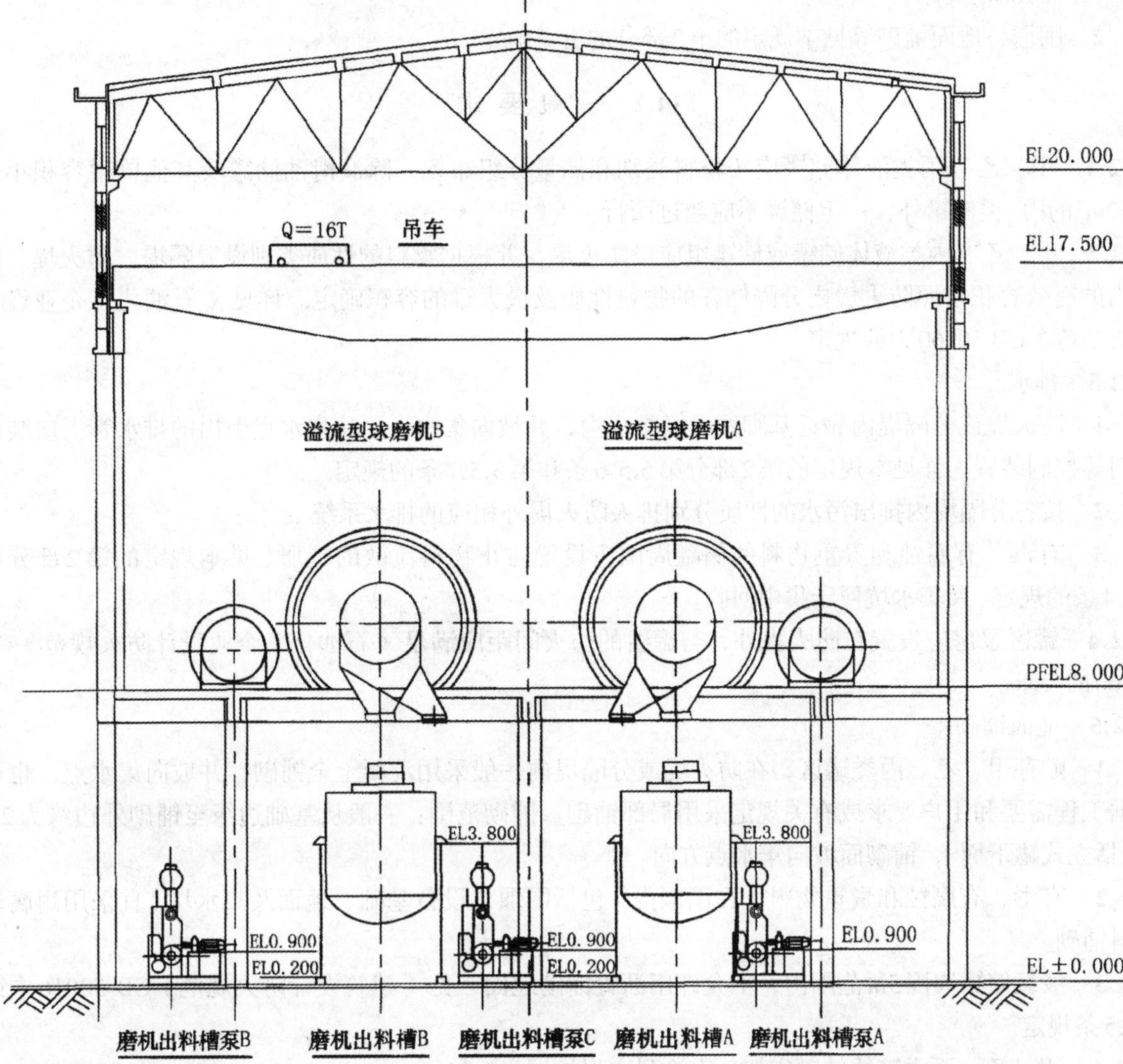

图13.3.4 回转窑的布置图（B—B剖视）

14 罐区的布置

14.1 布置原则

14.1.1 甲、乙、丙类液体储罐（或储气罐）与建筑物、道路、铁路、泵房、装卸鹤管以及罐与罐之间的防火距离应符合《建筑设计防火规范》GB 50016和《石油化工企业设计防火规范》GB 50160中的规定。

14.1.2 全厂性集中布置的甲、乙、丙类液体罐区、装卸站、储气罐应在厂区边缘，并布置在明火或散发火花地点的全年最小频率风向的上风侧。其装卸站还应靠近铁路或公路。

14.1.3 甲、乙、丙类液体储罐，宜露天布置。

14.1.4 按照防爆规范的要求，可燃液体罐区应设置静电接地和防雷设施。除非有防止泄漏的可燃液体漫流的措施外，可燃液体罐区不应布置在高于工艺装置或人员集中场所的阶梯上。

14.1.5 甲、乙、丙类液体储罐、储气罐与电气设备的防爆安全距离应符合《爆炸和火灾危险环境电力装置设计规范》GB 50058中的有关规定。

14.1.6 装置内为生产操作需要的装置储罐不宜大量贮存甲、乙、丙类液体。

1 集中布置的缓冲罐应布置在装置区内边缘，其防火间距应满足《石油化工企业设计防火规范》GB 50160的要求。

2 围堰、地面铺砌等见本规定的第2部分的有关规定。

14.2 一 般 要 求

14.2.1 甲、乙、丙类液体储罐应按物料类别和储量分组布置，除润滑油储罐及其他单罐容积小于1000m³的丙$_B$类储罐外，一组储罐不应超过两行。

14.2.2 甲、乙、丙类液体储罐或储罐组应设防火堤，并根据物料的性质类别设置隔堤。防火堤、隔堤内的有效容积按照防火堤内分隔储存的物料性质及最大罐的容积确定。详见《石油化工企业设计防火规范》GB 50160中的规定。

14.2.3 排水。

1 防火堤或分隔堤内靠近基脚线设置排水沟，并坡向集水点。从集水点引出的排水管上应装设阀门等控制装置。详见本规定的第2部分第5.5.6条和第5.5.7条的规定。

2 按各分隔堤内排出污水的性质分别排入防火堤外相应的排水系统。

3 有毒、有腐蚀和贵重物料的储罐周围应设置防止物料流散的围堰（见本规定的第2部分第5.5.4条的规定）及集水坑便于集中回收。

14.2.4 罐区泵房应设置在防火堤外，与罐组的防火间距应满足《石油化工企业设计防火规范》GB 50160的要求。

14.2.5 地面铺砌。

1 贮存甲、乙、丙类罐区，在防火堤或分隔堤内一般采用混凝土全铺砌，并坡向集水点。也可根据工程需要和用户要求或有关规定采用局部铺砌。铺砌范围：一般从基础边缘至铺砌外边缘为2m（包括立式罐下面），铺砌面坡向集水点方向。

2 有毒、有腐蚀和贵重物料，在围堰内（包括围堰、设备基础、地面及集水坑）宜采用耐腐蚀材料铺砌。

3 液氧储罐周围5m范围内，不允许用沥青铺砌地面，见《建筑设计防火规范》GB 50016中第4.3.5条规定。

14.2.6 甲、乙、丙类液体储罐支架，需涂耐火保护层。

14.3 布 置 实 例

14.3.1 剧毒罐区的布置（平面），见图14.3.1。

14.3.2 剧毒罐区的布置（立面），见图14.3.2。

14.3.3 多种产品罐区的布置，见图14.3.3（插页九）。

14.3.4 带有搅拌罐区的布置，见图14.3.4。

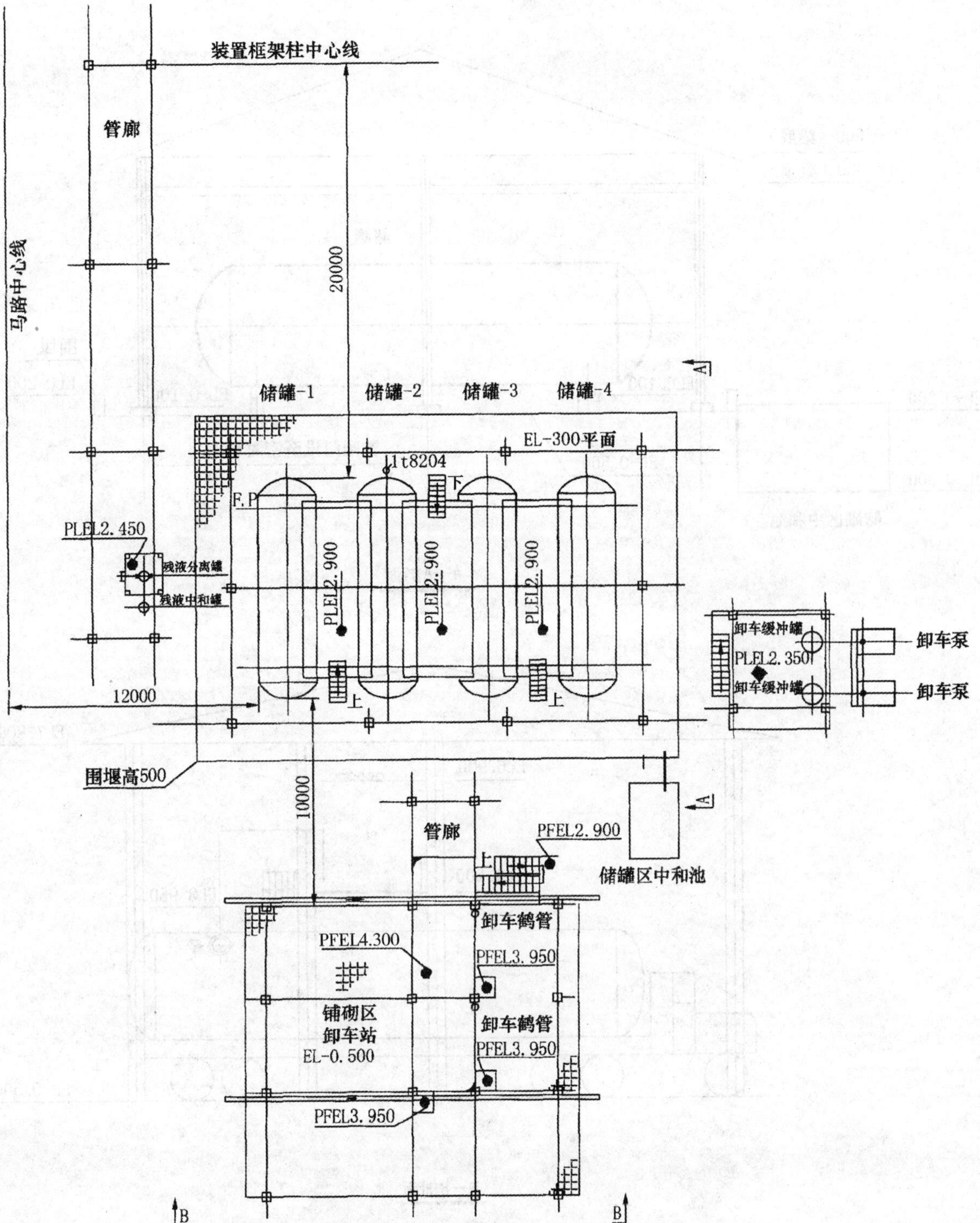

图 14.3.1 剧毒罐区的布置(平面)

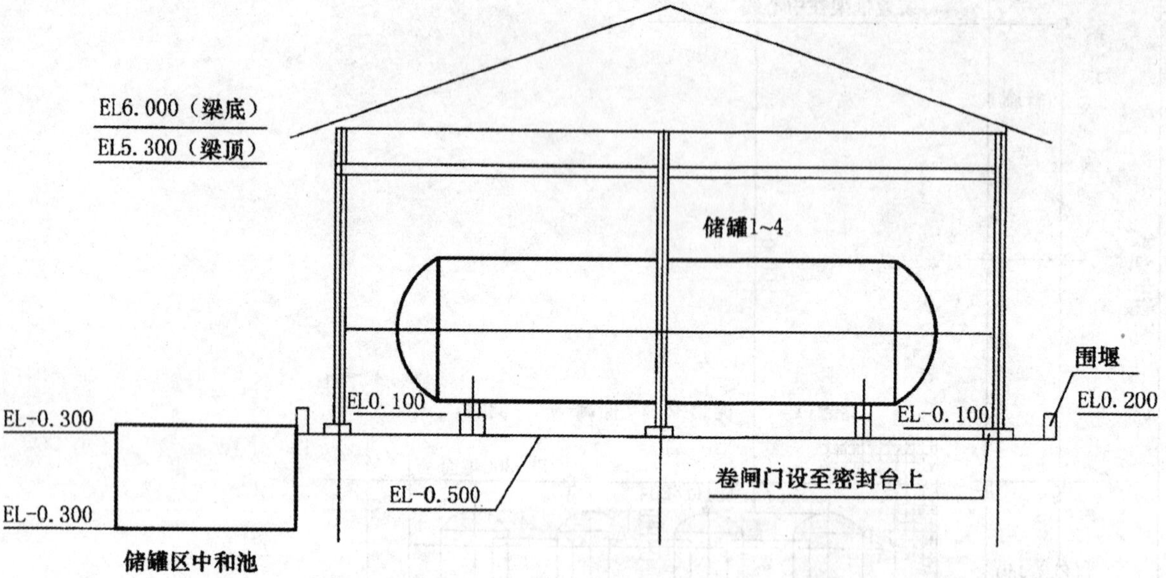

A—A剖面

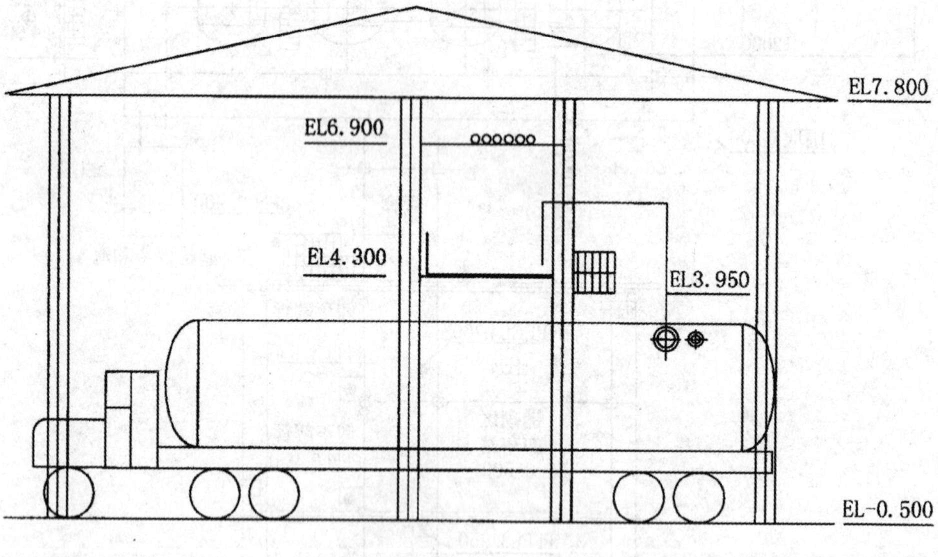

B—B剖面

图14.3.2　剧毒罐区的布置（立面）

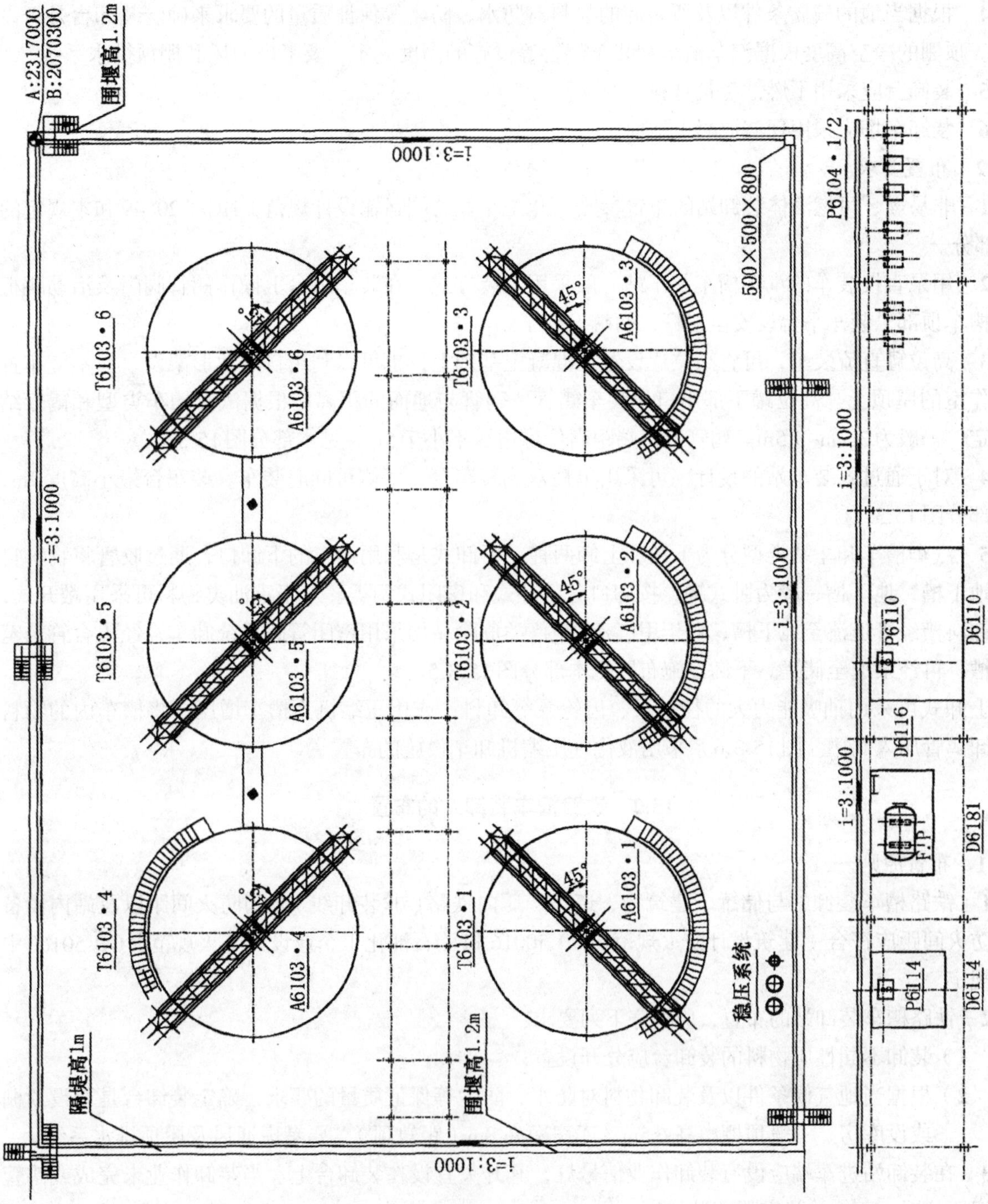

图 14.3.4 带有搅拌罐区的布置

15　汽车槽车和铁路槽车装卸站的布置

15.1　汽车槽车装卸站的布置

15.1.1　布置原则。

1　汽车槽车装卸站与贮罐、建筑物、道路、厂内铁路之间防火间距以及站内设备之间防火间距应符合《建筑设计防火规范》GB 50016和《石油化工企业设计防火规范》GB 50160中有关规定。

2　装卸站一般布置在厂区边缘便于车辆进出的位置。装卸站的进出口宜分开布置，并需考虑停车场地。当装车台并排布置几个鹤管时，鹤位之间的距离不应小于4m，考虑到汽车槽车倒车及对准鹤位等需要，装车台前应有较大的回车场地。

3　装卸不同性质物料的装卸站应分开布置。

4 根据当地的气候条件以及所装卸的物料对防水、防尘等保证质量的要求来确定装卸台是否设顶棚。顶棚的净空高度根据汽车槽车和装车鹤管等设施的高度确定。要考虑通风和棚顶排水系统。

5 装卸台应采用不燃性建筑材料。

6 装卸车场应采用现浇混凝土地面。

15.1.2 布置要求。

1 非易燃、可燃液体装卸站的布置参照《化工企业总图运输设计规范》HG/T 20649和本规定的第2部分。

2 用泵直接装车的汽车槽车装车站一般采用上装方式。在装车平台上操作鹤管阀门及活动跳板搭接槽车顶部。装车平台设安全栏杆，两端设梯子。

3 高位罐直流装车，可将高位罐设置在混凝土基础上，也可以利用自然地形架设，但不应布置在操作室的屋顶上。高位罐下部出口设装车鹤管，鹤管与地面的距离应根据汽车槽车类型和鹤管结构确定，一般为3.2m~3.5m。鹤管出口端距高位罐边缘不小于5m，见本部分图15.3.4。

4 对于通过式装车站的设计，可采用单柱双侧装车台，两侧可同时装车。装车台最小高度3m，见本部分图15.3.1。

5 汽车槽车卸车站类型分为下卸和上卸两种。下卸式是利用槽车的下卸口，通过胶管将物料自流到地下槽，地下槽一般为卧式罐，按卸口分敞开式和密闭式两类。对于重油类物料可采用敞开式，方形卸料槽经管道流至地下槽；对于甲、乙、丙$_A$类危险品均采用密闭管路系统卸车，经集合管送至地下槽，再经泵送至储罐。下卸设施布置见本部分图15.3.5。

上卸式可采用抽吸能力大的往复泵、齿轮泵等卸料；或用压缩机为槽车增压，将槽车内的物料经上卸鹤管压入储罐。图15.3.6系采用液化气压缩机卸车设施的布置。

15.2 铁路槽车装卸站的布置

15.2.1 布置原则。

1 铁路槽车装卸站与储罐、建筑物、道路、厂内铁路（非装卸线）之间防火间距以及站内设备之间防火间距应符合《建筑设计防火规范》GB 50016和《石油化工企业设计防火规范》GB 50160中有关规定。

2 铁路槽车装卸站的布置，应遵守下列要求：

1）装卸不同性质物料的装卸台应分开设置；

2）根据当地气候条件以及装卸物料对防水、防尘等保证质量的要求，确定装卸台是否设顶棚或设库房。一般顶棚净高6.5m，库房净高8m（距轨顶）。要考虑通风及屋顶排水系统。

3 在装卸站进车端应设有装卸作业信号灯，其开关宜设在装卸台上。当装卸作业未完成或鹤管未返回原位时，不允许机车进入装卸区。

4 铁路槽车装卸线一般布置在厂区边缘，宜减少与道路和管道的交叉。

当装卸线设在铁路专用线尽头时，车挡设在装卸台末端，并留出20m的安全距离。

5 装卸台宜采用不燃性建筑材料。

6 装卸台范围内的铁路道床应采用整体道床，道床两侧设防渗漏的排水沟。

装卸腐蚀性物料的场地及铁路道床，应做防腐蚀处理。

15.2.2 布置要求。

1 当装卸量大时，一般采用双侧装卸台，两股铁路装卸线的中心线间距一般为8.5m。双侧装卸台边缘与铁路中心线距离为1850mm，台宽2.8m，装卸鹤管距铁路中心线3250mm。（注：采用万向鹤管或耳型鹤管时，可向两侧转动装车）单侧装卸台宽度不小于1.5m，装卸鹤管距铁路中心线2.8m。

2 装卸台高度距轨顶3.6m，装卸台长度：一般铁路槽车长12m，按此确定鹤管位置，并根据鹤管的数量确定装卸台的长度，见本部分图15.3.8。装卸台应设安全栏杆，在每个鹤位处有活动跳板可搭接槽车顶部，在装卸台两端和沿栈台每隔60m设置安全梯。

3 铁路槽车装车站的装车方式一般采用上装。

4 上卸式采用抽吸能力大的往复泵或齿轮泵等，或者用压缩机将槽车增压，此法一般用在酸、碱及其他化工物料的卸车上。但卸车时槽车内压力不允许超过槽车允许压力。

5 下卸式多用于原油铁路槽车卸车，采用密闭管路系统。见本部分图15.3.9。

6 对采用下卸方式的卸车站，仍要在卸车线尽头设1~2个防事故用的上卸鹤管，并设置简易卸车台，用往复泵或齿轮泵卸车。

15.3 布 置 实 例

15.3.1 单柱双侧装卸台的布置，见图15.3.1。

15.3.2 双柱汽车装卸台的布置，见图15.3.2（插页十）。

15.3.3 汽车装油站的布置，见图15.3.3。

15.3.4 高位罐装车站的布置，见图15.3.4。

15.3.5 密闭下卸系统卸车站的布置，见图15.3.5。

15.3.6 液化石油气卸车站的布置，见图15.3.6。

15.3.7 铁路槽车装卸台的布置，见图15.3.7（插页十一）。

15.3.8 铁路槽车装车站的布置，见图15.3.8。

15.3.9 铁路密闭下卸系统卸车站的布置，见图15.3.9。

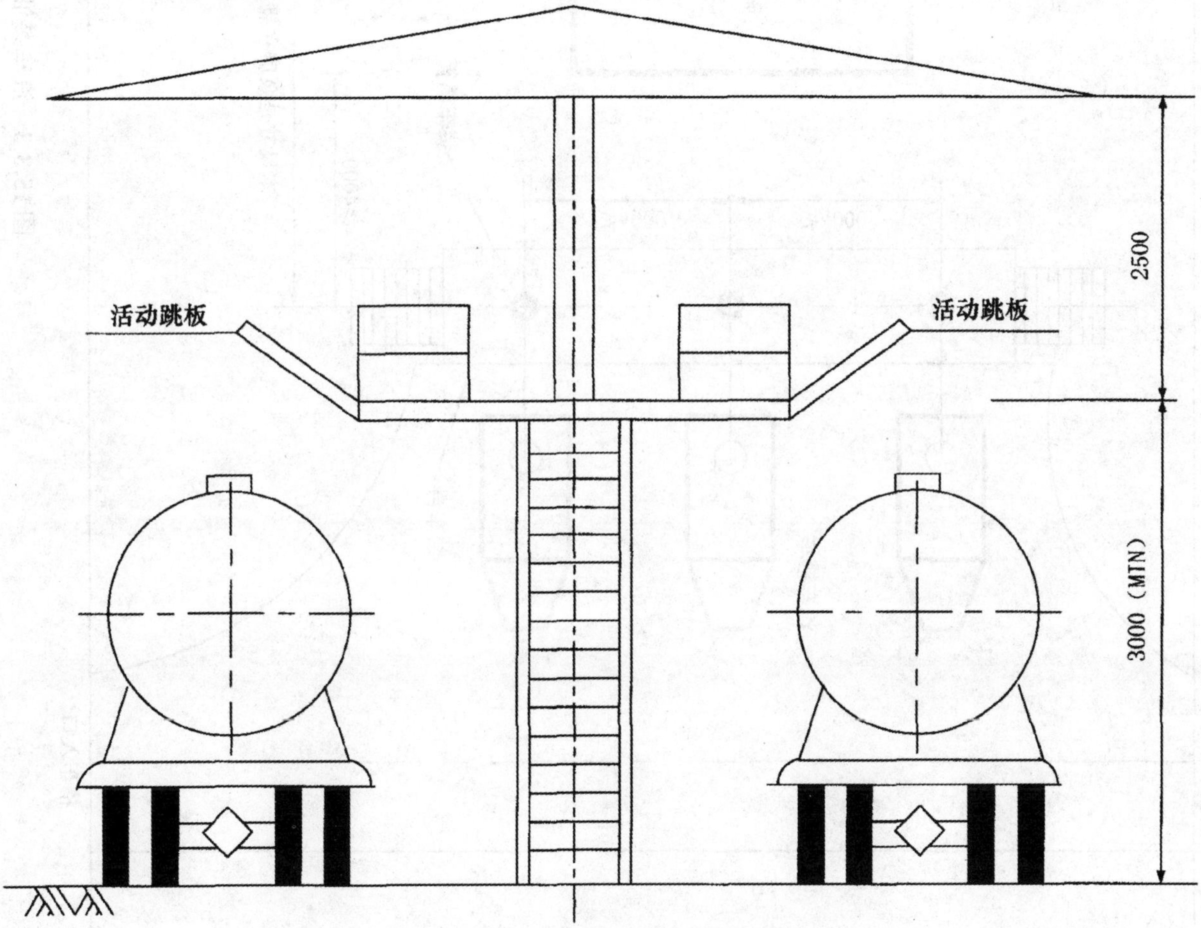

图15.3.1 单柱双侧装卸台的布置

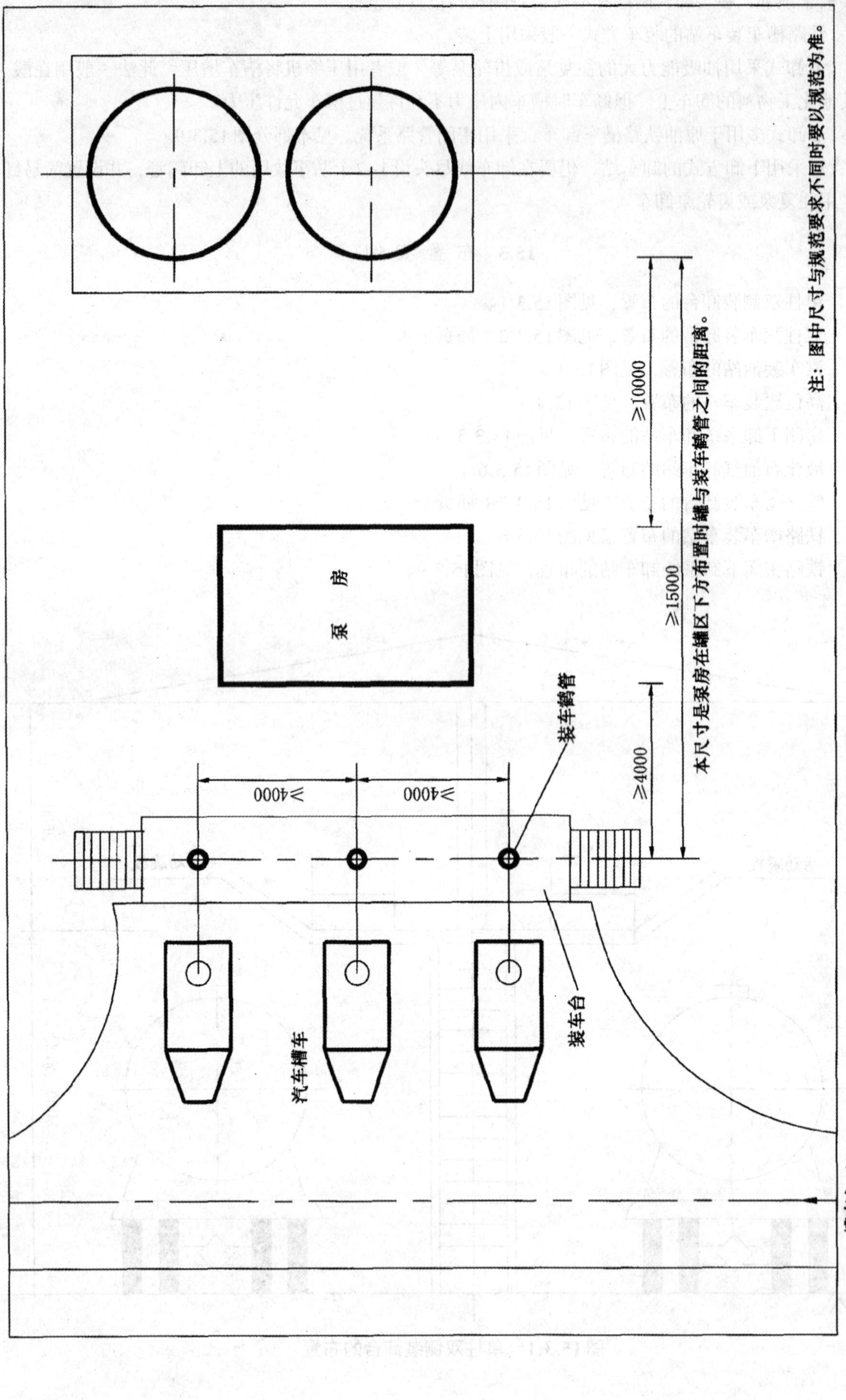

图 15.3.3　汽车装油站的布置

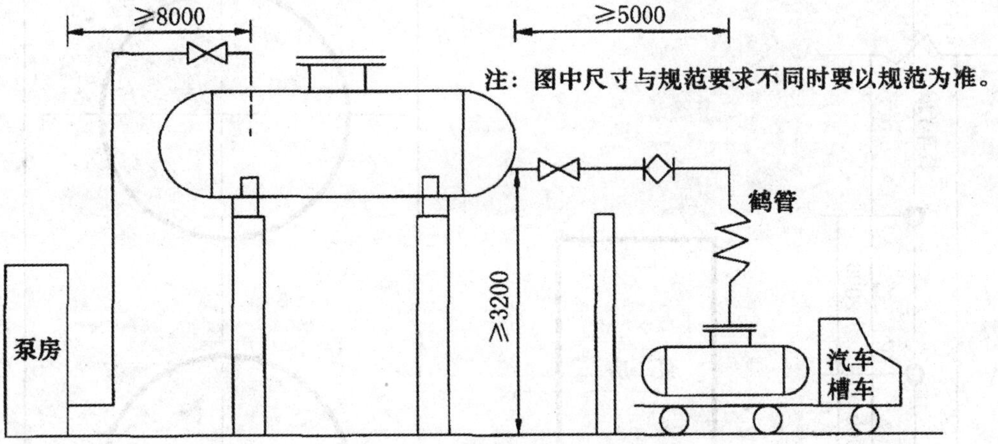

图15.3.4　高位罐装车站的布置

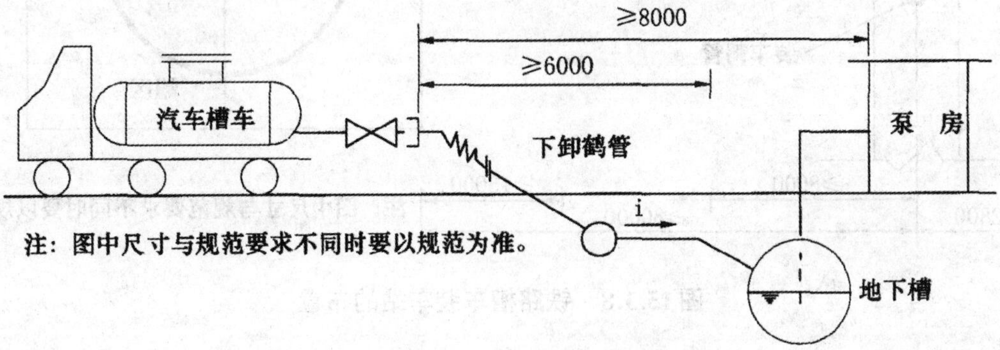

图15.3.5　密闭下卸系统卸车站的布置

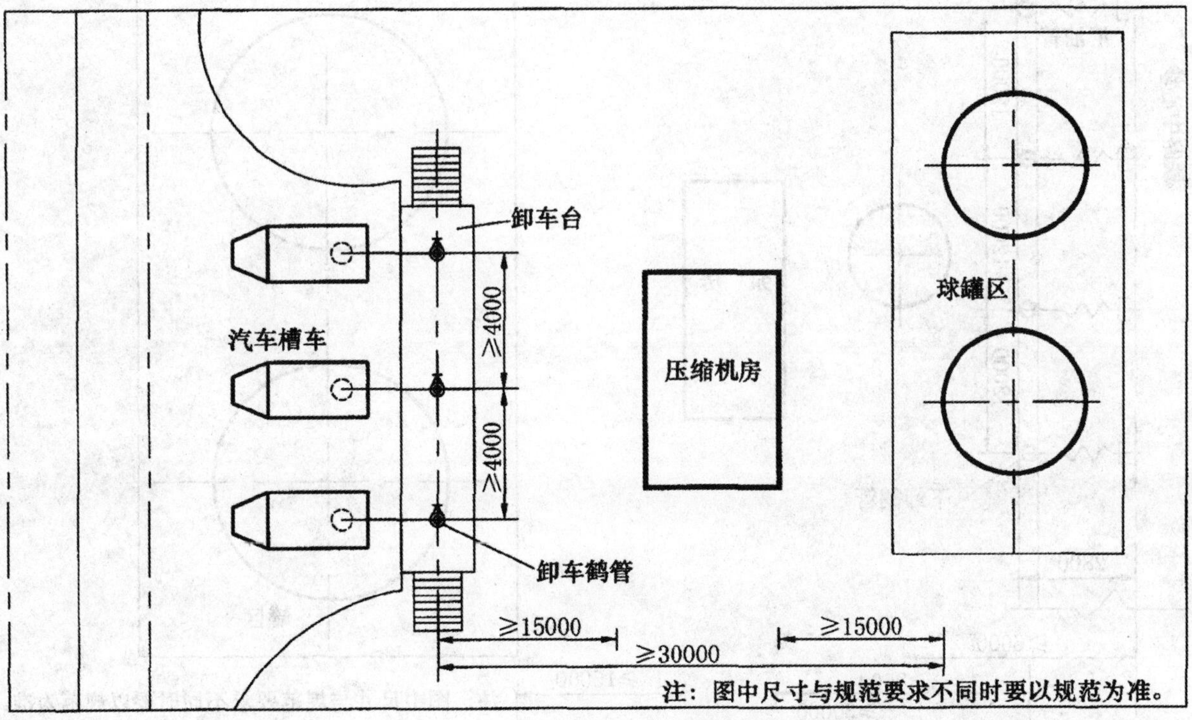

图15.3.6　液化石油气卸车站的布置

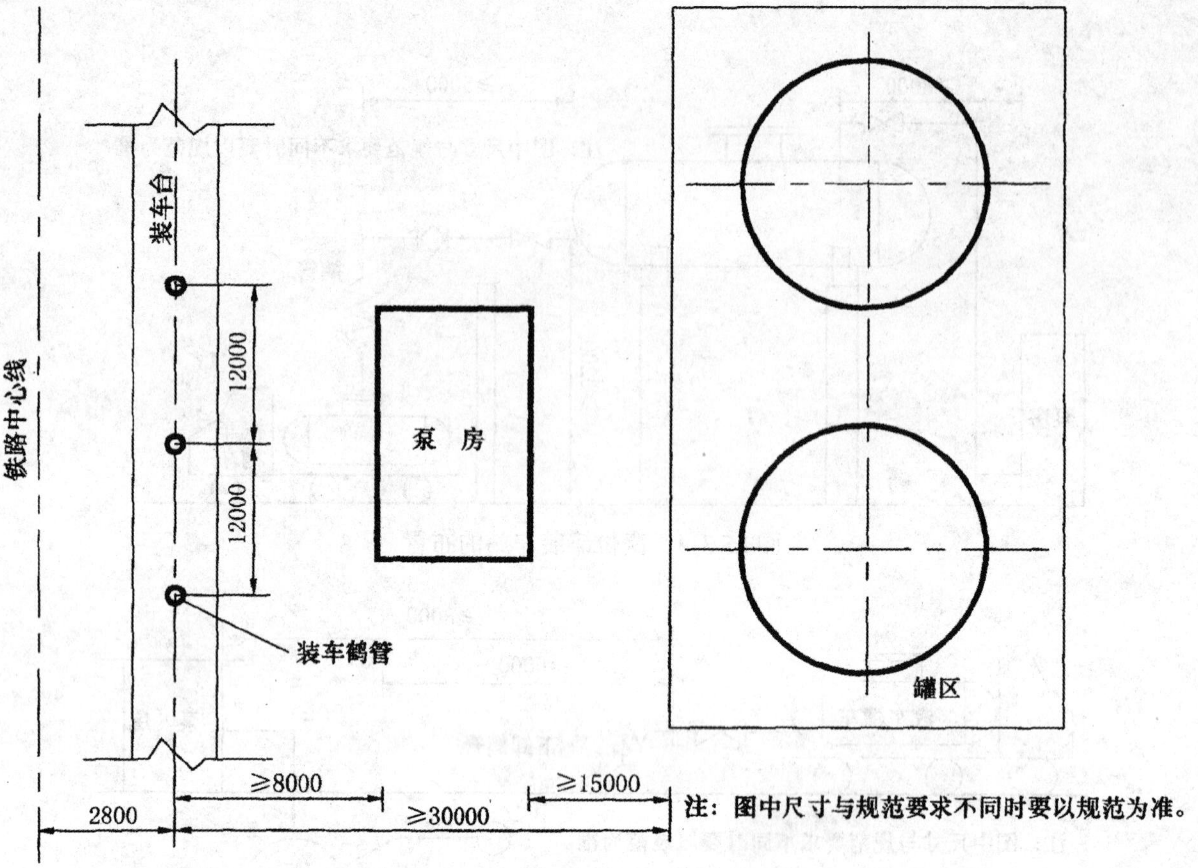

图15.3.8 铁路槽车装车站的布置

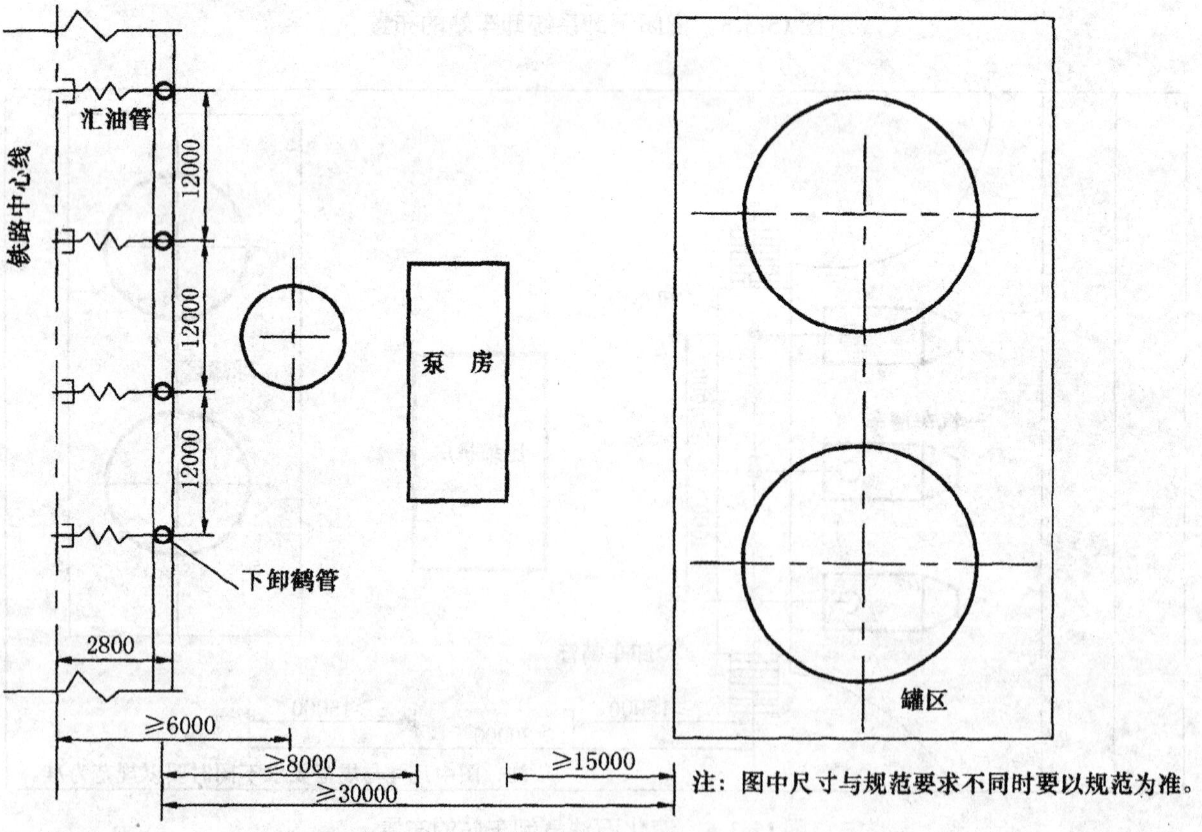

图15.3.9 铁路密闭下卸系统卸车站的布置

16 灌装站的布置

16.1 布置原则

16.1.1 灌装站与建、构筑物的间距，应满足《石油化工企业设计防火规范》GB 50160中有关规定。

16.1.2 灌装站应布置在装置边缘的安全地带。

16.1.3 灌装间宜为敞开式或半敞开式建筑物；如用封闭式建筑物时，应采取通风措施。

16.1.4 灌装间应设两组及以上的充装台，便于灌装和倒换钢瓶。

16.2 一般要求

16.2.1 液化石油气的灌装站应设非燃烧材料高度不低于2.5m的实体围墙，围墙下部应设通风口。

16.2.2 液化石油气的灌瓶间和储瓶库的地面，应采用不发生火花的地面。

16.2.3 液化石油气的残液，应密闭回收，严禁就地排放。

16.2.4 液化石油气的灌瓶间与储瓶库的室内地面，应比室外地坪高0.6m以上。

16.2.5 实瓶（桶）库与灌装间可设在同一建筑物内，但宜用实体墙隔开，并各设出入口。

16.2.6 液化烃缓冲罐与灌瓶间的距离，不应小于10m。

16.2.7 氢气灌瓶间的顶部，应采取通风措施。

16.2.8 液氨和液氯等的灌装间，宜为敞开式建筑物。

16.2.9 液化烃、液氨或液氯等的实瓶，不应露天堆放。

16.3 布置实例

16.3.1 气体灌装站的布置，见图16.3.1。

16.3.2 液体灌装站的布置，见图16.3.2。

16.3.3 灌装机平面布置，见图16.3.3。

16.3.4 灌装机立面布置，见图16.3.4。

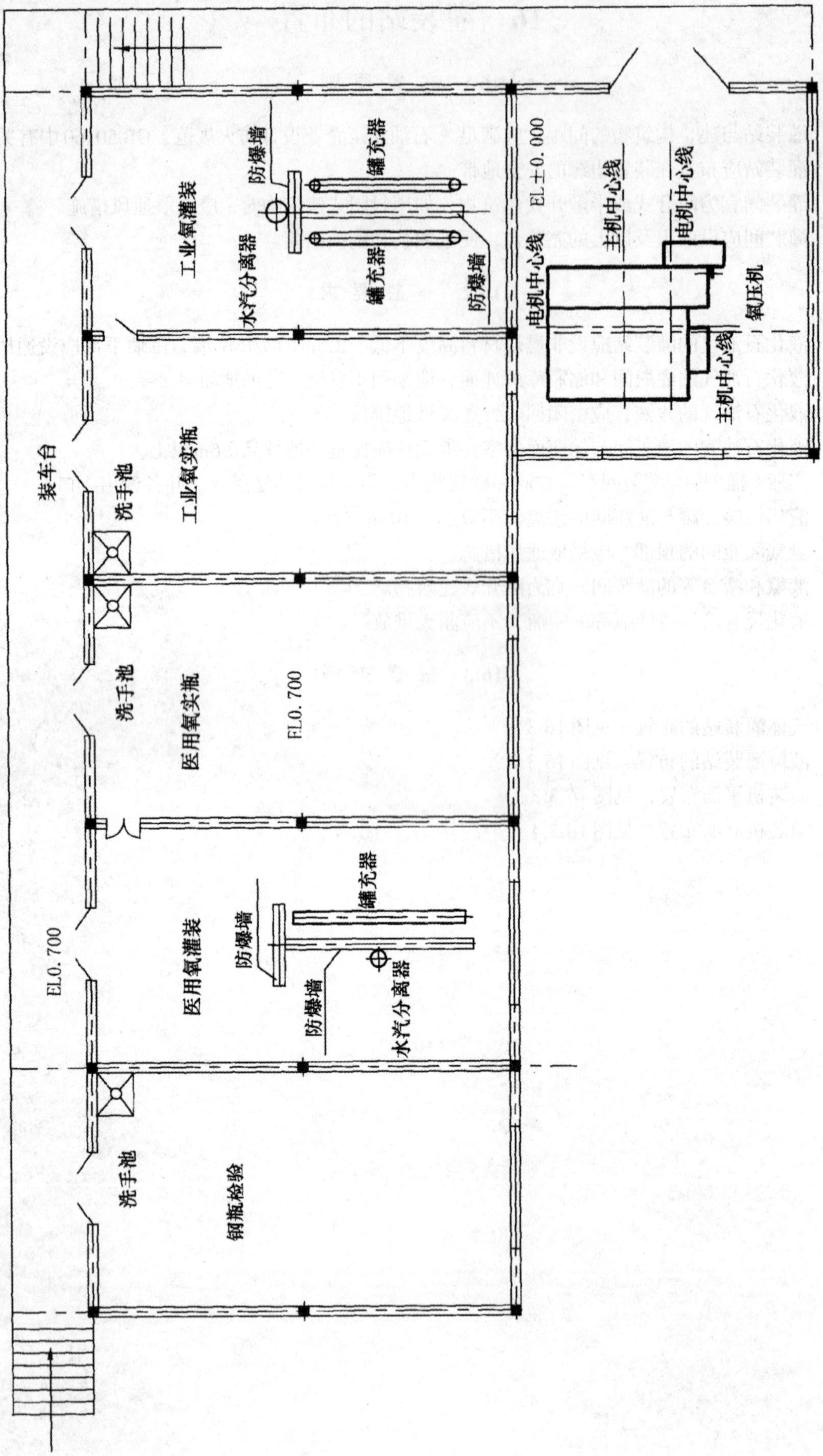

图16.3.1 气体灌装站的布置

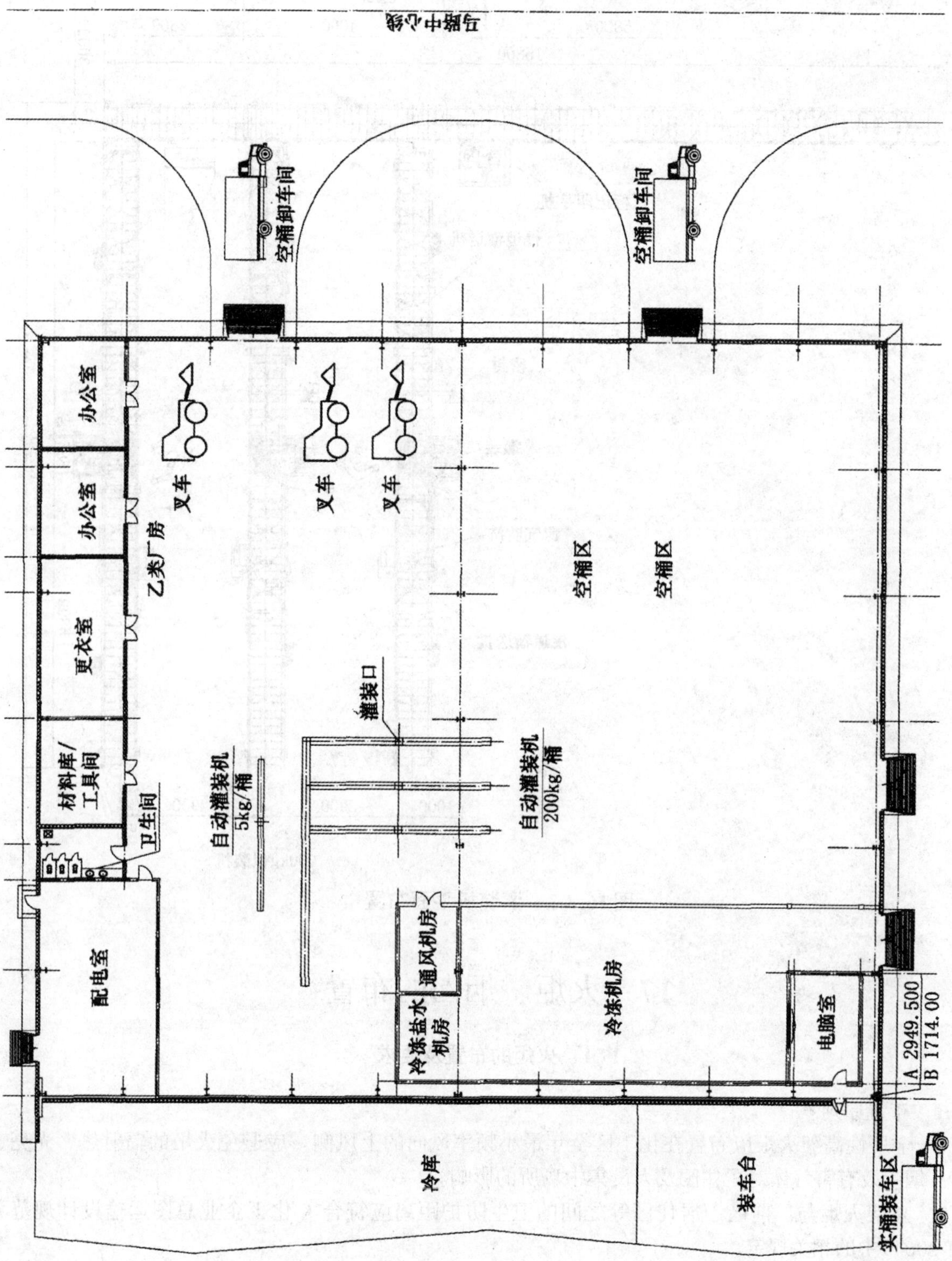

图 16.3.2 液体灌装站的布置

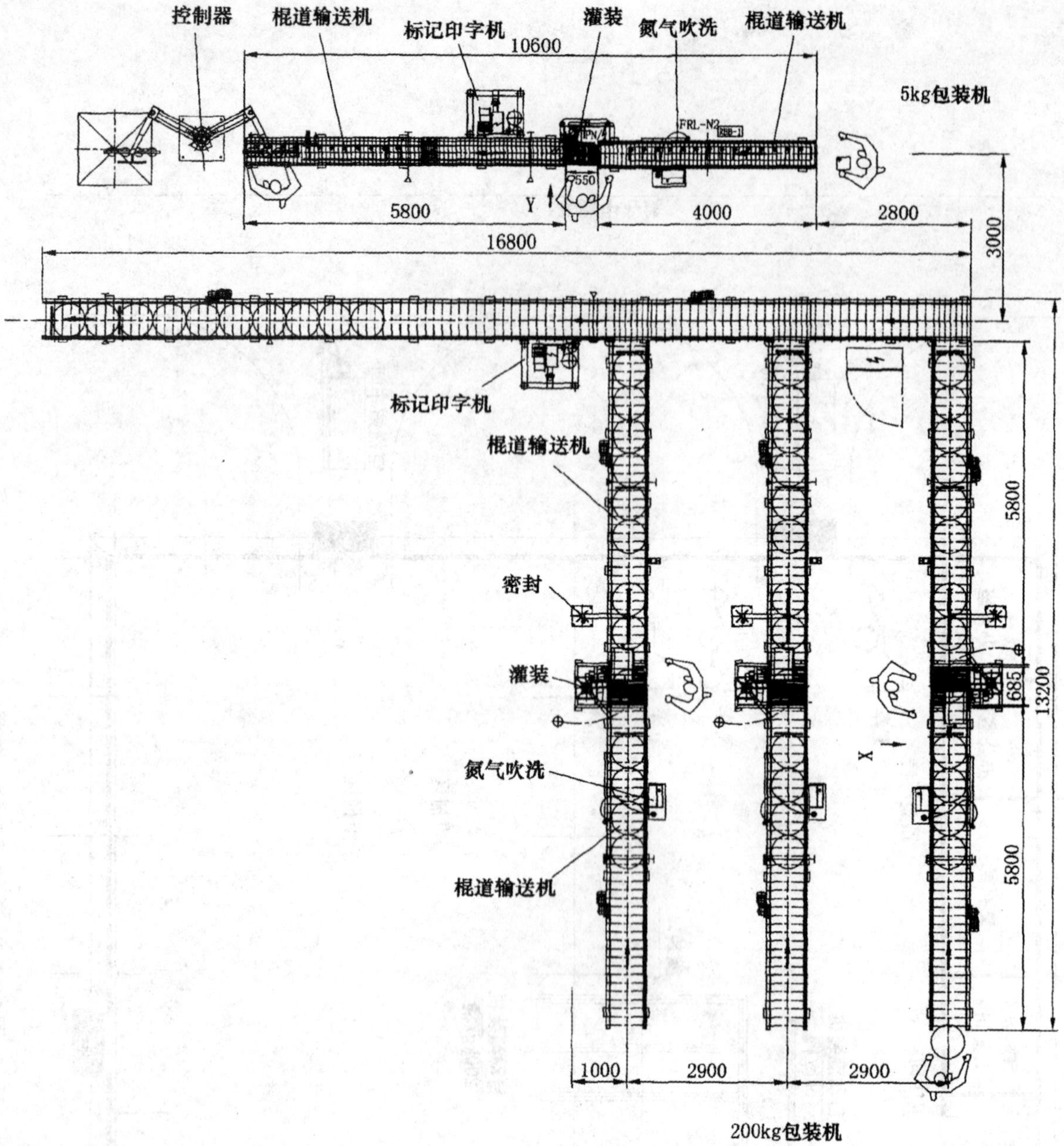

图16.3.3　灌装机平面布置

17　火炬、烟囱的布置

17.1　火炬的布置及要求

17.1.1　布置原则。

1　全厂性高架火炬应布置在化工区全年最小频率风向的上风侧。应避免火炬的辐射热、光亮、噪声、烟尘及有害气体对居住区及人员集中场所的影响。

2　高架火炬与厂前区、居住区等之间的卫生防护距离应符合《化工企业总图运输设计规范》HG/T 20649中的相关规定。

3　装置内火炬与其他建、构筑物的安全距离，应经过计算确定，最小距离应满足《石油化工企业设计防火规范》GB 50160的要求。

17.1.2　布置要求。

1　在火炬前应设分离罐，防止排入火炬的可燃气体携带可燃液体。

2　火炬的高度，应使火焰的辐射热不致影响人身及设备的安全。

3 火炬应有可靠的点火设施，且布置在易操作处（操作平台或地面上）。

4 分液罐、水封槽等宜靠近火炬布置，且在火炬管适当位置设置操作和检修平台。

17.2 烟囱的布置及要求

17.2.1 布置原则。

1 废气排放应满足《大气污染物综合排放标准》GB 16297中的规定。

2 噪声排放应满足《工业企业噪声控制设计规范》GBJ 87中的规定。

17.2.2 布置要求。

1 对于不同介质的排放，排气筒高度除满足《大气污染物综合排放标准》GB 16297中的“现有污染源大气污染物排放限值”外，还应高出周围200m半径范围的建筑5m以上，不能达到该要求的排气筒，应按其高度对应的表列排放速率标准值严格50%执行。

2 两个排放相同污染物（不论其是否由同一生产工艺过程产生）的排气筒，若其距离小于其几何高度之和，应合并视为一根等效排气筒。

3 新污染源的排气筒一般不应低于15m。若某新污染源的排气筒必须低于15m时，应满足《大气污染物综合排放标准》GB 16297中第7.3节的规定。

4 工业生产尾气确需燃烧排放的，其烟气黑度不得超过林格曼1级。

17.3 布 置 实 例

17.3.1 火炬的布置，见图17.3.1。

17.3.2 甲醇装置火炬的布置（平面），见图17.3.2（插页十三）。

17.3.3 甲醇装置火炬的布置（立面），见图17.3.3。

17.3.4 废气排放烟囱的布置（平面），见图17.3.4。

17.3.5 废气排放烟囱的布置（立面），见图17.3.5。

17.3.6 独立废气排放烟囱的布置（平面），见图17.3.6。

17.3.7 独立废气排放烟囱的布置（立面），见图17.3.7。

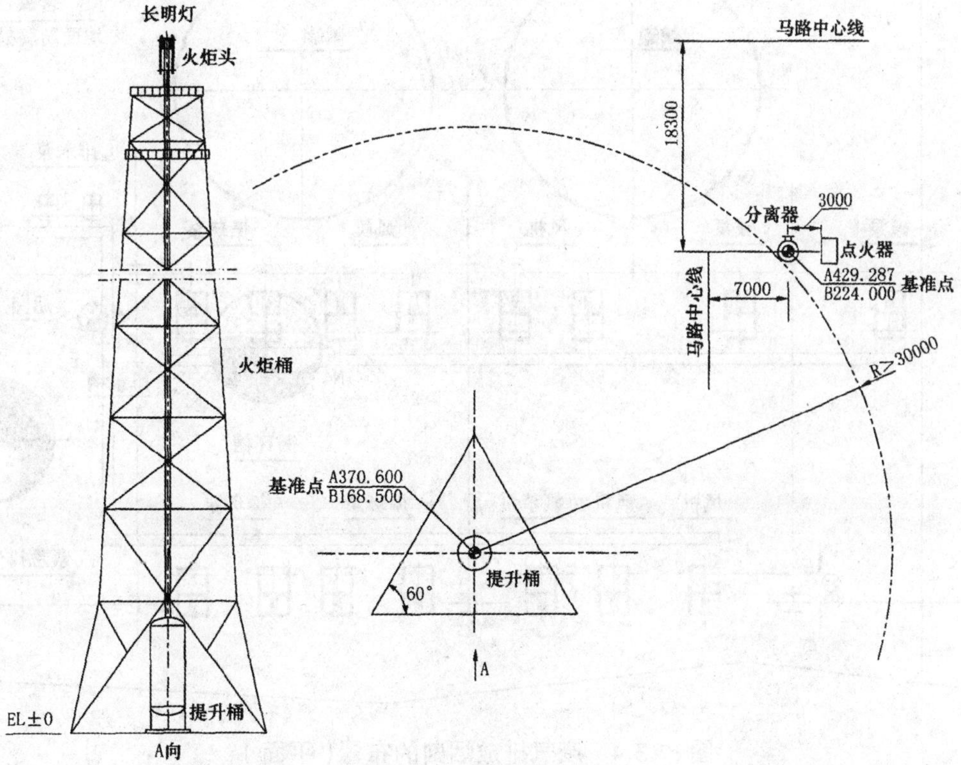

图17.3.1 火炬的布置

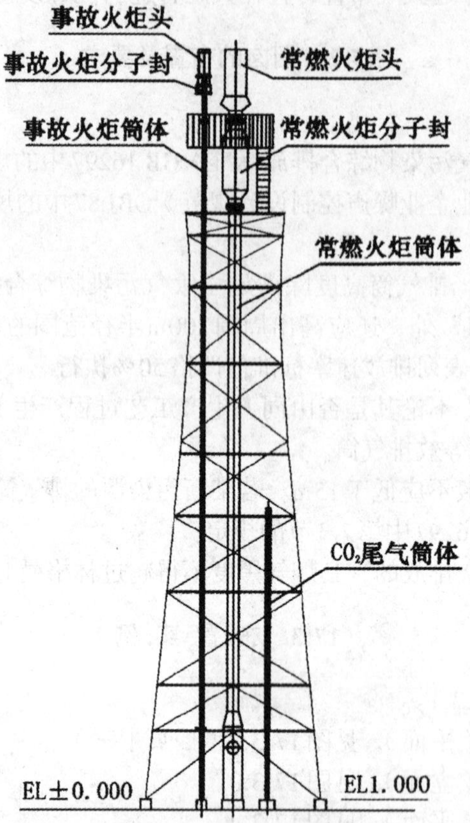

图 17.3.3　甲醇装置火炬的布置（立面）

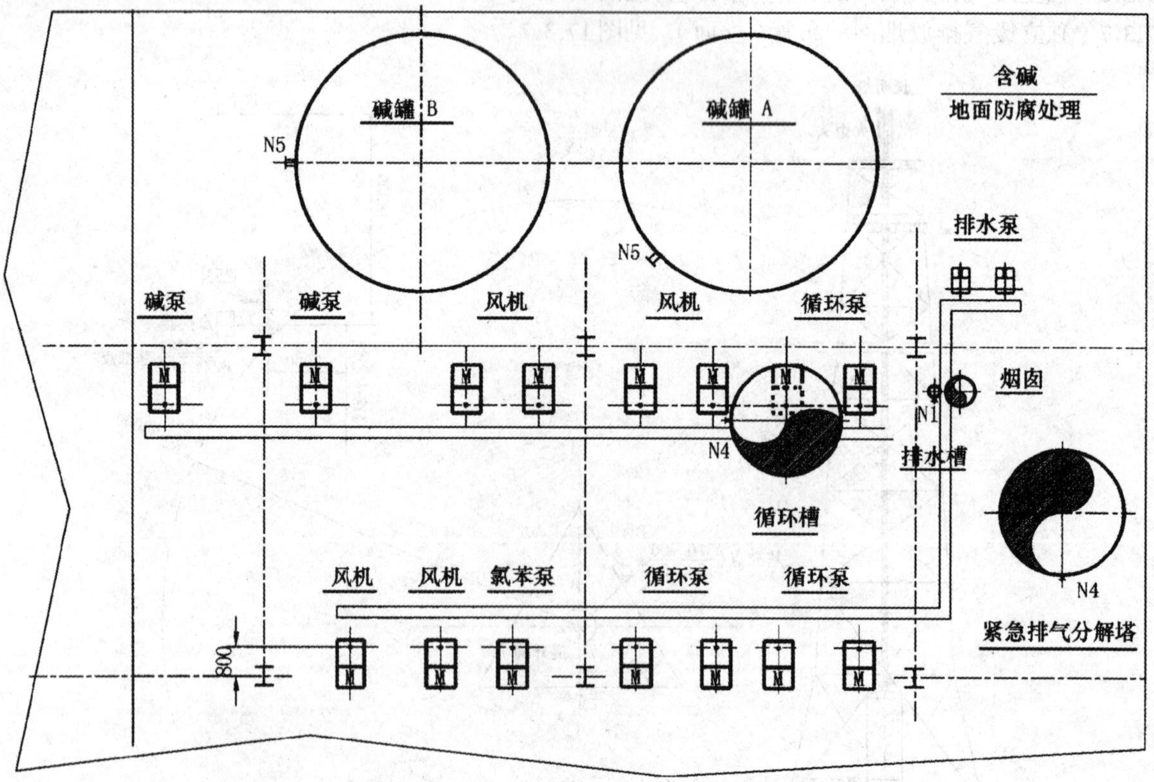

图 17.3.4　废气排放烟囱的布置（平面）

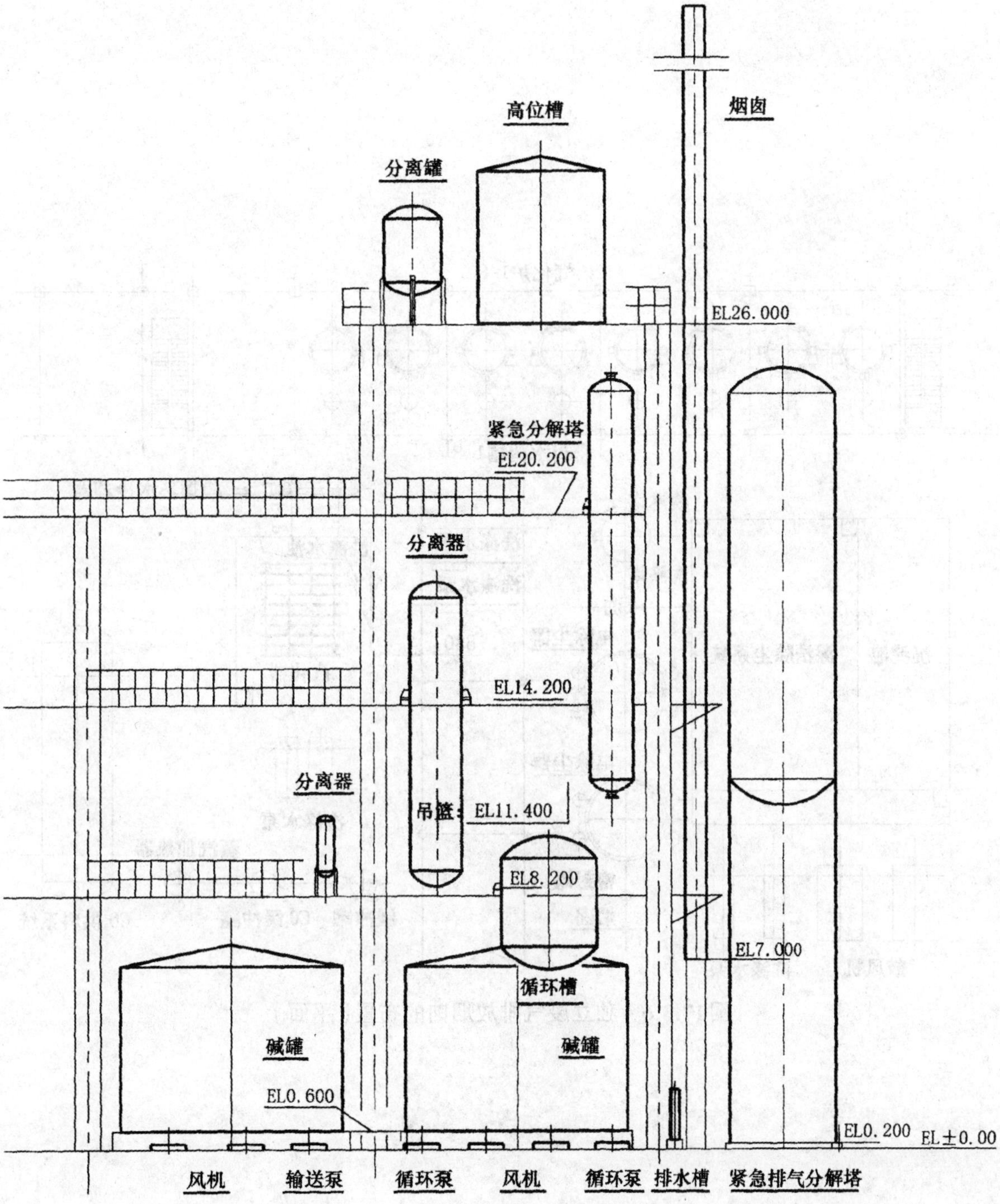

图17.3.5　废气排放烟囱的布置（立面）

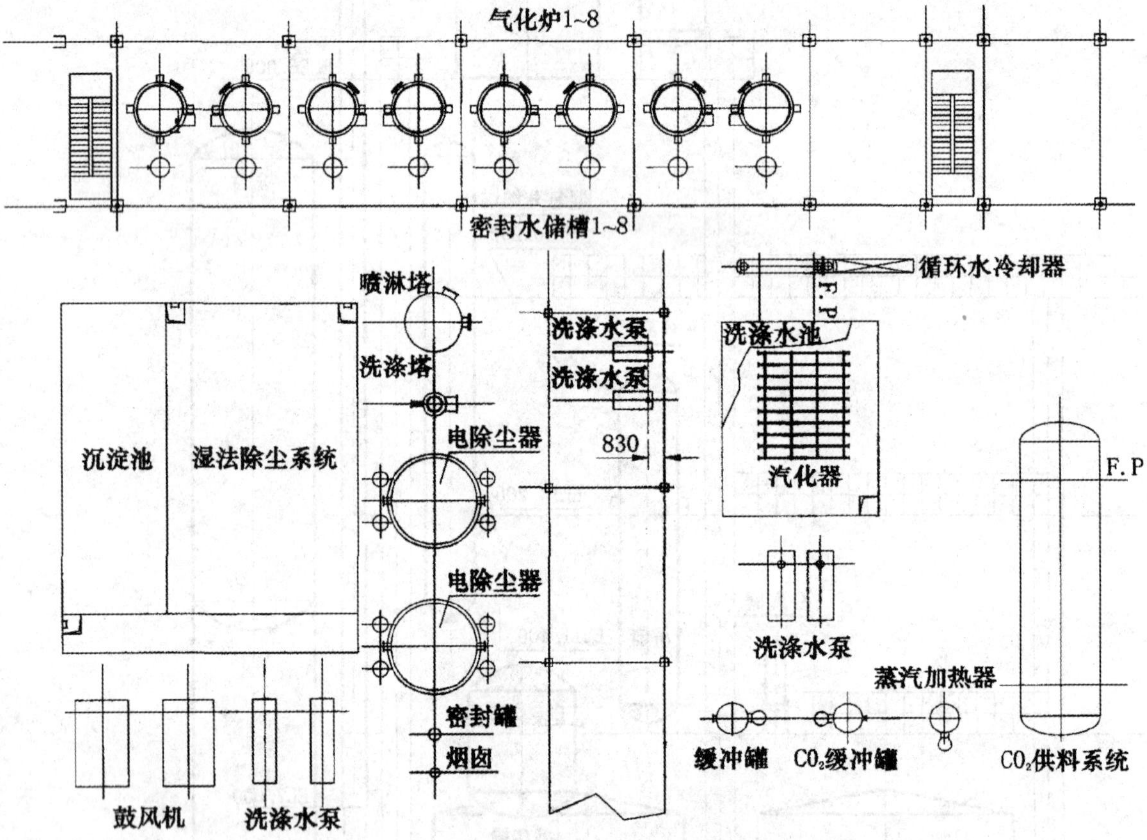

图17.3.6　独立废气排放烟囱的布置(平面)

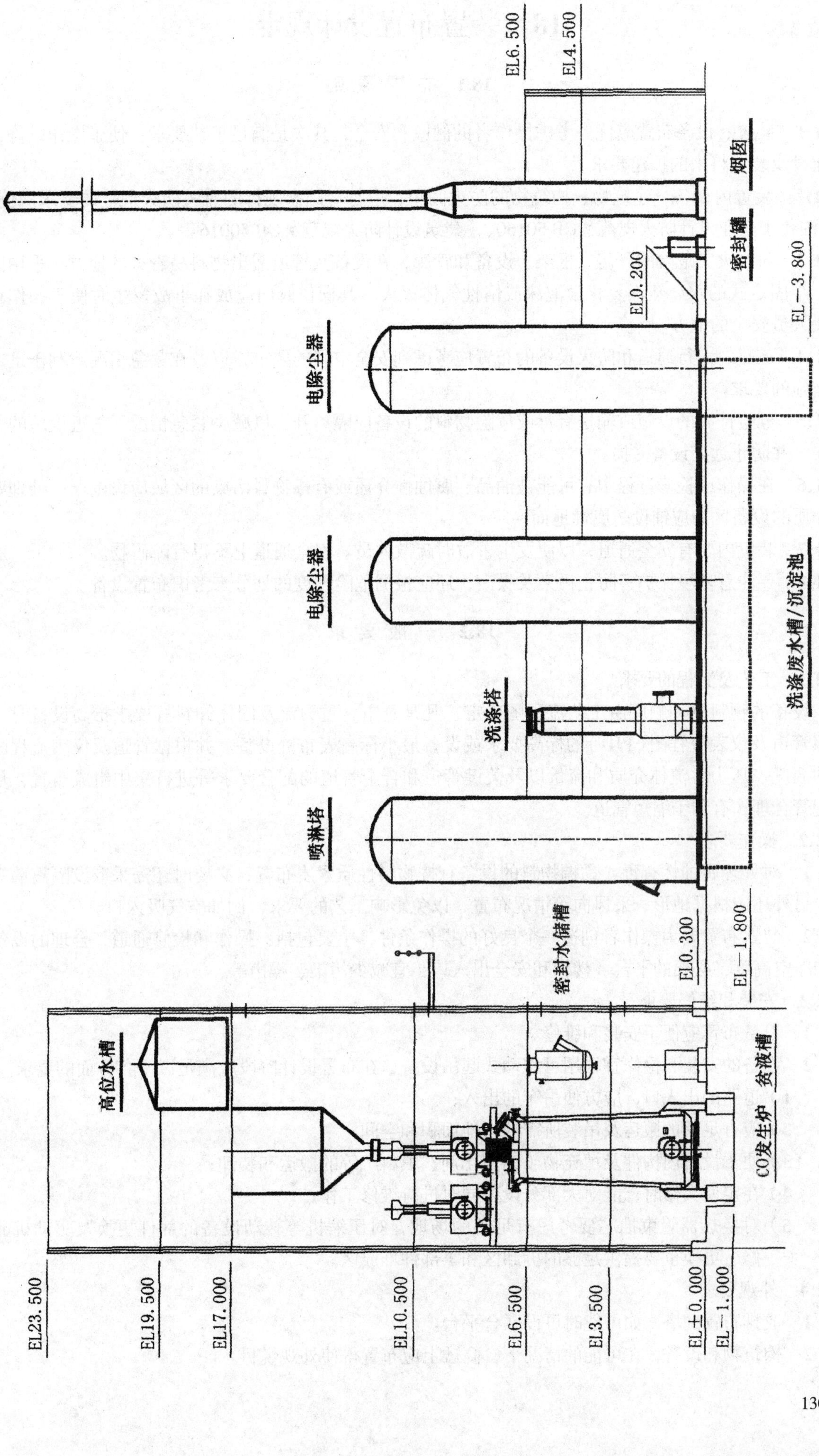

图17.3.7 独立废气排放烟囱的布置(立面)

18 装置布置设计规定

18.1 布 置 原 则

18.1.1 装置、设备布置应优先考虑操作者的健康和安全，其次是满足工艺要求，便于操作维修，易于建设及装置将来的扩建要求。

18.1.2 装置内设备、建筑物、构筑物的防火间距，应符合国家现行的有关防火规范的要求。例如：《石油化工企业设计防火规范》GB 50160、《建筑设计防火规范》GB 50016等。

18.1.3 对有火灾危险的厂房、框架、设备和管廊，在设备及管道漏出物料易着火的地方，采用固定式、半固定式的水、蒸汽、化学泡沫或惰性气体灭火，其操作阀门应放在事故发生时便于操作且不危及人员安全的地方。

18.1.4 道路、人行通道和防火设备的布置应考虑到安全空间的要求，以及在紧急情况下利于迅速采取措施的要求。

18.1.5 危险性高的设施或输送有毒或危险物料的设备应隔离开，以减少紧急情况下邻近设施的卷入损失，并防止远处设备受损。

18.1.6 在操作或检修过程中有可能被油品、腐蚀性介质或有毒物料污染的区域应设围堰，处理腐蚀性介质的设备区尚应铺设防腐蚀地面。

18.1.7 装置内要有安全通道，以便发生事故时疏散人员。安全通道上不得有障碍物。

18.1.8 要注意环境保护，防止污染及噪声，还应根据危险程度的划分来考虑布置设备。

18.2 一 般 要 求

18.2.1 工艺及流程的要求。

设备的物料流动顺序由工艺流程图确定，凡是真空、重力流及固体卸料等要求抬高设备时一律按照管道及仪表流程图（PID）的标高要求或设备最小标高表布置设备。并根据管道及仪表流程图提供的温度、压力、流体介质和流量以及关键管道和合金管道的配管要求等进行集中组成布置，从而使配管合理，有利于缩短管道。

18.2.2 操作要求。

1 对处理腐蚀性有毒、黏稠物料的设备宜按物料性质紧凑布置，必要时还需采取设隔离墙等措施。另外还应根据地形、采风向等情况布置，以免影响工艺的要求，例如空气吸入口。

2 装置布置要为操作者创造一个良好的操作条件，主要包括：操作和检修通道，合理的设备间距和净空高度，必要的平台、楼梯和安全出入口，宜减少污染、噪声等。

18.2.3 安装和维修要求。

1 设备布置应便于安装和维修。

2 设备的安装和检修宜采用可移动式起吊设备，在布置设计阶段应满足以下各方面的要求。

1）道路的出入口，应方便吊车的出入；

2）应有足够的搬运及吊装所需的占地面积和空间；

3）便于设备内构件及填充物（如催化剂、填料）等的搬运和装卸；

4）在定期大修时，能对大部分设备同时进行维修工作；

5）对换热器管束抽芯要考虑有足够的场地，对压缩机等转动设备的部件更换及驱动机的检修、更换也要提供足够的拆卸区和零部件堆放区。

18.2.4 外观要求。

1 成排布置的塔，如可能时可设联合平台。

2 构筑物和设备，在可能的情况下，高矮上应布置得使外观悦目。

3 所有塔的人孔应尽量取齐，最好朝向道路。人孔的标高宜取齐，以便设置联合平台。

4 泵群要排列整齐，单排布置时，泵的头部集中于一侧，离心泵出口管中心线取齐，也可背靠背地排成两排，驱动设备面向通道。

5 换热器群要排列整齐，既便于配管和节约清管检修用地，又保持整齐美观。

6 卧式容器推荐依靠管廊侧封头切线取齐，加热炉、反应器推荐以中心线取齐。

7 所有容器或贮罐，在符合物流顺序的前提下，宜以直径大小分组排列。

18.2.5 经济合理的要求。

1 设备布置露天（半露天）化：设备布置根据建厂当地自然条件、工艺及设备特点尽可能露天（半露天）化布置。这样既可减少建筑物，又能自然通风，防止可燃气体积聚，对防火、防爆等安全问题也都容易解决。但也应同时考虑对环境的影响（如：噪声、粉尘等）。

2 流程式布置设备：按工艺流程的次序布置工艺设备，对大口径管系、合金钢及其他贵重金属管在两设备之间的连接长度（在热应力不超过许用应力范围的条件下）宜短而直。特别是反应器与反应器附属设备；再沸器与精馏塔等，宜互相靠近，以减少散热损失和压降。

3 净距、净空、平台及有关标高见本规定的第2部分的有关规定。

18.3 布 置 实 例

18.3.1 装置平面布置图，见图18.3.1（插页十四）。

19 设备地脚螺栓设计规定

19.0.1 所有塔类设备应按具体要求尽量采用带模板的直埋地脚螺栓，模板应由设备制造厂提供。若采用无模板和直埋地脚螺栓时，则底板上应留有比螺栓直径足够大的孔及分离的盖板，该螺栓孔的盖板应在安装就位后现场焊接。此结构也适用于其他非定型设备，以免施工偏差，造成安装困难。

19.0.2 地脚螺栓的方位应根据设备布置条件或管口方位条件确定。没有特殊要求时，可按一般设备布置图的工厂北向（方位角度为0°）中心线跨中设置。

19.0.3 设备支腿的方位应严格按照设备布置条件或管口方位条件确定。

19.0.4 对有振动的设备和塔类，地脚螺栓应采用双螺母。

19.0.5 设备基础安装弯钩式地脚螺栓时，地脚螺栓直径、基础预留孔尺寸以及材料等见《钢结构设计手册》中的钢锚栓选用表。

19.0.6 地脚螺栓直接埋入混凝土基础内的深度一般为$30d$（d为螺栓直径）。对不重要的设备不考虑倾覆力矩时，可采用$20d$。对于塔类设备的地脚螺栓，要求埋入深度为$L \geqslant 30d$。

19.0.7 考虑到直埋地脚螺栓间距的误差，为避免设备上的地脚螺栓孔不能与地脚螺栓对准，可采取以下方法处理：

1 将设备底板、裙座或耳架上的螺栓孔适当予以放大，待地脚螺栓穿入后，加一块垫板，将垫板焊在设备底板上，再上螺母。

2 在地脚螺栓上焊一个套管，将套管与地脚螺栓一起埋入基础中，套管顶部与基础顶面齐平，当设备地脚螺栓孔间距与埋入基础中的地脚螺栓间距有偏差时，可将套管中的地脚螺栓位置予以调整。

19.0.8 对于受力不大的静设备，可将地脚螺栓焊在预埋在基础面的钢板上。

19.0.9 在钢结构上的设备一般均采用普通的螺栓代替地脚螺栓，其长度按连接结构而定。

19.0.10 地脚螺栓选用标准见《地脚螺栓（锚栓）通用图》HG/T 21545。

20 设备运输和吊装设计规定

20.1 原　　则

20.1.1 为便于考虑吊装要求，按设备质量或按尺寸分为三个等级：

类型	按质量分	按直径 × 长度分
大型	80t以上	3500 × 30000及以上或任意 × 40000及以上
中型	40t~80t	1800 × 10000及以上或任意 × 20000及以上
小型	40t以下	小于上述尺寸

20.1.2 设备吊装方案的编制，应符合《化工工程建设起重施工规范》HGJ 201的规定，通常由施工单位编制。但对主要设备吊装方案的技术条件如吊耳及吊装方位等要求，应与施工单位共同商定。

20.1.3 对于某些可能更换的设备，在设备布置设计时应考虑留有足够的空间和通道，便于安装拆卸设备的机具作业以及运输。

20.1.4 在设备布置“设计版”之前，需了解施工单位吊装机具的装备情况以及外协条件等。

20.1.5 厂区以外的设备运输要求，仅限于提出下列内容交项目负责人，以便考虑概算及解决运输问题。

1 超限设备名称、编号、外形尺寸(包括管口)、吨位及主要材料。

2 需考虑运输问题的其他设备名称、编号、尺寸、吨位及主要材料。

3 外形尺寸应包括出厂的包装尺寸(与制造厂联系)。

20.2 一 般 要 求

20.2.1 设备从厂区仓库或厂区码头运到安装地点应考虑下述事项：

1 运输所经过的道路、桥梁的承载能力以及道路的宽度、坡度、凹凸不平度、弯曲半径等，是否符合设备运输的要求。

2 运输沿途的建、构筑物、架空电缆、管架等地面设施是否对运输有影响。

3 运输途中地下设施与埋设深度是否能承受运载设备的压力。

4 由水路直接运大设备到现场时，应考虑厂区码头所用起重设施的能力。

20.2.2 设备出厂放置托板(座)时设备方位宜与安装方位一致。

20.2.3 对于特大尺寸的设备(如球罐、油罐等)，宜由制造厂提供预制件在设备基础上就地组装。

20.2.4 室外无框架直接安装在基础上的设备吊装方案要求如下：

1 吊装设计采用的方案应考虑施工单位的机具装备和外协条件。

2 对于高大设备，是否采用整体组合吊装，应由施工单位自行决定。

3 与施工单位协商决定采用桅杆或活动起重设备安装的设备位号、吊耳的设置要求、预留空间的要求、对吊装有顺序要求的设备位号等。

4 设计方案的深度仅限于保证吊装的可能性以及上款中内容的规定。至于具体的吊装方案，应由施工单位编制。

20.2.5 在框架内用卷扬机吊装设备。

1 位于框架内的设备尽量采用活动的起重设备(汽车吊、履带式吊车)，利用吊臂外伸完成设备吊装，当不宜用上述起重设备吊装时，可用塔式吊车进行设备吊装(需具有塔式吊车条件的情况下)或利用框架顶或在比设备安装层高的楼面设置临时横梁，用卷扬机进行吊装。

2 在楼面上留孔，吊装带有支耳的设备时，如果采用从下方穿过楼面的吊装方法，对于开孔的尺寸应考虑能通过设备的管口及支耳，必要时可设置活动梁。

3 特别大的带裙座的设备，可事先将设备安装就位后再施工土建的框架。

4 支撑在楼面上的特别大的设备，也可以在设备上先安装临时裙座，将设备落地安装在临时基础上，再施工土建的框架，待确认支耳面在梁上达到承受荷载时，再割掉临时支座。

20.2.6 在厂房或框架内应设有吊装孔，用吊梁吊装设备。

利用厂房内公用吊装孔，如无起重机时，吊装设备应注意如下几点：

1 吊装孔的尺寸应满足最大设备外形尺寸要求（包括设备支耳或支架外缘尺寸）。建筑物门的尺寸应考虑装有设备的运载车或带有包装托架的设备，能够进入厂房内吊装孔的区域。

2 最顶层应有吊梁，可以悬挂手动行车。

3 吊点的梁和吊钩强度是否满足最大设备荷载的要求（包括索具的质量）。

4 设备从建筑物吊装孔运至安装点和临时放置的位置，所经过的梁、板荷载（包括水平力）应提供土建专业计算。

5 设备从墙的外侧进入厂房时，墙应在设备吊装后进行砌筑，并应在设计说明中写明。

20.2.7 在厂房或框架内用起重机（桥式起重机、电动葫芦等）吊装设备时应注意如下几点：

1 桥式起重机由于桥架宽度和起吊行车的行程原因，对于布置在靠墙边的设备应在桥式起重机的吊钩可到达的范围之内。

2 吊装作业区空间不应有管道、电缆桥架、平台等障碍物。

3 设备安装在楼面上时应设吊装孔。见本部分第20.2.6条第1款的要求。

4 为考虑楼面的利用率，对于不常使用的吊装孔可加设活动盖板及活动栏杆。

20.2.8 起重机选型及其他注意事项：

1 起吊高度是否已考虑吊钩与桥架的安全距离和起重机吊钩至地面距离。

2 起重机吊起能力是否满足最重部件的要求，并留有适当余量。

3 生产环境是否有防爆要求，是否采用带操作室的起重机。

4 起重机跨距是否与轨道间距相同。

5 单轨梁的规格是否符合单轨电动葫芦的要求。

20.2.9 注意事项。

1 安装设备采用移动式吊车时，吊车所需的通道、占地面积及空间应在平面布置图中给予考虑，并向总图专业提出吊装通道位置。

2 当设备检修用单轨吊车时，根据设备检修最大部件的质量及起吊有效高度作为吊车的选型依据，选型后校核起吊空间及起吊高度等，选定吊车及葫芦的型号。

3 根据设备装配图考虑设备检修的频率及吊装设备的部件（最大检修件）质量，在设备布置图中表示出：吊车的起重量、提升高度、吊轨的相对位置，即吊轨中心线与建、构筑物轴线间的距离以及轨顶标高。

4 当吊车需转弯运行或环行轨道时，应表示出轨道的相对位置及曲率半径。

5 带搅拌容器的搅拌轴和电动机的拆卸需设单轨吊车时，应核对取出搅拌器所需的最小净空尺寸，将轨顶标高标注在设备布置图中。

20.3 例　　图

20.3.1 大件设备运输，见图20.3.1。

20.3.2 大件吊装平面布置，见图20.3.2。

20.3.3 单桅杆吊装示意，见图20.3.3。

20.3.4 双桅杆吊装示意，见图20.3.4。

20.3.5 塔吊装，见图20.3.5。

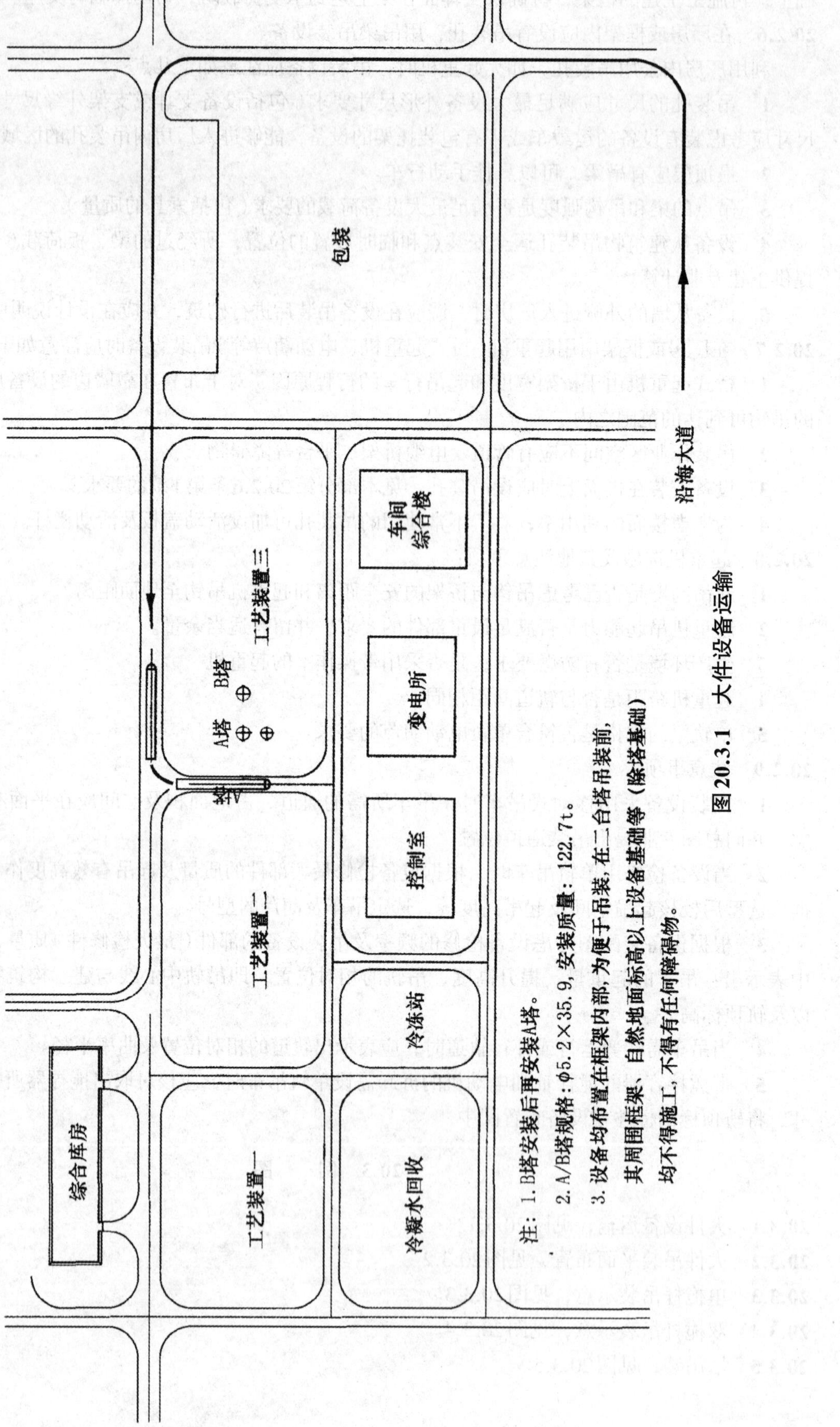

注：1. B塔安装后再安装A塔。
2. A/B塔规格：φ5.2×35.9，安装质量：122.7t。
3. 设备均布置在框架内部，为便于吊装，在二台塔吊装前，其周围框架、自然地面标高以上设备基础等（除塔基础）均不得施工，不得有任何障碍物。

图20.3.1 大件设备运输

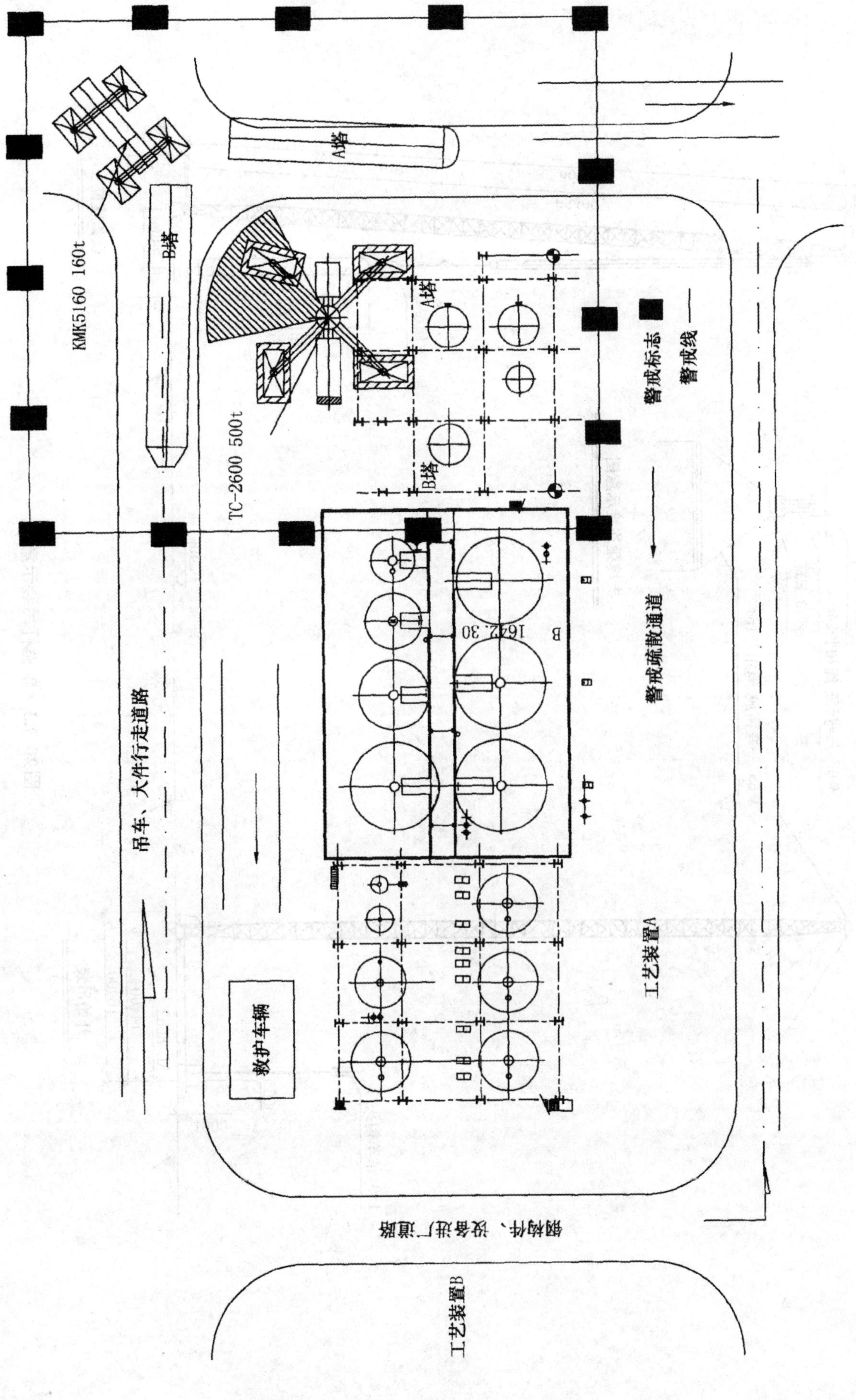

图20.3.2 大件吊装平面布置

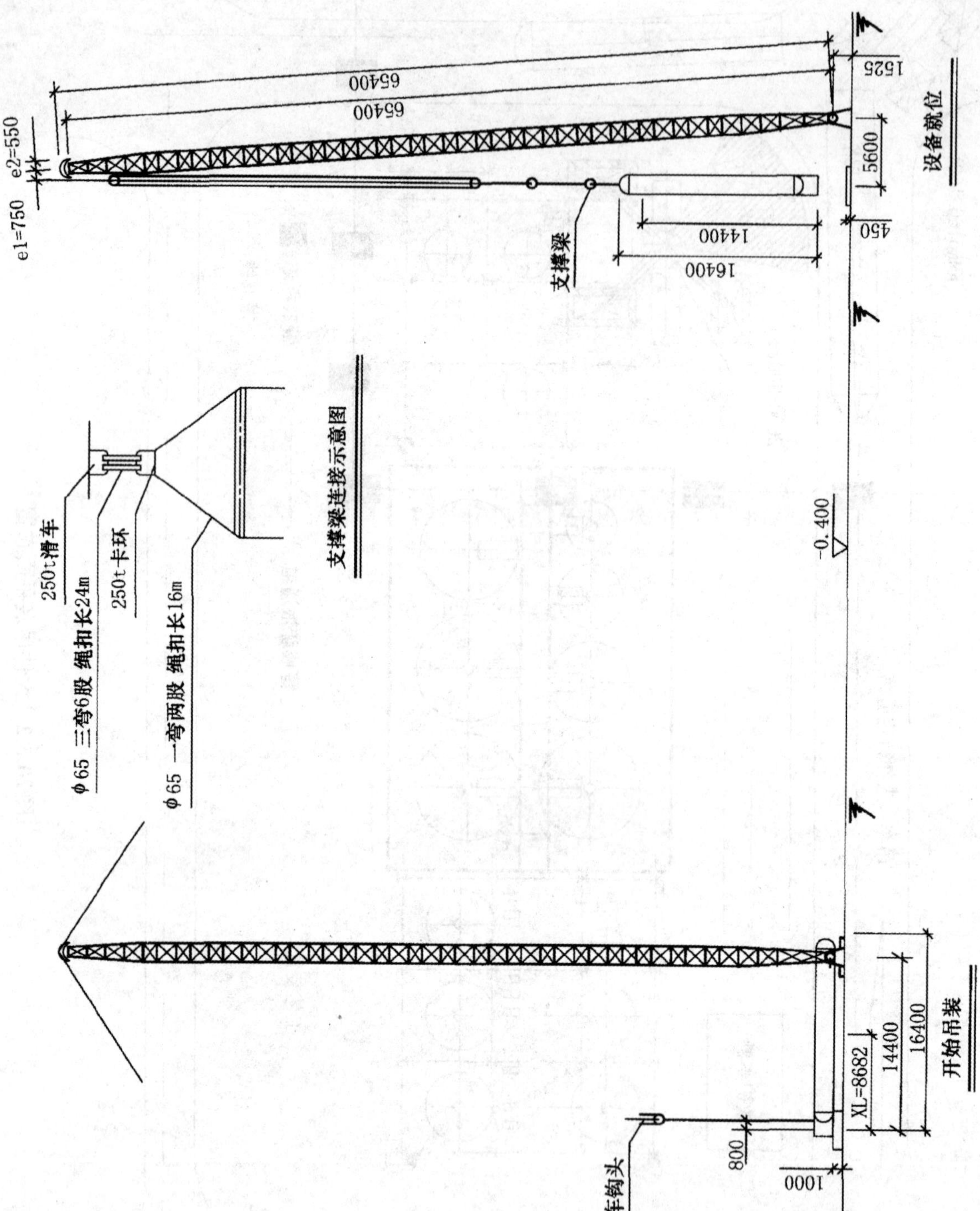

图20.3.3 单桅杆吊装示意

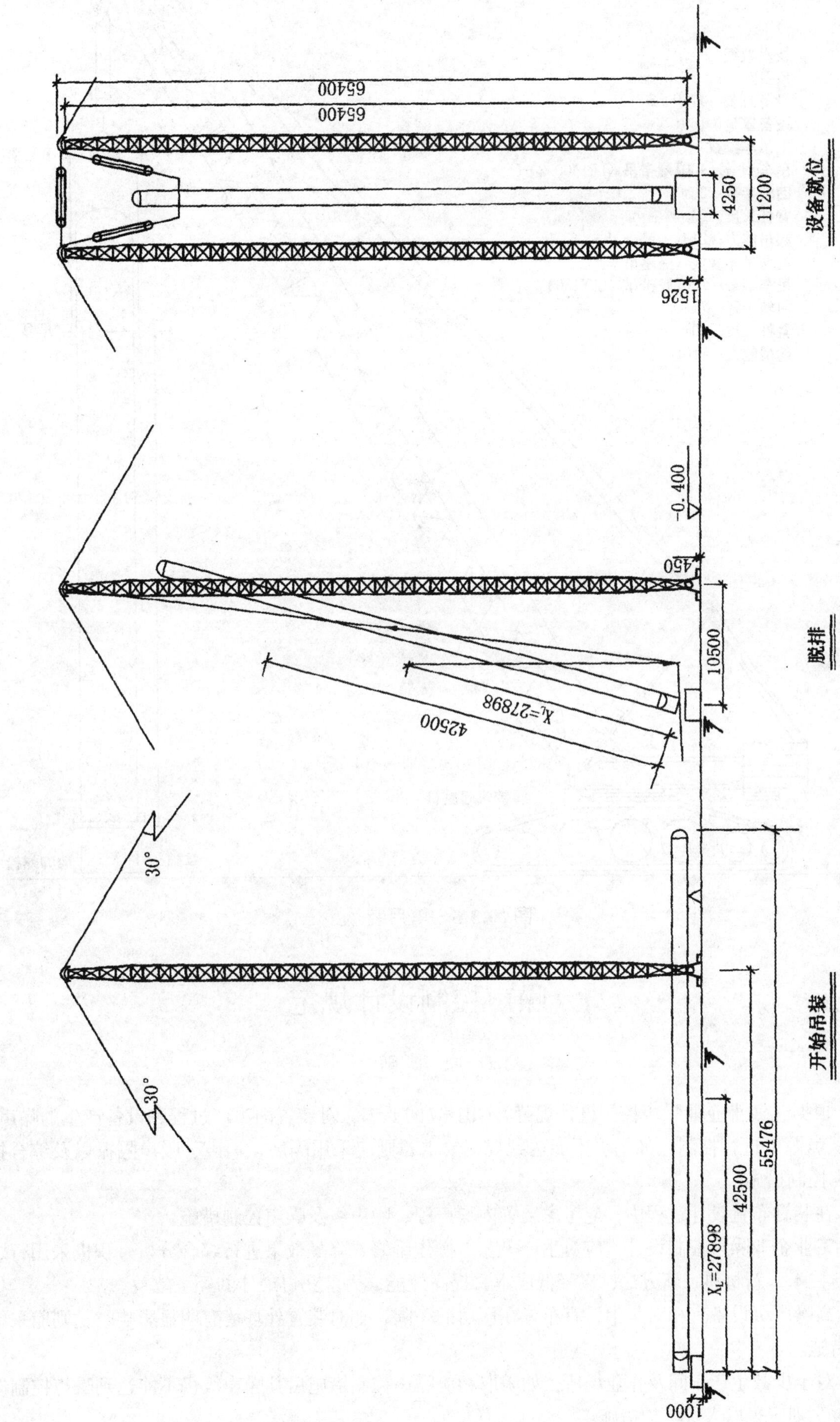

图20.3.4 双桅杆吊装示意

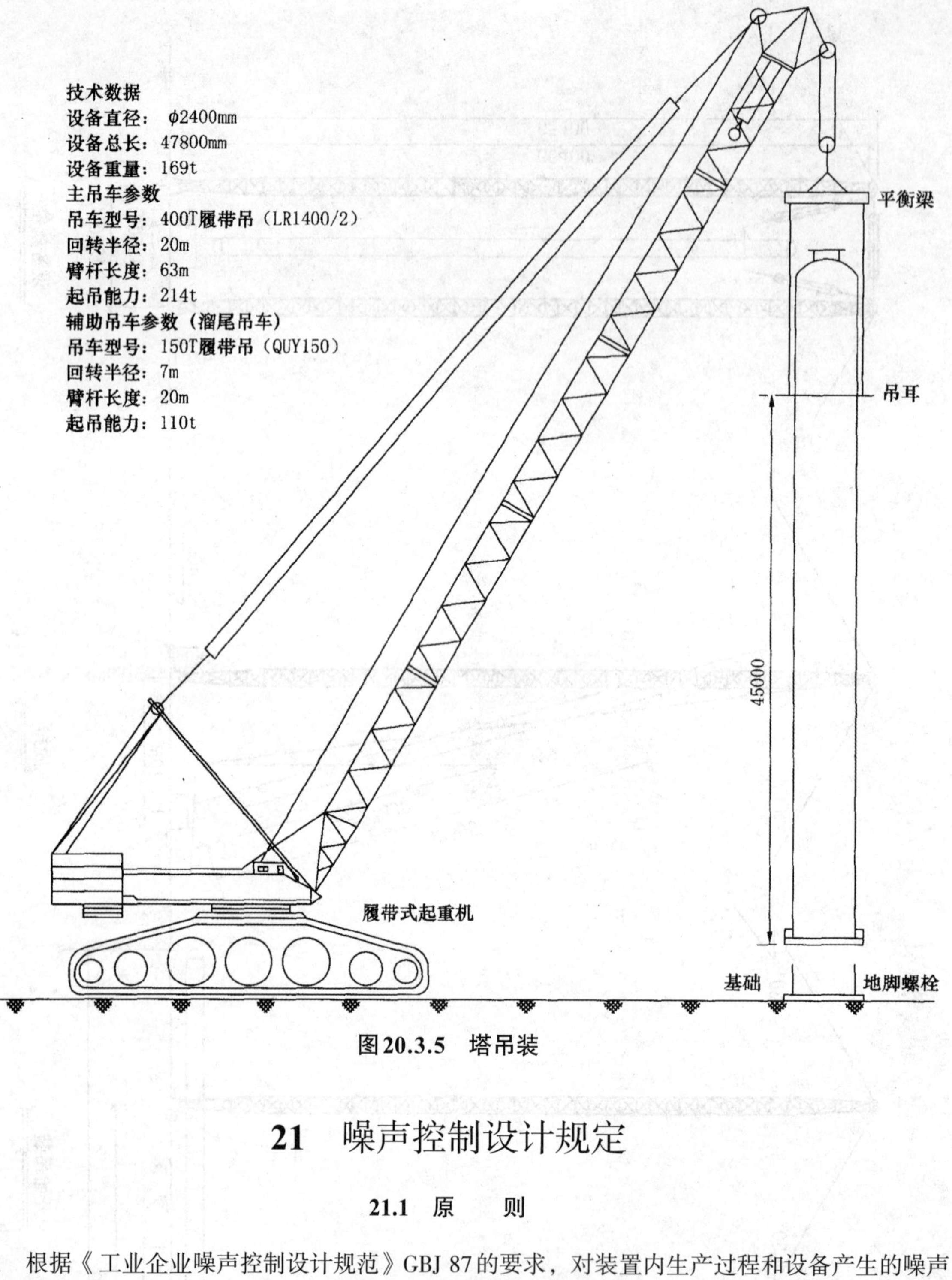

图20.3.5　塔吊装

21　噪声控制设计规定

21.1　原　　则

21.1.1　根据《工业企业噪声控制设计规范》GBJ 87的要求，对装置内生产过程和设备产生的噪声，应首先从声源上进行控制，如果仍不能达到规范要求，则应采用隔声、消声、吸声隔振以及综合控制等噪声控制措施。

21.1.2　在装置布置设计过程中，应考虑装置内噪声源、噪声级及噪声控制措施。

21.1.3　工业企业噪声控制设计，应对生产工艺、操作维修、降噪效果进行综合分析，积极采用行之有效的新技术、新材料、新方法，以降低成本，提高效能，力求获得最佳的经济效益。

21.1.4　高噪声级设备宜相对集中，宜布置在厂房的一隅，如对装置外环境有明显影响时，则应采取隔声等措施。

21.1.5　对于少数生产车间及作业场所，如采取相应噪声控制措施后其噪声级仍不能达到噪声控制设计标准时，则应采取人身防护措施。

21.2 噪声控制措施

21.2.1 系统专业对工艺过程中产生噪声的设备、管道、阀门等声源进行分析，并决定消声、吸声等控制措施。噪声情况仍不能符合规范要求时，则必须对建筑物厂房采取隔声等措施。
21.2.2 对需隔声、隔振的设备或厂房，应在设备布置条件图中表示，并注明隔声范围尺寸及采取措施，提供有关专业。
21.2.3 除隔声、隔振外，需在厂房内做吸声处理时，要与土建专业共同讨论协商妥善的处理办法。决定采用吸声处理时，也应在条件图中表示吸声层的范围。
21.2.4 有强烈振动的设备不宜布置在楼板上或平台上，如压缩机、大型往复泵、离心泵以及大型离心泵。

22 静电接地设计规定

22.1 原 则

22.1.1 化工企业的防静电设计，应由工艺、配管、设备、储运、土建、电气等专业相互配合，综合考虑，并采取下列防止静电危害措施。

1 改善工艺操作条件，在生产、储运过程中宜避免大量产生静电荷。

2 防止静电积聚，设法提供静电荷消散通道，保证足够的消散时间，泄漏和导走静电荷。

3 选择适用于不同环境的静电消除器械，对带电体上积聚着的静电荷进行中和及消散。

4 屏蔽或分隔屏蔽带静电的物体，同时屏蔽体应可靠接地。

5 在设计工艺装置或制作设备时，宜避免存在高能量静电放电的条件，如在容器内避免出现细长的导电突出物和未接地的孤立导体等。

6 改善带电体周围环境条件，控制气体中可燃物的浓度，使其保持在爆炸极限以外。

7 防止人体带电。

22.2 一 般 规 定

22.2.1 在生产加工、储运过程中，设备、管道、操作工具及人体等，有可能产生和积聚静电而造成静电危害时，应采取静电接地措施。
22.2.2 在进行静电接地时，必须注意下列部位的接地：

1 装在设备内部而通常从外部不能进行检查的导体。

2 装在绝缘物体上的金属部件。

3 与绝缘物体同时使用的导体。

4 被涂料或粉体绝缘的导体。

5 容易腐蚀而造成接触不良的导体。

6 在液面上悬浮的导体。

22.2.3 在下列情况下，可不采取专用的静电接地措施：

1 当金属导体已与防雷、电气保护、防杂散电流、电磁屏蔽等的接地系统有电气连接时。

2 当埋入地下的金属构造物、金属配管、构筑物的钢筋等金属导体间有紧密的机械连接，并在任何情况下金属接触面间有足够的静电导通性时。

3 当金属管段已作阴极保护时。

4 对于已有防雷、电气保护接地系统的转动设备及有紧密的机械连接，并在任何情况下金属接触面有足够的静电导通性的设备，可以不再增加静电接地，但应与电气专业协商后确定。

22.2.4 配管专业在设备管口方位图中，应给出静电接地极的方位。
22.2.5 对于管廊的接地，一般按间隔80m~100m有一个接地点，从管廊柱处引入地下与干线相接。如采用钢筋混凝土柱，应从钢梁上引接。
22.2.6 需要进行静电接地的物体，应根据物体的类型采取下列静电接地方式：

1 静电导体应采用金属导体进行直接静电接地；

2 人体与移动式设备应采用非金属导电材料或防静电材料以及防静电制品进行间接静电接地；

3 静电非导体除应间接静电接地外，尚应配合其他的防静电措施。

22.2.7 静电接地的电阻、端子等设计要求应符合《化工企业静电接地设计规程》HG/T 20675的有关规定。

22.3 例 图

22.3.1 静电接地跨接，见图22.3.1。

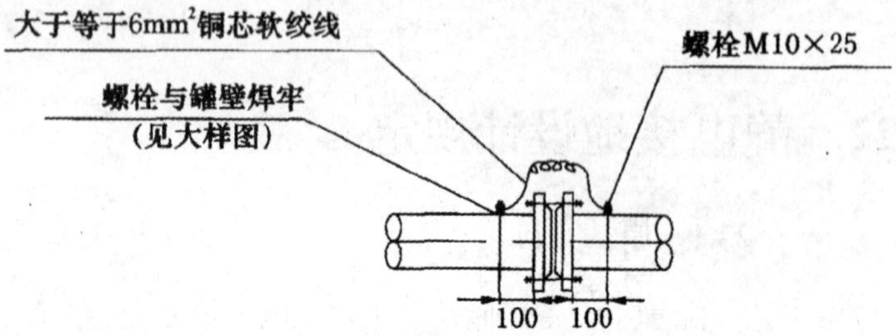

法兰接头跨接示意图

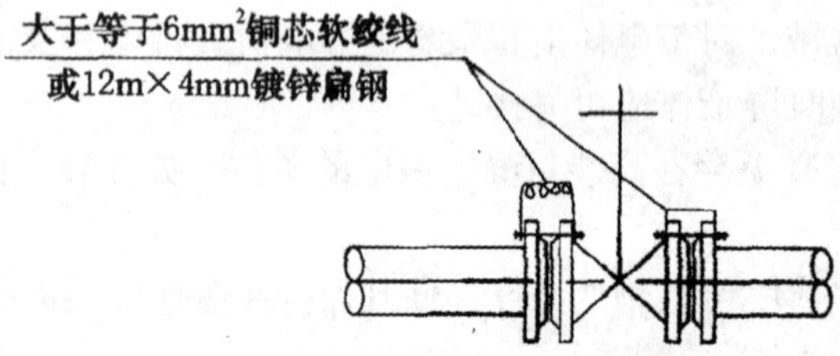

阀门或设备接口法兰跨接示意图

[注]：法兰背后接触面应除净锈、油漆、油污，露出金属表面并采用防松垫片。

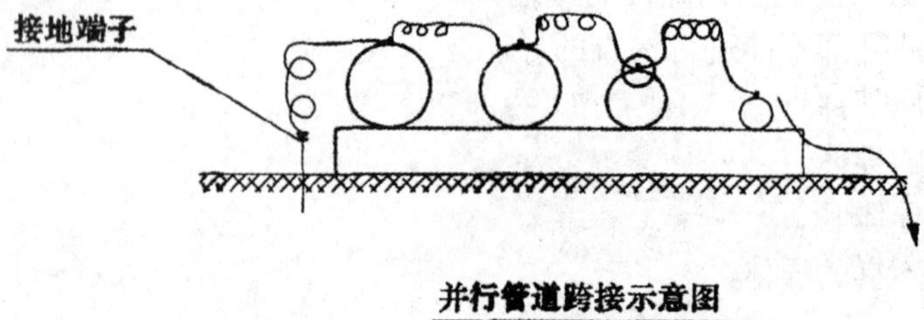

并行管道跨接示意图

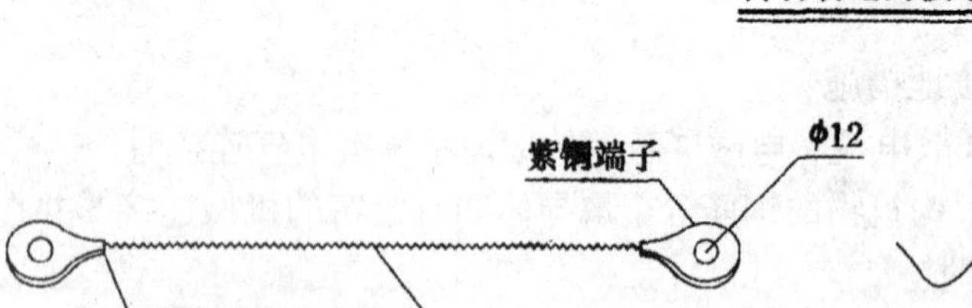

跨接线示意图

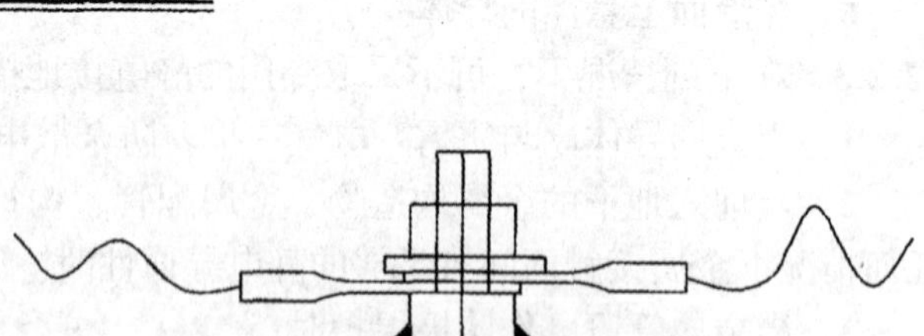

螺栓大样图

[注]：用于法兰接头跨接时，跨接线取400mmt长。

图22.3.1 静电接地跨接

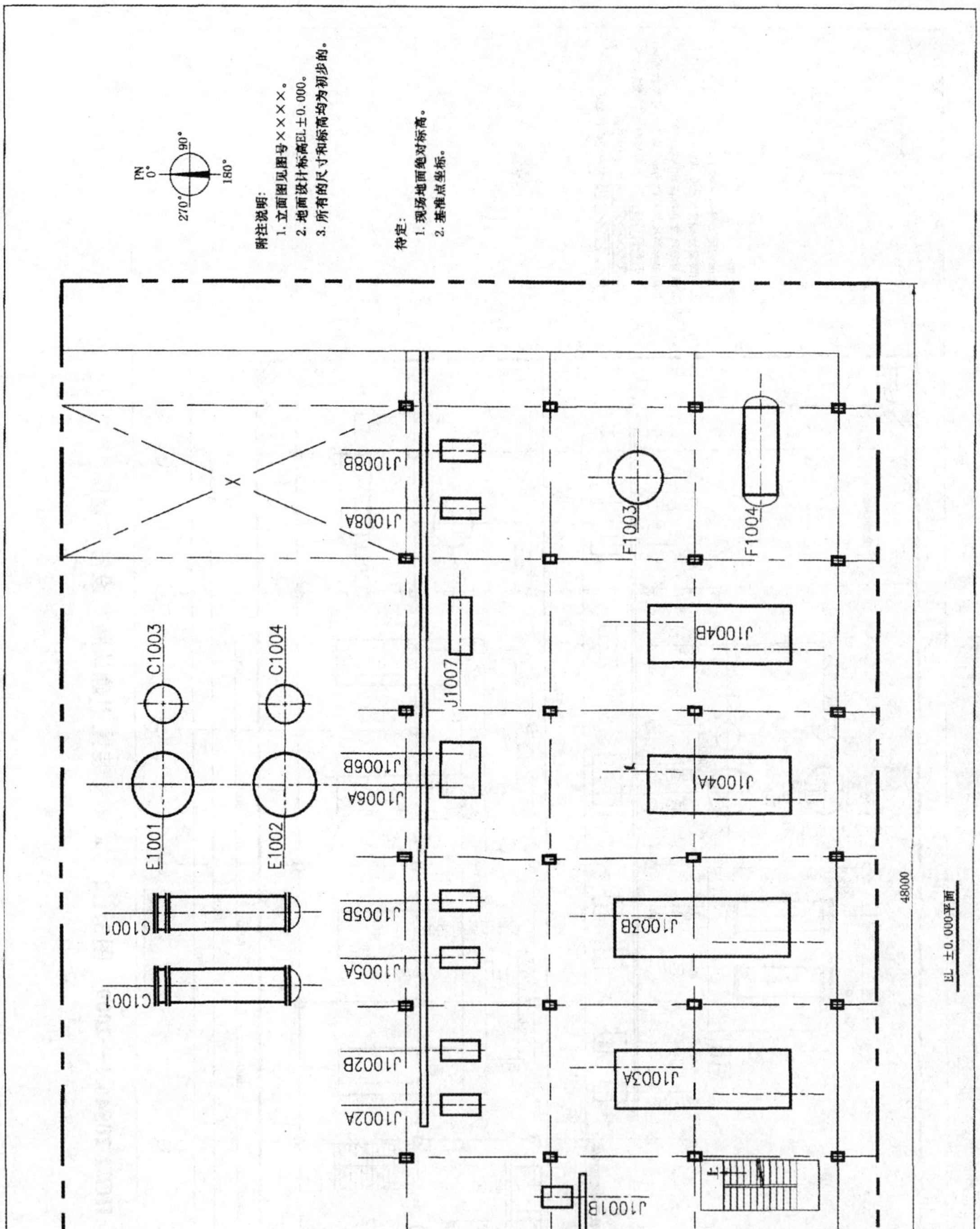

HG/T 20546.1—2009　图3.1.1　×××装置“初版”设备布置图

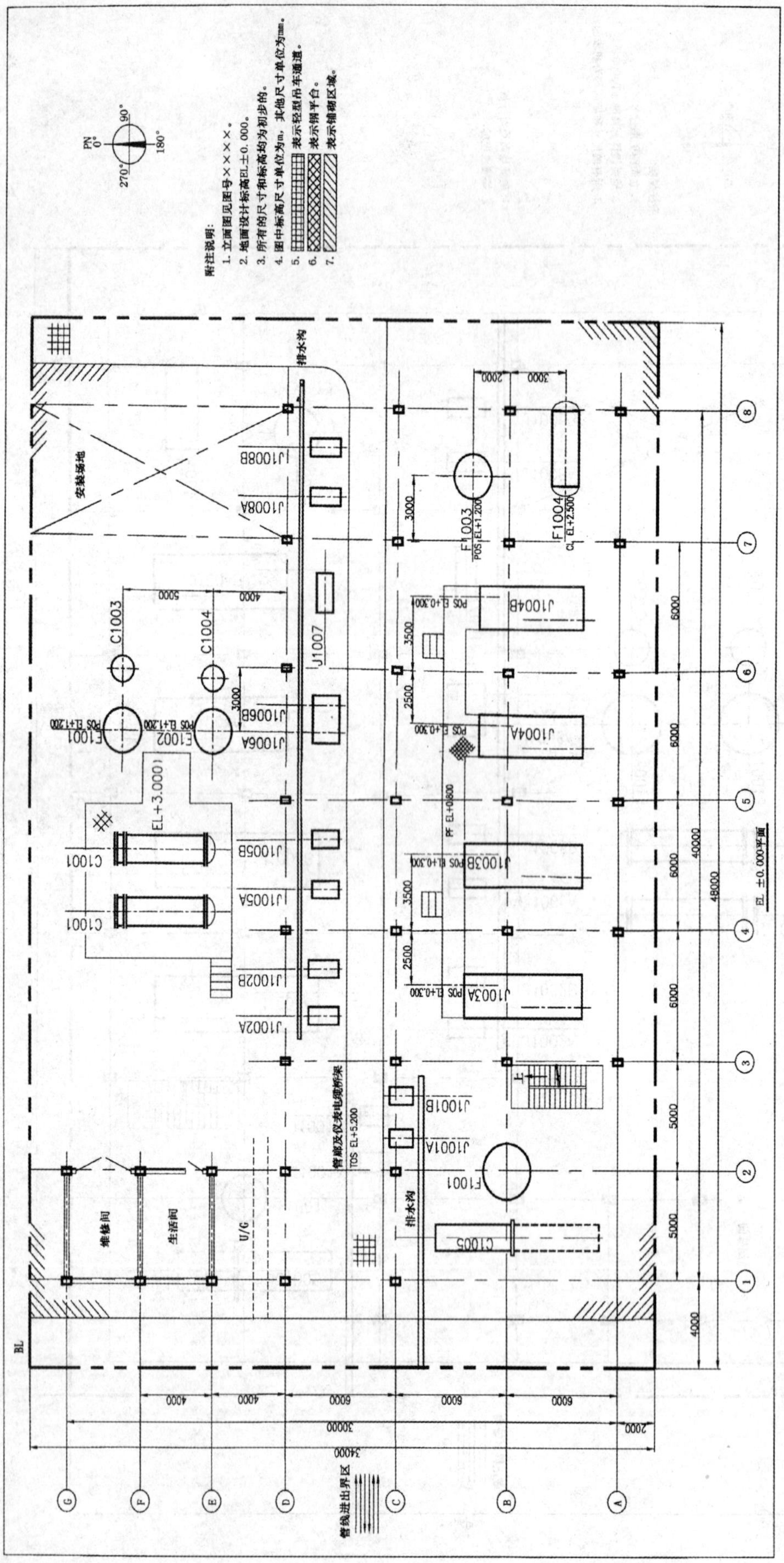

HG/T 20546.1—2009 图 3.1.2 ×××装置“确认版”设备布置图

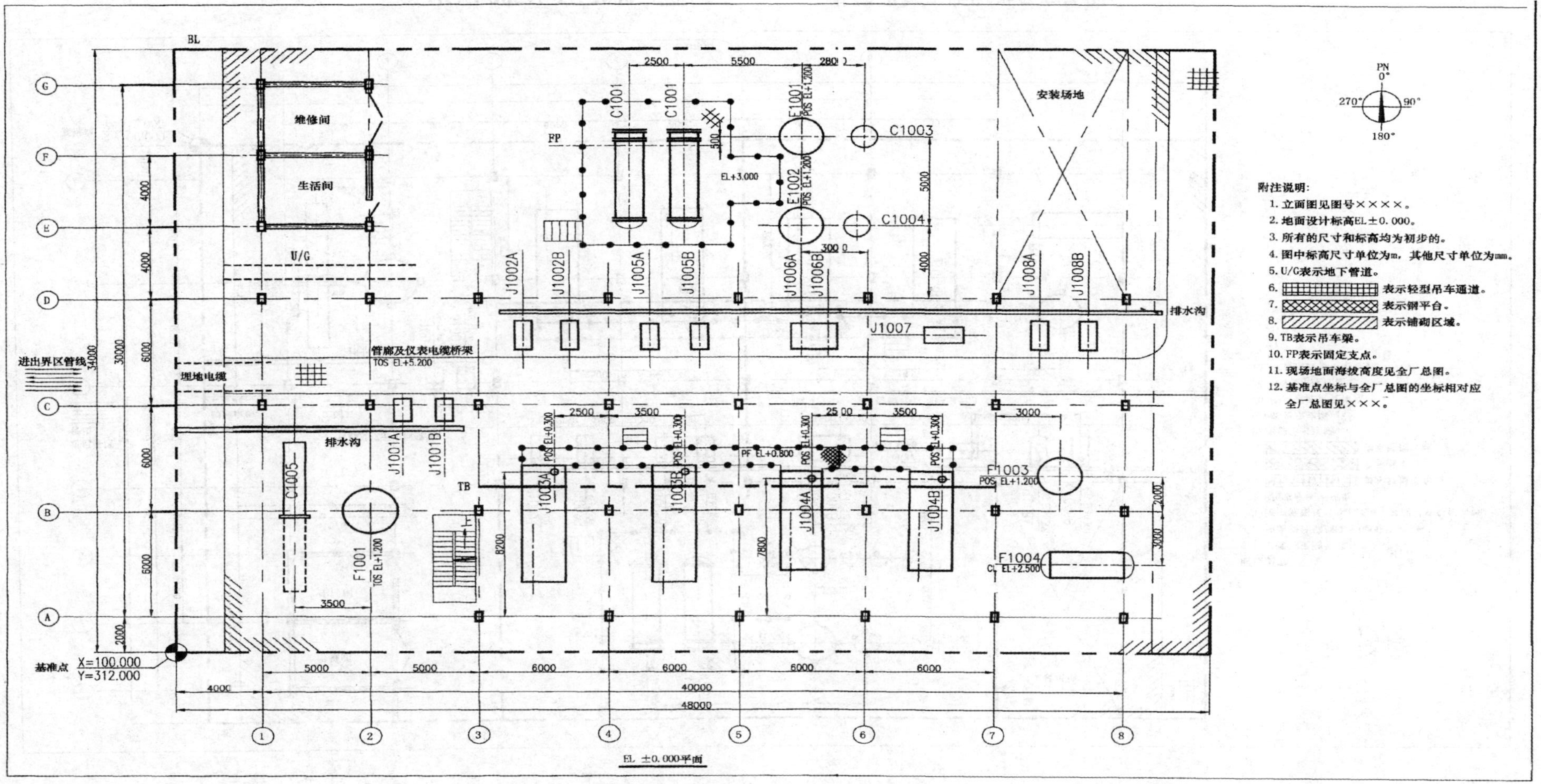

HG/T 20546.1—2009　图3.2.1　×××装置“设计版”设备布置图

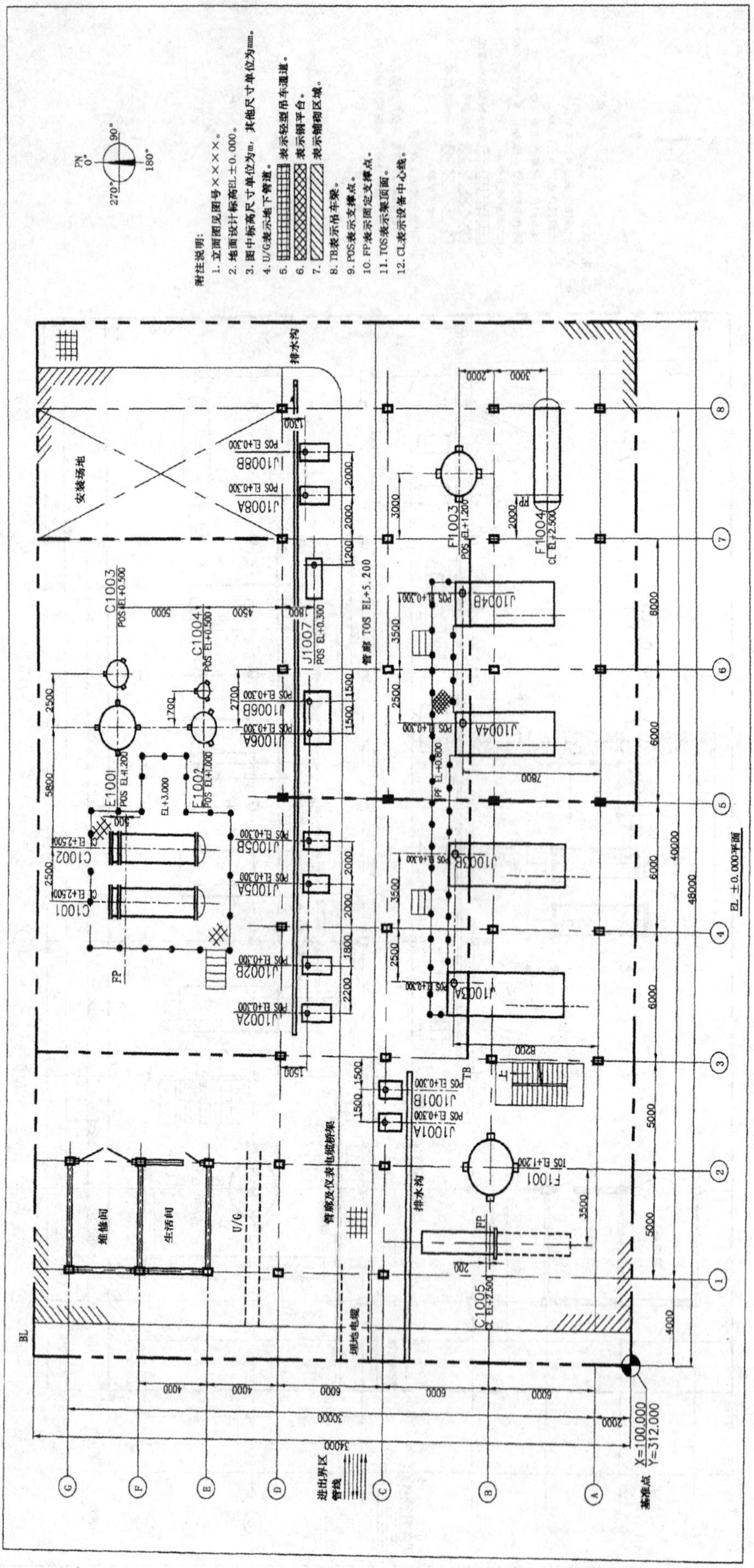

HG/T 20546.1—2009 图3.2.2 ××装置"施工版"设备布置图

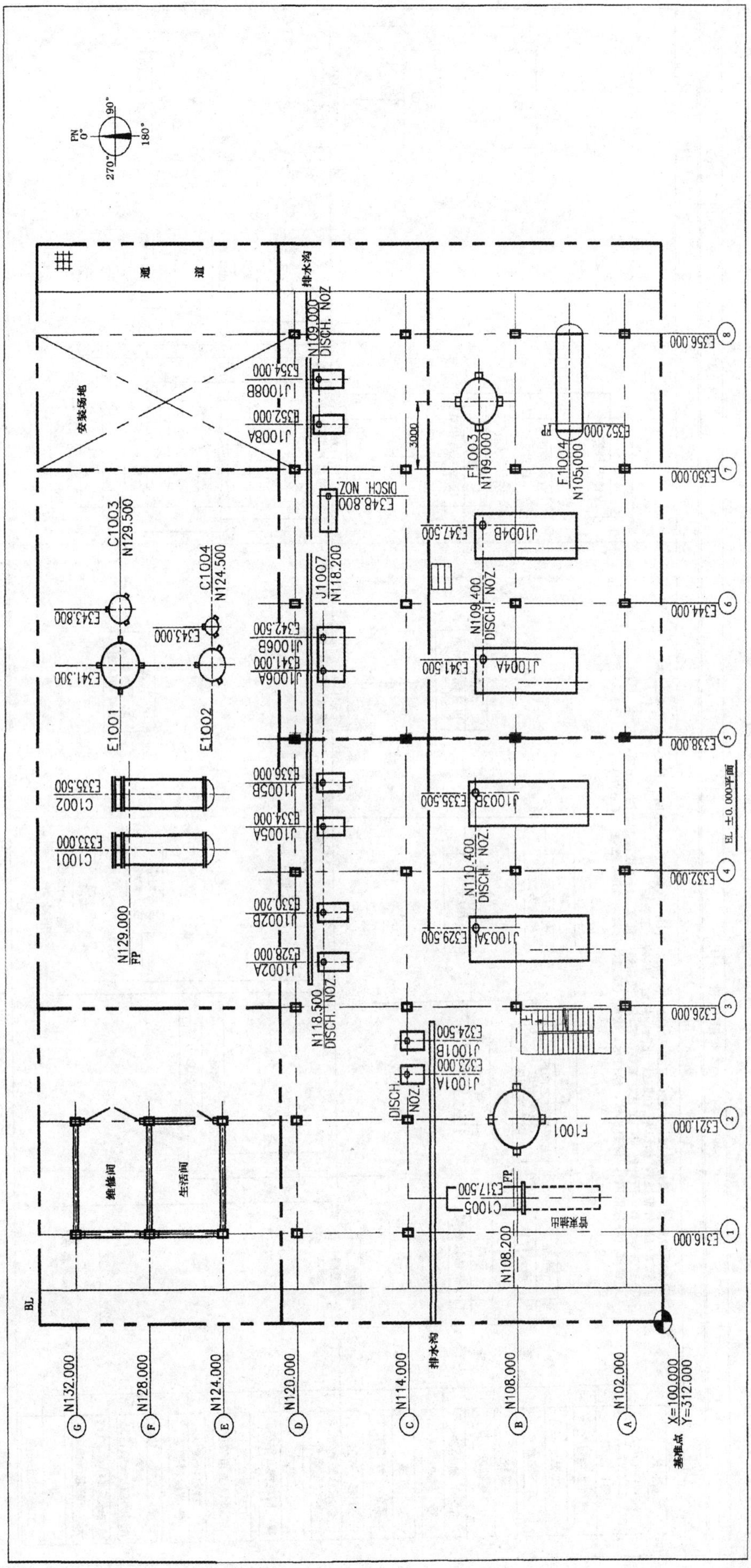

HG/T 20546.1—2009 图4.4.9 设备布置图坐标系统定位尺寸的标注例图

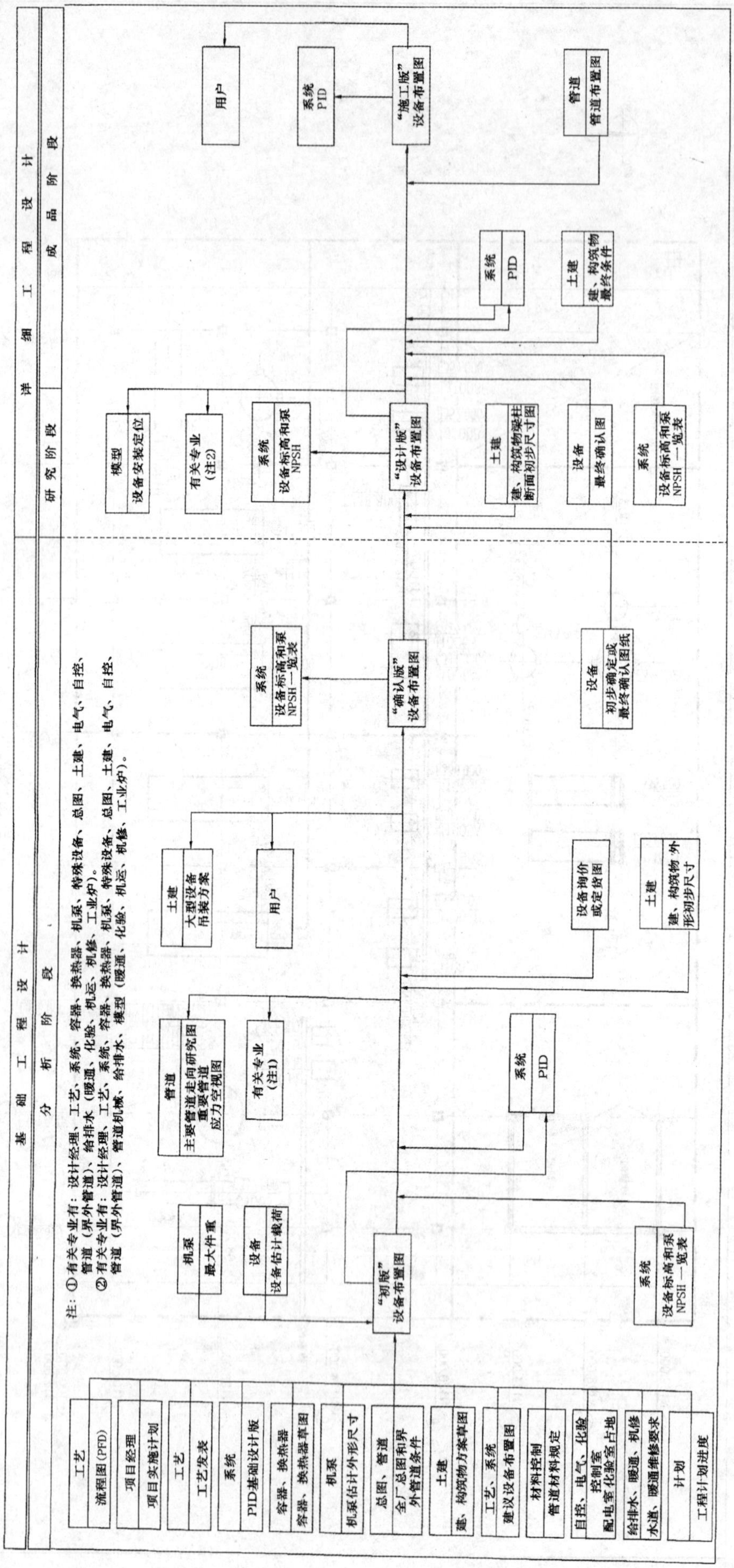

HG/T 20546.3—2009　图3.0.1　设备布置专业工程设计阶段工作程序

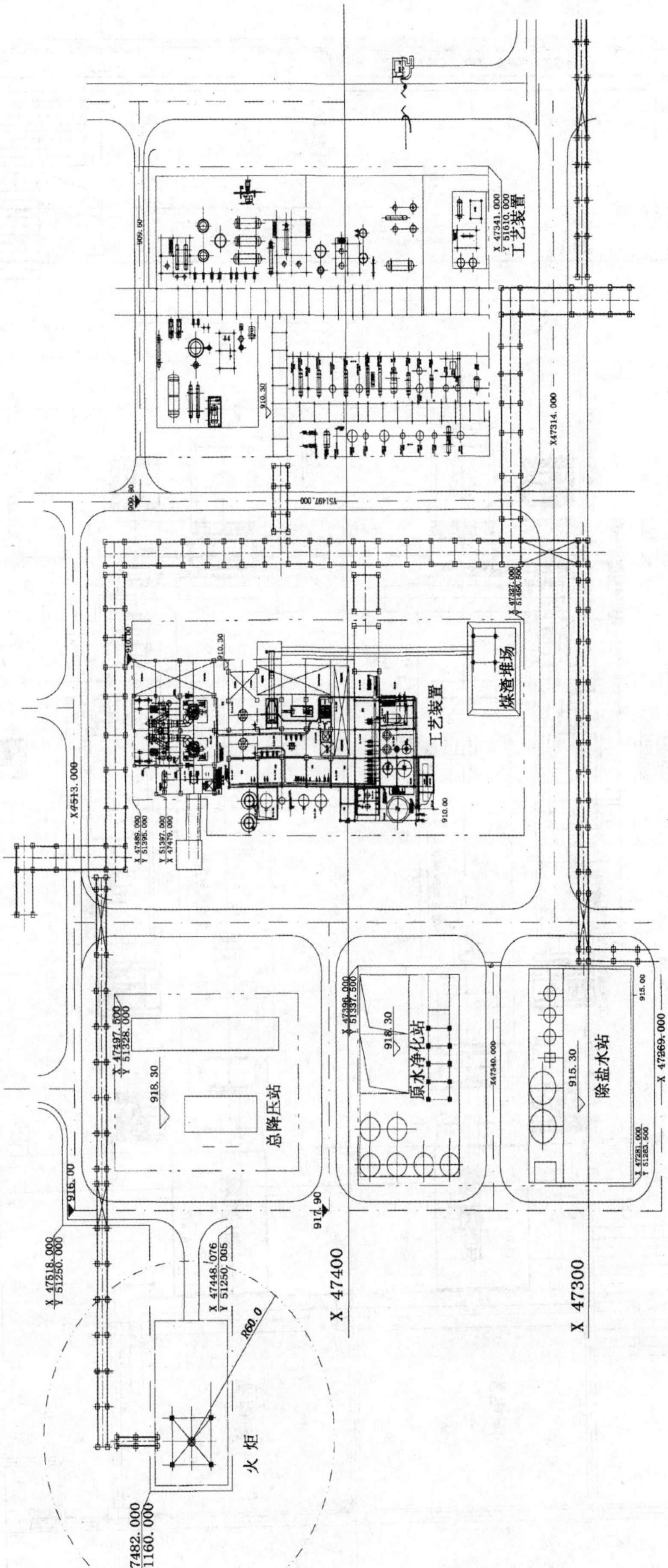

HG/T 20546.5—2009　图12.3.5　外管架布置

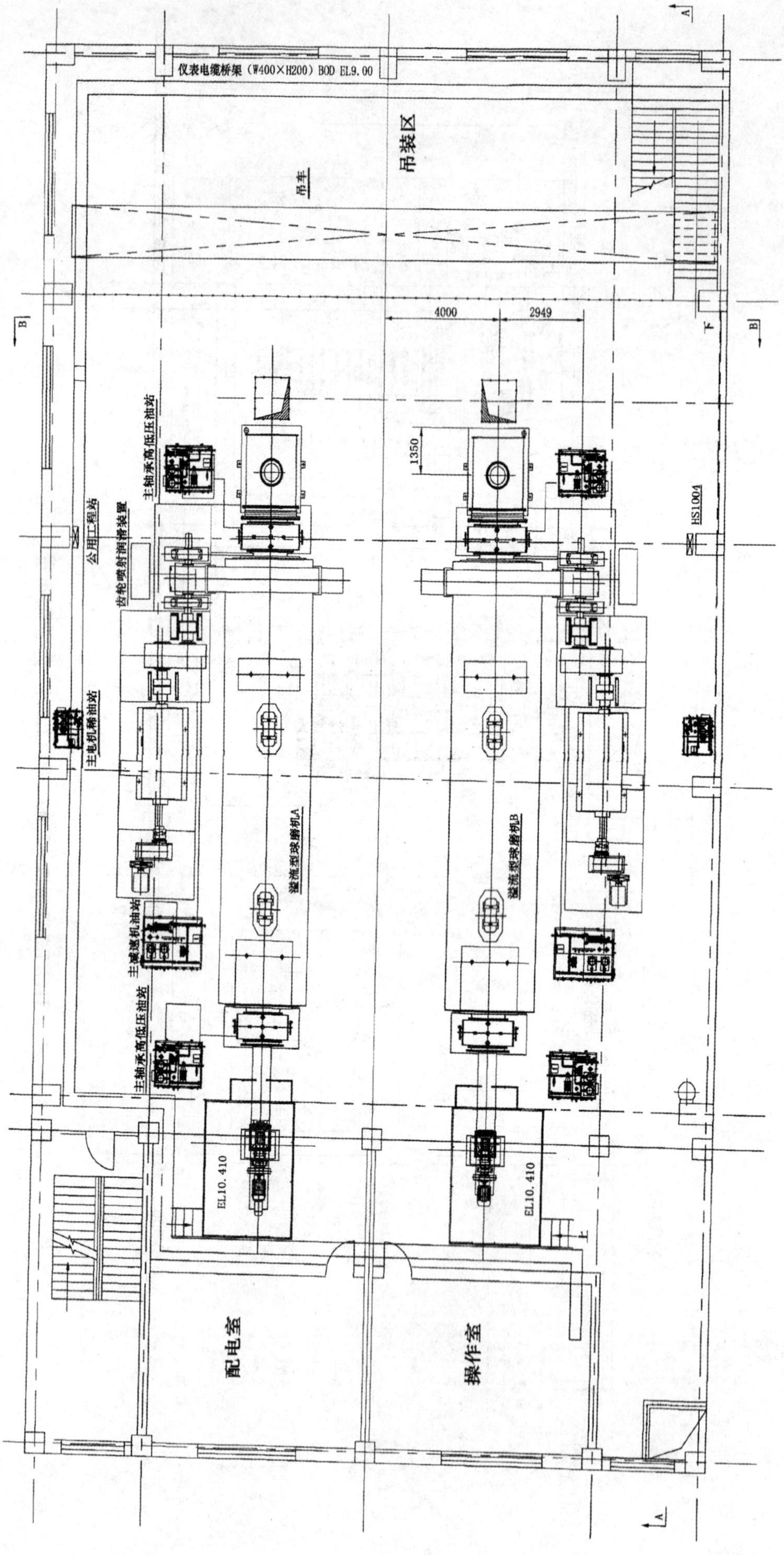

HG/T 20546.5—2009　图13.3.2　回转窑的平面布置（二层）

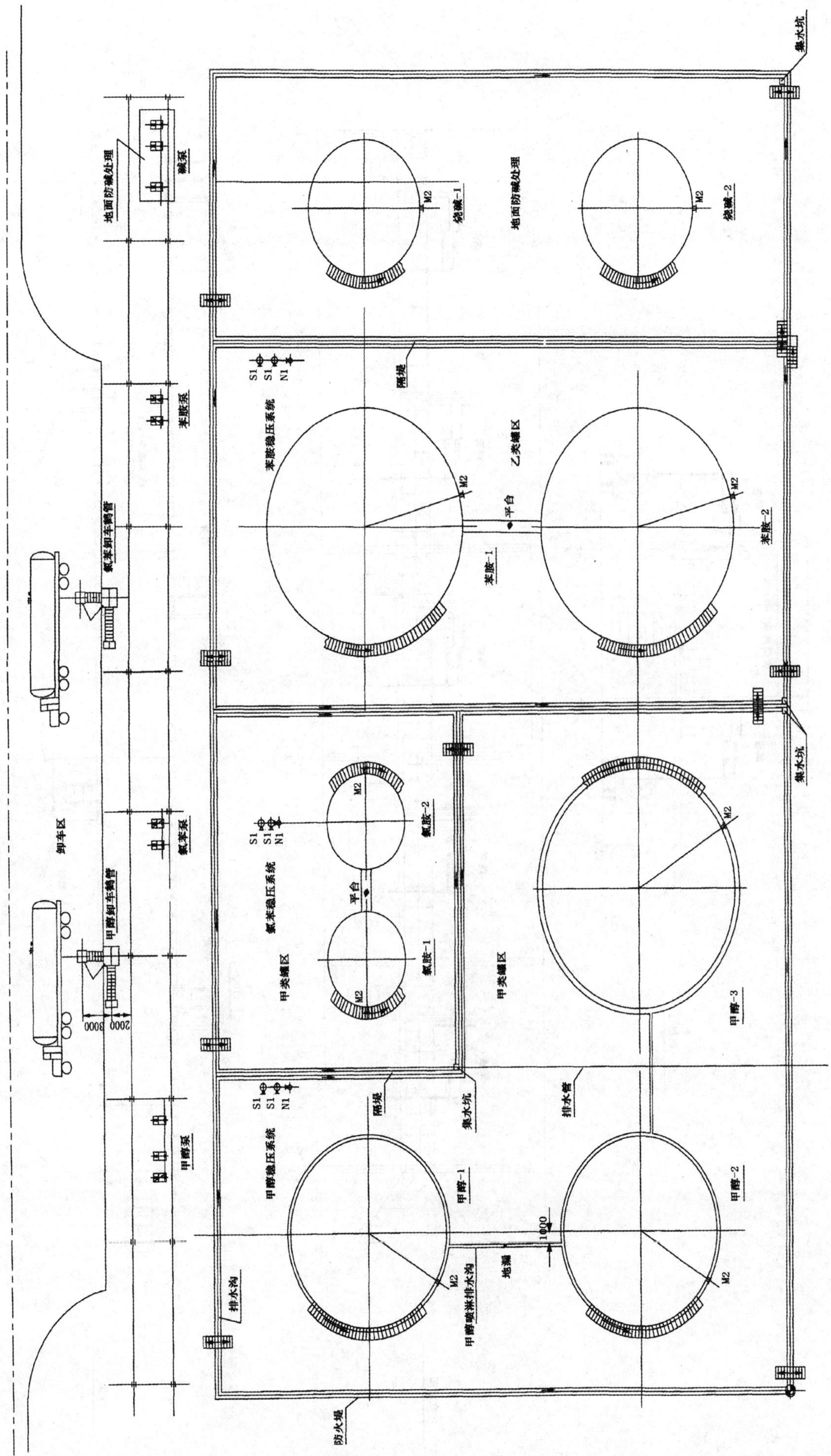

HG/T 20546.5—2009 图14.3.3 多种产品罐区的布置

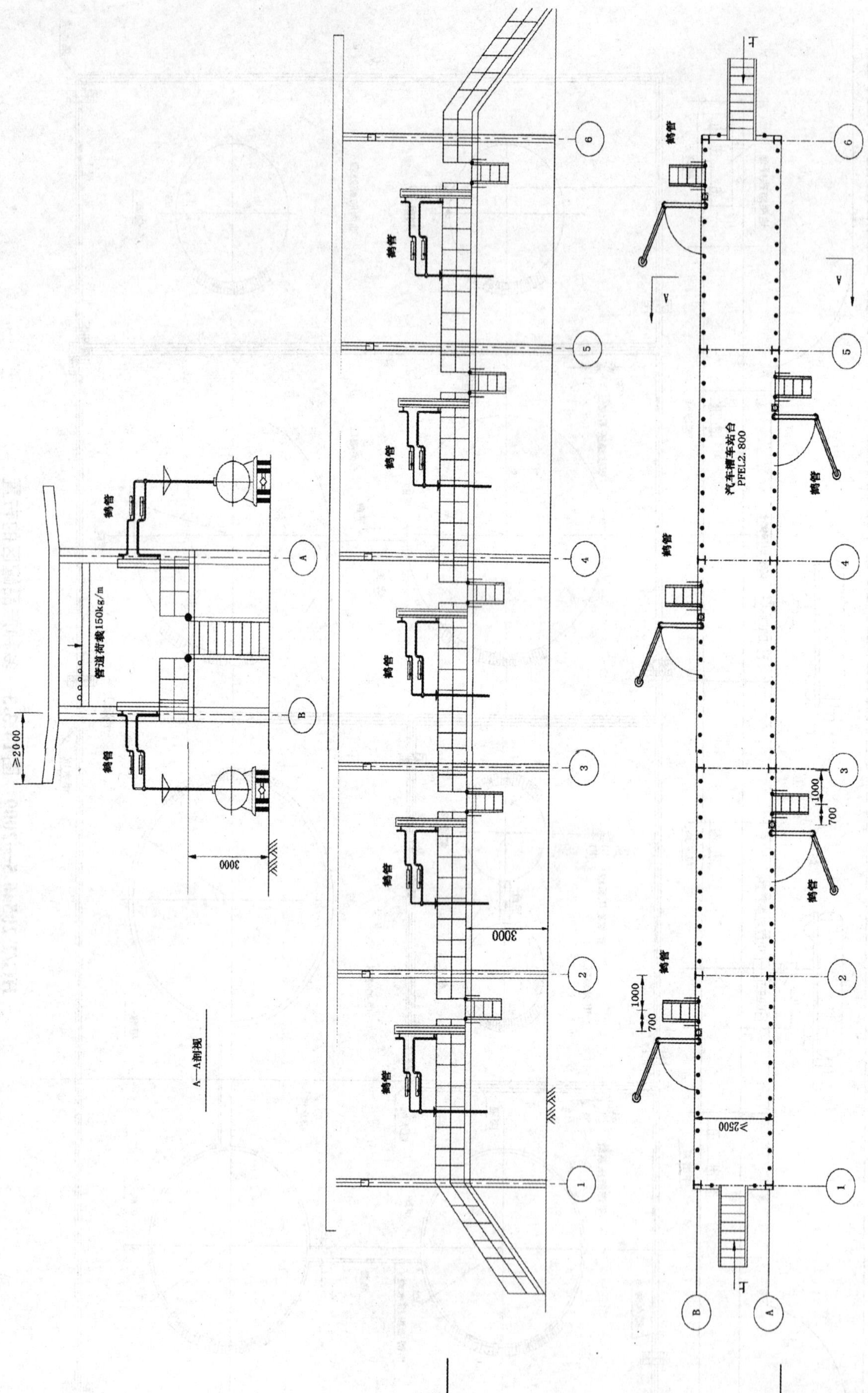

HG/T 20546.5—2009　图15.3.2　双柱汽车装卸台的布置

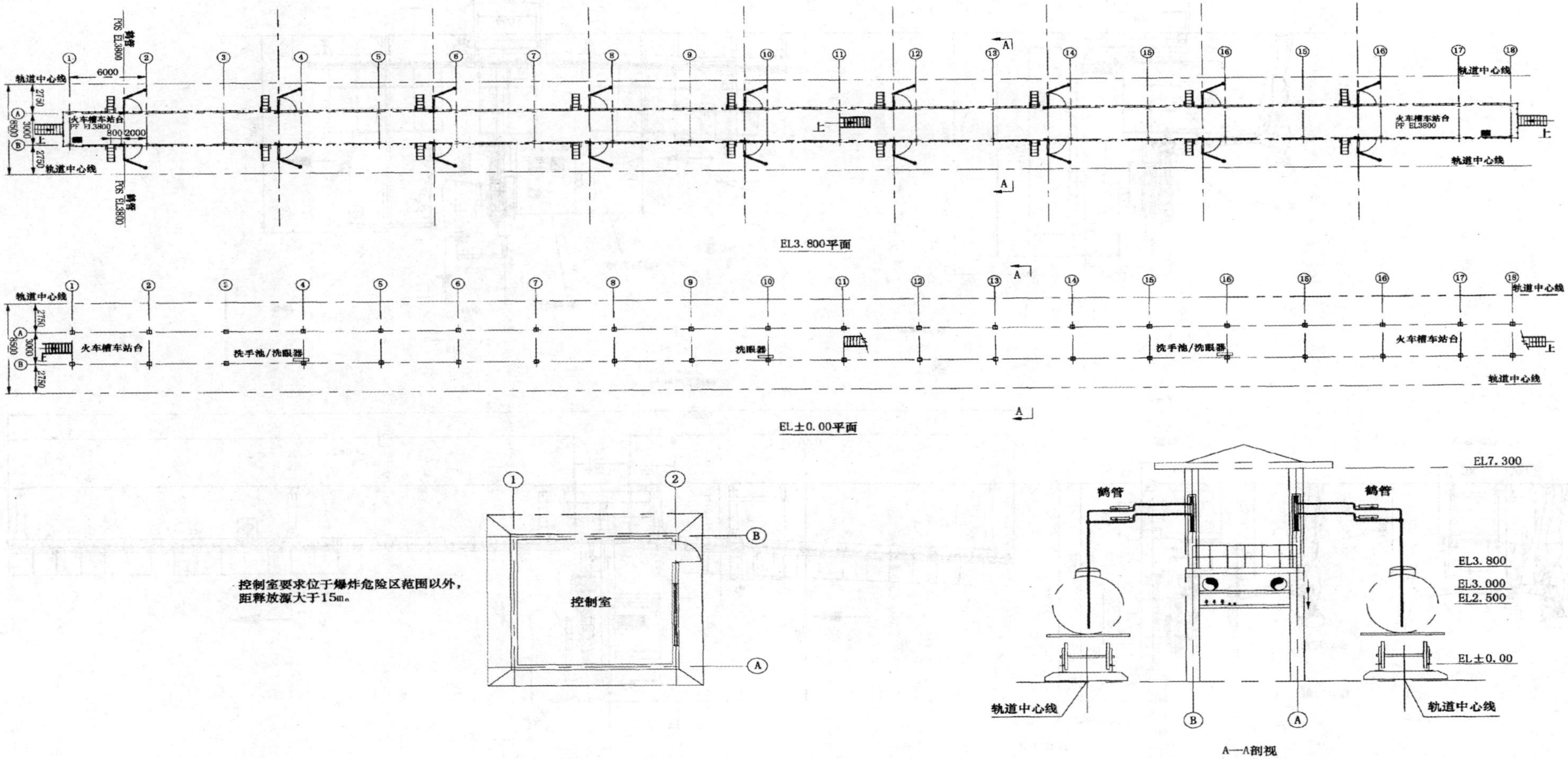

HG/T 20546.5—2009 图 15.3.7 铁路槽车装卸台的布置

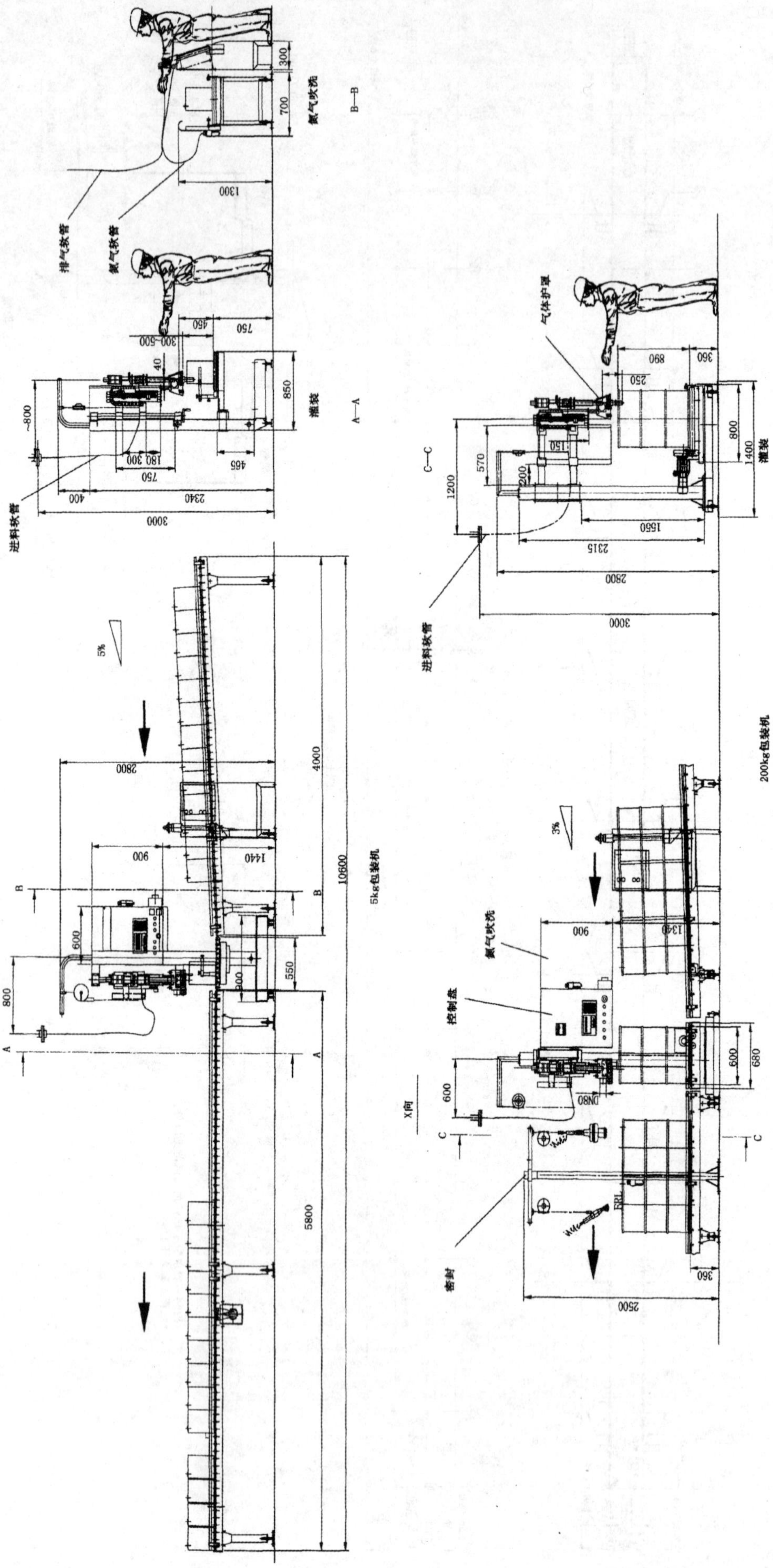

HG/T 20546.5—2009 图16.3.4 灌装机立面布置

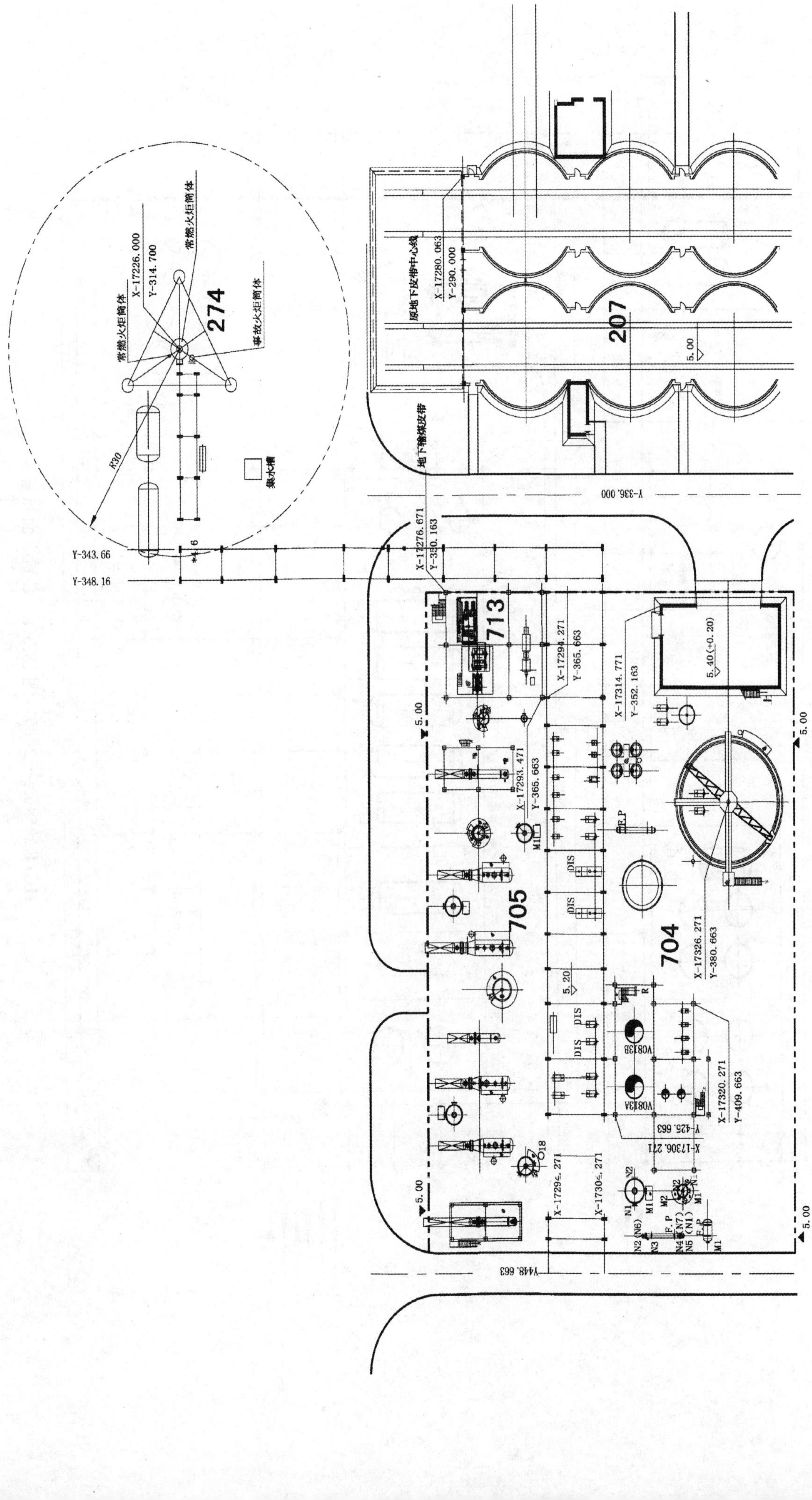

HG/T 20546.5—2009 图17.3.2 甲醇装置火炬的布置（平面）

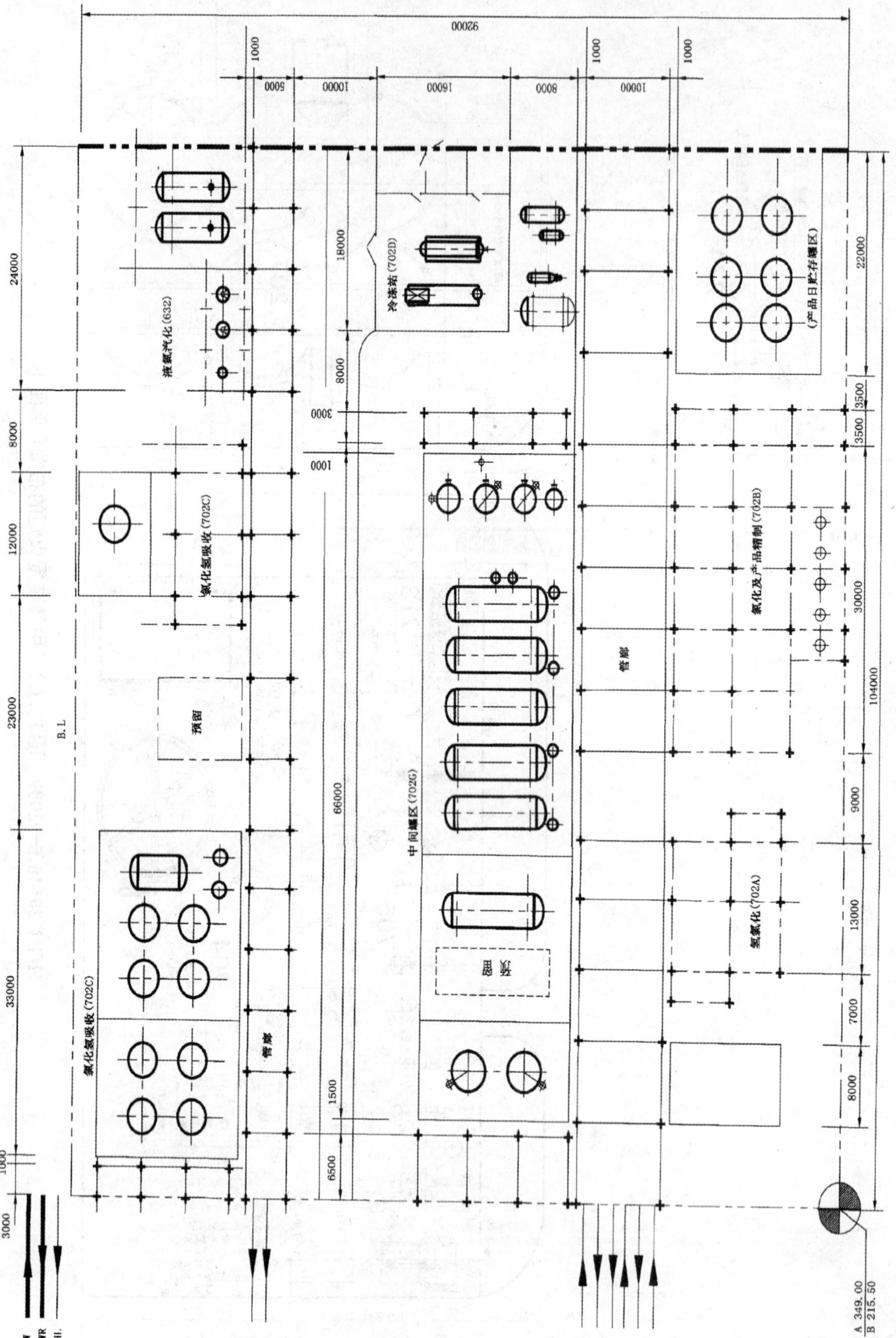

HG/T 20546.5—2009 图18.3.1 装置平面布置